2021 전국 지방자치단체 2021. 3.

민·관 협업사무 운영 현황 III

민간자본사업보조,자체재원(402-01)
민간자본사업보조,이전재원(402-02)
민간위탁사업비(402-03)
공기관등에 대한 자본적 위탁사업비(403-02)

한국민간위탁경영연구소는 정부에서 운영하는 민간위탁 공공서비스의 효율성 향상을 위해 설립된 연구기관입니다. 민간위탁은 성과지향형 공공서비스제공 공급방식의 하나로써 더 나은 정부, 더 효율적인 정부로 가기 위한 제도입니다.

세상의 모든 사물은 세상의 변화를 수용해야 합니다. 민간위탁 사무 또한 운영 목적이나 사회적 가치변화를 수용해야하기 때문에 지속적으로 변화해 왔습니다. 현행 민간위탁 사무의 유형은 공익적 성격과 사익적성격의 사무가 혼재되어 스펙트럼이 다양합니다. 시대적 흐름과 환경변화에 맞는 민간위탁사무는 갈수록 커뮤니티거버넌스형(CG) 공공서비스 제공방식으로 변화 되어 가고 있습니다.

이를 효율적으로 관리하기 위해서는 민간위탁의 본질을 이해해야 하는데, 대표적인 영문표기가 contracting out인 것처럼 구매계약 또는 외주계약으로 계약에 관한 전반적인 프로세스를 이해하고 계약관리능력이 필요한 제도라는 것을 이해해야 합니다. 민간위탁 과정은 먼저 민간위탁을 위한 추진계획을 수립한 후 지방의회의 심의를 거쳐 민간위탁 선정심의위원회의 선정과정을 통해 최종 민간위탁 사업자를 선정하게 됩니다. 이 과정에 민간위탁 업체선정을 위한 계약법검토, 조례제정 또는 개정, 적정 위탁비용 산정, 위탁 후 성과평가 결과 적용을 위한 지표개발 등 세부적이고 전문적인 연구결과를 통한 의사결정 자료가 필요하게 됩니다. 이러한 연구결과는 민간기업이 공공서비스를 제공할 때 지속적인 품질 개선을 유도함으로써 서비스경쟁력을 향상시키고, 지자체는 효율적인 예산운영을 통하여 과대 또는 과소예산으로 인한 사회적 비용을 감소시키며 재정운영의 건전성을 증대시키는 효과가 있습니다. 이와 같이 민간위탁만을 연구해온 저희 연구소는 다양한 연구를 통해 얻은 노하우를 바탕으로 좀 더 선진화된 민간위탁 의사결정 자료와 효율적인 운영방안을 제안하는 역할을 수행할 것입니다.

연구소장 배성기

주요연구분야

공공서비스디자인(Public Service Design)
민간위탁관리(Contracting Out Management)
사업타당성검토(Project Feasibility)
정부원가계산(Government Cost Accounting)
정부보조금정산(Government Grant Accounting)
공공서비스성과평가(Public Service Performance Evaluation)
사회적경제기업(Social Economy), 사회적가치평가(SROI)
조직 진단(Organizational Structure Design)
공공관리혁신(Public Management Innovation)
사회기반시설 자산관리(Infrastructure Asset Management)

연락처

전화 : 02 943 1941
팩스 : 02 943 1948
이메일 : kcomi@kcomi.re.kr
홈페이지: www.kcomi.re.kr

2021 전국 지방자치단체「민·관 협업사무 운영현황 Ⅲ」는 이렇게 발간되었습니다.

1. 조사개요

민 · 관 협업은 학계와 실무계를 불문하고 사회 각계각층이 이 주제의 중요성을 인식하고 처방적 대안 마련에 관심을 쏟고 있음에도 불구하고 민간위탁 케이스별 연구만이 주로 되어 왔습니다. 또한 사회적 현상을 기반으로 공공서비스의 유형을 공공서비스, 준공공서비스, 선택적 공공서비스 등으로의 구분하고 공익성의 정도에 따른 관리기법 및 예산운영 방법 등을 심도 있게 연구한 연구문헌이 부족한 상황입니다.

민 · 관 협업형 공공서비스는 국민들과의 최접점에서 공급되는 공공서비스로 지속적으로 성장하는 국민들의 공공서비스 수요를 반영하고 개선하기 위해서는 다양한 주제와 분야별로 지속적인 연구가 되어야 합니다. 하지만 이러한 연구를 하기 위한 기초적 통계자료가 없다는 것은 실로 놀라운 일이 아닐 수 없습니다.

따라서 본 조사는 전국 243개 지자체 전부를 대상으로 민 · 관 협업사무 현황을 분석하기 위해 지자체의 민간경상사업보조(307-02), 민간단체 법정운영비보조(307-03), 민간행사사업보조(307-04), 민간위탁금(307-05), 사회복지시설 법정운영비보조(307-10), 민간인위탁교육비(307-12), 공기관 등에 대한 경상적대행사업비(308-10), 민간자본사업보조 자체재원(402-01), 민간자본사업보조 이전재원(402-02), 민간위탁사업비(402-03), 공기관 등에 대한 자본적 위탁사업비(403-02) 예산을 조사한 후 해당사무별 업체선정방법, 개별조례 유무, 원가산정기준, 서비스(성과)평가 유무, 수탁기업 현황 등에 대한 정보공개요청을 통해 현황을 조사하였습니다.

본 조사를 통해 얻을 수 있었던 것은 동종의 민 · 관 협업사무라도 운영예산규모, 업체선정기준, 개별조례유무, 위탁비용 산정기준, 서비스(성과)평가 유무 등이 같지 않다는 것을 알 수 있었습니다. 이를 검증하기 위해서는 심도 있는 연구가 수행 되어야 하겠으나 이런 비교결과조차도 유의미하다고 생각됩니다.

전국 지자체 민 · 관 협업사무 통계조사의 효용성은 첫째, 유사 민 · 관 협업사무의 운영예산 확인을 통한 예산운영의 적정성을 판단할 수 있는 기준자료, 둘째, 개별조례 유무 확인을 통한 제정 및 개정 용이, 셋째, 적정 비용 산정기준 확인, 넷째, 성과평가 기준 확인, 다섯째, 민간위탁기업명 확인을 통한 경쟁력 있는 기업선정 기초자료 확보 등과 같습니다.

상기와 같은 조사를 통해 궁극적으로 얻고자 한 것은 「건전한 긴장관계 유지」입니다. 전국 민 · 관 협업사무 운영현황을 통해 사무의 종류와 예산의 규모, 협업 수행 기업의 종류와 유형이 공개됨으로써 민 · 관 협업사무를 추진하는 입장에서는 선택의 폭이 넓어질 것이고, 서비스를 받는 국민의 입장에서는 서비스기업 간 경쟁시스템이 올바르게 갖추어져, 좀 더 체계적이며,

경제적이고, 만족할 만한 공공서비스가 제공 되어질 것입니다.

현 통계 조사의 한계점은 지자체에서 민간이전(307), 자치단체등이전(308), 민간자본이전(402), 자치단체자본이전(403) 예산으로 운영하는 사무를 총괄하여 나열하였으나 해당 사무의 예산 편성시 다른 예산항목 사업으로 편성하여 혼재되어 공개된 사무가 다수 존재합니다. 이는 향후 관리자 교육을 통해 민간위탁 사업의 정확한 이해를 기반으로 해당사무 운영 기본 조례 제 · 개정과 함께 해당 사무가 운영될 시에 해소가 될 것으로 판단됩니다.

본 현황분석은 한국민간위탁경영연구소의 다섯 번째 전국단위 민 · 관 협업사무 운영현황 통계조사를 한 것으로서 미흡한 부분이 다소 존재합니다. 하지만 전국 민 · 관 협업 서비스 발전을 위한 기초 연구자료로써 중요한 역할을 할 수 있을 것을 기대합니다. 도움을 주신 전국 민 · 관 협업사무 담당 공무원분들께 감사드립니다.

2. 조사기간 : 2021년 1월 15일 ~ 2021년 2월 29일

3. 조사결과

– 민간이전 분류별 통계

(단위: 천원)

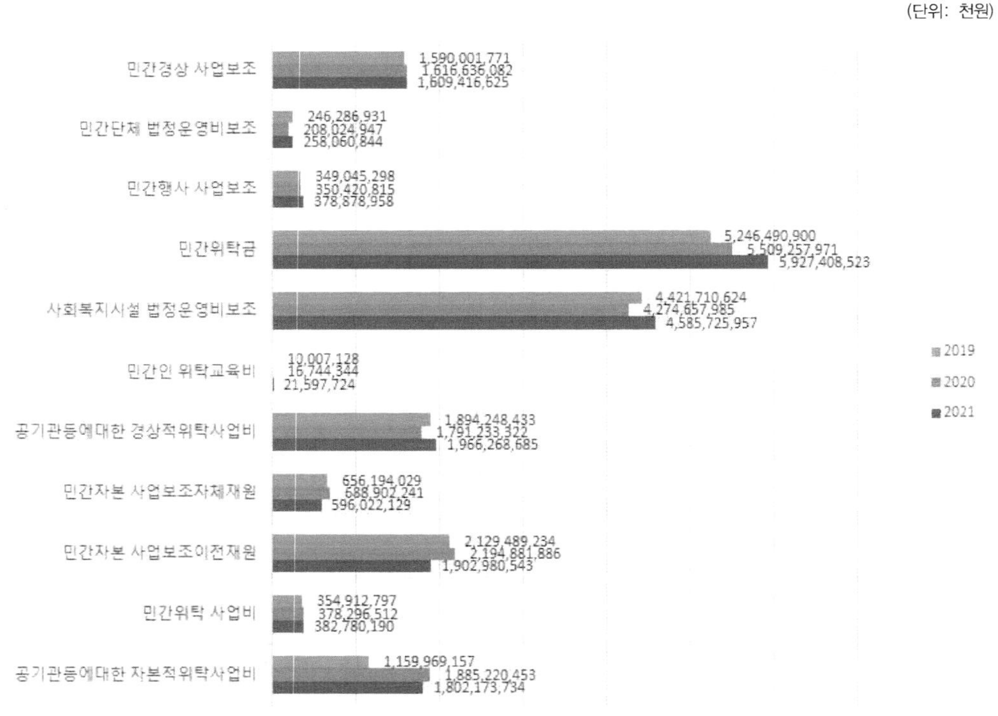

- 행정 단위별 통계

(단위: 천원)

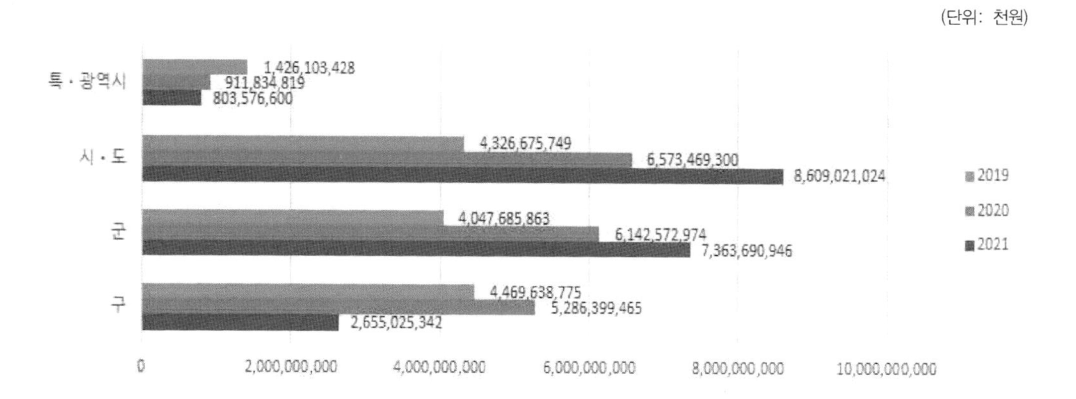

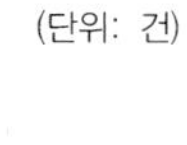

- 사업수별 통계

(단위: 건)

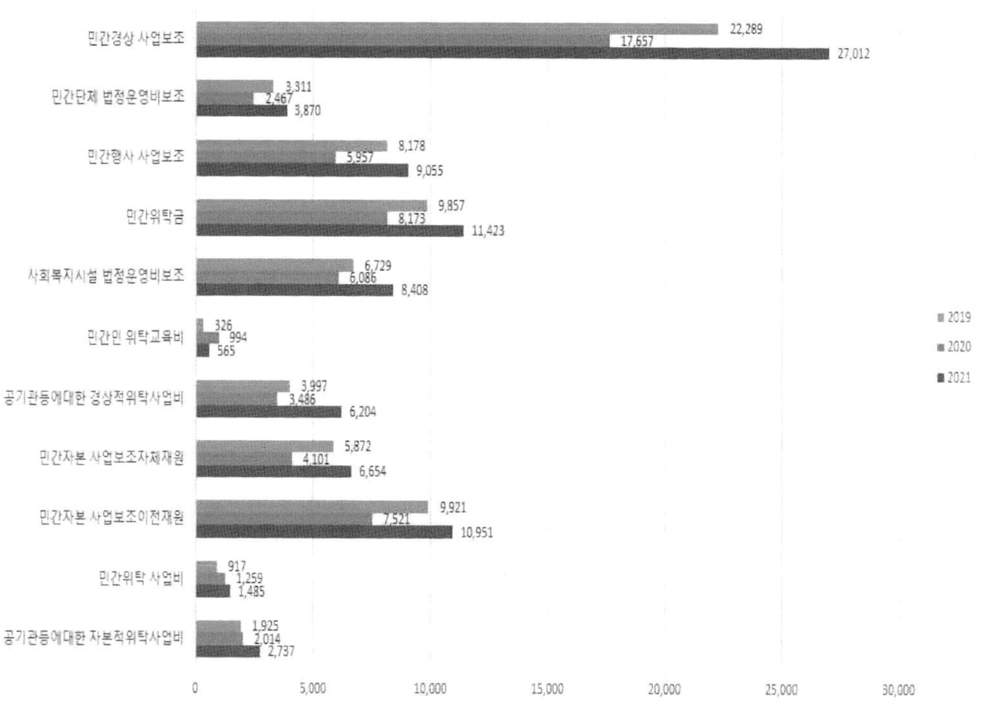

(1) 2021년 조사결과

(단위: 건, 천원)

행정단위	민간이전 (307) 민간경상 사업보조 (307-02)	민간이전 (307) 민간단체 법정운영비보조 (307-03)	민간이전 (307) 민간행사 사업보조 (307-04)	민간위탁금 (307-05)
합 계	1,609,416,625	258,060,844	378,878,958	5,927,408,523
특 · 광역시	126,483,885	20,717,888	17,495,418	141,897,563
시 · 도	741,694,406	140,478,657	191,036,108	2,505,501,914
군	584,384,872	69,810,174	144,100,714	2,369,312,165
구	156,853,462	27,054,125	26,246,718	910,696,881
사업수	27,012	3,870	9,055	11,423

(단위: 건, 천원)

행정단위	민간이전 (307) 사회복지시설 법정운영비보조 (307-10)	민간이전 (307) 민간인 위탁교육비 (307-12)	자치단체등이전 (308) 공기관등에대한 경상적대행사업비 (308-10)	민간자본이전 (402) 민간자본 사업보조자체재원 (402-01)
합 계	4,585,725,957	21,597,724	1,966,268,685	596,022,129
특 · 광역시	95,809,001	264,580	281,958,651	26,108,764
시 · 도	1,742,886,585	4,587,357	1,170,293,485	234,511,318
군	1,509,610,321	11,662,336	384,044,676	314,935,342
구	1,237,420,050	5,083,451	129,971,873	20,466,705
사업수	8,408	565	6,204	6,654

(단위: 건, 천원)

행정단위	민간자본이전 (402) 민간자본 사업보조이전재원 (402-02)	민간자본이전 (402) 민간위탁 사업비 (402-03)	자치단체자본이전 (403) 공기관등에대한 자본적위탁사업비 (403-02)	합 계
합 계	1,902,980,543	382,780,190	1,802,173,734	19,431,313,912
특 · 광역시	39,179,680	3,210,219	50,450,951	803,576,600
시 · 도	945,399,600	154,139,608	778,491,986	8,609,021,024
군	877,097,853	206,285,393	892,447,100	7,363,690,946
구	41,303,410	19,144,970	80,783,697	2,655,025,342
사업수	10,951	1,485	2,737	88,364

(2) 2020년 조사결과

(단위: 건, 천원)

행정단위	민간이전 (307)			
	민간경상 사업보조 (307-02)	민간단체 법정운영비보조 (307-03)	민간행사 사업보조 (307-04)	민간위탁금 (307-05)
합 계	1,616,636,082	208,024,947	350,420,815	5,509,257,971
특 · 광역시	147,751,858	20,023,917	20,264,073	204,621,653
시 · 도	566,326,091	87,764,750	142,463,820	1,977,110,714
군	690,432,574	71,550,163	161,817,814	1,485,782,191
구	212,125,559	28,686,117	25,875,108	1,841,743,413
사업수	17,657	2,467	5,957	8,173

(단위: 건, 천원)

행정단위	민간이전 (307)		자치단체등이전 (308)	민간자본이전 (402)
	사회복지시설 법정운영비보조 (307-10)	민간인 위탁교육비 (307-12)	공기관등에대한 경상적대행사업비 (308-10)	민간자본 사업보조자체재원 (402-01)
합 계	4,274,657,985	16,744,344	1,791,233,322	688,902,241
특 · 광역시	44,339,980	530,799	237,658,493	30,815,530
시 · 도	1,531,484,016	7,576,845	546,833,688	288,285,930
군	555,538,178	5,401,983	395,187,050	314,260,931
구	2,143,295,811	3,234,717	611,554,091	55,539,850
사업수	6,086	994	3,486	4,101

(단위: 건, 천원)

행정단위	민간자본이전(402)		자치단체자본이전 (403)	합 계
	민간자본 사업보조이전재원 (402-02)	민간위탁 사업비 (402-03)	공기관등에대한 자본적위탁사업비 (403-02)	
합 계	2,194,881,886	378,296,512	1,885,220,453	18,914,276,558
특 · 광역시	69,287,703	10,762,713	125,778,100	911,834,819
시 · 도	843,765,184	107,435,970	474,422,292	6,573,469,300
군	1,094,447,420	141,111,165	1,227,043,505	6,142,572,974
구	187,381,579	118,986,664	57,976,556	5,286,399,465
사업수	7,521	1,259	2,014	59,715

(3) 2019년 조사결과

(단위: 건, 천원)

행정단위	민간이전 (307)			
	민간경상 사업보조 (307-02)	민간단체 법정운영비보조 (307-03)	민간행사 사업보조 (307-04)	민간위탁금 (307-05)
합 계	1,590,001,771	246,286,931	349,045,298	5,246,490,900
특 · 광역시	200,987,484	29,044,236	14,397,959	286,187,513
시 · 도	351,272,974	67,665,725	97,460,507	1,341,628,928
군	563,956,333	69,149,178	121,324,527	826,580,474
구	130,535,245	31,369,935	28,102,809	1,768,578,685
사업수	22,289	3,311	8,178	9,857

(단위: 건, 천원)

행정단위	민간이전 (307)		자치단체등이전 (308)	민간자본이전 (402)
	사회복지시설 법정운영비보조 (307-10)	민간인 위탁교육비 (307-12)	공기관등에대한 경상적위탁사업비 (308-10)	민간자본 사업보조자체재원 (402-01)
합 계	3,414,468,007	10,007,128	1,894,248,433	833,682,507
특 · 광역시	111,698,127	191,040	438,457,494	115,216,762
시 · 도	741,818,460	2,022,809	301,352,165	264,606,168
군	483,782,203	5,187,906	228,079,782	83,145,469
구	1,733,600,811	2,104,751	343,520,952	209,705,083
사업수	10,563	326	3,997	385

(단위: 건, 천원)

행정단위	민간자본이전(402)		자치단체자본이전 (403)	합 계
	민간자본 사업보조이전재원 (402-02)	민간위탁 사업비 (402-03)	공기관등에대한 자본적위탁사업비 (403-02)	
합 계	2,129,489,234	354,912,797	1,159,969,157	80,767,093
특 · 광역시	271,503,247	10,158,000	100,964,947	29,855,525
시 · 도	400,590,375	87,427,863	196,847,952	14,113,754
군	831,276,291	131,903,918	520,881,868	8,757,508
구	120,391,111	34,291,714	53,097,186	19,911,605
사업수	9,921	917	1,925	217

■ 민·관협업 예산비목 설명

1) 민간경상사업보조(307-02)란 민간이 행하는 사업에 대하여 자치단체가 이를 권장하기 위하여 교부하는 것으로 자본적 경비를 제외한 보조금을 말함
2) 민간단체 법정운영비보조(307-03)란 지방재정법 제17조 및 제32조의2제2항에 따라 운영비를 지원할 수 있는 단체 등에 지원하는 경비를 말함
3) 민간행사사업보조(307-04)란 민간이 주관 또는 주최하는 행사에 대하여 자본적 경비를 제외한 보조금을 말함
4) 민간위탁금(307-05)이란 국가 또는 지방자치단체가 법령 및 조례에 의하여 민간인에게 위탁관리시키는 사업 중 기금성격의 사업비로서 사업이 종료되거나 위탁이 폐지될 때에는 전액 국고 또는 지방비로 회수가 가능한 사업을 말함
5) 사회복지시설 법정운영비 보조(307-10)란 주민 복지를 위해 법령의 명시적 근거에 따라 사회복지시설에 대하여 운영비 지원 목적으로 편성하는 보조금을 말함
6) 민간인위탁교육비(307-12)란 법령 또는 조례 등에 따라 자치단체 사무를 위해 민간인을 위탁교육할 경우 위탁기관에 지급할 위탁교육비를 말함
7) 공기관등에 대한 경상적 대행사업비(308-10)란 광역사업 등 당해 자치단체가 시행하여야 할 자본형성적 사업 외의 경비를 공기관에 위임 또는 위탁, 대행하여 시행할 경우 부담하는 제반경비, 지방자치단체조합(한국지역정보개발원 등)에 위탁하는 자본 형성적 사업 외 제반 경비를 말함
8) 민간자본사업보조(자체재원)(402-01)이란 민간의 자본형성을 위하여 민간이 추진하는 사업을 권장할 목적으로 민간에게 자치단체 자체 재원으로 직접 지급하는 보조금을 말함
9) 민간자본사업보조(이전재원)(402-02)이란 민간의 자본형성을 위하여 민간이 추진하는 사업을 권장할 목적으로 민간에게 국비 또는 시도비를 시도 및 시군구에서 지급하는 보조금
10) 민간위탁사업비(402-03)란 자치단체가 직접 추진하여야 할 사업으로서 법령의 규정에 의하여 민간에 위임 또는 위탁, 대행시키는 사업의 사업비, 국가 또는 지방자치단체의 위임사무에 수반하는 경비로서 지방자치단체 이외의 타에 지급하는 교부금을 말함
11) 공기관등에 대한 자본적 위탁사업비(403-02)란 광역사업 등 당해 자치단체가 시행하여야 할 자본 형성적 사업을 공기관에 위임 또는 위탁, 대행하여 시행할 경우 부담하는 제반경비를 말함

자료출처 : 행정안전부, 2018년도 지방자치단체 예산편성 운영기준 및 기금운용계획 수립기준(2017. 7.)

목 차

목 차

대구

대전

부산

울산

세종

강원

충북

목 차

목 차

전북

전남

제주

목 차

목 차

대구

대전

부산

울산

세종

강원

목 차

충북

충남

경북

경남

목 차

목 차

목 차

대전

부산

울산

세종

강원

충북

충남

목 차

경북

경남

전북

목 차

전남

제주

목 차

목 차

목 차

충북

충남

경북

목 차

경남

전북

전남

제주

chapter

1

민간자본사업보조,자체재원 (402-01)

2021년 전국 지방자치단체 민간자본사업보조,자체재원(402-01) 운영 현황

순번	시군구	지출명 (사업명)	2021년예산 (단위:천원/1년간)	담당자 (공무원)	민간이전 분류 (지방자치단체 세출예산 집행기준에 의거)	민간이전지출 근거 (지방보조금 관리기준 참고)	입찰방식			운영예산 산정		성과평가 실시여부
				담당부서	1. 민간경상사업보조(307-02) 2. 민간단체 법정운영비보조(307-03) 3. 민간행사사업보조(307-04) 4. 민간위탁금(307-05) 5. 사회복지시설 법정운영비보조(307-10) 6. 민간인위탁교육비(307-12) 7. 공기관등에대한경상적위탁사업비(308-10) 8. 민간자본사업보조,자체재원(402-01) 9. 민간자본사업보조,이전재원(402-02) 10. 민간위탁사업비(402-03) 11. 공기관등에 대한 자본적 대행사업비(403-02)	1. 법률에 규정 2. 국고보조 재원(국가지정) 3. 용도 지정 기부금 4. 조례에 직접규정 5. 지자체가 권장하는 사업을 하는 공공기관 6. 시,도 정책 및 재정사정 7. 기타 8. 해당없음	계약체결방법 (경쟁형태) 1. 일반경쟁 2. 제한경쟁 3. 지명경쟁 4. 수의계약 5. 법정위탁 6. 기타 ( ) 7. 해당없음	계약기간 1. 1년 2. 2년 3. 3년 4. 4년 5. 5년 6. 기타 ( )년 7. 단기계약 (1년미만) 8. 해당없음	낙찰자선정방법 1. 적격심사 2. 협상에의한계약 3. 최저가낙찰제 4. 규격가격분리 5. 2단계 경쟁입찰 6. 기타 ( ) 7. 해당없음	운영예산 산정 1. 내부산정 (지자체 자체적으로 산정) 2. 외부산정 (외부전문기관위탁 산정) 3. 내·외부 모두 산정 4. 산정 無 5. 해당없음	정산방법 1. 내부정산 (지자체 내부적으로 정산) 2. 외부정산 (외부전문기관위탁 정산) 3. 내·외부 모두 산정 4. 정산 無 5. 해당없음	1. 실시 2. 미실시 3. 향후 추진 4. 해당없음
1	서울 종로구	공동주택 지원	130,000	주거재생과	8	1	7	8	7	1	1	1
2	서울 종로구	태양광 보급 지원 사업	17,000	환경과	8	4	7	8	7	5	5	4
3	서울 중구	공동주택관리지원	550,000	주택과	8	4	7	8	7	1	1	3
4	서울 중구	패션·봉제 활성화 지원	200,000	도심산업과	8	1	7	8	7	5	5	4
5	서울 용산구	경로당활성화 사업 지원차량 구매	20,000	어르신청소년과	8	1	7	8	7	5	5	4
6	서울 용산구	어린이집 시설관리	10,000	여성가족과	8	1	7	8	7	2	1	4
7	서울 용산구	공동주택 사업 지원	200,000	주택과	8	4	7	8	7	1	1	1
8	서울 성동구	행당1동 코로나19 관련 방역차량 교체	11,000	자치행정과	8	8	7	8	7	1	1	1
9	서울 성동구	공동육아나눔터 운영	40,000	여성가족과	8	2	7	8	7	5	5	4
10	서울 성동구	공동주택 지원	1,200	공동주택과	8	1	1	1	3	3	3	1
11	서울 성동구	에너지 절약과 생산을 통한 「원전하나 줄이기」	50,000	맑은환경과	8	4	7	8	7	5	5	4
12	서울 성동구	가스타이머 콕 보급 사업	22,000	맑은환경과	8	4	7	8	7	5	5	4
13	서울 광진구	태양광 미니발전소 설치비 지원	100,000	환경과	8	7	7	8	7	4	1	3
14	서울 광진구	국가보훈대상자 예우 및 지원	5,000	복지정책과	8	1	7	8	7	1	1	1
15	서울 광진구	광진모범운전자회 사무실 환경개선	20,000	교통행정과	8	1	7	8	7	5	5	4
16	서울 광진구	공동주택지원사업	500,000	주택과	8	1	7	8	7	5	5	4
17	서울 광진구	산모신생아 건강관리지원	144,512	건강관리과	8	1	7	8	7	5	5	4
18	서울 동대문구	공동주택 관리 지원	600,000	주택과	8	1	7	8	7	5	5	4
19	서울 동대문구	도서관조성지원	800,000	문화관광과	8	7	7	7	7	1	1	3
20	서울 동대문구	태양광 미니발전소 보급사업	70,000	맑은환경과	8	4	7	8	7	5	5	4
21	서울 동대문구	민간·가정 어린이집 환경개선	250,000	가정복지과	8	4	7	8	7	5	5	4
22	서울 중랑구	어린이집 운영지원	90,000	여성가족과	8	4	7	8	7	1	1	1
23	서울 중랑구	공동주택관리지원	700,000	주택과	8	4	7	8	7	1	1	3
24	서울 중랑구	태양광 미니발전소 설치금 지원	28,000	맑은환경과	8	4	7	8	7	1	1	4
25	서울 성북구	종합사회복지관 기능보강	328,818	복지정책과	8	1	1	5	1	1	1	1
26	서울 성북구	보훈회관 운영비 지원	80,000	복지정책과	8	4	7	8	7	5	5	4
27	서울 성북구	장애인단체등운영지원	31,330	어르신복지과	8	1	7	1	7	1	1	4
28	서울 성북구	공동주택관리 지원	320,000	주택정책과	8	1	7	8	7	5	5	4
29	서울 성북구	한옥보전 신축·수선비 지원	80,000	건축과	8	4	7	8	7	5	5	4
30	서울 성북구	에너지복지사업 및 신·재생에너지 보급	68,000	환경과	8	7	7	8	7	5	5	4
31	서울 성북구	방역소독사업	38,800	건강관리과	8	1	7	8	7	1	1	1
32	서울 강북구	민간단체 육성 지원	18,400	자치행정과	8	1	7	8	7	1	1	1
33	서울 강북구	지역상권 활성화 및 특화거리 지원	100,000	일자리경제과	8	4	7	8	7	1	1	1
34	서울 강북구	공동주택 공공시설 비용 지원	218,000	주택과	8	1	1	8	7	1	1	4
35	서울 강북구	광고물 정비 개선	216,000	건축과	8	1	7	8	7	5	5	4
36	서울 강북구	태양광 미니발전소 설치 보급 사업	39,000	환경과	8	4	7	8	7	5	5	4
37	서울 노원구	노후배관 교체지원	20,800	공동주택지원과	8	1	7	8	7	5	5	4
38	서울 노원구	공동주택지원사업	1,050,000	공동주택지원과	8	1	7	8	7	5	5	4
39	서울 노원구	아파트경비실 에어컨 설치 지원	201,600	공동주택지원과	8	1	7	8	7	5	5	4
40	서울 은평구	수국사 템플스테이 체험관 조성 지원	200,000	문화관광과	8	1	1	7	7	5	1	4

순번	시군구	지출명 (사업명)	2021년예산 (단위:천원/1년간)	담당자 (공무원) 담당부서	민간이전 분류 (지방자치단체 세출예산 집행기준에 의거) 1. 민간경상사업보조(307-02) 2. 민간단체 법정운영비보조(307-03) 3. 민간행사사업보조(307-04) 4. 민간위탁금(307-05) 5. 사회복지시설 법정운영비보조(307-10) 6. 민간인위탁교육비(307-12) 7. 공기관등에대한경상적위탁사업비(308-10) 8. 민간자본사업보조,자체재원(402-01) 9. 민간자본사업보조,이전재원(402-02) 10. 민간위탁사업비(402-03) 11. 공기관등에 대한 자본적 대행사업비(403-02)	민간이전지출 근거 (지방보조금 관리기준 참고) 1. 법률에 규정 2. 국고보조 재원(국가지정) 3. 용도 지정 기부금 4. 조례에 직접규정 5. 지자체가 권장하는 사업을 하는 공공기관 6. 시,도 정책 및 재정사정 7. 기타 8. 해당없음	입찰방식 계약체결방법 (경쟁형태) 1. 일반경쟁 2. 제한경쟁 3. 지명경쟁 4. 수의계약 5. 법정위탁 6. 기타 ( ) 7. 해당없음	입찰방식 계약기간 1. 1년 2. 2년 3. 3년 4. 4년 5. 5년 6. 기타 ( )년 7. 단기계약 (1년미만) 8. 해당없음	입찰방식 낙찰자선정방법 1. 적격심사 2. 협상에의한계약 3. 최저가낙찰제 4. 규격가격분리 5. 2단계 경쟁입찰 6. 기타 ( ) 7. 해당없음	운영예산 산정 운영예산 산정 1. 내부산정 (지자체 자체적으로 산정) 2. 외부산정 (외부전문기관위탁 산정) 3. 내·외부 모두 산정 4. 산정 無 5. 해당없음	운영예산 산정 정산방법 1. 내부정산 (지자체 내부적으로 정산) 2. 외부정산 (외부전문기관위탁 정산) 3. 내·외부 모두 산정 4. 정산 無 5. 해당없음	성과평가 실시여부 1. 실시 2. 미실시 3. 향후 추진 4. 해당없음
41	서울 은평구	심택사 종각 주변 시설개선 지원	30,000	문화관광과	8	1	7	8	7	5	5	4
42	서울 은평구	은평구체육회 지원	5,182	생활체육과	8	1	7	8	7	1	1	1
43	서울 은평구	기초푸드뱅크/마켓 기능보강	10,000	복지정책과	8	5	5	5	7	1	1	1
44	서울 은평구	어린이집 지원	120,000	보육지원과	8	4	7	8	7	5	5	4
45	서울 은평구	둥지 내몰림 방지를 위한 기반 조성	50,000	일자리경제과	8	4	7	8	7	5	1	3
46	서울 은평구	태양광발전 설치지원	56,000	환경과	8	4	7	8	7	5	5	4
47	서울 은평구	음식물류폐기물 종량제	140,000	자원순환과	8	4	7	8	7	5	5	4
48	서울 은평구	주차공간 공유문화 활성화	50,000	주차관리과	8	7	7	8	7	5	5	4
49	서울 은평구	공동주택관리	40,000	주거재생과	8	4	6	7	6	1	1	1
50	서울 은평구	공동주택 공용시설물 유지보수 지원사업	60,000	주거재생과	8	4	6	7	6	1	1	1
51	서울 서대문구	태양광 미니발전소 설치 지원 사업	74,000	기후환경과	8	1	7	8	7	5	5	4
52	서울 서대문구	공동주택 공용시설물 유지관리	430,000	주택과	8	4	7	8	7	5	5	4
53	서울 서대문구	보육기자재 지원	50,000	여성가족과	8	1	7	8	7	1	1	1
54	서울 마포구	공동주택 관리 및 지원 사업	301,000	주택과	8	4	7	8	7	5	5	4
55	서울 마포구	에너지절감 인프라 구축사업	20,000	환경과	8	6	6	8	7	1	1	4
56	서울 양천구	양천구 장애인체육회 운영지원	10,000	문화체육과	8	4	7	8	7	1	1	2
57	서울 양천구	양천어르신종합복지관 시설관리	22,940	어르신복지과	8	2	6	5	6	1	1	1
58	서울 양천구	노인회지회 지원	3,420	어르신복지과	8	6	7	8	7	1	1	4
59	서울 양천구	어르신복지시설 기능보강사업	10,000	어르신복지과	8	8	7	8	7	1	1	4
60	서울 양천구	양천해누리복지관 시설관리	251,900	자립지원과	8	1	7	8	7	1	1	1
61	서울 양천구	10cm 턱나눔으로 세상과 소통하기	70,000	자립지원과	8	1	7	8	7	1	1	1
62	서울 양천구	공동주택관리 지원사업	1,200	주택과	8	4	7	8	7	5	5	4
63	서울 강서구	작은도서관 운영	108,000	교육청소년과	8	4	6	6	1	1	1	1
64	서울 강서구	공동주택관리 지원	400,000	주택과	8	1	7	8	7	5	5	4
65	서울 구로구	항공기소음대책 주민사업지원	10,000	자치행정과	8	1	7	8	7	3	1	1
66	서울 금천구	금천구 도시재생지원센터 운영	100,000	도시재생과	8	4	7	8	7	5	5	4
67	서울 영등포구	공동주택관리 지원사업	400,000	주택과	8	1	7	8	7	5	5	4
68	서울 영등포구	건축물 안전점검	6,670	건축과	8	2	7	8	7	5	5	4
69	서울 영등포구	사회단체 보조금 지원	27,000	자치행정과	8	1	7	8	6	1	1	1
70	서울 동작구	태양광 미니발전소 설치비 지원	50,000	맑은환경과	8	4	7	8	7	5	5	4
71	서울 동작구	가정용 친환경보일러 설치비 지원	200,000	맑은환경과	8	4	7	8	7	5	5	4
72	서울 동작구	전기차 구매보조금 지원	80,000	맑은환경과	8	4	7	8	7	5	5	4
73	서울 동작구	소상공인 스마트기술 지원사업	85,000	경제진흥과	8	5	7	8	7	5	5	4
74	서울 동작구	사당4동 쉼의자 설치 사업	75,000	복지정책과	8	6	7	8	7	5	5	4
75	서울 동작구	공동주택관리 지원금	300,000	주택과	8	4	7	8	7	5	5	4
76	서울 동작구	공동체활성화공모사업 지원	9,000	주택과	8	4	7	8	7	5	5	4
77	서울 동작구	공동체활성화 공간조성사업	5,000	주택과	8	4	7	8	7	5	5	4
78	서울 동작구	어린이 놀이시설 모래바닥재 소독지원	9,099	주택과	8	7	7	8	7	5	5	4
79	서울 서초구	위생업소환경개선지원	50,000	위생과	8	4	7	8	7	5	5	4
80	서울 송파구	민간 공익활동 단체 지원	42,500	자치행정과	8	2	7	8	7	1	1	1
81	서울 송파구	전통시장, 상점가 시설환경개선	100,000	지역경제과	8	7	7	8	7	5	5	4
82	서울 송파구	안전하고 쾌적한 주거환경 조성	800,000	주택과	8	4	7	8	7	5	5	4

순번	시군구	지출명 (사업명)	2021년예산 (단위:천원/1년간)	담당자 (공무원) 담당부서	민간이전 분류 (지방자치단체 세출예산 집행기준에 의거) 1. 민간경상사업보조(307-02) 2. 민간단체 법정운영비보조(307-03) 3. 민간행사사업보조(307-04) 4. 민간위탁금(307-05) 5. 사회복지시설 법정운영비보조(307-10) 6. 민간인위탁교육비(307-12) 7. 공기관등에대한경상적위탁사업비(308-10) 8. 민간자본사업보조,자체재원(402-01) 9. 민간자본사업보조,이전재원(402-02) 10. 민간위탁사업비(402-03) 11. 공기관등에 대한 자본적 대행사업비(403-02)	민간이전지출 근거 (지방보조금 관리기준 참고) 1. 법률에 규정 2. 국고보조 재원(국가지정) 3. 용도 지정 기부금 4. 조례에 직접규정 5. 지자체가 권장하는 사업을 하는 공공기관 6. 시,도 정책 및 재정사정 7. 기타 8. 해당없음	입찰방식 계약체결방법 (경쟁형태) 1. 일반경쟁 2. 제한경쟁 3. 지명경쟁 4. 수의계약 5. 법정위탁 6. 기타 ( ) 7. 해당없음	입찰방식 계약기간 1. 1년 2. 2년 3. 3년 4. 4년 5. 5년 6. 기타 ( )년 7. 단기계약 (1년미만) 8. 해당없음	입찰방식 낙찰자선정방법 1. 적격심사 2. 협상에의한계약 3. 최저가낙찰제 4. 규격가격분리 5. 2단계 경쟁입찰 6. 기타 ( ) 7. 해당없음	운영예산 산정 운영예산 산정 1. 내부산정 (지자체 자체적으로 산정) 2. 외부산정 (외부전문기관위탁 산정) 3. 내·외부 모두 산정 4. 산정 無 5. 해당없음	운영예산 산정 정산방법 1. 내부정산 (지자체 내부적으로 정산) 2. 외부정산 (외부전문기관위탁 정산) 3. 내·외부 모두 산정 4. 정산 無 5. 해당없음	성과평가 실시여부 1. 실시 2. 미실시 3. 향후 추진 4. 해당없음
83	경기 수원시	공동주택관리 보조금	1,000,000	공동주택과	8	1	7	8	7	1	1	1
84	경기 수원시	녹색건축물 활성화	400,000	건축과	8	1	7	8	7	1	5	1
85	경기 수원시	공동주택 에너지 효율 개선사업	30,000	기후대기과	8	4	7	8	7	5	5	2
86	경기 수원시	신재생에너지보급(주택지원)사업	100,000	기후대기과	8	1	7	8	7	1	5	4
87	경기 수원시	서부모범 순찰차량 구입	32,624	대중교통과	8	4	7	8	7	1	1	1
88	경기 수원시	우수친환경농산물 생산 및 유통사업 시설	21,000	생명산업과	8	1	7	8	7	1	1	1
89	경기 수원시	농업용관정	6,000	생명산업과	8	6	7	8	7	1	1	1
90	경기 수원시	공동주택 세대별 계량기 지원	15,000	맑은물공급과	8	4	7	8	7	1	5	4
91	경기 수원시	새마을문고 운영 지원	58,000	장안구 행정지원과	8	4	7	8	7	1	1	1
92	경기 수원시	새마을문고 운영 지원	6,600	장안구 행정지원과	8	4	7	8	7	1	1	1
93	경기 수원시	방범기동순찰대 운영	24,000	장안구 행정지원과	8	4	7	8	7	1	1	1
94	경기 수원시	경로당 집기	72,000	장안구 사회복지과	8	4	7	8	7	5	1	1
95	경기 수원시	방범기동순찰대 순찰차량	24,000	권선구 행정지원과	8	4	7	8	7	5	5	4
96	경기 수원시	새마을문고 도서	48,000	권선구 행정지원과	8	4	7	8	7	1	1	1
97	경기 수원시	새마을문고 집기	2,000	권선구 행정지원과	8	4	7	8	7	1	1	1
98	경기 수원시	경로당 집기	90,336	권선구 사회복지과	8	4	7	1	7	1	1	1
99	경기 수원시	방범기동순찰대 순찰차량 교체	24,000	팔달구 행정지원과	8	4	7	8	7	5	5	4
100	경기 수원시	새마을문고 도서	40,000	팔달구 행정지원과	8	4	7	8	7	5	5	4
101	경기 수원시	새마을문고 집기	1,100	팔달구 행정지원과	8	4	7	8	7	5	5	4
102	경기 수원시	경로당 집기	80,000	팔달구 사회복지과	8	1	7	8	7	1	1	1
103	경기 수원시	새마을부녀회 집기	430	영통구 행정지원과	8	4	7	8	7	5	5	4
104	경기 수원시	새마을문고 도서	40,000	영통구 행정지원과	8	4	7	8	7	5	5	4
105	경기 수원시	새마을문고 집기	600	영통구 행정지원과	8	4	7	8	7	5	5	4
106	경기 수원시	경로당 집기	80,000	영통구 사회복지과	8	4	7	8	7	1	1	1
107	경기 성남시	성남가천 메이커스페이스 구축	30,000	아시아실리콘밸리담당관	8	2	7	8	7	1	1	1
108	경기 성남시	성남시새마을회지원	9,000	자치행정과	8	1	7	8	7	1	1	1
109	경기 성남시	지역농업 특색사업	358,000	지역경제과	8	5	7	8	7	1	1	4
110	경기 성남시	우수 공예품 개발 지원	70,000	산업지원과	8	1	7	8	7	1	1	1
111	경기 성남시	공적개발 원조	150,000	산업지원과	8	4	6	7	6	1	3	1
112	경기 성남시	해외전시회 성남관 운영	330,000	산업지원과	8	4	6	7	6	1	3	1
113	경기 성남시	해외전시회 개별참가 지원	160,000	산업지원과	8	4	6	7	6	5	5	4
114	경기 성남시	해외시장개척단 파견	350,000	산업지원과	8	4	6	7	6	1	3	1
115	경기 성남시	해외규격인증 획득 지원	80,000	산업지원과	8	4	6	7	6	5	5	4
116	경기 성남시	해외 공동물류 지사화 패키지 지원	33,000	산업지원과	8	4	6	7	6	5	5	4
117	경기 성남시	봉국사 사천왕문 재건립공사	332,500	문화예술과	8	1	7	8	7	5	5	4
118	경기 성남시	신재생에너지 주택지원사업	203,000	기후에너지과	8	1	7	8	7	1	1	4
119	경기 성남시	태양광 대여료 지원사업	30,000	기후에너지과	8	1	7	8	7	1	1	4
120	경기 성남시	저상버스 도입보조	51,395	대중교통과	8	2	7	8	7	1	5	4
121	경기 성남시	특수학교 구강보건실 운영	8,600	분당구보건소 건강증진과	8	1	7	8	7	1	5	1
122	경기 성남시	학교4-H회 자율과제운영 지원	5,000	농업기술센터	8	1	7	8	7	5	1	3
123	경기 성남시	지역아동센터 체험활동비 지원	30,000	수정구 가정복지과	8	6	7	8	7	1	1	4
124	경기 성남시	지역아동센터 체험활동비 지원	23,000	중원구 가정복지과	8	6	7	8	7	1	1	4

순번	시군구	지출명 (사업명)	2021년예산 (단위:천원/1년간)	담당자 (공무원)	민간이전 분류 (지방자치단체 세출예산 집행기준에 의거)	민간이전지출 근거 (지방보조금 관리기준 참고)	입찰방식			운영예산 산정		성과평가 실시여부
				담당부서	1. 민간경상사업보조(307-02) 2. 민간단체 법정운영비보조(307-03) 3. 민간행사사업보조(307-04) 4. 민간위탁금(307-05) 5. 사회복지시설 법정운영비보조(307-10) 6. 민간인위탁교육비(307-12) 7. 공기관등에대한경상적위탁사업비(308-10) 8. 민간자본사업보조,자체재원(402-01) 9. 민간자본사업보조,이전재원(402-02) 10. 민간위탁사업비(402-03) 11. 공기관등에 대한 자본적 대행사업비(403-02)	1. 법률에 규정 2. 국고보조 재원(국가지정) 3. 용도 지정 기부금 4. 조례에 직접규정 5. 지자체가 권장하는 사업을 하는 공공기관 6. 시,도 정책 및 재정사정 7. 기타 8. 해당없음	계약체결방법 (경쟁형태) 1. 일반경쟁 2. 제한경쟁 3. 지명경쟁 4. 수의계약 5. 법정위탁 6. 기타 ( ) 7. 해당없음	계약기간 1. 1년 2. 2년 3. 3년 4. 4년 5. 5년 6. 기타 ( )년 7. 단기계약 (1년미만) 8. 해당없음	낙찰자선정방법 1. 적격심사 2. 협상에의한계약 3. 최저가낙찰제 4. 규격가격분리 5. 2단계 경쟁입찰 6. 기타 ( ) 7. 해당없음	운영예산 산정 1. 내부산정 (지자체 자체적으로 산정) 2. 외부산정 (외부전문기관위탁 산정) 3. 내·외부 모두 산정 4. 산정 無 5. 해당없음	정산방법 1. 내부정산 (지자체 내부적으로 정산) 2. 외부정산 (외부전문기관위탁 정산) 3. 내·외부 모두 산정 4. 정산 無 5. 해당없음	1. 실시 2. 미실시 3. 향후 추진 4. 해당없음
125	경기 의정부시	재난재해 구조 및 방역 활동차량 구입지원	25,000	자치행정과	8	7	7	8	7	5	5	4
126	경기 의정부시	수출농가 물류비 지원	17,100	도시농업과	8	1	7	8	7	4	1	4
127	경기 의정부시	송산배 맞춤형 육성지원	40,834	도시농업과	8	1	7	8	7	4	1	4
128	경기 의정부시	양봉 벌통 구입 지원	10,800	도시농업과	8	1	4	8	1	1	1	3
129	경기 의정부시	양봉농가 소초광 구입 지원	3,500	도시농업과	8	1	4	8	1	1	1	3
130	경기 의정부시	양봉농가 화분 구입 지원	7,100	도시농업과	8	1	4	8	1	1	1	3
131	경기 의정부시	양봉포장재	8,600	도시농업과	8	1	4	8	1	1	1	3
132	경기 의정부시	비닐하우스 환경제어시스템(유동팬) 지원	8,250	도시농업과	8	1	4	8	1	1	1	3
133	경기 의정부시	과수화상병 방제 약제 지원	1,080	도시농업과	8	1	4	8	1	1	1	3
134	경기 의정부시	저온저장고 설치 및 구입	19,000	도시농업과	8	1	4	8	1	1	1	3
135	경기 의정부시	공립어린이집 환경개선사업	25,000	보육과	8	6	1	1	1	1	1	4
136	경기 의정부시	성불사 화장실 재축	112,000	문화관광과	8	1	7	8	7	5	5	4
137	경기 의정부시	공동주택지원사업	330,000	주택과	8	1	7	8	7	1	1	1
138	경기 의정부시	공동주택지원사업	270,000	주택과	8	1	7	8	7	1	1	1
139	경기 의정부시	공동주택지원사업	50,000	주택과	8	1	7	8	7	1	1	1
140	경기 안양시	자율방범대 순찰차량 구입비	20,000	자치행정과	8	8	7	8	7	5	5	4
141	경기 안양시	안양시새마을회관 엘리베이터 설치	142,000	자치행정과	8	8	7	8	7	5	5	4
142	경기 안양시	장애인 가맹경기단체 경기용품 지원	10,600	체육과	8	8	7	8	7	5	5	4
143	경기 안양시	안양문화원 장애인 등 편의시설 설치	8,000	문화관광과	8	8	7	8	7	5	5	4
144	경기 안양시	동안노인회지회 사무실 환경개선	9,837	노인복지과	8	8	7	8	7	5	5	4
145	경기 안양시	장애인생활이동지원센터 노후차량 교체	22,000	장애인복지과	8	8	7	8	7	5	5	4
146	경기 안양시	농업경쟁력 제고	12,000	식품안전과	8	8	7	8	7	5	5	4
147	경기 안양시	집수리 지원사업	300,000	도시재생과	8	8	7	8	7	5	5	4
148	경기 안양시	집수리 지원사업	100,000	도시재생과	8	8	7	8	7	5	5	4
149	경기 안양시	공동주택 노후승강기 교체 보조금 지원	25,000	도시정비과	8	8	7	8	7	5	5	4
150	경기 안양시	소규모 공동주택 공용시설물 보조금 지원사업	500,000	건축과	8	8	7	8	7	5	5	4
151	경기 안양시	녹색건축물 조성 보조금 지원사업	100,000	건축과	8	8	7	8	7	5	5	4
152	경기 안양시	공동주택단지 공용시설물 보조금 지원	1,200	주택과	8	8	7	8	7	5	5	4
153	경기 안양시	내 집 주차장 갖기사업	10,000	교통정책과	8	8	7	8	7	5	5	4
154	경기 안양시	주택 태양광시설 설치지원	15,000	기후대기과	8	8	7	8	7	5	5	4
155	경기 안양시	공동주택 미니태양광시설 설치지원	25,000	기후대기과	8	8	7	8	7	5	5	4
156	경기 안양시	사립작은도서관 도서구입 지원	12,000	석수도서관	8	8	7	8	7	5	5	4
157	경기 안양시	사립작은도서관 도서구입	12,000	평촌도서관	8	8	7	8	7	5	5	4
158	경기 안양시	민간경로당 이중창호 설치	170,000	동안 복지문화과	8	8	7	8	7	5	5	4
159	경기 광명시	주민세 환원사업	400,000	자치분권과	8	7	7	8	7	1	1	3
160	경기 광명시	자율방범대 순찰차량 구입	44,000	자치분권과	8	4	7	8	7	1	1	1
161	경기 광명시	수출용 화훼종자 지원	16,200	도시농업과	8	1	7	8	7	5	1	1
162	경기 광명시	시설원예현대화(양액재배) 지원	105,402	도시농업과	8	7	7	8	7	5	5	4
163	경기 광명시	농산물 포장재 지원	140,000	도시농업과	8	1	7	8	7	1	1	4
164	경기 광명시	상토지원사업	11,000	도시농업과	8	1	7	8	7	1	1	4
165	경기 광명시	농업용비닐	90,300	도시농업과	8	1	7	8	7	1	1	4
166	경기 광명시	농업기계 지원사업	19,600	도시농업과	8	1	7	8	7	1	1	4

순번	시군구	지출명 (사업명)	2021년예산 (단위:천원/1년간)	담당자 (공무원) 담당부서	민간이전 분류 (지방자치단체 세출예산 집행기준에 의거) 1. 민간경상사업보조(307-02) 2. 민간단체 법정운영비보조(307-03) 3. 민간행사사업보조(307-04) 4. 민간위탁금(307-05) 5. 사회복지시설 법정운영비보조(307-10) 6. 민간인위탁교육비(307-12) 7. 공기관등에대한경상적위탁사업비(308-10) 8. 민간자본사업보조,자체재원(402-01) 9. 민간자본사업보조,이전재원(402-02) 10. 민간위탁사업비(402-03) 11. 공기관등에 대한 자본적 대행사업비(403-02)	민간이전지출 근거 (지방보조금 관리기준 참고) 1. 법률에 규정 2. 국고보조 재원(국가지정) 3. 용도 지정 기부금 4. 조례에 직접규정 5. 지자체가 권장하는 사업을 하는 공공기관 6. 시,도 정책 및 재정사정 7. 기타 8. 해당없음	입찰방식 계약체결방법 (경쟁형태) 1. 일반경쟁 2. 제한경쟁 3. 지명경쟁 4. 수의계약 5. 법정위탁 6. 기타 ( ) 7. 해당없음	입찰방식 계약기간 1. 1년 2. 2년 3. 3년 4. 4년 5. 5년 6. 기타 ( )년 7. 단기계약 (1년미만) 8. 해당없음	입찰방식 낙찰자선정방법 1. 적격심사 2. 협상에의한계약 3. 최저가낙찰제 4. 규격가격분리 5. 2단계 경쟁입찰 6. 기타 ( ) 7. 해당없음	운영예산 산정 운영예산 산정 1. 내부산정 (지자체 자체적으로 산정) 2. 외부산정 (외부전문기관위탁 산정) 3. 내·외부 모두 산정 4. 산정 無 5. 해당없음	운영예산 산정 정산방법 1. 내부정산 (지자체 내부적으로 정산) 2. 외부정산 (외부전문기관위탁 정산) 3. 내·외부 모두 산정 4. 정산 無 5. 해당없음	성과평가 실시여부 1. 실시 2. 미실시 3. 향후 추진 4. 해당없음
167	경기 광명시	벼병충해 방제농약 지원사업	8,470	도시농업과	8	1	7	8	7	1	1	4
168	경기 광명시	축분자원화(톱밥) 지원	24,150	도시농업과	8	2	7	8	7	1	1	1
169	경기 광명시	소하노인종합복지관 경로식당 주방기구 교체	9,970	노인복지과	8	1	7	8	7	5	5	4
170	경기 광명시	광명종합사회복지관 경로식당 주방기구 교체	11,780	노인복지과	8	1	7	8	7	5	5	4
171	경기 광명시	철산종합사회복지관 경로식당 주방기구 교체	21,000	노인복지과	8	1	7	8	7	5	5	4
172	경기 광명시	하안종합사회복지관 경로식당 환경개선	2,500	노인복지과	8	1	7	8	7	5	5	4
173	경기 광명시	경로당 물품 지원	37,800	노인복지과	8	1	7	8	7	2	3	1
174	경기 광명시	택시 내비게이션 교체설치 지원	222,288	도시교통과	8	1	1	8	6	5	1	1
175	경기 광명시	공동주택관리비 지원	300,000	주택과	8	4	1	8	3	1	1	1
176	경기 광명시	공동주택 노후온수관 교체 지원	500,000	주택과	8	4	1	8	3	1	1	1
177	경기 광명시	도시재생 그린 집수리사업	200,000	도시재생과	8	4	7	8	7	5	5	4
178	경기 광명시	책마을 도서구입비	3,000	하안도서관	8	4	7	8	7	5	5	4
179	경기 광명시	신재생에너지 주택지원사업	13,000	기후에너지과	8	4	7	8	7	5	5	4
180	경기 광명시	미니태양광 보급지원 사업	161,604	기후에너지과	8	4	7	8	7	5	5	4
181	경기 평택시	업무용 차량 교체	38,000	자치협력과	8	1	7	8	7	1	1	1
182	경기 평택시	고품질벌꿀생산지원	64,700	축산과	8	4	7	8	7	1	1	1
183	경기 평택시	사슴경쟁력강화사업	12,900	축산과	8	4	7	8	7	1	1	1
184	경기 평택시	FTA 대응 양돈 및 양계 경쟁력 강화	80,000	축산과	8	4	7	8	7	1	1	1
185	경기 평택시	FTA 대응 한우 및 낙농 경쟁력 강화	80,500	축산과	8	4	7	8	7	1	1	1
186	경기 평택시	가축전염병 차단방역용 시설 설치	24,000	축산과	8	6	7	8	7	1	1	1
187	경기 평택시	소규모 공동주택 지원사업	500,000	건축허가과	8	4	4	8	7	1	1	4
188	경기 평택시	마을회관 건립	340,000	건축허가과	8	4	1	8	3	1	1	4
189	경기 평택시	마을회관 개보수관리	100,000	건축허가과	8	4	4	8	7	1	1	4
190	경기 평택시	공중위생업소 시설개선 지원	40,000	식품정책과	8	4	7	8	7	5	5	4
191	경기 평택시	지역아동센터 집기구입 및 기능보강사업	62,890	여성가족과	8	4	7	8	7	1	1	4
192	경기 평택시	아동양육시설 환경개선사업 지원	30,000	여성가족과	8	1	7	8	7	1	1	4
193	경기 평택시	수출배 재배농가 확대육성	180,000	유통과	8	4	7	8	7	1	1	1
194	경기 평택시	슈퍼오닝 배 수출단지 지원	20,000	유통과	8	4	7	8	7	1	1	1
195	경기 평택시	친환경 왕우렁이 지원	16,800	유통과	8	1	7	8	7	1	1	2
196	경기 평택시	친환경 인증농가 유기질비료 지원	21,300	유통과	8	1	7	8	7	1	1	2
197	경기 평택시	천적방 지원	65,100	유통과	8	1	7	8	7	1	1	2
198	경기 평택시	공동주택 지원사업	27,000	주택과	8	4	7	8	7	1	1	1
199	경기 평택시	맞춤형 강소농 육성사업	75,000	지도정책과	8	1	7	8	7	1	1	1
200	경기 평택시	강소농 신소득 모델화 사업	36,000	지도정책과	8	1	7	8	7	1	1	1
201	경기 평택시	농촌지도자 현장애로기술지원사업	22,000	지도정책과	8	1	7	8	7	1	1	1
202	경기 평택시	젊은 농부 영농현장 지원사업	16,000	지도정책과	8	1	7	8	7	1	1	1
203	경기 평택시	장애인체육회 종목별 용구구입	37,000	체육진흥과	8	1	7	8	7	1	1	3
204	경기 평택시	사무용기기 및 물품구입	3,000	체육진흥과	8	1	7	8	7	1	1	3
205	경기 동두천시	시 체육회 전자결재시스템 구축 지원	19,800	문화체육과	8	1	7	8	7	1	1	1
206	경기 동두천시	농작물건조기 등 시범사업	14,000	농업축산위생과	8	4	7	8	7	1	1	4
207	경기 안산시	공적개발원조사업	200,000	신성장전략과	8	4	7	8	7	5	5	3
208	경기 안산시	공동주택 전자투표 소요비용	5,000	주택과	8	1	7	8	7	1	1	1

순번	시군구	지출명 (사업명)	2021년예산 (단위:천원/1년간)	담당자 (공무원) 담당부서	민간이전 분류 (지방자치단체 세출예산 집행기준에 의거) 1. 민간경상사업보조(307-02) 2. 민간단체 법정운영비보조(307-03) 3. 민간행사사업보조(307-04) 4. 민간위탁금(307-05) 5. 사회복지시설 법정운영비보조(307-10) 6. 민간인위탁교육비(307-12) 7. 공기관등에대한경상적위탁사업비(308-10) 8. 민간자본사업보조,자체재원(402-01) 9. 민간자본사업보조,이전재원(402-02) 10. 민간위탁사업비(402-03) 11. 공기관등에 대한 자본적 대행사업비(403-02)	민간이전지출 근거 (지방보조금 관리기준 참고) 1. 법률에 규정 2. 국고보조 재원(국가지정) 3. 용도 지정 기부금 4. 조례에 직접규정 5. 지자체가 권장하는 사업을 하는 공공기관 6. 시,도 정책 및 재정사정 7. 기타 8. 해당없음	입찰방식: 계약체결방법 (경쟁형태) 1. 일반경쟁 2. 제한경쟁 3. 지명경쟁 4. 수의계약 5. 법정위탁 6. 기타 ( ) 7. 해당없음	입찰방식: 계약기간 1. 1년 2. 2년 3. 3년 4. 4년 5. 5년 6. 기타 ( )년 7. 단기계약 (1년미만) 8. 해당없음	입찰방식: 낙찰자선정방법 1. 적격심사 2. 협상에의한계약 3. 최저가낙찰제 4. 규격가격분리 5. 2단계 경쟁입찰 6. 기타 ( ) 7. 해당없음	운영예산 산정: 운영예산 산정 1. 내부산정 (지자체 자체적으로 산정) 2. 외부산정 (외부전문기관위탁 산정) 3. 내·외부 모두 산정 4. 산정 無 5. 해당없음	운영예산 산정: 정산방법 1. 내부정산 (지자체 내부적으로 정산) 2. 외부정산 (외부전문기관위탁 정산) 3. 내·외부 모두 산정 4. 정산 無 5. 해당없음	성과평가 실시여부 1. 실시 2. 미실시 3. 향후 추진 4. 해당없음
209	경기 안산시	유해화학물질 안전시설 교체 개선 지원	60,000	환경정책과	8	1	7	8	7	5	5	4
210	경기 안산시	내집안 주차장 설치 보조금	10,000	교통정책과	8	4	7	8	7	1	1	1
211	경기 안산시	시설채소포장재지원사업	100,000	농업정책과	8	6	7	8	7	5	1	1
212	경기 안산시	포도농가지원사업	424,000	농업정책과	8	6	7	8	7	5	1	1
213	경기 안산시	원예작물 생산시설현대화사업	7,000	농업정책과	8	6	7	8	7	5	1	1
214	경기 안산시	저온저장시설지원	42,000	농업정책과	8	6	7	8	7	5	1	1
215	경기 안산시	다목적농기계 등 지원사업	10,000	농업정책과	8	6	7	8	7	5	1	1
216	경기 안산시	화훼농가포장재 지원사업	21,000	농업정책과	8	6	7	8	7	5	1	1
217	경기 안산시	과수시설현대화 지원사업	25,000	농업정책과	8	6	7	8	7	5	1	1
218	경기 안산시	시 지정 위탁 유기동물 보호소 환경개선 지원사업	30,000	농업정책과	8	1	7	8	7	5	5	4
219	경기 안산시	축사시설 현대화사업	37,200	농업정책과	8	6	7	8	7	1	1	1
220	경기 안산시	과수 새기술보급사업	123,000	농업기술지원과	8	1	7	7	7	1	1	3
221	경기 안산시	도시농업 활성화 추진	12,000	농업기술지원과	8	1	7	7	7	1	1	3
222	경기 안산시	새기술보급시범사업	90,800	농업기술지원과	8	1	7	7	7	1	1	3
223	경기 안산시	대학 내 산학연 협력단지 조성사업	300,000	산업진흥과	8	2	7	8	7	1	1	1
224	경기 안산시	우수공예품 개발비 지원	3,500	기업지원과	8	5	7	8	7	1	1	1
225	경기 안산시	염색단지 백연저감 사업	27,000	산단환경과	8	4	7	8	7	1	1	1
226	경기 안산시	경로당 비품 지원	5,000	상록주민복지과	8	4	7	8	7	1	1	1
227	경기 안산시	경로당 복리후생 물품지원	58,500	상록주민복지과	8	4	7	8	7	5	5	4
228	경기 안산시	농기계(부속작업기), 농업용 소형관정 지원	12,000	상록도시주택과	8	1	7	8	7	1	1	1
229	경기 안산시	경로당 비품지원(신규 및 이전)	5,000	단원주민복지과	8	4	7	8	7	1	1	1
230	경기 안산시	경로당 복리후생 물품 지원	69,500	단원주민복지과	8	4	7	8	7	5	5	4
231	경기 안산시	농업기계화사업 추진	7,500	단원도시주택과	8	1	7	8	7	1	1	1
232	경기 고양시	피프틴 운영지원금	200,000	녹색도시담당관	8	1	6	6	7	3	3	3
233	경기 고양시	시설 염류집적 토양환경 개선 시범	20,000	연구개발과	8	4	7	8	7	5	5	4
234	경기 고양시	원예작물 천적활용 및 자가생산 시범	16,000	연구개발과	8	1	7	8	7	5	5	4
235	경기 고양시	장미 신품종 보급 육성 테스트 베드 시범	48,000	연구개발과	8	1	7	8	7	5	5	4
236	경기 고양시	농산물가공 창업 시범사업	40,000	연구개발과	8	1	7	8	7	5	5	4
237	경기 고양시	고양컨벤션뷰로 운영 지원	3,940	전략산업과	8	4	5	8	7	1	1	4
238	경기 고양시	고양시체육회 사무용품 구입	16,000	체육정책과	8	1	7	8	7	1	1	1
239	경기 고양시	냉난방기 구입	3,500	체육정책과	8	1	7	8	7	1	1	1
240	경기 고양시	고양시장애인체육회 사무용품 구입	3,720	체육정책과	8	1	7	8	7	1	1	1
241	경기 고양시	장애인체육회 활동지원용 차량 구입	39,800	체육정책과	8	1	7	8	7	1	1	1
242	경기 고양시	몽골 고양의 숲 유지관리	80,000	녹지과	8	1	7	8	7	1	1	1
243	경기 고양시	상가 리모델링 지원사업	30,000	도시재생과	8	1	7	8	7	1	1	3
244	경기 과천시	소상공인 환경개선사업	30,000	일자리경제과	8	1	7	8	7	1	1	1
245	경기 과천시	주택태양광지원사업	22,500	일자리경제과	8	4	7	8	7	5	5	4
246	경기 과천시	경로당 환경개선사업	150,000	사회복지과	8	4	7	8	7	1	1	2
247	경기 과천시	농업경쟁력강화	430,000	공원농림과	8	7	7	8	7	1	1	3
248	경기 과천시	공동주택 지원사업	30,000	도시정비과	8	4	7	8	7	5	5	4
249	경기 구리시	새마을 방역용 트럭구입	27,900	소통공보담당관	8	1	7	8	7	1	1	1
250	경기 구리시	코로나19 방역용품 구입	4,464	소통공보담당관	8	1	7	8	7	1	1	1

순번	시군구	지출명 (사업명)	2021년예산 (단위:천원/1년간)	담당자 (공무원)	민간이전 분류 (지방자치단체 세출예산 집행기준에 의거)	민간이전지출 근거 (지방보조금 관리기준 참고)	입찰방식			운영예산 산정		성과평가 실시여부
				담당부서	1. 민간경상사업보조(307-02) 2. 민간단체 법정운영비보조(307-03) 3. 민간행사사업보조(307-04) 4. 민간위탁금(307-05) 5. 사회복지시설 법정운영비보조(307-10) 6. 민간인위탁교육비(307-12) 7. 공기관등에대한경상적위탁사업비(308-10) 8. 민간자본사업보조,자체재원(402-01) 9. 민간자본사업보조,이전재원(402-02) 10. 민간위탁사업비(402-03) 11. 공기관등에 대한 자본적 대행사업비(403-02)	1. 법률에 규정 2. 국고보조 재원(국가지정) 3. 용도 지정 기부금 4. 조례에 직접규정 5. 지자체가 권장하는 사업을 하는 공공기관 6. 시,도 정책 및 재정사정 7. 기타 8. 해당없음	계약체결방법 (경쟁형태) 1. 일반경쟁 2. 제한경쟁 3. 지명경쟁 4. 수의계약 5. 법정위탁 6. 기타 ( ) 7. 해당없음	계약기간 1. 1년 2. 2년 3. 3년 4. 4년 5. 5년 6. 기타 ( )년 7. 단기계약 (1년미만) 8. 해당없음	낙찰자선정방법 1. 적격심사 2. 협상에의한계약 3. 최저가낙찰제 4. 규격가격분리 5. 2단계 경쟁입찰 6. 기타 ( ) 7. 해당없음	운영예산 산정 1. 내부산정 (지자체 자체적으로 산정) 2. 외부산정 (외부전문기관위탁 산정) 3. 내·외부 모두 산정 4. 산정 無 5. 해당없음	정산방법 1. 내부정산 (지자체 내부적으로 정산) 2. 외부정산 (외부전문기관위탁 정산) 3. 내·외부 모두 산정 4. 정산 無 5. 해당없음	1. 실시 2. 미실시 3. 향후 추진 4. 해당없음
251	경기 구리시	적십자 컴퓨터 구입	1,340	소통공보담당관	8	1	7	8	7	1	1	1
252	경기 구리시	노인단체 지방보조금 지원	40,000	노인장애인복지과	8	1	7	8	7	1	1	4
253	경기 구리시	장애인생활이동센터 운영 추가지원	30,429	노인장애인복지과	8	4	7	8	7	1	1	4
254	경기 구리시	(사)경기도여성단체협의회구리시지회 사무기기구입	3,720	여성가족과	8	1	5	8	7	5	1	4
255	경기 구리시	아침생활체육교실 이동식음향장비 구입	2,604	평생학습과	8	6	7	1	7	1	1	4
256	경기 구리시	택시산업 활성화 추진사업 지원	60,000	교통행정과	8	1	7	8	7	1	1	4
257	경기 오산시	도시가스 수요가 부담지원	300,750	지역경제과	8	4	7	8	7	1	1	1
258	경기 오산시	미니태양광설치지원사업	7,236	지역경제과	8	4	7	8	7	1	1	1
259	경기 오산시	공공형 어린이집 환경개선비 지원	10,000	가족보육과	8	1	7	8	7	1	1	1
260	경기 오산시	공공형 어린이집 교육물품비 지원	3,000	가족보육과	8	1	7	8	7	1	1	1
261	경기 오산시	공동주택보조사업지원금	20,000	주택과	8	4	7	8	7	1	1	4
262	경기 군포시	소규모 공동주택보조금 지원	440,000	건축과	8	4	7	8	7	1	1	4
263	경기 군포시	공동주택보조금지원	500,000	건축과	8	4	7	8	7	5	5	4
264	경기 군포시	소규모기업 작업환경 개선사업	10,000	일자리기업과	8	1	7	8	7	1	1	1
265	경기 군포시	주택지원사업	30,000	지역경제과	8	1	7	8	7	1	1	1
266	경기 군포시	축산농가 톱밥구입비 지원	10,000	지역경제과	8	6	7	8	7	1	1	4
267	경기 군포시	양봉 농가지원	5,000	지역경제과	8	6	7	8	7	1	1	4
268	경기 군포시	노인 무료급식지원	11,000	사회복지과	8	4	7	8	7	1	1	1
269	경기 군포시	어린이집 환경개선비	119,086	여성가족과	8	1	6	5	6	1	1	1
270	경기 군포시	다함께돌봄센터 기자재비 추가 지원	20,000	청소년청년정책과	8	4	7	8	7	1	1	4
271	경기 군포시	경로당 운영물품 지원	30,000	복지과	8	7	7	8	7	5	5	4
272	경기 군포시	농산물출하 포장재 지원공급	30,000	특화사업과	8	7	7	8	7	1	1	4
273	경기 군포시	보리재배단지 시범포 조성	5,000	특화사업과	8	7	7	8	7	1	1	4
274	경기 군포시	일반농가 및 작목반 농기계 지원	10,000	특화사업과	8	7	7	8	7	1	1	4
275	경기 군포시	자율방범대 차량지원	35,000	자치분권과	8	4	7	8	7	1	1	1
276	경기 하남시	공동주택 보조금 지원사업	26,534	주택과	8	1	7	8	7	1	1	4
277	경기 하남시	근로자 복지시설 설치	120,000	일자리경제과	8	4	7	8	7	5	5	4
278	경기 하남시	녹색건축물 조성비용지원	100,000	도시재생과	8	4	7	8	7	1	1	3
279	경기 하남시	내집앞 주차장 보조사업	10,000	교통정책과	8	4	7	8	7	1	1	4
280	경기 하남시	위패 및 위패함 교체	10,000	문화체육과	8	7	4	7	1	1	1	2
281	경기 하남시	경로당 급식 및 환경개선 사업	16,319	노인장애인복지과	8	6	7	8	7	1	1	1
282	경기 용인시	채소특작 환경제어 기술보급 시범	1,500	기술지원과	8	6	7	8	7	1	1	4
283	경기 용인시	시설채소 기능성 유기비료 활용 시범	4,500	기술지원과	8	6	7	8	7	1	1	4
284	경기 용인시	장애인직업재활시설 장비보강	10,000	장애인복지과	8	1	7	8	7	1	1	4
285	경기 용인시	틈새작목 안정생산 기술 시범	12,000	기술지원과	8	6	7	8	7	1	1	4
286	경기 용인시	화훼 생력화 관리모델 시범	12,000	기술지원과	8	6	7	8	7	1	1	4
287	경기 용인시	발효사료 품질 향상 시범	12,000	기술지원과	8	6	7	8	7	1	1	4
288	경기 용인시	장애인주택 개조사업	15,200	주택과	8	4	7	8	7	1	1	4
289	경기 용인시	공공형어린이집 환경개선사업	20,000	아동보육과	8	4	7	8	7	1	1	1
290	경기 용인시	느티나무도서관 운영지원	20,000	도서관정책과	8	6	7	8	7	1	1	4
291	경기 용인시	화훼 재배환경 개선기술 시범	24,000	기술지원과	8	6	7	8	7	1	1	4
292	경기 용인시	생산비 절감 드문모심기 재배기술 시범	30,000	기술지원과	8	6	7	8	7	1	1	4

순번	시군구	지출명 (사업명)	2021년예산 (단위:천원/1년간)	담당자 (공무원) 담당부서	민간이전 분류 (지방자치단체 세출예산 집행기준에 의거) 1. 민간경상사업보조(307-02) 2. 민간단체 법정운영비보조(307-03) 3. 민간행사사업보조(307-04) 4. 민간위탁금(307-05) 5. 사회복지시설 법정운영비보조(307-10) 6. 민간인위탁교육비(307-12) 7. 공기관등에대한경상적위탁사업비(308-10) 8. 민간자본사업보조,자체재원(402-01) 9. 민간자본사업보조,이전재원(402-02) 10. 민간위탁사업비(402-03) 11. 공기관등에 대한 자본적 대행사업비(403-02)	민간이전지출 근거 (지방보조금 관리기준 참고) 1. 법률에 규정 2. 국고보조 재원(국가지정) 3. 용도 지정 기부금 4. 조례에 직접규정 5. 지자체가 권장하는 사업을 하는 공공기관 6. 시,도 정책 및 재정사정 7. 기타 8. 해당없음	입찰방식 계약체결방법 (경쟁형태) 1. 일반경쟁 2. 제한경쟁 3. 지명경쟁 4. 수의계약 5. 법정위탁 6. 기타 ( ) 7. 해당없음	입찰방식 계약기간 1. 1년 2. 2년 3. 3년 4. 4년 5. 5년 6. 기타 ( )년 7. 단기계약 (1년미만) 8. 해당없음	입찰방식 낙찰자선정방법 1. 적격심사 2. 협상에의한계약 3. 최저가낙찰제 4. 규격가격분리 5. 2단계 경쟁입찰 6. 기타 ( ) 7. 해당없음	운영예산 산정 운영예산 산정 1. 내부산정 (지자체 자체적으로 산정) 2. 외부산정 (외부전문기관위탁 산정) 3. 내·외부 모두 산정 4. 산정 無 5. 해당없음	운영예산 산정 정산방법 1. 내부정산 (지자체 내부적으로 정산) 2. 외부정산 (외부전문기관위탁 정산) 3. 내·외부 모두 산정 4. 정산 無 5. 해당없음	성과평가 실시여부 1. 실시 2. 미실시 3. 향후 추진 4. 해당없음
293	경기 용인시	과채류 안정생산 기술보급 시범	30,000	기술지원과	8	6	7	8	7	1	1	4
294	경기 용인시	고품질 화훼생산 베드시설 시범	30,000	기술지원과	8	6	7	8	7	1	1	4
295	경기 용인시	농작업 생력화기계 지원	31,680	기술지원과	8	6	7	8	7	1	1	4
296	경기 용인시	지곡2통 경로당 환경개선사업	40,000	기흥구 가정복지과	8	4	7	8	7	1	1	2
297	경기 용인시	수박 비파괴 당도측정 선별기술 시범	59,400	기술지원과	8	6	7	8	7	1	1	4
298	경기 용인시	품목별 단체별 경쟁력제고사업	60,000	자원육성과	8	1	7	8	7	1	1	4
299	경기 용인시	청년농업인 맞춤형 지원	80,000	자원육성과	8	1	7	8	7	5	5	4
300	경기 용인시	녹색건축물 조성지원	100,000	건축과	8	4	7	7	7	5	5	4
301	경기 용인시	경로당 환경개선사업	150,000	기흥구 가정복지과	8	4	7	8	7	1	1	1
302	경기 용인시	백옥쌀 GAP 생산단지 육성	336,000	기술지원과	8	6	7	8	7	5	5	4
303	경기 용인시	경로당 환경개선사업	420,000	처인구청 사회복지과	8	4	7	8	7	1	1	3
304	경기 용인시	모현건강증진형보건지소 증축 공사	1,030,692	처인구보건소 보건정책과	8	2	7	8	7	5	5	4
305	경기 용인시	공동주택 지원	15,000	주택과	8	1	7	8	7	5	5	4
306	경기 파주시	축산업경쟁력강화	8,000	동물자원과	8	7	7	8	7	5	5	4
307	경기 파주시	축산업경쟁력강화	12,000	동물자원과	8	7	7	8	7	5	5	4
308	경기 파주시	축산업경쟁력강화	30,000	동물자원과	8	7	7	8	7	5	5	4
309	경기 파주시	깨끗하고아름다운농장가꾸기	10,000	동물자원과	8	7	7	8	7	5	5	4
310	경기 파주시	작은도서관활성화지원	8,500	교하도서관	8	4	7	7	7	1	1	1
311	경기 파주시	작은도서관 운영활성화	10,650	교육지원과	8	1	7	8	7	1	1	1
312	경기 파주시	웰빙농산물 품질향상 기술 보급	6,000	스마트농업과	8	1	6	8	7	5	5	4
313	경기 파주시	고품질 파주장단콩 생산 지원	100,000	스마트농업과	8	1	6	8	7	5	5	4
314	경기 파주시	시설하우스 화재알림시설 지원	80,000	스마트농업과	8	6	6	8	7	5	5	4
315	경기 파주시	친환경 파주개성인삼 재배단지 육성	64,000	스마트농업과	8	7	6	8	7	5	5	4
316	경기 파주시	파주개성인삼 도난방지시스템 설치	20,000	스마트농업과	8	7	6	8	7	5	5	4
317	경기 파주시	인삼재배지 객토지원	100,000	스마트농업과	8	7	6	8	7	5	5	4
318	경기 파주시	사회적기업 육성·지원	30,000	도시재생과	8	4	7	8	7	1	1	4
319	경기 파주시	마을회관 유지관리	480,990	도시재생과	8	1	7	8	7	1	1	4
320	경기 이천시	자율방범대 차량구입비	60,000	자치행정과	8	4	7	8	7	1	1	1
321	경기 이천시	빈집정비 사업	141,000	주택과	8	8	7	8	7	1	1	1
322	경기 이천시	공동주택 지원	21,000	주택과	8	1	7	8	7	1	1	1
323	경기 이천시	보훈단체 집기구입	1,500	복지정책과	8	4	7	8	7	1	1	1
324	경기 이천시	경로당 설치 지원	150,000	노인장애인과	8	1	7	7	7	1	1	2
325	경기 이천시	경로당물품 지원	187,500	노인장애인과	8	1	7	7	7	1	1	2
326	경기 이천시	휠체어 운송차량 구입 지원	52,000	노인장애인과	8	1	7	7	7	1	1	1
327	경기 이천시	국공립어린이집 환경개선비 지원	18,000	아동보육과	8	2	7	8	7	5	5	1
328	경기 이천시	우수공예품개발 육성 지원	30,000	문예관광과	8	4	7	8	7	1	1	1
329	경기 이천시	태양광	40,000	기업지원과	8	4	7	8	7	1	1	1
330	경기 이천시	지열+태양열	10,000	기업지원과	8	4	7	8	7	1	1	1
331	경기 이천시	농촌폐비닐 공동집하장 확충지원	20,000	자원관리과	8	2	4	1	2	1	1	4
332	경기 이천시	시공영버스 구입지원	594,000	교통행정과	8	6	7	8	7	1	1	4
333	경기 이천시	도시형교통모델(공공형 버스) 지원 사업	638,000	교통행정과	8	2	7	8	7	5	5	4
334	경기 이천시	내 집앞 주차장조성 지원사업	7,500	교통행정과	8	1	7	8	7	3	1	4

순번	시군구	지출명 (사업명)	2021년예산 (단위:천원/1년간)	담당자 (공무원)	민간이전 분류 (지방자치단체 세출예산 집행기준에 의거)	민간이전지출 근거 (지방보조금 관리기준 참고)	입찰방식			운영예산 산정		성과평가 실시여부
				담당부서	1. 민간경상사업보조(307-02) 2. 민간단체 법정운영비보조(307-03) 3. 민간행사사업보조(307-04) 4. 민간위탁금(307-05) 5. 사회복지시설 법정운영비보조(307-10) 6. 민간인위탁교육비(307-12) 7. 공기관등에대한경상적위탁사업비(308-10) 8. 민간자본사업보조,자체재원(402-01) 9. 민간자본사업보조,이전재원(402-02) 10. 민간위탁사업비(402-03) 11. 공기관등에 대한 자본적 대행사업비(403-02)	1. 법률에 규정 2. 국고보조 재원(국가지정) 3. 용도 지정 기부금 4. 조례에 직접규정 5. 지자체가 권장하는 사업을 하는 공공기관 6. 시,도 정책 및 재정사정 7. 기타 8. 해당없음	계약체결방법 (경쟁형태) 1. 일반경쟁 2. 제한경쟁 3. 지명경쟁 4. 수의계약 5. 법정위탁 6. 기타 ( ) 7. 해당없음	계약기간 1. 1년 2. 2년 3. 3년 4. 4년 5. 5년 6. 기타 ( )년 7. 단기계약 (1년미만) 8. 해당없음	낙찰자선정방법 1. 적격심사 2. 협상에의한계약 3. 최저가낙찰제 4. 규격가격분리 5. 2단계 경쟁입찰 6. 기타 ( ) 7. 해당없음	운영예산 산정 1. 내부산정 (지자체 자체적으로 산정) 2. 외부산정 (외부전문기관위탁 산정) 3. 내·외부 모두 산정 4. 산정 無 5. 해당없음	정산방법 1. 내부정산 (지자체 내부적으로 정산) 2. 외부정산 (외부전문기관위탁 정산) 3. 내·외부 모두 산정 4. 정산 無 5. 해당없음	1. 실시 2. 미실시 3. 향후 추진 4. 해당없음
335	경기 이천시	벼 육묘장 환기시설(몽골형태) 지원	30,000	농업정책과	8	6	7	8	7	5	5	4
336	경기 이천시	시설채소 포장재 지원	40,800	농업정책과	8	4	7	8	7	5	5	4
337	경기 이천시	화훼재배용 친환경 상토지원	30,000	농업정책과	8	4	7	8	7	5	5	4
338	경기 이천시	수리계 수리시설관리 지원사업	20,000	농업정책과	8	7	7	8	1	1	1	4
339	경기 이천시	젖소 고능력우 정액 지원	32,430	축산과	8	2	7	8	7	5	5	4
340	경기 이천시	양봉시설 현대화 지원	30,000	축산과	8	6	7	8	7	5	5	4
341	경기 이천시	가축분뇨 악취저감시설 지원	63,000	축산과	8	6	7	8	7	5	1	4
342	경기 이천시	방역여건개선	175,000	축산과	8	6	7	8	7	5	5	4
343	경기 이천시	소열화 처리기설치 지원	150,000	축산과	8	6	7	8	7	5	5	4
344	경기 이천시	길항균 및 유용미생물 이용 인삼 안전생산기술 시범	12,000	기술보급과	8	1	7	8	7	5	5	1
345	경기 이천시	친환경 병해충 방제 시범	6,000	기술보급과	8	1	7	8	7	5	5	1
346	경기 이천시	민달팽이 기피효과 이용 친환경 방제 시범	6,000	기술보급과	8	1	7	8	7	5	5	1
347	경기 이천시	원예 시설환경개선 시범	72,000	기술보급과	8	1	7	8	7	5	5	1
348	경기 이천시	노지채소 안정생산 시범	27,000	기술보급과	8	1	7	8	7	5	5	1
349	경기 이천시	과수 생력화 재배를 위한 병해충방제 시스템 구축	15,000	연구개발과	8	2	7	8	7	5	5	4
350	경기 이천시	체육회 사무국,생활체육지도자 사무기기 지원	7,500	체육지원센터	8	4	7	8	7	1	1	1
351	경기 이천시	장애인체육회 사무기기 지원	4,500	체육지원센터	8	4	7	8	7	1	1	1
352	경기 시흥시	여성친화기업 근무환경개선	16,000	일자리총괄과	8	1	7	8	7	5	5	4
353	경기 시흥시	소규모 상권환경 개선사업	90,000	소상공인과	8	4	7	8	7	1	1	1
354	경기 시흥시	소규모 점포 시설개선 지원	75,000	소상공인과	8	4	7	8	7	1	1	1
355	경기 시흥시	소규모 기업환경 개선사업	1,060,980	기업지원과	8	2	7	8	7	1	1	1
356	경기 시흥시	이공분야 대학중점연구소 지원	20,000	기업지원과	8	8	7	8	7	1	1	1
357	경기 시흥시	중소기업근로환경 개선사업	100,000	기업지원과	8	4	7	8	7	1	1	1
358	경기 시흥시	시흥문화원 차량 구입	45,000	문화예술과	8	1	7	8	7	5	5	4
359	경기 시흥시	시흥시체육회 물품(PC) 구입 지원	9,600	체육진흥과	8	6	7	8	7	1	1	1
360	경기 시흥시	자율방범대 기능보강	175,600	시민안전과	8	4	7	8	7	1	1	4
361	경기 시흥시	종합사회복지관 기능보강	129,000	복지정책과	8	1	6	8	6	1	1	4
362	경기 시흥시	노인회 업무용 차량 구입지원	47,680	노인복지과	8	1	5	8	1	1	1	3
363	경기 시흥시	공동주택 승강기 에너지효율 개선사업	37,600	환경정책과	8	7	7	8	7	5	5	4
364	경기 시흥시	공동주택 보조금 지원	600,000	주택과	8	6	7	8	7	5	5	4
365	경기 시흥시	농기계 구입비 지원	130,000	농업정책과	8	6	7	8	7	5	5	4
366	경기 시흥시	어구 구입 지원	25,000	축수산과	8	1	7	8	7	1	1	1
367	경기 시흥시	소득작목 경쟁력제고 시범사업	60,000	농업기술과	8	4	7	8	7	5	5	4
368	경기 여주시	자율방범대 순찰차량 구입	20,000	시민소통담당관	8	4	7	8	7	1	1	1
369	경기 여주시	물품지원	880	복지행정과	8	4	7	8	7	5	5	4
370	경기 여주시	물품지원	720	복지행정과	8	4	7	8	7	5	5	4
371	경기 여주시	지역아동센터 물품구입 및 지원	36,000	여성가족과	8	1	7	8	7	5	5	4
372	경기 여주시	여강길 운영차량 구입	35,000	관광체육과	8	4	6	3	6	1	1	3
373	경기 여주시	한옥 건축,수선 등의 지원	15,000	허가건축과	8	4	7	8	7	5	5	4
374	경기 여주시	공동주택보수지원	210,000	허가건축과	8	4	7	8	7	5	5	4
375	경기 여주시	공동주택 가로등(보안등) 전기요금 지원	25,000	허가건축과	8	4	7	8	7	5	5	4
376	경기 여주시	빈집 철거 비용 지원	90,000	허가건축과	8	1	7	8	7	5	5	4

순번	시군구	지출명 (사업명)	2021년예산 (단위:천원/1년간)	담당자 (공무원)	민간이전 분류 (지방자치단체 세출예산 집행기준에 의거)	민간이전지출 근거 (지방보조금 관리기준 참고)	입찰방식			운영예산 산정		성과평가 실시여부
				담당부서	1. 민간경상사업보조(307-02) 2. 민간단체 법정운영비보조(307-03) 3. 민간행사사업보조(307-04) 4. 민간위탁금(307-05) 5. 사회복지시설 법정운영비보조(307-10) 6. 민간인위탁교육비(307-12) 7. 공기관등에대한경상적위탁사업비(308-10) 8. 민간자본사업보조,자체재원(402-01) 9. 민간자본사업보조,이전재원(402-02) 10. 민간위탁사업비(402-03) 11. 공기관등에 대한 자본적 대행사업비(403-02)	1. 법률에 규정 2. 국고보조 재원(국가지정) 3. 용도 지정 기부금 4. 조례에 직접규정 5. 지자체가 권장하는 사업을 하는 공공기관 6. 시,도 정책 및 재정사정 7. 기타 8. 해당없음	계약체결방법 (경쟁형태) 1. 일반경쟁 2. 제한경쟁 3. 지명경쟁 4. 수의계약 5. 법정위탁 6. 기타 ( ) 7. 해당없음	계약기간 1. 1년 2. 2년 3. 3년 4. 4년 5. 5년 6. 기타 ( )년 7. 단기계약 (1년미만) 8. 해당없음	낙찰자선정방법 1. 적격심사 2. 협상에의한계약 3. 최저가낙찰제 4. 규격가격분리 5. 2단계 경쟁입찰 6. 기타 ( ) 7. 해당없음	운영예산 산정 1. 내부산정 (지자체 자체적으로 산정) 2. 외부산정 (외부전문기관위탁 산정) 3. 내·외부 모두 산정 4. 산정 無 5. 해당없음	정산방법 1. 내부정산 (지자체 내부적으로 정산) 2. 외부정산 (외부전문기관위탁 정산) 3. 내·외부 모두 산정 4. 정산 無 5. 해당없음	1. 실시 2. 미실시 3. 향후 추진 4. 해당없음
377	경기 여주시	농촌교육농장 체험학습공간 조성	15,000	기술기획과	8	4	7	8	7	5	5	4
378	경기 여주시	제초제 살포 생력화 시범사업	12,600	기술보급과	8	1	7	8	7	5	5	4
379	경기 여주시	벼 병해충 방제 효율화 시범	7,000	기술보급과	8	1	7	8	7	5	5	4
380	경기 여주시	벼 종자증식포 운영 시범	50,000	기술보급과	8	1	7	8	7	5	5	4
381	경기 여주시	참외 고온저감 환경개선 시범	25,000	기술보급과	8	1	7	8	7	5	5	4
382	경기 여주시	딸기 고설재배 기반조성 시범	30,000	기술보급과	8	1	7	8	7	5	5	4
383	경기 여주시	젖소 저온살균 초유 안정생산기반 조성 시범	10,000	기술보급과	8	1	7	8	7	5	5	4
384	경기 여주시	한우 사료효율 향상 질병예방 시범	15,000	기술보급과	8	1	7	8	7	5	5	4
385	경기 여주시	맞춤액비 활용 고품질 농산물 생산기술 보급 시범	32,000	기술보급과	8	1	7	8	7	5	5	4
386	경기 여주시	양돈 번식률 향상기술 보급 시범	11,000	기술보급과	8	1	7	8	7	5	5	4
387	경기 여주시	가금류 분뇨처리 생력화기술 시범	16,500	기술보급과	8	1	7	8	7	5	5	4
388	경기 여주시	곤충(꿀벌) 친환경 안전생산 기초기반 조성시범	21,000	기술보급과	8	1	7	8	7	5	5	4
389	경기 여주시	여왕벌 스마트 생체정보관리 시스템 보급 시범	10,000	기술보급과	8	1	7	8	7	5	5	4
390	경기 김포시	녹색건축물 조성 지원 사업	20,000	건축과	8	4	7	8	7	1	1	1
391	경기 김포시	벼 품질향상을 위한 건조 기술 시범	50,000	기술지원과	8	6	7	8	7	1	1	1
392	경기 김포시	노동력 절감을 위한 벼 직파재배 시범	9,000	기술지원과	8	6	7	8	7	1	1	1
393	경기 김포시	이상기후 대응 시설채소 환경개선 시범	9,000	기술지원과	8	6	7	8	7	1	1	1
394	경기 김포시	이상기후 대응 화훼재배 환경개선 시범	12,000	기술지원과	8	6	7	8	7	1	1	1
395	경기 김포시	소비 다변화 대응 신소득 채소류 발굴 시범	6,000	기술지원과	8	6	7	8	7	1	1	1
396	경기 김포시	고추 부직포 막덮기 활용 안정생산 시범	12,000	기술지원과	8	6	7	8	7	1	1	1
397	경기 김포시	화훼재배 수질환경개선 시범	9,000	기술지원과	8	6	7	8	7	1	1	1
398	경기 김포시	미세먼지 신호등 설치	40,000	기후에너지과	8	6	7	8	7	5	5	4
399	경기 김포시	김포시 새마을회 지원	30,000	주민협치담당관	8	4	7	8	7	5	5	4
400	경기 김포시	살기 좋은 마을만들기	9,000	주민협치담당관	8	4	7	8	7	1	1	3
401	경기 김포시	시설 개보수 사업비 지원	430,000	주택과	8	4	7	8	7	1	1	1
402	경기 김포시	장애인체육회 육성지원	16,295	체육과	8	1	7	8	7	1	1	1
403	경기 김포시	가금농가 폐사가축 냉동보관시설 지원	33,000	축수산과	8	1	7	8	7	1	1	2
404	경기 김포시	태4리마을회관재건축	28,425	환경과	8	2	7	8	7	5	5	4
405	경기 김포시	민주평화통일자문회의 지원	2,600	행정과	8	4	7	8	7	1	1	1
406	경기 화성시	어선 그린뉴딜 지원	100,000	해양수산과	8	6	7	8	7	5	5	1
407	경기 화성시	해조류 특산품 가공시설 지원	20,000	해양수산과	8	1	7	8	7	1	1	3
408	경기 화성시	현충시설(옛수촌교회)화장실 리모델링공사	45,000	문화유산과	8	4	7	8	7	5	5	4
409	경기 화성시	현충시설(옛수촌교회)화장실 리모델링공사	45,000	문화유산과	8	4	7	8	7	5	5	4
410	경기 화성시	장애인체육보급및활성화지원	7,000	체육진흥과	8	1	7	8	7	3	1	1
411	경기 화성시	농산물가공 창업 시범	40,000	기술개발과	8	6	7	8	7	1	1	4
412	경기 화성시	농업인 가공사업장 시설장비 개선	50,000	기술개발과	8	6	7	8	7	1	1	4
413	경기 화성시	식량작물 종자 생산기반 단지조성 시범	200,000	기술개발과	8	6	7	8	7	1	1	4
414	경기 화성시	경기도형 잡곡 종자 생산시범	8,000	기술개발과	8	6	7	8	7	1	1	4
415	경기 화성시	친환경농업 신기술보급	80,000	기술개발과	8	2	7	8	7	1	1	4
416	경기 화성시	친환경농업 신기술보급	48,000	기술개발과	8	6	7	8	7	1	1	4
417	경기 화성시	농업신기술시범(축산)	20,000	기술개발과	8	2	7	8	7	1	1	4
418	경기 화성시	축산새기술보급	64,000	기술개발과	8	6	7	8	7	1	1	4

순번	시군구	지출명 (사업명)	2021년예산 (단위:천원/1년간)	담당자 (공무원) 담당부서	민간이전 분류 (지방자치단체 세출예산 집행기준에 의거) 1. 민간경상사업보조(307-02) 2. 민간단체 법정운영비보조(307-03) 3. 민간행사사업보조(307-04) 4. 민간위탁금(307-05) 5. 사회복지시설 법정운영비보조(307-10) 6. 민간인위탁교육비(307-12) 7. 공기관등에대한경상적위탁사업비(308-10) 8. 민간자본사업보조,자체재원(402-01) 9. 민간자본사업보조,이전재원(402-02) 10. 민간위탁사업비(402-03) 11. 공기관등에 대한 자본적 대행사업비(403-02)	민간이전지출 근거 (지방보조금 관리기준 참고) 1. 법률에 규정 2. 국고보조 재원(국가지정) 3. 용도 지정 기부금 4. 조례에 직접규정 5. 지자체가 권장하는 사업을 하는 공공기관 6. 시,도 정책 및 재정사정 7. 기타 8. 해당없음	입찰방식 계약체결방법 (경쟁형태) 1. 일반경쟁 2. 제한경쟁 3. 지명경쟁 4. 수의계약 5. 법정위탁 6. 기타 ( ) 7. 해당없음	입찰방식 계약기간 1. 1년 2. 2년 3. 3년 4. 4년 5. 5년 6. 기타 ( )년 7. 단기계약 (1년미만) 8. 해당없음	입찰방식 낙찰자선정방법 1. 적격심사 2. 협상에의한계약 3. 최저가낙찰제 4. 규격가격분리 5. 2단계 경쟁입찰 6. 기타 ( ) 7. 해당없음	운영예산 산정 운영예산 산정 1. 내부산정 (지자체 자체적으로 산정) 2. 외부산정 (외부전문기관위탁 산정) 3. 내·외부 모두 산정 4. 산정 無 5. 해당없음	운영예산 산정 정산방법 1. 내부정산 (지자체 내부적으로 정산) 2. 외부정산 (외부전문기관위탁 정산) 3. 내·외부 모두 산정 4. 정산 無 5. 해당없음	성과평가 실시여부 1. 실시 2. 미실시 3. 향후 추진 4. 해당없음
419	경기 화성시	포도 스마트팜 확산 시범	40,000	기술보급과	8	6	7	8	7	5	5	4
420	경기 화성시	아스파라거스 수확 후 관리기술 시범	14,000	기술보급과	8	6	7	8	7	5	5	4
421	경기 화성시	기능성 멜론 소규모 재배농가 육성 시범	14,000	기술보급과	8	6	7	8	7	5	5	4
422	경기 화성시	로컬푸드 연중생산체계 구축 사업	126,480	농식품유통과	8	4	7	8	7	5	5	4
423	경기 화성시	농촌체험휴양마을 시설 지원	20,000	농식품유통과	8	1	7	8	7	5	5	4
424	경기 화성시	농촌체험농가 시설 지원	45,000	농식품유통과	8	1	7	8	7	5	5	4
425	경기 화성시	화성송산포도 경쟁력 향상 시설지원사업	150,000	농식품유통과	8	1	7	8	7	1	1	1
426	경기 화성시	녹물 없는 우리집 수도관 개량지원	361,440	맑은물시설과	8	4	7	8	7	1	1	4
427	경기 화성시	소공인 작업환경 개선사업 지원	502,000	소상공인과	8	1	7	8	7	1	1	3
428	경기 화성시	점포환경개선	60,000	소상공인과	8	6	4	1	7	1	4	3
429	경기 화성시	공동주택 지원사업	1,100,000	주택과	8	1	7	8	7	1	1	1
430	경기 화성시	농어촌 빈집정비사업	20,000	주택과	8	1	7	8	7	1	1	1
431	경기 화성시	조사료생산용 기계장비지원(개별농가)	5,500	축산과	8	6	7	8	7	1	1	3
432	경기 화성시	축사시설 자동화 사업	42,000	축산과	8	6	7	8	7	1	1	3
433	경기 화성시	가축분뇨 정화처리시설 지원사업	15,000	축산과	8	6	7	8	7	1	1	3
434	경기 화성시	경로당 물품 지원	346,371	노인복지과	8	4	7	8	7	5	5	4
435	경기 화성시	경로당 및 마을회관 유지보수 지원	1,246	노인복지과	8	4	7	8	7	5	5	4
436	경기 화성시	경비실 미니태양광 보급 시범사업	31,356	신재생에너지과	8	4	6	8	6	1	1	3
437	경기 화성시	도시가스 공급 취약지역 지원사업	8,000	신재생에너지과	8	4	7	8	7	5	5	4
438	경기 화성시	친환경 생산단지 육성 지원	600,000	농업정책과	8	1	7	8	7	5	5	4
439	경기 화성시	경로당 유지보수사업	93,881	남양읍	8	4	7	8	7	5	5	4
440	경기 화성시	경로당 물품지원사업	24,864	남양읍	8	4	7	8	7	5	5	4
441	경기 화성시	경로당(마을회관) 시설 지원	5,182	병점1동	8	1	7	8	7	1	1	1
442	경기 화성시	경로당 물품 지원	17,136	병점1동	8	1	7	8	7	1	1	1
443	경기 광주시	자율방재단 활동장비 지원	8,800	안전총괄과	8	4	7	8	7	5	5	1
444	경기 광주시	자율방재단 예찰장비 지원	32,000	안전총괄과	8	4	7	8	7	5	5	1
445	경기 광주시	노후 소규모 공동주택 유지관리 지원사업	48,000	건축과	8	1	7	8	7	5	5	4
446	경기 광주시	농산물저온저장고	313,617	농업정책과	8	7	7	8	7	5	5	4
447	경기 광주시	농산물건조기	12,600	농업정책과	8	7	7	8	7	5	5	4
448	경기 광주시	고추비가림하우스 비닐교체	7,500	농업정책과	8	7	7	8	7	5	5	4
449	경기 광주시	시설하우스 비닐교체	32,500	농업정책과	8	7	7	8	7	5	5	4
450	경기 광주시	선별장 설치	4,063	농업정책과	8	7	7	8	7	5	5	4
451	경기 광주시	냉온풍기 설치	7,500	농업정책과	8	7	7	8	7	5	5	4
452	경기 광주시	행정·축협 협력사업	20,000	농업정책과	8	7	7	8	7	5	5	4
453	경기 광주시	축산소득원개발	9,000	농업지원과	8	1	7	8	7	5	5	4
454	경기 광주시	농작업 환경개선 사업	24,000	농업지원과	8	1	7	8	7	5	5	4
455	경기 광주시	농업인단체 운용 지원	10,000	농업지원과	8	4	7	8	7	5	5	4
456	경기 광주시	친환경 무농약쌀 생산단지 육성시범	172,501	농업기술과	8	7	7	8	7	1	1	1
457	경기 광주시	벼 무인헬기 항공방제 시범	16,453	농업기술과	8	7	7	8	7	1	1	1
458	경기 광주시	친환경 벼 포트육묘 재배기술 시범	45,768	농업기술과	8	7	7	8	7	5	5	4
459	경기 광주시	시설토마토(무농약, GAP) 착과증진 수정벌 보급	18,000	농업기술과	8	7	7	8	7	5	5	1
460	경기 광주시	시설하우스 문제병해충 방제기술 보급시범	30,000	농업기술과	8	7	7	8	7	5	5	1

순번	시군구	지출명 (사업명)	2021년예산 (단위:천원/1년간)	담당자 (공무원)	민간이전 분류 (지방자치단체 세출예산 집행기준에 의거)	민간이전지출 근거 (지방보조금 관리기준 참고)	입찰방식			운영예산 산정		성과평가 실시여부
				담당부서	1. 민간경상사업보조(307-02) 2. 민간단체 법정운영비보조(307-03) 3. 민간행사사업보조(307-04) 4. 민간위탁금(307-05) 5. 사회복지시설 법정운영비보조(307-10) 6. 민간인위탁교육비(307-12) 7. 공기관등에대한경상적위탁사업비(308-10) 8. 민간자본사업보조,자체재원(402-01) 9. 민간자본사업보조,이전재원(402-02) 10. 민간위탁사업비(402-03) 11. 공기관등에 대한 자본적 대행사업비(403-02)	1. 법률에 규정 2. 국고보조 재원(국가지정) 3. 용도 지정 기부금 4. 조례에 직접규정 5. 지자체가 권장하는 사업을 하는 공공기관 6. 시,도 정책 및 재정사정 7. 기타 8. 해당없음	계약체결방법 (경쟁형태) 1. 일반경쟁 2. 제한경쟁 3. 지명경쟁 4. 수의계약 5. 법정위탁 6. 기타 ( ) 7. 해당없음	계약기간 1. 1년 2. 2년 3. 3년 4. 4년 5. 5년 6. 기타 ( )년 7. 단기계약 (1년미만) 8. 해당없음	낙찰자선정방법 1. 적격심사 2. 협상에의한계약 3. 최저가낙찰제 4. 규격가격분리 5. 2단계 경쟁입찰 6. 기타 ( ) 7. 해당없음	운영예산 산정 1. 내부산정 (지자체 자체적으로 산정) 2. 외부산정 (외부전문기관위탁 산정) 3. 내·외부 모두 산정 4. 산정 無 5. 해당없음	정산방법 1. 내부정산 (지자체 내부적으로 정산) 2. 외부정산 (외부전문기관위탁 정산) 3. 내·외부 모두 산정 4. 정산 無 5. 해당없음	1. 실시 2. 미실시 3. 향후 추진 4. 해당없음
461	경기 광주시	과채류 노동력 절감을 위한 생력화 기술보급 시범	54,000	농업기술과	8	7	7	8	7	5	5	1
462	경기 광주시	시설화훼 고품질 생산기술 보급	30,000	농업기술과	8	7	7	8	7	5	5	4
463	경기 양주시	주민자율방범대 활동지원	112,000	자치행정과	8	4	7	8	7	5	5	4
464	경기 양주시	양주시장애인체육회 사무용 기기 구입	1,500	체육청소년과	8	1	7	8	7	1	1	4
465	경기 양주시	양주시장애인체육회 체육용품 지원	9,000	체육청소년과	8	1	7	8	7	1	1	4
466	경기 양주시	경로당 시설지원	200,000	사회복지과	8	1	4	8	7	1	1	2
467	경기 양주시	가정,민간어린이집 개보수비	100,000	여성보육과	8	1	7	8	7	5	5	4
468	경기 양주시	공동주택 에너지 효율향상 사업	20,000	환경관리과	8	6	7	8	7	5	5	4
469	경기 양주시	홍죽공공폐수처리시설 운영관리 민간대행	773,000	환경관리과	8	1	1	3	2	2	1	3
470	경기 양주시	전기버스충전시설 설치지원	75,000	환경관리과	8	1	7	8	7	1	1	4
471	경기 양주시	공동주택단지 지원	570,000	주택과	8	1	7	8	7	5	5	4
472	경기 양주시	마을회관 시설 개선공사	500,000	주택과	8	4	7	8	7	5	5	1
473	경기 양주시	마을회관 시설 개선공사	169,630	주택과	8	4	7	8	7	5	5	4
474	경기 양주시	소규모 공동주택 단지 지원	100,000	주택과	8	4	7	8	7	5	5	1
475	경기 양주시	사립작은도서관 운영 활성화	10,000	평생교육진흥원	8	6	7	8	7	1	1	4
476	경기 양주시	원예특작 경쟁력 제고대책	28,000	농업정책과	8	1	4	8	7	1	1	1
477	경기 양주시	농협협력 농산유통 지원	25,000	농업정책과	8	1	4	8	7	1	1	1
478	경기 양주시	고품질 양주쌀 생산지원	20,000	농업정책과	8	1	4	8	7	1	1	1
479	경기 양주시	농업기계화지원사업	180,000	농업정책과	8	6	7	7	7	5	1	4
480	경기 양주시	후계농업경영인 육성	10,000	농업정책과	8	1	7	8	7	1	1	4
481	경기 양주시	친환경농업 활성화 지원	110,000	농업정책과	8	1	4	8	7	1	1	1
482	경기 양주시	소형관정 개발사업	20,000	농업정책과	8	4	7	8	7	4	1	1
483	경기 양주시	농촌지도자 현장애로기술 사업지원	61,600	농촌관광과	8	6	7	8	7	5	5	4
484	경기 양주시	넥스트노멀 농촌체험 운영시범	24,000	농촌관광과	8	6	7	8	7	5	5	4
485	경기 양주시	농작업 현장 환경친화형 농촌화장실 지원	8,000	농촌관광과	8	6	7	8	7	5	5	4
486	경기 양주시	청년농업인 영농현장 문제해결 지원	32,000	농촌관광과	8	6	7	8	7	5	5	4
487	경기 양주시	벼 재배 맞춤형 생력화 재배기술 시범	30,000	기술지원과	8	1	7	8	7	5	5	4
488	경기 양주시	생산비 절감 위한 벼 드문모심기 기술시범	50,000	기술지원과	8	1	7	8	7	5	5	4
489	경기 양주시	최고품질 쌀 생산건조 저장	48,000	기술지원과	8	1	7	8	7	5	5	4
490	경기 양주시	온난화 대응 품종비교 전시포 시범	10,000	기술지원과	8	1	7	8	7	5	5	4
491	경기 양주시	밭작물 생력화 시범	10,000	기술지원과	8	1	7	8	7	5	5	4
492	경기 양주시	콩 우량종자 채종포 시범	8,000	기술지원과	8	1	7	8	7	5	5	4
493	경기 양주시	시설채소 이상기후 대비환경개선 기술 시범	20,000	기술지원과 원예작물팀	8	1	7	8	7	5	5	4
494	경기 양주시	기후변화대응 화훼재배 환경개선 시범	22,000	기술지원과 원예작물팀	8	1	7	8	7	5	5	4
495	경기 양주시	소과류 이상기후 대비 안정생산 시범	40,000	기술지원과 원예작물팀	8	1	7	8	7	5	5	4
496	경기 양주시	경영개선 맞춤 스마트 기반 조성	22,000	기술지원과	8	1	7	8	7	5	5	4
497	경기 양주시	스마트팜 버섯재배 시범	20,800	기술지원과	8	1	7	8	7	5	5	4
498	경기 양주시	참깨 수확후 생력건조 시범	6,000	기술지원과	8	1	7	8	7	5	5	4
499	경기 양주시	도라지 일괄 기계화 기술보급 시범	20,800	기술지원과	8	1	7	8	7	5	5	4
500	경기 양주시	미생물 발효사료 급여 시범	16,000	기술지원과	8	1	7	8	7	1	1	1
501	경기 양주시	클로렐라 활용 원예작물 생산 시범	8,000	기술지원과	8	1	7	8	7	1	1	1
502	경기 양주시	고능력가축 생산사업	41,000	축산과	8	6	7	8	7	1	1	4

순번	시군구	지출명 (사업명)	2021년예산 (단위:천원/1년간)	담당자 (공무원)	민간이전 분류 (지방자치단체 세출예산 집행기준에 의거)	민간이전지출 근거 (지방보조금 관리기준 참고)	입찰방식			운영예산 산정		성과평가 실시여부
				담당부서	1. 민간경상사업보조(307-02) 2. 민간단체 법정운영비보조(307-03) 3. 민간행사사업보조(307-04) 4. 민간위탁금(307-05) 5. 사회복지시설 법정운영비보조(307-10) 6. 민간인위탁교육비(307-12) 7. 공기관등에대한경상적위탁사업비(308-10) 8. 민간자본사업보조,자체재원(402-01) 9. 민간자본사업보조,이전재원(402-02) 10. 민간위탁사업비(402-03) 11. 공기관등에 대한 자본적 대행사업비(403-02)	1. 법률에 규정 2. 국고보조 재원(국가지정) 3. 용도 지정 기부금 4. 조례에 직접규정 5. 지자체가 권장하는 사업을 하는 공공기관 6. 시,도 정책 및 재정사정 7. 기타 8. 해당없음	계약체결방법 (경쟁형태) 1. 일반경쟁 2. 제한경쟁 3. 지명경쟁 4. 수의계약 5. 법정위탁 6. 기타 ( ) 7. 해당없음	계약기간 1. 1년 2. 2년 3. 3년 4. 4년 5. 5년 6. 기타 ( )년 7. 단기계약 (1년미만) 8. 해당없음	낙찰자선정방법 1. 적격심사 2. 협상에의한계약 3. 최저가낙찰제 4. 규격가격분리 5. 2단계 경쟁입찰 6. 기타 ( ) 7. 해당없음	운영예산 산정 1. 내부산정 (지자체 자체적으로 산정) 2. 외부산정 (외부전문기관위탁 산정) 3. 내·외부 모두 산정 4. 산정 無 5. 해당없음	정산방법 1. 내부정산 (지자체 내부적으로 정산) 2. 외부정산 (외부전문기관위탁 정산) 3. 내·외부 모두 산정 4. 정산 無 5. 해당없음	1. 실시 2. 미실시 3. 향후 추진 4. 해당없음
503	경기 양주시	축산농가 소독시설 설치 지원사업	20,000	축산과	8	6	7	8	7	5	5	4
504	경기 양주시	폭염대비 축사시설 지원사업	80,000	축산과	8	6	7	8	7	1	1	4
505	경기 양주시	낙농 세정수 처리시설 지원	112,500	축산과	8	6	7	8	7	1	1	4
506	경기 양주시	축산농가 폐사축 처리기 지원사업	75,000	축산과	8	6	7	8	7	5	5	4
507	경기 포천시	행복마을만들기 지원사업	82,100	자치행정과	8	4	7	8	7	1	1	4
508	경기 포천시	장애인활동지원급여지원	1,192	노인장애인과	8	2	7	8	7	5	1	1
509	경기 포천시	태양광 주택지원사업	315,000	일자리경제과	8	6	7	8	7	5	5	4
510	경기 포천시	특화작물 저온저장고 설치사업	135,000	친환경농업과	8	6	7	8	7	1	1	1
511	경기 포천시	친환경농산물 생산확대 지원사업	12,100	친환경농업과	8	1	7	8	7	1	1	1
512	경기 포천시	벼 육묘장 시설 현대화	62,760	친환경농업과	8	6	7	8	7	1	1	1
513	경기 포천시	젖소 경쟁력 제고	72,000	축산과	8	6	7	8	7	5	5	4
514	경기 포천시	폭염대비 및 악취저감 지원	70,000	축산과	8	6	7	8	7	5	5	4
515	경기 포천시	축산 방취림 조성	35,000	축산과	8	6	7	8	7	5	5	4
516	경기 포천시	공동주택 공공성 시설물 보수지원	330,000	친환경도시재생과	8	4	7	8	7	1	1	1
517	경기 포천시	빈집정비사업	2,000	건축과	8	8	7	8	7	1	1	1
518	경기 포천시	현장맞춤형 문제해결 기술지원사업	25,000	농업지원과	8	1	7	8	7	1	1	1
519	경기 포천시	품목기금 지원사업	10,000	농업지원과	8	1	7	8	7	1	1	1
520	경기 포천시	화훼 안정생산 기반조성 시범	10,000	기술보급과	8	1	7	8	7	1	1	1
521	경기 포천시	새소득 작목(패션프루트) 육성 시범	3,200	기술보급과	8	1	7	8	7	1	1	1
522	경기 포천시	특용작물(대추) 비가림시설 적용 안정생산 시범	15,000	기술보급과	8	1	7	8	7	1	1	1
523	경기 포천시	농업현장 문제해결 기술지원사업	25,000	기술보급과	8	1	7	8	7	1	1	1
524	경기 포천시	지역농업인 경쟁력 제고사업	25,000	기술보급과	8	1	7	8	7	1	1	1
525	경기 연천군	친환경 농법 지원	214,560	농업정책과	8	4	7	8	7	5	5	4
526	경기 연천군	벼 육묘용 상토 지원	432,000	농업정책과	8	4	7	8	7	5	5	4
527	경기 연천군	비가림하우스지원사업	200,000	농업정책과	8	4	7	8	7	5	5	4
528	경기 연천군	비닐하우스 내부현대화 사업	250,000	농업정책과	8	4	7	8	7	5	5	4
529	경기 연천군	농자재 지원사업	780,000	농업정책과	8	4	7	8	7	5	5	4
530	경기 연천군	대추재배단지조성사업	20,000	농업정책과	8	4	7	8	7	5	5	4
531	경기 연천군	인삼 농자재 지원	30,000	농업정책과	8	4	7	8	7	5	5	4
532	경기 연천군	과수 생력화 지원 사업	50,000	농업정책과	8	4	7	8	7	5	5	4
533	경기 연천군	맞춤형 비료지원사업	335,000	농업정책과	8	4	7	8	7	5	5	4
534	경기 연천군	농협지자체협력사업	400,000	농업정책과	8	4	7	8	7	5	5	4
535	경기 연천군	영세농 유기질 비료 지원	15,000	농업정책과	8	4	7	8	7	5	5	4
536	경기 연천군	양곡건조기 지원	30,000	농업정책과	8	4	7	8	7	5	5	4
537	경기 연천군	친환경유기인증 확대사업	10,000	농업정책과	8	4	7	8	7	5	5	4
538	경기 연천군	DMZ 연천사과 재배단지 조성사업	40,000	농업정책과	8	4	7	8	7	5	5	4
539	경기 연천군	축산농가부숙제지원	400,000	축산과	8	4	7	8	7	5	5	4
540	경기 연천군	돈육품질개선사업	30,000	축산과	8	4	7	8	7	5	5	4
541	경기 연천군	비상발전기 설치지원	30,000	축산과	8	4	7	8	7	5	5	4
542	경기 연천군	축사 분무시설지원	100,000	축산과	8	4	7	8	7	5	5	4
543	경기 연천군	급이시설 현대화지원사업	50,000	축산과	8	4	7	8	7	5	5	4
544	경기 연천군	폭염피해 방지를 위한 냉방기지원	65,000	축산과	8	4	7	8	7	5	5	4

순번	시군구	지출명 (사업명)	2021년예산 (단위:천원/1년간)	담당자 (공무원) 담당부서	민간이전 분류 (지방자치단체 세출예산 집행기준에 의거) 1. 민간경상사업보조(307-02) 2. 민간단체 법정운영비보조(307-03) 3. 민간행사사업보조(307-04) 4. 민간위탁금(307-05) 5. 사회복지시설 법정운영비보조(307-10) 6. 민간인위탁교육비(307-12) 7. 공기관등에대한경상적위탁사업비(308-10) 8. 민간자본사업보조,자체재원(402-01) 9. 민간자본사업보조,이전재원(402-02) 10. 민간위탁사업비(402-03) 11. 공기관등에 대한 자본적 대행사업비(403-02)	민간이전지출 근거 (지방보조금 관리기준 참고) 1. 법률에 규정 2. 국고보조 재원(국가지정) 3. 용도 지정 기부금 4. 조례에 직접규정 5. 지자체가 권장하는 사업을 하는 공공기관 6. 시,도 정책 및 재정사정 7. 기타 8. 해당없음	입찰방식 계약체결방법 (경쟁형태) 1. 일반경쟁 2. 제한경쟁 3. 지명경쟁 4. 수의계약 5. 법정위탁 6. 기타 ( ) 7. 해당없음	입찰방식 계약기간 1. 1년 2. 2년 3. 3년 4. 4년 5. 5년 6. 기타 ( )년 7. 단기계약 (1년미만) 8. 해당없음	입찰방식 낙찰자선정방법 1. 적격심사 2. 협상에의한계약 3. 최저가낙찰제 4. 규격가격분리 5. 2단계 경쟁입찰 6. 기타 ( ) 7. 해당없음	운영예산 산정 운영예산 산정 1. 내부산정 (지자체 자체적으로 산정) 2. 외부산정 (외부전문기관위탁 산정) 3. 내·외부 모두 산정 4. 산정 無 5. 해당없음	운영예산 산정 정산방법 1. 내부정산 (지자체 내부적으로 정산) 2. 외부정산 (외부전문기관위탁 정산) 3. 내·외부 모두 산정 4. 정산 無 5. 해당없음	성과평가 실시여부 1. 실시 2. 미실시 3. 향후 추진 4. 해당없음
545	경기 연천군	축산농가 퇴비화시설 신축 지원	200,000	축산과	8	4	7	8	7	5	5	4
546	경기 연천군	가축방역 방제차량 지원 사업	80,000	축산과	8	4	7	8	7	5	5	4
547	경기 연천군	축사이미지 개선사업	5,000	축산과	8	4	7	8	7	5	5	4
548	경기 연천군	노인회지회 보조금지원	41,050	사회복지과	8	4	7	8	7	1	1	1
549	경기 연천군	어린이집 보조금 지원	15,000	사회복지과	8	1	7	8	7	1	1	4
550	경기 가평군	농어촌민박사업 소방안전물품 지원	43,000	농업정책과	8	4	7	8	7	5	5	4
551	경기 양평군	공동주택 부대시설 보수,보강비 지원	50,000	건축과	8	4	7	8	7	5	5	4
552	경기 양평군	체육육성 지원	5,000	교육체육과	8	5	7	8	7	1	1	1
553	경기 양평군	농산물가공 기술지원	210,000	농업경영과	8	4	7	8	7	5	5	1
554	경기 양평군	농업인학습단체 육성	16,000	농업경영과	8	1	7	8	7	5	5	1
555	경기 양평군	친환경가공유통 인증시설 지원	160,000	농업기술과	8	5	7	8	7	5	5	4
556	경기 양평군	노인 특화 작물 생산사업	100,000	농업기술과	8	5	7	8	7	5	5	4
557	경기 양평군	친환경발효액비 제조시설 보완사업	70,000	농업기술과	8	5	7	8	7	5	5	4
558	경기 양평군	축산 스마트팜 기술보급 시범사업	26,400	농업기술과	8	5	7	8	7	5	5	4
559	경기 양평군	가축 폐사체 활용 발효퇴비 시범사업	25,600	농업기술과	8	5	7	8	7	5	5	4
560	경기 양평군	단동하우스 복합환경제어 스마트팜 설치	24,000	농업기술과	8	5	7	8	7	5	5	4
561	경기 양평군	시설재배 주요작물 재배환경 개선 시범	8,000	농업기술과	8	5	7	8	7	5	5	4
562	경기 양평군	부추 병해충 방제 생력화 시범	5,600	농업기술과	8	5	7	8	7	5	5	4
563	경기 양평군	임산물생산지원	57,000	산림과	8	4	7	8	7	5	5	4
564	경기 양평군	소규모환경개선사업	200,000	일자리경제과	8	4	7	8	7	1	1	1
565	경기 양평군	신재생에너지보급(주택)사업	60,000	일자리경제과	8	1	7	8	7	1	1	1
566	경기 양평군	사회적경제 소규모환경개선지원사업	25,000	일자리경제과	8	7	7	8	7	1	1	1
567	경기 양평군	축사 환기시설 설치사업	112,500	축산과	8	1	7	8	7	5	5	4
568	경기 양평군	양봉장비 지원사업	108,500	축산과	8	1	7	8	7	5	5	4
569	경기 양평군	조사료 생산장비 보급 및 기반조성사업	104,000	축산과	8	1	7	8	7	5	5	4
570	경기 양평군	젖소 개체관리 장비 지원사업	75,000	축산과	8	1	7	8	7	5	5	4
571	경기 양평군	사료배합기 지원사업	75,000	축산과	8	1	7	8	7	5	5	4
572	경기 양평군	가축전염병 차단방역시설 설치사업	73,000	축산과	8	1	7	8	7	5	5	4
573	경기 양평군	한우 개체관리 장비 지원사업	53,000	축산과	8	1	7	8	7	5	5	4
574	경기 양평군	가금류, 기타가축 사육환경 개선사업	50,000	축산과	8	1	7	8	7	5	5	4
575	경기 양평군	우수능력정액공급사업	37,500	축산과	8	1	7	8	7	5	5	4
576	경기 양평군	양돈농가 모돈갱신 지원사업	20,000	축산과	8	1	7	8	7	5	5	4
577	경기 양평군	가축분뇨처리장비 지원사업	17,500	축산과	8	1	7	8	7	5	5	4
578	경기 양평군	무동력선 대체건조비 지원	12,500	축산과	8	1	7	8	7	5	5	4
579	경기 양평군	사슴 개체관리 장비 지원사업	8,250	축산과	8	1	7	8	7	5	5	4
580	경기 양평군	유기질비료 지원	1,403	친환경농업과	8	2	7	8	7	1	1	1
581	경기 양평군	소득작목 개발 사업	555,000	친환경농업과	8	6	7	8	7	1	1	1
582	경기 양평군	친환경 인증농가 육성	550,300	친환경농업과	8	7	7	8	7	1	1	1
583	경기 양평군	친환경농법 지원	375,800	친환경농업과	8	6	7	7	7	1	1	1
584	경기 양평군	못자리용 상토	316,785	친환경농업과	8	6	7	8	7	1	1	1
585	경기 양평군	동력 예취기 지원	102,600	친환경농업과	8	6	7	8	7	1	1	1
586	경기 양평군	벼 병충해방제	100,000	친환경농업과	8	6	7	8	7	1	1	1

순번	시군구	지출명 (사업명)	2021년예산 (단위:천원/1년간)	담당자 (공무원) 담당부서	민간이전 분류 (지방자치단체 세출예산 집행기준에 의거) 1. 민간경상사업보조(307-02) 2. 민간단체 법정운영비보조(307-03) 3. 민간행사사업보조(307-04) 4. 민간위탁금(307-05) 5. 사회복지시설 법정운영비보조(307-10) 6. 민간인위탁교육비(307-12) 7. 공기관등에대한경상적위탁사업비(308-10) 8. 민간자본사업보조,자체재원(402-01) 9. 민간자본사업보조,이전재원(402-02) 10. 민간위탁사업비(402-03) 11. 공기관등에 대한 자본적 대행사업비(403-02)	민간이전지출 근거 (지방보조금 관리기준 참고) 1. 법률에 규정 2. 국고보조 재원(국가지정) 3. 용도 지정 기부금 4. 조례에 직접규정 5. 지자체가 권장하는 사업을 하는 공공기관 6. 시,도 정책 및 재정사정 7. 기타 8. 해당없음	입찰방식 계약체결방법 (경쟁형태) 1. 일반경쟁 2. 제한경쟁 3. 지명경쟁 4. 수의계약 5. 법정위탁 6. 기타 ( ) 7. 해당없음	입찰방식 계약기간 1. 1년 2. 2년 3. 3년 4. 4년 5. 5년 6. 기타 ( )년 7. 단기계약 (1년미만) 8. 해당없음	입찰방식 낙찰자선정방법 1. 적격심사 2. 협상에의한계약 3. 최저가낙찰제 4. 규격가격분리 5. 2단계 경쟁입찰 6. 기타 ( ) 7. 해당없음	운영예산 산정 운영예산 산정 1. 내부산정 (지자체 자체적으로 산정) 2. 외부산정 (외부전문기관위탁 산정) 3. 내·외부 모두 산정 4. 산정 無 5. 해당없음	운영예산 산정 정산방법 1. 내부정산 (지자체 내부적으로 정산) 2. 외부정산 (외부전문기관위탁 정산) 3. 내·외부 모두 산정 4. 정산 無 5. 해당없음	성과평가 실시여부 1. 실시 2. 미실시 3. 향후 추진 4. 해당없음
587	경기 양평군	물맑은양평 브랜드 육성	100,000	친환경농업과	8	8	7	8	7	5	5	4
588	경기 양평군	농업인단체 및 농업인 육성	50,000	친환경농업과	8	7	7	8	7	1	1	1
589	경기 양평군	수도작 예비 못자리 설치	13,000	친환경농업과	8	6	7	8	7	1	1	1
590	경기 양평군	친환경가공식품 지원	10,000	친환경농업과	8	8	7	8	7	5	5	4
591	경기 양평군	양평 어울림공동체 참여공동체 지원	330,000	행정담당관	8	4	7	8	7	5	5	4
592	경기 양평군	행복마을 만들기 계획 지원	100,000	행정담당관	8	4	7	8	7	5	5	4
593	인천광역시	건설자재 제조업 압송시스템 설치 지원	100,000	대기보전과	8	1	7	8	7	5	5	4
594	인천광역시	상이군경 업무용 차량구입	40,000	보훈과	8	4	7	8	7	5	5	4
595	인천광역시	재향군인회 향군회관 승강기 교체 공사	55,000	보훈과	8	4	7	8	7	5	5	4
596	인천광역시	유휴시설 문화공간 조성	40,000	문화예술과	8	4	7	8	7	1	1	1
597	인천광역시	신재생에너지 주택지원사업	600,000	에너지정책과	8	4	7	8	7	5	5	4
598	인천광역시	미니태양광 보급사업	200,000	에너지정책과	8	4	7	8	7	5	5	4
599	인천광역시	메이커 스페이스 운영 지원	100,000	투자창업과	8	1	7	8	7	1	1	1
600	인천 중구	월미관광특구 진흥 경관조성사업 보조금	50,000	도시개발과	8	4	7	8	7	5	5	4
601	인천 중구	위생업소 환경개선지원	30,000	위생과	8	4	7	8	7	1	1	4
602	인천 중구	청년상인 점포개선비용 지원	30,000	일자리경제과	8	4	7	8	7	5	5	4
603	인천 동구	신재생에너지 보급사업	3,000	일자리경제과	8	4	7	8	7	1	1	4
604	인천 미추홀구	학산문화원(소극장) 물품구입	3,900	문화예술과	8	1	7	8	7	1	1	1
605	인천 미추홀구	신재생에너지 주택지원사업	36,000	경제지원과	8	1	7	8	7	1	5	1
606	인천 미추홀구	신재생에너지 미니태양광지원사업	9,000	경제지원과	8	1	7	8	7	1	5	1
607	인천 미추홀구	장애인 거주시설 기능보강	27,520	노인장애인복지과	8	1	7	8	7	1	1	4
608	인천 미추홀구	소규모 공동주택 보조금 지원사업	100,000	건축과	8	4	7	8	7	5	5	4
609	인천 미추홀구	위생업소 시설개선 등 지원	5,000	위생과	8	4	7	8	7	1	1	4
610	인천 연수구	공동주택 유지관리 지원	150,000	송도관리단	8	1	7	8	7	1	1	4
611	광주 북구	함께쓰는나눔주차장사업	65,000	생활공간재생과	8	1	7	2	7	1	1	4
612	광주 광산구	토마토전자식중량선별기지원	27,600	생명농업과	8	1	7	8	7	5	5	4
613	광주 광산구	2021 광산구 모정 보수 지원사업	80,000	건축과	8	4	7	8	7	5	5	4
614	광주 광산구	동곡동 주민복리사업	220,000	청소행정과	8	4	7	8	7	5	5	4
615	대구광역시	5G기반 첨단 제조로봇 실증기반 구축	12,420	기계로봇과	8	2	7	1	7	1	2	1
616	대구광역시	식품산업 육성지원	35,000	농산유통과	8	6	7	7	7	1	1	1
617	대구광역시	식품산업 육성지원	35,000	농산유통과	8	8	7	8	7	5	5	4
618	대구광역시	산업평화대상 수상업체 근로환경개선 지원	100,000	일자리노동정책과	8	4	7	8	7	1	1	1
619	대구광역시	유치기업 투자보조금 지원	552,900	투자유치과	8	4	7	8	7	1	1	1
620	대구광역시	사회복지시설 긴급복구	40,000	복지정책과	8	1	7	8	7	1	1	4
621	대구광역시	문화창의 포럼	20,000	문화예술정책과	8	1	7	8	7	1	1	1
622	대구광역시	송구영신 문화행사	120,000	문화예술정책과	8	1	7	8	7	1	1	1
623	대구광역시	통합문화이용권 사업	8,679	문화예술정책과	8	1	7	8	7	1	1	1
624	대구광역시	통합문화이용권 사업 운영비	65,000	문화예술정책과	8	1	7	8	7	1	1	1
625	대구광역시	생활문화 우수프로그램 공연·전시 지원	90,000	문화예술정책과	8	1	6	1	7	1	1	1
626	대구광역시	생활문화 육성 지원사업	112,500	문화예술정책과	8	1	6	1	7	1	1	1
627	대구광역시	예술동아리 교육지원 사업	280,000	문화예술정책과	8	1	6	1	7	1	1	1
628	대구광역시	대구생활문화제	90,000	문화예술정책과	8	1	6	1	7	1	1	1

순번	시군구	지출명 (사업명)	2021년예산 (단위:천원/1년간)	담당자 (공무원)	민간이전 분류 (지방자치단체 세출예산 집행기준에 의거)	민간이전지출 근거 (지방보조금 관리기준 참고)	입찰방식			운영예산 산정		성과평가 실시여부
				담당부서	1. 민간경상사업보조(307-02) 2. 민간단체 법정운영비보조(307-03) 3. 민간행사사업보조(307-04) 4. 민간위탁금(307-05) 5. 사회복지시설 법정운영비보조(307-10) 6. 민간인위탁교육비(307-12) 7. 공기관등에대한경상적위탁사업비(308-10) 8. 민간자본사업보조,자체재원(402-01) 9. 민간자본사업보조,이전재원(402-02) 10. 민간위탁사업비(402-03) 11. 공기관등에 대한 자본적 대행사업비(403-02)	1. 법률에 규정 2. 국고보조 재원(국가지정) 3. 용도 지정 기부금 4. 조례에 직접규정 5. 지자체가 권장하는 사업을 하는 공공기관 6. 시,도 정책 및 재정사정 7. 기타 8. 해당없음	계약체결방법 (경쟁형태) 1. 일반경쟁 2. 제한경쟁 3. 지명경쟁 4. 수의계약 5. 법정위탁 6. 기타 ( ) 7. 해당없음	계약기간 1. 1년 2. 2년 3. 3년 4. 4년 5. 5년 6. 기타 ( )년 7. 단기계약 (1년미만) 8. 해당없음	낙찰자선정방법 1. 적격심사 2. 협상에의한계약 3. 최저가낙찰제 4. 규격가격분리 5. 2단계 경쟁입찰 6. 기타 ( ) 7. 해당없음	운영예산 산정 1. 내부산정 (지자체 자체적으로 산정) 2. 외부산정 (외부전문기관위탁 산정) 3. 내·외부 모두 산정 4. 산정 無 5. 해당없음	정산방법 1. 내부정산 (지자체 내부적으로 정산) 2. 외부정산 (외부전문기관위탁 정산) 3. 내·외부 모두 산정 4. 정산 無 5. 해당없음	1. 실시 2. 미실시 3. 향후 추진 4. 해당없음
629	대구광역시	대구글로벌 창의도시 포럼	120,000	문화예술정책과	8	1	7	8	7	1	1	1
630	대구광역시	범어아트스트리트 운영	840,000	문화예술정책과	8	1	7	8	7	1	1	1
631	대구광역시	창작스튜디오 지원	45,000	문화예술정책과	8	1	7	8	7	1	1	1
632	대구광역시	찾아가는 문화마당	37,800	문화예술정책과	8	1	7	8	7	1	1	1
633	대구광역시	청년예술가 육성 지원	150,000	문화예술정책과	8	1	7	8	7	1	1	1
634	대구광역시	기초예술 진흥사업	200,000	문화예술정책과	8	1	7	8	7	1	1	1
635	대구광역시	차세대 문화예술기획자 양성과정 운영	56,000	문화예술정책과	8	1	7	8	7	1	1	1
636	대구광역시	문화예술인 가치 확산	315,000	문화예술정책과	8	1	7	8	7	1	1	1
637	대구광역시	지역문화예술특성화 지원사업	184,600	문화예술정책과	8	1	7	8	7	1	1	1
638	대구광역시	지역문화예술교육 기반구축	1,371	문화예술정책과	8	1	7	8	7	1	1	1
639	대구광역시	유아문화예술교육 지원	180,000	문화예술정책과	8	1	7	8	7	1	1	1
640	대구광역시	문화예술교육사 인턴십	200,000	문화예술정책과	8	1	7	8	7	1	1	1
641	대구광역시	공연장 단체 육성지원	682,000	문화예술정책과	8	1	7	8	7	1	1	1
642	대구광역시	대구예술발전소 운영	1,180	문화예술정책과	8	1	1	3	1	1	1	1
643	대구광역시	미스미스터 트롯 강좌 개설	18,000	문화예술정책과	8	1	7	8	7	1	1	1
644	대구광역시	온라인 공연사업 실시	100,000	문화예술정책과	8	1	7	8	7	1	1	1
645	대구광역시	문화파출소 운영	100,000	문화예술정책과	8	1	7	8	7	1	1	1
646	대구광역시	생애주기별 예술인 지원사업 추진	300,000	문화예술정책과	8	1	7	8	7	1	1	1
647	대구광역시	랜선 문화예술 프로젝트	1,400	문화예술정책과	8	1	7	8	7	1	1	1
648	대구광역시	지역작가 미술작품 대여사업	500,000	문화예술정책과	8	1	7	8	7	1	1	1
649	대구광역시	대구시민정신 확산 사업	500,000	문화예술정책과	8	1	7	8	7	1	1	1
650	대구광역시	디지털대구문화대전 편찬연구	583,800	문화예술정책과	8	2	7	3	7	1	1	1
651	대구광역시	빗물이용시설 설치 지원	36,000	수질개선과	8	4	6	8	7	1	1	1
652	대구광역시	푸른옥상가꾸기(민간부문)	270,000	산림녹지과	8	6	6	8	7	1	1	1
653	대구광역시	용계 시외버스 간이정류장 재설치	84,000	버스운영과	8	1	7	8	7	5	5	4
654	대구광역시	수소전기택시 보급 확대 지원	200,000	택시물류과	8	1	7	8	7	1	1	1
655	대구광역시	여성농업인농작업환경개선보조구시범	10,000	농업기술센터	8	1	7	8	7	1	1	1
656	대구광역시	축산경쟁력강화사업	44,000	농업기술센터	8	1	7	8	7	1	1	1
657	대구광역시	채소경쟁력향상시범	37,000	농업기술센터	8	1	7	8	7	1	1	1
658	대구광역시	과수경쟁력향상시범	37,000	농업기술센터	8	1	7	8	7	1	1	1
659	대구광역시	특용작물경쟁력향상시범	16,000	농업기술센터	8	1	7	8	7	1	1	1
660	대구광역시	친환경농산물생산지원	10,000	농업기술센터	8	1	7	8	7	1	1	1
661	대구 동구	음식점 환경개선 지원 사업	100,000	식품산업과	8	4	7	8	7	5	5	4
662	대구 동구	공동주택 관리비용 지원	200,000	건축주택과	8	4	2	7	1	1	1	2
663	대구 서구	지방재정관리시스템 유지보수	25,386	기획예산실	8	1	5	1	7	2	2	4
664	대구 서구	청백-e시스템 유지보수	8,801	기획예산실	8	1	5	1	7	2	2	1
665	대구 서구	위생업소 시설개선지원	50,000	위생과	8	4	1	7	1	1	1	1
666	대구 남구	대덕노인종합복지관 화장실 개선	20,000	복지지원과	8	1	7	8	7	1	1	2
667	대구 남구	입식테이블 교체비용 지원	30,000	위생과	8	7	7	7	7	1	1	4
668	대구 북구	공동주택관리지원사업	250,000	건축주택과	8	1	7	8	7	1	1	4
669	대구 북구	내 집 주차장 갖기 사업	4,000	교통과	8	1	7	8	7	1	1	4
670	대구 수성구	도시농업육성지원(옥상텃밭 조성사업)	26,000	녹색환경과	8	4	7	8	7	5	5	4

순번	시군구	지출명 (사업명)	2021년예산 (단위:천원/1년간)	담당자 (공무원)	민간이전 분류 (지방자치단체 세출예산 집행기준에 의거)	민간이전지출 근거 (지방보조금 관리기준 참고)	입찰방식			운영예산 산정		성과평가 실시여부
				담당부서	1. 민간경상사업보조(307-02) 2. 민간단체 법정운영비보조(307-03) 3. 민간행사사업보조(307-04) 4. 민간위탁금(307-05) 5. 사회복지시설 법정운영비보조(307-10) 6. 민간인위탁교육비(307-12) 7. 공기관등에대한경상적위탁사업비(308-10) 8. 민간자본사업보조,자체재원(402-01) 9. 민간자본사업보조,이전재원(402-02) 10. 민간위탁사업비(402-03) 11. 공기관등에 대한 자본적 대행사업비(403-02)	1. 법률에 규정 2. 국고보조 재원(국가지정) 3. 용도 지정 기부금 4. 조례에 직접규정 5. 지자체가 권장하는 사업을 하는 공공기관 6. 시,도 정책 및 재정사정 7. 기타 8. 해당없음	계약체결방법 (경쟁형태) 1. 일반경쟁 2. 제한경쟁 3. 지명경쟁 4. 수의계약 5. 법정위탁 6. 기타 ( ) 7. 해당없음	계약기간 1. 1년 2. 2년 3. 3년 4. 4년 5. 5년 6. 기타 ( )년 7. 단기계약 (1년미만) 8. 해당없음	낙찰자선정방법 1. 적격심사 2. 협상에의한계약 3. 최저가낙찰제 4. 규격가격분리 5. 2단계 경쟁입찰 6. 기타 ( ) 7. 해당없음	운영예산 산정 1. 내부산정 (지자체 자체적으로 산정) 2. 외부산정 (외부전문기관위탁 산정) 3. 내·외부 모두 산정 4. 산정 無 5. 해당없음	정산방법 1. 내부정산 (지자체 내부적으로 정산) 2. 외부정산 (외부전문기관위탁 정산) 3. 내·외부 모두 산정 4. 정산 無 5. 해당없음	1. 실시 2. 미실시 3. 향후 추진 4. 해당없음
671	대구 수성구	나눔주차장 시설지원	15,000	교통과	8	4	7	8	7	1	1	4
672	대구 달서구	위생업소 시설환경개선 지원	30,000	위생과	8	4	7	8	7	4	1	4
673	대구 달서구	공동주택관리비용 지원	500,000	건축과	8	4	7	8	7	5	5	4
674	대구 달성군	입식테이블 설치 지원사업	270,000	청소위생과	8	4	7	8	7	1	1	3
675	대구 달성군	논공읍 상1리 경로당 신축	150,000	복지정책과	8	4	7	8	7	1	1	1
676	대구 달성군	하빈면 감문2리 경로당 신축	150,000	복지정책과	8	4	7	8	7	1	1	1
677	대구 달성군	경로당 개보수 지원	200,000	복지정책과	8	4	7	8	7	1	1	1
678	대구 달성군	경로당 CCTV지원	20,000	복지정책과	8	1	7	8	7	1	1	1
679	대구 달성군	경로당 생활(건강)기구 지원	200,000	복지정책과	8	4	7	8	7	1	1	1
680	대구 달성군	노인회지회 및 분회 집기비품 구입	15,000	복지정책과	8	4	7	8	7	1	1	1
681	대구 달성군	국공립(장기임차), 법인어린이집 환경개선비	30,000	복지정책과	8	1	7	8	7	2	1	1
682	대구 달성군	달성군 해병전우회 구조용 보트 선외기(모커) 구입	8,000	안전방재과	8	4	7	8	7	5	5	4
683	대구 달성군	공동주택관리비용지원사업	1,000,000	건축과	8	4	7	8	7	1	1	1
684	대구 달성군	농촌빈집정비사업	45,000	건축과	8	4	7	8	7	1	1	1
685	대구 달성군	과수원현대화관수시설보급	10,000	농촌지도과	8	1	7	8	7	1	1	1
686	대구 달성군	고품질벌꿀생산저장고보급	18,500	농촌지도과	8	1	7	8	7	1	1	1
687	대구 달성군	과수 농작업 생력화 장비 지원	25,000	농촌지도과	8	1	7	8	7	1	1	1
688	대구 달성군	억대농업인육성지원사업	120,000	농촌지도과	8	1	7	8	7	1	1	1
689	대구 달성군	비닐하우스 측창개폐기 설치	67,000	농촌지도과	8	1	7	8	7	1	1	1
690	대구 달성군	기능성 원예작물 생산지원	50,000	농촌지도과	8	1	7	8	7	1	1	1
691	대구 달성군	시설원예 작업환경 개선 기술보급	15,000	농촌지도과	8	1	7	8	7	1	1	1
692	대구 달성군	마늘 저비용 가변형 건조시스템 기술보급	20,000	농촌지도과	8	1	7	8	7	1	1	1
693	대구 달성군	온난화 대응 아열대채소농가 육성	30,000	농촌지도과	8	1	7	8	7	1	1	1
694	대구 달성군	가뭄대책 관수시설 보급	40,000	농촌지도과	8	1	7	8	7	1	1	1
695	대구 달성군	친환경농업단체 시설토양 환경개선	196,000	농촌지도과	8	1	7	8	7	1	1	1
696	대구 달성군	원예작물 품질인증 농업인 육성	50,000	농촌지도과	8	1	7	8	7	1	1	1
697	대구 달성군	양념채소 친환경 품질향상	20,000	농촌지도과	8	1	7	8	7	1	1	1
698	대구 달성군	농촌지도자 총회	2,000	농촌지도과	8	1	7	8	7	1	1	1
699	대구 달성군	우수 농특산물 쇼핑몰 택배용 포장재 지원	37,500	농촌지도과	8	1	7	8	7	1	1	1
700	대전광역시	기업이전투자보조금	40,000	투자유치과	8	4	7	8	7	1	1	4
701	대전광역시	컨택센터 유치보조금	500,000	투자유치과	8	4	7	8	7	1	1	4
702	대전광역시	소형 햇빛발전소 발전지원사업	560,000	기반산업과	8	6	7	8	7	1	1	4
703	대전광역시	대전테미예술창작센터 운영	607,037	문화예술정책과	8	5	7	5	7	1	1	1
704	대전광역시	통합문화체육관광이용권	5,542	문화예술정책과	8	5	7	8	7	1	1	1
705	대전광역시	원도심활성화 시민 공모사업	380,000	문화예술정책과	8	5	7	8	7	1	1	1
706	대전광역시	물 재이용시설(빗물저금통) 설치비 지원	100,000	맑은물정책과	8	1	6	6	6	5	1	4
707	대전광역시	영구임대주택 공동전기요금 지원	60,000	주택정책과	8	4	5	8	7	3	3	4
708	대전광역시	영구임대주택 공동전기요금 지원	110,000	주택정책과	8	4	5	8	7	3	3	4
709	대전 동구	경로당 비품구입비 지원	50,000	복지정책과	8	4	7	7	7	1	1	2
710	대전 동구	옥외광고 소비쿠폰 지원사업	16,530	건축과	8	2	7	8	7	5	5	4
711	대전 동구	경로당 기능보강	200,000	복지정책과	8	1	7	8	7	5	1	2
712	대전 동구	청소년문화의집 기능보강	6,930	여성가족과	8	1	7	8	7	1	1	1

순번	시군구	지출명 (사업명)	2021년예산 (단위:천원/1년간)	담당자 (공무원)	민간이전 분류 (지방자치단체 세출예산 집행기준에 의거)	민간이전지출 근거 (지방보조금 관리기준 참고)	입찰방식			운영예산 산정		성과평가 실시여부
				담당부서	1. 민간경상사업보조(307-02) 2. 민간단체 법정운영비보조(307-03) 3. 민간행사사업보조(307-04) 4. 민간위탁금(307-05) 5. 사회복지시설 법정운영비보조(307-10) 6. 민간인위탁교육비(307-12) 7. 공기관등에대한경상적위탁사업비(308-10) 8. 민간자본사업보조,자체재원(402-01) 9. 민간자본사업보조,이전재원(402-02) 10. 민간위탁사업비(402-03) 11. 공기관등에 대한 자본적 대행사업비(403-02)	1. 법률에 규정 2. 국고보조 재원(국가지정) 3. 용도 지정 기부금 4. 조례에 직접규정 5. 지자체가 권장하는 사업을 하는 공공기관 6. 시,도 정책 및 재정사정 7. 기타 8. 해당없음	계약체결방법 (경쟁형태) 1. 일반경쟁 2. 제한경쟁 3. 지명경쟁 4. 수의계약 5. 법정위탁 6. 기타 ( ) 7. 해당없음	계약기간 1. 1년 2. 2년 3. 3년 4. 4년 5. 5년 6. 기타 ( )년 7. 단기계약 (1년미만) 8. 해당없음	낙찰자선정방법 1. 적격심사 2. 협상에의한계약 3. 최저가낙찰제 4. 규격가격분리 5. 2단계 경쟁입찰 6. 기타 ( ) 7. 해당없음	운영예산 산정 1. 내부산정 (지자체 자체적으로 산정) 2. 외부산정 (외부전문기관위탁 산정) 3. 내·외부 모두 산정 4. 산정 無 5. 해당없음	정산방법 1. 내부정산 (지자체 내부적으로 정산) 2. 외부정산 (외부전문기관위탁 정산) 3. 내·외부 모두 산정 4. 정산 無 5. 해당없음	1. 실시 2. 미실시 3. 향후 추진 4. 해당없음
713	대전 대덕구	경로당시설지원	110,000	사회복지과	8	4	7	1	7	1	1	4
714	부산 서구	공동주택관리 시설비 지원	30,000	건축과	8	1	7	8	7	5	5	4
715	부산 동구	우편모아시스템 유지보수비	5,419	민원회계과	8	5	7	1	7	2	2	4
716	부산 동구	자치단체 표준기록관리시스템 통합 유지관리	34,011	민원회계과	8	5	7	1	7	2	2	4
717	부산 동구	아동청소년심리치유서비스 외 9개사업	748,157	복지지원과	8	1	7	7	1	1	1	3
718	부산 동구	장애인 의료비	177,027	복지지원과	8	1	7	8	1	1	1	3
719	부산 동구	공동주택관리지원	50,000	건축과	8	4	6	7	6	1	1	1
720	부산 영도구	새마을운동 영도구지회 사무실 개보수	20,000	행정지원과	8	1	7	7	7	1	1	4
721	부산 진구	경로당 비품	20,000	노인장애인복지과	8	7	7	8	7	5	1	4
722	부산 진구	부산진구 장애인보호작업장 사업 지원	16,000	노인장애인복지과	8	1	7	8	7	5	5	4
723	부산 진구	공동주택 관리지원	100,000	건축과	8	1	7	8	7	5	5	4
724	부산 동래구	지역사회서비스투자사업	14,800	복지정책과	8	2	7	8	7	3	3	1
725	부산 동래구	0~2세 보육료 등	20,256	주민복지과	8	2	7	8	7	1	3	4
726	부산 동래구	공동주택관리지원사업	50,000	건축과	8	4	7	8	7	1	1	3
727	부산 남구	공동주택관리 지원	50,000	건축과	8	4	7	8	7	1	1	4
728	부산 북구	부설주차장 개방사업	30,000	교통행정과	8	4	7	8	7	5	5	4
729	부산 북구	2021년 공동주택 관리지원사업	50,000	건축과	8	4	7	8	7	5	5	4
730	부산 해운대구	공동주택 시설 개선비 지원	300,000	건축과	8	4	7	8	7	5	5	4
731	부산 해운대구	사립도서관지원	30,000	인문학도서관	8	1	6	1	7	1	1	2
732	부산 사하구	장애인 의료비 지원	207,995	복지사업과	8	1	7	8	7	5	3	2
733	부산 금정구	부설주차장 개방사업	40,000	교통행정과	8	4	7	8	7	5	5	4
734	부산 금정구	공동주택 시설 개선비 지원	100,000	. 건축과	8	1	7	8	7	3	1	1
735	부산 강서구	2019년 자치단체 상시모니터링(청백-e) 시스템 유지관리	8,002	기획감사실	8	7	5	1	7	2	1	4
736	부산 강서구	온-나라시스템 유지관리	42,325	민원봉사과	8	1	5	8	7	5	5	4
737	부산 강서구	공통기반시스템 유지관리	77,936	민원봉사과	8	1	5	8	7	5	5	4
738	부산 강서구	재해복구시스템 유지관리	3,067	민원봉사과	8	1	5	8	7	5	5	4
739	부산 강서구	지방행정통합정보시스템 상담센터 운영관리	6,460	민원봉사과	8	1	5	8	7	5	5	4
740	부산 강서구	우편모아시스템 유지관리	5,300	민원봉사과	8	1	5	8	7	5	5	4
741	부산 강서구	경로당 환경개선사업	40,000	생활지원과	8	1	7	8	7	5	1	1
742	부산 강서구	음식물류폐기물 위탁처리	173,250	청소행정과	8	1	7	8	7	5	1	4
743	부산 강서구	숭어들망어업 현대화 지원사업	45,000	해양수산과	8	4	6	8	7	1	1	2
744	부산 강서구	농업용 무인항공방제기 지원	30,600	농산과	8	4	7	8	7	1	1	1
745	부산 강서구	맞춤형 농기계 지원	150,000	농산과	8	4	7	8	7	1	1	1
746	부산 연제구	주택행정 활성화	60,000	건축과	8	1	7	7	7	1	1	4
747	부산 연제구	침수 방지시설 설치 지원	300,000	도시안전과	8	4	7	8	7	5	5	4
748	부산 수영구	지방인사정보시스템 유지관리	60,023	총무과	8	5	5	1	7	2	2	4
749	부산 수영구	지방세정보시스템 운영지원비	52,229	세무1과	8	1	7	1	7	1	1	1
750	부산 수영구	차세대 지방세정보시스템 유지보수비	830	세무1과	8	1	7	1	7	1	1	1
751	부산 수영구	차세대 지방세정보시스템 구축사업비	56,900	세무1과	8	1	7	1	7	1	1	1
752	부산 수영구	세외수입 정보시스템 운영 및 유지관리비	21,389	세무2과	8	1	7	1	7	1	1	1
753	부산 수영구	차세대 지방세외수입 정보시스템 구축사업비	64,351	세무2과	8	1	7	1	7	1	1	1
754	부산 수영구	다함께 돌봄사업운영	66,200	복지정책과	8	7	1	5	1	1	1	1

순번	시군구	지출명 (사업명)	2021년예산 (단위:천원/1년간)	담당자(공무원) 담당부서	민간이전 분류 (지방자치단체 세출예산 집행기준에 의거) 1. 민간경상사업보조(307-02) 2. 민간단체 법정운영비보조(307-03) 3. 민간행사사업보조(307-04) 4. 민간위탁금(307-05) 5. 사회복지시설 법정운영비보조(307-10) 6. 민간인위탁교육비(307-12) 7. 공기관등에대한경상적위탁사업비(308-10) 8. 민간자본사업보조,자체재원(402-01) 9. 민간자본사업보조,이전재원(402-02) 10. 민간위탁사업비(402-03) 11. 공기관등에 대한 자본적 대행사업비(403-02)	민간이전지출 근거 (지방보조금 관리기준 참고) 1. 법률에 규정 2. 국고보조 재원(국가지정) 3. 용도 지정 기부금 4. 조례에 직접규정 5. 지자체가 권장하는 사업을 하는 공공기관 6. 시,도 정책 및 재정사정 7. 기타 8. 해당없음	입찰방식 계약체결방법 (경쟁형태) 1. 일반경쟁 2. 제한경쟁 3. 지명경쟁 4. 수의계약 5. 법정위탁 6. 기타 ( ) 7. 해당없음	입찰방식 계약기간 1. 1년 2. 2년 3. 3년 4. 4년 5. 5년 6. 기타 ( )년 7. 단기계약 (1년미만) 8. 해당없음	입찰방식 낙찰자선정방법 1. 적격심사 2. 협상에의한계약 3. 최저가낙찰제 4. 규격가격분리 5. 2단계 경쟁입찰 6. 기타 ( ) 7. 해당없음	운영예산 산정 운영예산 산정 1. 내부산정 (지자체 자체적으로 산정) 2. 외부산정 (외부전문기관위탁 산정) 3. 내·외부 모두 산정 4. 산정 無 5. 해당없음	운영예산 산정 정산방법 1. 내부정산 (지자체 내부적으로 정산) 2. 외부정산 (외부전문기관위탁 정산) 3. 내·외부 모두 산정 4. 정산 無 5. 해당없음	성과평가 실시여부 1. 실시 2. 미실시 3. 향후 추진 4. 해당없음
755	부산 수영구	소규모 환경(시설)개선비 지원	30,000	일자리경제과	8	4	7	8	7	5	5	4
756	부산 수영구	공동주택관리 지원	60,000	건축과	8	1	7	8	7	1	1	1
757	부산 사상구	사상공업지역 제조업 근로환경 개선사업비 지원	30,000	일자리경제과	8	8	7	8	7	1	1	1
758	부산 사상구	부설주차장 개방사업	20,000	교통행정과	8	7	7	8	7	5	5	4
759	부산 사상구	공동주택 시설개선비 지원	70,000	건축과	8	4	7	8	7	5	5	4
760	부산 기장군	장안고무마을회관 및 경로당 건립	120,000	행정지원과	8	4	7	8	7	5	5	4
761	부산 기장군	경로당 시설 환경개선 사업비	550,000	행복나눔과	8	4	7	7	7	5	5	4
762	부산 기장군	채소류 소형 저온저장고 설치	12,000	친환경농업과	8	1	7	8	7	5	5	4
763	부산 기장군	비닐하우스시설 설치	10,000	친환경농업과	8	4	7	8	7	5	5	4
764	부산 기장군	작목반 농기계 지원	7,500	친환경농업과	8	4	7	8	7	5	5	4
765	부산 기장군	농산물 간이직판장 설치 지원 사업	5,000	친환경농업과	8	4	7	8	7	5	5	4
766	부산 기장군	양봉작목반 장비 지원	20,000	친환경농업과	8	4	7	8	7	5	5	4
767	부산 기장군	소형어선 인양기 설치	70,000	해양수산과	8	1	7	8	7	1	1	3
768	부산 기장군	수소연료전지 특별지원	1,772	원전안전과	8	1	1	8	3	1	1	4
769	부산 기장군	농업기술보급	20,000	농업기술센터	8	4	7	8	7	5	1	3
770	부산 기장군	주민복지지원	47,700	기장읍	8	4	7	8	7	5	5	4
771	부산 기장군	주민 복지 지원	11,900	장안읍	8	4	6	7	7	1	1	3
772	부산 기장군	주민 복지 지원	101,500	정관읍	8	4	7	8	7	5	5	4
773	부산 기장군	주민복지지원	75,000	일광면	8	4	7	8	7	5	5	4
774	부산 기장군	주민복지 지원	29,000	철마면	8	4	7	8	7	5	5	4
775	울산광역시	보훈단체차량구입비	35,000	복지인구정책과	8	1	6	8	7	1	1	4
776	울산광역시	특수임무유공자회 노후장비 교체 지원	69,034	복지인구정책과	8	1	6	8	7	1	1	4
777	울산광역시	고엽제전우회 쉼터 개보수 지원	24,800	복지인구정책과	8	1	6	8	7	1	1	4
778	울산광역시	수소 선도도시 수소전기차 카 셰어링 사업	200,000	에너지산업과	8	5	7	8	7	3	3	1
779	울산광역시	원전해체산업 핵심기술 개발사업 지원	20,000	에너지산업과	8	2	7	8	7	3	2	1
780	울산광역시	원전해체 가상작업장,힘-토크 반응 원격해체작업 훈련시스템 개발	50,000	에너지산업과	8	2	7	3	7	3	2	1
781	울산광역시	주택지원사업(그린홈)	130,000	에너지산업과	8	2	7	8	7	5	5	4
782	울산광역시	이전창업기업(기술강소기업)특별지원보조금	500,000	외교투자통상과	8	4	7	8	7	1	1	2
783	울산광역시	투자유치보조금	4,004,000	외교투자통상과	8	4	7	8	7	1	3	2
784	울산 남구	노후간판 교체 지원사업	90,000	도시창조과	8	4	6	1	6	1	1	4
785	울산 남구	사립 작은도서관 도서구입비 지원사업	20,000	평생교육과	8	4	7	8	7	1	1	4
786	울산 남구	공동주택지원사업	700,000	건축허가과	8	1	7	8	7	5	1	4
787	울산 동구	울산형 주택태양광 보급사업	35,140	일자리정책과	8	4	2	7	7	1	1	4
788	울산 동구	공동주택 공용시설 유지보수	700,000	건축주택과	8	4	7	8	7	5	5	4
789	울산 동구	노후간판제작설치	10,000	건축주택과	8	1	7	8	7	5	5	4
790	울산 북구	도서구입비	34,000	도서관과	8	1	7	8	7	1	1	1
791	울산 북구	집기비품 구입	1,800	복지지원과	8	1	7	7	7	1	1	1
792	울산 북구	집기비품 구입	1,200	복지지원과	8	1	7	7	7	1	1	1
793	울산 북구	자활기업 시설기능보강	10,000	사회복지과	8	1	5	8	7	1	1	2
794	울산 북구	농산물 생산시설 및 장비 지원	40,000	농수산과	8	4	7	8	7	5	5	4
795	울산 북구	축산분뇨처리 장비 지원	15,000	농수산과	8	6	7	8	7	1	1	3
796	울산 북구	시설원예 및 고소득 과수생산 지원	30,000	농수산과	8	6	7	8	7	1	1	3

순번	시군구	지출명 (사업명)	2021년예산 (단위:천원/1년간)	담당자 (공무원) 담당부서	민간이전 분류 (지방자치단체 세출예산 집행기준에 의거) 1. 민간경상사업보조(307-02) 2. 민간단체 법정운영비보조(307-03) 3. 민간행사사업보조(307-04) 4. 민간위탁금(307-05) 5. 사회복지시설 법정운영비보조(307-10) 6. 민간인위탁교육비(307-12) 7. 공기관등에대한경상적위탁사업비(308-10) 8. 민간자본사업보조,자체재원(402-01) 9. 민간자본사업보조,이전재원(402-02) 10. 민간위탁사업비(402-03) 11. 공기관등에 대한 자본적 대행사업비(403-02)	민간이전지출 근거 (지방보조금 관리기준 참고) 1. 법률에 규정 2. 국고보조 재원(국가지정) 3. 용도 지정 기부금 4. 조례에 직접규정 5. 지자체가 권장하는 사업을 하는 공공기관 6. 시,도 정책 및 재정사정 7. 기타 8. 해당없음	입찰방식 계약체결방법 (경쟁형태) 1. 일반경쟁 2. 제한경쟁 3. 지명경쟁 4. 수의계약 5. 법정위탁 6. 기타 ( ) 7. 해당없음	입찰방식 계약기간 1. 1년 2. 2년 3. 3년 4. 4년 5. 5년 6. 기타 ( )년 7. 단기계약 (1년미만) 8. 해당없음	입찰방식 낙찰자선정방법 1. 적격심사 2. 협상에의한계약 3. 최저가낙찰제 4. 규격가격분리 5. 2단계 경쟁입찰 6. 기타 ( ) 7. 해당없음	운영예산 산정 운영예산 산정 1. 내부산정 (지자체 자체적으로 산정) 2. 외부산정 (외부전문기관위탁 산정) 3. 내·외부 모두 산정 4. 산정 無 5. 해당없음	운영예산 산정 정산방법 1. 내부정산 (지자체 내부적으로 정산) 2. 외부정산 (외부전문기관위탁 정산) 3. 내·외부 모두 산정 4. 정산 無 5. 해당없음	성과평가 실시여부 1. 실시 2. 미실시 3. 향후 추진 4. 해당없음
797	울산 북구	공동주택 공용시설 유지보수 지원금	500,000	건축주택과	8	1	4	1	7	5	5	4
798	울산 울주군	농아인협회 기능보강 사업	3,930	노인장애인과	8	1	7	8	7	1	1	2
799	울산 울주군	어린이집 운영 활성화	176,500	여성가족과	8	7	7	8	7	1	1	4
800	울산 울주군	지역아동센터 장비비 및 교재교구비	17,000	여성가족과	8	5	7	8	7	1	1	4
801	울산 울주군	기업투자유치보조금 지원	1,090,000	지역경제과	8	4	2	1	1	1	1	1
802	울산 울주군	사립 작은도서관 도서구입비 지원	72,000	도서관과	8	1	7	8	7	1	1	3
803	울산 울주군	농기계용 급유탱크 구입 지원	30,000	농업정책과	8	6	7	8	7	1	1	4
804	울산 울주군	농업용 방제 드론 지원	25,500	농업정책과	8	6	7	8	7	1	1	4
805	울산 울주군	자동분무기 지원	30,240	농업정책과	8	6	7	8	7	1	1	1
806	울산 울주군	소득작물 생산 경쟁력 지원사업	120,000	농업정책과	8	4	7	8	7	5	5	4
807	울산 울주군	6차산업 기반조성 지원사업	40,000	6차산업추진단	8	1	7	8	7	5	5	4
808	울산 울주군	가축분뇨 처리장비 지원	100,000	축수산과	8	6	7	8	7	1	1	4
809	울산 울주군	부존 사료자원 개발지원	70,000	축수산과	8	6	7	8	7	1	1	4
810	울산 울주군	해조류포자이앙기보급지원	5,000	축수산과	8	6	7	8	7	1	1	4
811	울산 울주군	가축질병예방	130,000	축수산과	8	6	7	8	7	1	1	4
812	울산 울주군	유해야생동물 퇴치용품 보급사업	10,000	환경자원과	8	1	7	8	7	1	1	1
813	세종특별자치시	농산물제조가공산업 지원	50,000	지도기획과	8	1	7	8	7	5	5	4
814	세종특별자치시	농촌지도자 신농자재 실증시범	19,600	지도기획과	8	1	7	8	7	5	5	4
815	세종특별자치시	선도적 농업리더 영농정착지원 시범사업	28,000	지도기획과	8	4	7	8	7	5	5	4
816	세종특별자치시	혹서기 로컬푸드 생산을 위한 환경개선 시범	12,600	기술보급과	8	4	7	8	7	5	5	4
817	세종특별자치시	노지채소 고온 가뭄대비 환경개선시범	8,400	기술보급과	8	4	7	8	7	5	5	4
818	세종특별자치시	친환경 부식성비닐피복 작물재배 시범 시범	10,000	기술보급과	8	4	7	8	7	5	5	4
819	세종특별자치시	딸기 우량묘 보급체계 개선시범	19,000	기술보급과	8	4	7	8	7	5	5	4
820	세종특별자치시	오색 칼라 옥수수 생력 상품화 시범	4,900	기술보급과	8	4	7	8	7	5	5	4
821	세종특별자치시	산채류 생산기반 조성 및 안정생산 시범	4,900	기술보급과	8	2	7	8	7	5	5	4
822	세종특별자치시	과수 친환경 해충방제 시범	63,700	기술보급과	8	4	7	8	7	5	5	4
823	세종특별자치시	저온피해 예방을 위한 연소자재 시범	22,050	기술보급과	8	4	7	8	7	5	5	4
824	세종특별자치시	정원형 가족텃밭 시범	14,000	미래농업과	8	4	7	8	7	5	5	4
825	세종특별자치시	고품질 꿀 가공생산 기술 시범	35,000	미래농업과	8	4	7	8	7	5	5	4
826	세종특별자치시	어린이집 환경개선	112,000	여성가족과	8	6	7	8	7	3	1	4
827	세종특별자치시	불교문화체험관 건립	4,820,000	문화예술과	8	2	7	8	7	5	1	4
828	세종특별자치시	영유아검진비 지원	2,401	보건행정과	8	2	5	8	7	2	2	2
829	세종특별자치시	저소득층 기저귀·조제분유비 지원	192,400	보건행정과	8	2	5	8	7	2	2	2
830	세종특별자치시	산모,신생아 도우미 바우처	1,192,142	보건행정과	8	1	5	1	7	4	1	2
831	세종특별자치시	산모,신생아 건강관리비 지원	460,000	보건행정과	8	1	5	1	7	4	1	2
832	세종특별자치시	청소년산모 임신출산 의료비	2,400	보건행정과	8	2	5	1	7	5	2	2
833	세종특별자치시	표준모자보건수첩	1,200	보건행정과	8	2	5	1	7	5	2	2
834	세종특별자치시	암 검진	355,138	건강증진과	8	1	7	8	7	5	5	4
835	세종특별자치시	일반건강검진	25,669	건강증진과	8	1	7	8	7	5	5	4
836	세종특별자치시	희귀질환자의료비	214,880	건강증진과	8	1	7	8	7	5	5	4
837	세종특별자치시	마을공동체 지원 확대	20,000	참여공동체과	8	4	2	1	1	3	1	1
838	세종특별자치시	소규모 주민편익사업	60,000	참여공동체과	8	4	7	8	7	5	5	4

순번	시군구	지출명 (사업명)	2021년예산 (단위:천원/1년간)	담당자 (공무원) 담당부서	민간이전 분류 (지방자치단체 세출예산 집행기준에 의거) 1. 민간경상사업보조(307-02) 2. 민간단체 법정운영비보조(307-03) 3. 민간행사사업보조(307-04) 4. 민간위탁금(307-05) 5. 사회복지시설 법정운영비보조(307-10) 6. 민간인위탁교육비(307-12) 7. 공기관등에대한경상적위탁사업비(308-10) 8. 민간자본사업보조,자체재원(402-01) 9. 민간자본사업보조,이전재원(402-02) 10. 민간위탁사업비(402-03) 11. 공기관등에 대한 자본적 대행사업비(403-02)	민간이전지출 근거 (지방보조금 관리기준 참고) 1. 법률에 규정 2. 국고보조 재원(국가지정) 3. 용도 지정 기부금 4. 조례에 직접규정 5. 지자체가 권장하는 사업을 하는 공공기관 6. 시,도 정책 및 재정사정 7. 기타 8. 해당없음	입찰방식: 계약체결방법 (경쟁형태) 1. 일반경쟁 2. 제한경쟁 3. 지명경쟁 4. 수의계약 5. 법정위탁 6. 기타 ( ) 7. 해당없음	입찰방식: 계약기간 1. 1년 2. 2년 3. 3년 4. 4년 5. 5년 6. 기타 ( )년 7. 단기계약 (1년미만) 8. 해당없음	입찰방식: 낙찰자선정방법 1. 적격심사 2. 협상에의한계약 3. 최저가낙찰제 4. 규격가격분리 5. 2단계 경쟁입찰 6. 기타 ( ) 7. 해당없음	운영예산 산정: 운영예산 산정 1. 내부산정 (지자체 자체적으로 산정) 2. 외부산정 (외부전문기관위탁 산정) 3. 내·외부 모두 산정 4. 산정 無 5. 해당없음	운영예산 산정: 정산방법 1. 내부정산 (지자체 내부적으로 정산) 2. 외부정산 (외부전문기관위탁 정산) 3. 내·외부 모두 산정 4. 정산 無 5. 해당없음	성과평가 실시여부 1. 실시 2. 미실시 3. 향후 추진 4. 해당없음
839	세종특별자치시	마을회관 신축 및 보수	487,005	참여공동체과	8	4	7	8	7	5	5	4
840	세종특별자치시	경로당 신축 및 보수	172,403	참여공동체과	8	4	7	8	7	5	5	4
841	세종특별자치시	일반음식점 환경개선 지원사업	50,000	보건정책과	8	4	7	8	7	1	1	1
842	세종특별자치시	신재생에너지 보급 주택지원	180,000	경제정책과	8	1	7	8	7	1	1	4
843	세종특별자치시	신재생에너지 햇살드림사업	70,000	경제정책과	8	4	7	8	7	1	1	3
844	세종특별자치시	마을단위 햇빛발전소 지원사업	100,000	경제정책과	8	4	7	8	7	1	1	3
845	세종특별자치시	미니태양광 보급지원사업	58,983	경제정책과	8	4	7	8	7	5	5	4
846	세종특별자치시	친환경 유기질 유박비료 지원사업	54,043	산림공원과	8	2	7	8	7	3	3	1
847	세종특별자치시	임산물 유통기반조성	62,778	산림공원과	8	2	7	8	7	3	3	1
848	세종특별자치시	임산물생산기반조성사업	153,469	산림공원과	8	2	7	8	7	3	3	1
849	세종특별자치시	조경수재배 상토지원	75,000	산림공원과	8	1	7	8	7	1	1	1
850	세종특별자치시	조경수재배 포트지원	75,000	산림공원과	8	1	7	8	7	1	1	1
851	세종특별자치시	가정용 목재펠릿 보일러	14,000	산림공원과	8	2	7	8	7	3	3	1
852	세종특별자치시	경로당 활성화	206,640	노인장애인과	8	4	7	8	7	1	1	4
853	세종특별자치시	건물식별번호 부여 시범사업	270,000	경관디자인과	8	4	7	8	7	5	5	4
854	세종특별자치시	세종형 마을육아공동체 공간조성 지원사업	30,000	아동청소년과	8	4	7	8	7	1	1	3
855	세종특별자치시	지역아동센터 장비보강	13,000	아동청소년과	8	4	7	8	7	1	1	3
856	세종특별자치시	자원봉사센터 사무기기 등	30,000	복지정책과	8	1	7	8	7	1	1	4
857	세종특별자치시	농산물 공동선별 지원	30,000	로컬푸드과	8	4	7	7	7	1	1	4
858	세종특별자치시	농산물선별기 및 저온저장시설 지원	110,000	로컬푸드과	8	7	7	7	7	1	1	4
859	세종특별자치시	도농 교류 활성화	14,000	로컬푸드과	8	4	7	8	7	5	5	1
860	세종특별자치시	새마을회관 리모델링	150,000	자치분권과	8	1	7	8	7	5	5	4
861	강원 춘천시	장애인의료비지원	405,005	장애인복지과	8	2	7	8	7	1	1	4
862	강원 춘천시	청년농업인 영농창업 자립기반 마련	70,000	미래농업과	8	4	7	8	7	5	5	4
863	강원 춘천시	유용미생물 생산지원	30,000	안심농식품과	8	4	7	8	7	5	5	4
864	강원 춘천시	친환경농가 생력화 지원	35,000	안심농식품과	8	4	7	8	7	5	5	4
865	강원 춘천시	농산물 집하장 편의장비(랩핑기) 지원	5,000	기술지원과	8	4	7	8	7	5	5	4
866	강원 춘천시	전략작목 선별 시스템 구축	105,000	기술지원과	8	4	7	8	7	5	5	4
867	강원 춘천시	농산물 공동작업장 지원	50,000	기술지원과	8	4	7	8	7	5	5	4
868	강원 춘천시	춘천시장애인종합복지관 방수공사	150,000	장애인복지과	8	1	7	8	7	5	5	4
869	강원 춘천시	바이오 생산시설 고도화 개선	100,000	전략산업과	8	4	7	8	7	5	5	4
870	강원 춘천시	반려동물 동반 시설 지원	30,000	반려동물동행과	8	4	7	8	7	5	5	4
871	강원 강릉시	방범활동 순찰차량 지원	80,000	행정지원과	8	4	7	8	7	1	1	3
872	강원 강릉시	지역방재단체 장비보강	25,000	재난안전과	8	1	7	8	7	1	1	4
873	강원 강릉시	우수제품 디자인개발 지원	60,000	기업지원과	8	4	7	8	7	1	1	4
874	강원 강릉시	도시가스 인입배관 설치비 지원	145,530	에너지과	8	1	7	1	7	1	1	4
875	강원 강릉시	산림복합경영단지	49,748	산림과	8	2	7	8	7	5	1	4
876	강원 강릉시	산림복합경영단지	26,650	산림과	8	2	7	8	7	5	1	4
877	강원 강릉시	강릉향교 희귀도서 구입	3,000	문화예술과	8	4	4	1	7	1	1	1
878	강원 강릉시	강릉향교 자료관 구축사업	10,000	문화예술과	8	4	4	1	7	1	1	1
879	강원 강릉시	강릉문화원 방수공사	20,000	문화예술과	8	4	4	1	7	1	1	1
880	강원 강릉시	해양쓰레기 수거 차량 지원	16,000	해양수산과	8	1	7	8	7	5	5	4

순번	시군구	지출명 (사업명)	2021년예산 (단위:천원/1년간)	담당자 (공무원)	민간이전 분류 (지방자치단체 세출예산 집행기준에 의거)	민간이전지출 근거 (지방보조금 관리기준 참고)	입찰방식			운영예산 산정		성과평가 실시여부
				담당부서	1. 민간경상사업보조(307-02) 2. 민간단체 법정운영비보조(307-03) 3. 민간행사사업보조(307-04) 4. 민간위탁금(307-05) 5. 사회복지시설 법정운영비보조(307-10) 6. 민간인위탁교육비(307-12) 7. 공기관등에대한경상적위탁사업비(308-10) 8. 민간자본사업보조,자체재원(402-01) 9. 민간자본사업보조,이전재원(402-02) 10. 민간위탁사업비(402-03) 11. 공기관등에 대한 자본적 대행사업비(403-02)	1. 법률에 규정 2. 국고보조 재원(국가지정) 3. 용도 지정 기부금 4. 조례에 직접규정 5. 지자체가 권장하는 사업을 하는 공공기관 6. 시,도 정책 및 재정사정 7. 기타 8. 해당없음	계약체결방법 (경쟁형태) 1. 일반경쟁 2. 제한경쟁 3. 지명경쟁 4. 수의계약 5. 법정위탁 6. 기타 ( ) 7. 해당없음	계약기간 1. 1년 2. 2년 3. 3년 4. 4년 5. 5년 6. 기타 ( )년 7. 단기계약 (1년미만) 8. 해당없음	낙찰자선정방법 1. 적격심사 2. 협상에의한계약 3. 최저가낙찰제 4. 규격가격분리 5. 2단계 경쟁입찰 6. 기타 ( ) 7. 해당없음	운영예산 산정 1. 내부산정 (지자체 자체적으로 산정) 2. 외부산정 (외부전문기관위탁 산정) 3. 내·외부 모두 산정 4. 산정 無 5. 해당없음	정산방법 1. 내부정산 (지자체 내부적으로 정산) 2. 외부정산 (외부전문기관위탁 정산) 3. 내·외부 모두 산정 4. 정산 無 5. 해당없음	1. 실시 2. 미실시 3. 향후 추진 4. 해당없음
881	강원 강릉시	장애인복지시설 차량 구입	20,000	복지정책과	8	6	5	5	1	1	1	1
882	강원 강릉시	장애인 거주시설 기능보강	51,200	복지정책과	8	1	5	5	1	1	1	1
883	강원 강릉시	경로당 가전제품 및 운동기구 지원	49,000	어르신복지과	8	4	7	8	7	1	1	4
884	강원 강릉시	건물 유지 보수비	5,000	어르신복지과	8	4	7	8	7	1	1	1
885	강원 강릉시	사무용 팩스 구입	200	어르신복지과	8	4	7	8	7	1	1	1
886	강원 강릉시	사무용 컴퓨터 구입	4,000	어르신복지과	8	4	7	8	7	1	1	1
887	강원 강릉시	화장장 수수료 총수입액 민간보조	59,000	어르신복지과	8	4	7	8	7	1	1	1
888	강원 강릉시	공동육아나눔터 물품 구입	28,000	여성청소년가족과	8	1	7	8	7	5	5	4
889	강원 강릉시	아동 단체급식소 기능보강	10,000	아동보육과	8	1	7	8	7	1	1	4
890	강원 강릉시	어린이집 소규모 환경개선비 지원	30,000	아동보육과	8	1	7	8	7	5	1	4
891	강원 강릉시	공공형버스 지원	425,000	교통과	8	1	7	7	7	1	1	4
892	강원 강릉시	빈집정비사업	180,000	건축과	8	4	7	8	7	1	1	1
893	강원 강릉시	공동주택지원	800,000	주택과	8	1	7	6	7	1	1	4
894	강원 강릉시	청장년 농업인 자립화 지원	160,000	농정과	8	1	7	8	7	1	1	4
895	강원 강릉시	농작물방제기(권취기) 지원	3,750	농정과	8	6	7	8	7	1	1	1
896	강원 강릉시	볍씨 일괄자동파종기 및 육묘적재기 지원	7,500	농정과	8	6	7	8	7	1	1	1
897	강원 강릉시	비료살포기 지원	3,750	농정과	8	6	7	8	7	1	1	1
898	강원 강릉시	육묘틀 지원	8,750	농정과	8	6	7	8	7	1	1	1
899	강원 강릉시	농업재해 사전예방 장비(물품) 지원	40,000	농정과	8	6	7	8	7	1	1	1
900	강원 강릉시	농업용 대형관정개발	192,000	농정과	8	4	1	7	1	1	1	3
901	강원 강릉시	농업용 중형관정개발	70,000	농정과	8	4	4	7	7	1	1	3
902	강원 강릉시	농업용 소형관정개발	84,000	농정과	8	4	4	7	7	1	1	3
903	강원 강릉시	양록(사슴)육성 지원	20,000	동물정책과	8	1	7	8	7	1	1	1
904	강원 강릉시	가축사육업 허가시설 지원	15,000	동물정책과	8	1	7	8	7	1	1	1
905	강원 강릉시	조사료생산이용 기계・장비지원	50,000	동물정책과	8	1	7	8	7	1	1	1
906	강원 강릉시	축사시설 환경개선지원	50,000	동물정책과	8	1	7	8	7	1	1	1
907	강원 강릉시	축산물 위생기자재 지원	21,000	동물정책과	8	1	7	8	7	1	1	1
908	강원 강릉시	노후 액비저장조 펌프 및 시설 교체	16,000	동물정책과	8	1	7	8	7	1	1	1
909	강원 강릉시	악취저감시설 및 부자재 지원	112,500	동물정책과	8	1	7	8	7	1	1	1
910	강원 강릉시	양봉(꿀벌)육성 지원	30,000	동물정책과	8	1	7	8	7	1	1	1
911	강원 강릉시	가축분뇨 소멸화 지원	80,000	동물정책과	8	1	7	8	7	1	1	1
912	강원 강릉시	농업인단체 경영개선 지원사업	104,000	유통지원과	8	7	7	8	7	1	1	3
913	강원 강릉시	ICT 무인농산물 판매장 구축	40,000	유통지원과	8	7	7	8	7	1	1	3
914	강원 강릉시	우수농산물 시설 및 장비 지원	100,000	유통지원과	8	1	7	8	7	1	1	3
915	강원 강릉시	GAP생산단지조성	31,500	기술보급과	8	6	7	8	7	1	1	4
916	강원 강릉시	단오감자 지역적응 재배시험기반 조성	32,000	기술보급과	8	6	7	8	7	1	1	4
917	강원 강릉시	고랭지 적응 품목 다변화 육성 시범	30,000	기술보급과	8	6	7	8	7	1	1	4
918	강원 강릉시	고랭지채소 비교 전시포 운영 시범	10,500	기술보급과	8	6	7	8	7	1	1	4
919	강원 강릉시	다목적농산물 건조기 지원	50,000	기술보급과	8	6	7	8	7	1	1	4
920	강원 강릉시	시설화훼재배지 토질개량제 지원	40,000	기술보급과	8	6	7	8	7	1	1	4
921	강원 강릉시	FTA대응 명품과수단지 육성사업	40,000	기술보급과	8	6	7	8	7	1	1	4
922	강원 강릉시	기후변화대응 작목육성 사업	37,500	기술보급과	8	6	7	8	7	1	1	4

순번	시군구	지출명 (사업명)	2021년예산 (단위:천원/1년간)	담당자 (공무원)	민간이전 분류 (지방자치단체 세출예산 집행기준에 의거)	민간이전지출 근거 (지방보조금 관리기준 참고)	입찰방식			운영예산 산정		성과평가 실시여부
				담당부서	1. 민간경상사업보조(307-02) 2. 민간단체 법정운영비보조(307-03) 3. 민간행사사업보조(307-04) 4. 민간위탁금(307-05) 5. 사회복지시설 법정운영비보조(307-10) 6. 민간인위탁교육비(307-12) 7. 공기관등에대한경상적위탁사업비(308-10) 8. 민간자본사업보조,자체재원(402-01) 9. 민간자본사업보조,이전재원(402-02) 10. 민간위탁사업비(402-03) 11. 공기관등에 대한 자본적 대행사업비(403-02)	1. 법률에 규정 2. 국고보조 재원(국가지정) 3. 용도 지정 기부금 4. 조례에 직접규정 5. 지자체가 권장하는 사업을 하는 공공기관 6. 시,도 정책 및 재정사정 7. 기타 8. 해당없음	계약체결방법 (경쟁형태) 1. 일반경쟁 2. 제한경쟁 3. 지명경쟁 4. 수의계약 5. 법정위탁 6. 기타 ( ) 7. 해당없음	계약기간 1. 1년 2. 2년 3. 3년 4. 4년 5. 5년 6. 기타 ( )년 7. 단기계약 (1년미만) 8. 해당없음	낙찰자선정방법 1. 적격심사 2. 협상에의한계약 3. 최저가낙찰제 4. 규격가격분리 5. 2단계 경쟁입찰 6. 기타 ( ) 7. 해당없음	운영예산 산정 1. 내부산정 (지자체 자체적으로 산정) 2. 외부산정 (외부전문기관위탁 산정) 3. 내·외부 모두 산정 4. 산정 無 5. 해당없음	정산방법 1. 내부정산 (지자체 내부적으로 정산) 2. 외부정산 (외부전문기관위탁 정산) 3. 내·외부 모두 산정 4. 정산 無 5. 해당없음	1. 실시 2. 미실시 3. 향후 추진 4. 해당없음
923	강원 강릉시	민가시 개두릅 공정육묘 생산 시범	21,000	기술보급과	8	6	7	8	7	1	1	4
924	강원 강릉시	과수농가 일손절감 농기계지원	60,000	기술보급과	8	6	7	8	7	1	1	4
925	강원 강릉시	명품신사임당곶감 마케팅 시범	15,000	기술보급과	8	6	7	8	7	1	1	4
926	강원 강릉시	친환경쌀 생산단지 조성	200,000	기술보급과	8	6	7	8	7	1	1	4
927	강원 강릉시	상수원보호구역 친환경단지 조성	100,000	기술보급과	8	6	7	8	7	1	1	4
928	강원 강릉시	학교급식 품목별 자급생산기반 조성	17,100	기술보급과	8	6	7	8	7	1	1	4
929	강원 강릉시	상수원 농약저감형 작물 보급	24,000	기술보급과	8	4	7	8	7	5	5	4
930	강원 동해시	2톤미만 기관수리비 지원	1,500	해양수산과	8	4	7	8	7	5	5	4
931	강원 동해시	수산물 맞춤형 포장재지원	50,000	해양수산과	8	4	7	8	7	5	5	4
932	강원 동해시	공동주택 시설개선 지원사업	170,000	허가과	8	1	7	8	7	1	1	1
933	강원 태백시	자원봉사센터 사무장비구입	1,700	총무과	8	1	7	8	7	3	1	1
934	강원 태백시	노인종합복지관 운영	9,480	사회복지과	8	1	7	8	7	5	1	4
935	강원 태백시	장애인직업재활시설 운영지원	40,000	사회복지과	8	1	5	1	1	3	5	1
936	강원 태백시	어린이집 환경정비 지원	12,000	사회복지과	8	1	5	1	1	3	5	1
937	강원 태백시	공립어린이집 차량구입비 지원	160,000	사회복지과	8	7	7	8	7	5	5	4
938	강원 태백시	작은 도서관 운영	8,000	평생교육과	8	1	7	8	7	5	5	4
939	강원 태백시	상시점검 및 정보화 교육장 설치 지원	55,100	일자리경제과	8	4	7	8	7	5	5	4
940	강원 태백시	태백으뜸산품지정업체 지원	52,500	일자리경제과	8	4	7	8	7	5	5	4
941	강원 태백시	중소기업 활성화 지원	460,000	일자리경제과	8	4	7	8	7	1	1	3
942	강원 태백시	지역 소득작목 육성	3,950	농업기술센터	8	4	7	8	7	1	1	3
943	강원 태백시	유망작목 비닐하우스 지원사업	136,500	농업기술센터	8	4	7	8	7	1	1	4
944	강원 태백시	공동주택 주거지원	200,000	건축지적과	8	6	7	8	7	1	1	3
945	강원 태백시	소득작목 경쟁력 향상 기반지원	53,570	농업기술센터	8	1	7	8	7	1	1	1
946	강원 속초시	보훈단체 사무실 사무기기 구입	2,139	주민생활지원과	8	1	7	8	7	5	5	4
947	강원 속초시	속초시 재향군인회관 기능보강	200,000	주민생활지원과	8	4	7	8	7	1	1	4
948	강원 속초시	경로당개보수 및 관리	50,000	가족지원과	8	6	7	8	7	1	1	4
949	강원 속초시	노인복지시설 방역활동 지원	9,000	가족지원과	8	4	7	8	7	1	1	4
950	강원 속초시	어린이집 시설 환경개선비	60,000	가족지원과	8	4	7	8	7	1	1	4
951	강원 속초시	차량구입보조	45,000	가족지원과	8	6	7	8	7	2	5	4
952	강원 속초시	공중화장실 환경개선	60,000	환경위생과	8	1	7	8	7	2	5	4
953	강원 속초시	야생동물 피해예방시설 설치	11,400	환경위생과	8	1	7	8	7	2	5	4
954	강원 속초시	소규모 방지시설 설치 지원	283,500	환경위생과	8	4	7	7	7	1	1	1
955	강원 속초시	공동주택 지원	300,000	건축과	8	4	7	8	7	5	5	4
956	강원 속초시	식생활교육 속초네트워크 활성화 지원	5,000	농업기술센터	8	4	7	8	7	5	5	4
957	강원 속초시	강소농 내표 모델농가 육성	10,000	농업기술센터	8	4	7	8	7	5	5	4
958	강원 속초시	로컬푸드 연중생산체계구축지원	30,000	농업기술센터	8	4	7	8	7	5	5	4
959	강원 속초시	로컬푸드 직매장 확장	50,000	농업기술센터	8	4	7	8	7	5	5	4
960	강원 속초시	기능성작물시범재배	8,000	농업기술센터	8	4	7	8	7	5	5	4
961	강원 속초시	기후변화대응 새소득작목개발	10,000	농업기술센터	8	4	7	8	7	5	5	4
962	강원 속초시	새소득작목 재배단지 조성	20,000	농업기술센터	8	4	7	8	7	5	5	4
963	강원 속초시	새소득품목개발 기자재 지원	4,900	농업기술센터	8	4	7	8	7	5	5	4
964	강원 속초시	사료제조 및 축산장비	25,000	농업기술센터	8	4	7	8	7	5	5	4

순번	시군구	지출명 (사업명)	2021년예산 (단위:천원/1년간)	담당자 (공무원)	민간이전 분류 (지방자치단체 세출예산 집행기준에 의거)	민간이전지출 근거 (지방보조금 관리기준 참고)	입찰방식			운영예산 산정		성과평가 실시여부
				담당부서	1. 민간경상사업보조(307-02) 2. 민간단체 법정운영비보조(307-03) 3. 민간행사사업보조(307-04) 4. 민간위탁금(307-05) 5. 사회복지시설 법정운영비보조(307-10) 6. 민간인위탁교육비(307-12) 7. 공기관등에대한경상적위탁사업비(308-10) 8. 민간자본사업보조,자체재원(402-01) 9. 민간자본사업보조,이전재원(402-02) 10. 민간위탁사업비(402-03) 11. 공기관등에 대한 자본적 대행사업비(403-02)	1. 법률에 규정 2. 국고보조 재원(국가지정) 3. 용도 지정 기부금 4. 조례에 직접규정 5. 지자체가 권장하는 사업을 하는 공공기관 6. 시,도 정책 및 재정사정 7. 기타 8. 해당없음	계약체결방법 (경쟁형태) 1. 일반경쟁 2. 제한경쟁 3. 지명경쟁 4. 수의계약 5. 법정위탁 6. 기타 ( ) 7. 해당없음	계약기간 1. 1년 2. 2년 3. 3년 4. 4년 5. 5년 6. 기타 ( )년 7. 단기계약 (1년미만) 8. 해당없음	낙찰자선정방법 1. 적격심사 2. 협상에의한계약 3. 최저가낙찰제 4. 규격가격분리 5. 2단계 경쟁입찰 6. 기타 ( ) 7. 해당없음	운영예산 산정 1. 내부산정 (지자체 자체적으로 산정) 2. 외부산정 (외부전문기관위탁 산정) 3. 내·외부 모두 산정 4. 산정 無 5. 해당없음	정산방법 1. 내부정산 (지자체 내부적으로 정산) 2. 외부정산 (외부전문기관위탁 정산) 3. 내·외부 모두 산정 4. 정산 無 5. 해당없음	1. 실시 2. 미실시 3. 향후 추진 4. 해당없음
965	강원 속초시	축사 내부시설개선 지원	10,000	농업기술센터	8	1	7	8	7	5	5	4
966	강원 속초시	농업용 소형 관정개발	12,500	농업기술센터	8	4	7	8	7	5	5	1
967	강원 홍천군	청소년육성재단협력사업	20,000	교육과	8	5	7	8	7	5	1	4
968	강원 홍천군	보육시설 환경개선비 지원	60,000	행복나눔과	8	1	7	8	7	5	1	4
969	강원 횡성군	전통시장 야시장운영	20,000	기업경제과	8	4	7	1	7	1	1	4
970	강원 횡성군	소상공인 시설개선 지원	100,000	기업경제과	8	4	7	1	7	1	1	4
971	강원 횡성군	공동주택관리 시설비 지원	100,000	토지주택과	8	4	7	8	7	5	1	1
972	강원 횡성군	농촌융복합산업육성 지원	50,000	농업지원과	8	4	7	8	7	5	1	1
973	강원 횡성군	행복마을만들기	10,000	농업지원과	8	4	7	8	7	5	1	1
974	강원 횡성군	농촌관광 체험마을 육성	150,000	농업지원과	8	4	7	8	7	5	1	4
975	강원 횡성군	농업재해복구 지원	200,000	농업지원과	8	4	7	8	7	5	1	4
976	강원 횡성군	농산물 물류장비 확충 지원	120,000	농업지원과	8	4	7	8	7	1	1	1
977	강원 횡성군	유통활성화 및 경쟁력 강화 지원	100,000	농업지원과	8	4	7	8	7	1	1	1
978	강원 횡성군	원예재배시설 경쟁력 제고	100,000	농업지원과	8	4	7	7	7	1	1	1
979	강원 횡성군	원예작물 소규모 산지유통기반 확충 지원	243,750	농업지원과	8	4	7	8	7	5	1	1
980	강원 횡성군	과수원예생산 작목회 육성	200,000	농업지원과	8	2	7	7	7	1	1	1
981	강원 횡성군	시설원예 재배농가 기반 조성	552,500	농업지원과	8	6	7	7	7	1	1	1
982	강원 횡성군	시설원예작물 생산 지원	340,020	농업지원과	8	6	7	7	7	1	1	1
983	강원 횡성군	과수재배 활성화	195,000	농업지원과	8	4	7	7	7	1	1	1
984	강원 횡성군	과수재배 기반 조성	110,500	농업지원과	8	6	7	7	7	1	1	1
985	강원 횡성군	곤충사육기반 조성	80,000	농업지원과	8	6	7	7	7	1	1	1
986	강원 횡성군	더덕명품화 지원	50,000	농업지원과	8	4	7	7	7	1	1	1
987	강원 횡성군	친환경농업 기반조성사업	70,000	농업지원과	8	4	7	8	7	5	5	4
988	강원 횡성군	농기계지원	270,000	농업지원과	8	4	7	8	7	1	5	4
989	강원 횡성군	장애인의료비 지원	28,414	행복나눔복지과	8	2	7	7	7	5	1	4
990	강원 횡성군	경로당개보수 및 물품지원	400,000	행복나눔복지과	8	5	7	8	7	1	1	4
991	강원 횡성군	횡성향교 화장실 재건축	10,000	문화체육관광과	8	7	7	8	7	1	1	1
992	강원 횡성군	여성친화 희망기업 지원	10,000	교육복지과	8	4	7	8	7	1	1	1
993	강원 횡성군	어린이집 운영지원	92,000	교육복지과	8	4	7	8	7	5	1	1
994	강원 횡성군	청년농업인(4-H) 지역인재 발굴지원	25,000	농업기술센터	8	1	7	8	7	5	1	1
995	강원 횡성군	한국농수산대학교 졸업생(4-H회원) 영농 정착지원	10,000	농업기술센터	8	1	7	8	7	5	1	1
996	강원 횡성군	농산물 가공기술 보급	50,000	농업기술센터	8	4	7	8	7	5	1	1
997	강원 횡성군	농업용무인보트이용 벼 재배 생력화시범	8,000	농업기술센터	8	4	7	8	7	5	5	4
998	강원 횡성군	농작물 병해충 방제지원	120,000	농업기술센터	8	4	7	8	7	5	1	2
999	강원 횡성군	고품질 팥 생산단지 육성	40,000	농업기술센터	8	4	7	8	7	5	5	4
1000	강원 횡성군	자체육성 칼라찰옥수수 패키지 상품화 시범	56,000	농업기술센터	8	4	7	8	7	5	5	4
1001	강원 횡성군	혹서기 횡성한우 축사 환경개선 시범	14,000	농업기술센터	8	1	7	8	7	5	5	4
1002	강원 횡성군	특화자원개발보급	291,950	농업기술센터	8	4	7	8	7	5	5	4
1003	강원 횡성군	고품질 소득작목 안정생산	439,000	농업기술센터	8	1	7	8	7	5	5	4
1004	강원 횡성군	고품질 안전과실 생산	125,000	농업기술센터	8	1	7	8	7	5	5	4
1005	강원 영월군	야생동물피해예방사업	120,000	환경위생과	8	1	7	8	7	5	5	4
1006	강원 영월군	참살기2.0	230,000	도시교통과	8	4	7	7	7	1	1	1

순번	시군구	지출명 (사업명)	2021년예산 (단위:천원/1년간)	담당자 (공무원) 담당부서	민간이전 분류 (지방자치단체 세출예산 집행기준에 의거) 1. 민간경상사업보조(307-02) 2. 민간단체 법정운영비보조(307-03) 3. 민간행사사업보조(307-04) 4. 민간위탁금(307-05) 5. 사회복지시설 법정운영비보조(307-10) 6. 민간인위탁교육비(307-12) 7. 공기관등에대한경상적위탁사업비(308-10) 8. 민간자본사업보조,자체재원(402-01) 9. 민간자본사업보조,이전재원(402-02) 10. 민간위탁사업비(402-03) 11. 공기관등에 대한 자본적 대행사업비(403-02)	민간이전지출 근거 (지방보조금 관리기준 참고) 1. 법률에 규정 2. 국고보조 재원(국가지정) 3. 용도 지정 기부금 4. 조례에 직접규정 5. 지자체가 권장하는 사업을 하는 공공기관 6. 시,도 정책 및 재정사정 7. 기타 8. 해당없음	입찰방식 계약체결방법 (경쟁형태) 1. 일반경쟁 2. 제한경쟁 3. 지명경쟁 4. 수의계약 5. 법정위탁 6. 기타 ( ) 7. 해당없음	입찰방식 계약기간 1. 1년 2. 2년 3. 3년 4. 4년 5. 5년 6. 기타 ( )년 7. 단기계약 (1년미만) 8. 해당없음	입찰방식 낙찰자선정방법 1. 적격심사 2. 협상에의한계약 3. 최저가낙찰제 4. 규격가격분리 5. 2단계 경쟁입찰 6. 기타 ( ) 7. 해당없음	운영예산 산정 운영예산 산정 1. 내부산정 (지자체 자체적으로 산정) 2. 외부산정 (외부전문기관위탁 산정) 3. 내·외부 모두 산정 4. 산정 無 5. 해당없음	운영예산 산정 정산방법 1. 내부정산 (지자체 내부적으로 정산) 2. 외부정산 (외부전문기관위탁 정산) 3. 내·외부 모두 산정 4. 정산 無 5. 해당없음	성과평가 실시여부 1. 실시 2. 미실시 3. 향후 추진 4. 해당없음
1007	강원 영월군	마을회관정비사업	500,000	도시교통과	8	4	2	2	1	1	1	4
1008	강원 영월군	귀농인 정착 지원	90,000	농업축산과	8	4	7	7	7	1	1	4
1009	강원 영월군	귀농인의 집 조성	30,000	농업축산과	8	1	7	7	7	1	1	4
1010	강원 영월군	친환경 벌꿀 보관 용기 지원	56,000	농업축산과	8	4	7	7	7	1	1	4
1011	강원 영월군	친환경축사 신축 지원사업	132,000	농업축산과	8	1	7	7	7	1	1	4
1012	강원 영월군	축분 건조용 환풍기 지원사업	15,000	농업축산과	8	1	7	7	7	1	1	4
1013	강원 영월군	불법어업 단속 장비 및 안전장비 지원	21,000	농업축산과	8	6	7	7	7	1	1	4
1014	강원 영월군	산림농업사후관리지원	52,500	산림녹지과	8	4	4	8	7	1	1	1
1015	강원 영월군	표고버섯생산성향상지원	50,000	산림녹지과	8	4	4	8	7	1	1	1
1016	강원 영월군	임산물생산단지자립기반조성지원	322,067	산림녹지과	8	4	4	8	7	1	1	1
1017	강원 영월군	영월군의용소방연합회 순찰차량 구입지원	60,000	자치행정교육과	8	4	7	8	7	1	1	1
1018	강원 영월군	자율방범연합대 차량 수리 및 부품 교체	4,200	자치행정교육과	8	4	7	8	7	1	1	1
1019	강원 영월군	자율방범연합대 초소 운영장비 구입지원	2,430	자치행정교육과	8	4	7	8	7	1	1	1
1020	강원 평창군	이장 행정정보화 지원	40,000	행정과	8	4	7	8	7	5	5	3
1021	강원 평창군	자율방범대 차량지원	30,000	행정과	8	4	7	8	7	5	5	3
1022	강원 평창군	자원봉사센터 차량지원	30,000	행정과	8	4	7	8	7	5	5	3
1023	강원 평창군	평창군 재향군인회관 기능보강사업 지원	25,000	복지정책과	8	1	7	8	7	5	5	3
1024	강원 평창군	시니어클럽 차량 구입 지원	35,000	가족복지과	8	5	7	8	7	5	5	3
1025	강원 평창군	경로당 정보화기기 보급지원	9,000	가족복지과	8	5	7	8	7	5	5	3
1026	강원 평창군	경로당 한궁 보급지원	20,000	가족복지과	8	5	7	8	7	5	5	3
1027	강원 평창군	민간어린이집 환경개선 지원	20,000	가족복지과	8	2	7	8	7	5	5	3
1028	강원 평창군	어린이집 통학차량 구입 지원	35,000	가족복지과	8	2	7	8	7	5	5	3
1029	강원 평창군	시장매니저 지원	7,200	일자리경제과	8	2	7	8	7	5	5	3
1030	강원 평창군	소상공인 시설개선 지원	100,000	일자리경제과	8	4	7	8	7	5	5	3
1031	강원 평창군	중소기업 자체공모사업 지원	600,000	일자리경제과	8	4	7	8	7	5	5	3
1032	강원 평창군	의용소방대 구조활동장비 지원	15,000	안전교통과	8	4	7	8	7	5	5	3
1033	강원 평창군	지역자율방재단 단복 지원	7,000	건설과	8	4	7	8	7	5	5	3
1034	강원 평창군	굿디자인 간판지원	50,000	도시과	8	4	7	8	7	5	5	3
1035	강원 평창군	공동주택 유지보수 지원	400,000	도시과	8	4	7	8	7	5	5	3
1036	강원 평창군	산모신생아 건강관리지원	72,000	보건사업과	8	2	7	8	7	5	2	4
1037	강원 평창군	저소득층 기저귀 및 조제분유 지원	28,000	보건사업과	8	2	7	8	7	5	2	4
1038	강원 평창군	표준모자보건수첩 제작 지원	220	보건사업과	8	2	7	8	7	5	2	4
1039	강원 평창군	청소년 산모 의료비 지원	1,200	보건사업과	8	2	7	8	7	5	2	4
1040	강원 평창군	저소득농업인 지원	60,000	농업축산과	8	4	7	7	7	1	1	3
1041	강원 평창군	가뭄대비 관수시설 지원	220,000	농업축산과	8	4	7	8	7	5	5	3
1042	강원 평창군	인삼 해가림 시설지원	150,000	농업축산과	8	4	7	8	7	5	5	3
1043	강원 평창군	평창더덕 명품화 사업 지원	12,000	농업축산과	8	4	7	8	7	5	5	3
1044	강원 평창군	오미자 산채 복합경영지원	45,000	농업축산과	8	4	7	8	7	5	5	3
1045	강원 평창군	사과 경쟁력 강화 지원	85,000	농업축산과	8	4	7	8	7	5	5	3
1046	강원 평창군	과수 생력화 작업기 지원	67,000	농업축산과	8	4	7	8	7	5	5	3
1047	강원 평창군	다래 생산 기반구축 지원	18,000	농업축산과	8	4	7	8	7	5	5	3
1048	강원 평창군	특산품목 재배기반 확대조성	350,000	농업축산과	8	4	7	8	7	5	5	3

순번	시군구	지출명 (사업명)	2021년예산 (단위:천원/1년간)	담당자 (공무원)	민간이전 분류 (지방자치단체 세출예산 집행기준에 의거)	민간이전지출 근거 (지방보조금 관리기준 참고)	입찰방식			운영예산 산정		성과평가 실시여부
				담당부서	1. 민간경상사업보조(307-02) 2. 민간단체 법정운영비보조(307-03) 3. 민간행사사업보조(307-04) 4. 민간위탁금(307-05) 5. 사회복지시설 법정운영비보조(307-10) 6. 민간인위탁교육비(307-12) 7. 공기관등에대한경상적위탁사업비(308-10) 8. 민간자본사업보조,자체재원(402-01) 9. 민간자본사업보조,이전재원(402-02) 10. 민간위탁사업비(402-03) 11. 공기관등에 대한 자본적 대행사업비(403-02)	1. 법률에 규정 2. 국고보조 재원(국가지정) 3. 용도 지정 기부금 4. 조례에 직접규정 5. 지자체가 권장하는 사업을 하는 공공기관 6. 시,도 정책 및 재정사정 7. 기타 8. 해당없음	계약체결방법 (경쟁형태) 1. 일반경쟁 2. 제한경쟁 3. 지명경쟁 4. 수의계약 5. 법정위탁 6. 기타 ( ) 7. 해당없음	계약기간 1. 1년 2. 2년 3. 3년 4. 4년 5. 5년 6. 기타 ( )년 7. 단기계약 (1년미만) 8. 해당없음	낙찰자선정방법 1. 적격심사 2. 협상에의한계약 3. 최저가낙찰제 4. 규격가격분리 5. 2단계 경쟁입찰 6. 기타 ( ) 7. 해당없음	운영예산 산정 1. 내부산정 (지자체 자체적으로 산정) 2. 외부산정 (외부전문기관위탁 산정) 3. 내·외부 모두 산정 4. 산정 無 5. 해당없음	정산방법 1. 내부정산 (지자체 내부적으로 정산) 2. 외부정산 (외부전문기관위탁 정산) 3. 내·외부 모두 산정 4. 정산 無 5. 해당없음	1. 실시 2. 미실시 3. 향후 추진 4. 해당없음
1049	강원 평창군	시설농업기반 확충사업 지원	255,000	농업축산과	8	4	7	8	7	5	5	3
1050	강원 평창군	시설원예 환경개선사업 지원	262,500	농업축산과	8	4	7	8	7	5	5	3
1051	강원 평창군	곤충사육시설 지원	15,000	농업축산과	8	4	7	8	7	5	5	3
1052	강원 평창군	친환경 생력화 장비지원	45,000	농업축산과	8	4	7	8	7	5	5	3
1053	강원 평창군	친환경인증농가 토양개량 지원	48,000	농업축산과	8	4	7	8	7	5	5	3
1054	강원 평창군	친환경축산물 생산기반 시설 지원	150,000	농업축산과	8	1	7	8	7	5	5	3
1055	강원 평창군	재래봉 종봉 구입지원	10,000	농업축산과	8	1	7	8	7	5	5	3
1056	강원 평창군	꿀벌 육성 기자재 지원	60,000	농업축산과	8	1	7	8	7	5	5	3
1057	강원 평창군	젖소 산유능력 개량 지원	50,000	농업축산과	8	1	7	8	7	5	5	3
1058	강원 평창군	축사시설 현대화사업 지원	30,000	농업축산과	8	1	7	8	7	5	5	3
1059	강원 평창군	다목적 가축분뇨 처리장비 지원	60,000	농업축산과	8	1	7	8	7	5	5	3
1060	강원 평창군	친환경축산 퇴비자원화 시설지원	100,000	농업축산과	8	1	7	8	7	5	5	3
1061	강원 평창군	농산물 저온저장고 지원	413,600	유통산업과	8	4	7	8	7	1	1	3
1062	강원 평창군	농산물 물류장비 지원	50,000	유통산업과	8	4	7	8	7	1	1	3
1063	강원 평창군	로컬푸드 다겹보온이중하우스 지원	147,000	유통산업과	8	6	7	8	7	5	5	3
1064	강원 평창군	로컬푸드 직매장 구축 지원	64,000	유통산업과	8	6	7	8	7	5	5	3
1065	강원 평창군	농특산물 가공시설 지원	150,000	유통산업과	8	7	7	8	7	5	5	3
1066	강원 평창군	절임배추 가공시설 지원	100,000	유통산업과	8	7	7	8	7	5	5	3
1067	강원 평창군	새농어촌건설운동 추진마을 지원	50,000	유통산업과	8	6	7	8	7	5	5	3
1068	강원 평창군	농촌체험휴양마을 안전 및 편의시설 확충지원	75,000	유통산업과	8	6	7	8	7	5	5	3
1069	강원 평창군	귀농인 집수리 지원	30,000	유통산업과	8	4	7	8	7	5	5	3
1070	강원 평창군	귀농인 기초영농시설 지원	100,000	유통산업과	8	4	7	8	7	5	5	3
1071	강원 평창군	귀농 선도농가 소득모델창출 지원	40,000	유통산업과	8	4	7	8	7	5	5	3
1072	강원 평창군	청년농업인 창업지원	100,000	유통산업과	8	4	7	8	7	5	5	3
1073	강원 평창군	청년농업인 창업기반 구축 지원	44,000	유통산업과	8	2	7	8	7	5	5	4
1074	강원 평창군	수출농산물 품질개선사업 지원	12,000	유통산업과	8	4	7	8	7	1	1	3
1075	강원 평창군	수출농산물시설지원	41,005	유통산업과	8	4	7	8	7	1	1	3
1076	강원 평창군	고품질쌀 생산단지조성 지원	20,000	기술지원과	8	1	7	8	7	5	5	3
1077	강원 평창군	고품질쌀 인증단지 조성 시범사업	34,000	기술지원과	8	1	7	8	7	5	5	3
1078	강원 평창군	농산물건조기 지원	45,000	기술지원과	8	4	7	8	7	5	5	3
1079	강원 평창군	농업용 급유기 지원	18,750	기술지원과	8	4	7	8	7	5	5	3
1080	강원 평창군	기능성작물 시범 재배사업 지원	16,800	기술지원과	8	4	7	8	7	5	5	3
1081	강원 평창군	준고랭지 시설부추 시범 재배사업 지원	32,900	기술지원과	8	4	7	8	7	5	5	3
1082	강원 평창군	농업용 드론보조 지원	100,000	기술지원과	8	1	7	8	7	5	5	3
1083	강원 평창군	드론 공동 방제단 기반구축 지원	12,500	기술지원과	8	1	7	8	7	5	5	3
1084	강원 정선군	노인일자리사업 기능보강	41,000	복지과	8	1	7	8	7	1	1	3
1085	강원 정선군	소상공인 시설개선지원	300,000	경제과	8	4	7	8	7	1	1	4
1086	강원 정선군	군 지정 마을기업 육성지원	20,000	경제과	8	4	7	8	7	1	1	4
1087	강원 정선군	도시가스 공급관 설치비 지원	100,000	전략산업과	8	4	7	8	7	1	1	4
1088	강원 정선군	중소기업 환경개선사업	100,000	전략산업과	8	5	7	1	7	1	1	4
1089	강원 정선군	농촌 빈집 정비사업	20,000	도시과	8	1	7	8	7	1	1	3
1090	강원 정선군	공동주택 관리비용 지원	129,000	도시과	8	4	7	8	7	1	1	4

순번	시군구	지출명 (사업명)	2021년예산 (단위:천원/1년간)	담당자 (공무원) 담당부서	민간이전 분류 (지방자치단체 세출예산 집행기준에 의거) 1. 민간경상사업보조(307-02) 2. 민간단체 법정운영비보조(307-03) 3. 민간행사사업보조(307-04) 4. 민간위탁금(307-05) 5. 사회복지시설 법정운영비보조(307-10) 6. 민간인위탁교육비(307-12) 7. 공기관등에대한경상적위탁사업비(308-10) 8. 민간자본사업보조,자체재원(402-01) 9. 민간자본사업보조,이전재원(402-02) 10. 민간위탁사업비(402-03) 11. 공기관등에 대한 자본적 대행사업비(403-02)	민간이전지출 근거 (지방보조금 관리기준 참고) 1. 법률에 규정 2. 국고보조 재원(국가지정) 3. 용도 지정 기부금 4. 조례에 직접규정 5. 지자체가 권장하는 사업을 하는 공공기관 6. 시,도 정책 및 재정사정 7. 기타 8. 해당없음	입찰방식 계약체결방법 (경쟁형태) 1. 일반경쟁 2. 제한경쟁 3. 지명경쟁 4. 수의계약 5. 법정위탁 6. 기타 ( ) 7. 해당없음	입찰방식 계약기간 1. 1년 2. 2년 3. 3년 4. 4년 5. 5년 6. 기타 ( )년 7. 단기계약 (1년미만) 8. 해당없음	입찰방식 낙찰자선정방법 1. 적격심사 2. 협상에의한계약 3. 최저가낙찰제 4. 규격가격분리 5. 2단계 경쟁입찰 6. 기타 ( ) 7. 해당없음	운영예산 산정 운영예산 산정 1. 내부산정 (지자체 자체적으로 산정) 2. 외부산정 (외부전문기관위탁 산정) 3. 내·외부 모두 산정 4. 산정 無 5. 해당없음	운영예산 산정 정산방법 1. 내부정산 (지자체 내부적으로 정산) 2. 외부정산 (외부전문기관위탁 정산) 3. 내·외부 모두 산정 4. 정산 無 5. 해당없음	성과평가 실시여부 1. 실시 2. 미실시 3. 향후 추진 4. 해당없음
1091	강원 정선군	주택개선 지원사업	30,000	도시과	8	4	7	8	7	1	1	4
1092	강원 정선군	농촌체험관광 마을 및 농원 시설정비	20,000	농업기술센터	8	2	7	8	7	1	1	4
1093	강원 정선군	친환경 인증농가 농자재 지원	60,000	농업기술센터	8	1	7	8	7	1	1	4
1094	강원 정선군	농업용 급유탱크 지원사업	40,000	농업기술센터	8	5	7	8	7	1	1	3
1095	강원 정선군	중, 소형농기계 지원	47,000	농업기술센터	8	5	7	8	7	1	1	3
1096	강원 정선군	농업용 동력운반차 지원	20,000	농업기술센터	8	5	7	8	7	1	1	3
1097	강원 정선군	다목적 농산물 건조기 지원	33,000	농업기술센터	8	5	7	8	7	1	1	3
1098	강원 정선군	쌀 전업농 육성사업	100,000	농업기술센터	8	1	7	8	7	1	1	4
1099	강원 정선군	원예용 소형 관정지원	60,000	농업기술센터	8	5	7	8	7	1	1	4
1100	강원 정선군	산지유통 저장시설	300,000	농업기술센터	8	7	7	8	7	1	1	3
1101	강원 정선군	농산물 수집상자	60,000	농업기술센터	8	7	7	8	7	1	1	3
1102	강원 정선군	정선찰옥수수 직거래 촉진 지원	36,000	농업기술센터	8	7	7	8	7	1	1	3
1103	강원 정선군	조사료 사일리지 생산장비 부품지원	20,000	농업기술센터	8	5	7	8	7	5	5	4
1104	강원 정선군	친환경축사 신축지원	100,000	농업기술센터	8	5	7	8	7	1	1	4
1105	강원 정선군	양봉농가 기자재 지원	110,000	농업기술센터	8	4	7	8	7	5	1	1
1106	강원 정선군	토종벌 및 꿀 용기 구입비 지원	35,000	농업기술센터	8	4	7	8	7	5	1	1
1107	강원 정선군	축사 개·보수비 지원	150,000	농업기술센터	8	5	7	8	7	1	1	3
1108	강원 정선군	염소 육성지원	20,000	농업기술센터	8	5	7	8	7	1	1	3
1109	강원 정선군	축산농가 자동화시설 지원	90,000	농업기술센터	8	5	7	8	7	1	1	3
1110	강원 정선군	귀농인 영농기반조성 및 주택수리비	80,000	농업기술센터	8	5	7	8	7	1	1	4
1111	강원 정선군	영농4-H경영개선 지원	30,000	농업기술센터	8	5	7	8	7	1	1	4
1112	강원 정선군	소핵과류 시험재배	18,750	농업기술센터	8	7	7	8	7	1	1	3
1113	강원 정선군	강원품종 씨 없는 포도 시험재배	31,250	농업기술센터	8	7	7	8	7	1	1	3
1114	강원 정선군	신소득작목 자두 특화단지 조성	50,000	농업기술센터	8	7	7	8	7	1	1	4
1115	강원 철원군	무료급식 관련물품 구입 지원	9,000	주민생활지원과	8	4	7	8	7	1	1	1
1116	강원 철원군	경로당 생활개선물품 지원	20,000	주민생활지원과	8	1	7	8	7	1	1	1
1117	강원 철원군	자등4리 마을회관 기능개선공사	50,000	주민생활지원과	8	4	7	8	7	1	1	1
1118	강원 철원군	월하리마을회관 신축	300,000	주민생활지원과	8	4	7	8	7	1	1	1
1119	강원 철원군	마을회관(경로당) 개보수	230,000	주민생활지원과	8	4	7	8	7	1	1	1
1120	강원 철원군	마을회관(경로당) 태양광 및 소방시설 설치	15,000	주민생활지원과	8	4	7	8	7	1	1	1
1121	강원 철원군	어린이집 기능보강	36,000	주민생활지원과	8	4	7	8	7	1	1	1
1122	강원 철원군	한우축산시설개선 지원	150,000	축산과	8	4	7	8	7	1	1	3
1123	강원 철원군	양봉농가 소모자재 지원	25,000	축산과	8	4	7	8	7	1	1	3
1124	강원 철원군	내수면 어업 기자재지원사업	10,000	축산과	8	4	7	8	7	1	1	3
1125	강원 철원군	포훈련장 피해마을 생활환경 정비사업	300,000	평화지역발전과	8	4	7	8	7	5	5	4
1126	강원 철원군	밥맛좋은집 만들기 지원	18,800	보건소	8	4	7	8	7	1	1	1
1127	강원 철원군	음식점 위생등급제 기반 마련을 위한 물품지원	30,000	보건소	8	4	7	8	7	1	1	1
1128	강원 화천군	어린이집기능보강	35,000	주민복지과	8	2	7	8	7	1	1	4
1129	강원 화천군	노인복지시설 소규모 환경개선 지원사업	30,000	주민복지과	8	6	7	8	7	5	5	3
1130	강원 화천군	경로당 환경개선 사업	160,000	주민복지과	8	1	7	8	7	1	1	4
1131	강원 화천군	장애인거주시설 기능보강사업	15,000	주민복지과	8	1	7	8	7	5	5	4
1132	강원 화천군	자활기업 및 자활근로사업단 사업	26,000	주민복지과	8	8	7	8	7	5	5	4

순번	시군구	지출명 (사업명)	2021년예산 (단위:천원/1년간)	담당자 (공무원) 담당부서	민간이전 분류 (지방자치단체 세출예산 집행기준에 의거) 1. 민간경상사업보조(307-02) 2. 민간단체 법정운영비보조(307-03) 3. 민간행사사업보조(307-04) 4. 민간위탁금(307-05) 5. 사회복지시설 법정운영비보조(307-10) 6. 민간인위탁교육비(307-12) 7. 공기관등에대한경상적위탁사업비(308-10) 8. 민간자본사업보조,자체재원(402-01) 9. 민간자본사업보조,이전재원(402-02) 10. 민간위탁사업비(402-03) 11. 공기관등에 대한 자본적 대행사업비(403-02)	민간이전지출 근거 (지방보조금 관리기준 참고) 1. 법률에 규정 2. 국고보조 재원(국가지정) 3. 용도 지정 기부금 4. 조례에 직접규정 5. 지자체가 권장하는 사업을 하는 공공기관 6. 시,도 정책 및 재정사정 7. 기타 8. 해당없음	입찰방식 계약체결방법 (경쟁형태) 1. 일반경쟁 2. 제한경쟁 3. 지명경쟁 4. 수의계약 5. 법정위탁 6. 기타 ( ) 7. 해당없음	입찰방식 계약기간 1. 1년 2. 2년 3. 3년 4. 4년 5. 5년 6. 기타 ( )년 7. 단기계약 (1년미만) 8. 해당없음	입찰방식 낙찰자선정방법 1. 적격심사 2. 협상에의한계약 3. 최저가낙찰제 4. 규격가격분리 5. 2단계 경쟁입찰 6. 기타 ( ) 7. 해당없음	운영예산 산정 운영예산 산정 1. 내부산정 (지자체 자체적으로 산정) 2. 외부산정 (외부전문기관위탁 산정) 3. 내·외부 모두 산정 4. 산정 無 5. 해당없음	운영예산 산정 정산방법 1. 내부정산 (지자체 내부적으로 정산) 2. 외부정산 (외부전문기관위탁 정산) 3. 내·외부 모두 산정 4. 정산 無 5. 해당없음	성과평가 실시여부 1. 실시 2. 미실시 3. 향후 추진 4. 해당없음
1133	강원 화천군	새마을회 컴퓨터 구입	1,200	주민복지과	8	4	7	8	7	1	1	1
1134	강원 화천군	벼 종자 소독장비 지원	2,450	농업진흥과	8	4	7	8	7	1	1	3
1135	강원 화천군	못자리 육묘은행 퀵서비스 지원	105,000	농업진흥과	8	4	7	8	7	1	1	3
1136	강원 화천군	깨끗한 논만들기 지원	42,000	농업진흥과	8	4	7	8	7	1	1	3
1137	강원 화천군	쌀전문농업인 생력자재 지원	140,000	농업진흥과	8	4	7	8	7	1	1	3
1138	강원 화천군	비닐하우스교체	168,000	농업진흥과	8	1	1	1	1	1	1	1
1139	강원 화천군	전략작목 전문컨설팅 지원	70,000	농업진흥과	8	1	1	1	1	1	1	1
1140	강원 화천군	신소득작목 지원	70,000	농업진흥과	8	1	1	1	1	1	1	1
1141	강원 화천군	고품질 달래 생산단지 조성	35,000	농업진흥과	8	1	1	1	1	1	1	1
1142	강원 양구군	국민운동단체 기능보강 지원	24,000	교육생활지원과	8	6	7	8	7	5	1	4
1143	강원 양구군	주민편의시설개선 지원	500,000	교육생활지원과	8	4	7	8	7	1	1	4
1144	강원 양구군	국가유공자 및 보훈가족 집수리지원	10,000	사회복지과	8	4	7	8	7	1	1	4
1145	강원 양구군	나라사랑 보금자리 사업	10,000	사회복지과	8	1	7	8	7	1	1	4
1146	강원 양구군	어린이집 기능보강 사업비	20,000	사회복지과	8	2	7	8	7	1	1	1
1147	강원 양구군	영세자영업자 경쟁력 확보	60,000	전략산업과	8	4	7	8	7	1	1	4
1148	강원 양구군	예비창업자 지원	100,000	전략산업과	8	4	7	8	7	1	1	4
1149	강원 양구군	물류보조금 지원	432,000	전략산업과	8	4	7	8	7	1	1	4
1150	강원 양구군	기반시설 보조금 지원	200,000	전략산업과	8	4	7	8	7	1	1	4
1151	강원 양구군	일자리 창출 우수업체 지원	20,000	전략산업과	8	4	7	8	7	1	1	4
1152	강원 양구군	농공단지 HACCP 인증기반 위생시설 지원	100,000	전략산업과	8	4	7	8	7	1	1	4
1153	강원 양구군	전시·박람회 참가지원	30,000	전략산업과	8	4	7	8	7	1	1	4
1154	강원 양구군	홈쇼핑 입점지원	20,000	전략산업과	8	4	7	8	7	1	1	4
1155	강원 양구군	포장재 제작지원	80,000	전략산업과	8	4	7	8	7	1	1	4
1156	강원 양구군	야생동물 피해예방시설 설치지원	57,000	생태산림과	8	4	7	8	7	1	5	4
1157	강원 양구군	산림농업 육성 및 지원사업	20,000	생태산림과	8	4	7	8	7	1	1	4
1158	강원 양구군	빈집 리모델링 알선사업	45,000	지적건축과	8	4	7	8	7	5	5	4
1159	강원 양구군	간판설치비용 지원사업	50,000	지적건축과	8	4	7	8	7	5	5	1
1160	강원 양구군	주택개량사업대상자 주택설계비용 지원사업	30,000	지적건축과	8	4	7	8	7	5	5	4
1161	강원 양구군	빈집 리모델링 알선사업	45,000	지적건축과	8	4	7	8	7	5	5	4
1162	강원 양구군	간판설치비용 지원사업	50,000	지적건축과	8	4	7	8	7	5	5	1
1163	강원 양구군	주택개량사업대상자 주택설계비용 지원사업	30,000	지적건축과	8	4	7	8	7	5	5	4
1164	강원 양구군	소양강댐 주변지역 지원사업	630,202	안전건설과	8	1	7	8	7	5	3	4
1165	강원 양구군	평화의댐 주변지역 지원사업	30,510	안전건설과	8	1	7	8	7	5	3	4
1166	강원 양구군	의용소방대 기동장비지원	36,000	안전건설과	8	4	7	8	7	1	1	3
1167	강원 양구군	귀농귀촌 정착지원	600,000	농업정책과	8	7	7	8	7	5	5	4
1168	강원 양구군	귀농인 시설하우스 임차지원	50,000	농업정책과	8	7	7	8	7	5	5	4
1169	강원 양구군	귀농인 농가주택 수리비 지원	25,000	농업정책과	8	7	7	8	7	5	5	4
1170	강원 양구군	외국인근로자 주거환경개선사업	50,000	농업정책과	8	7	7	8	7	5	5	4
1171	강원 양구군	농축산업 경쟁력제고사업	291,000	농업정책과	8	7	7	8	7	5	5	4
1172	강원 양구군	농촌경제활성화 기술보급사업	200,000	농업정책과	8	7	7	8	7	5	5	4
1173	강원 양구군	청년농업인 농업생산 시설 지원	100,000	농업정책과	8	1	7	8	7	1	1	1
1174	강원 양구군	농촌체험 휴양마을 활성화지원	40,000	농업정책과	8	1	7	8	7	1	1	1

순번	시군구	지출명 (사업명)	2021년예산 (단위:천원/1년간)	담당자 (공무원) 담당부서	민간이전 분류 (지방자치단체 세출예산 집행기준에 의거) 1. 민간경상사업보조(307-02) 2. 민간단체 법정운영비보조(307-03) 3. 민간행사사업보조(307-04) 4. 민간위탁금(307-05) 5. 사회복지시설 법정운영비보조(307-10) 6. 민간인위탁교육비(307-12) 7. 공기관등에대한경상적위탁사업비(308-10) 8. 민간자본사업보조,자체재원(402-01) 9. 민간자본사업보조,이전재원(402-02) 10. 민간위탁사업비(402-03) 11. 공기관등에 대한 자본적 대행사업비(403-02)	민간이전지출 근거 (지방보조금 관리기준 참고) 1. 법률에 규정 2. 국고보조 재원(국가지정) 3. 용도 지정 기부금 4. 조례에 직접규정 5. 지자체가 권장하는 사업을 하는 공공기관 6. 시,도 정책 및 재정사정 7. 기타 8. 해당없음	입찰방식 계약체결방법 (경쟁형태) 1. 일반경쟁 2. 제한경쟁 3. 지명경쟁 4. 수의계약 5. 법정위탁 6. 기타 ( ) 7. 해당없음	입찰방식 계약기간 1. 1년 2. 2년 3. 3년 4. 4년 5. 5년 6. 기타 ( )년 7. 단기계약 (1년미만) 8. 해당없음	입찰방식 낙찰자선정방법 1. 적격심사 2. 협상에의한계약 3. 최저가낙찰제 4. 규격가격분리 5. 2단계 경쟁입찰 6. 기타 ( ) 7. 해당없음	운영예산 산정 운영예산 산정 1. 내부산정 (지자체 자체적으로 산정) 2. 외부산정 (외부전문기관위탁 산정) 3. 내·외부 모두 산정 4. 산정 無 5. 해당없음	운영예산 산정 정산방법 1. 내부정산 (지자체 내부적으로 정산) 2. 외부정산 (외부전문기관위탁 정산) 3. 내·외부 모두 산정 4. 정산 無 5. 해당없음	성과평가 실시여부 1. 실시 2. 미실시 3. 향후 추진 4. 해당없음
1175	강원 양구군	국토정중앙 힐링푸드 육성	20,000	농업정책과	8	1	7	8	7	1	1	1
1176	강원 양구군	제초제없는마을조성	30,000	농업지원과	8	1	7	8	7	1	1	4
1177	강원 양구군	친환경인증농가 수분조절제 지원	40,000	농업지원과	8	1	7	8	7	1	1	4
1178	강원 양구군	양구 황금사과 육성	92,000	농업지원과	8	1	7	8	7	1	1	4
1179	강원 양구군	비닐하우스현대화	1,020,000	농업지원과	8	1	7	8	7	1	1	4
1180	강원 양구군	이상기후 대비 환경조절시스템 구축	585,000	농업지원과	8	1	7	8	7	1	1	4
1181	강원 양구군	바이러스 예방 비닐하우스 방충시설 지원	200,000	농업지원과	8	1	7	8	7	1	1	4
1182	강원 양구군	자동화하우스 노후비닐 교체지원	250,000	농업지원과	8	1	7	8	7	1	1	4
1183	강원 양구군	새소득작목 개발시범	100,000	농업지원과	8	1	7	8	7	1	1	4
1184	강원 양구군	시설하우스 연작장해 해소 토양개선 시범	60,000	농업지원과	8	1	7	8	7	1	1	4
1185	강원 양구군	시설재비지 염류장해 해소 킬레이트제 활용시범	40,000	농업지원과	8	1	7	8	7	1	1	4
1186	강원 양구군	스마트 테스트베드 교육장 조성	206,000	농업지원과	8	1	7	8	7	1	1	4
1187	강원 양구군	고품질 양구쌀 생산단지 조성사업	53,000	농업지원과	8	1	7	8	7	1	1	4
1188	강원 양구군	청정 양구쌀 포장재 지원	30,000	농업지원과	8	1	7	8	7	1	1	4
1189	강원 양구군	농특산물 포장재 개발 및 제작	770,000	유통정책	8	4	7	8	7	1	1	4
1190	강원 양구군	양구군 농산물 최저가격 지원	200,000	유통정책	8	1	7	8	7	1	1	4
1191	강원 양구군	곰취농가 육성지원	205,000	유통축산과	8	1	7	8	7	1	1	4
1192	강원 양구군	소규모 가공업체 HACCP인증 컨설팅 지원	21,000	유통축산과	8	1	7	8	7	1	1	4
1193	강원 양구군	시래기 품질관리지원	150,000	유통축산과	8	6	7	8	7	5	5	4
1194	강원 양구군	한우축산기반지원사업	220,500	유통축산과	8	1	7	8	7	5	5	4
1195	강원 양구군	꿀벌(양봉 · 한봉)사육농가 경영안정지원	30,000	유통축산과	8	1	7	8	7	5	5	4
1196	강원 양구군	양봉농가 화분지원	18,250	유통축산과	8	1	7	8	7	5	5	4
1197	강원 양구군	꿀벌사육농가 저온저장시설 지원	35,000	유통축산과	8	6	7	8	7	5	5	4
1198	강원 양구군	가축재해 예방지원	40,000	유통축산과	8	6	7	8	7	5	5	4
1199	강원 양구군	퇴비사 부숙 촉진 장비 구입 지원	10,000	유통축산과	8	6	4	7	7	1	1	4
1200	강원 양구군	조류퇴치기 지원	15,000	유통축산과	8	4	7	8	7	1	1	4
1201	강원 인제군	무료개방주차장 지원	30,000	안전교통과	8	7	7	8	7	5	5	4
1202	강원 인제군	하늘내린 오대쌀 품질향상 지원	24,000	농업기술과	8	7	7	8	7	5	5	4
1203	강원 인제군	소규모 경영농가 지원사업	63,000	농업기술과	8	7	7	8	7	5	5	4
1204	강원 인제군	브랜드쌀 포장재 지원	7,500	농업기술과	8	7	7	8	7	5	5	4
1205	강원 인제군	우렁이쌀 생산단지 조성	40,300	농업기술과	8	7	7	8	7	5	5	4
1206	강원 인제군	벼토프묘 육묘 이앙재배 시범	10,000	농업기술과	8	7	7	8	7	5	5	4
1207	강원 인제군	호랑이콩 생산사업	9,000	농업기술과	8	7	7	8	7	5	5	4
1208	강원 인제군	밭작물 객토 지원	500,000	농업기술과	8	7	7	8	7	5	5	4
1209	강원 인제군	비닐하우스 규모화사업	308,000	농업기술과	8	7	7	8	7	5	5	4
1210	강원 인제군	시설 원예단지 육성사업	120,000	농업기술과	8	7	7	8	7	5	5	4
1211	강원 인제군	고품질 원예작물생산사업	300,000	농업기술과	8	7	7	8	7	5	5	4
1212	강원 인제군	시설하우스 토양개량사업	52,500	농업기술과	8	7	7	8	7	5	5	4
1213	강원 인제군	유용미생물 등겨발효퇴비 생산지원	84,000	농업기술과	8	7	7	8	7	5	5	4
1214	강원 인제군	원예작물 관수시설지원	150,000	농업기술과	8	7	7	8	7	5	5	4
1215	강원 인제군	수도작 밭전환 비닐하우스사업	168,000	농업기술과	8	7	7	8	7	5	5	4
1216	강원 인제군	명품 사과과원 조성사업	49,000	농업기술과	8	7	7	8	7	5	5	4

순번	시군구	지출명 (사업명)	2021년예산 (단위:천원/1년간)	담당자 (공무원) 담당부서	민간이전 분류 (지방자치단체 세출예산 집행기준에 의거) 1. 민간경상사업보조(307-02) 2. 민간단체 법정운영비보조(307-03) 3. 민간행사사업보조(307-04) 4. 민간위탁금(307-05) 5. 사회복지시설 법정운영비보조(307-10) 6. 민간인위탁교육비(307-12) 7. 공기관등에대한경상적위탁사업비(308-10) 8. 민간자본사업보조,자체재원(402-01) 9. 민간자본사업보조,이전재원(402-02) 10. 민간위탁사업비(402-03) 11. 공기관등에 대한 자본적 대행사업비(403-02)	민간이전지출 근거 (지방보조금 관리기준 참고) 1. 법률에 규정 2. 국고보조 재원(국가지정) 3. 용도 지정 기부금 4. 조례에 직접규정 5. 지자체가 권장하는 사업을 하는 공공기관 6. 시,도 정책 및 재정사정 7. 기타 8. 해당없음	입찰방식 계약체결방법 (경쟁형태) 1. 일반경쟁 2. 제한경쟁 3. 지명경쟁 4. 수의계약 5. 법정위탁 6. 기타 ( ) 7. 해당없음	입찰방식 계약기간 1. 1년 2. 2년 3. 3년 4. 4년 5. 5년 6. 기타 ( )년 7. 단기계약 (1년미만) 8. 해당없음	입찰방식 낙찰자선정방법 1. 적격심사 2. 협상에의한계약 3. 최저가낙찰제 4. 규격가격분리 5. 2단계 경쟁입찰 6. 기타 ( ) 7. 해당없음	운영예산 산정 운영예산 산정 1. 내부산정 (지자체 자체적으로 산정) 2. 외부산정 (외부전문기관위탁 산정) 3. 내·외부 모두 산정 4. 산정 無 5. 해당없음	운영예산 산정 정산방법 1. 내부정산 (지자체 내부적으로 정산) 2. 외부정산 (외부전문기관위탁 정산) 3. 내·외부 모두 산정 4. 정산 無 5. 해당없음	성과평가 실시여부 1. 실시 2. 미실시 3. 향후 추진 4. 해당없음
1217	강원 인제군	과일 보관상자 지원	30,000	농업기술과	8	7	7	8	7	5	5	4
1218	강원 인제군	명품 사과선별기 지원	45,000	농업기술과	8	7	7	8	7	5	5	4
1219	강원 인제군	버섯재배 생산지원	30,000	농업기술과	8	7	7	8	7	5	5	4
1220	강원 인제군	친환경인증 농업인 지원	63,000	농업기술과	8	7	7	8	7	5	5	4
1221	강원 인제군	GAP 인증농가 농약보관함 지원	4,500	농업기술과	8	7	7	8	7	5	5	4
1222	강원 인제군	공동주택 기반편익시설 지원	50,000	도시개발과	8	1	7	8	7	1	1	1
1223	강원 인제군	공동주택 보안등 전기요금 지원	5,000	도시개발과	8	1	7	8	7	1	1	1
1224	강원 인제군	농촌빈집정비	60,000	도시개발과	8	1	7	8	7	1	1	4
1225	강원 인제군	여성농업인 농작업 편이장비 지원사업	48,000	농정과	8	6	7	8	7	1	1	1
1226	강원 인제군	생활개선회 일감갖기 사업	12,800	농정과	8	6	7	8	7	1	1	1
1227	강원 인제군	특산물(질경이)음식 식당운영 사업	10,000	농정과	8	6	7	8	7	1	1	1
1228	강원 인제군	양식장 시설 개보수 지원	15,000	농정과	8	4	7	8	7	1	1	1
1229	강원 인제군	농산물 저온저장고 지원	70,000	유통축산과	8	4	7	8	7	5	5	4
1230	강원 인제군	농산물 물류 가공시설 보완 지원	25,000	유통축산과	8	4	7	8	7	5	5	4
1231	강원 인제군	농산물 유통 GAP 시설 지원	100,000	유통축산과	8	4	7	8	7	5	5	4
1232	강원 인제군	로컬푸드 활성화 지원	27,000	유통축산과	8	4	7	8	7	5	5	4
1233	강원 인제군	산채류 소비촉진 절임소스 지원	100,000	유통축산과	8	4	7	8	7	5	5	4
1234	강원 인제군	농산물 가공상품 유통 활성화 지원	25,000	유통축산과	8	4	7	8	7	5	5	4
1235	강원 인제군	양봉 사육농가 시설현대화 지원	75,000	유통축산과	8	4	7	8	7	5	5	4
1236	강원 인제군	토종벌 종보전 지원	29,400	유통축산과	8	4	7	8	7	5	5	4
1237	강원 인제군	축산농가 축사시설 개선	75,000	유통축산과	8	4	7	8	7	5	5	4
1238	강원 인제군	양봉산업 활성화 지원	5,000	유통축산과	8	4	7	8	7	5	5	4
1239	강원 인제군	강원한우 축산물 운송차량 지원	17,500	유통축산과	8	4	7	8	7	5	5	4
1240	강원 인제군	축산물 냉동창고 시설개선 지원	60,000	유통축산과	8	4	7	8	7	5	5	4
1241	강원 인제군	친환경 톱밥발효 축사지원	801,000	유통축산과	8	4	7	8	7	5	5	4
1242	강원 인제군	한우 자동제한 급여 시스템 지원	30,000	유통축산과	8	4	7	8	7	5	5	4
1243	강원 인제군	강원한우 포장재 및 광고 지원	40,000	유통축산과	8	4	7	8	7	5	5	4
1244	강원 인제군	가축분뇨 퇴비화 시설 지원	69,300	유통축산과	8	4	7	8	7	5	5	4
1245	강원 인제군	축산 악취 저감 장치	305,000	유통축산과	8	4	7	8	7	5	5	4
1246	강원 인제군	조사료 베일러 집게 지원	4,000	유통축산과	8	4	7	8	7	5	5	4
1247	강원 인제군	가축질병 예방 및 소독시설 장비 지원	35,000	유통축산과	8	4	7	8	7	5	5	4
1248	강원 인제군	도계장 가축질병 예방 시설개선 지원	50,000	유통축산과	8	4	7	8	7	5	5	4
1249	강원 고성군	어린이집 노후통학차량 교체지원	28,000	주민복지실	8	4	7	8	7	1	1	3
1250	강원 고성군	대진2리 마을회관 보수	18,000	자치행정과	8	4	7	8	7	1	1	1
1251	강원 고성군	중소기업 노후시설개선 지원사업	200,000	경제투자과	8	4	7	1	7	2	1	1
1252	강원 고성군	해양심층수전용 농공단지 입주기업 특화시설 설치 지원사업	100,000	경제투자과	8	4	7	1	7	2	1	1
1253	강원 고성군	낚시어선 활성화 지원	14,000	해양수산과	8	6	7	8	7	5	1	4
1254	강원 고성군	근해채낚기어선 집어등 지원	26,880	해양수산과	8	7	7	8	7	5	1	4
1255	강원 고성군	연안자망어업인 어망구입비 지원	60,000	해양수산과	8	7	7	8	7	5	1	4
1256	강원 고성군	고성군수협 엔진지게차 구입 지원사업	18,000	해양수산과	8	6	7	8	7	5	5	4
1257	강원 고성군	수산물 맞춤형 포장재 지원	80,000	해양수산과	8	6	7	8	7	1	1	4
1258	강원 고성군	귀농인 농기자재 지원	70,000	농업기술센터	8	1	7	8	7	5	5	4

순번	시군구	지출명 (사업명)	2021년예산 (단위:천원/1년간)	담당자 (공무원) 담당부서	민간이전 분류 (지방자치단체 세출예산 집행기준에 의거) 1. 민간경상사업보조(307-02) 2. 민간단체 법정운영비보조(307-03) 3. 민간행사사업보조(307-04) 4. 민간위탁금(307-05) 5. 사회복지시설 법정운영비보조(307-10) 6. 민간인위탁교육비(307-12) 7. 공기관등에대한경상적위탁사업비(308-10) 8. 민간자본사업보조,자체재원(402-01) 9. 민간자본사업보조,이전재원(402-02) 10. 민간위탁사업비(402-03) 11. 공기관등에 대한 자본적 대행사업비(403-02)	민간이전지출 근거 (지방보조금 관리기준 참고) 1. 법률에 규정 2. 국고보조 재원(국가지정) 3. 용도 지정 기부금 4. 조례에 직접규정 5. 지자체가 권장하는 사업을 하는 공공기관 6. 시,도 정책 및 재정사정 7. 기타 8. 해당없음	입찰방식 계약체결방법 (경쟁형태) 1. 일반경쟁 2. 제한경쟁 3. 지명경쟁 4. 수의계약 5. 법정위탁 6. 기타 ( ) 7. 해당없음	입찰방식 계약기간 1. 1년 2. 2년 3. 3년 4. 4년 5. 5년 6. 기타 ( )년 7. 단기계약 (1년미만) 8. 해당없음	입찰방식 낙찰자선정방법 1. 적격심사 2. 협상에의한계약 3. 최저가낙찰제 4. 규격가격분리 5. 2단계 경쟁입찰 6. 기타 ( ) 7. 해당없음	운영예산 산정 운영예산 산정 1. 내부산정 (지자체 자체적으로 산정) 2. 외부산정 (외부전문기관위탁 산정) 3. 내·외부 모두 산정 4. 산정 無 5. 해당없음	운영예산 산정 정산방법 1. 내부정산 (지자체 내부적으로 정산) 2. 외부정산 (외부전문기관위탁 정산) 3. 내·외부 모두 산정 4. 정산 無 5. 해당없음	성과평가 실시여부 1. 실시 2. 미실시 3. 향후 추진 4. 해당없음
1259	강원 고성군	농산물 다목적 건조기 지원	25,000	농업기술센터	8	4	7	8	7	5	5	4
1260	강원 고성군	농·특산물 포장재 제작 지원 사업	150,000	농업기술센터	8	4	7	8	7	5	5	4
1261	강원 고성군	비닐하우스시설 방풍망 설치 지원	40,000	농업기술센터	8	4	7	8	7	5	5	4
1262	강원 고성군	축사시설 개선	95,000	농업기술센터	8	1	7	8	7	1	1	3
1263	강원 고성군	한우 화식사료 시스템	35,000	농업기술센터	8	1	7	8	7	1	1	3
1264	강원 고성군	양돈농가 생산성향상시설	15,000	농업기술센터	8	1	7	8	7	1	1	3
1265	강원 고성군	한우 고급육질 진단장비	25,000	농업기술센터	8	1	7	8	7	1	1	3
1266	강원 고성군	고성흙소 규모화 암소입식	25,000	농업기술센터	8	1	7	8	7	1	1	3
1267	강원 고성군	양봉농가 현대화시설	25,000	농업기술센터	8	1	7	8	7	1	1	3
1268	강원 고성군	꿀벌 사양관리 육성	20,000	농업기술센터	8	1	7	8	7	1	1	3
1269	강원 고성군	한우 품질향상 및 환경개선제	25,000	농업기술센터	8	1	7	8	7	1	1	3
1270	강원 고성군	축산물 포장재 제작	35,000	농업기술센터	8	1	7	8	7	1	1	3
1271	강원 고성군	한우(돈) 브랜드 쇼핑몰 포장재	20,000	농업기술센터	8	1	7	8	7	1	1	3
1272	강원 고성군	고품질쌀 생산을 위한 측조시비기 지원사업	20,000	농업기술센터	8	1	7	8	7	1	1	1
1273	강원 고성군	고품질쌀 생산을 위한 볍씨온탕소독기 지원사업	25,000	농업기술센터	8	1	7	8	7	1	1	1
1274	강원 고성군	잡곡도정시설 미세먼지 저감시설 시범사업	40,000	농업기술센터	8	1	7	8	7	5	5	4
1275	강원 고성군	과수적응 시범사업	20,000	농업기술센터	8	4	7	8	7	5	5	4
1276	강원 고성군	기후온난화 대응 과수 기반 조성 사업	20,000	농업기술센터	8	4	7	8	7	5	5	4
1277	강원 고성군	잎새버섯 배지구입 지원	10,000	농업기술센터	8	4	7	8	7	5	5	4
1278	강원 고성군	릴방제기 지원	8,000	농업기술센터	8	4	7	8	7	5	1	1
1279	강원 고성군	농기계 고장 예방 급유탱크 지원사업	30,000	농업기술센터	8	1	7	8	7	3	1	1
1280	강원 양양군	양양향교 교육강좌 지원	7,000	문화체육과	8	1	7	8	7	1	1	4
1281	강원 양양군	어선노후기관 수리지원	16,800	해양수산과	8	6	7	8	7	5	5	4
1282	강원 양양군	도루묵축제 수산물 소포장재 지원	11,200	해양수산과	8	6	7	8	7	5	5	4
1283	강원 양양군	소형어선 육지인양 받침대 제작구입	16,000	해양수산과	8	6	7	8	7	5	5	4
1284	강원 양양군	수산물 백화점 쇼케이스	16,000	해양수산과	8	6	7	8	7	5	5	4
1285	강원 양양군	창조적 마을만들기	162,000	농업기술센터	8	1	7	8	7	5	1	1
1286	강원 양양군	기업형 새농촌 군 역량강화사업	150,000	농업기술센터	8	4	7	8	7	5	1	1
1287	강원 양양군	친환경 생력화 농기자재 지원사업	15,000	농업기술센터	8	1	7	7	7	1	1	1
1288	강원 양양군	친환경농업단지조성생산지원사업	70,000	농업기술센터	8	1	7	7	7	1	1	1
1289	강원 양양군	우량한우(고능력암소,거세우)관리지원	24,000	농업기술센터	8	4	7	8	7	5	5	1
1290	강원 양양군	TMR 자가배합기(급이기 등)지원	62,500	농업기술센터	8	4	7	8	7	5	5	1
1291	강원 양양군	한우농가 인공수정료 지원	30,000	농업기술센터	8	4	7	8	7	5	5	1
1292	강원 양양군	축산농가 축사개보수 지원	30,000	농업기술센터	8	4	7	8	7	5	5	1
1293	강원 양양군	안전고품질 축산물생산 지원	30,000	농업기술센터	8	4	7	8	7	5	5	1
1294	강원 양양군	축사환경개선제(유기산제)지원	25,000	농업기술센터	8	4	7	8	7	5	5	1
1295	강원 양양군	모돈 및 자돈 생산성향상 지원	26,000	농업기술센터	8	4	7	8	7	5	5	1
1296	강원 양양군	양돈농가 전기효율화 지원	35,000	농업기술센터	8	4	7	8	7	5	5	1
1297	강원 양양군	양봉농가 부가가치 창출 지원	18,000	농업기술센터	8	4	7	8	7	5	5	1
1298	강원 양양군	양봉농가 경영안정화 지원	27,000	농업기술센터	8	4	7	8	7	5	5	1
1299	강원 양양군	양봉농가 왕대 지원	5,000	농업기술센터	8	4	7	8	7	5	5	1
1300	강원 양양군	양봉농가 저온저장고 지원	11,250	농업기술센터	8	4	7	8	7	5	5	1

순번	시군구	지출명 (사업명)	2021년예산 (단위:천원/1년간)	담당자 (공무원)	민간이전 분류 (지방자치단체 세출예산 집행기준에 의거)	민간이전지출 근거 (지방보조금 관리기준 참고)	입찰방식			운영예산 산정		성과평가 실시여부
				담당부서	1. 민간경상사업보조(307-02) 2. 민간단체 법정운영비보조(307-03) 3. 민간행사사업보조(307-04) 4. 민간위탁금(307-05) 5. 사회복지시설 법정운영비보조(307-10) 6. 민간인위탁교육비(307-12) 7. 공기관등에대한경상적위탁사업비(308-10) 8. 민간자본사업보조,자체재원(402-01) 9. 민간자본사업보조,이전재원(402-02) 10. 민간위탁사업비(402-03) 11. 공기관등에 대한 자본적 대행사업비(403-02)	1. 법률에 규정 2. 국고보조 재원(국가지정) 3. 용도 지정 기부금 4. 조례에 직접규정 5. 지자체가 권장하는 사업을 하는 공공기관 6. 시,도 정책 및 재정사정 7. 기타 8. 해당없음	계약체결방법 (경쟁형태) 1. 일반경쟁 2. 제한경쟁 3. 지명경쟁 4. 수의계약 5. 법정위탁 6. 기타 ( ) 7. 해당없음	계약기간 1. 1년 2. 2년 3. 3년 4. 4년 5. 5년 6. 기타 ( )년 7. 단기계약 (1년미만) 8. 해당없음	낙찰자선정방법 1. 적격심사 2. 협상에의한계약 3. 최저가낙찰제 4. 규격가격분리 5. 2단계 경쟁입찰 6. 기타 ( ) 7. 해당없음	운영예산 산정 1. 내부산정 (지자체 자체적으로 산정) 2. 외부산정 (외부전문기관위탁 산정) 3. 내·외부 모두 산정 4. 산정 無 5. 해당없음	정산방법 1. 내부정산 (지자체 내부적으로 정산) 2. 외부정산 (외부전문기관위탁 정산) 3. 내·외부 모두 산정 4. 정산 無 5. 해당없음	1. 실시 2. 미실시 3. 향후 추진 4. 해당없음
1301	강원 양양군	양봉농가 단미사료 지원	30,000	농업기술센터	8	4	7	8	7	5	5	1
1302	강원 양양군	토종벌 종봉구입 지원	40,000	농업기술센터	8	4	7	8	7	5	5	1
1303	강원 양양군	토종벌 개량벌통 지원	5,000	농업기술센터	8	4	7	8	7	5	5	1
1304	강원 양양군	조사료 생산기반 조성사업	16,000	농업기술센터	8	4	7	8	7	5	5	1
1305	강원 양양군	곤포사일리지 비닐지원	16,000	농업기술센터	8	4	7	8	7	5	5	1
1306	강원 양양군	조사료 IRG 생산장비 지원	10,000	농업기술센터	8	4	7	8	7	5	5	1
1307	강원 양양군	벼 육묘틀 지원	16,000	농업기술센터	8	6	7	8	7	1	1	4
1308	강원 양양군	벼 육묘하우스 설치	20,000	농업기술센터	8	6	7	8	7	1	1	4
1309	강원 양양군	벼 곡물건조기용 집진기 지원	5,250	농업기술센터	8	6	7	8	7	1	1	4
1310	강원 양양군	벼 육묘상자 자동 투입기 지원	5,500	농업기술센터	8	6	7	8	7	1	1	4
1311	강원 양양군	볍씨 온탕소독기 지원	6,600	농업기술센터	8	6	7	8	7	1	1	4
1312	강원 양양군	볍씨 발아기 지원	3,630	농업기술센터	8	6	7	8	7	1	1	4
1313	강원 양양군	곡물 적재함 지원	7,200	농업기술센터	8	6	7	8	7	1	1	4
1314	강원 양양군	과수 특수처리봉지 지원사업	36,000	농업기술센터	8	4	7	8	7	5	1	1
1315	강원 양양군	과수 돌발병해충방제 지원사업	17,000	농업기술센터	8	4	7	8	7	5	1	1
1316	강원 양양군	과수 시설개선 지원사업	20,000	농업기술센터	8	4	7	8	7	5	1	1
1317	강원 양양군	과수 생력형 편의장비 지원사업	50,000	농업기술센터	8	4	7	8	7	5	1	1
1318	강원 양양군	체리 재배 시범사업	49,000	농업기술센터	8	4	7	8	7	5	1	1
1319	강원 양양군	시설원예 유형별 스마트팜 적용 시범사업	42,000	농업기술센터	8	4	7	8	7	5	1	1
1320	강원 양양군	소형 비닐하우스 지원사업	20,000	농업기술센터	8	4	7	8	7	5	1	1
1321	강원 양양군	고품질 버섯 안정생산기반조성	297,000	농업기술센터	8	7	7	8	7	1	1	3
1322	강원 양양군	산촌마을 소득작목 재배기반 조성	21,000	농업기술센터	8	7	7	8	7	1	1	3
1323	강원 양양군	산채 및 특화품목 재배기반 시범	50,000	농업기술센터	8	7	7	8	7	1	1	3
1324	강원 양양군	특화작목 생산단지 조성사업	42,000	농업기술센터	8	7	7	8	7	1	1	3
1325	강원 양양군	보훈단체 집기구입 지원	4,800	복지과	8	1	7	8	7	1	1	4
1326	강원 양양군	장애인종합상담실 기능보강사업	30,000	복지과	8	4	1	1	3	1	1	1
1327	강원 양양군	장승3리 경로당 신축지원사업	250,000	복지과	8	4	7	8	7	1	1	1
1328	강원 양양군	노후공동주택시설 보수비지원	200,000	허가민원실	8	7	7	8	7	1	1	2
1329	강원 양양군	농촌 빈집철거(보상)	50,000	허가민원실	8	8	7	8	7	1	1	4
1330	충북 청주시	녹색청주협의회 운영	4,000	상생협력담당관	8	4	7	8	7	5	5	3
1331	충북 청주시	안전하고 건강한 일터 조성	45,000	상생협력담당관	8	1	7	8	7	5	5	3
1332	충북 청주시	청소년 방과후 활동지원	18,000	청년정책담당관	8	1	7	8	7	5	5	3
1333	충북 청주시	자원봉사센터 운영	7,600	자치행정과	8	1	7	8	7	5	5	3
1334	충북 청주시	자율방범대 운영	25,500	안전정책과	8	4	7	8	7	5	5	3
1335	충북 청주시	소상공인 상가단지 지원사업	100,000	경제정책과	8	1	7	8	7	5	5	3
1336	충북 청주시	신재생에너지 주택지원사업	20,000	경제정책과	8	2	7	8	7	5	5	3
1337	충북 청주시	도시가스 공급관 설치 지원사업	150,000	경제정책과	8	1	7	8	7	5	5	3
1338	충북 청주시	마을방송시스템 설치 지원	400,000	정보통신과	8	4	7	8	7	5	5	3
1339	충북 청주시	종합사회복지관 지원	170,000	복지정책과	8	1	7	8	7	5	5	3
1340	충북 청주시	자활기금 운영	10,000	복지정책과	8	4	7	8	7	5	5	3
1341	충북 청주시	자활기금 운영	10,000	복지정책과	8	4	7	8	7	5	5	3
1342	충북 청주시	자활기금 운영	35,000	복지정책과	8	4	7	8	7	5	5	3

순번	시군구	지출명 (사업명)	2021년예산 (단위:천원/1년간)	담당자 (공무원) 담당부서	민간이전 분류 (지방자치단체 세출예산 집행기준에 의거) 1. 민간경상사업보조(307-02) 2. 민간단체 법정운영비보조(307-03) 3. 민간행사사업보조(307-04) 4. 민간위탁금(307-05) 5. 사회복지시설 법정운영비보조(307-10) 6. 민간인위탁교육비(307-12) 7. 공기관등에대한경상적위탁사업비(308-10) 8. 민간자본사업보조,자체재원(402-01) 9. 민간자본사업보조,이전재원(402-02) 10. 민간위탁사업비(402-03) 11. 공기관등에 대한 자본적 대행사업비(403-02)	민간이전지출 근거 (지방보조금 관리기준 참고) 1. 법률에 규정 2. 국고보조 재원(국가지정) 3. 용도 지정 기부금 4. 조례에 직접규정 5. 지자체가 권장하는 사업을 하는 공공기관 6. 시,도 정책 및 재정사정 7. 기타 8. 해당없음	입찰방식 계약체결방법 (경쟁형태) 1. 일반경쟁 2. 제한경쟁 3. 지명경쟁 4. 수의계약 5. 법정위탁 6. 기타 ( ) 7. 해당없음	입찰방식 계약기간 1. 1년 2. 2년 3. 3년 4. 4년 5. 5년 6. 기타 ( )년 7. 단기계약 (1년미만) 8. 해당없음	입찰방식 낙찰자선정방법 1. 적격심사 2. 협상에의한계약 3. 최저가낙찰제 4. 규격가격분리 5. 2단계 경쟁입찰 6. 기타 ( ) 7. 해당없음	운영예산 산정 운영예산 산정 1. 내부산정 (지자체 자체적으로 산정) 2. 외부산정 (외부전문기관위탁 산정) 3. 내·외부 모두 산정 4. 산정 無 5. 해당없음	운영예산 산정 정산방법 1. 내부정산 (지자체 내부적으로 정산) 2. 외부정산 (외부전문기관위탁 정산) 3. 내·외부 모두 산정 4. 정산 無 5. 해당없음	성과평가 실시여부 1. 실시 2. 미실시 3. 향후 추진 4. 해당없음
1343	충북 청주시	여성친화도시조성	30,000	여성가족과	8	4	7	8	7	5	5	3
1344	충북 청주시	공동육아나눔터 운영	20,000	여성가족과	8	1	7	8	7	5	5	3
1345	충북 청주시	어린이집 개보수사업	90,000	아동보육과	8	4	7	8	7	5	5	3
1346	충북 청주시	소규모 공연장 활성화 지원	15,000	문화예술과	8	4	7	8	7	5	5	3
1347	충북 청주시	전문체육 육성 · 운영	5,550	체육교육과	8	1	7	8	7	5	5	3
1348	충북 청주시	청년농업인 창업 지원사업	210,000	농업정책과	8	4	7	8	7	5	5	3
1349	충북 청주시	맞춤형 영농기계화 장비 지원	600,000	친환경농산과	8	6	7	8	7	5	5	3
1350	충북 청주시	충전식 분무기 지원	50,000	친환경농산과	8	6	7	8	7	5	5	3
1351	충북 청주시	시설하우스 난방보급 지원	180,000	친환경농산과	8	4	7	8	7	5	5	3
1352	충북 청주시	시설하우스 신규설치 지원	800,000	친환경농산과	8	4	7	8	7	5	5	3
1353	충북 청주시	시설하우스 필름교체 지원 사업	1,000,000	친환경농산과	8	4	7	8	7	5	5	3
1354	충북 청주시	시설하우스 환경개선 지원	660,000	친환경농산과	8	4	7	8	7	5	5	3
1355	충북 청주시	과수원 유해조수 방지시설 지원	50,000	친환경농산과	8	4	7	8	7	5	5	3
1356	충북 청주시	농특산물생산 및 유통활성화지원	550,000	농식품유통과	8	6	7	8	7	5	5	3
1357	충북 청주시	로컬푸드 활성화 사업	216,000	농식품유통과	8	6	7	8	7	5	5	3
1358	충북 청주시	농업기반조성 지자체 농협 공동 협력사업	650,000	농식품유통과	8	6	7	8	7	5	5	3
1359	충북 청주시	귀농인·청년농 농기계구입비 지원	12,500	농식품유통과	8	6	7	8	7	5	5	3
1360	충북 청주시	마을내 축사 이전사업	300,000	축산과	8	4	7	8	7	5	5	3
1361	충북 청주시	축사 배전반 현대화사업	30,000	축산과	8	4	7	8	7	5	5	3
1362	충북 청주시	양봉기자재 공급사업	18,000	축산과	8	1	7	8	7	5	5	3
1363	충북 청주시	축산물 유통업소 위생포장기 지원	13,000	축산과	8	1	7	8	7	5	5	3
1364	충북 청주시	가축방역사업	6,000	축산과	8	4	7	8	7	5	5	3
1365	충북 청주시	가축분뇨처리 퇴비살포기 지원	100,000	축산과	8	4	7	8	7	5	5	3
1366	충북 청주시	가축분뇨처리 스키드로더 지원	150,000	축산과	8	4	7	8	7	5	5	3
1367	충북 청주시	TMR 사료배합기 지원	105,000	축산과	8	4	7	8	7	5	5	3
1368	충북 청주시	축사내 개체관찰 CCTV 지원	75,000	축산과	8	4	7	8	7	5	5	3
1369	충북 청주시	축사 대형환기팬 지원	50,000	축산과	8	4	7	8	7	5	5	3
1370	충북 청주시	옥수수 수확장비 지원	150,000	축산과	8	4	7	8	7	5	5	3
1371	충북 청주시	친환경축산 시설장비 보급	75,000	축산과	8	4	7	8	7	5	5	3
1372	충북 청주시	고객중심 도매시장 운영	27,500	도매시장관리과	8	1	7	8	7	5	5	3
1373	충북 청주시	주차장 조성 및 관리	30,000	교통정책과	8	4	7	8	7	5	5	3
1374	충북 청주시	주차장 조성 및 관리	25,000	교통정책과	8	4	7	8	7	5	5	3
1375	충북 청주시	노후공동주택 지원사업 추진	600,000	공동주택과	8	1	7	8	7	5	5	3
1376	충북 청주시	공동주택 소규모 주민숙원사업	15,000	공동주택과	8	1	7	8	7	5	5	3
1377	충북 청주시	공동주택 소규모 주민숙원사업	15,000	공동주택과	8	1	7	8	7	5	5	3
1378	충북 청주시	공동주택 소규모 주민숙원사업	15,000	공동주택과	8	1	7	8	7	5	5	3
1379	충북 청주시	공동주택 소규모 주민숙원사업	15,000	공동주택과	8	1	7	8	7	5	5	3
1380	충북 청주시	공동주택 소규모 주민숙원사업	9,000	공동주택과	8	1	7	8	7	5	5	3
1381	충북 청주시	공동주택 소규모 주민숙원사업	15,000	공동주택과	8	1	7	8	7	5	5	3
1382	충북 청주시	공동주택 소규모 주민숙원사업	15,000	공동주택과	8	1	7	8	7	5	5	3
1383	충북 청주시	공동주택 소규모 주민숙원사업	15,000	공동주택과	8	1	7	8	7	5	5	3
1384	충북 청주시	공동주택 소규모 주민숙원사업	15,000	공동주택과	8	1	7	8	7	5	5	3

순번	시군구	지출명 (사업명)	2021년예산 (단위:천원/1년간)	담당자 (공무원) 담당부서	민간이전 분류 (지방자치단체 세출예산 집행기준에 의거) 1. 민간경상사업보조(307-02) 2. 민간단체 법정운영비보조(307-03) 3. 민간행사사업보조(307-04) 4. 민간위탁금(307-05) 5. 사회복지시설 법정운영비보조(307-10) 6. 민간인위탁교육비(307-12) 7. 공기관등에대한경상적위탁사업비(308-10) 8. 민간자본사업보조,자체재원(402-01) 9. 민간자본사업보조,이전재원(402-02) 10. 민간위탁사업비(402-03) 11. 공기관등에 대한 자본적 대행사업비(403-02)	민간이전지출 근거 (지방보조금 관리기준 참고) 1. 법률에 규정 2. 국고보조 재원(국가지정) 3. 용도 지정 기부금 4. 조례에 직접규정 5. 지자체가 권장하는 사업을 하는 공공기관 6. 시,도 정책 및 재정사정 7. 기타 8. 해당없음	입찰방식 계약체결방법 (경쟁형태) 1. 일반경쟁 2. 제한경쟁 3. 지명경쟁 4. 수의계약 5. 법정위탁 6. 기타 ( ) 7. 해당없음	입찰방식 계약기간 1. 1년 2. 2년 3. 3년 4. 4년 5. 5년 6. 기타 ( )년 7. 단기계약 (1년미만) 8. 해당없음	입찰방식 낙찰자선정방법 1. 적격심사 2. 협상에의한계약 3. 최저가낙찰제 4. 규격가격분리 5. 2단계 경쟁입찰 6. 기타 ( ) 7. 해당없음	운영예산 산정 운영예산 산정 1. 내부산정 (지자체 자체적으로 산정) 2. 외부산정 (외부전문기관위탁 산정) 3. 내·외부 모두 산정 4. 산정 無 5. 해당없음	운영예산 산정 정산방법 1. 내부정산 (지자체 내부적으로 정산) 2. 외부정산 (외부전문기관위탁 정산) 3. 내·외부 모두 산정 4. 정산 無 5. 해당없음	성과평가 실시여부 1. 실시 2. 미실시 3. 향후 추진 4. 해당없음
1385	충북 청주시	공동주택 소규모 주민숙원사업	15,000	공동주택과	8	1	7	8	7	5	5	3
1386	충북 청주시	공동주택 소규모 주민숙원사업	15,000	공동주택과	8	1	7	8	7	5	5	3
1387	충북 청주시	공동주택 소규모 주민숙원사업	15,000	공동주택과	8	1	7	8	7	5	5	3
1388	충북 청주시	공동주택 소규모 주민숙원사업	15,000	공동주택과	8	1	7	8	7	5	5	3
1389	충북 청주시	공동주택 소규모 주민숙원사업	15,000	공동주택과	8	1	7	8	7	5	5	3
1390	충북 청주시	공동주택 소규모 주민숙원사업	15,000	공동주택과	8	1	7	8	7	5	5	3
1391	충북 청주시	공동주택 소규모 주민숙원사업	15,000	공동주택과	8	1	7	8	7	5	5	3
1392	충북 청주시	공동주택 소규모 주민숙원사업	15,000	공동주택과	8	1	7	8	7	5	5	3
1393	충북 청주시	공동주택 소규모 주민숙원사업	15,000	공동주택과	8	1	7	8	7	5	5	3
1394	충북 청주시	공동주택 소규모 주민숙원사업	15,000	공동주택과	8	1	7	8	7	5	5	3
1395	충북 청주시	공동주택 소규모 주민숙원사업	15,000	공동주택과	8	1	7	8	7	5	5	3
1396	충북 청주시	공동주택 소규모 주민숙원사업	15,000	공동주택과	8	1	7	8	7	5	5	3
1397	충북 청주시	공동주택 소규모 주민숙원사업	15,000	공동주택과	8	1	7	8	7	5	5	3
1398	충북 청주시	공동주택 소규모 주민숙원사업	15,000	공동주택과	8	1	7	8	7	5	5	3
1399	충북 청주시	공동주택 소규모 주민숙원사업	15,000	공동주택과	8	1	7	8	7	5	5	3
1400	충북 청주시	공동주택 소규모 주민숙원사업	15,000	공동주택과	8	1	7	8	7	5	5	3
1401	충북 청주시	공동주택 소규모 주민숙원사업	15,000	공동주택과	8	1	7	8	7	5	5	3
1402	충북 청주시	공동주택 소규모 주민숙원사업	15,000	공동주택과	8	1	7	8	7	5	5	3
1403	충북 청주시	공동주택 소규모 주민숙원사업	15,000	공동주택과	8	1	7	8	7	5	5	3
1404	충북 청주시	공동주택 소규모 주민숙원사업	15,000	공동주택과	8	1	7	8	7	5	5	3
1405	충북 청주시	공동주택 소규모 주민숙원사업	15,000	공동주택과	8	1	7	8	7	5	5	3
1406	충북 청주시	공동주택 소규모 주민숙원사업	15,000	공동주택과	8	1	7	8	7	5	5	3
1407	충북 청주시	공동주택 소규모 주민숙원사업	15,000	공동주택과	8	1	7	8	7	5	5	3
1408	충북 청주시	공동주택 소규모 주민숙원사업	15,000	공동주택과	8	1	7	8	7	5	5	3
1409	충북 청주시	공동주택 소규모 주민숙원사업	15,000	공동주택과	8	1	7	8	7	5	5	3
1410	충북 청주시	공동주택 소규모 주민숙원사업	15,000	공동주택과	8	1	7	8	7	5	5	3
1411	충북 청주시	공동주택 소규모 주민숙원사업	15,000	공동주택과	8	1	7	8	7	5	5	3
1412	충북 청주시	공동주택 소규모 주민숙원사업	15,000	공동주택과	8	1	7	8	7	5	5	3
1413	충북 청주시	공동주택 소규모 주민숙원사업	15,000	공동주택과	8	1	7	8	7	5	5	3
1414	충북 청주시	공동주택 소규모 주민숙원사업	15,000	공동주택과	8	1	7	8	7	5	5	3
1415	충북 청주시	공동주택 소규모 주민숙원사업	15,000	공동주택과	8	1	7	8	7	5	5	3
1416	충북 청주시	공동주택 소규모 주민숙원사업	3,000	공동주택과	8	1	7	8	7	5	5	3
1417	충북 청주시	공동주택 소규모 주민숙원사업	15,000	공동주택과	8	1	7	8	7	5	5	3
1418	충북 청주시	공동주택 소규모 주민숙원사업	15,000	공동주택과	8	1	7	8	7	5	5	3
1419	충북 청주시	공동주택 소규모 주민숙원사업	15,000	공동주택과	8	1	7	8	7	5	5	3
1420	충북 청주시	공동주택 소규모 주민숙원사업	15,000	공동주택과	8	1	7	8	7	5	5	3
1421	충북 청주시	공동주택 소규모 주민숙원사업	15,000	공동주택과	8	1	7	8	7	5	5	3
1422	충북 청주시	공동주택 소규모 주민숙원사업	15,000	공동주택과	8	1	7	8	7	5	5	3
1423	충북 청주시	공동주택 소규모 주민숙원사업	15,000	공동주택과	8	1	7	8	7	5	5	3
1424	충북 청주시	공동주택 소규모 주민숙원사업	15,000	공동주택과	8	1	7	8	7	5	5	3
1425	충북 청주시	공동주택 소규모 주민숙원사업	15,000	공동주택과	8	1	7	8	7	5	5	3
1426	충북 청주시	공동주택 소규모 주민숙원사업	15,000	공동주택과	8	1	7	8	7	5	5	3

순번	시군구	지출명 (사업명)	2021년예산 (단위:천원/1년간)	담당자 (공무원)	민간이전 분류 (지방자치단체 세출예산 집행기준에 의거)	민간이전지출 근거 (지방보조금 관리기준 참고)	입찰방식			운영예산 산정		성과평가 실시여부
				담당부서	1. 민간경상사업보조(307-02) 2. 민간단체 법정운영비보조(307-03) 3. 민간행사사업보조(307-04) 4. 민간위탁금(307-05) 5. 사회복지시설 법정운영비보조(307-10) 6. 민간인위탁교육비(307-12) 7. 공기관등에대한경상적위탁사업비(308-10) 8. 민간자본사업보조,자체재원(402-01) 9. 민간자본사업보조,이전재원(402-02) 10. 민간위탁사업비(402-03) 11. 공기관등에 대한 자본적 대행사업비(403-02)	1. 법률에 규정 2. 국고보조 재원(국가지정) 3. 용도 지정 기부금 4. 조례에 직접규정 5. 지자체가 권장하는 사업을 하는 공공기관 6. 시,도 정책 및 재정사정 7. 기타 8. 해당없음	계약체결방법 (경쟁형태) 1. 일반경쟁 2. 제한경쟁 3. 지명경쟁 4. 수의계약 5. 법정위탁 6. 기타 ( ) 7. 해당없음	계약기간 1. 1년 2. 2년 3. 3년 4. 4년 5. 5년 6. 기타 ( )년 7. 단기계약 (1년미만) 8. 해당없음	낙찰자선정방법 1. 적격심사 2. 협상에의한계약 3. 최저가낙찰제 4. 규격가격분리 5. 2단계 경쟁입찰 6. 기타 ( ) 7. 해당없음	운영예산 산정 1. 내부산정 (지자체 자체적으로 산정) 2. 외부산정 (외부전문기관위탁 산정) 3. 내·외부 모두 산정 4. 산정 無 5. 해당없음	정산방법 1. 내부정산 (지자체 내부적으로 정산) 2. 외부정산 (외부전문기관위탁 정산) 3. 내·외부 모두 산정 4. 정산 無 5. 해당없음	1. 실시 2. 미실시 3. 향후 추진 4. 해당없음
1427	충북 청주시	공동주택 소규모 주민숙원사업	15,000	공동주택과	8	1	7	8	7	5	5	3
1428	충북 청주시	공동주택 소규모 주민숙원사업	15,000	공동주택과	8	1	7	8	7	5	5	3
1429	충북 청주시	공동주택 소규모 주민숙원사업	15,000	공동주택과	8	1	7	8	7	5	5	3
1430	충북 청주시	공동주택 소규모 주민숙원사업	15,000	공동주택과	8	1	7	8	7	5	5	3
1431	충북 청주시	공동주택 소규모 주민숙원사업	15,000	공동주택과	8	1	7	8	7	5	5	3
1432	충북 청주시	공동주택 소규모 주민숙원사업	15,000	공동주택과	8	1	7	8	7	5	5	3
1433	충북 청주시	공동주택 소규모 주민숙원사업	15,000	공동주택과	8	1	7	8	7	5	5	3
1434	충북 청주시	공동주택 소규모 주민숙원사업	15,000	공동주택과	8	1	7	8	7	5	5	3
1435	충북 청주시	공동주택 소규모 주민숙원사업	15,000	공동주택과	8	1	7	8	7	5	5	3
1436	충북 청주시	공동주택 소규모 주민숙원사업	15,000	공동주택과	8	1	7	8	7	5	5	3
1437	충북 청주시	공동주택 소규모 주민숙원사업	15,000	공동주택과	8	1	7	8	7	5	5	3
1438	충북 청주시	공동주택 소규모 주민숙원사업	15,000	공동주택과	8	1	7	8	7	5	5	3
1439	충북 청주시	공동주택 소규모 주민숙원사업	15,000	공동주택과	8	1	7	8	7	5	5	3
1440	충북 청주시	공동주택 소규모 주민숙원사업	15,000	공동주택과	8	1	7	8	7	5	5	3
1441	충북 청주시	공동주택 소규모 주민숙원사업	15,000	공동주택과	8	1	7	8	7	5	5	3
1442	충북 청주시	공동주택 소규모 주민숙원사업	15,000	공동주택과	8	1	7	8	7	5	5	3
1443	충북 청주시	공동주택 소규모 주민숙원사업	15,000	공동주택과	8	1	7	8	7	5	5	3
1444	충북 청주시	공동주택 소규모 주민숙원사업	15,000	공동주택과	8	1	7	8	7	5	5	3
1445	충북 청주시	공동주택 소규모 주민숙원사업	15,000	공동주택과	8	1	7	8	7	5	5	3
1446	충북 청주시	공동주택 소규모 주민숙원사업	15,000	공동주택과	8	1	7	8	7	5	5	3
1447	충북 청주시	공동주택 소규모 주민숙원사업	15,000	공동주택과	8	1	7	8	7	5	5	3
1448	충북 청주시	공동주택 소규모 주민숙원사업	15,000	공동주택과	8	1	7	8	7	5	5	3
1449	충북 청주시	공동주택 소규모 주민숙원사업	15,000	공동주택과	8	1	7	8	7	5	5	3
1450	충북 청주시	공동주택 소규모 주민숙원사업	15,000	공동주택과	8	1	7	8	7	5	5	3
1451	충북 청주시	공동주택 소규모 주민숙원사업	15,000	공동주택과	8	1	7	8	7	5	5	3
1452	충북 청주시	공동주택 소규모 주민숙원사업	15,000	공동주택과	8	1	7	8	7	5	5	3
1453	충북 청주시	공동주택 소규모 주민숙원사업	15,000	공동주택과	8	1	7	8	7	5	5	3
1454	충북 청주시	공동주택 소규모 주민숙원사업	15,000	공동주택과	8	1	7	8	7	5	5	3
1455	충북 청주시	공동주택 소규모 주민숙원사업	15,000	공동주택과	8	1	7	8	7	5	5	3
1456	충북 청주시	공동주택 소규모 주민숙원사업	15,000	공동주택과	8	1	7	8	7	5	5	3
1457	충북 청주시	공동주택 소규모 주민숙원사업	15,000	공동주택과	8	1	7	8	7	5	5	3
1458	충북 청주시	공동주택 소규모 주민숙원사업	15,000	공동주택과	8	1	7	8	7	5	5	3
1459	충북 청주시	소규모 공동주택 지원사업	200,000	건축디자인과	8	4	7	8	7	5	5	3
1460	충북 청주시	농업인단체육성	20,000	농업기술센터 지원기획과	8	2	7	8	7	5	5	3
1461	충북 청주시	농촌지도자 육성지도	42,000	농업기술센터 지원기획과	8	2	7	8	7	5	5	3
1462	충북 청주시	농촌지도자 육성지도	28,000	농업기술센터 지원기획과	8	2	7	8	7	5	5	3
1463	충북 청주시	4-H육성지도	56,000	농업기술센터 지원기획과	8	2	7	8	7	5	5	3
1464	충북 청주시	젊은 농부 육성	105,000	농업기술센터 지원기획과	8	2	7	8	7	5	5	3
1465	충북 청주시	농촌자원일반	21,000	농업기술센터 지원기획과	8	1	7	8	7	5	5	3
1466	충북 청주시	농촌자원일반	14,000	농업기술센터 지원기획과	8	1	7	8	7	5	5	3
1467	충북 청주시	식량작물기술보급	51,800	농업기술센터 기술보급과	8	6	7	8	7	5	5	3
1468	충북 청주시	식량작물기술보급	100,000	농업기술센터 기술보급과	8	6	7	8	7	5	5	3

순번	시군구	지출명 (사업명)	2021년예산 (단위:천원/1년간)	담당자 (공무원)	민간이전 분류 (지방자치단체 세출예산 집행기준에 의거)	민간이전지출 근거 (지방보조금 관리기준 참고)	입찰방식			운영예산 산정		성과평가 실시여부
				담당부서	1. 민간경상사업보조(307-02) 2. 민간단체 법정운영비보조(307-03) 3. 민간행사사업보조(307-04) 4. 민간위탁금(307-05) 5. 사회복지시설 법정운영비보조(307-10) 6. 민간인위탁교육비(307-12) 7. 공기관등에대한경상적위탁사업비(308-10) 8. 민간자본사업보조,자체재원(402-01) 9. 민간자본사업보조,이전재원(402-02) 10. 민간위탁사업비(402-03) 11. 공기관등에 대한 자본적 대행사업비(403-02)	1. 법률에 규정 2. 국고보조 재원(국가지정) 3. 용도 지정 기부금 4. 조례에 직접규정 5. 지자체가 권장하는 사업을 하는 공공기관 6. 시,도 정책 및 재정사정 7. 기타 8. 해당없음	계약체결방법 (경쟁형태) 1. 일반경쟁 2. 제한경쟁 3. 지명경쟁 4. 수의계약 5. 법정위탁 6. 기타 ( ) 7. 해당없음	계약기간 1. 1년 2. 2년 3. 3년 4. 4년 5. 5년 6. 기타 ( )년 7. 단기계약 (1년미만) 8. 해당없음	낙찰자선정방법 1. 적격심사 2. 협상에의한계약 3. 최저가낙찰제 4. 규격가격분리 5. 2단계 경쟁입찰 6. 기타 ( ) 7. 해당없음	운영예산 산정 1. 내부산정 (지자체 자체적으로 산정) 2. 외부산정 (외부전문기관위탁 산정) 3. 내·외부 모두 산정 4. 산정 無 5. 해당없음	정산방법 1. 내부정산 (지자체 내부적으로 정산) 2. 외부정산 (외부전문기관위탁 정산) 3. 내·외부 모두 산정 4. 정산 無 5. 해당없음	1. 실시 2. 미실시 3. 향후 추진 4. 해당없음
1469	충북 청주시	식량작물기술보급	128,800	농업기술센터 기술보급과	8	6	7	8	7	5	5	3
1470	충북 청주시	식량작물기술보급	29,120	농업기술센터 기술보급과	8	6	7	8	7	5	5	3
1471	충북 청주시	식량작물기술보급	15,000	농업기술센터 기술보급과	8	6	7	8	7	5	5	3
1472	충북 청주시	식량작물기술보급	30,100	농업기술센터 기술보급과	8	6	7	8	7	5	5	3
1473	충북 청주시	원예작물기술보급	28,000	농업기술센터 기술보급과	8	6	7	8	7	5	5	3
1474	충북 청주시	원예작물기술보급	7,000	농업기술센터 기술보급과	8	6	7	8	7	5	5	3
1475	충북 청주시	원예작물기술보급	14,000	농업기술센터 기술보급과	8	6	7	8	7	5	5	3
1476	충북 청주시	원예작물기술보급	24,500	농업기술센터 기술보급과	8	6	7	8	7	5	5	3
1477	충북 청주시	원예작물기술보급	28,000	농업기술센터 기술보급과	8	6	7	8	7	5	5	3
1478	충북 청주시	원예작물기술보급	10,500	농업기술센터 기술보급과	8	6	7	8	7	5	5	3
1479	충북 청주시	원예작물기술보급	28,000	농업기술센터 기술보급과	8	6	7	8	7	5	5	3
1480	충북 청주시	원예작물기술보급	14,000	농업기술센터 기술보급과	8	6	7	8	7	5	5	3
1481	충북 청주시	원예작물기술보급	24,500	농업기술센터 기술보급과	8	6	7	8	7	5	5	3
1482	충북 청주시	축산경영기술보급	42,000	농업기술센터 기술보급과	8	6	7	8	7	5	5	3
1483	충북 청주시	축산경영기술보급	22,400	농업기술센터 기술보급과	8	6	7	8	7	5	5	3
1484	충북 청주시	축산경영기술보급	22,400	농업기술센터 기술보급과	8	6	7	8	7	5	5	3
1485	충북 청주시	축산경영기술보급	35,000	농업기술센터 기술보급과	8	6	7	8	7	5	5	3
1486	충북 청주시	축산경영기술보급	31,500	농업기술센터 기술보급과	8	6	7	8	7	5	5	3
1487	충북 청주시	축산경영기술보급	28,000	농업기술센터 기술보급과	8	6	7	8	7	5	5	3
1488	충북 청주시	특용작물기술보급	35,000	농업기술센터 기술보급과	8	6	7	8	7	5	5	3
1489	충북 청주시	특용작물기술보급	14,000	농업기술센터 기술보급과	8	6	7	8	7	5	5	3
1490	충북 청주시	특용작물기술보급	14,000	농업기술센터 기술보급과	8	6	7	8	7	5	5	3
1491	충북 청주시	특용작물기술보급	28,000	농업기술센터 기술보급과	8	6	7	8	7	5	5	3
1492	충북 청주시	특용작물기술보급	28,000	농업기술센터 기술보급과	8	6	7	8	7	5	5	3
1493	충북 청주시	특용작물기술보급	7,000	농업기술센터 기술보급과	8	6	7	8	7	5	5	3
1494	충북 청주시	특용작물기술보급	14,000	농업기술센터 기술보급과	8	6	7	8	7	5	5	3
1495	충북 청주시	지역특성화사업	21,000	농업기술센터 기술보급과	8	6	7	8	7	5	5	3
1496	충북 청주시	지역특성화사업	14,000	농업기술센터 기술보급과	8	6	7	8	7	5	5	3
1497	충북 청주시	지역특성화사업	14,000	농업기술센터 기술보급과	8	6	7	8	7	5	5	3
1498	충북 청주시	지역특성화사업	14,000	농업기술센터 기술보급과	8	6	7	8	7	5	5	3
1499	충북 청주시	지역특성화사업	14,000	농업기술센터 기술보급과	8	6	7	8	7	5	5	3
1500	충북 청주시	지역특성화사업	14,000	농업기술센터 기술보급과	8	6	7	8	7	5	5	3
1501	충북 청주시	지역특성화사업	7,000	농업기술센터 기술보급과	8	6	7	8	7	5	5	3
1502	충북 청주시	지역특성화사업	14,000	농업기술센터 기술보급과	8	6	7	8	7	5	5	3
1503	충북 청주시	지역특성화사업	14,000	농업기술센터 기술보급과	8	6	7	8	7	5	5	3
1504	충북 청주시	지역특성화사업	14,000	농업기술센터 기술보급과	8	6	7	8	7	5	5	3
1505	충북 청주시	지역특성화사업	14,000	농업기술센터 기술보급과	8	6	7	8	7	5	5	3
1506	충북 청주시	지역특성화사업	14,000	농업기술센터 기술보급과	8	6	7	8	7	5	5	3
1507	충북 청주시	지역특성화사업	7,000	농업기술센터 기술보급과	8	6	7	8	7	5	5	3
1508	충북 청주시	지역특성화사업	7,000	농업기술센터 기술보급과	8	6	7	8	7	5	5	3
1509	충북 청주시	지역특성화사업	14,000	농업기술센터 기술보급과	8	6	7	8	7	5	5	3
1510	충북 청주시	지역특성화사업	14,000	농업기술센터 기술보급과	8	6	7	8	7	5	5	3

순번	시군구	지출명 (사업명)	2021년예산 (단위:천원/1년간)	담당자 (공무원) 담당부서	민간이전 분류 (지방자치단체 세출예산 집행기준에 의거) 1. 민간경상사업보조(307-02) 2. 민간단체 법정운영비보조(307-03) 3. 민간행사사업보조(307-04) 4. 민간위탁금(307-05) 5. 사회복지시설 법정운영비보조(307-10) 6. 민간인위탁교육비(307-12) 7. 공기관등에대한경상적위탁사업비(308-10) 8. 민간자본사업보조,자체재원(402-01) 9. 민간자본사업보조,이전재원(402-02) 10. 민간위탁사업비(402-03) 11. 공기관등에 대한 자본적 대행사업비(403-02)	민간이전지출 근거 (지방보조금 관리기준 참고) 1. 법률에 규정 2. 국고보조 재원(국가지정) 3. 용도 지정 기부금 4. 조례에 직접규정 5. 지자체가 권장하는 사업을 하는 공공기관 6. 시,도 정책 및 재정사정 7. 기타 8. 해당없음	입찰방식 계약체결방법 (경쟁형태) 1. 일반경쟁 2. 제한경쟁 3. 지명경쟁 4. 수의계약 5. 법정위탁 6. 기타 ( ) 7. 해당없음	입찰방식 계약기간 1. 1년 2. 2년 3. 3년 4. 4년 5. 5년 6. 기타 ( )년 7. 단기계약 (1년미만) 8. 해당없음	입찰방식 낙찰자선정방법 1. 적격심사 2. 협상에의한계약 3. 최저가낙찰제 4. 규격가격분리 5. 2단계 경쟁입찰 6. 기타 ( ) 7. 해당없음	운영예산 산정 운영예산 산정 1. 내부산정 (지자체 자체적으로 산정) 2. 외부산정 (외부전문기관위탁 산정) 3. 내·외부 모두 산정 4. 산정 無 5. 해당없음	운영예산 산정 정산방법 1. 내부정산 (지자체 내부적으로 정산) 2. 외부정산 (외부전문기관위탁 정산) 3. 내·외부 모두 산정 4. 정산 無 5. 해당없음	성과평가 실시여부 1. 실시 2. 미실시 3. 향후 추진 4. 해당없음
1511	충북 청주시	지역특성화사업	14,000	농업기술센터 기술보급과	8	6	7	8	7	5	5	3
1512	충북 청주시	농업연구관리	30,000	농업기술센터 연구개발과	8	6	7	8	7	5	5	3
1513	충북 청주시	농업연구관리	15,000	농업기술센터 연구개발과	8	6	7	8	7	5	5	3
1514	충북 청주시	유기농업 활성화 지원	30,000	농업기술센터 연구개발과	8	6	7	8	7	5	5	3
1515	충북 청주시	농업문화 신기술보급	14,000	농업기술센터 도시농업관	8	1	7	8	7	5	5	3
1516	충북 청주시	소비자농업 지원	20,000	농업기술센터 도시농업관	8	1	7	8	7	5	5	3
1517	충북 청주시	소비자농업 지원	10,000	농업기술센터 도시농업관	8	1	7	8	7	5	5	3
1518	충북 청주시	댐주변 정비사업	22,026	도로사업본부 하천방재과	8	1	7	8	7	5	5	3
1519	충북 청주시	댐주변 정비사업	22,026	도로사업본부 하천방재과	8	1	7	8	7	5	5	3
1520	충북 청주시	댐주변 정비사업	22,026	도로사업본부 하천방재과	8	1	7	8	7	5	5	3
1521	충북 청주시	야생동물피해예방사업	70,000	환경관리본부 환경정책과	8	1	7	8	7	5	5	3
1522	충북 청주시	음식물류 폐기물 처리 및 감량	70,000	환경관리본부 자원정책과	8	5	7	8	7	5	5	3
1523	충북 청주시	재활용 활성화와 1회용품 사용규제	10,000	환경관리본부 자원정책과	8	6	7	8	7	5	5	3
1524	충북 청주시	작은도서관 육성	108,640	도서관평생학습본부 시립도서관	8	4	7	8	7	5	5	3
1525	충북 청주시	금속활자 전수교육관 운영	5,600	청주고인쇄박물관 학예연구실	8	4	7	8	7	5	5	3
1526	충북 청주시	임산물 생산 지원	40,000	푸른도시사업본부 산림관리과	8	1	7	8	7	5	5	3
1527	충북 청주시	임산물 생산 지원	71,104	푸른도시사업본부 산림관리과	8	1	7	8	7	5	5	3
1528	충북 청주시	경로당 신축 개보수	86,000	상당구 주민복지과	8	4	7	8	7	5	5	3
1529	충북 청주시	경로당 신축 개보수	8,949	상당구 주민복지과	8	4	7	8	7	5	5	3
1530	충북 청주시	경로당 신축 개보수	3,120	상당구 주민복지과	8	4	7	8	7	5	5	3
1531	충북 청주시	경로당 신축 개보수	3,915	상당구 주민복지과	8	4	7	8	7	5	5	3
1532	충북 청주시	경로당 신축 개보수	7,539	상당구 주민복지과	8	4	7	8	7	5	5	3
1533	충북 청주시	경로당 신축 개보수	1,265	상당구 주민복지과	8	4	7	8	7	5	5	3
1534	충북 청주시	경로당 신축 개보수	5,497	상당구 주민복지과	8	4	7	8	7	5	5	3
1535	충북 청주시	경로당 신축 개보수	1,980	상당구 주민복지과	8	4	7	8	7	5	5	3
1536	충북 청주시	경로당 신축 개보수	2,090	상당구 주민복지과	8	4	7	8	7	5	5	3
1537	충북 청주시	경로당 신축 개보수	3,366	상당구 주민복지과	8	4	7	8	7	5	5	3
1538	충북 청주시	경로당 신축 개보수	792	상당구 주민복지과	8	4	7	8	7	5	5	3
1539	충북 청주시	경로당 신축 개보수	6,064	상당구 주민복지과	8	4	7	8	7	5	5	3
1540	충북 청주시	경로당 신축 개보수	2,838	상당구 주민복지과	8	4	7	8	7	5	5	3
1541	충북 청주시	경로당 신축 개보수	1,177	상당구 주민복지과	8	4	7	8	7	5	5	3
1542	충북 청주시	경로당 신축 개보수	4,818	상당구 주민복지과	8	4	7	8	7	5	5	3
1543	충북 청주시	경로당 신축 개보수	1,018	상당구 주민복지과	8	4	7	8	7	5	5	3
1544	충북 청주시	경로당 신축 개보수	5,228	상당구 주민복지과	8	4	7	8	7	5	5	3
1545	충북 청주시	경로당 신축 개보수	2,963	상당구 주민복지과	8	4	7	8	7	5	5	3
1546	충북 청주시	경로당 신축 개보수	8,360	상당구 주민복지과	8	4	7	8	7	5	5	3
1547	충북 청주시	경로당 신축 개보수	1,991	상당구 주민복지과	8	4	7	8	7	5	5	3
1548	충북 청주시	경로당 신축 개보수	2,893	상당구 주민복지과	8	4	7	8	7	5	5	3
1549	충북 청주시	경로당 신축 개보수	1,375	상당구 주민복지과	8	4	7	8	7	5	5	3
1550	충북 청주시	경로당 신축 개보수	7,403	상당구 주민복지과	8	4	7	8	7	5	5	3
1551	충북 청주시	경로당 신축 개보수	2,046	상당구 주민복지과	8	4	7	8	7	5	5	3
1552	충북 청주시	경로당 신축 개보수	1,980	상당구 주민복지과	8	4	7	8	7	5	5	3

순번	시군구	지출명 (사업명)	2021년예산 (단위:천원/1년간)	담당자 (공무원)	민간이전 분류 (지방자치단체 세출예산 집행기준에 의거)	민간이전지출 근거 (지방보조금 관리기준 참고)	입찰방식			운영예산 산정		성과평가 실시여부
				담당부서	1. 민간경상사업보조(307-02) 2. 민간단체 법정운영비보조(307-03) 3. 민간행사사업보조(307-04) 4. 민간위탁금(307-05) 5. 사회복지시설 법정운영비보조(307-10) 6. 민간인위탁교육비(307-12) 7. 공기관등에대한경상적위탁사업비(308-10) 8. 민간자본사업보조,자체재원(402-01) 9. 민간자본사업보조,이전재원(402-02) 10. 민간위탁사업비(402-03) 11. 공기관등에 대한 자본적 대행사업비(403-02)	1. 법률에 규정 2. 국고보조 재원(국가지정) 3. 용도 지정 기부금 4. 조례에 직접규정 5. 지자체가 권장하는 사업을 하는 공공기관 6. 시,도 정책 및 재정사정 7. 기타 8. 해당없음	계약체결방법 (경쟁형태) 1. 일반경쟁 2. 제한경쟁 3. 지명경쟁 4. 수의계약 5. 법정위탁 6. 기타 ( ) 7. 해당없음	계약기간 1. 1년 2. 2년 3. 3년 4. 4년 5. 5년 6. 기타 ( )년 7. 단기계약 (1년미만) 8. 해당없음	낙찰자선정방법 1. 적격심사 2. 협상에의한계약 3. 최저가낙찰제 4. 규격가격분리 5. 2단계 경쟁입찰 6. 기타 ( ) 7. 해당없음	운영예산 산정 1. 내부산정 (지자체 자체적으로 산정) 2. 외부산정 (외부전문기관위탁 산정) 3. 내·외부 모두 산정 4. 산정 無 5. 해당없음	정산방법 1. 내부정산 (지자체 내부적으로 정산) 2. 외부정산 (외부전문기관위탁 정산) 3. 내·외부 모두 산정 4. 정산 無 5. 해당없음	1. 실시 2. 미실시 3. 향후 추진 4. 해당없음
1553	충북 청주시	경로당 신축 개보수	8,065	상당구 주민복지과	8	4	7	8	7	5	5	3
1554	충북 청주시	경로당 신축 개보수	7,840	상당구 주민복지과	8	4	7	8	7	5	5	3
1555	충북 청주시	경로당 신축 개보수	8,107	상당구 주민복지과	8	4	7	8	7	5	5	3
1556	충북 청주시	경로당 신축 개보수	4,886	상당구 주민복지과	8	4	7	8	7	5	5	3
1557	충북 청주시	경로당 신축 개보수	1,782	상당구 주민복지과	8	4	7	8	7	5	5	3
1558	충북 청주시	경로당 신축 개보수	8,278	상당구 주민복지과	8	4	7	8	7	5	5	3
1559	충북 청주시	경로당 신축 개보수	6,787	상당구 주민복지과	8	4	7	8	7	5	5	3
1560	충북 청주시	경로당 신축 개보수	5,940	상당구 주민복지과	8	4	7	8	7	5	5	3
1561	충북 청주시	경로당 신축 개보수	5,413	상당구 주민복지과	8	4	7	8	7	5	5	3
1562	충북 청주시	경로당 신축 개보수	1,800	상당구 주민복지과	8	4	7	8	7	5	5	3
1563	충북 청주시	경로당 신축 개보수	4,532	상당구 주민복지과	8	4	7	8	7	5	5	3
1564	충북 청주시	경로당 신축 개보수	2,250	상당구 주민복지과	8	4	7	8	7	5	5	3
1565	충북 청주시	경로당 신축 개보수	2,250	상당구 주민복지과	8	4	7	8	7	5	5	3
1566	충북 청주시	경로당 신축 개보수	4,219	상당구 주민복지과	8	4	7	8	7	5	5	3
1567	충북 청주시	경로당 신축 개보수	5,430	상당구 주민복지과	8	4	7	8	7	5	5	3
1568	충북 청주시	경로당 신축 개보수	2,255	상당구 주민복지과	8	4	7	8	7	5	5	3
1569	충북 청주시	경로당 신축 개보수	2,350	상당구 주민복지과	8	4	7	8	7	5	5	3
1570	충북 청주시	경로당 신축 개보수	3,401	상당구 주민복지과	8	4	7	8	7	5	5	3
1571	충북 청주시	경로당 신축 개보수	3,300	상당구 주민복지과	8	4	7	8	7	5	5	3
1572	충북 청주시	경로당 신축 개보수	1,210	상당구 주민복지과	8	4	7	8	7	5	5	3
1573	충북 청주시	경로당 신축 개보수	2,992	상당구 주민복지과	8	4	7	8	7	5	5	3
1574	충북 청주시	경로당 신축 개보수	3,773	상당구 주민복지과	8	4	7	8	7	5	5	3
1575	충북 청주시	경로당 신축 개보수	1,750	상당구 주민복지과	8	4	7	8	7	5	5	3
1576	충북 청주시	경로당 신축 개보수	1,595	상당구 주민복지과	8	4	7	8	7	5	5	3
1577	충북 청주시	경로당 신축 개보수	1,958	상당구 주민복지과	8	4	7	8	7	5	5	3
1578	충북 청주시	경로당 신축 개보수	11,280	상당구 주민복지과	8	4	7	8	7	5	5	3
1579	충북 청주시	경로당 신축 개보수	4,840	상당구 주민복지과	8	4	7	8	7	5	5	3
1580	충북 청주시	경로당 정기검사 및 관리	1,500	상당구 주민복지과	8	4	7	8	7	5	5	3
1581	충북 청주시	경로당 정기검사 및 관리	300	상당구 주민복지과	8	4	7	8	7	5	5	3
1582	충북 청주시	경로당 정기검사 및 관리	300	상당구 주민복지과	8	4	7	8	7	5	5	3
1583	충북 청주시	경로당 정기검사 및 관리	300	상당구 주민복지과	8	4	7	8	7	5	5	3
1584	충북 청주시	경로당 정기검사 및 관리	300	상당구 주민복지과	8	4	7	8	7	5	5	3
1585	충북 청주시	경로당 정기검사 및 관리	1,200	상당구 주민복지과	8	4	7	8	7	5	5	3
1586	충북 청주시	경로당 정기검사 및 관리	300	상당구 주민복지과	8	4	7	8	7	5	5	3
1587	충북 청주시	경로당 정기검사 및 관리	300	상당구 주민복지과	8	4	7	8	7	5	5	3
1588	충북 청주시	경로당 정기검사 및 관리	300	상당구 주민복지과	8	4	7	8	7	5	5	3
1589	충북 청주시	경로당 정기검사 및 관리	4,200	상당구 주민복지과	8	4	7	8	7	5	5	3
1590	충북 청주시	경로당 정기검사 및 관리	1,200	상당구 주민복지과	8	4	7	8	7	5	5	3
1591	충북 청주시	경로당 정기검사 및 관리	1,200	상당구 주민복지과	8	4	7	8	7	5	5	3
1592	충북 청주시	경로당 정기검사 및 관리	300	상당구 주민복지과	8	4	7	8	7	5	5	3
1593	충북 청주시	경로당 정기검사 및 관리	1,500	상당구 주민복지과	8	4	7	8	7	5	5	3
1594	충북 청주시	경로당 정기검사 및 관리	2,700	상당구 주민복지과	8	4	7	8	7	5	5	3

순번	시군구	지출명 (사업명)	2021년예산 (단위:천원/1년간)	담당자 (공무원) 담당부서	민간이전 분류 (지방자치단체 세출예산 집행기준에 의거) 1. 민간경상사업보조(307-02) 2. 민간단체 법정운영비보조(307-03) 3. 민간행사사업보조(307-04) 4. 민간위탁금(307-05) 5. 사회복지시설 법정운영비보조(307-10) 6. 민간인위탁교육비(307-12) 7. 공기관등에대한경상적위탁사업비(308-10) 8. 민간자본사업보조,자체재원(402-01) 9. 민간자본사업보조,이전재원(402-02) 10. 민간위탁사업비(402-03) 11. 공기관등에 대한 자본적 대행사업비(403-02)	민간이전지출 근거 (지방보조금 관리기준 참고) 1. 법률에 규정 2. 국고보조 재원(국가지정) 3. 용도 지정 기부금 4. 조례에 직접규정 5. 지자체가 권장하는 사업을 하는 공공기관 6. 시,도 정책 및 재정사정 7. 기타 8. 해당없음	입찰방식 계약체결방법 (경쟁형태) 1. 일반경쟁 2. 제한경쟁 3. 지명경쟁 4. 수의계약 5. 법정위탁 6. 기타 ( ) 7. 해당없음	입찰방식 계약기간 1. 1년 2. 2년 3. 3년 4. 4년 5. 5년 6. 기타 ( )년 7. 단기계약 (1년미만) 8. 해당없음	입찰방식 낙찰자선정방법 1. 적격심사 2. 협상에의한계약 3. 최저가낙찰제 4. 규격가격분리 5. 2단계 경쟁입찰 6. 기타 ( ) 7. 해당없음	운영예산 산정 운영예산 산정 1. 내부산정 (지자체 자체적으로 산정) 2. 외부산정 (외부전문기관위탁 산정) 3. 내·외부 모두 산정 4. 산정 無 5. 해당없음	운영예산 산정 정산방법 1. 내부정산 (지자체 내부적으로 정산) 2. 외부정산 (외부전문기관위탁 정산) 3. 내·외부 모두 산정 4. 정산 無 5. 해당없음	성과평가 실시여부 1. 실시 2. 미실시 3. 향후 추진 4. 해당없음
1595	충북 청주시	경로당 정기검사 및 관리	300	상당구 주민복지과	8	4	7	8	7	5	5	3
1596	충북 청주시	경로당 정기검사 및 관리	1,500	상당구 주민복지과	8	4	7	8	7	5	5	3
1597	충북 청주시	경로당 정기검사 및 관리	1,800	상당구 주민복지과	8	4	7	8	7	5	5	3
1598	충북 청주시	경로당 정기검사 및 관리	600	상당구 주민복지과	8	4	7	8	7	5	5	3
1599	충북 청주시	경로당 정기검사 및 관리	1,500	상당구 주민복지과	8	4	7	8	7	5	5	3
1600	충북 청주시	경로당 정기검사 및 관리	300	상당구 주민복지과	8	4	7	8	7	5	5	3
1601	충북 청주시	경로당 정기검사 및 관리	1,200	상당구 주민복지과	8	4	7	8	7	5	5	3
1602	충북 청주시	경로당 정기검사 및 관리	1,200	상당구 주민복지과	8	4	7	8	7	5	5	3
1603	충북 청주시	경로당 정기검사 및 관리	1,500	상당구 주민복지과	8	4	7	8	7	5	5	3
1604	충북 청주시	경로당 정기검사 및 관리	300	상당구 주민복지과	8	4	7	8	7	5	5	3
1605	충북 청주시	경로당 정기검사 및 관리	1,800	상당구 주민복지과	8	4	7	8	7	5	5	3
1606	충북 청주시	경로당 정기검사 및 관리	2,700	상당구 주민복지과	8	4	7	8	7	5	5	3
1607	충북 청주시	경로당 정기검사 및 관리	3,000	상당구 주민복지과	8	4	7	8	7	5	5	3
1608	충북 청주시	경로당 정기검사 및 관리	1,800	상당구 주민복지과	8	4	7	8	7	5	5	3
1609	충북 청주시	경로당 정기검사 및 관리	1,800	상당구 주민복지과	8	4	7	8	7	5	5	3
1610	충북 청주시	경로당 정기검사 및 관리	1,500	상당구 주민복지과	8	4	7	8	7	5	5	3
1611	충북 청주시	경로당 정기검사 및 관리	1,800	상당구 주민복지과	8	4	7	8	7	5	5	3
1612	충북 청주시	경로당 정기검사 및 관리	1,500	상당구 주민복지과	8	4	7	8	7	5	5	3
1613	충북 청주시	경로당 정기검사 및 관리	1,200	상당구 주민복지과	8	4	7	8	7	5	5	3
1614	충북 청주시	경로당 정기검사 및 관리	1,500	상당구 주민복지과	8	4	7	8	7	5	5	3
1615	충북 청주시	경로당 정기검사 및 관리	1,200	상당구 주민복지과	8	4	7	8	7	5	5	3
1616	충북 청주시	경로당 정기검사 및 관리	1,500	상당구 주민복지과	8	4	7	8	7	5	5	3
1617	충북 청주시	경로당 정기검사 및 관리	1,500	상당구 주민복지과	8	4	7	8	7	5	5	3
1618	충북 청주시	경로당 정기검사 및 관리	5,800	상당구 주민복지과	8	4	7	8	7	5	5	3
1619	충북 청주시	경로당 정기검사 및 관리	1,500	상당구 주민복지과	8	4	7	8	7	5	5	3
1620	충북 청주시	경로당 정기검사 및 관리	1,200	상당구 주민복지과	8	4	7	8	7	5	5	3
1621	충북 청주시	경로당 정기검사 및 관리	300	상당구 주민복지과	8	4	7	8	7	5	5	3
1622	충북 청주시	경로당 정기검사 및 관리	300	상당구 주민복지과	8	4	7	8	7	5	5	3
1623	충북 청주시	경로당 정기검사 및 관리	300	상당구 주민복지과	8	4	7	8	7	5	5	3
1624	충북 청주시	경로당 정기검사 및 관리	1,500	상당구 주민복지과	8	4	7	8	7	5	5	3
1625	충북 청주시	경로당 정기검사 및 관리	300	상당구 주민복지과	8	4	7	8	7	5	5	3
1626	충북 청주시	경로당 정기검사 및 관리	1,200	상당구 주민복지과	8	4	7	8	7	5	5	3
1627	충북 청주시	경로당 정기검사 및 관리	2,100	상당구 주민복지과	8	4	7	8	7	5	5	3
1628	충북 청주시	경로당 정기검사 및 관리	300	상당구 주민복지과	8	4	7	8	7	5	5	3
1629	충북 청주시	경로당 정기검사 및 관리	2,100	상당구 주민복지과	8	4	7	8	7	5	5	3
1630	충북 청주시	경로당 정기검사 및 관리	1,500	상당구 주민복지과	8	4	7	8	7	5	5	3
1631	충북 청주시	경로당 정기검사 및 관리	600	상당구 주민복지과	8	4	7	8	7	5	5	3
1632	충북 청주시	경로당 정기검사 및 관리	1,500	상당구 주민복지과	8	4	7	8	7	5	5	3
1633	충북 청주시	경로당 정기검사 및 관리	1,500	상당구 주민복지과	8	4	7	8	7	5	5	3
1634	충북 청주시	경로당 정기검사 및 관리	300	상당구 주민복지과	8	4	7	8	7	5	5	3
1635	충북 청주시	경로당 정기검사 및 관리	1,500	상당구 주민복지과	8	4	7	8	7	5	5	3
1636	충북 청주시	경로당 정기검사 및 관리	1,200	상당구 주민복지과	8	4	7	8	7	5	5	3

순번	시군구	지출명 (사업명)	2021년예산 (단위:천원/1년간)	담당자 (공무원)	민간이전 분류 (지방자치단체 세출예산 집행기준에 의거)	민간이전지출 근거 (지방보조금 관리기준 참고)	입찰방식			운영예산 산정		성과평가 실시여부
				담당부서	1. 민간경상사업보조(307-02) 2. 민간단체 법정운영비보조(307-03) 3. 민간행사사업보조(307-04) 4. 민간위탁금(307-05) 5. 사회복지시설 법정운영비보조(307-10) 6. 민간인위탁교육비(307-12) 7. 공기관등에대한경상적위탁사업비(308-10) 8. 민간자본사업보조,자체재원(402-01) 9. 민간자본사업보조,이전재원(402-02) 10. 민간위탁사업비(402-03) 11. 공기관등에 대한 자본적 대행사업비(403-02)	1. 법률에 규정 2. 국고보조 재원(국가지정) 3. 용도 지정 기부금 4. 조례에 직접규정 5. 지자체가 권장하는 사업을 하는 공공기관 6. 시,도 정책 및 재정사정 7. 기타 8. 해당없음	계약체결방법 (경쟁형태) 1. 일반경쟁 2. 제한경쟁 3. 지명경쟁 4. 수의계약 5. 법정위탁 6. 기타 ( ) 7. 해당없음	계약기간 1. 1년 2. 2년 3. 3년 4. 4년 5. 5년 6. 기타 ( )년 7. 단기계약 (1년미만) 8. 해당없음	낙찰자선정방법 1. 적격심사 2. 협상에의한계약 3. 최저가낙찰제 4. 규격가격분리 5. 2단계 경쟁입찰 6. 기타 ( ) 7. 해당없음	운영예산 산정 1. 내부산정 (지자체 자체적으로 산정) 2. 외부산정 (외부전문기관위탁 산정) 3. 내·외부 모두 산정 4. 산정 無 5. 해당없음	정산방법 1. 내부정산 (지자체 내부적으로 정산) 2. 외부정산 (외부전문기관위탁 정산) 3. 내·외부 모두 산정 4. 정산 無 5. 해당없음	1. 실시 2. 미실시 3. 향후 추진 4. 해당없음
1637	충북 청주시	경로당 정기검사 및 관리	1,500	상당구 주민복지과	8	4	7	8	7	5	5	3
1638	충북 청주시	경로당 정기검사 및 관리	1,200	상당구 주민복지과	8	4	7	8	7	5	5	3
1639	충북 청주시	경로당 정기검사 및 관리	1,500	상당구 주민복지과	8	4	7	8	7	5	5	3
1640	충북 청주시	경로당 정기검사 및 관리	1,200	상당구 주민복지과	8	4	7	8	7	5	5	3
1641	충북 청주시	경로당 정기검사 및 관리	300	상당구 주민복지과	8	4	7	8	7	5	5	3
1642	충북 청주시	경로당 정기검사 및 관리	1,500	상당구 주민복지과	8	4	7	8	7	5	5	3
1643	충북 청주시	경로당 정기검사 및 관리	3,000	상당구 주민복지과	8	4	7	8	7	5	5	3
1644	충북 청주시	경로당 정기검사 및 관리	300	상당구 주민복지과	8	4	7	8	7	5	5	3
1645	충북 청주시	경로당 정기검사 및 관리	1,500	상당구 주민복지과	8	4	7	8	7	5	5	3
1646	충북 청주시	경로당 정기검사 및 관리	1,200	상당구 주민복지과	8	4	7	8	7	5	5	3
1647	충북 청주시	경로당 신축 개보수	61,000	서원구 주민복지과	8	7	7	8	7	5	5	3
1648	충북 청주시	경로당 신축 개보수	50,000	서원구 주민복지과	8	7	7	8	7	5	5	3
1649	충북 청주시	경로당 신축 개보수	3,102	서원구 주민복지과	8	7	7	8	7	5	5	3
1650	충북 청주시	경로당 신축 개보수	6,154	서원구 주민복지과	8	7	7	8	7	5	5	3
1651	충북 청주시	경로당 신축 개보수	6,787	서원구 주민복지과	8	7	7	8	7	5	5	3
1652	충북 청주시	경로당 신축 개보수	6,803	서원구 주민복지과	8	7	7	8	7	5	5	3
1653	충북 청주시	경로당 신축 개보수	3,585	서원구 주민복지과	8	7	7	8	7	5	5	3
1654	충북 청주시	경로당 신축 개보수	5,860	서원구 주민복지과	8	7	7	8	7	5	5	3
1655	충북 청주시	경로당 신축 개보수	8,000	서원구 주민복지과	8	7	7	8	7	5	5	3
1656	충북 청주시	경로당 신축 개보수	7,800	서원구 주민복지과	8	7	7	8	7	5	5	3
1657	충북 청주시	경로당 신축 개보수	2,500	서원구 주민복지과	8	7	7	8	7	5	5	3
1658	충북 청주시	경로당 신축 개보수	6,000	서원구 주민복지과	8	7	7	8	7	5	5	3
1659	충북 청주시	경로당 신축 개보수	2,814	서원구 주민복지과	8	7	7	8	7	5	5	3
1660	충북 청주시	경로당 신축 개보수	4,102	서원구 주민복지과	8	7	7	8	7	5	5	3
1661	충북 청주시	경로당 신축 개보수	2,915	서원구 주민복지과	8	7	7	8	7	5	5	3
1662	충북 청주시	경로당 신축 개보수	2,530	서원구 주민복지과	8	7	7	8	7	5	5	3
1663	충북 청주시	경로당 신축 개보수	1,012	서원구 주민복지과	8	7	7	8	7	5	5	3
1664	충북 청주시	경로당 신축 개보수	2,640	서원구 주민복지과	8	7	7	8	7	5	5	3
1665	충북 청주시	경로당 신축 개보수	2,310	서원구 주민복지과	8	7	7	8	7	5	5	3
1666	충북 청주시	경로당 신축 개보수	4,187	서원구 주민복지과	8	7	7	8	7	5	5	3
1667	충북 청주시	경로당 신축 개보수	2,560	서원구 주민복지과	8	7	7	8	7	5	5	3
1668	충북 청주시	경로당 신축 개보수	9,400	서원구 주민복지과	8	7	7	8	7	5	5	3
1669	충북 청주시	경로당 신축 개보수	5,500	서원구 주민복지과	8	7	7	8	7	5	5	3
1670	충북 청주시	경로당 정기검사 및 관리	1,500	서원구 주민복지과	8	7	7	8	7	5	5	3
1671	충북 청주시	경로당 정기검사 및 관리	300	서원구 주민복지과	8	7	7	8	7	5	5	3
1672	충북 청주시	경로당 정기검사 및 관리	1,500	서원구 주민복지과	8	7	7	8	7	5	5	3
1673	충북 청주시	경로당 정기검사 및 관리	300	서원구 주민복지과	8	7	7	8	7	5	5	3
1674	충북 청주시	경로당 정기검사 및 관리	1,500	서원구 주민복지과	8	7	7	8	7	5	5	3
1675	충북 청주시	경로당 정기검사 및 관리	300	서원구 주민복지과	8	7	7	8	7	5	5	3
1676	충북 청주시	경로당 정기검사 및 관리	1,200	서원구 주민복지과	8	7	7	8	7	5	5	3
1677	충북 청주시	경로당 정기검사 및 관리	1,200	서원구 주민복지과	8	7	7	8	7	5	5	3
1678	충북 청주시	경로당 정기검사 및 관리	300	서원구 주민복지과	8	7	7	8	7	5	5	3

순번	시군구	지출명 (사업명)	2021년예산 (단위:천원/1년간)	담당자 (공무원) 담당부서	민간이전 분류 (지방자치단체 세출예산 집행기준에 의거) 1. 민간경상사업보조(307-02) 2. 민간단체 법정운영비보조(307-03) 3. 민간행사사업보조(307-04) 4. 민간위탁금(307-05) 5. 사회복지시설 법정운영비보조(307-10) 6. 민간인위탁교육비(307-12) 7. 공기관등에대한경상적위탁사업비(308-10) 8. 민간자본사업보조,자체재원(402-01) 9. 민간자본사업보조,이전재원(402-02) 10. 민간위탁사업비(402-03) 11. 공기관등에 대한 자본적 대행사업비(403-02)	민간이전지출 근거 (지방보조금 관리기준 참고) 1. 법률에 규정 2. 국고보조 재원(국가지정) 3. 용도 지정 기부금 4. 조례에 직접규정 5. 지자체가 권장하는 사업을 하는 공공기관 6. 시,도 정책 및 재정사정 7. 기타 8. 해당없음	입찰방식 계약체결방법 (경쟁형태) 1. 일반경쟁 2. 제한경쟁 3. 지명경쟁 4. 수의계약 5. 법정위탁 6. 기타 ( ) 7. 해당없음	입찰방식 계약기간 1. 1년 2. 2년 3. 3년 4. 4년 5. 5년 6. 기타 ( )년 7. 단기계약 (1년미만) 8. 해당없음	입찰방식 낙찰자선정방법 1. 적격심사 2. 협상에의한계약 3. 최저가낙찰제 4. 규격가격분리 5. 2단계 경쟁입찰 6. 기타 ( ) 7. 해당없음	운영예산 산정 운영예산 산정 1. 내부산정 (지자체 자체적으로 산정) 2. 외부산정 (외부전문기관위탁 산정) 3. 내·외부 모두 산정 4. 산정 無 5. 해당없음	운영예산 산정 정산방법 1. 내부정산 (지자체 내부적으로 정산) 2. 외부정산 (외부전문기관위탁 정산) 3. 내·외부 모두 산정 4. 정산 無 5. 해당없음	성과평가 실시여부 1. 실시 2. 미실시 3. 향후 추진 4. 해당없음
1679	충북 청주시	경로당 정기검사 및 관리	300	서원구 주민복지과	8	7	7	8	7	5	5	3
1680	충북 청주시	경로당 정기검사 및 관리	1,500	서원구 주민복지과	8	7	7	8	7	5	5	3
1681	충북 청주시	경로당 정기검사 및 관리	1,500	서원구 주민복지과	8	7	7	8	7	5	5	3
1682	충북 청주시	경로당 정기검사 및 관리	6,100	서원구 주민복지과	8	7	7	8	7	5	5	3
1683	충북 청주시	경로당 정기검사 및 관리	1,500	서원구 주민복지과	8	7	7	8	7	5	5	3
1684	충북 청주시	경로당 정기검사 및 관리	1,800	서원구 주민복지과	8	7	7	8	7	5	5	3
1685	충북 청주시	경로당 정기검사 및 관리	300	서원구 주민복지과	8	7	7	8	7	5	5	3
1686	충북 청주시	경로당 정기검사 및 관리	2,700	서원구 주민복지과	8	7	7	8	7	5	5	3
1687	충북 청주시	경로당 정기검사 및 관리	1,200	서원구 주민복지과	8	7	7	8	7	5	5	3
1688	충북 청주시	경로당 정기검사 및 관리	1,500	서원구 주민복지과	8	7	7	8	7	5	5	3
1689	충북 청주시	경로당 정기검사 및 관리	1,500	서원구 주민복지과	8	7	7	8	7	5	5	3
1690	충북 청주시	경로당 정기검사 및 관리	1,200	서원구 주민복지과	8	7	7	8	7	5	5	3
1691	충북 청주시	경로당 정기검사 및 관리	1,500	서원구 주민복지과	8	7	7	8	7	5	5	3
1692	충북 청주시	경로당 정기검사 및 관리	300	서원구 주민복지과	8	7	7	8	7	5	5	3
1693	충북 청주시	경로당 정기검사 및 관리	1,200	서원구 주민복지과	8	7	7	8	7	5	5	3
1694	충북 청주시	경로당 정기검사 및 관리	6,100	서원구 주민복지과	8	7	7	8	7	5	5	3
1695	충북 청주시	경로당 정기검사 및 관리	300	서원구 주민복지과	8	7	7	8	7	5	5	3
1696	충북 청주시	경로당 정기검사 및 관리	1,500	서원구 주민복지과	8	7	7	8	7	5	5	3
1697	충북 청주시	경로당 정기검사 및 관리	1,500	서원구 주민복지과	8	7	7	8	7	5	5	3
1698	충북 청주시	경로당 정기검사 및 관리	1,500	서원구 주민복지과	8	7	7	8	7	5	5	3
1699	충북 청주시	경로당 정기검사 및 관리	1,500	서원구 주민복지과	8	7	7	8	7	5	5	3
1700	충북 청주시	경로당 정기검사 및 관리	1,200	서원구 주민복지과	8	7	7	8	7	5	5	3
1701	충북 청주시	경로당 정기검사 및 관리	300	서원구 주민복지과	8	7	7	8	7	5	5	3
1702	충북 청주시	경로당 정기검사 및 관리	300	서원구 주민복지과	8	7	7	8	7	5	5	3
1703	충북 청주시	경로당 정기검사 및 관리	1,200	서원구 주민복지과	8	7	7	8	7	5	5	3
1704	충북 청주시	경로당 정기검사 및 관리	1,500	서원구 주민복지과	8	7	7	8	7	5	5	3
1705	충북 청주시	경로당 정기검사 및 관리	1,200	서원구 주민복지과	8	7	7	8	7	5	5	3
1706	충북 청주시	경로당 정기검사 및 관리	1,500	서원구 주민복지과	8	7	7	8	7	5	5	3
1707	충북 청주시	경로당 정기검사 및 관리	1,500	서원구 주민복지과	8	7	7	8	7	5	5	3
1708	충북 청주시	경로당 정기검사 및 관리	300	서원구 주민복지과	8	7	7	8	7	5	5	3
1709	충북 청주시	경로당 정기검사 및 관리	1,500	서원구 주민복지과	8	7	7	8	7	5	5	3
1710	충북 청주시	경로당 신축 개보수	78,000	흥덕구 주민복지과	8	4	7	8	7	5	5	3
1711	충북 청주시	경로당 신축 개보수	3,980	흥덕구 주민복지과	8	4	7	8	7	5	5	3
1712	충북 청주시	경로당 신축 개보수	7,529	흥덕구 주민복지과	8	4	7	8	7	5	5	3
1713	충북 청주시	경로당 신축 개보수	6,730	흥덕구 주민복지과	8	4	7	8	7	5	5	3
1714	충북 청주시	경로당 신축 개보수	9,540	흥덕구 주민복지과	8	4	7	8	7	5	5	3
1715	충북 청주시	경로당 신축 개보수	9,983	흥덕구 주민복지과	8	4	7	8	7	5	5	3
1716	충북 청주시	경로당 신축 개보수	3,861	흥덕구 주민복지과	8	4	7	8	7	5	5	3
1717	충북 청주시	경로당 신축 개보수	10,000	흥덕구 주민복지과	8	4	7	8	7	5	5	3
1718	충북 청주시	경로당 신축 개보수	2,013	흥덕구 주민복지과	8	4	7	8	7	5	5	3
1719	충북 청주시	경로당 신축 개보수	7,270	흥덕구 주민복지과	8	4	7	8	7	5	5	3
1720	충북 청주시	경로당 신축 개보수	8,000	흥덕구 주민복지과	8	4	7	8	7	5	5	3

순번	시군구	지출명 (사업명)	2021년예산 (단위:천원/1년간)	담당자 (공무원) 담당부서	민간이전 분류 (지방자치단체 세출예산 집행기준에 의거) 1. 민간경상사업보조(307-02) 2. 민간단체 법정운영비보조(307-03) 3. 민간행사사업보조(307-04) 4. 민간위탁금(307-05) 5. 사회복지시설 법정운영비보조(307-10) 6. 민간인위탁교육비(307-12) 7. 공기관등에대한경상적위탁사업비(308-10) 8. 민간자본사업보조,자체재원(402-01) 9. 민간자본사업보조,이전재원(402-02) 10. 민간위탁사업비(402-03) 11. 공기관등에 대한 자본적 대행사업비(403-02)	민간이전지출 근거 (지방보조금 관리기준 참고) 1. 법률에 규정 2. 국고보조 재원(국가지정) 3. 용도 지정 기부금 4. 조례에 직접규정 5. 지자체가 권장하는 사업을 하는 공공기관 6. 시,도 정책 및 재정사정 7. 기타 8. 해당없음	입찰방식 계약체결방법 (경쟁형태) 1. 일반경쟁 2. 제한경쟁 3. 지명경쟁 4. 수의계약 5. 법정위탁 6. 기타 ( ) 7. 해당없음	입찰방식 계약기간 1. 1년 2. 2년 3. 3년 4. 4년 5. 5년 6. 기타 ( )년 7. 단기계약 (1년미만) 8. 해당없음	입찰방식 낙찰자선정방법 1. 적격심사 2. 협상에의한계약 3. 최저가낙찰제 4. 규격가격분리 5. 2단계 경쟁입찰 6. 기타 ( ) 7. 해당없음	운영예산 산정 운영예산 산정 1. 내부산정 (지자체 자체적으로 산정) 2. 외부산정 (외부전문기관위탁 산정) 3. 내·외부 모두 산정 4. 산정 無 5. 해당없음	운영예산 산정 정산방법 1. 내부정산 (지자체 내부적으로 정산) 2. 외부정산 (외부전문기관위탁 정산) 3. 내·외부 모두 산정 4. 정산 無 5. 해당없음	성과평가 실시여부 1. 실시 2. 미실시 3. 향후 추진 4. 해당없음
1721	충북 청주시	경로당 신축 개보수	4,898	흥덕구 주민복지과	8	4	7	8	7	5	5	3
1722	충북 청주시	경로당 신축 개보수	5,780	흥덕구 주민복지과	8	4	7	8	7	5	5	3
1723	충북 청주시	경로당 신축 개보수	2,240	흥덕구 주민복지과	8	4	7	8	7	5	5	3
1724	충북 청주시	경로당 신축 개보수	1,237	흥덕구 주민복지과	8	4	7	8	7	5	5	3
1725	충북 청주시	경로당 신축 개보수	3,600	흥덕구 주민복지과	8	4	7	8	7	5	5	3
1726	충북 청주시	경로당 신축 개보수	4,150	흥덕구 주민복지과	8	4	7	8	7	5	5	3
1727	충북 청주시	경로당 신축 개보수	3,360	흥덕구 주민복지과	8	4	7	8	7	5	5	3
1728	충북 청주시	경로당 신축 개보수	4,330	흥덕구 주민복지과	8	4	7	8	7	5	5	3
1729	충북 청주시	경로당 신축 개보수	4,312	흥덕구 주민복지과	8	4	7	8	7	5	5	3
1730	충북 청주시	경로당 신축 개보수	3,135	흥덕구 주민복지과	8	4	7	8	7	5	5	3
1731	충북 청주시	경로당 신축 개보수	4,076	흥덕구 주민복지과	8	4	7	8	7	5	5	3
1732	충북 청주시	경로당 신축 개보수	979	흥덕구 주민복지과	8	4	7	8	7	5	5	3
1733	충북 청주시	경로당 신축 개보수	2,184	흥덕구 주민복지과	8	4	7	8	7	5	5	3
1734	충북 청주시	경로당 신축 개보수	1,859	흥덕구 주민복지과	8	4	7	8	7	5	5	3
1735	충북 청주시	경로당 신축 개보수	2,050	흥덕구 주민복지과	8	4	7	8	7	5	5	3
1736	충북 청주시	경로당 신축 개보수	10,000	흥덕구 주민복지과	8	4	7	8	7	5	5	3
1737	충북 청주시	경로당 신축 개보수	9,697	흥덕구 주민복지과	8	4	7	8	7	5	5	3
1738	충북 청주시	경로당 신축 개보수	7,889	흥덕구 주민복지과	8	4	7	8	7	5	5	3
1739	충북 청주시	경로당 신축 개보수	1,427	흥덕구 주민복지과	8	4	7	8	7	5	5	3
1740	충북 청주시	경로당 신축 개보수	4,686	흥덕구 주민복지과	8	4	7	8	7	5	5	3
1741	충북 청주시	경로당 신축 개보수	1,999	흥덕구 주민복지과	8	4	7	8	7	5	5	3
1742	충북 청주시	경로당 신축 개보수	4,100	흥덕구 주민복지과	8	4	7	8	7	5	5	3
1743	충북 청주시	경로당 신축 개보수	4,700	흥덕구 주민복지과	8	4	7	8	7	5	5	3
1744	충북 청주시	경로당 신축 개보수	6,600	흥덕구 주민복지과	8	4	7	8	7	5	5	3
1745	충북 청주시	경로당 정기검사 및 관리	300	흥덕구 주민복지과	8	4	7	8	7	5	5	3
1746	충북 청주시	경로당 정기검사 및 관리	1,200	흥덕구 주민복지과	8	4	7	8	7	5	5	3
1747	충북 청주시	경로당 정기검사 및 관리	1,800	흥덕구 주민복지과	8	4	7	8	7	5	5	3
1748	충북 청주시	경로당 정기검사 및 관리	1,500	흥덕구 주민복지과	8	4	7	8	7	5	5	3
1749	충북 청주시	경로당 정기검사 및 관리	2,700	흥덕구 주민복지과	8	4	7	8	7	5	5	3
1750	충북 청주시	경로당 정기검사 및 관리	1,800	흥덕구 주민복지과	8	4	7	8	7	5	5	3
1751	충북 청주시	경로당 정기검사 및 관리	1,500	흥덕구 주민복지과	8	4	7	8	7	5	5	3
1752	충북 청주시	경로당 정기검사 및 관리	300	흥덕구 주민복지과	8	4	7	8	7	5	5	3
1753	충북 청주시	경로당 정기검사 및 관리	1,500	흥덕구 주민복지과	8	4	7	8	7	5	5	3
1754	충북 청주시	경로당 정기검사 및 관리	1,500	흥덕구 주민복지과	8	4	7	8	7	5	5	3
1755	충북 청주시	경로당 정기검사 및 관리	1,500	흥덕구 주민복지과	8	4	7	8	7	5	5	3
1756	충북 청주시	경로당 정기검사 및 관리	1,500	흥덕구 주민복지과	8	4	7	8	7	5	5	3
1757	충북 청주시	경로당 정기검사 및 관리	300	흥덕구 주민복지과	8	4	7	8	7	5	5	3
1758	충북 청주시	경로당 정기검사 및 관리	1,200	흥덕구 주민복지과	8	4	7	8	7	5	5	3
1759	충북 청주시	경로당 정기검사 및 관리	1,800	흥덕구 주민복지과	8	4	7	8	7	5	5	3
1760	충북 청주시	경로당 정기검사 및 관리	600	흥덕구 주민복지과	8	4	7	8	7	5	5	3
1761	충북 청주시	경로당 정기검사 및 관리	1,500	흥덕구 주민복지과	8	4	7	8	7	5	5	3
1762	충북 청주시	경로당 정기검사 및 관리	300	흥덕구 주민복지과	8	4	7	8	7	5	5	3

순번	시군구	지출명 (사업명)	2021년예산 (단위:천원/1년간)	담당자 (공무원) 담당부서	민간이전 분류 (지방자치단체 세출예산 집행기준에 의거) 1. 민간경상사업보조(307-02) 2. 민간단체 법정운영비보조(307-03) 3. 민간행사사업보조(307-04) 4. 민간위탁금(307-05) 5. 사회복지시설 법정운영비보조(307-10) 6. 민간인위탁교육비(307-12) 7. 공기관등에대한경상적위탁사업비(308-10) 8. 민간자본사업보조,자체재원(402-01) 9. 민간자본사업보조,이전재원(402-02) 10. 민간위탁사업비(402-03) 11. 공기관등에 대한 자본적 대행사업비(403-02)	민간이전지출 근거 (지방보조금 관리기준 참고) 1. 법률에 규정 2. 국고보조 재원(국가지정) 3. 용도 지정 기부금 4. 조례에 직접규정 5. 지자체가 권장하는 사업을 하는 공공기관 6. 시,도 정책 및 재정사정 7. 기타 8. 해당없음	입찰방식 계약체결방법 (경쟁형태) 1. 일반경쟁 2. 제한경쟁 3. 지명경쟁 4. 수의계약 5. 법정위탁 6. 기타 ( ) 7. 해당없음	입찰방식 계약기간 1. 1년 2. 2년 3. 3년 4. 4년 5. 5년 6. 기타 ( )년 7. 단기계약 (1년미만) 8. 해당없음	입찰방식 낙찰자선정방법 1. 적격심사 2. 협상에의한계약 3. 최저가낙찰제 4. 규격가격분리 5. 2단계 경쟁입찰 6. 기타 ( ) 7. 해당없음	운영예산 산정 운영예산 산정 1. 내부산정 (지자체 자체적으로 산정) 2. 외부산정 (외부전문기관위탁 산정) 3. 내·외부 모두 산정 4. 산정 無 5. 해당없음	운영예산 산정 정산방법 1. 내부정산 (지자체 내부적으로 정산) 2. 외부정산 (외부전문기관위탁 정산) 3. 내·외부 모두 산정 4. 정산 無 5. 해당없음	성과평가 실시여부 1. 실시 2. 미실시 3. 향후 추진 4. 해당없음
1763	충북 청주시	경로당 정기검사 및 관리	300	흥덕구 주민복지과	8	4	7	8	7	5	5	3
1764	충북 청주시	경로당 정기검사 및 관리	1,200	흥덕구 주민복지과	8	4	7	8	7	5	5	3
1765	충북 청주시	경로당 정기검사 및 관리	2,700	흥덕구 주민복지과	8	4	7	8	7	5	5	3
1766	충북 청주시	경로당 정기검사 및 관리	300	흥덕구 주민복지과	8	4	7	8	7	5	5	3
1767	충북 청주시	경로당 정기검사 및 관리	1,800	흥덕구 주민복지과	8	4	7	8	7	5	5	3
1768	충북 청주시	경로당 정기검사 및 관리	1,500	흥덕구 주민복지과	8	4	7	8	7	5	5	3
1769	충북 청주시	경로당 정기검사 및 관리	1,500	흥덕구 주민복지과	8	4	7	8	7	5	5	3
1770	충북 청주시	경로당 정기검사 및 관리	2,700	흥덕구 주민복지과	8	4	7	8	7	5	5	3
1771	충북 청주시	경로당 정기검사 및 관리	2,700	흥덕구 주민복지과	8	4	7	8	7	5	5	3
1772	충북 청주시	경로당 정기검사 및 관리	1,500	흥덕구 주민복지과	8	4	7	8	7	5	5	3
1773	충북 청주시	경로당 정기검사 및 관리	1,200	흥덕구 주민복지과	8	4	7	8	7	5	5	3
1774	충북 청주시	경로당 정기검사 및 관리	300	흥덕구 주민복지과	8	4	7	8	7	5	5	3
1775	충북 청주시	경로당 정기검사 및 관리	300	흥덕구 주민복지과	8	4	7	8	7	5	5	3
1776	충북 청주시	경로당 정기검사 및 관리	1,200	흥덕구 주민복지과	8	4	7	8	7	5	5	3
1777	충북 청주시	경로당 정기검사 및 관리	2,700	흥덕구 주민복지과	8	4	7	8	7	5	5	3
1778	충북 청주시	경로당 정기검사 및 관리	1,500	흥덕구 주민복지과	8	4	7	8	7	5	5	3
1779	충북 청주시	경로당 정기검사 및 관리	1,500	흥덕구 주민복지과	8	4	7	8	7	5	5	3
1780	충북 청주시	경로당 정기검사 및 관리	1,500	흥덕구 주민복지과	8	4	7	8	7	5	5	3
1781	충북 청주시	경로당 정기검사 및 관리	1,500	흥덕구 주민복지과	8	4	7	8	7	5	5	3
1782	충북 청주시	경로당 정기검사 및 관리	300	흥덕구 주민복지과	8	4	7	8	7	5	5	3
1783	충북 청주시	경로당 정기검사 및 관리	1,500	흥덕구 주민복지과	8	4	7	8	7	5	5	3
1784	충북 청주시	경로당 정기검사 및 관리	1,500	흥덕구 주민복지과	8	4	7	8	7	5	5	3
1785	충북 청주시	경로당 신축 개보수	78,000	청원구 주민복지과	8	7	7	8	7	5	5	3
1786	충북 청주시	경로당 신축 개보수	10,000	청원구 주민복지과	8	7	7	8	7	5	5	3
1787	충북 청주시	경로당 신축 개보수	2,178	청원구 주민복지과	8	7	7	8	7	5	5	3
1788	충북 청주시	경로당 신축 개보수	7,645	청원구 주민복지과	8	7	7	8	7	5	5	3
1789	충북 청주시	경로당 신축 개보수	5,693	청원구 주민복지과	8	7	7	8	7	5	5	3
1790	충북 청주시	경로당 신축 개보수	6,600	청원구 주민복지과	8	7	7	8	7	5	5	3
1791	충북 청주시	경로당 신축 개보수	4,125	청원구 주민복지과	8	7	7	8	7	5	5	3
1792	충북 청주시	경로당 신축 개보수	3,080	청원구 주민복지과	8	7	7	8	7	5	5	3
1793	충북 청주시	경로당 신축 개보수	6,600	청원구 주민복지과	8	7	7	8	7	5	5	3
1794	충북 청주시	경로당 신축 개보수	5,260	청원구 주민복지과	8	7	7	8	7	5	5	3
1795	충북 청주시	경로당 신축 개보수	1,500	청원구 주민복지과	8	7	7	8	7	5	5	3
1796	충북 청주시	경로당 신축 개보수	9,892	청원구 주민복지과	8	7	7	8	7	5	5	3
1797	충북 청주시	경로당 신축 개보수	7,290	청원구 주민복지과	8	7	7	8	7	5	5	3
1798	충북 청주시	경로당 신축 개보수	2,790	청원구 주민복지과	8	7	7	8	7	5	5	3
1799	충북 청주시	경로당 신축 개보수	6,100	청원구 주민복지과	8	7	7	8	7	5	5	3
1800	충북 청주시	경로당 신축 개보수	8,371	청원구 주민복지과	8	7	7	8	7	5	5	3
1801	충북 청주시	경로당 신축 개보수	4,640	청원구 주민복지과	8	7	7	8	7	5	5	3
1802	충북 청주시	경로당 신축 개보수	1,530	청원구 주민복지과	8	7	7	8	7	5	5	3
1803	충북 청주시	경로당 신축 개보수	1,990	청원구 주민복지과	8	7	7	8	7	5	5	3
1804	충북 청주시	경로당 신축 개보수	10,000	청원구 주민복지과	8	7	7	8	7	5	5	3

순번	시군구	지출명 (사업명)	2021년예산 (단위:천원/1년간)	담당자 (공무원) 담당부서	민간이전 분류 (지방자치단체 세출예산 집행기준에 의거) 1. 민간경상사업보조(307-02) 2. 민간단체 법정운영비보조(307-03) 3. 민간행사사업보조(307-04) 4. 민간위탁금(307-05) 5. 사회복지시설 법정운영비보조(307-10) 6. 민간인위탁교육비(307-12) 7. 공기관등에대한경상적위탁사업비(308-10) 8. 민간자본사업보조,자체재원(402-01) 9. 민간자본사업보조,이전재원(402-02) 10. 민간위탁사업비(402-03) 11. 공기관등에 대한 자본적 대행사업비(403-02)	민간이전지출 근거 (지방보조금 관리기준 참고) 1. 법률에 규정 2. 국고보조 재원(국가지정) 3. 용도 지정 기부금 4. 조례에 직접규정 5. 지자체가 권장하는 사업을 하는 공공기관 6. 시,도 정책 및 재정사정 7. 기타 8. 해당없음	입찰방식: 계약체결방법 (경쟁형태) 1. 일반경쟁 2. 제한경쟁 3. 지명경쟁 4. 수의계약 5. 법정위탁 6. 기타 ( ) 7. 해당없음	입찰방식: 계약기간 1. 1년 2. 2년 3. 3년 4. 4년 5. 5년 6. 기타 ( )년 7. 단기계약 (1년미만) 8. 해당없음	입찰방식: 낙찰자선정방법 1. 적격심사 2. 협상에의한계약 3. 최저가낙찰제 4. 규격가격분리 5. 2단계 경쟁입찰 6. 기타 ( ) 7. 해당없음	운영예산 산정: 운영예산 산정 1. 내부산정 (지자체 자체적으로 산정) 2. 외부산정 (외부전문기관위탁 산정) 3. 내·외부 모두 산정 4. 산정 無 5. 해당없음	운영예산 산정: 정산방법 1. 내부정산 (지자체 내부적으로 정산) 2. 외부정산 (외부전문기관위탁 정산) 3. 내·외부 모두 산정 4. 정산 無 5. 해당없음	성과평가 실시여부 1. 실시 2. 미실시 3. 향후 추진 4. 해당없음
1805	충북 청주시	경로당 신축 개보수	6,218	청원구 주민복지과	8	7	7	8	7	5	5	3
1806	충북 청주시	경로당 신축 개보수	3,795	청원구 주민복지과	8	7	7	8	7	5	5	3
1807	충북 청주시	경로당 신축 개보수	9,900	청원구 주민복지과	8	7	7	8	7	5	5	3
1808	충북 청주시	경로당 신축 개보수	715	청원구 주민복지과	8	7	7	8	7	5	5	3
1809	충북 청주시	경로당 신축 개보수	2,536	청원구 주민복지과	8	7	7	8	7	5	5	3
1810	충북 청주시	경로당 신축 개보수	8,624	청원구 주민복지과	8	7	7	8	7	5	5	3
1811	충북 청주시	경로당 신축 개보수	3,175	청원구 주민복지과	8	7	7	8	7	5	5	3
1812	충북 청주시	경로당 신축 개보수	9,197	청원구 주민복지과	8	7	7	8	7	5	5	3
1813	충북 청주시	경로당 신축 개보수	9,907	청원구 주민복지과	8	7	7	8	7	5	5	3
1814	충북 청주시	경로당 신축 개보수	9,375	청원구 주민복지과	8	7	7	8	7	5	5	3
1815	충북 청주시	경로당 신축 개보수	9,303	청원구 주민복지과	8	7	7	8	7	5	5	3
1816	충북 청주시	경로당 신축 개보수	9,920	청원구 주민복지과	8	7	7	8	7	5	5	3
1817	충북 청주시	경로당 신축 개보수	1,524	청원구 주민복지과	8	7	7	8	7	5	5	3
1818	충북 청주시	경로당 신축 개보수	1,458	청원구 주민복지과	8	7	7	8	7	5	5	3
1819	충북 청주시	경로당 신축 개보수	1,650	청원구 주민복지과	8	7	7	8	7	5	5	3
1820	충북 청주시	경로당 신축 개보수	3,200	청원구 주민복지과	8	7	7	8	7	5	5	3
1821	충북 청주시	경로당 신축 개보수	12,220	청원구 주민복지과	8	7	7	8	7	5	5	3
1822	충북 청주시	경로당 신축 개보수	7,260	청원구 주민복지과	8	7	7	8	7	5	5	3
1823	충북 청주시	경로당 정기검사 및 관리	1,500	청원구 주민복지과	8	7	7	8	7	5	5	3
1824	충북 청주시	경로당 정기검사 및 관리	1,500	청원구 주민복지과	8	7	7	8	7	5	5	3
1825	충북 청주시	경로당 정기검사 및 관리	1,500	청원구 주민복지과	8	7	7	8	7	5	5	3
1826	충북 청주시	경로당 정기검사 및 관리	1,500	청원구 주민복지과	8	7	7	8	7	5	5	3
1827	충북 청주시	경로당 정기검사 및 관리	300	청원구 주민복지과	8	7	7	8	7	5	5	3
1828	충북 청주시	경로당 정기검사 및 관리	300	청원구 주민복지과	8	7	7	8	7	5	5	3
1829	충북 청주시	경로당 정기검사 및 관리	300	청원구 주민복지과	8	7	7	8	7	5	5	3
1830	충북 청주시	경로당 정기검사 및 관리	300	청원구 주민복지과	8	7	7	8	7	5	5	3
1831	충북 청주시	경로당 정기검사 및 관리	1,500	청원구 주민복지과	8	7	7	8	7	5	5	3
1832	충북 청주시	경로당 정기검사 및 관리	1,500	청원구 주민복지과	8	7	7	8	7	5	5	3
1833	충북 청주시	경로당 정기검사 및 관리	300	청원구 주민복지과	8	7	7	8	7	5	5	3
1834	충북 청주시	경로당 정기검사 및 관리	300	청원구 주민복지과	8	7	7	8	7	5	5	3
1835	충북 청주시	경로당 정기검사 및 관리	4,800	청원구 주민복지과	8	7	7	8	7	5	5	3
1836	충북 청주시	경로당 정기검사 및 관리	1,200	청원구 주민복지과	8	7	7	8	7	5	5	3
1837	충북 청주시	경로당 정기검사 및 관리	4,800	청원구 주민복지과	8	7	7	8	7	5	5	3
1838	충북 청주시	경로당 정기검사 및 관리	1,500	청원구 주민복지과	8	7	7	8	7	5	5	3
1839	충북 청주시	경로당 정기검사 및 관리	1,500	청원구 주민복지과	8	7	7	8	7	5	5	3
1840	충북 청주시	경로당 정기검사 및 관리	300	청원구 주민복지과	8	7	7	8	7	5	5	3
1841	충북 청주시	경로당 정기검사 및 관리	300	청원구 주민복지과	8	7	7	8	7	5	5	3
1842	충북 청주시	경로당 정기검사 및 관리	1,200	청원구 주민복지과	8	7	7	8	7	5	5	3
1843	충북 청주시	경로당 정기검사 및 관리	300	청원구 주민복지과	8	7	7	8	7	5	5	3
1844	충북 청주시	경로당 정기검사 및 관리	1,300	청원구 주민복지과	8	7	7	8	7	5	5	3
1845	충북 청주시	경로당 정기검사 및 관리	300	청원구 주민복지과	8	7	7	8	7	5	5	3
1846	충북 청주시	경로당 정기검사 및 관리	300	청원구 주민복지과	8	7	7	8	7	5	5	3

순번	시군구	지출명 (사업명)	2021년예산 (단위:천원/1년간)	담당자 (공무원) 담당부서	민간이전 분류 (지방자치단체 세출예산 집행기준에 의거) 1. 민간경상사업보조(307-02) 2. 민간단체 법정운영비보조(307-03) 3. 민간행사사업보조(307-04) 4. 민간위탁금(307-05) 5. 사회복지시설 법정운영비보조(307-10) 6. 민간인위탁교육비(307-12) 7. 공기관등에대한경상적위탁사업비(308-10) 8. 민간자본사업보조,자체재원(402-01) 9. 민간자본사업보조,이전재원(402-02) 10. 민간위탁사업비(402-03) 11. 공기관등에 대한 자본적 대행사업비(403-02)	민간이전지출 근거 (지방보조금 관리기준 참고) 1. 법률에 규정 2. 국고보조 재원(국가지정) 3. 용도 지정 기부금 4. 조례에 직접규정 5. 지자체가 권장하는 사업을 하는 공공기관 6. 시,도 정책 및 재정사정 7. 기타 8. 해당없음	입찰방식 계약체결방법 (경쟁형태) 1. 일반경쟁 2. 제한경쟁 3. 지명경쟁 4. 수의계약 5. 법정위탁 6. 기타 ( ) 7. 해당없음	입찰방식 계약기간 1. 1년 2. 2년 3. 3년 4. 4년 5. 5년 6. 기타 ( )년 7. 단기계약 (1년미만) 8. 해당없음	입찰방식 낙찰자선정방법 1. 적격심사 2. 협상에의한계약 3. 최저가낙찰제 4. 규격가격분리 5. 2단계 경쟁입찰 6. 기타 ( ) 7. 해당없음	운영예산 산정 운영예산 산정 1. 내부산정 (지자체 자체적으로 산정) 2. 외부산정 (외부전문기관위탁 산정) 3. 내·외부 모두 산정 4. 산정 無 5. 해당없음	운영예산 산정 정산방법 1. 내부정산 (지자체 내부적으로 정산) 2. 외부정산 (외부전문기관위탁 정산) 3. 내·외부 모두 산정 4. 정산 無 5. 해당없음	성과평가 실시여부 1. 실시 2. 미실시 3. 향후 추진 4. 해당없음
1847	충북 청주시	경로당 정기검사 및 관리	300	청원구 주민복지과	8	7	7	8	7	5	5	3
1848	충북 청주시	경로당 정기검사 및 관리	300	청원구 주민복지과	8	7	7	8	7	5	5	3
1849	충북 청주시	경로당 정기검사 및 관리	1,200	청원구 주민복지과	8	7	7	8	7	5	5	3
1850	충북 청주시	경로당 정기검사 및 관리	1,500	청원구 주민복지과	8	7	7	8	7	5	5	3
1851	충북 청주시	경로당 정기검사 및 관리	1,500	청원구 주민복지과	8	7	7	8	7	5	5	3
1852	충북 청주시	경로당 정기검사 및 관리	1,200	청원구 주민복지과	8	7	7	8	7	5	5	3
1853	충북 청주시	경로당 정기검사 및 관리	1,500	청원구 주민복지과	8	7	7	8	7	5	5	3
1854	충북 청주시	경로당 정기검사 및 관리	300	청원구 주민복지과	8	7	7	8	7	5	5	3
1855	충북 청주시	경로당 정기검사 및 관리	1,500	청원구 주민복지과	8	7	7	8	7	5	5	3
1856	충북 청주시	경로당 정기검사 및 관리	1,500	청원구 주민복지과	8	7	7	8	7	5	5	3
1857	충북 청주시	경로당 정기검사 및 관리	300	청원구 주민복지과	8	7	7	8	7	5	5	3
1858	충북 청주시	경로당 정기검사 및 관리	1,500	청원구 주민복지과	8	7	7	8	7	5	5	3
1859	충북 청주시	경로당 정기검사 및 관리	1,200	청원구 주민복지과	8	7	7	8	7	5	5	3
1860	충북 청주시	경로당 정기검사 및 관리	300	청원구 주민복지과	8	7	7	8	7	5	5	3
1861	충북 청주시	경로당 정기검사 및 관리	1,200	청원구 주민복지과	8	7	7	8	7	5	5	3
1862	충북 청주시	경로당 정기검사 및 관리	1,200	청원구 주민복지과	8	7	7	8	7	5	5	3
1863	충북 청주시	경로당 정기검사 및 관리	300	청원구 주민복지과	8	7	7	8	7	5	5	3
1864	충북 청주시	경로당 정기검사 및 관리	300	청원구 주민복지과	8	7	7	8	7	5	5	3
1865	충북 청주시	경로당 정기검사 및 관리	1,500	청원구 주민복지과	8	7	7	8	7	5	5	3
1866	충북 청주시	경로당 정기검사 및 관리	300	청원구 주민복지과	8	7	7	8	7	5	5	3
1867	충북 청주시	경로당 정기검사 및 관리	300	청원구 주민복지과	8	7	7	8	7	5	5	3
1868	충북 청주시	경로당 정기검사 및 관리	300	청원구 주민복지과	8	4	7	8	7	1	1	2
1869	충북 충주시	엄정 자율방범대 차량	20,000	안전총괄과	8	4	7	8	7	1	1	2
1870	충북 충주시	통합방위협의회 군부대 위문	25,000	안전총괄과	8	1	7	8	7	1	1	2
1871	충북 충주시	민방위 마을단위 시범훈련 장비지원	4,000	안전총괄과	8	4	7	8	7	5	5	4
1872	충북 충주시	공동주택 부대복리시설 지원	800,000	건축과	8	4	7	8	7	5	5	4
1873	충북 충주시	빈집정비사업	30,000	건축과	8	4	7	8	7	5	5	4
1874	충북 충주시	함께 가꾸는 마을만들기	185,000	도시재생과	8	2	7	8	7	1	1	1
1875	충북 충주시	신규개소에 따른 기자재비 편성	2,500	여성청소년과	8	1	7	8	7	5	1	1
1876	충북 충주시	장애인 체육장비 구입	20,000	체육진흥과	8	1	7	8	7	1	1	1
1877	충북 충주시	생활체육 활성화 비품지원	20,000	체육진흥과	8	1	7	8	7	1	1	1
1878	충북 충주시	체육회 행사용 차량 구입	84,220	체육진흥과	8	1	7	1	7	1	1	1
1879	충북 충주시	스포츠클럽 차량 구입	28,000	체육진흥과	8	1	7	1	7	1	1	1
1880	충북 충주시	스포츠클럽 교육장비 구입	2,000	체육진흥과	8	7	7	1	7	1	1	1
1881	충북 충주시	청소년공부방 개보수 및 물품구입	2,760	평생학습과	8	6	7	8	7	5	5	4
1882	충북 충주시	조림사업	224,517	산림정책과	8	6	7	8	7	5	5	4
1883	충북 충주시	임산물지원사업	75,000	산림정책과	8	6	7	8	7	5	5	4
1884	충북 충주시	읍면동 지역특화사업	24,175	산림정책과	8	6	7	8	7	5	5	4
1885	충북 충주시	충주오메가한우 포장재 지원	10,000	축수산과	8	7	7	8	7	5	5	4
1886	충북 충주시	정액 냉동운반용 저장고 지원	4,400	축수산과	8	7	7	8	7	5	5	4
1887	충북 충주시	모돈갱신지원	30,000	축수산과	8	7	7	8	7	5	5	4
1888	충북 충주시	사슴사료첨가제 지원	4,000	축수산과	8	7	7	8	7	5	5	4

순번	시군구	지출명 (사업명)	2021년예산 (단위:천원/1년간)	담당자 (공무원) 담당부서	민간이전 분류 (지방자치단체 세출예산 집행기준에 의거) 1. 민간경상사업보조(307-02) 2. 민간단체 법정운영비보조(307-03) 3. 민간행사사업보조(307-04) 4. 민간위탁금(307-05) 5. 사회복지시설 법정운영비보조(307-10) 6. 민간인위탁교육비(307-12) 7. 공기관등에대한경상적위탁사업비(308-10) 8. 민간자본사업보조,자체재원(402-01) 9. 민간자본사업보조,이전재원(402-02) 10. 민간위탁사업비(402-03) 11. 공기관등에 대한 자본적 대행사업비(403-02)	민간이전지출 근거 (지방보조금 관리기준 참고) 1. 법률에 규정 2. 국고보조 재원(국가지정) 3. 용도 지정 기부금 4. 조례에 직접규정 5. 지자체가 권장하는 사업을 하는 공공기관 6. 시,도 정책 및 재정사정 7. 기타 8. 해당없음	입찰방식: 계약체결방법 (경쟁형태) 1. 일반경쟁 2. 제한경쟁 3. 지명경쟁 4. 수의계약 5. 법정위탁 6. 기타 ( ) 7. 해당없음	입찰방식: 계약기간 1. 1년 2. 2년 3. 3년 4. 4년 5. 5년 6. 기타 ( )년 7. 단기계약 (1년미만) 8. 해당없음	입찰방식: 낙찰자선정방법 1. 적격심사 2. 협상에의한계약 3. 최저가낙찰제 4. 규격가격분리 5. 2단계 경쟁입찰 6. 기타 ( ) 7. 해당없음	운영예산 산정: 운영예산 산정 1. 내부산정 (지자체 자체적으로 산정) 2. 외부산정 (외부전문기관위탁 산정) 3. 내·외부 모두 산정 4. 산정 無 5. 해당없음	운영예산 산정: 정산방법 1. 내부정산 (지자체 내부적으로 정산) 2. 외부정산 (외부전문기관위탁 정산) 3. 내·외부 모두 산정 4. 정산 無 5. 해당없음	성과평가 실시여부 1. 실시 2. 미실시 3. 향후 추진 4. 해당없음
1889	충북 충주시	양봉농가 지원	89,000	축수산과	8	7	7	8	7	5	5	4
1890	충북 충주시	곤충산업 활성화 지원	20,000	축수산과	8	7	7	8	7	5	5	4
1891	충북 충주시	양돈 악취 환경 개선	60,000	축수산과	8	7	7	8	7	5	5	4
1892	충북 충주시	양돈 악취저감 미생물 배지 지원	20,000	축수산과	8	7	7	8	7	5	5	4
1893	충북 충주시	악취저감용 수분조절제 지원	250,000	축수산과	8	7	7	8	7	5	5	4
1894	충북 충주시	볏짚 사일리지 생산 장비 지원사업	60,000	축수산과	8	6	7	8	7	5	5	4
1895	충북 충주시	영농4-H회원 소득증진 실증시범	10,000	농업지원과	8	1	7	8	7	5	5	4
1896	충북 충주시	청년농업인 창업 신기술 시범	28,000	농업지원과	8	6	7	8	7	5	5	4
1897	충북 충주시	청년귀농인 창업지원	20,000	농업지원과	8	5	7	8	7	5	5	4
1898	충북 충주시	밭작물 고품질 생산 기술보급	17,500	농업소득과	8	6	7	8	7	5	5	4
1899	충북 충주시	노지채소 고품질생산 기술보급	18,000	농업소득과	8	6	7	8	7	5	5	4
1900	충북 충주시	시설원예 최고품질 기술보급	18,000	농업소득과	8	6	7	8	7	5	5	4
1901	충북 충주시	특용작물 생산기술보급	21,000	농업소득과	8	6	7	8	7	5	5	4
1902	충북 충주시	축산 생산성향상 기술 보급	12,000	농업소득과	8	6	7	8	7	5	5	4
1903	충북 충주시	과수실용화 기술보급	33,000	농업소득과	8	6	7	8	7	5	5	4
1904	충북 충주시	미래농업 전략작목 육성	157,500	농업소득과	8	6	7	8	7	5	5	4
1905	충북 충주시	단독주택 도시가스 공급사업	620,000	기후에너지과	8	4	7	8	7	5	5	4
1906	충북 충주시	매립장주변마을 주민지원사업	200,000	자원순환과	8	7	7	8	7	5	5	4
1907	충북 제천시	친환경유기(무농약) 인증단지 지원	252,000	농업정책과	8	4	7	8	7	5	1	1
1908	충북 제천시	생명농업유기농자재지원사업	225,000	농업정책과	8	4	7	8	7	5	1	1
1909	충북 제천시	유기질비료 지원	16,450	농업정책과	8	2	7	8	7	5	1	1
1910	충북 제천시	친환경 산지유통센터 저온창고 유지보수비	6,000	농업정책과	8	8	7	8	7	5	1	1
1911	충북 제천시	벼 병해충(종자처리제 등) 예방지원	100,625	농업정책과	8	4	7	8	7	5	1	1
1912	충북 제천시	벼 육묘용 상토지원	175,000	농업정책과	8	4	7	8	7	5	1	1
1913	충북 제천시	농업용 콤바인 구입 지원	50,000	농업정책과	8	4	7	8	7	5	1	1
1914	충북 제천시	농업용 트랙터 구입 지원	50,000	농업정책과	8	4	7	8	7	5	1	1
1915	충북 제천시	감자 선별기 구입지원	185,750	농업정책과	8	4	7	8	7	5	1	1
1916	충북 제천시	보행형관리기 지원사업	45,000	농업정책과	8	4	7	8	7	5	1	1
1917	충북 제천시	승용이앙기 및 승용관리기 구입 지원사업	40,000	농업정책과	8	4	7	8	7	5	1	1
1918	충북 제천시	청풍면 친환경유기질비료 구입 지원	88,227	농업정책과	8	4	7	8	7	5	1	1
1919	충북 제천시	청풍면 마을별 농자재 지원사업	80,000	농업정책과	8	4	7	8	7	5	1	1
1920	충북 제천시	한수면 송계2리 농기계 지원사업	30,000	농업정책과	8	4	7	8	7	5	1	1
1921	충북 제천시	봉양읍 마곡리 농기계 지원사업	27,211	농업정책과	8	4	7	8	7	5	1	1
1922	충북 제천시	신백동 농업용 소형농기계 및 관정설치 지원	27,000	농업정책과	8	4	7	8	7	5	1	1
1923	충북 제천시	한해대비 농업용 소형관정 개발사업	45,000	농업정책과	8	4	7	8	7	5	1	1
1924	충북 제천시	한해대비 농업용 중형관정 개발사업	39,600	농업정책과	8	4	7	8	7	5	1	1
1925	충북 제천시	의림지뜰 친환경농업단지 조성	584,665	농업정책과	8	4	7	8	7	5	1	1
1926	충북 제천시	보훈관리및지원	100,000	사회복지과	8	4	1	8	1	1	1	2
1927	충북 제천시	경로당 신축	450,000	노인장애인과	8	1	1	7	5	1	1	1
1928	충북 제천시	경로당 증축 및 개보수	220,000	노인장애인과	8	1	4	7	2	1	1	1
1929	충북 제천시	경로당 기능보강	200,000	노인장애인과	8	1	4	8	7	1	1	1
1930	충북 제천시	독거노인 공동생활제 비품구입비	2,000	노인장애인과	8	1	7	8	7	1	1	1

순번	시군구	지출명 (사업명)	2021년예산 (단위:천원/1년간)	담당자 (공무원) 담당부서	민간이전 분류 (지방자치단체 세출예산 집행기준에 의거) 1. 민간경상사업보조(307-02) 2. 민간단체 법정운영비보조(307-03) 3. 민간행사사업보조(307-04) 4. 민간위탁금(307-05) 5. 사회복지시설 법정운영비보조(307-10) 6. 민간인위탁교육비(307-12) 7. 공기관등에대한경상적위탁사업비(308-10) 8. 민간자본사업보조,자체재원(402-01) 9. 민간자본사업보조,이전재원(402-02) 10. 민간위탁사업비(402-03) 11. 공기관등에 대한 자본적 대행사업비(403-02)	민간이전지출 근거 (지방보조금 관리기준 참고) 1. 법률에 규정 2. 국고보조 재원(국가지정) 3. 용도 지정 기부금 4. 조례에 직접규정 5. 지자체가 권장하는 사업을 하는 공공기관 6. 시,도 정책 및 재정사정 7. 기타 8. 해당없음	입찰방식 계약체결방법 (경쟁형태) 1. 일반경쟁 2. 제한경쟁 3. 지명경쟁 4. 수의계약 5. 법정위탁 6. 기타 ( ) 7. 해당없음	입찰방식 계약기간 1. 1년 2. 2년 3. 3년 4. 4년 5. 5년 6. 기타 ( )년 7. 단기계약 (1년미만) 8. 해당없음	입찰방식 낙찰자선정방법 1. 적격심사 2. 협상에의한계약 3. 최저가낙찰제 4. 규격가격분리 5. 2단계 경쟁입찰 6. 기타 ( ) 7. 해당없음	운영예산 산정 운영예산 산정 1. 내부산정 (지자체 자체적으로 산정) 2. 외부산정 (외부전문기관위탁 산정) 3. 내·외부 모두 산정 4. 산정 無 5. 해당없음	운영예산 산정 정산방법 1. 내부정산 (지자체 내부적으로 정산) 2. 외부정산 (외부전문기관위탁 정산) 3. 내·외부 모두 산정 4. 정산 無 5. 해당없음	성과평가 실시여부 1. 실시 2. 미실시 3. 향후 추진 4. 해당없음
1931	충북 제천시	공동주택관리지원	800,000	건축과	8	4	7	8	7	5	1	1
1932	충북 제천시	과수화상병 대체 포도 비가림 육성 시범	72,000	기술보급과	8	6	7	8	7	5	5	4
1933	충북 제천시	과수화상병 대체 시설채소단지 조성 시범사업	25,000	기술보급과	8	6	7	8	7	5	5	4
1934	충북 제천시	고품질 과수생산을 위한 피해예방 시범	26,000	기술보급과	8	6	7	8	7	5	5	4
1935	충북 제천시	원예작물 수확 후 품질향상 시범	16,000	기술보급과	8	6	7	8	7	5	5	4
1936	충북 제천시	이상고온 대응 노후시설 환경개선 시범	20,000	기술보급과	8	6	7	8	7	5	5	4
1937	충북 제천시	원예작물 고품질 생산성 증대 기술 시범	20,000	기술보급과	8	6	7	8	7	5	5	4
1938	충북 제천시	박과채소 지주유인재배 시범	20,000	기술보급과	8	6	7	8	7	5	5	4
1939	충북 제천시	한우 변식우 개체별 관리시스템 활용 시범	20,000	기술보급과	8	6	7	8	7	5	5	4
1940	충북 제천시	한우 소화흡수 촉진(카우빌더) 활용 시범	6,000	기술보급과	8	6	7	8	7	5	5	4
1941	충북 제천시	축산물 품질 고급화 기술 시범	15,000	기술보급과	8	4	7	8	7	1	1	1
1942	충북 제천시	자원봉사센터 컴퓨터 구입	39,000	시민행복과	8	4	7	8	7	1	1	3
1943	충북 제천시	새마을회 컴퓨터 구입	3,900	시민행복과	8	1	7	8	7	1	1	1
1944	충북 제천시	바르게살기협의회 사무기기 구입	1,300	시민행복과	8	4	1	7	3	1	1	4
1945	충북 제천시	백운면 애련2리 마을회관 신축사업	200,000	시민행복과	8	4	1	7	3	1	1	4
1946	충북 제천시	송학면 시곡1리 마을회관 신축	200,000	시민행복과	8	4	1	7	3	1	1	4
1947	충북 제천시	마을회관 보수정비사업	200,000	시민행복과	8	4	7	8	7	5	5	4
1948	충북 제천시	여성친화인증기업 지원	25,000	여성가족과	8	6	7	8	7	5	1	1
1949	충북 제천시	어린이집 환경개선사업비 지원	157,500	여성가족과	8	6	7	8	7	5	5	4
1950	충북 제천시	어린이집 보존식냉동고 지원	23,400	여성가족과	8	4	7	8	7	2	2	3
1951	충북 제천시	제천향교 공부자 묘정비 건립	20,000	문화예술과	8	4	7	8	7	1	1	1
1952	충북 제천시	농특산물 포장재 지원	450,000	유통축산과	8	6	7	8	7	5	5	4
1953	충북 제천시	고추 탄저병 등 긴급방제지원	80,000	유통축산과	8	4	7	8	7	1	1	1
1954	충북 제천시	과일운반상자공급지원	20,000	유통축산과	8	4	7	8	7	1	1	1
1955	충북 제천시	과수상품성향상사업	100,000	유통축산과	8	6	7	8	7	5	5	4
1956	충북 제천시	내재해형 시설채소 생산기반시설지원	50,000	유통축산과	8	6	7	8	7	5	5	4
1957	충북 제천시	농산물 연중 생산시설 지원	150,000	유통축산과	8	4	7	8	7	1	1	1
1958	충북 제천시	과수농기계지원 2종	100,000	유통축산과	8	4	7	8	7	1	1	1
1959	충북 제천시	과수신선도유지제 지원	30,000	유통축산과	8	6	7	8	7	5	5	4
1960	충북 제천시	AI 상시방역용 산란계 농가 일회용난좌 지원	10,000	유통축산과	8	4	7	8	7	5	5	4
1961	충북 제천시	GAP약용작물 생산지원	250,000	유통축산과	8	4	7	8	7	5	5	4
1962	충북 제천시	제천약초 포장재 제작지원	144,000	유통축산과	8	4	7	8	7	5	5	4
1963	충북 제천시	오미자 포장재 제작지원	5,000	유통축산과	8	4	7	8	7	1	1	1
1964	충북 제천시	자율방범대 초소기능보강 지원	18,750	안전정책과	8	1	7	8	7	1	1	1
1965	충북 제천시	금성면 16개 마을 생활편의개선사업	51,200	건설과	8	1	7	8	7	1	1	1
1966	충북 제천시	금성면 주민편의 공공물품 구입	4,000	건설과	8	1	7	8	7	1	1	1
1967	충북 제천시	수산면 전통시장(구농협창고) 리모델링사업	148,256	건설과	8	1	7	8	7	1	1	1
1968	충북 제천시	덕산면 수산1리 마을회관 지붕 보수공사	20,000	건설과	8	1	7	8	7	1	1	1
1969	충북 제천시	한수면 송계3리 마을회관 부지매입	125,931	건설과	8	1	7	8	7	1	1	1
1970	충북 제천시	영서동 남당경로당 지적재조사에 따른 부지매입	7,000	건설과	8	1	7	8	7	1	1	1
1971	충북 제천시	작은도서관	16,000	시립도서관	8	7	7	1	7	1	1	1
1972	충북 보은군	마을 유래비 건립	10,800	행정과	8	4	7	8	7	1	1	1

순번	시군구	지출명 (사업명)	2021년예산 (단위:천원/1년간)	담당자 (공무원) 담당부서	민간이전 분류 (지방자치단체 세출예산 집행기준에 의거) 1. 민간경상사업보조(307-02) 2. 민간단체 법정운영비보조(307-03) 3. 민간행사사업보조(307-04) 4. 민간위탁금(307-05) 5. 사회복지시설 법정운영비보조(307-10) 6. 민간인위탁교육비(307-12) 7. 공기관등에대한경상적위탁사업비(308-10) 8. 민간자본사업보조,자체재원(402-01) 9. 민간자본사업보조,이전재원(402-02) 10. 민간위탁사업비(402-03) 11. 공기관등에 대한 자본적 대행사업비(403-02)	민간이전지출 근거 (지방보조금 관리기준 참고) 1. 법률에 규정 2. 국고보조 재원(국가지정) 3. 용도 지정 기부금 4. 조례에 직접규정 5. 지자체가 권장하는 사업을 하는 공공기관 6. 시,도 정책 및 재정사정 7. 기타 8. 해당없음	입찰방식 계약체결방법 (경쟁형태) 1. 일반경쟁 2. 제한경쟁 3. 지명경쟁 4. 수의계약 5. 법정위탁 6. 기타 ( ) 7. 해당없음	입찰방식 계약기간 1. 1년 2. 2년 3. 3년 4. 4년 5. 5년 6. 기타 ( )년 7. 단기계약 (1년미만) 8. 해당없음	입찰방식 낙찰자선정방법 1. 적격심사 2. 협상에의한계약 3. 최저가낙찰제 4. 규격가격분리 5. 2단계 경쟁입찰 6. 기타 ( ) 7. 해당없음	운영예산 산정 운영예산 산정 1. 내부산정 (지자체 자체적으로 산정) 2. 외부산정 (외부전문기관위탁 산정) 3. 내·외부 모두 산정 4. 산정 無 5. 해당없음	운영예산 산정 정산방법 1. 내부정산 (지자체 내부적으로 정산) 2. 외부정산 (외부전문기관위탁 정산) 3. 내·외부 모두 산정 4. 정산 無 5. 해당없음	성과평가 실시여부 1. 실시 2. 미실시 3. 향후 추진 4. 해당없음
1973	충북 보은군	속리산자율방범대 초소 개보수	19,000	행정과	8	4	7	7	7	1	1	1
1974	충북 보은군	컴퓨터	1,400	행정과	8	1	7	7	7	1	1	1
1975	충북 보은군	의자	600	행정과	8	1	7	7	7	1	1	1
1976	충북 보은군	자원봉사센터 차량 구입	25,000	행정과	8	1	7	7	7	1	1	1
1977	충북 보은군	경로당 개보수 사업	201,097	주민복지과	8	4	4	7	3	5	1	1
1978	충북 보은군	경로당 냉방기 설치 지원	6,400	주민복지과	8	4	4	7	3	5	1	1
1979	충북 보은군	경로당 냉방기 설치 지원	2,400	주민복지과	8	4	4	7	3	5	1	1
1980	충북 보은군	택시 표시등 교체 지원	1,800	민원과	8	7	7	8	7	5	5	4
1981	충북 보은군	냉방기	1,800	민원과	8	7	7	8	7	5	5	4
1982	충북 보은군	난방기	1,200	민원과	8	7	7	8	7	5	5	4
1983	충북 보은군	의자	600	민원과	8	7	7	8	7	5	5	4
1984	충북 보은군	수렵용 개(사냥견) GPS 지원사업	22,000	환경위생과	8	6	7	7	7	1	1	3
1985	충북 보은군	생활자원순환센터 주변지역 주민지원	7,000	환경위생과	8	6	7	8	7	5	5	4
1986	충북 보은군	서예협회 사무실 시설보수	8,000	문화관광과	8	7	7	8	7	1	1	1
1987	충북 보은군	소상공인 경영개선 지원사업	45,000	경제전략과	8	4	7	8	7	5	5	4
1988	충북 보은군	귀농인 농기계 구입자금 지원	50,000	농정과	8	4	7	8	7	1	1	3
1989	충북 보은군	도시민 농촌체험 관광농가 지원	2,700	농정과	8	5	7	8	7	1	1	3
1990	충북 보은군	인삼지주목	230,202	농정과	8	4	7	8	7	1	1	3
1991	충북 보은군	인삼차광지	69,117	농정과	8	4	7	8	7	1	1	3
1992	충북 보은군	인삼차광망	54,442	농정과	8	4	7	8	7	1	1	3
1993	충북 보은군	오이지주대 지원	5,000	농정과	8	4	7	8	7	1	1	3
1994	충북 보은군	오이재배용 농업용 부직포 지원	7,200	농정과	8	4	7	8	7	1	1	3
1995	충북 보은군	오이재배용 동력살분무기 지원	2,100	농정과	8	4	7	8	7	1	1	3
1996	충북 보은군	고품질 마늘생산기반조성지원	6,000	농정과	8	4	7	8	7	1	1	3
1997	충북 보은군	고품질 마늘생산기반조성지원	9,000	농정과	8	4	7	8	7	1	1	3
1998	충북 보은군	고품질 마늘재배용 생산장비 지원	30,000	농정과	8	4	7	8	7	1	1	3
1999	충북 보은군	자동호스릴	3,600	농정과	8	4	7	8	7	1	1	3
2000	충북 보은군	스프링쿨러	3,000	농정과	8	4	7	8	7	1	1	3
2001	충북 보은군	중형관정	6,000	농정과	8	4	7	8	7	1	1	3
2002	충북 보은군	고품질 호박생산(서리피해방지시설) 지원	5,000	농정과	8	4	7	8	7	1	1	3
2003	충북 보은군	1읍면 1특화작목 육성	125,000	농정과	8	4	7	8	7	1	1	3
2004	충북 보은군	측조시비기 지원	25,000	농정과	8	4	7	8	7	1	1	4
2005	충북 보은군	밭작물 중형관정 지원	51,000	농정과	8	4	7	8	7	3	1	4
2006	충북 보은군	농업용 방제기 지원사업	25,000	농정과	8	4	7	8	7	1	1	4
2007	충북 보은군	축산재해 예방 시설지원	50,000	축산과	8	4	7	8	7	1	1	3
2008	충북 보은군	CCTV	30,000	축산과	8	4	7	8	7	1	1	3
2009	충북 보은군	자동목걸이	30,000	축산과	8	4	7	8	7	1	1	3
2010	충북 보은군	돼지고기 품질향상 지원	19,200	축산과	8	4	7	8	7	1	1	3
2011	충북 보은군	양봉농가 저장시설 설치 지원	12,000	축산과	8	4	7	8	7	1	1	3
2012	충북 보은군	가축분뇨처리 퇴비사 지원	90,000	축산과	8	4	7	8	7	1	1	3
2013	충북 보은군	농장 출입구 자동소독기 지원	14,000	축산과	8	4	1	1	1	1	1	3
2014	충북 보은군	축사 내부 연무 소독시설 지원	18,000	축산과	8	4	1	1	1	1	1	3

순번	시군구	지출명 (사업명)	2021년예산 (단위:천원/1년간)	담당자 (공무원)	민간이전 분류 (지방자치단체 세출예산 집행기준에 의거)	민간이전지출 근거 (지방보조금 관리기준 참고)	입찰방식			운영예산 산정		성과평가 실시여부
				담당부서	1. 민간경상사업보조(307-02) 2. 민간단체 법정운영비보조(307-03) 3. 민간행사사업보조(307-04) 4. 민간위탁금(307-05) 5. 사회복지시설 법정운영비보조(307-10) 6. 민간인위탁교육비(307-12) 7. 공기관등에대한경상적위탁사업비(308-10) 8. 민간자본사업보조,자체재원(402-01) 9. 민간자본사업보조,이전재원(402-02) 10. 민간위탁사업비(402-03) 11. 공기관등에 대한 자본적 대행사업비(403-02)	1. 법률에 규정 2. 국고보조 재원(국가지정) 3. 용도 지정 기부금 4. 조례에 직접규정 5. 지자체가 권장하는 사업을 하는 공공기관 6. 시,도 정책 및 재정사정 7. 기타 8. 해당없음	계약체결방법 (경쟁형태) 1. 일반경쟁 2. 제한경쟁 3. 지명경쟁 4. 수의계약 5. 법정위탁 6. 기타 ( ) 7. 해당없음	계약기간 1. 1년 2. 2년 3. 3년 4. 4년 5. 5년 6. 기타 ( )년 7. 단기계약 (1년미만) 8. 해당없음	낙찰자선정방법 1. 적격심사 2. 협상에의한계약 3. 최저가낙찰제 4. 규격가격분리 5. 2단계 경쟁입찰 6. 기타 ( ) 7. 해당없음	운영예산 산정 1. 내부산정 (지자체 자체적으로 산정) 2. 외부산정 (외부전문기관위탁 산정) 3. 내·외부 모두 산정 4. 산정 無 5. 해당없음	정산방법 1. 내부정산 (지자체 내부적으로 정산) 2. 외부정산 (외부전문기관위탁 정산) 3. 내·외부 모두 산정 4. 정산 無 5. 해당없음	1. 실시 2. 미실시 3. 향후 추진 4. 해당없음
2015	충북 보은군	농기계구입 등 지원	104,890	안전건설과	8	1	7	8	7	1	1	1
2016	충북 보은군	마을회관 신축	300,000	안전건설과	8	4	7	8	7	1	1	1
2017	충북 보은군	마을회관 리모델링	90,000	안전건설과	8	4	7	8	7	1	1	1
2018	충북 보은군	마을회관 보수공사	103,643	안전건설과	8	4	7	8	7	1	1	1
2019	충북 보은군	수리계 수리시설 유지관리	50,000	지역개발과	8	4	5	1	7	1	1	1
2020	충북 보은군	농촌빈집정비사업	20,000	지역개발과	8	1	7	8	7	1	1	2
2021	충북 보은군	고품질 로열젤리 생산성 향상 농가육성 시범	35,000	농업기술센터	8	1	7	8	7	1	1	1
2022	충북 보은군	과수 병해충 방제 예찰사업	100,000	농업기술센터	8	4	7	8	7	1	1	1
2023	충북 보은군	엔비사과 2D시스템 적용 시범	34,300	농업기술센터	8	4	7	8	7	1	1	1
2024	충북 보은군	환경기초시설 주변지역 주민지원사업	45,000	상하수도사업소	8	4	7	7	7	1	1	2
2025	충북 옥천군	자활사업 지원	20,000	복지정책과	8	4	7	8	7	5	5	4
2026	충북 옥천군	자활사업 기능보강 지원	20,000	복지정책과	8	4	7	8	7	5	5	4
2027	충북 옥천군	경로당 지키미사업	185,400	주민복지과	8	1	5	1	7	1	1	1
2028	충북 옥천군	경로당 개보수사업 지원	245,000	주민복지과	8	1	4	1	7	1	1	1
2029	충북 옥천군	자율방범대 차량 구입 지원	30,000	안전건설과	8	4	7	8	7	5	5	4
2030	충북 옥천군	옥천 소정리 마을회관 재건축공사 지원	80,000	안전건설과	8	4	7	8	7	5	5	4
2031	충북 옥천군	묘목생산지원	172,355	산림녹지과	8	4	7	8	7	1	1	1
2032	충북 옥천군	옻특구 기반 조성	49,500	산림녹지과	8	4	7	8	7	1	1	1
2033	충북 옥천군	공동주택단지내 공공이용시설 유지보수사업	415,000	도시교통과	8	4	1	1	3	1	1	1
2034	충북 옥천군	소규모 공동주택 유지보수사업	40,000	도시교통과	8	4	1	1	3	1	1	1
2035	충북 옥천군	농촌 빈집정비 지원사업	10,000	도시교통과	8	1	6	1	6	1	1	1
2036	충북 옥천군	내집 앞 주차장갖기 지원사업	10,000	도시교통과	8	4	7	8	7	5	1	1
2037	충북 옥천군	고품질 쌀 생산 기반조성	241,000	친환경농축산과	8	7	7	8	7	5	5	2
2038	충북 옥천군	충전식 분무기 공급 지원	42,000	친환경농축산과	8	7	7	8	7	5	5	2
2039	충북 옥천군	친환경농업 영농자재 지원	140,000	친환경농축산과	8	4	7	8	7	5	5	2
2040	충북 옥천군	친환경농촌체험 및 포장재지원	16,200	친환경농축산과	8	4	7	8	7	5	5	2
2041	충북 옥천군	과수생산자재지원	130,000	친환경농축산과	8	4	7	8	7	5	5	4
2042	충북 옥천군	과수동해방지 영양제 공급사업	30,000	친환경농축산과	8	4	7	8	7	5	5	4
2043	충북 옥천군	과수 품종갱신 지원	139,300	친환경농축산과	8	4	7	8	7	5	5	4
2044	충북 옥천군	복숭아 다기능 매트 지원	70,000	친환경농축산과	8	7	7	8	7	5	5	4
2045	충북 옥천군	원예작물 생산기반 지원	191,000	친환경농축산과	8	7	7	8	7	5	5	4
2046	충북 옥천군	친환경 딸기재배 자재 지원	20,000	친환경농축산과	8	7	7	8	7	5	5	4
2047	충북 옥천군	인삼 재배 지원	242,000	친환경농축산과	8	7	7	8	7	5	5	4
2048	충북 옥천군	잎담배 생산자재 지원	17,000	친환경농축산과	8	7	7	8	7	5	5	4
2049	충북 옥천군	정부양곡운영관리	15,000	친환경농축산과	8	4	7	8	7	5	5	4
2050	충북 옥천군	농특산물 포장재 제작지원	610,000	친환경농축산과	8	4	7	8	7	5	5	4
2051	충북 옥천군	농특산물 수출	17,090	친환경농축산과	8	4	7	8	7	5	5	4
2052	충북 옥천군	농산물산지유통센터 운영관리	130,000	친환경농축산과	8	4	7	8	7	5	1	1
2053	충북 옥천군	양봉자재지원	51,000	친환경농축산과	8	1	7	8	7	5	1	1
2054	충북 옥천군	축사환경개선지원	90,000	친환경농축산과	8	1	7	8	7	5	5	4
2055	충북 옥천군	농업인의 날 행사 지원	25,000	농촌활력과	8	1	7	8	7	5	5	4
2056	충북 옥천군	학교무상급식	1,448,847	농촌활력과	8	1	7	8	7	5	5	4

순번	시군구	지출명 (사업명)	2021년예산 (단위:천원/1년간)	담당자 (공무원) 담당부서	민간이전 분류 (지방자치단체 세출예산 집행기준에 의거) 1. 민간경상사업보조(307-02) 2. 민간단체 법정운영비보조(307-03) 3. 민간행사사업보조(307-04) 4. 민간위탁금(307-05) 5. 사회복지시설 법정운영비보조(307-10) 6. 민간인위탁교육비(307-12) 7. 공기관등에대한경상적위탁사업비(308-10) 8. 민간자본사업보조,자체재원(402-01) 9. 민간자본사업보조,이전재원(402-02) 10. 민간위탁사업비(402-03) 11. 공기관등에 대한 자본적 대행사업비(403-02)	민간이전지출 근거 (지방보조금 관리기준 참고) 1. 법률에 규정 2. 국고보조 재원(국가지정) 3. 용도 지정 기부금 4. 조례에 직접규정 5. 지자체가 권장하는 사업을 하는 공공기관 6. 시,도 정책 및 재정사정 7. 기타 8. 해당없음	입찰방식 계약체결방법 (경쟁형태) 1. 일반경쟁 2. 제한경쟁 3. 지명경쟁 4. 수의계약 5. 법정위탁 6. 기타 ( ) 7. 해당없음	입찰방식 계약기간 1. 1년 2. 2년 3. 3년 4. 4년 5. 5년 6. 기타 ( )년 7. 단기계약 (1년미만) 8. 해당없음	입찰방식 낙찰자선정방법 1. 적격심사 2. 협상에의한계약 3. 최저가낙찰제 4. 규격가격분리 5. 2단계 경쟁입찰 6. 기타 ( ) 7. 해당없음	운영예산 산정 운영예산 산정 1. 내부산정 (지자체 자체적으로 산정) 2. 외부산정 (외부전문기관위탁 산정) 3. 내·외부 모두 산정 4. 산정 無 5. 해당없음	운영예산 산정 정산방법 1. 내부정산 (지자체 내부적으로 정산) 2. 외부정산 (외부전문기관위탁 정산) 3. 내·외부 모두 산정 4. 정산 無 5. 해당없음	성과평가 실시여부 1. 실시 2. 미실시 3. 향후 추진 4. 해당없음
2057	충북 옥천군	공공급식 차액 지원	150,000	농촌활력과	8	4	7	8	7	5	5	4
2058	충북 옥천군	옥천푸드 거점가공센터 생산품 검사비 지원	24,000	농촌활력과	8	4	7	8	7	5	5	4
2059	충북 옥천군	옥천로컬푸드직매장 포장재 제작 지원	20,000	농촌활력과	8	4	5	3	2	1	1	3
2060	충북 옥천군	옥천푸드 가공제품 용기제작 지원	28,800	농촌활력과	8	4	7	8	7	5	5	4
2061	충북 옥천군	옥천푸드 생산 시설하우스 설치지원	84,480	농촌활력과	8	4	7	8	7	5	5	4
2062	충북 옥천군	청성면 농촌중심지 활성화사업	1,866,000	농촌활력과	8	1	7	8	7	5	5	4
2063	충북 옥천군	안남면 기초생활 거점육성사업	1,983,000	농촌활력과	8	1	7	8	7	5	5	4
2064	충북 옥천군	수리계수리시설 유지관리비 지원	35,000	농촌활력과	8	4	7	8	7	5	5	4
2065	충북 옥천군	수리계수리시설 유지관리비지원	20,356	농촌활력과	8	4	7	8	7	5	5	4
2066	충북 옥천군	귀농인 주택수리비 지원	40,000	농촌활력과	8	4	7	8	7	5	5	4
2067	충북 옥천군	귀농인 농기계 구입 지원	20,000	농촌활력과	8	4	7	8	7	5	5	4
2068	충북 옥천군	귀농귀촌인 정착지원	69,300	농촌활력과	8	4	7	8	7	5	5	4
2069	충북 옥천군	장애인체육회 행정장비 구입 지원	4,000	체육시설사업소	8	1	7	8	7	1	1	3
2070	충북 옥천군	소상공인 경영개선(점포환경) 지원	400,000	경제과	8	4	7	8	7	5	5	4
2071	충북 옥천군	중소기업 환경개선 지원	500,000	경제과	8	4	7	8	7	5	5	4
2072	충북 영동군	장애인체육회 행정장비 구입	450	국악문화체육과	8	7	7	8	7	1	1	1
2073	충북 영동군	경로당 증축 및 보수	330,000	주민복지과	8	4	7	8	7	1	1	1
2074	충북 영동군	경로당 신축	170,000	주민복지과	8	4	7	8	7	1	1	1
2075	충북 영동군	경로당 건강보조기구 지원	45,000	주민복지과	8	4	7	8	7	1	1	1
2076	충북 영동군	경로당 생활환경개선사업	80,000	주민복지과	8	4	7	8	7	1	1	1
2077	충북 영동군	장애인전동스쿠터(휠체어)타이어교체	4,000	주민복지과	8	4	7	8	7	1	1	1
2078	충북 영동군	어린이집기능보강사업	80,000	가족행복과	8	5	7	8	7	5	5	4
2079	충북 영동군	지역아동센터 환경개선 지원	30,000	가족행복과	8	5	7	8	7	5	5	4
2080	충북 영동군	위생업소 시설개선 지원	9,000	가족행복과	8	6	7	8	7	1	1	4
2081	충북 영동군	건축설계비 보조금	30,000	경제과	8	4	7	8	7	1	1	1
2082	충북 영동군	투자유치성과금	20,000	경제과	8	4	7	8	7	1	1	1
2083	충북 영동군	투자유치 보조금	295,000	경제과	8	4	7	8	7	1	1	1
2084	충북 영동군	제조업체 환경개선 지원사업	50,000	경제과	8	4	7	8	7	1	1	1
2085	충북 영동군	농산물 출하 랩핑기 구입	7,500	농정과	8	4	7	8	7	1	1	1
2086	충북 영동군	농산물 집하장 환풍기 구입	3,000	농정과	8	4	7	8	7	1	1	1
2087	충북 영동군	황간농협 로컬푸드 직매장 증축	225,000	농정과	8	4	7	8	7	1	1	1
2088	충북 영동군	추풍령RPC 체인컨베이어 교체	25,000	농정과	8	4	7	8	7	1	1	1
2089	충북 영동군	양산지점 지게차 구입	16,500	농정과	8	4	7	8	7	1	1	1
2090	충북 영동군	농업인농기계 공급사업	300,000	농정과	8	4	7	8	7	1	1	1
2091	충북 영동군	친환경 농약통 지원사업	35,000	농정과	8	4	7	8	7	1	1	1
2092	충북 영동군	산지농산물 집하선별장 지원사업	115,000	농정과	8	4	7	8	7	1	1	1
2093	충북 영동군	농산물 유통시설(저온저장고) 보수 지원	105,000	농정과	8	4	7	8	7	1	1	1
2094	충북 영동군	과수원예 생력화장비 지원	700,000	농정과	8	4	7	8	7	1	1	1
2095	충북 영동군	시설하우스 설치 지원사업	1,640,000	농정과	8	4	7	8	7	1	1	1
2096	충북 영동군	고품질 인삼생산지원	120,000	농정과	8	4	7	8	7	1	1	1
2097	충북 영동군	시설하우스 에너지절감시설 지원	900,000	농정과	8	4	7	8	7	1	1	1
2098	충북 영동군	블루베리 생산시설 지원	50,000	농정과	8	4	7	8	7	1	1	1

순번	시군구	지출명 (사업명)	2021년예산 (단위:천원/1년간)	담당자 (공무원) 담당부서	민간이전 분류 (지방자치단체 세출예산 집행기준에 의거) 1. 민간경상사업보조(307-02) 2. 민간단체 법정운영비보조(307-03) 3. 민간행사사업보조(307-04) 4. 민간위탁금(307-05) 5. 사회복지시설 법정운영비보조(307-10) 6. 민간인위탁교육비(307-12) 7. 공기관등에대한경상적위탁사업비(308-10) 8. 민간자본사업보조,자체재원(402-01) 9. 민간자본사업보조,이전재원(402-02) 10. 민간위탁사업비(402-03) 11. 공기관등에 대한 자본적 대행사업비(403-02)	민간이전지출 근거 (지방보조금 관리기준 참고) 1. 법률에 규정 2. 국고보조 재원(국가지정) 3. 용도 지정 기부금 4. 조례에 직접규정 5. 지자체가 권장하는 사업을 하는 공공기관 6. 시,도 정책 및 재정사정 7. 기타 8. 해당없음	입찰방식 계약체결방법 (경쟁형태) 1. 일반경쟁 2. 제한경쟁 3. 지명경쟁 4. 수의계약 5. 법정위탁 6. 기타 ( ) 7. 해당없음	입찰방식 계약기간 1. 1년 2. 2년 3. 3년 4. 4년 5. 5년 6. 기타 ( )년 7. 단기계약 (1년미만) 8. 해당없음	입찰방식 낙찰자선정방법 1. 적격심사 2. 협상에의한계약 3. 최저가낙찰제 4. 규격가격분리 5. 2단계 경쟁입찰 6. 기타 ( ) 7. 해당없음	운영예산 산정 운영예산 산정 1. 내부산정 (지자체 자체적으로 산정) 2. 외부산정 (외부전문기관위탁 산정) 3. 내·외부 모두 산정 4. 산정 無 5. 해당없음	운영예산 산정 정산방법 1. 내부정산 (지자체 내부적으로 정산) 2. 외부정산 (외부전문기관위탁 정산) 3. 내·외부 모두 산정 4. 정산 無 5. 해당없음	성과평가 실시여부 1. 실시 2. 미실시 3. 향후 추진 4. 해당없음
2099	충북 영동군	특새농업육성 지원사업	100,000	농정과	8	4	7	8	7	1	1	1
2100	충북 영동군	시설원예 장기성필름 지원사업	220,000	농정과	8	4	7	8	7	1	1	1
2101	충북 영동군	딸기고설양액재배지원	8,000	농정과	8	4	7	8	7	1	1	1
2102	충북 영동군	포도간이비가림보완시설지원	500,000	농정과	8	4	7	8	7	1	1	1
2103	충북 영동군	과수안전생산장비지원사업	250,000	농정과	8	4	7	8	7	1	1	1
2104	충북 영동군	양봉 브랜드화 사업	10,000	농정과	8	4	7	8	7	5	5	4
2105	충북 영동군	맞춤형 곤충산업 지원사업	10,000	농정과	8	4	7	8	7	1	1	1
2106	충북 영동군	어서실 악취저감 시설 설치	150,000	농정과	8	4	7	8	7	1	1	1
2107	충북 영동군	소 사육농가 스탄촌 구입지원	30,000	농정과	8	4	7	8	7	1	1	1
2108	충북 영동군	맞춤형 축산업 현대화 지원사업	240,000	농정과	8	4	7	8	7	1	1	1
2109	충북 영동군	배합사료 제조기 지원	48,000	농정과	8	4	7	8	7	1	1	1
2110	충북 영동군	야생동물피해예방사업	40,000	환경과	8	1	7	8	7	5	5	4
2111	충북 영동군	표고자목 원목구입지원	62,500	산림과	8	7	7	8	7	1	1	1
2112	충북 영동군	감(곶감) 정량제 거래 지원 및 포장재 지원	140,000	산림과	8	7	7	8	7	1	1	1
2113	충북 영동군	임산물소득 지원사업	200,000	산림과	8	4	7	8	7	1	1	4
2114	충북 영동군	택시미터기일체형 카드기 설치지원	47,360	건설교통과	8	1	7	8	7	1	3	4
2115	충북 영동군	유점리(경로당앞) 쉼터 설치	9,000	도시건축과	8	4	7	8	7	5	5	4
2116	충북 영동군	심천복지회관 지붕설치공사	20,000	도시건축과	8	4	7	8	7	5	5	4
2117	충북 영동군	매곡면 노천하리 마을회 마을창고 벽화그리기	22,000	도시건축과	8	4	7	8	7	5	5	4
2118	충북 영동군	동정리 벽화공사	20,000	도시건축과	8	4	7	8	7	5	5	4
2119	충북 영동군	공동주택환경정비사업	150,000	도시건축과	8	4	7	8	7	5	5	4
2120	충북 영동군	농촌빈집정비사업	10,000	도시건축과	8	4	7	8	7	5	5	4
2121	충북 영동군	농촌마을회관의 행복센터 조성사업	200,000	도시건축과	8	4	7	8	7	5	5	4
2122	충북 영동군	영농4-H회원 시범영농지원	15,000	농업기술센터	8	1	7	8	7	5	5	4
2123	충북 영동군	품목별연구회 인센티브 사업	20,000	농업기술센터	8	1	7	8	7	5	5	4
2124	충북 영동군	체리 안정생산 및 신품종 묘목 보급 시범	60,000	농업기술센터	8	1	7	8	7	5	5	4
2125	충북 영동군	노동절감형 다목적 과일수확기 제작보급 시범	12,600	농업기술센터	8	1	7	8	7	5	5	4
2126	충북 영동군	포도 비가림시설 자동개폐 시설 시범	12,000	농업기술센터	8	1	7	8	7	5	5	4
2127	충북 영동군	사과 국내 육성 신품종 보급 시범	14,400	농업기술센터	8	1	7	8	7	5	5	4
2128	충북 영동군	새로운 특새작목(왕다래) 육성 신품종 보급 시범	12,000	농업기술센터	8	1	7	8	7	5	5	4
2129	충북 영동군	원예분야 이상 기상 대응 종합관리 시범	9,600	농업기술센터	8	1	7	8	7	5	5	4
2130	충북 영동군	포도 국내육성 신품종 생력화 기술지원 시범	7,200	농업기술센터	8	1	7	8	7	5	5	4
2131	충북 영동군	제초 작업 생력화 기기 보급 시범	1,800	농업기술센터	8	1	7	8	7	5	5	4
2132	충북 영동군	농가형 와인 제조설비 지원	48,000	농업기술센터	8	4	7	8	7	5	5	4
2133	충북 영동군	농가형 와인 프리미엄 포장설비 지원	12,000	농업기술센터	8	4	7	8	7	5	5	4
2134	충북 영동군	농가형 와인 고품질 숙성 오크통 지원	18,000	농업기술센터	8	4	7	8	7	5	5	4
2135	충북 영동군	찾아가는 양조장 사업	48,000	농업기술센터	8	1	7	8	7	5	5	4
2136	충북 영동군	지역상생 와이너리 구축과 와인관광활성화 사업	630,000	농업기술센터	8	6	7	8	7	5	5	4
2137	충북 증평군	민간사회단체 지원	18,250	행정과	8	4	7	8	7	5	5	4
2138	충북 증평군	저소득 재가노인 밑반찬 배달	6,000	사회복지과	8	1	7	1	7	1	1	1
2139	충북 증평군	경로당 활성화	200,000	사회복지과	8	4	7	8	7	5	5	4
2140	충북 증평군	공동주택지원	140,000	민원과	8	1	7	8	7	5	5	4

순번	시군구	지출명 (사업명)	2021년예산 (단위:천원/1년간)	담당자 (공무원) 담당부서	민간이전 분류 (지방자치단체 세출예산 집행기준에 의거) 1. 민간경상사업보조(307-02) 2. 민간단체 법정운영비보조(307-03) 3. 민간행사사업보조(307-04) 4. 민간위탁금(307-05) 5. 사회복지시설 법정운영비보조(307-10) 6. 민간인위탁교육비(307-12) 7. 공기관등에대한경상적위탁사업비(308-10) 8. 민간자본사업보조,자체재원(402-01) 9. 민간자본사업보조,이전재원(402-02) 10. 민간위탁사업비(402-03) 11. 공기관등에 대한 자본적 대행사업비(403-02)	민간이전지출 근거 (지방보조금 관리기준 참고) 1. 법률에 규정 2. 국고보조 재원(국가지정) 3. 용도 지정 기부금 4. 조례에 직접규정 5. 지자체가 권장하는 사업을 하는 공공기관 6. 시,도 정책 및 재정사정 7. 기타 8. 해당없음	입찰방식: 계약체결방법 (경쟁형태) 1. 일반경쟁 2. 제한경쟁 3. 지명경쟁 4. 수의계약 5. 법정위탁 6. 기타 ( ) 7. 해당없음	입찰방식: 계약기간 1. 1년 2. 2년 3. 3년 4. 4년 5. 5년 6. 기타 ( )년 7. 단기계약 (1년미만) 8. 해당없음	입찰방식: 낙찰자선정방법 1. 적격심사 2. 협상에의한계약 3. 최저가낙찰제 4. 규격가격분리 5. 2단계 경쟁입찰 6. 기타 ( ) 7. 해당없음	운영예산 산정: 운영예산 산정 1. 내부산정 (지자체 자체적으로 산정) 2. 외부산정 (외부전문기관위탁 산정) 3. 내·외부 모두 산정 4. 산정 無 5. 해당없음	운영예산 산정: 정산방법 1. 내부정산 (지자체 내부적으로 정산) 2. 외부정산 (외부전문기관위탁 정산) 3. 내·외부 모두 산정 4. 정산 無 5. 해당없음	성과평가 실시여부 1. 실시 2. 미실시 3. 향후 추진 4. 해당없음
2141	충북 증평군	농촌빈집정비	30,000	민원과	8	1	7	8	7	5	5	4
2142	충북 증평군	체육회 운영지원	50,000	문화체육과	8	4	7	8	7	1	1	4
2143	충북 증평군	고품질쌀 농기계 지원	18,000	농정과	8	4	7	8	7	5	5	4
2144	충북 증평군	로컬푸드 유통 활성화 지원	5,000	농정과	8	4	7	8	7	5	5	4
2145	충북 증평군	축사 환경정비 지원	15,000	농정과	8	7	7	8	7	5	5	4
2146	충북 증평군	분뇨처리 및 조사료수확장비 지원	40,000	농정과	8	4	7	8	7	5	5	4
2147	충북 증평군	농업인단체 육성	11,000	농업기술센터	8	4	7	8	7	5	5	4
2148	충북 증평군	식량작물 경쟁력 강화	17,500	농업기술센터	8	1	7	8	7	5	5	4
2149	충북 증평군	원예·특작 새기술 보급	56,000	농업기술센터	8	1	7	8	7	5	5	4
2150	충북 진천군	진천군자원봉사센터 물품 구입	10,000	행정지원과	8	2	7	8	7	1	1	1
2151	충북 진천군	6.25참전유공자회 사무실 에너지고효율화사업	2,500	주민복지과	8	7	7	8	7	1	1	1
2152	충북 진천군	보훈4단체 사무실 PC교체 구입	6,500	주민복지과	8	7	7	8	7	1	1	1
2153	충북 진천군	거점돌봄센터 코로나19 예방 기능보강사업	27,000	주민복지과	8	7	7	8	7	5	5	4
2154	충북 진천군	노인복지관 냉동탑차 구입	30,000	주민복지과	8	1	1	8	7	1	1	1
2155	충북 진천군	경로당 보수	271,500	주민복지과	8	4	7	8	7	1	1	1
2156	충북 진천군	경로당 기능보강	53,500	주민복지과	8	4	7	8	7	1	1	1
2157	충북 진천군	경로당 에너지고효율화	39,300	주민복지과	8	4	7	8	7	1	1	1
2158	충북 진천군	거동불편자 이용 경사로 설치지원	5,000	주민복지과	8	1	4	8	7	1	1	1
2159	충북 진천군	다함께돌봄센터 기자재비(출결관리시스템,식기소독기)지원	2,000	여성가족과	8	1	1	5	1	1	1	4
2160	충북 진천군	방역소독기 무료임대	1,600	경제과	8	7	7	8	7	1	1	3
2161	충북 진천군	문화원 시설보수	4,503	문화관광과	8	4	7	8	7	5	5	4
2162	충북 진천군	문화의집 시설보수	22,000	문화관광과	8	4	7	8	7	5	5	4
2163	충북 진천군	작은도서관 도서구입비 지원	14,000	평생학습과	8	4	7	7	7	1	1	1
2164	충북 진천군	야생동물 피해예방시설 설치 사업	10,000	환경과	8	4	7	8	7	1	1	1
2165	충북 진천군	향토음식경연대회 우수업소 육성지원금	4,000	식산업지원과	8	4	7	8	7	1	1	4
2166	충북 진천군	위생업소 시설개선사업	40,000	식산업지원과	8	4	7	8	7	1	1	4
2167	충북 진천군	단독주택 등 도시가스 공급사업 보조금 지원	154,000	신재생에너지과	8	4	7	1	7	1	1	4
2168	충북 진천군	지역자율방재단 물품 구입 지원	4,000	안전총괄과	8	4	7	8	7	5	5	3
2169	충북 진천군	초평자율방범대 초소건립	180,000	안전총괄과	8	4	7	8	7	1	1	1
2170	충북 진천군	이월 아름중앙아파트 방범용 CCTV 설치	1,000	안전총괄과	8	4	7	8	7	5	5	3
2171	충북 진천군	이월 일영마을 방범용 CCTV 설치	5,000	안전총괄과	8	4	7	8	7	5	5	3
2172	충북 진천군	이월 화양마을 방범용 CCTV 설치	5,000	안전총괄과	8	4	7	8	7	5	5	3
2173	충북 진천군	이월 신도종마을 방범용 CCTV 설치	4,000	안전총괄과	8	4	7	8	7	5	5	3
2174	충북 진천군	이월 물미마을 방범용 CCTV 설치	4,000	안전총괄과	8	4	7	8	7	5	5	3
2175	충북 진천군	이월 미정마을 방범용 CCTV 설치	2,000	안전총괄과	8	4	7	8	7	5	5	3
2176	충북 진천군	이월 사당마을 방범용 CCTV 설치	3,000	안전총괄과	8	4	7	8	7	5	5	3
2177	충북 진천군	이월 성평마을 방범용 CCTV 설치	3,000	안전총괄과	8	4	7	8	7	5	5	3
2178	충북 진천군	이월 수청마을 방범용 CCTV 설치	4,000	안전총괄과	8	4	7	8	7	5	5	3
2179	충북 진천군	이월 신대마을 방범용 CCTV 설치	4,000	안전총괄과	8	4	7	8	7	5	5	3
2180	충북 진천군	이월 편턴마을 방범용 CCTV 설치	5,000	안전총괄과	8	4	7	8	7	5	5	3
2181	충북 진천군	덕산 시장2구마을 방범용 CCTV 설치	5,000	안전총괄과	8	4	7	8	7	5	5	3
2182	충북 진천군	덕산 중방마을 방범용 CCTV 설치	5,000	안전총괄과	8	4	7	8	7	5	5	3

순번	시군구	지출명 (사업명)	2021년예산 (단위:천원/1년간)	담당자 (공무원) 담당부서	민간이전 분류 (지방자치단체 세출예산 집행기준에 의거) 1. 민간경상사업보조(307-02) 2. 민간단체 법정운영비보조(307-03) 3. 민간행사사업보조(307-04) 4. 민간위탁금(307-05) 5. 사회복지시설 법정운영비보조(307-10) 6. 민간인위탁교육비(307-12) 7. 공기관등에대한경상적위탁사업비(308-10) 8. 민간자본사업보조,자체재원(402-01) 9. 민간자본사업보조,이전재원(402-02) 10. 민간위탁사업비(402-03) 11. 공기관등에 대한 자본적 대행사업비(403-02)	민간이전지출 근거 (지방보조금 관리기준 참고) 1. 법률에 규정 2. 국고보조 재원(국가지정) 3. 용도 지정 기부금 4. 조례에 직접규정 5. 지자체가 권장하는 사업을 하는 공공기관 6. 시,도 정책 및 재정사정 7. 기타 8. 해당없음	입찰방식 계약체결방법 (경쟁형태) 1. 일반경쟁 2. 제한경쟁 3. 지명경쟁 4. 수의계약 5. 법정위탁 6. 기타 ( ) 7. 해당없음	입찰방식 계약기간 1. 1년 2. 2년 3. 3년 4. 4년 5. 5년 6. 기타 ( )년 7. 단기계약 (1년미만) 8. 해당없음	입찰방식 낙찰자선정방법 1. 적격심사 2. 협상에의한계약 3. 최저가낙찰제 4. 규격가격분리 5. 2단계 경쟁입찰 6. 기타 ( ) 7. 해당없음	운영예산 산정 운영예산 산정 1. 내부산정 (지자체 자체적으로 산정) 2. 외부산정 (외부전문기관위탁 산정) 3. 내·외부 모두 산정 4. 산정 無 5. 해당없음	운영예산 산정 정산방법 1. 내부정산 (지자체 내부적으로 정산) 2. 외부정산 (외부전문기관위탁 정산) 3. 내·외부 모두 산정 4. 정산 無 5. 해당없음	성과평가 실시여부 1. 실시 2. 미실시 3. 향후 추진 4. 해당없음
2183	충북 진천군	덕산 상고마을 방범용 CCTV 설치	5,000	안전총괄과	8	4	7	8	7	5	5	3
2184	충북 진천군	덕산 어지미마을 방범용 CCTV 설치	8,000	안전총괄과	8	4	7	8	7	5	5	3
2185	충북 진천군	노후 공동주택 경관개선 시범사업	40,000	건축디자인과	8	4	7	8	7	5	5	4
2186	충북 진천군	공동주택유지·보수지원	200,000	건축디자인과	8	4	7	8	7	5	5	4
2187	충북 진천군	남산골 맨션 가로등 설치	5,000	건축디자인과	8	4	7	8	7	5	5	4
2188	충북 진천군	빈집정비사업	20,000	건축디자인과	8	4	7	8	7	5	5	4
2189	충북 진천군	노력절감 장비 지원	40,000	농업정책과	8	4	4	8	7	1	1	1
2190	충북 진천군	소형농기계 지원사업	14,000	농업정책과	8	4	4	8	7	1	1	1
2191	충북 진천군	충전식분무기 지원	69,000	농업정책과	8	4	4	8	7	1	1	1
2192	충북 진천군	시설원예 개보수사업	180,000	농업정책과	8	4	4	8	7	1	1	1
2193	충북 진천군	생거진천 채소단지 육성사업	136,000	농업정책과	8	4	4	8	7	1	1	1
2194	충북 진천군	인삼 지주목 지원	32,000	농업정책과	8	4	4	8	7	1	1	1
2195	충북 진천군	원예작목 전환 시설 개선지원	50,000	농업정책과	8	4	4	8	7	1	1	1
2196	충북 진천군	상백마을 꽃 재배사 설치	10,373	농업정책과	8	4	4	8	7	1	1	1
2197	충북 진천군	통산마을 전통주 제조장비 구입	25,400	기술보급과	8	4	7	8	7	5	5	4
2198	충북 진천군	소규모 농산물유통시설 지원	75,000	축산유통과	8	7	7	8	7	5	5	4
2199	충북 진천군	농특산물 직거래 간이판매장 조성	20,000	축산유통과	8	7	7	8	7	5	5	4
2200	충북 진천군	초평 수의마을 농산물 공동작업장 설치	20,000	축산유통과	8	8	7	8	7	5	5	4
2201	충북 진천군	쌀 가공업체 색채 선별기 지원	100,000	축산유통과	8	7	7	8	7	5	5	4
2202	충북 진천군	로잉머신 구입	1,500	체육진흥지원단	8	1	7	8	7	1	1	1
2203	충북 진천군	백곡 그라운드골프장 기능보강사업	2,500	체육진흥지원단	8	1	7	8	7	1	1	1
2204	충북 괴산군	경로당신축보수	200,000	주민복지과	8	7	4	8	7	1	1	4
2205	충북 괴산군	경로당 장비지원	120,800	주민복지과	8	7	4	8	7	1	1	4
2206	충북 괴산군	여성친화기업 환경개선 사업	10,000	주민복지과	8	8	7	6	7	5	5	4
2207	충북 괴산군	지역특산품 명품화촉진 기술보급	12,500	농업기술센터	8	4	7	8	7	5	5	4
2208	충북 괴산군	고품질 식량작물 기술보급	15,000	농업기술센터	8	4	7	8	7	5	5	4
2209	충북 괴산군	씨감자 생산관리 지원	42,000	농업기술센터	8	4	7	8	7	5	5	4
2210	충북 괴산군	4-H단체 지원	21,000	농업기술센터	8	4	7	8	7	5	5	4
2211	충북 괴산군	농촌지도자 지원	5,000	농업기술센터	8	4	7	8	7	5	5	4
2212	충북 괴산군	옥수수 생산관리 지원	81,000	농업기술센터	8	4	7	8	7	5	5	4
2213	충북 괴산군	귀농귀촌인 유치지원	265,000	농업기술센터	8	4	7	8	7	5	5	4
2214	충북 괴산군	아름다운 귀농귀촌마을 만들기 사업	60,000	농업기술센터	8	4	7	8	7	5	5	4
2215	충북 괴산군	PLS 대응 과수 친환경방제 사업	50,000	농업기술센터	8	4	7	8	7	5	5	4
2216	충북 괴산군	고품질 원예작물 기술보급	25,000	농업기술센터	8	4	7	8	7	5	5	4
2217	충북 괴산군	친환경 과수 재배실증 시범사업	5,000	농업기술센터	8	4	7	8	7	5	5	4
2218	충북 음성군	음성군 새마을회관 보수	100,000	자치행정과	8	1	7	8	7	5	5	4
2219	충북 음성군	음성군 새마을회 차량 구입	29,642	자치행정과	8	1	7	8	7	5	5	4
2220	충북 음성군	소이면 새마을회 컨테이너 설치	20,000	자치행정과	8	1	7	8	7	5	5	4
2221	충북 음성군	자율방범대 초소 개선 사업	1,500	자치행정과	8	4	7	8	7	5	5	4
2222	충북 음성군	고엽제전우회 차량구입	30,513	주민지원과	8	1	7	8	7	1	1	1
2223	충북 음성군	월남참전자회 다기능 사무기기 구입	1,309	주민지원과	8	1	7	8	7	1	1	1
2224	충북 음성군	자활지원 사업비	33,750	주민지원과	8	4	4	1	7	3	3	1

순번	시군구	지출명 (사업명)	2021년예산 (단위:천원/1년간)	담당자 (공무원)	민간이전 분류 (지방자치단체 세출예산 집행기준에 의거)	민간이전지출 근거 (지방보조금 관리기준 참고)	입찰방식			운영예산 산정		성과평가 실시여부
				담당부서	1. 민간경상사업보조(307-02) 2. 민간단체 법정운영비보조(307-03) 3. 민간행사사업보조(307-04) 4. 민간위탁금(307-05) 5. 사회복지시설 법정운영비보조(307-10) 6. 민간인위탁교육비(307-12) 7. 공기관등에대한경상적위탁사업비(308-10) 8. 민간자본사업보조,자체재원(402-01) 9. 민간자본사업보조,이전재원(402-02) 10. 민간위탁사업비(402-03) 11. 공기관등에 대한 자본적 대행사업비(403-02)	1. 법률에 규정 2. 국고보조 재원(국가지정) 3. 용도 지정 기부금 4. 조례에 직접규정 5. 지자체가 권장하는 사업을 하는 공공기관 6. 시,도 정책 및 재정사정 7. 기타 8. 해당없음	계약체결방법 (경쟁형태) 1. 일반경쟁 2. 제한경쟁 3. 지명경쟁 4. 수의계약 5. 법정위탁 6. 기타 ( ) 7. 해당없음	계약기간 1. 1년 2. 2년 3. 3년 4. 4년 5. 5년 6. 기타 ( )년 7. 단기계약 (1년미만) 8. 해당없음	낙찰자선정방법 1. 적격심사 2. 협상에의한계약 3. 최저가낙찰제 4. 규격가격분리 5. 2단계 경쟁입찰 6. 기타 ( ) 7. 해당없음	운영예산 산정 1. 내부산정 (지자체 자체적으로 산정) 2. 외부산정 (외부전문기관위탁 산정) 3. 내·외부 모두 산정 4. 산정 無 5. 해당없음	정산방법 1. 내부정산 (지자체 내부적으로 정산) 2. 외부정산 (외부전문기관위탁 정산) 3. 내·외부 모두 산정 4. 정산 無 5. 해당없음	1. 실시 2. 미실시 3. 향후 추진 4. 해당없음
2225	충북 음성군	경로당지원	1,001,773	사회복지과	8	1	1	7	3	1	1	4
2226	충북 음성군	여성친화기업 환경개선사업	30,000	사회복지과	8	1	7	8	7	5	5	4
2227	충북 음성군	어린이집 평가인증 지속유지 장려금	65,000	사회복지과	8	1	7	8	7	5	5	4
2228	충북 음성군	종목별 용기구 구입	2,000	문화체육과	8	1	7	8	7	5	5	4
2229	충북 음성군	소상공인 경영환경개선 지원	80,000	경제과	8	4	4	8	7	1	1	1
2230	충북 음성군	노란우산공제 희망장려금 지원	26,400	경제과	8	6	5	1	6	3	3	2
2231	충북 음성군	도시가스 공급시설 설치사업	400,000	경제과	8	6	7	8	7	5	5	4
2232	충북 음성군	고품질 쌀 생산 영농기자재지원	35,000	농정과	8	1	7	8	7	5	5	4
2233	충북 음성군	음성군 통합 RPC 포장재 지원사업	30,000	농정과	8	1	7	8	7	5	5	4
2234	충북 음성군	고추 건조기	34,000	농정과	8	4	7	8	7	5	5	4
2235	충북 음성군	고추 세척기	10,000	농정과	8	4	7	8	7	5	5	4
2236	충북 음성군	고추 분무기(충전식)	5,000	농정과	8	4	7	8	7	5	5	4
2237	충북 음성군	고추 멀칭비닐	11,900	농정과	8	4	7	8	7	5	5	4
2238	충북 음성군	시설채소 2중 비가림 재배시설	70,000	농정과	8	6	7	8	7	5	5	4
2239	충북 음성군	수박 친환경영농자재(영양제 등) 지원	100,000	농정과	8	6	7	8	7	5	5	4
2240	충북 음성군	시설채소(수박 등)환풍기 지원	40,000	농정과	8	6	7	8	7	5	5	4
2241	충북 음성군	수박비가림 필름교체지원	100,000	농정과	8	6	7	8	7	5	5	4
2242	충북 음성군	수박육묘 노력절감 생산장비 지원	150,000	농정과	8	4	7	8	7	5	5	4
2243	충북 음성군	과일운반상자 지원사업	22,000	농정과	8	4	7	8	7	5	5	4
2244	충북 음성군	애호박 인큐봉지	19,500	농정과	8	4	7	8	7	5	5	4
2245	충북 음성군	화분용 상토지원사업	66,000	농정과	8	4	7	8	7	5	5	4
2246	충북 음성군	화훼재배용 화분 지원사업	55,000	농정과	8	4	7	8	7	5	5	4
2247	충북 음성군	화훼재배용 비료 지원사업	20,000	농정과	8	4	7	8	7	5	5	4
2248	충북 음성군	관수시설(스프링쿨러) 지원	30,000	농정과	8	4	7	8	7	5	5	4
2249	충북 음성군	음성청결고추 포장재 지원	12,000	농정과	8	1	7	8	7	5	5	4
2250	충북 음성군	농특산물 포장재 지원	80,000	농정과	8	1	7	8	7	5	5	4
2251	충북 음성군	수출전략 농산물 포장재 제작지원	50,000	농정과	8	1	7	8	7	5	5	4
2252	충북 음성군	수출용과실봉지대 지원	31,000	농정과	8	1	7	8	7	5	5	4
2253	충북 음성군	소형 저온저장고 설치 지원	100,000	농정과	8	1	7	8	7	5	5	4
2254	충북 음성군	토마토 선별기 설치 지원	15,000	농정과	8	1	7	8	7	5	5	4
2255	충북 음성군	복숭아 선별기 설치 지원	17,500	농정과	8	1	7	8	7	5	5	4
2256	충북 음성군	귀농귀촌 소형농기계 지원사업	24,000	농정과	8	1	7	8	7	1	1	1
2257	충북 음성군	양봉 저온저장고 지원사업	10,000	축산식품과	8	7	7	7	7	1	1	4
2258	충북 음성군	자동 급수기 지원사업	5,000	축산식품과	8	6	7	8	7	5	5	4
2259	충북 음성군	소규모 식품산업 및 전통주 육성	20,000	축산식품과	8	4	7	7	7	1	1	4
2260	충북 음성군	시설채소 2중 비가림시설 지원	42,000	축산식품과	8	4	7	7	7	1	1	4
2261	충북 음성군	로컬푸드 직매장 건립 지원	100,000	축산식품과	8	4	7	7	7	1	1	4
2262	충북 음성군	농촌지도자 소형농기계 지원사업	20,000	지도기획과	8	4	7	8	7	5	5	4
2263	충북 음성군	영농4-H 시범 영농지원	8,000	지도기획과	8	4	7	8	7	5	5	4
2264	충북 음성군	농촌전통테마마을 시설물 보수	15,400	지도기획과	8	4	7	8	7	5	5	4
2265	충북 음성군	벼 육묘 생력화 기술보급 시범	7,000	기술보급과	8	4	7	8	7	5	5	4
2266	충북 음성군	벼 키다리병 예방 체계화 시범	4,200	기술보급과	8	4	7	8	7	5	5	4

순번	시군구	지출명 (사업명)	2021년예산 (단위:천원/1년간)	담당자 (공무원)	민간이전 분류 (지방자치단체 세출예산 집행기준에 의거)	민간이전지출 근거 (지방보조금 관리기준 참고)	입찰방식			운영예산 산정		성과평가 실시여부
				담당부서	1. 민간경상사업보조(307-02) 2. 민간단체 법정운영비보조(307-03) 3. 민간행사사업보조(307-04) 4. 민간위탁금(307-05) 5. 사회복지시설 법정운영비보조(307-10) 6. 민간인위탁교육비(307-12) 7. 공기관등에대한경상적위탁사업비(308-10) 8. 민간자본사업보조,자체재원(402-01) 9. 민간자본사업보조,이전재원(402-02) 10. 민간위탁사업비(402-03) 11. 공기관등에 대한 자본적 대행사업비(403-02)	1. 법률에 규정 2. 국고보조 재원(국가지정) 3. 용도 지정 기부금 4. 조례에 직접규정 5. 지자체가 권장하는 사업을 하는 공공기관 6. 시,도 정책 및 재정사정 7. 기타 8. 해당없음	계약체결방법 (경쟁형태) 1. 일반경쟁 2. 제한경쟁 3. 지명경쟁 4. 수의계약 5. 법정위탁 6. 기타 ( ) 7. 해당없음	계약기간 1. 1년 2. 2년 3. 3년 4. 4년 5. 5년 6. 기타 ( )년 7. 단기계약 (1년미만) 8. 해당없음	낙찰자선정방법 1. 적격심사 2. 협상에의한계약 3. 최저가낙찰제 4. 규격가격분리 5. 2단계 경쟁입찰 6. 기타 ( ) 7. 해당없음	운영예산 산정 1. 내부산정 (지자체 자체적으로 산정) 2. 외부산정 (외부전문기관위탁 산정) 3. 내·외부 모두 산정 4. 산정 無 5. 해당없음	정산방법 1. 내부정산 (지자체 내부적으로 정산) 2. 외부정산 (외부전문기관위탁 정산) 3. 내·외부 모두 산정 4. 정산 無 5. 해당없음	1. 실시 2. 미실시 3. 향후 추진 4. 해당없음
2267	충북 음성군	노동력 절감 벼 시비 일관체계화 시범	9,800	기술보급과	8	4	7	8	7	5	5	4
2268	충북 음성군	화훼 생력화 관리 시스템 시범	20,000	기술보급과	8	4	7	8	7	5	5	4
2269	충북 음성군	화훼 노동력 절감 기술 시범	10,000	기술보급과	8	4	7	8	7	5	5	4
2270	충북 음성군	화훼 스마트팜 활용 고온기 대응 시설 시범	20,000	기술보급과	8	4	7	8	7	5	5	4
2271	충북 음성군	기후변화 대응 시설채소 생육환경관리 시범	25,000	기술보급과	8	4	7	8	7	5	5	4
2272	충북 음성군	채소 상품성 향상 생력화 시범	10,000	기술보급과	8	4	7	8	7	5	5	4
2273	충북 음성군	고품질 농산물 생산을 위한 강우차단시설 설치 시범	20,000	기술보급과	8	4	7	8	7	5	5	4
2274	충북 음성군	장기간 사용 가능한 복숭아지지대 설치 시범	10,000	기술보급과	8	1	7	8	7	5	5	4
2275	충북 단양군	별방1리 경로당 증축 및 리모델링	70,000	주민복지과	8	1	7	8	7	5	5	4
2276	충북 단양군	영춘면 오사리 다목적회관 신축공사	300,000	주민복지과	8	1	7	8	7	5	5	4
2277	충북 단양군	단성면 북하리 경로당 리모델링	100,000	주민복지과	8	1	7	8	7	5	5	4
2278	충북 단양군	경로당 붙박이 의자설치 지원사업	8,000	주민복지과	8	1	7	8	7	5	5	4
2279	충북 단양군	노인대학 운영 노트북 구입	1,500	주민복지과	8	2	1	1	1	1	1	1
2280	충북 단양군	군립어린이집 자동화재진압장치 설치	270,000	주민복지과	8	4	7	8	7	1	1	4
2281	충북 단양군	착한가격업소 소규모 시설개선 지원	40,000	지역경제과	8	4	7	8	7	5	5	4
2282	충북 단양군	청년창업공간조성 지원(시설비)	50,000	지역경제과	8	4	7	8	7	1	1	4
2283	충북 단양군	농업경영인 동력운반기 지원	32,000	농업축산과	8	4	7	8	7	1	1	4
2284	충북 단양군	여성농업인 동력분무기 세트 지원	40,000	농업축산과	8	4	7	8	7	1	1	4
2285	충북 단양군	쌀전업농 대형농기계 지원	30,000	농업축산과	8	4	7	8	7	1	1	4
2286	충북 단양군	맞춤형 영농기계 지원	100,000	농업축산과	8	4	7	8	7	1	1	4
2287	충북 단양군	관수장비 지원사업	180,000	농업축산과	8	2	7	8	7	2	1	4
2288	충북 단양군	다목적 소형저장고 지원	338,400	농업축산과	8	2	7	8	7	2	1	4
2289	충북 단양군	농작물 재해예방 지주대 지원	72,000	농업축산과	8	2	7	8	7	2	1	4
2290	충북 단양군	축사 지붕개량 지원사업	15,000	농업축산과	8	2	7	8	7	2	1	4
2291	충북 단양군	축산 자동화 지원사업	54,000	농업축산과	8	2	7	8	7	2	1	4
2292	충북 단양군	가축분뇨 처리장비(미니굴삭기) 지원	90,000	농업축산과	8	4	7	8	7	1	1	4
2293	충북 단양군	노후어선 교체 지원사업	4,800	농업축산과	8	4	7	8	7	1	1	4
2294	충북 단양군	수산물 보관용 냉동 저장고 지원	9,600	농업축산과	8	1	7	8	7	1	1	4
2295	충북 단양군	단양문화원 행정장비 교체	3,000	문화체육과	8	1	7	8	7	1	1	4
2296	충북 단양군	단양예총 노후 냉장고 교체	800	문화체육과	8	1	7	8	7	1	1	4
2297	충남 공주시	공주시 의용소방대	18,500	시민안전과	8	4	7	8	7	1	1	1
2298	충남 공주시	자율방범대 초소 물품구입	20,000	주민공동체과	8	1	7	8	7	5	1	3
2299	충남 공주시	보훈회관 및 보훈단체 기능보강	31,000	복지정책과	8	4	4	7	7	1	1	4
2300	충남 공주시	계룡면 하대3리 경로당 보수공사	20,000	경로장애인과	8	4	4	7	7	1	1	4
2301	충남 공주시	이인면 반송리 경로당 보수공사	25,000	경로장애인과	8	4	4	7	7	1	1	4
2302	충남 공주시	유구읍 추계1리 경로당 보수공사	20,000	경로장애인과	8	4	4	7	7	1	1	4
2303	충남 공주시	계룡면 경천2리 경로당 보수공사	20,000	경로장애인과	8	4	4	7	7	1	1	4
2304	충남 공주시	반포면 온천2리 경로당 보수공사	15,000	경로장애인과	8	4	4	7	7	1	1	4
2305	충남 공주시	의당면 학련동 경로당 보수공사	30,000	경로장애인과	8	4	4	7	7	1	1	4
2306	충남 공주시	금학동 오곡2통 오실 경로당 보수공사	10,000	경로장애인과	8	4	4	7	7	1	1	4
2307	충남 공주시	의당면 오인리 경로당 보수공사	30,000	경로장애인과	8	4	4	7	7	1	1	4
2308	충남 공주시	유구읍 명곡2리 경로당 보수공사	30,000	경로장애인과	8	4	4	7	7	1	1	4

순번	시군구	지출명 (사업명)	2021년예산 (단위:천원/1년간)	담당자 (공무원) 담당부서	민간이전 분류 (지방자치단체 세출예산 집행기준에 의거) 1. 민간경상사업보조(307-02) 2. 민간단체 법정운영비보조(307-03) 3. 민간행사사업보조(307-04) 4. 민간위탁금(307-05) 5. 사회복지시설 법정운영비보조(307-10) 6. 민간인위탁교육비(307-12) 7. 공기관등에대한경상적위탁사업비(308-10) 8. 민간자본사업보조,자체재원(402-01) 9. 민간자본사업보조,이전재원(402-02) 10. 민간위탁사업비(402-03) 11. 공기관등에 대한 자본적 대행사업비(403-02)	민간이전지출 근거 (지방보조금 관리기준 참고) 1. 법률에 규정 2. 국고보조 재원(국가지정) 3. 용도 지정 기부금 4. 조례에 직접규정 5. 지자체가 권장하는 사업을 하는 공공기관 6. 시,도 정책 및 재정사정 7. 기타 8. 해당없음	입찰방식 계약체결방법 (경쟁형태) 1. 일반경쟁 2. 제한경쟁 3. 지명경쟁 4. 수의계약 5. 법정위탁 6. 기타 ( ) 7. 해당없음	입찰방식 계약기간 1. 1년 2. 2년 3. 3년 4. 4년 5. 5년 6. 기타 ( )년 7. 단기계약 (1년미만) 8. 해당없음	입찰방식 낙찰자선정방법 1. 적격심사 2. 협상에의한계약 3. 최저가낙찰제 4. 규격가격분리 5. 2단계 경쟁입찰 6. 기타 ( ) 7. 해당없음	운영예산 산정 운영예산 산정 1. 내부산정 (지자체 자체적으로 산정) 2. 외부산정 (외부전문기관위탁 산정) 3. 내·외부 모두 산정 4. 산정 無 5. 해당없음	운영예산 산정 정산방법 1. 내부정산 (지자체 내부적으로 정산) 2. 외부정산 (외부전문기관위탁 정산) 3. 내·외부 모두 산정 4. 정산 無 5. 해당없음	성과평가 실시여부 1. 실시 2. 미실시 3. 향후 추진 4. 해당없음
2309	충남 공주시	반포면 송곡2리 경로당 보수공사	30,000	경로장애인과	8	4	4	7	7	1	1	4
2310	충남 공주시	유구읍 녹천3리 경로당 보수공사	20,000	경로장애인과	8	4	4	7	7	1	1	4
2311	충남 공주시	반포면 봉곡1리 경로당 보수공사	20,000	경로장애인과	8	4	4	7	7	1	1	4
2312	충남 공주시	정안면 산성리 경로당 보수공사	20,000	경로장애인과	8	4	4	7	7	1	1	4
2313	충남 공주시	신관동 신관4통 경로당 보수공사	20,000	경로장애인과	8	4	4	7	7	1	1	4
2314	충남 공주시	경로당 물품 및 환경개선	450,000	경로장애인과	8	4	7	7	7	1	1	4
2315	충남 공주시	야생동물 피해예방시설 설치사업	36,000	환경보호과	8	2	7	1	7	1	1	4
2316	충남 공주시	공동주택 옥상출입문 자동개폐기	11,333	허가건축과	8	6	7	8	7	5	5	4
2317	충남 공주시	농촌빈집정비사업	120,000	허가건축과	8	2	7	8	7	5	5	4
2318	충남 공주시	일반농기계 공급지원	120,000	농업정책과	8	4	7	8	7	5	5	4
2319	충남 공주시	농촌체험휴양마을 시설개선사업	70,000	농촌진흥과	8	1	7	8	7	5	5	4
2320	충남 보령시	특수임무유공자회 보트 엔진 구입	29,800	주민생활지원과	8	5	7	8	7	1	1	3
2321	충남 보령시	보령문화원 사무용컴퓨터 구입	3,900	문화새마을과	8	1	5	8	7	1	1	4
2322	충남 보령시	친환경농업 선도 실천 농업인 육성	35,000	인력육성팀	8	4	7	8	7	5	5	4
2323	충남 보령시	청년농업인 육성 생산기반 마련	17,500	인력육성팀	8	4	7	8	7	5	5	4
2324	충남 보령시	귀농인 주택수리비 지원	20,000	귀농지원팀	8	4	7	8	7	5	5	4
2325	충남 보령시	귀농인 영농정착 시범	49,000	귀농지원팀	8	4	7	8	7	5	5	4
2326	충남 보령시	귀농 창업농 육성	30,000	귀농지원팀	8	4	7	8	7	5	5	4
2327	충남 보령시	단동하우스 연중재배 체계구축 시범	8,000	남부지구지소	8	4	7	8	7	5	5	4
2328	충남 보령시	만세보령 넝쿨강낭콩 명품화 지원사업	105,000	북부지구지소	8	4	7	8	7	5	5	4
2329	충남 보령시	농촌 어메니티 자원 활동 관광 자원화	30,000	생활자원팀	8	4	7	8	7	5	5	4
2330	충남 아산시	3개 향교 제기 구입	15,000	문화유산과	8	1	7	8	7	5	5	4
2331	충남 아산시	향교 편람 제작	7,500	문화유산과	8	1	7	8	7	5	5	4
2332	충남 아산시	소규모 공동주택 지원사업	135,000	건축과	8	4	7	8	7	1	1	1
2333	충남 아산시	무료 개방 주차장 지원 사업	100,000	교통행정과	8	4	7	8	7	5	5	4
2334	충남 아산시	벼 밀파묘 드문모심기 재배단지육성 시범사업	67,500	농업기술과	8	4	7	8	7	5	5	4
2335	충남 아산시	특수미 드문모심기재배 시범사업	13,500	농업기술과	8	4	7	8	7	5	5	4
2336	충남 아산시	벼 노동력 절감 직파재배기술 보급 시범	27,000	농업기술과	8	4	7	8	7	5	5	4
2337	충남 아산시	신품종 보급을 위한 채종단지 운영	9,000	농업기술과	8	4	7	8	7	5	5	4
2338	충남 아산시	아산맑은쌀 전용품종개발 시험포 운영 시범	18,000	농업기술과	8	4	7	8	7	5	5	4
2339	충남 아산시	아산맑은쌀 전용품종 농가실증 및 채종재배 시범	18,000	농업기술과	8	4	7	8	7	5	5	4
2340	충남 아산시	친환경 콩 재배단지 해충종합방제기술 시범	14,400	농업기술과	8	4	7	8	7	5	5	4
2341	충남 아산시	오디 수확망 지원시범	15,000	농업기술과	8	4	7	8	7	5	5	4
2342	충남 아산시	엽연초생산농가 영농자재 지원	4,000	농업기술과	8	4	7	8	7	5	5	4
2343	충남 아산시	일상소비용 중소과 국내 육성품종 보급	126,000	농업기술과	8	4	7	8	7	5	5	4
2344	충남 아산시	과수 품질 고급화 육성	67,500	농업기술과	8	4	7	8	7	5	5	4
2345	충남 아산시	과수 화상병 방제약제 지원	50,000	농업기술과	8	2	7	8	7	5	5	4
2346	충남 아산시	원예시설 ICT활용 생육환경제어 시스템 조성 시범사업	121,500	농업기술과	8	4	7	8	7	5	5	4
2347	충남 아산시	생분해성 멀칭자재 지원	100,000	농업기술과	8	4	7	8	7	5	5	4
2348	충남 아산시	공동주택지원사업	720,000	주택과	8	1	1	7	6	1	1	1
2349	충남 아산시	지구지소 맞춤형 현장적용 시범	24,000	농촌자원과	8	6	7	8	7	5	5	4
2350	충남 아산시	청년창업농 영농자재 지원	25,200	농촌자원과	8	6	7	8	7	5	5	4

순번	시군구	지출명 (사업명)	2021년예산 (단위:천원/1년간)	담당자 (공무원) 담당부서	민간이전 분류 (지방자치단체 세출예산 집행기준에 의거) 1. 민간경상사업보조(307-02) 2. 민간단체 법정운영비보조(307-03) 3. 민간행사사업보조(307-04) 4. 민간위탁금(307-05) 5. 사회복지시설 법정운영비보조(307-10) 6. 민간인위탁교육비(307-12) 7. 공기관등에대한경상적위탁사업비(308-10) 8. 민간자본사업보조,자체재원(402-01) 9. 민간자본사업보조,이전재원(402-02) 10. 민간위탁사업비(402-03) 11. 공기관등에 대한 자본적 대행사업비(403-02)	민간이전지출 근거 (지방보조금 관리기준 참고) 1. 법률에 규정 2. 국고보조 재원(국가지정) 3. 용도 지정 기부금 4. 조례에 직접규정 5. 지자체가 권장하는 사업을 하는 공공기관 6. 시,도 정책 및 재정사정 7. 기타 8. 해당없음	입찰방식 계약체결방법 (경쟁형태) 1. 일반경쟁 2. 제한경쟁 3. 지명경쟁 4. 수의계약 5. 법정위탁 6. 기타 ( ) 7. 해당없음	입찰방식 계약기간 1. 1년 2. 2년 3. 3년 4. 4년 5. 5년 6. 기타 ( )년 7. 단기계약 (1년미만) 8. 해당없음	입찰방식 낙찰자선정방법 1. 적격심사 2. 협상에의한계약 3. 최저가낙찰제 4. 규격가격분리 5. 2단계 경쟁입찰 6. 기타 ( ) 7. 해당없음	운영예산 산정 운영예산 산정 1. 내부산정 (지자체 자체적으로 산정) 2. 외부산정 (외부전문기관위탁 산정) 3. 내·외부 모두 산정 4. 산정 無 5. 해당없음	운영예산 산정 정산방법 1. 내부정산 (지자체 내부적으로 정산) 2. 외부정산 (외부전문기관위탁 정산) 3. 내·외부 모두 산정 4. 정산 無 5. 해당없음	성과평가 실시여부 1. 실시 2. 미실시 3. 향후 추진 4. 해당없음
2351	충남 아산시	청년농업인 4-H 회원 영농정착 지원	48,500	농촌자원과	8	6	7	8	7	5	5	4
2352	충남 아산시	주민과함께하는 실개천살리기 유지관리	27,000	환경보전과	8	1	6	1	6	4	1	1
2353	충남 아산시	공동생활가정 물품구입비 지원	3,600	여성가족과	8	1	7	8	7	5	1	4
2354	충남 아산시	지역아동센터 물품 구입비 지원	12,600	여성가족과	8	1	7	8	7	5	1	4
2355	충남 아산시	아산시새마을회 노후방송장비교체	3,600	자치행정과	8	4	7	8	7	1	1	1
2356	충남 아산시	바르게살기운동 아산시협의회 회의용 가구 구입	3,000	자치행정과	8	4	7	8	7	1	1	1
2357	충남 아산시	바르게살기운동 아산시협의회 빔프로젝터 및 노트북PC 구입	2,000	자치행정과	8	4	7	8	7	1	1	1
2358	충남 아산시	농기계구입지원	188,000	농정과	8	4	6	8	7	1	1	1
2359	충남 아산시	소규모 벼 공동육묘장설치사업	30,000	농정과	8	4	6	8	7	1	1	1
2360	충남 아산시	공동육묘재배시설 확충지원	20,700	농정과	8	4	6	8	7	1	1	1
2361	충남 아산시	친환경청년농부 영농정착 지원사업	43,200	농정과	8	6	7	8	7	1	1	4
2362	충남 아산시	친환경 쌀 재배단지 조성	30,240	농정과	8	6	7	8	7	1	1	4
2363	충남 아산시	친환경 동력중경제초기 구입지원	27,000	농정과	8	6	7	8	7	1	1	4
2364	충남 아산시	소 사육농가 자동목걸이 지원사업	13,500	축수산과	8	1	7	8	7	5	5	4
2365	충남 아산시	산란계농가 열풍기 지원사업	12,000	축수산과	8	1	7	8	7	5	5	4
2366	충남 아산시	축사입구 고정형 차량 소독시설	9,000	축수산과	8	1	7	8	7	5	5	4
2367	충남 아산시	원유냉각기지원사업	60,000	축수산과	8	1	7	8	7	5	5	4
2368	충남 아산시	착유장비현대화지원	44,000	축수산과	8	1	7	8	7	5	5	4
2369	충남 아산시	젖소 사육농가 환경개선 지원	75,000	축수산과	8	1	7	8	7	5	5	4
2370	충남 아산시	젖소농가 냉방기 지원	8,000	축수산과	8	1	7	8	7	5	5	4
2371	충남 아산시	젖소농가 급이기 지원	10,000	축수산과	8	1	7	8	7	5	5	4
2372	충남 아산시	젖소농가 무주유 진공펌프 지원	20,000	축수산과	8	1	7	8	7	5	5	4
2373	충남 아산시	사슴농가 육성지원	37,500	축수산과	8	1	7	8	7	5	5	4
2374	충남 아산시	염소산업 육성지원	2,000	축수산과	8	1	7	8	7	5	5	4
2375	충남 아산시	곤충사육농가 기계장비지원	5,500	축수산과	8	1	7	8	7	5	5	4
2376	충남 아산시	스키드로더 지원	285,000	축수산과	8	1	7	8	7	5	5	4
2377	충남 아산시	양돈농가 고액분리기 지원	75,000	축수산과	8	1	7	8	7	5	5	4
2378	충남 아산시	소 사육농가 퇴비살포기 지원	60,000	축수산과	8	1	7	8	7	5	5	4
2379	충남 아산시	양봉농가 벌대용먹이지원	37,716	축수산과	8	1	7	8	7	5	5	4
2380	충남 아산시	양돈농가 악취저감제지원(악취민원)사업	104,738	축수산과	8	1	7	8	7	5	5	4
2381	충남 아산시	양돈농가 방역용 드론 지원사업	10,000	축수산과	8	1	7	8	7	5	5	4
2382	충남 아산시	양돈농가 급이라인 설치 지원사업	5,000	축수산과	8	1	7	8	7	5	5	4
2383	충남 아산시	칡소 사료비 지원	50,000	축수산과	8	1	7	8	7	5	5	4
2384	충남 아산시	칡소 도축장려금 지원	15,000	축수산과	8	1	7	8	7	5	5	4
2385	충남 아산시	칡소 다산장려금 지원	7,500	축수산과	8	1	7	8	7	5	5	4
2386	충남 아산시	칡소 수정란 이식 지원	7,500	축수산과	8	1	7	8	7	5	5	4
2387	충남 아산시	양돈농가 악취저감시스템 구축시범사업	18,000	축수산과	8	1	7	8	7	5	5	4
2388	충남 아산시	양식장 경쟁력 강화	27,000	축수산과	8	1	7	8	7	5	5	4
2389	충남 서산시	시내버스 대폐차비 지원	210,000	교통과	8	1	7	8	7	5	5	4
2390	충남 서산시	RFID종량기기 설치	43,350	자원순환과	8	6	7	8	7	1	1	1
2391	충남 서산시	경로당 소요물품 지원	200,000	경로장애인과	8	4	7	8	7	1	1	2
2392	충남 서산시	노인회지회 물품지원	11,500	경로장애인과	8	1	7	8	7	1	1	1

순번	시군구	지출명 (사업명)	2021년예산 (단위:천원/1년간)	담당자 (공무원) 담당부서	민간이전 분류 (지방자치단체 세출예산 집행기준에 의거) 1. 민간경상사업보조(307-02) 2. 민간단체 법정운영비보조(307-03) 3. 민간행사사업보조(307-04) 4. 민간위탁금(307-05) 5. 사회복지시설 법정운영비보조(307-10) 6. 민간인위탁교육비(307-12) 7. 공기관등에대한경상적위탁사업비(308-10) 8. 민간자본사업보조,자체재원(402-01) 9. 민간자본사업보조,이전재원(402-02) 10. 민간위탁사업비(402-03) 11. 공기관등에 대한 자본적 대행사업비(403-02)	민간이전지출 근거 (지방보조금 관리기준 참고) 1. 법률에 규정 2. 국고보조 재원(국가지정) 3. 용도 지정 기부금 4. 조례에 직접규정 5. 지자체가 권장하는 사업을 하는 공공기관 6. 시,도 정책 및 재정사정 7. 기타 8. 해당없음	입찰방식: 계약체결방법 (경쟁형태) 1. 일반경쟁 2. 제한경쟁 3. 지명경쟁 4. 수의계약 5. 법정위탁 6. 기타 ( ) 7. 해당없음	입찰방식: 계약기간 1. 1년 2. 2년 3. 3년 4. 4년 5. 5년 6. 기타 ( )년 7. 단기계약 (1년미만) 8. 해당없음	입찰방식: 낙찰자선정방법 1. 적격심사 2. 협상에의한계약 3. 최저가낙찰제 4. 규격가격분리 5. 2단계 경쟁입찰 6. 기타 ( ) 7. 해당없음	운영예산 산정: 운영예산 산정 1. 내부산정 (지자체 자체적으로 산정) 2. 외부산정 (외부전문기관위탁 산정) 3. 내·외부 모두 산정 4. 산정 無 5. 해당없음	운영예산 산정: 정산방법 1. 내부정산 (지자체 내부적으로 정산) 2. 외부정산 (외부전문기관위탁 정산) 3. 내·외부 모두 산정 4. 정산 無 5. 해당없음	성과평가 실시여부 1. 실시 2. 미실시 3. 향후 추진 4. 해당없음
2393	충남 서산시	경로당(마을회관) 건립(보수)사업	2,865,000	경로장애인과	8	4	4	7	3	1	1	1
2394	충남 서산시	두리사랑공동체	116,289	경로장애인과	8	1	7	8	7	1	1	2
2395	충남 서산시	어린이집 환경개선	30,000	여성가족과	8	7	7	8	7	5	1	4
2396	충남 서산시	어린이집 CCTV 설치 지원	300,000	여성가족과	8	7	7	8	7	5	1	4
2397	충남 서산시	음암면 시가지 간판정비사업	100,000	도시과	8	1	7	8	7	5	5	1
2398	충남 서산시	공동주택 시설개선 지원	1,100,000	주택과	8	1	6	7	1	1	1	1
2399	충남 서산시	소규모 공동주택 지원사업	200,000	주택과	8	1	2	7	1	1	1	1
2400	충남 서산시	슬레이트 지붕해체 지원	45,000	주택과	8	1	4	7	3	1	1	1
2401	충남 서산시	수산물 소비촉진축제 지원	200,000	해양수산과	8	4	1	7	3	1	1	3
2402	충남 서산시	바지락 선별기 지원	48,000	해양수산과	8	7	7	8	7	5	5	3
2403	충남 서산시	바지락 어장 환경개선	32,000	해양수산과	8	7	7	8	7	5	5	3
2404	충남 서산시	(사)서산시자원봉사센터 이전 집기비품	145,500	자치행정과	8	1	7	8	7	1	1	1
2405	충남 서산시	고령농 여성농 농작업 환경개선 지원사업	80,000	농정과	8	4	4	7	7	1	1	1
2406	충남 서산시	고품질 쌀유통 활성화 지원	11,000	농정과	8	4	7	8	7	1	1	4
2407	충남 서산시	고품질 쌀유통 활성화 지원	50,000	농정과	8	7	7	8	7	1	1	4
2408	충남 서산시	과수원예농가 지원	40,000	농정과	8	4	4	7	7	1	1	1
2409	충남 서산시	농기계 및 농자재 지원	500,000	농정과	8	6	7	8	7	1	1	1
2410	충남 서산시	원예작물 생력화장비 지원사업	134,000	농정과	8	4	4	7	7	1	1	1
2411	충남 서산시	원예작물 품질개선 지원사업	30,000	농정과	8	4	4	7	7	1	1	1
2412	충남 서산시	원예작물 품질고급화 지원사업	120,000	농정과	8	8	7	1	7	2	1	1
2413	충남 서산시	황토알타리무 유통환경 변화 대응사업	50,000	농정과	8	8	7	1	7	1	1	1
2414	충남 서산시	귀농인 소규모 농장조성 시범	70,000	농업지원과	8	4	7	8	7	5	5	4
2415	충남 서산시	농촌지도자 영농현장 실증시범	42,000	농업지원과	8	4	7	8	7	5	5	4
2416	충남 계룡시	택시 대폐차 지원사업	4,000	건설교통과	8	4	7	8	7	1	1	4
2417	충남 계룡시	벼농사상자처리 방제약제 지원	42,000	농업기술센터	8	4	7	8	7	1	1	3
2418	충남 계룡시	팥거리축제용 팥생산 시범	2,400	농업기술센터	8	4	7	8	7	1	1	3
2419	충남 계룡시	고추 안정생산 종합시범	4,000	농업기술센터	8	4	7	8	7	1	1	3
2420	충남 계룡시	시설하우스 장기비닐 교체시범	7,000	농업기술센터	8	4	7	8	7	1	1	3
2421	충남 계룡시	스마트폰 활용 시설하우스 원격제어 시스템 시범	16,000	농업기술센터	8	4	7	8	7	1	1	3
2422	충남 계룡시	소규모 로컬푸드 작목 재배시범	4,800	농업기술센터	8	4	7	8	7	1	1	3
2423	충남 계룡시	이상고온 대응 시설채소 온도저감 시설 설치시범	4,800	농업기술센터	8	4	7	8	7	1	1	3
2424	충남 계룡시	겨울철 시설과채류 광합성 효율향상 기술보급시범	12,800	농업기술센터	8	4	7	8	7	1	1	3
2425	충남 계룡시	원예작물 친환경 생분해 필름 멀칭시범	800	농업기술센터	8	4	7	8	7	1	1	3
2426	충남 계룡시	딸기 생산성 향상을 위한 전조처리시범	1,200	농업기술센터	8	4	7	8	7	1	1	3
2427	충남 계룡시	계룡시 우수 농산품 포장재 개발지원	16,000	농업기술센터	8	4	7	8	7	1	1	3
2428	충남 계룡시	농촌빈집정비사업	12,000	도시건축과	8	6	7	8	7	1	1	1
2429	충남 계룡시	공동주택 지원사업	294,000	도시건축과	8	6	1	7	3	1	1	1
2430	충남 계룡시	체육회 사무실 환경개선	20,000	문화체육과	8	1	7	8	7	3	3	1
2431	충남 계룡시	체육회 홈페이지 구축	20,000	문화체육과	8	1	7	8	7	3	3	1
2432	충남 계룡시	신재생에너지(민간분야)보수비용 지원	1,000	일자리경제과	8	4	7	8	7	1	1	2
2433	충남 당진시	당진문화원 구봉선생 비문제작	15,000	문화관광과	8	5	7	8	7	1	1	1
2434	충남 당진시	노인요양시설확충기능보강사업	15,000	경로장애인과	8	1	4	8	7	1	1	4

순번	시군구	지출명 (사업명)	2021년예산 (단위:천원/1년간)	담당자 (공무원)	민간이전 분류 (지방자치단체 세출예산 집행기준에 의거)	민간이전지출 근거 (지방보조금 관리기준 참고)	입찰방식			운영예산 산정		성과평가 실시여부
				담당부서	1. 민간경상사업보조(307-02) 2. 민간단체 법정운영비보조(307-03) 3. 민간행사사업보조(307-04) 4. 민간위탁금(307-05) 5. 사회복지시설 법정운영비보조(307-10) 6. 민간인위탁교육비(307-12) 7. 공기관등에대한경상적위탁사업비(308-10) 8. 민간자본사업보조,자체재원(402-01) 9. 민간자본사업보조,이전재원(402-02) 10. 민간위탁사업비(402-03) 11. 공기관등에 대한 자본적 대행사업비(403-02)	1. 법률에 규정 2. 국고보조 재원(국가지정) 3. 용도 지정 기부금 4. 조례에 직접규정 5. 지자체가 권장하는 사업을 하는 공공기관 6. 시,도 정책 및 재정사정 7. 기타 8. 해당없음	계약체결방법 (경쟁형태) 1. 일반경쟁 2. 제한경쟁 3. 지명경쟁 4. 수의계약 5. 법정위탁 6. 기타 ( ) 7. 해당없음	계약기간 1. 1년 2. 2년 3. 3년 4. 4년 5. 5년 6. 기타 ( )년 7. 단기계약 (1년미만) 8. 해당없음	낙찰자선정방법 1. 적격심사 2. 협상에의한계약 3. 최저가낙찰제 4. 규격가격분리 5. 2단계 경쟁입찰 6. 기타 ( ) 7. 해당없음	운영예산 산정 1. 내부산정 (지자체 자체적으로 산정) 2. 외부산정 (외부전문기관위탁 산정) 3. 내·외부 모두 산정 4. 산정 無 5. 해당없음	정산방법 1. 내부정산 (지자체 내부적으로 정산) 2. 외부정산 (외부전문기관위탁 정산) 3. 내·외부 모두 산정 4. 정산 無 5. 해당없음	1. 실시 2. 미실시 3. 향후 추진 4. 해당없음
2435	충남 당진시	장애인 재활사업 지원	50,000	경로장애인과	8	1	7	8	7	1	1	1
2436	충남 당진시	발달장애인 부모상담지원	4,700	경로장애인과	8	1	7	8	7	1	1	1
2437	충남 당진시	독거노인 지원	20,000	경로장애인과	8	4	7	8	7	1	1	1
2438	충남 당진시	경로당 기능보강	1,007,880	경로장애인과	8	4	7	8	7	1	1	1
2439	충남 당진시	착한가격업소 환경개선	10,000	경제과	8	4	7	8	7	5	5	4
2440	충남 당진시	기업체 여성휴게실(수유실) 조성 지원	11,000	경제과	8	4	7	8	7	5	5	4
2441	충남 당진시	공동주택 미니태양광 지원사업	30,000	기후에너지과	8	4	7	8	7	5	5	4
2442	충남 당진시	어선안전장비 지원	60,000	항만수산과	8	1	7	8	7	1	1	1
2443	충남 당진시	수산물 포장재 지원	12,000	항만수산과	8	1	7	8	7	1	1	1
2444	충남 당진시	내수면 양식장 노후장비 교체	8,000	항만수산과	8	1	7	8	7	1	1	4
2445	충남 당진시	수리계 수리시설 유지관리	250,000	건설과	8	4	7	6	7	1	1	4
2446	충남 당진시	지역자율방재단 운영유지관리	15,000	안전총괄과	8	4	7	8	7	1	1	3
2447	충남 당진시	맞춤형 농기계 지원	125,000	농업정책과	8	7	7	8	7	5	5	4
2448	충남 당진시	쌀도정업체 노후시설 개보수 지원	60,000	농업정책과	8	7	7	8	7	5	5	4
2449	충남 당진시	환경친화적 농법단지 조성	64,100	농업정책과	8	7	7	8	7	5	5	4
2450	충남 당진시	건묘육성지원사업	3,933,000	농업정책과	8	7	7	8	7	5	5	4
2451	충남 당진시	부곡1리 마을공동창고 지원	25,000	농업정책과	8	7	7	8	7	5	5	4
2452	충남 당진시	합덕농협 육묘장 개보수 지원	10,000	농업정책과	8	7	7	8	7	5	5	4
2453	충남 당진시	기후변화 대응 농작물 가뭄대책	70,000	농업정책과	8	7	7	8	7	5	5	4
2454	충남 당진시	유해 야생동물 포획시설 설치 사업	10,560	농업정책과	8	7	7	8	7	5	5	4
2455	충남 당진시	원예농산물 지역 특화사업	15,000	농업정책과	8	7	7	8	7	5	5	4
2456	충남 당진시	지역혁신모델구축사업	600,000	농업정책과	8	7	7	8	7	5	5	4
2457	충남 당진시	학교급식 생산농가 지원	10,000	농업정책과	8	7	7	8	7	5	5	4
2458	충남 당진시	다품목 강소농육성 지원 시범사업	48,000	농촌진흥과	8	5	7	8	7	1	1	1
2459	충남 당진시	농업인상담소 지역특화품목 육성 시범	387,000	농촌진흥과	8	5	7	8	7	1	1	1
2460	충남 당진시	농촌지도자회 선도과제 실천 운영	34,200	농촌진흥과	8	6	7	8	7	1	1	1
2461	충남 당진시	4-H영농교육 시범농장	7,200	농촌진흥과	8	6	7	8	7	1	1	1
2462	충남 당진시	생활개선회 선진농업기술 실천시범	28,800	농촌진흥과	8	6	7	8	7	5	1	1
2463	충남 당진시	6차 지역특화 공모사업	500,000	농촌진흥과	8	1	7	8	7	1	1	1
2464	충남 당진시	양돈농가 악취저감(탈취)제 지원	100,000	축산지원과	8	6	7	8	7	5	5	1
2465	충남 당진시	축분처리용 수분조절제 지원	200,000	축산지원과	8	6	7	8	7	5	5	1
2466	충남 당진시	돼지 AI통합센터 육성지원	130,500	축산지원과	8	6	7	8	7	5	5	1
2467	충남 당진시	친환경 농장 육성 지원	197,000	축산지원과	8	6	7	8	7	5	5	1
2468	충남 당진시	화식사료 급여 당진육우 사료비 절감 시범	47,600	축산지원과	8	6	7	8	7	5	5	1
2469	충남 당진시	사계절 양봉사 설치 시범	70,000	축산지원과	8	6	7	8	7	5	5	1
2470	충남 당진시	가축분뇨 부숙촉진을 위한 송풍시스템설치 시범	28,000	축산지원과	8	6	7	8	7	5	5	1
2471	충남 당진시	자가 혼합사료급여 품질고급화 시범	17,500	축산지원과	8	6	7	8	7	5	5	1
2472	충남 당진시	젖소 착유 전처리 위생원유생산 시범	14,000	축산지원과	8	6	7	8	7	5	5	1
2473	충남 당진시	ICT활용 가축 발정관리시스템보급 시범	28,000	축산지원과	8	6	7	8	7	5	5	1
2474	충남 당진시	당진스마트축산 시스템보급 시범	14,000	축산지원과	8	6	7	8	7	5	5	1
2475	충남 당진시	축산 스마트팜통합제어 시범	14,000	축산지원과	8	6	7	8	7	5	5	1
2476	충남 당진시	차량 이동식 별통사육장치보급 시범	25,200	축산지원과	8	6	7	8	7	5	5	1

순번	시군구	지출명 (사업명)	2021년예산 (단위:천원/1년간)	담당자 (공무원)	민간이전 분류 (지방자치단체 세출예산 집행기준에 의거)	민간이전지출 근거 (지방보조금 관리기준 참고)	입찰방식			운영예산 산정		성과평가 실시여부
				담당부서	1. 민간경상사업보조(307-02) 2. 민간단체 법정운영비보조(307-03) 3. 민간행사사업보조(307-04) 4. 민간위탁금(307-05) 5. 사회복지시설 법정운영비보조(307-10) 6. 민간인위탁교육비(307-12) 7. 공기관등에대한경상적위탁사업비(308-10) 8. 민간자본사업보조,자체재원(402-01) 9. 민간자본사업보조,이전재원(402-02) 10. 민간위탁사업비(402-03) 11. 공기관등에 대한 자본적 대행사업비(403-02)	1. 법률에 규정 2. 국고보조 재원(국가지정) 3. 용도 지정 기부금 4. 조례에 직접규정 5. 지자체가 권장하는 사업을 하는 공공기관 6. 시,도 정책 및 재정사정 7. 기타 8. 해당없음	계약체결방법 (경쟁형태) 1. 일반경쟁 2. 제한경쟁 3. 지명경쟁 4. 수의계약 5. 법정위탁 6. 기타 ( ) 7. 해당없음	계약기간 1. 1년 2. 2년 3. 3년 4. 4년 5. 5년 6. 기타 ( )년 7. 단기계약 (1년미만) 8. 해당없음	낙찰자선정방법 1. 적격심사 2. 협상에의한계약 3. 최저가낙찰제 4. 규격가격분리 5. 2단계 경쟁입찰 6. 기타 ( ) 7. 해당없음	운영예산 산정 1. 내부산정 (지자체 자체적으로 산정) 2. 외부산정 (외부전문기관위탁 산정) 3. 내·외부 모두 산정 4. 산정 無 5. 해당없음	정산방법 1. 내부정산 (지자체 내부적으로 정산) 2. 외부정산 (외부전문기관위탁 정산) 3. 내·외부 모두 산정 4. 정산 無 5. 해당없음	1. 실시 2. 미실시 3. 향후 추진 4. 해당없음
2477	충남 당진시	양질 사료작물 재배확대 시범	21,000	축산지원과	8	6	7	8	7	5	5	1
2478	충남 당진시	양계농가 육성 지원	182,700	축산지원과	8	6	7	8	7	5	5	1
2479	충남 당진시	가축분뇨 차량이동식 살포장비 지원	20,000	축산지원과	8	6	7	8	7	5	5	1
2480	충남 당진시	소 사육시설 자동화 장비 지원	18,500	축산지원과	8	6	7	8	7	5	5	1
2481	충남 당진시	피트모스(이탄)이용 동물복지 축산환경조성 시범	28,000	축산지원과	8	6	7	8	7	5	5	1
2482	충남 당진시	지역아동센터 기능보강(CCTV설치)사업	5,400	여성가족과	8	7	7	8	7	5	5	4
2483	충남 당진시	당진지역아동센터 기능보강 사업	8,000	여성가족과	8	7	7	8	7	5	5	4
2484	충남 당진시	햇빛찬열린교실지역아동센터 기능보강 사업	5,000	여성가족과	8	7	7	8	7	5	5	4
2485	충남 당진시	예꿈지역아동센터 기능보강 사업	5,000	여성가족과	8	7	7	8	7	5	5	4
2486	충남 당진시	민간,가정 노후어린이집 환경개선	60,000	여성가족과	8	4	7	8	7	1	1	1
2487	충남 당진시	어린이집 교보재 등 지원	139,000	여성가족과	8	6	7	8	7	5	5	4
2488	충남 당진시	유용미생물 활용 신환경농업 실증시범	51,200	미래농업과	8	6	7	8	7	1	1	1
2489	충남 금산군	어르신공동생활의집 기능보강 사업	20,000	주민복지지원실	8	4	7	8	7	1	1	4
2490	충남 금산군	어르신공동생활의집 소요물품지원 사업	10,000	주민복지지원실	8	4	7	8	7	1	1	4
2491	충남 금산군	경로당 월세 지원	18,000	주민복지지원실	8	1	7	8	7	1	1	4
2492	충남 금산군	경로당 소요물품 지원사업	80,000	주민복지지원실	8	1	7	8	7	1	1	4
2493	충남 금산군	경로당 장의자 지원사업	70,000	주민복지지원실	8	1	7	8	7	1	1	4
2494	충남 금산군	경로당 기능보강사업	600,000	주민복지지원실	8	1	7	8	7	1	1	4
2495	충남 금산군	지역아동센터 교육기자재 및 시설보강 지원	160,000	교육가족과	8	6	7	8	7	5	1	4
2496	충남 금산군	야생동물 피해예방시설 설치	20,000	환경자원과	8	2	7	8	7	5	1	4
2497	충남 금산군	못자리용 인공상토 공급	200,000	농업유통과	8	1	7	8	7	1	1	1
2498	충남 금산군	보행형관리기 지원사업	257,000	농업유통과	8	1	7	8	7	1	1	1
2499	충남 금산군	벼 못자리 육묘상자용 약제지원사업	130,000	농업유통과	8	1	7	8	7	1	1	1
2500	충남 금산군	벼 공동육묘장 설치지원	75,000	농업유통과	8	1	7	8	7	1	1	1
2501	충남 금산군	원예작물 상토 지원	119,750	농업유통과	8	7	7	8	7	1	1	4
2502	충남 금산군	과수용 영농자재 지원사업	30,000	농업유통과	8	7	7	8	7	2	1	4
2503	충남 금산군	고품질 깻잎 재배시설지원사업	172,250	농업유통과	8	7	7	8	7	1	1	4
2504	충남 금산군	깻잎농가 농기계지원사업	87,500	농업유통과	8	7	7	8	7	1	1	4
2505	충남 금산군	깻잎 소포장박스 및 포장재지원사업	200,000	농업유통과	8	7	7	8	7	1	1	4
2506	충남 금산군	깻잎 연작장해 경감 밀기울지원사업	55,000	농업유통과	8	7	7	8	7	1	1	4
2507	충남 금산군	한우농가 축산기자재 지원	35,000	농업유통과	8	1	7	8	7	1	1	1
2508	충남 금산군	양돈농가 울타리 설치 지원	12,000	농업유통과	8	1	7	8	7	1	1	1
2509	충남 금산군	인삼재배농가 발효부숙제 지원	150,000	인삼약초과	8	1	7	8	7	1	1	4
2510	충남 금산군	인삼재배농가 유기질 비료지원사업	200,000	인삼약초과	8	1	7	8	7	1	1	4
2511	충남 금산군	고품질 철재해가림시설 지원	500,000	인삼약초과	8	1	7	8	7	1	1	4
2512	충남 금산군	토양환경개선 및 훈증처리사업	50,000	인삼약초과	8	1	7	8	7	1	1	4
2513	충남 금산군	인삼재배 지력증진 및 추비사업	100,000	인삼약초과	8	1	7	8	7	1	1	4
2514	충남 금산군	농기계지원	100,000	인삼약초과	8	1	7	8	7	1	1	4
2515	충남 금산군	인삼재배농가 나무지주목 지원	250,000	인삼약초과	8	1	7	8	7	1	1	4
2516	충남 금산군	인삼재배용 차광막 지원	50,000	인삼약초과	8	1	7	8	7	1	1	4
2517	충남 금산군	고품질생산을 위한 우량농지조성	650,000	인삼약초과	8	1	7	8	7	1	1	4
2518	충남 금산군	친환경약초생산단지 조성	300,000	인삼약초과	8	1	7	8	7	5	1	1

순번	시군구	지출명 (사업명)	2021년예산 (단위:천원/1년간)	담당자 (공무원)	민간이전 분류 (지방자치단체 세출예산 집행기준에 의거)	민간이전지출 근거 (지방보조금 관리기준 참고)	입찰방식			운영예산 산정		성과평가 실시여부
				담당부서	1. 민간경상사업보조(307-02) 2. 민간단체 법정운영비보조(307-03) 3. 민간행사사업보조(307-04) 4. 민간위탁금(307-05) 5. 사회복지시설 법정운영비보조(307-10) 6. 민간인위탁교육비(307-12) 7. 공기관등에대한경상적위탁사업비(308-10) 8. 민간자본사업보조,자체재원(402-01) 9. 민간자본사업보조,이전재원(402-02) 10. 민간위탁사업비(402-03) 11. 공기관등에 대한 자본적 대행사업비(403-02)	1. 법률에 규정 2. 국고보조 재원(국가지정) 3. 용도 지정 기부금 4. 조례에 직접규정 5. 지자체가 권장하는 사업을 하는 공공기관 6. 시,도 정책 및 재정사정 7. 기타 8. 해당없음	계약체결방법 (경쟁형태) 1. 일반경쟁 2. 제한경쟁 3. 지명경쟁 4. 수의계약 5. 법정위탁 6. 기타 ( ) 7. 해당없음	계약기간 1. 1년 2. 2년 3. 3년 4. 4년 5. 5년 6. 기타 ( )년 7. 단기계약 (1년미만) 8. 해당없음	낙찰자선정방법 1. 적격심사 2. 협상에의한계약 3. 최저가낙찰제 4. 규격가격분리 5. 2단계 경쟁입찰 6. 기타 ( ) 7. 해당없음	운영예산 산정 1. 내부산정 (지자체 자체적으로 산정) 2. 외부산정 (외부전문기관위탁 산정) 3. 내·외부 모두 산정 4. 산정 無 5. 해당없음	정산방법 1. 내부정산 (지자체 내부적으로 정산) 2. 외부정산 (외부전문기관위탁 정산) 3. 내·외부 모두 산정 4. 정산 無 5. 해당없음	1. 실시 2. 미실시 3. 향후 추진 4. 해당없음
2519	충남 금산군	신소득경제작물육성지원사업	100,000	인삼약초과	8	1	7	8	7	5	1	1
2520	충남 금산군	금성면 순찰차량 구입지원	40,500	안전총괄과	8	4	7	8	7	1	1	1
2521	충남 금산군	복수면 순찰차량 구입지원	40,500	안전총괄과	8	4	7	8	7	1	1	1
2522	충남 금산군	한발대비 관정설치 지원	200,000	건설교통과	8	1	7	8	7	1	1	4
2523	충남 금산군	빈집정비사업	200,000	도시재생과	8	7	7	8	7	1	1	1
2524	충남 금산군	공동주택관리 지원사업	312,500	도시재생과	8	4	7	8	7	1	1	1
2525	충남 금산군	농업농촌 경쟁력강화 사업	600,000	농업기술센터	8	5	7	8	7	1	1	3
2526	충남 금산군	청년농업인 CEO리더십 양성지원	20,000	농업기술센터	8	5	7	8	7	1	1	3
2527	충남 금산군	농촌지도자연합회 특화작목 과제시범 사업지원	40,000	농업기술센터	8	5	7	8	7	1	1	1
2528	충남 금산군	농촌관광 서비스 유형별 농가육성	14,000	농업기술센터	8	5	7	8	7	1	1	3
2529	충남 금산군	버섯 폐배지의 자원화로 순환농업 기반 조성 시범	5,000	농업기술센터	8	6	7	8	7	1	1	3
2530	충남 금산군	고품질 절화 지역브랜드화를 위한 종구 보급	30,000	농업기술센터	8	6	7	8	7	1	1	3
2531	충남 금산군	겨울부추 안정생산 에너지 절감 기술 보급	15,000	농업기술센터	8	6	7	8	7	1	1	3
2532	충남 금산군	시설원예 스마트 확대 기술 보급	12,000	농업기술센터	8	6	7	8	7	1	1	3
2533	충남 금산군	시설원예 무인방제 시스템 보급	15,000	농업기술센터	8	6	7	8	7	1	1	3
2534	충남 금산군	인삼 연작장해 경감지원 시범사업	20,000	농업기술센터	8	6	7	8	7	1	1	3
2535	충남 금산군	인삼화분재배시설 설치지원 시범사업	12,500	농업기술센터	8	6	7	8	7	1	1	3
2536	충남 부여군	벼육묘용제품상토 지원사업	1,249,820	농정과	8	4	7	8	7	5	5	4
2537	충남 부여군	굿뜨래 백제명품쌀 생산단지 육성사업	142,500	농정과	8	4	7	8	7	5	5	4
2538	충남 부여군	친환경명품쌀 생산단지 육성사업	178,125	농정과	8	4	7	8	7	5	5	4
2539	충남 부여군	기능성쌀 생산단지 육성사업	38,475	농정과	8	4	7	8	7	5	5	4
2540	충남 부여군	굿뜨래 백제명품쌀 생산단지 육성사업	190,000	농정과	8	4	7	8	7	5	5	4
2541	충남 부여군	굿뜨래 백제명품쌀 생산단지 육성사업	142,500	농정과	8	4	7	8	7	5	5	4
2542	충남 부여군	농약안전보관함 보급	100,000	농정과	8	4	7	8	7	5	5	4
2543	충남 부여군	벼 병해충 방제약제 지원사업	570,000	농정과	8	4	7	8	7	5	5	4
2544	충남 부여군	벼 모판 지원사업	139,650	농정과	8	4	7	8	7	5	5	4
2545	충남 부여군	친환경 명품쌀 포장재 지원사업	30,000	농정과	8	4	7	8	7	5	5	4
2546	충남 부여군	친환경 명품쌀 안전성검사비 지원	10,000	농정과	8	4	7	8	7	5	5	4
2547	충남 부여군	부여쌀 판매 택배비 지원사업	40,000	농정과	8	4	7	8	7	5	5	4
2548	충남 부여군	농업용 창고 지원사업	40,000	농정과	8	4	7	8	7	5	5	4
2549	충남 부여군	소형농기계 지원사업	190,000	농정과	8	4	7	8	7	5	5	4
2550	충남 부여군	친환경원예작물 토양개량제 지원사업	47,500	농정과	8	4	7	8	7	5	5	4
2551	충남 부여군	원예작물 연작장해 방지 통합 지원사업	200,000	농정과	8	1	7	8	7	5	5	4
2552	충남 부여군	원예특작 고품질생산지원	14,250	농정과	8	1	7	8	7	5	5	4
2553	충남 부여군	딸기 조직배양 우량모주 보급 지원사업	25,000	농정과	8	1	7	8	7	5	5	4
2554	충남 부여군	기후변화 대응 과수비가림 시설 지원사업	142,500	농정과	8	1	7	8	7	5	5	4
2555	충남 부여군	양송이 복토재료 개선 지원사업	28,500	농정과	8	1	7	8	7	5	5	4
2556	충남 부여군	굿뜨래 농식품 품질관리시스템 지원	28,500	굿뜨래경영과	8	4	7	8	7	1	1	1
2557	충남 부여군	휴폐업공장 재생사업	30,000	경제교통과	8	4	7	8	7	1	1	1
2558	충남 부여군	여객자동차터미널 환경개선 사업	56,000	경제교통과	8	1	7	8	7	1	1	2
2559	충남 부여군	음식물류폐기물 감량 및 처리	14,250	환경과	8	4	7	8	7	5	5	4
2560	충남 부여군	묘목생산기반조성	295,200	산림녹지과	8	2	7	7	7	1	1	3

순번	시군구	지출명 (사업명)	2021년예산 (단위:천원/1년간)	담당자 (공무원) 담당부서	민간이전 분류 (지방자치단체 세출예산 집행기준에 의거) 1. 민간경상사업보조(307-02) 2. 민간단체 법정운영비보조(307-03) 3. 민간행사사업보조(307-04) 4. 민간위탁금(307-05) 5. 사회복지시설 법정운영비보조(307-10) 6. 민간인위탁교육비(307-12) 7. 공기관등에대한경상적위탁사업비(308-10) 8. 민간자본사업보조,자체재원(402-01) 9. 민간자본사업보조,이전재원(402-02) 10. 민간위탁사업비(402-03) 11. 공기관등에 대한 자본적 대행사업비(403-02)	민간이전지출 근거 (지방보조금 관리기준 참고) 1. 법률에 규정 2. 국고보조 재원(국가지정) 3. 용도 지정 기부금 4. 조례에 직접규정 5. 지자체가 권장하는 사업을 하는 공공기관 6. 시,도 정책 및 재정사정 7. 기타 8. 해당없음	입찰방식 계약체결방법 (경쟁형태) 1. 일반경쟁 2. 제한경쟁 3. 지명경쟁 4. 수의계약 5. 법정위탁 6. 기타 ( ) 7. 해당없음	입찰방식 계약기간 1. 1년 2. 2년 3. 3년 4. 4년 5. 5년 6. 기타 ( )년 7. 단기계약 (1년미만) 8. 해당없음	입찰방식 낙찰자선정방법 1. 적격심사 2. 협상에의한계약 3. 최저가낙찰제 4. 규격가격분리 5. 2단계 경쟁입찰 6. 기타 ( ) 7. 해당없음	운영예산 산정 운영예산 산정 1. 내부산정 (지자체 자체적으로 산정) 2. 외부산정 (외부전문기관위탁 산정) 3. 내·외부 모두 산정 4. 산정 無 5. 해당없음	운영예산 산정 정산방법 1. 내부정산 (지자체 내부적으로 정산) 2. 외부정산 (외부전문기관위탁 정산) 3. 내·외부 모두 산정 4. 정산 無 5. 해당없음	성과평가 실시여부 1. 실시 2. 미실시 3. 향후 추진 4. 해당없음
2561	충남 부여군	경제수 조림	446,297	산림녹지과	8	2	7	7	7	1	1	3
2562	충남 부여군	경제수(특용수) 조림	114,570	산림녹지과	8	2	5	7	7	1	1	3
2563	충남 부여군	친환경임산물 생산자 육성 지원사업	65,120	산림녹지과	8	7	4	8	7	1	1	4
2564	충남 부여군	임산물(대추) 선별기 지원	42,750	산림녹지과	8	7	4	8	7	1	1	4
2565	충남 부여군	공동주택 환경개선 지원	150,000	도시건축과	8	1	7	8	7	5	5	4
2566	충남 부여군	우수 건강마을 지원사업	20,000	보건소	8	4	7	8	7	5	5	2
2567	충남 부여군	사비밥상 부여10미 우수업소 환경개선 지원사업	28,500	농업기술센터	8	6	7	8	7	5	5	4
2568	충남 부여군	귀농인 농업시설 지원사업	40,000	농업기술센터	8	6	7	8	7	1	1	1
2569	충남 부여군	귀농인 소규모 주택개선 지원사업	21,000	농업기술센터	8	6	7	8	7	1	1	1
2570	충남 부여군	귀농인 소규모 농기계 지원사업	15,000	농업기술센터	8	6	7	8	7	1	1	1
2571	충남 부여군	먹노린재 친환경 방제기술 시범	6,650	농업기술센터	8	6	7	8	7	5	5	4
2572	충남 부여군	중, 소농가 폐양액 처리 시범	34,200	농업기술센터	8	5	7	8	7	5	5	4
2573	충남 부여군	연작장해 시설하우스 토양생태계 복원 시범	15,960	농업기술센터	8	5	7	8	7	5	5	4
2574	충남 부여군	원목표고 온도저감시설 시범	6,650	농업기술센터	8	1	7	8	7	5	5	4
2575	충남 부여군	한우개량 컨설팅 지원	17,500	농업기술센터	8	4	7	8	7	5	5	4
2576	충남 부여군	초유은행 장비지원	10,000	농업기술센터	8	4	7	8	7	5	5	3
2577	충남 부여군	내수면어업 유해생물 구제 및 수질정화 지원	12,750	농업기술센터	8	4	7	8	7	5	5	3
2578	충남 부여군	금강종어 양식어장기반시설 지원사업	70,000	농업기술센터	8	4	7	8	7	5	5	3
2579	충남 부여군	생균제 원자재 지원	19,000	농업기술센터	8	4	7	8	7	5	5	3
2580	충남 부여군	가축질병 예방장비 지원	13,300	농업기술센터	8	4	7	8	7	5	1	2
2581	충남 부여군	낙농가 우수정액 구입비 지원	10,000	농업기술센터	8	4	7	8	7	5	1	2
2582	충남 서천군	보훈회관 공기청정기 지원	2,700	사회복지실	8	4	7	8	7	3	1	1
2583	충남 서천군	경로당소요물품지원	50,000	사회복지실	8	6	7	8	7	5	1	1
2584	충남 서천군	경로당 냉방기지원	32,000	사회복지실	8	6	7	8	7	5	1	1
2585	충남 서천군	관내 행복경로당 및 노인건강교실 장비 및 물품보강	15,000	사회복지실	8	4	7	8	7	1	1	1
2586	충남 서천군	새일센터 이전에 따른 장비보강	15,200	사회복지실	8	1	7	8	7	1	1	4
2587	충남 서천군	향군회관화장실보수공사	30,000	자치행정과	8	1	7	8	7	1	1	3
2588	충남 서천군	모시유통 계열화 사업	42,000	문화진흥과	8	4	2	1	6	1	1	1
2589	충남 서천군	농업기계 지원	121,500	농정과	8	6	4	8	6	1	1	1
2590	충남 서천군	중소규모농가 저온유통시설지원	80,000	농정과	8	6	1	1	1	1	1	4
2591	충남 서천군	도정공장 현대화 지원사업	25,000	농정과	8	6	1	1	1	1	1	4
2592	충남 서천군	사회적경제 공동마케팅 차량 지원	40,000	지역경제과	8	4	7	8	7	5	5	4
2593	충남 서천군	야생동물 피해예방사업	20,000	환경보호과	8	1	7	8	7	1	1	4
2594	충남 서천군	자진 주택철거	250,000	도시건축과	8	1	7	8	7	5	5	4
2595	충남 서천군	공동주택관리 지원	60,000	도시건축과	8	4	7	8	7	5	5	4
2596	충남 서천군	소규모공동주택 시설보수 지원	30,000	도시건축과	8	2	7	8	7	5	5	4
2597	충남 서천군	품목농업인연구회 경쟁력 강화 지원시범	14,000	인력육성팀	8	4	7	8	7	5	5	4
2598	충남 서천군	농산물가공 소규모 haccp 인증시범	21,000	생활자원팀	8	1	7	8	7	5	5	4
2599	충남 서천군	귀농수익형 영농정착지원 사업	21,000	귀농귀촌지원팀	8	4	7	8	7	5	5	4
2600	충남 서천군	기후변화 대응 작목개발 및 기반조성	35,000	원예특작기술팀	8	4	7	8	7	5	5	4
2601	충남 청양군	어린이집 환경개선 지원	15,000	복지정책과	8	6	7	8	7	1	1	1
2602	충남 청양군	경로당 리모델링 사업	120,000	통합돌봄과	8	6	4	7	7	1	1	2

순번	시군구	지출명 (사업명)	2021년예산 (단위:천원/1년간)	담당자 (공무원) 담당부서	민간이전 분류 (지방자치단체 세출예산 집행기준에 의거) 1. 민간경상사업보조(307-02) 2. 민간단체 법정운영비보조(307-03) 3. 민간행사사업보조(307-04) 4. 민간위탁금(307-05) 5. 사회복지시설 법정운영비보조(307-10) 6. 민간인위탁교육비(307-12) 7. 공기관등에대한경상적위탁사업비(308-10) 8. 민간자본사업보조,자체재원(402-01) 9. 민간자본사업보조,이전재원(402-02) 10. 민간위탁사업비(402-03) 11. 공기관등에 대한 자본적 대행사업비(403-02)	민간이전지출 근거 (지방보조금 관리기준 참고) 1. 법률에 규정 2. 국고보조 재원(국가지정) 3. 용도 지정 기부금 4. 조례에 직접규정 5. 지자체가 권장하는 사업을 하는 공공기관 6. 시,도 정책 및 재정사정 7. 기타 8. 해당없음	입찰방식 계약체결방법 (경쟁형태) 1. 일반경쟁 2. 제한경쟁 3. 지명경쟁 4. 수의계약 5. 법정위탁 6. 기타 ( ) 7. 해당없음	입찰방식 계약기간 1. 1년 2. 2년 3. 3년 4. 4년 5. 5년 6. 기타 ( )년 7. 단기계약 (1년미만) 8. 해당없음	입찰방식 낙찰자선정방법 1. 적격심사 2. 협상에의한계약 3. 최저가낙찰제 4. 규격가격분리 5. 2단계 경쟁입찰 6. 기타 ( ) 7. 해당없음	운영예산 산정 운영예산 산정 1. 내부산정 (지자체 자체적으로 산정) 2. 외부산정 (외부전문기관위탁 산정) 3. 내·외부 모두 산정 4. 산정 無 5. 해당없음	운영예산 산정 정산방법 1. 내부정산 (지자체 내부적으로 정산) 2. 외부정산 (외부전문기관위탁 정산) 3. 내·외부 모두 산정 4. 정산 無 5. 해당없음	성과평가 실시여부 1. 실시 2. 미실시 3. 향후 추진 4. 해당없음
2603	충남 청양군	경로당 소요물품 지원	200,000	통합돌봄과	8	6	4	7	7	1	1	2
2604	충남 청양군	정산농공단지 산업재해시설설치 사업	51,294	미래전략과	8	7	7	8	7	5	5	4
2605	충남 청양군	청양문화원 컴퓨터 및 프로그램 구입	11,000	문화체육관광과	8	4	7	8	7	1	1	1
2606	충남 청양군	농촌체험휴양마을 경영활성화 지원	150,000	농촌공동체과	8	1	7	7	7	5	1	1
2607	충남 청양군	청양군수 품질인증	48,000	농촌공동체과	8	4	7	8	7	1	1	3
2608	충남 청양군	전략 친환경 농업 지원	240,000	농업정책과	8	1	7	8	7	1	1	3
2609	충남 청양군	벼 육묘장 설치 지원사업	48,750	농업정책과	8	1	7	8	7	1	1	3
2610	충남 청양군	충남오감사업지원	3,960	농업정책과	8	6	7	8	7	3	1	1
2611	충남 청양군	고추산업기반 지원	650,000	농업정책과	8	6	7	8	7	1	1	3
2612	충남 청양군	농산물세척·건조·저장시설지원	672,000	농업정책과	8	6	7	8	7	1	1	3
2613	충남 청양군	시설원예기반지원	300,000	농업정책과	8	6	7	8	7	1	1	3
2614	충남 청양군	원예용 관수시설지원	70,000	농업정책과	8	6	7	8	7	1	1	3
2615	충남 청양군	전략원예생산단체 육성	431,500	농업정책과	8	6	7	8	7	1	1	3
2616	충남 청양군	지역특화작목 육성지원	200,000	농업정책과	8	6	7	8	7	1	1	3
2617	충남 청양군	과수원예농가 생산지원	65,000	농업정책과	8	6	7	8	7	1	1	3
2618	충남 청양군	전략특작생산단체육성	320,500	농업정책과	8	6	7	8	7	1	1	3
2619	충남 청양군	광금리 마을회관 개축공사	192,855	건설도시과	8	1	2	7	6	1	1	3
2620	충남 청양군	관현리 마을회관 신축공사	113,295	건설도시과	8	1	2	7	6	1	1	3
2621	충남 청양군	신정리 마을회관 신축공사	108,780	건설도시과	8	1	2	7	6	1	1	3
2622	충남 청양군	칠갑산 고로쇠 명품화 사업	4,000	산림축산과	8	4	7	8	7	1	1	4
2623	충남 청양군	밤나무해충방제사업	326,400	산림축산과	8	4	7	8	7	1	1	4
2624	충남 청양군	친환경 밤풀베기 지원	250,000	산림축산과	8	4	7	8	7	1	1	4
2625	충남 청양군	유기질비료 지원	252,000	산림축산과	8	4	7	8	7	1	1	4
2626	충남 청양군	유기질비료 지원	56,700	산림축산과	8	4	7	8	7	1	1	4
2627	충남 청양군	청양 칠갑산알밤 브랜드화 추진	20,000	산림축산과	8	4	7	8	7	1	1	4
2628	충남 청양군	표고공동선별회 물류비 지원	35,000	산림축산과	8	4	7	8	7	1	1	4
2629	충남 청양군	표고재배 시설보완	300,000	산림축산과	8	4	7	8	7	1	1	4
2630	충남 청양군	표고원목재배 지원	130,000	산림축산과	8	4	7	8	7	1	1	4
2631	충남 청양군	표고톱밥재배 지원	30,000	산림축산과	8	4	7	8	7	1	1	4
2632	충남 청양군	소득작물 묘목대 지원	70,000	산림축산과	8	4	7	8	7	1	1	4
2633	충남 청양군	소득작물 재배지원	75,000	산림축산과	8	4	7	8	7	1	1	4
2634	충남 청양군	밤친환경약제지원	75,000	산림축산과	8	4	7	8	7	1	1	4
2635	충남 청양군	청양 청정산채기반구축	70,000	산림축산과	8	4	7	8	7	1	1	4
2636	충남 청양군	축산농가 사양관리 시스템 지원	45,000	산림축산과	8	4	7	8	7	1	1	1
2637	충남 청양군	한우농가 사료 자동급이기 지원	100,000	산림축산과	8	4	7	8	7	1	1	1
2638	충남 청양군	축산농가 조사료생산부속장비 지원	70,000	산림축산과	8	4	7	8	7	1	1	1
2639	충남 청양군	양돈농가 시설지원	37,500	산림축산과	8	4	7	8	7	1	1	1
2640	충남 청양군	양계농가 열풍기 지원	24,000	산림축산과	8	4	7	8	7	1	1	1
2641	충남 청양군	양봉농가 육성 장비 지원	100,000	산림축산과	8	4	7	8	7	1	1	1
2642	충남 청양군	로컬푸드 직판장 축산물 시설 및 운송차량 지원	30,000	산림축산과	8	4	7	8	7	1	1	1
2643	충남 청양군	축산농가 대인 소독기 지원	70,000	산림축산과	8	4	7	8	7	5	5	4
2644	충남 청양군	꿀벌사육농가 면역증강제 지원	26,400	산림축산과	8	6	7	8	7	5	5	4

순번	시군구	지출명 (사업명)	2021년예산 (단위:천원/1년간)	담당자 (공무원) 담당부서	민간이전 분류 (지방자치단체 세출예산 집행기준에 의거) 1. 민간경상사업보조(307-02) 2. 민간단체 법정운영비보조(307-03) 3. 민간행사사업보조(307-04) 4. 민간위탁금(307-05) 5. 사회복지시설 법정운영비보조(307-10) 6. 민간인위탁교육비(307-12) 7. 공기관등에대한경상적위탁사업비(308-10) 8. 민간자본사업보조,자체재원(402-01) 9. 민간자본사업보조,이전재원(402-02) 10. 민간위탁사업비(402-03) 11. 공기관등에 대한 자본적 대행사업비(403-02)	민간이전지출 근거 (지방보조금 관리기준 참고) 1. 법률에 규정 2. 국고보조 재원(국가지정) 3. 용도 지정 기부금 4. 조례에 직접규정 5. 지자체가 권장하는 사업을 하는 공공기관 6. 시,도 정책 및 재정사정 7. 기타 8. 해당없음	입찰방식: 계약체결방법 (경쟁형태) 1. 일반경쟁 2. 제한경쟁 3. 지명경쟁 4. 수의계약 5. 법정위탁 6. 기타 ( ) 7. 해당없음	입찰방식: 계약기간 1. 1년 2. 2년 3. 3년 4. 4년 5. 5년 6. 기타 ( )년 7. 단기계약 (1년미만) 8. 해당없음	입찰방식: 낙찰자선정방법 1. 적격심사 2. 협상에의한계약 3. 최저가낙찰제 4. 규격가격분리 5. 2단계 경쟁입찰 6. 기타 ( ) 7. 해당없음	운영예산 산정: 운영예산 산정 1. 내부산정 (지자체 자체적으로 산정) 2. 외부산정 (외부전문기관위탁 산정) 3. 내·외부 모두 산정 4. 산정 無 5. 해당없음	운영예산 산정: 정산방법 1. 내부정산 (지자체 내부적으로 정산) 2. 외부정산 (외부전문기관위탁 정산) 3. 내·외부 모두 산정 4. 정산 無 5. 해당없음	성과평가 실시여부 1. 실시 2. 미실시 3. 향후 추진 4. 해당없음
2645	충남 청양군	양봉농가 미세입자 소독기 지원	7,500	산림축산과	8	4	7	8	7	5	5	4
2646	충남 청양군	청년농업인 영농 디딤돌 지원사업	125,000	농업기술센터	8	4	7	8	7	1	1	3
2647	충남 청양군	비대면향토음식판매상품개발	84,000	농업기술센터	8	4	7	8	7	1	1	4
2648	충남 청양군	귀농인 농업생산 기반시설	220,000	농업기술센터	8	4	7	8	7	1	1	4
2649	충남 청양군	창업농 농장맞춤형 기반시설	100,000	농업기술센터	8	4	7	8	7	5	5	4
2650	충남 청양군	벼 품종비교 시범포 운영	5,040	농업기술센터	8	5	7	8	7	1	1	1
2651	충남 청양군	시설원예 온도저감 실증시범	20,000	농업기술센터	8	4	7	8	7	1	1	1
2652	충남 청양군	청양 더한우 브랜드 육성을 위한 수정란 이식 시험연구사업	20,000	농업기술센터	8	4	7	8	7	1	1	1
2653	충남 청양군	음식점 주방시설 개선사업	50,000	민원봉사실	8	4	7	7	7	1	1	1
2654	충남 청양군	클린 숙박업소 패러다임 전환 개선사업	35,000	민원봉사실	8	4	7	7	7	1	1	1
2655	충남 청양군	운수업체 관리 및 지원	29,900,000	사회적경제과	8	1	7	8	7	1	1	1
2656	충남 태안군	공동주택 관리비용 지원	430,000	신속민원처리과	8	1	7	8	7	2	1	1
2657	충남 태안군	자활사업 활성화를 위한 차량지원	29,000	복지증진과	8	4	7	8	7	5	5	4
2658	충남 태안군	경로당 소요물품 지원	150,000	가족정책과	8	4	7	8	7	5	5	4
2659	충남 태안군	경로당 신증축	300,000	가족정책과	8	4	7	8	7	5	5	4
2660	충남 태안군	경로당 기능보강	150,000	가족정책과	8	4	7	8	7	5	5	4
2661	충남 태안군	농촌체험마을 활성화 지원	10,000	농정과	8	4	7	8	7	5	5	4
2662	충남 태안군	소규모 양곡가공업체 시설개선 지원	50,000	농정과	8	4	7	8	7	5	5	4
2663	충남 태안군	농기계 공급지원	176,000	농정과	8	4	7	8	7	5	5	4
2664	충남 태안군	마을영농단 육성	120,000	농정과	8	4	7	8	7	5	5	4
2665	충남 태안군	고추 세척기 지원	45,000	농정과	8	4	7	8	7	5	5	4
2666	충남 태안군	고추 제습기 지원	4,000	농정과	8	4	7	8	7	5	5	4
2667	충남 태안군	고추 건조기 지원	45,000	농정과	8	4	7	8	7	5	5	4
2668	충남 태안군	과수농가 농기계 지원	15,000	농정과	8	4	7	8	7	5	5	4
2669	충남 태안군	과수농가 묘목 및 방풍망 지원	30,000	농정과	8	4	7	8	7	5	5	4
2670	충남 태안군	조사료생산 기계화단지 지원	40,000	농정과	8	4	7	8	7	5	5	4
2671	충남 태안군	조사료 생산장비 보관창고 지원	100,000	농정과	8	4	7	8	7	5	5	4
2672	충남 태안군	양계농가 열풍기 지원	7,500	농정과	8	1	7	8	7	5	5	4
2673	충남 태안군	축사 환기시설 지원	17,500	농정과	8	4	7	8	7	5	5	4
2674	충남 태안군	퇴비살포기 지원	18,000	농정과	8	4	7	8	7	5	5	4
2675	충남 태안군	소 사육농가 자동목걸이 지원	20,000	농정과	8	4	7	8	7	5	5	4
2676	충남 태안군	소 사육농가 자동급이시설	20,000	농정과	8	4	7	8	7	5	5	4
2677	충남 태안군	양봉농가 저온저장고 지원	8,250	농정과	8	4	7	8	7	5	5	4
2678	충남 태안군	양봉농가 자동 채밀기 지원	3,000	농정과	8	4	7	8	7	5	5	4
2679	충남 태안군	고품질 바지락 생산을 위한 선별기 지원사업	12,500	수산과	8	7	7	8	7	5	5	4
2680	충남 태안군	전복 가두리 양식장 고도화 지원사업	25,000	수산과	8	7	7	8	7	5	5	4
2681	충남 태안군	태풍 등 재난대비 소형어선 인양기 개보수	12,500	수산과	8	2	7	8	7	5	5	4
2682	충남 태안군	유어장 수산종묘(종패)매입지원사업	180,000	수산과	8	7	7	8	7	5	5	4
2683	충남 태안군	양식마을어장 어장환경 개선사업	1,080,000	수산과	8	7	7	8	7	5	5	4
2684	충남 태안군	수리계운영 경비지원	200,000	건설과	8	1	7	7	7	1	1	1
2685	충남 태안군	마을회관 신축, 증축, 보수사업	900,000	건설과	8	4	7	8	7	5	5	4
2686	충남 태안군	품목농업인 우수연구회 활력화 사업	50,000	농업기술센터	8	1	7	8	7	5	5	4

순번	시군구	지출명 (사업명)	2021년예산 (단위:천원/1년간)	담당자 (공무원)	민간이전 분류 (지방자치단체 세출예산 집행기준에 의거)	민간이전지출 근거 (지방보조금 관리기준 참고)	입찰방식			운영예산 산정		성과평가 실시여부
				담당부서	1. 민간경상사업보조(307-02) 2. 민간단체 법정운영비보조(307-03) 3. 민간행사사업보조(307-04) 4. 민간위탁금(307-05) 5. 사회복지시설 법정운영비보조(307-10) 6. 민간인위탁교육비(307-12) 7. 공기관등에대한경상적위탁사업비(308-10) 8. 민간자본사업보조,자체재원(402-01) 9. 민간자본사업보조,이전재원(402-02) 10. 민간위탁사업비(402-03) 11. 공기관등에 대한 자본적 대행사업비(403-02)	1. 법률에 규정 2. 국고보조 재원(국가지정) 3. 용도 지정 기부금 4. 조례에 직접규정 5. 지자체가 권장하는 사업을 하는 공공기관 6. 시,도 정책 및 재정사정 7. 기타 8. 해당없음	계약체결방법 (경쟁형태) 1. 일반경쟁 2. 제한경쟁 3. 지명경쟁 4. 수의계약 5. 법정위탁 6. 기타 ( ) 7. 해당없음	계약기간 1. 1년 2. 2년 3. 3년 4. 4년 5. 5년 6. 기타 ( )년 7. 단기계약 (1년미만) 8. 해당없음	낙찰자선정방법 1. 적격심사 2. 협상에의한계약 3. 최저가낙찰제 4. 규격가격분리 5. 2단계 경쟁입찰 6. 기타 ( ) 7. 해당없음	운영예산 산정 1. 내부산정 (지자체 자체적으로 산정) 2. 외부산정 (외부전문기관위탁 산정) 3. 내·외부 모두 산정 4. 산정 無 5. 해당없음	정산방법 1. 내부정산 (지자체 내부적으로 정산) 2. 외부정산 (외부전문기관위탁 정산) 3. 내·외부 모두 산정 4. 정산 無 5. 해당없음	1. 실시 2. 미실시 3. 향후 추진 4. 해당없음
2687	충남 태안군	영농4-H 시범영농 사업	21,000	농업기술센터	8	1	7	8	7	5	5	4
2688	충남 태안군	해바라기유 상품화 창업기술 시범	21,000	농업기술센터	8	1	7	8	7	5	5	4
2689	충남 태안군	전통장류 전통식품 인증 시범	10,500	농업기술센터	8	1	7	8	7	5	5	4
2690	충남 태안군	드론이용 벼 전과정 생력화 시범	28,000	농업기술센터	8	1	7	8	7	5	5	4
2691	충남 태안군	채소 연작장해개선 시범	14,000	농업기술센터	8	1	7	8	7	5	5	4
2692	경북 포항시	농어촌 빈집정비	20,000	북구 건축허가과	8	1	7	8	7	5	5	3
2693	경북 포항시	벼 생력재배 육묘상자처리제 지원	388,500	기술보급과	8	7	7	8	7	5	1	3
2694	경북 포항시	친환경 쌀 단지 유지관리 지원	265,440	기술보급과	8	7	7	8	7	5	1	3
2695	경북 포항시	저항성잡초 우렁이 이용 친환경방제 시범	10,500	기술보급과	8	7	7	8	7	5	1	3
2696	경북 포항시	고구마 우량품종 종순 보급 시범	12,474	기술보급과	8	7	7	8	7	5	1	3
2697	경북 포항시	드론활용 농작업 지원 시범	71,400	기술보급과	8	7	7	8	7	5	1	3
2698	경북 포항시	액비활용 고품질 쌀 생산 지원 시범	7,000	기술보급과	8	7	7	8	7	5	1	3
2699	경북 포항시	고품질 쌀 생산 농작업 지원 시범	14,000	기술보급과	8	7	7	8	7	5	1	3
2700	경북 포항시	시금치 후작 당근 재배 시범	10,500	기술보급과	8	7	7	8	7	5	5	4
2701	경북 포항시	수출작목 활성화 기반 조성 시범	42,700	기술보급과	8	7	7	8	7	5	5	4
2702	경북 포항시	새소득 나물재배 관수시설 시범	7,000	기술보급과	8	7	7	8	7	5	5	4
2703	경북 포항시	해안 지역 고추 안정 생산 시범	15,575	기술보급과	8	7	7	8	7	5	5	4
2704	경북 포항시	여름부추 재배 기간 연장 기반 조성 시범	36,300	기술보급과	8	7	7	8	7	5	5	4
2705	경북 포항시	겨울작형 채소 난방비 절약 시범	43,400	기술보급과	8	7	7	8	7	5	5	4
2706	경북 포항시	기후변화 대응 토마토 품종 갱신 시범	31,500	기술보급과	8	7	7	8	7	5	5	4
2707	경북 포항시	고추 수형 개선 친환경 재배 시범	17,500	기술보급과	8	7	7	8	7	5	5	4
2708	경북 포항시	고설딸기 제자리육묘 기술 보급시범	25,382	기술보급과	8	7	7	8	7	5	5	4
2709	경북 포항시	고품질 버섯 생산 기반 조성 시범	8,820	기술보급과	8	7	7	8	7	5	5	4
2710	경북 포항시	버섯파리 친환경 방제기술시범	12,880	기술보급과	8	7	7	8	7	5	5	4
2711	경북 포항시	양봉 생산 환경 개선 시범	5,600	기술보급과	8	7	7	8	7	5	5	4
2712	경북 포항시	쪽파 상품성 향상 모델 개발 시범	24,990	기술보급과	8	7	7	8	7	5	5	4
2713	경북 포항시	스테비아 수박 품질 안정화 시범	8,400	기술보급과	8	7	7	8	7	5	5	4
2714	경북 포항시	청결 딸기 생산 신기술 보급 시범	7,000	기술보급과	8	7	7	8	7	5	5	4
2715	경북 포항시	농산물 간이가공식품 포장재 지원	35,000	농식품유통과	8	4	7	8	7	5	5	4
2716	경북 포항시	농산물 물류 표준화 장비지원	66,000	농식품유통과	8	4	7	8	7	5	5	4
2717	경북 포항시	포항시연합유통사업단 출하농가 지원	600,000	농식품유통과	8	4	7	8	7	5	5	4
2718	경북 포항시	친환경, GAP 인증 농산물 포장재 지원	665,000	농식품유통과	8	4	7	8	7	5	5	4
2719	경북 포항시	특화 작목 국내 판촉 지원	8,000	농식품유통과	8	4	7	8	7	5	5	4
2720	경북 포항시	산딸기 TV 홈쇼핑 지원	36,000	농식품유통과	8	4	7	8	7	5	5	4
2721	경북 포항시	농산물 유통 저온 수송 차량 지원	37,800	농식품유통과	8	4	7	8	7	5	5	4
2722	경북 포항시	농산물 판매 직판장 지원	16,000	농식품유통과	8	4	7	8	7	5	5	4
2723	경북 포항시	산딸기 신선도 유지 지원	21,000	농식품유통과	8	4	7	8	7	5	5	4
2724	경북 포항시	유통 시설 보수 지원	24,500	농식품유통과	8	4	7	8	7	5	5	4
2725	경북 포항시	지리적표시 농산물 포장재 지원	42,000	농식품유통과	8	4	7	8	7	5	5	4
2726	경북 포항시	신선농산물 수출 시설 및 장비 지원	28,364	농식품유통과	8	4	7	8	7	5	5	4
2727	경북 포항시	벼 생산용 PP 포대 및 톤백 포대 지원	66,000	농식품유통과	8	4	7	8	7	5	5	4
2728	경북 포항시	고품질 포항쌀 포장재 지원	133,002	농식품유통과	8	4	7	8	7	1	1	4

순번	시군구	지출명 (사업명)	2021년예산 (단위:천원/1년간)	담당자 (공무원)	민간이전 분류 (지방자치단체 세출예산 집행기준에 의거)	민간이전지출 근거 (지방보조금 관리기준 참고)	입찰방식			운영예산 산정		성과평가 실시여부
				담당부서	1. 민간경상사업보조(307-02) 2. 민간단체 법정운영비보조(307-03) 3. 민간행사사업보조(307-04) 4. 민간위탁금(307-05) 5. 사회복지시설 법정운영비보조(307-10) 6. 민간인위탁교육비(307-12) 7. 공기관등에대한경상적위탁사업비(308-10) 8. 민간자본사업보조,자체재원(402-01) 9. 민간자본사업보조,이전재원(402-02) 10. 민간위탁사업비(402-03) 11. 공기관등에 대한 자본적 대행사업비(403-02)	1. 법률에 규정 2. 국고보조 재원(국가지정) 3. 용도 지정 기부금 4. 조례에 직접규정 5. 지자체가 권장하는 사업을 하는 공공기관 6. 시,도 정책 및 재정사정 7. 기타 8. 해당없음	계약체결방법 (경쟁형태) 1. 일반경쟁 2. 제한경쟁 3. 지명경쟁 4. 수의계약 5. 법정위탁 6. 기타 ( ) 7. 해당없음	계약기간 1. 1년 2. 2년 3. 3년 4. 4년 5. 5년 6. 기타 ( )년 7. 단기계약 (1년미만) 8. 해당없음	낙찰자선정방법 1. 적격심사 2. 협상에의한계약 3. 최저가낙찰제 4. 규격가격분리 5. 2단계 경쟁입찰 6. 기타 ( ) 7. 해당없음	운영예산 산정 1. 내부산정 (지자체 자체적으로 산정) 2. 외부산정 (외부전문기관위탁 산정) 3. 내·외부 모두 산정 4. 산정 無 5. 해당없음	정산방법 1. 내부정산 (지자체 내부적으로 정산) 2. 외부정산 (외부전문기관위탁 정산) 3. 내·외부 모두 산정 4. 정산 無 5. 해당없음	1. 실시 2. 미실시 3. 향후 추진 4. 해당없음
2729	경북 포항시	포항 쌀 소포장 판매 지원	9,000	농식품유통과	8	4	7	8	7	1	1	4
2730	경북 포항시	항공방제제외지역벼 병해충공동방제 농약공급	184,320	산업과	8	4	4	1	7	1	1	2
2731	경북 포항시	항공방제제외지역벼 병해충공동방제 농약공급	142,080	산업과	8	4	4	1	7	1	1	2
2732	경북 포항시	독거노인빨래방운영세탁기교체	13,000	노인장애인복지과	8	6	7	8	7	1	1	1
2733	경북 포항시	경로당활성화물품지원	200,000	노인장애인복지과	8	4	6	8	7	1	1	4
2734	경북 포항시	신축경로당 비품지원	3,000	노인장애인복지과	8	4	6	8	7	1	1	4
2735	경북 포항시	호미반도 경관농업 조성	500,000	농촌지원과	8	1	7	8	7	1	1	1
2736	경북 포항시	경관농업 농특산물 수매시설 및 보관창고 설치	350,000	농촌지원과	8	1	7	8	7	1	1	1
2737	경북 포항시	작품국화 및 형상국화 제작지원	10,000	농촌지원과	8	1	7	8	7	1	1	1
2738	경북 포항시	귀농인 영농기반조성지원	160,000	농촌지원과	8	1	7	8	7	1	1	1
2739	경북 포항시	신규 귀농인 생력화 장비지원	15,000	농촌지원과	8	1	7	8	7	1	1	1
2740	경북 포항시	청장년 귀농인 안정농산물 생산	15,000	농촌지원과	8	1	7	8	7	1	1	1
2741	경북 포항시	귀농인 정착지원	12,000	농촌지원과	8	1	7	8	7	1	1	1
2742	경북 포항시	청년농업인 기반조성 장비지원	20,000	농촌지원과	8	1	7	8	7	1	1	1
2743	경북 포항시	농업인학습단체 밭작물 안전장비 지원	51,450	농촌지원과	8	1	7	8	7	1	1	1
2744	경북 포항시	여성농업인 일손절감 다목적건조기 시범	16,100	농촌지원과	8	1	7	8	7	1	1	1
2745	경북 포항시	작목별 안전장비 보급	31,500	농촌지원과	8	1	7	8	7	1	1	1
2746	경북 포항시	농업인 소규모 창업 활성화 지원시범	28,000	농촌지원과	8	1	7	8	7	1	1	1
2747	경북 포항시	친환경농산물생산 유기질비료 지원	379,015	농업정책과	8	4	7	8	7	1	1	1
2748	경북 포항시	친환경농산물생산 토양개량제지원	170,520	농업정책과	8	4	7	8	7	1	1	1
2749	경북 포항시	친환경농산물생산 잡초억제용 피복자재 지원	44,800	농업정책과	8	4	7	8	7	1	1	1
2750	경북 포항시	친환경과일생산 병해충방제 농자재 지원	37,800	농업정책과	8	4	7	8	7	1	1	1
2751	경북 포항시	친환경농산물생산 농약비산방지망 지원	25,375	농업정책과	8	4	7	8	7	1	1	1
2752	경북 포항시	흥해 친환경쌀 특화단지 지원	55,440	농업정책과	8	4	7	8	7	1	1	1
2753	경북 포항시	상옥친환경지구 유지관리 친환경농자재 지원	12,600	농업정책과	8	4	7	8	7	1	1	1
2754	경북 포항시	스마일빌리지상옥 포장재 지원	21,000	농업정책과	8	4	7	8	7	1	1	1
2755	경북 포항시	수출용 토마토 모종 지원	41,580	농업정책과	8	4	7	8	7	1	1	1
2756	경북 포항시	친환경농산물 유통 저온저장고 지원	11,550	농업정책과	8	4	7	8	7	1	1	1
2757	경북 포항시	곤충사육농가 톱밥, 밀기울 지원	22,960	농업정책과	8	4	7	8	7	1	1	1
2758	경북 포항시	포항대표농산물 고품질생산 지원	72,000	농업정책과	8	4	7	8	7	1	1	1
2759	경북 포항시	버섯배지(종균) 지원	25,000	농업정책과	8	4	7	8	7	1	1	1
2760	경북 포항시	시설채소 연작장해대책 지원	60,000	농업정책과	8	4	7	8	7	1	1	1
2761	경북 포항시	EVA필름 지원	178,200	농업정책과	8	4	7	8	7	1	1	1
2762	경북 포항시	GAP인증농가 유기질비료 지원	71,401	농업정책과	8	4	7	8	7	1	1	1
2763	경북 포항시	과채류 수정벌 지원	42,000	농업정책과	8	4	7	8	7	1	1	1
2764	경북 포항시	특용작물(버섯, 약용) 생산시설 현대화 지원	73,075	농업정책과	8	2	7	8	7	5	1	4
2765	경북 포항시	화훼생산시설 현대화 지원	7,000	농업정책과	8	6	7	8	7	5	1	4
2766	경북 포항시	원예소득작목 육성 지원	303,000	농업정책과	8	6	7	8	7	5	1	4
2767	경북 포항시	과메기 포장재 개선	36,000	수산진흥과	8	7	4	7	7	1	1	4
2768	경북 포항시	과메기 판매거리 시설물 설치	10,000	수산진흥과	8	7	4	7	7	1	1	4
2769	경북 포항시	중소형호텔전환 지원	180,000	식품산업과	8	7	1	7	7	5	5	3
2770	경북 경주시	벼 종자코팅 무복토 시범	10,500	농업기술과	8	6	7	8	7	1	1	3

순번	시군구	지출명 (사업명)	2021년예산 (단위:천원/1년간)	담당자 (공무원) 담당부서	민간이전 분류 (지방자치단체 세출예산 집행기준에 의거) 1. 민간경상사업보조(307-02) 2. 민간단체 법정운영비보조(307-03) 3. 민간행사사업보조(307-04) 4. 민간위탁금(307-05) 5. 사회복지시설 법정운영비보조(307-10) 6. 민간인위탁교육비(307-12) 7. 공기관등에대한경상적위탁사업비(308-10) 8. 민간자본사업보조,자체재원(402-01) 9. 민간자본사업보조,이전재원(402-02) 10. 민간위탁사업비(402-03) 11. 공기관등에 대한 자본적 대행사업비(403-02)	민간이전지출 근거 (지방보조금 관리기준 참고) 1. 법률에 규정 2. 국고보조 재원(국가지정) 3. 용도 지정 기부금 4. 조례에 직접규정 5. 지자체가 권장하는 사업을 하는 공공기관 6. 시,도 정책 및 재정사정 7. 기타 8. 해당없음	입찰방식 계약체결방법 (경쟁형태) 1. 일반경쟁 2. 제한경쟁 3. 지명경쟁 4. 수의계약 5. 법정위탁 6. 기타 ( ) 7. 해당없음	입찰방식 계약기간 1. 1년 2. 2년 3. 3년 4. 4년 5. 5년 6. 기타 ( )년 7. 단기계약 (1년미만) 8. 해당없음	입찰방식 낙찰자선정방법 1. 적격심사 2. 협상에의한계약 3. 최저가낙찰제 4. 규격가격분리 5. 2단계 경쟁입찰 6. 기타 ( ) 7. 해당없음	운영예산 산정 운영예산 산정 1. 내부산정 (지자체 자체적으로 산정) 2. 외부산정 (외부전문기관위탁 산정) 3. 내·외부 모두 산정 4. 산정 無 5. 해당없음	운영예산 산정 정산방법 1. 내부정산 (지자체 내부적으로 정산) 2. 외부정산 (외부전문기관위탁 정산) 3. 내·외부 모두 산정 4. 정산 無 5. 해당없음	성과평가 실시여부 1. 실시 2. 미실시 3. 향후 추진 4. 해당없음
2771	경북 경주시	드문모 심기 벼 단지 조성	105,000	농업기술과	8	6	7	8	7	5	5	4
2772	경북 경주시	고품질 벼 생산단지 육성	260,000	농업기술과	8	6	7	8	7	1	1	3
2773	경북 경주시	드론 이용 농작업 재배기술 확대 시범	56,000	농업기술과	8	6	7	8	7	1	1	3
2774	경북 경주시	경주 팥 생산단지 조성	35,000	농업기술과	8	6	7	8	7	1	1	3
2775	경북 경주시	무농약 쌀 생산단지 육성	35,000	농업기술과	8	6	7	8	7	1	1	3
2776	경북 경주시	벼 농산물우수관리 인증단지 조성	28,000	농업기술과	8	6	7	8	7	5	5	4
2777	경북 경주시	원예작물 스마트폰 농업실용기술 확대보급 시범	49,000	농업기술과	8	6	7	8	7	1	1	3
2778	경북 경주시	화훼생산 전문 농업인 육성 시범	15,000	농업기술과	8	6	7	8	7	1	1	3
2779	경북 경주시	원예작물 친환경 단지 조성 시범	42,000	농업기술과	8	6	7	8	7	5	5	4
2780	경북 경주시	전국 으뜸 체리 명품화 시범	70,000	농업기술과	8	6	7	8	7	1	1	3
2781	경북 경주시	농산물 저장력 향상 시범	30,000	농업기술과	8	6	7	8	7	1	1	3
2782	경북 경주시	과수 경쟁력 향상 시범	20,000	농업기술과	8	6	7	8	7	5	5	4
2783	경북 경주시	고품질 샤인머스켓 생산기반 조성 시범	100,000	농업기술과	8	6	7	8	7	5	5	4
2784	경북 경주시	신라특산차 다원 조성 시범	80,000	농업기술과	8	6	7	8	7	5	5	4
2785	경북 경주시	청보리 채종단지 조성 시범	15,000	농업기술과	8	6	7	8	7	1	1	3
2786	경북 경주시	사료용 옥수수 기계화 단지 육성 시범	105,000	농업기술과	8	6	7	8	7	5	5	4
2787	경북 경주시	농산부산물 발효사료화 시범	35,000	농업기술과	8	6	7	8	7	5	5	4
2788	경북 경주시	한우 송아지 전용 건초 조제 시범	30,000	농업기술과	8	6	7	8	7	1	1	3
2789	경북 경주시	신품종 사료작물 채종단지 조성 시범	7,000	농업기술과	8	6	7	8	7	1	1	3
2790	경북 경주시	저비용 고효율 퇴비 부숙도 촉진 시범	35,000	농업기술과	8	6	7	8	7	5	5	4
2791	경북 경주시	경주천년한우 HACCP시스템 적용 시범	25,000	농업기술과	8	6	7	8	7	1	1	3
2792	경북 경주시	초유은행 거점농가 유질향상 시범	20,000	농업기술과	8	6	7	8	7	1	1	3
2793	경북 경주시	지역농업현장맞춤형기술지원사업	200,000	농업진흥과	8	4	7	8	7	5	5	4
2794	경북 경주시	농촌지도자소득사업	7,000	농업진흥과	8	4	7	8	7	5	5	4
2795	경북 경주시	귀농인 영농정착 지원	140,000	농업진흥과	8	4	7	8	7	5	5	4
2796	경북 경주시	귀농인 소형농기계 지원	19,600	농업진흥과	8	4	7	8	7	5	5	4
2797	경북 경주시	귀농인 영농자재구입 지원	14,000	농업진흥과	8	4	7	8	7	5	5	4
2798	경북 경주시	귀농귀촌인 유치 우수마을 지원	40,000	농업진흥과	8	4	7	8	7	5	5	4
2799	경북 경주시	사회복지관 운영	27,000	복지정책과	8	6	7	8	7	1	1	4
2800	경북 경주시	양남면 주민회관 건립	3,084	원자력정책과	8	1	7	8	7	5	5	4
2801	경북 경주시	양북면 생활문화센터 건립	4,061	원자력정책과	8	1	7	8	7	5	5	4
2802	경북 경주시	국공립어린이집 차량구입	40,000	장애인여성복지과	8	4	7	8	7	1	1	4
2803	경북 경주시	어업인유류비지원	560,000	해양수산과	8	1	7	8	7	5	5	4
2804	경북 영천시	영천시도시가스공급사업	120,000	일자리노사과	8	4	7	8	7	1	4	1
2805	경북 영천시	외국인투자기업 다이셀 입지보조금지원	90,000	기업유치과	8	7	7	8	7	5	5	1
2806	경북 영천시	그린팩토리태양광지원사업	250,000	기업유치과	8	4	7	8	7	1	1	1
2807	경북 영천시	정부지원어린이집교재교구비	5,000	가족행복과	8	4	7	8	7	1	1	1
2808	경북 영천시	보육시설차량구입비	36,000	가족행복과	8	4	7	8	7	1	1	1
2809	경북 영천시	보육시설에어컨설외기교체비	19,000	가족행복과	8	4	7	8	7	1	1	1
2810	경북 영천시	야사지구토지구획정리사업 기반시설사업비 지원	1,000,000	도시계획과	8	8	7	8	7	5	5	1
2811	경북 영천시	내집주차장갖기 지원사업	10,000	교통행정과	8	4	7	8	7	5	5	1
2812	경북 영천시	건축물 부설주차장 개방사업	20,000	교통행정과	8	4	7	8	7	5	5	1

순번	시군구	지출명 (사업명)	2021년예산 (단위:천원/1년간)	담당자 (공무원)	민간이전 분류 (지방자치단체 세출예산 집행기준에 의거)	민간이전지출 근거 (지방보조금 관리기준 참고)	입찰방식			운영예산 산정		성과평가 실시여부
				담당부서	1. 민간경상사업보조(307-02) 2. 민간단체 법정운영비보조(307-03) 3. 민간행사사업보조(307-04) 4. 민간위탁금(307-05) 5. 사회복지시설 법정운영비보조(307-10) 6. 민간인위탁교육비(307-12) 7. 공기관등에대한경상적위탁사업비(308-10) 8. 민간자본사업보조,자체재원(402-01) 9. 민간자본사업보조,이전재원(402-02) 10. 민간위탁사업비(402-03) 11. 공기관등에 대한 자본적 대행사업비(403-02)	1. 법률에 규정 2. 국고보조 재원(국가지정) 3. 용도 지정 기부금 4. 조례에 직접규정 5. 지자체가 권장하는 사업을 하는 공공기관 6. 시,도 정책 및 재정사정 7. 기타 8. 해당없음	계약체결방법 (경쟁형태) 1. 일반경쟁 2. 제한경쟁 3. 지명경쟁 4. 수의계약 5. 법정위탁 6. 기타 ( ) 7. 해당없음	계약기간 1. 1년 2. 2년 3. 3년 4. 4년 5. 5년 6. 기타 ( )년 7. 단기계약 (1년미만) 8. 해당없음	낙찰자선정방법 1. 적격심사 2. 협상에의한계약 3. 최저가낙찰제 4. 규격가격분리 5. 2단계 경쟁입찰 6. 기타 ( ) 7. 해당없음	운영예산 산정 1. 내부산정 (지자체 자체적으로 산정) 2. 외부산정 (외부전문기관위탁 산정) 3. 내·외부 모두 산정 4. 산정 無 5. 해당없음	정산방법 1. 내부정산 (지자체 내부적으로 정산) 2. 외부정산 (외부전문기관위탁 정산) 3. 내·외부 모두 산정 4. 정산 無 5. 해당없음	1. 실시 2. 미실시 3. 향후 추진 4. 해당없음
2813	경북 영천시	공동주택공용시설지원사업비	1,100,000	건축디자인과	8	4	7	8	7	5	5	1
2814	경북 영천시	여성농업인소형편의장비지원	14,000	농업기술센터	8	4	7	8	7	1	1	1
2815	경북 영천시	선도농업인작업능률제고를위한밀착형편의장비지원	7,000	농업기술센터	8	4	7	8	7	5	5	1
2816	경북 영천시	농가형쌀저온유통시설지원	24,000	농업기술센터	8	4	7	8	7	5	5	1
2817	경북 영천시	우수농식품가공업체활성화지원	20,000	농업기술센터	8	6	7	8	7	5	5	1
2818	경북 영천시	농산물가공판매유통기반조성사업	190,000	농업기술센터	8	6	7	8	7	5	5	1
2819	경북 영천시	과일류수출단지육성사업	20,000	농업기술센터	8	4	7	8	7	1	1	1
2820	경북 영천시	과수재배시설개선사업	300,000	농업기술센터	8	4	7	8	7	1	1	1
2821	경북 영천시	과수관정시설지원사업	51,000	농업기술센터	8	4	7	8	7	1	1	1
2822	경북 영천시	과수전용전동가위지원사업	150,000	농업기술센터	8	4	7	8	7	1	1	1
2823	경북 영천시	소형저온저장고지원사업	150,000	농업기술센터	8	4	7	8	7	1	1	1
2824	경북 영천시	냉해피해방지지원사업	85,000	농업기술센터	8	4	7	8	7	1	1	1
2825	경북 영천시	약초단지상가시설현대화사업	60,000	농업기술센터	8	6	7	8	7	1	1	1
2826	경북 영천시	축산농가소독장비지원	10,500	농업기술센터	8	4	6	1	6	4	1	1
2827	경북 영천시	염소종모빈축사업	12,000	농업기술센터	8	6	6	1	6	4	1	1
2828	경북 영천시	신재생에너지스마트팜개발실증사업	350,000	농업기술센터	8	1	7	8	7	1	1	1
2829	경북 영천시	친환경농산물 안정생산을 위한 농기자재지원	25,000	농업기술센터	8	4	4	7	2	1	1	1
2830	경북 영천시	노동력절감 장비지원	40,000	농업기술센터	8	4	4	7	2	1	1	1
2831	경북 영천시	영농4-H회원 영농기반 조성사업	5,000	농업기술센터	8	4	4	7	2	1	1	1
2832	경북 영천시	귀농정착지원금	200,000	농업기술센터	8	1	7	8	7	1	1	1
2833	경북 영천시	벼생력화무인방제보트시범	7,350	농업기술센터	8	6	7	8	7	1	1	1
2834	경북 영천시	자두다축수형재배시범	10,000	농업기술센터	8	6	7	8	7	5	5	1
2835	경북 영천시	핵과류고품질과실생산시범	15,000	농업기술센터	8	6	7	8	7	5	5	1
2836	경북 영천시	지역특화품목브랜드육성시범	10,000	농업기술센터	8	6	7	8	7	5	5	1
2837	경북 영천시	샤인머스켓수확후품질관리시범	20,000	농업기술센터	8	6	7	8	7	5	5	1
2838	경북 영천시	고품질루비에스생산시범	7,500	농업기술센터	8	6	7	8	7	5	5	1
2839	경북 영천시	축사온도저감및가축질병예방기술보급시범사업	20,000	농업기술센터	8	4	7	8	7	5	5	1
2840	경북 영천시	전자식활성수기이용가축음용수개선시범사업	66,000	농업기술센터	8	4	7	8	7	5	5	1
2841	경북 영천시	대서마늘주아종구실증시범포조성	16,500	농업기술센터	8	4	7	8	7	5	5	1
2842	경북 영천시	마늘쪽분리및선별생력화시스템시범	21,000	농업기술센터	8	4	7	8	7	5	5	1
2843	경북 영천시	신규정착농업인새소득작목육성시범	42,000	농업기술센터	8	4	7	8	7	5	5	1
2844	경북 영천시	고추다수확관수관비재배시범	5,000	농업기술센터	8	4	7	8	7	5	5	1
2845	경북 영천시	고품질원예작물토양환경관리시범	3,000	농업기술센터	8	4	7	8	7	5	5	1
2846	경북 영천시	국내산약용작물재배시범사업	21,000	농업기술센터	8	4	7	8	7	5	5	1
2847	경북 영천시	작은도서관도서구입비	4,000	평생학습관	8	1	7	8	7	1	1	1
2848	경북 김천시	공동주택관리비용 지원	360,000	건축디자인과	8	1	7	8	7	1	1	1
2849	경북 김천시	농촌빈집정비사업	72,000	건축디자인과	8	1	7	8	7	1	1	1
2850	경북 김천시	소규모공동주택 지원사업	90,000	건축디자인과	8	4	1	7	1	1	1	1
2851	경북 김천시	과수생력화장비지원	100,000	농업정책과	8	1	7	8	7	5	5	4
2852	경북 김천시	농가형저온저장고 설치지원	50,000	농업정책과	8	1	7	8	7	5	5	4
2853	경북 김천시	시설하우스 무인방제기 설치	50,000	농업정책과	8	1	7	8	7	5	5	4
2854	경북 김천시	중산간지 새소득 품목전환 지원	400,000	농업정책과	8	1	7	8	7	5	5	4

순번	시군구	지출명 (사업명)	2021년예산 (단위:천원/1년간)	담당자 (공무원)	민간이전 분류 (지방자치단체 세출예산 집행기준에 의거)	민간이전지출 근거 (지방보조금 관리기준 참고)	입찰방식			운영예산 산정		성과평가 실시여부
				담당부서	1. 민간경상사업보조(307-02) 2. 민간단체 법정운영비보조(307-03) 3. 민간행사사업보조(307-04) 4. 민간위탁금(307-05) 5. 사회복지시설 법정운영비보조(307-10) 6. 민간인위탁교육비(307-12) 7. 공기관등에대한경상적위탁사업비(308-10) 8. 민간자본사업보조,자체재원(402-01) 9. 민간자본사업보조,이전재원(402-02) 10. 민간위탁사업비(402-03) 11. 공기관등에 대한 자본적 대행사업비(403-02)	1. 법률에 규정 2. 국고보조 재원(국가지정) 3. 용도 지정 기부금 4. 조례에 직접규정 5. 지자체가 권장하는 사업을 하는 공공기관 6. 시,도 정책 및 재정사정 7. 기타 8. 해당없음	계약체결방법 (경쟁형태) 1. 일반경쟁 2. 제한경쟁 3. 지명경쟁 4. 수의계약 5. 법정위탁 6. 기타 ( ) 7. 해당없음	계약기간 1. 1년 2. 2년 3. 3년 4. 4년 5. 5년 6. 기타 ( )년 7. 단기계약 (1년미만) 8. 해당없음	낙찰자선정방법 1. 적격심사 2. 협상에의한계약 3. 최저가낙찰제 4. 규격가격분리 5. 2단계 경쟁입찰 6. 기타 ( ) 7. 해당없음	운영예산 산정 1. 내부산정 (지자체 자체적으로 산정) 2. 외부산정 (외부전문기관위탁 산정) 3. 내·외부 모두 산정 4. 산정 無 5. 해당없음	정산방법 1. 내부정산 (지자체 내부적으로 정산) 2. 외부정산 (외부전문기관위탁 정산) 3. 내·외부 모두 산정 4. 정산 無 5. 해당없음	1. 실시 2. 미실시 3. 향후 추진 4. 해당없음
2855	경북 김천시	수출딸기 생육환경 개선	50,000	농업정책과	8	1	7	8	7	5	5	4
2856	경북 김천시	농업용전동운반차지원	100,000	농업정책과	8	4	7	8	7	5	5	4
2857	경북 김천시	경로당 및 마을회관 신축·보수	1,000,000	사회복지과	8	4	1	7	6	1	1	1
2858	경북 김천시	세외수입정보시스템 유지관리비	25,759	세정과	8	1	5	1	2	1	2	4
2859	경북 김천시	지방세 정보화사업 위탁사업비	52,229	세정과	8	1	5	1	2	1	2	4
2860	경북 김천시	한우사료자동급이기 지원	19,500	축산과	8	1	7	8	7	1	1	1
2861	경북 김천시	축산농가 환경개선장비 지원	30,000	축산과	8	1	7	8	7	1	1	4
2862	경북 김천시	액비저장조 개보수 지원	50,000	축산과	8	1	7	8	7	1	1	4
2863	경북 안동시	임청각 작은전시관 보수	15,000	사회복지과	8	6	7	8	7	5	5	1
2864	경북 안동시	작은도서관 도서 구입	21,000	시립도서관	8	4	7	8	7	5	5	4
2865	경북 안동시	창업보육센터 물품 구입 지원(3개대학)	20,000	투자유치과	8	1	7	8	7	5	5	4
2866	경북 안동시	하회상가 초가 이엉잇기	40,000	하회마을관리사무소	8	4	7	8	7	1	1	1
2867	경북 안동시	곶감포장재 지원	10,000	산림과	8	6	7	8	7	5	5	3
2868	경북 안동시	버섯배지지원	30,000	산림과	8	6	7	8	7	5	5	3
2869	경북 안동시	사과 비파괴 당도 선별 시스템 지원사업	300,000	유통특작과	8	6	7	8	7	1	1	1
2870	경북 안동시	농식품가공업체 생산시설 신증설 및 개보수	60,000	유통특작과	8	4	7	8	7	1	1	1
2871	경북 안동시	과수경쟁력제고(시설)	225,000	유통특작과	8	6	7	8	7	1	1	1
2872	경북 안동시	사과저온저장고설치지원	150,000	유통특작과	8	6	7	8	7	1	1	1
2873	경북 안동시	과수생력화장비지원	1,071,250	유통특작과	8	6	7	8	7	1	1	1
2874	경북 안동시	화훼생산유통시설지원	50,000	유통특작과	8	6	7	8	7	1	1	1
2875	경북 안동시	채소특작 농기계 지원사업	1,102,000	유통특작과	8	6	7	8	7	1	1	1
2876	경북 안동시	빈집정비사업	110,000	건축과	8	1	7	8	7	5	5	1
2877	경북 안동시	한옥보존지원사업	120,000	건축과	8	1	7	8	7	5	5	2
2878	경북 안동시	청년농업인 4-H회원 영농정착지원	28,000	농촌지원과	8	1	7	8	7	5	5	4
2879	경북 안동시	농작업 휴게실 보완 시범	35,000	농촌지원과	8	4	7	8	7	5	5	4
2880	경북 안동시	농작업현장 친환경 화장실 설치시범	10,500	농촌지원과	8	4	7	8	7	5	5	4
2881	경북 안동시	생산비 절감을 위한 드문심기 기술시범	35,000	기술보급과	8	4	7	8	7	5	5	4
2882	경북 안동시	토양환경 개선 고품질 식량작물 생산 시범	20,000	기술보급과	8	4	7	8	7	5	5	4
2883	경북 안동시	추석용 조생종 벼 조기재배 시범	14,000	기술보급과	8	4	7	8	7	5	5	4
2884	경북 안동시	고품질 쌀 생산단지 조성	14,000	기술보급과	8	4	7	8	7	5	5	4
2885	경북 안동시	안동쌀(특수미) 명품화 사업	42,000	기술보급과	8	4	7	8	7	5	5	4
2886	경북 안동시	기능성 쌀 생산시범	10,500	기술보급과	8	4	7	8	7	5	5	4
2887	경북 안동시	고구마 무병 종순 및 종자 지역 적응 시범	35,000	기술보급과	8	4	7	8	7	5	5	4
2888	경북 안동시	밭작물 우량 종자채종단지 육성	21,000	기술보급과	8	4	7	8	7	5	5	4
2889	경북 안동시	식량작물 2기작 재배 생산 시범	21,000	기술보급과	8	4	7	8	7	5	5	4
2890	경북 안동시	드론활용 병해충방제 시범	70,000	기술보급과	8	4	7	8	7	5	5	4
2891	경북 안동시	우리밀 국내육성 품종 대규모 생산기반조성	220,000	기술보급과	8	4	7	8	7	5	5	4
2892	경북 안동시	딸기 고설 양액재배 시범	75,000	기술보급과	8	4	7	8	7	5	5	4
2893	경북 안동시	고온기 딸기 육묘 품질 향상 시범	12,000	기술보급과	8	4	7	8	7	5	5	4
2894	경북 안동시	고추 상품성 향상을 위한 유인재배 시범	50,000	기술보급과	8	4	7	8	7	5	5	4
2895	경북 안동시	고추 건조 노동력 절감 생력화 시범	12,600	기술보급과	8	4	7	8	7	5	5	4
2896	경북 안동시	생강 이상기상 대비 안정생산 및 생력화 시범	15,000	기술보급과	8	4	7	8	7	5	5	4

순번	시군구	지출명 (사업명)	2021년예산 (단위:천원/1년간)	담당자 (공무원)	민간이전 분류 (지방자치단체 세출예산 집행기준에 의거)	민간이전지출 근거 (지방보조금 관리기준 참고)	입찰방식			운영예산 산정		성과평가 실시여부
				담당부서	1. 민간경상사업보조(307-02) 2. 민간단체 법정운영비보조(307-03) 3. 민간행사사업보조(307-04) 4. 민간위탁금(307-05) 5. 사회복지시설 법정운영비보조(307-10) 6. 민간인위탁교육비(307-12) 7. 공기관등에대한경상적위탁사업비(308-10) 8. 민간자본사업보조,자체재원(402-01) 9. 민간자본사업보조,이전재원(402-02) 10. 민간위탁사업비(402-03) 11. 공기관등에 대한 자본적 대행사업비(403-02)	1. 법률에 규정 2. 국고보조 재원(국가지정) 3. 용도 지정 기부금 4. 조례에 직접규정 5. 지자체가 권장하는 사업을 하는 공공기관 6. 시,도 정책 및 재정사정 7. 기타 8. 해당없음	계약체결방법 (경쟁형태) 1. 일반경쟁 2. 제한경쟁 3. 지명경쟁 4. 수의계약 5. 법정위탁 6. 기타 ( ) 7. 해당없음	계약기간 1. 1년 2. 2년 3. 3년 4. 4년 5. 5년 6. 기타 ( )년 7. 단기계약 (1년미만) 8. 해당없음	낙찰자선정방법 1. 적격심사 2. 협상에의한계약 3. 최저가낙찰제 4. 규격가격분리 5. 2단계 경쟁입찰 6. 기타 ( ) 7. 해당없음	운영예산 산정 1. 내부산정 (지자체 자체적으로 산정) 2. 외부산정 (외부전문기관위탁 산정) 3. 내·외부 모두 산정 4. 산정 無 5. 해당없음	정산방법 1. 내부정산 (지자체 내부적으로 정산) 2. 외부정산 (외부전문기관위탁 정산) 3. 내·외부 모두 산정 4. 정산 無 5. 해당없음	1. 실시 2. 미실시 3. 향후 추진 4. 해당없음
2897	경북 안동시	품종 다양화를 위한 신품종 수박 현지 적응	5,000	기술보급과	8	4	7	8	7	5	5	4
2898	경북 안동시	시설하우스 토양관리를 위한 과학영농 시범	10,000	기술보급과	8	4	7	8	7	5	5	4
2899	경북 안동시	황토유황제를 활용한 고품질 고추 생산 시범	10,000	기술보급과	8	4	7	8	7	5	5	4
2900	경북 안동시	월동 과채류 재배 선도단지 육성	100,000	기술보급과	8	4	7	8	7	5	5	4
2901	경북 안동시	샤인머스켓 소득 안정화 시범	14,000	기술보급과	8	4	7	8	7	5	5	4
2902	경북 안동시	프룬 생산 안정화 시범	14,000	기술보급과	8	4	7	8	7	5	5	4
2903	경북 안동시	사과 생육 조절을 통한 품질 고급화 시범	42,000	기술보급과	8	4	7	8	7	5	5	4
2904	경북 안동시	시설과수 결실 안정 환경 개선 시범	21,000	기술보급과	8	4	7	8	7	5	5	4
2905	경북 안동시	아리수 사과 품질 향상 시범	21,000	기술보급과	8	4	7	8	7	5	5	4
2906	경북 안동시	기상재해 대응 종합 시범	14,000	기술보급과	8	4	7	8	7	5	5	4
2907	경북 안동시	핵과류 다수확 수형 보급 시범	14,000	기술보급과	8	4	7	8	7	5	5	4
2908	경북 안동시	아열대 과수 안정생산 기반 조성 시범	21,000	기술보급과	8	4	7	8	7	5	5	4
2909	경북 안동시	지열을 이용한 포도 신품종 생산 시범	10,500	기술보급과	8	4	7	8	7	5	5	4
2910	경북 안동시	사과 신품종 도입 수확기 분산 시범	5,000	기술보급과	8	4	7	8	7	5	5	4
2911	경북 안동시	신품종 포도 간이 비가림 재배 시범	28,000	기술보급과	8	4	7	8	7	5	5	4
2912	경북 안동시	고능력 수정란 이식을 통한 우량 암송아지 확대생산 시범	7,000	기술보급과	8	4	7	8	7	5	5	4
2913	경북 안동시	축사 온도저감 및 가축질병 예방 기술보급 시범	14,000	기술보급과	8	4	7	8	7	5	5	4
2914	경북 안동시	번식우 조기 임신진단 개체관리 시스템 활용 시범	6,600	기술보급과	8	4	7	8	7	5	5	4
2915	경북 안동시	미생물 활용 축사 악취저감 및 분뇨 부숙 촉진 시범	10,500	기술보급과	8	4	7	8	7	5	5	4
2916	경북 안동시	양봉작업 환경개선 지원	4,500	기술보급과	8	4	7	8	7	5	5	4
2917	경북 안동시	고품질 우슬재배단지 조성시범	14,000	미래농업과	8	4	7	8	7	5	5	4
2918	경북 안동시	새 소득원 구기자 생력화 재배시범	7,000	미래농업과	8	4	7	8	7	5	5	4
2919	경북 안동시	토양물리성 개선 고품질 산약 안정 생산 시범	7,000	미래농업과	8	4	7	8	7	5	5	4
2920	경북 안동시	이상기후 대응 약용작물 종합관리시범	3,500	미래농업과	8	4	7	8	7	5	5	4
2921	경북 안동시	신품종 지황 품종별 지역 적응시험	4,900	미래농업과	8	4	7	8	7	5	5	4
2922	경북 안동시	지황 조직배양묘 활용 고품질 생산보급 체계 구축	7,000	미래농업과	8	4	7	8	7	5	5	4
2923	경북 안동시	농산물직거래작업장시설장비환경개선	14,000	미래농업과	8	4	7	8	7	5	5	4
2924	경북 안동시	정보화농업인 전자상거래 기반 구축	10,500	미래농업과	8	4	7	8	7	5	5	4
2925	경북 안동시	결혼 이민자 농가지원	144,000	농정과	8	4	7	8	7	5	5	4
2926	경북 안동시	농업6차산업화 창업지원	70,000	농정과	8	4	7	8	7	5	5	4
2927	경북 안동시	벼수매통지원	60,000	농정과	8	4	7	8	7	5	5	4
2928	경북 안동시	안동브랜드쌀 재배단지 육성	517,500	농정과	8	4	7	8	7	5	5	4
2929	경북 안동시	벼육묘공장 노후시설 보수지원	37,500	농정과	8	4	7	8	7	5	5	4
2930	경북 안동시	개별농가 및 육묘공장 상토 공급	450,000	농정과	8	4	7	8	7	5	5	4
2931	경북 안동시	농업용수 저장시설 설치지원	280,000	농정과	8	4	7	8	7	5	5	4
2932	경북 안동시	벼 재배농가 개량물꼬 지원	25,000	농정과	8	4	7	8	7	5	5	4
2933	경북 안동시	생력화농기계 지원	515,000	농정과	8	1	7	8	7	5	5	4
2934	경북 안동시	묘판 병해충방제 농약 공급	300,000	농정과	8	4	7	8	7	5	5	4
2935	경북 안동시	고품질 안동산약 생산 지원	250,000	농정과	8	4	7	8	7	5	5	4
2936	경북 안동시	서류작물 선별기 지원	5,000	농정과	8	4	7	8	7	5	5	4
2937	경북 안동시	친환경농업 선도농가 확대육성 지원	100,000	농정과	8	4	7	8	7	5	5	4
2938	경북 안동시	친환경벼대형농기계지원	150,000	농정과	8	4	7	8	7	5	5	4

순번	시군구	지출명 (사업명)	2021년예산 (단위:천원/1년간)	담당자 (공무원) 담당부서	민간이전 분류 (지방자치단체 세출예산 집행기준에 의거) 1. 민간경상사업보조(307-02) 2. 민간단체 법정운영비보조(307-03) 3. 민간행사사업보조(307-04) 4. 민간위탁금(307-05) 5. 사회복지시설 법정운영비보조(307-10) 6. 민간인위탁교육비(307-12) 7. 공기관등에대한경상적위탁사업비(308-10) 8. 민간자본사업보조,자체재원(402-01) 9. 민간자본사업보조,이전재원(402-02) 10. 민간위탁사업비(402-03) 11. 공기관등에 대한 자본적 대행사업비(403-02)	민간이전지출 근거 (지방보조금 관리기준 참고) 1. 법률에 규정 2. 국고보조 재원(국가지정) 3. 용도 지정 기부금 4. 조례에 직접규정 5. 지자체가 권장하는 사업을 하는 공공기관 6. 시,도 정책 및 재정사정 7. 기타 8. 해당없음	입찰방식 계약체결방법 (경쟁형태) 1. 일반경쟁 2. 제한경쟁 3. 지명경쟁 4. 수의계약 5. 법정위탁 6. 기타 ( ) 7. 해당없음	입찰방식 계약기간 1. 1년 2. 2년 3. 3년 4. 4년 5. 5년 6. 기타 ( )년 7. 단기계약 (1년미만) 8. 해당없음	입찰방식 낙찰자선정방법 1. 적격심사 2. 협상에의한계약 3. 최저가낙찰제 4. 규격가격분리 5. 2단계 경쟁입찰 6. 기타 ( ) 7. 해당없음	운영예산 산정 운영예산 산정 1. 내부산정 (지자체 자체적으로 산정) 2. 외부산정 (외부전문기관위탁 산정) 3. 내·외부 모두 산정 4. 산정 無 5. 해당없음	운영예산 산정 정산방법 1. 내부정산 (지자체 내부적으로 정산) 2. 외부정산 (외부전문기관위탁 정산) 3. 내·외부 모두 산정 4. 정산 無 5. 해당없음	성과평가 실시여부 1. 실시 2. 미실시 3. 향후 추진 4. 해당없음
2939	경북 안동시	친환경벼논두렁조성기지원	10,000	농정과	8	4	7	8	7	5	5	4
2940	경북 안동시	귀농정착지원사업	160,000	농정과	8	4	7	8	7	5	5	4
2941	경북 안동시	문화유산(향토유적)보수	250,000	문화유산과	8	4	7	8	7	5	5	4
2942	경북 안동시	임하호 어족자원관리센터 양식기자재 구입	20,000	안전재난과	8	1	4	1	7	5	5	4
2943	경북 안동시	와룡면 중가구2리 공동 농기계 구입	12,000	안전재난과	8	1	4	1	7	5	5	4
2944	경북 안동시	와룡면 지내1리 공동 농기계 구입	16,000	안전재난과	8	1	4	1	7	5	5	4
2945	경북 안동시	와룡면 지내2리 공동 농기계 구입	25,000	안전재난과	8	1	4	1	7	5	5	4
2946	경북 안동시	와룡면 서지리 공동 농기계 구입	20,000	안전재난과	8	1	4	1	7	5	5	4
2947	경북 안동시	와룡면 이상리 공동 농기계 구입	13,000	안전재난과	8	1	4	1	7	5	5	4
2948	경북 안동시	북후면 옹천1리 마을 비료 구입	3,285	안전재난과	8	1	4	1	7	5	5	4
2949	경북 안동시	북후면 옹천2리 마을 비료 고입	2,026	안전재난과	8	1	4	1	7	5	5	4
2950	경북 안동시	북후면 옹천3리 마을 비료 구입	4,056	안전재난과	8	1	4	1	7	5	5	4
2951	경북 안동시	북후면 석탑리 마을 비료 구입	3,996	안전재난과	8	1	4	1	7	5	5	4
2952	경북 안동시	북후면 두산리 마을 비료 구입	5,515	안전재난과	8	1	4	1	7	5	5	4
2953	경북 안동시	북후면 연곡1리 마을 비료 구입	1,199	안전재난과	8	1	4	1	7	5	5	4
2954	경북 안동시	북후면 월전리 마을 비료 구입	5,239	안전재난과	8	1	4	1	7	5	5	4
2955	경북 안동시	북후면 신전1리 폐비닐집하장 CCTV설치	1,328	안전재난과	8	1	4	1	7	5	5	4
2956	경북 안동시	북후면 도촌2리 방범용 CCTV설치	3,823	안전재난과	8	1	4	1	7	5	5	4
2957	경북 안동시	북후면 장기리 방범용 CCTV 설치	2,679	안전재난과	8	1	4	1	7	5	5	4
2958	경북 안동시	서후면 재품리 친환경농자재 구입	5,265	안전재난과	8	1	4	1	7	5	5	4
2959	경북 안동시	임하면 임하2리 마을공동농기계 보관창고 설치	4,300	안전재난과	8	1	4	1	7	5	5	4
2960	경북 안동시	임하면 천전2리 친환경영농자재 구입	11,300	안전재난과	8	1	4	1	7	5	5	4
2961	경북 안동시	임하면 신덕2리 마을공동농기계 구입	12,200	안전재난과	8	1	4	1	7	5	5	4
2962	경북 안동시	임하면 금소2리 마을공동농기계 구입	5,200	안전재난과	8	1	4	1	7	5	5	4
2963	경북 안동시	임하면 금소2리 마을공동저온저장고 보수	3,000	안전재난과	8	1	4	1	7	5	5	4
2964	경북 안동시	임하면 노산리 공동농기계 구입	20,000	안전재난과	8	1	4	1	7	5	5	4
2965	경북 안동시	임하면 노산리 친환경영농자재 구입	11,800	안전재난과	8	1	4	1	7	5	5	4
2966	경북 안동시	임하면 임하1리 마을공동저온창고 설치	59,600	안전재난과	8	1	1	1	1	5	5	4
2967	경북 안동시	임하면 천전1리 친환경 농자재 구입	16,200	안전재난과	8	1	4	1	7	5	5	4
2968	경북 안동시	임하면 고곡리 마을공동농기계 구입	19,400	안전재난과	8	1	4	1	7	5	5	4
2969	경북 안동시	임하면 오대1리 친환경농자재 구입	6,000	안전재난과	8	1	4	1	7	5	5	4
2970	경북 안동시	임하면 오대2리 친환경농자재 구입	7,500	안전재난과	8	1	4	1	7	5	5	4
2971	경북 안동시	임하면 금소1리 주변 CCTV설치	6,400	안전재난과	8	1	4	1	7	5	5	4
2972	경북 안동시	길안면 천지1리 신기 저온저장고 증축	8,300	안전재난과	8	1	4	1	7	5	5	4
2973	경북 안동시	길안면 천지3리 친환경비료 구입	4,500	안전재난과	8	1	4	1	7	5	5	4
2974	경북 안동시	길안면 만음2리 친환경비료 구입	4,100	안전재난과	8	1	4	1	7	5	5	4
2975	경북 안동시	길안면 구수1리 저온저장고 마당포장	4,100	안전재난과	8	1	4	1	7	5	5	4
2976	경북 안동시	길안면 구수2리 친환경비료 구입	4,500	안전재난과	8	1	4	1	7	5	5	4
2977	경북 안동시	길안면 배방리 저온저장고 보수	5,500	안전재난과	8	1	4	1	7	5	5	4
2978	경북 안동시	길안면 용계리 마을 공동농기계 구입	16,600	안전재난과	8	1	4	1	7	5	5	4
2979	경북 안동시	길안면 현하3리 친환경비료 구입	3,900	안전재난과	8	1	4	1	7	5	5	4
2980	경북 안동시	길안면 천지2리 창리마을회관 상수도 배관 교체	5,100	안전재난과	8	1	4	1	7	5	5	4

순번	시군구	지출명 (사업명)	2021년예산 (단위:천원/1년간)	담당자 (공무원) 담당부서	민간이전 분류 (지방자치단체 세출예산 집행기준에 의거) 1. 민간경상사업보조(307-02) 2. 민간단체 법정운영비보조(307-03) 3. 민간행사사업보조(307-04) 4. 민간위탁금(307-05) 5. 사회복지시설 법정운영비보조(307-10) 6. 민간인위탁교육비(307-12) 7. 공기관등에대한경상적위탁사업비(308-10) 8. 민간자본사업보조,자체재원(402-01) 9. 민간자본사업보조,이전재원(402-02) 10. 민간위탁사업비(402-03) 11. 공기관등에 대한 자본적 대행사업비(403-02)	민간이전지출 근거 (지방보조금 관리기준 참고) 1. 법률에 규정 2. 국고보조 재원(국가지정) 3. 용도 지정 기부금 4. 조례에 직접규정 5. 지자체가 권장하는 사업을 하는 공공기관 6. 시,도 정책 및 재정사정 7. 기타 8. 해당없음	입찰방식 계약체결방법 (경쟁형태) 1. 일반경쟁 2. 제한경쟁 3. 지명경쟁 4. 수의계약 5. 법정위탁 6. 기타 ( ) 7. 해당없음	입찰방식 계약기간 1. 1년 2. 2년 3. 3년 4. 4년 5. 5년 6. 기타 ( )년 7. 단기계약 (1년미만) 8. 해당없음	입찰방식 낙찰자선정방법 1. 적격심사 2. 협상에의한계약 3. 최저가낙찰제 4. 규격가격분리 5. 2단계 경쟁입찰 6. 기타 ( ) 7. 해당없음	운영예산 산정 운영예산 산정 1. 내부산정 (지자체 자체적으로 산정) 2. 외부산정 (외부전문기관위탁 산정) 3. 내·외부 모두 산정 4. 산정 無 5. 해당없음	운영예산 산정 정산방법 1. 내부정산 (지자체 내부적으로 정산) 2. 외부정산 (외부전문기관위탁 정산) 3. 내·외부 모두 산정 4. 정산 無 5. 해당없음	성과평가 실시여부 1. 실시 2. 미실시 3. 향후 추진 4. 해당없음
2981	경북 안동시	길안면 천지2리 방범카메라 설치	600	안전재난과	8	1	4	1	7	5	5	4
2982	경북 안동시	임동면 중평2리 무선방송시스템 구축 및 CCTV 설치	26,000	안전재난과	8	1	1	1	1	5	5	4
2983	경북 안동시	예안면 정산1리 농자재 구입	24,700	안전재난과	8	1	1	1	1	5	5	4
2984	경북 안동시	예안면 기사1리 농자재 구입	20,500	안전재난과	8	1	4	1	7	5	5	4
2985	경북 안동시	예안면 기사2리 농자재 구입	20,400	안전재난과	8	1	4	1	7	5	5	4
2986	경북 안동시	예안면 주진1리 농자재 구입	12,500	안전재난과	8	1	4	1	7	5	5	4
2987	경북 안동시	예안면 주진2리 농자재 구입	21,900	안전재난과	8	1	4	1	7	5	5	4
2988	경북 안동시	예안면 천전리 농기계 구입	15,300	안전재난과	8	1	4	1	7	5	5	4
2989	경북 안동시	예안면 귀단1리 마을공동저장고 보수공사	14,000	안전재난과	8	1	4	1	7	5	5	4
2990	경북 안동시	예안면 부포리 농자재 구입	17,900	안전재난과	8	1	4	1	7	5	5	4
2991	경북 안동시	예안면 태곡리 농자재 구입	20,000	안전재난과	8	1	4	1	7	5	5	4
2992	경북 안동시	예안면 삼계리 농자재 구입	10,000	안전재난과	8	1	4	1	7	5	5	4
2993	경북 안동시	예안면 도촌리 농자재 구입	11,200	안전재난과	8	1	4	1	7	5	5	4
2994	경북 안동시	예안면 구룡리 농자재 구입	30,000	안전재난과	8	1	4	1	7	5	5	4
2995	경북 안동시	예안면 계곡리 농기계 구입	20,000	안전재난과	8	1	4	1	7	5	5	4
2996	경북 안동시	예안면 귀단2리 마을회관 부지 매입	19,600	안전재난과	8	1	4	1	7	5	5	4
2997	경북 안동시	예안면 태곡리 마을회관 보수	9,900	안전재난과	8	1	4	1	7	5	5	4
2998	경북 안동시	예안면 구룡리 농자재 구입	9,000	안전재난과	8	1	4	1	7	5	5	4
2999	경북 안동시	예안면 계곡리 공동농기계 및 농자재 구입	18,000	안전재난과	8	1	4	1	7	5	5	4
3000	경북 안동시	중구동 축제 행사 물품구입	5,000	안전재난과	8	1	4	1	7	5	5	4
3001	경북 안동시	옥동 경로당 물품 구입	15,000	안전재난과	8	1	4	1	7	5	5	4
3002	경북 안동시	송하동 이안아파트 내 운동기구 구입	4,000	안전재난과	8	1	4	1	7	5	5	4
3003	경북 안동시	노인복지시설관리및지원	900,000	노인장애인복지과	8	4	5	8	7	1	1	1
3004	경북 안동시	노인복지시설관리및지원	300,000	노인장애인복지과	8	4	5	8	7	1	1	1
3005	경북 안동시	노인복지시설관리및지원	50,000	노인장애인복지과	8	1	7	8	7	1	1	1
3006	경북 안동시	지역경제활성화 소상공인 포장재 지원	20,000	일자리경제과	8	4	4	1	7	1	1	3
3007	경북 구미시	학교급식지원센터지원	18,900	교육지원과	8	6	1	2	3	1	1	1
3008	경북 구미시	새마을작은도서관 조성 및 정비사업	10,000	새마을과	8	4	5	1	7	1	5	4
3009	경북 구미시	새마을작은도서관 도서구입 지원	32,000	새마을과	8	4	5	1	7	1	5	4
3010	경북 구미시	경로당개보수	40,000	노인장애인과	8	4	4	7	7	1	1	1
3011	경북 구미시	마을회관건립	200,000	새마을과	8	4	7	8	7	5	5	4
3012	경북 구미시	마을회관개보수	15,000	새마을과	8	4	7	8	7	5	5	4
3013	경북 구미시	물놀이 안전계도 및 수난구조활동	6,400	안전재난과	8	4	1	1	1	1	1	1
3014	경북 구미시	빈집정비사업	8,800	건축과	8	1	7	8	7	1	1	1
3015	경북 구미시	공동주택시설관리지원사업	380,000	공동주택과	8	1	7	8	7	5	5	4
3016	경북 구미시	대표농산물 쌀 GAP재배단지 조성사업	100,000	농정과	8	4	7	8	7	5	1	1
3017	경북 구미시	토양선충처리제지원	50,000	농정과	8	4	7	8	7	5	1	1
3018	경북 구미시	토양영양제지원	54,000	농정과	8	4	7	8	7	5	1	1
3019	경북 구미시	벼 재배농가 육묘용 상토지원	620,400	농정과	8	4	7	8	7	5	1	1
3020	경북 구미시	노력절감형 벼 육묘상자 지원	24,000	농정과	8	4	7	8	7	5	1	1
3021	경북 구미시	유기농전환벼재배단지 지원	28,000	농정과	8	4	7	8	7	5	1	1
3022	경북 구미시	벼 못자리용 부직포 지원	70,000	농정과	8	4	7	8	7	5	1	1

순번	시군구	지출명 (사업명)	2021년예산 (단위:천원/1년간)	담당자 (공무원) 담당부서	민간이전 분류 (지방자치단체 세출예산 집행기준에 의거) 1. 민간경상사업보조(307-02) 2. 민간단체 법정운영비보조(307-03) 3. 민간행사사업보조(307-04) 4. 민간위탁금(307-05) 5. 사회복지시설 법정운영비보조(307-10) 6. 민간인위탁교육비(307-12) 7. 공기관등에대한경상적위탁사업비(308-10) 8. 민간자본사업보조,자체재원(402-01) 9. 민간자본사업보조,이전재원(402-02) 10. 민간위탁사업비(402-03) 11. 공기관등에 대한 자본적 대행사업비(403-02)	민간이전지출 근거 (지방보조금 관리기준 참고) 1. 법률에 규정 2. 국고보조 재원(국가지정) 3. 용도 지정 기부금 4. 조례에 직접규정 5. 지자체가 권장하는 사업을 하는 공공기관 6. 시,도 정책 및 재정사정 7. 기타 8. 해당없음	입찰방식 계약체결방법 (경쟁형태) 1. 일반경쟁 2. 제한경쟁 3. 지명경쟁 4. 수의계약 5. 법정위탁 6. 기타 ( ) 7. 해당없음	입찰방식 계약기간 1. 1년 2. 2년 3. 3년 4. 4년 5. 5년 6. 기타 ( )년 7. 단기계약 (1년미만) 8. 해당없음	입찰방식 낙찰자선정방법 1. 적격심사 2. 협상에의한계약 3. 최저가낙찰제 4. 규격가격분리 5. 2단계 경쟁입찰 6. 기타 ( ) 7. 해당없음	운영예산 산정 운영예산 산정 1. 내부산정 (지자체 자체적으로 산정) 2. 외부산정 (외부전문기관위탁 산정) 3. 내·외부 모두 산정 4. 산정 無 5. 해당없음	운영예산 산정 정산방법 1. 내부정산 (지자체 내부적으로 정산) 2. 외부정산 (외부전문기관위탁 정산) 3. 내·외부 모두 산정 4. 정산 無 5. 해당없음	성과평가 실시여부 1. 실시 2. 미실시 3. 향후 추진 4. 해당없음
3023	경북 구미시	벼종자소독제 지원	75,200	농정과	8	4	7	8	7	5	1	1
3024	경북 구미시	벼병해충방제처리제 지원	1,224,300	농정과	8	4	1	7	1	5	1	1
3025	경북 구미시	구미시 농업기계 구입 지원	200,000	농정과	8	4	7	8	7	5	1	1
3026	경북 구미시	일선정품 브랜드 쌀 포장재 제작 지원	28,000	농정과	8	6	4	8	7	5	5	1
3027	경북 구미시	수정벌지원사업	66,000	농정과	8	4	7	8	7	5	1	1
3028	경북 구미시	인삼재배농가관수시설설치	18,000	농정과	8	4	7	8	7	5	1	1
3029	경북 구미시	원예소득작목육성지원사업	540,000	농정과	8	4	7	8	7	5	1	1
3030	경북 구미시	인삼,생약산업육성지원	31,000	농정과	8	4	7	8	7	5	1	1
3031	경북 구미시	과수 착색봉지 지원사업	20,000	농정과	8	4	7	8	7	5	1	1
3032	경북 구미시	과수 반사필름 지원사업	15,200	농정과	8	4	7	8	7	5	1	1
3033	경북 구미시	과수 수형개선 지원사업	15,000	농정과	8	4	7	8	7	5	1	1
3034	경북 구미시	과수,원예작물분야 칼슘유황비료 지원	64,860	농정과	8	4	7	8	7	5	1	1
3035	경북 구미시	과수생력화장비(전동가위) 지원	15,000	농정과	8	4	7	8	7	5	1	1
3036	경북 구미시	농산물 규격출하(포장재) 지원사업	444,000	유통과	8	4	7	8	7	5	5	4
3037	경북 구미시	로컬푸드 연중생산체계 구축사업	50,000	유통과	8	8	7	8	7	5	5	4
3038	경북 구미시	한우송아지 초유 공급	15,000	축산과	8	7	7	8	7	1	1	1
3039	경북 구미시	한우수정란이식사업	3,150	축산과	8	7	7	8	7	1	1	1
3040	경북 구미시	사일리지 생균제 지원	5,000	축산과	8	7	7	8	7	1	1	1
3041	경북 구미시	사일리지용 비닐 지원	36,000	축산과	8	7	7	8	7	1	1	1
3042	경북 구미시	가축분뇨처리재 지원사업	263,568	축산과	8	7	7	8	7	1	1	1
3043	경북 구미시	양계농가 질병 면역증강제 지원사업	10,500	축산과	8	7	7	8	7	1	1	1
3044	경북 구미시	구제역예방용 면역증강제 지원사업	40,320	축산과	8	7	7	8	7	1	1	1
3045	경북 구미시	표고재배농가 지원사업	22,400	산림과	8	4	7	8	7	5	5	4
3046	경북 구미시	시설채소 LED 인공광원 보광 시범	21,000	농업기술센터	8	4	7	8	7	5	5	4
3047	경북 구미시	작은도서관 도서구입 지원	5,000	평생교육원	8	4	7	8	7	5	5	4
3048	경북 영주시	대만 사과수출 등록농가 예찰트랩 설치	2,772	유통지원과	8	7	7	7	7	1	1	4
3049	경북 영주시	야생동물 피해예방시설 설치지원 사업	56,400	환경보호과	8	1	7	8	7	1	1	1
3050	경북 영주시	폐기물처리시설 주변지원	400,000	환경보호과	8	1	7	8	7	5	5	4
3051	경북 영주시	산림소득지원사업	25,000	산림녹지과	8	8	7	8	7	5	5	4
3052	경북 영주시	비지정 문화재 보수사업	50,000	문화예술과	8	7	7	8	7	1	1	1
3053	경북 영주시	경로당보수	325,000	노인장애인과	8	1	7	8	7	2	1	1
3054	경북 영주시	경로당 대수선	60,000	노인장애인과	8	1	7	8	7	2	1	1
3055	경북 영주시	경로당 신축	500,000	노인장애인과	8	1	7	8	7	2	1	1
3056	경북 영주시	공동거주의 집 시설보수	20,000	노인장애인과	8	4	7	8	7	2	1	1
3057	경북 영주시	공동거주의집 물품지원	5,000	노인장애인과	8	4	7	8	7	5	5	4
3058	경북 영주시	마을회관보수	40,000	건설과	8	5	7	8	7	5	5	4
3059	경북 영주시	지역특화 및 기능성 작목개발 지원사업	30,000	농정과수과	8	6	7	8	7	1	1	3
3060	경북 영주시	여성농업인 농작업 편의장비 지원	10,000	농정과수과	8	6	7	8	7	1	1	4
3061	경북 영주시	저급품사과 액비생산 원료 및 기자재 지원	19,500	농정과수과	8	4	7	8	7	5	1	1
3062	경북 영주시	영주사과 혁신을 위한 포장디자인 통합사업	683,250	농정과수과	8	4	7	8	7	5	1	1
3063	경북 영주시	복숭아 우산식 지주시설 지원	38,000	농정과수과	8	4	7	8	7	5	1	1
3064	경북 영주시	영주포도 명품화 지원	34,000	농정과수과	8	4	7	8	7	5	1	1

순번	시군구	지출명 (사업명)	2021년예산 (단위:천원/1년간)	담당자 (공무원)	민간이전 분류 (지방자치단체 세출예산 집행기준에 의거)	민간이전지출 근거 (지방보조금 관리기준 참고)	입찰방식			운영예산 산정		성과평가 실시여부
				담당부서	1. 민간경상사업보조(307-02) 2. 민간단체 법정운영비보조(307-03) 3. 민간행사사업보조(307-04) 4. 민간위탁금(307-05) 5. 사회복지시설 법정운영비보조(307-10) 6. 민간인위탁교육비(307-12) 7. 공기관등에대한경상적위탁사업비(308-10) 8. 민간자본사업보조,자체재원(402-01) 9. 민간자본사업보조,이전재원(402-02) 10. 민간위탁사업비(402-03) 11. 공기관등에 대한 자본적 대행사업비(403-02)	1. 법률에 규정 2. 국고보조 재원(국가지정) 3. 용도 지정 기부금 4. 조례에 직접규정 5. 지자체가 권장하는 사업을 하는 공공기관 6. 시,도 정책 및 재정사정 7. 기타 8. 해당없음	계약체결방법 (경쟁형태) 1. 일반경쟁 2. 제한경쟁 3. 지명경쟁 4. 수의계약 5. 법정위탁 6. 기타 ( ) 7. 해당없음	계약기간 1. 1년 2. 2년 3. 3년 4. 4년 5. 5년 6. 기타 ( )년 7. 단기계약 (1년미만) 8. 해당없음	낙찰자선정방법 1. 적격심사 2. 협상에의한계약 3. 최저가낙찰제 4. 규격가격분리 5. 2단계 경쟁입찰 6. 기타 ( ) 7. 해당없음	운영예산 산정 1. 내부산정 (지자체 자체적으로 산정) 2. 외부산정 (외부전문기관위탁 산정) 3. 내·외부 모두 산정 4. 산정 無 5. 해당없음	정산방법 1. 내부정산 (지자체 내부적으로 정산) 2. 외부정산 (외부전문기관위탁 정산) 3. 내·외부 모두 산정 4. 정산 無 5. 해당없음	1. 실시 2. 미실시 3. 향후 추진 4. 해당없음
3065	경북 영주시	관리기 부착형 예초기 지원	5,250	농정과수과	8	4	7	8	7	5	1	1
3066	경북 영주시	키낮은사과 가지유인기 지원	15,000	농정과수과	8	4	7	8	7	5	1	1
3067	경북 영주시	복숭아 봉지 지원	22,800	농정과수과	8	4	7	8	7	5	1	1
3068	경북 영주시	포도 멀칭용 비닐 지원	8,250	농정과수과	8	4	7	8	7	5	1	1
3069	경북 영주시	귀농귀촌인 주택수리비 지원사업	29,400	농정과수과	8	4	7	7	7	1	1	4
3070	경북 영주시	귀농인 정착지원사업	16,000	농정과수과	8	4	7	7	7	1	1	4
3071	경북 영주시	영주쌀브랜드전략단지친환경농자재지원	35,000	친환경농업팀	8	1	7	8	7	5	5	4
3072	경북 영주시	벼재배농가상토지원	280,800	채소특작팀	8	5	7	8	7	5	5	4
3073	경북 영주시	친환경농산물생산확충농자재지원	10,500	친환경농업팀	8	1	7	8	7	5	5	4
3074	경북 영주시	농촌관광소득작목지원	14,560	채소특작팀	8	4	7	8	7	5	5	4
3075	경북 영주시	쌀전업농농기계지원	36,500	채소특작팀	8	5	7	8	7	5	5	4
3076	경북 영주시	농작물무인항공방제지원사업	135,300	친환경농업팀	8	5	7	8	7	5	5	4
3077	경북 영주시	건조산물벼톤백지원	6,000	친환경농업팀	8	1	7	8	7	5	5	4
3078	경북 영주시	고구마종자 구입지원사업	60,000	채소특작팀	8	4	7	8	7	5	5	4
3079	경북 영주시	벼 육묘상자 지원	5,000	채소특작팀	8	5	7	8	7	5	5	4
3080	경북 영주시	인삼해가림농자재지원	200,000	인삼팀	8	4	7	8	7	5	5	4
3081	경북 영주시	인삼경작예정지관리토양개량제지원	90,000	인삼팀	8	4	7	8	7	5	5	4
3082	경북 영주시	친환경인삼생산농자재지원	50,000	인삼팀	8	4	7	8	7	5	5	4
3083	경북 영주시	친환경인삼생산유기농자재지원	117,560	인삼팀	8	4	7	8	7	5	5	4
3084	경북 영주시	풍기인삼생산기반확충지원	380,000	인삼팀	8	4	7	8	7	5	5	4
3085	경북 영주시	엽연초생산농가농자재지원	40,000	채소특작팀	8	5	7	8	7	5	5	4
3086	경북 영주시	특용작물재배농가토양개량제지원	15,000	채소특작팀	8	5	7	8	7	5	5	4
3087	경북 영주시	특용작물작물반가뭄해소농자재지원	35,000	채소특작팀	8	5	7	8	7	5	5	4
3088	경북 영주시	느타리버섯작목반농자재지원	28,000	채소특작팀	8	5	7	8	7	5	5	4
3089	경북 영주시	약초작목회치환경농자재지원	12,250	채소특작팀	8	5	7	8	7	5	5	4
3090	경북 영주시	원예용상토공급지원	80,000	채소특작팀	8	5	7	8	7	5	5	4
3091	경북 영주시	노지채소작목반농자재지원	70,000	채소특작팀	8	5	7	8	7	5	5	4
3092	경북 영주시	채소작물보직포공급지원	50,000	채소특작팀	8	5	7	8	7	5	5	4
3093	경북 영주시	생강가뭄대비농자재지원	30,000	채소특작팀	8	5	7	8	7	5	5	4
3094	경북 영주시	시설화훼연작장해개선농자재지원	7,000	채소특작팀	8	5	7	8	7	5	5	4
3095	경북 영주시	문수채소작목반저온저장고및기계설비지원	322,000	채소특작팀	8	1	7	8	7	5	5	4
3096	경북 영주시	우량씨수소 정액 지원	135,000	축산과	8	4	7	8	7	1	1	1
3097	경북 영주시	한우 행동감지 발정탐지 시스템 설치	37,500	축산과	8	4	7	8	7	1	1	1
3098	경북 영주시	영주한우 개량육종사업 기자재 지원	15,000	축산과	8	4	7	8	7	1	1	1
3099	경북 영주시	육계 질병예방을 위한 폐사체 처리용 냉동고 지원	9,000	축산과	8	1	7	8	7	5	1	1
3100	경북 영주시	영주벌꿀제품용 위생용기구입	9,900	축산과	8	1	7	8	7	5	1	1
3101	경북 영주시	꿀벌질병 예방용 소초광 구입	23,000	축산과	8	1	7	8	7	5	1	1
3102	경북 영주시	낭충봉아부패병 예방용 토종벌통 지원	2,100	축산과	8	1	7	8	7	5	1	1
3103	경북 영주시	고품질 녹용생산용 전용사료 구입	13,500	축산과	8	1	7	8	7	5	1	1
3104	경북 영주시	사슴개량인공수정 지원	4,000	축산과	8	1	7	8	7	5	1	1
3105	경북 영주시	흑염소 사육농가 미네랄 구입	2,500	축산과	8	1	7	8	7	5	1	1
3106	경북 영주시	축사환경 개선제 지원사업	399,000	축산과	8	5	7	8	7	5	5	4

순번	시군구	지출명 (사업명)	2021년예산 (단위:천원/1년간)	담당자 (공무원) 담당부서	민간이전 분류 (지방자치단체 세출예산 집행기준에 의거) 1. 민간경상사업보조(307-02) 2. 민간단체 법정운영비보조(307-03) 3. 민간행사사업보조(307-04) 4. 민간위탁금(307-05) 5. 사회복지시설 법정운영비보조(307-10) 6. 민간인위탁교육비(307-12) 7. 공기관등에대한경상적위탁사업비(308-10) 8. 민간자본사업보조,자체재원(402-01) 9. 민간자본사업보조,이전재원(402-02) 10. 민간위탁사업비(402-03) 11. 공기관등에 대한 자본적 대행사업비(403-02)	민간이전지출 근거 (지방보조금 관리기준 참고) 1. 법률에 규정 2. 국고보조 재원(국가지정) 3. 용도 지정 기부금 4. 조례에 직접규정 5. 지자체가 권장하는 사업을 하는 공공기관 6. 시,도 정책 및 재정사정 7. 기타 8. 해당없음	입찰방식 계약체결방법 (경쟁형태) 1. 일반경쟁 2. 제한경쟁 3. 지명경쟁 4. 수의계약 5. 법정위탁 6. 기타 ( ) 7. 해당없음	입찰방식 계약기간 1. 1년 2. 2년 3. 3년 4. 4년 5. 5년 6. 기타 ( )년 7. 단기계약 (1년미만) 8. 해당없음	입찰방식 낙찰자선정방법 1. 적격심사 2. 협상에의한계약 3. 최저가낙찰제 4. 규격가격분리 5. 2단계 경쟁입찰 6. 기타 ( ) 7. 해당없음	운영예산 산정 운영예산 산정 1. 내부산정 (지자체 자체적으로 산정) 2. 외부산정 (외부전문기관위탁 산정) 3. 내·외부 모두 산정 4. 산정 無 5. 해당없음	운영예산 산정 정산방법 1. 내부정산 (지자체 내부적으로 정산) 2. 외부정산 (외부전문기관위탁 정산) 3. 내·외부 모두 산정 4. 정산 無 5. 해당없음	성과평가 실시여부 1. 실시 2. 미실시 3. 향후 추진 4. 해당없음
3107	경북 영주시	축산농가 톱밥 지원사업	180,000	축산과	8	5	7	8	7	5	5	4
3108	경북 영주시	생강 출현율 향상 종합기술 투입 수량증대 시범	10,500	농촌지도과	8	4	7	8	7	5	5	4
3109	경북 영주시	이상기후 대응 과원 미세살수 농가 보급 시범	10,500	농촌지도과	8	4	7	8	7	5	5	4
3110	경북 영주시	새소득 작목 체리 재배단지 조성시범	21,000	농촌지도과	8	4	7	8	7	5	5	4
3111	경북 영주시	영주농업대상 농가 현장교육장 및 시설 설치	24,000	농촌지도과	8	4	7	8	7	5	5	4
3112	경북 영주시	농업경영현장 실용화사업	12,600	농촌지도과	8	4	7	8	7	5	5	4
3113	경북 영주시	농촌지도자 새기술 보급현장 실증사업	12,250	농촌지도과	8	4	7	8	7	5	5	4
3114	경북 영주시	청년농업인 육성지원사업	70,000	농촌지도과	8	4	7	8	7	5	5	4
3115	경북 영주시	농심나눔 쉼터설치 지원	45,000	농촌지도과	8	4	7	8	7	5	5	4
3116	경북 영주시	소규모 가공경영체 HACCP도입 시범	35,000	농촌지도과	8	4	7	8	7	5	5	4
3117	경북 영주시	원예작물 기술보급	36,400	기술지원과	8	1	7	8	7	1	1	1
3118	경북 영주시	남부지역 소득원 개발사업	200,000	기술지원과	8	1	7	8	7	1	1	1
3119	경북 영주시	영주특화품종 별사과 묘목공급 지원	50,000	기술지원과	8	4	7	8	7	1	1	1
3120	경북 영주시	과원 환경개선을 위한 광반사 신소재 시범	10,500	기술지원과	8	4	7	8	7	1	1	1
3121	경북 영주시	신소득과수 플럼크트 육성시범	31,500	기술지원과	8	4	7	8	7	1	1	1
3122	경북 상주시	공동주택 지원사업	500,000	건축과	8	4	7	8	7	1	1	1
3123	경북 상주시	농촌빈집정비사업	70,000	건축과	8	1	7	8	7	1	1	1
3124	경북 상주시	전통시장 안전시설 보수 지원	30,000	경제기업과	8	4	7	8	7	5	5	4
3125	경북 상주시	소상공인 시설개선 및 경영안정 지원사업	500,000	경제기업과	8	4	7	8	7	5	5	4
3126	경북 상주시	국내기업시설보조금	100,000	경제기업과	8	4	7	8	7	5	5	4
3127	경북 상주시	국내기업고용보조금	30,000	경제기업과	8	4	7	8	7	5	5	4
3128	경북 상주시	영농4-H회원 영농지원	5,000	농촌지원과	8	1	7	8	7	5	5	3
3129	경북 상주시	미세먼지 저감 농작업 환경개선 지원	20,000	농촌지원과	8	1	7	8	7	5	5	3
3130	경북 상주시	고령농업인 복지 및 농업활동 지원	50,000	농촌지원과	8	1	7	8	7	5	5	3
3131	경북 상주시	농촌치유 프로그램 운영 지원	15,000	농촌지원과	8	1	7	8	7	5	5	3
3132	경북 상주시	체류형 농촌관광 상품개발 지원	25,000	농촌지원과	8	1	7	8	7	5	5	3
3133	경북 상주시	식물활용 그린스쿨 조성 지원	10,000	농촌지원과	8	1	7	8	7	5	5	3
3134	경북 상주시	신규농업인 소규모 창업 지원	10,000	농촌지원과	8	1	7	8	7	5	5	3
3135	경북 상주시	지역특화작목 신기술보급 및 소득작목 개발	140,000	농촌지원과	8	1	7	8	7	5	5	3
3136	경북 상주시	밭작물 병해충 재배단지 생력화 기술보급	10,000	기술보급과	8	1	7	8	7	5	5	3
3137	경북 상주시	초당옥수수 생력화 재배 지원	20,000	기술보급과	8	1	7	8	7	5	5	3
3138	경북 상주시	신육성 벼품종종자 채종포 단지조성	25,000	기술보급과	8	1	7	8	7	5	5	3
3139	경북 상주시	드문모재배 면적확대 보급 지원	20,000	기술보급과	8	1	7	8	7	5	5	3
3140	경북 상주시	벼 들녘별 경영공동체 노동력절감 무인방제	60,000	기술보급과	8	1	7	8	7	5	5	3
3141	경북 상주시	향기나는 포도 재배 실증 시범	31,500	기술보급과	8	1	7	8	7	5	5	3
3142	경북 상주시	프리미엄 복숭아 생산단지 조성 지원	50,000	기술보급과	8	1	7	8	7	5	5	3
3143	경북 상주시	씨없는 감 생산 실증 시범	31,500	기술보급과	8	1	7	8	7	5	5	3
3144	경북 상주시	체리 고품질생산 열과방지 지원	50,000	기술보급과	8	1	7	8	7	5	5	3
3145	경북 상주시	과수 신품종'푸룬'신소득작목 육성 지원	90,000	기술보급과	8	1	7	8	7	5	5	3
3146	경북 상주시	개량형 열풍방상팬 설치 노지과수 저온피해경감 실증	31,500	기술보급과	8	1	7	8	7	5	5	3
3147	경북 상주시	시설채소 고온기 안정생산 기술보급 지원	18,000	기술보급과	8	1	7	8	7	5	5	3
3148	경북 상주시	LED이용 고품질 시설오이 재배 실증 시범	42,000	기술보급과	8	1	7	8	7	5	5	3

순번	시군구	지출명 (사업명)	2021년예산 (단위:천원/1년간)	담당자 (공무원)	민간이전 분류 (지방자치단체 세출예산 집행기준에 의거)	민간이전지출 근거 (지방보조금 관리기준 참고)	입찰방식			운영예산 산정		성과평가 실시여부
				담당부서	1. 민간경상사업보조(307-02) 2. 민간단체 법정운영비보조(307-03) 3. 민간행사사업보조(307-04) 4. 민간위탁금(307-05) 5. 사회복지시설 법정운영비보조(307-10) 6. 민간인위탁교육비(307-12) 7. 공기관등에대한경상적위탁사업비(308-10) 8. 민간자본사업보조,자체재원(402-01) 9. 민간자본사업보조,이전재원(402-02) 10. 민간위탁사업비(402-03) 11. 공기관등에 대한 자본적 대행사업비(403-02)	1. 법률에 규정 2. 국고보조 재원(국가지정) 3. 용도 지정 기부금 4. 조례에 직접규정 5. 지자체가 권장하는 사업을 하는 공공기관 6. 시,도 정책 및 재정사정 7. 기타 8. 해당없음	계약체결방법 (경쟁형태) 1. 일반경쟁 2. 제한경쟁 3. 지명경쟁 4. 수의계약 5. 법정위탁 6. 기타 ( ) 7. 해당없음	계약기간 1. 1년 2. 2년 3. 3년 4. 4년 5. 5년 6. 기타 ( )년 7. 단기계약 (1년미만) 8. 해당없음	낙찰자선정방법 1. 적격심사 2. 협상에의한계약 3. 최저가낙찰제 4. 규격가격분리 5. 2단계 경쟁입찰 6. 기타 ( ) 7. 해당없음	운영예산 산정 1. 내부산정 (지자체 자체적으로 산정) 2. 외부산정 (외부전문기관위탁 산정) 3. 내·외부 모두 산정 4. 산정 無 5. 해당없음	정산방법 1. 내부정산 (지자체 내부적으로 정산) 2. 외부정산 (외부전문기관위탁 정산) 3. 내·외부 모두 산정 4. 정산 無 5. 해당없음	1. 실시 2. 미실시 3. 향후 추진 4. 해당없음
3149	경북 상주시	노지오이 유인 지주시설 개선 지원	30,000	기술보급과	8	1	7	8	7	5	5	3
3150	경북 상주시	시설채소 병해충방제 생력화시스템구축 지원	20,000	기술보급과	8	1	7	8	7	5	5	3
3151	경북 상주시	시설채소 생육환경 개선 지원	30,000	기술보급과	8	1	7	8	7	5	5	3
3152	경북 상주시	상주가지 작형전환 리모델링 시범	112,000	기술보급과	8	1	7	8	7	5	5	3
3153	경북 상주시	고온기 대비 딸기 육묘환경개선모델구축지원	10,500	기술보급과	8	1	7	8	7	5	5	3
3154	경북 상주시	고추부직포 재배 실증 시범	10,500	기술보급과	8	1	7	8	7	5	5	3
3155	경북 상주시	고추 바이러스병 경감기술 실증 시범	16,800	기술보급과	8	1	7	8	7	5	5	3
3156	경북 상주시	구기자 비가림시설재배 지원	70,000	기술보급과	8	1	7	8	7	5	5	3
3157	경북 상주시	블루베리 품질향상 선별시스템 도입 지원	14,000	기술보급과	8	1	7	8	7	5	5	3
3158	경북 상주시	천마 단상재배 실증시험 시범	17,500	기술보급과	8	1	7	8	7	5	5	3
3159	경북 상주시	유망작목 햇순나물 생산단지 육성 지원	12,000	기술보급과	8	1	7	8	7	5	5	3
3160	경북 상주시	산마늘 안정적 생산기반 확대 지원	18,000	기술보급과	8	1	7	8	7	5	5	3
3161	경북 상주시	산마늘 조기수확을 위한 촉성재배 지원	18,000	기술보급과	8	1	7	8	7	5	5	3
3162	경북 상주시	산딸기 선도적 과원관리 농가조성 지원	7,000	기술보급과	8	1	7	8	7	5	5	3
3163	경북 상주시	화훼 품질향상 및 생육환경개선 지원	30,000	기술보급과	8	1	7	8	7	5	5	3
3164	경북 상주시	기후변화 대응 양봉 비가림 기술보급 지원	25,000	기술보급과	8	1	7	8	7	5	5	3
3165	경북 상주시	양봉 사양 자동화 시스템기반구축 지원	12,500	기술보급과	8	1	7	8	7	5	5	3
3166	경북 상주시	기후변화대응 작목개발 순환식 수막재배 실증	35,000	미래농업과	8	1	7	8	7	5	5	3
3167	경북 상주시	기후변화대응 아열대작목 가공체험 기반조성	42,000	미래농업과	8	1	7	8	7	5	5	3
3168	경북 상주시	실크스크린 인쇄기법 활용 포장재디자인 지원	25,000	미래농업과	8	1	7	8	7	5	5	3
3169	경북 상주시	스테비아 농법활용 농산물품질개선 실증	14,000	미래농업과	8	1	7	8	7	5	5	3
3170	경북 상주시	강소농 경영개선 브랜드개발지원	30,000	미래농업과	8	1	7	8	7	5	5	3
3171	경북 상주시	기후변화대응 재배 시설환경 개선 지원	20,000	미래농업과	8	1	7	8	7	5	5	3
3172	경북 상주시	농업미생물 활용 축사악취저감 지원	10,000	미래농업과	8	1	7	8	7	5	5	3
3173	경북 상주시	노지고추 다수확 실증 시범	12,600	미래농업과	8	1	7	8	7	5	5	3
3174	경북 상주시	홉 지역적응성 실증재배 지원	10,000	미래농업과	8	1	7	8	7	5	5	3
3175	경북 상주시	농가 체험형 와인양조 기반조성 지원	5,000	미래농업과	8	1	7	8	7	5	5	3
3176	경북 상주시	고온기 시설하우스 타이벡 활용 안정생산 실증	14,000	미래농업과	8	1	7	8	7	5	5	3
3177	경북 상주시	소규모 가공사업장 신제품 개발 지원	15,000	미래농업과	8	1	7	8	7	5	5	3
3178	경북 상주시	농산물가공품 품질향상 지원	15,000	미래농업과	8	1	7	8	7	5	5	3
3179	경북 상주시	국산밀생산단지경영체육성지원	27,000	농업정책과	8	2	7	8	7	1	1	1
3180	경북 상주시	종자산업기반구축사업	318,000	농업정책과	8	2	7	8	7	1	1	1
3181	경북 상주시	대규모벼재배농가대형농기계지원	300,000	농업정책과	8	6	7	8	7	1	1	1
3182	경북 상주시	명품쌀재배단지조성	70,800	농업정책과	8	6	7	8	7	1	1	1
3183	경북 상주시	벼육묘 공장설치 지원	392,500	농업정책과	8	6	7	8	7	1	1	1
3184	경북 상주시	벼육묘농자재 지원	43,500	농업정책과	8	6	7	8	7	1	1	1
3185	경북 상주시	상주쌀 명품화 추진	2,017,500	농업정책과	8	6	7	8	7	1	1	1
3186	경북 상주시	문화재유지관리및홍보	3,500	문화예술과	8	4	7	8	7	1	1	1
3187	경북 상주시	정신요양시설 기능보강	47,200	사회복지과	8	1	7	8	7	5	1	2
3188	경북 상주시	종합사회복지관 기능보강사업	200,000	사회복지과	8	1	1	7	1	1	1	3
3189	경북 상주시	임업경영주체육성	63,000	산림녹지과	8	6	7	8	7	5	5	4
3190	경북 상주시	고소득단기소득임산물시설지원	100,000	산림녹지과	8	1	7	8	7	5	5	4

순번	시군구	지출명 (사업명)	2021년예산 (단위:천원/1년간)	담당자 (공무원) 담당부서	민간이전 분류 (지방자치단체 세출예산 집행기준에 의거) 1. 민간경상사업보조(307-02) 2. 민간단체 법정운영비보조(307-03) 3. 민간행사사업보조(307-04) 4. 민간위탁금(307-05) 5. 사회복지시설 법정운영비보조(307-10) 6. 민간인위탁교육비(307-12) 7. 공기관등에대한경상적위탁사업비(308-10) 8. 민간자본사업보조,자체재원(402-01) 9. 민간자본사업보조,이전재원(402-02) 10. 민간위탁사업비(402-03) 11. 공기관등에 대한 자본적 대행사업비(403-02)	민간이전지출 근거 (지방보조금 관리기준 참고) 1. 법률에 규정 2. 국고보조 재원(국가지정) 3. 용도 지정 기부금 4. 조례에 직접규정 5. 지자체가 권장하는 사업을 하는 공공기관 6. 시,도 정책 및 재정사정 7. 기타 8. 해당없음	입찰방식 계약체결방법 (경쟁형태) 1. 일반경쟁 2. 제한경쟁 3. 지명경쟁 4. 수의계약 5. 법정위탁 6. 기타 ( ) 7. 해당없음	입찰방식 계약기간 1. 1년 2. 2년 3. 3년 4. 4년 5. 5년 6. 기타 ( )년 7. 단기계약 (1년미만) 8. 해당없음	입찰방식 낙찰자선정방법 1. 적격심사 2. 협상에의한계약 3. 최저가낙찰제 4. 규격가격분리 5. 2단계 경쟁입찰 6. 기타 ( ) 7. 해당없음	운영예산 산정 운영예산 산정 1. 내부산정 (지자체 자체적으로 산정) 2. 외부산정 (외부전문기관위탁 산정) 3. 내·외부 모두 산정 4. 산정 無 5. 해당없음	운영예산 산정 정산방법 1. 내부정산 (지자체 내부적으로 정산) 2. 외부정산 (외부전문기관위탁 정산) 3. 내·외부 모두 산정 4. 정산 無 5. 해당없음	성과평가 실시여부 1. 실시 2. 미실시 3. 향후 추진 4. 해당없음
3191	경북 상주시	남원동 남성1통 마을회관 부지 매입	150,000	새마을체육과	8	4	7	1	7	1	1	2
3192	경북 상주시	마을회관(경로당) 보수	577,036	새마을체육과	8	4	7	1	7	1	1	2
3193	경북 상주시	마을회관(경로당) 긴급보수	50,000	새마을체육과	8	4	7	1	7	1	1	2
3194	경북 상주시	민간단체 재난장비 구입 지원	18,000	안전재난과	8	4	7	8	7	1	1	2
3195	경북 상주시	통합마케팅 포장상자 지원	400,000	유통마케팅과	8	4	7	8	7	1	1	4
3196	경북 상주시	브랜드통합 포장상자 지원	100,000	유통마케팅과	8	4	7	8	7	1	1	4
3197	경북 상주시	선물용 우수포장상자 지원	20,000	유통마케팅과	8	4	7	8	7	1	1	4
3198	경북 상주시	유통효율화 기계장비 지원	100,000	유통마케팅과	8	4	7	8	7	1	1	4
3199	경북 상주시	농산물 산지유통시설 지원	300,000	유통마케팅과	8	4	7	8	7	1	1	4
3200	경북 상주시	농산물 산지유통시설 보완사업	75,000	유통마케팅과	8	4	7	8	7	1	1	4
3201	경북 상주시	상주 로컬푸드 생산기반 지원	20,000	유통마케팅과	8	4	7	8	7	1	1	4
3202	경북 상주시	소규모 가공업체 시설개선 등 지원	20,000	유통마케팅과	8	6	7	8	7	1	1	4
3203	경북 상주시	벌꿀유통 포장박스 지원	22,750	축산과	8	1	7	8	7	5	5	4
3204	경북 상주시	양봉 사양기자재 지원	70,000	축산과	8	1	7	8	7	5	5	4
3205	경북 상주시	축산물 포장재 지원	20,000	축산과	8	1	7	8	7	5	5	4
3206	경북 상주시	TMR 사료급이기 지원	35,000	축산과	8	1	7	8	7	5	5	4
3207	경북 상주시	전기충격식 목책기 등 지원사업	70,000	환경관리과	8	1	7	8	7	5	5	4
3208	경북 문경시	임산물 생산기반 지원사업	363,658	산림녹지과	8	2	7	8	7	5	5	4
3209	경북 문경시	귀농인 영농정착 지원	150,000	농촌개발과	8	1	7	8	7	5	5	4
3210	경북 문경시	귀농인 보금자리 리모델링 지원	100,000	농촌개발과	8	1	7	8	7	5	5	4
3211	경북 문경시	귀농귀촌 맞춤형 정착 지원	600,000	농촌개발과	8	1	7	8	7	5	5	4
3212	경북 문경시	표준기록관리시스템 유지보수	29,565	총무과	8	8	6	1	6	5	5	1
3213	경북 문경시	표준인사정보시스템 암호화 및 유지관리비	7,313	총무과	8	1	2	1	2	2	2	4
3214	경북 문경시	청년농부육성 지원	50,000	농정과	8	2	7	8	7	1	1	4
3215	경북 문경시	벼 병해충 공동방제	153,000	농정과	8	4	7	8	7	1	1	4
3216	경북 문경시	콩 병해충 공동방제	27,000	농정과	8	4	7	8	7	1	1	4
3217	경북 문경시	감자종자대지원	90,000	농정과	8	4	7	8	7	1	1	4
3218	경북 문경시	가뭄대비 빗물저장시설	100,000	농정과	8	4	7	8	7	1	1	4
3219	경북 문경시	저습답개량 지원	100,000	농정과	8	4	7	8	7	1	1	4
3220	경북 문경시	벼 재배 상토지원	712,800	농정과	8	4	7	8	7	1	1	4
3221	경북 문경시	벼 육묘장 안개살수 장치	9,000	농정과	8	4	7	8	7	1	1	4
3222	경북 문경시	곡물적재함 지원	15,000	농정과	8	4	7	8	7	1	1	4
3223	경북 문경시	콩 생력화 장비 지원	20,000	농정과	8	4	7	8	7	1	1	4
3224	경북 문경시	대형농기계 지원	200,000	농정과	8	4	7	8	7	1	1	4
3225	경북 문경시	친환경특수농법 영농자재 지원	264,000	농정과	8	4	7	8	7	1	1	4
3226	경북 문경시	객토사업 지원	195,000	농정과	8	4	1	8	3	1	1	4
3227	경북 문경시	문경쌀 포장재 구입 지원	50,000	농정과	8	4	7	8	7	1	1	4
3228	경북 문경시	과원 반사필름 지원	187,500	농정과	8	4	7	8	7	1	1	4
3229	경북 문경시	과수봉지 지원	40,000	농정과	8	4	7	8	7	1	1	4
3230	경북 문경시	기능성사과(약돌 등) 지원	60,000	농정과	8	4	7	8	7	1	1	4
3231	경북 문경시	약돌사과 포장재 지원	36,000	농정과	8	4	7	8	7	1	1	4
3232	경북 문경시	사과 인공수분기 지원	10,000	농정과	8	4	7	8	7	1	1	4

순번	시군구	지출명 (사업명)	2021년예산 (단위:천원/1년간)	담당자 (공무원)	민간이전 분류 (지방자치단체 세출예산 집행기준에 의거)	민간이전지출 근거 (지방보조금 관리기준 참고)	입찰방식			운영예산 산정		성과평가 실시여부
				담당부서	1. 민간경상사업보조(307-02) 2. 민간단체 법정운영비보조(307-03) 3. 민간행사사업보조(307-04) 4. 민간위탁금(307-05) 5. 사회복지시설 법정운영비보조(307-10) 6. 민간인위탁교육비(307-12) 7. 공기관등에대한경상적위탁사업비(308-10) 8. 민간자본사업보조,자체재원(402-01) 9. 민간자본사업보조,이전재원(402-02) 10. 민간위탁사업비(402-03) 11. 공기관등에 대한 자본적 대행사업비(403-02)	1. 법률에 규정 2. 국고보조 재원(국가지정) 3. 용도 지정 기부금 4. 조례에 직접규정 5. 지자체가 권장하는 사업을 하는 공공기관 6. 시,도 정책 및 재정사정 7. 기타 8. 해당없음	계약체결방법 (경쟁형태) 1. 일반경쟁 2. 제한경쟁 3. 지명경쟁 4. 수의계약 5. 법정위탁 6. 기타 ( ) 7. 해당없음	계약기간 1. 1년 2. 2년 3. 3년 4. 4년 5. 5년 6. 기타 ( )년 7. 단기계약 (1년미만) 8. 해당없음	낙찰자선정방법 1. 적격심사 2. 협상에의한계약 3. 최저가낙찰제 4. 규격가격분리 5. 2단계 경쟁입찰 6. 기타 ( ) 7. 해당없음	운영예산 산정 1. 내부산정 (지자체 자체적으로 산정) 2. 외부산정 (외부전문기관위탁 산정) 3. 내·외부 모두 산정 4. 산정 無 5. 해당없음	정산방법 1. 내부정산 (지자체 내부적으로 정산) 2. 외부정산 (외부전문기관위탁 정산) 3. 내·외부 모두 산정 4. 정산 無 5. 해당없음	1. 실시 2. 미실시 3. 향후 추진 4. 해당없음
3233	경북 문경시	사과 꽃가루 지원	60,000	농정과	8	4	7	8	7	1	1	4
3234	경북 문경시	사과 전동가위 지원	100,000	농정과	8	4	7	8	7	1	1	4
3235	경북 문경시	사과 과원조성 지원	200,000	농정과	8	4	7	8	7	1	1	4
3236	경북 문경시	과수 포장재 지원	40,000	농정과	8	4	7	8	7	1	1	4
3237	경북 문경시	과수 수분용 양봉 임대지원	21,000	농정과	8	4	7	8	7	1	1	4
3238	경북 문경시	과수원 안테나식 지주대 지원	65,000	농정과	8	4	7	8	7	1	1	4
3239	경북 문경시	기후변화대응대체작목 지원	30,000	농정과	8	4	7	8	7	1	1	4
3240	경북 문경시	대체과일 선별기계 지원	12,000	농정과	8	4	7	8	7	1	1	4
3241	경북 문경시	사과 포장재 지원	64,000	농정과	8	4	7	8	7	1	1	4
3242	경북 문경시	샤인머스켓 그물망 설치 지원	12,000	농정과	8	4	7	8	7	1	1	4
3243	경북 문경시	샤인머스켓 생육 영양제 지원	12,000	농정과	8	4	7	8	7	1	1	4
3244	경북 문경시	문경사과포장재지원	35,000	농정과	8	4	7	8	7	1	1	4
3245	경북 문경시	랜드마크내새소득작목지원	110,000	농정과	8	4	7	8	7	1	1	4
3246	경북 문경시	한계농지활용 밀원단지조성	30,000	농정과	8	4	7	8	7	1	1	4
3247	경북 문경시	기후변화 대응 열대작물 시범사업	500,000	농정과	8	4	7	8	7	1	1	4
3248	경북 문경시	청정식물(시설채소)재배단지 조성	550,000	농정과	8	4	7	8	7	1	1	4
3249	경북 문경시	노인일자리 특화사업	120,000	노인장애인복지과	8	8	7	1	6	1	1	2
3250	경북 문경시	장애인의료비 지원	113,025	노인장애인복지과	8	1	7	7	7	5	2	4
3251	경북 문경시	경로당 보수	441,000	노인장애인복지과	8	4	4	8	7	1	1	4
3252	경북 문경시	경로당 건강기구 및 비품지원	155,000	노인장애인복지과	8	4	4	8	7	1	1	4
3253	경북 문경시	위생업소 시설개선사업	100,000	사회복지과	8	7	7	8	7	5	5	4
3254	경북 문경시	공동주택시설물지원사업	300,000	건축디자인과	8	4	1	7	1	1	1	2
3255	경북 문경시	농촌주거환경개선사업	130,000	건축디자인과	8	6	7	8	7	1	1	2
3256	경북 문경시	사과공동선과료 지원	40,000	유통축산과	8	1	7	8	7	1	1	1
3257	경북 문경시	문경사과 브랜드 포장재 제작 지원	100,000	유통축산과	8	1	7	8	7	1	1	1
3258	경북 문경시	농특산물 택배 포장재 지원	10,000	유통축산과	8	4	7	8	7	1	1	1
3259	경북 문경시	농특산물 쇼핑백 제작	10,000	유통축산과	8	4	7	8	7	1	1	1
3260	경북 문경시	새재의아침 브랜드 사용 포장박스 지원	30,000	유통축산과	8	4	7	8	7	1	1	1
3261	경북 문경시	농특산물 포장 디자인 개발 및 제작비 지원	70,000	유통축산과	8	4	7	8	7	1	1	1
3262	경북 문경시	절임배추 포장재 제작 지원	25,000	유통축산과	8	4	7	8	7	1	1	1
3263	경북 문경시	농식품 TV홈쇼핑 지원	168,000	유통축산과	8	4	7	8	7	1	1	1
3264	경북 문경시	문경꿀 생산농가 포장재 지원	43,250	유통축산과	8	4	7	8	7	3	3	1
3265	경북 문경시	문경토종벌 기자재 지원	2,000	유통축산과	8	4	7	8	7	3	3	1
3266	경북 문경시	문경토종벌 벌구입 지원	16,000	유통축산과	8	4	7	8	7	3	3	1
3267	경북 문경시	양봉농가 장비지원	15,500	유통축산과	8	4	7	8	7	3	3	1
3268	경북 문경시	양봉농가 기자재 지원	84,000	유통축산과	8	4	7	8	7	3	3	1
3269	경북 문경시	소 개체관리용 자동목걸이 설치 지원	18,000	유통축산과	8	4	7	8	7	3	3	1
3270	경북 문경시	육계사육농가 지원	15,000	유통축산과	8	4	7	8	7	3	3	1
3271	경북 문경시	축산농가 송풍기 지원	15,000	유통축산과	8	4	7	8	7	3	3	1
3272	경북 문경시	축산농가 원형적재기 및 결속기 지원	56,750	유통축산과	8	4	7	8	7	3	3	1
3273	경북 문경시	폭염대처 및 가축방역용 안개분무시설	300,000	유통축산과	8	4	7	8	7	3	3	1
3274	경북 문경시	축사관리용cctv지원	50,000	유통축산과	8	4	7	8	7	3	3	1

순번	시군구	지출명 (사업명)	2021년예산 (단위:천원/1년간)	담당자 (공무원)	민간이전 분류 (지방자치단체 세출예산 집행기준에 의거)	민간이전지출 근거 (지방보조금 관리기준 참고)	입찰방식			운영예산 산정		성과평가 실시여부
				담당부서	1. 민간경상사업보조(307-02) 2. 민간단체 법정운영비보조(307-03) 3. 민간행사사업보조(307-04) 4. 민간위탁금(307-05) 5. 사회복지시설 법정운영비보조(307-10) 6. 민간인위탁교육비(307-12) 7. 공기관등에대한경상적위탁사업비(308-10) 8. 민간자본사업보조,자체재원(402-01) 9. 민간자본사업보조,이전재원(402-02) 10. 민간위탁사업비(402-03) 11. 공기관등에 대한 자본적 대행사업비(403-02)	1. 법률에 규정 2. 국고보조 재원(국가지정) 3. 용도 지정 기부금 4. 조례에 직접규정 5. 지자체가 권장하는 사업을 하는 공공기관 6. 시,도 정책 및 재정사정 7. 기타 8. 해당없음	계약체결방법 (경쟁형태) 1. 일반경쟁 2. 제한경쟁 3. 지명경쟁 4. 수의계약 5. 법정위탁 6. 기타 ( ) 7. 해당없음	계약기간 1. 1년 2. 2년 3. 3년 4. 4년 5. 5년 6. 기타 ( )년 7. 단기계약 (1년미만) 8. 해당없음	낙찰자선정방법 1. 적격심사 2. 협상에의한계약 3. 최저가낙찰제 4. 규격가격분리 5. 2단계 경쟁입찰 6. 기타 ( ) 7. 해당없음	운영예산 산정 1. 내부산정 (지자체 자체적으로 산정) 2. 외부산정 (외부전문기관위탁 산정) 3. 내·외부 모두 산정 4. 산정 無 5. 해당없음	정산방법 1. 내부정산 (지자체 내부적으로 정산) 2. 외부정산 (외부전문기관위탁 정산) 3. 내·외부 모두 산정 4. 정산 無 5. 해당없음	1. 실시 2. 미실시 3. 향후 추진 4. 해당없음
3275	경북 문경시	한우농가 울타리 지원	100,000	유통축산과	8	4	7	8	7	3	3	1
3276	경북 문경시	한우 HELP 지원	5,000	유통축산과	8	4	7	8	7	3	3	1
3277	경북 문경시	젖소 한우 수정란이식	24,000	유통축산과	8	4	7	8	7	3	3	1
3278	경북 문경시	볏짚처리	100,000	유통축산과	8	4	7	8	7	3	3	1
3279	경북 문경시	조사료생산 지원	99,000	유통축산과	8	4	7	8	7	3	3	1
3280	경북 문경시	사료배합기지원	75,000	유통축산과	8	4	7	8	7	3	3	1
3281	경북 문경시	축산분뇨 처리용 톱밥 지원	450,000	유통축산과	8	4	7	8	7	3	3	1
3282	경북 문경시	축산환경개선제 지원	120,000	유통축산과	8	4	7	8	7	3	3	1
3283	경북 문경시	경천 내수면 어업계 어구 지원	5,000	유통축산과	8	4	7	8	7	3	3	1
3284	경북 문경시	유휴하우스 활용 생강 촉성재배 실증시범	7,000	기술지원과	8	4	7	8	7	5	5	4
3285	경북 문경시	기능성특용작물 천년초생산시범	4,200	기술지원과	8	4	7	8	7	5	5	4
3286	경북 문경시	유휴하우스 활용 생강 촉성재배 실증시범	7,000	기술지원과	8	4	7	8	7	5	5	4
3287	경북 문경시	붉은 보석 석류 하우스 재배시범	21,000	기술지원과	8	4	7	8	7	5	5	4
3288	경북 문경시	미니 단호박 고품질 생산 및 상품화 기술개발	21,000	기술지원과	8	4	7	8	7	5	5	4
3289	경북 문경시	산마늘 재배 시범	14,000	기술지원과	8	4	7	8	7	5	5	4
3290	경북 문경시	동로 산채재배단지 조성시범	350,000	기술지원과	8	4	7	8	7	5	5	4
3291	경북 문경시	틈새 소득작목 고사리 재배시범	6,300	기술지원과	8	4	7	8	7	5	5	4
3292	경북 문경시	발고추냉이 시험재배 지원시범	28,000	기술지원과	8	4	7	8	7	5	5	4
3293	경북 문경시	기후변화 대응 신품종 복숭아 도입시범	10,500	기술지원과	8	4	7	8	7	5	5	4
3294	경북 문경시	ICT활용 딸기수경재배 시범사업	500,000	소득개발과	8	1	7	8	7	5	5	4
3295	경북 문경시	농업신기술 교육 및 체험농장 시범	800,000	소득개발과	8	1	7	8	7	5	5	4
3296	경북 문경시	아쿠아포닉스 시스템 개발 및 생산 실증시범	250,000	소득개발과	8	1	7	8	7	5	5	4
3297	경북 문경시	시설과채류 양액재배기술 실증시범	150,000	소득개발과	8	1	7	8	7	5	5	4
3298	경북 문경시	시설하우스 온도저감기술 실증시범	12,000	소득개발과	8	1	7	8	7	5	5	4
3299	경북 문경시	노동력절감을 위한 탈봉작업 생력화 시범	25,000	소득개발과	8	1	7	8	7	5	5	4
3300	경북 문경시	양봉농가 패키지 디자인 및 상품화 시범사업	20,000	소득개발과	8	1	7	8	7	5	5	4
3301	경북 문경시	밀원식물식재를 통한 고정양봉농가 소득모델개발	20,000	소득개발과	8	1	7	8	7	5	5	4
3302	경북 문경시	파종동시 비료처리기술 보급시범	7,000	소득개발과	8	4	7	8	7	5	5	4
3303	경북 문경시	콩 보급종 채종포단지 육성시범	7,000	소득개발과	8	4	7	8	7	5	5	4
3304	경북 문경시	벼 고품질 특수미 생산 및 상품화 시범	30,000	소득개발과	8	4	7	8	7	5	5	4
3305	경북 문경시	내한성 차 묘목 생산 시범	40,000	소득개발과	8	4	7	8	7	5	5	4
3306	경북 문경시	산초 묘목 생산 시범	7,000	소득개발과	8	4	7	8	7	5	5	4
3307	경북 문경시	감홍사과 전문생산단지 조성 시범	45,000	소득개발과	8	4	7	8	7	5	5	4
3308	경북 문경시	K-1대목 활용 체리화분재배 시범	56,000	소득개발과	8	4	7	8	7	5	5	4
3309	경북 문경시	사포닌 함유 기능성 사과재배 시범	10,000	소득개발과	8	4	7	8	7	5	5	4
3310	경북 문경시	폐기물처리시설 주변 주민지원기금	1,261,700	환경보호과	8	1	7	8	7	1	1	4
3311	경북 문경시	감염병 예방 시설개선 지원사업	20,000	일자리경제과	8	1	7	8	7	1	1	1
3312	경북 문경시	단독주택 도시가스 공급사업 지원	50,000	일자리경제과	8	4	6	8	7	5	5	3
3313	경북 경산시	마을회관 보수	150,000	새마을민원과	8	4	7	8	7	1	1	1
3314	경북 경산시	도시가스 공급 보조금 지원	25,000	일자리경제과	8	4	7	1	7	1	1	1
3315	경북 경산시	산양삼 종자대 지원	9,000	산림녹지과	8	1	7	8	7	5	5	4
3316	경북 경산시	경로당 보수	150,000	사회복지과	8	4	7	8	7	5	5	4

순번	시군구	지출명 (사업명)	2021년예산 (단위:천원/1년간)	담당자 (공무원) 담당부서	민간이전 분류 (지방자치단체 세출예산 집행기준에 의거) 1. 민간경상사업보조(307-02) 2. 민간단체 법정운영비보조(307-03) 3. 민간행사사업보조(307-04) 4. 민간위탁금(307-05) 5. 사회복지시설 법정운영비보조(307-10) 6. 민간인위탁교육비(307-12) 7. 공기관등에대한경상적위탁사업비(308-10) 8. 민간자본사업보조,자체재원(402-01) 9. 민간자본사업보조,이전재원(402-02) 10. 민간위탁사업비(402-03) 11. 공기관등에 대한 자본적 대행사업비(403-02)	민간이전지출 근거 (지방보조금 관리기준 참고) 1. 법률에 규정 2. 국고보조 재원(국가지정) 3. 용도 지정 기부금 4. 조례에 직접규정 5. 지자체가 권장하는 사업을 하는 공공기관 6. 시,도 정책 및 재정사정 7. 기타 8. 해당없음	입찰방식 계약체결방법 (경쟁형태) 1. 일반경쟁 2. 제한경쟁 3. 지명경쟁 4. 수의계약 5. 법정위탁 6. 기타 ( ) 7. 해당없음	입찰방식 계약기간 1. 1년 2. 2년 3. 3년 4. 4년 5. 5년 6. 기타 ( )년 7. 단기계약 (1년미만) 8. 해당없음	입찰방식 낙찰자선정방법 1. 적격심사 2. 협상에의한계약 3. 최저가낙찰제 4. 규격가격분리 5. 2단계 경쟁입찰 6. 기타 ( ) 7. 해당없음	운영예산 산정 운영예산 산정 1. 내부산정 (지자체 자체적으로 산정) 2. 외부산정 (외부전문기관위탁 산정) 3. 내·외부 모두 산정 4. 산정 無 5. 해당없음	운영예산 산정 정산방법 1. 내부정산 (지자체 내부적으로 정산) 2. 외부정산 (외부전문기관위탁 정산) 3. 내·외부 모두 산정 4. 정산 無 5. 해당없음	성과평가 실시여부 1. 실시 2. 미실시 3. 향후 추진 4. 해당없음
3317	경북 경산시	경로당 활성화 물품 지원	100,000	사회복지과	8	1	7	8	7	1	1	1
3318	경북 경산시	뇌병변 장애인주간보호센터 설치 임차보증금	200,000	사회복지과	8	1	7	8	7	5	5	4
3319	경북 경산시	뇌병변 장애인주간보호센터 설치 리모델링 및 비품구입비	200,000	사회복지과	8	1	7	8	7	5	5	4
3320	경북 경산시	북한이탈주민 기초생활 물품지원	3,000	여성가족과	8	4	6	8	7	1	1	2
3321	경북 경산시	경산 불굴사 홍주암 및 주변 정비사업	1,000,000	문화관광과	8	1	7	8	7	5	5	4
3322	경북 경산시	농촌빈집 정비사업	30,000	건축과	8	1	7	8	7	5	5	4
3323	경북 경산시	공동주택 공동시설 지원사업	170,000	건축과	8	4	1	7	3	1	1	1
3324	경북 경산시	차상위계층 주거환경개선사업	37,800	건축과	8	4	6	7	6	1	1	1
3325	경북 경산시	공공비축미곡 대형포대 매입 기자재 지원사업	3,500	농정유통과	8	4	7	8	7	5	5	4
3326	경북 경산시	정부양곡 보관창고 건립	30,000	농정유통과	8	4	7	8	7	5	5	4
3327	경북 경산시	일반 농업기계 공급	314,500	농정유통과	8	4	7	8	7	5	5	4
3328	경북 경산시	SS기	125,000	농정유통과	8	4	7	8	7	5	5	4
3329	경북 경산시	동력운반차	28,000	농정유통과	8	4	7	8	7	5	5	4
3330	경북 경산시	동력경운기	7,500	농정유통과	8	4	7	8	7	5	5	4
3331	경북 경산시	농업용 고소작업차	31,500	농정유통과	8	4	7	8	7	5	5	4
3332	경북 경산시	농업용난방기	17,500	농정유통과	8	4	7	8	7	5	5	4
3333	경북 경산시	농협협력사업	105,000	농정유통과	8	4	7	8	7	5	5	4
3334	경북 경산시	한우 사료자동급이기 지원	100,000	축산진흥과	8	4	7	8	7	5	5	4
3335	경북 경산시	축산농가 사료빈 관리시스템 구축 지원	60,000	축산진흥과	8	4	7	8	7	5	5	4
3336	경북 경산시	축사환기시설 지원	9,000	축산진흥과	8	4	7	8	7	5	5	4
3337	경북 경산시	한우사 자동보온 급수조 지원	6,250	축산진흥과	8	4	7	8	7	5	5	4
3338	경북 경산시	한우사 관리용 CCTV 지원	5,000	축산진흥과	8	4	7	8	7	5	5	4
3339	경북 경산시	젖소농가 기구세척제 지원	15,750	축산진흥과	8	4	7	8	7	5	5	4
3340	경북 경산시	젖소 축사환기시설 지원	7,500	축산진흥과	8	4	7	8	7	5	5	4
3341	경북 경산시	젖소 보정용 개체잠금장치 지원	3,000	축산진흥과	8	4	7	8	7	5	5	4
3342	경북 경산시	젖소 자동보온급수조 지원	1,500	축산진흥과	8	4	7	8	7	5	5	4
3343	경북 경산시	돼지 이동식 체중 측정기 지원	20,000	축산진흥과	8	4	7	8	7	5	5	4
3344	경북 경산시	포유모돈 자동급이기 지원	9,000	축산진흥과	8	4	7	8	7	5	5	4
3345	경북 경산시	돼지 액상정액 지원	6,300	축산진흥과	8	4	7	8	7	5	5	4
3346	경북 경산시	양돈농가 사양관리개선 지원	3,600	축산진흥과	8	4	7	8	7	5	5	4
3347	경북 경산시	양계농가 혈란 선별기 지원	20,000	축산진흥과	8	4	7	8	7	5	5	4
3348	경북 경산시	계란 세척기 지원	15,000	축산진흥과	8	4	7	8	7	5	5	4
3349	경북 경산시	계란 난좌 지원	6,400	축산진흥과	8	4	7	8	7	5	5	4
3350	경북 경산시	양봉 소요자재 구입 지원	12,500	축산진흥과	8	4	7	8	7	5	5	4
3351	경북 경산시	양봉 채밀대차 지원	4,950	축산진흥과	8	4	7	8	7	5	5	4
3352	경북 경산시	한우 육질개선제 지원	35,000	축산진흥과	8	4	7	8	7	5	5	4
3353	경북 경산시	착유농가 유질개선 지원	10,000	축산진흥과	8	4	7	8	7	5	5	4
3354	경북 경산시	젖소 고능축 영양제 지원	12,600	축산진흥과	8	4	7	8	7	5	5	4
3355	경북 경산시	축산농가 환경개선장비 지원	150,000	축산진흥과	8	4	7	8	7	5	5	4
3356	경북 경산시	양돈농가 미네랄첨가제 지원	99,000	축산진흥과	8	4	7	8	7	5	5	4
3357	경북 경산시	양계농가 계분처리기 지원	75,000	축산진흥과	8	4	7	8	7	5	5	4
3358	경북 경산시	계란 난좌 지원	4,000	축산진흥과	8	4	7	8	7	5	5	4

순번	시군구	지출명 (사업명)	2021년예산 (단위:천원/1년간)	담당자 (공무원)	민간이전 분류 (지방자치단체 세출예산 집행기준에 의거)	민간이전지출 근거 (지방보조금 관리기준 참고)	입찰방식			운영예산 산정		성과평가 실시여부
				담당부서	1. 민간경상사업보조(307-02) 2. 민간단체 법정운영비보조(307-03) 3. 민간행사사업보조(307-04) 4. 민간위탁금(307-05) 5. 사회복지시설 법정운영비보조(307-10) 6. 민간인위탁교육비(307-12) 7. 공기관등에대한경상적위탁사업비(308-10) 8. 민간자본사업보조,자체재원(402-01) 9. 민간자본사업보조,이전재원(402-02) 10. 민간위탁사업비(402-03) 11. 공기관등에 대한 자본적 대행사업비(403-02)	1. 법률에 규정 2. 국고보조 재원(국가지정) 3. 용도 지정 기부금 4. 조례에 직접규정 5. 지자체가 권장하는 사업을 하는 공공기관 6. 시,도 정책 및 재정사정 7. 기타 8. 해당없음	계약체결방법 (경쟁형태) 1. 일반경쟁 2. 제한경쟁 3. 지명경쟁 4. 수의계약 5. 법정위탁 6. 기타 ( ) 7. 해당없음	계약기간 1. 1년 2. 2년 3. 3년 4. 4년 5. 5년 6. 기타 ( )년 7. 단기계약 (1년미만) 8. 해당없음	낙찰자선정방법 1. 적격심사 2. 협상에의한계약 3. 최저가낙찰제 4. 규격가격분리 5. 2단계 경쟁입찰 6. 기타 ( ) 7. 해당없음	운영예산 산정 1. 내부산정 (지자체 자체적으로 산정) 2. 외부산정 (외부전문기관위탁 산정) 3. 내·외부 모두 산정 4. 산정 無 5. 해당없음	정산방법 1. 내부정산 (지자체 내부적으로 정산) 2. 외부정산 (외부전문기관위탁 정산) 3. 내·외부 모두 산정 4. 정산 無 5. 해당없음	1. 실시 2. 미실시 3. 향후 추진 4. 해당없음
3359	경북 경산시	품목농업인연구회 우수농산물 생산자재 지원	12,600	농촌진흥과	8	6	7	8	7	5	5	3
3360	경북 경산시	농작업 편이화 장비 보급사업	40,000	농촌진흥과	8	4	7	8	7	5	5	3
3361	경북 경산시	묘목재배 토양환경 개선 시범	14,000	농촌진흥과	8	4	7	8	7	5	5	3
3362	경북 경산시	노동력 절감 친환경 접목농자재 지원	35,000	농촌진흥과	8	4	7	8	7	5	5	3
3363	경북 경산시	친환경퇴비 지원	80,000	기술지원과	8	4	7	8	7	1	1	1
3364	경북 경산시	벼육묘용 상토 및 육묘자재 지원	22,500	기술지원과	8	4	7	8	7	1	1	1
3365	경북 경산시	과원 다목적 피복 지원	14,400	기술지원과	8	4	7	8	7	1	1	1
3366	경북 경산시	과수농가 순환팬 지원	24,000	기술지원과	8	4	7	8	7	1	1	1
3367	경북 경산시	과수농가 이동식저온저장고 지원	180,000	기술지원과	8	4	7	8	7	1	1	1
3368	경북 경산시	시설과수 다겹보온커튼 지원	30,000	기술지원과	8	4	7	8	7	1	1	1
3369	경북 경산시	포도과원 친환경농자재 지원	10,800	기술지원과	8	4	7	8	7	1	1	1
3370	경북 경산시	복숭아과원 친환경농자재 지원	36,000	기술지원과	8	4	7	8	7	1	1	1
3371	경북 경산시	자두과원 친환경농자재 지원	36,000	기술지원과	8	4	7	8	7	1	1	1
3372	경북 경산시	자두밭 인공꽃가루 공급사업	76,500	기술지원과	8	4	7	8	7	1	1	1
3373	경북 경산시	과실 비파괴 당도측정기 지원	66,000	기술지원과	8	4	7	8	7	1	1	1
3374	경북 경산시	과수 관수시설 설치	36,000	기술지원과	8	4	7	8	7	1	1	1
3375	경북 경산시	과수 우산식지주 설치	45,000	기술지원과	8	4	7	8	7	1	1	1
3376	경북 경산시	과원 암거배수 설치	12,000	기술지원과	8	4	7	8	7	1	1	1
3377	경북 경산시	과원 용수원 개발	33,000	기술지원과	8	4	7	8	7	1	1	1
3378	경북 경산시	포도 비가림 설치	300,000	기술지원과	8	4	7	8	7	1	1	1
3379	경북 경산시	복숭아 비가림시설(하우스형) 설치	120,000	기술지원과	8	4	7	8	7	1	1	1
3380	경북 경산시	자두 비가림시설(하우스형) 설치	30,000	기술지원과	8	4	7	8	7	1	1	1
3381	경북 경산시	포도 비가림시설(하우스형) 설치	120,000	기술지원과	8	4	7	8	7	1	1	1
3382	경북 경산시	마늘, 양파 경쟁력 제고 지원	15,000	기술지원과	8	4	7	8	7	1	1	1
3383	경북 경산시	잎들깨 고품질 다수확 생산지원	15,000	기술지원과	8	4	7	8	7	1	1	1
3384	경북 경산시	참외 고품질 다수확 생산지원	19,000	기술지원과	8	4	7	8	7	1	1	1
3385	경북 경산시	과수 재해예방 및 돌발병해충 방제 지원	210,000	기술지원과	8	4	7	8	7	1	1	1
3386	경북 경산시	벼 병해충 방제농약 지원	20,000	기술지원과	8	4	7	8	7	1	1	1
3387	경북 경산시	복숭아 수출 재배단지 조성 시범	35,000	기술지원과	8	4	7	8	7	1	1	1
3388	경북 경산시	미니사과 "루비에스" 생산단지 조성 시범	20,000	기술지원과	8	4	4	1	7	1	1	1
3389	경북 군위군	야생동물피해예방시설 지원	100,000	환경위생과	8	2	7	8	7	5	5	4
3390	경북 군위군	낙동강수계 민간자본사업보조	58,200	환경위생과	8	7	7	8	7	5	5	4
3391	경북 군위군	산림소득사업 견학 및 임업인 교육지원 등	3,500	산림축산과	8	6	7	8	7	5	5	4
3392	경북 군위군	임산물 포장상자 지원	20,000	산림축산과	8	6	7	8	7	5	5	4
3393	경북 군위군	표고재배사 비닐(차광망)지원	5,000	산림축산과	8	6	7	8	7	5	5	4
3394	경북 군위군	대추비가림하우스 비닐지원	9,000	산림축산과	8	6	7	8	7	5	5	4
3395	경북 군위군	한우 거세 지원	40,000	산림축산과	8	4	7	8	7	5	5	4
3396	경북 군위군	축산농가 톱밥(왕겨) 지원	148,500	산림축산과	8	4	7	8	7	5	5	4
3397	경북 군위군	착유기 라이너	3,000	산림축산과	8	4	7	8	7	5	5	4
3398	경북 군위군	착유 클리너	4,500	산림축산과	8	4	7	8	7	5	5	4
3399	경북 군위군	양봉농가 소초광 지원	44,000	산림축산과	8	7	7	8	7	5	5	2
3400	경북 군위군	양봉사 비가림시설 지원	30,000	산림축산과	8	7	7	8	7	5	5	2

순번	시군구	지출명 (사업명)	2021년예산 (단위:천원/1년간)	담당자 (공무원) 담당부서	민간이전 분류 (지방자치단체 세출예산 집행기준에 의거) 1. 민간경상사업보조(307-02) 2. 민간단체 법정운영비보조(307-03) 3. 민간행사사업보조(307-04) 4. 민간위탁금(307-05) 5. 사회복지시설 법정운영비보조(307-10) 6. 민간인위탁교육비(307-12) 7. 공기관등에대한경상적위탁사업비(308-10) 8. 민간자본사업보조,자체재원(402-01) 9. 민간자본사업보조,이전재원(402-02) 10. 민간위탁사업비(402-03) 11. 공기관등에 대한 자본적 대행사업비(403-02)	민간이전지출 근거 (지방보조금 관리기준 참고) 1. 법률에 규정 2. 국고보조 재원(국가지정) 3. 용도 지정 기부금 4. 조례에 직접규정 5. 지자체가 권장하는 사업을 하는 공공기관 6. 시,도 정책 및 재정사정 7. 기타 8. 해당없음	입찰방식 계약체결방법 (경쟁형태) 1. 일반경쟁 2. 제한경쟁 3. 지명경쟁 4. 수의계약 5. 법정위탁 6. 기타 ( ) 7. 해당없음	입찰방식 계약기간 1. 1년 2. 2년 3. 3년 4. 4년 5. 5년 6. 기타 ( )년 7. 단기계약 (1년미만) 8. 해당없음	입찰방식 낙찰자선정방법 1. 적격심사 2. 협상에의한계약 3. 최저가낙찰제 4. 규격가격분리 5. 2단계 경쟁입찰 6. 기타 ( ) 7. 해당없음	운영예산 산정 운영예산 산정 1. 내부산정 (지자체 자체적으로 산정) 2. 외부산정 (외부전문기관위탁 산정) 3. 내·외부 모두 산정 4. 산정 無 5. 해당없음	운영예산 산정 정산방법 1. 내부정산 (지자체 내부적으로 정산) 2. 외부정산 (외부전문기관위탁 정산) 3. 내·외부 모두 산정 4. 정산 無 5. 해당없음	성과평가 실시여부 1. 실시 2. 미실시 3. 향후 추진 4. 해당없음
3401	경북 군위군	양봉농가 꿀병 지원	22,000	산림축산과	8	7	7	8	7	5	5	2
3402	경북 군위군	양봉농가 운반장비(리프트기) 지원사업	7,500	산림축산과	8	7	7	8	7	5	5	4
3403	경북 군위군	양봉농가 사료용해기 지원	10,000	산림축산과	8	7	7	8	7	5	5	4
3404	경북 군위군	양봉농가 채밀카 지원사업	28,000	산림축산과	8	7	7	8	7	5	5	4
3405	경북 군위군	속포장 지원사업	10,000	산림축산과	8	7	7	8	7	5	5	2
3406	경북 군위군	겉포장 지원사업	3,500	산림축산과	8	7	7	8	7	5	5	2
3407	경북 군위군	축산농가 생균제 지원	62,500	산림축산과	8	4	7	8	7	5	5	4
3408	경북 군위군	악취 저감시설(저감제) 지원	90,000	산림축산과	8	4	7	8	7	5	5	4
3409	경북 군위군	악취 저감시설(톱밥등) 지원	15,000	산림축산과	8	4	7	8	7	5	5	4
3410	경북 군위군	벼 못자리상토(매트) 지원	270,900	농정과	8	4	7	8	7	5	5	1
3411	경북 군위군	벼 육묘상처리제 지원	195,000	농정과	8	4	7	8	7	5	5	1
3412	경북 군위군	벼 육묘용상자 지원	20,000	농정과	8	4	7	8	7	5	5	1
3413	경북 군위군	톤백저울 구입지원	12,500	농정과	8	4	7	8	7	5	5	1
3414	경북 군위군	중소형 농기계공급	100,000	농정과	8	4	7	8	7	5	5	1
3415	경북 군위군	맞춤형 친환경 농자재 지원	600,000	농정과	8	4	7	8	7	5	5	1
3416	경북 군위군	친환경농산물 명품화 지원(항산화기능성제)	120,000	농정과	8	4	7	8	7	5	5	1
3417	경북 군위군	친환경 토양소독제 지원(하우스 재배)	105,000	농정과	8	4	7	8	7	5	5	1
3418	경북 군위군	친환경 연작장애 해소 인산분해 자재 지원	150,000	농정과	8	4	7	8	7	5	5	1
3419	경북 군위군	친환경 제초용 우렁이 지원	90,000	농정과	8	4	7	8	7	5	5	1
3420	경북 군위군	귀농인 농가주택 수리비 지원	30,000	농정과	8	4	7	8	7	5	1	1
3421	경북 군위군	귀농인 귀농정착 지원	80,000	농정과	8	4	7	8	7	5	1	1
3422	경북 군위군	결혼이민자농가소득증진지원	32,000	농정과	8	4	7	8	7	5	5	1
3423	경북 군위군	과일선별기 지원	60,000	농정과	8	4	7	8	7	5	5	1
3424	경북 군위군	농용 컨베어 지원	10,000	농정과	8	4	7	8	7	5	5	1
3425	경북 군위군	농용 지게차 지원	35,000	농정과	8	4	7	8	7	5	5	1
3426	경북 군위군	군위군 공동브랜드 정착화사업 지원	200,000	농정과	8	4	7	8	7	5	5	1
3427	경북 군위군	농산물 포장재 지원	200,000	농정과	8	4	7	8	7	5	5	1
3428	경북 군위군	명품브랜드 포장재 지원	100,000	농정과	8	4	7	8	7	5	5	1
3429	경북 군위군	과일 플라스틱상자 지원	45,000	농정과	8	4	7	8	7	5	5	1
3430	경북 군위군	수리계 수리시설 운영비	130,000	건설교통과	8	8	7	8	7	5	5	4
3431	경북 군위군	군위댐 주변지역 지원사업	263,525	건설교통과	8	8	7	8	7	5	5	4
3432	경북 군위군	보현산댐 주변지역 지원사업	10,035	건설교통과	8	8	7	8	7	5	5	4
3433	경북 군위군	농심나눔쉼터 수리보수	40,000	농업기술센터	8	1	7	8	7	5	1	4
3434	경북 군위군	농촌교육농장조성시범	24,000	농업기술센터	8	1	7	8	7	5	1	4
3435	경북 군위군	최적 고품질 쌀 확대 생산보급 실증시범	10,000	농업기술센터	8	4	7	8	7	5	1	4
3436	경북 군위군	토착미생물 실증시험	6,000	농업기술센터	8	4	7	8	7	5	1	4
3437	경북 군위군	시설하우스 내부 환경 원격관측 시스템 조성 시범	6,600	농업기술센터	8	4	7	8	7	5	1	4
3438	경북 군위군	천적 이용 안전 농산물 생산 시범	30,000	농업기술센터	8	4	7	8	7	5	1	4
3439	경북 군위군	천적 이용 항공푸드용 친환경버섯 생산 시범	24,000	농업기술센터	8	4	7	8	7	5	1	4
3440	경북 군위군	웅녀마늘 거점 농가육성 확대재배 시범	20,000	농업기술센터	8	4	7	8	7	5	1	4
3441	경북 군위군	과수 기상재해 대응 열풍방상팬 활용기술 시범	48,000	농업기술센터	8	4	7	8	7	5	1	4
3442	경북 의성군	탑리버스터미널환경개선지원	26,000	일자리창출과	8	1	6	8	7	3	1	4

순번	시군구	지출명 (사업명)	2021년예산 (단위:천원/1년간)	담당자 (공무원) 담당부서	민간이전 분류 (지방자치단체 세출예산 집행기준에 의거) 1. 민간경상사업보조(307-02) 2. 민간단체 법정운영비보조(307-03) 3. 민간행사사업보조(307-04) 4. 민간위탁금(307-05) 5. 사회복지시설 법정운영비보조(307-10) 6. 민간인위탁교육비(307-12) 7. 공기관등에대한경상적위탁사업비(308-10) 8. 민간자본사업보조,자체재원(402-01) 9. 민간자본사업보조,이전재원(402-02) 10. 민간위탁사업비(402-03) 11. 공기관등에 대한 자본적 대행사업비(403-02)	민간이전지출 근거 (지방보조금 관리기준 참고) 1. 법률에 규정 2. 국고보조 재원(국가지정) 3. 용도 지정 기부금 4. 조례에 직접규정 5. 지자체가 권장하는 사업을 하는 공공기관 6. 시,도 정책 및 재정사정 7. 기타 8. 해당없음	입찰방식 계약체결방법 (경쟁형태) 1. 일반경쟁 2. 제한경쟁 3. 지명경쟁 4. 수의계약 5. 법정위탁 6. 기타 ( ) 7. 해당없음	입찰방식 계약기간 1. 1년 2. 2년 3. 3년 4. 4년 5. 5년 6. 기타 ( )년 7. 단기계약 (1년미만) 8. 해당없음	입찰방식 낙찰자선정방법 1. 적격심사 2. 협상에의한계약 3. 최저가낙찰제 4. 규격가격분리 5. 2단계 경쟁입찰 6. 기타 ( ) 7. 해당없음	운영예산 산정 운영예산 산정 1. 내부산정 (지자체 자체적으로 산정) 2. 외부산정 (외부전문기관위탁 산정) 3. 내·외부 모두 산정 4. 산정 無 5. 해당없음	운영예산 산정 정산방법 1. 내부정산 (지자체 내부적으로 정산) 2. 외부정산 (외부전문기관위탁 정산) 3. 내·외부 모두 산정 4. 정산 無 5. 해당없음	성과평가 실시여부 1. 실시 2. 미실시 3. 향후 추진 4. 해당없음
3443	경북 의성군	도리원버스터미널환경개선지원	460,000	일자리창출과	8	1	6	8	7	3	1	4
3444	경북 의성군	안계버스터미널환경개선지원	50,000	일자리창출과	8	1	6	8	7	3	1	4
3445	경북 의성군	중소기업근로환경개선사업	150,000	경제투자과	8	4	7	8	7	1	1	1
3446	경북 의성군	간이소형저온저장고 지원	594,000	농축산과	8	4	7	8	7	1	1	3
3447	경북 의성군	소형관정개발사업	152,000	농축산과	8	4	7	8	7	1	1	3
3448	경북 의성군	의성마늘목장지원사업	300,000	농축산과	8	4	7	8	7	1	1	3
3449	경북 의성군	양봉사비가림시설지원	25,000	농축산과	8	4	7	8	7	1	1	3
3450	경북 의성군	축사단열처리지원	20,000	농축산과	8	4	7	8	7	1	1	3
3451	경북 의성군	블루베리지원사업	60,000	원예산업과	8	4	7	8	7	1	1	4
3452	경북 의성군	양념채소관수자재지원	30,100	원예산업과	8	4	7	8	7	1	1	4
3453	경북 의성군	농작물피해방지(야간조명센서등)지원	10,500	환경과	8	6	7	8	7	1	1	3
3454	경북 의성군	시설채소이상고온대응온도저감기술보급시범	50,000	농업기술센터	8	4	7	8	7	5	5	4
3455	경북 의성군	마늘상품성향상기술보급시범	15,000	농업기술센터	8	4	7	8	7	5	5	4
3456	경북 의성군	농촌여성여가활동활성화지원	20,000	농업기술센터	8	4	7	8	7	1	1	4
3457	경북 의성군	밀파모소식재배시범	30,000	농업기술센터	8	4	7	8	7	1	1	1
3458	경북 의성군	벼재배노동력절감종합기술시범	52,000	농업기술센터	8	4	7	8	7	1	1	1
3459	경북 의성군	과수 이상기상대응 결실 안정화 시범	30,000	농업기술센터	8	4	7	8	7	1	1	1
3460	경북 의성군	귀농인주택수리지원	30,000	농업기술센터	8	4	7	8	7	1	1	4
3461	경북 의성군	귀농영농기반조성지원	100,000	농업기술센터	8	4	7	8	7	1	1	4
3462	경북 청송군	노인복지시설소규모개보수비지원	60,000	주민행복과	8	1	7	8	7	5	5	4
3463	경북 청송군	어린이집환경개선	20,000	주민행복과	8	6	7	8	7	1	1	4
3464	경북 청송군	성탄절성탄트리설치지원	15,000	문화체육과	8	4	7	8	7	1	1	1
3465	경북 청송군	한지및옹기포장재지원	4,000	문화체육과	8	4	7	8	7	1	1	1
3466	경북 청송군	귀농정착지원사업	300,000	농정과	8	4	7	8	7	1	1	4
3467	경북 청송군	벼병충해방제사업비지원	120,000	농정과	8	6	7	8	7	1	1	1
3468	경북 청송군	벼생산농가상토구입비지원(785ha)	54,000	농정과	8	6	7	8	7	1	1	1
3469	경북 청송군	곡물건조기지원	10,000	농정과	8	6	7	8	7	1	1	1
3470	경북 청송군	토백자동계량저울지원	4,000	농정과	8	6	7	8	7	1	1	1
3471	경북 청송군	벼육묘공장우량모생산지원(대형,소형)	100,500	농정과	8	6	7	8	7	1	1	1
3472	경북 청송군	객토사업지원	100,000	농정과	8	6	7	8	7	1	1	1
3473	경북 청송군	논갈이경운비용지원	150,000	농정과	8	6	7	8	7	1	1	1
3474	경북 청송군	밭갈이경운비용지원	345,000	농정과	8	6	7	8	7	1	1	1
3475	경북 청송군	퇴비생산추진비지원	300,000	농정과	8	6	7	8	7	1	1	1
3476	경북 청송군	축분퇴비지원	50,400	농정과	8	6	7	8	7	1	1	1
3477	경북 청송군	친환경농법지원사업	20,000	농정과	8	6	7	8	7	1	1	1
3478	경북 청송군	생태유기농핵심농가육성지원	150,000	농정과	8	6	7	8	7	1	1	1
3479	경북 청송군	과실류고품질개선자재지원	435,000	농정과	8	6	7	8	7	1	1	4
3480	경북 청송군	과원부직포지원	22,500	농정과	8	6	7	8	7	1	1	4
3481	경북 청송군	과수인공수분용꽃가루살포기지원	43,200	농정과	8	6	7	8	7	1	1	4
3482	경북 청송군	기타과수생산기반시설지원	20,000	농정과	8	6	7	8	7	1	1	4
3483	경북 청송군	과실장기저장제지원	600,000	농정과	8	6	7	8	7	1	1	4
3484	경북 청송군	고추밭멀칭비닐지원	168,000	농정과	8	8	7	8	7	5	5	4

순번	시군구	지출명 (사업명)	2021년예산 (단위:천원/1년간)	담당자 (공무원) 담당부서	민간이전 분류 (지방자치단체 세출예산 집행기준에 의거) 1. 민간경상사업보조(307-02) 2. 민간단체 법정운영비보조(307-03) 3. 민간행사사업보조(307-04) 4. 민간위탁금(307-05) 5. 사회복지시설 법정운영비보조(307-10) 6. 민간인위탁교육비(307-12) 7. 공기관등에대한경상적위탁사업비(308-10) 8. 민간자본사업보조,자체재원(402-01) 9. 민간자본사업보조,이전재원(402-02) 10. 민간위탁사업비(402-03) 11. 공기관등에 대한 자본적 대행사업비(403-02)	민간이전지출 근거 (지방보조금 관리기준 참고) 1. 법률에 규정 2. 국고보조 재원(국가지정) 3. 용도 지정 기부금 4. 조례에 직접규정 5. 지자체가 권장하는 사업을 하는 공공기관 6. 시,도 정책 및 재정사정 7. 기타 8. 해당없음	입찰방식 계약체결방법 (경쟁형태) 1. 일반경쟁 2. 제한경쟁 3. 지명경쟁 4. 수의계약 5. 법정위탁 6. 기타 ( ) 7. 해당없음	입찰방식 계약기간 1. 1년 2. 2년 3. 3년 4. 4년 5. 5년 6. 기타 ( )년 7. 단기계약 (1년미만) 8. 해당없음	입찰방식 낙찰자선정방법 1. 적격심사 2. 협상에의한계약 3. 최저가낙찰제 4. 규격가격분리 5. 2단계 경쟁입찰 6. 기타 ( ) 7. 해당없음	운영예산 산정 운영예산 산정 1. 내부산정 (지자체 자체적으로 산정) 2. 외부산정 (외부전문기관위탁 산정) 3. 내·외부 모두 산정 4. 산정 無 5. 해당없음	운영예산 산정 정산방법 1. 내부정산 (지자체 내부적으로 정산) 2. 외부정산 (외부전문기관위탁 정산) 3. 내·외부 모두 산정 4. 정산 無 5. 해당없음	성과평가 실시여부 1. 실시 2. 미실시 3. 향후 추진 4. 해당없음
3485	경북 청송군	고추부직포공급사업지원	115,000	농정과	8	8	7	8	7	5	5	4
3486	경북 청송군	고추막덮기부직포공급사업지원	50,000	농정과	8	8	7	8	7	5	5	4
3487	경북 청송군	채소류병해충방제사업지원	100,000	농정과	8	8	7	8	7	5	5	4
3488	경북 청송군	새소득작목비가림재배시설지원	50,000	농정과	8	8	7	8	7	5	5	4
3489	경북 청송군	고추병해충방제비지원	500,000	농정과	8	8	7	8	7	5	5	4
3490	경북 청송군	고추건조기지원	40,000	농정과	8	8	7	8	7	5	5	4
3491	경북 청송군	고추세척기지원	20,000	농정과	8	8	7	8	7	5	5	4
3492	경북 청송군	양배추수확용포장망태기지원	75,000	농정과	8	8	7	8	7	5	5	4
3493	경북 청송군	잎담배멀칭비닐지원	17,600	농정과	8	8	7	8	7	5	5	4
3494	경북 청송군	잎담배농가비료지원	62,400	농정과	8	8	7	8	7	5	5	4
3495	경북 청송군	신선농산물수출촉진자금지원	50,000	농정과	8	8	7	8	7	5	5	4
3496	경북 청송군	청송사과글로벌GAP인증지원사업	10,000	농정과	8	8	7	8	7	5	5	4
3497	경북 청송군	전통주생산지원사업	30,000	농정과	8	8	7	8	7	5	5	4
3498	경북 청송군	농특산물포장재비지원	710,000	농정과	8	5	7	8	7	5	5	4
3499	경북 청송군	소규모농가물류유통지원	74,900	농정과	8	5	7	8	7	5	5	4
3500	경북 청송군	황금사과포장재비지원[APC]	40,000	농정과	8	5	7	8	7	5	5	4
3501	경북 청송군	전속출하조직육성지원	106,000	농정과	8	5	7	8	7	5	5	4
3502	경북 청송군	과실장기저장제(1-MCP)구입지원	80,000	농정과	8	4	2	3	2	1	1	4
3503	경북 청송군	농촌빈집정비사업지원	75,000	종합민원과	8	7	7	8	7	5	5	1
3504	경북 청송군	공동주택관리비용지원사업비	30,000	종합민원과	8	1	7	8	7	5	1	4
3505	경북 청송군	향토음식개발업소시설개선지원	10,000	종합민원과	8	7	7	8	7	1	1	1
3506	경북 청송군	음식물류폐기물감량기지원사업비	44,000	환경축산과	8	8	7	8	7	5	5	4
3507	경북 청송군	축산농가기자재지원	35,000	환경축산과	8	4	7	8	7	5	5	4
3508	경북 청송군	양봉농가기자재지원사업	15,000	환경축산과	8	4	7	8	7	5	5	4
3509	경북 청송군	축산물포장재지원사업	24,000	환경축산과	8	4	7	8	7	5	5	4
3510	경북 청송군	토봉농가기자재지원사업	15,000	환경축산과	8	4	7	8	7	5	5	4
3511	경북 청송군	가축사육농가톱밥(왕겨)구입지원	280,000	환경축산과	8	4	7	8	7	5	5	4
3512	경북 청송군	조사료생산용종자대구입지원	21,000	환경축산과	8	4	7	8	7	5	5	4
3513	경북 청송군	악취저감장치지원사업	15,000	환경축산과	8	4	7	8	7	5	5	4
3514	경북 청송군	내수면어업허가(지역내)기자재지원	4,000	환경축산과	8	4	7	8	7	5	5	4
3515	경북 청송군	피서지이동새마을문고도서구입비	2,000	새마을도시과	8	7	7	8	7	1	1	1
3516	경북 청송군	농업인단체과제포시범사업지원	25,000	농업기술센터	8	1	7	8	7	5	5	4
3517	경북 청송군	건강관리실보수사업	40,000	농업기술센터	8	6	7	8	7	1	1	1
3518	경북 청송군	벼공동방제비지원	63,000	농업기술센터	8	1	7	8	7	1	1	1
3519	경북 청송군	고품질벼재배농자재및방제비지원	8,000	농업기술센터	8	1	7	8	7	1	1	1
3520	경북 청송군	고추육묘지원사업	750,000	농업기술센터	8	6	4	7	2	1	1	1
3521	경북 청송군	명품고추생산지원(GAP)사업	125,000	농업기술센터	8	6	7	8	7	1	1	1
3522	경북 청송군	노지채소자동관수관비장치보급시범	16,800	농업기술센터	8	6	7	8	7	1	1	1
3523	경북 청송군	생분해멀칭필름재배시범	8,000	농업기술센터	8	6	7	8	7	1	1	1
3524	경북 청송군	고추다축형모종이용다수확기술개발	6,400	농업기술센터	8	6	7	8	7	1	1	1
3525	경북 청송군	원예작물저장성향상기술적용시범	8,000	농업기술센터	8	6	7	8	7	1	1	1
3526	경북 청송군	고추관행및유기농방제병행시범	8,000	농업기술센터	8	6	7	8	7	1	1	1

순번	시군구	지출명 (사업명)	2021년예산 (단위:천원/1년간)	담당자 (공무원) 담당부서	민간이전 분류 (지방자치단체 세출예산 집행기준에 의거) 1. 민간경상사업보조(307-02) 2. 민간단체 법정운영비보조(307-03) 3. 민간행사사업보조(307-04) 4. 민간위탁금(307-05) 5. 사회복지시설 법정운영비보조(307-10) 6. 민간인위탁교육비(307-12) 7. 공기관등에대한경상적위탁사업비(308-10) 8. 민간자본사업보조,자체재원(402-01) 9. 민간자본사업보조,이전재원(402-02) 10. 민간위탁사업비(402-03) 11. 공기관등에 대한 자본적 대행사업비(403-02)	민간이전지출 근거 (지방보조금 관리기준 참고) 1. 법률에 규정 2. 국고보조 재원(국가지정) 3. 용도 지정 기부금 4. 조례에 직접규정 5. 지자체가 권장하는 사업을 하는 공공기관 6. 시,도 정책 및 재정사정 7. 기타 8. 해당없음	입찰방식 계약체결방법 (경쟁형태) 1. 일반경쟁 2. 제한경쟁 3. 지명경쟁 4. 수의계약 5. 법정위탁 6. 기타 ( ) 7. 해당없음	입찰방식 계약기간 1. 1년 2. 2년 3. 3년 4. 4년 5. 5년 6. 기타 ( )년 7. 단기계약 (1년미만) 8. 해당없음	입찰방식 낙찰자선정방법 1. 적격심사 2. 협상에의한계약 3. 최저가낙찰제 4. 규격가격분리 5. 2단계 경쟁입찰 6. 기타 ( ) 7. 해당없음	운영예산 산정 운영예산 산정 1. 내부산정 (지자체 자체적으로 산정) 2. 외부산정 (외부전문기관위탁 산정) 3. 내·외부 모두 산정 4. 산정 無 5. 해당없음	운영예산 산정 정산방법 1. 내부정산 (지자체 내부적으로 정산) 2. 외부정산 (외부전문기관위탁 정산) 3. 내·외부 모두 산정 4. 정산 無 5. 해당없음	성과평가 실시여부 1. 실시 2. 미실시 3. 향후 추진 4. 해당없음
3527	경북 청송군	로컬푸드육성지원시범	25,000	농업기술센터	8	6	7	8	7	1	1	1
3528	경북 청송군	힐링푸드밸리조성지원시범	20,000	농업기술센터	8	6	7	8	7	1	1	1
3529	경북 청송군	청송사과묘목육성지원사업	100,000	농업기술센터	8	6	4	2	2	1	1	1
3530	경북 청송군	GAP명품사과재배단지조성	1,040,000	농업기술센터	8	6	7	8	7	1	1	1
3531	경북 청송군	꽃가루은행시범운영지원	3,000	농업기술센터	8	6	2	7	3	1	1	1
3532	경북 청송군	사과원고효율방제부착기설치시범	36,000	농업기술센터	8	6	4	7	2	1	1	1
3533	경북 청송군	이상기상대응과수결실안정사업	36,000	농업기술센터	8	6	4	7	2	1	1	1
3534	경북 청송군	최고품질복숭아재배단지조성	48,000	농업기술센터	8	6	4	7	2	1	1	1
3535	경북 청송군	고품질자두생산기반조성	96,000	농업기술센터	8	6	4	7	2	1	1	1
3536	경북 청송군	청송황금사과재배단지조성시범	240,000	농업기술센터	8	6	4	7	2	1	1	1
3537	경북 청송군	농업용열(온)풍기를활용한서리피해경감시범	12,000	농업기술센터	8	6	7	8	7	5	5	4
3538	경북 청송군	열상방상팬을활용한냉해피해경감시범	24,000	농업기술센터	8	6	7	8	7	5	5	4
3539	경북 청송군	스테비아를활용한차별화브랜드농산물생산시범	24,000	농업기술센터	8	6	7	8	7	5	5	4
3540	경북 청송군	돌발병해충(매미나방)유아등을활용한방제시범	8,000	농업기술센터	8	6	7	8	7	5	5	4
3541	경북 청송군	새소득작목발굴시범사업	80,000	농업기술센터	8	6	7	8	7	1	1	1
3542	경북 영양군	청년농업인4-H회원성공모델구축지원	20,000	농촌지도과	8	4	7	8	7	5	5	4
3543	경북 영양군	콩다수확재배기술보급시범사업	18,000	농업기술센터	8	4	7	8	7	5	5	4
3544	경북 영양군	특수미소포장상품화시범사업	20,000	농업기술센터	8	4	7	8	7	5	5	4
3545	경북 영양군	수박후작물개발시험	3,000	농업기술센터	8	4	7	8	7	5	5	4
3546	경북 영양군	고품질미나리재배시범	1,600	농업기술센터	8	4	7	8	7	5	5	4
3547	경북 영양군	비가림하우스천창개폐시설시범	21,000	농업기술센터	8	4	7	8	7	5	5	4
3548	경북 영양군	과수서리피해방지시설시범	46,200	기술보급과	8	1	7	8	7	5	5	4
3549	경북 영양군	과수저온저장고가습기보급시범	11,550	기술보급과	8	1	7	8	7	5	5	4
3550	경북 영양군	정보화농업인e-비지니스소득창출시범	12,000	기술보급과	8	4	7	8	7	5	5	4
3551	경북 영양군	토종다래생산기반조성시범	16,000	기술보급과	8	4	7	8	7	5	5	4
3552	경북 영양군	연재배생산기반조성시범	8,000	기술보급과	8	4	7	8	7	5	5	4
3553	경북 영양군	스테비아재배생산기반조성시범4,000	4,000	기술보급과	8	4	7	8	7	5	5	4
3554	경북 영양군	농약방제장비 지원	50,000	농업축산과	8	4	7	8	7	5	5	4
3555	경북 영양군	명품고추특화사업 종자지원	63,600	농업축산과	8	4	7	8	7	5	5	4
3556	경북 영양군	채소특작생산지원	933,150	농업축산과	8	4	7	8	7	5	5	4
3557	경북 영양군	엽연초생산지원	148,075	농업축산과	8	4	7	8	7	5	5	4
3558	경북 영양군	고추생산지원	1,331,000	농업축산과	8	4	7	8	7	5	5	4
3559	경북 영양군	고품질과실생산지원	610,000	농업축산과	8	4	7	8	7	5	5	4
3560	경북 영양군	화훼생산지원	13,500	농업축산과	8	4	7	8	7	5	5	4
3561	경북 영양군	한우인공수정지원	72,000	농업축산과	8	1	7	8	7	5	5	4
3562	경북 영양군	축산농가기자재개보수지원	15,000	농업축산과	8	1	7	8	7	5	5	4
3563	경북 영양군	축사시설송풍기지원	14,400	농업축산과	8	1	7	8	7	5	5	4
3564	경북 영양군	한우자동목걸이지원	10,500	농업축산과	8	1	7	8	7	5	5	4
3565	경북 영양군	축사용워터컵구입지원	8,820	농업축산과	8	1	7	8	7	5	5	4
3566	경북 영양군	축사용CCTV설치지원	6,000	농업축산과	8	1	7	8	7	5	5	4
3567	경북 영양군	축사음향시설지원	3,000	농업축산과	8	1	7	8	7	5	5	4
3568	경북 영양군	모기퇴치램프구입지원	2,400	농업축산과	8	1	7	8	7	5	5	4

순번	시군구	지출명 (사업명)	2021년예산 (단위:천원/1년간)	담당자 (공무원) 담당부서	민간이전 분류 (지방자치단체 세출예산 집행기준에 의거) 1. 민간경상사업보조(307-02) 2. 민간단체 법정운영비보조(307-03) 3. 민간행사사업보조(307-04) 4. 민간위탁금(307-05) 5. 사회복지시설 법정운영비보조(307-10) 6. 민간인위탁교육비(307-12) 7. 공기관등에대한경상적위탁사업비(308-10) 8. 민간자본사업보조,자체재원(402-01) 9. 민간자본사업보조,이전재원(402-02) 10. 민간위탁사업비(402-03) 11. 공기관등에 대한 자본적 대행사업비(403-02)	민간이전지출 근거 (지방보조금 관리기준 참고) 1. 법률에 규정 2. 국고보조 재원(국가지정) 3. 용도 지정 기부금 4. 조례에 직접규정 5. 지자체가 권장하는 사업을 하는 공공기관 6. 시,도 정책 및 재정사정 7. 기타 8. 해당없음	입찰방식: 계약체결방법 (경쟁형태) 1. 일반경쟁 2. 제한경쟁 3. 지명경쟁 4. 수의계약 5. 법정위탁 6. 기타 ( ) 7. 해당없음	입찰방식: 계약기간 1. 1년 2. 2년 3. 3년 4. 4년 5. 5년 6. 기타 ( )년 7. 단기계약 (1년미만) 8. 해당없음	입찰방식: 낙찰자선정방법 1. 적격심사 2. 협상에의한계약 3. 최저가낙찰제 4. 규격가격분리 5. 2단계 경쟁입찰 6. 기타 ( ) 7. 해당없음	운영예산 산정: 운영예산 산정 1. 내부산정 (지자체 자체적으로 산정) 2. 외부산정 (외부전문기관위탁 산정) 3. 내·외부 모두 산정 4. 산정 無 5. 해당없음	운영예산 산정: 정산방법 1. 내부정산 (지자체 내부적으로 정산) 2. 외부정산 (외부전문기관위탁 정산) 3. 내·외부 모두 산정 4. 정산 無 5. 해당없음	성과평가 실시여부 1. 실시 2. 미실시 3. 향후 추진 4. 해당없음
3569	경북 영양군	HACCP농장계란포장재지원	11,200	농업축산과	8	1	7	8	7	5	5	4
3570	경북 영양군	흑염소종축지원	3,600	농업축산과	8	1	7	8	7	5	5	4
3571	경북 영양군	흑염소사육농가전동운반차지원	2,500	농업축산과	8	1	7	8	7	5	5	4
3572	경북 영양군	방사양계지원	3,960	농업축산과	8	1	7	8	7	5	5	4
3573	경북 영양군	방사양계지원	18,000	농업축산과	8	1	7	8	7	5	5	4
3574	경북 영양군	토종벌육성자재구입	10,000	농업축산과	8	1	7	8	7	5	5	4
3575	경북 영양군	토종벌도자기꿀병지원	3,000	농업축산과	8	1	7	8	7	5	5	4
3576	경북 영양군	토종벌육성종보전지원	16,000	농업축산과	8	1	7	8	7	5	5	4
3577	경북 영양군	양봉해충구제약및면역증강제지원	12,500	농업축산과	8	1	7	8	7	5	5	4
3578	경북 영양군	양봉꿀병지원	16,625	농업축산과	8	1	7	8	7	5	5	4
3579	경북 영양군	양봉꿀병포장지지원	27,625	농업축산과	8	1	7	8	7	5	5	4
3580	경북 영양군	양봉벌통지원	17,500	농업축산과	8	1	7	8	7	5	5	4
3581	경북 영양군	양봉소초광지원	18,750	농업축산과	8	1	7	8	7	5	5	4
3582	경북 영양군	양봉꿀운송차량리프트게이트지원	18,000	농업축산과	8	1	7	8	7	5	5	4
3583	경북 영양군	조사료생산장비지원	15,000	농업축산과	8	1	7	8	7	5	5	4
3584	경북 영양군	조사료제조용랩핑비닐지원	21,000	농업축산과	8	1	7	8	7	5	5	4
3585	경북 영양군	가축분뇨퇴비화용톱밥지원	192,000	농업축산과	8	1	7	8	7	5	5	4
3586	경북 영양군	소사육농가미네랄블록지원	10,500	농업축산과	8	1	7	8	7	5	5	4
3587	경북 영양군	축산환경개선제지원	12,600	농업축산과	8	1	7	8	7	5	5	4
3588	경북 영양군	축산용친환경악취저감제지원	9,000	농업축산과	8	1	7	8	7	5	5	4
3589	경북 영양군	가축분뇨처리용스키드로더지원	30,000	농업축산과	8	1	7	8	7	5	5	4
3590	경북 영양군	한우축산물공판장수송비용지원	60,000	농업축산과	8	1	7	8	7	5	5	4
3591	경북 영양군	한우고급육생산장려금지원	45,000	농업축산과	8	1	7	8	7	5	5	4
3592	경북 영양군	축산물(식육판매처)포장재지원	7,000	농업축산과	8	1	7	8	7	5	5	4
3593	경북 영덕군	송이 소포장재지원	15,000	산림과	8	5	2	7	7	1	1	4
3594	경북 청도군	경로당신축	50,000	사회보장과	8	7	7	8	7	5	5	4
3595	경북 청도군	경로당보수	260,000	사회보장과	8	7	7	8	7	5	5	4
3596	경북 청도군	경로당환경개선	50,000	사회보장과	8	7	7	8	7	5	5	4
3597	경북 청도군	산딸기생산기반조성	300,000	경제산림과	8	6	7	8	7	5	5	4
3598	경북 청도군	장애인의료비지원	67,330	주민복지과	8	1	7	8	7	1	1	2
3599	경북 청도군	과수노동력절감장비지원	15,000	농업기술센터	8	4	7	7	7	1	1	3
3600	경북 청도군	신소득작목육성	60,000	농업기술센터	8	4	7	8	7	1	1	3
3601	경북 청도군	아열대시설재배단지현대화사업	150,000	농업기술센터	8	4	7	8	7	1	1	3
3602	경북 청도군	청도반시가공장비(자동박피기)지원	16,000	농업기술센터	8	4	7	8	7	1	1	3
3603	경북 청도군	청도반시가공장비(선별기)지원	22,400	농업기술센터	8	4	7	8	7	1	1	3
3604	경북 청도군	청도반시소규모가공시설지원	30,000	농업기술센터	8	4	7	8	7	1	1	3
3605	경북 청도군	청도반시생력화지원	45,000	농업기술센터	8	4	7	8	7	1	1	3
3606	경북 청도군	귀농농가주택수리비지원	12,000	농정과	8	4	7	8	7	5	5	4
3607	경북 고령군	독거노인 환경개선사업	21,600	주민복지과	8	4	7	8	7	1	1	1
3608	경북 고령군	개별 LPG 소형저장탱크 보급 지원사업	75,000	기업경제과	8	6	1	1	1	1	1	4
3609	경북 고령군	농촌체험휴양마을 음식물 처리기 설치지원	5,000	농업정책과	8	1	7	8	7	1	1	3
3610	경북 고령군	벼 생력화 지원(육묘상처리제)	7,000	농업정책과	8	7	7	8	7	1	1	3

순번	시군구	지출명 (사업명)	2021년예산 (단위:천원/1년간)	담당자 (공무원) 담당부서	민간이전 분류 (지방자치단체 세출예산 집행기준에 의거) 1. 민간경상사업보조(307-02) 2. 민간단체 법정운영비보조(307-03) 3. 민간행사사업보조(307-04) 4. 민간위탁금(307-05) 5. 사회복지시설 법정운영비보조(307-10) 6. 민간인위탁교육비(307-12) 7. 공기관등에대한경상적위탁사업비(308-10) 8. 민간자본사업보조,자체재원(402-01) 9. 민간자본사업보조,이전재원(402-02) 10. 민간위탁사업비(402-03) 11. 공기관등에 대한 자본적 대행사업비(403-02)	민간이전지출 근거 (지방보조금 관리기준 참고) 1. 법률에 규정 2. 국고보조 재원(국가지정) 3. 용도 지정 기부금 4. 조례에 직접규정 5. 지자체가 권장하는 사업을 하는 공공기관 6. 시,도 정책 및 재정사정 7. 기타 8. 해당없음	입찰방식 계약체결방법 (경쟁형태) 1. 일반경쟁 2. 제한경쟁 3. 지명경쟁 4. 수의계약 5. 법정위탁 6. 기타 ( ) 7. 해당없음	입찰방식 계약기간 1. 1년 2. 2년 3. 3년 4. 4년 5. 5년 6. 기타 ( )년 7. 단기계약 (1년미만) 8. 해당없음	입찰방식 낙찰자선정방법 1. 적격심사 2. 협상에의한계약 3. 최저가낙찰제 4. 규격가격분리 5. 2단계 경쟁입찰 6. 기타 ( ) 7. 해당없음	운영예산 산정 운영예산 산정 1. 내부산정 (지자체 자체적으로 산정) 2. 외부산정 (외부전문기관위탁 산정) 3. 내·외부 모두 산정 4. 산정 無 5. 해당없음	운영예산 산정 정산방법 1. 내부정산 (지자체 내부적으로 정산) 2. 외부정산 (외부전문기관위탁 정산) 3. 내·외부 모두 산정 4. 정산 無 5. 해당없음	성과평가 실시여부 1. 실시 2. 미실시 3. 향후 추진 4. 해당없음
3611	경북 고령군	비료절감형 벼 재배기술지원	20,000	농업정책과	8	7	7	8	7	1	1	3
3612	경북 고령군	상토지원사업	142,560	농업정책과	8	7	7	8	7	1	1	3
3613	경북 고령군	소득작목경쟁력제고사업	619,000	농업정책과	8	7	7	8	7	1	1	3
3614	경북 고령군	도시근교농업육성지원사업	82,000	농업정책과	8	7	7	8	7	1	1	3
3615	경북 고령군	양파마늘노동력절감지원	100,400	농업정책과	8	7	7	8	7	1	1	3
3616	경북 고령군	APC 품목별 산지출하지원	50,000	농업정책과	8	4	7	8	7	1	1	3
3617	경북 고령군	수박 포장재 지원	6,500	농업정책과	8	4	7	8	7	1	1	3
3618	경북 고령군	감자 소포장재 지원	6,000	농업정책과	8	4	7	8	7	1	1	3
3619	경북 고령군	토마토 포장재 지원	6,500	농업정책과	8	4	7	8	7	1	1	3
3620	경북 고령군	멜론 포장재 지원	16,000	농업정책과	8	4	7	8	7	1	1	3
3621	경북 고령군	블루베리 포장재 지원	12,000	농업정책과	8	4	7	8	7	1	1	3
3622	경북 고령군	작목전환농가 산지출하 지원	19,000	농업정책과	8	4	7	8	7	1	1	3
3623	경북 고령군	한라봉 포장재 지원	3,900	농업정책과	8	4	7	8	7	1	1	3
3624	경북 고령군	농산물 포장재 디자인 개발비 지원	7,200	농업정책과	8	4	7	8	7	1	1	3
3625	경북 고령군	딸기 유통가공시설 보완 지원	10,000	농업정책과	8	4	7	8	7	1	1	3
3626	경북 고령군	농산물 선별·포장장비 보완지원	4,000	농업정책과	8	4	7	8	7	1	1	3
3627	경북 고령군	딸기 수집상자 지원	21,000	농업정책과	8	4	7	8	7	1	1	3
3628	경북 고령군	동고령농협 우곡수박 브랜드가치 향상 지원사업	20,000	농업정책과	8	4	7	8	7	1	1	3
3629	경북 고령군	쌍림농협 농산물가공시설 지원사업	30,000	농업정책과	8	4	7	8	7	1	1	3
3630	경북 고령군	딸기 수출농가 포장재 지원	7,000	농업정책과	8	1	7	8	7	1	1	3
3631	경북 고령군	귀농인 영농정착 지원	40,000	농업정책과	8	6	7	7	7	1	1	3
3632	경북 고령군	귀농인 6차산업 저변확대 지원	21,000	농업정책과	8	6	7	7	7	1	1	3
3633	경북 성주군	향토문화유산등 보수정비 지원	600,000	문화예술과	8	4	7	8	7	5	5	4
3634	경북 성주군	참외선별기지원	310,000	농정과	8	4	7	8	7	1	1	3
3635	경북 성주군	참외밴딩기지원	100,000	농정과	8	4	7	8	7	1	1	3
3636	경북 성주군	소사육농가송풍기지원	15,000	농정과	8	1	7	8	7	1	1	3
3637	경북 성주군	가금농가대형환기휀지원	4,000	농정과	8	1	7	8	7	1	1	3
3638	경북 성주군	한우농가사료자동급이시설지원	50,000	농정과	8	1	7	8	7	1	1	3
3639	경북 성주군	양봉자동채밀기지원	15,000	농정과	8	1	7	8	7	1	1	3
3640	경북 성주군	양봉산물저온저장고지원	30,000	농정과	8	1	7	8	7	1	1	3
3641	경북 성주군	양돈농가악취저감시설지원사업	100,000	농정과	8	1	7	8	7	1	1	3
3642	경북 성주군	축분부숙기지원	35,000	농정과	8	1	7	8	7	1	1	3
3643	경북 성주군	폐사축처리기(소멸기)지원	35,000	농정과	8	1	7	8	7	1	1	3
3644	경북 성주군	성신농장가축분뇨처리시설(보완)지원	22,500	농정과	8	1	7	8	7	1	1	3
3645	경북 성주군	곤충산업기반조성	15,000	농정과	8	7	7	8	7	1	1	3
3646	경북 성주군	곤충농가포장재개선사업	10,000	농정과	8	7	7	8	7	1	1	3
3647	경북 성주군	참외조기폐경농가지원사업	150,000	농정과	8	4	7	8	7	1	1	3
3648	경북 성주군	시설하우스측창환경개선장치지원사업	50,000	농정과	8	4	7	8	7	1	1	3
3649	경북 성주군	시설원예품질개선(인발파이프)지원사업	375,000	농정과	8	4	7	8	7	1	1	3
3650	경북 성주군	과수농가선별기공급지원사업	24,500	농정과	8	7	7	8	7	1	1	3
3651	경북 성주군	소독시설지원사업	25,000	농정과	8	7	7	8	7	1	1	3
3652	경북 성주군	지역발전우수기업 환경개선정비비	40,000	기업경제과	8	4	7	8	7	5	5	4

순번	시군구	지출명 (사업명)	2021년예산 (단위:천원/1년간)	담당자 (공무원) 담당부서	민간이전 분류 (지방자치단체 세출예산 집행기준에 의거) 1. 민간경상사업보조(307-02) 2. 민간단체 법정운영비보조(307-03) 3. 민간행사사업보조(307-04) 4. 민간위탁금(307-05) 5. 사회복지시설 법정운영비보조(307-10) 6. 민간인위탁교육비(307-12) 7. 공기관등에대한경상적위탁사업비(308-10) 8. 민간자본사업보조,자체재원(402-01) 9. 민간자본사업보조,이전재원(402-02) 10. 민간위탁사업비(402-03) 11. 공기관등에 대한 자본적 대행사업비(403-02)	민간이전지출 근거 (지방보조금 관리기준 참고) 1. 법률에 규정 2. 국고보조 재원(국가지정) 3. 용도 지정 기부금 4. 조례에 직접규정 5. 지자체가 권장하는 사업을 하는 공공기관 6. 시,도 정책 및 재정사정 7. 기타 8. 해당없음	입찰방식 계약체결방법 (경쟁형태) 1. 일반경쟁 2. 제한경쟁 3. 지명경쟁 4. 수의계약 5. 법정위탁 6. 기타 ( ) 7. 해당없음	입찰방식 계약기간 1. 1년 2. 2년 3. 3년 4. 4년 5. 5년 6. 기타 ( )년 7. 단기계약 (1년미만) 8. 해당없음	입찰방식 낙찰자선정방법 1. 적격심사 2. 협상에의한계약 3. 최저가낙찰제 4. 규격가격분리 5. 2단계 경쟁입찰 6. 기타 ( ) 7. 해당없음	운영예산 산정 운영예산 산정 1. 내부산정 (지자체 자체적으로 산정) 2. 외부산정 (외부전문기관위탁 산정) 3. 내·외부 모두 산정 4. 산정 無 5. 해당없음	운영예산 산정 정산방법 1. 내부정산 (지자체 내부적으로 정산) 2. 외부정산 (외부전문기관위탁 정산) 3. 내·외부 모두 산정 4. 정산 無 5. 해당없음	성과평가 실시여부 1. 실시 2. 미실시 3. 향후 추진 4. 해당없음
3653	경북 성주군	공동주택단지내공용시설정비	528,000	허가과	8	1	7	8	7	5	5	4
3654	경북 성주군	성주군새마을회관증축공사	100,000	새마을녹지과	8	1	7	8	7	5	5	4
3655	경북 성주군	산림사업지운영지원	42,000	새마을녹지과	8	5	7	8	7	5	5	4
3656	경북 성주군	임산물소득사업	9,000	새마을녹지과	8	5	7	8	7	5	5	4
3657	경북 성주군	임산물소득사업	48,520	새마을녹지과	8	5	7	8	7	5	5	4
3658	경북 성주군	위생업소위생수준향상환경개선사업	2,000	보건소	8	4	7	8	7	1	1	1
3659	경북 칠곡군	동명면 학명리 경로당 리모델링	30,000	사회복지과	8	4	7	8	7	5	5	4
3660	경북 칠곡군	고품질쌀 생산농가지원	338,850	농업정책과	8	1	7	8	7	5	5	4
3661	경북 칠곡군	양파(마늘망)지원사업	10,800	농업정책과	8	4	7	8	7	3	3	1
3662	경북 칠곡군	로컬푸드 육성 지원사업	45,000	농업정책과	8	4	7	8	7	3	3	1
3663	경북 칠곡군	과수봉지 지원사업	24,000	농업정책과	8	4	7	8	7	3	3	1
3664	경북 칠곡군	꽃매미방제 지원사업	4,800	농업정책과	8	4	7	8	7	3	3	1
3665	경북 칠곡군	과수농가 우산식 지주대 지원사업	15,000	농업정책과	8	4	7	8	7	3	3	1
3666	경북 칠곡군	참외농가 토양 환경개선사업	97,500	농업정책과	8	4	7	8	7	3	3	1
3667	경북 칠곡군	참외 병해충방제 지원상섭	40,500	농업정책과	8	4	7	8	7	3	3	1
3668	경북 칠곡군	참외하우스시설 환경개선사업	98,400	농업정책과	8	4	7	8	7	3	3	1
3669	경북 칠곡군	공공거점소독시설 건립 설계용역비	33,000	농업정책과	8	2	7	8	7	5	5	4
3670	경북 칠곡군	공공거점소독시설 건립비	539,371	농업정책과	8	2	7	8	7	5	5	4
3671	경북 칠곡군	공동주택관리 지원사업	400,000	건축디자인과	8	1	7	8	7	1	1	1
3672	경북 칠곡군	농업인 소규모 창업기술 지원	35,000	농업기술센터	8	7	7	8	7	5	5	1
3673	경북 칠곡군	시설채소 고온기 온도저감 차열망 보급시범	21,000	농업기술센터	8	1	7	8	7	5	5	1
3674	경북 칠곡군	기후변화 대응 양봉농가 소득화 시범	14,000	농업기술센터	8	7	7	8	7	5	5	1
3675	경북 예천군	경로당 신축	200,000	주민복지실	8	4	7	8	7	1	1	2
3676	경북 예천군	경로당 보수	200,000	주민복지실	8	4	7	8	7	1	1	2
3677	경북 예천군	경로당 활성화 물품 구입	100,000	주민복지실	8	4	7	8	7	1	1	2
3678	경북 예천군	정보화마을 전자상거래 포장재 지원	6,300	행정지원실	8	4	7	8	7	1	1	1
3679	경북 예천군	도시가스 미공급지역 지원사업	100,000	새마을경제과	8	4	7	8	7	2	2	4
3680	경북 예천군	금당실마을 초가지붕이기 지원	78,000	문화관광과	8	4	7	1	7	1	1	1
3681	경북 예천군	농촌체험 휴양마을 기반구축 지원	20,000	농정과	8	6	7	8	7	5	5	4
3682	경북 예천군	귀농인 영농기반 지원	100,000	농정과	8	1	7	8	7	5	1	4
3683	경북 예천군	벼 재배농가 상토 지원	1,215	농정과	8	4	7	8	7	5	5	4
3684	경북 예천군	채종포 종자단지(벼, 콩, 보리) 톤백 포장재 지원	13,200	농정과	8	4	7	8	7	5	5	4
3685	경북 예천군	식량작물 농가형 저온저장고 지원	20,000	농정과	8	4	7	8	7	5	5	4
3686	경북 예천군	공공비축미곡 매입용 포장재 지원	109,800	농정과	8	4	7	8	7	5	5	4
3687	경북 예천군	공공비축미곡 산물벼 건조료 지원	80,000	농정과	8	4	7	8	7	5	5	4
3688	경북 예천군	수확기 산물벼 건조료 지원	400,000	농정과	8	4	7	8	7	5	5	4
3689	경북 예천군	친환경 쌀 포장재 지원	10,000	농정과	8	4	7	8	7	5	5	4
3690	경북 예천군	친환경 육묘상처리약제 지원	10,000	농정과	8	4	7	8	7	5	5	4
3691	경북 예천군	친환경 실천단지(우렁이농법) 지원	150,000	농정과	8	4	7	8	7	5	5	4
3692	경북 예천군	농산물출하농가 물류비 지원	70,000	농정과	8	6	7	8	7	5	5	4
3693	경북 예천군	농산물출하농가 선별비 지원	120,000	농정과	8	6	7	8	7	5	5	4
3694	경북 예천군	농산물출하농가 포장재 지원	180,000	농정과	8	6	7	8	7	5	5	4

순번	시군구	지출명 (사업명)	2021년예산 (단위:천원/1년간)	담당자 (공무원)	민간이전 분류 (지방자치단체 세출예산 집행기준에 의거)	민간이전지출 근거 (지방보조금 관리기준 참고)	입찰방식			운영예산 산정		성과평가 실시여부
				담당부서	1. 민간경상사업보조(307-02) 2. 민간단체 법정운영비보조(307-03) 3. 민간행사사업보조(307-04) 4. 민간위탁금(307-05) 5. 사회복지시설 법정운영비보조(307-10) 6. 민간인위탁교육비(307-12) 7. 공기관등에대한경상적위탁사업비(308-10) 8. 민간자본사업보조,자체재원(402-01) 9. 민간자본사업보조,이전재원(402-02) 10. 민간위탁사업비(402-03) 11. 공기관등에 대한 자본적 대행사업비(403-02)	1. 법률에 규정 2. 국고보조 재원(국가지정) 3. 용도 지정 기부금 4. 조례에 직접규정 5. 지자체가 권장하는 사업을 하는 공공기관 6. 시,도 정책 및 재정사정 7. 기타 8. 해당없음	계약체결방법 (경쟁형태) 1. 일반경쟁 2. 제한경쟁 3. 지명경쟁 4. 수의계약 5. 법정위탁 6. 기타 ( ) 7. 해당없음	계약기간 1. 1년 2. 2년 3. 3년 4. 4년 5. 5년 6. 기타 ( )년 7. 단기계약 (1년미만) 8. 해당없음	낙찰자선정방법 1. 적격심사 2. 협상에의한계약 3. 최저가낙찰제 4. 규격가격분리 5. 2단계 경쟁입찰 6. 기타 ( ) 7. 해당없음	운영예산 산정 1. 내부산정 (지자체 자체적으로 산정) 2. 외부산정 (외부전문기관위탁 산정) 3. 내·외부 모두 산정 4. 산정 無 5. 해당없음	정산방법 1. 내부정산 (지자체 내부적으로 정산) 2. 외부정산 (외부전문기관위탁 정산) 3. 내·외부 모두 산정 4. 정산 無 5. 해당없음	1. 실시 2. 미실시 3. 향후 추진 4. 해당없음
3695	경북 예천군	산지유통센터 시설 개선 지원	30,000	농정과	8	6	7	8	7	5	5	4
3696	경북 예천군	우수농특산물 포장재 개선 지원	300,000	농정과	8	6	7	8	7	5	5	4
3697	경북 예천군	반사필름	45,000	농정과	8	4	7	8	7	3	1	4
3698	경북 예천군	사과 착색봉지	79,200	농정과	8	4	7	8	7	3	1	4
3699	경북 예천군	배 봉지	21,750	농정과	8	4	7	8	7	3	1	4
3700	경북 예천군	복숭아 봉지	6,000	농정과	8	4	7	8	7	3	1	4
3701	경북 예천군	자두재배농가 경쟁력 제고	10,000	농정과	8	4	7	8	7	3	1	4
3702	경북 예천군	대체과수 경쟁력 제고	15,000	농정과	8	4	7	8	7	3	1	4
3703	경북 예천군	포도 비가림 재배시설 지원	96,000	농정과	8	4	7	8	7	3	1	4
3704	경북 예천군	과일 신선도 유지기 지원	30,000	농정과	8	4	7	8	7	3	1	4
3705	경북 예천군	과수전용 방제기 지원(SS기)	90,000	농정과	8	4	7	8	7	3	1	4
3706	경북 예천군	승용예취기 및 다목적 리프트기 지원	81,000	농정과	8	4	7	8	7	3	1	4
3707	경북 예천군	과수용 전동가위 지원	60,000	농정과	8	4	7	8	7	3	1	4
3708	경북 예천군	친환경 사과적화제 지원	15,000	농정과	8	4	7	8	7	3	1	4
3709	경북 예천군	과실 장기저장제 지원	40,000	농정과	8	4	7	8	7	3	1	4
3710	경북 예천군	시설원예농가 현대화 지원	140,000	농정과	8	4	7	8	7	3	1	4
3711	경북 예천군	원예특작농가 농기자재 지원	40,000	농정과	8	4	7	8	7	3	1	4
3712	경북 예천군	양념채소 재배농가 기자재 지원	20,000	농정과	8	4	7	8	7	3	1	4
3713	경북 예천군	원예작물 비가림시설 및 노후하우스 자재 지원	34,500	농정과	8	4	7	8	7	3	1	4
3714	경북 예천군	원예특작 점적관수시설 지원	30,000	농정과	8	4	7	8	7	3	1	4
3715	경북 예천군	수박 재배농가 농자재 지원	20,000	농정과	8	4	7	8	7	3	1	4
3716	경북 예천군	과채류 재배농가 농자재 지원	20,000	농정과	8	4	7	8	7	3	1	4
3717	경북 예천군	소형 이동식 저온저장고 지원	200,000	농정과	8	4	7	8	7	3	1	4
3718	경북 예천군	원예분야 오토팜·스마트팜 지원	60,000	농정과	8	4	7	8	7	3	1	4
3719	경북 예천군	기능성 우량잠종대 지원	33,600	농정과	8	4	7	8	7	3	1	4
3720	경북 예천군	엽연초 생산농가 기자재 지원	70,000	농정과	8	4	7	8	7	3	1	4
3721	경북 예천군	단기임산물 소득지원 사업	200,000	산림녹지과	8	8	7	8	7	5	5	4
3722	경북 예천군	한우 모기퇴치 램프 지원	19,600	축산과	8	4	7	8	7	5	5	4
3723	경북 예천군	한우 등록우 인공수정료 지원	60,000	축산과	8	4	7	8	7	5	5	4
3724	경북 예천군	예천한우 등록 지원	12,000	축산과	8	4	7	8	7	5	5	4
3725	경북 예천군	한우 번식능력 개선제 지원	60,000	축산과	8	4	7	8	7	5	5	4
3726	경북 예천군	한우 미네랄 블럭 지원	20,000	축산과	8	4	7	8	7	5	5	4
3727	경북 예천군	양봉농가 사료용해기 지원	6,400	축산과	8	4	7	8	7	5	5	4
3728	경북 예천군	토종벌 사육환경개선제 지원	2,500	축산과	8	4	7	8	7	5	5	4
3729	경북 예천군	곤포 사일리지 제조 비닐랩 지원	30,000	축산과	8	4	7	8	7	5	5	4
3730	경북 예천군	젖소유질개선제 지원	15,000	축산과	8	4	7	8	7	5	5	4
3731	경북 예천군	예천한우 판로확대 택배비 지원	20,000	축산과	8	4	7	8	7	5	5	4
3732	경북 예천군	진공포장재 지원	20,000	축산과	8	4	7	8	7	5	5	4
3733	경북 예천군	퇴비사 지원	18,000	축산과	8	4	7	8	7	5	5	4
3734	경북 예천군	축산분뇨 처리용 톱밥 지원	105,000	축산과	8	6	7	8	7	5	5	4
3735	경북 예천군	한우 기생충 구제사업	17,500	축산과	8	4	7	8	7	5	5	4
3736	경북 예천군	양봉농가 프로폴리스 등 소득화 기술보급 시범	50,000	축산과	8	4	7	8	7	5	5	4

순번	시군구	지출명 (사업명)	2021년예산 (단위:천원/1년간)	담당자 (공무원)	민간이전 분류 (지방자치단체 세출예산 집행기준에 의거)	민간이전지출 근거 (지방보조금 관리기준 참고)	입찰방식			운영예산 산정		성과평가 실시여부
				담당부서	1. 민간경상사업보조(307-02) 2. 민간단체 법정운영비보조(307-03) 3. 민간행사사업보조(307-04) 4. 민간위탁금(307-05) 5. 사회복지시설 법정운영비보조(307-10) 6. 민간인위탁교육비(307-12) 7. 공기관등에대한경상적위탁사업비(308-10) 8. 민간자본사업보조,자체재원(402-01) 9. 민간자본사업보조,이전재원(402-02) 10. 민간위탁사업비(402-03) 11. 공기관등에 대한 자본적 대행사업비(403-02)	1. 법률에 규정 2. 국고보조 재원(국가지정) 3. 용도 지정 기부금 4. 조례에 직접규정 5. 지자체가 권장하는 사업을 하는 공공기관 6. 시,도 정책 및 재정사정 7. 기타 8. 해당없음	계약체결방법 (경쟁형태) 1. 일반경쟁 2. 제한경쟁 3. 지명경쟁 4. 수의계약 5. 법정위탁 6. 기타 ( ) 7. 해당없음	계약기간 1. 1년 2. 2년 3. 3년 4. 4년 5. 5년 6. 기타 ( )년 7. 단기계약 (1년미만) 8. 해당없음	낙찰자선정방법 1. 적격심사 2. 협상에의한계약 3. 최저가낙찰제 4. 규격가격분리 5. 2단계 경쟁입찰 6. 기타 ( ) 7. 해당없음	운영예산 산정 1. 내부산정 (지자체 자체적으로 산정) 2. 외부산정 (외부전문기관위탁 산정) 3. 내·외부 모두 산정 4. 산정 無 5. 해당없음	정산방법 1. 내부정산 (지자체 내부적으로 정산) 2. 외부정산 (외부전문기관위탁 정산) 3. 내·외부 모두 산정 4. 정산 無 5. 해당없음	1. 실시 2. 미실시 3. 향후 추진 4. 해당없음
3737	경북 예천군	항생제대체 친환경축산 봉독 활용 시범	5,000	축산과	8	4	7	8	7	5	5	4
3738	경북 예천군	교통사고 예방을 위한 안전용품 구입 지원	37,900	건설교통과	8	4	7	8	7	1	1	1
3739	경북 예천군	교통안전지도 참여단체 용품 구입 지원	3,400	건설교통과	8	4	7	8	7	1	1	1
3740	경북 예천군	공동주택관리 지원사업	50,000	건축과	8	4	4	1	7	1	1	4
3741	경북 예천군	농촌 빈집정비 지원	150,000	건축과	8	1	7	8	7	1	1	4
3742	경북 예천군	청년농업인 농축산업 고부가가치 창출 사업	60,000	농업기술센터	8	4	7	8	7	5	5	4
3743	경북 예천군	농업인 생산·가공 상품 활성화 보급 사업	10,500	농업기술센터	8	4	7	8	7	5	5	4
3744	경북 예천군	최고품질 조생종 쌀 생산단지 육성	20,000	농업기술센터	8	4	7	8	7	5	5	4
3745	경북 예천군	기능성 쌀 브랜드화 생산단지 조성 시범	35,500	농업기술센터	8	4	7	8	7	5	5	4
3746	경북 예천군	종자소독 활성화 기술보급 시범	15,000	농업기술센터	8	4	7	8	7	5	5	4
3747	경북 예천군	신육성 우량 종자(종묘) 증식사업	15,000	농업기술센터	8	4	7	8	7	5	5	4
3748	경북 예천군	과수 고온 및 폭염피해 경감 상품과율 향상 시범	20,000	농업기술센터	8	4	7	8	7	5	5	4
3749	경북 예천군	열풍방상팬 활용 과수 동상해 방지 기술 시범	30,000	농업기술센터	8	4	7	8	7	5	5	4
3750	경북 예천군	과수 결실향상을 위한 유인자재 및 조류 방제 자재 공급 사업	20,000	농업기술센터	8	4	7	8	7	5	5	4
3751	경북 예천군	시설과채류 화분매개 곤충 수정 시범	66,600	농업기술센터	8	4	7	8	7	5	5	4
3752	경북 예천군	시설고추 바이러스 대응 총채벌레 방제 시범	20,000	농업기술센터	8	4	7	8	7	5	5	4
3753	경북 예천군	예천쪽파 조기재배단지 조성 시범	20,000	농업기술센터	8	4	7	8	7	5	5	4
3754	경북 예천군	기능성 홍산 마늘 시범 재배 시범	20,000	농업기술센터	8	4	7	8	7	5	5	4
3755	경북 예천군	특용작물(생강, 약초 등) 기상재해 경감 실증시범	10,000	농업기술센터	8	4	7	8	7	5	5	4
3756	경북 봉화군	빈집정비사업	60,000	도시교통과	8	1	7	8	7	1	1	1
3757	경북 봉화군	한성임대노후상수도개량	30,000	도시교통과	8	1	7	8	7	1	1	4
3758	경북 봉화군	농산물산지유통센터 출하농가 공동선별비 지원	243,000	유통특작과	8	7	7	7	7	1	1	1
3759	경북 봉화군	농산물계통출하농가운송비지원	540,000	유통특작과	8	7	7	7	7	1	1	1
3760	경북 봉화군	고추종합처리장 홍고추계약재배수매장려금지원	300,000	유통특작과	8	7	7	7	7	1	1	1
3761	경북 봉화군	농산물산지유통센터 과실장기저장제지원	75,600	유통특작과	8	7	7	7	7	1	1	1
3762	경북 봉화군	농산물공동브랜드포장재지원사업	500,000	유통특작과	8	7	7	7	7	1	1	1
3763	경북 봉화군	지역특화품목포장재지원	460,000	유통특작과	8	7	7	7	7	1	1	1
3764	경북 봉화군	채소(배추, 무)영농자재지원	350,000	농업기술센터	8	4	7	8	7	5	5	3
3765	경북 봉화군	토마토재배 영농자재지원	70,000	농업기술센터	8	4	7	8	7	5	5	3
3766	경북 봉화군	엽연초재배 영농자재지원	20,000	농업기술센터	8	4	7	8	7	5	5	3
3767	경북 봉화군	지역특화 약용작물 영농자재 지원	100,000	농업기술센터	8	4	7	8	7	5	5	3
3768	경북 봉화군	고추재배 영농자재 지원	300,000	농업기술센터	8	4	7	8	7	5	5	3
3769	경북 봉화군	수박재배 영농자재지원	180,000	농업기술센터	8	4	7	8	7	5	5	3
3770	경북 봉화군	양채류재배 영농자재지원	70,000	농업기술센터	8	4	7	8	7	5	5	3
3771	경북 봉화군	원예작물 내재해형 비닐하우스지원	800,000	농업기술센터	8	4	7	8	7	5	5	3
3772	경북 봉화군	원예작물 멀칭비닐지원	635,000	농업기술센터	8	4	7	8	7	5	5	3
3773	경북 봉화군	원예작물 상품화를 위한 수정벌지원	48,000	농업기술센터	8	4	7	8	7	5	5	3
3774	경북 봉화군	원예특용작물 관수시설 지원	600,000	농업기술센터	8	4	7	8	7	5	5	3
3775	경북 봉화군	원예특용작물 중형관정 지원	400,000	농업기술센터	8	4	7	8	7	5	5	3
3776	경북 봉화군	비닐하우스 고온피해 경감시설 지원	90,000	농업기술센터	8	4	7	8	7	5	5	3
3777	경북 봉화군	화훼농가 흙갈이 지원	25,000	농업기술센터	8	4	7	8	7	5	5	3
3778	경북 울진군	농어촌빈집정비	100,000	열린민원과	8	1	7	8	7	5	1	4

순번	시군구	지출명 (사업명)	2021년예산 (단위:천원/1년간)	담당자 (공무원)	민간이전 분류 (지방자치단체 세출예산 집행기준에 의거)	민간이전지출 근거 (지방보조금 관리기준 참고)	입찰방식			운영예산 산정		성과평가 실시여부
				담당부서	1. 민간경상사업보조(307-02) 2. 민간단체 법정운영비보조(307-03) 3. 민간행사사업보조(307-04) 4. 민간위탁금(307-05) 5. 사회복지시설 법정운영비보조(307-10) 6. 민간인위탁교육비(307-12) 7. 공기관등에대한경상적위탁사업비(308-10) 8. 민간자본사업보조,자체재원(402-01) 9. 민간자본사업보조,이전재원(402-02) 10. 민간위탁사업비(402-03) 11. 공기관등에 대한 자본적 대행사업비(403-02)	1. 법률에 규정 2. 국고보조 재원(국가지정) 3. 용도 지정 기부금 4. 조례에 직접규정 5. 지자체가 권장하는 사업을 하는 공공기관 6. 시,도 정책 및 재정사정 7. 기타 8. 해당없음	계약체결방법 (경쟁형태) 1. 일반경쟁 2. 제한경쟁 3. 지명경쟁 4. 수의계약 5. 법정위탁 6. 기타 ( ) 7. 해당없음	계약기간 1. 1년 2. 2년 3. 3년 4. 4년 5. 5년 6. 기타 ( )년 7. 단기계약 (1년미만) 8. 해당없음	낙찰자선정방법 1. 적격심사 2. 협상에의한계약 3. 최저가낙찰제 4. 규격가격분리 5. 2단계 경쟁입찰 6. 기타 ( ) 7. 해당없음	운영예산 산정 1. 내부산정 (지자체 자체적으로 산정) 2. 외부산정 (외부전문기관위탁 산정) 3. 내·외부 모두 산정 4. 산정 無 5. 해당없음	정산방법 1. 내부정산 (지자체 내부적으로 정산) 2. 외부정산 (외부전문기관위탁 정산) 3. 내·외부 모두 산정 4. 정산 無 5. 해당없음	1. 실시 2. 미실시 3. 향후 추진 4. 해당없음
3779	경북 울진군	공동주택시설관리지원사업	100,000	열린민원과	8	1	7	8	7	5	1	4
3780	경북 울진군	소규모공동주택시설관리지원사업	200,000	열린민원과	8	4	7	8	7	5	1	4
3781	경북 울진군	작은도서관 운영	48,000	문화관광과	8	4	7	8	7	5	5	4
3782	경북 울진군	귀농인 주택수리비 지원	20,000	미래농정과	8	4	7	8	7	1	1	4
3783	경북 울진군	신규농업인 기반조성 지원	20,000	미래농정과	8	4	7	8	7	1	1	4
3784	경북 울진군	환경친화형 맞춤비료 공급	270,000	미래농정과	8	4	7	8	7	4	1	4
3785	경북 울진군	농산부산물(왕겨) 재활용 지원	10,000	미래농정과	8	4	7	8	7	4	1	4
3786	경북 울진군	벼 친환경농업단지 유기질(유박)비료 지원	290,700	미래농정과	8	4	7	8	7	4	1	4
3787	경북 울진군	친환경 유기상토 지원	182,000	미래농정과	8	4	7	8	7	4	1	4
3788	경북 울진군	벼 재배단지 제초용농자재(우렁이) 지원	150,080	미래농정과	8	4	7	8	7	4	1	4
3789	경북 울진군	토양개량제(제오라이트) 공급	319,920	미래농정과	8	4	7	8	7	4	1	4
3790	경북 울진군	가축진료비 지원	30,000	미래농정과	8	4	7	8	7	1	1	4
3791	경북 울진군	사슴 우수종축 인공수정료 지원	4,250	미래농정과	8	4	7	8	7	1	1	4
3792	경북 울진군	보정용잠금장치 지원	20,000	미래농정과	8	4	7	8	7	1	1	4
3793	경북 울진군	환풍기 지원	18,000	미래농정과	8	4	7	8	7	1	1	4
3794	경북 울진군	한우 인공수정료 지원	180,000	미래농정과	8	4	7	8	7	1	1	4
3795	경북 울진군	양봉소초광지원	25,000	미래농정과	8	4	7	8	7	1	1	4
3796	경북 울진군	양봉틸봉기지원	12,000	미래농정과	8	4	7	8	7	1	1	4
3797	경북 울진군	양봉사료(설탕)지원	67,500	미래농정과	8	4	7	8	7	1	1	4
3798	경북 울진군	양봉자동채밀기지원	18,000	미래농정과	8	4	7	8	7	1	1	4
3799	경북 울진군	양봉채밀카지원	70,000	미래농정과	8	4	7	8	7	1	1	4
3800	경북 울진군	유휴토지밀원수지원	15,000	미래농정과	8	4	7	8	7	1	1	4
3801	경북 울진군	지역 비교우위 작목 및 전략품목 육성지원	60,000	미래농정과	8	4	7	8	7	1	1	4
3802	경북 울진군	가뭄대비 밭작물 관수시설 등 지원	56,350	미래농정과	8	6	7	8	7	1	1	4
3803	경북 울진군	고랭지 채소 품질고급화	20,000	미래농정과	8	5	7	8	7	1	1	4
3804	경북 울진군	유기질비료(퇴비) 공급 농가부담 경감지원	700,000	미래농정과	8	4	7	8	7	1	1	4
3805	경북 울진군	밭작물 폭염(가뭄)피해 예방사업	5,950	미래농정과	8	6	7	8	7	1	1	4
3806	경북 울진군	통합물류시스템 구축 지원	70,000	미래농정과	8	6	7	8	7	1	1	4
3807	경북 울진군	어구실명제지원	70,000	해양수산과	8	1	7	8	7	5	5	4
3808	경북 울진군	연안생태환경개선사업	50,000	해양수산과	8	1	7	8	7	5	5	4
3809	경북 울진군	연안폐어망어구수거지원사업	60,000	해양수산과	8	1	7	8	7	5	5	4
3810	경북 울진군	야생동물 피해예방사업	100,000	환경위생과	8	1	1	7	1	1	1	2
3811	경북 울진군	드문모이앙기술 보급사업	100,000	농업기술센터	8	4	7	8	7	5	5	4
3812	경북 울진군	무인항공직파재배 단지조성	20,000	농업기술센터	8	4	7	8	7	5	5	4
3813	경북 울진군	벼 생력재배측조시비기 보급사업	15,000	농업기술센터	8	4	7	8	7	5	5	4
3814	경북 울진군	육묘용 상토자동공급기 보급사업	15,000	농업기술센터	8	4	7	8	7	5	5	4
3815	경북 울진군	지역맞춤형 특화과수 재배기반 조성	78,400	농업기술센터	8	1	7	8	7	5	5	4
3816	경북 울진군	과수 생산안정화 생력재배 시범	35,000	농업기술센터	8	1	7	8	7	5	5	4
3817	경북 울진군	과수 반사필름 이용 품질향상 시범	7,000	농업기술센터	8	1	7	8	7	5	5	4
3818	경북 울진군	노지 산채나물 조기재배 생산성 향상 시범	21,000	농업기술센터	8	1	7	8	7	5	5	4
3819	경북 울진군	유지작물 수확 후 이동식 건조대 보급 시범	14,000	농업기술센터	8	1	7	8	7	5	5	4
3820	경북 울진군	고품질 약용작물 재배단지 조성 시범	35,000	농업기술센터	8	1	7	8	7	5	5	4

순번	시군구	지출명 (사업명)	2021년예산 (단위:천원/1년간)	담당자(공무원) 담당부서	민간이전 분류 (지방자치단체 세출예산 집행기준에 의거) 1. 민간경상사업보조(307-02) 2. 민간단체 법정운영비보조(307-03) 3. 민간행사사업보조(307-04) 4. 민간위탁금(307-05) 5. 사회복지시설 법정운영비보조(307-10) 6. 민간인위탁교육비(307-12) 7. 공기관등에대한경상적위탁사업비(308-10) 8. 민간자본사업보조,자체재원(402-01) 9. 민간자본사업보조,이전재원(402-02) 10. 민간위탁사업비(402-03) 11. 공기관등에 대한 자본적 대행사업비(403-02)	민간이전지출 근거 (지방보조금 관리기준 참고) 1. 법률에 규정 2. 국고보조 재원(국가지정) 3. 용도 지정 기부금 4. 조례에 직접규정 5. 지자체가 권장하는 사업을 하는 공공기관 6. 시,도 정책 및 재정사정 7. 기타 8. 해당없음	입찰방식 계약체결방법 (경쟁형태) 1. 일반경쟁 2. 제한경쟁 3. 지명경쟁 4. 수의계약 5. 법정위탁 6. 기타 ( ) 7. 해당없음	입찰방식 계약기간 1. 1년 2. 2년 3. 3년 4. 4년 5. 5년 6. 기타 ( )년 7. 단기계약 (1년미만) 8. 해당없음	입찰방식 낙찰자선정방법 1. 적격심사 2. 협상에의한계약 3. 최저가낙찰제 4. 규격가격분리 5. 2단계 경쟁입찰 6. 기타 ( ) 7. 해당없음	운영예산 산정 운영예산 산정 1. 내부산정 (지자체 자체적으로 산정) 2. 외부산정 (외부전문기관위탁 산정) 3. 내·외부 모두 산정 4. 산정 無 5. 해당없음	운영예산 산정 정산방법 1. 내부정산 (지자체 내부적으로 정산) 2. 외부정산 (외부전문기관위탁 정산) 3. 내·외부 모두 산정 4. 정산 無 5. 해당없음	성과평가 실시여부 1. 실시 2. 미실시 3. 향후 추진 4. 해당없음
3821	경북 울진군	특작 시설하우스 고온기 환경제어 시범	42,000	농업기술센터	8	1	7	8	7	5	5	4
3822	경북 울진군	울진산가시없는음나무보급시범	37,500	농업기술센터	8	4	7	8	7	5	5	4
3823	경북 울진군	우량씨감자안정생산보급	20,000	농업기술센터	8	4	7	8	7	5	5	4
3824	경북 울진군	이산화탄소공급고품질딸기생산	10,000	농업기술센터	8	4	7	8	7	5	5	4
3825	경북 울진군	고추비가림하우스 고온피해 저감	6,000	농업기술센터	8	4	7	8	7	5	5	4
3826	경북 울진군	농업인단체 과제포 지원	50,000	농업기술센터	8	6	7	8	7	5	5	4
3827	경북 울진군	농가형 농산물가공 활성화 지원	35,000	농업기술센터	8	4	7	8	7	5	5	4
3828	경북 울릉군	농수임산물내항화물수송운임	200,000	일자리경제교통과	8	4	7	8	7	1	1	1
3829	경북 울릉군	전기차비공용완속충전기보급사업	20,000	일자리경제교통과	8	1	7	8	7	5	5	1
3830	경북 울릉군	어업경제발전유류비지원	600,000	해양수산과	8	4	7	8	7	1	1	1
3831	경북 울릉군	오징어낚시지원	21,000	해양수산과	8	4	7	8	7	1	1	1
3832	경북 울릉군	도시민귀농인농기계보급지원	20,000	농업기술센터	8	4	7	8	7	5	5	4
3833	경북 울릉군	도시민귀농인농업기반조성	35,000	농업기술센터	8	4	7	8	7	5	5	4
3834	경북 울릉군	귀농인집수리정착지원	20,000	농업기술센터	8	4	7	8	7	5	5	4
3835	경북 울릉군	토속작물경쟁력강화기반구축지원	13,000	농업기술센터	8	4	7	8	7	1	1	1
3836	경북 울릉군	울릉친환경퇴비지원사업	200,000	농업기술센터	8	4	2	1	7	1	1	1
3837	경북 울릉군	산채이용자루지원사업	16,000	농업기술센터	8	4	2	1	7	1	1	1
3838	경북 울릉군	친환경자재지원	30,000	농업기술센터	8	4	2	1	7	1	1	1
3839	경북 울릉군	친환경농업용톱밥지원	35,000	농업기술센터	8	4	2	1	7	1	1	1
3840	경북 울릉군	건채생산농가유류비지원	50,000	농업기술센터	8	4	2	1	7	1	1	1
3841	경북 울릉군	배합사료구입지원	80,000	농업기술센터	8	4	7	8	7	5	5	1
3842	경북 울릉군	축산분뇨처리용톱밥지원	70,000	농업기술센터	8	4	7	8	7	5	5	1
3843	경북 울릉군	축산분뇨수거처리용톱밥지원	50,000	농업기술센터	8	4	7	8	7	5	5	1
3844	경북 울릉군	톱밥생산공장유류비지원	10,000	농업기술센터	8	4	7	8	7	5	5	1
3845	경북 울릉군	가축재해보험지원	10,000	농업기술센터	8	4	7	8	7	5	5	1
3846	경북 울릉군	송아지생산장려금지원	20,000	농업기술센터	8	4	7	8	7	5	5	1
3847	경북 울릉군	양봉기자재지원	10,000	농업기술센터	8	7	7	8	7	5	5	1
3848	경북 울릉군	오징어탱깃대제작및포장재지원	50,000	농업기술센터	8	4	7	8	7	1	1	1
3849	경북 울릉군	특산물포장재및산채박스지원	80,000	농업기술센터	8	4	7	8	7	1	1	1
3850	경북 울릉군	산마늘(명이)절임용기지원	100,000	농업기술센터	8	4	7	8	7	1	1	1
3851	경남 창원시	캄보디아 창원국제교육협력센터 운영 지원	9,900	평생교육과	8	4	7	8	7	1	1	1
3852	경남 창원시	창원RCE 캄보디아 물품기증 사업	6,300	평생교육과	8	4	7	8	7	1	1	1
3853	경남 창원시	해외봉사단 파견사업 지원	8,100	평생교육과	8	4	7	8	7	1	1	1
3854	경남 창원시	1사1노동자 복지시설 설치 지원	22,500	경제살리기과	8	4	7	8	7	1	1	1
3855	경남 창원시	노사민정협의회 사무국 설치	5,000	경제살리기과	8	4	7	8	7	1	1	1
3856	경남 창원시	진동면 도시가스 공급 보조금 지원	150,000	경제살리기과	8	4	7	8	7	1	1	4
3857	경남 창원시	회원5구역 도시가스 공급 보조금 지원	90,000	경제살리기과	8	4	7	8	7	1	1	4
3858	경남 창원시	브랜드택시 통신비 지원	298,944	교통정책과	8	4	7	8	7	3	3	1
3859	경남 창원시	삼학사 경내 단청 공사	30,000	문화예술과	8	8	7	8	7	1	1	1
3860	경남 창원시	마산합포,회원구 향군회관(재향군인회) 승강기 등 교체공사	50,000	사회복지과	8	4	7	1	6	1	5	1
3861	경남 창원시	다이룸플러스 운영	82,000	여성가족과	8	2	1	1	1	1	1	1
3862	경남 창원시	양성평등 확대 및 여성복지증진사업	300,000	여성가족과	8	4	1	1	7	1	1	4

순번	시군구	지출명 (사업명)	2021년예산 (단위:천원/1년간)	담당자 (공무원) 담당부서	민간이전 분류 (지방자치단체 세출예산 집행기준에 의거) 1. 민간경상사업보조(307-02) 2. 민간단체 법정운영비보조(307-03) 3. 민간행사사업보조(307-04) 4. 민간위탁금(307-05) 5. 사회복지시설 법정운영비보조(307-10) 6. 민간인위탁교육비(307-12) 7. 공기관등에대한경상적위탁사업비(308-10) 8. 민간자본사업보조,자체재원(402-01) 9. 민간자본사업보조,이전재원(402-02) 10. 민간위탁사업비(402-03) 11. 공기관등에 대한 자본적 대행사업비(403-02)	민간이전지출 근거 (지방보조금 관리기준 참고) 1. 법률에 규정 2. 국고보조 재원(국가지정) 3. 용도 지정 기부금 4. 조례에 직접규정 5. 지자체가 권장하는 사업을 하는 공공기관 6. 시,도 정책 및 재정사정 7. 기타 8. 해당없음	입찰방식 계약체결방법 (경쟁형태) 1. 일반경쟁 2. 제한경쟁 3. 지명경쟁 4. 수의계약 5. 법정위탁 6. 기타 ( ) 7. 해당없음	입찰방식 계약기간 1. 1년 2. 2년 3. 3년 4. 4년 5. 5년 6. 기타 ( )년 7. 단기계약 (1년미만) 8. 해당없음	입찰방식 낙찰자선정방법 1. 적격심사 2. 협상에의한계약 3. 최저가낙찰제 4. 규격가격분리 5. 2단계 경쟁입찰 6. 기타 ( ) 7. 해당없음	운영예산 산정 운영예산 산정 1. 내부산정 (지자체 자체적으로 산정) 2. 외부산정 (외부전문기관위탁 산정) 3. 내·외부 모두 산정 4. 산정 無 5. 해당없음	운영예산 산정 정산방법 1. 내부정산 (지자체 내부적으로 정산) 2. 외부정산 (외부전문기관위탁 정산) 3. 내·외부 모두 산정 4. 정산 無 5. 해당없음	성과평가 실시여부 1. 실시 2. 미실시 3. 향후 추진 4. 해당없음
3863	경남 창원시	피조개 종패 살포사업	27,000	수산과	8	6	7	8	7	1	3	1
3864	경남 창원시	녹색빗물 저금통 설치	40,000	환경정책과	8	4	7	7	7	1	1	1
3865	경남 창원시	공동주택 관리지원사업	1,000,000	주택정책과	8	4	7	8	7	1	1	4
3866	경남 창원시	소규모 공동주택 관리지원사업	200,000	주택정책과	8	4	7	8	7	1	1	4
3867	경남 창원시	빈집정비사업	100,000	주택정책과	8	1	7	8	7	5	5	4
3868	경남 창원시	귀농인 안정정착지원사업	27,000	농업정책과	8	4	7	8	7	5	5	4
3869	경남 창원시	고품질 쌀 생산지원(친환경)	63,000	농업정책과	8	7	4	1	3	1	1	1
3870	경남 창원시	친환경 토양개량제 지원	27,000	농업정책과	8	6	4	1	3	1	1	3
3871	경남 창원시	과수 수정용 꽃가루 지원	9,000	농업정책과	8	1	7	8	7	5	5	4
3872	경남 창원시	시설채소(수박)수정벌 입식 지원	27,000	농업정책과	8	1	7	8	7	5	5	4
3873	경남 창원시	시설채소(멜론)수정벌 입식 지원	11,250	농업정책과	8	1	7	8	7	5	5	4
3874	경남 창원시	창원형 농촌체험시설 기반 조성	9,000	농업정책과	8	1	7	8	7	5	5	3
3875	경남 창원시	브랜드쌀 생산 지원	14,000	농업정책과	8	4	7	8	7	1	1	3
3876	경남 창원시	드론활용 노동력절감 시범사업	15,000	농업기술과	8	1	7	8	7	4	1	3
3877	경남 창원시	고품질 식량작물 소규모 저온유통 시설	19,250	농업기술과	8	1	7	8	7	4	1	3
3878	경남 창원시	벼 키다리병 방제 볍씨소독기 시범	40,000	농업기술과	8	1	7	8	7	4	1	3
3879	경남 창원시	시설딸기 위황병 예방 재배베드 개선 시범	54,000	농업기술과	8	1	7	8	7	4	1	3
3880	경남 창원시	신소득 시설쌈채소 수경재배 보급 시범	25,200	농업기술과	8	1	7	8	7	4	1	3
3881	경남 창원시	열화상 활용 시설환경 제어 스마트팜 보급 시범	14,400	농업기술과	8	1	7	8	7	4	1	3
3882	경남 창원시	PTC 발열필름 활용 시설하우스 에너지 절감 시범	28,800	농업기술과	8	1	7	8	7	4	1	3
3883	경남 창원시	화훼류 퇴화모주 갱신 우량모종 보급	14,400	농업기술과	8	1	7	8	7	4	1	3
3884	경남 창원시	시설과수 환경개선 시범	54,000	농업기술과	8	1	7	8	7	4	1	3
3885	경남 창원시	미생물 활용 단감 품질향상 시범	4,500	농업기술과	8	1	7	8	7	4	1	3
3886	경남 창원시	단감 국내육성품종 확대 보급	22,500	농업기술과	8	1	7	8	7	4	1	3
3887	경남 창원시	체리 재배시설 개선 시범	18,000	농업기술과	8	1	7	8	7	4	1	3
3888	경남 창원시	사과 고밀식 품종 도입 시범	6,750	농업기술과	8	1	7	8	7	4	1	3
3889	경남 창원시	농촌어르신 소득사업장 활성화 지원	36,000	농업기술과	8	1	7	8	7	4	1	3
3890	경남 창원시	여성농업인 맞춤형 농기계 활용 시범	9,000	농업기술과	8	1	7	8	7	4	1	3
3891	경남 창원시	시설하우스 고품질 생산시설지원	22,500	농산물유통과	8	4	7	8	7	1	5	4
3892	경남 창원시	신선농산물 수출기반 조성지원	9,000	농산물유통과	8	4	7	8	7	1	5	4
3893	경남 창원시	농산물 유통시설 확충 지원	30,060	농산물유통과	8	7	7	8	7	5	5	4
3894	경남 창원시	농가형 저온유통 직거래 활성화 지원	41,400	농산물유통과	8	7	7	8	7	5	5	4
3895	경남 창원시	로컬푸드 참여농가 시설현대화 지원사업	26,100	농산물유통과	8	7	7	8	7	5	5	4
3896	경남 창원시	로컬푸드 생산 및 공급 조직 육성 시범사업	90,000	농산물유통과	8	7	7	8	7	5	5	4
3897	경남 창원시	소규모 농업인 가공사업장 시설장비 개선 지원	18,000	농산물유통과	8	7	7	8	7	1	1	4
3898	경남 창원시	소규모 농업인 가공사업장 포장재비 지원	18,000	농산물유통과	8	7	7	8	7	5	5	4
3899	경남 창원시	농업인 가공법인조직 포장재비 지원	9,000	농산물유통과	8	7	7	8	7	5	5	4
3900	경남 창원시	초화류 재배 시범사업	14,400	농산물유통과	8	7	7	8	7	5	5	4
3901	경남 창원시	양봉농가 꿀벌화분 구입 지원	72,000	축산과	8	1	7	8	7	5	5	4
3902	경남 창원시	양봉 자동채밀기 구입 지원	9,000	축산과	8	1	6	8	7	1	1	1
3903	경남 창원시	섬유질사료 포장재 구입 지원	19,800	축산과	8	1	7	8	7	5	5	4
3904	경남 창원시	젖소 착유시설 설치 지원	31,500	축산과	8	1	7	8	7	5	5	4

순번	시군구	지출명 (사업명)	2021년예산 (단위:천원/1년간)	담당자 (공무원) 담당부서	민간이전 분류 (지방자치단체 세출예산 집행기준에 의거) 1. 민간경상사업보조(307-02) 2. 민간단체 법정운영비보조(307-03) 3. 민간행사사업보조(307-04) 4. 민간위탁금(307-05) 5. 사회복지시설 법정운영비보조(307-10) 6. 민간인위탁교육비(307-12) 7. 공기관등에대한경상적위탁사업비(308-10) 8. 민간자본사업보조,자체재원(402-01) 9. 민간자본사업보조,이전재원(402-02) 10. 민간위탁사업비(402-03) 11. 공기관등에 대한 자본적 대행사업비(403-02)	민간이전지출 근거 (지방보조금 관리기준 참고) 1. 법률에 규정 2. 국고보조 재원(국가지정) 3. 용도 지정 기부금 4. 조례에 직접규정 5. 지자체가 권장하는 사업을 하는 공공기관 6. 시,도 정책 및 재정사정 7. 기타 8. 해당없음	입찰방식 계약체결방법 (경쟁형태) 1. 일반경쟁 2. 제한경쟁 3. 지명경쟁 4. 수의계약 5. 법정위탁 6. 기타 ( ) 7. 해당없음	입찰방식 계약기간 1. 1년 2. 2년 3. 3년 4. 4년 5. 5년 6. 기타 ( )년 7. 단기계약 (1년미만) 8. 해당없음	입찰방식 낙찰자선정방법 1. 적격심사 2. 협상에의한계약 3. 최저가낙찰제 4. 규격가격분리 5. 2단계 경쟁입찰 6. 기타 ( ) 7. 해당없음	운영예산 산정 운영예산 산정 1. 내부산정 (지자체 자체적으로 산정) 2. 외부산정 (외부전문기관위탁 산정) 3. 내·외부 모두 산정 4. 산정 無 5. 해당없음	운영예산 산정 정산방법 1. 내부정산 (지자체 내부적으로 정산) 2. 외부정산 (외부전문기관위탁 정산) 3. 내·외부 모두 산정 4. 정산 無 5. 해당없음	성과평가 실시여부 1. 실시 2. 미실시 3. 향후 추진 4. 해당없음
3905	경남 창원시	TMR 사료배합기 지원	18,000	축산과	8	1	7	8	7	5	5	4
3906	경남 창원시	우사 보정목걸이 지원	8,775	축산과	8	1	7	8	7	5	5	4
3907	경남 창원시	양돈농가 사료 자동급이라인 지원	3,600	축산과	8	1	7	8	7	5	5	4
3908	경남 창원시	양돈농가 인큐베이터 지원	35,550	축산과	8	1	7	8	7	5	5	4
3909	경남 창원시	가축사양 축산기자재 지원	27,000	축산과	8	1	7	8	7	5	5	4
3910	경남 창원시	자동급수기(냉온수) 지원	4,725	축산과	8	1	7	8	7	5	5	4
3911	경남 창원시	한우 냉동정액보관고 지원	900	축산과	8	1	7	8	7	5	5	4
3912	경남 창원시	섬유질사료 운송장비 지원	17,100	축산과	8	1	7	8	7	5	5	4
3913	경남 창원시	축사 대형 선풍기 지원	8,100	축산과	8	1	7	8	7	5	5	4
3914	경남 창원시	축사 선풍기 지원	16,695	축산과	8	1	7	8	7	5	5	4
3915	경남 창원시	축사 냉난방기 지원	27,000	축산과	8	1	7	8	7	5	5	4
3916	경남 창원시	착유실 냉온풍기 지원	6,750	축산과	8	1	7	8	7	5	5	4
3917	경남 창원시	축사 유해해충 트랩 지원	4,500	축산과	8	1	7	8	7	5	5	4
3918	경남 창원시	가축분뇨 악취저감 시설장비 등 지원	64,800	축산과	8	1	7	8	7	5	5	4
3919	경남 창원시	가축분뇨처리장비(스키드로더) 지원	27,000	축산과	8	1	7	8	7	5	5	4
3920	경남 창원시	퇴비 살포기 지원	3,600	축산과	8	1	7	8	7	5	5	4
3921	경남 창원시	위생적인 식육 기자재 세트 지원	9,900	축산과	8	7	7	1	7	5	5	4
3922	경남 창원시	단독주택 옥상녹화사업 지원	86,184	산림휴양과	8	7	7	8	7	5	5	4
3923	경남 창원시	목재압축연료보일러	4,000	산림휴양과	8	7	7	7	7	1	1	2
3924	경남 창원시	내집주차장 설치사업	30,000	의창구 경제교통과	8	6	7	8	1	1	1	4
3925	경남 창원시	내집주차장 설치사업	30,000	성산구 경제교통과	8	8	7	8	7	5	5	4
3926	경남 창원시	내집주차장 설치사업	30,000	마산합포구 경제교통과	8	4	7	8	7	5	5	4
3927	경남 창원시	내집주차장 설치사업	12,000	마산회원구 경제교통과	8	4	7	8	7	1	5	4
3928	경남 창원시	종묘 살포 지원	7,200	진해구 수산산림과	8	6	7	8	7	5	5	4
3929	경남 진주시	소규모 공동주택 지원사업	200,000	건축과	8	1	7	8	7	1	1	4
3930	경남 진주시	소규모 중소기업근무환경 개선사업	200,000	기업통상과	8	4	7	8	7	5	5	4
3931	경남 진주시	장애인단체 사무기기 재활기구 지원	36,000	노인장애인과	8	1	7	8	1	1	1	1
3932	경남 진주시	장애인단체 사무실 편의시설 지원	5,000	노인장애인과	8	1	7	8	1	1	1	1
3933	경남 진주시	농산물 유통기반시설 및 장비지원	900,000	농산물유통과	8	4	7	8	7	1	1	3
3934	경남 진주시	수출농가 신규(계약)품목개발 및 거점농가 육성	30,000	농산물유통과	8	4	7	8	7	1	1	3
3935	경남 진주시	수출농산물 선별장 기자재 지원사업	60,000	농산물유통과	8	4	7	8	7	1	1	3
3936	경남 진주시	수출작물 클레임 제로화 지원사업	200,000	농산물유통과	8	4	7	8	7	1	1	3
3937	경남 진주시	고품질 수출배 생산지원사업	59,940	농산물유통과	8	4	7	8	7	1	1	3
3938	경남 진주시	농산물 수출품목별 자조금 조성	240,000	농산물유통과	8	4	7	8	7	1	1	3
3939	경남 진주시	소규모 농산물 가공시설 지원	100,000	농산물유통과	8	4	7	8	7	1	1	3
3940	경남 진주시	쌀 전업농 육성 지원사업	300,000	농축산과	8	6	7	8	7	5	5	4
3941	경남 진주시	축사시설 환경개선사업	12,000	농축산과	8	4	7	8	7	5	5	4
3942	경남 진주시	양돈농가 모돈교체사업	60,000	농축산과	8	4	7	8	7	5	5	4
3943	경남 진주시	양돈 사육환경 개선사업	45,000	농축산과	8	4	7	8	7	5	5	4
3944	경남 진주시	낙농 사육환경 개선사업	111,000	농축산과	8	4	7	8	7	5	5	4
3945	경남 진주시	양계 사육환경 개선사업	75,000	농축산과	8	4	7	8	7	5	5	4
3946	경남 진주시	양봉 기자재 지원사업	100,000	농축산과	8	4	7	8	7	5	5	4

순번	시군구	지출명 (사업명)	2021년예산 (단위:천원/1년간)	담당자 (공무원)	민간이전 분류 (지방자치단체 세출예산 집행기준에 의거)	민간이전지출 근거 (지방보조금 관리기준 참고)	입찰방식			운영예산 산정		성과평가 실시여부
				담당부서	1. 민간경상사업보조(307-02) 2. 민간단체 법정운영비보조(307-03) 3. 민간행사사업보조(307-04) 4. 민간위탁금(307-05) 5. 사회복지시설 법정운영비보조(307-10) 6. 민간인위탁교육비(307-12) 7. 공기관등에대한경상적위탁사업비(308-10) 8. 민간자본사업보조,자체재원(402-01) 9. 민간자본사업보조,이전재원(402-02) 10. 민간위탁사업비(402-03) 11. 공기관등에 대한 자본적 대행사업비(403-02)	1. 법률에 규정 2. 국고보조 재원(국가지정) 3. 용도 지정 기부금 4. 조례에 직접규정 5. 지자체가 권장하는 사업을 하는 공공기관 6. 시,도 정책 및 재정사정 7. 기타 8. 해당없음	계약체결방법 (경쟁형태) 1. 일반경쟁 2. 제한경쟁 3. 지명경쟁 4. 수의계약 5. 법정위탁 6. 기타 ( ) 7. 해당없음	계약기간 1. 1년 2. 2년 3. 3년 4. 4년 5. 5년 6. 기타 ( )년 7. 단기계약 (1년미만) 8. 해당없음	낙찰자선정방법 1. 적격심사 2. 협상에의한계약 3. 최저가낙찰제 4. 규격가격분리 5. 2단계 경쟁입찰 6. 기타 ( ) 7. 해당없음	운영예산 산정 1. 내부산정 (지자체 자체적으로 산정) 2. 외부산정 (외부전문기관위탁 산정) 3. 내·외부 모두 산정 4. 산정 無 5. 해당없음	정산방법 1. 내부정산 (지자체 내부적으로 정산) 2. 외부정산 (외부전문기관위탁 정산) 3. 내·외부 모두 산정 4. 정산 無 5. 해당없음	1. 실시 2. 미실시 3. 향후 추진 4. 해당없음
3947	경남 진주시	양봉농가 벌꿀포장재 지원사업	17,380	농축산과	8	4	7	8	7	5	5	4
3948	경남 진주시	양봉농가 자동채밀기 지원사업	22,000	농축산과	8	4	7	8	7	5	5	4
3949	경남 진주시	TMR 사료급이기 지원사업	28,000	농축산과	8	4	7	8	7	5	5	4
3950	경남 진주시	TMR 사료 배합기 지원사업	100,000	농축산과	8	4	7	8	7	5	5	4
3951	경남 진주시	소 사육환경 개선사업	52,500	농축산과	8	4	7	8	7	5	5	4
3952	경남 진주시	소 조기임신진단 지원사업	15,000	농축산과	8	4	7	8	7	5	5	4
3953	경남 진주시	한우 사료자동급이기 지원사업	27,000	농축산과	8	4	7	8	7	5	5	4
3954	경남 진주시	기상이변 대비 축사시설 장비 지원사업	30,000	농축산과	8	4	7	8	7	5	5	4
3955	경남 진주시	염소농가 사육환경 개선사업	9,000	농축산과	8	4	7	8	7	5	5	4
3956	경남 진주시	깨끗한 축산농장 조성 지원사업	7,500	농축산과	8	4	7	8	7	5	5	4
3957	경남 진주시	가축 해충 방제등 지원사업	16,000	농축산과	8	4	7	8	7	5	5	4
3958	경남 진주시	가축 폐사축 처리기 지원사업	15,000	농축산과	8	4	7	8	7	5	5	4
3959	경남 진주시	온새미로 친환경 탄화기 지원	160,000	농축산과	8	6	1	5	3	5	5	4
3960	경남 진주시	육절기, 진공포장기, 이력제전자저울 등 구입지원	26,500	농축산과	8	6	7	8	7	5	5	4
3961	경남 진주시	축산물 위생 운반차량 구입지원	13,500	농축산과	8	6	7	8	7	5	5	4
3962	경남 진주시	지역자활센터 자활근로사업단 장비구입(근로자 작업복 세탁소	250,000	복지정책과	8	1	7	8	7	1	1	1
3963	경남 진주시	소규모도서관 지원사업	90,000	시립도서관	8	4	7	8	7	1	1	1
3964	경남 진주시	방범활동 및 교통안내 봉사단체 차량지원	90,000	여성가족과	8	4	7	8	7	5	5	4
3965	경남 진주시	소규모 식품접객업소 위생환경개선사업	1,200	위생과	8	6	1	1	7	5	1	4
3966	경남 진주시	소규모 식품접객업소 위생환경개선사업	1,200	위생과	8	6	1	1	7	5	1	4
3967	경남 진주시	소규모 식품접객업소 위생환경개선사업	1,200	위생과	8	6	1	1	7	5	1	4
3968	경남 진주시	소규모 식품접객업소 위생환경개선사업	1,200	위생과	8	6	1	1	7	5	1	4
3969	경남 진주시	소규모 식품접객업소 위생환경개선사업	1,200	위생과	8	6	1	1	7	5	1	4
3970	경남 진주시	소규모 식품접객업소 위생환경개선사업	1,200	위생과	8	6	1	1	7	5	1	4
3971	경남 진주시	소규모 식품접객업소 위생환경개선사업	1,200	위생과	8	6	1	1	7	5	1	4
3972	경남 진주시	소규모 식품접객업소 위생환경개선사업	1,200	위생과	8	6	1	1	7	5	1	4
3973	경남 진주시	소규모 식품접객업소 위생환경개선사업	1,200	위생과	8	6	1	1	7	5	1	4
3974	경남 진주시	소규모 식품접객업소 위생환경개선사업	1,200	위생과	8	6	1	1	7	5	1	4
3975	경남 진주시	소규모 식품접객업소 위생환경개선사업	1,200	위생과	8	6	1	1	7	5	1	4
3976	경남 진주시	소규모 식품접객업소 위생환경개선사업	1,200	위생과	8	6	1	1	7	5	1	4
3977	경남 진주시	소규모 식품접객업소 위생환경개선사업	1,200	위생과	8	6	1	1	7	5	1	4
3978	경남 진주시	소규모 식품접객업소 위생환경개선사업	1,200	위생과	8	6	1	1	7	5	1	4
3979	경남 진주시	소규모 식품접객업소 위생환경개선사업	1,200	위생과	8	6	1	1	7	5	1	4
3980	경남 진주시	소규모 식품접객업소 위생환경개선사업	1,200	위생과	8	6	1	1	7	5	1	4
3981	경남 진주시	소규모 식품접객업소 위생환경개선사업	1,200	위생과	8	6	1	1	7	5	1	4
3982	경남 진주시	소규모 식품접객업소 위생환경개선사업	1,200	위생과	8	6	1	1	7	5	1	4
3983	경남 진주시	소규모 식품접객업소 위생환경개선사업	1,200	위생과	8	6	1	1	7	5	1	4
3984	경남 진주시	소규모 식품접객업소 위생환경개선사업	1,200	위생과	8	6	1	1	7	5	1	4
3985	경남 진주시	공동주택관리 지원사업	700,000	주택경관과	8	4	7	8	7	1	1	4
3986	경남 진주시	공동주택 공동체 활성화 추진	15,000	주택경관과	8	4	7	8	7	1	1	4
3987	경남 진주시	영구임대주택 공용전기료 지원	40,000	주택경관과	8	4	7	8	7	1	1	4
3988	경남 진주시	내 집 주차장갖기 사업	40,000	교통행정과	8	1	7	8	7	5	5	4

순번	시군구	지출명 (사업명)	2021년예산 (단위:천원/1년간)	담당자 (공무원) 담당부서	민간이전 분류 (지방자치단체 세출예산 집행기준에 의거) 1. 민간경상사업보조(307-02) 2. 민간단체 법정운영비보조(307-03) 3. 민간행사사업보조(307-04) 4. 민간위탁금(307-05) 5. 사회복지시설 법정운영비보조(307-10) 6. 민간인위탁교육비(307-12) 7. 공기관등에대한경상적위탁사업비(308-10) 8. 민간자본사업보조,자체재원(402-01) 9. 민간자본사업보조,이전재원(402-02) 10. 민간위탁사업비(402-03) 11. 공기관등에 대한 자본적 대행사업비(403-02)	민간이전지출 근거 (지방보조금 관리기준 참고) 1. 법률에 규정 2. 국고보조 재원(국가지정) 3. 용도 지정 기부금 4. 조례에 직접규정 5. 지자체가 권장하는 사업을 하는 공공기관 6. 시,도 정책 및 재정사정 7. 기타 8. 해당없음	입찰방식 계약체결방법 (경쟁형태) 1. 일반경쟁 2. 제한경쟁 3. 지명경쟁 4. 수의계약 5. 법정위탁 6. 기타 ( ) 7. 해당없음	입찰방식 계약기간 1. 1년 2. 2년 3. 3년 4. 4년 5. 5년 6. 기타 ( )년 7. 단기계약 (1년미만) 8. 해당없음	입찰방식 낙찰자선정방법 1. 적격심사 2. 협상에의한계약 3. 최저가낙찰제 4. 규격가격분리 5. 2단계 경쟁입찰 6. 기타 ( ) 7. 해당없음	운영예산 산정 운영예산 산정 1. 내부산정 (지자체 자체적으로 산정) 2. 외부산정 (외부전문기관위탁 산정) 3. 내·외부 모두 산정 4. 산정 無 5. 해당없음	운영예산 산정 정산방법 1. 내부정산 (지자체 내부적으로 정산) 2. 외부정산 (외부전문기관위탁 정산) 3. 내·외부 모두 산정 4. 정산 無 5. 해당없음	성과평가 실시여부 1. 실시 2. 미실시 3. 향후 추진 4. 해당없음
3989	경남 통영시	2021년 사립작은도서관 도서구입비 지원	20,000	시설관리사업소	8	4	7	8	7	5	5	4
3990	경남 통영시	친환경인증농가 유기농자재 지원	20,000	농업기술과	8	4	7	8	7	5	5	4
3991	경남 통영시	벼 육묘용 상토지원사업(농업협력사업)	21,700	농업기술과	8	4	7	8	7	5	5	4
3992	경남 통영시	벼 병해충 육묘상 관주 방제사업	5,000	농업기술과	8	4	7	8	7	5	5	4
3993	경남 통영시	벼 생력화 제초제 살포기 지원사업	9,000	농업기술과	8	4	7	8	7	5	5	4
3994	경남 통영시	벼 생력화 승용식 동력배토기 지원사업	5,000	농업기술과	8	4	7	8	7	5	5	4
3995	경남 통영시	고구마 바이러스 무병묘 보급사업	9,000	농업기술과	8	4	7	8	7	5	5	4
3996	경남 통영시	가을감자 수확기 조절 시범사업	9,000	농업기술과	8	4	7	8	7	5	5	4
3997	경남 통영시	욕지고구마 증식용 우량종순 보급	8,000	농업기술과	8	4	7	8	7	5	5	4
3998	경남 통영시	밭작물 생력재배 생분해 비닐 보급	3,250	농업기술과	8	4	7	8	7	5	5	4
3999	경남 통영시	찰옥수수 조기수확 재배	6,200	농업기술과	8	4	7	8	7	5	5	4
4000	경남 통영시	고품질 쌀생산 병해충 방제사업	70,750	농업기술과	8	4	7	8	7	5	5	4
4001	경남 통영시	고령농업인 벼 육묘지원사업	18,000	농업기술과	8	4	7	8	7	5	5	4
4002	경남 통영시	마늘토양소독제 지원	33,600	농업기술과	8	4	7	8	7	5	5	4
4003	경남 통영시	시금치 재배 생력화 농기계 지원	6,800	농업기술과	8	4	7	8	7	5	5	4
4004	경남 통영시	통영 딸기 명품화	80,000	농업기술과	8	4	7	8	7	5	5	4
4005	경남 통영시	과수 품질향상 기반조성 지원	24,700	농업기술과	8	4	7	8	7	5	5	4
4006	경남 통영시	지자체 농협 협력사업	146,164	농업기술과	8	4	7	8	7	5	5	4
4007	경남 통영시	지자체 농협 협력사업	92,615	농업기술과	8	4	7	8	7	5	5	4
4008	경남 통영시	영농활용 우수과제 지역 맞춤형 신기술 보급	40,000	농업기술과	8	4	7	8	7	5	5	4
4009	경남 통영시	농촌여성 농작업 편이장비 지원	5,400	농업기술과	8	4	7	8	7	5	5	4
4010	경남 통영시	농촌체험프로그램 활성화 지원사업	8,000	농업기술과	8	4	7	8	7	5	5	4
4011	경남 통영시	다용도 농작업대 지원사업	41,250	농업기술과	8	4	7	8	7	5	5	4
4012	경남 통영시	수출전략양식단지(전복) 개발사업	260,000	어업진흥과	8	4	1	7	1	1	1	4
4013	경남 통영시	자율관리어업 육성사업	50,000	어업진흥과	8	4	1	7	1	1	1	4
4014	경남 통영시	마을어장투석사업	100,000	어업진흥과	8	4	1	7	1	1	1	4
4015	경남 통영시	도시가스 확대공급	500,000	지역경제과	8	4	7	8	7	1	1	4
4016	경남 통영시	천연가스생산기지 주변지역 지원사업	100,000	지역경제과	8	4	1	7	7	1	1	4
4017	경남 통영시	새마을지회 회관 수선비	30,000	행정과	8	4	7	1	7	1	1	1
4018	경남 통영시	재향군인회관 노후시설 보수	16,500	행정과	8	1	7	1	7	1	1	1
4019	경남 통영시	통합문화이용권 사업	614,300	문화예술과	8	1	7	1	7	1	5	4
4020	경남 통영시	경로당 비품구입	70,000	노인장애인복지과	8	4	7	8	7	1	1	3
4021	경남 통영시	귀농세대 농업기반 조성지원	20,000	미래농업과	8	4	7	8	7	1	1	1
4022	경남 통영시	색깔있는마을 육성지원	50,000	미래농업과	8	4	7	8	7	1	1	1
4023	경남 통영시	야생동물피해예방사업	270,000	환경과	8	4	7	8	7	1	1	3
4024	경남 통영시	보훈회관 누수보수공사	17,000	주민생활복지과	8	4	7	8	7	1	1	4
4025	경남 통영시	강소농품목별 선도농업육성사업	30,000	농축산과	8	4	7	8	7	5	5	4
4026	경남 통영시	수출농가 시설개선 지원	50,000	농축산과	8	4	7	8	7	5	5	4
4027	경남 통영시	소규모 유통시설 지원	25,000	농축산과	8	4	7	8	7	5	5	4
4028	경남 통영시	축사시설 환경개선사업	50,000	농축산과	8	1	7	8	7	5	5	4
4029	경남 통영시	축협지자체 협력사업	119,750	농축산과	8	1	7	8	7	5	5	4
4030	경남 통영시	양봉기자재 구입지원	20,000	농축산과	8	1	7	8	7	5	5	4

순번	시군구	지출명 (사업명)	2021년예산 (단위:천원/1년간)	담당자 (공무원) 담당부서	민간이전 분류 (지방자치단체 세출예산 집행기준에 의거) 1. 민간경상사업보조(307-02) 2. 민간단체 법정운영비보조(307-03) 3. 민간행사사업보조(307-04) 4. 민간위탁금(307-05) 5. 사회복지시설 법정운영비보조(307-10) 6. 민간인위탁교육비(307-12) 7. 공기관등에대한경상적위탁사업비(308-10) 8. 민간자본사업보조,자체재원(402-01) 9. 민간자본사업보조,이전재원(402-02) 10. 민간위탁사업비(402-03) 11. 공기관등에 대한 자본적 대행사업비(403-02)	민간이전지출 근거 (지방보조금 관리기준 참고) 1. 법률에 규정 2. 국고보조 재원(국가지정) 3. 용도 지정 기부금 4. 조례에 직접규정 5. 지자체가 권장하는 사업을 하는 공공기관 6. 시,도 정책 및 재정사정 7. 기타 8. 해당없음	입찰방식 계약체결방법 (경쟁형태) 1. 일반경쟁 2. 제한경쟁 3. 지명경쟁 4. 수의계약 5. 법정위탁 6. 기타 ( ) 7. 해당없음	입찰방식 계약기간 1. 1년 2. 2년 3. 3년 4. 4년 5. 5년 6. 기타 ( )년 7. 단기계약 (1년미만) 8. 해당없음	입찰방식 낙찰자선정방법 1. 적격심사 2. 협상에의한계약 3. 최저가낙찰제 4. 규격가격분리 5. 2단계 경쟁입찰 6. 기타 ( ) 7. 해당없음	운영예산 산정 운영예산 산정 1. 내부산정 (지자체 자체적으로 산정) 2. 외부산정 (외부전문기관위탁 산정) 3. 내·외부 모두 산정 4. 산정 無 5. 해당없음	운영예산 산정 정산방법 1. 내부정산 (지자체 내부적으로 정산) 2. 외부정산 (외부전문기관위탁 정산) 3. 내·외부 모두 산정 4. 정산 無 5. 해당없음	성과평가 실시여부 1. 실시 2. 미실시 3. 향후 추진 4. 해당없음
4031	경남 통영시	축산농가 가축분뇨 처리지원	40,000	농축산과	8	1	7	8	7	5	5	4
4032	경남 통영시	곤충산업 육성사업	20,000	농축산과	8	1	7	8	7	5	5	4
4033	경남 사천시	어린이집 환경개선	49,000	여성가족과	8	2	7	8	7	5	1	4
4034	경남 사천시	어린이집 기능보강사업	162,400	여성가족과	8	1	7	8	7	5	1	4
4035	경남 사천시	국공립어린이집 확충	360,000	여성가족과	8	2	7	8	7	5	1	4
4036	경남 사천시	아동급식비 지원	3,500	여성가족과	8	6	7	8	7	5	1	4
4037	경남 사천시	시외버스터미널 환경개선	20,000	민원교통과	8	1	7	8	7	1	1	4
4038	경남 사천시	사천시 새마을회관 옥상방수 공사	10,000	행정과	8	1	7	7	7	1	1	1
4039	경남 사천시	자율방범활동 차량 지원	40,000	행정과	8	4	7	8	7	1	1	4
4040	경남 사천시	수산물 수출업체 활성화 지원	160,000	해양수산과	8	7	7	8	7	5	5	4
4041	경남 사천시	수산물공동브랜드(사천바다) 포장재 제작 지원	100,000	해양수산과	8	7	7	8	7	5	5	4
4042	경남 사천시	사립작은도서관 시설개선비 지원	10,000	평생학습센터	8	4	7	8	7	5	5	4
4043	경남 사천시	친환경농업 활성화 지원	48,000	미래농업과	8	4	7	8	7	5	5	4
4044	경남 사천시	다목적 발효배양기구보급	2,500	미래농업과	8	6	7	8	7	5	5	4
4045	경남 사천시	살기좋은 아파트 만들기 - 공동주택 관리지원	400,000	건축과	8	1	6	6	6	1	1	4
4046	경남 사천시	살기좋은 아파트 만들기 - 공동주택 보안등 전기요금 지원	10,000	건축과	8	1	7	8	7	1	1	4
4047	경남 김해시	마을회관 신축 및 보수 등 보조금 지원(마을회관 건립)	311,000	건축과	8	4	1	7	6	4	1	1
4048	경남 김해시	내집주차장 조성사업	30,000	교통정책과	8	4	7	8	7	1	1	1
4049	경남 김해시	총채벌레 친환경 방제 시범	8,800	농업기술과	8	6	7	8	7	1	1	1
4050	경남 김해시	채소특화 품목(부추) 육성	26,000	농업기술과	8	6	7	8	7	1	1	1
4051	경남 김해시	채소류 수경재배 살균정수 장치 설치	10,500	농업기술과	8	6	7	8	7	1	1	1
4052	경남 김해시	채소류 농업인연구회 신기술 실증시험 연구활동지원	35,000	농업기술과	8	6	7	8	7	1	1	1
4053	경남 김해시	국내 육성화훼 신품종 보급사업	25,000	농업기술과	8	6	7	8	7	1	1	1
4054	경남 김해시	화훼 수경재배 살균 정수장치 시범	14,000	농업기술과	8	6	7	8	7	1	1	1
4055	경남 김해시	화훼 특화 품목(분화) 육성	35,000	농업기술과	8	6	7	8	7	1	1	1
4056	경남 김해시	시설화훼 고온기 온도하강 및 생력재배 시범	7,000	농업기술과	8	6	7	8	7	1	1	1
4057	경남 김해시	시설화훼 토양병해충 방제 시범	8,400	농업기술과	8	6	7	8	7	1	1	1
4058	경남 김해시	화훼류 신소득 작목 도입	20,000	농업기술과	8	6	7	8	7	1	1	1
4059	경남 김해시	화훼류 농업인연구회 신기술 실증시험 연구활동 지원	40,600	농업기술과	8	6	7	8	7	5	5	4
4060	경남 김해시	거베라 우리품종 재배단지 육성	14,000	농업기술과	8	4	7	8	7	5	5	4
4061	경남 김해시	단감 과원 생력형 리모델링 시범	35,000	농업기술과	8	4	7	8	7	5	5	4
4062	경남 김해시	수출단감 클레임 방지 방제 모델 보급	17,600	농업기술과	8	4	4	1	7	1	1	1
4063	경남 김해시	애플망고 신소득 작목 육성	28,000	농업기술과	8	4	1	1	3	1	1	1
4064	경남 김해시	과수 신소득 단지 조성	63,000	농업기술과	8	4	1	1	3	1	1	1
4065	경남 김해시	베리류 신모델 하우스 보급	25,000	농업기술과	8	4	4	1	7	1	1	1
4066	경남 김해시	블루베리 등 생산성 향상 기술 시범	21,000	농업기술과	8	4	4	1	7	1	1	1
4067	경남 김해시	블루베리 등 노동력 절감형 기술 시범	10,500	농업기술과	8	4	4	1	7	1	1	1
4068	경남 김해시	PLS 대응 산딸기 안전재배 시범	8,000	농업기술과	8	4	4	1	7	1	1	1
4069	경남 김해시	단감 연구회 실증시범 사업	8,000	농업기술과	8	4	4	1	7	1	1	1
4070	경남 김해시	베리류 연구회 실증시범 사업	8,000	농업기술과	8	4	4	1	7	1	1	1
4071	경남 김해시	장군차 포장재 제작 지원	30,000	농업기술과	8	4	4	1	7	1	1	1
4072	경남 김해시	장군차 뷰티제품 홍보 및 디자인 개발	14,000	농업기술과	8	4	7	8	7	5	5	4

순번	시군구	지출명 (사업명)	2021년예산 (단위:천원/1년간)	담당자 (공무원)	민간이전 분류 (지방자치단체 세출예산 집행기준에 의거)	민간이전지출 근거 (지방보조금 관리기준 참고)	입찰방식			운영예산 산정		성과평가 실시여부
				담당부서	1. 민간경상사업보조(307-02) 2. 민간단체 법정운영비보조(307-03) 3. 민간행사사업보조(307-04) 4. 민간위탁금(307-05) 5. 사회복지시설 법정운영비보조(307-10) 6. 민간인위탁교육비(307-12) 7. 공기관등에대한경상적위탁사업비(308-10) 8. 민간자본사업보조,자체재원(402-01) 9. 민간자본사업보조,이전재원(402-02) 10. 민간위탁사업비(402-03) 11. 공기관등에 대한 자본적 대행사업비(403-02)	1. 법률에 규정 2. 국고보조 재원(국가지정) 3. 용도 지정 기부금 4. 조례에 직접규정 5. 지자체가 권장하는 사업을 하는 공공기관 6. 시,도 정책 및 재정사정 7. 기타 8. 해당없음	계약체결방법 (경쟁형태) 1. 일반경쟁 2. 제한경쟁 3. 지명경쟁 4. 수의계약 5. 법정위탁 6. 기타 ( ) 7. 해당없음	계약기간 1. 1년 2. 2년 3. 3년 4. 4년 5. 5년 6. 기타 ( )년 7. 단기계약 (1년미만) 8. 해당없음	낙찰자선정방법 1. 적격심사 2. 협상에의한계약 3. 최저가낙찰제 4. 규격가격분리 5. 2단계 경쟁입찰 6. 기타 ( ) 7. 해당없음	운영예산 산정 1. 내부산정 (지자체 자체적으로 산정) 2. 외부산정 (외부전문기관위탁 산정) 3. 내·외부 모두 산정 4. 산정 無 5. 해당없음	정산방법 1. 내부정산 (지자체 내부적으로 정산) 2. 외부정산 (외부전문기관위탁 정산) 3. 내·외부 모두 산정 4. 정산 無 5. 해당없음	1. 실시 2. 미실시 3. 향후 추진 4. 해당없음
4073	경남 김해시	장군차 무농약 생엽 수매지원	45,000	농업기술과	8	4	4	1	7	1	1	1
4074	경남 김해시	장군차 홍보사업장 및 시범찻집 운영	40,000	농업기술과	8	4	4	1	7	1	1	1
4075	경남 김해시	장군차 다원 시설 개선 및 기자재 지원	12,000	농업기술과	8	4	4	1	7	1	1	1
4076	경남 김해시	장군차 다원 육성	10,000	농업기술과	8	4	4	1	7	1	1	1
4077	경남 김해시	장군차 제다기기 구입 지원	14,000	농업기술과	8	4	4	1	7	1	1	1
4078	경남 김해시	농촌체험농장 육성	24,000	농업기술과	8	6	7	8	7	1	1	1
4079	경남 김해시	복지텃밭 조성사업	5,000	농업기술과	8	4	7	8	7	5	5	4
4080	경남 김해시	의생명기업 등 지역전략산업 지원	300,000	투자유치과	8	4	7	8	7	5	3	1
4081	경남 김해시	음식물 감량기기 설치보조금 지원사업	50,000	청소행정과	8	1	7	8	7	1	1	4
4082	경남 김해시	전통사찰보존정비사업	300,000	가야사복원과	8	4	7	8	7	5	5	4
4083	경남 김해시	무료경로식당 기능보강	10,000	노인장애인과	8	1	7	8	7	1	1	4
4084	경남 김해시	경로당 신축비	420,000	노인장애인과	8	4	7	8	7	1	1	4
4085	경남 김해시	경로당 개보수비	321,000	노인장애인과	8	4	7	8	7	1	1	4
4086	경남 김해시	공동주택관리 보조금 지원사업	630,000	공동주택과	8	4	7	8	7	5	5	4
4087	경남 김해시	공항소음 피해지역 주민지원사업	220,000	대중교통과	8	1	7	8	7	1	1	1
4088	경남 김해시	착한가격업소 이용 활성화 사업	6,000	지역경제과	8	4	7	8	7	5	5	4
4089	경남 김해시	지역공동체 활성화 사업	180,000	일자리정책과	8	6	7	8	7	1	1	1
4090	경남 밀양시	채소생산기반구축	978,000	6차산업과	8	4	4	7	7	3	1	1
4091	경남 밀양시	과수농가교육 및 화훼농가지원	261,175	6차산업과	8	4	4	7	7	1	1	4
4092	경남 밀양시	과수생산 기반구축	103,000	6차산업과	8	4	4	7	7	1	1	4
4093	경남 밀양시	농산물유통시설 개선 및 확충	27,500	6차산업과	8	1	1	1	3	1	1	1
4094	경남 밀양시	농산물 수출분야 지원	18,000	6차산업과	8	4	7	8	7	1	1	1
4095	경남 밀양시	공동주택관리	450,000	건축과	8	1	7	8	7	5	5	4
4096	경남 밀양시	동지역빈집정비	30,000	건축과	8	1	7	8	7	5	5	4
4097	경남 밀양시	한옥 등 건축자산 진흥	20,000	건축과	8	1	7	8	7	5	5	4
4098	경남 밀양시	대중교통 운행관리	8,000	교통행정과	8	4	6	6	6	1	1	4
4099	경남 밀양시	농촌지도자회 육성	12,000	농업지원과	8	6	7	8	7	5	1	4
4100	경남 밀양시	농촌 후계인력 육성	20,000	농업지원과	8	6	7	8	7	5	1	4
4101	경남 밀양시	시설채소 신기술	386,700	농업지원과	8	6	7	8	7	5	1	4
4102	경남 밀양시	과수화훼 신기술	14,000	농업지원과	8	6	7	8	7	5	1	4
4103	경남 밀양시	농촌생활환경개선	5,000	농업지원과	8	1	7	8	7	5	1	4
4104	경남 밀양시	농산물 가공사업 육성	19,200	농업지원과	8	1	7	8	7	5	1	4
4105	경남 밀양시	샐러드 채소의 스마트팜 친환경 재배 시범	50,000	농업지원과	8	6	7	8	7	5	1	4
4106	경남 밀양시	식량작물 매입 지원	3,500	농정과	8	4	7	8	7	1	1	4
4107	경남 밀양시	벼 병해충 방제 지원	22,500	농정과	8	4	7	8	7	1	1	4
4108	경남 밀양시	경로당건립 및 시설지원	386,980	사회복지과	8	8	7	8	7	1	1	1
4109	경남 밀양시	산림행정관리	100,000	산림녹지과	8	1	7	8	7	5	5	1
4110	경남 밀양시	유휴토지 나무심기	10,000	산림녹지과	8	1	7	8	7	5	5	1
4111	경남 밀양시	화재없는 안전한 밀양	15,000	안전재난관리과	8	4	7	8	7	1	1	4
4112	경남 밀양시	자활지원	20,000	주민생활지원과	8	1	7	8	7	1	1	4
4113	경남 밀양시	수리계.시설유지관리	110,000	지역개발과	8	4	7	8	7	5	5	4
4114	경남 밀양시	농촌개발관리	50,000	지역개발과	8	4	7	8	7	5	5	4

순번	시군구	지출명 (사업명)	2021년예산 (단위:천원/1년간)	담당자 (공무원)	민간이전 분류 (지방자치단체 세출예산 집행기준에 의거)	민간이전지출 근거 (지방보조금 관리기준 참고)	입찰방식			운영예산 산정		성과평가 실시여부
				담당부서	1. 민간경상사업보조(307-02) 2. 민간단체 법정운영비보조(307-03) 3. 민간행사사업보조(307-04) 4. 민간위탁금(307-05) 5. 사회복지시설 법정운영비보조(307-10) 6. 민간인위탁교육비(307-12) 7. 공기관등에대한경상적위탁사업비(308-10) 8. 민간자본사업보조,자체재원(402-01) 9. 민간자본사업보조,이전재원(402-02) 10. 민간위탁사업비(402-03) 11. 공기관등에 대한 자본적 대행사업비(403-02)	1. 법률에 규정 2. 국고보조 재원(국가지정) 3. 용도 지정 기부금 4. 조례에 직접규정 5. 지자체가 권장하는 사업을 하는 공공기관 6. 시,도 정책 및 재정사정 7. 기타 8. 해당없음	계약체결방법 (경쟁형태) 1. 일반경쟁 2. 제한경쟁 3. 지명경쟁 4. 수의계약 5. 법정위탁 6. 기타 ( ) 7. 해당없음	계약기간 1. 1년 2. 2년 3. 3년 4. 4년 5. 5년 6. 기타 ( )년 7. 단기계약 (1년미만) 8. 해당없음	낙찰자선정방법 1. 적격심사 2. 협상에의한계약 3. 최저가낙찰제 4. 규격가격분리 5. 2단계 경쟁입찰 6. 기타 ( ) 7. 해당없음	운영예산 산정 1. 내부산정 (지자체 자체적으로 산정) 2. 외부산정 (외부전문기관위탁 산정) 3. 내·외부 모두 산정 4. 산정 無 5. 해당없음	정산방법 1. 내부정산 (지자체 내부적으로 정산) 2. 외부정산 (외부전문기관위탁 정산) 3. 내·외부 모두 산정 4. 정산 無 5. 해당없음	1. 실시 2. 미실시 3. 향후 추진 4. 해당없음
4115	경남 밀양시	축산안정화	499,000	축산기술과	8	5	7	8	7	5	5	4
4116	경남 밀양시	가축질병 근절	70,000	축산기술과	8	5	7	8	7	5	1	4
4117	경남 밀양시	고품질식량작물생산기술보급	44,100	축산기술과	8	5	7	8	7	5	1	4
4118	경남 밀양시	한우브랜드 육성	196,640	축산기술과	8	5	7	8	7	5	5	4
4119	경남 밀양시	도서관 자료 구입	30,000	평생학습관	8	4	7	8	7	1	1	1
4120	경남 밀양시	사회단체운영	10,000	행정과	8	4	7	8	7	1	1	4
4121	경남 밀양시	주택설계비 지원	15,000	허가과	8	4	7	8	7	1	1	1
4122	경남 밀양시	자원재활용	33,000	환경관리과	8	6	7	8	7	5	5	4
4123	경남 거제시	공동주택관리 보조금 지원	270,000	건축과	8	4	7	8	7	5	5	4
4124	경남 거제시	소규모 공동주택관리 보조금 지원	200,000	건축과	8	4	7	8	7	5	5	4
4125	경남 거제시	마을버스 운행사업	70,000	교통과	8	1	7	8	7	5	5	4
4126	경남 거제시	장평동 와치경로당 신축	352,800	노인장애인과	8	1	7	8	7	1	1	1
4127	경남 거제시	경로당 건강관리기구	40,000	노인장애인과	8	4	7	8	7	1	1	1
4128	경남 거제시	경로당 냉방기	30,000	노인장애인과	8	4	7	8	7	1	1	1
4129	경남 거제시	장애인편의시설 설치 지원	5,000	노인장애인과	8	6	7	8	7	5	5	4
4130	경남 거제시	유기동물 사체처리 및 소독	12,000	농업정책과	8	1	4	1	7	1	1	1
4131	경남 거제시	청마꽃들 행사운영	60,000	농업지원과	8	4	7	8	7	5	5	4
4132	경남 거제시	맹종죽 축제 지원	7,000	농업지원과	8	6	7	8	7	5	5	4
4133	경남 거제시	원예작물 안전 농산물 생산기술 보급	5,000	농업지원과	8	6	7	8	7	5	5	4
4134	경남 거제시	신선채소(엽채류) 생산기반 시설지원	35,000	농업지원과	8	6	7	8	7	5	5	4
4135	경남 거제시	공공급식 농자재 지원	15,000	농업지원과	8	4	7	8	7	5	5	4
4136	경남 거제시	농산물 포장재 지원사업	10,000	농업지원과	8	4	7	8	7	5	5	4
4137	경남 거제시	나잠어업인 잠수장비 지원	21,000	바다자원과	8	1	7	8	7	5	5	4
4138	경남 거제시	마을어장 소득원 개발 지원	15,000	바다자원과	8	6	7	8	7	5	5	4
4139	경남 거제시	도시가스 공급배관 설치비 지원	950,000	생활경제과	8	6	7	8	7	3	1	1
4140	경남 거제시	거제시자율방범연합회 방범차량 지원	20,000	행정과	8	4	7	8	7	1	1	1
4141	경남 거제시	재난인명구조 및 수중정화활동 장비 구입	30,000	행정과	8	4	7	8	7	5	5	4
4142	경남 양산시	마을버스 오지노선 공영버스 구입비 지원	126,000	교통과	8	1	7	8	7	1	1	4
4143	경남 양산시	우수 친환경농산물 생산 관정공급	4,000	농정과	8	6	7	8	7	1	1	1
4144	경남 양산시	농업용 드론 구입 지원	20,000	농정과	8	6	7	8	7	1	1	1
4145	경남 양산시	충전식 자동분무기 공급	52,000	농정과	8	6	7	8	7	1	1	1
4146	경남 양산시	스프링쿨러 공급	10,000	농정과	8	6	7	8	7	1	1	1
4147	경남 양산시	저온저장고 지원사업	35,000	농정과	8	6	7	8	7	1	1	1
4148	경남 양산시	양돈기반조성	33,450	동물보호과	8	1	7	8	7	5	5	4
4149	경남 양산시	소 사육기반 조성사업	1,500	동물보호과	8	1	7	8	7	5	5	4
4150	경남 양산시	FTA대응 가축사육 기반조성	80,000	동물보호과	8	1	7	8	7	5	5	4
4151	경남 양산시	축산분뇨 퇴비화 유도사업	57,000	동물보호과	8	1	7	8	7	5	5	4
4152	경남 양산시	양봉산업구조개선사업	2,000	동물보호과	8	6	7	8	7	5	5	4
4153	경남 양산시	통도사 무풍한송로 화장실 주변정비	80,000	문화관광과	8	2	7	8	7	5	5	4
4154	경남 양산시	양산시 단독주택 등 도시가스 공급 보조사업	500,000	미래산업과	8	4	6	8	7	1	1	4
4155	경남 양산시	경로당기능보강사업지원	63,832	복지문화과	8	4	7	8	7	5	5	1
4156	경남 양산시	경로당 개보수 사업(개별)	158,800	사회복지과	8	4	7	7	7	1	1	1

순번	시군구	지출명 (사업명)	2021년예산 (단위:천원/1년간)	담당자 (공무원) 담당부서	민간이전 분류 (지방자치단체 세출예산 집행기준에 의거) 1. 민간경상사업보조(307-02) 2. 민간단체 법정운영비보조(307-03) 3. 민간행사사업보조(307-04) 4. 민간위탁금(307-05) 5. 사회복지시설 법정운영비보조(307-10) 6. 민간인위탁교육비(307-12) 7. 공기관등에대한경상적위탁사업비(308-10) 8. 민간자본사업보조,자체재원(402-01) 9. 민간자본사업보조,이전재원(402-02) 10. 민간위탁사업비(402-03) 11. 공기관등에 대한 자본적 대행사업비(403-02)	민간이전지출 근거 (지방보조금 관리기준 참고) 1. 법률에 규정 2. 국고보조 재원(국가지정) 3. 용도 지정 기부금 4. 조례에 직접규정 5. 지자체가 권장하는 사업을 하는 공공기관 6. 시,도 정책 및 재정사정 7. 기타 8. 해당없음	입찰방식 계약체결방법 (경쟁형태) 1. 일반경쟁 2. 제한경쟁 3. 지명경쟁 4. 수의계약 5. 법정위탁 6. 기타 ( ) 7. 해당없음	입찰방식 계약기간 1. 1년 2. 2년 3. 3년 4. 4년 5. 5년 6. 기타 ( )년 7. 단기계약 (1년미만) 8. 해당없음	입찰방식 낙찰자선정방법 1. 적격심사 2. 협상에의한계약 3. 최저가낙찰제 4. 규격가격분리 5. 2단계 경쟁입찰 6. 기타 ( ) 7. 해당없음	운영예산 산정 운영예산 산정 1. 내부산정 (지자체 자체적으로 산정) 2. 외부산정 (외부전문기관위탁 산정) 3. 내·외부 모두 산정 4. 산정 無 5. 해당없음	운영예산 산정 정산방법 1. 내부정산 (지자체 내부적으로 정산) 2. 외부정산 (외부전문기관위탁 정산) 3. 내·외부 모두 산정 4. 정산 無 5. 해당없음	성과평가 실시여부 1. 실시 2. 미실시 3. 향후 추진 4. 해당없음
4157	경남 양산시	경로당 개보수 사업(개별)	177,040	사회복지과	8	4	7	7	7	1	1	1
4158	경남 양산시	옥내급수관 및 공용배관 개량지원	500,000	수도과	8	4	7	8	7	5	5	4
4159	경남 양산시	작은도서관 운영보조	242,300	시립도서관	8	4	7	8	7	5	5	4
4160	경남 양산시	독립공원 조성	1,000,000	주민생활지원과	8	2	7	8	7	1	1	1
4161	경남 의령군	의령향교 문묘제기 정비사업	20,000	문화관광과	8	4	7	8	7	1	1	4
4162	경남 의령군	위생업소 시설개선비 지원	20,000	환경위생과	8	4	7	8	7	1	1	4
4163	경남 의령군	농업인 가공사업장 시설장비 개선지원	14,000	농업기술센터	8	4	7	8	7	5	5	4
4164	경남 의령군	농업인 농산물가공 창업지원	70,000	농업기술센터	8	4	7	8	7	5	5	4
4165	경남 의령군	한우 사육환경개선 지원사업	60,000	농업기술센터	8	1	7	8	7	1	1	4
4166	경남 의령군	무주유진공펌프	20,000	농업기술센터	8	1	4	1	7	1	1	1
4167	경남 의령군	사료급이기	30,000	농업기술센터	8	1	4	1	7	1	1	1
4168	경남 의령군	냉방기	50,000	농업기술센터	8	1	4	1	7	1	1	1
4169	경남 의령군	곤충 사육환경개선 지원사업	5,000	농업기술센터	8	1	4	1	7	1	1	1
4170	경남 의령군	가축재해 예방장비 지원사업	75,000	농업기술센터	8	1	7	8	7	5	5	4
4171	경남 의령군	가축분퇴비 부숙관리용 시설장비 지원사업	120,000	농업기술센터	8	4	7	8	7	5	5	4
4172	경남 의령군	친환경쌀 재배단지 해충포획기 설치 지원	14,000	농업정책과	8	6	7	8	7	5	5	4
4173	경남 의령군	친환경쌀 재배단지 안내표지판 설치 지원	3,500	농업정책과	8	6	7	8	7	5	5	4
4174	경남 의령군	청년귀농인 창업지원사업	25,000	농업기술센터 농업기술과	8	4	7	8	7	5	5	4
4175	경남 의령군	귀농정착지원사업	15,000	농업기술센터 농업기술과	8	4	7	8	7	5	5	4
4176	경남 의령군	현장애로해결 지원사업	30,000	농업기술센터 농업기술과	8	4	7	8	7	5	5	4
4177	경남 의령군	농촌지도자 신기술보급매체 지원	13,000	농업기술센터 농업기술과	8	4	7	8	7	5	5	4
4178	경남 의령군	시설수박 농작업 편의장비 지원	14,000	농업기술센터 농업기술과	8	4	7	8	7	5	5	4
4179	경남 의령군	중·소과종 수박재배단지 조성	25,000	농업기술센터 농업기술과	8	4	7	8	7	5	5	4
4180	경남 의령군	샤인머스켓 시설포도 재배 시범	50,000	농업기술센터 농업기술과	8	4	7	8	7	5	5	4
4181	경남 의령군	포도 무핵과생산 처리기 지원	1,350	농업기술센터 농업기술과	8	4	7	8	7	5	5	4
4182	경남 의령군	신소득 쌈채소 전문단지 조성	50,000	농업기술센터 농업기술과	8	4	7	8	7	5	5	4
4183	경남 의령군	곡물건조기 지원	82,500	농업기술센터 농업기술과	8	4	7	8	7	5	5	4
4184	경남 의령군	보훈대상자 주거환경 개선사업	5,000	사회복지과	8	4	7	8	7	1	1	1
4185	경남 의령군	노인여가시설 건강기구 보급	10,000	주민행복과	8	4	7	1	7	1	1	1
4186	경남 의령군	경로당 비품보급사업	30,000	주민행복과	8	4	7	1	7	1	1	1
4187	경남 의령군	경로당 한궁 보급사업	10,000	주민행복과	8	4	7	1	7	1	1	1
4188	경남 함안군	아라농촌마을재생사업	131,000	혁신성장담당관	8	4	7	8	7	5	5	4
4189	경남 함안군	공중위생업소 시설 개선비 지원	1,000	종합민원과	8	4	7	8	6	1	1	2
4190	경남 함안군	식품접객업소 시설 개선비 지원	2,000	종합민원과	8	4	7	8	6	1	1	2
4191	경남 함안군	보육시설 및 종사자 지원	20,000	주민복지과	8	4	7	8	7	1	1	1
4192	경남 함안군	임산물(곶감) 직거래 택배비 지원	30,000	산림녹지과	8	6	7	8	7	5	5	4
4193	경남 함안군	청년일자리 우수기업 지원사업	30,000	경제기업과	8	4	1	1	1	1	3	1
4194	경남 함안군	전입세대 주택수리비 지원사업	50,000	도시건축과	8	4	7	8	7	5	5	4
4195	경남 함안군	공동주택관리 지원사업	387,000	도시건축과	8	4	7	8	7	5	5	4
4196	경남 함안군	농촌융복합 농촌체험농장육성시범	8,000	농업정책과	8	7	7	8	7	5	5	4
4197	경남 함안군	폭염대비 안개 분무시설지원	35,000	농축산과	8	7	7	8	7	1	1	1
4198	경남 함안군	폭염대응 예방 장비지원	14,000	농축산과	8	7	7	8	7	1	1	1

순번	시군구	지출명 (사업명)	2021년예산 (단위:천원/1년간)	담당자 (공무원) 담당부서	민간이전 분류 (지방자치단체 세출예산 집행기준에 의거) 1. 민간경상사업보조(307-02) 2. 민간단체 법정운영비보조(307-03) 3. 민간행사사업보조(307-04) 4. 민간위탁금(307-05) 5. 사회복지시설 법정운영비보조(307-10) 6. 민간인위탁교육비(307-12) 7. 공기관등에대한경상적위탁사업비(308-10) 8. 민간자본사업보조,자체재원(402-01) 9. 민간자본사업보조,이전재원(402-02) 10. 민간위탁사업비(402-03) 11. 공기관등에 대한 자본적 대행사업비(403-02)	민간이전지출 근거 (지방보조금 관리기준 참고) 1. 법률에 규정 2. 국고보조 재원(국가지정) 3. 용도 지정 기부금 4. 조례에 직접규정 5. 지자체가 권장하는 사업을 하는 공공기관 6. 시,도 정책 및 재정사정 7. 기타 8. 해당없음	입찰방식 계약체결방법 (경쟁형태) 1. 일반경쟁 2. 제한경쟁 3. 지명경쟁 4. 수의계약 5. 법정위탁 6. 기타 ( ) 7. 해당없음	입찰방식 계약기간 1. 1년 2. 2년 3. 3년 4. 4년 5. 5년 6. 기타 ( )년 7. 단기계약 (1년미만) 8. 해당없음	입찰방식 낙찰자선정방법 1. 적격심사 2. 협상에의한계약 3. 최저가낙찰제 4. 규격가격분리 5. 2단계 경쟁입찰 6. 기타 ( ) 7. 해당없음	운영예산 산정 운영예산 산정 1. 내부산정 (지자체 자체적으로 산정) 2. 외부산정 (외부전문기관위탁 산정) 3. 내·외부 모두 산정 4. 산정 無 5. 해당없음	운영예산 산정 정산방법 1. 내부정산 (지자체 내부적으로 정산) 2. 외부정산 (외부전문기관위탁 정산) 3. 내·외부 모두 산정 4. 정산 無 5. 해당없음	성과평가 실시여부 1. 실시 2. 미실시 3. 향후 추진 4. 해당없음
4199	경남 함안군	곤충사육시설 및 장비지원	14,000	농축산과	8	7	7	8	7	1	1	1
4200	경남 함안군	축산재 예방 장비지원	10,000	농축산과	8	7	7	8	7	1	1	1
4201	경남 함안군	소 농가 동파방지 급수기지원	10,000	농축산과	8	7	7	8	7	1	1	1
4202	경남 함안군	착유시설현대화지원	20,000	농축산과	8	7	7	8	7	1	1	1
4203	경남 함안군	착유 세정수 정화시;설지원	67,500	농축산과	8	7	7	8	7	1	1	1
4204	경남 함안군	육계농가 멀티팬지원	4,000	농축산과	8	7	7	8	7	1	1	1
4205	경남 함안군	양봉기자재지원	25,000	농축산과	8	7	7	8	7	1	1	1
4206	경남 함안군	축분(액) 고속발효기 지원	150,000	농축산과	8	6	7	8	7	1	1	1
4207	경남 함안군	액비순환시설 지원	200,000	농축산과	8	6	7	8	7	1	1	1
4208	경남 함안군	퇴비부숙 처리시설 설치 지원	15,000	농축산과	8	6	7	8	7	1	1	1
4209	경남 함안군	질병관리 계류시설 설치 지원	26,000	농축산과	8	4	7	8	7	1	1	4
4210	경남 함안군	작은도서관 도서구입비 지원	16,000	문화시설사업소	8	4	7	1	7	5	5	4
4211	경남 창녕군	문화재관리	300,000	문화체육과	8	4	7	8	7	5	5	4
4212	경남 창녕군	야생동물 피해예방 및 피해보상 사업	80,000	환경위생과	8	1	7	8	7	1	1	1
4213	경남 창녕군	도시가스 공급사업	1,482,000	일자리경제과	8	7	5	8	7	1	1	1
4214	경남 창녕군	기업유치 지원	120,000	일자리경제과	8	4	2	3	2	3	1	1
4215	경남 창녕군	인구증가시책 주택분야	204,000	도시건축과	8	4	7	1	7	5	1	1
4216	경남 창녕군	소규모 공동주택관리지원	50,000	도시건축과	8	4	7	1	7	1	1	1
4217	경남 창녕군	농업인단체 육성	15,000	농업정책과	8	4	7	8	7	5	5	4
4218	경남 창녕군	귀농인 육성지원	640,000	농업정책과	8	4	7	8	7	5	5	4
4219	경남 창녕군	고품질 쌀 생산시범단지	33,600	농업정책과	8	4	7	8	7	1	1	1
4220	경남 창녕군	특화품목육성	100,000	농업정책과	8	6	7	8	7	5	5	4
4221	경남 창녕군	친환경농업지구조성	1,024,100	농업정책과	8	4	7	8	7	5	5	4
4222	경남 창녕군	경종농가 연계 조사료생산사업	66,000	농축산유통과	8	1	7	8	7	5	5	4
4223	경남 창녕군	한우개량사업	75,000	농축산유통과	8	1	7	8	7	5	5	4
4224	경남 창녕군	자체낙농사업 지원	143,500	농축산유통과	8	1	7	8	7	5	5	4
4225	경남 창녕군	양봉산업 육성(자)	145,750	농축산유통과	8	1	7	8	7	5	5	4
4226	경남 창녕군	애완동물 및 기타가축 지원	12,816	농축산유통과	8	1	7	8	7	5	5	4
4227	경남 창녕군	자체한우지원사업	40,000	농축산유통과	8	1	7	8	7	5	5	4
4228	경남 창녕군	가금농가 지원사업	39,000	농축산유통과	8	1	7	8	7	5	5	4
4229	경남 창녕군	양돈농가 이상육출현 개선 사업	60,000	농축산유통과	8	4	7	8	7	5	5	4
4230	경남 창녕군	가축분뇨처리지원	96,000	농축산유통과	8	4	7	8	7	5	5	4
4231	경남 창녕군	자체 축산환경 개선	156,100	농축산유통과	8	1	7	8	7	5	5	4
4232	경남 창녕군	시설수출원예 비닐교체 지원	30,000	농축산유통과	8	4	7	8	7	5	5	4
4233	경남 창녕군	우포누리 홍보	120,750	농축산유통과	8	4	7	8	7	5	5	4
4234	경남 창녕군	창녕우포인동초한우 브랜드사업 추진	430,000	농축산유통과	8	4	7	8	7	5	5	4
4235	경남 창녕군	농업활성화사업	276,360	기술지원과	8	4	7	8	7	5	5	4
4236	경남 창녕군	학습단체 육성지원	80,000	기술지원과	8	4	7	8	7	5	5	4
4237	경남 창녕군	시설원예 기술보급	787,040	기술지원과	8	4	7	8	7	5	5	4
4238	경남 창녕군	노지채소 기술보급	1,591,076	기술지원과	8	4	7	8	7	5	5	4
4239	경남 창녕군	마늘, 양파 지리적표시제	60,000	기술지원과	8	4	7	8	7	5	5	4
4240	경남 창녕군	과수특작생산기반조성	469,125	기술지원과	8	4	7	8	7	5	5	4

순번	시군구	지출명 (사업명)	2021년예산 (단위:천원/1년간)	담당자 (공무원) 담당부서	민간이전 분류 (지방자치단체 세출예산 집행기준에 의거) 1. 민간경상사업보조(307-02) 2. 민간단체 법정운영비보조(307-03) 3. 민간행사사업보조(307-04) 4. 민간위탁금(307-05) 5. 사회복지시설 법정운영비보조(307-10) 6. 민간인위탁교육비(307-12) 7. 공기관등에대한경상적위탁사업비(308-10) 8. 민간자본사업보조,자체재원(402-01) 9. 민간자본사업보조,이전재원(402-02) 10. 민간위탁사업비(402-03) 11. 공기관등에 대한 자본적 대행사업비(403-02)	민간이전지출 근거 (지방보조금 관리기준 참고) 1. 법률에 규정 2. 국고보조 재원(국가지정) 3. 용도 지정 기부금 4. 조례에 직접규정 5. 지자체가 권장하는 사업을 하는 공공기관 6. 시,도 정책 및 재정사정 7. 기타 8. 해당없음	입찰방식 계약체결방법 (경쟁형태) 1. 일반경쟁 2. 제한경쟁 3. 지명경쟁 4. 수의계약 5. 법정위탁 6. 기타 ( ) 7. 해당없음	입찰방식 계약기간 1. 1년 2. 2년 3. 3년 4. 4년 5. 5년 6. 기타 ( )년 7. 단기계약 (1년미만) 8. 해당없음	입찰방식 낙찰자선정방법 1. 적격심사 2. 협상에의한계약 3. 최저가낙찰제 4. 규격가격분리 5. 2단계 경쟁입찰 6. 기타 ( ) 7. 해당없음	운영예산 산정 운영예산 산정 1. 내부산정 (지자체 자체적으로 산정) 2. 외부산정 (외부전문기관위탁 산정) 3. 내·외부 모두 산정 4. 산정 無 5. 해당없음	운영예산 산정 정산방법 1. 내부정산 (지자체 내부적으로 정산) 2. 외부정산 (외부전문기관위탁 정산) 3. 내·외부 모두 산정 4. 정산 無 5. 해당없음	성과평가 실시여부 1. 실시 2. 미실시 3. 향후 추진 4. 해당없음
4241	경남 창녕군	농기계지원사업	1,005,500	기술지원과	8	4	7	8	7	5	5	4
4242	경남 고성군	경로당 건강보조기구 지원	30,000	복지지원과	8	4	7	8	7	1	1	4
4243	경남 고성군	야생동물 피해예방시설 설치사업	72,000	환경과	8	1	7	8	7	1	1	4
4244	경남 고성군	수남어촌계 수산물판매장 시설정비및 비품구입	20,000	환경과	8	7	7	8	7	1	1	1
4245	경남 고성군	어선어업장비지원	60,000	해양수산과	8	7	7	8	7	1	1	1
4246	경남 고성군	양정시설 설치 지원	587,200	농업정책과	8	5	7	8	7	5	5	4
4247	경남 고성군	귀농세대 정착지원	50,000	농업정책과	8	4	7	8	7	5	5	4
4248	경남 고성군	중소농기계 지원	15,000	농업정책과	8	7	7	8	7	5	5	4
4249	경남 고성군	벼 육묘용 상토·매트 지원	500,.000	친환경농업과	8	4	7	8	7	5	5	4
4250	경남 고성군	고령 영세농업인 벼 육묘지원	170,000	친환경농업과	8	4	7	8	7	5	5	4
4251	경남 고성군	고품질 농산물 생산기반 조성	112,000	친환경농업과	8	4	7	8	7	5	5	4
4252	경남 고성군	벼 육묘장 설치 지원	150,000	친환경농업과	8	4	7	8	7	5	5	4
4253	경남 고성군	벼 육묘장 시설 현대화 지원	50,000	친환경농업과	8	4	7	8	7	5	5	4
4254	경남 고성군	벼 병해충 공동방제 농작업 대행료 지원	216,000	친환경농업과	8	6	7	8	7	5	5	4
4255	경남 고성군	채소특작분야 유용미생물 활용사업	6,300	친환경농업과	8	7	7	8	7	5	5	4
4256	경남 고성군	참다래 묘목 교체 시범사업	31,500	친환경농업과	8	7	7	8	7	5	5	4
4257	경남 고성군	과수 안전농산물 생산 지원	24,000	친환경농업과	8	7	7	8	7	5	5	4
4258	경남 고성군	친환경 과수 자재 지원	11,000	친환경농업과	8	7	7	8	7	5	5	4
4259	경남 고성군	고품질 화훼 생산 지원	25,000	친환경농업과	8	7	7	8	7	5	5	4
4260	경남 고성군	참다래 과원 현대화	31,500	친환경농업과	8	7	7	8	7	5	5	4
4261	경남 고성군	참다래 수꽃가루 지원	24,000	친환경농업과	8	7	7	8	7	5	5	4
4262	경남 고성군	과수 수확물 운반자재 지원	9,000	친환경농업과	8	7	7	8	7	5	5	4
4263	경남 고성군	휴대용 전동가위 보급	6,000	친환경농업과	8	7	7	8	7	5	5	4
4264	경남 고성군	과수 동력운반기 보급	30,000	친환경농업과	8	7	7	8	7	5	5	4
4265	경남 고성군	과일 선별기 지원	6,000	친환경농업과	8	7	7	8	7	5	5	4
4266	경남 고성군	과수 관정개발 보급	8,000	친환경농업과	8	7	7	8	7	5	5	4
4267	경남 고성군	참다래 수꽃가루 정선기 지원	4,500	친환경농업과	8	7	7	8	7	5	5	4
4268	경남 고성군	양돈농가 폭염대비 장비지원	40,000	축산과	8	4	7	8	7	5	5	4
4269	경남 고성군	양돈분뇨 급속발효기 설치	64,000	축산과	8	4	4	1	2	2	1	3
4270	경남 고성군	ASF 차단방역 시설·장비 지원	30,000	축산과	8	1	7	8	7	1	1	4
4271	경남 고성군	안전축산물생산 기반조성	10,000	축산과	8	7	7	8	7	1	1	4
4272	경남 고성군	낙농농가 착유시설 개선 사업	15,000	축산과	8	6	7	8	7	1	1	4
4273	경남 고성군	원유 냉각기 지원사업	12,000	축산과	8	6	7	8	7	1	1	4
4274	경남 고성군	흑염소사육환경 개선지원사업	4,000	축산과	8	6	7	8	7	1	1	4
4275	경남 고성군	소규모HACCP인증 지원	40,000	식품산업과	8	7	7	8	7	5	5	4
4276	경남 고성군	농산물 즉석판매제조.가공 지원	10,000	식품산업과	8	7	7	8	7	5	5	4
4277	경남 남해군	자활사업장 임대료 지원	50,000	주민복지과	8	1	7	8	7	5	5	4
4278	경남 남해군	경로당환경개선지원	108,522	주민복지과	8	7	5	1	7	1	1	1
4279	경남 남해군	경로당 건강증진기기 보급 및 수리	20,000	주민복지과	8	7	4	1	7	1	1	4
4280	경남 남해군	취약계층 주거환경 개보수	50,000	주민복지과	8	1	7	8	7	5	5	4
4281	경남 남해군	마을어장 개발	90,000	해양수산과	8	1	7	8	7	1	1	4
4282	경남 남해군	위생업소 환경개선지원사업	64,000	보건소	8	4	7	8	7	1	1	1

순번	시군구	지출명 (사업명)	2021년예산 (단위:천원/1년간)	담당자 (공무원) 담당부서	민간이전 분류 (지방자치단체 세출예산 집행기준에 의거) 1. 민간경상사업보조(307-02) 2. 민간단체 법정운영비보조(307-03) 3. 민간행사사업보조(307-04) 4. 민간위탁금(307-05) 5. 사회복지시설 법정운영비보조(307-10) 6. 민간인위탁교육비(307-12) 7. 공기관등에대한경상적위탁사업비(308-10) 8. 민간자본사업보조,자체재원(402-01) 9. 민간자본사업보조,이전재원(402-02) 10. 민간위탁사업비(402-03) 11. 공기관등에 대한 자본적 대행사업비(403-02)	민간이전지출 근거 (지방보조금 관리기준 참고) 1. 법률에 규정 2. 국고보조 재원(국가지정) 3. 용도 지정 기부금 4. 조례에 직접규정 5. 지자체가 권장하는 사업을 하는 공공기관 6. 시,도 정책 및 재정사정 7. 기타 8. 해당없음	입찰방식 계약체결방법 (경쟁형태) 1. 일반경쟁 2. 제한경쟁 3. 지명경쟁 4. 수의계약 5. 법정위탁 6. 기타 ( ) 7. 해당없음	입찰방식 계약기간 1. 1년 2. 2년 3. 3년 4. 4년 5. 5년 6. 기타 ( )년 7. 단기계약 (1년미만) 8. 해당없음	입찰방식 낙찰자선정방법 1. 적격심사 2. 협상에의한계약 3. 최저가낙찰제 4. 규격가격분리 5. 2단계 경쟁입찰 6. 기타 ( ) 7. 해당없음	운영예산 산정 운영예산 산정 1. 내부산정 (지자체 자체적으로 산정) 2. 외부산정 (외부전문기관위탁 산정) 3. 내·외부 모두 산정 4. 산정 無 5. 해당없음	운영예산 산정 정산방법 1. 내부정산 (지자체 내부적으로 정산) 2. 외부정산 (외부전문기관위탁 정산) 3. 내·외부 모두 산정 4. 정산 無 5. 해당없음	성과평가 실시여부 1. 실시 2. 미실시 3. 향후 추진 4. 해당없음
4283	경남 남해군	축사온도 저감시설 지원	3,750	농축산과	8	1	7	8	7	5	5	4
4284	경남 남해군	농산물 집하장 지원	187,600	유통지원과	8	4	7	8	7	5	5	4
4285	경남 남해군	농촌체험마을 체험기반 조성	16,800	유통지원과	8	4	7	8	7	1	1	1
4286	경남 남해군	벼 건조저장시설(곡물건조기) 지원	40,000	농업기술과	8	4	7	8	7	5	5	4
4287	경남 남해군	톤백저울 구입 지원사업	2,500	농업기술과	8	4	7	8	7	5	5	4
4288	경남 남해군	죽전마을 농기계 보관창고 보수	30,000	농업기술과	8	4	7	8	7	5	5	4
4289	경남 남해군	마늘 송풍기 교체 지원	47,840	농업기술과	8	4	7	8	7	5	5	4
4290	경남 하동군	생산성 지원사업	170,000	특화산업과	8	7	7	8	7	1	1	1
4291	경남 하동군	공동주택시설개선	30,000	도시건축과	8	4	4	7	7	5	5	4
4292	경남 하동군	소형어선 인양기 대차 구입지원	20,000	해양수산과	8	1	7	8	7	5	5	4
4293	경남 하동군	소형어선 자동화시설 지원	34,800	해양수산과	8	1	7	8	7	5	5	4
4294	경남 하동군	기능성 녹차참숭어 배합사료지원	180,000	해양수산과	8	1	7	8	7	5	5	4
4295	경남 하동군	가두리양식어장 액화산소 지원	40,000	해양수산과	8	1	7	8	7	5	5	4
4296	경남 하동군	어업생산기반시설 설치사업	80,000	해양수산과	8	1	7	8	7	5	5	4
4297	경남 하동군	가두리 관리사 현대화사업	14,000	해양수산과	8	1	7	8	7	5	5	4
4298	경남 하동군	낚시터 조성사업	12,000	해양수산과	8	1	7	8	7	5	5	4
4299	경남 하동군	고로쇠 수액용기 지원	12,600	산림녹지과	8	7	7	8	7	5	5	4
4300	경남 하동군	산림경영 기반시설지원	10,000	산림녹지과	8	7	7	8	7	5	5	4
4301	경남 하동군	밤나무 선도임가 육성	20,000	산림녹지과	8	7	7	8	7	5	5	4
4302	경남 하동군	웰빙 임산물 생산단지 조성사업	10,000	산림녹지과	8	7	7	8	7	5	5	4
4303	경남 하동군	한우 송풍휀 지원	30,000	농축산과	8	4	7	8	7	1	1	1
4304	경남 하동군	솔잎한우사료 생산지원	100,000	농축산과	8	4	7	8	7	1	1	1
4305	경남 하동군	한우개량 기반조성	70,000	농축산과	8	4	7	8	7	1	1	1
4306	경남 하동군	우수 종추 입식비 지원	7,500	농축산과	8	4	7	8	7	1	1	1
4307	경남 하동군	방사유정란 포장재 지원	6,000	농축산과	8	4	7	8	7	1	1	1
4308	경남 하동군	양봉산업 경쟁력 강화사업	113,000	농축산과	8	4	7	8	7	1	1	1
4309	경남 하동군	토봉농가 생산성 향상사업	25,000	농축산과	8	4	7	8	7	1	1	1
4310	경남 하동군	딸기 하우스 수정벌 지원	120,000	농축산과	8	4	7	8	7	1	1	1
4311	경남 하동군	축산농가 생체정보이용 발정탐지기 지원	20,000	농축산과	8	4	7	8	7	1	1	1
4312	경남 하동군	모돈교체 지원	30,000	농축산과	8	4	7	8	7	1	1	1
4313	경남 하동군	맞춤식 영농규모화 기반조성	600,000	농축산과	8	4	7	8	7	1	1	1
4314	경남 하동군	2030 영농후계세대 기반조성	105,000	농축산과	8	4	7	8	7	1	1	1
4315	경남 하동군	다자녀 다문화 농업인 기반조성	105,000	농축산과	8	4	7	8	7	1	1	1
4316	경남 하동군	스마트팜 지원사업	60,000	농축산과	8	4	7	8	7	1	1	1
4317	경남 하동군	하동쌀통합브랜드포장재 지원	30,000	농축산과	8	4	7	8	7	1	1	1
4318	경남 하동군	이색 꽃단지 조성	20,000	농축산과	8	6	7	8	7	1	1	1
4319	경남 하동군	북천꽃단지 구룡형 정비 경관개선	20,000	농축산과	8	6	7	8	7	1	1	1
4320	경남 하동군	북천천 둑방길 경관조성	20,000	농축산과	8	6	7	8	7	1	1	1
4321	경남 하동군	경관보전직불제 토양개량제 지원	15,000	농축산과	8	6	7	8	7	1	1	1
4322	경남 하동군	수출농가육성지원	60,000	농산물유통과	8	4	4	7	2	1	1	1
4323	경남 하동군	통합 마케팅 육성지원	10,500	농산물유통과	8	4	7	8	7	1	1	1
4324	경남 하동군	유통구조 개선	35,000	농산물유통과	8	1	7	8	7	1	1	1

순번	시군구	지출명 (사업명)	2021년예산 (단위:천원/1년간)	담당자 (공무원) 담당부서	민간이전 분류 (지방자치단체 세출예산 집행기준에 의거) 1. 민간경상사업보조(307-02) 2. 민간단체 법정운영비보조(307-03) 3. 민간행사사업보조(307-04) 4. 민간위탁금(307-05) 5. 사회복지시설 법정운영비보조(307-10) 6. 민간인위탁교육비(307-12) 7. 공기관등에대한경상적위탁사업비(308-10) 8. 민간자본사업보조,자체재원(402-01) 9. 민간자본사업보조,이전재원(402-02) 10. 민간위탁사업비(402-03) 11. 공기관등에 대한 자본적 대행사업비(403-02)	민간이전지출 근거 (지방보조금 관리기준 참고) 1. 법률에 규정 2. 국고보조 재원(국가지정) 3. 용도 지정 기부금 4. 조례에 직접규정 5. 지자체가 권장하는 사업을 하는 공공기관 6. 시,도 정책 및 재정사정 7. 기타 8. 해당없음	입찰방식 계약체결방법 (경쟁형태) 1. 일반경쟁 2. 제한경쟁 3. 지명경쟁 4. 수의계약 5. 법정위탁 6. 기타 ( ) 7. 해당없음	입찰방식 계약기간 1. 1년 2. 2년 3. 3년 4. 4년 5. 5년 6. 기타 ( )년 7. 단기계약 (1년미만) 8. 해당없음	입찰방식 낙찰자선정방법 1. 적격심사 2. 협상에의한계약 3. 최저가낙찰제 4. 규격가격분리 5. 2단계 경쟁입찰 6. 기타 ( ) 7. 해당없음	운영예산 산정 운영예산 산정 1. 내부산정 (지자체 자체적으로 산정) 2. 외부산정 (외부전문기관위탁 산정) 3. 내·외부 모두 산정 4. 산정 無 5. 해당없음	운영예산 산정 정산방법 1. 내부정산 (지자체 내부적으로 정산) 2. 외부정산 (외부전문기관위탁 정산) 3. 내·외부 모두 산정 4. 정산 無 5. 해당없음	성과평가 실시여부 1. 실시 2. 미실시 3. 향후 추진 4. 해당없음
4325	경남 하동군	공동브랜드 관리	98,000	농산물유통과	8	6	7	8	7	5	1	3
4326	경남 하동군	농업인단체활성화	30,000	농촌진흥과	8	4	1	8	7	1	1	1
4327	경남 하동군	농업인단체활성화	20,000	농촌진흥과	8	4	1	8	7	1	1	1
4328	경남 하동군	차량 부착용 리프트 지원사업	20,000	농촌진흥과	8	4	1	8	7	1	1	1
4329	경남 하동군	호박축제장 행사기반 조성	17,000	농촌진흥과	8	5	4	7	7	1	1	1
4330	경남 하동군	북천허브리아단지조성	7,000	농촌진흥과	8	5	4	7	7	1	1	1
4331	경남 하동군	귀농 창업농 육성지원	10,000	농촌진흥과	8	4	7	7	1	1	1	1
4332	경남 하동군	귀농인 주택수리비 지원	15,000	농촌진흥과	8	4	7	8	1	1	1	1
4333	경남 하동군	농업인선택형 농기계지원	100,000	농촌진흥과	8	4	1	8	7	1	1	1
4334	경남 하동군	친환경농법보급사업	60,000	농업소득과	8	7	7	8	7	1	1	3
4335	경남 하동군	친환경벼 생태둠벙농법 보급사업	7,000	농업소득과	8	7	7	8	7	1	1	3
4336	경남 하동군	신소득 작물 재배단지 조성	36,387	농업소득과	8	7	7	8	7	1	1	3
4337	경남 하동군	친환경지구벨트 육성	164,000	농업소득과	8	7	7	8	7	1	1	3
4338	경남 하동군	친환경 벼 육묘용 우량상토 공급	291,249	농업소득과	8	7	7	8	7	1	1	3
4339	경남 하동군	고품질 쌀 생력화 단지 조성	20,000	농업소득과	8	7	7	8	7	1	1	3
4340	경남 하동군	퇴비생산시설 환경개선사업	100,000	농업소득과	8	7	7	8	7	5	5	4
4341	경남 하동군	채소류 상품성 향상 지원사업	178,000	농업소득과	8	7	7	8	7	1	1	3
4342	경남 하동군	채소류 생산시설 현대화 사업	70,000	농업소득과	8	7	7	8	7	5	5	4
4343	경남 하동군	수출 단호박 재배단지 조성사업	30,000	농업소득과	8	7	7	8	7	1	1	3
4344	경남 하동군	신 소득 전략작목 육성사업	70,000	농업소득과	8	7	7	8	7	1	1	3
4345	경남 하동군	미나리 단지 시설 하우스 지원	150,000	농업소득과	8	7	7	8	7	1	1	3
4346	경남 하동군	소득화특화작목육성	56,500	농업소득과	8	7	7	8	7	1	1	3
4347	경남 하동군	과수생산시설 현대화 사업	24,500	농업소득과	8	7	7	8	7	1	1	3
4348	경남 하동군	과수상품성 향상 지원사업	238,000	농업소득과	8	7	7	8	7	1	1	3
4349	경남 산청군	지방투자촉진보조금 군비 부담분	14,105	경제전략과	8	2	7	8	7	3	3	1
4350	경남 산청군	농업인단체육성	49,000	농업진흥과	8	2	7	8	7	5	5	4
4351	경남 산청군	산청 찰벼단지 조성	5,000	농업진흥과	8	2	7	8	7	5	5	4
4352	경남 산청군	탑라이스 재배단지 조성	10,000	농업진흥과	8	2	7	8	7	5	5	4
4353	경남 산청군	고구마 지역특화품목 육성지원	10,000	농업진흥과	8	2	7	8	7	5	5	4
4354	경남 산청군	과수특작지원	22,400	농업진흥과	8	4	7	8	7	5	5	4
4355	경남 산청군	산청 명품 사과 특화사업	40,000	농업진흥과	8	4	7	8	7	5	5	4
4356	경남 산청군	원예작물 지원사업	195,200	농업진흥과	8	4	7	8	7	5	5	4
4357	경남 산청군	원예작물 기술시범	40,000	농업진흥과	8	2	7	8	7	5	5	4
4358	경남 산청군	친환경농업생산지원	274,050	농축산과	8	4	7	8	7	5	5	4
4359	경남 산청군	고품질쌀생산지원	624,200	농축산과	8	4	7	8	7	5	5	4
4360	경남 산청군	친환경농자재(우렁이)지원	102,000	농축산과	8	4	7	8	7	5	5	4
4361	경남 산청군	밀생산지원	2,250	농축산과	8	4	7	8	7	5	5	4
4362	경남 산청군	TMR사료 구입비 보전사업	100,000	농축산과	8	4	7	8	7	5	5	4
4363	경남 산청군	청정 산청한우산업 발전 추진사업	94,000	농축산과	8	4	7	8	7	5	5	4
4364	경남 산청군	한우개량사업	40,000	농축산과	8	4	7	8	7	5	5	4
4365	경남 산청군	1등급 한우정액 지원사업	40,000	농축산과	8	4	7	8	7	5	5	4
4366	경남 산청군	고령토 활용 항생제 대체용 미네랄블럭 지원사업	28,800	농축산과	8	4	7	8	7	5	5	4

순번	시군구	지출명 (사업명)	2021년예산 (단위:천원/1년간)	담당자 (공무원) 담당부서	민간이전 분류 (지방자치단체 세출예산 집행기준에 의거) 1. 민간경상사업보조(307-02) 2. 민간단체 법정운영비보조(307-03) 3. 민간행사사업보조(307-04) 4. 민간위탁금(307-05) 5. 사회복지시설 법정운영비보조(307-10) 6. 민간인위탁교육비(307-12) 7. 공기관등에대한경상적위탁사업비(308-10) 8. 민간자본사업보조,자체재원(402-01) 9. 민간자본사업보조,이전재원(402-02) 10. 민간위탁사업비(402-03) 11. 공기관등에 대한 자본적 대행사업비(403-02)	민간이전지출 근거 (지방보조금 관리기준 참고) 1. 법률에 규정 2. 국고보조 재원(국가지정) 3. 용도 지정 기부금 4. 조례에 직접규정 5. 지자체가 권장하는 사업을 하는 공공기관 6. 시,도 정책 및 재정사정 7. 기타 8. 해당없음	입찰방식 계약체결방법 (경쟁형태) 1. 일반경쟁 2. 제한경쟁 3. 지명경쟁 4. 수의계약 5. 법정위탁 6. 기타 ( ) 7. 해당없음	입찰방식 계약기간 1. 1년 2. 2년 3. 3년 4. 4년 5. 5년 6. 기타 ( )년 7. 단기계약 (1년미만) 8. 해당없음	입찰방식 낙찰자선정방법 1. 적격심사 2. 협상에의한계약 3. 최저가낙찰제 4. 규격가격분리 5. 2단계 경쟁입찰 6. 기타 ( ) 7. 해당없음	운영예산 산정 운영예산 산정 1. 내부산정 (지자체 자체적으로 산정) 2. 외부산정 (외부전문기관위탁 산정) 3. 내·외부 모두 산정 4. 산정 無 5. 해당없음	운영예산 산정 정산방법 1. 내부정산 (지자체 내부적으로 정산) 2. 외부정산 (외부전문기관위탁 정산) 3. 내·외부 모두 산정 4. 정산 無 5. 해당없음	성과평가 실시여부 1. 실시 2. 미실시 3. 향후 추진 4. 해당없음
4367	경남 산청군	산청 양봉산업 발전 추진사업	111,500	농축산과	8	4	7	8	7	5	5	4
4368	경남 산청군	양봉농가 화분제조 지원사업	225,000	농축산과	8	4	7	8	7	5	5	4
4369	경남 산청군	육계농가 축사환경 개선사업	8,100	농축산과	8	4	7	8	7	5	5	4
4370	경남 산청군	젖소농가 우량정액 지원사업	20,000	농축산과	8	4	7	8	7	5	5	4
4371	경남 산청군	젖소농가 축사환경 개선사업	12,375	농축산과	8	4	7	8	7	5	5	4
4372	경남 산청군	유기축산용 조사료 생산지원사업	20,000	농축산과	8	4	7	8	7	5	5	4
4373	경남 산청군	귀농귀촌 신규농업인 영농정착 지원사업	32,000	농축산과	8	4	7	8	7	5	5	4
4374	경남 산청군	귀농귀촌인 주택수리비 지원사업	24,000	농축산과	8	4	7	8	7	5	5	4
4375	경남 산청군	경로당 안마기 보급사업	15,000	복지지원과	8	1	7	8	7	5	5	4
4376	경남 산청군	경로당 에어컨 보급사업	25,000	복지지원과	8	1	7	8	7	5	5	4
4377	경남 산청군	경로당 PC 보급사업	14,000	복지지원과	8	1	7	8	7	5	5	4
4378	경남 산청군	경로당 신개축 및 개보수사업	600,000	복지지원과	8	1	7	8	7	5	5	4
4379	경남 산청군	톱밥생산지원사업	120,000	산림녹지과	8	1	7	8	7	5	5	4
4380	경남 산청군	공공비축미 톤백수매 확대 팔레트 구입지원사업	8,750	유통소득과	8	4	7	8	7	5	5	4
4381	경남 산청군	전략약초특화단지조성사업	50,000	한방항노화과	8	4	7	8	7	5	5	4
4382	경남 산청군	폐기물처리시설 주변지역 주민지원사업	15,000	환경위생과	8	1	7	8	7	5	5	4
4383	경남 산청군	위생수준향상 및 식품안전관리	60,000	환경위생과	8	4	7	8	7	5	5	4
4384	경남 산청군	공동주택지원사업	60,000	도시교통과	8	4	7	8	7	5	5	4
4385	경남 함양군	고소작업차 지원사업	90,000	친환경농업과	8	4	7	8	7	1	1	4
4386	경남 함양군	고추 세척기 지원	100,000	친환경농업과	8	4	7	8	7	1	1	1
4387	경남 함양군	과수 주력품목 전략육성 지원사업	210,000	친환경농업과	8	4	7	8	7	1	1	4
4388	경남 함양군	과수 해충 유인포집기 지원사업	11,000	친환경농업과	8	4	7	8	7	1	1	4
4389	경남 함양군	과수생산시설 기반구축사업	40,000	친환경농업과	8	4	7	8	7	1	1	4
4390	경남 함양군	과수재배 생력화 사업	75,000	친환경농업과	8	4	7	8	7	1	1	4
4391	경남 함양군	과수정형과생산 및 결실안정사업	40,000	친환경농업과	8	4	7	8	7	1	1	4
4392	경남 함양군	과수친환경자재 지원사업	70,000	친환경농업과	8	4	7	8	7	1	1	4
4393	경남 함양군	과원관리 승용예초기 지원사업	180,000	친환경농업과	8	4	7	8	7	1	1	4
4394	경남 함양군	과원방제기 보호장비 지원사업	45,000	친환경농업과	8	4	7	8	7	1	1	4
4395	경남 함양군	과원방제기 지원사업	360,000	친환경농업과	8	4	7	8	7	1	1	4
4396	경남 함양군	과일신선도유지제 지원사업	176,000	친환경농업과	8	4	7	8	7	1	1	4
4397	경남 함양군	과채류 결실안정 수정벌 지원	50,000	친환경농업과	8	4	7	8	7	1	1	1
4398	경남 함양군	기능성 특용작물 육성	3,300	친환경농업과	8	4	7	8	7	1	1	4
4399	경남 함양군	기후변화 대응 아열대과수 재배 시범사업	198,000	친환경농업과	8	4	7	8	7	1	1	4
4400	경남 함양군	내재해형 규격하우스 설치 지원	100,000	친환경농업과	8	4	7	8	7	1	1	1
4401	경남 함양군	농가소득 대체작목 신기술 시범	400,000	친환경농업과	8	4	7	8	7	1	1	1
4402	경남 함양군	농산물 동력운반차 지원사업	330,000	친환경농업과	8	4	7	8	7	1	1	4
4403	경남 함양군	농약희석기 지원사업	19,250	친환경농업과	8	4	7	8	7	1	1	4
4404	경남 함양군	딸기 고설재배 지원	150,000	친환경농업과	8	4	7	8	7	1	1	1
4405	경남 함양군	딸기 우량묘 생산 지원	300,000	친환경농업과	8	4	7	8	7	1	1	1
4406	경남 함양군	딸기재배 환경개선 지원	102,000	친환경농업과	8	4	7	8	7	1	1	1
4407	경남 함양군	명품사과 적화제 지원사업	14,500	친환경농업과	8	4	7	8	7	1	1	4
4408	경남 함양군	모판 지원	256,000	친환경농업과	8	4	7	8	7	5	5	3

순번	시군구	지출명 (사업명)	2021년예산 (단위:천원/1년간)	담당자 (공무원)	민간이전 분류 (지방자치단체 세출예산 집행기준에 의거)	민간이전지출 근거 (지방보조금 관리기준 참고)	입찰방식			운영예산 산정		성과평가 실시여부
				담당부서	1. 민간경상사업보조(307-02) 2. 민간단체 법정운영비보조(307-03) 3. 민간행사사업보조(307-04) 4. 민간위탁금(307-05) 5. 사회복지시설 법정운영비보조(307-10) 6. 민간인위탁교육비(307-12) 7. 공기관등에대한경상적위탁사업비(308-10) 8. 민간자본사업보조,자체재원(402-01) 9. 민간자본사업보조,이전재원(402-02) 10. 민간위탁사업비(402-03) 11. 공기관등에 대한 자본적 대행사업비(403-02)	1. 법률에 규정 2. 국고보조 재원(국가지정) 3. 용도 지정 기부금 4. 조례에 직접규정 5. 지자체가 권장하는 사업을 하는 공공기관 6. 시,도 정책 및 재정사정 7. 기타 8. 해당없음	계약체결방법 (경쟁형태) 1. 일반경쟁 2. 제한경쟁 3. 지명경쟁 4. 수의계약 5. 법정위탁 6. 기타 ( ) 7. 해당없음	계약기간 1. 1년 2. 2년 3. 3년 4. 4년 5. 5년 6. 기타 ( )년 7. 단기계약 (1년미만) 8. 해당없음	낙찰자선정방법 1. 적격심사 2. 협상에의한계약 3. 최저가낙찰제 4. 규격가격분리 5. 2단계 경쟁입찰 6. 기타 ( ) 7. 해당없음	운영예산 산정 1. 내부산정 (지자체 자체적으로 산정) 2. 외부산정 (외부전문기관위탁 산정) 3. 내·외부 모두 산정 4. 산정 無 5. 해당없음	정산방법 1. 내부정산 (지자체 내부적으로 정산) 2. 외부정산 (외부전문기관위탁 정산) 3. 내·외부 모두 산정 4. 정산 無 5. 해당없음	1. 실시 2. 미실시 3. 향후 추진 4. 해당없음
4409	경남 함양군	발작물생분해성필름지원	20,000	친환경농업과	8	4	7	8	7	1	1	4
4410	경남 함양군	비가림 시설채소 단지조성	200,000	친환경농업과	8	4	7	8	7	1	1	1
4411	경남 함양군	상토 지원(40L/포)	450,000	친환경농업과	8	4	7	8	7	5	5	3
4412	경남 함양군	생산비 절감 벼 소식재배 시범사업	25,000	친환경농업과	8	4	7	8	7	5	5	3
4413	경남 함양군	소과류 생산기반구축 사업	45,000	친환경농업과	8	4	7	8	7	1	1	4
4414	경남 함양군	수출단감 품질향상 사업	10,000	친환경농업과	8	4	7	8	7	1	1	4
4415	경남 함양군	시설채소 농업용 관정 지원	60,000	친환경농업과	8	4	7	8	7	1	1	1
4416	경남 함양군	시설하우스 가로대 지원	10,000	친환경농업과	8	4	7	8	7	1	1	1
4417	경남 함양군	시설하우스 고온 환경개선 지원	55,000	친환경농업과	8	4	7	8	7	1	1	1
4418	경남 함양군	신소득 과수작목 육성 지원사업	181,600	친환경농업과	8	4	7	8	7	1	1	4
4419	경남 함양군	신품종, 저항성품종 생산지원	25,000	친환경농업과	8	4	7	8	7	1	1	1
4420	경남 함양군	쌀 적정생산 지원	100,000	친환경농업과	8	4	7	8	7	5	5	3
4421	경남 함양군	양파 농기계	160,000	친환경농업과	8	4	7	8	7	1	1	1
4422	경남 함양군	양파 생산성 향상자재	50,000	친환경농업과	8	4	7	8	7	1	1	1
4423	경남 함양군	연작장해 경감 토양소독제 지원	120,000	친환경농업과	8	4	7	8	7	1	1	1
4424	경남 함양군	연작장해 경감제	15,000	친환경농업과	8	4	7	8	7	1	1	1
4425	경남 함양군	유기질비료 지원	535,000	친환경농업과	8	4	5	8	7	1	1	4
4426	경남 함양군	이상기후 대비 전작물 관수지원	50,000	친환경농업과	8	4	7	8	7	1	1	4
4427	경남 함양군	채소작물 생산성 향상 지원	50,000	친환경농업과	8	4	7	8	7	1	1	1
4428	경남 함양군	친환경농산물 포장재 지원	15,000	친환경농업과	8	6	7	8	7	1	1	4
4429	경남 함양군	친환경인증농자재(우렁이)지원	54,000	친환경농업과	8	6	7	8	7	1	1	4
4430	경남 함양군	토양깊이갈이 농기계	10,000	친환경농업과	8	4	7	8	7	1	1	1
4431	경남 함양군	틈새작목 육성	93,000	친환경농업과	8	4	7	8	7	1	1	4
4432	경남 함양군	하우스시설개선지원	200,000	친환경농업과	8	4	7	8	7	1	1	1
4433	경남 함양군	함양고종시 단지조성	100,000	친환경농업과	8	4	7	8	7	1	1	4
4434	경남 함양군	화훼 우량종묘 지원	16,000	친환경농업과	8	4	7	8	7	1	1	1
4435	경남 함양군	농촌빈집수선사업	45,000	민원봉사과	8	4	7	8	7	5	5	4
4436	경남 함양군	전입세대주택설계비지원	40,000	민원봉사과	8	4	7	8	7	5	5	4
4437	경남 함양군	향토음식 육성사업	40,000	농산물유통과	8	4	7	8	7	5	5	4
4438	경남 함양군	농산물 유통활성화 지원	400,000	농산물유통과	8	4	7	8	7	5	5	4
4439	경남 함양군	수출우수단체 및 농가 인센티브지원 사업	60,000	농산물유통과	8	4	7	8	7	5	5	4
4440	경남 함양군	농산물 가공사업	140,000	농산물유통과	8	4	7	8	7	5	5	4
4441	경남 함양군	반가공식품 육성사업	50,000	농산물유통과	8	4	7	8	7	5	5	4
4442	경남 함양군	GAP 인증단체 인센티브 지원	125,000	농산물유통과	8	4	7	8	7	5	5	4
4443	경남 함양군	수매용 톤백저울 구입지원	35,000	농산물유통과	8	4	7	8	7	5	5	4
4444	경남 함양군	농촌 민박 노후시설 개선사업	100,000	농산물유통과	8	4	7	8	7	5	5	4
4445	경남 함양군	농기계 자체지원사업	130,000	농산물유통과	8	4	7	8	7	5	5	4
4446	경남 함양군	농작업환경개선 편이장비	50,000	농산물유통과	8	4	7	8	7	5	5	4
4447	경남 함양군	취업지원사업	50,000	일자리경제과	8	4	7	8	7	5	5	4
4448	경남 함양군	경로당 운영물품 지원	52,500	주민행복과	8	4	7	8	7	5	1	4
4449	경남 함양군	현수막 지정게시대 위탁 관리	9,075	안전도시과	8	4	7	8	7	5	5	4
4450	경남 함양군	산양삼종자지원	100,000	산삼엑스포과	8	7	7	8	7	1	1	2

순번	시군구	지출명 (사업명)	2021년예산 (단위:천원/1년간)	담당자 (공무원) 담당부서	민간이전 분류 (지방자치단체 세출예산 집행기준에 의거) 1. 민간경상사업보조(307-02) 2. 민간단체 법정운영비보조(307-03) 3. 민간행사사업보조(307-04) 4. 민간위탁금(307-05) 5. 사회복지시설 법정운영비보조(307-10) 6. 민간인위탁교육비(307-12) 7. 공기관등에대한경상적위탁사업비(308-10) 8. 민간자본사업보조,자체재원(402-01) 9. 민간자본사업보조,이전재원(402-02) 10. 민간위탁사업비(402-03) 11. 공기관등에 대한 자본적 대행사업비(403-02)	민간이전지출 근거 (지방보조금 관리기준 참고) 1. 법률에 규정 2. 국고보조 재원(국가지정) 3. 용도 지정 기부금 4. 조례에 직접규정 5. 지자체가 권장하는 사업을 하는 공공기관 6. 시,도 정책 및 재정사정 7. 기타 8. 해당없음	입찰방식: 계약체결방법 (경쟁형태) 1. 일반경쟁 2. 제한경쟁 3. 지명경쟁 4. 수의계약 5. 법정위탁 6. 기타 ( ) 7. 해당없음	입찰방식: 계약기간 1. 1년 2. 2년 3. 3년 4. 4년 5. 5년 6. 기타 ( )년 7. 단기계약 (1년미만) 8. 해당없음	입찰방식: 낙찰자선정방법 1. 적격심사 2. 협상에의한계약 3. 최저가낙찰제 4. 규격가격분리 5. 2단계 경쟁입찰 6. 기타 ( ) 7. 해당없음	운영예산 산정: 운영예산 산정 1. 내부산정 (지자체 자체적으로 산정) 2. 외부산정 (외부전문기관위탁 산정) 3. 내·외부 모두 산정 4. 산정 無 5. 해당없음	운영예산 산정: 정산방법 1. 내부정산 (지자체 내부적으로 정산) 2. 외부정산 (외부전문기관위탁 정산) 3. 내·외부 모두 산정 4. 정산 無 5. 해당없음	성과평가 실시여부 1. 실시 2. 미실시 3. 향후 추진 4. 해당없음
4451	경남 함양군	산양삼 미생물제 지원	40,000	산삼엑스포과	8	7	7	8	7	1	1	2
4452	경남 거창군	새마을 우수마을 지원	50,000	행정과	8	4	7	8	7	1	1	1
4453	경남 거창군	자동심장충격시 지원사업	10,000	미래전략과	8	4	7	8	7	1	1	1
4454	경남 거창군	국내 우수인증 및 해외인증 지원	40,000	미래전략과	8	4	7	8	7	5	5	4
4455	경남 거창군	한국승강기대학교 시설개선 지원	500,000	미래전략과	8	4	7	8	7	5	5	4
4456	경남 거창군	승강기산업체 근로환경개선 지원	30,000	미래전략과	8	4	7	8	7	5	5	4
4457	경남 거창군	충효회관 강당 냉난방기 설치	18,000	문화관광과	8	4	7	8	7	5	5	4
4458	경남 거창군	향토문화유적 보수사업	220,000	문화관광과	8	4	7	8	7	5	5	4
4459	경남 거창군	민간어린이집 환경개선 사업	27,000	행복나눔과	8	4	7	8	7	1	1	4
4460	경남 거창군	경로당신축	390,000	행복나눔과	8	4	7	8	7	1	1	1
4461	경남 거창군	LED조명 주민 보급사업	64,000	경제교통과	8	7	7	8	7	5	1	4
4462	경남 거창군	산림소득증대지원	183,000	산림과	8	7	7	1	6	1	1	4
4463	경남 거창군	귀농귀향민 주택 리모델링사업	37,500	도시건축과	8	4	7	8	7	1	1	1
4464	경남 거창군	공동주택 보조금 지원	500,000	도시건축과	8	1	7	8	7	1	1	1
4465	경남 거창군	주민참여 소규모 도시재생사업	24,000	도시재생담당	8	7	7	8	7	1	1	1
4466	경남 거창군	농업인회관 개보수사업	6,000	농업축산과	8	4	7	8	7	1	1	1
4467	경남 거창군	주민제안 농정공모사업	50,000	농업축산과	8	4	7	8	7	1	1	1
4468	경남 거창군	거창 영농4H 203050 육성	20,000	농업축산과	8	4	4	8	7	1	1	1
4469	경남 거창군	송아지 면역증강제 구입 지원	49,980	농업축산과	8	6	4	7	2	1	1	1
4470	경남 거창군	농장단계 HACCP 컨설팅 지원	180,000	농업축산과	8	6	7	8	7	1	1	1
4471	경남 거창군	축사농가 환경개선제 공급 지원	150,000	농업축산과	8	6	7	8	7	1	1	1
4472	경남 거창군	친환경 사료 싹보리 종자대 지원	40,000	농업축산과	8	6	7	8	7	1	1	1
4473	경남 거창군	거창한우 애우 귀표 제작 지원	5,000	농업축산과	8	6	4	7	2	1	1	1
4474	경남 거창군	젖소 정액 공급	20,000	농업축산과	8	6	4	7	2	1	1	1
4475	경남 거창군	젖소 한우 수정란 이식 지원	40,000	농업축산과	8	6	4	7	2	1	1	1
4476	경남 거창군	젖소 발정탐지기 지원	80,160	농업축산과	8	6	4	7	2	1	1	1
4477	경남 거창군	양돈농가 저능력 모돈교체 지원	260,000	농업축산과	8	6	4	7	2	1	1	1
4478	경남 거창군	액비저장조 관리지원	102,000	농업축산과	8	6	4	7	2	1	1	1
4479	경남 거창군	양봉 사양관리 기자재 지원	90,000	농업축산과	8	6	4	7	2	1	1	1
4480	경남 거창군	양봉 화분 공급	180,000	농업축산과	8	6	4	7	2	1	1	1
4481	경남 거창군	비수기 꿀벌 식량 지원	300,000	농업축산과	8	6	4	7	2	1	1	1
4482	경남 거창군	오리농가 왕겨살포기 지원	41,000	농업축산과	8	6	4	7	2	1	1	1
4483	경남 거창군	1등급 한우 정액 지원	120,000	농업축산과	8	6	7	8	7	1	1	1
4484	경남 거창군	저능력 암소 불임시술비 지원	10,500	농업축산과	8	6	7	8	7	1	1	1
4485	경남 거창군	한우 친자확인사업	200,000	농업축산과	8	6	7	8	7	1	1	1
4486	경남 거창군	한우 초음파 진단 지원	65,000	농업축산과	8	6	7	8	7	1	1	1
4487	경남 거창군	한우 번식우 임신진단 지원	60,000	농업축산과	8	6	7	8	7	1	1	1
4488	경남 거창군	한우암소 수정란 이식지원	18,000	농업축산과	8	6	7	8	7	1	1	1
4489	경남 거창군	조사료 운반 베일집게 지원	100,000	농업축산과	8	6	7	8	7	1	1	1
4490	경남 거창군	가축분뇨처리장비(로더) 지원	300,000	농업축산과	8	6	4	7	2	1	1	1
4491	경남 거창군	공동자원화시설 톱밥 지원	75,000	농업축산과	8	6	4	7	2	1	1	1
4492	경남 거창군	벼 종자소독기 지원	70,000	농업기술과	8	6	7	8	7	5	5	4

순번	시군구	지출명 (사업명)	2021년예산 (단위:천원/1년간)	담당자 (공무원) 담당부서	민간이전 분류 (지방자치단체 세출예산 집행기준에 의거) 1. 민간경상사업보조(307-02) 2. 민간단체 법정운영비보조(307-03) 3. 민간행사사업보조(307-04) 4. 민간위탁금(307-05) 5. 사회복지시설 법정운영비보조(307-10) 6. 민간인위탁교육비(307-12) 7. 공기관등에대한경상적위탁사업비(308-10) 8. 민간자본사업보조,자체재원(402-01) 9. 민간자본사업보조,이전재원(402-02) 10. 민간위탁사업비(402-03) 11. 공기관등에 대한 자본적 대행사업비(403-02)	민간이전지출 근거 (지방보조금 관리기준 참고) 1. 법률에 규정 2. 국고보조 재원(국가지정) 3. 용도 지정 기부금 4. 조례에 직접규정 5. 지자체가 권장하는 사업을 하는 공공기관 6. 시,도 정책 및 재정사정 7. 기타 8. 해당없음	입찰방식 계약체결방법 (경쟁형태) 1. 일반경쟁 2. 제한경쟁 3. 지명경쟁 4. 수의계약 5. 법정위탁 6. 기타 ( ) 7. 해당없음	입찰방식 계약기간 1. 1년 2. 2년 3. 3년 4. 4년 5. 5년 6. 기타 ( )년 7. 단기계약 (1년미만) 8. 해당없음	입찰방식 낙찰자선정방법 1. 적격심사 2. 협상에의한계약 3. 최저가낙찰제 4. 규격가격분리 5. 2단계 경쟁입찰 6. 기타 ( ) 7. 해당없음	운영예산 산정 운영예산 산정 1. 내부산정 (지자체 자체적으로 산정) 2. 외부산정 (외부전문기관위탁 산정) 3. 내·외부 모두 산정 4. 산정 無 5. 해당없음	운영예산 산정 정산방법 1. 내부정산 (지자체 내부적으로 정산) 2. 외부정산 (외부전문기관위탁 정산) 3. 내·외부 모두 산정 4. 정산 無 5. 해당없음	성과평가 실시여부 1. 실시 2. 미실시 3. 향후 추진 4. 해당없음
4493	경남 거창군	벼 육묘용 상토 및 상자모 지원	600,000	농업기술과	8	6	7	8	7	5	5	4
4494	경남 거창군	벼 육묘용 파종기 지원사업	60,000	농업기술과	8	6	7	8	7	5	5	4
4495	경남 거창군	벼 보급종 공급차액지원	100,000	농업기술과	8	6	7	8	7	5	5	4
4496	경남 거창군	보리계약재배 종자대 지원	10,500	농업기술과	8	6	7	8	7	5	5	4
4497	경남 거창군	보리계약재배 비료대 지원	7,700	농업기술과	8	6	7	8	7	5	5	4
4498	경남 거창군	고품질 기능성 농산물 생산	20,000	농업기술과	8	6	7	8	7	5	5	4
4499	경남 거창군	감자수확 톤백 포장재 지원	15,000	농업기술과	8	6	7	8	7	5	5	4
4500	경남 거창군	권역별 거점 벼 공정육묘장 지원	105,000	농업기술과	8	6	7	8	7	5	5	4
4501	경남 거창군	벼 드문모심기 시범	12,500	농업기술과	8	6	7	8	7	5	5	4
4502	경남 거창군	고품질 벼 건조기 지원	60,000	농업기술과	8	6	7	8	7	5	5	4
4503	경남 거창군	공공비축미 포장재 지원	82,500	농업기술과	8	6	7	8	7	5	5	4
4504	경남 거창군	공공비축용 톤백 계량기 지원	17,500	농업기술과	8	6	7	8	7	5	5	4
4505	경남 거창군	공공비축용 톤백 거치대 지원	2,500	농업기술과	8	6	7	8	7	5	5	4
4506	경남 거창군	소포장 자동계량기 지원	5,500	농업기술과	8	6	7	8	7	5	5	4
4507	경남 거창군	산물벼 건조비 지원	300,000	농업기술과	8	6	7	8	7	5	5	4
4508	경남 거창군	통합쌀 포장재 지원	6,000	농업기술과	8	6	7	8	7	5	5	4
4509	경남 거창군	앙정시설 지원	150,000	농업기술과	8	6	7	8	7	5	5	4
4510	경남 거창군	쌀 생산조정 기반조성	28,000	농업기술과	8	6	7	8	7	5	5	4
4511	경남 거창군	딸기 육묘용 멀티컵 지원	85,000	농업기술과	8	4	7	8	7	5	5	4
4512	경남 거창군	오미자 저온피해 경감 지원	27,000	농업기술과	8	4	7	8	7	5	5	4
4513	경남 거창군	딸기 신품종 지역적응 시범	21,000	농업기술과	8	4	7	8	7	5	5	4
4514	경남 거창군	시설원예 연작장해 대책 지원	182,000	농업기술과	8	4	7	8	7	5	5	4
4515	경남 거창군	화분매개곤충(양봉) 지원	120,000	농업기술과	8	4	7	8	7	5	5	4
4516	경남 거창군	푸른들 가꾸기 양파 종자대 지원	112,500	농업기술과	8	4	7	8	7	5	5	4
4517	경남 거창군	양파 계약재배용 톤백 지원	35,000	농업기술과	8	4	7	8	7	5	5	4
4518	경남 거창군	원예특작 저온저장고 지원	100,000	농업기술과	8	4	7	8	7	5	5	4
4519	경남 거창군	오미자 택배용 용기 지원	82,500	농업기술과	8	4	7	8	7	5	5	4
4520	경남 거창군	신소재활용 시설하우스 개선	78,000	농업기술과	8	4	7	8	7	5	5	4
4521	경남 거창군	채소재배 기반 조성	69,000	농업기술과	8	4	7	8	7	5	5	4
4522	경남 거창군	딸기관부 냉난방 시스템 지원	50,000	농업기술과	8	4	7	8	7	5	5	4
4523	경남 거창군	미래먹거리 신소득작목 육성	21,000	농업기술과	8	4	7	8	7	5	5	4
4524	경남 거창군	노후과원 토양환경개선 지원사업	70,000	농업기술과	8	4	7	8	7	5	5	4
4525	경남 거창군	신소득 과수재배 시범	10,000	농업기술과	8	4	7	8	7	5	5	4
4526	경남 거창군	사과 플라즈마 신선도 유지기 지원	60,000	농업기술과	8	4	7	8	7	5	5	4
4527	경남 거창군	친환경농자재(공시자재) 지원	350,000	농업기술과	8	1	7	8	7	5	5	4
4528	경남 거창군	친환경농자재(보르도액) 지원	84,000	농업기술과	8	1	7	8	7	5	5	4
4529	경남 거창군	3無농업실천농가 지원	18,900	농업기술과	8	1	7	8	7	5	5	4
4530	경남 거창군	친환경 제초용 우렁이 지원	208,020	농업기술과	8	1	7	8	7	5	5	4
4531	경남 거창군	수출농가지원	75,000	행복농촌과	8	4	7	8	7	5	5	4
4532	경남 거창군	마중물 농산물 가공창업 지원	210,000	행복농촌과	8	7	7	8	7	5	5	4
4533	경남 거창군	영농정착금 지원	300,000	행복농촌과	8	4	7	8	7	1	1	4
4534	경남 거창군	한센병관리기관 시설지원 보조	5,000	보건소	8	1	7	8	7	1	1	4

순번	시군구	지출명 (사업명)	2021년예산 (단위:천원/1년간)	담당자 (공무원) 담당부서	민간이전 분류 (지방자치단체 세출예산 집행기준에 의거) 1. 민간경상사업보조(307-02) 2. 민간단체 법정운영비보조(307-03) 3. 민간행사사업보조(307-04) 4. 민간위탁금(307-05) 5. 사회복지시설 법정운영비보조(307-10) 6. 민간인위탁교육비(307-12) 7. 공기관등에대한경상적위탁사업비(308-10) 8. 민간자본사업보조,자체재원(402-01) 9. 민간자본사업보조,이전재원(402-02) 10. 민간위탁사업비(402-03) 11. 공기관등에 대한 자본적 대행사업비(403-02)	민간이전지출 근거 (지방보조금 관리기준 참고) 1. 법률에 규정 2. 국고보조 재원(국가지정) 3. 용도 지정 기부금 4. 조례에 직접규정 5. 지자체가 권장하는 사업을 하는 공공기관 6. 시,도 정책 및 재정사정 7. 기타 8. 해당없음	입찰방식 계약체결방법 (경쟁형태) 1. 일반경쟁 2. 제한경쟁 3. 지명경쟁 4. 수의계약 5. 법정위탁 6. 기타 ( ) 7. 해당없음	입찰방식 계약기간 1. 1년 2. 2년 3. 3년 4. 4년 5. 5년 6. 기타 ( )년 7. 단기계약 (1년미만) 8. 해당없음	입찰방식 낙찰자선정방법 1. 적격심사 2. 협상에의한계약 3. 최저가낙찰제 4. 규격가격분리 5. 2단계 경쟁입찰 6. 기타 ( ) 7. 해당없음	운영예산 산정 운영예산 산정 1. 내부산정 (지자체 자체적으로 산정) 2. 외부산정 (외부전문기관위탁 산정) 3. 내·외부 모두 산정 4. 산정 無 5. 해당없음	운영예산 산정 정산방법 1. 내부정산 (지자체 내부적으로 정산) 2. 외부정산 (외부전문기관위탁 정산) 3. 내·외부 모두 산정 4. 정산 無 5. 해당없음	성과평가 실시여부 1. 실시 2. 미실시 3. 향후 추진 4. 해당없음
4535	경남 거창군	산모신생아 건강관리사 지원	91,136	보건소	8	2	7	8	7	5	5	4
4536	경남 거창군	신생아 난청 조기진단	1,320	보건소	8	2	7	8	7	5	5	4
4537	경남 거창군	표준모자보건수첩	360	보건소	8	2	7	8	7	5	5	4
4538	경남 거창군	청소년산모 임신출산 의료비지원	3,000	보건소	8	2	7	8	7	5	5	4
4539	경남 거창군	저소득층 기저귀 조제분유 지원사업	56,540	보건소	8	2	7	8	7	5	5	4
4540	경남 합천군	참여자 수송 차량 교체	25,000	주민복지과	8	1	7	8	7	1	1	4
4541	경남 합천군	국민안전체험관 카페 운영 지원	30,000	주민복지과	8	1	7	8	7	1	1	4
4542	경남 합천군	율곡 두사경로당 신축	172,500	노인아동여성과	8	4	1	8	3	1	1	4
4543	경남 합천군	어린이집 시설개선 지원	10,000	노인아동여성과	8	4	7	8	7	1	1	4
4544	경남 합천군	착한가격업소 환경개선사업	20,000	경제교통과	8	6	6	1	6	1	1	1
4545	경남 합천군	청년·여성상인창업 지원	100,000	경제교통과	8	4	7	8	7	1	1	1
4546	경남 합천군	도자기업체 포장재비 지원	100,000	경제교통과	8	4	7	8	7	1	1	1
4547	경남 합천군	도시가스 공급배관 보급사업	2,879,000	경제교통과	8	4	7	8	7	5	1	3
4548	경남 합천군	농촌 노후주택 지붕개량	50,000	도시건축과	8	4	7	8	7	1	1	1
4549	경남 합천군	공동주택 주민편의 시설 보수	75,000	도시건축과	8	4	7	8	7	1	1	1
4550	경남 합천군	음식점 시설개선지원	90,000	환경위생과	8	6	7	8	1	5	1	3
4551	경남 합천군	체험재배용 한국난 종묘 지원사업	50,000	농정과	8	4	4	7	7	5	1	1
4552	경남 합천군	항노화 작물 재배지원 사업	100,000	농정과	8	4	7	8	7	1	1	1
4553	경남 합천군	신규농업인 영농정착 기반조성 지원	280,000	농정과	8	4	7	8	7	1	1	1
4554	경남 합천군	신규농업인 농가주택 수리비 지원	70,000	농정과	8	4	7	8	7	1	1	1
4555	경남 합천군	농촌 융복합산업 소득상품 개발	14,000	농정과	8	4	7	8	7	1	1	1
4556	경남 합천군	농촌융복합(6차)산업 활성화 소득기반 조성 사업	150,000	농정과	8	4	7	8	7	1	1	1
4557	경남 합천군	영농4-H 시범영농 지원	80,000	농정과	8	4	7	8	7	5	5	4
4558	경남 합천군	5.4프로젝트	400,000	농정과	8	4	7	8	7	1	1	1
4559	경남 합천군	미곡종합처리장 개보수 지원	182,400	농정과	8	4	7	8	7	5	5	4
4560	경남 합천군	벼 건조저장시설 개보수 지원	100,000	농정과	8	4	7	8	7	5	5	4
4561	경남 합천군	양곡창고 저온저장시설 지원	120,000	농정과	8	4	7	8	7	5	5	4
4562	경남 합천군	공공비축미곡 매입용 톤백저울 지원	25,850	농정과	8	4	7	8	7	5	5	4
4563	경남 합천군	임산물(밤) 산지 순회수집 차량구입	42,000	산림과	8	4	7	1	7	1	1	1
4564	경남 합천군	임산물(밤) 산지 순회수집 기자재구입	6,000	산림과	8	4	7	1	7	1	1	1
4565	경남 합천군	목재산업(톱밥생산)시설 보완	88,200	산림과	8	4	7	1	7	1	1	1
4566	경남 합천군	목재산업(목재수집장비)시설 교체	42,000	산림과	8	4	7	1	7	1	1	1
4567	경남 합천군	종모돈 구입 지원	28,000	축산과	8	1	7	8	7	5	1	4
4568	경남 합천군	돼지 인공수정 정액대 지원	73,500	축산과	8	1	7	8	7	5	1	4
4569	경남 합천군	저능력 모돈 교체사업	200,000	축산과	8	1	7	8	7	5	1	4
4570	경남 합천군	한돈수송 특장차량 지원사업	50,000	축산과	8	1	7	8	7	5	1	4
4571	경남 합천군	양계 자동급이 시스템 지원사업	45,000	축산과	8	1	7	8	7	5	5	4
4572	경남 합천군	한우 인공수정 정액대 지원	90,000	축산과	8	8	7	8	7	5	1	4
4573	경남 합천군	양봉 생산성향상 지원사업	205,000	축산과	8	1	7	8	7	5	1	4
4574	경남 합천군	축산농가 자체소독시설 설치	20,000	축산과	8	1	7	8	7	5	1	4
4575	경남 합천군	친환경 해충구제 지원	40,000	축산과	8	1	7	8	7	5	1	4
4576	경남 합천군	브랜드 축산물 포장재 지원	15,000	축산과	8	6	7	8	7	5	5	4

순번	시군구	지출명 (사업명)	2021년예산 (단위:천원/1년간)	담당자 (공무원) 담당부서	민간이전 분류 (지방자치단체 세출예산 집행기준에 의거) 1. 민간경상사업보조(307-02) 2. 민간단체 법정운영비보조(307-03) 3. 민간행사사업보조(307-04) 4. 민간위탁금(307-05) 5. 사회복지시설 법정운영비보조(307-10) 6. 민간인위탁교육비(307-12) 7. 공기관등에대한경상적위탁사업비(308-10) 8. 민간자본사업보조,자체재원(402-01) 9. 민간자본사업보조,이전재원(402-02) 10. 민간위탁사업비(402-03) 11. 공기관등에 대한 자본적 대행사업비(403-02)	민간이전지출 근거 (지방보조금 관리기준 참고) 1. 법률에 규정 2. 국고보조 재원(국가지정) 3. 용도 지정 기부금 4. 조례에 직접규정 5. 지자체가 권장하는 사업을 하는 공공기관 6. 시,도 정책 및 재정사정 7. 기타 8. 해당없음	입찰방식 계약체결방법 (경쟁형태) 1. 일반경쟁 2. 제한경쟁 3. 지명경쟁 4. 수의계약 5. 법정위탁 6. 기타 ( ) 7. 해당없음	입찰방식 계약기간 1. 1년 2. 2년 3. 3년 4. 4년 5. 5년 6. 기타 ( )년 7. 단기계약 (1년미만) 8. 해당없음	입찰방식 낙찰자선정방법 1. 적격심사 2. 협상에의한계약 3. 최저가낙찰제 4. 규격가격분리 5. 2단계 경쟁입찰 6. 기타 ( ) 7. 해당없음	운영예산 산정 운영예산 산정 1. 내부산정 (지자체 자체적으로 산정) 2. 외부산정 (외부전문기관위탁 산정) 3. 내·외부 모두 산정 4. 산정 無 5. 해당없음	운영예산 산정 정산방법 1. 내부정산 (지자체 내부적으로 정산) 2. 외부정산 (외부전문기관위탁 정산) 3. 내·외부 모두 산정 4. 정산 無 5. 해당없음	성과평가 실시여부 1. 실시 2. 미실시 3. 향후 추진 4. 해당없음
4577	경남 합천군	혈통등록우 경매시장 기계모터 교체	36,000	축산과	8	6	7	8	7	5	5	4
4578	경남 합천군	근적외선 분광분석기 지원	30,000	축산과	8	6	7	8	7	5	5	4
4579	경남 합천군	황토지장수 급수시스템	64,000	축산과	8	6	7	8	7	5	5	4
4580	경남 합천군	한우자동급이 원격정밀제어 시스템	100,000	축산과	8	6	7	8	7	5	5	4
4581	경남 합천군	퇴비사 설치 지원사업	500,000	축산과	8	5	7	8	7	5	1	1
4582	경남 합천군	농산물 저온저장시설 설치 지원	541,450	농업유통과	8	4	1	7	1	1	1	4
4583	경남 합천군	군 공동브랜드 해와인 홍보용 포장재 제작 지원	300,000	농업유통과	8	4	7	8	7	1	1	1
4584	경남 합천군	전자상거래 농업인 육성	20,000	농업유통과	8	4	7	8	7	1	1	1
4585	경남 합천군	농산물 가공센터 이용농가 지원	15,000	농업유통과	8	4	7	8	7	1	1	1
4586	경남 합천군	수출농산물 포장재 지원	100,000	농업유통과	8	4	7	8	7	1	1	1
4587	경남 합천군	체험 숙박용 농가개량 지원	25,000	농업유통과	8	1	7	8	7	1	1	4
4588	경남 합천군	농번기 마을급식 주방소독기 지원	22,100	농업유통과	8	4	7	8	7	1	1	4
4589	경남 합천군	중형농기계	300,000	농업유통과	8	1	7	8	7	1	1	4
4590	경남 합천군	소형농기계	150,000	농업유통과	8	1	7	8	7	1	1	4
4591	경남 합천군	농기계 사후관리업소 현대화	100,000	농업유통과	8	7	7	8	7	1	1	4
4592	경남 합천군	농기계 비가림 막구조물 설치 지원	75,000	농업유통과	8	7	7	8	7	1	1	4
4593	경남 합천군	보급종 채종단지 농자재 지원	15,000	농업지도과	8	6	4	1	7	1	1	1
4594	경남 합천군	최고품질 쌀생산 시범단지 운영지원	15,000	농업지도과	8	6	4	1	7	1	1	1
4595	경남 합천군	탑라이스 벼 재배단지 기반구축 지원	35,000	농업지도과	8	6	4	1	7	1	1	1
4596	경남 합천군	첨단기기 활용 농작물 병해충 방제 지원	190,000	농업지도과	8	6	4	1	7	1	1	1
4597	경남 합천군	벼 육묘장 시설보완	40,000	농업지도과	8	6	4	1	7	1	1	1
4598	경남 합천군	시설원예 노후온실 개선	200,000	농업지도과	8	6	4	1	7	1	1	1
4599	경남 합천군	딸기 고설재배시설 지원	150,000	농업지도과	8	6	4	1	7	1	1	1
4600	경남 합천군	멜론산업 주력작목 육성	250,000	농업지도과	8	6	4	1	7	1	1	1
4601	경남 합천군	재난대응 시설원예 안정생산 지원	350,000	농업지도과	8	6	4	1	7	1	1	1
4602	경남 합천군	애플수박 재배단지 육성	125,000	농업지도과	8	6	4	1	7	1	1	1
4603	경남 합천군	배추 무사마귀병 방제 지원	15,000	농업지도과	8	6	4	1	7	1	1	1
4604	경남 합천군	양파 기계정식 확대 지원	150,000	농업지도과	8	6	4	1	7	1	1	1
4605	경남 합천군	양파·마늘 톤백 출하체계 확충	150,000	농업지도과	8	6	4	1	7	1	1	1
4606	경남 합천군	양파 비가림건조 집하장 지원	200,000	농업지도과	8	6	1	1	3	1	1	1
4607	경남 합천군	양파 마늘 연작해소 토양개량제 지원	150,000	농업지도과	8	6	4	1	7	1	1	1
4608	경남 합천군	과원 생력화 지원	100,000	농업지도과	8	6	7	8	7	5	5	4
4609	경남 합천군	소비자 선호 무핵포도 생산기반 조성사업	343,000	농업지도과	8	6	7	8	7	5	5	4
4610	경남 합천군	친환경인증 쌀단지 우렁이종패 지원	50,000	농업지도과	8	6	7	8	7	5	5	4
4611	경남 합천군	친환경농산물 포장재 지원	50,000	농업지도과	8	6	7	8	7	5	5	4
4612	경남 합천군	친환경농산물 생산농가 지원	125,000	농업지도과	8	6	7	8	7	5	5	4
4613	경남 합천군	친환경감자 재배지원	25,000	농업지도과	8	6	7	8	7	5	5	4
4614	경남 합천군	친환경과수 재배지원	20,000	농업지도과	8	6	7	8	7	5	5	4
4615	경남 합천군	환경친화형 퇴비장 설치지원	120,000	농업지도과	8	6	7	8	7	5	5	4
4616	전북 전주시	매출연동형 임대료 운영 지원	60,000	수소경제탄소산업과	8	4	7	8	7	1	1	4
4617	전북 전주시	중재적 메카노 바이오 기술융합연구센터 구축	500,000	수소경제탄소산업과	8	1	7	8	7	1	1	1
4618	전북 전주시	탄소소재 생체적합성 신소재 의료기기 지원센터 구축	700,000	수소경제탄소산업과	8	1	7	8	7	1	1	1

순번	시군구	지출명 (사업명)	2021년예산 (단위:천원/1년간)	담당자 (공무원) 담당부서	민간이전 분류 (지방자치단체 세출예산 집행기준에 의거) 1. 민간경상사업보조(307-02) 2. 민간단체 법정운영비보조(307-03) 3. 민간행사사업보조(307-04) 4. 민간위탁금(307-05) 5. 사회복지시설 법정운영비보조(307-10) 6. 민간인위탁교육비(307-12) 7. 공기관등에대한경상적위탁사업비(308-10) 8. 민간자본사업보조,자체재원(402-01) 9. 민간자본사업보조,이전재원(402-02) 10. 민간위탁사업비(402-03) 11. 공기관등에 대한 자본적 대행사업비(403-02)	민간이전지출 근거 (지방보조금 관리기준 참고) 1. 법률에 규정 2. 국고보조 재원(국가지정) 3. 용도 지정 기부금 4. 조례에 직접규정 5. 지자체가 권장하는 사업을 하는 공공기관 6. 시,도 정책 및 재정사정 7. 기타 8. 해당없음	입찰방식 계약체결방법 (경쟁형태) 1. 일반경쟁 2. 제한경쟁 3. 지명경쟁 4. 수의계약 5. 법정위탁 6. 기타 ( ) 7. 해당없음	입찰방식 계약기간 1. 1년 2. 2년 3. 3년 4. 4년 5. 5년 6. 기타 ( )년 7. 단기계약 (1년미만) 8. 해당없음	입찰방식 낙찰자선정방법 1. 적격심사 2. 협상에의한계약 3. 최저가낙찰제 4. 규격가격분리 5. 2단계 경쟁입찰 6. 기타 ( ) 7. 해당없음	운영예산 산정 운영예산 산정 1. 내부산정 (지자체 자체적으로 산정) 2. 외부산정 (외부전문기관위탁 산정) 3. 내·외부 모두 산정 4. 산정 無 5. 해당없음	운영예산 산정 정산방법 1. 내부정산 (지자체 내부적으로 정산) 2. 외부정산 (외부전문기관위탁 정산) 3. 내·외부 모두 산정 4. 정산 無 5. 해당없음	성과평가 실시여부 1. 실시 2. 미실시 3. 향후 추진 4. 해당없음
4619	전북 전주시	중소기업 기술지원	7,000	중소기업과	8	4	7	8	7	1	1	1
4620	전북 전주시	뿌리기업 그린환경시스템 구축 지원사업	50,000	중소기업과	8	6	7	8	7	1	1	1
4621	전북 전주시	중소기업 온라인 마케팅 지원	16,000	중소기업과	8	7	7	8	7	1	1	1
4622	전북 전주시	사랑의 PC보급 및 정보화소외계층 교육지원	27,000	스마트시티과	8	4	7	8	7	1	1	3
4623	전북 전주시	노인이용시설 유지보수	565,000	통합돌봄과	8	4	7	8	7	1	1	4
4624	전북 전주시	문화시설 개선	100,000	문화정책과	8	1	7	8	7	5	5	4
4625	전북 전주시	독립영화 판권 배급 사업	60,000	문화정책과	8	4	7	8	7	1	1	1
4626	전북 전주시	전주영화도시 역량강화	275,000	문화정책과	8	4	7	8	7	1	1	1
4627	전북 전주시	찾아가는 생활체육 서비스 차량지원	25,000	체육산업과	8	1	7	8	7	5	5	4
4628	전북 전주시	노후공동주택관리지원	400,000	건축과	8	4	7	8	7	1	1	4
4629	전북 전주시	전주푸드 기획생산 기반 구축사업	100,000	먹거리정책과	8	6	7	8	7	5	5	4
4630	전북 전주시	친환경학교급식단지 농자재 지원	233,000	먹거리정책과	8	6	7	8	7	1	1	4
4631	전북 전주시	영농작업 환경개선 사업	182,000	농업정책과	8	1	7	8	7	1	1	4
4632	전북 전주시	특화품목 농업생산기반 구조개선	140,000	농업정책과	8	1	7	8	7	1	1	4
4633	전북 전주시	농촌체험관광 기반조성사업	30,000	농업기술과	8	4	7	8	7	5	5	4
4634	전북 전주시	벼 생산비 절감 지원	80,000	농업기술과	8	4	7	8	7	1	1	1
4635	전북 전주시	정부 보급종 종자대 지원	110,000	농업기술과	8	4	7	8	7	1	1	1
4636	전북 전주시	친환경농업 유기질비료 지원	100,000	농업기술과	8	4	7	8	7	1	1	1
4637	전북 전주시	콩나물콩 재배농가 생산 지원	50,000	농업기술과	8	4	7	8	7	1	1	1
4638	전북 전주시	과수 생산비 절감 지원	100,000	농업기술과	8	4	7	8	7	1	1	1
4639	전북 전주시	시설하우스 설치 및 환경개선사업	100,000	농업기술과	8	4	7	8	7	1	1	1
4640	전북 전주시	기후변화 대응 시설원예 안정생산 지원	50,000	농업기술과	8	4	7	8	7	1	1	1
4641	전북 전주시	소규모 저온저장고 지원	60,000	농업기술과	8	4	7	8	7	1	1	1
4642	전북 전주시	고품질 우량딸기묘 생산시설 지원	70,000	농업기술과	8	4	1	1	3	1	1	1
4643	전북 전주시	과채류 생산시설 현대화 지원	56,000	농업기술과	8	4	7	8	7	5	5	4
4644	전북 전주시	축산농가 사육시설 현대화사업	25,000	동물복지과	8	1	7	8	7	1	1	4
4645	전북 전주시	가축분뇨 수분조절제 지원	20,000	동물복지과	8	1	7	8	7	1	1	4
4646	전북 전주시	광역폐기물처리시설 주변영향지역 개발	1,000,000	자원순환과	8	1	7	8	7	5	5	4
4647	전북 전주시	시각장애인 도서관 운영지원	23,170	전주시립도서관	8	5	7	7	7	1	1	1
4648	전북 군산시	마을방범용 CCTV 설치공사	44,000	행정지원과	8	4	7	8	7	1	1	1
4649	전북 군산시	군산 전통명가 발굴 육성사업	21,000	소상공인지원과	8	4	7	8	7	1	1	1
4650	전북 군산시	뿌리기업 그린환경시스템 구축사업	65,000	산업혁신과	8	1	7	8	7	1	1	1
4651	전북 군산시	신재생에너지 주택지원사업	72,620	새만금에너지과	8	1	7	8	7	1	1	2
4652	전북 군산시	옥구향교 향교전통행사지원	2,000	문화정책계	8	4	6	1	6	1	1	1
4653	전북 군산시	임피향교 전통행사지원	2,000	문화정책계	8	4	6	1	6	1	1	1
4654	전북 군산시	경로당, 모정, 마을회관 시설 지원	1,288,000	경로장애인과	8	4	1	7	3	1	5	4
4655	전북 군산시	경로당 운영지원	126,000	경로장애인과	8	1	4	7	7	1	5	4
4656	전북 군산시	장애인단체 공기청정기 지원	8,160	경로장애인과	8	7	4	2	1	1	5	4
4657	전북 군산시	재가장애인 여성주거환경개선사업	11,000	경로장애인과	8	1	4	8	7	1	5	4
4658	전북 군산시	장애인생활이동지원센터 운영비	28,550	경로장애인과	8	1	7	8	7	5	5	4
4659	전북 군산시	기계설비구입및 시설보강	60,000	경로장애인과	8	4	7	8	7	5	5	4
4660	전북 군산시	시민안전지킴이 양성교육비 지원	7,900	안전총괄과	8	7	7	8	7	1	1	2

순번	시군구	지출명 (사업명)	2021년예산 (단위:천원/1년간)	담당자 (공무원) 담당부서	민간이전 분류 (지방자치단체 세출예산 집행기준에 의거) 1. 민간경상사업보조(307-02) 2. 민간단체 법정운영비보조(307-03) 3. 민간행사사업보조(307-04) 4. 민간위탁금(307-05) 5. 사회복지시설 법정운영비보조(307-10) 6. 민간인위탁교육비(307-12) 7. 공기관등에대한경상적위탁사업비(308-10) 8. 민간자본사업보조,자체재원(402-01) 9. 민간자본사업보조,이전재원(402-02) 10. 민간위탁사업비(402-03) 11. 공기관등에 대한 자본적 대행사업비(403-02)	민간이전지출 근거 (지방보조금 관리기준 참고) 1. 법률에 규정 2. 국고보조 재원(국가지정) 3. 용도 지정 기부금 4. 조례에 직접규정 5. 지자체가 권장하는 사업을 하는 공공기관 6. 시,도 정책 및 재정사정 7. 기타 8. 해당없음	입찰방식 계약체결방법 (경쟁형태) 1. 일반경쟁 2. 제한경쟁 3. 지명경쟁 4. 수의계약 5. 법정위탁 6. 기타 ( ) 7. 해당없음	입찰방식 계약기간 1. 1년 2. 2년 3. 3년 4. 4년 5. 5년 6. 기타 ( )년 7. 단기계약 (1년미만) 8. 해당없음	입찰방식 낙찰자선정방법 1. 적격심사 2. 협상에의한계약 3. 최저가낙찰제 4. 규격가격분리 5. 2단계 경쟁입찰 6. 기타 ( ) 7. 해당없음	운영예산 산정 운영예산 산정 1. 내부산정 (지자체 자체적으로 산정) 2. 외부산정 (외부전문기관위탁 산정) 3. 내·외부 모두 산정 4. 산정 無 5. 해당없음	운영예산 산정 정산방법 1. 내부정산 (지자체 내부적으로 정산) 2. 외부정산 (외부전문기관위탁 정산) 3. 내·외부 모두 산정 4. 정산 無 5. 해당없음	성과평가 실시여부 1. 실시 2. 미실시 3. 향후 추진 4. 해당없음
4661	전북 군산시	환경 친환형 농자재지원	16,800	농업축산과	8	5	7	8	7	5	5	4
4662	전북 군산시	친환경단지 논둑시트 설치 및 생산관리지원사업	47,000	농업축산과	8	6	7	8	7	5	5	4
4663	전북 군산시	유기질비료 지원	176,600	농업축산과	8	6	7	8	7	5	5	4
4664	전북 군산시	자원순환농업단지 유기질비료 지원	183,000	농업축산과	8	6	7	8	7	5	5	4
4665	전북 군산시	양봉농가 기자재(벌통,소초광,채밀기,양봉사료) 지원	72,000	농업축산과	8	4	7	8	7	5	5	4
4666	전북 군산시	낙농 유두침지제 지원	10,500	농업축산과	8	4	7	8	7	5	5	4
4667	전북 군산시	소 미네랄 블럭지원	18,000	농업축산과	8	4	7	8	7	5	5	4
4668	전북 군산시	한돈 경쟁력 강화지원	49,000	농업축산과	8	4	7	8	7	5	5	4
4669	전북 군산시	LED 유해해충방제 지원사업	10,000	농업축산과	8	4	7	8	7	5	5	4
4670	전북 군산시	축산농가 소형 소독장비 지원	7,000	농업축산과	8	1	7	8	7	5	5	4
4671	전북 군산시	귀농인농가주택수리비지원사업	20,000	농촌지원과	8	4	7	8	7	5	5	4
4672	전북 정읍시	자율방범대 피복비(춘추복,하복)	13,500	총무과	8	4	7	8	7	5	5	3
4673	전북 정읍시	수성여성 자율방범지대 환경정비사업(	700	총무과	8	4	7	8	7	5	5	3
4674	전북 정읍시	내장 자율방범지대 환경정비사업	3,000	총무과	8	4	7	8	7	5	5	3
4675	전북 정읍시	고부자율방범지대 환경정비사업	1,300	총무과	8	4	7	8	7	5	5	3
4676	전북 정읍시	역전자율방범지대 환경정비사업	1,300	총무과	8	4	7	8	7	5	5	3
4677	전북 정읍시	칠보 자율방범지대 환경정비사업	3,000	총무과	8	4	7	8	7	5	5	3
4678	전북 정읍시	화호 자율방범지대 환경정비사업	5,300	총무과	8	4	7	8	7	5	5	3
4679	전북 정읍시	장명 자율방범지대 환경정비사업	1,800	총무과	8	4	7	8	7	5	5	3
4680	전북 정읍시	시기초산 자율방범지대 환경정비사업	6,000	총무과	8	4	7	8	7	5	5	3
4681	전북 정읍시	상동 자율방범지대 환경정비사업	1,500	총무과	8	4	7	8	7	5	5	3
4682	전북 정읍시	애향운동본부 사무실 집기 구입	8,700	총무과	8	4	7	8	7	5	5	3
4683	전북 정읍시	행정동우회 정읍노인교실 환경정비사업	29,600	총무과	8	4	7	8	7	5	5	3
4684	전북 정읍시	한국자유총연맹 정읍시지회 운영을 위한 비품구입	1,800	총무과	8	1	7	8	7	5	5	3
4685	전북 정읍시	초산농악단 기능보강사업	3,500	문화예술팀	8	7	7	8	7	5	5	3
4686	전북 정읍시	정읍예총 기능보강	5,000	문화예술과	8	4	7	8	7	5	5	3
4687	전북 정읍시	수제천보존회 기능보강	26,795	문화예술과	8	4	7	8	7	5	5	3
4688	전북 정읍시	고부향교 명륜당 교육장비구입	14,500	문화예술과	8	1	7	8	7	5	5	3
4689	전북 정읍시	참좋은사람들사랑나눔공동체 기능보강	20,000	사회복지과	8	1	7	8	7	5	5	3
4690	전북 정읍시	재향군인회 기능보강	2,430	사회복지과	8	4	7	8	7	5	5	3
4691	전북 정읍시	자원봉사센터 기능보강	19,840	사회복지과	8	4	7	8	7	5	5	3
4692	전북 정읍시	우수자활기업 지원	6,000	사회복지과	8	4	7	8	7	5	5	3
4693	전북 정읍시	민간,가정어린이집 기능보강	40,000	아동보육	8	4	7	8	7	5	5	3
4694	전북 정읍시	재가노인 식사배달 사업 주방기기 구입	24,500	노인시설팀	8	1	7	8	7	5	5	3
4695	전북 정읍시	정읍시니어클럽 차량구입	30,000	노인정책팀	8	1	7	8	7	5	5	3
4696	전북 정읍시	덕천면 도계게이트볼장 보수공사	30,236	노인시설팀	8	1	7	8	7	5	5	3
4697	전북 정읍시	정우면 게이트볼장 보수공사	12,550	노인시설팀	8	1	7	8	7	5	5	3
4698	전북 정읍시	정읍시립요양원 차량구입	30,000	노인시설팀	8	1	7	8	7	5	5	3
4699	전북 정읍시	들꽃마을 요양원 주차장 기능보강	10,000	노인시설팀	8	1	7	8	7	5	5	3
4700	전북 정읍시	신태인읍 노량산경로당 개보수	350	노인시설팀	8	4	7	8	7	5	5	3
4701	전북 정읍시	신태인읍 육리경로당개보수(현관방충망교체)	924	노인시설팀	8	4	7	8	7	5	5	3
4702	전북 정읍시	신태인읍 표천경로당 개보수	1,843	노인시설팀	8	4	7	8	7	5	5	3

순번	시군구	지출명 (사업명)	2021년예산 (단위:천원/1년간)	담당자 (공무원)	민간이전 분류 (지방자치단체 세출예산 집행기준에 의거)	민간이전지출 근거 (지방보조금 관리기준 참고)	입찰방식			운영예산 산정		성과평가 실시여부
				담당부서	1. 민간경상사업보조(307-02) 2. 민간단체 법정운영비보조(307-03) 3. 민간행사사업보조(307-04) 4. 민간위탁금(307-05) 5. 사회복지시설 법정운영비보조(307-10) 6. 민간인위탁교육비(307-12) 7. 공기관등에대한경상적위탁사업비(308-10) 8. 민간자본사업보조,자체재원(402-01) 9. 민간자본사업보조,이전재원(402-02) 10. 민간위탁사업비(402-03) 11. 공기관등에 대한 자본적 대행사업비(403-02)	1. 법률에 규정 2. 국고보조 재원(국가지정) 3. 용도 지정 기부금 4. 조례에 직접규정 5. 지자체가 권장하는 사업을 하는 공공기관 6. 시,도 정책 및 재정사정 7. 기타 8. 해당없음	계약체결방법 (경쟁형태) 1. 일반경쟁 2. 제한경쟁 3. 지명경쟁 4. 수의계약 5. 법정위탁 6. 기타 ( ) 7. 해당없음	계약기간 1. 1년 2. 2년 3. 3년 4. 4년 5. 5년 6. 기타 ( )년 7. 단기계약 (1년미만) 8. 해당없음	낙찰자선정방법 1. 적격심사 2. 협상에의한계약 3. 최저가낙찰제 4. 규격가격분리 5. 2단계 경쟁입찰 6. 기타 ( ) 7. 해당없음	운영예산 산정 1. 내부산정 (지자체 자체적으로 산정) 2. 외부산정 (외부전문기관위탁 산정) 3. 내·외부 모두 산정 4. 산정 無 5. 해당없음	정산방법 1. 내부정산 (지자체 내부적으로 정산) 2. 외부정산 (외부전문기관위탁 정산) 3. 내·외부 모두 산정 4. 정산 無 5. 해당없음	1. 실시 2. 미실시 3. 향후 추진 4. 해당없음
4703	전북 정읍시	신태인읍 양괴경로당 개보수	2,900	노인시설팀	8	4	7	8	7	5	5	3
4704	전북 정읍시	신태인읍 화전경로당 기능보강	500	노인시설팀	8	4	7	8	7	5	5	3
4705	전북 정읍시	신태인읍 포룡경로당 기능보강	750	노인시설팀	8	4	7	8	7	5	5	3
4706	전북 정읍시	신태인읍 노성연지경로당 기능보강	800	노인시설팀	8	4	7	8	7	5	5	3
4707	전북 정읍시	신태인읍 내석경로당 기능보강	800	노인시설팀	8	4	7	8	7	5	5	3
4708	전북 정읍시	신태인읍 상서경로당 기능보강	1,550	노인시설팀	8	4	7	8	7	5	5	3
4709	전북 정읍시	신태인읍 괴동경로당 기능보강	900	노인시설팀	8	4	7	8	7	5	5	3
4710	전북 정읍시	신태인읍 동령경로당 기능보강	1,000	노인시설팀	8	4	7	8	7	5	5	3
4711	전북 정읍시	신태인읍 청천경로당 기능보강	1,000	노인시설팀	8	4	7	8	7	5	5	3
4712	전북 정읍시	신태인읍 일노제경로당 기능보강	1,000	노인시설팀	8	4	7	8	7	5	5	3
4713	전북 정읍시	신태인읍 육리경로당 기능보강	1,000	노인시설팀	8	4	7	8	7	5	5	3
4714	전북 정읍시	북면 가전경로당 기능보강	500	노인시설팀	8	4	7	8	7	5	5	3
4715	전북 정읍시	북면 원승부경로당 기능보강	500	노인시설팀	8	4	7	8	7	5	5	3
4716	전북 정읍시	북면 이문경로당 기능보강	1,000	노인시설팀	8	4	7	8	7	5	5	3
4717	전북 정읍시	북면 관동경로당 기능보강	1,700	노인시설팀	8	4	7	8	7	5	5	3
4718	전북 정읍시	북면 외야경로당 개보수	1,735	노인시설팀	8	4	7	8	7	5	5	3
4719	전북 정읍시	북면 사거리경로당 개보수	3,000	노인시설팀	8	4	7	8	7	5	5	3
4720	전북 정읍시	북면 신평경로당 개보수	5,236	노인시설팀	8	4	7	8	7	5	5	3
4721	전북 정읍시	북면 오산경로당 기능보강	500	노인시설팀	8	4	7	8	7	5	5	3
4722	전북 정읍시	북면 구평경로당 기능보강(김치냉장고)	750	노인시설팀	8	4	7	8	7	5	5	3
4723	전북 정읍시	북면 원한교경로당 기능보강(냉장고)	800	노인시설팀	8	4	7	8	7	5	5	3
4724	전북 정읍시	북면 성원경로당 기능보강(김치냉장고)	750	노인시설팀	8	4	7	8	7	5	5	3
4725	전북 정읍시	북면 매곡경로당 기능보강(냉장고)	800	노인시설팀	8	4	7	8	7	5	5	3
4726	전북 정읍시	북면 학동경로당 기능보강(에어컨)	1,700	노인시설팀	8	4	7	8	7	5	5	3
4727	전북 정읍시	북면 탑성경로당 기능보강(에어컨)	1,700	노인시설팀	8	4	7	8	7	5	5	3
4728	전북 정읍시	북면 조동경로당 기능보강(김치냉장고)	750	노인시설팀	8	4	7	8	7	5	5	3
4729	전북 정읍시	북면 성원3차경로당 기능보강(에어컨)	1,700	노인시설팀	8	4	7	8	7	5	5	3
4730	전북 정읍시	북면 장구경로당 기능보강(냉장고)	800	노인시설팀	8	4	7	8	7	5	5	3
4731	전북 정읍시	북면 원승부경로당 기능보강(보일러)	900	노인시설팀	8	4	7	8	7	5	5	3
4732	전북 정읍시	북면 관동경로당 기능보강(씽크대)	1,000	노인시설팀	8	4	7	8	7	5	5	3
4733	전북 정읍시	북면 월천경로당 개보수(창틀교체)	9,700	노인시설팀	8	4	7	8	7	5	5	3
4734	전북 정읍시	입암면 대흥남자통합경로당 기능보강(에어컨,김치냉장고,씽크대)	3,450	노인시설팀	8	4	7	8	7	5	5	3
4735	전북 정읍시	입암면 신마석경로당 개보수(옥상 및 외벽 방수공사)	10,000	노인시설팀	8	4	7	8	7	5	5	3
4736	전북 정읍시	입암면 군령경로당 개보수(외벽 방수공사,도배장판)	8,503	노인시설팀	8	4	7	8	7	5	5	3
4737	전북 정읍시	입암면 제내경로당 개보수(지붕개량 및 외벽방수)	12,749	노인시설팀	8	4	7	8	7	5	5	3
4738	전북 정읍시	입암면 송정경로당 기능보강(에어컨,씽크대,TV)	3,700	노인시설팀	8	4	7	8	7	5	5	3
4739	전북 정읍시	입암면 왕심경로당 개보수(지붕개량)	12,577	노인시설팀	8	4	7	8	7	5	5	3
4740	전북 정읍시	입암면 차단경로당 개보수(화장실수리)	2,316	노인시설팀	8	4	7	8	7	5	5	3
4741	전북 정읍시	입암면 반월경로당 개보수(창호교체)	1,520	노인시설팀	8	4	7	8	7	5	5	3
4742	전북 정읍시	입암면 문화경로당 개보수(창호교체)	8,360	노인시설팀	8	4	7	8	7	5	5	3
4743	전북 정읍시	입암면 대흥통합경로당 개보수(화장실수리)	1,419	노인시설팀	8	4	7	8	7	5	5	3
4744	전북 정읍시	소성면 연천경로당 기능보강(김치냉장고)	750	노인시설팀	8	4	7	8	7	5	5	3

순번	시군구	지출명 (사업명)	2021년예산 (단위:천원/1년간)	담당자 (공무원)	민간이전 분류 (지방자치단체 세출예산 집행기준에 의거)	민간이전지출 근거 (지방보조금 관리기준 참고)	입찰방식			운영예산 산정		성과평가 실시여부
				담당부서	1. 민간경상사업보조(307-02) 2. 민간단체 법정운영비보조(307-03) 3. 민간행사사업보조(307-04) 4. 민간위탁금(307-05) 5. 사회복지시설 법정운영비보조(307-10) 6. 민간인위탁교육비(307-12) 7. 공기관등에대한경상적위탁사업비(308-10) 8. 민간자본사업보조,자체재원(402-01) 9. 민간자본사업보조,이전재원(402-02) 10. 민간위탁사업비(402-03) 11. 공기관등에 대한 자본적 대행사업비(403-02)	1. 법률에 규정 2. 국고보조 재원(국가지정) 3. 용도 지정 기부금 4. 조례에 직접규정 5. 지자체가 권장하는 사업을 하는 공공기관 6. 시,도 정책 및 재정사정 7. 기타 8. 해당없음	계약체결방법 (경쟁형태) 1. 일반경쟁 2. 제한경쟁 3. 지명경쟁 4. 수의계약 5. 법정위탁 6. 기타 ( ) 7. 해당없음	계약기간 1. 1년 2. 2년 3. 3년 4. 4년 5. 5년 6. 기타 ( )년 7. 단기계약 (1년미만) 8. 해당없음	낙찰자선정방법 1. 적격심사 2. 협상에의한계약 3. 최저가낙찰제 4. 규격가격분리 5. 2단계 경쟁입찰 6. 기타 ( ) 7. 해당없음	운영예산 산정 1. 내부산정 (지자체 자체적으로 산정) 2. 외부산정 (외부전문기관위탁 산정) 3. 내·외부 모두 산정 4. 산정 無 5. 해당없음	정산방법 1. 내부정산 (지자체 내부적으로 정산) 2. 외부정산 (외부전문기관위탁 정산) 3. 내·외부 모두 산정 4. 정산 無 5. 해당없음	1. 실시 2. 미실시 3. 향후 추진 4. 해당없음
4745	전북 정읍시	소성면 성고경로당 개보수(하수구맨홀 보수)	1,500	노인시설팀	8	4	7	8	7	5	5	3
4746	전북 정읍시	소성면 원두경로당 개보수(전기차단기 보수)	833	노인시설팀	8	4	7	8	7	5	5	3
4747	전북 정읍시	소성면 재경경로당 개보수(창틀및환풍기교체)	6,435	노인시설팀	8	4	7	8	7	5	5	3
4748	전북 정읍시	소성면 신광경로당 개보수(화장실수리)	3,000	노인시설팀	8	4	7	8	7	5	5	3
4749	전북 정읍시	소성면 애당경로당 개보수(화장실 및 보일러실수리)	7,500	노인시설팀	8	4	7	8	7	5	5	3
4750	전북 정읍시	소성면 등계경로당 개보수(지붕강판)	8,800	노인시설팀	8	4	7	8	7	5	5	3
4751	전북 정읍시	소성면 두암경로당 개보수(지붕강판)	9,894	노인시설팀	8	4	7	8	7	5	5	3
4752	전북 정읍시	소성면 광산경로당 개보수(출입구수리)	5,390	노인시설팀	8	4	7	8	7	5	5	3
4753	전북 정읍시	고부면 종암경로당 개보수(도배,장판)	2,000	노인시설팀	8	4	7	8	7	5	5	3
4754	전북 정읍시	고부면 입석여자경로당 기능보강(씽크대)	1,000	노인시설팀	8	4	7	8	7	5	5	3
4755	전북 정읍시	고부면 음지경로당 기능보강(에어컨)	1,700	노인시설팀	8	4	7	8	7	5	5	3
4756	전북 정읍시	고부면 신흥경로당 개보수(도배,장판)	2,000	노인시설팀	8	4	7	8	7	5	5	3
4757	전북 정읍시	고부면 송곡경로당 개보수(도배,장판)	2,000	노인시설팀	8	4	7	8	7	5	5	3
4758	전북 정읍시	고부면 남복경로당 개보수(도배,장판)	2,000	노인시설팀	8	4	7	8	7	5	5	3
4759	전북 정읍시	고부면 용흥경로당 개보수(도배,장판)	2,000	노인시설팀	8	4	7	8	7	5	5	3
4760	전북 정읍시	고부면 신용1경로당 개보수(테라스 철거 및 콘크리트 타설)	1,000	노인시설팀	8	4	7	8	7	5	5	3
4761	전북 정읍시	고부면 작산경로당 개보수(지붕강판)	10,000	노인시설팀	8	4	7	8	7	5	5	3
4762	전북 정읍시	고부면 만수경로당 개보수(기와지붕 및 외벽보수)	4,000	노인시설팀	8	4	7	8	7	5	5	3
4763	전북 정읍시	고부면 관청경로당 개보수(지반균열보수)	3,000	노인시설팀	8	4	7	8	7	5	5	3
4764	전북 정읍시	영원면행성경로당개보수(심야전기내선수리)	1,200	노인시설팀	8	4	7	8	7	5	5	3
4765	전북 정읍시	영원면 영원경로당 개보수(화장실수리)	2,700	노인시설팀	8	4	7	8	7	5	5	3
4766	전북 정읍시	영원면 갈선경로당 개보수(화장실수리)	2,100	노인시설팀	8	4	7	8	7	5	5	3
4767	전북 정읍시	영원면 노교경로당 개보수(창호교체)	2,400	노인시설팀	8	4	7	8	7	5	5	3
4768	전북 정읍시	영원면 금곡경로당 개보수(화장실수리)	1,540	노인시설팀	8	4	7	8	7	5	5	3
4769	전북 정읍시	영원면 장재경로당 개보수(창호교체)	1,450	노인시설팀	8	4	7	8	7	5	5	3
4770	전북 정읍시	영원면 경산경로당 개보수(화장실수리)	6,490	노인시설팀	8	4	7	8	7	5	5	3
4771	전북 정읍시	영원면 북풍경로당 개보수(창호교체)	7,700	노인시설팀	8	4	7	8	7	5	5	3
4772	전북 정읍시	영원면 백양새마을경로당 기능보강(냉장고)	800	노인시설팀	8	4	7	8	7	5	5	3
4773	전북 정읍시	영원면 갈선경로당 기능보강(김치냉장고)	750	노인시설팀	8	4	7	8	7	5	5	3
4774	전북 정읍시	영원면 금곡경로당 기능보강(김치냉장고)	750	노인시설팀	8	4	7	8	7	5	5	3
4775	전북 정읍시	영원면 미전경로당 개보수(출입문교체)	5,500	노인시설팀	8	4	7	8	7	5	5	3
4776	전북 정읍시	덕천면 제야경로당 개보수(옥상방수)	5,310	노인시설팀	8	4	7	8	7	5	5	3
4777	전북 정읍시	덕천면전림경로당개보수(도배,현관입구수리)	3,000	노인시설팀	8	4	7	8	7	5	5	3
4778	전북 정읍시	덕천면 신송경로당 기능보강(TV)	1,000	노인시설팀	8	4	7	8	7	5	5	3
4779	전북 정읍시	덕천면 신월경로당 기능보강(냉장고)	800	노인시설팀	8	4	7	8	7	5	5	3
4780	전북 정읍시	덕천면 덕천경로당 기능보강(안마의자,씽크대,김치냉장고)	3,450	노인시설팀	8	4	7	8	7	5	5	3
4781	전북 정읍시	덕천면 용전경로당 기능보강(안마의자)	1,500	노인시설팀	8	4	7	8	7	5	5	3
4782	전북 정읍시	덕천면 용두경로당 기능보강(TV)	1,000	노인시설팀	8	4	7	8	7	5	5	3
4783	전북 정읍시	이평면 황전경로당 개보수(출입구수리)	4,470	노인시설팀	8	4	7	8	7	5	5	3
4784	전북 정읍시	이평면 오산경로당 개보수(창호교체)	10,720	노인시설팀	8	4	7	8	7	5	5	3
4785	전북 정읍시	이평면 신송경로당 개보수(현관방충망 설치)	500	노인시설팀	8	4	7	8	7	5	5	3
4786	전북 정읍시	이평면 평령경로당 기능보강(씽크대)	1,000	노인시설팀	8	4	7	8	7	5	5	3

순번	시군구	지출명 (사업명)	2021년예산 (단위:천원/1년간)	담당자 (공무원) 담당부서	민간이전 분류 (지방자치단체 세출예산 집행기준에 의거) 1. 민간경상사업보조(307-02) 2. 민간단체 법정운영비보조(307-03) 3. 민간행사사업보조(307-04) 4. 민간위탁금(307-05) 5. 사회복지시설 법정운영비보조(307-10) 6. 민간인위탁교육비(307-12) 7. 공기관등에대한경상적위탁사업비(308-10) 8. 민간자본사업보조,자체재원(402-01) 9. 민간자본사업보조,이전재원(402-02) 10. 민간위탁사업비(402-03) 11. 공기관등에 대한 자본적 대행사업비(403-02)	민간이전지출 근거 (지방보조금 관리기준 참고) 1. 법률에 규정 2. 국고보조 재원(국가지정) 3. 용도 지정 기부금 4. 조례에 직접규정 5. 지자체가 권장하는 사업을 하는 공공기관 6. 시,도 정책 및 재정사정 7. 기타 8. 해당없음	입찰방식 계약체결방법 (경쟁형태) 1. 일반경쟁 2. 제한경쟁 3. 지명경쟁 4. 수의계약 5. 법정위탁 6. 기타 ( ) 7. 해당없음	입찰방식 계약기간 1. 1년 2. 2년 3. 3년 4. 4년 5. 5년 6. 기타 ( )년 7. 단기계약 (1년미만) 8. 해당없음	입찰방식 낙찰자선정방법 1. 적격심사 2. 협상에의한계약 3. 최저가낙찰제 4. 규격가격분리 5. 2단계 경쟁입찰 6. 기타 ( ) 7. 해당없음	운영예산 산정 운영예산 산정 1. 내부산정 (지자체 자체적으로 산정) 2. 외부산정 (외부전문기관위탁 산정) 3. 내·외부 모두 산정 4. 산정 無 5. 해당없음	운영예산 산정 정산방법 1. 내부정산 (지자체 내부적으로 정산) 2. 외부정산 (외부전문기관위탁 정산) 3. 내·외부 모두 산정 4. 정산 無 5. 해당없음	성과평가 실시여부 1. 실시 2. 미실시 3. 향후 추진 4. 해당없음
4787	전북 정읍시	이평면 창동경로당 기능보강(김치냉장고)	750	노인시설팀	8	4	7	8	7	5	5	3
4788	전북 정읍시	이평면 오산경로당 기능보강(안마의자)	1,500	노인시설팀	8	4	7	8	7	5	5	3
4789	전북 정읍시	이평면 오정경로당 기능보강(TV)	1,000	노인시설팀	8	4	7	8	7	5	5	3
4790	전북 정읍시	이평면 국정경로당 기능보강(김치냉장고)	750	노인시설팀	8	4	7	8	7	5	5	3
4791	전북 정읍시	이평면 도천경로당 기능보강(정수기)	500	노인시설팀	8	4	7	8	7	5	5	3
4792	전북 정읍시	이평면 두전경로당 개보수(도배,장판)	5,130	노인시설팀	8	4	7	8	7	5	5	3
4793	전북 정읍시	이평면 소독경로당 개보수(창호교체)	8,460	노인시설팀	8	4	7	8	7	5	5	3
4794	전북 정읍시	이평면 석지경로당 기능보강(에어컨)	1,700	노인시설팀	8	4	7	8	7	5	5	3
4795	전북 정읍시	이평면 소송경로당 개보수(도배,장판)	1,793	노인시설팀	8	4	7	8	7	5	5	3
4796	전북 정읍시	이평면 현동경로당 개보수(도배,장판)	3,100	노인시설팀	8	4	7	8	7	5	5	3
4797	전북 정읍시	이평면 조소경로당 기능보강(김치냉장고)	750	노인시설팀	8	4	7	8	7	5	5	3
4798	전북 정읍시	이평면 월산경로당 개보수(창호교체)	6,768	노인시설팀	8	4	7	8	7	5	5	3
4799	전북 정읍시	이평면 창전경로당 기능보강(TV)	1,000	노인시설팀	8	4	7	8	7	5	5	3
4800	전북 정읍시	이평면 하송경로당 기능보강(정수기)	500	노인시설팀	8	4	7	8	7	5	5	3
4801	전북 정읍시	이평면 청량경로당 기능보강(김치냉장고)	750	노인시설팀	8	4	7	8	7	5	5	3
4802	전북 정읍시	정우면 망담경로당 기능보강(김치냉장고)	750	노인시설팀	8	4	7	8	7	5	5	3
4803	전북 정읍시	정우면 금북경로당 기능보강(냉장고)	800	노인시설팀	8	4	7	8	7	5	5	3
4804	전북 정읍시	정우면 천두경로당 기능보강(냉장고)	800	노인시설팀	8	4	7	8	7	5	5	3
4805	전북 정읍시	정우면 대정경로당 기능보강(TV)	1,000	노인시설팀	8	4	7	8	7	5	5	3
4806	전북 정읍시	정우면 도찬경로당 기능보강(씽크대)	1,000	노인시설팀	8	4	7	8	7	5	5	3
4807	전북 정읍시	정우면 대동경로당 기능보강(TV)	1,000	노인시설팀	8	4	7	8	7	5	5	3
4808	전북 정읍시	정우면 외장경로당 기능보강(에어컨)	1,700	노인시설팀	8	4	7	8	7	5	5	3
4809	전북 정읍시	정우면 대서경로당 기능보강(TV)	1,000	노인시설팀	8	4	7	8	7	5	5	3
4810	전북 정읍시	정우면 천덕경로당 기능보강(안마의자)	1,500	노인시설팀	8	4	7	8	7	5	5	3
4811	전북 정읍시	정우면 교촌경로당 개보수(출입경사로보수)	500	노인시설팀	8	4	7	8	7	5	5	3
4812	전북 정읍시	정우면 금창경로당 개보수(출입경사로보수)	600	노인시설팀	8	4	7	8	7	5	5	3
4813	전북 정읍시	정우면 금남경로당 개보수(화장실수리)	2,105	노인시설팀	8	4	7	8	7	5	5	3
4814	전북 정읍시	정우면 덕성경로당 개보수(지붕강판)	8,000	노인시설팀	8	4	7	8	7	5	5	3
4815	전북 정읍시	정우면 양지경로당 개보수(도배,장판)	2,000	노인시설팀	8	4	7	8	7	5	5	3
4816	전북 정읍시	정우면 규촌경로당 개보수(도배,장판)	2,000	노인시설팀	8	4	7	8	7	5	5	3
4817	전북 정읍시	정우면 대정경로당 개보수(도배,장판)	2,000	노인시설팀	8	4	7	8	7	5	5	3
4818	전북 정읍시	정우면 송배경로당 개보수(현관및부엌문보수)	2,500	노인시설팀	8	4	7	8	7	5	5	3
4819	전북 정읍시	정우면 창남경로당 개보수(계단 및 지붕물받이보수)	6,000	노인시설팀	8	4	7	8	7	5	5	3
4820	전북 정읍시	태인면 주산경로당 개보수(지붕강판)	10,000	노인시설팀	8	4	7	8	7	5	5	3
4821	전북 정읍시	태인면 하산경로당 개보수(창호교체)	8,134	노인시설팀	8	4	7	8	7	5	5	3
4822	전북 정읍시	태인면 신기경로당 개보수(출입구보수)	7,700	노인시설팀	8	4	7	8	7	5	5	3
4823	전북 정읍시	태인면 낙양경로당 기능보강(에어컨)	1,700	노인시설팀	8	4	7	8	7	5	5	3
4824	전북 정읍시	태인면 녹동경로당 기능보강(냉장고)	800	노인시설팀	8	4	7	8	7	5	5	3
4825	전북 정읍시	태인면 옥하경로당 개보수(외벽방수)	9,812	노인시설팀	8	4	7	8	7	5	5	3
4826	전북 정읍시	태인면 하증경로당 개보수(경사로보수)	3,289	노인시설팀	8	4	7	8	7	5	5	3
4827	전북 정읍시	태인면 샘들내경로당 기능보강(냉장고)	800	노인시설팀	8	4	7	8	7	5	5	3
4828	전북 정읍시	태인면 외이경로당 개보수(지붕강판)	9,869	노인시설팀	8	4	7	8	7	5	5	3

순번	시군구	지출명 (사업명)	2021년예산 (단위:천원/1년간)	담당자 (공무원) 담당부서	민간이전 분류 (지방자치단체 세출예산 집행기준에 의거) 1. 민간경상사업보조(307-02) 2. 민간단체 법정운영비보조(307-03) 3. 민간행사사업보조(307-04) 4. 민간위탁금(307-05) 5. 사회복지시설 법정운영비보조(307-10) 6. 민간인위탁교육비(307-12) 7. 공기관등에대한경상적위탁사업비(308-10) 8. 민간자본사업보조,자체재원(402-01) 9. 민간자본사업보조,이전재원(402-02) 10. 민간위탁사업비(402-03) 11. 공기관등에 대한 자본적 대행사업비(403-02)	민간이전지출 근거 (지방보조금 관리기준 참고) 1. 법률에 규정 2. 국고보조 재원(국가지정) 3. 용도 지정 기부금 4. 조례에 직접규정 5. 지자체가 권장하는 사업을 하는 공공기관 6. 시,도 정책 및 재정사정 7. 기타 8. 해당없음	입찰방식 계약체결방법 (경쟁형태) 1. 일반경쟁 2. 제한경쟁 3. 지명경쟁 4. 수의계약 5. 법정위탁 6. 기타 ( ) 7. 해당없음	입찰방식 계약기간 1. 1년 2. 2년 3. 3년 4. 4년 5. 5년 6. 기타 ( )년 7. 단기계약 (1년미만) 8. 해당없음	입찰방식 낙찰자선정방법 1. 적격심사 2. 협상에의한계약 3. 최저가낙찰제 4. 규격가격분리 5. 2단계 경쟁입찰 6. 기타 ( ) 7. 해당없음	운영예산 산정 운영예산 산정 1. 내부산정 (지자체 자체적으로 산정) 2. 외부산정 (외부전문기관위탁 산정) 3. 내·외부 모두 산정 4. 산정 無 5. 해당없음	운영예산 산정 정산방법 1. 내부정산 (지자체 내부적으로 정산) 2. 외부정산 (외부전문기관위탁 정산) 3. 내·외부 모두 산정 4. 정산 無 5. 해당없음	성과평가 실시여부 1. 실시 2. 미실시 3. 향후 추진 4. 해당없음
4829	전북 정읍시	태인면 덕두경로당 개보수(장판)	4,220	노인시설팀	8	4	7	8	7	5	5	3
4830	전북 정읍시	태인면 서재경로당 개보수(도배,장판)	2,160	노인시설팀	8	4	7	8	7	5	5	3
4831	전북 정읍시	태인면 하동구경로당 개보수(문교체)	5,000	노인시설팀	8	4	7	8	7	5	5	3
4832	전북 정읍시	태인면 천신경로당 개보수(문교체)	6,000	노인시설팀	8	4	7	8	7	5	5	3
4833	전북 정읍시	태인면 기지내경로당 개보수(도배,장판)	3,210	노인시설팀	8	4	7	8	7	5	5	3
4834	전북 정읍시	태인면 여속경로당 개보수(도배,장판)	4,400	노인시설팀	8	4	7	8	7	5	5	3
4835	전북 정읍시	태인면 중앙경로당 개보수(출입문보수)	3,740	노인시설팀	8	4	7	8	7	5	5	3
4836	전북 정읍시	감곡면 감곡양수제 기능보강(에어컨,정수기)	2,200	노인시설팀	8	4	7	8	7	5	5	3
4837	전북 정읍시	감곡면 옥신경로당 기능보강(정수기)	500	노인시설팀	8	4	7	8	7	5	5	3
4838	전북 정읍시	감곡면 학일경로당 기능보강(씽크대)	1,000	노인시설팀	8	4	7	8	7	5	5	3
4839	전북 정읍시	감곡면 천촌경로당 기능보강(냉장고,정수기)	1,300	노인시설팀	8	4	7	8	7	5	5	3
4840	전북 정읍시	감곡면 상평경로당 기능보강(TV,김치냉장고)	1,750	노인시설팀	8	4	7	8	7	5	5	3
4841	전북 정읍시	감곡면 녹촌경로당 기능보강(냉장고)	800	노인시설팀	8	4	7	8	7	5	5	3
4842	전북 정읍시	감곡면 희암경로당 기능보강(냉장고)	800	노인시설팀	8	4	7	8	7	5	5	3
4843	전북 정읍시	감곡면 송학노휴제 기능보강(냉장고)	800	노인시설팀	8	4	7	8	7	5	5	3
4844	전북 정읍시	감곡면 승산경로당 기능보강(냉장고)	800	노인시설팀	8	4	7	8	7	5	5	3
4845	전북 정읍시	감곡면 감곡양수제 개보수(화장실보수)	3,500	노인시설팀	8	4	7	8	7	5	5	3
4846	전북 정읍시	감곡면 풍촌경로당 개보수(도배,장판)	2,000	노인시설팀	8	4	7	8	7	5	5	3
4847	전북 정읍시	감곡면 하평경로당 개보수(도배,장판)	2,000	노인시설팀	8	4	7	8	7	5	5	3
4848	전북 정읍시	감곡면 오공경로당 개보수(창호교체)	6,000	노인시설팀	8	4	7	8	7	5	5	3
4849	전북 정읍시	옹동면 내이경로당 기능보강(TV)	1,000	노인시설팀	8	4	7	8	7	5	5	3
4850	전북 정읍시	옹동면 두립경로당 기능보강(안마의자)	1,500	노인시설팀	8	4	7	8	7	5	5	3
4851	전북 정읍시	옹동면 외칠경로당 기능보강(냉장고)	800	노인시설팀	8	4	7	8	7	5	5	3
4852	전북 정읍시	옹동면내칠경로당개보수(외벽보수,도배장판)	4,090	노인시설팀	8	4	7	8	7	5	5	3
4853	전북 정읍시	옹동면 두립경로당 기능보강(정수기)	500	노인시설팀	8	4	7	8	7	5	5	3
4854	전북 정읍시	옹동면 용상경로당 개보수(창호교체)	7,029	노인시설팀	8	4	7	8	7	5	5	3
4855	전북 정읍시	옹동면 삼리경로당 개보수(창호교체 및 내부보수)	17,457	노인시설팀	8	4	7	8	7	5	5	3
4856	전북 정읍시	옹동면 외칠경로당 개보수(지붕강판)	9,583	노인시설팀	8	4	7	8	7	5	5	3
4857	전북 정읍시	옹동면 두립경로당 개보수(지붕강판)	9,583	노인시설팀	8	4	7	8	7	5	5	3
4858	전북 정읍시	옹동면 두곡경로당 개보수(창호교체)	6,567	노인시설팀	8	4	7	8	7	5	5	3
4859	전북 정읍시	옹동면 산성경로당 개보수(문짝교체)	2,310	노인시설팀	8	4	7	8	7	5	5	3
4860	전북 정읍시	칠보면 동편경로당 개보수(내부 리모델링)	11,370	노인시설팀	8	4	7	8	7	5	5	3
4861	전북 정읍시	칠보면 묵동경로당 개보수(창호교체)	7,000	노인시설팀	8	4	7	8	7	5	5	3
4862	전북 정읍시	칠보면 동막경로당 개보수(외벽방수)	5,000	노인시설팀	8	4	7	8	7	5	5	3
4863	전북 정읍시	칠보면 세류경로당 개보수(출입문교체)	990	노인시설팀	8	4	7	8	7	5	5	3
4864	전북 정읍시	칠보면 건흥경로당 기능보강(김치냉장고)	750	노인시설팀	8	4	7	8	7	5	5	3
4865	전북 정읍시	칠보면 원노당경로당 기능보강(김치냉장고)	750	노인시설팀	8	4	7	8	7	5	5	3
4866	전북 정읍시	칠보면 행단제경로당 기능보강(김치냉장고)	750	노인시설팀	8	4	7	8	7	5	5	3
4867	전북 정읍시	칠보면 신기경로당 기능보강(씽크대)	1,000	노인시설팀	8	4	7	8	7	5	5	3
4868	전북 정읍시	칠보면 백암제경로당 기능보강(정수기)	500	노인시설팀	8	4	7	8	7	5	5	3
4869	전북 정읍시	산내면 사교경로당 기능보강(TV)	1,000	노인시설팀	8	4	7	8	7	5	5	3
4870	전북 정읍시	산내면 하매경로당 개보수(도배,장판)	1,694	노인시설팀	8	4	7	8	7	5	5	3

순번	시군구	지출명 (사업명)	2021년예산 (단위:천원/1년간)	담당자 (공무원) 담당부서	민간이전 분류 (지방자치단체 세출예산 집행기준에 의거) 1. 민간경상사업보조(307-02) 2. 민간단체 법정운영비보조(307-03) 3. 민간행사사업보조(307-04) 4. 민간위탁금(307-05) 5. 사회복지시설 법정운영비보조(307-10) 6. 민간인위탁교육비(307-12) 7. 공기관등에대한경상적위탁사업비(308-10) 8. 민간자본사업보조,자체재원(402-01) 9. 민간자본사업보조,이전재원(402-02) 10. 민간위탁사업비(402-03) 11. 공기관등에 대한 자본적 대행사업비(403-02)	민간이전지출 근거 (지방보조금 관리기준 참고) 1. 법률에 규정 2. 국고보조 재원(국가지정) 3. 용도 지정 기부금 4. 조례에 직접규정 5. 지자체가 권장하는 사업을 하는 공공기관 6. 시,도 정책 및 재정사정 7. 기타 8. 해당없음	입찰방식 계약체결방법 (경쟁형태) 1. 일반경쟁 2. 제한경쟁 3. 지명경쟁 4. 수의계약 5. 법정위탁 6. 기타 ( ) 7. 해당없음	계약기간 1. 1년 2. 2년 3. 3년 4. 4년 5. 5년 6. 기타 ( )년 7. 단기계약 (1년미만) 8. 해당없음	낙찰자선정방법 1. 적격심사 2. 협상에의한계약 3. 최저가낙찰제 4. 규격가격분리 5. 2단계 경쟁입찰 6. 기타 ( ) 7. 해당없음	운영예산 산정 운영예산 산정 1. 내부산정 (지자체 자체적으로 산정) 2. 외부산정 (외부전문기관위탁 산정) 3. 내·외부 모두 산정 4. 산정 無 5. 해당없음	정산방법 1. 내부정산 (지자체 내부적으로 정산) 2. 외부정산 (외부전문기관위탁 정산) 3. 내·외부 모두 산정 4. 정산 無 5. 해당없음	성과평가 실시여부 1. 실시 2. 미실시 3. 향후 추진 4. 해당없음
4871	전북 정읍시	산내면 사교경로당 개보수(진공태양열교체)	3,850	노인시설팀	8	4	7	8	7	5	5	3
4872	전북 정읍시	산내면 사승경로당 개보수(창호교체)	6,523	노인시설팀	8	4	7	8	7	5	5	3
4873	전북 정읍시	산내면 허궁실경로당 개보수(도배)	880	노인시설팀	8	4	7	8	7	5	5	3
4874	전북 정읍시	산내면자연동경로당개보수(다용도실타일보수)	2,266	노인시설팀	8	4	7	8	7	5	5	3
4875	전북 정읍시	산내면 평천경로당 기능보강(김치냉장고)	750	노인시설팀	8	4	7	8	7	5	5	3
4876	전북 정읍시	산외면 내목경로당 개보수(지붕강판)	9,000	노인시설팀	8	4	7	8	7	5	5	3
4877	전북 정읍시	산외면 외목경로당 개보수(화장실보수)	6,000	노인시설팀	8	4	7	8	7	5	5	3
4878	전북 정읍시	산외면 지금경로당 개보수(출입구보수)	4,000	노인시설팀	8	4	7	8	7	5	5	3
4879	전북 정읍시	산외면 동진경로당 기능보강(김치냉장고)	750	노인시설팀	8	4	7	8	7	5	5	3
4880	전북 정읍시	산외면 외목경로당 기능보강(김치냉장고)	750	노인시설팀	8	4	7	8	7	5	5	3
4881	전북 정읍시	산외면 신촌경로당 개보수(출입구보수)	4,000	노인시설팀	8	4	7	8	7	5	5	3
4882	전북 정읍시	산외면 안계경로당 개보수(출입구보수)	4,000	노인시설팀	8	4	7	8	7	5	5	3
4883	전북 정읍시	산외면 종산1경로당 개보수(출입구보수)	4,000	노인시설팀	8	4	7	8	7	5	5	3
4884	전북 정읍시	산외면 신배경로당 개보수(창호교체)	8,000	노인시설팀	8	4	7	8	7	5	5	3
4885	전북 정읍시	산외면 구장경로당 개보수(도배,장판)	2,000	노인시설팀	8	4	7	8	7	5	5	3
4886	전북 정읍시	산외면 종산1경로당 기능보강(에어컨)	1,700	노인시설팀	8	4	7	8	7	5	5	3
4887	전북 정읍시	수성동 중앙경로당 개보수(외벽균열보수)	7,300	노인시설팀	8	4	7	8	7	5	5	3
4888	전북 정읍시	수성동 군대경로당 개보수(화장실보수)	1,400	노인시설팀	8	4	7	8	7	5	5	3
4889	전북 정읍시	수성동 신선경로당 개보수(현관문교체)	2,310	노인시설팀	8	4	7	8	7	5	5	3
4890	전북 정읍시	수성동 중앙경로당 기능보강(TV)	1,000	노인시설팀	8	4	7	8	7	5	5	3
4891	전북 정읍시	수성동 주공3차경로당 기능보강(씽크대)	1,000	노인시설팀	8	4	7	8	7	5	5	3
4892	전북 정읍시	수성동 오정경로당 기능보강(김치냉장고)	750	노인시설팀	8	4	7	8	7	5	5	3
4893	전북 정읍시	수성동 제일경로당 기능보강(김치냉장고)	750	노인시설팀	8	4	7	8	7	5	5	3
4894	전북 정읍시	수성동 오정경로당 기능보강(씽크대)	1,000	노인시설팀	8	4	7	8	7	5	5	3
4895	전북 정읍시	수성동 국악경로당 기능보강(정수기)	500	노인시설팀	8	4	7	8	7	5	5	3
4896	전북 정읍시	수성동 신선경로당 기능보강(정수기)	500	노인시설팀	8	4	7	8	7	5	5	3
4897	전북 정읍시	수성동 군대경로당 기능보강(TV)	1,000	노인시설팀	8	4	7	8	7	5	5	3
4898	전북 정읍시	수성동 용흥경로당 기능보강(김치냉장고)	750	노인시설팀	8	4	7	8	7	5	5	3
4899	전북 정읍시	수성동 부영1차경로당 기능보강(김치냉장고)	750	노인시설팀	8	4	7	8	7	5	5	3
4900	전북 정읍시	장명동 매기경로당 개보수(심야전기보일러 교체)	7,721	노인시설팀	8	4	7	8	7	5	5	3
4901	전북 정읍시	장명동 동부경로당 개보수(지붕강판)	9,900	노인시설팀	8	4	7	8	7	5	5	3
4902	전북 정읍시	장명동 신용호경로당개보수(출입구난간보수)	750	노인시설팀	8	4	7	8	7	5	5	3
4903	전북 정읍시	장명동 용호경로당 기능보강(안마의자)	1,500	노인시설팀	8	4	7	8	7	5	5	3
4904	전북 정읍시	장명동 동부경로당 기능보강(TV)	1,000	노인시설팀	8	4	7	8	7	5	5	3
4905	전북 정읍시	내장상동 종산경로당 개보수(지붕강판)	11,000	노인시설팀	8	4	7	8	7	5	5	3
4906	전북 정읍시	내장상동 행정경로당 개보수(도배,장판)	1,950	노인시설팀	8	4	7	8	7	5	5	3
4907	전북 정읍시	내장상동 중사경로당 개보수(도배,장판)	1,639	노인시설팀	8	4	7	8	7	5	5	3
4908	전북 정읍시	내장상동 상사경로당 개보수(도배,장판)	1,166	노인시설팀	8	4	7	8	7	5	5	3
4909	전북 정읍시	내장상동 검티경로당 개보수(화장실보수)	2,565	노인시설팀	8	4	7	8	7	5	5	3
4910	전북 정읍시	내장상동 상현경로당 개보수(도배및외벽보수)	2,222	노인시설팀	8	4	7	8	7	5	5	3
4911	전북 정읍시	내장상동 휴먼시아3차경로당 개보수(도배)	1,573	노인시설팀	8	4	7	8	7	5	5	3
4912	전북 정읍시	내장상동 답곡경로당 기능보강(김치냉장고)	750	노인시설팀	8	4	7	8	7	5	5	3

순번	시군구	지출명 (사업명)	2021년예산 (단위:천원/1년간)	담당자 (공무원) 담당부서	민간이전 분류 (지방자치단체 세출예산 집행기준에 의거) 1. 민간경상사업보조(307-02) 2. 민간단체 법정운영비보조(307-03) 3. 민간행사사업보조(307-04) 4. 민간위탁금(307-05) 5. 사회복지시설 법정운영비보조(307-10) 6. 민간인위탁교육비(307-12) 7. 공기관등에대한경상적위탁사업비(308-10) 8. 민간자본사업보조,자체재원(402-01) 9. 민간자본사업보조,이전재원(402-02) 10. 민간위탁사업비(402-03) 11. 공기관등에 대한 자본적 대행사업비(403-02)	민간이전지출 근거 (지방보조금 관리기준 참고) 1. 법률에 규정 2. 국고보조 재원(국가지정) 3. 용도 지정 기부금 4. 조례에 직접규정 5. 지자체가 권장하는 사업을 하는 공공기관 6. 시,도 정책 및 재정사정 7. 기타 8. 해당없음	입찰방식 계약체결방법 (경쟁형태) 1. 일반경쟁 2. 제한경쟁 3. 지명경쟁 4. 수의계약 5. 법정위탁 6. 기타 ( ) 7. 해당없음	입찰방식 계약기간 1. 1년 2. 2년 3. 3년 4. 4년 5. 5년 6. 기타 ( )년 7. 단기계약 (1년미만) 8. 해당없음	입찰방식 낙찰자선정방법 1. 적격심사 2. 협상에의한계약 3. 최저가낙찰제 4. 규격가격분리 5. 2단계 경쟁입찰 6. 기타 ( ) 7. 해당없음	운영예산 산정 운영예산 산정 1. 내부산정 (지자체 자체적으로 산정) 2. 외부산정 (외부전문기관위탁 산정) 3. 내·외부 모두 산정 4. 산정 無 5. 해당없음	운영예산 산정 정산방법 1. 내부정산 (지자체 내부적으로 정산) 2. 외부정산 (외부전문기관위탁 정산) 3. 내·외부 모두 산정 4. 정산 無 5. 해당없음	성과평가 실시여부 1. 실시 2. 미실시 3. 향후 추진 4. 해당없음
4913	전북 정읍시	내장상동 답곡경로당 기능보강(TV)	1,000	노인시설팀	8	4	7	8	7	5	5	3
4914	전북 정읍시	내장상동 엘지경로당 기능보강(냉장고)	800	노인시설팀	8	4	7	8	7	5	5	3
4915	전북 정읍시	내장상동 엘지경로당 기능보강(정수기)	500	노인시설팀	8	4	7	8	7	5	5	3
4916	전북 정읍시	내장상동 백석경로당 기능보강(보일러,씽크대,정수기,김치냉장고)	3,150	노인시설팀	8	4	7	8	7	5	5	3
4917	전북 정읍시	내장상동 내장산실버경로당 기능보강(김치냉장고,TV)	1,750	노인시설팀	8	4	7	8	7	5	5	3
4918	전북 정읍시	내장상동 엘드수목토경로당 기능보강(김치냉장고,TV)	1,750	노인시설팀	8	4	7	8	7	5	5	3
4919	전북 정읍시	내장상동 검디경로당 기능보강(씽크대,TV)	2,000	노인시설팀	8	4	7	8	7	5	5	3
4920	전북 정읍시	내장상동 송학경로당 기능보강(씽크대)	1,000	노인시설팀	8	4	7	8	7	5	5	3
4921	전북 정읍시	시기동삼화그린여성경로당기능보강(안마의자)	1,500	노인시설팀	8	4	7	8	7	5	5	3
4922	전북 정읍시	시기동 대흥경로당 기능보강(김치냉장고)	750	노인시설팀	8	4	7	8	7	5	5	3
4923	전북 정읍시	시기동 제1시장노휴제 기능보강(정수기)	500	노인시설팀	8	4	7	8	7	5	5	3
4924	전북 정읍시	시기동 중앙노휴제 기능보강(정수기)	500	노인시설팀	8	4	7	8	7	5	5	3
4925	전북 정읍시	시기동 시기경로당 기능보강(에어컨)	1,700	노인시설팀	8	4	7	8	7	5	5	3
4926	전북 정읍시	초산동 아양경로당 개보수(도배)	913	노인시설팀	8	4	7	8	7	5	5	3
4927	전북 정읍시	초산동 초현여자경로당 개보수(창호교체)	2,783	노인시설팀	8	4	7	8	7	5	5	3
4928	전북 정읍시	초산동 아양경로당 기능보강(씽크대)	1,000	노인시설팀	8	4	7	8	7	5	5	3
4929	전북 정읍시	초산동 유창2차경로당 기능보강(씽크대)	1,000	노인시설팀	8	4	7	8	7	5	5	3
4930	전북 정읍시	초산동 코아루천년가경로당 개보수(바닥판넬보수)	3,900	노인시설팀	8	4	7	8	7	5	5	3
4931	전북 정읍시	초산동 시기현대경로당 기능보강(에어컨,정수기)	2,200	노인시설팀	8	4	7	8	7	5	5	3
4932	전북 정읍시	초산동아양경로당기능보강(에어컨,안마의자)	3,200	노인시설팀	8	4	7	8	7	5	5	3
4933	전북 정읍시	초산동 동원경로당 기능보강(김치냉장고)	750	노인시설팀	8	4	7	8	7	5	5	3
4934	전북 정읍시	초산동시영연립경로당기능보강(김치냉장고)	750	노인시설팀	8	4	7	8	7	5	5	3
4935	전북 정읍시	초산동 센트럴카운티경로당 기능보강(김치냉장고)	750	노인시설팀	8	4	7	8	7	5	5	3
4936	전북 정읍시	초산동 남산경로당 기능보강(안마의자)	1,500	노인시설팀	8	4	7	8	7	5	5	3
4937	전북 정읍시	초산동 유창1차경로당 기능보강(안마의자)	1,500	노인시설팀	8	4	7	8	7	5	5	3
4938	전북 정읍시	연지동 연지할아버지경로당 기능보강(에어컨,안마의자)	3,200	노인시설팀	8	4	7	8	7	5	5	3
4939	전북 정읍시	연지동 동부경로당 기능보강(에어컨,냉장고)	2,500	노인시설팀	8	4	7	8	7	5	5	3
4940	전북 정읍시	연지동 연지할머니경로당 개보수(현관보수 및 뒷문교체)	3,580	노인시설팀	8	4	7	8	7	5	5	3
4941	전북 정읍시	연지동 대실경로당 개보수(창호교체)	6,000	노인시설팀	8	4	7	8	7	5	5	3
4942	전북 정읍시	연지6통 경로당 기능보강(안마의자,냉장고,TV,김치냉장고,정수기)	4,550	노인시설팀	8	4	7	8	7	5	5	3
4943	전북 정읍시	연지동 죽림경로당 기능보강(냉장고)	800	노인시설팀	8	4	7	8	7	5	5	3
4944	전북 정읍시	연지동 서부남성경로당 개보수(현관보수)	4,558	노인시설팀	8	4	7	8	7	5	5	3
4945	전북 정읍시	연지동 대실경로당 기능보강(김치냉장고)	750	노인시설팀	8	4	7	8	7	5	5	3
4946	전북 정읍시	농소동 동심경로당 개보수(창호교체)	13,011	노인시설팀	8	4	7	8	7	5	5	3
4947	전북 정읍시	농소동 가곡경로당 개보수(출입문보수)	7,784	노인시설팀	8	4	7	8	7	5	5	3
4948	전북 정읍시	농소동 신덕경로당 개보수(보일러교체)	1,870	노인시설팀	8	4	7	8	7	5	5	3
4949	전북 정읍시	농소동 신정경로당 개보수(외벽및내부보수)	8,927	노인시설팀	8	4	7	8	7	5	5	3
4950	전북 정읍시	농소동 부암경로당 개보수(창호교체)	5,083	노인시설팀	8	4	7	8	7	5	5	3
4951	전북 정읍시	농소동 목련경로당 기능보강(안마의자)	1,500	노인시설팀	8	4	7	8	7	5	5	3
4952	전북 정읍시	농소동 신정경로당 기능보강(씽크대,보일러)	1,900	노인시설팀	8	4	7	8	7	5	5	3
4953	전북 정읍시	농소동 효죽경로당 개보수(심야전기보일러 교체)	7,480	노인시설팀	8	4	7	8	7	5	5	3
4954	전북 정읍시	농소동 두승경로당 기능보강(씽크대)	1,000	노인시설팀	8	4	7	8	7	5	5	3

순번	시군구	지출명 (사업명)	2021년예산 (단위:천원/1년간)	담당자 (공무원) 담당부서	민간이전 분류 (지방자치단체 세출예산 집행기준에 의거) 1. 민간경상사업보조(307-02) 2. 민간단체 법정운영비보조(307-03) 3. 민간행사사업보조(307-04) 4. 민간위탁금(307-05) 5. 사회복지시설 법정운영비보조(307-10) 6. 민간인위탁교육비(307-12) 7. 공기관등에대한경상적위탁사업비(308-10) 8. 민간자본사업보조,자체재원(402-01) 9. 민간자본사업보조,이전재원(402-02) 10. 민간위탁사업비(402-03) 11. 공기관등에 대한 자본적 대행사업비(403-02)	민간이전지출 근거 (지방보조금 관리기준 참고) 1. 법률에 규정 2. 국고보조 재원(국가지정) 3. 용도 지정 기부금 4. 조례에 직접규정 5. 지자체가 권장하는 사업을 하는 공공기관 6. 시,도 정책 및 재정사정 7. 기타 8. 해당없음	입찰방식 계약체결방법 (경쟁형태) 1. 일반경쟁 2. 제한경쟁 3. 지명경쟁 4. 수의계약 5. 법정위탁 6. 기타 ( ) 7. 해당없음	입찰방식 계약기간 1. 1년 2. 2년 3. 3년 4. 4년 5. 5년 6. 기타 ( )년 7. 단기계약 (1년미만) 8. 해당없음	입찰방식 낙찰자선정방법 1. 적격심사 2. 협상에의한계약 3. 최저가낙찰제 4. 규격가격분리 5. 2단계 경쟁입찰 6. 기타 ( ) 7. 해당없음	운영예산 산정 운영예산 산정 1. 내부산정 (지자체 자체적으로 산정) 2. 외부산정 (외부전문기관위탁 산정) 3. 내·외부 모두 산정 4. 산정 無 5. 해당없음	운영예산 산정 정산방법 1. 내부정산 (지자체 내부적으로 정산) 2. 외부정산 (외부전문기관위탁 정산) 3. 내·외부 모두 산정 4. 정산 無 5. 해당없음	성과평가 실시여부 1. 실시 2. 미실시 3. 향후 추진 4. 해당없음
4955	전북 정읍시	농소동 목련2차경로당 기능보강(안마의자)	1,500	노인시설팀	8	4	7	8	7	5	5	3
4956	전북 정읍시	상교동 신기경로당 기능보강(씽크대,김치냉장고)	1,750	노인시설팀	8	4	7	8	7	5	5	3
4957	전북 정읍시	상교동 백운경로당 기능보강(씽크대)	1,000	노인시설팀	8	4	7	8	7	5	5	3
4958	전북 정읍시	상교동 조월경로당 기능보강(TV)	1,000	노인시설팀	8	4	7	8	7	5	5	3
4959	전북 정읍시	상교동 용흥경로당 기능보강(김치냉장고)	750	노인시설팀	8	4	7	8	7	5	5	3
4960	전북 정읍시	상교동 과교경로당 기능보강(냉장고)	800	노인시설팀	8	4	7	8	7	5	5	3
4961	전북 정읍시	상교동 신구경로당 기능보강(씽크대)	1,000	노인시설팀	8	4	7	8	7	5	5	3
4962	전북 정읍시	상교동 모촌경로당 기능보강(냉장고)	800	노인시설팀	8	4	7	8	7	5	5	3
4963	전북 정읍시	상교동 음성경로당 기능보강(씽크대)	1,000	노인시설팀	8	4	7	8	7	5	5	3
4964	전북 정읍시	상교동 백운경로당 개보수(도배,장판)	1,600	노인시설팀	8	4	7	8	7	5	5	3
4965	전북 정읍시	상교동 조원경로당 개보수(도배,장판)	2,695	노인시설팀	8	4	7	8	7	5	5	3
4966	전북 정읍시	상교동 신흥장미2차경로당 개보수(도배)	2,321	노인시설팀	8	4	7	8	7	5	5	3
4967	전북 정읍시	상교동 월천경로당 개보수(도배,장판)	2,264	노인시설팀	8	4	7	8	7	5	5	3
4968	전북 정읍시	상교동 삼산경로당 개보수(옥상및벽체방수)	5,500	노인시설팀	8	4	7	8	7	5	5	3
4969	전북 정읍시	상교동 한마음경로당 개보수(옥상및벽체방수)	6,380	노인시설팀	8	4	7	8	7	5	5	3
4970	전북 정읍시	현암경로당 개보수(옥상 및 벽체방수, 도장공사)	16,509	노인시설팀	8	4	7	8	7	5	5	3
4971	전북 정읍시	읍면동 경로당 개보수 및 기능보강	200,000	노인시설팀	8	4	7	8	7	5	5	3
4972	전북 정읍시	지역밀착형 주민참여예산	175,700	노인시설팀	8	4	7	8	7	5	5	3
4973	전북 정읍시	경로당 해충퇴치기 지원	20,000	노인시설팀	8	4	7	8	7	5	5	3
4974	전북 정읍시	감곡면 주민 숙원사업	195,000	장사복지팀	8	6	7	8	7	5	5	3
4975	전북 정읍시	통사마을 주민 숙원사업	1,350	장사복지팀	8	6	7	8	7	5	5	3
4976	전북 정읍시	시각장애인협회 기능보강(물품구입)	21,220	장애인복지팀	8	1	7	8	7	5	5	3
4977	전북 정읍시	농아인협회 기능보강(물품구입)	16,500	장애인복지팀	8	1	7	8	7	5	5	3
4978	전북 정읍시	장애인거주시설 기능보강사업(나눔빌)	150,000	장애인복지팀	8	1	7	8	7	5	5	3
4979	전북 정읍시	장애인거주시설 세탁건조기 지원사업	14,000	장애인복지팀	8	1	7	8	7	5	5	3
4980	전북 정읍시	단독주택 도시가스 확대 공급	300,000	지역경제과	8	4	7	8	7	5	5	3
4981	전북 정읍시	정읍쌍화차거리 축제 지원	26,400	지역경제과	8	4	7	8	7	5	5	3
4982	전북 정읍시	쌍화찻집 포장재 지원	20,000	지역경제과	8	4	7	8	7	5	5	3
4983	전북 정읍시	상시검정 시험장 노후 사무용 집기 교체	10,500	지역경제과	8	1	7	8	7	5	5	3
4984	전북 정읍시	전통상업점포 육성 지원	39,000	지역경제과	8	4	7	8	7	5	5	3
4985	전북 정읍시	쌍화찻집 환경개선사업	150,000	지역경제과	8	4	7	8	7	5	5	3
4986	전북 정읍시	막걸리 특화거리 사업참여자 지원	100,000	지역경제과	8	4	7	8	7	5	5	3
4987	전북 정읍시	정읍막걸리 공동물품 지원	16,000	지역경제과	8	4	7	8	7	5	5	3
4988	전북 정읍시	지역공동체 줄기 사후관리단계사업 지원	160,000	공동체과	8	4	7	8	7	5	5	4
4989	전북 정읍시	마을회관 증축 공사	92,600	공동체과	8	7	7	8	7	5	5	4
4990	전북 정읍시	모정 신축공사	30,000	공동체과	8	7	7	8	7	5	5	4
4991	전북 정읍시	무선방송 시스템 설치	25,000	공동체과	8	7	7	8	7	5	5	4
4992	전북 정읍시	경로당 기능보강공사	28,600	공동체과	8	7	7	8	7	5	5	4
4993	전북 정읍시	친환경 시설 설치공사	20,000	공동체과	8	7	7	8	7	5	5	4
4994	전북 정읍시	무선방송 시스템 및 CCTV 설치사업	99,000	공동체과	8	7	7	8	7	5	5	4
4995	전북 정읍시	전통문화 교육장 기능보강 및 야외 화장실 신축	97,600	공동체과	8	7	7	8	7	5	5	4
4996	전북 정읍시	쓰레기매립장 주변마을 지원사업	20,000	환경과	8	1	7	8	7	5	5	3

순번	시군구	지출명 (사업명)	2021년예산 (단위:천원/1년간)	담당자 (공무원)	민간이전 분류 (지방자치단체 세출예산 집행기준에 의거)	민간이전지출 근거 (지방보조금 관리기준 참고)	입찰방식			운영예산 산정		성과평가 실시여부
				담당부서	1. 민간경상사업보조(307-02) 2. 민간단체 법정운영비보조(307-03) 3. 민간행사사업보조(307-04) 4. 민간위탁금(307-05) 5. 사회복지시설 법정운영비보조(307-10) 6. 민간인위탁교육비(307-12) 7. 공기관등에대한경상적위탁사업비(308-10) 8. 민간자본사업보조,자체재원(402-01) 9. 민간자본사업보조,이전재원(402-02) 10. 민간위탁사업비(402-03) 11. 공기관등에 대한 자본적 대행사업비(403-02)	1. 법률에 규정 2. 국고보조 재원(국가지정) 3. 용도 지정 기부금 4. 조례에 직접규정 5. 지자체가 권장하는 사업을 하는 공공기관 6. 시,도 정책 및 재정사정 7. 기타 8. 해당없음	계약체결방법 (경쟁형태) 1. 일반경쟁 2. 제한경쟁 3. 지명경쟁 4. 수의계약 5. 법정위탁 6. 기타 ( ) 7. 해당없음	계약기간 1. 1년 2. 2년 3. 3년 4. 4년 5. 5년 6. 기타 ( )년 7. 단기계약 (1년미만) 8. 해당없음	낙찰자선정방법 1. 적격심사 2. 협상에의한계약 3. 최저가낙찰제 4. 규격가격분리 5. 2단계 경쟁입찰 6. 기타 ( ) 7. 해당없음	운영예산 산정 1. 내부산정 (지자체 자체적으로 산정) 2. 외부산정 (외부전문기관위탁 산정) 3. 내·외부 모두 산정 4. 산정 無 5. 해당없음	정산방법 1. 내부정산 (지자체 내부적으로 정산) 2. 외부정산 (외부전문기관위탁 정산) 3. 내·외부 모두 산정 4. 정산 無 5. 해당없음	1. 실시 2. 미실시 3. 향후 추진 4. 해당없음
4997	전북 정읍시	자전거 안전모 보급	3,000	도시재생과	8	6	7	8	7	5	5	3
4998	전북 정읍시	화재취약계층 주택용소화기 및 감지기보급	30,448	안전총괄과	8	1	7	8	7	5	5	3
4999	전북 정읍시	산내면 자율방재단 사무실 설치	10,000	안전총괄과	8	4	7	8	7	5	5	3
5000	전북 정읍시	샘들내아파트 어린이놀이시설 지원	17,100	안전총괄과	8	1	7	8	7	5	5	3
5001	전북 정읍시	현대1차아파트 어린이놀이시설 지원	7,200	안전총괄과	8	1	7	8	7	5	5	3
5002	전북 정읍시	현대2차아파트 어린이놀이시설 지원	7,200	안전총괄과	8	1	7	8	7	5	5	3
5003	전북 정읍시	대우드림채아파트 어린이놀이시설 지원	22,500	안전총괄과	8	1	7	8	7	5	5	3
5004	전북 정읍시	신태인원광어린이집 어린이놀이시설 지원	4,500	안전총괄과	8	1	7	8	7	5	5	3
5005	전북 정읍시	신태인읍 금화마을 모정 보수공사	10,000	건설과	8	1	7	8	7	5	5	3
5006	전북 정읍시	신태인읍 우령마을 모정 보수공사	9,900	건설과	8	1	7	8	7	5	5	3
5007	전북 정읍시	신태인읍 내석마을 모정 보수공사	9,800	건설과	8	1	7	8	7	5	5	3
5008	전북 정읍시	북면 상하마을 모정보수공사	6,000	건설과	8	1	7	8	7	5	5	3
5009	전북 정읍시	북면 금곡마을 모정보수공사	2,000	건설과	8	1	7	8	7	5	5	3
5010	전북 정읍시	북면 원화해마을 모정보수공사	3,500	건설과	8	1	7	8	7	5	5	3
5011	전북 정읍시	입암면 왕심마을 모정보수공사	14,000	건설과	8	1	7	8	7	5	5	3
5012	전북 정읍시	입암면 만화마을 모정보수공사	15,000	건설과	8	1	7	8	7	5	5	3
5013	전북 정읍시	소성면 용산마을 모정보수공사	2,700	건설과	8	1	7	8	7	5	5	3
5014	전북 정읍시	소성면 광산마을 모정보수공사	6,600	건설과	8	1	7	8	7	5	5	3
5015	전북 정읍시	소성면 한정마을 모정보수공사	3,700	건설과	8	1	7	8	7	5	5	3
5016	전북 정읍시	소성면 산곡마을 모정보수공사	1,200	건설과	8	1	7	8	7	5	5	3
5017	전북 정읍시	소성면 신광마을 모정보수공사	10,000	건설과	8	1	7	8	7	5	5	3
5018	전북 정읍시	고부면 신중마을 모정 보수공사	13,000	건설과	8	1	7	8	7	5	5	3
5019	전북 정읍시	고부면 만화마을 모정 보수공사	1,800	건설과	8	1	7	8	7	5	5	3
5020	전북 정읍시	영원면 월산마을 모정 보수공사	5,000	건설과	8	1	7	8	7	5	5	3
5021	전북 정읍시	영원면 북풍마을 모정 보수공사	4,000	건설과	8	1	7	8	7	5	5	3
5022	전북 정읍시	영원면 주촌마을 모정 보수공사	7,000	건설과	8	1	7	8	7	5	5	3
5023	전북 정읍시	영원면 후지마을 모정 보수공사	14,000	건설과	8	1	7	8	7	5	5	3
5024	전북 정읍시	덕천면 용곡마을 모정 보수공사	10,000	건설과	8	1	7	8	7	5	5	3
5025	전북 정읍시	이평면 대동마을 모정 보수공사	7,000	건설과	8	1	7	8	7	5	5	3
5026	전북 정읍시	이평면 신송마을 모정 보수공사	8,500	건설과	8	1	7	8	7	5	5	3
5027	전북 정읍시	이평면 오산마을 모정 보수공사	8,000	건설과	8	1	7	8	7	5	5	3
5028	전북 정읍시	이평면 월동마을 모정 보수공사	8,000	건설과	8	1	7	8	7	5	5	3
5029	전북 정읍시	이평면 무릉마을 모정 보수공사	8,000	건설과	8	1	7	8	7	5	5	3
5030	전북 정읍시	정우면 덕촌마을 모정보수공사	8,800	건설과	8	1	7	8	7	5	5	3
5031	전북 정읍시	정우면 양지마을 모정보수공사	2,500	건설과	8	1	7	8	7	5	5	3
5032	전북 정읍시	정우면 구성마을 모정보수공사	2,600	건설과	8	1	7	8	7	5	5	3
5033	전북 정읍시	정우면 괴동마을 모정보수공사	4,000	건설과	8	1	7	8	7	5	5	3
5034	전북 정읍시	정우면 남산마을 모정보수공사	7,000	건설과	8	1	7	8	7	5	5	3
5035	전북 정읍시	태인면 하동구마을 모정신축공사	40,000	건설과	8	1	7	8	7	5	5	3
5036	전북 정읍시	태인면 육리마을 모정보수공사	5,000	건설과	8	1	7	8	7	5	5	3
5037	전북 정읍시	옹동면 작소마을 모정보수공사	15,500	건설과	8	1	7	8	7	5	5	3
5038	전북 정읍시	옹동면 두곡마을 모정보수공사	13,000	건설과	8	1	7	8	7	5	5	3

순번	시군구	지출명 (사업명)	2021년예산 (단위:천원/1년간)	담당자 (공무원) 담당부서	민간이전 분류 (지방자치단체 세출예산 집행기준에 의거) 1. 민간경상사업보조(307-02) 2. 민간단체 법정운영비보조(307-03) 3. 민간행사사업보조(307-04) 4. 민간위탁금(307-05) 5. 사회복지시설 법정운영비보조(307-10) 6. 민간인위탁교육비(307-12) 7. 공기관등에대한경상적위탁사업비(308-10) 8. 민간자본사업보조,자체재원(402-01) 9. 민간자본사업보조,이전재원(402-02) 10. 민간위탁사업비(402-03) 11. 공기관등에 대한 자본적 대행사업비(403-02)	민간이전지출 근거 (지방보조금 관리기준 참고) 1. 법률에 규정 2. 국고보조 재원(국가지정) 3. 용도 지정 기부금 4. 조례에 직접규정 5. 지자체가 권장하는 사업을 하는 공공기관 6. 시,도 정책 및 재정사정 7. 기타 8. 해당없음	입찰방식 계약체결방법 (경쟁형태) 1. 일반경쟁 2. 제한경쟁 3. 지명경쟁 4. 수의계약 5. 법정위탁 6. 기타 ( ) 7. 해당없음	입찰방식 계약기간 1. 1년 2. 2년 3. 3년 4. 4년 5. 5년 6. 기타 ( )년 7. 단기계약 (1년미만) 8. 해당없음	입찰방식 낙찰자선정방법 1. 적격심사 2. 협상에의한계약 3. 최저가낙찰제 4. 규격가격분리 5. 2단계 경쟁입찰 6. 기타 ( ) 7. 해당없음	운영예산 산정 운영예산 산정 1. 내부산정 (지자체 자체적으로 산정) 2. 외부산정 (외부전문기관위탁 산정) 3. 내·외부 모두 산정 4. 산정 無 5. 해당없음	운영예산 산정 정산방법 1. 내부정산 (지자체 내부적으로 정산) 2. 외부정산 (외부전문기관위탁 정산) 3. 내·외부 모두 산정 4. 정산 無 5. 해당없음	성과평가 실시여부 1. 실시 2. 미실시 3. 향후 추진 4. 해당없음
5039	전북 정읍시	옹동면 소칠마을 모정보수공사	5,500	건설과	8	1	7	8	7	5	5	3
5040	전북 정읍시	옹동면 칠석마을 모정보수공사	11,000	건설과	8	1	7	8	7	5	5	3
5041	전북 정읍시	옹동면 신성마을 모정보수공사	10,250	건설과	8	1	7	8	7	5	5	3
5042	전북 정읍시	칠보면 상일마을 모정 보수공사	3,000	건설과	8	1	7	8	7	5	5	3
5043	전북 정읍시	칠보면 동편마을 모정 신축 공사	10,000	건설과	8	1	7	8	7	5	5	3
5044	전북 정읍시	칠보면 여옥마을 모정 신축 공사	20,000	건설과	8	1	7	8	7	5	5	3
5045	전북 정읍시	산외면 서진마을 모정 신축공사	20,000	건설과	8	1	7	8	7	5	5	3
5046	전북 정읍시	산외면 신촌마을 모정 보수공사	15,000	건설과	8	1	7	8	7	5	5	3
5047	전북 정읍시	산외면 야정마을 모정 보수공사	5,000	건설과	8	1	7	8	7	5	5	3
5048	전북 정읍시	산외면 구장마을 모정 보수공사	15,000	건설과	8	1	7	8	7	5	5	3
5049	전북 정읍시	산외면 민하마을 모정 보수공사	18,000	건설과	8	1	7	8	7	5	5	3
5050	전북 정읍시	수성동 용흥마을 모정 보수공사	5,700	건설과	8	1	7	8	7	5	5	3
5051	전북 정읍시	내장상동 봉래마을 모정보수 공사	8,000	건설과	8	1	7	8	7	5	5	3
5052	전북 정읍시	내장상동 백석마을 모정 보수공사	8,000	건설과	8	1	7	8	7	5	5	3
5053	전북 정읍시	내장상동 부여마을 모정 보수공사	4,000	건설과	8	1	7	8	7	5	5	3
5054	전북 정읍시	내장상동 대석마을 모정 보수공사	5,500	건설과	8	1	7	8	7	5	5	3
5055	전북 정읍시	농소동 용계마을 모정보수공사	25,000	건설과	8	1	7	8	7	5	5	3
5056	전북 정읍시	농소동 내오마을 모정보수공사	3,000	건설과	8	1	7	8	7	5	5	3
5057	전북 정읍시	농소동 신흥마을 모정보수공사	9,000	건설과	8	1	7	8	7	5	5	3
5058	전북 정읍시	농소동 23통마을 모정보수공사	7,000	건설과	8	1	7	8	7	5	5	3
5059	전북 정읍시	상교동 복룡마을 모정 신축공사	40,000	건설과	8	1	7	8	7	5	5	3
5060	전북 정읍시	상교동 삼군마을 모정 보수공사	10,000	건설과	8	1	7	8	7	5	5	3
5061	전북 정읍시	시내버스 대폐차 구입비 지원	520,000	교통과	8	1	7	8	7	5	5	3
5062	전북 정읍시	시내버스 LED 전광판 유지보수 지원	26,500	교통과	8	1	7	8	7	5	5	3
5063	전북 정읍시	귀농인 농가주택수리비 지원	50,000	농업정책과	8	4	7	8	7	5	5	3
5064	전북 정읍시	귀농인 영농정착지원	75,000	농업정책과	8	4	7	8	7	5	5	3
5065	전북 정읍시	귀농인 영농정착지원	50,000	농업정책과	8	4	7	8	7	5	5	3
5066	전북 정읍시	귀농인주택신축 융자대상자 설계비 지원	10,000	농업정책과	8	4	7	8	7	5	5	3
5067	전북 정읍시	단풍미인쌀 가공.유통 자재지원	20,000	농업정책과	8	4	7	8	7	5	5	3
5068	전북 정읍시	벼 수매자재(수매통, 톤백)지원사업	135,000	농업정책과	8	6	7	8	7	5	5	3
5069	전북 정읍시	친환경쌀 재배단지 자재 지원	120,000	농수산유통과	8	4	7	8	7	5	5	3
5070	전북 정읍시	농산물 규격화용 및 수출용 포장재 지원	80,000	농수산유통과	8	4	7	8	7	5	5	3
5071	전북 정읍시	찾아가는 행복장터 시범사업	49,000	농수산유통과	8	4	7	8	7	5	5	3
5072	전북 정읍시	로컬푸드 기획생산농가 소규모 비닐하우스 지원	30,000	농수산유통과	8	4	7	8	7	5	5	3
5073	전북 정읍시	로컬출하농가 안전농산물 생산자재 지원	87,000	농수산유통과	8	4	7	8	7	5	5	3
5074	전북 정읍시	로컬푸드직매장 참여농가 포장재 지원사업	80,000	농수산유통과	8	4	7	8	7	5	5	3
5075	전북 정읍시	특산품 가공 포장재 지원사업	60,000	농수산유통과	8	4	7	8	7	5	5	3
5076	전북 정읍시	농산물 건조기 지원	90,000	농수산유통과	8	4	7	8	7	5	5	3
5077	전북 정읍시	고추 세척기 지원	62,500	농수산유통과	8	4	7	8	7	5	5	3
5078	전북 정읍시	연작장애 예방 및 작물 생육 촉진 지원사업	200,000	농수산유통과	8	4	7	8	7	5	5	3
5079	전북 정읍시	사과 품질향상을 위한 반사필름 자재 지원	27,500	농수산유통과	8	4	4	7	7	3	1	3
5080	전북 정읍시	과수(수출)농가 자재 지원	82,000	농수산유통과	8	4	4	7	7	3	1	3

순번	시군구	지출명 (사업명)	2021년예산 (단위:천원/1년간)	담당자 (공무원) 담당부서	민간이전 분류 (지방자치단체 세출예산 집행기준에 의거) 1. 민간경상사업보조(307-02) 2. 민간단체 법정운영비보조(307-03) 3. 민간행사사업보조(307-04) 4. 민간위탁금(307-05) 5. 사회복지시설 법정운영비보조(307-10) 6. 민간인위탁교육비(307-12) 7. 공기관등에대한경상적위탁사업비(308-10) 8. 민간자본사업보조,자체재원(402-01) 9. 민간자본사업보조,이전재원(402-02) 10. 민간위탁사업비(402-03) 11. 공기관등에 대한 자본적 대행사업비(403-02)	민간이전지출 근거 (지방보조금 관리기준 참고) 1. 법률에 규정 2. 국고보조 재원(국가지정) 3. 용도 지정 기부금 4. 조례에 직접규정 5. 지자체가 권장하는 사업을 하는 공공기관 6. 시,도 정책 및 재정사정 7. 기타 8. 해당없음	입찰방식 계약체결방법 (경쟁형태) 1. 일반경쟁 2. 제한경쟁 3. 지명경쟁 4. 수의계약 5. 법정위탁 6. 기타 ( ) 7. 해당없음	입찰방식 계약기간 1. 1년 2. 2년 3. 3년 4. 4년 5. 5년 6. 기타 ( )년 7. 단기계약 (1년미만) 8. 해당없음	입찰방식 낙찰자선정방법 1. 적격심사 2. 협상에의한계약 3. 최저가낙찰제 4. 규격가격분리 5. 2단계 경쟁입찰 6. 기타 ( ) 7. 해당없음	운영예산 산정 운영예산 산정 1. 내부산정 (지자체 자체적으로 산정) 2. 외부산정 (외부전문기관위탁 산정) 3. 내·외부 모두 산정 4. 산정 無 5. 해당없음	운영예산 산정 정산방법 1. 내부정산 (지자체 내부적으로 정산) 2. 외부정산 (외부전문기관위탁 정산) 3. 내·외부 모두 산정 4. 정산 無 5. 해당없음	성과평가 실시여부 1. 실시 2. 미실시 3. 향후 추진 4. 해당없음
5081	전북 정읍시	과수농가 포장재 지원	20,000	농수산유통과	8	4	4	7	7	3	1	3
5082	전북 정읍시	내수면 양식기반시설 및 장비 지원	39,000	농수산유통과	8	4	7	8	7	5	5	3
5083	전북 정읍시	축산악취 저감제 지원사업	300,000	축산과	8	4	7	8	7	5	5	3
5084	전북 정읍시	축산악취 저감시설 지원사업	500,000	축산과	8	4	7	8	7	5	5	3
5085	전북 정읍시	축산농장 미관조성사업	70,000	축산과	8	4	7	8	7	5	5	3
5086	전북 정읍시	액비저장조 철거	105,000	축산과	8	4	7	8	7	5	5	3
5087	전북 정읍시	가축분뇨 처리용 수분조절제 지원	90,000	축산과	8	4	7	8	7	5	5	3
5088	전북 정읍시	젖소정액지원 사업	35,000	축산과	8	1	7	8	7	5	5	3
5089	전북 정읍시	착유우 유두침지제 지원사업	43,200	축산과	8	1	7	8	7	5	5	3
5090	전북 정읍시	가금농가 기자재 지원	75,200	축산과	8	4	7	8	7	5	5	3
5091	전북 정읍시	염소 생산성향상 지원	10,800	축산과	8	1	7	8	7	5	5	3
5092	전북 정읍시	양봉농가 화분지원	101,775	축산과	8	1	7	8	7	5	5	3
5093	전북 정읍시	양봉산업 고부가가치화 시범	2,700	축산과	8	1	7	8	7	5	5	3
5094	전북 정읍시	가금농가 폐가축처리기 지원사업	200,000	조류방역	8	1	7	8	7	5	5	3
5095	전북 정읍시	단풍미인쇼핑몰 규격화 포장재 지원	20,000	기술지원과	8	5	7	8	7	5	5	3
5096	전북 정읍시	벼 밀묘 소식재배 기술시범	60,000	자원개발과	8	6	7	8	7	5	5	3
5097	전북 정읍시	벼 육묘 생력화 기술시범	27,225	자원개발과	8	6	7	8	7	5	5	3
5098	전북 정읍시	딸기 상토절감 화분재배 시범	19,305	자원개발과	8	6	7	8	7	5	5	3
5099	전북 정읍시	씨없는 수박 반촉성 재배단지 조성	31,250	자원개발과	8	6	7	8	7	5	5	3
5100	전북 정읍시	토마토 수출단지 조성사업	8,500	자원개발과	8	6	7	8	7	5	5	3
5101	전북 정읍시	수박재배환경 개선사업	7,875	자원개발과	8	6	7	8	7	5	5	3
5102	전북 정읍시	생강 연작지 토양환경 개선 시범사업	2,250	자원개발과	8	6	7	8	7	5	5	3
5103	전북 정읍시	생강 차광재배 시범	15,000	자원개발과	8	6	7	8	7	5	5	3
5104	전북 정읍시	고품질 양파 안정생산 시범	2,500	자원개발과	8	6	7	8	7	5	5	3
5105	전북 정읍시	시설원예 스마트농업 확대기술 보급	10,000	자원개발과	8	6	7	8	7	5	5	3
5106	전북 정읍시	향기작물 생육조성 시범	9,000	자원개발과	8	6	7	8	7	5	5	3
5107	전북 정읍시	향기자원 추출 기반조성 시범	45,135	자원개발과	8	6	7	8	7	5	5	3
5108	전북 정읍시	향기작물 생육 시설하우스 신축	72,600	자원개발과	8	6	7	8	7	5	5	3
5109	전북 정읍시	우리꽃 자생화 안정생산 시설 지원	9,000	자원개발과	8	6	7	8	7	5	5	3
5110	전북 정읍시	고품질 단감생산을 위한 시설 현대화 사업	5,000	자원개발과	8	6	7	8	7	5	5	3
5111	전북 정읍시	체리 안전생산 비가림 온실재배 사업	7,193	자원개발과	8	6	7	8	7	5	5	3
5112	전북 정읍시	과수 수형안정화 다목적 지주 시범	7,500	자원개발과	8	6	7	8	7	5	5	3
5113	전북 정읍시	태추단감 안정생산 기반조성 시범	97,000	자원개발과	8	6	7	8	7	5	5	3
5114	전북 정읍시	과수 병해충 방제 지원	88,000	자원개발과	8	6	7	8	7	5	5	3
5115	전북 정읍시	사과 홍수 출하 방지 저장기술 보급	7,600	자원개발과	8	6	7	8	7	5	5	3
5116	전북 정읍시	포도 고품질 생력재배 시범	10,000	자원개발과	8	6	7	8	7	5	5	3
5117	전북 정읍시	베리류 유통상자 및 포장재 등 보급사업	64,241	자원개발과	8	6	7	8	7	5	5	3
5118	전북 정읍시	베리류 저온저장고 지원사업	60,000	자원개발과	8	6	7	8	7	5	5	3
5119	전북 정읍시	베리류 가공제품 품질향상 지원사업	15,000	자원개발과	8	6	7	8	7	5	5	3
5120	전북 정읍시	복분자 고사경감을 위한 실증시범	8,900	자원개발과	8	6	7	8	7	5	5	3
5121	전북 정읍시	블랙베리 생산성 증대 지원사업	6,000	자원개발과	8	6	7	8	7	5	5	3
5122	전북 정읍시	블루베리 상품성 향상 예냉기 지원사업	6,000	자원개발과	8	6	7	8	7	5	5	3

순번	시군구	지출명 (사업명)	2021년예산 (단위:천원/1년간)	담당자 (공무원) 담당부서	민간이전 분류 (지방자치단체 세출예산 집행기준에 의거) 1. 민간경상사업보조(307-02) 2. 민간단체 법정운영비보조(307-03) 3. 민간행사사업보조(307-04) 4. 민간위탁금(307-05) 5. 사회복지시설 법정운영비보조(307-10) 6. 민간인위탁교육비(307-12) 7. 공기관등에대한경상적위탁사업비(308-10) 8. 민간자본사업보조,자체재원(402-01) 9. 민간자본사업보조,이전재원(402-02) 10. 민간위탁사업비(402-03) 11. 공기관등에 대한 자본적 대행사업비(403-02)	민간이전지출 근거 (지방보조금 관리기준 참고) 1. 법률에 규정 2. 국고보조 재원(국가지정) 3. 용도 지정 기부금 4. 조례에 직접규정 5. 지자체가 권장하는 사업을 하는 공공기관 6. 시,도 정책 및 재정사정 7. 기타 8. 해당없음	입찰방식 계약체결방법 (경쟁형태) 1. 일반경쟁 2. 제한경쟁 3. 지명경쟁 4. 수의계약 5. 법정위탁 6. 기타 ( ) 7. 해당없음	입찰방식 계약기간 1. 1년 2. 2년 3. 3년 4. 4년 5. 5년 6. 기타 ( )년 7. 단기계약 (1년미만) 8. 해당없음	입찰방식 낙찰자선정방법 1. 적격심사 2. 협상에의한계약 3. 최저가낙찰제 4. 규격가격분리 5. 2단계 경쟁입찰 6. 기타 ( ) 7. 해당없음	운영예산 산정 운영예산 산정 1. 내부산정 (지자체 자체적으로 산정) 2. 외부산정 (외부전문기관위탁 산정) 3. 내·외부 모두 산정 4. 산정 無 5. 해당없음	운영예산 산정 정산방법 1. 내부정산 (지자체 내부적으로 정산) 2. 외부정산 (외부전문기관위탁 정산) 3. 내·외부 모두 산정 4. 정산 無 5. 해당없음	성과평가 실시여부 1. 실시 2. 미실시 3. 향후 추진 4. 해당없음
5123	전북 정읍시	정읍지황 명성재현 사업	100,000	자원개발과	8	6	7	8	7	5	5	3
5124	전북 정읍시	논이용 약용작물 재배기술 보급 시범	9,000	자원개발과	8	6	7	8	7	5	5	3
5125	전북 정읍시	명품 정읍 지황생산및 판매기반 구축	75,000	자원개발과	8	6	7	8	7	5	5	3
5126	전북 정읍시	사립(명봉)도서관 자료구입비 지원	5,000	도서관사업소	8	1	7	8	7	5	5	3
5127	전북 남원시	산림소득작물 재배 지원	83,000	산림녹지과	8	6	7	8	7	5	5	4
5128	전북 남원시	장애인체육장비 지원사업	10,000	교육체육과	8	4	7	7	7	1	1	1
5129	전북 남원시	게이트볼장 기능보강사업	117,000	교육체육과	8	4	6	7	6	1	1	1
5130	전북 남원시	투자기업지원보조금	2,800	기업지원과	8	4	7	8	7	5	5	4
5131	전북 남원시	운봉읍 주촌마을 모정 비가림시설공사	10,000	시민소통실	8	4	7	8	7	5	5	4
5132	전북 남원시	운봉읍 서남마을 모정 도장 공사	3,000	시민소통실	8	4	7	8	7	5	5	4
5133	전북 남원시	운봉읍 임리마을 모정 보수공사	7,000	시민소통실	8	4	7	8	7	5	5	4
5134	전북 남원시	운봉읍 소석마을 모정 도장공사	6,000	시민소통실	8	4	7	8	7	5	5	4
5135	전북 남원시	운봉읍 가장마을회관 화장실 증축공사	21,000	시민소통실	8	4	7	8	7	5	5	4
5136	전북 남원시	운봉읍 동상마을회관 정비공사	15,000	시민소통실	8	4	7	8	7	5	5	4
5137	전북 남원시	주천면 숲속마을 모정 신축공사	26,000	시민소통실	8	4	7	8	7	5	5	4
5138	전북 남원시	주천면 덕촌마을 모정 정비공사	10,000	시민소통실	8	4	7	8	7	5	5	4
5139	전북 남원시	주천면 안곡 마을회관 화장실 신축공사	25,000	시민소통실	8	4	7	8	7	5	5	4
5140	전북 남원시	주천면 행정마을 모정 정비공사	15,000	시민소통실	8	4	7	8	7	5	5	4
5141	전북 남원시	주천면 내용궁 마을회관 정비공사	20,000	시민소통실	8	4	7	8	7	5	5	4
5142	전북 남원시	주천면 노치 마을회관 정비공사	20,000	시민소통실	8	4	7	8	7	5	5	4
5143	전북 남원시	수지면 등동마을 모정 기능보강공사	9,000	시민소통실	8	4	7	8	7	5	5	4
5144	전북 남원시	수지면 초리마을 모정 기능보강공사	9,000	시민소통실	8	4	7	8	7	5	5	4
5145	전북 남원시	수지면 외호곡마을회관 기능보강공사	11,000	시민소통실	8	4	7	8	7	5	5	4
5146	전북 남원시	수지면 가정마을회관 기능보강공사	6,000	시민소통실	8	4	7	8	7	5	5	4
5147	전북 남원시	수지면 갈촌마을 모정 기능보강공사	5,000	시민소통실	8	4	7	8	7	5	5	4
5148	전북 남원시	수지면 마연 마을회관 기능보강공사	10,000	시민소통실	8	4	7	8	7	5	5	4
5149	전북 남원시	송동면 영촌마을 모정 도장공사	3,000	시민소통실	8	4	7	8	7	5	5	4
5150	전북 남원시	송동면 오촌마을 모정 도장공사	3,000	시민소통실	8	4	7	8	7	5	5	4
5151	전북 남원시	송동면 원촌마을 모정 도장공사	3,000	시민소통실	8	4	7	8	7	5	5	4
5152	전북 남원시	송동면 연산 마을공동창고 신축공사	50,000	시민소통실	8	4	7	8	7	5	5	4
5153	전북 남원시	주생면 소지 마을공동창고 도색공사	5,000	시민소통실	8	4	7	8	7	5	5	4
5154	전북 남원시	금지면 방촌마을 모정보수공사	13,000	시민소통실	8	4	7	8	7	5	5	4
5155	전북 남원시	금지면 하도마을 모정 보수공사	14,000	시민소통실	8	4	7	8	7	5	5	4
5156	전북 남원시	금지면 석정 마을회관 보수 및 주변 정비공사	20,000	시민소통실	8	4	7	8	7	5	5	4
5157	전북 남원시	금지면 장승마을 모정 화장실 신축공사	21,000	시민소통실	8	4	7	8	7	5	5	4
5158	전북 남원시	금지면 금평마을 모정 보수공사	4,000	시민소통실	8	4	7	8	7	5	5	4
5159	전북 남원시	금지면 대성마을 모정 보수공사	3,000	시민소통실	8	4	7	8	7	5	5	4
5160	전북 남원시	금지면 매촌마을 공동창고 신축공사	83,000	시민소통실	8	4	7	8	7	5	5	4
5161	전북 남원시	금지면 옹전 마을회관 신축공사	180,000	시민소통실	8	4	7	8	7	5	5	4
5162	전북 남원시	대강면 곡촌 마을회관 화장실 정비공사	10,000	시민소통실	8	4	7	8	7	5	5	4
5163	전북 남원시	대강면 사석 마을회관 정비공사	10,000	시민소통실	8	4	7	8	7	5	5	4
5164	전북 남원시	대강면 가덕마을 모정 정비공사	11,000	시민소통실	8	4	7	8	7	5	5	4

순번	시군구	지출명 (사업명)	2021년예산 (단위:천원/1년간)	담당자 (공무원) 담당부서	민간이전 분류 (지방자치단체 세출예산 집행기준에 의거) 1. 민간경상사업보조(307-02) 2. 민간단체 법정운영비보조(307-03) 3. 민간행사사업보조(307-04) 4. 민간위탁금(307-05) 5. 사회복지시설 법정운영비보조(307-10) 6. 민간인위탁교육비(307-12) 7. 공기관등에대한경상적위탁사업비(308-10) 8. 민간자본사업보조,자체재원(402-01) 9. 민간자본사업보조,이전재원(402-02) 10. 민간위탁사업비(402-03) 11. 공기관등에 대한 자본적 대행사업비(403-02)	민간이전지출 근거 (지방보조금 관리기준 참고) 1. 법률에 규정 2. 국고보조 재원(국가지정) 3. 용도 지정 기부금 4. 조례에 직접규정 5. 지자체가 권장하는 사업을 하는 공공기관 6. 시,도 정책 및 재정사정 7. 기타 8. 해당없음	입찰방식 계약체결방법 (경쟁형태) 1. 일반경쟁 2. 제한경쟁 3. 지명경쟁 4. 수의계약 5. 법정위탁 6. 기타 ( ) 7. 해당없음	입찰방식 계약기간 1. 1년 2. 2년 3. 3년 4. 4년 5. 5년 6. 기타 ( )년 7. 단기계약 (1년미만) 8. 해당없음	입찰방식 낙찰자선정방법 1. 적격심사 2. 협상에의한계약 3. 최저가낙찰제 4. 규격가격분리 5. 2단계 경쟁입찰 6. 기타 ( ) 7. 해당없음	운영예산 산정 운영예산 산정 1. 내부산정 (지자체 자체적으로 산정) 2. 외부산정 (외부전문기관위탁 산정) 3. 내·외부 모두 산정 4. 산정 無 5. 해당없음	운영예산 산정 정산방법 1. 내부정산 (지자체 내부적으로 정산) 2. 외부정산 (외부전문기관위탁 정산) 3. 내·외부 모두 산정 4. 정산 無 5. 해당없음	성과평가 실시여부 1. 실시 2. 미실시 3. 향후 추진 4. 해당없음
5165	전북 남원시	대강면 광암마을 모정 정비공사	10,000	시민소통실	8	4	7	8	7	5	5	4
5166	전북 남원시	대강면 양동 마을회관 정비공사	9,000	시민소통실	8	4	7	8	7	5	5	4
5167	전북 남원시	대강면 사석마을 모정 정비공사	11,000	시민소통실	8	4	7	8	7	5	5	4
5168	전북 남원시	대강면 산촌마을 모정 정비공사	11,000	시민소통실	8	4	7	8	7	5	5	4
5169	전북 남원시	대강면 평촌마을 모정 정비공사	12,000	시민소통실	8	4	7	8	7	5	5	4
5170	전북 남원시	대강면 입암마을 모정 정비공사	9,000	시민소통실	8	4	7	8	7	5	5	4
5171	전북 남원시	대산면 심곡마을 회관 정비 공사	10,000	시민소통실	8	4	7	8	7	5	5	4
5172	전북 남원시	대산면 운교마을 모정 정비공사	9,000	시민소통실	8	4	7	8	7	5	5	4
5173	전북 남원시	대산면 노산마을 모정 정비공사	13,000	시민소통실	8	4	7	8	7	5	5	4
5174	전북 남원시	사매면 계동 마을회관 실외화장실 설치공사	21,000	시민소통실	8	4	7	8	7	5	5	4
5175	전북 남원시	보절면 부흥 마을회관 비가림시설 설치공사	14,000	시민소통실	8	4	7	8	7	5	5	4
5176	전북 남원시	보절면 은천 마을공동창고 보수공사	10,000	시민소통실	8	4	7	8	7	5	5	4
5177	전북 남원시	산동면 부동마을 모정 도장공사	5,000	시민소통실	8	4	7	8	7	5	5	4
5178	전북 남원시	산동면 석동마을 모정 도장공사	8,000	시민소통실	8	4	7	8	7	5	5	4
5179	전북 남원시	산동면 평선 마을회관 리모델링공사	10,000	시민소통실	8	4	7	8	7	5	5	4
5180	전북 남원시	산동면 대촌신기마을회관 비가림시설 설치공사	9,000	시민소통실	8	4	7	8	7	5	5	4
5181	전북 남원시	이백면 효촌 마을공동창고 보수공사	25,000	시민소통실	8	4	7	8	7	5	5	4
5182	전북 남원시	아영면 서갈마을 모정 지붕개량공사	11,000	시민소통실	8	4	7	8	7	5	5	4
5183	전북 남원시	산내면 삼화 마을회관 지붕보수 및 리모델링공사	30,000	시민소통실	8	4	7	8	7	5	5	4
5184	전북 남원시	왕정3통 마을회관 정비공사	11,000	시민소통실	8	4	7	8	7	5	5	4
5185	전북 남원시	향교1통 마을회관 리모델링 공사	10,000	시민소통실	8	4	7	8	7	5	5	4
5186	전북 남원시	향교동 보성마을회관 리모델링 공사	10,000	시민소통실	8	4	7	8	7	5	5	4
5187	전북 남원시	향교동 광석 마을회관 리모델링 공사	30,000	시민소통실	8	4	7	8	7	5	5	4
5188	전북 남원시	도통동 갈치마을 회관 리모델링 공사	15,000	시민소통실	8	4	7	8	7	5	5	4
5189	전북 남원시	마을회관 및 모정 등 시설보수	500,000	시민소통실	8	4	7	8	7	5	5	4
5190	전북 남원시	마을방범용CCTV설치	200,000	안전재난과	8	4	7	8	7	1	1	4
5191	전북 남원시	벼 병해충 사전방제(육묘상처리제) 지원	769,700	현장지원과	8	1	7	8	7	5	5	4
5192	전북 남원시	침수피해지역딸기묘 안정생산 기술보급	25,000	현장지원과	8	4	7	8	7	5	5	4
5193	전북 남원시	사과 신선도유지관리기술시범	30,000	현장지원과	8	4	7	8	7	5	5	4
5194	전북 남원시	최고품질 대추단지 조성	17,500	현장지원과	8	4	7	8	7	5	5	4
5195	전북 남원시	춘향씨감자 안정생산 자재구입지원사업	35,000	현장지원과	8	4	7	8	7	5	5	4
5196	전북 남원시	춘향씨감자 안정생산 통망사지원사업	60,000	현장지원과	8	4	7	8	7	5	5	4
5197	전북 남원시	춘향씨감자 신규생산농가 하우스설치 지원사업	24,000	현장지원과	8	4	7	8	7	5	5	4
5198	전북 김제시	이전 기업 지원	4,490,094	투자유치과	8	2	7	8	7	2	2	2
5199	전북 김제시	뿌리기업 그린환경 시스템 구축지원	55,000	투자유치과	8	1	7	8	7	2	2	4
5200	전북 김제시	자동차 품질인증 부품 지원사업	300,000	투자유치과	8	2	7	8	7	2	2	4
5201	전북 김제시	시각장애인협회 기능보강 사업	38,000	주민복지과	8	1	7	8	7	1	1	1
5202	전북 김제시	경로당 및 한울타리 행복의 집 기능보강 지원사업	1,127,000	여성가족과	8	4	7	8	7	5	5	4
5203	전북 김제시	한울타리 행복의 집 신규조성,기능보강,장비보강사업	216,000	여성가족과	8	4	7	8	7	5	5	4
5204	전북 김제시	독거노인 주거환경 개선사업	220,000	여성가족과	8	4	7	8	7	5	5	4
5205	전북 김제시	시내버스 행선판 교체 지원	15,000	교통행정과	8	7	7	8	7	1	1	3
5206	전북 김제시	오지도서 공영버스 대폐차 지원	220,500	교통행정과	8	1	7	8	7	1	1	1

순번	시군구	지출명 (사업명)	2021년예산 (단위:천원/1년간)	담당자 (공무원)	민간이전 분류 (지방자치단체 세출예산 집행기준에 의거)	민간이전지출 근거 (지방보조금 관리기준 참고)	입찰방식			운영예산 산정		성과평가 실시여부
				담당부서	1. 민간경상사업보조(307-02) 2. 민간단체 법정운영비보조(307-03) 3. 민간행사사업보조(307-04) 4. 민간위탁금(307-05) 5. 사회복지시설 법정운영비보조(307-10) 6. 민간인위탁교육비(307-12) 7. 공기관등에대한경상적위탁사업비(308-10) 8. 민간자본사업보조,자체재원(402-01) 9. 민간자본사업보조,이전재원(402-02) 10. 민간위탁사업비(402-03) 11. 공기관등에 대한 자본적 대행사업비(403-02)	1. 법률에 규정 2. 국고보조 재원(국가지정) 3. 용도 지정 기부금 4. 조례에 직접규정 5. 지자체가 권장하는 사업을 하는 공공기관 6. 시,도 정책 및 재정사정 7. 기타 8. 해당없음	계약체결방법 (경쟁형태) 1. 일반경쟁 2. 제한경쟁 3. 지명경쟁 4. 수의계약 5. 법정위탁 6. 기타 ( ) 7. 해당없음	계약기간 1. 1년 2. 2년 3. 3년 4. 4년 5. 5년 6. 기타 ( )년 7. 단기계약 (1년미만) 8. 해당없음	낙찰자선정방법 1. 적격심사 2. 협상에의한계약 3. 최저가낙찰제 4. 규격가격분리 5. 2단계 경쟁입찰 6. 기타 ( ) 7. 해당없음	운영예산 산정 1. 내부산정 (지자체 자체적으로 산정) 2. 외부산정 (외부전문기관위탁 산정) 3. 내·외부 모두 산정 4. 산정 無 5. 해당없음	정산방법 1. 내부정산 (지자체 내부적으로 정산) 2. 외부정산 (외부전문기관위탁 정산) 3. 내·외부 모두 산정 4. 정산 無 5. 해당없음	1. 실시 2. 미실시 3. 향후 추진 4. 해당없음
5207	전북 김제시	장애인체육회 사무실 집기 구입	2,000	체육청소년과	8	4	7	8	7	1	1	1
5208	전북 김제시	장애인체육회 지도용품 구입	2,000	체육청소년과	8	4	7	8	7	1	1	1
5209	전북 김제시	자율방범대 초소 시설보강 사업	24,640	자치행정과	8	4	7	8	7	1	1	1
5210	전북 김제시	마을 생활안전용 CCTV 설치	35,000	정보통신과	8	4	7	8	7	5	5	4
5211	전북 김제시	마을방송장비 구매 설치	28,500	정보통신과	8	4	7	8	7	5	5	4
5212	전북 김제시	무선마을방송시스템 구축	22,600	정보통신과	8	4	7	8	7	5	5	4
5213	전북 김제시	주요도로변 방치건축물 정비	200,000	건축과	8	4	7	8	7	5	5	4
5214	전북 김제시	공동주택시설개선 지원	200,000	건축과	8	4	7	8	7	5	5	4
5215	전북 김제시	농촌 빈집정비	200,000	건축과	8	4	7	8	7	5	5	2
5216	전북 김제시	촌집 리모델링 임대주택 사업	60,000	건축과	8	4	7	8	7	5	5	2
5217	전북 김제시	주민 공동이용시설 정비(모정) 신축.개보수	200,000	건축과	8	4	7	8	7	1	1	1
5218	전북 김제시	한센 주거환경 개선사업	30,000	보건위생과	8	1	7	8	7	5	1	4
5219	전북 김제시	마을만들기 자율개발	121,000	농업정책과	8	6	7	8	7	5	5	4
5220	전북 김제시	친환경농산물 생산자재 지원사업	200,000	농업정책과	8	4	7	8	7	5	5	4
5221	전북 김제시	소형농기계 지원사업	500,000	농업정책과	8	4	7	8	7	5	5	4
5222	전북 김제시	논 타작물 지원사업	150,000	농업정책과	8	4	7	8	7	5	5	4
5223	전북 김제시	못자리용 상토 지원사업	1,500	농업정책과	8	4	7	8	7	5	5	4
5224	전북 김제시	기능성 쌀 유황 생산자재 지원사업	100,000	농업정책과	8	4	7	8	7	5	5	4
5225	전북 김제시	시설 하우스 원치 조절용 드릴 지원	100,000	농업정책과	8	4	7	8	7	5	5	4
5226	전북 김제시	고소득작목 육성사업	100,000	농업정책과	8	4	7	8	7	5	5	4
5227	전북 김제시	과수경쟁력강화 지원사업	150,000	농업정책과	8	4	7	8	7	5	5	4
5228	전북 김제시	농산물 저온저장고 지원사업	300,000	농업정책과	8	4	7	8	7	5	5	4
5229	전북 김제시	시설하우스 설치보강 지원사업	450,000	농업정책과	8	4	7	8	7	5	5	4
5230	전북 김제시	공공급식 및 로컬푸드 품목확대 재배지원 사업	50,000	먹거리유통과	8	2	7	8	7	5	5	4
5231	전북 김제시	지평선쌀 생산종자 지원사업	250,000	먹거리유통과	8	7	7	8	7	1	1	1
5232	전북 김제시	RPC 자체수매확대 쌀 포장재 지원	30,000	먹거리유통과	8	6	4	8	7	3	1	1
5233	전북 김제시	지평선 공동브랜드 포장재 지원	243,025	먹거리유통과	8	4	7	8	7	5	5	4
5234	전북 김제시	지평선몰 택배박스 지원	2,500	먹거리유통과	8	4	7	8	7	5	1	1
5235	전북 김제시	통합마케팅 전문조직육성 포장재 지원사업	100,000	먹거리유통과	8	4	1	7	3	3	1	1
5236	전북 김제시	한우 혈통등록비 지원	20,000	축산진흥과	8	4	7	8	7	5	5	1
5237	전북 김제시	한우 우량정액 지원	65,000	축산진흥과	8	4	7	8	7	5	5	1
5238	전북 김제시	젖소능력 개량사업	20,000	축산진흥과	8	4	7	8	7	5	5	1
5239	전북 김제시	산란계 시설장비 지원	45,000	축산진흥과	8	4	7	8	7	5	5	1
5240	전북 김제시	벌꿀생산량 제고사업	40,000	축산진흥과	8	4	7	8	7	5	5	1
5241	전북 김제시	고품질 벌꿀생산 지원사업	13,000	축산진흥과	8	4	7	8	7	5	5	1
5242	전북 김제시	유기동물 보호센터 시설 보완사업	24,000	축산진흥과	8	1	7	8	7	5	5	4
5243	전북 김제시	지평선한우 섬유질사료 포장재 지원	45,000	축산진흥과	8	4	1	8	7	1	1	4
5244	전북 김제시	귀농인 영농정착 지원	100,000	농촌지원과	8	6	7	1	7	1	3	1
5245	전북 김제시	농산물디자인 개발 지원	12,000	농촌지원과	8	4	7	8	7	1	1	1
5246	전북 김제시	벼 육묘상자처리제 지원	400,000	기술보급과	8	7	7	8	7	1	1	4
5247	전북 김제시	무인드론 활용 경영비 절감기술 시범	50,000	기술보급과	8	8	7	8	7	1	1	4
5248	전북 완주군	경로당 보수비지원	40,000	사회복지과	8	4	4	1	7	1	1	1

순번	시군구	지출명 (사업명)	2021년예산 (단위:천원/1년간)	담당자 (공무원) 담당부서	민간이전 분류 (지방자치단체 세출예산 집행기준에 의거) 1. 민간경상사업보조(307-02) 2. 민간단체 법정운영비보조(307-03) 3. 민간행사사업보조(307-04) 4. 민간위탁금(307-05) 5. 사회복지시설 법정운영비보조(307-10) 6. 민간인위탁교육비(307-12) 7. 공기관등에대한경상적위탁사업비(308-10) 8. 민간자본사업보조,자체재원(402-01) 9. 민간자본사업보조,이전재원(402-02) 10. 민간위탁사업비(402-03) 11. 공기관등에 대한 자본적 대행사업비(403-02)	민간이전지출 근거 (지방보조금 관리기준 참고) 1. 법률에 규정 2. 국고보조 재원(국가지정) 3. 용도 지정 기부금 4. 조례에 직접규정 5. 지자체가 권장하는 사업을 하는 공공기관 6. 시,도 정책 및 재정사정 7. 기타 8. 해당없음	입찰방식 계약체결방법 (경쟁형태) 1. 일반경쟁 2. 제한경쟁 3. 지명경쟁 4. 수의계약 5. 법정위탁 6. 기타 ( ) 7. 해당없음	입찰방식 계약기간 1. 1년 2. 2년 3. 3년 4. 4년 5. 5년 6. 기타 ( )년 7. 단기계약 (1년미만) 8. 해당없음	입찰방식 낙찰자선정방법 1. 적격심사 2. 협상에의한계약 3. 최저가낙찰제 4. 규격가격분리 5. 2단계 경쟁입찰 6. 기타 ( ) 7. 해당없음	운영예산 산정 운영예산 산정 1. 내부산정 (지자체 자체적으로 산정) 2. 외부산정 (외부전문기관위탁 산정) 3. 내·외부 모두 산정 4. 산정 無 5. 해당없음	운영예산 산정 정산방법 1. 내부정산 (지자체 내부적으로 정산) 2. 외부정산 (외부전문기관위탁 정산) 3. 내·외부 모두 산정 4. 정산 無 5. 해당없음	성과평가 실시여부 1. 실시 2. 미실시 3. 향후 추진 4. 해당없음
5249	전북 완주군	경로당 도시가스설치공사	10,000	사회복지과	8	4	4	1	7	1	1	1
5250	전북 완주군	경로당 에너지고효율제품 보급지원	6,242	사회복지과	8	4	4	1	7	1	1	1
5251	전북 완주군	경로당 심야전기보일러 교체	32,000	사회복지과	8	4	4	1	7	1	1	1
5252	전북 완주군	향토문화유산 보수정비	20,000	문화관광과	8	4	7	8	7	5	1	1
5253	전북 완주군	소셜굿즈 육성사업	55,000	사회적경제과	8	4	7	8	7	5	1	4
5254	전북 완주군	아파트 르네상스 시설지원	20,000	사회적경제과	8	4	7	8	7	5	5	4
5255	전북 완주군	파워빌리지사업	50,000	사회적경제과	8	4	7	8	7	1	1	4
5256	전북 완주군	마을로청년활동가 인큐베이팅	20,000	사회적경제과	8	7	7	8	7	5	5	4
5257	전북 완주군	세계잼버리 농촌체험관광활성화	78,000	사회적경제과	8	6	7	8	7	5	5	4
5258	전북 완주군	청년창업공동체육성	12,000	사회적경제과	8	4	7	8	7	5	1	1
5259	전북 완주군	파워빌리지사업	50,000	사회적경제과	8	4	7	8	7	1	1	4
5260	전북 완주군	와일드푸드축제 포장재 지원사업	20,000	먹거리정책과	8	6	7	8	7	1	1	1
5261	전북 완주군	전주권 광역매립지 주변지역 지원사업	570,000	환경과	8	4	4	1	7	1	1	2
5262	전북 완주군	산업단지 악취방지 개선사업	300,000	환경과	8	4	7	8	7	5	5	4
5263	전북 완주군	야생동물 피해예방 사업	110,500	환경과	8	6	7	8	7	5	5	4
5264	전북 완주군	주민참여예산	400,000	농업축산과	8	4	7	8	7	1	1	1
5265	전북 완주군	귀농자 소규모 비닐하우스 지원	48,000	농업축산과	8	4	1	1	6	1	1	3
5266	전북 완주군	농촌 빈집 리모델링 지원	60,000	농업축산과	8	2	1	1	6	1	1	3
5267	전북 완주군	완주군 통합브랜드 육성지원사업	100,000	농업축산과	8	4	1	1	3	1	1	1
5268	전북 완주군	양봉현대화 지원사업	15,000	농업축산과	8	1	7	8	7	5	5	4
5269	전북 완주군	젖소 사육환경개선사업	46,800	농업축산과	8	1	7	8	7	5	5	4
5270	전북 완주군	폭염대비 축사시설 사육환경 조성사업	22,500	농업축산과	8	1	7	8	7	5	5	4
5271	전북 완주군	돼지 생식기 호흡기 증후군(PRRS) 예방백신 지원	30,000	농업축산과	8	4	7	8	7	1	1	4
5272	전북 완주군	고능력 염소 종축입식 지원사업	10,000	농업축산과	8	6	7	8	7	5	5	4
5273	전북 완주군	농업용 관정개발사업	219,000	재난안전과	8	4	7	8	7	1	1	1
5274	전북 완주군	공동주택관리 지원사업	70,000	건축과	8	4	7	8	7	5	5	4
5275	전북 완주군	중소형 농기계 지원사업	200,000	농촌지원과	8	5	7	8	7	5	5	4
5276	전북 완주군	고령농 등을 위한 농작업 대행단 설치운영	40,000	농촌지원과	8	5	7	8	7	5	5	4
5277	전북 완주군	농작업대행 기계화 장비 지원사업	80,000	농촌지원과	8	5	7	8	7	5	5	4
5278	전북 완주군	시설현대화하우스 환경개선 사업	100,000	기술보급과	8	7	7	8	7	5	1	4
5279	전북 완주군	시설재배지 연작장해 경감 농자재 지원	60,000	기술보급과	8	7	7	8	7	5	1	4
5280	전북 완주군	육묘대행 지원사업	48,750	기술보급과	8	7	7	8	7	5	1	4
5281	전북 완주군	화훼산업 활성화 사업	30,000	기술보급과	8	7	7	8	7	5	1	4
5282	전북 완주군	봉동생강 명품화 사업	30,000	기술보급과	8	7	7	8	7	5	1	4
5283	전북 완주군	농업신기술시범	22,500	기술보급과	8	7	7	8	7	5	1	4
5284	전북 완주군	시설수박 이상기온 대응 농자재 지원	15,000	기술보급과	8	7	7	8	7	5	1	4
5285	전북 완주군	밭작물 경쟁력제고	8,000	기술보급과	8	7	7	8	7	5	1	4
5286	전북 완주군	배 수출 경쟁력 향상 지원사업	56,000	기술보급과	8	4	7	8	7	5	1	4
5287	전북 완주군	교미교란제 이용 해충 적기방제 시범	4,980	기술보급과	8	4	7	8	7	5	1	4
5288	전북 완주군	고품질 과실생산을 위한 기자재 지원사업	75,000	기술보급과	8	4	7	8	7	5	1	4
5289	전북 완주군	친환경농업 조기 정착 및 저변 확대 지원사업	230,000	기술보급과	8	4	7	8	7	5	1	4
5290	전북 완주군	토양미생물제 활용 토양 병해충 방제	73,440	기술보급과	8	4	7	8	7	5	1	4

순번	시군구	지출명 (사업명)	2021년예산 (단위:천원/1년간)	담당자 (공무원) 담당부서	민간이전 분류 (지방자치단체 세출예산 집행기준에 의거) 1. 민간경상사업보조(307-02) 2. 민간단체 법정운영비보조(307-03) 3. 민간행사사업보조(307-04) 4. 민간위탁금(307-05) 5. 사회복지시설 법정운영비보조(307-10) 6. 민간인위탁교육비(307-12) 7. 공기관등에대한경상적위탁사업비(308-10) 8. 민간자본사업보조,자체재원(402-01) 9. 민간자본사업보조,이전재원(402-02) 10. 민간위탁사업비(402-03) 11. 공기관등에 대한 자본적 대행사업비(403-02)	민간이전지출 근거 (지방보조금 관리기준 참고) 1. 법률에 규정 2. 국고보조 재원(국가지정) 3. 용도 지정 기부금 4. 조례에 직접규정 5. 지자체가 권장하는 사업을 하는 공공기관 6. 시,도 정책 및 재정사정 7. 기타 8. 해당없음	입찰방식: 계약체결방법 (경쟁형태) 1. 일반경쟁 2. 제한경쟁 3. 지명경쟁 4. 수의계약 5. 법정위탁 6. 기타 ( ) 7. 해당없음	입찰방식: 계약기간 1. 1년 2. 2년 3. 3년 4. 4년 5. 5년 6. 기타 ( )년 7. 단기계약 (1년미만) 8. 해당없음	입찰방식: 낙찰자선정방법 1. 적격심사 2. 협상에의한계약 3. 최저가낙찰제 4. 규격가격분리 5. 2단계 경쟁입찰 6. 기타 ( ) 7. 해당없음	운영예산 산정: 운영예산 산정 1. 내부산정 (지자체 자체적으로 산정) 2. 외부산정 (외부전문기관위탁 산정) 3. 내·외부 모두 산정 4. 산정 無 5. 해당없음	운영예산 산정: 정산방법 1. 내부정산 (지자체 내부적으로 정산) 2. 외부정산 (외부전문기관위탁 정산) 3. 내·외부 모두 산정 4. 정산 無 5. 해당없음	성과평가 실시여부 1. 실시 2. 미실시 3. 향후 추진 4. 해당없음
5291	전북 완주군	친환경 기능성 신선채소 소득화 사업	20,000	기술보급과	8	4	7	8	7	5	1	4
5292	전북 완주군	딸기원묘생산 거점농가 육성시범	200,000	기술보급과	8	4	7	8	7	5	1	4
5293	전북 완주군	딸기육묘 고온예방 환경관리 시범	80,000	기술보급과	8	4	7	8	7	5	1	4
5294	전북 완주군	신소재 활용 딸기 우량묘 안정생산 시범	10,000	기술보급과	8	4	7	8	7	5	1	4
5295	전북 진안군	자율방범대 연합회 차량지원	35,000	행정지원과	8	4	7	8	7	1	1	3
5296	전북 진안군	주천면 초소 기능보강	9,800	행정지원과	8	4	7	8	7	1	1	3
5297	전북 진안군	한궁보급	7,250	여성가족과	8	4	7	8	7	1	1	1
5298	전북 진안군	노인회관 지붕 및 외벽 보수공사	61,138	여성가족과	8	4	7	8	7	1	1	1
5299	전북 진안군	경로당 환경개선사업	82,400	여성가족과	8	4	7	8	7	1	1	1
5300	전북 진안군	야생동물 피해예방시설 지원	60,000	환경과	8	1	7	8	7	1	1	1
5301	전북 진안군	공동집하장 확충 지원사업	10,000	환경과	8	2	7	8	7	1	1	4
5302	전북 진안군	분뇨및가축분뇨처리시설 주변마을 지원	70,000	환경과	8	4	6	1	6	1	1	3
5303	전북 진안군	벼 키다리병 방제 온탕소독 시범	103,500	기술보급과	8	7	7	8	7	5	5	4
5304	전북 진안군	벼 육묘농가 생력기계화 시범	40,000	기술보급과	8	7	7	8	7	5	5	4
5305	전북 진안군	기존 하우스 활용 가을감자 재배 시범	20,000	기술보급과	8	7	7	8	7	5	5	4
5306	전북 진안군	준고랭지 소과종 수박 2기작 재배 시범	21,210	기술보급과	8	4	7	8	7	5	5	4
5307	전북 진안군	토마토 수경재배 작은뿌리파리 종합관리 기술 시범	18,000	기술보급과	8	4	7	8	7	5	5	4
5308	전북 진안군	고추 Y자 지주대 시범	33,750	기술보급과	8	4	7	8	7	5	5	4
5309	전북 진안군	딸기 고설 수경재배 시범	178,200	기술보급과	8	4	7	8	7	5	5	4
5310	전북 진안군	아열대 작물 열매마 재배 시범	70,000	기술보급과	8	4	7	8	7	5	5	4
5311	전북 진안군	기후온난화 대응 새로운 소득과수 도입 시범	427,680	기술보급과	8	4	7	8	7	5	5	4
5312	전북 진안군	이상기상 대응 과원피해 예방 기술 확산 시범	67,200	기술보급과	8	4	7	8	7	5	5	4
5313	전북 진안군	체리 하우스 무인방제기 설치 시범	36,000	기술보급과	8	4	7	8	7	5	5	4
5314	전북 진안군	새소득사업개발을 위한실증시범	120,000	기술보급과	8	4	7	8	7	5	5	4
5315	전북 진안군	홍삼한우 TMR 사료 생산 자동화시설 시범	172,000	기술보급과	8	4	7	8	7	5	5	4
5316	전북 진안군	번식우 발정 탐지 시스템 보급 시범	36,000	기술보급과	8	4	7	8	7	5	5	4
5317	전북 진안군	우량한우 수정란 이식 시범	24,000	기술보급과	8	4	7	8	7	5	5	4
5318	전북 무주군	음식점 시설개선사업	110,000	관광진흥과	8	4	7	8	7	1	1	4
5319	전북 무주군	마을회관 정비사업	716,000	민원봉사과	8	4	7	8	7	5	5	4
5320	전북 무주군	목재펠릿난로 지원사업	20,300	산림녹지과	8	4	7	8	7	5	1	4
5321	전북 무주군	용담댐 주변지역 지원	132,318	안전재난과	8	1	6	1	7	3	1	1
5322	전북 무주군	공중위생업소 환경개선 지원사업	17,500	환경위생과	8	4	7	8	7	5	5	4
5323	전북 무주군	과수 인공수분용 꽃가루 지원	80,000	기술연구과	8	4	7	8	7	5	5	4
5324	전북 무주군	고품질 수박생산을 위한 일소피해 예방 시범	19,688	기술연구과	8	4	7	8	7	5	5	4
5325	전북 무주군	도종무 2기작 재배 시범	13,860	기술연구과	8	4	7	8	7	5	5	4
5326	전북 무주군	우리품종 화훼 신품종 확대보급 시범	7,000	기술연구과	8	4	7	8	7	5	5	4
5327	전북 무주군	고추냉이 고부가가치 향상 시범	20,000	기술연구과	8	4	7	8	7	5	5	4
5328	전북 무주군	농기계 구입 지원	1,500	농업정책과	8	4	7	8	7	1	1	4
5329	전북 무주군	축사 폐쇄회로설치 지원사업	10,000	농업정책과	8	4	7	8	7	1	1	1
5330	전북 무주군	축산기자재 지원사업	22,500	농업정책과	8	4	7	8	7	1	1	1
5331	전북 무주군	고품질 양(한)봉지원	90,000	농업정책과	8	4	7	8	7	1	1	1
5332	전북 무주군	고품질 한우생산 지원	150,000	농업정책과	8	4	7	8	7	1	1	1

순번	시군구	지출명 (사업명)	2021년예산 (단위:천원/1년간)	담당자 (공무원) 담당부서	민간이전 분류 (지방자치단체 세출예산 집행기준에 의거) 1. 민간경상사업보조(307-02) 2. 민간단체 법정운영비보조(307-03) 3. 민간행사사업보조(307-04) 4. 민간위탁금(307-05) 5. 사회복지시설 법정운영비보조(307-10) 6. 민간인위탁교육비(307-12) 7. 공기관등에대한경상적위탁사업비(308-10) 8. 민간자본사업보조,자체재원(402-01) 9. 민간자본사업보조,이전재원(402-02) 10. 민간위탁사업비(402-03) 11. 공기관등에 대한 자본적 대행사업비(403-02)	민간이전지출 근거 (지방보조금 관리기준 참고) 1. 법률에 규정 2. 국고보조 재원(국가지정) 3. 용도 지정 기부금 4. 조례에 직접규정 5. 지자체가 권장하는 사업을 하는 공공기관 6. 시,도 정책 및 재정사정 7. 기타 8. 해당없음	입찰방식 계약체결방법 (경쟁형태) 1. 일반경쟁 2. 제한경쟁 3. 지명경쟁 4. 수의계약 5. 법정위탁 6. 기타 ( ) 7. 해당없음	계약기간 1. 1년 2. 2년 3. 3년 4. 4년 5. 5년 6. 기타 ( )년 7. 단기계약 (1년미만) 8. 해당없음	낙찰자선정방법 1. 적격심사 2. 협상에의한계약 3. 최저가낙찰제 4. 규격가격분리 5. 2단계 경쟁입찰 6. 기타 ( ) 7. 해당없음	운영예산 산정 운영예산 산정 1. 내부산정 (지자체 자체적으로 산정) 2. 외부산정 (외부전문기관위탁 산정) 3. 내·외부 모두 산정 4. 산정 無 5. 해당없음	정산방법 1. 내부정산 (지자체 내부적으로 정산) 2. 외부정산 (외부전문기관위탁 정산) 3. 내·외부 모두 산정 4. 정산 無 5. 해당없음	성과평가 실시여부 1. 실시 2. 미실시 3. 향후 추진 4. 해당없음
5333	전북 무주군	양봉장 비가림시설 지원	25,000	농업정책과	8	4	7	8	7	1	1	1
5334	전북 무주군	머루와인가공공장 시설보강 지원사업	125,000	농촌활력과	8	4	7	8	7	5	5	4
5335	전북 무주군	도촌, 장내 마을만들기 자율개발사업	393,000	농촌활력과	8	2	7	8	7	5	5	4
5336	전북 무주군	HACCP 사후(사전)관리 컨설팅 지원사업	12,600	농촌활력과	8	1	7	8	7	5	5	4
5337	전북 무주군	농특산물 전시판매장 설치 지원사업	53,200	농촌활력과	8	1	7	8	7	5	5	4
5338	전북 장수군	노인회 기능보강사업	6,000	주민복지실	8	1	7	8	7	1	1	1
5339	전북 장수군	스타트창업 지원	36,000	일자리경제과	8	4	7	8	7	5	5	4
5340	전북 장수군	신재생에너지 주택지원사업	57,850	일자리경제과	8	1	7	8	7	5	1	4
5341	전북 장수군	자율방범대 순찰차량 구입 지원	90,000	행정지원과	8	4	7	8	7	5	5	4
5342	전북 장수군	행복나눔 빵굼터 운영에 따른 기계교체	10,750	행정지원과	8	4	7	8	7	1	1	4
5343	전북 장수군	마을회관 보수	351,200	민원과	8	4	7	8	7	5	5	4
5344	전북 장수군	마을모정 신축	18,000	민원과	8	4	7	8	7	5	5	4
5345	전북 장수군	마을모정 보수	116,500	민원과	8	4	7	8	7	5	5	4
5346	전북 장수군	마을회관 보수	5,500	민원과	8	4	7	8	7	5	5	4
5347	전북 장수군	마을회관 게시판 설치 지원	40,000	민원과	8	4	7	8	7	5	5	4
5348	전북 장수군	장수문화원 물품구입 사업	10,545	문화체육관광과	8	4	7	8	7	1	1	1
5349	전북 장수군	장애인체육회 자산구입 지원	36,500	문화체육관광과	8	4	7	8	7	1	1	1
5350	전북 장수군	농작업 안전관리사 지원	120,000	농업정책과	8	4	7	8	7	1	1	4
5351	전북 장수군	농·특산물 포장재 지원	110,500	농축산유통과	8	4	7	8	7	5	5	4
5352	전북 장수군	농산물 공동작업 파렛트 지원사업	57,750	농축산유통과	8	4	7	8	7	5	5	4
5353	전북 장수군	건축형 저온저장고(16.5㎡형(5평))	50,000	농축산유통과	8	4	7	8	7	5	5	4
5354	전북 장수군	농기계형 저온저장고(10㎡형(3평))	110,000	농축산유통과	8	4	7	8	7	5	5	4
5355	전북 장수군	농산물 신선도 유지기 지원	60,000	농축산유통과	8	4	7	8	7	5	5	4
5356	전북 장수군	오미자 가공공장 원료매입 지원	40,000	농축산유통과	8	4	7	8	7	5	5	4
5357	전북 장수군	농산물 가공산업 지원	200,000	농축산유통과	8	4	7	8	7	5	5	4
5358	전북 장수군	친환경유기벼재배단지 농자재 지원	32,000	농축산유통과	8	4	7	8	7	5	5	4
5359	전북 장수군	객토지원사업	300,000	농축산유통과	8	4	7	8	7	5	5	4
5360	전북 장수군	못자리용 상토매트 지원	530,280	농축산유통과	8	4	7	8	7	5	5	4
5361	전북 장수군	쌀포장재 지원사업	25,000	농축산유통과	8	4	7	8	7	5	5	4
5362	전북 장수군	일반원예시설 지원	142,500	농축산유통과	8	4	7	8	7	5	5	4
5363	전북 장수군	읍면별 특화품목 육성지원	305,000	농축산유통과	8	4	7	8	7	5	5	4
5364	전북 장수군	양파재배 지원사업	115,200	농축산유통과	8	4	7	8	7	5	5	4
5365	전북 장수군	인삼재배 기반시설 지원	27,000	농축산유통과	8	4	7	8	7	5	5	4
5366	전북 장수군	인삼재배 시설자재 지원	76,635	농축산유통과	8	4	7	8	7	5	5	4
5367	전북 장수군	시설하우스 보일러 지원	110,000	농축산유통과	8	4	7	8	7	5	5	4
5368	전북 장수군	보일러 업그레이드 지원	30,000	농축산유통과	8	4	7	8	7	5	5	4
5369	전북 장수군	시설원예 생산시설 지원	200,000	농축산유통과	8	4	7	8	7	5	5	4
5370	전북 장수군	장수한우 수정란 이식 지원사업	45,000	축산과	8	4	7	8	7	5	5	1
5371	전북 장수군	곤포사일리지(볏짚) 비닐공급사업	80,100	축산과	8	1	7	8	7	5	5	4
5372	전북 장수군	축사신축 지원사업	217,800	축산과	8	4	7	8	7	5	5	4
5373	전북 장수군	중형관정	17,500	축산과	8	4	7	8	7	5	5	4
5374	전북 장수군	환풍기	40,000	축산과	8	4	7	8	7	5	5	4

순번	시군구	지출명 (사업명)	2021년예산 (단위:천원/1년간)	담당자 (공무원)	민간이전 분류 (지방자치단체 세출예산 집행기준에 의거)	민간이전지출 근거 (지방보조금 관리기준 참고)	입찰방식			운영예산 산정		성과평가 실시여부
				담당부서	1. 민간경상사업보조(307-02) 2. 민간단체 법정운영비보조(307-03) 3. 민간행사사업보조(307-04) 4. 민간위탁금(307-05) 5. 사회복지시설 법정운영비보조(307-10) 6. 민간인위탁교육비(307-12) 7. 공기관등에대한경상적위탁사업비(308-10) 8. 민간자본사업보조,자체재원(402-01) 9. 민간자본사업보조,이전재원(402-02) 10. 민간위탁사업비(402-03) 11. 공기관등에 대한 자본적 대행사업비(403-02)	1. 법률에 규정 2. 국고보조 재원(국가지정) 3. 용도 지정 기부금 4. 조례에 직접규정 5. 지자체가 권장하는 사업을 하는 공공기관 6. 시,도 정책 및 재정사정 7. 기타 8. 해당없음	계약체결방법 (경쟁형태) 1. 일반경쟁 2. 제한경쟁 3. 지명경쟁 4. 수의계약 5. 법정위탁 6. 기타 ( ) 7. 해당없음	계약기간 1. 1년 2. 2년 3. 3년 4. 4년 5. 5년 6. 기타 ( )년 7. 단기계약 (1년미만) 8. 해당없음	낙찰자선정방법 1. 적격심사 2. 협상에의한계약 3. 최저가낙찰제 4. 규격가격분리 5. 2단계 경쟁입찰 6. 기타 ( ) 7. 해당없음	운영예산 산정 1. 내부산정 (지자체 자체적으로 산정) 2. 외부산정 (외부전문기관위탁 산정) 3. 내·외부 모두 산정 4. 산정 無 5. 해당없음	정산방법 1. 내부정산 (지자체 내부적으로 정산) 2. 외부정산 (외부전문기관위탁 정산) 3. 내·외부 모두 산정 4. 정산 無 5. 해당없음	1. 실시 2. 미실시 3. 향후 추진 4. 해당없음
5375	전북 장수군	가축분뇨처리(한우) 수분조절제 지원	900,000	축산과	8	4	7	8	7	5	5	4
5376	전북 장수군	가축 음용수 소독약 투약 지원사업	17,625	축산과	8	4	7	8	7	5	5	4
5377	전북 장수군	축사환경 개선사업	50,000	축산과	8	4	7	8	7	5	5	4
5378	전북 장수군	고능력 흑염소 보급사업	9,000	축산과	8	4	7	8	7	5	5	4
5379	전북 장수군	양봉기자재 지원	205,000	축산과	8	4	7	8	7	5	5	4
5380	전북 장수군	꿀 포장재 지원	15,000	축산과	8	4	7	8	7	5	5	4
5381	전북 장수군	양봉 면역력 증강제 지원	10,200	축산과	8	4	7	8	7	5	5	4
5382	전북 장수군	가축분뇨처리 수분조절제 지원	180,000	축산과	8	4	7	8	7	5	5	4
5383	전북 장수군	퇴비사	120,000	축산과	8	4	7	8	7	5	5	4
5384	전북 장수군	액비처리장비	15,000	축산과	8	4	7	8	7	5	5	4
5385	전북 장수군	스키드로더(농가용)	45,000	축산과	8	4	7	8	7	5	5	4
5386	전북 장수군	이동식 분무 소독기 지원사업	10,000	축산과	8	4	7	8	7	1	1	4
5387	전북 장수군	닭 감보로 백신 지원사업	20,000	축산과	8	4	7	8	7	1	1	4
5388	전북 장수군	꿀벌 방역약품 지원사업	15,000	축산과	8	4	7	8	7	1	1	4
5389	전북 장수군	장수승마레저체험촌 대표관광지 육성사업	90,000	축산과	8	6	6	6	6	3	3	4
5390	전북 장수군	다목적 농기계 지원	60,000	농촌지원과	8	4	7	8	7	5	5	4
5391	전북 장수군	과수생산기반조성사업(중형관정)	35,000	과수과	8	4	7	8	7	5	5	4
5392	전북 장수군	사과 노후과원 정비(폐원) 지원사업	210,000	과수과	8	4	7	8	7	5	5	4
5393	전북 장수군	포도 비가림시설 지원사업	436,200	과수과	8	4	7	8	7	5	5	4
5394	전북 장수군	사과기상 재해예방	130,500	과수과	8	4	7	8	7	5	5	4
5395	전북 장수군	과수 인공수분 기자재 지원	66,300	과수과	8	4	7	8	7	5	5	4
5396	전북 장수군	과수(배,복숭아) 품질 고급화(봉지) 지원	37,500	과수과	8	4	7	8	7	5	5	4
5397	전북 장수군	에틸렌 생성 억제제 지원	150,000	과수과	8	4	7	8	7	5	5	4
5398	전북 장수군	과수 소규모 저온저장고 지원	100,000	과수과	8	4	7	8	7	5	5	4
5399	전북 장수군	다목적 소형 비닐하우스 지원	53,900	과수과	8	4	7	8	7	5	5	4
5400	전북 장수군	시설하우스 토양소독제 지원	19,500	과수과	8	4	7	8	7	5	5	4
5401	전북 장수군	애플수박 지역적응 실증시범	12,000	과수과	8	4	7	8	7	5	5	4
5402	전북 장수군	활죽시설 재배감자 시범	12,000	과수과	8	4	7	8	7	5	5	4
5403	전북 장수군	시설오이 연중재배 기술시범	30,000	과수과	8	4	7	8	7	5	5	4
5404	전북 장수군	새로운 소득작목 발굴 시범	12,000	과수과	8	4	7	8	7	5	5	4
5405	전북 장수군	멜론 신품종 지역적응 실증시범	6,000	과수과	8	4	7	8	7	5	5	4
5406	전북 장수군	항공방제 확대를 위한 드론 지원	48,000	과수과	8	4	7	8	7	5	5	4
5407	전북 장수군	폐기물처리시설 주변마을 지원사업	200,000	환경자원사업소	8	4	7	8	7	5	5	1
5408	전북 장수군	장수마을지원(소규모지원)	90,000	일자리경제실	8	6	7	8	7	1	1	4
5409	전북 장수군	귀농귀촌인 주택 수리비 지원	40,000	일자리경제실	8	6	7	8	7	1	1	4
5410	전북 장수군	귀농·귀촌인 주택 신축 설계비 지원	5,000	일자리경제실	8	6	7	8	7	1	1	4
5411	전북 장수군	귀향청년 정착 지원사업	30,000	일자리경제실	8	6	7	8	7	1	1	4
5412	전북 임실군	오수득가정 시설 개선사업	60,000	문화체육과	8	4	7	8	7	1	1	3
5413	전북 임실군	사립 작은도서관 기능보강 지원	10,000	문화체육과	8	1	7	8	7	5	5	4
5414	전북 임실군	섬진강댐 주변지역 지원사업	389,302	옥정호힐링과	8	1	7	1	7	5	5	4
5415	전북 임실군	소상공인 시설개보수 지원	50,000	경제교통과	8	5	7	8	7	5	5	4
5416	전북 임실군	오지도서 공영버스 지원	50,000	경제교통과	8	4	7	8	7	5	5	4

순번	시군구	지출명 (사업명)	2021년예산 (단위:천원/1년간)	담당자 (공무원) 담당부서	민간이전 분류 (지방자치단체 세출예산 집행기준에 의거) 1. 민간경상사업보조(307-02) 2. 민간단체 법정운영비보조(307-03) 3. 민간행사사업보조(307-04) 4. 민간위탁금(307-05) 5. 사회복지시설 법정운영비보조(307-10) 6. 민간인위탁교육비(307-12) 7. 공기관등에대한경상적위탁사업비(308-10) 8. 민간자본사업보조,자체재원(402-01) 9. 민간자본사업보조,이전재원(402-02) 10. 민간위탁사업비(402-03) 11. 공기관등에 대한 자본적 대행사업비(403-02)	민간이전지출 근거 (지방보조금 관리기준 참고) 1. 법률에 규정 2. 국고보조 재원(국가지정) 3. 용도 지정 기부금 4. 조례에 직접규정 5. 지자체가 권장하는 사업을 하는 공공기관 6. 시,도 정책 및 재정사정 7. 기타 8. 해당없음	입찰방식: 계약체결방법 (경쟁형태) 1. 일반경쟁 2. 제한경쟁 3. 지명경쟁 4. 수의계약 5. 법정위탁 6. 기타 ( ) 7. 해당없음	입찰방식: 계약기간 1. 1년 2. 2년 3. 3년 4. 4년 5. 5년 6. 기타 ( )년 7. 단기계약 (1년미만) 8. 해당없음	입찰방식: 낙찰자선정방법 1. 적격심사 2. 협상에의한계약 3. 최저가낙찰제 4. 규격가격분리 5. 2단계 경쟁입찰 6. 기타 ( ) 7. 해당없음	운영예산 산정: 운영예산 산정 1. 내부산정 (지자체 자체적으로 산정) 2. 외부산정 (외부전문기관위탁 산정) 3. 내·외부 모두 산정 4. 산정 無 5. 해당없음	운영예산 산정: 정산방법 1. 내부정산 (지자체 내부적으로 정산) 2. 외부정산 (외부전문기관위탁 정산) 3. 내·외부 모두 산정 4. 정산 無 5. 해당없음	성과평가 실시여부 1. 실시 2. 미실시 3. 향후 추진 4. 해당없음
5417	전북 임실군	경로당(마을회관) 기능보강사업	376,000	주민복지과	8	4	7	8	7	5	5	4
5418	전북 임실군	노인일자리 전담기관 기능보강	7,800	주민복지과	8	1	7	8	7	5	1	1
5419	전북 임실군	여성농업인 농작업용 편의 의자 보급	10,400	농업축산과	8	4	7	7	7	5	5	4
5420	전북 임실군	벼육묘용 상토 지원	347,680	농업축산과	8	4	7	8	7	1	1	4
5421	전북 임실군	농협협력 친환경농업 육성	10,000	농업축산과	8	4	7	8	7	1	1	4
5422	전북 임실군	농기계 지원사업	360,000	농업축산과	8	4	7	8	7	1	1	4
5423	전북 임실군	논 타작물 재배지원	10,000	농업축산과	8	4	7	8	7	1	1	4
5424	전북 임실군	남부권 벼 공동육묘장 시설장비 지원	147,000	농업축산과	8	4	7	8	7	1	1	4
5425	전북 임실군	단동하우스 시설개설지원	52,800	농업축산과	8	4	7	8	7	1	1	1
5426	전북 임실군	화훼(장미,국화)재배지원	100,000	농업축산과	8	4	7	8	7	1	1	1
5427	전북 임실군	인삼재배지원	20,160	농업축산과	8	4	7	8	7	1	1	1
5428	전북 임실군	영지버섯재배지원	140,400	농업축산과	8	4	7	8	7	1	1	1
5429	전북 임실군	잎담배 재배지원	31,200	농업축산과	8	4	7	8	7	1	1	1
5430	전북 임실군	시설하우스 비닐교체 지원	122,100	농업축산과	8	4	7	8	7	1	1	1
5431	전북 임실군	열매채소 시설재배 농자재 지원	68,670	농업축산과	8	4	7	8	7	1	1	1
5432	전북 임실군	토마토 육묘 지원	112,320	농업축산과	8	4	7	8	7	1	1	1
5433	전북 임실군	화훼 재배시설 농자재 지원	40,991	농업축산과	8	4	7	8	7	1	1	1
5434	전북 임실군	조미 채소류 생강 종강 지원 사업	21,600	농업축산과	8	4	7	8	7	1	1	1
5435	전북 임실군	고품질 고추 육묘 지원	383,000	농업축산과	8	4	7	8	7	1	1	1
5436	전북 임실군	고품질 고추생산 농자재 지원	228,200	농업축산과	8	4	7	8	7	1	1	1
5437	전북 임실군	고품질 고추생산 농기계(고추건조기, 세척기) 지원	114,600	농업축산과	8	4	7	8	7	1	1	1
5438	전북 임실군	농산물 저온저장고 지원	40,000	농업축산과	8	4	7	8	7	1	1	1
5439	전북 임실군	과수·서류 고품질육성 농자재 지원	114,000	농업축산과	8	4	7	8	7	1	1	1
5440	전북 임실군	복숭아 생산기반시설 지원	61,120	농업축산과	8	4	7	8	7	1	1	1
5441	전북 임실군	과수경쟁력 강화 농기계 지원	160,000	농업축산과	8	4	7	8	7	1	1	1
5442	전북 임실군	젖소 자동급수기 지원	5,700	농업축산과	8	2	7	8	7	5	1	4
5443	전북 임실군	젖소에 한우수정란 이식사업	25,600	농업축산과	8	2	7	8	7	5	1	4
5444	전북 임실군	한우환풍기 지원	27,995	농업축산과	8	2	7	8	7	5	1	4
5445	전북 임실군	한우푹분처리장비 지원	90,000	농업축산과	8	2	7	8	7	5	1	4
5446	전북 임실군	양돈 냉방기 지원	27,000	농업축산과	8	2	7	8	7	5	1	4
5447	전북 임실군	가금 계근대	7,260	농업축산과	8	2	7	8	7	5	1	4
5448	전북 임실군	가금 환풍기	9,090	농업축산과	8	2	7	8	7	5	1	4
5449	전북 임실군	가금 급이,급수기 지원	36,800	농업축산과	8	2	7	8	7	5	1	4
5450	전북 임실군	양봉기자재 지원	160,000	농업축산과	8	2	7	8	7	5	1	4
5451	전북 임실군	흑염소 기자재 지원	56,800	농업축산과	8	2	7	8	7	5	1	4
5452	전북 임실군	차량자동소독설비지원사업	10,000	농업축산과	8	6	7	8	7	1	1	1
5453	전북 임실군	행복마을만들기(디딤)	60,000	농촌활력과	8	8	7	8	7	5	5	4
5454	전북 임실군	소규모 농식품기업 육성 지원	100,000	농촌활력과	8	8	7	8	7	5	5	4
5455	전북 임실군	농특산물 포장재 지원	80,000	농촌활력과	8	8	7	8	7	5	5	4
5456	전북 임실군	해보드미 포장재 지원	80,000	농촌활력과	8	8	7	8	7	5	5	4
5457	전북 임실군	농산물 소포장 용기 지원	100,000	농촌활력과	8	8	7	8	7	5	5	4
5458	전북 임실군	브랜드(임실홍실) 경영체 포장재 지원	20,000	농촌활력과	8	8	7	8	7	5	5	4

순번	시군구	지출명 (사업명)	2021년예산 (단위:천원/1년간)	담당자 (공무원)	민간이전 분류 (지방자치단체 세출예산 집행기준에 의거)	민간이전지출 근거 (지방보조금 관리기준 참고)	입찰방식			운영예산 산정		성과평가 실시여부
				담당부서	1. 민간경상사업보조(307-02) 2. 민간단체 법정운영비보조(307-03) 3. 민간행사사업보조(307-04) 4. 민간위탁금(307-05) 5. 사회복지시설 법정운영비보조(307-10) 6. 민간인위탁교육비(307-12) 7. 공기관등에대한경상적위탁사업비(308-10) 8. 민간자본사업보조,자체재원(402-01) 9. 민간자본사업보조,이전재원(402-02) 10. 민간위탁사업비(402-03) 11. 공기관등에 대한 자본적 대행사업비(403-02)	1. 법률에 규정 2. 국고보조 재원(국가지정) 3. 용도 지정 기부금 4. 조례에 직접규정 5. 지자체가 권장하는 사업을 하는 공공기관 6. 시,도 정책 및 재정사정 7. 기타 8. 해당없음	계약체결방법 (경쟁형태) 1. 일반경쟁 2. 제한경쟁 3. 지명경쟁 4. 수의계약 5. 법정위탁 6. 기타 ( ) 7. 해당없음	계약기간 1. 1년 2. 2년 3. 3년 4. 4년 5. 5년 6. 기타 ( )년 7. 단기계약 (1년미만) 8. 해당없음	낙찰자선정방법 1. 적격심사 2. 협상에의한계약 3. 최저가낙찰제 4. 규격가격분리 5. 2단계 경쟁입찰 6. 기타 ( ) 7. 해당없음	운영예산 산정 1. 내부산정 (지자체 자체적으로 산정) 2. 외부산정 (외부전문기관위탁 산정) 3. 내·외부 모두 산정 4. 산정 無 5. 해당없음	정산방법 1. 내부정산 (지자체 내부적으로 정산) 2. 외부정산 (외부전문기관위탁 정산) 3. 내·외부 모두 산정 4. 정산 無 5. 해당없음	1. 실시 2. 미실시 3. 향후 추진 4. 해당없음
5459	전북 임실군	기획생산체계 구축사업	80,000	농촌활력과	8	7	7	8	7	5	5	4
5460	전북 임실군	소득사업 및 생산기반시설 지원	200,000	농촌활력과	8	4	7	8	7	1	1	1
5461	전북 임실군	주택구입신축 및 수리지원	200,000	농촌활력과	8	4	7	8	7	1	1	1
5462	전북 임실군	작약 재배지원	108,000	산림공원과	8	1	7	8	7	5	5	4
5463	전북 임실군	곶감 포장세트 지원	24,000	산림공원과	8	1	7	8	7	5	5	4
5464	전북 임실군	곶감 택배비 지원	3,200	산림공원과	8	1	7	8	7	5	5	4
5465	전북 임실군	조경수 재배지원	3,000	산림공원과	8	1	7	8	7	5	5	4
5466	전북 임실군	습답개선사업	200,000	건설과	8	4	6	8	7	1	1	4
5467	전북 임실군	상수원보호구역주변 주민지원사업	600,000	상하수도과	8	1	7	8	7	5	5	4
5468	전북 임실군	지붕개량사업	100,000	주택토지과	8	6	7	8	7	5	5	4
5469	전북 임실군	농어촌빈집정비사업	100,000	주택토지과	8	6	7	8	7	5	5	4
5470	전북 임실군	공공주택관리지원보조사업	90,000	주택토지과	8	6	7	8	7	5	5	4
5471	전북 임실군	벼 병해충 사전방제 지원	840,000	기술보급과	8	4	7	8	7	5	5	4
5472	전북 임실군	벼 병해충 사후(항공)방제 지원	1,080,000	기술보급과	8	4	7	8	7	5	5	4
5473	전북 임실군	벼 병해충 사후(일반)방제 지원	288,000	기술보급과	8	4	7	8	7	5	5	4
5474	전북 임실군	미량요소 활용 벼 품질향상 시범	10,500	기술보급과	8	4	7	8	7	5	5	4
5475	전북 임실군	벼 노동력 절감 시비체계 개선 시범	16,000	기술보급과	8	4	7	8	7	5	5	4
5476	전북 임실군	논두렁 개량 시범	60,000	기술보급과	8	4	7	8	7	5	5	4
5477	전북 임실군	과수 명품화 재해경감시설 구축 시범	40,000	기술보급과	8	4	7	8	7	5	5	4
5478	전북 임실군	과수 국내육성 품종 보급 시범	45,000	기술보급과	8	4	7	8	7	5	5	4
5479	전북 임실군	과수 수확적기 판단 비파괴당도계 활용 시범	36,000	기술보급과	8	4	7	8	7	5	5	4
5480	전북 임실군	과수 안정생산을 위한 냉해경감제 활용 시범	10,000	기술보급과	8	4	7	8	7	5	5	4
5481	전북 임실군	복숭아 단경기 품종 확대 보급 시범	160,000	기술보급과	8	4	7	8	7	5	5	4
5482	전북 임실군	친환경 시설하우스 병해충밀도 저감기술 시범	20,000	기술보급과	8	4	7	8	7	5	5	4
5483	전북 임실군	양봉 노동력 절감 채밀대차 도입 시범	30,000	기술보급과	8	4	7	8	7	5	5	4
5484	전북 임실군	빅데이터 기반 대가축 자동발정탐지시스템 구축 시범	60,000	기술보급과	8	4	7	8	7	5	5	4
5485	전북 임실군	돌발해충 방제 신기술 보급	10,000	기술보급과	8	4	7	8	7	5	5	4
5486	전북 임실군	고추 가식묘 적심 2줄기 재배 시범사업	20,000	기술보급과	8	4	7	8	7	5	5	4
5487	전북 임실군	고추 병해충종합관리(IPM) 시범사업	15,000	기술보급과	8	4	7	8	7	5	5	4
5488	전북 순창군	무료빨래방 운영 세탁기 구입	9,000	행정과	8	4	7	8	7	1	1	1
5489	전북 순창군	마을 방범용 CCTV 설치 지원	1,000	행정과	8	4	7	8	7	1	1	1
5490	전북 순창군	순창군 자율방범연합대 차량 구입 지원	25,000	행정과	8	4	7	8	7	1	1	1
5491	전북 순창군	순창군 자율방범연합대 초소기능 보강 사업	8,000	행정과	8	4	7	8	7	1	1	1
5492	전북 순창군	경로당 환경개선사업 등	476,000	주민복지과	8	4	7	8	7	5	1	4
5493	전북 순창군	노후 공동주택 관리 지원사업	180,430	민원과	8	1	7	8	7	1	1	4
5494	전북 순창군	청년창업 지원	200,000	경제교통과	8	4	7	8	7	1	1	4
5495	전북 순창군	서은마을회관 보수공사	3,000	건설과	8	4	7	8	7	1	1	4
5496	전북 순창군	관북2마을회관 보수공사	12,000	건설과	8	4	7	8	7	1	1	4
5497	전북 순창군	옥천요양원 모정 보수공사	7,000	건설과	8	4	7	8	7	1	1	4
5498	전북 순창군	동은2마을회관 보수공사	15,000	건설과	8	4	7	8	7	1	1	4
5499	전북 순창군	남계마을회관 보수공사	10,000	건설과	8	4	7	8	7	1	1	4
5500	전북 순창군	민속마을회관 리모델링	20,000	건설과	8	4	7	8	7	1	1	4

순번	시군구	지출명 (사업명)	2021년예산 (단위:천원/1년간)	담당자 (공무원)	민간이전 분류 (지방자치단체 세출예산 집행기준에 의거)	민간이전지출 근거 (지방보조금 관리기준 참고)	입찰방식			운영예산 산정		성과평가 실시여부
				담당부서	1. 민간경상사업보조(307-02) 2. 민간단체 법정운영비보조(307-03) 3. 민간행사사업보조(307-04) 4. 민간위탁금(307-05) 5. 사회복지시설 법정운영비보조(307-10) 6. 민간인위탁교육비(307-12) 7. 공기관등에대한경상적위탁사업비(308-10) 8. 민간자본사업보조,자체재원(402-01) 9. 민간자본사업보조,이전재원(402-02) 10. 민간위탁사업비(402-03) 11. 공기관등에 대한 자본적 대행사업비(403-02)	1. 법률에 규정 2. 국고보조 재원(국가지정) 3. 용도 지정 기부금 4. 조례에 직접규정 5. 지자체가 권장하는 사업을 하는 공공기관 6. 시,도 정책 및 재정사정 7. 기타 8. 해당없음	계약체결방법 (경쟁형태) 1. 일반경쟁 2. 제한경쟁 3. 지명경쟁 4. 수의계약 5. 법정위탁 6. 기타 ( ) 7. 해당없음	계약기간 1. 1년 2. 2년 3. 3년 4. 4년 5. 5년 6. 기타 ( )년 7. 단기계약 (1년미만) 8. 해당없음	낙찰자선정방법 1. 적격심사 2. 협상에의한계약 3. 최저가낙찰제 4. 규격가격분리 5. 2단계 경쟁입찰 6. 기타 ( ) 7. 해당없음	운영예산 산정 1. 내부산정 (지자체 자체적으로 산정) 2. 외부산정 (외부전문기관위탁 산정) 3. 내·외부 모두 산정 4. 산정 無 5. 해당없음	정산방법 1. 내부정산 (지자체 내부적으로 정산) 2. 외부정산 (외부전문기관위탁 정산) 3. 내·외부 모두 산정 4. 정산 無 5. 해당없음	1. 실시 2. 미실시 3. 향후 추진 4. 해당없음
5501	전북 순창군	창림마을회관 비가림 설치공사	10,000	건설과	8	4	7	8	7	1	1	4
5502	전북 순창군	옥천3마을회관 보수공사	17,000	건설과	8	4	7	8	7	1	1	4
5503	전북 순창군	백야마을회관 보수공사	10,000	건설과	8	4	7	8	7	1	1	4
5504	전북 순창군	관북1마을회관 보수공사	10,000	건설과	8	4	7	8	7	1	1	4
5505	전북 순창군	팔학마을회관 보수공사	10,000	건설과	8	4	7	8	7	1	1	4
5506	전북 순창군	정산마을 모정 보수공사	6,000	건설과	8	4	7	8	7	1	1	4
5507	전북 순창군	심초마을 모정 보수공사	5,000	건설과	8	4	7	8	7	1	1	4
5508	전북 순창군	외양마을회관 보수공사	11,000	건설과	8	4	7	8	7	1	1	4
5509	전북 순창군	신촌마을 회관 보수공사	10,000	건설과	8	4	7	8	7	1	1	4
5510	전북 순창군	추동마을 모정 신축공사	20,000	건설과	8	4	7	8	7	1	1	4
5511	전북 순창군	신흥마을 모정 보수공사	10,000	건설과	8	4	7	8	7	1	1	4
5512	전북 순창군	내령마을 모정 보수공사	10,000	건설과	8	4	7	8	7	1	1	4
5513	전북 순창군	관전마을 모정 보수공사	10,000	건설과	8	4	7	8	7	1	1	4
5514	전북 순창군	신관전마을 모정 보수공사	10,000	건설과	8	4	7	8	7	1	1	4
5515	전북 순창군	묘동마을 모정 보수공사	4,000	건설과	8	4	7	8	7	1	1	4
5516	전북 순창군	내적마을 모정 보수공사	10,000	건설과	8	4	7	8	7	1	1	4
5517	전북 순창군	대산마을 모정 보수공사	5,000	건설과	8	4	7	8	7	1	1	4
5518	전북 순창군	농소마을 모정 보수공사	10,000	건설과	8	4	7	8	7	1	1	4
5519	전북 순창군	원촌마을 모정 보수공사	5,000	건설과	8	4	7	8	7	1	1	4
5520	전북 순창군	모산마을 모정 보수공사	5,000	건설과	8	4	7	8	7	1	1	4
5521	전북 순창군	정동마을회관 비가림 설치공사	12,000	건설과	8	4	7	8	7	1	1	4
5522	전북 순창군	외이마을회관 창문 개보수공사	15,000	건설과	8	4	7	8	7	1	1	4
5523	전북 순창군	대가마을회관 정비공사	20,000	건설과	8	4	7	8	7	1	1	4
5524	전북 순창군	승입마을회관 정비공사	20,000	건설과	8	4	7	8	7	1	1	4
5525	전북 순창군	발산마을회관 보수 및 국기 게양대 설치	10,000	건설과	8	4	7	8	7	1	1	4
5526	전북 순창군	청룡마을회관 국기 게양대 설치	3,000	건설과	8	4	7	8	7	1	1	4
5527	전북 순창군	방성마을회관 국기 게양대 설치	3,000	건설과	8	4	7	8	7	1	1	4
5528	전북 순창군	남계마을회관 국기 게양대 설치	3,000	건설과	8	4	7	8	7	1	1	4
5529	전북 순창군	신매우마을회관 국기 게양대 설치	3,000	건설과	8	4	7	8	7	1	1	4
5530	전북 순창군	고례마을회관 국기 게양대 설치	3,000	건설과	8	4	7	8	7	1	1	4
5531	전북 순창군	이목마을회관 국기 게양대 설치	3,000	건설과	8	4	7	8	7	1	1	4
5532	전북 순창군	덕진마을 모정 및 회관 보수공사	5,000	건설과	8	4	7	8	7	1	1	4
5533	전북 순창군	태촌마을 모정 지붕 수리공사	10,000	건설과	8	4	7	8	7	1	1	4
5534	전북 순창군	상죽마을 모정 지붕 보수공사	10,000	건설과	8	4	7	8	7	1	1	4
5535	전북 순창군	농암마을 모정 도색공사	10,000	건설과	8	4	7	8	7	1	1	4
5536	전북 순창군	월성마을 모정 도색공사	5,000	건설과	8	4	7	8	7	1	1	4
5537	전북 순창군	정동마을 모정 지붕개량 및 도색공사	10,000	건설과	8	4	7	8	7	1	1	4
5538	전북 순창군	용교마을 회관 보수공사	5,000	건설과	8	4	7	8	7	1	1	4
5539	전북 순창군	구산마을 모정 도색공사	4,000	건설과	8	4	7	8	7	1	1	4
5540	전북 순창군	전암마을회관 국기 게양대 설치	2,000	건설과	8	4	7	8	7	1	1	4
5541	전북 순창군	탕곡마을 모정 보수공사	5,000	건설과	8	4	7	8	7	1	1	4
5542	전북 순창군	삼장마을 모정 보수공사	5,000	건설과	8	4	7	8	7	1	1	4

순번	시군구	지출명 (사업명)	2021년예산 (단위:천원/1년간)	담당자 (공무원) 담당부서	민간이전 분류 (지방자치단체 세출예산 집행기준에 의거) 1. 민간경상사업보조(307-02) 2. 민간단체 법정운영비보조(307-03) 3. 민간행사사업보조(307-04) 4. 민간위탁금(307-05) 5. 사회복지시설 법정운영비보조(307-10) 6. 민간인위탁교육비(307-12) 7. 공기관등에대한경상적위탁사업비(308-10) 8. 민간자본사업보조,자체재원(402-01) 9. 민간자본사업보조,이전재원(402-02) 10. 민간위탁사업비(402-03) 11. 공기관등에 대한 자본적 대행사업비(403-02)	민간이전지출 근거 (지방보조금 관리기준 참고) 1. 법률에 규정 2. 국고보조 재원(국가지정) 3. 용도 지정 기부금 4. 조례에 직접규정 5. 지자체가 권장하는 사업을 하는 공공기관 6. 시,도 정책 및 재정사정 7. 기타 8. 해당없음	입찰방식 계약체결방법 (경쟁형태) 1. 일반경쟁 2. 제한경쟁 3. 지명경쟁 4. 수의계약 5. 법정위탁 6. 기타 ( ) 7. 해당없음	입찰방식 계약기간 1. 1년 2. 2년 3. 3년 4. 4년 5. 5년 6. 기타 ( )년 7. 단기계약 (1년미만) 8. 해당없음	입찰방식 낙찰자선정방법 1. 적격심사 2. 협상에의한계약 3. 최저가낙찰제 4. 규격가격분리 5. 2단계 경쟁입찰 6. 기타 ( ) 7. 해당없음	운영예산 산정 운영예산 산정 1. 내부산정 (지자체 자체적으로 산정) 2. 외부산정 (외부전문기관위탁 산정) 3. 내·외부 모두 산정 4. 산정 無 5. 해당없음	운영예산 산정 정산방법 1. 내부정산 (지자체 내부적으로 정산) 2. 외부정산 (외부전문기관위탁 정산) 3. 내·외부 모두 산정 4. 정산 無 5. 해당없음	성과평가 실시여부 1. 실시 2. 미실시 3. 향후 추진 4. 해당없음
5543	전북 순창군	내동마을 모정 보수공사	5,000	건설과	8	4	7	8	7	1	1	4
5544	전북 순창군	오룡마을회관 보수공사	10,000	건설과	8	4	7	8	7	1	1	4
5545	전북 순창군	장암마을 모정 보수공사	10,000	건설과	8	4	7	8	7	1	1	4
5546	전북 순창군	통안마을 모정 보수공사	12,000	건설과	8	4	7	8	7	1	1	4
5547	전북 순창군	통안마을 화장실 보수공사	5,000	건설과	8	4	7	8	7	1	1	4
5548	전북 순창군	어은동마을 국기 게양대 설치	3,000	건설과	8	4	7	8	7	1	1	4
5549	전북 순창군	소형관정 개발사업	146,160	건설과	8	4	7	8	7	1	1	4
5550	전북 순창군	맹암거 설치사업	50,512	건설과	8	4	7	8	7	1	5	4
5551	전북 순창군	영농불리지역 농업용수 공급시설 설치사업	25,970	건설과	8	4	7	8	7	5	5	1
5552	전북 순창군	행랑채 철거(정비) 지원사업	150,000	농촌개발과	8	1	7	8	7	5	5	1
5553	전북 순창군	도심 빈집정비 주민공간 조성사업	40,000	농촌개발과	8	6	7	8	7	5	5	4
5554	전북 순창군	비공용 전기차충전기 설치지원	12,000	환경수도과	8	2	7	8	7	5	1	4
5555	전북 순창군	음식물류쓰레기 감량기 설치	50,000	환경수도과	8	4	6	6	6	1	1	4
5556	전북 순창군	내월마을 위쪽 담장쌓기	15,000	환경수도과	8	4	6	6	6	1	1	4
5557	전북 순창군	내월마을 안길 담장쌓기	15,000	환경수도과	8	4	6	6	6	1	1	4
5558	전북 순창군	외월마을 입구 담장쌓기	15,000	환경수도과	8	4	6	6	6	1	1	4
5559	전북 순창군	외월마을 안길 담장쌓기	15,000	환경수도과	8	4	6	6	6	1	1	4
5560	전북 순창군	구향마을 뒤쪽 담장쌓기	15,000	환경수도과	8	4	6	6	6	1	1	4
5561	전북 순창군	구향마을 안길 담장쌓기	15,000	환경수도과	8	4	6	6	6	1	1	4
5562	전북 순창군	신기마을 농가 태양광 설치	15,000	환경수도과	8	4	6	6	6	1	1	4
5563	전북 순창군	샛터마을 농가 태양광 설치	15,000	환경수도과	8	4	6	6	6	1	1	4
5564	전북 순창군	입석마을 모정 비가림시설 설치공사	10,000	환경수도과	8	4	6	6	6	1	1	4
5565	전북 순창군	신평마을 담장(석축) 쌓기(30m)	15,000	환경수도과	8	4	6	6	6	1	1	4
5566	전북 순창군	신평마을내 CCTV 설치	5,000	환경수도과	8	4	6	6	6	1	1	4
5567	전북 순창군	신평마을 시설물 보수	10,000	환경수도과	8	4	6	6	6	1	1	1
5568	전북 순창군	순창 가잠마을 모정 주변 정비공사	15,000	환경수도과	8	4	7	8	7	5	1	1
5569	전북 순창군	유등 정동마을 공동농기계 창고 보수공사	15,000	환경수도과	8	4	7	8	7	5	1	1
5570	전북 순창군	유등 창신마을회관 계단 보수공사	15,000	환경수도과	8	4	7	8	7	5	1	1
5571	전북 순창군	풍산 상촌마을 공동목욕탕 탈의실 및 보일러실 신축	15,000	환경수도과	8	4	7	8	7	5	1	4
5572	전북 순창군	갈색날개매미충약제지원	50,000	산림공원과	8	4	7	8	7	1	1	4
5573	전북 순창군	임업소득작물 재배지원	250,000	산림공원과	8	4	7	8	7	1	1	4
5574	전북 순창군	밤 생산 전용비료 지원	55,000	산림공원과	8	4	7	8	7	1	1	4
5575	전북 순창군	표고자목 지원	20,000	산림공원과	8	4	7	8	7	1	1	4
5576	전북 순창군	표고배지 지원	45,000	산림공원과	8	4	7	8	7	1	1	1
5577	전북 순창군	친환경벼 재배단지 논두렁조성 물막이 사업	220,000	생명농업과	8	4	7	8	7	1	1	1
5578	전북 순창군	농약 보관함(캐비닛) GAP 농가 보급 지원	60,000	생명농업과	8	4	7	8	7	1	1	1
5579	전북 순창군	친환경쌀 가공품 수거용기 지원사업	30,000	생명농업과	8	4	7	8	7	1	1	1
5580	전북 순창군	일반답 새끼우렁이 지원사업	67,200	생명농업과	8	4	7	8	7	1	1	1
5581	전북 순창군	유기농 벼 재배 포트이앙 시범단지	5,544	생명농업과	8	4	7	8	7	1	1	1
5582	전북 순창군	논두렁조성기 지원사업	12,500	생명농업과	8	4	7	8	7	1	1	1
5583	전북 순창군	농약자동호스릴 지원사업	19,000	생명농업과	8	4	7	8	7	1	1	1
5584	전북 순창군	동력살포기 지원사업	15,400	생명농업과	8	4	7	8	7	1	1	1

순번	시군구	지출명 (사업명)	2021년예산 (단위:천원/1년간)	담당자 (공무원)	민간이전 분류 (지방자치단체 세출예산 집행기준에 의거)	민간이전지출 근거 (지방보조금 관리기준 참고)	입찰방식			운영예산 산정		성과평가 실시여부
				담당부서	1. 민간경상사업보조(307-02) 2. 민간단체 법정운영비보조(307-03) 3. 민간행사사업보조(307-04) 4. 민간위탁금(307-05) 5. 사회복지시설 법정운영비보조(307-10) 6. 민간인위탁교육비(307-12) 7. 공기관등에대한경상적위탁사업비(308-10) 8. 민간자본사업보조,자체재원(402-01) 9. 민간자본사업보조,이전재원(402-02) 10. 민간위탁사업비(402-03) 11. 공기관등에 대한 자본적 대행사업비(403-02)	1. 법률에 규정 2. 국고보조 재원(국가지정) 3. 용도 지정 기부금 4. 조례에 직접규정 5. 지자체가 권장하는 사업을 하는 공공기관 6. 시,도 정책 및 재정사정 7. 기타 8. 해당없음	계약체결방법 (경쟁형태) 1. 일반경쟁 2. 제한경쟁 3. 지명경쟁 4. 수의계약 5. 법정위탁 6. 기타 ( ) 7. 해당없음	계약기간 1. 1년 2. 2년 3. 3년 4. 4년 5. 5년 6. 기타 ( )년 7. 단기계약 (1년미만) 8. 해당없음	낙찰자선정방법 1. 적격심사 2. 협상에의한계약 3. 최저가낙찰제 4. 규격가격분리 5. 2단계 경쟁입찰 6. 기타 ( ) 7. 해당없음	운영예산 산정 1. 내부산정 (지자체 자체적으로 산정) 2. 외부산정 (외부전문기관위탁 산정) 3. 내·외부 모두 산정 4. 산정 無 5. 해당없음	정산방법 1. 내부정산 (지자체 내부적으로 정산) 2. 외부정산 (외부전문기관위탁 정산) 3. 내·외부 모두 산정 4. 정산 無 5. 해당없음	1. 실시 2. 미실시 3. 향후 추진 4. 해당없음
5585	전북 순창군	분무기 지원사업	14,000	생명농업과	8	4	7	8	7	1	1	1
5586	전북 순창군	귀농자 소득사업	200,000	농축산과	8	4	7	8	7	1	1	3
5587	전북 순창군	귀농자 등 주택수리 및 신축 지원사업	200,000	농축산과	8	4	7	8	7	1	1	3
5588	전북 순창군	축사 관정 지원사업	70,000	농축산과	8	7	7	8	7	1	1	3
5589	전북 순창군	깨끗한축산농장 조성 기자재 지원사업	10,000	농축산과	8	7	7	8	7	1	1	3
5590	전북 순창군	축산기자재 지원사업	100,000	농축산과	8	7	7	8	7	1	1	3
5591	전북 순창군	냉동저장고 지원사업	30,000	농축산과	8	7	7	8	7	1	1	3
5592	전북 순창군	인삼차광막 지원사업	80,000	농축산과	8	7	7	8	7	1	1	3
5593	전북 순창군	복숭아 우산식 지주설치 지원사업	5,000	농축산과	8	7	7	8	7	1	1	3
5594	전북 순창군	밭작물 급수저장조 지원사업	10,300	농축산과	8	7	7	8	7	1	1	3
5595	전북 순창군	저온저장고 지원사업	84,540	농축산과	8	7	7	8	7	1	1	3
5596	전북 순창군	딸기 고설재배 배지교체 지원사업	70,000	농축산과	8	7	7	8	7	1	1	3
5597	전북 순창군	원예특작 스프링클러지원사업	30,000	농축산과	8	7	7	8	7	1	1	3
5598	전북 순창군	소규모 원예특작농가 지원사업	20,000	농축산과	8	7	7	8	7	1	1	3
5599	전북 순창군	밭작물 소형제초기 지원사업	19,800	농축산과	8	7	7	8	7	5	5	3
5600	전북 순창군	비닐하우스 필름지원사업	150,000	농축산과	8	7	7	8	7	5	5	3
5601	전북 순창군	딸기양액육묘 재배시설 지원사업	42,000	농축산과	8	7	7	8	7	1	1	3
5602	전북 순창군	고추세척기 지원사업	20,000	농축산과	8	7	7	8	7	1	1	3
5603	전북 순창군	고추건조기 지원사업	50,000	농축산과	8	7	7	8	7	1	1	3
5604	전북 순창군	농특산물 건조기 지원사업	25,000	농축산과	8	7	7	8	7	1	1	3
5605	전북 순창군	고설재배 배지 파쇄기 지원사업	10,200	농축산과	8	7	7	8	7	1	1	3
5606	전북 순창군	비닐하우스 설치 지원사업	189,200	농축산과	8	7	7	8	7	1	1	3
5607	전북 순창군	비닐하우스 자동환풍기 지원사업	15,000	농축산과	8	7	7	8	7	1	1	3
5608	전북 순창군	보행형관리기 지원사업	48,000	농축산과	8	7	7	8	7	1	1	3
5609	전북 순창군	농특산물 유통 포장재 지원사업 등	600,000	농축산과	8	4	7	8	7	1	1	3
5610	전북 순창군	친환경농산물 학교급식 포장재 지원사업	30,000	농축산과	8	4	7	8	7	1	1	3
5611	전북 순창군	농산물 저장집하 시설 지원사업	150,000	농축산과	8	4	7	8	7	1	1	3
5612	전북 순창군	농산물 가공시설 설치 지원	60,000	농축산과	8	4	7	8	7	1	1	3
5613	전북 순창군	소규모가공사업장 HACCP인증 시설개선 지원사업	126,000	농업기술과	8	4	7	8	7	1	1	3
5614	전북 순창군	광방충기를 이용한 과수 친환경 해충방제 시범	16,800	농업기술과	8	4	7	8	7	1	1	3
5615	전북 순창군	블루베리품종갱신	85,000	농업기술과	8	4	7	8	7	1	1	3
5616	전북 순창군	블루베리 간이 비가림 시설 지원	45,000	농업기술과	8	4	7	8	7	1	1	3
5617	전북 순창군	블루베리 현대화하우스 밀식재배 시범	330,000	농업기술과	8	4	7	8	7	1	1	3
5618	전북 순창군	클로렐라 쌈채소 브랜드화 지원	30,000	농업기술과	8	4	7	8	7	1	1	3
5619	전북 순창군	시설채소 친환경 훈증방제 시범	18,400	농업기술과	8	4	7	8	7	1	1	3
5620	전북 순창군	탄소발열체를 이용한 시설하우스 에너지 절감 시범	30,000	농업기술과	8	4	7	8	7	1	1	3
5621	전북 순창군	시설하우스 광환경 개선을 위한 개폐기 설치	36,000	농업기술과	8	4	7	8	7	1	1	3
5622	전북 순창군	시설오이 친환경 방제기술 시범	15,000	농업기술과	8	4	7	8	7	1	1	3
5623	전북 순창군	채소 종이포트 육묘 기술 시범	20,000	농업기술과	8	4	7	8	7	1	1	3
5624	전북 순창군	쌈채소 토경재배 관비기 지원	25,000	농업기술과	8	4	7	8	7	1	1	3
5625	전북 순창군	노동력 경감 고품질 우량 딸기묘 생산 시범	125,000	농업기술과	8	4	7	8	7	1	1	3
5626	전북 순창군	시설하우스 온도하강기술보급	130,000	농업기술과	8	4	7	8	7	1	1	3

순번	시군구	지출명 (사업명)	2021년예산 (단위:천원/1년간)	담당자 (공무원) 담당부서	민간이전 분류 (지방자치단체 세출예산 집행기준에 의거) 1. 민간경상사업보조(307-02) 2. 민간단체 법정운영비보조(307-03) 3. 민간행사사업보조(307-04) 4. 민간위탁금(307-05) 5. 사회복지시설 법정운영비보조(307-10) 6. 민간인위탁교육비(307-12) 7. 공기관등에대한경상적위탁사업비(308-10) 8. 민간자본사업보조,자체재원(402-01) 9. 민간자본사업보조,이전재원(402-02) 10. 민간위탁사업비(402-03) 11. 공기관등에 대한 자본적 대행사업비(403-02)	민간이전지출 근거 (지방보조금 관리기준 참고) 1. 법률에 규정 2. 국고보조 재원(국가지정) 3. 용도 지정 기부금 4. 조례에 직접규정 5. 지자체가 권장하는 사업을 하는 공공기관 6. 시,도 정책 및 재정사정 7. 기타 8. 해당없음	입찰방식 계약체결방법 (경쟁형태) 1. 일반경쟁 2. 제한경쟁 3. 지명경쟁 4. 수의계약 5. 법정위탁 6. 기타 ( ) 7. 해당없음	입찰방식 계약기간 1. 1년 2. 2년 3. 3년 4. 4년 5. 5년 6. 기타 ( )년 7. 단기계약 (1년미만) 8. 해당없음	입찰방식 낙찰자선정방법 1. 적격심사 2. 협상에의한계약 3. 최저가낙찰제 4. 규격가격분리 5. 2단계 경쟁입찰 6. 기타 ( ) 7. 해당없음	운영예산 산정 운영예산 산정 1. 내부산정 (지자체 자체적으로 산정) 2. 외부산정 (외부전문기관위탁 산정) 3. 내·외부 모두 산정 4. 산정 無 5. 해당없음	운영예산 산정 정산방법 1. 내부정산 (지자체 내부적으로 정산) 2. 외부정산 (외부전문기관위탁 정산) 3. 내·외부 모두 산정 4. 정산 無 5. 해당없음	성과평가 실시여부 1. 실시 2. 미실시 3. 향후 추진 4. 해당없음
5627	전북 순창군	전북형 기후변화 대응 신소득 작물 발굴 시범	120,000	농업기술과	8	6	7	8	7	1	1	3
5628	전북 순창군	품질인증 지원을 통한 우수체험농장 육성	25,000	농업기술과	8	1	7	8	7	1	1	3
5629	전북 순창군	치유체험농장 양성화 지원	28,600	농업기술과	8	1	7	8	7	1	1	3
5630	전북 순창군	농촌자원활용치유프로그램보급사업	70,000	농업기술과	8	1	7	8	7	1	1	3
5631	전북 순창군	농촌체험농장 육성	50,000	농업기술과	8	1	7	8	7	1	1	3
5632	전북 순창군	치유자원을 활용한 농촌체류관광 활성화 시범	100,000	농업기술과	8	1	7	8	7	1	1	3
5633	전북 고창군	친환경 쌀 생산단지 조성지원	180,000	농생명지원과	8	5	7	8	7	5	5	4
5634	전북 고창군	중소형농기계 지원사업	530,000	농생명지원과	8	5	7	8	7	5	5	4
5635	전북 고창군	농산물 중소형 저온저장고 지원사업	30,000	농생명지원과	8	5	7	8	7	5	5	4
5636	전북 고창군	수박생산단지 자재지원 사업	50,000	농생명지원과	8	4	7	8	7	5	5	4
5637	전북 고창군	고추 생산단지 자재지원 사업	40,000	농생명지원과	8	4	7	8	7	5	5	4
5638	전북 고창군	단호박 생산단지 자재지원 사업	30,000	농생명지원과	8	4	7	8	7	5	5	4
5639	전북 고창군	멜론 생산단지 자재지원 사업	50,000	농생명지원과	8	4	7	8	7	5	5	4
5640	전북 고창군	고들빼기 생산단지 자재 지원사업	30,000	농생명지원과	8	4	7	8	7	5	5	4
5641	전북 고창군	엽연초 생산단지 자재지원 사업	20,000	농생명지원과	8	4	7	8	7	5	5	4
5642	전북 고창군	인삼 생산단지 자재지원 사업	20,000	농생명지원과	8	4	7	8	7	5	5	4
5643	전북 고창군	고추 건조기, 세척기 지원사업	40,000	농생명지원과	8	4	7	8	7	5	5	4
5644	전북 고창군	내병계 고추종자지원 시범사업	100,000	농생명지원과	8	4	7	8	7	5	5	4
5645	전북 고창군	농산물유통시설장비 지원	3,500	농어촌식품과	8	4	7	8	7	5	5	4
5646	전북 고창군	유네스코 생물권보전지역 농산물 유통포장재 지원	48,000	농어촌식품과	8	4	7	8	7	5	5	4
5647	전북 고창군	환경조절장치 지원	12,000	축산과	8	6	7	8	7	1	1	3
5648	전북 고창군	가축분뇨처리장비(스키드로다)지원	48,000	축산과	8	4	7	8	7	1	1	3
5649	전북 고창군	자가배합교반기 지원	16,000	축산과	8	4	7	8	7	1	1	3
5650	전북 고창군	곤포사일리지 제조용비닐 지원	40,000	축산과	8	4	7	8	7	1	1	3
5651	전북 고창군	젖소우량정액 지원	20,000	축산과	8	4	7	8	7	1	1	3
5652	전북 고창군	착유시설 개보수 지원	36,000	축산과	8	4	7	8	7	1	1	3
5653	전북 고창군	농가 교육용 유가공 생산장비 지원	15,000	축산과	8	6	7	8	7	1	1	3
5654	전북 고창군	안개분무시설지원	15,000	축산과	8	4	7	8	7	1	1	3
5655	전북 고창군	한우 수정란 이식비용 지원	16,000	축산과	8	4	7	8	7	1	1	3
5656	전북 고창군	한우 배합사료 자동급이기 지원	30,000	축산과	8	4	7	8	7	1	1	3
5657	전북 고창군	육계농가 차량계근대 지원	16,800	축산과	8	4	7	8	7	1	1	3
5658	전북 고창군	오리농가 온풍기 지원	2,800	축산과	8	4	7	8	7	1	1	3
5659	전북 고창군	양봉농가 소초광 지원	18,000	축산과	8	4	7	8	7	1	1	3
5660	전북 고창군	염소농가 건초 지원	16,000	축산과	8	4	7	8	7	1	1	3
5661	전북 고창군	육계농가 감보로 예방약품 지원	30,000	축산과	8	4	7	8	7	1	1	3
5662	전북 고창군	고창읍 남흥1동 회관(아파트) 매입	80,000	건설도시과	8	4	7	8	7	5	5	4
5663	전북 고창군	무장면 가라마을 회관 리모델링공사	2,000	건설도시과	8	4	7	8	7	5	5	4
5664	전북 고창군	무장면 성내 내동마을 쉼터 신축공사	10,000	건설도시과	8	4	7	8	7	5	5	4
5665	전북 고창군	무장면 새치(조치)마을 모정 채양공사	7,000	건설도시과	8	4	7	8	7	5	5	4
5666	전북 고창군	해리면 노성사 리모델링공사	16,000	건설도시과	8	4	7	8	7	5	5	4
5667	전북 고창군	대산면 석교마을 모정 신축공사	20,000	건설도시과	8	4	7	8	7	5	5	4
5668	전북 고창군	흥덕면 대촌마을 모정 보수공사	5,000	건설도시과	8	4	7	8	7	5	5	4

순번	시군구	지출명 (사업명)	2021년예산 (단위:천원/1년간)	담당자 (공무원) 담당부서	민간이전 분류 (지방자치단체 세출예산 집행기준에 의거) 1. 민간경상사업보조(307-02) 2. 민간단체 법정운영비보조(307-03) 3. 민간행사사업보조(307-04) 4. 민간위탁금(307-05) 5. 사회복지시설 법정운영비보조(307-10) 6. 민간인위탁교육비(307-12) 7. 공기관등에대한경상적위탁사업비(308-10) 8. 민간자본사업보조,자체재원(402-01) 9. 민간자본사업보조,이전재원(402-02) 10. 민간위탁사업비(402-03) 11. 공기관등에 대한 자본적 대행사업비(403-02)	민간이전지출 근거 (지방보조금 관리기준 참고) 1. 법률에 규정 2. 국고보조 재원(국가지정) 3. 용도 지정 기부금 4. 조례에 직접규정 5. 지자체가 권장하는 사업을 하는 공공기관 6. 시,도 정책 및 재정사정 7. 기타 8. 해당없음	입찰방식 계약체결방법 (경쟁형태) 1. 일반경쟁 2. 제한경쟁 3. 지명경쟁 4. 수의계약 5. 법정위탁 6. 기타 ( ) 7. 해당없음	입찰방식 계약기간 1. 1년 2. 2년 3. 3년 4. 4년 5. 5년 6. 기타 ( )년 7. 단기계약 (1년미만) 8. 해당없음	입찰방식 낙찰자선정방법 1. 적격심사 2. 협상에의한계약 3. 최저가낙찰제 4. 규격가격분리 5. 2단계 경쟁입찰 6. 기타 ( ) 7. 해당없음	운영예산 산정 운영예산 산정 1. 내부산정 (지자체 자체적으로 산정) 2. 외부산정 (외부전문기관위탁 산정) 3. 내·외부 모두 산정 4. 산정 無 5. 해당없음	운영예산 산정 정산방법 1. 내부정산 (지자체 내부적으로 정산) 2. 외부정산 (외부전문기관위탁 정산) 3. 내·외부 모두 산정 4. 정산 無 5. 해당없음	성과평가 실시여부 1. 실시 2. 미실시 3. 향후 추진 4. 해당없음
5669	전북 고창군	고창읍 신상마을 모정 정비공사	10,000	건설도시과	8	4	7	8	7	5	5	4
5670	전북 고창군	고창읍 학전마을 회관 개축공사	80,000	건설도시과	8	4	7	8	7	5	5	4
5671	전북 고창군	고수면 남산마을회관 지붕설치 보수공사	19,000	건설도시과	8	4	7	8	7	5	5	4
5672	전북 고창군	아산면 선동마을 회관 보수공사	10,000	건설도시과	8	4	7	8	7	5	5	4
5673	전북 고창군	상하면 오룡경로당 옆 모정 보수공사	6,000	건설도시과	8	4	7	8	7	5	5	4
5674	전북 고창군	상하면 조만정마을 모정 보수공사	10,000	건설도시과	8	4	7	8	7	5	5	4
5675	전북 고창군	해리면 하련마을 모정 보수공사	10,000	건설도시과	8	4	7	8	7	5	5	4
5676	전북 고창군	흥덕면 상연마을 회관 리모델링공사	22,000	건설도시과	8	4	7	8	7	5	5	4
5677	전북 고창군	성내면 백연마을 모정 보수공사	10,000	건설도시과	8	4	7	8	7	5	5	4
5678	전북 고창군	부안면 용산마을 모정 신축공사	20,000	건설도시과	8	4	7	8	7	5	5	4
5679	전북 고창군	부안면 지동마을회관 보수 및 주변공사	20,000	건설도시과	8	4	7	8	7	5	5	4
5680	전북 고창군	전봉준장군동상건립	400,000	문화예술과	8	4	7	8	7	1	1	3
5681	전북 고창군	경로당 개보수	1,050,000	사회복지과	8	4	7	8	7	1	1	4
5682	전북 고창군	경로당 기능보강	80,000	사회복지과	8	4	7	8	7	1	1	4
5683	전북 고창군	저주파 퇴치기 지원사업	3,000	생태환경과	8	4	7	8	7	5	5	4
5684	전북 고창군	위생업소 시설개선 지원사업	50,000	생태환경과	8	5	7	8	7	1	1	4
5685	전북 고창군	공동주택관리 지원사업	50,000	종합민원과	8	4	7	8	7	5	5	4
5686	전북 고창군	농촌빈집정비사업	420,000	종합민원과	8	1	7	8	7	5	5	4
5687	전북 고창군	농촌청년 창업 활성화 사업지원	25,000	농업기술센터	8	6	7	8	7	5	5	4
5688	전북 고창군	무, 배추 뿌리혹병 사전방제 사업	40,000	농업기술센터	8	2	7	8	7	5	5	4
5689	전북 고창군	벼 병해충사전방제	350,000	농업기술센터	8	2	7	8	7	5	5	4
5690	전북 고창군	맥류(보리등) 제품개발 지원	42,000	농업기술센터	8	4	7	8	7	5	5	4
5691	전북 고창군	프리미엄 멜론 안정생산기술 현장실증 시범	21,000	농업기술센터	8	2	7	8	7	5	5	4
5692	전북 고창군	작은수박 브랜드 육성지원 사업	50,000	농업기술센터	8	2	7	8	7	5	5	4
5693	전북 부안군	산업단지 분양가 지원	277,600	미래전략담당관	8	4	7	8	7	1	1	4
5694	전북 부안군	군내 신증설 투자기업 지원	130,000	미래전략담당관	8	4	7	8	7	1	1	4
5695	전북 부안군	월명암 모노레일 보수지원	300,000	문화관광과	8	4	7	8	7	5	5	4
5696	전북 부안군	경로당 신축	80,000	사회복지과	8	4	7	8	7	1	1	1
5697	전북 부안군	경로당 기능보강사업	412,678	사회복지과	8	4	7	8	7	1	1	1
5698	전북 부안군	경로당 긴급보수	25,000	사회복지과	8	4	7	8	7	1	1	1
5699	전북 부안군	입식테이블 설치 지원	36,000	사회복지과	8	5	5	7	1	1	1	2
5700	전북 부안군	공동주택 관리지원 사업	50,000	민원과	8	1	7	1	7	2	1	2
5701	전북 부안군	천년의 솜씨 보급종자 지원	160,920	농업정책과	8	4	7	8	7	1	1	4
5702	전북 부안군	포장재 지원	75,000	농업정책과	8	4	7	8	7	1	1	4
5703	전북 부안군	벼 수확용 톤백 지원	25,000	농업정책과	8	4	7	8	7	1	1	4
5704	전북 부안군	벼 육묘상토 지원사업	1,032,000	농업정책과	8	1	7	8	7	1	1	4
5705	전북 부안군	중형농기계 지원사업	110,100	농업정책과	8	1	7	8	7	1	1	4
5706	전북 부안군	친환경농업포트이앙기 지원사업	25,000	농업정책과	8	1	7	8	7	1	1	4
5707	전북 부안군	푸드플랜 기획생산 기반구축 사업	140,000	농업정책과	8	4	7	8	7	1	1	4
5708	전북 부안군	차량자동소독시설 지원	30,000	축산유통과	8	1	7	8	7	5	5	4
5709	전북 부안군	축산농가 음수 자동소독장치 지원	7,500	축산유통과	8	1	7	8	7	5	5	4
5710	전북 부안군	가축질병 예방 살균조명등 설치 지원	80,850	축산유통과	8	1	7	8	7	5	5	4

순번	시군구	지출명 (사업명)	2021년예산 (단위:천원/1년간)	담당자 (공무원) 담당부서	민간이전 분류 (지방자치단체 세출예산 집행기준에 의거) 1. 민간경상사업보조(307-02) 2. 민간단체 법정운영비보조(307-03) 3. 민간행사사업보조(307-04) 4. 민간위탁금(307-05) 5. 사회복지시설 법정운영비보조(307-10) 6. 민간인위탁교육비(307-12) 7. 공기관등에대한경상적위탁사업비(308-10) 8. 민간자본사업보조,자체재원(402-01) 9. 민간자본사업보조,이전재원(402-02) 10. 민간위탁사업비(402-03) 11. 공기관등에 대한 자본적 대행사업비(403-02)	민간이전지출 근거 (지방보조금 관리기준 참고) 1. 법률에 규정 2. 국고보조 재원(국가지정) 3. 용도 지정 기부금 4. 조례에 직접규정 5. 지자체가 권장하는 사업을 하는 공공기관 6. 시,도 정책 및 재정사정 7. 기타 8. 해당없음	입찰방식 계약체결방법 (경쟁형태) 1. 일반경쟁 2. 제한경쟁 3. 지명경쟁 4. 수의계약 5. 법정위탁 6. 기타 ( ) 7. 해당없음	입찰방식 계약기간 1. 1년 2. 2년 3. 3년 4. 4년 5. 5년 6. 기타 ( )년 7. 단기계약 (1년미만) 8. 해당없음	입찰방식 낙찰자선정방법 1. 적격심사 2. 협상에의한계약 3. 최저가낙찰제 4. 규격가격분리 5. 2단계 경쟁입찰 6. 기타 ( ) 7. 해당없음	운영예산 산정 운영예산 산정 1. 내부산정 (지자체 자체적으로 산정) 2. 외부산정 (외부전문기관위탁 산정) 3. 내·외부 모두 산정 4. 산정 無 5. 해당없음	운영예산 산정 정산방법 1. 내부정산 (지자체 내부적으로 정산) 2. 외부정산 (외부전문기관위탁 정산) 3. 내·외부 모두 산정 4. 정산 無 5. 해당없음	성과평가 실시여부 1. 실시 2. 미실시 3. 향후 추진 4. 해당없음
5711	전북 부안군	축산농가 소독장비 지원	4,875	축산유통과	8	1	7	8	7	5	5	4
5712	전북 부안군	신소득품목 육성 지원사업	150,000	축산유통과	8	4	7	8	7	5	5	4
5713	전북 부안군	비닐하우스 비닐교체 지원사업	124,800	축산유통과	8	4	7	8	7	5	5	4
5714	전북 부안군	인삼 자재 지원사업	24,000	축산유통과	8	4	7	8	7	5	5	4
5715	전북 부안군	명품 수박·애호박단지 지원사업	90,000	축산유통과	8	4	7	8	7	5	5	4
5716	전북 부안군	소규모 농산물 저온저장고 지원사업	216,000	축산유통과	8	4	7	8	7	5	5	4
5717	전북 부안군	원예작물 지력증진사업	90,000	축산유통과	8	4	7	8	7	5	5	4
5718	전북 부안군	위도 다기능어항 면세유 공급시설 이전 지원	300,000	해양수산과	8	1	6	1	7	2	3	3
5719	전북 부안군	부안읍 행상마을 회관 보수	6,000	건설교통과	8	4	7	8	7	1	1	4
5720	전북 부안군	부안읍 효동마을 회관 보수	4,000	건설교통과	8	4	7	8	7	1	1	4
5721	전북 부안군	부안읍 운기마을 모정 보수	6,000	건설교통과	8	4	7	8	7	1	1	4
5722	전북 부안군	부안읍 연곡마을 회관 보수	5,000	건설교통과	8	4	7	8	7	1	1	4
5723	전북 부안군	부안읍 명당마을 모정 보수	10,000	건설교통과	8	4	7	8	7	1	1	4
5724	전북 부안군	부안읍 단풍마을 모정 신축	16,000	건설교통과	8	4	7	8	7	1	1	4
5725	전북 부안군	부안읍 대림아파트 모정 기능보강	5,000	건설교통과	8	4	7	8	7	1	1	4
5726	전북 부안군	부안읍 동영1차 모정 보수	5,000	건설교통과	8	4	7	8	7	1	1	4
5727	전북 부안군	주산면 제내마을 모정 신축	20,000	건설교통과	8	4	7	8	7	1	1	4
5728	전북 부안군	동진면 산월마을 모정 보수	10,000	건설교통과	8	4	7	8	7	1	1	4
5729	전북 부안군	행안면 행산마을 모정 기능보강	10,000	건설교통과	8	4	7	8	7	1	1	4
5730	전북 부안군	행안면 송서마을 모정 기능보강	10,000	건설교통과	8	4	7	8	7	1	1	4
5731	전북 부안군	계화면 동돈마을 모정 보수	15,000	건설교통과	8	4	7	8	7	1	1	4
5732	전북 부안군	계화면 서돈마을 모정 신축	20,000	건설교통과	8	4	7	8	7	1	1	4
5733	전북 부안군	계화면 조포1마을회관 기능보강	10,000	건설교통과	8	4	7	8	7	1	1	4
5734	전북 부안군	보안면 장춘마을 모정 보수	10,000	건설교통과	8	4	7	8	7	1	1	4
5735	전북 부안군	보안면 신복마을 모정 보수	10,000	건설교통과	8	4	7	8	7	1	1	4
5736	전북 부안군	변산면 격하1마을 모정 보수	10,000	건설교통과	8	4	7	8	7	1	1	4
5737	전북 부안군	변산면 격상마을 제설기 구입	3,000	건설교통과	8	4	7	8	7	1	1	4
5738	전북 부안군	변산면 소격마을 제설기 구입	3,000	건설교통과	8	4	7	8	7	1	1	4
5739	전북 부안군	변산면 중계마을회관 기능보강	10,000	건설교통과	8	4	7	8	7	1	1	4
5740	전북 부안군	변산면 대항마을회관 기능보강	10,000	건설교통과	8	4	7	8	7	1	1	4
5741	전북 부안군	변산면 신성마을회관 기능보강	10,000	건설교통과	8	4	7	8	7	1	1	4
5742	전북 부안군	변산면 모장마을회관 기능보강	10,000	건설교통과	8	4	7	8	7	1	1	4
5743	전북 부안군	변산면 운산마을회관 기능보강	10,000	건설교통과	8	4	7	8	7	1	1	4
5744	전북 부안군	변산면 중산마을회관 기능보강	10,000	건설교통과	8	4	7	8	7	1	1	4
5745	전북 부안군	변산면 수락마을회관 기능보강	10,000	건설교통과	8	4	7	8	7	1	1	4
5746	전북 부안군	변산면 언포마을회관 기능보강	10,000	건설교통과	8	4	7	8	7	1	1	4
5747	전북 부안군	변산면 도청마을회관 기능보강	10,000	건설교통과	8	4	7	8	7	1	1	4
5748	전북 부안군	변산면 두포마을회관 기능보강	10,000	건설교통과	8	4	7	8	7	1	1	4
5749	전북 부안군	변산면 유유마을회관 기능보강	10,000	건설교통과	8	4	7	8	7	1	1	4
5750	전북 부안군	진서면 용동마을 모정 보수	10,000	건설교통과	8	4	7	8	7	1	1	4
5751	전북 부안군	백산면 외거마을 모정 보수	10,000	건설교통과	8	4	7	8	7	1	1	4
5752	전북 부안군	백산면 제설기 구입	6,000	건설교통과	8	4	7	8	7	1	1	4

순번	시군구	지출명 (사업명)	2021년예산 (단위:천원/1년간)	담당자 (공무원) 담당부서	민간이전 분류 (지방자치단체 세출예산 집행기준에 의거) 1. 민간경상사업보조(307-02) 2. 민간단체 법정운영비보조(307-03) 3. 민간행사사업보조(307-04) 4. 민간위탁금(307-05) 5. 사회복지시설 법정운영비보조(307-10) 6. 민간인위탁교육비(307-12) 7. 공기관등에대한경상적위탁사업비(308-10) 8. 민간자본사업보조,자체재원(402-01) 9. 민간자본사업보조,이전재원(402-02) 10. 민간위탁사업비(402-03) 11. 공기관등에 대한 자본적 대행사업비(403-02)	민간이전지출 근거 (지방보조금 관리기준 참고) 1. 법률에 규정 2. 국고보조 재원(국가지정) 3. 용도 지정 기부금 4. 조례에 직접규정 5. 지자체가 권장하는 사업을 하는 공공기관 6. 시,도 정책 및 재정사정 7. 기타 8. 해당없음	입찰방식 계약체결방법 (경쟁형태) 1. 일반경쟁 2. 제한경쟁 3. 지명경쟁 4. 수의계약 5. 법정위탁 6. 기타 ( ) 7. 해당없음	입찰방식 계약기간 1. 1년 2. 2년 3. 3년 4. 4년 5. 5년 6. 기타 ( )년 7. 단기계약 (1년미만) 8. 해당없음	입찰방식 낙찰자선정방법 1. 적격심사 2. 협상에의한계약 3. 최저가낙찰제 4. 규격가격분리 5. 2단계 경쟁입찰 6. 기타 ( ) 7. 해당없음	운영예산 산정 운영예산 산정 1. 내부산정 (지자체 자체적으로 산정) 2. 외부산정 (외부전문기관위탁 산정) 3. 내·외부 모두 산정 4. 산정 無 5. 해당없음	운영예산 산정 정산방법 1. 내부정산 (지자체 내부적으로 정산) 2. 외부정산 (외부전문기관위탁 정산) 3. 내·외부 모두 산정 4. 정산 無 5. 해당없음	성과평가 실시여부 1. 실시 2. 미실시 3. 향후 추진 4. 해당없음
5753	전북 부안군	상서면 지석마을 모정 보수	10,000	건설교통과	8	4	7	8	7	1	1	4
5754	전북 부안군	하서면 석상마을 모정 보수	10,000	건설교통과	8	4	7	8	7	1	1	4
5755	전북 부안군	하서면 복용마을회관 지붕 보수	13,000	건설교통과	8	4	7	8	7	1	1	4
5756	전북 부안군	하서면 신촌마을회관 기능보강	10,000	건설교통과	8	4	7	8	7	1	1	4
5757	전북 부안군	줄포면 신정마을 모정 보수	10,000	건설교통과	8	4	7	8	7	1	1	4
5758	전북 부안군	위도면 깊은금마을 모정 보수	10,000	건설교통과	8	4	7	8	7	1	1	4
5759	전북 부안군	위도면 파장금마을 모정 보수	6,000	건설교통과	8	4	7	8	7	1	1	4
5760	전북 부안군	위도면 식도마을 모정 보수	5,000	건설교통과	8	4	7	8	7	1	1	4
5761	전북 부안군	위도면 벌금마을 모정 보수	6,000	건설교통과	8	4	7	8	7	1	1	4
5762	전북 부안군	동진면 해평마을 제설기 구입	3,000	건설교통과	8	4	7	8	7	1	1	4
5763	전북 부안군	계화면 방재단 제설기 구입	3,000	건설교통과	8	4	7	8	7	1	1	4
5764	전북 부안군	백산면 덕신마을 제설기 구입	3,000	건설교통과	8	4	7	8	7	1	1	4
5765	전북 부안군	백산면 원천1마을 제설기 구입	3,000	건설교통과	8	4	7	8	7	1	1	4
5766	전북 부안군	농어촌 버스 대폐차 지원	40,000	건설교통과	8	4	7	8	7	1	1	4
5767	전북 부안군	하서면 의용소방대 기능보강	5,000	안전총괄과	8	7	7	1	7	1	1	1
5768	전북 부안군	청년농업인 영농정착 지원	350,000	농촌지원과	8	1	1	1	1	1	1	1
5769	전북 부안군	부가가치향상 농식품가공 창업지원	140,000	농촌지원과	8	6	7	8	7	5	5	4
5770	전북 부안군	농업인 이동식 다용도 작업대지원	44,000	농촌지원과	8	6	7	8	7	5	5	4
5771	전북 부안군	귀농인 농가주택 수리비 지원	80,000	농촌지원과	8	4	7	8	7	1	1	1
5772	전북 부안군	소규모 농가 비닐하우스 지원	20,000	농촌지원과	8	4	7	8	7	1	1	1
5773	전북 부안군	귀농인 중소형 농기계 지원	20,000	농촌지원과	8	4	7	8	7	1	1	1
5774	전북 부안군	벼 병해충 사전방제비 지원	484,000	친환경기술과	8	4	7	8	7	5	5	4
5775	전북 부안군	가공용 원예작물 발굴 시범	14,000	친환경기술과	8	4	7	8	7	5	5	4
5776	전북 부안군	불가사리 액비 농가활용 실증 시범	15,000	친환경기술과	8	4	7	8	7	5	5	4
5777	전북 부안군	참뽕산업기반구축(친환경개량자재) 지원	20,000	친환경기술과	8	4	7	8	7	5	5	4
5778	전북 부안군	누에사육 및 오디안전생산 뽕나무 지원	10,000	친환경기술과	8	4	7	8	7	5	5	4
5779	전북 부안군	오디 맞춤형 비료 지원	40,000	친환경기술과	8	4	7	8	7	5	5	4
5780	전북 부안군	양잠산물 저온저장고 지원	21,250	친환경기술과	8	4	7	8	7	5	5	4
5781	전북 부안군	규격출하 시스템 구축	50,000	친환경기술과	8	4	7	8	7	5	5	4
5782	전북 부안군	상수원보호구역 주민지원사업	520,378	상하수도사업소	8	1	7	8	7	5	5	4
5783	전북 부안군	부안댐 주변지역 주민지원사업	366,500	상하수도사업소	8	1	7	8	7	5	5	4
5784	전남 완도군	지방보조금 지원사업	780,000	지역개발과	8	1	7	8	7	5	5	4
5785	전남 완도군	폐통발 반납 통발구입비 지원사업	40,000	수산경영과	8	8	7	8	7	5	5	4
5786	전남 완도군	완도은빛멸치 양육 등 콘베어 설치	23,000	수산경영과	8	1	7	8	7	5	5	4
5787	전남 완도군	자연산 해조류 등 건조기 지원	50,000	수산경영과	8	1	7	8	7	5	5	4
5788	전남 완도군	소규모 김 공장 시설개선사업	40,000	수산경영과	8	1	7	8	7	5	5	4
5789	전남 완도군	수산물(마른김) 및 기자재 보관시설 건립	300,000	수산경영과	8	1	7	8	7	5	5	4
5790	전남 완도군	위생포장재 지원사업	40,000	수산경영과	8	1	7	8	7	5	5	4
5791	전남 완도군	가보고 싶은 섬 포장재 지원사업	16,000	수산경영과	8	1	7	8	7	5	5	4
5792	전남 완도군	전복선별기 지원사업	79,200	수산경영과	8	4	7	8	7	5	5	4
5793	전남 완도군	어패류 양식장 환경시스템(수온, DO측정) 지원	20,000	수산경영과	8	4	7	8	7	5	5	4
5794	전남 완도군	전복치패전용 액화산소 용해기 지원사업	80,000	수산경영과	8	4	7	8	7	5	5	4

순번	시군구	지출명 (사업명)	2021년예산 (단위:천원/1년간)	담당자 (공무원) 담당부서	민간이전 분류 (지방자치단체 세출예산 집행기준에 의거) 1. 민간경상사업보조(307-02) 2. 민간단체 법정운영비보조(307-03) 3. 민간행사사업보조(307-04) 4. 민간위탁금(307-05) 5. 사회복지시설 법정운영비보조(307-10) 6. 민간인위탁교육비(307-12) 7. 공기관등에대한경상적위탁사업비(308-10) 8. 민간자본사업보조,자체재원(402-01) 9. 민간자본사업보조,이전재원(402-02) 10. 민간위탁사업비(402-03) 11. 공기관등에 대한 자본적 대행사업비(403-02)	민간이전지출 근거 (지방보조금 관리기준 참고) 1. 법률에 규정 2. 국고보조 재원(국가지정) 3. 용도 지정 기부금 4. 조례에 직접규정 5. 지자체가 권장하는 사업을 하는 공공기관 6. 시,도 정책 및 재정사정 7. 기타 8. 해당없음	입찰방식 계약체결방법 (경쟁형태) 1. 일반경쟁 2. 제한경쟁 3. 지명경쟁 4. 수의계약 5. 법정위탁 6. 기타 ( ) 7. 해당없음	입찰방식 계약기간 1. 1년 2. 2년 3. 3년 4. 4년 5. 5년 6. 기타 ( )년 7. 단기계약 (1년미만) 8. 해당없음	입찰방식 낙찰자선정방법 1. 적격심사 2. 협상에의한계약 3. 최저가낙찰제 4. 규격가격분리 5. 2단계 경쟁입찰 6. 기타 ( ) 7. 해당없음	운영예산 산정 운영예산 산정 1. 내부산정 (지자체 자체적으로 산정) 2. 외부산정 (외부전문기관위탁 산정) 3. 내·외부 모두 산정 4. 산정 無 5. 해당없음	운영예산 산정 정산방법 1. 내부정산 (지자체 내부적으로 정산) 2. 외부정산 (외부전문기관위탁 정산) 3. 내·외부 모두 산정 4. 정산 無 5. 해당없음	성과평가 실시여부 1. 실시 2. 미실시 3. 향후 추진 4. 해당없음
5795	전남 완도군	전복 출하용기 단일화 지원사업	105,600	수산경영과	8	4	7	8	7	5	5	4
5796	전남 완도군	매생이 진공포장기 지원사업	20,000	수산경영과	8	7	7	8	7	5	5	4
5797	전남 완도군	미역, 다시마 우량종묘 공급사업	250,000	수산경영과	8	7	7	8	7	5	5	4
5798	전남 완도군	방과후돌봄 서비스지원	79,926	주민복지과	8	2	5	8	7	5	1	1
5799	전남 완도군	사례관리대상자 집수리사업	20,000	주민복지과	8	4	6	8	7	1	1	1
5800	전남 완도군	노인의료복지시설 기능보강사업	20,000	주민복지과	8	1	7	8	7	5	5	4
5801	전남 완도군	버섯재배사 냉동시설 보급 시범	27,300	농업기술센터	8	4	7	8	7	5	5	4
5802	전남 완도군	신소득 아열대 소득작목 망고 도입 시범	180,000	농업기술센터	8	4	7	8	7	5	5	4
5803	전남 완도군	유휴 시설하우스 작목전환 시범	100,000	농업기술센터	8	4	7	8	7	5	5	4
5804	전남 완도군	해양치유 기능성 생약초 단지 기반조성 시범	50,000	농업기술센터	8	4	7	8	7	5	5	4
5805	전남 완도군	어린이집 기능보강	20,000	여성가족과	8	2	7	8	7	3	1	1
5806	전남 목포시	원도심 상가 활성화	230,000	도시문화재과	8	4	7	8	7	1	5	4
5807	전남 목포시	공동주택공용시설물개보비지원	100,000	건축행정과	8	8	7	8	7	5	1	4
5808	전남 목포시	빈집정비지원사업	100,000	건축행정과	8	4	7	8	7	1	1	2
5809	전남 목포시	전남서부중소유통물류센터 노후건물 시설개선사업	25,000	지역경제과	8	1	7	8	7	5	5	4
5810	전남 목포시	중소기업 소규모 기업환경 개선사업	30,000	지역경제과	8	4	7	8	7	1	1	1
5811	전남 목포시	도시가스공급 보조사업 지원	500,000	지역경제과	8	4	7	8	7	1	1	1
5812	전남 목포시	주거환경정비(주택 리모델링)	100,000	도시재생과	8	1	7	8	7	5	5	4
5813	전남 여수시	한산사 칠성각 종각 보수	140,000	문화예술과	8	7	7	8	7	5	5	4
5814	전남 여수시	작은도서관 조성 및 운영 지원	130,000	시립도서관	8	4	7	8	7	1	1	4
5815	전남 여수시	경로당 기능보강사업	130,000	노인장애인과	8	1	7	8	7	1	1	2
5816	전남 여수시	경로당 기능보강사업	1,327,090	노인장애인과	8	1	7	8	7	2	1	2
5817	전남 여수시	온실가스 감축	20,000	기후생태과	8	2	7	8	7	5	5	4
5818	전남 여수시	지역공동체 마을기업육성	80,000	인구일자리과	8	7	7	8	7	5	5	4
5819	전남 여수시	노후도선 안전 수리비 지원	30,686	섬자원개발과	8	1	7	8	7	1	1	4
5820	전남 여수시	유기농 쌀 품질고급화 생산단지 조성 시범	365,050	미래농업과	8	1	1	7	6	1	1	1
5821	전남 여수시	벼 일반단지 병해충 방제자재 지원	44,800	미래농업과	8	1	4	7	6	1	1	1
5822	전남 여수시	슈퍼푸드 귀리 친환경 재배단지 조성 시범	30,000	미래농업과	8	1	4	7	6	1	1	1
5823	전남 여수시	유기농 감자 생산 시범	10,000	미래농업과	8	1	4	7	6	1	1	1
5824	전남 여수시	지역 맞춤형 스마트팜 기술보급 시범	56,000	미래농업과	8	1	4	7	6	1	1	1
5825	전남 여수시	시설원예 병해충 방제 생력화 시범	30,000	미래농업과	8	1	4	7	6	1	1	1
5826	전남 여수시	고온기 시설원예 온도저감 기술보급 시범	20,000	미래농업과	8	1	4	7	6	1	1	1
5827	전남 여수시	노지고추 생산성 향상 기술보급 시범	21,000	미래농업과	8	1	4	7	6	1	1	1
5828	전남 여수시	도서지역 특화작목 집중 육성 시범	10,000	미래농업과	8	1	4	7	6	1	1	1
5829	전남 여수시	소비자 선호형 소과류 안정생산 시범	21,000	미래농업과	8	1	4	7	6	1	1	1
5830	전남 여수시	기후변화 대응 아열대과수 실증재배 시범	30,000	미래농업과	8	1	4	7	6	1	1	1
5831	전남 여수시	ICT 활용 한우 번식 효율 향상 시범	5,000	미래농업과	8	1	4	7	6	1	1	1
5832	전남 여수시	유용미생물 활용 축산 냄새저감 시범	10,000	미래농업과	8	1	4	7	6	1	1	1
5833	전남 여수시	말벌 유인포살 방제 기술 시범	10,000	미래농업과	8	1	4	7	6	1	1	1
5834	전남 여수시	참깨 생력건조시스템 보급 시범	14,000	미래농업과	8	1	4	7	6	1	1	1
5835	전남 여수시	오디 이상기상 대응 안정생산 기술보급 시범	20,000	미래농업과	8	1	4	7	6	1	1	1
5836	전남 여수시	땅두릅 터널재배 기술보급 시범	10,000	미래농업과	8	1	4	7	6	1	1	1

순번	시군구	지출명 (사업명)	2021년예산 (단위:천원/1년간)	담당자 (공무원) 담당부서	민간이전 분류 (지방자치단체 세출예산 집행기준에 의거) 1. 민간경상사업보조(307-02) 2. 민간단체 법정운영비보조(307-03) 3. 민간행사사업보조(307-04) 4. 민간위탁금(307-05) 5. 사회복지시설 법정운영비보조(307-10) 6. 민간인위탁교육비(307-12) 7. 공기관등에대한경상적위탁사업비(308-10) 8. 민간자본사업보조,자체재원(402-01) 9. 민간자본사업보조,이전재원(402-02) 10. 민간위탁사업비(402-03) 11. 공기관등에 대한 자본적 대행사업비(403-02)	민간이전지출 근거 (지방보조금 관리기준 참고) 1. 법률에 규정 2. 국고보조 재원(국가지정) 3. 용도 지정 기부금 4. 조례에 직접규정 5. 지자체가 권장하는 사업을 하는 공공기관 6. 시,도 정책 및 재정사정 7. 기타 8. 해당없음	입찰방식 계약체결방법 (경쟁형태) 1. 일반경쟁 2. 제한경쟁 3. 지명경쟁 4. 수의계약 5. 법정위탁 6. 기타 ( ) 7. 해당없음	입찰방식 계약기간 1. 1년 2. 2년 3. 3년 4. 4년 5. 5년 6. 기타 ( )년 7. 단기계약 (1년미만) 8. 해당없음	입찰방식 낙찰자선정방법 1. 적격심사 2. 협상에의한계약 3. 최저가낙찰제 4. 규격가격분리 5. 2단계 경쟁입찰 6. 기타 ( ) 7. 해당없음	운영예산 산정 운영예산 산정 1. 내부산정 (지자체 자체적으로 산정) 2. 외부산정 (외부전문기관위탁 산정) 3. 내·외부 모두 산정 4. 산정 無 5. 해당없음	운영예산 산정 정산방법 1. 내부정산 (지자체 내부적으로 정산) 2. 외부정산 (외부전문기관위탁 정산) 3. 내·외부 모두 산정 4. 정산 無 5. 해당없음	성과평가 실시여부 1. 실시 2. 미실시 3. 향후 추진 4. 해당없음
5837	전남 여수시	방풍 친환경 병해충방제 기술보급 시범	20,000	미래농업과	8	1	4	7	6	1	1	1
5838	전남 여수시	품질인증 농촌교육농장 활성화 지원	15,000	농촌진흥과	8	6	7	8	7	5	5	4
5839	전남 여수시	귀농귀촌 영농실습 체험시설 지원	30,000	농촌진흥과	8	6	7	8	7	5	5	4
5840	전남 여수시	돌산갓 주년재배지 작부체계 개선	50,000	특산품육성과	8	4	7	8	7	5	5	4
5841	전남 여수시	종합사회복지관 기능보강사업	22,000	사회복지과	8	4	2	5	1	1	1	2
5842	전남 순천시	순천시체육회 재정지원	612,480	체육진흥과	8	1	7	8	7	5	5	3
5843	전남 순천시	전지훈련팀 유치 및 지원	29,000	체육진흥과	8	4	7	8	7	5	5	3
5844	전남 순천시	작은도서관운영	999,400	도서관운영과	8	1	7	8	7	5	5	3
5845	전남 순천시	농산물 수출 촉진 지원	314,760	농식품유통과	8	4	7	8	7	5	5	3
5846	전남 순천시	철도문화마을 만들기 사업	30,000	자치혁신과	8	6	7	8	7	5	5	3
5847	전남 순천시	에너지절약 및 유통질서 확립	220,000	지역경제과	8	7	7	8	7	5	5	3
5848	전남 순천시	태양광발전소 지능형 SW기술 실증사업	100,000	지역경제과	8	7	7	8	7	5	5	3
5849	전남 순천시	주민복지시설확충	554,000	노인장애인과	8	4	7	8	7	5	5	3
5850	전남 순천시	경로당 확충	106,480	노인장애인과	8	4	7	8	7	5	5	3
5851	전남 순천시	건축물 유지관리	240,000	건축과	8	1	7	8	7	5	5	3
5852	전남 순천시	도심 빈집 리모델링 사업	75,000	건축과	8	1	7	8	7	5	5	3
5853	전남 순천시	농어촌 빈집정비	30,000	건축과	8	1	7	8	7	5	5	3
5854	전남 순천시	도심지 빈집정비	70,000	건축과	8	1	7	8	7	5	5	3
5855	전남 순천시	공영주차장 관리	5,000	교통과	8	4	7	8	7	5	5	3
5856	전남 순천시	공영주차장 조성 및 관리	28,800	교통과	8	4	7	8	7	5	5	3
5857	전남 순천시	음식문화개선사업	40,200	보건위생과	8	4	7	8	7	5	5	3
5858	전남 순천시	정신보건시설확충	64,412	보건사업과	8	2	7	8	7	5	5	3
5859	전남 순천시	친환경농업단지 태양광 해충포획기 설치 지원	20,000	친환경농업과	8	6	7	8	7	5	5	3
5860	전남 순천시	밭작물 소형관정 지원	37,400	친환경농업과	8	6	7	8	7	5	5	3
5861	전남 순천시	다목적 간이 육묘장 지원	42,240	친환경농업과	8	6	7	8	7	5	5	3
5862	전남 순천시	고소득 전략 작목 육성	1,024,000	친환경농업과	8	6	7	8	7	5	5	3
5863	전남 순천시	친환경과수 생산시설(기자재) 지원사업	160,000	친환경농업과	8	6	7	8	7	5	5	3
5864	전남 순천시	과수 생력화장비 지원	110,000	친환경농업과	8	6	7	8	7	5	5	3
5865	전남 순천시	친환경 웰빙농산물 생산 지원	20,000	친환경농업과	8	6	7	8	7	5	5	3
5866	전남 순천시	인삼재배 생산단지 조성	30,000	친환경농업과	8	6	7	8	7	5	5	3
5867	전남 순천시	약용작물 생산단지 육성사업	12,000	친환경농업과	8	6	7	8	7	5	5	3
5868	전남 순천시	시설원예 생산시설 지원사업	200,280	친환경농업과	8	6	7	8	7	5	5	3
5869	전남 순천시	원예작물 친환경자재 지원	28,000	친환경농업과	8	6	7	8	7	5	5	3
5870	전남 순천시	매실 시 대표품목 육성	71,999	친환경농업과	8	4	7	8	7	5	5	3
5871	전남 순천시	농산물 공동상표 및 농특산물 홍보	500,000	농식품유통과	8	6	7	8	7	5	5	3
5872	전남 순천시	공공비축미곡 톤백 포장재 지원	20,000	농식품유통과	8	6	7	8	7	5	5	3
5873	전남 순천시	거점 APC 운영	200,000	농식품유통과	8	4	7	8	7	5	5	3
5874	전남 순천시	농특산물 직판행사	250,000	농식품유통과	8	6	7	8	7	5	5	3
5875	전남 순천시	지역농산물 우선공급업체 인센티브 제공	100,000	농식품유통과	8	4	7	8	7	5	5	3
5876	전남 순천시	시장 품질인증제	43,600	농식품유통과	8	4	7	8	7	5	5	3
5877	전남 순천시	생활밀착형 농특산물 및 소규모 1차 가공시설 설치	75,000	농식품유통과	8	4	7	8	7	5	5	3
5878	전남 순천시	농업인 가공사업장 시설장비 보완사업	30,000	농식품유통과	8	4	7	8	7	5	5	3

순번	시군구	지출명 (사업명)	2021년예산 (단위:천원/1년간)	담당자 (공무원) 담당부서	민간이전 분류 (지방자치단체 세출예산 집행기준에 의거) 1. 민간경상사업보조(307-02) 2. 민간단체 법정운영비보조(307-03) 3. 민간행사사업보조(307-04) 4. 민간위탁금(307-05) 5. 사회복지시설 법정운영비보조(307-10) 6. 민간인위탁교육비(307-12) 7. 공기관등에대한경상적위탁사업비(308-10) 8. 민간자본사업보조,자체재원(402-01) 9. 민간자본사업보조,이전재원(402-02) 10. 민간위탁사업비(402-03) 11. 공기관등에 대한 자본적 대행사업비(403-02)	민간이전지출 근거 (지방보조금 관리기준 참고) 1. 법률에 규정 2. 국고보조 재원(국가지정) 3. 용도 지정 기부금 4. 조례에 직접규정 5. 지자체가 권장하는 사업을 하는 공공기관 6. 시,도 정책 및 재정사정 7. 기타 8. 해당없음	입찰방식: 계약체결방법 (경쟁형태) 1. 일반경쟁 2. 제한경쟁 3. 지명경쟁 4. 수의계약 5. 법정위탁 6. 기타 ( ) 7. 해당없음	입찰방식: 계약기간 1. 1년 2. 2년 3. 3년 4. 4년 5. 5년 6. 기타 ( )년 7. 단기계약 (1년미만) 8. 해당없음	입찰방식: 낙찰자선정방법 1. 적격심사 2. 협상에의한계약 3. 최저가낙찰제 4. 규격가격분리 5. 2단계 경쟁입찰 6. 기타 ( ) 7. 해당없음	운영예산 산정: 운영예산 산정 1. 내부산정 (지자체 자체적으로 산정) 2. 외부산정 (외부전문기관위탁 산정) 3. 내·외부 모두 산정 4. 산정 無 5. 해당없음	운영예산 산정: 정산방법 1. 내부정산 (지자체 내부적으로 정산) 2. 외부정산 (외부전문기관위탁 정산) 3. 내·외부 모두 산정 4. 정산 無 5. 해당없음	성과평가 실시여부 1. 실시 2. 미실시 3. 향후 추진 4. 해당없음
5879	전남 순천시	조사료 생산 이용장비	34,000	동물자원과	8	6	7	8	7	5	5	3
5880	전남 순천시	축산환경개선제 지원	80,000	동물자원과	8	6	7	8	7	5	5	3
5881	전남 순천시	가축분뇨 환경개선 지원	153,600	동물자원과	8	6	7	8	7	5	5	3
5882	전남 순천시	야생동물 피해예방시설 지원	104,000	동물자원과	8	6	7	8	7	5	5	3
5883	전남 순천시	조기재배 벼 국내육성 우수품종 보급 시범	5,000	기술보급과	8	4	7	8	7	5	5	3
5884	전남 순천시	고소득 유망 과수 육성	108,000	기술보급과	8	4	7	8	7	5	5	3
5885	전남 순천시	고들빼기 연중생산 재배기술 개발	28,000	기술보급과	8	4	7	8	7	5	5	3
5886	전남 순천시	고품질 체리 스마트 컨테이너 양액재배 시범	21,000	기술보급과	8	4	7	8	7	5	5	3
5887	전남 순천시	순천형 소형농기계 지원 사업	220,000	기술보급과	8	4	7	8	7	5	5	3
5888	전남 순천시	화훼농가 육성	49,500	기술보급과	8	4	7	8	7	5	5	3
5889	전남 순천시	왕지동매립장 주변 주민 숙원사업	32,000	청소자원과	8	7	7	8	7	5	5	3
5890	전남 순천시	도심 속 정원가꾸기 사업	20,000	박람회 조직위	8	6	7	8	7	5	5	3
5891	전남 순천시	어선사고 예방시스템 구축사업	4,000	순천만보전과	8	5	7	8	7	5	5	3
5892	전남 광양시	농식품 가공장 개선 및 상품개발 지원	20,000	농산물마케팅과	8	2	7	8	7	5	5	4
5893	전남 광양시	지역농산물 이용 명물먹거리 상품화 지원	10,000	농산물마케팅과	8	2	7	8	7	5	5	4
5894	전남 광양시	농약 안전보관함 지원	6,000	농업지원과	8	4	7	8	7	1	1	4
5895	전남 광양시	한우 육질개선제	10,000	농업지원과	8	4	7	8	7	1	1	4
5896	전남 광양시	친환경 한우농가 조사료 지원	30,000	농업지원과	8	4	7	8	7	1	1	4
5897	전남 광양시	가축분뇨 수분조절제 지원	45,000	농업지원과	8	4	7	8	7	1	1	4
5898	전남 광양시	축산환경개선제지원	20,000	농업지원과	8	4	7	8	7	1	1	4
5899	전남 광양시	양봉농가 벌먹이(화분)공급지원	35,000	농업지원과	8	4	7	8	7	1	1	4
5900	전남 광양시	양봉농가 벌꿀 포장재 지원	20,000	농업지원과	8	4	7	8	7	1	1	4
5901	전남 광양시	매실동력전정가위지원	45,000	매실원예과	8	4	7	8	7	5	5	4
5902	전남 광양시	장아찌생산용 매실씨분리기 지원	20,000	매실원예과	8	4	7	8	7	5	5	4
5903	전남 광양시	과수생산기반확충지원	50,000	매실원예과	8	4	7	8	7	5	5	4
5904	전남 광양시	노후시설하우스 개보수지원	50,000	매실원예과	8	4	7	8	7	5	5	4
5905	전남 광양시	소즉작목 내재해형 시설하우스지원	50,000	매실원예과	8	4	7	8	7	5	5	4
5906	전남 광양시	수출농산물 육묘대 지원사업	45,000	매실원예과	8	4	7	8	7	5	5	4
5907	전남 광양시	농산물 소형선별기지원	20,000	매실원예과	8	4	7	8	7	5	5	4
5908	전남 광양시	노후 주택 옥내급수관 개량사업	500,000	상수도과	8	1	7	8	7	5	5	4
5909	전남 광양시	소상공인 시설개선 지원	50,000	지역경제과	8	1	7	8	7	5	5	4
5910	전남 광양시	일반음식점 입식탁자 설치 지원	50,000	식품위생과	8	4	7	8	7	1	1	1
5911	전남 광양시	수어댐 주변지역 지원사업	319,500	환경과	8	1	7	8	7	1	1	4
5912	전남 광양시	경로당 시설 유지 및 확충	150,000	노인장애인과	8	7	2	8	7	1	1	4
5913	전남 담양군	저소득층 실내화장실 설치지원 등	50,000	주민행복과	8	4	7	7	7	1	1	4
5914	전남 담양군	저소득층 노후주택 개보수사업	35,000	주민행복과	8	4	7	7	7	1	1	4
5915	전남 담양군	독거노인 주택 에너지효율개선 사업	10,000	주민행복과	8	4	7	8	7	1	1	2
5916	전남 담양군	지역아동센터 기능보강사업	10,000	주민행복과	8	4	7	1	7	1	1	4
5917	전남 담양군	담양지역자활센터 시설장비 구입지원	30,000	주민행복과	8	4	7	1	7	1	1	4
5918	전남 담양군	주민지원사업비	10,000	주민행복과	8	5	7	5	7	1	1	4
5919	전남 담양군	식품접객업소 식중독예방 물품 구입	10,000	녹색관광과	8	4	7	8	7	5	5	4
5920	전남 담양군	동복댐 주변지역 주민지원사업	62,507	생태환경과	8	1	7	8	7	2	1	1

순번	시군구	지출명 (사업명)	2021년예산 (단위:천원/1년간)	담당자 (공무원)	민간이전 분류 (지방자치단체 세출예산 집행기준에 의거)	민간이전지출 근거 (지방보조금 관리기준 참고)	입찰방식			운영예산 산정		성과평가 실시여부
				담당부서	1. 민간경상사업보조(307-02) 2. 민간단체 법정운영비보조(307-03) 3. 민간행사사업보조(307-04) 4. 민간위탁금(307-05) 5. 사회복지시설 법정운영비보조(307-10) 6. 민간인위탁교육비(307-12) 7. 공기관등에대한경상적위탁사업비(308-10) 8. 민간자본사업보조,자체재원(402-01) 9. 민간자본사업보조,이전재원(402-02) 10. 민간위탁사업비(402-03) 11. 공기관등에 대한 자본적 대행사업비(403-02)	1. 법률에 규정 2. 국고보조 재원(국가지정) 3. 용도 지정 기부금 4. 조례에 직접규정 5. 지자체가 권장하는 사업을 하는 공공기관 6. 시,도 정책 및 재정사정 7. 기타 8. 해당없음	계약체결방법 (경쟁형태) 1. 일반경쟁 2. 제한경쟁 3. 지명경쟁 4. 수의계약 5. 법정위탁 6. 기타 ( ) 7. 해당없음	계약기간 1. 1년 2. 2년 3. 3년 4. 4년 5. 5년 6. 기타 ( )년 7. 단기계약 (1년미만) 8. 해당없음	낙찰자선정방법 1. 적격심사 2. 협상에의한계약 3. 최저가낙찰제 4. 규격가격분리 5. 2단계 경쟁입찰 6. 기타 ( ) 7. 해당없음	운영예산 산정 1. 내부산정 (지자체 자체적으로 산정) 2. 외부산정 (외부전문기관위탁 산정) 3. 내·외부 모두 산정 4. 산정 無 5. 해당없음	정산방법 1. 내부정산 (지자체 내부적으로 정산) 2. 외부정산 (외부전문기관위탁 정산) 3. 내·외부 모두 산정 4. 정산 無 5. 해당없음	1. 실시 2. 미실시 3. 향후 추진 4. 해당없음
5921	전남 담양군	도시가스 공급사업	1,200	풀뿌리경제과	8	2	7	8	7	5	5	4
5922	전남 담양군	친환경농자재 생산자동화 지원	60,000	친환경농정과	8	4	7	8	7	5	5	4
5923	전남 담양군	농업분야 외국인 근로환경 개선사업	50,000	친환경농정과	8	2	7	8	7	5	5	4
5924	전남 담양군	시설원예·특작 생산기반 구축	1,300	친환경농정과	8	4	7	8	7	5	5	4
5925	전남 담양군	노후 시설하우스 개선 지원	100,000	친환경농정과	8	4	7	8	7	5	5	4
5926	전남 담양군	블루베리 시설하우스 지원	78,000	친환경농정과	8	4	7	8	7	5	5	4
5927	전남 담양군	지자체·농협협력사업	300,000	친환경농정과	8	4	7	8	7	5	5	4
5928	전남 담양군	과수 경쟁력 확충시설 현대화사업	18,000	친환경농정과	8	4	7	8	7	5	5	4
5929	전남 담양군	시설하우스 필름 지원	200,000	친환경농정과	8	4	7	8	7	5	5	4
5930	전남 담양군	로컬푸드 출하농가 소형시설하우스 지원사업	50,000	친환경농정과	8	4	7	8	7	5	5	4
5931	전남 담양군	소규모 벼 육묘장 지원	50,000	친환경농정과	8	4	7	8	7	5	5	4
5932	전남 담양군	농업용 지게차 구입지원	62,500	친환경농정과	8	4	7	8	7	5	5	4
5933	전남 담양군	곡물건조기 구입지원	20,000	친환경농정과	8	4	7	8	7	5	5	4
5934	전남 담양군	농업용 드론 구입지원	20,000	친환경농정과	8	4	7	8	7	5	5	4
5935	전남 담양군	미생물 배양시설 지원	30,000	친환경농정과	8	4	7	8	7	5	5	4
5936	전남 담양군	영세고령농가 자동분무기 지원	15,750	친환경농정과	8	4	7	8	7	5	5	4
5937	전남 담양군	승용농기계 후방카메라 설치비 지원	7,000	친환경농정과	8	4	7	8	7	5	5	4
5938	전남 담양군	축분 처리기반 구축 사업	130,000	친환경농정과	8	4	7	8	7	5	5	4
5939	전남 담양군	비닐하우스형 퇴비 보관소 지원	100,000	친환경농정과	8	4	7	8	7	5	5	4
5940	전남 담양군	축사환경개선사업	80,000	친환경농정과	8	2	7	8	7	5	5	4
5941	전남 담양군	가축시장 울타리 정비사업	28,000	친환경농정과	8	4	7	8	7	5	5	4
5942	전남 담양군	농산물 소형저온저장고 지원	180,000	친환경유통과	8	4	7	8	7	5	5	4
5943	전남 담양군	소규모 농식품 가공시설 지원사업	50,000	친환경유통과	8	4	7	8	7	5	5	4
5944	전남 담양군	소규모 산지유통 시설 지원사업	20,000	친환경유통과	8	4	7	8	7	5	5	4
5945	전남 담양군	농촌체험휴양마을 소규모 시설개선 지원	20,000	친환경유통과	8	4	7	8	7	5	5	4
5946	전남 담양군	농촌체험휴양마을 환경개선 지원	10,000	친환경유통과	8	4	7	8	7	5	5	4
5947	전남 담양군	농촌체험휴양마을 자동심장충격기(AED)지원	13,000	친환경유통과	8	4	7	8	7	5	5	4
5948	전남 담양군	현장체험형 6차산업 체험코스 운영 체험장,교육장 시설비 지원	48,000	친환경유통과	8	4	7	8	7	5	5	4
5949	전남 담양군	고서 성월1리 마을공동창고 신축	30,000	도시디자인과	8	4	7	8	7	5	5	4
5950	전남 담양군	고서 성월4리 마을공동창고 신축	30,000	도시디자인과	8	4	7	8	7	5	5	4
5951	전남 담양군	가사문학 구산리 마을공동창고 신축	30,000	도시디자인과	8	4	7	8	7	5	5	4
5952	전남 담양군	마을회관 및 모정건립 개보수사업	800,000	도시디자인과	8	4	7	8	7	5	5	4
5953	전남 담양군	마을가꾸기 빈집철거	21,000	도시디자인과	8	4	7	8	7	5	5	4
5954	전남 담양군	소규모 노후 공동주택 시설정비	80,000	투자유치과	8	4	7	8	7	5	5	4
5955	전남 담양군	딸기 고설재배시설 활용 육묘시설 설치 시범	10,500	농업기술센터	8	1	7	8	7	5	5	4
5956	전남 담양군	과수 국내육성 신품종 보급 시범	35,000	농업기술센터	8	1	7	8	7	5	5	4
5957	전남 담양군	과수 돌발해충 친환경 방제기술 보급	42,000	농업기술센터	8	1	7	8	7	5	5	4
5958	전남 담양군	틈새 신소득작물 도입 보급 시범	9,800	농업기술센터	8	1	7	8	7	5	5	4
5959	전남 담양군	체리 안정생산을 위한 비가림 재배 시범	42,000	농업기술센터	8	1	7	8	7	5	5	4
5960	전남 담양군	축산 신기술 활용 경쟁력 강화 시범	21,000	농업기술센터	8	1	7	8	7	5	5	4
5961	전남 담양군	적외선 램프 이용 가금 생산성 향상 시범	30,800	농업기술센터	8	1	7	8	7	5	5	4
5962	전남 담양군	벌꿀 전자동화 채밀 시스템 구축 시범	21,000	농업기술센터	8	1	7	8	7	5	5	4

순번	시군구	지출명 (사업명)	2021년예산 (단위:천원/1년간)	담당자 (공무원) 담당부서	민간이전 분류 (지방자치단체 세출예산 집행기준에 의거) 1. 민간경상사업보조(307-02) 2. 민간단체 법정운영비보조(307-03) 3. 민간행사사업보조(307-04) 4. 민간위탁금(307-05) 5. 사회복지시설 법정운영비보조(307-10) 6. 민간인위탁교육비(307-12) 7. 공기관등에대한경상적위탁사업비(308-10) 8. 민간자본사업보조,자체재원(402-01) 9. 민간자본사업보조,이전재원(402-02) 10. 민간위탁사업비(402-03) 11. 공기관등에 대한 자본적 대행사업비(403-02)	민간이전지출 근거 (지방보조금 관리기준 참고) 1. 법률에 규정 2. 국고보조 재원(국가지정) 3. 용도 지정 기부금 4. 조례에 직접규정 5. 지자체가 권장하는 사업을 하는 공공기관 6. 시,도 정책 및 재정사정 7. 기타 8. 해당없음	입찰방식 계약체결방법 (경쟁형태) 1. 일반경쟁 2. 제한경쟁 3. 지명경쟁 4. 수의계약 5. 법정위탁 6. 기타 ( ) 7. 해당없음	입찰방식 계약기간 1. 1년 2. 2년 3. 3년 4. 4년 5. 5년 6. 기타 ( )년 7. 단기계약 (1년미만) 8. 해당없음	입찰방식 낙찰자선정방법 1. 적격심사 2. 협상에의한계약 3. 최저가낙찰제 4. 규격가격분리 5. 2단계 경쟁입찰 6. 기타 ( ) 7. 해당없음	운영예산 산정 운영예산 산정 1. 내부산정 (지자체 자체적으로 산정) 2. 외부산정 (외부전문기관위탁 산정) 3. 내·외부 모두 산정 4. 산정 無 5. 해당없음	운영예산 산정 정산방법 1. 내부정산 (지자체 내부적으로 정산) 2. 외부정산 (외부전문기관위탁 정산) 3. 내·외부 모두 산정 4. 정산 無 5. 해당없음	성과평가 실시여부 1. 실시 2. 미실시 3. 향후 추진 4. 해당없음
5963	전남 담양군	영농4-H회원 맞춤형 과제사업	40,000	농업기술센터	8	1	7	8	7	5	5	4
5964	전남 담양군	대나무 가공산업 육성지원	35,000	대나무자원연구소	8	4	7	8	7	1	1	1
5965	전남 곡성군	노후공동주택 지원사업	40,000	민원실	8	1	1	1	3	1	1	2
5966	전남 곡성군	버스터미널 무인발권기 지원사업	19,600	민원실	8	4	7	8	7	5	5	4
5967	전남 곡성군	대중교통 카드단말기 교체 지원	56,000	민원실	8	4	7	8	7	5	5	4
5968	전남 곡성군	대중교통 카드단말기 교체 지원	21,000	민원실	8	4	7	8	7	5	5	4
5969	전남 곡성군	6070낭만공방 임대료	33,930	미래혁신과	8	4	7	8	7	1	1	1
5970	전남 곡성군	경로당 건강기구 수리비	2,000	주민복지과	8	8	7	8	7	1	1	4
5971	전남 곡성군	경로당 활성화 용품지원	115,000	주민복지과	8	8	7	8	7	1	1	4
5972	전남 곡성군	경로당 클린서비스 지원	22,540	주민복지과	8	8	7	8	7	1	1	4
5973	전남 곡성군	찾아가는 빨래방 운영	140,000	주민복지과	8	5	7	1	7	5	1	1
5974	전남 곡성군	소규모 비농가 부산물퇴비 지원	1,963	농정과	8	6	7	8	7	1	1	4
5975	전남 곡성군	수도용 상토 공급	393,120	농정과	8	5	1	7	4	1	1	3
5976	전남 곡성군	가공용감자 재배 지원사업	48,300	농정과	8	5	7	8	7	1	1	3
5977	전남 곡성군	벼 육묘장 지원사업	225,000	농정과	8	6	7	8	7	1	1	3
5978	전남 곡성군	볍씨 일괄자동파종기 지원사업	26,000	농정과	8	6	7	8	7	1	1	3
5979	전남 곡성군	벼 친환경농업단지 내 방제기 지원	60,000	농정과	8	6	7	8	7	1	1	3
5980	전남 곡성군	공공비축미곡 포장재 지원	60,100	농정과	8	4	7	8	7	1	1	1
5981	전남 곡성군	톤백자동계량기 구입 지원	8,000	농정과	8	4	7	8	7	1	1	1
5982	전남 곡성군	소규모 도정업체 쌀 포장재 지원	30,000	농정과	8	4	7	8	7	1	1	1
5983	전남 곡성군	신선농산물 수출포장재 지원	100,000	농정과	8	4	7	8	7	1	1	1
5984	전남 곡성군	학교급식용 친환경 쌀 포장재 지원	40,000	농정과	8	4	7	8	7	1	1	1
5985	전남 곡성군	농산물 품목별 포장재 제작 지원	400,000	농정과	8	4	7	8	7	1	1	1
5986	전남 곡성군	농식품 가공업체 육성 지원	50,000	농정과	8	6	7	8	7	1	1	3
5987	전남 곡성군	농산물 유통업체 물류표준화 장비 지원	35,000	농정과	8	6	7	8	7	1	1	3
5988	전남 곡성군	농식품 가공업체 포장재 지원	50,000	농정과	8	6	7	8	7	1	1	3
5989	전남 곡성군	농산물(사과) 선별기 지원	41,860	농정과	8	6	7	8	7	1	1	3
5990	전남 곡성군	농산물(멜론) 선별기 지원	408,100	농정과	8	6	7	8	7	1	1	3
5991	전남 곡성군	농산물(멜론) 선별기 지원(지자체협력사업)	145,750	농정과	8	6	7	8	7	1	1	3
5992	전남 곡성군	농산물 소형 저온저장고 지원	120,000	농정과	8	6	7	8	7	1	1	3
5993	전남 곡성군	로컬푸드 출하농가 포장재 지원	17,066	농정과	8	6	7	8	7	1	1	3
5994	전남 곡성군	청년농업인 자율공모 사업	100,000	농정과	8	4	7	8	7	1	1	1
5995	전남 곡성군	귀농귀촌인 농가주택 수리비 지원	150,000	농정과	8	4	7	8	7	1	1	1
5996	전남 곡성군	귀농인 신규 농업인 인력육성사업	100,000	농정과	8	4	7	8	7	1	1	1
5997	전남 곡성군	작은도서관 도서 구입비 지원	18,000	문화체육과	8	1	7	8	7	1	1	1
5998	전남 곡성군	전통사찰 태안사 내 성기암 주변정비	50,000	문화체육과	8	7	7	8	7	3	1	4
5999	전남 곡성군	축분처리(스키드로더) 지원	90,000	환경축산과	8	6	4	7	7	1	1	1
6000	전남 곡성군	액비 고속 발효시설 지원	30,000	환경축산과	8	6	4	7	7	1	1	1
6001	전남 곡성군	퇴비살포기 지원	78,000	환경축산과	8	6	4	7	7	1	1	1
6002	전남 곡성군	가금 깔짚 건조 기계장비 지원	42,500	환경축산과	8	6	4	7	7	1	1	1
6003	전남 곡성군	오리 품질개선 지원	37,500	환경축산과	8	6	4	7	7	1	1	1
6004	전남 곡성군	양계 체중계 지원	36,000	환경축산과	8	6	4	7	7	1	1	1

순번	시군구	지출명 (사업명)	2021년예산 (단위:천원/1년간)	담당자 (공무원) 담당부서	민간이전 분류 (지방자치단체 세출예산 집행기준에 의거) 1. 민간경상사업보조(307-02) 2. 민간단체 법정운영비보조(307-03) 3. 민간행사사업보조(307-04) 4. 민간위탁금(307-05) 5. 사회복지시설 법정운영비보조(307-10) 6. 민간인위탁교육비(307-12) 7. 공기관등에대한경상적위탁사업비(308-10) 8. 민간자본사업보조,자체재원(402-01) 9. 민간자본사업보조,이전재원(402-02) 10. 민간위탁사업비(402-03) 11. 공기관등에 대한 자본적 대행사업비(403-02)	민간이전지출 근거 (지방보조금 관리기준 참고) 1. 법률에 규정 2. 국고보조 재원(국가지정) 3. 용도 지정 기부금 4. 조례에 직접규정 5. 지자체가 권장하는 사업을 하는 공공기관 6. 시,도 정책 및 재정사정 7. 기타 8. 해당없음	입찰방식: 계약체결방법 (경쟁형태) 1. 일반경쟁 2. 제한경쟁 3. 지명경쟁 4. 수의계약 5. 법정위탁 6. 기타 ( ) 7. 해당없음	입찰방식: 계약기간 1. 1년 2. 2년 3. 3년 4. 4년 5. 5년 6. 기타 ( )년 7. 단기계약 (1년미만) 8. 해당없음	입찰방식: 낙찰자선정방법 1. 적격심사 2. 협상에의한계약 3. 최저가낙찰제 4. 규격가격분리 5. 2단계 경쟁입찰 6. 기타 ( ) 7. 해당없음	운영예산 산정: 운영예산 산정 1. 내부산정 (지자체 자체적으로 산정) 2. 외부산정 (외부전문기관위탁 산정) 3. 내·외부 모두 산정 4. 산정 無 5. 해당없음	운영예산 산정: 정산방법 1. 내부정산 (지자체 내부적으로 정산) 2. 외부정산 (외부전문기관위탁 정산) 3. 내·외부 모두 산정 4. 정산 無 5. 해당없음	성과평가 실시여부 1. 실시 2. 미실시 3. 향후 추진 4. 해당없음
6005	전남 곡성군	가금류 급이시설 교체사업 지원	105,000	환경축산과	8	6	4	7	7	1	1	1
6006	전남 곡성군	축사 환풍기 지원	48,000	환경축산과	8	6	4	7	7	1	1	1
6007	전남 곡성군	꿀벌농가 기자재 지원	72,000	환경축산과	8	6	4	7	7	1	1	1
6008	전남 곡성군	양봉 생산장비 지원	20,000	환경축산과	8	6	4	7	7	1	1	1
6009	전남 곡성군	흑염소 기자재 지원	15,000	환경축산과	8	6	4	7	7	1	1	1
6010	전남 곡성군	축사 열풍기 지원	13,125	환경축산과	8	6	4	7	7	1	1	1
6011	전남 곡성군	젖소 원유 냉각기 지원	7,500	환경축산과	8	6	4	7	7	1	1	1
6012	전남 곡성군	가금류 급수시설 교체 지원	60,125	환경축산과	8	6	4	7	7	1	1	1
6013	전남 곡성군	양계 사료벌크통 지원	4,000	환경축산과	8	6	4	7	7	1	1	1
6014	전남 곡성군	돈사 악취개선사업	35,000	환경축산과	8	6	4	7	7	1	1	1
6015	전남 곡성군	조사료 운반(집게)장비 지원	10,000	환경축산과	8	6	4	7	7	1	1	1
6016	전남 곡성군	조사료 배합기 지원	157,500	환경축산과	8	6	2	7	3	1	1	1
6017	전남 곡성군	조사료 곤포사일리지기자재 지원	60,000	환경축산과	8	6	4	7	7	1	1	1
6018	전남 곡성군	계란 냉장차량 구입 지원	15,000	환경축산과	8	2	7	8	7	3	3	1
6019	전남 곡성군	축산농가 소독장비 지원	36,000	환경축산과	8	6	7	8	7	1	1	1
6020	전남 곡성군	가금 폐사축 처리기	50,000	환경축산과	8	6	7	8	7	1	1	1
6021	전남 곡성군	젖소 착유시설 소독 세척제	14,000	환경축산과	8	6	7	8	7	1	1	1
6022	전남 곡성군	오산면 가곡마을회관 신축공사	105,000	안전건설과	8	2	7	1	7	1	1	4
6023	전남 곡성군	공실상가 리모델링	80,000	도시경제과	8	7	7	8	7	5	5	4
6024	전남 곡성군	신중년 창업자금 지원	100,000	도시경제과	8	4	7	8	7	5	5	4
6025	전남 곡성군	고압전선 국제상호인정 평가기반 구축사업	500,000	도시경제과	8	2	7	8	7	5	5	4
6026	전남 곡성군	기업불편 해소지원사업	20,000	도시경제과	8	4	7	8	7	5	5	4
6027	전남 곡성군	농업CEO육성 기반구축 시범	28,000	농촌지원과	8	4	7	8	7	5	5	4
6028	전남 곡성군	영농4-H회원 과제활동 지원사업	7,500	농촌지원과	8	4	7	8	7	5	5	4
6029	전남 곡성군	노동 절감형 스마트 청년농업인 육성시범	21,000	농촌지원과	8	4	7	8	7	5	5	4
6030	전남 곡성군	현장에서 배우는 청년농 체험농장 육성시범	21,000	농촌지원과	8	4	7	8	7	5	5	4
6031	전남 곡성군	원예작물 수출인프라 구축사업	420,000	농촌지원과	8	4	7	8	7	5	5	4
6032	전남 곡성군	노후 원예하우스 시설개선사업	70,000	농촌지원과	8	4	7	8	7	5	5	4
6033	전남 곡성군	원예용 관정 지원사업	60,000	농촌지원과	8	4	7	8	7	5	5	4
6034	전남 곡성군	다목적 시설하우스 지원사업	40,000	농촌지원과	8	4	7	8	7	5	5	4
6035	전남 곡성군	수출배 봉지 지원사업	18,000	농촌지원과	8	4	7	8	7	5	5	4
6036	전남 곡성군	신규 과원 고품질 생산시설 현대화 지원사업	20,000	농촌지원과	8	4	7	8	7	5	5	4
6037	전남 곡성군	매실과원 정비 지원사업	25,000	농촌지원과	8	4	7	8	7	5	5	4
6038	전남 곡성군	농촌체험휴양마을 시설개선 지원	29,400	농촌지원과	8	4	7	8	7	5	5	4
6039	전남 곡성군	맞춤형 농업기계 지원사업	450,000	농촌지원과	8	4	7	8	7	5	5	4
6040	전남 곡성군	청년농업인 농업기계 구매 우대 지원	100,000	농촌지원과	8	4	7	8	7	5	5	4
6041	전남 곡성군	수해피해농가 소형농기계 구입 지원	200,000	농촌지원과	8	4	7	8	7	5	5	4
6042	전남 곡성군	유색현미 원료곡 생산단지 조성	14,000	기술보급과	8	1	7	8	7	5	5	4
6043	전남 곡성군	벼 재배 생산비 절감 직파시범	23,100	기술보급과	8	1	7	8	7	5	5	4
6044	전남 곡성군	벼 신품종 지역적응 시범포	2,000	기술보급과	8	1	7	8	7	5	5	4
6045	전남 곡성군	가공연계 곡물가루 원료곡 생산 시범단지 조성	28,000	기술보급과	8	1	7	8	7	5	5	4
6046	전남 곡성군	벼 우량품종 선발 특화단지 시범포 사업	16,800	기술보급과	8	1	7	8	7	5	5	4

순번	시군구	지출명 (사업명)	2021년예산 (단위:천원/1년간)	담당자 (공무원) 담당부서	민간이전 분류 (지방자치단체 세출예산 집행기준에 의거) 1. 민간경상사업보조(307-02) 2. 민간단체 법정운영비보조(307-03) 3. 민간행사사업보조(307-04) 4. 민간위탁금(307-05) 5. 사회복지시설 법정운영비보조(307-10) 6. 민간인위탁교육비(307-12) 7. 공기관등에대한경상적위탁사업비(308-10) 8. 민간자본사업보조,자체재원(402-01) 9. 민간자본사업보조,이전재원(402-02) 10. 민간위탁사업비(402-03) 11. 공기관등에 대한 자본적 대행사업비(403-02)	민간이전지출 근거 (지방보조금 관리기준 참고) 1. 법률에 규정 2. 국고보조 재원(국가지정) 3. 용도 지정 기부금 4. 조례에 직접규정 5. 지자체가 권장하는 사업을 하는 공공기관 6. 시,도 정책 및 재정사정 7. 기타 8. 해당없음	입찰방식 계약체결방법 (경쟁형태) 1. 일반경쟁 2. 제한경쟁 3. 지명경쟁 4. 수의계약 5. 법정위탁 6. 기타 ( ) 7. 해당없음	입찰방식 계약기간 1. 1년 2. 2년 3. 3년 4. 4년 5. 5년 6. 기타 ( )년 7. 단기계약 (1년미만) 8. 해당없음	입찰방식 낙찰자선정방법 1. 적격심사 2. 협상에의한계약 3. 최저가낙찰제 4. 규격가격분리 5. 2단계 경쟁입찰 6. 기타 ( ) 7. 해당없음	운영예산 산정 운영예산 산정 1. 내부산정 (지자체 자체적으로 산정) 2. 외부산정 (외부전문기관위탁 산정) 3. 내·외부 모두 산정 4. 산정 無 5. 해당없음	운영예산 산정 정산방법 1. 내부정산 (지자체 내부적으로 정산) 2. 외부정산 (외부전문기관위탁 정산) 3. 내·외부 모두 산정 4. 정산 無 5. 해당없음	성과평가 실시여부 1. 실시 2. 미실시 3. 향후 추진 4. 해당없음
6047	전남 곡성군	친환경쌀 생산 돌발해충(먹노린재) 종합관리 시범	224,000	기술보급과	8	1	7	8	7	5	5	4
6048	전남 곡성군	벼 밀파 소식재배기술 시범	20,000	기술보급과	8	1	7	8	7	5	5	4
6049	전남 곡성군	미질향상 벼 친환경 깨씨무늬병 예방 시범	21,000	기술보급과	8	1	7	8	7	5	5	4
6050	전남 곡성군	소비자 맞춤형 찰옥수수 생산단지 조성	42,000	기술보급과	8	1	7	8	7	5	5	4
6051	전남 곡성군	밭작물 입모율 향상 기술시범	28,000	기술보급과	8	1	7	8	7	5	5	4
6052	전남 곡성군	찰옥수수 가공시설 지원사업	50,000	기술보급과	8	1	7	8	7	5	5	4
6053	전남 곡성군	농작물 병해충 방제비	99,000	기술보급과	8	1	7	8	7	5	5	4
6054	전남 곡성군	원예 자연순환생명농업 자연농업자재 지원	20,000	기술보급과	8	1	7	8	7	5	5	4
6055	전남 곡성군	자연농업 포트묘 파종판	10,850	기술보급과	8	1	7	8	7	5	5	4
6056	전남 곡성군	자연순환생명농업 브랜드 쌀 품종 증식포 운영	2,000	기술보급과	8	1	7	8	7	5	5	4
6057	전남 곡성군	과수 스마트 관개시스템 적용 시범	35,000	기술보급과	8	1	7	8	7	5	5	4
6058	전남 곡성군	화분매개곤충 보호 및 정형과 향상 지원	23,460	기술보급과	8	1	7	8	7	5	5	4
6059	전남 곡성군	블루베리 품질향상 사업	150,000	기술보급과	8	1	7	8	7	5	5	4
6060	전남 곡성군	소과류 특화단지 관정 지원사업	30,000	기술보급과	8	1	7	8	7	5	5	4
6061	전남 곡성군	사과 저장증진 사업	26,500	기술보급과	8	1	7	8	7	5	5	4
6062	전남 곡성군	체리 특화단지 조성	350,000	기술보급과	8	1	7	8	7	5	5	4
6063	전남 곡성군	신소득과수 재배 지원	169,700	기술보급과	8	1	7	8	7	5	5	4
6064	전남 곡성군	병해충경감 및 상토절감형 포트보급시범	14,000	기술보급과	8	1	7	8	7	5	5	4
6065	전남 곡성군	곡성 명품멜론 안정생산 지원	330,000	기술보급과	8	1	7	8	7	5	5	4
6066	전남 곡성군	신소득 채소생산 시범	35,000	기술보급과	8	1	7	8	7	5	5	4
6067	전남 곡성군	입식테이블 지원사업	85,750	보건과	8	4	7	1	7	1	1	2
6068	전남 구례군	경로당 비품 및 냉방기 지원	80,000	주민복지과	8	1	7	8	7	1	1	4
6069	전남 구례군	경로당 개보수	120,000	주민복지과	8	1	7	8	7	1	1	4
6070	전남 구례군	경로당 순회프로그램관리자배치	33,023	주민복지과	8	1	7	1	7	1	1	4
6071	전남 구례군	경로당 안마의자 지원	100,000	주민복지과	8	1	7	8	7	1	1	4
6072	전남 구례군	경로당 공동작업장 운영	10,000	주민복지과	8	1	7	8	7	1	1	4
6073	전남 구례군	구례군체육회 차량 구입	15,000	스포츠산업과	8	1	7	8	7	1	1	1
6074	전남 구례군	포충등 정비	1,500	산림소득과	8	4	7	8	7	5	5	4
6075	전남 구례군	약수통 지원	45,000	산림소득과	8	4	7	8	7	5	5	4
6076	전남 구례군	소규모 방지시설 설치지원 사업	90,000	환경교통과	8	2	7	8	7	2	1	4
6077	전남 구례군	체류형교육이수자 정착 영농기반 지원	28,000	농업기술센터	8	1	7	8	7	5	5	4
6078	전남 구례군	구례정착 보금자리 조성 지원	100,000	농업기술센터	8	1	7	8	7	5	5	4
6079	전남 구례군	귀농귀촌인 주택수리 지원	80,000	농업기술센터	8	1	7	8	7	5	5	4
6080	전남 구례군	귀농인 정착 농업시설 지원	84,000	농업기술센터	8	1	7	8	7	5	5	4
6081	전남 구례군	친환경 콩 재배단지 조성	76,800	농업기술센터	8	1	7	8	7	5	5	4
6082	전남 구례군	신소득 과수 신품종 도입 시범	42,000	농업기술센터	8	1	7	8	7	5	5	4
6083	전남 구례군	동물복지형 산란계 사육시설 개선 시범	70,000	농업기술센터	8	1	7	8	7	5	5	4
6084	전남 구례군	쑥부쟁이 확대재배 시범	15,000	농업기술센터	8	1	7	8	7	5	5	4
6085	전남 화순군	도시가스공급	1,385,463	일자리정책실	8	1	6	8	6	3	1	1
6086	전남 화순군	노인의료복지시설 환경개선사업 및 장비보강	22,000	가정활력과	8	7	7	8	7	1	1	4
6087	전남 화순군	친환경농산물 경쟁력 제고사업	177,000	농업정책과	8	6	7	8	7	5	1	1
6088	전남 화순군	농업용 지게차 지원	250,000	농업정책과	8	6	7	8	7	1	1	1

순번	시군구	지출명 (사업명)	2021년예산 (단위:천원/1년간)	담당자 (공무원) 담당부서	민간이전 분류 (지방자치단체 세출예산 집행기준에 의거) 1. 민간경상사업보조(307-02) 2. 민간단체 법정운영비보조(307-03) 3. 민간행사사업보조(307-04) 4. 민간위탁금(307-05) 5. 사회복지시설 법정운영비보조(307-10) 6. 민간인위탁교육비(307-12) 7. 공기관등에대한경상적위탁사업비(308-10) 8. 민간자본사업보조,자체재원(402-01) 9. 민간자본사업보조,이전재원(402-02) 10. 민간위탁사업비(402-03) 11. 공기관등에 대한 자본적 대행사업비(403-02)	민간이전지출 근거 (지방보조금 관리기준 참고) 1. 법률에 규정 2. 국고보조 재원(국가지정) 3. 용도 지정 기부금 4. 조례에 직접규정 5. 지자체가 권장하는 사업을 하는 공공기관 6. 시,도 정책 및 재정사정 7. 기타 8. 해당없음	입찰방식 계약체결방법 (경쟁형태) 1. 일반경쟁 2. 제한경쟁 3. 지명경쟁 4. 수의계약 5. 법정위탁 6. 기타 ( ) 7. 해당없음	입찰방식 계약기간 1. 1년 2. 2년 3. 3년 4. 4년 5. 5년 6. 기타 ( )년 7. 단기계약 (1년미만) 8. 해당없음	입찰방식 낙찰자선정방법 1. 적격심사 2. 협상에의한계약 3. 최저가낙찰제 4. 규격가격분리 5. 2단계 경쟁입찰 6. 기타 ( ) 7. 해당없음	운영예산 산정 운영예산 산정 1. 내부산정 (지자체 자체적으로 산정) 2. 외부산정 (외부전문기관위탁 산정) 3. 내·외부 모두 산정 4. 산정 無 5. 해당없음	운영예산 산정 정산방법 1. 내부정산 (지자체 내부적으로 정산) 2. 외부정산 (외부전문기관위탁 정산) 3. 내·외부 모두 산정 4. 정산 無 5. 해당없음	성과평가 실시여부 1. 실시 2. 미실시 3. 향후 추진 4. 해당없음
6089	전남 화순군	충전식 전기분무기 지원	60,000	농업정책과	8	6	7	8	7	5	1	1
6090	전남 화순군	과수 육성 맞춤형 지원	50,000	농업정책과	8	1	6	6	6	1	1	2
6091	전남 화순군	원예특작분야 중형관정 개발 지원	65,000	농업정책과	8	1	6	6	6	1	1	1
6092	전남 화순군	소규모 시설원예농가 현대화 지원사업	200,000	농업정책과	8	4	6	6	6	1	1	1
6093	전남 화순군	시설원예 환경개선 지원사업	400,000	농업정책과	8	4	6	6	6	1	1	2
6094	전남 화순군	축산농가 환풍기 지원	10,000	농업정책과	8	4	4	1	7	5	1	1
6095	전남 화순군	농산물 건조기 지원	70,000	농업정책과	8	7	7	8	7	1	1	1
6096	전남 화순군	곡물건조기 지원	60,000	농업정책과	8	7	7	8	7	1	1	1
6097	전남 화순군	농산물 소형저온저장고 지원	150,000	농업정책과	8	7	7	8	7	1	1	1
6098	전남 화순군	푸드플랜 생산기반조성	35,000	농업정책과	8	4	7	8	7	5	1	1
6099	전남 화순군	화순읍 앵남2리 마을회관 신축공사	120,000	건설과	8	4	4	1	1	1	1	1
6100	전남 화순군	화순읍 광덕리 마을회관 보수	20,000	건설과	8	4	7	8	7	1	1	1
6101	전남 화순군	화순읍 만연5리 경로당 보수공사	20,000	건설과	8	4	7	8	7	1	1	1
6102	전남 화순군	화순읍 감도2리 경로당 보수공사	20,000	건설과	8	4	7	8	7	1	1	1
6103	전남 화순군	화순읍 광덕2리 정각 보수공사	7,000	건설과	8	4	7	8	7	1	1	1
6104	전남 화순군	화순읍 만연1리 마을회관 보수공사	20,000	건설과	8	4	7	8	7	1	1	1
6105	전남 화순군	화순읍 벽라1리 마을회관 및 화장실 리모델링 공사	20,000	건설과	8	4	7	8	7	1	1	1
6106	전남 화순군	화순읍 벽라2리 마을회관 리모델링 공사	21,000	건설과	8	4	7	8	7	1	1	1
6107	전남 화순군	화순읍 삼천2리 마을회관 보수공사	20,000	건설과	8	4	7	8	7	1	1	1
6108	전남 화순군	화순읍 수만1리 경로당 보수공사	15,000	건설과	8	4	7	8	7	1	1	1
6109	전남 화순군	한천면 주암경로당 리모델링	15,000	건설과	8	4	7	8	7	1	1	1
6110	전남 화순군	한천면 모산2리(도산) 마을회관 보수공사	10,000	건설과	8	4	7	8	7	1	1	1
6111	전남 화순군	춘양면 분회 경로당 보수공사	10,000	건설과	8	4	7	8	7	1	1	1
6112	전남 화순군	청풍면 한지2리 화장실 및 창고 신축공사	12,000	건설과	8	4	7	8	7	1	1	1
6113	전남 화순군	능주면 만인2리 마을회관 신축	120,000	건설과	8	4	4	1	1	1	1	1
6114	전남 화순군	능주면 분회 경로당 리모델링 공사	20,000	건설과	8	4	7	8	7	1	1	1
6115	전남 화순군	도곡면 대곡2리 마을회관 리모델링 공사	10,000	건설과	8	4	7	8	7	1	1	1
6116	전남 화순군	도곡면 덕곡2리 마을회관 리모델링 공사	10,000	건설과	8	4	7	8	7	1	1	1
6117	전남 화순군	도곡면 신덕1리 경로당 리모델링 공사	20,000	건설과	8	4	7	8	7	1	1	1
6118	전남 화순군	도곡면 신성1리 마을회관 비가림막 공사	6,000	건설과	8	4	7	8	7	1	1	1
6119	전남 화순군	도곡면 천암2리 마을회관 리모델링 공사	20,000	건설과	8	4	7	8	7	1	1	1
6120	전남 화순군	도곡면 원화2리 마을회관 리모델링 공사	15,000	건설과	8	4	7	8	7	1	1	1
6121	전남 화순군	도곡면 월곡1리 경로당 리모델링 공사	10,000	건설과	8	4	7	8	7	1	1	1
6122	전남 화순군	도암면 운월2리 마을회관 지붕 보수	10,000	건설과	8	4	7	8	7	1	1	1
6123	전남 화순군	이서면 영평1리 마을회관 주변 정비공사	20,000	건설과	8	4	7	8	7	1	1	1
6124	전남 화순군	백아면 송단1리 마을회관 정비공사	20,000	건설과	8	4	7	8	7	1	1	1
6125	전남 화순군	동복면 안성1리(석당) 마을회관 보수공사	5,000	건설과	8	4	7	8	7	1	1	1
6126	전남 화순군	동복면 연월2리 마을회관 화장실 정비공사	5,000	건설과	8	4	7	8	7	1	1	1
6127	전남 화순군	동복면 칠정2리 마을회관 보수공사	10,000	건설과	8	4	7	8	7	1	1	1
6128	전남 화순군	사평면 사평리 정각 설치공사	6,000	건설과	8	4	7	8	7	1	1	1
6129	전남 화순군	동면 옥호리 호동 마을회관 보수공사	20,000	건설과	8	4	7	8	7	1	1	1
6130	전남 화순군	동면 옥호리 운산 마을회관 보수공사	20,000	건설과	8	4	7	8	7	1	1	1

순번	시군구	지출명 (사업명)	2021년예산 (단위:천원/1년간)	담당자 (공무원) 담당부서	민간이전 분류 (지방자치단체 세출예산 집행기준에 의거) 1. 민간경상사업보조(307-02) 2. 민간단체 법정운영비보조(307-03) 3. 민간행사사업보조(307-04) 4. 민간위탁금(307-05) 5. 사회복지시설 법정운영비보조(307-10) 6. 민간인위탁교육비(307-12) 7. 공기관등에대한경상적위탁사업비(308-10) 8. 민간자본사업보조,자체재원(402-01) 9. 민간자본사업보조,이전재원(402-02) 10. 민간위탁사업비(402-03) 11. 공기관등에 대한 자본적 대행사업비(403-02)	민간이전지출 근거 (지방보조금 관리기준 참고) 1. 법률에 규정 2. 국고보조 재원(국가지정) 3. 용도 지정 기부금 4. 조례에 직접규정 5. 지자체가 권장하는 사업을 하는 공공기관 6. 시,도 정책 및 재정사정 7. 기타 8. 해당없음	입찰방식 계약체결방법 (경쟁형태) 1. 일반경쟁 2. 제한경쟁 3. 지명경쟁 4. 수의계약 5. 법정위탁 6. 기타 ( ) 7. 해당없음	입찰방식 계약기간 1. 1년 2. 2년 3. 3년 4. 4년 5. 5년 6. 기타 ( )년 7. 단기계약 (1년미만) 8. 해당없음	입찰방식 낙찰자선정방법 1. 적격심사 2. 협상에의한계약 3. 최저가낙찰제 4. 규격가격분리 5. 2단계 경쟁입찰 6. 기타 ( ) 7. 해당없음	운영예산 산정 운영예산 산정 1. 내부산정 (지자체 자체적으로 산정) 2. 외부산정 (외부전문기관위탁 산정) 3. 내·외부 모두 산정 4. 산정 無 5. 해당없음	운영예산 산정 정산방법 1. 내부정산 (지자체 내부적으로 정산) 2. 외부정산 (외부전문기관위탁 정산) 3. 내·외부 모두 산정 4. 정산 無 5. 해당없음	성과평가 실시여부 1. 실시 2. 미실시 3. 향후 추진 4. 해당없음
6131	전남 화순군	동면 오동리 오곡 마을회관 보수공사	20,000	건설과	8	4	7	8	7	1	1	1
6132	전남 화순군	동면 구수마을 마을회관 보수공사	20,000	건설과	8	4	7	8	7	1	1	1
6133	전남 화순군	고품질 소득작물 기술보급	339,500	농업기술센터	8	4	7	8	7	5	5	1
6134	전남 화순군	귀농자 지원	49,000	농업기술센터	8	4	7	8	7	5	5	1
6135	전남 화순군	농업 전문인력 양성	7,000	농업기술센터	8	4	7	8	7	5	5	1
6136	전남 화순군	청년농업인 육성	189,000	농업기술센터	8	4	7	8	7	5	5	1
6137	전남 화순군	농촌자원활용	98,000	농업기술센터	8	4	7	8	7	5	5	1
6138	전남 화순군	생산비 절감 지원	70,000	농업기술센터	8	4	7	8	7	5	5	1
6139	전남 강진군	지역농협 특성화사업 지원	200,000	친환경농업과	8	4	6	7	7	1	1	1
6140	전남 강진군	농기계 지원사업	400,000	친환경농업과	8	4	6	7	7	1	1	1
6141	전남 강진군	강진군 종합농기계수리센터 부품지원	80,000	친환경농업과	8	4	6	7	7	1	1	1
6142	전남 강진군	곡물건조기 집진기 지원사업	51,250	친환경농업과	8	4	6	7	7	1	1	1
6143	전남 강진군	농업용 드론 지원사업	25,000	친환경농업과	8	4	6	7	7	1	1	1
6144	전남 강진군	이동식 다용도 작업대 지원사업	84,800	친환경농업과	8	4	6	7	7	1	1	1
6145	전남 강진군	논두렁 개량 지원사업	200,000	친환경농업과	8	4	6	7	7	1	1	1
6146	전남 강진군	고품질 쌀 생산 객토 지원사업	46,800	친환경농업과	8	4	6	7	7	1	1	1
6147	전남 강진군	양파 육묘상자 구입 지원 등	11,340	친환경농업과	8	4	6	7	7	1	1	1
6148	전남 강진군	양파 자동화 전용 기자재 공급 등	30,000	친환경농업과	8	4	6	7	7	1	1	1
6149	전남 강진군	원예작물 다용도 일손절감장비 공급 등	20,000	친환경농업과	8	4	6	7	7	1	1	1
6150	전남 강진군	원예난방비 절감시설 지원사업	50,000	친환경농업과	8	4	6	7	7	1	1	1
6151	전남 강진군	고소득 시설원예 지원사업	200,000	친환경농업과	8	4	6	7	7	1	1	1
6152	전남 강진군	원예특작분야 관정개발 지원사업	75,000	친환경농업과	8	4	6	7	7	1	1	1
6153	전남 강진군	원예특작분야 관정개발 지원사업	7,000	친환경농업과	8	4	6	7	7	1	1	1
6154	전남 강진군	시설하우스(과채,화훼류) 양액재배시설 설치사업	200,000	친환경농업과	8	4	6	7	7	1	1	1
6155	전남 강진군	하얀들 가꾸기 비닐하우스 지원사업	80,000	친환경농업과	8	4	6	7	7	1	1	1
6156	전남 강진군	소규모 다목적 텃밭 소득지원사업	70,000	친환경농업과	8	4	6	7	7	1	1	1
6157	전남 강진군	원예특작 농자재 지원사업	50,000	친환경농업과	8	4	6	7	7	1	1	1
6158	전남 강진군	연 재배단지 조성사업	50,000	친환경농업과	8	4	6	7	7	1	1	1
6159	전남 강진군	유망 고소득 특화작목 생산기반 조성	187,500	친환경농업과	8	4	6	7	7	1	1	1
6160	전남 강진군	FTA 경쟁력강화 과수생산시설지원	50,000	친환경농업과	8	4	6	7	7	1	1	1
6161	전남 강진군	단감 기자재 지원사업	20,000	친환경농업과	8	4	6	7	7	1	1	1
6162	전남 강진군	시설하우스 개보수 자재지원사업	100,000	친환경농업과	8	4	6	7	7	1	1	1
6163	전남 강진군	시설원예 장기성필름 자재지원	60,000	친환경농업과	8	4	6	7	7	1	1	1
6164	전남 강진군	수출용 절화화훼 유통장비 지원사업	90,000	친환경농업과	8	4	6	7	7	1	1	1
6165	전남 강진군	화훼농가 우량품종 지원	60,000	친환경농업과	8	4	6	7	7	1	1	1
6166	전남 강진군	절화용 장미 뿌리혹병 방제 지원사업	13,000	친환경농업과	8	4	6	7	7	1	1	1
6167	전남 강진군	하우스 고온예방 시설 지원사업	50,000	친환경농업과	8	4	6	7	7	1	1	1
6168	전남 강진군	화훼 절화용 결속기 지원	23,000	친환경농업과	8	4	6	7	7	1	1	1
6169	전남 강진군	시설하우스 화재 피해예방 맞춤형 지원	10,800	친환경농업과	8	4	6	7	7	1	1	1
6170	전남 강진군	직거래 선도농어업인 시설 확대 지원사업	40,000	친환경농업과	8	4	6	7	7	1	1	1
6171	전남 강진군	사계절 맞춤형 소규모 비닐하우스 지원 등	67,000	친환경농업과	8	4	6	7	7	1	1	1
6172	전남 강진군	농산물 소형저온저장고 설치	354,510	친환경농업과	8	4	6	7	7	1	1	1

순번	시군구	지출명 (사업명)	2021년예산 (단위:천원/1년간)	담당자 (공무원)	민간이전 분류 (지방자치단체 세출예산 집행기준에 의거)	민간이전지출 근거 (지방보조금 관리기준 참고)	입찰방식			운영예산 산정		성과평가 실시여부
				담당부서	1. 민간경상사업보조(307-02) 2. 민간단체 법정운영비보조(307-03) 3. 민간행사사업보조(307-04) 4. 민간위탁금(307-05) 5. 사회복지시설 법정운영비보조(307-10) 6. 민간인위탁교육비(307-12) 7. 공기관등에대한경상적위탁사업비(308-10) 8. 민간자본사업보조,자체재원(402-01) 9. 민간자본사업보조,이전재원(402-02) 10. 민간위탁사업비(402-03) 11. 공기관등에 대한 자본적 대행사업비(403-02)	1. 법률에 규정 2. 국고보조 재원(국가지정) 3. 용도 지정 기부금 4. 조례에 직접규정 5. 지자체가 권장하는 사업을 하는 공공기관 6. 시,도 정책 및 재정사정 7. 기타 8. 해당없음	계약체결방법 (경쟁형태) 1. 일반경쟁 2. 제한경쟁 3. 지명경쟁 4. 수의계약 5. 법정위탁 6. 기타 ( ) 7. 해당없음	계약기간 1. 1년 2. 2년 3. 3년 4. 4년 5. 5년 6. 기타 ( )년 7. 단기계약 (1년미만) 8. 해당없음	낙찰자선정방법 1. 적격심사 2. 협상에의한계약 3. 최저가낙찰제 4. 규격가격분리 5. 2단계 경쟁입찰 6. 기타 ( ) 7. 해당없음	운영예산 산정 1. 내부산정 (지자체 자체적으로 산정) 2. 외부산정 (외부전문기관위탁 산정) 3. 내·외부 모두 산정 4. 산정 無 5. 해당없음	정산방법 1. 내부정산 (지자체 내부적으로 정산) 2. 외부정산 (외부전문기관위탁 정산) 3. 내·외부 모두 산정 4. 정산 無 5. 해당없음	1. 실시 2. 미실시 3. 향후 추진 4. 해당없음
6173	전남 강진군	농식품 가공산업 육성	80,000	친환경농업과	8	4	6	7	7	1	1	1
6174	전남 강진군	산지유통시설장비 지원	10,000	친환경농업과	8	4	6	7	7	1	1	1
6175	전남 강진군	소규모가공유통시설 기반구축	40,000	친환경농업과	8	4	6	7	7	1	1	1
6176	전남 강진군	청자빛 떡 산업육성	20,000	친환경농업과	8	4	6	7	7	1	1	1
6177	전남 강진군	6차산업 인증경영체 역량강화사업	30,000	친환경농업과	8	4	6	7	7	1	1	1
6178	전남 강진군	강진 묵은지 산업화 사업	260,000	친환경농업과	8	4	6	7	7	1	1	1
6179	전남 강진군	쌀귀리 가공식품 육성	140,040	친환경농업과	8	4	6	7	7	1	1	1
6180	전남 강진군	강진군장애인종합복지관 운영	40,000	주민복지실	8	8	7	8	7	5	5	4
6181	전남 강진군	마을경로당 냉방기 설치	30,000	주민복지실	8	4	2	7	1	1	1	3
6182	전남 강진군	마을경로당 집기 구입	20,000	주민복지실	8	4	2	7	1	1	1	3
6183	전남 강진군	강진 키움 일자리창출 사업	70,000	일자리창출과	8	5	7	8	7	5	5	4
6184	전남 강진군	녹색문화대학 운영	16,800	농업기술센터	8	4	7	8	7	5	5	4
6185	전남 강진군	귀농인 지원사업	140,000	농업기술센터	8	4	7	8	7	5	5	4
6186	전남 강진군	4-H회원 시범영농 지원사업	28,000	농업기술센터	8	1	7	8	7	5	5	4
6187	전남 강진군	체류형 귀농사관 학교 운영	7,000	농업기술센터	8	4	7	8	7	5	5	4
6188	전남 강진군	청년농업인 육성	28,000	농업기술센터	8	1	7	8	7	5	5	4
6189	전남 강진군	특용작물 재배 기술보급	63,000	농업기술센터	8	1	7	8	7	5	5	4
6190	전남 강진군	과수 재배 기술보급	115,500	농업기술센터	8	1	7	8	7	5	5	4
6191	전남 강진군	화훼 재배 기술보급	56,000	농업기술센터	8	1	7	8	7	5	5	4
6192	전남 강진군	고품질 밭작물 생산 시범	24,500	농업기술센터	8	4	7	8	7	5	5	4
6193	전남 강진군	고품질 쌀 생산 시범	38,500	농업기술센터	8	4	7	8	7	5	5	4
6194	전남 강진군	채소 재배 기술보급	127,900	농업기술센터	8	1	7	8	7	5	5	4
6195	전남 강진군	축산기술 시범	127,000	농업기술센터	8	1	7	8	7	5	5	4
6196	전남 강진군	어업활동 기자재 공급사업	40,250	해양산림과	8	1	7	8	7	5	5	4
6197	전남 강진군	해조류 양식사업	72,500	해양산림과	8	1	7	8	7	5	5	4
6198	전남 강진군	어선용 장비 보급사업	87,500	해양산림과	8	1	7	8	7	5	5	4
6199	전남 강진군	내수면 양식장 지원사업	25,000	해양산림과	8	1	7	8	7	5	5	4
6200	전남 강진군	전복 가두리 양식장 지원사업	79,500	해양산림과	8	1	7	8	7	5	5	4
6201	전남 강진군	어촌체험마을 체험프로그램 기반구축	3,000	해양산림과	8	4	7	8	7	5	5	4
6202	전남 강진군	해양구조단 인명구조장비 구입지원	10,000	해양산림과	8	4	7	8	7	5	5	4
6203	전남 강진군	수산물저온저장시설사업	24,000	해양산림과	8	6	7	8	7	5	5	4
6204	전남 강진군	귀어자 정착지원	20,000	해양산림과	8	4	7	8	7	5	5	4
6205	전남 강진군	선도임업인 육성	234,358	해양산림과	8	1	7	8	7	5	5	4
6206	전남 해남군	영농4-H회원 과제 활동지원	10,500	농업교육	8	1	7	8	7	5	5	4
6207	전남 해남군	지역자원 융복합 기술자동화 생산비 절감 가공 시범	70,000	농촌자원	8	1	7	8	7	5	5	4
6208	전남 해남군	볍씨파종 농작업생력화 시범	35,000	식량작물	8	1	7	8	7	5	5	4
6209	전남 해남군	벼 안전육묘 자동이송 단지 조성 시범	105,000	식량작물	8	1	7	8	7	5	5	4
6210	전남 해남군	벼 우량품종 생산기반 단지조성 사업	70,000	식량작물	8	1	7	8	7	5	5	4
6211	전남 해남군	고구마 우량종순 안정생산 기반구축 지원	35,000	식량작물	8	1	7	8	7	5	5	4
6212	전남 해남군	풋고추 억제재배 실증시범	7,700	원예작물	8	1	7	8	7	5	5	4
6213	전남 해남군	시설고추 방제시스템 보급시범	14,700	원예작물	8	1	7	8	7	5	5	4
6214	전남 해남군	시설오이 상품성 향상 보광재배 시범	7,000	원예작물	8	1	7	8	7	5	5	4

순번	시군구	지출명 (사업명)	2021년예산 (단위:천원/1년간)	담당자 (공무원) 담당부서	민간이전 분류 (지방자치단체 세출예산 집행기준에 의거) 1. 민간경상사업보조(307-02) 2. 민간단체 법정운영비보조(307-03) 3. 민간행사사업보조(307-04) 4. 민간위탁금(307-05) 5. 사회복지시설 법정운영비보조(307-10) 6. 민간인위탁교육비(307-12) 7. 공기관등에대한경상적위탁사업비(308-10) 8. 민간자본사업보조,자체재원(402-01) 9. 민간자본사업보조,이전재원(402-02) 10. 민간위탁사업비(402-03) 11. 공기관등에 대한 자본적 대행사업비(403-02)	민간이전지출 근거 (지방보조금 관리기준 참고) 1. 법률에 규정 2. 국고보조 재원(국가지정) 3. 용도 지정 기부금 4. 조례에 직접규정 5. 지자체가 권장하는 사업을 하는 공공기관 6. 시,도 정책 및 재정사정 7. 기타 8. 해당없음	입찰방식 계약체결방법 (경쟁형태) 1. 일반경쟁 2. 제한경쟁 3. 지명경쟁 4. 수의계약 5. 법정위탁 6. 기타 ( ) 7. 해당없음	입찰방식 계약기간 1. 1년 2. 2년 3. 3년 4. 4년 5. 5년 6. 기타 ( )년 7. 단기계약 (1년미만) 8. 해당없음	입찰방식 낙찰자선정방법 1. 적격심사 2. 협상에의한계약 3. 최저가낙찰제 4. 규격가격분리 5. 2단계 경쟁입찰 6. 기타 ( ) 7. 해당없음	운영예산 산정 운영예산 산정 1. 내부산정 (지자체 자체적으로 산정) 2. 외부산정 (외부전문기관위탁 산정) 3. 내·외부 모두 산정 4. 산정 無 5. 해당없음	운영예산 산정 정산방법 1. 내부정산 (지자체 내부적으로 정산) 2. 외부정산 (외부전문기관위탁 정산) 3. 내·외부 모두 산정 4. 정산 無 5. 해당없음	성과평가 실시여부 1. 실시 2. 미실시 3. 향후 추진 4. 해당없음
6215	전남 해남군	세발나물 연장재배 실증시범	24,500	원예작물	8	1	7	8	7	5	5	4
6216	전남 해남군	고측고형 시설하우스(바나나) 방풍시설 설치 시범	18,200	원예작물	8	1	7	8	7	5	5	4
6217	전남 해남군	신품종 화훼 재배시범	31,500	원예작물	8	1	7	8	7	5	5	4
6218	전남 해남군	원예식물 활용 치유형 스마트팜 시범	200,000	원예작물	8	1	7	8	7	5	5	4
6219	전남 해남군	새로운 작목 레몬재배 실증시범	14,000	원예작물	8	1	7	8	7	5	5	4
6220	전남 해남군	아열대 과수 망고재배 시범	26,250	원예작물	8	1	7	8	7	5	5	4
6221	전남 해남군	신소득작목 레드향 재배 단지조성 시범	225,750	원예작물	8	1	7	8	7	5	5	4
6222	전남 해남군	머위 연중생산 재배 시범	35,000	특화작목	8	1	7	8	7	5	5	4
6223	전남 해남군	느타리버섯 생산비 절감시범	45,500	특화작목	8	1	7	8	7	5	5	4
6224	전남 해남군	잔대 우량종자 생산기술 및 기반시설 구축 시범	35,000	특화작목	8	1	7	8	7	5	5	4
6225	전남 해남군	지역브랜드 활성화 기반구축 시범사업	245,000	특화작목	8	1	7	8	7	5	5	4
6226	전남 해남군	열처리 TMF 사료 배합기술 시범	63,000	특화작목	8	1	7	8	7	5	5	4
6227	전남 해남군	양돈 동물복지 향상 시범	12,600	특화작목	8	1	7	8	7	5	5	4
6228	전남 해남군	공정육묘장 설치	200,000	농정과	8	7	1	7	1	5	5	4
6229	전남 해남군	맞춤형농기계 구입지원	10,000	농정과	8	7	7	8	7	1	1	3
6230	전남 해남군	곡물건조기(집진기포함) 지원	597,500	농정과	8	7	7	8	7	1	1	3
6231	전남 해남군	집진기 지원	87,750	농정과	8	7	7	8	7	1	1	3
6232	전남 해남군	노동력 절감 장비 구입지원	1,250	농정과	8	7	7	8	7	1	1	3
6233	전남 해남군	원예작물생산 내재해형 단동하우스 지원	500,000	농정과	8	7	7	8	7	1	1	3
6234	전남 해남군	원예작물생산 하우스 시설개선 지원	200,000	농정과	8	7	7	8	7	1	1	3
6235	전남 해남군	흡입식 마늘건조장치 지원	18,000	농정과	8	7	1	7	1	5	5	4
6236	전남 해남군	다목적 마늘 건조장 건립	200,000	농정과	8	7	7	8	7	1	1	3
6237	전남 해남군	과수 생산기반 확충 지원	100,000	농정과	8	7	7	8	7	1	1	3
6238	전남 해남군	인삼 특화품목 육성 지원	64,125	농정과	8	7	7	8	7	1	1	3
6239	전남 해남군	인삼재배 관수시설 지원	13,600	농정과	8	7	7	8	7	1	1	3
6240	전남 해남군	권역별 특화작목 단지육성 단동하우스 지원	200,000	농정과	8	7	7	8	7	1	1	3
6241	전남 해남군	소득작목 육성 이중하우스 지원	120,000	농정과	8	7	7	8	7	1	1	3
6242	전남 해남군	스마트팜 기반 소득작물 육성지원	150,000	농정과	8	4	7	8	7	5	5	4
6243	전남 해남군	정영철 고택 담장정비	30,000	문화예술과	8	2	7	1	7	5	1	4
6244	전남 해남군	사랑의 빨래방 세탁기 교체	15,000	주민복지과	8	1	7	8	7	1	1	4
6245	전남 해남군	해상양식장관리기	180,000	해양수산과	8	1	7	8	7	1	1	4
6246	전남 해남군	해상전복가두리양식장그물망지원	90,000	해양수산과	8	5	7	7	7	1	1	4
6247	전남 해남군	내수면 양식장 기자재 공급사업	50,000	해양수산과	8	5	7	7	7	1	1	4
6248	전남 해남군	내수면 양식장 지하수 개발사업	20,000	해양수산과	8	5	4	7	7	1	1	1
6249	전남 해남군	양식어장 재배치 지원	65,000	해양수산과	8	5	4	7	7	1	1	1
6250	전남 해남군	내수면 양식장 개발사업	100,000	해양수산과	8	1	7	8	7	1	1	1
6251	전남 해남군	수산물 산지가공시설지원	44,000	해양수산과	8	1	7	8	7	1	1	1
6252	전남 해남군	수산물 산지가공시설지원	59,400	해양수산과	8	1	7	8	7	1	1	1
6253	전남 해남군	수산물 산지가공시설지원	32,400	해양수산과	8	1	7	8	7	1	1	1
6254	전남 해남군	조사료 개별장비 지원	280,000	축산사업소	8	1	7	8	7	5	5	4
6255	전남 해남군	한우 유용미생물 자동급이기 지원	12,000	축산사업소	8	1	7	8	7	1	1	1
6256	전남 해남군	돈사 내부냉방기 지원	19,000	축산사업소	8	1	7	8	7	1	1	1

순번	시군구	지출명 (사업명)	2021년예산 (단위:천원/1년간)	담당자 (공무원) 담당부서	민간이전 분류 (지방자치단체 세출예산 집행기준에 의거) 1. 민간경상사업보조(307-02) 2. 민간단체 법정운영비보조(307-03) 3. 민간행사사업보조(307-04) 4. 민간위탁금(307-05) 5. 사회복지시설 법정운영비보조(307-10) 6. 민간인위탁교육비(307-12) 7. 공기관등에대한경상적위탁사업비(308-10) 8. 민간자본사업보조,자체재원(402-01) 9. 민간자본사업보조,이전재원(402-02) 10. 민간위탁사업비(402-03) 11. 공기관등에 대한 자본적 대행사업비(403-02)	민간이전지출 근거 (지방보조금 관리기준 참고) 1. 법률에 규정 2. 국고보조 재원(국가지정) 3. 용도 지정 기부금 4. 조례에 직접규정 5. 지자체가 권장하는 사업을 하는 공공기관 6. 시,도 정책 및 재정사정 7. 기타 8. 해당없음	입찰방식: 계약체결방법 (경쟁형태) 1. 일반경쟁 2. 제한경쟁 3. 지명경쟁 4. 수의계약 5. 법정위탁 6. 기타 ( ) 7. 해당없음	입찰방식: 계약기간 1. 1년 2. 2년 3. 3년 4. 4년 5. 5년 6. 기타 ( )년 7. 단기계약 (1년미만) 8. 해당없음	입찰방식: 낙찰자선정방법 1. 적격심사 2. 협상에의한계약 3. 최저가낙찰제 4. 규격가격분리 5. 2단계 경쟁입찰 6. 기타 ( ) 7. 해당없음	운영예산 산정: 운영예산 산정 1. 내부산정 (지자체 자체적으로 산정) 2. 외부산정 (외부전문기관위탁 산정) 3. 내·외부 모두 산정 4. 산정 無 5. 해당없음	운영예산 산정: 정산방법 1. 내부정산 (지자체 내부적으로 정산) 2. 외부정산 (외부전문기관위탁 정산) 3. 내·외부 모두 산정 4. 정산 無 5. 해당없음	성과평가 실시여부 1. 실시 2. 미실시 3. 향후 추진 4. 해당없음
6257	전남 해남군	양계 축사 환경개선 지원	42,000	축산사업소	8	1	7	8	7	5	5	4
6258	전남 해남군	양계 저온저장고 지원	12,000	축산사업소	8	1	7	8	7	1	1	1
6259	전남 해남군	흑염소 맞춤형 축산장비 지원	30,000	축산사업소	8	1	7	8	7	5	5	4
6260	전남 해남군	흑염소 축사 CCTV 지원	7,500	축산사업소	8	1	7	8	7	5	5	4
6261	전남 해남군	벌꿀 채밀카 지원	42,500	축산사업소	8	1	7	8	7	1	1	1
6262	전남 해남군	벌꿀 전용 스테인레스 드럼 지원	37,000	축산사업소	8	1	7	8	7	5	5	4
6263	전남 해남군	사료 원통분쇄기 지원	10,000	축산사업소	8	1	7	8	7	5	5	4
6264	전남 해남군	폐사가축 처리기 지원	45,000	축산사업소	8	1	7	8	7	1	1	1
6265	전남 해남군	농산물 집하선별장 지원	112,500	유통지원과	8	4	7	8	7	5	1	4
6266	전남 해남군	농산물 선별포장기계 지원	30,000	유통지원과	8	4	7	8	7	5	1	4
6267	전남 해남군	고구마 세척기 지원	120,000	유통지원과	8	4	7	8	7	5	1	4
6268	전남 해남군	원예산업종합계획참여법인 저온저장시설 개보수	100,000	유통지원과	8	4	7	8	7	5	1	4
6269	전남 해남군	저온저장시설 확충	525,000	유통지원과	8	4	7	8	7	5	1	1
6270	전남 해남군	고품질쌀 생산장비 지원	30,000	유통지원과	8	1	7	8	7	5	1	4
6271	전남 해남군	정부양곡 보관창고 개보수 지원	50,000	유통지원과	8	1	7	8	7	5	1	4
6272	전남 해남군	절임배추 작업장 설치 지원	240,000	유통지원과	8	6	7	8	7	5	1	4
6273	전남 해남군	절임배추 생산장비 지원	200,000	유통지원과	8	6	7	8	7	5	1	4
6274	전남 해남군	소규모 농식품 제조가공시설 확충지원	50,000	유통지원과	8	6	7	8	7	5	1	4
6275	전남 해남군	식품 제조 가공업체 시설 지원	300,000	유통지원과	8	6	7	8	7	5	1	4
6276	전남 해남군	소규모 이중비닐하우스 설치지원	131,670	유통지원과	8	4	7	8	7	5	1	1
6277	전남 해남군	야생동물 피해예방	46,000	환경교통과	8	6	7	8	7	1	1	4
6278	전남 영암군	영암읍 도시가스 공급 사업	30,000	투자경제과	8	6	7	8	7	3	3	2
6279	전남 영암군	레저선박부품기자재 고급화 기술개발 구축사업	100,000	투자경제과	8	2	7	8	7	1	2	2
6280	전남 영암군	알루미늄 소형선박 개발지원 사업	1,147,000	투자경제과	8	2	7	8	7	1	2	2
6281	전남 영암군	독천터미널 냉방기 설치	3,000	건설교통과	8	4	7	8	7	1	1	1
6282	전남 영암군	떫은감 가공시설 장비 지원	25,000	산림해양과	8	4	7	8	7	5	1	4
6283	전남 영암군	대봉감 생산장비 지원	35,000	산림해양과	8	4	7	8	7	5	1	4
6284	전남 영암군	양식장 전동수레 지원	400	산림해양과	8	7	7	8	6	1	1	1
6285	전남 영암군	내수면 양식기자재 지원	5,000	산림해양과	8	7	7	8	6	1	1	1
6286	전남 영암군	내수면어선 노후기관 대체 지원	10,000	산림해양과	8	7	7	8	6	1	1	1
6287	잔남 영암군	정부 미지원 어린이집 기능보강사업	20,000	여성가족과	8	1	7	8	7	5	1	4
6288	잔남 영암군	어린이집 기능보강	197,604	여성가족과	8	1	7	8	7	5	1	4
6289	전남 영암군	향토문화유산 보수정비	170,000	문화관광과	8	8	7	8	7	5	5	4
6290	전남 영암군	향토문화유산 보수정비	70,000	문화관광과	8	8	7	8	7	5	5	4
6291	전남 영암군	향토문화유산 보수정비	33,000	문화관광과	8	8	7	8	7	5	5	4
6292	전남 영암군	지정문화재 유지관리	218,900	문화관광과	8	8	7	8	7	5	5	4
6293	전남 영암군	등록사립미술관 운영 지원	30,000	문화관광과	8	8	7	8	7	5	5	4
6294	전남 영암군	가금류 자동개폐기 지원	32,500	축산과	8	7	7	8	7	1	1	3
6295	전남 영암군	자가발전시설 설치지원	20,000	축산과	8	7	7	8	7	1	1	3
6296	전남 영암군	가금류 농가 차량 계근대 설치지원	27,000	축산과	8	7	7	8	7	1	1	3
6297	전남 영암군	소 보정기(목걸이) 설치 지원	21,000	축산과	8	4	7	8	7	1	1	3
6298	전남 영암군	축사 환풍기 지원	52,500	축산과	8	4	7	8	7	1	1	3

순번	시군구	지출명 (사업명)	2021년예산 (단위:천원/1년간)	담당자 (공무원) 담당부서	민간이전 분류 (지방자치단체 세출예산 집행기준에 의거) 1. 민간경상사업보조(307-02) 2. 민간단체 법정운영비보조(307-03) 3. 민간행사사업보조(307-04) 4. 민간위탁금(307-05) 5. 사회복지시설 법정운영비보조(307-10) 6. 민간인위탁교육비(307-12) 7. 공기관등에대한경상적위탁사업비(308-10) 8. 민간자본사업보조,자체재원(402-01) 9. 민간자본사업보조,이전재원(402-02) 10. 민간위탁사업비(402-03) 11. 공기관등에 대한 자본적 대행사업비(403-02)	민간이전지출 근거 (지방보조금 관리기준 참고) 1. 법률에 규정 2. 국고보조 재원(국가지정) 3. 용도 지정 기부금 4. 조례에 직접규정 5. 지자체가 권장하는 사업을 하는 공공기관 6. 시,도 정책 및 재정사정 7. 기타 8. 해당없음	입찰방식 계약체결방법 (경쟁형태) 1. 일반경쟁 2. 제한경쟁 3. 지명경쟁 4. 수의계약 5. 법정위탁 6. 기타 ( ) 7. 해당없음	입찰방식 계약기간 1. 1년 2. 2년 3. 3년 4. 4년 5. 5년 6. 기타 ( )년 7. 단기계약 (1년미만) 8. 해당없음	입찰방식 낙찰자선정방법 1. 적격심사 2. 협상에의한계약 3. 최저가낙찰제 4. 규격가격분리 5. 2단계 경쟁입찰 6. 기타 ( ) 7. 해당없음	운영예산 산정 운영예산 산정 1. 내부산정 (지자체 자체적으로 산정) 2. 외부산정 (외부전문기관위탁 산정) 3. 내·외부 모두 산정 4. 산정 無 5. 해당없음	운영예산 산정 정산방법 1. 내부정산 (지자체 내부적으로 정산) 2. 외부정산 (외부전문기관위탁 정산) 3. 내·외부 모두 산정 4. 정산 無 5. 해당없음	성과평가 실시여부 1. 실시 2. 미실시 3. 향후 추진 4. 해당없음
6299	전남 영암군	조사료 배합기 지원	72,000	축산과	8	4	7	8	7	1	1	3
6300	전남 영암군	차단방역시설 지원	50,000	축산과	8	4	7	8	7	1	1	3
6301	전남 영암군	왕겨살포기 지원	19,750	축산과	8	2	7	8	7	1	1	3
6302	전남 영암군	한우농가 방역 동력분무기 지원	21,000	축산과	8	4	7	8	7	1	1	3
6303	전남 영암군	깨끗한 축산농장 조성사업	90,000	축산과	8	1	7	8	7	1	1	4
6304	전남 영암군	농업관련 민간단체 활성화	37,500	친환경농업과	8	4	7	8	7	1	1	4
6305	전남 영암군	인력절감형농기계사업	50,000	친환경농업과	8	4	7	8	7	1	1	4
6306	전남 영암군	벼 보급종 생산단지 농기계 지원	45,000	친환경농업과	8	4	7	8	7	1	1	4
6307	전남 영암군	농업용 드론 지원	22,500	친환경농업과	8	4	7	8	7	1	1	4
6308	전남 영암군	곡물건조기용 집진기 지원	10,500	친환경농업과	8	4	7	8	7	1	1	4
6309	전남 영암군	벼 육묘장 녹화장 설치사업	85,000	친환경농업과	8	4	7	8	7	1	1	4
6310	전남 영암군	친환경농산물 생산·유통 인프라구축 사업	30,000	친환경농업과	8	6	7	8	7	1	1	4
6311	전남 영암군	농특산물판촉활동	46,000	친환경농업과	8	4	7	8	7	1	1	4
6312	전남 영암군	농산물 유통기반 시설확충	28,000	친환경농업과	8	4	7	8	7	1	1	4
6313	전남 영암군	전통식품산업 인프라 구축	20,000	친환경농업과	8	2	7	8	7	1	1	4
6314	전남 영암군	고품질 생산시설 설치지원	60,000	친환경농업과	8	4	7	8	7	1	1	4
6315	전남 영암군	1읍면1특품사업	10,000	친환경농업과	8	4	7	8	7	1	1	4
6316	전남 영암군	원예용 시설장비지원	35,000	친환경농업과	8	4	7	8	7	5	5	4
6317	전남 영암군	슬레이트 주택 지붕해체지원	30,000	도시개발과	8	4	7	8	7	5	5	4
6318	전남 영암군	주택내부구조개선사업	25,000	도시개발과	8	4	7	8	7	5	5	4
6319	전남 영암군	공동이용시설 건립지원	220,000	도시개발과	8	4	7	8	7	5	5	4
6320	전남 영암군	벼 노동력절감 종합재배기술 모델 시범	30,000	농업기술센터	8	6	7	8	7	5	5	4
6321	전남 영암군	침수상습지 벼 흰잎마름병 예방 실증시범	25,000	농업기술센터	8	6	7	8	7	5	5	4
6322	전남 영암군	경제작물 개발시범	30,000	농업기술센터	8	7	7	8	7	5	5	4
6323	전남 영암군	농산물 가공상품화 지원 사업	10,000	농업기술센터	8	6	7	8	7	5	5	4
6324	전남 영암군	영농 4-H회원 시범영농지원	5,000	농업기술센터	8	6	7	8	7	5	5	4
6325	전남 영암군	귀농귀촌 정착지원	40,000	농업기술센터	8	7	7	8	7	5	5	4
6326	전남 무안군	조사료 생산 기계장비 지원사업	200,000	축산과	8	1	7	8	7	5	5	4
6327	전남 무안군	사료배합기 지원사업	96,000	축산과	8	1	7	8	7	5	5	4
6328	전남 무안군	원형볏짚절단기 지원사업	36,250	축산과	8	1	7	8	7	5	5	4
6329	전남 무안군	동물복지형 한우사육 기자재 지원사업	125,000	축산과	8	1	7	8	7	5	5	4
6330	전남 무안군	한우농가 환경개선 장비 지원사업	125,000	축산과	8	1	7	8	7	5	5	4
6331	전남 무안군	스마트 축산 사료 자동 급이기 지원사업	90,000	축산과	8	1	7	8	7	5	5	4
6332	전남 무안군	퇴비사 지원사업	100,000	축산과	8	1	7	8	7	5	5	4
6333	전남 무안군	폐사가축 사체처리기기 지원사업	75,000	축산과	8	1	7	8	7	5	5	4
6334	전남 무안군	가축 폭염 피해 예방 시설 장비 지원사업	125,000	축산과	8	1	7	8	7	5	5	4
6335	전남 무안군	축사재해예방시스템 구축사업	50,000	축산과	8	1	7	8	7	5	5	4
6336	전남 무안군	친환경 축산장비 지원사업	50,000	축산과	8	1	7	8	7	5	5	4
6337	전남 무안군	오리농가 난방시설(열풍기) 지원	26,000	축산과	8	1	7	8	7	5	5	4
6338	전남 무안군	가금류 축사 환경개선 지원사업	90,000	축산과	8	1	7	8	7	5	5	4
6339	전남 무안군	가금류축사 우레탄 시설설치 지원	150,000	축산과	8	1	7	8	7	5	5	4
6340	전남 무안군	자동 무침 주사기 지원사업	65,000	축산과	8	7	7	8	7	5	5	4

순번	시군구	지출명 (사업명)	2021년예산 (단위:천원/1년간)	담당자 (공무원) 담당부서	민간이전 분류 (지방자치단체 세출예산 집행기준에 의거) 1. 민간경상사업보조(307-02) 2. 민간단체 법정운영비보조(307-03) 3. 민간행사사업보조(307-04) 4. 민간위탁금(307-05) 5. 사회복지시설 법정운영비보조(307-10) 6. 민간인위탁교육비(307-12) 7. 공기관등에대한경상적위탁사업비(308-10) 8. 민간자본사업보조,자체재원(402-01) 9. 민간자본사업보조,이전재원(402-02) 10. 민간위탁사업비(402-03) 11. 공기관등에 대한 자본적 대행사업비(403-02)	민간이전지출 근거 (지방보조금 관리기준 참고) 1. 법률에 규정 2. 국고보조 재원(국가지정) 3. 용도 지정 기부금 4. 조례에 직접규정 5. 지자체가 권장하는 사업을 하는 공공기관 6. 시,도 정책 및 재정사정 7. 기타 8. 해당없음	입찰방식 계약체결방법 (경쟁형태) 1. 일반경쟁 2. 제한경쟁 3. 지명경쟁 4. 수의계약 5. 법정위탁 6. 기타 ( ) 7. 해당없음	계약기간 1. 1년 2. 2년 3. 3년 4. 4년 5. 5년 6. 기타 ( )년 7. 단기계약 (1년미만) 8. 해당없음	낙찰자선정방법 1. 적격심사 2. 협상에의한계약 3. 최저가낙찰제 4. 규격가격분리 5. 2단계 경쟁입찰 6. 기타 ( ) 7. 해당없음	운영예산 산정 운영예산 산정 1. 내부산정 (지자체 자체적으로 산정) 2. 외부산정 (외부전문기관위탁 산정) 3. 내·외부 모두 산정 4. 산정 無 5. 해당없음	정산방법 1. 내부정산 (지자체 내부적으로 정산) 2. 외부정산 (외부전문기관위탁 정산) 3. 내·외부 모두 산정 4. 정산 無 5. 해당없음	성과평가 실시여부 1. 실시 2. 미실시 3. 향후 추진 4. 해당없음
6341	전남 무안군	경로당 환경개선사업	250,000	주민생활과	8	4	4	8	7	1	1	1
6342	전남 무안군	경로당 에어컨설치지원	51,000	주민생활과	8	4	7	8	7	1	1	1
6343	전남 무안군	경로당 상수도배관 세척사업	30,000	주민생활과	8	4	6	8	7	1	1	1
6344	전남 무안군	경로당 기능보강사업	37,000	주민생활과	8	4	6	8	7	1	1	1
6345	전남 무안군	무안 황토고구마 세척기 지원	50,000	친환경농업과	8	4	7	8	7	1	1	1
6346	전남 무안군	고령농 농작업 대행서비스	150,000	친환경농업과	8	4	7	8	7	5	1	1
6347	전남 무안군	논밭작물 경쟁력제고 생산단지 조성	142,000	친환경농업과	8	4	7	8	7	5	1	1
6348	전남 무안군	농산물생산비절감지원	552,500	친환경농업과	8	6	7	8	7	5	1	1
6349	전남 무안군	마늘 우량종구 생산 공급 시범	64,000	친환경농업과	8	4	7	8	7	5	5	4
6350	전남 무안군	고품질 과수 생산장비 지원	42,500	친환경농업과	8	5	7	8	7	1	1	1
6351	전남 무안군	우리도 육성 원예특용작물 신품종 보급	14,000	친환경농업과	8	6	7	8	7	1	1	1
6352	전남 무안군	쪽파 연작장해경감제 지원	50,000	친환경농업과	8	5	7	8	7	1	1	1
6353	전남 무안군	기후변화대응 아열대작물육성시범사업	70,000	친환경농업과	8	4	7	8	7	1	1	1
6354	전남 무안군	첨단스마트팜 기반조성사업	155,400	친환경농업과	8	4	7	8	7	1	1	1
6355	전남 무안군	첨단스마트팜 모델구축시범사업	87,000	친환경농업과	8	4	7	8	7	1	1	1
6356	전남 무안군	무안읍 성동4리 복용마을 유산각(정자) 보수공사	5,000	지역개발과	8	4	7	8	7	5	5	4
6357	전남 무안군	몽탄면 이산2리 늘어지마을 정자보수공사	5,000	지역개발과	8	4	7	8	7	5	5	4
6358	전남 무안군	몽탄면 대치1리 한재마을 정자보수공사	5,000	지역개발과	8	4	7	8	7	5	5	4
6359	전남 무안군	청계면 청계3리 송학동마을 정자신축공사	10,000	지역개발과	8	4	7	8	7	5	5	4
6360	전남 무안군	청계면 도대리 도대마을 정자보수공사	5,000	지역개발과	8	4	7	8	7	5	5	4
6361	전남 무안군	청계면 남성1리 정자보수공사	5,000	지역개발과	8	4	7	8	7	5	5	4
6362	전남 무안군	해제면 석룡1리 석산마을 정자신축공사	10,000	지역개발과	8	4	7	8	7	5	5	4
6363	전남 무안군	해제면 광산2리 광천마을 정자신축공사	10,000	지역개발과	8	4	7	8	7	5	5	4
6364	전남 무안군	(사)대한노인회 무안군 해제면분회 경로당 정자신축공사	10,000	지역개발과	8	4	7	8	7	5	5	4
6365	전남 무안군	운남면 내3리 원동마을 정자보수공사	5,000	지역개발과	8	4	7	8	7	5	5	4
6366	전남 무안군	농업인학습단체 활성화 지원	21,600	농촌지원과	8	1	7	8	7	5	5	4
6367	전남 무안군	다문화여성 영농활동지원	48,000	농촌지원과	8	6	7	8	7	5	5	4
6368	전남 무안군	농촌교육농장	24,000	농촌지원과	8	6	7	8	7	5	5	4
6369	전남 무안군	강소농 경영개선 시범사업	24,000	농촌지원과	8	2	7	8	7	5	5	4
6370	전남 무안군	그린스쿨,오피스 공간조성	40,000	농촌지원과	8	1	3	1	1	1	1	1
6371	전남 무안군	무안황토실뿌 생산확대 사업	15,000	농촌지원과	8	4	7	8	7	1	1	1
6372	전남 무안군	귀농인 정착지원사업	140,000	농촌지원과	8	1	7	8	7	5	5	4
6373	전남 무안군	귀농인 농가주책 수리비	30,000	농촌지원과	8	1	7	8	7	5	5	4
6374	전남 함평군	공동주택 안전관리	20,000	민원봉사실	8	4	4	7	7	1	1	4
6375	전남 함평군	주거환경 정비사업	150,000	민원봉사실	8	1	7	7	7	1	3	1
6376	전남 함평군	음식문화개선 및 좋은식단 추진사업	25,000	민원봉사실	8	4	7	8	7	1	1	4
6377	전남 함평군	음식문화개선 및 좋은식단 추진사업	12,300	민원봉사실	8	4	7	8	7	1	1	4
6378	전남 함평군	음식문화개선 및 좋은식단 추진사업	30,000	민원봉사실	8	4	7	8	7	1	1	3
6379	전남 함평군	자율방범대 차량 지원	31,000	총무과	8	4	7	8	7	1	1	3
6380	전남 함평군	신재생에너지주택지원사업	17,280	일자리경제과	8	1	7	8	7	5	1	1
6381	전남 함평군	폐기물매립시설 주변마을 주민지원사업비	120,000	환경상하수도과	8	4	7	7	7	1	1	4
6382	전남 함평군	친환경 쌀 곡물건조기 지원사업	60,000	친환경농산과	8	4	7	8	7	1	1	1

순번	시군구	지출명 (사업명)	2021년예산 (단위:천원/1년간)	담당자 (공무원) 담당부서	민간이전 분류 (지방자치단체 세출예산 집행기준에 의거) 1. 민간경상사업보조(307-02) 2. 민간단체 법정운영비보조(307-03) 3. 민간행사사업보조(307-04) 4. 민간위탁금(307-05) 5. 사회복지시설 법정운영비보조(307-10) 6. 민간인위탁교육비(307-12) 7. 공기관등에대한경상적위탁사업비(308-10) 8. 민간자본사업보조,자체재원(402-01) 9. 민간자본사업보조,이전재원(402-02) 10. 민간위탁사업비(402-03) 11. 공기관등에 대한 자본적 대행사업비(403-02)	민간이전지출 근거 (지방보조금 관리기준 참고) 1. 법률에 규정 2. 국고보조 재원(국가지정) 3. 용도 지정 기부금 4. 조례에 직접규정 5. 지자체가 권장하는 사업을 하는 공공기관 6. 시,도 정책 및 재정사정 7. 기타 8. 해당없음	입찰방식 계약체결방법 (경쟁형태) 1. 일반경쟁 2. 제한경쟁 3. 지명경쟁 4. 수의계약 5. 법정위탁 6. 기타 ( ) 7. 해당없음	입찰방식 계약기간 1. 1년 2. 2년 3. 3년 4. 4년 5. 5년 6. 기타 ( )년 7. 단기계약 (1년미만) 8. 해당없음	입찰방식 낙찰자선정방법 1. 적격심사 2. 협상에의한계약 3. 최저가낙찰제 4. 규격가격분리 5. 2단계 경쟁입찰 6. 기타 ( ) 7. 해당없음	운영예산 산정 운영예산 산정 1. 내부산정 (지자체 자체적으로 산정) 2. 외부산정 (외부전문기관위탁 산정) 3. 내·외부 모두 산정 4. 산정 無 5. 해당없음	운영예산 산정 정산방법 1. 내부정산 (지자체 내부적으로 정산) 2. 외부정산 (외부전문기관위탁 정산) 3. 내·외부 모두 산정 4. 정산 無 5. 해당없음	성과평가 실시여부 1. 실시 2. 미실시 3. 향후 추진 4. 해당없음
6383	전남 함평군	귀농인 정착지원 사업	179,400	친환경농산과	8	4	7	8	7	1	1	3
6384	전남 함평군	고품질쌀 생산 대책 추진	500,000	친환경농산과	8	8	7	8	7	5	1	4
6385	전남 함평군	농산물 생산비 절감지원	196,500	친환경농산과	8	4	7	8	7	5	1	4
6386	전남 함평군	농협 협력사업	400,000	친환경농산과	8	4	7	8	7	5	1	4
6387	전남 함평군	친환경 원예작물용 관정개발 지원	240,000	친환경농산과	8	4	7	8	7	5	1	4
6388	전남 함평군	밭작물(양파, 마늘, 단호박 등) 관수시설 지원	67,500	친환경농산과	8	4	7	8	7	5	1	4
6389	전남 함평군	고부가가치 품목 육성 기반구축 사업	150,000	친환경농산과	8	4	7	8	7	5	1	4
6390	전남 함평군	마늘우량종구 갱신 지원	60,000	친환경농산과	8	4	7	8	7	5	1	4
6391	전남 함평군	친환경 농작물 비가림하우스 지원	80,000	친환경농산과	8	4	7	8	7	5	1	4
6392	전남 함평군	친환경 원예시설개선 지원	150,000	친환경농산과	8	4	7	8	7	5	1	4
6393	전남 함평군	다목적 소형하우스 설치 지원사업	22,880	친환경농산과	8	4	7	8	7	5	1	4
6394	전남 함평군	과수농가 생산기반 확충 지원사업	50,000	친환경농산과	8	4	7	8	7	5	1	4
6395	전남 함평군	고품질 포도 생산기반 조성사업	500,000	친환경농산과	8	4	7	8	7	5	1	2
6396	전남 함평군	신선농산물 저온저장고 지원사업	300,000	친환경농산과	8	1	7	8	7	1	1	3
6397	전남 함평군	농업인등 소규모 식품제조가공업 육성 지원사업	75,000	친환경농산과	8	4	7	8	7	1	1	3
6398	전남 함평군	함평단호박 유통시설 기반 확충 지원사업	55,000	친환경농산과	8	4	7	8	7	1	1	3
6399	전남 함평군	농특산물 포장디자인 개발 및 제작 지원	300,000	친환경농산과	8	1	7	8	7	1	1	2
6400	전남 함평군	7.13비금도 희생자 합동추모비 주변정비	1,000	주민복지과	8	7	7	8	7	1	1	1
6401	전남 함평군	경로당 건강관리기구지원	48,000	가족행복과	8	4	4	7	7	1	1	4
6402	전남 함평군	경로당 신축	210,000	가족행복과	8	7	6	8	7	1	1	4
6403	전남 함평군	경로당 냉방기및비품지원	58,000	가족행복과	8	4	4	7	7	1	1	4
6404	전남 함평군	경로당클린서비스사업	18,750	가족행복과	8	7	7	1	7	1	1	3
6405	전남 함평군	젖소목장 환경개선 지원	20,000	축수산과	8	4	7	8	7	1	1	3
6406	전남 함평군	양봉산업 경쟁력강화 지원	85,575	축수산과	8	4	7	8	7	1	1	3
6407	전남 함평군	이동형 채밀기 지원	25,000	축수산과	8	4	7	8	7	1	1	3
6408	전남 함평군	토종꿀(한봉)산업 경쟁력 강화	11,875	축수산과	8	4	7	8	7	1	1	3
6409	전남 함평군	농가 맞춤형 축산 경쟁력 제고사업	20,000	축수산과	8	4	7	8	7	1	1	3
6410	전남 함평군	축사 재해예방시스템 설치 지원	15,000	축수산과	8	4	7	8	7	1	1	3
6411	전남 함평군	가축음용수(관정) 개발 지원	21,000	축수산과	8	4	7	8	7	1	1	3
6412	전남 함평군	비가림 가축운동장 설치 지원	50,000	축수산과	8	4	7	8	7	1	1	3
6413	전남 함평군	미래축산 맞춤형 소득개발 지원	70,000	축수산과	8	4	7	8	7	1	1	3
6414	전남 함평군	우량모돈 갱신지원	30,000	축수산과	8	4	7	8	7	1	1	3
6415	전남 함평군	돼지 고능력 우량정액대 지원	20,000	축수산과	8	4	7	8	7	1	1	3
6416	전남 함평군	양계사육농가 생산성 향상 지원	56,000	축수산과	8	4	7	8	7	1	1	3
6417	전남 함평군	오리사육농가 생산성 향상 지원	54,000	축수산과	8	4	7	8	7	1	1	3
6418	전남 함평군	흑염소 생산성 향상 지원	40,000	축수산과	8	4	7	8	7	1	1	3
6419	전남 함평군	유기동물 보호센터 설치 개선	20,000	축수산과	8	4	7	8	7	1	1	3
6420	전남 함평군	가축분뇨 퇴비사설치 지원	100,000	축수산과	8	4	7	8	7	1	1	3
6421	전남 함평군	가축분뇨 퇴비살포기 지원	21,875	축수산과	8	4	7	8	7	1	1	3
6422	전남 함평군	축산농가 소독시설 지원	22,000	축수산과	8	4	7	8	7	1	1	3
6423	전남 함평군	친환경축산 정보리 적재기 지원	6,000	축수산과	8	4	7	8	7	1	1	3
6424	전남 함평군	한우사육농가 외부경관 개선 지원	50,000	축수산과	8	4	7	8	7	1	1	3

순번	시군구	지출명 (사업명)	2021년예산 (단위:천원/1년간)	담당자 (공무원) 담당부서	민간이전 분류 (지방자치단체 세출예산 집행기준에 의거) 1. 민간경상사업보조(307-02) 2. 민간단체 법정운영비보조(307-03) 3. 민간행사사업보조(307-04) 4. 민간위탁금(307-05) 5. 사회복지시설 법정운영비보조(307-10) 6. 민간인위탁교육비(307-12) 7. 공기관등에대한경상적위탁사업비(308-10) 8. 민간자본사업보조,자체재원(402-01) 9. 민간자본사업보조,이전재원(402-02) 10. 민간위탁사업비(402-03) 11. 공기관등에 대한 자본적 대행사업비(403-02)	민간이전지출 근거 (지방보조금 관리기준 참고) 1. 법률에 규정 2. 국고보조 재원(국가지정) 3. 용도 지정 기부금 4. 조례에 직접규정 5. 지자체가 권장하는 사업을 하는 공공기관 6. 시,도 정책 및 재정사정 7. 기타 8. 해당없음	입찰방식 계약체결방법 (경쟁형태) 1. 일반경쟁 2. 제한경쟁 3. 지명경쟁 4. 수의계약 5. 법정위탁 6. 기타 ( ) 7. 해당없음	입찰방식 계약기간 1. 1년 2. 2년 3. 3년 4. 4년 5. 5년 6. 기타 ( )년 7. 단기계약 (1년미만) 8. 해당없음	입찰방식 낙찰자선정방법 1. 적격심사 2. 협상에의한계약 3. 최저가낙찰제 4. 규격가격분리 5. 2단계 경쟁입찰 6. 기타 ( ) 7. 해당없음	운영예산 산정 운영예산 산정 1. 내부산정 (지자체 자체적으로 산정) 2. 외부산정 (외부전문기관위탁 산정) 3. 내·외부 모두 산정 4. 산정 無 5. 해당없음	운영예산 산정 정산방법 1. 내부정산 (지자체 내부적으로 정산) 2. 외부정산 (외부전문기관위탁 정산) 3. 내·외부 모두 산정 4. 정산 無 5. 해당없음	성과평가 실시여부 1. 실시 2. 미실시 3. 향후 추진 4. 해당없음
6425	전남 함평군	고소득 종패 살포 지원	68,000	축수산과	8	4	7	8	7	1	1	3
6426	전남 함평군	친환경 양만장 양식시설 개선 지원	20,000	축수산과	8	4	7	8	7	1	1	3
6427	전남 함평군	양만장 판매용 포장재 지원	26,250	축수산과	8	4	7	8	7	1	1	3
6428	전남 함평군	어선어업 생산성향상 시설 지원	10,000	축수산과	8	4	7	8	7	1	1	3
6429	전남 함평군	양식수 개발(중형관정) 지원	17,500	축수산과	8	4	7	8	7	1	1	3
6430	전남 함평군	함평군 해병전우회 차량구입 지원	29,600	안전건설과	8	4	7	8	7	5	5	4
6431	전남 함평군	영농 4-H 시범지원	4,375	영농지원과	8	4	7	8	7	5	5	4
6432	전남 함평군	외래품종대체 최고품질벼 생산공급 거점단지 육성	200,000	기술보급과	8	2	7	8	7	5	5	4
6433	전남 함평군	친환경농업혁신시범 재배단지조성	63,000	기술보급과	8	6	7	8	7	5	5	4
6434	전남 함평군	벼 드문모심기 확대시범	10,000	기술보급과	8	6	7	8	7	5	5	4
6435	전남 함평군	고품질 종자생산 벼 종자소독기 지원	25,800	기술보급과	8	6	7	8	7	5	5	4
6436	전남 함평군	우리지역 대표 콩 표준재배시범	5,000	기술보급과	8	6	7	8	7	5	5	4
6437	전남 함평군	육묘이식재배 참깨재배단지 조성	14,000	기술보급과	8	6	7	8	7	5	5	4
6438	전남 함평군	양파생력기계/측조시비단지 조성시범	78,000	기술보급과	8	4	7	8	7	5	5	4
6439	전남 함평군	미니수박 재배시범	30,000	기술보급과	8	4	7	8	7	5	5	4
6440	전남 함평군	미니수박 조기재배시범	20,000	기술보급과	8	4	7	8	7	5	5	4
6441	전남 함평군	특용작물 신품종 도입	10,000	기술보급과	8	4	7	8	7	5	5	4
6442	전남 함평군	대추 기능성비닐 교체지원	8,000	기술보급과	8	4	7	8	7	5	5	4
6443	전남 함평군	화훼 포장 브랜드화 지원	36,000	기술보급과	8	6	7	8	7	5	5	4
6444	전남 함평군	양봉대표브랜드 품질향상 지원	7,700	기술보급과	8	7	7	8	7	5	5	4
6445	전남 함평군	양봉 대표브랜드 포장용기,박스 지원	30,000	기술보급과	8	7	7	8	7	5	5	4
6446	전남 영광군	공동주택 시설지원	50,000	종합민원실	8	7	7	8	7	5	5	4
6447	전남 영광군	퍼스널 모빌리티 보급	10,000	이모빌리티산업과	8	6	7	8	7	5	5	4
6448	전남 영광군	동강대학교 대마산단 캠퍼스 조성사업	200,000	이모빌리티산업과	8	6	7	8	7	5	5	3
6449	전남 영광군	모싯잎송편 가공장비 현대화 지원	25,000	농업기술센터	8	4	7	8	7	1	1	3
6450	전남 영광군	지역특화 감자 조기재배 시범단지 조성	83,160	농업기술센터	8	7	7	8	7	5	5	4
6451	전남 영광군	지역특화 고구마 우량묘 생산 기반 구축	94,500	농업기술센터	8	7	7	8	7	5	5	4
6452	전남 영광군	벼 생산비 절감 드문모심기 기술 시범	4,200	농업기술센터	8	7	7	8	7	5	5	4
6453	전남 영광군	벼 우량종자 자율교환 증식단지 조성	10,500	농업기술센터	8	7	7	8	7	1	1	1
6454	전남 영광군	오프리 밀 전문 가공업체 육성 시범	14,000	농업기술센터	8	7	7	8	7	5	5	4
6455	전남 영광군	영광 태양초고추 생산 생력화 시범	25,200	농업기술센터	8	7	7	8	7	5	5	4
6456	전남 영광군	고품질 딸기 육묘 생산기반 구축 시범	42,000	농업기술센터	8	7	7	8	7	5	5	4
6457	전남 영광군	고품질 딸기 육묘 시설 환경개선 시범	21,000	농업기술센터	8	7	7	8	7	5	5	4
6458	전남 영광군	탄산시비 이용 시설딸기 품질향상 시범	8,400	농업기술센터	8	7	7	8	7	5	5	4
6459	전남 영광군	고품질 포도 조기재배 시범	54,000	농업기술센터	8	7	7	8	7	5	5	4
6460	전남 영광군	ICT활용 무농약 인삼 담수경재배 시범	45,000	농업기술센터	8	7	7	8	7	5	5	4
6461	전남 영광군	상사화 품종별 전문재배농가 육성사업	10,000	기술보급과	8	7	7	8	7	1	1	3
6462	전남 영광군	친환경 모시 재배단지 조성사업	56,000	기술보급과	8	7	7	8	7	1	1	3
6463	전남 영광군	표고톱밥배지 구입지원	72,000	산림공원과	8	6	7	8	7	5	5	4
6464	전남 장성군	경로당 개보수 등	180,000	주민복지과	8	4	7	8	7	3	1	1
6465	전남 장성군	경로당 가전제품 지원	30,000	주민복지과	8	4	7	8	7	3	1	1
6466	전남 장성군	경로당 가전제품 지원	70,000	주민복지과	8	4	7	8	7	3	1	1

순번	시군구	지출명 (사업명)	2021년예산 (단위:천원/1년간)	담당자 (공무원) 담당부서	민간이전 분류 (지방자치단체 세출예산 집행기준에 의거) 1. 민간경상사업보조(307-02) 2. 민간단체 법정운영비보조(307-03) 3. 민간행사사업보조(307-04) 4. 민간위탁금(307-05) 5. 사회복지시설 법정운영비보조(307-10) 6. 민간인위탁교육비(307-12) 7. 공기관등에대한경상적위탁사업비(308-10) 8. 민간자본사업보조,자체재원(402-01) 9. 민간자본사업보조,이전재원(402-02) 10. 민간위탁사업비(402-03) 11. 공기관등에 대한 자본적 대행사업비(403-02)	민간이전지출 근거 (지방보조금 관리기준 참고) 1. 법률에 규정 2. 국고보조 재원(국가지정) 3. 용도 지정 기부금 4. 조례에 직접규정 5. 지자체가 권장하는 사업을 하는 공공기관 6. 시,도 정책 및 재정사정 7. 기타 8. 해당없음	입찰방식 계약체결방법 (경쟁형태) 1. 일반경쟁 2. 제한경쟁 3. 지명경쟁 4. 수의계약 5. 법정위탁 6. 기타 ( ) 7. 해당없음	입찰방식 계약기간 1. 1년 2. 2년 3. 3년 4. 4년 5. 5년 6. 기타 ( )년 7. 단기계약 (1년미만) 8. 해당없음	입찰방식 낙찰자선정방법 1. 적격심사 2. 협상에의한계약 3. 최저가낙찰제 4. 규격가격분리 5. 2단계 경쟁입찰 6. 기타 ( ) 7. 해당없음	운영예산 산정 운영예산 산정 1. 내부산정 (지자체 자체적으로 산정) 2. 외부산정 (외부전문기관위탁 산정) 3. 내·외부 모두 산정 4. 산정 無 5. 해당없음	운영예산 산정 정산방법 1. 내부정산 (지자체 내부적으로 정산) 2. 외부정산 (외부전문기관위탁 정산) 3. 내·외부 모두 산정 4. 정산 無 5. 해당없음	성과평가 실시여부 1. 실시 2. 미실시 3. 향후 추진 4. 해당없음
6467	전남 장성군	경로당 건강보조기구 지원	120,000	주민복지과	8	4	7	8	7	3	1	1
6468	전남 장성군	경로당 안전손잡이 설치 지원	51,000	주민복지과	8	4	7	8	7	3	1	1
6469	전남 장성군	그린장성21추진협의회 사무실 시설개선	20,000	환경위생과	8	4	7	8	7	1	1	4
6470	전남 장성군	위생업소 저온저장창고 등 설치 지원	30,000	환경위생과	8	4	7	8	7	1	1	1
6471	전남 장성군	위생업소 시설개선비 등 지원	50,000	환경위생과	8	4	7	8	7	1	1	1
6472	전남 장성군	위생업소 입식테이블 등 지원	40,000	환경위생과	8	4	7	8	7	1	1	1
6473	전남 장성군	노후 공동주택 공공복리시설 정비	30,000	민원봉사과	8	4	7	8	7	5	5	4
6474	전남 장성군	옐로우시티 건축디자인 지원사업	100,000	민원봉사과	8	7	7	8	7	5	5	4
6475	전남 장성군	수리계 수리시설유지관리	10,000	안전건설과	8	1	7	8	7	5	5	4
6476	전남 장성군	도시가스 공급	1,000,000	경제교통과	8	4	7	8	7	5	1	4
6477	전남 장성군	빈집정비사업	70,000	도시재생과	8	1	7	8	7	1	1	1
6478	전남 장성군	장성 명품 쌀 생산기반 단지조성	30,000	농업축산과	8	4	7	8	7	5	5	4
6479	전남 장성군	특용작물 베리류 지원	40,000	원예소득과	8	2	7	8	7	5	5	4
6480	전남 장성군	특용작물 경쟁력 기반 확충	50,000	원예소득과	8	2	7	8	7	5	5	4
6481	전남 장성군	약초 안정 생산 단지조성	50,000	원예소득과	8	2	7	8	7	5	5	4
6482	전남 장성군	원예특화작목 내재해형하우스 지원	200,000	원예소득과	8	4	7	8	7	5	5	4
6483	전남 장성군	원예특화작목 부대시설 지원	100,000	원예소득과	8	4	7	8	7	5	5	4
6484	전남 장성군	원예 관정 지원	105,000	원예소득과	8	4	7	8	7	5	5	4
6485	전남 장성군	시설채소 이상기온 대응 시범	40,000	원예소득과	8	4	7	8	7	5	5	4
6486	전남 장성군	친환경 시설채소단지 조성 시범	122,500	원예소득과	8	4	7	8	7	5	5	4
6487	전남 장성군	고온예방 딸기육묘 시스템 모델 개발 시범	45,000	원예소득과	8	4	7	8	7	5	5	4
6488	전남 장성군	신규 과원조성 지원	200,000	원예소득과	8	4	7	8	7	5	5	4
6489	전남 장성군	과원시설 지원	70,000	원예소득과	8	4	7	8	7	5	5	4
6490	전남 장성군	과수생력화 장비 지원	200,000	원예소득과	8	4	7	8	7	5	5	4
6491	전남 장성군	과수분야 스마트팜 확산사업	10,983	원예소득과	8	2	7	8	7	5	5	4
6492	전남 장성군	신소득 칼라프루트 생산시범	140,000	원예소득과	8	4	7	8	7	5	5	4
6493	전남 장성군	과수 전정단 전동가위 지원	67,200	원예소득과	8	4	7	8	7	5	5	4
6494	전남 장성군	화훼류 생산 기반 지원	41,000	원예소득과	8	4	7	8	7	5	5	4
6495	전남 장성군	농협 지자체 협력사업 지원	200,000	농식품유통과	8	4	7	8	7	5	5	4
6496	전남 장성군	농산물 저온저장고 설치	200,000	농식품유통과	8	4	7	8	7	5	5	4
6497	전남 장성군	농산물 직거래 장비 지원	55,000	농식품유통과	8	4	7	8	7	5	5	4
6498	전남 장성군	기획생산체계 구축 연중 생산시설 지원	240,000	농식품유통과	8	4	7	8	7	5	5	4
6499	전남 장성군	농산물 가공활성화 지원	192,000	농식품유통과	8	4	7	8	7	5	5	4
6500	전남 장성군	농식품가공업체 시설장비 지원	25,000	농식품유통과	8	4	7	8	7	5	5	4
6501	전남 장성군	소규모농식품제조업체 위생안전시설(HACCP) 개선지원	30,000	농식품유통과	8	4	7	8	7	5	5	4
6502	전남 장성군	청년농업인 창업비용 지원	294,000	농촌활력과	8	4	7	8	7	5	5	4
6503	전남 장성군	귀농인 영농정착지원	100,000	농촌활력과	8	4	7	8	7	5	5	4
6504	전남 장성군	귀농인 농가주택수리비지원	40,000	농촌활력과	8	4	7	8	7	5	5	4
6505	전남 장성군	귀농인 우수창업농육성	20,000	농촌활력과	8	4	7	8	7	5	5	4
6506	전남 진도군	위생업소관리 및 교육	105,000	관광과	8	4	7	8	7	1	3	3
6507	전남 진도군	빈집정비사업	50,000	지역개발과	8	4	4	8	7	1	1	1
6508	전남 진도군	재래식 주거환경정비 지원사업	330,000	지역개발과	8	4	4	8	7	1	1	1

순번	시군구	지출명 (사업명)	2021년예산 (단위:천원/1년간)	담당자 (공무원)	민간이전 분류 (지방자치단체 세출예산 집행기준에 의거)	민간이전지출 근거 (지방보조금 관리기준 참고)	입찰방식			운영예산 산정		성과평가 실시여부
				담당부서	1. 민간경상사업보조(307-02) 2. 민간단체 법정운영비보조(307-03) 3. 민간행사사업보조(307-04) 4. 민간위탁금(307-05) 5. 사회복지시설 법정운영비보조(307-10) 6. 민간인위탁교육비(307-12) 7. 공기관등에대한경상적위탁사업비(308-10) 8. 민간자본사업보조,자체재원(402-01) 9. 민간자본사업보조,이전재원(402-02) 10. 민간위탁사업비(402-03) 11. 공기관등에 대한 자본적 대행사업비(403-02)	1. 법률에 규정 2. 국고보조 재원(국가지정) 3. 용도 지정 기부금 4. 조례에 직접규정 5. 지자체가 권장하는 사업을 하는 공공기관 6. 시,도 정책 및 재정사정 7. 기타 8. 해당없음	계약체결방법 (경쟁형태) 1. 일반경쟁 2. 제한경쟁 3. 지명경쟁 4. 수의계약 5. 법정위탁 6. 기타 ( ) 7. 해당없음	계약기간 1. 1년 2. 2년 3. 3년 4. 4년 5. 5년 6. 기타 ( )년 7. 단기계약 (1년미만) 8. 해당없음	낙찰자선정방법 1. 적격심사 2. 협상에의한계약 3. 최저가낙찰제 4. 규격가격분리 5. 2단계 경쟁입찰 6. 기타 ( ) 7. 해당없음	운영예산 산정 1. 내부산정 (지자체 자체적으로 산정) 2. 외부산정 (외부전문기관위탁 산정) 3. 내·외부 모두 산정 4. 산정 無 5. 해당없음	정산방법 1. 내부정산 (지자체 내부적으로 정산) 2. 외부정산 (외부전문기관위탁 정산) 3. 내·외부 모두 산정 4. 정산 無 5. 해당없음	1. 실시 2. 미실시 3. 향후 추진 4. 해당없음
6509	전남 진도군	진도개 강아지 배송지원차량 지원	15,000	진도개축산과	8	1	7	8	7	5	5	4
6510	전남 진도군	맞춤형축산기자재지원사업	27,000	진도개축산과	8	1	7	8	7	5	5	4
6511	전남 진도군	축사환경시설개선 지원사업	23,000	진도개축산과	8	1	7	8	7	5	5	4
6512	전남 진도군	친환경축산농가 지원 사업	80,000	진도개축산과	8	1	7	8	7	5	5	4
6513	전남 진도군	홍주 주정박상하차용지게차구입 지원	12,500	진도개축산과	8	1	7	8	7	5	5	4
6514	전남 진도군	소규모 치유농장 조성 모델화 시범사업	70,000	농업기술센터	8	1	7	8	7	5	5	4
6515	전남 진도군	청년농업인 경쟁력 제고사업	50,000	농업기술센터	8	1	7	8	7	5	5	4
6516	전남 진도군	귀농인 정착 지원	64,000	농업기술센터	8	1	7	8	7	5	5	4
6517	전남 진도군	귀농인 청장년 창농지원	40,000	농업기술센터	8	1	7	8	7	5	5	4
6518	전남 진도군	아열대과수 재배단지 조성	100,000	농업기술센터	8	1	7	8	7	5	5	4
6519	전남 진도군	소핵과류 재배단지 안정생산 지원	28,000	농업기술센터	8	1	7	8	7	5	5	4
6520	전남 진도군	고품질 포도 생산기반 조성	49,000	농업기술센터	8	1	7	8	7	5	5	4
6521	전남 진도군	고품질 레몬 생산기반 조성	21,000	농업기술센터	8	1	7	8	7	5	5	4
6522	전남 신안군	귀농인 주택수리비지원사업	30,000	기획홍보실	8	4	7	8	7	5	5	4
6523	전남 신안군	귀농인 정착지원사업	20,000	기획홍보실	8	4	7	8	7	5	5	4
6524	전남 신안군	노인대학 차량리스비 지원	14,000	주민복지과	8	4	7	8	7	5	5	4
6525	전남 신안군	돌담정비사업	20,000	문화관광과	8	4	6	8	6	1	1	3
6526	전남 신안군	흑산성당복원 및 성역화사업	20,000	문화관광과	8	4	6	8	6	1	1	3
6527	전남 신안군	게스트하우스 설비 보수 및 부대정비	40,000	문화관광과	8	4	7	8	7	1	1	1
6528	전남 신안군	증도 작은도서관 리모델링 지원	59,000	문화관광과	8	6	6	8	6	1	1	3
6529	전남 신안군	소형어선노후기관 교체지원	30,000	해양수산과	8	7	4	7	1	5	1	3
6530	전남 신안군	새우양식장 수질측정기(휴대용) 구입 지원	10,000	해양자원과	8	4	7	8	7	5	1	3
6531	전남 신안군	새우양식장 친환경 바닥재(HDPE) 지원	25,000	해양자원과	8	4	7	8	7	5	1	3
6532	전남 신안군	식품위생업소 시설개선지원	80,000	맛예술문화과	8	4	7	8	7	5	5	4
6533	전남 신안군	일반음식점 입식테이블 지원 사업	60,000	맛예술문화과	8	4	7	8	7	5	5	4
6534	전남 신안군	소규모 농산물 가공기술 지원 시범	100,000	농촌진흥과	8	4	7	8	7	5	5	4
6535	전남 신안군	지역적응 고품질 벼 증식단지 조성 시범	42,000	기술보급과	8	4	7	8	7	5	5	4
6536	전남 신안군	꿀벌산업 육성사업	50,000	기술보급과	8	4	7	8	7	5	5	4
6537	전남 신안군	벼 생력재배 기술보급 시범	70,000	기술보급과	8	4	7	8	7	5	5	4
6538	전남 신안군	새소득작물 목이버섯 조직화 시범	58,000	기술보급과	8	4	7	8	7	5	5	4
6539	전남 신안군	잎수국 소득화 농가 육성 시범사업	20,000	기술보급과	8	4	7	8	7	5	5	4
6540	전남 신안군	친환경RPC 유통장비 지원	95,000	친환경농업과	8	4	7	8	7	5	5	4
6541	전남 신안군	원예특작 경쟁력제고 지원사업	48,000	친환경농업과	8	4	7	8	7	5	5	4
6542	전남 신안군	원예농산물선별저장기기지원	267,900	친환경농업과	8	7	7	8	7	5	5	4
6543	전남 신안군	1004섬 신안농업 기계화 증진사업	100,000	농업기계화과	8	4	7	8	7	5	5	4
6544	전남 신안군	벼농사규모화사업지원	575,000	농업기계화과	8	4	7	8	7	5	5	4
6545	전남 신안군	코인 빨래방 지원	22,000	흑산공항지원단	8	4	7	5	7	1	1	1
6546	제주 서귀포시	자립·베스트 마을만들기사업	300,000	마을활력과	8	4	7	8	7	5	5	3
6547	제주 서귀포시	농촌체험휴양마을 기능보강사업	30,000	마을활력과	8	4	7	8	7	5	5	3
6548	제주 서귀포시	소규모학교 살리기 빈집정비사업 지원	20,000	평생교육지원과	8	4	7	8	7	5	5	4
6549	제주 서귀포시	자활사업 기능보강사업	3,690	주민복지과	8	1	7	8	7	5	5	4
6550	제주 서귀포시	대한노인회 읍면동분회 장비보강 지원	10,000	노인장애인과	8	1	7	8	7	2	1	1

순번	시군구	지출명 (사업명)	2021년예산 (단위:천원/1년간)	담당자 (공무원) 담당부서	민간이전 분류 (지방자치단체 세출예산 집행기준에 의거) 1. 민간경상사업보조(307-02) 2. 민간단체 법정운영비보조(307-03) 3. 민간행사사업보조(307-04) 4. 민간위탁금(307-05) 5. 사회복지시설 법정운영비보조(307-10) 6. 민간인위탁교육비(307-12) 7. 공기관등에대한경상적위탁사업비(308-10) 8. 민간자본사업보조,자체재원(402-01) 9. 민간자본사업보조,이전재원(402-02) 10. 민간위탁사업비(402-03) 11. 공기관등에 대한 자본적 대행사업비(403-02)	민간이전지출 근거 (지방보조금 관리기준 참고) 1. 법률에 규정 2. 국고보조 재원(국가지정) 3. 용도 지정 기부금 4. 조례에 직접규정 5. 지자체가 권장하는 사업을 하는 공공기관 6. 시,도 정책 및 재정사정 7. 기타 8. 해당없음	입찰방식 계약체결방법 (경쟁형태) 1. 일반경쟁 2. 제한경쟁 3. 지명경쟁 4. 수의계약 5. 법정위탁 6. 기타 ( ) 7. 해당없음	입찰방식 계약기간 1. 1년 2. 2년 3. 3년 4. 4년 5. 5년 6. 기타 ( )년 7. 단기계약 (1년미만) 8. 해당없음	입찰방식 낙찰자선정방법 1. 적격심사 2. 협상에의한계약 3. 최저가낙찰제 4. 규격가격분리 5. 2단계 경쟁입찰 6. 기타 ( ) 7. 해당없음	운영예산 산정 운영예산 산정 1. 내부산정 (지자체 자체적으로 산정) 2. 외부산정 (외부전문기관위탁 산정) 3. 내·외부 모두 산정 4. 산정 無 5. 해당없음	운영예산 산정 정산방법 1. 내부정산 (지자체 내부적으로 정산) 2. 외부정산 (외부전문기관위탁 정산) 3. 내·외부 모두 산정 4. 정산 無 5. 해당없음	성과평가 실시여부 1. 실시 2. 미실시 3. 향후 추진 4. 해당없음
6551	제주 서귀포시	대한노인회서귀포시지회 장비보강사업	2,700	노인장애인과	8	1	7	8	7	2	1	1
6552	제주 서귀포시	노인교실(대학) 장비보강사업	15,000	노인장애인과	8	1	7	8	7	2	1	1
6553	제주 서귀포시	서귀포시니어클럽 기능보강	30,000	노인장애인과	8	1	7	8	7	5	1	1
6554	제주 서귀포시	노인복지시설 환경개선사업	175,000	노인장애인과	8	1	7	8	7	5	1	4
6555	제주 서귀포시	태흥3리경로당 신축	1,080,000	노인장애인과	8	1	7	8	7	5	5	4
6556	제주 서귀포시	수산2리경로당 신축	900,000	노인장애인과	8	1	7	8	7	5	5	4
6557	제주 서귀포시	돈내코경로당 신축	300,000	노인장애인과	8	1	7	8	7	5	5	4
6558	제주 서귀포시	하모3리경로당 신축	810,000	노인장애인과	8	1	7	8	7	5	5	4
6559	제주 서귀포시	경로당 장비보강(발열체크기 포함) 및 소규모 개보수	1,040,000	노인장애인과	8	1	7	8	7	5	5	4
6560	제주 서귀포시	경로당 신축 실시설계용역비 지원	140,000	노인장애인과	8	1	7	8	7	5	5	4
6561	제주 서귀포시	장사시설 주변지역 주민지원사업	6,000	노인장애인과	8	4	7	8	7	1	1	3
6562	제주 서귀포시	서귀포시 장애인단체 장비보강	40,000	노인장애인과	8	1	7	8	7	1	1	1
6563	제주 서귀포시	장애인복지시설 등 기능보강	30,000	노인장애인과	8	4	3	1	1	1	1	1
6564	제주 서귀포시	성자현 기능보강-개보수	18,958	노인장애인과	8	1	4	1	7	1	1	1
6565	제주 서귀포시	서귀포주간보호센터 기능보강-개보수	20,000	노인장애인과	8	4	7	8	7	1	1	1
6566	제주 서귀포시	희망모아주간활동센터 기능보강사업	10,000	노인장애인과	8	4	7	8	7	1	1	1
6567	제주 서귀포시	서귀포시 시각장애인센터 차량구입	28,000	노인장애인과	8	4	7	8	7	1	1	1
6568	제주 서귀포시	장애인단기거주시설 행복나눔 증축 설계	35,000	노인장애인과	8	4	7	8	7	1	1	1
6569	제주 서귀포시	정혜재활원 기능보강-개보수	25,000	노인장애인과	8	1	1	1	3	1	1	1
6570	제주 서귀포시	해인주간활동센터 기능보강-개보수	57,651	노인장애인과	8	4	7	8	7	1	1	1
6571	제주 서귀포시	장애인직업재활시설 평화의마을 생산설비 장비보강	198,725	노인장애인과	8	1	1	1	3	1	1	1
6572	제주 서귀포시	청소년복지시설 기능강화	30,000	여성가족과	8	1	7	8	7	5	5	4
6573	제주 서귀포시	지역아동센터 환경개선및 기능보강사업	50,000	여성가족과	8	4	7	8	7	5	1	1
6574	제주 서귀포시	청소년복지시설 기능강화	30,000	여성가족과	8	1	7	8	7	5	5	4
6575	제주 서귀포시	지역아동센터 환경개선및 기능보강사업	50,000	여성가족과	8	4	7	8	7	5	1	1
6576	제주 서귀포시	시체육회 활성화를 위한 기능보강사업	5,000	체육진흥과	8	1	7	8	7	1	1	1
6577	제주 서귀포시	서귀포시장애인체육회 활성화를 위한 기능보강사업	15,000	체육진흥과	8	1	7	8	7	1	1	1
6578	제주 서귀포시	마을체육시설 보수보강사업	200,000	체육진흥과	8	4	7	8	7	1	1	1
6579	제주 서귀포시	온평리 마을체육시설 기능보강사업	20,000	체육진흥과	8	4	7	8	7	1	1	1
6580	제주 서귀포시	환경기초시설 등 주변마을 지원사업	20,000	경제일자리과	8	4	4	8	7	1	1	4
6581	제주 서귀포시	친환경 웰빙작물 생산유통단지 조성사업	100,000	감귤농정과	8	2	1	1	1	1	1	1
6582	제주 서귀포시	한국농업경영인 서귀포시연합회 노후회관 개보수사업	15,000	감귤농정과	8	7	7	8	7	1	1	1
6583	제주 서귀포시	과수하우스 재난방지시스템 지원사업	130,000	감귤농정과	8	4	7	8	7	1	1	3
6584	제주 서귀포시	기타과수생산기반시설지원사업	288,000	감귤농정과	8	6	7	8	7	1	1	1
6585	제주 서귀포시	감귤원 토양피복지원사업	800,000	감귤농정과	8	6	7	8	7	1	1	3
6586	제주 서귀포시	성산지역 키위 특화단지 조성사업	600,000	감귤농정과	8	5	7	8	7	1	1	3
6587	제주 서귀포시	웰빙기능성 가공식품개발 지원사업	140,000	감귤농정과	8	2	7	8	6	1	1	1
6588	제주 서귀포시	농산물 가공장비 지원사업	35,000	감귤농정과	8	4	7	8	6	1	1	1
6589	제주 서귀포시	FTA대응 농촌융복합산업(6차산업) 육성지원사업	300,000	감귤농정과	8	4	7	8	6	1	1	1
6590	제주 서귀포시	무 세척시설 교체 지원	80,000	감귤농정과	8	5	7	8	7	5	5	4
6591	제주 서귀포시	발작물 중형 농기계 지원	400,000	감귤농정과	8	5	7	8	7	5	5	4
6592	제주 서귀포시	소규모 채소화훼하우스 시설 지원	200,000	감귤농정과	8	5	7	8	7	5	5	4

순번	시군구	지출명 (사업명)	2021년예산 (단위:천원/1년간)	담당자 (공무원)	민간이전 분류 (지방자치단체 세출예산 집행기준에 의거)	민간이전지출 근거 (지방보조금 관리기준 참고)	입찰방식			운영예산 산정		성과평가 실시여부
				담당부서	1. 민간경상사업보조(307-02) 2. 민간단체 법정운영비보조(307-03) 3. 민간행사사업보조(307-04) 4. 민간위탁금(307-05) 5. 사회복지시설 법정운영비보조(307-10) 6. 민간인위탁교육비(307-12) 7. 공기관등에대한경상적위탁사업비(308-10) 8. 민간자본사업보조,자체재원(402-01) 9. 민간자본사업보조,이전재원(402-02) 10. 민간위탁사업비(402-03) 11. 공기관등에 대한 자본적 대행사업비(403-02)	1. 법률에 규정 2. 국고보조 재원(국가지정) 3. 용도 지정 기부금 4. 조례에 직접규정 5. 지자체가 권장하는 사업을 하는 공공기관 6. 시,도 정책 및 재정사정 7. 기타 8. 해당없음	계약체결방법 (경쟁형태) 1. 일반경쟁 2. 제한경쟁 3. 지명경쟁 4. 수의계약 5. 법정위탁 6. 기타 ( ) 7. 해당없음	계약기간 1. 1년 2. 2년 3. 3년 4. 4년 5. 5년 6. 기타 ( )년 7. 단기계약 (1년미만) 8. 해당없음	낙찰자선정방법 1. 적격심사 2. 협상에의한계약 3. 최저가낙찰제 4. 규격가격분리 5. 2단계 경쟁입찰 6. 기타 ( ) 7. 해당없음	운영예산 산정 1. 내부산정 (지자체 자체적으로 산정) 2. 외부산정 (외부전문기관위탁 산정) 3. 내·외부 모두 산정 4. 산정 無 5. 해당없음	정산방법 1. 내부정산 (지자체 내부적으로 정산) 2. 외부정산 (외부전문기관위탁 정산) 3. 내·외부 모두 산정 4. 정산 無 5. 해당없음	1. 실시 2. 미실시 3. 향후 추진 4. 해당없음
6593	제주 서귀포시	소규모 육묘장시설 지원	150,000	감귤농정과	8	5	7	8	7	5	5	4
6594	제주 서귀포시	밭작물 관수시설 자재지원	150,000	감귤농정과	8	5	7	8	7	5	5	4
6595	제주 서귀포시	소형농기계 지원	900,000	감귤농정과	8	5	7	8	7	5	5	4
6596	제주 서귀포시	소규모 저온저장고 지원	250,000	감귤농정과	8	4	4	7	7	1	1	1
6597	제주 서귀포시	시설원예분야 환경제어 및 개선 지원	240,000	감귤농정과	8	5	7	8	7	5	5	4
6598	제주 서귀포시	경작지암반제거사업	300,000	감귤농정과	8	5	7	8	7	5	5	4
6599	제주 서귀포시	농가형 과수류 저온저장고 지원	250,000	감귤농정과	8	4	4	7	7	1	1	1
6600	제주 서귀포시	농산물 산지유통시설 현대화 지원	280,000	감귤농정과	8	4	1	7	7	1	1	1
6601	제주 서귀포시	감귤 유통시설 장비 지원	650,000	감귤농정과	8	4	4	7	7	1	1	1
6602	제주 서귀포시	신산리(제2공항 예정지 마을) 저온저장고 리모델링 지원	140,000	감귤농정과	8	4	1	7	3	1	1	1
6603	제주 서귀포시	상천리 저온저장고 시설사업	350,000	감귤농정과	8	4	1	7	3	1	1	1
6604	제주 서귀포시	농어촌민박 및 농산물 절도 예방 안전장비 지원사업	36,000	감귤농정과	8	4	7	8	7	5	5	4
6605	제주 서귀포시	청정한우 사육기반 구축	64,000	축산과	8	1	7	8	7	5	5	4
6606	제주 서귀포시	친환경 한우농가 인센티브지원	20,000	축산과	8	1	7	8	7	5	5	4
6607	제주 서귀포시	소보정틀 및 환풍기 설치지원	50,000	축산과	8	1	7	8	7	5	5	4
6608	제주 서귀포시	결속볏짚절단기 지원	80,000	축산과	8	1	7	8	7	5	5	4
6609	제주 서귀포시	마을공동목장 특성화	35,000	축산과	8	1	7	8	7	5	5	4
6610	제주 서귀포시	명품한우 사양관리 지원	300,000	축산과	8	1	7	8	7	5	5	4
6611	제주 서귀포시	제주흑우 사육기반 구축	150,000	축산과	8	1	7	8	7	5	5	4
6612	제주 서귀포시	축산사업장 소독시설 지원	23,500	축산과	8	1	7	8	7	5	5	4
6613	제주 서귀포시	공수의 동물복지 시설지원	3,000	축산과	8	1	7	8	7	5	5	4
6614	제주 서귀포시	폐사축 위생처리시설 지원	6,000	축산과	8	1	7	8	7	5	5	4
6615	제주 서귀포시	양돈 밀집지 폐사축 위생처리시설 지원	150,000	축산과	8	1	7	8	7	5	5	4
6616	제주 서귀포시	축산물 가공장 시설보완	62,000	축산과	8	1	7	8	7	5	5	4
6617	제주 서귀포시	가축분뇨 공동자원화시설 운영 활성화	19,000	축산과	8	1	7	8	7	5	5	4
6618	제주 서귀포시	동일1리 환경기초시설설치 주변마을 저온저장고 지원	300,000	축산과	8	1	7	8	7	5	5	4
6619	제주 서귀포시	퇴액비유통협의체 장비 유지보수	3,000	축산과	8	1	7	8	7	5	5	4
6620	제주 서귀포시	액비저장조 설치 지원	280,000	축산과	8	1	7	8	7	5	5	4
6621	제주 서귀포시	깨끗한 축산농장 인센티브 지원	20,000	축산과	8	1	7	8	7	5	5	4
6622	제주 서귀포시	양봉 생산기자재 지원사업	24,000	축산과	8	1	7	8	7	5	5	4
6623	제주 서귀포시	기타가축(양계,곤충등)시설,장비지원	40,000	축산과	8	1	7	8	7	5	5	4
6624	제주 서귀포시	말사육환경개선	49,000	축산과	8	1	7	8	7	5	5	4
6625	제주 서귀포시	저소득주민 재래식화장실 정비	60,000	녹색환경과	8	4	7	1	6	5	1	1
6626	제주 서귀포시	읍면환경기초시설설치 주변지역 각종 소규모 사업비지원	40,000	생활환경과	8	4	4	7	7	1	1	3
6627	제주 서귀포시	음식물쓰레기 줄이기 자체처리기 지원사업	60,000	생활환경과	8	1	6	8	7	1	1	1
6628	제주 서귀포시	환경기초시설 설치 주변지역(소규모 사업비)지원	70,000	생활환경과	8	4	4	7	7	1	1	3
6629	제주 서귀포시	공동주택 관리비용 지원사업	134,500	건축과	8	1	7	8	7	1	1	1
6630	제주 서귀포시	그린파킹(자기차고지) 조성	700,000	교통행정과	8	4	7	8	7	1	1	3
6631	제주 서귀포시	단체 및 주민공동시설 기능보강사업	50,000	대정읍	8	4	7	8	7	1	1	1
6632	제주 서귀포시	단체 및 주민공동시설 기능보강사업	100,000	남원읍	8	1	7	8	7	1	1	3
6633	제주 서귀포시	제주 전통돌집 복원사업	50,000	성산읍	8	4	7	8	7	1	1	4
6634	제주 서귀포시	환경기초시설(공설묘지)주변지역 지원사업비	14,000	성산읍	8	4	7	8	7	1	1	1

순번	시군구	지출명 (사업명)	2021년예산 (단위:천원/1년간)	담당자 (공무원) 담당부서	민간이전 분류 (지방자치단체 세출예산 집행기준에 의거) 1. 민간경상사업보조(307-02) 2. 민간단체 법정운영비보조(307-03) 3. 민간행사사업보조(307-04) 4. 민간위탁금(307-05) 5. 사회복지시설 법정운영비보조(307-10) 6. 민간인위탁교육비(307-12) 7. 공기관등에대한경상적위탁사업비(308-10) 8. 민간자본사업보조,자체재원(402-01) 9. 민간자본사업보조,이전재원(402-02) 10. 민간위탁사업비(402-03) 11. 공기관등에 대한 자본적 대행사업비(403-02)	민간이전지출 근거 (지방보조금 관리기준 참고) 1. 법률에 규정 2. 국고보조 재원(국가지정) 3. 용도 지정 기부금 4. 조례에 직접규정 5. 지자체가 권장하는 사업을 하는 공공기관 6. 시,도 정책 및 재정사정 7. 기타 8. 해당없음	입찰방식 계약체결방법 (경쟁형태) 1. 일반경쟁 2. 제한경쟁 3. 지명경쟁 4. 수의계약 5. 법정위탁 6. 기타 ( ) 7. 해당없음	입찰방식 계약기간 1. 1년 2. 2년 3. 3년 4. 4년 5. 5년 6. 기타 ( )년 7. 단기계약 (1년미만) 8. 해당없음	입찰방식 낙찰자선정방법 1. 적격심사 2. 협상에의한계약 3. 최저가낙찰제 4. 규격가격분리 5. 2단계 경쟁입찰 6. 기타 ( ) 7. 해당없음	운영예산 산정 운영예산 산정 1. 내부산정 (지자체 자체적으로 산정) 2. 외부산정 (외부전문기관위탁 산정) 3. 내·외부 모두 산정 4. 산정 無 5. 해당없음	운영예산 산정 정산방법 1. 내부정산 (지자체 내부적으로 정산) 2. 외부정산 (외부전문기관위탁 정산) 3. 내·외부 모두 산정 4. 정산 無 5. 해당없음	성과평가 실시여부 1. 실시 2. 미실시 3. 향후 추진 4. 해당없음
6635	제주 서귀포시	단체 및 주민공동시설 기능보강 사업지원	70,000	성산읍	8	4	7	8	7	1	1	4
6636	제주 서귀포시	단체 및 주민공동시설 기능보강사업지원	70,000	안덕면	8	4	7	8	7	5	5	4
6637	제주 서귀포시	덕수리 전통민속보전마을(문화고팡)편의시설 조성사업	56,000	안덕면	8	7	7	8	7	5	5	4
6638	제주 서귀포시	남송악 오름 주민쉼터 조성사업	25,300	안덕면	8	7	7	8	7	5	5	4
6639	제주 서귀포시	한라산아래 첫 마을 광평리 산책쉼터 조성사업	30,000	안덕면	8	7	7	8	7	5	5	4
6640	제주 서귀포시	덕수리 전통민속보전마을 불미공방 초가집 개선사업	62,000	안덕면	8	7	7	8	7	5	5	4
6641	제주 서귀포시	서광서리 마을내 주민쉼터(테크)조성사업	18,000	안덕면	8	7	7	8	7	5	5	4
6642	제주 서귀포시	하천리 전천후 마을운동장 정비	50,000	표선면	8	4	7	8	7	1	1	4
6643	제주 서귀포시	주민공동시설 기능보강사업	80,000	표선면	8	4	7	8	7	1	1	4
6644	제주 서귀포시	단체 및 주민공동이용시설 기능보강사업	5,000	중앙동	8	4	7	8	7	5	1	1
6645	제주 서귀포시	나비가 살아숨쉬는 우편함 제작 보급사업	46,500	영천동	8	7	7	8	7	1	1	3
6646	제주 서귀포시	단체 및 주민공동이용시설 기능보강사업	23,000	영천동	8	7	7	8	7	1	1	3
6647	제주 서귀포시	주민공동시설(단체) 기능보강 및 취약계층 소규모시설 지원	18,000	동홍동	8	4	7	8	7	1	1	1
6648	제주 서귀포시	전통문화보존 및 계승사업	4,500	서홍동	8	4	7	8	7	1	1	4
6649	제주 서귀포시	단체및주민공동시설기능보강지원사업	9,000	대륜동	8	4	7	8	7	1	1	4
6650	제주 서귀포시	주민참여예산	52,700	중문동	8	4	7	8	7	1	1	4
6651	제주 서귀포시	하원마을 체육공원 조명등 설치공사	40,000	중문동	8	7	7	8	7	1	1	4
6652	제주 서귀포시	색달체육공원 화장실 설치사업	45,000	예래동	8	4	7	8	7	1	1	4
6653	제주 서귀포시	마을캐릭터를 이용한 정주석 및 정낭 설치사업	40,540	예래동	8	4	7	8	7	1	1	4
6654	제주 서귀포시	어린이 놀이터 조성사업	35,560	예래동	8	4	7	8	7	1	1	4

chapter

2

민간자본사업보조,이전재원 (402-02)

2021년 전국 지방자치단체 민간자본사업보조,이전재원(402-02) 운영 현황

순번	시군구	지출명 (사업명)	2021년예산 (단위:천원/1년간)	담당자 (공무원) 담당부서	민간이전 분류 (지방자치단체 세출예산 집행기준에 의거) 1. 민간경상사업보조(307-02) 2. 민간단체 법정운영비보조(307-03) 3. 민간행사사업보조(307-04) 4. 민간위탁금(307-05) 5. 사회복지시설 법정운영비보조(307-10) 6. 민간인위탁교육비(307-12) 7. 공기관등에대한경상적위탁사업비(308-10) 8. 민간자본사업보조,자체재원(402-01) 9. 민간자본사업보조,이전재원(402-02) 10. 민간위탁사업비(402-03) 11. 공기관등에 대한 자본적 대행사업비(403-02)	민간이전지출 근거 (지방보조금 관리기준 참고) 1. 법률에 규정 2. 국고보조 재원(국가지정) 3. 용도 지정 기부금 4. 조례에 직접규정 5. 지자체가 권장하는 사업을 하는 공공기관 6. 시,도 정책 및 재정사정 7. 기타 8. 해당없음	입찰방식: 계약체결방법 (경쟁형태) 1. 일반경쟁 2. 제한경쟁 3. 지명경쟁 4. 수의계약 5. 법정위탁 6. 기타 ( ) 7. 해당없음	입찰방식: 계약기간 1. 1년 2. 2년 3. 3년 4. 4년 5. 5년 6. 기타 ( )년 7. 단기계약 (1년미만) 8. 해당없음	입찰방식: 낙찰자선정방법 1. 적격심사 2. 협상에의한계약 3. 최저가낙찰제 4. 규격가격분리 5. 2단계 경쟁입찰 6. 기타 ( ) 7. 해당없음	운영예산 산정: 운영예산 산정 1. 내부산정 (지자체 자체적으로 산정) 2. 외부산정 (외부전문기관위탁 산정) 3. 내·외부 모두 산정 4. 산정 無 5. 해당없음	운영예산 산정: 정산방법 1. 내부정산 (지자체 내부적으로 정산) 2. 외부정산 (외부전문기관위탁 정산) 3. 내·외부 모두 산정 4. 정산 無 5. 해당없음	성과평가 실시여부 1. 실시 2. 미실시 3. 향후 추진 4. 해당없음
1	서울 성동구	공동주택 단지 등 국공립어린이집 확충	12,000	여성가족과	9	1	7	8	7	5	5	4
2	서울 성동구	어린이집 보존식 기자재 지원	42,700	여성가족과	9	8	7	8	7	1	1	4
3	서울 성동구	기존 건축물 화재안전성능보강 지원	10,640	건축과	9	1	7	8	7	1	1	1
4	서울 광진구	화재안전성능보강 지원	186,662	건축과	9	2	7	8	7	5	5	4
5	서울 동대문구	부설주차장개방사업	50,000	주차행정과	9	4	7	8	7	5	5	4
6	서울 동대문구	전통사찰 보수정비	380,000	문화관광과	9	2	7	7	7	5	1	4
7	서울 동대문구	종합사회복지관 기능보강	97,953	복지정책과	9	1	5	5	1	3	1	1
8	서울 동대문구	장애아통합어린이집 편의시설 설치	4,800	가정복지과	9	2	7	8	7	5	5	4
9	서울 동대문구	보존식기자재 지원	37,100	가정복지과	9	6	7	8	7	5	5	4
10	서울 동대문구	어린이집 환경개선	143,000	가정복지과	9	2	7	8	7	5	5	4
11	서울 동대문구	리모델링 및 기자재비	55,000	가정복지과	9	2	7	8	7	5	5	4
12	서울 중랑구	중랑문화재단 도서관 위탁 운영	1,269	문화관광과	9	1	5	3	7	3	3	1
13	서울 중랑구	종합사회복지관 운영 지원	204,195	복지정책과	9	6	5	5	1	3	3	3
14	서울 중랑구	어린이집 보존식 기자재 지원	39,900	여성가족과	9	1	7	8	7	5	5	4
15	서울 중랑구	기존 건축물 화재안전성능보강 지원사업	133,340	건축과	9	2	7	8	7	5	5	4
16	서울 성북구	장애인복지관	80,000	어르신복지과	9	1	7	8	7	5	5	4
17	서울 성북구	성북구체육회 업무용 사무기기 구입	2,000	문화체육과	9	1	7	8	7	1	1	1
18	서울 성북구	전통사찰 보수 정비	280,000	문화체육과	9	2	7	8	7	5	5	4
19	서울 성북구	보문종 불교문화체험시설 건립	38,850	문화체육과	9	2	2	6	6	2	1	4
20	서울 성북구	보문종 불교문화체험시설 건립	453,115	문화체육과	9	2	2	7	6	2	1	4
21	서울 성북구	국가지정문화재 및 등록문화재 보수정비지원	1,300	문화체육과	9	2	2	7	6	2	1	4
22	서울 성북구	국가지정문화재 및 등록문화재 보수정비지원	20,000	문화체육과	9	2	2	7	6	2	1	4
23	서울 성북구	목각아미타여래설법상 극락보전 주변석축 및 배수로 정비	307,200	문화체육과	9	2	2	7	6	2	1	4
24	서울 성북구	서울 동궐도 보존처리 및 보관함 제작	300,000	문화체육과	9	2	2	7	6	2	1	4
25	서울 성북구	성북동 한국순교복자성직수도회 구 본원 문화재보수	87,356	문화체육과	9	2	2	7	3	2	1	4
26	서울 성북구	목각아미타여래설법상 보존상태 진단 및 기록화	60,000	문화체육과	9	2	2	7	6	2	1	4
27	서울 성북구	훈민정음 간송 유물 수장고 건립	30,320	문화체육과	9	2	2	2	6	2	1	4
28	서울 성북구	클라우드 기반 건축행정시스템(세움터) 재구축	17,600	건축과	9	2	7	8	7	5	5	4
29	서울 성북구	개방부설주차장 시설비 지원	70,000	교통지도과	9	6	7	8	7	5	5	4
30	서울 성북구	모두의 공간 마을활력소 조성	167,768	주민공동체과	9	7	7	8	7	5	5	4
31	서울 강북구	전통사찰 방재시스템 구축	170,000	문화관광체육과	9	1	7	8	7	5	5	4
32	서울 강북구	장애아통합(전문)어린이집 운영 지원	4,800	여성가족과	9	6	7	8	7	5	1	4
33	서울 강북구	어린이집 보존식 기자재 지원	32,200	여성가족과	9	2	7	8	7	5	5	4
34	서울 강북구	기존 건축물 화재안전성능 보강 지원사업	42,664	건축과	9	1	7	8	7	5	5	4
35	서울 강북구	부설주차장 관리	30,000	주차관리과	9	6	7	8	7	5	5	4
36	서울 강북구	녹색주차마을 조성	100,000	주차관리과	9	6	7	8	7	5	5	4
37	서울 은평구	전통사찰 심택사 방재시스템 구축	143,000	문화관광과	9	1	7	8	7	5	5	4
38	서울 은평구	종합사회복지관 기능보강	384,652	복지정책과	9	1	6	8	6	2	3	4
39	서울 은평구	캠퍼스타운 단위형 2단계 사업	200,000	사회적경제과	9	6	1	3	1	3	3	1
40	서울 은평구	주차장 확대개방 및 관리	60,000	주차관리과	9	4	7	8	7	5	3	3

순번	시군구	지출명 (사업명)	2021년예산 (단위:천원/1년간)	담당자 (공무원) 담당부서	민간이전 분류 (지방자치단체 세출예산 집행기준에 의거) 1. 민간경상사업보조(307-02) 2. 민간단체 법정운영비보조(307-03) 3. 민간행사사업보조(307-04) 4. 민간위탁금(307-05) 5. 사회복지시설 법정운영비보조(307-10) 6. 민간인위탁교육비(307-12) 7. 공기관등에대한경상적위탁사업비(308-10) 8. 민간자본사업보조,자체재원(402-01) 9. 민간자본사업보조,이전재원(402-02) 10. 민간위탁사업비(402-03) 11. 공기관등에 대한 자본적 대행사업비(403-02)	민간이전지출 근거 (지방보조금 관리기준 참고) 1. 법률에 규정 2. 국고보조 재원(국가지정) 3. 용도 지정 기부금 4. 조례에 직접규정 5. 지자체가 권장하는 사업을 하는 공공기관 6. 시,도 정책 및 재정사정 7. 기타 8. 해당없음	입찰방식: 계약체결방법 (경쟁형태) 1. 일반경쟁 2. 제한경쟁 3. 지명경쟁 4. 수의계약 5. 법정위탁 6. 기타 ( ) 7. 해당없음	입찰방식: 계약기간 1. 1년 2. 2년 3. 3년 4. 4년 5. 5년 6. 기타 ( )년 7. 단기계약 (1년미만) 8. 해당없음	입찰방식: 낙찰자선정방법 1. 적격심사 2. 협상에의한계약 3. 최저가낙찰제 4. 규격가격분리 5. 2단계 경쟁입찰 6. 기타 ( ) 7. 해당없음	운영예산 산정: 운영예산 산정 1. 내부산정 (지자체 자체적으로 산정) 2. 외부산정 (외부전문기관위탁 산정) 3. 내·외부 모두 산정 4. 산정 無 5. 해당없음	운영예산 산정: 정산방법 1. 내부정산 (지자체 내부적으로 정산) 2. 외부정산 (외부전문기관위탁 정산) 3. 내·외부 모두 산정 4. 정산 無 5. 해당없음	성과평가 실시여부 1. 실시 2. 미실시 3. 향후 추진 4. 해당없음
41	서울 은평구	건축물(공사장) 점검 및 지원사업	79,998	건축과	9	1	7	8	7	1	1	4
42	서울 서대문구	신재생에너지 보급사업 태양광발전기 설치 매칭비용	54,954	기후환경과	9	2	7	8	7	5	5	4
43	서울 서대문구	건물에너지 절감 및 효율화 사업	100,000	기후환경과	9	6	7	8	7	5	5	4
44	서울 서대문구	기존건축물 화재안전성능 보강지원사업	10,666	건축과	9	1	7	8	7	1	1	4
45	서울 서대문구	서울형어린이집 환경개선비	4,000	여성가족과	9	1	7	8	7	1	1	1
46	서울 서대문구	어린이집 보존식 기자재 지원	24,500	여성가족과	9	1	7	8	7	1	1	1
47	서울 서대문구	봉원사 삼천불전 보수정비	360,000	문화체육과	9	1	7	1	7	1	1	2
48	서울 서대문구	옥천암 설법전 보수정비	380,000	문화체육과	9	1	7	1	7	1	1	2
49	서울 마포구	종합사회복지관운영지원	56,352	복지정책과	9	1	7	8	7	1	1	4
50	서울 마포구	어린이집 기능보강비	23,100	여성가족과	9	1	7	8	7	5	1	2
51	서울 마포구	주차장 관리	30,000	교통지도과	9	6	7	2	7	5	5	4
52	서울 마포구	안전취약시설 보강 지원	43,850	도시안전과	9	1	7	8	7	5	5	4
53	서울 양천구	주민자치회시범사업운영	105,120	주민협치과	9	4	7	8	7	1	1	4
54	서울 양천구	양천어르신종합복지관 시설관리	22,940	어르신복지과	9	3	6	5	6	1	1	1
55	서울 양천구	화재안전성능보강 지원사업	80,000	건축과	9	2	7	8	7	1	1	4
56	서울 양천구	지진안전시설물 인증사업 추진	60,000	건축과	9	2	7	8	7	1	1	4
57	서울 강서구	전통사찰 보수 정비	154,125	문화체육과	9	2	6	1	7	1	1	1
58	서울 강서구	어린이집 기능보강비 지원	67,923	가족정책과	9	2	7	8	7	5	1	4
59	서울 강서구	어린이집 보존식 기자재 지원	53,900	가족정책과	9	2	7	8	7	5	1	4
60	서울 금천구	전통사찰 방재시스템 구축사업	137,000	문화체육과	9	2	7	8	7	5	5	4
61	서울 영등포구	보존식 기자재 지원사업	47,600	보육지원과	9	2	7	8	7	1	1	2
62	서울 동작구	기존 노후건축물 화재안전성능보강 지원 시범사업	32,040	안전재난담당관	9	2	7	8	7	5	5	4
63	서울 동작구	지진안전 시설물 인증지원 시범사업	3,150	안전재난담당관	9	2	7	8	7	5	5	4
64	서울 동작구	영구임대주택 공동전기료 지원	78,537	주택과	9	4	7	8	7	5	5	4
65	서울 동작구	영구임대주택 공동수도료 지원	25,854	주택과	9	4	7	8	7	5	5	4
66	서울 동작구	공동체활성화 공모사업 지원	70,000	주택과	9	4	7	8	7	5	5	4
67	서울 동작구	전통사찰보수	400,000	체육문화과	9	2	7	8	7	5	5	4
68	서울 관악구	2021년 전통사찰 보수·정비 사업	427,500	문화관광체육과	9	2	7	8	7	1	1	4
69	서울 관악구	화재안전성능보강 지원	80,000	건축과	9	1	7	8	7	5	5	4
70	서울 관악구	관악구 난곡·난향동 도시재생뉴딜사업 지원	25,000	도시재생과	9	1	7	8	7	5	5	4
71	서울 송파구	송파여성문화회관 운영	37,918	여성보육과	9	4	6	3	6	1	1	1
72	서울 송파구	송파어린이문화회관 운영지원	60,000	여성보육과	9	4	1	3	6	1	1	1
73	서울 송파구	열린육아방 운영	8,000	여성보육과	9	6	5	3	6	5	1	1
74	서울 송파구	어린이집 보존식 기자재 지원	69,300	여성보육과	9	2	7	8	7	5	5	4
75	서울 송파구	화재취약건축물 화재성능보강 지원사업	53,200	건축과	9	2	4	7	6	1	1	1
76	서울 송파구	지진안전시설물 인증 지원사업	180,000	건축과	9	2	4	7	6	1	1	1
77	서울 강동구	성가정노인종합복지관 기능보강사업	88,108	어르신복지과	9	1	7	7	7	5	5	4
78	서울 강동구	푸드마켓,뱅크 운영	1,200	복지정책과	9	6	7	8	7	5	5	4
79	경기 수원시	수원사 마당정비	160,000	문화예술과	9	1	7	8	7	5	1	1
80	경기 수원시	팔달사 소화시설 설치 및 보수	159,200	문화예술과	9	1	7	8	7	5	1	1
81	경기 수원시	수원사 방재시스템 구축	16,000	문화예술과	9	1	7	8	7	5	1	1
82	경기 수원시	기존건축물 화재안전성능보강 지원사업	133,330	건축과	9	1	7	8	7	5	5	4

순번	시군구	지출명 (사업명)	2021년예산 (단위:천원/1년간)	담당자 (공무원) 담당부서	민간이전 분류 (지방자치단체 세출예산 집행기준에 의거) 1. 민간경상사업보조(307-02) 2. 민간단체 법정운영비보조(307-03) 3. 민간행사사업보조(307-04) 4. 민간위탁금(307-05) 5. 사회복지시설 법정운영비보조(307-10) 6. 민간인위탁교육비(307-12) 7. 공기관등에대한경상적위탁사업비(308-10) 8. 민간자본사업보조,자체재원(402-01) 9. 민간자본사업보조,이전재원(402-02) 10. 민간위탁사업비(402-03) 11. 공기관등에 대한 자본적 대행사업비(403-02)	민간이전지출 근거 (지방보조금 관리기준 참고) 1. 법률에 규정 2. 국고보조 재원(국가지정) 3. 용도 지정 기부금 4. 조례에 직접규정 5. 지자체가 권장하는 사업을 하는 공공기관 6. 시,도 정책 및 재정사정 7. 기타 8. 해당없음	입찰방식 계약체결방법 (경쟁형태) 1. 일반경쟁 2. 제한경쟁 3. 지명경쟁 4. 수의계약 5. 법정위탁 6. 기타 ( ) 7. 해당없음	입찰방식 계약기간 1. 1년 2. 2년 3. 3년 4. 4년 5. 5년 6. 기타 ( )년 7. 단기계약 (1년미만) 8. 해당없음	입찰방식 낙찰자선정방법 1. 적격심사 2. 협상에의한계약 3. 최저가낙찰제 4. 규격가격분리 5. 2단계 경쟁입찰 6. 기타 ( ) 7. 해당없음	운영예산 산정 운영예산 산정 1. 내부산정 (지자체 자체적으로 산정) 2. 외부산정 (외부전문기관위탁 산정) 3. 내·외부 모두 산정 4. 산정 無 5. 해당없음	운영예산 산정 정산방법 1. 내부정산 (지자체 내부적으로 정산) 2. 외부정산 (외부전문기관위탁 정산) 3. 내·외부 모두 산정 4. 정산 無 5. 해당없음	성과평가 실시여부 1. 실시 2. 미실시 3. 향후 추진 4. 해당없음
83	경기 수원시	야생동물 피해예방	2,400	환경정책과	9	1	7	8	7	5	5	4
84	경기 수원시	운행경유차배출가스저감	22,580	기후대기과	9	2	6	1	6	1	1	2
85	경기 수원시	천연가스자동차보급	48,000	기후대기과	9	2	7	8	7	5	5	2
86	경기 수원시	전기자동차구매지원	9,917	기후대기과	9	2	7	8	7	5	5	2
87	경기 수원시	전기이륜차구매지원	230,000	기후대기과	9	2	7	8	7	5	5	2
88	경기 수원시	보증기간경과장치성능유지관리	210,000	기후대기과	9	2	7	8	7	5	5	2
89	경기 수원시	어린이통학차량LPG차전환지원	150,000	기후대기과	9	2	7	8	7	5	5	2
90	경기 수원시	수소연료전기차보급	48,750	기후대기과	9	2	7	8	7	5	5	2
91	경기 수원시	가정용저녹스보일러보급사업	1,015,000	기후대기과	9	2	7	8	7	5	5	2
92	경기 수원시	미니태양광사업	160,000	기후대기과	9	6	7	8	7	1	1	4
93	경기 수원시	비상자동제동장치 장착 지원	100,000	대중교통과	9	2	4	1	7	1	1	4
94	경기 수원시	프리미엄 광역버스 도입	90,000	대중교통과	9	6	7	8	7	1	1	4
95	경기 수원시	수원시 빈집정비계획	5,500	도시정비과	9	1	7	8	7	1	1	3
96	경기 수원시	여성노약자 농업용 관리기 지원	20,000	생명산업과	9	1	7	8	7	5	5	4
97	경기 수원시	농업기계 구입지원	12,000	생명산업과	9	6	7	8	7	5	5	4
98	경기 수원시	로컬푸드 연중생산체계 구축사업	27,000	생명산업과	9	4	7	8	7	1	1	1
99	경기 수원시	수출포장재 지원	2,000	생명산업과	9	1	7	8	7	1	1	1
100	경기 성남시	친환경농산물 인증 확대사업	7,000	지역경제과	9	1	7	8	7	1	1	4
101	경기 성남시	우수품종 공급지원	72	지역경제과	9	1	7	8	7	1	1	4
102	경기 성남시	농업인안전재해보험 지원	16,931	지역경제과	9	1	7	8	7	1	1	4
103	경기 성남시	농작업 안전관리 강화	4,050	지역경제과	9	1	7	8	7	1	1	4
104	경기 성남시	초등 돌봄교실 과일간식 지원	183,710	지역경제과	9	2	7	8	7	1	1	4
105	경기 성남시	어린이 건강과일 공급	1,231	지역경제과	9	1	7	8	7	1	1	4
106	경기 성남시	환경친화형농자재 지원	64,450	지역경제과	9	1	7	8	7	1	1	4
107	경기 성남시	에너지절감형 농업난방시설 지원	17,884	지역경제과	9	1	7	8	7	1	1	4
108	경기 성남시	경기 떡 산업 활성화	89,250	지역경제과	9	1	7	8	7	1	1	4
109	경기 성남시	경기 떡 산업 활성화	24,800	지역경제과	9	1	7	8	7	1	1	4
110	경기 성남시	농업분야 시설원예현대화 지원	6,849	지역경제과	9	2	7	8	7	1	1	4
111	경기 성남시	GAP안전성 분석 지원사업	1,000	지역경제과	9	2	7	8	7	1	1	4
112	경기 성남시	잔가지 파쇄기 구입지원	7,000	지역경제과	9	1	7	8	7	1	1	4
113	경기 성남시	가축재해 보험가입 지원	1,500	지역경제과	9	2	5	8	7	3	1	4
114	경기 성남시	계란 냉장차량 지원사업	60,000	지역경제과	9	2	7	8	7	1	1	4
115	경기 성남시	양봉산업 육성	34,520	지역경제과	9	6	7	8	7	1	1	4
116	경기 성남시	토종벌 육성사어	2,100	지역경제과	9	6	7	8	7	1	1	4
117	경기 성남시	말벌퇴치자비 지원사업	1,300	지역경제과	9	6	7	8	7	1	1	4
118	경기 성남시	소규모 기업환경 개선사업	335,600	산업지원과	9	4	7	7	7	5	5	2
119	경기 성남시	국내전시회 참가 지원	161,000	산업지원과	9	4	6	7	6	1	3	4
120	경기 성남시	지역아동센터 환경개선비 지원	30,000	아동보육과	9	2	7	8	7	1	1	4
121	경기 성남시	어린이집 기능보강	18,000	아동보육과	9	2	7	8	7	5	5	4
122	경기 성남시	어린이집 기능보강	4,000	아동보육과	9	2	7	8	7	5	5	4
123	경기 성남시	어린이집 기능보강	25,000	아동보육과	9	2	7	8	7	5	5	4
124	경기 성남시	운행경유차 배출가스 저감 사업	13,332	기후에너지과	9	2	6	8	7	2	2	2

순번	시군구	지출명 (사업명)	2021년예산 (단위:천원/1년간)	담당자 (공무원) 담당부서	민간이전 분류 (지방자치단체 세출예산 집행기준에 의거) 1. 민간경상사업보조(307-02) 2. 민간단체 법정운영비보조(307-03) 3. 민간행사사업보조(307-04) 4. 민간위탁금(307-05) 5. 사회복지시설 법정운영비보조(307-10) 6. 민간인위탁교육비(307-12) 7. 공기관등에대한경상적위탁사업비(308-10) 8. 민간자본사업보조,자체재원(402-01) 9. 민간자본사업보조,이전재원(402-02) 10. 민간위탁사업비(402-03) 11. 공기관등에 대한 자본적 대행사업비(403-02)	민간이전지출 근거 (지방보조금 관리기준 참고) 1. 법률에 규정 2. 국고보조 재원(국가지정) 3. 용도 지정 기부금 4. 조례에 직접규정 5. 지자체가 권장하는 사업을 하는 공공기관 6. 시,도 정책 및 재정사정 7. 기타 8. 해당없음	입찰방식 계약체결방법 (경쟁형태) 1. 일반경쟁 2. 제한경쟁 3. 지명경쟁 4. 수의계약 5. 법정위탁 6. 기타 ( ) 7. 해당없음	입찰방식 계약기간 1. 1년 2. 2년 3. 3년 4. 4년 5. 5년 6. 기타 ( )년 7. 단기계약 (1년미만) 8. 해당없음	입찰방식 낙찰자선정방법 1. 적격심사 2. 협상에의한계약 3. 최저가낙찰제 4. 규격가격분리 5. 2단계 경쟁입찰 6. 기타 ( ) 7. 해당없음	운영예산 산정 운영예산 산정 1. 내부산정 (지자체 자체적으로 산정) 2. 외부산정 (외부전문기관위탁 산정) 3. 내·외부 모두 산정 4. 산정 無 5. 해당없음	운영예산 산정 정산방법 1. 내부정산 (지자체 내부적으로 정산) 2. 외부정산 (외부전문기관위탁 정산) 3. 내·외부 모두 산정 4. 정산 無 5. 해당없음	성과평가 실시여부 1. 실시 2. 미실시 3. 향후 추진 4. 해당없음
125	경기 성남시	보증기간 경과장치 성능유지 관리비	130,000	기후에너지과	9	2	6	8	7	2	2	2
126	경기 성남시	천연가스 자동차 보급	636,000	기후에너지과	9	2	7	8	7	5	1	4
127	경기 성남시	천연가스 자동차 연료비 보조	326,000	기후에너지과	9	2	7	8	7	5	1	4
128	경기 성남시	전기승용차 구매 지원	6,526	기후에너지과	9	2	7	8	7	5	1	4
129	경기 성남시	전기화물차 구매 지원	810,000	기후에너지과	9	2	7	8	7	5	1	4
130	경기 성남시	전기버스 구매 지원	49,000	기후에너지과	9	2	7	8	7	5	1	4
131	경기 성남시	전기버스 구입 추가 지원	29,400	기후에너지과	9	2	7	8	7	5	1	4
132	경기 성남시	전기이륜차 구매 지원	185,400	기후에너지과	9	2	7	8	7	5	1	4
133	경기 성남시	수소연료전기차 구매 지원	32,500	기후에너지과	9	2	7	8	7	5	1	4
134	경기 성남시	어린이 통학차량LPG전환 지원	205,000	기후에너지과	9	2	7	8	7	5	1	4
135	경기 성남시	영세사업장 미세먼지 저감 개선사업	756,000	기후에너지과	9	2	7	8	7	5	3	4
136	경기 성남시	가정용 저녹스보일러 설치 지원 사업	724,000	기후에너지과	9	2	7	8	7	5	1	4
137	경기 성남시	미니태양광 보급지원사업	239,400	기후에너지과	9	6	7	8	7	5	1	4
138	경기 성남시	크린넷 시설 유지관리비 보조	176,359	공동주택과	9	1	7	8	7	1	1	1
139	경기 성남시	자동차전문정비사업조합 성남시지회 무상점검 행사 지원	15,000	교통기획과	9	4	7	8	7	1	1	1
140	경기 성남시	사립 작은도서관 냉난방비 지원	15,200	도서관지원과	9	4	7	8	7	1	1	1
141	경기 성남시	지역아동센터 돌봄교사 지원	205,632	중원구 가정복지과	9	6	7	8	7	1	1	4
142	경기 성남시	지역아동센터 체험활동비 지원	14,750	분당구 가정복지과	9	2	7	8	7	5	5	4
143	경기 의정부시	경기도 마을공동체 주민제안 공모사업	20,000	일자리정책과	9	6	6	8	7	5	1	1
144	경기 의정부시	소규모 기업환경 개선사업	14,992	지역경제과	9	4	7	8	7	1	1	4
145	경기 의정부시	농식품 수출 물류비 지원사업	1,165	도시농업과	9	1	7	8	7	4	1	4
146	경기 의정부시	고품질 수출 농산물 생산지원	2,315	도시농업과	9	1	7	8	7	4	1	4
147	경기 의정부시	수출포장재 지원사업	1,530	도시농업과	9	1	7	8	7	4	1	4
148	경기 의정부시	우수품종 공급지원 사업	707	도시농업과	9	1	7	8	7	4	1	4
149	경기 의정부시	고추비가림재배 시설지원	5,800	도시농업과	9	1	7	8	7	5	5	4
150	경기 의정부시	축산관련차량 GPS단말기 상시 전원공급체계 구축	2,400	도시농업과	9	1	7	8	7	4	1	4
151	경기 의정부시	양봉산업 현대화 지원	31,950	도시농업과	9	1	7	8	7	4	1	4
152	경기 의정부시	축산물 전문판매점 시설 개선 지원	8,000	도시농업과	9	1	7	8	7	4	1	4
153	경기 의정부시	토종벌 육성사업	2,100	도시농업과	9	1	7	8	7	4	1	4
154	경기 의정부시	계란 냉장차량 지원사업	75,000	도시농업과	9	1	7	8	7	4	1	4
155	경기 의정부시	마음편한 타요 차량 지원	35,000	노인장애인과	9	6	7	8	7	1	1	1
156	경기 의정부시	아동복지시설 기능보강	5,716	여성가족과	9	1	7	8	7	5	1	4
157	경기 의정부시	어린이집 환경개선	32,000	보육과	9	2	1	1	1	1	1	4
158	경기 의정부시	보존식 기자재 지원	48,841	보육과	9	2	7	8	7	5	5	4
159	경기 의정부시	성불사 대웅전 개보수 공사	400,000	문화관광과	9	6	7	8	7	5	5	4
160	경기 의정부시	망월사 지장전(지층) 보수정비	138,160	문화관광과	9	6	7	8	7	5	5	4
161	경기 의정부시	미륵암 대웅전 인근 석축 정비공사	240,000	문화관광과	9	6	7	8	7	5	5	4
162	경기 의정부시	작은도서관 냉난방기기 지원	3,000	도서관운영과	9	1	7	8	7	1	1	2
163	경기 의정부시	공동주택지원사업	120,000	주택과	9	1	7	8	7	1	1	1
164	경기 의정부시	공동주택지원사업	80,000	주택과	9	1	7	8	7	1	1	1
165	경기 의정부시	주택개량지원	411,500	도시재생과	9	2	7	8	7	5	5	1
166	경기 의정부시	천연가스자동차 보급	228,000	환경관리과	9	2	7	8	7	1	1	3

순번	시군구	지출명 (사업명)	2021년예산 (단위:천원/1년간)	담당자 (공무원)	민간이전 분류 (지방자치단체 세출예산 집행기준에 의거)	민간이전지출 근거 (지방보조금 관리기준 참고)	입찰방식			운영예산 산정		성과평가 실시여부
				담당부서	1. 민간경상사업보조(307-02) 2. 민간단체 법정운영비보조(307-03) 3. 민간행사사업보조(307-04) 4. 민간위탁금(307-05) 5. 사회복지시설 법정운영비보조(307-10) 6. 민간인위탁교육비(307-12) 7. 공기관등에대한경상적위탁사업비(308-10) 8. 민간자본사업보조,자체재원(402-01) 9. 민간자본사업보조,이전재원(402-02) 10. 민간위탁사업비(402-03) 11. 공기관등에 대한 자본적 대행사업비(403-02)	1. 법률에 규정 2. 국고보조 재원(국가지정) 3. 용도 지정 기부금 4. 조례에 직접규정 5. 지자체가 권장하는 사업을 하는 공공기관 6. 시,도 정책 및 재정사정 7. 기타 8. 해당없음	계약체결방법 (경쟁형태) 1. 일반경쟁 2. 제한경쟁 3. 지명경쟁 4. 수의계약 5. 법정위탁 6. 기타 ( ) 7. 해당없음	계약기간 1. 1년 2. 2년 3. 3년 4. 4년 5. 5년 6. 기타 ( )년 7. 단기계약 (1년미만) 8. 해당없음	낙찰자선정방법 1. 적격심사 2. 협상에의한계약 3. 최저가낙찰제 4. 규격가격분리 5. 2단계 경쟁입찰 6. 기타 ( ) 7. 해당없음	운영예산 산정 1. 내부산정 (지자체 자체적으로 산정) 2. 외부산정 (외부전문기관위탁 산정) 3. 내·외부 모두 산정 4. 산정 無 5. 해당없음	정산방법 1. 내부정산 (지자체 내부적으로 정산) 2. 외부정산 (외부전문기관위탁 정산) 3. 내·외부 모두 산정 4. 정산 無 5. 해당없음	1. 실시 2. 미실시 3. 향후 추진 4. 해당없음
167	경기 의정부시	운행경유차 배출가스 저감사업	9,442	환경관리과	9	2	7	8	7	1	1	4
168	경기 의정부시	보증기간 경과장치 성능유지관리	60,000	환경관리과	9	2	6	1	6	1	1	2
169	경기 의정부시	가정용 저녹스보일러 보급사업	412,000	환경관리과	9	2	7	8	7	1	1	2
170	경기 의정부시	민간 전기자동차 구매지원	9,037	환경관리과	9	2	7	8	7	1	1	3
171	경기 의정부시	민간 전기이륜차 구매지원	91,800	환경관리과	9	2	7	8	7	1	1	3
172	경기 의정부시	어린이 통학차량의 LPG차 전환 지원사업	245,000	환경관리과	9	2	7	8	7	1	1	3
173	경기 의정부시	수소전기차 민간 보급사업	19,825	환경관리과	9	2	7	8	7	1	1	3
174	경기 의정부시	야생동물 피해예방 사업	3,800	환경관리과	9	2	7	8	7	5	5	1
175	경기 안양시	마을공동체 주민제안 공모사업	20,000	일자리정책과	9	8	7	8	7	5	5	4
176	경기 안양시	소규모 기업환경 개선사업	144,041	기업경제과	9	8	7	8	7	5	5	4
177	경기 안양시	지역자활센터 시설장비 보강	32,000	복지정책과	9	8	7	8	7	5	5	4
178	경기 안양시	염불사 용화전 인근 석축 정비공사	240,000	문화관광과	9	8	7	8	7	5	5	4
179	경기 안양시	삼막사 안전시설(소방시설) 설치사업	192,240	문화관광과	9	8	7	8	7	5	5	4
180	경기 안양시	가정폭력피해자 보호시설 기능보강	3,400	여성가족과	9	8	7	8	7	5	5	4
181	경기 안양시	음식점 입식식탁 교체지원	30,000	식품안전과	9	8	7	8	7	5	5	4
182	경기 안양시	지속가능한 양봉산업 기반조성	14,840	식품안전과	9	8	7	8	7	5	5	4
183	경기 안양시	양봉산업 현대화 지원	6,900	식품안전과	9	8	7	8	7	5	5	4
184	경기 안양시	집수리 지원사업	500,000	도시재생과	9	8	7	8	7	5	5	4
185	경기 안양시	노후 소규모 공동주택 공용시설물 유지관리 지원사업	208,000	건축과	9	8	7	8	7	5	5	4
186	경기 안양시	건축물 화재안전성능보강 지원	79,998	건축과	9	8	7	8	7	5	5	4
187	경기 안양시	노후 소규모 공동주택 보조금 지원	720,000	주택과	9	8	7	8	7	5	5	4
188	경기 안양시	운행차 저공해화 지원	10,502	기후대기과	9	8	7	8	7	5	5	4
189	경기 안양시	가정용 저녹스보일러 설치지원	806,000	기후대기과	9	8	7	8	7	5	5	4
190	경기 안양시	보증기간 경과장치 성능유지 관리	80,000	기후대기과	9	8	7	8	7	5	5	4
191	경기 안양시	전기이륜차 구매지원 사업	73,800	기후대기과	9	8	7	8	7	5	5	4
192	경기 안양시	전기자동차 구매지원 사업	15,925	기후대기과	9	8	7	8	7	5	5	4
193	경기 안양시	수소자동차 보급 사업	31,525	기후대기과	9	8	7	8	7	5	5	4
194	경기 안양시	어린이 통학차량 LPG 전환 지원 사업	140,000	기후대기과	9	8	7	8	7	5	5	4
195	경기 안양시	폭염대비 에너지복지 지원 사업	40,000	기후대기과	9	8	7	8	7	5	5	4
196	경기 안양시	어린이집 환경개선	16,727	만안 복지문화과	9	8	7	8	7	5	5	4
197	경기 안양시	어린이집 환경개선	18,064	동안 복지문화과	9	8	7	8	7	5	5	4
198	경기 광명시	마을공동체만들기 공모사업 공간조성	40,000	자치분권과	9	4	7	8	7	5	5	4
199	경기 광명시	사후관리지원사업	15,000	일자리창출과	9	1	7	8	7	1	1	1
200	경기 광명시	수출포장재 지원	1,500	도시농업과	9	1	7	8	7	3	1	4
201	경기 광명시	G마크 포장재비 지원	4,500	도시농업과	9	1	7	8	7	3	1	4
202	경기 광명시	보행관리기 지원	15,000	도시농업과	9	1	7	8	7	3	1	4
203	경기 광명시	농식품 수출물류비 지원	2,281	도시농업과	9	1	7	8	7	3	1	4
204	경기 광명시	어린이 건강과일 공급	546,708	도시농업과	9	1	7	8	7	3	1	4
205	경기 광명시	우수품종(벼종자) 지원	1,170	도시농업과	9	1	7	8	7	5	1	1
206	경기 광명시	공동주택관리비 지원	40,000	주택과	9	4	1	8	3	1	1	1
207	경기 광명시	운행경유차 배출가스 저감사업	50,450	환경관리과	9	8	7	8	7	5	5	4
208	경기 광명시	보증기간 경과장치 성능유지 관리	35,000	환경관리과	9	8	7	8	7	5	5	4

순번	시군구	지출명 (사업명)	2021년예산 (단위:천원/1년간)	담당자 (공무원) 담당부서	민간이전 분류 (지방자치단체 세출예산 집행기준에 의거) 1. 민간경상사업보조(307-02) 2. 민간단체 법정운영비보조(307-03) 3. 민간행사사업보조(307-04) 4. 민간위탁금(307-05) 5. 사회복지시설 법정운영비보조(307-10) 6. 민간인위탁교육비(307-12) 7. 공기관등에대한경상적위탁사업비(308-10) 8. 민간자본사업보조,자체재원(402-01) 9. 민간자본사업보조,이전재원(402-02) 10. 민간위탁사업비(402-03) 11. 공기관등에 대한 자본적 대행사업비(403-02)	민간이전지출 근거 (지방보조금 관리기준 참고) 1. 법률에 규정 2. 국고보조 재원(국가지정) 3. 용도 지정 기부금 4. 조례에 직접규정 5. 지자체가 권장하는 사업을 하는 공공기관 6. 시,도 정책 및 재정사정 7. 기타 8. 해당없음	입찰방식 계약체결방법 (경쟁형태) 1. 일반경쟁 2. 제한경쟁 3. 지명경쟁 4. 수의계약 5. 법정위탁 6. 기타 ( ) 7. 해당없음	입찰방식 계약기간 1. 1년 2. 2년 3. 3년 4. 4년 5. 5년 6. 기타 ( )년 7. 단기계약 (1년미만) 8. 해당없음	입찰방식 낙찰자선정방법 1. 적격심사 2. 협상에의한계약 3. 최저가낙찰제 4. 규격가격분리 5. 2단계 경쟁입찰 6. 기타 ( ) 7. 해당없음	운영예산 산정 운영예산 산정 1. 내부산정 (지자체 자체적으로 산정) 2. 외부산정 (외부전문기관위탁 산정) 3. 내·외부 모두 산정 4. 산정 無 5. 해당없음	운영예산 산정 정산방법 1. 내부정산 (지자체 내부적으로 정산) 2. 외부정산 (외부전문기관위탁 정산) 3. 내·외부 모두 산정 4. 정산 無 5. 해당없음	성과평가 실시여부 1. 실시 2. 미실시 3. 향후 추진 4. 해당없음
209	경기 광명시	전기자동차 구매 지원	1,200	기후에너지과	9	2	7	8	7	5	5	4
210	경기 광명시	전기버스 구매 지원	48,000	기후에너지과	9	2	7	8	7	5	5	4
211	경기 광명시	전기화물차 구매 지원	23,000	기후에너지과	9	2	7	8	7	5	5	4
212	경기 광명시	수소전기차 구매 지원	650,000	기후에너지과	9	2	7	8	7	5	5	4
213	경기 광명시	전기이륜차 구매지원	91,800	기후에너지과	9	2	7	8	7	5	5	4
214	경기 광명시	어린이 통학차량 LPG차 전환지원	175,000	기후에너지과	9	2	7	8	7	5	5	4
215	경기 광명시	천연가스버스 보급 지원	24,000	기후에너지과	9	2	7	8	7	5	5	4
216	경기 광명시	전기굴착기 구매지원	60,000	기후에너지과	9	2	7	8	7	5	5	4
217	경기 평택시	경기한우 명품화사업	121,200	축산과	9	2	7	8	7	5	5	4
218	경기 평택시	낙농산업경쟁력 강화사업	122,700	축산과	9	6	7	8	7	1	1	1
219	경기 평택시	양봉산업 육성사업	61,550	축산과	9	6	7	8	7	1	1	1
220	경기 평택시	가금농가경쟁력강화사업	219,700	축산과	9	6	7	8	7	1	1	1
221	경기 평택시	양돈경쟁력강화사업	116,000	축산과	9	6	7	8	7	1	1	1
222	경기 평택시	축사 이미지 개선	30,000	축산과	9	6	7	8	7	1	1	1
223	경기 평택시	조사료 생산용 기계장비(경영체)구입 지원	78,000	축산과	9	6	7	8	7	1	1	1
224	경기 평택시	폭염대비 등 면역증강제 지원	20,000	축산과	9	2	7	8	7	1	1	1
225	경기 평택시	다용도 축분뇨처리 장비지원	210,000	축산과	9	2	7	8	7	1	1	1
226	경기 평택시	축산환경개선	665,200	축산과	9	6	7	8	7	1	1	1
227	경기 평택시	축산분뇨 악취개선 시설지원	600,000	축산과	9	6	7	8	7	1	1	1
228	경기 평택시	축사악취 저감시설 지원	275,000	축산과	9	6	7	8	7	1	1	1
229	경기 평택시	폐사가축 처리장비 지원	40,000	축산과	9	6	7	8	7	1	1	1
230	경기 평택시	축산물 전문판매점 지원	6,400	축산과	9	6	7	8	7	1	1	1
231	경기 평택시	축산 악취개선 사업	160,336	축산과	9	2	7	8	7	1	1	1
232	경기 평택시	가축전염병 예방접종사업	216,000	축산과	9	2	7	8	7	1	1	1
233	경기 평택시	구제역 예방백신 지원사업	336,050	축산과	9	2	7	8	7	1	1	1
234	경기 평택시	기존건축물 화재안전성능보강 지원사업	53,332	건축허가과	9	6	7	8	7	1	1	1
235	경기 평택시	농산물가공 창업 지원 시범	100,000	농촌자원	9	1	7	8	7	5	5	4
236	경기 평택시	식물 활용 그린 스쿨·오피스 조성 기술 시범	40,000	농촌자원과	9	2	7	8	7	5	5	4
237	경기 평택시	농촌에듀팜 육성	50,000	농촌자원과	9	2	7	8	7	5	5	4
238	경기 평택시	동물교감치유 환경조성 시범	70,000	농촌자원과	9	6	7	8	7	5	5	4
239	경기 평택시	지역아동센터 환경개선지원	50,000	여성가족과	9	2	7	8	7	5	5	4
240	경기 평택시	아동복지시설 기능보강	83,200	여성가족과	9	2	7	8	7	1	1	4
241	경기 평택시	어린이집 환경개선	23,000	여성가족과	9	2	7	8	7	1	1	4
242	경기 평택시	성매매피해자지원시설기능보강사업	1,320	여성가족과	9	1	7	8	7	1	1	4
243	경기 평택시	농식품기업 시설개선 지원	17,000	유통과	9	2	7	8	7	5	4	4
244	경기 평택시	고품질 수출농산물 생산지원	48,630	유통과	9	1	7	8	7	1	1	1
245	경기 평택시	농식품 수출물류비 지원	60,825	유통과	9	1	7	8	7	1	1	1
246	경기 평택시	G마크 친환경 유통기반 지원 및 컨설팅 지원	45,000	유통과	9	1	7	8	7	1	1	1
247	경기 평택시	G마크 친환경 유통기반 지원 및 컨설팅 지원	5,000	유통과	9	1	7	8	7	1	1	2
248	경기 평택시	환경친화형 농자재 지원	102,000	유통과	9	1	7	8	7	1	1	2
249	경기 평택시	로컬푸드 연중생산체계 구축	66,033	유통과	9	1	7	8	7	1	1	2
250	경기 평택시	노후 공동주택(소규모) 지원사업	480,000	주택과	9	4	7	8	7	1	1	1

순번	시군구	지출명 (사업명)	2021년예산 (단위:천원/1년간)	담당자 (공무원) 담당부서	민간이전 분류 (지방자치단체 세출예산 집행기준에 의거) 1. 민간경상사업보조(307-02) 2. 민간단체 법정운영비보조(307-03) 3. 민간행사사업보조(307-04) 4. 민간위탁금(307-05) 5. 사회복지시설 법정운영비보조(307-10) 6. 민간인위탁교육비(307-12) 7. 공기관등에대한경상적위탁사업비(308-10) 8. 민간자본사업보조,자체재원(402-01) 9. 민간자본사업보조,이전재원(402-02) 10. 민간위탁사업비(402-03) 11. 공기관등에 대한 자본적 대행사업비(403-02)	민간이전지출 근거 (지방보조금 관리기준 참고) 1. 법률에 규정 2. 국고보조 재원(국가지정) 3. 용도 지정 기부금 4. 조례에 직접규정 5. 지자체가 권장하는 사업을 하는 공공기관 6. 시,도 정책 및 재정사정 7. 기타 8. 해당없음	입찰방식 계약체결방법 (경쟁형태) 1. 일반경쟁 2. 제한경쟁 3. 지명경쟁 4. 수의계약 5. 법정위탁 6. 기타 ( ) 7. 해당없음	입찰방식 계약기간 1. 1년 2. 2년 3. 3년 4. 4년 5. 5년 6. 기타 ( )년 7. 단기계약 (1년미만) 8. 해당없음	입찰방식 낙찰자선정방법 1. 적격심사 2. 협상에의한계약 3. 최저가낙찰제 4. 규격가격분리 5. 2단계 경쟁입찰 6. 기타 ( ) 7. 해당없음	운영예산 산정 운영예산 산정 1. 내부산정 (지자체 자체적으로 산정) 2. 외부산정 (외부전문기관위탁 산정) 3. 내·외부 모두 산정 4. 산정 無 5. 해당없음	운영예산 산정 정산방법 1. 내부정산 (지자체 내부적으로 정산) 2. 외부정산 (외부전문기관위탁 정산) 3. 내·외부 모두 산정 4. 정산 無 5. 해당없음	성과평가 실시여부 1. 실시 2. 미실시 3. 향후 추진 4. 해당없음
251	경기 평택시	경영개선 컨설팅 농가 시설개선 지원	36,000	지도정책과	9	1	7	8	7	1	1	1
252	경기 평택시	청년농업인 영농 안정화 시범	40,000	지도정책과	9	1	7	8	7	1	1	1
253	경기 평택시	청년농업인 4-H회원 신규 영농정착 시범	24,000	지도정책과	9	1	7	8	7	1	1	1
254	경기 평택시	농업인학습단체 경쟁력제고사업	50,000	지도정책과	9	1	7	8	7	1	1	1
255	경기 평택시	묘목생산기반조성 토양개량	4,715	산림녹지과	9	2	7	8	7	5	5	4
256	경기 평택시	산림작물생산단지 조성사업	3,038	산림녹지과	9	2	7	8	7	5	5	4
257	경기 평택시	임산물상품화지원사업	25,000	산림녹지과	9	2	7	8	7	5	5	4
258	경기 동두천시	화재안전성능보강 지원	79,998	건축과	9	1	7	8	7	5	5	4
259	경기 동두천시	공동주택관리 보조금 지원	137,000	건축과	9	1	7	8	7	5	5	4
260	경기 동두천시	전통사찰 보수정비 사업	240,000	문화체육과	9	4	7	8	7	1	1	1
261	경기 동두천시	문화재 재난안전 관리	300,000	문화체육과	9	2	7	8	7	1	1	1
262	경기 동두천시	성매매피해자 지원기관(자활지원센터) 기능보강	7,290	여성청소년과	9	2	7	8	7	5	5	4
263	경기 동두천시	어린이집 확충	120,000	여성청소년과	9	2	7	8	7	5	5	4
264	경기 동두천시	야생동물 피해예방사업	19,200	환경보호과	9	2	7	8	7	5	5	4
265	경기 동두천시	저녹스버너 보급사업	23,972	환경보호과	9	2	7	8	7	1	1	4
266	경기 동두천시	가정용 저녹스보일러 보급사업	20,000	환경보호과	9	2	7	8	7	1	1	4
267	경기 동두천시	운행경유차 배출가스 저감사업	24,840	환경보호과	9	2	7	8	7	3	3	1
268	경기 동두천시	천연가스차량 구입비 보조	24,000	환경보호과	9	2	7	8	7	3	3	1
269	경기 동두천시	전기자동차 구매 지원	20,040	환경보호과	9	2	7	8	7	3	3	1
270	경기 동두천시	전기이륜차 보급사업	18,000	환경보호과	9	2	7	8	7	3	3	1
271	경기 동두천시	수소전기차 보급	487,500	환경보호과	9	2	7	8	7	5	5	4
272	경기 동두천시	어린이 통학차량의 LPG차 전환 지원사업	150,000	환경보호과	9	2	7	8	7	3	3	1
273	경기 동두천시	주유소 유증기 회수설비 설치 지원	30,600	환경보호과	9	2	7	8	7	5	5	3
274	경기 동두천시	친환경축산육성	10,000	농업축산위생과	9	6	7	8	7	1	1	4
275	경기 동두천시	양돈경쟁력강화	31,000	농업축산위생과	9	6	7	8	7	1	1	4
276	경기 동두천시	다용도 축산분뇨처리장비 지원	15,000	농업축산위생과	9	6	7	8	7	1	1	4
277	경기 동두천시	축사전기안전 강화	1,500	농업축산위생과	9	6	7	8	7	1	1	4
278	경기 동두천시	축산악취개선	14,079	농업축산위생과	9	2	7	8	7	1	1	4
279	경기 동두천시	계란 냉장차량 지원	30,000	농업축산위생과	9	6	7	8	7	1	1	4
280	경기 동두천시	가축전염병 차단방역시설	10,000	농업축산위생과	9	6	7	8	7	1	1	4
281	경기 동두천시	소규모 기업환경 개선사업	36,900	일자리경제과	9	4	7	8	7	5	5	4
282	경기 동두천시	그린홈 100만호 보급사업	52,000	일자리경제과	9	4	7	8	7	5	5	4
283	경기 동두천시	마을공동체 공간조성 지원사업	20,000	일자리경제과	9	4	7	8	7	1	1	1
284	경기 안산시	행복마을관리소 운영	69,400	상생경제과	9	6	7	8	7	3	3	1
285	경기 안산시	전통사찰 보존정비사업	160,000	문화예술과	9	1	7	8	7	5	1	3
286	경기 안산시	장애인거주시설 기능보강사업	606,282	장애인복지과	9	2	7	8	7	1	1	1
287	경기 안산시	장애인직업재활시설 기능보강사업	133,818	장애인복지과	9	2	7	8	7	1	1	1
288	경기 안산시	집수리지원 사업	1,000,000	도시재생과	9	2	7	8	7	5	5	4
289	경기 안산시	기존건축물 화재안전성능보강 지원사업	106,664	건축디자인과	9	1	7	8	7	5	5	4
290	경기 안산시	소규모 공동주택지원사업	320,000	주택과	9	1	7	8	7	1	1	1
291	경기 안산시	운행경유차 배출가스 저감사업	16,818	환경정책과	9	1	6	8	7	5	5	3
292	경기 안산시	천연가스차량 구입비 보조	240,000	환경정책과	9	2	7	8	7	5	5	4

순번	시군구	지출명 (사업명)	2021년예산 (단위:천원/1년간)	담당자 (공무원) 담당부서	민간이전 분류 (지방자치단체 세출예산 집행기준에 의거) 1. 민간경상사업보조(307-02) 2. 민간단체 법정운영비보조(307-03) 3. 민간행사사업보조(307-04) 4. 민간위탁금(307-05) 5. 사회복지시설 법정운영비보조(307-10) 6. 민간인위탁교육비(307-12) 7. 공기관등에대한경상적위탁사업비(308-10) 8. 민간자본사업보조,자체재원(402-01) 9. 민간자본사업보조,이전재원(402-02) 10. 민간위탁사업비(402-03) 11. 공기관등에 대한 자본적 대행사업비(403-02)	민간이전지출 근거 (지방보조금 관리기준 참고) 1. 법률에 규정 2. 국고보조 재원(국가지정) 3. 용도 지정 기부금 4. 조례에 직접규정 5. 지자체가 권장하는 사업을 하는 공공기관 6. 시,도 정책 및 재정사정 7. 기타 8. 해당없음	입찰방식 계약체결방법 (경쟁형태) 1. 일반경쟁 2. 제한경쟁 3. 지명경쟁 4. 수의계약 5. 법정위탁 6. 기타 ( ) 7. 해당없음	계약기간 1. 1년 2. 2년 3. 3년 4. 4년 5. 5년 6. 기타 ( )년 7. 단기계약 (1년미만) 8. 해당없음	낙찰자선정방법 1. 적격심사 2. 협상에의한계약 3. 최저가낙찰제 4. 규격가격분리 5. 2단계 경쟁입찰 6. 기타 ( ) 7. 해당없음	운영예산 산정 운영예산 산정 1. 내부산정 (지자체 자체적으로 산정) 2. 외부산정 (외부전문기관위탁 산정) 3. 내·외부 모두 산정 4. 산정 無 5. 해당없음	정산방법 1. 내부정산 (지자체 내부적으로 정산) 2. 외부정산 (외부전문기관위탁 정산) 3. 내·외부 모두 산정 4. 정산 無 5. 해당없음	성과평가 실시여부 1. 실시 2. 미실시 3. 향후 추진 4. 해당없음
293	경기 안산시	전기자동차 구매 지원	11,265	환경정책과	9	2	7	8	7	5	5	4
294	경기 안산시	배출가스저감장치 성능유지관리	90,000	환경정책과	9	1	6	8	7	5	5	3
295	경기 안산시	가정용 저녹스보일러 보급사업	915,000	환경정책과	9	2	7	8	7	5	5	1
296	경기 안산시	어린이 통학차량의 LPG차 전환 지원사업	150,000	환경정책과	9	2	7	8	7	5	5	4
297	경기 안산시	전기이륜차 구매지원 사업	185,400	환경정책과	9	2	7	8	7	5	5	4
298	경기 안산시	수소연료전지차 구매지원	32,500	환경정책과	9	2	7	8	7	5	5	4
299	경기 안산시	야생동물 피해예방사업	7,600	환경정책과	9	2	7	8	7	5	5	4
300	경기 안산시	저상버스도입지원	901,680	대중교통과	9	2	7	8	7	1	1	1
301	경기 안산시	광역버스 비상자동제동장치 장착 보조	15,000	대중교통과	9	2	7	8	7	1	1	1
302	경기 안산시	로컬푸드연중생산체계 구축	120,000	농업정책과	9	6	7	8	7	5	1	1
303	경기 안산시	농작업안전장비지원	5,400	농업정책과	9	6	7	8	7	5	1	1
304	경기 안산시	농식품가공산업육성지원	40,000	농업정책과	9	6	7	8	7	5	1	1
305	경기 안산시	농업용관리기 등 지원사업	21,500	농업정책과	9	6	7	8	7	5	1	1
306	경기 안산시	유기농업자재 지원	765	농업정책과	9	2	7	8	7	5	1	1
307	경기 안산시	환경친화형 농자재 지원	23,333	농업정책과	9	6	7	8	7	5	1	1
308	경기 안산시	농업에너지이용효율화	151,250	농업정책과	9	2	7	8	7	5	1	1
309	경기 안산시	친환경G 마크안전먹거리 생산기반 지원사업	36,000	농업정책과	9	6	7	8	7	5	1	1
310	경기 안산시	에너지절감형 농업난방시설 지원	3,000	농업정책과	9	6	7	8	7	5	1	1
311	경기 안산시	농업잔재물 잔가지파쇄기 지원사업	7,000	농업정책과	9	6	7	8	7	5	1	1
312	경기 안산시	양봉산업 육성	14,250	농업정책과	9	6	7	8	7	1	1	1
313	경기 안산시	말벌퇴치장비 지원사업	1,150	농업정책과	9	2	7	8	7	1	1	1
314	경기 안산시	과수 신기술 시범	200,000	농업기술지원과	9	1	7	7	7	1	1	3
315	경기 안산시	농업경영체 육성	12,000	농업기술지원과	9	1	7	7	7	1	1	3
316	경기 안산시	새기술보급사업	120,000	농업기술지원과	9	1	7	7	7	1	1	3
317	경기 안산시	농작업 안전관리 지원	50,000	농업기술지원과	9	1	7	7	7	1	1	3
318	경기 안산시	친환경에너지절감장비보급	55,760	해양수산과	9	2	7	8	7	1	1	1
319	경기 안산시	내수면 양식장 경쟁력 지원	29,115	해양수산과	9	1	7	8	7	1	1	1
320	경기 안산시	소규모기업환경개선	60,000	기업지원과	9	6	1	7	7	1	1	1
321	경기 고양시	전기버스 구매지원	8,960	버스정책과	9	1	7	8	7	3	1	4
322	경기 고양시	천연가스차량 연료지원	223,780	버스정책과	9	1	7	8	7	3	1	4
323	경기 고양시	저상버스 도입보조	24,345	버스정책과	9	1	7	8	7	3	1	1
324	경기 고양시	친환경자동차 보급사업	18,489	녹색도시담당관	9	2	7	8	7	1	1	1
325	경기 고양시	혹서기 한우 사육 환경개선 시범	16,000	연구개발과	9	1	7	8	7	5	5	4
326	경기 고양시	천적이용 병해충 방제 시범	8,000	연구개발과	9	1	7	8	7	5	5	4
327	경기 고양시	경영개선 컨설팅 농가 시설개선 지원	36,000	연구개발과	9	1	7	8	7	5	5	4
328	경기 고양시	ict활용 화훼재배 기반구축사업	16,000	연구개발과	9	2	7	8	7	5	5	4
329	경기 고양시	장애인직업재활시설 기능보강	72,370	장애인복지과	9	2	7	8	7	1	1	2
330	경기 고양시	다함께돌봄센터 설치 및 운영	20,000	아동청소년과	9	4	7	8	7	5	5	4
331	경기 고양시	어린이집 환경개선	91,286	아동청소년과	9	1	7	8	7	5	1	4
332	경기 고양시	소규모 기업환경 개선사업	332,126	기업지원과	9	4	7	8	7	1	1	1
333	경기 고양시	특용작물(버섯등) 생산시설 현대화	49,200	농업정책과	9	2	7	8	7	5	5	4
334	경기 고양시	농기계 등화장치 부착 지원사업	10,000	농업정책과	9	2	7	8	7	5	5	4

순번	시군구	지출명 (사업명)	2021년예산 (단위:천원/1년간)	담당자 (공무원) 담당부서	민간이전 분류 (지방자치단체 세출예산 집행기준에 의거) 1. 민간경상사업보조(307-02) 2. 민간단체 법정운영비보조(307-03) 3. 민간행사사업보조(307-04) 4. 민간위탁금(307-05) 5. 사회복지시설 법정운영비보조(307-10) 6. 민간인위탁교육비(307-12) 7. 공기관등에대한경상적위탁사업비(308-10) 8. 민간자본사업보조,자체재원(402-01) 9. 민간자본사업보조,이전재원(402-02) 10. 민간위탁사업비(402-03) 11. 공기관등에 대한 자본적 대행사업비(403-02)	민간이전지출 근거 (지방보조금 관리기준 참고) 1. 법률에 규정 2. 국고보조 재원(국가지정) 3. 용도 지정 기부금 4. 조례에 직접규정 5. 지자체가 권장하는 사업을 하는 공공기관 6. 시,도 정책 및 재정사정 7. 기타 8. 해당없음	입찰방식 계약체결방법 (경쟁형태) 1. 일반경쟁 2. 제한경쟁 3. 지명경쟁 4. 수의계약 5. 법정위탁 6. 기타 ( ) 7. 해당없음	입찰방식 계약기간 1. 1년 2. 2년 3. 3년 4. 4년 5. 5년 6. 기타 ( )년 7. 단기계약 (1년미만) 8. 해당없음	입찰방식 낙찰자선정방법 1. 적격심사 2. 협상에의한계약 3. 최저가낙찰제 4. 규격가격분리 5. 2단계 경쟁입찰 6. 기타 ( ) 7. 해당없음	운영예산 산정 운영예산 산정 1. 내부산정 (지자체 자체적으로 산정) 2. 외부산정 (외부전문기관위탁 산정) 3. 내·외부 모두 산정 4. 산정 無 5. 해당없음	운영예산 산정 정산방법 1. 내부정산 (지자체 내부적으로 정산) 2. 외부정산 (외부전문기관위탁 정산) 3. 내·외부 모두 산정 4. 정산 無 5. 해당없음	성과평가 실시여부 1. 실시 2. 미실시 3. 향후 추진 4. 해당없음
335	경기 고양시	경기미 생산시설 현대화 사업	85,000	농업정책과	9	6	7	8	7	5	5	4
336	경기 고양시	농업분야 에너지절감시설	881,350	농업정책과	9	2	7	8	7	5	5	4
337	경기 고양시	농업분야 신재생에너지	80,000	농업정책과	9	2	7	8	7	5	5	4
338	경기 고양시	시설원예현대화 지원	597,325	농업정책과	9	2	7	8	7	5	5	4
339	경기 고양시	시설원예현대화 지원	182,253	농업정책과	9	2	7	8	7	5	5	4
340	경기 고양시	원예분야 ICT융복합	668,000	농업정책과	9	2	7	8	7	5	5	4
341	경기 고양시	에너지절감형 농업난방시설 지원	56,880	농업정책과	9	6	7	8	7	5	5	4
342	경기 고양시	신선농산물 수출단지 시설개선	228,243	농업정책과	9	6	7	8	7	1	1	4
343	경기 고양시	호흡기전담클리닉 설치운영 지원	300,000	일산동구보건소	9	2	7	8	7	1	1	2
344	경기 고양시	마을공동체 주민제안 공모사업	20,000	주민자치과	9	4	7	8	7	5	1	4
345	경기 고양시	임산물 생산기반 조성	8,992	녹지과	9	2	7	8	7	5	1	4
346	경기 고양시	임산물 유통기반 조성	43,610	녹지과	9	2	7	8	7	5	1	4
347	경기 고양시	산림작물생산단지조성	66,357	녹지과	9	2	7	8	7	5	1	3
348	경기 고양시	고양성사혁신지구사업	7,183	도시재생과	9	1	7	8	7	1	1	4
349	경기 고양시	G마크 친환경 유통기반 지원	54,000	농산유통과	9	4	7	8	7	5	5	4
350	경기 고양시	접경지역 군납농산물 연중유통체계 구축	48,000	농산유통과	9	1	7	8	7	5	5	4
351	경기 고양시	농식품기업 시설개선 지원	10,000	농산유통과	9	1	7	8	7	5	5	4
352	경기 고양시	로컬푸드 연중생산체계구축사업	76,160	농산유통과	9	6	7	8	7	5	1	4
353	경기 고양시	직매장 지원사업	1,200	농산유통과	9	2	1	7	1	5	1	4
354	경기 고양시	가금농가경쟁력 강화	50,636	농산유통과	9	1	7	8	7	1	1	4
355	경기 고양시	양돈경쟁력 강화사업	43,500	농산유통과	9	1	7	8	7	1	1	4
356	경기 고양시	양봉산업 육성사업-양봉산업 현대화 지원	35,600	농산유통과	9	1	7	8	7	1	1	4
357	경기 고양시	다용도 축산분뇨 처리장비 지원	45,000	농산유통과	9	1	7	8	7	1	1	4
358	경기 고양시	축산악취개선사업	22,751	농산유통과	9	1	7	8	7	1	1	2
359	경기 고양시	고양여성인력개발센터 임차보증금	300,000	여성가족과	9	2	6	8	7	1	1	1
360	경기 과천시	전통사찰 방재시스템 구축사업	54,000	문화체육과	9	1	4	8	7	1	1	4
361	경기 과천시	전통사찰 방염 사업	127,200	문화체육과	9	6	7	8	7	5	5	4
362	경기 과천시	운행차 저공해화 사업	1,179	환경위생과	9	1	5	2	7	3	3	4
363	경기 과천시	어린이 통학차량 LPG 전환 지원	70,000	환경위생과	9	1	7	8	7	3	1	4
364	경기 과천시	보증기간 경과장치 성능유지관리	28,000	환경위생과	9	1	5	2	7	3	3	4
365	경기 과천시	가정용 저녹스 보일러 보급사업	40,000	환경위생과	9	1	7	8	7	3	1	4
366	경기 과천시	전기자동차 구매지원 사업	1,705	환경위생과	9	2	7	8	7	4	1	4
367	경기 과천시	전기이륜차 구매지원	55,800	환경위생과	9	2	7	8	7	4	1	4
368	경기 과천시	수소전기차 구매지원 사업	562,500	환경위생과	9	2	7	8	7	4	1	4
369	경기 과천시	문고 도서구입 지원	3,567	정보과학도서관	9	1	7	8	7	2	1	1
370	경기 구리시	장애인직업재활시설기능보강	42,320	노인장애인복지과	9	2	7	8	7	5	1	4
371	경기 구리시	마음편한 타요사업	35,000	노인장애인복지과	9	6	7	8	7	5	1	4
372	경기 구리시	지역아동센터 환경개선지원	20,000	여성가족과	9	2	7	8	7	1	1	4
373	경기 오산시	소규모기업환경개선사업	17,437	지역경제과	9	6	7	7	7	3	1	1
374	경기 오산시	기업환경 개선지원	10,000	일자리정책과	9	6	7	8	7	5	5	1
375	경기 오산시	지역공동체 공간조성	40,000	일자리정책과	9	6	7	8	7	5	5	1
376	경기 오산시	보존식기자재 지원	35,460	가족보육과	9	1	7	8	7	5	5	4

순번	시군구	지출명 (사업명)	2021년예산 (단위:천원/1년간)	담당자 (공무원) 담당부서	민간이전 분류 (지방자치단체 세출예산 집행기준에 의거) 1. 민간경상사업보조(307-02) 2. 민간단체 법정운영비보조(307-03) 3. 민간행사사업보조(307-04) 4. 민간위탁금(307-05) 5. 사회복지시설 법정운영비보조(307-10) 6. 민간인위탁교육비(307-12) 7. 공기관등에대한경상적위탁사업비(308-10) 8. 민간자본사업보조,자체재원(402-01) 9. 민간자본사업보조,이전재원(402-02) 10. 민간위탁사업비(402-03) 11. 공기관등에 대한 자본적 대행사업비(403-02)	민간이전지출 근거 (지방보조금 관리기준 참고) 1. 법률에 규정 2. 국고보조 재원(국가지정) 3. 용도 지정 기부금 4. 조례에 직접규정 5. 지자체가 권장하는 사업을 하는 공공기관 6. 시,도 정책 및 재정사정 7. 기타 8. 해당없음	입찰방식 계약체결방법 (경쟁형태) 1. 일반경쟁 2. 제한경쟁 3. 지명경쟁 4. 수의계약 5. 법정위탁 6. 기타 ( ) 7. 해당없음	입찰방식 계약기간 1. 1년 2. 2년 3. 3년 4. 4년 5. 5년 6. 기타 ( )년 7. 단기계약 (1년미만) 8. 해당없음	입찰방식 낙찰자선정방법 1. 적격심사 2. 협상에의한계약 3. 최저가낙찰제 4. 규격가격분리 5. 2단계 경쟁입찰 6. 기타 ( ) 7. 해당없음	운영예산 산정 운영예산 산정 1. 내부산정 (지자체 자체적으로 산정) 2. 외부산정 (외부전문기관위탁 산정) 3. 내·외부 모두 산정 4. 산정 無 5. 해당없음	운영예산 산정 정산방법 1. 내부정산 (지자체 내부적으로 정산) 2. 외부정산 (외부전문기관위탁 정산) 3. 내·외부 모두 산정 4. 정산 無 5. 해당없음	성과평가 실시여부 1. 실시 2. 미실시 3. 향후 추진 4. 해당없음
377	경기 오산시	국공립어린이집 기자재비 지원	140,000	가족보육과	9	2	7	8	7	5	1	1
378	경기 오산시	노후공동주택유지관리지원사업	600,000	주택과	9	4	7	8	7	1	1	4
379	경기 오산시	운행경유차 배출가스 저감사업	51,281	환경과	9	2	7	8	7	5	5	4
380	경기 오산시	보증기간 경과장치 성능 유지관리	68,000	환경과	9	2	7	8	7	5	5	4
381	경기 오산시	천연가스 자동차 보급사업	60,000	환경과	9	2	7	8	7	5	5	4
382	경기 오산시	가정용 저녹스보일러 설치지원 사업	186,000	환경과	9	2	7	8	7	5	5	4
383	경기 오산시	전기자동차 구매지원	48,050	환경과	9	2	7	8	7	5	5	4
384	경기 오산시	어린이 통학차량의 LPG차 전환지원사업	105,000	환경과	9	2	7	8	7	5	5	4
385	경기 오산시	전기이륜차 구매 지원	73,800	환경과	9	2	7	8	7	5	5	4
386	경기 오산시	수소전기차 구매 지원	1,722	환경과	9	2	7	8	7	5	5	4
387	경기 오산시	주유소 유증기회수설비 설치지원	5,100	환경과	9	2	7	8	7	5	5	4
388	경기 군포시	사업장 대기방지시설 유지관리 지원사업	17,000	환경과	9	5	7	8	7	5	5	4
389	경기 군포시	운행경유차 배출가스 저감사업	48,667	환경과	9	2	7	8	7	5	5	4
390	경기 군포시	보증기간 경과장치 성능유지관리	50,000	환경과	9	2	7	8	7	5	1	1
391	경기 군포시	전기자동차 구매지원	38,740	환경과	9	2	5	1	7	3	1	1
392	경기 군포시	전기이륜차 보급지원	55,800	환경과	9	2	7	8	7	5	1	4
393	경기 군포시	어린이 통학차량 LPG차 전환 지원사업	105,000	환경과	9	2	7	8	7	5	1	4
394	경기 군포시	가정용 저녹스보일러 설치지원	464,000	환경과	9	2	7	8	7	5	1	4
395	경기 군포시	수소연료전기차 구매지원	14,950	환경과	9	2	7	8	7	5	1	4
396	경기 군포시	계란 냉장차량 지원	30,000	위생자원과	9	2	6	1	1	1	1	4
397	경기 군포시	집수리 및 상가 리모델링 사업	447,000	신성장전략과	9	2	7	8	7	5	5	4
398	경기 군포시	건축물 화재안전성능보강 지원	53,332	건축과	9	1	7	8	7	5	5	4
399	경기 군포시	소규모 노후 공동주택 유지관리 지원	48,000	건축과	9	4	7	8	7	1	1	4
400	경기 군포시	노후공동주택유지관리지원	160,000	건축과	9	6	7	8	7	5	5	4
401	경기 군포시	공동주택녹슨상수도개량지원	212,891	건축과	9	6	7	8	7	5	5	4
402	경기 군포시	소규모 기업환경 개선사업	226,861	일자리기업과	9	1	7	8	7	1	1	1
403	경기 군포시	미니태양광보급지원사업	12,060	지역경제과	9	1	7	8	7	1	1	1
404	경기 군포시	양봉산업 육성사업	12,350	지역경제과	9	1	7	8	7	1	1	4
405	경기 군포시	차세대 지방세정보시스템 구축	172,072	세정과	9	8	7	8	7	5	5	4
406	경기 군포시	경로당 운영물품지원	30,000	사회복지과	9	4	7	8	7	1	1	1
407	경기 군포시	장애인직업재활시설 기능보강	32,806	사회복지과	9	2	7	8	7	1	1	4
408	경기 군포시	장애인직업재활시설 기능보강	4,000	사회복지과	9	2	7	8	7	1	1	4
409	경기 군포시	장애인직업재활시설 기능보강	4,000	사회복지과	9	2	7	8	7	1	1	4
410	경기 군포시	장애인직업재활시설 기능보강	4,000	사회복지과	9	2	7	8	7	1	1	4
411	경기 군포시	장애인거주시설 기능보강	424,700	사회복지과	9	2	7	8	7	1	1	4
412	경기 군포시	어린이집 환경개선비	86,678	여성가족과	9	1	6	5	6	1	1	1
413	경기 군포시	지역아동센터 환경개선 지원	30,000	청소년청년정책과	9	1	7	8	7	5	1	4
414	경기 군포시	다함께돌봄센터 기자재비 지원	60,000	청소년청년정책과	9	2	7	8	7	5	1	4
415	경기 군포시	독서환경 조성	3,660	도서관정책과	9	1	7	8	7	1	1	1
416	경기 군포시	작은도서관 냉난방기기 구입	1,780	도서관정책과	9	1	7	8	7	1	1	1
417	경기 군포시	작은도서관 도서 및 서가구입	34,800	도서관정책과	9	1	7	8	7	1	1	1
418	경기 군포시	농업용관리기 등 소형농기계 지원	10,000	특화사업과	9	6	7	8	7	3	3	4

순번	시군구	지출명 (사업명)	2021년예산 (단위:천원/1년간)	담당자 (공무원)	민간이전 분류 (지방자치단체 세출예산 집행기준에 의거)	민간이전지출 근거 (지방보조금 관리기준 참고)	입찰방식			운영예산 산정		성과평가 실시여부
				담당부서	1. 민간경상사업보조(307-02) 2. 민간단체 법정운영비보조(307-03) 3. 민간행사사업보조(307-04) 4. 민간위탁금(307-05) 5. 사회복지시설 법정운영비보조(307-10) 6. 민간인위탁교육비(307-12) 7. 공기관등에대한경상적위탁사업비(308-10) 8. 민간자본사업보조,자체재원(402-01) 9. 민간자본사업보조,이전재원(402-02) 10. 민간위탁사업비(402-03) 11. 공기관등에 대한 자본적 대행사업비(403-02)	1. 법률에 규정 2. 국고보조 재원(국가지정) 3. 용도 지정 기부금 4. 조례에 직접규정 5. 지자체가 권장하는 사업을 하는 공공기관 6. 시,도 정책 및 재정사정 7. 기타 8. 해당없음	계약체결방법 (경쟁형태) 1. 일반경쟁 2. 제한경쟁 3. 지명경쟁 4. 수의계약 5. 법정위탁 6. 기타 ( ) 7. 해당없음	계약기간 1. 1년 2. 2년 3. 3년 4. 4년 5. 5년 6. 기타 ( )년 7. 단기계약 (1년미만) 8. 해당없음	낙찰자선정방법 1. 적격심사 2. 협상에의한계약 3. 최저가낙찰제 4. 규격가격분리 5. 2단계 경쟁입찰 6. 기타 ( ) 7. 해당없음	운영예산 산정 1. 내부산정 (지자체 자체적으로 산정) 2. 외부산정 (외부전문기관위탁 산정) 3. 내·외부 모두 산정 4. 산정 無 5. 해당없음	정산방법 1. 내부정산 (지자체 내부적으로 정산) 2. 외부정산 (외부전문기관위탁 정산) 3. 내·외부 모두 산정 4. 정산 無 5. 해당없음	1. 실시 2. 미실시 3. 향후 추진 4. 해당없음
419	경기 군포시	유기질비료 지원	77,788	특화사업과	9	2	7	8	7	5	5	4
420	경기 군포시	유기농업자재 지원	505	특화사업과	9	2	7	8	7	5	5	4
421	경기 군포시	친환경농산물 인증확대	4,900	특화사업과	9	6	7	8	7	5	5	4
422	경기 군포시	친환경농산물 재배장려금 지원	1,810	특화사업과	9	6	7	8	7	5	5	4
423	경기 군포시	우수품종 공급지원	447	특화사업과	9	6	7	8	7	5	5	4
424	경기 군포시	내집주차장갖기사업 설치비 보조금 지원	5,400	차량관리과	9	4	7	8	7	1	1	1
425	경기 군포시	마을공동체 공간조성 지원사업	20,000	자치분권과	9	5	4	8	7	1	1	1
426	경기 하남시	소규모공동주택 안전점검	12,420	주택과	9	1	7	8	7	1	1	4
427	경기 하남시	마을공동체 공간조성 지원사업	80,000	도시재생과	9	4	6	7	6	5	1	1
428	경기 하남시	노인요양시설 확충	134,360	노인장애인복지과	9	1	7	8	7	5	1	2
429	경기 하남시	장애인직업재활시설 기능보강	16,000	노인장애인복지과	9	1	7	8	7	5	1	2
430	경기 하남시	마음편한 타요 차량 지원	35,000	노인장애인복지과	9	1	7	8	7	5	1	2
431	경기 용인시	주택용 펠릿보일러	5,600	산림과	9	2	7	8	7	4	1	4
432	경기 용인시	어린이집 환경개선	6,000	아동보육과	9	2	7	8	7	1	1	1
433	경기 용인시	농어촌 장애인 주택 개조사업	7,600	주택과	9	2	7	8	7	1	1	4
434	경기 용인시	천적이용 병해충 방제 시범	8,000	기술지원과	9	6	7	8	7	1	1	4
435	경기 용인시	모현건강증진형보건지소 증축공사 감리비	12,262	처인구보건소 보건정책과	9	7	7	8	7	1	1	4
436	경기 용인시	작은도서관 냉난방기 지원	12,500	도서관정책과	9	6	7	8	7	1	1	4
437	경기 용인시	찰옥수수 생력화 기술 지원	16,000	기술지원과	9	6	7	8	7	1	1	4
438	경기 용인시	시설재배지 총채벌레 병해충방제 시범	16,000	기술지원과	9	6	7	8	7	1	1	4
439	경기 용인시	ICT 활용 화훼재배 기반구축 시범	16,000	기술지원과	9	6	7	8	7	1	1	4
440	경기 용인시	젖소 유두 자동세척관리 기술 시범	19,200	기술지원과	9	6	7	8	7	1	1	4
441	경기 용인시	경기도농업전문경영인 신기술보급사업	20,000	자원육성과	9	1	7	8	7	1	1	4
442	경기 용인시	성형목탄 환경개선	20,000	산림과	9	2	7	8	7	4	1	4
443	경기 용인시	애완곤충 사육농가 노동력 절감시범	24,000	기술지원과	9	6	7	8	7	1	1	4
444	경기 용인시	경영개선 컨설팅 농가 시설개선 지원 시범	24,000	기술지원과	9	6	7	8	7	1	1	4
445	경기 용인시	청년농업인4-H회원 신규영농정착 시범	24,000	자원육성과	9	1	7	8	7	1	1	4
446	경기 용인시	야생동물 피해예방사업	26,800	환경과	9	4	7	8	7	1	1	4
447	경기 용인시	딸기 품종 다양화 안정생산 기술 시범	30,000	기술지원과	9	2	7	8	7	1	1	4
448	경기 용인시	아파트 작은도서관 시설개선	30,000	도서관정책과	9	6	7	8	7	1	1	4
449	경기 용인시	노후공동주택(소규모)유지관리지원	32,000	주택과	9	1	7	8	7	1	1	4
450	경기 용인시	기능성 양봉산물 생산을 위한 기술보급 시범	32,000	기술지원과	9	6	7	8	7	1	1	4
451	경기 용인시	시설채소 보광등 이용 재배기술 시범	40,000	기술지원과	9	6	7	8	7	1	1	4
452	경기 용인시	고온건조방식 대인소독장비 활용기술 시범	40,000	기술지원과	9	2	7	8	7	1	1	4
453	경기 용인시	청년농업인 안정화 시범	40,000	자원육성과	9	1	7	8	7	1	1	4
454	경기 용인시	가축전염병 차단방역시설 설치	40,000	처인구 산업과	9	1	7	8	7	5	5	1
455	경기 용인시	장애인직업재활시설 기능보강	40,500	장애인복지과	9	1	7	8	7	1	1	4
456	경기 용인시	ICT활용 친환경 가축전염성 질병 방역 시스템 구축 시범	48,000	기술지원과	9	6	7	8	7	1	1	4
457	경기 용인시	농업인학습단체 경쟁력 제고사업	50,000	자원육성과	9	1	7	8	7	1	1	4
458	경기 용인시	농작업 안전편이장비 보급 시범	50,000	자원육성과	9	1	7	8	7	1	1	4
459	경기 용인시	고추 농작업 안전관리 개선 시범	50,000	자원육성과	9	1	7	8	7	1	1	4
460	경기 용인시	농촌마을 공동농장 조성 시범	50,000	자원육성과	9	1	7	8	7	1	1	4

순번	시군구	지출명 (사업명)	2021년예산 (단위:천원/1년간)	담당자 (공무원) 담당부서	민간이전 분류 (지방자치단체 세출예산 집행기준에 의거) 1. 민간경상사업보조(307-02) 2. 민간단체 법정운영비보조(307-03) 3. 민간행사사업보조(307-04) 4. 민간위탁금(307-05) 5. 사회복지시설 법정운영비보조(307-10) 6. 민간인위탁교육비(307-12) 7. 공기관등에대한경상적위탁사업비(308-10) 8. 민간자본사업보조,자체재원(402-01) 9. 민간자본사업보조,이전재원(402-02) 10. 민간위탁사업비(402-03) 11. 공기관등에 대한 자본적 대행사업비(403-02)	민간이전지출 근거 (지방보조금 관리기준 참고) 1. 법률에 규정 2. 국고보조 재원(국가지정) 3. 용도 지정 기부금 4. 조례에 직접규정 5. 지자체가 권장하는 사업을 하는 공공기관 6. 시,도 정책 및 재정사정 7. 기타 8. 해당없음	입찰방식 계약체결방법 (경쟁형태) 1. 일반경쟁 2. 제한경쟁 3. 지명경쟁 4. 수의계약 5. 법정위탁 6. 기타 ( ) 7. 해당없음	입찰방식 계약기간 1. 1년 2. 2년 3. 3년 4. 4년 5. 5년 6. 기타 ( )년 7. 단기계약 (1년미만) 8. 해당없음	입찰방식 낙찰자선정방법 1. 적격심사 2. 협상에의한계약 3. 최저가낙찰제 4. 규격가격분리 5. 2단계 경쟁입찰 6. 기타 ( ) 7. 해당없음	운영예산 산정 운영예산 산정 1. 내부산정 (지자체 자체적으로 산정) 2. 외부산정 (외부전문기관위탁 산정) 3. 내·외부 모두 산정 4. 산정 無 5. 해당없음	운영예산 산정 정산방법 1. 내부정산 (지자체 내부적으로 정산) 2. 외부정산 (외부전문기관위탁 정산) 3. 내·외부 모두 산정 4. 정산 無 5. 해당없음	성과평가 실시여부 1. 실시 2. 미실시 3. 향후 추진 4. 해당없음
461	경기 용인시	고품질 조사료 연중생산 단지조성 기술 시범	56,000	기술지원과	9	6	7	8	7	1	1	4
462	경기 용인시	화훼 국내육성품종 보급 시범	60,000	기술지원과	9	2	7	8	7	1	1	4
463	경기 용인시	농업인 넘어짐 사고예방을 위한 농작업화 보급 시범	60,000	자원육성과	9	1	7	8	7	1	1	4
464	경기 용인시	국내육성 품종 최고급쌀 생산단지 육성	80,000	기술지원과	9	6	7	8	7	5	5	4
465	경기 용인시	축사 공기정화 질병예방 기술보급 시범	80,000	기술지원과	9	2	7	8	7	5	5	4
466	경기 용인시	전통한옥체험숙박시설 운영지원	80,000	관 광 과	9	7	7	8	7	5	5	4
467	경기 용인시	어린이집 환경개선	113,739	아동보육과	9	2	7	8	7	1	1	1
468	경기 용인시	산림작물생산단지	115,395	산림과	9	2	7	8	7	4	1	4
469	경기 용인시	노후공동주택(소규모)유지관리지원	120,000	주택과	9	1	7	8	7	5	5	4
470	경기 용인시	독서환경 조성	138,420	도서관정책과	9	6	7	8	7	5	5	4
471	경기 용인시	기존 건축물 화재안전성능보강 지원	159,996	건축과	9	1	7	7	7	5	5	4
472	경기 용인시	바이오커튼 활용 돈사냄새저감 종합기술 시범	200,000	기술지원과	9	2	7	8	7	5	5	4
473	경기 용인시	사육시설 및 관람생태시설 기반구축 시범사업	200,000	기술지원과	9	6	7	8	7	5	5	4
474	경기 용인시	법륜사 극락보전 및 휴휴당 보수	239,760	문화예술과	9	1	7	8	7	5	5	4
475	경기 용인시	용덕사 석축 및 화장시 보수	240,000	문화예술과	9	1	7	8	7	5	5	4
476	경기 용인시	동도사 대웅전 등 지붕보수	260,000	문화예술과	9	1	7	8	7	5	5	4
477	경기 용인시	소규모 기업환경 개선	266,802	기업지원과	9	4	7	8	7	5	5	4
478	경기 용인시	호흡기전담클리닉 설치운영비	300,000	처인구보건소 보건정책과	9	2	7	8	7	5	1	4
479	경기 용인시	호흡기 전담클리닉 설치.운영 지원	300,000	수지구보건소 보건행정과	9	2	7	8	7	5	1	1
480	경기 용인시	노인요양시설 확충	345,384	노인복지과	9	2	7	8	7	5	1	4
481	경기 용인시	호흡기 전담클리닉 설치.운영 지원	400,000	기흥구보건소 보건행정과	9	2	7	8	7	5	1	1
482	경기 용인시	용인도시계획도로 소3-86,87호 개설공사	1,200	처인구 건설도로과	9	4	5	8	7	1	1	4
483	경기 용인시	용인도시계획도로(모현)소2-2호 개설공사	15,000	처인구 건설도로과	9	4	5	8	7	1	1	4
484	경기 용인시	용인도시계획도로(포곡)소2-44호 개설공사	180,000	처인구 건설도로과	9	4	5	8	7	1	1	4
485	경기 용인시	09하수관거정비 BTL사업 임대료	35,330	하수시설과	9	1	5	6	7	1	1	1
486	경기 용인시	09하수관거정비 BTL사업 임대료	35,330	하수시설과	9	1	5	6	7	1	1	1
487	경기 용인시	용인도시계획도로(포곡)소2-49호 개설공사	37,500	처인구 건설도로과	9	4	5	8	7	1	1	4
488	경기 용인시	06하수관거정비 BTL사업 임대료	7,966	하수시설과	9	1	5	6	7	1	1	1
489	경기 용인시	06하수관거정비 BTL사업 임대료	7,966	하수시설과	9	1	5	6	7	1	1	1
490	경기 파주시	양돈경쟁력강화	44,000	동물자원과	9	6	7	8	7	5	5	4
491	경기 파주시	가금농가경쟁력강화	88,030	동물자원과	9	6	7	8	7	5	5	4
492	경기 파주시	축사이미지개선	20,000	동물자원과	9	6	7	8	7	5	5	4
493	경기 파주시	토종벌육성	2,100	동물자원과	9	2	7	8	7	5	5	4
494	경기 파주시	말벌퇴치장비지원	1,700	동물자원과	9	2	7	8	7	5	5	4
495	경기 파주시	축사전기안전강화	66,000	동물자원과	9	6	7	8	7	5	5	4
496	경기 파주시	양봉산업 현대화 지원	14,435	동물자원과	9	6	7	8	7	5	5	4
497	경기 파주시	지속가능한 양봉산업 기반조성	13,475	동물자원과	9	6	7	8	7	5	5	4
498	경기 파주시	다용도축산분뇨처리장비지원	195,000	동물자원과	9	6	7	8	7	5	5	4
499	경기 파주시	축산악취개선	209,854	동물자원과	9	2	7	8	7	5	5	4
500	경기 파주시	축산분뇨악취개선시설지원	450,000	동물자원과	9	6	7	8	7	5	5	4
501	경기 파주시	폐사가축처리기지원	10,000	동물자원과	9	6	7	8	7	5	5	4
502	경기 파주시	축사악취저감시설지원	125,000	동물자원과	9	6	7	8	7	5	5	4

순번	시군구	지출명 (사업명)	2021년예산 (단위:천원/1년간)	담당자 (공무원) 담당부서	민간이전 분류 (지방자치단체 세출예산 집행기준에 의거) 1. 민간경상사업보조(307-02) 2. 민간단체 법정운영비보조(307-03) 3. 민간행사사업보조(307-04) 4. 민간위탁금(307-05) 5. 사회복지시설 법정운영비보조(307-10) 6. 민간인위탁교육비(307-12) 7. 공기관등에대한경상적위탁사업비(308-10) 8. 민간자본사업보조,자체재원(402-01) 9. 민간자본사업보조,이전재원(402-02) 10. 민간위탁사업비(402-03) 11. 공기관등에 대한 자본적 대행사업비(403-02)	민간이전지출 근거 (지방보조금 관리기준 참고) 1. 법률에 규정 2. 국고보조 재원(국가지정) 3. 용도 지정 기부금 4. 조례에 직접규정 5. 지자체가 권장하는 사업을 하는 공공기관 6. 시,도 정책 및 재정사정 7. 기타 8. 해당없음	입찰방식 계약체결방법 (경쟁형태) 1. 일반경쟁 2. 제한경쟁 3. 지명경쟁 4. 수의계약 5. 법정위탁 6. 기타 ( ) 7. 해당없음	입찰방식 계약기간 1. 1년 2. 2년 3. 3년 4. 4년 5. 5년 6. 기타 ( )년 7. 단기계약 (1년미만) 8. 해당없음	입찰방식 낙찰자선정방법 1. 적격심사 2. 협상에의한계약 3. 최저가낙찰제 4. 규격가격분리 5. 2단계 경쟁입찰 6. 기타 ( ) 7. 해당없음	운영예산 산정 운영예산 산정 1. 내부산정 (지자체 자체적으로 산정) 2. 외부산정 (외부전문기관위탁 산정) 3. 내·외부 모두 산정 4. 산정 無 5. 해당없음	운영예산 산정 정산방법 1. 내부정산 (지자체 내부적으로 정산) 2. 외부정산 (외부전문기관위탁 정산) 3. 내·외부 모두 산정 4. 정산 無 5. 해당없음	성과평가 실시여부 1. 실시 2. 미실시 3. 향후 추진 4. 해당없음
503	경기 파주시	가축전염병 차단방역시설 설치	30,000	동물자원과	9	6	7	8	7	5	5	4
504	경기 파주시	CCTV방역인프라 구축지원	150,000	동물자원과	9	2	7	8	7	5	5	4
505	경기 파주시	축산물판매점지원	7,200	동물자원과	9	6	7	8	7	5	5	4
506	경기 파주시	작은도서관 냉난방 지원	6,000	교육지원과	9	1	7	8	7	1	1	1
507	경기 파주시	작은도서관 운영지원	70,780	교육지원과	9	1	7	8	7	1	1	1
508	경기 파주시	주유소 유증기 회수설비 설치지원	95,200	환경보전과	9	2	7	8	7	5	5	4
509	경기 파주시	야생동물 피해예방	85,000	환경보전과	9	2	7	8	7	1	1	4
510	경기 파주시	운행경유차 배출가스 저감사업	13,163	환경보전과	9	2	7	8	7	1	1	2
511	경기 파주시	보증기간 경과장치 성능유지 관리	65,000	환경보전과	9	2	7	8	7	1	2	2
512	경기 파주시	가정용 저녹스보일러 보급	412,000	환경보전과	9	2	7	8	7	1	1	2
513	경기 파주시	전기자동차 구매지원 사업	17,112	환경보전과	9	2	7	8	7	1	1	2
514	경기 파주시	전기이륜차 보급사업	185,400	환경보전과	9	2	7	8	7	1	1	2
515	경기 파주시	수소전기차 보급사업	28,925	환경보전과	9	2	7	8	7	1	1	2
516	경기 파주시	어린이 통학차량 LPG차 전환 지원 사업	210,000	환경보전과	9	2	7	8	7	1	1	2
517	경기 파주시	천연가스차량 구입비 보조	120,000	환경보전과	9	2	7	8	7	1	1	2
518	경기 파주시	천연가스자동차 보급(천연가스차량 연료비 보조금)	157,700	환경보전과	9	2	7	8	7	1	1	2
519	경기 파주시	어린이집 환경개선	107,426	보육청소년과	9	2	7	8	7	5	5	4
520	경기 파주시	가공유통 연계 밭작물 신기술 단지 조성	120,000	스마트농업과	9	1	6	8	7	5	5	4
521	경기 파주시	농업신기술시범	206,000	스마트농업과	9	1	6	8	7	5	5	4
522	경기 파주시	경기육성 콩 재배확대를 위한 상품화 지원	16,000	스마트농업과	9	1	6	8	7	5	5	4
523	경기 파주시	경기육성 콩 생산기술 시범	40,000	스마트농업과	9	1	6	8	7	5	5	4
524	경기 파주시	농업신기술시범	200,000	스마트농업과	9	1	6	8	7	5	5	4
525	경기 파주시	경기명품쌀 생산 새기술보급	80,000	스마트농업과	9	1	6	8	7	5	5	4
526	경기 파주시	수입과일대응 국내육성품종 확대 보급	64,000	스마트농업과	9	6	6	8	7	5	5	4
527	경기 파주시	과수 안정생산을 위한 종합관리	40,000	스마트농업과	9	6	6	8	7	5	5	4
528	경기 파주시	과수 저비용 동상해 예방 기술 투입	19,200	스마트농업과	9	6	6	8	7	5	5	4
529	경기 파주시	시설원예 에너지 절감 및 환경개선 시범	40,000	스마트농업과	9	2	6	8	7	5	5	4
530	경기 파주시	시설원예 스마트팜 기술보급 시범	40,000	스마트농업과	9	6	6	8	7	5	5	4
531	경기 파주시	천적이용 병해충 방제 시범	10,000	스마트농업과	9	6	6	8	7	5	5	4
532	경기 파주시	인삼 고온피해 경감 종합기술 시범	60,000	스마트농업과	9	2	6	8	7	5	5	4
533	경기 파주시	주택용 목재펠릿보일러	5,600	공원녹지과	9	2	7	8	7	5	5	4
534	경기 파주시	성형목탄환경개선	14,000	공원녹지과	9	2	7	8	7	5	5	4
535	경기 파주시	임산물생산기반조성	123,715	공원녹지과	9	2	7	8	7	5	5	4
536	경기 파주시	청정임산물이용증진	15,000	공원녹지과	9	2	7	8	7	5	5	4
537	경기 파주시	마을공동체 공간조성 지원	40,000	도시재생과	9	4	7	8	7	1	1	4
538	경기 이천시	마을공동체 공간조성 지원사업	40,000	교육청소년과	9	6	7	8	7	1	1	1
539	경기 이천시	기존건축물 화재안전성능보강 지원사업	26,666	주택과	9	1	6	6	6	3	3	4
540	경기 이천시	사업계획승인	120,000	주택과	9	1	7	8	7	1	1	4
541	경기 이천시	건축허가	32,000	주택과	9	4	6	8	6	3	3	4
542	경기 이천시	노인요양시설 기능보강	131,136	노인장애인과	9	1	7	8	7	5	1	4
543	경기 이천시	이천시장애인단기보호시설효양동산	81,866	노인장애인과	9	2	7	8	7	1	3	1
544	경기 이천시	이천시장애인재활근로작업장	54,000	노인장애인과	9	2	7	8	7	1	3	1

순번	시군구	지출명 (사업명)	2021년예산 (단위:천원/1년간)	담당자 (공무원) 담당부서	민간이전 분류 (지방자치단체 세출예산 집행기준에 의거) 1. 민간경상사업보조(307-02) 2. 민간단체 법정운영비보조(307-03) 3. 민간행사사업보조(307-04) 4. 민간위탁금(307-05) 5. 사회복지시설 법정운영비보조(307-10) 6. 민간인위탁교육비(307-12) 7. 공기관등에대한경상적위탁사업비(308-10) 8. 민간자본사업보조,자체재원(402-01) 9. 민간자본사업보조,이전재원(402-02) 10. 민간위탁사업비(402-03) 11. 공기관등에 대한 자본적 대행사업비(403-02)	민간이전지출 근거 (지방보조금 관리기준 참고) 1. 법률에 규정 2. 국고보조 재원(국가지정) 3. 용도 지정 기부금 4. 조례에 직접규정 5. 지자체가 권장하는 사업을 하는 공공기관 6. 시,도 정책 및 재정사정 7. 기타 8. 해당없음	입찰방식 계약체결방법 (경쟁형태) 1. 일반경쟁 2. 제한경쟁 3. 지명경쟁 4. 수의계약 5. 법정위탁 6. 기타 ( ) 7. 해당없음	입찰방식 계약기간 1. 1년 2. 2년 3. 3년 4. 4년 5. 5년 6. 기타 ( )년 7. 단기계약 (1년미만) 8. 해당없음	입찰방식 낙찰자선정방법 1. 적격심사 2. 협상에의한계약 3. 최저가낙찰제 4. 규격가격분리 5. 2단계 경쟁입찰 6. 기타 ( ) 7. 해당없음	운영예산 산정 운영예산 산정 1. 내부산정 (지자체 자체적으로 산정) 2. 외부산정 (외부전문기관위탁 산정) 3. 내·외부 모두 산정 4. 산정 無 5. 해당없음	운영예산 산정 정산방법 1. 내부정산 (지자체 내부적으로 정산) 2. 외부정산 (외부전문기관위탁 정산) 3. 내·외부 모두 산정 4. 정산 無 5. 해당없음	성과평가 실시여부 1. 실시 2. 미실시 3. 향후 추진 4. 해당없음
545	경기 이천시	장애인직업재활시설 방역장비 구입	28,000	노인장애인과	9	2	7	8	7	1	3	2
546	경기 이천시	국공립어린이집 환경개선	33,700	아동보육과	9	2	7	8	7	5	5	1
547	경기 이천시	보존식기자재 지원	29,438	아동보육과	9	2	7	8	7	5	5	1
548	경기 이천시	지역아동센터 환경개선지원	30,000	아동보육과	9	2	7	8	7	5	5	4
549	경기 이천시	다함께돌봄센터 기자재 구입	40,000	아동보육과	9	2	7	8	7	5	5	4
550	경기 이천시	영월암 안심당 등 지붕보수공사	240,000	문예관광과	9	1	7	8	7	5	5	4
551	경기 이천시	연화정사 대웅전 지붕보수공사	88,000	문예관광과	9	1	7	8	7	5	5	4
552	경기 이천시	신흥사 월성각 보수 및 석축정사업	161,600	문예관광과	9	1	7	8	7	5	5	4
553	경기 이천시	영월암 방재시스템 구축 보완 사업	32,000	문예관광과	9	1	7	8	7	5	5	4
554	경기 이천시	작은도서관 도서구입비 지원	60,060	도서관과	9	1	2	1	1	1	1	1
555	경기 이천시	소규모 기업환경 개선사업	203,378	기업지원과	9	8	7	8	7	5	5	4
556	경기 이천시	전기승용차 구매 지원	1,885	환경보호과	9	2	7	8	7	5	5	4
557	경기 이천시	전기화물차 구매 지원	37,200	환경보호과	9	2	7	8	7	5	5	4
558	경기 이천시	전기이륜차 구매 지원	73,800	환경보호과	9	2	7	8	7	5	5	4
559	경기 이천시	천연가스 차량 구입비 지원	12,000	환경보호과	9	2	7	8	7	5	5	4
560	경기 이천시	어린이 통학차량 LPG차 전환 지원	140,000	환경보호과	9	2	7	8	7	5	5	4
561	경기 이천시	수소전기차 구매 지원	16,250	환경보호과	9	2	7	8	7	5	5	4
562	경기 이천시	전기 굴착기 구매지원	20,000	환경보호과	9	2	7	8	7	5	5	4
563	경기 이천시	가정용 저녹스보일러 설치 지원 사업	400,000	환경보호과	9	2	7	8	7	5	5	4
564	경기 이천시	가정용 저녹스보일러 설치 지원 사업	6,000	환경보호과	9	2	7	8	7	5	5	4
565	경기 이천시	주택용 목재펠릿보일러	5,600	산림공원과	9	1	7	8	7	5	5	4
566	경기 이천시	산림작물생산단지	105,988	산림공원과	9	1	7	8	7	5	5	4
567	경기 이천시	임산물상품화지원	4,320	산림공원과	9	1	7	8	7	5	5	4
568	경기 이천시	임산물 유통기반조성	6,000	산림공원과	9	1	7	8	7	5	5	4
569	경기 이천시	친환경 임산물재배관리	353	산림공원과	9	1	7	8	7	5	5	4
570	경기 이천시	친환경 임산물재배관리	2,198	산림공원과	9	1	7	8	7	5	5	4
571	경기 이천시	임산물생산기반조성	5,846	산림공원과	9	1	7	8	7	5	5	4
572	경기 이천시	동지역 빈집정비사업	95,000	도시개발과	9	6	7	8	7	5	5	4
573	경기 이천시	호흡기전담클리닉 운영 지원	200,000	감염병관리과	9	2	7	8	7	5	5	4
574	경기 이천시	고품질쌀유통활성화사업	760,000	농업정책과	9	2	7	8	7	5	5	4
575	경기 이천시	고품질 경기미 생산유통지원사업	19,535	농업정책과	9	6	7	8	7	5	5	4
576	경기 이천시	농식품기업 시설개선 지원	33,500	농업정책과	9	6	7	8	7	5	5	4
577	경기 이천시	농산물 수출포장재 지원	35,285	농업정책과	9	7	7	8	7	5	5	4
578	경기 이천시	고품질 수출농산물 생산지원	75,410	농업정책과	9	7	7	8	7	5	5	4
579	경기 이천시	고추비가림 시설 지원 사업	34,900	농업정책과	9	2	7	8	7	5	5	4
580	경기 이천시	로컬푸드 연중생산체계 구축	53,460	농업정책과	9	2	7	8	7	5	5	4
581	경기 이천시	농산물 수출단지 시설개선	1,280	농업정책과	9	7	7	8	7	5	5	4
582	경기 이천시	로컬푸드 직매장 개설 지원	340,000	농업정책과	9	2	7	8	7	5	5	4
583	경기 이천시	수산생물 질병예방 약품지원 사업	18,000	농업정책과	9	6	7	8	7	5	5	4
584	경기 이천시	내수면 양식장 경쟁력 지원	47,500	농업정책과	9	6	7	8	7	5	5	4
585	경기 이천시	자돈인큐베이터	10,000	축산과	9	2	7	8	7	5	5	4
586	경기 이천시	자돈포유기	6,500	축산과	9	2	7	8	7	5	5	4

순번	시군구	지출명 (사업명)	2021년예산 (단위:천원/1년간)	담당자 (공무원)	민간이전 분류 (지방자치단체 세출예산 집행기준에 의거)	민간이전지출 근거 (지방보조금 관리기준 참고)	입찰방식			운영예산 산정		성과평가 실시여부
				담당부서	1. 민간경상사업보조(307-02) 2. 민간단체 법정운영비보조(307-03) 3. 민간행사사업보조(307-04) 4. 민간위탁금(307-05) 5. 사회복지시설 법정운영비보조(307-10) 6. 민간인위탁교육비(307-12) 7. 공기관등에대한경상적위탁사업비(308-10) 8. 민간자본사업보조,자체재원(402-01) 9. 민간자본사업보조,이전재원(402-02) 10. 민간위탁사업비(402-03) 11. 공기관등에 대한 자본적 대행사업비(403-02)	1. 법률에 규정 2. 국고보조 재원(국가지정) 3. 용도 지정 기부금 4. 조례에 직접규정 5. 지자체가 권장하는 사업을 하는 공공기관 6. 시,도 정책 및 재정사정 7. 기타 8. 해당없음	계약체결방법 (경쟁형태) 1. 일반경쟁 2. 제한경쟁 3. 지명경쟁 4. 수의계약 5. 법정위탁 6. 기타 ( ) 7. 해당없음	계약기간 1. 1년 2. 2년 3. 3년 4. 4년 5. 5년 6. 기타 ( )년 7. 단기계약 (1년미만) 8. 해당없음	낙찰자선정방법 1. 적격심사 2. 협상에의한계약 3. 최저가낙찰제 4. 규격가격분리 5. 2단계 경쟁입찰 6. 기타 ( ) 7. 해당없음	운영예산 산정 1. 내부산정 (지자체 자체적으로 산정) 2. 외부산정 (외부전문기관위탁 산정) 3. 내·외부 모두 산정 4. 산정 無 5. 해당없음	정산방법 1. 내부정산 (지자체 내부적으로 정산) 2. 외부정산 (외부전문기관위탁 정산) 3. 내·외부 모두 산정 4. 정산 無 5. 해당없음	1. 실시 2. 미실시 3. 향후 추진 4. 해당없음
587	경기 이천시	우레탄단열시설	12,000	축산과	9	2	7	8	7	5	5	4
588	경기 이천시	안개분무시설	5,000	축산과	9	2	7	8	7	5	5	4
589	경기 이천시	출하 선별기	15,000	축산과	9	2	7	8	7	5	5	4
590	경기 이천시	악취저감장치	34,000	축산과	9	2	7	8	7	5	5	4
591	경기 이천시	돈사 냉방기	9,000	축산과	9	2	7	8	7	5	5	4
592	경기 이천시	지하수정수시설	15,000	축산과	9	2	7	8	7	5	5	4
593	경기 이천시	탈봉기	3,000	축산과	9	2	7	8	7	5	5	4
594	경기 이천시	채밀기	5,250	축산과	9	2	7	8	7	5	5	4
595	경기 이천시	화분건조기	4,800	축산과	9	2	7	8	7	5	5	4
596	경기 이천시	상차용리프트	6,500	축산과	9	2	7	8	7	5	5	4
597	경기 이천시	스텐리스드럼	8,000	축산과	9	2	7	8	7	5	5	4
598	경기 이천시	양봉전동카	7,500	축산과	9	2	7	8	7	5	5	4
599	경기 이천시	환기시설	1,750	축산과	9	6	7	8	7	5	5	4
600	경기 이천시	열풍기	1,000	축산과	9	6	7	8	7	5	5	4
601	경기 이천시	지하수정수	15,000	축산과	9	6	7	8	7	5	5	4
602	경기 이천시	출하계근대	15,000	축산과	9	6	7	8	7	5	5	4
603	경기 이천시	출하계근대	17,640	축산과	9	6	7	8	7	5	5	4
604	경기 이천시	가축재해보험 가입지원	587,420	축산과	9	2	7	8	7	5	5	4
605	경기 이천시	젖소등록	8,000	축산과	9	6	7	8	7	5	5	4
606	경기 이천시	산유능력검정	20,000	축산과	9	6	7	8	7	5	5	4
607	경기 이천시	선형심사	11,500	축산과	9	6	7	8	7	5	5	4
608	경기 이천시	유전체 분석	18,000	축산과	9	6	7	8	7	5	5	4
609	경기 이천시	수정란이식	600	축산과	9	6	7	8	7	5	5	4
610	경기 이천시	저지수정란공급	8,750	축산과	9	6	7	8	7	5	5	4
611	경기 이천시	육우품질개선장려	15,000	축산과	9	6	7	8	7	5	5	4
612	경기 이천시	임신진단키트	22,750	축산과	9	6	7	8	7	5	5	4
613	경기 이천시	안개분무시설	15,000	축산과	9	6	7	8	7	5	5	4
614	경기 이천시	말벌퇴치장비 지원	1,500	축산과	9	2	7	8	7	5	5	4
615	경기 이천시	여왕벌 구입비용	2,400	축산과	9	2	7	8	7	5	5	4
616	경기 이천시	전기안전강화사업	48,500	축산과	9	2	7	8	7	5	5	4
617	경기 이천시	승마장 육성지원	25,000	축산과	9	6	7	8	7	5	5	4
618	경기 이천시	소귀표부착비지원	96,000	축산과	9	2	7	8	7	5	5	4
619	경기 이천시	한우등록	18,000	축산과	9	6	7	8	7	5	5	4
620	경기 이천시	생체단층촬영	6,250	축산과	9	6	7	8	7	5	5	4
621	경기 이천시	선형심사	7,500	축산과	9	6	7	8	7	5	5	4
622	경기 이천시	암소검정	20,000	축산과	9	6	7	8	7	5	5	4
623	경기 이천시	우량암소육성	4,000	축산과	9	6	7	8	7	5	5	4
624	경기 이천시	고등등록우지원	30,000	축산과	9	6	7	8	7	5	5	4
625	경기 이천시	수정란이식	60,000	축산과	9	6	7	8	7	5	5	4
626	경기 이천시	IOT 기반 한우번식우 관리시스템	7,500	축산과	9	6	7	8	7	5	5	4
627	경기 이천시	우군유전체 분석	7,200	축산과	9	6	7	8	7	5	5	4
628	경기 이천시	암소 임신 진단 킷트 지원	22,750	축산과	9	6	7	8	7	5	5	4

순번	시군구	지출명 (사업명)	2021년예산 (단위:천원/1년간)	담당자 (공무원) 담당부서	민간이전 분류 (지방자치단체 세출예산 집행기준에 의거) 1. 민간경상사업보조(307-02) 2. 민간단체 법정운영비보조(307-03) 3. 민간행사사업보조(307-04) 4. 민간위탁금(307-05) 5. 사회복지시설 법정운영비보조(307-10) 6. 민간인위탁교육비(307-12) 7. 공기관등에대한경상적위탁사업비(308-10) 8. 민간자본사업보조,자체재원(402-01) 9. 민간자본사업보조,이전재원(402-02) 10. 민간위탁사업비(402-03) 11. 공기관등에 대한 자본적 대행사업비(403-02)	민간이전지출 근거 (지방보조금 관리기준 참고) 1. 법률에 규정 2. 국고보조 재원(국가지정) 3. 용도 지정 기부금 4. 조례에 직접규정 5. 지자체가 권장하는 사업을 하는 공공기관 6. 시,도 정책 및 재정사정 7. 기타 8. 해당없음	입찰방식 계약체결방법 (경쟁형태) 1. 일반경쟁 2. 제한경쟁 3. 지명경쟁 4. 수의계약 5. 법정위탁 6. 기타 ( ) 7. 해당없음	입찰방식 계약기간 1. 1년 2. 2년 3. 3년 4. 4년 5. 5년 6. 기타 ( )년 7. 단기계약 (1년미만) 8. 해당없음	입찰방식 낙찰자선정방법 1. 적격심사 2. 협상에의한계약 3. 최저가낙찰제 4. 규격가격분리 5. 2단계 경쟁입찰 6. 기타 ( ) 7. 해당없음	운영예산 산정 운영예산 산정 1. 내부산정 (지자체 자체적으로 산정) 2. 외부산정 (외부전문기관위탁 산정) 3. 내·외부 모두 산정 4. 산정 無 5. 해당없음	운영예산 산정 정산방법 1. 내부정산 (지자체 내부적으로 정산) 2. 외부정산 (외부전문기관위탁 정산) 3. 내·외부 모두 산정 4. 정산 無 5. 해당없음	성과평가 실시여부 1. 실시 2. 미실시 3. 향후 추진 4. 해당없음
629	경기 이천시	학교우유급식지원사업	209,624	축산과	9	2	7	8	7	5	5	4
630	경기 이천시	G마크 우수축산물학교급식지원	410,000	축산과	9	2	7	8	7	5	5	4
631	경기 이천시	친환경 축산물 인증지원	61,250	축산과	9	6	7	8	7	5	5	4
632	경기 이천시	축산물HACCP컨설팅	11,200	축산과	9	6	7	8	7	5	5	4
633	경기 이천시	축산물 전문판매점 지원	4,000	축산과	9	2	7	8	7	5	5	4
634	경기 이천시	돼지써코백신지원	684,000	축산과	9	2	7	8	7	5	5	4
635	경기 이천시	소독시설	50,000	축산과	9	2	7	8	7	5	5	4
636	경기 이천시	다용도 축산분뇨 처리장비지원	270,000	축산과	9	6	7	8	7	5	5	4
637	경기 이천시	돼지소모성질환지도지원	42,000	축산과	9	6	7	8	7	5	1	4
638	경기 이천시	폐사가축처리장비지원	20,000	축산과	9	2	7	8	7	5	5	4
639	경기 이천시	가금농가 질병관리지원	18,000	축산과	9	6	7	8	7	5	5	4
640	경기 이천시	파리천적벌	16,200	축산과	9	6	7	8	7	5	5	4
641	경기 이천시	탈취제	150,000	축산과	9	6	7	8	7	5	1	4
642	경기 이천시	수분조절제	150,000	축산과	9	6	7	8	7	5	1	4
643	경기 이천시	축산악취개선	405,052	축산과	9	6	7	8	7	5	1	4
644	경기 이천시	방역선진형 동물복지농장 설치 지원	1,080,000	축산과	9	2	7	8	7	5	1	4
645	경기 이천시	축산분뇨 악취개선 시설	375,000	축산과	9	6	7	8	7	5	5	4
646	경기 이천시	CCTV 등 방역인프라 구축지원사업	100,000	축산과	9	6	7	8	7	5	1	4
647	경기 이천시	축사악취저감시설 지원	75,000	축산과	9	2	7	8	7	5	5	4
648	경기 이천시	전업농 구제역 백신 구입	16,549	축산과	9	6	7	8	7	5	1	4
649	경기 이천시	청년농업인 영농 안정화 시범	40,000	농업진흥과	9	2	7	8	7	5	5	4
650	경기 이천시	돈사 내 냉방기 설치를 통한 환경개선 시범	20,000	농업진흥과	9	1	7	8	7	1	1	1
651	경기 이천시	농작업 안전 편이장비 보급 시범	50,000	농업진흥과	9	2	7	8	7	1	1	1
652	경기 이천시	농업인 넘어짐 사고예방을 위한 농작업화 보급 시범	114,000	농업진흥과	9	1	7	8	7	1	1	4
653	경기 이천시	식농학습농장시범	50,000	농업진흥과	9	1	7	8	7	1	1	4
654	경기 이천시	외래품종 대체 최고품질 벼 생산공급 거점단지 육성	200,000	기술보급과	9	1	7	8	7	5	5	4
655	경기 이천시	논 이용 콩 생산 생력 기계화 신기술 시범	52,000	기술보급과	9	2	7	8	7	5	5	1
656	경기 이천시	FTA대응 벼 생력재배기술 보급 시범	200,000	기술보급과	9	2	7	8	7	5	5	1
657	경기 이천시	무인로봇 활용 섬유질 자가 배합사료 급여시스템 시범	100,000	기술보급과	9	2	7	8	7	5	5	1
658	경기 이천시	스마트 양봉 기술보급 시범	20,000	기술보급과	9	2	7	8	7	5	5	1
659	경기 이천시	이상기상 대응 과원 피해예방 기술 확신 시범	100,000	기술보급과	9	2	7	8	7	5	5	1
660	경기 이천시	벼 우량종자 채종포 생산 시범	4,000	기술보급과	9	2	7	8	7	5	5	1
661	경기 이천시	손쉬운 드론 이용 벼 직파재배 기술시범	80,000	기술보급과	9	2	7	8	7	5	5	1
662	경기 이천시	경기 육성 콩 생산기술 시범	40,000	기술보급과	9	2	7	8	7	5	5	1
663	경기 이천시	인삼 신품종 시범단지 조성	36,000	기술보급과	9	2	7	8	7	5	5	1
664	경기 이천시	이상기상 대응 밭작물 안정생산 기반 조성시범	64,000	기술보급과	9	2	7	8	7	5	5	1
665	경기 이천시	과수 저비용 동상해 예방 기술 투입 시범	19,200	기술보급과	9	2	7	8	7	5	5	1
666	경기 이천시	고구마국내육성품종 재배확대를 위한 기반 조성	200,000	기술보급과	9	2	7	8	7	5	5	1
667	경기 이천시	인삼 안정생산 및 소비자 맞춤형 홍삼 가공을 통한 6차 산업화	200,000	기술보급과	9	2	7	8	7	5	5	1
668	경기 이천시	시설원예 스마트팜 기술보급 시범	8,000	기술보급과	9	2	7	8	7	5	5	1
669	경기 이천시	국내육성 우수 신품종(마늘) 보급	140,000	기술보급과	9	2	7	8	7	5	5	1
670	경기 이천시	가축 생체정보 기반 안정 생산 생육시범	32,000	기술보급과	9	2	7	8	7	5	5	1

순번	시군구	지출명 (사업명)	2021년예산 (단위:천원/1년간)	담당자 (공무원) 담당부서	민간이전 분류 (지방자치단체 세출예산 집행기준에 의거) 1. 민간경상사업보조(307-02) 2. 민간단체 법정운영비보조(307-03) 3. 민간행사사업보조(307-04) 4. 민간위탁금(307-05) 5. 사회복지시설 법정운영비보조(307-10) 6. 민간인위탁교육비(307-12) 7. 공기관등에대한경상적위탁사업비(308-10) 8. 민간자본사업보조,자체재원(402-01) 9. 민간자본사업보조,이전재원(402-02) 10. 민간위탁사업비(402-03) 11. 공기관등에 대한 자본적 대행사업비(403-02)	민간이전지출 근거 (지방보조금 관리기준 참고) 1. 법률에 규정 2. 국고보조 재원(국가지정) 3. 용도 지정 기부금 4. 조례에 직접규정 5. 지자체가 권장하는 사업을 하는 공공기관 6. 시,도 정책 및 재정사정 7. 기타 8. 해당없음	입찰방식 계약체결방법 (경쟁형태) 1. 일반경쟁 2. 제한경쟁 3. 지명경쟁 4. 수의계약 5. 법정위탁 6. 기타 ( ) 7. 해당없음	입찰방식 계약기간 1. 1년 2. 2년 3. 3년 4. 4년 5. 5년 6. 기타 ( )년 7. 단기계약 (1년미만) 8. 해당없음	입찰방식 낙찰자선정방법 1. 적격심사 2. 협상에의한계약 3. 최저가낙찰제 4. 규격가격분리 5. 2단계 경쟁입찰 6. 기타 ( ) 7. 해당없음	운영예산 산정 운영예산 산정 1. 내부산정 (지자체 자체적으로 산정) 2. 외부산정 (외부전문기관위탁 산정) 3. 내·외부 모두 산정 4. 산정 無 5. 해당없음	운영예산 산정 정산방법 1. 내부정산 (지자체 내부적으로 정산) 2. 외부정산 (외부전문기관위탁 정산) 3. 내·외부 모두 산정 4. 정산 無 5. 해당없음	성과평가 실시여부 1. 실시 2. 미실시 3. 향후 추진 4. 해당없음
671	경기 이천시	축사 공기정화 및 냄새 저감 시범	64,000	기술보급과	9	2	7	8	7	5	5	1
672	경기 이천시	경영개선 컨설팅 농가 시설개선 지원	36,000	기술보급과	9	2	7	8	7	5	5	1
673	경기 이천시	양봉 생력화 내검장치 기술시범	19,200	기술보급과	9	2	7	8	7	5	5	1
674	경기 이천시	과수 안정생산을 위한 종합관리 시범	40,000	연구개발과	9	2	7	8	7	5	5	4
675	경기 이천시	복숭아 생력적화기 활용 결실안정 시범	8,000	연구개발과	9	2	7	8	7	5	5	4
676	경기 이천시	농업인 가공사업장 시설장비 개선지원	50,000	연구개발과	9	2	7	8	7	5	5	4
677	경기 이천시	고구마앙금 제조기반조성시범	100,000	연구개발과	9	2	7	8	7	5	5	4
678	경기 이천시	쌀베이커리제조장 육성시범	100,000	연구개발과	9	2	7	8	7	5	5	4
679	경기 이천시	베이커리 카페체험 융복합공간조성시범	50,000	연구개발과	9	2	7	8	7	5	5	4
680	경기 이천시	떡볶이떡 상온유통 기술지원	100,000	연구개발과	9	2	7	8	7	5	5	4
681	경기 이천시	전분질 원료농축액 활용 소규모 맥주 제조	50,000	연구개발과	9	2	7	8	7	5	5	4
682	경기 이천시	농산물가공 창업시범	64,000	연구개발과	9	2	7	8	7	5	5	4
683	경기 이천시	개인하수처리시설 시설개선비 지원	72,000	상하수도사업소	9	4	7	8	7	5	5	4
684	경기 시흥시	여성친화기업 근무환경개선	10,000	일자리총괄과	9	1	7	8	7	5	5	4
685	경기 시흥시	장애인복지시설 기능보강	20,972	장애인복지과	9	2	7	8	7	1	1	4
686	경기 시흥시	장애인직업재활시설 기능보강	20,000	장애인복지과	9	2	7	8	7	1	3	4
687	경기 시흥시	지역아동센터 환경개선 지원	40,000	아동보육과	9	2	7	8	7	5	1	4
688	경기 시흥시	가정폭력피해자 보호시설 기능보강비	7,000	여성가족과	9	1	6	6	7	5	5	4
689	경기 시흥시	수소연료전지차 구매 지원	650,000	환경정책과	9	2	7	8	7	5	5	4
690	경기 시흥시	어린이 통학차량의 LPG차 전환사업	315,000	환경정책과	9	2	7	8	7	5	5	4
691	경기 시흥시	전기이륜차 구매 지원	185,400	환경정책과	9	2	7	8	7	5	5	4
692	경기 시흥시	전기자동차 구매 지원	30,030	환경정책과	9	2	7	8	7	5	5	4
693	경기 시흥시	천연가스자동차 보급사업	108,000	환경정책과	9	2	7	8	7	5	5	4
694	경기 시흥시	가정용 저녹스보일러 설치지원 사업	800,000	대기정책과	9	1	7	8	7	5	5	4
695	경기 시흥시	소규모 사업장 대기방지시설 설치 지원	46,530	대기정책과	9	1	7	8	7	5	5	4
696	경기 시흥시	염색단지 악취개선시설 설치 지원	40,000	대기정책과	9	7	7	8	7	5	5	4
697	경기 시흥시	운행차 배출가스 저감사업	6,825	대기정책과	9	2	5	8	7	1	1	4
698	경기 시흥시	성형숯 자살방지 문구 삽입 사업	14,000	녹지과	9	7	7	8	7	5	5	4
699	경기 시흥시	노후 공동주택 유지관리 보조금 지원	40,000	주택과	9	6	7	8	7	5	5	4
700	경기 시흥시	화재안전성능보강 지원	133,330	건축과	9	2	7	8	7	1	1	1
701	경기 시흥시	마을공동체 주민제안 공모사업	40,000	주민자치과	9	6	6	8	6	5	1	1
702	경기 시흥시	농업에너지이용효율화	16,400	농업정책과	9	2	7	8	7	5	5	4
703	경기 시흥시	로컬푸드 연중생산 체계 구축	29,817	농업정책과	9	4	7	8	7	3	3	4
704	경기 시흥시	양봉산업 현대화 지원	24,750	축수산과	9	6	7	8	7	1	1	4
705	경기 시흥시	어선사고 예방시스템 구축	11,730	축수산과	9	2	7	8	7	1	1	4
706	경기 시흥시	친환경 에너지절감장비 보급	20,400	축수산과	9	2	7	8	7	1	1	4
707	경기 시흥시	도시민참여형 아파트조경 다층식재기술 시범	40,000	농업기술과	9	2	7	8	7	5	5	4
708	경기 시흥시	아파트작은도서관 시설개선	30,000	중앙도서관	9	1	7	8	7	1	1	1
709	경기 시흥시	작은도서관 냉난방기기 지원	14,600	중앙도서관	9	1	7	8	7	1	1	1
710	경기 시흥시	작은도서관 독서환경 조성 지원	70,760	중앙도서관	9	1	7	8	7	1	5	4
711	경기 안성시	호흡기전담클리닉 설치운영	200,000	보건위생과	9	2	7	8	7	5	5	4
712	경기 여주시	한부모가족 복지시설 기능보강	25,610	여성가족과	9	1	7	8	7	5	1	4

순번	시군구	지출명 (사업명)	2021년예산 (단위:천원/1년간)	담당자 (공무원)	민간이전 분류 (지방자치단체 세출예산 집행기준에 의거)	민간이전지출 근거 (지방보조금 관리기준 참고)	입찰방식			운영예산 산정		성과평가 실시여부
				담당부서	1. 민간경상사업보조(307-02) 2. 민간단체 법정운영비보조(307-03) 3. 민간행사사업보조(307-04) 4. 민간위탁금(307-05) 5. 사회복지시설 법정운영비보조(307-10) 6. 민간인위탁교육비(307-12) 7. 공기관등에대한경상적위탁사업비(308-10) 8. 민간자본사업보조,자체재원(402-01) 9. 민간자본사업보조,이전재원(402-02) 10. 민간위탁사업비(402-03) 11. 공기관등에 대한 자본적 대행사업비(403-02)	1. 법률에 규정 2. 국고보조 재원(국가지정) 3. 용도 지정 기부금 4. 조례에 직접규정 5. 지자체가 권장하는 사업을 하는 공공기관 6. 시,도 정책 및 재정사정 7. 기타 8. 해당없음	계약체결방법 (경쟁형태) 1. 일반경쟁 2. 제한경쟁 3. 지명경쟁 4. 수의계약 5. 법정위탁 6. 기타 ( ) 7. 해당없음	계약기간 1. 1년 2. 2년 3. 3년 4. 4년 5. 5년 6. 기타 ( )년 7. 단기계약 (1년미만) 8. 해당없음	낙찰자선정방법 1. 적격심사 2. 협상에의한계약 3. 최저가낙찰제 4. 규격가격분리 5. 2단계 경쟁입찰 6. 기타 ( ) 7. 해당없음	운영예산 산정 1. 내부산정 (지자체 자체적으로 산정) 2. 외부산정 (외부전문기관위탁 산정) 3. 내·외부 모두 산정 4. 산정 無 5. 해당없음	정산방법 1. 내부정산 (지자체 내부적으로 정산) 2. 외부정산 (외부전문기관위탁 정산) 3. 내·외부 모두 산정 4. 정산 無 5. 해당없음	1. 실시 2. 미실시 3. 향후 추진 4. 해당없음
713	경기 여주시	가정폭력 피해자 보호시설 운영 지원	20,200	여성가족과	9	1	7	8	7	5	1	4
714	경기 여주시	공동집하장 확충지원	35,000	자원순환과	9	2	7	8	7	5	5	4
715	경기 여주시	기존건축물 화재안전성능보강지원사업	26,666	허가건축과	9	2	7	8	7	5	5	4
716	경기 여주시	농어촌 장애인주택 개조사업	11,400	허가건축과	9	1	7	8	7	5	5	4
717	경기 여주시	농업인학습단체 경쟁력제고사업	50,000	기술기획과	9	4	7	8	7	5	5	4
718	경기 여주시	경기도농업전문경영인 신기술보급사업	20,000	기술기획과	9	4	7	8	7	5	5	4
719	경기 여주시	청년농업인 안정화 시범	40,000	기술기획과	9	1	7	8	7	5	5	4
720	경기 여주시	청년농업인 4-H회원 신규영농정착 시범	24,000	기술기획과	9	1	7	8	7	5	5	4
721	경기 여주시	경영개선 컨설팅 농가 시설개선 지원	24,000	기술기획과	9	1	7	8	7	5	5	4
722	경기 여주시	농업인 소규모 창업기술지원	100,000	기술기획과	9	2	7	8	7	5	5	4
723	경기 여주시	작목별 맞춤형 안전관리 실천시범	50,000	기술기획과	9	2	7	8	7	5	5	4
724	경기 여주시	농작업 안전편이장비 보급 시범	50,000	기술기획과	9	6	7	8	7	5	5	4
725	경기 여주시	농촌에듀팜 육성	80,000	기술기획과	9	6	7	8	7	5	5	4
726	경기 여주시	농촌치유농장 육성	48,000	기술기획과	9	6	7	8	7	5	5	4
727	경기 여주시	특수미 상품화기술 시범	200,000	기술보급과	9	1	7	8	7	5	5	4
728	경기 여주시	고구마 국내육성 품종 대규모단지 조성	200,000	기술보급과	9	1	7	8	7	5	5	4
729	경기 여주시	밭작물 관개시스템 시범	100,000	기술보급과	9	1	7	8	7	5	5	4
730	경기 여주시	한우 우량암소 조기선발 기술 시범	200,000	기술보급과	9	1	7	8	7	5	5	4
731	경기 여주시	바이오커튼 활용 돈사 냄새저감 종합기술시범	200,000	기술보급과	9	1	7	8	7	5	5	4
732	경기 여주시	ICT 활용 돈사 환경관리 기술 보급 시범	120,000	기술보급과	9	1	7	8	7	5	5	4
733	경기 여주시	느타리버섯 병재배 스마트재배사 및 환경관리 기술시범	70,000	기술보급과	9	1	7	8	7	5	5	4
734	경기 여주시	천적과 작물보호제를 활용한 해충종합방제기술 시범	50,000	기술보급과	9	1	7	8	7	5	5	4
735	경기 여주시	소비선호형 우리품종 단지조성 시범	200,000	기술보급과	9	1	7	8	7	5	5	4
736	경기 여주시	원격 병해충 방제 생력화 체계 구축 시범	100,000	기술보급과	9	1	7	8	7	5	5	4
737	경기 여주시	빠르고 쉬운 현장 맞춤형 대장균(군) 검출기술	30,000	기술보급과	9	1	7	8	7	5	5	4
738	경기 여주시	시설작물 자동 관수 및 관비(물+비료 동시)시스템 시범	26,000	기술보급과	9	1	7	8	7	5	5	4
739	경기 여주시	벼 우량종자 농가자율교환 채종포 운영시범	4,000	기술보급과	9	1	7	8	7	5	5	4
740	경기 여주시	벼 재배 노동력 절감 종합기술 보급 시범	80,000	기술보급과	9	1	7	8	7	5	5	4
741	경기 여주시	지역활력화 작목기반조성	200,000	기술보급과	9	1	7	8	7	5	5	4
742	경기 여주시	지역활력화 작목기반조성	200,000	기술보급과	9	1	7	8	7	5	5	4
743	경기 여주시	시설원예 스마트팜 기술보급 시범	8,000	기술보급과	9	1	7	8	7	5	5	4
744	경기 여주시	ICT활용 화훼재배 기반구축 시범	16,000	기술보급과	9	1	7	8	7	5	5	4
745	경기 여주시	수입과일대응 국내육성 품종확대 보급 시범	64,000	기술보급과	9	1	7	8	7	5	5	4
746	경기 여주시	이상기후 대응 과원 재해예방시스템 구축 시범	40,000	기술보급과	9	1	7	8	7	5	5	4
747	경기 여주시	복숭아 생력적화기 활용 결실안정 시범	8,000	기술보급과	9	1	7	8	7	5	5	4
748	경기 여주시	과실 수확 후 신선도 유지 시범	52,000	기술보급과	9	1	7	8	7	5	5	4
749	경기 여주시	과수 유해조수 피해경감 시범	24,000	기술보급과	9	1	7	8	7	5	5	4
750	경기 여주시	찰옥수수 생력화 재배기술 시범	16,000	기술보급과	9	1	7	8	7	5	5	4
751	경기 여주시	땅콩 생력 재배기술 시범	24,000	기술보급과	9	1	7	8	7	5	5	4
752	경기 여주시	인삼 고온피해 경감을 위한 시설재배 시범	32,000	기술보급과	9	1	7	8	7	5	5	4
753	경기 여주시	가축 사료효율 및 생산성 향상 기술보급 시범	40,000	기술보급과	9	1	7	8	7	5	5	4
754	경기 여주시	축사 공기정화 및 냄새저감 시범	64,000	기술보급과	9	1	7	8	7	5	5	4

순번	시군구	지출명 (사업명)	2021년예산 (단위:천원/1년간)	담당자 (공무원) 담당부서	민간이전 분류 (지방자치단체 세출예산 집행기준에 의거) 1. 민간경상사업보조(307-02) 2. 민간단체 법정운영비보조(307-03) 3. 민간행사사업보조(307-04) 4. 민간위탁금(307-05) 5. 사회복지시설 법정운영비보조(307-10) 6. 민간인위탁교육비(307-12) 7. 공기관등에대한경상적위탁사업비(308-10) 8. 민간자본사업보조,자체재원(402-01) 9. 민간자본사업보조,이전재원(402-02) 10. 민간위탁사업비(402-03) 11. 공기관등에 대한 자본적 대행사업비(403-02)	민간이전지출 근거 (지방보조금 관리기준 참고) 1. 법률에 규정 2. 국고보조 재원(국가지정) 3. 용도 지정 기부금 4. 조례에 직접규정 5. 지자체가 권장하는 사업을 하는 공공기관 6. 시,도 정책 및 재정사정 7. 기타 8. 해당없음	입찰방식 계약체결방법 (경쟁형태) 1. 일반경쟁 2. 제한경쟁 3. 지명경쟁 4. 수의계약 5. 법정위탁 6. 기타 ( ) 7. 해당없음	입찰방식 계약기간 1. 1년 2. 2년 3. 3년 4. 4년 5. 5년 6. 기타 ( )년 7. 단기계약 (1년미만) 8. 해당없음	입찰방식 낙찰자선정방법 1. 적격심사 2. 협상에의한계약 3. 최저가낙찰제 4. 규격가격분리 5. 2단계 경쟁입찰 6. 기타 ( ) 7. 해당없음	운영예산 산정 운영예산 산정 1. 내부산정 (지자체 자체적으로 산정) 2. 외부산정 (외부전문기관위탁 산정) 3. 내·외부 모두 산정 4. 산정 無 5. 해당없음	운영예산 산정 정산방법 1. 내부정산 (지자체 내부적으로 정산) 2. 외부정산 (외부전문기관위탁 정산) 3. 내·외부 모두 산정 4. 정산 無 5. 해당없음	성과평가 실시여부 1. 실시 2. 미실시 3. 향후 추진 4. 해당없음
755	경기 여주시	학습애완곤충을 이용한 소비자 곤충산업 인식개선 시범	24,000	기술보급과	9	1	7	8	7	5	5	4
756	경기 여주시	애완곤충 사육농가 노동력 절감 시범	24,000	기술보급과	9	1	7	8	7	5	5	4
757	경기 여주시	고품질 화분(떡)생산 기술보급 시범	64,000	기술보급과	9	1	7	8	7	1	1	1
758	경기 김포시	한옥 건축 지원사업	120,000	건축과	9	6	7	8	7	1	1	1
759	경기 김포시	농어촌 빈집 정비사업	30,000	건축과	9	6	7	8	7	1	1	1
760	경기 김포시	신품종 경기미 가공브랜드 개발 시범	40,000	기술지원과	9	6	7	8	7	1	1	1
761	경기 김포시	경기도 육성 품종쌀 생산단지 조성 시범	80,000	기술지원과	9	6	7	8	7	1	1	1
762	경기 김포시	천적이용 병해충 방제 시범	8,000	기술지원과	9	6	7	8	7	1	1	1
763	경기 김포시	시설재배지 총채벌레 종합방제 시범	16,000	기술지원과	9	6	7	8	7	1	1	1
764	경기 김포시	고온기 채소 재배환경 개선기술 시범	32,000	기술지원과	9	6	7	8	7	1	1	1
765	경기 김포시	시설원예 스마트팜 기술보급 시범	16,000	기술지원과	9	6	7	8	7	1	1	1
766	경기 김포시	ICT활용 화훼재배 기반구축 시범	16,000	기술지원과	9	6	7	8	7	1	1	1
767	경기 김포시	씨없는 삼색포도 생산단지 육성 시범	40,000	기술지원과	9	6	7	8	7	1	1	1
768	경기 김포시	스마트팜 기술활용 과수생육환경 조절 시범	24,000	기술지원과	9	6	7	8	7	1	1	1
769	경기 김포시	과수 수출단지 조성 시범	64,000	기술지원과	9	6	7	8	7	1	1	1
770	경기 김포시	기능성 새싹삼 안정생산 기술시범	32,000	기술지원과	9	2	7	8	7	1	1	1
771	경기 김포시	딸기 품종 다양화 안정생산기술 시범	30,000	기술지원과	9	2	7	8	7	1	1	1
772	경기 김포시	기능성다겹보온커튼 기술 시범	70,000	기술지원과	9	2	7	8	7	1	1	1
773	경기 김포시	축사 공기정화 질병예방 기술보급 시범	80,000	기술지원과	9	2	5	8	7	2	2	4
774	경기 김포시	보증기간 경과장치 성능유지 관리	60,000	기후에너지과	9	2	7	8	7	5	5	4
775	경기 김포시	취약계층 에너지복지	78,248	기후에너지과	9	2	7	8	7	5	5	4
776	경기 김포시	신재생에너지 지역지원	69,223	기후에너지과	9	2	7	8	7	5	5	4
777	경기 김포시	전기자동차 구매 지원	18,087	기후에너지과	9	2	7	8	7	5	5	4
778	경기 김포시	전기이륜차 구매 지원	185,400	기후에너지과	9	2	7	8	7	5	5	4
779	경기 김포시	수소전기차 보급사업	34,450	기후에너지과	9	2	7	8	7	5	5	4
780	경기 김포시	어린이통학차량 LPG차 전환 지원	175,000	기후에너지과	9	2	7	8	7	5	5	4
781	경기 김포시	천연가스차량 구입비 보조	204,000	기후에너지과	9	2	7	8	7	5	5	4
782	경기 김포시	경영개선 컨설팅 농가 시설개선 지원	12,000	농업진흥과	9	1	7	8	7	5	5	4
783	경기 김포시	작목별 맞춤형 안전관리 실천 시범	50,000	농업진흥과	9	1	7	8	7	5	5	4
784	경기 김포시	고추 농작업 안전관리 개선 시범	50,000	농업진흥과	9	1	7	8	7	5	5	4
785	경기 김포시	청년 농업인 4-H 회원 신규영농정착 시범	24,000	농업진흥과	9	1	7	8	7	5	5	4
786	경기 김포시	농산물 가공 창업 시범	64,000	농업진흥과	9	1	7	8	7	5	5	4
787	경기 김포시	호흡기클리닉설치운영지원	400,000	보건행정과	9	2	7	8	7	5	5	4
788	경기 김포시	어린이집 확충	240,000	보육과	9	1	7	8	7	5	5	4
789	경기 김포시	어린이집 환경개선	30,000	보육과	9	1	7	8	7	5	1	4
790	경기 김포시	지역아동센터 환경개선 지원	20,000	여성가족과	9	2	7	8	7	1	1	3
791	경기 김포시	마을공동체 공간조성 지원사업	40,000	주민협치담당관	9	4	7	8	7	1	1	3
792	경기 김포시	경기 행복마을관리소 무인택배보관함 설치	7,200	주민협치담당관	9	4	7	8	7	1	1	1
793	경기 김포시	노후 공동주택 유지관리 지원	200,000	주택과	9	1	7	8	7	1	1	1
794	경기 김포시	농어촌 장애인주택 개조사업	7,600	주택과	9	1	7	8	7	1	1	1
795	경기 김포시	가축전염병 차단방역시설 설치	30,000	축수산과	9	1	7	8	7	1	1	1
796	경기 김포시	다용도 축산분뇨 처리장비 지원	75,000	축수산과	9	1	7	8	7	2	1	2

순번	시군구	지출명 (사업명)	2021년예산 (단위:천원/1년간)	담당자 (공무원)	민간이전 분류 (지방자치단체 세출예산 집행기준에 의거)	민간이전지출 근거 (지방보조금 관리기준 참고)	입찰방식			운영예산 산정		성과평가 실시여부
				담당부서	1. 민간경상사업보조(307-02) 2. 민간단체 법정운영비보조(307-03) 3. 민간행사사업보조(307-04) 4. 민간위탁금(307-05) 5. 사회복지시설 법정운영비보조(307-10) 6. 민간인위탁교육비(307-12) 7. 공기관등에대한경상적위탁사업비(308-10) 8. 민간자본사업보조,자체재원(402-01) 9. 민간자본사업보조,이전재원(402-02) 10. 민간위탁사업비(402-03) 11. 공기관등에 대한 자본적 대행사업비(403-02)	1. 법률에 규정 2. 국고보조 재원(국가지정) 3. 용도 지정 기부금 4. 조례에 직접규정 5. 지자체가 권장하는 사업을 하는 공공기관 6. 시,도 정책 및 재정사정 7. 기타 8. 해당없음	계약체결방법 (경쟁형태) 1. 일반경쟁 2. 제한경쟁 3. 지명경쟁 4. 수의계약 5. 법정위탁 6. 기타 ( ) 7. 해당없음	계약기간 1. 1년 2. 2년 3. 3년 4. 4년 5. 5년 6. 기타 ( )년 7. 단기계약 (1년미만) 8. 해당없음	낙찰자선정방법 1. 적격심사 2. 협상에의한계약 3. 최저가낙찰제 4. 규격가격분리 5. 2단계 경쟁입찰 6. 기타 ( ) 7. 해당없음	운영예산 산정 1. 내부산정 (지자체 자체적으로 산정) 2. 외부산정 (외부전문기관위탁 산정) 3. 내·외부 모두 산정 4. 산정 無 5. 해당없음	정산방법 1. 내부정산 (지자체 내부적으로 정산) 2. 외부정산 (외부전문기관위탁 정산) 3. 내·외부 모두 산정 4. 정산 無 5. 해당없음	1. 실시 2. 미실시 3. 향후 추진 4. 해당없음
797	경기 김포시	축산분뇨 악취개선시설 지원	225,000	축수산과	9	1	7	8	7	2	1	2
798	경기 김포시	축산악취개선 사업	84,244	축수산과	9	1	7	8	7	2	1	2
799	경기 김포시	말벌퇴치장비 지원	90	축수산과	9	1	7	8	7	2	1	2
800	경기 김포시	토종벌 육성사업	2,400	축수산과	9	1	7	8	7	2	1	2
801	경기 김포시	양봉산업 현대화 지원	8,050	축수산과	9	1	7	8	7	2	1	2
802	경기 김포시	축사전기안전강화사업	48,000	축수산과	9	1	7	8	7	2	1	2
803	경기 김포시	양돈경쟁력강화사업	26,750	축수산과	9	1	7	8	7	2	1	2
804	경기 김포시	폐사가축처리기지원사업	30,000	축수산과	9	1	7	8	7	2	1	2
805	경기 김포시	축사악취저감시설지원	25,000	축수산과	9	1	7	8	7	2	1	2
806	경기 김포시	친환경에너지절감장비보급	27,200	축수산과	9	2	7	8	7	1	1	2
807	경기 김포시	야생동물 피해예방사업	24,800	환경과	9	2	7	8	7	1	4	1
808	경기 김포시	주유소 유증기 회수설비 설치지원사업	110,500	환경지도과	9	1	7	8	7	2	1	4
809	경기 화성시	저효율 노후기관, 장비, 설비지원 교체지원	29,920	해양수산과	9	2	7	8	7	5	5	1
810	경기 화성시	어선사고예방시스템 구축	4,140	해양수산과	9	2	7	8	7	5	5	1
811	경기 화성시	친환경 부표 지원	193,220	해양수산과	9	2	7	8	7	5	5	4
812	경기 화성시	내수면 양식장 경쟁력 지원	100,000	해양수산과	9	1	7	8	7	1	1	1
813	경기 화성시	목재펠릿보일러보급	2,800	산림녹지과	9	2	7	8	7	5	5	4
814	경기 화성시	임산물생산기반조성	66,365	산림녹지과	9	2	7	8	7	5	5	4
815	경기 화성시	임산물유통기반조성	16,000	산림녹지과	9	2	7	8	7	5	5	4
816	경기 화성시	수원화성오산축협 가축분뇨공공처리시설 설치사업	1,009,143	수질관리과	9	2	7	8	7	5	5	4
817	경기 화성시	화성 용주사 대웅보전 정밀실측	130,000	문화유산과	9	2	7	8	7	5	5	4
818	경기 화성시	화성 용주사 대웅보전 만수리실 실측 및 실시설계	90,000	문화유산과	9	2	7	8	7	5	5	4
819	경기 화성시	화성 용주사 대웅보전 전기설비 개선	480,000	문화유산과	9	2	7	8	7	5	5	4
820	경기 화성시	봉림사 석축 보강공사	78,400	문화유산과	9	1	7	8	7	5	5	4
821	경기 화성시	수원화성오산축협 가축분뇨공공처리시설 설치사업	1,009,143	수질관리과	9	2	7	8	7	5	5	4
822	경기 화성시	화성 용주사 대웅보전 정밀실측	130,000	문화유산과	9	2	7	8	7	5	5	4
823	경기 화성시	화성 용주사 대웅보전 만수리실 실측 및 실시설계	90,000	문화유산과	9	2	7	8	7	5	5	4
824	경기 화성시	화성 용주사 대웅보전 전기설비 개선	480,000	문화유산과	9	2	7	8	7	5	5	4
825	경기 화성시	봉림사 석축 보강공사	78,400	문화유산과	9	1	7	8	7	5	5	4
826	경기 화성시	청소년4-H육성	64,000	기술지원과	9	1	7	8	7	5	1	4
827	경기 화성시	경기도농업전문경영인 신기술보급사업	20,000	기술지원과	9	6	7	8	7	5	1	4
828	경기 화성시	경영개선 컨설팅 농가 시설개선 지원	12,000	기술지원과	9	1	7	8	7	5	1	4
829	경기 화성시	작목별 맞춤형 안전관리 실천시범	50,000	기술지원과	9	2	7	8	7	5	1	4
830	경기 화성시	축산 유해요인 사전예방 시범	85,000	기술지원과	9	6	7	8	7	5	1	4
831	경기 화성시	농작업 안전편이장비 보급 시범	42,500	기술지원과	9	6	7	8	7	5	5	4
832	경기 화성시	남양성모성지 평화문화나눔센터 건립	7,150	문화예술과	9	2	7	8	7	5	5	4
833	경기 화성시	유럽종 포도 글로벌 선도단지 조성 기술 시범	200,000	기술보급과	9	2	7	8	7	5	5	4
834	경기 화성시	관수시설활용 과수 동상해방지기술 시범	100,000	기술보급과	9	2	7	8	7	5	5	4
835	경기 화성시	작물수분스트레스 기반 노지스마트 관개시스템기술 시범	30,000	기술보급과	9	2	7	8	7	5	5	4
836	경기 화성시	산품종포도 조기출하 과원시설개선 시범	200,000	기술보급과	9	6	7	8	7	5	5	4
837	경기 화성시	과수 안정생산을 위한 종합관리 시범	40,000	기술보급과	9	6	7	8	7	5	5	4
838	경기 화성시	수입과일대응 국내육성 품종확대 보급 시범	64,000	기술보급과	9	6	7	8	7	5	5	4

순번	시군구	지출명 (사업명)	2021년예산 (단위:천원/1년간)	담당자 (공무원) 담당부서	민간이전 분류 (지방자치단체 세출예산 집행기준에 의거) 1. 민간경상사업보조(307-02) 2. 민간단체 법정운영비보조(307-03) 3. 민간행사사업보조(307-04) 4. 민간위탁금(307-05) 5. 사회복지시설 법정운영비보조(307-10) 6. 민간인위탁교육비(307-12) 7. 공기관등에대한경상적위탁사업비(308-10) 8. 민간자본사업보조,자체재원(402-01) 9. 민간자본사업보조,이전재원(402-02) 10. 민간위탁사업비(402-03) 11. 공기관등에 대한 자본적 대행사업비(403-02)	민간이전지출 근거 (지방보조금 관리기준 참고) 1. 법률에 규정 2. 국고보조 재원(국가지정) 3. 용도 지정 기부금 4. 조례에 직접규정 5. 지자체가 권장하는 사업을 하는 공공기관 6. 시,도 정책 및 재정사정 7. 기타 8. 해당없음	입찰방식 계약체결방법 (경쟁형태) 1. 일반경쟁 2. 제한경쟁 3. 지명경쟁 4. 수의계약 5. 법정위탁 6. 기타 ( ) 7. 해당없음	입찰방식 계약기간 1. 1년 2. 2년 3. 3년 4. 4년 5. 5년 6. 기타 ( )년 7. 단기계약 (1년미만) 8. 해당없음	입찰방식 낙찰자선정방법 1. 적격심사 2. 협상에의한계약 3. 최저가낙찰제 4. 규격가격분리 5. 2단계 경쟁입찰 6. 기타 ( ) 7. 해당없음	운영예산 산정 운영예산 산정 1. 내부산정 (지자체 자체적으로 산정) 2. 외부산정 (외부전문기관위탁 산정) 3. 내·외부 모두 산정 4. 산정 無 5. 해당없음	운영예산 산정 정산방법 1. 내부정산 (지자체 내부적으로 정산) 2. 외부정산 (외부전문기관위탁 정산) 3. 내·외부 모두 산정 4. 정산 無 5. 해당없음	성과평가 실시여부 1. 실시 2. 미실시 3. 향후 추진 4. 해당없음
839	경기 화성시	복숭아 생력적화기 활용 결실안정 시범	8,000	기술보급과	9	6	7	8	7	5	5	4
840	경기 화성시	드론활용 벼 재배단지 육성시범	80,000	기술보급과	9	2	7	8	7	5	5	4
841	경기 화성시	국내육성품종 최고급쌀 생산단지 육성시범	160,000	기술보급과	9	6	7	8	7	5	5	4
842	경기 화성시	생산비 절감 드문 모심기 재배기술 시범	40,000	기술보급과	9	6	7	8	7	5	5	4
843	경기 화성시	손쉬운 드론이용 벼 직파재배 기술 시범	80,000	기술보급과	9	6	7	8	7	5	5	4
844	경기 화성시	노지 고추 실속형 자동 관수시스템 시범	28,000	기술보급과	9	2	7	8	7	5	5	4
845	경기 화성시	양념채소 국내육성품종 보급 시범	60,000	기술보급과	9	2	7	8	7	5	5	4
846	경기 화성시	시설채소 보광등 이용 재배기술 시범	40,000	기술보급과	9	6	7	8	7	5	5	4
847	경기 화성시	시설원예 스마트팜 기술보급 시범	40,000	기술보급과	9	6	7	8	7	5	5	4
848	경기 화성시	ICT활용 화훼재배 기반구축 시범	16,000	기술보급과	9	6	7	8	7	5	5	4
849	경기 화성시	농촌 자원활용 체험 시범	60,000	기술보급과	9	2	7	8	7	5	5	4
850	경기 화성시	농촌에듀팜 육성	40,000	기술보급과	9	6	7	8	7	5	5	4
851	경기 화성시	농촌체험활성화 Build-up 시범	16,000	기술보급과	9	6	7	8	7	5	5	1
852	경기 화성시	소규모 기업환경 개선	186,018	기업지원과	9	4	7	8	7	5	5	4
853	경기 화성시	농식품기업 시설개선 지원	22,000	농식품유통과	9	1	7	8	7	5	5	4
854	경기 화성시	신선농산물 수출단지 시설개선	74,270	농식품유통과	9	1	7	8	7	1	1	1
855	경기 화성시	G마크 친환경 유통기반 지원 및 컨설팅 지원	30,646	농식품유통과	9	4	7	8	7	1	1	1
856	경기 화성시	과수 고품질 시설 현대화 사업	79,900	농식품유통과	9	1	7	8	7	1	1	1
857	경기 화성시	특용작물(인삼)생산시설 현대화 사업	10,200	농식품유통과	9	4	7	8	7	1	1	3
858	경기 화성시	조사료생산용 기계장비지원	60,000	축산과	9	2	7	8	7	1	1	4
859	경기 화성시	축사전기안전 강화	68,000	축산과	9	4	7	8	7	1	1	4
860	경기 화성시	축산 ICT 융복합 확산	300,000	축산과	9	2	7	8	7	1	1	4
861	경기 화성시	축사이미지 개선	34,500	축산과	9	6	7	8	7	1	1	4
862	경기 화성시	양봉산업 육성	42,850	축산과	9	6	7	8	7	1	1	4
863	경기 화성시	말벌퇴치장비 지원	1,700	축산과	9	2	7	8	7	1	1	4
864	경기 화성시	양돈경쟁력 강화	106,000	축산과	9	6	7	8	7	1	1	4
865	경기 화성시	가금농가경쟁력 강화	163,260	축산과	9	6	7	8	7	1	1	4
866	경기 화성시	말산업 전문인력 양성기관	128,560	축산과	9	2	7	8	7	1	1	4
867	경기 화성시	말산업 특구 지원사업	200,000	축산과	9	2	7	8	7	1	1	4
868	경기 화성시	축산악취개선	383,164	축산과	9	2	7	8	7	1	1	4
869	경기 화성시	축산분뇨 악취개선 시설지원	300,000	축산과	9	6	7	8	7	1	1	4
870	경기 화성시	다용도 축산분뇨 처리장비 지원	240,000	축산과	9	6	7	8	7	1	1	4
871	경기 화성시	축산악취 저감시설 지원	125,000	축산과	9	6	7	8	7	1	1	4
872	경기 화성시	폐사가축 처리장비 지원사업	20,000	축산과	9	6	7	8	7	1	1	4
873	경기 화성시	가축전염병 차단방역시설 설치	30,000	축산과	9	6	7	8	7	1	1	4
874	경기 화성시	방역선진형 동물복지농장 지원	120,000	축산과	9	6	7	8	7	1	1	4
875	경기 화성시	장애인거주시설운영지원	31,302	장애인복지과	9	1	7	8	1	1	1	1
876	경기 화성시	장애인거주시설운영지원	48,060	장애인복지과	9	1	7	8	1	1	1	1
877	경기 화성시	장애인거주시설운영지원	1,704	장애인복지과	9	1	7	8	1	1	1	1
878	경기 화성시	장애인거주시설운영지원	48,289	장애인복지과	9	1	7	8	1	1	1	1
879	경기 화성시	장애인거주시설운영지원	67,542	장애인복지과	9	1	7	8	1	1	1	1
880	경기 화성시	장애인거주시설운영지원	71,543	장애인복지과	9	1	7	8	1	1	1	1

순번	시군구	지출명 (사업명)	2021년예산 (단위:천원/1년간)	담당자 (공무원) 담당부서	민간이전 분류 (지방자치단체 세출예산 집행기준에 의거) 1. 민간경상사업보조(307-02) 2. 민간단체 법정운영비보조(307-03) 3. 민간행사사업보조(307-04) 4. 민간위탁금(307-05) 5. 사회복지시설 법정운영비보조(307-10) 6. 민간인위탁교육비(307-12) 7. 공기관등에대한경상적위탁사업비(308-10) 8. 민간자본사업보조,자체재원(402-01) 9. 민간자본사업보조,이전재원(402-02) 10. 민간위탁사업비(402-03) 11. 공기관등에 대한 자본적 대행사업비(403-02)	민간이전지출 근거 (지방보조금 관리기준 참고) 1. 법률에 규정 2. 국고보조 재원(국가지정) 3. 용도 지정 기부금 4. 조례에 직접규정 5. 지자체가 권장하는 사업을 하는 공공기관 6. 시,도 정책 및 재정사정 7. 기타 8. 해당없음	입찰방식: 계약체결방법 (경쟁형태) 1. 일반경쟁 2. 제한경쟁 3. 지명경쟁 4. 수의계약 5. 법정위탁 6. 기타 ( ) 7. 해당없음	입찰방식: 계약기간 1. 1년 2. 2년 3. 3년 4. 4년 5. 5년 6. 기타 ( )년 7. 단기계약 (1년미만) 8. 해당없음	입찰방식: 낙찰자선정방법 1. 적격심사 2. 협상에의한계약 3. 최저가낙찰제 4. 규격가격분리 5. 2단계 경쟁입찰 6. 기타 ( ) 7. 해당없음	운영예산 산정: 운영예산 산정 1. 내부산정 (지자체 자체적으로 산정) 2. 외부산정 (외부전문기관위탁 산정) 3. 내·외부 모두 산정 4. 산정 無 5. 해당없음	운영예산 산정: 정산방법 1. 내부정산 (지자체 내부적으로 정산) 2. 외부정산 (외부전문기관위탁 정산) 3. 내·외부 모두 산정 4. 정산 無 5. 해당없음	성과평가 실시여부 1. 실시 2. 미실시 3. 향후 추진 4. 해당없음
881	경기 화성시	장애인거주시설운영지원	80,400	장애인복지과	9	1	7	8	1	1	1	1
882	경기 화성시	장애인거주시설운영지원	21,600	장애인복지과	9	1	7	8	1	1	1	1
883	경기 화성시	장애인거주시설운영지원	21,600	장애인복지과	9	1	7	8	1	1	1	1
884	경기 화성시	장애인거주시설운영지원	21,600	장애인복지과	9	1	7	8	1	1	1	1
885	경기 화성시	장애인거주시설운영지원	21,600	장애인복지과	9	1	7	8	1	1	1	1
886	경기 화성시	장애인거주시설운영지원	397,603	장애인복지과	9	1	7	8	1	1	1	1
887	경기 화성시	장애인거주시설운영지원	422,513	장애인복지과	9	1	7	8	1	1	1	1
888	경기 화성시	노인요양시설확충사업	341,000	노인복지과	9	2	7	8	7	5	5	4
889	경기 화성시	노인일자리 창출지원사업	104,200	노인복지과	9	4	7	8	7	5	5	4
890	경기 화성시	미니태양광 보급 지원사업	48,240	신재생에너지과	9	4	6	8	6	1	1	4
891	경기 화성시	에너지자립마을 조성사업	1,315	신재생에너지과	9	6	6	1	6	1	3	4
892	경기 화성시	에너지자립마을 조성사업	1,315	신재생에너지과	9	6	6	1	6	1	3	4
893	경기 화성시	에너지자립마을 조성사업	1,315	신재생에너지과	9	6	6	1	6	1	3	4
894	경기 화성시	도시가스 배관망 지원사업	578,000	신재생에너지과	9	4	7	8	7	5	5	4
895	경기 화성시	우정읍 마을 내 무선방송시스템 설치사업	641,000	신재생에너지과	9	2	1	3	2	1	1	1
896	경기 화성시	우정읍 관내 마을 이정표 설치	14,000	신재생에너지과	9	2	7	8	7	5	5	4
897	경기 화성시	우정읍 마을 내 태양광 설치사업	263,000	신재생에너지과	9	2	7	8	7	5	5	4
898	경기 화성시	석천2리 마을 부속건물 리모델링 사업	24,500	신재생에너지과	9	2	7	8	7	5	5	4
899	경기 화성시	마을공동작업장비 구입	17,200	신재생에너지과	9	2	7	8	7	5	5	4
900	경기 화성시	마을공동작업장비 구입	31,600	신재생에너지과	9	2	7	8	7	5	5	4
901	경기 화성시	장전리 떡만들기 체험사업 지원	34,400	신재생에너지과	9	2	7	8	7	5	5	4
902	경기 화성시	수화1리 CCTV설치 사업	22,000	신재생에너지과	9	2	7	8	7	5	5	4
903	경기 화성시	방역기기 지원	31,400	신재생에너지과	9	2	7	8	7	5	5	4
904	경기 화성시	방역용 소독기 보급	10,400	신재생에너지과	9	2	7	8	7	5	5	4
905	경기 화성시	방역기기 지원	13,700	신재생에너지과	9	2	7	8	7	5	5	4
906	경기 화성시	방역용 소독기 보급	11,720	신재생에너지과	9	2	7	8	7	5	5	4
907	경기 화성시	동절기 대비 제설함 보급	1,000,000	신재생에너지과	9	2	7	8	7	5	5	4
908	경기 화성시	마을 공동물품 구입 지원	10,500	신재생에너지과	9	2	7	8	7	5	5	4
909	경기 화성시	국화도 도선 정기검사	39,955	신재생에너지과	9	2	7	8	7	5	5	4
910	경기 화성시	우정읍 마을 내 쉼터 조성 사업	172,600	신재생에너지과	9	2	7	8	7	5	5	4
911	경기 화성시	서신면 마을회관 물품구입 지원	8,800	신재생에너지과	9	2	7	8	7	5	5	4
912	경기 화성시	호곡3리 마을회관 CCTV설치사업	44,000	신재생에너지과	9	2	7	8	7	5	5	4
913	경기 화성시	우정읍 마을 물품 지원 사업	58,900	신재생에너지과	9	2	7	8	7	5	5	4
914	경기 화성시	우정읍 마을 물품 지원 사업	1,300	신재생에너지과	9	2	7	8	7	5	5	4
915	경기 화성시	우정읍 마을 물품 지원 사업	1,000,000	신재생에너지과	9	2	7	8	7	5	5	4
916	경기 화성시	우정읍 마을 물품 지원 사업	1,000,000	신재생에너지과	9	2	7	8	7	5	5	4
917	경기 화성시	우정읍 관내 경로당 및 마을회관 보수 사업	92,600	신재생에너지과	9	2	7	8	7	5	5	4
918	경기 화성시	조암9리 놀이터 보수 사업	26,100	신재생에너지과	9	2	7	8	7	5	5	4
919	경기 화성시	마을공동 이용 물품 구입 및 시설개선	15,300	신재생에너지과	9	2	7	8	7	5	5	4
920	경기 화성시	마을공동이용시설 개선 및 환경정비 지원	600,000	신재생에너지과	9	2	7	8	7	5	5	4
921	경기 화성시	마을공동이용시설 개선 및 환경정비 지원	200,000	신재생에너지과	9	2	7	8	7	5	5	4
922	경기 화성시	송산면 전체 마을회관 물품구입 지원	8,900	신재생에너지과	9	2	7	8	7	5	5	4

순번	시군구	지출명 (사업명)	2021년예산 (단위:천원/1년간)	담당자 (공무원) 담당부서	민간이전 분류 (지방자치단체 세출예산 집행기준에 의거) 1. 민간경상사업보조(307-02) 2. 민간단체 법정운영비보조(307-03) 3. 민간행사사업보조(307-04) 4. 민간위탁금(307-05) 5. 사회복지시설 법정운영비보조(307-10) 6. 민간인위탁교육비(307-12) 7. 공기관등에대한경상적위탁사업비(308-10) 8. 민간자본사업보조,자체재원(402-01) 9. 민간자본사업보조,이전재원(402-02) 10. 민간위탁사업비(402-03) 11. 공기관등에 대한 자본적 대행사업비(403-02)	민간이전지출 근거 (지방보조금 관리기준 참고) 1. 법률에 규정 2. 국고보조 재원(국가지정) 3. 용도 지정 기부금 4. 조례에 직접규정 5. 지자체가 권장하는 사업을 하는 공공기관 6. 시,도 정책 및 재정사정 7. 기타 8. 해당없음	입찰방식 계약체결방법 (경쟁형태) 1. 일반경쟁 2. 제한경쟁 3. 지명경쟁 4. 수의계약 5. 법정위탁 6. 기타 ( ) 7. 해당없음	입찰방식 계약기간 1. 1년 2. 2년 3. 3년 4. 4년 5. 5년 6. 기타 ( )년 7. 단기계약 (1년미만) 8. 해당없음	입찰방식 낙찰자선정방법 1. 적격심사 2. 협상에의한계약 3. 최저가낙찰제 4. 규격가격분리 5. 2단계 경쟁입찰 6. 기타 ( ) 7. 해당없음	운영예산 산정 운영예산 산정 1. 내부산정 (지자체 자체적으로 산정) 2. 외부산정 (외부전문기관위탁 산정) 3. 내·외부 모두 산정 4. 산정 無 5. 해당없음	운영예산 산정 정산방법 1. 내부정산 (지자체 내부적으로 정산) 2. 외부정산 (외부전문기관위탁 정산) 3. 내·외부 모두 산정 4. 정산 無 5. 해당없음	성과평가 실시여부 1. 실시 2. 미실시 3. 향후 추진 4. 해당없음
923	경기 화성시	송산면 전체 마을회관 물품구입 지원	46,000	신재생에너지과	9	2	7	8	7	5	5	4
924	경기 화성시	서신면 마을회관 물품구입 지원	60,000	신재생에너지과	9	2	7	8	7	5	5	4
925	경기 화성시	서신면 마을회관 물품구입 지원	900,000	신재생에너지과	9	2	7	8	7	5	5	4
926	경기 화성시	서신면 마을회관 물품구입 지원	15,600	신재생에너지과	9	2	7	8	7	5	5	4
927	경기 화성시	팔탄면 공동이용시설 편익물품 구입	57,000	신재생에너지과	9	2	7	8	7	5	5	4
928	경기 화성시	노진1리 운동기구 설치공사	10,300	신재생에너지과	9	2	7	8	7	5	5	4
929	경기 화성시	노진1리 운동기구 설치공사	27,000	신재생에너지과	9	2	7	8	7	5	5	4
930	경기 화성시	양감면 공동이용시설 편익물품 구입	800,000	신재생에너지과	9	2	7	8	7	5	5	4
931	경기 화성시	양감면 공동이용시설 편익물품 구입	1,300	신재생에너지과	9	2	7	8	7	5	5	4
932	경기 화성시	병점1동 1통 마을 방송장비 설치	9,300	신재생에너지과	9	2	7	8	7	5	5	4
933	경기 화성시	감염병으로부터 안전한 경로당 만들기	46,000	신재생에너지과	9	2	7	8	7	5	5	4
934	경기 화성시	신리천 물놀이터 그늘막 설치	10,472	신재생에너지과	9	2	7	8	7	5	5	4
935	경기 화성시	방교동 경로당 앞 그늘막 설치	13,310	신재생에너지과	9	2	7	8	7	5	5	4
936	경기 화성시	주민편익시설 지원	21,118	신재생에너지과	9	2	7	8	7	5	5	4
937	경기 화성시	주민편익시설 지원	14,800	신재생에너지과	9	2	7	8	7	5	5	4
938	경기 화성시	아파트 경로당 및 북카페 내 제습기 보급	980,000	신재생에너지과	9	2	7	8	7	5	5	4
939	경기 화성시	복지시설 생활 개선 지원	11,700	신재생에너지과	9	2	7	8	7	5	5	4
940	경기 화성시	마도면 마을회관 9개소 물품구입 지원	8,500	신재생에너지과	9	2	7	8	7	5	5	4
941	경기 화성시	친환경 농업단지 조성	200,000	농업정책과	9	1	7	8	7	5	5	4
942	경기 화성시	GAP위생시설 보완 지원	136,500	농업정책과	9	2	7	8	7	5	5	4
943	경기 광주시	가정폭력치해자보호시설 운영지원	6,000	여성보육과	9	1	7	8	7	1	1	2
944	경기 광주시	건강가정다문화가족지원센터 기능보강사업	6,300	여성보육과	9	4	7	8	7	5	5	4
945	경기 광주시	어린이집 확충	120,000	여성보육과	9	1	7	8	7	5	1	2
946	경기 광주시	어린이집 환경개선	56,804	여성보육과	9	1	7	8	7	5	1	2
947	경기 광주시	도시가스 공급지원	308,000	기업지원과	9	4	7	8	7	2	1	4
948	경기 광주시	LPG소형저장탱크 보급사업	646,703	기업지원과	9	1	7	8	7	2	1	4
949	경기 광주시	주유소 유증기회수 설비 설치 지원사업	32,300	환경정책과	9	1	7	8	7	5	5	4
950	경기 광주시	전기자동차 보급	6,575	환경정책과	9	1	7	8	7	3	3	4
951	경기 광주시	전기이륜차 보급	91,800	환경정책과	9	1	7	8	7	3	3	4
952	경기 광주시	천연가스자동차 보급사업	24,000	환경정책과	9	1	7	8	7	3	3	4
953	경기 광주시	어린이 통학차량 LPG차 전환 지원사업	350,000	환경정책과	9	1	7	8	7	3	3	4
954	경기 광주시	수소전기자동차 보급사업	24,375	환경정책과	9	1	7	8	7	3	3	4
955	경기 광주시	보증기간 경과장치 성능유지관리	20,000	환경정책과	9	2	7	8	7	3	3	4
956	경기 광주시	가정용 저녹스 보일러 설치지원	552,000	환경정책과	9	2	7	8	7	5	5	4
957	경기 광주시	야생동물 피해예방 사업	74,620	환경정책과	9	4	7	8	7	5	5	4
958	경기 광주시	목재펠릿보일러 보급	2,800	산림과	9	2	7	8	7	5	5	2
959	경기 광주시	산양삼생산과정 확인	3,420	산림과	9	2	7	8	7	5	5	2
960	경기 광주시	임산물상품화 지원사업	5,013	산림과	9	2	7	8	7	5	5	2
961	경기 광주시	임산물유통기반 조성	8,740	산림과	9	2	7	8	7	5	5	2
962	경기 광주시	임산물 생산기반 조성	2,204	산림과	9	2	7	8	7	5	5	2
963	경기 광주시	산림작물생산단지 조성	126,933	산림과	9	2	7	8	7	5	5	2
964	경기 광주시	기존 건축물 화재안전 성능보강 지원사업	133,330	건축과	9	1	7	8	7	5	5	4

순번	시군구	지출명 (사업명)	2021년예산 (단위:천원/1년간)	담당자 (공무원)	민간이전 분류 (지방자치단체 세출예산 집행기준에 의거)	민간이전지출 근거 (지방보조금 관리기준 참고)	입찰방식			운영예산 산정		성과평가 실시여부
				담당부서	1. 민간경상사업보조(307-02) 2. 민간단체 법정운영비보조(307-03) 3. 민간행사사업보조(307-04) 4. 민간위탁금(307-05) 5. 사회복지시설 법정운영비보조(307-10) 6. 민간인위탁교육비(307-12) 7. 공기관등에대한경상적위탁사업비(308-10) 8. 민간자본사업보조,자체재원(402-01) 9. 민간자본사업보조,이전재원(402-02) 10. 민간위탁사업비(402-03) 11. 공기관등에 대한 자본적 대행사업비(403-02)	1. 법률에 규정 2. 국고보조 재원(국가지정) 3. 용도 지정 기부금 4. 조례에 직접규정 5. 지자체가 권장하는 사업을 하는 공공기관 6. 시,도 정책 및 재정사정 7. 기타 8. 해당없음	계약체결방법 (경쟁형태) 1. 일반경쟁 2. 제한경쟁 3. 지명경쟁 4. 수의계약 5. 법정위탁 6. 기타 ( ) 7. 해당없음	계약기간 1. 1년 2. 2년 3. 3년 4. 4년 5. 5년 6. 기타 ( )년 7. 단기계약 (1년미만) 8. 해당없음	낙찰자선정방법 1. 적격심사 2. 협상에의한계약 3. 최저가낙찰제 4. 규격가격분리 5. 2단계 경쟁입찰 6. 기타 ( ) 7. 해당없음	운영예산 산정 1. 내부산정 (지자체 자체적으로 산정) 2. 외부산정 (외부전문기관위탁 산정) 3. 내·외부 모두 산정 4. 산정 無 5. 해당없음	정산방법 1. 내부정산 (지자체 내부적으로 정산) 2. 외부정산 (외부전문기관위탁 정산) 3. 내·외부 모두 산정 4. 정산 無 5. 해당없음	1. 실시 2. 미실시 3. 향후 추진 4. 해당없음
965	경기 광주시	G마크·친환경 유통기반 지원 및 컨설팅 지원	45,000	농업정책과	9	6	7	8	7	5	5	4
966	경기 광주시	식품소재 및 반가공 산업육성 사업	420,000	농업정책과	9	2	7	8	7	5	5	4
967	경기 광주시	선택형 맞춤농정	200,000	농업정책과	9	6	7	8	7	5	5	4
968	경기 광주시	농업용관리기 등 소형농기계 지원	86,500	농업정책과	9	6	7	8	7	5	5	4
969	경기 광주시	농업기계 등화장치 부착지원	6,700	농업정책과	9	2	7	8	7	5	5	4
970	경기 광주시	농작업 안전관리 강화	14,850	농업정책과	9	6	7	8	7	5	5	4
971	경기 광주시	환경친화형 농자재 지원	66,123	농업정책과	9	6	7	8	7	5	5	4
972	경기 광주시	고추비가림재배시설지원	7,260	농업정책과	9	2	7	8	7	5	5	4
973	경기 광주시	에너지절감형 농업난방시설지원	18,750	농업정책과	9	6	7	8	7	5	5	4
974	경기 광주시	다용도 축산분뇨처리장비 지원	45,000	농업정책과	9	6	7	8	7	5	5	4
975	경기 광주시	축산전기안전 강화사업	15,000	농업정책과	9	6	7	8	7	5	5	4
976	경기 광주시	축산악취개선사업	9,805	농업정책과	9	2	7	8	7	5	5	4
977	경기 광주시	양봉산업 현대화 지원	50,000	농업정책과	9	6	7	8	7	5	5	4
978	경기 광주시	가축전염병 차단방역시설 지원	10,000	농업정책과	9	6	7	8	7	5	5	4
979	경기 광주시	작목별 맞춤형 안전관리 실천시범	50,000	농업지원과	9	2	7	8	7	5	5	4
980	경기 광주시	도시농업 활성화 지원	40,000	농업지원과	9	1	7	8	7	5	5	4
981	경기 광주시	농작업 안전관리 지원	50,000	농업지원과	9	1	7	8	7	5	5	4
982	경기 광주시	곤충산업 육성 지원	32,000	농업지원과	9	1	7	8	7	5	5	4
983	경기 광주시	농업경영체 육성	12,000	농업지원과	9	1	7	8	7	5	5	4
984	경기 광주시	농업인학습단체 능력개발	20,000	농업지원과	9	1	7	8	7	5	5	4
985	경기 광주시	치유농업 육성 시범	70,000	농업지원과	9	2	7	8	7	5	5	4
986	경기 광주시	벼 우량종자 농가자율교환 채종포 운영시범	4,000	농업기술과	9	7	7	8	7	1	1	1
987	경기 광주시	기능성 다겹보온 커튼 기술 시범	70,000	농업기술과	9	7	7	8	7	5	5	4
988	경기 광주시	시설원예작물 바이러스 종합예방기술 시범	40,000	농업기술과	9	7	7	8	7	5	5	4
989	경기 광주시	명품화훼단지 육성을 위한 안정생산 기반조성	200,000	농업기술과	9	7	7	8	7	5	5	4
990	경기 광주시	고온기 채소 재배환경 개선 기술시범	32,000	농업기술과	9	7	7	8	7	5	5	1
991	경기 광주시	시설원예 스마트팜 기술보급 시범	8,000	농업기술과	9	7	7	8	7	5	5	1
992	경기 광주시	ICT활용 화훼재배기반구축 시범	16,000	농업기술과	9	7	7	8	7	5	5	1
993	경기 광주시	혹서기 한우 사육환경개선 시범	16,000	농업기술과	9	7	7	8	7	5	5	4
994	경기 광주시	민영도시농업농장 운영 지원	7,000	농업기술과	9	7	7	8	7	5	5	1
995	경기 양주시	장애인직업재활시설 기능보강	48,678	복지지원과	9	1	7	8	7	1	1	4
996	경기 양주시	어린이집 환경개선	33,493	여성보육과	9	1	7	8	7	5	1	4
997	경기 양주시	공립 어린이집 확충	20,000	여성보육과	9	2	7	8	7	5	1	4
998	경기 양주시	폭력피해이주여성보호시설 안전보강	5,000	여성보육과	9	2	7	8	7	5	5	4
999	경기 양주시	아동복지시설 기능보강 지원	239,900	여성보육과	9	2	2	7	1	1	1	4
1000	경기 양주시	지역아동센터 환경개선 지원	40,000	여성보육과	9	1	7	8	7	1	1	4
1001	경기 양주시	전통사찰 보수정비사업	240,000	문화관광과	9	1	7	8	7	5	5	4
1002	경기 양주시	도지정문화재 보수정비	400,000	문화관광과	9	1	7	8	7	5	5	4
1003	경기 양주시	전통사찰 방재시스템 구축사업	82,000	문화관광과	9	1	7	8	7	5	5	4
1004	경기 양주시	문화재 재난안전관리사업	180,000	문화관광과	9	1	7	8	7	5	5	4
1005	경기 양주시	2021년 소규모기업환경개선사업	777,377	기업경제과	9	4	7	8	7	1	1	1
1006	경기 양주시	에너지 자립마을 조성사업	1,171	기업경제과	9	1	7	8	7	5	5	4

순번	시군구	지출명 (사업명)	2021년예산 (단위:천원/1년간)	담당자 (공무원) 담당부서	민간이전 분류 (지방자치단체 세출예산 집행기준에 의거) 1. 민간경상사업보조(307-02) 2. 민간단체 법정운영비보조(307-03) 3. 민간행사사업보조(307-04) 4. 민간위탁금(307-05) 5. 사회복지시설 법정운영비보조(307-10) 6. 민간인위탁교육비(307-12) 7. 공기관등에대한경상적위탁사업비(308-10) 8. 민간자본사업보조,자체재원(402-01) 9. 민간자본사업보조,이전재원(402-02) 10. 민간위탁사업비(402-03) 11. 공기관등에 대한 자본적 대행사업비(403-02)	민간이전지출 근거 (지방보조금 관리기준 참고) 1. 법률에 규정 2. 국고보조 재원(국가지정) 3. 용도 지정 기부금 4. 조례에 직접규정 5. 지자체가 권장하는 사업을 하는 공공기관 6. 시,도 정책 및 재정사정 7. 기타 8. 해당없음	입찰방식 계약체결방법 (경쟁형태) 1. 일반경쟁 2. 제한경쟁 3. 지명경쟁 4. 수의계약 5. 법정위탁 6. 기타 ( ) 7. 해당없음	입찰방식 계약기간 1. 1년 2. 2년 3. 3년 4. 4년 5. 5년 6. 기타 ( )년 7. 단기계약 (1년미만) 8. 해당없음	입찰방식 낙찰자선정방법 1. 적격심사 2. 협상에의한계약 3. 최저가낙찰제 4. 규격가격분리 5. 2단계 경쟁입찰 6. 기타 ( ) 7. 해당없음	운영예산 산정 운영예산 산정 1. 내부산정 (지자체 자체적으로 산정) 2. 외부산정 (외부전문기관위탁 산정) 3. 내·외부 모두 산정 4. 산정 無 5. 해당없음	운영예산 산정 정산방법 1. 내부정산 (지자체 내부적으로 정산) 2. 외부정산 (외부전문기관위탁 정산) 3. 내·외부 모두 산정 4. 정산 無 5. 해당없음	성과평가 실시여부 1. 실시 2. 미실시 3. 향후 추진 4. 해당없음
1007	경기 양주시	도시가스 확대보급사업	1,211	기업경제과	9	1	5	8	7	3	1	4
1008	경기 양주시	마을단위LPG소형저장탱크 보급사업	500,000	기업경제과	9	1	5	8	7	3	1	4
1009	경기 양주시	목재펠릿보일러 보급사업	5,600	산림휴양과	9	2	7	8	7	1	1	4
1010	경기 양주시	목재펠릿보일러 보급사업	8,000	산림휴양과	9	2	7	8	7	1	1	4
1011	경기 양주시	성형목탄 환경개선사업	14,000	산림휴양과	9	2	7	8	7	5	5	4
1012	경기 양주시	산림작물 생산단지 조성	31,293	산림휴양과	9	2	7	8	7	5	5	4
1013	경기 양주시	가정용 저녹스보일러 보급사업	412,000	환경관리과	9	2	7	8	7	5	5	2
1014	경기 양주시	야생동물 피해예방사업	19,200	환경관리과	9	4	7	8	7	5	5	4
1015	경기 양주시	천연가스차량 구입비 보조	24,000	환경관리과	9	1	7	8	7	1	1	4
1016	경기 양주시	전기자동차 구매지원 사업	60,620	환경관리과	9	1	7	8	7	1	1	4
1017	경기 양주시	전기이륜차구매지원사업	55,800	환경관리과	9	1	7	8	7	1	1	4
1018	경기 양주시	어린이통학차량LPG차 전환지원사업	105,000	환경관리과	9	1	7	8	7	1	1	4
1019	경기 양주시	수소연료전지차 구매지원사업	1,332	환경관리과	9	1	7	8	7	1	1	4
1020	경기 양주시	운행경유차 배출가스 저감사업	6,625	환경관리과	9	1	7	8	7	1	1	4
1021	경기 양주시	주유소 유증기 회수설비 설치 지원사업	44,200	환경관리과	9	1	7	8	7	5	5	4
1022	경기 양주시	가정용 저녹스보일러 보급사업	300,000	환경관리과	9	2	7	8	7	5	5	4
1023	경기 양주시	저상버스 도입 지원	360,672	대중교통과	9	2	7	8	7	5	5	4
1024	경기 양주시	화물자동차 첨단안전장치 장착 지원	4,000	대중교통과	9	2	7	8	7	5	5	4
1025	경기 양주시	공동주택단지 지원	80,000	주택과	9	1	7	8	7	5	5	4
1026	경기 양주시	농어촌 장애인 주택개조사업	3,800	주택과	9	1	7	8	7	5	5	4
1027	경기 양주시	기존 건축물 화재안전 성능보강 지원	53,332	주택과	9	1	7	8	7	5	5	4
1028	경기 양주시	호흡기전담클리닉 설치운영 지원	200,000	감염병관리과	9	2	7	1	7	5	5	1
1029	경기 양주시	사립작은도서관 운영 지원	56,940	평생교육진흥원	9	6	7	8	7	1	1	4
1030	경기 양주시	사립작은도서관 냉난방비 지원 사업	4,050	평생교육진흥원	9	6	7	8	7	1	1	4
1031	경기 양주시	아파트 작은도서관 시설개선 사업	30,000	평생교육진흥원	9	6	7	8	7	1	1	4
1032	경기 양주시	사립작은도서관 냉난방비 지원 사업	4,050	평생교육진흥원	9	6	7	8	7	1	1	4
1033	경기 양주시	아파트 작은도서관 시설개선 사업	30,000	평생교육진흥원	9	6	7	8	7	1	1	4
1034	경기 양주시	여성.노약자 농업용관리기 등 지원	87,500	농업정책과	9	6	7	7	7	5	1	4
1035	경기 양주시	농업분야 에너지절감시설 지원	212,850	농업정책과	9	2	4	8	7	1	1	1
1036	경기 양주시	선택형 맞춤농정	1,265	농업정책과	9	1	4	8	7	1	1	1
1037	경기 양주시	시설원예현대화 지원	349,098	농업정책과	9	2	4	8	7	1	1	1
1038	경기 양주시	신선농산물 수출단지 시설개선	2,908	농업정책과	9	6	7	8	7	5	5	4
1039	경기 양주시	농작업 안전관리 강화	18,900	농업정책과	9	1	7	8	7	5	5	4
1040	경기 양주시	에너지절감형 농업난방시설 지원	43,742	농업정책과	9	1	4	8	7	1	1	1
1041	경기 양주시	환경친화형 농자재 지원	134,000	농업정책과	9	1	4	8	7	1	1	1
1042	경기 양주시	접경지역 군납활성화 지원	45,910	농업정책과	9	6	7	8	7	5	5	4
1043	경기 양주시	경기미 생산시설 현대화	300,000	농업정책과	9	1	7	8	7	1	1	4
1044	경기 양주시	내수면 양식장 경쟁력 지원	1,250	농업정책과	9	1	4	4	4	5	5	4
1045	경기 양주시	원예분야 ICT융복합 지원	44,200	농업정책과	9	2	4	8	7	1	1	1
1046	경기 양주시	낚시터 환경 개선사업	30,000	농업정책과	9	1	7	7	7	5	5	4
1047	경기 양주시	고추비가림 재배시설 지원	45,575	농업정책과	9	2	4	8	7	1	1	1
1048	경기 양주시	농식품 가공산업 육성 지원	13,000	농업정책과	9	7	7	8	7	5	5	4

순번	시군구	지출명 (사업명)	2021년예산 (단위:천원/1년간)	담당자 (공무원) 담당부서	민간이전 분류 (지방자치단체 세출예산 집행기준에 의거) 1. 민간경상사업보조(307-02) 2. 민간단체 법정운영비보조(307-03) 3. 민간행사사업보조(307-04) 4. 민간위탁금(307-05) 5. 사회복지시설 법정운영비보조(307-10) 6. 민간인위탁교육비(307-12) 7. 공기관등에대한경상적위탁사업비(308-10) 8. 민간자본사업보조,자체재원(402-01) 9. 민간자본사업보조,이전재원(402-02) 10. 민간위탁사업비(402-03) 11. 공기관등에 대한 자본적 대행사업비(403-02)	민간이전지출 근거 (지방보조금 관리기준 참고) 1. 법률에 규정 2. 국고보조 재원(국가지정) 3. 용도 지정 기부금 4. 조례에 직접규정 5. 지자체가 권장하는 사업을 하는 공공기관 6. 시,도 정책 및 재정사정 7. 기타 8. 해당없음	입찰방식 계약체결방법 (경쟁형태) 1. 일반경쟁 2. 제한경쟁 3. 지명경쟁 4. 수의계약 5. 법정위탁 6. 기타 ( ) 7. 해당없음	입찰방식 계약기간 1. 1년 2. 2년 3. 3년 4. 4년 5. 5년 6. 기타 ( )년 7. 단기계약 (1년미만) 8. 해당없음	입찰방식 낙찰자선정방법 1. 적격심사 2. 협상에의한계약 3. 최저가낙찰제 4. 규격가격분리 5. 2단계 경쟁입찰 6. 기타 ( ) 7. 해당없음	운영예산 산정 운영예산 산정 1. 내부산정 (지자체 자체적으로 산정) 2. 외부산정 (외부전문기관위탁 산정) 3. 내·외부 모두 산정 4. 산정 無 5. 해당없음	운영예산 산정 정산방법 1. 내부정산 (지자체 내부적으로 정산) 2. 외부정산 (외부전문기관위탁 정산) 3. 내·외부 모두 산정 4. 정산 無 5. 해당없음	성과평가 실시여부 1. 실시 2. 미실시 3. 향후 추진 4. 해당없음
1049	경기 양주시	특용작물(버섯) 시설현대화 지원	26,250	농업정책과	9	2	4	8	7	1	1	1
1050	경기 양주시	농어촌민박 표지판 지원사업	5,600	농업정책과	9	1	7	8	7	5	5	4
1051	경기 양주시	경기도농업전문경영인 신기술보급사업	20,000	농촌관광과	9	6	7	8	7	5	5	4
1052	경기 양주시	식물활용 그린스쿨-오피스 조성 기술시범	40,000	농촌관광과	9	2	7	8	7	5	5	4
1053	경기 양주시	오감만족 재밌는 쌀 체험여행 교실 운영	60,000	농촌관광과	9	2	7	8	7	5	5	4
1054	경기 양주시	농촌체험 활성화 build-up 시범	16,000	농촌관광과	9	6	7	8	7	5	5	4
1055	경기 양주시	농산물가공제품 온라인 포장재 개발시범	32,000	농촌관광과	9	6	7	8	7	5	5	4
1056	경기 양주시	작목별 맞춤형 안전관리 실천시범	50,000	농촌관광과	9	2	7	8	7	5	5	4
1057	경기 양주시	농업인 넘어짐 사고예방을 위한 농작업화 보급	66,000	농촌관광과	9	6	7	8	7	5	5	4
1058	경기 양주시	농작업 안전편이장비 보급 시범	50,000	농촌관광과	9	6	7	8	7	5	5	4
1059	경기 양주시	청년농업인 4-H회원 신규영농정착 시범	24,000	농촌관광과	9	6	7	8	7	5	5	4
1060	경기 양주시	청년농업인 안정화 시범	40,000	농촌관광과	9	6	7	8	7	5	5	4
1061	경기 양주시	벼 우량종자 농가 자율교환 채종포 운영시범	5,000	기술지원과	9	1	7	8	7	5	5	4
1062	경기 양주시	벼 재배 노동력 절감 종합기술 보급 시범	100,000	기술지원과	9	1	7	8	7	5	5	4
1063	경기 양주시	경기도형 잡곡 종자 생산시범	10,000	기술지원과	9	1	7	8	7	5	5	4
1064	경기 양주시	찰옥수수 생력화 재배기술 시범	20,000	기술지원과	9	1	7	8	7	5	5	4
1065	경기 양주시	시설원예작물 바이러스 종합예방기술 시범	40,000	기술지원과 원예작물팀	9	1	7	8	7	5	5	4
1066	경기 양주시	고온기 채소 재배환경 개선기술 시범	40,000	기술지원과 원예작물팀	9	1	7	8	7	5	5	4
1067	경기 양주시	시설원예 스마트팜 기술보급 시범	10,000	기술지원과 원예작물팀	9	1	7	8	7	5	5	4
1068	경기 양주시	ICT활용 화훼재배 환경개선 시범	60,000	기술지원과 원예작물팀	9	1	7	8	7	5	5	4
1069	경기 양주시	경영개선 컨설팅 농가 시설개선 지원	24,000	기술지원과	9	1	7	8	7	5	5	4
1070	경기 양주시	인삼 신품종 시범단지 조성	36,000	기술지원과	9	1	7	8	7	5	5	4
1071	경기 양주시	버섯 생육 스마트팜 기술시범	24,000	기술지원과	9	1	7	8	7	5	5	4
1072	경기 양주시	축산스마트팜 통합제어시스템 활용 기술 시범	120,000	기술지원과	9	1	7	8	7	1	1	1
1073	경기 양주시	한우 숙성기술 활용 저지방 부위 부가가치 향상 시범	80,000	기술지원과	9	1	7	8	7	1	1	1
1074	경기 양주시	가축사료효율 및 생산성 향상 기술보급 시범	40,000	기술지원과	9	1	7	8	7	1	1	1
1075	경기 양주시	안전농산물 생산 토양개선 기술 시범	24,000	기술지원과	9	1	7	8	7	1	1	1
1076	경기 양주시	시설재배지 총채벌레 종합방제 시범	16,000	기술지원과	9	1	7	8	7	1	1	1
1077	경기 양주시	가축전염병 차단방역시설 지원	40,000	축산과	9	6	7	8	7	5	5	4
1078	경기 양주시	낙농산업 경쟁력강화 사업	10,000	축산과	9	6	7	8	7	1	1	4
1079	경기 양주시	다용도 축산분뇨처리장비	90,000	축산과	9	6	7	8	7	1	1	4
1080	경기 양주시	양돈경쟁력강화사업	79,500	축산과	9	6	7	8	7	1	1	4
1081	경기 양주시	양봉산업 육성사업	12,250	축산과	9	6	7	8	7	1	1	4
1082	경기 양주시	가금농가경쟁력강화사업	45,090	축산과	9	6	7	8	7	1	1	4
1083	경기 양주시	축산분야 ICT 융복합 확산사업	58,180	축산과	9	6	7	8	7	1	1	4
1084	경기 양주시	축산분뇨 악취개선 시설지원	375,000	축산과	9	6	7	8	7	1	1	4
1085	경기 양주시	가축행복농장 지원사업	128,900	축산과	9	6	7	8	7	1	1	4
1086	경기 양주시	방역인프라 설치 지원사업	120,000	축산과	9	2	7	8	7	5	5	4
1087	경기 양주시	경기도 승마장 육성지원사업	50,000	축산과	9	6	7	8	7	1	1	4
1088	경기 포천시	작은도서관 운영지원	10,440	도서관정책과	9	1	7	8	7	5	1	4
1089	경기 포천시	어린이집 환경개선	92,410	여성가족과	9	1	7	8	7	1	1	4
1090	경기 포천시	아동복지시설기능보강	50,400	여성가족과	9	2	7	8	7	1	1	4

순번	시군구	지출명 (사업명)	2021년예산 (단위:천원/1년간)	담당자 (공무원) 담당부서	민간이전 분류 (지방자치단체 세출예산 집행기준에 의거) 1. 민간경상사업보조(307-02) 2. 민간단체 법정운영비보조(307-03) 3. 민간행사사업보조(307-04) 4. 민간위탁금(307-05) 5. 사회복지시설 법정운영비보조(307-10) 6. 민간인위탁교육비(307-12) 7. 공기관등에대한경상적위탁사업비(308-10) 8. 민간자본사업보조,자체재원(402-01) 9. 민간자본사업보조,이전재원(402-02) 10. 민간위탁사업비(402-03) 11. 공기관등에 대한 자본적 대행사업비(403-02)	민간이전지출 근거 (지방보조금 관리기준 참고) 1. 법률에 규정 2. 국고보조 재원(국가지정) 3. 용도 지정 기부금 4. 조례에 직접규정 5. 지자체가 권장하는 사업을 하는 공공기관 6. 시,도 정책 및 재정사정 7. 기타 8. 해당없음	입찰방식 계약체결방법 (경쟁형태) 1. 일반경쟁 2. 제한경쟁 3. 지명경쟁 4. 수의계약 5. 법정위탁 6. 기타 ( ) 7. 해당없음	입찰방식 계약기간 1. 1년 2. 2년 3. 3년 4. 4년 5. 5년 6. 기타 ( )년 7. 단기계약 (1년미만) 8. 해당없음	입찰방식 낙찰자선정방법 1. 적격심사 2. 협상에의한계약 3. 최저가낙찰제 4. 규격가격분리 5. 2단계 경쟁입찰 6. 기타 ( ) 7. 해당없음	운영예산 산정 운영예산 산정 1. 내부산정 (지자체 자체적으로 산정) 2. 외부산정 (외부전문기관위탁 산정) 3. 내·외부 모두 산정 4. 산정 無 5. 해당없음	운영예산 산정 정산방법 1. 내부정산 (지자체 내부적으로 정산) 2. 외부정산 (외부전문기관위탁 정산) 3. 내·외부 모두 산정 4. 정산 無 5. 해당없음	성과평가 실시여부 1. 실시 2. 미실시 3. 향후 추진 4. 해당없음
1091	경기 포천시	장애인 직업재활시설 기능보강	8,000	노인장애인과	9	1	7	8	7	1	1	4
1092	경기 포천시	장애인거주시설 기능보강	68,040	노인장애인과	9	1	7	8	7	1	1	4
1093	경기 포천시	운행차 배출가스 저감사업	10,193	친환경정책과	9	1	7	8	7	5	1	2
1094	경기 포천시	보증기간 경과장치 성능유지관리	30,000	친환경정책과	9	1	7	8	7	5	1	2
1095	경기 포천시	천연가스차량 구입비 보조	12,000	친환경정책과	9	1	7	8	7	5	1	2
1096	경기 포천시	어린이 통학차량의 LPG차 전환 지원 사업	105,000	친환경정책과	9	1	7	8	7	5	1	2
1097	경기 포천시	전기자동차 구매 지원	1,215	친환경정책과	9	1	7	8	7	5	1	2
1098	경기 포천시	전기이륜차 구입비 지원	27,000	친환경정책과	9	1	7	8	7	5	1	2
1099	경기 포천시	가정용 저녹스보일러 설치 지원	153,000	친환경정책과	9	1	7	8	7	5	1	2
1100	경기 포천시	주유소 유증기 회수설비 설치 지원	102,000	친환경정책과	9	1	7	8	7	5	1	2
1101	경기 포천시	임산물상품화지원	5,600	산림과	9	1	7	8	7	5	5	4
1102	경기 포천시	산림작물생산단지	67,370	산림과	9	1	7	8	7	5	5	4
1103	경기 포천시	임산물유통기반조성	32,585	산림과	9	1	7	8	7	5	5	4
1104	경기 포천시	산림복합경영단지	131,670	산림과	9	1	7	8	7	5	5	4
1105	경기 포천시	산림복합경영단지	72,147	산림과	9	1	7	8	7	5	5	4
1106	경기 포천시	산림조합특화사업	700,000	산림과	9	1	7	8	7	5	5	4
1107	경기 포천시	산촌생태마을운영매니저	21,144	산림과	9	1	7	8	7	5	5	4
1108	경기 포천시	자인사 대웅전 보수정비 사업	360,000	문화체육과	9	2	7	8	7	5	5	4
1109	경기 포천시	흥룡사 문수당 보수정비 사업	240,000	문화체육과	9	2	7	8	7	5	5	4
1110	경기 포천시	마을공동체 주민제안 공모사업	20,000	일자리경제과	9	2	7	8	7	5	5	4
1111	경기 포천시	취약계층 에너지복지사업	64,480	일자리경제과	9	2	7	8	7	5	5	4
1112	경기 포천시	가구패션 유통업체 밀집지역 마케팅 촉진사업	40,000	기업지원과	9	4	7	8	7	5	5	4
1113	경기 포천시	로컬푸드 연중생산체계 구축사업	28,677	친환경농업과	9	2	7	8	7	5	1	4
1114	경기 포천시	경기미 생산시설 현대화	382,500	친환경농업과	9	2	1	1	3	1	1	4
1115	경기 포천시	농촌자원복합산업화지원사업	180,300	친환경농업과	9	2	1	1	3	1	1	4
1116	경기 포천시	로컬푸드 직매장 건립	286,667	친환경농업과	9	2	1	1	3	1	1	4
1117	경기 포천시	고품질쌀 유통활성화 지원	280,000	친환경농업과	9	2	1	1	3	1	1	4
1118	경기 포천시	시설원예현대화 지원	17,840	친환경농업과	9	2	7	8	7	5	1	4
1119	경기 포천시	고추비가림재배시설 지원	85,350	친환경농업과	9	2	7	8	7	5	1	4
1120	경기 포천시	벼 우수품종 공급지원	42,837	친환경농업과	9	1	7	8	7	5	1	4
1121	경기 포천시	스마트팜 ICT융복합 확산 시설보급	46,100	친환경농업과	9	2	7	8	7	5	1	4
1122	경기 포천시	농업에너지 이용효율화	22,650	친환경농업과	9	2	7	8	7	5	1	4
1123	경기 포천시	접경지역 빈집정비	46,000	친환경농업과	9	1	7	8	7	3	3	4
1124	경기 포천시	경기한우 명품화	3,000	축산과	9	6	7	8	7	5	5	4
1125	경기 포천시	젖소 경쟁력 강화	15,000	축산과	9	6	7	8	7	5	5	4
1126	경기 포천시	양돈 경쟁력 강화	140,800	축산과	9	6	7	8	7	5	5	4
1127	경기 포천시	양계 경쟁력 강화	216,750	축산과	9	6	7	8	7	5	5	4
1128	경기 포천시	양봉산업 육성	41,600	축산과	9	6	7	8	7	5	5	4
1129	경기 포천시	말벌퇴치장비 지원사업	1,800	축산과	9	2	7	8	7	5	5	4
1130	경기 포천시	축사전기안전 강화	62,500	축산과	9	6	7	8	7	5	5	4
1131	경기 포천시	농장별 차단방역시설 설치 지원	20,000	축산과	9	6	7	8	7	5	5	4
1132	경기 포천시	CCTV 등 방역인프라 설치지원	135,000	축산과	9	2	7	8	7	5	5	4

순번	시군구	지출명 (사업명)	2021년예산 (단위:천원/1년간)	담당자 (공무원) 담당부서	민간이전 분류 (지방자치단체 세출예산 집행기준에 의거) 1. 민간경상사업보조(307-02) 2. 민간단체 법정운영비보조(307-03) 3. 민간행사사업보조(307-04) 4. 민간위탁금(307-05) 5. 사회복지시설 법정운영비보조(307-10) 6. 민간인위탁교육비(307-12) 7. 공기관등에대한경상적위탁사업비(308-10) 8. 민간자본사업보조,자체재원(402-01) 9. 민간자본사업보조,이전재원(402-02) 10. 민간위탁사업비(402-03) 11. 공기관등에 대한 자본적 대행사업비(403-02)	민간이전지출 근거 (지방보조금 관리기준 참고) 1. 법률에 규정 2. 국고보조 재원(국가지정) 3. 용도 지정 기부금 4. 조례에 직접규정 5. 지자체가 권장하는 사업을 하는 공공기관 6. 시,도 정책 및 재정사정 7. 기타 8. 해당없음	입찰방식 계약체결방법 (경쟁형태) 1. 일반경쟁 2. 제한경쟁 3. 지명경쟁 4. 수의계약 5. 법정위탁 6. 기타 ( ) 7. 해당없음	입찰방식 계약기간 1. 1년 2. 2년 3. 3년 4. 4년 5. 5년 6. 기타 ( )년 7. 단기계약 (1년미만) 8. 해당없음	입찰방식 낙찰자선정방법 1. 적격심사 2. 협상에의한계약 3. 최저가낙찰제 4. 규격가격분리 5. 2단계 경쟁입찰 6. 기타 ( ) 7. 해당없음	운영예산 산정 운영예산 산정 1. 내부산정 (지자체 자체적으로 산정) 2. 외부산정 (외부전문기관위탁 산정) 3. 내·외부 모두 산정 4. 산정 無 5. 해당없음	운영예산 산정 정산방법 1. 내부정산 (지자체 내부적으로 정산) 2. 외부정산 (외부전문기관위탁 정산) 3. 내·외부 모두 산정 4. 정산 無 5. 해당없음	성과평가 실시여부 1. 실시 2. 미실시 3. 향후 추진 4. 해당없음
1133	경기 포천시	도축장 공원화 사업	450,000	축산과	9	6	7	8	7	5	5	4
1134	경기 포천시	계란 냉장차량 지원사업	75,000	축산과	9	2	7	8	7	5	5	4
1135	경기 포천시	축산악취개선	311,937	축산과	9	2	7	8	7	5	5	4
1136	경기 포천시	축산분뇨 악취개선 시설지원	375,000	축산과	9	6	7	8	7	5	5	4
1137	경기 포천시	다용도축분처리장비지원	180,000	축산과	9	6	7	8	7	5	5	4
1138	경기 포천시	축사이미지 개선	40,000	축산과	9	6	7	8	7	5	5	4
1139	경기 포천시	폐사가축 처리기 지원	30,000	축산과	9	6	7	8	7	5	5	4
1140	경기 포천시	내수면 양식장 지원사업	40,000	축산과	9	6	7	8	7	5	5	4
1141	경기 포천시	집수리지원	200,000	친환경도시재생과	9	6	7	8	7	1	1	3
1142	경기 포천시	노후 공동주택 유지관리 지원사업	192,000	친환경도시재생과	9	6	7	8	7	1	1	1
1143	경기 포천시	농어촌 장애인 주택개조사업	7,600	건축과	9	2	7	8	7	1	1	1
1144	경기 포천시	화재안전성능보강 지원사업	26,666	건축과	9	2	7	8	7	1	1	1
1145	경기 포천시	도공영버스 구입 지원	33,750	교통행정과	9	1	7	8	7	1	1	4
1146	경기 포천시	광역버스 비상자동제동장치 장착 지원	15,051	교통행정과	9	1	7	8	7	1	1	4
1147	경기 포천시	상수원보호구역 주민지원사업	22,666	상하수과	9	2	7	8	7	1	1	4
1148	경기 포천시	자동심장충격기 보급지원	1,200	감염관리과	9	8	7	8	7	5	5	4
1149	경기 포천시	경영개선 컨설팅 농가 시설개선 지원	36,000	농업지원과	9	1	7	8	7	1	1	1
1150	경기 포천시	경기도농업전문경영인 신기술보급사업	20,000	농업지원과	9	2	7	8	7	1	1	1
1151	경기 포천시	농업인 가공사업장 시설장비 개선	50,000	농업지원과	9	2	7	8	7	1	1	1
1152	경기 포천시	농작업 안전편이장비 보급 시범	42,500	농업지원과	9	2	7	8	7	1	1	1
1153	경기 포천시	농촌에듀팜 육성	40,000	농업지원과	9	2	7	8	7	1	1	1
1154	경기 포천시	농촌치유농장 육성	48,000	농업지원과	9	2	7	8	7	1	1	1
1155	경기 포천시	청년농업인 영농 안정화 시범	40,000	농업지원과	9	2	7	8	7	1	1	1
1156	경기 포천시	청년농업인 4-H회원 신규영농정착시범	24,000	농업지원과	9	2	7	8	7	1	1	1
1157	경기 포천시	신품종 경기미 가공브랜드 개발시범	40,000	기술보급과	9	2	7	8	7	1	1	1
1158	경기 포천시	경기도 육성 품종쌀 생산단지 조성시범	80,000	기술보급과	9	2	7	8	7	1	1	1
1159	경기 포천시	손쉬운 드론 이용 벼 직파재배 기술시범	80,000	기술보급과	9	2	7	8	7	1	1	1
1160	경기 포천시	생산비 절감을 위한 드문 모심기 재배기술	40,000	기술보급과	9	2	7	8	7	1	1	1
1161	경기 포천시	경기 육성 콩 생산기술 시범	40,000	기술보급과	9	2	7	8	7	1	1	1
1162	경기 포천시	경기도형 잡곡 종자 생산시범	8,000	기술보급과	9	2	7	8	7	1	1	1
1163	경기 포천시	벼 안정육묘 자동이송 단지조성 시범	150,000	기술보급과	9	2	7	8	7	1	1	1
1164	경기 포천시	시설원예작물 바이러스 종합예방기술 시범	40,000	기술보급과	9	2	7	8	7	1	1	1
1165	경기 포천시	치즈 숙성실 활용 숙성기술 보급 시범	30,000	기술보급과	9	2	7	8	7	1	1	1
1166	경기 포천시	소비선호형 우리품종 단지조성 시범	200,000	기술보급과	9	2	7	8	7	1	1	1
1167	경기 포천시	기능성 다겹보온 커튼 기술시범	70,000	기술보급과	9	2	7	8	7	1	1	1
1168	경기 포천시	과수 안정생산을 위한 종합관리 시범	80,000	기술보급과	9	2	7	8	7	1	1	1
1169	경기 포천시	과실 수확 후 신선도 유지시범	52,000	기술보급과	9	2	7	8	7	1	1	1
1170	경기 포천시	과수 유해조수 피해경감 시범	24,000	기술보급과	9	2	7	8	7	1	1	1
1171	경기 포천시	딸기 육묘기술 보급시범	32,000	기술보급과	9	2	7	8	7	1	1	1
1172	경기 포천시	기후변화 및 가축전염성 질병예방 사육환경개선시범	4,000	기술보급과	9	2	7	8	7	1	1	1
1173	경기 포천시	젖소 유두 자동세척관리 기술시범	19,200	기술보급과	9	2	7	8	7	1	1	1
1174	경기 포천시	시설재배지 총채벌레 병해충방제 시범	16,000	기술보급과	9	2	7	8	7	1	1	1

순번	시군구	지출명 (사업명)	2021년예산 (단위:천원/1년간)	담당자 (공무원)	민간이전 분류 (지방자치단체 세출예산 집행기준에 의거)	민간이전지출 근거 (지방보조금 관리기준 참고)	입찰방식			운영예산 산정		성과평가 실시여부
				담당부서	1. 민간경상사업보조(307-02) 2. 민간단체 법정운영비보조(307-03) 3. 민간행사사업보조(307-04) 4. 민간위탁금(307-05) 5. 사회복지시설 법정운영비보조(307-10) 6. 민간인위탁교육비(307-12) 7. 공기관등에대한경상적위탁사업비(308-10) 8. 민간자본사업보조,자체재원(402-01) 9. 민간자본사업보조,이전재원(402-02) 10. 민간위탁사업비(402-03) 11. 공기관등에 대한 자본적 대행사업비(403-02)	1. 법률에 규정 2. 국고보조 재원(국가지정) 3. 용도 지정 기부금 4. 조례에 직접규정 5. 지자체가 권장하는 사업을 하는 공공기관 6. 시,도 정책 및 재정사정 7. 기타 8. 해당없음	계약체결방법 (경쟁형태) 1. 일반경쟁 2. 제한경쟁 3. 지명경쟁 4. 수의계약 5. 법정위탁 6. 기타 ( ) 7. 해당없음	계약기간 1. 1년 2. 2년 3. 3년 4. 4년 5. 5년 6. 기타 ( )년 7. 단기계약 (1년미만) 8. 해당없음	낙찰자선정방법 1. 적격심사 2. 협상에의한계약 3. 최저가낙찰제 4. 규격가격분리 5. 2단계 경쟁입찰 6. 기타 ( ) 7. 해당없음	운영예산 산정 1. 내부산정 (지자체 자체적으로 산정) 2. 외부산정 (외부전문기관위탁 산정) 3. 내·외부 모두 산정 4. 산정 無 5. 해당없음	정산방법 1. 내부정산 (지자체 내부적으로 정산) 2. 외부정산 (외부전문기관위탁 정산) 3. 내·외부 모두 산정 4. 정산 無 5. 해당없음	1. 실시 2. 미실시 3. 향후 추진 4. 해당없음
1175	경기 포천시	스마트(ICT) 양봉기술을 이용한 꿀벌 육성	32,000	기술보급과	9	2	7	8	7	1	1	1
1176	경기 포천시	과수 저비용 동상해 예방기술 투입시범	19,200	기술보급과	9	2	7	8	7	1	1	1
1177	경기 포천시	시설원예 스마트팜 기술보급 시범	16,000	기술보급과	9	2	7	8	7	1	1	4
1178	경기 연천군	농어촌장애인 주택개조사업	7,600	복지정책과	9	2	7	8	7	1	1	4
1179	경기 연천군	토양개량제지원	526,553	농업정책과	9	2	7	8	7	5	5	4
1180	경기 연천군	유기질비료지원	1,043,046	농업정책과	9	2	7	8	7	5	5	4
1181	경기 연천군	고추비가림재배시설지원사업	44,600	농업정책과	9	2	7	8	7	5	5	4
1182	경기 연천군	인삼생산시설 현대화사업	359,675	농업정책과	9	2	7	8	7	5	5	4
1183	경기 연천군	인삼생산시설 현대화사업	124,000	농업정책과	9	2	7	8	7	5	5	4
1184	경기 연천군	유기자재 지원사업	31,105	농업정책과	9	2	7	8	7	5	5	4
1185	경기 연천군	선택형 맞춤농정사업	134,920	농업정책과	9	6	7	8	7	5	5	4
1186	경기 연천군	친환경농산물인증확대	61,376	농업정책과	9	6	7	8	7	5	5	4
1187	경기 연천군	에너지절감시설지원사업	72,500	농업정책과	9	2	7	8	7	5	5	4
1188	경기 연천군	환경친화형 농자재 지원	45,667	농업정책과	9	6	7	8	7	5	5	4
1189	경기 연천군	에너지절감형 농업난방시설 지원	25,810	농업정책과	9	6	7	8	7	5	5	4
1190	경기 연천군	시설원예현대화 지원	45,980	농업정책과	9	2	7	8	7	5	5	4
1191	경기 연천군	경기미 생산시설 현대화	508,500	농업정책과	9	6	7	8	7	5	5	4
1192	경기 연천군	농촌자원복합산업화	720,000	농업정책과	9	6	7	8	7	5	5	4
1193	경기 연천군	친환경우수농산물 학교급식지원	162,000	농업정책과	9	6	7	8	7	5	5	4
1194	경기 연천군	로컬푸드 연중생산체계 구축	16,573	농업정책과	9	6	7	8	7	5	5	4
1195	경기 연천군	농촌민박 사업장 표시 지원	4,800	농업정책과	9	1	7	8	7	5	5	4
1196	경기 연천군	남토북수 브랜드 역량 강화	280,000	농업정책과	9	7	7	8	7	5	5	4
1197	경기 연천군	G마크 등 포장재 지원	47,298	농업정책과	9	6	7	8	7	5	5	4
1198	경기 연천군	수출포장재지원	11,504	농업정책과	9	6	7	8	7	5	5	4
1199	경기 연천군	GAP 안전성 분석 지원	32,000	농업정책과	9	2	7	8	7	5	5	4
1200	경기 연천군	축산환경개선지원사업	268,600	축산과	9	6	7	8	7	5	5	4
1201	경기 연천군	경기한우명품화사업	108,750	축산과	9	6	7	8	7	5	5	4
1202	경기 연천군	가축전염병 차단방역시설설치	30,000	축산과	9	6	7	8	7	5	5	4
1203	경기 연천군	양봉산업육성사업	24,850	축산과	9	6	7	8	7	5	5	4
1204	경기 연천군	양돈경쟁력강화	36,000	축산과	9	6	7	8	7	5	5	4
1205	경기 연천군	양돈경쟁력강화	48,000	축산과	9	6	7	8	7	5	5	4
1206	경기 연천군	양돈경쟁력강화	20,000	축산과	9	6	7	8	7	5	5	4
1207	경기 연천군	어린이(학생) 승마교실 운영	56,000	축산과	9	2	7	8	7	5	5	4
1208	경기 연천군	장애학생 재활승마교실 운영	9,600	축산과	9	2	7	8	7	5	5	4
1209	경기 연천군	다용도 축산분뇨 처리장비 지원	195,000	축산과	9	6	7	8	7	5	5	4
1210	경기 연천군	가금농가경쟁력강화사업	103,080	축산과	9	6	7	8	7	5	5	4
1211	경기 연천군	가축재해보험 가입 지원	833,178	축산과	9	6	7	8	7	5	5	4
1212	경기 연천군	축산 ICT 융복합 확산사업	795,500	축산과	9	2	7	8	7	5	5	4
1213	경기 연천군	액비저장조 지원	14,000	축산과	9	2	7	8	7	5	5	4
1214	경기 연천군	유소년승마단창단	20,000	축산과	9	2	7	8	7	5	5	4
1215	경기 연천군	축산분뇨 악취개선 시설지원	375,000	축산과	9	6	7	8	7	5	5	4
1216	경기 연천군	축산분뇨 악취개선 시설지원	150,000	축산과	9	6	7	8	7	5	5	4

순번	시군구	지출명 (사업명)	2021년예산 (단위:천원/1년간)	담당자 (공무원) 담당부서	민간이전 분류 (지방자치단체 세출예산 집행기준에 의거) 1. 민간경상사업보조(307-02) 2. 민간단체 법정운영비보조(307-03) 3. 민간행사사업보조(307-04) 4. 민간위탁금(307-05) 5. 사회복지시설 법정운영비보조(307-10) 6. 민간인위탁교육비(307-12) 7. 공기관등에대한경상적위탁사업비(308-10) 8. 민간자본사업보조,자체재원(402-01) 9. 민간자본사업보조,이전재원(402-02) 10. 민간위탁사업비(402-03) 11. 공기관등에 대한 자본적 대행사업비(403-02)	민간이전지출 근거 (지방보조금 관리기준 참고) 1. 법률에 규정 2. 국고보조 재원(국가지정) 3. 용도 지정 기부금 4. 조례에 직접규정 5. 지자체가 권장하는 사업을 하는 공공기관 6. 시,도 정책 및 재정사정 7. 기타 8. 해당없음	입찰방식 계약체결방법 (경쟁형태) 1. 일반경쟁 2. 제한경쟁 3. 지명경쟁 4. 수의계약 5. 법정위탁 6. 기타 ( ) 7. 해당없음	입찰방식 계약기간 1. 1년 2. 2년 3. 3년 4. 4년 5. 5년 6. 기타 ( )년 7. 단기계약 (1년미만) 8. 해당없음	입찰방식 낙찰자선정방법 1. 적격심사 2. 협상에의한계약 3. 최저가낙찰제 4. 규격가격분리 5. 2단계 경쟁입찰 6. 기타 ( ) 7. 해당없음	운영예산 산정 운영예산 산정 1. 내부산정 (지자체 자체적으로 산정) 2. 외부산정 (외부전문기관위탁 산정) 3. 내·외부 모두 산정 4. 산정 無 5. 해당없음	운영예산 산정 정산방법 1. 내부정산 (지자체 내부적으로 정산) 2. 외부정산 (외부전문기관위탁 정산) 3. 내·외부 모두 산정 4. 정산 無 5. 해당없음	성과평가 실시여부 1. 실시 2. 미실시 3. 향후 추진 4. 해당없음
1217	경기 연천군	가축분뇨 퇴액비화 지원	28,000	축산과	9	2	7	8	7	5	5	4
1218	경기 연천군	가축행복농장 지원사업	43,630	축산과	9	6	7	8	7	5	5	4
1219	경기 연천군	가축행복농장 지원사업	319,822	축산과	9	6	7	8	7	5	5	4
1220	경기 연천군	CCTV 등 방역인프라 설치지원	65,400	축산과	9	2	7	8	7	5	5	4
1221	경기 연천군	CCTV 등 방역인프라 설치지원	875,357	축산과	9	2	7	8	7	5	5	4
1222	경기 연천군	방역 선진형 농장 조성	600,000	축산과	9	6	7	8	7	5	5	4
1223	경기 연천군	축사악취 저감시설 지원	50,000	축산과	9	6	7	8	7	5	5	4
1224	경기 연천군	축사악취 저감시설 지원	100,000	축산과	9	6	7	8	7	5	5	4
1225	경기 연천군	축사이미지 개선사업	10,000	축산과	9	6	7	8	7	5	5	4
1226	경기 연천군	폐사가축 처리장비 지원	80,000	축산과	9	6	7	8	7	5	5	4
1227	경기 연천군	폐사가축 처리장비 지원	10,000	축산과	9	6	7	8	7	5	5	4
1228	경기 연천군	축산 전기안전진단	5,000	축산과	9	6	7	8	7	5	5	4
1229	경기 연천군	낙농산업 경쟁력강화사업	95,000	축산과	9	6	7	8	7	5	5	4
1230	경기 연천군	승용마 조련 강화	15,600	축산과	9	2	7	8	7	5	5	4
1231	경기 연천군	토종벌 육성사업	2,100	축산과	9	2	7	8	7	5	5	4
1232	경기 연천군	가축분뇨 악취측정 ICT 기계장비 지원	11,200	축산과	9	2	7	8	7	5	5	4
1233	경기 연천군	내수면양식장경쟁력지원	2,000	축산과	9	6	7	8	7	5	5	4
1234	경기 연천군	사회공익 승마사업	840	축산과	9	6	7	8	7	5	5	4
1235	경기 연천군	살처분 가축처리 시설.장비지원	1,200	축산과	9	2	7	8	7	5	5	4
1236	경기 연천군	액비유통 전문 조직 지원	65,600	축산과	9	2	7	8	7	5	5	4
1237	경기 연천군	공동자원화 시설개보수 지원	564,000	축산과	9	2	7	8	7	5	5	4
1238	경기 연천군	축산악취개선사업	169,382	축산과	9	2	7	8	7	5	5	4
1239	경기 연천군	축산물 전문판매점 지원	2,400	축산과	9	6	7	8	7	5	5	4
1240	경기 연천군	야생동물 피해예방사업	127,400	환경보호과	9	1	7	8	7	5	5	4
1241	경기 연천군	전기자동차 구매 지원	27,420	환경보호과	9	2	7	8	7	5	5	4
1242	경기 연천군	전기이륜차 보급사업	18,000	환경보호과	9	2	7	8	7	5	5	4
1243	경기 연천군	운행경유차 배출가스 저감사업	5,150	환경보호과	9	2	7	8	7	5	5	4
1244	경기 연천군	공동집하장 확충 지원	55,000	환경보호과	9	2	7	8	7	5	5	4
1245	경기 연천군	가정용 저녹스보일러 보급사업	13,000	환경보호과	9	2	7	8	7	5	5	4
1246	경기 연천군	어린이 통학차량 LPG차 전환 지원사업	70,000	환경보호과	9	2	7	8	7	5	5	4
1247	경기 연천군	사립작은도서관 독서환경 조성	4,280	통일평생교육원	9	6	7	8	7	5	5	4
1248	경기 연천군	카네이션하우스 운영 지원	20,000	사회복지과	9	1	7	8	7	5	1	4
1249	경기 연천군	장애인 직업재활시설 기능보강	4,000	사회복지과	9	2	7	8	7	5	5	4
1250	경기 연천군	어린이집 환경개선 지원	30,000	사회복지과	9	2	7	8	7	1	1	4
1251	경기 연천군	지역아동센터 환경개선 지원	10,000	사회복지과	9	2	7	8	1	5	5	4
1252	경기 가평군	주택지원사업	476,195	일자리경제과	9	2	7	8	7	5	5	4
1253	경기 가평군	마음편한 타요 차량 지원	35,000	행복돌봄과	9	6	7	8	7	5	5	4
1254	경기 가평군	특용작물(인삼) 생산시설현대화	1,925	농업정책과	9	2	7	8	7	5	5	4
1255	경기 가평군	축산악취개선사업	63,230	축산유통과	9	8	7	8	7	5	5	4
1256	경기 가평군	농어촌민박사업 표시 지원	94,400	농업정책과	9	8	7	8	7	5	5	4
1257	경기 가평군	화재안전성능보강 지원	53,334	건축과	9	8	7	8	7	5	5	4
1258	경기 양평군	농업신기술시범	70,000	농업경영과	9	2	7	8	7	5	5	1

순번	시군구	지출명 (사업명)	2021년예산 (단위:천원/1년간)	담당자 (공무원) 담당부서	민간이전 분류 (지방자치단체 세출예산 집행기준에 의거) 1. 민간경상사업보조(307-02) 2. 민간단체 법정운영비보조(307-03) 3. 민간행사사업보조(307-04) 4. 민간위탁금(307-05) 5. 사회복지시설 법정운영비보조(307-10) 6. 민간인위탁교육비(307-12) 7. 공기관등에대한경상적위탁사업비(308-10) 8. 민간자본사업보조,자체재원(402-01) 9. 민간자본사업보조,이전재원(402-02) 10. 민간위탁사업비(402-03) 11. 공기관등에 대한 자본적 대행사업비(403-02)	민간이전지출 근거 (지방보조금 관리기준 참고) 1. 법률에 규정 2. 국고보조 재원(국가지정) 3. 용도 지정 기부금 4. 조례에 직접규정 5. 지자체가 권장하는 사업을 하는 공공기관 6. 시,도 정책 및 재정사정 7. 기타 8. 해당없음	입찰방식: 계약체결방법 (경쟁형태) 1. 일반경쟁 2. 제한경쟁 3. 지명경쟁 4. 수의계약 5. 법정위탁 6. 기타 ( ) 7. 해당없음	입찰방식: 계약기간 1. 1년 2. 2년 3. 3년 4. 4년 5. 5년 6. 기타 ( )년 7. 단기계약 (1년미만) 8. 해당없음	입찰방식: 낙찰자선정방법 1. 적격심사 2. 협상에의한계약 3. 최저가낙찰제 4. 규격가격분리 5. 2단계 경쟁입찰 6. 기타 ( ) 7. 해당없음	운영예산 산정: 운영예산 산정 1. 내부산정 (지자체 자체적으로 산정) 2. 외부산정 (외부전문기관위탁 산정) 3. 내·외부 모두 산정 4. 산정 無 5. 해당없음	운영예산 산정: 정산방법 1. 내부정산 (지자체 내부적으로 정산) 2. 외부정산 (외부전문기관위탁 정산) 3. 내·외부 모두 산정 4. 정산 無 5. 해당없음	성과평가 실시여부 1. 실시 2. 미실시 3. 향후 추진 4. 해당없음
1259	경기 양평군	4-H육성지원	64,000	농업경영과	9	1	7	8	7	5	5	1
1260	경기 양평군	농산물 가공기술 지원	64,000	농업경영과	9	2	7	8	7	5	5	1
1261	경기 양평군	농업인 가공사업장 시설장비 개선	50,000	농업경영과	9	2	7	8	7	5	5	1
1262	경기 양평군	경기도농업전문경영인 신기술보급사업	20,000	농업경영과	9	1	7	8	7	5	5	1
1263	경기 양평군	소비선호형 우리품종 단지조성 시범	200,000	농업기술과	9	2	7	8	7	5	5	4
1264	경기 양평군	가공유통 연계 밭작물 신기술단지 조성	120,000	농업기술과	9	5	7	8	7	5	5	4
1265	경기 양평군	기능성 쌀귀리 품종 조기보급 및 생산단지 육성	100,000	농업기술과	9	2	7	8	7	5	5	4
1266	경기 양평군	외래퇴치어종 호라용 친환경 발효액비 제조가술 사봄	50,000	농업기술과	9	2	7	8	7	5	5	4
1267	경기 양평군	난지형 마늘 건조비용 절감 가변형 건조 시스템 구축 시범	46,000	농업기술과	9	2	7	8	7	5	5	4
1268	경기 양평군	GAP 확대를 위한 안전관리구축 시범	40,000	농업기술과	9	5	7	8	7	5	5	4
1269	경기 양평군	인삼 병해충 방제체계 개선보급 시범	24,000	농업기술과	9	5	7	8	7	5	5	4
1270	경기 양평군	안정성과 편이성을 높인 버섯용 고깔 세척 기술시범	20,000	농업기술과	9	2	7	8	7	5	5	4
1271	경기 양평군	벼 우량종자 농가자율교환채종포 운영 시범	4,000	농업기술과	9	5	7	8	7	5	5	4
1272	경기 양평군	사립작은도서관 도서 및 기자재 구입 지원	5,100	도서관과	9	4	7	8	7	1	1	1
1273	경기 양평군	사립작은도서관 냉난방기기 지원	2,910	도서관과	9	4	7	8	7	1	1	1
1274	경기 양평군	호흡기전담클리닉 설치 운영 지원	100,000	보건정책과	9	2	7	8	7	5	5	4
1275	경기 양평군	산림복합경영단지	266,668	산림과	9	1	7	8	7	5	5	4
1276	경기 양평군	산양삼생산과정확인	760	산림과	9	1	7	8	7	5	5	4
1277	경기 양평군	임산물상품화지원	13,836	산림과	9	1	7	8	7	5	5	4
1278	경기 양평군	친환경임산물재배관리	8,147	산림과	9	1	7	8	7	5	5	4
1279	경기 양평군	임산물생산기반조성	16,463	산림과	9	1	7	8	7	5	5	4
1280	경기 양평군	임산물유통기반조성	45,825	산림과	9	1	7	8	7	5	5	4
1281	경기 양평군	산림작물생산단지	83,978	산림과	9	1	7	8	7	1	1	1
1282	경기 양평군	소규모기업환경개선사업	89,727	일자리경제과	9	4	7	8	7	5	1	4
1283	경기 양평군	장애인직업재활시설 기능보강사업	518,647	주민복지과	9	1	7	8	7	5	1	4
1284	경기 양평군	노인요양시설 확충	194,584	주민복지과	9	1	7	8	7	5	1	4
1285	경기 양평군	장애인거주시설 기능보강사업	117,150	주민복지과	9	1	7	8	7	5	5	4
1286	경기 양평군	어린이집 확충	10,000	주민복지과	9	2	5	5	7	1	1	3
1287	경기 양평군	축산분뇨 악취개선 시설지원	300,000	축산과	9	6	7	8	7	5	5	4
1288	경기 양평군	축산악취 저감시설 지원	200,000	축산과	9	6	7	8	7	5	5	4
1289	경기 양평군	다용도 축산분뇨처리장비 지원	135,000	축산과	9	6	7	8	7	5	5	4
1290	경기 양평군	가금농가 경쟁력 강화사업	101,636	축산과	9	6	7	8	7	5	5	4
1291	경기 양평군	양돈 경쟁력 강화사업	92,500	축산과	9	6	7	8	7	5	5	4
1292	경기 양평군	낙농산업 경쟁력 강화사업	64,750	축산과	9	6	7	8	7	5	5	4
1293	경기 양평군	양봉산업육성사업	41,650	축산과	9	6	7	8	7	5	5	4
1294	경기 양평군	폐사가축처리장비지원	40,000	축산과	9	6	7	8	7	5	5	4
1295	경기 양평군	축사전기안전강화사업	37,500	축산과	9	6	7	8	7	5	5	4
1296	경기 양평군	cctv 등 방역인프라 구축 지원	35,700	축산과	9	1	7	8	7	5	5	4
1297	경기 양평군	가축전염병 차단방역시설 지원	30,000	축산과	9	1	7	8	7	5	5	4
1298	경기 양평군	계란 냉장차량 지원사업	30,000	축산과	9	1	7	8	7	5	5	4
1299	경기 양평군	축사 이미지 개선	21,500	축산과	9	6	7	8	7	5	5	4
1300	경기 양평군	내수면 양식장 경쟁력 지원	20,000	축산과	9	1	7	8	7	5	5	4

순번	시군구	지출명 (사업명)	2021년예산 (단위:천원/1년간)	담당자 (공무원)	민간이전 분류 (지방자치단체 세출예산 집행기준에 의거)	민간이전지출 근거 (지방보조금 관리기준 참고)	입찰방식			운영예산 산정		성과평가 실시여부
				담당부서	1. 민간경상사업보조(307-02) 2. 민간단체 법정운영비보조(307-03) 3. 민간행사사업보조(307-04) 4. 민간위탁금(307-05) 5. 사회복지시설 법정운영비보조(307-10) 6. 민간인위탁교육비(307-12) 7. 공기관등에대한경상적위탁사업비(308-10) 8. 민간자본사업보조,자체재원(402-01) 9. 민간자본사업보조,이전재원(402-02) 10. 민간위탁사업비(402-03) 11. 공기관등에 대한 자본적 대행사업비(403-02)	1. 법률에 규정 2. 국고보조 재원(국가지정) 3. 용도 지정 기부금 4. 조례에 직접규정 5. 지자체가 권장하는 사업을 하는 공공기관 6. 시,도 정책 및 재정사정 7. 기타 8. 해당없음	계약체결방법 (경쟁형태) 1. 일반경쟁 2. 제한경쟁 3. 지명경쟁 4. 수의계약 5. 법정위탁 6. 기타 ( ) 7. 해당없음	계약기간 1. 1년 2. 2년 3. 3년 4. 4년 5. 5년 6. 기타 ( )년 7. 단기계약 (1년미만) 8. 해당없음	낙찰자선정방법 1. 적격심사 2. 협상에의한계약 3. 최저가낙찰제 4. 규격가격분리 5. 2단계 경쟁입찰 6. 기타 ( ) 7. 해당없음	운영예산 산정 1. 내부산정 (지자체 자체적으로 산정) 2. 외부산정 (외부전문기관위탁 산정) 3. 내·외부 모두 산정 4. 산정 無 5. 해당없음	정산방법 1. 내부정산 (지자체 내부적으로 정산) 2. 외부정산 (외부전문기관위탁 정산) 3. 내·외부 모두 산정 4. 정산 無 5. 해당없음	1. 실시 2. 미실시 3. 향후 추진 4. 해당없음
1301	경기 양평군	토종벌 육성사업	2,500	축산과	9	2	7	8	7	5	5	4
1302	경기 양평군	말벌퇴치장비지원사업	1,000	축산과	9	2	7	8	7	5	5	4
1303	경기 양평군	경기미 생산시설 현대화사업	879,200	친환경농업과	9	2	7	8	7	5	5	4
1304	경기 양평군	로컬푸드 직매장 건립지원	686,667	친환경농업과	9	2	7	8	7	5	5	4
1305	경기 양평군	농촌자원복합산업화지원	600,000	친환경농업과	9	8	7	8	7	5	5	4
1306	경기 양평군	스마트팜 ICT융복합확산 시설보급	268,700	친환경농업과	9	2	7	7	7	1	1	1
1307	경기 양평군	선택형맞춤농정사업	217,000	친환경농업과	9	6	7	8	7	1	1	1
1308	경기 양평군	로컬푸드 연중생산체계 구축사업	137,703	친환경농업과	9	2	7	8	7	5	5	4
1309	경기 양평군	버섯생산시설현대화지원	108,111	친환경농업과	9	2	7	8	7	1	1	1
1310	경기 양평군	G마크 포장재 지원 사업	70,160	친환경농업과	9	6	7	8	7	5	5	4
1311	경기 양평군	인삼시설현대화지원	68,700	친환경농업과	9	2	7	8	7	1	1	1
1312	경기 양평군	고추비가림재배시설 지원	61,100	친환경농업과	9	2	7	8	7	1	1	1
1313	경기 양평군	농업에너지이용효율화	56,000	친환경농업과	9	2	7	8	7	1	1	1
1314	경기 양평군	G마크·친환경 유통기반 지원 및 컨설팅 지원	54,000	친환경농업과	9	2	7	8	7	5	5	4
1315	경기 양평군	수리계 수리시설관리	50,000	친환경농업과	9	1	7	8	7	5	5	3
1316	경기 양평군	농어촌민박 사업장 표시 지원	46,800	친환경농업과	9	6	7	8	7	5	5	4
1317	경기 양평군	벼 우수품종 공급지원	36,757	친환경농업과	9	6	7	8	7	1	1	1
1318	경기 양평군	농식품 수출포장재 지원	31,604	친환경농업과	9	6	7	8	7	5	5	4
1319	경기 양평군	농식품기업 시설개선 지원	19,000	친환경농업과	9	2	7	8	7	5	5	4
1320	경기 양평군	지역특화품목 도매시장 출하용 포장재 지원	14,333	친환경농업과	9	2	7	8	7	5	5	4
1321	경기 양평군	고품질 수출농산물 생산지원	11,144	친환경농업과	9	6	7	8	7	5	5	4
1322	경기 양평군	시설원예현대화지원	5,370	친환경농업과	9	2	7	7	7	1	1	1
1323	경기 양평군	전기자동차 보급사업	39,360	환경과	9	1	7	8	7	5	5	4
1324	경기 양평군	운행차 배출가스 저감사업	28,520	환경과	9	2	7	8	7	5	5	4
1325	경기 양평군	배출가스 저감 및 LPG 화물차 구입지원 사업	28,038	환경과	9	2	7	8	7	5	5	4
1326	경기 양평군	수소전기차 보급사업	1,007,500	환경과	9	1	7	8	7	5	5	4
1327	경기 양평군	어린이통학차량 LPG차 전환 지원	70,000	환경과	9	2	7	8	7	5	5	4
1328	경기 양평군	전기이륜차 보급사업	55,800	환경과	9	1	7	8	7	5	5	4
1329	경기 양평군	가정용 저녹스 보일러 설치 지원사업	14,000	환경과	9	2	7	8	7	5	5	4
1330	인천광역시	저상버스 도입보조	63,117	버스정책과	9	1	7	8	7	1	1	4
1331	인천광역시	운수종사자 근무 여건 개선	120,000	버스정책과	9	1	7	8	7	1	1	4
1332	인천광역시	송도컨벤시아 2단계 BTL 운영비	49,430	미디어문화과	9	2	7	8	7	5	5	4
1333	인천광역시	전기자동차 보급 및 충전인프라 구축	82,718	에너지정책과	9	2	7	8	7	5	5	4
1334	인천광역시	전기자동차 배터리 회수관리	19,500	에너지정책과	9	2	7	8	7	5	5	4
1335	인천광역시	전기이륜차 보급사업	180,000	에너지정책과	9	2	7	8	7	5	5	4
1336	인천광역시	수소연료전지차 보급사업	30,735	에너지정책과	9	2	7	8	7	1	1	1
1337	인천광역시	천연가스 콘크리트 믹서트럭 구입비 보조	800,000	에너지정책과	9	2	7	8	7	5	5	4
1338	인천광역시	저상버스 도입보조	63,117	버스정책과	9	1	7	8	7	1	1	4
1339	인천광역시	운수종사자 근무 여건 개선	120,000	버스정책과	9	1	7	8	7	1	1	4
1340	인천 중구	도시근교농업지원	25,600	농수산과	9	1	7	8	7	5	5	4
1341	인천 중구	산지유통저온저장고지원	15,120	농수산과	9	1	7	8	7	5	5	4
1342	인천 중구	친환경에너지 절감장비보급	24,000	농수산과	9	2	7	8	7	5	5	4

순번	시군구	지출명 (사업명)	2021년예산 (단위:천원/1년간)	담당자 (공무원)	민간이전 분류 (지방자치단체 세출예산 집행기준에 의거)	민간이전지출 근거 (지방보조금 관리기준 참고)	입찰방식			운영예산 산정		성과평가 실시여부
				담당부서	1. 민간경상사업보조(307-02) 2. 민간단체 법정운영비보조(307-03) 3. 민간행사사업보조(307-04) 4. 민간위탁금(307-05) 5. 사회복지시설 법정운영비보조(307-10) 6. 민간인위탁교육비(307-12) 7. 공기관등에대한경상적위탁사업비(308-10) 8. 민간자본사업보조,자체재원(402-01) 9. 민간자본사업보조,이전재원(402-02) 10. 민간위탁사업비(402-03) 11. 공기관등에 대한 자본적 대행사업비(403-02)	1. 법률에 규정 2. 국고보조 재원(국가지정) 3. 용도 지정 기부금 4. 조례에 직접규정 5. 지자체가 권장하는 사업을 하는 공공기관 6. 시,도 정책 및 재정사정 7. 기타 8. 해당없음	계약체결방법 (경쟁형태) 1. 일반경쟁 2. 제한경쟁 3. 지명경쟁 4. 수의계약 5. 법정위탁 6. 기타 ( ) 7. 해당없음	계약기간 1. 1년 2. 2년 3. 3년 4. 4년 5. 5년 6. 기타 ( )년 7. 단기계약 (1년미만) 8. 해당없음	낙찰자선정방법 1. 적격심사 2. 협상에의한계약 3. 최저가낙찰제 4. 규격가격분리 5. 2단계 경쟁입찰 6. 기타 ( ) 7. 해당없음	운영예산 산정 1. 내부산정 (지자체 자체적으로 산정) 2. 외부산정 (외부전문기관위탁 산정) 3. 내·외부 모두 산정 4. 산정 無 5. 해당없음	정산방법 1. 내부정산 (지자체 내부적으로 정산) 2. 외부정산 (외부전문기관위탁 정산) 3. 내·외부 모두 산정 4. 정산 無 5. 해당없음	1. 실시 2. 미실시 3. 향후 추진 4. 해당없음
1343	인천 중구	어선사고 예방시스템 구축	10,800	농수산과	9	2	7	8	7	5	5	4
1344	인천 중구	수산물 포장용기 제작지원 사업	12,000	농수산과	9	1	7	8	7	5	5	4
1345	인천 중구	어촌체험마을 사무장 채용지원 사업	60,162	농수산과	9	2	7	8	7	5	5	4
1346	인천 중구	근대건축물 지원사업	15,000	문화관광과	9	4	7	8	7	5	5	4
1347	인천 중구	신재생 에너지 보급 주택지원 사업	20,000	안전관리과	9	1	7	8	7	5	5	4
1348	인천 중구	경로당(생활집기) 기능보강	40,000	어르신장애인과	9	4	7	8	7	1	1	2
1349	인천 중구	2021년 노인요양시설 확충 기능보강	9,500	어르신장애인과	9	2	7	8	7	1	1	4
1350	인천 중구	노인무료급식 사업기관 장비보강사업	2,000	어르신장애인과	9	6	7	8	7	1	1	4
1351	인천 중구	노인무료급식 사업기관 장비보강사업	2,000	어르신장애인과	9	6	7	8	7	1	1	4
1352	인천 중구	장애인직업재활시설 기능보강 사업	4,000	어르신장애인과	9	2	7	8	7	1	1	4
1353	인천 중구	가정용 저녹스보일러 보급사업	41,200	환경보호과	9	1	7	8	7	5	5	4
1354	인천 중구	가정용 저녹스보일러 보급사업	41,200	환경보호과	9	1	7	8	7	5	5	4
1355	인천 중구	소규모사업장방지시설설치지원사업	540,000	환경보호과	9	2	7	8	7	1	1	3
1356	인천 중구	실내공기질 관리시스템 설치, 운영	9,000	환경보호과	9	6	7	8	7	1	1	4
1357	인천 중구	수질TMS부착사업장 운영비 지원사업	20,400	환경보호과	9	2	7	8	7	5	5	4
1358	인천 동구	호흡기전담클리닉 설치 운영	100,000	보건행정과	9	2	7	8	7	5	5	4
1359	인천 동구	경로식당 무료급식 사업	10,000	노인장애인복지과	9	1	7	8	1	5	1	4
1360	인천 동구	소규모 사업장 방지시설 설치 지원	630,000	환경위생과	9	2	7	8	7	1	1	4
1361	인천 동구	가정용 저녹스보일러 보급사업	225,000	환경위생과	9	2	7	8	7	5	5	4
1362	인천 동구	공동주택관리 지원사업	150,000	건축과	9	4	7	8	7	1	1	4
1363	인천 동구	소규모 공동주택 주민자치관리 활성화사업	12,000	건축과	9	6	7	8	7	5	5	4
1364	인천 동구	어선사고 예방시스템 구축	1,800	도시전략실	9	1	7	8	7	5	5	4
1365	인천 동구	친환경 에너지절감장비 보급	12,000	도시전략실	9	1	7	8	7	5	5	4
1366	인천 미추홀구	작은도서관 장서확충 지원	10,000	시민공동체과	9	6	7	8	7	1	1	1
1367	인천 미추홀구	우수공예품 생산업체 개발장려금	4,000	일자리정책과	9	1	7	8	7	5	1	4
1368	인천 미추홀구	어선사고 예방시스템 구축	1,680	경제지원과	9	2	7	8	7	1	1	4
1369	인천 미추홀구	유기질비료 지원	939	경제지원과	9	2	7	8	7	1	1	4
1370	인천 미추홀구	농업인단체 신문구독료 지원	1,680	경제지원과	9	6	7	8	7	1	1	4
1371	인천 미추홀구	미추홀종합사회복지관 기능보강보조금 지원	14,750	복지정책과	9	1	7	8	7	5	1	4
1372	인천 미추홀구	숭의종합사회복지관 기능보강보조금 지원	8,074	복지정책과	9	1	7	8	7	5	1	4
1373	인천 미추홀구	노숙인복지시설 기능보강	20,000	복지정책과	9	2	7	8	7	5	1	4
1374	인천 미추홀구	경로식당 무료급식 장비보강	6,000	노인장애인복지과	9	1	6	8	7	1	1	1
1375	인천 미추홀구	노인요양시설 기능보강 지원	16,062	노인장애인복지과	9	2	4	7	7	1	1	1
1376	인천 미추홀구	중증장애인 자립생활체험 홈 설치	20,000	노인장애인복지과	9	1	7	8	7	1	1	4
1377	인천 미추홀구	장애인 직업재활시설 기능보강	111,144	노인장애인복지과	9	1	7	8	7	1	1	4
1378	인천 미추홀구	장애인 의료재활시설 기능보강	75,000	노인장애인복지과	9	1	7	8	7	1	1	4
1379	인천 미추홀구	아동복지시설 기능보강사업	63,540	여성가족과	9	2	7	8	7	5	5	4
1380	인천 미추홀구	인천형어린이집 시범사업 추진	16,000	보육정책과	9	6	7	8	7	1	1	2
1381	인천 미추홀구	어린이집 확충	70,000	보육정책과	9	2	7	8	7	5	1	2
1382	인천 미추홀구	어린이집 환경개선	3,945	보육정책과	9	2	7	8	7	5	5	4
1383	인천 미추홀구	어린이집 보존식 기자재 지원	39,200	보육정책과	9	2	7	8	7	5	5	4
1384	인천 미추홀구	소규모 사업장 방지시설 설치지원사업	210,060	환경보전과	9	2	7	8	7	5	5	4

순번	시군구	지출명 (사업명)	2021년예산 (단위:천원/1년간)	담당자 (공무원)	민간이전 분류 (지방자치단체 세출예산 집행기준에 의거)	민간이전지출 근거 (지방보조금 관리기준 참고)	입찰방식			운영예산 산정		성과평가 실시여부
				담당부서	1. 민간경상사업보조(307-02) 2. 민간단체 법정운영비보조(307-03) 3. 민간행사사업보조(307-04) 4. 민간위탁금(307-05) 5. 사회복지시설 법정운영비보조(307-10) 6. 민간인위탁교육비(307-12) 7. 공기관등에대한경상적위탁사업비(308-10) 8. 민간자본사업보조,자체재원(402-01) 9. 민간자본사업보조,이전재원(402-02) 10. 민간위탁사업비(402-03) 11. 공기관등에 대한 자본적 대행사업비(403-02)	1. 법률에 규정 2. 국고보조 재원(국가지정) 3. 용도 지정 기부금 4. 조례에 직접규정 5. 지자체가 권장하는 사업을 하는 공공기관 6. 시,도 정책 및 재정사정 7. 기타 8. 해당없음	계약체결방법 (경쟁형태) 1. 일반경쟁 2. 제한경쟁 3. 지명경쟁 4. 수의계약 5. 법정위탁 6. 기타 ( ) 7. 해당없음	계약기간 1. 1년 2. 2년 3. 3년 4. 4년 5. 5년 6. 기타 ( )년 7. 단기계약 (1년미만) 8. 해당없음	낙찰자선정방법 1. 적격심사 2. 협상에의한계약 3. 최저가낙찰제 4. 규격가격분리 5. 2단계 경쟁입찰 6. 기타 ( ) 7. 해당없음	운영예산 산정 1. 내부산정 (지자체 자체적으로 산정) 2. 외부산정 (외부전문기관위탁 산정) 3. 내·외부 모두 산정 4. 산정 無 5. 해당없음	정산방법 1. 내부정산 (지자체 내부적으로 정산) 2. 외부정산 (외부전문기관위탁 정산) 3. 내·외부 모두 산정 4. 정산 無 5. 해당없음	1. 실시 2. 미실시 3. 향후 추진 4. 해당없음
1385	인천 미추홀구	가정용 저녹스보일러 보급사업	230,000	환경보전과	9	2	7	8	7	5	5	4
1386	인천 미추홀구	건강 취약계층 실내공기질관리시스템 구축사업	44,000	환경보전과	9	6	7	8	7	5	5	4
1387	인천 미추홀구	생활악취 저감시설 설치	21,000	환경보전과	9	6	7	8	7	5	5	4
1388	인천 미추홀구	소규모 공동주택 주민자치 관리지원	15,000	건축과	9	4	7	8	7	5	5	4
1389	인천 미추홀구	화재안전성능보강 보조금 지원	268,000	건축과	9	1	7	8	7	5	5	4
1390	인천 미추홀구	공동주택보조금 지원	200,000	주택관리과	9	1	7	8	7	5	5	4
1391	인천 미추홀구	호흡기 전담클리닉 설치운영 지원	400,000	보건행정과	9	2	7	8	7	5	5	4
1392	인천 연수구	풍수해보험사업	1,000	안전관리과	9	1	7	8	7	5	5	4
1393	인천 연수구	사립작은도서관 지원	40,000	도서관정책과	9	1	7	8	7	1	1	4
1394	인천 연수구	작은도서관 장서확충 지원	16,000	도서관정책과	9	1	7	8	7	1	1	4
1395	인천 연수구	종합사회복지관 기능보강	40,270	복지정책과	9	1	1	7	7	1	1	1
1396	인천 연수구	장애인거주시설 기능보강	41,874	노인장애인과	9	2	7	8	7	1	1	4
1397	인천 연수구	장애인복지관 운영	200,000	노인장애인과	9	1	7	8	7	1	1	4
1398	인천 연수구	장애인 직업재활시설 기능보강	78,000	노인장애인과	9	2	7	8	7	1	1	4
1399	인천 연수구	장애인 의료재활시설 기능보강	150,420	노인장애인과	9	2	7	8	7	1	1	4
1400	인천 연수구	노인무료급식 사업기관 장비보강사업	14,000	노인장애인과	9	6	7	8	7	5	5	1
1401	광주 북구	지역아동센터환경개선지원	130,000	여성아동과	9	2	7	8	7	1	1	4
1402	광주 북구	화재안전성능보강지원	156,000	도시건축과	9	1	7	8	7	5	5	4
1403	광주 북구	발전소주변지역지원사업	8,600	시장산업과	9	1	7	8	7	1	3	2
1404	광주 북구	음식물류폐기물감량기설치사업	50,000	청소행정과	9	4	7	8	7	5	5	4
1405	광주 광산구	양봉산업 육성지원	48,000	생명농업과	9	6	7	8	7	5	5	4
1406	광주 광산구	축사환풍기 설치지원	27,000	생명농업과	9	6	7	8	7	5	5	4
1407	광주 광산구	가축분뇨퇴액비화지원	12,000	생명농업과	9	2	7	8	7	5	5	4
1408	광주 광산구	축사입구 소독시설지원	21,000	생명농업과	9	6	7	8	7	5	5	4
1409	광주 광산구	신재생에너지 지역지원사업	14,577	미래산업과	9	2	6	6	6	5	5	4
1410	광주 광산구	공동주택 지원사업	250,000	주택과	9	1	7	8	7	5	5	4
1411	광주 광산구	민간개방화장실지원사업	30,000	환경생태과	9	1	7	8	7	5	5	3
1412	광주 광산구	탄소은행 고효율 조명기기 교체 지원사업	5,000	환경생태과	9	6	4	7	3	1	1	3
1413	광주 광산구	탄소은행 고효율 조명기기 교체 지원사업	5,000	환경생태과	9	6	4	7	3	1	1	3
1414	광주 광산구	가정용 저녹스보일러 설치지원사업	610,000	환경생태과	9	2	7	8	7	1	1	4
1415	대구광역시	국가정보자원관리원 대구센터 전기 인입 공사	6,751	정보화담당관	9	7	7	8	7	5	5	1
1416	대구광역시	물없는 컬러산업 육성사업	150,000	섬유패션과	9	2	7	8	7	3	3	3
1417	대구광역시	배수개선사업	30,000	농산유통과	9	2	2	3	1	5	5	4
1418	대구광역시	지방투자촉진보조금 지원	10,000	투자유치과	9	2	7	8	7	1	3	1
1419	대구광역시	국내복귀기업 보조금 지원	15,000	투자유치과	9	2	7	8	7	5	5	4
1420	대구광역시	장애인 직업재활시설 기능보강	95,600	장애인복지과	9	7	1	5	1	1	1	1
1421	대구광역시	운행경유차 배출가스 저감사업	60,986	기후대기과	9	2	7	8	7	5	5	4
1422	대구광역시	어린이 통학차량 LPG차 전환지원	1,875	기후대기과	9	2	7	8	7	5	5	4
1423	대구광역시	보증기간 경과장치 성능유지관리	179,018	기후대기과	9	2	5	1	7	5	5	4
1424	대구광역시	천연가스차량 보급	171,000	기후대기과	9	2	7	8	7	5	5	4
1425	대구광역시	수질자동측정기기(TMS) 설치 및 운영비	360,000	수질개선과	9	2	7	7	7	1	1	4
1426	대구광역시	저상버스 도입	7,280	버스운영과	9	1	7	8	7	5	5	4

순번	시군구	지출명 (사업명)	2021년예산 (단위:천원/1년간)	담당자 (공무원)	민간이전 분류 (지방자치단체 세출예산 집행기준에 의거)	민간이전지출 근거 (지방보조금 관리기준 참고)	입찰방식			운영예산 산정		성과평가 실시여부
				담당부서	1. 민간경상사업보조(307-02) 2. 민간단체 법정운영비보조(307-03) 3. 민간행사사업보조(307-04) 4. 민간위탁금(307-05) 5. 사회복지시설 법정운영비보조(307-10) 6. 민간인위탁교육비(307-12) 7. 공기관등에대한경상적위탁사업비(308-10) 8. 민간자본사업보조,자체재원(402-01) 9. 민간자본사업보조,이전재원(402-02) 10. 민간위탁사업비(402-03) 11. 공기관등에 대한 자본적 대행사업비(403-02)	1. 법률에 규정 2. 국고보조 재원(국가지정) 3. 용도 지정 기부금 4. 조례에 직접규정 5. 지자체가 권장하는 사업을 하는 공공기관 6. 시,도 정책 및 재정사정 7. 기타 8. 해당없음	계약체결방법 (경쟁형태) 1. 일반경쟁 2. 제한경쟁 3. 지명경쟁 4. 수의계약 5. 법정위탁 6. 기타 ( ) 7. 해당없음	계약기간 1. 1년 2. 2년 3. 3년 4. 4년 5. 5년 6. 기타 ( )년 7. 단기계약 (1년미만) 8. 해당없음	낙찰자선정방법 1. 적격심사 2. 협상에의한계약 3. 최저가낙찰제 4. 규격가격분리 5. 2단계 경쟁입찰 6. 기타 ( ) 7. 해당없음	운영예산 산정 1. 내부산정 (지자체 자체적으로 산정) 2. 외부산정 (외부전문기관위탁 산정) 3. 내·외부 모두 산정 4. 산정 無 5. 해당없음	정산방법 1. 내부정산 (지자체 내부적으로 정산) 2. 외부정산 (외부전문기관위탁 정산) 3. 내·외부 모두 산정 4. 정산 無 5. 해당없음	1. 실시 2. 미실시 3. 향후 추진 4. 해당없음
1427	대구광역시	노후 고시원 등 간이SP설비 설치 지원	147,000	예방안전과	9	2	7	8	7	5	5	4
1428	대구광역시	비벡터링기술이용 시설원예작물 주요병방제기술시범	26,000	농업기술센터	9	2	7	8	7	1	1	1
1429	대구광역시	오감만족 재밌는 쌀체험여행 교실운영	60,000	농업기술센터	9	2	7	8	7	1	1	1
1430	대구광역시	원예활동전문가활용 도시농업시범	50,000	농업기술센터	9	2	7	8	7	1	1	1
1431	대구광역시	작목별 맞춤형 안전관리실천시범	50,000	농업기술센터	9	2	7	8	7	1	1	1
1432	대구 중구	사랑의집고쳐주기	55,000	행정지원과	9	4	7	8	7	1	1	1
1433	대구 중구	성매매피해자지원시설기능보강	22,570	복지정책과	9	2	7	8	7	1	1	2
1434	대구 중구	지역아동센터환경개선비지원	14,200	복지정책과	9	1	7	8	7	3	1	4
1435	대구 중구	아동복지시설기능보강사업	42,166	복지정책과	9	1	7	8	7	3	1	4
1436	대구 중구	어린이집환경개선	30,000	복지정책과	9	1	7	8	7	3	1	4
1437	대구 중구	어린이집보존식기자재지원	8,400	복지정책과	9	6	7	8	7	3	1	4
1438	대구 중구	장애인직업재활시설기능보강	56,000	생활지원과	9	2	7	8	7	3	3	4
1439	대구 중구	농기계구입지원사업	2,000	일자리경제과	9	6	7	8	7	1	1	4
1440	대구 중구	내집주차장갖기사업	4,000	교통과	9	1	7	8	7	1	3	3
1441	대구 중구	주차장공유사업	10,000	교통과	9	1	7	8	7	1	3	1
1442	대구 중구	주차장공유사업	10,000	교통과	9	1	7	8	7	1	3	1
1443	대구 중구	주차장공유사업	10,000	교통과	9	1	7	8	7	1	3	1
1444	대구 중구	주차장공유사업	10,000	교통과	9	1	7	8	7	1	3	1
1445	대구 중구	주차장공유사업	10,000	교통과	9	1	7	8	7	1	3	1
1446	대구 동구	국가지정문화재 및 등록문화재 보수정비 지원	978,000	관광과	9	1	7	8	7	5	5	4
1447	대구 동구	문화재 재난방지시설 구축	30,000	관광과	9	1	7	8	7	5	5	4
1448	대구 동구	문화재 재난방지시설 구축	265,714	관광과	9	1	7	8	7	5	5	4
1449	대구 동구	시지정 문화재 보수정비	380,000	관광과	9	1	7	8	7	5	5	4
1450	대구 동구	시지정 문화재 보수정비	385,000	관광과	9	1	7	8	7	5	5	4
1451	대구 동구	전통사찰 방재시스템 구축	115,000	관광과	9	1	7	8	7	5	5	4
1452	대구 동구	전통사찰 방재시스템 구축	147,000	관광과	9	1	7	8	7	5	5	4
1453	대구 동구	수리계 수리시설 유지관리	50,000	경제지원과	9	4	7	8	7	5	5	4
1454	대구 동구	농업분야 에너지절감시설 지원	15,750	경제지원과	9	2	7	8	7	5	5	4
1455	대구 동구	과수경쟁력 제고사업	231,500	경제지원과	9	1	7	8	7	5	5	4
1456	대구 동구	원예작물경쟁력 제고사업	610,000	경제지원과	9	1	7	8	7	5	5	4
1457	대구 동구	농기계구입 지원사업	98,000	경제지원과	9	1	7	8	7	5	5	4
1458	대구 동구	농기계 등화장치 부착지원	6,000	경제지원과	9	2	7	8	7	5	5	4
1459	대구 동구	우수명품 육성사업	30,000	경제지원과	9	4	7	8	7	5	5	4
1460	대구 동구	계란 냉장차량 지원사업	15,000	경제지원과	9	2	7	8	7	5	5	4
1461	대구 동구	축산경쟁력사업	52,000	경제지원과	9	1	7	8	7	5	5	4
1462	대구 동구	축산경쟁력사업	28,000	경제지원과	9	1	7	8	7	5	5	4
1463	대구 동구	축산경쟁력사업	42,250	경제지원과	9	1	7	8	7	5	5	4
1464	대구 동구	지역에너지절약사업	430,000	경제지원과	9	2	7	8	7	5	5	4
1465	대구 동구	종합사회복지관 운영	47,570	복지정책과	9	1	2	8	1	3	3	1
1466	대구 동구	노인요양시설확충사업	18,000	어르신장애인과	9	2	7	8	7	1	3	4
1467	대구 동구	장애인직업재활시설 기능보강	205,168	어르신장애인과	9	1	7	8	7	5	1	3
1468	대구 동구	어린이집 보존식 기자재 지원	46,900	여성청소년과	9	2	7	8	7	1	1	2

순번	시군구	지출명 (사업명)	2021년예산 (단위:천원/1년간)	담당자 (공무원) 담당부서	민간이전 분류 (지방자치단체 세출예산 집행기준에 의거) 1. 민간경상사업보조(307-02) 2. 민간단체 법정운영비보조(307-03) 3. 민간행사사업보조(307-04) 4. 민간위탁금(307-05) 5. 사회복지시설 법정운영비보조(307-10) 6. 민간인위탁교육비(307-12) 7. 공기관등에대한경상적위탁사업비(308-10) 8. 민간자본사업보조,자체재원(402-01) 9. 민간자본사업보조,이전재원(402-02) 10. 민간위탁사업비(402-03) 11. 공기관등에 대한 자본적 대행사업비(403-02)	민간이전지출 근거 (지방보조금 관리기준 참고) 1. 법률에 규정 2. 국고보조 재원(국가지정) 3. 용도 지정 기부금 4. 조례에 직접규정 5. 지자체가 권장하는 사업을 하는 공공기관 6. 시,도 정책 및 재정사정 7. 기타 8. 해당없음	입찰방식 계약체결방법 (경쟁형태) 1. 일반경쟁 2. 제한경쟁 3. 지명경쟁 4. 수의계약 5. 법정위탁 6. 기타 ( ) 7. 해당없음	입찰방식 계약기간 1. 1년 2. 2년 3. 3년 4. 4년 5. 5년 6. 기타 ( )년 7. 단기계약 (1년미만) 8. 해당없음	입찰방식 낙찰자선정방법 1. 적격심사 2. 협상에의한계약 3. 최저가낙찰제 4. 규격가격분리 5. 2단계 경쟁입찰 6. 기타 ( ) 7. 해당없음	운영예산 산정 운영예산 산정 1. 내부산정 (지자체 자체적으로 산정) 2. 외부산정 (외부전문기관위탁 산정) 3. 내·외부 모두 산정 4. 산정 無 5. 해당없음	운영예산 산정 정산방법 1. 내부정산 (지자체 내부적으로 정산) 2. 외부정산 (외부전문기관위탁 정산) 3. 내·외부 모두 산정 4. 정산 無 5. 해당없음	성과평가 실시여부 1. 실시 2. 미실시 3. 향후 추진 4. 해당없음
1469	대구 동구	어린이집 확충	110,000	여성청소년과	9	2	7	8	7	1	1	2
1470	대구 동구	어린이집 확충	10,000	여성청소년과	9	2	7	8	7	1	1	2
1471	대구 동구	어린이집 환경개선	64,362	여성청소년과	9	2	7	8	7	1	1	2
1472	대구 동구	지역아동센터 환경개선 지원	28,400	여성청소년과	9	1	7	8	7	1	1	1
1473	대구 동구	야생동물 피해예방시설 설치	10,000	환경녹색과	9	1	7	8	7	5	1	4
1474	대구 동구	가정용 저녹스 보일러 설치 지원	290,000	환경녹색과	9	1	7	8	7	5	5	4
1475	대구 동구	화재안전성능보강 지원사업	102,662	건축주택과	9	1	7	8	7	5	5	2
1476	대구 서구	마을기업 육성사업	50,000	경제과	9	2	7	8	7	5	5	4
1477	대구 서구	계란 냉장차량 지원사업	15,000	경제과	9	1	7	8	7	5	5	4
1478	대구 서구	유기질비료 지원	2,630	경제과	9	1	7	8	7	5	5	4
1479	대구 서구	농기계구입 지원	4,000	경제과	9	1	7	8	7	5	5	4
1480	대구 서구	종합사회복지관 운영	63,000	복지정책과	9	1	1	5	1	1	1	1
1481	대구 서구	장애인직업재활시설 기능보강	4,000	사회복지과	9	2	7	8	7	1	1	4
1482	대구 서구	지역아동센터 환경개선 지원	42,600	사회복지과	9	2	1	1	6	1	1	2
1483	대구 서구	음식점 손씻는 시설 설치지원	30,000	위생과	9	4	7	8	7	5	5	4
1484	대구 서구	저녹스보일러 설치 지원사업	250,000	환경청소과	9	2	7	8	7	5	5	4
1485	대구 서구	화재안전성능보강지원사업	102,662	건축주택과	9	1	7	8	7	1	1	1
1486	대구 서구	내집주차장갖기 지원 사업	10,000	교통과	9	1	7	8	7	5	5	4
1487	대구 서구	주차장 개방 공유 사업	100,000	교통과	9	1	7	8	7	5	5	4
1488	대구 서구	호흡기전담클리닉 설치운영 지원	200,000	보건행정과	9	2	7	7	7	5	1	4
1489	대구 남구	법장사 방재시스템 구축	119,000	문화관광과	9	2	7	8	7	5	5	4
1490	대구 남구	은적사 대웅전 및 삼성각 보수공사	220,000	문화관광과	9	2	7	8	7	5	5	4
1491	대구 남구	장애인직업재활시설 기능보강	24,000	행복정책과	9	2	7	8	7	1	1	4
1492	대구 남구	노인요양시설 확충사업	8,000	복지지원과	9	1	7	8	7	5	5	4
1493	대구 남구	어린이집 환경개선	32,000	복지지원과	9	2	7	8	7	5	1	4
1494	대구 남구	어린이집 보존식 기자재 지원사업	11,200	복지지원과	9	2	7	8	7	5	1	4
1495	대구 남구	국공립 장기임차 감정평가 수수료	4,000	복지지원과	9	6	7	8	7	5	1	4
1496	대구 남구	아동복지시설 기능보강	21,990	복지지원과	9	2	4	7	7	1	1	4
1497	대구 남구	폭력피해 이주여성 기능보강비	5,000	복지지원과	9	1	7	8	7	1	1	2
1498	대구 남구	가정폭력피해자 보호시설 기능보강비	25,270	복지지원과	9	1	7	8	7	1	1	2
1499	대구 남구	성폭력피해자 보호시설 기능보강비	6,000	복지지원과	9	1	7	8	7	1	1	2
1500	대구 남구	지역아동센터 환경개선비 지원	14,200	복지지원과	9	2	7	8	7	5	5	4
1501	대구 남구	계란 냉장차량 지원	15,000	시장경제과	9	2	7	8	7	5	1	4
1502	대구 남구	민간자본사업보조	270,000	녹색환경과	9	2	7	8	7	5	5	4
1503	대구 남구	내집주차장갖기 사업 지원	10,000	교통과	9	1	7	8	7	5	5	4
1504	대구 남구	주차장 개방 공유사업 지원	100,000	교통과	9	1	7	8	7	5	5	4
1505	대구 남구	호흡기전담클리닉 설치 운영	100,000	보건행정과	9	7	7	8	7	1	1	4
1506	대구 북구	장애인거주시설기능보강	85,350	복지정책과	9	2	7	1	1	1	1	1
1507	대구 북구	종합사회복지관지원	120,613	복지정책과	9	1	5	8	7	1	1	4
1508	대구 북구	장애인직업재활시설기능보강	70,570	복지정책과	9	6	7	1	1	1	1	1
1509	대구 북구	전기울타리설치 지원 사업	10,000	환경관리과	9	1	7	8	7	5	5	4
1510	대구 북구	가정용 저녹스 보일러 설치지원	290,000	환경관리과	9	1	7	8	7	5	5	4

순번	시군구	지출명 (사업명)	2021년예산 (단위:천원/1년간)	담당자 (공무원) 담당부서	민간이전 분류 (지방자치단체 세출예산 집행기준에 의거) 1. 민간경상사업보조(307-02) 2. 민간단체 법정운영비보조(307-03) 3. 민간행사사업보조(307-04) 4. 민간위탁금(307-05) 5. 사회복지시설 법정운영비보조(307-10) 6. 민간인위탁교육비(307-12) 7. 공기관등에대한경상적위탁사업비(308-10) 8. 민간자본사업보조,자체재원(402-01) 9. 민간자본사업보조,이전재원(402-02) 10. 민간위탁사업비(402-03) 11. 공기관등에 대한 자본적 대행사업비(403-02)	민간이전지출 근거 (지방보조금 관리기준 참고) 1. 법률에 규정 2. 국고보조 재원(국가지정) 3. 용도 지정 기부금 4. 조례에 직접규정 5. 지자체가 권장하는 사업을 하는 공공기관 6. 시,도 정책 및 재정사정 7. 기타 8. 해당없음	입찰방식 계약체결방법 (경쟁형태) 1. 일반경쟁 2. 제한경쟁 3. 지명경쟁 4. 수의계약 5. 법정위탁 6. 기타 ( ) 7. 해당없음	입찰방식 계약기간 1. 1년 2. 2년 3. 3년 4. 4년 5. 5년 6. 기타 ( )년 7. 단기계약 (1년미만) 8. 해당없음	입찰방식 낙찰자선정방법 1. 적격심사 2. 협상에의한계약 3. 최저가낙찰제 4. 규격가격분리 5. 2단계 경쟁입찰 6. 기타 ( ) 7. 해당없음	운영예산 산정 운영예산 산정 1. 내부산정 (지자체 자체적으로 산정) 2. 외부산정 (외부전문기관위탁 산정) 3. 내·외부 모두 산정 4. 산정 無 5. 해당없음	운영예산 산정 정산방법 1. 내부정산 (지자체 내부적으로 정산) 2. 외부정산 (외부전문기관위탁 정산) 3. 내·외부 모두 산정 4. 정산 無 5. 해당없음	성과평가 실시여부 1. 실시 2. 미실시 3. 향후 추진 4. 해당없음
1511	대구 북구	어린이집 확충	1,320	가족복지과	9	2	7	8	7	5	5	4
1512	대구 북구	어린이집 환경개선	38,000	가족복지과	9	2	7	8	7	5	5	4
1513	대구 북구	보존식 기자재 지원	58,100	가족복지과	9	2	7	8	7	5	5	4
1514	대구 북구	화재안전 성능보강 지원사업	51,331	건축주택과	9	1	7	8	7	5	5	4
1515	대구 북구	주차장개방 공유사업	100,000	교통과	9	1	7	8	7	1	1	4
1516	대구 북구	호흡기전담클리닉설치운영지원사업	500,000	강북보건지소	9	2	7	8	7	5	5	3
1517	대구 수성구	말벌퇴치장비지원	1,200	녹색환경과	9	2	7	8	7	1	1	4
1518	대구 수성구	계란 냉장차량 지원	15,000	녹색환경과	9	2	2	8	1	1	1	1
1519	대구 수성구	한부모가족복지시설 기능보강	61,246	청년여성가족과	9	2	7	8	7	5	5	4
1520	대구 수성구	폭력피해이주여성보호시설 기능보강	5,000	청년여성가족과	9	2	7	8	7	5	5	4
1521	대구 수성구	어린이집 환경개선	220,404	청년여성가족과	9	2	7	8	7	5	5	4
1522	대구 수성구	보존식 기자재 지원	37,800	청년여성가족과	9	2	7	8	7	5	5	4
1523	대구 수성구	장애인거주시설 기능보강	81,572	복지정책과	9	2	7	8	7	1	1	4
1524	대구 수성구	장애인직업재활시설 장비보강	12,000	복지정책과	9	1	7	8	7	5	1	4
1525	대구 수성구	21년 화재안전성능보강 지원사업	102,662	건축과	9	2	7	8	7	5	5	4
1526	대구 수성구	공동주택 관리문화 정착	300,000	건축과	9	4	7	8	7	5	5	4
1527	대구 수성구	농기계 구입지원	26,000	녹색환경과	9	2	7	8	2	1	1	4
1528	대구 수성구	농기계등화장치 부착지원	2,500	녹색환경과	9	3	7	8	7	1	1	4
1529	대구 수성구	채소류 경쟁력제고사업	49,500	녹색환경과	9	2	7	8	7	1	1	4
1530	대구 달서구	농기계 구입 지원사업	8,000	경제지원과	9	1	7	8	7	5	5	4
1531	대구 달서구	토양개량제 지원	502	경제지원과	9	2	7	8	7	5	1	4
1532	대구 달서구	유기질비료 지원	22,450	경제지원과	9	2	7	8	7	5	1	4
1533	대구 달서구	도시텃밭 조성 사업	2,000	경제지원과	9	1	7	8	7	5	5	4
1534	대구 달서구	계란 냉장차량 지원	30,000	경제지원과	9	1	7	8	7	5	5	4
1535	대구 달서구	장애인 직업재활시설 기능보강	20,000	어르신장애인과	9	1	7	8	7	1	1	1
1536	대구 달서구	종합사회복지관 기능보강사업	190,000	행복나눔과	9	4	7	8	7	1	1	1
1537	대구 달서구	지역아동센터 환경개선 지원	42,600	여성가족과	9	2	7	8	7	1	1	2
1538	대구 달서구	한부모가족복지시설 기능보강	88,114	여성가족과	9	2	5	8	7	1	1	1
1539	대구 달서구	평가인증 어린이집 환경개선비 지원	93,000	여성가족과	9	2	7	8	7	5	1	2
1540	대구 달서구	어린이집 환경개선	30,000	여성가족과	9	2	7	8	7	5	1	2
1541	대구 달서구	어린이집 보존식 기자재 지원	68,600	여성가족과	9	4	7	8	7	5	1	2
1542	대구 달서구	화재안전 성능보강 지원사업	102,662	건축과	9	1	7	8	7	5	5	4
1543	대구 달서구	호흡기 전담 클리닉 설치 운영	400,000	보건행정과	9	2	7	8	7	5	1	4
1544	대구 달성군	사랑의 집 고쳐주기	50,240	자치행정과	9	1	5	8	7	5	1	1
1545	대구 달성군	야생동물 피해 예방시설 설치 사업	80,000	환경과	9	2	7	8	7	5	5	4
1546	대구 달성군	상수원보호구역 주민지원사업	365,186	환경과	9	2	7	8	7	5	5	4
1547	대구 달성군	굴뚝자동측정기기 설치운영관리비 지원사업	19,218	환경과	9	2	7	8	7	5	5	4
1548	대구 달성군	가정용 저녹스보일러 설치지원 사업	270,000	환경과	9	2	7	8	7	5	5	4
1549	대구 달성군	주유소 유증기 회수설비 지원사업	115,600	환경과	9	8	7	8	7	5	5	4
1550	대구 달성군	시설원예 현대화 지원	150,000	농업정책과	9	1	7	8	7	1	1	1
1551	대구 달성군	ICT융복합확산사업	95,632	농업정책과	9	1	7	8	7	1	1	1
1552	대구 달성군	농가형 저온저장고 설치 지원	300,000	농업정책과	9	1	7	8	7	1	1	1

순번	시군구	지출명 (사업명)	2021년예산 (단위:천원/1년간)	담당자 (공무원)	민간이전 분류 (지방자치단체 세출예산 집행기준에 의거)	민간이전지출 근거 (지방보조금 관리기준 참고)	입찰방식			운영예산 산정		성과평가 실시여부
				담당부서	1. 민간경상사업보조(307-02) 2. 민간단체 법정운영비보조(307-03) 3. 민간행사사업보조(307-04) 4. 민간위탁금(307-05) 5. 사회복지시설 법정운영비보조(307-10) 6. 민간인위탁교육비(307-12) 7. 공기관등에대한경상적위탁사업비(308-10) 8. 민간자본사업보조,자체재원(402-01) 9. 민간자본사업보조,이전재원(402-02) 10. 민간위탁사업비(402-03) 11. 공기관등에 대한 자본적 대행사업비(403-02)	1. 법률에 규정 2. 국고보조 재원(국가지정) 3. 용도 지정 기부금 4. 조례에 직접규정 5. 지자체가 권장하는 사업을 하는 공공기관 6. 시,도 정책 및 재정사정 7. 기타 8. 해당없음	계약체결방법 (경쟁형태) 1. 일반경쟁 2. 제한경쟁 3. 지명경쟁 4. 수의계약 5. 법정위탁 6. 기타 ( ) 7. 해당없음	계약기간 1. 1년 2. 2년 3. 3년 4. 4년 5. 5년 6. 기타 ( )년 7. 단기계약 (1년미만) 8. 해당없음	낙찰자선정방법 1. 적격심사 2. 협상에의한계약 3. 최저가낙찰제 4. 규격가격분리 5. 2단계 경쟁입찰 6. 기타 ( ) 7. 해당없음	운영예산 산정 1. 내부산정 (지자체 자체적으로 산정) 2. 외부산정 (외부전문기관위탁 산정) 3. 내·외부 모두 산정 4. 산정 無 5. 해당없음	정산방법 1. 내부정산 (지자체 내부적으로 정산) 2. 외부정산 (외부전문기관위탁 정산) 3. 내·외부 모두 산정 4. 정산 無 5. 해당없음	1. 실시 2. 미실시 3. 향후 추진 4. 해당없음
1553	대구 달성군	시설원예 난방기 지원	52,500	농업정책과	9	1	7	8	7	1	1	1
1554	대구 달성군	시설원예 파이프 지원	48,000	농업정책과	9	1	7	8	7	1	1	1
1555	대구 달성군	농산물 결속기 지원	20,000	농업정책과	9	1	7	8	7	1	1	1
1556	대구 달성군	화훼 생산시설 현대화	40,000	농업정책과	9	1	7	8	7	1	1	1
1557	대구 달성군	우수명품 농축특산물 육성지원	140,000	농업정책과	9	1	7	8	7	1	1	1
1558	대구 달성군	대형선풍기 지원	75,000	농업정책과	9	4	7	8	7	1	1	1
1559	대구 달성군	축산분뇨처리장비지원	40,000	농업정책과	9	4	7	8	7	1	1	1
1560	대구 달성군	사료배합기 지원	20,000	농업정책과	9	4	7	8	7	1	1	1
1561	대구 달성군	조사료생산장비 지원	160,000	농업정책과	9	4	7	8	7	1	1	1
1562	대구 달성군	임산물생산단지규모화	13,530	공원녹지과	9	2	7	8	7	5	5	4
1563	대구 달성군	청정임산물이용증진	760	공원녹지과	9	2	7	8	7	5	5	4
1564	대구 달성군	성형목탄 환경개선	14,000	공원녹지과	9	2	7	8	7	5	5	4
1565	대구 달성군	어린이집 기능보강	35,000	복지정책과	9	1	7	8	7	2	1	1
1566	대구 달성군	장애아전문어린이집 활성화	4,000	복지정책과	9	1	7	8	7	2	1	1
1567	대구 달성군	평가인증 어린이집 환경개선비 지원	68,000	복지정책과	9	1	7	8	7	3	1	1
1568	대구 달성군	장애인거주시설 기능보강	27,000	희망지원과	9	1	7	8	7	5	5	4
1569	대구 달성군	장애인직업재활시설 기능보강	160,000	희망지원과	9	1	7	8	7	5	5	4
1570	대구 달성군	지역아동센터 환경개선비 지원	30,000	희망지원과	9	2	7	8	7	5	5	4
1571	대구 달성군	화재안전성능보강 지원사업	102,676	건축과	9	1	7	8	7	1	1	4
1572	대구 달성군	용문사 대웅전 및 산신각 보수	200,000	관광과	9	2	7	8	7	5	5	4
1573	대구 달성군	남평문씨 본리세거지 광거당 보수	80,000	관광과	9	2	7	8	7	5	5	4
1574	대구 달성군	용문사 방재시스템 구축	48,000	관광과	9	2	7	8	7	5	5	4
1575	대구 달성군	용연사 방재시스템 구축	72,000	관광과	9	2	7	8	7	5	5	4
1576	대구 달성군	양송이버섯재배용 지주식 배지교반기 시범	70,000	농촌지도과	9	2	7	8	7	1	1	1
1577	대구 달성군	토마토 수경재배 작은뿌리파리 종합관리 기술시범	30,000	농촌지도과	9	2	7	8	7	1	1	1
1578	대구 달성군	시설원예작물 바이러스 종합예방기술시범	40,000	농촌지도과	9	2	7	8	7	1	1	1
1579	대구 달성군	시설작물 자동 관수 및 관비시스템 시범	26,000	농촌지도과	9	2	7	8	7	1	1	1
1580	대전광역시	긴급피난처 운영지원	10,000	성인지정책담당관	9	1	1	3	2	1	1	1
1581	대전광역시	지방투자촉진보조금	50,000	투자유치과	9	2	7	8	7	1	1	4
1582	대전광역시	대덕특구 순환 친환경버스 구입	879,000	과학산업과	9	6	1	2	3	1	1	2
1583	대전광역시	수소자동차	9,685	기반산업과	9	2	7	7	7	5	5	4
1584	대전광역시	신재생에너지보급 주택지원사업	200,000	기반산업과	9	6	7	8	7	1	1	4
1585	대전광역시	충남대학교 육상경기장 조성	30,000	체육진흥과	9	2	6	8	7	1	1	1
1586	대전광역시	입원치료병상 장비지원 사업	150,000	감염병관리과	9	2	7	8	7	1	1	1
1587	대전광역시	국가지정입원치료병상 음압병실 확충사업	455,000	감염병관리과	9	2	7	8	7	1	1	1
1588	대전광역시	지역거점병원 공공성 강화	2,500	건강보건과	9	1	7	8	7	3	3	4
1589	대전광역시	저상버스 구입보조	7,844	버스운영과	9	2	7	8	7	5	5	4
1590	대전광역시	전기버스 구입보조	400,000	버스운영과	9	2	7	8	7	5	5	4
1591	대전광역시	수소버스 구입보조	6,888	버스운영과	9	2	7	8	7	5	5	4
1592	대전광역시	노후 고시원 간이스프링클러설비 설치 지원	98,200	예방안전과	9	2	7	8	7	5	5	4
1593	대전 동구	전통사찰 보수정비사업	300,000	관광문화체육과	9	2	1	1	6	1	1	2
1594	대전 동구	미니태양광시설 보급지원	183,600	일자리경제과	9	6	7	8	7	5	5	4

순번	시군구	지출명 (사업명)	2021년예산 (단위:천원/1년간)	담당자 (공무원)	민간이전 분류 (지방자치단체 세출예산 집행기준에 의거)	민간이전지출 근거 (지방보조금 관리기준 참고)	입찰방식			운영예산 산정		성과평가 실시여부
				담당부서	1. 민간경상사업보조(307-02) 2. 민간단체 법정운영비보조(307-03) 3. 민간행사사업보조(307-04) 4. 민간위탁금(307-05) 5. 사회복지시설 법정운영비보조(307-10) 6. 민간인위탁교육비(307-12) 7. 공기관등에대한경상적위탁사업비(308-10) 8. 민간자본사업보조,자체재원(402-01) 9. 민간자본사업보조,이전재원(402-02) 10. 민간위탁사업비(402-03) 11. 공기관등에 대한 자본적 대행사업비(403-02)	1. 법률에 규정 2. 국고보조 재원(국가지정) 3. 용도 지정 기부금 4. 조례에 직접규정 5. 지자체가 권장하는 사업을 하는 공공기관 6. 시,도 정책 및 재정사정 7. 기타 8. 해당없음	계약체결방법 (경쟁형태) 1. 일반경쟁 2. 제한경쟁 3. 지명경쟁 4. 수의계약 5. 법정위탁 6. 기타 ( ) 7. 해당없음	계약기간 1. 1년 2. 2년 3. 3년 4. 4년 5. 5년 6. 기타 ( )년 7. 단기계약 (1년미만) 8. 해당없음	낙찰자선정방법 1. 적격심사 2. 협상에의한계약 3. 최저가낙찰제 4. 규격가격분리 5. 2단계 경쟁입찰 6. 기타 ( ) 7. 해당없음	운영예산 산정 1. 내부산정 (지자체 자체적으로 산정) 2. 외부산정 (외부전문기관위탁 산정) 3. 내·외부 모두 산정 4. 산정 無 5. 해당없음	정산방법 1. 내부정산 (지자체 내부적으로 정산) 2. 외부정산 (외부전문기관위탁 정산) 3. 내·외부 모두 산정 4. 정산 無 5. 해당없음	1. 실시 2. 미실시 3. 향후 추진 4. 해당없음
1595	대전 동구	미니태양광시설 보급지원	183,600	일자리경제과	9	6	7	8	7	5	5	4
1596	대전 동구	미니태양광시설 보급지원	183,600	일자리경제과	9	6	7	8	7	5	5	4
1597	대전 동구	미니태양광시설 보급지원	183,600	일자리경제과	9	6	7	8	7	5	5	4
1598	대전 동구	사회복지관 기능보강사업	90,000	복지정책과	9	1	1	7	3	1	1	1
1599	대전 동구	사회복지관 기능보강사업	70,000	복지정책과	9	1	1	7	3	1	1	1
1600	대전 동구	사회복지관 기능보강사업	80,000	복지정책과	9	1	1	7	3	1	1	1
1601	대전 동구	가정폭력 피해자 보호시설 기능보강	17,804	여성가족과	9	1	7	8	7	1	1	1
1602	대전 동구	어린이집 기능보강	94,000	여성가족과	9	1	7	1	1	1	1	2
1603	대전 동구	어린이집 기능보강	37,100	여성가족과	9	1	7	1	1	1	1	2
1604	대전 동구	장애아전담어린이집 기능보강	6,000	여성가족과	9	1	7	1	1	1	1	2
1605	대전 동구	국공립 어린이집 확충	30,000	여성가족과	9	1	7	6	1	1	1	2
1606	대전 동구	지역아동센터 환경개선비 지원	20,000	여성가족과	9	2	7	8	7	5	1	4
1607	대전 동구	야생동물 피해예방시설 설치지원	58,000	환경과	9	1	7	8	7	1	1	4
1608	대전 동구	공동주택 음식물쓰레기 RFID 기반 종량기 설치	18,000	환경과	9	6	7	8	7	3	3	1
1609	대전 동구	가정용 저녹스 보일러 보급사업	390,000	환경과	9	2	7	8	7	2	2	4
1610	대전 동구	댐주변지역 지원사업	263,538	환경과	9	1	7	8	7	3	3	1
1611	대전 동구	상수원관리지역 일반지원	747,406	환경과	9	1	7	8	7	3	3	1
1612	대전 동구	공동주택 노후시설물 보수지원	100,000	건축과	9	4	7	8	7	1	1	1
1613	대전 동구	화재안전성능보강 지원사업	130,663	건축과	9	2	7	8	7	5	5	4
1614	대전 동구	내집주차장 갖기사업	30,000	교통과	9	1	7	7	7	5	1	4
1615	대전 동구	부설주차장 개방 시설물 설치	40,000	교통과	9	1	7	7	7	5	1	4
1616	대전 동구	호흡기 전담 클리닉 설치 운영	200,000	질병관리과	9	2	7	8	7	5	5	4
1617	대전 동구	새마을회관 건립	15,000	총무과	9	1	7	8	7	2	3	1
1618	대전 동구	사회복지관 기능보강	25,000	복지정책과	9	1	7	8	7	1	1	4
1619	대전 동구	장애인 직업재활시설 기능보강사업	35,000	복지정책과	9	1	7	8	7	5	1	4
1620	대전 동구	장애인 직업재활시설 기능보강사업	8,000	복지정책과	9	1	7	8	7	5	1	4
1621	대전 동구	성폭력피해자 보호시설 기능보강 지원	8,000	여성가족과	9	1	5	8	7	1	1	4
1622	대전 동구	어린이집 기능보강	32,000	여성가족과	9	1	1	7	3	1	1	1
1623	대전 동구	보존식 기자재비	31,500	여성가족과	9	1	7	8	7	5	5	4
1624	대전 동구	국공립어린이집 확충 인센티브	18,000	여성가족과	9	4	1	7	3	1	1	1
1625	대전 동구	아동복지시설 기능보강	107,740	여성가족과	9	1	7	8	7	1	1	4
1626	대전 동구	지역아동센터 환경개선비 지원	60,000	여성가족과	9	1	7	8	7	1	1	1
1627	대전 동구	다함께돌봄센터 설치비(리모델링비) 지원	100,000	여성가족과	9	1	7	8	7	1	1	3
1628	대전 동구	다함께돌봄센터 설치비(기자재비) 지원	40,000	여성가족과	9	1	7	8	7	1	1	3
1629	대전 동구	토양개량제 공급사업	5,518	경제기업과	9	2	7	8	7	5	5	4
1630	대전 동구	유기질비료 공급사업	151,678	경제기업과	9	2	7	8	7	5	5	4
1631	대전 동구	딸기체험 하우스 설치	64,550	경제기업과	9	6	7	8	7	5	5	4
1632	대전 동구	농산물저온저장고(농기계) 지원	40,866	경제기업과	9	6	7	8	7	5	5	4
1633	대전 동구	벼 영농자재 통합 지원	42,000	경제기업과	9	6	7	8	7	5	5	4
1634	대전 동구	곤충사육농가 소득증대 지원	2,800	경제기업과	9	6	7	8	7	5	5	4
1635	대전 동구	비닐하우스연질필름 교체지원	35,520	경제기업과	9	6	7	8	7	5	5	4
1636	대전 동구	친환경 우렁꽃 상토지원	1,368	경제기업과	9	6	7	8	7	5	5	4

순번	시군구	지출명 (사업명)	2021년예산 (단위:천원/1년간)	담당자 (공무원) 담당부서	민간이전 분류 (지방자치단체 세출예산 집행기준에 의거) 1. 민간경상사업보조(307-02) 2. 민간단체 법정운영비보조(307-03) 3. 민간행사사업보조(307-04) 4. 민간위탁금(307-05) 5. 사회복지시설 법정운영비보조(307-10) 6. 민간인위탁교육비(307-12) 7. 공기관등에대한경상적위탁사업비(308-10) 8. 민간자본사업보조,자체재원(402-01) 9. 민간자본사업보조,이전재원(402-02) 10. 민간위탁사업비(402-03) 11. 공기관등에 대한 자본적 대행사업비(403-02)	민간이전지출 근거 (지방보조금 관리기준 참고) 1. 법률에 규정 2. 국고보조 재원(국가지정) 3. 용도 지정 기부금 4. 조례에 직접규정 5. 지자체가 권장하는 사업을 하는 공공기관 6. 시,도 정책 및 재정사정 7. 기타 8. 해당없음	입찰방식 계약체결방법 (경쟁형태) 1. 일반경쟁 2. 제한경쟁 3. 지명경쟁 4. 수의계약 5. 법정위탁 6. 기타 ( ) 7. 해당없음	입찰방식 계약기간 1. 1년 2. 2년 3. 3년 4. 4년 5. 5년 6. 기타 ( )년 7. 단기계약 (1년미만) 8. 해당없음	입찰방식 낙찰자선정방법 1. 적격심사 2. 협상에의한계약 3. 최저가낙찰제 4. 규격가격분리 5. 2단계 경쟁입찰 6. 기타 ( ) 7. 해당없음	운영예산 산정 운영예산 산정 1. 내부산정 (지자체 자체적으로 산정) 2. 외부산정 (외부전문기관위탁 산정) 3. 내·외부 모두 산정 4. 산정 無 5. 해당없음	운영예산 산정 정산방법 1. 내부정산 (지자체 내부적으로 정산) 2. 외부정산 (외부전문기관위탁 정산) 3. 내·외부 모두 산정 4. 정산 無 5. 해당없음	성과평가 실시여부 1. 실시 2. 미실시 3. 향후 추진 4. 해당없음
1637	대전 동구	도시농업 어린이 체험농장 지원	2,250	경제기업과	9	6	7	8	7	5	5	4
1638	대전 동구	자동채밀기 지원사업	5,040	경제기업과	9	6	7	8	7	5	5	4
1639	대전 동구	자동탈봉기 지원사업	3,600	경제기업과	9	6	7	8	7	5	5	4
1640	대전 동구	화분선별기 지원사업	1,980	경제기업과	9	6	7	8	7	5	5	4
1641	대전 동구	안개분무시설 지원	3,600	경제기업과	9	6	7	8	7	5	5	4
1642	대전 동구	계란 냉장차량 지원	60,000	경제기업과	9	2	7	8	7	5	5	4
1643	대전 동구	마을기업 육성사업	95,000	경제기업과	9	2	7	8	7	5	1	4
1644	대전 동구	미니 태양광발전시설 보급지원사업	214,200	경제기업과	9	7	7	8	7	5	5	4
1645	대전 동구	신재생에너지 융복합지원사업	879,360	경제기업과	9	7	7	1	6	5	1	4
1646	대전 동구	가정용 저녹스 보일러 보급사업	520,000	환경과	9	2	7	7	7	5	1	4
1647	대전 동구	야생동물 피해예방 지원사업	30,000	환경과	9	2	7	8	7	1	1	2
1648	대전 동구	공동주택 공용시설 지원사업	100,000	건축과	9	4	7	8	7	5	5	4
1649	대전 동구	내집 주차장 갖기 지원보조	60,000	교통과	9	4	7	8	7	1	1	4
1650	대전 동구	부설주차장 개방지원	20,000	교통과	9	4	7	8	7	1	1	4
1651	대전 동구	호흡기전담클리닉 설치운영 지원	100,000	보건소	9	2	6	8	1	4	2	4
1652	대전 대덕구	노숙인재활시설기능보강	64,130	사회복지과	9	2	7	8	7	1	3	4
1653	대전 대덕구	장애인직업재활시설 기능보강	24,000	사회복지과	9	2	7	8	7	5	1	4
1654	대전 대덕구	노인복지관 기능보강	20,000	사회복지과	9	6	7	8	7	1	1	4
1655	대전 대덕구	장애인거주시설기능보강	175,098	사회복지과	9	1	7	8	7	5	3	4
1656	대전 대덕구	장애인거주시설기능보강	69,436	사회복지과	9	1	7	8	7	5	3	4
1657	대전 대덕구	친환경퇴비, 마을농기계구입 등	226,800	도시계획과	9	1	7	8	7	5	5	4
1658	대전 대덕구	마을공동농기계구입	10,756	도시계획과	9	1	7	8	7	5	5	4
1659	대전 대덕구	마을공동물품구입	40,644	도시계획과	9	1	7	8	7	5	5	4
1660	대전 대덕구	마을공동친환경유기질비료구입	90,102	도시계획과	9	1	7	8	7	5	5	4
1661	대전 대덕구	공동주택노후시설물보수지원	130,000	건축과	9	4	7	8	7	5	5	4
1662	대전 대덕구	화재안전성능보강사업	214,030	건축과	9	1	7	8	7	5	5	4
1663	대전 대덕구	미니태양광발전시설설치지원	91,800	에너지과학과	9	6	7	8	7	5	5	4
1664	부산 서구	어린이집 보존식 기자재 지원사업	10,500	가족행복과	9	1	7	8	7	1	1	2
1665	부산 서구	내집마당주차장 갖기사업 지원	20,000	교통행정과	9	4	6	8	7	1	1	4
1666	부산 서구	부산전차 설치환경 정비 및 보호각 설치	150,000	문화관광과	9	2	7	8	7	5	3	1
1667	부산 동구	아동복지시설 안전관리비 지원	4,700	행복가정과	9	2	7	8	7	5	1	4
1668	부산 동구	소규모사업장 방지시설 설치 지원사업	37,350	환경위생과	9	2	7	7	7	1	1	4
1669	부산 영도구	유기질비료 지원	1,920	일자리경제과	9	2	7	8	7	5	5	4
1670	부산 영도구	어린이집 기능보강사업	60,000	복지정책과	9	2	7	8	7	5	1	4
1671	부산 영도구	어린이집 보존식 기자재 지원사업	11,200	복지정책과	9	2	7	8	7	5	1	4
1672	부산 영도구	석면 슬레이트지붕 처리사업	514,000	환경위생과	9	4	4	1	7	1	1	2
1673	부산 영도구	그린주차사업(개별단위) 지원	24,000	교통과	9	6	7	8	7	5	5	4
1674	부산 영도구	친환경 에너지절감장비 보급사업	43,890	해양수산과	9	2	7	8	7	5	1	4
1675	부산 진구	소규모사업장 방지시설 설치지원	40,000	환경위생과	9	1	7	8	7	5	5	4
1676	부산 진구	사회복지관 기능보강사업	50,000	희망복지과	9	5	7	8	7	1	3	4
1677	부산 진구	장애인 생산품판매시설 기능보강	22,000	노인장애인복지과	9	1	7	8	7	5	1	2
1678	부산 진구	어린이집 기능보강사업	52,237	여성가족과	9	1	7	8	7	1	1	2

순번	시군구	지출명 (사업명)	2021년예산 (단위:천원/1년간)	담당자 (공무원) 담당부서	민간이전 분류 (지방자치단체 세출예산 집행기준에 의거) 1. 민간경상사업보조(307-02) 2. 민간단체 법정운영비보조(307-03) 3. 민간행사사업보조(307-04) 4. 민간위탁금(307-05) 5. 사회복지시설 법정운영비보조(307-10) 6. 민간인위탁교육비(307-12) 7. 공기관등에대한경상적위탁사업비(308-10) 8. 민간자본사업보조,자체재원(402-01) 9. 민간자본사업보조,이전재원(402-02) 10. 민간위탁사업비(402-03) 11. 공기관등에 대한 자본적 대행사업비(403-02)	민간이전지출 근거 (지방보조금 관리기준 참고) 1. 법률에 규정 2. 국고보조 재원(국가지정) 3. 용도 지정 기부금 4. 조례에 직접규정 5. 지자체가 권장하는 사업을 하는 공공기관 6. 시,도 정책 및 재정사정 7. 기타 8. 해당없음	입찰방식: 계약체결방법 (경쟁형태) 1. 일반경쟁 2. 제한경쟁 3. 지명경쟁 4. 수의계약 5. 법정위탁 6. 기타 ( ) 7. 해당없음	입찰방식: 계약기간 1. 1년 2. 2년 3. 3년 4. 4년 5. 5년 6. 기타 ( )년 7. 단기계약 (1년미만) 8. 해당없음	입찰방식: 낙찰자선정방법 1. 적격심사 2. 협상에의한계약 3. 최저가낙찰제 4. 규격가격분리 5. 2단계 경쟁입찰 6. 기타 ( ) 7. 해당없음	운영예산 산정: 운영예산 산정 1. 내부산정 (지자체 자체적으로 산정) 2. 외부산정 (외부전문기관위탁 산정) 3. 내·외부 모두 산정 4. 산정 無 5. 해당없음	운영예산 산정: 정산방법 1. 내부정산 (지자체 내부적으로 정산) 2. 외부정산 (외부전문기관위탁 정산) 3. 내·외부 모두 산정 4. 정산 無 5. 해당없음	성과평가 실시여부 1. 실시 2. 미실시 3. 향후 추진 4. 해당없음
1679	부산 진구	지역아동센터 환경개선 지원	70,000	여성가족과	9	1	7	8	7	5	1	2
1680	부산 진구	그린주차사업	20,000	주차관리과	9	6	7	8	7	1	1	4
1681	부산 진구	화재안전성능보강지원	14,000	건축과	9	1	7	8	7	5	5	4
1682	부산 동래구	소규모 사업장 방지시설 설치지원	75,600	환경위생과	9	1	7	8	7	1	1	1
1683	부산 동래구	장애인직업재활시설 기능보강	12,000	주민복지과	9	1	7	8	7	1	1	1
1684	부산 동래구	다함께 돌봄센터 설치비 지원	70,000	주민복지과	9	2	5	5	7	1	1	4
1685	부산 동래구	내집마당 주차장 갖기 사업	80,000	교통과	9	6	7	8	6	5	1	4
1686	부산 남구	공가리모델링 사업	36,000	도시재생과	9	6	7	8	7	5	5	4
1687	부산 남구	소규모사업장 방지시설 설치지원	151,200	환경위생과	9	2	7	8	7	1	1	1
1688	부산 남구	가정용 저녹스보일러 설치 지원	5,000	환경위생과	9	1	7	8	7	5	5	4
1689	부산 남구	장애인직업재활시설 기능보강	300,000	주민복지과	9	2	7	8	7	1	1	1
1690	부산 남구	어린이집 기능보강	31,500	여성아동과	9	2	7	8	7	5	1	4
1691	부산 남구	어린이집 기능보강	21,700	여성아동과	9	2	7	8	7	5	1	4
1692	부산 남구	기존 건축물 화재안전성능보강 지원	14,000	건축과	9	1	7	8	7	5	5	4
1693	부산 북구	그린주차사업	40,000	교통행정과	9	4	7	8	7	5	5	4
1694	부산 해운대구	친환경 에너지절감장비 보급	88,000	일자리경제과	9	2	7	8	7	1	1	4
1695	부산 해운대구	어선사고 예방시스템 구축사업	1,644	일자리경제과	9	2	7	8	7	1	1	4
1696	부산 사하구	어린이집 확충	382,500	여성가족과	9	1	7	8	7	5	5	4
1697	부산 사하구	친환경 에너지절감장비 보급	194,000	경제진흥과	9	2	7	8	7	5	5	4
1698	부산 금정구	범어사 삼층석탑 강원화장실 증개축 설계용역	58,000	문화관광과	9	2	7	8	7	5	5	4
1699	부산 금정구	범어사 등나무군락 보행로 정비	100,000	문화관광과	9	2	7	8	7	5	5	4
1700	부산 금정구	부산대 금동십일면관음보살좌상 보존보수	15,000	문화관광과	9	4	7	8	7	4	1	2
1701	부산 금정구	성폭력피해자 보호시설 기능보강사업	6,826	여성가족과	9	2	7	8	7	1	1	1
1702	부산 금정구	성매매피해자 지원시설 기능보강사업	3,800	여성가족과	9	2	7	8	7	1	1	1
1703	부산 금정구	폭력피해 이주여성 보호시설 기능보강사업	19,900	여성가족과	9	2	7	8	7	1	1	1
1704	부산 금정구	기자재비	20,000	여성가족과	9	2	5	8	7	5	1	4
1705	부산 금정구	어린이집 기능보강 개보수	30,000	여성가족과	9	2	7	8	7	5	1	4
1706	부산 금정구	어린이집 보존식 기자재 지원사업	22,400	여성가족과	9	2	7	8	7	5	1	4
1707	부산 금정구	장애인근로작업장 환기장치 설치	14,013	생활보장과	9	1	7	8	7	1	1	1
1708	부산 금정구	원예시설 현대화사업 지원	12,000	일자리경제과	9	2	7	8	7	1	1	2
1709	부산 금정구	시설원예 장기재배 외부비닐교체사업	10,000	일자리경제과	9	6	7	8	7	1	1	2
1710	부산 금정구	시설원예 맞춤형 농자재 지원	30,000	일자리경제과	9	6	7	8	7	1	1	2
1711	부산 금정구	유기동물 입양비용 지원	500	일자리경제과	9	2	7	8	7	5	5	4
1712	부산 금정구	그린주차사업	80,000	교통행정과	9	4	7	8	7	5	5	4
1713	부산 강서구	새일센터 지정운영	5,000	주민복지과	9	2	7	8	7	5	5	4
1714	부산 강서구	어린이집 기능보강	22,400	주민복지과	9	2	7	8	7	5	1	4
1715	부산 강서구	항공기소음 주민지원사업	1,000	환경위생과	9	2	7	8	7	5	5	4
1716	부산 강서구	임산물생산단지규모화사업	39,101	녹지공원과	9	1	7	8	7	5	1	4
1717	부산 강서구	친환경 에너지절감장비 보급사업	148,000	해양수산과	9	2	7	8	7	1	1	2
1718	부산 강서구	한우작목반 장비 지원	60,000	농산과	9	1	7	8	7	1	1	3
1719	부산 연제구	지역아동센터 환경개선 지원	50,000	가정복지과	9	2	7	8	7	1	1	1
1720	부산 연제구	해바라기센터 기능보강	5,000	가정복지과	9	2	7	8	7	5	5	4

순번	시군구	지출명 (사업명)	2021년예산 (단위:천원/1년간)	담당자 (공무원)	민간이전 분류 (지방자치단체 세출예산 집행기준에 의거)	민간이전지출 근거 (지방보조금 관리기준 참고)	입찰방식			운영예산 산정		성과평가 실시여부
				담당부서	1. 민간경상사업보조(307-02) 2. 민간단체 법정운영비보조(307-03) 3. 민간행사사업보조(307-04) 4. 민간위탁금(307-05) 5. 사회복지시설 법정운영비보조(307-10) 6. 민간인위탁교육비(307-12) 7. 공기관등에대한경상적위탁사업비(308-10) 8. 민간자본사업보조,자체재원(402-01) 9. 민간자본사업보조,이전재원(402-02) 10. 민간위탁사업비(402-03) 11. 공기관등에 대한 자본적 대행사업비(403-02)	1. 법률에 규정 2. 국고보조 재원(국가지정) 3. 용도 지정 기부금 4. 조례에 직접규정 5. 지자체가 권장하는 사업을 하는 공공기관 6. 시,도 정책 및 재정사정 7. 기타 8. 해당없음	계약체결방법 (경쟁형태) 1. 일반경쟁 2. 제한경쟁 3. 지명경쟁 4. 수의계약 5. 법정위탁 6. 기타 ( ) 7. 해당없음	계약기간 1. 1년 2. 2년 3. 3년 4. 4년 5. 5년 6. 기타 ( )년 7. 단기계약 (1년미만) 8. 해당없음	낙찰자선정방법 1. 적격심사 2. 협상에의한계약 3. 최저가낙찰제 4. 규격가격분리 5. 2단계 경쟁입찰 6. 기타 ( ) 7. 해당없음	운영예산 산정 1. 내부산정 (지자체 자체적으로 산정) 2. 외부산정 (외부전문기관위탁 산정) 3. 내·외부 모두 산정 4. 산정 無 5. 해당없음	정산방법 1. 내부정산 (지자체 내부적으로 정산) 2. 외부정산 (외부전문기관위탁 정산) 3. 내·외부 모두 산정 4. 정산 無 5. 해당없음	1. 실시 2. 미실시 3. 향후 추진 4. 해당없음
1721	부산 연제구	폭력피해여성 주거지원 운영지원	1,268	가정복지과	9	2	7	8	7	5	5	4
1722	부산 연제구	가정폭력피해자보호시설 기능보강	27,052	가정복지과	9	2	7	8	7	5	5	4
1723	부산 연제구	그린주차(개별가구) 사업	100,000	교통행정과	9	4	7	8	7	1	1	4
1724	부산 연제구	전통사찰 보수정비	180,000	문화체육과	9	1	7	8	7	5	5	4
1725	부산 연제구	호흡기 전담 클리닉 설치 운영 지원	200,000	보건행정과	9	2	7	8	7	1	1	4
1726	부산 수영구	장애인 직업재활시설 기능보강사업	8,000	가족행복과	9	2	7	8	6	1	1	2
1727	부산 수영구	어린이집 보존식 기자재 지원사업	19,600	가족행복과	9	1	7	8	7	5	5	4
1728	부산 수영구	주택용 목재펠릿보일러	2,800	일자리경제과	9	2	7	8	7	5	5	4
1729	부산 수영구	그린주차사업	100,000	교통행정과	9	4	7	8	7	5	1	4
1730	부산 수영구	그린주차사업 추가 조성	5,000	교통행정과	9	4	7	8	7	5	1	4
1731	부산 수영구	화재안전성능보강 지원사업	140,000	건축과	9	1	7	8	7	1	1	1
1732	부산 사상구	친환경 에너지절감장비 보급	14,000	일자리경제과	9	6	7	8	7	1	1	1
1733	부산 사상구	계란냉장차량 구입비 지원	15,000	일자리경제과	9	2	7	8	7	1	1	4
1734	부산 사상구	그린주차사업	2,400	교통행정과	9	1	7	8	7	5	5	4
1735	부산 사상구	소규모 사업장 방지시설 설치 지원	27,000	환경위생과	9	1	7	8	7	5	5	4
1736	부산 사상구	가정용 저녹스보일러 보급사업	63,200	환경위생과	9	1	7	8	7	1	1	1
1737	부산 사상구	지역아동센터 환경개선비 지원	60,000	아동청소년과	9	2	7	8	7	1	1	2
1738	부산 사상구	호흡기 전담클리닉(의료기관형) 설치 지원	100,000	보건행정과	9	2	7	8	7	5	5	2
1739	부산 기장군	장애인직업재활시설 기능보강 사업	230,922	행복나눔과	9	2	7	8	7	5	5	4
1740	부산 기장군	국가지정문화재 및 등록문화재 보수정비 지원	840,000	문화관광과	9	1	7	8	7	1	1	2
1741	부산 기장군	기장향교 정비	229,100	문화관광과	9	1	7	8	7	1	1	2
1742	부산 기장군	상수원보호구역 내 주민지원	203,584	환경위생과	9	1	7	8	7	5	5	4
1743	부산 기장군	수질자동측정기기 부착운영 지원사업	24,000	환경위생과	9	2	7	8	7	5	5	4
1744	부산 기장군	가정용 저녹스 보일러 설치 지원사업	153,000	환경위생과	9	1	7	8	7	5	5	4
1745	부산 기장군	소규모사업장 방지시설 설치지원 사업	684,000	환경위생과	9	1	7	8	7	1	1	4
1746	부산 기장군	농업분야 에너지절감시설 지원	110,000	친환경농업과	9	2	7	8	7	5	5	4
1747	부산 기장군	원예시설 현대화(품질)사업	223,425	친환경농업과	9	2	7	8	7	5	5	4
1748	부산 기장군	내재해형 농업시설 설치	200,000	친환경농업과	9	4	7	8	7	5	5	4
1749	부산 기장군	원예시설 현대화사업	26,800	친환경농업과	9	4	7	8	7	5	5	4
1750	부산 기장군	시설원예 장기재배 외부비닐 교체지원사업	20,000	친환경농업과	9	4	7	8	7	5	5	4
1751	부산 기장군	농식품산업육성 지원	10,880	친환경농업과	9	4	7	8	7	5	5	4
1752	부산 기장군	한우작목반 장비 지원	60,000	친환경농업과	9	4	7	8	7	5	5	4
1753	부산 기장군	가축분뇨처리지원사업	40,000	친환경농업과	9	2	7	8	7	5	5	4
1754	부산 기장군	어선사고 예방시스템 구축	73,800	해양수산과	9	2	7	8	7	1	1	4
1755	부산 기장군	청정임산물이용증진	45,486	산림공원과	9	2	7	8	7	5	5	4
1756	부산 기장군	주택용 목재펠릿보일러	2,800	산림공원과	9	2	7	8	7	5	5	4
1757	부산 기장군	공공사회복지	1,893,485	원전안전과	9	1	1	8	3	1	1	4
1758	부산 기장군	공공사회복지	1,773,826	원전안전과	9	1	1	8	3	1	1	4
1759	부산 기장군	수소연료전지 기본지원	6,441	원전안전과	9	1	1	8	3	1	1	4
1760	부산 기장군	태양광 기본지원	13,913	원전안전과	9	1	1	8	3	1	1	4
1761	부산 기장군	그린주차장 건설	16,000	선진교통과	9	4	7	8	7	5	5	2
1762	부산 기장군	건축 인허가 업무 운영	28,000	창조건축과	9	1	7	8	7	5	5	4

순번	시군구	지출명 (사업명)	2021년예산 (단위:천원/1년간)	담당자 (공무원) 담당부서	민간이전 분류 (지방자치단체 세출예산 집행기준에 의거) 1. 민간경상사업보조(307-02) 2. 민간단체 법정운영비보조(307-03) 3. 민간행사사업보조(307-04) 4. 민간위탁금(307-05) 5. 사회복지시설 법정운영비보조(307-10) 6. 민간인위탁교육비(307-12) 7. 공기관등에대한경상적위탁사업비(308-10) 8. 민간자본사업보조,자체재원(402-01) 9. 민간자본사업보조,이전재원(402-02) 10. 민간위탁사업비(402-03) 11. 공기관등에 대한 자본적 대행사업비(403-02)	민간이전지출 근거 (지방보조금 관리기준 참고) 1. 법률에 규정 2. 국고보조 재원(국가지정) 3. 용도 지정 기부금 4. 조례에 직접규정 5. 지자체가 권장하는 사업을 하는 공공기관 6. 시,도 정책 및 재정사정 7. 기타 8. 해당없음	입찰방식 계약체결방법 (경쟁형태) 1. 일반경쟁 2. 제한경쟁 3. 지명경쟁 4. 수의계약 5. 법정위탁 6. 기타 ( ) 7. 해당없음	입찰방식 계약기간 1. 1년 2. 2년 3. 3년 4. 4년 5. 5년 6. 기타 ( )년 7. 단기계약 (1년미만) 8. 해당없음	입찰방식 낙찰자선정방법 1. 적격심사 2. 협상에의한계약 3. 최저가낙찰제 4. 규격가격분리 5. 2단계 경쟁입찰 6. 기타 ( ) 7. 해당없음	운영예산 산정 운영예산 산정 1. 내부산정 (지자체 자체적으로 산정) 2. 외부산정 (외부전문기관위탁 산정) 3. 내·외부 모두 산정 4. 산정 無 5. 해당없음	운영예산 산정 정산방법 1. 내부정산 (지자체 내부적으로 정산) 2. 외부정산 (외부전문기관위탁 정산) 3. 내·외부 모두 산정 4. 정산 無 5. 해당없음	성과평가 실시여부 1. 실시 2. 미실시 3. 향후 추진 4. 해당없음
1763	부산 기장군	호흡기전담클리닉 설치운영 지원	100,000	보건행정과	9	6	7	1	7	1	1	4
1764	부산 기장군	농업 신기술시범	120,000	농업기술센터	9	2	7	8	7	5	1	3
1765	부산 기장군	도시농업 신기술보급	40,000	농업기술센터	9	2	7	8	7	5	1	4
1766	울산광역시	장애인총연합회관 기능보강	19,414	장애인복지과	9	1	7	8	7	1	1	1
1767	울산광역시	장애인생산품판매시설 기능보강	22,480	장애인복지과	9	1	7	5	7	1	1	1
1768	울산광역시	여성긴급전화1366센터 기능보강	19,000	여성가족청소년과	9	1	1	5	1	3	1	1
1769	울산광역시	폭력피해여성 주거지원 시설임대보증금 지원	4,285	여성가족청소년과	9	2	7	8	7	1	1	1
1770	울산광역시	수소전기차 보급	13,257,500	에너지산업과	9	2	7	8	7	3	3	4
1771	울산광역시	수소전기버스 보급	2,010,000	에너지산업과	9	2	7	8	7	3	3	4
1772	울산광역시	지방투자촉진보조금	4,214,000	외교투자통상과	9	1	7	8	7	1	3	2
1773	울산 중구	울산형 태양광 주택지원사업	80,000	경제진흥과	9	1	7	8	7	5	5	4
1774	울산 중구	포장재 지원	87,500	경제진흥과	9	1	7	8	7	5	1	4
1775	울산 중구	흑성병 예방 공동방제 지원	7,850	경제진흥과	9	1	7	8	7	5	1	4
1776	울산 중구	울산지역 쌀 포장재 지원	3,500	경제진흥과	9	1	7	8	7	5	1	4
1777	울산 중구	원예육성사업	60,540	경제진흥과	9	1	7	8	7	5	1	4
1778	울산 중구	수출 배봉지 지원	5,175	경제진흥과	9	1	7	8	7	5	1	4
1779	울산 중구	로컬푸드 소형 포장재 지원	6,000	경제진흥과	9	1	7	8	7	5	1	4
1780	울산 중구	친환경 농자재 지원사업	500	경제진흥과	9	1	7	8	7	5	1	4
1781	울산 중구	노인요양시설기능보강사업	19,786	노인장애인과	9	1	5	1	7	1	1	4
1782	울산 중구	한부모가족복지시설 기능보강 지원	37,290	여성가족과	9	1	4	7	7	1	1	4
1783	울산 중구	지역아동센터 환경개선 지원	60,000	여성가족과	9	1	7	8	7	1	1	4
1784	울산 중구	저녹스 보일러 교체지원	660,000	환경위생과	9	2	7	8	7	5	5	4
1785	울산 중구	내집주차장 갖기사업	78,000	교통과	9	4	7	8	7	1	1	1
1786	울산 남구	노인요양시설 기능보강	15,000	노인장애인과	9	1	7	8	7	1	1	1
1787	울산 남구	내집 주차장 갖기사업 보조금	60,000	교통행정과	9	4	7	8	7	1	1	4
1788	울산 동구	전통사찰방재시스템 재구축	103,000	문화체육과	9	2	6	1	6	1	1	3
1789	울산 동구	친환경 에너지절감장비 보급	60,000	경제진흥과	9	1	7	8	7	1	1	1
1790	울산 동구	나잠어업인 잠수복구입 지원사업	24,768	경제진흥과	9	4	7	8	7	1	1	1
1791	울산 동구	수산물 포장용기 제작 지원사업	2,400	경제진흥과	9	1	7	8	7	1	1	1
1792	울산 동구	수산물 건조시설 지원사업	6,000	경제진흥과	9	1	7	8	7	1	1	1
1793	울산 동구	기본형 공익직불금 지원사업	39,000	경제진흥과	9	1	7	8	7	5	5	4
1794	울산 동구	울산지역 쌀 포장재 지원사업	1,050	경제진흥과	9	1	7	8	7	5	1	4
1795	울산 동구	고품질 벼 건소수수료 지원사업	750	경제진흥과	9	1	7	8	7	5	1	4
1796	울산 동구	농업인 재해안전 공제료 지원사업	22,000	경제진흥과	9	1	7	8	7	5	1	4
1797	울산 동구	농기계종합 보험 지원사업	1,000	경제진흥과	9	1	7	8	7	5	1	4
1798	울산 동구	농기계등화장치 부착지원	500	경제진흥과	9	1	7	8	7	5	1	4
1799	울산 동구	유기질비료 지원사업	45,200	경제진흥과	9	1	7	8	7	5	1	4
1800	울산 동구	구제역 및 AI 예방약품 구입지원	60	경제진흥과	9	1	7	8	7	5	5	4
1801	울산 동구	텃밭상자 지원사업	4,000	경제진흥과	9	1	7	8	7	5	5	4
1802	울산 동구	학교농장 조성사업	8,000	경제진흥과	9	1	7	8	7	5	5	4
1803	울산 동구	양봉농가 지원사업	7,920	경제진흥과	9	1	7	8	7	5	5	4
1804	울산 동구	말벌퇴치장비 지원사업	336	경제진흥과	9	1	7	8	7	5	5	4

순번	시군구	지출명 (사업명)	2021년예산 (단위:천원/1년간)	담당자 (공무원) 담당부서	민간이전 분류 (지방자치단체 세출예산 집행기준에 의거) 1. 민간경상사업보조(307-02) 2. 민간단체 법정운영비보조(307-03) 3. 민간행사사업보조(307-04) 4. 민간위탁금(307-05) 5. 사회복지시설 법정운영비보조(307-10) 6. 민간인위탁교육비(307-12) 7. 공기관등에대한경상적위탁사업비(308-10) 8. 민간자본사업보조,자체재원(402-01) 9. 민간자본사업보조,이전재원(402-02) 10. 민간위탁사업비(402-03) 11. 공기관등에 대한 자본적 대행사업비(403-02)	민간이전지출 근거 (지방보조금 관리기준 참고) 1. 법률에 규정 2. 국고보조 재원(국가지정) 3. 용도 지정 기부금 4. 조례에 직접규정 5. 지자체가 권장하는 사업을 하는 공공기관 6. 시,도 정책 및 재정사정 7. 기타 8. 해당없음	입찰방식 계약체결방법 (경쟁형태) 1. 일반경쟁 2. 제한경쟁 3. 지명경쟁 4. 수의계약 5. 법정위탁 6. 기타 ( ) 7. 해당없음	입찰방식 계약기간 1. 1년 2. 2년 3. 3년 4. 4년 5. 5년 6. 기타 ( )년 7. 단기계약 (1년미만) 8. 해당없음	입찰방식 낙찰자선정방법 1. 적격심사 2. 협상에의한계약 3. 최저가낙찰제 4. 규격가격분리 5. 2단계 경쟁입찰 6. 기타 ( ) 7. 해당없음	운영예산 산정 운영예산 산정 1. 내부산정 (지자체 자체적으로 산정) 2. 외부산정 (외부전문기관위탁 산정) 3. 내·외부 모두 산정 4. 산정 無 5. 해당없음	운영예산 산정 정산방법 1. 내부정산 (지자체 내부적으로 정산) 2. 외부정산 (외부전문기관위탁 정산) 3. 내·외부 모두 산정 4. 정산 無 5. 해당없음	성과평가 실시여부 1. 실시 2. 미실시 3. 향후 추진 4. 해당없음
1805	울산 동구	학생승마체험	15,680	경제진흥과	9	1	7	8	7	5	5	4
1806	울산 동구	장애인거주시설 기능보강	167,640	사회복지과	9	1	7	8	7	5	1	4
1807	울산 동구	동구장애인보호작업장 장비보강	30,644	사회복지과	9	1	7	8	7	1	1	4
1808	울산 동구	희망장애인보호자업장 장비보강	4,000	사회복지과	9	1	7	8	7	1	1	4
1809	울산 동구	다함께돌봄사업 설치비 지원	20,000	가족정책과	9	2	7	8	7	1	1	4
1810	울산 동구	내집 주차장 갖기사업	15,000	교통행정과	9	6	6	8	6	1	1	4
1811	울산 동구	부설주차장 무료개방 지원사업	10,000	교통행정과	9	6	7	8	7	5	5	4
1812	울산 동구	주민공모사업(소규모 시설사업),집수리 등	100,000	도시디자인과	9	2	6	4	7	1	1	3
1813	울산 동구	화재안전성능보강 지원	293,370	건축주택과	9	1	7	8	7	5	5	4
1814	울산 북구	울산형 태양광 주택지원사업	137,046	경제일자리담당관	9	1	6	1	6	1	1	1
1815	울산 북구	도솔암 요사채 보수 및 한식담장 설치	300,000	문화체육과	9	1	7	8	7	1	1	2
1816	울산 북구	신흥사 공양간 보수정비사업	380,000	문화체육과	9	1	7	8	7	1	1	2
1817	울산 북구	신흥사 진입교량 및 주변석축 보수공사	100,000	문화체육과	9	1	7	8	7	1	1	2
1818	울산 북구	푸른작은도서관 리모델링 공사	20,000	도서관과	9	2	7	8	7	1	1	1
1819	울산 북구	경로당 기능활성화 사업	40,000	사회복지과	9	6	7	7	7	1	1	4
1820	울산 북구	태연재활원 시설 개보수	59,854	사회복지과	9	1	7	8	7	5	1	4
1821	울산 북구	어울림보호작업장 신규장비 구입	30,752	사회복지과	9	1	7	8	7	5	1	4
1822	울산 북구	아나율보호작업장 신규장비 구입	4,896	사회복지과	9	1	7	8	7	5	1	4
1823	울산 북구	기업 환경개선 지원	10,000	가족정책과	9	2	5	8	7	1	1	1
1824	울산 북구	징검다리 기자재 지원	30,000	가족정책과	9	1	5	8	7	1	1	1
1825	울산 북구	다함께돌봄센터 기자재비	20,000	가족정책과	9	2	7	7	7	5	1	2
1826	울산 북구	농산물 생산시설·장비 지원	17,500	농수산과	9	6	7	8	7	5	5	4
1827	울산 북구	로컬푸드 연중 생산체계 구축	30,000	농수산과	9	6	7	8	7	5	5	4
1828	울산 북구	축사 환풍기 지원	12,250	농수산과	9	6	7	8	7	1	1	3
1829	울산 북구	양봉산업 육성	17,634	농수산과	9	6	7	8	7	1	1	3
1830	울산 북구	혹서기 가축재해 예방장비 지원	7,000	농수산과	9	6	7	8	7	1	1	3
1831	울산 북구	축사 CCTV설치 지원	4,914	농수산과	9	6	7	8	7	1	1	3
1832	울산 북구	사료자동급이기 설치 지원	18,200	농수산과	9	6	7	8	7	1	1	3
1833	울산 북구	말벌퇴치장비 지원	792	농수산과	9	2	7	8	7	1	1	3
1834	울산 북구	축사 자동소독시설 설치 지원	8,400	농수산과	9	6	7	8	7	1	1	3
1835	울산 북구	소 채혈보정용 고정대 설치 지원	14,700	농수산과	9	6	7	8	7	1	1	3
1836	울산 북구	미곡종합처리장 보수공사 지원	121,346	농수산과	9	6	7	8	7	1	1	3
1837	울산 북구	시설원예 현대화 사업	32,663	농수산과	9	2	7	8	7	1	1	3
1838	울산 북구	농업 에너지 이용 효율화 사업	12,397	농수산과	9	2	7	8	7	1	1	3
1839	울산 북구	내재해형 비닐하우스 설치 및 개보수	242,168	농수산과	9	6	7	8	7	1	1	3
1840	울산 북구	소형관정 지원	49,975	농수산과	9	6	7	8	7	1	1	3
1841	울산 북구	과수원 정비지원	2,700	농수산과	9	6	7	8	7	1	1	3
1842	울산 북구	울산배 대체작목 육성	12,500	농수산과	9	6	7	8	7	1	1	3
1843	울산 북구	특용작물 시설원예 현대화 사업	10,000	농수산과	9	2	7	8	7	5	5	4
1844	울산 북구	고수온 대응(대비) 장비 구입	10,000	농수산과	9	1	4	8	6	1	1	2
1845	울산 북구	어선 기관, 장비, 설비 대체자금	60,000	농수산과	9	1	6	8	6	1	1	2
1846	울산 북구	자율관리어업 공동체 소득증대 사업	72,000	농수산과	9	8	7	8	7	5	5	4

순번	시군구	지출명 (사업명)	2021년예산 (단위:천원/1년간)	담당자 (공무원) 담당부서	민간이전 분류 (지방자치단체 세출예산 집행기준에 의거) 1. 민간경상사업보조(307-02) 2. 민간단체 법정운영비보조(307-03) 3. 민간행사사업보조(307-04) 4. 민간위탁금(307-05) 5. 사회복지시설 법정운영비보조(307-10) 6. 민간인위탁교육비(307-12) 7. 공기관등에대한경상적위탁사업비(308-10) 8. 민간자본사업보조,자체재원(402-01) 9. 민간자본사업보조,이전재원(402-02) 10. 민간위탁사업비(402-03) 11. 공기관등에 대한 자본적 대행사업비(403-02)	민간이전지출 근거 (지방보조금 관리기준 참고) 1. 법률에 규정 2. 국고보조 재원(국가지정) 3. 용도 지정 기부금 4. 조례에 직접규정 5. 지자체가 권장하는 사업을 하는 공공기관 6. 시,도 정책 및 재정사정 7. 기타 8. 해당없음	입찰방식 계약체결방법 (경쟁형태) 1. 일반경쟁 2. 제한경쟁 3. 지명경쟁 4. 수의계약 5. 법정위탁 6. 기타 ( ) 7. 해당없음	계약기간 1. 1년 2. 2년 3. 3년 4. 4년 5. 5년 6. 기타 ( )년 7. 단기계약 (1년미만) 8. 해당없음	낙찰자선정방법 1. 적격심사 2. 협상에의한계약 3. 최저가낙찰제 4. 규격가격분리 5. 2단계 경쟁입찰 6. 기타 ( ) 7. 해당없음	운영예산 산정 운영예산 산정 1. 내부산정 (지자체 자체적으로 산정) 2. 외부산정 (외부전문기관위탁 산정) 3. 내·외부 모두 산정 4. 산정 無 5. 해당없음	정산방법 1. 내부정산 (지자체 내부적으로 정산) 2. 외부정산 (외부전문기관위탁 정산) 3. 내·외부 모두 산정 4. 정산 無 5. 해당없음	성과평가 실시여부 1. 실시 2. 미실시 3. 향후 추진 4. 해당없음
1847	울산 북구	야생동물 피해예방시설 설치지원	20,000	환경위생과	9	1	7	8	7	1	1	3
1848	울산 북구	가정용 저녹스 보일러 지원사업	660,000	환경위생과	9	2	7	8	7	4	1	1
1849	울산 북구	내집 주차장 갖기사업 보조금 지급	30,000	교통행정과	9	4	7	7	7	1	1	2
1850	울산 북구	화재안전성능보강 지원사업	346,710	건축주택과	9	1	7	8	7	5	5	4
1851	울산 울주군	장애인거주시설 기능보강	5,990	노인장애인과	9	2	7	8	7	5	1	1
1852	울산 울주군	장애인직업재활시설 기능보강	12,000	노인장애인과	9	6	7	8	7	1	1	4
1853	울산 울주군	공공형 어린이집 지원	10,000	여성가족과	9	6	7	8	7	5	1	4
1854	울산 울주군	어린이집 운영지원	67,800	여성가족과	9	2	7	8	7	5	1	4
1855	울산 울주군	어린이집 운영비 추가 지원	148,400	여성가족과	9	6	7	8	7	5	1	4
1856	울산 울주군	국공립어린이집 확충	130,000	여성가족과	9	2	5	5	7	5	1	4
1857	울산 울주군	어린이집 기능보강사업	66,900	여성가족과	9	2	7	8	7	5	1	4
1858	울산 울주군	지역아동센터 환경개선 지원	20,000	여성가족과	9	2	7	8	7	1	1	4
1859	울산 울주군	울산형 태양광 주택지원사업	210,840	에너지정책과	9	7	6	1	7	1	1	1
1860	울산 울주군	벼 육묘장 조성	214,200	농업정책과	9	1	7	8	7	1	1	4
1861	울산 울주군	저온유통 체계구축 지원	15,868	농업정책과	9	2	7	8	7	5	1	4
1862	울산 울주군	FTA 고품질 과수 생산시설현대화 지원	22,500	농업정책과	9	2	7	8	7	5	1	4
1863	울산 울주군	농업분야 에너지절감시설 지원	7,243	농업정책과	9	2	7	8	7	5	1	4
1864	울산 울주군	시설원예 현대화 지원	7,663	농업정책과	9	2	7	8	7	5	1	4
1865	울산 울주군	고추비가림 재배지시설 지원	13,000	농업정책과	9	2	7	8	7	5	1	4
1866	울산 울주군	농산물 생산시설 현대화 지원	302,919	농업정책과	9	6	7	8	7	5	1	4
1867	울산 울주군	농산물 생산시설 현대화 지원	60,000	농업정책과	9	6	7	8	7	5	1	4
1868	울산 울주군	특용작물시설 현대화 사업	74,863	농업정책과	9	2	7	8	7	5	1	4
1869	울산 울주군	로컬푸드 연중 생산체계 구축	25,000	농업정책과	9	6	7	8	7	5	1	4
1870	울산 울주군	축사 환풍기 지원	137,200	축수산과	9	6	7	8	7	1	1	4
1871	울산 울주군	조사료생산용 기계장비구입 지원	240,000	축수산과	9	6	7	8	7	1	1	4
1872	울산 울주군	축산물 안전관리(HACCP) 인증비 지원	30,750	축수산과	9	6	7	8	7	1	1	4
1873	울산 울주군	친환경 에너지절감장비 보급	56,000	축수산과	9	2	7	8	7	1	1	4
1874	울산 울주군	양식장 친환경에너지장비 보급사업	492,640	축수산과	9	2	7	8	7	1	1	4
1875	울산 울주군	수산물유통및가공시설지원	16,800	축수산과	9	6	7	8	7	1	1	4
1876	울산 울주군	가축질병예방	142,100	축수산과	9	6	7	8	7	1	1	4
1877	울산 울주군	공공형버스 구입비 지원	70,000	교통정책과	9	2	6	8	7	1	1	1
1878	울산 울주군	야생동물피해예방 사업	60,000	환경자원과	9	2	7	8	7	1	1	1
1879	울산 울주군	가정용 보일러 저녹스 보일러 지원	660,000	환경자원과	9	1	7	8	7	5	5	4
1880	울산 울주군	슬레이트처리지원	1,905,900	환경자원과	9	2	7	8	7	5	5	4
1881	울산 울주군	산림소득증대사업	4,700	산림공원과	9	2	7	8	7	1	1	2
1882	세종특별자치시	효소처리 농식품 가공소재화 시범	70,000	지도기획과	9	2	7	8	7	5	5	4
1883	세종특별자치시	고품질 베이커리용 과일가공 시범	70,000	지도기획과	9	2	7	8	7	5	5	4
1884	세종특별자치시	중소형 수박 생력화 수직재배 시범	32,000	기술보급과	9	2	7	8	7	5	5	4
1885	세종특별자치시	시설원예작물 바이러스 종합예방기술 시범	40,000	기술보급과	9	2	7	8	7	5	5	4
1886	세종특별자치시	벼 안전육묘 자동이송 단지조성 시범	150,000	기술보급과	9	2	7	8	7	5	5	4
1887	세종특별자치시	수도작 및 과수원예농가 농기계 지원	200,000	미래농업과	9	2	7	8	7	5	5	4
1888	세종특별자치시	지방투자촉진보조금	5,767,500	기업지원과	9	2	7	8	7	1	1	1

순번	시군구	지출명 (사업명)	2021년예산 (단위:천원/1년간)	담당자 (공무원) 담당부서	민간이전 분류 (지방자치단체 세출예산 집행기준에 의거) 1. 민간경상사업보조(307-02) 2. 민간단체 법정운영비보조(307-03) 3. 민간행사사업보조(307-04) 4. 민간위탁금(307-05) 5. 사회복지시설 법정운영비보조(307-10) 6. 민간인위탁교육비(307-12) 7. 공기관등에대한경상적위탁사업비(308-10) 8. 민간자본사업보조,자체재원(402-01) 9. 민간자본사업보조,이전재원(402-02) 10. 민간위탁사업비(402-03) 11. 공기관등에 대한 자본적 대행사업비(403-02)	민간이전지출 근거 (지방보조금 관리기준 참고) 1. 법률에 규정 2. 국고보조 재원(국가지정) 3. 용도 지정 기부금 4. 조례에 직접규정 5. 지자체가 권장하는 사업을 하는 공공기관 6. 시,도 정책 및 재정사정 7. 기타 8. 해당없음	입찰방식 계약체결방법 (경쟁형태) 1. 일반경쟁 2. 제한경쟁 3. 지명경쟁 4. 수의계약 5. 법정위탁 6. 기타 ( ) 7. 해당없음	입찰방식 계약기간 1. 1년 2. 2년 3. 3년 4. 4년 5. 5년 6. 기타 ( )년 7. 단기계약 (1년미만) 8. 해당없음	입찰방식 낙찰자선정방법 1. 적격심사 2. 협상에의한계약 3. 최저가낙찰제 4. 규격가격분리 5. 2단계 경쟁입찰 6. 기타 ( ) 7. 해당없음	운영예산 산정 운영예산 산정 1. 내부산정 (지자체 자체적으로 산정) 2. 외부산정 (외부전문기관위탁 산정) 3. 내·외부 모두 산정 4. 산정 無 5. 해당없음	운영예산 산정 정산방법 1. 내부정산 (지자체 내부적으로 정산) 2. 외부정산 (외부전문기관위탁 정산) 3. 내·외부 모두 산정 4. 정산 無 5. 해당없음	성과평가 실시여부 1. 실시 2. 미실시 3. 향후 추진 4. 해당없음
1889	세종특별자치시	마을기업 컨설팅 등 지원	160,000	참여공동체과	9	2	7	8	7	5	5	4
1890	세종특별자치시	계란 냉장차량 지원	45,000	축산물분석과	9	2	7	8	7	2	1	4
1891	세종특별자치시	차단방역 인프라 지원	60,000	질병예방과	9	2	7	8	7	2	1	4
1892	세종특별자치시	취약지역 생활여건 개조사업	140,000	도시재생과	9	2	7	8	7	5	1	1
1893	세종특별자치시	천연가스발전소 주변지역 기본지원	23,700	경제정책과	9	2	7	8	7	5	5	4
1894	세종특별자치시	소수력발전소 주변지역 기본지원	8,050	경제정책과	9	2	7	8	7	5	5	4
1895	세종특별자치시	그린신재생발전소 주변지역 기본지원	14,000	경제정책과	9	2	7	8	7	5	5	4
1896	세종특별자치시	신세종복합발전소 주변지역 기본지원	36,000	경제정책과	9	2	7	8	7	5	5	4
1897	세종특별자치시	세종디엠솔라발전소 주변지역 특별지원	26,000	경제정책과	9	2	7	8	7	5	5	4
1898	세종특별자치시	와이케이태양광발전소 주변지역 특별지원	29,100	경제정책과	9	2	7	8	7	5	5	4
1899	세종특별자치시	주유소 유증기 회수설비 설치지원	32,300	환경정책과	9	2	7	8	7	5	5	4
1900	세종특별자치시	운행경유차 배출가스 저감사업	185,300	환경정책과	9	2	7	8	7	5	5	4
1901	세종특별자치시	굴뚝자동측정기기 유지관리비 지원	21,883	환경정책과	9	2	7	8	7	5	5	4
1902	세종특별자치시	소규모 방지시설 설치 지원	270,000	환경정책과	9	2	7	8	7	5	5	4
1903	세종특별자치시	가정용 저녹스 보일러 보급사업	20,800	환경정책과	9	2	7	8	7	5	5	4
1904	세종특별자치시	어린이통학차량의 LPG차 전환 지원	50,000	환경정책과	9	2	7	8	7	5	5	4
1905	세종특별자치시	유해야생동물피해예방시설 설치지원	36,000	환경정책과	9	2	7	8	7	5	5	4
1906	세종특별자치시	수소연료전지차 구매지원	1,787,500	환경정책과	9	2	7	8	7	5	5	4
1907	세종특별자치시	전기자동차 구매 지원	3,780,000	환경정책과	9	2	7	8	7	5	5	4
1908	세종특별자치시	저상버스 도입	101,500	교통과	9	1	7	8	7	5	1	4
1909	세종특별자치시	장애인거주시설 공기청정기 렌탈지원	2,160	노인장애인과	9	2	7	8	7	5	5	4
1910	세종특별자치시	장애인직업재활시설 기능보강사업	721,564	노인장애인과	9	2	7	8	7	5	5	4
1911	세종특별자치시	광고미게첨 간판 활용 광고지원 사업	30,000	경관디자인과	9	2	7	8	7	5	5	4
1912	세종특별자치시	지역아동센터 환경개선 지원	40,000	아동청소년과	9	1	7	8	7	1	1	3
1913	세종특별자치시	저온유통체계구축	434,400	로컬푸드과	9	4	7	7	7	1	1	4
1914	강원 춘천시	축사시설현대화 지원, 변식우관리시스템 지원	125,000	축산과	9	1	7	8	7	5	5	4
1915	강원 강릉시	의용소방대 기동장비 보강	60,000	재난안전과	9	6	7	8	7	1	1	4
1916	강원 강릉시	주문진의용소방대 집기 보강	10,000	재난안전과	9	6	7	8	7	1	1	4
1917	강원 강릉시	야생동물 피해예방 시설지원	33,600	환경과	9	1	7	8	7	5	5	4
1918	강원 강릉시	야생동물 피해예방 시설지원	60,000	환경과	9	1	7	8	7	5	5	4
1919	강원 강릉시	전기자동차(승용) 구입 지원	8,039,800	환경과	9	2	7	8	7	3	3	1
1920	강원 강릉시	화물(소형)	2,016,000	환경과	9	2	7	8	7	3	3	1
1921	강원 강릉시	화물(초소형)	1,914,960	환경과	9	2	7	8	7	3	3	1
1922	강원 강릉시	전기자동차(승합) 구입 지원	1,152	환경과	9	2	7	8	7	3	3	1
1923	강원 강릉시	전기이륜차 보급사업	103,950	환경과	9	2	7	8	7	3	3	1
1924	강원 강릉시	노후경유차 조기폐차 지원	32,000	환경과	9	2	7	8	7	5	5	4
1925	강원 강릉시	매연저감장치 설치	304,000	환경과	9	2	7	8	7	5	5	4
1926	강원 강릉시	PM-NOx 동시저감장치	75,000	환경과	9	2	7	8	7	5	5	4
1927	강원 강릉시	건설기계 매연저감장치 설치	121,000	환경과	9	2	7	8	7	5	5	4
1928	강원 강릉시	건설기계 엔진교체 지원	379,500	환경과	9	2	7	8	7	5	5	4
1929	강원 강릉시	LPG화물차 신차구입	400,000	환경과	9	2	7	8	7	5	5	4
1930	강원 강릉시	어린이 통학차량 LPG차 전환	350,000	환경과	9	2	7	8	7	5	5	4

순번	시군구	지출명 (사업명)	2021년예산 (단위:천원/1년간)	담당자 (공무원)	민간이전 분류 (지방자치단체 세출예산 집행기준에 의거)	민간이전지출 근거 (지방보조금 관리기준 참고)	입찰방식			운영예산 산정		성과평가 실시여부
				담당부서	1. 민간경상사업보조(307-02) 2. 민간단체 법정운영비보조(307-03) 3. 민간행사사업보조(307-04) 4. 민간위탁금(307-05) 5. 사회복지시설 법정운영비보조(307-10) 6. 민간인위탁교육비(307-12) 7. 공기관등에대한경상적위탁사업비(308-10) 8. 민간자본사업보조,자체재원(402-01) 9. 민간자본사업보조,이전재원(402-02) 10. 민간위탁사업비(402-03) 11. 공기관등에 대한 자본적 대행사업비(403-02)	1. 법률에 규정 2. 국고보조 재원(국가지정) 3. 용도 지정 기부금 4. 조례에 직접규정 5. 지자체가 권장하는 사업을 하는 공공기관 6. 시,도 정책 및 재정사정 7. 기타 8. 해당없음	계약체결방법 (경쟁형태) 1. 일반경쟁 2. 제한경쟁 3. 지명경쟁 4. 수의계약 5. 법정위탁 6. 기타 ( ) 7. 해당없음	계약기간 1. 1년 2. 2년 3. 3년 4. 4년 5. 5년 6. 기타 ( )년 7. 단기계약 (1년미만) 8. 해당없음	낙찰자선정방법 1. 적격심사 2. 협상에의한계약 3. 최저가낙찰제 4. 규격가격분리 5. 2단계 경쟁입찰 6. 기타 ( ) 7. 해당없음	운영예산 산정 1. 내부산정 (지자체 자체적으로 산정) 2. 외부산정 (외부전문기관위탁 산정) 3. 내·외부 모두 산정 4. 산정 無 5. 해당없음	정산방법 1. 내부정산 (지자체 내부적으로 정산) 2. 외부정산 (외부전문기관위탁 정산) 3. 내·외부 모두 산정 4. 정산 無 5. 해당없음	1. 실시 2. 미실시 3. 향후 추진 4. 해당없음
1931	강원 강릉시	일반	24,000	환경과	9	2	7	8	7	5	5	4
1932	강원 강릉시	저소득	14,400	환경과	9	2	7	8	7	5	5	4
1933	강원 강릉시	소규모 사업장 방지시설 설치 지원사업	810,000	환경과	9	2	7	8	7	5	5	4
1934	강원 강릉시	단독주택 도시가스 보급확대사업	773,578	에너지과	9	1	7	1	7	1	1	4
1935	강원 강릉시	신재생에너지 주택지원사업	554,200	에너지과	9	1	7	8	7	1	1	4
1936	강원 강릉시	발전소주변지역 마을지원	160,594	에너지과	9	1	6	7	6	3	2	1
1937	강원 강릉시	발전소주변지역 마을지원	1,245,412	에너지과	9	1	6	7	6	3	2	1
1938	강원 강릉시	발전소주변지역 마을지원	16,850	에너지과	9	1	6	7	6	3	2	1
1939	강원 강릉시	발전소주변지역 마을지원	16,000	에너지과	9	1	6	7	6	3	2	1
1940	강원 강릉시	경제림 조성사업	201,102	산림과	9	2	7	8	7	5	1	4
1941	강원 강릉시	펠릿보일러	14,000	산림과	9	2	7	8	7	5	1	4
1942	강원 강릉시	친환경임산물재배관리	5,103	산림과	9	2	7	8	7	5	1	4
1943	강원 강릉시	친환경임산물재배관리	1,847	산림과	9	2	7	8	7	5	1	4
1944	강원 강릉시	산림작물생산단지	82,200	산림과	9	2	7	8	7	5	1	4
1945	강원 강릉시	산림작물생산단지	55,432	산림과	9	2	7	8	7	5	1	4
1946	강원 강릉시	임산물생산기반조성	79,245	산림과	9	2	7	8	7	5	1	4
1947	강원 강릉시	명주인형극제 야외공연장 시설개선	40,000	문화예술과	9	4	4	1	7	1	1	1
1948	강원 강릉시	누각, 종각 단청공사	284,000	문화예술과	9	1	6	1	7	5	1	4
1949	강원 강릉시	보현사 방재시스템 구축사업	68,000	문화예술과	9	1	6	1	7	5	1	4
1950	강원 강릉시	보존처리 및 복제품 제작	50,000	문화예술과	9	1	6	1	7	5	1	4
1951	강원 강릉시	선교장 내 초가지붕 이엉잇기	033-64000	문화예술과	9	1	6	1	7	5	1	4
1952	강원 강릉시	목교 및 협문 등 보수	32,000	문화예술과	9	1	6	1	7	5	1	4
1953	강원 강릉시	보현사 요사채 단청 등 주변정비	343,000	문화예술과	9	1	6	1	7	5	1	4
1954	강원 강릉시	보현사 대웅전 보수	90,000	문화예술과	9	1	6	1	7	5	1	4
1955	강원 강릉시	관음사 종각 단청공사	80,000	문화예술과	9	1	6	1	7	5	1	4
1956	강원 강릉시	전통한옥체험 숙박시설 운영지원	68,800	관광과	9	7	7	8	7	5	5	4
1957	강원 강릉시	금진어촌계 복지회관 리모델링	60,000	해양수산과	9	1	7	8	7	5	5	4
1958	강원 강릉시	강릉 수산물 냉동저장고 보수 지원	40,500	해양수산과	9	1	7	8	7	5	5	4
1959	강원 강릉시	양식기반시설 및 기자재 지원	14,000	해양수산과	9	1	7	8	7	5	1	4
1960	강원 강릉시	친환경 부표 보급 지원	14,000	해양수산과	9	1	7	8	7	5	1	4
1961	강원 강릉시	해면 양식장 지원	320,000	해양수산과	9	1	7	8	7	5	1	4
1962	강원 강릉시	강원 명태산업 광역특구 기자재 구입 지원	56,000	해양수산과	9	1	7	8	7	5	1	4
1963	강원 강릉시	금진항 어업용 해수공급시설 지원	360,000	해양수산과	9	1	7	8	7	5	1	4
1964	강원 강릉시	수산물 직매장시설 지원	500,000	해양수산과	9	1	7	8	7	5	1	4
1965	강원 강릉시	횟집단지 해수공급시설 지원	160,380	해양수산과	9	1	7	8	7	5	1	4
1966	강원 강릉시	나잠어업인 잠수복 지원	3,150	해양수산과	9	1	7	8	7	5	5	4
1967	강원 강릉시	노후선외기 대체지원	161,490	해양수산과	9	1	7	8	7	5	5	4
1968	강원 강릉시	문어연승 봉돌 지원	93,630	해양수산과	9	1	7	8	7	5	5	4
1969	강원 강릉시	어로안전 항해장비	124,285	해양수산과	9	1	7	8	7	5	5	4
1970	강원 강릉시	어선사고 예방시스템 구축	8,569	해양수산과	9	2	7	8	7	5	5	4
1971	강원 강릉시	어선사고 zero화 안전장비 지원	33,450	해양수산과	9	1	7	8	7	5	5	4
1972	강원 강릉시	연근해 채낚기어선 장비지원	61,600	해양수산과	9	1	7	8	7	5	5	4

순번	시군구	지출명 (사업명)	2021년예산 (단위:천원/1년간)	담당자 (공무원) 담당부서	민간이전 분류 (지방자치단체 세출예산 집행기준에 의거) 1. 민간경상사업보조(307-02) 2. 민간단체 법정운영비보조(307-03) 3. 민간행사사업보조(307-04) 4. 민간위탁금(307-05) 5. 사회복지시설 법정운영비보조(307-10) 6. 민간인위탁교육비(307-12) 7. 공기관등에대한경상적위탁사업비(308-10) 8. 민간자본사업보조,자체재원(402-01) 9. 민간자본사업보조,이전재원(402-02) 10. 민간위탁사업비(402-03) 11. 공기관등에 대한 자본적 대행사업비(403-02)	민간이전지출 근거 (지방보조금 관리기준 참고) 1. 법률에 규정 2. 국고보조 재원(국가지정) 3. 용도 지정 기부금 4. 조례에 직접규정 5. 지자체가 권장하는 사업을 하는 공공기관 6. 시,도 정책 및 재정사정 7. 기타 8. 해당없음	입찰방식 계약체결방법 (경쟁형태) 1. 일반경쟁 2. 제한경쟁 3. 지명경쟁 4. 수의계약 5. 법정위탁 6. 기타 ( ) 7. 해당없음	입찰방식 계약기간 1. 1년 2. 2년 3. 3년 4. 4년 5. 5년 6. 기타 ( )년 7. 단기계약 (1년미만) 8. 해당없음	입찰방식 낙찰자선정방법 1. 적격심사 2. 협상에의한계약 3. 최저가낙찰제 4. 규격가격분리 5. 2단계 경쟁입찰 6. 기타 ( ) 7. 해당없음	운영예산 산정 운영예산 산정 1. 내부산정 (지자체 자체적으로 산정) 2. 외부산정 (외부전문기관위탁 산정) 3. 내·외부 모두 산정 4. 산정 無 5. 해당없음	운영예산 산정 정산방법 1. 내부정산 (지자체 내부적으로 정산) 2. 외부정산 (외부전문기관위탁 정산) 3. 내·외부 모두 산정 4. 정산 無 5. 해당없음	성과평가 실시여부 1. 실시 2. 미실시 3. 향후 추진 4. 해당없음
1973	강원 강릉시	고효율 노후기관 장비 설비설치 교체지원	115,351	해양수산과	9	2	7	8	7	5	5	4
1974	강원 강릉시	장애인직업재활시설 기능보강	12,000	복지정책과	9	1	7	5	1	1	1	1
1975	강원 강릉시	노숙인시설 기능보강	20,000	생활보장과	9	2	5	5	2	4	1	2
1976	강원 강릉시	경로당 장비보강	160,000	어르신복지과	9	4	7	8	7	1	1	4
1977	강원 강릉시	경로당 장비보강	180,000	어르신복지과	9	4	7	8	7	1	1	4
1978	강원 강릉시	경로당 장비보강	40,000	어르신복지과	9	4	7	8	7	1	1	4
1979	강원 강릉시	가정폭력피해자 보호시설 기능보강	10,000	여성청소년가족과	9	1	4	8	6	1	1	4
1980	강원 강릉시	한부모가족복지시설 기능보강	138,800	여성청소년가족과	9	2	7	8	7	5	5	4
1981	강원 강릉시	지역아동센터 환경개선 지원	20,000	아동보육과	9	2	7	8	7	5	1	4
1982	강원 강릉시	기자재 구입	50,000	아동보육과	9	2	4	7	7	5	1	4
1983	강원 강릉시	근저당 설정비	200,000	아동보육과	9	2	4	7	7	5	1	4
1984	강원 강릉시	시간제보육 리모델링	20,000	아동보육과	9	2	7	8	7	5	1	4
1985	강원 강릉시	개보수	30,000	아동보육과	9	2	7	8	7	5	1	4
1986	강원 강릉시	장비비	4,000	아동보육과	9	2	7	8	7	5	1	4
1987	강원 강릉시	보존식 기자재 지원	23,100	아동보육과	9	2	7	8	7	5	1	4
1988	강원 강릉시	새뜰마을사업 추진	50,000	도시재생과	9	7	7	8	7	5	5	4
1989	강원 강릉시	저상버스 도입지원	270,504	교통과	9	2	7	8	7	5	1	4
1990	강원 강릉시	저상버스 도입지원	155,901	교통과	9	2	7	8	7	5	1	4
1991	강원 강릉시	화재안전성능보강지원사업	879,987	건축과	9	1	7	8	7	5	5	4
1992	강원 강릉시	청년농업인 창업기반구축 지원	22,000	농정과	9	6	7	8	7	5	5	4
1993	강원 강릉시	농촌체험 안전편의시설 확충	120,000	농정과	9	6	7	8	7	5	5	4
1994	강원 강릉시	농촌융복합산업화(농촌자원) 지원	582,400	농정과	9	6	7	8	7	5	5	4
1995	강원 강릉시	찰옥수수 명품화	2,500	농정과	9	6	7	8	7	1	1	1
1996	강원 강릉시	벼 육묘운반기 지원	1,800	농정과	9	6	7	8	7	1	1	1
1997	강원 강릉시	벼 육묘이송기 지원	3,300	농정과	9	6	7	8	7	1	1	1
1998	강원 강릉시	벼 못자리용 비닐하우스 지원	48,750	농정과	9	6	7	8	7	1	1	1
1999	강원 강릉시	원적외선 곡물건조기 지원	10,000	농정과	9	6	7	8	7	1	1	1
2000	강원 강릉시	씨감자 채종포 선별장비 지원	14,487	농정과	9	6	7	8	7	1	1	1
2001	강원 강릉시	잡곡산업기반조성	3,000	농정과	9	6	7	8	7	1	1	1
2002	강원 강릉시	산지저장 및 가공시설 지원	400,000	농정과	9	6	7	8	7	1	1	1
2003	강원 강릉시	작목별 맞춤형 안전관리 실천시범	50,000	농정과	9	2	7	8	7	5	5	4
2004	강원 강릉시	농촌어르신 복지생활 실천시범	50,000	농정과	9	6	7	8	7	5	5	4
2005	강원 강릉시	농촌자원 활용 치유마을 육성	100,000	농정과	9	6	7	8	7	5	5	4
2006	강원 강릉시	양돈농가 자동연속주사기 지원	8,000	동물정책과	9	1	7	8	7	1	1	4
2007	강원 강릉시	방역시설 설치비 지원	93,000	동물정책과	9	1	7	8	7	1	1	4
2008	강원 강릉시	양돈농가 열화상카메라 지원	18,000	동물정책과	9	1	7	8	7	1	1	4
2009	강원 강릉시	지능형 축산시설 지원	70,000	동물정책과	9	1	7	8	7	1	1	4
2010	강원 강릉시	재해대비 축산시설 및 장비 지원	46,000	동물정책과	9	1	7	8	7	1	1	4
2011	강원 강릉시	축산물판매업소 위생기자재 지원	10,000	동물정책과	9	1	7	8	7	1	1	4
2012	강원 강릉시	계란 저온(냉장)수송차량 지원	15,000	동물정책과	9	1	7	8	7	1	1	4
2013	강원 강릉시	HACCP 시설·장비 등 지원	20,000	동물정책과	9	1	7	8	7	1	1	4
2014	강원 강릉시	조사료경영체 장비 지원	75,000	동물정책과	9	2	7	8	7	1	1	4

순번	시군구	지출명 (사업명)	2021년예산 (단위:천원/1년간)	담당자 (공무원) 담당부서	민간이전 분류 (지방자치단체 세출예산 집행기준에 의거) 1. 민간경상사업보조(307-02) 2. 민간단체 법정운영비보조(307-03) 3. 민간행사사업보조(307-04) 4. 민간위탁금(307-05) 5. 사회복지시설 법정운영비보조(307-10) 6. 민간인위탁교육비(307-12) 7. 공기관등에대한경상적위탁사업비(308-10) 8. 민간자본사업보조,자체재원(402-01) 9. 민간자본사업보조,이전재원(402-02) 10. 민간위탁사업비(402-03) 11. 공기관등에 대한 자본적 대행사업비(403-02)	민간이전지출 근거 (지방보조금 관리기준 참고) 1. 법률에 규정 2. 국고보조 재원(국가지정) 3. 용도 지정 기부금 4. 조례에 직접규정 5. 지자체가 권장하는 사업을 하는 공공기관 6. 시,도 정책 및 재정사정 7. 기타 8. 해당없음	입찰방식 계약체결방법 (경쟁형태) 1. 일반경쟁 2. 제한경쟁 3. 지명경쟁 4. 수의계약 5. 법정위탁 6. 기타 ( ) 7. 해당없음	입찰방식 계약기간 1. 1년 2. 2년 3. 3년 4. 4년 5. 5년 6. 기타 ( )년 7. 단기계약 (1년미만) 8. 해당없음	입찰방식 낙찰자선정방법 1. 적격심사 2. 협상에의한계약 3. 최저가낙찰제 4. 규격가격분리 5. 2단계 경쟁입찰 6. 기타 ( ) 7. 해당없음	운영예산 산정 운영예산 산정 1. 내부산정 (지자체 자체적으로 산정) 2. 외부산정 (외부전문기관위탁 산정) 3. 내·외부 모두 산정 4. 산정 無 5. 해당없음	운영예산 산정 정산방법 1. 내부정산 (지자체 내부적으로 정산) 2. 외부정산 (외부전문기관위탁 정산) 3. 내·외부 모두 산정 4. 정산 無 5. 해당없음	성과평가 실시여부 1. 실시 2. 미실시 3. 향후 추진 4. 해당없음
2015	강원 강릉시	농식품 부존자원 사료화 TMR 제조장비 지원	84,000	동물정책과	9	1	7	8	7	1	1	4
2016	강원 강릉시	부존자원조사료 자동급이기 지원	31,500	동물정책과	9	1	7	8	7	1	1	4
2017	강원 강릉시	다목적 가축분뇨 처리장비 지원	100,000	동물정책과	9	1	7	8	7	1	1	4
2018	강원 강릉시	양봉기자재 현대화 지원	46,800	동물정책과	9	1	7	8	7	1	1	4
2019	강원 강릉시	벌꿀 농축시설 지원	90,000	동물정책과	9	1	7	8	7	1	1	4
2020	강원 강릉시	기자재 현대화 지원	4,500	동물정책과	9	1	7	8	7	1	1	4
2021	강원 강릉시	SD저항성 토종벌 공급 지원	3,000	동물정책과	9	1	7	8	7	1	1	4
2022	강원 강릉시	SD저항성 토종벌 구입 지원	3,000	동물정책과	9	2	7	8	7	1	1	4
2023	강원 강릉시	축산악취개선 장비·시설 지원	120,000	동물정책과	9	2	7	8	7	1	1	4
2024	강원 강릉시	폐사축 처리기 지원	30,000	동물정책과	9	1	7	8	7	1	1	4
2025	강원 강릉시	악취측정 ICT기계장비 지원	60,000	동물정책과	9	2	7	8	7	1	1	3
2026	강원 강릉시	도시민 참여형 아파트 조경 다층식재 기술시범	40,000	유통지원과	9	2	7	8	7	1	1	3
2027	강원 강릉시	청년4-H회원 기초영농 정착지원	20,000	유통지원과	9	7	7	8	7	1	1	3
2028	강원 강릉시	농업인 소규모 창업기술 지원	100,000	유통지원과	9	1	7	8	7	1	1	3
2029	강원 강릉시	농식품산업활성화지원	50,000	유통지원과	9	1	7	8	7	1	1	3
2030	강원 강릉시	수출농식품 가공시설 현대화	175,000	유통지원과	9	1	7	8	7	1	1	3
2031	강원 강릉시	저온유통체계 구축	384,150	유통지원과	9	1	7	8	7	5	5	4
2032	강원 강릉시	찰옥수수 칼라패키지 상품화 시범	60,000	기술보급과	9	2	7	8	7	1	1	4
2033	강원 강릉시	에너지절감시설지원	157,746	기술보급과	9	2	7	8	7	5	5	4
2034	강원 강릉시	신재생에너지시설지원	18,000	기술보급과	9	2	7	8	7	1	1	4
2035	강원 강릉시	시설원예 현대화 지원	122,025	기술보급과	9	7	7	8	7	1	1	4
2036	강원 강릉시	시설원예 환경개선	12,500	기술보급과	9	6	7	8	7	1	1	4
2037	강원 강릉시	권역별 수출특화단지 조성	52,500	기술보급과	9	6	7	8	7	5	5	4
2038	강원 강릉시	딸기 수출용 선도유지 일관체계 기술 시범	30,000	기술보급과	9	2	7	8	7	5	5	4
2039	강원 강릉시	지역활력화 작목 기반조성	400,000	기술보급과	9	6	7	8	7	5	5	4
2040	강원 강릉시	화훼 국내육성품종 보급 시범	60,000	기술보급과	9	2	7	8	7	1	1	4
2041	강원 강릉시	화훼 생산유통 지원	52,500	기술보급과	9	6	7	8	7	1	1	4
2042	강원 강릉시	과수경쟁력제고사업지원	12,500	기술보급과	9	6	7	8	7	1	1	4
2043	강원 강릉시	산지유통저온저장시설지원	43,750	기술보급과	9	6	7	8	7	1	1	4
2044	강원 강릉시	비닐하우스현대화사업지원	65,000	기술보급과	9	6	7	8	7	1	1	4
2045	강원 강릉시	곤충스마트팜육성지원	40,000	기술보급과	9	6	7	8	7	5	5	4
2046	강원 강릉시	특용작물(인삼) 생산시설현대화 지원	3,950	기술보급과	9	2	7	8	7	1	1	4
2047	강원 강릉시	친환경인증농산물 포장재지원	6,000	기술보급과	9	6	7	8	7	1	1	4
2048	강원 강릉시	친환경농자재공급	16,250	기술보급과	9	6	7	8	7	1	1	4
2049	강원 강릉시	친환경농업 자율실천단지 조성	24,000	기술보급과	9	6	7	8	7	5	5	4
2050	강원 강릉시	친환경농산물 가공.유통기반 지원	70,000	기술보급과	9	6	7	8	7	1	1	3
2051	강원 강릉시	숙박업소 환경개선 및 비대면시스템 설치 지원	80,000	위생과	9	4	7	8	7	1	1	3
2052	강원 강릉시	숙박업소 비대면시스템 설치 지원	80,000	위생과	9	4	7	8	7	1	1	3
2053	강원 강릉시	농어촌민박 시설환경개선 지원	200,000	위생과	9	4	7	8	7	1	1	1
2054	강원 강릉시	음식업소 환경개선 및 비대면시스템 설치 지원	96,000	위생과	9	4	7	8	7	5	1	1
2055	강원 강릉시	음식업소 비대면시스템 설치 지원	60,000	위생과	9	4	7	8	7	5	1	1
2056	강원 동해시	위생업소환경개선지원사업	96,000	체육위생과	9	6	7	8	7	5	5	4

순번	시군구	지출명 (사업명)	2021년예산 (단위:천원/1년간)	담당자 (공무원) 담당부서	민간이전 분류 (지방자치단체 세출예산 집행기준에 의거) 1. 민간경상사업보조(307-02) 2. 민간단체 법정운영비보조(307-03) 3. 민간행사사업보조(307-04) 4. 민간위탁금(307-05) 5. 사회복지시설 법정운영비보조(307-10) 6. 민간인위탁교육비(307-12) 7. 공기관등에대한경상적위탁사업비(308-10) 8. 민간자본사업보조,자체재원(402-01) 9. 민간자본사업보조,이전재원(402-02) 10. 민간위탁사업비(402-03) 11. 공기관등에 대한 자본적 대행사업비(403-02)	민간이전지출 근거 (지방보조금 관리기준 참고) 1. 법률에 규정 2. 국고보조 재원(국가지정) 3. 용도 지정 기부금 4. 조례에 직접규정 5. 지자체가 권장하는 사업을 하는 공공기관 6. 시,도 정책 및 재정사정 7. 기타 8. 해당없음	입찰방식 계약체결방법 (경쟁형태) 1. 일반경쟁 2. 제한경쟁 3. 지명경쟁 4. 수의계약 5. 법정위탁 6. 기타 ( ) 7. 해당없음	입찰방식 계약기간 1. 1년 2. 2년 3. 3년 4. 4년 5. 5년 6. 기타 ( )년 7. 단기계약 (1년미만) 8. 해당없음	입찰방식 낙찰자선정방법 1. 적격심사 2. 협상에의한계약 3. 최저가낙찰제 4. 규격가격분리 5. 2단계 경쟁입찰 6. 기타 ( ) 7. 해당없음	운영예산 산정 운영예산 산정 1. 내부산정 (지자체 자체적으로 산정) 2. 외부산정 (외부전문기관위탁 산정) 3. 내·외부 모두 산정 4. 산정 無 5. 해당없음	운영예산 산정 정산방법 1. 내부정산 (지자체 내부적으로 정산) 2. 외부정산 (외부전문기관위탁 정산) 3. 내·외부 모두 산정 4. 정산 無 5. 해당없음	성과평가 실시여부 1. 실시 2. 미실시 3. 향후 추진 4. 해당없음
2057	강원 동해시	도시가스공급시설 설치비 지원사업	280,750	경제과	9	1	7	8	7	1	1	3
2058	강원 동해시	신재생에너지 그린홈 보급	157,700	경제과	9	1	7	8	7	5	5	3
2059	강원 동해시	북평산업단지 입주업체 물류비	860,000	투자유치과	9	1	7	8	7	5	5	4
2060	강원 동해시	북평산업단지 입주업체 물류비	510,000	투자유치과	9	1	7	8	7	5	5	4
2061	강원 동해시	북평산업단지 입주업체 폐수처리비	240,000	투자유치과	9	1	7	8	7	5	5	4
2062	강원 동해시	북평산업단지 입주업체 폐수처리비	40,000	투자유치과	9	1	7	8	7	5	5	4
2063	강원 동해시	이전기업등 보조금 지원	1,002,740	투자유치과	9	4	7	8	7	5	5	4
2064	강원 동해시	노란우산공제 가입 지원	1,103,400	투자유치과	9	1	7	8	7	5	5	4
2065	강원 동해시	대문어 매입방류	70,750	해양수산과	9	6	7	8	7	5	5	4
2066	강원 동해시	친환경에너지절감장비지원	54,705	해양수산과	9	2	7	8	7	5	5	4
2067	강원 동해시	어선사고 예방시스템 구축	10,592	해양수산과	9	2	7	8	7	5	5	4
2068	강원 동해시	어로안전 항해장비 지원	49,197	해양수산과	9	6	7	8	7	5	5	4
2069	강원 동해시	연근해 채낚기어선 장비지원	52,500	해양수산과	9	6	7	8	7	5	5	4
2070	강원 동해시	어선사고 zero화 안전장비 지원	29,953	해양수산과	9	6	7	8	7	5	5	4
2071	강원 동해시	노후 선외기 대체 지원	49,000	해양수산과	9	6	7	8	7	5	5	4
2072	강원 동해시	나잠어업인 잠수복 지원	1,890	해양수산과	9	6	7	8	7	5	5	4
2073	강원 동해시	수산물 비대면(온라인)판매 활성화 지원	18,000	해양수산과	9	6	7	8	7	5	5	4
2074	강원 동해시	생분해성어구보급	80,000	해양수산과	9	2	7	8	7	5	5	4
2075	강원 동해시	문어연승용봉돌지원	171,408	해양수산과	9	6	7	8	7	5	5	4
2076	강원 동해시	교육용 기자재지원	19,618	평생교육센터	9	6	7	8	7	5	5	4
2077	강원 동해시	범죄예방 및 방범활동 체계 구축 지원	108,000	행정과	9	4	6	8	7	1	1	1
2078	강원 태백시	음식.숙박.이용업소 환경개선사업	170,000	주민생활지원과	9	4	7	8	7	1	1	1
2079	강원 태백시	재가노인복지시설 운영지원	26,400	사회복지과	9	1	7	8	7	3	1	1
2080	강원 태백시	노인복지시설 기능강화	6,160	사회복지과	9	1	7	8	7	3	1	1
2081	강원 태백시	소규모 민간시설 접근성 개선사업	20,000	사회복지과	9	1	7	8	7	5	1	4
2082	강원 태백시	장애인직업재활시설 기능보강	8,000	사회복지과	9	1	7	8	7	5	1	4
2083	강원 태백시	어린이집 기능보강	132,900	사회복지과	9	1	5	1	1	3	5	1
2084	강원 태백시	지역아동센터 환경개선비 지원	50,000	사회복지과	9	1	7	8	7	5	5	4
2085	강원 태백시	관광진흥 및 홍보 활성화	12,000	문화관광과	9	6	7	8	7	5	1	4
2086	강원 태백시	중소기업 활성화 지원	80,000	일자리경제과	9	4	7	8	7	5	5	4
2087	강원 태백시	신재생에너지 주택지원사업	30,480	일자리경제과	9	1	7	8	7	5	5	4
2088	강원 태백시	청년농업인 창업기반 지원	22,000	농업기술센터	9	4	7	8	7	1	1	3
2089	강원 태백시	농어촌민박시설환경개선지원	8,000	농업기술센터	9	4	7	8	7	1	1	3
2090	강원 태백시	외국인근로자 근로편익 개선 사업	8,400	농업기술센터	9	1	7	8	7	1	1	3
2091	강원 태백시	친환경농자재 지원	32,000	농업기술센터	9	6	7	8	7	1	1	3
2092	강원 태백시	친환경농산물 가공시설 지원	11,200	농업기술센터	9	6	7	8	7	1	1	3
2093	강원 태백시	비닐하우스 현대화 사업	48,750	농업기술센터	9	6	7	8	7	1	1	3
2094	강원 태백시	시설원예 환경개선	25,000	농업기술센터	9	6	7	8	7	1	1	3
2095	강원 태백시	과수 경쟁력 제고 지원	50,000	농업기술센터	9	6	7	8	7	1	1	3
2096	강원 태백시	산지유통저장시설 지원	43,750	농업기술센터	9	6	7	8	7	1	1	3
2097	강원 태백시	도지사 품질인증제 지원	4,945	농업기술센터	9	6	7	8	7	1	1	3
2098	강원 태백시	저온유통차량 지원	105,000	농업기술센터	9	6	7	8	7	1	1	3

순번	시군구	지출명 (사업명)	2021년예산 (단위:천원/1년간)	담당자 (공무원) 담당부서	민간이전 분류 (지방자치단체 세출예산 집행기준에 의거) 1. 민간경상사업보조(307-02) 2. 민간단체 법정운영비보조(307-03) 3. 민간행사사업보조(307-04) 4. 민간위탁금(307-05) 5. 사회복지시설 법정운영비보조(307-10) 6. 민간인위탁교육비(307-12) 7. 공기관등에대한경상적위탁사업비(308-10) 8. 민간자본사업보조,자체재원(402-01) 9. 민간자본사업보조,이전재원(402-02) 10. 민간위탁사업비(402-03) 11. 공기관등에 대한 자본적 대행사업비(403-02)	민간이전지출 근거 (지방보조금 관리기준 참고) 1. 법률에 규정 2. 국고보조 재원(국가지정) 3. 용도 지정 기부금 4. 조례에 직접규정 5. 지자체가 권장하는 사업을 하는 공공기관 6. 시,도 정책 및 재정사정 7. 기타 8. 해당없음	입찰방식 계약체결방법 (경쟁형태) 1. 일반경쟁 2. 제한경쟁 3. 지명경쟁 4. 수의계약 5. 법정위탁 6. 기타 ( ) 7. 해당없음	입찰방식 계약기간 1. 1년 2. 2년 3. 3년 4. 4년 5. 5년 6. 기타 ( )년 7. 단기계약 (1년미만) 8. 해당없음	입찰방식 낙찰자선정방법 1. 적격심사 2. 협상에의한계약 3. 최저가낙찰제 4. 규격가격분리 5. 2단계 경쟁입찰 6. 기타 ( ) 7. 해당없음	운영예산 산정 운영예산 산정 1. 내부산정 (지자체 자체적으로 산정) 2. 외부산정 (외부전문기관위탁 산정) 3. 내·외부 모두 산정 4. 산정 無 5. 해당없음	운영예산 산정 정산방법 1. 내부정산 (지자체 내부적으로 정산) 2. 외부정산 (외부전문기관위탁 정산) 3. 내·외부 모두 산정 4. 정산 無 5. 해당없음	성과평가 실시여부 1. 실시 2. 미실시 3. 향후 추진 4. 해당없음
2099	강원 태백시	메밀재배단지조성	4,000	농업기술센터	9	6	7	8	7	1	1	3
2100	강원 태백시	꿀벌사육농가 경영안정 지원	19,800	농업기술센터	9	6	7	8	7	1	1	3
2101	강원 태백시	축산농가 경영개선 지원사업	15,000	농업기술센터	9	6	7	8	7	1	1	3
2102	강원 태백시	관광휴양 목장 조성	187,000	농업기술센터	9	6	7	8	7	1	1	3
2103	강원 태백시	다목적 가축분뇨처리장비 지원	20,000	농업기술센터	9	6	7	8	7	1	1	3
2104	강원 태백시	계란 저온수송 차량 지원	15,000	농업기술센터	9	6	7	8	7	1	1	3
2105	강원 태백시	강원한우 통합브랜드 가치제고	8,400	농업기술센터	9	6	7	8	7	1	1	3
2106	강원 태백시	축산물작업장 위생설비 개선 지원	12,000	농업기술센터	9	6	7	8	7	1	1	3
2107	강원 태백시	산림작물생산단지조성	2,750	공원녹지과	9	2	6	8	6	1	1	4
2108	강원 태백시	백두대간 주민소득 지원	131,400	공원녹지과	9	2	6	8	6	1	1	4
2109	강원 태백시	친환경임산물재배관리	1,072	공원녹지과	9	2	6	8	6	1	1	4
2110	강원 태백시	목재펠릿보일러 보급	5,600	공원녹지과	9	2	7	8	7	5	5	4
2111	강원 태백시	도시 취약지역 생활여건 개조사업	71,600	도시재생과	9	2	4	8	7	1	1	2
2112	강원 태백시	주민자율방범대 운영지원	80,000	총무과	9	4	7	8	7	1	1	1
2113	강원 태백시	야생동식물 피해예방사업	43,800	환경과	9	1	7	8	7	5	5	4
2114	강원 태백시	전기자동차 보급사업	1,359,200	환경과	9	2	7	8	7	5	5	4
2115	강원 태백시	전기이륜차 보급사업	9,450	환경과	9	2	7	8	7	5	5	4
2116	강원 태백시	기존 건축물 화재안전 성능보강 지원	26,667	건축지적과	9	1	7	8	7	5	1	4
2117	강원 태백시	청년4H회원 기초영농 정착지원	18,000	농업기술센터	9	6	7	8	7	1	1	3
2118	강원 태백시	농촌자원활용 치유농업 육성 농장형	28,000	농업기술센터	9	6	7	8	7	1	1	3
2119	강원 태백시	농촌 어르신 복지 실천사업	45,000	농업기술센터	9	6	7	8	7	1	1	3
2120	강원 태백시	농업 신기술 시범	520,000	농업기술센터	9	1	7	8	7	3	3	1
2121	강원 태백시	지역 활력화 작목 기반조성	495,000	농업기술센터	9	6	7	8	7	1	1	3
2122	강원 태백시	사과 명품 과원 조성사업	34,300	농업기술센터	9	6	7	8	7	1	1	3
2123	강원 태백시	힐링 및 항노화 상품개발	50,000	농업기술센터	9	6	7	8	7	1	1	3
2124	강원 태백시	약용작물 재배농가 육성지원	126,000	농업기술센터	9	6	7	8	7	1	1	3
2125	강원 태백시	고급채소(양채류) 특화단지 조성 시범	40,000	농업기술센터	9	6	7	8	7	1	1	3
2126	강원 속초시	2020 지역 관광교통 개선사업	50,000	관광과	9	4	4	1	7	1	1	4
2127	강원 속초시	가정폭력 피해자 보호시설 운영지원	9,550	가족지원과	9	2	7	8	7	5	1	4
2128	강원 속초시	대한노인회 속초시지회 기능보강	26,000	가족지원과	9	1	7	8	7	5	1	4
2129	강원 속초시	노인복지관 기능보강	130,000	가족지원과	9	4	7	8	7	1	1	4
2130	강원 속초시	노인요양시설 확충 사업	34,920	가족지원과	9	1	7	8	7	5	1	4
2131	강원 속초시	고은어린이집 기자재구입	10,000	가족지원과	9	1	7	8	7	5	5	4
2132	강원 속초시	어린이집 기능보강	44,600	가족지원과	9	1	7	8	7	5	1	4
2133	강원 속초시	어린이집 옥상방수공사 및 도배, 장판 등 환경개선공사	22,000	가족지원과	9	6	7	8	7	1	1	4
2134	강원 속초시	지역아동센터 환경개선 지원	30,000	교육청소년과	9	1	7	8	7	3	1	1
2135	강원 속초시	음식업소 환경개선 및 비대면시스템 지원	84,000	환경위생과	9	4	7	8	7	5	5	4
2136	강원 속초시	음식업소 비대면시스템 지원	16,000	환경위생과	9	4	7	8	7	5	5	4
2137	강원 속초시	숙박업소 환경개선 및 비대면시스템 지원	80,000	환경위생과	9	4	7	8	7	5	5	4
2138	강원 속초시	숙박업소 비대면시스템 지원	8,000	환경위생과	9	4	7	8	7	5	5	4
2139	강원 속초시	이용업소 환경개선 지원	16,000	환경위생과	9	4	7	8	7	5	5	4
2140	강원 속초시	가정용 저녹스 보일러 보급사업	13,000	환경위생과	9	2	7	8	7	5	5	4

순번	시군구	지출명 (사업명)	2021년예산 (단위:천원/1년간)	담당자 (공무원)	민간이전 분류 (지방자치단체 세출예산 집행기준에 의거)	민간이전지출 근거 (지방보조금 관리기준 참고)	입찰방식			운영예산 산정		성과평가 실시여부
				담당부서	1. 민간경상사업보조(307-02) 2. 민간단체 법정운영비보조(307-03) 3. 민간행사사업보조(307-04) 4. 민간위탁금(307-05) 5. 사회복지시설 법정운영비보조(307-10) 6. 민간인위탁교육비(307-12) 7. 공기관등에대한경상적위탁사업비(308-10) 8. 민간자본사업보조,자체재원(402-01) 9. 민간자본사업보조,이전재원(402-02) 10. 민간위탁사업비(402-03) 11. 공기관등에 대한 자본적 대행사업비(403-02)	1. 법률에 규정 2. 국고보조 재원(국가지정) 3. 용도 지정 기부금 4. 조례에 직접규정 5. 지자체가 권장하는 사업을 하는 공공기관 6. 시,도 정책 및 재정사정 7. 기타 8. 해당없음	계약체결방법 (경쟁형태) 1. 일반경쟁 2. 제한경쟁 3. 지명경쟁 4. 수의계약 5. 법정위탁 6. 기타 ( ) 7. 해당없음	계약기간 1. 1년 2. 2년 3. 3년 4. 4년 5. 5년 6. 기타 ( )년 7. 단기계약 (1년미만) 8. 해당없음	낙찰자선정방법 1. 적격심사 2. 협상에의한계약 3. 최저가낙찰제 4. 규격가격분리 5. 2단계 경쟁입찰 6. 기타 ( ) 7. 해당없음	운영예산 산정 1. 내부산정 (지자체 자체적으로 산정) 2. 외부산정 (외부전문기관위탁 산정) 3. 내·외부 모두 산정 4. 산정 無 5. 해당없음	정산방법 1. 내부정산 (지자체 내부적으로 정산) 2. 외부정산 (외부전문기관위탁 정산) 3. 내·외부 모두 산정 4. 정산 無 5. 해당없음	1. 실시 2. 미실시 3. 향후 추진 4. 해당없음
2141	강원 속초시	어린이 통학차량의 LPG차 전환지원사업	170,000	환경위생과	9	2	7	8	7	5	5	4
2142	강원 속초시	건설기계 매연저감장치 설치 지원	66,000	환경위생과	9	2	7	8	7	5	5	4
2143	강원 속초시	건설기계 엔진교체 지원	330,000	환경위생과	9	2	7	8	7	5	5	4
2144	강원 속초시	노후경유차 LPG 엔진 개조 지원	13,916	환경위생과	9	2	7	8	7	5	5	4
2145	강원 속초시	노후경유차 매연저감장치 설치 지원	190,000	환경위생과	9	2	7	8	7	5	5	4
2146	강원 속초시	LPG 화물차 신차 구입 지원	160,000	환경위생과	9	2	7	8	7	5	5	4
2147	강원 속초시	PM-NOx동시저감장치 설치	75,000	환경위생과	9	2	7	8	7	5	5	4
2148	강원 속초시	수소전기자동차 보급사업	48,750	환경위생과	9	1	7	8	7	5	5	4
2149	강원 속초시	전기이륜차 보급	103,950	환경위생과	9	1	7	8	7	5	5	4
2150	강원 속초시	전기자동차 보급	4,159,200	환경위생과	9	1	7	8	7	5	5	4
2151	강원 속초시	방재정책 능력체계 확립	34,000	안전총괄과	9	4	7	8	7	5	5	4
2152	강원 속초시	의용소방대 운영 활성화	122,000	안전총괄과	9	4	7	8	7	5	5	4
2153	강원 속초시	저상버스 도입보조사업	180,336	교통과	9	1	7	8	7	1	1	1
2154	강원 속초시	목재펠릿보일러 보급	5,600	공원녹지과	9	1	7	7	7	5	1	3
2155	강원 속초시	생분해성어구 보급지원	80,000	해양수산과	9	1	7	8	7	5	1	2
2156	강원 속초시	어선사고 예방시스템 구축	12,641	해양수산과	9	1	7	8	7	5	1	2
2157	강원 속초시	해면양식장 가두리 시설비 지원	126,000	해양수산과	9	1	7	8	7	5	1	2
2158	강원 속초시	명태산업 광역특구 기자재 지원	14,000	해양수산과	9	1	7	8	7	5	1	2
2159	강원 속초시	자율관리어업 육성사업	54,000	해양수산과	9	1	7	8	7	5	1	2
2160	강원 속초시	문어연승용 봉돌제작 지원	31,200	해양수산과	9	1	7	8	7	5	1	2
2161	강원 속초시	해면양식장 지원	48,000	해양수산과	9	1	7	8	7	5	1	2
2162	강원 속초시	연근해 채낚기어선 장비지원	30,800	해양수산과	9	1	7	8	7	5	1	2
2163	강원 속초시	어로안전 항해장비 지원	54,840	해양수산과	9	1	7	8	7	5	1	2
2164	강원 속초시	친환경 에너지절감장비 보급	88,279	해양수산과	9	1	7	8	7	5	1	2
2165	강원 속초시	노후 선외기 대체지원	35,000	해양수산과	9	1	7	8	7	5	1	2
2166	강원 속초시	연안노후어선 수리 지원	100,000	해양수산과	9	1	7	8	7	5	1	2
2167	강원 속초시	연안어선 노후 전기설비 수리 지원	151,896	해양수산과	9	1	7	8	7	5	1	2
2168	강원 속초시	어선사고 zero화 안전장비 지원	52,284	해양수산과	9	1	7	8	7	5	1	2
2169	강원 속초시	대창조선소 분진막 설치	240,000	해양수산과	9	1	1	7	1	5	1	2
2170	강원 속초시	대포수협 어선수리소 확장	180,000	해양수산과	9	1	1	7	1	5	1	2
2171	강원 속초시	연승어업인 어구보수보관장 신축	400,000	해양수산과	9	1	1	7	1	5	1	2
2172	강원 속초시	농어촌민박 시설환경개선	48,000	농업기술센터	9	6	7	8	7	5	5	4
2173	강원 속초시	전통주 포장재 개선 지원 및 품질관리 지원	4,000	농업기술센터	9	6	7	8	7	5	5	4
2174	강원 속초시	농산물 산지유통저장시설 지원	43,750	농업기술센터	9	6	7	8	7	5	5	4
2175	강원 속초시	벼 육묘시설 지원	6,500	농업기술센터	9	4	7	8	7	5	5	4
2176	강원 속초시	찰옥수수 명품화 단지 조성	4,000	농업기술센터	9	4	7	8	7	5	5	4
2177	강원 속초시	비닐하우스 현대화사업	16,250	농업기술센터	9	4	7	8	7	5	5	4
2178	강원 속초시	페로몬트랩이용 콩안정생산단지 조성	1,000	농업기술센터	9	4	7	8	7	5	5	4
2179	강원 속초시	시설채소 확대재배	8,000	농업기술센터	9	4	7	8	7	5	5	4
2180	강원 속초시	벼 병해충 육묘상자 일괄파종 지원	9,520	농업기술센터	9	4	7	8	7	5	5	4
2181	강원 속초시	유기농업자재 지원	1,700	농업기술센터	9	1	7	8	7	5	5	4
2182	강원 속초시	강원양봉산업 육성	16,800	농업기술센터	9	1	7	8	7	5	5	4

순번	시군구	지출명 (사업명)	2021년예산 (단위:천원/1년간)	담당자 (공무원) 담당부서	민간이전 분류 (지방자치단체 세출예산 집행기준에 의거) 1. 민간경상사업보조(307-02) 2. 민간단체 법정운영비보조(307-03) 3. 민간행사사업보조(307-04) 4. 민간위탁금(307-05) 5. 사회복지시설 법정운영비보조(307-10) 6. 민간인위탁교육비(307-12) 7. 공기관등에대한경상적위탁사업비(308-10) 8. 민간자본사업보조,자체재원(402-01) 9. 민간자본사업보조,이전재원(402-02) 10. 민간위탁사업비(402-03) 11. 공기관등에 대한 자본적 대행사업비(403-02)	민간이전지출 근거 (지방보조금 관리기준 참고) 1. 법률에 규정 2. 국고보조 재원(국가지정) 3. 용도 지정 기부금 4. 조례에 직접규정 5. 지자체가 권장하는 사업을 하는 공공기관 6. 시,도 정책 및 재정사정 7. 기타 8. 해당없음	입찰방식 계약체결방법 (경쟁형태) 1. 일반경쟁 2. 제한경쟁 3. 지명경쟁 4. 수의계약 5. 법정위탁 6. 기타 ( ) 7. 해당없음	입찰방식 계약기간 1. 1년 2. 2년 3. 3년 4. 4년 5. 5년 6. 기타 ( )년 7. 단기계약 (1년미만) 8. 해당없음	입찰방식 낙찰자선정방법 1. 적격심사 2. 협상에의한계약 3. 최저가낙찰제 4. 규격가격분리 5. 2단계 경쟁입찰 6. 기타 ( ) 7. 해당없음	운영예산 산정 운영예산 산정 1. 내부산정 (지자체 자체적으로 산정) 2. 외부산정 (외부전문기관위탁 산정) 3. 내·외부 모두 산정 4. 산정 無 5. 해당없음	운영예산 산정 정산방법 1. 내부정산 (지자체 내부적으로 정산) 2. 외부정산 (외부전문기관위탁 정산) 3. 내·외부 모두 산정 4. 정산 無 5. 해당없음	성과평가 실시여부 1. 실시 2. 미실시 3. 향후 추진 4. 해당없음
2183	강원 속초시	계란 저온수송차량 지원	15,000	농업기술센터	9	1	7	8	7	5	5	4
2184	강원 속초시	원적외선 곡물건조기 공급	5,000	농업기술센터	9	6	7	8	7	5	5	1
2185	강원 홍천군	노인요양시설 확충	653,670	행복나눔과	9	2	7	8	7	5	5	4
2186	강원 홍천군	어린이집 확충 사업	10,000	행복나눔과	9	1	7	8	7	5	1	4
2187	강원 홍천군	어린이집 기능보강	11,200	행복나눔과	9	1	7	8	7	5	1	4
2188	강원 홍천군	야생동물 피해예방사업	240,000	환경과	9	2	7	8	7	1	1	1
2189	강원 홍천군	전기자동차 구매 지원	2,943,800	환경과	9	2	7	8	7	5	5	4
2190	강원 홍천군	전기이륜차 지원	20,790	환경과	9	2	7	8	7	5	5	4
2191	강원 홍천군	수소전기자동차 보급	1,125,000	환경과	9	2	7	8	7	5	5	4
2192	강원 홍천군	운행차 배출가스 저감사업	1,290	환경과	9	2	7	8	7	5	5	4
2193	강원 홍천군	어린이 통학차량 LPG차 전환 지원	130,000	환경과	9	2	7	8	7	5	5	4
2194	강원 홍천군	소규모사업장 방지시설 설치 지원	180,000	환경과	9	2	7	8	7	5	5	4
2195	강원 홍천군	가정용 저녹스보일러 보급지원	10,600	환경과	9	2	7	8	7	5	5	4
2196	강원 홍천군	비규제 악취저감시설 시설비 지원	45,000	환경과	9	4	7	8	7	5	5	4
2197	강원 횡성군	야생동물 피해예방시설 설치지원	71,400	환경관리과	9	1	7	8	7	5	5	4
2198	강원 횡성군	전기자동차 보급사업	2,457,240	환경관리과	9	2	7	8	7	5	5	4
2199	강원 횡성군	수소연료 전지차 구입 보조	1,875	환경관리과	9	2	7	8	7	5	5	4
2200	강원 횡성군	전기이륜차 보급사업	51,030	환경관리과	9	2	7	8	7	5	5	4
2201	강원 횡성군	운행차 배출가스 저감사업	1,569,500	환경관리과	9	2	7	8	7	1	1	4
2202	강원 횡성군	어린이통학차량의 LPG차 지원사업	42,000	환경관리과	9	2	7	8	7	1	1	4
2203	강원 횡성군	가정용 저녹스버너 보급사업	6,400	환경관리과	9	2	7	8	7	1	1	1
2204	강원 횡성군	수질TMS부착사업장 운영관리비 지원사업	24,000	환경관리과	9	2	7	8	7	1	1	1
2205	강원 횡성군	소규모 방지시설 설치 지원사업	103,500	환경관리과	9	2	7	8	7	1	1	1
2206	강원 횡성군	개인하수처리시설 위탁관리	183,780	환경관리과	9	6	7	8	7	5	5	4
2207	강원 횡성군	수선유지급여	519,015	토지주택과	9	2	5	1	7	5	3	1
2208	강원 횡성군	우천면 마을정비형 공공주택사업	1,107,516	토지주택과	9	5	7	8	7	1	4	1
2209	강원 횡성군	임산물 유통기반조성	93,189	산림녹지과	9	2	7	8	7	5	1	4
2210	강원 횡성군	임산물 생산기반조성	13,356	산림녹지과	9	2	7	8	7	5	1	4
2211	강원 횡성군	친환경 임산물 재배관리	6,729	산림녹지과	9	2	7	8	7	5	1	4
2212	강원 횡성군	임산물 생산단지 규모화	1,296,000	산림녹지과	9	2	7	8	7	5	1	4
2213	강원 횡성군	임산물 생산단지 규모화	300,098	산림녹지과	9	2	7	8	7	5	1	4
2214	강원 횡성군	목재펠릿보일러 보급(주택용)	22,400	산림녹지과	9	2	7	8	7	5	1	4
2215	강원 횡성군	목재펠릿보일러 보급(주민편의용)	4,000	산림녹지과	9	2	7	8	7	5	1	4
2216	강원 횡성군	목재산업 시설 현대화	90,000	산림녹지과	9	2	7	8	7	5	1	4
2217	강원 횡성군	농촌관광 민박시설확충지원	160,000	농업지원과	9	6	7	8	7	5	1	4
2218	강원 횡성군	농촌관광 체험마을 육성	120,000	농업지원과	9	4	7	8	7	5	1	4
2219	강원 횡성군	고품질 쌀 생산	113,550	농업지원과	9	6	7	8	7	5	1	4
2220	강원 횡성군	수출농식품 가공기반 구축	237,500	농업지원과	9	6	7	8	7	1	1	1
2221	강원 횡성군	산지유통 기반조성	104,400	농업지원과	9	6	7	8	7	1	1	1
2222	강원 횡성군	시설원예 현대화 지원	88,700	농업지원과	9	2	7	7	7	1	1	1
2223	강원 횡성군	산지유통 기반조성	75,000	농업지원과	9	6	7	8	7	5	1	2
2224	강원 횡성군	농업분야 에너지절감시설 지원	6,500	농업지원과	9	2	7	7	7	1	1	1

순번	시군구	지출명 (사업명)	2021년예산 (단위:천원/1년간)	담당자 (공무원)	민간이전 분류 (지방자치단체 세출예산 집행기준에 의거)	민간이전지출 근거 (지방보조금 관리기준 참고)	입찰방식			운영예산 산정		성과평가 실시여부
				담당부서	1. 민간경상사업보조(307-02) 2. 민간단체 법정운영비보조(307-03) 3. 민간행사사업보조(307-04) 4. 민간위탁금(307-05) 5. 사회복지시설 법정운영비보조(307-10) 6. 민간인위탁교육비(307-12) 7. 공기관등에대한경상적위탁사업비(308-10) 8. 민간자본사업보조,자체재원(402-01) 9. 민간자본사업보조,이전재원(402-02) 10. 민간위탁사업비(402-03) 11. 공기관등에 대한 자본적 대행사업비(403-02)	1. 법률에 규정 2. 국고보조 재원(국가지정) 3. 용도 지정 기부금 4. 조례에 직접규정 5. 지자체가 권장하는 사업을 하는 공공기관 6. 시,도 정책 및 재정사정 7. 기타 8. 해당없음	계약체결방법 (경쟁형태) 1. 일반경쟁 2. 제한경쟁 3. 지명경쟁 4. 수의계약 5. 법정위탁 6. 기타 ( ) 7. 해당없음	계약기간 1. 1년 2. 2년 3. 3년 4. 4년 5. 5년 6. 기타 ( )년 7. 단기계약 (1년미만) 8. 해당없음	낙찰자선정방법 1. 적격심사 2. 협상에의한계약 3. 최저가낙찰제 4. 규격가격분리 5. 2단계 경쟁입찰 6. 기타 ( ) 7. 해당없음	운영예산 산정 1. 내부산정 (지자체 자체적으로 산정) 2. 외부산정 (외부전문기관위탁 산정) 3. 내·외부 모두 산정 4. 산정 無 5. 해당없음	정산방법 1. 내부정산 (지자체 내부적으로 정산) 2. 외부정산 (외부전문기관위탁 정산) 3. 내·외부 모두 산정 4. 정산 無 5. 해당없음	1. 실시 2. 미실시 3. 향후 추진 4. 해당없음
2225	강원 횡성군	시설원예 경쟁력 제고	188,750	농업지원과	9	6	7	7	7	1	1	1
2226	강원 횡성군	과수화훼 생산유통	163,950	농업지원과	9	6	7	7	7	1	1	1
2227	강원 횡성군	특작경쟁력(곤충)제고	40,000	농업지원과	9	6	7	7	7	1	1	1
2228	강원 횡성군	농식품산업 기반 구축	50,000	농업지원과	9	6	7	7	7	1	1	1
2229	강원 횡성군	고품질 생산 및 경쟁력 제고	8,000	농업지원과	9	6	7	7	7	1	1	1
2230	강원 횡성군	특용작물 육성 지원	106,200	농업지원과	9	2	7	7	7	1	1	1
2231	강원 횡성군	인삼기반조성	61,320	농업지원과	9	6	7	7	7	1	1	1
2232	강원 횡성군	특용작물(버섯생산) 시설현대화	5,000	농업지원과	9	2	7	7	7	1	1	1
2233	강원 횡성군	친환경농업 활성화	389,900	농업지원과	9	6	7	8	7	5	5	4
2234	강원 횡성군	유해 야생동물 포획시설 지원	15,840	농업지원과	9	2	7	8	7	5	5	4
2235	강원 횡성군	씨감자 채종단지 육성 지원	2,250	농업지원과	9	6	7	8	7	5	5	4
2236	강원 횡성군	청년농업인 지원	22,000	농업지원과	9	4	6	8	7	1	1	2
2237	강원 횡성군	어린이집 기능보강	37,700	교육복지과	9	2	7	8	7	5	1	4
2238	강원 횡성군	위생업소 환경개선 지원	202,400	보건소	9	6	7	8	7	5	5	4
2239	강원 횡성군	청년4-H회원 기초영농정착지원	18,000	농업기술센터	9	6	7	8	7	5	1	1
2240	강원 횡성군	농업인조직체가공플랜트	500,000	농업기술센터	9	2	7	8	7	5	1	1
2241	강원 횡성군	약선소재이용 쌀조청 제조	70,000	농업기술센터	9	2	7	8	7	5	1	1
2242	강원 횡성군	쌀누룩이용발효식품제조	50,000	농업기술센터	9	2	7	8	7	5	1	1
2243	강원 횡성군	농촌건강장수마을	50,000	농업기술센터	9	6	7	8	7	5	1	1
2244	강원 횡성군	농촌어르신복지실천시범	50,000	농업기술센터	9	6	7	8	7	5	1	1
2245	강원 횡성군	소규모 HACCP지원	10,000	농업기술센터	9	2	7	8	7	5	1	1
2246	강원 횡성군	작목별 맞춤형 안전관리 실천 사업	50,000	농업기술센터	9	2	7	8	7	5	1	1
2247	강원 횡성군	농촌자원 활용 치유농업(농장) 육성사업	100,000	농업기술센터	9	6	7	8	7	5	1	1
2248	강원 횡성군	외래품종대체 최고품질쌀 생산·공급거점단지 육성	200,000	농업기술센터	9	4	7	8	7	5	1	1
2249	강원 횡성군	밭작물 신기술 선도단지 육성	206,000	농업기술센터	9	4	7	8	7	5	5	4
2250	강원 횡성군	한우 우량암소 조기선발 기술 시범	200,000	농업기술센터	9	2	7	8	7	5	5	4
2251	강원 횡성군	한우 숙성기술 활용 저지방부위 부가가치 향상 시범	80,000	농업기술센터	9	2	7	8	7	5	5	4
2252	강원 횡성군	거세 한우 28개월 단기비육 기술보급 시범	100,000	농업기술센터	9	2	7	8	7	5	5	4
2253	강원 횡성군	스마트 양봉 기술보급 시범	20,000	농업기술센터	9	2	7	8	7	5	5	4
2254	강원 횡성군	바이오커튼 활용 돈사 냄새저감 종합기술 시범	200,000	농업기술센터	9	2	7	8	7	5	5	4
2255	강원 횡성군	특화작목 기술보급	40,000	농업기술센터	9	6	7	8	7	5	5	4
2256	강원 횡성군	신기술보급	94,000	농업기술센터	9	2	7	8	7	5	5	4
2257	강원 횡성군	고품질 소득작목 안정생산	40,000	농업기술센터	9	6	7	8	7	5	5	4
2258	강원 횡성군	고품질 안전과실 생산	40,000	농업기술센터	9	6	7	8	7	5	5	4
2259	강원 횡성군	지역활력화작목 기반조성	366,800	농업기술센터	9	6	7	8	7	5	5	4
2260	강원 영월군	노인복지시설 기능보강	132,172	여성가족과	9	2	7	7	7	5	1	1
2261	강원 영월군	노인복지시설 기능보강	109,448	여성가족과	9	2	7	7	7	5	1	1
2262	강원 영월군	어린이집 기능보강사업	16,600	여성가족과	9	2	7	8	7	1	1	1
2263	강원 영월군	어린이집 기능보강사업	2,000	여성가족과	9	2	7	8	7	1	1	1
2264	강원 영월군	보존식기자재지원	700	여성가족과	9	2	7	8	7	1	1	1
2265	강원 영월군	보존식기자재지원	700	여성가족과	9	2	7	8	7	1	1	1
2266	강원 영월군	보존식기자재지원	700	여성가족과	9	2	7	8	7	1	1	1

순번	시군구	지출명 (사업명)	2021년예산 (단위:천원/1년간)	담당자 (공무원) 담당부서	민간이전 분류 (지방자치단체 세출예산 집행기준에 의거) 1. 민간경상사업보조(307-02) 2. 민간단체 법정운영비보조(307-03) 3. 민간행사사업보조(307-04) 4. 민간위탁금(307-05) 5. 사회복지시설 법정운영비보조(307-10) 6. 민간인위탁교육비(307-12) 7. 공기관등에대한경상적위탁사업비(308-10) 8. 민간자본사업보조,자체재원(402-01) 9. 민간자본사업보조,이전재원(402-02) 10. 민간위탁사업비(402-03) 11. 공기관등에 대한 자본적 대행사업비(403-02)	민간이전지출 근거 (지방보조금 관리기준 참고) 1. 법률에 규정 2. 국고보조 재원(국가지정) 3. 용도 지정 기부금 4. 조례에 직접규정 5. 지자체가 권장하는 사업을 하는 공공기관 6. 시,도 정책 및 재정사정 7. 기타 8. 해당없음	입찰방식 계약체결방법 (경쟁형태) 1. 일반경쟁 2. 제한경쟁 3. 지명경쟁 4. 수의계약 5. 법정위탁 6. 기타 ( ) 7. 해당없음	입찰방식 계약기간 1. 1년 2. 2년 3. 3년 4. 4년 5. 5년 6. 기타 ( )년 7. 단기계약 (1년미만) 8. 해당없음	입찰방식 낙찰자선정방법 1. 적격심사 2. 협상에의한계약 3. 최저가낙찰제 4. 규격가격분리 5. 2단계 경쟁입찰 6. 기타 ( ) 7. 해당없음	운영예산 산정 운영예산 산정 1. 내부산정 (지자체 자체적으로 산정) 2. 외부산정 (외부전문기관위탁 산정) 3. 내·외부 모두 산정 4. 산정 無 5. 해당없음	운영예산 산정 정산방법 1. 내부정산 (지자체 내부적으로 정산) 2. 외부정산 (외부전문기관위탁 정산) 3. 내·외부 모두 산정 4. 정산 無 5. 해당없음	성과평가 실시여부 1. 실시 2. 미실시 3. 향후 추진 4. 해당없음
2267	강원 영월군	보존식기자재지원	700	여성가족과	9	2	7	8	7	1	1	1
2268	강원 영월군	보존식기자재지원	700	여성가족과	9	2	7	8	7	1	1	1
2269	강원 영월군	보존식기자재지원	700	여성가족과	9	2	7	8	7	1	1	1
2270	강원 영월군	어린이집 환경개선사업	500	여성가족과	9	4	7	8	7	1	1	1
2271	강원 영월군	어린이집 환경개선사업	500	여성가족과	9	4	7	8	7	1	1	1
2272	강원 영월군	어린이집 환경개선사업	500	여성가족과	9	4	7	8	7	1	1	1
2273	강원 영월군	어린이집 환경개선사업	500	여성가족과	9	4	7	8	7	1	1	1
2274	강원 영월군	어린이집 환경개선사업	500	여성가족과	9	4	7	8	7	1	1	1
2275	강원 영월군	국공립어린이집 차량구입	35,000	여성가족과	9	4	7	8	7	1	1	1
2276	강원 영월군	지역아동센터 환경개선 지원	40,000	여성가족과	9	2	7	8	7	1	1	4
2277	강원 영월군	야생동물피해예방사업	66,600	환경위생과	9	1	7	8	7	5	5	4
2278	강원 영월군	위생업소 서비스개선 지도	80,000	환경위생과	9	6	7	8	7	1	1	1
2279	강원 영월군	전기자동차 보급사업	132,300	환경위생과	9	2	7	8	7	5	5	4
2280	강원 영월군	어린이통학차량 LPG차 전환 지원	40,000	환경위생과	9	2	7	8	7	5	5	4
2281	강원 영월군	PM-Nox 동시저감장치 부착 지원	30,000	환경위생과	9	2	7	8	7	5	5	4
2282	강원 영월군	LPG화물차 신차구입 지원	120,000	환경위생과	9	2	7	8	7	5	5	4
2283	강원 영월군	가정용 저녹스버너 보급사업	42,000	환경위생과	9	2	7	8	7	5	5	4
2284	강원 영월군	소규모 사업장 방지시설 설치지원	135,000	환경위생과	9	2	7	8	7	5	5	4
2285	강원 영월군	경유차 매연저감장치 부착 지원	76,000	환경위생과	9	2	7	8	7	5	5	4
2286	강원 영월군	건설기계 매연저감장치 부착 지원	22,000	환경위생과	9	2	7	8	7	5	5	4
2287	강원 영월군	건설기계 엔진교체 지원	165,000	환경위생과	9	2	7	8	7	5	5	4
2288	강원 영월군	귀농귀촌 유치지원	20,000	농업축산과	9	1	7	7	7	1	1	4
2289	강원 영월군	부존자원 활용사료 제조 및 이용 활성화	73,500	농업축산과	9	6	7	7	7	1	1	4
2290	강원 영월군	부존자원 조사료 생산장비 지원	56,000	농업축산과	9	1	7	7	7	1	1	4
2291	강원 영월군	지능형 축산시설 도입 지원사업	15,000	농업축산과	9	1	7	7	7	1	1	4
2292	강원 영월군	폭염피해 예방시설 지원사업	21,000	농업축산과	9	1	7	7	7	1	1	4
2293	강원 영월군	다목적 가축분뇨 처리장비 지원사업	80,000	농업축산과	9	1	7	7	7	1	1	4
2294	강원 영월군	퇴비 개별 보관시설 지원	16,250	농업축산과	9	1	7	7	7	1	1	4
2295	강원 영월군	내수면 양식 기자재 지원	14,000	농업축산과	9	6	7	7	7	1	1	4
2296	강원 영월군	양식장 첨단관리 시스템 구축	4,200	농업축산과	9	6	7	7	7	1	1	4
2297	강원 영월군	고수온 대응 지원	7,200	농업축산과	9	2	7	7	7	1	1	4
2298	강원 영월군	전기추진기 보급	215,867	농업축산과	9	2	7	7	7	1	1	4
2299	강원 영월군	어업경영 개선 장비 지원	72,380	농업축산과	9	6	7	7	7	1	1	4
2300	강원 영월군	축산농가축산물작업장 HACCP 지원	3,500	농업축산과	9	2	7	7	7	5	5	4
2301	강원 영월군	백두대간주민지원사업	379,800	산림녹지과	9	1	4	8	7	1	1	1
2302	강원 영월군	산림작물생산단지조성	66,790	산림녹지과	9	1	4	8	7	1	1	1
2303	강원 영월군	산림복합경영단지조성	254,000	산림녹지과	9	1	4	8	7	1	1	1
2304	강원 영월군	임산물생산기반조성	4,230	산림녹지과	9	1	4	8	7	1	1	1
2305	강원 평창군	신남방 슬라이딩 선수육성 장비구입 지원	221,000	올림픽유산과	9	4	7	8	7	1	1	4
2306	강원 평창군	사회복지협의회 차량구입 지원	34,000	복지정책과	9	6	7	8	7	5	5	3
2307	강원 평창군	어린이집 기능보강사업 지원	36,900	가족복지과	9	2	7	8	7	5	5	4
2308	강원 평창군	상원사 영산전 석가삼존 십육나한상 및 권속 보존처리	200,000	문화관광과	9	6	7	8	7	1	1	4

순번	시군구	지출명 (사업명)	2021년예산 (단위:천원/1년간)	담당자 (공무원)	민간이전 분류 (지방자치단체 세출예산 집행기준에 의거)	민간이전지출 근거 (지방보조금 관리기준 참고)	입찰방식			운영예산 산정		성과평가 실시여부
				담당부서	1. 민간경상사업보조(307-02) 2. 민간단체 법정운영비보조(307-03) 3. 민간행사사업보조(307-04) 4. 민간위탁금(307-05) 5. 사회복지시설 법정운영비보조(307-10) 6. 민간인위탁교육비(307-12) 7. 공기관등에대한경상적위탁사업비(308-10) 8. 민간자본사업보조,자체재원(402-01) 9. 민간자본사업보조,이전재원(402-02) 10. 민간위탁사업비(402-03) 11. 공기관등에 대한 자본적 대행사업비(403-02)	1. 법률에 규정 2. 국고보조 재원(국가지정) 3. 용도 지정 기부금 4. 조례에 직접규정 5. 지자체가 권장하는 사업을 하는 공공기관 6. 시,도 정책 및 재정사정 7. 기타 8. 해당없음	계약체결방법 (경쟁형태) 1. 일반경쟁 2. 제한경쟁 3. 지명경쟁 4. 수의계약 5. 법정위탁 6. 기타 ( ) 7. 해당없음	계약기간 1. 1년 2. 2년 3. 3년 4. 4년 5. 5년 6. 기타 ( )년 7. 단기계약 (1년미만) 8. 해당없음	낙찰자선정방법 1. 적격심사 2. 협상에의한계약 3. 최저가낙찰제 4. 규격가격분리 5. 2단계 경쟁입찰 6. 기타 ( ) 7. 해당없음	운영예산 산정 1. 내부산정 (지자체 자체적으로 산정) 2. 외부산정 (외부전문기관위탁 산정) 3. 내·외부 모두 산정 4. 산정 無 5. 해당없음	정산방법 1. 내부정산 (지자체 내부적으로 정산) 2. 외부정산 (외부전문기관위탁 정산) 3. 내·외부 모두 산정 4. 정산 無 5. 해당없음	1. 실시 2. 미실시 3. 향후 추진 4. 해당없음
2309	강원 평창군	월정사 산문 건립	750,000	문화관광과	9	6	7	8	7	1	1	4
2310	강원 평창군	석가여래회도 보존처리	150,000	문화관광과	9	6	7	8	7	1	1	4
2311	강원 평창군	불연 보존처리	67,500	문화관광과	9	6	7	8	7	1	1	4
2312	강원 평창군	오대산중대적멸보궁 정밀고증·안전진단 지원	100,000	문화관광과	9	2	7	8	7	1	1	4
2313	강원 평창군	월정사 방재시스템 유지보수 지원	17,200	문화관광과	9	2	7	8	7	1	1	4
2314	강원 평창군	클라우드기반 건축행정시스템 재구축	17,600	허가과	9	6	7	8	7	5	5	4
2315	강원 평창군	신재생에너지 주택지원	160,000	일자리경제과	9	1	7	8	7	5	5	4
2316	강원 평창군	야생동물 피해예방시설 설치지원	391,000	환경위생과	9	2	7	8	7	5	1	4
2317	강원 평창군	전기승용차 보조금 지원	695,400	환경위생과	9	2	7	8	7	1	1	4
2318	강원 평창군	전기화물차 보조금 지원	1,563,600	환경위생과	9	2	7	8	7	1	1	4
2319	강원 평창군	전기승합차 보조금 지원	144,000	환경위생과	9	2	7	8	7	1	1	4
2320	강원 평창군	노후경유차 매연저감장치 설치지원	76,000	환경위생과	9	2	7	8	7	5	5	4
2321	강원 평창군	건설기계 매연저감장치 설치지원	22,000	환경위생과	9	2	7	8	7	5	5	4
2322	강원 평창군	건설기계 엔진교체 지원	247,500	환경위생과	9	2	7	8	7	5	5	4
2323	강원 평창군	LPG 화물차 신차구입 지원	140,000	환경위생과	9	2	7	8	7	5	5	4
2324	강원 평창군	전기이륜차 보조금 지원	11,340	환경위생과	9	2	7	8	7	1	1	4
2325	강원 평창군	소규모 사업장 방지시설 설치 지원	360,000	환경위생과	9	2	7	8	7	5	5	4
2326	강원 평창군	수소전기자동차 보조금 지원	187,500	환경위생과	9	2	7	8	7	1	1	4
2327	강원 평창군	어린이 통학차량 LPG차 전환 지원	70,000	환경위생과	9	2	7	8	7	5	5	4
2328	강원 평창군	가정용 저녹스 보일러 지원	12,000	환경위생과	9	2	7	8	7	5	5	4
2329	강원 평창군	식품·공중위생업소 환경개선지원	134,000	환경위생과	9	4	7	8	7	5	5	4
2330	강원 평창군	주택용 목재펠릿보일러 지원	5,600	산림과	9	2	7	8	7	5	5	4
2331	강원 평창군	산림작물 생산단지 공모사업지원	108,000	산림과	9	2	7	8	7	5	5	4
2332	강원 평창군	산림작물 생산단지 소액지원	100,123	산림과	9	2	7	8	7	5	5	4
2333	강원 평창군	산림복합경영단지 조성지원	120,000	산림과	9	2	7	8	7	5	5	4
2334	강원 평창군	과수 경쟁력 제고 지원	25,000	농업축산과	9	4	7	8	7	5	5	4
2335	강원 평창군	사과 명품과원 조성 지원	112,700	농업축산과	9	4	7	8	7	5	5	4
2336	강원 평창군	고추재배 기반시설 지원	130,000	농업축산과	9	4	7	8	7	5	5	4
2337	강원 평창군	시설원예 환경개선 지원	37,500	농업축산과	9	4	7	8	7	5	5	4
2338	강원 평창군	비닐하우스 현대화 지원	175,000	농업축산과	9	4	7	8	7	5	5	4
2339	강원 평창군	인삼 친환경 재배지원	9,000	농업축산과	9	4	7	8	7	5	5	4
2340	강원 평창군	밭작물 공동경영체육성 사업지원	1,469,700	농업축산과	9	2	7	8	7	5	5	4
2341	강원 평창군	인삼 생산시설 현대화 지원	94,880	농업축산과	9	4	7	8	7	5	5	4
2342	강원 평창군	곤충 스마트팜 육성 지원	40,000	농업축산과	9	4	7	8	7	5	5	4
2343	강원 평창군	찰옥수수 명품화사업 지원	2,500	농업축산과	9	6	7	8	7	5	5	4
2344	강원 평창군	잡곡산업 기반조성 지원	16,000	농업축산과	9	6	7	8	7	5	5	4
2345	강원 평창군	메밀 재배단지조성 지원	44,000	농업축산과	9	4	7	8	7	5	5	4
2346	강원 평창군	강원감자 주산지 명품생산 지원	75,333	농업축산과	9	6	7	8	7	5	5	4
2347	강원 평창군	씨감자 채종포 선별장비 지원	36,263	농업축산과	9	6	7	8	7	5	5	4
2348	강원 평창군	유해 야생동물 포획시설 지원	13,200	농업축산과	9	2	7	8	7	5	5	4
2349	강원 평창군	유기농업자재 지원	7,818	농업축산과	9	2	7	8	7	5	5	4
2350	강원 평창군	친환경농업 자율실천단지 조성지원	12,000	농업축산과	9	4	7	8	7	5	5	4

순번	시군구	지출명 (사업명)	2021년예산 (단위:천원/1년간)	담당자 (공무원)	민간이전 분류 (지방자치단체 세출예산 집행기준에 의거)	민간이전지출 근거 (지방보조금 관리기준 참고)	입찰방식			운영예산 산정		성과평가 실시여부
				담당부서	1. 민간경상사업보조(307-02) 2. 민간단체 법정운영비보조(307-03) 3. 민간행사사업보조(307-04) 4. 민간위탁금(307-05) 5. 사회복지시설 법정운영비보조(307-10) 6. 민간인위탁교육비(307-12) 7. 공기관등에대한경상적위탁사업비(308-10) 8. 민간자본사업보조,자체재원(402-01) 9. 민간자본사업보조,이전재원(402-02) 10. 민간위탁사업비(402-03) 11. 공기관등에 대한 자본적 대행사업비(403-02)	1. 법률에 규정 2. 국고보조 재원(국가지정) 3. 용도 지정 기부금 4. 조례에 직접규정 5. 지자체가 권장하는 사업을 하는 공공기관 6. 시,도 정책 및 재정사정 7. 기타 8. 해당없음	계약체결방법 (경쟁형태) 1. 일반경쟁 2. 제한경쟁 3. 지명경쟁 4. 수의계약 5. 법정위탁 6. 기타 ( ) 7. 해당없음	계약기간 1. 1년 2. 2년 3. 3년 4. 4년 5. 5년 6. 기타 ( )년 7. 단기계약 (1년미만) 8. 해당없음	낙찰자선정방법 1. 적격심사 2. 협상에의한계약 3. 최저가낙찰제 4. 규격가격분리 5. 2단계 경쟁입찰 6. 기타 ( ) 7. 해당없음	운영예산 산정 1. 내부산정 (지자체 자체적으로 산정) 2. 외부산정 (외부전문기관위탁 산정) 3. 내·외부 모두 산정 4. 산정 無 5. 해당없음	정산방법 1. 내부정산 (지자체 내부적으로 정산) 2. 외부정산 (외부전문기관위탁 정산) 3. 내·외부 모두 산정 4. 정산 無 5. 해당없음	1. 실시 2. 미실시 3. 향후 추진 4. 해당없음
2351	강원 평창군	친환경 유기농자재 지원	85,800	농업축산과	9	4	7	8	7	5	5	4
2352	강원 평창군	친환경 농업 지구조성	217,000	농업축산과	9	2	7	8	7	5	5	4
2353	강원 평창군	지능형 축산시설 도입	15,000	농업축산과	9	1	7	8	7	5	5	4
2354	강원 평창군	양봉 기자재 현대화 사업지원	16,200	농업축산과	9	1	7	8	7	5	5	4
2355	강원 평창군	폭염등 재해대비 축산시설 구조개선	20,000	농업축산과	9	1	7	8	7	5	5	4
2356	강원 평창군	부존자원 사료화 TMR 제조장비 지원	42,000	농업축산과	9	1	7	8	7	5	5	4
2357	강원 평창군	축산악취 개선사업	6,000	농업축산과	9	2	7	8	7	5	5	4
2358	강원 평창군	다목적 가축분뇨처리장비 지원	40,000	농업축산과	9	1	7	8	7	5	5	4
2359	강원 평창군	계란 저온수송차량 지원	15,000	농업축산과	9	1	7	8	7	5	5	4
2360	강원 평창군	축산농가 HACCP 인증 및 유지시설 지원	3,500	농업축산과	9	1	7	8	7	5	5	4
2361	강원 평창군	양돈농가 열화상카메라 지원	6,000	농업축산과	9	1	7	8	7	5	5	4
2362	강원 평창군	내수면 양식장 첨단 관리 시스템 구축 지원	73,047	농업축산과	9	1	7	8	7	5	5	4
2363	강원 평창군	양식 수산물 가공시설 지원	84,000	농업축산과	9	1	7	8	7	5	5	4
2364	강원 평창군	명태산업 광역특구 황태 기자재 지원	56,000	농업축산과	9	1	7	8	7	5	5	4
2365	강원 평창군	산지유통 저장시설 지원	56,250	유통산업과	9	6	7	8	7	5	5	4
2366	강원 평창군	통합브랜드 포장재 및 개선 지원	110,280	유통산업과	9	6	7	8	7	1	1	4
2367	강원 평창군	지역별 명품김치 육성	8,000	유통산업과	9	7	7	8	7	5	5	4
2368	강원 평창군	농식품산업 활성화 지원	50,000	유통산업과	9	7	7	8	7	5	5	4
2369	강원 평창군	강원 전통주 산업기반 확충	50,000	유통산업과	9	7	7	8	7	5	5	4
2370	강원 평창군	전통주 강원쌀 구입 차액지원	900	유통산업과	9	7	7	8	7	5	5	4
2371	강원 평창군	전통주, 김치 경영 컨설팅 지원	32,000	유통산업과	9	7	7	8	7	5	5	4
2372	강원 평창군	전통주 포장재 개선 지원	8,000	유통산업과	9	7	7	8	7	5	5	4
2373	강원 평창군	농촌 신활력플러스 사업 지원	520,000	유통산업과	9	2	7	8	7	5	5	4
2374	강원 평창군	방울토마토 산지유통시설 확충지원	936,000	유통산업과	9	6	7	8	7	5	5	4
2375	강원 평창군	농어촌 민박시설 환경개선 지원	160,000	유통산업과	9	7	7	8	7	1	1	4
2376	강원 평창군	농촌체험 안전편의시설 지원	96,000	유통산업과	9	6	7	8	7	5	5	4
2377	강원 평창군	시설원예 현대화사업 지원	190,572	유통산업과	9	2	4	1	7	5	5	4
2378	강원 평창군	에너지 절감시설 사업지원	86,375	유통산업과	9	2	4	1	7	5	5	4
2379	강원 평창군	권역별 수출특화단지 조성지원	131,250	유통산업과	9	6	7	8	7	5	5	4
2380	강원 평창군	화훼 생산유통 지원	26,250	유통산업과	9	6	7	8	7	5	5	4
2381	강원 평창군	자체육성 팝콘 주산단지 육성 시범	40,000	기술지원과	9	1	7	8	7	5	5	4
2382	강원 평창군	고품질 황금잡곡 기계화모델 구축 시범	80,000	기술지원과	9	1	7	8	7	5	5	4
2383	강원 평창군	HACCP 기반조성 지원	50,000	기술지원과	9	1	7	8	7	5	5	4
2384	강원 평창군	청년 4-H회원 기초영농지원	18,000	기술지원과	9	6	7	8	7	5	5	4
2385	강원 평창군	작목별 맞춤형 안전관리 지원	50,000	기술지원과	9	1	7	8	7	5	5	4
2386	강원 평창군	치유 환경조성 기반구축 및 기자재 구입	40,000	기술지원과	9	1	7	8	7	5	5	4
2387	강원 평창군	양념채소 국내육성품종 보급 지원	60,000	기술지원과	9	2	7	8	7	5	5	4
2388	강원 평창군	메밀 신품종 조기확산 및 종자생산 시범단지 조성지원	100,000	기술지원과	9	1	7	8	7	5	5	4
2389	강원 평창군	빠르고 쉬운 현장 맞춤형 대장균(군)검출기술 지원	30,000	기술지원과	9	2	7	8	7	5	5	4
2390	강원 평창군	시설작물 자동 관수 및 관비 시스템 시범지원	26,000	기술지원과	9	2	7	8	7	5	5	4
2391	강원 정선군	지역아동센터 환경개선 지원	30,000	여성청소년과	9	2	6	8	7	2	3	4
2392	강원 정선군	어린이집 보존식 기자재 지원	3,500	여성청소년과	9	2	7	8	7	3	1	3

순번	시군구	지출명 (사업명)	2021년예산 (단위:천원/1년간)	담당자 (공무원) 담당부서	민간이전 분류 (지방자치단체 세출예산 집행기준에 의거) 1. 민간경상사업보조(307-02) 2. 민간단체 법정운영비보조(307-03) 3. 민간행사사업보조(307-04) 4. 민간위탁금(307-05) 5. 사회복지시설 법정운영비보조(307-10) 6. 민간인위탁교육비(307-12) 7. 공기관등에대한경상적위탁사업비(308-10) 8. 민간자본사업보조,자체재원(402-01) 9. 민간자본사업보조,이전재원(402-02) 10. 민간위탁사업비(402-03) 11. 공기관등에 대한 자본적 대행사업비(403-02)	민간이전지출 근거 (지방보조금 관리기준 참고) 1. 법률에 규정 2. 국고보조 재원(국가지정) 3. 용도 지정 기부금 4. 조례에 직접규정 5. 지자체가 권장하는 사업을 하는 공공기관 6. 시,도 정책 및 재정사정 7. 기타 8. 해당없음	입찰방식 계약체결방법 (경쟁형태) 1. 일반경쟁 2. 제한경쟁 3. 지명경쟁 4. 수의계약 5. 법정위탁 6. 기타 ( ) 7. 해당없음	입찰방식 계약기간 1. 1년 2. 2년 3. 3년 4. 4년 5. 5년 6. 기타 ( )년 7. 단기계약 (1년미만) 8. 해당없음	입찰방식 낙찰자선정방법 1. 적격심사 2. 협상에의한계약 3. 최저가낙찰제 4. 규격가격분리 5. 2단계 경쟁입찰 6. 기타 ( ) 7. 해당없음	운영예산 산정 운영예산 산정 1. 내부산정 (지자체 자체적으로 산정) 2. 외부산정 (외부전문기관위탁 산정) 3. 내·외부 모두 산정 4. 산정 無 5. 해당없음	운영예산 산정 정산방법 1. 내부정산 (지자체 내부적으로 정산) 2. 외부정산 (외부전문기관위탁 정산) 3. 내·외부 모두 산정 4. 정산 無 5. 해당없음	성과평가 실시여부 1. 실시 2. 미실시 3. 향후 추진 4. 해당없음
2393	강원 정선군	어린이집 세탁기, 건조기 지원	24,750	여성청소년과	9	6	7	8	7	3	1	3
2394	강원 정선군	센터사업비	5,000	여성청소년과	9	2	7	8	7	1	1	1
2395	강원 정선군	장애인직업재활시설 기능보강	8,000	복지과	9	2	7	8	7	5	1	3
2396	강원 정선군	장애인거주시설 기능보강	90,000	복지과	9	6	7	8	7	5	1	3
2397	강원 정선군	발전소주변지역 특별지원금	28,800	전략산업과	9	1	7	8	7	5	2	4
2398	강원 정선군	발전소주변지역 기본지원금	38,100	전략산업과	9	1	7	8	7	5	2	4
2399	강원 정선군	신재생에너지 주택지원사업	40,000	전략산업과	9	1	7	8	7	2	3	4
2400	강원 정선군	정선 정암사 적멸보궁 해체보수	530,000	문화관광과	9	6	2	1	6	1	1	4
2401	강원 정선군	소규모사업장 방지시설 설치 지원	270,000	환경과	9	8	7	8	7	5	5	4
2402	강원 정선군	야생동물 피해예방 사업	97,200	환경과	9	8	7	8	7	5	1	4
2403	강원 정선군	전기차 구매지원	1,524,160	환경과	9	8	7	8	7	5	5	4
2404	강원 정선군	전기이륜차 구매지원	11,340	환경과	9	8	7	8	7	5	5	4
2405	강원 정선군	노후경유차 매연저감장치 지원	57,000	환경과	9	8	7	8	7	5	5	4
2406	강원 정선군	어린이 통학차량 LPG전환 지원	40,000	환경과	9	8	7	8	7	5	5	4
2407	강원 정선군	건설기계 매연저감장치 지원	22,000	환경과	9	8	7	8	7	5	5	4
2408	강원 정선군	건설기계 엔진교체 지원	132,000	환경과	9	8	7	8	7	5	5	4
2409	강원 정선군	경제림 조림사업	634,439	산림과	9	2	7	8	7	5	1	4
2410	강원 정선군	토양개량제	4,120	산림과	9	2	7	8	7	1	1	4
2411	강원 정선군	유기질비료	4,001	산림과	9	2	7	8	7	1	1	4
2412	강원 정선군	산림작물생산단지	141,320	산림과	9	2	7	8	7	1	1	4
2413	강원 정선군	산림복합경영단지	245,400	산림과	9	2	7	8	7	1	1	4
2414	강원 정선군	산림복합경영단지	110,000	산림과	9	2	7	8	7	1	1	4
2415	강원 정선군	임산물 유통기반조성	98,147	산림과	9	2	7	8	7	1	1	4
2416	강원 정선군	임산물 생산기반조성	47,476	산림과	9	2	7	8	7	1	1	4
2417	강원 정선군	목재펠릿보일러 보급	14,000	산림과	9	1	7	8	7	1	1	4
2418	강원 정선군	주민편의 및 사회복지용 보일러 보급	8,000	산림과	9	1	7	8	7	1	1	4
2419	강원 정선군	백두대간 주민지원	32,400	산림과	9	1	7	8	7	1	1	4
2420	강원 정선군	농촌체험마을 시설환경 개선	72,000	농업기술센터	9	6	7	8	7	1	1	4
2421	강원 정선군	농어촌민박시설환경개선지원	160,000	농업기술센터	9	6	7	8	7	1	1	4
2422	강원 정선군	외국인근로자 숙소 보수	3,000	농업기술센터	9	6	7	8	7	1	1	4
2423	강원 정선군	여성농업인 노동경감 작업대 지원	40,000	농업기술센터	9	6	7	8	7	1	1	4
2424	강원 정선군	친환경농업자율실천마을조성	24,000	농업기술센터	9	1	7	8	7	1	1	4
2425	강원 정선군	잡곡산업기반 조성사업	7,000	농업기술센터	9	1	7	8	7	1	1	4
2426	강원 정선군	메밀재배단지조성	15,000	농업기술센터	9	1	7	8	7	1	1	4
2427	강원 정선군	농업에너지이용효율화	13,500	농업기술센터	9	5	7	8	7	1	1	4
2428	강원 정선군	과수 스마트팜 확산사업	50,000	농업기술센터	9	2	7	8	7	1	1	4
2429	강원 정선군	비닐하우스 현대화 지원	32,500	농업기술센터	9	5	7	8	7	1	1	4
2430	강원 정선군	벼육묘시설 지원	3,250	농업기술센터	9	1	7	8	7	1	1	4
2431	강원 정선군	시설원예환경개선 지원	25,000	농업기술센터	9	5	7	8	7	1	1	4
2432	강원 정선군	시설원예 현대화	36,000	농업기술센터	9	5	7	8	7	1	1	4
2433	강원 정선군	인삼 생산시설 현대화 지원	12,200	농업기술센터	9	2	7	8	7	1	1	4
2434	강원 정선군	고품질 인삼 생산시설 지원	7,665	농업기술센터	9	6	7	8	7	1	1	4

순번	시군구	지출명 (사업명)	2021년예산 (단위:천원/1년간)	담당자 (공무원) 담당부서	민간이전 분류 (지방자치단체 세출예산 집행기준에 의거) 1. 민간경상사업보조(307-02) 2. 민간단체 법정운영비보조(307-03) 3. 민간행사사업보조(307-04) 4. 민간위탁금(307-05) 5. 사회복지시설 법정운영비보조(307-10) 6. 민간인위탁교육비(307-12) 7. 공기관등에대한경상적위탁사업비(308-10) 8. 민간자본사업보조,자체재원(402-01) 9. 민간자본사업보조,이전재원(402-02) 10. 민간위탁사업비(402-03) 11. 공기관등에 대한 자본적 대행사업비(403-02)	민간이전지출 근거 (지방보조금 관리기준 참고) 1. 법률에 규정 2. 국고보조 재원(국가지정) 3. 용도 지정 기부금 4. 조례에 직접규정 5. 지자체가 권장하는 사업을 하는 공공기관 6. 시,도 정책 및 재정사정 7. 기타 8. 해당없음	입찰방식: 계약체결방법 (경쟁형태) 1. 일반경쟁 2. 제한경쟁 3. 지명경쟁 4. 수의계약 5. 법정위탁 6. 기타 ( ) 7. 해당없음	입찰방식: 계약기간 1. 1년 2. 2년 3. 3년 4. 4년 5. 5년 6. 기타 ( )년 7. 단기계약 (1년미만) 8. 해당없음	입찰방식: 낙찰자선정방법 1. 적격심사 2. 협상에의한계약 3. 최저가낙찰제 4. 규격가격분리 5. 2단계 경쟁입찰 6. 기타 ( ) 7. 해당없음	운영예산 산정: 운영예산 산정 1. 내부산정 (지자체 자체적으로 산정) 2. 외부산정 (외부전문기관위탁 산정) 3. 내·외부 모두 산정 4. 산정 無 5. 해당없음	운영예산 산정: 정산방법 1. 내부정산 (지자체 내부적으로 정산) 2. 외부정산 (외부전문기관위탁 정산) 3. 내·외부 모두 산정 4. 정산 無 5. 해당없음	성과평가 실시여부 1. 실시 2. 미실시 3. 향후 추진 4. 해당없음
2435	강원 정선군	특용작물(버섯,녹차,약용 등)생산시설 현대화	7,500	농업기술센터	9	2	7	8	7	1	1	4
2436	강원 정선군	원적외선곡물건조기공급	5,000	농업기술센터	9	1	7	8	7	1	1	4
2437	강원 정선군	지게차 2대	39,600	농업기술센터	9	5	7	8	7	5	5	4
2438	강원 정선군	감자선별기	80,000	농업기술센터	9	5	7	8	7	5	5	4
2439	강원 정선군	산지유통 저장시설	112,500	농업기술센터	9	6	7	8	7	1	1	3
2440	강원 정선군	농산물 산지유통시설(APC) 시설보완	78,600	농업기술센터	9	6	7	8	7	1	1	3
2441	강원 정선군	로컬푸드 가공센터 지원	72,000	농업기술센터	9	6	7	8	7	1	1	3
2442	강원 정선군	수출농산물 집하·선별장 지원	125,000	농업기술센터	9	6	7	8	7	1	1	3
2443	강원 정선군	농식품산업 활성화 지원	50,000	농업기술센터	9	6	7	8	7	1	1	3
2444	강원 정선군	강원 전통주 산업기반 확충	50,000	농업기술센터	9	6	7	8	7	1	1	3
2445	강원 정선군	축산물(계란) 저온수송차량 지원사업	15,000	농업기술센터	9	1	7	8	7	5	5	4
2446	강원 정선군	강원양봉 브랜드 육성	22,800	농업기술센터	9	4	7	8	7	5	1	1
2447	강원 정선군	말벌 퇴치장비 지원사업	1,200	농업기술센터	9	1	7	8	7	5	5	4
2448	강원 정선군	가축분뇨개별처리시설(퇴비사) 지원	143,760	농업기술센터	9	2	7	8	7	1	1	4
2449	강원 정선군	지능형 축산시설(자동화 장비) 지원	50,000	농업기술센터	9	6	7	8	7	1	1	4
2450	강원 정선군	다목적 축산분뇨처리 장비지원	40,000	농업기술센터	9	6	7	8	7	1	1	4
2451	강원 정선군	강원 토종꿀 명품 육성사업	6,000	농업기술센터	9	4	7	8	7	5	1	1
2452	강원 정선군	폭염 및 재해대비 축산시설장비 지원	8,000	농업기술센터	9	6	7	8	7	1	1	4
2453	강원 정선군	내수면 양어장 사료구입비 지원	30,000	농업기술센터	9	6	7	8	7	1	1	4
2454	강원 정선군	내수면 양식 기자재 지원	28,000	농업기술센터	9	6	7	8	7	1	1	4
2455	강원 정선군	양식장 첨단 관리시스템 구축 지원	14,000	농업기술센터	9	6	7	8	7	1	1	4
2456	강원 정선군	노후 양식장 현대화 시설 지원	210,000	농업기술센터	9	6	7	8	7	1	1	4
2457	강원 정선군	작목별 맞춤형 안전관리 실천 지원	50,000	농업기술센터	9	2	7	8	7	1	1	4
2458	강원 정선군	청년4-H회원 기초영농 정착지원	36,000	농업기술센터	9	6	7	8	7	1	1	4
2459	강원 정선군	청년농 창업기반구축 지원	22,000	농업기술센터	9	6	7	8	7	1	1	4
2460	강원 정선군	잔대 우량종근 대량생산 및 시설재배 기술시범	50,000	농업기술센터	9	2	7	8	7	4	1	4
2461	강원 정선군	치유형 농촌관광 프로그램 보급 시범 지원	100,000	농업기술센터	9	2	7	8	7	4	1	4
2462	강원 정선군	지역활력화 작목 기반조성	400,000	농업기술센터	9	6	7	8	7	4	1	4
2463	강원 정선군	사과 명품과원 조성	342,000	농업기술센터	9	6	7	8	7	1	1	4
2464	강원 정선군	과수 경쟁력 제고사업	30,000	농업기술센터	9	6	7	8	7	1	1	4
2465	강원 정선군	과수 생력화 작업기 지원사업	70,000	농업기술센터	9	6	7	8	7	1	1	4
2466	강원 정선군	이상기상 대응 과원 피해예방 기술 확산 시범	100,000	농업기술센터	9	2	7	8	7	5	5	4
2467	강원 정선군	종균활용 장류 품질향상 기술지원	70,000	농업기술센터	9	2	7	8	7	1	1	4
2468	강원 정선군	소규모 가공창업 경영체 육성 지원	50,000	농업기술센터	9	2	7	8	7	1	1	4
2469	강원 정선군	음식숙박업소 환경개선 지원	94,000	보건소	9	4	7	8	7	4	4	4
2470	강원 정선군	농기계 구입 지원사업	120,000	상하수도사업소	9	2	7	8	7	5	5	4
2471	강원 철원군	산림작물생산단지	33,000	녹색성장과	9	2	7	8	7	5	1	4
2472	강원 철원군	임산물상품화지원	16,000	녹색성장과	9	2	7	8	7	5	1	4
2473	강원 철원군	주택용 목재펠릿보일러 보급	22,400	녹색성장과	9	2	7	8	7	5	1	4
2474	강원 철원군	주민편의 및 사회복지용 목재펠릿보일러 보급	4,000	녹색성장과	9	2	7	8	7	5	1	4
2475	강원 철원군	경제림 조성	65,433	녹색성장과	9	2	7	8	7	5	1	4
2476	강원 철원군	숲가꾸기 대리경영	200,000	녹색성장과	9	2	7	8	7	5	1	4

순번	시군구	지출명 (사업명)	2021년예산 (단위:천원/1년간)	담당자 (공무원) 담당부서	민간이전 분류 (지방자치단체 세출예산 집행기준에 의거) 1. 민간경상사업보조(307-02) 2. 민간단체 법정운영비보조(307-03) 3. 민간행사사업보조(307-04) 4. 민간위탁금(307-05) 5. 사회복지시설 법정운영비보조(307-10) 6. 민간인위탁교육비(307-12) 7. 공기관등에대한경상적위탁사업비(308-10) 8. 민간자본사업보조,자체재원(402-01) 9. 민간자본사업보조,이전재원(402-02) 10. 민간위탁사업비(402-03) 11. 공기관등에 대한 자본적 대행사업비(403-02)	민간이전지출 근거 (지방보조금 관리기준 참고) 1. 법률에 규정 2. 국고보조 재원(국가지정) 3. 용도 지정 기부금 4. 조례에 직접규정 5. 지자체가 권장하는 사업을 하는 공공기관 6. 시,도 정책 및 재정사정 7. 기타 8. 해당없음	입찰방식 계약체결방법 (경쟁형태) 1. 일반경쟁 2. 제한경쟁 3. 지명경쟁 4. 수의계약 5. 법정위탁 6. 기타 ( ) 7. 해당없음	입찰방식 계약기간 1. 1년 2. 2년 3. 3년 4. 4년 5. 5년 6. 기타 ( )년 7. 단기계약 (1년미만) 8. 해당없음	입찰방식 낙찰자선정방법 1. 적격심사 2. 협상에의한계약 3. 최저가낙찰제 4. 규격가격분리 5. 2단계 경쟁입찰 6. 기타 ( ) 7. 해당없음	운영예산 산정 운영예산 산정 1. 내부산정 (지자체 자체적으로 산정) 2. 외부산정 (외부전문기관위탁 산정) 3. 내·외부 모두 산정 4. 산정 無 5. 해당없음	운영예산 산정 정산방법 1. 내부정산 (지자체 내부적으로 정산) 2. 외부정산 (외부전문기관위탁 정산) 3. 내·외부 모두 산정 4. 정산 無 5. 해당없음	성과평가 실시여부 1. 실시 2. 미실시 3. 향후 추진 4. 해당없음
2477	강원 철원군	독거노인 보행보조기 지원	150,000	주민생활지원과	9	6	7	8	7	1	1	1
2478	강원 철원군	장흥3리 경로당 신축	340,000	주민생활지원과	9	4	7	8	7	1	1	1
2479	강원 철원군	어린이집 환경개선 지원	5,600	주민생활지원과	9	2	7	8	7	1	1	1
2480	강원 철원군	강원 양봉브랜드 육성사업	43,200	축산과	9	4	7	8	7	1	1	3
2481	강원 철원군	강원 토종벌 명품육성사업	6,000	축산과	9	4	7	8	7	1	1	3
2482	강원 철원군	계란 저온수송차량 지원사업	15,000	축산과	9	4	7	8	7	1	1	3
2483	강원 철원군	가축분뇨 퇴액비화 지원	259,778	축산과	9	2	7	8	7	1	1	1
2484	강원 철원군	고품질 액비 생산시설 지원	30,000	축산과	9	4	7	8	7	1	1	3
2485	강원 철원군	액비순환시스템 지원	75,000	축산과	9	4	7	8	7	1	1	3
2486	강원 철원군	지능형축산시설도입	30,000	축산과	9	4	7	8	7	1	1	3
2487	강원 철원군	지능형축산시설도입	125,000	축산과	9	4	7	8	7	1	1	3
2488	강원 철원군	지능형축산시설도입	45,000	축산과	9	4	7	8	7	1	1	3
2489	강원 철원군	지능형축산시설도입	100,000	축산과	9	4	7	8	7	1	1	3
2490	강원 철원군	부존자원 활성사료 제조 및 이용활성화	42,000	축산과	9	4	7	8	7	1	1	3
2491	강원 철원군	부존자원 조사료 생산장비 지원	56,000	축산과	9	4	7	8	7	1	1	3
2492	강원 철원군	TMR 사료 소포장 및 자동화 시설 지원	150,000	축산과	9	4	7	8	7	1	1	3
2493	강원 철원군	축산농가,축산물작업장 HACCP시설지원	7,000	축산과	9	4	7	8	7	1	1	3
2494	강원 철원군	재해대비 축산시설 구조개선	231,000	축산과	9	4	7	8	7	1	1	3
2495	강원 철원군	양돈농가 열화상카메라 지원	15,000	축산과	9	6	7	8	7	1	1	3
2496	강원 철원군	젖소농가 스마트 질병 케어 시스템 구축	45,000	축산과	9	6	7	8	7	1	1	3
2497	강원 철원군	방역시설 설치 지원	60,000	축산과	9	2	7	8	7	1	1	3
2498	강원 철원군	구제역 자동연속주사기 지원	16,000	축산과	9	6	7	8	7	1	1	3
2499	강원 철원군	세척소독시설 지원	35,000	축산과	9	6	7	8	7	1	1	3
2500	강원 철원군	가금농가 스마트 방역시설 지원	69,860	축산과	9	6	7	8	7	1	1	3
2501	강원 철원군	가축폐사체 수거함 지원	234,210	축산과	9	2	7	8	7	1	1	3
2502	강원 철원군	가축 사체처리기 지원	51,800	축산과	9	6	7	8	7	1	1	3
2503	강원 철원군	도축장 위생설비 개선 지원	250,000	축산과	9	4	7	8	7	1	1	3
2504	강원 철원군	악취저감시설 설치지원	150,000	축산과	9	4	7	8	7	1	1	1
2505	강원 철원군	축산농가 퇴비 교반장비 지원	100,000	축산과	9	4	7	8	7	1	1	3
2506	강원 철원군	폐사축처리기 지원	45,000	축산과	9	4	7	8	7	1	1	3
2507	강원 철원군	축산분야ICT융복합확산사업	271,200	축산과	9	2	1	1	1	3	3	1
2508	강원 철원군	다목적 가축분뇨처리 장비 지원	80,000	축산과	9	4	7	8	7	1	1	3
2509	강원 철원군	가축분뇨 고속발효시설 지원	75,000	축산과	9	4	7	8	7	1	1	3
2510	강원 철원군	양식 기반시설 및 기자재 지원	28,000	축산과	9	4	7	8	7	1	1	3
2511	강원 철원군	어업경영개선 장비지원	12,180	축산과	9	4	7	8	7	1	1	3
2512	강원 철원군	전기추진기 보급사업	30,800	축산과	9	2	7	8	7	1	1	3
2513	강원 철원군	공중위생업소 환경개선(비대면시스템) 지원	8,000	보건소	9	6	7	8	7	5	5	4
2514	강원 철원군	평화지역거점숙박업소육성	200,000	보건소	9	4	7	8	7	5	5	4
2515	강원 철원군	농식품산업 활성화 지원	50,000	농업유통과	9	6	7	8	7	1	1	4
2516	강원 철원군	군납 농축산물 연중유통체계 구축지원	252,000	농업유통과	9	6	7	8	7	1	1	4
2517	강원 철원군	강원 전통주 산업기반 확충	11,000	농업유통과	9	6	7	8	7	1	1	4
2518	강원 철원군	치유농업 육성	70,000	농업유통과	9	2	7	8	7	1	1	4

순번	시군구	지출명 (사업명)	2021년예산 (단위:천원/1년간)	담당자 (공무원) 담당부서	민간이전 분류 (지방자치단체 세출예산 집행기준에 의거) 1. 민간경상사업보조(307-02) 2. 민간단체 법정운영비보조(307-03) 3. 민간행사사업보조(307-04) 4. 민간위탁금(307-05) 5. 사회복지시설 법정운영비보조(307-10) 6. 민간인위탁교육비(307-12) 7. 공기관등에대한경상적위탁사업비(308-10) 8. 민간자본사업보조,자체재원(402-01) 9. 민간자본사업보조,이전재원(402-02) 10. 민간위탁사업비(402-03) 11. 공기관등에 대한 자본적 대행사업비(403-02)	민간이전지출 근거 (지방보조금 관리기준 참고) 1. 법률에 규정 2. 국고보조 재원(국가지정) 3. 용도 지정 기부금 4. 조례에 직접규정 5. 지자체가 권장하는 사업을 하는 공공기관 6. 시,도 정책 및 재정사정 7. 기타 8. 해당없음	입찰방식 계약체결방법 (경쟁형태) 1. 일반경쟁 2. 제한경쟁 3. 지명경쟁 4. 수의계약 5. 법정위탁 6. 기타 ( ) 7. 해당없음	입찰방식 계약기간 1. 1년 2. 2년 3. 3년 4. 4년 5. 5년 6. 기타 ( )년 7. 단기계약 (1년미만) 8. 해당없음	입찰방식 낙찰자선정방법 1. 적격심사 2. 협상에의한계약 3. 최저가낙찰제 4. 규격가격분리 5. 2단계 경쟁입찰 6. 기타 ( ) 7. 해당없음	운영예산 산정 운영예산 산정 1. 내부산정 (지자체 자체적으로 산정) 2. 외부산정 (외부전문기관위탁 산정) 3. 내·외부 모두 산정 4. 산정 無 5. 해당없음	운영예산 산정 정산방법 1. 내부정산 (지자체 내부적으로 정산) 2. 외부정산 (외부전문기관위탁 정산) 3. 내·외부 모두 산정 4. 정산 無 5. 해당없음	성과평가 실시여부 1. 실시 2. 미실시 3. 향후 추진 4. 해당없음
2519	강원 철원군	전분질 원료 농축액 활용 소규모 맥주 제조	50,000	농업유통과	9	2	7	8	7	5	5	4
2520	강원 철원군	농업인 가공사업장 시설장비 개선 지원	50,000	농업유통과	9	6	7	8	7	1	1	4
2521	강원 철원군	농촌건강장수마을 육성	40,000	농업유통과	9	2	7	8	7	1	1	4
2522	강원 철원군	효소처리 농식품 가공소재화 시범	70,000	농업유통과	9	2	7	8	7	5	5	4
2523	강원 철원군	떡볶이 떡 상온유통 기술 시범	100,000	농업유통과	9	2	7	8	7	5	5	4
2524	강원 화천군	어린이집기능보강	4,800	주민복지과	9	2	7	8	7	1	1	4
2525	강원 화천군	보육서비스 품질향상지원	76,500	주민복지과	9	6	7	8	7	1	1	4
2526	강원 화천군	노인요양시설 확충	25,000	주민복지과	9	2	7	8	7	5	5	3
2527	강원 화천군	재난가구 솔루션 사업 이동주택용 컨테이너 구입	35,000	주민복지과	9	4	7	8	7	1	1	1
2528	강원 화천군	유해야생동물포획시설지원	13,200	농업진흥과	9	2	7	8	7	1	1	3
2529	강원 화천군	벼 육묘 시설장비 지원	24,920	농업진흥과	9	6	7	8	7	1	1	3
2530	강원 화천군	원적외선 곡물건조기 공급	22,400	농업진흥과	9	6	7	8	7	1	1	3
2531	강원 화천군	고추비가림 재배시설 지원	93,170	농업진흥과	9	1	1	1	1	1	1	1
2532	강원 화천군	기능성 다겹보온커튼 지원	70,000	농업진흥과	9	1	1	1	1	1	1	1
2533	강원 화천군	비닐하우스 현대화 사업	668,500	농업진흥과	9	1	1	1	1	1	1	1
2534	강원 화천군	시설원예 환경개선 지원	682,500	농업진흥과	9	1	1	1	1	1	1	1
2535	강원 화천군	과수 경쟁력제고	262,500	농업진흥과	9	1	1	1	1	1	1	1
2536	강원 화천군	명품과원 기반조성	242,900	농업진흥과	9	1	1	1	1	1	1	1
2537	강원 화천군	고랭지채소 안정생산 지원	17,920	농업진흥과	9	1	1	1	1	1	1	1
2538	강원 화천군	고품질인삼 생산시설 지원	209,503	농업진흥과	9	1	1	1	1	1	1	1
2539	강원 화천군	특용작물(인삼) 생산시설 현대화	39,985	농업진흥과	9	8	7	8	7	5	5	4
2540	강원 양구군	평화지역 시설현대화 사업	20,800	전략산업과	9	4	7	8	7	1	1	4
2541	강원 양구군	신재생에너지 융복합지원사업	1,529,735	전략산업과	9	2	7	8	7	2	1	4
2542	강원 양구군	신재생에너지 주택지원사업	80,000	전략산업과	9	2	7	8	7	1	1	4
2543	강원 양구군	전기자동차 보급사업	1,440,090	전략산업과	9	2	7	8	7	1	1	4
2544	강원 양구군	도시공공디자인	40,000	평화지역발전과	9	6	7	8	7	5	5	4
2545	강원 양구군	산림작물생산단지	50,000	생태산림과	9	2	7	8	7	5	1	4
2546	강원 양구군	친환경임산물 재배관리	24,304	생태산림과	9	2	7	8	7	5	1	4
2547	강원 양구군	산양삼 생산과정확인	2,280	생태산림과	9	2	7	8	7	5	1	4
2548	강원 양구군	목재펠릿보일러 보급	5,600	생태산림과	9	2	6	5	1	3	3	1
2549	강원 양구군	임산물 생산기반조성	3,802	생태산림과	9	2	7	8	7	5	1	4
2550	강원 양구군	LPG화물차 신차구입 지원	60,000	환경위생과	9	2	7	8	7	2	2	1
2551	강원 양구군	경유자동차 매연저감장치 설치 지원	76,000	환경위생과	9	2	7	8	7	2	2	1
2552	강원 양구군	건설기계 매연저감장치 설치 지원	33,000	환경위생과	9	2	7	8	7	2	2	1
2553	강원 양구군	건설기계 엔진교체 지원	49,500	환경위생과	9	2	7	8	7	2	2	1
2554	강원 양구군	어린이 통학차량 LPG차 전환 지원	30,000	환경위생과	9	2	7	8	7	2	2	1
2555	강원 양구군	음식물처리기 보급사업	44,000	환경위생과	9	1	7	8	7	5	5	4
2556	강원 양구군	소규모 사업장 방지시설 설치 지원사업	132,300	환경위생과	9	1	6	7	1	1	1	3
2557	강원 양구군	평화지역 거점숙박업소 육성 지원	100,000	환경위생과	9	6	7	8	7	5	1	4
2558	강원 양구군	민간개방화장실 수리·수선비 지원	15,000	환경위생과	9	4	7	1	7	1	1	3
2559	강원 양구군	화재안전성능보강 지원사업	80,001	지적건축과	9	1	7	8	7	5	5	4
2560	강원 양구군	화재안전성능보강 지원사업	80,001	지적건축과	9	1	7	8	7	5	5	4

순번	시군구	지출명 (사업명)	2021년예산 (단위:천원/1년간)	담당자 (공무원) 담당부서	민간이전 분류 (지방자치단체 세출예산 집행기준에 의거) 1. 민간경상사업보조(307-02) 2. 민간단체 법정운영비보조(307-03) 3. 민간행사사업보조(307-04) 4. 민간위탁금(307-05) 5. 사회복지시설 법정운영비보조(307-10) 6. 민간인위탁교육비(307-12) 7. 공기관등에대한경상적위탁사업비(308-10) 8. 민간자본사업보조,자체재원(402-01) 9. 민간자본사업보조,이전재원(402-02) 10. 민간위탁사업비(402-03) 11. 공기관등에 대한 자본적 대행사업비(403-02)	민간이전지출 근거 (지방보조금 관리기준 참고) 1. 법률에 규정 2. 국고보조 재원(국가지정) 3. 용도 지정 기부금 4. 조례에 직접규정 5. 지자체가 권장하는 사업을 하는 공공기관 6. 시,도 정책 및 재정사정 7. 기타 8. 해당없음	입찰방식 계약체결방법 (경쟁형태) 1. 일반경쟁 2. 제한경쟁 3. 지명경쟁 4. 수의계약 5. 법정위탁 6. 기타 ( ) 7. 해당없음	입찰방식 계약기간 1. 1년 2. 2년 3. 3년 4. 4년 5. 5년 6. 기타 ( )년 7. 단기계약 (1년미만) 8. 해당없음	입찰방식 낙찰자선정방법 1. 적격심사 2. 협상에의한계약 3. 최저가낙찰제 4. 규격가격분리 5. 2단계 경쟁입찰 6. 기타 ( ) 7. 해당없음	운영예산 산정 운영예산 산정 1. 내부산정 (지자체 자체적으로 산정) 2. 외부산정 (외부전문기관위탁 산정) 3. 내·외부 모두 산정 4. 산정 無 5. 해당없음	운영예산 산정 정산방법 1. 내부정산 (지자체 내부적으로 정산) 2. 외부정산 (외부전문기관위탁 정산) 3. 내·외부 모두 산정 4. 정산 無 5. 해당없음	성과평가 실시여부 1. 실시 2. 미실시 3. 향후 추진 4. 해당없음
2561	강원 양구군	발전소주변지역기본지원사업	198,000	안전건설과	9	1	7	8	7	5	3	4
2562	강원 양구군	의용소방대 기동장비지원	36,000	안전건설과	9	4	7	8	7	1	1	3
2563	강원 양구군	여성노약자 인력절감 장비지원	30,000	농업정책과	9	6	7	8	7	5	5	4
2564	강원 양구군	내수면 노후어선 건조비 지원	17,500	농업정책과	9	6	7	8	7	5	5	4
2565	강원 양구군	노후 선외기 대체 지원	28,000	농업정책과	9	6	7	8	7	5	5	4
2566	강원 양구군	양식기반시설 및 기자재 지원	49,000	농업정책과	9	6	7	8	7	5	5	4
2567	강원 양구군	어업경영 개선 장비 지원	124,390	농업정책과	9	6	7	8	7	5	5	4
2568	강원 양구군	내수면 노후양식장 현대화 시설	210,000	농업정책과	9	6	7	8	7	5	5	4
2569	강원 양구군	어선공동 정박시설 지원	45,000	농업정책과	9	6	7	8	7	5	5	4
2570	강원 양구군	청년취업농지원	3,000	농업정책과	9	1	7	8	7	1	1	1
2571	강원 양구군	청년농업인 창업기반 구축	22,000	농업정책과	9	1	7	8	7	1	1	1
2572	강원 양구군	청년 4-H회원 기초영농정착지원	18,800	농업정책과	9	1	7	8	7	1	1	1
2573	강원 양구군	작목별 맞춤형 안전관리 실천	50,000	농업정책과	9	2	7	8	7	1	1	1
2574	강원 양구군	친환경농산물인증포장재지원	7,000	농업지원과	9	1	7	8	7	1	1	4
2575	강원 양구군	친환경농업자율실천단지조성	42,000	농업지원과	9	1	7	8	7	1	1	4
2576	강원 양구군	친환경농자재공급지원	45,500	농업지원과	9	1	7	8	7	1	1	4
2577	강원 양구군	친환경농산물 가공, 유통기반 지원	270,200	농업지원과	9	1	7	8	7	1	1	4
2578	강원 양구군	유기농업자재지원	138,635	농업지원과	9	1	7	8	7	1	1	4
2579	강원 양구군	유기농오이 양분공급 및 병해충 관리기술	30,000	농업지원과	9	1	7	8	7	1	1	4
2580	강원 양구군	드론활용 노동력절감 벼 재배단지육성	80,000	농업지원과	9	1	7	8	7	1	1	4
2581	강원 양구군	과수경쟁력제고지원사업	62,500	농업지원과	9	1	7	8	7	1	1	4
2582	강원 양구군	고품질사과 수출생산단지 조성	450,000	농업지원과	9	1	7	8	7	1	1	4
2583	강원 양구군	원예농산물 생력화 및 인프라 확충	150,000	농업지원과	9	1	7	8	7	1	1	4
2584	강원 양구군	인삼친환경재배	9,000	농업지원과	9	1	7	8	7	1	1	4
2585	강원 양구군	고품질 인삼 생산시설 지원	114,975	농업지원과	9	1	7	8	7	1	1	4
2586	강원 양구군	인삼고온피해경감 종합기술시범	60,000	농업지원과	9	1	7	8	7	1	1	4
2587	강원 양구군	시설원예현대화	34,812	농업지원과	9	1	7	8	7	1	1	4
2588	강원 양구군	기능성다겹보온커튼 시범	70,000	농업지원과	9	1	7	8	7	1	1	4
2589	강원 양구군	비닐하우스현대화	19,500	농업지원과	9	1	7	8	7	1	1	4
2590	강원 양구군	권역별 수출특화단지 조성	73,500	농업지원과	9	1	7	8	7	1	1	4
2591	강원 양구군	시설원예 환경개선	60,000	농업지원과	9	1	7	8	7	1	1	4
2592	강원 양구군	원예농산물 생력화 및 인프라 확충	270,000	농업지원과	9	1	7	8	7	1	1	4
2593	강원 양구군	산지저온시설 지원	81,250	농업지원과	9	1	7	8	7	1	1	4
2594	강원 양구군	원예작물 소형건조기 지원	50,000	농업지원과	9	1	7	8	7	1	1	4
2595	강원 양구군	화훼 생산유통 지원	78,750	농업지원과	9	1	7	8	7	1	1	4
2596	강원 양구군	고랭지채소 안정생산	6,336	농업지원과	9	1	7	8	7	1	1	4
2597	강원 양구군	특수미 상품화기술시범	200,000	농업지원과	9	1	7	8	7	1	1	4
2598	강원 양구군	친환경벼 재배단지 조성시범	80,000	농업지원과	9	1	7	8	7	1	1	4
2599	강원 양구군	고품질 황금잡곡 기계화 모델구축 시범	80,000	농업지원과	9	1	7	8	7	1	1	4
2600	강원 양구군	고품질쌀 생산	7,200	농업지원과	9	1	7	8	7	1	1	4
2601	강원 양구군	원적외선 곡물건조기 지원	10,000	농업지원과	9	1	7	8	7	1	1	4
2602	강원 양구군	찰옥수수 명품화	3,500	농업지원과	9	1	7	8	7	1	1	4

순번	시군구	지출명 (사업명)	2021년예산 (단위:천원/1년간)	담당자 (공무원) 담당부서	민간이전 분류 (지방자치단체 세출예산 집행기준에 의거) 1. 민간경상사업보조(307-02) 2. 민간단체 법정운영비보조(307-03) 3. 민간행사사업보조(307-04) 4. 민간위탁금(307-05) 5. 사회복지시설 법정운영비보조(307-10) 6. 민간인위탁교육비(307-12) 7. 공기관등에대한경상적위탁사업비(308-10) 8. 민간자본사업보조,자체재원(402-01) 9. 민간자본사업보조,이전재원(402-02) 10. 민간위탁사업비(402-03) 11. 공기관등에 대한 자본적 대행사업비(403-02)	민간이전지출 근거 (지방보조금 관리기준 참고) 1. 법률에 규정 2. 국고보조 재원(국가지정) 3. 용도 지정 기부금 4. 조례에 직접규정 5. 지자체가 권장하는 사업을 하는 공공기관 6. 시,도 정책 및 재정사정 7. 기타 8. 해당없음	입찰방식 계약체결방법 (경쟁형태) 1. 일반경쟁 2. 제한경쟁 3. 지명경쟁 4. 수의계약 5. 법정위탁 6. 기타 ( ) 7. 해당없음	입찰방식 계약기간 1. 1년 2. 2년 3. 3년 4. 4년 5. 5년 6. 기타 ( )년 7. 단기계약 (1년미만) 8. 해당없음	입찰방식 낙찰자선정방법 1. 적격심사 2. 협상에의한계약 3. 최저가낙찰제 4. 규격가격분리 5. 2단계 경쟁입찰 6. 기타 ( ) 7. 해당없음	운영예산 산정 운영예산 산정 1. 내부산정 (지자체 자체적으로 산정) 2. 외부산정 (외부전문기관위탁 산정) 3. 내·외부 모두 산정 4. 산정 無 5. 해당없음	운영예산 산정 정산방법 1. 내부정산 (지자체 내부적으로 정산) 2. 외부정산 (외부전문기관위탁 정산) 3. 내·외부 모두 산정 4. 정산 無 5. 해당없음	성과평가 실시여부 1. 실시 2. 미실시 3. 향후 추진 4. 해당없음
2603	강원 양구군	잡곡산업 기반조성	15,000	농업지원과	9	1	7	8	7	1	1	4
2604	강원 양구군	군납 활성화 지원	266,003	유통정책	9	6	7	8	7	5	1	4
2605	강원 양구군	도지사 품질보증제 지원	4,945	유통정책	9	6	7	8	7	5	1	4
2606	강원 양구군	강원쌀 대량소비처 차액 지원	30,000	유통정책	9	6	7	8	7	5	1	4
2607	강원 양구군	땅두릅 촉성재배 생산단지 조성 시범	32,000	유통축산과	9	1	7	8	7	5	5	4
2608	강원 양구군	농식품산업활성화지원	50,000	유통축산과	9	1	7	8	7	5	5	4
2609	강원 양구군	지능형축산시설지원	55,000	유통축산과	9	1	7	8	7	5	5	4
2610	강원 양구군	동물복지 축산인증지원사업	202,783	유통축산과	9	1	7	8	7	5	5	4
2611	강원 양구군	강원양봉산업 육성지원	23,400	유통축산과	9	1	7	8	7	5	5	4
2612	강원 양구군	강원토봉산업 육성지원	7,500	유통축산과	9	1	7	8	7	5	5	4
2613	강원 양구군	토종벌 육성사업 지원	3,000	유통축산과	9	2	7	8	7	5	5	4
2614	강원 양구군	부존자원 활용 조사료 지급율 확대	42,000	유통축산과	9	1	7	8	7	5	5	4
2615	강원 양구군	조사료 보관시설 건립 지원사업	450,000	유통축산과	9	1	1	2	3	3	3	4
2616	강원 양구군	폭염 등 재해대비 축산시설 구조개선	28,000	유통축산과	9	1	7	8	7	5	5	4
2617	강원 양구군	양계농가 환경개선	4,500	유통축산과	9	1	7	8	7	5	5	4
2618	강원 양구군	청정양돈 경영선진화	5,700	유통축산과	9	1	7	8	7	5	5	4
2619	강원 양구군	다목적 가축분뇨 처리장비 지원	40,000	유통축산과	9	1	7	8	7	5	5	4
2620	강원 양구군	부숙촉진악취저감제 지원	25,000	유통축산과	9	1	7	8	7	5	5	4
2621	강원 양구군	CCTV 등 방역인프라	31,800	유통축산과	9	2	7	8	7	1	1	4
2622	강원 양구군	동물복지형 산란계 사육시설 개선, 계란품질향상 기술시범	50,000	유통축산과	9	2	4	7	7	1	1	1
2623	강원 양구군	가금농가 스마트방역시설구축	7,000	유통축산과	9	6	4	7	7	1	1	4
2624	강원 양구군	맞춤형 세척소독시설 및 장비지원	22,300	유통축산과	9	1	7	8	7	1	1	4
2625	강원 양구군	축사 공기정화 질병예방	80,000	유통축산과	9	2	7	8	7	5	5	4
2626	강원 양구군	공동방제단 운영	94,110	유통축산과	9	2	5	8	7	1	1	4
2627	강원 인제군	시설원예 에너지 절감 및 환경개선 시범	40,000	농업기술과	9	2	7	8	7	5	5	4
2628	강원 인제군	이상기상 대응 과원 피해예방 기술 확산 시범	100,000	농업기술과	9	2	7	8	7	5	5	4
2629	강원 인제군	시설원예작물 바이러스 종합예방기술 시범	40,000	농업기술과	9	2	7	8	7	5	5	4
2630	강원 인제군	농업인 소규모 창업기술 지원	100,000	농업기술과	9	2	7	8	7	5	5	4
2631	강원 인제군	작목별 맞춤형 안전관리 실천시범	50,000	농업기술과	9	2	7	8	7	5	5	4
2632	강원 인제군	원적외선 곡물건조기 공급 지원	5,000	농업기술과	9	6	7	8	7	5	5	4
2633	강원 인제군	벼육묘 운반기 지원	900	농업기술과	9	6	7	8	7	5	5	4
2634	강원 인제군	벼육묘 시설지원	3,250	농업기술과	9	6	7	8	7	5	5	4
2635	강원 인제군	산지저장 및 가공기반 구축	75,000	농업기술과	9	6	7	8	7	5	5	4
2636	강원 인제군	강원감자 주산지 명품생산	3,067	농업기술과	9	6	7	8	7	5	5	4
2637	강원 인제군	메밀 재배단지 조성	33,750	농업기술과	9	6	7	8	7	5	5	4
2638	강원 인제군	찰옥수수 명품화	2,500	농업기술과	9	6	7	8	7	5	5	4
2639	강원 인제군	잡곡산업 기반조성	3,000	농업기술과	9	6	7	8	7	5	5	4
2640	강원 인제군	자체육성 칼라찰옥수수 패키지 상품화 시범	56,000	농업기술과	9	6	7	8	7	5	5	4
2641	강원 인제군	비닐하우스 현대화	100,000	농업기술과	9	6	7	8	7	5	5	4
2642	강원 인제군	시설원예 환경개선	25,000	농업기술과	9	6	7	8	7	5	5	4
2643	강원 인제군	땅두릅 촉성재배 생산단지 조성 시범	32,000	농업기술과	9	6	7	8	7	5	5	4
2644	강원 인제군	인삼 재배시설 현대화 지원사업	73,150	농업기술과	9	2	7	8	7	5	5	4

순번	시군구	지출명 (사업명)	2021년예산 (단위:천원/1년간)	담당자 (공무원)	민간이전 분류 (지방자치단체 세출예산 집행기준에 의거)	민간이전지출 근거 (지방보조금 관리기준 참고)	입찰방식			운영예산 산정		성과평가 실시여부
				담당부서	1. 민간경상사업보조(307-02) 2. 민간단체 법정운영비보조(307-03) 3. 민간행사사업보조(307-04) 4. 민간위탁금(307-05) 5. 사회복지시설 법정운영비보조(307-10) 6. 민간인위탁교육비(307-12) 7. 공기관등에대한경상적위탁사업비(308-10) 8. 민간자본사업보조,자체재원(402-01) 9. 민간자본사업보조,이전재원(402-02) 10. 민간위탁사업비(402-03) 11. 공기관등에 대한 자본적 대행사업비(403-02)	1. 법률에 규정 2. 국고보조 재원(국가지정) 3. 용도 지정 기부금 4. 조례에 직접규정 5. 지자체가 권장하는 사업을 하는 공공기관 6. 시,도 정책 및 재정사정 7. 기타 8. 해당없음	계약체결방법 (경쟁형태) 1. 일반경쟁 2. 제한경쟁 3. 지명경쟁 4. 수의계약 5. 법정위탁 6. 기타 ( ) 7. 해당없음	계약기간 1. 1년 2. 2년 3. 3년 4. 4년 5. 5년 6. 기타 ( )년 7. 단기계약 (1년미만) 8. 해당없음	낙찰자선정방법 1. 적격심사 2. 협상에의한계약 3. 최저가낙찰제 4. 규격가격분리 5. 2단계 경쟁입찰 6. 기타 ( ) 7. 해당없음	운영예산 산정 1. 내부산정 (지자체 자체적으로 산정) 2. 외부산정 (외부전문기관위탁 산정) 3. 내·외부 모두 산정 4. 산정 無 5. 해당없음	정산방법 1. 내부정산 (지자체 내부적으로 정산) 2. 외부정산 (외부전문기관위탁 정산) 3. 내·외부 모두 산정 4. 정산 無 5. 해당없음	1. 실시 2. 미실시 3. 향후 추진 4. 해당없음
2645	강원 인제군	화훼 생산유통지원	152,300	농업기술과	9	6	7	8	7	5	5	4
2646	강원 인제군	과수 경쟁력 제고	25,000	농업기술과	9	6	7	8	7	5	5	4
2647	강원 인제군	명품과원 기반조성	102,900	농업기술과	9	6	7	8	7	5	5	4
2648	강원 인제군	시설원예 현대화	45,113	농업기술과	9	2	7	8	7	5	5	4
2649	강원 인제군	농업에너지 이용효율화사업	32,500	농업기술과	9	2	7	8	7	5	5	4
2650	강원 인제군	친환경 인증 농산물 포장재 지원	14,000	농업기술과	9	6	7	8	7	5	5	4
2651	강원 인제군	친환경농자재 공급	72,800	농업기술과	9	6	7	8	7	5	5	4
2652	강원 인제군	친환경농업 자율실천 단지조성	28,000	농업기술과	9	6	7	8	7	5	5	4
2653	강원 인제군	친환경농산물 유통시설,장비지원	126,000	농업기술과	9	6	7	8	7	5	5	4
2654	강원 인제군	유기농업자재 지원	28,395	농업기술과	9	2	7	8	7	5	5	4
2655	강원 인제군	농어촌 민박 활성화 지원	160,000	농정과	9	4	7	8	7	1	1	1
2656	강원 인제군	청년농업인 창업기반 구축	22,000	농정과	9	2	7	8	7	1	1	1
2657	강원 인제군	청년 4-H 회원 기초영농 정착지원	18,000	농정과	9	6	7	8	7	1	1	1
2658	강원 인제군	어업경영 개선 장비 지원	46,060	농정과	9	4	7	8	7	1	1	1
2659	강원 인제군	내수면 노후어선 건조비 지원	14,000	농정과	9	4	7	8	7	1	1	1
2660	강원 인제군	노후선외기 대체지원	35,000	농정과	9	4	7	8	7	1	1	1
2661	강원 인제군	양식기반시설 및 기자재 지원	42,000	농정과	9	4	7	8	7	1	1	1
2662	강원 인제군	양식장 첨단 관리 시스템 구축	35,000	농정과	9	4	7	8	7	1	1	1
2663	강원 인제군	명태산업광역특구 기자재 지원	140,000	농정과	9	4	7	8	7	1	1	1
2664	강원 인제군	고수온 대응장비 지원	40,000	농정과	9	2	7	8	7	1	1	1
2665	강원 인제군	기존건축물 화재안전성능보강지원사업	80,000	종합민원과	9	1	7	8	7	5	1	4
2666	강원 인제군	산지유통 저온저장시설 지원	50,000	유통축산과	9	6	7	8	7	5	5	4
2667	강원 인제군	군납 농산물 연중 공급체계 구축	175,000	유통축산과	9	6	7	8	7	5	5	4
2668	강원 인제군	농식품 산업 활성화 지원	50,000	유통축산과	9	6	7	8	7	5	5	4
2669	강원 인제군	농산물 산지유통센터(APC) 지원	360,000	유통축산과	9	1	7	8	7	5	5	4
2670	강원 인제군	양계농가 환경개선	7,500	유통축산과	9	6	7	8	7	5	5	4
2671	강원 인제군	청정양돈 경영선진화	13,050	유통축산과	9	6	7	8	7	5	5	4
2672	강원 인제군	토종벌 명품 육성지원	9,000	유통축산과	9	6	7	8	7	5	5	4
2673	강원 인제군	강원 양봉브랜드 활성화	52,200	유통축산과	9	6	7	8	7	5	5	4
2674	강원 인제군	재해대비 축사시설 구조개선	17,000	유통축산과	9	6	7	8	7	5	5	4
2675	강원 인제군	지능형 축산시설 도입	80,000	유통축산과	9	6	7	8	7	5	5	4
2676	강원 인제군	가축분뇨 처리장비 지원	80,000	유통축산과	9	6	7	8	7	5	5	4
2677	강원 인제군	고품질 액상생산시설 지원	10,000	유통축산과	9	6	7	8	7	5	5	4
2678	강원 인제군	폐사축 처리기 지원	15,000	유통축산과	9	6	7	8	7	5	5	4
2679	강원 인제군	분뇨부숙 촉진제	80,000	유통축산과	9	6	7	8	7	5	5	4
2680	강원 인제군	부존자원 자동 급이기 지원	10,500	유통축산과	9	6	7	8	7	5	5	4
2681	강원 인제군	부존자원 사일리지 비닐 지원	12,600	유통축산과	9	6	7	8	7	5	5	4
2682	강원 인제군	축산분뇨 처리시설	52,000	유통축산과	9	2	7	8	7	5	5	4
2683	강원 인제군	축산 악취 개선 지원	170,000	유통축산과	9	2	7	8	7	5	5	4
2684	강원 인제군	악취 측정 ICT 장비 구축	40,000	유통축산과	9	2	7	8	7	5	5	4
2685	강원 인제군	맞춤형 가금농가 스마트 방역시설 구축	14,000	유통축산과	9	6	7	8	7	5	5	4
2686	강원 인제군	맞춤형 세척·소독시설 지원	7,000	유통축산과	9	6	7	8	7	5	5	4

순번	시군구	지출명 (사업명)	2021년예산 (단위:천원/1년간)	담당자 (공무원) 담당부서	민간이전 분류 (지방자치단체 세출예산 집행기준에 의거) 1. 민간경상사업보조(307-02) 2. 민간단체 법정운영비보조(307-03) 3. 민간행사사업보조(307-04) 4. 민간위탁금(307-05) 5. 사회복지시설 법정운영비보조(307-10) 6. 민간인위탁교육비(307-12) 7. 공기관등에대한경상적위탁사업비(308-10) 8. 민간자본사업보조,자체재원(402-01) 9. 민간자본사업보조,이전재원(402-02) 10. 민간위탁사업비(402-03) 11. 공기관등에 대한 자본적 대행사업비(403-02)	민간이전지출 근거 (지방보조금 관리기준 참고) 1. 법률에 규정 2. 국고보조 재원(국가지정) 3. 용도 지정 기부금 4. 조례에 직접규정 5. 지자체가 권장하는 사업을 하는 공공기관 6. 시,도 정책 및 재정사정 7. 기타 8. 해당없음	입찰방식 계약체결방법 (경쟁형태) 1. 일반경쟁 2. 제한경쟁 3. 지명경쟁 4. 수의계약 5. 법정위탁 6. 기타 ( ) 7. 해당없음	계약기간 1. 1년 2. 2년 3. 3년 4. 4년 5. 5년 6. 기타 ( )년 7. 단기계약 (1년미만) 8. 해당없음	낙찰자선정방법 1. 적격심사 2. 협상에의한계약 3. 최저가낙찰제 4. 규격가격분리 5. 2단계 경쟁입찰 6. 기타 ( ) 7. 해당없음	운영예산 산정 운영예산 산정 1. 내부산정 (지자체 자체적으로 산정) 2. 외부산정 (외부전문기관위탁 산정) 3. 내·외부 모두 산정 4. 산정 無 5. 해당없음	정산방법 1. 내부정산 (지자체 내부적으로 정산) 2. 외부정산 (외부전문기관위탁 정산) 3. 내·외부 모두 산정 4. 정산 無 5. 해당없음	성과평가 실시여부 1. 실시 2. 미실시 3. 향후 추진 4. 해당없음
2687	강원 인제군	맞춤형 이동식 동력분무기 지원	2,000	유통축산과	9	6	7	8	7	5	5	4
2688	강원 인제군	양돈농가 열화상카메라 지원	12,000	유통축산과	9	6	7	8	7	5	5	4
2689	강원 인제군	계란저온수송차량 지원	15,000	유통축산과	9	1	7	8	7	5	5	4
2690	강원 인제군	가축폐사체 수거함 지원	4,000	유통축산과	9	1	7	8	7	5	5	4
2691	강원 인제군	유류급유기 지원사업	100,000	유통축산과	9	4	7	8	7	5	5	4
2692	강원 인제군	문화재보수정비	162,500	문화관광과	9	1	6	1	7	1	1	4
2693	강원 인제군	봉정암보수정비	920,829	문화관광과	9	1	6	1	7	1	1	4
2694	강원 인제군	문화재재난방지시설구축	75,000	문화관광과	9	1	6	1	7	1	1	4
2695	강원 고성군	노인복지시설 개보수	251,246	주민복지실	9	2	7	8	7	2	1	1
2696	강원 고성군	고성연화마을 차량구입 지원	30,000	주민복지실	9	6	7	8	7	1	1	1
2697	강원 고성군	21년 장애인직업재활시설 기능보강(방역장비)사업	4,000	주민복지실	9	4	5	5	1	1	1	1
2698	강원 고성군	수어통역센터 기능보강(차량지원	30,000	주민복지실	9	4	7	8	7	1	1	1
2699	강원 고성군	시각장애인 자립지원센터 차량 지원	30,000	주민복지실	9	4	3	1	7	1	1	1
2700	강원 고성군	어린이집기능보강	2,100	주민복지실	9	2	7	8	7	1	1	4
2701	강원 고성군	소상공인 시설현대화 지원	3,680,000	경제투자과	9	4	7	8	7	1	1	1
2702	강원 고성군	태양광 100개소, 태양열 10개소, 지열 20개소	220,000	경제투자과	9	1	7	8	7	5	1	1
2703	강원 고성군	경유자동차 매연저감장치 설치	38,000	환경보호과	9	2	7	8	7	5	1	4
2704	강원 고성군	건설기계 엔진교체 지원	82,500	환경보호과	9	2	7	8	7	5	1	4
2705	강원 고성군	lpg화물차 신차구입 지원	80,000	환경보호과	9	2	7	8	7	5	1	4
2706	강원 고성군	어린이 통학차량 LPG차 전환 지원	41,250	환경보호과	9	2	7	8	7	5	1	4
2707	강원 고성군	전기자동차(승용)구매 지원	402,600	환경보호과	9	2	7	8	7	5	1	4
2708	강원 고성군	전기자동차(소형화물)구매 지원	816,000	환경보호과	9	2	7	8	7	5	1	4
2709	강원 고성군	전기자동차(초소형화물)구매 지원	181,800	환경보호과	9	2	7	8	7	5	1	4
2710	강원 고성군	전기이륜차 구매지원	177,660	환경보호과	9	2	7	8	7	5	1	4
2711	강원 고성군	수소연료전지차 구매지원	168,750	환경보호과	9	2	7	8	7	5	1	4
2712	강원 고성군	소규모사업장 방지시설 설치 지원	45,000	환경보호과	9	2	7	8	7	5	1	4
2713	강원 고성군	야생동물 피해예방사업 지원	51,600	환경보호과	9	4	7	8	7	1	1	4
2714	강원 고성군	고성문화원 차량구입 지원	36,000	문화체육과	9	1	7	8	7	1	1	2
2715	강원 고성군	왕곡마을 초가이엉 잇기	400,000	문화체육과	9	1	7	8	7	1	1	2
2716	강원 고성군	백두대간 주민지원(8개마을)	41,400	산림과	9	2	7	8	7	5	5	4
2717	강원 고성군	유기질비료	2,289	산림과	9	2	7	8	7	5	5	4
2718	강원 고성군	토양개량제	5,975	산림과	9	2	7	8	7	5	5	4
2719	강원 고성군	임산물생산기반조성	5,057	산림과	9	2	7	8	7	5	5	4
2720	강원 고성군	임산물유통차량	41,948	산림과	9	2	7	8	7	5	5	4
2721	강원 고성군	목재펠릿보일러 지원	5,600	산림과	9	2	7	8	7	5	5	4
2722	강원 고성군	산림작물생산단지	65,336	산림과	9	2	7	8	7	5	5	4
2723	강원 고성군	문어연승 봉돌 지원	288,800	해양수산과	9	4	7	8	7	5	1	4
2724	강원 고성군	생분해성어구 보급	322,857	해양수산과	9	1	7	8	7	5	1	4
2725	강원 고성군	친환경어구(친환경부표) 보급 지원	14,000	해양수산과	9	1	7	8	7	5	1	4
2726	강원 고성군	대진어촌계 조선소 레일공사	450,000	해양수산과	9	6	7	8	7	5	1	4
2727	강원 고성군	정치망 가두리 시설비 지원	120,400	해양수산과	9	6	7	8	7	5	1	4
2728	강원 고성군	해면 어류양식(가두리)시설 지원	126,000	해양수산과	9	4	7	8	7	5	1	4

순번	시군구	지출명 (사업명)	2021년예산 (단위:천원/1년간)	담당자 (공무원)	민간이전 분류 (지방자치단체 세출예산 집행기준에 의거)	민간이전지출 근거 (지방보조금 관리기준 참고)	입찰방식			운영예산 산정		성과평가 실시여부
				담당부서	1. 민간경상사업보조(307-02) 2. 민간단체 법정운영비보조(307-03) 3. 민간행사사업보조(307-04) 4. 민간위탁금(307-05) 5. 사회복지시설 법정운영비보조(307-10) 6. 민간인위탁교육비(307-12) 7. 공기관등에대한경상적위탁사업비(308-10) 8. 민간자본사업보조,자체재원(402-01) 9. 민간자본사업보조,이전재원(402-02) 10. 민간위탁사업비(402-03) 11. 공기관등에 대한 자본적 대행사업비(403-02)	1. 법률에 규정 2. 국고보조 재원(국가지정) 3. 용도 지정 기부금 4. 조례에 직접규정 5. 지자체가 권장하는 사업을 하는 공공기관 6. 시,도 정책 및 재정사정 7. 기타 8. 해당없음	계약체결방법 (경쟁형태) 1. 일반경쟁 2. 제한경쟁 3. 지명경쟁 4. 수의계약 5. 법정위탁 6. 기타 ( ) 7. 해당없음	계약기간 1. 1년 2. 2년 3. 3년 4. 4년 5. 5년 6. 기타 ( )년 7. 단기계약 (1년미만) 8. 해당없음	낙찰자선정방법 1. 적격심사 2. 협상에의한계약 3. 최저가낙찰제 4. 규격가격분리 5. 2단계 경쟁입찰 6. 기타 ( ) 7. 해당없음	운영예산 산정 1. 내부산정 (지자체 자체적으로 산정) 2. 외부산정 (외부전문기관위탁 산정) 3. 내·외부 모두 산정 4. 산정 無 5. 해당없음	정산방법 1. 내부정산 (지자체 내부적으로 정산) 2. 외부정산 (외부전문기관위탁 정산) 3. 내·외부 모두 산정 4. 정산 無 5. 해당없음	1. 실시 2. 미실시 3. 향후 추진 4. 해당없음
2729	강원 고성군	친환경 에너지 절감장비 보급	204,472	해양수산과	9	1	7	8	7	5	1	4
2730	강원 고성군	노후선외기 대체 지원	245,000	해양수산과	9	4	7	8	7	5	1	4
2731	강원 고성군	연근해 채낚기어선 장비지원	23,100	해양수산과	9	4	7	8	7	5	1	4
2732	강원 고성군	해면양식장 지원	138,000	해양수산과	9	6	7	8	7	5	1	4
2733	강원 고성군	어선기관 및 어로안전 항해장비 지원	96,729	해양수산과	9	4	7	8	7	5	1	4
2734	강원 고성군	연안어선 노후 전기설비 수리지원	116,280	해양수산과	9	4	7	8	7	5	1	4
2735	강원 고성군	고수온 대응 지원	60,000	해양수산과	9	1	7	8	7	5	1	4
2736	강원 고성군	연안 유자망 노후어선 디젤기관 대체지원	630,000	해양수산과	9	4	7	8	7	5	1	4
2737	강원 고성군	정치망어구 환경개선용 장비구입지원	420,000	해양수산과	9	6	7	8	7	5	1	4
2738	강원 고성군	나잠어업인 잠수복 지원	44,100	해양수산과	9	6	7	8	7	1	1	4
2739	강원 고성군	어선사고 예방시스템 구축	13,571	해양수산과	9	1	7	8	7	5	1	4
2740	강원 고성군	어선사고 zero화 안전장비 지원	43,724	해양수산과	9	4	7	8	7	5	1	4
2741	강원 고성군	강원 명태산업 광역특구 통합 브랜드	80,000	해양수산과	9	6	7	8	7	1	1	4
2742	강원 고성군	기업형 새농촌 만들기	8,000	농업기술센터	9	2	7	8	7	5	5	4
2743	강원 고성군	농어촌민박 시설환경개선 사업	320,000	농업기술센터	9	1	7	8	7	5	5	4
2744	강원 고성군	농촌체험 안전편의시설 확충지원	24,000	농업기술센터	9	1	7	8	7	5	5	4
2745	강원 고성군	벼못자리용 육묘하우스 시설 지원	117,000	농업기술센터	9	6	7	8	7	5	5	4
2746	강원 고성군	벼육묘상자 운반기(육묘틀) 지원	19,650	농업기술센터	9	6	7	8	7	5	5	4
2747	강원 고성군	원적외선곡물건조기 공급	12,000	농업기술센터	9	6	7	8	7	5	5	4
2748	강원 고성군	강원쌀 소비촉진 지원	20,950	농업기술센터	9	5	7	8	7	5	5	4
2749	강원 고성군	군납 농산물 연중공급체계 구축	252,000	농업기술센터	9	1	7	8	7	5	5	4
2750	강원 고성군	농식품산업 활성화 지원	15,000	농업기술센터	9	1	7	8	7	5	5	4
2751	강원 고성군	산지 저장 및 가공시설 현대화	150,000	농업기술센터	9	2	7	8	7	5	5	4
2752	강원 고성군	집진시설개보수사업지원	320,000	농업기술센터	9	5	7	8	7	1	1	3
2753	강원 고성군	특용작물 생산시설 현대화사업	5,070	농업기술센터	9	2	7	8	7	5	5	4
2754	강원 고성군	특용작물(버섯) 재배시설 현대화지원	70,000	농업기술센터	9	2	7	8	7	5	5	4
2755	강원 고성군	시설원예현대화 사업	50,500	농업기술센터	9	2	7	8	7	5	5	4
2756	강원 고성군	에너지 절감시설 지원	10,475	농업기술센터	9	2	7	8	7	5	5	4
2757	강원 고성군	비닐하우스 현대화 사업	148,200	농업기술센터	9	1	7	8	7	5	5	4
2758	강원 고성군	시설원예 환경 개선사업	37,500	농업기술센터	9	1	7	8	7	5	5	4
2759	강원 고성군	산지유통 저장시설 지원	312,500	농업기술센터	9	1	7	8	7	5	5	4
2760	강원 고성군	사과명품 과원조성	68,600	농업기술센터	9	1	7	8	7	5	5	4
2761	강원 고성군	과수 경쟁력 제고	12,500	농업기술센터	9	1	7	8	7	5	5	4
2762	강원 고성군	통합브랜드 포장재 지원 및 개선	4,833	농업기술센터	9	1	7	8	7	5	5	4
2763	강원 고성군	도지사 품질인증제 지원	9,890	농업기술센터	9	1	7	8	7	5	5	4
2764	강원 고성군	청정양돈 경영선진화	1,440	농업기술센터	9	6	7	8	7	1	1	3
2765	강원 고성군	지능형 축산시설 도입	55,000	농업기술센터	9	6	7	8	7	1	1	3
2766	강원 고성군	말벌 퇴치장비	1,300	농업기술센터	9	2	7	8	7	1	1	3
2767	강원 고성군	SD 저항성 토종벌	3,000	농업기술센터	9	2	7	8	7	1	1	3
2768	강원 고성군	강원 양봉브랜드 육성	118,200	농업기술센터	9	6	7	8	7	1	1	3
2769	강원 고성군	강원 토종꿀 명품 육성	7,500	농업기술센터	9	6	7	8	7	1	1	3
2770	강원 고성군	신품종 IRG재배 기술보급	25,000	농업기술센터	9	2	7	8	7	1	1	3

순번	시군구	지출명 (사업명)	2021년예산 (단위:천원/1년간)	담당자 (공무원) 담당부서	민간이전 분류 (지방자치단체 세출예산 집행기준에 의거) 1. 민간경상사업보조(307-02) 2. 민간단체 법정운영비보조(307-03) 3. 민간행사사업보조(307-04) 4. 민간위탁금(307-05) 5. 사회복지시설 법정운영비보조(307-10) 6. 민간인위탁교육비(307-12) 7. 공기관등에대한경상적위탁사업비(308-10) 8. 민간자본사업보조,자체재원(402-01) 9. 민간자본사업보조,이전재원(402-02) 10. 민간위탁사업비(402-03) 11. 공기관등에 대한 자본적 대행사업비(403-02)	민간이전지출 근거 (지방보조금 관리기준 참고) 1. 법률에 규정 2. 국고보조 재원(국가지정) 3. 용도 지정 기부금 4. 조례에 직접규정 5. 지자체가 권장하는 사업을 하는 공공기관 6. 시,도 정책 및 재정사정 7. 기타 8. 해당없음	입찰방식 계약체결방법 (경쟁형태) 1. 일반경쟁 2. 제한경쟁 3. 지명경쟁 4. 수의계약 5. 법정위탁 6. 기타 ( ) 7. 해당없음	입찰방식 계약기간 1. 1년 2. 2년 3. 3년 4. 4년 5. 5년 6. 기타 ( )년 7. 단기계약 (1년미만) 8. 해당없음	입찰방식 낙찰자선정방법 1. 적격심사 2. 협상에의한계약 3. 최저가낙찰제 4. 규격가격분리 5. 2단계 경쟁입찰 6. 기타 ( ) 7. 해당없음	운영예산 산정 운영예산 산정 1. 내부산정 (지자체 자체적으로 산정) 2. 외부산정 (외부전문기관위탁 산정) 3. 내·외부 모두 산정 4. 산정 無 5. 해당없음	운영예산 산정 정산방법 1. 내부정산 (지자체 내부적으로 정산) 2. 외부정산 (외부전문기관위탁 정산) 3. 내·외부 모두 산정 4. 정산 無 5. 해당없음	성과평가 실시여부 1. 실시 2. 미실시 3. 향후 추진 4. 해당없음
2771	강원 고성군	부존자원 TMR 제조장비	210,000	농업기술센터	9	6	7	8	7	1	1	3
2772	강원 고성군	부존자원 조사료 생산장비	280,000	농업기술센터	9	6	7	8	7	1	1	3
2773	강원 고성군	부존자원 자동급이기	31,500	농업기술센터	9	6	7	8	7	1	1	3
2774	강원 고성군	축산악취개선	64,000	농업기술센터	9	2	7	8	7	1	1	3
2775	강원 고성군	악취측정 ICT 기계장비	40,000	농업기술센터	9	2	7	8	7	1	1	3
2776	강원 고성군	부숙완료 퇴비 보관시설	16,250	농업기술센터	9	6	7	8	7	1	1	3
2777	강원 고성군	가축분뇨 고속발효시설	75,000	농업기술센터	9	6	7	8	7	1	1	3
2778	강원 고성군	다목적 가축분뇨 처리장비	100,000	농업기술센터	9	6	7	8	7	1	1	3
2779	강원 고성군	가축분뇨 부숙장비	100,000	농업기술센터	9	6	7	8	7	1	1	3
2780	강원 고성군	축산환경개선 생산시설	15,000	농업기술센터	9	6	7	8	7	1	1	3
2781	강원 고성군	가축분뇨 부숙촉진제	97,500	농업기술센터	9	6	7	8	7	1	1	3
2782	강원 고성군	가축분뇨 소멸처리 발효제	4,500	농업기술센터	9	6	7	8	7	1	1	3
2783	강원 고성군	양계농가 환경개선	4,500	농업기술센터	9	6	7	8	7	1	1	3
2784	강원 고성군	계란 저온수송차량	15,000	농업기술센터	9	2	7	8	7	1	1	3
2785	강원 고성군	재해대비 축산시설 구조개선	12,000	농업기술센터	9	6	7	8	7	1	1	3
2786	강원 고성군	맞춤형 세척·소독시설	15,960	농업기술센터	9	2	7	8	7	5	1	4
2787	강원 고성군	CCTV 등 방역인프라 설치 지원사업	17,400	농업기술센터	9	2	7	8	7	5	1	4
2788	강원 고성군	축산물 HACCP컨설팅 지원	4,200	농업기술센터	9	2	7	8	7	5	1	4
2789	강원 고성군	가축폐사체 수거함 지원	8,610	농업기술센터	9	2	7	8	7	5	1	4
2790	강원 고성군	가축폐사체 수거처리비 지원	4,080	농업기술센터	9	2	7	8	7	5	1	4
2791	강원 고성군	지역활력화작목 기반조성사업	400,000	농업기술센터	9	6	7	8	7	5	5	4
2792	강원 고성군	노지 고추 실속형 자동 관수시스템 시범	28,000	농업기술센터	9	2	7	8	7	5	5	4
2793	강원 고성군	친환경농산물 가공·유통기반 지원	38,340	농업기술센터	9	1	1	8	3	5	1	2
2794	강원 고성군	청년4-H회원 기초영농정착지원	36,000	농업기술센터	9	6	7	8	7	3	1	1
2795	강원 고성군	농촌건강장수마을 자본사업보조	40,000	농업기술센터	9	6	7	8	7	5	5	4
2796	강원 고성군	농업인 소규모 창업기술 지원	100,000	농업기술센터	9	2	7	8	7	5	5	4
2797	강원 고성군	평화지역거점숙박업소육성	100,000	보건소	9	4	6	1	7	1	1	2
2798	강원 고성군	식품공중위생업소 환경개선 지원	30,000	보건소	9	4	6	1	7	1	1	2
2799	강원 양양군	나잠어업인 잠수복 지원	3,500	해양수산과	9	6	7	8	7	5	5	4
2800	강원 양양군	정치망 가두리 시설 지원	40,000	해양수산과	9	6	7	8	7	5	5	4
2801	강원 양양군	정치망어구 환경개선용 장비구입 지원	162,370	해양수산과	9	6	7	8	7	5	5	4
2802	강원 양양군	해면양식장 지원	270,000	해양수산과	9	6	7	8	7	5	5	4
2803	강원 양양군	친환경부표 보급	31,428	해양수산과	9	2	7	8	7	5	5	4
2804	강원 양양군	고수온 대응 지원	54,900	해양수산과	9	2	7	8	7	5	5	4
2805	강원 양양군	해면 어류양식(가두리)시설 지원	180,000	해양수산과	9	6	7	8	7	5	5	4
2806	강원 양양군	내수면 양식장 사료구입비 지원	6,000	해양수산과	9	6	7	8	7	5	5	4
2807	강원 양양군	내수면양식기자재 구입 지원	14,000	해양수산과	9	6	7	8	7	5	5	4
2808	강원 양양군	친환경에너지절감장비 지원	64,221	해양수산과	9	2	7	8	7	5	5	4
2809	강원 양양군	어선사고예방시스템구축	9,339	해양수산과	9	6	7	8	7	5	5	4
2810	강원 양양군	어선기관 및 어로안전 항해장비 지원	205,824	해양수산과	9	6	7	8	7	5	5	4
2811	강원 양양군	어선사고 zero화 안전장비 지원	21,110	해양수산과	9	6	7	8	7	5	5	4
2812	강원 양양군	연안어선 노후전기설비 수리지원	58,824	해양수산과	9	6	7	8	7	5	5	4

순번	시군구	지출명 (사업명)	2021년예산 (단위:천원/1년간)	담당자 (공무원) 담당부서	민간이전 분류 (지방자치단체 세출예산 집행기준에 의거) 1. 민간경상사업보조(307-02) 2. 민간단체 법정운영비보조(307-03) 3. 민간행사사업보조(307-04) 4. 민간위탁금(307-05) 5. 사회복지시설 법정운영비보조(307-10) 6. 민간인위탁교육비(307-12) 7. 공기관등에대한경상적위탁사업비(308-10) 8. 민간자본사업보조,자체재원(402-01) 9. 민간자본사업보조,이전재원(402-02) 10. 민간위탁사업비(402-03) 11. 공기관등에 대한 자본적 대행사업비(403-02)	민간이전지출 근거 (지방보조금 관리기준 참고) 1. 법률에 규정 2. 국고보조 재원(국가지정) 3. 용도 지정 기부금 4. 조례에 직접규정 5. 지자체가 권장하는 사업을 하는 공공기관 6. 시,도 정책 및 재정사정 7. 기타 8. 해당없음	입찰방식 계약체결방법 (경쟁형태) 1. 일반경쟁 2. 제한경쟁 3. 지명경쟁 4. 수의계약 5. 법정위탁 6. 기타 ( ) 7. 해당없음	입찰방식 계약기간 1. 1년 2. 2년 3. 3년 4. 4년 5. 5년 6. 기타 ( )년 7. 단기계약 (1년미만) 8. 해당없음	입찰방식 낙찰자선정방법 1. 적격심사 2. 협상에의한계약 3. 최저가낙찰제 4. 규격가격분리 5. 2단계 경쟁입찰 6. 기타 ( ) 7. 해당없음	운영예산 산정 운영예산 산정 1. 내부산정 (지자체 자체적으로 산정) 2. 외부산정 (외부전문기관위탁 산정) 3. 내·외부 모두 산정 4. 산정 無 5. 해당없음	운영예산 산정 정산방법 1. 내부정산 (지자체 내부적으로 정산) 2. 외부정산 (외부전문기관위탁 정산) 3. 내·외부 모두 산정 4. 정산 無 5. 해당없음	성과평가 실시여부 1. 실시 2. 미실시 3. 향후 추진 4. 해당없음
2813	강원 양양군	수산물산지가공시설 건립	72,000	해양수산과	9	6	7	8	7	5	5	4
2814	강원 양양군	노후선외기 대체지원	140,000	해양수산과	9	6	7	8	7	5	5	4
2815	강원 양양군	활어회센터 해수인입관 시설정비	416,000	해양수산과	9	6	7	8	7	5	5	4
2816	강원 양양군	문어 연승용 봉돌지원	5,744	해양수산과	9	6	7	8	7	5	5	4
2817	강원 양양군	2021년 경제림조성사업	79,940	산림녹지과	9	1	7	7	7	1	1	4
2818	강원 양양군	목재펠릿보일러(주택용) 보급	14,000	산림녹지과	9	1	1	7	1	1	1	1
2819	강원 양양군	백두대간 주민지원	43,200	산림녹지과	9	2	1	1	1	1	1	1
2820	강원 양양군	임산물 상품화 지원	5,920	산림녹지과	9	1	1	1	1	1	1	1
2821	강원 양양군	임산물생산단지규모화	244,000	산림녹지과	9	1	1	1	1	1	1	1
2822	강원 양양군	친환경임산물 재배관리	987	산림녹지과	9	1	1	1	1	1	1	1
2823	강원 양양군	농촌관광 활력화 추진	240,000	농업기술센터	9	6	7	8	7	5	3	1
2824	강원 양양군	농촌관광 활력화 추진	72,000	농업기술센터	9	6	7	8	7	5	3	1
2825	강원 양양군	도시민농촌유치지원	20,000	농업기술센터	9	4	7	8	7	1	3	1
2826	강원 양양군	친환경농산물가공 및 유통기반 지원사업	70,000	농업기술센터	9	1	7	7	7	1	1	1
2827	강원 양양군	친환경인증 농산물 포장재 지원사업	6,000	농업기술센터	9	1	7	7	7	1	1	1
2828	강원 양양군	친환경 농자재 지원사업	45,500	농업기술센터	9	1	7	7	7	1	1	1
2829	강원 양양군	친환경농업 자율실천단지 조성사업	12,000	농업기술센터	9	1	7	7	7	1	1	1
2830	강원 양양군	강원한우 통합브랜드 가치제고 지원	105,264	농업기술센터	9	6	7	8	7	5	5	1
2831	강원 양양군	한우품질고급화 지원	77,400	농업기술센터	9	6	7	8	7	5	5	1
2832	강원 양양군	한우 송아지 생산안정제 지원	5,200	농업기술센터	9	6	7	8	7	5	5	1
2833	강원 양양군	지능형 축산시설 지원사업	60,000	농업기술센터	9	6	7	8	7	5	5	1
2834	강원 양양군	축산농가 도우미 지원	32,720	농업기술센터	9	6	7	8	7	5	5	1
2835	강원 양양군	가축시장현대화 사업	75,000	농업기술센터	9	6	7	8	7	5	5	1
2836	강원 양양군	청정양돈 경영선진화 사업	13,200	농업기술센터	9	6	7	8	7	5	5	1
2837	강원 양양군	강원양봉 브랜드 육성사업	18,000	농업기술센터	9	6	7	8	7	5	5	1
2838	강원 양양군	토종벌 육성 지원	7,500	농업기술센터	9	2	7	8	7	5	5	1
2839	강원 양양군	강원토종꿀 명품 육성 지원	13,500	농업기술센터	9	6	7	8	7	5	5	1
2840	강원 양양군	말산업육성지원	59,200	농업기술센터	9	2	7	8	7	5	5	1
2841	강원 양양군	폭염 등 재해대비 축산시설 지원	15,000	농업기술센터	9	6	7	8	7	5	5	1
2842	강원 양양군	ICT 융복합 지원	8,715	농업기술센터	9	2	7	8	7	5	5	1
2843	강원 양양군	조사료 생산용 사일리지 제조 지원	200,620	농업기술센터	9	2	7	8	7	5	5	1
2844	강원 양양군	조사료 생산용 종자구입 지원	158,540	농업기술센터	9	2	7	8	7	5	5	1
2845	강원 양양군	전문단지 조성용 사일리지 제조 지원	51,690	농업기술센터	9	2	7	8	7	5	5	1
2846	강원 양양군	전문단지 조성용 종자구입 지원	9,000	농업기술센터	9	2	7	8	7	5	5	1
2847	강원 양양군	부존자원 활용사료 생산확대	12,600	농업기술센터	9	6	7	8	7	5	5	1
2848	강원 양양군	부존자원 활용사료 제조 및 이용 활성화	73,500	농업기술센터	9	6	7	8	7	5	5	1
2849	강원 양양군	공동방제단지원	54,886	농업기술센터	9	2	7	1	7	1	1	1
2850	강원 양양군	돼지 구제역백신지원	92,700	농업기술센터	9	2	7	1	7	1	1	1
2851	강원 양양군	벼 못자리용 비닐하우스	13,000	농업기술센터	9	6	7	8	7	3	1	1
2852	강원 양양군	벼 육묘 운반기	9,000	농업기술센터	9	6	7	8	7	3	1	1
2853	강원 양양군	원 적외선 곡물건조기 공급	15,000	농업기술센터	9	6	7	8	7	3	1	1
2854	강원 양양군	벼 육묘상자 적재이송기	8,250	농업기술센터	9	6	7	8	7	3	1	1

순번	시군구	지출명 (사업명)	2021년예산 (단위:천원/1년간)	담당자 (공무원)	민간이전 분류 (지방자치단체 세출예산 집행기준에 의거)	민간이전지출 근거 (지방보조금 관리기준 참고)	입찰방식			운영예산 산정		성과평가 실시여부
				담당부서	1. 민간경상사업보조(307-02) 2. 민간단체 법정운영비보조(307-03) 3. 민간행사사업보조(307-04) 4. 민간위탁금(307-05) 5. 사회복지시설 법정운영비보조(307-10) 6. 민간인위탁교육비(307-12) 7. 공기관등에대한경상적위탁사업비(308-10) 8. 민간자본사업보조,자체재원(402-01) 9. 민간자본사업보조,이전재원(402-02) 10. 민간위탁사업비(402-03) 11. 공기관등에 대한 자본적 대행사업비(403-02)	1. 법률에 규정 2. 국고보조 재원(국가지정) 3. 용도 지정 기부금 4. 조례에 직접규정 5. 지자체가 권장하는 사업을 하는 공공기관 6. 시,도 정책 및 재정사정 7. 기타 8. 해당없음	계약체결방법 (경쟁형태) 1. 일반경쟁 2. 제한경쟁 3. 지명경쟁 4. 수의계약 5. 법정위탁 6. 기타 ( ) 7. 해당없음	계약기간 1. 1년 2. 2년 3. 3년 4. 4년 5. 5년 6. 기타 ( )년 7. 단기계약 (1년미만) 8. 해당없음	낙찰자선정방법 1. 적격심사 2. 협상에의한계약 3. 최저가낙찰제 4. 규격가격분리 5. 2단계 경쟁입찰 6. 기타 ( ) 7. 해당없음	운영예산 산정 1. 내부산정 (지자체 자체적으로 산정) 2. 외부산정 (외부전문기관위탁 산정) 3. 내·외부 모두 산정 4. 산정 無 5. 해당없음	정산방법 1. 내부정산 (지자체 내부적으로 정산) 2. 외부정산 (외부전문기관위탁 정산) 3. 내·외부 모두 산정 4. 정산 無 5. 해당없음	1. 실시 2. 미실시 3. 향후 추진 4. 해당없음
2855	강원 양양군	찰옥수수 명품화 사업	3,000	농업기술센터	9	6	7	8	7	5	1	4
2856	강원 양양군	밭작물 논재배 확대를 위한 암거배수 시범	100,000	농업기술센터	9	6	7	8	7	5	1	4
2857	강원 양양군	청년 4-H회원 기초영농 정착지원	36,000	농업기술센터	9	4	7	8	7	5	5	4
2858	강원 양양군	청년농업인 창업기반 구축 지원	22,000	농업기술센터	9	4	7	8	7	5	1	1
2859	강원 양양군	청년농업인 경쟁력 제고 사업	45,000	농업기술센터	9	2	4	8	7	5	1	1
2860	강원 양양군	과수 경쟁력제고 지원사업	62,500	농업기술센터	9	6	7	8	7	5	1	1
2861	강원 양양군	비닐하우스 현대화 사업	32,500	농업기술센터	9	6	7	8	7	5	1	1
2862	강원 양양군	곤충 스마트팜 육성지원사업	80,000	농업기술센터	9	6	7	8	7	5	1	1
2863	강원 양양군	시설원예 환경개선 사업	12,500	농업기술센터	9	6	7	8	7	5	1	1
2864	강원 양양군	작목별 맞춤형 안전관리 실천시범	42,500	농업기술센터	9	2	7	8	7	3	1	3
2865	강원 양양군	농촌건강장수마을 육성	40,000	농업기술센터	9	6	7	8	7	3	1	3
2866	강원 양양군	농촌 어르신 복지실천 시범	45,000	농업기술센터	9	6	7	8	7	3	1	3
2867	강원 양양군	발전소주변지역지원	331,200	경제에너지과	9	2	7	8	7	5	3	4
2868	강원 양양군	발전소주변지역지원	6,300	경제에너지과	9	2	7	8	7	5	3	4
2869	강원 양양군	발전소주변지역지원	1,000	경제에너지과	9	2	7	8	7	5	3	4
2870	강원 양양군	발전소주변지역지원	14,000	경제에너지과	9	2	7	8	7	5	3	4
2871	강원 양양군	신재생에너지 주택지원사업	115,000	경제에너지과	9	7	6	8	7	5	5	4
2872	강원 양양군	지역아동센터 환경개선 지원	30,000	드림청소년	9	1	7	8	7	1	1	1
2873	강원 양양군	직업재활시설 기능보강사업	8,000	복지과	9	2	4	1	7	1	1	1
2874	강원 양양군	장애인거주시설 기능보강사업	82,000	복지과	9	2	1	1	3	1	1	1
2875	강원 양양군	장애인거주시설 공기청정기 렌탈 지원	6,300	복지과	9	2	4	1	7	1	1	1
2876	강원 양양군	경로당 기능보강 지원사업	100,000	복지과	9	2	1	8	1	1	1	4
2877	강원 양양군	야생동물 피해예방시설 설치지원	39,600	환경과	9	4	7	8	7	1	1	4
2878	강원 양양군	경유자동차 매연저감장치 부착 지원사업	114,000	환경과	9	2	7	8	7	5	1	4
2879	강원 양양군	건설기계 매연저감장치 부착 지원사업	22,000	환경과	9	2	7	8	7	5	1	4
2880	강원 양양군	건설기계 엔진교체 지원사업	330,000	환경과	9	2	7	8	7	5	1	4
2881	강원 양양군	LPG화물차 신차구입 지원사업	80,000	환경과	9	2	7	8	7	5	1	4
2882	충북 청주시	신재생에너지 주택지원사업	240,000	경제정책과	9	2	7	8	7	5	5	4
2883	충북 청주시	신재생에너지 건물지원사업	178,200	경제정책과	9	2	7	8	7	5	5	4
2884	충북 청주시	신재생에너지 건물지원사업	120,000	경제정책과	9	2	7	8	7	5	5	4
2885	충북 청주시	신재생에너지 융복합지원사업	3,078,422	경제정책과	9	2	7	8	7	5	5	4
2886	충북 청주시	주민참여형 마을 태양광보급사업	138,000	경제정책과	9	6	7	8	7	5	5	4
2887	충북 청주시	공동주택 태양광보급사업	15,000	경제정책과	9	6	7	8	7	5	5	4
2888	충북 청주시	발전소주변지역 지원사업	287,000	경제정책과	9	1	7	8	7	5	5	4
2889	충북 청주시	노숙인시설 기능보강	158,730	복지정책과	9	1	7	8	7	5	5	4
2890	충북 청주시	농어촌장애인 주택개조사업	57,000	복지정책과	9	1	7	8	7	5	5	4
2891	충북 청주시	노인요양시설 기능보강	12,374	노인복지과	9	2	7	8	7	5	5	4
2892	충북 청주시	장애인거주시설 기능보강	222,868	장애인복지과	9	2	7	8	7	5	5	3
2893	충북 청주시	정신요양시설 기능보강	458,852	장애인복지과	9	2	7	8	7	5	5	3
2894	충북 청주시	장애인직업재활시설 기능보강	73,520	장애인복지과	9	1	7	8	7	5	5	3
2895	충북 청주시	장애인직업재활시설 기능보강	71,420	장애인복지과	9	1	7	8	7	5	5	3
2896	충북 청주시	장애인직업재활시설 기능보강	60,000	장애인복지과	9	1	7	8	7	5	5	3

순번	시군구	지출명 (사업명)	2021년예산 (단위:천원/1년간)	담당자 (공무원)	민간이전 분류 (지방자치단체 세출예산 집행기준에 의거)	민간이전지출 근거 (지방보조금 관리기준 참고)	입찰방식			운영예산 산정		성과평가 실시여부
				담당부서	1. 민간경상사업보조(307-02) 2. 민간단체 법정운영비보조(307-03) 3. 민간행사사업보조(307-04) 4. 민간위탁금(307-05) 5. 사회복지시설 법정운영비보조(307-10) 6. 민간인위탁교육비(307-12) 7. 공기관등에대한경상적위탁사업비(308-10) 8. 민간자본사업보조,자체재원(402-01) 9. 민간자본사업보조,이전재원(402-02) 10. 민간위탁사업비(402-03) 11. 공기관등에 대한 자본적 대행사업비(403-02)	1. 법률에 규정 2. 국고보조 재원(국가지정) 3. 용도 지정 기부금 4. 조례에 직접규정 5. 지자체가 권장하는 사업을 하는 공공기관 6. 시,도 정책 및 재정사정 7. 기타 8. 해당없음	계약체결방법 (경쟁형태) 1. 일반경쟁 2. 제한경쟁 3. 지명경쟁 4. 수의계약 5. 법정위탁 6. 기타 ( ) 7. 해당없음	계약기간 1. 1년 2. 2년 3. 3년 4. 4년 5. 5년 6. 기타 ( )년 7. 단기계약 (1년미만) 8. 해당없음	낙찰자선정방법 1. 적격심사 2. 협상에의한계약 3. 최저가낙찰제 4. 규격가격분리 5. 2단계 경쟁입찰 6. 기타 ( ) 7. 해당없음	운영예산 산정 1. 내부산정 (지자체 자체적으로 산정) 2. 외부산정 (외부전문기관위탁 산정) 3. 내·외부 모두 산정 4. 산정 無 5. 해당없음	정산방법 1. 내부정산 (지자체 내부적으로 정산) 2. 외부정산 (외부전문기관위탁 정산) 3. 내·외부 모두 정산 4. 정산 無 5. 해당없음	1. 실시 2. 미실시 3. 향후 추진 4. 해당없음
2897	충북 청주시	가정폭력피해자 보호시설 기능보강	30,500	여성가족과	9	1	7	8	7	5	5	4
2898	충북 청주시	해바라기센터, 성폭력피해자 보호시설 기능보강비 지원	7,500	여성가족과	9	1	7	8	7	5	5	4
2899	충북 청주시	성매매상담소 기능보강	12,990	여성가족과	9	1	7	8	7	5	5	4
2900	충북 청주시	폭력피해여성 주거지원 임대보증금	168	여성가족과	9	1	7	8	7	5	5	4
2901	충북 청주시	폭력피해 이주여성 보호시설 안전보강	5,000	여성가족과	9	1	7	8	7	5	5	4
2902	충북 청주시	아동복지시설 기능보강	74,760	아동보육과	9	1	7	8	7	5	5	4
2903	충북 청주시	지역아동센터 환경개선 지원	160,000	아동보육과	9	1	7	8	7	5	5	4
2904	충북 청주시	어린이집 확충사업	660,000	아동보육과	9	2	7	8	7	5	5	4
2905	충북 청주시	어린이집 기능보강	60,000	아동보육과	9	2	7	8	7	5	5	4
2906	충북 청주시	어린이집 기능보강	12,000	아동보육과	9	2	7	8	7	5	5	4
2907	충북 청주시	어린이집 기능보강	6,000	아동보육과	9	2	7	8	7	5	5	4
2908	충북 청주시	어린이집 기능보강	102,200	아동보육과	9	2	7	8	7	5	5	4
2909	충북 청주시	시간제보육 제공기관 리모델링	10,000	아동보육과	9	2	7	8	7	5	5	4
2910	충북 청주시	전통사찰 방재시스템 구축	133,000	문화예술과	9	1	7	8	7	5	5	4
2911	충북 청주시	전통사찰 방재시스템 구축	80,000	문화예술과	9	1	7	8	7	5	5	4
2912	충북 청주시	친환경농업기반구축사업	573,350	친환경농산과	9	2	7	8	7	5	5	4
2913	충북 청주시	유기농산물 생산지원	531,710	친환경농산과	9	4	7	8	7	5	5	4
2914	충북 청주시	댐규제지역 친환경농업 육성	140,560	친환경농산과	9	4	7	8	7	5	5	4
2915	충북 청주시	고품질 벼 육묘장 설치보완	210,000	친환경농산과	9	4	7	8	7	5	5	4
2916	충북 청주시	농업기계 등화장치 부착지원 사업	126,000	친환경농산과	9	2	7	8	7	5	5	4
2917	충북 청주시	영농기계화 장비 공급	334,910	친환경농산과	9	6	7	8	7	5	5	4
2918	충북 청주시	유해 야생동물 포획시설 지원사업	6,600	친환경농산과	9	2	7	8	7	5	5	4
2919	충북 청주시	가뭄대비 급수저장조(물저금통) 지원사업	18,750	친환경농산과	9	6	7	8	7	5	5	4
2920	충북 청주시	곡물건조기 공급사업	55,000	친환경농산과	9	6	7	8	7	5	5	4
2921	충북 청주시	스마트팜 ICT융복합 확산사업	290,733	친환경농산과	9	4	7	8	7	5	5	4
2922	충북 청주시	농업에너지이용효율화 사업	324,238	친환경농산과	9	4	7	8	7	5	5	4
2923	충북 청주시	고추 비가림 재배시설 지원	27,500	친환경농산과	9	4	7	8	7	5	5	4
2924	충북 청주시	시설원예 현대화	431,750	친환경농산과	9	4	7	8	7	5	5	4
2925	충북 청주시	맞춤형 원예 생산시설 보급	200,000	친환경농산과	9	4	7	8	7	5	5	4
2926	충북 청주시	원예작물용 농작업대 지원 사업	4,125	친환경농산과	9	4	7	8	7	5	5	4
2927	충북 청주시	지역특화작목 육성	120,000	친환경농산과	9	4	7	8	7	5	5	4
2928	충북 청주시	과수 고품질 시설 현대화	5,000	친환경농산과	9	4	7	8	7	5	5	4
2929	충북 청주시	버섯 생산시설 현대화	88,015	친환경농산과	9	4	7	8	7	5	5	4
2930	충북 청주시	인삼 생산시설 현대화	45,581	친환경농산과	9	4	7	8	7	5	5	4
2931	충북 청주시	과수 노력절감 생산장비 지원	75,000	친환경농산과	9	4	7	8	7	5	5	4
2932	충북 청주시	기능성 양잠산업 기반조성사업	12,500	친환경농산과	9	4	7	8	7	5	5	4
2933	충북 청주시	과수분야 스마트팜 확산사업	11,660	친환경농산과	9	4	7	8	7	5	5	4
2934	충북 청주시	농산물 산지유통시설 설치	356,400	농식품유통과	9	6	7	8	7	5	5	4
2935	충북 청주시	저온유통체계 구축사업	100,470	농식품유통과	9	2	7	8	7	5	5	4
2936	충북 청주시	저온유통체계 구축사업	62,436	농식품유통과	9	2	7	8	7	5	5	4
2937	충북 청주시	농산물 부패방지용 농기계 지원	11,500	농식품유통과	9	6	7	8	7	5	5	4
2938	충북 청주시	농수산물 수출단지 육성지원	60,000	농식품유통과	9	6	7	8	7	5	5	4

순번	시군구	지출명 (사업명)	2021년예산 (단위:천원/1년간)	담당자 (공무원) 담당부서	민간이전 분류 (지방자치단체 세출예산 집행기준에 의거) 1. 민간경상사업보조(307-02) 2. 민간단체 법정운영비보조(307-03) 3. 민간행사사업보조(307-04) 4. 민간위탁금(307-05) 5. 사회복지시설 법정운영비보조(307-10) 6. 민간인위탁교육비(307-12) 7. 공기관등에대한경상적위탁사업비(308-10) 8. 민간자본사업보조,자체재원(402-01) 9. 민간자본사업보조,이전재원(402-02) 10. 민간위탁사업비(402-03) 11. 공기관등에 대한 자본적 대행사업비(403-02)	민간이전지출 근거 (지방보조금 관리기준 참고) 1. 법률에 규정 2. 국고보조 재원(국가지정) 3. 용도 지정 기부금 4. 조례에 직접규정 5. 지자체가 권장하는 사업을 하는 공공기관 6. 시,도 정책 및 재정사정 7. 기타 8. 해당없음	입찰방식 계약체결방법 (경쟁형태) 1. 일반경쟁 2. 제한경쟁 3. 지명경쟁 4. 수의계약 5. 법정위탁 6. 기타 ( ) 7. 해당없음	입찰방식 계약기간 1. 1년 2. 2년 3. 3년 4. 4년 5. 5년 6. 기타 ( )년 7. 단기계약 (1년미만) 8. 해당없음	입찰방식 낙찰자선정방법 1. 적격심사 2. 협상에의한계약 3. 최저가낙찰제 4. 규격가격분리 5. 2단계 경쟁입찰 6. 기타 ( ) 7. 해당없음	운영예산 산정 운영예산 산정 1. 내부산정 (지자체 자체적으로 산정) 2. 외부산정 (외부전문기관위탁 산정) 3. 내·외부 모두 산정 4. 산정 無 5. 해당없음	운영예산 산정 정산방법 1. 내부정산 (지자체 내부적으로 정산) 2. 외부정산 (외부전문기관위탁 정산) 3. 내·외부 모두 산정 4. 정산 無 5. 해당없음	성과평가 실시여부 1. 실시 2. 미실시 3. 향후 추진 4. 해당없음
2939	충북 청주시	농촌자원복합산업화 지원사업	280,000	농식품유통과	9	6	7	8	7	5	5	4
2940	충북 청주시	향토산업육성사업	368,000	농식품유통과	9	6	7	8	7	5	5	4
2941	충북 청주시	축산 ICT융복합사업	1,351,340	축산과	9	1	7	8	7	5	5	4
2942	충북 청주시	말벌퇴치장비 지원사업	5,250	축산과	9	1	7	8	7	5	5	4
2943	충북 청주시	지능형 교배시기 탐지기 지원	19,200	축산과	9	4	7	8	7	5	5	4
2944	충북 청주시	곤충경쟁력강화사업	20,000	축산과	9	4	7	8	7	5	5	4
2945	충북 청주시	양봉 생산물 처리장비 지원	45,000	축산과	9	1	7	8	7	5	5	4
2946	충북 청주시	계란 냉장차량 지원	60,000	축산과	9	1	7	8	7	5	5	4
2947	충북 청주시	내수면양식장 지하수 노후관정 정비	12,000	축산과	9	1	7	8	7	5	5	4
2948	충북 청주시	노후어선 교체 구입비 지원	4,800	축산과	9	1	7	8	7	5	5	4
2949	충북 청주시	내수면양식장 정전피해 대비 시설정비	12,000	축산과	9	1	7	8	7	5	5	4
2950	충북 청주시	양어용 배합사료 및 어류보관용 저온저장고 설치	18,000	축산과	9	1	7	8	7	5	5	4
2951	충북 청주시	낚시터 안전시설 개선	16,000	축산과	9	1	7	8	7	5	5	4
2952	충북 청주시	양식장 폐사어 처리기 설치 지원	8,750	축산과	9	1	7	8	7	5	5	4
2953	충북 청주시	송어양식장 액산탱크 설치 지원	62,304	축산과	9	4	7	8	7	5	5	4
2954	충북 청주시	구제역예방접종 강화사업	12,600	축산과	9	6	7	8	7	5	5	4
2955	충북 청주시	조류인플루엔자 방역	45,000	축산과	9	8	7	8	7	5	5	4
2956	충북 청주시	가축방역기반구축	22,000	축산과	9	6	7	8	7	5	5	4
2957	충북 청주시	CCTV 등 방역인프라 지원	23,400	축산과	9	2	7	8	7	5	5	4
2958	충북 청주시	조사료 경영체 장비 지원	60,000	축산과	9	4	7	8	7	5	5	4
2959	충북 청주시	친환경 축산시설·장비 보급	310,000	축산과	9	4	7	8	7	5	5	4
2960	충북 청주시	가축분뇨처리장비(스키드로더) 보급	75,000	축산과	9	4	7	8	7	5	5	4
2961	충북 청주시	조사료 수확장비 지원	382,500	축산과	9	4	7	8	7	5	5	4
2962	충북 청주시	가축 폐사체 처리기 지원	45,000	축산과	9	4	7	8	7	5	5	4
2963	충북 청주시	가축 기후변화 대응시설 지원	90,000	축산과	9	4	7	8	7	5	5	4
2964	충북 청주시	악취측정 ICT 기계장비 설치	114,000	축산과	9	4	7	8	7	5	5	4
2965	충북 청주시	축산악취개선	365,598	축산과	9	4	7	8	7	5	5	4
2966	충북 청주시	축사 악취장비 시설지원	25,000	축산과	9	4	7	8	7	5	5	4
2967	충북 청주시	내덕에 심다. 함께 키우다. 우리가 살다.	200,000	도시재생과	9	2	7	8	7	5	5	4
2968	충북 청주시	내덕에 심다. 함께 키우다. 우리가 살다.	25,000	도시재생과	9	2	7	8	7	5	5	4
2969	충북 청주시	다 같이 어울리는 우리마을, 새로 태어나는 영우리!	250,000	도시재생과	9	2	7	8	7	5	5	4
2970	충북 청주시	젊음을 공유하는 길, 경제를 공유하는 길, 우암동	100,000	도시재생과	9	2	7	8	7	5	5	4
2971	충북 청주시	농어촌 취약지역 생활여건 개조사업	276,000	도시재생과	9	2	7	8	7	5	5	4
2972	충북 청주시	저상버스도입 보조	1,302,483	대중교통과	9	2	7	8	7	5	5	4
2973	충북 청주시	전기 시내버스 도입 보조	950,840	대중교통과	9	2	7	8	7	5	5	4
2974	충북 청주시	전기 시내버스 도입 보조	400,000	대중교통과	9	2	7	8	7	5	5	4
2975	충북 청주시	옥외광고 소비쿠폰 지원사업	34,802	건축디자인과	9	2	7	8	7	5	5	4
2976	충북 청주시	기존 건축물 화재안전성능보강 지원사업	199,984	건축디자인과	9	2	7	8	7	5	5	4
2977	충북 청주시	호흡기전담클리닉 설치운영 지원	200,000	상당보건소 보건정책과	9	2	7	8	7	5	5	4
2978	충북 청주시	호흡기 전담 클리닉 설치운영 지원	200,000	서원보건소	9	2	7	8	7	5	5	4
2979	충북 청주시	공립요양병원 치매기능보강사업	15,000	서원보건소	9	2	7	8	7	5	5	4
2980	충북 청주시	호흡기 전담 클리닉 설치운영 지원	100,000	흥덕보건소	9	1	7	8	7	5	5	4

순번	시군구	지출명 (사업명)	2021년예산 (단위:천원/1년간)	담당자 (공무원) 담당부서	민간이전 분류 (지방자치단체 세출예산 집행기준에 의거) 1. 민간경상사업보조(307-02) 2. 민간단체 법정운영비보조(307-03) 3. 민간행사사업보조(307-04) 4. 민간위탁금(307-05) 5. 사회복지시설 법정운영비보조(307-10) 6. 민간인위탁교육비(307-12) 7. 공기관등에대한경상적위탁사업비(308-10) 8. 민간자본사업보조,자체재원(402-01) 9. 민간자본사업보조,이전재원(402-02) 10. 민간위탁사업비(402-03) 11. 공기관등에 대한 자본적 대행사업비(403-02)	민간이전지출 근거 (지방보조금 관리기준 참고) 1. 법률에 규정 2. 국고보조 재원(국가지정) 3. 용도 지정 기부금 4. 조례에 직접규정 5. 지자체가 권장하는 사업을 하는 공공기관 6. 시,도 정책 및 재정사정 7. 기타 8. 해당없음	입찰방식 계약체결방법 (경쟁형태) 1. 일반경쟁 2. 제한경쟁 3. 지명경쟁 4. 수의계약 5. 법정위탁 6. 기타 ( ) 7. 해당없음	입찰방식 계약기간 1. 1년 2. 2년 3. 3년 4. 4년 5. 5년 6. 기타 ( )년 7. 단기계약 (1년미만) 8. 해당없음	입찰방식 낙찰자선정방법 1. 적격심사 2. 협상에의한계약 3. 최저가낙찰제 4. 규격가격분리 5. 2단계 경쟁입찰 6. 기타 ( ) 7. 해당없음	운영예산 산정 운영예산 산정 1. 내부산정 (지자체 자체적으로 산정) 2. 외부산정 (외부전문기관위탁 산정) 3. 내·외부 모두 산정 4. 산정 無 5. 해당없음	운영예산 산정 정산방법 1. 내부정산 (지자체 내부적으로 정산) 2. 외부정산 (외부전문기관위탁 정산) 3. 내·외부 모두 산정 4. 정산 無 5. 해당없음	성과평가 실시여부 1. 실시 2. 미실시 3. 향후 추진 4. 해당없음
2981	충북 청주시	호흡기전담클리닉 설치운영 지원	200,000	청원보건소	9	2	7	8	7	5	5	4
2982	충북 청주시	작목별 맞춤형 안전관리 실천 시범	50,000	농업기술센터 지원기획과	9	1	7	8	7	5	5	4
2983	충북 청주시	농촌지도사업 활력화지원	15,400	농업기술센터 지원기획과	9	2	7	8	7	5	5	4
2984	충북 청주시	농촌지도사업 활력화지원	35,000	농업기술센터 지원기획과	9	2	7	8	7	5	5	4
2985	충북 청주시	농촌지도사업 활력화지원	70,000	농업기술센터 지원기획과	9	2	7	8	7	5	5	4
2986	충북 청주시	농촌생활활력화 새기술보급	10,000	농업기술센터 지원기획과	9	1	7	8	7	5	5	4
2987	충북 청주시	농촌 어르신 복지실천 시범	50,000	농업기술센터 지원기획과	9	1	7	8	7	5	5	4
2988	충북 청주시	농업활동 안전사고 예방 생활화	30,000	농업기술센터 지원기획과	9	1	7	8	7	5	5	4
2989	충북 청주시	농업신기술시범	200,000	농업기술센터 기술보급과	9	2	7	8	7	5	5	4
2990	충북 청주시	농업신기술시범	80,000	농업기술센터 기술보급과	9	2	7	8	7	5	5	4
2991	충북 청주시	농업신기술시범	200,000	농업기술센터 기술보급과	9	2	7	8	7	5	5	4
2992	충북 청주시	농업신기술시범	40,000	농업기술센터 기술보급과	9	2	7	8	7	5	5	4
2993	충북 청주시	농업신기술시범	30,000	농업기술센터 기술보급과	9	2	7	8	7	5	5	4
2994	충북 청주시	농업신기술시범	60,000	농업기술센터 기술보급과	9	2	7	8	7	5	5	4
2995	충북 청주시	농업신기술시범	46,000	농업기술센터 기술보급과	9	2	7	8	7	5	5	4
2996	충북 청주시	농업신기술시범	30,000	농업기술센터 기술보급과	9	2	7	8	7	5	5	4
2997	충북 청주시	농업신기술시범	100,000	농업기술센터 기술보급과	9	2	7	8	7	5	5	4
2998	충북 청주시	농업신기술시범	20,000	농업기술센터 기술보급과	9	2	7	8	7	5	5	4
2999	충북 청주시	농업신기술시범	20,000	농업기술센터 기술보급과	9	2	7	8	7	5	5	4
3000	충북 청주시	농업신기술시범	20,000	농업기술센터 기술보급과	9	2	7	8	7	5	5	4
3001	충북 청주시	농업신기술시범	120,000	농업기술센터 기술보급과	9	2	7	8	7	5	5	4
3002	충북 청주시	농업신기술시범	200,000	농업기술센터 기술보급과	9	2	7	8	7	5	5	4
3003	충북 청주시	농업신기술시범	80,000	농업기술센터 기술보급과	9	2	7	8	7	5	5	4
3004	충북 청주시	농업신기술시범	70,000	농업기술센터 기술보급과	9	2	7	8	7	5	5	4
3005	충북 청주시	새기술보급사업 확산	21,000	농업기술센터 기술보급과	9	6	7	8	7	5	5	4
3006	충북 청주시	새기술보급사업 확산	28,000	농업기술센터 기술보급과	9	6	7	8	7	5	5	4
3007	충북 청주시	새기술보급사업 확산	14,000	농업기술센터 기술보급과	9	6	7	8	7	5	5	4
3008	충북 청주시	새기술보급사업 확산	150,000	농업기술센터 기술보급과	9	6	7	8	7	5	5	4
3009	충북 청주시	새기술보급사업 확산	14,000	농업기술센터 기술보급과	9	6	7	8	7	5	5	4
3010	충북 청주시	새기술보급사업 확산	14,000	농업기술센터 기술보급과	9	6	7	8	7	5	5	4
3011	충북 청주시	새기술보급사업 확산	14,000	농업기술센터 기술보급과	9	6	7	8	7	5	5	4
3012	충북 청주시	새기술보급사업 확산	14,000	농업기술센터 기술보급과	9	6	7	8	7	5	5	4
3013	충북 청주시	새기술보급사업 확산	14,000	농업기술센터 기술보급과	9	6	7	8	7	5	5	4
3014	충북 청주시	새기술보급사업 확산	14,000	농업기술센터 기술보급과	9	6	7	8	7	5	5	4
3015	충북 청주시	새기술보급사업 확산	17,500	농업기술센터 기술보급과	9	6	7	8	7	5	5	4
3016	충북 청주시	새기술보급사업 확산	42,000	농업기술센터 기술보급과	9	6	7	8	7	5	5	4
3017	충북 청주시	새기술보급사업 확산	21,000	농업기술센터 기술보급과	9	6	7	8	7	5	5	4
3018	충북 청주시	새기술보급사업 확산	35,000	농업기술센터 기술보급과	9	6	7	8	7	5	5	4
3019	충북 청주시	새기술보급사업 확산	200,000	농업기술센터 기술보급과	9	6	7	8	7	5	5	4
3020	충북 청주시	새기술보급사업 확산	100,000	농업기술센터 기술보급과	9	6	7	8	7	5	5	4
3021	충북 청주시	새기술보급사업 확산	100,000	농업기술센터 기술보급과	9	6	7	8	7	5	5	4
3022	충북 청주시	새기술보급사업 확산	100,000	농업기술센터 기술보급과	9	6	7	8	7	5	5	4

순번	시군구	지출명 (사업명)	2021년예산 (단위:천원/1년간)	담당자 (공무원) 담당부서	민간이전 분류 (지방자치단체 세출예산 집행기준에 의거) 1. 민간경상사업보조(307-02) 2. 민간단체 법정운영비보조(307-03) 3. 민간행사사업보조(307-04) 4. 민간위탁금(307-05) 5. 사회복지시설 법정운영비보조(307-10) 6. 민간인위탁교육비(307-12) 7. 공기관등에대한경상적위탁사업비(308-10) 8. 민간자본사업보조,자체재원(402-01) 9. 민간자본사업보조,이전재원(402-02) 10. 민간위탁사업비(402-03) 11. 공기관등에 대한 자본적 대행사업비(403-02)	민간이전지출 근거 (지방보조금 관리기준 참고) 1. 법률에 규정 2. 국고보조 재원(국가지정) 3. 용도 지정 기부금 4. 조례에 직접규정 5. 지자체가 권장하는 사업을 하는 공공기관 6. 시,도 정책 및 재정사정 7. 기타 8. 해당없음	입찰방식 계약체결방법 (경쟁형태) 1. 일반경쟁 2. 제한경쟁 3. 지명경쟁 4. 수의계약 5. 법정위탁 6. 기타 ( ) 7. 해당없음	입찰방식 계약기간 1. 1년 2. 2년 3. 3년 4. 4년 5. 5년 6. 기타 ( )년 7. 단기계약 (1년미만) 8. 해당없음	입찰방식 낙찰자선정방법 1. 적격심사 2. 협상에의한계약 3. 최저가낙찰제 4. 규격가격분리 5. 2단계 경쟁입찰 6. 기타 ( ) 7. 해당없음	운영예산 산정 운영예산 산정 1. 내부산정 (지자체 자체적으로 산정) 2. 외부산정 (외부전문기관위탁 산정) 3. 내·외부 모두 산정 4. 산정 無 5. 해당없음	운영예산 산정 정산방법 1. 내부정산 (지자체 내부적으로 정산) 2. 외부정산 (외부전문기관위탁 정산) 3. 내·외부 모두 산정 4. 정산 無 5. 해당없음	성과평가 실시여부 1. 실시 2. 미실시 3. 향후 추진 4. 해당없음
3023	충북 청주시	새기술보급사업 확산	110,000	농업기술센터 기술보급과	9	6	7	8	7	5	5	4
3024	충북 청주시	신기술보급사업	50,000	농업기술센터 연구개발과	9	2	7	8	7	5	5	4
3025	충북 청주시	신기술보급사업	70,000	농업기술센터 연구개발과	9	2	7	8	7	5	5	4
3026	충북 청주시	농식품 가공 체험 기술보급	100,000	농업기술센터 연구개발과	9	2	7	8	7	5	5	4
3027	충북 청주시	농식품 가공 체험 기술보급	50,000	농업기술센터 연구개발과	9	2	7	8	7	5	5	4
3028	충북 청주시	지역농촌지도사업활성화지원	50,000	농업기술센터 연구개발과	9	6	7	8	7	5	5	4
3029	충북 청주시	농촌생활 활력화 새기술 보급	14,000	농업기술센터 연구개발과	9	6	7	8	7	5	5	4
3030	충북 청주시	농촌가치확산기술지원	200,000	농업기술센터 도시농업과	9	1	7	8	7	5	5	4
3031	충북 청주시	신기술시범	40,000	농업기술센터 도시농업과	9	1	7	8	7	5	5	4
3032	충북 청주시	신기술시범	40,000	농업기술센터 도시농업과	9	1	7	8	7	5	5	4
3033	충북 청주시	농촌지도사업 활력화 지원	20,000	농업기술센터 도시농업과	9	1	7	8	7	5	5	4
3034	충북 청주시	농촌생활활력화 새기술보급	35,000	농업기술센터 도시농업과	9	1	7	8	7	5	5	4
3035	충북 청주시	주민지원사업 관리	119,492	환경관리본부 환경정책과	9	2	7	8	7	5	5	4
3036	충북 청주시	야생동물피해예방사업	130,932	환경관리본부 환경정책과	9	1	7	8	7	5	5	4
3037	충북 청주시	소규모 사업장 방지시설 설치 지원	36,000	환경관리본부 기후대기과	9	2	7	8	7	5	5	4
3038	충북 청주시	굴뚝자동측정기기 설치·운영관리비 지원사업	102,998	환경관리본부 기후대기과	9	2	7	8	7	5	5	4
3039	충북 청주시	가정용 저녹스보일러 보급사업	1,101,400	환경관리본부 기후대기과	9	2	7	8	7	5	5	4
3040	충북 청주시	저공해차 구매지원	48,000	환경관리본부 기후대기과	9	2	7	8	7	5	5	4
3041	충북 청주시	저공해차 구매지원	50,000	환경관리본부 기후대기과	9	2	7	8	7	5	5	4
3042	충북 청주시	전기이륜차보급사업	72,000	환경관리본부 기후대기과	9	2	7	8	7	5	5	4
3043	충북 청주시	천연가스차량 구입비 보조	396,000	환경관리본부 기후대기과	9	2	7	8	7	5	5	4
3044	충북 청주시	LPG가스차량 구입비 보조	750,000	환경관리본부 기후대기과	9	2	7	8	7	5	5	4
3045	충북 청주시	운행경유차 배출가스 저감사업	10,153,600	환경관리본부 기후대기과	9	2	7	8	7	5	5	4
3046	충북 청주시	운행경유차 배출가스 저감사업	7,752,000	환경관리본부 기후대기과	9	2	7	8	7	5	5	4
3047	충북 청주시	운행경유차 배출가스 저감사업	1,402,500	환경관리본부 기후대기과	9	2	7	8	7	5	5	4
3048	충북 청주시	운행경유차 배출가스 저감사업	220,000	환경관리본부 기후대기과	9	2	7	8	7	5	5	4
3049	충북 청주시	운행경유차 배출가스 저감사업	920,000	환경관리본부 기후대기과	9	2	7	8	7	5	5	4
3050	충북 청주시	저공해차 구매지원	16,250	환경관리본부 기후대기과	9	2	7	8	7	5	5	4
3051	충북 청주시	청주 하수처리장 하수처리수 재이용 사업	3,912,000	환경관리본부 하수정책과	9	2	7	8	7	5	5	4
3052	충북 청주시	산림바이오매스(펠릿) 확충	64,400	푸른도시사업본부 산림관리과	9	1	7	8	7	5	5	4
3053	충북 청주시	산림바이오매스(펠릿) 확충	12,000	푸른도시사업본부 산림관리과	9	1	7	8	7	5	5	4
3054	충북 청주시	양묘시설현대화	51,000	푸른도시사업본부 산림관리과	9	1	7	8	7	5	5	4
3055	충북 청주시	청정임산물이용증진	239,400	푸른도시사업본부 산림관리과	9	1	7	8	7	5	5	4
3056	충북 청주시	임산물저장건조시설	11,500	푸른도시사업본부 산림관리과	9	1	7	8	7	5	5	4
3057	충북 청주시	임산물유통기반지원	25,500	푸른도시사업본부 산림관리과	9	1	7	8	7	5	5	4
3058	충북 청주시	임산물생산기반조성	6,210	푸른도시사업본부 산림관리과	9	1	7	8	7	5	5	4
3059	충북 청주시	임산물생산단지조성 소액사업	164,975	푸른도시사업본부 산림관리과	9	1	7	8	7	5	5	4
3060	충북 청주시	산림작물생산단지조성사업	130,800	푸른도시사업본부 산림관리과	9	1	7	8	7	5	5	4
3061	충북 충주시	오지.도서공영버스지원	960,000	교통정책과	9	1	7	8	7	1	1	2
3062	충북 충주시	농촌마을회관의 행복센터 조성사업	400,000	건축과	9	4	7	8	7	5	5	4
3063	충북 충주시	성내성서동 청년가게 빈 점포 리모델링	165,677	도시재생과	9	1	7	8	7	1	1	3
3064	충북 충주시	문화동 도시재생 집수리지원사업	520,000	도시재생과	9	1	7	8	7	5	1	4

순번	시군구	지출명 (사업명)	2021년예산 (단위:천원/1년간)	담당자 (공무원) 담당부서	민간이전 분류 (지방자치단체 세출예산 집행기준에 의거) 1. 민간경상사업보조(307-02) 2. 민간단체 법정운영비보조(307-03) 3. 민간행사사업보조(307-04) 4. 민간위탁금(307-05) 5. 사회복지시설 법정운영비보조(307-10) 6. 민간인위탁교육비(307-12) 7. 공기관등에대한경상적위탁사업비(308-10) 8. 민간자본사업보조,자체재원(402-01) 9. 민간자본사업보조,이전재원(402-02) 10. 민간위탁사업비(402-03) 11. 공기관등에 대한 자본적 대행사업비(403-02)	민간이전지출 근거 (지방보조금 관리기준 참고) 1. 법률에 규정 2. 국고보조 재원(국가지정) 3. 용도 지정 기부금 4. 조례에 직접규정 5. 지자체가 권장하는 사업을 하는 공공기관 6. 시,도 정책 및 재정사정 7. 기타 8. 해당없음	입찰방식 계약체결방법 (경쟁형태) 1. 일반경쟁 2. 제한경쟁 3. 지명경쟁 4. 수의계약 5. 법정위탁 6. 기타 ( ) 7. 해당없음	입찰방식 계약기간 1. 1년 2. 2년 3. 3년 4. 4년 5. 5년 6. 기타 ( )년 7. 단기계약 (1년미만) 8. 해당없음	입찰방식 낙찰자선정방법 1. 적격심사 2. 협상에의한계약 3. 최저가낙찰제 4. 규격가격분리 5. 2단계 경쟁입찰 6. 기타 ( ) 7. 해당없음	운영예산 산정 운영예산 산정 1. 내부산정 (지자체 자체적으로 산정) 2. 외부산정 (외부전문기관위탁 산정) 3. 내·외부 모두 산정 4. 산정 無 5. 해당없음	운영예산 산정 정산방법 1. 내부정산 (지자체 내부적으로 정산) 2. 외부정산 (외부전문기관위탁 정산) 3. 내·외부 모두 산정 4. 정산 無 5. 해당없음	성과평가 실시여부 1. 실시 2. 미실시 3. 향후 추진 4. 해당없음
3065	충북 충주시	고즈넉한 향교 발자취 따라 걷는 언덕마을 교동	500,000	도시재생과	9	1	7	8	7	1	1	3
3066	충북 충주시	해바라기센터 기능보강	43,114	여성청소년과	9	2	7	8	7	1	3	1
3067	충북 충주시	성폭력피해자보호시설 기능보강	7,970	여성청소년과	9	2	7	8	7	1	1	1
3068	충북 충주시	아동복지시설 기능보강	19,812	여성청소년과	9	2	7	8	7	5	5	4
3069	충북 충주시	어린이집 개보수	30,000	여성청소년과	9	1	7	8	7	5	5	4
3070	충북 충주시	어린이집 장비비	8,000	여성청소년과	9	1	7	8	7	5	5	4
3071	충북 충주시	장애아어린이집 개보수	30,000	여성청소년과	9	1	7	8	7	5	5	4
3072	충북 충주시	보존식 기자재	29,400	여성청소년과	9	1	7	8	7	5	5	4
3073	충북 충주시	목재펠릿보일러보급	89,600	산림정책과	9	2	7	8	7	5	5	4
3074	충북 충주시	사회복지용 목재펠릿보일러 지원	8,000	산림정책과	9	2	7	8	7	5	5	4
3075	충북 충주시	임산물생산기반조성	671,756	산림정책과	9	2	7	8	7	5	5	4
3076	충북 충주시	임산물 가공지원	37,500	산림정책과	9	2	7	8	7	5	5	4
3077	충북 충주시	임산물저장건조시설	24,000	산림정책과	9	2	7	8	7	5	5	4
3078	충북 충주시	임산물 유통기반 조성	60,000	산림정책과	9	2	7	8	7	5	5	4
3079	충북 충주시	임산물 생산단지 조성	128,993	산림정책과	9	2	7	8	7	5	5	4
3080	충북 충주시	친환경임산물재배관리	247,093	산림정책과	9	2	7	8	7	5	5	4
3081	충북 충주시	친환경임산물재배관리	29,541	산림정책과	9	2	7	8	7	5	5	4
3082	충북 충주시	임산물토양개량 및 친환경비료 지원	248,502	산림정책과	9	6	7	8	7	5	5	4
3083	충북 충주시	백두대간주민소득특화지원	33,750	산림정책과	9	2	7	8	7	5	5	4
3084	충북 충주시	한우고급육 생산지원	17,500	축수산과	9	6	7	8	7	5	5	4
3085	충북 충주시	지능형 교배시기 탐지기 지원	9,600	축수산과	9	6	7	8	7	5	5	4
3086	충북 충주시	송아지생산안정제	3,400	축수산과	9	6	7	8	7	5	5	4
3087	충북 충주시	가축 기후변화 대응시설 지원	40,000	축수산과	9	6	7	8	7	5	1	1
3088	충북 충주시	가축 폐사체 처리기 지원사업	30,000	축수산과	9	6	7	8	7	5	1	1
3089	충북 충주시	축산ICT융복합지원	709,670	축수산과	9	2	7	8	7	5	5	4
3090	충북 충주시	양봉산업육성	28,500	축수산과	9	6	7	8	7	5	5	4
3091	충북 충주시	양봉산업 경쟁력 강화	220,020	축수산과	9	6	7	8	7	5	5	4
3092	충북 충주시	말벌퇴치장비 지원사업	3,000	축수산과	9	2	7	8	7	5	5	4
3093	충북 충주시	토종벌 육종 지원사업	10,500	축수산과	9	2	7	8	7	5	5	4
3094	충북 충주시	곤충산업 경쟁력 강화	20,000	축수산과	9	6	7	8	7	5	5	4
3095	충북 충주시	친환경축산시설장비보급	133,333	축수산과	9	6	7	8	7	5	5	4
3096	충북 충주시	가축분뇨 악취저감제 지원	93,000	축수산과	9	4	7	8	7	5	5	4
3097	충북 충주시	가축생균제 지원	60,000	축수산과	9	4	7	8	7	5	5	4
3098	충북 충주시	액비저장조 분뇨 발효제 공급	26,640	축수산과	9	6	7	8	7	5	5	4
3099	충북 충주시	가축분뇨처리 장비보급	30,000	축수산과	9	6	7	8	7	5	5	4
3100	충북 충주시	ICT악취측정기계장비 지원	48,000	축수산과	9	2	7	8	7	5	5	4
3101	충북 충주시	가축분뇨 고속발효기 지원	75,000	축수산과	9	6	7	8	7	5	5	4
3102	충북 충주시	축사악취장비지원시설	15,000	축수산과	9	6	7	8	7	5	5	4
3103	충북 충주시	퇴비 발효 촉진제 지원	14,400	축수산과	9	6	7	8	7	5	5	4
3104	충북 충주시	축산악취개선사업	143,400	축수산과	9	2	7	8	7	5	5	4
3105	충북 충주시	볏짚처리비(비닐) 지원사업	29,750	축수산과	9	6	7	8	7	5	5	4
3106	충북 충주시	조사료 수확장비 지원사업	127,200	축수산과	9	6	7	8	7	5	5	4

순번	시군구	지출명 (사업명)	2021년예산 (단위:천원/1년간)	담당자 (공무원) 담당부서	민간이전 분류 (지방자치단체 세출예산 집행기준에 의거) 1. 민간경상사업보조(307-02) 2. 민간단체 법정운영비보조(307-03) 3. 민간행사사업보조(307-04) 4. 민간위탁금(307-05) 5. 사회복지시설 법정운영비보조(307-10) 6. 민간인위탁교육비(307-12) 7. 공기관등에대한경상적위탁사업비(308-10) 8. 민간자본사업보조,자체재원(402-01) 9. 민간자본사업보조,이전재원(402-02) 10. 민간위탁사업비(402-03) 11. 공기관등에 대한 자본적 대행사업비(403-02)	민간이전지출 근거 (지방보조금 관리기준 참고) 1. 법률에 규정 2. 국고보조 재원(국가지정) 3. 용도 지정 기부금 4. 조례에 직접규정 5. 지자체가 권장하는 사업을 하는 공공기관 6. 시,도 정책 및 재정사정 7. 기타 8. 해당없음	입찰방식 계약체결방법 (경쟁형태) 1. 일반경쟁 2. 제한경쟁 3. 지명경쟁 4. 수의계약 5. 법정위탁 6. 기타 ( ) 7. 해당없음	입찰방식 계약기간 1. 1년 2. 2년 3. 3년 4. 4년 5. 5년 6. 기타 ( )년 7. 단기계약 (1년미만) 8. 해당없음	입찰방식 낙찰자선정방법 1. 적격심사 2. 협상에의한계약 3. 최저가낙찰제 4. 규격가격분리 5. 2단계 경쟁입찰 6. 기타 ( ) 7. 해당없음	운영예산 산정 운영예산 산정 1. 내부산정 (지자체 자체적으로 산정) 2. 외부산정 (외부전문기관위탁 산정) 3. 내·외부 모두 산정 4. 산정 無 5. 해당없음	운영예산 산정 정산방법 1. 내부정산 (지자체 내부적으로 정산) 2. 외부정산 (외부전문기관위탁 정산) 3. 내·외부 모두 산정 4. 정산 無 5. 해당없음	성과평가 실시여부 1. 실시 2. 미실시 3. 향후 추진 4. 해당없음
3107	충북 충주시	조사료 경영체 장비 지원사업	60,000	축수산과	9	2	7	8	7	5	5	4
3108	충북 충주시	혼합사료 포장재 지원사업	19,320	축수산과	9	6	7	8	7	5	5	4
3109	충북 충주시	토종붕어 종묘보급 및 생산방류	30,000	축수산과	9	4	7	8	7	5	5	4
3110	충북 충주시	내수면양식장정전대비 전기시설 정비	6,000	축수산과	9	4	7	8	7	5	5	4
3111	충북 충주시	수산약품 및 양식장비 지원	13,300	축수산과	9	4	7	8	7	5	5	4
3112	충북 충주시	내수면양식장지하수 노후관정 정비	32,400	축수산과	9	4	7	8	7	5	5	4
3113	충북 충주시	양식장 산소발생기 지원	13,500	축수산과	9	4	7	8	7	5	5	4
3114	충북 충주시	양식장 수질개선	9,000	축수산과	9	4	7	8	7	5	5	4
3115	충북 충주시	양식장폐사어처리기 설치	8,750	축수산과	9	4	7	8	7	5	5	4
3116	충북 충주시	노후어선 선체 및 기관교체	9,600	축수산과	9	4	7	8	7	5	5	4
3117	충북 충주시	내수면어업 어망등 장비지원	12,800	축수산과	9	4	7	8	7	5	5	4
3118	충북 충주시	자연산 민물고기 진공포장기 지원	6,000	축수산과	9	4	7	8	7	5	5	4
3119	충북 충주시	핵심농업인 친환경 농산물 생산 지원	15,400	농업지원과	9	1	7	8	7	5	5	4
3120	충북 충주시	영농4-H활력화 기반구축 지원	21,000	농업지원과	9	1	7	8	7	5	5	4
3121	충북 충주시	새소득새기술 실증시범 지원	15,000	농업지원과	9	1	7	8	7	5	5	4
3122	충북 충주시	귀농인의 집 조성	120,000	농업지원과	9	2	7	8	7	5	5	4
3123	충북 충주시	신기술보급사업	1,826,000	농업소득과	9	2	7	8	7	5	5	4
3124	충북 충주시	새기술보급사업 확산	363,500	농업소득과	9	2	7	8	7	5	5	4
3125	충북 충주시	지역활력화작목기반조성	260,000	농업소득과	9	2	7	8	7	5	5	4
3126	충북 충주시	외래 벼 대체 우리 쌀 확대 선도실천	21,000	농업소득과	9	2	7	8	7	5	5	4
3127	충북 충주시	호흡기 전담 클리닉 설치운영 및 지원	100,000	감염병관리과	9	2	2	7	1	4	1	3
3128	충북 충주시	태양광 주택 보급	150,000	기후에너지과	9	2	7	8	7	5	5	4
3129	충북 충주시	비영리(법인)시설 태양광 설치	39,600	기후에너지과	9	2	7	8	7	5	5	4
3130	충북 충주시	신재생에너지 융복합지원사업	4,950,378	기후에너지과	9	2	7	8	7	5	5	4
3131	충북 충주시	축산농가 태양광 보급	16,000	기후에너지과	9	2	7	8	7	5	5	4
3132	충북 충주시	영농형 태양광 보급	50,756	기후에너지과	9	6	7	8	7	5	5	4
3133	충북 충주시	공동주택 태양광 보급사업	15,000	기후에너지과	9	2	7	8	7	5	5	4
3134	충북 충주시	주민참여형 마을태양광 보급	138,000	기후에너지과	9	6	7	8	7	5	5	4
3135	충북 충주시	발전소 주변지역 지원사업	10,810	기후에너지과	9	2	7	8	7	5	5	4
3136	충북 충주시	발전소 주변지역 지원사업	510	기후에너지과	9	2	7	8	7	5	5	4
3137	충북 충주시	발전소 주변지역 지원사업	4,220	기후에너지과	9	2	7	8	7	5	5	4
3138	충북 충주시	발전소 주변지역 지원사업	9,110	기후에너지과	9	2	7	8	7	5	5	4
3139	충북 충주시	가정용 저녹스보일러 보급사업	240,000	기후에너지과	9	2	7	8	7	5	5	4
3140	충북 충주시	운행경유차 배출가스 저감사업	5,806,200	기후에너지과	9	2	7	8	7	5	5	4
3141	충북 충주시	전기자동차 구매지원	12,375,000	기후에너지과	9	2	7	8	7	5	5	4
3142	충북 충주시	수소자동차 구매지원	975,000	기후에너지과	9	2	7	8	7	5	5	4
3143	충북 충주시	고속도로 휴게소 수소충전소 구축사업 지원	200,000	기후에너지과	9	7	7	8	7	5	5	4
3144	충북 충주시	전기이륜차 구매지원	90,000	기후에너지과	9	2	7	8	7	5	5	4
3145	충북 충주시	어린이 통학차량의 LPG차 전환 지원사업	150,000	기후에너지과	9	2	7	8	7	5	5	4
3146	충북 충주시	소규모사업장 방지시설 설치 지원사업	703,800	기후에너지과	9	2	7	8	7	5	5	4
3147	충북 충주시	주유소 유증기 회수설비 지원사업	95,200	기후에너지과	9	2	7	8	7	5	5	4
3148	충북 충주시	굴뚝자동측정기기 설치.운영관리비 지원	18,025	기후에너지과	9	2	7	8	7	5	5	4

순번	시군구	지출명 (사업명)	2021년예산 (단위:천원/1년간)	담당자 (공무원) 담당부서	민간이전 분류 (지방자치단체 세출예산 집행기준에 의거) 1. 민간경상사업보조(307-02) 2. 민간단체 법정운영비보조(307-03) 3. 민간행사사업보조(307-04) 4. 민간위탁금(307-05) 5. 사회복지시설 법정운영비보조(307-10) 6. 민간인위탁교육비(307-12) 7. 공기관등에대한경상적위탁사업비(308-10) 8. 민간자본사업보조,자체재원(402-01) 9. 민간자본사업보조,이전재원(402-02) 10. 민간위탁사업비(402-03) 11. 공기관등에 대한 자본적 대행사업비(403-02)	민간이전지출 근거 (지방보조금 관리기준 참고) 1. 법률에 규정 2. 국고보조 재원(국가지정) 3. 용도 지정 기부금 4. 조례에 직접규정 5. 지자체가 권장하는 사업을 하는 공공기관 6. 시,도 정책 및 재정사정 7. 기타 8. 해당없음	입찰방식 계약체결방법 (경쟁형태) 1. 일반경쟁 2. 제한경쟁 3. 지명경쟁 4. 수의계약 5. 법정위탁 6. 기타 ( ) 7. 해당없음	입찰방식 계약기간 1. 1년 2. 2년 3. 3년 4. 4년 5. 5년 6. 기타 ( )년 7. 단기계약 (1년미만) 8. 해당없음	입찰방식 낙찰자선정방법 1. 적격심사 2. 협상에의한계약 3. 최저가낙찰제 4. 규격가격분리 5. 2단계 경쟁입찰 6. 기타 ( ) 7. 해당없음	운영예산 산정 운영예산 산정 1. 내부산정 (지자체 자체적으로 산정) 2. 외부산정 (외부전문기관위탁 산정) 3. 내·외부 모두 산정 4. 산정 無 5. 해당없음	운영예산 산정 정산방법 1. 내부정산 (지자체 내부적으로 정산) 2. 외부정산 (외부전문기관위탁 정산) 3. 내·외부 모두 산정 4. 정산 無 5. 해당없음	성과평가 실시여부 1. 실시 2. 미실시 3. 향후 추진 4. 해당없음
3149	충북 제천시	농산물제조가공유통시설지원	280,000	농업정책과	9	2	7	8	7	1	1	1
3150	충북 제천시	토양개량제보조사업	412,187	농업정책과	9	2	7	8	7	5	1	1
3151	충북 제천시	유기질비료 지원	1,361,339	농업정책과	9	2	7	8	7	5	1	1
3152	충북 제천시	영농기계화장비지원	96,902	농업정책과	9	4	7	8	7	5	1	1
3153	충북 제천시	곡물건조기 지원	15,000	농업정책과	9	4	7	8	7	5	1	1
3154	충북 제천시	유기농인증 확대를 위한 교육 지원	8,300	농업정책과	9	2	7	8	7	5	1	1
3155	충북 제천시	농작업안전사용장비지원사업	21,808	농업정책과	9	4	7	8	7	5	1	1
3156	충북 제천시	유기농업자재 지원사업	13,022	농업정책과	9	2	7	8	7	5	1	1
3157	충북 제천시	댐규제지역 친환경농업 육성	36,620	농업정책과	9	2	7	8	7	5	1	1
3158	충북 제천시	논농업필수영농자재지원	399,352	농업정책과	9	4	7	8	7	5	1	1
3159	충북 제천시	가뭄대비 급수저장조(물저금통) 지원	24,750	농업정책과	9	4	7	8	7	5	1	1
3160	충북 제천시	농업기계 등화장치부착 지원사업	24,000	농업정책과	9	2	7	8	7	5	1	1
3161	충북 제천시	유기농산물 생산지원	77,820	농업정책과	9	4	7	8	7	5	1	1
3162	충북 제천시	고품질쌀 생력재배 친환경자재 공급	42,336	농업정책과	9	4	7	8	7	5	1	1
3163	충북 제천시	유기가공업체 선물용 포장재 지원	37,800	농업정책과	9	2	7	8	7	5	1	1
3164	충북 제천시	친환경 특수미 생산단지 육성	28,800	농업정책과	9	4	7	8	7	5	1	1
3165	충북 제천시	친환경 우렁이 종패 지원사업	40,320	농업정책과	9	4	7	8	7	5	1	1
3166	충북 제천시	유해 야생동물 포획시설 지원	15,840	농업정책과	9	2	7	8	7	5	1	1
3167	충북 제천시	장애인직업재활시설(세하앤) 기능보강	414,908	노인장애인과	9	1	7	8	7	1	1	1
3168	충북 제천시	장애인직업재활시설(세하앤) 증축에 따른 장비보강	100,000	노인장애인과	9	1	7	8	7	1	1	1
3169	충북 제천시	장애인직업재활시설 방역장비 지원	16,000	노인장애인과	9	1	7	8	7	1	1	1
3170	충북 제천시	농어촌장애인주택개조사업	11,400	건축과	9	2	7	8	7	1	1	1
3171	충북 제천시	농촌마을회관 행복센터 조성사업	200,000	건축과	9	2	7	8	7	5	5	4
3172	충북 제천시	참깨 재배 및 수확후 관리 기술보급	70,000	기술보급과	9	2	7	8	7	5	1	4
3173	충북 제천시	재해예방 인삼 안정생산시범	14,000	기술보급과	9	4	7	8	7	5	1	4
3174	충북 제천시	신소득 특용작물 안정재배기술 보급	14,000	기술보급과	9	4	7	8	7	5	1	4
3175	충북 제천시	약용작물 생산 수확 후 관리기술 시범	200,000	기술보급과	9	2	7	8	7	5	1	4
3176	충북 제천시	풋땅콩 연중 공급을 위한 생산단지 조성	200,000	기술보급과	9	2	7	8	7	5	1	4
3177	충북 제천시	잔대 우량종근 대량생산 및 시설재배 기술시범	50,000	기술보급과	9	2	7	8	7	5	1	4
3178	충북 제천시	약용작물 품질향상 기술 시범	35,000	기술보급과	9	4	7	8	7	5	1	4
3179	충북 제천시	작물 수분스트레스 기반 스마트관계시스템 기술 시범	30,000	기술보급과	9	2	7	8	7	5	5	4
3180	충북 제천시	광환경 개선을 통산 고품질 복숭아 생산 시범	20,000	기술보급과	9	6	7	8	7	5	5	4
3181	충북 제천시	노지고추 실속형 자동 관수시스템 시범	28,000	기술보급과	9	2	7	8	7	5	5	4
3182	충북 제천시	고품질 농산물 연중생산을 위한 시설환경 개선 시범	40,000	기술보급과	9	6	7	8	7	5	5	4
3183	충북 제천시	제천얼음딸기 시설현대화 기반조성사업	180,000	기술보급과	9	6	7	8	7	5	5	4
3184	충북 제천시	한우 유전정보 기반 정밀사양 기술 시범	100,000	기술보급과	9	2	7	8	7	5	5	4
3185	충북 제천시	ICT활용 축사재해예방시스템 구축 시범	20,000	기술보급과	9	6	7	8	7	5	5	4
3186	충북 제천시	혹서기 대비 축사환경 및 가축질병 예방 시범	20,000	기술보급과	9	6	7	8	7	5	5	4
3187	충북 제천시	토종벌 증식 및 관리 기술보급 시범	30,000	기술보급과	9	6	7	8	7	5	5	4
3188	충북 제천시	가정폭력피해자보호시설기능보강	13,690	여성가족과	9	2	7	8	7	5	1	4
3189	충북 제천시	어린이집 기능보강사업	51,500	여성가족과	9	2	1	8	3	5	1	4
3190	충북 제천시	공공형어린이집 환경개선비지원	3,300	여성가족과	9	6	7	8	7	5	1	4

순번	시군구	지출명 (사업명)	2021년예산 (단위:천원/1년간)	담당자 (공무원) 담당부서	민간이전 분류 (지방자치단체 세출예산 집행기준에 의거) 1. 민간경상사업보조(307-02) 2. 민간단체 법정운영비보조(307-03) 3. 민간행사사업보조(307-04) 4. 민간위탁금(307-05) 5. 사회복지시설 법정운영비보조(307-10) 6. 민간인위탁교육비(307-12) 7. 공기관등에대한경상적위탁사업비(308-10) 8. 민간자본사업보조,자체재원(402-01) 9. 민간자본사업보조,이전재원(402-02) 10. 민간위탁사업비(402-03) 11. 공기관등에 대한 자본적 대행사업비(403-02)	민간이전지출 근거 (지방보조금 관리기준 참고) 1. 법률에 규정 2. 국고보조 재원(국가지정) 3. 용도 지정 기부금 4. 조례에 직접규정 5. 지자체가 권장하는 사업을 하는 공공기관 6. 시,도 정책 및 재정사정 7. 기타 8. 해당없음	입찰방식 계약체결방법 (경쟁형태) 1. 일반경쟁 2. 제한경쟁 3. 지명경쟁 4. 수의계약 5. 법정위탁 6. 기타 ( ) 7. 해당없음	입찰방식 계약기간 1. 1년 2. 2년 3. 3년 4. 4년 5. 5년 6. 기타 ( )년 7. 단기계약 (1년미만) 8. 해당없음	입찰방식 낙찰자선정방법 1. 적격심사 2. 협상에의한계약 3. 최저가낙찰제 4. 규격가격분리 5. 2단계 경쟁입찰 6. 기타 ( ) 7. 해당없음	운영예산 산정 운영예산 산정 1. 내부산정 (지자체 자체적으로 산정) 2. 외부산정 (외부전문기관위탁 산정) 3. 내·외부 모두 산정 4. 산정 無 5. 해당없음	운영예산 산정 정산방법 1. 내부정산 (지자체 내부적으로 정산) 2. 외부정산 (외부전문기관위탁 정산) 3. 내·외부 모두 산정 4. 정산 無 5. 해당없음	성과평가 실시여부 1. 실시 2. 미실시 3. 향후 추진 4. 해당없음
3191	충북 제천시	국공립어린이집 확충사업	90,000	여성가족과	9	2	7	8	7	5	5	4
3192	충북 제천시	국공립어린이집 확충사업	30,000	여성가족과	9	2	7	8	7	5	5	4
3193	충북 제천시	다함께 돌봄 사업 기자재	40,000	여성가족과	9	2	7	8	7	5	5	4
3194	충북 제천시	다함께 돌봄 사업 센터 설치비 지원	105,000	여성가족과	9	2	7	8	7	5	5	4
3195	충북 제천시	아동복지시설 기능보강	512,206	여성가족과	9	2	7	8	7	4	1	1
3196	충북 제천시	호흡기전담클리닉(의료기관형) 설치	200,000	시민보건과	9	2	7	8	7	5	5	4
3197	충북 제천시	야생생물보호 및 관리사업	5,800	자연환경과	9	2	7	8	7	5	5	4
3198	충북 제천시	전기자동차 구매지원	6,250,000	자연환경과	9	2	7	8	7	5	5	4
3199	충북 제천시	전기이륜차 보급사업	90,000	자연환경과	9	2	7	8	7	5	5	4
3200	충북 제천시	운행경유차 배출가스 저감사업	1,667,200	자연환경과	9	2	7	8	7	5	5	4
3201	충북 제천시	운행경유차배출가스저감사업	539,600	자연환경과	9	2	7	8	7	5	5	4
3202	충북 제천시	통학차량 LPG차 전환지원	150,000	자연환경과	9	2	7	8	7	5	5	4
3203	충북 제천시	운행차 배출가스 저감사업	1,650,000	자연환경과	9	2	7	8	7	5	5	4
3204	충북 제천시	운행차 배출가스 저감사업	165,000	자연환경과	9	2	7	8	7	5	5	4
3205	충북 제천시	운행차 배출가스 저감사업	700,000	자연환경과	9	2	7	8	7	5	5	4
3206	충북 제천시	소규모 사업장 방지시설	410,400	자연환경과	9	2	7	8	7	5	5	4
3207	충북 제천시	가정용 저녹스보일러 보급사업	60,000	자연환경과	9	2	7	8	7	5	5	4
3208	충북 제천시	수소자동차 보급사업	32,500	자연환경과	9	2	7	8	7	5	5	4
3209	충북 제천시	도로재비산먼지 저감사업	300,000	자연환경과	9	2	7	8	7	5	5	4
3210	충북 제천시	주유소유증기 회수설비 설치	192,100	자연환경과	9	2	7	8	7	5	5	4
3211	충북 제천시	수질자동측정기기 설치·운영관리비 지원사업	24,000	자연환경과	9	2	7	8	7	5	5	4
3212	충북 제천시	지역특화작목육성지원	90,000	유통축산과	9	6	7	8	7	5	5	4
3213	충북 제천시	맞춤형 원예생산시설보급	87,500	유통축산과	9	6	7	8	7	5	5	4
3214	충북 제천시	인삼 지력증진제 공급	11,987	유통축산과	9	6	7	8	7	5	5	4
3215	충북 제천시	과수 고품질 시설현대화 지원사업	328,500	유통축산과	9	4	7	8	7	1	1	1
3216	충북 제천시	과수노력절감 생산장비 지원	81,500	유통축산과	9	4	7	8	7	1	1	1
3217	충북 제천시	인삼생산시설 현대화사업	21,212	유통축산과	9	6	7	8	7	5	5	4
3218	충북 제천시	원예작물용 농작업대 지원	8,250	유통축산과	9	6	7	8	7	5	5	4
3219	충북 제천시	농장출입구 자동소독기 설치	14,000	유통축산과	9	6	7	8	7	5	5	4
3220	충북 제천시	축사내부 연무소독시설 설치지원	5,400	유통축산과	9	6	7	8	7	5	5	4
3221	충북 제천시	동물복지인증사업 확대 지원	30,000	유통축산과	9	2	7	8	7	5	5	4
3222	충북 제천시	계란 냉장차량 지원	30,000	유통축산과	9	2	7	8	7	5	5	4
3223	충북 제천시	정보화마을 운영 활성화	16,000	정보통신과	9	6	7	8	7	5	5	4
3224	충북 제천시	2021 1단계 행복마을 사업	15,000	도시재생과	9	6	7	8	7	5	5	4
3225	충북 보은군	어린이집 장비비 지원	2,000	주민복지과	9	5	7	8	7	3	1	1
3226	충북 보은군	어린이집 보존식 기자재 지원	700	주민복지과	9	5	7	8	7	3	1	1
3227	충북 보은군	국공립어린이집 기자재 구입	10,000	주민복지과	9	5	7	8	7	3	1	1
3228	충북 보은군	시각장애인가정 가스자동차단기 지원	800	주민복지과	9	6	7	8	7	5	1	1
3229	충북 보은군	자활활성화 추진사업	19,000	주민복지과	9	5	5	1	6	5	1	1
3230	충북 보은군	매연배출가스 저감장치(DPF)지원	79,800	환경위생과	9	2	7	8	7	5	5	4
3231	충북 보은군	LPG화물차 신차 구매 지원	160,000	환경위생과	9	2	7	8	7	5	5	4
3232	충북 보은군	전기이륜차 구매지원	52,200	환경위생과	9	1	7	8	7	1	1	4

순번	시군구	지출명 (사업명)	2021년예산 (단위:천원/1년간)	담당자 (공무원)	민간이전 분류 (지방자치단체 세출예산 집행기준에 의거)	민간이전지출 근거 (지방보조금 관리기준 참고)	입찰방식			운영예산 산정		성과평가 실시여부
				담당부서	1. 민간경상사업보조(307-02) 2. 민간단체 법정운영비보조(307-03) 3. 민간행사사업보조(307-04) 4. 민간위탁금(307-05) 5. 사회복지시설 법정운영비보조(307-10) 6. 민간인위탁교육비(307-12) 7. 공기관등에대한경상적위탁사업비(308-10) 8. 민간자본사업보조,자체재원(402-01) 9. 민간자본사업보조,이전재원(402-02) 10. 민간위탁사업비(402-03) 11. 공기관등에 대한 자본적 대행사업비(403-02)	1. 법률에 규정 2. 국고보조 재원(국가지정) 3. 용도 지정 기부금 4. 조례에 직접규정 5. 지자체가 권장하는 사업을 하는 공공기관 6. 시,도 정책 및 재정사정 7. 기타 8. 해당없음	계약체결방법 (경쟁형태) 1. 일반경쟁 2. 제한경쟁 3. 지명경쟁 4. 수의계약 5. 법정위탁 6. 기타 ( ) 7. 해당없음	계약기간 1. 1년 2. 2년 3. 3년 4. 4년 5. 5년 6. 기타 ( )년 7. 단기계약 (1년미만) 8. 해당없음	낙찰자선정방법 1. 적격심사 2. 협상에의한계약 3. 최저가낙찰제 4. 규격가격분리 5. 2단계 경쟁입찰 6. 기타 ( ) 7. 해당없음	운영예산 산정 1. 내부산정 (지자체 자체적으로 산정) 2. 외부산정 (외부전문기관위탁 산정) 3. 내·외부 모두 산정 4. 산정 無 5. 해당없음	정산방법 1. 내부정산 (지자체 내부적으로 정산) 2. 외부정산 (외부전문기관위탁 정산) 3. 내·외부 모두 산정 4. 정산 無 5. 해당없음	1. 실시 2. 미실시 3. 향후 추진 4. 해당없음
3233	충북 보은군	전기자동차 구매지원	1,485	환경위생과	9	1	7	8	7	1	1	4
3234	충북 보은군	전기화물차 구매지원	1,225,000	환경위생과	9	1	7	8	7	1	1	4
3235	충북 보은군	어린이통학차량 LPG차 전환지원	15,000	환경위생과	9	1	7	8	7	1	1	4
3236	충북 보은군	야생동물 피해예방 사업	74,258	환경위생과	9	2	7	7	7	3	3	1
3237	충북 보은군	상수원관리지역 주민지원사업	1,324,481	환경위생과	9	1	4	7	7	2	1	1
3238	충북 보은군	입식테이블 설치 사업	35,000	환경위생과	9	6	7	1	7	5	1	2
3239	충북 보은군	보은 법주사 괘불탱 보존처리	507,220	문화관광과	9	2	7	8	7	1	1	1
3240	충북 보은군	보은 법주사 전기시설 개선사업	122,636	문화관광과	9	2	7	8	7	1	1	1
3241	충북 보은군	보은 최감찰댁 초가이엉잇기	65,000	문화관광과	9	2	7	8	7	1	1	1
3242	충북 보은군	보은 법주사 지붕보수	441,620	문화관광과	9	2	7	8	7	1	1	1
3243	충북 보은군	태양광 주택 보급사업	162,000	경제전략과	9	2	7	8	7	5	5	4
3244	충북 보은군	비영리시설 태양광 설치사업	39,600	경제전략과	9	2	7	8	7	5	5	4
3245	충북 보은군	저소득층 LED조명 교체사업	47,290	경제전략과	9	2	1	7	3	4	1	1
3246	충북 보은군	축산농가 태양광 보급사업	56,000	경제전략과	9	2	7	8	7	5	5	4
3247	충북 보은군	주민참여형 마을 태양광 보급사업	69,000	경제전략과	9	6	7	8	7	5	5	4
3248	충북 보은군	신재생에너지 융복합지원사업	738,764	경제전략과	9	1	6	1	6	3	3	4
3249	충북 보은군	생명농업특화지구 육성사업	2,418,389	농정과	9	2	7	8	7	1	1	3
3250	충북 보은군	친환경 맞춤형 원예생산시설 보급	92,500	농정과	9	4	7	8	7	1	1	3
3251	충북 보은군	인삼 생산시설 현대화사업	66,255	농정과	9	2	7	8	7	1	1	3
3252	충북 보은군	버섯 생산시설 현대화사업	5,007	농정과	9	2	7	8	7	1	1	3
3253	충북 보은군	고추비가림 재배시설 지원	46,750	농정과	9	2	7	8	7	1	1	3
3254	충북 보은군	과수 노력절감 생산장비지원	103,500	농정과	9	2	7	8	7	1	1	3
3255	충북 보은군	과수화상병 이동식 소독기구 지원	17,210	농정과	9	4	7	8	7	5	5	4
3256	충북 보은군	농산물 부패방지용 농기계지원	11,500	농정과	9	4	7	8	7	1	1	3
3257	충북 보은군	친환경 시설원예작물 토양환경 개선지원	7,500	농정과	9	4	7	8	7	1	1	3
3258	충북 보은군	시설원예 현대화 지원	2,000	농정과	9	2	7	8	7	1	1	3
3259	충북 보은군	원예작물용 농작업대 지원	9,900	농정과	9	4	7	8	7	1	1	3
3260	충북 보은군	유해야생동물 포획시설 지원	14,520	농정과	9	2	7	8	7	1	1	3
3261	충북 보은군	오디 생산비 절감 기자재 보급	4,200	농정과	9	4	7	8	7	1	1	3
3262	충북 보은군	기능성 양잠산업 기반조성	5,000	농정과	9	4	7	8	7	1	1	3
3263	충북 보은군	농산물 수출단지 육성사업	15,067	농정과	9	2	2	7	1	1	1	3
3264	충북 보은군	지역농산물 직매장 잔류농약 분석기 공급	3,850	농정과	9	4	7	8	7	5	5	4
3265	충북 보은군	논농업필수 영농자재 지원	810,421	농정과	9	4	7	8	7	1	1	4
3266	충북 보은군	영농기계화 장비 공급	101,785	농정과	9	4	7	8	7	1	1	4
3267	충북 보은군	댐규제지역 친환경농업 육성	87,270	농정과	9	4	7	8	7	1	1	4
3268	충북 보은군	곡물건조기 지원사업	25,000	농정과	9	4	7	8	7	1	1	4
3269	충북 보은군	친환경 공동광역살포기 공급	126,000	농정과	9	4	1	1	1	3	1	4
3270	충북 보은군	유기농산물 생산 지원	87,620	농정과	9	4	7	8	7	1	1	4
3271	충북 보은군	가뭄대비 급수저장조(물저금통) 지원	5,250	농정과	9	4	7	8	7	1	1	4
3272	충북 보은군	지능형 교배시기 탐지기 지원	9,600	축산과	9	6	7	8	7	1	1	1
3273	충북 보은군	축산 ICT 융복합 사업	201,330	축산과	9	2	7	8	7	1	1	1
3274	충북 보은군	가축폐사체처리기 지원	15,000	축산과	9	6	7	8	7	1	1	1

순번	시군구	지출명 (사업명)	2021년예산 (단위:천원/1년간)	담당자 (공무원) 담당부서	민간이전 분류 (지방자치단체 세출예산 집행기준에 의거) 1. 민간경상사업보조(307-02) 2. 민간단체 법정운영비보조(307-03) 3. 민간행사사업보조(307-04) 4. 민간위탁금(307-05) 5. 사회복지시설 법정운영비보조(307-10) 6. 민간인위탁교육비(307-12) 7. 공기관등에대한경상적위탁사업비(308-10) 8. 민간자본사업보조,자체재원(402-01) 9. 민간자본사업보조,이전재원(402-02) 10. 민간위탁사업비(402-03) 11. 공기관등에 대한 자본적 대행사업비(403-02)	민간이전지출 근거 (지방보조금 관리기준 참고) 1. 법률에 규정 2. 국고보조 재원(국가지정) 3. 용도 지정 기부금 4. 조례에 직접규정 5. 지자체가 권장하는 사업을 하는 공공기관 6. 시,도 정책 및 재정사정 7. 기타 8. 해당없음	입찰방식 계약체결방법 (경쟁형태) 1. 일반경쟁 2. 제한경쟁 3. 지명경쟁 4. 수의계약 5. 법정위탁 6. 기타 ( ) 7. 해당없음	입찰방식 계약기간 1. 1년 2. 2년 3. 3년 4. 4년 5. 5년 6. 기타 ( )년 7. 단기계약 (1년미만) 8. 해당없음	입찰방식 낙찰자선정방법 1. 적격심사 2. 협상에의한계약 3. 최저가낙찰제 4. 규격가격분리 5. 2단계 경쟁입찰 6. 기타 ( ) 7. 해당없음	운영예산 산정 운영예산 산정 1. 내부산정 (지자체 자체적으로 산정) 2. 외부산정 (외부전문기관위탁 산정) 3. 내·외부 모두 산정 4. 산정 無 5. 해당없음	운영예산 산정 정산방법 1. 내부정산 (지자체 내부적으로 정산) 2. 외부정산 (외부전문기관위탁 정산) 3. 내·외부 모두 산정 4. 정산 無 5. 해당없음	성과평가 실시여부 1. 실시 2. 미실시 3. 향후 추진 4. 해당없음
3275	충북 보은군	친환경축산 시설장비 보급	158,333	축산과	9	6	7	8	7	1	1	3
3276	충북 보은군	가축 기후변화 대응시설 지원	50,000	축산과	9	6	7	8	7	1	1	3
3277	충북 보은군	곤충 사육 가공,시설장비 지원	20,000	축산과	9	6	7	8	7	1	1	3
3278	충북 보은군	양봉생산물 처리장비 지원	15,000	축산과	9	6	7	8	7	1	1	3
3279	충북 보은군	말벌퇴치장비 지원	1,440	축산과	9	2	7	8	7	1	1	3
3280	충북 보은군	조사료 경영체 장비 지원	60,000	축산과	9	2	7	8	7	1	1	3
3281	충북 보은군	조사료 수확장비 지원	127,200	축산과	9	6	7	8	7	1	1	3
3282	충북 보은군	축산악취개선	267,600	축산과	9	2	7	8	7	1	1	3
3283	충북 보은군	ICT 악취측정 기계장비 지원	80,000	축산과	9	2	7	8	7	1	1	3
3284	충북 보은군	가축분뇨처리 장비 보급	30,000	축산과	9	6	7	8	7	1	1	3
3285	충북 보은군	농장출입구 자동소독기 설치	22,000	축산과	9	4	1	1	1	1	1	3
3286	충북 보은군	축사내부 방역전실,연무소독시설 설치	12,600	축산과	9	4	1	1	1	1	1	3
3287	충북 보은군	CCTV 등 방역인프라 지원	127,200	축산과	9	4	1	1	1	2	1	3
3288	충북 보은군	계란 냉장차량지원	15,000	축산과	9	2	1	1	1	2	1	3
3289	충북 보은군	거점 세척・소독시설 설치	576,000	축산과	9	2	1	1	1	1	1	1
3290	충북 보은군	양식어업인 수산약품 및 양식장비 공급	700	축산과	9	6	7	8	7	1	1	3
3291	충북 보은군	노후어선 교체 구입비 지원	9,600	축산과	9	6	7	8	7	1	1	3
3292	충북 보은군	내수면양식장 정전피해 대비 시설정비	6,000	축산과	9	6	7	8	7	1	1	3
3293	충북 보은군	어로어업인 냉동고 지원	3,600	축산과	9	6	7	8	7	1	1	3
3294	충북 보은군	자연산 민물고기 진공포장기	12,000	축산과	9	6	7	8	7	1	1	3
3295	충북 보은군	조림사업 정리작업비	160,000	산림녹지과	9	1	7	8	7	5	5	4
3296	충북 보은군	펠릿보일러 보급	30,800	산림녹지과	9	2	7	8	7	3	3	2
3297	충북 보은군	백두대간 주민지원 사업	121,950	산림녹지과	9	2	7	8	7	3	3	2
3298	충북 보은군	임산물 가공, 물류지원	125,000	산림녹지과	9	2	4	7	7	1	1	1
3299	충북 보은군	생산 및 방제 장비	219,016	산림녹지과	9	2	4	7	7	1	1	1
3300	충북 보은군	임산물저장건조시설	250,000	산림녹지과	9	2	4	7	7	1	1	1
3301	충북 보은군	대추비가림시설	300,000	산림녹지과	9	2	4	7	7	1	1	1
3302	충북 보은군	대추비가림시설	60,000	산림녹지과	9	2	4	7	7	1	1	1
3303	충북 보은군	산림작물시설 피복교체	100,000	산림녹지과	9	2	4	7	7	1	1	1
3304	충북 보은군	산림작물생산단지 조성	52,934	산림녹지과	9	2	4	7	7	1	1	1
3305	충북 보은군	기존건축물 화재안전 성능보강 지원사업	26,666	지역개발과	9	1	7	7	7	5	5	4
3306	충북 보은군	옥외광고 소비쿠폰 지원사업	2,000	지역개발과	9	2	7	8	7	5	5	4
3307	충북 보은군	영농 4 H활력화 기반구축 지원	21,000	농업기술센터	9	1	7	8	7	1	1	4
3308	충북 보은군	작목별 맞춤형 안전관리 실천 시범	33,000	농업기술센터	9	1	7	8	7	1	1	1
3309	충북 보은군	농촌여성 농부증 예방 농작업 장비지원	10,000	농업기술센터	9	1	7	8	7	1	1	1
3310	충북 보은군	농촌 어르신 복지실천 시범	35,000	농업기술센터	9	1	7	8	7	1	1	1
3311	충북 보은군	농업활동 안전사고 예방 생활화	20,000	농업기술센터	9	1	7	8	7	1	1	1
3312	충북 보은군	농가 보급형 스마트팜 기술보급 시범	28,000	농업기술센터	9	1	7	8	7	1	1	1
3313	충북 보은군	혹서기 대비 축사환경 및 가축질병 예방 시범	14,000	농업기술센터	9	1	7	8	7	1	1	1
3314	충북 보은군	가축 분뇨 퇴비 부숙도 향상 시범	14,000	농업기술센터	9	1	7	8	7	1	1	1
3315	충북 보은군	이상기상 대응 안전 농산물 생산 기술 시범	56,000	농업기술센터	9	8	7	8	7	1	1	1
3316	충북 보은군	특용작물 수직 다단식 재배 시범	42,000	농업기술센터	9	4	7	8	7	1	1	1

순번	시군구	지출명 (사업명)	2021년예산 (단위:천원/1년간)	담당자 (공무원) 담당부서	민간이전 분류 (지방자치단체 세출예산 집행기준에 의거) 1. 민간경상사업보조(307-02) 2. 민간단체 법정운영비보조(307-03) 3. 민간행사사업보조(307-04) 4. 민간위탁금(307-05) 5. 사회복지시설 법정운영비보조(307-10) 6. 민간인위탁교육비(307-12) 7. 공기관등에대한경상적위탁사업비(308-10) 8. 민간자본사업보조,자체재원(402-01) 9. 민간자본사업보조,이전재원(402-02) 10. 민간위탁사업비(402-03) 11. 공기관등에 대한 자본적 대행사업비(403-02)	민간이전지출 근거 (지방보조금 관리기준 참고) 1. 법률에 규정 2. 국고보조 재원(국가지정) 3. 용도 지정 기부금 4. 조례에 직접규정 5. 지자체가 권장하는 사업을 하는 공공기관 6. 시,도 정책 및 재정사정 7. 기타 8. 해당없음	입찰방식 계약체결방법 (경쟁형태) 1. 일반경쟁 2. 제한경쟁 3. 지명경쟁 4. 수의계약 5. 법정위탁 6. 기타 ( ) 7. 해당없음	입찰방식 계약기간 1. 1년 2. 2년 3. 3년 4. 4년 5. 5년 6. 기타 ( )년 7. 단기계약 (1년미만) 8. 해당없음	입찰방식 낙찰자선정방법 1. 적격심사 2. 협상에의한계약 3. 최저가낙찰제 4. 규격가격분리 5. 2단계 경쟁입찰 6. 기타 ( ) 7. 해당없음	운영예산 산정 운영예산 산정 1. 내부산정 (지자체 자체적으로 산정) 2. 외부산정 (외부전문기관위탁 산정) 3. 내·외부 모두 산정 4. 산정 無 5. 해당없음	운영예산 산정 정산방법 1. 내부정산 (지자체 내부적으로 정산) 2. 외부정산 (외부전문기관위탁 정산) 3. 내·외부 모두 산정 4. 정산 無 5. 해당없음	성과평가 실시여부 1. 실시 2. 미실시 3. 향후 추진 4. 해당없음
3317	충북 보은군	친환경 기능성 특수미 상품화 시범	21,000	농업기술센터	9	1	7	8	7	1	1	1
3318	충북 보은군	이상기상 대응 원예작물 안정생산 기술시범	100,000	농업기술센터	9	1	7	8	7	1	1	1
3319	충북 보은군	노지 고추 실속형 자동 관수시스템 시범	28,000	농업기술센터	9	1	7	8	7	1	1	1
3320	충북 보은군	스마트 양봉 기술보급 시범	20,000	농업기술센터	9	1	7	8	7	1	1	1
3321	충북 보은군	잔대 우량종근 대량생산 및 시설재배 기술 시범	50,000	농업기술센터	9	2	7	8	7	1	1	1
3322	충북 보은군	햇빛차단망 적용 노지과원 일소피해 저감 시범	100,000	농업기술센터	9	2	7	8	7	1	1	1
3323	충북 보은군	ICT활용 번식우 경쟁력 향상 시범	120,000	농업기술센터	9	1	7	8	7	1	1	1
3324	충북 보은군	보은대추 명품화 육성 시범	120,000	농업기술센터	9	4	7	8	7	1	1	1
3325	충북 보은군	엔비사과 재배단지 조성사업	81,611	농업기술센터	9	4	7	8	7	1	1	1
3326	충북 보은군	엔비사과 재배단지 조성사업	16,322	농업기술센터	9	4	7	8	7	1	1	1
3327	충북 옥천군	정보화마을 운영 활성화 지원	8,000	자치행정과	9	4	7	1	7	1	1	4
3328	충북 옥천군	공공형어린이집 환경개선비 지원	3,300	복지정책과	9	1	7	8	7	5	5	4
3329	충북 옥천군	어린이집 보존식 기자재 지원	6,300	복지정책과	9	7	7	8	7	5	5	4
3330	충북 옥천군	국공립 향수어린이집 장비 구입	1,000	복지정책과	9	7	7	8	7	5	5	4
3331	충북 옥천군	경로당순회프로그램관리인력 지원	33,475	주민복지과	9	1	5	1	7	1	1	1
3332	충북 옥천군	9988행복나누미 운영 지원	435,905	주민복지과	9	1	5	1	7	1	1	1
3333	충북 옥천군	경로당 지키미 사업	10,800	주민복지과	9	1	5	1	7	1	1	1
3334	충북 옥천군	경로당 간행물 구독료 지원	27,010	주민복지과	9	1	5	1	7	1	1	1
3335	충북 옥천군	시각장애인가정 가스자동화차단기 지원	1,000	주민복지과	9	6	7	8	7	1	1	4
3336	충북 옥천군	옥천 가산사 호국문화체험관 조성 지원	1,511,250	문화관광과	9	2	7	8	7	5	5	3
3337	충북 옥천군	옥천 용암사 방재시스템 구축 지원	82,000	문화관광과	9	2	7	8	7	5	5	3
3338	충북 옥천군	음식문화시설개선 지원	30,000	문화관광과	9	1	7	8	7	2	1	2
3339	충북 옥천군	생활불편시설 개선사업	30,000	안전건설과	9	4	7	8	7	5	5	4
3340	충북 옥천군	농촌 행복센터 조성	1,080,000	안전건설과	9	4	7	8	7	5	5	4
3341	충북 옥천군	우리마을 뉴딜사업	30,000	안전건설과	9	4	7	8	7	5	5	4
3342	충북 옥천군	임산물 저장건조시설 지원사업	95,000	산림녹지과	9	2	7	8	7	1	1	3
3343	충북 옥천군	임산물 가공지원 지원사업	25,000	산림녹지과	9	2	7	8	7	1	1	3
3344	충북 옥천군	임산물 생산기반 조성사업	11,290	산림녹지과	9	2	7	8	7	1	1	3
3345	충북 옥천군	친환경 임산물 재배관리 사업	13,058	산림녹지과	9	2	7	8	7	1	1	3
3346	충북 옥천군	임산물 상품화 사업	130,573	산림녹지과	9	2	7	8	7	1	1	3
3347	충북 옥천군	목재 펠릿보일러 지원사업	14,000	산림녹지과	9	2	7	8	7	1	1	3
3348	충북 옥천군	산림작물 생산단지 조성사업	242,204	산림녹지과	9	2	7	8	7	1	1	3
3349	충북 옥천군	산림복합경영단지 조성사업	120,374	산림녹지과	9	2	7	8	7	1	1	3
3350	충북 옥천군	고품질쌀 생력재배 친환경자재 공급	31,360	친환경농축산과	9	6	7	8	7	5	5	2
3351	충북 옥천군	친환경특수미 생산단지지원	14,400	친환경농축산과	9	6	7	8	7	5	5	2
3352	충북 옥천군	고품질 벼 육묘장 설치보완 지원	35,000	친환경농축산과	9	6	7	8	7	5	5	2
3353	충북 옥천군	논농업 필수영농자재 지원	406,767	친환경농축산과	9	6	7	8	7	5	5	2
3354	충북 옥천군	토양개량제 지원	143,433	친환경농축산과	9	2	7	8	7	5	5	2
3355	충북 옥천군	곡물건조기 지원	15,000	친환경농축산과	9	6	7	8	7	5	5	2
3356	충북 옥천군	영농 기계화장비 공급	78,691	친환경농축산과	9	6	7	8	7	5	5	2
3357	충북 옥천군	농작업 안전사용 장비 지원사업	18,287	친환경농축산과	9	6	7	8	7	5	5	2
3358	충북 옥천군	유기질비료지원사업	1,550,000	친환경농축산과	9	2	7	8	7	5	5	2

순번	시군구	지출명 (사업명)	2021년예산 (단위:천원/1년간)	담당자 (공무원) 담당부서	민간이전 분류 (지방자치단체 세출예산 집행기준에 의거) 1. 민간경상사업보조(307-02) 2. 민간단체 법정운영비보조(307-03) 3. 민간행사사업보조(307-04) 4. 민간위탁금(307-05) 5. 사회복지시설 법정운영비보조(307-10) 6. 민간인위탁교육비(307-12) 7. 공기관등에대한경상적위탁사업비(308-10) 8. 민간자본사업보조,자체재원(402-01) 9. 민간자본사업보조,이전재원(402-02) 10. 민간위탁사업비(402-03) 11. 공기관등에 대한 자본적 대행사업비(403-02)	민간이전지출 근거 (지방보조금 관리기준 참고) 1. 법률에 규정 2. 국고보조 재원(국가지정) 3. 용도 지정 기부금 4. 조례에 직접규정 5. 지자체가 권장하는 사업을 하는 공공기관 6. 시,도 정책 및 재정사정 7. 기타 8. 해당없음	입찰방식 계약체결방법 (경쟁형태) 1. 일반경쟁 2. 제한경쟁 3. 지명경쟁 4. 수의계약 5. 법정위탁 6. 기타 ( ) 7. 해당없음	계약기간 1. 1년 2. 2년 3. 3년 4. 4년 5. 5년 6. 기타 ( )년 7. 단기계약 (1년미만) 8. 해당없음	낙찰자선정방법 1. 적격심사 2. 협상에의한계약 3. 최저가낙찰제 4. 규격가격분리 5. 2단계 경쟁입찰 6. 기타 ( ) 7. 해당없음	운영예산 산정 운영예산 산정 1. 내부산정 (지자체 자체적으로 산정) 2. 외부산정 (외부전문기관위탁 산정) 3. 내·외부 모두 산정 4. 산정 無 5. 해당없음	정산방법 1. 내부정산 (지자체 내부적으로 정산) 2. 외부정산 (외부전문기관위탁 정산) 3. 내·외부 모두 산정 4. 정산 無 5. 해당없음	성과평가 실시여부 1. 실시 2. 미실시 3. 향후 추진 4. 해당없음
3359	충북 옥천군	유기농업자재지원	43,893	친환경농축산과	9	2	7	8	7	5	5	2
3360	충북 옥천군	유기농산물 생산지원사업	252,170	친환경농축산과	9	6	7	8	7	5	5	2
3361	충북 옥천군	친환경 우렁이종패 지원	63,420	친환경농축산과	9	6	7	8	7	5	5	2
3362	충북 옥천군	댐규제지역 친환경농업육성	367,970	친환경농축산과	9	6	7	8	7	5	5	2
3363	충북 옥천군	유기가공식품 포장재 지원	28,350	친환경농축산과	9	4	7	8	7	5	5	2
3364	충북 옥천군	과수고품질시설현대화	48,250	친환경농축산과	9	2	7	8	7	5	5	4
3365	충북 옥천군	과수노력절감 생산장비지원	92,500	친환경농축산과	9	6	7	8	7	5	5	4
3366	충북 옥천군	생명농업특화지구육성사업	25,000	친환경농축산과	9	6	7	8	7	5	5	4
3367	충북 옥천군	과실품질향상 자재지원	16,650	친환경농축산과	9	6	7	8	7	5	5	4
3368	충북 옥천군	친환경시설원예작물 토양환경개선지원	60,000	친환경농축산과	9	6	7	8	7	5	5	4
3369	충북 옥천군	농산물 부패방지용 농기계 지원	2,500	친환경농축산과	9	6	7	8	7	5	5	4
3370	충북 옥천군	가뭄대비 급수저장조 지원	9,750	친환경농축산과	9	6	7	8	7	5	5	4
3371	충북 옥천군	유해야생동물 포획시설지원	5,280	친환경농축산과	9	2	7	8	7	5	5	4
3372	충북 옥천군	친환경맞춤형 원예생산시설지원	72,500	친환경농축산과	9	6	7	8	7	5	5	4
3373	충북 옥천군	고추 비가림 재배시설 설치지원	16,500	친환경농축산과	9	2	7	8	7	5	5	4
3374	충북 옥천군	원예작물용 농작업대지원	3,025	친환경농축산과	9	6	7	8	7	5	5	4
3375	충북 옥천군	시설원예 ICT융복합 확산사업	4,000	친환경농축산과	9	2	7	8	7	5	5	4
3376	충북 옥천군	인삼 지력증진제 공급	27,119	친환경농축산과	9	6	7	8	7	5	5	4
3377	충북 옥천군	특용작물(인삼) 생산시설 현대화사업	25,790	친환경농축산과	9	2	7	8	7	5	5	4
3378	충북 옥천군	오디 생산비 절감 기자재 보급	700	친환경농축산과	9	6	7	8	7	5	5	4
3379	충북 옥천군	수출농식품 포장재 지원	5,600	친환경농축산과	9	6	7	8	7	5	5	4
3380	충북 옥천군	수출농식품 가공공장 시설현대화 지원	125,000	친환경농축산과	9	6	7	8	7	5	5	4
3381	충북 옥천군	밭작물공동경영체 육성지원사업	742,500	친환경농축산과	9	2	7	8	7	5	5	4
3382	충북 옥천군	한우 수정란이식 시술료	9,000	친환경농축산과	9	1	7	8	7	5	1	1
3383	충북 옥천군	한우 고급육 생산지원	7,500	친환경농축산과	9	1	7	8	7	5	1	1
3384	충북 옥천군	유우군 능력개량 검정지원	7,500	친환경농축산과	9	1	7	8	7	5	1	1
3385	충북 옥천군	우수여왕벌 육종보급사업	2,400	친환경농축산과	9	1	7	8	7	5	1	1
3386	충북 옥천군	양봉 화분사료 공급	140,000	친환경농축산과	9	1	7	8	7	5	1	1
3387	충북 옥천군	꿀벌 벌집(벌통·소초광)지원	24,750	친환경농축산과	9	1	7	8	7	5	1	1
3388	충북 옥천군	양봉 생산물 처리장비 지원	15,000	친환경농축산과	9	1	7	8	7	5	1	1
3389	충북 옥천군	곤충산업 경쟁력 강화	10,000	친환경농축산과	9	1	7	8	7	5	1	1
3390	충북 옥천군	친환경축산 시설·장비 지원	175,000	친환경농축산과	9	1	7	8	7	5	1	1
3391	충북 옥천군	중소가축 기후변화 대응시설 지원	30,000	친환경농축산과	9	1	7	8	7	5	1	1
3392	충북 옥천군	축산 ICT 융복합 지원	63,000	친환경농축산과	9	1	7	8	7	5	1	1
3393	충북 옥천군	가축 폐사축 처리기 지원	15,000	친환경농축산과	9	1	7	8	7	5	1	1
3394	충북 옥천군	말벌퇴치 장비지원	1,700	친환경농축산과	9	1	7	8	7	5	1	1
3395	충북 옥천군	가축분뇨 고속발효기 지원	75,000	친환경농축산과	9	1	7	8	7	5	1	1
3396	충북 옥천군	가축분뇨처리 스키드로다 보급	30,000	친환경농축산과	9	1	7	8	7	5	1	1
3397	충북 옥천군	가축생균제 지원	78,000	친환경농축산과	9	1	7	8	7	5	1	1
3398	충북 옥천군	액비저장조 분뇨발효제 공급	5,040	친환경농축산과	9	1	7	8	7	5	1	1
3399	충북 옥천군	곤포사일리지 네트지원	20,828	친환경농축산과	9	1	7	8	7	5	1	1
3400	충북 옥천군	고능력 돼지 액상정액 공급	7,500	친환경농축산과	9	1	7	8	7	5	1	1

순번	시군구	지출명 (사업명)	2021년예산 (단위:천원/1년간)	담당자 (공무원) 담당부서	민간이전 분류 (지방자치단체 세출예산 집행기준에 의거) 1. 민간경상사업보조(307-02) 2. 민간단체 법정운영비보조(307-03) 3. 민간행사사업보조(307-04) 4. 민간위탁금(307-05) 5. 사회복지시설 법정운영비보조(307-10) 6. 민간인위탁교육비(307-12) 7. 공기관등에대한경상적위탁사업비(308-10) 8. 민간자본사업보조,자체재원(402-01) 9. 민간자본사업보조,이전재원(402-02) 10. 민간위탁사업비(402-03) 11. 공기관등에 대한 자본적 대행사업비(403-02)	민간이전지출 근거 (지방보조금 관리기준 참고) 1. 법률에 규정 2. 국고보조 재원(국가지정) 3. 용도 지정 기부금 4. 조례에 직접규정 5. 지자체가 권장하는 사업을 하는 공공기관 6. 시,도 정책 및 재정사정 7. 기타 8. 해당없음	입찰방식: 계약체결방법 (경쟁형태) 1. 일반경쟁 2. 제한경쟁 3. 지명경쟁 4. 수의계약 5. 법정위탁 6. 기타 ( ) 7. 해당없음	입찰방식: 계약기간 1. 1년 2. 2년 3. 3년 4. 4년 5. 5년 6. 기타 ( )년 7. 단기계약 (1년미만) 8. 해당없음	입찰방식: 낙찰자선정방법 1. 적격심사 2. 협상에의한계약 3. 최저가낙찰제 4. 규격가격분리 5. 2단계 경쟁입찰 6. 기타 ( ) 7. 해당없음	운영예산 산정: 운영예산 산정 1. 내부산정 (지자체 자체적으로 산정) 2. 외부산정 (외부전문기관위탁 산정) 3. 내·외부 모두 산정 4. 산정 無 5. 해당없음	운영예산 산정: 정산방법 1. 내부정산 (지자체 내부적으로 정산) 2. 외부정산 (외부전문기관위탁 정산) 3. 내·외부 모두 산정 4. 정산 無 5. 해당없음	성과평가 실시여부 1. 실시 2. 미실시 3. 향후 추진 4. 해당없음
3401	충북 옥천군	혼합사료 포장재 지원	9,940	친환경농축산과	9	1	7	8	7	5	1	1
3402	충북 옥천군	퇴비부숙도 유통지원	25,200	친환경농축산과	9	1	7	8	7	5	1	1
3403	충북 옥천군	축산악취개선사업	139,040	친환경농축산과	9	1	7	8	7	5	1	1
3404	충북 옥천군	ICT 악취측정 기계장비 지원	48,000	친환경농축산과	9	1	7	8	7	5	1	1
3405	충북 옥천군	젖소 번식장애 컨설팅지원	3,000	친환경농축산과	9	8	7	8	7	5	5	4
3406	충북 옥천군	농장출입구 자동소독기 지원	12,000	친환경농축산과	9	1	7	8	7	5	1	1
3407	충북 옥천군	축사내부 연무소독시설 설치	5,400	친환경농축산과	9	1	7	8	7	5	1	1
3408	충북 옥천군	가축예방주사 및 기생충구제	28,800	친환경농축산과	9	2	7	8	7	5	5	4
3409	충북 옥천군	구제역 예방백신 구입 지원	84,797	친환경농축산과	9	2	7	8	7	5	5	4
3410	충북 옥천군	방역인프라 구축사업	18,000	친환경농축산과	9	2	7	8	7	5	5	4
3411	충북 옥천군	가금농가 질병관리 지원	6,000	친환경농축산과	9	2	7	8	7	5	5	4
3412	충북 옥천군	곤충매개성 질병예방사업	13,375	친환경농축산과	9	2	7	8	7	5	5	4
3413	충북 옥천군	계란 냉장차량 지원	15,000	친환경농축산과	9	2	7	8	7	5	5	4
3414	충북 옥천군	귀농인의 집 조성 지원	30,000	농촌활력과	9	2	7	8	7	5	5	4
3415	충북 옥천군	귀농인의 집 기반조성	90,000	농촌활력과	9	2	7	8	7	5	5	4
3416	충북 옥천군	작은도서관 도서구입비 지원	14,820	평생학습원	9	1	7	1	7	1	1	4
3417	충북 옥천군	행복마을사업	36,500	경제과	9	6	7	8	7	5	5	4
3418	충북 옥천군	마을기업육성사업	40,000	경제과	9	1	7	8	7	5	5	4
3419	충북 옥천군	축산농가 태양광 보급사업지원	16,000	경제과	9	1	5	7	1	3	3	2
3420	충북 옥천군	마을 태양광발전소 설치 지원사업	41,400	경제과	9	1	1	7	6	3	3	2
3421	충북 영동군	행복마을사업 2단계	12,000	기획감사관	9	4	7	8	7	5	1	1
3422	충북 영동군	어린이집기능보강사업	33,500	가족행복과	9	2	7	8	7	5	5	4
3423	충북 영동군	지역아동센터 환경개선 지원	10,000	가족행복과	9	2	7	8	7	5	5	4
3424	충북 영동군	일반음식점 입식테이블 설치 지원	40,000	가족행복과	9	6	7	8	7	1	1	4
3425	충북 영동군	수도권 이전기업 보조금	880,000	경제과	9	2	7	8	7	1	1	1
3426	충북 영동군	논농업 필수 영농자재 지원	241,940	농정과	9	6	7	8	7	1	1	4
3427	충북 영동군	영농기계화장비 공급사업	85,169	농정과	9	6	7	8	7	1	1	4
3428	충북 영동군	친환경 특수미 생산단지 육성	14,400	농정과	9	6	7	8	7	1	1	4
3429	충북 영동군	유해야생동물 포획시설 지원	31,680	농정과	9	1	7	8	7	1	1	4
3430	충북 영동군	급수저장조(물저금통)지원	29,250	농정과	9	6	7	8	7	1	1	4
3431	충북 영동군	곡물건조기 공급사업	10,000	농정과	9	6	7	8	7	1	1	4
3432	충북 영동군	토양개량제 보조	318,324	농정과	9	1	7	8	7	1	1	4
3433	충북 영동군	친환경 우렁이종패 지원사업	1,680	농정과	9	6	7	8	7	1	1	4
3434	충북 영동군	댐규제지역 친환경농업 육성사업	20,710	농정과	9	6	7	8	7	1	1	4
3435	충북 영동군	고품질쌀 생력재배 친환경 자재공급	11,074	농정과	9	6	7	8	7	1	1	4
3436	충북 영동군	유기농업자재	31,835	농정과	9	1	7	8	7	1	1	4
3437	충북 영동군	유기농산물 생산 지원사업	94,340	농정과	9	6	7	8	7	1	1	4
3438	충북 영동군	농작업 안전사용장비 지원	23,855	농정과	9	4	7	8	7	1	1	1
3439	충북 영동군	지역농산물 직매장 잔류농약 분석기 공급	3,850	농정과	9	4	7	8	7	1	1	1
3440	충북 영동군	농산물 산지유통시설 설치	128,700	농정과	9	6	7	8	7	1	1	4
3441	충북 영동군	수출농식품 포장재 제작지원	9,434	농정과	9	6	7	8	7	1	1	4
3442	충북 영동군	농산물산지유통센터 건립지원	4,786,000	농정과	9	1	7	8	7	1	1	4

순번	시군구	지출명 (사업명)	2021년예산 (단위:천원/1년간)	담당자 (공무원) 담당부서	민간이전 분류 (지방자치단체 세출예산 집행기준에 의거) 1. 민간경상사업보조(307-02) 2. 민간단체 법정운영비보조(307-03) 3. 민간행사사업보조(307-04) 4. 민간위탁금(307-05) 5. 사회복지시설 법정운영비보조(307-10) 6. 민간인위탁교육비(307-12) 7. 공기관등에대한경상적위탁사업비(308-10) 8. 민간자본사업보조,자체재원(402-01) 9. 민간자본사업보조,이전재원(402-02) 10. 민간위탁사업비(402-03) 11. 공기관등에 대한 자본적 대행사업비(403-02)	민간이전지출 근거 (지방보조금 관리기준 참고) 1. 법률에 규정 2. 국고보조 재원(국가지정) 3. 용도 지정 기부금 4. 조례에 직접규정 5. 지자체가 권장하는 사업을 하는 공공기관 6. 시,도 정책 및 재정사정 7. 기타 8. 해당없음	입찰방식 계약체결방법 (경쟁형태) 1. 일반경쟁 2. 제한경쟁 3. 지명경쟁 4. 수의계약 5. 법정위탁 6. 기타 ( ) 7. 해당없음	입찰방식 계약기간 1. 1년 2. 2년 3. 3년 4. 4년 5. 5년 6. 기타 ( )년 7. 단기계약 (1년미만) 8. 해당없음	입찰방식 낙찰자선정방법 1. 적격심사 2. 협상에의한계약 3. 최저가낙찰제 4. 규격가격분리 5. 2단계 경쟁입찰 6. 기타 ( ) 7. 해당없음	운영예산 산정 운영예산 산정 1. 내부산정 (지자체 자체적으로 산정) 2. 외부산정 (외부전문기관위탁 산정) 3. 내·외부 모두 산정 4. 산정 無 5. 해당없음	운영예산 산정 정산방법 1. 내부정산 (지자체 내부적으로 정산) 2. 외부정산 (외부전문기관위탁 정산) 3. 내·외부 모두 산정 4. 정산 無 5. 해당없음	성과평가 실시여부 1. 실시 2. 미실시 3. 향후 추진 4. 해당없음
3443	충북 영동군	생명농업특화지구육성	25,000	농정과	9	1	7	8	7	1	1	4
3444	충북 영동군	고추 비가림재배시설 지원	35,750	농정과	9	1	7	8	7	1	1	4
3445	충북 영동군	원예작물용 농작업대지원	16,775	농정과	9	6	7	8	7	1	1	4
3446	충북 영동군	과수스마트팜확산사업	11,670	농정과	9	1	7	8	7	1	1	4
3447	충북 영동군	시설원예 ICT 융복합확산사업	24,200	농정과	9	1	7	8	7	1	1	4
3448	충북 영동군	친환경맞춤원예생산시설보급	52,500	농정과	9	6	7	8	7	1	1	4
3449	충북 영동군	버섯생산시설현대화 지원	65,733	농정과	9	1	7	8	7	1	1	4
3450	충북 영동군	인삼생산시설현대화사업	39,544	농정과	9	1	7	8	7	1	1	4
3451	충북 영동군	과수노력절감생산장비지원	200,000	농정과	9	6	7	8	7	1	1	4
3452	충북 영동군	과수고품질시설현대화사업	800,000	농정과	9	1	7	8	7	1	1	4
3453	충북 영동군	농산물 부패방지용 농기계지원	25,600	농정과	9	6	7	8	7	1	1	4
3454	충북 영동군	양봉산업 경쟁력 강화	21,450	농정과	9	6	7	8	7	1	1	4
3455	충북 영동군	양봉생산물 처리장비 지원	15,000	농정과	9	6	7	8	7	1	1	4
3456	충북 영동군	곤충농가 시설장비 지원	10,000	농정과	9	6	7	8	7	1	1	4
3457	충북 영동군	말벌퇴치장비 지원	1,560	농정과	9	1	7	8	7	1	1	4
3458	충북 영동군	가축분뇨처리 장비 보급	20,000	농정과	9	6	7	8	7	1	1	4
3459	충북 영동군	가축 기후변화 대응시설 지원	30,000	농정과	9	6	7	8	7	1	1	4
3460	충북 영동군	축산 ICT 융복합 사업	36,330	농정과	9	1	7	8	7	1	1	4
3461	충북 영동군	친환경축산 시설장비 보급	41,667	농정과	9	6	7	8	7	1	1	4
3462	충북 영동군	ICT 악취측정 기계장비 지원	32,000	농정과	9	1	7	8	7	5	5	4
3463	충북 영동군	가축 폐사체 처리기 지원	15,000	농정과	9	6	7	8	7	1	1	4
3464	충북 영동군	양식어업인 수산약품 및 양식장비 공급	2,100	농정과	9	6	7	8	7	1	1	4
3465	충북 영동군	자연산 민물고기 진공포장기 지원	6,000	농정과	9	6	7	8	7	1	1	4
3466	충북 영동군	농장출입구 자동소독기 설치	2,000	농정과	9	6	7	8	7	1	1	4
3467	충북 영동군	축사내부 방역전실·연무소독시설 설치	1,800	농정과	9	6	7	8	7	1	1	4
3468	충북 영동군	CCTV등 방역인프라 지원	3,000	농정과	9	1	7	8	7	1	1	4
3469	충북 영동군	야생동물 피해예방사업	40,656	환경과	9	1	7	8	7	5	5	4
3470	충북 영동군	슬레이트 처리지원	1,100,120	환경과	9	2	7	8	7	5	5	4
3471	충북 영동군	전기자동차 민간지원	30,000	환경과	9	1	7	8	7	5	5	4
3472	충북 영동군	운행경유차 배출가스 저감사업	775,200	환경과	9	1	7	8	7	5	5	4
3473	충북 영동군	어린이통학차량 LPG 전환 지원사업	75,000	환경과	9	1	7	8	7	5	5	4
3474	충북 영동군	전기이륜차 보급사업	54,000	환경과	9	1	7	8	7	5	5	4
3475	충북 영동군	가정용 저녹스보일러 보급사업	13,000	환경과	9	2	7	8	7	5	5	4
3476	충북 영동군	LPG화물차 신차구매	180,000	환경과	9	2	7	8	7	5	5	4
3477	충북 영동군	주민지원사업	501,718	환경과	9	1	1	7	3	1	1	1
3478	충북 영동군	특별지원사업	800,000	환경과	9	1	1	7	3	1	1	1
3479	충북 영동군	산지종합유통센터	1,050,000	산림과	9	2	7	8	7	1	1	1
3480	충북 영동군	임산물생산기반조성	9,033	산림과	9	2	7	8	7	1	1	1
3481	충북 영동군	임산물저장건조시설	1,250	산림과	9	2	7	8	7	1	1	1
3482	충북 영동군	친환경 임산물 재배관리	86,028	산림과	9	2	7	8	7	1	1	1
3483	충북 영동군	임산물생산기반조성	764,553	산림과	9	2	7	8	7	1	1	1
3484	충북 영동군	백두대간 주민소득 지원사어	131,400	산림과	9	2	7	8	7	1	1	1

순번	시군구	지출명 (사업명)	2021년예산 (단위:천원/1년간)	담당자 (공무원) 담당부서	민간이전 분류 (지방자치단체 세출예산 집행기준에 의거) 1. 민간경상사업보조(307-02) 2. 민간단체 법정운영비보조(307-03) 3. 민간행사사업보조(307-04) 4. 민간위탁금(307-05) 5. 사회복지시설 법정운영비보조(307-10) 6. 민간인위탁교육비(307-12) 7. 공기관등에대한경상적위탁사업비(308-10) 8. 민간자본사업보조,자체재원(402-01) 9. 민간자본사업보조,이전재원(402-02) 10. 민간위탁사업비(402-03) 11. 공기관등에 대한 자본적 대행사업비(403-02)	민간이전지출 근거 (지방보조금 관리기준 참고) 1. 법률에 규정 2. 국고보조 재원(국가지정) 3. 용도 지정 기부금 4. 조례에 직접규정 5. 지자체가 권장하는 사업을 하는 공공기관 6. 시,도 정책 및 재정사정 7. 기타 8. 해당없음	입찰방식 계약체결방법 (경쟁형태) 1. 일반경쟁 2. 제한경쟁 3. 지명경쟁 4. 수의계약 5. 법정위탁 6. 기타 ( ) 7. 해당없음	입찰방식 계약기간 1. 1년 2. 2년 3. 3년 4. 4년 5. 5년 6. 기타 ( )년 7. 단기계약 (1년미만) 8. 해당없음	입찰방식 낙찰자선정방법 1. 적격심사 2. 협상에의한계약 3. 최저가낙찰제 4. 규격가격분리 5. 2단계 경쟁입찰 6. 기타 ( ) 7. 해당없음	운영예산 산정 운영예산 산정 1. 내부산정 (지자체 자체적으로 산정) 2. 외부산정 (외부전문기관위탁 산정) 3. 내·외부 모두 산정 4. 산정 無 5. 해당없음	운영예산 산정 정산방법 1. 내부정산 (지자체 내부적으로 정산) 2. 외부정산 (외부전문기관위탁 정산) 3. 내·외부 모두 산정 4. 정산 無 5. 해당없음	성과평가 실시여부 1. 실시 2. 미실시 3. 향후 추진 4. 해당없음
3485	충북 영동군	임산물소득 지원사업	832,037	산림과	9	2	7	8	7	1	1	4
3486	충북 영동군	임산물유통기반 지원사업	122,500	산림과	9	2	7	8	7	1	1	4
3487	충북 영동군	펠릿보일러 보급사업	14,000	산림과	9	2	7	8	7	1	1	4
3488	충북 영동군	백두대간 주민지원사업	131,400	산림과	9	2	7	8	7	1	1	4
3489	충북 영동군	영농4-H회 활력화 기반구축 지원	21,000	농업기술센터	9	1	7	8	7	1	1	4
3490	충북 영동군	농촌여성 농부증 예방 농작업 장비지원	10,000	농업기술센터	9	6	7	8	7	5	5	4
3491	충북 영동군	작목별 맞춤형 안전관리 실천시범	50,000	농업기술센터	9	2	7	8	7	5	5	4
3492	충북 영동군	농업활동 안전사고 예방 생활화	30,000	농업기술센터	9	6	7	8	7	5	5	4
3493	충북 영동군	농업인 가공사업장 시설장비 개선지원	50,000	농업기술센터	9	6	7	8	7	5	5	4
3494	충북 영동군	고품질 베이커리용 과일가공	70,000	농업기술센터	9	2	7	8	7	5	5	4
3495	충북 영동군	직불제 준수의무 강화 대응 토양환경 개선 시	14,000	농업기술센터	9	1	7	8	7	5	5	4
3496	충북 영동군	이상기상 대응 안전 농산물 생산 기술 시범	56,000	농업기술센터	9	1	7	8	7	5	5	4
3497	충북 영동군	사과 스마트 물관리 시스템 보급	220,000	농업기술센터	9	1	7	8	7	5	5	4
3498	충북 영동군	미래형 사과 다축 과원 조성 시범	70,000	농업기술센터	9	1	7	8	7	5	5	4
3499	충북 영동군	기능성 다겹보온 커튼 기술 시범	70,000	농업기술센터	9	1	7	8	7	5	5	4
3500	충북 영동군	신기술보급사업	60,000	농업기술센터	9	2	7	8	7	5	5	4
3501	충북 영동군	새기술보급사업	14,000	농업기술센터	9	7	7	8	7	5	5	4
3502	충북 영동군	새기술보급사업	49,000	농업기술센터	9	7	7	8	7	5	5	4
3503	충북 증평군	행복마을사업	8,000	미래기획실	9	6	7	8	7	5	5	4
3504	충북 증평군	시각장애인가정 가스자동화차단기 지원사업	200	생활지원과	9	6	7	8	7	5	5	4
3505	충북 증평군	노인여가복지시설 기능보강	8,500	사회복지과	9	1	7	8	7	5	5	4
3506	충북 증평군	어린이집 기능보강	9,000	사회복지과	9	2	7	8	7	1	1	1
3507	충북 증평군	어린이집 확충	10,000	사회복지과	9	1	7	8	7	5	5	4
3508	충북 증평군	지역아동센터 환경개선 지원	10,000	사회복지과	9	2	7	8	7	1	1	4
3509	충북 증평군	전통사찰 보수 정비	340,000	문화체육과	9	2	2	7	1	1	1	4
3510	충북 증평군	전통사찰 방재시스템 구축사업	139,000	문화체육과	9	2	2	7	2	1	1	4
3511	충북 증평군	생산적 일손봉사 지원사업	15,000	경제과	9	6	7	8	7	5	1	4
3512	충북 증평군	투자유치보조금 지원	200,000	경제과	9	6	7	8	7	1	1	3
3513	충북 증평군	취약계층에너지복지사업	1,000	경제과	9	2	7	8	7	5	5	4
3514	충북 증평군	태양광 주택 보급사업	24,000	경제과	9	6	7	8	7	1	1	4
3515	충북 증평군	축산농가 태양광 보급사업	8,000	경제과	9	6	7	8	7	1	1	4
3516	충북 증평군	발전소 주변지역 지원사업	7,500	경제과	9	6	7	8	7	5	5	4
3517	충북 증평군	발전소 주변지역 지원사업	29,800	경제과	9	6	7	8	7	5	5	4
3518	충북 증평군	전기자동차 보급	150,000	환경위생과	9	2	7	8	7	5	5	4
3519	충북 증평군	전기이륜차 보급사업	36,000	환경위생과	9	2	7	8	7	5	5	4
3520	충북 증평군	전기화물차 보급	750,000	환경위생과	9	2	7	8	7	5	5	4
3521	충북 증평군	야생동물피해예방 사업	27,000	환경위생과	9	2	7	8	7	5	5	4
3522	충북 증평군	음식문화개선	40,000	환경위생과	9	6	7	8	7	5	5	4
3523	충북 증평군	귀농귀촌 유치지원사업	60,000	농정과	9	2	7	8	7	5	5	4
3524	충북 증평군	유기농산물 생산 지원	42,410	농정과	9	6	7	8	7	5	5	4
3525	충북 증평군	농기계등화장치 부착지원	4,000	농정과	9	2	7	8	7	5	5	4
3526	충북 증평군	영농기계화 장비 공급	57,799	농정과	9	6	7	8	7	5	5	4

순번	시군구	지출명 (사업명)	2021년예산 (단위:천원/1년간)	담당자 (공무원)	민간이전 분류 (지방자치단체 세출예산 집행기준에 의거)	민간이전지출 근거 (지방보조금 관리기준 참고)	입찰방식			운영예산 산정		성과평가 실시여부
				담당부서	1. 민간경상사업보조(307-02) 2. 민간단체 법정운영비보조(307-03) 3. 민간행사사업보조(307-04) 4. 민간위탁금(307-05) 5. 사회복지시설 법정운영비보조(307-10) 6. 민간인위탁교육비(307-12) 7. 공기관등에대한경상적위탁사업비(308-10) 8. 민간자본사업보조,자체재원(402-01) 9. 민간자본사업보조,이전재원(402-02) 10. 민간위탁사업비(402-03) 11. 공기관등에 대한 자본적 대행사업비(403-02)	1. 법률에 규정 2. 국고보조 재원(국가지정) 3. 용도 지정 기부금 4. 조례에 직접규정 5. 지자체가 권장하는 사업을 하는 공공기관 6. 시,도 정책 및 재정사정 7. 기타 8. 해당없음	계약체결방법 (경쟁형태) 1. 일반경쟁 2. 제한경쟁 3. 지명경쟁 4. 수의계약 5. 법정위탁 6. 기타 ( ) 7. 해당없음	계약기간 1. 1년 2. 2년 3. 3년 4. 4년 5. 5년 6. 기타 ( )년 7. 단기계약 (1년미만) 8. 해당없음	낙찰자선정방법 1. 적격심사 2. 협상에의한계약 3. 최저가낙찰제 4. 규격가격분리 5. 2단계 경쟁입찰 6. 기타 ( ) 7. 해당없음	운영예산 산정 1. 내부산정 (지자체 자체적으로 산정) 2. 외부산정 (외부전문기관위탁 산정) 3. 내·외부 모두 산정 4. 산정 無 5. 해당없음	정산방법 1. 내부정산 (지자체 내부적으로 정산) 2. 외부정산 (외부전문기관위탁 정산) 3. 내·외부 모두 산정 4. 정산 無 5. 해당없음	1. 실시 2. 미실시 3. 향후 추진 4. 해당없음
3527	충북 증평군	곡물건조기 지원사업	10,000	농정과	9	6	7	8	7	5	5	4
3528	충북 증평군	고품질 벼 육묘장 설치 보완	35,000	농정과	9	6	7	8	7	5	5	4
3529	충북 증평군	원예분야 ICT 융복합 지원	45,278	농정과	9	2	7	8	7	5	5	4
3530	충북 증평군	과수노력절감 생산장비 지원	25,000	농정과	9	6	7	8	7	5	5	4
3531	충북 증평군	인삼생산시설현대화	34,348	농정과	9	2	7	8	7	5	5	4
3532	충북 증평군	친환경 지역특화작목 육성	70,000	농정과	9	6	7	8	7	5	5	4
3533	충북 증평군	친환경 맞춤형원예생산시설 보급	50,000	농정과	9	6	7	8	7	5	5	4
3534	충북 증평군	급수저장조 지원	2,250	농정과	9	6	7	8	7	5	5	4
3535	충북 증평군	농업 에너지이용 효율화 지원	42,500	농정과	9	2	7	8	7	5	5	4
3536	충북 증평군	축산분야 ICT 융복합 사업	36,330	농정과	9	2	7	8	7	5	5	4
3537	충북 증평군	양봉 생산물 처리장비 지원	4,500	농정과	9	6	7	8	7	5	5	4
3538	충북 증평군	가축 기후변화 대응시설 지원	20,000	농정과	9	6	7	8	7	5	5	4
3539	충북 증평군	양식어업인 수산약품 및 양식장비 공급	1,400	농정과	9	6	7	8	7	5	5	4
3540	충북 증평군	내수면 양식장 수질 개선	9,000	농정과	9	6	7	8	7	5	5	4
3541	충북 증평군	내수면 양식장 지하수 노후관정 정비	10,800	농정과	9	6	7	8	7	5	5	4
3542	충북 증평군	가축폐사체처리기 지원	15,000	농정과	9	6	7	8	7	5	5	4
3543	충북 증평군	말벌퇴치장비 지원	480	농정과	9	2	7	8	7	5	5	4
3544	충북 증평군	곤충 사육가공 시설장비 지원	10,000	농정과	9	6	7	8	7	5	5	4
3545	충북 증평군	축사내부 방역전실 연무소독시설 설치	1,800	농정과	9	6	7	8	7	5	5	4
3546	충북 증평군	농장출입구 자동소독기 설치	2,000	농정과	9	6	7	8	7	5	5	4
3547	충북 증평군	CCTV 등 방역인프라 지원	1,800	농정과	9	2	7	8	7	5	5	4
3548	충북 증평군	친환경축산 시설장비 보급	83,333	농정과	9	6	7	8	7	5	5	4
3549	충북 증평군	가축분뇨처리 장비 보급	15,000	농정과	9	6	7	8	7	5	5	4
3550	충북 증평군	ICT 악취측정 기계장비 지원	16,000	농정과	9	6	7	8	7	5	5	4
3551	충북 증평군	계란 냉장차량 지원	15,000	농정과	9	2	7	8	7	5	5	4
3552	충북 증평군	축사 악취개선 시설 지원	15,000	농정과	9	6	7	8	7	5	5	4
3553	충북 증평군	축산악취개선사업	45,720	농정과	9	6	7	8	7	5	5	4
3554	충북 증평군	목재펠릿 보일러	8,400	농정과	9	2	7	8	7	5	5	4
3555	충북 증평군	임산물생산기반조성	69,430	농정과	9	2	7	8	7	5	5	4
3556	충북 증평군	임산물생산단지조성	48,170	농정과	9	2	7	8	7	5	5	4
3557	충북 증평군	농촌지도사업 활력화 지원	85,400	농업기술센터	9	6	7	8	7	5	5	4
3558	충북 증평군	농촌 어르신 복지실천 시범	40,000	농업기술센터	9	6	7	8	7	5	5	4
3559	충북 증평군	지역 활력화 작목 기반조성	380,000	농업기술센터	9	1	7	8	7	5	5	4
3560	충북 증평군	농업활동 안전사고 예방 생활화	30,000	농업기술센터	9	6	7	8	7	5	5	4
3561	충북 증평군	새기술보급사업 확산	119,000	농업기술센터	9	1	7	8	7	5	5	4
3562	충북 증평군	농촌생활활력화 새기술보급	38,000	농업기술센터	9	6	7	8	7	5	5	4
3563	충북 증평군	농촌자원 활용 치유프로그램 보급 시범	70,000	농업기술센터	9	2	7	8	7	5	5	4
3564	충북 진천군	노인복지시설 화재안전창문 설치	6,574	주민복지과	9	1	5	5	7	1	1	1
3565	충북 진천군	장애인직업재활시설 기능보강	4,000	주민복지과	9	4	7	8	7	1	1	1
3566	충북 진천군	농어촌 장애인주택개조사업	11,400	주민복지과	9	1	4	7	6	2	1	1
3567	충북 진천군	가정폭력피해자 보호시설 기능보강	10,000	여성가족과	9	2	7	8	7	1	1	1
3568	충북 진천군	시간제보육기관 리모델링비	10,000	여성가족과	9	2	7	8	7	1	1	4

순번	시군구	지출명 (사업명)	2021년예산 (단위:천원/1년간)	담당자 (공무원) 담당부서	민간이전 분류 (지방자치단체 세출예산 집행기준에 의거) 1. 민간경상사업보조(307-02) 2. 민간단체 법정운영비보조(307-03) 3. 민간행사사업보조(307-04) 4. 민간위탁금(307-05) 5. 사회복지시설 법정운영비보조(307-10) 6. 민간인위탁교육비(307-12) 7. 공기관등에대한경상적위탁사업비(308-10) 8. 민간자본사업보조,자체재원(402-01) 9. 민간자본사업보조,이전재원(402-02) 10. 민간위탁사업비(402-03) 11. 공기관등에 대한 자본적 대행사업비(403-02)	민간이전지출 근거 (지방보조금 관리기준 참고) 1. 법률에 규정 2. 국고보조 재원(국가지정) 3. 용도 지정 기부금 4. 조례에 직접규정 5. 지자체가 권장하는 사업을 하는 공공기관 6. 시,도 정책 및 재정사정 7. 기타 8. 해당없음	입찰방식 계약체결방법 (경쟁형태) 1. 일반경쟁 2. 제한경쟁 3. 지명경쟁 4. 수의계약 5. 법정위탁 6. 기타 ( ) 7. 해당없음	입찰방식 계약기간 1. 1년 2. 2년 3. 3년 4. 4년 5. 5년 6. 기타 ( )년 7. 단기계약 (1년미만) 8. 해당없음	입찰방식 낙찰자선정방법 1. 적격심사 2. 협상에의한계약 3. 최저가낙찰제 4. 규격가격분리 5. 2단계 경쟁입찰 6. 기타 ( ) 7. 해당없음	운영예산 산정 운영예산 산정 1. 내부산정 (지자체 자체적으로 산정) 2. 외부산정 (외부전문기관위탁 산정) 3. 내·외부 모두 산정 4. 산정 無 5. 해당없음	운영예산 산정 정산방법 1. 내부정산 (지자체 내부적으로 정산) 2. 외부정산 (외부전문기관위탁 정산) 3. 내·외부 모두 산정 4. 정산 無 5. 해당없음	성과평가 실시여부 1. 실시 2. 미실시 3. 향후 추진 4. 해당없음
3569	충북 진천군	어린이집 기능보강(개보수)	30,000	여성가족과	9	2	7	8	7	1	1	1
3570	충북 진천군	어린이집 기능보강(장비비)	2,000	여성가족과	9	2	7	8	7	1	1	1
3571	충북 진천군	보존식 기자재 지원	8,400	여성가족과	9	2	7	8	7	1	1	1
3572	충북 진천군	지역아동센터 환경개선지원	10,000	여성가족과	9	1	7	8	7	1	1	1
3573	충북 진천군	다함께돌봄센터 설치비	50,000	여성가족과	9	1	7	8	7	5	5	4
3574	충북 진천군	다함께돌봄센터 기자재비	20,000	여성가족과	9	1	7	8	7	5	5	4
3575	충북 진천군	우수운영 작은도서관 도서구입비	9,700	평생학습과	9	4	7	7	7	1	1	1
3576	충북 진천군	노후경유차 조기폐차 지원사업	710,400	환경과	9	2	7	8	7	1	1	2
3577	충북 진천군	통학차량 LPG차 전환지원	150,000	환경과	9	2	7	8	7	1	1	1
3578	충북 진천군	노후경유차 배출가스 저감장치 설치 사업	155,800	환경과	9	2	7	8	7	1	1	2
3579	충북 진천군	LPG화물차 신차 구매지원	160,000	환경과	9	2	7	8	7	1	1	1
3580	충북 진천군	건설기계 배출가스 저감장치 부착사업	110,000	환경과	9	2	7	8	7	1	1	2
3581	충북 진천군	건설기계 엔진교체 지원사업	247,500	환경과	9	2	7	8	7	1	1	2
3582	충북 진천군	기후변화 취약계층 지원사업	60,000	환경과	9	2	7	8	7	1	1	2
3583	충북 진천군	야생동물 피해예방시설 설치사업	25,076	환경과	9	2	7	8	7	1	1	1
3584	충북 진천군	전기자동차 구매지원	30,000	환경과	9	2	7	8	7	1	1	1
3585	충북 진천군	전기이륜차 보급사업	27,000	환경과	9	2	7	8	7	1	1	1
3586	충북 진천군	가정용 저녹스 보일러 보급사업	34,000	환경과	9	2	7	8	7	1	1	2
3587	충북 진천군	소규모 사업장 방지시설 설치지원 사업	1,459,800	환경과	9	2	7	8	7	1	1	2
3588	충북 진천군	주유소 유증기 회수설비 지원 사업	120,700	환경과	9	2	7	8	7	1	1	2
3589	충북 진천군	전기화물차 구매지원	1,750	환경과	9	2	7	8	7	1	1	1
3590	충북 진천군	수소연료전지차 구매지원	175,000	환경과	9	2	7	8	7	1	1	1
3591	충북 진천군	음식문화개선 시설개선 운영비	30,000	식산업지원과	9	6	7	8	7	3	1	4
3592	충북 진천군	마을 태양광발전소 건립사업	16,560	신재생에너지과	9	2	6	8	7	1	1	4
3593	충북 진천군	태양광 주택보급 사업	127,500	신재생에너지과	9	2	7	8	7	1	1	4
3594	충북 진천군	공동주택 태양광 보급사업	15,000	신재생에너지과	9	2	7	8	7	1	1	4
3595	충북 진천군	비영리시설 태양광 설치사업	39,600	신재생에너지과	9	2	7	8	7	1	1	4
3596	충북 진천군	축산농가 태양광 보급사업	32,000	신재생에너지과	9	2	7	8	7	1	1	4
3597	충북 진천군	혁신도시단독주택 도시가스공급시설 설치지원 사업	55,000	신재생에너지과	9	4	7	1	7	1	1	4
3598	충북 진천군	석재채취 환경피해 저감사업 지원	108,500	산림녹지과	9	2	7	8	7	5	5	4
3599	충북 진천군	경제수조림 예정지 정리사업	290,220	산림녹지과	9	1	7	8	7	5	5	4
3600	충북 진천군	토량개량	7,571	산림녹지과	9	1	7	8	7	3	1	4
3601	충북 진천군	생산장비 및 시설	18,063	산림녹지과	9	1	7	8	7	3	1	4
3602	충북 진천군	산림복합경영단지조성	107,200	산림녹지과	9	1	7	8	7	3	1	4
3603	충북 진천군	산림복합경영단지	19,610	산림녹지과	9	1	7	8	7	3	1	4
3604	충북 진천군	산림작물생산단지	21,287	산림녹지과	9	1	7	8	7	3	1	4
3605	충북 진천군	주택용 목재 펠릿보일러	36,400	산림녹지과	9	1	7	8	7	3	1	3
3606	충북 진천군	사회복지용 목재 펠릿보일러	20,000	산림녹지과	9	1	7	8	7	3	1	3
3607	충북 진천군	문백면 은성마을 농촌마을회관 행복센터 조성사업	200,000	건축디자인과	9	6	7	8	7	5	5	4
3608	충북 진천군	이월면 일영마을 농촌마을회관 행복센터 조성사업	200,000	건축디자인과	9	6	7	8	7	5	5	4
3609	충북 진천군	2021년 간판이 아름다운 시범거리 조성사업	240,000	건축디자인과	9	6	7	8	7	5	5	4
3610	충북 진천군	옥외광고 소비쿠폰 지원사업	36,000	건축디자인과	9	6	7	8	7	5	5	4

순번	시군구	지출명 (사업명)	2021년예산 (단위:천원/1년간)	담당자 (공무원)	민간이전 분류 (지방자치단체 세출예산 집행기준에 의거)	민간이전지출 근거 (지방보조금 관리기준 참고)	입찰방식			운영예산 산정		성과평가 실시여부
				담당부서	1. 민간경상사업보조(307-02) 2. 민간단체 법정운영비보조(307-03) 3. 민간행사사업보조(307-04) 4. 민간위탁금(307-05) 5. 사회복지시설 법정운영비보조(307-10) 6. 민간인위탁교육비(307-12) 7. 공기관등에대한경상적위탁사업비(308-10) 8. 민간자본사업보조,자체재원(402-01) 9. 민간자본사업보조,이전재원(402-02) 10. 민간위탁사업비(402-03) 11. 공기관등에 대한 자본적 대행사업비(403-02)	1. 법률에 규정 2. 국고보조 재원(국가지정) 3. 용도 지정 기부금 4. 조례에 직접규정 5. 지자체가 권장하는 사업을 하는 공공기관 6. 시,도 정책 및 재정사정 7. 기타 8. 해당없음	계약체결방법 (경쟁형태) 1. 일반경쟁 2. 제한경쟁 3. 지명경쟁 4. 수의계약 5. 법정위탁 6. 기타 ( ) 7. 해당없음	계약기간 1. 1년 2. 2년 3. 3년 4. 4년 5. 5년 6. 기타 ( )년 7. 단기계약 (1년미만) 8. 해당없음	낙찰자선정방법 1. 적격심사 2. 협상에의한계약 3. 최저가낙찰제 4. 규격가격분리 5. 2단계 경쟁입찰 6. 기타 ( ) 7. 해당없음	운영예산 산정 1. 내부산정 (지자체 자체적으로 산정) 2. 외부산정 (외부전문기관위탁 산정) 3. 내·외부 모두 산정 4. 산정 無 5. 해당없음	정산방법 1. 내부정산 (지자체 내부적으로 정산) 2. 외부정산 (외부전문기관위탁 정산) 3. 내·외부 모두 산정 4. 정산 無 5. 해당없음	1. 실시 2. 미실시 3. 향후 추진 4. 해당없음
3611	충북 진천군	화재안전성능보강 지원 사업	26,666	건축디자인과	9	2	7	8	7	5	5	4
3612	충북 진천군	고품질 벼 육묘장 설치 보완	70,000	농업정책과	9	4	4	8	7	1	1	1
3613	충북 진천군	농작업 안전사용장비 공급	14,407	농업정책과	9	4	4	8	7	1	1	1
3614	충북 진천군	곡물건조기 지원	20,000	농업정책과	9	4	4	8	7	1	1	1
3615	충북 진천군	영농기계화 장비공급	71,766	농업정책과	9	4	4	8	7	1	1	1
3616	충북 진천군	유기농산물 생산 지원	176,320	농업정책과	9	4	4	8	7	1	1	1
3617	충북 진천군	가뭄대비 급수저장조(물저금통)지원	3,000	농업정책과	9	4	4	8	7	1	1	1
3618	충북 진천군	유해야생동물포획시설지원	3,960	농업정책과	9	2	4	8	7	1	1	1
3619	충북 진천군	맞춤형 원예생산시설 지원	95,000	농업정책과	9	6	4	8	7	1	1	1
3620	충북 진천군	고추비가림 재배시설 지원	11,000	농업정책과	9	2	4	8	7	1	1	1
3621	충북 진천군	버섯생산시설현대화 지원	64,833	농업정책과	9	2	4	8	7	1	1	1
3622	충북 진천군	지역특화 작목육성 지원	120,000	농업정책과	9	6	4	8	7	1	1	1
3623	충북 진천군	농업에너지이용효율화	100,000	농업정책과	9	2	4	8	7	1	1	1
3624	충북 진천군	시설원예현대화 지원	124,250	농업정책과	9	2	4	8	7	1	1	1
3625	충북 진천군	시설원예현대화 지원	60,195	농업정책과	9	2	4	8	7	1	1	1
3626	충북 진천군	스마트팜ICT융복합확산사업	43,200	농업정책과	9	2	4	8	7	1	1	1
3627	충북 진천군	과수 노력절감 생산장비 지원	34,500	농업정책과	9	6	4	8	7	1	1	1
3628	충북 진천군	인삼생산시설현대화	32,652	농업정책과	9	2	4	8	7	1	1	1
3629	충북 진천군	원예작물용 농작업대 지원	1,925	농업정책과	9	6	4	8	7	1	1	1
3630	충북 진천군	과수분야스마트팜확산사업	11,670	농업정책과	9	2	4	8	7	1	1	1
3631	충북 진천군	청년농업인 스마트팜 기반조성	70,000	농촌지원과	9	6	7	8	7	5	5	4
3632	충북 진천군	외래 벼 대체 우리쌀 확대 선도실천	21,000	농촌지원과	9	6	7	8	7	5	5	4
3633	충북 진천군	특화작목 부가가치향상 지원사업	35,000	농촌지원과	9	6	7	8	7	5	5	4
3634	충북 진천군	농업활동 안전사고 예방 생활화	24,000	농촌지원과	9	2	7	8	7	5	5	4
3635	충북 진천군	농촌 어르신 복지실천시범	40,000	농촌지원과	9	2	7	8	7	5	5	4
3636	충북 진천군	농촌여성 농부증 예방 농작업 장비 지원	10,000	농촌지원과	9	6	7	8	7	5	5	4
3637	충북 진천군	특산자원융복합 가공상품 생산 기반조성	200,000	농촌지원과	9	2	7	8	7	5	5	4
3638	충북 진천군	신품종 조기확산 및 최고품질 벼 선정시범	100,000	기술보급과	9	2	7	8	7	5	1	1
3639	충북 진천군	드론 활용 노동력 절감 벼 재배단지 육성 시범	80,000	기술보급과	9	2	7	8	7	5	5	4
3640	충북 진천군	밭작물 관개시스템 시범	100,000	기술보급과	9	2	7	8	7	5	5	1
3641	충북 진천군	들녘단위 규모화 친환경쌀산업 고도화단지 육성	500,000	기술보급과	9	2	7	8	7	5	1	4
3642	충북 진천군	고품질쌀 생산비 절감 종합기술 시범	21,000	기술보급과	9	6	7	8	7	5	5	4
3643	충북 진천군	벼 소식재배 기술보급 시범	28,000	기술보급과	9	6	7	8	7	5	5	4
3644	충북 진천군	고온건조방식 대인소독장비 활용기술 시범	40,000	기술보급과	9	2	7	8	7	5	5	4
3645	충북 진천군	스마트 양봉 기술 보급 시범	20,000	기술보급과	9	2	7	8	7	5	5	4
3646	충북 진천군	스마트 생체정보 관리시스템 보급 시범	60,000	기술보급과	9	2	7	8	7	5	5	4
3647	충북 진천군	ICT활용 모돈 개체급이기 이용 시범	21,000	기술보급과	9	2	7	8	7	5	5	4
3648	충북 진천군	혹서기 대비 축사환경 및 가축질병예방 시범	14,000	기술보급과	9	2	7	8	7	5	5	4
3649	충북 진천군	오리사 깔짚 자동살포시스템 보급 시범	14,000	기술보급과	9	2	7	8	7	5	5	4
3650	충북 진천군	면역유도 기능성 곤충 사료화 시범	14,000	기술보급과	9	2	7	8	7	5	5	4
3651	충북 진천군	가축 분뇨 퇴비 부숙도 향상 시범	14,000	기술보급과	9	2	7	8	7	5	5	4
3652	충북 진천군	시설작물 자동 관수 및 관비(물+비료 동시) 시스템 시범	26,000	기술보급과	9	2	7	8	7	5	5	4

순번	시군구	지출명 (사업명)	2021년예산 (단위:천원/1년간)	담당자 (공무원) 담당부서	민간이전 분류 (지방자치단체 세출예산 집행기준에 의거) 1. 민간경상사업보조(307-02) 2. 민간단체 법정운영비보조(307-03) 3. 민간행사사업보조(307-04) 4. 민간위탁금(307-05) 5. 사회복지시설 법정운영비보조(307-10) 6. 민간인위탁교육비(307-12) 7. 공기관등에대한경상적위탁사업비(308-10) 8. 민간자본사업보조,자체재원(402-01) 9. 민간자본사업보조,이전재원(402-02) 10. 민간위탁사업비(402-03) 11. 공기관등에 대한 자본적 대행사업비(403-02)	민간이전지출 근거 (지방보조금 관리기준 참고) 1. 법률에 규정 2. 국고보조 재원(국가지정) 3. 용도 지정 기부금 4. 조례에 직접규정 5. 지자체가 권장하는 사업을 하는 공공기관 6. 시,도 정책 및 재정사정 7. 기타 8. 해당없음	입찰방식 계약체결방법 (경쟁형태) 1. 일반경쟁 2. 제한경쟁 3. 지명경쟁 4. 수의계약 5. 법정위탁 6. 기타 ( ) 7. 해당없음	입찰방식 계약기간 1. 1년 2. 2년 3. 3년 4. 4년 5. 5년 6. 기타 ( )년 7. 단기계약 (1년미만) 8. 해당없음	입찰방식 낙찰자선정방법 1. 적격심사 2. 협상에의한계약 3. 최저가낙찰제 4. 규격가격분리 5. 2단계 경쟁입찰 6. 기타 ( ) 7. 해당없음	운영예산 산정 운영예산 산정 1. 내부산정 (지자체 자체적으로 산정) 2. 외부산정 (외부전문기관위탁 산정) 3. 내·외부 모두 산정 4. 산정 無 5. 해당없음	운영예산 산정 정산방법 1. 내부정산 (지자체 내부적으로 정산) 2. 외부정산 (외부전문기관위탁 정산) 3. 내·외부 모두 산정 4. 정산 無 5. 해당없음	성과평가 실시여부 1. 실시 2. 미실시 3. 향후 추진 4. 해당없음
3653	충북 진천군	과채류 맞춤형 에너지절감 패키지기술 시범	80,000	기술보급과	9	2	4	1	7	1	1	1
3654	충북 진천군	이상기상대응 안전농산물 생산기술 시범	56,000	기술보급과	9	2	7	8	7	5	5	4
3655	충북 진천군	국내육성 마늘 신품종 조기보급 시범	35,000	기술보급과	9	2	7	8	7	5	5	4
3656	충북 진천군	광환경개선을 통한 고품질 복숭아 생산 시범	14,000	기술보급과	9	2	7	8	7	5	5	4
3657	충북 진천군	신소득 특용작물 안정 재배기술 보급	14,000	기술보급과	9	2	4	1	7	1	1	1
3658	충북 진천군	국내육성품종 고품질 버섯 재배시범	21,000	기술보급과	9	2	4	1	7	1	1	1
3659	충북 진천군	소과종 수박 생산단지 조성	200,000	기술보급과	9	2	7	8	7	5	5	4
3660	충북 진천군	농식품 가공제품 포장디자인 개선시범	10,500	기술보급과	9	6	7	8	7	5	5	4
3661	충북 진천군	농업인 소규모 창업기술 시범	90,000	기술보급과	9	2	7	8	7	5	5	4
3662	충북 진천군	농업인 가공사업장 시설장비 개선	50,000	기술보급과	9	6	7	8	7	5	5	4
3663	충북 진천군	축산 ICT 융복합 사업	266,330	축산유통과	9	7	7	8	7	5	5	4
3664	충북 진천군	가축 기후변화 대응시설 지원	70,000	축산유통과	9	7	7	8	7	5	5	4
3665	충북 진천군	가축 폐사체 처리기 지원	60,000	축산유통과	9	6	7	8	7	5	5	4
3666	충북 진천군	지능형 교배시기 탐지기 지원	9,600	축산유통과	9	6	7	8	7	5	1	2
3667	충북 진천군	양봉 생산물 처리장비 지원	12,000	축산유통과	9	1	7	8	7	5	5	4
3668	충북 진천군	양봉 벌통지원	18,480	축산유통과	9	1	7	8	7	5	5	4
3669	충북 진천군	말벌퇴치장비 지원사업	660	축산유통과	9	1	7	8	7	5	5	4
3670	충북 진천군	친환경축산시설장비보급	130,000	축산유통과	9	6	7	8	7	5	1	2
3671	충북 진천군	축산악취개선사업	274,800	축산유통과	9	2	7	8	7	5	1	2
3672	충북 진천군	곤충사육 농가 시설장비 지원	10,000	축산유통과	9	1	7	8	7	5	5	4
3673	충북 진천군	조사료 수확장비 지원	127,200	축산유통과	9	6	7	8	7	5	5	4
3674	충북 진천군	조사료 가공시설 보완	90,000	축산유통과	9	6	7	8	7	5	5	4
3675	충북 진천군	가축분뇨처리 장비 보급	30,000	축산유통과	9	6	7	8	7	5	1	2
3676	충북 진천군	ICT 악취측정 기계장비 지원	80,000	축산유통과	9	2	7	8	7	5	1	2
3677	충북 진천군	축사 악취개선 시설지원	15,000	축산유통과	9	6	7	8	7	5	1	2
3678	충북 진천군	우수 액비유통센터 지원	160,000	축산유통과	9	2	7	8	7	5	1	2
3679	충북 진천군	낚시터 안전시설 개선	8,000	축산유통과	9	1	7	8	7	5	5	4
3680	충북 진천군	양식어업인 수산약품 및 양식장비 공급	18,200	축산유통과	9	1	7	8	7	5	5	4
3681	충북 진천군	양어용 배합사료 보관용 저온저장고 설치	18,000	축산유통과	9	1	7	8	7	5	5	4
3682	충북 진천군	내수면 양식장 수질개선	18,000	축산유통과	9	1	7	8	7	5	5	4
3683	충북 진천군	내수면 양식장 정전 피해대비 시설정비 사업	12,000	축산유통과	9	1	7	8	7	5	5	4
3684	충북 진천군	내수면양식장 지하수 노후관정 정비	5,400	축산유통과	9	1	7	8	7	5	5	4
3685	충북 진천군	노후어선 교체 구입비 지원	9,600	축산유통과	9	1	7	8	7	5	5	4
3686	충북 진천군	가금농가 CCTV 등 방역인프라 지원	69,000	축산유통과	9	6	7	8	7	5	5	4
3687	충북 진천군	축사내부 방역전실·연무소독시설 설치 지원	3,600	축산유통과	9	6	7	8	7	1	1	2
3688	충북 진천군	농장출입구 자동소독기 설치 지원	16,000	축산유통과	9	6	7	8	7	1	1	2
3689	충북 진천군	계란 냉장차량 지원	15,000	축산유통과	9	6	7	8	7	5	5	4
3690	충북 진천군	농수산물 수출단지 육성	215,600	축산유통과	9	7	7	8	7	5	5	4
3691	충북 진천군	농산물 산지유통시설 설치	319,984	축산유통과	9	7	7	8	7	5	5	4
3692	충북 진천군	농산물 부패방지용 농기계 지원	7,000	축산유통과	9	7	7	8	7	5	5	4
3693	충북 진천군	농산물산지유통센터(APC)지원사업	600,000	축산유통과	9	7	7	8	7	5	5	4
3694	충북 진천군	직매장 잔류농약 분석기 공급	7,700	축산유통과	9	7	7	8	7	5	5	4

순번	시군구	지출명 (사업명)	2021년예산 (단위:천원/1년간)	담당자 (공무원) 담당부서	민간이전 분류 (지방자치단체 세출예산 집행기준에 의거) 1. 민간경상사업보조(307-02) 2. 민간단체 법정운영비보조(307-03) 3. 민간행사사업보조(307-04) 4. 민간위탁금(307-05) 5. 사회복지시설 법정운영비보조(307-10) 6. 민간인위탁교육비(307-12) 7. 공기관등에대한경상적위탁사업비(308-10) 8. 민간자본사업보조,자체재원(402-01) 9. 민간자본사업보조,이전재원(402-02) 10. 민간위탁사업비(402-03) 11. 공기관등에 대한 자본적 대행사업비(403-02)	민간이전지출 근거 (지방보조금 관리기준 참고) 1. 법률에 규정 2. 국고보조 재원(국가지정) 3. 용도 지정 기부금 4. 조례에 직접규정 5. 지자체가 권장하는 사업을 하는 공공기관 6. 시,도 정책 및 재정사정 7. 기타 8. 해당없음	입찰방식 계약체결방법 (경쟁형태) 1. 일반경쟁 2. 제한경쟁 3. 지명경쟁 4. 수의계약 5. 법정위탁 6. 기타 ( ) 7. 해당없음	입찰방식 계약기간 1. 1년 2. 2년 3. 3년 4. 4년 5. 5년 6. 기타 ( )년 7. 단기계약 (1년미만) 8. 해당없음	입찰방식 낙찰자선정방법 1. 적격심사 2. 협상에의한계약 3. 최저가낙찰제 4. 규격가격분리 5. 2단계 경쟁입찰 6. 기타 ( ) 7. 해당없음	운영예산 산정 운영예산 산정 1. 내부산정 (지자체 자체적으로 산정) 2. 외부산정 (외부전문기관위탁 산정) 3. 내·외부 모두 산정 4. 산정 無 5. 해당없음	운영예산 산정 정산방법 1. 내부정산 (지자체 내부적으로 정산) 2. 외부정산 (외부전문기관위탁 정산) 3. 내·외부 모두 산정 4. 정산 無 5. 해당없음	성과평가 실시여부 1. 실시 2. 미실시 3. 향후 추진 4. 해당없음
3695	충북 괴산군	시각장애인가정가스자동차단기 설치	400	주민복지과	9	6	7	8	7	5	1	1
3696	충북 괴산군	가정용 저녹스보일러 보급사업	1,000	환경과	9	2	7	8	7	4	1	4
3697	충북 괴산군	LPG화물차 신차구매 지원	120,000	환경과	9	2	7	8	7	4	1	4
3698	충북 괴산군	전기자동차 구매 지원	15,000	환경과	9	2	7	8	7	4	1	3
3699	충북 괴산군	전기자동차 구매 지원	750,000	환경과	9	2	7	8	7	4	1	3
3700	충북 괴산군	전기이륜차 보급지원	18,000	환경과	9	2	7	8	7	4	1	4
3701	충북 괴산군	어린이 통학차량 LPG차 전환지원	45,000	환경과	9	2	7	8	7	4	1	4
3702	충북 괴산군	수소자동차 구매 지원	617,500	환경과	9	2	7	8	7	4	1	3
3703	충북 괴산군	농촌지도사업 활력화 지원	71,400	농업기술센터	9	1	7	8	7	5	5	4
3704	충북 괴산군	농촌생활활력화 기술보급	76,500	농업기술센터	9	1	7	8	7	5	5	4
3705	충북 괴산군	새기술보급사업 확산	598,240	농업기술센터	9	1	7	8	7	5	5	4
3706	충북 괴산군	도시민농촌유치지원	110,000	농업기술센터	9	1	7	8	7	5	5	4
3707	충북 괴산군	농작물 병해충 방제비 지원	152,880	농업기술센터	9	1	7	8	7	5	5	4
3708	충북 괴산군	농촌어르신 복지생활 실천시범	45,000	농업기술센터	9	1	7	8	7	5	5	4
3709	충북 괴산군	농업활동 안전사고예방 생활화	30,000	농업기술센터	9	1	7	8	7	5	5	4
3710	충북 괴산군	특산자원 융복합 기술지원	390,000	농업기술센터	9	1	7	8	7	5	5	4
3711	충북 괴산군	소비선호형 우리품종 단지조성 시범	200,000	농업기술센터	9	1	7	8	7	5	5	4
3712	충북 괴산군	품목별농업인연구회 소득기반 조성	20,000	농업기술센터	9	1	7	8	7	5	5	4
3713	충북 괴산군	청년농업인 경쟁력 제고사업	45,000	농업기술센터	9	1	7	8	7	5	5	4
3714	충북 괴산군	청년4-H회원 창업 성공모델 지원사업	35,000	농업기술센터	9	1	7	8	7	5	5	4
3715	충북 괴산군	천적과 작물보호제를 활용한 해충종합방제기술 시범	50,000	농업기술센터	9	1	7	8	7	5	5	4
3716	충북 괴산군	시설원예작물 바이러스 종합예방기술 시범	40,000	농업기술센터	9	1	7	8	7	5	5	4
3717	충북 괴산군	효소처리 농식품 가공 소재화 시범	70,000	농업기술센터	9	1	7	8	7	5	5	4
3718	충북 괴산군	치유농업육성 시범	60,000	농업기술센터	9	1	7	8	7	5	5	4
3719	충북 괴산군	지역활력화 작목기반 조성	100,000	농업기술센터	9	1	7	8	7	5	5	4
3720	충북 괴산군	외래품종 대체 최고품질 벼 생산공급 거점단지 육성	200,000	농업기술센터	9	1	7	8	7	5	5	4
3721	충북 괴산군	밭작물 신기술 선도단지 육성	206,000	농업기술센터	9	1	7	8	7	5	5	4
3722	충북 괴산군	논 이용 콩 생산 생력 기계화 신기술 시범	52,000	농업기술센터	9	1	7	8	7	5	5	4
3723	충북 괴산군	청년농업인 스마트 팜 기반 조성	70,000	농업기술센터	9	1	7	8	7	5	5	4
3724	충북 괴산군	농업인가공사업장 시설장비 개선	100,000	농업기술센터	9	1	7	8	7	5	5	4
3725	충북 괴산군	터널식 해가림을 이용한 인삼재배 신기술 시범	80,000	농업기술센터	9	1	7	8	7	5	5	4
3726	충북 괴산군	지역활력화 작목기반 조성	182,000	농업기술센터	9	1	7	8	7	5	5	4
3727	충북 괴산군	지역특화우수품종 보급	100,000	농업기술센터	9	1	7	8	7	5	5	4
3728	충북 괴산군	한우 우량암소 조기선발 기술 시범	200,000	농업기술센터	9	1	7	8	7	5	5	4
3729	충북 음성군	노숙인 시설 지원	248,692	주민지원과	9	1	7	8	7	1	1	4
3730	충북 음성군	자활사업 활성화 추진 사업비 지원	21,000	주민지원과	9	6	4	1	7	3	3	1
3731	충북 음성군	장애인직업재활시설 기능보강	4,000	주민지원과	9	2	7	8	7	5	1	1
3732	충북 음성군	장애인거주시설 기능보강	194,988	주민지원과	9	1	1	7	1	5	1	1
3733	충북 음성군	노인요양시설 기능보강	217,302	사회복지과	9	1	7	8	7	5	1	4
3734	충북 음성군	아동복지시설 기능보강 사업	38,688,000	사회복지과	9	2	7	8	7	5	5	4
3735	충북 음성군	지역아동센터 환경개선 지원	40,000	사회복지과	9	2	7	8	7	5	5	4
3736	충북 음성군	어린이집 기능보강	30,000	사회복지과	9	1	7	8	7	5	5	4

순번	시군구	지출명 (사업명)	2021년예산 (단위:천원/1년간)	담당자 (공무원) 담당부서	민간이전 분류 (지방자치단체 세출예산 집행기준에 의거) 1. 민간경상사업보조(307-02) 2. 민간단체 법정운영비보조(307-03) 3. 민간행사사업보조(307-04) 4. 민간위탁금(307-05) 5. 사회복지시설 법정운영비보조(307-10) 6. 민간인위탁교육비(307-12) 7. 공기관등에대한경상적위탁사업비(308-10) 8. 민간자본사업보조,자체재원(402-01) 9. 민간자본사업보조,이전재원(402-02) 10. 민간위탁사업비(402-03) 11. 공기관등에 대한 자본적 대행사업비(403-02)	민간이전지출 근거 (지방보조금 관리기준 참고) 1. 법률에 규정 2. 국고보조 재원(국가지정) 3. 용도 지정 기부금 4. 조례에 직접규정 5. 지자체가 권장하는 사업을 하는 공공기관 6. 시,도 정책 및 재정사정 7. 기타 8. 해당없음	입찰방식 계약체결방법 (경쟁형태) 1. 일반경쟁 2. 제한경쟁 3. 지명경쟁 4. 수의계약 5. 법정위탁 6. 기타 ( ) 7. 해당없음	입찰방식 계약기간 1. 1년 2. 2년 3. 3년 4. 4년 5. 5년 6. 기타 ( )년 7. 단기계약 (1년미만) 8. 해당없음	입찰방식 낙찰자선정방법 1. 적격심사 2. 협상에의한계약 3. 최저가낙찰제 4. 규격가격분리 5. 2단계 경쟁입찰 6. 기타 ( ) 7. 해당없음	운영예산 산정 운영예산 산정 1. 내부산정 (지자체 자체적으로 산정) 2. 외부산정 (외부전문기관위탁 산정) 3. 내·외부 모두 산정 4. 산정 無 5. 해당없음	운영예산 산정 정산방법 1. 내부정산 (지자체 내부적으로 정산) 2. 외부정산 (외부전문기관위탁 정산) 3. 내·외부 모두 산정 4. 정산 無 5. 해당없음	성과평가 실시여부 1. 실시 2. 미실시 3. 향후 추진 4. 해당없음
3737	충북 음성군	어린이집 기능보강	2,000	사회복지과	9	1	7	8	7	5	5	4
3738	충북 음성군	보존식 기자재 지원	14,000	사회복지과	9	1	7	8	7	5	5	4
3739	충북 음성군	전통사찰(수도사) 방재시스템 구축	117,000	문화체육과	9	1	7	8	7	5	5	4
3740	충북 음성군	전통사찰(미타사) 방재시스템 재구축	108,000	문화체육과	9	1	7	8	7	5	5	4
3741	충북 음성군	전통사찰(수도사) 대웅전 보수공사	112,500	문화체육과	9	1	7	8	7	5	5	4
3742	충북 음성군	마을기업 육성사업	50,000	경제과	9	2	7	8	7	5	5	4
3743	충북 음성군	주택 태양광설치 지원사업	60,000	경제과	9	2	7	8	7	1	1	4
3744	충북 음성군	마을 태양광설치 지원 사업	41,400	경제과	9	6	7	8	7	5	5	4
3745	충북 음성군	충북형 그린버튼 이니셔티브 구축사업	297,500	경제과	9	2	7	8	7	5	5	4
3746	충북 음성군	축산농가 태양광설치 지원사업	24,000	경제과	9	2	7	8	7	5	5	4
3747	충북 음성군	충북 혁신도시 도시가스 공급시설 설치 지원 사업	55,000	경제과	9	6	7	8	7	5	5	4
3748	충북 음성군	영농기계화 장비 공급	122,593	농정과	9	1	7	8	7	5	5	4
3749	충북 음성군	친환경우렁이종패지원사업	37,800	농정과	9	1	7	8	7	5	5	4
3750	충북 음성군	유기농산물 생산지원사업	93,970	농정과	9	1	7	8	7	5	5	4
3751	충북 음성군	유기가공식품 포장재 지원사업	18,900	농정과	9	1	7	8	7	5	5	4
3752	충북 음성군	가뭄대비 급수저장조 지원사업	17,250	농정과	9	1	7	8	7	5	5	4
3753	충북 음성군	유해야생동물 포획시설지원사업	9,240	농정과	9	1	7	8	7	5	5	4
3754	충북 음성군	고품질 쌀 육묘장 설치보완	210,000	농정과	9	1	7	8	7	5	5	4
3755	충북 음성군	친환경 지역특화작목육성	245,000	농정과	9	6	7	8	7	5	5	4
3756	충북 음성군	시설원예에너지 이용효율화	182,500	농정과	9	2	7	8	7	5	5	4
3757	충북 음성군	친환경 맞춤형원예생산시설 보급	150,000	농정과	9	6	7	8	7	5	5	4
3758	충북 음성군	시설원예현대화	61,750	농정과	9	2	7	8	7	5	5	4
3759	충북 음성군	과수노력절감생산장비지원	116,500	농정과	9	6	7	8	7	5	5	4
3760	충북 음성군	과수고품질시설현대화사업	275,750	농정과	9	2	7	8	7	5	5	4
3761	충북 음성군	인삼지력 증진제 공급	60,136	농정과	9	4	7	8	7	5	5	4
3762	충북 음성군	인삼생산시설 현대화사업	60,136	농정과	9	2	7	8	7	5	5	4
3763	충북 음성군	고추 비가림 재배시설 지원	22,000	농정과	9	4	7	8	7	5	5	4
3764	충북 음성군	원예작물용 농작업대 지원	8,525	농정과	9	6	7	8	7	5	5	4
3765	충북 음성군	시설원예 ICT융복합 확산	18,600	농정과	9	2	7	8	7	5	5	4
3766	충북 음성군	친환경 시설원예작물 토양환경개선지원	102,611	농정과	9	6	7	8	7	5	5	4
3767	충북 음성군	과수화상병 대체작목 육성지원	9,370	농정과	9	6	7	8	7	5	5	4
3768	충북 음성군	농산물 수출단지 육성	628,665	농정과	9	1	7	8	7	5	5	4
3769	충북 음성군	도시민 농촌유치 지원사업	30,000	농정과	9	1	1	7	3	1	1	1
3770	충북 음성군	친환경축산 시설·장비 보급	170,000	축산식품과	9	6	7	8	7	5	5	4
3771	충북 음성군	가축분뇨처리 장비 보급	30,000	축산식품과	9	7	4	8	7	5	1	4
3772	충북 음성군	낚시터 안전시설 개선사업	16,000	축산식품과	9	6	7	8	7	5	5	4
3773	충북 음성군	토종붕어 종자보급 및 대량생산 방류	25,000	축산식품과	9	6	7	8	7	5	5	4
3774	충북 음성군	양식어업인 수산약품 및 양식장비 공급	4,200	축산식품과	9	6	7	8	7	5	5	4
3775	충북 음성군	양봉생산물 처리장비 지원	16,500	축산식품과	9	6	7	7	7	1	1	4
3776	충북 음성군	가축 기후변화 대응시설 지원	60,000	축산식품과	9	6	7	8	7	5	5	4
3777	충북 음성군	축산 ICT 융복합 사업	1,373,670	축산식품과	9	2	1	8	7	1	1	3
3778	충북 음성군	조사료 수확장비 지원	127,200	축산식품과	9	6	7	8	7	5	5	4

순번	시군구	지출명 (사업명)	2021년예산 (단위:천원/1년간)	담당자 (공무원) 담당부서	민간이전 분류 (지방자치단체 세출예산 집행기준에 의거) 1. 민간경상사업보조(307-02) 2. 민간단체 법정운영비보조(307-03) 3. 민간행사사업보조(307-04) 4. 민간위탁금(307-05) 5. 사회복지시설 법정운영비보조(307-10) 6. 민간인위탁교육비(307-12) 7. 공기관등에대한경상적위탁사업비(308-10) 8. 민간자본사업보조,자체재원(402-01) 9. 민간자본사업보조,이전재원(402-02) 10. 민간위탁사업비(402-03) 11. 공기관등에 대한 자본적 대행사업비(403-02)	민간이전지출 근거 (지방보조금 관리기준 참고) 1. 법률에 규정 2. 국고보조 재원(국가지정) 3. 용도 지정 기부금 4. 조례에 직접규정 5. 지자체가 권장하는 사업을 하는 공공기관 6. 시,도 정책 및 재정사정 7. 기타 8. 해당없음	입찰방식 계약체결방법 (경쟁형태) 1. 일반경쟁 2. 제한경쟁 3. 지명경쟁 4. 수의계약 5. 법정위탁 6. 기타 ( ) 7. 해당없음	입찰방식 계약기간 1. 1년 2. 2년 3. 3년 4. 4년 5. 5년 6. 기타 ( )년 7. 단기계약 (1년미만) 8. 해당없음	입찰방식 낙찰자선정방법 1. 적격심사 2. 협상에의한계약 3. 최저가낙찰제 4. 규격가격분리 5. 2단계 경쟁입찰 6. 기타 ( ) 7. 해당없음	운영예산 산정 운영예산 산정 1. 내부산정 (지자체 자체적으로 산정) 2. 외부산정 (외부전문기관위탁 산정) 3. 내·외부 모두 산정 4. 산정 無 5. 해당없음	운영예산 산정 정산방법 1. 내부정산 (지자체 내부적으로 정산) 2. 외부정산 (외부전문기관위탁 정산) 3. 내·외부 모두 산정 4. 정산 無 5. 해당없음	성과평가 실시여부 1. 실시 2. 미실시 3. 향후 추진 4. 해당없음
3779	충북 음성군	곤충 사육·가공 시설장비 지원	10,000	축산식품과	9	6	7	7	7	1	1	4
3780	충북 음성군	노후어선 교체 구입비 지원	4,800	축산식품과	9	6	7	8	7	5	5	4
3781	충북 음성군	가축폐사체처리기 지원	90,000	축산식품과	9	6	7	7	7	1	1	4
3782	충북 음성군	토종벌 육성사업	3,600	축산식품과	9	2	7	7	7	1	1	4
3783	충북 음성군	말벌퇴치장비 지원사업	1,320	축산식품과	9	2	7	7	7	1	1	1
3784	충북 음성군	ICT 악취측정 기계장비 지원	64,000	축산식품과	9	7	7	8	7	5	1	1
3785	충북 음성군	가축분뇨 고속발효기 지원	75,000	축산식품과	9	7	4	7	7	5	1	1
3786	충북 음성군	축사악취장비 지원시설	15,000	축산식품과	9	7	4	8	7	5	1	1
3787	충북 음성군	축산악취개선사업	193,880	축산식품과	9	2	4	8	7	5	5	4
3788	충북 음성군	농장출입구 자동소독기 지원	24,000	축산식품과	9	1	7	8	7	5	5	4
3789	충북 음성군	AI 예방 방역시설 개선	18,000	축산식품과	9	1	7	8	7	5	1	4
3790	충북 음성군	동물복지인증 사업 확대	15,000	축산식품과	9	6	7	7	7	1	5	4
3791	충북 음성군	CCTV 등 방역인프라 지원	10,800	축산식품과	9	1	7	8	7	5	5	4
3792	충북 음성군	축사내부 방역전실 및 연무소독시설 설치	5,400	축산식품과	9	1	7	8	7	5	5	4
3793	충북 음성군	GAP 위생시설 보완 지원	150,000	축산식품과	9	2	7	8	7	5	1	4
3794	충북 음성군	계란 냉장차량 지원	15,000	축산식품과	9	6	7	7	7	1	1	4
3795	충북 음성군	로컬푸드 잔류농약 분석 지원	7,700	축산식품과	9	6	7	7	7	1	5	4
3796	충북 음성군	임산물생산기반조성	24,757	산림녹지과	9	2	7	8	7	5	5	4
3797	충북 음성군	임산물 유통기반지원	37,000	산림녹지과	9	2	7	8	7	5	5	4
3798	충북 음성군	임산물 상품화지원	1,450	산림녹지과	9	2	7	8	7	5	5	4
3799	충북 음성군	임산물 가공지원	15,000	산림녹지과	9	2	7	8	7	5	5	4
3800	충북 음성군	친환경임산물재배관리	1,533	산림녹지과	9	2	7	8	7	5	5	4
3801	충북 음성군	친환경임산물재배관리	6,867	산림녹지과	9	2	7	8	7	5	5	4
3802	충북 음성군	산림작물생산단지 조성사업	163,321	산림녹지과	9	2	7	8	7	5	5	4
3803	충북 음성군	펠릿보일러 보급	44,800	산림녹지과	9	2	7	8	7	5	5	4
3804	충북 음성군	전기자동차 구매지원	2,375,000	환경과	9	2	7	8	7	5	5	4
3805	충북 음성군	전기이륜차 보급사업	36,000	환경과	9	2	7	8	7	5	5	4
3806	충북 음성군	수소자동차 구매지원	1,657,500	환경과	9	2	7	8	7	5	5	4
3807	충북 음성군	통학차량 LPG차 전환지원	75,000	환경과	9	2	6	8	1	5	5	4
3808	충북 음성군	가정용 저녹스보일러 보급사업	60,000	환경과	9	2	7	8	7	1	1	2
3809	충북 음성군	주유소 유증기 회수설비 설치 지원사업	280,500	환경과	9	2	7	8	7	1	1	2
3810	충북 음성군	대풍산업단지 완충저류시설 설치사업	870,000	환경과	9	5	6	8	6	1	1	2
3811	충북 음성군	야생동물피해예방사업	130,000	환경과	9	4	7	8	7	1	1	2
3812	충북 음성군	소규모 사업장 방지시설 설치 지원사업	1,530,000	환경과	9	2	7	8	7	1	1	2
3813	충북 음성군	맹동 마산지구 수리시설 재해복구사업	77,601	균형개발과	9	1	5	7	7	4	1	4
3814	충북 음성군	지방 신증설 설비투자 보조금	2,911,250	기업지원과	9	1	7	8	7	1	1	1
3815	충북 음성군	타시도 이전기업 보조금	300,000	기업지원과	9	1	7	8	7	1	1	1
3816	충북 음성군	정신보건시설 확충	584,276	보건소	9	2	1	7	1	3	1	4
3817	충북 음성군	핵심농업인 친환경농산물 연중생산 지원	15,400	지도기획과	9	2	7	8	7	5	5	4
3818	충북 음성군	특화작목 부가가치 향상 지원사업	35,000	지도기획과	9	2	7	8	7	5	5	4
3819	충북 음성군	청년농업인 스마트팜 기반 조성	70,000	지도기획과	9	2	7	8	7	5	5	4
3820	충북 음성군	품목별농업인 연구회 소득기반조성	20,000	지도기획과	9	2	7	8	7	5	5	4

순번	시군구	지출명 (사업명)	2021년예산 (단위:천원/1년간)	담당자 (공무원) 담당부서	민간이전 분류 (지방자치단체 세출예산 집행기준에 의거) 1. 민간경상사업보조(307-02) 2. 민간단체 법정운영비보조(307-03) 3. 민간행사사업보조(307-04) 4. 민간위탁금(307-05) 5. 사회복지시설 법정운영비보조(307-10) 6. 민간인위탁교육비(307-12) 7. 공기관등에대한경상적위탁사업비(308-10) 8. 민간자본사업보조,자체재원(402-01) 9. 민간자본사업보조,이전재원(402-02) 10. 민간위탁사업비(402-03) 11. 공기관등에 대한 자본적 대행사업비(403-02)	민간이전지출 근거 (지방보조금 관리기준 참고) 1. 법률에 규정 2. 국고보조 재원(국가지정) 3. 용도 지정 기부금 4. 조례에 직접규정 5. 지자체가 권장하는 사업을 하는 공공기관 6. 시,도 정책 및 재정사정 7. 기타 8. 해당없음	입찰방식 계약체결방법 (경쟁형태) 1. 일반경쟁 2. 제한경쟁 3. 지명경쟁 4. 수의계약 5. 법정위탁 6. 기타 ( ) 7. 해당없음	입찰방식 계약기간 1. 1년 2. 2년 3. 3년 4. 4년 5. 5년 6. 기타 ( )년 7. 단기계약 (1년미만) 8. 해당없음	입찰방식 낙찰자선정방법 1. 적격심사 2. 협상에의한계약 3. 최저가낙찰제 4. 규격가격분리 5. 2단계 경쟁입찰 6. 기타 ( ) 7. 해당없음	운영예산 산정 운영예산 산정 1. 내부산정 (지자체 자체적으로 산정) 2. 외부산정 (외부전문기관위탁 산정) 3. 내·외부 모두 산정 4. 산정 無 5. 해당없음	운영예산 산정 정산방법 1. 내부정산 (지자체 내부적으로 정산) 2. 외부정산 (외부전문기관위탁 정산) 3. 내·외부 모두 산정 4. 정산 無 5. 해당없음	성과평가 실시여부 1. 실시 2. 미실시 3. 향후 추진 4. 해당없음
3821	충북 음성군	작목별 맞춤형 안전관리 실천	35,000	지도기획과	9	2	7	8	7	5	5	4
3822	충북 음성군	농촌어르신 복지실천 시범	50,000	지도기획과	9	2	7	8	7	5	5	4
3823	충북 음성군	농업활동 안전사고 예방 생활화	44,000	지도기획과	9	2	7	8	7	5	5	4
3824	충북 음성군	농촌문화 체험농장 육성	14,000	지도기획과	9	2	7	8	7	5	5	4
3825	충북 음성군	농식물 가공제품 포장 디자인 개발	10,500	지도기획과	9	2	7	8	7	5	5	4
3826	충북 음성군	농촌여성 농부증 예방 농작업 장비 지원	10,000	지도기획과	9	2	7	8	7	5	5	4
3827	충북 음성군	가공용쌀 원료곡 생산단지 육성 시범	204,000	기술보급과	9	2	7	8	7	5	5	4
3828	충북 음성군	재해예방 인삼 안정생산 시범	20,000	기술보급과	9	2	7	8	7	5	5	4
3829	충북 음성군	중소형 수박 생력화 수직재배 시범	32,000	기술보급과	9	2	7	8	7	5	5	4
3830	충북 음성군	지역활력화작목 기반조성	90,000	기술보급과	9	2	7	8	7	5	5	4
3831	충북 음성군	지역활력화작목 기반조성	130,000	기술보급과	9	2	7	8	7	5	5	4
3832	충북 음성군	축사 공기정화 질병예방 기술보급	80,000	기술보급과	9	4	7	8	7	5	5	4
3833	충북 단양군	장애인거주시설 기능보강	200,000	주민복지과	9	1	7	8	7	5	5	4
3834	충북 단양군	태양광주택 보급사업	63,000	지역경제과	9	2	6	7	6	1	1	1
3835	충북 단양군	비영리(법인)시설 태양광 설치사업	13,200	지역경제과	9	2	6	7	6	1	1	1
3836	충북 단양군	임산물 생산기반 조성	10,100	산림녹지과	9	2	7	8	7	5	1	4
3837	충북 단양군	산림복합경영단지 조성	179,400	산림녹지과	9	2	7	8	7	5	1	4
3838	충북 단양군	백두대간주민지원	13,500	산림녹지과	9	2	7	8	7	5	1	4
3839	충북 단양군	임산물 유통기반 조성	18,500	산림녹지과	9	2	7	8	7	5	1	4
3840	충북 단양군	토양개량제 지원	2,440	산림녹지과	9	2	7	8	7	5	1	4
3841	충북 단양군	유기질비료 지원	19,000	산림녹지과	9	2	7	8	7	5	1	4
3842	충북 단양군	산림작물생산단지 조성	9,848	산림녹지과	9	2	7	8	7	5	1	4
3843	충북 단양군	목재 펠릿보일러 보급	98,000	산림녹지과	9	2	7	8	7	5	1	4
3844	충북 단양군	영농기계화 장비 공급	47,000	농업축산과	9	2	7	8	7	2	1	4
3845	충북 단양군	곡물건조기 지원사업	5,000	농업축산과	9	2	7	8	7	2	1	4
3846	충북 단양군	유해 야생동물 포획시설 지원	10,560	농업축산과	9	2	7	8	7	2	1	4
3847	충북 단양군	가뭄대비 급수저장조(물저금통) 지원	9,000	농업축산과	9	2	7	8	7	2	1	4
3848	충북 단양군	유기농업 자재 지원사업	26,048	농업축산과	9	2	7	8	7	2	1	4
3849	충북 단양군	댐규제지역 친환경농업 육성	35,000	농업축산과	9	2	7	8	7	2	1	4
3850	충북 단양군	유기농산물 생산 지원	124,840	농업축산과	9	2	7	8	7	2	1	4
3851	충북 단양군	지역특화작목 육성지원	80,000	농업축산과	9	2	7	8	7	2	1	4
3852	충북 단양군	맞춤형 원예생산시설 보급	75,000	농업축산과	9	2	7	8	7	2	1	4
3853	충북 단양군	오디 생산비 절감 기자재 보급사업	3,429	농업축산과	9	2	7	8	7	2	1	4
3854	충북 단양군	기능성 양잠산업 기반 시설장비 지원	7,500	농업축산과	9	2	7	8	7	2	1	4
3855	충북 단양군	과수 노력절감 생산장비 지원	70,000	농업축산과	9	2	7	8	7	2	1	4
3856	충북 단양군	농산물 산지유통시설 설치 지원	139,167	농업축산과	9	2	7	8	7	2	1	4
3857	충북 단양군	원예작물용 농작업대 지원	1,100	농업축산과	9	2	7	8	7	2	1	4
3858	충북 단양군	농산물 부패방지용 농기계 지원	4,200	농업축산과	9	2	7	8	7	2	1	4
3859	충북 단양군	친환경 축산시설 장비 보급	20,000	농업축산과	9	2	7	8	7	2	1	4
3860	충북 단양군	양봉 생산물 처리장비 지원	6,000	농업축산과	9	2	7	8	7	2	1	4
3861	충북 단양군	조사료 수확장비 지원	127,200	농업축산과	9	2	7	8	7	2	1	4
3862	충북 단양군	가축 기후변화 대응시설 지원	10,000	농업축산과	9	2	7	8	7	2	1	4

순번	시군구	지출명 (사업명)	2021년예산 (단위:천원/1년간)	담당자 (공무원) 담당부서	민간이전 분류 (지방자치단체 세출예산 집행기준에 의거) 1. 민간경상사업보조(307-02) 2. 민간단체 법정운영비보조(307-03) 3. 민간행사사업보조(307-04) 4. 민간위탁금(307-05) 5. 사회복지시설 법정운영비보조(307-10) 6. 민간인위탁교육비(307-12) 7. 공기관등에대한경상적위탁사업비(308-10) 8. 민간자본사업보조,자체재원(402-01) 9. 민간자본사업보조,이전재원(402-02) 10. 민간위탁사업비(402-03) 11. 공기관등에 대한 자본적 대행사업비(403-02)	민간이전지출 근거 (지방보조금 관리기준 참고) 1. 법률에 규정 2. 국고보조 재원(국가지정) 3. 용도 지정 기부금 4. 조례에 직접규정 5. 지자체가 권장하는 사업을 하는 공공기관 6. 시,도 정책 및 재정사정 7. 기타 8. 해당없음	입찰방식: 계약체결방법 (경쟁형태) 1. 일반경쟁 2. 제한경쟁 3. 지명경쟁 4. 수의계약 5. 법정위탁 6. 기타 ( ) 7. 해당없음	입찰방식: 계약기간 1. 1년 2. 2년 3. 3년 4. 4년 5. 5년 6. 기타 ( )년 7. 단기계약 (1년미만) 8. 해당없음	입찰방식: 낙찰자선정방법 1. 적격심사 2. 협상에의한계약 3. 최저가낙찰제 4. 규격가격분리 5. 2단계 경쟁입찰 6. 기타 ( ) 7. 해당없음	운영예산 산정: 운영예산 산정 1. 내부산정 (지자체 자체적으로 산정) 2. 외부산정 (외부전문기관위탁 산정) 3. 내·외부 모두 산정 4. 산정 無 5. 해당없음	운영예산 산정: 정산방법 1. 내부정산 (지자체 내부적으로 정산) 2. 외부정산 (외부전문기관위탁 정산) 3. 내·외부 모두 산정 4. 정산 無 5. 해당없음	성과평가 실시여부 1. 실시 2. 미실시 3. 향후 추진 4. 해당없음
3863	충북 단양군	축산 ICT 융복합 사업	125,000	농업축산과	9	2	7	8	7	2	1	4
3864	충북 단양군	곤충 사육,가공 시설장비 지원	10,000	농업축산과	9	2	7	8	7	2	1	4
3865	충북 단양군	가축분뇨처리 장비 보급	20,000	농업축산과	9	2	7	8	7	2	1	4
3866	충북 단양군	내수면 인공산란장 설치지원	30,000	농업축산과	9	2	7	8	7	2	1	4
3867	충북 단양군	노후어선 교체 구입비 지원	4,800	농업축산과	9	2	7	8	7	2	1	4
3868	충북 단양군	자연산 민물고기 진공포장기 지원	12,000	농업축산과	9	2	7	8	7	2	1	4
3869	충북 단양군	농장출입구 자동소독기 설치	2,000	농업축산과	9	2	7	8	7	2	1	4
3870	충북 단양군	축사내부 연무소독시설 설치	1,800	농업축산과	9	2	7	8	7	2	1	4
3871	충북 단양군	AI예방 방역시설 개선	4,500	농업축산과	9	2	7	8	7	2	1	4
3872	충북 단양군	동물복지 인증사업 확대 추진	45,000	농업축산과	9	2	7	8	7	2	1	4
3873	충북 단양군	가금농가 CCTV 설치지원	1,800	농업축산과	9	2	7	8	7	2	1	4
3874	충북 단양군	가축 폐사체 처리기 지원	30,000	농업축산과	9	2	7	8	7	2	1	4
3875	충북 단양군	계란 냉장차량 지원	15,000	농업축산과	9	2	7	8	7	2	1	4
3876	충남 공주시	자율방범대 초소 기능보강	30,000	주민공동체과	9	4	7	8	7	1	1	1
3877	충남 공주시	희망마을 만들기 선행사업	150,000	주민공동체과	9	1	7	8	7	1	1	1
3878	충남 공주시	사회적기업 시설장비 지원	18,000	주민공동체과	9	1	7	8	7	1	1	1
3879	충남 공주시	작은도서관 운영	7,500	평생교육과	9	4	7	1	7	5	5	4
3880	충남 공주시	고도이미지찾기사업	500,000	문화재과	9	2	7	8	7	5	5	4
3881	충남 공주시	갑사 신흥암 주변정비사업	280,000	문화재과	9	1	7	8	7	5	5	4
3882	충남 공주시	신원사 금룡암 공양간 개축사업	343,000	문화재과	9	2	7	8	7	5	5	4
3883	충남 공주시	갑사 응향각 보수정비사업	343,000	문화재과	9	2	7	8	7	5	5	4
3884	충남 공주시	마곡사 금동보탑 긴급보수	86,000	문화재과	9	2	7	8	7	5	5	4
3885	충남 공주시	마곡사 연화당 번와보수	50,000	문화재과	9	2	7	8	7	5	5	4
3886	충남 공주시	마곡사 대광보전 영산회상도 보존처리	30,000	문화재과	9	2	7	8	7	5	5	4
3887	충남 공주시	마곡사 사천왕문 및 사천왕상 보수	876,000	문화재과	9	2	7	8	7	5	5	4
3888	충남 공주시	마곡사 대원암 개축	482,000	문화재과	9	2	7	8	7	5	5	4
3889	충남 공주시	마곡사 금어원 건립	1,079,000	문화재과	9	2	7	8	7	5	5	4
3890	충남 공주시	금학동 금학5통 경로당 신축공사	220,000	경로장애인과	9	4	4	7	7	1	1	4
3891	충남 공주시	계룡면 상성리 경로당 신축공사	220,000	경로장애인과	9	4	4	7	7	1	1	4
3892	충남 공주시	탄천면 장선2리(여) 경로당 보수공사	80,000	경로장애인과	9	4	4	7	7	1	1	4
3893	충남 공주시	탄천면 안영1리 경로당 보수공사	70,000	경로장애인과	9	4	4	7	7	1	1	4
3894	충남 공주시	유구읍 석남3리 경로당 보수공사	50,000	경로장애인과	9	4	4	7	7	1	1	4
3895	충남 공주시	우성면 봉현리 경로당 보수공사	100,000	경로장애인과	9	4	4	7	7	1	1	4
3896	충남 공주시	사곡면 계실리 경로당 증축공사	100,000	경로장애인과	9	4	4	7	7	1	1	4
3897	충남 공주시	사곡면 운암1리 경로당 증축공사	180,000	경로장애인과	9	4	4	7	7	1	1	4
3898	충남 공주시	사곡면 화월1리 경로당 보수공사	70,000	경로장애인과	9	4	4	7	7	1	1	4
3899	충남 공주시	정안면 평정1리(동막골) 경로당 보수공사	50,000	경로장애인과	9	4	4	7	7	1	1	4
3900	충남 공주시	의당면 수촌1리 경로당 보수공사	30,000	경로장애인과	9	4	4	7	7	1	1	4
3901	충남 공주시	장애인거주시설 기능보강	8,000	경로장애인과	9	2	7	8	7	5	5	4
3902	충남 공주시	가정폭력피해자보호시설 기능보강사업	11,000	여성가족과	9	1	7	7	7	1	1	1
3903	충남 공주시	지역아동센터 환경개선 지원	10,000	여성가족과	9	2	7	5	7	1	1	1
3904	충남 공주시	야생동물 피해예방시설 설치사업	24,000	환경보호과	9	6	7	1	7	1	1	4

순번	시군구	지출명 (사업명)	2021년예산 (단위:천원/1년간)	담당자 (공무원) 담당부서	민간이전 분류 (지방자치단체 세출예산 집행기준에 의거) 1. 민간경상사업보조(307-02) 2. 민간단체 법정운영비보조(307-03) 3. 민간행사사업보조(307-04) 4. 민간위탁금(307-05) 5. 사회복지시설 법정운영비보조(307-10) 6. 민간인위탁교육비(307-12) 7. 공기관등에대한경상적위탁사업비(308-10) 8. 민간자본사업보조,자체재원(402-01) 9. 민간자본사업보조,이전재원(402-02) 10. 민간위탁사업비(402-03) 11. 공기관등에 대한 자본적 대행사업비(403-02)	민간이전지출 근거 (지방보조금 관리기준 참고) 1. 법률에 규정 2. 국고보조 재원(국가지정) 3. 용도 지정 기부금 4. 조례에 직접규정 5. 지자체가 권장하는 사업을 하는 공공기관 6. 시,도 정책 및 재정사정 7. 기타 8. 해당없음	입찰방식 계약체결방법 (경쟁형태) 1. 일반경쟁 2. 제한경쟁 3. 지명경쟁 4. 수의계약 5. 법정위탁 6. 기타 ( ) 7. 해당없음	입찰방식 계약기간 1. 1년 2. 2년 3. 3년 4. 4년 5. 5년 6. 기타 ( )년 7. 단기계약 (1년미만) 8. 해당없음	입찰방식 낙찰자선정방법 1. 적격심사 2. 협상에의한계약 3. 최저가낙찰제 4. 규격가격분리 5. 2단계 경쟁입찰 6. 기타 ( ) 7. 해당없음	운영예산 산정 운영예산 산정 1. 내부산정 (지자체 자체적으로 산정) 2. 외부산정 (외부전문기관위탁 산정) 3. 내·외부 모두 산정 4. 산정 無 5. 해당없음	운영예산 산정 정산방법 1. 내부정산 (지자체 내부적으로 정산) 2. 외부정산 (외부전문기관위탁 정산) 3. 내·외부 모두 산정 4. 정산 無 5. 해당없음	성과평가 실시여부 1. 실시 2. 미실시 3. 향후 추진 4. 해당없음
3905	충남 공주시	LPG 화물차 신차구입 지원 사업	100,000	환경보호과	9	2	7	8	7	5	5	4
3906	충남 공주시	운행경유차 배출가스 저감사업	480,000	환경보호과	9	2	7	8	7	5	5	4
3907	충남 공주시	노후경유차 배출가스 저감장치 부착	190,000	환경보호과	9	2	7	8	7	5	5	4
3908	충남 공주시	건설기계 엔진교체	132,000	환경보호과	9	2	7	8	7	5	5	4
3909	충북 옥천군	신재생에너지 주택지원사업	125,700	경제과	9	2	7	7	7	5	5	4
3910	충북 옥천군	도시가스 지원사업	721,580	경제과	9	4	6	1	7	3	3	4
3911	충남 공주시	충남쌀 생산비 절감 자율선택 지원사업	24,600	농업정책과	9	6	7	8	7	5	5	4
3912	충남 공주시	유기농업자재 지원사업	157,500	농업정책과	9	2	7	8	7	5	5	4
3913	충남 공주시	친환경농자재 지원사업	65,000	농업정책과	9	6	7	8	7	5	5	4
3914	충남 공주시	농업기계 등화장치 부착지원	18,000	농업정책과	9	2	7	8	7	5	5	4
3915	충남 공주시	친환경농산물홍보·마케팅지원사업	10,800	농업정책과	9	6	7	8	7	5	5	4
3916	충남 공주시	노후 RPC 시설장비 지원사업	73,000	농업정책과	9	6	7	8	7	5	5	4
3917	충남 공주시	시설원예 현대화 품질개선 사업	23,500	농업정책과	9	2	7	8	7	5	5	4
3918	충남 공주시	화훼류신수출전략품목육성사업	29,500	농업정책과	9	2	7	8	7	5	5	4
3919	충남 공주시	ICT 융복합 스마트팜 시설보급	3,000	농업정책과	9	2	7	8	7	5	5	4
3920	충남 공주시	시설원예 에너지 절감 시설사업	110,750	농업정책과	9	2	7	8	7	5	5	4
3921	충남 공주시	고추 비가림 재배시설 지원	135,000	농업정책과	9	2	7	8	7	5	5	4
3922	충남 공주시	특용작물 시설현대화 지원	87,525	농업정책과	9	2	7	8	7	5	5	4
3923	충남 공주시	과수원용 생력화기계 지원사업	37,500	농업정책과	9	6	7	8	7	5	5	4
3924	충남 공주시	원예작물 소형저온저장고설치사업	47,500	농업정책과	9	6	7	8	7	5	5	4
3925	충남 공주시	중소원예농가(가족농) 스마트팜 보급지원	250,000	농업정책과	9	6	7	8	7	5	5	4
3926	충남 공주시	원예특용작물 생산시설 보완사업	120,000	농업정책과	9	6	7	8	7	5	5	4
3927	충남 공주시	원예시설 스마트폰 자동제어시스템 구축사업	14,400	농업정책과	9	6	7	8	7	5	5	4
3928	충남 공주시	원예작물 생력화장비 지원사업	26,000	농업정책과	9	6	7	8	7	5	5	4
3929	충남 공주시	과수재배농가 선별기 지원사업	40,000	농업정책과	9	6	7	8	7	5	5	4
3930	충남 공주시	사회적농업활성화지원사업	60,000	농업정책과	9	1	7	8	7	5	5	4
3931	충남 공주시	4-H회원 영농정착 시범지원	105,000	농촌진흥과	9	4	7	8	7	5	5	4
3932	충남 공주시	청년농업인 창농 공모사업	49,000	농촌진흥과	9	4	7	8	7	5	5	4
3933	충남 공주시	젊은귀농인 영농기반구축사업	40,000	농촌진흥과	9	4	7	8	7	5	5	4
3934	충남 공주시	귀농인 영농 및 유통지원사업	80,000	농촌진흥과	9	4	7	8	7	5	5	4
3935	충남 보령시	희망마을 선행사업	120,000	도시재생과	9	6	7	8	7	1	1	4
3936	충남 보령시	만세오케이 귀농학교 실습농장 조성	150,000	귀농지원팀	9	6	7	8	7	5	5	4
3937	충남 보령시	4-H회원 영농정착 지원시범	105,000	인력육성팀	9	4	7	8	7	5	5	4
3938	충남 보령시	청년농업인 유통협업 시스템 조성	28,000	인력육성팀	9	4	7	8	7	5	5	4
3939	충남 보령시	청년농업인 4차산업화 기반 조성	42,000	인력육성팀	9	4	7	8	7	5	5	4
3940	충남 보령시	청년농업인경쟁력제고	45,000	인력육성팀	9	2	7	8	7	5	5	4
3941	충남 보령시	농업인 가공사업장 품질향상 시범	12,600	생활자원팀	9	6	7	8	7	5	5	4
3942	충남 보령시	농촌교육농장 육성	17,850	생활자원팀	9	6	7	8	7	5	5	4
3943	충남 보령시	치유형 농촌체험농장 육성	29,750	생활자원팀	9	6	7	8	7	5	5	4
3944	충남 보령시	농촌어르신 복지실천 시설 및 장비 지원	50,000	생활자원팀	9	6	7	8	7	5	5	4
3945	충남 아산시	외래품종 대체 최고품질 벼 생산공급 거점단지 육성	200,000	농업기술과	9	2	7	8	7	5	5	4
3946	충남 아산시	드론활용 노동력절감 벼 재배단지육성 시범	80,000	농업기술과	9	2	7	8	7	5	5	4

순번	시군구	지출명 (사업명)	2021년예산 (단위:천원/1년간)	담당자 (공무원) 담당부서	민간이전 분류 (지방자치단체 세출예산 집행기준에 의거) 1. 민간경상사업보조(307-02) 2. 민간단체 법정운영비보조(307-03) 3. 민간행사사업보조(307-04) 4. 민간위탁금(307-05) 5. 사회복지시설 법정운영비보조(307-10) 6. 민간인위탁교육비(307-12) 7. 공기관등에대한경상적위탁사업비(308-10) 8. 민간자본사업보조,자체재원(402-01) 9. 민간자본사업보조,이전재원(402-02) 10. 민간위탁사업비(402-03) 11. 공기관등에 대한 자본적 대행사업비(403-02)	민간이전지출 근거 (지방보조금 관리기준 참고) 1. 법률에 규정 2. 국고보조 재원(국가지정) 3. 용도 지정 기부금 4. 조례에 직접규정 5. 지자체가 권장하는 사업을 하는 공공기관 6. 시,도 정책 및 재정사정 7. 기타 8. 해당없음	입찰방식 계약체결방법 (경쟁형태) 1. 일반경쟁 2. 제한경쟁 3. 지명경쟁 4. 수의계약 5. 법정위탁 6. 기타 ( ) 7. 해당없음	입찰방식 계약기간 1. 1년 2. 2년 3. 3년 4. 4년 5. 5년 6. 기타 ( )년 7. 단기계약 (1년미만) 8. 해당없음	입찰방식 낙찰자선정방법 1. 적격심사 2. 협상에의한계약 3. 최저가낙찰제 4. 규격가격분리 5. 2단계 경쟁입찰 6. 기타 ( ) 7. 해당없음	운영예산 산정 운영예산 산정 1. 내부산정 (지자체 자체적으로 산정) 2. 외부산정 (외부전문기관위탁 산정) 3. 내·외부 모두 산정 4. 산정 無 5. 해당없음	운영예산 산정 정산방법 1. 내부정산 (지자체 내부적으로 정산) 2. 외부정산 (외부전문기관위탁 정산) 3. 내·외부 모두 산정 4. 정산 無 5. 해당없음	성과평가 실시여부 1. 실시 2. 미실시 3. 향후 추진 4. 해당없음
3947	충남 아산시	지역특성화 공모사업	140,000	농업기술과	9	6	7	8	7	5	5	4
3948	충남 아산시	벼 드문모심기 재배기술 시범	35,000	농업기술과	9	6	7	8	7	5	5	4
3949	충남 아산시	농작물 병해충 방제종합 기술 시범	10,000	농업기술과	9	6	7	8	7	5	5	4
3950	충남 아산시	병해충 민간방제단 모델 구축 시범	211,000	농업기술과	9	6	7	8	7	5	5	4
3951	충남 아산시	농산물 안전성 PLS 현장 실천 시범사업	20,000	농업기술과	9	6	7	8	7	5	5	4
3952	충남 아산시	과수농가 농기계 지원사업	33,750	농업기술과	9	4	7	8	7	5	5	4
3953	충남 아산시	과수고품질 시설현대화	70,000	농업기술과	9	2	7	8	7	5	5	4
3954	충남 아산시	지역활력화작목기반조성사업	200,000	농업기술과	9	6	7	8	7	5	5	4
3955	충남 아산시	과일 수확 후 신선도 향상유지 시범	42,000	농업기술과	9	6	7	8	7	5	5	4
3956	충남 아산시	과수 야생동물조류피해방지 실증시범	35,000	농업기술과	9	6	7	8	7	5	5	4
3957	충남 아산시	과수전용 생력화기계 지원사업	160,000	농업기술과	9	6	7	8	7	5	5	4
3958	충남 아산시	원예작물 소형저온저장고 설치 지원사업	40,000	농업기술과	9	6	7	8	7	5	5	4
3959	충남 아산시	버섯생산시설현대화사업	120,000	농업기술과	9	2	7	8	7	5	5	4
3960	충남 아산시	시설작물 자동관수 및 관비시스템 시범사업	26,000	농업기술과	9	2	7	8	7	5	5	4
3961	충남 아산시	오이생력재배 연중출하시스템 구축지원	252,000	농업기술과	9	2	7	8	7	5	5	4
3962	충남 아산시	에너지절감 시설지원	35,838	농업기술과	9	2	7	8	7	5	5	4
3963	충남 아산시	고추비가림 재배시설지원	25,410	농업기술과	9	2	7	8	7	5	5	4
3964	충남 아산시	공동선별장 및 공동선별기 설치	733,500	농업기술과	9	2	7	8	7	5	5	4
3965	충남 아산시	원예특용작물생산시설보완	200,000	농업기술과	9	4	7	8	7	5	5	4
3966	충남 아산시	원예작물 생력화장비 지원	65,000	농업기술과	9	4	7	8	7	5	5	4
3967	충남 아산시	가족농 육성 스마트팜 지원사업	250,000	농업기술과	9	4	7	8	7	5	5	4
3968	충남 아산시	이상기온 대응 시설 오이 농업환경개선사업	120,000	농업기술과	9	2	7	8	7	5	5	4
3969	충남 아산시	관수시설 및 퇴비지원 사업	45,000	농업기술과	9	4	7	8	7	5	5	4
3970	충남 아산시	작은도서관운영지원	47,250	시립도서관	9	6	7	8	7	1	1	4
3971	충남 아산시	임산물생산단지규모화	112,830	산림과	9	2	7	8	7	5	5	4
3972	충남 아산시	펠릿보일러 지원	14,000	산림과	9	2	7	8	7	5	5	4
3973	충남 아산시	임업인 산림경영 지원	34,000	산림과	9	7	7	8	7	5	5	4
3974	충남 아산시	친환경임산물 재배관리	50,438	산림과	9	7	7	8	7	5	5	4
3975	충남 아산시	친환경임산물 재배관리	5,750	산림과	9	7	7	8	7	5	5	4
3976	충남 아산시	수출용 임산물 표준규격 출하사업	78,750	산림과	9	7	7	8	7	5	5	4
3977	충남 아산시	임산물 생산기반 조성	78,083	산림과	9	2	7	8	7	5	5	4
3978	충남 아산시	임산물 생산기반 조성	82,000	산림과	9	2	7	8	7	5	5	4
3979	충남 아산시	임산물 유통기반조성	10,000	산림과	9	2	7	8	7	5	5	4
3980	충남 아산시	선도 실습농장 조성사업	7,400	농촌자원과	9	6	7	8	7	5	5	4
3981	충남 아산시	청년농업인 경쟁력 제고 사업	45,000	농촌자원과	9	2	7	8	7	5	5	4
3982	충남 아산시	청년농업인 4-H회원 영농정착 시범지원	35,000	농촌자원과	9	6	7	8	7	5	5	4
3983	충남 아산시	청년농업인 창농 공모사업	54,950	농촌자원과	9	6	7	8	7	5	5	4
3984	충남 아산시	청년농업인 4차산업화 기반조성	42,000	농촌자원과	9	6	7	8	7	5	5	4
3985	충남 아산시	농업인 소규모 창업기술 지원	100,000	농촌자원과	9	2	7	8	7	5	5	4
3986	충남 아산시	작목별 맞춤형 안전관리 실천 시범	50,000	농촌자원과	9	2	7	8	7	5	5	4
3987	충남 아산시	야생동물 피해예방시설 설치	24,000	환경보전과	9	2	7	8	7	1	5	2
3988	충남 아산시	실개천살리기 신규연장 사업	60,000	환경보전과	9	1	6	1	6	4	1	1

순번	시군구	지출명 (사업명)	2021년예산 (단위:천원/1년간)	담당자 (공무원) 담당부서	민간이전 분류 (지방자치단체 세출예산 집행기준에 의거) 1. 민간경상사업보조(307-02) 2. 민간단체 법정운영비보조(307-03) 3. 민간행사사업보조(307-04) 4. 민간위탁금(307-05) 5. 사회복지시설 법정운영비보조(307-10) 6. 민간인위탁교육비(307-12) 7. 공기관등에대한경상적위탁사업비(308-10) 8. 민간자본사업보조,자체재원(402-01) 9. 민간자본사업보조,이전재원(402-02) 10. 민간위탁사업비(402-03) 11. 공기관등에 대한 자본적 대행사업비(403-02)	민간이전지출 근거 (지방보조금 관리기준 참고) 1. 법률에 규정 2. 국고보조 재원(국가지정) 3. 용도 지정 기부금 4. 조례에 직접규정 5. 지자체가 권장하는 사업을 하는 공공기관 6. 시,도 정책 및 재정사정 7. 기타 8. 해당없음	입찰방식 계약체결방법 (경쟁형태) 1. 일반경쟁 2. 제한경쟁 3. 지명경쟁 4. 수의계약 5. 법정위탁 6. 기타 ( ) 7. 해당없음	입찰방식 계약기간 1. 1년 2. 2년 3. 3년 4. 4년 5. 5년 6. 기타 ( )년 7. 단기계약 (1년미만) 8. 해당없음	입찰방식 낙찰자선정방법 1. 적격심사 2. 협상에의한계약 3. 최저가낙찰제 4. 규격가격분리 5. 2단계 경쟁입찰 6. 기타 ( ) 7. 해당없음	운영예산 산정 운영예산 산정 1. 내부산정 (지자체 자체적으로 산정) 2. 외부산정 (외부전문기관위탁 산정) 3. 내·외부 모두 산정 4. 산정 無 5. 해당없음	운영예산 산정 정산방법 1. 내부정산 (지자체 내부적으로 정산) 2. 외부정산 (외부전문기관위탁 정산) 3. 내·외부 모두 산정 4. 정산 無 5. 해당없음	성과평가 실시여부 1. 실시 2. 미실시 3. 향후 추진 4. 해당없음
3989	충남 아산시	실개천살리기 유지관리	30,000	환경보전과	9	1	6	1	6	4	1	1
3990	충남 아산시	학교급식지원센터 설립 및 시설보강	63,000	먹거리정책과	9	6	6	1	6	1	1	1
3991	충남 아산시	학교급식농산물 생산유통 전문조직 육성사업	80,000	먹거리정책과	9	6	7	8	7	5	5	4
3992	충남 아산시	지역아동센터 환경개선 지원	110,000	여성가족과	9	1	7	8	7	5	1	4
3993	충남 아산시	보존식 기자재 지원	24,150	여성가족과	9	8	7	8	7	5	5	4
3994	충남 아산시	어린이집 장비비 지원	8,000	여성가족과	9	8	7	8	7	5	5	4
3995	충남 아산시	어린이집 환경개선사업	400,000	여성가족과	9	8	7	8	7	5	5	4
3996	충남 아산시	어린이집 확충	220,000	여성가족과	9	2	2	5	1	5	1	4
3997	충남 아산시	어린이집 확충	960,000	여성가족과	9	2	1	5	1	5	1	4
3998	충남 아산시	소규모 사업장 연합 어린이집 설치	207,000	여성가족과	9	6	7	8	7	5	1	4
3999	충남 아산시	아산시 재향군인회 향군회관 건물 보수	40,000	자치행정과	9	1	7	8	7	1	1	1
4000	충남 아산시	아산시새마을회 회관 보수공사 및 바르게살기운동 아산시협의회 홍보판 설치공사	30,000	자치행정과	9	4	7	8	7	1	1	1
4001	충남 아산시	농약 안전사용 장비 지원	20,000	농정과	9	4	6	8	7	1	1	1
4002	충남 아산시	농기계 등화장치 부착지원	20,000	농정과	9	2	6	8	7	1	1	1
4003	충남 아산시	충남쌀 생산비 절감지원	100,000	농정과	9	4	6	8	7	1	1	1
4004	충남 아산시	식량작물 안정적 생산 지원	120,000	농정과	9	4	6	8	7	1	1	1
4005	충남 아산시	노후도정시설 개선 지원	100,000	농정과	9	4	6	8	7	1	1	1
4006	충남 아산시	고품질쌀 품질관리지원	1,250	농정과	9	4	6	8	7	1	1	1
4007	충남 아산시	RPC 시설장비 지원사업	385,500	농정과	9	4	1	1	3	1	1	1
4008	충남 아산시	친환경 농업시설 개보수 지원	15,000	농정과	9	6	7	8	7	1	1	4
4009	충남 아산시	모기퇴치기지원	11,900	축수산과	9	1	7	8	7	5	5	4
4010	충남 아산시	양계농가육성지원	70,500	축수산과	9	1	7	8	7	5	5	4
4011	충남 아산시	가금농가 질병관리	12,000	축수산과	9	1	7	8	7	5	5	4
4012	충남 아산시	축산농가 방역인프라 지원사업	24,000	축수산과	9	1	7	8	7	5	5	4
4013	충남 아산시	축산농가 소독시설지원	14,400	축수산과	9	1	7	8	7	5	5	4
4014	충남 아산시	양돈농가 울타리 설치지원	56,800	축수산과	9	1	7	8	7	5	5	4
4015	충남 아산시	젖소농가 차열페인트 지원	2,100	축수산과	9	1	7	8	7	5	5	4
4016	충남 아산시	젖소농가 모기퇴치기 지원	5,320	축수산과	9	1	7	8	7	5	5	4
4017	충남 아산시	신규 HACCP농가 등 시설장비 지원사업	7,500	축수산과	9	1	7	8	7	5	5	4
4018	충남 아산시	양봉농가육성지원	76,000	축수산과	9	1	7	8	7	5	5	4
4019	충남 아산시	양봉농가경영안정지원	32,000	축수산과	9	1	7	8	7	5	5	4
4020	충남 아산시	학생승마체험지원	156,800	축수산과	9	1	7	8	7	5	5	4
4021	충남 아산시	학생승마체험지원	2,240	축수산과	9	1	7	8	7	5	5	4
4022	충남 아산시	학생승마체험승마장 안전보호장비지원	8,000	축수산과	9	1	7	8	7	5	5	4
4023	충남 아산시	아산시장배 전국승마대회 개최	150,000	축수산과	9	1	7	8	7	5	5	4
4024	충남 아산시	조사료생산 부속장비 지원	106,250	축수산과	9	1	7	8	7	5	5	4
4025	충남 아산시	양돈농가 모돈갱신사업	65,250	축수산과	9	1	7	8	7	5	5	4
4026	충남 아산시	양돈농가 육성사업	62,000	축수산과	9	1	7	8	7	5	5	4
4027	충남 아산시	동물사체 처리시설 지원사업	62,500	축수산과	9	1	7	8	7	5	5	4
4028	충남 아산시	계란 냉장차량 지원	15,000	축수산과	9	2	7	8	7	5	5	4
4029	충남 아산시	스마트 생체정보 관리시스템 보급 시범사업	60,000	축수산과	9	2	7	8	7	5	5	4
4030	충남 아산시	간이 가축분뇨 퇴비화시스템 기술보급 시범사업	14,000	축수산과	9	1	7	8	7	5	5	4

순번	시군구	지출명 (사업명)	2021년예산 (단위:천원/1년간)	담당자 (공무원) 담당부서	민간이전 분류 (지방자치단체 세출예산 집행기준에 의거) 1. 민간경상사업보조(307-02) 2. 민간단체 법정운영비보조(307-03) 3. 민간행사사업보조(307-04) 4. 민간위탁금(307-05) 5. 사회복지시설 법정운영비보조(307-10) 6. 민간인위탁교육비(307-12) 7. 공기관등에대한경상적위탁사업비(308-10) 8. 민간자본사업보조,자체재원(402-01) 9. 민간자본사업보조,이전재원(402-02) 10. 민간위탁사업비(402-03) 11. 공기관등에 대한 자본적 대행사업비(403-02)	민간이전지출 근거 (지방보조금 관리기준 참고) 1. 법률에 규정 2. 국고보조 재원(국가지정) 3. 용도 지정 기부금 4. 조례에 직접규정 5. 지자체가 권장하는 사업을 하는 공공기관 6. 시,도 정책 및 재정사정 7. 기타 8. 해당없음	입찰방식 계약체결방법 (경쟁형태) 1. 일반경쟁 2. 제한경쟁 3. 지명경쟁 4. 수의계약 5. 법정위탁 6. 기타 ( ) 7. 해당없음	입찰방식 계약기간 1. 1년 2. 2년 3. 3년 4. 4년 5. 5년 6. 기타 ( )년 7. 단기계약 (1년미만) 8. 해당없음	입찰방식 낙찰자선정방법 1. 적격심사 2. 협상에의한계약 3. 최저가낙찰제 4. 규격가격분리 5. 2단계 경쟁입찰 6. 기타 ( ) 7. 해당없음	운영예산 산정 운영예산 산정 1. 내부산정 (지자체 자체적으로 산정) 2. 외부산정 (외부전문기관위탁 산정) 3. 내·외부 모두 산정 4. 산정 無 5. 해당없음	운영예산 산정 정산방법 1. 내부정산 (지자체 내부적으로 정산) 2. 외부정산 (외부전문기관위탁 정산) 3. 내·외부 모두 산정 4. 정산 無 5. 해당없음	성과평가 실시여부 1. 실시 2. 미실시 3. 향후 추진 4. 해당없음
4031	충남 아산시	구제역 예방백신 지원	378,950	축수산과	9	2	6	1	7	4	1	2
4032	충남 아산시	돼지써코백신지원사업	240,000	축수산과	9	2	6	1	7	4	1	2
4033	충남 아산시	가금농가 질병관리	12,000	축수산과	9	2	4	1	7	4	1	2
4034	충남 아산시	닭진드기 공동방제 지원사업	24,000	축수산과	9	2	4	1	7	4	1	2
4035	충남 아산시	공동방제단 운영 지원	52,280	축수산과	9	2	7	1	7	4	1	2
4036	충남 아산시	공동방제단 운영 지원	57,386	축수산과	9	2	7	1	7	4	1	2
4037	충남 아산시	가축방역지원	1,200	축수산과	9	6	6	1	7	1	1	2
4038	충남 아산시	낚시터 수질개선 및 낚시관광 육성	53,040	축수산과	9	1	7	8	7	5	5	4
4039	충남 아산시	자율관리어업육성	90,000	축수산과	9	2	7	8	7	5	5	4
4040	충남 아산시	노후어선교체지원	67,000	축수산과	9	1	7	8	7	5	5	4
4041	충남 서산시	신재생에너지주택지원사업	188,550	일자리경제과	9	2	6	1	7	1	5	2
4042	충남 서산시	사회복지시설 태양광 설치 사업	201,120	일자리경제과	9	6	6	1	7	1	1	2
4043	충남 서산시	도시가스 공급시설 설치비 지원	600,000	일자리경제과	9	1	7	8	7	1	1	1
4044	충남 서산시	테크노밸리 좌석버스 구입 지원	100,000	교통과	9	1	7	8	7	5	5	4
4045	충남 서산시	장애인복지관	1,456,932	경로장애인과	9	1	7	8	7	1	1	2
4046	충남 서산시	장애인직업재활시설 기능보강	86,647	경로장애인과	9	1	7	8	7	5	1	4
4047	충남 서산시	어린이집 환경개선	121,300	여성가족과	9	2	7	8	7	5	1	4
4048	충남 서산시	어린이집 확충	240,000	여성가족과	9	2	7	8	7	5	1	4
4049	충남 서산시	공동주택 공용시설 개선사업	800,000	주택과	9	1	2	7	1	1	1	1
4050	충남 서산시	기존 건축물 화재안전성능보강 지원사업	266,660	건축허가과	9	1	7	8	7	5	5	4
4051	충남 서산시	친환경에너지절감장비보급	72,000	해양수산과	9	2	7	8	7	3	1	3
4052	충남 서산시	어선사고예방시스템구축	6,600	해양수산과	9	2	7	8	7	3	1	3
4053	충남 서산시	천일염 포장재 지원	6,000	해양수산과	9	2	1	7	3	1	1	3
4054	충남 서산시	염전 바닥재 지원	110,000	해양수산과	9	2	1	7	3	1	1	3
4055	충남 서산시	간이 냉동냉장시설 지원	40,000	해양수산과	9	6	1	7	3	1	1	3
4056	충남 서산시	감태 생산시설 지원	57,000	해양수산과	9	6	1	7	3	1	1	3
4057	충남 서산시	자율관리어업 육성지원	450,000	해양수산과	9	2	7	7	7	1	1	4
4058	충남 서산시	친환경 부표 보급	1,400	해양수산과	9	2	7	8	7	5	5	4
4059	충남 서산시	어장환경개선	100,000	해양수산과	9	4	7	8	7	5	5	4
4060	충남 서산시	패류어장 자원조성	67,400	해양수산과	9	4	7	8	7	5	5	4
4061	충남 서산시	해삼 서식환경 조성지원	70,200	해양수산과	9	4	7	8	7	5	5	4
4062	충남 서산시	굴 친환경시설 지원	113,600	해양수산과	9	4	7	8	7	5	5	4
4063	충남 서산시	해상가두리 양식시설기자재 및 약품지원	100,000	해양수산과	9	4	7	8	7	5	5	4
4064	충남 서산시	양식어장자동화시설 설치	77,409	해양수산과	9	4	7	8	7	5	5	4
4065	충남 서산시	고수온 대응지원	50,000	해양수산과	9	2	7	8	7	5	5	4
4066	충남 서산시	종자배양장 육성지원	64,000	해양수산과	9	4	7	8	7	5	5	4
4067	충남 서산시	육상 양식어장 기반시설지원	48,200	해양수산과	9	4	7	8	7	5	5	4
4068	충남 서산시	내수면 양식장 기반시설	42,000	해양수산과	9	4	7	8	7	5	5	4
4069	충남 서산시	내수면 어장 환경개선	16,400	해양수산과	9	4	7	8	7	5	5	4
4070	충남 서산시	의용소방대 순찰차량 구입 지원	132,000	안전총괄과	9	4	7	8	7	3	1	3
4071	충남 서산시	마을만들기 소액사업	50,000	시민공동체과	9	6	7	8	7	1	1	1
4072	충남 서산시	희망마을만들기 사업지원	150,000	시민공동체과	9	6	7	8	7	1	1	1

순번	시군구	지출명 (사업명)	2021년예산 (단위:천원/1년간)	담당자 (공무원) 담당부서	민간이전 분류 (지방자치단체 세출예산 집행기준에 의거) 1. 민간경상사업보조(307-02) 2. 민간단체 법정운영비보조(307-03) 3. 민간행사사업보조(307-04) 4. 민간위탁금(307-05) 5. 사회복지시설 법정운영비보조(307-10) 6. 민간인위탁교육비(307-12) 7. 공기관등에대한경상적위탁사업비(308-10) 8. 민간자본사업보조,자체재원(402-01) 9. 민간자본사업보조,이전재원(402-02) 10. 민간위탁사업비(402-03) 11. 공기관등에 대한 자본적 대행사업비(403-02)	민간이전지출 근거 (지방보조금 관리기준 참고) 1. 법률에 규정 2. 국고보조 재원(국가지정) 3. 용도 지정 기부금 4. 조례에 직접규정 5. 지자체가 권장하는 사업을 하는 공공기관 6. 시,도 정책 및 재정사정 7. 기타 8. 해당없음	입찰방식 계약체결방법 (경쟁형태) 1. 일반경쟁 2. 제한경쟁 3. 지명경쟁 4. 수의계약 5. 법정위탁 6. 기타 ( ) 7. 해당없음	입찰방식 계약기간 1. 1년 2. 2년 3. 3년 4. 4년 5. 5년 6. 기타 ( )년 7. 단기계약 (1년미만) 8. 해당없음	입찰방식 낙찰자선정방법 1. 적격심사 2. 협상에의한계약 3. 최저가낙찰제 4. 규격가격분리 5. 2단계 경쟁입찰 6. 기타 ( ) 7. 해당없음	운영예산 산정 운영예산 산정 1. 내부산정 (지자체 자체적으로 산정) 2. 외부산정 (외부전문기관위탁 산정) 3. 내·외부 모두 산정 4. 산정 無 5. 해당없음	운영예산 산정 정산방법 1. 내부정산 (지자체 내부적으로 정산) 2. 외부정산 (외부전문기관위탁 정산) 3. 내·외부 모두 산정 4. 정산 無 5. 해당없음	성과평가 실시여부 1. 실시 2. 미실시 3. 향후 추진 4. 해당없음
4073	충남 서산시	가족농 육성 스마트팜 지원사업	275,000	농정과	9	6	4	7	7	1	1	1
4074	충남 서산시	개방화 대응 과수원예농가 지원	100,000	농정과	9	6	4	7	7	1	1	1
4075	충남 서산시	개방화 대응 과수원예농가 지원	160,000	농정과	9	6	4	7	7	1	1	1
4076	충남 서산시	고추비가림재배시설 지원	206,290	농정과	9	2	4	7	7	1	1	1
4077	충남 서산시	고품질쌀 생산 및 유통 지원	420,000	농정과	9	6	7	8	7	1	1	4
4078	충남 서산시	고품질쌀 생산 및 유통 지원	341,500	농정과	9	2	7	8	7	5	5	4
4079	충남 서산시	고품질쌀 생산 및 유통 지원	300,000	농정과	9	2	7	8	7	1	1	1
4080	충남 서산시	농기계등화장치 부착지원	20,000	농정과	9	2	7	8	7	1	1	1
4081	충남 서산시	농약안전보관함 지원	30,000	농정과	9	6	7	8	7	1	1	1
4082	충남 서산시	농업분야 에너지절감시설 지원	240,000	농정과	9	2	4	7	7	1	1	1
4083	충남 서산시	농촌마을 공동급식시설 지원	200,000	농정과	9	6	7	8	7	5	5	4
4084	충남 서산시	스마트팜 ICT융복합확산사업	84,000	농정과	9	2	4	7	7	1	1	1
4085	충남 서산시	시설원예 현대화 지원	105,000	농정과	9	2	7	8	7	1	1	1
4086	충남 서산시	시설채소 고품질 생산시설 확충	14,400	농정과	9	6	4	7	7	1	1	1
4087	충남 서산시	시설채소 고품질 생산시설 확충	110,000	농정과	9	6	4	7	7	1	1	1
4088	충남 서산시	식량작물 생산비 절감 지원	150,000	농정과	9	6	7	8	7	1	1	1
4089	충남 서산시	식량작물 안정적 생산지원	140,000	농정과	9	6	7	8	7	1	1	1
4090	충남 서산시	원예작물 산소발생기 지원	22,500	농정과	9	4	4	7	7	1	1	1
4091	충남 서산시	이상기후 등 재해 대응능력 강화 지원	75,000	농정과	9	6	4	7	7	1	1	1
4092	충남 서산시	인삼산업 기반구축 지원	175,155	농정과	9	6	7	1	7	2	1	1
4093	충남 서산시	특용작물 생산기반지원사업	150,000	농정과	9	2	7	1	7	2	1	1
4094	충남 서산시	특용작물 시설현대화 지원	10,000	농정과	9	2	7	1	7	2	1	1
4095	충남 서산시	특용작물 시설현대화 지원	311,325	농정과	9	2	7	1	7	2	1	1
4096	충남 서산시	화훼류 신수출전략품목 육성사업	87,000	농정과	9	2	7	8	7	1	1	1
4097	충남 서산시	농업인교육 선도 실습농장 조성	7,400	농업지원과	9	4	7	8	7	5	5	4
4098	충남 서산시	특산자원융복합 가공상품 중간소재 가공시범	60,000	농업지원과	9	4	7	8	7	5	5	4
4099	충남 서산시	작목별 맞춤형 안전관리 실천시범	40,000	농업지원과	9	4	7	8	7	5	5	4
4100	충남 서산시	농촌체험농장 교육시설 개선	42,500	농업지원과	9	4	7	8	7	5	5	4
4101	충남 서산시	농업인 가공사업장 품질향상 시범	18,000	농업지원과	9	4	7	8	7	5	5	4
4102	충남 서산시	청년농업인4H회원 영농정착 지원	70,000	농업지원과	9	4	7	8	7	5	5	4
4103	충남 서산시	한센병환자관리지원 자본보조	34,000	감염병관리과	9	6	7	8	7	5	5	4
4104	충남 서산시	사립작은도서관 도서 구입비 지원	48,000	서산시립도서관	9	4	7	8	7	1	1	1
4105	충남 계룡시	대한노인회지회 운영비 지원	103,900	가족행복과	9	1	7	8	7	5	1	1
4106	충남 계룡시	경로당 지도자 선진지 견학	3,600	가족행복과	9	1	7	8	7	5	1	1
4107	충남 계룡시	어린이집기능보강	33,500	가족행복과	9	8	7	8	7	5	5	4
4108	충남 계룡시	결식아동 급식비 지원	128,000	가족행복과	9	1	7	8	7	5	1	4
4109	충남 계룡시	치유형 농촌체험농장 육성	29,750	농업기술센터	9	4	7	8	7	1	1	3
4110	충남 계룡시	신재생에너지주택지원사업	32,570	일자리경제과	9	2	7	8	7	1	1	2
4111	충남 계룡시	전기자동차 보급 및 충전인프라 구축	1,455,000	환경위생과	9	2	7	8	7	5	1	4
4112	충남 계룡시	운행경유차 배출가스 저감사업	225,120	환경위생과	9	2	7	8	7	5	1	4
4113	충남 계룡시	운행경유차 배출가스 저감사업	145,511	환경위생과	9	2	7	8	7	5	1	4
4114	충남 계룡시	어린이 통학차량의 lpg차 전환지원사업	15,000	환경위생과	9	2	7	8	7	5	1	4

순번	시군구	지출명 (사업명)	2021년예산 (단위:천원/1년간)	담당자 (공무원)	민간이전 분류 (지방자치단체 세출예산 집행기준에 의거)	민간이전지출 근거 (지방보조금 관리기준 참고)	입찰방식			운영예산 산정		성과평가 실시여부
				담당부서	1. 민간경상사업보조(307-02) 2. 민간단체 법정운영비보조(307-03) 3. 민간행사사업보조(307-04) 4. 민간위탁금(307-05) 5. 사회복지시설 법정운영비보조(307-10) 6. 민간인위탁교육비(307-12) 7. 공기관등에대한경상적위탁사업비(308-10) 8. 민간자본사업보조,자체재원(402-01) 9. 민간자본사업보조,이전재원(402-02) 10. 민간위탁사업비(402-03) 11. 공기관등에 대한 자본적 대행사업비(403-02)	1. 법률에 규정 2. 국고보조 재원(국가지정) 3. 용도 지정 기부금 4. 조례에 직접규정 5. 지자체가 권장하는 사업을 하는 공공기관 6. 시,도 정책 및 재정사정 7. 기타 8. 해당없음	계약체결방법 (경쟁형태) 1. 일반경쟁 2. 제한경쟁 3. 지명경쟁 4. 수의계약 5. 법정위탁 6. 기타 ( ) 7. 해당없음	계약기간 1. 1년 2. 2년 3. 3년 4. 4년 5. 5년 6. 기타 ( )년 7. 단기계약 (1년미만) 8. 해당없음	낙찰자선정방법 1. 적격심사 2. 협상에의한계약 3. 최저가낙찰제 4. 규격가격분리 5. 2단계 경쟁입찰 6. 기타 ( ) 7. 해당없음	운영예산 산정 1. 내부산정 (지자체 자체적으로 산정) 2. 외부산정 (외부전문기관위탁 산정) 3. 내·외부 모두 산정 4. 산정 無 5. 해당없음	정산방법 1. 내부정산 (지자체 내부적으로 정산) 2. 외부정산 (외부전문기관위탁 정산) 3. 내·외부 모두 산정 4. 정산 無 5. 해당없음	1. 실시 2. 미실시 3. 향후 추진 4. 해당없음
4115	충남 계룡시	lpg 1톤화물차 보조금 지원사업	28,000	환경위생과	9	2	7	8	7	5	1	4
4116	충남 계룡시	수소연료전지차 보급	97,500	환경위생과	9	2	7	8	7	5	1	4
4117	충남 계룡시	가정용 저녹스 보일러 지원사업	14,000	환경위생과	9	2	7	8	7	5	1	4
4118	충남 계룡시	생활폐기물 소각시설 수선 등	70,000	환경위생과	9	4	6	7	2	5	1	2
4119	충남 당진시	전통사찰 보수 정비	70,000	문화관광과	9	2	7	8	7	5	5	4
4120	충남 당진시	노인요양시설확충기능보강사업	55,000	경로장애인과	9	1	4	8	7	1	1	4
4121	충남 당진시	노인회지회 운영비 지원	25,000	경로장애인과	9	1	7	8	7	5	1	1
4122	충남 당진시	장애인직업재활시설 기능보강	8,000	경로장애인과	9	1	7	8	7	1	1	1
4123	충남 당진시	장애인거주시설 기능보강	100,000	경로장애인과	9	1	7	8	7	1	1	1
4124	충남 당진시	장애인거주시설 기능보강	236,164	경로장애인과	9	1	7	8	7	1	1	1
4125	충남 당진시	경로당 기능보강	150,000	경로장애인과	9	7	1	7	3	5	1	3
4126	충남 당진시	경로당 현안 사업	450,000	경로장애인과	9	7	7	8	7	5	5	3
4127	충남 당진시	여성친화기업 환경개선지원	15,000	경제과	9	2	7	8	7	5	5	4
4128	충남 당진시	신재생에너지 융복합지원사업	3,395,241	기후에너지과	9	2	7	8	7	5	5	4
4129	충남 당진시	신재생에너지 주택지원사업	251,400	기후에너지과	9	2	7	8	7	5	5	4
4130	충남 당진시	가학리 마을회관 기능보강	8,800	기후에너지과	9	2	7	8	7	5	5	4
4131	충남 당진시	거산2리 마을회관 기능보강	8,700	기후에너지과	9	2	7	8	7	5	5	4
4132	충남 당진시	고대1리 마을회관 기능보강	15,650	기후에너지과	9	2	7	8	7	5	5	4
4133	충남 당진시	고대2리 공동시설 조성	39,310	기후에너지과	9	2	7	8	7	5	5	4
4134	충남 당진시	고대2리 마을회관 태양광 발전 시설 설치 공사	28,665	기후에너지과	9	2	7	8	7	5	5	4
4135	충남 당진시	금암2리 마을 공동시설 조성	7,018	기후에너지과	9	2	7	8	7	5	5	4
4136	충남 당진시	금천1리 공동시설 기능보강	6,170	기후에너지과	9	2	7	8	7	5	5	4
4137	충남 당진시	금천2리 마을회관 기능보강	5,540	기후에너지과	9	2	7	8	7	5	5	4
4138	충남 당진시	기지시리 마을회관 기능보강	8,800	기후에너지과	9	2	7	8	7	5	5	4
4139	충남 당진시	도성1리 방범용 CCTV 설치	1,390	기후에너지과	9	2	7	8	7	5	5	4
4140	충남 당진시	매산2리 마을회관 신축	200,000	기후에너지과	9	2	7	8	7	5	5	4
4141	충남 당진시	반촌1리 공동시설 부지 구입	27,192	기후에너지과	9	2	7	8	7	5	5	4
4142	충남 당진시	반촌2리 마을회관 기능보강	8,800	기후에너지과	9	2	7	8	7	5	5	4
4143	충남 당진시	방계리 마을회관 기능보강	17,970	기후에너지과	9	2	7	8	7	5	5	4
4144	충남 당진시	복운3리 마을회관 기능보강	20,000	기후에너지과	9	2	7	8	7	5	5	4
4145	충남 당진시	부곡2리 공동시설 기능보강	36,550	기후에너지과	9	2	7	8	7	5	5	4
4146	충남 당진시	부곡2리 마을 공동시설 조성	7,980	기후에너지과	9	2	7	8	7	5	5	4
4147	충남 당진시	부수리 마을회관 기능보강	3,630	기후에너지과	9	2	7	8	7	5	5	4
4148	충남 당진시	석포2리 공동시설 기능보강	13,070	기후에너지과	9	2	7	8	7	5	5	4
4149	충남 당진시	석포2리 마을회관 기능보강	12,650	기후에너지과	9	2	7	8	7	5	5	4
4150	충남 당진시	신흥리 마을회관 기능보강	910	기후에너지과	9	2	7	8	7	5	5	4
4151	충남 당진시	영천리 마을 창고 부지 조성	19,590	기후에너지과	9	2	7	8	7	5	5	4
4152	충남 당진시	운정리 마을회관 기능보강	1,290	기후에너지과	9	2	7	8	7	5	5	4
4153	충남 당진시	정금리 방범용 CCTV 설치	8,800	기후에너지과	9	2	7	8	7	5	5	4
4154	충남 당진시	초대1리 마을회관 기능보강	3,620	기후에너지과	9	2	7	8	7	5	5	4
4155	충남 당진시	초대2리 마을회관 기능보강	3,390	기후에너지과	9	2	7	8	7	5	5	4
4156	충남 당진시	한정리 마을회관 기능보강	3,690	기후에너지과	9	2	7	8	7	5	5	4

순번	시군구	지출명 (사업명)	2021년예산 (단위:천원/1년간)	담당자 (공무원) 담당부서	민간이전 분류 (지방자치단체 세출예산 집행기준에 의거) 1. 민간경상사업보조(307-02) 2. 민간단체 법정운영비보조(307-03) 3. 민간행사사업보조(307-04) 4. 민간위탁금(307-05) 5. 사회복지시설 법정운영비보조(307-10) 6. 민간인위탁교육비(307-12) 7. 공기관등에대한경상적위탁사업비(308-10) 8. 민간자본사업보조,자체재원(402-01) 9. 민간자본사업보조,이전재원(402-02) 10. 민간위탁사업비(402-03) 11. 공기관등에 대한 자본적 대행사업비(403-02)	민간이전지출 근거 (지방보조금 관리기준 참고) 1. 법률에 규정 2. 국고보조 재원(국가지정) 3. 용도 지정 기부금 4. 조례에 직접규정 5. 지자체가 권장하는 사업을 하는 공공기관 6. 시,도 정책 및 재정사정 7. 기타 8. 해당없음	입찰방식 계약체결방법 (경쟁형태) 1. 일반경쟁 2. 제한경쟁 3. 지명경쟁 4. 수의계약 5. 법정위탁 6. 기타 ( ) 7. 해당없음	입찰방식 계약기간 1. 1년 2. 2년 3. 3년 4. 4년 5. 5년 6. 기타 ( )년 7. 단기계약 (1년미만) 8. 해당없음	입찰방식 낙찰자선정방법 1. 적격심사 2. 협상에의한계약 3. 최저가낙찰제 4. 규격가격분리 5. 2단계 경쟁입찰 6. 기타 ( ) 7. 해당없음	운영예산 산정 운영예산 산정 1. 내부산정 (지자체 자체적으로 산정) 2. 외부산정 (외부전문기관위탁 산정) 3. 내·외부 모두 산정 4. 산정 無 5. 해당없음	운영예산 산정 정산방법 1. 내부정산 (지자체 내부적으로 정산) 2. 외부정산 (외부전문기관위탁 정산) 3. 내·외부 모두 산정 4. 정산 無 5. 해당없음	성과평가 실시여부 1. 실시 2. 미실시 3. 향후 추진 4. 해당없음
4157	충남 당진시	한진1리 공동시설 기능보강	56,506	기후에너지과	9	2	7	8	7	5	5	4
4158	충남 당진시	한진2리 공동시설 기능보강	57,754	기후에너지과	9	2	7	8	7	5	5	4
4159	충남 당진시	발전소주변지역 공공사회복지	1,379,898	기후에너지과	9	2	7	8	7	5	5	4
4160	충남 당진시	발전소주변지역 소득증대	5,673,223	기후에너지과	9	2	7	8	7	5	5	4
4161	충남 당진시	특별지원사업 발전소주변지역 공공사회복지	11,654	기후에너지과	9	2	7	8	7	5	5	4
4162	충남 당진시	석문에너지지역 특별지원사업 발전소주변지역	264,394	기후에너지과	9	2	7	8	7	5	5	4
4163	충남 당진시	친환경 에너지 절감장비 보급	66,000	항만수산과	9	2	7	8	7	1	1	4
4164	충남 당진시	양식어장 기반시설 지원	36,600	항만수산과	9	6	7	8	7	1	1	4
4165	충남 당진시	어선사고 예방 시스템 구축 지원	6,000	항만수산과	9	2	7	8	7	1	1	4
4166	충남 당진시	양식어장 자동화시설 장비지원	37,747	항만수산과	9	6	7	8	7	1	1	4
4167	충남 당진시	친환경부표 보급	35,000	항만수산과	9	2	7	8	7	1	1	4
4168	충남 당진시	자율관리어업육성지원	72,000	항만수산과	9	2	7	8	7	1	1	4
4169	충남 당진시	수산물 산지가공시설 지원	395,400	항만수산과	9	6	7	8	7	5	5	4
4170	충남 당진시	가두리양식장 시설기자재 및 약품지원	54,000	항만수산과	9	6	7	8	7	1	1	4
4171	충남 당진시	적조피해예방(가두리시설 현대화)사업	252,304	항만수산과	9	6	7	8	7	5	5	4
4172	충남 당진시	어장환경개선	36,800	항만수산과	9	6	7	8	7	1	1	4
4173	충남 당진시	굴 친환경 시설 지원	48,000	항만수산과	9	6	7	8	7	1	1	4
4174	충남 당진시	패류어장 자원조성	52,000	항만수산과	9	6	7	8	7	1	1	4
4175	충남 당진시	해양포유류 혼획저감 어구보급	47,500	항만수산과	9	2	7	8	7	5	5	4
4176	충남 당진시	내수면 양식장 기반시설 지원	32,000	항만수산과	9	1	7	8	7	1	1	4
4177	충남 당진시	내수면 노후어선 및 기관대체	56,800	항만수산과	9	1	7	8	7	1	1	4
4178	충남 당진시	공동주택 RFID 방식 종량기 설치 사업	38,000	자원순환과	9	4	7	8	7	5	5	4
4179	충남 당진시	당진2동 집수리지원 사업	50,000	도시재생과	9	2	7	8	7	5	5	4
4180	충남 당진시	농약안전사용장비 지원	46,000	농업정책과	9	7	7	8	7	5	5	4
4181	충남 당진시	농기계등화장치 부착지원	15,000	농업정책과	9	2	7	8	7	5	5	4
4182	충남 당진시	통합 및 노후RPC 시설장비 지원	362,000	농업정책과	9	7	7	8	7	5	5	4
4183	충남 당진시	식량작물 생산비 절감 지원	240,000	농업정책과	9	7	7	8	7	5	5	4
4184	충남 당진시	가공시설현대화	4,650,000	농업정책과	9	2	7	8	7	5	5	4
4185	충남 당진시	벼 건조저장시설 지원	2,280,000	농업정책과	9	2	7	8	7	5	5	4
4186	충남 당진시	식량산업보완사업	491,000	농업정책과	9	7	7	8	7	5	5	4
4187	충남 당진시	농업용 드론 지원	130,000	농업정책과	9	7	7	8	7	5	5	4
4188	충남 당진시	고추비가림 재배시설 사업	72,600	농업정책과	9	7	7	8	7	5	5	4
4189	충남 당진시	화훼생산기반 경쟁력 강화 사업	30,000	농업정책과	9	7	7	8	7	5	5	4
4190	충남 당진시	가족농육성 스마트팜 지원사업	230,000	농업정책과	9	7	7	8	7	5	5	4
4191	충남 당진시	과수명품화 육성사업	75,000	농업정책과	9	7	7	8	7	5	5	4
4192	충남 당진시	과수전용 생력화기계 지원사업	135,000	농업정책과	9	7	7	8	7	5	5	4
4193	충남 당진시	원예작물 소형 저온저장고 설치사업	47,500	농업정책과	9	7	7	8	7	5	5	4
4194	충남 당진시	과수 고품질 시설현대화사업	17,500	농업정책과	9	7	7	8	7	5	5	4
4195	충남 당진시	시설원예 에너지절감 시설사업	125,250	농업정책과	9	2	7	8	7	5	5	4
4196	충남 당진시	원예특용작물 생산시설보완사업	55,000	농업정책과	9	7	7	8	7	5	5	4
4197	충남 당진시	원예시설 스마트폰 자동제어시스템구축사업	28,800	농업정책과	9	7	7	8	7	5	5	4
4198	충남 당진시	시설원예현대화사업 품질개선 사업	7,300	농업정책과	9	7	7	8	7	5	5	4

순번	시군구	지출명 (사업명)	2021년예산 (단위:천원/1년간)	담당자 (공무원)	민간이전 분류 (지방자치단체 세출예산 집행기준에 의거)	민간이전지출 근거 (지방보조금 관리기준 참고)	입찰방식			운영예산 산정		성과평가 실시여부
				담당부서	1. 민간경상사업보조(307-02) 2. 민간단체 법정운영비보조(307-03) 3. 민간행사사업보조(307-04) 4. 민간위탁금(307-05) 5. 사회복지시설 법정운영비보조(307-10) 6. 민간인위탁교육비(307-12) 7. 공기관등에대한경상적위탁사업비(308-10) 8. 민간자본사업보조,자체재원(402-01) 9. 민간자본사업보조,이전재원(402-02) 10. 민간위탁사업비(402-03) 11. 공기관등에 대한 자본적 대행사업비(403-02)	1. 법률에 규정 2. 국고보조 재원(국가지정) 3. 용도 지정 기부금 4. 조례에 직접규정 5. 지자체가 권장하는 사업을 하는 공공기관 6. 시,도 정책 및 재정사정 7. 기타 8. 해당없음	계약체결방법 (경쟁형태) 1. 일반경쟁 2. 제한경쟁 3. 지명경쟁 4. 수의계약 5. 법정위탁 6. 기타 ( ) 7. 해당없음	계약기간 1. 1년 2. 2년 3. 3년 4. 4년 5. 5년 6. 기타 ( )년 7. 단기계약 (1년미만) 8. 해당없음	낙찰자선정방법 1. 적격심사 2. 협상에의한계약 3. 최저가낙찰제 4. 규격가격분리 5. 2단계 경쟁입찰 6. 기타 ( ) 7. 해당없음	운영예산 산정 1. 내부산정 (지자체 자체적으로 산정) 2. 외부산정 (외부전문기관위탁 산정) 3. 내·외부 모두 산정 4. 산정 無 5. 해당없음	정산방법 1. 내부정산 (지자체 내부적으로 정산) 2. 외부정산 (외부전문기관위탁 정산) 3. 내·외부 모두 산정 4. 정산 無 5. 해당없음	1. 실시 2. 미실시 3. 향후 추진 4. 해당없음
4199	충남 당진시	원예작물 생력화장비 지원사업	50,000	농업정책과	9	7	7	8	7	5	5	4
4200	충남 당진시	환경친화적 신소재 영농지원사업	35,000	농업정책과	9	7	7	8	7	5	5	4
4201	충남 당진시	유산균 토양발효농법 지원사업	27,500	농업정책과	9	7	7	8	7	5	5	4
4202	충남 당진시	밭식량작물공동경영체 육성	450,000	농업정책과	9	2	7	8	7	5	5	4
4203	충남 당진시	화훼류 신수출 전략품목 육성사업	10,000	농업정책과	9	7	7	8	7	5	5	4
4204	충남 당진시	친환경인삼생산자재지원	41,150	농업정책과	9	7	7	8	7	5	5	4
4205	충남 당진시	인삼생산시설현대화사업	25,575	농업정책과	9	7	7	8	7	5	5	4
4206	충남 당진시	유기질비료지원	1,506,400	농업정책과	9	2	7	8	7	5	5	4
4207	충남 당진시	토양개량제지원사업	2,140,000	농업정책과	9	2	7	8	7	5	5	4
4208	충남 당진시	유기농업자재지원	30,000	농업정책과	9	2	7	8	7	5	5	4
4209	충남 당진시	친환경농자재지원	20,405	농업정책과	9	7	7	8	7	5	5	4
4210	충남 당진시	인삼컬러박스지원사업	2,205	농업정책과	9	7	7	8	7	5	5	4
4211	충남 당진시	농촌마을 공동급식시설 지원	50,000	농업정책과	9	7	7	8	7	5	5	4
4212	충남 당진시	청년농업인 4-H회원 영농정착 지원시범	70,000	농촌진흥과	9	6	7	8	7	1	1	2
4213	충남 당진시	식농학습 농장	50,000	농촌진흥과	9	2	7	8	7	5	1	1
4214	충남 당진시	작목별 맞춤형 안전관리 실천	50,000	농촌진흥과	9	2	7	8	7	5	1	1
4215	충남 당진시	축산환경개선제 지원	100,000	축산지원과	9	6	7	8	7	5	5	1
4216	충남 당진시	축산물 이력관리 지원	88,856	축산지원과	9	6	7	8	7	5	5	1
4217	충남 당진시	양돈농가 모돈갱신	40,000	축산지원과	9	6	7	8	7	5	5	1
4218	충남 당진시	양돈농가 육성	400,000	축산지원과	9	6	7	8	7	5	5	1
4219	충남 당진시	축분고속발효기 지원	180,000	축산지원과	9	6	7	8	7	5	5	1
4220	충남 당진시	스키드로더, 농업용 굴삭기 지원	390,000	축산지원과	9	6	7	8	7	5	5	1
4221	충남 당진시	공동자원화 및 공동처리장 개보수	100,000	축산지원과	9	6	7	8	7	5	5	1
4222	충남 당진시	악취저감시스템지원	100,000	축산지원과	9	6	7	8	7	5	5	1
4223	충남 당진시	소 사육농가 퇴비살포기 지원	80,000	축산지원과	9	6	7	8	7	5	5	1
4224	충남 당진시	양돈농가 고액분리기 지원	105,000	축산지원과	9	6	7	8	7	5	5	1
4225	충남 당진시	양돈농가 악취저감 분뇨자원화	100,000	축산지원과	9	6	7	8	7	5	5	1
4226	충남 당진시	아름다운 축산농장 만들기	20,000	축산지원과	9	6	7	8	7	5	5	1
4227	충남 당진시	축산악취개선 공모사업	1,061,042	축산지원과	9	6	7	8	7	5	5	1
4228	충남 당진시	젖소농가 환경개선지원	90,000	축산지원과	9	6	7	8	7	5	5	1
4229	충남 당진시	냉방기 지원	8,000	축산지원과	9	6	7	8	7	5	5	1
4230	충남 당진시	급이기 지원	25,000	축산지원과	9	6	7	8	7	5	5	1
4231	충남 당진시	무주유 진공펌프 지원	20,000	축산지원과	9	6	7	8	7	5	5	1
4232	충남 당진시	젖소 모기퇴치기	3,500	축산지원과	9	6	7	8	7	5	5	1
4233	충남 당진시	젖소 유전체 분석	5,850	축산지원과	9	6	7	8	7	5	5	1
4234	충남 당진시	조사료생산 부속장비 지원	35,000	축산지원과	9	6	7	8	7	5	5	1
4235	충남 당진시	사료배합기 등 지원	25,000	축산지원과	9	6	7	8	7	5	5	1
4236	충남 당진시	관제교육센터	1,000,000	축산지원과	9	6	7	8	7	5	5	1
4237	충남 당진시	한우 유전정보 기반 정밀사양 기술시범	100,000	축산지원과	9	6	7	8	7	5	5	1
4238	충남 당진시	스마트양봉 기술보급 시범	20,000	축산지원과	9	6	7	8	7	5	5	1
4239	충남 당진시	사료용 총체벼급여 당진해나루 한우브랜드 구축 시범	119,000	축산지원과	9	6	7	8	7	5	5	1
4240	충남 당진시	사슴+염소 생산성 향상을 위한 축사환경개선 시범	7,000	축산지원과	9	6	7	8	7	5	5	1

순번	시군구	지출명 (사업명)	2021년예산 (단위:천원/1년간)	담당자 (공무원) 담당부서	민간이전 분류 (지방자치단체 세출예산 집행기준에 의거) 1. 민간경상사업보조(307-02) 2. 민간단체 법정운영비보조(307-03) 3. 민간행사사업보조(307-04) 4. 민간위탁금(307-05) 5. 사회복지시설 법정운영비보조(307-10) 6. 민간인위탁교육비(307-12) 7. 공기관등에대한경상적위탁사업비(308-10) 8. 민간자본사업보조,자체재원(402-01) 9. 민간자본사업보조,이전재원(402-02) 10. 민간위탁사업비(402-03) 11. 공기관등에 대한 자본적 대행사업비(403-02)	민간이전지출 근거 (지방보조금 관리기준 참고) 1. 법률에 규정 2. 국고보조 재원(국가지정) 3. 용도 지정 기부금 4. 조례에 직접규정 5. 지자체가 권장하는 사업을 하는 공공기관 6. 시,도 정책 및 재정사정 7. 기타 8. 해당없음	입찰방식 계약체결방법 (경쟁형태) 1. 일반경쟁 2. 제한경쟁 3. 지명경쟁 4. 수의계약 5. 법정위탁 6. 기타 ( ) 7. 해당없음	입찰방식 계약기간 1. 1년 2. 2년 3. 3년 4. 4년 5. 5년 6. 기타 ( )년 7. 단기계약 (1년미만) 8. 해당없음	입찰방식 낙찰자선정방법 1. 적격심사 2. 협상에의한계약 3. 최저가낙찰제 4. 규격가격분리 5. 2단계 경쟁입찰 6. 기타 ( ) 7. 해당없음	운영예산 산정 운영예산 산정 1. 내부산정 (지자체 자체적으로 산정) 2. 외부산정 (외부전문기관위탁 산정) 3. 내·외부 모두 산정 4. 산정 無 5. 해당없음	운영예산 산정 정산방법 1. 내부정산 (지자체 내부적으로 정산) 2. 외부정산 (외부전문기관위탁 정산) 3. 내·외부 모두 산정 4. 정산 無 5. 해당없음	성과평가 실시여부 1. 실시 2. 미실시 3. 향후 추진 4. 해당없음
4241	충남 당진시	계사깔짚 재활용 시범	28,000	축산지원과	9	6	7	8	7	5	5	1
4242	충남 당진시	축사 악취감소 바이오커튼설치 시범	60,900	축산지원과	9	6	7	8	7	5	5	1
4243	충남 당진시	가축 음용수 수질개선장치보급 시범	21,000	축산지원과	9	6	7	8	7	5	5	1
4244	충남 당진시	토종벌 우수종봉생산 시범	8,000	축산지원과	9	6	7	8	7	5	5	1
4245	충남 당진시	노력절감 종계 운반박스설치 시범	14,000	축산지원과	9	6	7	8	7	5	5	1
4246	충남 당진시	산야초이용 자가사료배합 염소사육 시범	16,000	축산지원과	9	6	7	8	7	5	5	1
4247	충남 당진시	양계농가 폭염피해 예방 지원	82,500	축산지원과	9	6	7	8	7	5	5	1
4248	충남 당진시	염소산업 육성 지원	6,700	축산지원과	9	6	7	8	7	5	5	1
4249	충남 당진시	사슴농가 육성 지원	28,750	축산지원과	9	6	7	8	7	5	5	1
4250	충남 당진시	곤충산업 육성 지원	2,500	축산지원과	9	6	7	8	7	5	5	1
4251	충남 당진시	양봉농가 육성 지원	80,000	축산지원과	9	6	7	8	7	5	5	1
4252	충남 당진시	양봉농가 경영안정 지원	22,300	축산지원과	9	6	7	8	7	5	5	1
4253	충남 당진시	양봉농가 현대화 지원	40,000	축산지원과	9	6	7	8	7	5	5	1
4254	충남 당진시	양계농가 사육환경 개선 지원	30,000	축산지원과	9	6	7	8	7	5	5	1
4255	충남 당진시	농장집유단계 HACCP 컨설팅 지원	28,000	축산지원과	9	6	7	8	7	5	5	1
4256	충남 당진시	계란냉장차량 지원	30,000	축산지원과	9	6	7	8	7	5	5	1
4257	충남 당진시	돼지써코바이러스 백신지원사업	458,400	축산지원과	9	6	7	8	7	5	5	1
4258	충남 당진시	돼지소모성질환 지도지원	30,000	축산지원과	9	6	7	8	7	5	5	1
4259	충남 당진시	가금농가 질병관리	78,000	축산지원과	9	6	7	8	7	5	5	1
4260	충남 당진시	닭 진드기 공동방제 지원	48,000	축산지원과	9	6	7	8	7	5	5	1
4261	충남 당진시	구제역 예방백신 지원	659,550	축산지원과	9	6	7	8	7	5	5	1
4262	충남 당진시	축산농가 대인소독시설 지원	30,000	축산지원과	9	6	7	8	7	5	5	1
4263	충남 당진시	CCTV 등 방역인프라	168,000	축산지원과	9	6	7	8	7	5	5	1
4264	충남 당진시	폐사축 처리비용 지원	3,500	축산지원과	9	6	7	8	7	5	5	1
4265	충남 당진시	원유검사비 지원	140,000	축산지원과	9	6	7	8	7	5	5	1
4266	충남 당진시	신규 HACCP농가 등 시설장비 지원	22,500	축산지원과	9	6	7	8	7	5	5	1
4267	충남 당진시	소 사육농가 진료비 지원	159,000	축산지원과	9	6	7	8	7	5	5	1
4268	충남 당진시	축산농가 소독시설 지원	18,000	축산지원과	9	6	7	8	7	5	5	1
4269	충남 당진시	울타리 지원	60,000	축산지원과	9	6	7	8	7	5	5	1
4270	충남 당진시	발판소독조 지원	14,700	축산지원과	9	6	7	8	7	5	5	1
4271	충남 당진시	장화세척기 지원	14,700	축산지원과	9	6	7	8	7	5	5	1
4272	충남 당진시	동물사체처리시설 지원	125,000	축산지원과	9	6	7	8	7	5	5	1
4273	충남 당진시	꿀벌사육농가 면역증강제지원	15,000	축산지원과	9	6	7	8	7	5	5	1
4274	충남 당진시	지역아동센터 기능보강 사업	10,000	여성가족과	9	2	7	8	7	5	5	4
4275	충남 당진시	공공형어린이집 환경개선	30,000	여성가족과	9	6	7	8	7	5	5	4
4276	충남 당진시	국공립어린이집 환경개선	30,000	여성가족과	9	6	7	8	7	5	5	4
4277	충남 당진시	국공립어린이집 확충 1개소	120,000	여성가족과	9	2	7	8	7	5	1	4
4278	충남 당진시	어린이집 기능보강	30,000	여성가족과	9	2	7	8	7	5	1	4
4279	충남 당진시	어린이집 기능보강	6,000	여성가족과	9	2	7	8	7	5	1	4
4280	충남 당진시	어린이집 기능보강	24,500	여성가족과	9	2	7	8	7	5	5	4
4281	충남 당진시	방역소독기 및 안전용품지원	70,000	여성가족과	9	6	7	8	7	5	5	4
4282	충남 당진시	신품종 조기확산 및 최고품질 벼 선정 시범	100,000	미래농업과	9	6	7	8	7	1	1	1

순번	시군구	지출명 (사업명)	2021년예산 (단위:천원/1년간)	담당자 (공무원) 담당부서	민간이전 분류 (지방자치단체 세출예산 집행기준에 의거) 1. 민간경상사업보조(307-02) 2. 민간단체 법정운영비보조(307-03) 3. 민간행사사업보조(307-04) 4. 민간위탁금(307-05) 5. 사회복지시설 법정운영비보조(307-10) 6. 민간인위탁교육비(307-12) 7. 공기관등에대한경상적위탁사업비(308-10) 8. 민간자본사업보조,자체재원(402-01) 9. 민간자본사업보조,이전재원(402-02) 10. 민간위탁사업비(402-03) 11. 공기관등에 대한 자본적 대행사업비(403-02)	민간이전지출 근거 (지방보조금 관리기준 참고) 1. 법률에 규정 2. 국고보조 재원(국가지정) 3. 용도 지정 기부금 4. 조례에 직접규정 5. 지자체가 권장하는 사업을 하는 공공기관 6. 시,도 정책 및 재정사정 7. 기타 8. 해당없음	입찰방식 계약체결방법 (경쟁형태) 1. 일반경쟁 2. 제한경쟁 3. 지명경쟁 4. 수의계약 5. 법정위탁 6. 기타 ( ) 7. 해당없음	입찰방식 계약기간 1. 1년 2. 2년 3. 3년 4. 4년 5. 5년 6. 기타 ( )년 7. 단기계약 (1년미만) 8. 해당없음	입찰방식 낙찰자선정방법 1. 적격심사 2. 협상에의한계약 3. 최저가낙찰제 4. 규격가격분리 5. 2단계 경쟁입찰 6. 기타 ( ) 7. 해당없음	운영예산 산정 운영예산 산정 1. 내부산정 (지자체 자체적으로 산정) 2. 외부산정 (외부전문기관위탁 산정) 3. 내·외부 모두 산정 4. 산정 無 5. 해당없음	운영예산 산정 정산방법 1. 내부정산 (지자체 내부적으로 정산) 2. 외부정산 (외부전문기관위탁 정산) 3. 내·외부 모두 산정 4. 정산 無 5. 해당없음	성과평가 실시여부 1. 실시 2. 미실시 3. 향후 추진 4. 해당없음
4283	충남 금산군	장애인 직업재활시설 기능보강	4,000	주민복지지원실	9	2	7	8	7	1	1	1
4284	충남 금산군	장애인 거주시설 기능보강	118,830	주민복지지원실	9	2	7	8	7	1	1	1
4285	충남 금산군	어린이집 기능보강사업	64,000	주민복지지원실	9	2	7	8	7	1	1	4
4286	충남 금산군	어린이집 보존식 기자재 지원사업	7,700	주민복지지원실	9	2	7	8	7	1	1	4
4287	충남 금산군	아동복지시설 기능보강	231,900	주민복지지원실	9	2	7	8	7	1	1	4
4288	충남 금산군	경로당 기능보강사업	280,000	주민복지지원실	9	1	7	8	7	1	1	4
4289	충남 금산군	음식점 입식테이블 시설개선	160,000	허가처리과	9	4	7	8	7	3	1	2
4290	충남 금산군	태고사 보수정비 사업	80,000	관광문화체육과	9	4	7	8	7	1	1	1
4291	충남 금산군	영천암 주변정비사업	160,000	관광문화체육과	9	4	7	8	7	1	1	1
4292	충남 금산군	지역아동센터 환경개선 지원	10,000	교육가족과	9	2	7	8	7	5	1	4
4293	충남 금산군	소규모 사업장 방지시설 설치 지원사업	900,000	환경자원과	9	2	7	8	7	5	1	4
4294	충남 금산군	어린이 통학차량 LPG차 전환 지원사업	100,000	환경자원과	9	2	7	8	7	5	1	4
4295	충남 금산군	수소연료전지차 보급사업	162,500	환경자원과	9	2	7	8	7	5	1	4
4296	충남 금산군	전기이륜차 보급사업	43,200	환경자원과	9	2	7	8	7	5	1	4
4297	충남 금산군	전기자동차(승용) 보급사업	1,120,000	환경자원과	9	2	7	8	7	5	1	4
4298	충남 금산군	전기자동차(화물) 보급사업	1,250	환경자원과	9	2	7	8	7	5	1	4
4299	충남 금산군	가정용 저녹스보일러 보급사업	10,000	환경자원과	9	2	7	8	7	5	1	4
4300	충남 금산군	배출가스 저감장치 부착사업	380,000	환경자원과	9	2	7	8	7	5	1	4
4301	충남 금산군	건설기계 엔진교체 지원사업	231,000	환경자원과	9	2	7	8	7	5	1	4
4302	충남 금산군	PM-NOx 동시 저감장치 부착사업	30,000	환경자원과	9	2	7	8	7	5	1	4
4303	충남 금산군	LPG 1톤 화물차 보조금 지원사업	44,000	환경자원과	9	2	7	8	7	5	1	4
4304	충남 금산군	전기 굴착기 보급사업	20,000	환경자원과	9	2	7	8	7	5	1	4
4305	충남 금산군	야생동물로 인한 농업피해 예방시설 설치사업	24,000	환경자원과	9	2	7	8	7	5	1	4
4306	충남 금산군	수변구역 주민지원사업	448,778	환경자원과	9	1	7	8	7	1	1	1
4307	충남 금산군	농산물유통시설 현대화지원	350,000	농업유통과	9	1	7	8	7	1	1	1
4308	충남 금산군	지역유통시설 지원	30,000	농업유통과	9	1	7	8	7	1	1	1
4309	충남 금산군	농산물산지유통시설(APC) 건립 지원	180,000	농업유통과	9	2	7	8	7	5	5	4
4310	충남 금산군	농촌마을 공동급식시설 개선	50,000	농업유통과	9	1	7	8	7	1	1	1
4311	충남 금산군	농작업 보호장비 지원	17,200	농업유통과	9	1	7	8	7	1	1	1
4312	충남 금산군	통합및노후RPC시설장비지원	34,000	농업유통과	9	1	7	8	7	5	5	2
4313	충남 금산군	식량작물생산비절감지원	40,000	농업유통과	9	1	7	8	7	1	1	1
4314	충남 금산군	농업용 드론지원사업	20,000	농업유통과	9	1	7	8	7	1	1	1
4315	충남 금산군	친환경농업자재 지원	10,000	농업유통과	9	1	7	8	7	1	1	1
4316	충남 금산군	친환경 육묘장 설치 지원	60,000	농업유통과	9	1	7	8	7	1	1	1
4317	충남 금산군	과수명품화육성사업	25,000	농업유통과	9	6	7	8	7	1	1	4
4318	충남 금산군	시설원예 에너지이용효율화사업	110,000	농업유통과	9	2	7	8	7	3	1	4
4319	충남 금산군	시설원예 품질개선사업	34,250	농업유통과	9	2	7	8	7	3	1	4
4320	충남 금산군	고추비가림 재배시설 지원사업	100,000	농업유통과	9	2	7	8	7	3	1	4
4321	충남 금산군	원예특용작물 생산시설 보완사업	55,000	농업유통과	9	6	7	8	7	2	1	4
4322	충남 금산군	화훼생산기반 경쟁력강화사업	15,000	농업유통과	9	6	7	8	7	2	1	4
4323	충남 금산군	시설원예 ICT융복합 확산사업	28,200	농업유통과	9	2	7	8	7	3	1	4
4324	충남 금산군	과수원예용 생력화기계 지원사업	15,000	농업유통과	9	6	7	8	7	2	1	4

순번	시군구	지출명 (사업명)	2021년예산 (단위:천원/1년간)	담당자 (공무원) 담당부서	민간이전 분류 (지방자치단체 세출예산 집행기준에 의거) 1. 민간경상사업보조(307-02) 2. 민간단체 법정운영비보조(307-03) 3. 민간행사사업보조(307-04) 4. 민간위탁금(307-05) 5. 사회복지시설 법정운영비보조(307-10) 6. 민간인위탁교육비(307-12) 7. 공기관등에대한경상적위탁사업비(308-10) 8. 민간자본사업보조,자체재원(402-01) 9. 민간자본사업보조,이전재원(402-02) 10. 민간위탁사업비(402-03) 11. 공기관등에 대한 자본적 대행사업비(403-02)	민간이전지출 근거 (지방보조금 관리기준 참고) 1. 법률에 규정 2. 국고보조 재원(국가지정) 3. 용도 지정 기부금 4. 조례에 직접규정 5. 지자체가 권장하는 사업을 하는 공공기관 6. 시,도 정책 및 재정사정 7. 기타 8. 해당없음	입찰방식 계약체결방법 (경쟁형태) 1. 일반경쟁 2. 제한경쟁 3. 지명경쟁 4. 수의계약 5. 법정위탁 6. 기타 ( ) 7. 해당없음	입찰방식 계약기간 1. 1년 2. 2년 3. 3년 4. 4년 5. 5년 6. 기타 ( )년 7. 단기계약 (1년미만) 8. 해당없음	입찰방식 낙찰자선정방법 1. 적격심사 2. 협상에의한계약 3. 최저가낙찰제 4. 규격가격분리 5. 2단계 경쟁입찰 6. 기타 ( ) 7. 해당없음	운영예산 산정 운영예산 산정 1. 내부산정 (지자체 자체적으로 산정) 2. 외부산정 (외부전문기관위탁 산정) 3. 내·외부 모두 산정 4. 산정 無 5. 해당없음	운영예산 산정 정산방법 1. 내부정산 (지자체 내부적으로 정산) 2. 외부정산 (외부전문기관위탁 정산) 3. 내·외부 모두 산정 4. 정산 無 5. 해당없음	성과평가 실시여부 1. 실시 2. 미실시 3. 향후 추진 4. 해당없음
4325	충남 금산군	원예작물 소형저온저장고 설치사업	25,000	농업유통과	9	6	7	8	7	2	1	4
4326	충남 금산군	원예작물 생력화장비 지원사업	30,000	농업유통과	9	6	7	8	7	2	1	4
4327	충남 금산군	유산균 토양발효농법 지원사업	25,000	농업유통과	9	6	7	8	7	2	1	4
4328	충남 금산군	원예시설 스마트폰 자동제어시스템 구축사업	7,200	농업유통과	9	6	7	8	7	2	1	4
4329	충남 금산군	원예작물 신소재신농법 영농지원사업	30,000	농업유통과	9	6	7	8	7	2	1	4
4330	충남 금산군	중소원예농가 스마트팜 보급지원사업	65,000	농업유통과	9	6	7	8	7	2	1	4
4331	충남 금산군	이상기후 등 재해대응능력 강화사업	20,000	농업유통과	9	6	7	8	7	2	1	4
4332	충남 금산군	광역직거래센터건립사업	750,000	농업유통과	9	7	7	8	7	5	5	4
4333	충남 금산군	양돈농가 모돈갱신 지원	11,250	농업유통과	9	1	7	8	7	1	1	1
4334	충남 금산군	양돈농가 육성사업	31,000	농업유통과	9	1	7	8	7	1	1	1
4335	충남 금산군	양봉농가 육성지원	65,500	농업유통과	9	1	7	8	7	1	1	1
4336	충남 금산군	양봉농가 벌꿀 저장용기 지원	37,200	농업유통과	9	1	7	8	7	1	1	1
4337	충남 금산군	양봉농가 현대화 지원	20,000	농업유통과	9	1	7	8	7	1	1	1
4338	충남 금산군	염소산업 육성지원	6,550	농업유통과	9	1	7	8	7	1	1	1
4339	충남 금산군	동물사체 처리시설 지원	12,500	농업유통과	9	1	7	8	7	1	1	1
4340	충남 금산군	곤충산업 육성지원	7,500	농업유통과	9	1	7	8	7	1	1	1
4341	충남 금산군	한우농가 시설개선 지원	50,000	농업유통과	9	1	7	8	7	1	1	1
4342	충남 금산군	양계농가 육성지원	11,500	농업유통과	9	1	7	8	7	1	1	1
4343	충남 금산군	낙농시설 현대화 지원	72,500	농업유통과	9	1	7	8	7	1	1	1
4344	충남 금산군	조사료 생산장비 지원	35,000	농업유통과	9	1	7	8	7	1	1	1
4345	충남 금산군	가축분뇨 처리시설 지원	280,000	농업유통과	9	1	7	8	7	1	1	1
4346	충남 금산군	아름다운 축산농장만들기 지원	40,000	농업유통과	9	1	7	8	7	1	1	1
4347	충남 금산군	축산농가 방역인프라 지원	42,000	농업유통과	9	2	7	8	7	1	1	1
4348	충남 금산군	축산농가 방역시설 지원	7,200	농업유통과	9	2	7	8	7	1	1	1
4349	충남 금산군	축산농가 방역장비 지원	4,200	농업유통과	9	2	7	8	7	1	1	1
4350	충남 금산군	임업인 산림경영 지원사업	34,000	산림녹지과	9	2	7	8	7	1	1	3
4351	충남 금산군	묘목 생산기반 조성사업	7,071	산림녹지과	9	1	7	8	7	1	1	4
4352	충남 금산군	펠릿보일러 지원사업	28,000	산림녹지과	9	2	7	8	7	1	1	3
4353	충남 금산군	임산물 가공장비 지원	30,388	산림녹지과	9	2	7	8	7	1	1	3
4354	충남 금산군	임산물 저장건조시설	55,157	산림녹지과	9	2	7	8	7	1	1	3
4355	충남 금산군	냉동탑차 지원	10,000	산림녹지과	9	2	7	8	7	1	1	3
4356	충남 금산군	산림작물 생산단지 조성	410,460	산림녹지과	9	2	7	8	7	1	1	3
4357	충남 금산군	산림작물 생산단지 조성	107,962	산림녹지과	9	2	7	8	7	1	1	3
4358	충남 금산군	산림경영 복합단지 조성	111,188	산림녹지과	9	2	7	8	7	1	1	3
4359	충남 금산군	유기질 비료(혼합유박) 구입 지원	5,051	산림녹지과	9	2	7	8	7	1	1	3
4360	충남 금산군	임산물상품화 지원	14,317	산림녹지과	9	2	7	8	7	1	1	3
4361	충남 금산군	표고재배시설	50,960	산림녹지과	9	2	7	8	7	1	1	3
4362	충남 금산군	표고톱밥배지구입	10,000	산림녹지과	9	2	7	8	7	1	1	3
4363	충남 금산군	생산장비	20,843	산림녹지과	9	2	7	8	7	1	1	3
4364	충남 금산군	대추 등 생산시설	31,327	산림녹지과	9	2	7	8	7	1	1	3
4365	충남 금산군	표고자목구입	7,240	산림녹지과	9	2	7	8	7	1	1	3
4366	충남 금산군	사회복지용 목재펠릿보일러(난방기) 지원	8,000	산림녹지과	9	2	7	8	7	1	1	3

순번	시군구	지출명 (사업명)	2021년예산 (단위:천원/1년간)	담당자 (공무원) 담당부서	민간이전 분류 (지방자치단체 세출예산 집행기준에 의거) 1. 민간경상사업보조(307-02) 2. 민간단체 법정운영비보조(307-03) 3. 민간행사사업보조(307-04) 4. 민간위탁금(307-05) 5. 사회복지시설 법정운영비보조(307-10) 6. 민간인위탁교육비(307-12) 7. 공기관등에대한경상적위탁사업비(308-10) 8. 민간자본사업보조,자체재원(402-01) 9. 민간자본사업보조,이전재원(402-02) 10. 민간위탁사업비(402-03) 11. 공기관등에 대한 자본적 대행사업비(403-02)	민간이전지출 근거 (지방보조금 관리기준 참고) 1. 법률에 규정 2. 국고보조 재원(국가지정) 3. 용도 지정 기부금 4. 조례에 직접규정 5. 지자체가 권장하는 사업을 하는 공공기관 6. 시,도 정책 및 재정사정 7. 기타 8. 해당없음	입찰방식 계약체결방법 (경쟁형태) 1. 일반경쟁 2. 제한경쟁 3. 지명경쟁 4. 수의계약 5. 법정위탁 6. 기타 ( ) 7. 해당없음	입찰방식 계약기간 1. 1년 2. 2년 3. 3년 4. 4년 5. 5년 6. 기타 ( )년 7. 단기계약 (1년미만) 8. 해당없음	입찰방식 낙찰자선정방법 1. 적격심사 2. 협상에의한계약 3. 최저가낙찰제 4. 규격가격분리 5. 2단계 경쟁입찰 6. 기타 ( ) 7. 해당없음	운영예산 산정 운영예산 산정 1. 내부산정 (지자체 자체적으로 산정) 2. 외부산정 (외부전문기관위탁 산정) 3. 내·외부 모두 산정 4. 산정 無 5. 해당없음	운영예산 산정 정산방법 1. 내부정산 (지자체 내부적으로 정산) 2. 외부정산 (외부전문기관위탁 정산) 3. 내·외부 모두 산정 4. 정산 無 5. 해당없음	성과평가 실시여부 1. 실시 2. 미실시 3. 향후 추진 4. 해당없음
4367	충남 금산군	농촌자원복합산업화 지원사업 자본보조	592,000	인삼약초과	9	2	7	8	7	1	2	4
4368	충남 금산군	인삼산업 활성화 사업	200,000	인삼약초과	9	1	7	8	7	1	1	4
4369	충남 금산군	기후변화 대응 인삼생산자재 지원	137,505	인삼약초과	9	1	7	8	7	1	1	4
4370	충남 금산군	특용작물(인삼) 생산시설 현대화 사업	41,374	인삼약초과	9	1	7	8	7	1	1	4
4371	충남 금산군	원예작물 지역맞춤형 사업	100,000	인삼약초과	9	1	7	8	7	5	2	1
4372	충남 금산군	특용작물 시설 현대화사업	152,500	인삼약초과	9	1	7	8	7	5	2	1
4373	충남 금산군	그린홈 보급사업지원	251,400	지역경제과	9	2	7	8	7	1	1	1
4374	충남 금산군	도시가스 공급시설 설치비 지원사업	171,400	지역경제과	9	7	7	8	7	1	3	3
4375	충남 금산군	경로당 등 태양광 설치 지원사업	100,560	지역경제과	9	4	7	8	7	3	3	2
4376	충남 금산군	남이면 경로당 편의시설 구입	8,600	지역경제과	9	7	7	8	7	2	3	1
4377	충남 금산군	농어촌버스 공기정화기 설치사업	24,700	건설교통과	9	1	7	8	7	1	1	4
4378	충남 금산군	택시 대폐차 지원사업	9,000	건설교통과	9	6	7	8	7	1	1	4
4379	충남 금산군	택시 미터기 교체사업	32,000	건설교통과	9	6	7	8	7	1	1	4
4380	충남 금산군	택시 장비개선 확충사업	60,000	건설교통과	9	4	7	8	7	1	1	4
4381	충남 금산군	살기좋은 희망마을만들기 선행사업비	120,000	건설교통과	9	4	7	8	7	3	3	4
4382	충남 금산군	공동주택 옥상출입문 자동개폐기 설치사업	11,333	도시재생과	9	4	7	8	7	1	1	4
4383	충남 금산군	청년농업인 4-H회원 영농정착 지원	35,000	농업기술센터	9	6	7	8	7	1	1	3
4384	충남 금산군	청년농업인 4차산업화 기반조성	42,000	농업기술센터	9	6	7	8	7	1	1	3
4385	충남 금산군	작목별 맞춤형 안전관리 실천 시범	50,000	농업기술센터	9	2	7	8	7	1	1	3
4386	충남 금산군	농촌체험농장 교육시설 개선	29,750	농업기술센터	9	6	7	8	7	1	1	3
4387	충남 금산군	농업인 소규모 창업기술지원	100,000	농업기술센터	9	2	7	8	7	1	1	3
4388	충남 금산군	들깨(잎) 양액재배 수출단지 육성시범	300,000	농업기술센터	9	2	7	8	7	1	1	3
4389	충남 금산군	시설작물 자동관수 및 관비 시스템 시범	26,000	농업기술센터	9	6	7	8	7	1	1	3
4390	충남 금산군	GAP실천단지 육성사업	180,000	농업기술센터	9	2	7	8	7	1	1	3
4391	충남 금산군	고품질 베이커리 과일가공 시범	70,000	농업기술센터	9	2	7	8	7	1	1	3
4392	충남 금산군	축사 공기정화 질병예방 기술보급 시범	80,000	농업기술센터	9	2	7	8	7	1	1	3
4393	충남 금산군	흑보리 이모작 재배 지원	105,000	농업기술센터	9	6	7	8	7	1	1	3
4394	충남 금산군	밭작물 안정생산단지 육성	35,000	농업기술센터	9	6	7	8	7	1	1	3
4395	충남 금산군	고추 막덮기 활용 안전생산 시범	21,000	농업기술센터	9	6	7	8	7	1	1	3
4396	충남 금산군	이상기상대응 과수 안정생산 환경개선 시범	7,000	농업기술센터	9	6	7	8	7	1	1	3
4397	충남 금산군	시설고추 재배단지 토양문제 해결 및 환경개선 시범	50,000	농업기술센터	9	6	7	8	7	1	1	3
4398	충남 금산군	신소득 시설과수 안정생산 기반 조성	180,000	농업기술센터	9	6	7	8	7	1	1	3
4399	충남 금산군	지역농산물활용 절임배추, 배추시래기 품질향상시범사업	100,000	농업기술센터	9	6	7	8	7	1	1	3
4400	충남 금산군	고품질 인삼재배 환경개선 시범	180,000	농업기술센터	9	6	7	8	7	1	1	3
4401	충남 금산군	농촌자원 수익모델 시범	57,050	농업기술센터	9	6	7	8	7	1	1	3
4402	충남 금산군	잎들깨 수출대상국 농약안전관리준수를 위한 수출농가지원	83,300	농업기술센터	9	6	7	8	7	1	1	3
4403	충남 금산군	특용작물 재배기술 향상시범	17,850	농업기술센터	9	6	7	8	7	1	1	3
4404	충남 금산군	귀농인 소득모델 창업지원	40,000	농업기술센터	9	2	7	8	7	1	1	3
4405	충남 금산군	차량 이동식 벌통 사육장치 보급시범	14,000	농업기술센터	9	2	7	8	7	1	1	3
4406	충남 금산군	스마트 통합축사 원격제어 사업	47,600	농업기술센터	9	2	7	8	7	1	1	3
4407	충남 부여군	희망마을 선행사업	180,000	공동체협력과	9	7	7	8	7	5	5	4
4408	충남 부여군	희망마을 선행사업	60,000	공동체협력과	9	7	7	8	7	5	5	4

순번	시군구	지출명 (사업명)	2021년예산 (단위:천원/1년간)	담당자 (공무원) 담당부서	민간이전 분류 (지방자치단체 세출예산 집행기준에 의거) 1. 민간경상사업보조(307-02) 2. 민간단체 법정운영비보조(307-03) 3. 민간행사사업보조(307-04) 4. 민간위탁금(307-05) 5. 사회복지시설 법정운영비보조(307-10) 6. 민간인위탁교육비(307-12) 7. 공기관등에대한경상적위탁사업비(308-10) 8. 민간자본사업보조,자체재원(402-01) 9. 민간자본사업보조,이전재원(402-02) 10. 민간위탁사업비(402-03) 11. 공기관등에 대한 자본적 대행사업비(403-02)	민간이전지출 근거 (지방보조금 관리기준 참고) 1. 법률에 규정 2. 국고보조 재원(국가지정) 3. 용도 지정 기부금 4. 조례에 직접규정 5. 지자체가 권장하는 사업을 하는 공공기관 6. 시,도 정책 및 재정사정 7. 기타 8. 해당없음	입찰방식 계약체결방법 (경쟁형태) 1. 일반경쟁 2. 제한경쟁 3. 지명경쟁 4. 수의계약 5. 법정위탁 6. 기타 ( ) 7. 해당없음	입찰방식 계약기간 1. 1년 2. 2년 3. 3년 4. 4년 5. 5년 6. 기타 ( )년 7. 단기계약 (1년미만) 8. 해당없음	입찰방식 낙찰자선정방법 1. 적격심사 2. 협상에의한계약 3. 최저가낙찰제 4. 규격가격분리 5. 2단계 경쟁입찰 6. 기타 ( ) 7. 해당없음	운영예산 산정 운영예산 산정 1. 내부산정 (지자체 자체적으로 산정) 2. 외부산정 (외부전문기관위탁 산정) 3. 내·외부 모두 산정 4. 산정 無 5. 해당없음	운영예산 산정 정산방법 1. 내부정산 (지자체 내부적으로 정산) 2. 외부정산 (외부전문기관위탁 정산) 3. 내·외부 모두 산정 4. 정산 無 5. 해당없음	성과평가 실시여부 1. 실시 2. 미실시 3. 향후 추진 4. 해당없음
4409	충남 부여군	부여 무량사 오층석탑 주변정비	660,000	문화재보수팀	9	2	7	8	7	5	5	4
4410	충남 부여군	부여 무량사 삼전패 보존처리	100,000	문화재보수팀	9	2	7	8	7	5	5	4
4411	충남 부여군	부여 무량사 극락전 방염	30,000	문화재보수팀	9	2	7	8	7	5	5	4
4412	충남 부여군	부여 대조사 석조미륵보살입상 주변정비	70,000	문화재보수팀	9	2	7	8	7	5	5	4
4413	충남 부여군	무량사 보수정비	400,000	문화재보수팀	9	2	7	8	7	5	5	4
4414	충남 부여군	식량작물생산비절감지원	68,100	농정과	9	4	7	8	7	5	5	4
4415	충남 부여군	식량작물생산비절감지원	115,000	농정과	9	4	7	8	7	5	5	4
4416	충남 부여군	농약 안전사용 장비	26,000	농정과	9	2	7	8	7	5	5	4
4417	충남 부여군	2020년 통합 및 노후RPC(DSC) 시설장비지원	168,350	농정과	9	4	7	8	7	5	5	4
4418	충남 부여군	식량산업 보완사업	250,000	농정과	9	4	7	8	7	5	5	4
4419	충남 부여군	식량산업 보완사업	150,000	농정과	9	4	7	8	7	5	5	4
4420	충남 부여군	식량산업 보완사업	200,000	농정과	9	4	7	8	7	5	5	4
4421	충남 부여군	식량산업 보완사업	187,300	농정과	9	4	7	8	7	5	5	4
4422	충남 부여군	밭식량작물특화단지육성	103,500	농정과	9	2	7	8	7	5	5	4
4423	충남 부여군	농업용드론(무인항공기)지원사업	60,000	농정과	9	4	7	8	7	5	5	4
4424	충남 부여군	국산밀생산단지경영체교육컨설팅지원	45,000	농정과	9	2	7	8	7	5	5	4
4425	충남 부여군	양곡관리 포장재제작	90,000	농정과	9	2	7	8	7	5	5	4
4426	충남 부여군	친환경농업 자재지원	110,000	농정과	9	4	7	8	7	5	5	4
4427	충남 부여군	유기질비료 지원사업	1,793,032	농정과	9	2	7	8	7	5	5	4
4428	충남 부여군	학교친환경농업 실천 지원	40,000	농정과	9	4	7	8	7	5	5	4
4429	충남 부여군	친환경농산물 홍보 마케팅 지원	44,400	농정과	9	4	7	8	7	5	5	4
4430	충남 부여군	친환경농업조직 활성화 지원	21,000	농정과	9	4	7	8	7	5	5	4
4431	충남 부여군	친환경청년농부 교육훈련비 지원	15,300	농정과	9	4	7	8	7	5	5	4
4432	충남 부여군	친환경 청년농부 시설지원사업	22,400	농정과	9	4	7	8	7	5	5	4
4433	충남 부여군	친환경농업기반구축사업	40,000	농정과	9	2	7	8	7	5	5	4
4434	충남 부여군	친환경농업기반구축사업	533,067	농정과	9	2	7	8	7	5	5	4
4435	충남 부여군	유기농업자재지원	55,000	농정과	9	2	7	8	7	5	5	4
4436	충남 부여군	토양개량제 지원	1,411,097	농정과	9	2	7	8	7	5	5	4
4437	충남 부여군	과수 명품화 육성사업	100,000	농정과	9	1	7	8	7	5	5	4
4438	충남 부여군	과수원용 생력화기계 지원사업	165,000	농정과	9	1	7	8	7	5	5	4
4439	충남 부여군	원예작물 소형저온저장고 설치사업	150,000	농정과	9	1	7	8	7	5	5	4
4440	충남 부여군	시설원예 에너지절감시설 설치지원	651,100	농정과	9	2	7	8	7	5	5	4
4441	충남 부여군	지열냉난방시설 설치지원사업	120,000	농정과	9	2	7	8	7	5	5	4
4442	충남 부여군	스마트팜 ICT융복합 확산사업	398,372	농정과	9	2	7	8	7	5	5	4
4443	충남 부여군	원예시설 스마트폰 자동제어시스템 구축사업	43,200	농정과	9	4	7	8	7	5	5	4
4444	충남 부여군	고추비가림 재배시설 지원	137,500	농정과	9	2	7	8	7	5	5	4
4445	충남 부여군	시설원예 현대화 지원사업	130,000	농정과	9	2	7	8	7	5	5	4
4446	충남 부여군	중소원예농가 시설하우스 설치 지원사업	400,000	농정과	9	4	7	8	7	5	5	4
4447	충남 부여군	원예특용작물 생산시설 보완사업	375,000	농정과	9	4	7	8	7	5	5	4
4448	충남 부여군	유산균 토양발효농법 지원사업	170,000	농정과	9	1	7	8	7	5	5	4
4449	충남 부여군	원예작물 생력화장비 지원	218,000	농정과	9	1	7	8	7	5	5	4
4450	충남 부여군	원예작물 신소재-신농법 영농지원사업	170,000	농정과	9	4	7	8	7	5	5	4

순번	시군구	지출명 (사업명)	2021년예산 (단위:천원/1년간)	담당자 (공무원) 담당부서	민간이전 분류 (지방자치단체 세출예산 집행기준에 의거) 1. 민간경상사업보조(307-02) 2. 민간단체 법정운영비보조(307-03) 3. 민간행사사업보조(307-04) 4. 민간위탁금(307-05) 5. 사회복지시설 법정운영비보조(307-10) 6. 민간인위탁교육비(307-12) 7. 공기관등에대한경상적위탁사업비(308-10) 8. 민간자본사업보조,자체재원(402-01) 9. 민간자본사업보조,이전재원(402-02) 10. 민간위탁사업비(402-03) 11. 공기관등에 대한 자본적 대행사업비(403-02)	민간이전지출 근거 (지방보조금 관리기준 참고) 1. 법률에 규정 2. 국고보조 재원(국가지정) 3. 용도 지정 기부금 4. 조례에 직접규정 5. 지자체가 권장하는 사업을 하는 공공기관 6. 시,도 정책 및 재정사정 7. 기타 8. 해당없음	입찰방식 계약체결방법 (경쟁형태) 1. 일반경쟁 2. 제한경쟁 3. 지명경쟁 4. 수의계약 5. 법정위탁 6. 기타 ( ) 7. 해당없음	입찰방식 계약기간 1. 1년 2. 2년 3. 3년 4. 4년 5. 5년 6. 기타 ( )년 7. 단기계약 (1년미만) 8. 해당없음	입찰방식 낙찰자선정방법 1. 적격심사 2. 협상에의한계약 3. 최저가낙찰제 4. 규격가격분리 5. 2단계 경쟁입찰 6. 기타 ( ) 7. 해당없음	운영예산 산정 운영예산 산정 1. 내부산정 (지자체 자체적으로 산정) 2. 외부산정 (외부전문기관위탁 산정) 3. 내·외부 모두 산정 4. 산정 無 5. 해당없음	운영예산 산정 정산방법 1. 내부정산 (지자체 내부적으로 정산) 2. 외부정산 (외부전문기관위탁 정산) 3. 내·외부 모두 산정 4. 정산 無 5. 해당없음	성과평가 실시여부 1. 실시 2. 미실시 3. 향후 추진 4. 해당없음
4451	충남 부여군	스마트팜 온실신축 지원사업	420,000	농정과	9	4	7	8	7	5	5	4
4452	충남 부여군	스마트화 자동화 온실설치 사업	300,000	농정과	9	4	7	8	7	5	5	4
4453	충남 부여군	사과 연작장해 방지 및 생육촉진제 지원	50,000	농정과	9	1	7	8	7	5	5	4
4454	충남 부여군	배 연작장해 방지 및 생육촉진제 지원	50,000	농정과	9	1	7	8	7	5	5	4
4455	충남 부여군	토마토 연작장해방지 및 생육촉진제 공급 지원사업	50,000	농정과	9	1	7	8	7	5	5	4
4456	충남 부여군	화훼 생산기반 경쟁력강화사업	30,000	농정과	9	4	7	8	7	5	5	4
4457	충남 부여군	밭작물 공동경영체 육성사업(품질개선-1년차	99,000	농정과	9	2	7	8	7	5	5	4
4458	충남 부여군	중소원예농가 스마트팜 온실신축 사업	555,000	농정과	9	4	7	8	7	5	5	4
4459	충남 부여군	이상기후 등 재해 대응능력 강화 지원사업	150,000	농정과	9	4	7	8	7	5	5	4
4460	충남 부여군	기후변화 대응 인삼생산자재 지원	23,680	농정과	9	1	7	8	7	5	5	4
4461	충남 부여군	시장유통 인삼 컬러박스 지원	3,675	농정과	9	1	7	8	7	5	5	4
4462	충남 부여군	특용작물 시설현대화 지원	255,000	농정과	9	2	7	8	7	5	5	4
4463	충남 부여군	특용작물 시설현대화 지원	18,050	농정과	9	2	7	8	7	5	5	4
4464	충남 부여군	농산물 유통시설 현대화 지원	474,810	굿뜨래경영과	9	6	7	8	7	1	1	1
4465	충남 부여군	충남오감 품목별 주관농협 지원	25,344	굿뜨래경영과	9	6	7	8	7	1	1	1
4466	충남 부여군	GAP 시설보완사업	96,000	굿뜨래경영과	9	2	7	8	7	1	1	1
4467	충남 부여군	농산물 수출선도조직 육성	30,000	굿뜨래경영과	9	6	7	8	7	1	1	1
4468	충남 부여군	수출 농산물 포장재 지원	18,000	굿뜨래경영과	9	6	7	8	7	1	1	1
4469	충남 부여군	농촌마을 공동급식시설 개선	100,000	굿뜨래경영과	9	8	7	8	7	1	1	1
4470	충남 부여군	학교급식 농산물 생산유통 전문조직 육성	40,000	굿뜨래경영과	9	6	7	8	7	1	1	1
4471	충남 부여군	농촌자원 복합산업화(밤가공) 지원사업	238,000	굿뜨래경영과	9	6	7	8	7	5	5	4
4472	충남 부여군	신재생에너지 보급사업	150,840	경제교통과	9	1	7	8	7	2	3	1
4473	충남 부여군	애국지사 임병직 박사 기념관 건립	25,000	사회복지과	9	6	7	8	7	1	1	1
4474	충남 부여군	부여밀알의집 기능보강사업	69,152	사회복지과	9	2	7	1	7	1	1	4
4475	충남 부여군	장애인직업재활시설 기능보강	4,000	사회복지과	9	2	7	1	7	1	1	4
4476	충남 부여군	노인요양시설확충기능보강사업	20,896	가족행복과	9	2	7	8	7	3	2	1
4477	충남 부여군	규암면 규암리 자온경로당 증축 및 방수공사	50,000	가족행복과	9	6	7	8	7	5	5	4
4478	충남 부여군	내산면 지티1리 경로당 리모델링 공사	20,000	가족행복과	9	6	7	8	7	5	5	4
4479	충남 부여군	구룡면 태양1리 경로당 신축 공사	300,000	가족행복과	9	6	7	8	7	5	5	4
4480	충남 부여군	세도면 반조원강가 경로당 신축 공사	200,000	가족행복과	9	6	7	8	7	5	5	4
4481	충남 부여군	기업환경개선사업	10,000	가족행복과	9	2	7	8	7	1	1	4
4482	충남 부여군	사랑뜰(학대피해아동쉼터)개보수 공사	30,000	가족행복과	9	4	7	8	7	5	5	4
4483	충남 부여군	지역아동센터 환경개선비 지원	10,000	가족행복과	9	1	7	8	7	1	1	2
4484	충남 부여군	하나어린이집 장비비	2,000	가족행복과	9	1	7	8	7	1	1	4
4485	충남 부여군	보존식기자재지원	5,600	가족행복과	9	1	7	8	7	1	1	4
4486	충남 부여군	야생동물로 인한 농업피해 예방시설 설치사업	24,000	환경과	9	2	6	7	6	1	1	1
4487	충남 부여군	소규모 사업장 방지시설 설치지원사업	196,000	환경과	9	2	7	8	7	1	1	4
4488	충남 부여군	전기자동차 보급 사업	16,800	환경과	9	2	7	8	7	1	1	4
4489	충남 부여군	전기화물차 보급 사업	20,000	환경과	9	2	7	8	7	1	1	4
4490	충남 부여군	어린이 통학차량 LPG차전환 지원 사업	10,000	환경과	9	2	7	8	7	1	1	4
4491	충남 부여군	전기이륜차 보급 사업	54,000	환경과	9	2	7	8	7	1	1	4
4492	충남 부여군	가정용 저녹스 보일로 보급 사업	11,000	환경과	9	2	7	8	7	1	1	4

순번	시군구	지출명 (사업명)	2021년예산 (단위:천원/1년간)	담당자 (공무원) 담당부서	민간이전 분류 (지방자치단체 세출예산 집행기준에 의거) 1. 민간경상사업보조(307-02) 2. 민간단체 법정운영비보조(307-03) 3. 민간행사사업보조(307-04) 4. 민간위탁금(307-05) 5. 사회복지시설 법정운영비보조(307-10) 6. 민간인위탁교육비(307-12) 7. 공기관등에대한경상적위탁사업비(308-10) 8. 민간자본사업보조,자체재원(402-01) 9. 민간자본사업보조,이전재원(402-02) 10. 민간위탁사업비(402-03) 11. 공기관등에 대한 자본적 대행사업비(403-02)	민간이전지출 근거 (지방보조금 관리기준 참고) 1. 법률에 규정 2. 국고보조 재원(국가지정) 3. 용도 지정 기부금 4. 조례에 직접규정 5. 지자체가 권장하는 사업을 하는 공공기관 6. 시,도 정책 및 재정사정 7. 기타 8. 해당없음	입찰방식 계약체결방법 (경쟁형태) 1. 일반경쟁 2. 제한경쟁 3. 지명경쟁 4. 수의계약 5. 법정위탁 6. 기타 ( ) 7. 해당없음	입찰방식 계약기간 1. 1년 2. 2년 3. 3년 4. 4년 5. 5년 6. 기타 ( )년 7. 단기계약 (1년미만) 8. 해당없음	입찰방식 낙찰자선정방법 1. 적격심사 2. 협상에의한계약 3. 최저가낙찰제 4. 규격가격분리 5. 2단계 경쟁입찰 6. 기타 ( ) 7. 해당없음	운영예산 산정 운영예산 산정 1. 내부산정 (지자체 자체적으로 산정) 2. 외부산정 (외부전문기관위탁 산정) 3. 내·외부 모두 산정 4. 산정 無 5. 해당없음	운영예산 산정 정산방법 1. 내부정산 (지자체 내부적으로 정산) 2. 외부정산 (외부전문기관위탁 정산) 3. 내·외부 모두 산정 4. 정산 無 5. 해당없음	성과평가 실시여부 1. 실시 2. 미실시 3. 향후 추진 4. 해당없음
4493	충남 부여군	수소연료전지차 보급 사업	97,500	환경과	9	2	7	8	7	1	1	4
4494	충남 부여군	PM-Nox 동시저감장치 부착 지원 사업	30,000	환경과	9	2	7	8	7	1	1	4
4495	충남 부여군	LPG 1톤 화물차 보조금 지원 사업	120,000	환경과	9	2	7	8	7	1	1	4
4496	충남 부여군	배출가스 저감장치 부착 사업	380,000	환경과	9	2	7	8	7	1	1	4
4497	충남 부여군	건설기계 엔진교체 부착 사업	165,000	환경과	9	2	7	8	7	1	1	4
4498	충남 부여군	건설기계 저감장치 부착 사업	22,000	환경과	9	2	7	8	7	1	1	4
4499	충남 부여군	전기굴착기 보급사업	20,000	환경과	9	2	7	8	7	1	1	4
4500	충남 부여군	주유소 유증기 회수설비 설치 지원 사업	39,100	환경과	9	2	7	8	7	1	1	4
4501	충남 부여군	조림지풀베기	519,750	산림녹지과	9	2	7	7	7	1	1	3
4502	충남 부여군	목재펠릿보일러 보급(주택용) 지원사업	22,400	산림녹지과	9	2	4	8	7	1	1	4
4503	충남 부여군	임산물 가공장비 지원사업	309,065	산림녹지과	9	2	4	8	7	1	1	4
4504	충남 부여군	임산물 저장·건조시설 지원사업	645,240	산림녹지과	9	2	4	8	7	1	1	4
4505	충남 부여군	임산물유통기반조성(냉동탑차) 지원사업	60,000	산림녹지과	9	2	4	8	7	1	1	4
4506	충남 부여군	임산물유통기반조성(일반화물) 지원사업	280,500	산림녹지과	9	2	4	8	7	1	1	4
4507	충남 부여군	유통기자재 지원사업	540,927	산림녹지과	9	2	4	8	7	1	1	4
4508	충남 부여군	산양삼생산과정확인제도	1,900	산림녹지과	9	2	4	8	7	1	1	4
4509	충남 부여군	산림작물생산단지조성	625,783	산림녹지과	9	2	4	8	7	1	1	4
4510	충남 부여군	산림복합경영단지조성	150,000	산림녹지과	9	2	4	8	7	1	1	4
4511	충남 부여군	산림복합경영단지조성	218,424	산림녹지과	9	2	4	8	7	1	1	4
4512	충남 부여군	산림복합경영단지조성	50,000	산림녹지과	9	2	4	8	7	1	1	4
4513	충남 부여군	산림작물생산단지조성	754,140	산림녹지과	9	2	4	8	7	1	1	4
4514	충남 부여군	표고재배시설 지원사업	372,415	산림녹지과	9	2	4	8	7	1	1	4
4515	충남 부여군	톱밥표고배지시설 지원사업	69,986	산림녹지과	9	2	4	8	7	1	1	4
4516	충남 부여군	톱밥표고배지 구입 지원사업	513,740	산림녹지과	9	2	4	8	7	1	1	4
4517	충남 부여군	밤노령목관리 지원사업	645,962	산림녹지과	9	2	4	8	7	1	1	4
4518	충남 부여군	지상방제장비 지원사업	140,761	산림녹지과	9	2	4	8	7	1	1	4
4519	충남 부여군	생산장비 지원사업	274,773	산림녹지과	9	2	4	8	7	1	1	4
4520	충남 부여군	친환경방제장비 지원사업	467,307	산림녹지과	9	2	4	8	7	1	1	4
4521	충남 부여군	작업로시설 지원사업	995,835	산림녹지과	9	2	4	8	7	1	1	4
4522	충남 부여군	대추 등 생산시설 지원사업	456,510	산림녹지과	9	2	4	8	7	1	1	4
4523	충남 부여군	표고자목구입 지원사업	573,925	산림녹지과	9	2	4	8	7	1	1	4
4524	충남 부여군	관상산림식물류 관정시설 지원사업	70,486	산림녹지과	9	2	4	8	7	1	1	4
4525	충남 부여군	친환경 유기질비료 지원사업	5,000	산림녹지과	9	2	4	8	7	1	1	4
4526	충남 부여군	명품호두 생산을 위한 생력방제사업	8,703	산림녹지과	9	2	4	8	7	1	1	4
4527	충남 부여군	표고버섯 재해예방시설 지원사업	29,549	산림녹지과	9	2	4	8	7	1	1	4
4528	충남 부여군	밤수확망 지원사업	200,000	산림녹지과	9	2	4	8	7	1	1	4
4529	충남 부여군	친환경 임산물생산단지조성 지원사업	192,000	산림녹지과	9	2	4	8	7	1	1	4
4530	충남 부여군	보령댐상류지역 친환경밤나무생산단지조성 지원사업	290,880	산림녹지과	9	2	4	8	7	1	1	4
4531	충남 부여군	밤품질향상 연작피해방지사업	25,600	산림녹지과	9	2	4	8	7	1	1	4
4532	충남 부여군	밤품질향상 유기질비료 지원사업	24,001	산림녹지과	9	2	4	8	7	1	1	4
4533	충남 부여군	밤품질향상 동물성유기질생육촉진사업	200,000	산림녹지과	9	2	4	8	7	1	1	4
4534	충남 부여군	수종갱신 사업	40,000	산림녹지과	9	2	4	8	7	1	1	4

순번	시군구	지출명 (사업명)	2021년예산 (단위:천원/1년간)	담당자 (공무원) 담당부서	민간이전 분류 (지방자치단체 세출예산 집행기준에 의거) 1. 민간경상사업보조(307-02) 2. 민간단체 법정운영비보조(307-03) 3. 민간행사사업보조(307-04) 4. 민간위탁금(307-05) 5. 사회복지시설 법정운영비보조(307-10) 6. 민간인위탁교육비(307-12) 7. 공기관등에대한경상적위탁사업비(308-10) 8. 민간자본사업보조,자체재원(402-01) 9. 민간자본사업보조,이전재원(402-02) 10. 민간위탁사업비(402-03) 11. 공기관등에 대한 자본적 대행사업비(403-02)	민간이전지출 근거 (지방보조금 관리기준 참고) 1. 법률에 규정 2. 국고보조 재원(국가지정) 3. 용도 지정 기부금 4. 조례에 직접규정 5. 지자체가 권장하는 사업을 하는 공공기관 6. 시,도 정책 및 재정사정 7. 기타 8. 해당없음	입찰방식 계약체결방법 (경쟁형태) 1. 일반경쟁 2. 제한경쟁 3. 지명경쟁 4. 수의계약 5. 법정위탁 6. 기타 ( ) 7. 해당없음	입찰방식 계약기간 1. 1년 2. 2년 3. 3년 4. 4년 5. 5년 6. 기타 ( )년 7. 단기계약 (1년미만) 8. 해당없음	입찰방식 낙찰자선정방법 1. 적격심사 2. 협상에의한계약 3. 최저가낙찰제 4. 규격가격분리 5. 2단계 경쟁입찰 6. 기타 ( ) 7. 해당없음	운영예산 산정 운영예산 산정 1. 내부산정 (지자체 자체적으로 산정) 2. 외부산정 (외부전문기관위탁 산정) 3. 내·외부 모두 산정 4. 산정 無 5. 해당없음	운영예산 산정 정산방법 1. 내부정산 (지자체 내부적으로 정산) 2. 외부정산 (외부전문기관위탁 정산) 3. 내·외부 모두 산정 4. 정산 無 5. 해당없음	성과평가 실시여부 1. 실시 2. 미실시 3. 향후 추진 4. 해당없음
4535	충남 부여군	수출용 임산물 표준규격 출하사업	165,375	산림녹지과	9	2	4	8	7	1	1	4
4536	충남 부여군	토양개량제 지원사업	1,092,220	산림녹지과	9	2	4	8	7	1	1	4
4537	충남 부여군	유기질비료 지원사업	267,149	산림녹지과	9	2	4	8	7	1	1	4
4538	충남 부여군	임산물표준출하(일반임산물상품화)	297,182	산림녹지과	9	2	4	8	7	1	1	4
4539	충남 부여군	임산물명품브랜드화	25,000	산림녹지과	9	2	4	8	7	1	1	4
4540	충남 부여군	임산물상품화디자인개발	50,850	산림녹지과	9	2	4	8	7	1	1	4
4541	충남 부여군	공동주택 옥상출입문 자동개폐기 설치	11,333	도시건축과	9	1	7	8	7	5	5	4
4542	충남 부여군	정신건강증진시설 기능보강사업	702,755	보건소	9	2	7	8	7	5	5	4
4543	충남 부여군	청년농업인 4-H회원 영농정착 지원사업	140,000	농업기술센터	9	1	7	8	7	5	5	4
4544	충남 부여군	청년농업인 창농 공모사업	98,000	농업기술센터	9	1	7	8	7	5	5	4
4545	충남 부여군	품목농업인연구회 산지조직화 모델 시범	42,210	농업기술센터	9	1	7	8	7	5	5	4
4546	충남 부여군	청년농업인 유통협업 시스템 조성	28,000	농업기술센터	9	1	7	8	7	5	5	4
4547	충남 부여군	고령농업인 농작업 편이장비 기술 시범	24,395	농업기술센터	9	1	7	8	7	5	5	4
4548	충남 부여군	농업인 가공사업장 품질향상 시범	12,600	농업기술센터	9	6	7	8	7	5	5	4
4549	충남 부여군	귀농인 농산물 생산 유통개선 사업 지원	20,000	농업기술센터	9	2	7	8	7	1	1	1
4550	충남 부여군	관내 빈집을 활용한 귀농지원체계 구축사업	100,000	농업기술센터	9	6	7	8	7	1	1	1
4551	충남 부여군	신품종 조기확산 및 최고품질 벼 선정시범	100,000	농업기술센터	9	2	7	8	7	5	5	4
4552	충남 부여군	빠르고 쉬운 현장 맞춤형 대장균(군) 검출기술 시범	30,000	농업기술센터	9	2	7	8	7	5	5	4
4553	충남 부여군	벼 포트육묘 재배 기술 보급 시범	35,000	농업기술센터	9	6	7	8	7	5	5	4
4554	충남 부여군	드론활용 벼 생력재배 기술시범	28,000	농업기술센터	9	6	7	8	7	5	5	4
4555	충남 부여군	지역브랜드 쌀 생산을 위한 우량종자 생산기반 조성	105,000	농업기술센터	9	6	7	8	7	5	5	4
4556	충남 부여군	농산물안전성 PLS 현장실천 시범	10,000	농업기술센터	9	6	7	8	7	5	5	4
4557	충남 부여군	병해충 민간방제단 모델 구축 시범	211,000	농업기술센터	9	6	7	8	7	5	5	4
4558	충남 부여군	시설원예 스마트농업 확대기술 보급	35,000	농업기술센터	9	6	7	8	7	5	5	4
4559	충남 부여군	딸기 경쟁력 강화 시범	14,000	농업기술센터	9	6	7	8	7	5	5	4
4560	충남 부여군	시설원예 연작장해 경감 토양관리 시범	70,000	농업기술센터	9	6	7	8	7	5	5	4
4561	충남 부여군	자외선 램프 활용 수출농산물 흰가루병 발생 저감	17,850	농업기술센터	9	6	7	8	7	5	5	4
4562	충남 부여군	스마트팜 엽채류 생산기반구축 시범	400,000	농업기술센터	9	6	7	8	7	5	5	4
4563	충남 부여군	과채류 농가맞춤형 신기술 적용 소득향상	30,000	농업기술센터	9	6	7	8	7	5	5	4
4564	충남 부여군	과채류 농가맞춤형 신기술 적용 소득향상	50,000	농업기술센터	9	6	7	8	7	5	5	4
4565	충남 부여군	과채류 농가맞춤형 신기술 적용 소득향상	100,000	농업기술센터	9	6	7	8	7	5	5	4
4566	충남 부여군	수출딸기 신선도 유지 시범	71,400	농업기술센터	9	6	7	8	7	5	5	4
4567	충남 부여군	친환경 포장재,소포장 상품개발	50,000	농업기술센터	9	2	7	8	7	5	5	4
4568	충남 부여군	양송이버섯 재배용 자주식 배지교반기 시범	70,000	농업기술센터	9	2	7	8	7	5	5	4
4569	충남 부여군	터널식 해가림을 이용한 인삼재배 신기술 시범	80,000	농업기술센터	9	2	7	8	7	5	5	4
4570	충남 부여군	구기자 안정생산 및 상품성 향상 시범	23,800	농업기술센터	9	2	7	8	7	5	5	4
4571	충남 부여군	이상기상 대응 과원 피해예방 기술 확산 시범	100,000	농업기술센터	9	2	7	8	7	5	5	4
4572	충남 부여군	식물 활용 그린 스쿨·오피스 조성 기술 시범	40,000	농업기술센터	9	2	7	8	7	5	5	4
4573	충남 부여군	아열대과수 경쟁력 강화 시범	70,000	농업기술센터	9	6	7	8	7	5	5	4
4574	충남 부여군	이상기상대응 과수 안정생산 환경개선 시범	7,000	농업기술센터	9	6	7	8	7	5	5	4
4575	충남 부여군	수출용 청포도(샤인머스켓)무핵·규격과 보급시범	29,750	농업기술센터	9	6	7	8	7	5	5	4
4576	충남 부여군	양념채소 국내육성품종 보급	60,000	농업기술센터	9	2	7	8	7	5	5	4

순번	시군구	지출명 (사업명)	2021년예산 (단위:천원/1년간)	담당자 (공무원) 담당부서	민간이전 분류 (지방자치단체 세출예산 집행기준에 의거) 1. 민간경상사업보조(307-02) 2. 민간단체 법정운영비보조(307-03) 3. 민간행사사업보조(307-04) 4. 민간위탁금(307-05) 5. 사회복지시설 법정운영비보조(307-10) 6. 민간인위탁교육비(307-12) 7. 공기관등에대한경상적위탁사업비(308-10) 8. 민간자본사업보조,자체재원(402-01) 9. 민간자본사업보조,이전재원(402-02) 10. 민간위탁사업비(402-03) 11. 공기관등에 대한 자본적 대행사업비(403-02)	민간이전지출 근거 (지방보조금 관리기준 참고) 1. 법률에 규정 2. 국고보조 재원(국가지정) 3. 용도 지정 기부금 4. 조례에 직접규정 5. 지자체가 권장하는 사업을 하는 공공기관 6. 시,도 정책 및 재정사정 7. 기타 8. 해당없음	입찰방식 계약체결방법 (경쟁형태) 1. 일반경쟁 2. 제한경쟁 3. 지명경쟁 4. 수의계약 5. 법정위탁 6. 기타 ( ) 7. 해당없음	입찰방식 계약기간 1. 1년 2. 2년 3. 3년 4. 4년 5. 5년 6. 기타 ( )년 7. 단기계약 (1년미만) 8. 해당없음	입찰방식 낙찰자선정방법 1. 적격심사 2. 협상에의한계약 3. 최저가낙찰제 4. 규격가격분리 5. 2단계 경쟁입찰 6. 기타 ( ) 7. 해당없음	운영예산 산정 운영예산 산정 1. 내부산정 (지자체 자체적으로 산정) 2. 외부산정 (외부전문기관위탁 산정) 3. 내·외부 모두 산정 4. 산정 無 5. 해당없음	운영예산 산정 정산방법 1. 내부정산 (지자체 내부적으로 정산) 2. 외부정산 (외부전문기관위탁 정산) 3. 내·외부 모두 산정 4. 정산 無 5. 해당없음	성과평가 실시여부 1. 실시 2. 미실시 3. 향후 추진 4. 해당없음
4577	충남 부여군	축사 낙뢰피해 방지시설 지원	23,500	농업기술센터	9	6	7	8	7	5	5	4
4578	충남 부여군	양돈농가 모돈갱신지원 사업	65,250	농업기술센터	9	6	7	8	7	5	5	4
4579	충남 부여군	양돈농가 육성사업	96,500	농업기술센터	9	6	7	8	7	5	5	4
4580	충남 부여군	축산농가 악취저감 사업지원	210,000	농업기술센터	9	6	7	8	7	5	5	4
4581	충남 부여군	스키드로더 지원	255,000	농업기술센터	9	6	7	8	7	5	5	4
4582	충남 부여군	소 사육농가 퇴비살포기 지원	60,000	농업기술센터	9	6	7	8	7	5	5	4
4583	충남 부여군	양돈농가 고액분리기 지원	45,000	농업기술센터	9	6	7	8	7	5	5	4
4584	충남 부여군	동물사체 처리시설 지원	62,500	농업기술센터	9	6	7	8	7	5	5	4
4585	충남 부여군	축산악취개선	587,120	농업기술센터	9	2	7	8	7	5	5	4
4586	충남 부여군	양봉농가 육성지원	144,000	농업기술센터	9	4	7	8	7	5	5	3
4587	충남 부여군	양봉농가 경영안정 지원	60,500	농업기술센터	9	4	7	8	7	5	5	3
4588	충남 부여군	양봉농가 현대화 지원	20,000	농업기술센터	9	4	7	8	7	5	5	3
4589	충남 부여군	사슴농가 육성지원사업	3,750	농업기술센터	9	4	7	8	7	5	5	3
4590	충남 부여군	염소산업 육성지원사업	4,200	농업기술센터	9	4	7	8	7	5	5	3
4591	충남 부여군	곤충산업 육성지원사업	3,000	농업기술센터	9	4	7	8	7	5	5	3
4592	충남 부여군	고온건조방식 대인소독장비 활용기술 시범	40,000	농업기술센터	9	2	7	8	7	5	5	3
4593	충남 부여군	염소 우량품종 육성 시범사업	36,000	농업기술센터	9	1	7	8	7	5	5	3
4594	충남 부여군	젖소 소몰이 자동화 시스템 시범사업	47,600	농업기술센터	9	1	7	8	7	5	5	3
4595	충남 부여군	간이 가축분뇨 퇴비화 시스템 기술보급 시범	14,000	농업기술센터	9	1	7	8	7	5	5	3
4596	충남 부여군	내수면 양식장 기반시설	173,660	농업기술센터	9	4	7	8	7	5	5	3
4597	충남 부여군	내수면 양식장 현대화	209,060	농업기술센터	9	4	1	1	3	5	5	3
4598	충남 부여군	내수면 어장환경 개선	15,660	농업기술센터	9	4	7	8	7	5	5	3
4599	충남 부여군	내수면 토산어종 생산시설 현대화	72,000	농업기술센터	9	4	7	8	7	5	5	3
4600	충남 부여군	양계농가 폭염피해 예방지원	67,500	농업기술센터	9	4	7	8	7	5	5	3
4601	충남 부여군	양계농가 육성사업	145,950	농업기술센터	9	4	7	8	7	5	5	3
4602	충남 부여군	신규 HACCP농가 등 시설장비 지원사업	15,000	농업기술센터	9	4	7	8	7	5	1	2
4603	충남 부여군	돼지써코바이러스백신지원	180,000	농업기술센터	9	4	7	8	7	5	1	2
4604	충남 부여군	가금농가 질병관리지원	18,000	농업기술센터	9	4	7	8	7	5	1	2
4605	충남 부여군	꿀벌사육농가 면역증강제 지원	24,000	농업기술센터	9	4	7	8	7	5	5	4
4606	충남 부여군	축산농가 소독시설 지원	14,400	농업기술센터	9	4	7	8	7	5	1	2
4607	충남 부여군	축산농가 울타리 등 지원	8,400	농업기술센터	9	4	7	8	7	5	1	2
4608	충남 부여군	축산농가 방역인프라지원	90,000	농업기술센터	9	4	7	8	7	5	1	2
4609	충남 부여군	젖소 번식우 생산성 향상 지원	7,000	농업기술센터	9	4	7	8	7	5	1	2
4610	충남 부여군	젖소 위생원유 생산 지원	2,500	농업기술센터	9	4	7	8	7	5	1	2
4611	충남 부여군	젖소 고온면역 증강제 지원	7,113	농업기술센터	9	4	7	8	7	5	1	2
4612	충남 부여군	젖소 유전체 분석	2,700	농업기술센터	9	4	7	8	7	5	1	2
4613	충남 부여군	원유냉각기 지원	10,000	농업기술센터	9	4	7	8	7	5	1	2
4614	충남 부여군	착유장비 현대화 지원	44,000	농업기술센터	9	4	7	8	7	5	1	2
4615	충남 부여군	축사 환경개선	7,500	농업기술센터	9	4	7	8	7	5	1	2
4616	충남 부여군	냉방기 지원	8,000	농업기술센터	9	4	7	8	7	5	1	2
4617	충남 부여군	급이기 지원	10,000	농업기술센터	9	4	7	8	7	5	1	2
4618	충남 부여군	무주유 진공펌프	10,000	농업기술센터	9	4	7	8	7	5	1	2

순번	시군구	지출명 (사업명)	2021년예산 (단위:천원/1년간)	담당자 (공무원) 담당부서	민간이전 분류 (지방자치단체 세출예산 집행기준에 의거) 1. 민간경상사업보조(307-02) 2. 민간단체 법정운영비보조(307-03) 3. 민간행사사업보조(307-04) 4. 민간위탁금(307-05) 5. 사회복지시설 법정운영비보조(307-10) 6. 민간인위탁교육비(307-12) 7. 공기관등에대한경상적위탁사업비(308-10) 8. 민간자본사업보조,자체재원(402-01) 9. 민간자본사업보조,이전재원(402-02) 10. 민간위탁사업비(402-03) 11. 공기관등에 대한 자본적 대행사업비(403-02)	민간이전지출 근거 (지방보조금 관리기준 참고) 1. 법률에 규정 2. 국고보조 재원(국가지정) 3. 용도 지정 기부금 4. 조례에 직접규정 5. 지자체가 권장하는 사업을 하는 공공기관 6. 시,도 정책 및 재정사정 7. 기타 8. 해당없음	입찰방식 계약체결방법 (경쟁형태) 1. 일반경쟁 2. 제한경쟁 3. 지명경쟁 4. 수의계약 5. 법정위탁 6. 기타 ( ) 7. 해당없음	입찰방식 계약기간 1. 1년 2. 2년 3. 3년 4. 4년 5. 5년 6. 기타 ( )년 7. 단기계약 (1년미만) 8. 해당없음	입찰방식 낙찰자선정방법 1. 적격심사 2. 협상에의한계약 3. 최저가낙찰제 4. 규격가격분리 5. 2단계 경쟁입찰 6. 기타 ( ) 7. 해당없음	운영예산 산정 운영예산 산정 1. 내부산정 (지자체 자체적으로 산정) 2. 외부산정 (외부전문기관위탁 산정) 3. 내·외부 모두 산정 4. 산정 無 5. 해당없음	운영예산 산정 정산방법 1. 내부정산 (지자체 내부적으로 정산) 2. 외부정산 (외부전문기관위탁 정산) 3. 내·외부 모두 산정 4. 정산 無 5. 해당없음	성과평가 실시여부 1. 실시 2. 미실시 3. 향후 추진 4. 해당없음
4619	충남 부여군	차열페인트 지원	2,100	농업기술센터	9	4	7	8	7	5	1	2
4620	충남 부여군	조사료생산장비 지원	140,000	농업기술센터	9	6	7	8	7	5	5	4
4621	충남 부여군	사료배합기 등 지원	25,000	농업기술센터	9	6	7	8	7	5	5	4
4622	충남 부여군	TMR 공장자동화 시설 등 지원	150,000	농업기술센터	9	6	7	8	7	5	5	4
4623	충남 부여군	조사료 생산장비 등 보관창고 지원	210,000	농업기술센터	9	6	2	7	3	1	1	1
4624	충남 부여군	한우 TMR급여 참여농가 육성	200,000	농업기술센터	9	6	7	8	7	5	5	4
4625	충남 부여군	조사료 생산 경영체장비지원	75,000	농업기술센터	9	2	7	8	7	5	5	4
4626	충남 부여군	동물복지 축산농장 인증지원	42,500	농업기술센터	9	2	7	8	7	5	5	4
4627	충남 서천군	어린이집 기능보강	48,800	사회복지실	9	1	7	8	7	4	1	1
4628	충남 서천군	지역아동센터 환경개선비 지원	10,000	사회복지실	9	1	7	8	7	1	1	3
4629	충남 서천군	장애인직업재활시설 기능보강	4,000	사회복지실	9	1	7	8	7	1	1	1
4630	충남 서천군	장애인거주시설 기능보강	80,000	사회복지실	9	1	7	8	7	1	1	1
4631	충남 서천군	이상재선생생가지초가이엉잇기	20,000	문화진흥과	9	7	7	8	7	1	1	1
4632	충남 서천군	이하복고택생가지초가이엉잇기	25,000	문화진흥과	9	7	7	8	7	1	1	1
4633	충남 서천군	의용소방대 등 지원	50,000	안전총괄과	9	1	7	8	7	5	5	4
4634	충남 서천군	벼 공동육묘장 지원사업	300,000	농정과	9	1	7	8	7	1	1	1
4635	충남 서천군	논예 타작물 생산장비 지원	30,000	농정과	9	6	4	8	6	1	1	1
4636	충남 서천군	농업용 드론(무인항공기) 지원사업	80,000	농정과	9	6	4	8	6	1	1	1
4637	충남 서천군	식량작물 생산비절감지원	100,500	농정과	9	4	4	8	6	1	1	1
4638	충남 서천군	고품질화훼 생산 및 수출시설지원	10,000	농정과	9	6	4	8	6	1	1	1
4639	충남 서천군	고추비가림 재배시설 지원	45,000	농정과	9	2	4	8	6	1	1	1
4640	충남 서천군	농업분야 에너지절감시설 지원	73,750	농정과	9	2	4	8	6	1	1	1
4641	충남 서천군	시설채소 고품질 생산시설 확충	143,600	농정과	9	6	4	8	6	1	1	1
4642	충남 서천군	시설원예현대화 지원	6,500	농정과	9	2	4	8	6	1	1	1
4643	충남 서천군	개방화 대응 과수원예농가 지원	47,500	농정과	9	6	4	8	6	1	1	1
4644	충남 서천군	원예작물 경쟁력 강화	102,000	농정과	9	6	4	8	6	1	1	1
4645	충남 서천군	농촌융복합산업 협동조합 설립 지원	150,000	농정과	9	6	1	1	1	1	1	4
4646	충남 서천군	블루베리 즙 가공사업	200,000	농정과	9	6	1	1	1	1	1	4
4647	충남 서천군	목재펠릿보일러보급	14,000	산림축산과	9	1	1	1	1	1	1	1
4648	충남 서천군	임산물생산단지규모화	97,522	산림축산과	9	1	1	1	1	1	1	1
4649	충남 서천군	임산물생산기반조성	214,288	산림축산과	9	1	1	1	1	1	1	1
4650	충남 서천군	임산물생산기반조성	22,405	산림축산과	9	1	1	1	1	1	1	1
4651	충남 서천군	임산물생산기반조성	16,874	산림축산과	9	1	1	1	1	1	1	1
4652	충남 서천군	FTA대비 명품임산물 육성지원	90,293	산림축산과	9	1	1	1	1	1	1	1
4653	충남 서천군	임산물유통구조개선	700,000	산림축산과	9	1	1	1	1	1	1	1
4654	충남 서천군	신재생에너지 주택지원	150,840	지역경제과	9	1	7	8	7	5	5	4
4655	충남 서천군	신재생에너지 건물지원	72,000	지역경제과	9	1	7	8	7	5	5	4
4656	충남 서천군	사회복지시설 태양광 설치	50,280	지역경제과	9	1	7	8	7	5	5	4
4657	충남 서천군	야생동물 피해예방 사업	18,000	환경보호과	9	2	7	8	7	1	1	4
4658	충남 서천군	전기자동차 구매지원	3,046,600	환경보호과	9	1	7	8	7	1	1	2
4659	충남 서천군	어린이 통학차량의 LPG차 전환 지원 사업	91,000	환경보호과	9	1	7	8	7	1	1	2
4660	충남 서천군	운행경유차 배출가스 저감사업	601,000	환경보호과	9	1	7	8	7	1	1	2

순번	시군구	지출명 (사업명)	2021년예산 (단위:천원/1년간)	담당자 (공무원) 담당부서	민간이전 분류 (지방자치단체 세출예산 집행기준에 의거) 1. 민간경상사업보조(307-02) 2. 민간단체 법정운영비보조(307-03) 3. 민간행사사업보조(307-04) 4. 민간위탁금(307-05) 5. 사회복지시설 법정운영비보조(307-10) 6. 민간인위탁교육비(307-12) 7. 공기관등에대한경상적위탁사업비(308-10) 8. 민간자본사업보조,자체재원(402-01) 9. 민간자본사업보조,이전재원(402-02) 10. 민간위탁사업비(402-03) 11. 공기관등에 대한 자본적 대행사업비(403-02)	민간이전지출 근거 (지방보조금 관리기준 참고) 1. 법률에 규정 2. 국고보조 재원(국가지정) 3. 용도 지정 기부금 4. 조례에 직접규정 5. 지자체가 권장하는 사업을 하는 공공기관 6. 시,도 정책 및 재정사정 7. 기타 8. 해당없음	입찰방식 계약체결방법 (경쟁형태) 1. 일반경쟁 2. 제한경쟁 3. 지명경쟁 4. 수의계약 5. 법정위탁 6. 기타 ( ) 7. 해당없음	계약기간 1. 1년 2. 2년 3. 3년 4. 4년 5. 5년 6. 기타 ( )년 7. 단기계약 (1년미만) 8. 해당없음	낙찰자선정방법 1. 적격심사 2. 협상에의한계약 3. 최저가낙찰제 4. 규격가격분리 5. 2단계 경쟁입찰 6. 기타 ( ) 7. 해당없음	운영예산 산정 운영예산 산정 1. 내부산정 (지자체 자체적으로 산정) 2. 외부산정 (외부전문기관위탁 산정) 3. 내·외부 모두 산정 4. 산정 無 5. 해당없음	정산방법 1. 내부정산 (지자체 내부적으로 정산) 2. 외부정산 (외부전문기관위탁 정산) 3. 내·외부 모두 산정 4. 정산 無 5. 해당없음	성과평가 실시여부 1. 실시 2. 미실시 3. 향후 추진 4. 해당없음
4661	충남 서천군	수소연료전지차 구매보조금 지급	65,000	환경보호과	9	1	7	8	7	1	1	2
4662	충남 서천군	가정용 저녹스버너 보급사업	25,000	환경보호과	9	1	7	8	7	1	1	2
4663	충남 서천군	주유소 유증기 회수설비 설치 지원	30,600	환경보호과	9	1	7	8	7	1	1	2
4664	충남 서천군	어선사고 예방시스템 구축지원	26,600	해양수산과	9	1	7	8	7	5	5	4
4665	충남 서천군	고효율 노후기관장비설비설치교체지원	120,000	해양수산과	9	1	7	8	7	5	5	4
4666	충남 서천군	우량 김 생산지원	1,290	해양수산과	9	1	7	8	7	5	5	4
4667	충남 서천군	해삼 서식환경 조성 지원	46,666	해양수산과	9	1	7	8	7	5	5	4
4668	충남 서천군	패류어장 자원조성	40,000	해양수산과	9	1	7	8	7	5	5	4
4669	충남 서천군	육상 양식장 기반시설 지원	47,467	해양수산과	9	1	7	8	7	5	5	4
4670	충남 서천군	김 육상채묘 냉동망 보관시설 지원	490,477	해양수산과	9	1	7	8	7	5	5	4
4671	충남 서천군	김 종자배양장 육성 지원	252,501	해양수산과	9	1	7	8	7	5	5	4
4672	충남 서천군	양식어장 정화	215,675	해양수산과	9	1	7	8	7	5	5	4
4673	충남 서천군	내수면 양식어장 기반시설 지원	77,000	해양수산과	9	1	7	8	7	5	5	4
4674	충남 서천군	자율관리어업 육성사업	216,000	해양수산과	9	1	7	8	7	5	5	4
4675	충남 서천군	친환경부표 보급	161,000	해양수산과	9	1	7	8	7	5	5	4
4676	충남 서천군	어장환경 개선	16,930	해양수산과	9	1	7	8	7	5	5	4
4677	충남 서천군	수산물가공유통시설지원	253,330	해양수산과	9	1	1	1	1	1	1	4
4678	충남 서천군	수산물산지가공시설건립	659,000	해양수산과	9	1	7	8	7	5	5	4
4679	충남 서천군	수산식품산업거점단지조성	7,695,000	해양수산과	9	1	7	8	7	5	5	4
4680	충남 서천군	유통안전 위생안전체계 구축사업	2,850	해양수산과	9	1	7	8	7	5	5	4
4681	충남 서천군	희망마을선행사업	120,000	건설과	9	6	7	8	7	5	5	4
4682	충남 서천군	옥상 출입문 자동개폐기 설치	11,333	도시건축과	9	4	7	8	7	5	5	4
4683	충남 서천군	청년농업인4-H회원 영농정착지원사업	35,000	인력육성팀	9	6	7	8	7	5	5	4
4684	충남 서천군	청년농업인 창농 지원	98,000	인력육성팀	9	6	7	8	7	5	5	4
4685	충남 서천군	품목농업인연구회 협업경영실천 공모시범	56,000	원예특작기술팀	9	4	7	8	7	5	5	4
4686	충남 서천군	농업인 농약안전 예방기술시범	25,500	생활자원팀	9	1	7	8	7	5	5	4
4687	충남 서천군	작목별 맞춤형 안전관리 실천시범	50,000	생활자원팀	9	2	7	8	7	5	5	4
4688	충남 서천군	치유형 농촌체험농장 육성	29,750	생활자원팀	9	1	7	8	7	5	5	4
4689	충남 서천군	농업인 소규모 창업기술지원	100,000	생활자원팀	9	2	7	8	7	5	5	4
4690	충남 서천군	쌀누룩 이용 발효식품(주류, 음료) 제조	50,000	생활자원팀	9	2	7	8	7	5	5	4
4691	충남 서천군	농촌 어르신 복지실천 시범	50,000	생활자원팀	9	1	7	8	7	5	5	4
4692	충남 서천군	농업인 가공사업장 품질향상 시범	12,600	생활자원팀	9	1	7	8	7	5	5	4
4693	충남 서천군	도시청년 초보농부 플랫폼 조성 기반시설 조성	4,000	귀농귀촌지원팀	9	4	7	8	7	5	5	4
4694	충남 서천군	드론활용 노동력절감 벼 재배단지 육성시범	80,000	기술보급과	9	2	7	8	7	5	5	4
4695	충남 서천군	가공용쌀 원료곡 생산단지 육성	204,000	기술보급과	9	2	7	8	7	5	5	4
4696	충남 서천군	벼 직파재배단지 육성시범	30,905	기술보급과	9	6	7	8	7	5	5	4
4697	충남 서천군	전통주 누룩제조 밀 생산단지 조성시범	91,000	기술보급과	9	6	7	8	7	5	5	4
4698	충남 서천군	농작물 병해충방제 종합기술 시범	10,000	기술보급과	9	6	7	8	7	5	5	4
4699	충남 서천군	난지형 마늘 건조비용절감 가변형건조시스템 구축시범	46,000	원예특작기술팀	9	2	7	8	7	5	5	4
4700	충남 서천군	농산물유통연장을 위한 선도유지 기술시범	80,000	원예특작기술팀	9	2	7	8	7	5	5	4
4701	충남 서천군	인공배지기반 쪽파 양액재배 시범	11,025	원예특작기술팀	9	4	7	8	7	5	5	4
4702	충남 서천군	소농기능성 소득작물 생산기반조성 시범	200,000	원예특작기술팀	9	4	7	8	7	5	5	4

순번	시군구	지출명 (사업명)	2021년예산 (단위:천원/1년간)	담당자 (공무원)	민간이전 분류 (지방자치단체 세출예산 집행기준에 의거)	민간이전지출 근거 (지방보조금 관리기준 참고)	입찰방식			운영예산 산정		성과평가 실시여부
				담당부서	1. 민간경상사업보조(307-02) 2. 민간단체 법정운영비보조(307-03) 3. 민간행사사업보조(307-04) 4. 민간위탁금(307-05) 5. 사회복지시설 법정운영비보조(307-10) 6. 민간인위탁교육비(307-12) 7. 공기관등에대한경상적위탁사업비(308-10) 8. 민간자본사업보조,자체재원(402-01) 9. 민간자본사업보조,이전재원(402-02) 10. 민간위탁사업비(402-03) 11. 공기관등에 대한 자본적 대행사업비(403-02)	1. 법률에 규정 2. 국고보조 재원(국가지정) 3. 용도 지정 기부금 4. 조례에 직접규정 5. 지자체가 권장하는 사업을 하는 공공기관 6. 시,도 정책 및 재정사정 7. 기타 8. 해당없음	계약체결방법 (경쟁형태) 1. 일반경쟁 2. 제한경쟁 3. 지명경쟁 4. 수의계약 5. 법정위탁 6. 기타 ( ) 7. 해당없음	계약기간 1. 1년 2. 2년 3. 3년 4. 4년 5. 5년 6. 기타 ( )년 7. 단기계약 (1년미만) 8. 해당없음	낙찰자선정방법 1. 적격심사 2. 협상에의한계약 3. 최저가낙찰제 4. 규격가격분리 5. 2단계 경쟁입찰 6. 기타 ( ) 7. 해당없음	운영예산 산정 1. 내부산정 (지자체 자체적으로 산정) 2. 외부산정 (외부전문기관위탁 산정) 3. 내·외부 모두 산정 4. 산정 無 5. 해당없음	정산방법 1. 내부정산 (지자체 내부적으로 정산) 2. 외부정산 (외부전문기관위탁 정산) 3. 내·외부 모두 산정 4. 정산 無 5. 해당없음	1. 실시 2. 미실시 3. 향후 추진 4. 해당없음
4703	충남 서천군	농산물 안전성 PLS 현장 실천 시범	15,000	원예특작기술팀	9	4	7	8	7	5	5	4
4704	충남 서천군	수출화훼류 경쟁력 강화 환경개선 시범	59,500	원예특작기술팀	9	4	7	8	7	5	5	4
4705	충남 서천군	로열티경감 국내육성 프리지어 수출 기반	83,300	원예특작기술팀	9	4	7	8	7	5	5	4
4706	충남 서천군	양계농가 농작업 환경개선 생산성 향상	47,600	축산기술팀	9	4	7	8	7	5	5	4
4707	충남 서천군	사슴염소생산성향상을 위한 축사환경개선기술보급	7,000	축산기술팀	9	4	7	8	7	5	5	4
4708	충남 서천군	스마트 양봉기술보급 시범	20,000	축산기술팀	9	4	7	8	7	5	5	4
4709	충남 서천군	축산 스마트팜 통합제어시스템 활용기술 시범	120,000	축산기술팀	9	4	7	8	7	5	5	4
4710	충남 청양군	정부지원 어린이집교사 인건비지원	18,000	복지정책과	9	2	7	8	7	1	1	1
4711	충남 청양군	지역아동센터 환경개선 지원	10,000	복지정책과	9	2	7	8	7	1	1	1
4712	충남 청양군	장애인직업재활시설 기능보강	35,178	통합돌봄과	9	2	7	8	7	3	3	1
4713	충남 청양군	화성농공단지 공공폐수처리시설 개량사업	200,000	미래전략과	9	1	7	8	7	5	5	4
4714	충남 청양군	정산2농공단지 조성사업	495,000	미래전략과	9	2	7	8	7	5	5	4
4715	충남 청양군	전기 이륜차 보급사업	27,000	환경보호과	9	2	7	8	7	5	5	4
4716	충남 청양군	전기 자동차 보급사업	560,000	환경보호과	9	2	7	8	7	5	5	4
4717	충남 청양군	전기화물차 보급사업	625,000	환경보호과	9	2	7	8	7	5	5	4
4718	충남 청양군	수소연료전지차 보급사업	97,500	환경보호과	9	2	7	8	7	5	5	4
4719	충남 청양군	기후변화 취약계층 지원사업	200,000	환경보호과	9	2	7	8	7	5	5	4
4720	충남 청양군	주유소 유증기 회수설비 설치 지원사업	32,300	환경보호과	9	2	7	8	7	5	5	4
4721	충남 청양군	소규모 사업장 방지시설	360,000	환경보호과	9	2	7	8	7	5	5	4
4722	충남 청양군	색깔있는 마을만들기사업	120,000	농촌공동체과	9	4	7	8	7	1	1	1
4723	충남 청양군	로컬푸드 지원사업	57,750	농촌공동체과	9	7	7	8	7	1	1	4
4724	충남 청양군	농촌마을 공동급식시설 개선	50,000	농촌공동체과	9	1	7	8	7	1	1	3
4725	충남 청양군	농작업 보호장비 지원	12,000	농업정책과	9	1	7	8	7	1	1	3
4726	충남 청양군	친환경 농산물 자재 지원	97,500	농업정책과	9	1	7	8	7	1	1	3
4727	충남 청양군	농업기계 등화장치 부착지원	40,000	농업정책과	9	1	7	8	7	1	1	3
4728	충남 청양군	농산물유통시설 지원	249,600	농업정책과	9	6	7	8	7	3	1	1
4729	충남 청양군	정부양곡관리	90,000	농업정책과	9	1	7	8	7	1	1	3
4730	충남 청양군	농업기계 지원	500,000	농업정책과	9	1	7	8	7	1	1	3
4731	충남 청양군	친환경 농업 조직 활성화	10,500	농업정책과	9	1	7	8	7	1	1	3
4732	충남 청양군	유기농업자재 지원	250	농업정책과	9	1	7	8	7	1	1	3
4733	충남 청양군	밭 식량작물 특화단지 육성	33,500	농업정책과	9	1	7	8	7	1	1	3
4734	충남 청양군	식량작물 생산비 절감 지원	15,900	농업정책과	9	6	7	8	7	1	1	3
4735	충남 청양군	식량작물 생산비 절감 지원	90,000	농업정책과	9	6	7	8	7	1	1	3
4736	충남 청양군	식량산업 보완사업	17,500	농업정책과	9	1	7	8	7	1	1	3
4737	충남 청양군	3농정책 특화사업	1,000,000	농업정책과	9	6	7	8	7	1	1	3
4738	충남 청양군	농업용 드론 지원	40,000	농업정책과	9	1	7	8	7	1	1	3
4739	충남 청양군	통합 및 노후 RPC(DSC) 시설장비 지원	84,500	농업정책과	9	1	7	8	7	1	1	3
4740	충남 청양군	농약안전보관함 보급 지원	18,000	농업정책과	9	1	7	8	7	1	1	3
4741	충남 청양군	밭작물공동경영체육성	99,000	농업정책과	9	2	7	8	7	5	5	4
4742	충남 청양군	로컬푸드 직매장 기능보강사업	100,000	농업정책과	9	6	7	8	7	1	1	3
4743	충남 청양군	유산균 토양발효농법 지원사업	37,500	농업정책과	9	6	7	8	7	3	1	3
4744	충남 청양군	원예작물 생력화장비 지원사업	45,000	농업정책과	9	6	7	8	7	3	1	3

순번	시군구	지출명 (사업명)	2021년예산 (단위:천원/1년간)	담당자 (공무원) 담당부서	민간이전 분류 (지방자치단체 세출예산 집행기준에 의거) 1. 민간경상사업보조(307-02) 2. 민간단체 법정운영비보조(307-03) 3. 민간행사사업보조(307-04) 4. 민간위탁금(307-05) 5. 사회복지시설 법정운영비보조(307-10) 6. 민간인위탁교육비(307-12) 7. 공기관등에대한경상적위탁사업비(308-10) 8. 민간자본사업보조,자체재원(402-01) 9. 민간자본사업보조,이전재원(402-02) 10. 민간위탁사업비(402-03) 11. 공기관등에 대한 자본적 대행사업비(403-02)	민간이전지출 근거 (지방보조금 관리기준 참고) 1. 법률에 규정 2. 국고보조 재원(국가지정) 3. 용도 지정 기부금 4. 조례에 직접규정 5. 지자체가 권장하는 사업을 하는 공공기관 6. 시,도 정책 및 재정사정 7. 기타 8. 해당없음	입찰방식 계약체결방법 (경쟁형태) 1. 일반경쟁 2. 제한경쟁 3. 지명경쟁 4. 수의계약 5. 법정위탁 6. 기타 ( ) 7. 해당없음	입찰방식 계약기간 1. 1년 2. 2년 3. 3년 4. 4년 5. 5년 6. 기타 ( )년 7. 단기계약 (1년미만) 8. 해당없음	입찰방식 낙찰자선정방법 1. 적격심사 2. 협상에의한계약 3. 최저가낙찰제 4. 규격가격분리 5. 2단계 경쟁입찰 6. 기타 ( ) 7. 해당없음	운영예산 산정 운영예산 산정 1. 내부산정 (지자체 자체적으로 산정) 2. 외부산정 (외부전문기관위탁 산정) 3. 내·외부 모두 산정 4. 산정 無 5. 해당없음	운영예산 산정 정산방법 1. 내부정산 (지자체 내부적으로 정산) 2. 외부정산 (외부전문기관위탁 정산) 3. 내·외부 모두 산정 4. 정산 無 5. 해당없음	성과평가 실시여부 1. 실시 2. 미실시 3. 향후 추진 4. 해당없음
4745	충남 청양군	원예특용작물 생산시설 보완사업	80,000	농업정책과	9	6	7	8	7	3	1	3
4746	충남 청양군	원예특작 지역맞춤형 사업	322,500	농업정책과	9	6	7	8	7	3	1	3
4747	충남 청양군	이상기후 등 재해 대응능력 강화 지원	25,000	농업정책과	9	6	7	8	7	3	1	3
4748	충남 청양군	중소원예농가(가족농) 스마트팜 보급지원	119,000	농업정책과	9	6	1	8	1	3	1	3
4749	충남 청양군	과수 명품화 육성사업	55,000	농업정책과	9	6	7	8	7	3	1	3
4750	충남 청양군	과수원용 생력화기계 지원사업	35,000	농업정책과	9	6	7	8	7	3	1	3
4751	충남 청양군	원예작물 소형저온저장고 설치사업	45,000	농업정책과	9	6	7	8	7	3	1	3
4752	충남 청양군	기후변화 대응 인삼생산자재 지원	2,130	농업정책과	9	6	7	8	7	3	1	3
4753	충남 청양군	시장유통 인삼 컬러박스 지원	490	농업정책과	9	6	7	8	7	3	1	3
4754	충남 청양군	인삼생산농가 실명제 지원	600	농업정책과	9	6	7	8	7	3	1	3
4755	충남 청양군	특용작물 시설현대화 지원	3,600	농업정책과	9	2	7	8	7	3	1	3
4756	충남 청양군	시설원예 에너지 절감 시설사업	90,000	농업정책과	9	2	7	8	7	3	1	3
4757	충남 청양군	초등돌봄교실 과일간식 지원사업	36,000	농업정책과	9	2	7	8	7	3	1	3
4758	충남 청양군	조림사업	350,000	산림축산과	9	2	7	8	7	5	5	4
4759	충남 청양군	목재펠릿보일러 보급	14,000	산림축산과	9	4	7	8	7	1	1	4
4760	충남 청양군	임산물 표준출하	290,149	산림축산과	9	2	7	8	7	1	1	4
4761	충남 청양군	임산물 명품브랜드화	135,200	산림축산과	9	2	7	8	7	1	1	4
4762	충남 청양군	임산물 상품화 디자인개발	75,000	산림축산과	9	2	7	8	7	1	1	4
4763	충남 청양군	임산물 가공장비 지원	109,000	산림축산과	9	2	7	8	7	1	1	4
4764	충남 청양군	임산물 저장 건조시설 지원	438,017	산림축산과	9	2	7	8	7	1	1	4
4765	충남 청양군	임산물 유통기반(냉동탑차) 조성	30,000	산림축산과	9	2	7	8	7	1	1	4
4766	충남 청양군	임산물 유통기반(일반화물) 조성	238,000	산림축산과	9	2	7	8	7	1	1	4
4767	충남 청양군	임산물 유통기반(유통기자재) 조성	241,448	산림축산과	9	2	7	8	7	1	1	4
4768	충남 청양군	밤노령목관리 지원	328,982	산림축산과	9	2	7	8	7	1	1	4
4769	충남 청양군	지상방제장비 지원	215,228	산림축산과	9	2	7	8	7	1	1	4
4770	충남 청양군	생산장비 지원	133,354	산림축산과	9	2	7	8	7	1	1	4
4771	충남 청양군	친환경 방제장비 지원	163,950	산림축산과	9	2	7	8	7	1	1	4
4772	충남 청양군	작업로 시설 지원	498,750	산림축산과	9	2	7	8	7	1	1	4
4773	충남 청양군	대추 등 생산시설 지원	184,882	산림축산과	9	2	7	8	7	1	1	4
4774	충남 청양군	표고자목 구입 지원	366,310	산림축산과	9	2	7	8	7	1	1	4
4775	충남 청양군	표고재배시설 지원	132,435	산림축산과	9	2	7	8	7	1	1	4
4776	충남 청양군	톱밥표고배지시설 지원	129,970	산림축산과	9	2	7	8	7	1	1	4
4777	충남 청양군	톱밥표고배지 구입 지원	334,655	산림축산과	9	2	7	8	7	1	1	4
4778	충남 청양군	토양개량제 지원	1,097,158	산림축산과	9	2	7	8	7	1	1	4
4779	충남 청양군	유기질비료 지원	267,149	산림축산과	9	2	7	8	7	1	1	4
4780	충남 청양군	관상산림식물류 관정시설 지원	9,998	산림축산과	9	2	7	8	7	1	1	4
4781	충남 청양군	관상산림식물류 컨테이너 지원	49,917	산림축산과	9	2	7	8	7	1	1	4
4782	충남 청양군	산림작물 생산단지 조성	371,469	산림축산과	9	2	7	8	7	1	1	4
4783	충남 청양군	산림복합경영단지 조성	275,753	산림축산과	9	2	7	8	7	1	1	4
4784	충남 청양군	밤 수확망 지원	100,000	산림축산과	9	6	7	8	7	1	1	4
4785	충남 청양군	친환경 임산물 생산단지 조성	180,102	산림축산과	9	6	7	8	7	1	1	4
4786	충남 청양군	표고버섯 재해예방시설	59,096	산림축산과	9	6	7	8	7	1	1	4

순번	시군구	지출명 (사업명)	2021년예산 (단위:천원/1년간)	담당자 (공무원) 담당부서	민간이전 분류 (지방자치단체 세출예산 집행기준에 의거) 1. 민간경상사업보조(307-02) 2. 민간단체 법정운영비보조(307-03) 3. 민간행사사업보조(307-04) 4. 민간위탁금(307-05) 5. 사회복지시설 법정운영비보조(307-10) 6. 민간인위탁교육비(307-12) 7. 공기관등에대한경상적위탁사업비(308-10) 8. 민간자본사업보조,자체재원(402-01) 9. 민간자본사업보조,이전재원(402-02) 10. 민간위탁사업비(402-03) 11. 공기관등에 대한 자본적 대행사업비(403-02)	민간이전지출 근거 (지방보조금 관리기준 참고) 1. 법률에 규정 2. 국고보조 재원(국가지정) 3. 용도 지정 기부금 4. 조례에 직접규정 5. 지자체가 권장하는 사업을 하는 공공기관 6. 시,도 정책 및 재정사정 7. 기타 8. 해당없음	입찰방식 계약체결방법 (경쟁형태) 1. 일반경쟁 2. 제한경쟁 3. 지명경쟁 4. 수의계약 5. 법정위탁 6. 기타 ( ) 7. 해당없음	입찰방식 계약기간 1. 1년 2. 2년 3. 3년 4. 4년 5. 5년 6. 기타 ( )년 7. 단기계약 (1년미만) 8. 해당없음	입찰방식 낙찰자선정방법 1. 적격심사 2. 협상에의한계약 3. 최저가낙찰제 4. 규격가격분리 5. 2단계 경쟁입찰 6. 기타 ( ) 7. 해당없음	운영예산 산정 운영예산 산정 1. 내부산정 (지자체 자체적으로 산정) 2. 외부산정 (외부전문기관위탁 산정) 3. 내·외부 모두 산정 4. 산정 無 5. 해당없음	운영예산 산정 정산방법 1. 내부정산 (지자체 내부적으로 정산) 2. 외부정산 (외부전문기관위탁 정산) 3. 내·외부 모두 산정 4. 정산 無 5. 해당없음	성과평가 실시여부 1. 실시 2. 미실시 3. 향후 추진 4. 해당없음
4787	충남 청양군	친환경 유기질비료 지원	4,000	산림축산과	9	6	7	8	7	1	1	4
4788	충남 청양군	명품 호두 생력방제사업	8,703	산림축산과	9	6	7	8	7	1	1	4
4789	충남 청양군	밤 품질향상 유기질비료 지원	59,798	산림축산과	9	6	7	8	7	1	1	4
4790	충남 청양군	동물사체 처리시설지원	25,000	산림축산과	9	6	7	8	7	1	1	1
4791	충남 청양군	한우 육성률 향상 지원	15,050	산림축산과	9	6	7	8	7	1	1	1
4792	충남 청양군	한우 핵군우 농가 육성	70,400	산림축산과	9	6	7	8	7	1	1	1
4793	충남 청양군	축사 낙뢰피해 방지시설 지원	6,500	산림축산과	9	6	7	8	7	1	1	1
4794	충남 청양군	양돈농가 육성사업	30,000	산림축산과	9	6	7	8	7	1	1	1
4795	충남 청양군	양계농가 육성사업	75,650	산림축산과	9	6	7	8	7	1	1	1
4796	충남 청양군	양계농가 폭염피해 예방지원	30,000	산림축산과	9	6	7	8	7	1	1	1
4797	충남 청양군	낙농시설 현대화	8,000	산림축산과	9	6	7	8	7	1	1	1
4798	충남 청양군	낙농시설 현대화	5,000	산림축산과	9	6	7	8	7	1	1	1
4799	충남 청양군	낙농시설 현대화	10,000	산림축산과	9	6	7	8	7	1	1	1
4800	충남 청양군	낙농시설 현대화	22,500	산림축산과	9	6	7	8	7	5	5	4
4801	충남 청양군	곤충산업 육성지원	2,500	산림축산과	9	6	7	8	7	1	1	1
4802	충남 청양군	양봉농가 현대화(사양수 자동화 시스템) 지원	30,000	산림축산과	9	6	7	8	7	5	5	4
4803	충남 청양군	염소산업 육성지원	4,600	산림축산과	9	6	7	8	7	1	1	1
4804	충남 청양군	조사료 생산 부속장비 지원	70,000	산림축산과	9	6	7	8	7	1	1	1
4805	충남 청양군	TMR 사료배합기 지원	25,000	산림축산과	9	6	7	8	7	1	1	1
4806	충남 청양군	스키드로더 지원	135,000	산림축산과	9	6	7	8	7	1	1	1
4807	충남 청양군	소 사육농가 퇴비살포기	50,000	산림축산과	9	6	7	8	7	5	5	4
4808	충남 청양군	양돈농가 고액분리기	30,000	산림축산과	9	6	7	8	7	5	5	4
4809	충남 청양군	내수면 양식장 기반시설 지원	24,000	산림축산과	9	6	7	8	7	5	5	4
4810	충남 청양군	돼지써코바이러스백신지원	130,000	산림축산과	9	2	7	8	7	2	1	2
4811	충남 청양군	축산농가 방역인프라 지원	30,000	산림축산과	9	2	7	8	7	2	1	2
4812	충남 청양군	신규 HACCP농가 등 시설장비 지원	7,500	산림축산과	9	6	7	8	7	1	1	2
4813	충남 청양군	축산농가 발판소독기 지원	8,400	산림축산과	9	6	7	8	7	5	5	4
4814	충남 청양군	축산농가 방역시설 지원	14,400	산림축산과	9	6	7	8	7	5	5	4
4815	충남 청양군	축산농가 출입구 소독시설 지원	36,000	산림축산과	9	4	7	8	7	1	1	2
4816	충남 청양군	농업인교육 실습농장 육성	7,400	농업기술센터	9	2	7	8	7	1	1	4
4817	충남 청양군	청년농업인 창농 공모사업	70,000	농업기술센터	9	2	7	8	7	1	1	4
4818	충남 청양군	품목별연구회 생력재배 및 신기술 실천시범사업	120,000	농업기술센터	9	2	7	8	7	1	1	4
4819	충남 청양군	청년농업인 경쟁력제고사업	50,000	농업기술센터	9	2	7	8	7	1	1	4
4820	충남 청양군	청년농업인 4-H회원 영농정착 지원사업	70,000	농업기술센터	9	2	7	8	7	1	1	4
4821	충남 청양군	진로체험운영	60,000	농업기술센터	9	2	7	8	7	1	1	4
4822	충남 청양군	치유형농촌체험농장운영	42,500	농업기술센터	9	2	7	8	7	1	1	4
4823	충남 청양군	벼 드문모심기 재배기술시범	50,000	농업기술센터	9	6	7	8	7	1	1	1
4824	충남 청양군	밭작물 안정생산단지 육성시범	50,000	농업기술센터	9	6	7	8	7	1	1	1
4825	충남 청양군	지역특성화 시범사업	100,000	농업기술센터	9	6	7	8	7	1	1	1
4826	충남 청양군	외부환경 데이터기반 스마트 양액공급 시범	40,000	농업기술센터	9	2	7	8	7	1	1	1
4827	충남 청양군	시설토양 연작장해 경감 기술보급 시범	30,000	농업기술센터	9	6	7	8	7	1	1	1
4828	충남 청양군	우리품종 전문생산단지 조성시범	250,000	농업기술센터	9	2	7	8	7	1	1	1

순번	시군구	지출명 (사업명)	2021년예산 (단위:천원/1년간)	담당자 (공무원)	민간이전 분류 (지방자치단체 세출예산 집행기준에 의거)	민간이전지출 근거 (지방보조금 관리기준 참고)	입찰방식			운영예산 산정		성과평가 실시여부
				담당부서	1. 민간경상사업보조(307-02) 2. 민간단체 법정운영비보조(307-03) 3. 민간행사사업보조(307-04) 4. 민간위탁금(307-05) 5. 사회복지시설 법정운영비보조(307-10) 6. 민간인위탁교육비(307-12) 7. 공기관등에대한경상적위탁사업비(308-10) 8. 민간자본사업보조,자체재원(402-01) 9. 민간자본사업보조,이전재원(402-02) 10. 민간위탁사업비(402-03) 11. 공기관등에 대한 자본적 대행사업비(403-02)	1. 법률에 규정 2. 국고보조 재원(국가지정) 3. 용도 지정 기부금 4. 조례에 직접규정 5. 지자체가 권장하는 사업을 하는 공공기관 6. 시,도 정책 및 재정사정 7. 기타 8. 해당없음	계약체결방법 (경쟁형태) 1. 일반경쟁 2. 제한경쟁 3. 지명경쟁 4. 수의계약 5. 법정위탁 6. 기타 ( ) 7. 해당없음	계약기간 1. 1년 2. 2년 3. 3년 4. 4년 5. 5년 6. 기타 ( )년 7. 단기계약 (1년미만) 8. 해당없음	낙찰자선정방법 1. 적격심사 2. 협상에의한계약 3. 최저가낙찰제 4. 규격가격분리 5. 2단계 경쟁입찰 6. 기타 ( ) 7. 해당없음	운영예산 산정 1. 내부산정 (지자체 자체적으로 산정) 2. 외부산정 (외부전문기관위탁 산정) 3. 내·외부 모두 산정 4. 산정 無 5. 해당없음	정산방법 1. 내부정산 (지자체 내부적으로 정산) 2. 외부정산 (외부전문기관위탁 정산) 3. 내·외부 모두 산정 4. 정산 無 5. 해당없음	1. 실시 2. 미실시 3. 향후 추진 4. 해당없음
4829	충남 청양군	이상기상대응 과수안정생산 환경개선 시범	10,000	농업기술센터	9	6	7	8	7	1	1	1
4830	충남 청양군	가금 왕겨자동살포 및 퇴비생력화 시스템 보급 시범	70,000	농업기술센터	9	2	7	8	7	1	1	1
4831	충남 청양군	차량이동식 벌통 사육장치 기술보급 시범사업	20,000	농업기술센터	9	6	7	8	7	1	1	1
4832	충남 청양군	차별화된 청양고추등 향토산업 육성	75,600	농업기술센터	9	5	7	8	7	1	1	3
4833	충남 청양군	지역활력화작목기반조성사업	200,000	농업기술센터	9	6	7	8	7	1	1	1
4834	충남 청양군	구기자 안정생산 및 상품성 향상 시범	11,900	농업기술센터	9	6	7	8	7	1	1	3
4835	충남 청양군	양념채소경쟁력강화시범	31,500	농업기술센터	9	5	7	8	7	1	1	3
4836	충남 청양군	수출화훼류 경쟁력 강화 환경개선시범	59,500	농업기술센터	9	6	7	8	7	1	1	3
4837	충남 청양군	신재생에너지 주택지원사업	37,710,000	사회적경제과	9	2	7	8	7	1	1	4
4838	충남 홍성군	유기농 교육 거점 운영, 홍보	50,000	기획감사담당관	9	1	7	8	7	1	1	3
4839	충남 홍성군	마을학교 교육 기자재 구입	20,000	기획감사담당관	9	1	7	8	7	1	1	4
4840	충남 홍성군	청년농 양성 네트워크 시범활동	35,000	기획감사담당관	9	1	5	2	7	1	1	3
4841	충남 태안군	노인의료복지시설 기능보강	10,000	가족정책과	9	1	1	7	3	1	1	1
4842	충남 태안군	어린이집 기능보강	42,300	가족정책과	9	2	7	8	7	5	5	4
4843	충남 태안군	지역아동센터 환경개선	10,000	가족정책과	9	2	7	8	7	5	5	4
4844	충남 태안군	태국사 보수정비	140,000	문화예술과	9	2	7	8	7	5	5	4
4845	충남 태안군	야생동물 피해예방시설 설치사업	30,000	환경산림과	9	1	7	8	7	5	5	4
4846	충남 태안군	전기승용차 보급사업	630,000	환경산림과	9	1	7	8	7	5	5	4
4847	충남 태안군	전기화물차 보급사업	1,250	환경산림과	9	1	7	8	7	5	5	4
4848	충남 태안군	LPG 1톤 화물차 신차구매 보조사업	200,000	환경산림과	9	1	7	8	7	5	5	4
4849	충남 태안군	건설기계 엔진교체사업	165,000	환경산림과	9	1	7	8	7	5	5	4
4850	충남 태안군	건설기계 배출가스 저감장치(DPF) 부착 사업	55,000	환경산림과	9	1	7	8	7	5	5	4
4851	충남 태안군	노후경유차 배출가스 저감장치(DPF) 부착사업	1,140,000	환경산림과	9	1	7	8	7	5	5	4
4852	충남 태안군	어린이 통학차량 LPG 전환지원 사업	100,000	환경산림과	9	1	7	8	7	5	5	4
4853	충남 태안군	가정용 저녹스보일러 보급사업	13,400	환경산림과	9	1	7	8	7	5	5	4
4854	충남 태안군	소규모 사업장 방지시설 설치 지원사업	270,000	환경산림과	9	1	7	8	7	5	5	4
4855	충남 태안군	전기이륜차 보급사업	32,400	환경산림과	9	1	7	8	7	5	5	4
4856	충남 태안군	주유소 유증기 회수설비 설치	83,300	환경산림과	9	1	7	8	7	5	5	4
4857	충남 태안군	목재펠릿보일러 보급	14,000	환경산림과	9	2	7	8	7	5	5	4
4858	충남 태안군	목재펠릿보일러 보급	8,000	환경산림과	9	2	7	8	7	5	5	4
4859	충남 태안군	임산물 유통기반 조성	3,025	환경산림과	9	2	7	8	7	5	5	4
4860	충남 태안군	임업인 산림경영 지원사업	34,000	환경산림과	9	2	7	8	7	5	5	4
4861	충남 태안군	토양개량제 지원	8,864	환경산림과	9	2	7	8	7	5	5	4
4862	충남 태안군	유기질비료 지원	2,912	환경산림과	9	2	7	8	7	5	5	4
4863	충남 태안군	산림작물 생산단지조성	3,577	환경산림과	9	2	7	8	7	5	5	4
4864	충남 태안군	농촌마을 공동급식시설 지원	150,000	농정과	9	1	7	8	7	5	5	4
4865	충남 태안군	친환경 농자재지원	32,430	농정과	9	4	7	8	7	5	5	4
4866	충남 태안군	통합 및 노후 RPC(DSC) 시설장비 지원	530,000	농정과	9	4	7	8	7	5	5	4
4867	충남 태안군	식량작물 생산비 절감 지원	100,000	농정과	9	4	7	8	7	5	5	4
4868	충남 태안군	농기계 등화장치 부착지원	30,000	농정과	9	4	7	8	7	5	5	4
4869	충남 태안군	농업용 드론(무인항공기)지원사업	100,000	농정과	9	4	7	8	7	5	5	4
4870	충남 태안군	화훼 생산기반 경쟁력 강화사업	250,000	농정과	9	1	7	8	7	5	5	4

순번	시군구	지출명 (사업명)	2021년예산 (단위:천원/1년간)	담당자 (공무원)	민간이전 분류 (지방자치단체 세출예산 집행기준에 의거)	민간이전지출 근거 (지방보조금 관리기준 참고)	입찰방식			운영예산 산정		성과평가 실시여부
				담당부서	1. 민간경상사업보조(307-02) 2. 민간단체 법정운영비보조(307-03) 3. 민간행사사업보조(307-04) 4. 민간위탁금(307-05) 5. 사회복지시설 법정운영비보조(307-10) 6. 민간인위탁교육비(307-12) 7. 공기관등에대한경상적위탁사업비(308-10) 8. 민간자본사업보조,자체재원(402-01) 9. 민간자본사업보조,이전재원(402-02) 10. 민간위탁사업비(402-03) 11. 공기관등에 대한 자본적 대행사업비(403-02)	1. 법률에 규정 2. 국고보조 재원(국가지정) 3. 용도 지정 기부금 4. 조례에 직접규정 5. 지자체가 권장하는 사업을 하는 공공기관 6. 시,도 정책 및 재정사정 7. 기타 8. 해당없음	계약체결방법 (경쟁형태) 1. 일반경쟁 2. 제한경쟁 3. 지명경쟁 4. 수의계약 5. 법정위탁 6. 기타 ( ) 7. 해당없음	계약기간 1. 1년 2. 2년 3. 3년 4. 4년 5. 5년 6. 기타 ( )년 7. 단기계약 (1년미만) 8. 해당없음	낙찰자선정방법 1. 적격심사 2. 협상에의한계약 3. 최저가낙찰제 4. 규격가격분리 5. 2단계 경쟁입찰 6. 기타 ( ) 7. 해당없음	운영예산 산정 1. 내부산정 (지자체 자체적으로 산정) 2. 외부산정 (외부전문기관위탁 산정) 3. 내·외부 모두 산정 4. 산정 無 5. 해당없음	정산방법 1. 내부정산 (지자체 내부적으로 정산) 2. 외부정산 (외부전문기관위탁 정산) 3. 내·외부 모두 산정 4. 정산 無 5. 해당없음	1. 실시 2. 미실시 3. 향후 추진 4. 해당없음
4871	충남 태안군	시설원예 현대화사업	24,500	농정과	9	2	7	8	7	5	5	4
4872	충남 태안군	농업에너지이용 효율화사업	142,500	농정과	9	2	7	8	7	5	5	4
4873	충남 태안군	원예시설 스마트폰 자동제어시스템 구축사업	7,200	농정과	9	1	7	8	7	5	5	4
4874	충남 태안군	원예특용 생산시설 보완사업	40,000	농정과	9	1	7	8	7	5	5	4
4875	충남 태안군	중소원예농가(가족농) 스마트팜 보급지원	40,000	농정과	9	1	7	8	7	5	5	4
4876	충남 태안군	원예작물 생력화장비 지원사업	50,000	농정과	9	1	7	8	7	5	5	4
4877	충남 태안군	원예작물 신소재-신농법 영농지원사업	50,000	농정과	9	1	7	8	7	5	5	4
4878	충남 태안군	화훼류 신수출전략품목 육성사업	8,000	농정과	9	2	7	8	7	5	5	4
4879	충남 태안군	시설원예 발전기 지원사업	40,000	농정과	9	6	7	8	7	5	5	4
4880	충남 태안군	고품질 마늘생산 지원사업	60,000	농정과	9	6	7	8	7	5	5	4
4881	충남 태안군	고품질 생강생산 지원사업	60,000	농정과	9	6	7	8	7	5	5	4
4882	충남 태안군	이상기후 등 재해대응 능력강화	20,000	농정과	9	1	7	8	7	5	5	4
4883	충남 태안군	특용작물 시설 현대화 지원	45,326	농정과	9	2	7	8	7	5	5	4
4884	충남 태안군	기후변화 대응 인삼생산자재 지원	32,100	농정과	9	1	7	8	7	5	5	4
4885	충남 태안군	고추 비가림 재배시설 지원사업	160,000	농정과	9	2	7	8	7	5	5	4
4886	충남 태안군	과수전용 생력화기계 지원사업	45,000	농정과	9	1	7	8	7	5	5	4
4887	충남 태안군	원예작물 소형저온저장고 설치사업	155,000	농정과	9	1	7	8	7	5	5	4
4888	충남 태안군	조사료 생산용 기계장비 구입	75,000	농정과	9	2	7	8	7	5	5	4
4889	충남 태안군	조사료 생산장비지원	140,000	농정과	9	1	7	8	7	5	5	4
4890	충남 태안군	염소산업 육성사업	4,000	농정과	9	1	7	8	7	5	5	4
4891	충남 태안군	양돈농가 육성사업	5,000	농정과	9	1	7	8	7	5	5	4
4892	충남 태안군	양계농가 육성사업	5,000	농정과	9	1	7	8	7	5	5	4
4893	충남 태안군	양계농가 육성사업	800	농정과	9	1	7	8	7	5	5	4
4894	충남 태안군	양계농가 육성사업	5,000	농정과	9	1	7	8	7	5	5	4
4895	충남 태안군	양계농가 육성사업	5,000	농정과	9	1	7	8	7	5	5	4
4896	충남 태안군	양계농가 육성사업	900	농정과	9	1	7	8	7	5	5	4
4897	충남 태안군	아름다운 축산농장 만들기	30,000	농정과	9	1	7	8	7	5	5	4
4898	충남 태안군	동물사체 처리시설 지원	12,500	농정과	9	1	7	8	7	5	5	4
4899	충남 태안군	낙농시설 현대화	20,000	농정과	9	1	7	8	7	5	5	4
4900	충남 태안군	낙농시설 현대화	7,500	농정과	9	1	7	8	7	5	5	4
4901	충남 태안군	낙농시설 현대화	44,000	농정과	9	1	7	8	7	5	5	4
4902	충남 태안군	낙농시설 현대화	8,000	농정과	9	1	7	8	7	5	5	4
4903	충남 태안군	낙농시설 현대화	5,000	농정과	9	1	7	8	7	5	5	4
4904	충남 태안군	낙농시설 현대화	10,000	농정과	9	1	7	8	7	5	5	4
4905	충남 태안군	한우 핵군우 농가 육성	19,200	농정과	9	1	7	8	7	5	5	4
4906	충남 태안군	한우 육성률 향상지원	15,050	농정과	9	1	7	8	7	5	5	4
4907	충남 태안군	축사 낙뢰피해 방지시설 지원	8,000	농정과	9	1	7	8	7	5	5	4
4908	충남 태안군	학생승마 체험승마장 안전,보호장비지원	4,000	농정과	9	2	7	8	7	5	5	4
4909	충남 태안군	곤충산업 육성사업	2,500	농정과	9	1	7	8	7	5	5	4
4910	충남 태안군	곤충산업 육성사업	2,500	농정과	9	1	7	8	7	5	5	4
4911	충남 태안군	스키드로더 지원	60,000	농정과	9	1	7	8	7	5	5	4
4912	충남 태안군	축분고속발효기 지원	60,000	농정과	9	1	7	8	7	5	5	4

순번	시군구	지출명 (사업명)	2021년예산 (단위:천원/1년간)	담당자 (공무원)	민간이전 분류 (지방자치단체 세출예산 집행기준에 의거)	민간이전지출 근거 (지방보조금 관리기준 참고)	입찰방식			운영예산 산정		성과평가 실시여부
				담당부서	1. 민간경상사업보조(307-02) 2. 민간단체 법정운영비보조(307-03) 3. 민간행사사업보조(307-04) 4. 민간위탁금(307-05) 5. 사회복지시설 법정운영비보조(307-10) 6. 민간인위탁교육비(307-12) 7. 공기관등에대한경상적위탁사업비(308-10) 8. 민간자본사업보조,자체재원(402-01) 9. 민간자본사업보조,이전재원(402-02) 10. 민간위탁사업비(402-03) 11. 공기관등에 대한 자본적 대행사업비(403-02)	1. 법률에 규정 2. 국고보조 재원(국가지정) 3. 용도 지정 기부금 4. 조례에 직접규정 5. 지자체가 권장하는 사업을 하는 공공기관 6. 시,도 정책 및 재정사정 7. 기타 8. 해당없음	계약체결방법 (경쟁형태) 1. 일반경쟁 2. 제한경쟁 3. 지명경쟁 4. 수의계약 5. 법정위탁 6. 기타 ( ) 7. 해당없음	계약기간 1. 1년 2. 2년 3. 3년 4. 4년 5. 5년 6. 기타 ( )년 7. 단기계약 (1년미만) 8. 해당없음	낙찰자선정방법 1. 적격심사 2. 협상에의한계약 3. 최저가낙찰제 4. 규격가격분리 5. 2단계 경쟁입찰 6. 기타 ( ) 7. 해당없음	운영예산 산정 1. 내부산정 (지자체 자체적으로 산정) 2. 외부산정 (외부전문기관위탁 산정) 3. 내·외부 모두 산정 4. 산정 無 5. 해당없음	정산방법 1. 내부정산 (지자체 내부적으로 정산) 2. 외부정산 (외부전문기관위탁 정산) 3. 내·외부 모두 산정 4. 정산 無 5. 해당없음	1. 실시 2. 미실시 3. 향후 추진 4. 해당없음
4913	충남 태안군	액비순환시스템	50,000	농정과	9	1	7	8	7	5	5	4
4914	충남 태안군	소 사육농가 퇴비살포기	30,000	농정과	9	1	7	8	7	5	5	4
4915	충남 태안군	양돈농가 고액분리기	15,000	농정과	9	1	7	8	7	5	5	4
4916	충남 태안군	HACCP농가 등 시설장비 지원	7,500	농정과	9	1	7	8	7	5	5	4
4917	충남 태안군	축산농가 소독시설 지원	7,200	농정과	9	1	7	8	7	5	5	4
4918	충남 태안군	CCTV 등 방역인프라 지원사업	24,000	농정과	9	2	7	8	7	5	5	4
4919	충남 태안군	축산농가 울타리 등 지원	4,200	농정과	9	1	7	8	7	5	5	4
4920	충남 태안군	학교급식용 농산물 생산.유통 전문조직 육성	40,000	농정과	9	6	7	8	7	5	5	4
4921	충남 태안군	생분해성어구 보급사업	584,286	수산과	9	2	7	8	7	5	5	4
4922	충남 태안군	해양포유류 혼획 저감 어구보급	388,000	수산과	9	2	7	8	7	5	5	4
4923	충남 태안군	수산물 산지가공 시설건립	395,400	수산과	9	2	7	8	7	5	5	4
4924	충남 태안군	수산물 위판장 현대화 지원	1,080,000	수산과	9	2	7	8	7	5	5	4
4925	충남 태안군	간이 냉동냉장 시설 지원	65,000	수산과	9	2	7	8	7	5	5	4
4926	충남 태안군	수산물 위판장 해수처리 지원	300,000	수산과	9	2	7	8	7	5	5	4
4927	충남 태안군	양식어장 정화 지원	539,024	수산과	9	2	7	8	7	5	5	4
4928	충남 태안군	어장환경개선 지원사업	108,000	수산과	9	2	7	8	7	5	5	4
4929	충남 태안군	패류어장 자원조성사업	228,330	수산과	9	2	7	8	7	5	5	4
4930	충남 태안군	양식어장 기반시설 지원사업	167,000	수산과	9	2	7	8	7	5	5	4
4931	충남 태안군	해삼서식환경 조성지원	701,400	수산과	9	2	7	8	7	5	5	4
4932	충남 태안군	해상가두리양식장 시설기자재 및 약품지원사업	128,000	수산과	9	2	7	8	7	5	5	4
4933	충남 태안군	굴 친환경 시설지원	287,730	수산과	9	2	7	8	7	5	5	4
4934	충남 태안군	우량 김 생산지원사업	162,000	수산과	9	2	7	8	7	5	5	4
4935	충남 태안군	친환경 부표 보급사업	35,000	수산과	9	2	7	8	7	5	5	4
4936	충남 태안군	고수온대응 지원사업	260,000	수산과	9	2	7	8	7	5	5	4
4937	충남 태안군	종묘배양장 육성지원 사업	272,000	수산과	9	2	7	8	7	5	5	4
4938	충남 태안군	해삼양식장 도난방지용 감시카메라	20,000	수산과	9	2	7	8	7	5	5	4
4939	충남 태안군	유해생물(쏙)구제사업	56,000	수산과	9	2	7	8	7	5	5	4
4940	충남 태안군	내수면 양식장 현대화 지원사업	88,660	수산과	9	2	7	8	7	5	5	4
4941	충남 태안군	담수피해 패류양식장 환경개선 지원사업	100,000	수산과	9	2	7	8	7	5	5	4
4942	충남 태안군	자율관리어업 육성사업 지원	1,675,800	수산과	9	2	7	8	7	5	5	4
4943	충남 태안군	어선사고 예방시스템구축 지원	42,000	수산과	9	2	7	8	7	5	5	4
4944	충남 태안군	친환경 에너지절감장비 보급사업	198,000	수산과	9	2	7	8	7	5	5	4
4945	충남 태안군	어촌특화시설 지원사업	40,000	수산과	9	2	7	8	7	5	5	4
4946	충남 태안군	천일염 포장재 지원사업	33,975	수산과	9	2	7	8	7	5	5	4
4947	충남 태안군	염전 바닥재 개선사업	38,000	수산과	9	2	7	8	7	5	5	4
4948	충남 태안군	천일염 생산시설 자동화 지원사업	12,000	수산과	9	2	7	8	7	5	5	4
4949	충남 태안군	택시 노후미터기 교체	63,200	도시교통과	9	6	7	8	7	5	5	4
4950	충남 태안군	택시 대폐차 지원	14,000	도시교통과	9	6	7	8	7	5	5	4
4951	충남 태안군	청년농업인 4-H회원 영농정착 지원시범	35,000	농업기술센터	9	1	7	8	7	5	5	4
4952	충남 태안군	청년농업인 창농 공모사업	49,000	농업기술센터	9	1	7	8	7	5	5	4
4953	충남 태안군	치유형 농촌체험농장 육성	29,750	농업기술센터	9	1	7	8	7	5	5	4
4954	충남 태안군	농가민박 활용 임시거주 공간 조성	30,000	농업기술센터	9	2	7	8	7	5	5	4

순번	시군구	지출명 (사업명)	2021년예산 (단위:천원/1년간)	담당자 (공무원) 담당부서	민간이전 분류 (지방자치단체 세출예산 집행기준에 의거) 1. 민간경상사업보조(307-02) 2. 민간단체 법정운영비보조(307-03) 3. 민간행사사업보조(307-04) 4. 민간위탁금(307-05) 5. 사회복지시설 법정운영비보조(307-10) 6. 민간인위탁교육비(307-12) 7. 공기관등에대한경상적위탁사업비(308-10) 8. 민간자본사업보조,자체재원(402-01) 9. 민간자본사업보조,이전재원(402-02) 10. 민간위탁사업비(402-03) 11. 공기관등에 대한 자본적 대행사업비(403-02)	민간이전지출 근거 (지방보조금 관리기준 참고) 1. 법률에 규정 2. 국고보조 재원(국가지정) 3. 용도 지정 기부금 4. 조례에 직접규정 5. 지자체가 권장하는 사업을 하는 공공기관 6. 시,도 정책 및 재정사정 7. 기타 8. 해당없음	입찰방식: 계약체결방법 (경쟁형태) 1. 일반경쟁 2. 제한경쟁 3. 지명경쟁 4. 수의계약 5. 법정위탁 6. 기타 ( ) 7. 해당없음	입찰방식: 계약기간 1. 1년 2. 2년 3. 3년 4. 4년 5. 5년 6. 기타 ( )년 7. 단기계약 (1년미만) 8. 해당없음	입찰방식: 낙찰자선정방법 1. 적격심사 2. 협상에의한계약 3. 최저가낙찰제 4. 규격가격분리 5. 2단계 경쟁입찰 6. 기타 ( ) 7. 해당없음	운영예산 산정: 운영예산 산정 1. 내부산정 (지자체 자체적으로 산정) 2. 외부산정 (외부전문기관위탁 산정) 3. 내·외부 모두 산정 4. 산정 無 5. 해당없음	운영예산 산정: 정산방법 1. 내부정산 (지자체 내부적으로 정산) 2. 외부정산 (외부전문기관위탁 정산) 3. 내·외부 모두 산정 4. 정산 無 5. 해당없음	성과평가 실시여부 1. 실시 2. 미실시 3. 향후 추진 4. 해당없음
4955	충남 태안군	농촌 어르신 복지생활 실천 시범	45,000	농업기술센터	9	1	7	8	7	5	5	4
4956	충남 태안군	농업활동 안전사고 예방 생활화 시범	30,000	농업기술센터	9	1	7	8	7	5	5	4
4957	충남 태안군	신품종 IRG 재배 기술보급 시범	50,000	농업기술센터	9	2	7	8	7	5	5	4
4958	충남 태안군	인삼 고온피해경감 종합기술시범	60,000	농업기술센터	9	2	7	8	7	5	5	4
4959	충남 태안군	드론활용 노동력 절감 벼 재배단지 육성 시범	80,000	농업기술센터	9	2	7	8	7	5	5	4
4960	충남 태안군	밭작물 논 재배 확대를 위한 암거배수 시범	100,000	농업기술센터	9	2	7	8	7	5	5	4
4961	충남 태안군	단옥수수 재배단지 조성시범	70,000	농업기술센터	9	1	7	8	7	5	5	4
4962	충남 태안군	벼 드문모심기 재배기술 시범	35,000	농업기술센터	9	1	7	8	7	5	5	4
4963	충남 태안군	고추 막덮기 활용 안전생산 시범	21,000	농업기술센터	9	1	7	8	7	5	5	4
4964	충남 태안군	인터넷 플라워샵 조성 시범	50,000	농업기술센터	9	1	7	8	7	5	5	4
4965	충남 태안군	양념채소 특화단지조성 시범	220,000	농업기술센터	9	1	7	8	7	5	5	4
4966	충남 태안군	포스트 코로나 대응 소규모 작목 육성 시범	80,000	농업기술센터	9	1	7	8	7	5	5	4
4967	충남 태안군	신소득 화훼작목 경쟁력 강화 시범	70,000	농업기술센터	9	1	7	8	7	5	5	4
4968	충남 태안군	사과 국내육성품종 갱신 보급사업	63,000	농업기술센터	9	1	7	8	7	5	5	4
4969	충남 태안군	한지형 우량 씨마늘 생산단지 조성	14,000	농업기술센터	9	1	7	8	7	5	5	4
4970	충남 태안군	아열대과수 경쟁력 강화 시범	70,000	농업기술센터	9	1	7	8	7	5	5	4
4971	충남 태안군	과수 야생동물 조류 피해방지 실증시범	35,000	농업기술센터	9	1	7	8	7	5	5	4
4972	충남 태안군	국내육성 품종을 활용한 수출국화 기반조성 시범사업	59,500	농업기술센터	9	1	7	8	7	5	5	4
4973	충남 태안군	시설원예 생육환경개선 시범	17,500	농업기술센터	9	1	7	8	7	5	5	4
4974	충남 태안군	축산.농업.지역의 공생을 위한 가축분뇨처리기술 시범	47,600	농업기술센터	9	1	7	8	7	5	5	4
4975	충남 태안군	국내산 사료용 옥수수 재배단지화 시범	140,000	농업기술센터	9	1	7	8	7	5	5	3
4976	경북 포항시	화재안전 성능보강 지원사업	106,664	북구 건축허가과	9	1	7	8	7	5	5	4
4977	경북 포항시	정보화마을 리모델링 사업	100,000	데이터정보과	9	7	7	8	7	5	1	3
4978	경북 포항시	생산비절감을 위한 벼 소식재배 기술 시범	35,000	기술보급과	9	7	7	8	7	5	1	3
4979	경북 포항시	다송쌀 브랜드화 시범 단지 조성	70,000	기술보급과	9	7	7	8	7	5	1	3
4980	경북 포항시	고품질 친환경 쌀, 잡곡 등 수출생산단지 육성 시범	100,000	기술보급과	9	7	7	8	7	5	1	3
4981	경북 포항시	외래품종 대체 최고품질 벼 생산공급 거점단지 육성시범	200,000	기술보급과	9	7	7	8	7	5	5	4
4982	경북 포항시	장원별 확대보급 시범	12,600	기술보급과	9	7	7	8	7	5	5	4
4983	경북 포항시	기능성 다겹보온 커튼 기술시범	70,000	기술보급과	9	7	7	8	7	5	1	4
4984	경북 포항시	과실전문생산단지기반조성사업	3,456,900	기술보급과	9	2	7	2	7	5	5	4
4985	경북 포항시	유통시설현대화 지원	90,000	농식품유통과	9	2	7	8	7	5	5	4
4986	경북 포항시	경북우수농산물브랜드화 지원	10,000	농식품유통과	9	4	7	8	7	5	5	4
4987	경북 포항시	신선농산물 예비 수출단지 육성	36,000	농식품유통과	9	4	7	8	7	5	5	4
4988	경북 포항시	농식품가공산업육성 지원	244,000	농식품유통과	9	4	7	8	7	5	5	4
4989	경북 포항시	남포항농협 RPC 노후시설 교체	354,050	농식품유통과	9	4	7	8	7	5	5	4
4990	경북 포항시	서포항농협 RPC 노후시설 개보수	51,000	농식품유통과	9	4	4	1	7	1	1	2
4991	경북 포항시	대형육묘장상토지원,벼육묘상 처리제지원사업	22,500	산업과	9	4	4	1	7	1	1	2
4992	경북 포항시	토양개량제 공급	147,683	산업과	9	4	4	1	7	1	1	2
4993	경북 포항시	대형육묘장상토지원,벼육묘상 처리제지원사업	50,000	산업과	9	4	4	1	7	1	1	2
4994	경북 포항시	토양개량제 공급	252,577	산업과	9	2	6	8	7	1	1	4
4995	경북 포항시	노인복지시설 기능보강사업	258,640	노인장애인복지과	9	6	6	8	7	1	1	4
4996	경북 포항시	노인복지시설 이동형음압장비 설치지원	102,900	노인장애인복지과	9	6	6	8	7	1	1	4

순번	시군구	지출명 (사업명)	2021년예산 (단위:천원/1년간)	담당자 (공무원)	민간이전 분류 (지방자치단체 세출예산 집행기준에 의거)	민간이전지출 근거 (지방보조금 관리기준 참고)	입찰방식			운영예산 산정		성과평가 실시여부
				담당부서	1. 민간경상사업보조(307-02) 2. 민간단체 법정운영비보조(307-03) 3. 민간행사사업보조(307-04) 4. 민간위탁금(307-05) 5. 사회복지시설 법정운영비보조(307-10) 6. 민간인위탁교육비(307-12) 7. 공기관등에대한경상적위탁사업비(308-10) 8. 민간자본사업보조,자체재원(402-01) 9. 민간자본사업보조,이전재원(402-02) 10. 민간위탁사업비(402-03) 11. 공기관등에 대한 자본적 대행사업비(403-02)	1. 법률에 규정 2. 국고보조 재원(국가지정) 3. 용도 지정 기부금 4. 조례에 직접규정 5. 지자체가 권장하는 사업을 하는 공공기관 6. 시,도 정책 및 재정사정 7. 기타 8. 해당없음	계약체결방법 (경쟁형태) 1. 일반경쟁 2. 제한경쟁 3. 지명경쟁 4. 수의계약 5. 법정위탁 6. 기타 ( ) 7. 해당없음	계약기간 1. 1년 2. 2년 3. 3년 4. 4년 5. 5년 6. 기타 ( )년 7. 단기계약 (1년미만) 8. 해당없음	낙찰자선정방법 1. 적격심사 2. 협상에의한계약 3. 최저가낙찰제 4. 규격가격분리 5. 2단계 경쟁입찰 6. 기타 ( ) 7. 해당없음	운영예산 산정 1. 내부산정 (지자체 자체적으로 산정) 2. 외부산정 (외부전문기관위탁 산정) 3. 내·외부 모두 산정 4. 산정 無 5. 해당없음	정산방법 1. 내부정산 (지자체 내부적으로 정산) 2. 외부정산 (외부전문기관위탁 정산) 3. 내·외부 모두 산정 4. 정산 無 5. 해당없음	1. 실시 2. 미실시 3. 향후 추진 4. 해당없음
4997	경북 포항시	작목별 맞춤형 안전관리 실천시범	50,000	농촌지원과	9	2	7	8	7	1	1	1
4998	경북 포항시	원료곡 국산화 연계 떡류산업 현대화 육성시범	200,000	농촌지원과	9	2	7	8	7	1	1	1
4999	경북 포항시	폭력피해이주여성 보호시설 안전보강비	5,000	여성가족과	9	1	5	8	7	5	3	4
5000	경북 포항시	가정폭력피해자 보호시설 기능보강	2,000	여성가족과	9	1	5	8	7	5	3	4
5001	경북 포항시	성매매피해자지원시설 기능보강	2,500	여성가족과	9	1	5	8	7	5	3	4
5002	경북 포항시	성매매피해자지원시설 기능보강	1,980	여성가족과	9	1	5	8	7	5	3	4
5003	경북 포항시	성매매피해자지원시설 기능보강	8,712	여성가족과	9	1	5	8	7	5	3	4
5004	경북 포항시	어린이집 환경개선(어린이집기능보강)	90,500	여성가족과	9	2	7	8	7	5	5	4
5005	경북 포항시	어린이집확충(민간어린이집 장기임차전환)	420,000	여성가족과	9	2	7	8	7	5	5	4
5006	경북 포항시	공동주택관리동 어린이집 리모델링	110,000	여성가족과	9	2	7	8	7	5	5	4
5007	경북 포항시	미세먼지 취약지역 집중관리사업(어린이집)	80,000	여성가족과	9	2	7	8	7	5	5	4
5008	경북 포항시	가정용 저녹스보일러 보급사업	880,000	환경정책과	9	2	7	8	7	5	5	4
5009	경북 포항시	소규모사업장 방지시설 설치지원	180,000	환경정책과	9	2	7	8	7	5	5	4
5010	경북 포항시	수질자동 측정기기 부착운영비 지원사업	168,000	환경정책과	9	2	7	8	7	5	5	4
5011	경북 포항시	천연가스자동차 보급	96,000	환경정책과	9	2	7	8	7	1	1	1
5012	경북 포항시	전기자동차 구매 지원(전기자동차 보급)	8,640,000	환경정책과	9	2	7	8	7	1	1	1
5013	경북 포항시	민간급속충전기 설치지원사업	20,000	환경정책과	9	2	7	8	7	1	1	1
5014	경북 포항시	전기이륜차 보급	270,000	환경정책과	9	2	7	8	7	1	1	1
5015	경북 포항시	운행경유차량 배출가스 저감사업(저감장치 부착)	21,250	환경정책과	9	2	7	8	7	1	1	1
5016	경북 포항시	운행경유차량 배출가스 저감사업(건설기계)	682,000	환경정책과	9	2	7	8	7	1	1	1
5017	경북 포항시	어린이통학차량LPG차 전환지원	682,000	환경정책과	9	2	7	8	7	1	1	1
5018	경북 포항시	친환경농산물 판로확대(택배비)지원	25,936	농업정책과	9	6	7	8	7	5	1	4
5019	경북 포항시	친환경농법종합지원	49,560	농업정책과	9	6	7	8	7	5	1	4
5020	경북 포항시	유기농업자재 지원	27,646	농업정책과	9	1	7	8	7	5	1	4
5021	경북 포항시	수산물처리저장시설 지원	203,334	수산진흥과	9	1	4	1	7	1	1	4
5022	경북 포항시	수산물산지가공시설 지원	900,000	수산진흥과	9	1	4	2	7	1	1	4
5023	경북 포항시	제빙냉동공장설비 개보수	150,000	수산진흥과	9	1	1	1	3	1	1	4
5024	경북 포항시	수산물유통가공업활성화 지원	423,852	수산진흥과	9	1	4	1	7	1	1	4
5025	경북 포항시	마을어장 관리사업	89,583	수산진흥과	9	1	4	7	7	1	1	4
5026	경북 포항시	마을어장 안전장비 지원	64,000	수산진흥과	9	1	7	8	7	1	3	4
5027	경북 포항시	어업자원자율관리공동체 지원	594,000	수산진흥과	9	2	1	7	1	1	1	4
5028	경북 포항시	고수온대응 지원사업	180,000	수산진흥과	9	2	7	8	7	1	1	4
5029	경북 포항시	수산동물 예방 백신공급	98,000	수산진흥과	9	2	7	8	7	1	1	4
5030	경북 포항시	친환경부표 보급사업	22,400	수산진흥과	9	2	7	8	7	1	3	4
5031	경북 포항시	양식장시설 현대화	120,000	수산진흥과	9	1	7	8	7	1	1	4
5032	경북 포항시	양식어류 종자대 지원	42,000	수산진흥과	9	1	7	8	7	1	1	4
5033	경북 포항시	양식장 기자재 공급	128,000	수산진흥과	9	1	7	8	7	1	1	4
5034	경북 포항시	생분해성어구 보급사업	600,000	수산진흥과	9	2	1	1	3	1	1	4
5035	경북 포항시	노후기관장비 설비교체지원	191,400	수산진흥과	9	2	7	8	7	1	1	4
5036	경북 포항시	어선사고예방시스템 구축	43,800	수산진흥과	9	2	7	8	7	1	1	4
5037	경북 포항시	어선장비 지원	120,508	수산진흥과	9	1	7	8	7	1	1	4
5038	경북 포항시	어선부력판 설치	43,500	수산진흥과	9	1	7	8	7	1	1	4

순번	시군구	지출명 (사업명)	2021년예산 (단위:천원/1년간)	담당자 (공무원) 담당부서	민간이전 분류 (지방자치단체 세출예산 집행기준에 의거) 1. 민간경상사업보조(307-02) 2. 민간단체 법정운영비보조(307-03) 3. 민간행사사업보조(307-04) 4. 민간위탁금(307-05) 5. 사회복지시설 법정운영비보조(307-10) 6. 민간인위탁교육비(307-12) 7. 공기관등에대한경상적위탁사업비(308-10) 8. 민간자본사업보조,자체재원(402-01) 9. 민간자본사업보조,이전재원(402-02) 10. 민간위탁사업비(402-03) 11. 공기관등에 대한 자본적 대행사업비(403-02)	민간이전지출 근거 (지방보조금 관리기준 참고) 1. 법률에 규정 2. 국고보조 재원(국가지정) 3. 용도 지정 기부금 4. 조례에 직접규정 5. 지자체가 권장하는 사업을 하는 공공기관 6. 시,도 정책 및 재정사정 7. 기타 8. 해당없음	입찰방식 계약체결방법 (경쟁형태) 1. 일반경쟁 2. 제한경쟁 3. 지명경쟁 4. 수의계약 5. 법정위탁 6. 기타 ( ) 7. 해당없음	입찰방식 계약기간 1. 1년 2. 2년 3. 3년 4. 4년 5. 5년 6. 기타 ( )년 7. 단기계약 (1년미만) 8. 해당없음	입찰방식 낙찰자선정방법 1. 적격심사 2. 협상에의한계약 3. 최저가낙찰제 4. 규격가격분리 5. 2단계 경쟁입찰 6. 기타 ( ) 7. 해당없음	운영예산 산정 운영예산 산정 1. 내부산정 (지자체 자체적으로 산정) 2. 외부산정 (외부전문기관위탁 산정) 3. 내·외부 모두 산정 4. 산정 無 5. 해당없음	운영예산 산정 정산방법 1. 내부정산 (지자체 내부적으로 정산) 2. 외부정산 (외부전문기관위탁 정산) 3. 내·외부 모두 산정 4. 정산 無 5. 해당없음	성과평가 실시여부 1. 실시 2. 미실시 3. 향후 추진 4. 해당없음
5039	경북 포항시	어촌체험휴양마을육성	30,800	수산진흥과	9	1	7	8	7	1	1	4
5040	경북 경주시	신품종 조기확산 및 최고품질 벼 선정시범	100,000	농업기술과	9	2	7	8	7	1	1	3
5041	경북 경주시	드론활용 노동력 절감 벼 재배단지 육성시범	80,000	농업기술과	9	2	7	8	7	5	5	4
5042	경북 경주시	팥 재배 전과정 기계화 및 수확관리 기술 시범	50,000	농업기술과	9	2	7	8	7	5	5	4
5043	경북 경주시	논 이용 타작물 재배기반 조성 시범	560,000	농업기술과	9	6	7	8	7	1	1	3
5044	경북 경주시	가공업체 맞춤형 두류 논 재배 생산시범	80,000	농업기술과	9	6	7	8	7	5	5	4
5045	경북 경주시	사포닌 고함유 도라지 품질 고급화 기술 시범	70,000	농업기술과	9	2	7	8	7	5	5	4
5046	경북 경주시	관수시설 활용 과수 동상해 방지기술 보급 시범	100,000	농업기술과	9	2	7	8	7	5	5	4
5047	경북 경주시	농업기술원 육성 복숭아 신품종 농가 조기 보급 시범	4,000	농업기술과	9	6	7	8	7	5	5	4
5048	경북 경주시	유망 아열대작목(애플망고) 재배 시범	105,000	농업기술과	9	6	7	8	7	5	5	4
5049	경북 경주시	갈색양송이 초코송이버섯 수출단지 육성 시범	160,000	농업기술과	9	6	7	8	7	5	5	4
5050	경북 경주시	버섯재배사 스마트팜 환경관리기술 시범	16,000	농업기술과	9	6	7	8	7	5	5	4
5051	경북 경주시	고품질 사료작물 연중재배 특성화 단지 조성	240,000	농업기술과	9	6	7	8	7	5	5	4
5052	경북 경주시	귀농인 주택 수리비 지원	18,000	농업진흥과	9	4	7	8	7	5	5	4
5053	경북 경주시	청년농업인 자립기반구축 지원	70,000	농업진흥과	9	4	7	8	7	5	5	4
5054	경북 경주시	농촌치유카페조성사업	70,000	농업진흥과	9	4	7	8	7	5	5	4
5055	경북 경주시	경주향교 유림회관 리모델링	300,000	문화예술과	9	6	7	8	7	1	1	1
5056	경북 경주시	무첨당, 서백당 전통문화유지비	6,000	문화재과	9	4	7	8	7	1	5	4
5057	경북 경주시	경주 월암종택 초가이엉잇기	11,000	문화재과	9	1	7	8	7	5	5	4
5058	경북 경주시	경주 남산 천룡사지 삼층석탑 초가이엉잇기	7,500	문화재과	9	1	7	8	7	5	5	4
5059	경북 경주시	주택용목재펠릿보일러	22,400	산림경영과	9	2	7	8	7	5	1	3
5060	경북 경주시	친환경임산물재배관리	390	산림경영과	9	2	7	8	7	5	1	3
5061	경북 경주시	산림작물생산단지	299,564	산림경영과	9	2	7	8	7	5	1	3
5062	경북 경주시	임산물유통기반조성	36,400	산림경영과	9	2	7	8	7	5	1	3
5063	경북 경주시	임산물 상품화지원	54,800	산림경영과	9	2	7	8	7	5	1	3
5064	경북 경주시	FTA대비지역특화사업	17,500	산림경영과	9	2	7	8	7	5	1	3
5065	경북 경주시	고도이미지찾기	2,141,429	왕경조성과	9	2	6	6	1	5	1	4
5066	경북 경주시	감포1리 마을회관 보수, 자재구입 및 소규모 주민편익사업	21,355	원자력정책과	9	1	7	8	7	5	3	4
5067	경북 경주시	감포3리 마을회관보수 기자재구입 및 소규모 시설물 정비	28,490	원자력정책과	9	1	7	8	7	5	3	4
5068	경북 경주시	감포4리 소규모시설 정비	27,563	원자력정책과	9	1	7	8	7	5	3	4
5069	경북 경주시	감포5리 마을 소규모 시설정비 및 주민편익 사업	16,436	원자력정책과	9	1	7	8	7	5	3	4
5070	경북 경주시	오류1리 마을 소규모시설정비 및 주민편익사업	16,582	원자력정책과	9	1	7	8	7	5	3	4
5071	경북 경주시	전촌1리마을회관 및경로당 유지보수	17,629	원자력정책과	9	1	7	8	7	5	3	4
5072	경북 경주시	호동리 마을 소규모 시설 정비 및 주민편익사업	25,737	원자력정책과	9	1	7	8	7	5	3	4
5073	경북 경주시	노동리마을 소규모 시설정비 및 주민편익사업	26,317	원자력정책과	9	1	7	8	7	5	3	4
5074	경북 경주시	대본1리 마을상수도 노후관교체 및 무선방송 설치	56,416	원자력정책과	9	1	7	8	7	5	3	4
5075	경북 경주시	대본3리 게이트볼장 조성 및 소규모 주민편익사업	55,570	원자력정책과	9	1	7	8	7	5	3	4
5076	경북 경주시	어일1리 마을회관 건립	73,951	원자력정책과	9	1	7	8	7	5	3	4
5077	경북 경주시	호암리 마을회관 보수	40,642	원자력정책과	9	1	7	8	7	5	3	4
5078	경북 경주시	장항1리 마을회관 정비	19,068	원자력정책과	9	1	7	8	7	5	3	4
5079	경북 경주시	구길리 복지회관 보수	52,534	원자력정책과	9	1	7	8	7	5	3	4
5080	경북 경주시	봉길리 마을회관 보수	72,242	원자력정책과	9	1	7	8	7	5	3	4

순번	시군구	지출명 (사업명)	2021년예산 (단위:천원/1년간)	담당자 (공무원) 담당부서	민간이전 분류 (지방자치단체 세출예산 집행기준에 의거) 1. 민간경상사업보조(307-02) 2. 민간단체 법정운영비보조(307-03) 3. 민간행사사업보조(307-04) 4. 민간위탁금(307-05) 5. 사회복지시설 법정운영비보조(307-10) 6. 민간인위탁교육비(307-12) 7. 공기관등에대한경상적위탁사업비(308-10) 8. 민간자본사업보조,자체재원(402-01) 9. 민간자본사업보조,이전재원(402-02) 10. 민간위탁사업비(402-03) 11. 공기관등에 대한 자본적 대행사업비(403-02)	민간이전지출 근거 (지방보조금 관리기준 참고) 1. 법률에 규정 2. 국고보조 재원(국가지정) 3. 용도 지정 기부금 4. 조례에 직접규정 5. 지자체가 권장하는 사업을 하는 공공기관 6. 시,도 정책 및 재정사정 7. 기타 8. 해당없음	입찰방식 계약체결방법 (경쟁형태) 1. 일반경쟁 2. 제한경쟁 3. 지명경쟁 4. 수의계약 5. 법정위탁 6. 기타 ( ) 7. 해당없음	입찰방식 계약기간 1. 1년 2. 2년 3. 3년 4. 4년 5. 5년 6. 기타 ( )년 7. 단기계약 (1년미만) 8. 해당없음	입찰방식 낙찰자선정방법 1. 적격심사 2. 협상에의한계약 3. 최저가낙찰제 4. 규격가격분리 5. 2단계 경쟁입찰 6. 기타 ( ) 7. 해당없음	운영예산 산정 운영예산 산정 1. 내부산정 (지자체 자체적으로 산정) 2. 외부산정 (외부전문기관위탁 산정) 3. 내·외부 모두 산정 4. 산정 無 5. 해당없음	운영예산 산정 정산방법 1. 내부정산 (지자체 내부적으로 정산) 2. 외부정산 (외부전문기관위탁 정산) 3. 내·외부 모두 산정 4. 정산 無 5. 해당없음	성과평가 실시여부 1. 실시 2. 미실시 3. 향후 추진 4. 해당없음
5081	경북 경주시	하서1리 마을회관보수	55,000	원자력정책과	9	1	7	8	7	5	3	4
5082	경북 경주시	오류4리 모곡마을 공동작업장 및 민박건립 기자재 구입	30,989	원자력정책과	9	1	7	8	7	5	3	4
5083	경북 경주시	나정1리 마을창고 신축	13,860	원자력정책과	9	1	7	8	7	5	3	4
5084	경북 경주시	대본2리 농로포장개설	53,635	원자력정책과	9	1	7	8	7	5	3	4
5085	경북 경주시	어일2리 마을공동 작업장 건립	77,750	원자력정책과	9	1	7	8	7	5	3	4
5086	경북 경주시	용동2리 폐교 보수 및 정비	56,934	원자력정책과	9	1	7	8	7	5	3	4
5087	경북 경주시	안동1리 공동창고 및 건조기 설치	36,503	원자력정책과	9	1	7	8	7	5	3	4
5088	경북 경주시	입천리 상가매입	93,269	원자력정책과	9	1	7	8	7	5	3	4
5089	경북 경주시	송전1리 농기계 구입	2,138	원자력정책과	9	1	7	8	7	5	3	4
5090	경북 경주시	송전2리 버섯재배사 건립	42,433	원자력정책과	9	1	7	8	7	5	3	4
5091	경북 경주시	용당리 마을 공동 농기계 구입	60,365	원자력정책과	9	1	7	8	7	5	3	4
5092	경북 경주시	하서2리 장갑공장 증축 및 재료구입	45,000	원자력정책과	9	1	7	8	7	5	3	4
5093	경북 경주시	하서3리 마을기업 자재 및 재료구입	30,000	원자력정책과	9	1	7	8	7	5	3	4
5094	경북 경주시	하서4리 상가건물 유지보수	45,000	원자력정책과	9	1	7	8	7	5	3	4
5095	경북 경주시	수렴1리 공동창고 건립	45,000	원자력정책과	9	1	7	8	7	5	3	4
5096	경북 경주시	나산리 미꾸라지 양식시설 건립	75,000	원자력정책과	9	1	7	8	7	5	3	4
5097	경북 경주시	나아리 근린생활시설 건립	110,000	원자력정책과	9	1	7	8	7	5	3	4
5098	경북 경주시	읍천1리 상가건물 유지보수	80,000	원자력정책과	9	1	7	8	7	5	3	4
5099	경북 경주시	읍천2리 근린시설 건립	80,000	원자력정책과	9	1	7	8	7	5	3	4
5100	경북 경주시	수렴2리 마을담장미화사업	45,000	원자력정책과	9	1	7	8	7	5	3	4
5101	경북 경주시	상계리 소매점건립	35,000	원자력정책과	9	1	7	8	7	5	3	4
5102	경북 경주시	상라리 공동창고건립	50,000	원자력정책과	9	1	7	8	7	5	3	4
5103	경북 경주시	어린이집환경개선비지원	53,693	장애인여성복지과	9	6	7	8	7	1	1	4
5104	경북 경주시	어린이집 환경개선	54,000	장애인여성복지과	9	2	7	8	7	1	1	4
5105	경북 경주시	어업용유류비지원	126,880	해양수산과	9	1	7	8	7	5	5	4
5106	경북 영천시	LPG소형저장탱크보급사업	490,713	일자리노사과	9	1	5	1	7	2	2	1
5107	경북 영천시	도시가스미공급지역지원사업	1,129,000	일자리노사과	9	1	5	1	7	2	2	1
5108	경북 영천시	신재생에너지주택지원사업	200,500	일자리노사과	9	1	7	8	7	1	1	1
5109	경북 영천시	노후경유차 조기폐차 지원사업	16,000	환경보호과	9	2	7	8	7	5	5	1
5110	경북 영천시	LPG 화물차 신차구입지원	400,000	환경보호과	9	2	7	8	7	5	5	1
5111	경북 영천시	경유차저감장치(DPF)부착	2,280,000	환경보호과	9	2	7	8	7	5	5	1
5112	경북 영천시	건설기계저감장치(DPF)부착	187,000	환경보호과	9	2	7	8	7	5	5	1
5113	경북 영천시	건설기계엔진교체	412,500	환경보호과	9	2	7	8	7	5	5	1
5114	경북 영천시	PMNOx동시저감장치부착	150,000	환경보호과	9	2	7	8	7	5	5	1
5115	경북 영천시	전기승용차 보급	2,145,000	환경보호과	9	2	7	8	7	5	5	1
5116	경북 영천시	전기화물차 보급	2,420,000	환경보호과	9	2	7	8	7	5	5	1
5117	경북 영천시	전기이륜차 보급	45,000	환경보호과	9	2	7	8	7	5	5	1
5118	경북 영천시	전기 버스 보급	192,000	환경보호과	9	2	7	8	7	5	5	1
5119	경북 영천시	전기굴착기 보급	60,000	환경보호과	9	2	7	8	7	5	5	1
5120	경북 영천시	일반지원대상자	76,000	환경보호과	9	2	7	8	7	5	5	1
5121	경북 영천시	저소득층	54,000	환경보호과	9	2	7	8	7	5	5	1
5122	경북 영천시	소규모사업장 방지시설 지원	1,350	환경보호과	9	2	7	8	7	5	5	1

순번	시군구	지출명 (사업명)	2021년예산 (단위:천원/1년간)	담당자 (공무원)	민간이전 분류 (지방자치단체 세출예산 집행기준에 의거)	민간이전지출 근거 (지방보조금 관리기준 참고)	입찰방식			운영예산 산정		성과평가 실시여부
				담당부서	1. 민간경상사업보조(307-02) 2. 민간단체 법정운영비보조(307-03) 3. 민간행사사업보조(307-04) 4. 민간위탁금(307-05) 5. 사회복지시설 법정운영비보조(307-10) 6. 민간인위탁교육비(307-12) 7. 공기관등에대한경상적위탁사업비(308-10) 8. 민간자본사업보조,자체재원(402-01) 9. 민간자본사업보조,이전재원(402-02) 10. 민간위탁사업비(402-03) 11. 공기관등에 대한 자본적 대행사업비(403-02)	1. 법률에 규정 2. 국고보조 재원(국가지정) 3. 용도 지정 기부금 4. 조례에 직접규정 5. 지자체가 권장하는 사업을 하는 공공기관 6. 시,도 정책 및 재정사정 7. 기타 8. 해당없음	계약체결방법 (경쟁형태) 1. 일반경쟁 2. 제한경쟁 3. 지명경쟁 4. 수의계약 5. 법정위탁 6. 기타 ( ) 7. 해당없음	계약기간 1. 1년 2. 2년 3. 3년 4. 4년 5. 5년 6. 기타 ( )년 7. 단기계약 (1년미만) 8. 해당없음	낙찰자선정방법 1. 적격심사 2. 협상에의한계약 3. 최저가낙찰제 4. 규격가격분리 5. 2단계 경쟁입찰 6. 기타 ( ) 7. 해당없음	운영예산 산정 1. 내부산정 (지자체 자체적으로 산정) 2. 외부산정 (외부전문기관위탁 산정) 3. 내·외부 모두 산정 4. 산정 無 5. 해당없음	정산방법 1. 내부정산 (지자체 내부적으로 정산) 2. 외부정산 (외부전문기관위탁 정산) 3. 내·외부 모두 산정 4. 정산 無 5. 해당없음	1. 실시 2. 미실시 3. 향후 추진 4. 해당없음
5123	경북 영천시	굴뚝자동측정기기정도관리비용지원	24,129	환경보호과	9	2	7	8	7	5	5	1
5124	경북 영천시	주유소 유증기회수설비 지원사업	195,500	환경보호과	9	2	7	8	7	5	5	1
5125	경북 영천시	어린이통학차량LPG전환지원	90,000	환경보호과	9	2	7	8	7	5	5	1
5126	경북 영천시	야생동물피해예방시설	142,900	환경보호과	9	1	4	8	7	1	1	1
5127	경북 영천시	산림작물생산단지	37,500	산림과	9	2	7	8	7	5	5	1
5128	경북 영천시	임산물상품화지원	25,000	산림과	9	2	7	8	7	5	5	1
5129	경북 영천시	친환경임산물재배관리	11,300	산림과	9	2	7	8	7	5	5	1
5130	경북 영천시	사회복지용목재펠릿보일러	4,000	산림과	9	2	7	8	7	5	5	1
5131	경북 영천시	주택용목재펠릿보일러	8,400	산림과	9	2	7	8	7	5	5	1
5132	경북 영천시	산양삼생산과정확인제도	760	산림과	9	2	7	8	7	5	5	1
5133	경북 영천시	영천문화원시설개선사업	140,000	문화예술과	9	4	7	8	7	1	1	1
5134	경북 영천시	영천 은해사 거조암 영산전 석축 및 배수로정비	84,330	문화예술과	9	1	7	1	7	1	1	1
5135	경북 영천시	영천 죽림사 철조여래좌상 석축보수	215,660	문화예술과	9	1	1	1	7	1	1	1
5136	경북 영천시	영천 죽림사 요사채보수	223,330	문화예술과	9	1	1	1	7	1	1	1
5137	경북 영천시	영천은해사 주변환경정비사업	137,000	문화예술과	9	1	7	1	7	1	1	1
5138	경북 영천시	노인복지시설음압장비설치지원	46,550	사회복지과	9	6	7	8	7	1	1	1
5139	경북 영천시	공사비용 지원	53,334	건축디자인과	9	2	7	7	7	5	5	1
5140	경북 영천시	국)호흡기전담클리닉설치운영지원사업	100,000	보건소	9	2	7	8	7	5	5	1
5141	경북 영천시	결혼이민자농가소득증진지원	8,000	농업기술센터	9	4	7	8	7	1	1	1
5142	경북 영천시	농촌마을공동급식지원	16,000	농업기술센터	9	4	7	8	7	1	1	1
5143	경북 영천시	여성농업인농작업편의장비지원	17,500	농업기술센터	9	4	7	8	7	1	1	1
5144	경북 영천시	농업계고졸업생창업비용지원	5,000	농업기술센터	9	4	7	8	7	1	1	1
5145	경북 영천시	유기질비료지원사업	2,344,000	농업기술센터	9	2	7	8	7	5	5	1
5146	경북 영천시	중소형농업기계공급지원	560,000	농업기술센터	9	6	7	8	7	5	5	1
5147	경북 영천시	벼재배생력화지원사업	26,000	농업기술센터	9	6	7	8	7	5	5	1
5148	경북 영천시	벼육묘장지원	31,000	농업기술센터	9	6	7	8	7	5	5	1
5149	경북 영천시	벼육묘농자재지원	21,750	농업기술센터	9	6	7	8	7	5	5	1
5150	경북 영천시	밭식량작물다목적기계지원사업	20,000	농업기술센터	9	6	7	8	7	5	5	1
5151	경북 영천시	대규모벼재배농가대형농기계지원	100,000	농업기술센터	9	6	7	8	7	5	5	1
5152	경북 영천시	유기질비료지원사업	700,000	농업기술센터	9	6	7	8	7	5	5	1
5153	경북 영천시	식량자급률제고지원사업	21,000	농업기술센터	9	6	7	8	7	5	5	1
5154	경북 영천시	밭작물폭염(가뭄)피해예방사업	21,000	농업기술센터	9	6	7	8	7	5	5	1
5155	경북 영천시	유해야생동물포획시설지원	9,240	농업기술센터	9	2	7	8	7	5	5	1
5156	경북 영천시	양잠산업육성지원	67,000	농업기술센터	9	4	7	8	7	5	5	1
5157	경북 영천시	지역농업CEO발전기반구축지원사업	108,000	농업기술센터	9	6	7	8	7	1	1	1
5158	경북 영천시	참깨 가공시설 및 설비구축	150,000	농업기술센터	9	6	7	8	7	5	5	1
5159	경북 영천시	한방조미료 제조설비 구축	697,000	농업기술센터	9	6	7	8	7	5	5	1
5160	경북 영천시	농가형저온저장고설치	70,000	농업기술센터	9	4	7	8	7	1	1	1
5161	경북 영천시	FTA대응대체과수명품화	12,700	농업기술센터	9	4	7	8	7	1	1	1
5162	경북 영천시	FTA기금과수고품질시설현대화사업	2,350,500	농업기술센터	9	2	7	8	7	1	1	1
5163	경북 영천시	주행형동력분무기,과수전용방제기	12,000	농업기술센터	9	4	7	8	7	1	1	1
5164	경북 영천시	승용제초기,농용고소작업차	40,500	농업기술센터	9	4	7	8	7	1	1	1

순번	시군구	지출명 (사업명)	2021년예산 (단위:천원/1년간)	담당자 (공무원)	민간이전 분류 (지방자치단체 세출예산 집행기준에 의거)	민간이전지출 근거 (지방보조금 관리기준 참고)	입찰방식			운영예산 산정		성과평가 실시여부
				담당부서	1. 민간경상사업보조(307-02) 2. 민간단체 법정운영비보조(307-03) 3. 민간행사사업보조(307-04) 4. 민간위탁금(307-05) 5. 사회복지시설 법정운영비보조(307-10) 6. 민간인위탁교육비(307-12) 7. 공기관등에대한경상적위탁사업비(308-10) 8. 민간자본사업보조,자체재원(402-01) 9. 민간자본사업보조,이전재원(402-02) 10. 민간위탁사업비(402-03) 11. 공기관등에 대한 자본적 대행사업비(403-02)	1. 법률에 규정 2. 국고보조 재원(국가지정) 3. 용도 지정 기부금 4. 조례에 직접규정 5. 지자체가 권장하는 사업을 하는 공공기관 6. 시,도 정책 및 재정사정 7. 기타 8. 해당없음	계약체결방법 (경쟁형태) 1. 일반경쟁 2. 제한경쟁 3. 지명경쟁 4. 수의계약 5. 법정위탁 6. 기타 ( ) 7. 해당없음	계약기간 1. 1년 2. 2년 3. 3년 4. 4년 5. 5년 6. 기타 ( )년 7. 단기계약 (1년미만) 8. 해당없음	낙찰자선정방법 1. 적격심사 2. 협상에의한계약 3. 최저가낙찰제 4. 규격가격분리 5. 2단계 경쟁입찰 6. 기타 ( ) 7. 해당없음	운영예산 산정 1. 내부산정 (지자체 자체적으로 산정) 2. 외부산정 (외부전문기관위탁 산정) 3. 내·외부 모두 산정 4. 산정 無 5. 해당없음	정산방법 1. 내부정산 (지자체 내부적으로 정산) 2. 외부정산 (외부전문기관위탁 정산) 3. 내·외부 모두 산정 4. 정산 無 5. 해당없음	1. 실시 2. 미실시 3. 향후 추진 4. 해당없음
5165	경북 영천시	과수전용방제기	50,000	농업기술센터	9	4	7	8	7	1	1	1
5166	경북 영천시	밭작물공동경영체육성지원	135,000	농업기술센터	9	2	1	7	3	1	1	1
5167	경북 영천시	화훼생산시설경쟁력제고지원	9,000	농업기술센터	9	6	7	8	7	1	1	1
5168	경북 영천시	원예소득작목육성지원	230,000	농업기술센터	9	6	7	8	7	1	1	1
5169	경북 영천시	민속채소양채류육성지원	4,000	농업기술센터	9	6	7	8	7	1	1	1
5170	경북 영천시	특용작물생산시설현대화지원	114,200	농업기술센터	9	2	1	7	3	1	1	1
5171	경북 영천시	인삼생약산업육성지원	14,000	농업기술센터	9	6	7	8	7	1	1	1
5172	경북 영천시	와인투어환경조성	168,000	농업기술센터	9	2	7	8	7	1	1	1
5173	경북 영천시	파머스와인플래그십스토어조성	550,000	농업기술센터	9	2	7	8	7	1	1	1
5174	경북 영천시	축사관리용CCTV지원	20,000	농업기술센터	9	6	6	1	6	4	1	1
5175	경북 영천시	한우사료자동급이기지원	50,000	농업기술센터	9	6	6	1	6	4	1	1
5176	경북 영천시	불량모돈갱신사업	111,000	농업기술센터	9	6	6	1	6	4	1	1
5177	경북 영천시	축산농가환경개선장비지원	105,000	농업기술센터	9	6	6	1	6	4	1	1
5178	경북 영천시	축사환기시설(송풍기)지원	7,500	농업기술센터	9	6	6	1	6	4	1	1
5179	경북 영천시	안개분무시설지원	16,000	농업기술센터	9	6	6	1	6	4	1	1
5180	경북 영천시	젖소대형선풍기지원	22,500	농업기술센터	9	6	6	1	6	4	1	1
5181	경북 영천시	조사료생산용기계장비구입지원	75,000	농업기술센터	9	2	6	1	6	4	1	1
5182	경북 영천시	조사료생산장비지원사업	30,000	농업기술센터	9	2	6	1	6	4	1	1
5183	경북 영천시	깨끗한축산환경지원	900,000	농업기술센터	9	6	6	1	6	4	1	1
5184	경북 영천시	고속원심분리기지원	48,000	농업기술센터	9	6	6	1	6	4	1	1
5185	경북 영천시	액비시설밀폐및악취저감시설지원	24,000	농업기술센터	9	6	6	1	6	4	1	1
5186	경북 영천시	소독시설지원사업	12,000	농업기술센터	9	6	6	1	6	4	1	1
5187	경북 영천시	가금농가CCTV등방역인프라설치지원	90,000	농업기술센터	9	2	6	1	6	4	1	1
5188	경북 영천시	구제역백신접종원거리주사기구입	7,350	농업기술센터	9	6	6	1	6	4	1	1
5189	경북 영천시	계란냉장차량지원사업	30,000	농업기술센터	9	6	6	1	6	4	1	1
5190	경북 영천시	축산물유통안전성제고사업	19,600	농업기술센터	9	6	6	1	6	4	1	1
5191	경북 영천시	축산물유통안전성제고사업	16,800	농업기술센터	9	6	6	1	6	4	1	1
5192	경북 영천시	자동채밀기지원	6,600	농업기술센터	9	6	6	1	6	4	1	1
5193	경북 영천시	양봉산물저온저장고지원	9,000	농업기술센터	9	6	6	1	6	4	1	1
5194	경북 영천시	양봉(개량)벌통지원사업	33,000	농업기술센터	9	6	6	1	6	4	1	1
5195	경북 영천시	벌통전기가온장치지원사업	22,750	농업기술센터	9	6	6	1	6	4	1	1
5196	경북 영천시	염소사료급이기및급수기지원사업	3,500	농업기술센터	9	6	6	1	6	4	1	1
5197	경북 영천시	전문인력양성사업	167,141	농업기술센터	9	2	6	1	6	4	1	1
5198	경북 영천시	승마시설등설치사업	120,000	농업기술센터	9	2	6	1	6	4	1	1
5199	경북 영천시	가업승계우수농업인정착지원	70,000	농업기술센터	9	4	1	7	5	1	1	1
5200	경북 영천시	귀농인 정착지원	20,000	농업기술센터	9	1	7	8	7	1	1	1
5201	경북 영천시	귀농인의집조성	30,000	농업기술센터	9	1	7	8	7	1	1	1
5202	경북 영천시	샤인머스켓최고품질스마트팜단지조성사업	840,000	농업기술센터	9	6	7	8	7	1	1	1
5203	경북 영천시	프리미엄농산물수출단지조성	220,000	농업기술센터	9	2	7	8	7	5	5	1
5204	경북 영천시	샤인머스켓고품질장기저장기술시범	9,600	농업기술센터	9	6	7	8	7	5	5	1
5205	경북 영천시	농업기술원육성복숭아신품종농가조기보급시범	4,000	농업기술센터	9	6	7	8	7	5	5	1
5206	경북 영천시	스마트양봉기술보급시범	20,000	농업기술센터	9	2	7	8	7	5	5	1

순번	시군구	지출명 (사업명)	2021년예산 (단위:천원/1년간)	담당자 (공무원) 담당부서	민간이전 분류 (지방자치단체 세출예산 집행기준에 의거) 1. 민간경상사업보조(307-02) 2. 민간단체 법정운영비보조(307-03) 3. 민간행사사업보조(307-04) 4. 민간위탁금(307-05) 5. 사회복지시설 법정운영비보조(307-10) 6. 민간인위탁교육비(307-12) 7. 공기관등에대한경상적위탁사업비(308-10) 8. 민간자본사업보조,자체재원(402-01) 9. 민간자본사업보조,이전재원(402-02) 10. 민간위탁사업비(402-03) 11. 공기관등에 대한 자본적 대행사업비(403-02)	민간이전지출 근거 (지방보조금 관리기준 참고) 1. 법률에 규정 2. 국고보조 재원(국가지정) 3. 용도 지정 기부금 4. 조례에 직접규정 5. 지자체가 권장하는 사업을 하는 공공기관 6. 시,도 정책 및 재정사정 7. 기타 8. 해당없음	입찰방식 계약체결방법 (경쟁형태) 1. 일반경쟁 2. 제한경쟁 3. 지명경쟁 4. 수의계약 5. 법정위탁 6. 기타 ( ) 7. 해당없음	계약기간 1. 1년 2. 2년 3. 3년 4. 4년 5. 5년 6. 기타 ( )년 7. 단기계약 (1년미만) 8. 해당없음	낙찰자선정방법 1. 적격심사 2. 협상에의한계약 3. 최저가낙찰제 4. 규격가격분리 5. 2단계 경쟁입찰 6. 기타 ( ) 7. 해당없음	운영예산 산정 운영예산 산정 1. 내부산정 (지자체 자체적으로 산정) 2. 외부산정 (외부전문기관위탁 산정) 3. 내·외부 모두 산정 4. 산정 無 5. 해당없음	정산방법 1. 내부정산 (지자체 내부적으로 정산) 2. 외부정산 (외부전문기관위탁 정산) 3. 내·외부 모두 산정 4. 정산 無 5. 해당없음	성과평가 실시여부 1. 실시 2. 미실시 3. 향후 추진 4. 해당없음
5207	경북 영천시	스마트생체정보관리시스템보급시범	60,000	농업기술센터	9	2	7	8	7	5	5	1
5208	경북 영천시	시설원예작물 바이러스종합예방기술 시범	40,000	농업기술센터	9	2	7	8	7	5	5	1
5209	경북 영천시	버섯재배사 스마트팜환경관리기술 시범	16,000	농업기술센터	9	6	7	8	7	5	5	1
5210	경북 김천시	화재안전성능보강 지원사업	53,334	건축디자인과	9	1	7	8	7	1	1	3
5211	경북 김천시	농촌체험휴양마을 운영활성화 기반구축	81,000	농업정책과	9	1	7	8	7	5	5	4
5212	경북 김천시	결혼이민자농가소득증진지원	8,000	농업정책과	9	1	7	8	7	5	5	4
5213	경북 김천시	청년농부창농기반구축	139,300	농업정책과	9	1	7	8	7	5	5	4
5214	경북 김천시	가업승계우수농업인정착지원	70,000	농업정책과	9	1	7	8	7	5	5	4
5215	경북 김천시	과수고품질 시설현대화 사업	1,912,500	농업정책과	9	1	7	8	7	5	5	4
5216	경북 김천시	농가형저온저장고 설치지원	80,000	농업정책과	9	1	7	8	7	5	5	4
5217	경북 김천시	과실생산비절감 및 품질제고	202,790	농업정책과	9	1	7	8	7	5	5	4
5218	경북 김천시	과수 생력화 장비보급	92,000	농업정책과	9	1	7	8	7	5	5	4
5219	경북 김천시	시설원예현대화지원	4,226	농업정책과	9	1	7	8	7	5	5	4
5220	경북 김천시	농업에너지이용효율화사업	36,838	농업정책과	9	1	7	8	7	5	5	4
5221	경북 김천시	시설원예분야 ICT융복합확산지원	13,398	농업정책과	9	1	7	8	7	5	5	4
5222	경북 김천시	밭작물공동경영체육성지원	765,000	농업정책과	9	1	7	8	7	5	5	4
5223	경북 김천시	원예소득작목 육성지원	246,000	농업정책과	9	1	7	8	7	5	5	4
5224	경북 김천시	화훼생산시설 경쟁력제고 지원	14,500	농업정책과	9	1	7	8	7	5	5	4
5225	경북 김천시	인삼 생약산업 육성지원	9,000	농업정책과	9	1	7	8	7	5	5	4
5226	경북 김천시	원예농산물 저온유통체계구축사업	557,135	농업정책과	9	1	7	8	7	5	5	4
5227	경북 김천시	중소형농업기계공급	190,000	농업정책과	9	6	7	8	7	5	5	4
5228	경북 김천시	콩맥류,토종곡물재배단지장비지원	21,000	농업정책과	9	6	7	8	7	5	5	4
5229	경북 김천시	벼재배생력화장비지원사업	27,000	농업정책과	9	6	7	8	7	5	5	4
5230	경북 김천시	벼육묘장설치	34,000	농업정책과	9	6	7	8	7	5	5	4
5231	경북 김천시	대규모벼재배농가대형농기계지원	140,000	농업정책과	9	6	7	8	7	5	5	4
5232	경북 김천시	농작물피해방지포획(방제)기지원	10,550	농업정책과	9	6	7	8	7	5	5	4
5233	경북 김천시	밭작물폭염(가뭄)피해예방사업	24,500	농업정책과	9	6	7	8	7	5	5	4
5234	경북 김천시	유해야생동물포획시설지원	7,920	농업정책과	9	1	7	8	7	5	5	4
5235	경북 김천시	노인요양시설확충사업	120,634	사회복지과	9	2	7	8	7	1	1	1
5236	경북 김천시	경로당 및 마을회관 신축·보수	85,000	사회복지과	9	6	1	7	6	1	1	1
5237	경북 김천시	경제림조성	87,100	산림녹지과	9	2	7	8	7	5	5	4
5238	경북 김천시	임산물생산기반조성	40,000	산림녹지과	9	1	7	8	7	5	5	4
5239	경북 김천시	임산물유통기반조성	31,500	산림녹지과	9	1	7	8	7	5	5	4
5240	경북 김천시	주택용목재펠릿보일러	2,800	산림녹지과	9	1	7	8	7	5	5	4
5241	경북 김천시	친환경임산물재배관리	73,078	산림녹지과	9	1	7	8	7	5	5	4
5242	경북 김천시	산림작물생산단지	35,000	산림녹지과	9	1	7	8	7	5	5	4
5243	경북 김천시	백두대간주민지원	257,143	산림녹지과	9	1	7	8	7	5	5	4
5244	경북 김천시	산림소득사업	83,500	산림녹지과	9	1	7	8	7	5	5	4
5245	경북 김천시	산양삼생산과정확인	1,140	산림녹지과	9	1	7	8	7	5	5	4
5246	경북 김천시	자동채밀기 지원	8,800	축산과	9	1	7	8	7	1	1	1
5247	경북 김천시	양봉산물 저온저장고 지원	9,000	축산과	9	1	7	8	7	1	1	1
5248	경북 김천시	한우사료자동급이기 지원	50,000	축산과	9	1	7	8	7	1	1	1

순번	시군구	지출명 (사업명)	2021년예산 (단위:천원/1년간)	담당자 (공무원) 담당부서	민간이전 분류 (지방자치단체 세출예산 집행기준에 의거) 1. 민간경상사업보조(307-02) 2. 민간단체 법정운영비보조(307-03) 3. 민간행사사업보조(307-04) 4. 민간위탁금(307-05) 5. 사회복지시설 법정운영비보조(307-10) 6. 민간인위탁교육비(307-12) 7. 공기관등에대한경상적위탁사업비(308-10) 8. 민간자본사업보조,자체재원(402-01) 9. 민간자본사업보조,이전재원(402-02) 10. 민간위탁사업비(402-03) 11. 공기관등에 대한 자본적 대행사업비(403-02)	민간이전지출 근거 (지방보조금 관리기준 참고) 1. 법률에 규정 2. 국고보조 재원(국가지정) 3. 용도 지정 기부금 4. 조례에 직접규정 5. 지자체가 권장하는 사업을 하는 공공기관 6. 시,도 정책 및 재정사정 7. 기타 8. 해당없음	입찰방식: 계약체결방법 (경쟁형태) 1. 일반경쟁 2. 제한경쟁 3. 지명경쟁 4. 수의계약 5. 법정위탁 6. 기타 ( ) 7. 해당없음	입찰방식: 계약기간 1. 1년 2. 2년 3. 3년 4. 4년 5. 5년 6. 기타 ( )년 7. 단기계약 (1년미만) 8. 해당없음	입찰방식: 낙찰자선정방법 1. 적격심사 2. 협상에의한계약 3. 최저가낙찰제 4. 규격가격분리 5. 2단계 경쟁입찰 6. 기타 ( ) 7. 해당없음	운영예산 산정: 운영예산 산정 1. 내부산정 (지자체 자체적으로 산정) 2. 외부산정 (외부전문기관위탁 산정) 3. 내·외부 모두 산정 4. 산정 無 5. 해당없음	운영예산 산정: 정산방법 1. 내부정산 (지자체 내부적으로 정산) 2. 외부정산 (외부전문기관위탁 정산) 3. 내·외부 모두 산정 4. 정산 無 5. 해당없음	성과평가 실시여부 1. 실시 2. 미실시 3. 향후 추진 4. 해당없음
5249	경북 김천시	염소 사료급이기 및 급수기 지원	6,000	축산과	9	1	7	8	7	1	1	1
5250	경북 김천시	축사관리용 CCTV 지원	10,000	축산과	9	1	7	8	7	1	1	1
5251	경북 김천시	축사 단열처리 지원	15,000	축산과	9	1	7	8	7	1	1	1
5252	경북 김천시	안개분무시설 지원	24,000	축산과	9	1	7	8	7	1	1	1
5253	경북 김천시	젖소사료자동급이기 지원	13,000	축산과	9	1	7	8	7	1	1	1
5254	경북 김천시	원유냉각기 지원	15,000	축산과	9	1	7	8	7	1	1	1
5255	경북 김천시	젖소 대형선풍기 지원	27,000	축산과	9	1	7	8	7	1	1	1
5256	경북 김천시	CCTV등방역인프라설치지원사업	120,000	축산과	9	2	7	8	7	1	1	1
5257	경북 김천시	양돈농가 울타리 지원	24,000	축산과	9	6	7	8	7	1	1	1
5258	경북 김천시	소독시설지원사업(중형)	15,000	축산과	9	6	7	8	7	1	1	1
5259	경북 김천시	축산농가 환경개선장비 지원	75,000	축산과	9	1	7	8	7	1	1	4
5260	경북 김천시	축산물유통안전성제고사업	40,600	축산과	9	1	7	8	7	1	1	4
5261	경북 김천시	계란차량지원사업	15,000	축산과	9	2	7	8	7	1	1	4
5262	경북 김천시	깨끗한축산환경지원	150,000	축산과	9	1	7	8	7	1	1	4
5263	경북 김천시	고품질액비생산지원	60,000	축산과	9	1	7	8	7	1	1	4
5264	경북 김천시	조사료경영체 기계장비 지원	75,000	축산과	9	2	7	8	7	1	1	4
5265	경북 안동시	농어촌 장애인 주택개조사업	19,000	사회복지과	9	2	7	7	7	1	1	1
5266	경북 안동시	호흡기전담클리닉 설치운영 지원	200,000	보건위생과	9	2	7	8	7	5	5	4
5267	경북 안동시	응급의료전용헬기인계점 및 착륙장운영지원사업	30,000	보건위생과	9	2	7	8	7	5	1	3
5268	경북 안동시	중구1배수분구 도시침수예방사업	1,200	상하수도과	9	8	7	8	7	3	3	3
5269	경북 안동시	중구1처리분구 노후하수관로 정비사업	1,698,000	상하수도과	9	8	7	8	7	3	3	3
5270	경북 안동시	지방투자촉진보조금 지원사업	2,152,500	투자유치과	9	1	7	8	7	5	5	4
5271	경북 안동시	동물세포실증지원센터 건립	4,677,000	투자유치과	9	1	7	8	7	5	5	4
5272	경북 안동시	백신상용화 기술지원 기반시스템 구축사업	7,935,000	투자유치과	9	1	7	8	7	5	5	4
5273	경북 안동시	백신산업육성 전문인력 양성을 위한 인프라 구축사업	20,000	투자유치과	9	1	7	8	7	5	5	4
5274	경북 안동시	친환경셀룰로오스소재 센터 구축	5,500,000	투자유치과	9	1	7	8	7	5	5	4
5275	경북 안동시	섬유빅데이터 기반 AI 플랫폼 구축	5,500,000	투자유치과	9	1	7	8	7	5	5	4
5276	경북 안동시	섬유소재 빅데이터 플랫폼구축 및 실증사업	16,000	투자유치과	9	1	7	8	7	5	5	4
5277	경북 안동시	경북바이오2차 일반산업단지 기반시설 설치비 보조	30,000	투자유치과	9	1	7	8	7	5	5	4
5278	경북 안동시	주택용 목재펠릿보일러	28,000	산림과	9	2	7	8	7	5	5	3
5279	경북 안동시	임산물상품화지원	43,000	산림과	9	2	7	8	7	5	5	3
5280	경북 안동시	친환경임산물재배관리	28,982	산림과	9	2	7	8	7	5	5	3
5281	경북 안동시	산림작물생산단지	112,058	산림과	9	2	7	8	7	5	5	3
5282	경북 안동시	산림복합경영단지	33,378	산림과	9	2	7	8	7	5	5	3
5283	경북 안동시	산림복합경영단지	98,800	산림과	9	2	7	8	7	5	5	3
5284	경북 안동시	산양삼생산과정확인제도	1,140	산림과	9	2	7	8	7	5	5	3
5285	경북 안동시	임산물생산기반조성	28,398	산림과	9	2	7	8	7	5	5	3
5286	경북 안동시	임산물유통기반조성	112,400	산림과	9	2	7	8	7	5	5	3
5287	경북 안동시	FTA대비 지역특화사업	20,000	산림과	9	2	7	8	7	5	5	3
5288	경북 안동시	지역대표임산물경쟁력제고사업	40,000	산림과	9	2	7	8	7	5	5	3
5289	경북 안동시	경북우수농산물 브랜드화사업	40,000	유통특작과	9	6	7	8	7	1	1	1
5290	경북 안동시	농산물제조가공지원	700,000	유통특작과	9	6	7	8	7	1	1	1

순번	시군구	지출명 (사업명)	2021년예산 (단위:천원/1년간)	담당자 (공무원) 담당부서	민간이전 분류 (지방자치단체 세출예산 집행기준에 의거) 1. 민간경상사업보조(307-02) 2. 민간단체 법정운영비보조(307-03) 3. 민간행사사업보조(307-04) 4. 민간위탁금(307-05) 5. 사회복지시설 법정운영비보조(307-10) 6. 민간인위탁교육비(307-12) 7. 공기관등에대한경상적위탁사업비(308-10) 8. 민간자본사업보조,자체재원(402-01) 9. 민간자본사업보조,이전재원(402-02) 10. 민간위탁사업비(402-03) 11. 공기관등에 대한 자본적 대행사업비(403-02)	민간이전지출 근거 (지방보조금 관리기준 참고) 1. 법률에 규정 2. 국고보조 재원(국가지정) 3. 용도 지정 기부금 4. 조례에 직접규정 5. 지자체가 권장하는 사업을 하는 공공기관 6. 시,도 정책 및 재정사정 7. 기타 8. 해당없음	입찰방식 계약체결방법 (경쟁형태) 1. 일반경쟁 2. 제한경쟁 3. 지명경쟁 4. 수의계약 5. 법정위탁 6. 기타 ( ) 7. 해당없음	입찰방식 계약기간 1. 1년 2. 2년 3. 3년 4. 4년 5. 5년 6. 기타 ( )년 7. 단기계약 (1년미만) 8. 해당없음	입찰방식 낙찰자선정방법 1. 적격심사 2. 협상에의한계약 3. 최저가낙찰제 4. 규격가격분리 5. 2단계 경쟁입찰 6. 기타 ( ) 7. 해당없음	운영예산 산정 운영예산 산정 1. 내부산정 (지자체 자체적으로 산정) 2. 외부산정 (외부전문기관위탁 산정) 3. 내·외부 모두 산정 4. 산정 無 5. 해당없음	운영예산 산정 정산방법 1. 내부정산 (지자체 내부적으로 정산) 2. 외부정산 (외부전문기관위탁 정산) 3. 내·외부 모두 산정 4. 정산 無 5. 해당없음	성과평가 실시여부 1. 실시 2. 미실시 3. 향후 추진 4. 해당없음
5291	경북 안동시	과수고품질시설현대화	746,000	유통특작과	9	2	7	8	7	1	1	1
5292	경북 안동시	농가형저온저장고설치	100,000	유통특작과	9	6	7	8	7	1	1	1
5293	경북 안동시	과수생력화장비지원	192,833	유통특작과	9	6	7	8	7	1	1	1
5294	경북 안동시	과실생산비절감및품질제고지원	84,200	유통특작과	9	6	7	8	7	1	1	1
5295	경북 안동시	FTA대응 대체과수명품화	115,500	유통특작과	9	6	7	8	7	1	1	1
5296	경북 안동시	화훼생산시설경쟁력제고지원	115,000	유통특작과	9	6	7	8	7	1	1	1
5297	경북 안동시	화훼직거래활성화지원	22,000	유통특작과	9	6	7	8	7	1	1	1
5298	경북 안동시	시설원예에너지절감시설보급 지원사업	101,598	유통특작과	9	2	7	8	7	1	1	1
5299	경북 안동시	시설원예현대화 지원사업	31,740	유통특작과	9	2	7	8	7	1	1	1
5300	경북 안동시	원예소득작목육성 지원사업	756,333	유통특작과	9	2	7	8	7	1	1	1
5301	경북 안동시	화재안전성능보강사업	159,996	건축과	9	1	7	8	7	5	5	2
5302	경북 안동시	품목농업인연구회 고품질 생산기반 조성	35,000	농촌지원과	9	1	7	8	7	5	5	4
5303	경북 안동시	청년농업인 드론활용 병해충 방제단 운영시범	129,500	농촌지원과	9	1	7	8	7	5	5	4
5304	경북 안동시	지역잡곡을 활용한 식품가공시설조성	140,000	농촌지원과	9	6	7	8	7	5	5	4
5305	경북 안동시	농가맛집육성	105,000	농촌지원과	9	6	7	8	7	5	5	4
5306	경북 안동시	농가형 농산물 가공창업시범	105,000	농촌지원과	9	6	7	8	7	5	5	4
5307	경북 안동시	이상기상 대응 원예작물 안정생산 기술시범	100,000	기술보급과	9	2	7	8	7	5	5	4
5308	경북 안동시	노지 고추 실속형 자동 관수시스템 시범	28,000	기술보급과	9	2	7	8	7	5	5	4
5309	경북 안동시	원예특용작물 수출 규격화 기술보급 시범	100,000	기술보급과	9	2	7	8	7	5	5	4
5310	경북 안동시	유망 아열대작목(애플망고) 재배보급 시범	105,000	기술보급과	9	4	7	8	7	5	5	4
5311	경북 안동시	거세 한우 28개월 단기비육 기술보급 시범	100,000	기술보급과	9	2	7	8	7	5	5	4
5312	경북 안동시	결혼이민자 농가소득지원사업	16,000	농정과	9	4	7	8	7	5	5	4
5313	경북 안동시	여성농업인농작업편의장비지원	10,000	농정과	9	4	7	8	7	5	5	4
5314	경북 안동시	농업계고 졸업생 창업비용 지원	15,000	농정과	9	6	7	8	7	5	5	4
5315	경북 안동시	청년농부 육성지원	30,000	농정과	9	1	7	8	7	5	5	4
5316	경북 안동시	농업계고졸업생창업비용지원	15,000	농정과	9	4	7	8	7	5	5	4
5317	경북 안동시	RPC건조저장시설지원	695,000	농정과	9	2	7	8	7	5	5	4
5318	경북 안동시	소형육묘공장 설치지원사업	21,000	농정과	9	1	7	8	7	5	5	4
5319	경북 안동시	벼육묘공장 개보수지원사업	23,000	농정과	9	1	7	8	7	5	5	4
5320	경북 안동시	벼육묘공장 개보수지원사업	60,000	농정과	9	1	7	8	7	5	5	4
5321	경북 안동시	벼육묘공장 녹화장설치지원사업	5,500	농정과	9	1	7	8	7	5	5	4
5322	경북 안동시	벼 육묘공장(대형) 상토지원사업	10,000	농정과	9	1	7	8	7	5	5	4
5323	경북 안동시	벼 육묘공장(소형) 상토지원사업	8,500	농정과	9	1	7	8	7	5	5	4
5324	경북 안동시	육묘매트지원사업	2,750	농정과	9	1	7	8	7	5	5	4
5325	경북 안동시	중소형농기계지원	220,000	농정과	9	1	7	8	7	5	5	4
5326	경북 안동시	곡물건조기지원	40,000	농정과	9	1	7	8	7	5	5	4
5327	경북 안동시	육묘파종기지원	9,000	농정과	9	1	7	8	7	5	5	4
5328	경북 안동시	육묘상자 적재기, 세척기 지원	5,000	농정과	9	1	7	8	7	5	5	4
5329	경북 안동시	농업용 무인보트지원	9,000	농정과	9	1	7	8	7	5	5	4
5330	경북 안동시	육묘상처리제 지원사업	37,500	농정과	9	4	7	8	7	5	5	4
5331	경북 안동시	밭작물폭염(가뭄)피해예방사업	42,000	농정과	9	4	7	8	7	5	5	4
5332	경북 안동시	대규모벼재배농가대형농기계지원	200,000	농정과	9	1	7	8	7	5	5	4

순번	시군구	지출명 (사업명)	2021년예산 (단위:천원/1년간)	담당자 (공무원) 담당부서	민간이전 분류 (지방자치단체 세출예산 집행기준에 의거) 1. 민간경상사업보조(307-02) 2. 민간단체 법정운영비보조(307-03) 3. 민간행사사업보조(307-04) 4. 민간위탁금(307-05) 5. 사회복지시설 법정운영비보조(307-10) 6. 민간인위탁교육비(307-12) 7. 공기관등에대한경상적위탁사업비(308-10) 8. 민간자본사업보조,자체재원(402-01) 9. 민간자본사업보조,이전재원(402-02) 10. 민간위탁사업비(402-03) 11. 공기관등에 대한 자본적 대행사업비(403-02)	민간이전지출 근거 (지방보조금 관리기준 참고) 1. 법률에 규정 2. 국고보조 재원(국가지정) 3. 용도 지정 기부금 4. 조례에 직접규정 5. 지자체가 권장하는 사업을 하는 공공기관 6. 시,도 정책 및 재정사정 7. 기타 8. 해당없음	입찰방식 계약체결방법 (경쟁형태) 1. 일반경쟁 2. 제한경쟁 3. 지명경쟁 4. 수의계약 5. 법정위탁 6. 기타 ( ) 7. 해당없음	입찰방식 계약기간 1. 1년 2. 2년 3. 3년 4. 4년 5. 5년 6. 기타 ( )년 7. 단기계약 (1년미만) 8. 해당없음	입찰방식 낙찰자선정방법 1. 적격심사 2. 협상에의한계약 3. 최저가낙찰제 4. 규격가격분리 5. 2단계 경쟁입찰 6. 기타 ( ) 7. 해당없음	운영예산 산정 운영예산 산정 1. 내부산정 (지자체 자체적으로 산정) 2. 외부산정 (외부전문기관위탁 산정) 3. 내·외부 모두 산정 4. 산정 無 5. 해당없음	운영예산 산정 정산방법 1. 내부정산 (지자체 내부적으로 정산) 2. 외부정산 (외부전문기관위탁 정산) 3. 내·외부 모두 산정 4. 정산 無 5. 해당없음	성과평가 실시여부 1. 실시 2. 미실시 3. 향후 추진 4. 해당없음
5333	경북 안동시	약용산업육성지원	179,000	농정과	9	6	7	8	7	5	5	4
5334	경북 안동시	식량자급률제고지원	28,000	농정과	9	4	7	8	7	5	5	4
5335	경북 안동시	밭식량작물다목적농업기계지원	30,000	농정과	9	4	7	8	7	5	5	4
5336	경북 안동시	귀농인 정착지원	40,000	농정과	9	4	7	8	7	5	5	4
5337	경북 안동시	유해야생동물포획시설설치지원	13,200	농정과	9	1	7	8	7	5	5	4
5338	경북 안동시	친환경농업기반구축사업	573,334	농정과	9	4	7	8	7	5	5	4
5339	경북 안동시	농작물피해방지포획(방제)기지원	2,830	농정과	9	4	7	8	7	5	5	4
5340	경북 안동시	석탑사 요사채 단청 보수공사	40,000	문화유산과	9	1	7	8	7	5	5	4
5341	경북 안동시	안동 영봉사 법당전면 축대보수	160,000	문화유산과	9	1	7	8	7	5	5	4
5342	경북 안동시	2021년 하회마을 초가이엉잇기 사업	540,000	문화유산과	9	2	7	8	7	5	5	4
5343	경북 안동시	어린이집기능보강	52,100	여성가족과	9	8	7	8	7	5	1	1
5344	경북 안동시	노인요양시설확충사업	7,010	노인장애인복지과	9	1	7	8	7	1	1	1
5345	경북 안동시	경로당기능보강사업	30,000	노인장애인복지과	9	6	7	8	7	1	1	1
5346	경북 안동시	장애인거주시설기능보강	193,746	노인장애인복지과	9	1	1	1	3	1	1	1
5347	경북 안동시	장애인직업재활시설기능보강	300,314	노인장애인복지과	9	1	1	1	3	1	1	1
5348	경북 안동시	정신요양시설,사회복귀시설 기능보강	20,000	노인장애인복지과	9	1	1	2	3	1	1	1
5349	경북 안동시	한센생활시설 기능보강	303,500	노인장애인복지과	9	1	1	1	3	1	1	1
5350	경북 안동시	장애인의료재활시설 기능보강	156,324	노인장애인복지과	9	1	1	1	3	1	1	1
5351	경북 구미시	로봇직업혁신센터 구축	600,000	신산업정책과	9	4	6	1	7	3	1	4
5352	경북 구미시	스마트제조혁신인재업그레이드사업	300,000	신산업정책과	9	2	7	8	7	5	5	4
5353	경북 구미시	도시가스 미공급지역 지원사업	40,000	신산업정책과	9	1	7	1	7	5	5	4
5354	경북 구미시	농어촌 마을단위 LPG소형저장탱크 보급사업	296,011	신산업정책과	9	6	5	1	1	2	3	1
5355	경북 구미시	신재생에너지 주택지원사업	32,000	신산업정책과	9	6	7	8	7	5	5	4
5356	경북 구미시	신재생에너지 건물지원사업	34,600	신산업정책과	9	6	7	8	7	5	5	4
5357	경북 구미시	신재생에너지 모니터링시스템 설치	38,900	신산업정책과	9	6	7	8	7	5	5	4
5358	경북 구미시	복지시설 고효율 냉난방기 교체사업	69,600	신산업정책과	9	6	7	8	7	5	5	1
5359	경북 구미시	노인복지시설 열회수형 환기장치 설치 지원사업	202,000	신산업정책과	9	6	7	8	7	5	5	1
5360	경북 구미시	관내 기업 투자 인센티브	320,000	기업지원과	9	4	7	8	7	5	5	4
5361	경북 구미시	구미 대둔사 건칠아미타여래좌상 보존처리 및 복장유물 기록화	220,000	문화예술과	9	2	7	8	7	5	5	4
5362	경북 구미시	구미 대둔사 삼장보살도 보존처리	200,000	문화예술과	9	2	7	8	7	5	5	4
5363	경북 구미시	구미 대둔사 건칠아미타여래좌상 주변정비	150,000	문화예술과	9	2	7	8	7	5	5	4
5364	경북 구미시	구미 법성사 석불좌상 주변정비	240,000	문화예술과	9	6	7	8	7	5	5	4
5365	경북 구미시	구미수다사명부전 보수정비	140,000	문화예술과	9	6	7	8	7	5	5	4
5366	경북 구미시	구미 약사암 보수정비사업	180,000	문화예술과	9	2	7	8	7	5	5	4
5367	경북 구미시	도리사 전통사찰 보수정비사업	160,000	문화예술과	9	2	7	8	7	5	5	4
5368	경북 구미시	원각사 방재시스템 구축사업	40,000	문화예술과	9	2	7	8	7	5	5	4
5369	경북 구미시	죽장사 방재시스템 구축사업	40,000	문화예술과	9	2	7	8	7	5	5	4
5370	경북 구미시	마을기업육성사업	25,000	새마을과	9	2	7	8	7	5	5	4
5371	경북 구미시	장애인보호작업장 장비 기능보강	4,000	노인장애인과	9	1	5	8	7	5	1	4
5372	경북 구미시	노인복지시설기능보강	996,480	노인장애인과	9	2	4	7	6	5	1	4
5373	경북 구미시	노인복지시설이동형음압기설치지원	83,300	노인장애인과	9	6	7	8	7	5	5	4
5374	경북 구미시	보존식 기자재 지원	54,600	아동보육과	9	2	7	8	7	1	1	4

순번	시군구	지출명 (사업명)	2021년예산 (단위:천원/1년간)	담당자 (공무원) 담당부서	민간이전 분류 (지방자치단체 세출예산 집행기준에 의거) 1. 민간경상사업보조(307-02) 2. 민간단체 법정운영비보조(307-03) 3. 민간행사사업보조(307-04) 4. 민간위탁금(307-05) 5. 사회복지시설 법정운영비보조(307-10) 6. 민간인위탁교육비(307-12) 7. 공기관등에대한경상적위탁사업비(308-10) 8. 민간자본사업보조,자체재원(402-01) 9. 민간자본사업보조,이전재원(402-02) 10. 민간위탁사업비(402-03) 11. 공기관등에 대한 자본적 대행사업비(403-02)	민간이전지출 근거 (지방보조금 관리기준 참고) 1. 법률에 규정 2. 국고보조 재원(국가지정) 3. 용도 지정 기부금 4. 조례에 직접규정 5. 지자체가 권장하는 사업을 하는 공공기관 6. 시,도 정책 및 재정사정 7. 기타 8. 해당없음	입찰방식 계약체결방법 (경쟁형태) 1. 일반경쟁 2. 제한경쟁 3. 지명경쟁 4. 수의계약 5. 법정위탁 6. 기타 ( ) 7. 해당없음	입찰방식 계약기간 1. 1년 2. 2년 3. 3년 4. 4년 5. 5년 6. 기타 ( )년 7. 단기계약 (1년미만) 8. 해당없음	입찰방식 낙찰자선정방법 1. 적격심사 2. 협상에의한계약 3. 최저가낙찰제 4. 규격가격분리 5. 2단계 경쟁입찰 6. 기타 ( ) 7. 해당없음	운영예산 산정 운영예산 산정 1. 내부산정 (지자체 자체적으로 산정) 2. 외부산정 (외부전문기관위탁 산정) 3. 내·외부 모두 산정 4. 산정 無 5. 해당없음	운영예산 산정 정산방법 1. 내부정산 (지자체 내부적으로 정산) 2. 외부정산 (외부전문기관위탁 정산) 3. 내·외부 모두 산정 4. 정산 無 5. 해당없음	성과평가 실시여부 1. 실시 2. 미실시 3. 향후 추진 4. 해당없음
5375	경북 구미시	국공립어린이집 공동주택 리모델링	220,000	아동보육과	9	2	7	8	7	1	1	4
5376	경북 구미시	국공립어린이집 기자재비	20,000	아동보육과	9	2	7	8	7	1	1	4
5377	경북 구미시	화재안전성능보강지원사업	80,000	건축과	9	1	7	8	7	1	1	1
5378	경북 구미시	농어촌장애인주택개조지원사업	15,200	공동주택과	9	1	7	8	7	1	1	4
5379	경북 구미시	소규모영세사업장방지시설지원	5,876,000	환경보전과	9	1	7	1	7	2	2	4
5380	경북 구미시	천연가스자동차(대형버스	60,000	환경보전과	9	2	7	8	7	5	5	4
5381	경북 구미시	전기자동차	9,859,200	환경보전과	9	2	7	8	7	5	5	4
5382	경북 구미시	전기이륜차	589,500	환경보전과	9	2	7	8	7	5	5	4
5383	경북 구미시	민간급속충전기 설치지원	50,000	환경보전과	9	6	7	8	7	5	5	4
5384	경북 구미시	LPG화물차 신차구입 지원사업	725,000	환경보전과	9	2	7	8	7	5	5	4
5385	경북 구미시	PM-NOx동시저감장치 부착사업	75,000	환경보전과	9	2	7	8	7	5	5	4
5386	경북 구미시	저감장치(DPF)부착	1,328,100	환경보전과	9	2	7	8	7	5	5	4
5387	경북 구미시	건설기계저감장치(DPF)부착	110,000	환경보전과	9	2	7	8	7	5	5	4
5388	경북 구미시	건설기계엔진교체	412,500	환경보전과	9	2	7	8	7	5	5	4
5389	경북 구미시	어린이통학차량 LPG차 전환지원	566,000	환경보전과	9	2	7	8	7	5	5	4
5390	경북 구미시	가정용 저녹스 보일러 보급사업	1,000,000	환경보전과	9	2	7	8	7	5	5	4
5391	경북 구미시	주유소 유증기 회수설비 설치지원	102,000	환경보전과	9	2	7	8	7	5	5	4
5392	경북 구미시	야생동물 피해예방사업	48,000	환경보전과	9	1	7	8	7	5	5	4
5393	경북 구미시	세이프택시사업지원	282,400	대중교통과	9	8	7	8	7	5	1	4
5394	경북 구미시	여성농업인농작업편의장비지원	5,000	농정과	9	7	7	8	7	5	1	4
5395	경북 구미시	결혼이민자농가 소득증진지원	8,000	농정과	9	7	7	8	7	5	1	4
5396	경북 구미시	농업계고졸업생창업비용지원	5,000	농정과	9	7	7	8	7	5	1	4
5397	경북 구미시	친환경농법종합지원	30,131	농정과	9	7	7	8	7	5	1	4
5398	경북 구미시	벼육묘공장 상토 지원	10,000	농정과	9	7	7	8	7	5	1	4
5399	경북 구미시	벼육묘공장 상토 지원	5,000	농정과	9	7	7	8	7	5	1	4
5400	경북 구미시	벼육묘공장 설치	63,000	농정과	9	7	7	8	7	5	1	4
5401	경북 구미시	벼육묘공장(소형) 개보수사업	7,500	농정과	9	7	7	8	7	5	1	4
5402	경북 구미시	벼육묘공장(대형) 개보수사업	15,000	농정과	9	7	7	8	7	5	1	4
5403	경북 구미시	소형녹화장 지원	11,000	농정과	9	7	7	8	7	5	1	4
5404	경북 구미시	대형녹화장 지원	10,000	농정과	9	7	7	8	7	5	1	4
5405	경북 구미시	벼육묘상처리제 지원	37,500	농정과	9	7	7	8	7	5	1	4
5406	경북 구미시	토양개량제 지원	718,459	농정과	9	2	7	8	7	5	1	4
5407	경북 구미시	유기질비료 지원	1,050,400	농정과	9	7	7	8	7	5	1	4
5408	경북 구미시	중소형 농업기계 구입 지원	85,000	농정과	9	7	7	8	7	5	1	4
5409	경북 구미시	벼재배생력화장비지원	23,000	농정과	9	7	7	8	7	5	1	4
5410	경북 구미시	유기농업자재지원사업	1,119	농정과	9	7	7	8	7	5	1	4
5411	경북 구미시	밭작물(폭염)가뭄피해 예방사업	11,900	농정과	9	7	7	8	7	5	1	4
5412	경북 구미시	대규모 재배농가 대형농기계 지원	200,000	농정과	9	7	7	8	7	5	1	4
5413	경북 구미시	유해야생동물포획시설지원	5,280	농정과	9	7	7	8	7	5	1	1
5414	경북 구미시	시설원예현대화사업	82,801	농정과	9	2	7	8	7	5	1	1
5415	경북 구미시	시설원예에너지절감시설 보급지원사업	34,698	농정과	9	2	7	8	7	5	1	1
5416	경북 구미시	스마트팜ICT융복합확산사업	130,164	농정과	9	2	7	8	7	5	1	1

순번	시군구	지출명 (사업명)	2021년예산 (단위:천원/1년간)	담당자 (공무원) 담당부서	민간이전 분류 (지방자치단체 세출예산 집행기준에 의거) 1. 민간경상사업보조(307-02) 2. 민간단체 법정운영비보조(307-03) 3. 민간행사사업보조(307-04) 4. 민간위탁금(307-05) 5. 사회복지시설 법정운영비보조(307-10) 6. 민간인위탁교육비(307-12) 7. 공기관등에대한경상적위탁사업비(308-10) 8. 민간자본사업보조,자체재원(402-01) 9. 민간자본사업보조,이전재원(402-02) 10. 민간위탁사업비(402-03) 11. 공기관등에 대한 자본적 대행사업비(403-02)	민간이전지출 근거 (지방보조금 관리기준 참고) 1. 법률에 규정 2. 국고보조 재원(국가지정) 3. 용도 지정 기부금 4. 조례에 직접규정 5. 지자체가 권장하는 사업을 하는 공공기관 6. 시,도 정책 및 재정사정 7. 기타 8. 해당없음	입찰방식 계약체결방법 (경쟁형태) 1. 일반경쟁 2. 제한경쟁 3. 지명경쟁 4. 수의계약 5. 법정위탁 6. 기타 ( ) 7. 해당없음	입찰방식 계약기간 1. 1년 2. 2년 3. 3년 4. 4년 5. 5년 6. 기타 ( )년 7. 단기계약 (1년미만) 8. 해당없음	입찰방식 낙찰자선정방법 1. 적격심사 2. 협상에의한계약 3. 최저가낙찰제 4. 규격가격분리 5. 2단계 경쟁입찰 6. 기타 ( ) 7. 해당없음	운영예산 산정 운영예산 산정 1. 내부산정 (지자체 자체적으로 산정) 2. 외부산정 (외부전문기관위탁 산정) 3. 내·외부 모두 산정 4. 산정 無 5. 해당없음	운영예산 산정 정산방법 1. 내부정산 (지자체 내부적으로 정산) 2. 외부정산 (외부전문기관위탁 정산) 3. 내·외부 모두 산정 4. 정산 無 5. 해당없음	성과평가 실시여부 1. 실시 2. 미실시 3. 향후 추진 4. 해당없음
5417	경북 구미시	특용작물(버섯,약용작물)생산시설 현대화사업	186,125	농정과	9	2	7	8	7	5	1	1
5418	경북 구미시	특용작물(인삼)생산시설 현대화사업	48,000	농정과	9	2	7	8	7	5	1	1
5419	경북 구미시	승용예초기,다목적리프트기	4,500	농정과	9	4	7	8	7	5	1	2
5420	경북 구미시	동력분무기,보행SS기	3,000	농정과	9	4	7	8	7	5	1	2
5421	경북 구미시	과수전용방제기	5,000	농정과	9	4	7	8	7	5	1	2
5422	경북 구미시	FTA대응대체과수명품화사업	22,500	농정과	9	4	7	8	7	5	1	2
5423	경북 구미시	친환경사과적화제	280	농정과	9	4	7	8	7	5	1	2
5424	경북 구미시	당도측정기	8,250	농정과	9	4	7	8	7	5	1	2
5425	경북 구미시	장기저장제	1,650	농정과	9	4	7	8	7	5	1	2
5426	경북 구미시	농가형저온저장고설치	20,000	농정과	9	4	7	8	7	5	1	2
5427	경북 구미시	화훼생산시설경쟁력제고사업	10,000	농정과	9	4	7	8	7	5	1	2
5428	경북 구미시	산동농협 로컬푸드 직매장 건립	80,000	유통과	9	2	7	8	7	5	5	4
5429	경북 구미시	무을농협 로컬푸드 직매장 건립	260,000	유통과	9	2	7	8	7	5	5	4
5430	경북 구미시	한우농가 사료자동급이기 지원	30,000	축산과	9	2	7	8	7	1	1	1
5431	경북 구미시	안개분무시설지원	8,000	축산과	9	2	7	8	7	1	1	1
5432	경북 구미시	축사관리용 CCTV 지원	10,000	축산과	9	2	7	8	7	1	1	1
5433	경북 구미시	구미한우 우량정액 지원	17,500	축산과	9	2	7	8	7	1	1	1
5434	경북 구미시	한우수정란이식사업	7,500	축산과	9	2	7	8	7	1	1	1
5435	경북 구미시	축사환기시설 지원	9,000	축산과	9	2	7	8	7	1	1	1
5436	경북 구미시	조사료생산장비 지원	30,000	축산과	9	2	7	8	7	1	1	1
5437	경북 구미시	면역강화용 사료첨가제 지원	105,450	축산과	9	2	7	8	7	1	1	1
5438	경북 구미시	사료작물 종자구입비 지원	209,160	축산과	9	2	7	8	7	1	1	1
5439	경북 구미시	퇴 · 액비 지원	141,200	축산과	9	2	7	8	7	1	1	1
5440	경북 구미시	젖소능력개량 사업	4,060	축산과	9	2	7	8	7	1	1	1
5441	경북 구미시	불량모돈갱신 사업	21,000	축산과	9	2	7	8	7	1	1	1
5442	경북 구미시	꿀벌화분 지원	60,000	축산과	9	2	7	8	7	1	1	1
5443	경북 구미시	양봉벌통 지원	48,000	축산과	9	2	7	8	7	1	1	1
5444	경북 구미시	자동채밀기 지원	8,800	축산과	9	2	7	8	7	1	1	1
5445	경북 구미시	양봉산물저온저장고 지원	12,000	축산과	9	2	7	8	7	1	1	1
5446	경북 구미시	토종벌 보존사업	16,000	축산과	9	2	7	8	7	1	1	1
5447	경북 구미시	벌통전기가온장치지원사업	5,200	축산과	9	2	7	8	7	1	1	1
5448	경북 구미시	전국 학생승마 선수권대회 개최	50,000	축산과	9	2	7	8	7	1	1	1
5449	경북 구미시	돼지액상 정액지원	8,100	축산과	9	2	7	8	7	1	1	1
5450	경북 구미시	친환경악취저감제지원	15,300	축산과	9	2	7	8	7	1	1	1
5451	경북 구미시	깨끗한 축산환경 지원사업	525,000	축산과	9	2	7	8	7	1	1	1
5452	경북 구미시	축산농가 환경개선장비 지원	60,000	축산과	9	2	7	8	7	1	1	1
5453	경북 구미시	고품질 액비생산시설 지원	48,000	축산과	9	2	7	8	7	1	1	1
5454	경북 구미시	육계사 깔짚 지원	5,000	축산과	9	2	7	8	7	1	1	1
5455	경북 구미시	가축분뇨액비살포비 지원	100,000	축산과	9	2	7	8	7	1	1	1
5456	경북 구미시	젖소 더위방지용 대형선풍기 지원	9,000	축산과	9	2	7	8	7	1	1	1
5457	경북 구미시	젖소 사료자동급이기 지원	6,500	축산과	9	2	7	8	7	1	1	1
5458	경북 구미시	축산물 유통안전성제고사업	42,000	축산과	9	2	7	8	7	1	1	1

순번	시군구	지출명 (사업명)	2021년예산 (단위:천원/1년간)	담당자 (공무원) 담당부서	민간이전 분류 (지방자치단체 세출예산 집행기준에 의거) 1. 민간경상사업보조(307-02) 2. 민간단체 법정운영비보조(307-03) 3. 민간행사사업보조(307-04) 4. 민간위탁금(307-05) 5. 사회복지시설 법정운영비보조(307-10) 6. 민간인위탁교육비(307-12) 7. 공기관등에대한경상적위탁사업비(308-10) 8. 민간자본사업보조,자체재원(402-01) 9. 민간자본사업보조,이전재원(402-02) 10. 민간위탁사업비(402-03) 11. 공기관등에 대한 자본적 대행사업비(403-02)	민간이전지출 근거 (지방보조금 관리기준 참고) 1. 법률에 규정 2. 국고보조 재원(국가지정) 3. 용도 지정 기부금 4. 조례에 직접규정 5. 지자체가 권장하는 사업을 하는 공공기관 6. 시,도 정책 및 재정사정 7. 기타 8. 해당없음	입찰방식 계약체결방법 (경쟁형태) 1. 일반경쟁 2. 제한경쟁 3. 지명경쟁 4. 수의계약 5. 법정위탁 6. 기타 ( ) 7. 해당없음	입찰방식 계약기간 1. 1년 2. 2년 3. 3년 4. 4년 5. 5년 6. 기타 ( )년 7. 단기계약 (1년미만) 8. 해당없음	입찰방식 낙찰자선정방법 1. 적격심사 2. 협상에의한계약 3. 최저가낙찰제 4. 규격가격분리 5. 2단계 경쟁입찰 6. 기타 ( ) 7. 해당없음	운영예산 산정 운영예산 산정 1. 내부산정 (지자체 자체적으로 산정) 2. 외부산정 (외부전문기관위탁 산정) 3. 내·외부 모두 산정 4. 산정 無 5. 해당없음	운영예산 산정 정산방법 1. 내부정산 (지자체 내부적으로 정산) 2. 외부정산 (외부전문기관위탁 정산) 3. 내·외부 모두 산정 4. 정산 無 5. 해당없음	성과평가 실시여부 1. 실시 2. 미실시 3. 향후 추진 4. 해당없음
5459	경북 구미시	축산물HACCP컨설팅(농장)사업	18,200	축산과	9	2	7	8	7	1	1	1
5460	경북 구미시	축산분야HACCP인증비지원	2,247	축산과	9	2	7	8	7	1	1	1
5461	경북 구미시	중규모 소독시설 설치 지원사업	12,000	축산과	9	2	7	8	7	1	1	1
5462	경북 구미시	구제역백신접종 원거리자동주사기	14,700	축산과	9	2	7	8	7	1	1	1
5463	경북 구미시	양돈농가 울타리 설치	60,000	축산과	9	2	7	8	7	1	1	1
5464	경북 구미시	CCTV 등 방역인프라 설치 지원	180,000	축산과	9	2	7	8	7	1	1	1
5465	경북 구미시	통제초소 운영 및 소독비용 지원	90,000	축산과	9	2	7	8	7	1	1	1
5466	경북 구미시	내수면 양식장 기자재 공급	54,600	축산과	9	2	7	8	7	1	1	1
5467	경북 구미시	수산물처리저장시설지원	72,000	축산과	9	2	7	8	7	1	1	1
5468	경북 구미시	내수면 어선장비지원사업	6,000	축산과	9	2	7	8	7	1	1	1
5469	경북 구미시	임산물 택배비	6,100	산림과	9	2	7	8	7	5	5	4
5470	경북 구미시	임산물 소포장재	20,000	산림과	9	2	7	8	7	5	5	4
5471	경북 구미시	표고버섯 톱밥배지	85,000	산림과	9	2	7	8	7	5	5	4
5472	경북 구미시	산양삼생산과정 확인제도	1,140	산림과	9	2	7	8	7	5	5	4
5473	경북 구미시	임산물상품화지원	33,800	산림과	9	2	7	8	7	5	5	4
5474	경북 구미시	임산물유통기반조성	67,143	산림과	9	2	7	8	7	5	5	4
5475	경북 구미시	임산물생산기반조성	29,235	산림과	9	2	7	8	7	5	5	4
5476	경북 구미시	친환경임산물재배관리	1,500	산림과	9	2	7	8	7	5	5	4
5477	경북 구미시	산림작물생산단지조성	51,415	산림과	9	2	7	8	7	5	5	4
5478	경북 구미시	성형목탄환경개선사업	14,000	산림과	9	2	7	8	7	5	5	4
5479	경북 구미시	공립요양병원 치매기능보강사업	1,911,000	구미보건소	9	2	7	8	7	5	5	4
5480	경북 구미시	호흡기전담클리닉설치운영	100,000	선산보건소	9	2	7	8	7	5	5	4
5481	경북 구미시	논이용콩생산생력기계화신기술시범	52,000	농업기술센터	9	2	7	8	7	5	5	4
5482	경북 구미시	신품종 IRG 그린콜 재배기술 보급	50,000	농업기술센터	9	2	7	8	7	5	5	4
5483	경북 구미시	유럽종포도 글로벌선도단지 조성기술 시범	194,000	농업기술센터	9	2	7	8	7	5	5	4
5484	경북 구미시	일품벼 대체 우량 신품종 쌀 생산단지 조성	14,000	농업기술센터	9	2	7	8	7	5	5	4
5485	경북 구미시	고설딸기 고효율 육묘기술 시범	24,000	농업기술센터	9	4	7	8	7	5	5	4
5486	경북 구미시	품목농업인연구회 고품질생산기반시범	35,000	농업기술센터	9	4	7	8	7	5	5	4
5487	경북 구미시	건강한농촌마을육성	70,000	농업기술센터	9	1	7	8	7	5	5	4
5488	경북 영주시	폐산업시설활용 지역항공산업 플랫폼 구축 운영	1,170,000	미래전략실	9	2	7	8	7	5	5	4
5489	경북 영주시	원예작물산지유통센터 설치지원	2,820,000	유통지원과	9	2	7	8	7	5	1	1
5490	경북 영주시	신선농산물 수출경쟁력 제고사업	126,000	유통지원과	9	6	7	7	7	1	1	4
5491	경북 영주시	신선농산물 예비수출단지 육성	36,000	유통지원과	9	6	7	7	7	1	1	4
5492	경북 영주시	경북 우수농산물 상표사용자 지원사업	10,000	유통지원과	9	4	7	8	7	5	5	4
5493	경북 영주시	야생동물 피해예방시설 설치지원 사업	112,000	환경보호과	9	1	7	8	7	1	1	2
5494	경북 영주시	전기자동차 보급사업	4,120,000	환경보호과	9	2	7	8	7	1	1	2
5495	경북 영주시	전기이륜차 보급사업	45,000	환경보호과	9	2	7	8	7	1	1	2
5496	경북 영주시	저감장치 부착	266,000	환경보호과	9	2	7	8	7	5	5	4
5497	경북 영주시	건설기계엔진교체	297,000	환경보호과	9	2	7	8	7	5	5	4
5498	경북 영주시	가정용저녹스보일러보급사업	214,000	환경보호과	9	2	7	8	7	5	5	4
5499	경북 영주시	어린통학차량LPG차전환지원사업	105,000	환경보호과	9	2	7	8	7	5	5	4
5500	경북 영주시	노후1톤화물차량LPG지원사업	400,000	환경보호과	9	2	7	8	7	5	5	4

순번	시군구	지출명 (사업명)	2021년예산 (단위:천원/1년간)	담당자 (공무원) 담당부서	민간이전 분류 (지방자치단체 세출예산 집행기준에 의거) 1. 민간경상사업보조(307-02) 2. 민간단체 법정운영비보조(307-03) 3. 민간행사사업보조(307-04) 4. 민간위탁금(307-05) 5. 사회복지시설 법정운영비보조(307-10) 6. 민간인위탁교육비(307-12) 7. 공기관등에대한경상적위탁사업비(308-10) 8. 민간자본사업보조,자체재원(402-01) 9. 민간자본사업보조,이전재원(402-02) 10. 민간위탁사업비(402-03) 11. 공기관등에 대한 자본적 대행사업비(403-02)	민간이전지출 근거 (지방보조금 관리기준 참고) 1. 법률에 규정 2. 국고보조 재원(국가지정) 3. 용도 지정 기부금 4. 조례에 직접규정 5. 지자체가 권장하는 사업을 하는 공공기관 6. 시,도 정책 및 재정사정 7. 기타 8. 해당없음	입찰방식 계약체결방법 (경쟁형태) 1. 일반경쟁 2. 제한경쟁 3. 지명경쟁 4. 수의계약 5. 법정위탁 6. 기타 ( ) 7. 해당없음	입찰방식 계약기간 1. 1년 2. 2년 3. 3년 4. 4년 5. 5년 6. 기타 ( )년 7. 단기계약 (1년미만) 8. 해당없음	입찰방식 낙찰자선정방법 1. 적격심사 2. 협상에의한계약 3. 최저가낙찰제 4. 규격가격분리 5. 2단계 경쟁입찰 6. 기타 ( ) 7. 해당없음	운영예산 산정 운영예산 산정 1. 내부산정 (지자체 자체적으로 산정) 2. 외부산정 (외부전문기관위탁 산정) 3. 내·외부 모두 산정 4. 산정 無 5. 해당없음	운영예산 산정 정산방법 1. 내부정산 (지자체 내부적으로 정산) 2. 외부정산 (외부전문기관위탁 정산) 3. 내·외부 모두 산정 4. 정산 無 5. 해당없음	성과평가 실시여부 1. 실시 2. 미실시 3. 향후 추진 4. 해당없음
5501	경북 영주시	가축분뇨공공처리시설 차량지원	96,000	환경보호과	9	1	7	8	7	5	5	4
5502	경북 영주시	택시운수종사자 보호 및 코로나 차단 보호격벽 설치	48,000	교통행정과	9	8	7	8	7	1	1	4
5503	경북 영주시	임산물유통기반조성	24,350	산림녹지과	9	2	7	8	7	5	5	4
5504	경북 영주시	목재펠릿보일러 보급	28,000	산림녹지과	9	2	7	8	7	5	5	4
5505	경북 영주시	산림작물생산단지조성	66,000	산림녹지과	9	2	7	8	7	5	5	4
5506	경북 영주시	백두대간 주민지원	85,050	산림녹지과	9	2	7	8	7	5	5	4
5507	경북 영주시	무섬마을 조가이엉 잇기	200,000	문화예술과	9	7	7	8	7	1	1	1
5508	경북 영주시	부석사 재난방지시스템 개선사업	100,000	문화예술과	9	7	7	8	7	1	1	1
5509	경북 영주시	영주 부석사 응진전 보수 및 주변정비사업	120,000	문화예술과	9	7	7	8	7	1	1	1
5510	경북 영주시	지역아동센터 환경개선 지원	40,000	아동청소년과	9	2	7	8	7	1	1	4
5511	경북 영주시	경로당기능보강사업	400,000	노인장애인과	9	1	7	8	7	2	1	1
5512	경북 영주시	노인복지시설 기능보강사업	204,688	노인장애인과	9	2	7	8	7	5	5	4
5513	경북 영주시	장애인거주시설기능보강	44,592	노인장애인과	9	2	7	8	7	1	1	4
5514	경북 영주시	장애인직업재활시설 기능보강	29,050	노인장애인과	9	2	7	8	7	1	1	4
5515	경북 영주시	취약지역개조	200,000	도시과	9	2	4	7	7	5	5	4
5516	경북 영주시	소천1리 방송시스템 구축	30,000	건설과	9	6	5	2	7	1	1	3
5517	경북 영주시	결혼이민자 농가소득 증진지원	8,000	농정과수과	9	6	7	8	7	1	1	4
5518	경북 영주시	청년농부 육성지원	50,000	농정과수과	9	6	7	8	7	1	1	4
5519	경북 영주시	여성농업인 농작업편의장비 지원	8,750	농정과수과	9	6	7	8	7	1	1	4
5520	경북 영주시	청년농업인 커뮤니티 활성화 지원	40,000	농정과수과	9	6	7	8	7	1	1	3
5521	경북 영주시	농촌 신활력플러스지원사업	890,000	농정과수과	9	2	7	8	7	1	1	3
5522	경북 영주시	밭작물공동경영체 육성지원	765,000	농정과수과	9	2	7	8	7	5	1	4
5523	경북 영주시	저품위사과 시장격리 수매지원	373,000	농정과수과	9	6	7	8	7	5	1	4
5524	경북 영주시	과수고품질 시설현대화사업	866,500	농정과수과	9	2	7	8	7	5	1	4
5525	경북 영주시	과수 농가형 저온저장고 지원	200,000	농정과수과	9	6	7	8	7	5	1	4
5526	경북 영주시	친환경 사과적화제 지원	5,740	농정과수과	9	6	7	8	7	5	1	4
5527	경북 영주시	과실 장기저장제 지원	250,000	농정과수과	9	6	7	8	7	5	1	4
5528	경북 영주시	과실 품질제고장비 지원	26,200	농정과수과	9	6	7	8	7	5	1	4
5529	경북 영주시	승용예초기 및 다목적리프트기 지원	135,000	농정과수과	9	6	7	8	7	5	1	4
5530	경북 영주시	과수전용방제기(승용SS기) 지원	150,000	농정과수과	9	6	7	8	7	5	1	4
5531	경북 영주시	주행형 동력분무기 지원	6,000	농정과수과	9	6	7	8	7	5	1	4
5532	경북 영주시	FTA대응 대체과수명품화 지원	27,781	농정과수과	9	6	7	8	7	5	1	4
5533	경북 영주시	귀농인 정착지원사업	16,000	농정과수과	9	6	7	7	7	1	1	4
5534	경북 영주시	귀농인의 집 리모델링 지원	30,000	농정과수과	9	2	7	7	7	1	1	4
5535	경북 영주시	귀농인의 집 수리비 지원	8,000	농정과수과	9	2	7	7	7	1	1	4
5536	경북 영주시	농촌체험휴양마을 운영활성화기반구축지원	63,000	농정과수과	9	6	7	8	7	1	1	4
5537	경북 영주시	토양개량제지원사업	1,299,768	친환경농업팀	9	2	7	8	7	5	5	4
5538	경북 영주시	유기질비료지원사업	2,902,400	친환경농업팀	9	2	7	8	7	5	5	4
5539	경북 영주시	유기농업자재지원사업	17,046	친환경농업팀	9	1	7	8	7	5	5	4
5540	경북 영주시	벼육묘공장설치지원	123,000	채소특작팀	9	4	7	8	7	5	5	4
5541	경북 영주시	잡곡재배단지육성	56,000	채소특작팀	9	4	7	8	7	5	5	4
5542	경북 영주시	친환경농법종합지원	12,540	친환경농업팀	9	1	7	8	7	5	5	4

순번	시군구	지출명 (사업명)	2021년예산 (단위:천원/1년간)	담당자 (공무원) 담당부서	민간이전 분류 (지방자치단체 세출예산 집행기준에 의거) 1. 민간경상사업보조(307-02) 2. 민간단체 법정운영비보조(307-03) 3. 민간행사사업보조(307-04) 4. 민간위탁금(307-05) 5. 사회복지시설 법정운영비보조(307-10) 6. 민간인위탁교육비(307-12) 7. 공기관등에대한경상적위탁사업비(308-10) 8. 민간자본사업보조,자체재원(402-01) 9. 민간자본사업보조,이전재원(402-02) 10. 민간위탁사업비(402-03) 11. 공기관등에 대한 자본적 대행사업비(403-02)	민간이전지출 근거 (지방보조금 관리기준 참고) 1. 법률에 규정 2. 국고보조 재원(국가지정) 3. 용도 지정 기부금 4. 조례에 직접규정 5. 지자체가 권장하는 사업을 하는 공공기관 6. 시,도 정책 및 재정사정 7. 기타 8. 해당없음	입찰방식 계약체결방법 (경쟁형태) 1. 일반경쟁 2. 제한경쟁 3. 지명경쟁 4. 수의계약 5. 법정위탁 6. 기타 ( ) 7. 해당없음	입찰방식 계약기간 1. 1년 2. 2년 3. 3년 4. 4년 5. 5년 6. 기타 ( )년 7. 단기계약 (1년미만) 8. 해당없음	입찰방식 낙찰자선정방법 1. 적격심사 2. 협상에의한계약 3. 최저가낙찰제 4. 규격가격분리 5. 2단계 경쟁입찰 6. 기타 ( ) 7. 해당없음	운영예산 산정 운영예산 산정 1. 내부산정 (지자체 자체적으로 산정) 2. 외부산정 (외부전문기관위탁 산정) 3. 내·외부 모두 산정 4. 산정 無 5. 해당없음	운영예산 산정 정산방법 1. 내부정산 (지자체 내부적으로 정산) 2. 외부정산 (외부전문기관위탁 정산) 3. 내·외부 모두 산정 4. 정산 無 5. 해당없음	성과평가 실시여부 1. 실시 2. 미실시 3. 향후 추진 4. 해당없음
5543	경북 영주시	벼재배생력화지원사업	49,000	채소특작팀	9	4	7	8	7	5	5	4
5544	경북 영주시	농작물피해방지포획기지원	2,830	채소특작팀	9	1	7	8	7	5	5	4
5545	경북 영주시	RPC노후시설현대화지원	117,000	친환경농업팀	9	1	7	8	7	5	5	4
5546	경북 영주시	명품쌀재배단지조성	35,400	채소특작팀	9	4	7	8	7	5	5	4
5547	경북 영주시	밭작물폭염(가뭄)피해예방사업	38,500	채소특작팀	9	4	7	8	7	5	5	4
5548	경북 영주시	벼육묘농자재지원	123,000	채소특작팀	9	5	7	8	7	5	5	4
5549	경북 영주시	대규모벼재배농가대형농기계지원	100,000	채소특작팀	9	1	7	8	7	5	5	4
5550	경북 영주시	특용작물(인삼)생산시설현대화지원	285,000	인삼팀	9	2	7	8	7	5	5	4
5551	경북 영주시	인삼생약산업육성지원	378,000	인삼팀	9	4	7	8	7	5	5	4
5552	경북 영주시	고추비가림재배시설지원	146,446	채소특작팀	9	2	7	8	7	5	5	4
5553	경북 영주시	소득작목육성지원	322,667	채소특작팀	9	4	7	8	7	5	5	4
5554	경북 영주시	화훼생산시설경쟁력제고지원	35,000	채소특작팀	9	4	7	8	7	5	5	4
5555	경북 영주시	축사관리용 CCTV 지원	12,000	축산과	9	6	7	8	7	1	1	1
5556	경북 영주시	한우사료자동급이기지원	60,000	축산과	9	6	7	8	7	1	1	1
5557	경북 영주시	낙농헬퍼(도우미)지원사업	12,240	축산과	9	6	7	8	7	1	1	1
5558	경북 영주시	젖소사료자동급이기 지원	6,500	축산과	9	6	7	8	7	1	1	1
5559	경북 영주시	원유냉각기 지원	7,500	축산과	9	6	7	8	7	1	1	1
5560	경북 영주시	돼지액상정액지원	18,000	축산과	9	1	7	8	7	5	1	1
5561	경북 영주시	자돈폐사율감소지원	6,600	축산과	9	1	7	8	7	5	1	1
5562	경북 영주시	계란난좌지원	76,000	축산과	9	1	7	8	7	5	1	1
5563	경북 영주시	육계사깔짚지원	10,000	축산과	9	1	7	8	7	5	1	1
5564	경북 영주시	양봉꿀벌화분지원	68,000	축산과	9	1	7	8	7	5	1	1
5565	경북 영주시	양봉산물저온저장고지원	15,000	축산과	9	1	7	8	7	5	1	1
5566	경북 영주시	양봉채밀기지원	6,600	축산과	9	1	7	8	7	5	1	1
5567	경북 영주시	토종벌종보전지원	19,200	축산과	9	1	7	8	7	5	1	1
5568	경북 영주시	양봉벌통지원	52,500	축산과	9	1	7	8	7	5	1	1
5569	경북 영주시	벌통전기가온장치지원	9,750	축산과	9	1	7	8	7	5	5	4
5570	경북 영주시	안개분무시설지원	8,000	축산과	9	1	7	8	7	5	1	1
5571	경북 영주시	축산물유통안정성제고사업	19,600	축산과	9	6	7	8	7	5	5	4
5572	경북 영주시	계란냉장차량지원사업	30,000	축산과	9	2	7	8	7	5	5	4
5573	경북 영주시	친환경악취저감제 지원	26,800	축산과	9	6	7	8	7	5	5	4
5574	경북 영주시	고품질액비생산시설지원	24,000	축산과	9	6	7	8	7	5	5	4
5575	경북 영주시	축분고속건조 발효시스템 시설지원	750,000	축산과	9	6	7	8	7	5	5	4
5576	경북 영주시	한우 우량암소 조기선발 기술 시범	200,000	축산과	9	2	7	8	7	5	5	4
5577	경북 영주시	조사료생산용 종자구입 지원	49,560	축산과	9	2	7	8	7	1	1	1
5578	경북 영주시	조사료생산장비 지원	15,000	축산과	9	6	7	8	7	1	1	1
5579	경북 영주시	IOT축우관리시스템 지원	27,000	축산과	9	6	7	8	7	1	1	1
5580	경북 영주시	축산농가 환경개선 장비 지원	90,000	축산과	9	6	7	8	7	1	1	1
5581	경북 영주시	면역강화용사료첨가제 지원	153,450	축산과	9	6	7	8	7	1	1	1
5582	경북 영주시	가축질병예방사업	12,250	축산과	9	1	7	8	7	5	5	4
5583	경북 영주시	소독시설지원사업	15,000	축산과	9	1	7	8	7	5	5	4
5584	경북 영주시	양돈농가울타리설치지원사업	30,000	축산과	9	1	7	8	7	5	5	4

순번	시군구	지출명 (사업명)	2021년예산 (단위:천원/1년간)	담당자 (공무원) 담당부서	민간이전 분류 (지방자치단체 세출예산 집행기준에 의거) 1. 민간경상사업보조(307-02) 2. 민간단체 법정운영비보조(307-03) 3. 민간행사사업보조(307-04) 4. 민간위탁금(307-05) 5. 사회복지시설 법정운영비보조(307-10) 6. 민간인위탁교육비(307-12) 7. 공기관등에대한경상적위탁사업비(308-10) 8. 민간자본사업보조,자체재원(402-01) 9. 민간자본사업보조,이전재원(402-02) 10. 민간위탁사업비(402-03) 11. 공기관등에 대한 자본적 대행사업비(403-02)	민간이전지출 근거 (지방보조금 관리기준 참고) 1. 법률에 규정 2. 국고보조 재원(국가지정) 3. 용도 지정 기부금 4. 조례에 직접규정 5. 지자체가 권장하는 사업을 하는 공공기관 6. 시,도 정책 및 재정사정 7. 기타 8. 해당없음	입찰방식 계약체결방법 (경쟁형태) 1. 일반경쟁 2. 제한경쟁 3. 지명경쟁 4. 수의계약 5. 법정위탁 6. 기타 ( ) 7. 해당없음	입찰방식 계약기간 1. 1년 2. 2년 3. 3년 4. 4년 5. 5년 6. 기타 ( )년 7. 단기계약 (1년미만) 8. 해당없음	입찰방식 낙찰자선정방법 1. 적격심사 2. 협상에의한계약 3. 최저가낙찰제 4. 규격가격분리 5. 2단계 경쟁입찰 6. 기타 ( ) 7. 해당없음	운영예산 산정 운영예산 산정 1. 내부산정 (지자체 자체적으로 산정) 2. 외부산정 (외부전문기관위탁 산정) 3. 내·외부 모두 산정 4. 산정 無 5. 해당없음	운영예산 산정 정산방법 1. 내부정산 (지자체 내부적으로 정산) 2. 외부정산 (외부전문기관위탁 정산) 3. 내·외부 모두 산정 4. 정산 無 5. 해당없음	성과평가 실시여부 1. 실시 2. 미실시 3. 향후 추진 4. 해당없음
5585	경북 영주시	방역인프라구축지원	90,000	축산과	9	2	7	8	7	5	5	4
5586	경북 영주시	중소형 농기계 공급지원	135,000	농촌지도과	9	4	7	8	7	5	5	4
5587	경북 영주시	밭식량작물 다목적농업기계 구입	20,000	농촌지도과	9	4	7	8	7	5	5	4
5588	경북 영주시	농작업 대행 지원사업	140,000	농촌지도과	9	4	7	8	7	5	5	4
5589	경북 영주시	청년농업인 자립기반 구축지원	70,000	농촌지도과	9	4	7	8	7	5	5	4
5590	경북 영주시	작목별 맞춤영 안전관리 실천 시범	50,000	농촌지도과	9	2	7	8	7	5	5	4
5591	경북 영주시	농촌교육농장 육성	70,000	농촌지도과	9	4	7	8	7	5	5	4
5592	경북 영주시	농가형 농산물가공창업 시범	105,000	농촌지도과	9	4	7	8	7	5	5	4
5593	경북 영주시	농촌자원 가치플러스 시범	70,000	농촌지도과	9	4	7	8	7	5	5	4
5594	경북 영주시	생산비 절감을 위핸 벼 소식재배 기술시범	50,000	기술지원과	9	2	7	8	7	5	1	3
5595	경북 영주시	ict 활용기술	16,000	기술지원과	9	1	7	8	7	1	1	1
5596	경북 영주시	미래형 사과 다축과원 조성시범	70,000	기술지원과	9	2	7	8	7	1	1	1
5597	경북 상주시	가정폭력피해자 보호시설 기능보강	2,520	가족복지과	9	1	5	8	7	5	1	1
5598	경북 상주시	어린이집 환경개선	34,400	가족복지과	9	2	5	8	7	1	1	2
5599	경북 상주시	공립요양병원 치매기능보강사업	22,000	건강증진과	9	2	1	1	1	5	5	3
5600	경북 상주시	화재안전성능보강지원사업	26,668	건축과	9	2	7	8	7	5	5	4
5601	경북 상주시	마을기업육성사업	50,000	경제기업과	9	2	7	8	7	5	5	4
5602	경북 상주시	청년농업인 영농대행단 시범 운영	210,000	농촌지원과	9	1	7	8	7	5	5	3
5603	경북 상주시	작목별 맞춤형 안전관리 실천 시범	50,000	농촌지원과	9	1	7	8	7	5	5	3
5604	경북 상주시	유기농 외식 창업지원	50,000	미래농업과	9	1	7	8	7	5	5	3
5605	경북 상주시	접목선인장 완료성 복합비료 담액재배 및 수출시범	10,000	기술보급과	9	1	7	8	7	5	5	3
5606	경북 상주시	딸기 품종 다양화 안정생산기술 시범	30,000	기술보급과	9	1	7	8	7	5	5	3
5607	경북 상주시	스마트 양봉기술 보급 시범	20,000	기술보급과	9	1	7	8	7	5	5	3
5608	경북 상주시	우리품종 전문생산단지 조성 시범	250,000	기술보급과	9	1	7	8	7	5	5	3
5609	경북 상주시	외래품종 대체 최고품질 벼생산,공급거점단지 육성	200,000	기술보급과	9	1	7	8	7	5	5	3
5610	경북 상주시	천적과 작물보호제를 활용한 해충종합방제기술시범	50,000	기술보급과	9	1	7	8	7	5	5	3
5611	경북 상주시	축사 공기정화 질병예방 기술보급 시범	80,000	기술보급과	9	1	7	8	7	5	5	3
5612	경북 상주시	화훼 국내육성품종 보급 시범	60,000	기술보급과	9	1	7	8	7	5	5	3
5613	경북 상주시	농업기술원 육성 복숭아 신품종 조기보급 시범	4,000	기술보급과	9	1	7	8	7	5	5	3
5614	경북 상주시	샤인머스켓 고품질 장기저장 기술 시범	9,600	기술보급과	9	1	7	8	7	5	5	3
5615	경북 상주시	블루베리 완전개방형 하우스 시범	320,000	기술보급과	9	1	7	8	7	5	5	3
5616	경북 상주시	무인항공 병해충119방제단 운영	210,000	기술보급과	9	1	7	8	7	5	5	3
5617	경북 상주시	효소처리 농식품 가공소재화 시범	70,000	미래농업과	9	1	7	8	7	5	5	3
5618	경북 상주시	귀농귀촌유치지원	85,000	농업정책과	9	2	7	8	7	1	1	1
5619	경북 상주시	귀농귀촌유치지원	30,000	농업정책과	9	2	7	8	7	1	1	1
5620	경북 상주시	귀농정착 지원	160,000	농업정책과	9	6	7	8	7	1	1	1
5621	경북 상주시	귀농귀촌지원	200,000	농업정책과	9	6	4	1	6	1	1	1
5622	경북 상주시	귀농귀촌지원	100,000	농업정책과	9	6	7	8	7	1	1	1
5623	경북 상주시	청년농업인 영농정착지원	720,338	농업정책과	9	2	7	8	7	1	1	1
5624	경북 상주시	가업승계우수농업인정착지원	105,000	농업정책과	9	6	7	8	7	1	1	1
5625	경북 상주시	농촌소득자원발굴육성	560,800	농업정책과	9	6	7	8	7	1	1	1
5626	경북 상주시	청년농부육성지원	130,000	농업정책과	9	6	7	8	7	1	1	1

순번	시군구	지출명 (사업명)	2021년예산 (단위:천원/1년간)	담당자 (공무원) 담당부서	민간이전 분류 (지방자치단체 세출예산 집행기준에 의거) 1. 민간경상사업보조(307-02) 2. 민간단체 법정운영비보조(307-03) 3. 민간행사사업보조(307-04) 4. 민간위탁금(307-05) 5. 사회복지시설 법정운영비보조(307-10) 6. 민간인위탁교육비(307-12) 7. 공기관등에대한경상적위탁사업비(308-10) 8. 민간자본사업보조,자체재원(402-01) 9. 민간자본사업보조,이전재원(402-02) 10. 민간위탁사업비(402-03) 11. 공기관등에 대한 자본적 대행사업비(403-02)	민간이전지출 근거 (지방보조금 관리기준 참고) 1. 법률에 규정 2. 국고보조 재원(국가지정) 3. 용도 지정 기부금 4. 조례에 직접규정 5. 지자체가 권장하는 사업을 하는 공공기관 6. 시,도 정책 및 재정사정 7. 기타 8. 해당없음	입찰방식 계약체결방법 (경쟁형태) 1. 일반경쟁 2. 제한경쟁 3. 지명경쟁 4. 수의계약 5. 법정위탁 6. 기타 ( ) 7. 해당없음	입찰방식 계약기간 1. 1년 2. 2년 3. 3년 4. 4년 5. 5년 6. 기타 ( )년 7. 단기계약 (1년미만) 8. 해당없음	입찰방식 낙찰자선정방법 1. 적격심사 2. 협상에의한계약 3. 최저가낙찰제 4. 규격가격분리 5. 2단계 경쟁입찰 6. 기타 ( ) 7. 해당없음	운영예산 산정 운영예산 산정 1. 내부산정 (지자체 자체적으로 산정) 2. 외부산정 (외부전문기관위탁 산정) 3. 내·외부 모두 산정 4. 산정 無 5. 해당없음	운영예산 산정 정산방법 1. 내부정산 (지자체 내부적으로 정산) 2. 외부정산 (외부전문기관위탁 정산) 3. 내·외부 모두 산정 4. 정산 無 5. 해당없음	성과평가 실시여부 1. 실시 2. 미실시 3. 향후 추진 4. 해당없음
5627	경북 상주시	청년농업인 커뮤니티 활성화 지원	80,000	농업정책과	9	6	7	8	7	1	1	1
5628	경북 상주시	초보청년농부멘토링지원	15,000	농업정책과	9	6	7	8	7	1	1	1
5629	경북 상주시	정예인력 교육 및 농업인단체 육성	413,900	농업정책과	9	6	7	8	7	1	1	1
5630	경북 상주시	지역특화전문경영인교육	11,760	농업정책과	9	6	7	8	7	1	1	1
5631	경북 상주시	고부가기술농육성	71,818	농업정책과	9	6	7	8	7	1	1	1
5632	경북 상주시	농업환경보전프로그램	150,000	농업정책과	9	2	7	8	7	1	1	1
5633	경북 상주시	친환경농업기반구축사업	560,000	농업정책과	9	2	7	8	7	1	1	1
5634	경북 상주시	친환경퇴비사설치지원	35,000	농업정책과	9	6	7	8	7	1	1	1
5635	경북 상주시	과수생산시설현대화 지원	2,340,000	농업정책과	9	2	7	8	7	1	1	1
5636	경북 상주시	FTA대응 대체과수 명품화사업	112,412	농업정책과	9	6	7	8	7	1	1	1
5637	경북 상주시	유기농업자재 지원	129,178	농업정책과	9	2	7	8	7	1	1	1
5638	경북 상주시	임산부친환경농산물꾸러미지원	99,840	농업정책과	9	2	7	8	7	1	1	1
5639	경북 상주시	농작물 피해방지 포획기 지원	7,600	농업정책과	9	6	7	8	7	1	1	1
5640	경북 상주시	친환경농자재 및 교육기술지원	500,000	농업정책과	9	6	7	8	7	1	1	1
5641	경북 상주시	농어촌축제지원사업	12,000	농업정책과	9	2	7	8	7	1	1	1
5642	경북 상주시	농촌관광주체 육성 지원	6,621	농업정책과	9	2	7	8	7	1	1	1
5643	경북 상주시	농촌관광주체 육성 지원	173,483	농업정책과	9	2	7	8	7	1	1	1
5644	경북 상주시	농작물 재해보험료 지원	5,050,767	농업정책과	9	6	7	8	7	1	1	1
5645	경북 상주시	농촌체험관광활성화지원	15,250	농업정책과	9	6	7	8	7	1	1	1
5646	경북 상주시	도농교류활성화 지원	81,000	농업정책과	9	6	7	8	7	1	1	1
5647	경북 상주시	농촌관광자원화	2,700	농업정책과	9	6	7	8	7	1	1	1
5648	경북 상주시	농촌관광활성화	4,800	농업정책과	9	6	7	8	7	1	1	1
5649	경북 상주시	농촌관광활성화	18,000	농업정책과	9	6	7	8	7	1	1	1
5650	경북 상주시	과수스마트팜확산사업	39,750	농업정책과	9	2	7	8	7	1	1	1
5651	경북 상주시	과수 생력화 기자재 지원	105,000	농업정책과	9	6	7	8	7	1	1	1
5652	경북 상주시	과실생산비 절감 및 품질제고 지원	94,310	농업정책과	9	6	7	8	7	1	1	1
5653	경북 상주시	과실생산유통지원사업 관리비 지원	74,000	농업정책과	9	6	7	8	7	1	1	1
5654	경북 상주시	농가형 저온저장고 설치	130,000	농업정책과	9	6	7	8	7	1	1	1
5655	경북 상주시	고품질 과수생산기반 구축	20,000	농업정책과	9	6	7	8	7	1	1	1
5656	경북 상주시	고품질 과수생산기반 구축	20,000	농업정책과	9	6	7	8	7	1	1	1
5657	경북 상주시	고품질 과수생산기반 구축	75,000	농업정책과	9	6	7	8	7	1	1	1
5658	경북 상주시	인삼 생산시설 현대화사업	92,960	농업정책과	9	2	7	8	7	1	1	1
5659	경북 상주시	특용작물시설현대화 지원	5,100	농업정책과	9	2	7	8	7	1	1	1
5660	경북 상주시	화훼류 신수출전략품목 육성사업	83,000	농업정책과	9	2	7	8	7	1	1	1
5661	경북 상주시	약용산업육성지원	92,000	농업정책과	9	6	7	8	7	1	1	1
5662	경북 상주시	양잠관련산업육성	8,250	농업정책과	9	6	7	8	7	1	1	1
5663	경북 상주시	양잠관련산업육성	123,900	농업정책과	9	6	7	8	7	1	1	1
5664	경북 상주시	화훼생산시설 경쟁력제고 지원	74,000	농업정책과	9	6	7	8	7	1	1	1
5665	경북 상주시	농업분야 에너지절감시설 지원	86,060	농업정책과	9	2	7	8	7	1	1	1
5666	경북 상주시	전통사찰보수정비	100,000	문화예술과	9	2	7	8	7	1	1	1
5667	경북 상주시	도지정문화재보수	320,000	문화예술과	9	4	7	8	7	1	1	1
5668	경북 상주시	전통사찰보수정비사업	540,000	문화예술과	9	4	7	8	7	1	1	1

순번	시군구	지출명 (사업명)	2021년예산 (단위:천원/1년간)	담당자 (공무원) 담당부서	민간이전 분류 (지방자치단체 세출예산 집행기준에 의거) 1. 민간경상사업보조(307-02) 2. 민간단체 법정운영비보조(307-03) 3. 민간행사사업보조(307-04) 4. 민간위탁금(307-05) 5. 사회복지시설 법정운영비보조(307-10) 6. 민간인위탁교육비(307-12) 7. 공기관등에대한경상적위탁사업비(308-10) 8. 민간자본사업보조,자체재원(402-01) 9. 민간자본사업보조,이전재원(402-02) 10. 민간위탁사업비(402-03) 11. 공기관등에 대한 자본적 대행사업비(403-02)	민간이전지출 근거 (지방보조금 관리기준 참고) 1. 법률에 규정 2. 국고보조 재원(국가지정) 3. 용도 지정 기부금 4. 조례에 직접규정 5. 지자체가 권장하는 사업을 하는 공공기관 6. 시,도 정책 및 재정사정 7. 기타 8. 해당없음	입찰방식 계약체결방법 (경쟁형태) 1. 일반경쟁 2. 제한경쟁 3. 지명경쟁 4. 수의계약 5. 법정위탁 6. 기타 ( ) 7. 해당없음	계약기간 1. 1년 2. 2년 3. 3년 4. 4년 5. 5년 6. 기타 ( )년 7. 단기계약 (1년미만) 8. 해당없음	낙찰자선정방법 1. 적격심사 2. 협상에의한계약 3. 최저가낙찰제 4. 규격가격분리 5. 2단계 경쟁입찰 6. 기타 ( ) 7. 해당없음	운영예산 산정 운영예산 산정 1. 내부산정 (지자체 자체적으로 산정) 2. 외부산정 (외부전문기관위탁 산정) 3. 내·외부 모두 산정 4. 산정 無 5. 해당없음	정산방법 1. 내부정산 (지자체 내부적으로 정산) 2. 외부정산 (외부전문기관위탁 정산) 3. 내·외부 모두 산정 4. 정산 無 5. 해당없음	성과평가 실시여부 1. 실시 2. 미실시 3. 향후 추진 4. 해당없음
5669	경북 상주시	전통사찰보수정비사업	60,000	문화예술과	9	4	7	8	7	1	1	1
5670	경북 상주시	전통사찰 방재시스템 구축	286,000	문화예술과	9	2	7	8	7	1	1	1
5671	경북 상주시	국가지정문화재및등록문화재보수정비	120,000	문화예술과	9	4	7	8	7	1	1	1
5672	경북 상주시	국가지정문화재및등록문화재보수정비	450,000	문화예술과	9	4	7	8	7	1	1	1
5673	경북 상주시	국가지정문화재및등록문화재보수정비	20,000	문화예술과	9	4	7	8	7	1	1	1
5674	경북 상주시	국가지정문화재및등록문화재보수정비	540,000	문화예술과	9	4	7	8	7	1	1	1
5675	경북 상주시	호흡기 전담클리닉 설치운영 지원	100,000	보건위생과	9	2	7	8	7	5	5	4
5676	경북 상주시	목재펠릿보일러 보급	28,000	산림녹지과	9	2	7	8	7	5	5	4
5677	경북 상주시	임산물생산기반조성	316,712	산림녹지과	9	2	7	8	7	5	5	4
5678	경북 상주시	백두대간 주민지원	600,237	산림녹지과	9	1	7	8	7	5	5	4
5679	경북 상주시	산림작물생산단지	63,900	산림녹지과	9	2	7	8	7	5	5	4
5680	경북 상주시	묘목생산기반조성	7,071	산림녹지과	9	2	7	8	7	5	5	4
5681	경북 상주시	양묘시설현대화	240,000	산림녹지과	9	2	7	8	7	5	5	4
5682	경북 상주시	임산물유통기반조성	1,086,234	산림녹지과	9	2	7	8	7	5	5	4
5683	경북 상주시	친환경임산물재배관리	3,450	산림녹지과	9	2	7	8	7	5	5	4
5684	경북 상주시	산림복합경영단지	90,000	산림녹지과	9	2	7	8	7	5	5	4
5685	경북 상주시	산림작물생산단지	217,680	산림녹지과	9	2	7	8	7	5	5	4
5686	경북 상주시	남원 남성1통 마을회관 건립	160,000	새마을체육과	9	4	2	1	1	1	1	2
5687	경북 상주시	행복한 보금자리 만들기사업 지원	24,000	새마을체육과	9	4	7	8	7	1	1	1
5688	경북 상주시	산지유통시설지원(APC) 지원	33,000	유통마케팅과	9	2	7	8	7	5	5	4
5689	경북 상주시	경북 우수농산물 브랜드화	10,000	유통마케팅과	9	6	7	8	7	5	1	4
5690	경북 상주시	배 소포장농가 출하장려금 지원	220,885	유통마케팅과	9	4	7	8	7	1	1	4
5691	경북 상주시	지역 농산물 활용 반찬산업 육성 지원	104,154	유통마케팅과	9	6	7	8	7	1	1	4
5692	경북 상주시	원유 냉각기 지원	7,500	축산과	9	1	7	8	7	5	5	4
5693	경북 상주시	젖소 사료 자동급이기 지원	6,500	축산과	9	1	7	8	7	5	5	4
5694	경북 상주시	젖소 더위방지용 대형선풍기 지원	15,000	축산과	9	1	7	8	7	5	5	4
5695	경북 상주시	꿀벌화분 지원	92,000	축산과	9	1	7	8	7	5	5	4
5696	경북 상주시	자동채밀기 지원	15,400	축산과	9	1	7	8	7	5	5	4
5697	경북 상주시	양봉산물 저온저장고 지원	24,000	축산과	9	1	7	8	7	5	5	4
5698	경북 상주시	양봉벌통 지원	75,000	축산과	9	1	7	8	7	5	5	4
5699	경북 상주시	토종벌 종보전 지원	12,800	축산과	9	1	7	8	7	5	5	4
5700	경북 상주시	벌통 전기가온장치 지원	6,110	축산과	9	1	7	8	7	5	5	4
5701	경북 상주시	염소 사료급이 및 급수기 지원	3,500	축산과	9	1	7	8	7	5	5	4
5702	경북 상주시	축사관리용 CCTV 지원	10,000	축산과	9	1	7	8	7	5	5	4
5703	경북 상주시	축산물 유통 안전성 제고 지원	21,700	축산과	9	1	7	8	7	5	5	4
5704	경북 상주시	축산농가 환경개선장비 지원	135,000	축산과	9	1	7	8	7	5	5	4
5705	경북 상주시	안개분무시설 지원	16,000	축산과	9	1	7	8	7	5	5	4
5706	경북 상주시	축사 환기시설(송풍기) 지원	9,000	축산과	9	1	7	8	7	5	5	4
5707	경북 상주시	축사 단열처리 지원	15,000	축산과	9	1	7	8	7	5	5	4
5708	경북 상주시	IOT기반 축우관리시스템 지원	9,000	축산과	9	1	7	8	7	5	5	4
5709	경북 상주시	한우 사료 자동급이기 지원	100,000	축산과	9	1	7	8	7	5	5	4
5710	경북 상주시	명품상주약감포크 현대화사업	700,000	축산과	9	1	7	8	7	5	5	4

순번	시군구	지출명 (사업명)	2021년예산 (단위:천원/1년간)	담당자 (공무원) 담당부서	민간이전 분류 (지방자치단체 세출예산 집행기준에 의거) 1. 민간경상사업보조(307-02) 2. 민간단체 법정운영비보조(307-03) 3. 민간행사사업보조(307-04) 4. 민간위탁금(307-05) 5. 사회복지시설 법정운영비보조(307-10) 6. 민간인위탁교육비(307-12) 7. 공기관등에대한경상적위탁사업비(308-10) 8. 민간자본사업보조,자체재원(402-01) 9. 민간자본사업보조,이전재원(402-02) 10. 민간위탁사업비(402-03) 11. 공기관등에 대한 자본적 대행사업비(403-02)	민간이전지출 근거 (지방보조금 관리기준 참고) 1. 법률에 규정 2. 국고보조 재원(국가지정) 3. 용도 지정 기부금 4. 조례에 직접규정 5. 지자체가 권장하는 사업을 하는 공공기관 6. 시,도 정책 및 재정사정 7. 기타 8. 해당없음	입찰방식 계약체결방법 (경쟁형태) 1. 일반경쟁 2. 제한경쟁 3. 지명경쟁 4. 수의계약 5. 법정위탁 6. 기타 ( ) 7. 해당없음	입찰방식 계약기간 1. 1년 2. 2년 3. 3년 4. 4년 5. 5년 6. 기타 ( )년 7. 단기계약 (1년미만) 8. 해당없음	입찰방식 낙찰자선정방법 1. 적격심사 2. 협상에의한계약 3. 최저가낙찰제 4. 규격가격분리 5. 2단계 경쟁입찰 6. 기타 ( ) 7. 해당없음	운영예산 산정 운영예산 산정 1. 내부산정 (지자체 자체적으로 산정) 2. 외부산정 (외부전문기관위탁 산정) 3. 내·외부 모두 산정 4. 산정 無 5. 해당없음	운영예산 산정 정산방법 1. 내부정산 (지자체 내부적으로 정산) 2. 외부정산 (외부전문기관위탁 정산) 3. 내·외부 모두 산정 4. 정산 無 5. 해당없음	성과평가 실시여부 1. 실시 2. 미실시 3. 향후 추진 4. 해당없음
5711	경북 상주시	축산물(벌꿀) 제조가공 지원	420,000	축산과	9	1	7	8	7	5	5	4
5712	경북 상주시	가축분뇨 공공처리시설 설치사업	114,286	축산과	9	1	7	8	7	5	5	4
5713	경북 상주시	계란 냉장차량 지원	30,000	축산과	9	1	7	8	7	5	5	4
5714	경북 상주시	조사료 생산장비 지원	15,000	축산과	9	1	7	8	7	5	5	4
5715	경북 상주시	고품질 액비생산시설(고속원심분리기) 지원	24,000	축산과	9	1	7	8	7	5	5	4
5716	경북 상주시	깨끗한 축산환경 조성 장비(콤포스트) 지원	375,000	축산과	9	1	7	8	7	5	5	4
5717	경북 상주시	돼지 소모성질환 지도사업 지원	12,000	축산과	9	1	7	8	7	5	5	4
5718	경북 상주시	가금농가 질병관리 지원	60,000	축산과	9	1	7	8	7	5	5	4
5719	경북 상주시	CCTV 등 방역인프라 설치 지원	168,000	축산과	9	1	7	8	7	5	5	4
5720	경북 상주시	소독시설(중규모) 지원	15,000	축산과	9	1	7	8	7	5	5	4
5721	경북 상주시	구제역 백신접종 원거리 자동주사기 지원	12,250	축산과	9	1	7	8	7	5	5	4
5722	경북 상주시	내수면 양식 기자재 지원	12,600	축산과	9	1	7	8	7	5	5	4
5723	경북 상주시	수산물 처리저장시설 지원	5,040	축산과	9	1	7	8	7	5	5	4
5724	경북 상주시	내수면 어선장비 지원 시범사업	6,000	축산과	9	1	7	8	7	5	5	4
5725	경북 상주시	야생동물 피해예방 사업	110,000	환경관리과	9	2	7	8	7	5	5	4
5726	경북 상주시	전기자동차 구매 지원	3,687,000	환경관리과	9	2	7	8	7	5	5	4
5727	경북 상주시	전기이륜차 구매 지원	45,000	환경관리과	9	2	7	8	7	5	5	4
5728	경북 상주시	가정용 저녹스 보일러 보급지원	43,600	환경관리과	9	2	7	8	7	5	5	4
5729	경북 상주시	소규모사업장 방지시설 설치 지원	450,000	환경관리과	9	2	7	8	7	5	5	4
5730	경북 문경시	임산물 생산기반 조성사업	63,750	산림녹지과	9	2	7	8	7	5	5	4
5731	경북 문경시	임산물 유통기반 조성사업	133,038	산림녹지과	9	2	7	8	7	5	5	4
5732	경북 문경시	임산물 상품화 지원사업	88,428	산림녹지과	9	2	7	8	7	5	5	4
5733	경북 문경시	산림복합경영단지	134,000	산림녹지과	9	2	7	8	7	5	5	4
5734	경북 문경시	백두대간주민지원사업	451,313	산림녹지과	9	2	7	8	7	5	5	4
5735	경북 문경시	친환경임산물재배관리	25,610	산림녹지과	9	2	7	8	7	5	5	4
5736	경북 문경시	지역대표임산물경쟁력제고사업	67,620	산림녹지과	9	2	7	8	7	5	5	4
5737	경북 문경시	산림작물생산단지	63,750	산림녹지과	9	2	7	8	7	5	5	4
5738	경북 문경시	산림작물생산단지	298,800	산림녹지과	9	2	7	8	7	5	5	4
5739	경북 문경시	주택용 목재펠릿보일러 지원사업	33,600	산림녹지과	9	2	7	8	7	1	1	4
5740	경북 문경시	첨단안전장치(차로이탈경고장치)장착지원	2,000	교통행정과	9	2	7	8	7	5	5	4
5741	경북 문경시	귀농인정착지원	12,000	농촌개발과	9	1	7	8	7	5	5	4
5742	경북 문경시	귀농인 영농자재 지원	15,000	농촌개발과	9	1	7	8	7	5	5	4
5743	경북 문경시	귀농인 주택수리비 지원	44,800	농촌개발과	9	1	7	8	7	1	1	4
5744	경북 문경시	결혼이민자농가 소득증진 지원	8,000	농정과	9	6	7	8	7	1	1	4
5745	경북 문경시	농업계고졸업생창업비용지원	10,000	농정과	9	6	7	8	7	1	1	4
5746	경북 문경시	가업승계우수농업인정착지원	35,000	농정과	9	6	7	8	7	1	1	4
5747	경북 문경시	중소형농기계 지원	115,000	농정과	9	4	7	8	7	1	1	4
5748	경북 문경시	소규모 벼 육묘장 설치	42,000	농정과	9	4	7	8	7	1	1	4
5749	경북 문경시	대규모 벼 육묘장 설치	70,000	농정과	9	4	7	8	7	1	1	4
5750	경북 문경시	대규모 벼 육묘장 개보수	30,000	농정과	9	4	7	8	7	1	1	4
5751	경북 문경시	대규모 벼 육묘 녹화장	20,000	농정과	9	4	7	8	7	1	1	4
5752	경북 문경시	소규모 벼 육묘 녹화장	11,000	농정과	9	4	7	8	7	1	1	4

순번	시군구	지출명 (사업명)	2021년예산 (단위:천원/1년간)	담당자 (공무원) 담당부서	민간이전 분류 (지방자치단체 세출예산 집행기준에 의거) 1. 민간경상사업보조(307-02) 2. 민간단체 법정운영비보조(307-03) 3. 민간행사사업보조(307-04) 4. 민간위탁금(307-05) 5. 사회복지시설 법정운영비보조(307-10) 6. 민간인위탁교육비(307-12) 7. 공기관등에대한경상적위탁사업비(308-10) 8. 민간자본사업보조,자체재원(402-01) 9. 민간자본사업보조,이전재원(402-02) 10. 민간위탁사업비(402-03) 11. 공기관등에 대한 자본적 대행사업비(403-02)	민간이전지출 근거 (지방보조금 관리기준 참고) 1. 법률에 규정 2. 국고보조 재원(국가지정) 3. 용도 지정 기부금 4. 조례에 직접규정 5. 지자체가 권장하는 사업을 하는 공공기관 6. 시,도 정책 및 재정사정 7. 기타 8. 해당없음	입찰방식 계약체결방법 (경쟁형태) 1. 일반경쟁 2. 제한경쟁 3. 지명경쟁 4. 수의계약 5. 법정위탁 6. 기타 ( ) 7. 해당없음	입찰방식 계약기간 1. 1년 2. 2년 3. 3년 4. 4년 5. 5년 6. 기타 ( )년 7. 단기계약 (1년미만) 8. 해당없음	입찰방식 낙찰자선정방법 1. 적격심사 2. 협상에의한계약 3. 최저가낙찰제 4. 규격가격분리 5. 2단계 경쟁입찰 6. 기타 ( ) 7. 해당없음	운영예산 산정 운영예산 산정 1. 내부산정 (지자체 자체적으로 산정) 2. 외부산정 (외부전문기관위탁 산정) 3. 내·외부 모두 산정 4. 산정 無 5. 해당없음	운영예산 산정 정산방법 1. 내부정산 (지자체 내부적으로 정산) 2. 외부정산 (외부전문기관위탁 정산) 3. 내·외부 모두 산정 4. 정산 無 5. 해당없음	성과평가 실시여부 1. 실시 2. 미실시 3. 향후 추진 4. 해당없음
5753	경북 문경시	벼 육묘상처리제 지원	82,500	농정과	9	6	7	8	7	1	1	4
5754	경북 문경시	곡물건조기 지원	45,000	농정과	9	4	7	8	7	1	1	4
5755	경북 문경시	육묘용파종기 지원	7,500	농정과	9	4	7	8	7	1	1	4
5756	경북 문경시	벼종자소독기 기원	7,500	농정과	9	4	7	8	7	1	1	4
5757	경북 문경시	폭염피해예방지원	15,000	농정과	9	4	7	8	7	1	1	4
5758	경북 문경시	RPC노후시설 현대화 지원	150,000	농정과	9	6	1	8	3	1	1	4
5759	경북 문경시	토양개량제 지원	495,499	농정과	9	2	7	8	7	1	1	4
5760	경북 문경시	유기질비료 지원	900,000	농정과	9	2	7	8	7	1	1	4
5761	경북 문경시	녹비작물 농자재 구입	11,176	농정과	9	4	7	8	7	1	1	4
5762	경북 문경시	객토.비료 등 지원	29,490	농정과	9	6	7	8	7	1	1	4
5763	경북 문경시	FTA과수고품질시설현대화사업	1,324,000	농정과	9	2	7	8	7	1	1	4
5764	경북 문경시	농가형 저온저장고설치 지원	60,000	농정과	9	4	7	8	7	1	1	4
5765	경북 문경시	과수생력화장비지원	343,500	농정과	9	4	7	8	7	1	1	4
5766	경북 문경시	친환경사과적화제지원	33,600	농정과	9	4	7	8	7	1	1	4
5767	경북 문경시	과실장기저장제지원	115,500	농정과	9	4	7	8	7	1	1	4
5768	경북 문경시	농업용수처리기 지원	17,500	농정과	9	4	7	8	7	1	1	4
5769	경북 문경시	신선도유지기 지원	7,500	농정과	9	4	7	8	7	1	1	4
5770	경북 문경시	비파괴당도측정기지원	11,550	농정과	9	4	7	8	7	1	1	4
5771	경북 문경시	FTA대응대체과수명품화사업	40,000	농정과	9	4	7	8	7	1	1	4
5772	경북 문경시	시설하우스 현대화 사업	190,000	농정과	9	6	7	8	7	1	1	4
5773	경북 문경시	노지채소 농기계 지원	44,750	농정과	9	4	7	8	7	1	1	4
5774	경북 문경시	이동식 저온저장고 지원	75,000	농정과	9	4	7	8	7	1	1	4
5775	경북 문경시	다목적 농산물 건조기 지원	5,250	농정과	9	4	7	8	7	1	1	4
5776	경북 문경시	원예소득작목 생력화 장비 지원	35,000	농정과	9	4	7	8	7	1	1	4
5777	경북 문경시	고추비가림 재배시설 지원	68,491	농정과	9	2	7	8	7	1	1	4
5778	경북 문경시	인삼 점적관수시설 지원	4,000	농정과	9	2	7	8	7	1	1	4
5779	경북 문경시	밭작물공동경영체육성지원	135,000	농정과	9	2	7	8	7	1	1	4
5780	경북 문경시	시설하우스 재배시설지원	37,277	농정과	9	2	7	8	7	1	1	4
5781	경북 문경시	종자산업기반구축사업	252,000	농정과	9	2	7	8	7	1	1	4
5782	경북 문경시	오미자 생력화장비 지원	45,000	농정과	9	6	7	8	7	1	1	4
5783	경북 문경시	가은읍 중대문바지골경로당신축	170,000	노인장애인복지과	9	4	1	8	1	1	1	2
5784	경북 문경시	가은읍 원민지 여성경로당 재건축	180,000	노인장애인복지과	9	4	1	8	1	1	1	2
5785	경북 문경시	향군회관 리모델링	400,000	사회복지과	9	4	7	8	7	5	5	4
5786	경북 문경시	화재안전성능보강	26,668	건축디자인과	9	1	4	8	7	1	1	3
5787	경북 문경시	수선유지급여	460,000	건축디자인과	9	6	7	8	7	1	1	2
5788	경북 문경시	건축행정시스템(세움터) 재구축	17,600	건축디자인과	9	5	7	8	7	1	1	3
5789	경북 문경시	농산물 공동출하 선별비 지원	152,000	유통축산과	9	2	7	8	7	1	1	1
5790	경북 문경시	농산물생산유통기반구축지원	700,000	유통축산과	9	1	7	8	7	1	1	1
5791	경북 문경시	조사료생산용사일리지 제조비 지원	220,860	유통축산과	9	2	7	8	7	3	3	1
5792	경북 문경시	조사료생산장비	15,000	유통축산과	9	6	7	8	7	3	3	1
5793	경북 문경시	젖소사료자동급이기	6,500	유통축산과	9	6	7	8	7	3	3	1
5794	경북 문경시	불량모돈갱신사업	33,000	유통축산과	9	6	7	8	7	3	3	1

순번	시군구	지출명 (사업명)	2021년예산 (단위:천원/1년간)	담당자 (공무원) 담당부서	민간이전 분류 (지방자치단체 세출예산 집행기준에 의거) 1. 민간경상사업보조(307-02) 2. 민간단체 법정운영비보조(307-03) 3. 민간행사사업보조(307-04) 4. 민간위탁금(307-05) 5. 사회복지시설 법정운영비보조(307-10) 6. 민간인위탁교육비(307-12) 7. 공기관등에대한경상적위탁사업비(308-10) 8. 민간자본사업보조,자체재원(402-01) 9. 민간자본사업보조,이전재원(402-02) 10. 민간위탁사업비(402-03) 11. 공기관등에 대한 자본적 대행사업비(403-02)	민간이전지출 근거 (지방보조금 관리기준 참고) 1. 법률에 규정 2. 국고보조 재원(국가지정) 3. 용도 지정 기부금 4. 조례에 직접규정 5. 지자체가 권장하는 사업을 하는 공공기관 6. 시,도 정책 및 재정사정 7. 기타 8. 해당없음	입찰방식 계약체결방법 (경쟁형태) 1. 일반경쟁 2. 제한경쟁 3. 지명경쟁 4. 수의계약 5. 법정위탁 6. 기타 ( ) 7. 해당없음	입찰방식 계약기간 1. 1년 2. 2년 3. 3년 4. 4년 5. 5년 6. 기타 ( )년 7. 단기계약 (1년미만) 8. 해당없음	입찰방식 낙찰자선정방법 1. 적격심사 2. 협상에의한계약 3. 최저가낙찰제 4. 규격가격분리 5. 2단계 경쟁입찰 6. 기타 ( ) 7. 해당없음	운영예산 산정 운영예산 산정 1. 내부산정 (지자체 자체적으로 산정) 2. 외부산정 (외부전문기관위탁 산정) 3. 내·외부 모두 산정 4. 산정 無 5. 해당없음	운영예산 산정 정산방법 1. 내부정산 (지자체 내부적으로 정산) 2. 외부정산 (외부전문기관위탁 정산) 3. 내·외부 모두 산정 4. 정산 無 5. 해당없음	성과평가 실시여부 1. 실시 2. 미실시 3. 향후 추진 4. 해당없음
5795	경북 문경시	친환경축산물 인증비 지원	8,330	유통축산과	9	6	7	8	7	3	3	1
5796	경북 문경시	친환경악취저감제 지원	33,500	유통축산과	9	6	7	8	7	3	3	1
5797	경북 문경시	고속원심분리기 지원	24,000	유통축산과	9	6	7	8	7	3	3	1
5798	경북 문경시	미세폭기	8,000	유통축산과	9	6	7	8	7	3	3	1
5799	경북 문경시	퇴비부숙제	34,100	유통축산과	9	6	7	8	7	3	3	1
5800	경북 문경시	전자식활성수기 지원	16,500	유통축산과	9	6	7	8	7	3	3	1
5801	경북 문경시	축사관리용cctv지원	8,000	유통축산과	9	6	7	8	7	3	3	1
5802	경북 문경시	한우사료자동급이기	40,000	유통축산과	9	6	7	8	7	3	3	1
5803	경북 문경시	돼지액상정액지원	9,000	유통축산과	9	6	7	8	7	3	3	1
5804	경북 문경시	꿀벌화분지원	34,000	유통축산과	9	6	7	8	7	3	3	1
5805	경북 문경시	양봉벌통지원	30,000	유통축산과	9	6	7	8	7	3	3	1
5806	경북 문경시	양봉채밀기 지원사업	6,600	유통축산과	9	6	7	8	7	3	3	1
5807	경북 문경시	양봉산물저온저장고지원	15,000	유통축산과	9	6	7	8	7	3	3	1
5808	경북 문경시	토종벌 종보전	9,600	유통축산과	9	6	7	8	7	3	3	1
5809	경북 문경시	벌통전기가온장치 지원	13,000	유통축산과	9	6	7	8	7	3	3	1
5810	경북 문경시	계란 난좌지원	16,000	유통축산과	9	6	7	8	7	3	3	1
5811	경북 문경시	육계사 깔짚지원	11,250	유통축산과	9	6	7	8	7	3	3	1
5812	경북 문경시	면역강화용사료첨가제지원	88,350	유통축산과	9	6	7	8	7	3	3	1
5813	경북 문경시	한우수정란이식사업	14,170	유통축산과	9	6	7	8	7	3	3	1
5814	경북 문경시	축사단열처리지원사업	10,000	유통축산과	9	6	7	8	7	3	3	1
5815	경북 문경시	안개분무시설지원	16,000	유통축산과	9	6	7	8	7	3	3	1
5816	경북 문경시	축사환기기설(송풍기)지원	6,000	유통축산과	9	6	7	8	7	3	3	1
5817	경북 문경시	IOT기반축우관리시스템 지원	36,000	유통축산과	9	6	7	8	7	3	3	1
5818	경북 문경시	스키드로더 지원	75,000	유통축산과	9	6	7	8	7	3	3	1
5819	경북 문경시	내수면기자재공급	6,720	유통축산과	9	6	7	8	7	3	3	1
5820	경북 문경시	수산물브랜드개발 및 규격용기지원	30,200	유통축산과	9	6	7	8	7	1	1	1
5821	경북 문경시	축산물 홍보박스 지원	25,000	유통축산과	9	4	7	8	7	1	1	1
5822	경북 문경시	브랜드육 전문판매점(약돌한우,약돌돼지)지원	8,000	유통축산과	9	4	7	8	7	1	1	1
5823	경북 문경시	문경약돌한우분말지원사업	32,725	유통축산과	9	4	7	8	7	1	1	1
5824	경북 문경시	암소 사료첨가제 지원	14,000	유통축산과	9	4	7	8	7	3	1	1
5825	경북 문경시	소독시설지원사업	15,000	유통축산과	9	1	7	8	7	3	1	1
5826	경북 문경시	축산분야HACCP인증비지원사업	1,575	유통축산과	9	1	7	8	7	5	5	4
5827	경북 문경시	구제역전업농 백신지원	244,138	유통축산과	9	2	7	1	7	1	1	1
5828	경북 문경시	축산물유통안전성제고사업	24,500	유통축산과	9	4	7	8	7	1	1	1
5829	경북 문경시	계란냉장차량지원사업	15,000	유통축산과	9	4	7	8	7	1	1	1
5830	경북 문경시	축산물유통차량지원사업	25,000	유통축산과	9	2	7	8	7	2	2	1
5831	경북 문경시	오미자육가공시설지원사업	700,000	유통축산과	9	2	7	7	7	1	1	4
5832	경북 문경시	가금농가 질병관리 지원사업	18,000	유통축산과	9	2	7	7	7	1	1	4
5833	경북 문경시	닭진드기 공동방제 지원사업	24,000	유통축산과	9	2	7	7	7	1	1	4
5834	경북 문경시	돼지 써코바이러스 백신지원	56,219	유통축산과	9	2	7	7	7	1	1	4
5835	경북 문경시	돼지소모성질환지도사업	12,000	유통축산과	9	2	7	7	7	1	1	4
5836	경북 문경시	가금농가 CCTV등 방역인프라 설치 지원사업	30,000	유통축산과	9	2	7	7	7	1	1	4

순번	시군구	지출명 (사업명)	2021년예산 (단위:천원/1년간)	담당자 (공무원) 담당부서	민간이전 분류 (지방자치단체 세출예산 집행기준에 의거) 1. 민간경상사업보조(307-02) 2. 민간단체 법정운영비보조(307-03) 3. 민간행사사업보조(307-04) 4. 민간위탁금(307-05) 5. 사회복지시설 법정운영비보조(307-10) 6. 민간인위탁교육비(307-12) 7. 공기관등에대한경상적위탁사업비(308-10) 8. 민간자본사업보조,자체재원(402-01) 9. 민간자본사업보조,이전재원(402-02) 10. 민간위탁사업비(402-03) 11. 공기관등에 대한 자본적 대행사업비(403-02)	민간이전지출 근거 (지방보조금 관리기준 참고) 1. 법률에 규정 2. 국고보조 재원(국가지정) 3. 용도 지정 기부금 4. 조례에 직접규정 5. 지자체가 권장하는 사업을 하는 공공기관 6. 시,도 정책 및 재정사정 7. 기타 8. 해당없음	입찰방식 계약체결방법 (경쟁형태) 1. 일반경쟁 2. 제한경쟁 3. 지명경쟁 4. 수의계약 5. 법정위탁 6. 기타 ( ) 7. 해당없음	입찰방식 계약기간 1. 1년 2. 2년 3. 3년 4. 4년 5. 5년 6. 기타 ( )년 7. 단기계약 (1년미만) 8. 해당없음	입찰방식 낙찰자선정방법 1. 적격심사 2. 협상에의한계약 3. 최저가낙찰제 4. 규격가격분리 5. 2단계 경쟁입찰 6. 기타 ( ) 7. 해당없음	운영예산 산정 운영예산 산정 1. 내부산정 (지자체 자체적으로 산정) 2. 외부산정 (외부전문기관위탁 산정) 3. 내·외부 모두 산정 4. 산정 無 5. 해당없음	운영예산 산정 정산방법 1. 내부정산 (지자체 내부적으로 정산) 2. 외부정산 (외부전문기관위탁 정산) 3. 내·외부 모두 산정 4. 정산 無 5. 해당없음	성과평가 실시여부 1. 실시 2. 미실시 3. 향후 추진 4. 해당없음
5837	경북 문경시	사포닌 고함유 도라지 품질 고급화 기술시범	70,000	기술지원과	9	2	7	8	7	5	5	4
5838	경북 문경시	농업인 소규모 창업기술 지원	100,000	기술지원과	9	2	7	8	7	5	5	4
5839	경북 문경시	밭작물 신기술 선도단지 육성	206,000	소득개발과	9	2	7	8	7	5	5	4
5840	경북 문경시	기능성 다겹보온 커튼 기술시범	70,000	소득개발과	9	2	7	8	7	5	5	4
5841	경북 문경시	딸기 다년재배 국내품종육성 시범	60,000	소득개발과	9	1	7	8	7	5	5	4
5842	경북 문경시	장원별 확대보급 시범	18,000	소득개발과	9	1	7	8	7	5	5	4
5843	경북 문경시	정부보급종 생산포장 공동방제	20,000	소득개발과	9	4	7	8	7	5	5	4
5844	경북 문경시	병해충예찰방제생력화사업	90,000	소득개발과	9	4	7	8	7	5	5	4
5845	경북 문경시	작물 수분스트레스 기반 노지 스마트 관개시스템 기술 시범	30,000	소득개발과	9	2	7	8	7	5	5	4
5846	경북 문경시	이상기상 대응 과원 피해예방 기술 확산 시범	100,000	소득개발과	9	2	7	8	7	5	5	4
5847	경북 문경시	고품질 체리 생산단지 조성 시범	1,000,000	소득개발과	9	2	7	8	7	5	5	4
5848	경북 문경시	야생동물 피해예방사업	320,000	환경보호과	9	2	7	8	7	5	5	4
5849	경북 문경시	소규모사업장방지시설설치지원	315,000	환경보호과	9	2	7	8	7	5	5	4
5850	경북 문경시	가정용저녹스보일러보급사업	13,000	환경보호과	9	2	7	8	7	5	5	4
5851	경북 문경시	운행차 저감장치 부착 지원사업	177,500	환경보호과	9	2	7	8	7	5	5	4
5852	경북 문경시	슬레이트처리 및 지붕개량사업	970,400	환경보호과	9	2	7	8	7	5	5	4
5853	경북 문경시	전기자동차 보급	2,854,000	환경보호과	9	2	7	8	7	5	5	4
5854	경북 문경시	대승사 묘적암 나옹화상 영정 주변 재난방지 시스템 구축사업	40,000	문화예술과	9	2	7	8	7	5	5	4
5855	경북 문경시	문경 대승사 목각아미타여래설법상 주변 소방시설 개선사업	325,700	문화예술과	9	2	4	8	7	1	2	1
5856	경북 문경시	영순 동산재 주변정비	995,000	문화예술과	9	8	7	8	7	5	5	4
5857	경북 문경시	산양 녹문리 개성고씨 종택보수	40,000	문화예술과	9	8	7	8	7	5	5	4
5858	경북 문경시	산양 원모정 주변정비	10,000	문화예술과	9	8	7	8	7	5	5	4
5859	경북 문경시	산양 죽헌정 주변정비	35,000	문화예술과	9	8	7	8	7	5	5	4
5860	경북 문경시	호계 구산리 김영욱 가옥 보수	350,000	문화예술과	9	8	7	8	7	5	5	4
5861	경북 문경시	산북 부훤당 담장보수	70,000	문화예술과	9	8	7	8	7	5	5	4
5862	경북 문경시	산북 존경재 정비사업	140,000	문화예술과	9	8	7	8	7	5	5	4
5863	경북 문경시	문경 김룡사 양진암 보수	360,000	문화예술과	9	8	7	8	7	5	5	4
5864	경북 문경시	문경 김룡사 대성암 금당 보수사업	500,000	문화예술과	9	8	7	8	7	5	5	4
5865	경북 문경시	문경 봉암사 환적당 지경탑 보존처리 사업	60,000	문화예술과	9	8	7	8	7	5	5	4
5866	경북 문경시	전통사찰 원적사 주변정비사업	150,000	문화예술과	9	8	7	8	7	5	5	4
5867	경북 문경시	전통사찰 (운암사)방재시스템 구축사업	40,000	문화예술과	9	8	7	8	7	5	5	4
5868	경북 문경시	전통사찰(대승사 묘적암)방재시스템 구축사업	54,000	문화예술과	9	8	7	8	7	5	5	4
5869	경북 문경시	문경 봉암사 지증대사탑비 주변정비	25,000	문화예술과	9	8	7	8	7	5	5	4
5870	경북 문경시	문경 봉암사 지증대사탑비 주변정비	25,000	문화예술과	9	8	7	8	7	5	5	4
5871	경북 문경시	문경 대승사 금동아미타여래좌상 및 복장유물주변정비	890,000	문화예술과	9	8	7	8	7	5	5	4
5872	경북 문경시	문경 대승사 금동아미타여래좌상 및 복장유물주변정비	480,000	문화예술과	9	8	7	8	7	5	5	4
5873	경북 문경시	문경 김룡사 영산회괘불도 주변정비	180,000	문화예술과	9	8	7	8	7	5	5	4
5874	경북 문경시	문경 김룡사 영산회괘불도 주변정비	490,000	문화예술과	9	8	7	8	7	5	5	4
5875	경북 문경시	문경 봉암사 삼층석탑 주변정비	200,000	문화예술과	9	8	7	8	7	5	5	4
5876	경북 문경시	고용보조금	90,000	일자리경제과	9	4	7	8	7	1	1	4
5877	경북 문경시	지방투자촉진보조금	5,013,000	일자리경제과	9	2	7	8	7	3	3	4
5878	경북 문경시	다목적 태양열시스템 보급사업	216,300	일자리경제과	9	6	6	8	7	5	5	1

순번	시군구	지출명 (사업명)	2021년예산 (단위:천원/1년간)	담당자 (공무원) 담당부서	민간이전 분류 (지방자치단체 세출예산 집행기준에 의거) 1. 민간경상사업보조(307-02) 2. 민간단체 법정운영비보조(307-03) 3. 민간행사사업보조(307-04) 4. 민간위탁금(307-05) 5. 사회복지시설 법정운영비보조(307-10) 6. 민간인위탁교육비(307-12) 7. 공기관등에대한경상적위탁사업비(308-10) 8. 민간자본사업보조,자체재원(402-01) 9. 민간자본사업보조,이전재원(402-02) 10. 민간위탁사업비(402-03) 11. 공기관등에 대한 자본적 대행사업비(403-02)	민간이전지출 근거 (지방보조금 관리기준 참고) 1. 법률에 규정 2. 국고보조 재원(국가지정) 3. 용도 지정 기부금 4. 조례에 직접규정 5. 지자체가 권장하는 사업을 하는 공공기관 6. 시,도 정책 및 재정사정 7. 기타 8. 해당없음	입찰방식 계약체결방법 (경쟁형태) 1. 일반경쟁 2. 제한경쟁 3. 지명경쟁 4. 수의계약 5. 법정위탁 6. 기타 ( ) 7. 해당없음	입찰방식 계약기간 1. 1년 2. 2년 3. 3년 4. 4년 5. 5년 6. 기타 ( )년 7. 단기계약 (1년미만) 8. 해당없음	입찰방식 낙찰자선정방법 1. 적격심사 2. 협상에의한계약 3. 최저가낙찰제 4. 규격가격분리 5. 2단계 경쟁입찰 6. 기타 ( ) 7. 해당없음	운영예산 산정 운영예산 산정 1. 내부산정 (지자체 자체적으로 산정) 2. 외부산정 (외부전문기관위탁 산정) 3. 내·외부 모두 산정 4. 산정 無 5. 해당없음	운영예산 산정 정산방법 1. 내부정산 (지자체 내부적으로 정산) 2. 외부정산 (외부전문기관위탁 정산) 3. 내·외부 모두 산정 4. 정산 無 5. 해당없음	성과평가 실시여부 1. 실시 2. 미실시 3. 향후 추진 4. 해당없음
5879	경북 문경시	취약계층 에너지복지사업 LED교체공사	32,000	일자리경제과	9	2	6	8	7	5	5	3
5880	경북 문경시	복지시설 태양광설치사업	106,981	일자리경제과	9	2	6	8	7	5	5	1
5881	경북 문경시	신재생에너지 주택지원사업	273,500	일자리경제과	9	6	6	8	7	5	5	1
5882	경북 문경시	도시가스 미공급지역지원	44,000	일자리경제과	9	6	6	8	7	5	5	1
5883	경북 문경시	복지시설 에너지절약사업	253,600	일자리경제과	9	6	6	8	7	5	5	3
5884	경북 문경시	신재생에너지 모니터링시스템 설치	37,400	일자리경제과	9	6	6	8	7	5	5	3
5885	경북 경산시	화장품 제품개발 지원	240,000	전략사업추진단	9	7	7	8	7	4	4	1
5886	경북 경산시	청년문화거리 조성	600,000	전략사업추진단	9	4	6	4	6	1	1	3
5887	경북 경산시	청년희망아지트 구축	20,000	전략사업추진단	9	4	6	4	6	1	1	3
5888	경북 경산시	행복한 보금자리 만들기 사업	30,000	새마을민원과	9	1	7	8	7	1	1	1
5889	경북 경산시	하양읍 부호2리 마을회관 건립	170,000	새마을민원과	9	4	7	8	7	1	1	1
5890	경북 경산시	남천면 하도리 마을회관 건립	160,000	새마을민원과	9	4	7	8	7	1	1	1
5891	경북 경산시	신재생에너지 주택지원사업	182,900	일자리경제과	9	2	7	8	7	5	1	4
5892	경북 경산시	신재생에너지 건물지원사업	54,550	일자리경제과	9	2	7	8	7	5	1	4
5893	경북 경산시	남신리 LPG소형저장탱크 보급사업	660,791	일자리경제과	9	1	7	1	7	1	1	1
5894	경북 경산시	진량읍 봉회리 본관 및 공급관 설치	801,000	일자리경제과	9	4	7	1	7	1	1	1
5895	경북 경산시	사회복지시설 고효율냉난방기 교체	27,000	일자리경제과	9	6	7	8	7	5	1	4
5896	경북 경산시	신재생에너지 모니터링시스템 설치 및 정비	78,200	일자리경제과	9	6	7	8	7	5	1	4
5897	경북 경산시	마을기업 운영 기자재 구입	20,000	일자리경제과	9	2	7	8	7	5	5	4
5898	경북 경산시	사회맞춤형 산학협력선도대학 육성사업	120,000	중소기업벤처과	9	2	7	8	7	5	5	4
5899	경북 경산시	초기창업 패키지 지원 사업	20,000	중소기업벤처과	9	2	7	8	7	5	5	4
5900	경북 경산시	창업보육센터 지원	94,500	중소기업벤처과	9	4	7	8	7	5	5	4
5901	경북 경산시	S/W기반 지능형 SOC 모듈화 지원사업	200,000	중소기업벤처과	9	2	7	8	7	5	5	4
5902	경북 경산시	임산물생산기반조성 지원	210,876	산림녹지과	9	1	7	8	7	5	5	4
5903	경북 경산시	임산물유통기반조성 지원	50,000	산림녹지과	9	1	7	8	7	5	5	4
5904	경북 경산시	산림복합경영단지 조성 지원	48,000	산림녹지과	9	1	7	8	7	5	5	4
5905	경북 경산시	소규모사업장 방지시설 지원사업	1,350	환경과	9	2	7	8	7	4	1	4
5906	경북 경산시	주유소 유증기 회수설비 지원사업	95,200	환경과	9	2	7	8	7	4	1	4
5907	경북 경산시	가정용 저녹스보일러 보급사업	232,000	환경과	9	2	7	8	7	5	5	4
5908	경북 경산시	천연가스자동차 구입 지원	180,000	환경과	9	2	7	8	7	5	5	4
5909	경북 경산시	전기자동차 보급	3,380,000	환경과	9	2	7	8	7	5	5	4
5910	경북 경산시	전기화물차 보급	440,000	환경과	9	2	7	8	7	5	5	4
5911	경북 경산시	전기이륜차 보급	45,000	환경과	9	2	7	8	7	5	5	4
5912	경북 경산시	어린이 통학차량 LPG차 전환지원	380,000	환경과	9	2	7	8	7	5	5	4
5913	경북 경산시	경유차 저감장치(DPF) 부착	456,000	환경과	9	2	7	8	7	5	5	4
5914	경북 경산시	건설기계 저감장치(DPF) 부착	110,000	환경과	9	2	7	8	7	5	5	4
5915	경북 경산시	건설기계 엔진교체	412,500	환경과	9	2	7	8	7	5	5	4
5916	경북 경산시	노후1톤화물차량 LPG차 전환지원	288,000	환경과	9	2	7	8	7	5	5	4
5917	경북 경산시	야생동물 피해 예방시설 지원	80,000	환경과	9	1	7	8	7	5	5	4
5918	경북 경산시	노인복지시설 화재안전창 설치	43,650	사회복지과	9	2	7	8	7	5	5	4
5919	경북 경산시	노인복지시설 이동형 음압장비 설치지원	156,800	사회복지과	9	6	7	8	7	5	5	4
5920	경북 경산시	장애인직업재활시설 방역장비 지원	12,000	사회복지과	9	2	7	8	7	5	5	4

순번	시군구	지출명 (사업명)	2021년예산 (단위:천원/1년간)	담당자 (공무원) 담당부서	민간이전 분류 (지방자치단체 세출예산 집행기준에 의거) 1. 민간경상사업보조(307-02) 2. 민간단체 법정운영비보조(307-03) 3. 민간행사사업보조(307-04) 4. 민간위탁금(307-05) 5. 사회복지시설 법정운영비보조(307-10) 6. 민간인위탁교육비(307-12) 7. 공기관등에대한경상적위탁사업비(308-10) 8. 민간자본사업보조,자체재원(402-01) 9. 민간자본사업보조,이전재원(402-02) 10. 민간위탁사업비(402-03) 11. 공기관등에 대한 자본적 대행사업비(403-02)	민간이전지출 근거 (지방보조금 관리기준 참고) 1. 법률에 규정 2. 국고보조 재원(국가지정) 3. 용도 지정 기부금 4. 조례에 직접규정 5. 지자체가 권장하는 사업을 하는 공공기관 6. 시,도 정책 및 재정사정 7. 기타 8. 해당없음	입찰방식 계약체결방법 (경쟁형태) 1. 일반경쟁 2. 제한경쟁 3. 지명경쟁 4. 수의계약 5. 법정위탁 6. 기타 ( ) 7. 해당없음	입찰방식 계약기간 1. 1년 2. 2년 3. 3년 4. 4년 5. 5년 6. 기타 ( )년 7. 단기계약 (1년미만) 8. 해당없음	입찰방식 낙찰자선정방법 1. 적격심사 2. 협상에의한계약 3. 최저가낙찰제 4. 규격가격분리 5. 2단계 경쟁입찰 6. 기타 ( ) 7. 해당없음	운영예산 산정 운영예산 산정 1. 내부산정 (지자체 자체적으로 산정) 2. 외부산정 (외부전문기관위탁 산정) 3. 내·외부 모두 산정 4. 산정 無 5. 해당없음	운영예산 산정 정산방법 1. 내부정산 (지자체 내부적으로 정산) 2. 외부정산 (외부전문기관위탁 정산) 3. 내·외부 모두 산정 4. 정산 無 5. 해당없음	성과평가 실시여부 1. 실시 2. 미실시 3. 향후 추진 4. 해당없음
5921	경북 경산시	장애인거주시설 개보수	39,456	사회복지과	9	2	7	8	7	5	5	4
5922	경북 경산시	장애인거주시설 장비보강	17,150	사회복지과	9	2	7	8	7	5	5	4
5923	경북 경산시	어린이집 기능보강	67,300	여성가족과	9	2	7	8	7	5	1	1
5924	경북 경산시	어린이집 환경개선비 지원	61,229	여성가족과	9	6	7	8	7	5	1	1
5925	경북 경산시	어린이집 확충	600,000	여성가족과	9	2	7	8	7	5	1	1
5926	경북 경산시	석축 및 진입로 정비	250,000	문화관광과	9	1	7	8	7	5	5	1
5927	경북 경산시	계루각 및 산신각 단청	100,000	문화관광과	9	1	7	8	7	5	5	4
5928	경북 경산시	불굴사 삼층석탑 주변 요사채 개축	600,000	문화관광과	9	1	7	8	7	5	5	4
5929	경북 경산시	관음전, 선방단청, 석축보수	300,000	문화관광과	9	1	7	8	7	5	5	4
5930	경북 경산시	대웅전 기와 번와 보수	150,000	문화관광과	9	1	7	8	7	5	5	4
5931	경북 경산시	농어촌장애인 주택개조지원사업	15,200	건축과	9	7	6	7	6	3	1	4
5932	경북 경산시	기존건축물화재안전성능보강지원	159,998	건축과	9	1	7	8	7	5	5	4
5933	경북 경산시	치매보듬마을 환경개선	6,000	건강증진과	9	2	4	7	7	5	5	4
5934	경북 경산시	호흡기전담클리닉 설치	200,000	식품의약과	9	1	7	8	7	5	5	4
5935	경북 경산시	귀농인 정착지원	8,000	농정유통과	9	4	7	8	7	5	5	4
5936	경북 경산시	지역농업 CEO발전기반 구축 지원	96,000	농정유통과	9	4	7	8	7	5	5	4
5937	경북 경산시	청년농부육성지원	50,000	농정유통과	9	4	7	8	7	5	5	4
5938	경북 경산시	결혼이민자농가 소득증진 지원	8,000	농정유통과	9	4	7	8	7	5	5	4
5939	경북 경산시	중소형농업기계공급	120,000	농정유통과	9	4	7	8	7	5	5	4
5940	경북 경산시	여성농업인 농작업편의장비지원	2,500	농정유통과	9	4	7	8	7	5	5	4
5941	경북 경산시	농업기계 등화장치 구입	11,000	농정유통과	9	4	7	8	7	5	5	4
5942	경북 경산시	농식품가공업체 수출경쟁력 제고	39,000	농정유통과	9	4	7	8	7	5	5	4
5943	경북 경산시	신선농산물 예비수출단지 육성	40,000	농정유통과	9	4	7	8	7	5	5	4
5944	경북 경산시	복숭아 산지유통센터 건립	595,000	농정유통과	9	4	7	8	7	5	5	4
5945	경북 경산시	축사단열처리 지원	20,000	축산진흥과	9	6	7	8	7	5	5	4
5946	경북 경산시	축사환기시설 지원	4,500	축산진흥과	9	6	7	8	7	5	5	4
5947	경북 경산시	원유냉각기 지원	22,500	축산진흥과	9	6	7	8	7	5	5	4
5948	경북 경산시	젖소 더위방지용 대형선풍기 지원	21,000	축산진흥과	9	6	7	8	7	5	5	4
5949	경북 경산시	젖소 사료 자동급이기 지원	19,500	축산진흥과	9	6	7	8	7	5	5	4
5950	경북 경산시	깨끗한 축산환경 지원	225,000	축산진흥과	9	6	7	8	7	5	5	4
5951	경북 경산시	IOT기반 축우관리시스템 지원	18,000	축산진흥과	9	6	7	8	7	5	5	4
5952	경북 경산시	육계사 깔짚 지원	1,000	축산진흥과	9	6	7	8	7	5	5	4
5953	경북 경산시	불량 모돈 갱신	42,000	축산진흥과	9	6	7	8	7	5	5	4
5954	경북 경산시	양봉(개량) 벌통 지원	30,000	축산진흥과	9	6	7	8	7	5	5	4
5955	경북 경산시	꿀벌 화분 지원	28,000	축산진흥과	9	6	7	8	7	5	5	4
5956	경북 경산시	벌통 전기가온장치 지원	6,500	축산진흥과	9	6	7	8	7	5	5	4
5957	경북 경산시	양봉산물 저온저장고 지원	6,000	축산진흥과	9	6	7	8	7	5	5	4
5958	경북 경산시	채밀기 지원	5,500	축산진흥과	9	6	7	8	7	5	5	4
5959	경북 경산시	토종벌 종보전 지원	16,000	축산진흥과	9	6	7	8	7	5	5	4
5960	경북 경산시	조사료 생산장비 지원	30,000	축산진흥과	9	6	7	8	7	5	5	4
5961	경북 경산시	한우 사료자동급이기 지원	50,000	축산진흥과	9	6	7	8	7	5	5	4
5962	경북 경산시	양돈 분만 위생개선	15,600	축산진흥과	9	6	7	8	7	5	5	4

순번	시군구	지출명 (사업명)	2021년예산 (단위:천원/1년간)	담당자 (공무원) 담당부서	민간이전 분류 (지방자치단체 세출예산 집행기준에 의거) 1. 민간경상사업보조(307-02) 2. 민간단체 법정운영비보조(307-03) 3. 민간행사사업보조(307-04) 4. 민간위탁금(307-05) 5. 사회복지시설 법정운영비보조(307-10) 6. 민간인위탁교육비(307-12) 7. 공기관등에대한경상적위탁사업비(308-10) 8. 민간자본사업보조,자체재원(402-01) 9. 민간자본사업보조,이전재원(402-02) 10. 민간위탁사업비(402-03) 11. 공기관등에 대한 자본적 대행사업비(403-02)	민간이전지출 근거 (지방보조금 관리기준 참고) 1. 법률에 규정 2. 국고보조 재원(국가지정) 3. 용도 지정 기부금 4. 조례에 직접규정 5. 지자체가 권장하는 사업을 하는 공공기관 6. 시,도 정책 및 재정사정 7. 기타 8. 해당없음	입찰방식 계약체결방법 (경쟁형태) 1. 일반경쟁 2. 제한경쟁 3. 지명경쟁 4. 수의계약 5. 법정위탁 6. 기타 ( ) 7. 해당없음	입찰방식 계약기간 1. 1년 2. 2년 3. 3년 4. 4년 5. 5년 6. 기타 ( )년 7. 단기계약 (1년미만) 8. 해당없음	입찰방식 낙찰자선정방법 1. 적격심사 2. 협상에의한계약 3. 최저가낙찰제 4. 규격가격분리 5. 2단계 경쟁입찰 6. 기타 ( ) 7. 해당없음	운영예산 산정 운영예산 산정 1. 내부산정 (지자체 자체적으로 산정) 2. 외부산정 (외부전문기관위탁 산정) 3. 내·외부 모두 산정 4. 산정 無 5. 해당없음	운영예산 산정 정산방법 1. 내부정산 (지자체 내부적으로 정산) 2. 외부정산 (외부전문기관위탁 정산) 3. 내·외부 모두 산정 4. 정산 無 5. 해당없음	성과평가 실시여부 1. 실시 2. 미실시 3. 향후 추진 4. 해당없음
5963	경북 경산시	돼지 액상정액 지원	13,500	축산진흥과	9	6	7	8	7	5	5	4
5964	경북 경산시	축사관리용 CCTV 지원	7,000	축산진흥과	9	6	7	8	7	5	5	4
5965	경북 경산시	친환경 악취저감제 지원	2,800	축산진흥과	9	6	7	8	7	5	5	4
5966	경북 경산시	조사료생산용 종자구입비 지원	107,520	축산진흥과	9	2	7	8	7	5	5	4
5967	경북 경산시	조사료생산용 경영체 기계장비지원	75,000	축산진흥과	9	2	7	8	7	5	5	4
5968	경북 경산시	축산농가 환경개선장비 지원	75,000	축산진흥과	9	6	7	8	7	5	5	4
5969	경북 경산시	고속원심분리기 지원	24,000	축산진흥과	9	6	7	8	7	5	5	4
5970	경북 경산시	미세폭기시설 지원	16,000	축산진흥과	9	6	7	8	7	5	5	4
5971	경북 경산시	소독시설 지원사업	15,000	축산진흥과	9	6	7	8	7	5	5	4
5972	경북 경산시	양돈농가 울타리 설치 지원사업	30,000	축산진흥과	9	6	7	8	7	5	5	4
5973	경북 경산시	CCTV등 방역인프라 설치 지원사업	30,000	축산진흥과	9	1	7	8	7	5	5	4
5974	경북 경산시	쇼케이스 냉장고 구입 지원	11,200	축산진흥과	9	6	7	8	7	5	5	4
5975	경북 경산시	계란 냉장차량 지원	75,000	축산진흥과	9	2	7	8	7	5	5	4
5976	경북 경산시	품목농업인연구회 고품질 생산기반조성	35,000	농촌진흥과	9	1	7	8	7	5	5	3
5977	경북 경산시	농촌자원활용 치유프로그램 보급 시범	100,000	농촌진흥과	9	4	7	8	7	5	5	3
5978	경북 경산시	농작물피해방지포획(방제)기 지원	220	기술지원과	9	6	7	8	7	1	1	1
5979	경북 경산시	두더지포획기	220	기술지원과	9	6	7	8	7	1	1	1
5980	경북 경산시	밭작물 폭염(가뭄)피해 예방사업	8,400	기술지원과	9	6	7	8	7	1	1	1
5981	경북 경산시	벼 육묘장 상토지원	7,500	기술지원과	9	6	7	8	7	1	1	1
5982	경북 경산시	벼 육묘장 상토	5,000	기술지원과	9	6	7	8	7	1	1	1
5983	경북 경산시	벼 육묘장 상토	2,500	기술지원과	9	6	7	8	7	1	1	1
5984	경북 경산시	벼 육묘상처리제	18,750	기술지원과	9	6	7	8	7	1	1	1
5985	경북 경산시	벼 육묘매트	2,750	기술지원과	9	6	7	8	7	1	1	1
5986	경북 경산시	벼재배생력화장비	3,000	기술지원과	9	6	7	8	7	1	1	1
5987	경북 경산시	육묘용파종기	3,000	기술지원과	9	6	7	8	7	1	1	1
5988	경북 경산시	친환경농법 종합지원사업	4,000	기술지원과	9	6	7	8	7	1	1	1
5989	경북 경산시	대규모 벼재배농가 대형농기계 지원	40,000	기술지원과	9	6	7	8	7	1	1	1
5990	경북 경산시	유기농업자재 지원	3,606	기술지원과	9	2	7	8	7	1	1	1
5991	경북 경산시	유기질비료 지원	1,113,600	기술지원과	9	2	7	8	7	1	1	1
5992	경북 경산시	토양개량제 공급	42,974	기술지원과	9	2	7	8	7	1	1	1
5993	경북 경산시	주행형동력분무기, 보행SS기	9,000	기술지원과	9	6	7	8	7	1	1	1
5994	경북 경산시	과수전용방제기	20,000	기술지원과	9	6	7	8	7	1	1	1
5995	경북 경산시	동력제초기,농용고소작업차	13,500	기술지원과	9	6	7	8	7	1	1	1
5996	경북 경산시	농가형 저온저장고 설치	30,000	기술지원과	9	6	7	8	7	1	1	1
5997	경북 경산시	FTA대응 대체과수 명품화	20,000	기술지원과	9	6	7	8	7	1	1	1
5998	경북 경산시	과실 생산비 절감 및 품질제고 지원	36,300	기술지원과	9	6	7	8	7	1	1	1
5999	경북 경산시	비파괴당도측정기	28,050	기술지원과	9	6	7	8	7	1	1	1
6000	경북 경산시	신선도유지기	1,250	기술지원과	9	6	7	8	7	1	1	1
6001	경북 경산시	농업용수처리기	7,000	기술지원과	9	6	7	8	7	1	1	1
6002	경북 경산시	과수고품질시설현대화사업	669,750	기술지원과	9	2	7	8	7	1	1	1
6003	경북 경산시	민속채소, 양채류 육성 지원	16,754	기술지원과	9	6	7	8	7	1	1	1
6004	경북 경산시	원예소득작목육성지원	88,300	기술지원과	9	6	7	8	7	1	1	1

순번	시군구	지출명 (사업명)	2021년예산 (단위:천원/1년간)	담당자 (공무원) 담당부서	민간이전 분류 (지방자치단체 세출예산 집행기준에 의거) 1. 민간경상사업보조(307-02) 2. 민간단체 법정운영비보조(307-03) 3. 민간행사사업보조(307-04) 4. 민간위탁금(307-05) 5. 사회복지시설 법정운영비보조(307-10) 6. 민간인위탁교육비(307-12) 7. 공기관등에대한경상적위탁사업비(308-10) 8. 민간자본사업보조,자체재원(402-01) 9. 민간자본사업보조,이전재원(402-02) 10. 민간위탁사업비(402-03) 11. 공기관등에 대한 자본적 대행사업비(403-02)	민간이전지출 근거 (지방보조금 관리기준 참고) 1. 법률에 규정 2. 국고보조 재원(국가지정) 3. 용도 지정 기부금 4. 조례에 직접규정 5. 지자체가 권장하는 사업을 하는 공공기관 6. 시,도 정책 및 재정사정 7. 기타 8. 해당없음	입찰방식 계약체결방법 (경쟁형태) 1. 일반경쟁 2. 제한경쟁 3. 지명경쟁 4. 수의계약 5. 법정위탁 6. 기타 ( ) 7. 해당없음	입찰방식 계약기간 1. 1년 2. 2년 3. 3년 4. 4년 5. 5년 6. 기타 ( )년 7. 단기계약 (1년미만) 8. 해당없음	입찰방식 낙찰자선정방법 1. 적격심사 2. 협상에의한계약 3. 최저가낙찰제 4. 규격가격분리 5. 2단계 경쟁입찰 6. 기타 ( ) 7. 해당없음	운영예산 산정 운영예산 산정 1. 내부산정 (지자체 자체적으로 산정) 2. 외부산정 (외부전문기관위탁 산정) 3. 내·외부 모두 산정 4. 산정 無 5. 해당없음	운영예산 산정 정산방법 1. 내부정산 (지자체 내부적으로 정산) 2. 외부정산 (외부전문기관위탁 정산) 3. 내·외부 모두 산정 4. 정산 無 5. 해당없음	성과평가 실시여부 1. 실시 2. 미실시 3. 향후 추진 4. 해당없음
6005	경북 경산시	화훼생산시설 경쟁력 제고 지원	17,500	기술지원과	9	6	7	8	7	1	1	1
6006	경북 경산시	화훼 직거래 활성화 지원	7,000	기술지원과	9	6	7	8	7	1	1	1
6007	경북 경산시	특용작물(버섯,약용작물)생산시설현대화지원	68,525	기술지원과	9	2	7	8	7	1	1	1
6008	경북 경산시	젖소 유두 자동세척기 활용 시범	40,000	기술지원과	9	4	7	8	7	1	1	1
6009	경북 경산시	PLS대응 친환경 황토유황(오일겸용)제조기 보급시범	8,000	기술지원과	9	4	7	8	7	1	1	1
6010	경북 경산시	샤인머스켓 고품질 장기저장기술 시범	9,600	기술지원과	9	4	7	8	7	3	3	1
6011	경북 경산시	킬레이트제 용해장치 및 활용기술 보급 시범	30,000	기술지원과	9	2	7	8	7	3	3	1
6012	경북 군위군	노인복지시설 기능보강사업	20,470	주민복지실	9	2	5	8	7	5	1	4
6013	경북 군위군	그린홈100만호보급사업	33,100	경제과	9	2	7	1	7	5	5	4
6014	경북 군위군	LPG소형저장탱크보급사업	667,470	경제과	9	4	7	1	7	5	5	4
6015	경북 군위군	그린홈100만호보급사업	33,100	경제과	9	2	7	1	7	1	3	3
6016	경북 군위군	신재생에너지 모니터링 시스템 설치	4,100	경제과	9	6	7	8	7	5	5	3
6017	경북 군위군	군위 법주사 주변정비사업	153,000	문화관광과	9	1	7	8	7	5	5	4
6018	경북 군위군	군위 지보사 삼층석탑 주변정비사업	180,000	문화관광과	9	1	7	8	7	5	5	4
6019	경북 군위군	군위 인각사지 공양간 이건 사업	575,000	문화관광과	9	1	7	8	7	5	5	4
6020	경북 군위군	전통사찰(석굴암) 방재시스템 구축	40,000	문화관광과	9	1	7	8	7	5	5	4
6021	경북 군위군	전통사찰(신흥암) 주변정비사업	160,000	문화관광과	9	1	7	8	7	5	5	4
6022	경북 군위군	야생동물피해방지시설	54,000	환경위생과	9	2	7	8	7	5	5	4
6023	경북 군위군	전기자동차 보급사업	1,429,000	환경위생과	9	2	7	8	7	5	5	4
6024	경북 군위군	임산물생산기반조성	20,000	산림축산과	9	2	7	8	7	5	5	4
6025	경북 군위군	임산물생산기반조성	6,500	산림축산과	9	2	7	8	7	5	5	4
6026	경북 군위군	생산단지규모화	222,000	산림축산과	9	2	7	8	7	5	5	4
6027	경북 군위군	돼지액상정액 지원	15,300	산림축산과	9	6	7	8	7	5	5	4
6028	경북 군위군	자돈 폐사율감소 지원	6,600	산림축산과	9	6	7	8	7	5	5	4
6029	경북 군위군	불량모돈갱신사업	54,000	산림축산과	9	6	7	8	7	5	5	4
6030	경북 군위군	양돈분만위생개선사업 지원	11,700	산림축산과	9	6	7	8	7	5	5	4
6031	경북 군위군	면역강화용 사료첨가제	75,900	산림축산과	9	6	7	8	7	5	5	4
6032	경북 군위군	조사료생산장비지원	15,000	산림축산과	9	6	7	8	7	5	5	4
6033	경북 군위군	계란난좌 지원	16,000	산림축산과	9	6	7	8	7	5	5	4
6034	경북 군위군	안개분무시설 지원	8,000	산림축산과	9	6	7	8	7	5	5	4
6035	경북 군위군	육계사깔짚 지원	7,500	산림축산과	9	6	7	8	7	5	5	4
6036	경북 군위군	젖소더위방지용 대형선풍기 지원	6,000	산림축산과	9	6	7	8	7	5	5	4
6037	경북 군위군	사료자동급이기 지원	6,500	산림축산과	9	6	7	8	7	5	5	4
6038	경북 군위군	축산농가환경개선장비지원	30,000	산림축산과	9	6	7	8	7	5	5	4
6039	경북 군위군	한우 사료자동급이기지원	20,000	산림축산과	9	6	7	8	7	5	5	4
6040	경북 군위군	축사관리용 CCTV 지원	6,000	산림축산과	9	6	7	8	7	5	5	4
6041	경북 군위군	IOT기반축우관리시스템 지원	18,000	산림축산과	9	6	7	8	7	5	5	4
6042	경북 군위군	조사료 사일리지제조비지원	190,080	산림축산과	9	2	7	8	7	5	5	4
6043	경북 군위군	조사료생산용종자구입	138,600	산림축산과	9	2	7	8	7	5	5	4
6044	경북 군위군	꿀벌 화분지원	52,000	산림축산과	9	6	7	8	7	5	5	2
6045	경북 군위군	채밀기지원	8,800	산림축산과	9	6	7	8	7	5	5	2
6046	경북 군위군	양봉 벌통지원	40,500	산림축산과	9	6	7	8	7	5	5	2

순번	시군구	지출명 (사업명)	2021년예산 (단위:천원/1년간)	담당자 (공무원)	민간이전 분류 (지방자치단체 세출예산 집행기준에 의거)	민간이전지출 근거 (지방보조금 관리기준 참고)	입찰방식			운영예산 산정		성과평가 실시여부
				담당부서	1. 민간경상사업보조(307-02) 2. 민간단체 법정운영비보조(307-03) 3. 민간행사사업보조(307-04) 4. 민간위탁금(307-05) 5. 사회복지시설 법정운영비보조(307-10) 6. 민간인위탁교육비(307-12) 7. 공기관등에대한경상적위탁사업비(308-10) 8. 민간자본사업보조,자체재원(402-01) 9. 민간자본사업보조,이전재원(402-02) 10. 민간위탁사업비(402-03) 11. 공기관등에 대한 자본적 대행사업비(403-02)	1. 법률에 규정 2. 국고보조 재원(국가지정) 3. 용도 지정 기부금 4. 조례에 직접규정 5. 지자체가 권장하는 사업을 하는 공공기관 6. 시,도 정책 및 재정사정 7. 기타 8. 해당없음	계약체결방법 (경쟁형태) 1. 일반경쟁 2. 제한경쟁 3. 지명경쟁 4. 수의계약 5. 법정위탁 6. 기타 ( ) 7. 해당없음	계약기간 1. 1년 2. 2년 3. 3년 4. 4년 5. 5년 6. 기타 ( )년 7. 단기계약 (1년미만) 8. 해당없음	낙찰자선정방법 1. 적격심사 2. 협상에의한계약 3. 최저가낙찰제 4. 규격가격분리 5. 2단계 경쟁입찰 6. 기타 ( ) 7. 해당없음	운영예산 산정 1. 내부산정 (지자체 자체적으로 산정) 2. 외부산정 (외부전문기관위탁 산정) 3. 내·외부 모두 산정 4. 산정 無 5. 해당없음	정산방법 1. 내부정산 (지자체 내부적으로 정산) 2. 외부정산 (외부전문기관위탁 정산) 3. 내·외부 모두 산정 4. 정산 無 5. 해당없음	1. 실시 2. 미실시 3. 향후 추진 4. 해당없음
6047	경북 군위군	양봉산물저온저장고 지원	15,000	산림축산과	9	6	7	8	7	5	5	2
6048	경북 군위군	토종벌종보전지원	1,600	산림축산과	9	6	7	8	7	5	5	2
6049	경북 군위군	별통전기가온장치 지원	13,000	산림축산과	9	6	7	8	7	5	5	2
6050	경북 군위군	축사단열처리 지원사업	10,000	산림축산과	9	6	7	8	7	5	5	4
6051	경북 군위군	축사환기시설(송풍기) 지원	3,750	산림축산과	9	6	7	8	7	5	5	4
6052	경북 군위군	가축분뇨 액비살포비 지원	40,000	산림축산과	9	2	7	8	7	5	5	4
6053	경북 군위군	친환경 축산물 인증비	4,900	산림축산과	9	6	7	8	7	5	5	4
6054	경북 군위군	친환경 악취저감제 지원	10,200	산림축산과	9	6	7	8	7	5	5	4
6055	경북 군위군	고속원심분리기 지원	24,000	산림축산과	9	6	7	8	7	5	5	4
6056	경북 군위군	깨끗한축산환경지원	150,000	산림축산과	9	6	7	8	7	5	5	4
6057	경북 군위군	써코백신 지원	40,020	산림축산과	9	2	7	8	7	5	5	4
6058	경북 군위군	전업농가 구제역백신 구입 지원	447,507	산림축산과	9	2	5	8	7	5	5	4
6059	경북 군위군	소독시설(중형) 지원	12,000	산림축산과	9	6	7	8	7	5	5	4
6060	경북 군위군	구제역백신 원거리자동주사기 지원	2,450	산림축산과	9	6	7	8	7	5	5	4
6061	경북 군위군	돼지소모성질환 지도사업 지원	6,000	산림축산과	9	2	7	8	7	5	5	4
6062	경북 군위군	가금농가 CCTV 지원사업	60,000	산림축산과	9	2	7	8	7	5	5	4
6063	경북 군위군	양돈농가 울타리 설치지원	138,000	산림축산과	9	6	7	8	7	5	5	4
6064	경북 군위군	축산분야 HACCP 인증비 지원	630	산림축산과	9	6	7	8	7	5	5	4
6065	경북 군위군	축산물유통차량 지원	25,000	산림축산과	9	6	7	8	7	5	5	4
6066	경북 군위군	축산물이력제 업무인턴 지원	24,996	산림축산과	9	6	5	8	7	5	5	4
6067	경북 군위군	내수면양식기자재공급	8,400	산림축산과	9	2	7	8	7	5	5	4
6068	경북 군위군	농업계고 졸업생 창업비용 지원	5,000	농정과	9	6	7	8	7	5	5	1
6069	경북 군위군	청년농부 육성지원사업	20,000	농정과	9	6	7	8	7	5	5	1
6070	경북 군위군	지역농업CEO 발전기반 구축지원	72,000	농정과	9	6	7	8	7	5	5	4
6071	경북 군위군	중소형농기계공급	100,000	농정과	9	2	7	8	7	5	5	1
6072	경북 군위군	밭식량작물다목적농업기계지원	20,000	농정과	9	2	7	8	7	5	5	1
6073	경북 군위군	벼 육묘상 설치	89,500	농정과	9	2	7	8	7	5	5	1
6074	경북 군위군	벼 육묘 농자재 지원	66,624	농정과	9	2	7	8	7	5	5	1
6075	경북 군위군	밭작물폭염(가뭄)피해예방사업	14,700	농정과	9	2	7	8	7	5	5	1
6076	경북 군위군	벼재배생력화 지원	57,500	농정과	9	2	7	8	7	5	5	1
6077	경북 군위군	공공비축미대형포대매입기자재지원	93,500	농정과	9	2	7	8	7	5	5	1
6078	경북 군위군	농작물피해방지포획기지원	10,220	농정과	9	2	7	8	7	5	5	1
6079	경북 군위군	대규모벼재배농가대형농기계지원	80,000	농정과	9	2	7	8	7	5	5	1
6080	경북 군위군	토양개량제공급 지원	373,020	농정과	9	2	7	8	7	5	5	1
6081	경북 군위군	친환경농법 종합지원사업	8,340	농정과	9	2	7	8	7	5	5	1
6082	경북 군위군	친환경농산물 판로확대 지원	11,496	농정과	9	2	7	8	7	5	5	1
6083	경북 군위군	유기질비료 지원	855,000	농정과	9	2	7	8	7	5	5	1
6084	경북 군위군	유기농업자재지원	6,667	농정과	9	2	7	8	7	5	5	1
6085	경북 군위군	친환경퇴비사설치지원	35,000	농정과	9	2	7	8	7	5	5	1
6086	경북 군위군	유해야생동물 포획시설지원	6,600	농정과	9	2	7	8	7	5	5	1
6087	경북 군위군	농어가도우미지원	5,040	농정과	9	6	7	8	7	5	5	1
6088	경북 군위군	귀농정착지원사업	16,000	농정과	9	6	7	8	7	5	5	1

순번	시군구	지출명 (사업명)	2021년예산 (단위:천원/1년간)	담당자 (공무원) 담당부서	민간이전 분류 (지방자치단체 세출예산 집행기준에 의거) 1. 민간경상사업보조(307-02) 2. 민간단체 법정운영비보조(307-03) 3. 민간행사사업보조(307-04) 4. 민간위탁금(307-05) 5. 사회복지시설 법정운영비보조(307-10) 6. 민간인위탁교육비(307-12) 7. 공기관등에대한경상적위탁사업비(308-10) 8. 민간자본사업보조,자체재원(402-01) 9. 민간자본사업보조,이전재원(402-02) 10. 민간위탁사업비(402-03) 11. 공기관등에 대한 자본적 대행사업비(403-02)	민간이전지출 근거 (지방보조금 관리기준 참고) 1. 법률에 규정 2. 국고보조 재원(국가지정) 3. 용도 지정 기부금 4. 조례에 직접규정 5. 지자체가 권장하는 사업을 하는 공공기관 6. 시,도 정책 및 재정사정 7. 기타 8. 해당없음	입찰방식 계약체결방법 (경쟁형태) 1. 일반경쟁 2. 제한경쟁 3. 지명경쟁 4. 수의계약 5. 법정위탁 6. 기타 ( ) 7. 해당없음	입찰방식 계약기간 1. 1년 2. 2년 3. 3년 4. 4년 5. 5년 6. 기타 ( )년 7. 단기계약 (1년미만) 8. 해당없음	입찰방식 낙찰자선정방법 1. 적격심사 2. 협상에의한계약 3. 최저가낙찰제 4. 규격가격분리 5. 2단계 경쟁입찰 6. 기타 ( ) 7. 해당없음	운영예산 산정 운영예산 산정 1. 내부산정 (지자체 자체적으로 산정) 2. 외부산정 (외부전문기관위탁 산정) 3. 내·외부 모두 산정 4. 산정 無 5. 해당없음	운영예산 산정 정산방법 1. 내부정산 (지자체 내부적으로 정산) 2. 외부정산 (외부전문기관위탁 정산) 3. 내·외부 모두 산정 4. 정산 無 5. 해당없음	성과평가 실시여부 1. 실시 2. 미실시 3. 향후 추진 4. 해당없음
6089	경북 군위군	결혼이민자농가소득증진지원	8,000	농정과	9	6	7	8	7	5	5	1
6090	경북 군위군	여성농업인 농작업편의장비 지원	2,500	농정과	9	6	7	8	7	5	5	1
6091	경북 군위군	신선농산물수출경쟁력제고	32,400	농정과	9	4	7	8	7	5	5	1
6092	경북 군위군	농산물공동선별비지원	8,000	농정과	9	4	7	8	7	5	5	1
6093	경북 군위군	가업승계 우수농업인 정착지원	35,000	농업기술센터	9	6	7	8	7	5	1	4
6094	경북 군위군	작목별맞춤형안전관리실천시범	50,000	농업기술센터	9	1	7	8	7	5	1	4
6095	경북 군위군	고품질 오이생산 ICT융복합 시설재배환경개선 시범	110,000	농업기술센터	9	4	7	8	7	5	1	4
6096	경북 군위군	시설원예 에너지절감 및 환경개선 시범	40,000	농업기술센터	9	2	7	8	7	5	1	4
6097	경북 군위군	고설딸기 고효율 육묘기술 시범	30,000	농업기술센터	9	6	7	8	7	5	1	4
6098	경북 군위군	햇빛차단망 적용 노지과원 일소피해 저감 시범	100,000	농업기술센터	9	2	7	8	7	5	1	4
6099	경북 의성군	장애인직업재활시설기능보강	62,668	복지과	9	6	7	8	7	1	1	4
6100	경북 의성군	노인복지시설기능보강사업	60,000	복지과	9	2	7	8	7	5	1	4
6101	경북 의성군	노인복지시설이동형음압장비설치	51,450	복지과	9	8	7	8	7	5	5	4
6102	경북 의성군	어린이집환경개선	24,200	복지과	9	2	7	8	7	1	1	4
6103	경북 의성군	어린이집환경개선비지원	4,239	복지과	9	6	7	8	7	1	1	4
6104	경북 의성군	지역아동센터환경개선지원	20,000	복지과	9	2	7	8	7	1	1	4
6105	경북 의성군	농어촌장애인주택개조사업	68,400	복지과	9	1	7	1	7	2	1	3
6106	경북 의성군	문화특화지역조성사업	80,000	관광문화과	9	6	7	8	7	1	1	1
6107	경북 의성군	국가지정문화재보수	50,000	관광문화과	9	2	6	7	6	1	1	1
6108	경북 의성군	국가지정문화재보수	50,000	관광문화과	9	2	6	7	6	1	1	1
6109	경북 의성군	재난방지시스템구축	35,714	관광문화과	9	2	6	7	6	1	1	1
6110	경북 의성군	전통사찰보수정비지원	96,000	관광문화과	9	6	6	7	6	1	1	1
6111	경북 의성군	의성군문화유산보수	90,000	관광문화과	9	4	6	1	6	1	1	1
6112	경북 의성군	여객자동차터미널환경개선	180,000	일자리창출과	9	1	6	8	7	3	1	4
6113	경북 의성군	도시가스미공급지역지원사업	44,500	경제투자과	9	1	7	7	7	3	1	4
6114	경북 의성군	LPG소형저장탱크보급사업	402,319	경제투자과	9	1	7	7	7	3	1	4
6115	경북 의성군	신재생에너지주택지원사업	55,200	경제투자과	9	2	7	8	7	3	1	4
6116	경북 의성군	신재생에너지건물지원사업	10,500	경제투자과	9	2	7	8	7	3	1	4
6117	경북 의성군	신재생에너지모니터링시스템보급	64,600	경제투자과	9	1	7	8	7	3	1	4
6118	경북 의성군	복지시설고효율냉난방기지원사업	125,600	경제투자과	9	1	7	8	7	3	1	4
6119	경북 의성군	노인복지시설열회수형환기장치지원사업	174,000	경제투자과	9	1	7	8	7	3	1	4
6120	경북 의성군	결혼이민자소득증진지원	16,000	농축산과	9	4	4	7	7	1	1	3
6121	경북 의성군	여성농업인농작업편의장비지원	10,000	농축산과	9	4	4	7	7	1	1	3
6122	경북 의성군	중소형농기계공급 지원	180,000	농축산과	9	4	7	8	7	1	1	3
6123	경북 의성군	벼재배생력화 장비 지원	45,000	농축산과	9	4	7	8	7	1	1	3
6124	경북 의성군	유기농업자재지원	22,198	농축산과	9	2	7	8	7	1	1	3
6125	경북 의성군	유기질비료지원	1,940,800	농축산과	9	2	7	8	7	1	1	3
6126	경북 의성군	토양개량제공급	1,099,187	농축산과	9	2	7	8	7	1	1	3
6127	경북 의성군	친환경농법종합지원	26,600	농축산과	9	4	7	8	7	1	1	3
6128	경북 의성군	농작물피해방지포획(방제)기지원	5,330	농축산과	9	4	7	8	7	1	1	3
6129	경북 의성군	벼육묘공장설치	63,000	농축산과	9	4	7	8	7	1	1	3
6130	경북 의성군	벼육묘공장개보수	75,000	농축산과	9	4	7	8	7	1	1	3

순번	시군구	지출명 (사업명)	2021년예산 (단위:천원/1년간)	담당자 (공무원) 담당부서	민간이전 분류 (지방자치단체 세출예산 집행기준에 의거) 1. 민간경상사업보조(307-02) 2. 민간단체 법정운영비보조(307-03) 3. 민간행사사업보조(307-04) 4. 민간위탁금(307-05) 5. 사회복지시설 법정운영비보조(307-10) 6. 민간인위탁교육비(307-12) 7. 공기관등에대한경상적위탁사업비(308-10) 8. 민간자본사업보조,자체재원(402-01) 9. 민간자본사업보조,이전재원(402-02) 10. 민간위탁사업비(402-03) 11. 공기관등에 대한 자본적 대행사업비(403-02)	민간이전지출 근거 (지방보조금 관리기준 참고) 1. 법률에 규정 2. 국고보조 재원(국가지정) 3. 용도 지정 기부금 4. 조례에 직접규정 5. 지자체가 권장하는 사업을 하는 공공기관 6. 시,도 정책 및 재정사정 7. 기타 8. 해당없음	입찰방식 계약체결방법 (경쟁형태) 1. 일반경쟁 2. 제한경쟁 3. 지명경쟁 4. 수의계약 5. 법정위탁 6. 기타 ( ) 7. 해당없음	입찰방식 계약기간 1. 1년 2. 2년 3. 3년 4. 4년 5. 5년 6. 기타 ( )년 7. 단기계약 (1년미만) 8. 해당없음	입찰방식 낙찰자선정방법 1. 적격심사 2. 협상에의한계약 3. 최저가낙찰제 4. 규격가격분리 5. 2단계 경쟁입찰 6. 기타 ( ) 7. 해당없음	운영예산 산정 운영예산 산정 1. 내부산정 (지자체 자체적으로 산정) 2. 외부산정 (외부전문기관위탁 산정) 3. 내·외부 모두 산정 4. 산정 無 5. 해당없음	운영예산 산정 정산방법 1. 내부정산 (지자체 내부적으로 정산) 2. 외부정산 (외부전문기관위탁 정산) 3. 내·외부 모두 산정 4. 정산 無 5. 해당없음	성과평가 실시여부 1. 실시 2. 미실시 3. 향후 추진 4. 해당없음
6131	경북 의성군	벼육묘공장개보수	22,500	농축산과	9	4	7	8	7	1	1	3
6132	경북 의성군	벼녹화장설치	22,000	농축산과	9	4	7	8	7	1	1	3
6133	경북 의성군	벼육묘상농자재	86,645	농축산과	9	4	7	8	7	1	1	3
6134	경북 의성군	대규모벼재배농가대형농기계	260,000	농축산과	9	4	7	8	7	1	1	3
6135	경북 의성군	밭작물폭염(가뭄)피해예방	20,300	농축산과	9	4	7	8	7	1	1	3
6136	경북 의성군	가공용벼계약재배단지조성	5,400	농축산과	9	4	7	8	7	1	1	3
6137	경북 의성군	밭식량작물다목적농업기계지원	20,000	농축산과	9	4	7	8	7	1	1	3
6138	경북 의성군	RPC집진시설개보수	740,000	농축산과	9	2	1	1	3	1	1	3
6139	경북 의성군	조사료생산장비지원	15,000	농축산과	9	4	7	8	7	1	1	3
6140	경북 의성군	염소사료급이기및급수기지원	1,000	농축산과	9	4	7	8	7	1	1	3
6141	경북 의성군	축산농가환경개선장비지원	75,000	농축산과	9	4	7	8	7	1	1	3
6142	경북 의성군	젖소더위방지용대형선풍기지원	10,500	농축산과	9	4	7	8	7	1	1	3
6143	경북 의성군	젖소사료자동급이기지원	6,500	농축산과	9	4	7	8	7	1	1	3
6144	경북 의성군	한우사료자동급이기지원	50,000	농축산과	9	4	7	8	7	1	1	3
6145	경북 의성군	축사환기시설(송풍기)지원	9,000	농축산과	9	4	7	8	7	1	1	3
6146	경북 의성군	축사화재예방자동소화장치지원	12,500	농축산과	9	4	7	8	7	1	1	3
6147	경북 의성군	축사관리용CCTV지원	15,000	농축산과	9	4	7	8	7	1	1	3
6148	경북 의성군	안개분무시설지원	24,000	농축산과	9	4	7	8	7	1	1	3
6149	경북 의성군	고품질액비생산시설지원	56,000	농축산과	9	4	7	8	7	1	1	3
6150	경북 의성군	소독시설지원사업	15,000	농축산과	9	4	7	8	7	1	1	3
6151	경북 의성군	축산물유통안전성제고사업	29,400	농축산과	9	4	7	8	7	1	1	3
6152	경북 의성군	방역인프라구축지원	120,000	농축산과	9	2	7	8	7	1	1	3
6153	경북 의성군	농산물생산유통기반구축지원	700,000	원예산업과	9	6	7	8	7	1	1	4
6154	경북 의성군	지역농업CEO발전기반구축지원	96,000	원예산업과	9	6	7	8	7	1	1	4
6155	경북 의성군	농업계고졸업생창업비용지원	5,000	원예산업과	9	6	7	8	7	1	1	4
6156	경북 의성군	신선농산물수출경쟁력제고	39,000	원예산업과	9	4	7	8	7	1	1	2
6157	경북 의성군	농식품가공산업육성	34,000	원예산업과	9	6	7	8	7	5	1	2
6158	경북 의성군	지역농산물활용반찬산업육성	150,000	원예산업과	9	6	7	8	7	5	1	2
6159	경북 의성군	6차산업경영체경쟁력강화지원	80,000	원예산업과	9	6	7	8	7	5	1	2
6160	경북 의성군	청년농부창농기반구축	200,000	원예산업과	9	6	7	8	7	5	1	2
6161	경북 의성군	청년농부육성지원	70,000	원예산업과	9	6	7	8	7	5	1	2
6162	경북 의성군	과수고품질생산시설현대화	2,635,000	원예산업과	9	6	7	8	7	1	1	4
6163	경북 의성군	농가형저온저장고설치사업	100,000	원예산업과	9	6	7	8	7	1	1	1
6164	경북 의성군	과수생력화장비지원사업	35,800	원예산업과	9	6	7	8	7	1	1	4
6165	경북 의성군	FTA대응대체과수명품화사업	80,000	원예산업과	9	6	7	8	7	1	1	4
6166	경북 의성군	과실신선도유지기지원사업	8,000	원예산업과	9	6	7	8	7	1	1	4
6167	경북 의성군	농업용수처리기지원	35,000	원예산업과	9	6	7	8	7	1	1	4
6168	경북 의성군	비파괴당도측정기지원	33,000	원예산업과	9	6	7	8	7	1	1	4
6169	경북 의성군	밭작물공동경영체육성지원	765,000	원예산업과	9	2	7	8	7	1	1	4
6170	경북 의성군	원예소득작목육성지원	287,000	원예산업과	9	6	7	8	7	1	1	4
6171	경북 의성군	시설원예ICT융복합확산지원	12,000	원예산업과	9	2	7	8	7	1	1	4
6172	경북 의성군	특용작물(인삼)생산시설현대화지원	2,500	원예산업과	9	2	7	8	7	1	1	4

순번	시군구	지출명 (사업명)	2021년예산 (단위:천원/1년간)	담당자 (공무원) 담당부서	민간이전 분류 (지방자치단체 세출예산 집행기준에 의거) 1. 민간경상사업보조(307-02) 2. 민간단체 법정운영비보조(307-03) 3. 민간행사사업보조(307-04) 4. 민간위탁금(307-05) 5. 사회복지시설 법정운영비보조(307-10) 6. 민간인위탁교육비(307-12) 7. 공기관등에대한경상적위탁사업비(308-10) 8. 민간자본사업보조,자체재원(402-01) 9. 민간자본사업보조,이전재원(402-02) 10. 민간위탁사업비(402-03) 11. 공기관등에 대한 자본적 대행사업비(403-02)	민간이전지출 근거 (지방보조금 관리기준 참고) 1. 법률에 규정 2. 국고보조 재원(국가지정) 3. 용도 지정 기부금 4. 조례에 직접규정 5. 지자체가 권장하는 사업을 하는 공공기관 6. 시,도 정책 및 재정사정 7. 기타 8. 해당없음	입찰방식: 계약체결방법 (경쟁형태) 1. 일반경쟁 2. 제한경쟁 3. 지명경쟁 4. 수의계약 5. 법정위탁 6. 기타 ( ) 7. 해당없음	입찰방식: 계약기간 1. 1년 2. 2년 3. 3년 4. 4년 5. 5년 6. 기타 ( )년 7. 단기계약 (1년미만) 8. 해당없음	입찰방식: 낙찰자선정방법 1. 적격심사 2. 협상에의한계약 3. 최저가낙찰제 4. 규격가격분리 5. 2단계 경쟁입찰 6. 기타 ( ) 7. 해당없음	운영예산 산정: 운영예산 산정 1. 내부산정 (지자체 자체적으로 산정) 2. 외부산정 (외부전문기관위탁 산정) 3. 내·외부 모두 산정 4. 산정 無 5. 해당없음	운영예산 산정: 정산방법 1. 내부정산 (지자체 내부적으로 정산) 2. 외부정산 (외부전문기관위탁 정산) 3. 내·외부 모두 산정 4. 정산 無 5. 해당없음	성과평가 실시여부 1. 실시 2. 미실시 3. 향후 추진 4. 해당없음
6173	경북 의성군	인삼생약산업육성지원	29,000	원예산업과	9	6	7	8	7	1	1	4
6174	경북 의성군	야생동물피해예방지원	92,000	환경과	9	2	7	8	7	1	1	3
6175	경북 의성군	전기자동차보급및충전인프라구축	2,099,000	환경과	9	2	7	8	7	5	1	1
6176	경북 의성군	운행경유차배출가스저감사업	285,500	환경과	9	2	7	8	7	2	1	3
6177	경북 의성군	어린이통학차량의LPG차전환지원사업	40,000	환경과	9	2	7	8	7	5	1	3
6178	경북 의성군	가정용저녹스보일러보급사업	6,000	환경과	9	2	7	8	7	5	1	3
6179	경북 의성군	유휴토지조림	24,120	산림과	9	2	7	7	7	5	1	4
6180	경북 의성군	임산물유통기반조성	45,090	산림과	9	1	7	7	7	1	1	4
6181	경북 의성군	산림작물생산단지	16,800	산림과	9	1	7	7	7	1	1	4
6182	경북 의성군	친환경임산물재배관리	570	산림과	9	1	7	7	7	1	1	4
6183	경북 의성군	주택용목재펠릿보일러보급	36,400	산림과	9	2	7	7	7	1	1	2
6184	경북 의성군	사회복지용목재펠릿보일러보급	4,000	산림과	9	2	7	7	7	1	1	2
6185	경북 의성군	밭작물관개시스템시범	100,000	농업기술센터	9	1	7	8	7	5	5	4
6186	경북 의성군	작목별맞춤형안전관리실천시범	50,000	농업기술센터	9	1	7	8	7	1	1	4
6187	경북 의성군	농촌교육농장육성	35,000	농업기술센터	9	1	7	8	7	1	1	4
6188	경북 의성군	FTA대응벼생력재배기술보급시범	200,000	농업기술센터	9	1	7	8	7	1	1	1
6189	경북 의성군	드론활용노동력절감벼재배단지육성시범	80,000	농업기술센터	9	1	7	8	7	1	1	1
6190	경북 의성군	가공용쌀원료곡생산단지육성	204,000	농업기술센터	9	1	7	8	7	1	1	1
6191	경북 의성군	관수시설 활용 과수 동상해방지 기술보급 시범	100,000	농업기술센터	9	1	7	8	7	1	1	1
6192	경북 의성군	미래형 사과 다축과원 조성시범	70,000	농업기술센터	9	1	7	8	7	1	1	1
6193	경북 의성군	원격병해충방제 생력화 체계 구축시범	100,000	농업기술센터	9	1	7	8	7	1	1	1
6194	경북 의성군	이상기상대응 과원피해예방 기술확산 시범	100,000	농업기술센터	9	1	7	8	7	1	1	1
6195	경북 의성군	햇빛차단망 적용 노지과원 일소피해 저감시범	100,000	농업기술센터	9	1	7	8	7	1	1	1
6196	경북 의성군	농업기술원 복숭아 신품종 조기보급시범	5,000	농업기술센터	9	1	7	8	7	1	1	1
6197	경북 의성군	귀농인정착지원	68,000	농업기술센터	9	4	7	8	7	1	1	4
6198	경북 의성군	GAP실천단지육성시범	200,000	농업기술센터	9	4	7	8	7	5	5	4
6199	경북 청송군	어린이집환경개선	33,500	주민행복과	9	6	7	8	7	1	1	4
6200	경북 청송군	청송대전사보광전담장석축정비설계	25,000	문화체육과	9	2	7	8	7	1	1	4
6201	경북 청송군	청송대전사보광전교량설치	1,950,000	문화체육과	9	2	7	8	7	1	1	4
6202	경북 청송군	청송대전사보광전전기개선	411,568	문화체육과	9	2	7	8	7	1	1	4
6203	경북 청송군	청송대전사보광전방범공사	231,000	문화체육과	9	2	7	8	7	1	1	4
6204	경북 청송군	농촌마을공동급식시설지원	16,000	농정과	9	6	7	8	7	1	1	4
6205	경북 청송군	청년농부창농기반구축	265,300	농정과	9	6	7	8	7	1	1	4
6206	경북 청송군	청년농부참여형마을영농지원	100,000	농정과	9	6	7	8	7	1	1	4
6207	경북 청송군	결혼이민자농가소득증진지원	8,000	농정과	9	6	7	8	7	1	1	4
6208	경북 청송군	지역농업CEO발전기반구축지원	120,000	농정과	9	6	7	8	7	5	5	4
6209	경북 청송군	여성농업인농작업편의장비지원	3,750	농정과	9	6	7	8	7	1	1	4
6210	경북 청송군	가업승계우수농업인정착지원	70,000	농정과	9	6	7	8	7	1	1	4
6211	경북 청송군	귀농인정착지원	16,000	농정과	9	6	7	8	7	1	1	4
6212	경북 청송군	유해야생동물포획시설지원	5,280	농정과	9	2	7	8	7	1	1	4
6213	경북 청송군	벼육묘장설치	64,000	농정과	9	6	7	8	7	1	1	1
6214	경북 청송군	벼육묘농자재지원	27,250	농정과	9	6	7	8	7	1	1	1

순번	시군구	지출명 (사업명)	2021년예산 (단위:천원/1년간)	담당자 (공무원) 담당부서	민간이전 분류 (지방자치단체 세출예산 집행기준에 의거) 1. 민간경상사업보조(307-02) 2. 민간단체 법정운영비보조(307-03) 3. 민간행사사업보조(307-04) 4. 민간위탁금(307-05) 5. 사회복지시설 법정운영비보조(307-10) 6. 민간인위탁교육비(307-12) 7. 공기관등에대한경상적위탁사업비(308-10) 8. 민간자본사업보조,자체재원(402-01) 9. 민간자본사업보조,이전재원(402-02) 10. 민간위탁사업비(402-03) 11. 공기관등에 대한 자본적 대행사업비(403-02)	민간이전지출 근거 (지방보조금 관리기준 참고) 1. 법률에 규정 2. 국고보조 재원(국가지정) 3. 용도 지정 기부금 4. 조례에 직접규정 5. 지자체가 권장하는 사업을 하는 공공기관 6. 시,도 정책 및 재정사정 7. 기타 8. 해당없음	입찰방식 계약체결방법 (경쟁형태) 1. 일반경쟁 2. 제한경쟁 3. 지명경쟁 4. 수의계약 5. 법정위탁 6. 기타 ( ) 7. 해당없음	입찰방식 계약기간 1. 1년 2. 2년 3. 3년 4. 4년 5. 5년 6. 기타 ( )년 7. 단기계약 (1년미만) 8. 해당없음	입찰방식 낙찰자선정방법 1. 적격심사 2. 협상에의한계약 3. 최저가낙찰제 4. 규격가격분리 5. 2단계 경쟁입찰 6. 기타 ( ) 7. 해당없음	운영예산 산정 운영예산 산정 1. 내부산정 (지자체 자체적으로 산정) 2. 외부산정 (외부전문기관위탁 산정) 3. 내·외부 모두 산정 4. 산정 無 5. 해당없음	운영예산 산정 정산방법 1. 내부정산 (지자체 내부적으로 정산) 2. 외부정산 (외부전문기관위탁 정산) 3. 내·외부 모두 산정 4. 정산 無 5. 해당없음	성과평가 실시여부 1. 실시 2. 미실시 3. 향후 추진 4. 해당없음
6215	경북 청송군	중소형농업기계공급	225,000	농정과	9	6	7	8	7	1	1	4
6216	경북 청송군	벼재배생력화지원사업	13,000	농정과	9	6	7	8	7	1	1	1
6217	경북 청송군	농작물피해방지포획기지원	2,720	농정과	9	6	7	8	7	1	1	4
6218	경북 청송군	볏짚환원사업	10,500	농정과	9	6	7	8	7	1	1	1
6219	경북 청송군	밭작물폭염(가뭄)피해예방사업	14,000	농정과	9	6	7	8	7	1	1	4
6220	경북 청송군	대규모벼재배농가대형농기계지원사업	60,000	농정과	9	6	7	8	7	1	1	1
6221	경북 청송군	토양개량제공급	375,539	농정과	9	2	7	8	7	1	1	1
6222	경북 청송군	유기질비료지원사업	1,168,000	농정과	9	2	7	8	7	1	1	1
6223	경북 청송군	유기농업자재지원(녹비종자포함)사업	12,533	농정과	9	2	7	8	7	1	1	1
6224	경북 청송군	친환경농법종합지원	4,290	농정과	9	6	7	8	7	1	1	1
6225	경북 청송군	유용곤충산업기반조성지원	35,000	농정과	9	6	7	8	7	1	1	4
6226	경북 청송군	과수고품질시설현대화사업	1,901,750	농정과	9	2	7	8	7	1	1	4
6227	경북 청송군	다목적농가형저온저장고설치	200,000	농정과	9	6	7	8	7	1	1	4
6228	경북 청송군	승용예초기,다목적리프트기	72,000	농정과	9	6	7	8	7	1	1	4
6229	경북 청송군	과수전용방제기(자부담75%)	55,000	농정과	9	6	7	8	7	1	1	4
6230	경북 청송군	주행형동력분무기	12,000	농정과	9	6	7	8	7	1	1	4
6231	경북 청송군	농업용수처리기	56,000	농정과	9	6	7	8	7	1	1	4
6232	경북 청송군	친환경사과적화제지원	8,540	농정과	9	6	7	8	7	1	1	4
6233	경북 청송군	과실장기저장제	105,600	농정과	9	6	7	8	7	1	1	4
6234	경북 청송군	FTA대응대체과수명품화사업	14,500	농정과	9	6	7	8	7	1	1	4
6235	경북 청송군	당도측정기	14,850	농정과	9	6	7	8	7	1	1	4
6236	경북 청송군	신선도유지기	15,000	농정과	9	6	7	8	7	1	1	4
6237	경북 청송군	화훼직거래활성화지원	1,500	농정과	9	6	7	8	7	1	1	4
6238	경북 청송군	과수분야스마트팜확산사업	8,650	농정과	9	2	7	8	7	1	1	4
6239	경북 청송군	고추비가림재배시설지원	26,507	농정과	9	8	7	8	7	5	5	4
6240	경북 청송군	원예소득작목육성지원	73,000	농정과	9	8	7	8	7	5	5	4
6241	경북 청송군	민속채소,양채류육성지원	12,000	농정과	9	8	7	8	7	5	5	4
6242	경북 청송군	신선농산물수출경쟁력제고지원	39,000	농정과	9	8	7	8	7	5	5	4
6243	경북 청송군	수출농식품브랜드경쟁력제고	4,000	농정과	9	8	7	8	7	5	5	4
6244	경북 청송군	농식품국내판촉지원	7,500	농정과	9	8	7	8	7	5	5	4
6245	경북 청송군	농식품국외판촉지원	6,000	농정과	9	8	7	8	7	5	5	4
6246	경북 청송군	농식품가공산업육성	700,000	농정과	9	8	7	8	7	5	5	4
6247	경북 청송군	신선농산물예비수출단지육성	56,000	농정과	9	8	7	8	7	5	5	4
6248	경북 청송군	특용작물(인삼)생산시설현대화지원	20,612	농정과	9	8	7	8	7	5	5	4
6249	경북 청송군	경북우수농산물브랜드화지원사업	10,000	농정과	9	5	7	8	7	5	5	4
6250	경북 청송군	농산물마케팅지원	4,800	농정과	9	2	7	8	7	5	5	4
6251	경북 청송군	농산물공동선별비지원	34,000	농정과	9	2	7	8	7	5	5	4
6252	경북 청송군	과실브랜드육성지원	64,800	농정과	9	2	7	8	7	5	5	4
6253	경북 청송군	농산물유통구조개선지원	355,200	농정과	9	6	7	8	7	5	5	4
6254	경북 청송군	농산물산지유통기능활성화지원	80,000	농정과	9	6	7	8	7	5	5	4
6255	경북 청송군	산림작물생산단지	117,500	산림자원과	9	2	7	8	7	5	5	4
6256	경북 청송군	임산물생산기반조성	37,000	산림자원과	9	2	7	8	7	5	5	4

순번	시군구	지출명 (사업명)	2021년예산 (단위:천원/1년간)	담당자 (공무원) 담당부서	민간이전 분류 (지방자치단체 세출예산 집행기준에 의거) 1. 민간경상사업보조(307-02) 2. 민간단체 법정운영비보조(307-03) 3. 민간행사사업보조(307-04) 4. 민간위탁금(307-05) 5. 사회복지시설 법정운영비보조(307-10) 6. 민간인위탁교육비(307-12) 7. 공기관등에대한경상적위탁사업비(308-10) 8. 민간자본사업보조,자체재원(402-01) 9. 민간자본사업보조,이전재원(402-02) 10. 민간위탁사업비(402-03) 11. 공기관등에 대한 자본적 대행사업비(403-02)	민간이전지출 근거 (지방보조금 관리기준 참고) 1. 법률에 규정 2. 국고보조 재원(국가지정) 3. 용도 지정 기부금 4. 조례에 직접규정 5. 지자체가 권장하는 사업을 하는 공공기관 6. 시,도 정책 및 재정사정 7. 기타 8. 해당없음	입찰방식 계약체결방법 (경쟁형태) 1. 일반경쟁 2. 제한경쟁 3. 지명경쟁 4. 수의계약 5. 법정위탁 6. 기타 ( ) 7. 해당없음	입찰방식 계약기간 1. 1년 2. 2년 3. 3년 4. 4년 5. 5년 6. 기타 ( )년 7. 단기계약 (1년미만) 8. 해당없음	입찰방식 낙찰자선정방법 1. 적격심사 2. 협상에의한계약 3. 최저가낙찰제 4. 규격가격분리 5. 2단계 경쟁입찰 6. 기타 ( ) 7. 해당없음	운영예산 산정 운영예산 산정 1. 내부산정 (지자체 자체적으로 산정) 2. 외부산정 (외부전문기관위탁 산정) 3. 내·외부 모두 산정 4. 산정 無 5. 해당없음	운영예산 산정 정산방법 1. 내부정산 (지자체 내부적으로 정산) 2. 외부정산 (외부전문기관위탁 정산) 3. 내·외부 모두 산정 4. 정산 無 5. 해당없음	성과평가 실시여부 1. 실시 2. 미실시 3. 향후 추진 4. 해당없음
6257	경북 청송군	임산물유통기반조성	40,050	산림자원과	9	2	7	8	7	5	5	4
6258	경북 청송군	산양삼생산과정확인제도	1,900	산림자원과	9	2	7	8	7	5	5	4
6259	경북 청송군	산림작물생산단지	706,920	산림자원과	9	2	7	8	7	5	5	4
6260	경북 청송군	경유차저감장치부착	114,000	환경축산과	9	2	7	8	7	5	5	4
6261	경북 청송군	건설기계엔진교체	33,000	환경축산과	9	2	7	8	7	5	5	4
6262	경북 청송군	1톤화물차LPG차전환	40,000	환경축산과	9	2	7	8	7	5	5	4
6263	경북 청송군	전기승용차보급	1,170,000	환경축산과	9	2	7	8	7	5	5	4
6264	경북 청송군	전기화물차보급	440,000	환경축산과	9	2	7	8	7	5	5	4
6265	경북 청송군	전기이륜차보급	9,000	환경축산과	9	2	7	8	7	5	5	4
6266	경북 청송군	어린이통학차량LPG전환	20,000	환경축산과	9	2	7	8	7	5	5	4
6267	경북 청송군	야생동물피해예방시설설치사업	126,000	환경축산과	9	7	7	8	7	5	5	4
6268	경북 청송군	낙동강수계주민지원사업	743,667	환경축산과	9	1	7	8	7	5	5	4
6269	경북 청송군	돼지써코바이러스	15,669	환경축산과	9	2	7	8	7	5	5	4
6270	경북 청송군	돼지소모성질환지도사업	6,000	환경축산과	9	2	7	8	7	5	5	4
6271	경북 청송군	축산물HACCP컨설팅(농장)사업	8,400	환경축산과	9	2	7	8	7	5	5	4
6272	경북 청송군	조사료생산용사일리지제조비	181,980	환경축산과	9	2	7	8	7	5	5	4
6273	경북 청송군	조사료생산용종자구입	44,520	환경축산과	9	2	7	8	7	5	5	4
6274	경북 청송군	조사료생산용경영체기계장비구입지원	75,000	환경축산과	9	2	7	8	7	5	5	4
6275	경북 청송군	가금농가질병관리지원	6,000	환경축산과	9	2	7	8	7	5	5	4
6276	경북 청송군	닭진드기공동방제지원사업	24,000	환경축산과	9	2	7	8	7	5	5	4
6277	경북 청송군	학생승마체험	36,512	환경축산과	9	2	7	8	7	5	5	4
6278	경북 청송군	축산물유통안전성제고사업	5,600	환경축산과	9	6	7	8	7	5	5	4
6279	경북 청송군	축산농가환경개선장비지원	15,000	환경축산과	9	6	7	8	7	5	5	4
6280	경북 청송군	축산분야HACCP인증비지원	945	환경축산과	9	6	7	8	7	5	5	4
6281	경북 청송군	구제역백신접종원거리자동주사기지원	1,225	환경축산과	9	6	7	8	7	5	5	4
6282	경북 청송군	한우사료자동급이기	10,000	환경축산과	9	6	7	8	7	5	5	4
6283	경북 청송군	돼지액상정액지원	4,500	환경축산과	9	6	7	8	7	5	5	4
6284	경북 청송군	자돈폐사율감소지원사업	660	환경축산과	9	6	7	8	7	5	5	4
6285	경북 청송군	축사관리용CCTV지원	5,000	환경축산과	9	6	7	8	7	5	5	4
6286	경북 청송군	축사단열처리지원사업	10,000	환경축산과	9	6	7	8	7	5	5	4
6287	경북 청송군	축사환기시설(송풍기)지원	3,000	환경축산과	9	6	7	8	7	5	5	4
6288	경북 청송군	친환경축산물인증비지원	1,960	환경축산과	9	6	7	8	7	5	5	4
6289	경북 청송군	친환경악취저감제지원	10,200	환경축산과	9	6	7	8	7	5	5	4
6290	경북 청송군	퇴비부숙제	5,300	환경축산과	9	6	7	8	7	5	5	4
6291	경북 청송군	계란난좌지원사업	3,600	환경축산과	9	6	7	8	7	5	5	4
6292	경북 청송군	육계사깔짚지원사업	5,000	환경축산과	9	6	7	8	7	5	5	4
6293	경북 청송군	꿀벌화분지원	20,000	환경축산과	9	6	7	8	7	5	5	4
6294	경북 청송군	채밀기지원	3,300	환경축산과	9	6	7	8	7	5	5	4
6295	경북 청송군	양봉(개량)벌통지원	19,530	환경축산과	9	6	7	8	7	5	5	4
6296	경북 청송군	양봉산물저온저장고	6,000	환경축산과	9	6	7	8	7	5	5	4
6297	경북 청송군	토종벌종보전	20,800	환경축산과	9	6	7	8	7	5	5	4
6298	경북 청송군	벌통전기가온장치지원사업	2,210	환경축산과	9	6	7	8	7	5	5	4

순번	시군구	지출명 (사업명)	2021년예산 (단위:천원/1년간)	담당자 (공무원) 담당부서	민간이전 분류 (지방자치단체 세출예산 집행기준에 의거) 1. 민간경상사업보조(307-02) 2. 민간단체 법정운영비보조(307-03) 3. 민간행사사업보조(307-04) 4. 민간위탁금(307-05) 5. 사회복지시설 법정운영비보조(307-10) 6. 민간인위탁교육비(307-12) 7. 공기관등에대한경상적위탁사업비(308-10) 8. 민간자본사업보조,자체재원(402-01) 9. 민간자본사업보조,이전재원(402-02) 10. 민간위탁사업비(402-03) 11. 공기관등에 대한 자본적 대행사업비(403-02)	민간이전지출 근거 (지방보조금 관리기준 참고) 1. 법률에 규정 2. 국고보조 재원(국가지정) 3. 용도 지정 기부금 4. 조례에 직접규정 5. 지자체가 권장하는 사업을 하는 공공기관 6. 시,도 정책 및 재정사정 7. 기타 8. 해당없음	입찰방식 계약체결방법 (경쟁형태) 1. 일반경쟁 2. 제한경쟁 3. 지명경쟁 4. 수의계약 5. 법정위탁 6. 기타 ( ) 7. 해당없음	입찰방식 계약기간 1. 1년 2. 2년 3. 3년 4. 4년 5. 5년 6. 기타 ( )년 7. 단기계약 (1년미만) 8. 해당없음	입찰방식 낙찰자선정방법 1. 적격심사 2. 협상에의한계약 3. 최저가낙찰제 4. 규격가격분리 5. 2단계 경쟁입찰 6. 기타 ( ) 7. 해당없음	운영예산 산정 운영예산 산정 1. 내부산정 (지자체 자체적으로 산정) 2. 외부산정 (외부전문기관위탁 산정) 3. 내·외부 모두 산정 4. 산정 無 5. 해당없음	운영예산 산정 정산방법 1. 내부정산 (지자체 내부적으로 정산) 2. 외부정산 (외부전문기관위탁 정산) 3. 내·외부 모두 산정 4. 정산 無 5. 해당없음	성과평가 실시여부 1. 실시 2. 미실시 3. 향후 추진 4. 해당없음
6299	경북 청송군	조사료생산장비지원	15,000	환경축산과	9	6	7	8	7	5	5	4
6300	경북 청송군	양식장기자재공급	1,680	환경축산과	9	6	7	8	7	5	5	4
6301	경북 청송군	깨끗한축산환경지원	300,000	환경축산과	9	6	7	8	7	5	5	4
6302	경북 청송군	중규모소독시설	6,000	환경축산과	9	6	7	8	7	5	5	4
6303	경북 청송군	불량모돈갱신사업	15,000	환경축산과	9	6	7	8	7	5	5	4
6304	경북 청송군	양돈농가울타리설치지원사업	6,000	환경축산과	9	6	7	8	7	5	5	4
6305	경북 청송군	내수면어선장비지원시범사업	6,000	환경축산과	9	6	7	8	7	5	5	4
6306	경북 청송군	수산물처리저장시설지원	21,600	환경축산과	9	6	7	8	7	5	5	4
6307	경북 청송군	청송읍월막2리경로당운동기구구입	15,295	안전재난건설과	9	1	7	8	7	5	3	4
6308	경북 청송군	파천면덕천1리마을체험관유지보수	44,829	안전재난건설과	9	1	7	8	7	5	3	4
6309	경북 청송군	파천면덕천2리마을공동창고설치	44,829	안전재난건설과	9	1	7	8	7	5	3	4
6310	경북 청송군	안덕면고와리농기계지원사업	40,700	안전재난건설과	9	1	7	8	7	5	3	4
6311	경북 청송군	안덕면지소리태양광발전시설설치	76,900	안전재난건설과	9	1	7	8	7	5	3	4
6312	경북 청송군	안덕면근곡리태양광발전시설설치	35,900	안전재난건설과	9	1	7	8	7	5	3	4
6313	경북 청송군	안덕면신성2리태양광발전시설설치	41,000	안전재난건설과	9	1	7	8	7	5	3	4
6314	경북 청송군	청송읍금곡3리마을공동농기계구입	13,488	안전재난건설과	9	1	7	8	7	5	3	4
6315	경북 청송군	파천면옹점리마을공동창고설치	39,057	안전재난건설과	9	1	7	8	7	5	3	4
6316	경북 청송군	진보면이촌2리마을공동농기계구입	20,322	안전재난건설과	9	1	7	8	7	5	3	4
6317	경북 청송군	진보면후평1리마을공동농기계구입	19,200	안전재난건설과	9	1	7	8	7	5	3	4
6318	경북 청송군	진보면후평2리유기질비료구입	19,200	안전재난건설과	9	1	7	8	7	5	3	4
6319	경북 청송군	진보면기곡리마을공동농기계구입	19,200	안전재난건설과	9	1	7	8	7	5	3	4
6320	경북 청송군	진보면세장리유기질비료구입	19,200	안전재난건설과	9	1	7	8	7	5	3	4
6321	경북 청송군	진보면광덕1리유기질비료구입	19,200	안전재난건설과	9	1	7	8	7	5	3	4
6322	경북 청송군	진보면시량1리유기질비료구입	19,200	안전재난건설과	9	1	7	8	7	5	3	4
6323	경북 청송군	진보면시량2리마을회관물품및농기계구입	19,200	안전재난건설과	9	1	7	8	7	5	3	4
6324	경북 청송군	진보면신촌2리마을공동농기계구입	19,200	안전재난건설과	9	1	7	8	7	5	3	4
6325	경북 청송군	진보면괴정2리유기질비료구입	19,200	안전재난건설과	9	1	7	8	7	5	3	4
6326	경북 청송군	어족자원관리센터운영비	10,000	안전재난건설과	9	1	7	8	7	5	3	4
6327	경북 청송군	신흥1리(수정)마을공동농기계및영농자재구입	49,667	안전재난건설과	9	1	7	8	7	5	3	4
6328	경북 청송군	현서면갈천리LPG가스보일러설치	14,538	안전재난건설과	9	1	7	8	7	5	3	4
6329	경북 청송군	현서면수락리마을공동저온저장고설치	14,538	안전재난건설과	9	1	7	8	7	5	3	4
6330	경북 청송군	현서면백자리마을공동농기계창고설치	14,544	안전재난건설과	9	1	7	8	7	5	3	4
6331	경북 청송군	현서면무계2리마을공동농기계구입	14,538	안전재난건설과	9	1	7	8	7	5	3	4
6332	경북 청송군	안덕면복1리마을공동농기계구입	8,950	안전재난건설과	9	1	7	8	7	5	3	4
6333	경북 청송군	현서면갈천리LPG가스보일러설치	18,936	안전재난건설과	9	1	7	8	7	5	3	4
6334	경북 청송군	그린홈100만호보급사업	33,100	새마을도시과	9	5	7	8	7	2	3	4
6335	경북 청송군	신재생에너지모니터링시스템설치및정비	4,800	새마을도시과	9	6	7	8	7	5	5	4
6336	경북 청송군	신재생에너지건물지원사업	236,400	새마을도시과	9	5	7	8	7	5	5	4
6337	경북 청송군	마을기업육성사업	30,000	새마을도시과	9	2	7	8	7	5	5	4
6338	경북 청송군	농기계보관,운반,장비등구입	280,000	농업기술센터	9	1	7	8	7	1	1	1
6339	경북 청송군	장원벌확대보급시범	12,600	농업기술센터	9	1	7	8	7	1	1	1
6340	경북 청송군	껍질째먹는포도생산시범	42,000	농업기술센터	9	6	7	8	7	1	1	1

순번	시군구	지출명 (사업명)	2021년예산 (단위:천원/1년간)	담당자 (공무원) 담당부서	민간이전 분류 (지방자치단체 세출예산 집행기준에 의거) 1. 민간경상사업보조(307-02) 2. 민간단체 법정운영비보조(307-03) 3. 민간행사사업보조(307-04) 4. 민간위탁금(307-05) 5. 사회복지시설 법정운영비보조(307-10) 6. 민간인위탁교육비(307-12) 7. 공기관등에대한경상적위탁사업비(308-10) 8. 민간자본사업보조,자체재원(402-01) 9. 민간자본사업보조,이전재원(402-02) 10. 민간위탁사업비(402-03) 11. 공기관등에 대한 자본적 대행사업비(403-02)	민간이전지출 근거 (지방보조금 관리기준 참고) 1. 법률에 규정 2. 국고보조 재원(국가지정) 3. 용도 지정 기부금 4. 조례에 직접규정 5. 지자체가 권장하는 사업을 하는 공공기관 6. 시,도 정책 및 재정사정 7. 기타 8. 해당없음	입찰방식 계약체결방법 (경쟁형태) 1. 일반경쟁 2. 제한경쟁 3. 지명경쟁 4. 수의계약 5. 법정위탁 6. 기타 ( ) 7. 해당없음	입찰방식 계약기간 1. 1년 2. 2년 3. 3년 4. 4년 5. 5년 6. 기타 ( )년 7. 단기계약 (1년미만) 8. 해당없음	입찰방식 낙찰자선정방법 1. 적격심사 2. 협상에의한계약 3. 최저가낙찰제 4. 규격가격분리 5. 2단계 경쟁입찰 6. 기타 ( ) 7. 해당없음	운영예산 산정 운영예산 산정 1. 내부산정 (지자체 자체적으로 산정) 2. 외부산정 (외부전문기관위탁 산정) 3. 내·외부 모두 산정 4. 산정 無 5. 해당없음	운영예산 산정 정산방법 1. 내부정산 (지자체 내부적으로 정산) 2. 외부정산 (외부전문기관위탁 정산) 3. 내·외부 모두 산정 4. 정산 無 5. 해당없음	성과평가 실시여부 1. 실시 2. 미실시 3. 향후 추진 4. 해당없음
6341	경북 청송군	노지과수스마트팜시범	80,000	농업기술센터	9	6	7	8	7	5	5	4
6342	경북 청송군	청송자두명품화재배단지조성	340,000	농업기술센터	9	6	4	7	7	1	1	1
6343	경북 청송군	청송자두명품화기반조성	560,000	농업기술센터	9	6	1	7	3	1	1	1
6344	경북 영양군	작목별맞춤형안전관리실천	35,000	농촌지도과	9	2	7	8	7	5	5	4
6345	경북 영양군	풋고추및특화고추상품화시범	35,000	농업기술센터	9	4	7	8	7	5	5	4
6346	경북 영양군	온도저감을위한 꼬깔형천창개폐시설시범	42,000	농업기술센터	9	4	7	8	7	5	5	4
6347	경북 영양군	세척건조방법개선건고추품질향상시범	63,000	농업기술센터	9	4	7	8	7	5	5	4
6348	경북 영양군	경북미래형2축형 사과원조성	35,000	기술보급과	9	1	7	8	7	5	5	4
6349	경북 영양군	어린이집 환경개선	23,500	주민복지과	9	1	7	1	7	1	1	4
6350	경북 영양군	마을만들기 주민공모사업	80,000	지역경제과	9	7	7	8	7	5	5	4
6351	경북 영양군	신재생에너지주택지원사업	19,800	지역경제과	9	2	7	8	7	5	5	4
6352	경북 영양군	신재생에너지모니터링시스템설치및정비	51,100	지역경제과	9	6	7	8	7	5	5	4
6353	경북 영양군	신재생에너지 건물지원사업	86,600	지역경제과	9	2	7	8	7	5	5	4
6354	경북 영양군	결혼이민자농가소득증진지원	8,000	농업축산과	9	1	7	8	7	5	5	4
6355	경북 영양군	농촌체험휴양마을운영활성화기반구축지원	27,000	농업축산과	9	1	7	8	7	5	5	4
6356	경북 영양군	청년농업인육성지원	15,000	농업축산과	9	1	7	8	7	5	5	4
6357	경북 영양군	여성농업인농작업편의장비지원	2,500	농업축산과	9	4	7	8	7	5	5	4
6358	경북 영양군	원예소득작목육성지원	486,000	농업축산과	9	4	7	8	7	5	5	4
6359	경북 영양군	인삼생약산업육성지원	12,000	농업축산과	9	4	7	8	7	5	5	4
6360	경북 영양군	민속채소양채류육성지원	12,000	농업축산과	9	4	7	8	7	5	5	4
6361	경북 영양군	고추비가림재배시설지원	33,460	농업축산과	9	2	7	8	7	5	5	4
6362	경북 영양군	과수생산시설현대화지원	106,000	농업축산과	9	2	7	8	7	5	5	4
6363	경북 영양군	과실생산비절감및품질제고지원	26,290	농업축산과	9	4	7	8	7	5	5	4
6364	경북 영양군	과수생력화장비지원	63,500	농업축산과	9	4	7	8	7	5	5	4
6365	경북 영양군	FTA대응대체과수명품화사업	14,000	농업축산과	9	4	7	8	7	5	5	4
6366	경북 영양군	농가형저온저장고설치지원	40,000	농업축산과	9	4	7	8	7	5	5	4
6367	경북 영양군	꿀벌화분지원	18,800	농업축산과	9	1	7	8	7	5	5	4
6368	경북 영양군	채밀기지원	2,200	농업축산과	9	1	7	8	7	5	5	4
6369	경북 영양군	양봉산물저온저장고지원	3,000	농업축산과	9	1	7	8	7	5	5	4
6370	경북 영양군	벌통전기가온장치지원	5,200	농업축산과	9	1	7	8	7	5	5	4
6371	경북 영양군	토종벌종보전지원	12,800	농업축산과	9	1	7	8	7	5	5	4
6372	경북 영양군	계란난좌지원사업	400	농업축산과	9	1	7	8	7	5	5	4
6373	경북 영양군	조사료생산용종자구입	17,640	농업축산과	9	1	7	8	7	5	5	4
6374	경북 영양군	면역강화용사료첨가제지원	7,050	농업축산과	9	1	7	8	7	5	5	4
6375	경북 영양군	축산농가환경개선장비지원	15,000	농업축산과	9	1	7	8	7	5	5	4
6376	경북 영양군	축사관리용CCTV지원	3,000	농업축산과	9	1	7	8	7	5	5	4
6377	경북 영양군	염소사료급이기및급수기지원	2,500	농업축산과	9	1	7	8	7	5	5	4
6378	경북 영양군	한우사료자동급이기지원	10,000	농업축산과	9	1	7	8	7	5	5	4
6379	경북 영양군	축사환기시설(송풍기)지원	750	농업축산과	9	1	7	8	7	5	5	4
6380	경북 영양군	가축재해보험료지원	2,000	농업축산과	9	1	7	8	7	5	5	4
6381	경북 영양군	소독시설지원사업	5,058	농업축산과	9	1	7	8	7	5	5	4
6382	경북 영양군	구제역백신접종원거리자동주사기지원	1,225	농업축산과	9	1	7	8	7	5	5	4

순번	시군구	지출명 (사업명)	2021년예산 (단위:천원/1년간)	담당자 (공무원) 담당부서	민간이전 분류 (지방자치단체 세출예산 집행기준에 의거) 1. 민간경상사업보조(307-02) 2. 민간단체 법정운영비보조(307-03) 3. 민간행사사업보조(307-04) 4. 민간위탁금(307-05) 5. 사회복지시설 법정운영비보조(307-10) 6. 민간인위탁교육비(307-12) 7. 공기관등에대한경상적위탁사업비(308-10) 8. 민간자본사업보조,자체재원(402-01) 9. 민간자본사업보조,이전재원(402-02) 10. 민간위탁사업비(402-03) 11. 공기관등에 대한 자본적 대행사업비(403-02)	민간이전지출 근거 (지방보조금 관리기준 참고) 1. 법률에 규정 2. 국고보조 재원(국가지정) 3. 용도 지정 기부금 4. 조례에 직접규정 5. 지자체가 권장하는 사업을 하는 공공기관 6. 시,도 정책 및 재정사정 7. 기타 8. 해당없음	입찰방식 계약체결방법 (경쟁형태) 1. 일반경쟁 2. 제한경쟁 3. 지명경쟁 4. 수의계약 5. 법정위탁 6. 기타 ( ) 7. 해당없음	입찰방식 계약기간 1. 1년 2. 2년 3. 3년 4. 4년 5. 5년 6. 기타 ( )년 7. 단기계약 (1년미만) 8. 해당없음	입찰방식 낙찰자선정방법 1. 적격심사 2. 협상에의한계약 3. 최저가낙찰제 4. 규격가격분리 5. 2단계 경쟁입찰 6. 기타 ( ) 7. 해당없음	운영예산 산정 운영예산 산정 1. 내부산정 (지자체 자체적으로 산정) 2. 외부산정 (외부전문기관위탁 산정) 3. 내·외부 모두 산정 4. 산정 無 5. 해당없음	운영예산 산정 정산방법 1. 내부정산 (지자체 내부적으로 정산) 2. 외부정산 (외부전문기관위탁 정산) 3. 내·외부 모두 산정 4. 정산 無 5. 해당없음	성과평가 실시여부 1. 실시 2. 미실시 3. 향후 추진 4. 해당없음
6383	경북 영양군	축산물유통안전성제고사업	2,800	농업축산과	9	1	7	8	7	5	5	4
6384	경북 영양군	구제역백신구입	6,804	농업축산과	9	1	7	8	7	5	5	4
6385	경북 영양군	계란냉장차량지원	30,000	농업축산과	9	4	7	8	7	5	5	4
6386	경북 영양군	축산물유통차량지원	15,000	농업축산과	9	4	7	8	7	5	5	4
6387	경북 영양군	축산물HACCP컨설팅(농장)사업	4,200	농업축산과	9	1	7	8	7	5	5	4
6388	경북 영덕군	저효율 노후기관장비 설비설치 교체지원사업	93,800	해양수산과	9	1	6	7	7	5	1	4
6389	경북 영덕군	어선사고예방시스템구축지원사업	8,656	해양수산과	9	1	6	7	7	5	1	4
6390	경북 영덕군	유류절감형 어선 부력판 설치사업	23,334	해양수산과	9	1	6	7	7	5	1	4
6391	경북 영덕군	생분해성어구시범사업	800,000	해양수산과	9	2	4	7	7	1	1	4
6392	경북 영덕군	조업중 인양쓰레기 수매사업	200,000	해양수산과	9	6	4	7	7	1	1	4
6393	경북 영덕군	해양쓰레기 집하장 설치	25,000	해양수산과	9	6	7	8	7	1	1	4
6394	경북 영덕군	경제림조성	18,090	산림과	9	2	4	7	1	1	1	1
6395	경북 영덕군	FTA대비지역특화사업	10,000	산림과	9	4	2	7	7	5	1	4
6396	경북 영덕군	임산물상품화지원	33,500	산림과	9	2	2	7	7	5	1	4
6397	경북 영덕군	임산물유통기반조성	3,300	산림과	9	2	2	7	7	5	1	4
6398	경북 영덕군	산지종합유통센터	700,000	산림과	9	2	6	1	7	5	1	4
6399	경북 영덕군	노인복지시설 이동형 음압장비 설치 지원	12,250	주민복지과	9	6	5	7	7	1	1	1
6400	경북 영덕군	어린이집기능보강사업 장비비 및 보존식 기자재지원	7,500	주민복지과	9	2	7	8	7	5	5	4
6401	경북 청도군	신재생에너지주택지원사업	22,900	경제산림과	9	6	6	8	7	5	1	2
6402	경북 청도군	다목적태양열시스템보급사업	148,700	경제산림과	9	2	6	1	6	1	1	2
6403	경북 청도군	신재생에너지건물지원사업	176,000	경제산림과	9	6	6	8	7	5	1	2
6404	경북 청도군	신재생에너지모니터링시스템설치지원사업	89,700	경제산림과	9	6	6	8	7	5	1	2
6405	경북 청도군	복지시설에너지절약사업	7,000	경제산림과	9	6	6	8	7	5	1	2
6406	경북 청도군	LPG소형저장탱크보급사업	782,648	경제산림과	9	6	5	8	7	2	1	2
6407	경북 청도군	친환경임산물재배관리	482,562	경제산림과	9	6	7	8	7	5	5	4
6408	경북 청도군	임산물생산기반조성	614,845	경제산림과	9	6	7	8	7	5	5	4
6409	경북 청도군	임산물유통기반조성	342,750	경제산림과	9	6	7	8	7	5	5	4
6410	경북 청도군	산림작물생산단지	32,320	경제산림과	9	6	7	8	7	5	5	4
6411	경북 청도군	주택용목재펠릿보일러	5,600	경제산림과	9	6	7	8	7	5	5	4
6412	경북 청도군	사회복지용목재펠릿보일러	4,000	경제산림과	9	6	7	8	7	5	5	4
6413	경북 청도군	임산물가공산업활성화	1,400	경제산림과	9	2	7	8	7	5	5	4
6414	경북 청도군	산지종합유통센터	355,600	경제산림과	9	2	7	8	7	5	5	4
6415	경북 청도군	경제림조성	30,150	경제산림과	9	6	7	8	7	5	5	4
6416	경북 청도군	원예소득작목육성지원사업	122,000	농업기술센터	9	1	7	8	7	5	1	3
6417	경북 청도군	민속채소·양채류생산기반지원사업	25,000	농업기술센터	9	1	7	8	7	5	1	3
6418	경북 청도군	발작물공동경영체육성지원사업	900,000	농업기술센터	9	1	7	8	7	5	1	3
6419	경북 청도군	고추비가림재배시설지원사업	9,302	농업기술센터	9	1	7	8	7	5	1	3
6420	경북 청도군	특용작물생산시설현대화사업	358,875	농업기술센터	9	1	7	8	7	5	1	3
6421	경북 청도군	과수고품질시설현대화사업	459,000	농업기술센터	9	1	7	8	7	5	5	4
6422	경북 청도군	농가형저온저장고설치	20,000	농업기술센터	9	1	7	8	7	5	5	4
6423	경북 청도군	과수생력화장비지원	38,000	농업기술센터	9	1	7	8	7	5	5	4
6424	경북 청도군	FTA대응대체과수명품화사업	34,000	농업기술센터	9	1	7	8	7	5	5	4

순번	시군구	지출명 (사업명)	2021년예산 (단위:천원/1년간)	담당자 (공무원) 담당부서	민간이전 분류 (지방자치단체 세출예산 집행기준에 의거) 1. 민간경상사업보조(307-02) 2. 민간단체 법정운영비보조(307-03) 3. 민간행사사업보조(307-04) 4. 민간위탁금(307-05) 5. 사회복지시설 법정운영비보조(307-10) 6. 민간인위탁교육비(307-12) 7. 공기관등에대한경상적위탁사업비(308-10) 8. 민간자본사업보조,자체재원(402-01) 9. 민간자본사업보조,이전재원(402-02) 10. 민간위탁사업비(402-03) 11. 공기관등에 대한 자본적 대행사업비(403-02)	민간이전지출 근거 (지방보조금 관리기준 참고) 1. 법률에 규정 2. 국고보조 재원(국가지정) 3. 용도 지정 기부금 4. 조례에 직접규정 5. 지자체가 권장하는 사업을 하는 공공기관 6. 시,도 정책 및 재정사정 7. 기타 8. 해당없음	입찰방식 계약체결방법 (경쟁형태) 1. 일반경쟁 2. 제한경쟁 3. 지명경쟁 4. 수의계약 5. 법정위탁 6. 기타 ( ) 7. 해당없음	입찰방식 계약기간 1. 1년 2. 2년 3. 3년 4. 4년 5. 5년 6. 기타 ( )년 7. 단기계약 (1년미만) 8. 해당없음	입찰방식 낙찰자선정방법 1. 적격심사 2. 협상에의한계약 3. 최저가낙찰제 4. 규격가격분리 5. 2단계 경쟁입찰 6. 기타 ( ) 7. 해당없음	운영예산 산정 운영예산 산정 1. 내부산정 (지자체 자체적으로 산정) 2. 외부산정 (외부전문기관위탁 산정) 3. 내·외부 모두 산정 4. 산정 無 5. 해당없음	운영예산 산정 정산방법 1. 내부정산 (지자체 내부적으로 정산) 2. 외부정산 (외부전문기관위탁 정산) 3. 내·외부 모두 산정 4. 정산 無 5. 해당없음	성과평가 실시여부 1. 실시 2. 미실시 3. 향후 추진 4. 해당없음
6425	경북 청도군	포도비가림시설및부직포지원	20,000	농업기술센터	9	4	7	8	7	5	5	4
6426	경북 청도군	청도대산사단청보수정비	300,000	문화관광과	9	1	7	8	7	5	5	4
6427	경북 청도군	야생동물피해예방시설 지원 사업	94,000	환경과	9	1	1	8	7	1	1	1
6428	경북 청도군	전기자동차보급	1,673,000	환경과	9	2	7	8	7	5	5	4
6429	경북 청도군	운행경유차배출저감사업	400,000	환경과	9	2	7	8	7	5	5	4
6430	경북 청도군	어린이통학차량의LPG차전환지원사업	21,000	환경과	9	2	7	8	7	5	5	4
6431	경북 청도군	경유차저감장치(DPF)부착사업	380,000	환경과	9	2	7	8	7	5	5	4
6432	경북 청도군	건설기계엔진교체사업	33,000	환경과	9	2	7	8	7	5	5	4
6433	경북 청도군	노후1톤화물차량LPG차전환지원사업	120,000	환경과	9	2	7	8	7	5	5	4
6434	경북 청도군	가정용저녹스보일러보급사업	5,000	환경과	9	2	7	8	7	5	5	4
6435	경북 청도군	소규모영세사업장방지시설지원	225,000	환경과	9	2	7	8	7	5	5	4
6436	경북 청도군	결혼이민자소득증진지원	8,000	농정과	9	4	7	8	7	5	5	4
6437	경북 청도군	여성농업인농작업편의장비지원	5,000	농정과	9	4	7	8	7	5	5	4
6438	경북 청도군	RPC시설장비지원사업	215,000	농정과	9	4	7	8	7	5	5	4
6439	경북 청도군	귀농인정착지원	24,000	농정과	9	4	7	8	7	5	5	4
6440	경북 청도군	청년농부창농기반구축	140,000	농정과	9	4	7	8	7	5	5	4
6441	경북 청도군	가업승계우수농업인정착지원	70,000	농정과	9	4	7	8	7	5	5	4
6442	경북 청도군	귀농인의집지원	84,000	농정과	9	1	7	8	7	5	5	4
6443	경북 청도군	조사료생산장비지원	15,000	농정과	9	1	7	8	7	5	5	4
6444	경북 청도군	낙농농가기자재지원	11,000	농정과	9	1	7	8	7	5	5	4
6445	경북 청도군	가축폭염피해방지지원	28,500	농정과	9	1	7	8	7	5	5	4
6446	경북 고령군	노숙인시설 기능보강	43,852	주민복지과	9	2	7	8	7	1	1	2
6447	경북 고령군	농어촌 장애인주택 개조사업	15,200	주민복지과	9	1	7	8	7	1	1	2
6448	경북 고령군	장애인직업재활시설기능보강	4,000	주민복지과	9	2	7	8	7	1	1	4
6449	경북 고령군	신재생에너지주택지원사업	16,500	기업경제과	9	6	7	8	7	1	1	4
6450	경북 고령군	신재생에너지 건물지원사업	276,400	기업경제과	9	6	7	8	7	1	1	4
6451	경북 고령군	신재생에너지 모니터링 시스템	22,100	기업경제과	9	6	7	8	7	1	1	4
6452	경북 고령군	신재생에너지융복합지원사업	1,199,860	기업경제과	9	6	6	8	7	1	3	4
6453	경북 고령군	전기자동차보급	15,600	기업경제과	9	1	7	8	7	1	1	4
6454	경북 고령군	전기자동차보급	660,000	기업경제과	9	1	7	8	7	1	1	4
6455	경북 고령군	전기자동차보급	18,000	기업경제과	9	1	7	8	7	1	1	4
6456	경북 고령군	사회복지시설 고효율 냉난방기 교체사업	66,000	기업경제과	9	6	7	8	7	1	1	4
6457	경북 고령군	어린이집 환경개선	4,900	여성청소년과	9	2	7	8	7	2	3	1
6458	경북 고령군	굴뚝자동측정기기 설치·운영관리비지원	19,000	환경과	9	1	7	1	7	1	1	4
6459	경북 고령군	소규모영세사업장방지시설지원	3,528,000	환경과	9	2	7	8	7	5	5	4
6460	경북 고령군	야생동물 피해예방시설 설치	70,000	환경과	9	1	7	8	7	1	1	4
6461	경북 고령군	농촌소득자원발굴 육성사업	184,100	농업정책과	9	1	7	8	7	1	1	3
6462	경북 고령군	결혼이민자 농가소득 증진지원	8,000	농업정책과	9	1	7	8	7	1	1	3
6463	경북 고령군	여성농업인 농작업 편의장비	2,500	농업정책과	9	1	7	8	7	1	1	3
6464	경북 고령군	가업승계 우수농업인 영농정착지원	70,000	농업정책과	9	1	7	8	7	1	1	3
6465	경북 고령군	청년농부 육성지원	60,000	농업정책과	9	1	7	8	7	1	1	3
6466	경북 고령군	벼육묘공장 설치지원	21,000	농업정책과	9	6	7	8	7	1	1	3

순번	시군구	지출명 (사업명)	2021년예산 (단위:천원/1년간)	담당자 (공무원)	민간이전 분류 (지방자치단체 세출예산 집행기준에 의거)	민간이전지출 근거 (지방보조금 관리기준 참고)	입찰방식			운영예산 산정		성과평가 실시여부
				담당부서	1. 민간경상사업보조(307-02) 2. 민간단체 법정운영비보조(307-03) 3. 민간행사사업보조(307-04) 4. 민간위탁금(307-05) 5. 사회복지시설 법정운영비보조(307-10) 6. 민간인위탁교육비(307-12) 7. 공기관등에대한경상적위탁사업비(308-10) 8. 민간자본사업보조,자체재원(402-01) 9. 민간자본사업보조,이전재원(402-02) 10. 민간위탁사업비(402-03) 11. 공기관등에 대한 자본적 대행사업비(403-02)	1. 법률에 규정 2. 국고보조 재원(국가지정) 3. 용도 지정 기부금 4. 조례에 직접규정 5. 지자체가 권장하는 사업을 하는 공공기관 6. 시,도 정책 및 재정사정 7. 기타 8. 해당없음	계약체결방법 (경쟁형태) 1. 일반경쟁 2. 제한경쟁 3. 지명경쟁 4. 수의계약 5. 법정위탁 6. 기타 ( ) 7. 해당없음	계약기간 1. 1년 2. 2년 3. 3년 4. 4년 5. 5년 6. 기타 ( )년 7. 단기계약 (1년미만) 8. 해당없음	낙찰자선정방법 1. 적격심사 2. 협상에의한계약 3. 최저가낙찰제 4. 규격가격분리 5. 2단계 경쟁입찰 6. 기타 ( ) 7. 해당없음	운영예산 산정 1. 내부산정 (지자체 자체적으로 산정) 2. 외부산정 (외부전문기관위탁 산정) 3. 내·외부 모두 산정 4. 산정 無 5. 해당없음	정산방법 1. 내부정산 (지자체 내부적으로 정산) 2. 외부정산 (외부전문기관위탁 정산) 3. 내·외부 모두 산정 4. 정산 無 5. 해당없음	1. 실시 2. 미실시 3. 향후 추진 4. 해당없음
6467	경북 고령군	벼육묘공장 녹화장지원	10,000	농업정책과	9	6	7	8	7	1	1	3
6468	경북 고령군	벼육묘공장(대형) 상토지원	6,000	농업정책과	9	6	7	8	7	1	1	3
6469	경북 고령군	벼 육묘상처리제 지원	22,500	농업정책과	9	6	7	8	7	1	1	3
6470	경북 고령군	벼 육묘매트 지원	4,124	농업정책과	9	6	7	8	7	1	1	3
6471	경북 고령군	중소형농기계 공급	70,000	농업정책과	9	6	7	8	7	1	1	3
6472	경북 고령군	대규모벼재배농가대형농기계지원	100,000	농업정책과	9	6	7	8	7	1	1	3
6473	경북 고령군	벼 재배 생력화지원	15,000	농업정책과	9	6	7	8	7	1	1	3
6474	경북 고령군	영농안전장비지원	40,000	농업정책과	9	6	7	8	7	1	1	3
6475	경북 고령군	밭작물 폭염 대비 스프링클러 지원	3,500	농업정책과	9	6	7	8	7	1	1	3
6476	경북 고령군	과수생력화장비지원	12,000	농업정책과	9	6	7	8	7	1	1	3
6477	경북 고령군	FTA대응대체과수명품화사업	125,167	농업정책과	9	6	7	8	7	1	1	3
6478	경북 고령군	과실생산비절감및품질제고지원	1,650	농업정책과	9	6	7	8	7	1	1	3
6479	경북 고령군	화훼생산시설경쟁력제고사업	32,500	농업정책과	9	6	7	8	7	1	1	3
6480	경북 고령군	소득작목육성지원	277,000	농업정책과	9	6	7	8	7	1	1	3
6481	경북 고령군	시설원예에너지절감시설보급지원	430,500	농업정책과	9	2	7	8	7	1	1	3
6482	경북 고령군	시설원예현대화지원	454,289	농업정책과	9	2	7	8	7	1	1	3
6483	경북 고령군	시설원예분야ICT융복합확산지원	49,202	농업정책과	9	2	7	8	7	1	1	3
6484	경북 고령군	밭작물공동경영체육성지원	765,000	농업정책과	9	2	7	8	7	1	1	3
6485	경북 고령군	특용작물(버섯,약용작물)생산시설현대화	7,138	농업정책과	9	2	7	8	7	1	1	3
6486	경북 고령군	쌀림농협 식품소재 및 반가공 산업육성 지원	420,000	농업정책과	9	1	7	8	7	1	1	3
6487	경북 고령군	귀농인 농산물 포장재 지원사업	6,000	농업정책과	9	6	7	7	7	3	1	3
6488	경북 고령군	귀농인 소득화 지원사업	40,000	농업정책과	9	6	7	7	7	3	1	3
6489	경북 고령군	귀농인정착지원	400	농업정책과	9	6	7	7	7	3	1	3
6490	경북 성주군	선석사 정비	110,560	문화예술과	9	2	7	8	7	5	5	4
6491	경북 성주군	장비비지원	8,000	가족지원과	9	2	7	8	7	5	5	4
6492	경북 성주군	보존식기자재지원	6,300	가족지원과	9	2	7	8	7	5	5	4
6493	경북 성주군	아동복지시설기능보강	6,110	가족지원과	9	2	7	8	7	5	5	4
6494	경북 성주군	전기자동차보급및인프라구축	3,711,000	환경과	9	2	7	8	7	5	5	4
6495	경북 성주군	운행경유차배출가스저감사업	357,500	환경과	9	2	7	8	7	5	5	4
6496	경북 성주군	어린이통학차량의LPG차전환지원사업	30,000	환경과	9	2	7	8	7	5	5	4
6497	경북 성주군	소규모사업장 방지시설 설치 지원	2,250	환경과	9	2	7	8	7	5	5	4
6498	경북 성주군	가정용 저녹스 보일러 보급사업	120,000	환경과	9	2	7	8	7	5	5	4
6499	경북 성주군	수소자동차보급및충전인프라구축	97,500	환경과	9	2	7	8	7	5	5	4
6500	경북 성주군	야생동물피해예방사업	56,000	환경과	9	2	7	8	7	1	1	3
6501	경북 성주군	신선농산물수출경쟁력제고	36,000	농정과	9	6	7	8	7	1	1	3
6502	경북 성주군	농식품수출프런티업기업육성	36,000	농정과	9	6	7	8	7	1	1	3
6503	경북 성주군	농산물생산유통기반구축지원	490,000	농정과	9	6	7	8	7	1	1	3
6504	경북 성주군	축산농가환경개선장비지원	30,000	농정과	9	1	7	8	7	1	1	3
6505	경북 성주군	조사료생산장비지원	15,000	농정과	9	1	7	8	7	1	1	3
6506	경북 성주군	한우사료자동급이기지원	20,000	농정과	9	1	7	8	7	1	1	3
6507	경북 성주군	염소사료급이및급수기지원	4,000	농정과	9	1	7	8	7	1	1	3
6508	경북 성주군	축사관리용CCTV지원	5,000	농정과	9	1	7	8	7	1	1	3

순번	시군구	지출명 (사업명)	2021년예산 (단위:천원/1년간)	담당자 (공무원) 담당부서	민간이전 분류 (지방자치단체 세출예산 집행기준에 의거) 1. 민간경상사업보조(307-02) 2. 민간단체 법정운영비보조(307-03) 3. 민간행사사업보조(307-04) 4. 민간위탁금(307-05) 5. 사회복지시설 법정운영비보조(307-10) 6. 민간인위탁교육비(307-12) 7. 공기관등에대한경상적위탁사업비(308-10) 8. 민간자본사업보조,자체재원(402-01) 9. 민간자본사업보조,이전재원(402-02) 10. 민간위탁사업비(402-03) 11. 공기관등에 대한 자본적 대행사업비(403-02)	민간이전지출 근거 (지방보조금 관리기준 참고) 1. 법률에 규정 2. 국고보조 재원(국가지정) 3. 용도 지정 기부금 4. 조례에 직접규정 5. 지자체가 권장하는 사업을 하는 공공기관 6. 시,도 정책 및 재정사정 7. 기타 8. 해당없음	입찰방식 계약체결방법 (경쟁형태) 1. 일반경쟁 2. 제한경쟁 3. 지명경쟁 4. 수의계약 5. 법정위탁 6. 기타 ( ) 7. 해당없음	입찰방식 계약기간 1. 1년 2. 2년 3. 3년 4. 4년 5. 5년 6. 기타 ( )년 7. 단기계약 (1년미만) 8. 해당없음	입찰방식 낙찰자선정방법 1. 적격심사 2. 협상에의한계약 3. 최저가낙찰제 4. 규격가격분리 5. 2단계 경쟁입찰 6. 기타 ( ) 7. 해당없음	운영예산 산정 운영예산 산정 1. 내부산정 (지자체 자체적으로 산정) 2. 외부산정 (외부전문기관위탁 산정) 3. 내·외부 모두 산정 4. 산정 無 5. 해당없음	운영예산 산정 정산방법 1. 내부정산 (지자체 내부적으로 정산) 2. 외부정산 (외부전문기관위탁 정산) 3. 내·외부 모두 산정 4. 정산 無 5. 해당없음	성과평가 실시여부 1. 실시 2. 미실시 3. 향후 추진 4. 해당없음
6509	경북 성주군	채밀기지원	8,800	농정과	9	1	7	8	7	1	1	3
6510	경북 성주군	양봉산물저온저장고지원	9,000	농정과	9	1	7	8	7	1	1	3
6511	경북 성주군	축사단열처리지원	10,000	농정과	9	1	7	8	7	1	1	3
6512	경북 성주군	안개분무시설지원	8,000	농정과	9	1	7	8	7	1	1	3
6513	경북 성주군	축사환기시설(송풍기)지원	4,500	농정과	9	1	7	8	7	1	1	3
6514	경북 성주군	깨끗한축산환경지원사업	450,000	농정과	9	1	7	8	7	1	1	3
6515	경북 성주군	전자식활성수기지원	3,300	농정과	9	1	7	8	7	1	1	3
6516	경북 성주군	플라즈마발생기지원	5,000	농정과	9	1	7	8	7	1	1	3
6517	경북 성주군	중소형농기계공급	135,000	농정과	9	6	7	8	7	1	1	3
6518	경북 성주군	벼녹화장(대형)지원	10,000	농정과	9	6	7	8	7	1	1	3
6519	경북 성주군	벼녹화장(소형)지원	11,000	농정과	9	6	7	8	7	1	1	3
6520	경북 성주군	곡물건조기지원	4,500	농정과	9	6	7	8	7	1	1	3
6521	경북 성주군	육묘용파종기지원	3,000	농정과	9	6	7	8	7	1	1	3
6522	경북 성주군	육묘상자적재기,육묘상자세척기지원	1,500	농정과	9	6	7	8	7	1	1	3
6523	경북 성주군	농업용무인보트지원	1,800	농정과	9	6	7	8	7	1	1	3
6524	경북 성주군	두더지포획지원	220	농정과	9	6	7	8	7	1	1	3
6525	경북 성주군	해충포획지원	5,000	농정과	9	6	7	8	7	1	1	3
6526	경북 성주군	유용곤충산업기반조성지원	35,000	농정과	9	6	7	8	7	1	1	3
6527	경북 성주군	밭식량작물다목적농업기계지원	20,000	농정과	9	6	7	8	7	1	1	3
6528	경북 성주군	밭작물 폭염(가뭄)피해 예방사업	9,450	농정과	9	6	7	8	7	1	1	3
6529	경북 성주군	대규모벼재배농가대형농기계지원	24,000	농정과	9	6	7	8	7	1	1	3
6530	경북 성주군	친환경농업기반구축사업	437,334	농정과	9	2	7	8	7	5	5	3
6531	경북 성주군	원예소득작목육성지원	253,700	농정과	9	6	7	8	7	1	1	3
6532	경북 성주군	시설원예에너지절감시설보급지원	717,500	농정과	9	2	7	8	7	1	1	3
6533	경북 성주군	민속채소,양채류육성지원	137,660	농정과	9	6	7	8	7	1	1	3
6534	경북 성주군	과수생력화장비지원	14,500	농정과	9	6	7	8	7	1	1	3
6535	경북 성주군	농가형저온저장고설치	20,000	농정과	9	6	7	8	7	1	1	3
6536	경북 성주군	과수고품질시설현대화사업	47,500	농정과	9	2	7	8	7	1	1	3
6537	경북 성주군	시설원예현대화지원	1,196,817	농정과	9	2	7	8	7	1	1	3
6538	경북 성주군	FTA대응대체과수명품화	21,000	농정과	9	6	7	8	7	1	1	3
6539	경북 성주군	밭작물공동경영체육성지원	1,665,000	농정과	9	2	7	8	7	1	1	3
6540	경북 성주군	양돈농가울타리설치지원사업	78,000	농정과	9	2	7	8	7	1	1	3
6541	경북 성주군	양돈농가울타리설치지원사업	46,800	농정과	9	2	7	8	7	1	1	3
6542	경북 성주군	가금농가CCTV등방역인프라설치지원사업	120,000	농정과	9	2	7	8	7	1	1	3
6543	경북 성주군	구제역백신접종원거리자동주사기지원	2,450	농정과	9	2	7	8	7	1	1	3
6544	경북 성주군	소독시설지원사업	12,000	농정과	9	6	7	8	7	1	1	3
6545	경북 성주군	축산물유통안전성제고	14,000	농정과	9	6	7	8	7	1	1	3
6546	경북 성주군	축산물유통안전성제고	4,200	농정과	9	6	7	8	7	1	1	3
6547	경북 성주군	낙농기자재지원사업	6,000	농정과	9	6	7	8	7	1	1	3
6548	경북 성주군	결혼이민자농가소득증진지원	8,000	농정과	9	6	7	8	7	1	1	3
6549	경북 성주군	지역농업CEO발전기반구축사업	120,000	농정과	9	6	7	8	7	1	1	3
6550	경북 성주군	청년농부 창농기반구축사업	140,000	농정과	9	6	7	8	7	1	1	3

순번	시군구	지출명 (사업명)	2021년예산 (단위:천원/1년간)	담당자 (공무원) 담당부서	민간이전 분류 (지방자치단체 세출예산 집행기준에 의거) 1. 민간경상사업보조(307-02) 2. 민간단체 법정운영비보조(307-03) 3. 민간행사사업보조(307-04) 4. 민간위탁금(307-05) 5. 사회복지시설 법정운영비보조(307-10) 6. 민간인위탁교육비(307-12) 7. 공기관등에대한경상적위탁사업비(308-10) 8. 민간자본사업보조,자체재원(402-01) 9. 민간자본사업보조,이전재원(402-02) 10. 민간위탁사업비(402-03) 11. 공기관등에 대한 자본적 대행사업비(403-02)	민간이전지출 근거 (지방보조금 관리기준 참고) 1. 법률에 규정 2. 국고보조 재원(국가지정) 3. 용도 지정 기부금 4. 조례에 직접규정 5. 지자체가 권장하는 사업을 하는 공공기관 6. 시,도 정책 및 재정사정 7. 기타 8. 해당없음	입찰방식 계약체결방법 (경쟁형태) 1. 일반경쟁 2. 제한경쟁 3. 지명경쟁 4. 수의계약 5. 법정위탁 6. 기타 ( ) 7. 해당없음	입찰방식 계약기간 1. 1년 2. 2년 3. 3년 4. 4년 5. 5년 6. 기타 ( )년 7. 단기계약 (1년미만) 8. 해당없음	입찰방식 낙찰자선정방법 1. 적격심사 2. 협상에의한계약 3. 최저가낙찰제 4. 규격가격분리 5. 2단계 경쟁입찰 6. 기타 ( ) 7. 해당없음	운영예산 산정 운영예산 산정 1. 내부산정 (지자체 자체적으로 산정) 2. 외부산정 (외부전문기관위탁 산정) 3. 내·외부 모두 산정 4. 산정 無 5. 해당없음	운영예산 산정 정산방법 1. 내부정산 (지자체 내부적으로 정산) 2. 외부정산 (외부전문기관위탁 정산) 3. 내·외부 모두 산정 4. 정산 無 5. 해당없음	성과평가 실시여부 1. 실시 2. 미실시 3. 향후 추진 4. 해당없음
6551	경북 성주군	신재생에너지주택지원사업	165,800	기업경제과	9	2	7	8	7	5	1	2
6552	경북 성주군	신재생에너지건물지원사업	44,750	기업경제과	9	2	7	8	7	5	5	4
6553	경북 성주군	복지지설에너지절약사업	43,000	기업경제과	9	2	7	8	7	5	5	4
6554	경북 성주군	신재생에너지모니터링시스템구축	47,900	기업경제과	9	2	7	8	7	5	5	4
6555	경북 성주군	마을기업육성사업	30,000	기업경제과	9	2	6	1	7	5	1	3
6556	경북 성주군	세이프택시사업지원	4,800	기업경제과	9	2	7	8	7	5	5	4
6557	경북 성주군	발전소주변지역지원사업	20,000	기업경제과	9	2	7	8	7	5	5	4
6558	경북 성주군	기존건축물 화재안전성능보강 지원사업	26,668	허가과	9	1	7	8	7	5	5	4
6559	경북 성주군	행복한보금자리만들기사업	18,000	새마을녹지과	9	1	7	8	7	5	5	4
6560	경북 성주군	목재산업시설현대화	120,000	새마을녹지과	9	2	7	8	7	5	5	4
6561	경북 칠곡군	왜관3리 경로당 개보수사업	60,000	사회복지과	9	4	7	8	7	5	5	4
6562	경북 칠곡군	왜관5리 남부경로당 개보수사업	30,000	사회복지과	9	4	7	8	7	5	5	4
6563	경북 칠곡군	연호2리 경로당 개보수사업	60,000	사회복지과	9	4	7	8	7	5	5	4
6564	경북 칠곡군	용수리 경로당 개보수사업	30,000	사회복지과	9	4	7	8	7	5	5	4
6565	경북 칠곡군	송학2리 경로당 신축	200,000	사회복지과	9	4	7	8	7	5	5	4
6566	경북 칠곡군	노인복지시설 기능보강사업	33,182	사회복지과	9	1	7	8	7	5	5	4
6567	경북 칠곡군	어린이집 환경개선비 지원	38,621	사회복지과	9	1	7	8	7	1	1	4
6568	경북 칠곡군	어린이집 환경개선	51,000	사회복지과	9	1	7	8	7	1	1	4
6569	경북 칠곡군	에너지 절약사업	188,600	일자리경제과	9	2	7	8	7	1	2	4
6570	경북 칠곡군	신재생에너지모니터링시스템 구축	100,700	일자리경제과	9	7	7	8	7	5	5	4
6571	경북 칠곡군	신재생에너지주택지원사업	151,800	일자리경제과	9	2	7	8	7	1	2	4
6572	경북 칠곡군	신재생에너지건물지원사업	117,700	일자리경제과	9	2	7	8	7	1	2	4
6573	경북 칠곡군	신재생에너지지역지원사업	50,344	일자리경제과	9	2	7	8	7	5	5	4
6574	경북 칠곡군	LPG소형저장탱크 보급사업	677,023	일자리경제과	9	6	5	1	7	3	3	1
6575	경북 칠곡군	세이프 택시 사업지원	35,200	교통행정과	9	1	7	8	7	5	5	4
6576	경북 칠곡군	청년농부 창농기반 구축	140,000	농업정책과	9	1	6	3	1	3	3	1
6577	경북 칠곡군	친환경농법 종합지원	4,420	농업정책과	9	1	7	8	7	5	5	4
6578	경북 칠곡군	유기농업자재 지원	8,778	농업정책과	9	1	7	8	7	5	5	4
6579	경북 칠곡군	토양개량제공급	70,558	농업정책과	9	1	7	8	7	5	5	4
6580	경북 칠곡군	중소형농기계공급	75,000	농업정책과	9	1	7	8	7	5	5	4
6581	경북 칠곡군	벼육묘공장지원	42,000	농업정책과	9	1	7	8	7	5	5	4
6582	경북 칠곡군	벼육묘공장지원	36,014	농업정책과	9	1	7	8	7	5	5	4
6583	경북 칠곡군	벼재배생력화지원사업	22,500	농업정책과	9	1	7	8	7	5	5	4
6584	경북 칠곡군	식량자급율제고지원	60,000	농업정책과	9	1	7	8	7	5	5	4
6585	경북 칠곡군	가공용벼계약재배단지조성	37,800	농업정책과	9	1	7	8	7	5	5	4
6586	경북 칠곡군	볏짚환원사업	14,000	농업정책과	9	1	7	8	7	5	5	4
6587	경북 칠곡군	밭작물폭염(가뭄)피해예방사업	5,950	농업정책과	9	1	7	8	7	5	5	4
6588	경북 칠곡군	화훼생산시설 경쟁력제고 지원사업	103,500	농업정책과	9	2	7	8	7	3	3	1
6589	경북 칠곡군	소득작목 육성지원	340,000	농업정책과	9	6	7	8	7	3	3	1
6590	경북 칠곡군	시설원예 에너지이용효율화사업	298,193	농업정책과	9	2	7	8	7	3	3	1
6591	경북 칠곡군	민속채소 생산기반 확충지원	298,193	농업정책과	9	6	7	8	7	3	3	1
6592	경북 칠곡군	신선농산물 수출경쟁력 제고	42,000	농업정책과	9	6	7	8	7	3	3	1

순번	시군구	지출명 (사업명)	2021년예산 (단위:천원/1년간)	담당자 (공무원)	민간이전 분류 (지방자치단체 세출예산 집행기준에 의거)	민간이전지출 근거 (지방보조금 관리기준 참고)	입찰방식			운영예산 산정		성과평가 실시여부
				담당부서	1. 민간경상사업보조(307-02) 2. 민간단체 법정운영비보조(307-03) 3. 민간행사사업보조(307-04) 4. 민간위탁금(307-05) 5. 사회복지시설 법정운영비보조(307-10) 6. 민간인위탁교육비(307-12) 7. 공기관등에대한경상적위탁사업비(308-10) 8. 민간자본사업보조,자체재원(402-01) 9. 민간자본사업보조,이전재원(402-02) 10. 민간위탁사업비(402-03) 11. 공기관등에 대한 자본적 대행사업비(403-02)	1. 법률에 규정 2. 국고보조 재원(국가지정) 3. 용도 지정 기부금 4. 조례에 직접규정 5. 지자체가 권장하는 사업을 하는 공공기관 6. 시,도 정책 및 재정사정 7. 기타 8. 해당없음	계약체결방법 (경쟁형태) 1. 일반경쟁 2. 제한경쟁 3. 지명경쟁 4. 수의계약 5. 법정위탁 6. 기타 ( ) 7. 해당없음	계약기간 1. 1년 2. 2년 3. 3년 4. 4년 5. 5년 6. 기타 ( )년 7. 단기계약 (1년미만) 8. 해당없음	낙찰자선정방법 1. 적격심사 2. 협상에의한계약 3. 최저가낙찰제 4. 규격가격분리 5. 2단계 경쟁입찰 6. 기타 ( ) 7. 해당없음	운영예산 산정 1. 내부산정 (지자체 자체적으로 산정) 2. 외부산정 (외부전문기관위탁 산정) 3. 내·외부 모두 산정 4. 산정 無 5. 해당없음	정산방법 1. 내부정산 (지자체 내부적으로 정산) 2. 외부정산 (외부전문기관위탁 정산) 3. 내·외부 모두 산정 4. 정산 無 5. 해당없음	1. 실시 2. 미실시 3. 향후 추진 4. 해당없음
6593	경북 칠곡군	농식품 국외판촉지원사업	6,000	농업정책과	9	6	7	8	7	3	3	1
6594	경북 칠곡군	화훼류신수출전략품목육성	95,000	농업정책과	9	2	7	8	7	3	3	1
6595	경북 칠곡군	시설원예분야 ICT융복합확산지원	12,000	농업정책과	9	2	7	8	7	3	3	1
6596	경북 칠곡군	과수고품질 생산시설 현대화사업	44,500	농업정책과	9	2	7	8	7	3	3	1
6597	경북 칠곡군	친환경사과적화제 지원사업	420	농업정책과	9	6	7	8	7	3	3	1
6598	경북 칠곡군	과실장기저장제 지원사업	3,300	농업정책과	9	6	7	8	7	3	3	1
6599	경북 칠곡군	비파괴당도측정기 지원사업	4,950	농업정책과	9	6	7	8	7	3	3	1
6600	경북 칠곡군	한우 사료자동급이기 지원	20,000	농업정책과	9	7	7	8	7	5	5	4
6601	경북 칠곡군	축사관리용 CCTV	4,000	농업정책과	9	7	7	8	7	5	5	4
6602	경북 칠곡군	낙농기자재지원사업	6,000	농업정책과	9	7	7	8	7	5	5	4
6603	경북 칠곡군	자동채밀기 지원	4,400	농업정책과	9	7	7	8	7	5	5	4
6604	경북 칠곡군	양봉산물 저온저장고 지원	3,000	농업정책과	9	7	7	8	7	5	5	4
6605	경북 칠곡군	양봉벌통 지원	30,000	농업정책과	9	7	7	8	7	5	5	4
6606	경북 칠곡군	벌통전기가온장치 지원	16,250	농업정책과	9	7	7	8	7	5	5	4
6607	경북 칠곡군	축산농가환경개선장비 지원	30,000	농업정책과	9	7	7	8	7	5	5	4
6608	경북 칠곡군	축사환기시설 지원	4,500	농업정책과	9	7	7	8	7	5	5	4
6609	경북 칠곡군	안개분무시설 지원	16,000	농업정책과	9	7	7	8	7	5	5	4
6610	경북 칠곡군	깨끗한 축산환경지원	225,000	농업정책과	9	7	7	8	7	5	5	4
6611	경북 칠곡군	미세폭기 지원	1,600	농업정책과	9	7	7	8	7	5	5	4
6612	경북 칠곡군	액비시설 밀폐 및 악취저감시설	8,000	농업정책과	9	7	7	8	7	5	5	4
6613	경북 칠곡군	IOT기반 축우관리시스템	18,000	농업정책과	9	7	7	8	7	5	5	4
6614	경북 칠곡군	내수면 양식장 기자재 공급	2,940	농업정책과	9	7	7	8	7	5	5	4
6615	경북 칠곡군	소독시설지원사업	12,000	농업정책과	9	6	7	8	7	5	5	4
6616	경북 칠곡군	가금농가 CCTV 등 방역인프라설치 지원사업	60,000	농업정책과	9	2	7	8	7	5	5	4
6617	경북 칠곡군	구제역 백신 원거리 자동 주사기 지원	4,900	농업정책과	9	2	7	8	7	5	5	4
6618	경북 칠곡군	양돈농가 울타리 설치 지원사업	6,000	농업정책과	9	2	7	8	7	5	5	4
6619	경북 칠곡군	냉장진열장 구입 지원	5,600	농업정책과	9	2	7	8	7	5	5	4
6620	경북 칠곡군	조림지 가꾸기 대리경영	615,940	산림녹지과	9	1	7	8	7	1	1	4
6621	경북 칠곡군	산림작물생산단지	37,500	산림녹지과	9	1	7	8	7	1	1	4
6622	경북 칠곡군	지역대표임산물 경쟁력 제고	920	산림녹지과	9	1	7	8	7	1	1	4
6623	경북 칠곡군	목재산업시설 현대화	120,000	산림녹지과	9	1	7	8	7	1	1	4
6624	경북 칠곡군	특용수 현금보조 조림 대리경영	310,471	산림녹지과	9	1	7	8	7	1	1	4
6625	경북 칠곡군	진로체험 프로그램 운영지원	60,000	농업기술센터	9	2	7	8	7	5	5	3
6626	경북 칠곡군	농촌교육농장 육성	35,000	농업기술센터	9	6	7	8	7	5	5	3
6627	경북 칠곡군	시설작물 자동 관수 및 관비 시스템 시범	26,000	농업기술센터	9	1	7	8	7	5	5	3
6628	경북 칠곡군	고설딸기 고효율 육묘기술 시범	24,000	농업기술센터	9	1	7	8	7	5	5	3
6629	경북 칠곡군	시설원예 스마트팜 활용기술 보급시범	210,000	농업기술센터	9	1	7	8	7	5	5	3
6630	경북 칠곡군	스마트 양봉 기술 보급 시범	20,000	농업기술센터	9	2	7	8	7	5	5	3
6631	경북 칠곡군	고온건조 방식 대인소독장비 활용 기술시범	40,000	농업기술센터	9	2	7	8	7	5	5	3
6632	경북 칠곡군	젖소 케토시스 사전예측을 통한 생산성 향상기술시범	20,000	농업기술센터	9	2	7	8	7	5	5	3
6633	경북 칠곡군	양봉브랜드 관리사업단 육성	14,000	농업기술센터	9	6	7	8	7	5	5	3
6634	경북 칠곡군	고품질 양봉브랜드 생산농가 육성	7,000	농업기술센터	9	6	7	8	7	5	5	3

순번	시군구	지출명 (사업명)	2021년예산 (단위:천원/1년간)	담당자 (공무원) 담당부서	민간이전 분류 (지방자치단체 세출예산 집행기준에 의거) 1. 민간경상사업보조(307-02) 2. 민간단체 법정운영비보조(307-03) 3. 민간행사사업보조(307-04) 4. 민간위탁금(307-05) 5. 사회복지시설 법정운영비보조(307-10) 6. 민간인위탁교육비(307-12) 7. 공기관등에대한경상적위탁사업비(308-10) 8. 민간자본사업보조,자체재원(402-01) 9. 민간자본사업보조,이전재원(402-02) 10. 민간위탁사업비(402-03) 11. 공기관등에 대한 자본적 대행사업비(403-02)	민간이전지출 근거 (지방보조금 관리기준 참고) 1. 법률에 규정 2. 국고보조 재원(국가지정) 3. 용도 지정 기부금 4. 조례에 직접규정 5. 지자체가 권장하는 사업을 하는 공공기관 6. 시,도 정책 및 재정사정 7. 기타 8. 해당없음	입찰방식 계약체결방법 (경쟁형태) 1. 일반경쟁 2. 제한경쟁 3. 지명경쟁 4. 수의계약 5. 법정위탁 6. 기타 ( ) 7. 해당없음	입찰방식 계약기간 1. 1년 2. 2년 3. 3년 4. 4년 5. 5년 6. 기타 ( )년 7. 단기계약 (1년미만) 8. 해당없음	입찰방식 낙찰자선정방법 1. 적격심사 2. 협상에의한계약 3. 최저가낙찰제 4. 규격가격분리 5. 2단계 경쟁입찰 6. 기타 ( ) 7. 해당없음	운영예산 산정 운영예산 산정 1. 내부산정 (지자체 자체적으로 산정) 2. 외부산정 (외부전문기관위탁 산정) 3. 내·외부 모두 산정 4. 산정 無 5. 해당없음	운영예산 산정 정산방법 1. 내부정산 (지자체 내부적으로 정산) 2. 외부정산 (외부전문기관위탁 정산) 3. 내·외부 모두 산정 4. 정산 無 5. 해당없음	성과평가 실시여부 1. 실시 2. 미실시 3. 향후 추진 4. 해당없음
6635	경북 칠곡군	깨끗한 양봉장 만들기 시범	7,000	농업기술센터	9	6	7	8	7	5	5	3
6636	경북 예천군	신활력플러스사업	450,000	기획감사실	9	1	7	8	7	5	5	4
6637	경북 예천군	장애인직업재활시설 기능보강	8,000	주민복지실	9	1	7	8	7	1	1	1
6638	경북 예천군	국공립어린이집 확충	120,000	주민복지실	9	6	7	8	7	5	5	4
6639	경북 예천군	보육교직원인건비	2,677,056	주민복지실	9	2	7	8	7	5	5	4
6640	경북 예천군	정보화마을 정보센터 환경정비 지원	15,000	행정지원실	9	4	7	8	7	1	1	1
6641	경북 예천군	효자 도촌리 농산물 운송용 박스 제작 구입	14,000	새마을경제과	9	1	7	8	7	1	1	2
6642	경북 예천군	효자 명봉리 농산물 운송용 박스 제작 구입	13,000	새마을경제과	9	1	7	8	7	1	1	2
6643	경북 예천군	효자 백석리 저온 저장고 증축	6,800	새마을경제과	9	1	7	8	7	1	1	2
6644	경북 예천군	효자 보곡리 공동창고 증축	13,000	새마을경제과	9	1	7	8	7	1	1	2
6645	경북 예천군	효자 사곡리 호두 중량 선별기 및 세척기 구입	14,000	새마을경제과	9	1	7	8	7	1	1	2
6646	경북 예천군	우곡3리 은풍골 사과작목반 사무실 보수	13,000	새마을경제과	9	1	7	8	7	1	1	2
6647	경북 예천군	도시가스 미공급지역 지원	70,800	새마을경제과	9	4	7	8	7	2	2	4
6648	경북 예천군	신재생에너지 주택지원사업	72,900	새마을경제과	9	1	6	8	6	5	1	4
6649	경북 예천군	신재생에너지 건물지원사업	354,600	새마을경제과	9	1	6	8	6	5	1	4
6650	경북 예천군	복지시설 에너지절약사업	425,000	새마을경제과	9	1	6	8	6	5	1	4
6651	경북 예천군	신재생에너지 모니터링시스템 설치	92,400	새마을경제과	9	7	6	8	6	5	1	4
6652	경북 예천군	신재생에너지 지역지원사업	350,544	새마을경제과	9	1	4	8	6	5	1	4
6653	경북 예천군	LPG 소형저장탱크 보급사업	522,085	새마을경제과	9	5	7	8	7	2	2	4
6654	경북 예천군	마을기업 육성 지원	30,000	새마을경제과	9	2	7	8	7	5	5	4
6655	경북 예천군	으뜸음식점 주방용품 등 지원	6,000	종합민원과	9	1	7	8	7	5	5	4
6656	경북 예천군	예천 용문사 영산회 괘불탱 전시관 보수 설계	90,000	문화관광과	9	2	7	8	7	5	5	4
6657	경북 예천군	예천 청룡사 석조여래좌상 법당 개축 및 주변정비	409,571	문화관광과	9	2	7	8	7	5	5	4
6658	경북 예천군	예천 청룡사 석조비로자나불좌상 요사채 개축 공사	528,000	문화관광과	9	2	7	8	7	5	5	4
6659	경북 예천군	서악사 석가모니후불탱 대웅전 배면 축대 보수	200,000	문화관광과	9	1	7	8	7	5	5	4
6660	경북 예천군	장안사 영산전 및 용왕각 단청	275,000	문화관광과	9	2	7	8	7	5	5	4
6661	경북 예천군	청룡사 방재시스템 구축사업	137,000	문화관광과	9	2	7	8	7	5	5	4
6662	경북 예천군	명봉사 방재시스템 구축사업	137,000	문화관광과	9	2	7	8	7	5	5	4
6663	경북 예천군	어린이 통학차량 LPG차 전환지원	45,000	환경관리과	9	2	7	8	7	5	5	4
6664	경북 예천군	농촌체험 휴양마을 운영활성화 기반구축 지원	27,000	농정과	9	6	7	8	7	5	5	4
6665	경북 예천군	농업계고 졸업생 창업비용 지원	40,000	농정과	9	6	7	8	7	5	5	4
6666	경북 예천군	결혼이민자 농가소득 증진 지원	16,000	농정과	9	6	7	8	7	5	5	4
6667	경북 예천군	여성 농업인 농작업 편의장비 지원	7,500	농정과	9	6	7	8	7	5	5	4
6668	경북 예천군	귀농정착 지원	28,000	농정과	9	1	7	8	7	5	1	4
6669	경북 예천군	마을단위 찾아가는 융화교육 지원	7,500	농정과	9	1	7	8	7	5	1	4
6670	경북 예천군	가업승계 우수농업인 정착지원	70,000	농정과	9	6	7	8	7	5	5	4
6671	경북 예천군	예천 참깨들깨 지역전략 6차산업화	401,600	농정과	9	6	7	8	7	5	5	4
6672	경북 예천군	지역농업CEO발전기반 구축사업	108,000	농정과	9	6	7	8	7	5	5	4
6673	경북 예천군	토종곡물 재배단지 지원	7,000	농정과	9	6	7	8	7	5	5	4
6674	경북 예천군	콩·맥류·토종곡물 재배단지 장비 지원	21,000	농정과	9	6	7	8	7	5	5	4
6675	경북 예천군	명품쌀 재배단지 지원	35,400	농정과	9	6	7	8	7	5	5	4
6676	경북 예천군	밭작물 폭염(가뭄) 피해예방 지원	24,500	농정과	9	6	7	8	7	5	5	4

순번	시군구	지출명 (사업명)	2021년예산 (단위:천원/1년간)	담당자 (공무원) 담당부서	민간이전 분류 (지방자치단체 세출예산 집행기준에 의거) 1. 민간경상사업보조(307-02) 2. 민간단체 법정운영비보조(307-03) 3. 민간행사사업보조(307-04) 4. 민간위탁금(307-05) 5. 사회복지시설 법정운영비보조(307-10) 6. 민간인위탁교육비(307-12) 7. 공기관등에대한경상적위탁사업비(308-10) 8. 민간자본사업보조,자체재원(402-01) 9. 민간자본사업보조,이전재원(402-02) 10. 민간위탁사업비(402-03) 11. 공기관등에 대한 자본적 대행사업비(403-02)	민간이전지출 근거 (지방보조금 관리기준 참고) 1. 법률에 규정 2. 국고보조 재원(국가지정) 3. 용도 지정 기부금 4. 조례에 직접규정 5. 지자체가 권장하는 사업을 하는 공공기관 6. 시,도 정책 및 재정사정 7. 기타 8. 해당없음	입찰방식 계약체결방법 (경쟁형태) 1. 일반경쟁 2. 제한경쟁 3. 지명경쟁 4. 수의계약 5. 법정위탁 6. 기타 ( ) 7. 해당없음	입찰방식 계약기간 1. 1년 2. 2년 3. 3년 4. 4년 5. 5년 6. 기타 ( )년 7. 단기계약 (1년미만) 8. 해당없음	입찰방식 낙찰자선정방법 1. 적격심사 2. 협상에의한계약 3. 최저가낙찰제 4. 규격가격분리 5. 2단계 경쟁입찰 6. 기타 ( ) 7. 해당없음	운영예산 산정 운영예산 산정 1. 내부산정 (지자체 자체적으로 산정) 2. 외부산정 (외부전문기관위탁 산정) 3. 내·외부 모두 산정 4. 산정 無 5. 해당없음	운영예산 산정 정산방법 1. 내부정산 (지자체 내부적으로 정산) 2. 외부정산 (외부전문기관위탁 정산) 3. 내·외부 모두 산정 4. 정산 無 5. 해당없음	성과평가 실시여부 1. 실시 2. 미실시 3. 향후 추진 4. 해당없음
6677	경북 예천군	멧돼지 포획틀 지원사업	11,880	농정과	9	2	7	8	7	5	5	4
6678	경북 예천군	벼 육묘공장 설치(소형)	63,000	농정과	9	6	7	8	7	5	5	4
6679	경북 예천군	벼 육묘공장(대형) 개보수 지원	30,000	농정과	9	6	7	8	7	5	5	4
6680	경북 예천군	벼 육묘공장(소형) 개보수 지원	15,000	농정과	9	6	7	8	7	5	5	4
6681	경북 예천군	벼 육묘공장(대형) 녹화장 설치 지원	20,000	농정과	9	6	7	8	7	5	5	4
6682	경북 예천군	벼 육묘공장(소형) 녹화장 설치 지원	22,000	농정과	9	6	7	8	7	5	5	4
6683	경북 예천군	토양개량제 공급	1,319,794	농정과	9	2	7	8	7	5	5	4
6684	경북 예천군	유기질비료 지원	1,337,280	농정과	9	2	7	8	7	5	5	4
6685	경북 예천군	벼 육묘상자 처리약제 지원	300,000	농정과	9	6	7	8	7	5	5	4
6686	경북 예천군	대규모 벼 재배농가 대형농기계 지원	300,000	농정과	9	6	7	8	7	5	5	4
6687	경북 예천군	특수미 생산가공유통 기반구축 지원	17,500	농정과	9	6	7	8	7	5	5	4
6688	경북 예천군	RPC건조저장시설 지원	1,080,000	농정과	9	2	7	8	7	5	5	4
6689	경북 예천군	RPC집진시설 개보수 사업	300,000	농정과	9	2	7	8	7	5	5	4
6690	경북 예천군	곡물건조기 지원	70,000	농정과	9	6	7	8	7	5	5	4
6691	경북 예천군	육묘용 파종기 지원	12,000	농정과	9	6	7	8	7	5	5	4
6692	경북 예천군	벼 종자소독기 지원	15,000	농정과	9	6	7	8	7	5	5	4
6693	경북 예천군	벼 육묘상자 세척기 및 적재기 지원	7,500	농정과	9	6	7	8	7	5	5	4
6694	경북 예천군	농업용 무인보트 지원	7,500	농정과	9	6	7	8	7	5	5	4
6695	경북 예천군	친환경농법종합지원	69,180	농정과	9	6	7	8	7	5	5	4
6696	경북 예천군	유기농업자재 지원	28,862	농정과	9	2	7	8	7	5	5	4
6697	경북 예천군	밭식량작물 다목적농업기계지원	20,000	농정과	9	6	7	8	7	5	5	4
6698	경북 예천군	농작물 피해방지 포획(방제)기 지원	5,330	농정과	9	6	7	8	7	5	5	4
6699	경북 예천군	중소형농업기계 지원	160,000	농정과	9	6	7	8	7	5	5	4
6700	경북 예천군	신선농산물 수출경쟁력 제고	78,000	농정과	9	6	7	8	7	5	5	4
6701	경북 예천군	전통식품 브랜드 경쟁력 강화	91,000	농정과	9	6	7	8	7	5	5	4
6702	경북 예천군	다목적 농가형 저온저장고 설치	40,000	농정과	9	4	7	8	7	3	1	4
6703	경북 예천군	과수 고품질 생산시설 현대화 지원	1,200	농정과	9	2	7	8	7	3	1	4
6704	경북 예천군	과수전용방제기	25,000	농정과	9	4	7	8	7	3	1	4
6705	경북 예천군	승용예초기, 다목적 리프트기	22,500	농정과	9	4	7	8	7	3	1	4
6706	경북 예천군	동력분무기, 보행SS기	3,000	농정과	9	4	7	8	7	3	1	4
6707	경북 예천군	친환경 사과적화제 지원	2,940	농정과	9	4	7	8	7	3	1	4
6708	경북 예천군	과실 장기저장제 지원	26,400	농정과	9	4	7	8	7	3	1	4
6709	경북 예천군	농업용수 처리기	3,500	농정과	9	4	7	8	7	3	1	4
6710	경북 예천군	비파괴 당도측정기	11,550	농정과	9	4	7	8	7	3	1	4
6711	경북 예천군	신선도 유지기	1,250	농정과	9	4	7	8	7	3	1	4
6712	경북 예천군	FTA대응대체 과수 명품화사업	40,300	농정과	9	4	7	8	7	3	1	4
6713	경북 예천군	화훼 생산시설 경쟁력 제고 지원	41,000	농정과	9	4	7	8	7	3	1	4
6714	경북 예천군	화훼 직거래 활성화 지원	8,500	농정과	9	4	7	8	7	3	1	4
6715	경북 예천군	에너지 절감시설 설치	66,814	농정과	9	2	7	8	7	3	1	4
6716	경북 예천군	소득작목육성 지원	400,000	농정과	9	4	7	8	7	3	1	4
6717	경북 예천군	소득작목육성 지원	312,000	농정과	9	4	7	8	7	3	1	4
6718	경북 예천군	고추 비가림 재배시설 지원	128,578	농정과	9	2	7	8	7	3	1	4

순번	시군구	지출명 (사업명)	2021년예산 (단위:천원/1년간)	담당자 (공무원) 담당부서	민간이전 분류 (지방자치단체 세출예산 집행기준에 의거) 1. 민간경상사업보조(307-02) 2. 민간단체 법정운영비보조(307-03) 3. 민간행사사업보조(307-04) 4. 민간위탁금(307-05) 5. 사회복지시설 법정운영비보조(307-10) 6. 민간인위탁교육비(307-12) 7. 공기관등에대한경상적위탁사업비(308-10) 8. 민간자본사업보조,자체재원(402-01) 9. 민간자본사업보조,이전재원(402-02) 10. 민간위탁사업비(402-03) 11. 공기관등에 대한 자본적 대행사업비(403-02)	민간이전지출 근거 (지방보조금 관리기준 참고) 1. 법률에 규정 2. 국고보조 재원(국가지정) 3. 용도 지정 기부금 4. 조례에 직접규정 5. 지자체가 권장하는 사업을 하는 공공기관 6. 시,도 정책 및 재정사정 7. 기타 8. 해당없음	입찰방식 계약체결방법 (경쟁형태) 1. 일반경쟁 2. 제한경쟁 3. 지명경쟁 4. 수의계약 5. 법정위탁 6. 기타 ( ) 7. 해당없음	입찰방식 계약기간 1. 1년 2. 2년 3. 3년 4. 4년 5. 5년 6. 기타 ( )년 7. 단기계약 (1년미만) 8. 해당없음	입찰방식 낙찰자선정방법 1. 적격심사 2. 협상에의한계약 3. 최저가낙찰제 4. 규격가격분리 5. 2단계 경쟁입찰 6. 기타 ( ) 7. 해당없음	운영예산 산정 운영예산 산정 1. 내부산정 (지자체 자체적으로 산정) 2. 외부산정 (외부전문기관위탁 산정) 3. 내·외부 모두 산정 4. 산정 無 5. 해당없음	운영예산 산정 정산방법 1. 내부정산 (지자체 내부적으로 정산) 2. 외부정산 (외부전문기관위탁 정산) 3. 내·외부 모두 산정 4. 정산 無 5. 해당없음	성과평가 실시여부 1. 실시 2. 미실시 3. 향후 추진 4. 해당없음
6719	경북 예천군	양잠산업 육성 지원	71,250	농정과	9	4	7	8	7	3	1	4
6720	경북 예천군	인삼·생약산업 육성 지원	56,000	농정과	9	4	7	8	7	3	1	4
6721	경북 예천군	애누에 공동사육비 지원	46,200	농정과	9	4	7	8	7	3	1	4
6722	경북 예천군	밭작물 공동경영체 육성지원	765,000	농정과	9	2	7	8	7	3	1	4
6723	경북 예천군	특용작물(인삼) 생산시설 현대화 지원	33,705	농정과	9	2	7	8	7	3	1	4
6724	경북 예천군	주택용 목재펠릿보일러	28,000	산림녹지과	9	8	7	8	7	5	5	4
6725	경북 예천군	친환경 임산물 재배관리	63,313	산림녹지과	9	8	7	8	7	5	5	4
6726	경북 예천군	임산물 상품화 지원	50,300	산림녹지과	9	8	7	8	7	5	5	4
6727	경북 예천군	임산물 유통기반 조성	232,350	산림녹지과	9	8	7	8	7	5	5	4
6728	경북 예천군	임산물 생산기반 조성	80,000	산림녹지과	9	8	7	8	7	5	5	4
6729	경북 예천군	산림작물 생산단지	278,298	산림녹지과	9	8	7	8	7	5	5	4
6730	경북 예천군	산림복합 경영단지 조성	98,800	산림녹지과	9	8	7	8	7	5	5	4
6731	경북 예천군	산림복합 경영단지 조성	90,400	산림녹지과	9	8	7	8	7	5	5	4
6732	경북 예천군	백두대간 주민지원	295,714	산림녹지과	9	8	7	8	7	5	5	4
6733	경북 예천군	지역대표 임산물 경쟁력제고사업	76,460	산림녹지과	9	8	7	8	7	5	5	4
6734	경북 예천군	FTA대비지역특화사업	27,500	산림녹지과	9	8	7	8	7	5	5	4
6735	경북 예천군	산양삼 생산과정 확인제도	1,140	산림녹지과	9	8	7	8	7	5	5	4
6736	경북 예천군	한우 친자 확인	12,000	축산과	9	6	7	8	7	5	5	4
6737	경북 예천군	한우 등록비 지원	42,000	축산과	9	6	7	8	7	5	5	4
6738	경북 예천군	한우 선형 심사비 지원	9,500	축산과	9	6	7	8	7	5	5	4
6739	경북 예천군	우량한우 암소 장려금	1,000	축산과	9	6	7	8	7	5	5	4
6740	경북 예천군	한우암소 유전체분석 지원	10,000	축산과	9	6	7	8	7	5	5	4
6741	경북 예천군	한우 수정란 구입비	4,500	축산과	9	6	7	8	7	5	5	4
6742	경북 예천군	한우 수정란 이식비	1,890	축산과	9	6	7	8	7	5	5	4
6743	경북 예천군	축산농가 환경개선장비 지원	75,000	축산과	9	6	7	8	7	5	5	4
6744	경북 예천군	축사 관리용 CCTV 지원	7,000	축산과	9	6	7	8	7	5	5	4
6745	경북 예천군	한우농가 사료 자동급이기 지원	60,000	축산과	9	6	7	8	7	5	5	4
6746	경북 예천군	축사 단열처리 지원	20,000	축산과	9	6	7	8	7	5	5	4
6747	경북 예천군	안개 분무시설 지원	24,000	축산과	9	6	7	8	7	5	5	4
6748	경북 예천군	축사 환기시설(송풍기) 지원	9,000	축산과	9	6	7	8	7	5	5	4
6749	경북 예천군	육계사 깔짚 지원	13,750	축산과	9	6	7	8	7	5	5	4
6750	경북 예천군	염소 생산능력 개선제 지원	5,000	축산과	9	4	7	8	7	5	5	4
6751	경북 예천군	젖소 대형선풍기 지원	6,000	축산과	9	6	7	8	7	5	5	4
6752	경북 예천군	젖소농가 자동 사료 급이기 지원	6,500	축산과	9	6	7	8	7	5	5	4
6753	경북 예천군	돼지 액상정액 지원	13,500	축산과	9	6	7	8	7	5	5	4
6754	경북 예천군	불량모돈 갱신 지원	45,000	축산과	9	6	7	8	7	5	5	4
6755	경북 예천군	축사화재예방자동소화장치 지원	12,500	축산과	9	6	7	8	7	5	5	4
6756	경북 예천군	꿀벌화분 지원	36,000	축산과	9	6	7	8	7	5	5	4
6757	경북 예천군	자동채밀기 지원	4,400	축산과	9	6	7	8	7	5	5	4
6758	경북 예천군	양봉산물 저온저장고 지원	6,000	축산과	9	6	7	8	7	5	5	4
6759	경북 예천군	양봉 벌통 지원	30,000	축산과	9	6	7	8	7	5	5	4
6760	경북 예천군	토종벌 종보전 지원	28,800	축산과	9	6	7	8	7	5	5	4

순번	시군구	지출명 (사업명)	2021년예산 (단위:천원/1년간)	담당자 (공무원) 담당부서	민간이전 분류 (지방자치단체 세출예산 집행기준에 의거) 1. 민간경상사업보조(307-02) 2. 민간단체 법정운영비보조(307-03) 3. 민간행사사업보조(307-04) 4. 민간위탁금(307-05) 5. 사회복지시설 법정운영비보조(307-10) 6. 민간인위탁교육비(307-12) 7. 공기관등에대한경상적위탁사업비(308-10) 8. 민간자본사업보조,자체재원(402-01) 9. 민간자본사업보조,이전재원(402-02) 10. 민간위탁사업비(402-03) 11. 공기관등에 대한 자본적 대행사업비(403-02)	민간이전지출 근거 (지방보조금 관리기준 참고) 1. 법률에 규정 2. 국고보조 재원(국가지정) 3. 용도 지정 기부금 4. 조례에 직접규정 5. 지자체가 권장하는 사업을 하는 공공기관 6. 시,도 정책 및 재정사정 7. 기타 8. 해당없음	입찰방식 계약체결방법 (경쟁형태) 1. 일반경쟁 2. 제한경쟁 3. 지명경쟁 4. 수의계약 5. 법정위탁 6. 기타 ( ) 7. 해당없음	입찰방식 계약기간 1. 1년 2. 2년 3. 3년 4. 4년 5. 5년 6. 기타 ( )년 7. 단기계약 (1년미만) 8. 해당없음	입찰방식 낙찰자선정방법 1. 적격심사 2. 협상에의한계약 3. 최저가낙찰제 4. 규격가격분리 5. 2단계 경쟁입찰 6. 기타 ( ) 7. 해당없음	운영예산 산정 운영예산 산정 1. 내부산정 (지자체 자체적으로 산정) 2. 외부산정 (외부전문기관위탁 산정) 3. 내·외부 모두 산정 4. 산정 無 5. 해당없음	운영예산 산정 정산방법 1. 내부정산 (지자체 내부적으로 정산) 2. 외부정산 (외부전문기관위탁 정산) 3. 내·외부 모두 산정 4. 정산 無 5. 해당없음	성과평가 실시여부 1. 실시 2. 미실시 3. 향후 추진 4. 해당없음
6761	경북 예천군	벌통 전기가온장치 지원	13,000	축산과	9	6	7	8	7	5	5	4
6762	경북 예천군	면역강화용 사료첨가제 지원	121,200	축산과	9	6	7	8	7	5	5	4
6763	경북 예천군	조사료 생산용종자 구입 지원	37,800	축산과	9	2	7	8	7	5	5	4
6764	경북 예천군	조사료 생산장비 지원	15,000	축산과	9	6	7	8	7	5	5	4
6765	경북 예천군	조사료생산용 경영체기계장비 지원	75,000	축산과	9	2	7	8	7	5	5	4
6766	경북 예천군	내수면 양식장 기자재 지원	6,300	축산과	9	6	7	8	7	5	5	4
6767	경북 예천군	축산물 HACCP 컨설팅(한우·육계) 지원	12,600	축산과	9	2	7	8	7	5	5	4
6768	경북 예천군	축산물 HACCP 컨설팅(젖소·돼지) 지원	5,600	축산과	9	2	7	8	7	5	5	4
6769	경북 예천군	냉장진열장 구입 지원	33,600	축산과	9	6	7	8	7	5	5	4
6770	경북 예천군	냉동진열평대 구입 지원	8,400	축산과	9	6	7	8	7	5	5	4
6771	경북 예천군	축산물유통 차량 지원	15,000	축산과	9	6	7	8	7	5	5	4
6772	경북 예천군	계란냉장차량지원	15,000	축산과	9	2	7	8	7	5	5	4
6773	경북 예천군	고속원심분리기지원	24,000	축산과	9	6	7	8	7	5	5	4
6774	경북 예천군	미세폭기시설지원	3,200	축산과	9	6	7	8	7	5	5	4
6775	경북 예천군	퇴비부숙제 지원	27,600	축산과	9	6	7	8	7	5	5	4
6776	경북 예천군	마을형퇴비자원화지원	140,000	축산과	9	2	7	8	7	5	5	4
6777	경북 예천군	음수 살포용 친환경 악취저감제지원	5,100	축산과	9	6	7	8	7	5	5	4
6778	경북 예천군	돼지 써코바이러스 백신지원	90,438	축산과	9	2	7	8	7	5	5	4
6779	경북 예천군	전업농 구제역 백신 구입비 지원	281,157	축산과	9	2	7	8	7	5	5	4
6780	경북 예천군	중규모 소독시설 지원	15,000	축산과	9	2	7	8	7	5	5	4
6781	경북 예천군	구제역 백신접종 원거리 자동주사기 지원	17,150	축산과	9	2	7	8	7	5	5	4
6782	경북 예천군	방역시설 설치지원	60,000	축산과	9	2	7	8	7	5	5	4
6783	경북 예천군	장원별 확대보급 시범	12,600	축산과	9	6	7	8	7	5	5	4
6784	경북 예천군	한우유전정보기반 정밀사양 기술시범	100,000	축산과	9	2	7	8	7	5	5	4
6785	경북 예천군	바이오커튼활용 돈사 냄새저감 종합기술 시범	200,000	축산과	9	2	7	8	7	5	5	4
6786	경북 예천군	세이프택시사업지원	22,240	건설교통과	9	6	7	8	7	5	1	4
6787	경북 예천군	화재안전성능보강 지원사업	80,000	건축과	9	2	6	6	6	1	1	4
6788	경북 예천군	작목별 맞춤형 안전관리 실천 시범	50,000	농업기술센터	9	4	7	8	7	5	5	4
6789	경북 예천군	청년농업인 자립기반 구축 지원	70,000	농업기술센터	9	4	7	8	7	5	5	4
6790	경북 예천군	고구마 국내육성 품종 대규모 단지 조성	200,000	농업기술센터	9	4	7	8	7	5	5	4
6791	경북 예천군	기능성쌀브랜드화 생산단지 조성 시범	120,000	농업기술센터	9	4	7	8	7	5	5	4
6792	경북 예천군	복숭아 신품종 농가 조기 보급시범	4,000	농업기술센터	9	4	7	8	7	5	5	4
6793	경북 예천군	노지스마트 관개시스템 기술시범	30,000	농업기술센터	9	4	7	8	7	5	5	4
6794	경북 예천군	우리품종 전문생산단지 조성	250,000	농업기술센터	9	4	7	8	7	5	5	4
6795	경북 예천군	백화고 생산기술개발 및 종균배양시설 설치	160,000	농업기술센터	9	4	7	8	7	5	5	4
6796	경북 봉화군	여객자동차터미널 환경개선	45,000	도시교통과	9	6	7	8	7	1	1	1
6797	경북 봉화군	과실브랜드육성지원	24,800	유통특작과	9	2	7	7	7	5	1	1
6798	경북 봉화군	원예소득작목육성지원	259,667	농업기술센터	9	4	7	8	7	5	5	3
6799	경북 봉화군	화훼생산시설경쟁력제고지원	147,000	농업기술센터	9	4	7	8	7	5	5	3
6800	경북 봉화군	인삼·약용산업육성지원	19,000	농업기술센터	9	4	7	8	7	5	5	3
6801	경북 봉화군	민속채소·양채류육성지원	105,380	농업기술센터	9	4	7	8	7	5	5	3
6802	경북 봉화군	시설원예에너지절감시설보급지원	133,305	농업기술센터	9	2	7	8	7	5	5	3

순번	시군구	지출명 (사업명)	2021년예산 (단위:천원/1년간)	담당자 (공무원) 담당부서	민간이전 분류 (지방자치단체 세출예산 집행기준에 의거) 1. 민간경상사업보조(307-02) 2. 민간단체 법정운영비보조(307-03) 3. 민간행사사업보조(307-04) 4. 민간위탁금(307-05) 5. 사회복지시설 법정운영비보조(307-10) 6. 민간인위탁교육비(307-12) 7. 공기관등에대한경상적위탁사업비(308-10) 8. 민간자본사업보조,자체재원(402-01) 9. 민간자본사업보조,이전재원(402-02) 10. 민간위탁사업비(402-03) 11. 공기관등에 대한 자본적 대행사업비(403-02)	민간이전지출 근거 (지방보조금 관리기준 참고) 1. 법률에 규정 2. 국고보조 재원(국가지정) 3. 용도 지정 기부금 4. 조례에 직접규정 5. 지자체가 권장하는 사업을 하는 공공기관 6. 시,도 정책 및 재정사정 7. 기타 8. 해당없음	입찰방식 계약체결방법 (경쟁형태) 1. 일반경쟁 2. 제한경쟁 3. 지명경쟁 4. 수의계약 5. 법정위탁 6. 기타 ( ) 7. 해당없음	입찰방식 계약기간 1. 1년 2. 2년 3. 3년 4. 4년 5. 5년 6. 기타 ( )년 7. 단기계약 (1년미만) 8. 해당없음	입찰방식 낙찰자선정방법 1. 적격심사 2. 협상에의한계약 3. 최저가낙찰제 4. 규격가격분리 5. 2단계 경쟁입찰 6. 기타 ( ) 7. 해당없음	운영예산 산정 운영예산 산정 1. 내부산정 (지자체 자체적으로 산정) 2. 외부산정 (외부전문기관위탁 산정) 3. 내·외부 모두 산정 4. 산정 無 5. 해당없음	운영예산 산정 정산방법 1. 내부정산 (지자체 내부적으로 정산) 2. 외부정산 (외부전문기관위탁 정산) 3. 내·외부 모두 산정 4. 정산 無 5. 해당없음	성과평가 실시여부 1. 실시 2. 미실시 3. 향후 추진 4. 해당없음
6803	경북 봉화군	과수고품질시설현대화사업	669,750	농업기술센터	9	2	7	8	7	5	5	3
6804	경북 봉화군	농업인소규모창업기술지원	100,000	유통특작과	9	2	7	8	7	1	1	1
6805	경북 봉화군	화재안전성능보강 지원사업	26,668	종합민원과	9	2	7	8	7	1	1	2
6806	경북 울진군	수중글라이더 핵심부품·장비기술 개발	430,000	미래전략실	9	2	6	5	6	5	1	4
6807	경북 울진군	노인복지시설기능보강사업	80,774	사회복지과	9	1	7	8	7	1	1	1
6808	경북 울진군	노인복지시설 이동형 음압장비 설치지원	7,350	사회복지과	9	1	7	8	7	1	1	1
6809	경북 울진군	푸르미작업장 방역물품 기능보강	182,900	사회복지과	9	1	7	8	7	5	5	4
6810	경북 울진군	울진군장애인보호작업장 기능보강	174,900	사회복지과	9	1	7	8	7	5	5	4
6811	경북 울진군	장애인거주시설 기능보강	1,200	사회복지과	9	1	7	8	7	5	5	4
6812	경북 울진군	어린이집 기자재 지원	10,000	사회복지과	9	1	7	8	7	1	1	1
6813	경북 울진군	후포면 성황당 출입문 대문 설치	60,000	문화관광과	9	1	7	8	7	5	5	4
6814	경북 울진군	국가지정문화재 보수	500,000	문화관광과	9	1	7	8	7	5	5	4
6815	경북 울진군	도시가스미공급지역지원사업	478,000	일자리경제과	9	1	4	7	7	1	1	3
6816	경북 울진군	농어촌버스대폐차지원	160,000	일자리경제과	9	6	7	8	7	1	1	2
6817	경북 울진군	귀농인정착지원	4,000	미래농정과	9	6	7	8	7	1	1	4
6818	경북 울진군	결혼이민자농가소득증진지원	8,000	미래농정과	9	6	7	8	7	1	1	4
6819	경북 울진군	6차산업경영체경쟁력강화지원	105,000	미래농정과	9	6	7	8	7	1	1	4
6820	경북 울진군	여성농업인농작업편의장비지원	1,750	미래농정과	9	6	7	8	7	1	1	4
6821	경북 울진군	영농안정장비지원	22,500	미래농정과	9	4	7	8	7	4	1	4
6822	경북 울진군	농작물피해방지포획(방제)기 지원	4,748	미래농정과	9	4	7	8	7	1	1	4
6823	경북 울진군	곡물건조기지원	40,000	미래농정과	9	4	7	8	7	4	1	4
6824	경북 울진군	육묘상자 적재기세척기 지원	12,500	미래농정과	9	4	7	8	7	4	1	4
6825	경북 울진군	벼육묘장설치	99,500	미래농정과	9	4	7	8	7	4	1	4
6826	경북 울진군	벼육묘장(소형)설치	63,000	미래농정과	9	4	7	8	7	4	1	4
6827	경북 울진군	녹화장(대규모)설치	20,000	미래농정과	9	4	7	8	7	4	1	4
6828	경북 울진군	녹화장(소규모)설치	16,500	미래농정과	9	4	7	8	7	4	1	4
6829	경북 울진군	벼육묘장농자재지원	22,500	미래농정과	9	4	7	8	7	4	1	4
6830	경북 울진군	볏짚환원사업	105,000	미래농정과	9	4	7	8	7	4	1	4
6831	경북 울진군	대규모벼재배농가대형농기계지원	160,000	미래농정과	9	4	7	8	7	4	1	4
6832	경북 울진군	공공비축미 대형포대벼매입 기자재지원	6,000	미래농정과	9	6	7	8	7	1	1	4
6833	경북 울진군	친환경농법 종합지원	253,333	미래농정과	9	6	7	8	7	4	1	4
6834	경북 울진군	유기농업자재지원사업	93,241	미래농정과	9	2	7	8	7	4	1	4
6835	경북 울진군	축사관리용 CCTV 지원	2,000	미래농정과	9	6	7	8	7	1	1	4
6836	경북 울진군	자돈폐사율감소 지원	1,650	미래농정과	9	6	7	8	7	1	1	4
6837	경북 울진군	축산농가 환풍기 지원	6,000	미래농정과	9	6	7	8	7	1	1	4
6838	경북 울진군	한우 사료자동급이기 지원	10,000	미래농정과	9	6	7	8	7	1	1	4
6839	경북 울진군	축산농가 환경개선장비지원	15,000	미래농정과	9	6	7	8	7	1	1	4
6840	경북 울진군	면역강화용사료첨가제지원	15,000	미래농정과	9	6	7	8	7	1	1	4
6841	경북 울진군	친자확인사업	8,000	미래농정과	9	6	7	8	7	1	1	4
6842	경북 울진군	등록비지원	22,920	미래농정과	9	6	7	8	7	1	1	4
6843	경북 울진군	선형심사지원	2,000	미래농정과	9	6	7	8	7	1	1	4
6844	경북 울진군	꿀벌화분지원	27,200	미래농정과	9	6	7	8	7	1	1	4

순번	시군구	지출명 (사업명)	2021년예산 (단위:천원/1년간)	담당자 (공무원) 담당부서	민간이전 분류 (지방자치단체 세출예산 집행기준에 의거) 1. 민간경상사업보조(307-02) 2. 민간단체 법정운영비보조(307-03) 3. 민간행사사업보조(307-04) 4. 민간위탁금(307-05) 5. 사회복지시설 법정운영비보조(307-10) 6. 민간인위탁교육비(307-12) 7. 공기관등에대한경상적위탁사업비(308-10) 8. 민간자본사업보조,자체재원(402-01) 9. 민간자본사업보조,이전재원(402-02) 10. 민간위탁사업비(402-03) 11. 공기관등에 대한 자본적 대행사업비(403-02)	민간이전지출 근거 (지방보조금 관리기준 참고) 1. 법률에 규정 2. 국고보조 재원(국가지정) 3. 용도 지정 기부금 4. 조례에 직접규정 5. 지자체가 권장하는 사업을 하는 공공기관 6. 시,도 정책 및 재정사정 7. 기타 8. 해당없음	입찰방식 계약체결방법 (경쟁형태) 1. 일반경쟁 2. 제한경쟁 3. 지명경쟁 4. 수의계약 5. 법정위탁 6. 기타 ( ) 7. 해당없음	입찰방식 계약기간 1. 1년 2. 2년 3. 3년 4. 4년 5. 5년 6. 기타 ( )년 7. 단기계약 (1년미만) 8. 해당없음	입찰방식 낙찰자선정방법 1. 적격심사 2. 협상에의한계약 3. 최저가낙찰제 4. 규격가격분리 5. 2단계 경쟁입찰 6. 기타 ( ) 7. 해당없음	운영예산 산정 운영예산 산정 1. 내부산정 (지자체 자체적으로 산정) 2. 외부산정 (외부전문기관위탁 산정) 3. 내·외부 모두 산정 4. 산정 無 5. 해당없음	운영예산 산정 정산방법 1. 내부정산 (지자체 내부적으로 정산) 2. 외부정산 (외부전문기관위탁 정산) 3. 내·외부 모두 산정 4. 정산 無 5. 해당없음	성과평가 실시여부 1. 실시 2. 미실시 3. 향후 추진 4. 해당없음
6845	경북 울진군	자동채밀기지원	6,600	미래농정과	9	6	7	8	7	1	1	4
6846	경북 울진군	양봉산물저온저장고지원	15,000	미래농정과	9	6	7	8	7	1	1	4
6847	경북 울진군	양봉벌통지원	30,000	미래농정과	9	6	7	8	7	1	1	4
6848	경북 울진군	토종벌종보전지원	3,200	미래농정과	9	6	7	8	7	1	1	4
6849	경북 울진군	벌통가온전기장치지원	9,750	미래농정과	9	6	7	8	7	1	1	4
6850	경북 울진군	불량모돈갱신사업	9,000	미래농정과	9	6	7	8	7	1	1	4
6851	경북 울진군	조사료생산용사일리지제조비	86,940	미래농정과	9	2	7	8	7	1	1	4
6852	경북 울진군	조사료생산용종자구입	37,800	미래농정과	9	2	7	8	7	1	1	4
6853	경북 울진군	조사료 생산장비 지원	15,000	미래농정과	9	6	7	8	7	1	1	4
6854	경북 울진군	친환경악취저감제지원	6,100	미래농정과	9	6	7	8	7	1	1	4
6855	경북 울진군	축산물HACCP컨설팅(농장)사업	4,200	미래농정과	9	2	7	8	7	1	1	4
6856	경북 울진군	냉장진열장 구입 지원	5,600	미래농정과	9	6	7	8	7	1	1	4
6857	경북 울진군	돼지 써코바이러스백신 지원	8,195	미래농정과	9	2	7	8	7	1	1	4
6858	경북 울진군	소독시설지원사업	6,000	미래농정과	9	6	7	8	7	1	1	4
6859	경북 울진군	구제역백신접종 원거리자동주사기 지원	4,900	미래농정과	9	6	7	8	7	1	1	4
6860	경북 울진군	돼지액상정액지원	2,700	미래농정과	9	6	7	8	7	1	1	4
6861	경북 울진군	중소형농기계공급	75,000	미래농정과	9	6	7	8	7	1	1	4
6862	경북 울진군	애누에공동사육비 지원	1,320	미래농정과	9	6	7	8	7	1	1	4
6863	경북 울진군	농가형저온저장고 설치	20,000	미래농정과	9	6	7	8	7	1	1	4
6864	경북 울진군	과수생력화장비 지원	9,500	미래농정과	9	6	7	8	7	1	1	4
6865	경북 울진군	FTA대응 대체과수 명품화	46,000	미래농정과	9	6	7	8	7	1	1	4
6866	경북 울진군	유기질비료지원사업	494,400	미래농정과	9	2	7	8	7	1	1	4
6867	경북 울진군	고추비가림재배시설지원	31,760	미래농정과	9	2	7	8	7	1	1	4
6868	경북 울진군	원예소득작목 육성지원	185,000	미래농정과	9	6	7	8	7	1	1	4
6869	경북 울진군	토양개량제 공급	242,582	미래농정과	9	2	7	8	7	1	1	4
6870	경북 울진군	지역농업CEO발전기반구축지원	36,000	미래농정과	9	6	1	1	3	1	1	4
6871	경북 울진군	로컬푸드생산소규모시설하우스 지원	249,000	미래농정과	9	6	7	8	7	1	1	4
6872	경북 울진군	로컬푸드 소포장용 저울 지원	8,400	미래농정과	9	6	7	8	7	1	1	4
6873	경북 울진군	로컬푸드 유통망구축	1,323,000	미래농정과	9	6	7	8	7	1	1	4
6874	경북 울진군	직매장 지원사업	21,000	미래농정과	9	2	7	8	7	1	1	4
6875	경북 울진군	대게자원보호감시선운영	76,650	해양수산과	9	1	7	8	7	5	5	4
6876	경북 울진군	조업중 인양쓰레기 수매사업	200,000	해양수산과	9	1	7	8	7	5	5	4
6877	경북 울진군	저효율 노후기관장비설비 설치교체지원	84,000	해양수산과	9	1	7	8	7	5	5	4
6878	경북 울진군	생분해성어구보급시범사업	2,314,286	해양수산과	9	1	7	8	7	5	5	4
6879	경북 울진군	수산생물질병백신공급	24,000	해양수산과	9	1	7	8	7	5	5	4
6880	경북 울진군	해수면양식어장기자재공급	120,000	해양수산과	9	1	7	8	7	5	5	4
6881	경북 울진군	고수온대응지원	60,000	해양수산과	9	1	7	8	7	5	5	4
6882	경북 울진군	마을어장관리사업	130,000	해양수산과	9	1	7	8	7	5	5	4
6883	경북 울진군	위해생물구제사업	25,000	해양수산과	9	1	7	8	7	5	5	4
6884	경북 울진군	어촌체험마을육성	62,700	해양수산과	9	1	7	8	7	5	5	4
6885	경북 울진군	양식장시설현대화사업	90,000	해양수산과	9	1	7	8	7	5	5	4
6886	경북 울진군	죽변수산물유통복합센터건립	1,000,000	해양수산과	9	1	7	8	7	5	5	4

순번	시군구	지출명 (사업명)	2021년예산 (단위:천원/1년간)	담당자 (공무원) 담당부서	민간이전 분류 (지방자치단체 세출예산 집행기준에 의거) 1. 민간경상사업보조(307-02) 2. 민간단체 법정운영비보조(307-03) 3. 민간행사사업보조(307-04) 4. 민간위탁금(307-05) 5. 사회복지시설 법정운영비보조(307-10) 6. 민간인위탁교육비(307-12) 7. 공기관등에대한경상적위탁사업비(308-10) 8. 민간자본사업보조,자체재원(402-01) 9. 민간자본사업보조,이전재원(402-02) 10. 민간위탁사업비(402-03) 11. 공기관등에 대한 자본적 대행사업비(403-02)	민간이전지출 근거 (지방보조금 관리기준 참고) 1. 법률에 규정 2. 국고보조 재원(국가지정) 3. 용도 지정 기부금 4. 조례에 직접규정 5. 지자체가 권장하는 사업을 하는 공공기관 6. 시,도 정책 및 재정사정 7. 기타 8. 해당없음	입찰방식: 계약체결방법 (경쟁형태) 1. 일반경쟁 2. 제한경쟁 3. 지명경쟁 4. 수의계약 5. 법정위탁 6. 기타 ( ) 7. 해당없음	입찰방식: 계약기간 1. 1년 2. 2년 3. 3년 4. 4년 5. 5년 6. 기타 ( )년 7. 단기계약 (1년미만) 8. 해당없음	입찰방식: 낙찰자선정방법 1. 적격심사 2. 협상에의한계약 3. 최저가낙찰제 4. 규격가격분리 5. 2단계 경쟁입찰 6. 기타 ( ) 7. 해당없음	운영예산 산정: 운영예산 산정 1. 내부산정 (지자체 자체적으로 산정) 2. 외부산정 (외부전문기관위탁 산정) 3. 내·외부 모두 산정 4. 산정 無 5. 해당없음	운영예산 산정: 정산방법 1. 내부정산 (지자체 내부적으로 정산) 2. 외부정산 (외부전문기관위탁 정산) 3. 내·외부 모두 산정 4. 정산 無 5. 해당없음	성과평가 실시여부 1. 실시 2. 미실시 3. 향후 추진 4. 해당없음
6887	경북 울진군	청정해수공급시설사업	600,000	해양수산과	9	1	7	8	7	5	5	4
6888	경북 울진군	어선장비지원사업	50,667	해양수산과	9	1	7	8	7	5	5	4
6889	경북 울진군	마을어장 안전장비지원사업	7,200	해양수산과	9	1	7	8	7	5	5	4
6890	경북 울진군	외국인어선원복지회관건립	400,000	해양수산과	9	1	7	8	7	5	5	4
6891	경북 울진군	대게어장정비지원	116,500	해양수산과	9	1	7	8	7	5	5	4
6892	경북 울진군	수산물처리저장시설	77,000	해양수산과	9	1	7	8	7	5	5	4
6893	경북 울진군	유류절감형어선부력판설치	19,834	해양수산과	9	1	7	8	7	5	5	4
6894	경북 울진군	어선사고예방시스템구축	28,740	해양수산과	9	1	7	8	7	5	5	4
6895	경북 울진군	수산물유통가공업활성화지원	143,300	해양수산과	9	1	7	8	7	5	5	4
6896	경북 울진군	양식어류종자대지원	14,000	해양수산과	9	1	7	8	7	5	5	4
6897	경북 울진군	신재생에너지 주택지원사업	125,625	안전원전과	9	1	7	8	7	1	1	4
6898	경북 울진군	신재생에너지 건물지원사업	242,130	안전원전과	9	1	7	8	7	1	1	4
6899	경북 울진군	신재생에너지모니터링시스템설치및정비	36,563	안전원전과	9	6	7	8	7	1	1	4
6900	경북 울진군	복지시설에너지절약사업	95,000	안전원전과	9	6	7	8	7	1	1	4
6901	경북 울진군	야생동물 피해예방사업	56,000	환경위생과	9	2	1	7	1	1	1	2
6902	경북 울진군	소규모영세사업장방지시설지원	579,129	환경위생과	9	2	3	8	7	1	1	3
6903	경북 울진군	송이산가꾸기사업	32,500	산림힐링과	9	2	1	7	1	1	1	2
6904	경북 울진군	유휴토지 조림10ha	60,300	산림힐링과	9	1	7	7	7	1	1	1
6905	경북 울진군	목재펠릿보일러	8,400	산림힐링과	9	1	7	7	7	1	1	1
6906	경북 울진군	임산물유통기반조성	10,000	산림힐링과	9	2	7	7	1	4	1	2
6907	경북 울진군	임산물생산기반조성	20,000	산림힐링과	9	2	7	7	1	4	1	2
6908	경북 울진군	친환경임산물재배관리	4,050	산림힐링과	9	2	5	7	7	4	1	2
6909	경북 울진군	밭작물관개시스템시범	100,000	농업기술센터	9	2	7	8	7	5	5	4
6910	경북 울진군	약용작물 생산 수확 후 관리기술 시범	200,000	농업기술센터	9	1	7	8	7	5	5	4
6911	경북 울진군	신선채소과채류생산기반조성	539,800	농업기술센터	9	2	7	8	7	5	5	4
6912	경북 울진군	장원별 확대보급 시범	18,000	농업기술센터	9	2	7	8	7	5	5	4
6913	경북 울진군	시설하우스고온기차광도포제처리	7,000	농업기술센터	9	4	7	8	7	5	5	4
6914	경북 울진군	품목농업인연구회고품질생산기반조성	35,000	농업기술센터	9	1	7	8	7	5	5	4
6915	경북 울릉군	신재생에너지주택지원사업	26,500	일자리경제교통과	9	2	7	8	7	5	5	4
6916	경북 울릉군	전기자동차보급	2,295,000	일자리경제교통과	9	2	7	8	7	5	5	4
6917	경북 울릉군	택시내안전보호격벽설치지원	7,520	일자리경제교통과	9	6	7	8	7	5	5	4
6918	경북 울릉군	마을어장안전장비지원	1,500	해양수산과	9	4	7	8	7	1	1	4
6919	경북 울릉군	해적생물구제	5,000	해양수산과	9	4	7	8	7	1	1	4
6920	경북 울릉군	수산물처리저장시설	11,400	해양수산과	9	4	7	8	7	1	1	4
6921	경북 울릉군	노후기관장비설비교체지원	72,000	해양수산과	9	4	7	8	7	1	1	4
6922	경북 울릉군	어선장비지원사업	60,000	해양수산과	9	4	7	8	7	1	1	4
6923	경북 울릉군	어선부력판설치	25,334	해양수산과	9	4	7	8	7	1	1	4
6924	경북 울릉군	어선사고예방시스템구축	10,020	해양수산과	9	4	7	8	7	1	1	4
6925	경북 울릉군	귀농인정착지원사업	4,000	농업기술센터	9	4	7	8	7	5	5	4
6926	경북 울릉군	밭작물폭염(가뭄)피해예방사업	1,200	농업기술센터	9	4	7	8	7	5	5	4
6927	경북 울릉군	농업용모노레일지원	50,000	농업기술센터	9	4	7	8	7	1	1	4
6928	경북 울릉군	농업용동력운반차	6,000	농업기술센터	9	4	7	8	7	1	1	4

순번	시군구	지출명 (사업명)	2021년예산 (단위:천원/1년간)	담당자 (공무원)	민간이전 분류 (지방자치단체 세출예산 집행기준에 의거)	민간이전지출 근거 (지방보조금 관리기준 참고)	입찰방식			운영예산 산정		성과평가 실시여부
				담당부서	1. 민간경상사업보조(307-02) 2. 민간단체 법정운영비보조(307-03) 3. 민간행사사업보조(307-04) 4. 민간위탁금(307-05) 5. 사회복지시설 법정운영비보조(307-10) 6. 민간인위탁교육비(307-12) 7. 공기관등에대한경상적위탁사업비(308-10) 8. 민간자본사업보조,자체재원(402-01) 9. 민간자본사업보조,이전재원(402-02) 10. 민간위탁사업비(402-03) 11. 공기관등에 대한 자본적 대행사업비(403-02)	1. 법률에 규정 2. 국고보조 재원(국가지정) 3. 용도 지정 기부금 4. 조례에 직접규정 5. 지자체가 권장하는 사업을 하는 공공기관 6. 시,도 정책 및 재정사정 7. 기타 8. 해당없음	계약체결방법 (경쟁형태) 1. 일반경쟁 2. 제한경쟁 3. 지명경쟁 4. 수의계약 5. 법정위탁 6. 기타 ( ) 7. 해당없음	계약기간 1. 1년 2. 2년 3. 3년 4. 4년 5. 5년 6. 기타 ( )년 7. 단기계약 (1년미만) 8. 해당없음	낙찰자선정방법 1. 적격심사 2. 협상에의한계약 3. 최저가낙찰제 4. 규격가격분리 5. 2단계 경쟁입찰 6. 기타 ( ) 7. 해당없음	운영예산 산정 1. 내부산정 (지자체 자체적으로 산정) 2. 외부산정 (외부전문기관위탁 산정) 3. 내·외부 모두 산정 4. 산정 無 5. 해당없음	정산방법 1. 내부정산 (지자체 내부적으로 정산) 2. 외부정산 (외부전문기관위탁 정산) 3. 내·외부 모두 산정 4. 정산 無 5. 해당없음	1. 실시 2. 미실시 3. 향후 추진 4. 해당없음
6929	경북 울릉군	스마트온실설치지원	70,000	농업기술센터	9	4	7	8	7	1	1	4
6930	경북 울릉군	유기질비료공급	48,784	농업기술센터	9	2	2	1	7	3	3	4
6931	경북 울릉군	이동식저온저장고	60,000	농업기술센터	9	4	7	8	7	1	1	4
6932	경북 울릉군	학생4-H회원과제활동지원	3,000	농업기술센터	9	7	7	8	7	5	5	4
6933	경북 울릉군	여성농업인농작업편의장비지원	250	농업기술센터	9	7	7	8	7	5	5	4
6934	경북 울릉군	꿀벌화분지원	4,000	농업기술센터	9	6	7	8	7	5	5	4
6935	경북 울릉군	양봉산물저온저장고지원	3,000	농업기술센터	9	6	7	8	7	5	5	4
6936	경북 울릉군	지역특산물(우산고로쇠)시설보조지원	15,000	농업기술센터	9	1	7	8	7	5	5	4
6937	경북 울릉군	농산물유통연장을위한선도유지기술시범	80,000	농업기술센터	9	4	7	8	7	1	1	4
6938	경북 울릉군	농식품가공업체수출경쟁력제고	32,000	농업기술센터	9	4	7	8	7	1	1	4
6939	경남 창원시	도시가스 공급 보조금 지원	900,000	경제살리기과	9	4	7	8	7	1	1	4
6940	경남 창원시	구산면 신재생에너지 융복합지원사업	1,516,149	경제살리기과	9	2	1	8	2	2	1	4
6941	경남 창원시	그린홈 보급 사업비 보조	300,000	경제살리기과	9	2	7	8	7	1	1	1
6942	경남 창원시	승강기 회생제동장치 설치지원	44,400	경제살리기과	9	4	7	8	7	1	1	1
6943	경남 창원시	사회적기업 시설장비 구입비 지원	131,034	일자리창출과	9	6	7	8	7	5	5	4
6944	경남 창원시	택시요금 카드결제수수료 지원	1,404,000	교통정책과	9	6	7	8	7	3	3	1
6945	경남 창원시	전기차 구매지원	6,841,000	교통정책과	9	2	7	8	7	1	1	1
6946	경남 창원시	전기이륜차 구매 지원	1,042,200	교통정책과	9	2	7	8	7	1	1	1
6947	경남 창원시	전기버스충전기 설치 지원사업	225,000	교통정책과	9	6	7	8	7	1	1	3
6948	경남 창원시	천연가스자동차 연료비 보조	180,000	교통정책과	9	2	7	8	7	1	1	4
6949	경남 창원시	성주사 방재시스템 구축	94,000	문화유산육성과	9	2	6	6	6	1	1	4
6950	경남 창원시	자활사업 생산적 일자리 플랫폼 구축지원	48,000	사회복지과	9	1	7	1	6	1	5	1
6951	경남 창원시	기능보강사업	9,300	여성가족과	9	2	7	8	7	1	1	1
6952	경남 창원시	기능보강사업	7,000	여성가족과	9	2	7	8	7	1	1	1
6953	경남 창원시	기능보강사업	31,162	여성가족과	9	2	7	8	7	1	1	1
6954	경남 창원시	기능보강사업	89,808	여성가족과	9	1	7	8	7	1	1	1
6955	경남 창원시	법인어린이집 개보수	30,000	보육청소년과	9	8	7	8	7	5	5	4
6956	경남 창원시	어린이집 장비비	4,000	보육청소년과	9	8	7	8	7	5	5	4
6957	경남 창원시	보존식 기자재	129,500	보육청소년과	9	8	7	8	7	5	5	4
6958	경남 창원시	공동주택 관리동 전환	1,100,000	보육청소년과	9	2	5	8	1	3	1	4
6959	경남 창원시	민간어린이집 장기임차 전환	1,260	보육청소년과	9	2	5	8	1	3	1	4
6960	경남 창원시	어린이집 운영 자재구입	230,000	보육청소년과	9	2	5	8	1	3	1	4
6961	경남 창원시	지역아동센터 환경개선비	210,000	보육청소년과	9	2	7	8	7	5	5	4
6962	경남 창원시	노인요양시설 확충	430,654	노인장애인과	9	1	7	8	7	5	5	4
6963	경남 창원시	금강노인종합복지관 증·개축	500,000	노인장애인과	9	1	7	8	7	5	5	4
6964	경남 창원시	장애인거주시설 기능보강	539,000	노인장애인과	9	2	1	1	1	1	1	2
6965	경남 창원시	장애인직업재활시설 기능보강	608,425	노인장애인과	9	2	1	1	1	1	1	2
6966	경남 창원시	장애인의료재활시설 기능보강	218,427	노인장애인과	9	2	1	1	1	1	1	2
6967	경남 창원시	식품접객업소 주방 위생환경 개선사업 지원	90,000	보건위생과	9	7	7	8	7	3	3	1
6968	경남 창원시	연안어선 감척사업 폐업지원금 등 보조	84,500	수산과	9	2	7	8	7	1	1	2
6969	경남 창원시	친환경 에너지절감장비(어업용 기자재) 구입비 지원	479,645	수산과	9	2	7	8	7	1	1	2
6970	경남 창원시	어선사고 예방시스템 구축사업	78,000	수산과	9	6	7	8	7	1	1	2

순번	시군구	지출명 (사업명)	2021년예산 (단위:천원/1년간)	담당자 (공무원) 담당부서	민간이전 분류 (지방자치단체 세출예산 집행기준에 의거) 1. 민간경상사업보조(307-02) 2. 민간단체 법정운영비보조(307-03) 3. 민간행사사업보조(307-04) 4. 민간위탁금(307-05) 5. 사회복지시설 법정운영비보조(307-10) 6. 민간인위탁교육비(307-12) 7. 공기관등에대한경상적위탁사업비(308-10) 8. 민간자본사업보조,자체재원(402-01) 9. 민간자본사업보조,이전재원(402-02) 10. 민간위탁사업비(402-03) 11. 공기관등에 대한 자본적 대행사업비(403-02)	민간이전지출 근거 (지방보조금 관리기준 참고) 1. 법률에 규정 2. 국고보조 재원(국가지정) 3. 용도 지정 기부금 4. 조례에 직접규정 5. 지자체가 권장하는 사업을 하는 공공기관 6. 시,도 정책 및 재정사정 7. 기타 8. 해당없음	입찰방식: 계약체결방법 (경쟁형태) 1. 일반경쟁 2. 제한경쟁 3. 지명경쟁 4. 수의계약 5. 법정위탁 6. 기타 ( ) 7. 해당없음	입찰방식: 계약기간 1. 1년 2. 2년 3. 3년 4. 4년 5. 5년 6. 기타 ( )년 7. 단기계약 (1년미만) 8. 해당없음	입찰방식: 낙찰자선정방법 1. 적격심사 2. 협상에의한계약 3. 최저가낙찰제 4. 규격가격분리 5. 2단계 경쟁입찰 6. 기타 ( ) 7. 해당없음	운영예산 산정: 운영예산 산정 1. 내부산정 (지자체 자체적으로 산정) 2. 외부산정 (외부전문기관위탁 산정) 3. 내·외부 모두 산정 4. 산정 無 5. 해당없음	운영예산 산정: 정산방법 1. 내부정산 (지자체 내부적으로 정산) 2. 외부정산 (외부전문기관위탁 정산) 3. 내·외부 모두 산정 4. 정산 無 5. 해당없음	성과평가 실시여부 1. 실시 2. 미실시 3. 향후 추진 4. 해당없음
6971	경남 창원시	마을앞바다 소득원 조성사업	40,000	수산과	9	6	7	8	7	1	1	2
6972	경남 창원시	친환경부표 공급사업	676,320	수산과	9	2	7	8	7	1	3	2
6973	경남 창원시	낚시터 환경개선사업	20,000	수산과	9	6	7	8	7	1	1	2
6974	경남 창원시	내수면 노후어선(기관) 교체 지원	43,200	수산과	9	6	7	8	7	1	1	2
6975	경남 창원시	패류 지역특화품종 육성 지원사업	360,000	수산과	9	6	7	8	7	1	1	2
6976	경남 창원시	연안어선 안전설비 지원사업	8,000	수산과	9	6	7	8	7	1	1	2
6977	경남 창원시	대구수정란방류사업	50,000	수산과	9	6	7	8	7	1	3	2
6978	경남 창원시	수산물 산지가공시설 사업	600,000	수산과	9	6	7	8	7	3	3	2
6979	경남 창원시	수산물 위판장 건립	4,725,000	수산과	9	6	7	8	7	3	3	2
6980	경남 창원시	경남추천상품(QC) 기계장비 및 포장재 등 지원	10,726	수산과	9	6	7	8	7	1	1	2
6981	경남 창원시	청경해 브랜드 제품 박스 등 제작 지원	22,500	수산과	9	6	7	8	7	1	1	2
6982	경남 창원시	수출주력품종 개발 및 홍보(포장재 등) 지원	62,400	수산과	9	6	7	8	7	1	1	2
6983	경남 창원시	야생동물 피해예방시설 설치 지원	200,000	환경정책과	9	1	7	8	7	5	5	4
6984	경남 창원시	미니태양광 보급 사업	260,000	환경정책과	9	6	2	1	7	1	1	4
6985	경남 창원시	기후위기 대응 쿨루프 지원사업	90,000	환경정책과	9	6	7	8	7	1	1	4
6986	경남 창원시	굴뚝자동측정기기 설치 및 운영사업비 지원	34,000	환경정책과	9	2	7	8	7	1	1	2
6987	경남 창원시	노후경유차 조기폐차 지원	1,591,920	환경정책과	9	2	7	8	7	1	1	2
6988	경남 창원시	차량 저감장치(DPF) 부착 사업	3,230,000	환경정책과	9	2	7	8	7	1	1	2
6989	경남 창원시	건설기계 저감장치(DPF) 부착 사업	88,000	환경정책과	9	2	7	8	7	1	1	2
6990	경남 창원시	건설기계 엔진교체	957,000	환경정책과	9	2	7	8	7	1	1	2
6991	경남 창원시	PM-NOx 동시저감장치	240,174	환경정책과	9	2	7	8	7	1	1	2
6992	경남 창원시	LPG화물차 신차구입 지원	536,000	환경정책과	9	2	7	8	7	1	1	2
6993	경남 창원시	어린이통학차량 LPG차 전환 지원 사업	250,000	환경정책과	9	2	7	8	7	1	1	2
6994	경남 창원시	가정용 저녹스보일러 보급사업	533,200	환경정책과	9	2	7	8	7	1	1	2
6995	경남 창원시	소규모사업장 대기오염방지시설 설치 지원	4,951,900	환경정책과	9	2	7	8	7	1	1	2
6996	경남 창원시	수질TMS 설치비 중소기업 지원	120,000	환경정책과	9	1	7	8	7	1	1	1
6997	경남 창원시	덕동마을주민지원사업	5,000	매립장관리과	9	1	7	8	7	5	1	4
6998	경남 창원시	농어촌 빈집 정비 지원	9,500	주택정책과	9	1	7	8	7	5	5	4
6999	경남 창원시	노후불량주택 지붕개량 사업	23,320	주택정책과	9	1	7	8	7	5	5	4
7000	경남 창원시	친환경농산물 유통활성화 지원	16,800	농업정책과	9	6	4	1	3	1	1	3
7001	경남 창원시	유기농업자재지원	10,000	농업정책과	9	6	4	1	3	1	1	3
7002	경남 창원시	유기질비료 지원	1,750	농업정책과	9	2	4	7	1	1	1	1
7003	경남 창원시	유기질비료 지원	500,000	농업정책과	9	2	4	7	1	1	1	1
7004	경남 창원시	유기질비료 지원	500,000	농업정책과	9	2	4	7	1	1	1	1
7005	경남 창원시	토양개량제 보조	126,090	농업정책과	9	2	4	7	1	1	1	1
7006	경남 창원시	토양개량제 보조	35,780	농업정책과	9	2	4	7	1	1	1	1
7007	경남 창원시	토양개량제 보조	86,546	농업정책과	9	2	4	7	1	1	1	1
7008	경남 창원시	고품질 쌀 생산단지 조성	36,400	농업정책과	9	6	4	1	3	1	1	3
7009	경남 창원시	우리밀 생산 지원	5,000	농업정책과	9	6	7	8	7	1	1	1
7010	경남 창원시	기능성 쌀 생산단지 조성사업	3,000	농업정책과	9	6	4	1	3	1	1	3
7011	경남 창원시	농자재 살포기 구입지원	30,000	농업정책과	9	6	1	7	3	1	1	1
7012	경남 창원시	농약 안전사용 장비 지원	17,500	농업정책과	9	6	7	8	7	1	1	1

순번	시군구	지출명 (사업명)	2021년예산 (단위:천원/1년간)	담당자 (공무원) 담당부서	민간이전 분류 (지방자치단체 세출예산 집행기준에 의거) 1. 민간경상사업보조(307-02) 2. 민간단체 법정운영비보조(307-03) 3. 민간행사사업보조(307-04) 4. 민간위탁금(307-05) 5. 사회복지시설 법정운영비보조(307-10) 6. 민간인위탁교육비(307-12) 7. 공기관등에대한경상적위탁사업비(308-10) 8. 민간자본사업보조,자체재원(402-01) 9. 민간자본사업보조,이전재원(402-02) 10. 민간위탁사업비(402-03) 11. 공기관등에 대한 자본적 대행사업비(403-02)	민간이전지출 근거 (지방보조금 관리기준 참고) 1. 법률에 규정 2. 국고보조 재원(국가지정) 3. 용도 지정 기부금 4. 조례에 직접규정 5. 지자체가 권장하는 사업을 하는 공공기관 6. 시,도 정책 및 재정사정 7. 기타 8. 해당없음	입찰방식 계약체결방법 (경쟁형태) 1. 일반경쟁 2. 제한경쟁 3. 지명경쟁 4. 수의계약 5. 법정위탁 6. 기타 ( ) 7. 해당없음	입찰방식 계약기간 1. 1년 2. 2년 3. 3년 4. 4년 5. 5년 6. 기타 ( )년 7. 단기계약 (1년미만) 8. 해당없음	입찰방식 낙찰자선정방법 1. 적격심사 2. 협상에의한계약 3. 최저가낙찰제 4. 규격가격분리 5. 2단계 경쟁입찰 6. 기타 ( ) 7. 해당없음	운영예산 산정 운영예산 산정 1. 내부산정 (지자체 자체적으로 산정) 2. 외부산정 (외부전문기관위탁 산정) 3. 내·외부 모두 산정 4. 산정 無 5. 해당없음	운영예산 산정 정산방법 1. 내부정산 (지자체 내부적으로 정산) 2. 외부정산 (외부전문기관위탁 정산) 3. 내·외부 모두 산정 4. 정산 無 5. 해당없음	성과평가 실시여부 1. 실시 2. 미실시 3. 향후 추진 4. 해당없음
7013	경남 창원시	하계 조사료 생산(수확)작업 지원	25,200	농업정책과	9	6	7	8	7	1	1	1
7014	경남 창원시	고품질쌀유통활성화사업	400,000	농업정책과	9	2	1	1	3	1	1	1
7015	경남 창원시	화훼유통시설 및 장비확충사업	10,000	농업정책과	9	1	7	8	7	5	5	4
7016	경남 창원시	화훼시설 현대화 사업	30,000	농업정책과	9	1	7	8	7	5	5	4
7017	경남 창원시	시설원예 에너지이용 효율화	50,000	농업정책과	9	1	7	8	7	5	5	4
7018	경남 창원시	시설원예현대화	50,000	농업정책과	9	1	7	8	7	5	5	4
7019	경남 창원시	과수 수정용 꽃가루 지원	7,500	농업정책과	9	1	7	8	7	5	5	4
7020	경남 창원시	신소득 과실생산시설 현대화사업	19,000	농업정책과	9	1	7	8	7	5	5	4
7021	경남 창원시	채소생산시설현대화지원사업	40,000	농업정책과	9	1	7	8	7	5	5	4
7022	경남 창원시	시설채소(수박)수정벌 입식 지원	30,000	농업정책과	9	1	7	8	7	5	5	4
7023	경남 창원시	과수생산시설현대화지원사업	50,000	농업정책과	9	1	7	8	7	5	5	4
7024	경남 창원시	과원관리생력기계화지원	45,000	농업정책과	9	1	7	8	7	5	5	4
7025	경남 창원시	과실전문생산단지 유지관리비	50,000	농업정책과	9	1	7	8	7	5	5	4
7026	경남 창원시	농경문화소득화 모델구축 시범사업	80,000	농업정책과	9	2	7	8	7	5	5	3
7027	경남 창원시	시비효율 개선 친환경 농자재 시범	16,000	농업기술과	9	1	7	8	7	4	1	3
7028	경남 창원시	논 이용 콩 생산 생력 기계화 신기술시범	52,000	농업기술과	9	2	7	8	7	4	1	3
7029	경남 창원시	킬레이트제 용해장치 및 활용기술 보급 시범	30,000	농업기술과	9	2	7	8	7	4	1	3
7030	경남 창원시	화훼 국내육성품종 보급 시범	60,000	농업기술과	9	2	7	8	7	4	1	3
7031	경남 창원시	시설원예 연작지 토양환경 종합관리	100,000	농업기술과	9	2	7	8	7	4	1	3
7032	경남 창원시	오메가-3 친환경시설당근 최고품질 생산 보급 시범	80,000	농업기술과	9	1	7	8	7	4	1	3
7033	경남 창원시	이온 발열체 활용 에너지 절감 보급 시범	80,000	농업기술과	9	1	7	8	7	4	1	3
7034	경남 창원시	신소득작목 발굴 특용작물 모델화 시범	35,000	농업기술과	9	1	7	8	7	4	1	3
7035	경남 창원시	스마트팜 기술을 활용한 기능성 특용작물 생산 시범	35,000	농업기술과	9	1	7	8	7	4	1	3
7036	경남 창원시	향토산업육성 생산시설 지원	100,000	농업기술과	9	1	7	8	7	4	1	3
7037	경남 창원시	작목별 맞춤형 안전관리 실천시범	25,000	농업기술과	9	2	7	8	7	4	1	3
7038	경남 창원시	농촌어르신 소득발굴 기반조성	40,000	농업기술과	9	1	7	8	7	4	1	3
7039	경남 창원시	농작업 친환경화장실 설치지원	10,000	농업기술과	9	1	7	8	7	4	1	3
7040	경남 창원시	다목적 발효배양기구 보급	5,000	농업기술과	9	1	7	8	7	4	1	3
7041	경남 창원시	수출농단 현대화 규모화 지원	156,000	농산물유통과	9	4	7	8	7	5	5	4
7042	경남 창원시	비농단 수출농가 시설지원	20,000	농산물유통과	9	4	7	8	7	5	5	4
7043	경남 창원시	경남 수출농업단지 청년일자리 지원	41,000	농산물유통과	9	4	7	8	7	5	5	4
7044	경남 창원시	GAP 소규모 시설장비 지원사업	27,598	농산물유통과	9	7	7	8	7	5	5	4
7045	경남 창원시	맞춤형 중소형 농기계 지원	460,000	농산물유통과	9	6	7	8	7	5	5	4
7046	경남 창원시	양봉산업 구조개선 사업	72,950	축산과	9	1	7	8	7	5	5	4
7047	경남 창원시	친환경 꿀벌사양 지원	5,000	축산과	9	1	7	8	7	5	5	4
7048	경남 창원시	축산악취개선	12,000	축산과	9	2	7	8	7	5	5	4
7049	경남 창원시	축산농가 사료첨가제 지원	26,952	축산과	9	1	7	8	7	5	5	4
7050	경남 창원시	송아지생산성 향상사업	9,912	축산과	9	1	7	8	7	5	5	4
7051	경남 창원시	축사시설 환경개선 지원	9,000	축산과	9	1	7	8	7	5	5	4
7052	경남 창원시	가축 고온스트레스 예방장비 지원	32,500	축산과	9	1	7	8	7	5	5	4
7053	경남 창원시	가축분뇨 악취저감 시설장비 지원	30,000	축산과	9	1	7	8	7	5	5	4
7054	경남 창원시	가축분뇨 수분조절재 지원	58,400	축산과	9	1	7	8	7	5	5	4

순번	시군구	지출명 (사업명)	2021년예산 (단위:천원/1년간)	담당자 (공무원) 담당부서	민간이전 분류 (지방자치단체 세출예산 집행기준에 의거) 1. 민간경상사업보조(307-02) 2. 민간단체 법정운영비보조(307-03) 3. 민간행사사업보조(307-04) 4. 민간위탁금(307-05) 5. 사회복지시설 법정운영비보조(307-10) 6. 민간인위탁교육비(307-12) 7. 공기관등에대한경상적위탁사업비(308-10) 8. 민간자본사업보조,자체재원(402-01) 9. 민간자본사업보조,이전재원(402-02) 10. 민간위탁사업비(402-03) 11. 공기관등에 대한 자본적 대행사업비(403-02)	민간이전지출 근거 (지방보조금 관리기준 참고) 1. 법률에 규정 2. 국고보조 재원(국가지정) 3. 용도 지정 기부금 4. 조례에 직접규정 5. 지자체가 권장하는 사업을 하는 공공기관 6. 시,도 정책 및 재정사정 7. 기타 8. 해당없음	입찰방식 계약체결방법 (경쟁형태) 1. 일반경쟁 2. 제한경쟁 3. 지명경쟁 4. 수의계약 5. 법정위탁 6. 기타 ( ) 7. 해당없음	입찰방식 계약기간 1. 1년 2. 2년 3. 3년 4. 4년 5. 5년 6. 기타 ( )년 7. 단기계약 (1년미만) 8. 해당없음	입찰방식 낙찰자선정방법 1. 적격심사 2. 협상에의한계약 3. 최저가낙찰제 4. 규격가격분리 5. 2단계 경쟁입찰 6. 기타 ( ) 7. 해당없음	운영예산 산정 운영예산 산정 1. 내부산정 (지자체 자체적으로 산정) 2. 외부산정 (외부전문기관위탁 산정) 3. 내·외부 모두 산정 4. 산정 無 5. 해당없음	운영예산 산정 정산방법 1. 내부정산 (지자체 내부적으로 정산) 2. 외부정산 (외부전문기관위탁 정산) 3. 내·외부 모두 산정 4. 정산 無 5. 해당없음	성과평가 실시여부 1. 실시 2. 미실시 3. 향후 추진 4. 해당없음
7055	경남 창원시	축산농가 악취방지개선 지원	42,300	축산과	9	1	7	8	7	5	5	4
7056	경남 창원시	돼지써코바이러스 예방백신 구입지원	103,748	축산과	9	2	7	8	7	5	5	4
7057	경남 창원시	축산전업농가 구제역 예방접종 백신 구입지원	50,000	축산과	9	2	7	8	7	5	5	4
7058	경남 창원시	소독시설 설치 지원	4,000	축산과	9	6	7	8	7	5	5	4
7059	경남 창원시	안전관리인증기준 축산농가 및 영업장 지원	3,300	축산과	9	6	7	1	7	5	5	4
7060	경남 창원시	산림경영계획 작성비 지원	2,080	산림휴양과	9	7	7	7	7	1	1	2
7061	경남 창원시	산림작물생산단지	12,600	산림휴양과	9	7	7	7	7	1	1	2
7062	경남 창원시	산림복합경영단지	9,847	산림휴양과	9	7	7	7	7	1	1	2
7063	경남 창원시	마산정신요양원 믿음관 증개축	600,000	마산합포구 사회복지과	9	2	6	8	7	1	1	2
7064	경남 창원시	소망관/사랑관 후면부 산사태위험지역공사	518,247	마산합포구 사회복지과	9	2	6	8	7	1	1	2
7065	경남 창원시	내집주차장 설치사업	15,000	진해구 경제교통과	9	8	7	6	6	1	1	1
7066	경남 진주시	건축행정시스템(세움터)재구축사업	17,600	건축과	9	7	7	8	7	5	5	4
7067	경남 진주시	농촌주거환경 정비	6,500	건축과	9	1	7	8	7	5	5	4
7068	경남 진주시	화재안전성능보강지원사업	134,000	건축과	9	1	7	8	7	1	1	4
7069	경남 진주시	실크제품 홍보 및 마케팅 사업비 지원	120,000	기업통상과	9	4	7	7	7	1	1	1
7070	경남 진주시	실크원사 안정수급 투자사업	360,000	기업통상과	9	4	7	7	7	1	1	1
7071	경남 진주시	장애인직업재활시설 기능보강	794,088	노인장애인과	9	2	7	8	7	1	1	4
7072	경남 진주시	농산물 유통시설 설치 지원	300,000	농산물유통과	9	4	7	8	7	1	1	3
7073	경남 진주시	양정시설 지원사업	212,500	농산물유통과	9	6	7	8	7	1	1	3
7074	경남 진주시	정부양곡 도정공장 방역살균기 지원사업	10,400	농산물유통과	9	6	7	8	7	1	1	3
7075	경남 진주시	수출탑 수상농가 인센티브 지원사업	62,000	농산물유통과	9	4	7	8	7	1	1	3
7076	경남 진주시	시설원예현대화지원	744,448	농산물유통과	9	2	7	8	7	1	1	3
7077	경남 진주시	수출농업단지 현대화 규모화 지원사업	200,000	농산물유통과	9	4	7	8	7	1	1	3
7078	경남 진주시	시설원예수출농가 연질강화필름 지원사업	60,000	농산물유통과	9	4	7	8	7	1	1	3
7079	경남 진주시	비농단 수출농가 시설보완사업	30,000	농산물유통과	9	4	7	8	7	1	1	3
7080	경남 진주시	GAP 소규모 시설(장비)지원사업	620	농산물유통과	9	1	7	8	7	1	1	3
7081	경남 진주시	농촌융복합산업 맞춤형 활성화 지원사업	24,000	농산물유통과	9	4	7	8	7	1	1	3
7082	경남 진주시	고품질 쌀 생산 시범단지 조성	72,800	농축산과	9	6	7	8	7	5	5	4
7083	경남 진주시	기능성 쌀생산 시범단지 조성사업	21,000	농축산과	9	6	7	8	7	5	5	4
7084	경남 진주시	쌀 생산조정 기반조성사업	3,129	농축산과	9	6	7	8	7	5	5	4
7085	경남 진주시	진주 토종앉은뱅이 밀 건조저장시설 및 가공시설 지원	365,382	농축산과	9	6	7	8	7	5	5	4
7086	경남 진주시	축산악취 개선	98,149	농축산과	9	6	7	8	7	5	5	4
7087	경남 진주시	조사료생산용 기계장비구입 지원	88,000	농축산과	9	2	7	8	7	5	5	4
7088	경남 진주시	축산농가 악취방지 개선	120,000	농축산과	9	6	7	8	7	5	5	4
7089	경남 진주시	가축분뇨 수분조절재 지원	128,000	농축산과	9	6	7	8	7	5	5	4
7090	경남 진주시	축사시설 환경개선사업	8,400	농축산과	9	4	7	8	7	5	5	4
7091	경남 진주시	양봉구조 개선사업	57,500	농축산과	9	1	7	8	7	5	5	4
7092	경남 진주시	가축 폐사축 처리기 지원사업	36,000	농축산과	9	4	7	8	7	5	5	4
7093	경남 진주시	조사료생산용 종자구입 지원	126,000	농축산과	9	2	7	8	7	5	5	4
7094	경남 진주시	축산분야 ICT 융복합사업	25,500	농축산과	9	2	7	8	7	5	5	4
7095	경남 진주시	가축 고온스트레스예방 장비지원사업	20,000	농축산과	9	6	7	8	7	5	5	4
7096	경남 진주시	유용곤충사육시설 지원사업	6,000	농축산과	9	6	7	8	7	5	5	4

순번	시군구	지출명 (사업명)	2021년예산 (단위:천원/1년간)	담당자 (공무원)	민간이전 분류 (지방자치단체 세출예산 집행기준에 의거)	민간이전지출 근거 (지방보조금 관리기준 참고)	입찰방식			운영예산 산정		성과평가 실시여부
				담당부서	1. 민간경상사업보조(307-02) 2. 민간단체 법정운영비보조(307-03) 3. 민간행사사업보조(307-04) 4. 민간위탁금(307-05) 5. 사회복지시설 법정운영비보조(307-10) 6. 민간인위탁교육비(307-12) 7. 공기관등에대한경상적위탁사업비(308-10) 8. 민간자본사업보조,자체재원(402-01) 9. 민간자본사업보조,이전재원(402-02) 10. 민간위탁사업비(402-03) 11. 공기관등에 대한 자본적 대행사업비(403-02)	1. 법률에 규정 2. 국고보조 재원(국가지정) 3. 용도 지정 기부금 4. 조례에 직접규정 5. 지자체가 권장하는 사업을 하는 공공기관 6. 시,도 정책 및 재정사정 7. 기타 8. 해당없음	계약체결방법 (경쟁형태) 1. 일반경쟁 2. 제한경쟁 3. 지명경쟁 4. 수의계약 5. 법정위탁 6. 기타 ( ) 7. 해당없음	계약기간 1. 1년 2. 2년 3. 3년 4. 4년 5. 5년 6. 기타 ( )년 7. 단기계약 (1년미만) 8. 해당없음	낙찰자선정방법 1. 적격심사 2. 협상에의한계약 3. 최저가낙찰제 4. 규격가격분리 5. 2단계 경쟁입찰 6. 기타 ( ) 7. 해당없음	운영예산 산정 1. 내부산정 (지자체 자체적으로 산정) 2. 외부산정 (외부전문기관위탁 산정) 3. 내·외부 모두 산정 4. 산정 無 5. 해당없음	정산방법 1. 내부정산 (지자체 내부적으로 정산) 2. 외부정산 (외부전문기관위탁 정산) 3. 내·외부 모두 산정 4. 정산 無 5. 해당없음	1. 실시 2. 미실시 3. 향후 추진 4. 해당없음
7097	경남 진주시	유기농업 선도농가 가공 ・유통지원사업	140,000	농축산과	9	6	7	8	7	5	5	4
7098	경남 진주시	농장출입구 소독시설 설치	20,000	농축산과	9	6	7	8	7	5	5	4
7099	경남 진주시	축산물 판매업소 위생시설 개선지원 사업	48,000	농축산과	9	6	7	8	7	5	5	4
7100	경남 진주시	계란 냉장차량 지원사업	60,000	농축산과	9	2	7	8	7	5	5	4
7101	경남 진주시	청곡사 관음전 해체보수	22,000	문화예술과	9	2	6	1	7	1	1	4
7102	경남 진주시	총림선원 요사채 지붕 및 기단 보수	160,000	문화예술과	9	2	6	1	7	1	1	4
7103	경남 진주시	자활사업 생산적 일자리 플랫폼 구축지원	15,000	복지정책과	9	6	7	8	7	1	1	4
7104	경남 진주시	양묘시설 현대화	120,000	산림과	9	2	7	7	7	1	1	1
7105	경남 진주시	산림작물 생산단지	38,320	산림과	9	2	7	7	7	4	1	4
7106	경남 진주시	임산물 유통기반조성	16,405	산림과	9	2	7	7	7	4	1	4
7107	경남 진주시	목재펠릿보일러보급	4,000	산림과	9	2	7	7	7	4	1	4
7108	경남 진주시	산림작물생산단지	198,129	산림과	9	2	7	7	7	4	1	4
7109	경남 진주시	마하어린이도서관 숲속도서관 조성	30,000	시립도서관	9	1	7	8	7	1	1	1
7110	경남 진주시	지역아동센터 환경개선 지원	30,000	아동보육과	9	1	7	8	7	5	1	1
7111	경남 진주시	가정폭력피해자보호시설운영지원	38,049	여성가족과	9	2	7	8	7	1	1	4
7112	경남 진주시	승강기 회생제동장치 지원사업	40,800	일자리경제과	9	6	6	1	2	1	1	1
7113	경남 진주시	단독주택 등 도시가스 공급배관 설치비 지원사업	700,000	일자리경제과	9	6	6	1	7	5	5	4
7114	경남 진주시	신재생에너지 주택지원사업	225,000	일자리경제과	9	6	6	1	7	5	5	4
7115	경남 진주시	미니태양광 보급사업 지원	97,500	일자리경제과	9	6	1	1	7	5	5	4
7116	경남 진주시	신재생에너지 건물지원사업	16,000	일자리경제과	9	6	6	1	7	5	5	4
7117	경남 진주시	사회적기업 시설장비비 지원사업	30,000	일자리경제과	9	2	1	7	7	5	1	1
7118	경남 진주시	야생동물 피해예방시설 설치지원사업	203,950	환경관리과	9	1	7	8	7	5	1	1
7119	경남 진주시	천연가스 차량 구입 보조금	108,000	환경관리과	9	1	7	8	7	5	1	1
7120	경남 진주시	전기버스 구입보조금	24,000	환경관리과	9	1	7	8	7	5	1	1
7121	경남 진주시	노후경유차 조기폐차사업	32,000	환경관리과	9	1	7	8	7	5	1	1
7122	경남 진주시	PM-Nox 동시저감장치 부착사업	138,507	환경관리과	9	1	7	8	7	5	1	1
7123	경남 진주시	저감장치(DPF) 부착사업	3,040,000	환경관리과	9	1	7	8	7	5	1	1
7124	경남 진주시	건설기계 DPF 부착사업	88,000	환경관리과	9	1	7	8	7	5	1	1
7125	경남 진주시	건설기계 엔진교체 사업	99,000	환경관리과	9	1	7	8	7	5	1	1
7126	경남 진주시	LPG화물차 신차구입 지원사업	400,000	환경관리과	9	1	7	8	7	5	1	1
7127	경남 진주시	가정용 저녹스보일러 설치 지원	609,200	환경관리과	9	1	7	8	7	5	1	1
7128	경남 진주시	어린이통학차량의 LPG차 전환지원사업	260,000	환경관리과	9	1	7	8	7	5	1	1
7129	경남 진주시	전기화물차 구입 보조금	44,000	환경관리과	9	1	7	8	7	5	1	1
7130	경남 진주시	전기자동차 구입 보조금	52,000	환경관리과	9	1	7	8	7	5	1	1
7131	경남 진주시	전기이륜차 구입 보조금	360,000	환경관리과	9	1	7	8	7	5	1	1
7132	경남 진주시	전기굴착기 구입 보조금	180,000	환경관리과	9	1	7	8	7	5	1	1
7133	경남 진주시	수소 자동차 구입 보조금	1,655,000	환경관리과	9	1	7	8	7	5	1	1
7134	경남 진주시	천연가스 차량 구입 보조금	108,000	환경관리과	9	1	7	8	7	5	1	1
7135	경남 진주시	소규모 사업장 방지시설 설치사업	810,000	환경관리과	9	2	7	3	6	5	2	2
7136	경남 진주시	주유소 유증기 회수설비 지원사업	99,450	환경관리과	9	2	7	8	6	5	2	2
7137	경남 통영시	벼 병해충 공동방제비 지원	20,000	농업기술과	9	4	7	8	7	5	5	4
7138	경남 통영시	고품질 쌀 생산단지 조성	5,600	농업기술과	9	4	7	8	7	5	5	4

순번	시군구	지출명 (사업명)	2021년예산 (단위:천원/1년간)	담당자 (공무원) 담당부서	민간이전 분류 (지방자치단체 세출예산 집행기준에 의거) 1. 민간경상사업보조(307-02) 2. 민간단체 법정운영비보조(307-03) 3. 민간행사사업보조(307-04) 4. 민간위탁금(307-05) 5. 사회복지시설 법정운영비보조(307-10) 6. 민간인위탁교육비(307-12) 7. 공기관등에대한경상적위탁사업비(308-10) 8. 민간자본사업보조,자체재원(402-01) 9. 민간자본사업보조,이전재원(402-02) 10. 민간위탁사업비(402-03) 11. 공기관등에 대한 자본적 대행사업비(403-02)	민간이전지출 근거 (지방보조금 관리기준 참고) 1. 법률에 규정 2. 국고보조 재원(국가지정) 3. 용도 지정 기부금 4. 조례에 직접규정 5. 지자체가 권장하는 사업을 하는 공공기관 6. 시,도 정책 및 재정사정 7. 기타 8. 해당없음	입찰방식 계약체결방법 (경쟁형태) 1. 일반경쟁 2. 제한경쟁 3. 지명경쟁 4. 수의계약 5. 법정위탁 6. 기타 ( ) 7. 해당없음	입찰방식 계약기간 1. 1년 2. 2년 3. 3년 4. 4년 5. 5년 6. 기타 ( )년 7. 단기계약 (1년미만) 8. 해당없음	입찰방식 낙찰자선정방법 1. 적격심사 2. 협상에의한계약 3. 최저가낙찰제 4. 규격가격분리 5. 2단계 경쟁입찰 6. 기타 ( ) 7. 해당없음	운영예산 산정 운영예산 산정 1. 내부산정 (지자체 자체적으로 산정) 2. 외부산정 (외부전문기관위탁 산정) 3. 내·외부 모두 산정 4. 산정 無 5. 해당없음	운영예산 산정 정산방법 1. 내부정산 (지자체 내부적으로 정산) 2. 외부정산 (외부전문기관위탁 정산) 3. 내·외부 모두 산정 4. 정산 無 5. 해당없음	성과평가 실시여부 1. 실시 2. 미실시 3. 향후 추진 4. 해당없음
7139	경남 통영시	농작물 병해충 방제비 지원	24,000	농업기술과	9	2	7	8	7	5	5	4
7140	경남 통영시	생산비 절감 벼 드문모심기 재배 시범	32,000	농업기술과	9	4	7	8	7	5	5	4
7141	경남 통영시	농자재 살포기 구입 지원	10,000	농업기술과	9	4	7	8	7	5	5	4
7142	경남 통영시	프라즈마 큐어링기술 활용 밭작물 저장성 향상 시범	24,000	농업기술과	9	4	7	8	7	5	5	4
7143	경남 통영시	딸기 우량모주(원묘) 지원	2,265	농업기술과	9	4	7	8	7	5	5	4
7144	경남 통영시	약용작물 안정생산 지원	2,500	농업기술과	9	4	7	8	7	5	5	4
7145	경남 통영시	딸기 품종 다양화 안정생산기술 시범	30,000	농업기술과	9	1	7	8	7	5	5	4
7146	경남 통영시	농작업 현장 친환경 화장실 설치	5,000	농업기술과	9	4	7	8	7	5	5	4
7147	경남 통영시	농촌어르신 복지생활 실천시범	100,000	농업기술과	9	4	7	8	7	5	5	4
7148	경남 통영시	다목적 발효 배양기구 보급	4,000	농업기술과	9	4	7	8	7	5	5	4
7149	경남 통영시	농작업 재해예방 안전기술 능력배양	5,000	농업기술과	9	4	7	8	7	5	5	4
7150	경남 통영시	농촌체험공간 환경개선 시범	35,000	농업기술과	9	4	7	8	7	5	5	4
7151	경남 통영시	농촌교육농장 육성시범	14,000	농업기술과	9	4	7	8	7	5	5	4
7152	경남 통영시	아열대 테마 현장체험학습장 조성시범	100,000	농업기술과	9	4	7	8	7	5	5	4
7153	경남 통영시	마을앞바다 소득원 조성사업	120,000	어업진흥과	9	1	1	7	1	1	1	4
7154	경남 통영시	자율관리어업 육성사업	738,000	어업진흥과	9	1	1	7	1	1	1	4
7155	경남 통영시	자율관리어업 사무장채용 지원사업	65,592	어업진흥과	9	1	1	7	1	1	1	4
7156	경남 통영시	수산동물 예방 백신공급 사업	250,000	어업진흥과	9	2	1	7	1	1	1	4
7157	경남 통영시	면역증강제 공급사업	300,000	어업진흥과	9	2	1	7	1	1	1	4
7158	경남 통영시	패각 친환경처리 지원	2,268,000	어업진흥과	9	2	7	8	7	1	1	4
7159	경남 통영시	친환경에너지 보급	1,232,000	어업진흥과	9	2	6	1	6	1	1	4
7160	경남 통영시	친환경부표 공급	2,635,500	어업진흥과	9	2	6	1	6	1	1	4
7161	경남 통영시	양식어업 공동생산시설 위생개선사업	24,000	어업진흥과	9	2	1	7	1	1	1	4
7162	경남 통영시	고수온 대응장비 지원	230,000	어업진흥과	9	2	1	7	1	1	1	4
7163	경남 통영시	가두리시설 현대화	1,176	어업진흥과	9	6	1	7	1	1	1	4
7164	경남 통영시	양식어장 자동화 시설장비 지원	800,000	어업진흥과	9	6	1	7	1	1	1	4
7165	경남 통영시	양식어장 고도화시설 지원	200,000	어업진흥과	9	6	1	7	1	1	1	4
7166	경남 통영시	다목적 적조방제 시스템 지원	210,000	어업진흥과	9	6	1	7	1	1	1	4
7167	경남 통영시	멍게양식 산업화시설 지원	141,000	어업진흥과	9	6	1	7	1	1	1	4
7168	경남 통영시	양식 유기폐기물 스마트 리사이클링 시스템	160,000	어업진흥과	9	6	1	7	1	1	1	4
7169	경남 통영시	패류 지역특화품종 육성	656,000	어업진흥과	9	6	1	7	1	1	1	4
7170	경남 통영시	외해 참다랑어 양식산업 활성화 지원	1,024,000	어업진흥과	9	2	1	7	1	1	1	4
7171	경남 통영시	해상가두리 오수처리시설	45,500	어업진흥과	9	1	1	7	1	1	1	4
7172	경남 통영시	가두리고정식화장실보급	28,000	어업진흥과	9	1	1	7	1	1	1	4
7173	경남 통영시	대구수정란(자어) 방류사업	27,000	어업진흥과	9	1	7	7	7	1	1	4
7174	경남 통영시	수산종자관리	305,625	어업진흥과	9	1	2	8	6	1	1	4
7175	경남 통영시	불가사리·성게 구제사업	50,000	어업진흥과	9	1	7	8	7	1	1	4
7176	경남 통영시	신재생에너지 융복합사업	2,356,206	지역경제과	9	4	7	8	7	1	2	2
7177	경남 통영시	신재생에너지 주택지원사업	93,080	지역경제과	9	4	7	8	7	1	1	2
7178	경남 통영시	미니태양광 보급사업	58,500	지역경제과	9	8	7	8	7	1	1	2
7179	경남 통영시	양식피낭류껍질친환경처리지원사업	249,600	해양개발과	9	6	7	1	7	1	1	3
7180	경남 통영시	산림작물생산단지	33,484	공원녹지과	9	2	7	8	7	5	5	4

순번	시군구	지출명 (사업명)	2021년예산 (단위:천원/1년간)	담당자 (공무원)	민간이전 분류 (지방자치단체 세출예산 집행기준에 의거)	민간이전지출 근거 (지방보조금 관리기준 참고)	입찰방식			운영예산 산정		성과평가 실시여부
				담당부서	1. 민간경상사업보조(307-02) 2. 민간단체 법정운영비보조(307-03) 3. 민간행사사업보조(307-04) 4. 민간위탁금(307-05) 5. 사회복지시설 법정운영비보조(307-10) 6. 민간인위탁교육비(307-12) 7. 공기관등에대한경상적위탁사업비(308-10) 8. 민간자본사업보조,자체재원(402-01) 9. 민간자본사업보조,이전재원(402-02) 10. 민간위탁사업비(402-03) 11. 공기관등에 대한 자본적 대행사업비(403-02)	1. 법률에 규정 2. 국고보조 재원(국가지정) 3. 용도 지정 기부금 4. 조례에 직접규정 5. 지자체가 권장하는 사업을 하는 공공기관 6. 시,도 정책 및 재정사정 7. 기타 8. 해당없음	계약체결방법 (경쟁형태) 1. 일반경쟁 2. 제한경쟁 3. 지명경쟁 4. 수의계약 5. 법정위탁 6. 기타 ( ) 7. 해당없음	계약기간 1. 1년 2. 2년 3. 3년 4. 4년 5. 5년 6. 기타 ( )년 7. 단기계약 (1년미만) 8. 해당없음	낙찰자선정방법 1. 적격심사 2. 협상에의한계약 3. 최저가낙찰제 4. 규격가격분리 5. 2단계 경쟁입찰 6. 기타 ( ) 7. 해당없음	운영예산 산정 1. 내부산정 (지자체 자체적으로 산정) 2. 외부산정 (외부전문기관위탁 산정) 3. 내·외부 모두 산정 4. 산정 無 5. 해당없음	정산방법 1. 내부정산 (지자체 내부적으로 정산) 2. 외부정산 (외부전문기관위탁 정산) 3. 내·외부 모두 산정 4. 정산 無 5. 해당없음	1. 실시 2. 미실시 3. 향후 추진 4. 해당없음
7181	경남 통영시	산림작물생산단지	79,612	공원녹지과	9	2	7	8	7	5	5	4
7182	경남 통영시	노인요양시설 확충	33,950	노인장애인복지과	9	2	7	8	7	1	1	1
7183	경남 통영시	노후ICT기기점검교체사업	6,000	미래농업과	9	2	7	8	7	1	1	1
7184	경남 통영시	데이터 수집연계사업	1,000	미래농업과	9	2	7	8	7	1	1	1
7185	경남 통영시	기후변화 대응 아열대 소득과수 도입 시범사업	40,000	미래농업과	9	4	7	8	7	1	1	1
7186	경남 통영시	대기오염물질 방지시설 설치 지원	405,000	환경과	9	2	7	8	7	5	5	4
7187	경남 통영시	가정용 저녹스보일러 설치지원	50,200	환경과	9	2	7	8	7	5	5	4
7188	경남 통영시	운행경유차 배출가스 저감사업	772,599	환경과	9	2	7	8	7	1	1	1
7189	경남 통영시	어린이 통학차량의 LPG차 전환 지원	25,000	환경과	9	2	7	8	7	1	1	2
7190	경남 통영시	전기자동차 보급 및 충전인프라 구축	874,000	환경과	9	2	7	8	7	1	1	1
7191	경남 통영시	전기이륜차 보급사업	18,000	환경과	9	2	7	8	7	1	1	2
7192	경남 통영시	수소연료전지차보급	165,500	환경과	9	2	7	8	7	1	1	2
7193	경남 통영시	쿨루프지원사업	22,500	환경과	9	2	7	8	7	5	5	4
7194	경남 통영시	야생동물피해예방사업	추경확보예정	환경과	9	2	7	8	7	1	1	3
7195	경남 통영시	자활사업 플랫폼 구축 지원	15,000	주민생활복지과	9	1	7	8	7	5	1	4
7196	경남 통영시	GAP 소규모 시설(장비) 지원사업	3,333	농축산과	9	1	7	8	7	5	5	4
7197	경남 통영시	양정분야 도비 지원사업	15,000	농축산과	9	1	7	8	7	5	5	4
7198	경남 통영시	수출농업단지 현대화규모화 지원	22,800	농축산과	9	4	7	8	7	5	5	4
7199	경남 통영시	가축분뇨 수분조절재 지원사업	9,500	농축산과	9	1	7	8	7	5	5	4
7200	경남 통영시	축산농가 악취방지 개선사업	5,000	농축산과	9	1	7	8	7	5	5	4
7201	경남 통영시	양봉기자재 구입지원	12,000	농축산과	9	1	7	8	7	5	5	4
7202	경남 통영시	친환경 꿀벌사양지원사업	4,000	농축산과	9	1	7	8	7	5	5	4
7203	경남 통영시	한우 고급육 생산 거세장려금 지원사업	6,000	농축산과	9	1	7	8	7	5	5	4
7204	경남 통영시	가축방역장비지원	2,000	농축산과	9	1	7	8	7	5	5	4
7205	경남 통영시	CCTV 등 방역인프라 설치 지원	1,800	농축산과	9	1	7	8	7	5	5	4
7206	경남 사천시	사회적기업 시설장비비 지원	60,000	지역경제과	9	8	7	8	7	5	1	3
7207	경남 사천시	신재생에너지 주택지원사업	264,000	지역경제과	9	1	7	8	7	1	1	4
7208	경남 사천시	도시가스 공급확대 지원사업	600,000	지역경제과	9	1	5	8	7	1	1	4
7209	경남 사천시	축사 등 건물 신재생에너지 보급 사업	40,000	지역경제과	9	1	7	8	7	1	1	4
7210	경남 사천시	미니태양광 보급 지원사업	130,000	지역경제과	9	1	7	8	7	1	1	4
7211	경남 사천시	승강기 회생제동 장치 지원사업	8,000	지역경제과	9	1	7	8	7	1	1	4
7212	경남 사천시	마을기업 육성	80,000	지역경제과	9	2	7	8	7	1	1	4
7213	경남 사천시	지역아동센터 환경개선 지원	43,170	여성가족과	9	2	7	8	7	5	1	4
7214	경남 사천시	경상남도 청소년 성문화센터 차량구입 지원	30,000	여성가족과	9	6	7	8	7	5	1	4
7215	경남 사천시	야생동물 피해예방 사업	68,115	환경보호과	9	1	7	8	7	1	1	4
7216	경남 사천시	전기자동차 구매 지원	2,891,000	환경보호과	9	2	7	8	7	1	1	4
7217	경남 사천시	전기이륜차 구매지원	36,000	환경보호과	9	2	7	8	7	1	1	4
7218	경남 사천시	어린이 통학차량의 LPG차 전환 지원사업	50,000	환경보호과	9	2	7	8	7	1	1	4
7219	경남 사천시	가정용 저녹스보일러 보급사업	25,000	환경보호과	9	2	7	8	7	1	1	4
7220	경남 사천시	소규모 영세사업장 방지시설 설치지원	810,000	환경보호과	9	2	7	8	7	1	1	4
7221	경남 사천시	노후경유차 조기폐차 지원사업	960,000	환경보호과	9	2	7	8	7	1	1	4
7222	경남 사천시	운행차 저감장치(DPF)부착 사업	188,845	환경보호과	9	2	7	8	7	1	1	4

순번	시군구	지출명 (사업명)	2021년예산 (단위:천원/1년간)	담당자 (공무원) 담당부서	민간이전 분류 (지방자치단체 세출예산 집행기준에 의거) 1. 민간경상사업보조(307-02) 2. 민간단체 법정운영비보조(307-03) 3. 민간행사사업보조(307-04) 4. 민간위탁금(307-05) 5. 사회복지시설 법정운영비보조(307-10) 6. 민간인위탁교육비(307-12) 7. 공기관등에대한경상적위탁사업비(308-10) 8. 민간자본사업보조,자체재원(402-01) 9. 민간자본사업보조,이전재원(402-02) 10. 민간위탁사업비(402-03) 11. 공기관등에 대한 자본적 대행사업비(403-02)	민간이전지출 근거 (지방보조금 관리기준 참고) 1. 법률에 규정 2. 국고보조 재원(국가지정) 3. 용도 지정 기부금 4. 조례에 직접규정 5. 지자체가 권장하는 사업을 하는 공공기관 6. 시,도 정책 및 재정사정 7. 기타 8. 해당없음	입찰방식 계약체결방법 (경쟁형태) 1. 일반경쟁 2. 제한경쟁 3. 지명경쟁 4. 수의계약 5. 법정위탁 6. 기타 ( ) 7. 해당없음	입찰방식 계약기간 1. 1년 2. 2년 3. 3년 4. 4년 5. 5년 6. 기타 ( )년 7. 단기계약 (1년미만) 8. 해당없음	입찰방식 낙찰자선정방법 1. 적격심사 2. 협상에의한계약 3. 최저가낙찰제 4. 규격가격분리 5. 2단계 경쟁입찰 6. 기타 ( ) 7. 해당없음	운영예산 산정 운영예산 산정 1. 내부산정 (지자체 자체적으로 산정) 2. 외부산정 (외부전문기관위탁 산정) 3. 내·외부 모두 산정 4. 산정 無 5. 해당없음	운영예산 산정 정산방법 1. 내부정산 (지자체 내부적으로 정산) 2. 외부정산 (외부전문기관위탁 정산) 3. 내·외부 모두 산정 4. 정산 無 5. 해당없음	성과평가 실시여부 1. 실시 2. 미실시 3. 향후 추진 4. 해당없음
7223	경남 사천시	건설기계 저감장치(DPF) 부착지원	11,000	환경보호과	9	2	7	8	7	1	1	4
7224	경남 사천시	건설기계 엔진교체사업	99,000	환경보호과	9	2	7	8	7	1	1	4
7225	경남 사천시	LPG화물차 신차구입	240,000	환경보호과	9	2	7	8	7	1	1	4
7226	경남 사천시	전기굴착기 구매 지원	40,000	환경보호과	9	2	7	8	7	1	1	4
7227	경남 사천시	낙동강수계주민지원사업	162,200	환경보호과	9	1	7	8	7	1	1	4
7228	경남 사천시	수출주력품종육성지원	80,000	해양수산과	9	6	7	8	7	5	5	4
7229	경남 사천시	경남추천상품(QC) 수산물활성화 지원	42,000	해양수산과	9	6	7	8	7	5	5	4
7230	경남 사천시	수산물공동브랜드 및 수출상품화 지원사업	70,560	해양수산과	9	6	7	8	7	5	5	4
7231	경남 사천시	수산물가공공장 스마트화 지원	120,000	해양수산과	9	6	7	8	7	5	5	4
7232	경남 사천시	활어위판장 해수인입시설 개선 지원	180,000	해양수산과	9	6	7	8	7	5	5	4
7233	경남 사천시	친환경부표 공급	25,200	해양수산과	9	2	7	8	7	5	5	4
7234	경남 사천시	양식어장자동화시설 장비지원	24,000	해양수산과	9	6	7	8	7	5	5	4
7235	경남 사천시	마을앞바다 소득원 조성	80,000	해양수산과	9	6	7	8	7	5	5	4
7236	경남 사천시	양식어류 면역증강제 공급	21,750	해양수산과	9	6	7	8	7	5	5	4
7237	경남 사천시	고수온 대응 지원	40,000	해양수산과	9	2	7	8	7	5	5	4
7238	경남 사천시	어선사고예방시스템 구축	24,000	해양수산과	9	6	7	8	7	5	5	4
7239	경남 사천시	친환경 에너지절감장비 보급사업	300,000	해양수산과	9	6	7	8	7	5	5	4
7240	경남 사천시	연근해어선 무선통신망 시설 시범지원	8,000	해양수산과	9	6	7	8	7	5	5	4
7241	경남 사천시	어촌체험마을 홍보물 및 장비구입	3,700	해양수산과	9	6	7	8	7	5	5	4
7242	경남 사천시	축산분야 ICT 융복합 확산	21,000	농축산과	9	2	7	8	7	5	5	4
7243	경남 사천시	가축분뇨 퇴액비화 지원	12,000	농축산과	9	2	7	8	7	5	5	4
7244	경남 사천시	액비저장조 지원	18,900	농축산과	9	2	7	8	7	5	5	4
7245	경남 사천시	축산농가 사료첨가제 지원	48,744	농축산과	9	4	7	8	7	5	5	4
7246	경남 사천시	양봉산업구조개선사업	36,850	농축산과	9	4	7	8	7	5	5	4
7247	경남 사천시	친환경 꿀벌사양 지원	7,000	농축산과	9	4	7	8	7	5	5	4
7248	경남 사천시	축사시설 환경개선	9,000	농축산과	9	4	7	8	7	5	5	4
7249	경남 사천시	젖소 유두 자동세척기 활용 시범	40,000	농축산과	9	2	7	8	7	5	5	4
7250	경남 사천시	가축분뇨 악취저감 시설장비	15,000	농축산과	9	4	7	8	7	5	5	4
7251	경남 사천시	생체정보 이용 가축질병 및 분만 조기진단 시범	24,000	농축산과	9	4	7	8	7	5	5	4
7252	경남 사천시	유용곤충 사육시설 지원	9,000	농축산과	9	4	7	8	7	5	5	4
7253	경남 사천시	가축 폐사축 처리기 설치 지원	30,000	농축산과	9	4	7	8	7	5	5	4
7254	경남 사천시	가축 고온 스트레스 예방장비 지원	12,500	농축산과	9	4	7	8	7	5	5	4
7255	경남 사천시	축산농가 소독시설 설치지원	8,000	농축산과	9	6	7	8	7	5	5	4
7256	경남 사천시	자활사업생산적일자리플랫폼구축지원	15,000	주민생활지원과	9	6	7	8	7	1	1	4
7257	경남 사천시	노숙인복지시설 기능보강	152,440	주민생활지원과	9	2	7	8	7	1	1	4
7258	경남 사천시	유기농업 선도농가 가공유통지원	35,000	미래농업과	9	6	7	8	7	5	5	4
7259	경남 사천시	친환경농산물 유통활성화 지원	7,000	미래농업과	9	4	7	8	7	5	5	4
7260	경남 사천시	과수원 토양개량제 지원	15,000	미래농업과	9	4	7	8	7	5	5	4
7261	경남 사천시	농촌교육농장 육성시범	14,000	미래농업과	9	6	7	8	7	5	5	4
7262	경남 사천시	농촌체험공간 환경개선 시범	35,000	미래농업과	9	6	7	8	7	5	5	4
7263	경남 사천시	비대면 농업 체험키트 개발시범	20,000	미래농업과	9	2	7	8	7	5	5	4
7264	경남 사천시	슬레이트 지붕개량 사업	38,160	건축과	9	6	7	8	7	1	1	4

순번	시군구	지출명 (사업명)	2021년예산 (단위:천원/1년간)	담당자 (공무원) 담당부서	민간이전 분류 (지방자치단체 세출예산 집행기준에 의거) 1. 민간경상사업보조(307-02) 2. 민간단체 법정운영비보조(307-03) 3. 민간행사사업보조(307-04) 4. 민간위탁금(307-05) 5. 사회복지시설 법정운영비보조(307-10) 6. 민간인위탁교육비(307-12) 7. 공기관등에대한경상적위탁사업비(308-10) 8. 민간자본사업보조,자체재원(402-01) 9. 민간자본사업보조,이전재원(402-02) 10. 민간위탁사업비(402-03) 11. 공기관등에 대한 자본적 대행사업비(403-02)	민간이전지출 근거 (지방보조금 관리기준 참고) 1. 법률에 규정 2. 국고보조 재원(국가지정) 3. 용도 지정 기부금 4. 조례에 직접규정 5. 지자체가 권장하는 사업을 하는 공공기관 6. 시,도 정책 및 재정사정 7. 기타 8. 해당없음	입찰방식 계약체결방법 (경쟁형태) 1. 일반경쟁 2. 제한경쟁 3. 지명경쟁 4. 수의계약 5. 법정위탁 6. 기타 ( ) 7. 해당없음	입찰방식 계약기간 1. 1년 2. 2년 3. 3년 4. 4년 5. 5년 6. 기타 ( )년 7. 단기계약 (1년미만) 8. 해당없음	입찰방식 낙찰자선정방법 1. 적격심사 2. 협상에의한계약 3. 최저가낙찰제 4. 규격가격분리 5. 2단계 경쟁입찰 6. 기타 ( ) 7. 해당없음	운영예산 산정 운영예산 산정 1. 내부산정 (지자체 자체적으로 산정) 2. 외부산정 (외부전문기관위탁 산정) 3. 내·외부 모두 산정 4. 산정 無 5. 해당없음	운영예산 산정 정산방법 1. 내부정산 (지자체 내부적으로 정산) 2. 외부정산 (외부전문기관위탁 정산) 3. 내·외부 모두 산정 4. 정산 無 5. 해당없음	성과평가 실시여부 1. 실시 2. 미실시 3. 향후 추진 4. 해당없음
7265	경남 사천시	기존건축물 화재안전성능보강 지원사업	213,000	건축과	9	1	7	8	7	5	5	4
7266	경남 김해시	농촌빈집정비(농촌빈집정비사업)	4,500	건축과	9	1	4	7	7	5	1	4
7267	경남 김해시	화재안전성능보강	240,000	건축과	9	2	7	8	7	5	5	4
7268	경남 김해시	택시 운전자 보호격벽 설치지원	40,500	교통정책과	9	1	7	8	7	1	1	1
7269	경남 김해시	청년농업인 드론 공동방제단 운영 시범사업	50,000	농업기술과	9	6	7	8	7	5	5	4
7270	경남 김해시	들녘단위 규모화 친환경 쌀 산업고도화 단지육성	500,000	농업기술과	9	6	7	8	7	1	1	1
7271	경남 김해시	벼 신품종 증식단지 시범	30,000	농업기술과	9	6	7	8	7	1	1	1
7272	경남 김해시	시비효율개선 친환경 농자재 시범	16,000	농업기술과	9	6	7	8	7	1	1	1
7273	경남 김해시	벼 먹노린재 밀도경감 친환경 공동방제	10,000	농업기술과	9	6	7	8	7	5	5	4
7274	경남 김해시	딸기 품종 다양화 안정생산기술 시범	30,000	농업기술과	9	2	7	8	7	5	5	4
7275	경남 김해시	경남 스마트 팜 현장지원센터	16,500	농업기술과	9	2	7	8	7	5	5	4
7276	경남 김해시	청정미나리재배단지조성	120,000	농업기술과	9	6	7	8	7	1	1	1
7277	경남 김해시	총채벌레 친환경 방제 시범	16,000	농업기술과	9	6	7	8	7	5	5	4
7278	경남 김해시	스마트팜 기술을 활용한 기능성 특용작물 생산 시범	40,000	농업기술과	9	6	7	8	7	5	5	4
7279	경남 김해시	양액재배작물 뿌리이상비대 확산방지 시범	32,000	농업기술과	9	6	7	8	7	5	5	4
7280	경남 김해시	경남 육성 신품종 보급사업	14,400	농업기술과	9	6	7	8	7	5	5	4
7281	경남 김해시	시설원예 염류장애극복 친환경 유기산농법 활용 고품질 농산물 생산	80,000	농업기술과	9	6	7	8	7	5	5	4
7282	경남 김해시	열효율화 기술 활용 시설과수 생육환경 개선	100,000	농업기술과	9	2	7	8	7	5	5	4
7283	경남 김해시	기후변화 대응 아열대 소득과수 도입 시범	40,000	농업기술과	9	4	4	1	7	1	1	1
7284	경남 김해시	유해 가스에 안전한 황토 유황 자동 제조기 보급 시범	6,400	농업기술과	9	4	7	8	7	5	5	4
7285	경남 김해시	이상기상 대응 과수 재해예방 시스템 구축 시범	56,000	농업기술과	9	4	7	8	7	5	5	4
7286	경남 김해시	단감 생력화를 위한 드론 방제 시범	32,000	농업기술과	9	4	7	8	7	5	5	4
7287	경남 김해시	연작장해 대응 산딸기 양액재배 시범단지 조성	48,000	농업기술과	9	4	7	8	7	5	5	4
7288	경남 김해시	블루베리 다수확 용기재배 과원 모델 시범	40,000	농업기술과	9	4	7	8	7	5	5	4
7289	경남 김해시	작목별 맞춤형 안전관리 실천시범	50,000	농업기술과	9	2	7	8	7	1	1	1
7290	경남 김해시	농작업 현장 친환경 화장실 설치	5,000	농업기술과	9	6	7	8	7	1	1	1
7291	경남 김해시	다목적 발효 배양기구 보급	7,500	농업기술과	9	6	7	8	7	1	1	1
7292	경남 김해시	농촌교육농장 육성 시범	14,000	농업기술과	9	6	7	8	7	1	1	1
7293	경남 김해시	농작업 재해예방 안전기술 능력배양	5,000	농업기술과	9	6	7	8	7	1	1	1
7294	경남 김해시	원예활동 전문가 활용 도시농업 시범	30,000	농업기술과	9	2	7	8	7	5	5	4
7295	경남 김해시	정부지원어린이집 개보수	64,000	아동보육과	9	2	1	7	1	1	1	1
7296	경남 김해시	공동주택 내 기존 어린이집 리모델링 지원	440,000	아동보육과	9	2	1	7	1	1	1	1
7297	경남 김해시	어린이집 장기임차 리모델링 지원	440,000	아동보육과	9	2	1	7	1	1	1	1
7298	경남 김해시	국공립어린이집 확충-공동주택 리모델링 지원	330,000	아동보육과	9	2	1	7	1	1	1	2
7299	경남 김해시	국공립어린이집 확충-기자재 구입비 지원	110,000	아동보육과	9	2	7	8	7	1	1	2
7300	경남 김해시	보존식 기자재 지원	74,900	아동보육과	9	2	7	8	7	5	5	4
7301	경남 김해시	지역아동센터 환경개선비	50,000	아동보육과	9	2	7	8	7	5	5	4
7302	경남 김해시	지방투자촉진보조금	2,911,425	투자유치과	9	1	7	8	7	5	3	1
7303	경남 김해시	경남어린이 영상문화관 비디오스튜디오 시스템 교체	350,000	문화관광과	9	1	7	8	7	1	1	4
7304	경남 김해시	자활사업 생산적일자리 플랫폼 구축지원	15,000	생활안정과	9	6	5	1	6	1	1	1
7305	경남 김해시	목재펠릿보일러 보급	8,400	산림과	9	2	6	1	6	2	1	4
7306	경남 김해시	임산물소득지원사업	16,982	산림과	9	2	6	1	6	2	1	4

순번	시군구	지출명 (사업명)	2021년예산 (단위:천원/1년간)	담당자 (공무원) 담당부서	민간이전 분류 (지방자치단체 세출예산 집행기준에 의거) 1. 민간경상사업보조(307-02) 2. 민간단체 법정운영비보조(307-03) 3. 민간행사사업보조(307-04) 4. 민간위탁금(307-05) 5. 사회복지시설 법정운영비보조(307-10) 6. 민간인위탁교육비(307-12) 7. 공기관등에대한경상적위탁사업비(308-10) 8. 민간자본사업보조,자체재원(402-01) 9. 민간자본사업보조,이전재원(402-02) 10. 민간위탁사업비(402-03) 11. 공기관등에 대한 자본적 대행사업비(403-02)	민간이전지출 근거 (지방보조금 관리기준 참고) 1. 법률에 규정 2. 국고보조 재원(국가지정) 3. 용도 지정 기부금 4. 조례에 직접규정 5. 지자체가 권장하는 사업을 하는 공공기관 6. 시,도 정책 및 재정사정 7. 기타 8. 해당없음	입찰방식 계약체결방법 (경쟁형태) 1. 일반경쟁 2. 제한경쟁 3. 지명경쟁 4. 수의계약 5. 법정위탁 6. 기타 ( ) 7. 해당없음	입찰방식 계약기간 1. 1년 2. 2년 3. 3년 4. 4년 5. 5년 6. 기타 ( )년 7. 단기계약 (1년미만) 8. 해당없음	입찰방식 낙찰자선정방법 1. 적격심사 2. 협상에의한계약 3. 최저가낙찰제 4. 규격가격분리 5. 2단계 경쟁입찰 6. 기타 ( ) 7. 해당없음	운영예산 산정 운영예산 산정 1. 내부산정 (지자체 자체적으로 산정) 2. 외부산정 (외부전문기관위탁 산정) 3. 내·외부 모두 산정 4. 산정 無 5. 해당없음	운영예산 산정 정산방법 1. 내부정산 (지자체 내부적으로 정산) 2. 외부정산 (외부전문기관위탁 정산) 3. 내·외부 모두 산정 4. 정산 無 5. 해당없음	성과평가 실시여부 1. 실시 2. 미실시 3. 향후 추진 4. 해당없음
7307	경남 김해시	김해향교 교육장 노후조명 교체지원	9,000	가야사복원과	9	6	7	8	7	1	1	1
7308	경남 김해시	우리들의집 기능보강사업	17,510	노인장애인과	9	1	7	8	7	5	1	4
7309	경남 김해시	한마음학원 기능보강사업	14,944	노인장애인과	9	1	7	8	7	5	1	4
7310	경남 김해시	도림원 기능보강사업	22,650	노인장애인과	9	1	7	8	7	5	1	4
7311	경남 김해시	장애인직업재활시설 기능보강	20,000	노인장애인과	9	1	7	8	7	5	1	4
7312	경남 김해시	더불어 나눔주택 사업	30,000	공동주택과	9	6	7	8	7	5	5	4
7313	경남 김해시	저상버스 도입	1,352,520	대중교통과	9	1	7	8	7	5	3	4
7314	경남 김해시	도시형 교통모델 지원사업	27,000	대중교통과	9	7	2	2	1	2	3	3
7315	경남 김해시	소규모 경영환경개선사업	270,000	지역경제과	9	6	7	8	7	5	5	4
7316	경남 김해시	시설 기능보강 지원	49,500	여성가족과	9	1	1	1	1	5	1	4
7317	경남 김해시	폭력피해여성 주거지원 운영지원	3,500	여성가족과	9	2	7	8	7	5	5	4
7318	경남 김해시	사회적기업 시설장비비 지원	50,000	일자리정책과	9	1	7	8	7	5	1	2
7319	경남 밀양시	과수생산시설현대화 지원	125,000	6차산업과	9	2	4	7	7	1	1	1
7320	경남 밀양시	농산물유통시설 개선 및 확충	222,228	6차산업과	9	1	1	1	3	1	1	1
7321	경남 밀양시	원예작물 생산시설 현대화	594,558	6차산업과	9	6	4	7	7	1	1	4
7322	경남 밀양시	농업분야 에너지절감시설 지원	1,273,629	6차산업과	9	2	1	7	7	1	1	4
7323	경남 밀양시	과수화훼농가 생산기반조성	431,705	6차산업과	9	6	4	7	7	1	1	4
7324	경남 밀양시	농산물 수출분야 지원	64,200	6차산업과	9	4	7	8	7	1	1	1
7325	경남 밀양시	농산물 수출활성화	50,000	6차산업과	9	4	7	8	7	1	1	1
7326	경남 밀양시	고추비가림 재배시설	70,000	6차산업과	9	2	4	7	7	1	1	4
7327	경남 밀양시	시설원예 ICT 융복합 확산사업	48,996	6차산업과	9	2	4	7	7	1	1	4
7328	경남 밀양시	특용작물 생산시설현대화	20,000	6차산업과	9	2	4	7	7	1	1	4
7329	경남 밀양시	농산물 제조가공	360,000	6차산업과	9	4	7	8	7	1	1	1
7330	경남 밀양시	시설원예현대화	293,933	6차산업과	9	2	4	7	7	1	1	4
7331	경남 밀양시	농산물 우수관리제도(GAP) 지원	7,500	6차산업과	9	7	7	8	7	1	1	4
7332	경남 밀양시	저온유통체계구축	100,276	6차산업과	9	1	1	1	3	1	1	1
7333	경남 밀양시	건축물관리	40,000	건축과	9	1	7	8	7	1	1	2
7334	경남 밀양시	빈집정비사업지원	23,000	건축과	9	1	7	8	7	5	5	4
7335	경남 밀양시	노후불량및슬레이트지붕개량	8,480	건축과	9	1	7	8	7	5	5	4
7336	경남 밀양시	버스업계 재정지원	19,802	교통행정과	9	6	6	6	6	5	1	4
7337	경남 밀양시	전기(저상)버스 보급	1,720,000	교통행정과	9	2	6	6	6	5	1	4
7338	경남 밀양시	맞춤형 농업기계 지원	400,000	농업지원과	9	1	7	8	7	1	1	4
7339	경남 밀양시	시설채소 신기술 보급 시범	40,000	농업지원과	9	6	7	8	7	5	1	4
7340	경남 밀양시	과수화훼 신기술 보급 시범	6,400	농업지원과	9	6	7	8	7	5	1	4
7341	경남 밀양시	농촌자원 도비시범	25,000	농업지원과	9	1	7	8	7	5	1	4
7342	경남 밀양시	생활기술 도비시범	105,840	농업지원과	9	1	7	8	7	5	1	4
7343	경남 밀양시	농업기계 등화장치 부착지원	20,200	농업지원과	9	1	7	8	7	1	1	4
7344	경남 밀양시	작목별 맞춤형 안전관리 실천 시범	40,000	농업지원과	9	1	7	8	7	5	1	4
7345	경남 밀양시	농업 신기술 시범(원예수출)-과수화훼	300,000	농업지원과	9	2	7	8	7	5	1	4
7346	경남 밀양시	농업 신기술 시범(원예수출)-시설채소	350,000	농업지원과	9	2	7	8	7	5	1	4
7347	경남 밀양시	영농활용 우수과제 현장 적용	40,000	농업지원과	9	6	7	8	7	5	1	4
7348	경남 밀양시	농촌어르신 복지실천 시범	38,000	농업지원과	9	1	7	8	7	5	1	4

순번	시군구	지출명 (사업명)	2021년예산 (단위:천원/1년간)	담당자 (공무원)	민간이전 분류 (지방자치단체 세출예산 집행기준에 의거)	민간이전지출 근거 (지방보조금 관리기준 참고)	입찰방식			운영예산 산정		성과평가 실시여부
				담당부서	1. 민간경상사업보조(307-02) 2. 민간단체 법정운영비보조(307-03) 3. 민간행사사업보조(307-04) 4. 민간위탁금(307-05) 5. 사회복지시설 법정운영비보조(307-10) 6. 민간인위탁교육비(307-12) 7. 공기관등에대한경상적위탁사업비(308-10) 8. 민간자본사업보조,자체재원(402-01) 9. 민간자본사업보조,이전재원(402-02) 10. 민간위탁사업비(402-03) 11. 공기관등에 대한 자본적 대행사업비(403-02)	1. 법률에 규정 2. 국고보조 재원(국가지정) 3. 용도 지정 기부금 4. 조례에 직접규정 5. 지자체가 권장하는 사업을 하는 공공기관 6. 시,도 정책 및 재정사정 7. 기타 8. 해당없음	계약체결방법 (경쟁형태) 1. 일반경쟁 2. 제한경쟁 3. 지명경쟁 4. 수의계약 5. 법정위탁 6. 기타 ( ) 7. 해당없음	계약기간 1. 1년 2. 2년 3. 3년 4. 4년 5. 5년 6. 기타 ( )년 7. 단기계약 (1년미만) 8. 해당없음	낙찰자선정방법 1. 적격심사 2. 협상에의한계약 3. 최저가낙찰제 4. 규격가격분리 5. 2단계 경쟁입찰 6. 기타 ( ) 7. 해당없음	운영예산 산정 1. 내부산정 (지자체 자체적으로 산정) 2. 외부산정 (외부전문기관위탁 산정) 3. 내·외부 모두 산정 4. 산정 無 5. 해당없음	정산방법 1. 내부정산 (지자체 내부적으로 정산) 2. 외부정산 (외부전문기관위탁 정산) 3. 내·외부 모두 산정 4. 정산 無 5. 해당없음	1. 실시 2. 미실시 3. 향후 추진 4. 해당없음
7349	경남 밀양시	학습단체육성(4-H회)	40,000	농업지원과	9	6	7	8	7	5	1	4
7350	경남 밀양시	스마트팜 현장지원센터사업	10,500	농업지원과	9	2	7	8	7	5	1	4
7351	경남 밀양시	농산관리	5,280	농정과	9	2	7	8	7	1	1	4
7352	경남 밀양시	양정시설 지원	250,000	농정과	9	4	1	1	3	1	1	4
7353	경남 밀양시	내수면 노후어선(기관)교체 지원	48,180	농정과	9	1	7	8	7	1	1	4
7354	경남 밀양시	도지정 문화재 보수	418,000	문화예술과	9	4	7	1	7	5	1	4
7355	경남 밀양시	전통사찰 보수 정비	300,000	문화예술과	9	4	7	1	7	5	1	4
7356	경남 밀양시	국가지정 문화재 및 등록문화재 보수정비	115,000	문화예술과	9	2	1	1	7	5	1	4
7357	경남 밀양시	국가지정 문화재 및 등록문화재 보수정비	1,000,000	문화예술과	9	2	1	1	7	5	1	4
7358	경남 밀양시	호흡기 전담클리닉 운영지원	100,000	보건위생과	9	2	7	8	7	5	5	4
7359	경남 밀양시	노인요양시설 개량	849,400	사회복지과	9	1	7	8	7	5	5	4
7360	경남 밀양시	지역아동센터 환경개선 지원	30,000	사회복지과	9	2	7	8	7	5	5	4
7361	경남 밀양시	어린이집 환경개선	2,000	사회복지과	9	1	7	8	7	1	1	4
7362	경남 밀양시	어린이집 환경개선	30,000	사회복지과	9	1	7	8	7	1	1	4
7363	경남 밀양시	어린이집 환경개선	184,404	사회복지과	9	1	7	8	7	1	1	4
7364	경남 밀양시	어린이집 환경개선	15,400	사회복지과	9	1	7	8	7	5	5	4
7365	경남 밀양시	국공립어린이집 확충	240,000	사회복지과	9	1	7	8	7	5	5	4
7366	경남 밀양시	아동복지시설 기능보강	17,000	사회복지과	9	1	7	8	7	1	1	1
7367	경남 밀양시	장애인직업재활시설 기능보강	12,000	사회복지과	9	1	7	8	7	5	5	4
7368	경남 밀양시	임산물유통기반조성	487,647	산림녹지과	9	2	7	8	7	5	5	1
7369	경남 밀양시	임산물생산기반조성	355,988	산림녹지과	9	2	7	8	7	5	5	1
7370	경남 밀양시	임산물 상품화 지원	30,798	산림녹지과	9	2	7	8	7	5	5	1
7371	경남 밀양시	산림복합 경영단지	134,407	산림녹지과	9	2	7	8	7	5	5	1
7372	경남 밀양시	산림작물 생산단지	124,842	산림녹지과	9	2	7	8	7	5	5	1
7373	경남 밀양시	목재펠릿보일러 보급	4,000	산림녹지과	9	2	7	8	7	5	5	1
7374	경남 밀양시	도시가스 보급사업 및 에너지관련업무 추진	200,000	일자리경제과	9	1	6	1	7	1	1	1
7375	경남 밀양시	신재생에너지보급 주택지원 사업	213,000	일자리경제과	9	1	7	8	7	1	1	1
7376	경남 밀양시	사회적기업 시설장비비	16,000	일자리경제과	9	1	2	1	1	2	1	2
7377	경남 밀양시	미니태양광 보급지원 사업	19,500	일자리경제과	9	1	6	1	7	1	1	1
7378	경남 밀양시	소상공인지원	154,000	일자리경제과	9	6	7	8	7	1	1	2
7379	경남 밀양시	신재생에너지 융복합지원사업	1,659,081	일자리경제과	9	1	6	1	7	1	2	1
7380	경남 밀양시	자활사업 생산적 일자리 플랫폼 구축	15,000	주민생활지원과	9	1	7	8	7	1	1	4
7381	경남 밀양시	식량작물 신기술보급시범	54,000	축산기술과	9	2	7	8	7	5	1	4
7382	경남 밀양시	가축분뇨 퇴액비화 지원	12,000	축산기술과	9	2	7	8	7	5	5	4
7383	경남 밀양시	가축질병 근절	43,200	축산기술과	9	5	7	8	7	5	1	4
7384	경남 밀양시	소독시설 설치	12,000	축산기술과	9	5	7	8	7	5	1	4
7385	경남 밀양시	농업 신기술 시범	40,000	축산기술과	9	5	7	8	7	5	5	4
7386	경남 밀양시	축산물 위생	28,230	축산기술과	9	6	7	8	7	5	1	4
7387	경남 밀양시	축산분야 ICT융복합 지원	72,706	축산기술과	9	2	7	8	7	5	5	4
7388	경남 밀양시	농업 신기술 시범(작물기술)-식량작물	450,000	축산기술과	9	2	7	8	7	5	1	4
7389	경남 밀양시	액비저장조 지원	46,900	축산기술과	9	2	7	8	7	5	5	4
7390	경남 밀양시	조사료생산용 기계장비구입 지원	65,000	축산기술과	9	2	7	8	7	5	5	4

순번	시군구	지출명 (사업명)	2021년예산 (단위:천원/1년간)	담당자 (공무원) 담당부서	민간이전 분류 (지방자치단체 세출예산 집행기준에 의거) 1. 민간경상사업보조(307-02) 2. 민간단체 법정운영비보조(307-03) 3. 민간행사사업보조(307-04) 4. 민간위탁금(307-05) 5. 사회복지시설 법정운영비보조(307-10) 6. 민간인위탁교육비(307-12) 7. 공기관등에대한경상적위탁사업비(308-10) 8. 민간자본사업보조,자체재원(402-01) 9. 민간자본사업보조,이전재원(402-02) 10. 민간위탁사업비(402-03) 11. 공기관등에 대한 자본적 대행사업비(403-02)	민간이전지출 근거 (지방보조금 관리기준 참고) 1. 법률에 규정 2. 국고보조 재원(국가지정) 3. 용도 지정 기부금 4. 조례에 직접규정 5. 지자체가 권장하는 사업을 하는 공공기관 6. 시,도 정책 및 재정사정 7. 기타 8. 해당없음	입찰방식: 계약체결방법 (경쟁형태) 1. 일반경쟁 2. 제한경쟁 3. 지명경쟁 4. 수의계약 5. 법정위탁 6. 기타 ( ) 7. 해당없음	입찰방식: 계약기간 1. 1년 2. 2년 3. 3년 4. 4년 5. 5년 6. 기타 ( )년 7. 단기계약 (1년미만) 8. 해당없음	입찰방식: 낙찰자선정방법 1. 적격심사 2. 협상에의한계약 3. 최저가낙찰제 4. 규격가격분리 5. 2단계 경쟁입찰 6. 기타 ( ) 7. 해당없음	운영예산 산정: 운영예산 산정 1. 내부산정 (지자체 자체적으로 산정) 2. 외부산정 (외부전문기관위탁 산정) 3. 내·외부 모두 산정 4. 산정 無 5. 해당없음	운영예산 산정: 정산방법 1. 내부정산 (지자체 내부적으로 정산) 2. 외부정산 (외부전문기관위탁 정산) 3. 내·외부 모두 산정 4. 정산 無 5. 해당없음	성과평가 실시여부 1. 실시 2. 미실시 3. 향후 추진 4. 해당없음
7391	경남 밀양시	CCTV 등 방역인프라 설치 지원	36,000	축산기술과	9	1	7	8	7	5	1	4
7392	경남 밀양시	가축분뇨수분조절재	39,000	축산기술과	9	5	7	8	7	5	5	4
7393	경남 밀양시	축사시설 환경개선	15,000	축산기술과	9	5	7	8	7	5	5	4
7394	경남 밀양시	가축 폐사축 처리시설	15,000	축산기술과	9	5	7	8	7	5	5	4
7395	경남 밀양시	광역축산 악취 개선 사업	1,520,000	축산기술과	9	2	7	8	7	5	5	4
7396	경남 밀양시	조사료 가공유통센터 지원사업	540,000	축산기술과	9	2	7	8	7	5	5	4
7397	경남 밀양시	계란 냉장차량 지원	15,000	축산기술과	9	2	7	8	7	5	5	4
7398	경남 밀양시	지방투자촉진보조금	790,500	투자유치과	9	1	7	8	7	5	5	4
7399	경남 밀양시	야생동물피해예방	100,000	환경관리과	9	1	7	8	7	5	5	4
7400	경남 밀양시	전기자동차 구매 지원	3,627,000	환경관리과	9	2	7	8	7	5	5	4
7401	경남 밀양시	노후경유차 조기폐차 지원	800,000	환경관리과	9	2	7	8	7	5	5	4
7402	경남 밀양시	어린이 통학차량 LPG차 전환 지원	50,000	환경관리과	9	2	7	8	7	5	5	4
7403	경남 밀양시	지역맞춤형 기후변화 대응사업	5,250	환경관리과	9	1	7	8	7	5	5	4
7404	경남 밀양시	건설기계 DPF부착	33,000	환경관리과	9	2	7	8	7	5	5	4
7405	경남 밀양시	PMNOx동시저감장치	138,504	환경관리과	9	2	7	8	7	5	5	4
7406	경남 밀양시	LPG화물차 신차구입 지원	200,000	환경관리과	9	2	7	8	7	5	5	4
7407	경남 밀양시	가정용 저녹스보일러 보급사업	25,000	환경관리과	9	2	7	8	7	5	5	4
7408	경남 밀양시	경유차 DPF(매연저감장치) 부착 지원	190,000	환경관리과	9	2	7	8	7	5	5	4
7409	경남 밀양시	건설기계 엔진교체 지원	82,500	환경관리과	9	2	7	8	7	5	5	4
7410	경남 밀양시	소규모 사업장 방지시설 설치지원	270,000	환경관리과	9	2	7	8	7	5	5	4
7411	경남 밀양시	전기이륜차 구매 지원	54,000	환경관리과	9	2	7	8	7	5	5	4
7412	경남 밀양시	전기화물차 구매 지원	1,320	환경관리과	9	2	7	8	7	5	5	4
7413	경남 밀양시	전기굴착기 구매 지원	20,000	환경관리과	9	2	7	8	7	5	5	4
7414	경남 밀양시	전기버스 충전기 설치 지원	100,000	환경관리과	9	6	7	8	7	5	5	4
7415	경남 밀양시	관리청별 주민지원	174,632	환경관리과	9	1	7	8	7	5	5	4
7416	경남 거제시	농어촌 빈집정비	3,000	건축과	9	4	7	2	7	1	1	1
7417	경남 거제시	더불어 나눔주택사업	15,000	건축과	9	6	7	8	7	5	5	4
7418	경남 거제시	경상남도 소규모 공동주택 관리 지원사업	138,000	건축과	9	6	7	8	7	5	5	4
7419	경남 거제시	한국 난 대전 개최 지원	20,000	농업관광과	9	4	7	8	7	5	5	4
7420	경남 거제시	청년농업인 취농인턴제 사업	6,000	농업정책과	9	1	7	8	7	1	1	1
7421	경남 거제시	양봉산업 구조개선	3,775	농업정책과	9	1	7	8	7	1	1	1
7422	경남 거제시	양돈액비 발효제 지원	3,000	농업정책과	9	1	7	8	7	1	1	1
7423	경남 거제시	폐기물처리 지원	950	농업정책과	9	1	7	8	7	1	1	1
7424	경남 거제시	소독시설 설치 지원	2,000	농업정책과	9	1	7	8	7	1	1	1
7425	경남 거제시	축산물 판매업소 위생시설 개선지원	24,000	농업정책과	9	1	7	8	7	1	1	1
7426	경남 거제시	가축방역용 자동목걸이 설치 지원	3,000	농업정책과	9	1	7	8	7	1	1	1
7427	경남 거제시	기능성 쌀 생산단지 조성	5,600	농업지원과	9	6	7	8	7	5	5	4
7428	경남 거제시	해외 신시장 개척 마케팅 지원	40,000	농업지원과	9	6	7	8	7	5	5	4
7429	경남 거제시	유자 가공공장 및 가공장비 지원	50,750	농업지원과	9	6	7	8	7	5	5	4
7430	경남 거제시	거제올 유지관리	8,000	농업지원과	9	4	7	8	7	5	5	4
7431	경남 거제시	선별장 지원	143,100	농업지원과	9	6	7	8	7	5	5	4
7432	경남 거제시	단감 과실 봉지 씌우기 시범	4,000	농업지원과	9	6	7	8	7	5	5	4

순번	시군구	지출명 (사업명)	2021년예산 (단위:천원/1년간)	담당자 (공무원) 담당부서	민간이전 분류 (지방자치단체 세출예산 집행기준에 의거) 1. 민간경상사업보조(307-02) 2. 민간단체 법정운영비보조(307-03) 3. 민간행사사업보조(307-04) 4. 민간위탁금(307-05) 5. 사회복지시설 법정운영비보조(307-10) 6. 민간인위탁교육비(307-12) 7. 공기관등에대한경상적위탁사업비(308-10) 8. 민간자본사업보조,자체재원(402-01) 9. 민간자본사업보조,이전재원(402-02) 10. 민간위탁사업비(402-03) 11. 공기관등에 대한 자본적 대행사업비(403-02)	민간이전지출 근거 (지방보조금 관리기준 참고) 1. 법률에 규정 2. 국고보조 재원(국가지정) 3. 용도 지정 기부금 4. 조례에 직접규정 5. 지자체가 권장하는 사업을 하는 공공기관 6. 시,도 정책 및 재정사정 7. 기타 8. 해당없음	입찰방식 계약체결방법 (경쟁형태) 1. 일반경쟁 2. 제한경쟁 3. 지명경쟁 4. 수의계약 5. 법정위탁 6. 기타 ( ) 7. 해당없음	입찰방식 계약기간 1. 1년 2. 2년 3. 3년 4. 4년 5. 5년 6. 기타 ( )년 7. 단기계약 (1년미만) 8. 해당없음	입찰방식 낙찰자선정방법 1. 적격심사 2. 협상에의한계약 3. 최저가낙찰제 4. 규격가격분리 5. 2단계 경쟁입찰 6. 기타 ( ) 7. 해당없음	운영예산 산정 운영예산 산정 1. 내부산정 (지자체 자체적으로 산정) 2. 외부산정 (외부전문기관위탁 산정) 3. 내·외부 모두 산정 4. 산정 無 5. 해당없음	운영예산 산정 정산방법 1. 내부정산 (지자체 내부적으로 정산) 2. 외부정산 (외부전문기관위탁 정산) 3. 내·외부 모두 산정 4. 정산 無 5. 해당없음	성과평가 실시여부 1. 실시 2. 미실시 3. 향후 추진 4. 해당없음
7433	경남 거제시	기후변화대응 아열대 소득작목 도입 시범	40,000	농업지원과	9	6	7	8	7	5	5	4
7434	경남 거제시	유해가스에 안전한 황토유황 자동제조기 보급	6,400	농업지원과	9	6	7	8	7	5	5	4
7435	경남 거제시	과수 자연재해 경감시범	1,000	농업지원과	9	6	7	8	7	5	5	4
7436	경남 거제시	신소득과실 생산시설 현대화	130,000	농업지원과	9	6	7	8	7	5	5	4
7437	경남 거제시	과원관리 생력기계화 지원	28,500	농업지원과	9	6	7	8	7	5	5	4
7438	경남 거제시	친환경 유기농자재 고온바이오차 활용 기술 시범	8,000	농업지원과	9	6	7	8	7	5	5	4
7439	경남 거제시	스마트팜 기술을 활용한 기능성 특용작물 생산 시범	40,000	농업지원과	9	6	7	8	7	5	5	4
7440	경남 거제시	시설원예 연작장해경감제 지원	3,600	농업지원과	9	6	7	8	7	5	5	4
7441	경남 거제시	지역특화작목 포장박스 지원	14,000	농업지원과	9	6	7	8	7	5	5	4
7442	경남 거제시	농촌어르신 복지생활 실천시범	100,000	농업지원과	9	6	7	8	7	5	5	4
7443	경남 거제시	농업활동 안전 환경조성	10,000	농업지원과	9	6	7	8	7	5	5	4
7444	경남 거제시	농작업현장 친환경 화장실 설치	5,000	농업지원과	9	6	7	8	7	5	5	4
7445	경남 거제시	다목적 발효 배양기구 보급	5,000	농업지원과	9	6	7	8	7	5	5	4
7446	경남 거제시	비대면 농업 체험키트 개발 시범	20,000	농업지원과	9	6	7	8	7	5	5	4
7447	경남 거제시	농촌교육농장 육성시범	14,000	농업지원과	9	6	7	8	7	5	5	4
7448	경남 거제시	한여농 전국 대회 참가	2,100	농업지원과	9	4	7	8	7	5	5	4
7449	경남 거제시	로컬푸드 직매장 개설	18,000	농업지원과	9	4	7	8	7	5	5	4
7450	경남 거제시	로컬푸드 소규모농산물 판매시설	6,000	농업지원과	9	4	7	8	7	5	5	4
7451	경남 거제시	정치성어업 자동화장비 지원	40,800	바다자원과	9	1	7	8	7	5	5	4
7452	경남 거제시	마을 앞바다 소득원 조성	40,000	바다자원과	9	6	7	8	7	5	5	4
7453	경남 거제시	해삼씨뿌림사업	405,000	바다자원과	9	1	7	8	7	5	5	4
7454	경남 거제시	가두리양식장 고정식화장실 설치	14,000	바다자원과	9	6	7	8	7	5	5	4
7455	경남 거제시	양식어장 자동화시설 장비지원	640,000	바다자원과	9	6	7	8	7	5	5	4
7456	경남 거제시	멍게양식 산업화 시설지원	60,000	바다자원과	9	6	7	8	7	5	5	4
7457	경남 거제시	패류지역특화품종육성지원	720,000	바다자원과	9	6	7	8	7	5	5	4
7458	경남 거제시	양식 유기폐기물 스마트 리사이클링 시스템	200,000	바다자원과	9	6	7	8	7	5	5	4
7459	경남 거제시	양식어장 고도화시설 지원	200,000	바다자원과	9	6	7	8	7	5	5	4
7460	경남 거제시	경남추천상품(QC) 수산물 활성화 지원	6,000	바다자원과	9	6	7	8	7	5	5	4
7461	경남 거제시	수출주력품종 육성지원	30,000	바다자원과	9	6	7	8	7	5	5	4
7462	경남 거제시	수출주력품종 위생안전관리	3,000	바다자원과	9	6	7	8	7	5	5	4
7463	경남 거제시	수산물 가공공장 스마트화 지원	60,000	바다자원과	9	6	7	8	7	5	5	4
7464	경남 거제시	수산물 브랜드 및 수출상품화 지원	12,000	바다자원과	9	6	7	8	7	5	5	4
7465	경남 거제시	수산물 가정간편식(HMR) 생산 설비 지원	120,000	바다자원과	9	6	7	8	7	5	5	4
7466	경남 거제시	(예비)사회적기업 시설장비비 지원	20,000	생활경제과	9	2	7	8	7	5	1	4
7467	경남 거제시	소상공인 소규모 경영환경개선 지원사업	140,000	생활경제과	9	1	7	8	7	5	5	4
7468	경남 거제시	단독주택 도시가스 공급배관 설치비 지원사업	500,000	생활경제과	9	6	7	8	7	3	1	1
7469	경남 거제시	신재생에너지 주택지원사업	120,000	생활경제과	9	2	7	8	7	5	5	4
7470	경남 거제시	미니태양광 보급사업	104,000	생활경제과	9	6	7	8	7	5	5	4
7471	경남 거제시	승강기 회생제동장치 지원사업	18,000	생활경제과	9	6	7	8	7	5	5	4
7472	경남 거제시	자활사업 생산적 일자리 플랫폼 구축 지원사업	15,000	생활지원과	9	6	7	8	7	1	1	4
7473	경남 양산시	저상버스 도입보조	900,000	교통과	9	1	7	8	7	1	1	4
7474	경남 양산시	전세버스 장비구입 지원 사업	62,910	교통과	9	1	7	8	7	1	1	4

순번	시군구	지출명 (사업명)	2021년예산 (단위:천원/1년간)	담당자 (공무원) 담당부서	민간이전 분류 (지방자치단체 세출예산 집행기준에 의거) 1. 민간경상사업보조(307-02) 2. 민간단체 법정운영비보조(307-03) 3. 민간행사사업보조(307-04) 4. 민간위탁금(307-05) 5. 사회복지시설 법정운영비보조(307-10) 6. 민간인위탁교육비(307-12) 7. 공기관등에대한경상적위탁사업비(308-10) 8. 민간자본사업보조,자체재원(402-01) 9. 민간자본사업보조,이전재원(402-02) 10. 민간위탁사업비(402-03) 11. 공기관등에 대한 자본적 대행사업비(403-02)	민간이전지출 근거 (지방보조금 관리기준 참고) 1. 법률에 규정 2. 국고보조 재원(국가지정) 3. 용도 지정 기부금 4. 조례에 직접규정 5. 지자체가 권장하는 사업을 하는 공공기관 6. 시,도 정책 및 재정사정 7. 기타 8. 해당없음	입찰방식 계약체결방법 (경쟁형태) 1. 일반경쟁 2. 제한경쟁 3. 지명경쟁 4. 수의계약 5. 법정위탁 6. 기타 ( ) 7. 해당없음	입찰방식 계약기간 1. 1년 2. 2년 3. 3년 4. 4년 5. 5년 6. 기타 ( )년 7. 단기계약 (1년미만) 8. 해당없음	입찰방식 낙찰자선정방법 1. 적격심사 2. 협상에의한계약 3. 최저가낙찰제 4. 규격가격분리 5. 2단계 경쟁입찰 6. 기타 ( ) 7. 해당없음	운영예산 산정 운영예산 산정 1. 내부산정 (지자체 자체적으로 산정) 2. 외부산정 (외부전문기관위탁 산정) 3. 내·외부 모두 산정 4. 산정 無 5. 해당없음	운영예산 산정 정산방법 1. 내부정산 (지자체 내부적으로 정산) 2. 외부정산 (외부전문기관위탁 정산) 3. 내·외부 모두 산정 4. 정산 無 5. 해당없음	성과평가 실시여부 1. 실시 2. 미실시 3. 향후 추진 4. 해당없음
7475	경남 양산시	영농활용 우수과제 지역 맞춤형 신기술 보급	80,000	농업기술과	9	6	7	8	7	5	5	4
7476	경남 양산시	유해가스에 안전한 황토유황 자동제조기 보급 시범	6,400	농업기술과	9	6	7	8	7	5	5	4
7477	경남 양산시	작목별 맞춤형 안전관리 실천 시범	40,000	농업기술과	9	2	7	8	7	5	5	4
7478	경남 양산시	농작업현장 친환경 화장실 설치	5,000	농업기술과	9	6	7	8	7	5	5	4
7479	경남 양산시	농촌어르신 복지실천 시범	35,000	농업기술과	9	6	7	8	7	5	5	4
7480	경남 양산시	화훼생산시설현대화	46,995	농정과	9	2	7	8	7	1	1	1
7481	경남 양산시	신소득과실생산시설현대화	30,000	농정과	9	2	7	8	7	1	1	1
7482	경남 양산시	과원관리생력기계화지원	1,500	농정과	9	2	7	8	7	1	1	1
7483	경남 양산시	농업분야 에너지절감시설 지원	80,940	농정과	9	2	7	8	7	1	1	1
7484	경남 양산시	시설하우스 연질강화피름지원사업	9,747	농정과	9	6	7	8	7	1	1	1
7485	경남 양산시	시설원예현대화지원	9,255	농정과	9	6	7	8	7	1	1	1
7486	경남 양산시	가축분뇨 악취저감 시설장비 지원사업	15,000	동물보호과	9	1	7	8	7	5	5	4
7487	경남 양산시	축사시설환경개선사업	15,000	동물보호과	9	1	7	8	7	5	5	4
7488	경남 양산시	CCTV 등 방역인프라 설치 지원	120,000	동물보호과	9	1	7	8	7	5	5	4
7489	경남 양산시	소독시설 설치	6,000	동물보호과	9	6	7	8	7	5	5	4
7490	경남 양산시	고온건조방식 대인소독장비 활용기술	40,000	동물보호과	9	1	7	8	7	5	5	4
7491	경남 양산시	양봉산업구조개선사업	7,975	동물보호과	9	6	7	8	7	5	5	4
7492	경남 양산시	신흥사 대광전 지붕보수 설계	166,000	문화관광과	9	2	7	8	7	5	5	4
7493	경남 양산시	신흥사 대광전 주변 화엄전 지붕보수 설계	36,000	문화관광과	9	2	7	8	7	5	5	4
7494	경남 양산시	통도사 영산전 주변 응향각 해체보수 감리	17,000	문화관광과	9	2	7	8	7	5	5	4
7495	경남 양산시	통도사 영산전 주변 응향각 해체보수	428,000	문화관광과	9	2	7	8	7	5	5	4
7496	경남 양산시	통도사 응진전 주변정비공사	150,000	문화관광과	9	2	7	8	7	5	5	4
7497	경남 양산시	광천사 소장 묘법연화경 주변 대웅전 지붕보수	240,000	문화관광과	9	2	7	8	7	5	5	4
7498	경남 양산시	북정리, 신기리 고분군 CCTV 설치	170,714	문화관광과	9	2	7	8	7	5	5	4
7499	경남 양산시	원효암 방재시스템 구축(보완)	45,000	문화관광과	9	2	7	8	7	5	5	4
7500	경남 양산시	통도사 문화재 안내판 정비	213,750	문화관광과	9	2	7	8	7	3	3	1
7501	경남 양산시	자장암 마애아미타여래삼존상 보존처리	176,800	문화관광과	9	2	6	8	6	3	3	1
7502	경남 양산시	통도사 대광명전 등 주요전각 벽화 보존처리	60,000	문화관광과	9	2	6	8	6	3	3	1
7503	경남 양산시	통도사 목조문화재 흰개미 군체제거 시스템 설치 및 모니터링	140,000	문화관광과	9	2	6	8	6	3	3	1
7504	경남 양산시	원효암 마애아미타삼존불입상 보존처리	65,000	문화관광과	9	6	6	8	6	3	3	1
7505	경남 양산시	황산잔로비 보존처리	10,000	문화관광과	9	6	6	8	6	3	3	1
7506	경남 양산시	통도사 백운암 지장보살탱 보존처리	80,000	문화관광과	9	6	6	8	6	3	3	1
7507	경남 양산시	내원사 안적암 아미타불회도 보존처리	30,000	문화관광과	9	6	6	8	6	3	3	1
7508	경남 양산시	문화재 안내판 정비	213,750	문화관광과	9	1	7	1	1	5	5	4
7509	경남 양산시	국가지정문화재 및 등록문화재 보수정비지원	200,000	문화관광과	9	1	7	1	1	5	5	4
7510	경남 양산시	세계유산보존관리	50,000	문화관광과	9	1	7	1	1	5	5	4
7511	경남 양산시	세계유산보존관리	150,000	문화관광과	9	1	7	1	1	5	5	4
7512	경남 양산시	신재생에너지 주택지원사업	99,600	미래산업과	9	1	7	8	7	1	1	4
7513	경남 양산시	승강기 회생제동장치 지원사업	46,500	미래산업과	9	4	7	8	7	1	1	4
7514	경남 양산시	양산시 상북면 에너지 자립마을 구축사업	583,276	미래산업과	9	2	6	1	7	1	2	2
7515	경남 양산시	중증장애인 주거환경 개보수 사업	5,000	사회복지과	9	1	7	8	7	5	5	4
7516	경남 양산시	장애인직업재활시설 기능보강	390,000	사회복지과	9	1	7	8	7	1	1	4

순번	시군구	지출명 (사업명)	2021년예산 (단위:천원/1년간)	담당자 (공무원) 담당부서	민간이전 분류 (지방자치단체 세출예산 집행기준에 의거) 1. 민간경상사업보조(307-02) 2. 민간단체 법정운영비보조(307-03) 3. 민간행사사업보조(307-04) 4. 민간위탁금(307-05) 5. 사회복지시설 법정운영비보조(307-10) 6. 민간인위탁교육비(307-12) 7. 공기관등에대한경상적위탁사업비(308-10) 8. 민간자본사업보조,자체재원(402-01) 9. 민간자본사업보조,이전재원(402-02) 10. 민간위탁사업비(402-03) 11. 공기관등에 대한 자본적 대행사업비(403-02)	민간이전지출 근거 (지방보조금 관리기준 참고) 1. 법률에 규정 2. 국고보조 재원(국가지정) 3. 용도 지정 기부금 4. 조례에 직접규정 5. 지자체가 권장하는 사업을 하는 공공기관 6. 시,도 정책 및 재정사정 7. 기타 8. 해당없음	입찰방식 계약체결방법 (경쟁형태) 1. 일반경쟁 2. 제한경쟁 3. 지명경쟁 4. 수의계약 5. 법정위탁 6. 기타 ( ) 7. 해당없음	입찰방식 계약기간 1. 1년 2. 2년 3. 3년 4. 4년 5. 5년 6. 기타 ( )년 7. 단기계약 (1년미만) 8. 해당없음	입찰방식 낙찰자선정방법 1. 적격심사 2. 협상에의한계약 3. 최저가낙찰제 4. 규격가격분리 5. 2단계 경쟁입찰 6. 기타 ( ) 7. 해당없음	운영예산 산정 운영예산 산정 1. 내부산정 (지자체 자체적으로 산정) 2. 외부산정 (외부전문기관위탁 산정) 3. 내·외부 모두 산정 4. 산정 無 5. 해당없음	운영예산 산정 정산방법 1. 내부정산 (지자체 내부적으로 정산) 2. 외부정산 (외부전문기관위탁 정산) 3. 내·외부 모두 산정 4. 정산 無 5. 해당없음	성과평가 실시여부 1. 실시 2. 미실시 3. 향후 추진 4. 해당없음
7517	경남 양산시	산림작물생산단지 지원	177,987	산림과	9	2	7	8	7	3	1	4
7518	경남 양산시	산림복합경영단지	74,977	산림과	9	2	7	8	7	3	3	4
7519	경남 양산시	임산물 상품화 지원	1,378	산림과	9	2	7	8	7	3	1	4
7520	경남 양산시	임산물 유통기반 조성	6,078	산림과	9	2	7	8	7	3	1	4
7521	경남 양산시	대리마을 버섯재배단지 재료 및 물품 구입	198,000	수질관리과	9	1	7	8	7	5	1	1
7522	경남 양산시	선리마을 공동사과재배단지 농자재 구입	70,000	수질관리과	9	1	7	8	7	5	1	1
7523	경남 양산시	선리마을 체험관 물품구입	10,000	수질관리과	9	1	7	8	7	5	1	1
7524	경남 양산시	태봉마을 버섯재배단지 재료 및 물품 구입	29,900	수질관리과	9	1	7	8	7	5	1	1
7525	경남 양산시	야생동물 피해예방사업	72,000	수질관리과	9	1	7	8	7	5	1	1
7526	경남 양산시	가정폭력피해자 보호시설 운영지원	10,000	여성가족과	9	1	7	8	7	5	1	4
7527	경남 양산시	경상남도 소상공인 소규모 경영환경개선사업	266,000	일자리경제과	9	1	7	8	7	1	1	1
7528	경남 양산시	(예비)사회적기업 시설장비비 지원사업	20,000	일자리경제과	9	6	7	7	7	5	1	1
7529	경남 양산시	자활사업생산적일자리플랫폼구축지원	15,000	주민생활지원과	9	6	6	1	7	5	1	4
7530	경남 양산시	지하수불용공원상복구비지원	37,500	하수과	9	4	7	8	7	1	1	2
7531	경남 의령군	창조적 마을가꾸기	65,000	전략사업담당관	9	7	7	8	7	5	5	4
7532	경남 의령군	전통사찰 방재시스템 구축사업	106,000	문화관광과	9	2	7	8	7	5	5	4
7533	경남 의령군	가정용 저녹스 보일러 설치 지원 사업	9,800	환경위생과	9	2	7	8	7	1	1	4
7534	경남 의령군	소규모 사업장 방지시설 설치 지원 사업	270,000	환경위생과	9	2	7	8	7	1	1	4
7535	경남 의령군	운행경유차 배출가스 저감사업	763,500	환경위생과	9	2	7	8	7	1	1	4
7536	경남 의령군	전기자동차 구매 지원	1,356,000	환경위생과	9	2	7	8	7	1	1	4
7537	경남 의령군	전기이륜차 구매 지원	18,000	환경위생과	9	2	7	8	7	1	1	4
7538	경남 의령군	수소연료전지차 구매 지원	33,100	환경위생과	9	2	7	8	7	1	1	4
7539	경남 의령군	야생동물피해예방사업	65,000	환경위생과	9	2	7	8	7	1	1	4
7540	경남 의령군	기후변화 대응 쿨루프 지원사업	15,000	환경위생과	9	6	7	8	7	1	1	4
7541	경남 의령군	의령군 도시가스 공급배관 설치사업	400,000	일자리경제과	9	4	5	7	7	1	3	1
7542	경남 의령군	서민층 전기시설개선사업	25,000	일자리경제과	9	6	5	7	7	1	3	1
7543	경남 의령군	신재생에너지 주택지원	200,000	일자리경제과	9	1	7	8	7	1	1	1
7544	경남 의령군	미니태양광 보급사업	6,500	일자리경제과	9	1	7	8	7	1	1	1
7545	경남 의령군	축사 등 건물 신재생에너지 보급사업	24,000	일자리경제과	9	1	7	8	7	1	1	1
7546	경남 의령군	발전소 주변지역 주민복지지원사업	7,400	일자리경제과	9	1	7	8	7	1	1	1
7547	경남 의령군	(예비)사회적기업 사업개발비 지원사업	30,000	일자리경제과	9	1	7	8	7	5	1	1
7548	경남 의령군	(예비)사회적기업 시설장비비 지원	20,000	일자리경제과	9	1	7	8	7	5	1	1
7549	경남 의령군	영상 기록장치	8,778	일자리경제과	9	6	7	8	7	5	5	4
7550	경남 의령군	음주 측정기	2,450	일자리경제과	9	6	7	8	7	5	5	4
7551	경남 의령군	발열 체크기	489	일자리경제과	9	6	7	8	7	5	5	4
7552	경남 의령군	연질강화필름 지원	33,500	농업기술센터	9	8	7	8	7	5	5	4
7553	경남 의령군	농산물전문생산단지 품질개선사업	4,000	농업기술센터	9	8	7	8	7	5	5	4
7554	경남 의령군	농촌교육농장 육성	14,000	농업기술센터	9	1	7	8	7	5	5	4
7555	경남 의령군	치유농업육성 기술지원 시범	100,000	농업기술센터	9	1	7	8	7	5	5	4
7556	경남 의령군	진로체험 프로그램 운영지원	60,000	농업기술센터	9	2	7	8	7	5	5	4
7557	경남 의령군	창의적인 농촌손맛 창업기술 시범	100,000	농업기술센터	9	1	7	8	7	5	5	4
7558	경남 의령군	농가맛집 육성시범	50,000	농업기술센터	9	1	7	8	7	5	5	4

순번	시군구	지출명 (사업명)	2021년예산 (단위:천원/1년간)	담당자 (공무원)	민간이전 분류 (지방자치단체 세출예산 집행기준에 의거)	민간이전지출 근거 (지방보조금 관리기준 참고)	입찰방식			운영예산 산정		성과평가 실시여부
				담당부서	1. 민간경상사업보조(307-02) 2. 민간단체 법정운영비보조(307-03) 3. 민간행사사업보조(307-04) 4. 민간위탁금(307-05) 5. 사회복지시설 법정운영비보조(307-10) 6. 민간인위탁교육비(307-12) 7. 공기관등에대한경상적위탁사업비(308-10) 8. 민간자본사업보조,자체재원(402-01) 9. 민간자본사업보조,이전재원(402-02) 10. 민간위탁사업비(402-03) 11. 공기관등에 대한 자본적 대행사업비(403-02)	1. 법률에 규정 2. 국고보조 재원(국가지정) 3. 용도 지정 기부금 4. 조례에 직접규정 5. 지자체가 권장하는 사업을 하는 공공기관 6. 시,도 정책 및 재정사정 7. 기타 8. 해당없음	계약체결방법 (경쟁형태) 1. 일반경쟁 2. 제한경쟁 3. 지명경쟁 4. 수의계약 5. 법정위탁 6. 기타 ( ) 7. 해당없음	계약기간 1. 1년 2. 2년 3. 3년 4. 4년 5. 5년 6. 기타 ( )년 7. 단기계약 (1년미만) 8. 해당없음	낙찰자선정방법 1. 적격심사 2. 협상에의한계약 3. 최저가낙찰제 4. 규격가격분리 5. 2단계 경쟁입찰 6. 기타 ( ) 7. 해당없음	운영예산 산정 1. 내부산정 (지자체 자체적으로 산정) 2. 외부산정 (외부전문기관위탁 산정) 3. 내·외부 모두 산정 4. 산정 無 5. 해당없음	정산방법 1. 내부정산 (지자체 내부적으로 정산) 2. 외부정산 (외부전문기관위탁 정산) 3. 내·외부 모두 산정 4. 정산 無 5. 해당없음	1. 실시 2. 미실시 3. 향후 추진 4. 해당없음
7559	경남 의령군	다목적 발효 배양기구 보급	4,000	농업기술센터	9	1	7	8	7	5	5	4
7560	경남 의령군	작목별 맞춤형 안전관리 실천시범	50,000	농업기술센터	9	2	7	8	7	5	5	4
7561	경남 의령군	농촌 어르신 복지실천시범	25,000	농업기술센터	9	1	7	8	7	5	5	4
7562	경남 의령군	농촌 어르신 복지실천시범	25,000	농업기술센터	9	1	7	8	7	5	5	4
7563	경남 의령군	농작업현장 친환경화장실 설치	5,000	농업기술센터	9	1	7	8	7	5	5	4
7564	경남 의령군	재래종 벌통	165	농업기술센터	9	6	4	1	7	1	1	1
7565	경남 의령군	개량종 벌통	20,000	농업기술센터	9	6	4	1	7	1	1	1
7566	경남 의령군	자동탈봉기	1,000	농업기술센터	9	6	4	1	7	1	1	1
7567	경남 의령군	저온저장고	6,000	농업기술센터	9	6	4	1	7	1	1	1
7568	경남 의령군	사료용해기	975	농업기술센터	9	6	4	1	7	1	1	1
7569	경남 의령군	말벌포획기	4,000	농업기술센터	9	6	4	1	7	1	1	1
7570	경남 의령군	유용곤충 사육시설 지원사업	5,000	농업기술센터	9	6	4	1	7	1	1	1
7571	경남 의령군	환경개선제(생균제)제조시설 지원	500,000	농업기술센터	9	1	7	8	7	1	1	4
7572	경남 의령군	환경개선제(생균제)제조시설 지원	200,000	농업기술센터	9	1	7	8	7	1	1	4
7573	경남 의령군	가축 고온 스트레스 예방장비 지원사업	15,000	농업기술센터	9	4	7	8	7	5	5	4
7574	경남 의령군	조사료 생산용 기계장비 구입 지원사업	15,200	농업기술센터	9	1	7	8	7	5	5	4
7575	경남 의령군	가축분뇨처리시설(개별시설) 지원사업	12,000	농업기술센터	9	2	7	8	7	5	5	4
7576	경남 의령군	가축분뇨 급속발효기 지원사업	100,000	농업기술센터	9	1	7	8	7	5	5	4
7577	경남 의령군	가축분퇴비처리 기계장비 지원사업	12,000	농업기술센터	9	1	7	8	7	5	5	4
7578	경남 의령군	생체정보 이용 가축질병 및 분만 조기진단 시범사업	24,000	농업기술센터	9	2	7	8	7	5	5	4
7579	경남 의령군	축사 공기정화 질병예방 기술보급 시범사업	80,000	농업기술센터	9	6	7	8	7	5	5	4
7580	경남 의령군	소독시설 설치 지원	20,000	농업기술센터	9	6	7	8	7	5	5	4
7581	경남 의령군	안전관리인증 축산농가 및 영업장지원	6,000	농업기술센터	9	6	7	8	7	5	5	4
7582	경남 의령군	축산물 판매업소 위생시설개선 지원사업	12,000	농업기술센터	9	6	7	8	7	5	5	4
7583	경남 의령군	계란 냉장차량 지원사업	30,000	농업기술센터	9	2	7	8	7	5	5	4
7584	경남 의령군	차세대 농업인 성공모델 육성	40,000	농업기술센터 농업기술과	9	6	7	8	7	5	5	4
7585	경남 의령군	청년농업인 드론 공동방제단 운영시범	100,000	농업기술센터 농업기술과	9	4	7	8	7	5	5	4
7586	경남 의령군	느타리버섯 병재배 스마트재배사 및 환경관리기술시범	70,000	농업기술센터 농업기술과	9	2	7	8	7	5	5	4
7587	경남 의령군	주산작물 대체 새로운 소득작물 발굴육성	80,000	농업기술센터 농업기술과	9	6	7	8	7	5	5	4
7588	경남 의령군	시설작물 자동 관수 및 관비(물+비료 동시) 시스템 시범	26,000	농업기술센터 농업기술과	9	2	7	8	7	5	5	4
7589	경남 의령군	비벡터링 기술 이용 시설 원예작물 주요 병 방제기술	26,000	농업기술센터 농업기술과	9	2	7	8	7	5	5	4
7590	경남 의령군	시설채소 고온예방 환경관리 시범	40,000	농업기술센터 농업기술과	9	6	7	8	7	5	5	4
7591	경남 의령군	시설원예 환경제어 시스템 보급	16,000	농업기술센터 농업기술과	9	6	7	8	7	5	5	4
7592	경남 의령군	블루베리 다수확 용기재배 과원모델 시범	40,000	농업기술센터 농업기술과	9	6	7	8	7	5	5	4
7593	경남 의령군	맞춤형 중소형 농업기계 지원	670,000	농업기술센터 농업기술과	9	6	7	8	7	5	5	4
7594	경남 의령군	노숙인복지시설 새삶의집 기능보강	64,568	사회복지과	9	2	7	8	7	1	1	4
7595	경남 의령군	돌봄대상자 주거환경개선사업	15,000	사회복지과	9	6	7	8	7	1	1	4
7596	경남 의령군	장애인거주시설 기능보강사업	1,600	주민행복과	9	2	7	8	7	5	1	4
7597	경남 의령군	홀로 어르신 주거환경 개선사업	12,000	주민행복과	9	6	7	8	7	5	5	4
7598	경남 의령군	노인요양시설 기능보강	20,460	주민행복과	9	2	7	8	7	5	5	4
7599	경남 의령군	시니어클럽 설치지원	50,000	주민행복과	9	6	7	8	7	5	5	4
7600	경남 의령군	지역아동센터 환경개선 지원	1,000	주민행복과	9	1	7	1	7	1	1	2

순번	시군구	지출명 (사업명)	2021년예산 (단위:천원/1년간)	담당자 (공무원)	민간이전 분류 (지방자치단체 세출예산 집행기준에 의거)	민간이전지출 근거 (지방보조금 관리기준 참고)	입찰방식			운영예산 산정		성과평가 실시여부
				담당부서	1. 민간경상사업보조(307-02) 2. 민간단체 법정운영비보조(307-03) 3. 민간행사사업보조(307-04) 4. 민간위탁금(307-05) 5. 사회복지시설 법정운영비보조(307-10) 6. 민간인위탁교육비(307-12) 7. 공기관등에대한경상적위탁사업비(308-10) 8. 민간자본사업보조,자체재원(402-01) 9. 민간자본사업보조,이전재원(402-02) 10. 민간위탁사업비(402-03) 11. 공기관등에 대한 자본적 대행사업비(403-02)	1. 법률에 규정 2. 국고보조 재원(국가지정) 3. 용도 지정 기부금 4. 조례에 직접규정 5. 지자체가 권장하는 사업을 하는 공공기관 6. 시,도 정책 및 재정사정 7. 기타 8. 해당없음	계약체결방법 (경쟁형태) 1. 일반경쟁 2. 제한경쟁 3. 지명경쟁 4. 수의계약 5. 법정위탁 6. 기타 ( ) 7. 해당없음	계약기간 1. 1년 2. 2년 3. 3년 4. 4년 5. 5년 6. 기타 ( )년 7. 단기계약 (1년미만) 8. 해당없음	낙찰자선정방법 1. 적격심사 2. 협상에의한계약 3. 최저가낙찰제 4. 규격가격분리 5. 2단계 경쟁입찰 6. 기타 ( ) 7. 해당없음	운영예산 산정 1. 내부산정 (지자체 자체적으로 산정) 2. 외부산정 (외부전문기관위탁 산정) 3. 내·외부 모두 산정 4. 산정 無 5. 해당없음	정산방법 1. 내부정산 (지자체 내부적으로 정산) 2. 외부정산 (외부전문기관위탁 정산) 3. 내·외부 모두 산정 4. 정산 無 5. 해당없음	1. 실시 2. 미실시 3. 향후 추진 4. 해당없음
7601	경남 함안군	마을기업 육성	10,000	혁신성장담당관	9	1	6	1	7	2	1	2
7602	경남 함안군	사회적기업 시설장비 지원사업	25,000	혁신성장담당관	9	1	6	1	7	2	1	2
7603	경남 함안군	사회적기업 육성 사업개발비	150,000	혁신성장담당관	9	1	6	1	7	2	1	2
7604	경남 함안군	전통사찰(장춘사)	157,500	가야사담당관	9	2	7	8	7	5	5	4
7605	경남 함안군	정부지원 어린이집 환경개선	32,000	주민복지과	9	2	1	7	3	5	1	4
7606	경남 함안군	국공립 어린이집 확충	300,000	주민복지과	9	2	1	7	3	5	1	4
7607	경남 함안군	유해야생동물 피해예방시설 설치	130,000	환경과	9	2	7	8	7	5	5	4
7608	경남 함안군	굴뚝자동측정기기 설치운영관리비 지원	23,060	환경과	9	2	7	8	7	5	5	4
7609	경남 함안군	노후경유차 조기 폐차 보조사업	800,000	환경과	9	2	7	8	7	5	5	4
7610	경남 함안군	저감장치(DPF) 부착 지원사업	380,000	환경과	9	2	7	8	7	5	5	4
7611	경남 함안군	건설기계 DPF 부착지원사업	33,000	환경과	9	2	7	8	7	5	5	4
7612	경남 함안군	건설기계 엔진교체 지원사업	66,000	환경과	9	2	7	8	7	5	5	4
7613	경남 함안군	LPG 화물차 신차구입 지원사업	200,000	환경과	9	2	7	8	7	5	5	4
7614	경남 함안군	어린이집 통학차량 LPG차 전환 지원사업	30,000	환경과	9	2	7	8	7	5	5	4
7615	경남 함안군	가정용 저녹스보일러 설치 지원사업	9,800	환경과	9	2	7	8	7	5	5	4
7616	경남 함안군	소규모사업장 방지시설 설치 지원	3,426,415	환경과	9	2	7	8	7	5	5	4
7617	경남 함안군	수질자동측정기기 운영비 지원	24,000	환경과	9	2	7	8	7	5	5	4
7618	경남 함안군	임산물상품화지원	71,790	산림녹지과	9	2	7	8	7	5	5	4
7619	경남 함안군	임산물유통기반조성	217,462	산림녹지과	9	2	7	8	7	5	5	4
7620	경남 함안군	임산물 생산기반조성	90,000	산림녹지과	9	2	7	8	7	5	5	4
7621	경남 함안군	산림작물생산단지	57,276	산림녹지과	9	2	7	8	7	5	5	4
7622	경남 함안군	산림복합경영단지 지원	79,988	산림녹지과	9	2	7	8	7	5	5	4
7623	경남 함안군	목재펠릿보일러 보급	13,600	산림녹지과	9	2	7	8	7	5	5	4
7624	경남 함안군	전기자동차 보급 및 충전인프라 구축	1,007,000	경제기업과	9	2	7	8	7	1	1	4
7625	경남 함안군	수소차 보급사업	198,600	경제기업과	9	2	7	8	7	1	1	4
7626	경남 함안군	신재생에너지 주택지원사업	100,000	경제기업과	9	6	7	8	7	1	1	4
7627	경남 함안군	축사 등 건물 신재생에너지 보급사업	28,000	경제기업과	9	6	7	8	7	1	1	4
7628	경남 함안군	신재생에너지 융복합지원사업	2,136,374	경제기업과	9	2	7	8	7	1	1	4
7629	경남 함안군	전기이륜차 보급사업	10,800	경제기업과	9	2	7	8	7	1	1	4
7630	경남 함안군	기존건축물화재안전 보강사업	26,700	도시건축과	9	8	7	8	7	5	5	4
7631	경남 함안군	주거급여 수선유지 급여사업	960,530	도시건축과	9	2	5	1	7	3	3	4
7632	경남 함안군	희귀질환자 의료비 지원사업	90,000	건강증진과	9	2	7	8	7	5	5	4
7633	경남 함안군	국가암 관리 지자체 지원	110,100	건강증진과	9	2	7	8	7	5	5	4
7634	경남 함안군	의료급여수급권자 일반건강 검진 지원	13,206	건강증진과	9	2	7	8	7	5	5	4
7635	경남 함안군	치매치료관리비 지원	260,000	건강증진과	9	2	7	8	7	5	5	4
7636	경남 함안군	종균활용장류 품질향상 기술시범	70,000	농업정책과	9	2	7	8	7	5	5	4
7637	경남 함안군	우량종자 생산 공동육묘장 조성	60,000	농업정책과	9	2	7	8	7	5	5	4
7638	경남 함안군	농촌체험 장비 구입	50,000	농업정책과	9	2	7	8	7	5	5	4
7639	경남 함안군	농작업재해예방안전기술능력배양	5,000	농업정책과	9	7	7	8	7	5	5	4
7640	경남 함안군	농작업친환경화장실설치	5,000	농업정책과	9	7	7	8	7	5	5	4
7641	경남 함안군	다목적발효배양기구	4,000	농업정책과	9	7	7	8	7	5	5	4
7642	경남 함안군	농촌어르신복지생활실천시범	50,000	농업정책과	9	7	7	8	7	5	5	4

순번	시군구	지출명 (사업명)	2021년예산 (단위:천원/1년간)	담당자 (공무원)	민간이전 분류 (지방자치단체 세출예산 집행기준에 의거)	민간이전지출 근거 (지방보조금 관리기준 참고)	입찰방식			운영예산 산정		성과평가 실시여부
				담당부서	1. 민간경상사업보조(307-02) 2. 민간단체 법정운영비보조(307-03) 3. 민간행사사업보조(307-04) 4. 민간위탁금(307-05) 5. 사회복지시설 법정운영비보조(307-10) 6. 민간인위탁교육비(307-12) 7. 공기관등에대한경상적위탁사업비(308-10) 8. 민간자본사업보조,자체재원(402-01) 9. 민간자본사업보조,이전재원(402-02) 10. 민간위탁사업비(402-03) 11. 공기관등에 대한 자본적 대행사업비(403-02)	1. 법률에 규정 2. 국고보조 재원(국가지정) 3. 용도 지정 기부금 4. 조례에 직접규정 5. 지자체가 권장하는 사업을 하는 공공기관 6. 시,도 정책 및 재정사정 7. 기타 8. 해당없음	계약체결방법 (경쟁형태) 1. 일반경쟁 2. 제한경쟁 3. 지명경쟁 4. 수의계약 5. 법정위탁 6. 기타 ( ) 7. 해당없음	계약기간 1. 1년 2. 2년 3. 3년 4. 4년 5. 5년 6. 기타 ( )년 7. 단기계약 (1년미만) 8. 해당없음	낙찰자선정방법 1. 적격심사 2. 협상에의한계약 3. 최저가낙찰제 4. 규격가격분리 5. 2단계 경쟁입찰 6. 기타 ( ) 7. 해당없음	운영예산 산정 1. 내부산정 (지자체 자체적으로 산정) 2. 외부산정 (외부전문기관위탁 산정) 3. 내·외부 모두 산정 4. 산정 無 5. 해당없음	정산방법 1. 내부정산 (지자체 내부적으로 정산) 2. 외부정산 (외부전문기관위탁 정산) 3. 내·외부 모두 산정 4. 정산 無 5. 해당없음	1. 실시 2. 미실시 3. 향후 추진 4. 해당없음
7643	경남 함안군	맞춤형 중소형 농기계 지원사업	300,000	농업정책과	9	4	7	8	7	5	5	4
7644	경남 함안군	농자재 살포기 구입 지원사업	20,000	농업정책과	9	4	7	8	7	5	5	4
7645	경남 함안군	톤백수매 확대	8,550	농축산과	9	6	7	8	7	1	1	1
7646	경남 함안군	우리밀 생산지원	20,160	농축산과	9	6	7	8	7	1	1	1
7647	경남 함안군	고품질 쌀생산단지	72,800	농축산과	9	6	7	8	7	1	1	1
7648	경남 함안군	기능성 쌀 재배단지	39,200	농축산과	9	6	7	8	7	1	1	1
7649	경남 함안군	생산비 절감 벼 소식재배 시범	32,000	농축산과	9	6	7	8	7	1	1	1
7650	경남 함안군	용도별 국산밀 품질체계화 패키지형 구축시범	300,000	농축산과	9	2	7	8	7	1	1	1
7651	경남 함안군	친환경농업 유통활성화 지원	3,014	농축산과	9	1	7	8	7	1	1	1
7652	경남 함안군	시비효율개선 친환경농자재 시범	16,000	농축산과	9	1	7	8	7	1	1	1
7653	경남 함안군	유기농업자재지원	7,352	농축산과	9	2	7	8	7	1	1	1
7654	경남 함안군	우수 종돈농가 보급지원사업	35,000	농축산과	9	6	7	8	7	1	1	1
7655	경남 함안군	양봉산업 구조개선사업	60,250	농축산과	9	6	7	8	7	1	1	1
7656	경남 함안군	유용곤충 사육시설 지원사업	10,000	농축산과	9	6	7	8	7	1	1	1
7657	경남 함안군	가축고온스트레스 예방장비지원	25,000	농축산과	9	6	7	8	7	1	1	1
7658	경남 함안군	생체정보이용 가축 질병 및분만조기진단	24,000	농축산과	9	6	7	8	7	1	1	1
7659	경남 함안군	축산스마트팜 통합 제어시스템활용기술	120,000	농축산과	9	6	7	8	7	1	1	1
7660	경남 함안군	조사료 생산용 기계장비구입 지원	100,000	농축산과	9	2	7	8	7	1	1	1
7661	경남 함안군	조사료 생산용 기계장비구입 지원	10,000	농축산과	9	6	7	8	7	1	1	1
7662	경남 함안군	축사시설 환경개선사업	4,000	농축산과	9	6	7	8	7	1	1	1
7663	경남 함안군	가축분뇨 퇴액비 시설지원	18,000	농축산과	9	2	7	8	7	1	1	1
7664	경남 함안군	축산농가 소독시설 설치 지원	30,000	농축산과	9	4	7	8	7	1	1	1
7665	경남 함안군	계란 냉장차량 지원 사업	30,000	농축산과	9	2	7	8	7	1	1	1
7666	경남 창녕군	자활사업 생산적 일자리 플랫폼 구축 지원	15,000	주민복지과	9	2	5	1	7	5	1	1
7667	경남 창녕군	어린이집 환경개선	32,000	노인여성아동과	9	1	7	8	7	5	1	1
7668	경남 창녕군	국가지정문화재 및 등록문화재 보수정비	138,000	문화체육과	9	1	7	8	7	5	5	4
7669	경남 창녕군	전통사찰 보수정비사업	80,000	문화체육과	9	1	7	8	7	5	5	4
7670	경남 창녕군	수질자동측정기기 부착운영 지원	24,000	환경위생과	9	2	7	8	7	5	5	4
7671	경남 창녕군	전기자동차 보급 및 충전인프라구축	3,864,500	환경위생과	9	2	7	8	7	5	5	4
7672	경남 창녕군	운행경유차 배출가스 저감사업	930,500	환경위생과	9	2	7	8	7	5	5	4
7673	경남 창녕군	소규모 사업장 방지시설 설치지원 사업	1,084,500	환경위생과	9	2	7	8	7	5	5	4
7674	경남 창녕군	기후변화 대응 쿨루프 지원사업	38,000	환경위생과	9	6	7	8	7	5	5	4
7675	경남 창녕군	어린이통학차 LPG차 전환 지원	15,000	환경위생과	9	2	7	8	7	5	5	4
7676	경남 창녕군	가정용 저녹스보일러 보급사업	7,600	환경위생과	9	2	7	8	7	5	5	4
7677	경남 창녕군	목재펠릿보일러 보급	8,400	산림녹지과	9	2	7	8	7	1	1	2
7678	경남 창녕군	산림작물생산단지	434,084	산림녹지과	9	2	7	8	7	1	1	2
7679	경남 창녕군	목재산업시설 현대화사업	120,000	산림녹지과	9	2	7	8	7	1	1	2
7680	경남 창녕군	전세버스 장비구입 지원사업	10,793	건설교통과	9	1	7	8	7	5	5	4
7681	경남 창녕군	신재생에너지보급사업	310,500	일자리경제과	9	2	7	8	7	5	5	4
7682	경남 창녕군	빈집정비	53,500	주택담당	9	6	7	1	7	5	1	1
7683	경남 창녕군	노후불량 및 슬레이트 건축물 지붕개량	12,720	주택담당	9	6	7	1	7	5	1	1
7684	경남 창녕군	화재안전성능보강 지원사업	26,000	주택담당	9	6	7	1	7	1	1	1

순번	시군구	지출명 (사업명)	2021년예산 (단위:천원/1년간)	담당자 (공무원) 담당부서	민간이전 분류 (지방자치단체 세출예산 집행기준에 의거) 1. 민간경상사업보조(307-02) 2. 민간단체 법정운영비보조(307-03) 3. 민간행사사업보조(307-04) 4. 민간위탁금(307-05) 5. 사회복지시설 법정운영비보조(307-10) 6. 민간인위탁교육비(307-12) 7. 공기관등에대한경상적위탁사업비(308-10) 8. 민간자본사업보조,자체재원(402-01) 9. 민간자본사업보조,이전재원(402-02) 10. 민간위탁사업비(402-03) 11. 공기관등에 대한 자본적 대행사업비(403-02)	민간이전지출 근거 (지방보조금 관리기준 참고) 1. 법률에 규정 2. 국고보조 재원(국가지정) 3. 용도 지정 기부금 4. 조례에 직접규정 5. 지자체가 권장하는 사업을 하는 공공기관 6. 시,도 정책 및 재정사정 7. 기타 8. 해당없음	입찰방식 계약체결방법 (경쟁형태) 1. 일반경쟁 2. 제한경쟁 3. 지명경쟁 4. 수의계약 5. 법정위탁 6. 기타 ( ) 7. 해당없음	입찰방식 계약기간 1. 1년 2. 2년 3. 3년 4. 4년 5. 5년 6. 기타 ( )년 7. 단기계약 (1년미만) 8. 해당없음	입찰방식 낙찰자선정방법 1. 적격심사 2. 협상에의한계약 3. 최저가낙찰제 4. 규격가격분리 5. 2단계 경쟁입찰 6. 기타 ( ) 7. 해당없음	운영예산 산정 운영예산 산정 1. 내부산정 (지자체 자체적으로 산정) 2. 외부산정 (외부전문기관위탁 산정) 3. 내·외부 모두 산정 4. 산정 無 5. 해당없음	운영예산 산정 정산방법 1. 내부정산 (지자체 내부적으로 정산) 2. 외부정산 (외부전문기관위탁 정산) 3. 내·외부 모두 산정 4. 정산 無 5. 해당없음	성과평가 실시여부 1. 실시 2. 미실시 3. 향후 추진 4. 해당없음
7685	경남 창녕군	도시민농촌유치사업	30,000	농업정책과	9	2	7	8	7	5	5	4
7686	경남 창녕군	양식어장 자동화 시설장비지원	104,000	농업정책과	9	6	7	8	7	5	5	4
7687	경남 창녕군	톤백수매 확대사업	4,000	농업정책과	9	6	7	8	7	5	5	4
7688	경남 창녕군	집진시설개보수 지원사업	260,000	농업정책과	9	2	7	8	7	5	5	4
7689	경남 창녕군	양정시설 지원사업	220,000	농업정책과	9	6	7	8	7	5	5	4
7690	경남 창녕군	고품질 쌀 생산시범단지	439,700	농업정책과	9	6	7	8	7	5	5	4
7691	경남 창녕군	유해 야생동물 포획시설 지원사업	7,920	농업정책과	9	2	7	8	7	5	5	4
7692	경남 창녕군	쌀 생산조정 기반조성 사업	18,200	농업정책과	9	6	7	8	7	5	5	4
7693	경남 창녕군	밭작물 농자재 지원	8,505	농업정책과	9	6	7	8	7	5	5	4
7694	경남 창녕군	생태농업단지 조성	78,022	농업정책과	9	6	7	8	7	5	5	4
7695	경남 창녕군	조사료생산용 종자구입 지원	126,000	농축산유통과	9	1	7	8	7	5	5	4
7696	경남 창녕군	조사료 생산용 기계장비 구입 지원	80,000	농축산유통과	9	1	7	8	7	5	5	4
7697	경남 창녕군	조사료 기계장비 지원	42,600	농축산유통과	9	1	7	8	7	5	5	4
7698	경남 창녕군	젖소능력개량사업	12,551	농축산유통과	9	1	7	8	7	5	5	4
7699	경남 창녕군	양봉산업 구조개선 사업	47,450	농축산유통과	9	1	7	8	7	5	5	4
7700	경남 창녕군	고품질 한우산업 육성	21,258	농축산유통과	9	1	7	8	7	5	5	4
7701	경남 창녕군	유용곤충사육시설 지원사업	20,500	농축산유통과	9	1	7	8	7	5	5	4
7702	경남 창녕군	한우 면역강화용 사료첨가제(규산염제) 지원	33,930	농축산유통과	9	1	7	8	7	5	5	4
7703	경남 창녕군	무인로봇활용 섬유질 자가배합사료 급여시스템 기술 시범	100,000	농축산유통과	9	1	7	8	7	5	5	4
7704	경남 창녕군	친환경 꿀벌사양 지원사업	17,764	농축산유통과	9	1	7	8	7	5	5	4
7705	경남 창녕군	가금 생산성 향상 및 AI차단 지원사업	40,000	농축산유통과	9	8	7	8	7	5	5	4
7706	경남 창녕군	소독시설 설치	28,000	농축산유통과	9	1	7	8	7	5	5	4
7707	경남 창녕군	CCTV 등 방역인프라 설치 지원	7,200	농축산유통과	9	1	7	8	7	5	5	4
7708	경남 창녕군	거점소독시설 개보수 비용 지원	40,000	농축산유통과	9	1	7	8	7	5	5	4
7709	경남 창녕군	축산농가 악취방지 개선	100,000	농축산유통과	9	1	7	8	7	5	5	4
7710	경남 창녕군	가축분뇨 수분조절재 지원	190,000	농축산유통과	9	1	7	8	7	5	5	4
7711	경남 창녕군	축사시설 환경개선	65,400	농축산유통과	9	1	7	8	7	5	5	4
7712	경남 창녕군	바이오커튼 활용 돈사 냄새저감 종합기술 시범	200,000	농축산유통과	9	2	7	8	7	5	5	4
7713	경남 창녕군	가축 고온 스트레스 예방장비 지원사업	10,000	농축산유통과	9	1	7	8	7	5	5	4
7714	경남 창녕군	농산물 산지유통시설 지원	225,540	농축산유통과	9	4	7	8	7	5	5	4
7715	경남 창녕군	저온유통체계구축사업	382,614	농축산유통과	9	2	7	8	7	5	5	4
7716	경남 창녕군	GAP 인증수수료 및 시설장비 지원	9,000	농축산유통과	9	4	7	8	7	5	5	4
7717	경남 창녕군	수출농가·업체 시설지원	368,000	농축산유통과	9	4	7	8	7	5	5	4
7718	경남 창녕군	원예시설현대화사업	124,404	농축산유통과	9	2	7	8	7	5	5	4
7719	경남 창녕군	농산물가공육성산업	30,000	농축산유통과	9	4	7	8	7	5	5	4
7720	경남 창녕군	전문농업인 육성지원	200,000	기술지원과	9	6	7	8	7	5	5	4
7721	경남 창녕군	경남형 주민참여 공모사업	147,000	기술지원과	9	6	7	8	7	5	5	4
7722	경남 창녕군	작물기술 보급시범	86,000	기술지원과	9	4	7	8	7	5	5	4
7723	경남 창녕군	농업 신기술시범	80,000	기술지원과	9	2	7	8	7	5	5	4
7724	경남 창녕군	농촌어르신 복지실천	40,000	기술지원과	9	6	7	8	7	5	5	4
7725	경남 창녕군	농업분야 에너지절감시설지원	140,837	기술지원과	9	2	7	8	7	5	5	4
7726	경남 창녕군	시설원예현대화지원	6,655	기술지원과	9	6	7	8	7	5	5	4

순번	시군구	지출명 (사업명)	2021년예산 (단위:천원/1년간)	담당자 (공무원) 담당부서	민간이전 분류 (지방자치단체 세출예산 집행기준에 의거) 1. 민간경상사업보조(307-02) 2. 민간단체 법정운영비보조(307-03) 3. 민간행사사업보조(307-04) 4. 민간위탁금(307-05) 5. 사회복지시설 법정운영비보조(307-10) 6. 민간인위탁교육비(307-12) 7. 공기관등에대한경상적위탁사업비(308-10) 8. 민간자본사업보조,자체재원(402-01) 9. 민간자본사업보조,이전재원(402-02) 10. 민간위탁사업비(402-03) 11. 공기관등에 대한 자본적 대행사업비(403-02)	민간이전지출 근거 (지방보조금 관리기준 참고) 1. 법률에 규정 2. 국고보조 재원(국가지정) 3. 용도 지정 기부금 4. 조례에 직접규정 5. 지자체가 권장하는 사업을 하는 공공기관 6. 시,도 정책 및 재정사정 7. 기타 8. 해당없음	입찰방식 계약체결방법 (경쟁형태) 1. 일반경쟁 2. 제한경쟁 3. 지명경쟁 4. 수의계약 5. 법정위탁 6. 기타 ( ) 7. 해당없음	입찰방식 계약기간 1. 1년 2. 2년 3. 3년 4. 4년 5. 5년 6. 기타 ( )년 7. 단기계약 (1년미만) 8. 해당없음	입찰방식 낙찰자선정방법 1. 적격심사 2. 협상에의한계약 3. 최저가낙찰제 4. 규격가격분리 5. 2단계 경쟁입찰 6. 기타 ( ) 7. 해당없음	운영예산 산정 운영예산 산정 1. 내부산정 (지자체 자체적으로 산정) 2. 외부산정 (외부전문기관위탁 산정) 3. 내·외부 모두 산정 4. 산정 無 5. 해당없음	운영예산 산정 정산방법 1. 내부정산 (지자체 내부적으로 정산) 2. 외부정산 (외부전문기관위탁 정산) 3. 내·외부 모두 산정 4. 정산 無 5. 해당없음	성과평가 실시여부 1. 실시 2. 미실시 3. 향후 추진 4. 해당없음
7727	경남 창녕군	원예분야 ICT융복합지원	12,239	기술지원과	9	6	7	8	7	5	5	4
7728	경남 창녕군	밭작물 공동경영체 육성사업	900,000	기술지원과	9	2	7	8	7	5	5	4
7729	경남 창녕군	시설채소 고품질 생산	269,935	기술지원과	9	6	7	8	7	5	5	4
7730	경남 창녕군	농업신기술시범	160,000	기술지원과	9	2	7	8	7	5	5	4
7731	경남 창녕군	지역활력화작목기반조성	200,000	기술지원과	9	6	7	8	7	5	5	4
7732	경남 창녕군	고추비가림재배시설지원	40,000	기술지원과	9	6	7	8	7	5	5	4
7733	경남 창녕군	과수고품질시설현대화사업	92,500	기술지원과	9	2	7	8	7	5	5	4
7734	경남 창녕군	소비선호형 우리품종 단지조성 시범	200,000	기술지원과	9	2	7	8	7	5	5	4
7735	경남 창녕군	안전농산물 생산기술보급	104,800	기술지원과	9	6	7	8	7	5	5	4
7736	경남 창녕군	특용작물시설현대화사업	13,750	기술지원과	9	2	7	8	7	5	5	4
7737	경남 창녕군	농산물품질고급화	55,000	기술지원과	9	6	7	8	7	5	5	4
7738	경남 창녕군	맞춤형 중소형 농기계지원사업	426,667	기술지원과	9	6	7	8	7	5	5	4
7739	경남 창녕군	양파 고품질생산 농기계지원	43,055	기술지원과	9	6	7	8	7	5	5	4
7740	경남 창녕군	호흡기전담클리닉 설치운영 지원사업	100,000	보건소 보건정책과	9	2	7	8	7	5	5	4
7741	경남 고성군	동네방네 밀어주고 씻겨주는 마을목욕탕	25,000	군정혁신담당관	9	6	7	8	7	5	5	4
7742	경남 고성군	경남형 커뮤니케어 시범사업	60,000	주민생활과	9	2	7	8	7	1	1	4
7743	경남 고성군	자활사업 플랫폼 구축지원	15,000	주민생활과	9	6	5	8	7	1	1	1
7744	경남 고성군	장애인거주시설 기능보강	237,890	복지지원과	9	2	7	8	7	1	1	2
7745	경남 고성군	어린이집 기능보강	3,500	교육청소년과	9	2	1	8	7	5	1	2
7746	경남 고성군	지역아동센터 환경개선 지원	10,000	교육청소년과	9	4	7	8	7	5	1	2
7747	경남 고성군	문수암대웅전개축공사	380,000	문화관광과	9	2	7	8	7	5	5	4
7748	경남 고성군	야생동물 피해예방시설 설치사업	50,000	환경과	9	1	7	8	7	1	1	4
7749	경남 고성군	주유소 유증기 회수설비 설치지원 사업	164,900	환경과	9	2	7	8	7	1	1	4
7750	경남 고성군	전기자동차 구매지원	2,320,000	환경과	9	2	7	8	7	1	1	4
7751	경남 고성군	전기이륜차 보급사업	18,000	환경과	9	2	7	8	7	1	1	4
7752	경남 고성군	쿨루프 지원사업	20,250	환경과	9	2	7	8	7	1	1	4
7753	경남 고성군	운행차 배출가스 저감사업	474,626	환경과	9	2	7	8	7	1	1	4
7754	경남 고성군	어린이통학차량 LPG차 전환 지원사업	30,000	환경과	9	2	7	8	7	1	1	4
7755	경남 고성군	가정용 저녹스 보일러 보급사업	55,200	환경과	9	2	7	8	7	1	1	4
7756	경남 고성군	수산물 산지가공시설 건립	2,432,100	해양수산과	9	6	7	8	7	1	1	2
7757	경남 고성군	친환경 에너지절감장비 보급	300,000	해양수산과	9	2	7	8	7	1	1	2
7758	경남 고성군	양식어장 자동화시설 장비지원	400,000	해양수산과	9	6	7	8	7	1	1	2
7759	경남 고성군	친환경에너지 보급	440,000	해양수산과	9	2	6	1	6	1	1	2
7760	경남 고성군	어선사고예방시스템 구축	31,200	해양수산과	9	2	7	8	7	1	1	2
7761	경남 고성군	다목적 해상 공동작업대 지원	80,000	해양수산과	9	6	7	8	7	1	1	2
7762	경남 고성군	수산물 유통물류센터 건립	300,000	해양수산과	9	6	7	8	7	5	5	4
7763	경남 고성군	패류 지역특화 품종 육성	272,000	해양수산과	9	6	7	8	7	1	1	2
7764	경남 고성군	연안어선 안전설비 시범지원	8,000	해양수산과	9	6	7	8	7	5	5	4
7765	경남 고성군	고수온 대응 지원사업	30,000	해양수산과	9	2	7	8	7	1	1	2
7766	경남 고성군	어촌체험마을 홍보물 및 장비구입	4,100	해양수산과	9	6	7	8	7	1	1	2
7767	경남 고성군	고성군 도시가스 공급사업	200,000	일자리경제과	9	4	7	8	7	1	1	3
7768	경남 고성군	신재생에너지 주택지원사업	132,700	일자리경제과	9	8	7	8	7	5	5	4

순번	시군구	지출명 (사업명)	2021년예산 (단위:천원/1년간)	담당자 (공무원) 담당부서	민간이전 분류 (지방자치단체 세출예산 집행기준에 의거) 1. 민간경상사업보조(307-02) 2. 민간단체 법정운영비보조(307-03) 3. 민간행사사업보조(307-04) 4. 민간위탁금(307-05) 5. 사회복지시설 법정운영비보조(307-10) 6. 민간인위탁교육비(307-12) 7. 공기관등에대한경상적위탁사업비(308-10) 8. 민간자본사업보조,자체재원(402-01) 9. 민간자본사업보조,이전재원(402-02) 10. 민간위탁사업비(402-03) 11. 공기관등에 대한 자본적 대행사업비(403-02)	민간이전지출 근거 (지방보조금 관리기준 참고) 1. 법률에 규정 2. 국고보조 재원(국가지정) 3. 용도 지정 기부금 4. 조례에 직접규정 5. 지자체가 권장하는 사업을 하는 공공기관 6. 시,도 정책 및 재정사정 7. 기타 8. 해당없음	입찰방식 계약체결방법 (경쟁형태) 1. 일반경쟁 2. 제한경쟁 3. 지명경쟁 4. 수의계약 5. 법정위탁 6. 기타 ( ) 7. 해당없음	입찰방식 계약기간 1. 1년 2. 2년 3. 3년 4. 4년 5. 5년 6. 기타 ( )년 7. 단기계약 (1년미만) 8. 해당없음	입찰방식 낙찰자선정방법 1. 적격심사 2. 협상에의한계약 3. 최저가낙찰제 4. 규격가격분리 5. 2단계 경쟁입찰 6. 기타 ( ) 7. 해당없음	운영예산 산정 운영예산 산정 1. 내부산정 (지자체 자체적으로 산정) 2. 외부산정 (외부전문기관위탁 산정) 3. 내·외부 모두 산정 4. 산정 無 5. 해당없음	운영예산 산정 정산방법 1. 내부정산 (지자체 내부적으로 정산) 2. 외부정산 (외부전문기관위탁 정산) 3. 내·외부 모두 산정 4. 정산 無 5. 해당없음	성과평가 실시여부 1. 실시 2. 미실시 3. 향후 추진 4. 해당없음
7769	경남 고성군	신재생에너지 융복합지원사업	1,151,886	일자리경제과	9	8	7	8	7	5	5	4
7770	경남 고성군	신재생에너지 건물지원사업	24,000	일자리경제과	9	8	7	8	7	5	5	4
7771	경남 고성군	시설원예 수출농가 연질강화필름지원	15,000	농업정책과	9	6	7	8	7	5	5	4
7772	경남 고성군	수출탑 수상농가 인센티브 지원	8,000	농업정책과	9	6	7	8	7	5	5	4
7773	경남 고성군	맞춤형중소농기계지원	464,000	농업정책과	9	4	7	8	7	5	5	4
7774	경남 고성군	농기계등화장치부착지원	17,300	농업정책과	9	2	7	8	7	5	5	4
7775	경남 고성군	유기농업선도농가 가공유통 지원	3,000	친환경농업과	9	2	7	8	7	5	5	4
7776	경남 고성군	유해 야생동물 포획시설 지원	3,960	천환경농업과	9	2	7	8	7	5	5	4
7777	경남 고성군	고품질 쌀 생산 시범단지 조성	184,800	친환경농업과	9	6	7	8	7	5	5	4
7778	경남 고성군	고품질 잡곡 재배단지 조성	49,000	친환경농업과	9	6	7	8	7	5	5	4
7779	경남 고성군	무병묘 활용 고구마 품질향상 시범	8,000	친환경농업과	9	6	7	8	7	5	5	4
7780	경남 고성군	프라즈마 큐어링기술 활용 밭작물 저장성 향상 시범	24,000	친환경농업과	9	6	7	8	7	5	5	4
7781	경남 고성군	벼 병해충 공동방제 농작업 대행료 지원	465,120	친환경농업과	9	7	7	8	7	5	5	4
7782	경남 고성군	시설원예 에너지절감패키지 시범사업	50,000	친환경농업과	9	6	7	8	7	5	5	4
7783	경남 고성군	원예농산물 저온유통체계 구축	34,057	친환경농업과	9	6	7	8	7	5	5	4
7784	경남 고성군	약용작물 안정생산 지원사업	20,000	친환경농업과	9	6	7	8	7	5	5	4
7785	경남 고성군	고품질 마늘생산 기계화 지원사업	630	친환경농업과	9	6	7	8	7	5	5	4
7786	경남 고성군	신소득 과실생산시설 현대화	35,000	친환경농업과	9	7	7	8	7	5	5	4
7787	경남 고성군	과원 관리 생력기계화 지원	15,000	친환경농업과	9	7	7	8	7	5	5	4
7788	경남 고성군	수국 저면관수시스템 활용 우량묘 생산 시범	80,000	친환경농업과	9	7	7	8	7	5	5	4
7789	경남 고성군	화훼 생산시설 현대화	40,345	친환경농업과	9	7	7	8	7	5	5	4
7790	경남 고성군	화훼 유통시설 및 장비확충	3,635	친환경농업과	9	7	7	8	7	5	5	4
7791	경남 고성군	화훼류 신수출전략품목 육성	19,000	친환경농업과	9	2	7	8	7	5	5	4
7792	경남 고성군	과수생산시설 현대화사업	32,500	친환경농업과	9	2	7	8	7	5	5	4
7793	경남 고성군	과수 수정용 꽃가루 지원	7,500	친환경농업과	9	7	7	8	7	5	5	4
7794	경남 고성군	유해가스에 안전한 황토유황 자동제조기 보급	6,400	친환경농업과	9	7	7	8	7	5	5	4
7795	경남 고성군	가축 고온 스트레스 예방장비 지원	10,000	축산과	9	6	7	8	7	5	5	4
7796	경남 고성군	가축 폐사축 처리기 지원	15,000	축산과	9	6	7	8	7	5	5	4
7797	경남 고성군	바이오커튼활용 돈사 냄새저감 종합기술 시범	200,000	축산과	9	2	7	8	7	5	5	4
7798	경남 고성군	폭염대비 육계 냉음용수 급수시스템 보급 시범	40,000	축산과	9	6	2	1	2	2	1	4
7799	경남 고성군	축사시설 환경개선사업	120,000	축산과	9	6	4	1	2	2	1	3
7800	경남 고성군	가축분뇨비 처리 기계장비 지원	120,000	축산과	9	6	7	8	7	5	5	4
7801	경남 고성군	방역차량 및 질병 검사장비 등 지원	18,000	축산과	9	6	7	8	7	2	3	4
7802	경남 고성군	가축방역용 자동목걸이 설치 지원	6,000	축산과	9	6	7	8	7	2	3	4
7803	경남 고성군	거점소독시설 개보수 비용 지원	40,000	축산과	9	6	7	8	7	2	3	4
7804	경남 고성군	야생멧돼지 침입방지 울타리 설치 지원	86,400	축산과	9	6	7	8	7	2	3	4
7805	경남 고성군	안전관리인증 축산농가 및 영업장 지원	6,000	축산과	9	6	7	8	7	2	3	4
7806	경남 고성군	축산물판매업소 위생시설개선 지원	16,200	축산과	9	6	7	8	7	2	3	4
7807	경남 고성군	조사료생산용 기계장비 구입지원	119,895	축산과	9	2	2	1	1	2	1	4
7808	경남 고성군	축산농가 조사료 기계장비 지원	20,000	축산과	9	2	2	1	1	2	1	4
7809	경남 고성군	양봉산업 구조개선사업	32,685	축산과	9	6	7	8	7	1	1	4
7810	경남 고성군	친환경꿀벌 사양지원사업	24,900	축산과	9	6	7	8	7	1	1	4

순번	시군구	지출명 (사업명)	2021년예산 (단위:천원/1년간)	담당자 (공무원) 담당부서	민간이전 분류 (지방자치단체 세출예산 집행기준에 의거) 1. 민간경상사업보조(307-02) 2. 민간단체 법정운영비보조(307-03) 3. 민간행사사업보조(307-04) 4. 민간위탁금(307-05) 5. 사회복지시설 법정운영비보조(307-10) 6. 민간인위탁교육비(307-12) 7. 공기관등에대한경상적위탁사업비(308-10) 8. 민간자본사업보조,자체재원(402-01) 9. 민간자본사업보조,이전재원(402-02) 10. 민간위탁사업비(402-03) 11. 공기관등에 대한 자본적 대행사업비(403-02)	민간이전지출 근거 (지방보조금 관리기준 참고) 1. 법률에 규정 2. 국고보조 재원(국가지정) 3. 용도 지정 기부금 4. 조례에 직접규정 5. 지자체가 권장하는 사업을 하는 공공기관 6. 시,도 정책 및 재정사정 7. 기타 8. 해당없음	입찰방식 계약체결방법 (경쟁형태) 1. 일반경쟁 2. 제한경쟁 3. 지명경쟁 4. 수의계약 5. 법정위탁 6. 기타 ( ) 7. 해당없음	입찰방식 계약기간 1. 1년 2. 2년 3. 3년 4. 4년 5. 5년 6. 기타 ( )년 7. 단기계약 (1년미만) 8. 해당없음	입찰방식 낙찰자선정방법 1. 적격심사 2. 협상에의한계약 3. 최저가낙찰제 4. 규격가격분리 5. 2단계 경쟁입찰 6. 기타 ( ) 7. 해당없음	운영예산 산정 운영예산 산정 1. 내부산정 (지자체 자체적으로 산정) 2. 외부산정 (외부전문기관위탁 산정) 3. 내·외부 모두 산정 4. 산정 無 5. 해당없음	운영예산 산정 정산방법 1. 내부정산 (지자체 내부적으로 정산) 2. 외부정산 (외부전문기관위탁 정산) 3. 내·외부 모두 산정 4. 정산 無 5. 해당없음	성과평가 실시여부 1. 실시 2. 미실시 3. 향후 추진 4. 해당없음
7811	경남 고성군	말벌퇴치장비 지원사업	288	축산과	9	2	7	8	7	2	1	4
7812	경남 고성군	스마트축산 ICT 시범단지 조성사업	4,500,000	축산과	9	2	7	8	7	1	1	4
7813	경남 고성군	농산물 가공산업 지원	95,000	식품산업과	9	6	7	8	7	5	5	4
7814	경남 고성군	다목적발효배양기구보급	7,000	식품산업과	9	6	7	8	7	5	5	4
7815	경남 고성군	농촌어르신복지생활실천시범	40,000	식품산업과	9	6	7	8	7	5	5	4
7816	경남 고성군	정신보건시설 기능보강사업	1,590,529	보건소	9	2	7	8	7	1	1	1
7817	경남 남해군	자활사업 생산적 일자리 플랫폼 구축지원	15,000	주민복지과	9	6	7	8	7	5	5	4
7818	경남 남해군	노인복지시설 기능보강	108,900	주민복지과	9	2	7	8	7	5	5	4
7819	경남 남해군	장애인거주시설 기능보강	110,000	주민복지과	9	1	7	8	7	5	5	4
7820	경남 남해군	장애인직업재활시설 기능보강	4,000	주민복지과	9	2	7	8	7	5	5	4
7821	경남 남해군	국공립 어린이집 확충	20,000	주민복지과	9	2	7	8	7	5	5	4
7822	경남 남해군	어린이집 기능보강	33,500	주민복지과	9	2	7	8	7	5	5	4
7823	경남 남해군	귀농인의 집 조성 및 빈집리모델링 지원 사업	150,000	청년혁신과	9	1	7	8	7	1	1	3
7824	경남 남해군	지역아동센터 환경개선비 지원	10,000	청년혁신과	9	1	7	8	7	1	1	1
7825	경남 남해군	경남서부아동보호전문기관 심리치료 전문인력 지원	444	청년혁신과	9	1	7	8	7	5	5	4
7826	경남 남해군	화방사 삼성각보수 및 주변정비	202,500	문화관광과	9	1	7	8	7	5	5	4
7827	경남 남해군	남해 가천마을 다랑이논 석축보수	350,000	문화관광과	9	2	7	8	7	5	5	4
7828	경남 남해군	남해 용문사 괘불탱 향적당 이축공사	800,000	문화관광과	9	2	7	8	7	5	5	4
7829	경남 남해군	대방광불화엄경 진본 권53 대웅전 단청공사	295,000	문화관광과	9	2	7	8	7	5	5	4
7830	경남 남해군	화방사 아미타삼존탱 보존처리	36,000	문화관광과	9	1	7	8	7	5	5	4
7831	경남 남해군	화방사 지장시왕탱 보존처리	54,000	문화관광과	9	1	7	8	7	5	5	4
7832	경남 남해군	화방사 독성탱 보존처리	32,000	문화관광과	9	1	7	8	7	5	5	4
7833	경남 남해군	화방사 채진루 주변정비	53,000	문화관광과	9	1	7	8	7	5	5	4
7834	경남 남해군	화방사 채진루 주변정비	25,000	문화관광과	9	1	7	8	7	5	5	4
7835	경남 남해군	남해 망운암 석조보살좌상 주변정비	100,000	문화관광과	9	1	7	8	7	5	5	4
7836	경남 남해군	해관암 아미타삼존도및복장유물일괄 주변정비	37,000	문화관광과	9	1	7	8	7	5	5	4
7837	경남 남해군	소상공인 환경 개선 지원사업	110,000	지역활성과	9	7	7	8	7	1	3	3
7838	경남 남해군	소형어선인양기 설치	700,000	해양수산과	9	6	7	8	7	1	1	4
7839	경남 남해군	생분해성 어구보급	50,000	해양수산과	9	2	7	8	7	1	1	4
7840	경남 남해군	어선사고예방시스템 구축	76,000	해양수산과	9	2	7	8	7	1	1	4
7841	경남 남해군	연안어선 기관개방검사비 지원	60,000	해양수산과	9	6	7	8	7	1	1	4
7842	경남 남해군	정치성업 자동화장비 지원	68,000	해양수산과	9	6	7	8	7	1	1	4
7843	경남 남해군	연안어선 안전설비 지원	10,000	해양수산과	9	6	7	8	7	1	1	4
7844	경남 남해군	친환경 에너지 절감장비 보급	782,700	해양수산과	9	2	7	8	7	1	1	4
7845	경남 남해군	수산물 산지가공시설 건립사업	162,000	해양수산과	9	6	7	8	7	5	1	4
7846	경남 남해군	굴 박신장 소규모 패류위생 정화시설 사업	12,000	해양수산과	9	6	7	8	7	5	1	4
7847	경남 남해군	로컬 수산물 저온유통판매시스템 구축사업	30,000	해양수산과	9	6	7	8	7	5	1	4
7848	경남 남해군	멸치액젓 가공공장 부산물 처리지원사업	180,000	해양수산과	9	6	7	8	7	5	1	4
7849	경남 남해군	양식어장 자동화 시설장비 지원	480,000	해양수산과	9	6	7	8	7	5	1	4
7850	경남 남해군	양식어장 고도화시설 지원	200,000	해양수산과	9	6	7	8	7	5	1	4
7851	경남 남해군	다목적 해상공동작업대 설치지원	240,000	해양수산과	9	6	7	8	7	5	1	4
7852	경남 남해군	고수온 대응장비 지원	100,000	해양수산과	9	2	7	8	7	5	1	4

순번	시군구	지출명 (사업명)	2021년예산 (단위:천원/1년간)	담당자 (공무원) 담당부서	민간이전 분류 (지방자치단체 세출예산 집행기준에 의거) 1. 민간경상사업보조(307-02) 2. 민간단체 법정운영비보조(307-03) 3. 민간행사사업보조(307-04) 4. 민간위탁금(307-05) 5. 사회복지시설 법정운영비보조(307-10) 6. 민간인위탁교육비(307-12) 7. 공기관등에대한경상적위탁사업비(308-10) 8. 민간자본사업보조,자체재원(402-01) 9. 민간자본사업보조,이전재원(402-02) 10. 민간위탁사업비(402-03) 11. 공기관등에 대한 자본적 대행사업비(403-02)	민간이전지출 근거 (지방보조금 관리기준 참고) 1. 법률에 규정 2. 국고보조 재원(국가지정) 3. 용도 지정 기부금 4. 조례에 직접규정 5. 지자체가 권장하는 사업을 하는 공공기관 6. 시,도 정책 및 재정사정 7. 기타 8. 해당없음	입찰방식 계약체결방법 (경쟁형태) 1. 일반경쟁 2. 제한경쟁 3. 지명경쟁 4. 수의계약 5. 법정위탁 6. 기타 ( ) 7. 해당없음	입찰방식 계약기간 1. 1년 2. 2년 3. 3년 4. 4년 5. 5년 6. 기타 ( )년 7. 단기계약 (1년미만) 8. 해당없음	입찰방식 낙찰자선정방법 1. 적격심사 2. 협상에의한계약 3. 최저가낙찰제 4. 규격가격분리 5. 2단계 경쟁입찰 6. 기타 ( ) 7. 해당없음	운영예산 산정 운영예산 산정 1. 내부산정 (지자체 자체적으로 산정) 2. 외부산정 (외부전문기관위탁 산정) 3. 내·외부 모두 산정 4. 산정 無 5. 해당없음	운영예산 산정 정산방법 1. 내부정산 (지자체 내부적으로 정산) 2. 외부정산 (외부전문기관위탁 정산) 3. 내·외부 모두 산정 4. 정산 無 5. 해당없음	성과평가 실시여부 1. 실시 2. 미실시 3. 향후 추진 4. 해당없음
7853	경남 남해군	경남 주력어종 스마트 공동선별 이동시스템	200,000	해양수산과	9	6	7	8	7	5	1	4
7854	경남 남해군	가두리시설 현대화사업	185,990	해양수산과	9	6	7	8	7	5	1	4
7855	경남 남해군	수산물 가공공장 스마트화 지원사업	60,000	해양수산과	9	6	7	8	7	5	1	1
7856	경남 남해군	EEZ주변지역지원	161,728	해양수산과	9	1	7	8	7	1	1	4
7857	경남 남해군	자율관리어업 우수공동체 지원	792,000	해양수산과	9	1	7	8	7	1	1	4
7858	경남 남해군	마을앞바다 소득원 조성	240,000	해양수산과	9	1	7	8	7	1	1	4
7859	경남 남해군	수산종자관리	475,663	해양수산과	9	1	7	8	7	1	1	4
7860	경남 남해군	빈집정비사업	192,000	도시건축과	9	1	7	8	7	5	5	4
7861	경남 남해군	소규모공동주택지원사업	65,900	도시건축과	9	1	7	8	7	5	5	4
7862	경남 남해군	남해읍 남변마을회관 신축공사	250,000	도시건축과	9	4	7	8	7	5	5	4
7863	경남 남해군	이동면 정거마을회관 신축공사	200,000	도시건축과	9	4	7	8	7	5	5	4
7864	경남 남해군	삼동면 동천마을회관 보수공사	25,000	도시건축과	9	4	7	8	7	5	5	4
7865	경남 남해군	남면 평산2리마을회관 안전진단	5,000	도시건축과	9	4	7	8	7	5	5	4
7866	경남 남해군	설천면 금음마을회관 보수공사	50,000	도시건축과	9	4	7	8	7	5	5	4
7867	경남 남해군	창선면 식포마을회관 개보수공사	170,000	도시건축과	9	4	7	8	7	5	5	4
7868	경남 남해군	이동면 초양마을회관 보수공사	20,000	도시건축과	9	4	7	8	7	5	5	4
7869	경남 남해군	설천면 동흥마을회관 보수공사	20,000	도시건축과	9	4	7	8	7	5	5	4
7870	경남 남해군	심천마을 부속창고 신축공사	20,000	도시건축과	9	4	7	8	7	5	5	4
7871	경남 남해군	신기마을회관 보수공사	15,000	도시건축과	9	4	7	8	7	5	5	4
7872	경남 남해군	대곡마을회관 보수공사	8,500	도시건축과	9	4	7	8	7	5	5	4
7873	경남 남해군	천동마을회관 보수공사	20,000	도시건축과	9	4	7	8	7	5	5	4
7874	경남 남해군	차면마을회관 보수공사	15,000	도시건축과	9	4	7	8	7	5	5	4
7875	경남 남해군	포상마을회관 보수공사	8,500	도시건축과	9	4	7	8	7	5	5	4
7876	경남 남해군	풍산마을회관 보수공사	8,000	도시건축과	9	4	7	8	7	5	5	4
7877	경남 남해군	구 동비마을회관 철거공사	30,000	도시건축과	9	4	7	8	7	5	5	4
7878	경남 남해군	야생동물 피해예방사업	61,309	환경녹지과	9	2	7	8	7	5	1	4
7879	경남 남해군	전기자동차 구매 지원	1,850	환경녹지과	9	2	7	8	7	5	1	4
7880	경남 남해군	전기이륜차 보급사업	18,000	환경녹지과	9	2	7	8	7	5	1	4
7881	경남 남해군	경유차저감장치(DPF)부착지원	190,000	환경녹지과	9	2	7	8	7	5	5	4
7882	경남 남해군	건설기계 엔진교체 지원	82,500	환경녹지과	9	2	7	8	7	5	5	4
7883	경남 남해군	LPG화물차 신차구입 지원	320,000	환경녹지과	9	2	7	8	7	5	5	4
7884	경남 남해군	건설기계 저감장치(DPF)부착지원	11,000	환경녹지과	9	2	7	8	7	5	5	4
7885	경남 남해군	목재펠릿보일러보급사업	2,800	환경녹지과	9	2	5	7	7	2	1	2
7886	경남 남해군	산림작물생산단지 조성사업	6,257	환경녹지과	9	2	7	8	5	5	1	4
7887	경남 남해군	일반음식점 주방시설환경개선 지원사업	80,500	보건소	9	6	7	8	7	1	1	1
7888	경남 남해군	집단급식소 식중독 알림 전광판 설치 지원사업	160	보건소	9	6	7	8	7	1	1	1
7889	경남 남해군	청년농업인 드론 공동방제단 운영	80,000	농축산과	9	4	7	8	7	5	5	4
7890	경남 남해군	양봉산업 구조개선	11,900	농축산과	9	1	7	8	7	5	5	4
7891	경남 남해군	축사시설 환경개선	33,000	농축산과	9	1	7	8	7	5	5	4
7892	경남 남해군	조사료생산용 기계장비구입 지원	10,000	농축산과	9	1	7	8	7	5	5	4
7893	경남 남해군	조사료생산용 기계장비구입 지원	77,000	농축산과	9	2	7	8	7	5	5	4
7894	경남 남해군	치즈숙성실 활용 숙성기술 보급 시범	30,000	농축산과	9	2	7	8	7	5	5	4

순번	시군구	지출명 (사업명)	2021년예산 (단위:천원/1년간)	담당자 (공무원)	민간이전 분류 (지방자치단체 세출예산 집행기준에 의거)	민간이전지출 근거 (지방보조금 관리기준 참고)	입찰방식			운영예산 산정		성과평가 실시여부
				담당부서	1. 민간경상사업보조(307-02) 2. 민간단체 법정운영비보조(307-03) 3. 민간행사사업보조(307-04) 4. 민간위탁금(307-05) 5. 사회복지시설 법정운영비보조(307-10) 6. 민간인위탁교육비(307-12) 7. 공기관등에대한경상적위탁사업비(308-10) 8. 민간자본사업보조,자체재원(402-01) 9. 민간자본사업보조,이전재원(402-02) 10. 민간위탁사업비(402-03) 11. 공기관등에 대한 자본적 대행사업비(403-02)	1. 법률에 규정 2. 국고보조 재원(국가지정) 3. 용도 지정 기부금 4. 조례에 직접규정 5. 지자체가 권장하는 사업을 하는 공공기관 6. 시,도 정책 및 재정사정 7. 기타 8. 해당없음	계약체결방법 (경쟁형태) 1. 일반경쟁 2. 제한경쟁 3. 지명경쟁 4. 수의계약 5. 법정위탁 6. 기타 ( ) 7. 해당없음	계약기간 1. 1년 2. 2년 3. 3년 4. 4년 5. 5년 6. 기타 ( )년 7. 단기계약 (1년미만) 8. 해당없음	낙찰자선정방법 1. 적격심사 2. 협상에의한계약 3. 최저가낙찰제 4. 규격가격분리 5. 2단계 경쟁입찰 6. 기타 ( ) 7. 해당없음	운영예산 산정 1. 내부산정 (지자체 자체적으로 산정) 2. 외부산정 (외부전문기관위탁 산정) 3. 내·외부 모두 산정 4. 산정 無 5. 해당없음	정산방법 1. 내부정산 (지자체 내부적으로 정산) 2. 외부정산 (외부전문기관위탁 정산) 3. 내·외부 모두 산정 4. 정산 無 5. 해당없음	1. 실시 2. 미실시 3. 향후 추진 4. 해당없음
7895	경남 남해군	소독시설 설치 지원	10,000	농축산과	9	1	7	8	7	5	5	4
7896	경남 남해군	계란 냉장차량 구입 지원	15,000	농축산과	9	1	7	8	7	5	5	4
7897	경남 남해군	가축 방역용 자동목걸이 설치 지원	2,100	농축산과	9	1	7	8	7	5	5	4
7898	경남 남해군	소규모 농산물 유통시설 지원	249,480	유통지원과	9	2	7	8	7	5	5	4
7899	경남 남해군	로컬푸드 직매장 지원	150,000	유통지원과	9	2	7	8	7	5	5	4
7900	경남 남해군	공공급식 농산물수급 전문조직 육성	35,000	유통지원과	9	4	7	8	7	1	1	1
7901	경남 남해군	다목적 발효 배양기구 보급	2,000	유통지원과	9	6	4	7	7	1	1	2
7902	경남 남해군	작목별 맞춤형 안전관리 실천시범	42,500	유통지원과	9	2	4	7	7	1	1	2
7903	경남 남해군	농촌마을 공동체 식당 운영 지원	21,000	유통지원과	9	6	4	7	7	1	1	2
7904	경남 남해군	벼 신품종 증식단지 시범사업	30,000	농업기술과	9	4	7	8	7	5	5	4
7905	경남 남해군	생산비절감 벼 소식재배 시범사업	32,000	농업기술과	9	4	7	8	7	5	5	4
7906	경남 남해군	농자재살포기지원사업	100,000	농업기술과	9	4	7	8	7	5	5	4
7907	경남 남해군	맞춤형 중소형 농기계 공급	200,000	농업기술과	9	6	7	8	7	5	5	4
7908	경남 남해군	고품질 마늘 생산기계화 지원	4,495	농업기술과	9	4	7	8	7	5	5	4
7909	경남 남해군	마늘 가변형 건조시스템 구축 시범	46,000	농업기술과	9	4	7	8	7	5	5	4
7910	경남 하동군	신재생에너지 융복합지원사업	2,062,590	경제전략과	9	2	7	1	7	3	2	1
7911	경남 하동군	장애인복지시설 공기정화장치 렌탈지원사업	2,100	주민행복과	9	2	7	8	7	1	1	4
7912	경남 하동군	장애인시설기능보강	4,000	주민행복과	9	2	7	8	7	1	1	4
7913	경남 하동군	자활사업 생산적 일자리 플랫폼 구축지원 사업	15,000	주민행복과	9	6	7	8	7	1	1	4
7914	경남 하동군	전통사찰보존정비	360,000	문화체육과	9	2	7	8	7	1	1	4
7915	경남 하동군	전통사찰 방재시스템 구축	171,000	문화체육과	9	2	7	8	7	1	1	4
7916	경남 하동군	국가지정문화재 보수정비	100,000	문화체육과	9	2	7	8	7	1	1	4
7917	경남 하동군	특용작물 시설현대화지원사업	15,000	특화산업과	9	7	7	8	7	1	1	1
7918	경남 하동군	관광다원 편의시설 정비보조사업	128,193	특화산업과	9	7	7	8	7	1	1	1
7919	경남 하동군	빈집정비사업	20,000	도시건축과	9	5	4	7	7	5	5	4
7920	경남 하동군	지붕개량사업	91,160	도시건축과	9	5	4	7	7	5	5	4
7921	경남 하동군	자율관리어업 육성사업	144,000	해양수산과	9	2	7	8	7	5	5	4
7922	경남 하동군	연근해어선 감척사업	85,000	해양수산과	9	2	7	8	7	5	5	4
7923	경남 하동군	친환경 에너지 절감장비 보급사업	180,000	해양수산과	9	2	7	8	7	5	5	4
7924	경남 하동군	연안어선 기관개방 검사비 지원	5,400	해양수산과	9	6	7	8	7	5	5	4
7925	경남 하동군	가두리시설 현대화 사업	74,000	해양수산과	9	2	7	8	7	5	5	4
7926	경남 하동군	고수온 대응 지원사업	100,000	해양수산과	9	2	7	8	7	5	5	4
7927	경남 하동군	양식어장 자동화시설 장비지원	48,000	해양수산과	9	6	7	8	7	5	5	4
7928	경남 하동군	마을앞바다 소득원 조성	40,000	해양수산과	9	6	7	8	7	5	5	4
7929	경남 하동군	패각 친환경처리 지원	23,680	해양수산과	9	2	7	8	7	5	5	4
7930	경남 하동군	면역증강제 공급사업	36,000	해양수산과	9	6	7	8	7	5	5	4
7931	경남 하동군	다목적 해상공동작업대 설치 지원사업	40,000	해양수산과	9	6	7	8	7	5	5	4
7932	경남 하동군	양식 유기폐기물 스마트 리사이클링 시스템 지원	216,000	해양수산과	9	6	7	8	7	5	5	4
7933	경남 하동군	첨단친환경양식시스템 지원사업	3,120,000	해양수산과	9	2	7	8	7	5	5	4
7934	경남 하동군	스마트 공동 선별, 이동 시스템 보급지원사업	200,000	해양수산과	9	6	7	8	7	5	5	4
7935	경남 하동군	낚시터 환경개선사업	40,000	해양수산과	9	6	7	8	7	5	5	4
7936	경남 하동군	임산물 유통기반 조성	54,977	산림녹지과	9	2	7	8	7	5	5	4

순번	시군구	지출명 (사업명)	2021년예산 (단위:천원/1년간)	담당자 (공무원) 담당부서	민간이전 분류 (지방자치단체 세출예산 집행기준에 의거) 1. 민간경상사업보조(307-02) 2. 민간단체 법정운영비보조(307-03) 3. 민간행사사업보조(307-04) 4. 민간위탁금(307-05) 5. 사회복지시설 법정운영비보조(307-10) 6. 민간인위탁교육비(307-12) 7. 공기관등에대한경상적위탁사업비(308-10) 8. 민간자본사업보조,자체재원(402-01) 9. 민간자본사업보조,이전재원(402-02) 10. 민간위탁사업비(402-03) 11. 공기관등에 대한 자본적 대행사업비(403-02)	민간이전지출 근거 (지방보조금 관리기준 참고) 1. 법률에 규정 2. 국고보조 재원(국가지정) 3. 용도 지정 기부금 4. 조례에 직접규정 5. 지자체가 권장하는 사업을 하는 공공기관 6. 시,도 정책 및 재정사정 7. 기타 8. 해당없음	입찰방식 계약체결방법 (경쟁형태) 1. 일반경쟁 2. 제한경쟁 3. 지명경쟁 4. 수의계약 5. 법정위탁 6. 기타 ( ) 7. 해당없음	입찰방식 계약기간 1. 1년 2. 2년 3. 3년 4. 4년 5. 5년 6. 기타 ( )년 7. 단기계약 (1년미만) 8. 해당없음	입찰방식 낙찰자선정방법 1. 적격심사 2. 협상에의한계약 3. 최저가낙찰제 4. 규격가격분리 5. 2단계 경쟁입찰 6. 기타 ( ) 7. 해당없음	운영예산 산정 운영예산 산정 1. 내부산정 (지자체 자체적으로 산정) 2. 외부산정 (외부전문기관위탁 산정) 3. 내·외부 모두 산정 4. 산정 無 5. 해당없음	운영예산 산정 정산방법 1. 내부정산 (지자체 내부적으로 정산) 2. 외부정산 (외부전문기관위탁 정산) 3. 내·외부 모두 산정 4. 정산 無 5. 해당없음	성과평가 실시여부 1. 실시 2. 미실시 3. 향후 추진 4. 해당없음
7937	경남 하동군	산림작물 생산단지 조성	41,902	산림녹지과	9	2	7	8	7	5	5	4
7938	경남 하동군	친환경 임산물 재배관리	30,255	산림녹지과	9	2	7	8	7	5	5	4
7939	경남 하동군	임산물 상품화 지원	22,549	산림녹지과	9	2	7	8	7	5	5	4
7940	경남 하동군	산림복합경영단지	74,976	산림녹지과	9	2	7	8	7	5	5	4
7941	경남 하동군	펠릿보일러 보급	16,800	산림녹지과	9	2	7	8	7	5	5	4
7942	경남 하동군	한센간이양로주택 기능보강사업	4,250	보건정책과	9	2	7	1	7	1	1	1
7943	경남 하동군	포장재 및 디자인 개발 지원사업	3,250	농축산과	9	6	7	8	7	1	1	1
7944	경남 하동군	고품질 한우산업 육성	49,000	농축산과	9	6	7	8	7	1	1	1
7945	경남 하동군	한우 친환경 축산물 인증 지원	4,250	농축산과	9	6	7	8	7	1	1	1
7946	경남 하동군	경남 한우 공동 브랜드 육성	56,850	농축산과	9	6	7	8	7	1	1	1
7947	경남 하동군	송아지 생산성 향상 지원	10,349	농축산과	9	6	7	8	7	1	1	1
7948	경남 하동군	한우 유전정보 기반 정밀사양 기술시범	100,000	농축산과	9	2	4	7	6	1	1	1
7949	경남 하동군	폭염대비 육계 냉음용수 급수시스템 보급 시범	40,000	농축산과	9	6	4	7	6	1	1	1
7950	경남 하동군	양봉산업 구조개선 사업	45,275	농축산과	9	6	7	8	7	1	1	1
7951	경남 하동군	친환경 꿀벌사양 지원	20,000	농축산과	9	6	7	8	7	1	1	1
7952	경남 하동군	축산농가 사료첨가제 지원	16,380	농축산과	9	6	7	8	7	1	1	1
7953	경남 하동군	가축 고온스트레스 예방장비 지원	5,000	농축산과	9	6	7	8	7	1	1	1
7954	경남 하동군	가축분뇨 처리시설 지원	12,000	농축산과	9	2	7	8	7	1	1	1
7955	경남 하동군	가축분뇨 수분조절제 지원	47,500	농축산과	9	6	7	8	7	1	1	1
7956	경남 하동군	가축분뇨 자원화 사업	233,392	농축산과	9	4	7	8	7	1	1	1
7957	경남 하동군	축산농가 악취방지 개선	142,775	농축산과	9	6	7	8	7	1	1	1
7958	경남 하동군	가축분뇨 액비살포비 지원	280,000	농축산과	9	2	7	8	7	1	1	1
7959	경남 하동군	가축분뇨 퇴비살포비 지원	40,000	농축산과	9	2	7	8	7	1	1	1
7960	경남 하동군	젖소 능력 개량사업	12,551	농축산과	9	2	7	8	7	1	1	1
7961	경남 하동군	축사시설 환경개선	6,000	농축산과	9	6	7	8	7	1	1	1
7962	경남 하동군	조사료생산용 기계장비구입 지원	182,370	농축산과	9	2	7	8	7	1	1	1
7963	경남 하동군	조사료생산용 사일리지제조 지원	648,000	농축산과	9	2	7	8	7	1	1	1
7964	경남 하동군	조사료생산용 종자구입 지원	195,300	농축산과	9	2	7	8	7	1	1	1
7965	경남 하동군	축산농가 악취방지 개선	155,040	농축산과	9	6	7	8	7	1	1	1
7966	경남 하동군	소독시설설치	22,000	농축산과	9	6	7	8	7	1	1	1
7967	경남 하동군	CCTV등방역인프라지원	18,000	농축산과	9	2	7	8	7	1	1	1
7968	경남 하동군	거점소독시설개보수비용지원	40,000	농축산과	9	6	7	1	7	1	1	2
7969	경남 하동군	가축방역용 자동목걸이 설치지원	2,700	농축산과	9	6	7	8	7	1	1	1
7970	경남 하동군	야생멧돼지침입방지 울타리설치지원	21,600	농축산과	9	6	7	8	7	1	1	1
7971	경남 하동군	판매단계위생개선지원	16,200	농축산과	9	6	7	8	7	1	1	1
7972	경남 하동군	계란냉장차량지원사업	15,000	농축산과	9	2	7	8	7	1	1	1
7973	경남 하동군	수출기반조성	8,000	농산물유통과	9	6	7	8	7	5	1	3
7974	경남 하동군	농식품가공 수출전문업체 육성	5,000	농산물유통과	9	6	4	7	2	5	1	3
7975	경남 하동군	수출농업단지 현대화·규모화 지원	9,000	농산물유통과	9	6	4	7	7	1	1	3
7976	경남 하동군	시설원예 수출농가 연질강화필름 지원	111,677	농산물유통과	9	6	4	7	7	1	1	3
7977	경남 하동군	소규모 농산물 유통시설 설치사업	300,000	농산물유통과	9	4	1	7	1	1	1	3
7978	경남 하동군	농촌융복합산업 활성화 맞춤형 지원사업	40,000	농산물유통과	9	1	7	8	7	5	1	3

순번	시군구	지출명 (사업명)	2021년예산 (단위:천원/1년간)	담당자 (공무원) 담당부서	민간이전 분류 (지방자치단체 세출예산 집행기준에 의거) 1. 민간경상사업보조(307-02) 2. 민간단체 법정운영비보조(307-03) 3. 민간행사사업보조(307-04) 4. 민간위탁금(307-05) 5. 사회복지시설 법정운영비보조(307-10) 6. 민간인위탁교육비(307-12) 7. 공기관등에대한경상적위탁사업비(308-10) 8. 민간자본사업보조,자체재원(402-01) 9. 민간자본사업보조,이전재원(402-02) 10. 민간위탁사업비(402-03) 11. 공기관등에 대한 자본적 대행사업비(403-02)	민간이전지출 근거 (지방보조금 관리기준 참고) 1. 법률에 규정 2. 국고보조 재원(국가지정) 3. 용도 지정 기부금 4. 조례에 직접규정 5. 지자체가 권장하는 사업을 하는 공공기관 6. 시,도 정책 및 재정사정 7. 기타 8. 해당없음	입찰방식 계약체결방법 (경쟁형태) 1. 일반경쟁 2. 제한경쟁 3. 지명경쟁 4. 수의계약 5. 법정위탁 6. 기타 ( ) 7. 해당없음	입찰방식 계약기간 1. 1년 2. 2년 3. 3년 4. 4년 5. 5년 6. 기타 ( )년 7. 단기계약 (1년미만) 8. 해당없음	입찰방식 낙찰자선정방법 1. 적격심사 2. 협상에의한계약 3. 최저가낙찰제 4. 규격가격분리 5. 2단계 경쟁입찰 6. 기타 ( ) 7. 해당없음	운영예산 산정 운영예산 산정 1. 내부산정 (지자체 자체적으로 산정) 2. 외부산정 (외부전문기관위탁 산정) 3. 내·외부 모두 산정 4. 산정 無 5. 해당없음	운영예산 산정 정산방법 1. 내부정산 (지자체 내부적으로 정산) 2. 외부정산 (외부전문기관위탁 정산) 3. 내·외부 모두 산정 4. 정산 無 5. 해당없음	성과평가 실시여부 1. 실시 2. 미실시 3. 향후 추진 4. 해당없음
7979	경남 하동군	농산물 가공산업 지원사업	300,000	농산물유통과	9	6	7	8	7	5	1	3
7980	경남 하동군	식품소재 및 반가공산업 육성사업	900,000	농산물유통과	9	1	7	8	7	5	5	4
7981	경남 하동군	차세대 농업인 성공모델 육성사업	40,000	농촌진흥과	9	6	1	8	7	1	1	1
7982	경남 하동군	농업인 소규모 창업기술 지원	100,000	농촌진흥과	9	2	7	8	7	3	1	1
7983	경남 하동군	도시민 참여형 아파트 조경 다층식재 기술시범	40,000	농촌진흥과	9	2	7	8	7	3	1	1
7984	경남 하동군	작목별 맞춤형 안전관리 실천시범	50,000	농촌진흥과	9	2	7	8	7	3	1	1
7985	경남 하동군	농촌 어르신 복지생활 실천시범	50,000	농촌진흥과	9	2	7	8	7	3	1	1
7986	경남 하동군	귀농인의 집(방) 리모델링 사업	5,000	농촌진흥과	9	1	7	6	1	1	1	1
7987	경남 하동군	맞춤형중소형 농기계지원	480,000	농촌진흥과	9	4	1	8	7	1	1	1
7988	경남 하동군	농업기계 등화장치 부착지원	10,200	농촌진흥과	9	4	1	8	7	1	1	1
7989	경남 하동군	유기농업자재 지원	131,390	농업소득과	9	2	7	8	7	1	1	3
7990	경남 하동군	천적과 작물보호제를 활용한 해충종합방제기술 시범	50,000	농업소득과	9	2	7	8	7	1	1	3
7991	경남 하동군	IoT 농기계 교통안전 및 사고감지 알람 기술 시범	60,000	농업소득과	9	2	7	8	7	1	1	3
7992	경남 하동군	돌발해충 농림지 종합적 방제 시범	8,000	농업소득과	9	7	7	8	7	1	1	3
7993	경남 하동군	고품질 잡곡 재배단지 조성	59,500	농업소득과	9	7	7	8	7	1	1	3
7994	경남 하동군	유해 야생동물 포획시설 지원사업	7,920	농업소득과	9	7	7	8	7	1	1	3
7995	경남 하동군	플라즈마 큐어링기술 활용 밭작물 저장성 향상시범	24,000	농업소득과	9	7	7	8	7	1	1	3
7996	경남 하동군	유기질비료 지원	1,426,258	농업소득과	9	2	7	8	7	1	1	3
7997	경남 하동군	토양개량제 지원	650,115	농업소득과	9	2	7	8	7	5	5	4
7998	경남 하동군	신소득작목 발굴 특용작물 모델화 시범	80,000	농업소득과	9	7	7	8	7	5	5	4
7999	경남 하동군	약용작물 안정생산 지원	500	농업소득과	9	7	7	8	7	1	1	3
8000	경남 하동군	원예작물 생산시설 현대화 지원사업	194,333	농업소득과	9	7	7	8	7	1	1	3
8001	경남 하동군	전기난방기 지원	14,744	농업소득과	9	7	7	8	7	1	1	3
8002	경남 하동군	시설채소(수박)수정벌 지원사업	1,000	농업소득과	9	7	7	8	7	1	1	3
8003	경남 하동군	농업에너지이용효율화사업	40,590	농업소득과	9	7	7	8	7	1	1	3
8004	경남 하동군	시설원예 현대화지원사업	95,537	농업소득과	9	7	7	8	7	1	1	3
8005	경남 하동군	고추비가림재배시설 지원사업	110,000	농업소득과	9	7	7	8	7	1	1	3
8006	경남 하동군	시설원예 ICT 융복합 지원사업	38,434	농업소득과	9	7	7	8	7	1	1	3
8007	경남 하동군	화훼생산시설현대화	12,605	농업소득과	9	7	7	8	7	5	5	4
8008	경남 하동군	영농활용 우수과제 지역맞품형 신기술 보급	80,000	농업소득과	9	7	7	8	7	5	5	4
8009	경남 하동군	시설원예 연작장해 경감제 지원	25,350	농업소득과	9	7	7	8	7	1	1	3
8010	경남 하동군	시설하우스 연질강화필름 지원사업	46,667	농업소득과	9	7	7	8	7	1	1	3
8011	경남 하동군	화훼 유통시설 및 장비확충	4,150	농업소득과	9	7	7	8	7	5	5	4
8012	경남 하동군	시설원예 환경제어 시스템 보급사업	16,000	농업소득과	9	7	7	8	7	1	1	3
8013	경남 하동군	수출딸기단지 육성사업	70,600	농업소득과	9	7	7	8	7	1	1	3
8014	경남 하동군	우수품종 딸기 원묘 보급 사업	20,888	농업소득과	9	7	7	8	7	1	1	3
8015	경남 하동군	고품질 딸기 생산 농자재 지원	80,000	농업소득과	9	7	7	8	7	1	1	3
8016	경남 하동군	과수생산시설현대화 지원	70,000	농업소득과	9	7	7	8	7	1	1	3
8017	경남 하동군	수정용 꽃가루 지원	9,000	농업소득과	9	7	7	8	7	1	1	3
8018	경남 하동군	신소득 과실생산 현대화사업	20,000	농업소득과	9	7	7	8	7	1	1	3
8019	경남 하동군	과원관리생력화기계지원	15,000	농업소득과	9	7	7	8	7	1	1	3
8020	경남 하동군	기후변화 대응 아열대 소득과수 도입시범	40,000	농업소득과	9	7	7	8	7	1	1	3

순번	시군구	지출명 (사업명)	2021년예산 (단위:천원/1년간)	담당자 (공무원)	민간이전 분류 (지방자치단체 세출예산 집행기준에 의거)	민간이전지출 근거 (지방보조금 관리기준 참고)	입찰방식			운영예산 산정		성과평가 실시여부
				담당부서	1. 민간경상사업보조(307-02) 2. 민간단체 법정운영비보조(307-03) 3. 민간행사사업보조(307-04) 4. 민간위탁금(307-05) 5. 사회복지시설 법정운영비보조(307-10) 6. 민간인위탁교육비(307-12) 7. 공기관등에대한경상적위탁사업비(308-10) 8. 민간자본사업보조,자체재원(402-01) 9. 민간자본사업보조,이전재원(402-02) 10. 민간위탁사업비(402-03) 11. 공기관등에 대한 자본적 대행사업비(403-02)	1. 법률에 규정 2. 국고보조 재원(국가지정) 3. 용도 지정 기부금 4. 조례에 직접규정 5. 지자체가 권장하는 사업을 하는 공공기관 6. 시,도 정책 및 재정사정 7. 기타 8. 해당없음	계약체결방법 (경쟁형태) 1. 일반경쟁 2. 제한경쟁 3. 지명경쟁 4. 수의계약 5. 법정위탁 6. 기타 ( ) 7. 해당없음	계약기간 1. 1년 2. 2년 3. 3년 4. 4년 5. 5년 6. 기타 ( )년 7. 단기계약 (1년미만) 8. 해당없음	낙찰자선정방법 1. 적격심사 2. 협상에의한계약 3. 최저가낙찰제 4. 규격가격분리 5. 2단계 경쟁입찰 6. 기타 ( ) 7. 해당없음	운영예산 산정 1. 내부산정 (지자체 자체적으로 산정) 2. 외부산정 (외부전문기관위탁 산정) 3. 내·외부 모두 산정 4. 산정 無 5. 해당없음	정산방법 1. 내부정산 (지자체 내부적으로 정산) 2. 외부정산 (외부전문기관위탁 정산) 3. 내·외부 모두 산정 4. 정산 無 5. 해당없음	1. 실시 2. 미실시 3. 향후 추진 4. 해당없음
8021	경남 하동군	과수 자연재해 경감 지원	7,500	농업소득과	9	7	7	8	7	1	1	3
8022	경남 하동군	매실 가공기술 시범사업	50,000	농업소득과	9	2	7	8	7	5	5	4
8023	경남 하동군	우리품종 전문생산단지 조성사업	225,000	농업소득과	9	2	7	8	7	5	5	4
8024	경남 하동군	과수분야 스마트팜 확산사업	10,000	농업소득과	9	2	7	8	7	5	5	4
8025	경남 하동군	과수자동적화기 보급 시범	4,000	농업소득과	9	2	7	8	7	5	5	4
8026	경남 하동군	블루베리 다수확 용기재배 과원모델 보급사업	40,000	농업소득과	9	2	7	8	7	5	5	4
8027	경남 하동군	드런 활용 노동력 절감 벼 재배단지 육성 시범	80,000	농업소득과	9	2	7	8	7	5	5	4
8028	경남 하동군	청년농업인 드론 공동방제단 운영 시범	70,000	농업소득과	9	2	7	8	7	5	5	4
8029	경남 산청군	공예품개발 장려금 지원	4,800	경제전략과	9	6	7	8	7	1	1	1
8030	경남 산청군	신재생에너지 융복합지원사업	2,007,664	경제전략과	9	2	7	8	7	3	3	1
8031	경남 산청군	신재생에너지 건물지원사업	16,000	경제전략과	9	6	7	8	7	3	3	1
8032	경남 산청군	신재생에너제 주택지원사업	130,000	경제전략과	9	6	7	8	7	3	3	1
8033	경남 산청군	차세대 농업인 성공모델 육성	40,000	농업진흥과	9	2	7	8	7	5	5	4
8034	경남 산청군	벼 병해충 공동방제비 지원	35,000	농업진흥과	9	2	7	8	7	5	5	4
8035	경남 산청군	벼 먹노린재 밀도경감 친환경 공동방제	10,000	농업진흥과	9	2	7	8	7	5	5	4
8036	경남 산청군	무병묘 활용 고구마 품질향상 시범	8,000	농업진흥과	9	2	7	8	7	5	5	4
8037	경남 산청군	생산비 절감 벼 소식재배 시범	32,000	농업진흥과	9	2	7	8	7	5	5	4
8038	경남 산청군	시비효율 개선 친환경 농자재 시범	32,000	농업진흥과	9	2	7	8	7	5	5	4
8039	경남 산청군	드론 활용 노동력 절감 벼 재배단지 육성 시범	80,000	농업진흥과	9	2	7	8	7	5	5	4
8040	경남 산청군	농작물재해보험료지원	400,000	농업진흥과	9	2	7	8	7	5	5	4
8041	경남 산청군	소득화 작목육성	111,132	농업진흥과	9	6	7	8	7	5	5	4
8042	경남 산청군	블루베리 다수확 용기재배 과원모델 시범	40,000	농업진흥과	9	6	7	8	7	5	5	4
8043	경남 산청군	스마트팜 기술을 활용한 기능성 특용작물 생산시범	40,000	농업진흥과	9	6	7	8	7	5	5	4
8044	경남 산청군	채소특작사업지원	1,150,146	농업진흥과	9	6	7	8	7	5	5	4
8045	경남 산청군	농업분야 에너지절감시설 지원	186,867	농업진흥과	9	2	7	8	7	5	5	4
8046	경남 산청군	원예분야 ICT 융복합 지원	167,602	농업진흥과	9	2	7	8	7	5	5	4
8047	경남 산청군	고추비가림재배시설 지원	80,000	농업진흥과	9	2	7	8	7	5	5	4
8048	경남 산청군	시설원예현대화사업	222,387	농업진흥과	9	2	7	8	7	5	5	4
8049	경남 산청군	원예기술 보급시범	120,000	농업진흥과	9	2	7	8	7	5	5	4
8050	경남 산청군	노지 고추 실속형 자동 관수시스템 시범	28,000	농업진흥과	9	2	7	8	7	5	5	4
8051	경남 산청군	딸기 수출용 선도유지 일관체계 기술 시범	30,000	농업진흥과	9	2	7	8	7	5	5	4
8052	경남 산청군	농약안전사용안전장비지원	35,000	농축산과	9	4	7	8	7	5	5	4
8053	경남 산청군	고품질쌀생산단지조성	79,520	농축산과	9	4	7	8	7	5	5	4
8054	경남 산청군	기능성쌀 재배단지 지원	49,280	농축산과	9	4	7	8	7	5	5	4
8055	경남 산청군	친환경농업유통활성화 지원사업	104,208	농축산과	9	4	7	8	7	5	5	4
8056	경남 산청군	토양개량제 지원	419	농축산과	9	1	7	8	7	5	5	4
8057	경남 산청군	유기질비료 지원	2,084	농축산과	9	1	7	8	7	5	5	4
8058	경남 산청군	우리밀생산지원	21,560	농축산과	9	4	7	8	7	5	5	4
8059	경남 산청군	유기농업자재지원사업	73,876	농축산과	9	1	7	8	7	5	5	4
8060	경남 산청군	유기농업 선도농가 가공유통 지원	278,275	농축산과	9	4	7	8	7	5	5	4
8061	경남 산청군	경남 공익형 직불제 사업	313,040	농축산과	9	4	7	8	7	5	5	4
8062	경남 산청군	송아지 생산성 향상사업	8,299	농축산과	9	6	7	8	7	5	5	4

순번	시군구	지출명 (사업명)	2021년예산 (단위:천원/1년간)	담당자 (공무원) 담당부서	민간이전 분류 (지방자치단체 세출예산 집행기준에 의거) 1. 민간경상사업보조(307-02) 2. 민간단체 법정운영비보조(307-03) 3. 민간행사사업보조(307-04) 4. 민간위탁금(307-05) 5. 사회복지시설 법정운영비보조(307-10) 6. 민간인위탁교육비(307-12) 7. 공기관등에대한경상적위탁사업비(308-10) 8. 민간자본사업보조,자체재원(402-01) 9. 민간자본사업보조,이전재원(402-02) 10. 민간위탁사업비(402-03) 11. 공기관등에 대한 자본적 대행사업비(403-02)	민간이전지출 근거 (지방보조금 관리기준 참고) 1. 법률에 규정 2. 국고보조 재원(국가지정) 3. 용도 지정 기부금 4. 조례에 직접규정 5. 지자체가 권장하는 사업을 하는 공공기관 6. 시,도 정책 및 재정사정 7. 기타 8. 해당없음	입찰방식 계약체결방법 (경쟁형태) 1. 일반경쟁 2. 제한경쟁 3. 지명경쟁 4. 수의계약 5. 법정위탁 6. 기타 ( ) 7. 해당없음	입찰방식 계약기간 1. 1년 2. 2년 3. 3년 4. 4년 5. 5년 6. 기타 ( )년 7. 단기계약 (1년미만) 8. 해당없음	입찰방식 낙찰자선정방법 1. 적격심사 2. 협상에의한계약 3. 최저가낙찰제 4. 규격가격분리 5. 2단계 경쟁입찰 6. 기타 ( ) 7. 해당없음	운영예산 산정 운영예산 산정 1. 내부산정 (지자체 자체적으로 산정) 2. 외부산정 (외부전문기관위탁 산정) 3. 내·외부 모두 산정 4. 산정 無 5. 해당없음	운영예산 산정 정산방법 1. 내부정산 (지자체 내부적으로 정산) 2. 외부정산 (외부전문기관위탁 정산) 3. 내·외부 모두 산정 4. 정산 無 5. 해당없음	성과평가 실시여부 1. 실시 2. 미실시 3. 향후 추진 4. 해당없음
8063	경남 산청군	우량암소 수정란이식 지원사업	57,000	농축산과	9	2	7	8	7	5	5	4
8064	경남 산청군	신품종 IRG재배 기술보급 시범사업	50,000	농축산과	9	2	7	8	7	5	5	4
8065	경남 산청군	축산농가 사료첨가제 지원사업	13,446	농축산과	9	6	7	8	7	5	5	4
8066	경남 산청군	AI 차단 위생난좌 지원사업	5,100	농축산과	9	6	7	8	7	5	5	4
8067	경남 산청군	유용곤충사육시설 지원사업	5,000	농축산과	9	6	7	8	7	5	5	4
8068	경남 산청군	흑돼지농가 육성사업	30,000	농축산과	9	6	7	8	7	5	5	4
8069	경남 산청군	양봉산업구조개선사업	63,300	농축산과	9	6	7	8	7	5	5	4
8070	경남 산청군	축사시설 환경개선 지원사업	7,500	농축산과	9	6	7	8	7	5	5	4
8071	경남 산청군	조사료생산용 기계장비 구입 지원사업	150,000	농축산과	9	2	7	8	7	5	5	4
8072	경남 산청군	조사료생산용 종자구입비 지원사업	203,700	농축산과	9	2	7	8	7	5	5	4
8073	경남 산청군	친환경 꿀벌 사양 지원사업	19,500	농축산과	9	6	7	8	7	5	5	4
8074	경남 산청군	축산농가악취방지개선	96,195	농축산과	9	6	7	8	7	5	5	4
8075	경남 산청군	축산농가 수분조절재 지원	136,325	농축산과	9	6	7	8	7	5	5	4
8076	경남 산청군	축분퇴비유통센터 퇴비포장재 지원	20,000	농축산과	9	6	7	8	7	5	5	4
8077	경남 산청군	축분퇴비유통센터 악취탈취제 구입지원	20,000	농축산과	9	6	7	8	7	5	5	4
8078	경남 산청군	송아지설사병예방지원	8,000	농축산과	9	6	7	8	7	5	5	4
8079	경남 산청군	젖소유방염예방지원	8,000	농축산과	9	6	7	8	7	5	5	4
8080	경남 산청군	닭 감보르 예방백신 지원	15,000	농축산과	9	6	7	8	7	5	5	4
8081	경남 산청군	양봉농가 소초광 지원	23,000	농축산과	9	6	7	8	7	5	5	4
8082	경남 산청군	소독시설 설치 지원	10,000	농축산과	9	6	7	8	7	5	5	4
8083	경남 산청군	CCTV등 방역인프라 설치 지원	21,600	농축산과	9	2	7	8	7	5	5	4
8084	경남 산청군	산청 대원사 다층석탑 주변(봉상루 이건) 정비사업	1,165,000	문화체육과	9	2	7	8	7	5	5	4
8085	경남 산청군	산청 법계사 삼층석탑 주변정비 사업	290,000	문화체육과	9	2	7	8	7	5	5	4
8086	경남 산청군	산청 심적사 요사채 보수사업	100,000	문화체육과	9	2	7	8	7	5	5	4
8087	경남 산청군	노인요양시설 장비구입비 지원	60,000	복지지원과	9	2	7	8	7	5	5	4
8088	경남 산청군	어린이집 기능보강 사업	6,900	복지지원과	9	1	7	8	7	5	5	4
8089	경남 산청군	백두대간주민지원	67,945	산림녹지과	9	2	7	8	7	5	5	4
8090	경남 산청군	목재펠릿보일러보급	28,000	산림녹지과	9	1	7	8	7	5	5	4
8091	경남 산청군	목재펠릿보일러보급	24,000	산림녹지과	9	1	7	8	7	5	5	4
8092	경남 산청군	임산물상품화지원	308,561	산림녹지과	9	2	7	8	7	5	5	4
8093	경남 산청군	산양삼생산과정확인	7,600	산림녹지과	9	2	7	8	7	5	5	4
8094	경남 산청군	임산물생산기반조성	57,334	산림녹지과	9	2	7	8	7	5	5	4
8095	경남 산청군	임산물유통기반조성	825,607	산림녹지과	9	2	7	8	7	5	5	4
8096	경남 산청군	친환경임산물재배관리	98,057	산림녹지과	9	2	7	8	7	5	5	4
8097	경남 산청군	산림작물생산단지	159,883	산림녹지과	9	2	7	8	7	5	5	4
8098	경남 산청군	산림복합경영단지	305,774	산림녹지과	9	2	7	8	7	5	5	4
8099	경남 산청군	양정시설지원사업	23,500	유통소득과	9	4	7	8	7	5	5	4
8100	경남 산청군	농촌어르신 복지생활 실천시범	45,000	유통소득과	9	2	7	8	7	5	5	4
8101	경남 산청군	농업인 가공사업장 시설장비 개선 지원	50,000	유통소득과	9	2	7	8	7	5	5	4
8102	경남 산청군	농촌자원활용 치유프로그램 보급 시범	20,000	유통소득과	9	2	7	8	7	5	5	4
8103	경남 산청군	농촌자원활용 치유프로그램 보급 시범	80,000	유통소득과	9	2	7	8	7	5	5	4
8104	경남 산청군	효소처리 농식품 가공 소재화 시범	70,000	유통소득과	9	2	7	8	7	5	5	4

순번	시군구	지출명 (사업명)	2021년예산 (단위:천원/1년간)	담당자 (공무원)	민간이전 분류 (지방자치단체 세출예산 집행기준에 의거)	민간이전지출 근거 (지방보조금 관리기준 참고)	입찰방식			운영예산 산정		성과평가 실시여부
				담당부서	1. 민간경상사업보조(307-02) 2. 민간단체 법정운영비보조(307-03) 3. 민간행사사업보조(307-04) 4. 민간위탁금(307-05) 5. 사회복지시설 법정운영비보조(307-10) 6. 민간인위탁교육비(307-12) 7. 공기관등에대한경상적위탁사업비(308-10) 8. 민간자본사업보조,자체재원(402-01) 9. 민간자본사업보조,이전재원(402-02) 10. 민간위탁사업비(402-03) 11. 공기관등에 대한 자본적 대행사업비(403-02)	1. 법률에 규정 2. 국고보조 재원(국가지정) 3. 용도 지정 기부금 4. 조례에 직접규정 5. 지자체가 권장하는 사업을 하는 공공기관 6. 시,도 정책 및 재정사정 7. 기타 8. 해당없음	계약체결방법 (경쟁형태) 1. 일반경쟁 2. 제한경쟁 3. 지명경쟁 4. 수의계약 5. 법정위탁 6. 기타 ( ) 7. 해당없음	계약기간 1. 1년 2. 2년 3. 3년 4. 4년 5. 5년 6. 기타 ( )년 7. 단기계약 (1년미만) 8. 해당없음	낙찰자선정방법 1. 적격심사 2. 협상에의한계약 3. 최저가낙찰제 4. 규격가격분리 5. 2단계 경쟁입찰 6. 기타 ( ) 7. 해당없음	운영예산 산정 1. 내부산정 (지자체 자체적으로 산정) 2. 외부산정 (외부전문기관위탁 산정) 3. 내·외부 모두 산정 4. 산정 無 5. 해당없음	정산방법 1. 내부정산 (지자체 내부적으로 정산) 2. 외부정산 (외부전문기관위탁 정산) 3. 내·외부 모두 산정 4. 정산 無 5. 해당없음	1. 실시 2. 미실시 3. 향후 추진 4. 해당없음
8105	경남 산청군	약선 소재를 이용한 쌀 조청 제조시범	70,000	유통소득과	9	2	7	8	7	5	5	4
8106	경남 산청군	여성일감상품 소득화 지원	10,000	유통소득과	9	6	7	8	7	5	5	4
8107	경남 산청군	농작업현장 친환경 화장실 설치	5,000	유통소득과	9	6	7	8	7	5	5	4
8108	경남 산청군	농촌교육농장 육성 시범	7,000	유통소득과	9	6	7	8	7	5	5	4
8109	경남 산청군	치유농업 육성 기술지원 시범	80,000	유통소득과	9	6	7	8	7	5	5	4
8110	경남 산청군	농촌체험공간 환경개선 시범	28,000	유통소득과	9	6	7	8	7	5	5	4
8111	경남 산청군	농산물 가공산업 활성화사업	200,000	유통소득과	9	2	7	8	7	5	5	4
8112	경남 산청군	고품질유통활성화	2,450,000	유통소득과	9	2	7	8	7	5	5	4
8113	경남 산청군	맞춤형 중소형 농기계 지원	200,000	유통소득과	9	1	7	8	7	5	5	4
8114	경남 산청군	농기계 등화장치 주착 지원사업	30,200	유통소득과	9	1	7	8	7	5	5	4
8115	경남 산청군	한방약초안정생산지원사업	163,500	한방항노화과	9	4	7	8	7	5	5	4
8116	경남 산청군	소규모 사업장 방지시설 설치지원 사업	180,000	환경위생과	9	2	7	8	7	5	5	4
8117	경남 산청군	전기자동차 구매 지원	2,598,000	환경위생과	9	2	7	8	7	5	5	4
8118	경남 산청군	운행차 배출가스 저감사업	893,000	환경위생과	9	2	7	8	7	5	5	4
8119	경남 산청군	슬레이트 처리지원	121,500	환경위생과	9	2	7	8	7	5	5	4
8120	경남 산청군	야생동물피해예방사업	500,000	환경위생과	9	2	7	8	7	5	5	4
8121	경남 산청군	집수리사업	225,000	도시교통과	9	4	7	8	7	1	1	4
8122	경남 산청군	빈집정비사업	22,000	도시교통과	9	4	7	8	7	5	5	4
8123	경남 산청군	지붕개량사업	46,640	도시교통과	9	4	7	8	7	5	5	4
8124	경남 산청군	직접지원사업	366,400	상하수도과	9	1	7	8	7	5	5	4
8125	경남 산청군	수변구역주민지원사업	378,386	상하수도과	9	1	7	8	7	5	5	4
8126	경남 산청군	댐주변주민지원사업	181,395	상하수도과	9	1	7	8	7	5	5	4
8127	경남 산청군	상수원보호구역 주민지원사업	45,209	상하수도과	9	1	7	8	7	5	5	4
8128	경남 함양군	정신요양시설 기능보강사업	63,517	보건소	9	1	7	8	7	1	1	1
8129	경남 함양군	고추비가림재배시설 지원	7,500	친환경농업과	9	2	7	8	7	1	1	1
8130	경남 함양군	고품질 양파마늘 생산 기계화	17,860	친환경농업과	9	6	7	8	7	1	1	1
8131	경남 함양군	고품질쌀기술보급	48,000	친환경농업과	9	6	7	8	7	1	1	4
8132	경남 함양군	과수도비지원사업	227,500	친환경농업과	9	4	7	8	7	1	1	4
8133	경남 함양군	과수도비지원사업	72,000	친환경농업과	9	4	7	8	7	1	1	3
8134	경남 함양군	과수생산시설현대화 지원	270,000	친환경농업과	9	2	7	8	7	1	1	4
8135	경남 함양군	과수신기술보급	100,000	친환경농업과	9	2	7	8	7	1	1	3
8136	경남 함양군	과채류 맞춤형 에너지절감 패키지기술 시범	80,000	친환경농업과	9	2	7	8	7	1	1	1
8137	경남 함양군	농업 신기술 시범	80,000	친환경농업과	9	2	7	8	7	5	5	3
8138	경남 함양군	농업에너지이용효율화	32,793	친환경농업과	9	2	7	8	7	1	1	1
8139	경남 함양군	딸기무병우량모주보급	16,500	친환경농업과	9	6	7	8	7	1	1	1
8140	경남 함양군	벼도비지원사업	162,400	친환경농업과	9	6	7	8	7	5	5	3
8141	경남 함양군	벼병해충방제	35,000	친환경농업과	9	6	7	8	7	5	5	3
8142	경남 함양군	스마트팜 ICT 융복합 확산사업	88,604	친환경농업과	9	2	7	8	7	1	1	1
8143	경남 함양군	시설원예 연작장해 경감제 지원	15,550	친환경농업과	9	6	7	8	7	1	1	1
8144	경남 함양군	시설원예현대화사업	4,377	친환경농업과	9	2	7	8	7	1	1	1
8145	경남 함양군	시설채소 고온예방 환경관리 시범	40,000	친환경농업과	9	2	7	8	7	1	1	1
8146	경남 함양군	시설하우스 연질강화필름 지원	33,333	친환경농업과	9	6	7	8	7	1	1	1

순번	시군구	지출명 (사업명)	2021년예산 (단위:천원/1년간)	담당자 (공무원) 담당부서	민간이전 분류 (지방자치단체 세출예산 집행기준에 의거) 1. 민간경상사업보조(307-02) 2. 민간단체 법정운영비보조(307-03) 3. 민간행사사업보조(307-04) 4. 민간위탁금(307-05) 5. 사회복지시설 법정운영비보조(307-10) 6. 민간인위탁교육비(307-12) 7. 공기관등에대한경상적위탁사업비(308-10) 8. 민간자본사업보조,자체재원(402-01) 9. 민간자본사업보조,이전재원(402-02) 10. 민간위탁사업비(402-03) 11. 공기관등에 대한 자본적 대행사업비(403-02)	민간이전지출 근거 (지방보조금 관리기준 참고) 1. 법률에 규정 2. 국고보조 재원(국가지정) 3. 용도 지정 기부금 4. 조례에 직접규정 5. 지자체가 권장하는 사업을 하는 공공기관 6. 시,도 정책 및 재정사정 7. 기타 8. 해당없음	입찰방식 계약체결방법 (경쟁형태) 1. 일반경쟁 2. 제한경쟁 3. 지명경쟁 4. 수의계약 5. 법정위탁 6. 기타 ( ) 7. 해당없음	계약기간 1. 1년 2. 2년 3. 3년 4. 4년 5. 5년 6. 기타 ( )년 7. 단기계약 (1년미만) 8. 해당없음	낙찰자선정방법 1. 적격심사 2. 협상에의한계약 3. 최저가낙찰제 4. 규격가격분리 5. 2단계 경쟁입찰 6. 기타 ( ) 7. 해당없음	운영예산 산정 운영예산 산정 1. 내부산정 (지자체 자체적으로 산정) 2. 외부산정 (외부전문기관위탁 산정) 3. 내·외부 모두 산정 4. 산정 無 5. 해당없음	정산방법 1. 내부정산 (지자체 내부적으로 정산) 2. 외부정산 (외부전문기관위탁 정산) 3. 내·외부 모두 산정 4. 정산 無 5. 해당없음	성과평가 실시여부 1. 실시 2. 미실시 3. 향후 추진 4. 해당없음
8147	경남 함양군	영농활용 우수과제 지역 맞춤형 신기술 보급	80,000	친환경농업과	9	6	7	8	7	1	1	1
8148	경남 함양군	원예작물하우스 생산시설 현대화 지원	116,000	친환경농업과	9	6	7	8	7	1	1	1
8149	경남 함양군	유기농선도농가가공유통지원	35,000	친환경농업과	9	6	7	8	7	1	1	4
8150	경남 함양군	유기농업자재 지원	136,814	친환경농업과	9	2	7	8	7	1	1	4
8151	경남 함양군	임산물 상품화 지원	153,209	친환경농업과	9	2	7	8	7	1	1	4
8152	경남 함양군	임산물 유통기반조성	421,938	친환경농업과	9	2	7	8	7	1	1	4
8153	경남 함양군	전기난방기 설치 지원사업	9,968	친환경농업과	9	6	7	8	7	1	1	1
8154	경남 함양군	특용작물도비지원사업	84,765	친환경농업과	9	6	7	8	7	1	1	4
8155	경남 함양군	특용작물시설현대화지원사업	85,950	친환경농업과	9	2	7	8	7	1	1	4
8156	경남 함양군	화훼유통시설 장비확충 지원	3,640	친환경농업과	9	6	7	8	7	1	1	1
8157	경남 함양군	농어촌빈집정비	29,000	민원봉사과	9	2	7	8	7	5	5	4
8158	경남 함양군	슬레이트지붕 빈집정비	20,000	민원봉사과	9	2	7	8	7	5	5	4
8159	경남 함양군	노후주택 지붕개량사업	29,680	민원봉사과	9	2	7	8	7	5	5	4
8160	경남 함양군	농기계 등화장치 부착지원사업	10,200	농산물유통과	9	2	7	8	7	5	5	4
8161	경남 함양군	작목별 농작업 안전관리 실천사업	30,000	농산물유통과	9	2	7	8	7	5	5	4
8162	경남 함양군	떡볶이 떡 제조시설 및 장비지원	100,000	농산물유통과	9	2	7	8	7	5	5	4
8163	경남 함양군	집진시설 개보수	400,000	농산물유통과	9	2	7	8	7	5	5	4
8164	경남 함양군	사회적농업 활성화 지원사업	60,000	농산물유통과	9	2	7	8	7	5	5	4
8165	경남 함양군	농기계지원사업	435,000	농산물유통과	9	6	7	8	7	5	5	4
8166	경남 함양군	농작업현장 친환경화장실 설치사업	5,000	농산물유통과	9	6	7	8	7	5	5	4
8167	경남 함양군	다목적 발효 배양기구 보급사업	4,000	농산물유통과	9	6	7	8	7	5	5	4
8168	경남 함양군	소규모 농산물유통시설 지원	583,330	농산물유통과	9	6	7	8	7	5	5	4
8169	경남 함양군	농식품가공수출전문업체 육성사업	50,000	농산물유통과	9	6	7	8	7	5	5	4
8170	경남 함양군	수출탑 수상농가 인센티브	12,000	농산물유통과	9	6	7	8	7	5	5	4
8171	경남 함양군	농업인 가공사업장 시설장비 개선 지원	50,000	농산물유통과	9	6	7	8	7	5	5	4
8172	경남 함양군	함양농산물 저당화 품질개선을 위한 연구 개발	30,000	농산물유통과	9	6	7	8	7	5	5	4
8173	경남 함양군	GAP소규모 시설 지원	14,667	농산물유통과	9	6	7	8	7	5	5	4
8174	경남 함양군	양정시설지원사업	60,000	농산물유통과	9	6	7	8	7	5	5	4
8175	경남 함양군	톤백수매확대사업	8,000	농산물유통과	9	6	7	8	7	5	5	4
8176	경남 함양군	도정공장 방역살균기 지원	10,400	농산물유통과	9	6	7	8	7	5	5	4
8177	경남 함양군	통합쌀브랜드 포장재 지원	13,000	농산물유통과	9	6	7	8	7	5	5	4
8178	경남 함양군	농촌교육농장 육성 시범	14,000	농산물유통과	9	6	7	8	7	5	5	4
8179	경남 함양군	농촌 마을공동체식당 운영 사업	10,500	농산물유통과	9	6	7	8	7	5	5	4
8180	경남 함양군	차세대농업인 성공모델 육성	40,000	농산물유통과	9	6	7	8	7	5	5	4
8181	경남 함양군	장애인직업재활시설 기능보강사업	205,000	사회복지과	9	2	7	8	7	5	1	4
8182	경남 함양군	장애인직업재활시설 기능보강사업	4,000	사회복지과	9	2	7	8	7	5	1	4
8183	경남 함양군	도시가스 공급배관 설치사업	690,000	일자리경제과	9	1	7	8	7	1	1	1
8184	경남 함양군	미니태양광 보급사업	52,000	일자리경제과	9	1	7	8	7	5	5	4
8185	경남 함양군	신재생에너지 주택지원사업	65,000	일자리경제과	9	1	7	8	7	5	5	4
8186	경남 함양군	인산죽염 항노화 지역특화농공단지 조성사업	2,718,856	일자리경제과	9	2	7	8	7	5	3	1
8187	경남 함양군	야영장 안전위생시설 개보수지원 사업	21,000	문화관광과	9	7	7	8	7	1	1	3
8188	경남 함양군	벽송사 삼층석탑 주변석축 정비공사	100,000	문화관광과	9	2	6	7	6	1	1	3

순번	시군구	지출명 (사업명)	2021년예산 (단위:천원/1년간)	담당자 (공무원) 담당부서	민간이전 분류 (지방자치단체 세출예산 집행기준에 의거) 1. 민간경상사업보조(307-02) 2. 민간단체 법정운영비보조(307-03) 3. 민간행사사업보조(307-04) 4. 민간위탁금(307-05) 5. 사회복지시설 법정운영비보조(307-10) 6. 민간인위탁교육비(307-12) 7. 공기관등에대한경상적위탁사업비(308-10) 8. 민간자본사업보조,자체재원(402-01) 9. 민간자본사업보조,이전재원(402-02) 10. 민간위탁사업비(402-03) 11. 공기관등에 대한 자본적 대행사업비(403-02)	민간이전지출 근거 (지방보조금 관리기준 참고) 1. 법률에 규정 2. 국고보조 재원(국가지정) 3. 용도 지정 기부금 4. 조례에 직접규정 5. 지자체가 권장하는 사업을 하는 공공기관 6. 시,도 정책 및 재정사정 7. 기타 8. 해당없음	입찰방식 계약체결방법 (경쟁형태) 1. 일반경쟁 2. 제한경쟁 3. 지명경쟁 4. 수의계약 5. 법정위탁 6. 기타 ( ) 7. 해당없음	입찰방식 계약기간 1. 1년 2. 2년 3. 3년 4. 4년 5. 5년 6. 기타 ( )년 7. 단기계약 (1년미만) 8. 해당없음	입찰방식 낙찰자선정방법 1. 적격심사 2. 협상에의한계약 3. 최저가낙찰제 4. 규격가격분리 5. 2단계 경쟁입찰 6. 기타 ( ) 7. 해당없음	운영예산 산정 운영예산 산정 1. 내부산정 (지자체 자체적으로 산정) 2. 외부산정 (외부전문기관위탁 산정) 3. 내·외부 모두 산정 4. 산정 無 5. 해당없음	운영예산 산정 정산방법 1. 내부정산 (지자체 내부적으로 정산) 2. 외부정산 (외부전문기관위탁 정산) 3. 내·외부 모두 산정 4. 정산 無 5. 해당없음	성과평가 실시여부 1. 실시 2. 미실시 3. 향후 추진 4. 해당없음
8189	경남 함양군	안국사 은광대화상승탑 주변정비	200,000	문화관광과	9	2	6	7	6	1	1	3
8190	경남 함양군	영각사 관음전 보수	475,000	문화관광과	9	2	6	7	6	1	1	3
8191	경남 함양군	영원사 조사전 증개축	475,000	문화관광과	9	2	6	7	6	1	1	3
8192	경남 함양군	용추사 방재시스템 구축	102,500	문화관광과	9	1	6	7	6	1	1	3
8193	경남 함양군	노인요양시설확충사업	285,060	주민행복과	9	1	1	8	1	5	1	4
8194	경남 함양군	지역아동센터환경개선지원	11,650	주민행복과	9	1	7	8	7	5	1	4
8195	경남 함양군	아동양육시설 기능보강	900,900	주민행복과	9	1	1	7	1	5	1	4
8196	경남 함양군	용평리 도시재생뉴딜 집수리 지원사업	60,000	안전도시과	9	2	7	8	7	5	5	4
8197	경남 함양군	인당마을 도시재생뉴딜 집수리 지원사업	100,000	안전도시과	9	2	7	8	7	5	5	4
8198	경남 거창군	승강기업체 입지보조금 지원	1,072,344	미래전략과	9	4	7	8	7	5	5	4
8199	경남 거창군	승강기업체 고용보조금 지원	48,000	미래전략과	9	4	7	8	7	5	5	4
8200	경남 거창군	세계승강기 허브도시 조성사업	749,000	미래전략과	9	2	7	8	7	5	5	4
8201	경남 거창군	한국승강기안전공단 업무협력사업	20,000	미래전략과	9	4	7	8	7	5	5	4
8202	경남 거창군	어린이집 기능보강	38,900	행복나눔과	9	2	7	8	7	1	1	4
8203	경남 거창군	국공립어린이집 확충사업	220	행복나눔과	9	2	7	8	7	1	1	4
8204	경남 거창군	지역아동센터환경개선지원	79,674	행복나눔과	9	2	7	8	7	5	1	4
8205	경남 거창군	신재생에너지건물및주택지원	226,260	경제교통과	9	7	7	8	7	5	1	4
8206	경남 거창군	단독주택지구 도시가스공급관로 설치사업	600,000	경제교통과	9	4	4	8	7	5	1	4
8207	경남 거창군	119 희망의집 건축사업	30,000	안전총괄과	9	6	7	8	7	5	5	4
8208	경남 거창군	조림지 풀베기	31,452	산림과	9	1	7	1	6	1	1	4
8209	경남 거창군	목재펠릿보일러 보급	5,600	산림과	9	2	7	8	7	1	1	1
8210	경남 거창군	산림복합경영단지	561,591	산림과	9	1	7	1	6	1	1	3
8211	경남 거창군	산림작물생산단지	1,517,428	산림과	9	1	7	1	6	1	1	3
8212	경남 거창군	임산물생산기반조성	42,111	산림과	9	1	7	1	6	1	1	4
8213	경남 거창군	친환경 임산물재배관리	7,966	산림과	9	1	7	1	6	1	1	4
8214	경남 거창군	경제림조성	39,257	산림과	9	1	7	1	6	1	1	4
8215	경남 거창군	임산물상품화지원	20,150	산림과	9	1	7	1	6	1	1	4
8216	경남 거창군	거창화강석 융복합 산업화 지원	160,000	산림과	9	5	7	8	7	1	1	1
8217	경남 거창군	전기자동차 배터리 회수관리	2,600	환경과	9	2	7	8	7	5	5	4
8218	경남 거창군	전기자동차 보급 및 인프라 구축	1,896,000	환경과	9	2	7	8	7	5	5	4
8219	경남 거창군	환경성질환 예방사업	4,800	환경과	9	2	4	7	1	1	1	4
8220	경남 거창군	전기이륜차 보급사업	27,000	환경과	9	2	7	8	7	5	5	4
8221	경남 거창군	소규모 사업장 방지시설 설치 지원	155,700	환경과	9	2	7	8	7	5	5	4
8222	경남 거창군	야생동물 피해예방시설 설치 사업	335,989	환경과	9	2	7	8	7	1	1	4
8223	경남 거창군	쿨루프 지원사업	3,000	환경과	9	6	7	8	7	5	5	4
8224	경남 거창군	소규모 공동주택관리 지원	36,000	도시건축과	9	1	7	8	7	1	1	1
8225	경남 거창군	화재안전 성능보강사업	26,667	도시건축과	9	1	7	8	7	2	1	1
8226	경남 거창군	농어촌장애인주택개조사업	19,000	도시건축과	9	2	2	1	7	1	1	1
8227	경남 거창군	가축재해보험 지원	1,643,000	농업축산과	9	2	7	8	7	1	1	4
8228	경남 거창군	우량암소 수정란 이식비 지원	64,500	농업축산과	9	2	7	8	7	1	1	4
8229	경남 거창군	브랜드축산물 포장재 개발 지원	58,000	농업축산과	9	6	4	7	2	1	1	4
8230	경남 거창군	한우등록사업	82,814	농업축산과	9	6	7	8	7	1	1	4

순번	시군구	지출명 (사업명)	2021년예산 (단위:천원/1년간)	담당자 (공무원) 담당부서	민간이전 분류 (지방자치단체 세출예산 집행기준에 의거) 1. 민간경상사업보조(307-02) 2. 민간단체 법정운영비보조(307-03) 3. 민간행사사업보조(307-04) 4. 민간위탁금(307-05) 5. 사회복지시설 법정운영비보조(307-10) 6. 민간인위탁교육비(307-12) 7. 공기관등에대한경상적위탁사업비(308-10) 8. 민간자본사업보조,자체재원(402-01) 9. 민간자본사업보조,이전재원(402-02) 10. 민간위탁사업비(402-03) 11. 공기관등에 대한 자본적 대행사업비(403-02)	민간이전지출 근거 (지방보조금 관리기준 참고) 1. 법률에 규정 2. 국고보조 재원(국가지정) 3. 용도 지정 기부금 4. 조례에 직접규정 5. 지자체가 권장하는 사업을 하는 공공기관 6. 시,도 정책 및 재정사정 7. 기타 8. 해당없음	입찰방식 계약체결방법 (경쟁형태) 1. 일반경쟁 2. 제한경쟁 3. 지명경쟁 4. 수의계약 5. 법정위탁 6. 기타 ( ) 7. 해당없음	입찰방식 계약기간 1. 1년 2. 2년 3. 3년 4. 4년 5. 5년 6. 기타 ( )년 7. 단기계약 (1년미만) 8. 해당없음	입찰방식 낙찰자선정방법 1. 적격심사 2. 협상에의한계약 3. 최저가낙찰제 4. 규격가격분리 5. 2단계 경쟁입찰 6. 기타 ( ) 7. 해당없음	운영예산 산정 운영예산 산정 1. 내부산정 (지자체 자체적으로 산정) 2. 외부산정 (외부전문기관위탁 산정) 3. 내·외부 모두 산정 4. 산정 無 5. 해당없음	운영예산 산정 정산방법 1. 내부정산 (지자체 내부적으로 정산) 2. 외부정산 (외부전문기관위탁 정산) 3. 내·외부 모두 산정 4. 정산 無 5. 해당없음	성과평가 실시여부 1. 실시 2. 미실시 3. 향후 추진 4. 해당없음
8231	경남 거창군	한우암소유전능력 개량지원	10,000	농업축산과	9	6	7	8	7	1	1	4
8232	경남 거창군	젖소 능력개량 사업	12,241	농업축산과	9	6	7	8	7	1	1	4
8233	경남 거창군	한우농가 사료첨가제 지원	66,750	농업축산과	9	6	4	7	2	1	1	4
8234	경남 거창군	가축분뇨 수분조절제 지원	304,000	농업축산과	9	6	4	7	2	1	1	4
8235	경남 거창군	축사시설 환경개선사업	15,000	농업축산과	9	6	4	7	2	1	1	4
8236	경남 거창군	축산농가 악취방지제 지원	197,500	농업축산과	9	6	4	7	2	1	1	4
8237	경남 거창군	양봉산업 구조개선 지원	100,800	농업축산과	9	6	4	7	2	1	1	4
8238	경남 거창군	친환경 꿀벌 사양관리 지원	16,080	농업축산과	9	6	4	7	2	1	1	4
8239	경남 거창군	AI차단 위생난좌 지원	108,336	농업축산과	9	6	4	7	2	1	1	4
8240	경남 거창군	이상란(혈란) 검출기	50,000	농업축산과	9	6	4	7	2	1	1	4
8241	경남 거창군	가축분뇨 악취저감 시설지원	30,000	농업축산과	9	6	4	7	2	1	1	4
8242	경남 거창군	무항생제 축산물 인증 지원	73,000	농업축산과	9	6	7	8	7	1	1	4
8243	경남 거창군	맞춤형 중소형 농기계 지원사업	755,167	농업축산과	9	6	7	8	7	5	1	1
8244	경남 거창군	농업기계 등화장치 부착 지원사업	10,200	농업축산과	9	2	7	8	7	5	1	4
8245	경남 거창군	무병묘활용 고구마 품질향상 시범	8,000	농업기술과	9	6	7	8	7	5	5	4
8246	경남 거창군	고품질 쌀 생산단지 조성	157,500	농업기술과	9	6	7	8	7	5	5	4
8247	경남 거창군	기능성 쌀 생산단지 조성	110,333	농업기술과	9	6	7	8	7	5	5	4
8248	경남 거창군	벼 조기재배단지 조성	18,000	농업기술과	9	6	7	8	7	5	5	4
8249	경남 거창군	정부양곡처리 양정시설 지원	150,000	농업기술과	9	6	7	8	7	5	5	4
8250	경남 거창군	공공비축미곡 톤백수매확대 지원	2,200	농업기술과	9	6	7	8	7	5	5	4
8251	경남 거창군	외래품종대체 최고품질 벼 생산 공급거점단지 육성	200,000	농업기술과	9	2	7	8	7	5	5	4
8252	경남 거창군	유해 야생동물 포획시설 지원	21,120	농업기술과	9	2	7	8	7	5	5	4
8253	경남 거창군	저온유통체계구축 지원	552,215	농업기술과	9	2	7	8	7	5	5	4
8254	경남 거창군	시설원예현대화 지원	189,103	농업기술과	9	2	7	8	7	5	5	4
8255	경남 거창군	농업에너지이용효율화	100,124	농업기술과	9	2	7	8	7	5	5	4
8256	경남 거창군	고추비가림재배시설 지원	60,000	농업기술과	9	2	7	8	7	5	5	4
8257	경남 거창군	스마트팜 ICT융복합 확산 사업	16,278	농업기술과	9	2	7	8	7	5	5	4
8258	경남 거창군	특용작물 시설현대화 지원	3,250	농업기술과	9	2	7	8	7	5	5	4
8259	경남 거창군	약용작물 안정생산 지원	104,000	농업기술과	9	6	7	8	7	5	5	4
8260	경남 거창군	원예작물하우스 생산시설현대화	95,000	농업기술과	9	6	7	8	7	5	5	4
8261	경남 거창군	딸기우량모주(원묘) 지원	24,483	농업기술과	9	6	7	8	7	5	5	4
8262	경남 거창군	시설원예 연작장해 대책지원	23,850	농업기술과	9	6	7	8	7	5	5	4
8263	경남 거창군	고품질 양파·마늘 생산 기계화 지원	8,935	농업기술과	9	6	7	8	7	5	5	4
8264	경남 거창군	전기온풍기 지원	2,742	농업기술과	9	6	7	8	7	5	5	4
8265	경남 거창군	블루베리 다수확 용기재배 과원모델 시범	40,000	농업기술과	9	6	7	8	7	5	5	4
8266	경남 거창군	고효율 저비용 사과원 조성	600,000	농업기술과	9	6	7	8	7	5	5	4
8267	경남 거창군	미래형 사과 다축과원 조성 시범	70,000	농업기술과	9	6	7	8	7	5	5	4
8268	경남 거창군	사과 관수자동화 재배기술 시범	32,000	농업기술과	9	6	7	8	7	5	5	4
8269	경남 거창군	과수 고품질 시설 현대화 지원	415,000	농업기술과	9	2	7	8	7	5	5	4
8270	경남 거창군	농작물 재해보험 지원	20,000	농업기술과	9	2	7	8	7	5	5	4
8271	경남 거창군	돌발해충 친환경 방제 시범	8,000	농업기술과	9	6	7	8	7	5	5	4
8272	경남 거창군	기능성 중소과 생산단지 조성	80,000	농업기술과	9	6	7	8	7	5	5	4

순번	시군구	지출명 (사업명)	2021년예산 (단위:천원/1년간)	담당자 (공무원) 담당부서	민간이전 분류 (지방자치단체 세출예산 집행기준에 의거) 1. 민간경상사업보조(307-02) 2. 민간단체 법정운영비보조(307-03) 3. 민간행사사업보조(307-04) 4. 민간위탁금(307-05) 5. 사회복지시설 법정운영비보조(307-10) 6. 민간인위탁교육비(307-12) 7. 공기관등에대한경상적위탁사업비(308-10) 8. 민간자본사업보조,자체재원(402-01) 9. 민간자본사업보조,이전재원(402-02) 10. 민간위탁사업비(402-03) 11. 공기관등에 대한 자본적 대행사업비(403-02)	민간이전지출 근거 (지방보조금 관리기준 참고) 1. 법률에 규정 2. 국고보조 재원(국가지정) 3. 용도 지정 기부금 4. 조례에 직접규정 5. 지자체가 권장하는 사업을 하는 공공기관 6. 시,도 정책 및 재정사정 7. 기타 8. 해당없음	입찰방식 계약체결방법 (경쟁형태) 1. 일반경쟁 2. 제한경쟁 3. 지명경쟁 4. 수의계약 5. 법정위탁 6. 기타 ( ) 7. 해당없음	입찰방식 계약기간 1. 1년 2. 2년 3. 3년 4. 4년 5. 5년 6. 기타 ( )년 7. 단기계약 (1년미만) 8. 해당없음	입찰방식 낙찰자선정방법 1. 적격심사 2. 협상에의한계약 3. 최저가낙찰제 4. 규격가격분리 5. 2단계 경쟁입찰 6. 기타 ( ) 7. 해당없음	운영예산 산정 운영예산 산정 1. 내부산정 (지자체 자체적으로 산정) 2. 외부산정 (외부전문기관위탁 산정) 3. 내·외부 모두 산정 4. 산정 無 5. 해당없음	운영예산 산정 정산방법 1. 내부정산 (지자체 내부적으로 정산) 2. 외부정산 (외부전문기관위탁 정산) 3. 내·외부 모두 산정 4. 정산 無 5. 해당없음	성과평가 실시여부 1. 실시 2. 미실시 3. 향후 추진 4. 해당없음
8273	경남 거창군	드론활용 사과인공수분 시범	40,000	농업기술과	9	4	7	8	7	5	5	4
8274	경남 거창군	과수 수분용 꽃가루 지원사업	22,500	농업기술과	9	6	7	8	7	5	5	4
8275	경남 거창군	신소득 과실 생산시설 현대화	55,000	농업기술과	9	6	7	8	7	5	5	4
8276	경남 거창군	과실 장기저장제 지원	25,000	농업기술과	9	6	7	8	7	5	5	4
8277	경남 거창군	과원관리 생력화기계 지원	230,000	농업기술과	9	6	7	8	7	5	5	4
8278	경남 거창군	사과 저온피해 경감제 지원	77,500	농업기술과	9	6	7	8	7	5	5	4
8279	경남 거창군	친환경농업 유통활성화지원	28,000	농업기술과	9	1	7	8	7	5	5	4
8280	경남 거창군	유기농업선도농가가공유통지원	70,000	농업기술과	9	1	7	8	7	5	5	4
8281	경남 거창군	유기농업자재 지원	50,000	농업기술과	9	2	7	8	7	5	5	4
8282	경남 거창군	시비효율 개선 친환경농자재 시범	16,000	농업기술과	9	1	7	8	7	5	5	4
8283	경남 거창군	농산물유통시설 지원	183,780	행복농촌과	9	4	7	8	7	5	5	4
8284	경남 거창군	GAP시설보완사업	27,950	행복농촌과	9	1	7	8	7	5	5	4
8285	경남 거창군	수출농가, 업체지원사업	103,450	행복농촌과	9	1	7	8	7	5	5	4
8286	경남 거창군	창의적인 농촌손맛 창업활동 시범	100,000	행복농촌과	9	6	7	8	7	5	5	4
8287	경남 거창군	특산자원융복합기술지원사업	360,000	행복농촌과	9	2	7	8	7	5	5	4
8288	경남 거창군	도시민 농어촌유치 지원사업	43,000	행복농촌과	9	2	7	8	7	1	1	3
8289	경남 합천군	자활사업 생산적 일자리 플랫폼 구축지원	15,000	주민복지과	9	1	7	8	7	1	1	4
8290	경남 합천군	노블하임노인전문요양원 주야간보호시설 증축사업	347,820	노인아동여성과	9	2	1	8	3	1	1	4
8291	경남 합천군	합천노인복지센터 치매전담형 증축사업	648,000	노인아동여성과	9	2	1	8	3	1	1	4
8292	경남 합천군	합천노인전문요양원 치매전담형 증축사업	648,000	노인아동여성과	9	2	1	8	3	1	1	4
8293	경남 합천군	미타노인요양원 개보수사업	19,800	노인아동여성과	9	2	4	8	7	1	1	4
8294	경남 합천군	광명노인요양원 장비보강사업	8,676	노인아동여성과	9	2	4	8	7	1	1	4
8295	경남 합천군	합천노인전문요양원 장비보강사업	60,000	노인아동여성과	9	2	1	8	3	1	1	4
8296	경남 합천군	합천노인복지센터 장비보강사업	80,000	노인아동여성과	9	2	1	8	3	1	1	4
8297	경남 합천군	에벤에셀노인요양원 장비보강사업	100,000	노인아동여성과	9	2	1	8	3	1	1	4
8298	경남 합천군	합천노인전문요양원 화재안전창 교체사업	20,000	노인아동여성과	9	2	4	8	7	1	1	4
8299	경남 합천군	에벤에셀노인요양원 화재안전창 교체사업	18,500	노인아동여성과	9	2	4	8	7	1	1	4
8300	경남 합천군	지역아동센터 환경개선비 지원	10,000	노인아동여성과	9	2	7	8	7	1	1	4
8301	경남 합천군	합천애육원 기능보강 사업	6,278	노인아동여성과	9	2	7	8	7	1	1	4
8302	경남 합천군	어린이집 환경개선	2,800	노인아동여성과	9	2	7	8	7	1	1	4
8303	경남 합천군	소상공인 소규모 경영환경개선사업	76,000	경제교통과	9	6	6	1	6	1	1	1
8304	경남 합천군	그린홈 100만호 주택지원사업	100,000	경제교통과	9	2	7	8	7	5	1	1
8305	경남 합천군	화재피해주민 "119희망의집" 건축보급	35,000	안전총괄과	9	6	7	7	6	1	1	3
8306	경남 합천군	빈집정비	40,000	도시건축과	9	4	7	8	7	1	1	1
8307	경남 합천군	빈집정비	20,000	도시건축과	9	4	7	8	7	1	1	1
8308	경남 합천군	농촌 노후주택 지붕개량사업	84,800	도시건축과	9	6	7	8	7	1	1	1
8309	경남 합천군	소규모 공동주택 지원사업	50,000	도시건축과	9	6	7	8	7	1	1	1
8310	경남 합천군	빈집 활용 반값 임대	45,000	도시건축과	9	6	7	8	7	1	1	1
8311	경남 합천군	전기자동차 구매지원	15,600	환경위생과	9	2	7	8	7	5	5	4
8312	경남 합천군	전기자동차 구매지원	696,000	환경위생과	9	2	7	8	7	5	5	4
8313	경남 합천군	전기이륜차 보급사업	9,500	환경위생과	9	2	7	8	7	5	5	4
8314	경남 합천군	노후 경유자동차 조기폐차 지원사업	640,000	환경위생과	9	2	7	8	7	5	5	4

순번	시군구	지출명 (사업명)	2021년예산 (단위:천원/1년간)	담당자 (공무원) 담당부서	민간이전 분류 (지방자치단체 세출예산 집행기준에 의거) 1. 민간경상사업보조(307-02) 2. 민간단체 법정운영비보조(307-03) 3. 민간행사사업보조(307-04) 4. 민간위탁금(307-05) 5. 사회복지시설 법정운영비보조(307-10) 6. 민간인위탁교육비(307-12) 7. 공기관등에대한경상적위탁사업비(308-10) 8. 민간자본사업보조,자체재원(402-01) 9. 민간자본사업보조,이전재원(402-02) 10. 민간위탁사업비(402-03) 11. 공기관등에 대한 자본적 대행사업비(403-02)	민간이전지출 근거 (지방보조금 관리기준 참고) 1. 법률에 규정 2. 국고보조 재원(국가지정) 3. 용도 지정 기부금 4. 조례에 직접규정 5. 지자체가 권장하는 사업을 하는 공공기관 6. 시,도 정책 및 재정사정 7. 기타 8. 해당없음	입찰방식 계약체결방법 (경쟁형태) 1. 일반경쟁 2. 제한경쟁 3. 지명경쟁 4. 수의계약 5. 법정위탁 6. 기타 ( ) 7. 해당없음	입찰방식 계약기간 1. 1년 2. 2년 3. 3년 4. 4년 5. 5년 6. 기타 ( )년 7. 단기계약 (1년미만) 8. 해당없음	입찰방식 낙찰자선정방법 1. 적격심사 2. 협상에의한계약 3. 최저가낙찰제 4. 규격가격분리 5. 2단계 경쟁입찰 6. 기타 ( ) 7. 해당없음	운영예산 산정 운영예산 산정 1. 내부산정 (지자체 자체적으로 산정) 2. 외부산정 (외부전문기관위탁 산정) 3. 내·외부 모두 산정 4. 산정 無 5. 해당없음	운영예산 산정 정산방법 1. 내부정산 (지자체 내부적으로 정산) 2. 외부정산 (외부전문기관위탁 정산) 3. 내·외부 모두 산정 4. 정산 無 5. 해당없음	성과평가 실시여부 1. 실시 2. 미실시 3. 향후 추진 4. 해당없음
8315	경남 합천군	저감장치(DPF) 부착 지원사업	380,000	환경위생과	9	2	7	8	7	5	5	4
8316	경남 합천군	건설기계 DPF부착 지원사업	22,000	환경위생과	9	2	7	8	7	5	5	4
8317	경남 합천군	건설기계 엔진교체 지원사업	49,500	환경위생과	9	2	7	8	7	5	5	4
8318	경남 합천군	LPG화물차 신차구입 지원사업	200,000	환경위생과	9	2	7	8	7	5	5	4
8319	경남 합천군	어린이통학차량의 LPG차 전환지원 사업	5,000	환경위생과	9	2	7	8	7	5	5	4
8320	경남 합천군	소규모사업장 방지시설 설치지원 사업	182,000	환경위생과	9	2	7	8	7	1	1	2
8321	경남 합천군	야생동물로 인한 농작물 피해방지시설 설치	168,117	환경위생과	9	2	7	8	7	5	1	1
8322	경남 합천군	난실 조성 시범사업	265,000	농정과	9	4	4	7	7	5	1	1
8323	경남 합천군	계약재배 종묘지원사업	50,000	농정과	9	4	4	7	7	5	1	1
8324	경남 합천군	양정시설 지원	78,000	농정과	9	1	7	8	7	5	5	4
8325	경남 합천군	톤백수매 확대사업	7,150	농정과	9	1	7	8	7	5	5	4
8326	경남 합천군	통합 쌀 브랜드 포장재 지원	13,000	농정과	9	1	7	8	7	5	5	4
8327	경남 합천군	밤나무 노령목 관리	28,822	산림과	9	2	7	1	7	5	5	4
8328	경남 합천군	밤 등 생산장비지원	2,783	산림과	9	2	7	1	7	5	5	4
8329	경남 합천군	작업로 시설지원	18,000	산림과	9	2	7	1	7	5	5	4
8330	경남 합천군	임산물 저장 및 건조시설	11,220	산림과	9	2	7	1	7	5	5	4
8331	경남 합천군	임산물유통기반지원(유통자재, 기자재)	8,500	산림과	9	2	7	1	7	5	5	4
8332	경남 합천군	밤나무 토양개량제 지원	25,448	산림과	9	2	7	1	7	5	5	4
8333	경남 합천군	유기질비료지원	12,290	산림과	9	2	7	1	7	5	5	4
8334	경남 합천군	산림작물생산단지	94,863	산림과	9	2	7	1	7	5	5	4
8335	경남 합천군	산림작물생산단지	47,369	산림과	9	2	7	1	7	5	5	4
8336	경남 합천군	산림복합경영	70,180	산림과	9	2	7	3	7	5	5	4
8337	경남 합천군	펠릿보일러 보급사업	5,600	산림과	9	2	7	1	7	5	5	4
8338	경남 합천군	펠릿보일러 보급사업	4,000	산림과	9	2	7	1	7	5	5	4
8339	경남 합천군	양봉산업 구조개선사업	51,575	축산과	9	1	7	8	7	5	1	4
8340	경남 합천군	유용곤충사육시설 지원사업	5,000	축산과	9	1	7	8	7	5	5	4
8341	경남 합천군	토종벌 육성사업	4,500	축산과	9	1	7	8	7	5	1	4
8342	경남 합천군	CCTV 등 방역인프라 설치 지원	7,200	축산과	9	1	7	8	7	5	1	4
8343	경남 합천군	야생멧돼지 침입방지 울타리 설치지원	183,600	축산과	9	1	7	8	7	5	1	4
8344	경남 합천군	거점소독시설 개보수 비용 지원	80,000	축산과	9	6	7	8	7	5	1	4
8345	경남 합천군	소독시설 설치지원	14,000	축산과	9	6	7	8	7	5	1	4
8346	경남 합천군	폐사축 처리기 지원	15,000	축산과	9	1	7	8	7	5	1	4
8347	경남 합천군	가축방역용 자동목걸이 설치 지원	3,600	축산과	9	1	7	8	7	5	1	4
8348	경남 합천군	축산물판매업소 위생시설개선	24,000	축산과	9	1	7	8	7	5	1	4
8349	경남 합천군	안전관리인증 축산농가 및 영업장 지원	3,000	축산과	9	1	7	8	7	5	1	4
8350	경남 합천군	계란 냉장차량 지원	15,000	축산과	9	1	7	8	7	5	1	4
8351	경남 합천군	브랜드축산물 디자인 포장재 지원	4,500	축산과	9	6	7	8	7	5	5	4
8352	경남 합천군	조사료생산용 기계장비구입 지원	22,000	축산과	9	6	7	8	7	5	5	4
8353	경남 합천군	축사시설 환경개선	16,500	축산과	9	6	7	8	7	5	1	1
8354	경남 합천군	공동자원화 시설 개보수 지원	1,050,000	축산과	9	2	7	8	7	5	1	1
8355	경남 합천군	가축분뇨 악취저감 시설장비 지원	15,000	축산과	9	6	7	8	7	5	1	1
8356	경남 합천군	가축분퇴비처리 기계장비 지원	12,000	축산과	9	6	7	8	7	5	1	1

순번	시군구	지출명 (사업명)	2021년예산 (단위:천원/1년간)	담당자(공무원) 담당부서	민간이전 분류 (지방자치단체 세출예산 집행기준에 의거) 1. 민간경상사업보조(307-02) 2. 민간단체 법정운영비보조(307-03) 3. 민간행사사업보조(307-04) 4. 민간위탁금(307-05) 5. 사회복지시설 법정운영비보조(307-10) 6. 민간인위탁교육비(307-12) 7. 공기관등에대한경상적위탁사업비(308-10) 8. 민간자본사업보조,자체재원(402-01) 9. 민간자본사업보조,이전재원(402-02) 10. 민간위탁사업비(402-03) 11. 공기관등에 대한 자본적 대행사업비(403-02)	민간이전지출 근거 (지방보조금 관리기준 참고) 1. 법률에 규정 2. 국고보조 재원(국가지정) 3. 용도 지정 기부금 4. 조례에 직접규정 5. 지자체가 권장하는 사업을 하는 공공기관 6. 시,도 정책 및 재정사정 7. 기타 8. 해당없음	입찰방식 계약체결방법 (경쟁형태) 1. 일반경쟁 2. 제한경쟁 3. 지명경쟁 4. 수의계약 5. 법정위탁 6. 기타 ( ) 7. 해당없음	입찰방식 계약기간 1. 1년 2. 2년 3. 3년 4. 4년 5. 5년 6. 기타 ( )년 7. 단기계약 (1년미만) 8. 해당없음	입찰방식 낙찰자선정방법 1. 적격심사 2. 협상에의한계약 3. 최저가낙찰제 4. 규격가격분리 5. 2단계 경쟁입찰 6. 기타 ( ) 7. 해당없음	운영예산 산정 운영예산 산정 1. 내부산정 (지자체 자체적으로 산정) 2. 외부산정 (외부전문기관위탁 산정) 3. 내·외부 모두 산정 4. 산정 無 5. 해당없음	운영예산 산정 정산방법 1. 내부정산 (지자체 내부적으로 정산) 2. 외부정산 (외부전문기관위탁 정산) 3. 내·외부 모두 산정 4. 정산 無 5. 해당없음	성과평가 실시여부 1. 실시 2. 미실시 3. 향후 추진 4. 해당없음
8357	경남 합천군	온습도지수 활용 폭염대응 기술 시범	16,000	축산과	9	6	7	8	7	5	1	1
8358	경남 합천군	ICT활용 돈사 환경관리시스템 기술보급 시범	120,000	축산과	9	2	7	8	7	5	1	1
8359	경남 합천군	농산물 공동선별비	142,000	농업유통과	9	2	7	8	7	1	1	4
8360	경남 합천군	농산물 마케팅지원비	62,000	농업유통과	9	2	1	7	1	1	1	4
8361	경남 합천군	소규모 농산물유통시설 설치사업	179,700	농업유통과	9	2	7	8	7	5	5	4
8362	경남 합천군	농업인 소규모 창업기술 지원	100,000	농업유통과	9	8	7	8	7	5	5	4
8363	경남 합천군	수출농가 연질강화 필름지원	32,000	농업유통과	9	6	7	8	7	1	1	1
8364	경남 합천군	수출탑 시상농가 인센티브	10,000	농업유통과	9	6	7	8	7	1	1	1
8365	경남 합천군	다목적 발효 배양기구 보급	4,000	농업유통과	9	1	7	8	7	1	1	4
8366	경남 합천군	농촌교육농장 육성 시범	28,000	농업유통과	9	1	7	8	7	1	1	4
8367	경남 합천군	농촌어르신 복지생활실천시범	25,000	농업유통과	9	1	7	8	7	1	1	4
8368	경남 합천군	농촌어르신 복지생활실천시범	25,000	농업유통과	9	1	7	8	7	1	1	4
8369	경남 합천군	작목별 맞춤형 안전관리 실천시범	50,000	농업유통과	9	2	7	8	7	1	1	4
8370	경남 합천군	맞춤형 중소형 농기계 지원	400,000	농업유통과	9	1	7	8	7	1	1	4
8371	경남 합천군	고품질 쌀 생산단지 조성	68,320	농업지도과	9	6	4	1	7	1	1	1
8372	경남 합천군	기능성 쌀 재배단지 조성	26,250	농업지도과	9	6	4	1	7	1	1	1
8373	경남 합천군	쌀 생산조정 기반조성	49,000	농업지도과	9	6	4	1	7	1	1	1
8374	경남 합천군	유해 야생동물 포획시설 지원	5,280	농업지도과	9	2	4	1	7	1	1	1
8375	경남 합천군	낙동강변 찰옥수수 명품화 단지 조성	50,000	농업지도과	9	6	4	1	7	1	1	1
8376	경남 합천군	낙동강변 찰옥수수 명품화 단지 조성	50,000	농업지도과	9	6	4	1	7	1	1	1
8377	경남 합천군	감자 재배유형별 특성화 시범	100,000	농업지도과	9	2	4	1	7	1	1	1
8378	경남 합천군	시설원예 현대화	68,790	농업지도과	9	2	4	1	7	1	1	1
8379	경남 합천군	시설원예 현대화	185,633	농업지도과	9	2	4	1	7	1	1	1
8380	경남 합천군	고추비가림 재배시설 지원	7,500	농업지도과	9	2	4	1	7	1	1	1
8381	경남 합천군	농업에너지 이용 효율화 사업	88,538	농업지도과	9	2	4	1	7	1	1	1
8382	경남 합천군	스마트 팜 노후 ICT기기 점검·교체	6,000	농업지도과	9	2	4	1	7	1	1	1
8383	경남 합천군	재배시설 전문가 현장컨설팅 사업	4,800	농업지도과	9	2	4	1	7	1	1	1
8384	경남 합천군	빅데이터 수집 연계	1,000	농업지도과	9	2	4	1	7	1	1	1
8385	경남 합천군	양념채소 국내육성품종 보급 시범	60,000	농업지도과	9	2	7	8	7	5	5	4
8386	경남 합천군	원예작물하우스 생산시설 현대화지원	96,000	농업지도과	9	6	7	8	7	5	5	4
8387	경남 합천군	딸기우량모주(원묘) 지원	5,250	농업지도과	9	6	4	1	7	1	1	1
8388	경남 합천군	전기난방기 지원	5,683	농업지도과	9	6	4	1	7	1	1	1
8389	경남 합천군	시설원예 연작장해경감제 지원	10,440	농업지도과	9	6	4	1	7	1	1	1
8390	경남 합천군	시설하우스 연질강화필름 지원	39,333	농업지도과	9	6	4	1	7	1	1	1
8391	경남 합천군	고품질 양파,마늘 생산기계화 지원	19,165	농업지도과	9	6	4	1	7	1	1	1
8392	경남 합천군	잠종대 지원	1,113	농업지도과	9	6	7	8	7	5	5	4
8393	경남 합천군	총채벌레 친환경 방제시범	16,000	농업지도과	9	6	7	8	7	5	5	4
8394	경남 합천군	경남 육성 신품종 보급 시범	14,400	농업지도과	9	6	7	8	7	5	5	4
8395	경남 합천군	양파 생산비 절감을 위한 무멀칭 기계정식 기술시범	40,000	농업지도과	9	6	7	8	7	5	5	4
8396	경남 합천군	영농활용 우수과제 지역맞춤형 신기술 보급	40,000	농업지도과	9	6	7	8	7	5	5	4
8397	경남 합천군	과수 자동적화기 보급 시범	3,200	농업지도과	9	6	7	8	7	5	5	4
8398	경남 합천군	사과 관수자동화 재배기술 시범	32,000	농업지도과	9	6	7	8	7	5	5	4

순번	시군구	지출명 (사업명)	2021년예산 (단위:천원/1년간)	담당자 (공무원) 담당부서	민간이전 분류 (지방자치단체 세출예산 집행기준에 의거) 1. 민간경상사업보조(307-02) 2. 민간단체 법정운영비보조(307-03) 3. 민간행사사업보조(307-04) 4. 민간위탁금(307-05) 5. 사회복지시설 법정운영비보조(307-10) 6. 민간인위탁교육비(307-12) 7. 공기관등에대한경상적위탁사업비(308-10) 8. 민간자본사업보조,자체재원(402-01) 9. 민간자본사업보조,이전재원(402-02) 10. 민간위탁사업비(402-03) 11. 공기관등에 대한 자본적 대행사업비(403-02)	민간이전지출 근거 (지방보조금 관리기준 참고) 1. 법률에 규정 2. 국고보조 재원(국가지정) 3. 용도 지정 기부금 4. 조례에 직접규정 5. 지자체가 권장하는 사업을 하는 공공기관 6. 시,도 정책 및 재정사정 7. 기타 8. 해당없음	입찰방식 계약체결방법 (경쟁형태) 1. 일반경쟁 2. 제한경쟁 3. 지명경쟁 4. 수의계약 5. 법정위탁 6. 기타 ( ) 7. 해당없음	입찰방식 계약기간 1. 1년 2. 2년 3. 3년 4. 4년 5. 5년 6. 기타 ( )년 7. 단기계약 (1년미만) 8. 해당없음	입찰방식 낙찰자선정방법 1. 적격심사 2. 협상에의한계약 3. 최저가낙찰제 4. 규격가격분리 5. 2단계 경쟁입찰 6. 기타 ( ) 7. 해당없음	운영예산 산정 운영예산 산정 1. 내부산정 (지자체 자체적으로 산정) 2. 외부산정 (외부전문기관위탁 산정) 3. 내·외부 모두 산정 4. 산정 無 5. 해당없음	운영예산 산정 정산방법 1. 내부정산 (지자체 내부적으로 정산) 2. 외부정산 (외부전문기관위탁 정산) 3. 내·외부 모두 산정 4. 정산 無 5. 해당없음	성과평가 실시여부 1. 실시 2. 미실시 3. 향후 추진 4. 해당없음
8399	경남 합천군	스마트팜 기술을 활용한 기능성 특용작물 생산 시범	40,000	농업지도과	9	6	7	8	7	5	5	4
8400	경남 합천군	과수 수정용 꽃가루 지원	1,000	농업지도과	9	6	7	8	7	5	5	4
8401	경남 합천군	과원관리 생력기계화 지원	17,500	농업지도과	9	6	7	8	7	5	5	4
8402	경남 합천군	유기농업자재 지원	36,517	농업지도과	9	2	7	8	7	5	5	4
8403	경남 합천군	친환경농업기반구축사업	800,000	농업지도과	9	2	7	8	7	5	5	4
8404	경남 합천군	생태농업단지조성	140,000	농업지도과	9	6	7	8	7	5	5	4
8405	경남 합천군	유기농업선도농가 가공유통 지원	175,000	농업지도과	9	6	7	8	7	5	5	4
8406	경남 합천군	벼 먹노린재 밀도경감 친환경 공동방제사업	10,000	농업지도과	9	6	7	8	7	5	5	4
8407	경남 합천군	시비효율 개선 친환경 농자재 시범사업	16,000	농업지도과	9	6	7	8	7	5	5	4
8408	경남 합천군	호흡기전담클리닉 시설 및 장비지원	100,000	보건소	9	2	7	8	7	5	5	4
8409	전북 전주시	지진안전시설물인증지원	63,000	시민안전담당관	9	2	7	8	7	5	5	3
8410	전북 전주시	수소자동차 구매지원	7,300,000	수소경제탄소산업과	9	2	7	8	7	1	1	4
8411	전북 전주시	중소기업 환경개선 사업	249,370	중소기업과	9	6	7	8	7	1	1	1
8412	전북 전주시	사회복지관 기능보강	500,439	생활복지과	9	1	7	8	7	5	5	4
8413	전북 전주시	노숙인시설 기능보강	11,180	생활복지과	9	1	7	8	7	5	1	1
8414	전북 전주시	전북시각장애인연합회 전주지회 건물 보수공사	100,650	생활복지과	9	7	7	8	7	5	5	4
8415	전북 전주시	정신요양시설 기능보강	60,260	생활복지과	9	1	7	8	7	5	1	1
8416	전북 전주시	장애인 거주시설 기능보강	28,572	생활복지과	9	1	7	8	7	5	1	1
8417	전북 전주시	장애인 직업재활시설 기능보강	481,696	생활복지과	9	1	7	8	7	5	1	1
8418	전북 전주시	정신요양시설 신명이대회	5,000	생활복지과	9	1	7	8	7	1	1	1
8419	전북 전주시	노인복지관(덕진) 기능보강	40,000	통합돌봄과	9	7	7	8	7	1	1	4
8420	전북 전주시	노인복지관(꽃밭정이) 기능보강	30,000	통합돌봄과	9	7	7	8	7	1	1	4
8421	전북 전주시	노인복지관(전북노인) 기능보강	20,000	통합돌봄과	9	7	7	8	7	1	1	4
8422	전북 전주시	노인일거리마련센터 기능보강	10,000	통합돌봄과	9	6	7	8	7	1	1	1
8423	전북 전주시	시니어클럽 기능보강	30,000	통합돌봄과	9	6	7	8	7	1	1	4
8424	전북 전주시	노인요양시설 확충사업	775,800	통합돌봄과	9	2	1	8	3	1	1	3
8425	전북 전주시	성폭력 피해자 보호시설 운영지원	2,050	여성가족과	9	2	7	8	7	1	1	2
8426	전북 전주시	야호(다함께)돌봄센터 설치지원	472,500	여성가족과	9	1	7	8	7	5	5	4
8427	전북 전주시	아동복지시설 기능보강	28,900	여성가족과	9	1	7	8	7	1	1	2
8428	전북 전주시	아동복지시설 기능보강	43,945	여성가족과	9	1	7	8	7	1	1	2
8429	전북 전주시	지역아동센터 환경개선지원	100,000	여성가족과	9	2	7	8	7	5	1	1
8430	전북 전주시	시설기능보강 지원	40,300	여성가족과	9	1	7	8	7	1	1	2
8431	전북 전주시	공동육아나눔터 리모델링 지원	100,000	여성가족과	9	5	7	8	7	1	1	2
8432	전북 전주시	폭력피해 이주여성 보호시설 안전보강	5,000	여성가족과	9	2	7	8	7	1	1	2
8433	전북 전주시	천연가스차량 구입비 보조	120,000	맑은공기에너지과	9	1	7	8	7	5	5	4
8434	전북 전주시	천연가스차량 연료비 보조	9,000	맑은공기에너지과	9	1	7	8	7	5	5	4
8435	전북 전주시	전기승용차 구매 지원	5,140,000	맑은공기에너지과	9	1	7	8	7	5	5	4
8436	전북 전주시	운행경유차 배출가스 저감사업	13,772,862	맑은공기에너지과	9	2	5	8	1	1	2	1
8437	전북 전주시	보증기간 경과장치 성능유지관리	21,600	맑은공기에너지과	9	2	5	8	1	1	2	1
8438	전북 전주시	전기이륜차 구매 지원	252,000	맑은공기에너지과	9	1	7	8	7	5	5	4
8439	전북 전주시	어린이 통학차량 LPG차 전환 지원	250,000	맑은공기에너지과	9	1	7	8	7	5	5	4
8440	전북 전주시	전기굴착기 구매 지원	60,000	맑은공기에너지과	9	1	7	8	7	5	5	4

순번	시군구	지출명 (사업명)	2021년예산 (단위:천원/1년간)	담당자 (공무원) 담당부서	민간이전 분류 (지방자치단체 세출예산 집행기준에 의거) 1. 민간경상사업보조(307-02) 2. 민간단체 법정운영비보조(307-03) 3. 민간행사사업보조(307-04) 4. 민간위탁금(307-05) 5. 사회복지시설 법정운영비보조(307-10) 6. 민간인위탁교육비(307-12) 7. 공기관등에대한경상적위탁사업비(308-10) 8. 민간자본사업보조,자체재원(402-01) 9. 민간자본사업보조,이전재원(402-02) 10. 민간위탁사업비(402-03) 11. 공기관등에 대한 자본적 대행사업비(403-02)	민간이전지출 근거 (지방보조금 관리기준 참고) 1. 법률에 규정 2. 국고보조 재원(국가지정) 3. 용도 지정 기부금 4. 조례에 직접규정 5. 지자체가 권장하는 사업을 하는 공공기관 6. 시,도 정책 및 재정사정 7. 기타 8. 해당없음	입찰방식 계약체결방법 (경쟁형태) 1. 일반경쟁 2. 제한경쟁 3. 지명경쟁 4. 수의계약 5. 법정위탁 6. 기타 ( ) 7. 해당없음	입찰방식 계약기간 1. 1년 2. 2년 3. 3년 4. 4년 5. 5년 6. 기타 ( )년 7. 단기계약 (1년미만) 8. 해당없음	입찰방식 낙찰자선정방법 1. 적격심사 2. 협상에의한계약 3. 최저가낙찰제 4. 규격가격분리 5. 2단계 경쟁입찰 6. 기타 ( ) 7. 해당없음	운영예산 산정 운영예산 산정 1. 내부산정 (지자체 자체적으로 산정) 2. 외부산정 (외부전문기관위탁 산정) 3. 내·외부 모두 산정 4. 산정 無 5. 해당없음	운영예산 산정 정산방법 1. 내부정산 (지자체 내부적으로 정산) 2. 외부정산 (외부전문기관위탁 정산) 3. 내·외부 모두 산정 4. 정산 無 5. 해당없음	성과평가 실시여부 1. 실시 2. 미실시 3. 향후 추진 4. 해당없음
8441	전북 전주시	전기화물차 구매 지원	8,740,000	맑은공기에너지과	9	1	7	8	7	5	5	4
8442	전북 전주시	가정용 저녹스보일러 설치지원사업	450,000	맑은공기에너지과	9	1	7	8	7	5	5	4
8443	전북 전주시	미생물제 지원사업	2,400	환경위생과	9	1	7	8	7	5	5	4
8444	전북 전주시	야생동물피해예방 사업	12,000	환경위생과	9	1	7	8	7	5	5	4
8445	전북 전주시	음식점 등 시설개선 지원	140,000	환경위생과	9	6	7	8	7	5	5	4
8446	전북 전주시	전주 기독교 근대역사기념관 건립	804,000	문화정책과	9	2	7	8	7	1	1	4
8447	전북 전주시	전주 치명자성지 세계평화의 전당 건립	1,098,500	문화정책과	9	2	7	8	7	1	1	4
8448	전북 전주시	글로벌 관광기반 조성	150,000	관광거점도시추진단	9	2	7	8	7	5	5	4
8449	전북 전주시	일출암 보수정비	140,000	전통문화유산과	9	1	3	1	6	5	5	3
8450	전북 전주시	실상사 보수정비	360,000	전통문화유산과	9	1	3	1	6	5	5	3
8451	전북 전주시	서고사 요사채 이축	330,000	전통문화유산과	9	1	3	1	6	5	5	3
8452	전북 전주시	완산구 노후공동주택관리지원	765,034	건축과	9	4	7	8	7	1	1	4
8453	전북 전주시	덕진구 노후공동주택관리지원	943,000	건축과	9	4	7	8	7	1	1	4
8454	전북 전주시	화재안전성능보강 지원	186,662	건축과	9	1	7	8	7	5	5	4
8455	전북 전주시	농어촌 장애인주택 개조사업	7,600	주거복지과	9	8	7	8	7	1	1	4
8456	전북 전주시	일자리창출(사회적기업)	23,000	사회연대지원과	9	4	7	8	7	5	5	4
8457	전북 전주시	사회보험료지원	370,000	사회연대지원과	9	1	7	8	7	5	5	4
8458	전북 전주시	사회적경제 청년 혁신가 지원	2,678,000	사회연대지원과	9	4	7	8	7	5	5	4
8459	전북 전주시	서신동 마을공동체 공유 공간 조성	20,000	마을공동체과	9	1	7	8	7	5	5	4
8460	전북 전주시	취약지역 개조(도시x도토리골 새뜰마을	240,000	도시재생과	9	2	7	8	7	5	5	4
8461	전북 전주시	저상버스 도입보조	1,150,000	버스정책과	9	2	7	8	7	5	5	4
8462	전북 전주시	수소시내버스 도입보조	4,590,000	버스정책과	9	2	7	8	7	5	5	4
8463	전북 전주시	친환경농산물 품목 다양화 육성지원	40,000	먹거리정책과	9	6	7	8	7	1	1	4
8464	전북 전주시	소규모 6차 산업화 지원	140,000	먹거리정책과	9	6	7	8	7	1	1	4
8465	전북 전주시	창업 식품기업 지원	21,000	먹거리정책과	9	6	7	8	7	1	1	4
8466	전북 전주시	농업인 가공사업장 시설장비 개선	50,000	먹거리정책과	9	6	7	8	7	1	1	4
8467	전북 전주시	농기계 안전등화장치 지원	5,000	농업정책과	9	2	7	8	7	1	1	4
8468	전북 전주시	쌀 경쟁력 제고사업	141,000	농업정책과	9	6	4	7	6	3	1	2
8469	전북 전주시	유해 야생동물 포획시설 설치 지원사업	10,560	농업정책과	9	2	4	8	7	1	1	3
8470	전북 전주시	농촌자원 복합산업화지원	495,000	농업정책과	9	2	1	8	3	1	1	4
8471	전북 전주시	농촌자원 복합산업화지원	86,268	농업정책과	9	2	1	8	3	1	1	4
8472	전북 전주시	과수 고품질 시설 현대화	85,350	농업정책과	9	2	4	8	7	1	1	3
8473	전북 전주시	농촌자원 복합산업화지원	55,577	농업정책과	9	6	4	8	7	1	1	3
8474	전북 전주시	시설원예 현대화 지원	84,750	농업정책과	9	2	1	8	3	1	1	3
8475	전북 전주시	인삼 생산시설 현대화 지원	16,580	농업정책과	9	2	4	8	7	1	1	3
8476	전북 전주시	고추비가림 재배시설지원	98,890	농업정책과	9	2	4	8	7	1	1	3
8477	전북 전주시	청년희망(간편형) 스마트팜 지원	22,890	농업정책과	9	6	4	8	7	1	1	3
8478	전북 전주시	에너지절감 시설지원	55,000	농업정책과	9	2	1	8	3	1	1	3
8479	전북 전주시	여성농업인 편의장비 지원	7,200	농업정책과	9	4	7	8	7	5	5	4
8480	전북 전주시	생생농업인 헬스케어 지원사업	178,500	농업정책과	9	4	7	8	7	5	5	4
8481	전북 전주시	치유농업육성 시범	30,000	농업기술과	9	2	7	8	7	5	5	4
8482	전북 전주시	작목별 맞춤형 안전관리 실천	50,000	농업기술과	9	2	7	8	7	1	1	1

순번	시군구	지출명 (사업명)	2021년예산 (단위:천원/1년간)	담당자 (공무원) 담당부서	민간이전 분류 (지방자치단체 세출예산 집행기준에 의거) 1. 민간경상사업보조(307-02) 2. 민간단체 법정운영비보조(307-03) 3. 민간행사사업보조(307-04) 4. 민간위탁금(307-05) 5. 사회복지시설 법정운영비보조(307-10) 6. 민간인위탁교육비(307-12) 7. 공기관등에대한경상적위탁사업비(308-10) 8. 민간자본사업보조,자체재원(402-01) 9. 민간자본사업보조,이전재원(402-02) 10. 민간위탁사업비(402-03) 11. 공기관등에 대한 자본적 대행사업비(403-02)	민간이전지출 근거 (지방보조금 관리기준 참고) 1. 법률에 규정 2. 국고보조 재원(국가지정) 3. 용도 지정 기부금 4. 조례에 직접규정 5. 지자체가 권장하는 사업을 하는 공공기관 6. 시,도 정책 및 재정사정 7. 기타 8. 해당없음	입찰방식 계약체결방법 (경쟁형태) 1. 일반경쟁 2. 제한경쟁 3. 지명경쟁 4. 수의계약 5. 법정위탁 6. 기타 ( ) 7. 해당없음	입찰방식 계약기간 1. 1년 2. 2년 3. 3년 4. 4년 5. 5년 6. 기타 ( )년 7. 단기계약 (1년미만) 8. 해당없음	입찰방식 낙찰자선정방법 1. 적격심사 2. 협상에의한계약 3. 최저가낙찰제 4. 규격가격분리 5. 2단계 경쟁입찰 6. 기타 ( ) 7. 해당없음	운영예산 산정 운영예산 산정 1. 내부산정 (지자체 자체적으로 산정) 2. 외부산정 (외부전문기관위탁 산정) 3. 내·외부 모두 산정 4. 산정 無 5. 해당없음	운영예산 산정 정산방법 1. 내부정산 (지자체 내부적으로 정산) 2. 외부정산 (외부전문기관위탁 정산) 3. 내·외부 모두 산정 4. 정산 無 5. 해당없음	성과평가 실시여부 1. 실시 2. 미실시 3. 향후 추진 4. 해당없음
8483	전북 전주시	고품질 우량 딸기묘 생산 시범	24,000	농업기술과	9	4	7	8	7	5	5	4
8484	전북 전주시	시설원예 에너지 절감 및 환경개선 시범	40,000	농업기술과	9	2	7	8	7	5	5	4
8485	전북 전주시	천적과 작물보호제를 활용한 해충 종합방제기술 시범	50,000	농업기술과	9	2	7	8	7	5	5	4
8486	전북 전주시	시설원예작물 바이러스 종합예방기술 시범	40,000	농업기술과	9	2	7	8	7	5	5	4
8487	전북 전주시	지역활력화 작목 기반 조성	150,000	농업기술과	9	6	7	8	7	1	1	1
8488	전북 전주시	지역활력화 작목 기반 조성	6,600	농업기술과	9	6	7	8	7	1	1	1
8489	전북 전주시	지역활력화 작목 기반 조성	170,000	농업기술과	9	4	7	8	7	5	5	4
8490	전북 전주시	도시농업 일자리플러스 지원	30,000	농업기술과	9	6	7	8	7	5	5	4
8491	전북 전주시	양식장 소독제 지원	8,000	동물복지과	9	1	7	8	7	1	1	4
8492	전북 전주시	양식장 경쟁력 강화사업	10,200	동물복지과	9	1	7	8	7	1	1	4
8493	전북 전주시	농촌자원 복합산업화지원	3,200	동물복지과	9	1	7	8	7	1	1	4
8494	전북 전주시	깨끗하고 소득있는 축산물판매장 만들기 사업	65,800	동물복지과	9	1	7	8	7	1	1	4
8495	전북 전주시	수산물 생산 유통시설 지원	4,200	동물복지과	9	1	7	8	7	1	1	4
8496	전북 전주시	양식장 폭염·한파 대비 지하수 개발지원	7,667	동물복지과	9	1	7	8	7	1	1	4
8497	전북 전주시	계란 냉장차량 지원	45,000	동물복지과	9	1	1	8	1	1	1	4
8498	전북 전주시	양식장 고수온·폭염 대응 지원	10,020	동물복지과	9	1	7	8	7	1	1	4
8499	전북 전주시	양식장 스마트 관리시스템 구축	1,980	동물복지과	9	1	7	8	7	5	5	4
8500	전북 전주시	내수면 양식장 친환경 정화시설 지원	24,000	동물복지과	9	1	7	8	7	1	1	4
8501	전북 전주시	조사료 경영체 기계·장비 지원	60,000	동물복지과	9	1	1	8	1	1	1	4
8502	전북 전주시	조사료 종자구입 지원	9,100	동물복지과	9	1	7	8	7	1	1	4
8503	전북 전주시	양봉산업 육성지원	55,000	동물복지과	9	1	7	8	7	1	1	4
8504	전북 전주시	기능성 양봉부산물 생산증대 장려사업	50,000	동물복지과	9	1	7	8	7	1	1	4
8505	전북 전주시	고품질 양봉기자재 지원	87,500	동물복지과	9	1	7	8	7	1	1	4
8506	전북 전주시	양봉농가 꿀생산장비 지원	9,000	동물복지과	9	1	7	8	7	1	1	4
8507	전북 전주시	사료 자가배합 장비 지원	27,000	동물복지과	9	1	7	8	7	1	1	4
8508	전북 전주시	폭염스트레스 완화제 지원	2,000	동물복지과	9	1	7	8	7	1	1	4
8509	전북 전주시	가축 사양관리개선 지원	1,333	동물복지과	9	1	7	8	7	1	1	4
8510	전북 전주시	토종벌 육성	9,300	동물복지과	9	1	7	8	7	1	1	4
8511	전북 전주시	ICT 융복합 축사지원	3,900	동물복지과	9	1	7	8	7	1	1	4
8512	전북 전주시	주택용 목재펠릿보일러 보급	2,800	공원녹지과	9	2	7	8	7	1	1	2
8513	전북 전주시	주민편의 및 사회복지용 목재펠릿보일러 보급	4,000	공원녹지과	9	2	7	8	7	1	1	2
8514	전북 전주시	임산물 생산유통기반	1,750	공원녹지과	9	2	7	8	7	1	1	2
8515	전북 전주시	공립작은도서관 운영	120,000	전주시립도서관	9	4	7	8	7	1	1	1
8516	전북 전주시	사립작은도서관 도서구입비지원	83,000	전주시립도서관	9	6	7	8	7	1	1	1
8517	전북 전주시	작은도서관 기능보강	70,000	전주시립도서관	9	6	7	8	7	1	1	1
8518	전북 전주시	호흡기전담클리닉 설치 운영 지원	300,000	감염병관리과	9	2	7	8	7	5	1	4
8519	전북 전주시	자율방범대 기능보강사업	3,000	완산 행정지원과	9	6	7	8	7	1	1	3
8520	전북 전주시	어린이집 기능보강	43,500	완산 가족청소년과	9	2	7	8	7	5	1	3
8521	전북 전주시	공공형 어린이집 교육환경개선비 지원	8,000	완산 가족청소년과	9	6	7	8	7	1	1	3
8522	전북 전주시	어린이집 기능보강	122,632	덕진 가족청소년과	9	2	7	8	7	5	1	2
8523	전북 전주시	공공형어린이집 교육환경개선비 지원	3,000	덕진 가족청소년과	9	6	7	8	7	1	1	2
8524	전북 군산시	중소기업 환경개선사업	432,433	산업혁신과	9	4	7	8	7	1	1	2

순번	시군구	지출명 (사업명)	2021년예산 (단위:천원/1년간)	담당자 (공무원) 담당부서	민간이전 분류 (지방자치단체 세출예산 집행기준에 의거) 1. 민간경상사업보조(307-02) 2. 민간단체 법정운영비보조(307-03) 3. 민간행사사업보조(307-04) 4. 민간위탁금(307-05) 5. 사회복지시설 법정운영비보조(307-10) 6. 민간인위탁교육비(307-12) 7. 공기관등에대한경상적위탁사업비(308-10) 8. 민간자본사업보조,자체재원(402-01) 9. 민간자본사업보조,이전재원(402-02) 10. 민간위탁사업비(402-03) 11. 공기관등에 대한 자본적 대행사업비(403-02)	민간이전지출 근거 (지방보조금 관리기준 참고) 1. 법률에 규정 2. 국고보조 재원(국가지정) 3. 용도 지정 기부금 4. 조례에 직접규정 5. 지자체가 권장하는 사업을 하는 공공기관 6. 시,도 정책 및 재정사정 7. 기타 8. 해당없음	입찰방식 계약체결방법 (경쟁형태) 1. 일반경쟁 2. 제한경쟁 3. 지명경쟁 4. 수의계약 5. 법정위탁 6. 기타 ( ) 7. 해당없음	입찰방식 계약기간 1. 1년 2. 2년 3. 3년 4. 4년 5. 5년 6. 기타 ( )년 7. 단기계약 (1년미만) 8. 해당없음	입찰방식 낙찰자선정방법 1. 적격심사 2. 협상에의한계약 3. 최저가낙찰제 4. 규격가격분리 5. 2단계 경쟁입찰 6. 기타 ( ) 7. 해당없음	운영예산 산정 운영예산 산정 1. 내부산정 (지자체 자체적으로 산정) 2. 외부산정 (외부전문기관위탁 산정) 3. 내·외부 모두 산정 4. 산정 無 5. 해당없음	운영예산 산정 정산방법 1. 내부정산 (지자체 내부적으로 정산) 2. 외부정산 (외부전문기관위탁 정산) 3. 내·외부 모두 산정 4. 정산 無 5. 해당없음	성과평가 실시여부 1. 실시 2. 미실시 3. 향후 추진 4. 해당없음
8525	전북 군산시	조선기자재기업신재생에너지 업종전환지원	6,990,000	산업혁신과	9	1	7	8	7	1	1	1
8526	전북 군산시	전북군산형일자리 사업 추진	200,000	일자리정책과	9	4	7	8	7	5	5	4
8527	전북 군산시	우량 김 생산기반 지원	624,000	수산진흥과	9	6	7	8	7	5	5	4
8528	전북 군산시	내수면 양식장 경쟁력 강화	13,800	수산진흥과	9	4	7	8	7	5	5	4
8529	전북 군산시	양식장 청정 지하수 개발지원	7,667	수산진흥과	9	4	7	8	7	5	5	4
8530	전북 군산시	자율관리어업 육성지원	54,000	수산진흥과	9	1	7	8	7	5	5	4
8531	전북 군산시	친환경 에너지 절감장비 보급	83,000	수산진흥과	9	2	7	8	7	5	5	4
8532	전북 군산시	소형어선 안전장비 지원사업	120,400	수산진흥과	9	4	7	8	7	5	5	4
8533	전북 군산시	어선사고 예방시스템 구축사업	37,800	수산진흥과	9	2	7	8	7	5	5	4
8534	전북 군산시	생분해성어구보급	142,857	수산진흥과	9	2	7	8	7	5	5	4
8535	전북 군산시	해양포유류 혼획 저감 어구보급사업	265,500	수산진흥과	9	2	7	8	7	5	5	4
8536	전북 군산시	수산물 산지가공 시설사업	600,000	수산진흥과	9	1	7	8	7	5	5	4
8537	전북 군산시	수산물 처리저장 시설 지원사업	750,000	수산진흥과	9	1	7	8	7	5	5	4
8538	전북 군산시	수산물 유통장비지원	29,400	수산진흥과	9	1	7	8	7	5	5	4
8539	전북 군산시	수산물 유통장비지원	60,000	수산진흥과	9	1	7	8	7	5	5	4
8540	전북 군산시	조망어선용 위생어상자 보급	96,000	수산진흥과	9	1	7	8	7	5	5	4
8541	전북 군산시	수산물 위판장 시설개선	180,000	수산진흥과	9	1	7	8	7	5	5	4
8542	전북 군산시	수산물 가공산업육성(진공포장기등)지원	28,380	수산진흥과	9	1	7	8	7	5	5	4
8543	전북 군산시	전통사찰 은적사 요사채, 공양간, 대중방 개축	360,000	문화예술과	9	1	7	8	7	5	5	4
8544	전북 군산시	전통사찰 성흥사 방재시스템 구축	50,000	문화예술과	9	1	7	8	7	5	5	4
8545	전북 군산시	전통사찰 은적사 방재시스템 구축	82,000	문화예술과	9	1	7	8	7	5	5	4
8546	전북 군산시	군산 동국사 소조석가여래삼존상 및 복장유물정비	300,000	문화예술과	9	2	7	8	7	5	5	4
8547	전북 군산시	음식점 시설개선 지원사업	350,000	위생행정과	9	6	7	8	7	1	1	4
8548	전북 군산시	노숙인시설기능보강	53,924	복지정책과	9	1	5	8	7	1	1	1
8549	전북 군산시	금강노인복지관 교육기자재 및안전환경구축 장비 구입	19,900	경로장애인과	9	5	7	8	7	5	5	4
8550	전북 군산시	금강노인복지관 그라운드골프 장비 구입	5,000	경로장애인과	9	5	7	8	7	5	5	4
8551	전북 군산시	노인일자리 참여자를 위한 커뮤니티공간 기능 보강사업	37,460	경로장애인과	9	5	7	8	7	5	5	4
8552	전북 군산시	경로당, 모정, 마을회관 시설 지원	652,850	경로장애인과	9	4	1	7	3	1	5	4
8553	전북 군산시	한국교통장애인협회 주방시설, 교육장시설 기능보강 사업	15,000	경로장애인과	9	7	4	2	1	5	5	4
8554	전북 군산시	장애인종합복지관 운영비	7,500	경로장애인과	9	6	7	8	7	5	5	4
8555	전북 군산시	장애인직업재활시설 운영비	17,300	경로장애인과	9	6	7	8	7	5	5	4
8556	전북 군산시	가정형 소규모시설(그룹홈) 신축	167,640	경로장애인과	9	2	7	8	7	5	5	4
8557	전북 군산시	장애인거주시설 입주자 재활 장비 설치	10,000	경로장애인과	9	6	7	8	7	5	5	4
8558	전북 군산시	한부모시설 기능보강	116,472	여성가족과	9	2	7	8	7	5	1	1
8559	전북 군산시	여성친화기업 환경개선사업	15,000	여성가족과	9	5	7	8	7	1	1	4
8560	전북 군산시	수소연료전지차 구매 지원	547,500	환경정책과	9	2	7	8	7	1	1	1
8561	전북 군산시	가정용 저녹스보일러 설치지원 사업	413,000	환경정책과	9	2	7	8	7	1	1	4
8562	전북 군산시	주유소 유증기 회수설비 설치 지원	105,400	환경정책과	9	2	7	8	7	1	1	4
8563	전북 군산시	소규모 대기오염 방지시설 설치지원사업	5,500,000	환경정책과	9	2	7	7	7	1	1	1
8564	전북 군산시	악취방지시설 설치 지원 사업	177,600	환경정책과	9	6	7	7	7	1	1	1
8565	전북 군산시	악취저감미생물제 등 지원사업	64,000	환경정책과	9	6	7	7	7	1	1	1
8566	전북 군산시	전기자동차 구매 지원	11,130,000	환경정책과	9	2	7	7	7	1	1	1

순번	시군구	지출명 (사업명)	2021년예산 (단위:천원/1년간)	담당자 (공무원)	민간이전 분류 (지방자치단체 세출예산 집행기준에 의거)	민간이전지출 근거 (지방보조금 관리기준 참고)	입찰방식			운영예산 산정		성과평가 실시여부
				담당부서	1. 민간경상사업보조(307-02) 2. 민간단체 법정운영비보조(307-03) 3. 민간행사사업보조(307-04) 4. 민간위탁금(307-05) 5. 사회복지시설 법정운영비보조(307-10) 6. 민간인위탁교육비(307-12) 7. 공기관등에대한경상적위탁사업비(308-10) 8. 민간자본사업보조,자체재원(402-01) 9. 민간자본사업보조,이전재원(402-02) 10. 민간위탁사업비(402-03) 11. 공기관등에 대한 자본적 대행사업비(403-02)	1. 법률에 규정 2. 국고보조 재원(국가지정) 3. 용도 지정 기부금 4. 조례에 직접규정 5. 지자체가 권장하는 사업을 하는 공공기관 6. 시,도 정책 및 재정사정 7. 기타 8. 해당없음	계약체결방법 (경쟁형태) 1. 일반경쟁 2. 제한경쟁 3. 지명경쟁 4. 수의계약 5. 법정위탁 6. 기타 ( ) 7. 해당없음	계약기간 1. 1년 2. 2년 3. 3년 4. 4년 5. 5년 6. 기타 ( )년 7. 단기계약 (1년미만) 8. 해당없음	낙찰자선정방법 1. 적격심사 2. 협상에의한계약 3. 최저가낙찰제 4. 규격가격분리 5. 2단계 경쟁입찰 6. 기타 ( ) 7. 해당없음	운영예산 산정 1. 내부산정 (지자체 자체적으로 산정) 2. 외부산정 (외부전문기관위탁 산정) 3. 내·외부 모두 산정 4. 산정 無 5. 해당없음	정산방법 1. 내부정산 (지자체 내부적으로 정산) 2. 외부정산 (외부전문기관위탁 정산) 3. 내·외부 모두 산정 4. 정산 無 5. 해당없음	1. 실시 2. 미실시 3. 향후 추진 4. 해당없음
8567	전북 군산시	전기이륜차 구매 지원	252,000	환경정책과	9	2	7	7	7	1	1	1
8568	전북 군산시	전기버스 구매 지원	480,000	환경정책과	9	2	7	7	7	1	1	1
8569	전북 군산시	전기굴착기 구매 지원	100,000	환경정책과	9	2	7	7	7	1	1	1
8570	전북 군산시	운행경유차 배출가스 저감사업	8,075,000	환경정책과	9	2	7	7	7	1	1	1
8571	전북 군산시	어린이통학차량 LPG전환지원사업	350,000	환경정책과	9	2	7	7	7	1	1	1
8572	전북 군산시	야생동물 피해예방시설 설치사업비 지원	13,333	환경정책과	9	2	7	8	7	1	1	1
8573	전북 군산시	목재산업시설현대화	120,000	산림녹지과	9	1	7	8	7	5	5	4
8574	전북 군산시	친환경임산물재배관리	6,800	산림녹지과	9	1	7	8	7	5	5	4
8575	전북 군산시	산림작물생산단지 조성	11,200	산림녹지과	9	1	7	8	7	5	5	4
8576	전북 군산시	한옥건축지원사업	50,000	건축경관과	9	6	7	8	7	5	5	4
8577	전북 군산시	화재안전 성능보강 지원사업	134,000	건축경관과	9	2	7	8	7	5	5	4
8578	전북 군산시	수요응답형 버스 구입 보조금	60,000	교통행정과	9	1	6	6	6	1	1	3
8579	전북 군산시	생생농업인 헬스케어 지원사업	556,500	농업축산과	9	2	7	8	7	5	5	4
8580	전북 군산시	여성농업인 농작업 편의장비 지원	17,600	농업축산과	9	4	7	8	7	5	5	4
8581	전북 군산시	토양개량제	680,129	농업축산과	9	2	7	8	7	5	5	4
8582	전북 군산시	유기질비료 지원	1,207,190	농업축산과	9	2	7	8	7	5	5	4
8583	전북 군산시	유기농업자재지원	98,500	농업축산과	9	6	7	8	7	5	5	4
8584	전북 군산시	축산 기자재 지원사업	12,000	농업축산과	9	6	7	8	7	5	5	4
8585	전북 군산시	축산물 품질향상 지원사업	4,800	농업축산과	9	6	7	8	7	5	5	4
8586	전북 군산시	폭염대비 가축사육환경 개선	36,000	농업축산과	9	6	7	8	7	5	5	4
8587	전북 군산시	착유기 세척제 지원	9,000	농업축산과	9	6	7	8	7	5	5	4
8588	전북 군산시	고품질 양봉기자재(화분)지원	27,500	농업축산과	9	6	7	8	7	5	5	4
8589	전북 군산시	양봉농가 꿀생산장비 지원	3,000	농업축산과	9	6	7	8	7	5	5	4
8590	전북 군산시	폭염스트레스완화제지원	9,000	농업축산과	9	6	7	8	7	5	5	4
8591	전북 군산시	가축사양관리개선지원	2,000	농업축산과	9	6	7	8	7	5	5	4
8592	전북 군산시	말벌퇴치장비 지원사업	900	농업축산과	9	6	7	8	7	5	5	4
8593	전북 군산시	친환경우유생산기반구축사업	48,000	농업축산과	9	6	7	8	7	5	5	4
8594	전북 군산시	축사화재안전시스템지원	9,600	농업축산과	9	6	7	8	7	5	5	4
8595	전북 군산시	흑염소경쟁력강화사업	1,200	농업축산과	9	6	7	8	7	5	5	4
8596	전북 군산시	ICT 융복합 축사지원	15,600	농업축산과	9	6	7	8	7	5	5	4
8597	전북 군산시	유소년승마단 운영지원	20,000	농업축산과	9	1	7	8	7	5	5	4
8598	전북 군산시	말산업시설개선지원	4,000	농업축산과	9	6	7	8	7	5	5	4
8599	전북 군산시	친환경 축산물생산 조사료 배합기 지원	40,000	농업축산과	9	6	7	8	7	5	5	4
8600	전북 군산시	자원화 액퇴비 살포장비 지원	23,000	농업축산과	9	1	7	8	7	5	5	4
8601	전북 군산시	사료첨가 축분발효제 지원	10,000	농업축산과	9	1	7	8	7	5	5	4
8602	전북 군산시	축산분뇨 퇴비화 재료(톱밥, 왕겨) 지원	96,600	농업축산과	9	1	7	8	7	5	5	4
8603	전북 군산시	축산악취개선사업	174,855	농업축산과	9	1	7	8	7	5	5	4
8604	전북 군산시	악취측정 ICT기계장비 설치사업	15,932	농업축산과	9	1	7	8	7	5	5	4
8605	전북 군산시	착유세정수 정화처리시설 지원	17,000	농업축산과	9	1	7	8	7	5	5	4
8606	전북 군산시	악취저감 안개분무시설 지원	32,000	농업축산과	9	1	7	8	7	5	5	4
8607	전북 군산시	퇴비부숙촉진 기계장비 지원	20,650	농업축산과	9	1	7	8	7	5	5	4
8608	전북 군산시	광역악취개선사업	1,502,864	농업축산과	9	1	7	8	7	5	5	4

순번	시군구	지출명 (사업명)	2021년예산 (단위:천원/1년간)	담당자 (공무원) 담당부서	민간이전 분류 (지방자치단체 세출예산 집행기준에 의거) 1. 민간경상사업보조(307-02) 2. 민간단체 법정운영비보조(307-03) 3. 민간행사사업보조(307-04) 4. 민간위탁금(307-05) 5. 사회복지시설 법정운영비보조(307-10) 6. 민간인위탁교육비(307-12) 7. 공기관등에대한경상적위탁사업비(308-10) 8. 민간자본사업보조,자체재원(402-01) 9. 민간자본사업보조,이전재원(402-02) 10. 민간위탁사업비(402-03) 11. 공기관등에 대한 자본적 대행사업비(403-02)	민간이전지출 근거 (지방보조금 관리기준 참고) 1. 법률에 규정 2. 국고보조 재원(국가지정) 3. 용도 지정 기부금 4. 조례에 직접규정 5. 지자체가 권장하는 사업을 하는 공공기관 6. 시,도 정책 및 재정사정 7. 기타 8. 해당없음	입찰방식 계약체결방법 (경쟁형태) 1. 일반경쟁 2. 제한경쟁 3. 지명경쟁 4. 수의계약 5. 법정위탁 6. 기타 ( ) 7. 해당없음	계약기간 1. 1년 2. 2년 3. 3년 4. 4년 5. 5년 6. 기타 ( )년 7. 단기계약 (1년미만) 8. 해당없음	낙찰자선정방법 1. 적격심사 2. 협상에의한계약 3. 최저가낙찰제 4. 규격가격분리 5. 2단계 경쟁입찰 6. 기타 ( ) 7. 해당없음	운영예산 산정 운영예산 산정 1. 내부산정 (지자체 자체적으로 산정) 2. 외부산정 (외부전문기관위탁 산정) 3. 내·외부 모두 산정 4. 산정 無 5. 해당없음	정산방법 1. 내부정산 (지자체 내부적으로 정산) 2. 외부정산 (외부전문기관위탁 정산) 3. 내·외부 모두 산정 4. 정산 無 5. 해당없음	성과평가 실시여부 1. 실시 2. 미실시 3. 향후 추진 4. 해당없음
8609	전북 군산시	악취저감시설지원	20,000	농업축산과	9	1	7	8	7	5	5	4
8610	전북 군산시	축분고속발효시설 지원	87,300	농업축산과	9	1	7	8	7	5	5	4
8611	전북 군산시	착유세정수 정화처리시설 지원	17,230	농업축산과	9	1	7	8	7	5	5	4
8612	전북 군산시	CCTV 등 방역 인프라 지원	11,400	농업축산과	9	1	7	8	7	5	5	4
8613	전북 군산시	동물사체처리기 지원사업	15,000	농업축산과	9	1	7	8	7	5	5	4
8614	전북 군산시	농장출입구 자동소독기 설치지원	4,000	농업축산과	9	1	7	8	7	5	5	4
8615	전북 군산시	계란냉장차량 지원	45,000	농업축산과	9	1	7	8	7	5	5	4
8616	전북 군산시	깨끗하고 소득있는 축산물판매장 만들기 지원	158,200	농업축산과	9	1	7	8	7	5	5	4
8617	전북 군산시	지역특색농업 발굴 소득화사업	50,000	농촌지원과	9	1	7	8	7	5	5	4
8618	전북 군산시	농기계 작업대행 지원	300,000	농촌지원과	9	2	7	8	7	5	5	4
8619	전북 군산시	중소형 농기계 공급 지원	150,000	농촌지원과	9	4	7	8	7	5	5	4
8620	전북 정읍시	상평청년회 사무실 기능보강	22,000	총무과	9	4	7	8	7	5	5	3
8621	전북 정읍시	영은사지 만세루 해체보수 설계용역	50,000	문화예술과	9	7	7	8	7	5	5	3
8622	전북 정읍시	옥천사소장범종 삼성각 지붕 해체보수	99,000	문화예술과	9	1	7	8	7	5	5	3
8623	전북 정읍시	내장사 일주문 보수공사	360,000	문화예술과	9	2	7	8	7	5	5	3
8624	전북 정읍시	21년 음식점 시설개선사업	270,000	관광기획팀	9	4	7	8	7	5	5	3
8625	전북 정읍시	정읍사회복지관 기초푸드뱅크 장비구입	20,000	사회복지과	9	1	7	8	7	5	5	3
8626	전북 정읍시	아동복지시설 기능보강	113,898	드림스타트	9	2	7	8	7	5	5	3
8627	전북 정읍시	지역아동센터 환경개선지원	30,000	드림스타트	9	1	7	8	7	5	5	3
8628	전북 정읍시	어린이집 기능보강	30,500	아동보육	9	1	7	8	7	5	5	3
8629	전북 정읍시	공공형 어린이집 교육환경개선비	3,000	아동보호TF	9	1	7	8	7	5	5	3
8630	전북 정읍시	여성이 일하기 좋은 기업환경개선 사업	10,000	여성문화관	9	2	7	8	7	5	5	3
8631	전북 정읍시	지역밀착형 주민참여예산	47,752	노인시설팀	9	1	7	8	7	5	5	3
8632	전북 정읍시	크로바실버빌 치매전담실 개보수	135,000	노인시설팀	9	1	7	8	7	5	5	3
8633	전북 정읍시	크로바실버빌 장비보강	100,000	노인시설팀	9	1	7	8	7	5	5	3
8634	전북 정읍시	들꽃마을 요양원 외벽보수	141,000	노인시설팀	9	4	7	8	7	5	5	3
8635	전북 정읍시	원광보은의집 장비보강	100,000	노인시설팀	9	4	7	8	7	5	5	3
8636	전북 정읍시	장애인거주시설 공기정화장치 렌탈지원사업	2,160	장애인복지팀	9	1	7	8	7	5	5	3
8637	전북 정읍시	방염, 방수공사 및 식당 개보수	20,138	장애인복지팀	9	1	7	8	7	5	5	3
8638	전북 정읍시	생활실 및 식당 개보수	45,558	장애인복지팀	9	1	7	8	7	5	5	3
8639	전북 정읍시	차량구입	28,050	장애인복지팀	9	1	7	8	7	5	5	3
8640	전북 정읍시	장비보강	100,000	장애인복지팀	9	1	7	8	7	5	5	3
8641	전북 정읍시	장애인직업재활시설 방역지원	8,000	장애인복지팀	9	1	7	8	7	5	5	3
8642	전북 정읍시	장애인직업재활시설 기능보강	53,042	장애인복지팀	9	1	7	8	7	5	5	3
8643	전북 정읍시	도시가스 미공급지역 공급배관 설치	462,000	지역경제과	9	4	7	8	7	5	5	3
8644	전북 정읍시	신재생에너지(태양광, 지열 등) 주택지원	153,120	지역경제과	9	2	7	8	7	5	5	3
8645	전북 정읍시	수소연료전지차 보급사업	182,500	지역경제과	9	2	7	8	7	5	5	3
8646	전북 정읍시	중소기업 환경개선 사업	338,390	첨단산업과	9	4	7	8	7	5	5	3
8647	전북 정읍시	마을공동체 시설 개보수 지원사업	50,000	공동체과	9	1	7	8	7	5	5	3
8648	전북 정읍시	사회적경제 인프라 개선사업	30,000	공동체과	9	6	7	8	7	5	5	3
8649	전북 정읍시	2021년 마을기업 도 고도화 사업	20,000	공동체과	9	6	7	8	7	5	5	3
8650	전북 정읍시	마을기업 육성사업	60,000	공동체과	9	2	7	8	7	5	5	3

순번	시군구	지출명 (사업명)	2021년예산 (단위:천원/1년간)	담당자 (공무원) 담당부서	민간이전 분류 (지방자치단체 세출예산 집행기준에 의거) 1. 민간경상사업보조(307-02) 2. 민간단체 법정운영비보조(307-03) 3. 민간행사사업보조(307-04) 4. 민간위탁금(307-05) 5. 사회복지시설 법정운영비보조(307-10) 6. 민간인위탁교육비(307-12) 7. 공기관등에대한경상적위탁사업비(308-10) 8. 민간자본사업보조,자체재원(402-01) 9. 민간자본사업보조,이전재원(402-02) 10. 민간위탁사업비(402-03) 11. 공기관등에 대한 자본적 대행사업비(403-02)	민간이전지출 근거 (지방보조금 관리기준 참고) 1. 법률에 규정 2. 국고보조 재원(국가지정) 3. 용도 지정 기부금 4. 조례에 직접규정 5. 지자체가 권장하는 사업을 하는 공공기관 6. 시,도 정책 및 재정사정 7. 기타 8. 해당없음	입찰방식 계약체결방법 (경쟁형태) 1. 일반경쟁 2. 제한경쟁 3. 지명경쟁 4. 수의계약 5. 법정위탁 6. 기타 ( ) 7. 해당없음	입찰방식 계약기간 1. 1년 2. 2년 3. 3년 4. 4년 5. 5년 6. 기타 ( )년 7. 단기계약 (1년미만) 8. 해당없음	입찰방식 낙찰자선정방법 1. 적격심사 2. 협상에의한계약 3. 최저가낙찰제 4. 규격가격분리 5. 2단계 경쟁입찰 6. 기타 ( ) 7. 해당없음	운영예산 산정 운영예산 산정 1. 내부산정 (지자체 자체적으로 산정) 2. 외부산정 (외부전문기관위탁 산정) 3. 내·외부 모두 산정 4. 산정 無 5. 해당없음	운영예산 산정 정산방법 1. 내부정산 (지자체 내부적으로 정산) 2. 외부정산 (외부전문기관위탁 정산) 3. 내·외부 모두 산정 4. 정산 無 5. 해당없음	성과평가 실시여부 1. 실시 2. 미실시 3. 향후 추진 4. 해당없음
8651	전북 정읍시	소규모 영세사업장 방지시설 설치 지원	540,000	환경과	9	2	7	8	7	5	5	3
8652	전북 정읍시	악취배출원 악취저감시설 설치 지원	1,043,700	환경과	9	4	7	8	7	5	5	3
8653	전북 정읍시	가정용 저녹스보일러 보급사업	44,000	환경과	9	1	7	8	7	5	5	3
8654	전북 정읍시	전기승용차 구매지원	960,000	환경과	9	1	7	8	7	5	5	3
8655	전북 정읍시	전기화물차 구매지원	25,000	환경과	9	1	7	8	7	5	5	3
8656	전북 정읍시	전기이륜차 보급	36,000	환경과	9	1	7	8	7	5	5	3
8657	전북 정읍시	전기굴착기 보급	40,000	환경과	9	1	7	8	7	5	5	3
8658	전북 정읍시	PG 화물차 신차구입	560,000	환경과	9	1	7	8	7	5	5	3
8659	전북 정읍시	DPF	2,266,140	환경과	9	1	7	8	7	5	5	3
8660	전북 정읍시	PM-Nox 동시저감장치	75,000	환경과	9	1	7	8	7	5	5	3
8661	전북 정읍시	건설기계 DPF	110,000	환경과	9	1	7	8	7	5	5	3
8662	전북 정읍시	건설기계 엔진교체	495,000	환경과	9	1	7	8	7	5	5	3
8663	전북 정읍시	어린이 통학차량 LPG차 전환지원	50,000	환경과	9	1	7	8	7	5	5	3
8664	전북 정읍시	야생동물 피해예방사업	83,333	환경과	9	2	7	8	7	5	5	3
8665	전북 정읍시	임산물 생산장비 지원	37,500	산림녹지과	9	2	7	8	7	5	5	3
8666	전북 정읍시	임산물 저장건조시설 및 유통장비 지원	25,000	산림녹지과	9	2	7	8	7	5	5	3
8667	전북 정읍시	임산물 생산기반시설 지원	75,000	산림녹지과	9	2	7	8	7	5	5	3
8668	전북 정읍시	임산물 포장재 지원	50,900	산림녹지과	9	2	7	8	7	5	5	3
8669	전북 정읍시	임산물 생산기반시설 지원	573,600	산림녹지과	9	2	7	8	7	5	5	3
8670	전북 정읍시	유기질비료 및 토양개량제 지원	45,359	산림녹지과	9	2	7	8	7	5	5	3
8671	전북 정읍시	북면의용소방대 사무실 환경개선 등 보강사업	20,000	안전총괄과	9	4	7	8	7	5	5	3
8672	전북 정읍시	산내면 농자재 등 공용물품 구입 및 공용시설 수리	100,062	건설과	9	1	7	8	7	5	5	3
8673	전북 정읍시	농촌빈집정비	250,000	건축과	9	6	7	8	7	5	5	3
8674	전북 정읍시	노후공동주택 관리비용 지원	238,700	건축과	9	4	7	8	7	5	5	3
8675	전북 정읍시	희망하우스 빈집재생사업	120,000	건축과	9	6	7	8	7	5	5	3
8676	전북 정읍시	농어촌 장애인 주택개조 지원사업	26,600	건축과	9	1	7	8	7	5	5	4
8677	전북 정읍시	노후공동주택 관리비용 지원	220,000	건축과	9	6	7	8	7	5	5	3
8678	전북 정읍시	농어촌 비주거용 빈집정비사업	80,000	건축과	9	6	7	8	7	5	5	3
8679	전북 정읍시	전세버스 영상기록장치 구입	28,350	교통과	9	1	7	8	7	5	5	3
8680	전북 정읍시	전기 저상버스 구입	565,000	교통과	9	1	7	8	7	5	5	3
8681	전북 정읍시	한센간이양로주택 기능보강	45,000	건강증진과	9	2	7	8	7	5	5	3
8682	전북 정읍시	여성농업인 농작업 편의장비 지원	36,400	농업정책과	9	6	7	8	7	5	5	3
8683	전북 정읍시	생생농업인 헬스케어 지원	896,000	농업정책과	9	6	7	8	7	5	5	3
8684	전북 정읍시	수요자중심 소규모 6차산업화 지원사업	280,000	농업정책과	9	6	7	8	7	5	5	3
8685	전북 정읍시	귀농인의 집 시설지원	60,000	농업정책과	9	1	7	8	7	5	5	3
8686	전북 정읍시	환경친화형 농자재지원사업	15,600	농수산유통과	9	1	7	8	7	5	5	3
8687	전북 정읍시	유기농업 자재지원	165,500	농수산유통과	9	1	7	8	7	5	5	3
8688	전북 정읍시	토양개량제 지원	1,157,951	농수산유통과	9	1	7	8	7	5	5	3
8689	전북 정읍시	GAP 농산물 포장재비 지원	69,000	농수산유통과	9	1	7	8	7	5	5	3
8690	전북 정읍시	GAP 시설보완사업	98,216	농수산유통과	9	1	7	8	7	5	5	3
8691	전북 정읍시	농기계 지원사업	1,372,800	농수산유통과	9	4	7	8	7	5	5	3
8692	전북 정읍시	벼 육묘 생산 지원	1,490,400	농수산유통과	9	4	7	8	7	5	5	3

순번	시군구	지출명 (사업명)	2021년예산 (단위:천원/1년간)	담당자 (공무원) 담당부서	민간이전 분류 (지방자치단체 세출예산 집행기준에 의거) 1. 민간경상사업보조(307-02) 2. 민간단체 법정운영비보조(307-03) 3. 민간행사사업보조(307-04) 4. 민간위탁금(307-05) 5. 사회복지시설 법정운영비보조(307-10) 6. 민간인위탁교육비(307-12) 7. 공기관등에대한경상적위탁사업비(308-10) 8. 민간자본사업보조,자체재원(402-01) 9. 민간자본사업보조,이전재원(402-02) 10. 민간위탁사업비(402-03) 11. 공기관등에 대한 자본적 대행사업비(403-02)	민간이전지출 근거 (지방보조금 관리기준 참고) 1. 법률에 규정 2. 국고보조 재원(국가지정) 3. 용도 지정 기부금 4. 조례에 직접규정 5. 지자체가 권장하는 사업을 하는 공공기관 6. 시,도 정책 및 재정사정 7. 기타 8. 해당없음	입찰방식 계약체결방법 (경쟁형태) 1. 일반경쟁 2. 제한경쟁 3. 지명경쟁 4. 수의계약 5. 법정위탁 6. 기타 ( ) 7. 해당없음	입찰방식 계약기간 1. 1년 2. 2년 3. 3년 4. 4년 5. 5년 6. 기타 ( )년 7. 단기계약 (1년미만) 8. 해당없음	입찰방식 낙찰자선정방법 1. 적격심사 2. 협상에의한계약 3. 최저가낙찰제 4. 규격가격분리 5. 2단계 경쟁입찰 6. 기타 ( ) 7. 해당없음	운영예산 산정 운영예산 산정 1. 내부산정 (지자체 자체적으로 산정) 2. 외부산정 (외부전문기관위탁 산정) 3. 내·외부 모두 산정 4. 산정 無 5. 해당없음	운영예산 산정 정산방법 1. 내부정산 (지자체 내부적으로 정산) 2. 외부정산 (외부전문기관위탁 정산) 3. 내·외부 모두 산정 4. 정산 無 5. 해당없음	성과평가 실시여부 1. 실시 2. 미실시 3. 향후 추진 4. 해당없음
8693	전북 정읍시	쌀경쟁력 제고 지원사업	696,000	농수산유통과	9	4	7	8	7	5	5	3
8694	전북 정읍시	유기질 비료지원	1,540,000	농수산유통과	9	1	7	8	7	5	5	3
8695	전북 정읍시	식량작물공동(들녘)경영체 육성지원사업	393,300	농수산유통과	9	1	7	8	7	5	5	3
8696	전북 정읍시	농식품기업 맞춤형 지원사업	187,600	농수산유통과	9	6	7	8	7	5	5	3
8697	전북 정읍시	학교급식지원센터 시설장비 지원사업	32,000	농수산유통과	9	6	7	8	7	5	5	3
8698	전북 정읍시	식물생리활성제 지원사업	100,000	농수산유통과	9	6	7	8	7	5	5	3
8699	전북 정읍시	밭작물 토양개량제 지원사업	60,000	농수산유통과	9	6	7	8	7	5	5	3
8700	전북 정읍시	시설원예 ICT 융복합 지원	12,000	농수산유통과	9	6	7	8	7	5	5	3
8701	전북 정읍시	시설원예 에너지절감시설 지원	219,778	농수산유통과	9	6	7	8	7	5	5	3
8702	전북 정읍시	신재생에너지 지원	650,395	농수산유통과	9	2	4	7	7	3	1	3
8703	전북 정읍시	시설하우스 온풍난방기 지원	56,000	농수산유통과	9	6	4	7	7	3	1	3
8704	전북 정읍시	원예작물 하이베드 지원	46,080	농수산유통과	9	4	4	7	7	3	1	3
8705	전북 정읍시	청년희망(간편형) 스마트팜 확산사업	114,450	농수산유통과	9	4	4	7	7	3	1	3
8706	전북 정읍시	특용작물 생산시설 현대화 사업	1,450	농수산유통과	9	2	4	7	7	3	1	3
8707	전북 정읍시	고추 비가림재배시설 지원사업	157,955	농수산유통과	9	2	4	7	7	3	1	3
8708	전북 정읍시	수출전문 스마트팜 온실 신축	1,588,000	농수산유통과	9	2	4	7	7	3	1	3
8709	전북 정읍시	유해 야생동물포획시설 지원사업	28,120	농수산유통과	9	2	4	7	7	3	1	3
8710	전북 정읍시	노지채소 생산기반 구축사업	12,000	농수산유통과	9	6	4	7	7	3	1	3
8711	전북 정읍시	과수고품질 시설현대화사업	73,276	농수산유통과	9	2	4	7	7	3	1	3
8712	전북 정읍시	양식장 소독제 지원	26,000	농수산유통과	9	6	7	8	7	5	5	3
8713	전북 정읍시	내수면 양식장 시설현대화	30,000	농수산유통과	9	6	7	8	7	5	5	3
8714	전북 정읍시	양식장 경쟁력 강화사업	46,447	농수산유통과	9	6	7	8	7	5	5	3
8715	전북 정읍시	양식장 폭염,가뭄대비 지하수 개발지원사업	30,667	농수산유통과	9	6	7	8	7	5	5	3
8716	전북 정읍시	수산물 생산 유통시설지원	29,400	농수산유통과	9	6	7	8	7	5	5	3
8717	전북 정읍시	양식장 스마트 관리시스템 구축사업	4,620	농수산유통과	9	6	7	8	7	5	5	3
8718	전북 정읍시	고수온 폭염 대응 지원사업	13,200	농수산유통과	9	2	7	8	7	5	5	3
8719	전북 정읍시	폭염대비 가축사육 환경개선사업	90,000	축산과	9	1	7	8	7	5	5	3
8720	전북 정읍시	축사화재 안전시스템 지원사업	86,400	축산과	9	1	7	8	7	5	5	3
8721	전북 정읍시	말벌퇴치장비 지원사업	2,100	축산과	9	2	7	8	7	5	5	3
8722	전북 정읍시	폭염스트레스 완화제 지원	51,000	축산과	9	1	7	8	7	5	5	3
8723	전북 정읍시	축산환경 개선사업	37,700	축산과	9	6	7	8	7	5	5	3
8724	전북 정읍시	악취저감 안개분무시설 지원	32,000	축산과	9	6	7	8	7	5	5	3
8725	전북 정읍시	악취측정 ICT 기계장비 지원사업	79,654	축산과	9	6	7	8	7	5	5	3
8726	전북 정읍시	축분고속발효시설 지원	94,260	축산과	9	6	7	8	7	5	5	3
8727	전북 정읍시	퇴비부숙촉진 기계장비 지원	60,900	축산과	9	6	7	8	7	5	5	3
8728	전북 정읍시	착유세정수 정화처리시설 지원	51,000	축산과	9	6	7	8	7	5	5	3
8729	전북 정읍시	축산악취 개선사업	759,643	축산과	9	6	7	8	7	5	5	3
8730	전북 정읍시	퇴비 발효촉진 지원사업	96,600	축산과	9	6	7	8	7	5	5	3
8731	전북 정읍시	가축사양관리 지원사업	52,000	축산과	9	1	7	8	7	5	5	3
8732	전북 정읍시	친환경우유 생산기반 구축지원사업	79,200	축산과	9	1	7	8	7	5	5	3
8733	전북 정읍시	고품질 양봉기자재 지원사업	92,500	축산과	9	1	7	8	7	5	5	3
8734	전북 정읍시	양봉농가 꿀 생산장비 지원	9,000	축산과	9	1	7	8	7	5	5	3

순번	시군구	지출명(사업명)	2021년예산(단위:천원/1년간)	담당자(공무원) 담당부서	민간이전 분류(지방자치단체 세출예산 집행기준에 의거) 1. 민간경상사업보조(307-02) 2. 민간단체 법정운영비보조(307-03) 3. 민간행사사업보조(307-04) 4. 민간위탁금(307-05) 5. 사회복지시설 법정운영비보조(307-10) 6. 민간인위탁교육비(307-12) 7. 공기관등에대한경상적위탁사업비(308-10) 8. 민간자본사업보조,자체재원(402-01) 9. 민간자본사업보조,이전재원(402-02) 10. 민간위탁사업비(402-03) 11. 공기관등에 대한 자본적 대행사업비(403-02)	민간이전지출 근거(지방보조금 관리기준 참고) 1. 법률에 규정 2. 국고보조 재원(국가지정) 3. 용도 지정 기부금 4. 조례에 직접규정 5. 지자체가 권장하는 사업을 하는 공공기관 6. 시,도 정책 및 재정사정 7. 기타 8. 해당없음	입찰방식: 계약체결방법(경쟁형태) 1. 일반경쟁 2. 제한경쟁 3. 지명경쟁 4. 수의계약 5. 법정위탁 6. 기타 ( ) 7. 해당없음	입찰방식: 계약기간 1. 1년 2. 2년 3. 3년 4. 4년 5. 5년 6. 기타 ( )년 7. 단기계약(1년미만) 8. 해당없음	입찰방식: 낙찰자선정방법 1. 적격심사 2. 협상에의한계약 3. 최저가낙찰제 4. 규격가격분리 5. 2단계 경쟁입찰 6. 기타 ( ) 7. 해당없음	운영예산 산정: 운영예산 산정 1. 내부산정(지자체 자체적으로 산정) 2. 외부산정(외부전문기관위탁 산정) 3. 내·외부 모두 산정 4. 산정 無 5. 해당없음	운영예산 산정: 정산방법 1. 내부정산(지자체 내부적으로 정산) 2. 외부정산(외부전문기관위탁 정산) 3. 내·외부 모두 산정 4. 정산 無 5. 해당없음	성과평가 실시여부 1. 실시 2. 미실시 3. 향후 추진 4. 해당없음
8735	전북 정읍시	사슴인공수정 지원사업	3,575	축산과	9	1	7	8	7	5	5	3
8736	전북 정읍시	축산 기자재 지원	96,000	축산과	9	1	7	8	7	5	5	3
8737	전북 정읍시	축산물 품질향상 지원	48,960	축산과	9	1	7	8	7	5	5	3
8738	전북 정읍시	음용수질 개선장비 지원	30,000	축산과	9	1	7	8	7	5	5	3
8739	전북 정읍시	우수종돈 농가 보급사업	30,000	축산과	9	1	7	8	7	5	5	3
8740	전북 정읍시	축산분야 ICT 융복합 사업지원	282,000	축산과	9	1	7	8	7	5	5	3
8741	전북 정읍시	유용곤충 사육 지원사업	50,000	축산과	9	1	7	8	7	5	5	3
8742	전북 정읍시	흑염소 경쟁력 강화사업	16,800	축산과	9	1	7	8	7	5	5	3
8743	전북 정읍시	조사료 연결체 장비 지원	480,000	축산과	9	2	7	8	7	5	5	3
8744	전북 정읍시	사료 자가배합장비 지원	146,333	축산과	9	6	7	8	7	5	5	3
8745	전북 정읍시	가금농가 질병관리 지원	78,000	조류방역	9	2	7	8	7	5	5	3
8746	전북 정읍시	CCTV 등 방역인프라 지원사업	271,500	조류방역	9	2	7	8	7	5	5	3
8747	전북 정읍시	돼지써코바이러스 예방약품 지원	444,000	동물방역팀	9	1	7	8	7	5	5	3
8748	전북 정읍시	돼지소모성질환 지도지원 사업	60,000	동물방역팀	9	1	7	8	7	5	5	3
8749	전북 정읍시	젖소 대사질병 예방약 지원사업	51,000	동물방역팀	9	1	7	8	7	5	5	3
8750	전북 정읍시	돼지유행성설사 예방백신 지원	32,500	동물방역팀	9	1	7	8	7	5	5	3
8751	전북 정읍시	돼지회장염 예방백신 지원	14,400	동물방역팀	9	1	7	8	7	5	5	3
8752	전북 정읍시	돼지부종병 예방백신 지원	59,840	동물방역팀	9	1	7	8	7	5	5	3
8753	전북 정읍시	자돈폐사율 감소 환경개선 지원	20,930	동물방역팀	9	1	7	8	7	5	5	3
8754	전북 정읍시	농장출입구 자동소독기 설치지원	22,000	동물방역팀	9	1	7	8	7	5	5	3
8755	전북 정읍시	구제역 예방접종 연속주사기 지원	64,944	동물방역팀	9	1	7	8	7	5	5	3
8756	전북 정읍시	동물사체처리시설 지원	97,500	동물방역팀	9	1	7	8	7	5	5	3
8757	전북 정읍시	가금농장 해충구제 지원사업	4,204	조류방역	9	1	7	8	7	5	5	3
8758	전북 정읍시	오리농가 동절기 난방비 지원	79,360	조류방역	9	1	7	8	7	5	5	3
8759	전북 정읍시	꿀벌 면역증강제 지원	28,800	조류방역	9	1	7	8	7	5	5	3
8760	전북 정읍시	축산물 HACCP 컨설팅 지원	43,540	축산유통팀	9	2	7	8	7	5	5	3
8761	전북 정읍시	산란계농장 난좌지원사업	9,408	축산유통팀	9	6	7	8	7	5	5	3
8762	전북 정읍시	깨끗하고 소득있는 축산물 판매장만들기사업	63,000	축산유통팀	9	6	7	8	7	5	5	3
8763	전북 정읍시	계란 냉장차량 지원사업	15,000	축산유통팀	9	2	7	8	7	5	5	3
8764	전북 정읍시	시군거점 축산물 산지가공유통시설구축사업	490,000	축산유통팀	9	6	7	8	7	5	5	3
8765	전북 정읍시	축산물 콜드시스템 구축사업	60,000	축산유통팀	9	6	7	8	7	5	5	3
8766	전북 정읍시	지역특색농업 발굴 소득화 사업	50,000	기술지원과	9	6	7	8	7	5	5	3
8767	전북 정읍시	선도농업경영체 우수모델화 사업	30,000	기술지원과	9	6	7	8	7	5	5	3
8768	전북 정읍시	신기술 접목 차세대 영농인 육성	50,000	기술지원과	9	6	7	8	7	5	5	3
8769	전북 정읍시	청년농업인 드론활용 농작업 지원단 운영	150,000	기술지원과	9	6	7	8	7	5	5	3
8770	전북 정읍시	청년농업인 융복합 자립기반 조성시범	50,000	기술지원과	9	6	7	8	7	5	5	3
8771	전북 정읍시	농경문화 소득화모델 구축사업	200,000	생활자원	9	2	7	8	7	5	5	3
8772	전북 정읍시	고품질 베이커리용 과일가공 시범사업	70,000	생활자원	9	2	7	8	7	5	5	3
8773	전북 정읍시	유망지역자원 관광상품화	100,000	생활자원	9	2	7	8	7	5	5	3
8774	전북 정읍시	치유자원을 활용한 농촌체류관광활성화시범	100,000	생활자원	9	6	7	8	7	5	5	3
8775	전북 정읍시	농업인 가공사업장 시설장비 개선지원	100,000	생활자원	9	6	7	8	7	5	5	3
8776	전북 정읍시	농촌어르신 복지실천 시범	50,000	생활자원	9	6	7	8	7	5	5	3

순번	시군구	지출명 (사업명)	2021년예산 (단위:천원/1년간)	담당자 (공무원) 담당부서	민간이전 분류 (지방자치단체 세출예산 집행기준에 의거) 1. 민간경상사업보조(307-02) 2. 민간단체 법정운영비보조(307-03) 3. 민간행사사업보조(307-04) 4. 민간위탁금(307-05) 5. 사회복지시설 법정운영비보조(307-10) 6. 민간인위탁교육비(307-12) 7. 공기관등에대한경상적위탁사업비(308-10) 8. 민간자본사업보조,자체재원(402-01) 9. 민간자본사업보조,이전재원(402-02) 10. 민간위탁사업비(402-03) 11. 공기관등에 대한 자본적 대행사업비(403-02)	민간이전지출 근거 (지방보조금 관리기준 참고) 1. 법률에 규정 2. 국고보조 재원(국가지정) 3. 용도 지정 기부금 4. 조례에 직접규정 5. 지자체가 권장하는 사업을 하는 공공기관 6. 시,도 정책 및 재정사정 7. 기타 8. 해당없음	입찰방식 계약체결방법 (경쟁형태) 1. 일반경쟁 2. 제한경쟁 3. 지명경쟁 4. 수의계약 5. 법정위탁 6. 기타 ( ) 7. 해당없음	입찰방식 계약기간 1. 1년 2. 2년 3. 3년 4. 4년 5. 5년 6. 기타 ( )년 7. 단기계약 (1년미만) 8. 해당없음	입찰방식 낙찰자선정방법 1. 적격심사 2. 협상에의한계약 3. 최저가낙찰제 4. 규격가격분리 5. 2단계 경쟁입찰 6. 기타 ( ) 7. 해당없음	운영예산 산정 운영예산 산정 1. 내부산정 (지자체 자체적으로 산정) 2. 외부산정 (외부전문기관위탁 산정) 3. 내·외부 모두 산정 4. 산정 無 5. 해당없음	운영예산 산정 정산방법 1. 내부정산 (지자체 내부적으로 정산) 2. 외부정산 (외부전문기관위탁 정산) 3. 내·외부 모두 산정 4. 정산 無 5. 해당없음	성과평가 실시여부 1. 실시 2. 미실시 3. 향후 추진 4. 해당없음
8777	전북 정읍시	농식품 가공사업장 품질향상 지원	40,000	생활자원	9	6	7	8	7	5	5	3
8778	전북 정읍시	농촌체험관광 품질향상 지원	24,000	생활자원	9	6	7	8	7	5	5	3
8779	전북 정읍시	농촌자원 활용기술 시범	32,000	생활자원	9	6	7	8	7	5	5	3
8780	전북 정읍시	특수미 상품화기술 시범	200,000	자원개발과	9	2	7	8	7	5	5	3
8781	전북 정읍시	젖소 유두 자동세척기 활용 시범	40,000	자원개발과	9	2	7	8	7	5	5	3
8782	전북 정읍시	한우 우량암소 조기선발 기술 시범	200,000	자원개발과	9	2	7	8	7	5	5	3
8783	전북 정읍시	천적과 작물보호제를 활용한 해충종합방제기술 시범	50,000	자원개발과	9	2	7	8	7	5	5	3
8784	전북 정읍시	벼 안전육묘 자동이송단지 조성 시범	150,000	자원개발과	9	2	7	8	7	5	5	3
8785	전북 정읍시	외부환경 데이터 기반 스마트 양액공급기술 시범	40,000	자원개발과	9	2	7	8	7	5	5	3
8786	전북 정읍시	시설작물 자동 관수 및 관비(물+비료 동시) 시스템 시범	26,000	자원개발과	9	2	7	8	7	5	5	3
8787	전북 정읍시	지중 냉온풍 활용 시설과수 비용절감 시범	100,000	자원개발과	9	2	7	8	7	5	5	3
8788	전북 정읍시	고품질 홍잠 생산기술 시범	200,000	자원개발과	9	2	7	8	7	5	5	3
8789	전북 정읍시	고구마 재배 일관 기계화기술 시범	56,000	자원개발과	9	6	7	8	7	5	5	3
8790	전북 정읍시	사과,배 화상병 사전방제 지원사업	14,850	자원개발과	9	2	7	8	7	5	5	3
8791	전북 정읍시	흰잎마름병 방제사업	1,755,600	자원개발과	9	2	7	8	7	5	5	3
8792	전북 정읍시	잡곡 안정생산을 위한 신기술보급 시범	70,000	자원개발과	9	6	7	8	7	5	5	3
8793	전북 정읍시	드론활용 콩 병해충 방제기술보급 시범	50,000	자원개발과	9	6	7	8	7	5	5	3
8794	전북 정읍시	벼 친환경 가축분입상퇴비 활용기술보급시범	25,000	자원개발과	9	6	7	8	7	5	5	3
8795	전북 정읍시	우리원 연구개발기술 현장적용 확대 시범	60,000	자원개발과	9	6	7	8	7	5	5	3
8796	전북 정읍시	원예특작분야 현장맞춤형 시범	70,000	자원개발과	9	6	7	8	7	5	5	3
8797	전북 정읍시	전북형 기후변화 대응 신소득작물 발굴 시범	60,000	자원개발과	9	6	7	8	7	5	5	3
8798	전북 정읍시	기능성 양봉산물 생산을 위한 기술보급 시범	40,000	자원개발과	9	6	7	8	7	5	5	3
8799	전북 남원시	친환경임산물재배관리	274,695	산림녹지과	9	2	7	8	7	5	5	4
8800	전북 남원시	산림작물생산단지조성	84,443	산림녹지과	9	2	7	8	7	5	5	4
8801	전북 남원시	임산물 생산기반조성	149,500	산림녹지과	9	2	7	8	7	5	5	4
8802	전북 남원시	임산물 유통기반조성	106,450	산림녹지과	9	2	7	8	7	5	5	4
8803	전북 남원시	백두대간 주민지원사업	328,257	산림녹지과	9	2	7	8	7	5	5	4
8804	전북 남원시	기업환경개선사업	10,000	교육체육과	9	1	7	8	7	1	1	1
8805	전북 남원시	중소기업환경개선	151,123	기업지원과	9	4	7	8	7	5	5	4
8806	전북 남원시	주천면 호곡마을회관 리모델링 공사	10,000	시민소통실	9	2	7	8	7	5	5	4
8807	전북 남원시	금지면 방촌마을 모정철거 및 신축공사	20,000	시민소통실	9	2	7	8	7	5	5	4
8808	전북 남원시	아영면 청계마을 모정 정비공사	8,000	시민소통실	9	2	7	8	7	5	5	4
8809	전북 남원시	향교동 보성마을회관 기능보강공사	5,000	시민소통실	9	2	7	8	7	5	5	4
8810	전북 남원시	지역특색농업 발굴소득화 사업	50,000	농촌진흥과	9	1	7	8	7	5	5	4
8811	전북 남원시	농촌지도사업 활력화지원시범	32,000	농촌진흥과	9	1	7	8	7	5	5	4
8812	전북 남원시	신기술접목 차세대영농인 육성지원사업	50,000	농촌진흥과	9	1	7	8	7	5	5	4
8813	전북 남원시	선도농업경영체우수 모델화 사업	30,000	농촌진흥과	9	1	7	8	7	5	5	4
8814	전북 남원시	청년농업인 융복합자립기반조성시범	50,000	농촌진흥과	9	1	7	8	7	5	5	4
8815	전북 남원시	농업인 소규모창업기술지원	100,000	농촌진흥과	9	1	7	8	7	5	5	4
8816	전북 남원시	쌀 누룩 이용 발효식품(주류, 음료) 제조	50,000	농촌진흥과	9	1	7	8	7	5	5	4
8817	전북 남원시	농업인 가공사업장시설장비 개선	100,000	농촌진흥과	9	1	7	8	7	5	5	4
8818	전북 남원시	농식품 가공사업장품질향상 지원	40,000	농촌진흥과	9	1	7	8	7	5	5	4

순번	시군구	지출명 (사업명)	2021년예산 (단위:천원/1년간)	담당자 (공무원) 담당부서	민간이전 분류 (지방자치단체 세출예산 집행기준에 의거) 1. 민간경상사업보조(307-02) 2. 민간단체 법정운영비보조(307-03) 3. 민간행사사업보조(307-04) 4. 민간위탁금(307-05) 5. 사회복지시설 법정운영비보조(307-10) 6. 민간인위탁교육비(307-12) 7. 공기관등에대한경상적위탁사업비(308-10) 8. 민간자본사업보조,자체재원(402-01) 9. 민간자본사업보조,이전재원(402-02) 10. 민간위탁사업비(402-03) 11. 공기관등에 대한 자본적 대행사업비(403-02)	민간이전지출 근거 (지방보조금 관리기준 참고) 1. 법률에 규정 2. 국고보조 재원(국가지정) 3. 용도 지정 기부금 4. 조례에 직접규정 5. 지자체가 권장하는 사업을 하는 공공기관 6. 시,도 정책 및 재정사정 7. 기타 8. 해당없음	입찰방식 계약체결방법 (경쟁형태) 1. 일반경쟁 2. 제한경쟁 3. 지명경쟁 4. 수의계약 5. 법정위탁 6. 기타 ( ) 7. 해당없음	계약기간 1. 1년 2. 2년 3. 3년 4. 4년 5. 5년 6. 기타 ( )년 7. 단기계약 (1년미만) 8. 해당없음	낙찰자선정방법 1. 적격심사 2. 협상에의한계약 3. 최저가낙찰제 4. 규격가격분리 5. 2단계 경쟁입찰 6. 기타 ( ) 7. 해당없음	운영예산 산정 운영예산 산정 1. 내부산정 (지자체 자체적으로 산정) 2. 외부산정 (외부전문기관위탁 산정) 3. 내·외부 모두 산정 4. 산정 無 5. 해당없음	정산방법 1. 내부정산 (지자체 내부적으로 정산) 2. 외부정산 (외부전문기관위탁 정산) 3. 내·외부 모두 산정 4. 정산 無 5. 해당없음	성과평가 실시여부 1. 실시 2. 미실시 3. 향후 추진 4. 해당없음
8819	전북 남원시	식농학습 농장	50,000	농촌진흥과	9	1	7	8	7	5	5	4
8820	전북 남원시	농촌자원 활용치유농장 육성사업	60,000	농촌진흥과	9	1	7	8	7	5	5	4
8821	전북 남원시	작목별 맞춤형안전관리 실천시범	50,000	농촌진흥과	9	1	7	8	7	5	5	4
8822	전북 남원시	농업인 재해 안전마을 육성 시범	35,000	농촌진흥과	9	1	7	8	7	5	5	4
8823	전북 남원시	농촌어르신 복지실천 시범	45,000	농촌진흥과	9	1	7	8	7	5	5	4
8824	전북 남원시	IoT 농기계 교통안전 및 사고감지 알림기술시범	60,000	농촌진흥과	9	1	7	8	7	5	5	4
8825	전북 남원시	팥 재배 전과정기계화 및 수확관리기술시범	50,000	현장지원과	9	1	7	8	7	5	5	4
8826	전북 남원시	벼 안정생산방제지원사업	50,000	현장지원과	9	1	7	8	7	5	5	4
8827	전북 남원시	드론활용 콩 병해충방제기술 시범사업	50,000	현장지원과	9	1	7	8	7	5	5	4
8828	전북 남원시	벼 친환경 가축분입상퇴비 활용기술 보급시범	25,000	현장지원과	9	1	7	8	7	5	5	4
8829	전북 남원시	시설작물 자동관수 및 관비시스템 시범	26,000	현장지원과	9	1	7	8	7	5	5	4
8830	전북 남원시	원예특용작물 수출규격화 기술보급시범	100,000	현장지원과	9	1	7	8	7	5	5	4
8831	전북 남원시	이상고온 대응 시설채소 온도저감 기술시범	70,000	현장지원과	9	1	7	8	7	5	5	4
8832	전북 남원시	고품질 우량 딸기묘 생산시범	24,000	현장지원과	9	1	7	8	7	5	5	4
8833	전북 남원시	소비선호형 우리품종 단지조성 시범	200,000	현장지원과	9	1	7	8	7	5	5	4
8834	전북 남원시	우리품종 전문생산단지 조성	250,000	현장지원과	9	1	7	8	7	5	5	4
8835	전북 남원시	기후온난화 대응새로운 소득작물도입시범	60,000	현장지원과	9	1	7	8	7	5	5	4
8836	전북 남원시	기후변화대응 돌발해충 공동방제	25,000	현장지원과	9	1	7	8	7	5	5	4
8837	전북 남원시	돌발해충 방제신기술 보급	10,000	현장지원과	9	4	7	8	7	5	5	4
8838	전북 남원시	가금 왕겨자동살포및 퇴비생력화시스템	70,000	현장지원과	9	1	7	8	7	5	5	4
8839	전북 남원시	스마트 양봉 기술보급 시범	20,000	현장지원과	9	1	7	8	7	5	5	4
8840	전북 남원시	우리원 연구개발기술 현장적용 확대시범	60,000	현장지원과	9	1	7	8	7	5	5	4
8841	전북 김제시	2021년 음식점 시설개선사업 지원	170,000	문화홍보축제실	9	6	7	8	7	5	5	4
8842	전북 김제시	금산사일원 주변 정비공사	520,000	문화홍보축제실	9	2	7	8	7	5	5	4
8843	전북 김제시	금산사 대장전 목조삼존불상과 광배 주변 정비	300,000	문화홍보축제실	9	6	7	8	7	5	5	4
8844	전북 김제시	이석정선생생가 초가이엉잇기	15,000	문화홍보축제실	9	6	7	8	7	5	5	4
8845	전북 김제시	남강정사 초가이엉잇기	15,000	문화홍보축제실	9	6	7	8	7	5	5	4
8846	전북 김제시	오영순가옥 초가이엉잇기	15,000	문화홍보축제실	9	6	7	8	7	5	5	4
8847	전북 김제시	장화쌀뒤주 초가이엉잇기	2,000	문화홍보축제실	9	6	7	8	7	5	5	4
8848	전북 김제시	전통사찰 편의시설 지원사업	50,000	문화홍보축제실	9	6	7	8	7	5	5	4
8849	전북 김제시	전통사찰 편의시설 지원사업	100,000	문화홍보축제실	9	6	7	8	7	5	5	4
8850	전북 김제시	성모암 방재시스템 구축사업	58,000	문화홍보축제실	9	2	7	8	7	5	5	4
8851	전북 김제시	용봉사 방재시스템 구축사업	80,000	문화홍보축제실	9	2	7	8	7	5	5	4
8852	전북 김제시	조앙사 방재시스템 구축사업	82,000	문화홍보축제실	9	2	7	8	7	5	5	4
8853	전북 김제시	청운사 방재시스템 구축사업	78,000	문화홍보축제실	9	2	7	8	7	5	5	4
8854	전북 김제시	흥복사 방재시스템 구축사업	62,000	문화홍보축제실	9	2	7	8	7	5	5	4
8855	전북 김제시	소상공인 시설개선 및 경영지원 사업	500,000	경제진흥과	9	4	7	8	7	5	1	1
8856	전북 김제시	가력발전소 권역 지원사업	1,500	경제진흥과	9	1	7	8	7	5	5	4
8857	전북 김제시	중소기업 환경개선 사업	312,000	투자유치과	9	4	7	8	7	1	1	4
8858	전북 김제시	양식장 소독제 지원	28,000	새만금해양과	9	6	7	8	6	5	1	2
8859	전북 김제시	양식장 경쟁력 강화	52,560	새만금해양과	9	6	7	8	6	5	1	2
8860	전북 김제시	내수면양식 청년 창업 붐업(Boom-up) 조성	31,800	새만금해양과	9	6	7	8	6	5	1	2

순번	시군구	지출명 (사업명)	2021년예산 (단위:천원/1년간)	담당자 (공무원) 담당부서	민간이전 분류 (지방자치단체 세출예산 집행기준에 의거) 1. 민간경상사업보조(307-02) 2. 민간단체 법정운영비보조(307-03) 3. 민간행사사업보조(307-04) 4. 민간위탁금(307-05) 5. 사회복지시설 법정운영비보조(307-10) 6. 민간인위탁교육비(307-12) 7. 공기관등에대한경상적위탁사업비(308-10) 8. 민간자본사업보조,자체재원(402-01) 9. 민간자본사업보조,이전재원(402-02) 10. 민간위탁사업비(402-03) 11. 공기관등에 대한 자본적 대행사업비(403-02)	민간이전지출 근거 (지방보조금 관리기준 참고) 1. 법률에 규정 2. 국고보조 재원(국가지정) 3. 용도 지정 기부금 4. 조례에 직접규정 5. 지자체가 권장하는 사업을 하는 공공기관 6. 시,도 정책 및 재정사정 7. 기타 8. 해당없음	입찰방식 계약체결방법 (경쟁형태) 1. 일반경쟁 2. 제한경쟁 3. 지명경쟁 4. 수의계약 5. 법정위탁 6. 기타 ( ) 7. 해당없음	입찰방식 계약기간 1. 1년 2. 2년 3. 3년 4. 4년 5. 5년 6. 기타 ( )년 7. 단기계약 (1년미만) 8. 해당없음	입찰방식 낙찰자선정방법 1. 적격심사 2. 협상에의한계약 3. 최저가낙찰제 4. 규격가격분리 5. 2단계 경쟁입찰 6. 기타 ( ) 7. 해당없음	운영예산 산정 운영예산 산정 1. 내부산정 (지자체 자체적으로 산정) 2. 외부산정 (외부전문기관위탁 산정) 3. 내·외부 모두 산정 4. 산정 無 5. 해당없음	운영예산 산정 정산방법 1. 내부정산 (지자체 내부적으로 정산) 2. 외부정산 (외부전문기관위탁 정산) 3. 내·외부 모두 산정 4. 정산 無 5. 해당없음	성과평가 실시여부 1. 실시 2. 미실시 3. 향후 추진 4. 해당없음
8861	전북 김제시	내수면 양식장 시설 현대화	41,333	새만금해양과	9	6	4	8	6	5	1	2
8862	전북 김제시	양식장 폭염 한파 대비 지하수 개발지원	37,601	새만금해양과	9	6	7	8	6	5	1	2
8863	전북 김제시	수산물 유통시설 지원	25,200	새만금해양과	9	6	7	8	6	5	1	2
8864	전북 김제시	수산물 가공산업육성 지원	3,000	새만금해양과	9	6	7	8	6	5	1	2
8865	전북 김제시	양식장 고수온 폭염 대응 지원	35,840	새만금해양과	9	6	7	8	6	5	1	2
8866	전북 김제시	양식장 스마트 관리시스템 구축	7,260	새만금해양과	9	6	7	8	6	5	1	2
8867	전북 김제시	양식장 친환경 정화시설 지원	60,000	새만금해양과	9	6	7	8	6	5	1	2
8868	전북 김제시	양식어장 자동화시설 장비 지원	25,600	새만금해양과	9	6	7	8	6	5	1	2
8869	전북 김제시	소형어선 안전장비 지원	8,400	새만금해양과	9	6	7	8	6	5	1	2
8870	전북 김제시	장애인직업재활시설 기능보강	4,000	주민복지과	9	2	7	8	7	1	1	1
8871	전북 김제시	경로당 기능보강 및 개보수 사업	308,080	여성가족과	9	2	7	8	7	5	5	4
8872	전북 김제시	애린양로원 개보수	47,192	여성가족과	9	2	7	8	7	5	5	4
8873	전북 김제시	풀꽃세상 개보수	245,060	여성가족과	9	2	7	8	7	5	5	4
8874	전북 김제시	지역아동센터 환경개선 지원	10,000	여성가족과	9	2	7	8	7	5	5	4
8875	전북 김제시	국공립 어린이집 확충 사업	120,000	여성가족과	9	2	7	8	7	5	5	4
8876	전북 김제시	어린이집 기능보강	11,200	여성가족과	9	2	7	8	7	5	5	4
8877	전북 김제시	여성친화기업 환경개선사업	10,000	여성가족과	9	2	7	8	7	5	5	4
8878	전북 김제시	전기승용차 구매 지원	480,000	환경과	9	2	7	8	7	5	5	4
8879	전북 김제시	전기이륜차 구매지원	18,000	환경과	9	2	7	8	7	5	5	4
8880	전북 김제시	LPG차량 전환 지원	50,000	환경과	9	2	7	8	7	5	5	4
8881	전북 김제시	전기화물차 구매 지원	2,825,000	환경과	9	2	7	8	7	5	5	4
8882	전북 김제시	소규모 영세사업장 방지시설 설치	675,000	환경과	9	2	7	8	7	5	5	4
8883	전북 김제시	노후 경유차 DPF 지원	190,000	환경과	9	2	7	8	7	5	5	4
8884	전북 김제시	PM,Nox 동시저감장치 지원	150,000	환경과	9	2	7	8	7	5	5	4
8885	전북 김제시	건설기계 DPF 지원	55,000	환경과	9	2	7	8	7	5	5	4
8886	전북 김제시	건설기계 엔진교체 지원	825,000	환경과	9	2	7	8	7	5	5	4
8887	전북 김제시	LPG화물차 구입 지원	160,000	환경과	9	2	7	8	7	5	5	4
8888	전북 김제시	저녹스보일러 구매 지원	2,000	환경과	9	2	7	8	7	5	5	4
8889	전북 김제시	저녹스보일러 구매 지원	12,000	환경과	9	2	7	8	7	5	5	4
8890	전북 김제시	전기굴착기 구매 지원	500,000	환경과	9	2	7	8	7	5	5	4
8891	전북 김제시	미생물등 자동분사시설 설치사업	7,080	환경과	9	2	7	8	7	5	5	4
8892	전북 김제시	야생동물피해 예방시설 설치 지원	40,000	환경과	9	6	7	8	7	5	5	4
8893	전북 김제시	희망하우스 빈집재생 사업	80,000	건축과	9	4	7	8	7	5	5	2
8894	전북 김제시	공동주택 지원	30,000	건축과	9	4	7	8	7	5	5	4
8895	전북 김제시	공동주택 지원	30,000	건축과	9	4	7	8	7	5	5	4
8896	전북 김제시	공동주택 지원	21,260	건축과	9	4	7	8	7	5	5	4
8897	전북 김제시	공동주택 지원	20,000	건축과	9	4	7	8	7	5	5	4
8898	전북 김제시	공동주택 지원	30,000	건축과	9	4	7	8	7	5	5	4
8899	전북 김제시	농어촌 장애인주택 개조	83,600	건축과	9	6	7	8	7	5	5	4
8900	전북 김제시	도심 빈집정비 주민공간 조성	60,000	건축과	9	4	7	8	7	5	5	4
8901	전북 김제시	농촌 비주거용 빈집정비	77,000	건축과	9	4	7	8	7	5	5	2
8902	전북 김제시	화재안전 성능보강 지원	157,328	건축과	9	1	7	8	7	1	1	4

순번	시군구	지출명 (사업명)	2021년예산 (단위:천원/1년간)	담당자 (공무원) 담당부서	민간이전 분류 (지방자치단체 세출예산 집행기준에 의거) 1. 민간경상사업보조(307-02) 2. 민간단체 법정운영비보조(307-03) 3. 민간행사사업보조(307-04) 4. 민간위탁금(307-05) 5. 사회복지시설 법정운영비보조(307-10) 6. 민간인위탁교육비(307-12) 7. 공기관등에대한경상적위탁사업비(308-10) 8. 민간자본사업보조,자체재원(402-01) 9. 민간자본사업보조,이전재원(402-02) 10. 민간위탁사업비(402-03) 11. 공기관등에 대한 자본적 대행사업비(403-02)	민간이전지출 근거 (지방보조금 관리기준 참고) 1. 법률에 규정 2. 국고보조 재원(국가지정) 3. 용도 지정 기부금 4. 조례에 직접규정 5. 지자체가 권장하는 사업을 하는 공공기관 6. 시,도 정책 및 재정사정 7. 기타 8. 해당없음	입찰방식 계약체결방법 (경쟁형태) 1. 일반경쟁 2. 제한경쟁 3. 지명경쟁 4. 수의계약 5. 법정위탁 6. 기타 ( ) 7. 해당없음	계약기간 1. 1년 2. 2년 3. 3년 4. 4년 5. 5년 6. 기타 ( )년 7. 단기계약 (1년미만) 8. 해당없음	낙찰자선정방법 1. 적격심사 2. 협상에의한계약 3. 최저가낙찰제 4. 규격가격분리 5. 2단계 경쟁입찰 6. 기타 ( ) 7. 해당없음	운영예산 산정 운영예산 산정 1. 내부산정 (지자체 자체적으로 산정) 2. 외부산정 (외부전문기관위탁 산정) 3. 내·외부 모두 산정 4. 산정 無 5. 해당없음	정산방법 1. 내부정산 (지자체 내부적으로 정산) 2. 외부정산 (외부전문기관위탁 정산) 3. 내·외부 모두 산정 4. 정산 無 5. 해당없음	성과평가 실시여부 1. 실시 2. 미실시 3. 향후 추진 4. 해당없음
8903	전북 김제시	황산근로자아파트 노후상수도관 교체사업	64,000	상하수도과	9	2	7	8	7	5	5	4
8904	전북 김제시	산림작물 생산단지	30,000	공원녹지과	9	2	7	8	7	5	5	4
8905	전북 김제시	산양삼 생산과정 확인 지원	760	공원녹지과	9	2	7	8	7	5	5	4
8906	전북 김제시	주택용 펠릿보일러 보급	5,600	공원녹지과	9	2	7	8	7	5	1	4
8907	전북 김제시	사회복지용 펠릿보일러 보급	4,000	공원녹지과	9	2	7	8	7	5	1	4
8908	전북 김제시	한센정착촌 환경개선 사업 지원	26,400	보건위생과	9	6	7	8	7	5	1	4
8909	전북 김제시	음식점 등 시설개선 지원	56,000	보건위생과	9	6	7	8	7	5	1	4
8910	전북 김제시	지역특화형 및 유휴공간활용 가공시설 구축	480,000	농업정책과	9	2	7	8	7	5	5	4
8911	전북 김제시	청년창업공간조성 지원	80,000	농업정책과	9	2	7	8	7	5	5	4
8912	전북 김제시	여성농업인 농작업 편의장비 지원사업	39,200	농업정책과	9	6	7	8	7	5	5	4
8913	전북 김제시	생생농업인 헬스케어 지원사업	910,000	농업정책과	9	2	7	8	7	5	5	4
8914	전북 김제시	생생마을만들기	49,000	농업정책과	9	6	7	8	7	5	5	4
8915	전북 김제시	테마가 있는 자연마을 조성사업	500,000	농업정책과	9	6	7	8	7	5	5	4
8916	전북 김제시	세계잼버리대회 농촌체험관광 조성사업	150,000	농업정책과	9	6	7	8	7	5	5	4
8917	전북 김제시	환경친화형 농자재지원 사업	11,400	농업정책과	9	6	7	8	7	5	5	4
8918	전북 김제시	GAP 농산물 포장재비 지원사업	76,200	농업정책과	9	6	7	8	7	5	5	4
8919	전북 김제시	토량개량제 지원사업	1,964,171	농업정책과	9	2	7	8	7	5	5	4
8920	전북 김제시	유기질비료 지원사업	2,026,700	농업정책과	9	2	7	8	7	5	5	4
8921	전북 김제시	유기농업자재 지원사업	39,000	농업정책과	9	2	7	8	7	5	5	4
8922	전북 김제시	친환경농산물 품목다양화 육성 지원사업	50,574	농업정책과	9	6	7	8	7	5	5	4
8923	전북 김제시	농업용 방제드론	120,000	농업정책과	9	6	7	8	7	5	5	4
8924	전북 김제시	소규모육묘장	258,000	농업정책과	9	6	7	8	7	5	5	4
8925	전북 김제시	광역방제기	84,000	농업정책과	9	6	7	8	7	5	5	4
8926	전북 김제시	공동육묘장	126,000	농업정책과	9	6	7	8	7	5	5	4
8927	전북 김제시	밭작물 경쟁력 제고사업	360,000	농업정책과	9	6	7	8	7	5	5	4
8928	전북 김제시	농업기계 등화장치 부착 지원사업	20,000	농업정책과	9	6	7	8	7	5	5	4
8929	전북 김제시	들녘경영체 사업다각화 사업	2,091,200	농업정책과	9	2	7	8	7	5	5	4
8930	전북 김제시	논 타작물 단지화 시설장비 지원사업	2,640,150	농업정책과	9	2	7	8	7	5	5	4
8931	전북 김제시	농업에너지이용 효율화 사업	1,181,159	농업정책과	9	2	7	8	7	5	5	4
8932	전북 김제시	시설원예 현대화 사업(일반원예)	550,007	농업정책과	9	2	7	8	7	5	5	4
8933	전북 김제시	시설하우스 온풍난방기 지원사업	96,833	농업정책과	9	6	7	8	7	5	5	4
8934	전북 김제시	과수고품질시설 현대화 사업	222,776	농업정책과	9	2	7	8	7	5	5	4
8935	전북 김제시	고추비가림 재배시설 지원사업	31,435	농업정책과	9	2	7	8	7	5	5	4
8936	전북 김제시	권역별 지역특화작목 육성사업	300,000	농업정책과	9	4	7	8	7	5	5	4
8937	전북 김제시	지역특화품목 비닐하우스 지원사업	863,477	농업정책과	9	2	7	8	7	5	5	4
8938	전북 김제시	시설원예 ICT 융복합 확산사업	202,831	농업정책과	9	2	7	8	7	5	5	4
8939	전북 김제시	청년희망(간편형)스마트팜 확산사업	221,740	농업정책과	9	6	7	8	7	5	5	4
8940	전북 김제시	인삼 생산시설 현대화사업	129,298	농업정책과	9	2	7	8	7	5	5	4
8941	전북 김제시	버섯시설 현대화 지원사업	380,680	농업정책과	9	2	7	8	7	5	5	4
8942	전북 김제시	원예작물 하이베드 개선사업	43,464	농업정책과	9	6	7	8	7	5	5	4
8943	전북 김제시	노지채소 생산기반 구축 지원사업	3,600	농업정책과	9	6	7	8	7	5	5	4
8944	전북 김제시	전북쌀 Rice-up 프로젝트	780,000	먹거리유통과	9	6	2	8	2	3	1	1

순번	시군구	지출명 (사업명)	2021년예산 (단위:천원/1년간)	담당자 (공무원) 담당부서	민간이전 분류 (지방자치단체 세출예산 집행기준에 의거) 1. 민간경상사업보조(307-02) 2. 민간단체 법정운영비보조(307-03) 3. 민간행사사업보조(307-04) 4. 민간위탁금(307-05) 5. 사회복지시설 법정운영비보조(307-10) 6. 민간인위탁교육비(307-12) 7. 공기관등에대한경상적위탁사업비(308-10) 8. 민간자본사업보조,자체재원(402-01) 9. 민간자본사업보조,이전재원(402-02) 10. 민간위탁사업비(402-03) 11. 공기관등에 대한 자본적 대행사업비(403-02)	민간이전지출 근거 (지방보조금 관리기준 참고) 1. 법률에 규정 2. 국고보조 재원(국가지정) 3. 용도 지정 기부금 4. 조례에 직접규정 5. 지자체가 권장하는 사업을 하는 공공기관 6. 시,도 정책 및 재정사정 7. 기타 8. 해당없음	입찰방식 계약체결방법 (경쟁형태) 1. 일반경쟁 2. 제한경쟁 3. 지명경쟁 4. 수의계약 5. 법정위탁 6. 기타 ( ) 7. 해당없음	입찰방식 계약기간 1. 1년 2. 2년 3. 3년 4. 4년 5. 5년 6. 기타 ( )년 7. 단기계약 (1년미만) 8. 해당없음	입찰방식 낙찰자선정방법 1. 적격심사 2. 협상에의한계약 3. 최저가낙찰제 4. 규격가격분리 5. 2단계 경쟁입찰 6. 기타 ( ) 7. 해당없음	운영예산 산정 운영예산 산정 1. 내부산정 (지자체 자체적으로 산정) 2. 외부산정 (외부전문기관위탁 산정) 3. 내·외부 모두 산정 4. 산정 無 5. 해당없음	운영예산 산정 정산방법 1. 내부정산 (지자체 내부적으로 정산) 2. 외부정산 (외부전문기관위탁 정산) 3. 내·외부 모두 산정 4. 정산 無 5. 해당없음	성과평가 실시여부 1. 실시 2. 미실시 3. 향후 추진 4. 해당없음
8945	전북 김제시	미곡종합처리장(RPC) 집진시설 개보수 사업	740,000	먹거리유통과	9	7	1	8	7	3	1	1
8946	전북 김제시	학교급식지원센터 시설장비 지원사업	198,000	먹거리유통과	9	1	7	8	7	3	1	2
8947	전북 김제시	로컬푸드 직매장 건립 지원사업	360,000	먹거리유통과	9	2	7	8	7	1	1	2
8948	전북 김제시	로컬푸드 소규모 비닐하우스 지원사업	21,420	먹거리유통과	9	1	7	8	7	1	1	2
8949	전북 김제시	향토산업육성 사업	250,000	먹거리유통과	9	1	7	8	7	5	1	1
8950	전북 김제시	농식품기업 맞춤형 지원사업	119,000	먹거리유통과	9	1	4	8	1	5	1	3
8951	전북 김제시	창업 식품기업 지원사업	7,000	먹거리유통과	9	1	4	8	7	5	1	3
8952	전북 김제시	지역향토자원 산업화 사업	171,000	먹거리유통과	9	1	2	7	3	5	1	1
8953	전북 김제시	농산물 물류 효율화 지원사업	69,750	먹거리유통과	9	1	1	7	3	3	1	1
8954	전북 김제시	농산물 상품화 기반구축 사업	404,000	먹거리유통과	9	1	1	7	3	3	3	1
8955	전북 김제시	저온유통체계 구축 사업	62,436	먹거리유통과	9	2	1	7	3	3	1	1
8956	전북 김제시	암소유전형질 개량사업	75,000	축산진흥과	9	6	7	8	7	5	5	4
8957	전북 김제시	축산기자재 지원	48,000	축산진흥과	9	6	7	8	7	5	5	4
8958	전북 김제시	음용 수질개선장비 지원	36,000	축산진흥과	9	6	7	8	7	5	5	4
8959	전북 김제시	가축 사양관리개선 지원사업	68,000	축산진흥과	9	6	7	8	7	5	5	4
8960	전북 김제시	폭염대비 가축사육환경 개선	228,000	축산진흥과	9	6	7	8	7	5	5	4
8961	전북 김제시	양봉농가 꿀 생산장비 지원	13,500	축산진흥과	9	6	7	8	7	5	5	4
8962	전북 김제시	고품질 양봉기자재 지원사업	60,000	축산진흥과	9	6	7	8	7	5	5	4
8963	전북 김제시	사슴 인공수정 지원	9,350	축산진흥과	9	6	7	8	7	5	5	4
8964	전북 김제시	안전장비 지원	2,000	축산진흥과	9	6	7	8	7	5	5	4
8965	전북 김제시	말산업 시설개선 지원	4,000	축산진흥과	9	6	7	8	7	5	5	4
8966	전북 김제시	우수종돈 농가 보급사업	30,000	축산진흥과	9	2	7	8	7	5	5	4
8967	전북 김제시	축산분야 ICT 융복합 지원사업	520,600	축산진흥과	9	2	7	8	7	5	5	4
8968	전북 김제시	말벌퇴치장비 지원	2,700	축산진흥과	9	2	7	8	7	5	5	4
8969	전북 김제시	말산업 전문인력 양성기관 지원사업	257,140	축산진흥과	9	2	7	8	7	5	5	4
8970	전북 김제시	흑염소 경쟁력 강화	3,600	축산진흥과	9	6	7	8	7	5	5	4
8971	전북 김제시	친환경 우유생산 기반구축	48,000	축산진흥과	9	6	7	8	7	5	5	4
8972	전북 김제시	축사화재 안전시스템 지원사업	48,000	축산진흥과	9	6	7	8	7	5	5	4
8973	전북 김제시	돼지 써코바이러스 예방약품	397,200	축산진흥과	9	2	7	8	7	1	1	4
8974	전북 김제시	가금농가 질병관리 지원	210,000	축산진흥과	9	2	7	8	7	5	1	4
8975	전북 김제시	돼지소모성질환 지도지원	90,000	축산진흥과	9	2	7	8	7	1	1	4
8976	전북 김제시	CCTV 등 방역 인프라 지원	210,000	축산진흥과	9	2	7	8	7	5	5	4
8977	전북 김제시	젖소대사 질병예방제 지원	12,240	축산진흥과	9	6	7	8	7	1	1	4
8978	전북 김제시	동물 사체처리시설 지원	52,500	축산진흥과	9	6	7	8	7	5	5	4
8979	전북 김제시	농장 출입구 자동소독기 설치지원	10,000	축산진흥과	9	6	7	8	7	5	5	4
8980	전북 김제시	구제역 예방접종 연속주사기 지원	31,680	축산진흥과	9	6	7	8	7	1	1	4
8981	전북 김제시	산란계농장 난좌지원	194,040	축산진흥과	9	6	7	8	7	5	5	4
8982	전북 김제시	시군거점 축산물 산지가공 유통시설 구축	490,000	축산진흥과	9	6	7	8	7	5	5	4
8983	전북 김제시	축산물판매장 만들기 사업	179,200	축산진흥과	9	6	7	8	7	5	5	4
8984	전북 김제시	축산물 HACCP 컨설팅 지원사업	42,000	축산진흥과	9	2	7	8	7	5	5	4
8985	전북 김제시	오리농가 동절기 난방비 지원	27,840	축산진흥과	9	6	7	8	7	5	5	4
8986	전북 김제시	냉장차량 구입 지원	45,000	축산진흥과	9	2	4	8	7	5	5	4

순번	시군구	지출명 (사업명)	2021년예산 (단위:천원/1년간)	담당자 (공무원) 담당부서	민간이전 분류 (지방자치단체 세출예산 집행기준에 의거) 1. 민간경상사업보조(307-02) 2. 민간단체 법정운영비보조(307-03) 3. 민간행사사업보조(307-04) 4. 민간위탁금(307-05) 5. 사회복지시설 법정운영비보조(307-10) 6. 민간인위탁교육비(307-12) 7. 공기관등에대한경상적위탁사업비(308-10) 8. 민간자본사업보조,자체재원(402-01) 9. 민간자본사업보조,이전재원(402-02) 10. 민간위탁사업비(402-03) 11. 공기관등에 대한 자본적 대행사업비(403-02)	민간이전지출 근거 (지방보조금 관리기준 참고) 1. 법률에 규정 2. 국고보조 재원(국가지정) 3. 용도 지정 기부금 4. 조례에 직접규정 5. 지자체가 권장하는 사업을 하는 공공기관 6. 시,도 정책 및 재정사정 7. 기타 8. 해당없음	입찰방식 계약체결방법 (경쟁형태) 1. 일반경쟁 2. 제한경쟁 3. 지명경쟁 4. 수의계약 5. 법정위탁 6. 기타 ( ) 7. 해당없음	계약기간 1. 1년 2. 2년 3. 3년 4. 4년 5. 5년 6. 기타 ( )년 7. 단기계약 (1년미만) 8. 해당없음	낙찰자선정방법 1. 적격심사 2. 협상에의한계약 3. 최저가낙찰제 4. 규격가격분리 5. 2단계 경쟁입찰 6. 기타 ( ) 7. 해당없음	운영예산 산정 운영예산 산정 1. 내부산정 (지자체 자체적으로 산정) 2. 외부산정 (외부전문기관위탁 산정) 3. 내·외부 모두 산정 4. 산정 無 5. 해당없음	정산방법 1. 내부정산 (지자체 내부적으로 정산) 2. 외부정산 (외부전문기관위탁 정산) 3. 내·외부 모두 산정 4. 정산 無 5. 해당없음	성과평가 실시여부 1. 실시 2. 미실시 3. 향후 추진 4. 해당없음
8987	전북 김제시	자돈 폐사율 감소 환경개선 지원	17,140	축산진흥과	9	6	7	8	7	1	1	4
8988	전북 김제시	축산환경개선 지도지원 사업	10,500	축산진흥과	9	1	7	8	7	1	1	4
8989	전북 김제시	축산환경개선 지도지원 사업	39,200	축산진흥과	9	1	7	8	7	1	1	4
8990	전북 김제시	환경 친화적 가축분뇨 처리사업	28,800	축산진흥과	9	1	7	8	7	1	1	4
8991	전북 김제시	착유 세정수 정화처리시설 지원	34,000	축산진흥과	9	1	1	1	3	1	1	4
8992	전북 김제시	악취저감 안개분무시설 지원사업	64,000	축산진흥과	9	2	7	8	7	1	1	4
8993	전북 김제시	축산악취 개선사업	651,488	축산진흥과	9	2	1	8	7	1	1	4
8994	전북 김제시	악취측정 ICT 기계장비 지원사업	238,968	축산진흥과	9	2	1	1	3	1	1	4
8995	전북 김제시	퇴비 부숙촉진 기계장비 지원사업	41,300	축산진흥과	9	1	1	1	3	1	1	4
8996	전북 김제시	조사료 경영체 장비 지원(일반지역)	240,000	축산진흥과	9	2	1	1	3	1	1	4
8997	전북 김제시	조사료 종자구입 지원(일반지역)	114,000	축산진흥과	9	2	1	1	3	1	1	4
8998	전북 김제시	조사료 전문단지 종자구입 지원	189,600	축산진흥과	9	2	1	1	3	1	1	4
8999	전북 김제시	사료자가 배합장비 지원	60,000	축산진흥과	9	1	7	8	7	3	1	4
9000	전북 김제시	선도농업경영체 우수모델화 사업	30,000	농촌지원과	9	1	1	1	1	1	1	1
9001	전북 김제시	신기술 접목 차세대 영농인육성	98,000	농촌지원과	9	6	7	8	7	5	5	1
9002	전북 김제시	농식품 가공사업장 품질향상 지원	40,000	농촌지원과	9	6	1	7	1	1	1	1
9003	전북 김제시	작목별 맞춤형 안전관리 실천시범	42,500	농촌지원과	9	2	1	7	1	1	1	1
9004	전북 김제시	농업인 재해 안전마을 육성	40,000	농촌지원과	9	6	1	7	1	1	1	1
9005	전북 김제시	농촌체험관광 품질향상 지원	24,000	농촌지원과	9	6	1	7	1	1	1	1
9006	전북 김제시	농촌자원활용 치유농장 육성 지원	60,000	농촌지원과	9	6	1	7	1	1	1	1
9007	전북 김제시	농업인 가공사업장 시설장비개선	100,000	농촌지원과	9	6	1	7	1	1	1	1
9008	전북 김제시	농업인 소규모 창업 기반조성 지원	100,000	농촌지원과	9	6	7	8	7	5	5	1
9009	전북 김제시	귀농인의 집 조성	60,000	농촌지원과	9	2	7	1	7	1	3	1
9010	전북 김제시	외래품종 대체 최고품질 벼생산공급 거점단지 육성	200,000	기술보급과	9	2	7	8	7	1	1	4
9011	전북 김제시	벼 안전생산 방제 지원사업	360,000	기술보급과	9	2	7	8	7	1	1	4
9012	전북 김제시	벼 친환경 가축분입상퇴비 활용기술 시범	25,000	기술보급과	9	6	7	8	7	1	1	4
9013	전북 김제시	용도별 국산밀 품질체계화 패키지형 구축 지원	300,000	기술보급과	9	2	4	8	7	1	1	4
9014	전북 김제시	지역특색농업 발굴 소득화사업	50,000	기술보급과	9	2	7	8	7	1	1	4
9015	전북 김제시	쌀 신품종 보급 및 농기자재 지원	40,000	기술보급과	9	2	7	8	7	1	1	4
9016	전북 김제시	품목별 데이터 기반 생산모델 보급	200,000	기술보급과	9	2	7	8	7	1	1	4
9017	전북 김제시	원예특작분야 현장맞춤형 시범사업	70,000	기술보급과	9	2	7	8	7	1	1	4
9018	전북 김제시	유럽종 포도 글로벌 선도단지조성	200,000	기술보급과	9	2	4	1	7	1	1	1
9019	전북 김제시	미래형 사과 다축 과원 조성 시범	70,000	기술보급과	9	2	4	1	7	1	1	1
9020	전북 김제시	김제형 신소득 작물 발굴시범 사업	60,000	기술보급과	9	2	4	1	7	1	1	1
9021	전북 김제시	수출농산물 생산기반 조성시범 사업	64,000	기술보급과	9	2	4	1	7	1	1	1
9022	전북 김제시	우리원 연구개발기술 현장적용 확대	60,000	기술보급과	9	4	4	1	7	1	1	1
9023	전북 김제시	작은도서관 자료 구입	21,000	시립도서관	9	1	7	8	7	5	1	4
9024	전북 김제시	사립작은도서관 도서구입 지원	2,000	시립도서관	9	1	7	8	7	5	1	4
9025	전북 완주군	장애인직업재활시설 기능보강사업	12,000	사회복지과	9	1	7	8	7	5	1	4
9026	전북 완주군	장애인직업재활시설 기능보강사업	4,000	사회복지과	9	1	7	8	7	5	1	4
9027	전북 완주군	장애인거주시설 기능보강사업	167,640	사회복지과	9	1	7	8	7	5	3	4
9028	전북 완주군	지역밀착형 주민제안사업	30,000	사회복지과	9	4	4	1	7	1	1	1

순번	시군구	지출명 (사업명)	2021년예산 (단위:천원/1년간)	담당자 (공무원) 담당부서	민간이전 분류 (지방자치단체 세출예산 집행기준에 의거) 1. 민간경상사업보조(307-02) 2. 민간단체 법정운영비보조(307-03) 3. 민간행사사업보조(307-04) 4. 민간위탁금(307-05) 5. 사회복지시설 법정운영비보조(307-10) 6. 민간인위탁교육비(307-12) 7. 공기관등에대한경상적위탁사업비(308-10) 8. 민간자본사업보조,자체재원(402-01) 9. 민간자본사업보조,이전재원(402-02) 10. 민간위탁사업비(402-03) 11. 공기관등에 대한 자본적 대행사업비(403-02)	민간이전지출 근거 (지방보조금 관리기준 참고) 1. 법률에 규정 2. 국고보조 재원(국가지정) 3. 용도 지정 기부금 4. 조례에 직접규정 5. 지자체가 권장하는 사업을 하는 공공기관 6. 시,도 정책 및 재정사정 7. 기타 8. 해당없음	입찰방식 계약체결방법 (경쟁형태) 1. 일반경쟁 2. 제한경쟁 3. 지명경쟁 4. 수의계약 5. 법정위탁 6. 기타 ( ) 7. 해당없음	입찰방식 계약기간 1. 1년 2. 2년 3. 3년 4. 4년 5. 5년 6. 기타 ( )년 7. 단기계약 (1년미만) 8. 해당없음	입찰방식 낙찰자선정방법 1. 적격심사 2. 협상에의한계약 3. 최저가낙찰제 4. 규격가격분리 5. 2단계 경쟁입찰 6. 기타 ( ) 7. 해당없음	운영예산 산정 운영예산 산정 1. 내부산정 (지자체 자체적으로 산정) 2. 외부산정 (외부전문기관위탁 산정) 3. 내·외부 모두 산정 4. 산정 無 5. 해당없음	운영예산 산정 정산방법 1. 내부정산 (지자체 내부적으로 정산) 2. 외부정산 (외부전문기관위탁 정산) 3. 내·외부 모두 산정 4. 정산 無 5. 해당없음	성과평가 실시여부 1. 실시 2. 미실시 3. 향후 추진 4. 해당없음
9029	전북 완주군	노인요양시설확충사업	165,000	사회복지과	9	1	7	8	7	1	1	4
9030	전북 완주군	어린이집 기능보강사업	50,300	교육아동복지과	9	1	7	8	7	5	1	4
9031	전북 완주군	국가지정문화재 및 등록문화재보수정비	1,961,600	문화관광과	9	2	7	8	7	5	1	1
9032	전북 완주군	도지정문화재 보수정비	998,000	문화관광과	9	1	7	8	7	5	1	1
9033	전북 완주군	전통사찰 보수정비	327,000	문화관광과	9	2	7	8	7	5	1	1
9034	전북 완주군	문화재 재난방지시설 구축	130,000	문화관광과	9	2	7	8	7	5	1	1
9035	전북 완주군	소규모 기업환경 조성사업	211,110	일자리경제과	9	2	7	8	7	5	1	4
9036	전북 완주군	수소연료전지차 보급 사업	1,825,000	일자리경제과	9	2	7	8	7	5	1	4
9037	전북 완주군	그린홈 100만호 지원사업	169,000	일자리경제과	9	2	7	8	7	5	1	4
9038	전북 완주군	도시가스 공급망 지원사업	1,345,187	일자리경제과	9	4	7	8	7	5	1	4
9039	전북 완주군	발전소주변지역지원사업	66,900	일자리경제과	9	1	7	8	7	5	1	4
9040	전북 완주군	발전소주변지역지원사업	17,700	일자리경제과	9	1	7	8	7	5	1	4
9041	전북 완주군	사회적경제인프라지원사업	40,000	사회적경제과	9	2	7	8	7	5	1	4
9042	전북 완주군	2021년테마가 있는 자연마을 조성사업	205,000	사회적경제과	9	6	7	8	7	5	5	4
9043	전북 완주군	농식품가공사업장 품질향상 지원	40,000	먹거리정책과	9	6	7	8	7	1	1	1
9044	전북 완주군	농촌다원적 자원활용 사업 - 시설구축 등	170,000	먹거리정책과	9	2	7	8	7	1	1	1
9045	전북 완주군	향토산업유성사업	500,000	먹거리정책과	9	6	7	8	7	1	1	1
9046	전북 완주군	지역전략식품산업육성사업	600,000	먹거리정책과	9	6	7	8	7	1	3	1
9047	전북 완주군	농촌융복합산업지구 조성사업	474,000	먹거리정책과	9	1	7	8	7	5	1	1
9048	전북 완주군	소규모 6차 산업화 지원사업	140,000	먹거리정책과	9	1	7	8	7	5	1	1
9049	전북 완주군	로컬푸드 소규모 비닐하우스 지원사업	8,572	먹거리정책과	9	1	7	8	7	5	1	1
9050	전북 완주군	음식점 시설개선 지원	80,000	먹거리정책과	9	1	7	8	7	1	1	1
9051	전북 완주군	야생동물 피해예방 사업	38,574	환경과	9	2	7	8	7	5	5	4
9052	전북 완주군	전기자동차 구매 지원	2,075,000	환경과	9	2	7	8	7	5	5	4
9053	전북 완주군	어린이 통학차량 LPG차 전환 지원 사업	49,500	환경과	9	2	7	8	7	5	5	4
9054	전북 완주군	전기이륜차 보급사업	9,000	환경과	9	2	7	8	7	5	5	4
9055	전북 완주군	소규모 영세사업장 방지시설 지원사업	323,000	환경과	9	2	7	8	7	5	5	4
9056	전북 완주군	여성농업인 편의장비 지원사업	26,780	농업축산과	9	4	7	1	7	1	1	2
9057	전북 완주군	농촌고용인력지원	400,000	농업축산과	9	2	7	1	7	5	1	3
9058	전북 완주군	생생농업인 헬스케어 지원	399,000	농업축산과	9	2	7	1	7	5	1	3
9059	전북 완주군	농산물 상품화 기반구축사업	494,500	농업축산과	9	4	1	1	3	3	1	1
9060	전북 완주군	농산물 물류설비 표준화 지원사업	226,261	농업축산과	9	4	1	1	3	3	1	1
9061	전북 완주군	GAP 시설보완사업	191,475	농업축산과	9	1	1	1	3	1	1	1
9062	전북 완주군	GAP 농산물 포장재비 지원사업	73,800	농업축산과	9	4	7	8	7	1	1	1
9063	전북 완주군	밭작물 공동경영체 육성	117,000	농업축산과	9	1	1	1	3	1	1	1
9064	전북 완주군	저온유통체계구축	254,131	농업축산과	9	1	1	1	6	3	1	1
9065	전북 완주군	ICT 융복합 축사지원사업	160,200	농업축산과	9	1	7	8	7	5	5	4
9066	전북 완주군	가축 사양관리 개선 지원사업	14,000	농업축산과	9	1	7	8	7	5	5	4
9067	전북 완주군	고품질 양봉기자재 지원사업	95,318	농업축산과	9	1	7	8	7	5	5	4
9068	전북 완주군	고품질 축산물 생산지원사업	30,000	농업축산과	9	1	7	8	7	5	5	4
9069	전북 완주군	농업농촌자원복합산업화지원)	12,800	농업축산과	9	1	7	8	7	5	5	4
9070	전북 완주군	사슴농가 인공수정 지원	3,439	농업축산과	9	1	7	8	7	5	5	4

순번	시군구	지출명 (사업명)	2021년예산 (단위:천원/1년간)	담당자 (공무원) 담당부서	민간이전 분류 (지방자치단체 세출예산 집행기준에 의거) 1. 민간경상사업보조(307-02) 2. 민간단체 법정운영비보조(307-03) 3. 민간행사사업보조(307-04) 4. 민간위탁금(307-05) 5. 사회복지시설 법정운영비보조(307-10) 6. 민간인위탁교육비(307-12) 7. 공기관등에대한경상적위탁사업비(308-10) 8. 민간자본사업보조,자체재원(402-01) 9. 민간자본사업보조,이전재원(402-02) 10. 민간위탁사업비(402-03) 11. 공기관등에 대한 자본적 대행사업비(403-02)	민간이전지출 근거 (지방보조금 관리기준 참고) 1. 법률에 규정 2. 국고보조 재원(국가지정) 3. 용도 지정 기부금 4. 조례에 직접규정 5. 지자체가 권장하는 사업을 하는 공공기관 6. 시,도 정책 및 재정사정 7. 기타 8. 해당없음	입찰방식: 계약체결방법 (경쟁형태) 1. 일반경쟁 2. 제한경쟁 3. 지명경쟁 4. 수의계약 5. 법정위탁 6. 기타 ( ) 7. 해당없음	입찰방식: 계약기간 1. 1년 2. 2년 3. 3년 4. 4년 5. 5년 6. 기타 ( )년 7. 단기계약 (1년미만) 8. 해당없음	입찰방식: 낙찰자선정방법 1. 적격심사 2. 협상에의한계약 3. 최저가낙찰제 4. 규격가격분리 5. 2단계 경쟁입찰 6. 기타 ( ) 7. 해당없음	운영예산 산정: 운영예산 산정 1. 내부산정 (지자체 자체적으로 산정) 2. 외부산정 (외부전문기관위탁 산정) 3. 내·외부 모두 산정 4. 산정 無 5. 해당없음	운영예산 산정: 정산방법 1. 내부정산 (지자체 내부적으로 정산) 2. 외부정산 (외부전문기관위탁 정산) 3. 내·외부 모두 산정 4. 정산 無 5. 해당없음	성과평가 실시여부 1. 실시 2. 미실시 3. 향후 추진 4. 해당없음
9071	전북 완주군	양봉농가 꿀생산장비 지원사업	12,000	농업축산과	9	1	7	8	7	5	5	4
9072	전북 완주군	음용수질 개선장비 지원	24,000	농업축산과	9	1	7	8	7	5	5	4
9073	전북 완주군	자가 사료배합장비 지원	64,000	농업축산과	9	1	7	8	7	5	5	4
9074	전북 완주군	재해예방 사육환경개선사업	52,800	농업축산과	9	1	7	8	7	5	5	4
9075	전북 완주군	조사료 경영체 기계장비지원	180,000	농업축산과	9	1	7	8	7	5	5	4
9076	전북 완주군	친환경 우유생산 기반구축 전환	38,400	농업축산과	9	1	7	8	7	5	5	4
9077	전북 완주군	폭염스트레스 완화제지원	8,000	농업축산과	9	1	7	8	7	5	5	4
9078	전북 완주군	돼지 써코백신 지원	105,560	농업축산과	9	2	7	8	7	5	5	4
9079	전북 완주군	자돈 폐사율 감소 환경 개선사업	27,880	농업축산과	9	6	7	8	7	5	5	4
9080	전북 완주군	젖소 대사질병 예방약 지원	18,360	농업축산과	9	6	7	8	7	5	5	4
9081	전북 완주군	동물사체처리시설 지원사업	38,000	농업축산과	9	6	7	8	7	5	5	4
9082	전북 완주군	자돈 폐사율 감소 환경 개선사업	27,880	농업축산과	9	6	7	8	7	5	5	4
9083	전북 완주군	산란계 농장 난좌지원사업	4,410	농업축산과	9	6	7	8	7	5	5	4
9084	전북 완주군	깨끗하고 소득있는 축산물 판매장 만들기 사업	24,500	농업축산과	9	2	7	8	7	5	5	4
9085	전북 완주군	축산물 콜드시스템 구축사업	60,000	농업축산과	9	6	7	8	7	5	5	4
9086	전북 완주군	양식장 소독제 지원	10,200	농업축산과	9	6	7	8	7	5	1	4
9087	전북 완주군	양식장 청정지하수 개발지원	15,334	농업축산과	9	6	7	8	7	5	1	4
9088	전북 완주군	수산물 유통시설 지원	8,400	농업축산과	9	6	7	8	7	5	1	4
9089	전북 완주군	양식장 기자재 지원	36,000	농업축산과	9	6	7	8	7	5	1	4
9090	전북 완주군	액비저장조 지원사업	92,400	농업축산과	9	2	7	8	7	5	5	4
9091	전북 완주군	깨끗한 축산농장 조성	66,400	농업축산과	9	2	7	8	7	5	5	4
9092	전북 완주군	착유세정수 정화처리시설 지원사업	51,600	농업축산과	9	6	7	8	7	5	5	4
9093	전북 완주군	가축분뇨 악취저감시설 지원사업	20,000	농업축산과	9	6	7	8	7	5	5	4
9094	전북 완주군	가축분뇨 자원화시설 개보수 지원사업	245,000	농업축산과	9	6	2	8	1	5	5	4
9095	전북 완주군	축사내부 소독시설 지원사업	6,000	농업축산과	9	6	7	8	7	5	5	4
9096	전북 완주군	지역밀착형 주민제안사업	5,000	재난안전과	9	4	7	8	7	1	1	1
9097	전북 완주군	섬진강댐 주변지역 지원사업	83,331	도로교통과	9	1	4	1	7	5	5	4
9098	전북 완주군	용담댐 주변지역 지원사업	100,754	도로교통과	9	1	4	1	7	5	5	4
9099	전북 완주군	농어촌 장애인주택 개조사업	30,400	건축과	9	2	7	7	7	5	5	4
9100	전북 완주군	희망하우스 빈집재생사업	30,000	건축과	9	6	7	7	7	5	5	4
9101	전북 완주군	농촌 빈집 정비사업	300,000	건축과	9	1	7	7	7	5	5	4
9102	전북 완주군	농어촌 비주거용 빈집정비사업	64,000	건축과	9	1	7	7	7	5	5	4
9103	전북 완주군	지역특색농업발굴소득화	50,000	농촌지원과	9	2	7	8	7	5	5	4
9104	전북 완주군	지역활력화작목기반조성	100,000	농촌지원과	9	6	7	8	7	5	5	4
9105	전북 완주군	농촌체험관광 품질향상 지원	24,000	농촌지원과	9	6	7	8	7	5	5	4
9106	전북 완주군	농경문화 소득화 모델구축 시범	210,000	농촌지원과	9	2	7	8	7	5	5	4
9107	전북 완주군	농업신기술시범	52,000	기술보급과	9	2	7	8	7	5	1	4
9108	전북 완주군	시역전략 쌀 신품종 조기확산 및 생산비 절감 시범	40,000	기술보급과	9	6	7	8	7	5	1	4
9109	전북 완주군	쌀 경쟁력 제고	196,800	기술보급과	9	6	7	8	7	5	1	4
9110	전북 완주군	전북쌀 Rice-up 프로젝트	306,800	기술보급과	9	6	7	8	7	5	1	4
9111	전북 완주군	신품종 IRG '그린콜' 재배 기술보급 시범 사업	20,000	기술보급과	9	2	7	8	7	5	1	4
9112	전북 완주군	스마트 양봉 기술 보급 시범	20,000	기술보급과	9	2	7	8	7	5	1	4

순번	시군구	지출명 (사업명)	2021년예산 (단위:천원/1년간)	담당자 (공무원) 담당부서	민간이전 분류 (지방자치단체 세출예산 집행기준에 의거) 1. 민간경상사업보조(307-02) 2. 민간단체 법정운영비보조(307-03) 3. 민간행사사업보조(307-04) 4. 민간위탁금(307-05) 5. 사회복지시설 법정운영비보조(307-10) 6. 민간인위탁교육비(307-12) 7. 공기관등에대한경상적위탁사업비(308-10) 8. 민간자본사업보조,자체재원(402-01) 9. 민간자본사업보조,이전재원(402-02) 10. 민간위탁사업비(402-03) 11. 공기관등에 대한 자본적 대행사업비(403-02)	민간이전지출 근거 (지방보조금 관리기준 참고) 1. 법률에 규정 2. 국고보조 재원(국가지정) 3. 용도 지정 기부금 4. 조례에 직접규정 5. 지자체가 권장하는 사업을 하는 공공기관 6. 시,도 정책 및 재정사정 7. 기타 8. 해당없음	입찰방식 계약체결방법 (경쟁형태) 1. 일반경쟁 2. 제한경쟁 3. 지명경쟁 4. 수의계약 5. 법정위탁 6. 기타 ( ) 7. 해당없음	입찰방식 계약기간 1. 1년 2. 2년 3. 3년 4. 4년 5. 5년 6. 기타 ( )년 7. 단기계약 (1년미만) 8. 해당없음	입찰방식 낙찰자선정방법 1. 적격심사 2. 협상에의한계약 3. 최저가낙찰제 4. 규격가격분리 5. 2단계 경쟁입찰 6. 기타 ( ) 7. 해당없음	운영예산 산정 운영예산 산정 1. 내부산정 (지자체 자체적으로 산정) 2. 외부산정 (외부전문기관위탁 산정) 3. 내·외부 모두 산정 4. 산정 無 5. 해당없음	운영예산 산정 정산방법 1. 내부정산 (지자체 내부적으로 정산) 2. 외부정산 (외부전문기관위탁 정산) 3. 내·외부 모두 산정 4. 정산 無 5. 해당없음	성과평가 실시여부 1. 실시 2. 미실시 3. 향후 추진 4. 해당없음
9113	전북 완주군	농업에너지이용효율화사업	95,996	기술보급과	9	2	7	8	7	5	1	4
9114	전북 완주군	시설원예 현대화 지원사업	271,170	기술보급과	9	2	7	8	7	5	1	4
9115	전북 완주군	원예분야 ICT 융복합 지원사업	20,719	기술보급과	9	2	7	8	7	5	1	4
9116	전북 완주군	고추 비가림 재배시설 지원사업	21,780	기술보급과	9	2	7	8	7	5	1	4
9117	전북 완주군	농촌자원복합산업화지원	602,400	기술보급과	9	6	7	8	7	5	1	4
9118	전북 완주군	농촌자원복합산업화지원	63,019	기술보급과	9	6	7	8	7	5	1	4
9119	전북 완주군	시설하우스 온풍난방기 지원사업	14,040	기술보급과	9	6	7	8	7	5	1	4
9120	전북 완주군	농촌자원복합산업화지원	60,000	기술보급과	9	6	7	8	7	5	1	4
9121	전북 완주군	딸기 품종 다양화 안정생산기술 시범	30,000	기술보급과	9	2	7	8	7	5	1	4
9122	전북 완주군	시설작물 자동 관수 및 관비(물+비료 동시) 시스템 시범	26,000	기술보급과	9	2	7	8	7	5	1	4
9123	전북 완주군	원예특작분야 현장맞춤형 시범	70,000	기술보급과	9	6	7	8	7	5	1	4
9124	전북 완주군	우리원 연구개발기술 현장적용 확대 시범	60,000	기술보급과	9	6	7	8	7	5	1	4
9125	전북 완주군	과수 고품질 시설현대화	35,250	기술보급과	9	2	7	8	7	5	1	4
9126	전북 완주군	특용작물(버섯)생산시설 현대화 사업	94,940	기술보급과	9	2	7	8	7	5	1	4
9127	전북 완주군	특용작물(인삼)생산시설 현대화 사업	60,325	기술보급과	9	2	7	8	7	5	1	4
9128	전북 완주군	토양개량제 지원	409,072	기술보급과	9	2	7	8	7	5	1	4
9129	전북 완주군	유기질비료 지원	2,077,650	기술보급과	9	2	7	8	7	5	1	4
9130	전북 완주군	유기농업자재 지원	9,125	기술보급과	9	2	7	8	7	5	1	4
9131	전북 완주군	친환경 신선채소 안정생산 지원사업	38,561	기술보급과	9	6	7	8	7	5	1	4
9132	전북 완주군	친환경농산물 품목다양화 육성지원사업	80,000	기술보급과	9	6	7	8	7	5	1	4
9133	전북 진안군	장애인거주시설 기능보강	121,616	사회복지과	9	1	7	8	7	1	1	4
9134	전북 진안군	장애인보호작업장 기능보강	4,000	사회복지과	9	1	7	8	7	1	1	4
9135	전북 진안군	백운면 노인회 환경개선	5,000	여성가족과	9	4	7	8	7	1	1	1
9136	전북 진안군	어린이집 기능보강사업	700	여성가족과	9	2	7	8	1	5	1	4
9137	전북 진안군	어린이집 기능보강사업	700	여성가족과	9	2	7	8	1	5	1	4
9138	전북 진안군	어린이집 기능보강사업	700	여성가족과	9	2	7	8	1	5	1	4
9139	전북 진안군	지역아동센터 환경개선	10,000	여성가족과	9	1	7	8	7	5	1	4
9140	전북 진안군	성수 지역아동센터 시설보강	15,000	여성가족과	9	1	7	8	7	5	1	4
9141	전북 진안군	여객자동차터미널 아트공간 조성사업	200,000	건설교통과	9	1	5	1	1	5	1	2
9142	전북 진안군	여객자동차터미널 정비사업	26,000	건설교통과	9	1	5	1	1	5	1	2
9143	전북 진안군	전기자동차 구매지원	1,142,000	환경과	9	2	7	8	7	5	5	4
9144	전북 진안군	전기이륜차 구매지원	9,000	환경과	9	2	7	8	7	5	5	4
9145	전북 진안군	가정용 저녹스보일러 보급사업	18,000	환경과	9	2	7	8	7	5	5	4
9146	전북 진안군	야생동물 피해예방시설 지원	40,000	환경과	9	1	7	8	7	5	1	1
9147	전북 진안군	수변구역주민지원사업	1,190,569	환경과	9	2	7	8	7	5	5	4
9148	전북 진안군	소규모 방지시설 설치지원	198,000	환경과	9	2	6	1	6	1	1	3
9149	전북 진안군	악취저감사업	621,200	환경과	9	4	4	1	1	1	1	3
9150	전북 진안군	드론활용 콩 병해충 방제 기술보급 시범	50,000	기술보급과	9	7	7	8	7	5	5	4
9151	전북 진안군	쌀소비 촉진 활성화 시범	100,000	기술보급과	9	7	7	8	7	5	5	4
9152	전북 진안군	고구마 국내육성 품종 대규모 단지 조성	200,000	기술보급과	9	2	7	8	7	5	5	4
9153	전북 진안군	킬레이트제 용해장치 및 활용기술 보급 시범	30,000	기술보급과	9	2	7	8	7	5	5	4
9154	전북 진안군	GAP 실천단지 육성시범	200,000	기술보급과	9	2	7	8	7	5	5	4

순번	시군구	지출명 (사업명)	2021년예산 (단위:천원/1년간)	담당자 (공무원) 담당부서	민간이전 분류 (지방자치단체 세출예산 집행기준에 의거) 1. 민간경상사업보조(307-02) 2. 민간단체 법정운영비보조(307-03) 3. 민간행사사업보조(307-04) 4. 민간위탁금(307-05) 5. 사회복지시설 법정운영비보조(307-10) 6. 민간인위탁교육비(307-12) 7. 공기관등에대한경상적위탁사업비(308-10) 8. 민간자본사업보조,자체재원(402-01) 9. 민간자본사업보조,이전재원(402-02) 10. 민간위탁사업비(402-03) 11. 공기관등에 대한 자본적 대행사업비(403-02)	민간이전지출 근거 (지방보조금 관리기준 참고) 1. 법률에 규정 2. 국고보조 재원(국가지정) 3. 용도 지정 기부금 4. 조례에 직접규정 5. 지자체가 권장하는 사업을 하는 공공기관 6. 시,도 정책 및 재정사정 7. 기타 8. 해당없음	입찰방식 계약체결방법 (경쟁형태) 1. 일반경쟁 2. 제한경쟁 3. 지명경쟁 4. 수의계약 5. 법정위탁 6. 기타 ( ) 7. 해당없음	입찰방식 계약기간 1. 1년 2. 2년 3. 3년 4. 4년 5. 5년 6. 기타 ( )년 7. 단기계약 (1년미만) 8. 해당없음	입찰방식 낙찰자선정방법 1. 적격심사 2. 협상에의한계약 3. 최저가낙찰제 4. 규격가격분리 5. 2단계 경쟁입찰 6. 기타 ( ) 7. 해당없음	운영예산 산정 운영예산 산정 1. 내부산정 (지자체 자체적으로 산정) 2. 외부산정 (외부전문기관위탁 산정) 3. 내·외부 모두 산정 4. 산정 無 5. 해당없음	운영예산 산정 정산방법 1. 내부정산 (지자체 내부적으로 정산) 2. 외부정산 (외부전문기관위탁 정산) 3. 내·외부 모두 산정 4. 정산 無 5. 해당없음	성과평가 실시여부 1. 실시 2. 미실시 3. 향후 추진 4. 해당없음
9155	전북 진안군	기능성 다겹보온커튼 기술시범	70,000	기술보급과	9	2	7	8	7	5	5	4
9156	전북 진안군	우리품종 전문생산단지 조성	250,000	기술보급과	9	2	7	8	7	5	5	4
9157	전북 진안군	원예작물 가뭄극복을 위한 자동관수시설 시범	60,000	기술보급과	9	6	7	8	7	5	5	4
9158	전북 진안군	지역전략작목 발굴 미나리 소득화 실증 시범	70,000	기술보급과	9	6	7	8	7	5	5	4
9159	전북 진안군	기후온난화 대응 적응작물 발굴 시범	60,000	기술보급과	9	6	7	8	7	5	5	4
9160	전북 진안군	지역특색농업 발굴 소득화 사업	50,000	기술보급과	9	6	7	8	7	5	5	4
9161	전북 진안군	노지과수 품질향상 생산기반 조성 시범	55,200	기술보급과	9	6	7	8	7	5	5	4
9162	전북 진안군	거세 한우 28개월 단기비육 기술보급 시범	100,000	기술보급과	9	2	7	8	7	5	5	4
9163	전북 진안군	바이오커튼 활용 돈사 냄새저감 종합기술 시범	200,000	기술보급과	9	2	7	8	7	5	5	4
9164	전북 무주군	지역아동센터 환경개선 지원	12,160	사회복지과	9	1	7	7	7	5	1	4
9165	전북 무주군	어린이집 기능보강	2,800	사회복지과	9	1	5	5	1	5	1	4
9166	전북 무주군	지역밀착형 주민제안사업	80,000	민원봉사과	9	4	7	8	7	5	5	4
9167	전북 무주군	산림바이오매스 확충(펠릿보일러 보급)-주택용	44,800	산림녹지과	9	2	7	8	7	5	1	4
9168	전북 무주군	산림바이오매스 확충(펠릿보일러 보급)-사회복지용	12,000	산림녹지과	9	2	7	8	7	5	1	4
9169	전북 무주군	임산물생산기반조성	12,000	산림녹지과	9	2	7	8	7	5	1	4
9170	전북 무주군	임산물유통기반조성	10,000	산림녹지과	9	2	7	8	7	5	1	4
9171	전북 무주군	산림작물생산기반조성	125,000	산림녹지과	9	2	7	8	7	5	1	4
9172	전북 무주군	산림복합경영	124,000	산림녹지과	9	2	7	8	7	5	1	4
9173	전북 무주군	친환경임산물재배관리	19,602	산림녹지과	9	2	7	8	7	5	1	4
9174	전북 무주군	백두대간주민소득지원	63,009	산림녹지과	9	2	7	8	7	5	1	4
9175	전북 무주군	유휴산림자원의자산화	200,000	산림녹지과	9	2	7	8	7	5	5	4
9176	전북 무주군	소규모 영세사업장 대기오염물질 방지시설 설치지원	198,000	환경위생과	9	1	7	8	7	5	5	4
9177	전북 무주군	악취저감장치 설치 사업	439,580	환경위생과	9	1	7	8	7	5	5	4
9178	전북 무주군	금강수계 주민지원사업	370,974	환경위생과	9	1	7	8	7	5	5	4
9179	전북 무주군	전기자동차 구매 지원	1,124,000	환경위생과	9	1	7	8	7	5	5	4
9180	전북 무주군	음식점 시설환경개선 지원	28,000	환경위생과	9	1	7	8	7	5	5	4
9181	전북 무주군	가정용 저녹스 보일러	9,000	환경위생과	9	2	7	8	7	5	5	4
9182	전북 무주군	운행경유차 배출가스 저감사업	1,310	환경위생과	9	2	7	8	7	5	5	4
9183	전북 무주군	야생동물 피해예방사업	140,000	환경위생과	9	1	7	8	7	5	5	4
9184	전북 무주군	축사공기정화질병예방기술보급시범	80,000	기술연구과	9	2	7	8	7	5	5	4
9185	전북 무주군	소비선호형 우리품종 단지 조성 시범	200,000	기술연구과	9	2	7	8	7	5	5	4
9186	전북 무주군	전북형 기후변화대응 신소득작물 발굴 시범	70,000	기술연구과	9	6	7	8	7	5	5	4
9187	전북 무주군	시설채소 재배 환경개선 시범	40,000	기술연구과	9	6	7	8	7	5	5	4
9188	전북 무주군	인삼 고온피해 경감 종합 기술 시범	60,000	기술연구과	9	2	7	8	7	5	5	4
9189	전북 무주군	원예특작분야 현장 맞춤형 시범	70,000	기술연구과	9	6	7	8	7	5	5	4
9190	전북 무주군	지역활력화작목기반조성	75,000	기술연구과	9	6	7	8	7	5	5	4
9191	전북 무주군	지역활력화작목기반조성	62,500	기술연구과	9	6	7	8	7	5	5	4
9192	전북 무주군	쌀 경쟁력 제고사업	117,240	농업정책과	9	6	7	8	7	1	1	4
9193	전북 무주군	객토지원사업	150,000	농업정책과	9	4	7	8	7	1	1	4
9194	전북 무주군	양봉산업 육성지원	40,000	농업정책과	9	6	7	8	7	1	1	4
9195	전북 무주군	친환경 우유생산 기반 구축	9,600	농업정책과	9	6	7	8	7	1	1	4
9196	전북 무주군	고품질 축산물 생산지원사업	6,400	농업정책과	9	6	7	8	7	1	1	4

순번	시군구	지출명 (사업명)	2021년예산 (단위:천원/1년간)	담당자 (공무원) 담당부서	민간이전 분류 (지방자치단체 세출예산 집행기준에 의거) 1. 민간경상사업보조(307-02) 2. 민간단체 법정운영비보조(307-03) 3. 민간행사사업보조(307-04) 4. 민간위탁금(307-05) 5. 사회복지시설 법정운영비보조(307-10) 6. 민간인위탁교육비(307-12) 7. 공기관등에대한경상적위탁사업비(308-10) 8. 민간자본사업보조,자체재원(402-01) 9. 민간자본사업보조,이전재원(402-02) 10. 민간위탁사업비(402-03) 11. 공기관등에 대한 자본적 대행사업비(403-02)	민간이전지출 근거 (지방보조금 관리기준 참고) 1. 법률에 규정 2. 국고보조 재원(국가지정) 3. 용도 지정 기부금 4. 조례에 직접규정 5. 지자체가 권장하는 사업을 하는 공공기관 6. 시,도 정책 및 재정사정 7. 기타 8. 해당없음	입찰방식 계약체결방법 (경쟁형태) 1. 일반경쟁 2. 제한경쟁 3. 지명경쟁 4. 수의계약 5. 법정위탁 6. 기타 ( ) 7. 해당없음	입찰방식 계약기간 1. 1년 2. 2년 3. 3년 4. 4년 5. 5년 6. 기타 ( )년 7. 단기계약 (1년미만) 8. 해당없음	입찰방식 낙찰자선정방법 1. 적격심사 2. 협상에의한계약 3. 최저가낙찰제 4. 규격가격분리 5. 2단계 경쟁입찰 6. 기타 ( ) 7. 해당없음	운영예산 산정 운영예산 산정 1. 내부산정 (지자체 자체적으로 산정) 2. 외부산정 (외부전문기관위탁 산정) 3. 내·외부 모두 산정 4. 산정 無 5. 해당없음	운영예산 산정 정산방법 1. 내부정산 (지자체 내부적으로 정산) 2. 외부정산 (외부전문기관위탁 정산) 3. 내·외부 모두 산정 4. 정산 無 5. 해당없음	성과평가 실시여부 1. 실시 2. 미실시 3. 향후 추진 4. 해당없음
9197	전북 무주군	착유세정수 정화처리시설 지원	17,000	농업정책과	9	6	7	8	7	1	1	4
9198	전북 무주군	축사화재 안전시스템 지원사업	3,200	농업정책과	9	6	7	8	7	1	1	4
9199	전북 무주군	폭염대비 가축사육환경 개선사업	6,000	농업정책과	9	6	7	8	7	1	1	4
9200	전북 무주군	흑염소 경쟁력 강화사업	2,400	농업정책과	9	6	7	8	7	1	1	4
9201	전북 무주군	안취저감 안개분무시설 지원	32,000	농업정책과	9	6	7	8	7	1	1	4
9202	전북 무주군	사료자가배합장비지원	20,000	농업정책과	9	6	7	8	7	1	1	4
9203	전북 무주군	동물사체처리기지원	22,500	농업정책과	9	6	7	8	7	5	1	2
9204	전북 무주군	계란냉장차량 지원	15,000	농업정책과	9	6	7	8	7	5	1	2
9205	전북 무주군	달걀 난각코드 인쇄기지원사업	1,200	농업정책과	9	4	7	8	7	5	5	4
9206	전북 무주군	깨끗하고 소독있는 축산물판매장 만들기	7,000	농업정책과	9	6	7	8	7	5	5	4
9207	전북 무주군	생생마을만들기 사후관리단계	25,000	농촌활력과	9	6	7	8	7	5	5	4
9208	전북 무주군	작은도서관 운영 지원	12,000	시설사업소	9	1	7	8	7	1	1	4
9209	전북 장수군	장수군 장애인보호작업장 기능보강	4,000	주민복지실	9	1	7	8	7	1	1	1
9210	전북 장수군	경로당 기능보강사업	80,000	주민복지실	9	1	7	8	7	1	1	1
9211	전북 장수군	어린이집 기능보강 사업	2,100	주민복지실	9	1	4	1	3	5	1	4
9212	전북 장수군	지역아동센터 환경개선 지원	10,000	주민복지실	9	1	7	1	7	5	1	4
9213	전북 장수군	아동센터 비가림막시설 개보수 및 실내방염 지원	10,000	주민복지실	9	1	7	1	7	5	1	4
9214	전북 장수군	중소기업 환경개선 사업	45,183	일자리경제과	9	6	7	8	7	1	1	4
9215	전북 장수군	마을회관 리모델링 공사	60,000	민원과	9	4	7	8	7	5	5	4
9216	전북 장수군	빈집활용임대지원	120,000	민원과	9	6	7	8	7	5	1	1
9217	전북 장수군	전통사찰 보수정비	220,000	문화체육관광과	9	1	7	8	7	1	1	1
9218	전북 장수군	사립작은도서관 도서구입	1,000	문화체육관광과	9	1	7	8	7	1	1	1
9219	전북 장수군	목재산업시설 현대화사업	120,000	산림과	9	2	7	8	7	1	1	4
9220	전북 장수군	백두대간 주민소득지원	36,003	산림과	9	2	7	8	7	1	1	4
9221	전북 장수군	친환경임산물 재배관리	36,924	산림과	9	2	7	8	7	1	1	4
9222	전북 장수군	임산물생산기반조성	80,000	산림과	9	2	7	8	7	1	1	4
9223	전북 장수군	산림작물 생산단지 조성사업	125,000	산림과	9	2	7	8	7	1	1	4
9224	전북 장수군	산림복합경영사업지원	253,620	산림과	9	2	7	8	7	1	1	4
9225	전북 장수군	임산물 생산기반 조성지원	75,000	산림과	9	2	7	8	7	1	1	4
9226	전북 장수군	목재펠릿보일러 보급	14,000	산림과	9	2	7	8	7	1	1	4
9227	전북 장수군	목재펠릿보일러보급	8,000	산림과	9	2	7	8	7	1	1	4
9228	전북 장수군	수변구역주민지원사업	296,351	환경위생과	9	2	7	8	7	2	1	4
9229	전북 장수군	전기승용자동차 구매 지원	272,000	환경위생과	9	1	7	8	7	5	5	4
9230	전북 장수군	전기이륜자동차 구매 지원	9,000	환경위생과	9	1	7	8	7	5	5	4
9231	전북 장수군	전기화물자동차 구매 지원	1,150,000	환경위생과	9	1	7	8	7	5	5	4
9232	전북 장수군	PM,Nox 동시저감장치	30,000	환경위생과	9	1	7	8	7	5	5	4
9233	전북 장수군	건설기계 저감장치	55,000	환경위생과	9	1	7	8	7	5	5	4
9234	전북 장수군	건설기계 엔진교체	330,000	환경위생과	9	1	7	8	7	5	5	4
9235	전북 장수군	LPG화물차 신차구입	160,000	환경위생과	9	1	7	8	7	5	5	4
9236	전북 장수군	일반가정 저녹스 보일러 보급사업	2,000	환경위생과	9	1	7	8	7	5	5	4
9237	전북 장수군	저소득층 저녹스 보일러 보급사업	6,000	환경위생과	9	1	7	8	7	5	5	4
9238	전북 장수군	소규모 영세사업장 방지시설 설치 지원사업	198,000	환경위생과	9	1	7	8	7	5	5	4

순번	시군구	지출명 (사업명)	2021년예산 (단위:천원/1년간)	담당자 (공무원) 담당부서	민간이전 분류 (지방자치단체 세출예산 집행기준에 의거) 1. 민간경상사업보조(307-02) 2. 민간단체 법정운영비보조(307-03) 3. 민간행사사업보조(307-04) 4. 민간위탁금(307-05) 5. 사회복지시설 법정운영비보조(307-10) 6. 민간인위탁교육비(307-12) 7. 공기관등에대한경상적위탁사업비(308-10) 8. 민간자본사업보조,자체재원(402-01) 9. 민간자본사업보조,이전재원(402-02) 10. 민간위탁사업비(402-03) 11. 공기관등에 대한 자본적 대행사업비(403-02)	민간이전지출 근거 (지방보조금 관리기준 참고) 1. 법률에 규정 2. 국고보조 재원(국가지정) 3. 용도 지정 기부금 4. 조례에 직접규정 5. 지자체가 권장하는 사업을 하는 공공기관 6. 시,도 정책 및 재정사정 7. 기타 8. 해당없음	입찰방식 계약체결방법 (경쟁형태) 1. 일반경쟁 2. 제한경쟁 3. 지명경쟁 4. 수의계약 5. 법정위탁 6. 기타 ( ) 7. 해당없음	입찰방식 계약기간 1. 1년 2. 2년 3. 3년 4. 4년 5. 5년 6. 기타 ( )년 7. 단기계약 (1년미만) 8. 해당없음	입찰방식 낙찰자선정방법 1. 적격심사 2. 협상에의한계약 3. 최저가낙찰제 4. 규격가격분리 5. 2단계 경쟁입찰 6. 기타 ( ) 7. 해당없음	운영예산 산정 운영예산 산정 1. 내부산정 (지자체 자체적으로 산정) 2. 외부산정 (외부전문기관위탁 산정) 3. 내·외부 모두 산정 4. 산정 無 5. 해당없음	운영예산 산정 정산방법 1. 내부정산 (지자체 내부적으로 정산) 2. 외부정산 (외부전문기관위탁 정산) 3. 내·외부 모두 산정 4. 정산 無 5. 해당없음	성과평가 실시여부 1. 실시 2. 미실시 3. 향후 추진 4. 해당없음
9239	전북 장수군	악취저감사업	142,200	환경위생과	9	1	7	8	7	5	5	4
9240	전북 장수군	악취저감사업	14,400	환경위생과	9	1	7	8	7	5	5	4
9241	전북 장수군	음식점 등 시설개선 지원	21,000	환경위생과	9	6	7	8	7	5	1	4
9242	전북 장수군	야생동물 피해예방사업	90,000	환경위생과	9	2	7	8	7	5	1	4
9243	전북 장수군	여성농업인 농작업 편의장비 지원	24,800	농업정책과	9	4	7	8	7	1	1	4
9244	전북 장수군	건강관리 의료보조기구	385,000	농업정책과	9	4	1	8	3	1	1	1
9245	전북 장수군	농산물 상품화기반구축 사업	42,000	농축산유통과	9	4	7	8	7	5	5	4
9246	전북 장수군	물류효율화 지원사업	30,975	농축산유통과	9	4	7	8	7	5	5	4
9247	전북 장수군	친환경농산물 품목다양화 육성지원	40,000	농축산유통과	9	4	7	8	7	5	5	4
9248	전북 장수군	쌀경쟁력 제고사업	126,000	농축산유통과	9	5	7	8	7	5	5	4
9249	전북 장수군	쌀경쟁력 제고사업	202,200	농축산유통과	9	5	7	8	7	5	5	4
9250	전북 장수군	밭식량작물(논타작물) 경쟁력 제고	180,000	농축산유통과	9	5	7	8	7	5	5	4
9251	전북 장수군	노지채소 생산기반 구축	3,960	농축산유통과	9	5	7	8	7	5	5	4
9252	전북 장수군	시설하우스 난방기 지원	67,200	농축산유통과	9	2	7	8	7	5	5	4
9253	전북 장수군	일반원예시설	533,137	농축산유통과	9	2	7	8	7	5	5	4
9254	전북 장수군	에너지절감시설 지원	460,565	농축산유통과	9	2	7	8	7	5	5	4
9255	전북 장수군	원예분야 ICT 융복합 지원	46,974	농축산유통과	9	2	7	8	7	5	5	4
9256	전북 장수군	간편형 스마트팜 확산사업	114,450	농축산유통과	9	2	7	8	7	5	5	4
9257	전북 장수군	특용작물 시설현대화	19,963	농축산유통과	9	2	7	8	7	5	5	4
9258	전북 장수군	시설하우스 설치지원	229,165	농축산유통과	9	2	7	8	7	5	5	4
9259	전북 장수군	원예작물 하이베드 개선 지원	113,796	농축산유통과	9	2	7	8	7	5	5	4
9260	전북 장수군	고추비가림재배시설지원	39,078	농축산유통과	9	2	7	8	7	5	5	4
9261	전북 장수군	풀사료 종자공급 지원	108,000	축산과	9	1	7	8	7	5	5	4
9262	전북 장수군	풀사료 배합급여기 지원	60,000	축산과	9	1	7	8	7	5	5	4
9263	전북 장수군	풀사료 부존자원 활용	130,100	축산과	9	1	7	8	7	5	5	4
9264	전북 장수군	풀사료 경영체 장비 지원사업	180,000	축산과	9	2	7	8	7	5	5	4
9265	전북 장수군	축산분야 ICT융복합 지원사업	176,300	축산과	9	2	7	8	7	5	5	4
9266	전북 장수군	한우 보정잠금장치 지원사업	60,000	축산과	9	4	7	8	7	5	5	4
9267	전북 장수군	폭염 스트레스 완화제 지원사업	23,000	축산과	9	1	7	8	7	5	5	4
9268	전북 장수군	축산 기자재 지원	28,000	축산과	9	1	7	8	7	5	5	4
9269	전북 장수군	축산물 품질향상 지원	9,600	축산과	9	1	7	8	7	5	5	4
9270	전북 장수군	음용수질 개선장비 지원사업	12,000	축산과	9	4	7	8	7	5	5	4
9271	전북 장수군	폭염 및 정전대비 사육환경 개선사업	12,000	축산과	9	1	7	8	7	5	5	4
9272	전북 장수군	기자재 지원 사업	3,600	축산과	9	4	7	8	7	5	5	4
9273	전북 장수군	축사화재 안전시스템 지원사업	3,200	축산과	9	4	7	8	7	5	5	4
9274	전북 장수군	고품질 양봉기자재 지원	37,500	축산과	9	4	7	8	7	5	5	4
9275	전북 장수군	양봉농가 꿀 생산장비 지원	4,500	축산과	9	4	7	8	7	5	5	4
9276	전북 장수군	토종벌 육성사업	6,000	축산과	9	2	7	8	7	5	5	4
9277	전북 장수군	유용곤충 사육 지원사업	25,000	축산과	9	4	7	8	7	5	5	4
9278	전북 장수군	축산악취 개선사업	71,112	축산과	9	2	7	8	7	5	5	4
9279	전북 장수군	악취저감 안개분무시설 지원사업	32,000	축산과	9	4	7	8	7	5	5	4
9280	전북 장수군	착유세정수 정화처리시설 지원사업	17,000	축산과	9	4	7	8	7	5	5	4

순번	시군구	지출명 (사업명)	2021년예산 (단위:천원/1년간)	담당자 (공무원)	민간이전 분류 (지방자치단체 세출예산 집행기준에 의거)	민간이전지출 근거 (지방보조금 관리기준 참고)	입찰방식			운영예산 산정		성과평가 실시여부
				담당부서	1. 민간경상사업보조(307-02) 2. 민간단체 법정운영비보조(307-03) 3. 민간행사사업보조(307-04) 4. 민간위탁금(307-05) 5. 사회복지시설 법정운영비보조(307-10) 6. 민간인위탁교육비(307-12) 7. 공기관등에대한경상적위탁사업비(308-10) 8. 민간자본사업보조,자체재원(402-01) 9. 민간자본사업보조,이전재원(402-02) 10. 민간위탁사업비(402-03) 11. 공기관등에 대한 자본적 대행사업비(403-02)	1. 법률에 규정 2. 국고보조 재원(국가지정) 3. 용도 지정 기부금 4. 조례에 직접규정 5. 지자체가 권장하는 사업을 하는 공공기관 6. 시,도 정책 및 재정사정 7. 기타 8. 해당없음	계약체결방법 (경쟁형태) 1. 일반경쟁 2. 제한경쟁 3. 지명경쟁 4. 수의계약 5. 법정위탁 6. 기타 ( ) 7. 해당없음	계약기간 1. 1년 2. 2년 3. 3년 4. 4년 5. 5년 6. 기타 ( )년 7. 단기계약 (1년미만) 8. 해당없음	낙찰자선정방법 1. 적격심사 2. 협상에의한계약 3. 최저가낙찰제 4. 규격가격분리 5. 2단계 경쟁입찰 6. 기타 ( ) 7. 해당없음	운영예산 산정 1. 내부산정 (지자체 자체적으로 산정) 2. 외부산정 (외부전문기관위탁 산정) 3. 내·외부 모두 산정 4. 산정 無 5. 해당없음	정산방법 1. 내부정산 (지자체 내부적으로 정산) 2. 외부정산 (외부전문기관위탁 정산) 3. 내·외부 모두 산정 4. 정산 無 5. 해당없음	1. 실시 2. 미실시 3. 향후 추진 4. 해당없음
9281	전북 장수군	퇴비 부숙촉진 기계장비 지원사업	20,650	축산과	9	4	7	8	7	5	5	4
9282	전북 장수군	가축사양관리 개선 지원사업	10,000	축산과	9	1	7	8	7	5	5	4
9283	전북 장수군	돼지 써코바이러스 예방백신 지원	48,000	축산과	9	2	7	8	7	1	1	4
9284	전북 장수군	CCTV 등 방역 인프라 설치지원	60,000	축산과	9	2	7	8	7	1	1	4
9285	전북 장수군	젖소 대사성 질병 예방약 지원	1,020	축산과	9	6	7	8	7	1	1	4
9286	전북 장수군	구제역 예방접종 연속주사기 지원	13,200	축산과	9	6	7	8	7	1	1	4
9287	전북 장수군	돼지유행성설사 예방백신 지원	5,000	축산과	9	6	7	8	7	1	1	4
9288	전북 장수군	돼지회장염 예방백신 지원	2,016	축산과	9	6	7	8	7	1	1	4
9289	전북 장수군	돼지부종병 예방백신 지원	8,448	축산과	9	6	7	8	7	1	1	4
9290	전북 장수군	농장출입구 자동소독기 지원	2,000	축산과	9	6	7	8	7	1	1	4
9291	전북 장수군	자돈 폐사율 감소 환경개선 지원	2,560	축산과	9	6	7	8	7	1	1	4
9292	전북 장수군	꿀벌사육농가 면역증강제 지원	14,400	축산과	9	6	7	8	7	1	1	4
9293	전북 장수군	계란 냉장차량 지원	15,000	축산과	9	2	7	8	7	5	5	4
9294	전북 장수군	깨끗하고 소득있는 축산물 판매장 만들기 사업	5,600	축산과	9	6	7	8	7	5	5	4
9295	전북 장수군	산란계농장 난좌 구입 지원	1,176	축산과	9	6	7	8	7	5	5	4
9296	전북 장수군	양식장 친환경 에너지 보급사업	360,400	축산과	9	2	7	8	7	5	5	4
9297	전북 장수군	양식장 스마트 관리시스템 구축사업	1,517	축산과	9	4	7	8	7	5	5	4
9298	전북 장수군	양식장 경쟁력 강화	12,000	축산과	9	4	7	8	7	5	5	4
9299	전북 장수군	내수면 양식장 시설현대화 지원사업	60,000	축산과	9	4	7	8	7	5	5	4
9300	전북 장수군	지역특색농업발굴 소득화 사업	50,000	농촌지원과	9	6	7	8	7	5	5	4
9301	전북 장수군	신기술접목 차세대 영농인 육성	50,000	농촌지원과	9	6	7	8	7	5	5	4
9302	전북 장수군	선도농업경영체 우수모델화 사업	30,000	농촌지원과	9	6	7	8	7	5	5	4
9303	전북 장수군	농촌자원 활용 기술시범	32,000	농촌지원과	9	6	7	8	7	5	5	4
9304	전북 장수군	특산자원융복합기술지원사업	390,000	농촌지원과	9	2	7	8	7	5	5	4
9305	전북 장수군	농업인 재해 안전마을 육성	50,000	농촌지원과	9	6	7	8	7	5	5	4
9306	전북 장수군	장수 레드푸드융복합 클러스터 구축사업	400,000	농촌지원과	9	6	7	8	7	5	5	4
9307	전북 장수군	종균 활용 장류 품질향상 기술시범	70,000	농촌지원과	9	2	7	8	7	5	5	4
9308	전북 장수군	농촌자원 활용 치유농장 육성사업	60,000	농촌지원과	9	6	7	8	7	5	5	4
9309	전북 장수군	FTA기금 과수생산시설 현대화사업	170,000	과수과	9	2	7	8	7	5	5	4
9310	전북 장수군	중소형 수박 생력화 수직재배 시범	32,000	과수과	9	2	7	8	7	5	5	4
9311	전북 장수군	토마토 작은뿌리파리 종합관리기술 시범	30,000	과수과	9	2	7	8	7	5	5	4
9312	전북 장수군	터널식 해가림 인삼재배 신기술 시범	80,000	과수과	9	2	7	8	7	5	5	4
9313	전북 장수군	연구개발기술 현장적용 확대시범	60,000	과수과	9	2	7	8	7	5	5	4
9314	전북 장수군	원예특작분야 현장맞춤형 시범	70,000	과수과	9	2	7	8	7	5	5	4
9315	전북 장수군	기능성 양봉산물 생산을 위한 기술보급 시범	40,000	과수과	9	2	7	8	7	5	5	4
9316	전북 장수군	축산스마트팜 통합제어시스템 활용기술 시범	120,000	과수과	9	2	7	8	7	5	5	4
9317	전북 장수군	스마트 양봉 기술 보급 시범	20,000	과수과	9	2	7	8	7	5	5	4
9318	전북 장수군	전북형 기후변화대응 적응작물 발굴 시범사업	120,000	과수과	9	2	7	8	7	5	5	4
9319	전북 장수군	귀농인의 집 조성	44,000	일자리경제실	9	2	7	8	7	1	1	4
9320	전북 임실군	제3기 동부권식품클러스터 육성사업	490,000	관광치즈과	9	6	7	8	7	1	1	4
9321	전북 임실군	신재생에너지 주택지원사업	55,800	경제교통과	9	6	7	8	7	5	5	4
9322	전북 임실군	여객자동차 터미널 정비사업	12,000	경제교통과	9	6	7	8	7	5	5	4

순번	시군구	지출명 (사업명)	2021년예산 (단위:천원/1년간)	담당자 (공무원) 담당부서	민간이전 분류 (지방자치단체 세출예산 집행기준에 의거) 1. 민간경상사업보조(307-02) 2. 민간단체 법정운영비보조(307-03) 3. 민간행사사업보조(307-04) 4. 민간위탁금(307-05) 5. 사회복지시설 법정운영비보조(307-10) 6. 민간인위탁교육비(307-12) 7. 공기관등에대한경상적위탁사업비(308-10) 8. 민간자본사업보조,자체재원(402-01) 9. 민간자본사업보조,이전재원(402-02) 10. 민간위탁사업비(402-03) 11. 공기관등에 대한 자본적 대행사업비(403-02)	민간이전지출 근거 (지방보조금 관리기준 참고) 1. 법률에 규정 2. 국고보조 재원(국가지정) 3. 용도 지정 기부금 4. 조례에 직접규정 5. 지자체가 권장하는 사업을 하는 공공기관 6. 시,도 정책 및 재정사정 7. 기타 8. 해당없음	입찰방식 계약체결방법 (경쟁형태) 1. 일반경쟁 2. 제한경쟁 3. 지명경쟁 4. 수의계약 5. 법정위탁 6. 기타 ( ) 7. 해당없음	입찰방식 계약기간 1. 1년 2. 2년 3. 3년 4. 4년 5. 5년 6. 기타 ( )년 7. 단기계약 (1년미만) 8. 해당없음	입찰방식 낙찰자선정방법 1. 적격심사 2. 협상에의한계약 3. 최저가낙찰제 4. 규격가격분리 5. 2단계 경쟁입찰 6. 기타 ( ) 7. 해당없음	운영예산 산정 운영예산 산정 1. 내부산정 (지자체 자체적으로 산정) 2. 외부산정 (외부전문기관위탁 산정) 3. 내·외부 모두 산정 4. 산정 無 5. 해당없음	운영예산 산정 정산방법 1. 내부정산 (지자체 내부적으로 정산) 2. 외부정산 (외부전문기관위탁 정산) 3. 내·외부 모두 산정 4. 정산 無 5. 해당없음	성과평가 실시여부 1. 실시 2. 미실시 3. 향후 추진 4. 해당없음
9323	전북 임실군	노인복지시설기능보강사업	90,078	주민복지과	9	2	7	8	7	5	1	1
9324	전북 임실군	지역아동센터 환경개선 지원	10,000	여성청소년과	9	2	7	8	7	1	1	1
9325	전북 임실군	지역아동센터 기능보강사업	5,000	여성청소년과	9	1	7	8	7	1	1	1
9326	전북 임실군	운행차 배출가스 저감사업	1,330	환경보호과	9	1	7	8	7	1	1	2
9327	전북 임실군	음식점 등 시설개선 지원	70,000	청소위생과	9	6	7	8	7	5	5	4
9328	전북 임실군	생생농업인헬스케어지원	371,000	농업축산과	9	4	1	8	1	1	1	1
9329	전북 임실군	영농도우미 농업인 부담금 지원	7,560	농업축산과	9	6	7	8	7	1	1	4
9330	전북 임실군	환경친화형 농자재지원	43,800	농업축산과	9	1	7	8	7	1	1	4
9331	전북 임실군	농기계등화장치 부착지원	20,000	농업축산과	9	1	7	8	7	1	1	4
9332	전북 임실군	양식장 경쟁력 강화	12,000	농업축산과	9	1	7	8	7	1	1	4
9333	전북 임실군	양식장 소독제 지원	2,000	농업축산과	9	1	7	8	7	1	1	4
9334	전북 임실군	양식장 폭염, 한파 대비 지하수 개발지원	7,667	농업축산과	9	1	7	8	7	1	1	4
9335	전북 임실군	고수온 폭염 대응 지원사업	6,720	농업축산과	9	1	7	8	7	1	1	4
9336	전북 임실군	시설원예에너지이용효율화	289,043	농업축산과	9	2	7	8	7	1	1	1
9337	전북 임실군	식품클러스터·ICT스마트팜을 연계한 생산·유통 기반구축 사업	201,600	농업축산과	9	6	7	8	7	1	1	1
9338	전북 임실군	시설원예현대화사업	302,065	농업축산과	9	2	7	8	7	1	1	1
9339	전북 임실군	고추비가림 재배시설 지원사업	20,372	농업축산과	9	2	7	8	7	1	1	1
9340	전북 임실군	시설원예 ICT융복합 확산 사업	43,178	농업축산과	9	2	7	8	7	1	1	1
9341	전북 임실군	시설하우스 온풍난방기 지원	22,467	농업축산과	9	6	7	8	7	1	1	1
9342	전북 임실군	농촌자원 복합산업화지원	89,352	농업축산과	9	6	7	8	7	1	1	1
9343	전북 임실군	FTA 과수고품질시설현대화지원	241,500	농업축산과	9	2	7	8	7	1	1	1
9344	전북 임실군	유해 야생동물 포획시설 지원사업	10,560	농업축산과	9	2	7	8	7	1	1	1
9345	전북 임실군	저온유통체계구축사업	590,673	농업축산과	9	2	7	8	7	1	1	1
9346	전북 임실군	노지채소 생산기반 구축사업	2,400	농업축산과	9	6	7	8	7	1	1	1
9347	전북 임실군	조사료 경영체 장비 지원	120,000	농업축산과	9	2	7	8	7	5	1	4
9348	전북 임실군	축산기자재 지원	20,000	농업축산과	9	2	7	8	7	5	1	4
9349	전북 임실군	음용수질 개선장비 지원	12,000	농업축산과	9	2	7	8	7	5	1	4
9350	전북 임실군	사료자가배합장비 지원	40,000	농업축산과	9	2	7	8	7	5	1	4
9351	전북 임실군	고품질양봉기자재 지원	40,000	농업축산과	9	2	7	8	7	5	1	4
9352	전북 임실군	양봉농가 꿀 생산장비 지원	4,500	농업축산과	9	2	7	8	7	5	1	4
9353	전북 임실군	토종벌 육성사업	3,000	농업축산과	9	2	7	8	7	5	1	4
9354	전북 임실군	폭염대비 가축사육환경 개선	30,000	농업축산과	9	2	7	8	7	5	1	4
9355	전북 임실군	축산분야 ICT융복합 지원	462,700	농업축산과	9	2	1	1	6	5	1	4
9356	전북 임실군	축사화재안전시스템 지원	12,800	농업축산과	9	2	7	8	7	5	1	4
9357	전북 임실군	친환경 우유생산 기반구축사업	19,200	농업축산과	9	2	7	8	7	5	1	4
9358	전북 임실군	흑염소 경쟁력 강화사업	15,600	농업축산과	9	2	7	8	7	5	1	4
9359	전북 임실군	악취측정 ICT기계장비 설치사업	15,932	농업축산과	9	2	7	8	7	5	1	4
9360	전북 임실군	축산악취개선사업	230,124	농업축산과	9	2	1	1	6	5	1	4
9361	전북 임실군	착유세정수 정화처리시설 지원	51,000	농업축산과	9	2	7	8	7	5	1	4
9362	전북 임실군	악취저감 안개분무시설 지원	128,000	농업축산과	9	2	7	8	7	5	1	4
9363	전북 임실군	퇴비 부숙촉진 기계장비 지원	20,650	농업축산과	9	2	7	8	7	5	1	4
9364	전북 임실군	동물사체처리시설지원사업	22,500	농업축산과	9	6	7	8	7	5	3	4

순번	시군구	지출명 (사업명)	2021년예산 (단위:천원/1년간)	담당자 (공무원) 담당부서	민간이전 분류 (지방자치단체 세출예산 집행기준에 의거) 1. 민간경상사업보조(307-02) 2. 민간단체 법정운영비보조(307-03) 3. 민간행사사업보조(307-04) 4. 민간위탁금(307-05) 5. 사회복지시설 법정운영비보조(307-10) 6. 민간인위탁교육비(307-12) 7. 공기관등에대한경상적위탁사업비(308-10) 8. 민간자본사업보조,자체재원(402-01) 9. 민간자본사업보조,이전재원(402-02) 10. 민간위탁사업비(402-03) 11. 공기관등에 대한 자본적 대행사업비(403-02)	민간이전지출 근거 (지방보조금 관리기준 참고) 1. 법률에 규정 2. 국고보조 재원(국가지정) 3. 용도 지정 기부금 4. 조례에 직접규정 5. 지자체가 권장하는 사업을 하는 공공기관 6. 시,도 정책 및 재정사정 7. 기타 8. 해당없음	입찰방식: 계약체결방법 (경쟁형태) 1. 일반경쟁 2. 제한경쟁 3. 지명경쟁 4. 수의계약 5. 법정위탁 6. 기타 ( ) 7. 해당없음	입찰방식: 계약기간 1. 1년 2. 2년 3. 3년 4. 4년 5. 5년 6. 기타 ( )년 7. 단기계약 (1년미만) 8. 해당없음	입찰방식: 낙찰자선정방법 1. 적격심사 2. 협상에의한계약 3. 최저가낙찰제 4. 규격가격분리 5. 2단계 경쟁입찰 6. 기타 ( ) 7. 해당없음	운영예산 산정: 운영예산 산정 1. 내부산정 (지자체 자체적으로 산정) 2. 외부산정 (외부전문기관위탁 산정) 3. 내·외부 모두 산정 4. 산정 無 5. 해당없음	운영예산 산정: 정산방법 1. 내부정산 (지자체 내부적으로 정산) 2. 외부정산 (외부전문기관위탁 정산) 3. 내·외부 모두 산정 4. 정산 無 5. 해당없음	성과평가 실시여부 1. 실시 2. 미실시 3. 향후 추진 4. 해당없음
9365	전북 임실군	축산물HACCP 컨설팅 사업	10,500	농업축산과	9	2	7	8	7	5	3	4
9366	전북 임실군	CCTV 등 방역인프라 지원사업	108,000	농업축산과	9	2	7	8	7	5	3	4
9367	전북 임실군	전북형 에너지 자립마을 조성	99,000	농촌활력과	9	8	7	8	7	5	5	4
9368	전북 임실군	농촌신활력플러스사업	820,000	농촌활력과	9	8	7	8	7	5	5	4
9369	전북 임실군	세계잼버리 농촌체험 관광 조성사업	50,000	농촌활력과	9	8	7	8	7	5	5	4
9370	전북 임실군	농식품기업 맞춤형지원	200,000	농촌활력과	9	8	7	8	7	5	5	4
9371	전북 임실군	창업 식품기업 지원	10,000	농촌활력과	9	8	7	8	7	5	5	4
9372	전북 임실군	농산물 상품화 기반구축사업	414,000	농촌활력과	9	8	7	8	7	5	5	4
9373	전북 임실군	농산물 물류설비 표준화 지원사업	103,600	농촌활력과	9	8	7	8	7	5	5	4
9374	전북 임실군	GAP 농산물포장재비 지원	79,800	농촌활력과	9	8	7	8	7	5	5	4
9375	전북 임실군	특용수조림	60,300	산림공원과	9	1	7	8	7	5	5	4
9376	전북 임실군	친환경임산물재배관리	2,203	산림공원과	9	1	7	8	7	5	5	4
9377	전북 임실군	친환경임산물재배관리	2,202	산림공원과	9	1	7	8	7	5	5	4
9378	전북 임실군	임산물생산단지규모화	30,000	산림공원과	9	1	7	8	7	5	5	4
9379	전북 임실군	임산물생산기반조성	9,150	산림공원과	9	1	7	8	7	5	5	4
9380	전북 임실군	임산물유통기반조성	20,000	산림공원과	9	1	7	8	7	5	5	4
9381	전북 임실군	산림복합경영단지	91,378	산림공원과	9	1	7	8	7	5	5	4
9382	전북 임실군	산림복합경영단지	125,600	산림공원과	9	1	7	8	7	5	5	4
9383	전북 임실군	산양삼생산과정확인	380	산림공원과	9	1	7	8	7	5	5	4
9384	전북 임실군	임산물 산지종합유통센터	700,000	산림공원과	9	1	7	8	7	5	5	4
9385	전북 임실군	임산물 상품화지원	10,000	산림공원과	9	1	7	8	7	5	5	4
9386	전북 임실군	희망하우스빈집재생사업	100,000	주택토지과	9	6	7	8	7	5	5	4
9387	전북 임실군	농어촌비주거용빈집정비사업	56,000	주택토지과	9	6	7	8	7	5	5	4
9388	전북 임실군	지역특색농업발굴소득화사업	50,000	농촌지원과	9	1	7	8	7	5	5	4
9389	전북 임실군	선도농업경영체우수모델화사업	30,000	농촌지원과	9	1	7	8	7	5	5	4
9390	전북 임실군	신기술접목 차세대 영농인 육성 신기술접목 차세대 영농인 육성	50,000	농촌지원과	9	1	7	8	7	5	5	4
9391	전북 임실군	작목별 맞춤형 안전관리 실천시범	50,000	농촌지원과	9	1	7	8	7	5	5	4
9392	전북 임실군	농식품 가공사업장 품질향상 지원	50,000	농촌지원과	9	1	7	8	7	5	5	4
9393	전북 임실군	농업인 가공사업장 시설장비 개선	50,000	농촌지원과	9	1	7	8	7	5	5	4
9394	전북 임실군	농업인 재해 안전마을 육성	50,000	농촌지원과	9	1	7	8	7	5	5	4
9395	전북 임실군	청년농업인 드론활용 농작업지원단 운영	150,000	농촌지원과	9	1	7	8	7	5	5	4
9396	전북 임실군	진로체험 프로그램 운영 지원	60,000	농촌지원과	9	1	7	8	7	5	5	4
9397	전북 임실군	농촌자원 활용 기술시범	32,000	농촌지원과	9	1	7	8	7	5	5	4
9398	전북 임실군	벼 친환경 가축분입상퇴비 활용기술 보급시범	25,000	기술보급과	9	1	7	8	7	5	5	4
9399	전북 임실군	고온건조방식 대인소독장비 활용기술 시범	40,000	기술보급과	9	1	7	8	7	5	5	4
9400	전북 임실군	비벡터링 활용 시설작물 병 방제기술 시범	26,000	기술보급과	9	1	7	8	7	5	5	4
9401	전북 임실군	노지작물 스마트 관개시스템 기술 시범	30,000	기술보급과	9	1	7	8	7	5	5	4
9402	전북 임실군	스마트 양봉기술 보급 시범	20,000	기술보급과	9	1	7	8	7	5	5	4
9403	전북 임실군	과채류 맞춤형 에너지절감 패키지기술 시범	80,000	기술보급과	9	1	7	8	7	5	5	4
9404	전북 임실군	미니채소 재배기술 시범	30,000	기술보급과	9	4	7	8	7	5	5	4
9405	전북 임실군	딸기 상토절감 화분재배 시범	30,000	기술보급과	9	4	7	8	7	5	5	4
9406	전북 임실군	외부환경 데이터기반 스마트 양액공급기술 시범	40,000	기술보급과	9	4	7	8	7	5	5	4

순번	시군구	지출명 (사업명)	2021년예산 (단위:천원/1년간)	담당자 (공무원) 담당부서	민간이전 분류 (지방자치단체 세출예산 집행기준에 의거) 1. 민간경상사업보조(307-02) 2. 민간단체 법정운영비보조(307-03) 3. 민간행사사업보조(307-04) 4. 민간위탁금(307-05) 5. 사회복지시설 법정운영비보조(307-10) 6. 민간인위탁교육비(307-12) 7. 공기관등에대한경상적위탁사업비(308-10) 8. 민간자본사업보조,자체재원(402-01) 9. 민간자본사업보조,이전재원(402-02) 10. 민간위탁사업비(402-03) 11. 공기관등에 대한 자본적 대행사업비(403-02)	민간이전지출 근거 (지방보조금 관리기준 참고) 1. 법률에 규정 2. 국고보조 재원(국가지정) 3. 용도 지정 기부금 4. 조례에 직접규정 5. 지자체가 권장하는 사업을 하는 공공기관 6. 시,도 정책 및 재정사정 7. 기타 8. 해당없음	입찰방식 계약체결방법 (경쟁형태) 1. 일반경쟁 2. 제한경쟁 3. 지명경쟁 4. 수의계약 5. 법정위탁 6. 기타 ( ) 7. 해당없음	입찰방식 계약기간 1. 1년 2. 2년 3. 3년 4. 4년 5. 5년 6. 기타 ( )년 7. 단기계약 (1년미만) 8. 해당없음	입찰방식 낙찰자선정방법 1. 적격심사 2. 협상에의한계약 3. 최저가낙찰제 4. 규격가격분리 5. 2단계 경쟁입찰 6. 기타 ( ) 7. 해당없음	운영예산 산정 운영예산 산정 1. 내부산정 (지자체 자체적으로 산정) 2. 외부산정 (외부전문기관위탁 산정) 3. 내·외부 모두 산정 4. 산정 無 5. 해당없음	운영예산 산정 정산방법 1. 내부정산 (지자체 내부적으로 정산) 2. 외부정산 (외부전문기관위탁 정산) 3. 내·외부 모두 산정 4. 정산 無 5. 해당없음	성과평가 실시여부 1. 실시 2. 미실시 3. 향후 추진 4. 해당없음
9407	전북 임실군	과수 원격 병해충 방제 시범	30,000	기술보급과	9	4	7	8	7	5	5	4
9408	전북 임실군	기후변화 대응 신소득작물 발굴 시범	60,000	기술보급과	9	4	7	8	7	5	5	4
9409	전북 임실군	고품질 우량 딸기묘 생산 시범	30,000	기술보급과	9	4	7	8	7	5	5	4
9410	전북 임실군	시설채소 재배환경 개선 시범	50,000	기술보급과	9	4	7	8	7	5	5	4
9411	전북 순창군	어린이집 기능보강사업	62,568	주민복지과	9	2	7	8	7	1	1	1
9412	전북 순창군	경로당 기능보강사업	60,000	주민복지과	9	4	7	8	7	5	1	4
9413	전북 순창군	옥천요양원 치매전담실 증개축 공사	648,000	주민복지과	9	2	1	8	1	1	1	4
9414	전북 순창군	실상암 방재시스템 구축	129,375	문화관광과	9	7	7	7	6	1	1	1
9415	전북 순창군	만일사 정락당 보수	112,500	문화관광과	9	7	7	7	6	1	1	1
9416	전북 순창군	순창 만일사비 주변정비	100,000	문화관광과	9	7	7	7	6	1	1	1
9417	전북 순창군	순평사 금동여래좌상 주변정비	90,000	문화관광과	9	7	7	7	6	1	1	1
9418	전북 순창군	강천사 오층석탑 주변정비	110,000	문화관광과	9	7	7	7	6	1	1	1
9419	전북 순창군	대모암 목조여래좌상 주변정비	150,000	문화관광과	9	7	7	7	6	1	1	1
9420	전북 순창군	구암사 화장실 신축	100,000	문화관광과	9	7	7	7	6	1	1	1
9421	전북 순창군	2021년 음식점 시설개선 지원사업	21,000	민원과	9	6	7	8	7	5	1	1
9422	전북 순창군	전통시장 화재공제 지원사업	3,400	경제교통과	9	4	7	8	7	1	5	4
9423	전북 순창군	소상공인 지원	400,000	경제교통과	9	4	7	8	7	1	1	1
9424	전북 순창군	태양광 주택 보급지원	19,000	경제교통과	9	1	7	8	7	1	1	1
9425	전북 순창군	취약계층 가스안전장치 보급	12,500	경제교통과	9	1	7	8	7	5	5	4
9426	전북 순창군	중소기업 환경개선사업	31,747	경제교통과	9	1	7	8	7	5	5	4
9427	전북 순창군	농공단지 활성화 지원사업	161,335	경제교통과	9	1	7	8	7	1	1	4
9428	전북 순창군	마을기업 고도화사업	50,000	경제교통과	9	6	7	8	7	1	1	4
9429	전북 순창군	여객자동차 터미널 화장실 정비사업	128,000	경제교통과	9	6	1	8	3	1	2	4
9430	전북 순창군	생생마을 만들기 기초단계 지원	30,000	농촌개발과	9	6	6	1	6	1	1	4
9431	전북 순창군	빈집정비사업	240,000	농촌개발과	9	2	7	8	7	5	5	1
9432	전북 순창군	희망하우스 빈집재생사업	120,000	농촌개발과	9	6	7	8	7	5	5	1
9433	전북 순창군	농어촌 비주거용 빈집정비사업	70,000	농촌개발과	9	6	7	8	7	5	5	1
9434	전북 순창군	소규모 사업장 대기방지시설 설치지원사업	90,000	환경수도과	9	2	7	8	7	5	5	4
9435	전북 순창군	운행경유차 배출가스 저감사업	190,000	환경수도과	9	2	7	8	7	5	5	4
9436	전북 순창군	전기승용차 구매지원	160,000	환경수도과	9	2	7	8	7	5	5	4
9437	전북 순창군	전기화물차 구매지원	750,000	환경수도과	9	2	7	8	7	5	5	4
9438	전북 순창군	전기이륜차 보급사업	36,000	환경수도과	9	2	7	8	7	5	5	4
9439	전북 순창군	야생동물 피해예방사업	64,000	환경수도과	9	2	7	8	7	5	5	4
9440	전북 순창군	임산물상품화지원	425,000	산림공원과	9	2	7	8	7	1	1	4
9441	전북 순창군	펠릿보일러 보급	5,600	산림공원과	9	2	7	8	7	1	1	4
9442	전북 순창군	임산물 유통기반조성	75,000	산림공원과	9	2	7	8	7	1	1	4
9443	전북 순창군	임산물 생산기반조성	128,244	산림공원과	9	2	7	8	7	1	1	4
9444	전북 순창군	산림작물생산단지	30,000	산림공원과	9	2	7	8	7	1	1	4
9445	전북 순창군	친환경임산물재배관리	69,824	산림공원과	9	2	7	8	7	1	1	4
9446	전북 순창군	산양삼생산과정확인	380	산림공원과	9	2	7	8	7	1	1	4
9447	전북 순창군	친환경농산물 소규모 비가림하우스 지원사업	144,000	생명농업과	9	4	7	8	7	1	1	1
9448	전북 순창군	친환경농산물 품목다양화 육성지원사업	92,424	생명농업과	9	6	7	8	7	1	1	1

순번	시군구	지출명 (사업명)	2021년예산 (단위:천원/1년간)	담당자 (공무원) 담당부서	민간이전 분류 (지방자치단체 세출예산 집행기준에 의거) 1. 민간경상사업보조(307-02) 2. 민간단체 법정운영비보조(307-03) 3. 민간행사사업보조(307-04) 4. 민간위탁금(307-05) 5. 사회복지시설 법정운영비보조(307-10) 6. 민간인위탁교육비(307-12) 7. 공기관등에대한경상적위탁사업비(308-10) 8. 민간자본사업보조,자체재원(402-01) 9. 민간자본사업보조,이전재원(402-02) 10. 민간위탁사업비(402-03) 11. 공기관등에 대한 자본적 대행사업비(403-02)	민간이전지출 근거 (지방보조금 관리기준 참고) 1. 법률에 규정 2. 국고보조 재원(국가지정) 3. 용도 지정 기부금 4. 조례에 직접규정 5. 지자체가 권장하는 사업을 하는 공공기관 6. 시,도 정책 및 재정사정 7. 기타 8. 해당없음	입찰방식 계약체결방법 (경쟁형태) 1. 일반경쟁 2. 제한경쟁 3. 지명경쟁 4. 수의계약 5. 법정위탁 6. 기타 ( ) 7. 해당없음	입찰방식 계약기간 1. 1년 2. 2년 3. 3년 4. 4년 5. 5년 6. 기타 ( )년 7. 단기계약 (1년미만) 8. 해당없음	입찰방식 낙찰자선정방법 1. 적격심사 2. 협상에의한계약 3. 최저가낙찰제 4. 규격가격분리 5. 2단계 경쟁입찰 6. 기타 ( ) 7. 해당없음	운영예산 산정 운영예산 산정 1. 내부산정 (지자체 자체적으로 산정) 2. 외부산정 (외부전문기관위탁 산정) 3. 내·외부 모두 산정 4. 산정 無 5. 해당없음	운영예산 산정 정산방법 1. 내부정산 (지자체 내부적으로 정산) 2. 외부정산 (외부전문기관위탁 정산) 3. 내·외부 모두 산정 4. 정산 無 5. 해당없음	성과평가 실시여부 1. 실시 2. 미실시 3. 향후 추진 4. 해당없음
9449	전북 순창군	공동 녹화장 지원	100,000	생명농업과	9	6	7	8	7	1	1	1
9450	전북 순창군	소규모 육묘장 지원	102,000	생명농업과	9	6	7	8	7	1	1	1
9451	전북 순창군	곡물건조기 지원	9,000	생명농업과	9	6	7	8	7	1	1	1
9452	전북 순창군	곡물건조기집진기	1,320	생명농업과	9	6	7	8	7	1	1	1
9453	전북 순창군	농업용 방제 드론 지원	144,000	생명농업과	9	6	7	8	7	1	1	1
9454	전북 순창군	논 타작물 단지화 시설 장비 지원	900,000	생명농업과	9	2	7	8	7	1	1	1
9455	전북 순창군	여성농업인 농작업 편의장비 지원사업	25,200	농축산과	9	6	7	8	7	1	1	3
9456	전북 순창군	생생농업인 헬스케어 지원사업	444,500	농축산과	9	2	7	8	7	1	1	3
9457	전북 순창군	꿀벌 자동생산장비 개선사업	6,000	농축산과	9	7	7	8	7	1	1	3
9458	전북 순창군	고품질 양봉기자재 지원사업	35,000	농축산과	9	7	7	8	7	1	1	3
9459	전북 순창군	양봉농가 꿀 생산장비 지원사업	6,000	농축산과	9	7	7	8	7	1	1	3
9460	전북 순창군	축산기자재 지원사업	12,000	농축산과	9	7	7	8	7	1	1	3
9461	전북 순창군	음용수질개선장비지원사업	12,000	농축산과	9	7	7	8	7	1	1	3
9462	전북 순창군	폭염대비가축사육 환경개선	60,000	농축산과	9	7	7	8	7	1	1	3
9463	전북 순창군	축사화재 안전시스템 지원사업	41,600	농축산과	9	7	7	8	7	1	1	3
9464	전북 순창군	ICT 융복합 축사 지원사업	209,100	농축산과	9	7	7	8	7	1	1	3
9465	전북 순창군	말벌퇴치장비 지원사업	4,800	농축산과	9	7	7	8	7	1	1	3
9466	전북 순창군	흑염소 경쟁력 강화사업	24,000	농축산과	9	7	7	8	7	1	1	3
9467	전북 순창군	조사료 경영체 기계 장비 지원	74,800	농축산과	9	7	7	8	7	1	1	3
9468	전북 순창군	착유세정수 정화처리시설 지원사업	34,000	농축산과	9	7	7	8	7	1	1	3
9469	전북 순창군	사료자가배합장비 지원	40,000	농축산과	9	7	7	8	7	1	1	3
9470	전북 순창군	친환경 우유생산 기반구축 사업	38,400	농축산과	9	7	7	8	7	1	1	3
9471	전북 순창군	축산악취 개선사업	29,924	농축산과	9	7	7	8	7	1	1	3
9472	전북 순창군	악취측정 ICT 기계장비 지원사업	79,654	농축산과	9	7	7	8	7	1	1	3
9473	전북 순창군	퇴비 부숙촉진 기계장비 지원사업	20,650	농축산과	9	7	7	8	7	1	1	3
9474	전북 순창군	악취저감 안개분무시설 지원	64,000	농축산과	9	7	7	8	7	1	1	3
9475	전북 순창군	양식장 경쟁력 강화 지원사업	5,400	농축산과	9	7	7	8	7	1	1	3
9476	전북 순창군	양식장친환경에너지보급사업	514,760	농축산과	9	7	7	8	7	1	1	3
9477	전북 순창군	말산업시설개선지원	4,000	농축산과	9	7	7	8	7	1	1	3
9478	전북 순창군	농장출입구 자동소독기 설치지원	12,000	축산방역	9	6	7	8	7	1	1	3
9479	전북 순창군	깨끗하고 소득있는 축산물판매장 만들기	90,000	축산방역	9	4	7	8	7	1	1	4
9480	전북 순창군	CCTV등 방역인프라 지원사업	180,000	축산방역	9	2	7	8	7	1	1	3
9481	전북 순창군	계란 냉장차량 지원	25,000	축산방역	9	2	7	8	7	1	1	3
9482	전북 순창군	동물사체처리기	30,000	축산방역	9	6	7	8	7	1	1	3
9483	전북 순창군	자돈 폐사율 감소 환경개선 지원	3,780	축산방역	9	6	7	8	7	1	1	3
9484	전북 순창군	가금농장 해충구제 지원	35,064	축산방역	9	6	7	8	7	1	1	3
9485	전북 순창군	시군거점 축산물 산지가공 유통시설 구축	700,000	축산방역	9	6	7	8	7	1	1	3
9486	전북 순창군	농업분야 에너지절감시설 지원사업	3,080	농축산과	9	2	7	8	7	5	3	3
9487	전북 순창군	지역특화품목 비가림하우스 설치 지원	110,250	농축산과	9	6	7	8	7	5	3	3
9488	전북 순창군	고추비가림재배시설 지원사업	7,500	농축산과	9	2	7	8	7	1	1	3
9489	전북 순창군	시설하우스 온풍난방기 지원사업	14,333	농축산과	9	2	7	8	7	1	1	3
9490	전북 순창군	농기계안전등화장치지원사업	20,000	농축산과	9	2	7	8	7	1	1	3

순번	시군구	지출명 (사업명)	2021년예산 (단위:천원/1년간)	담당자 (공무원)	민간이전 분류 (지방자치단체 세출예산 집행기준에 의거)	민간이전지출 근거 (지방보조금 관리기준 참고)	입찰방식			운영예산 산정		성과평가 실시여부
				담당부서	1. 민간경상사업보조(307-02) 2. 민간단체 법정운영비보조(307-03) 3. 민간행사사업보조(307-04) 4. 민간위탁금(307-05) 5. 사회복지시설 법정운영비보조(307-10) 6. 민간인위탁교육비(307-12) 7. 공기관등에대한경상적위탁사업비(308-10) 8. 민간자본사업보조,자체재원(402-01) 9. 민간자본사업보조,이전재원(402-02) 10. 민간위탁사업비(402-03) 11. 공기관등에 대한 자본적 대행사업비(403-02)	1. 법률에 규정 2. 국고보조 재원(국가지정) 3. 용도 지정 기부금 4. 조례에 직접규정 5. 지자체가 권장하는 사업을 하는 공공기관 6. 시,도 정책 및 재정사정 7. 기타 8. 해당없음	계약체결방법 (경쟁형태) 1. 일반경쟁 2. 제한경쟁 3. 지명경쟁 4. 수의계약 5. 법정위탁 6. 기타 ( ) 7. 해당없음	계약기간 1. 1년 2. 2년 3. 3년 4. 4년 5. 5년 6. 기타 ( )년 7. 단기계약 (1년미만) 8. 해당없음	낙찰자선정방법 1. 적격심사 2. 협상에의한계약 3. 최저가낙찰제 4. 규격가격분리 5. 2단계 경쟁입찰 6. 기타 ( ) 7. 해당없음	운영예산 산정 1. 내부산정 (지자체 자체적으로 산정) 2. 외부산정 (외부전문기관위탁 산정) 3. 내·외부 모두 산정 4. 산정 無 5. 해당없음	정산방법 1. 내부정산 (지자체 내부적으로 정산) 2. 외부정산 (외부전문기관위탁 정산) 3. 내·외부 모두 산정 4. 정산 無 5. 해당없음	1. 실시 2. 미실시 3. 향후 추진 4. 해당없음
9491	전북 순창군	인삼시설 현대화 사업	3,063	농축산과	9	2	7	8	7	1	1	3
9492	전북 순창군	청년희망 스마트팜 확산사업	22,890	농축산과	9	6	7	8	7	1	1	3
9493	전북 순창군	시설원예 현대화 지원사업	76,750	농축산과	9	2	7	8	7	1	1	3
9494	전북 순창군	원예분야 ICT 융복합 지원사업	10,320	농축산과	9	2	7	8	7	1	1	3
9495	전북 순창군	원예작물 생산성 향상(하이베드 개선) 지원사업	42,420	농축산과	9	6	7	8	7	1	1	3
9496	전북 순창군	유해 야생동물 포획시설 지원사업	11,880	농축산과	9	2	7	8	7	1	1	3
9497	전북 순창군	원예농산물 시설.장비 지원사업	257,600	농축산과	9	6	7	8	7	1	1	3
9498	전북 순창군	지역향토자원산업화사업	146,000	농축산과	9	1	7	8	7	1	1	3
9499	전북 순창군	소규모6차산업화지원사업	140,000	농축산과	9	1	7	8	7	1	1	3
9500	전북 순창군	농산물 물류 효율화 지원사업	21,000	농축산과	9	6	7	8	7	1	1	3
9501	전북 순창군	신기술 접목 차세대 영농인 육성지원 사업	50,000	농업기술과	9	4	7	8	7	1	1	3
9502	전북 순창군	선도 농업경영체 우수모델화 사업	30,000	농업기술과	9	6	7	8	7	1	1	3
9503	전북 순창군	농업인가공사업장시설장비개선지원	150,000	농업기술과	9	6	7	8	7	1	1	3
9504	전북 순창군	작목별 맞춤형안전관리 실천 시범	50,000	농업기술과	9	2	7	8	7	1	1	3
9505	전북 순창군	농촌어르신 복지실천 시범	50,000	농업기술과	9	6	7	8	7	1	1	3
9506	전북 순창군	농업인 재해 안전마을 육성 시범	50,000	농업기술과	9	6	7	8	7	1	1	3
9507	전북 순창군	농식품가공사업장 품질향상 지원	40,000	농업기술과	9	6	7	8	7	1	1	3
9508	전북 순창군	소규모 가공기술 창업 지원	100,000	농업기술과	9	2	7	8	7	1	1	3
9509	전북 순창군	약선소재를 활용한 쌀 조청 제조기술 시범	70,000	농업기술과	9	6	7	8	7	1	1	3
9510	전북 순창군	병해충 관리를 위한 친환경 농업기술 보급 시범	20,000	농업기술과	9	2	7	8	7	1	1	3
9511	전북 순창군	가공용쌀 원료곡 생산단지 육성	204,000	농업기술과	9	2	7	8	7	1	1	3
9512	전북 순창군	작물수분스트레스기반 노지스마트 관개시스템 기술시범	30,000	농업기술과	9	2	7	8	7	1	1	3
9513	전북 순창군	스마트양봉기술보급시범	20,000	농업기술과	9	2	7	8	7	1	1	3
9514	전북 순창군	노지과수 품질향상 생산기반 조성시범	55,200	농업기술과	9	6	7	8	7	1	1	3
9515	전북 순창군	빠르고 쉬운 현장 맞춤형 대장균(군) 검출 기술	30,000	농업기술과	9	2	7	8	7	1	1	3
9516	전북 순창군	우리원 연구개발기술 현장적용 확대시범	120,000	농업기술과	9	6	7	8	7	1	1	3
9517	전북 순창군	원예특작분야 현장맞춤형 시범	140,000	농업기술과	9	6	7	8	7	1	1	3
9518	전북 고창군	여성농업인 농작업 편의장비지원	49,200	농생명지원과	9	6	7	8	7	5	5	4
9519	전북 고창군	생생농업인 헬스케어 지원사업	1,054,500	농생명지원과	9	3	7	8	7	5	5	4
9520	전북 고창군	토양개량제 지원	1,558,085	농생명지원과	9	2	7	8	7	5	5	4
9521	전북 고창군	밭식량작물 경쟁력 제고사업	180,000	농생명지원과	9	6	7	8	7	5	5	4
9522	전북 고창군	들녘경영체 육성사업	20,000	농생명지원과	9	2	7	8	7	5	5	4
9523	전북 고창군	고품질쌀 유통활성화 사업	3,635,000	농생명지원과	9	2	7	8	7	5	5	4
9524	전북 고창군	친환경농산물 유통 소비 마케팅지원 사업	34,774	농생명지원과	9	6	7	8	7	5	5	4
9525	전북 고창군	임산부 친환경농산물 꾸러미 지원사업	33,024	농생명지원과	9	2	7	8	7	5	5	4
9526	전북 고창군	벼 육묘용 경량상토 지원	1,435,200	농생명지원과	9	5	7	8	7	5	5	4
9527	전북 고창군	유기질비료 지원사업	2,541,673	농생명지원과	9	2	7	8	7	5	5	4
9528	전북 고창군	유기농업자재 지원사업	182,000	농생명지원과	9	2	7	8	7	5	5	4
9529	전북 고창군	환경친화형 농자재 지원사업	171,000	농생명지원과	9	6	7	8	7	5	5	4
9530	전북 고창군	농기계등화장치 부착지원사업	30,000	농생명지원과	9	2	7	8	7	5	5	4
9531	전북 고창군	ICT 스마트팜 비닐하우스 지원사업	1,213,140	농생명지원과	9	6	7	8	7	5	5	4
9532	전북 고창군	시설원예 현대화사업	342,970	농생명지원과	9	2	7	8	7	5	5	4

순번	시군구	지출명 (사업명)	2021년예산 (단위:천원/1년간)	담당자 (공무원)	민간이전 분류 (지방자치단체 세출예산 집행기준에 의거)	민간이전지출 근거 (지방보조금 관리기준 참고)	입찰방식			운영예산 산정		성과평가 실시여부
				담당부서	1. 민간경상사업보조(307-02) 2. 민간단체 법정운영비보조(307-03) 3. 민간행사사업보조(307-04) 4. 민간위탁금(307-05) 5. 사회복지시설 법정운영비보조(307-10) 6. 민간인위탁교육비(307-12) 7. 공기관등에대한경상적위탁사업비(308-10) 8. 민간자본사업보조,자체재원(402-01) 9. 민간자본사업보조,이전재원(402-02) 10. 민간위탁사업비(402-03) 11. 공기관등에 대한 자본적 대행사업비(403-02)	1. 법률에 규정 2. 국고보조 재원(국가지정) 3. 용도 지정 기부금 4. 조례에 직접규정 5. 지자체가 권장하는 사업을 하는 공공기관 6. 시,도 정책 및 재정사정 7. 기타 8. 해당없음	계약체결방법 (경쟁형태) 1. 일반경쟁 2. 제한경쟁 3. 지명경쟁 4. 수의계약 5. 법정위탁 6. 기타 ( ) 7. 해당없음	계약기간 1. 1년 2. 2년 3. 3년 4. 4년 5. 5년 6. 기타 ( )년 7. 단기계약 (1년미만) 8. 해당없음	낙찰자선정방법 1. 적격심사 2. 협상에의한계약 3. 최저가낙찰제 4. 규격가격분리 5. 2단계 경쟁입찰 6. 기타 ( ) 7. 해당없음	운영예산 산정 1. 내부산정 (지자체 자체적으로 산정) 2. 외부산정 (외부전문기관위탁 산정) 3. 내·외부 모두 산정 4. 산정 無 5. 해당없음	정산방법 1. 내부정산 (지자체 내부적으로 정산) 2. 외부정산 (외부전문기관위탁 정산) 3. 내·외부 모두 산정 4. 정산 無 5. 해당없음	1. 실시 2. 미실시 3. 향후 추진 4. 해당없음
9533	전북 고창군	농업에너지이용효율화사업	254,152	농생명지원과	9	2	7	8	7	5	5	4
9534	전북 고창군	스마트팜 ICT 융복합 확산사업	107,076	농생명지원과	9	2	7	8	7	5	5	4
9535	전북 고창군	원예작물 하이베드 개선사업	56,196	농생명지원과	9	6	7	8	7	5	5	4
9536	전북 고창군	노지채소 생산기반 구축사업	176,880	농생명지원과	9	4	7	8	7	5	5	4
9537	전북 고창군	친환경 농산물 품목 다양화 육성 지원사업	78,622	농생명지원과	9	6	7	8	7	5	5	4
9538	전북 고창군	테마가 있는 자연마을 조성사업	300,000	농어촌식품과	9	4	7	8	7	5	5	4
9539	전북 고창군	생생마을만들기 사후단계 지원사업	50,000	농어촌식품과	9	4	7	8	7	5	5	4
9540	전북 고창군	소규모 6차산업화 지원사업	140,000	농어촌식품과	9	1	7	8	7	5	5	4
9541	전북 고창군	농식품기업 맞춤형 지원사업	365,400	농어촌식품과	9	1	7	8	7	5	5	4
9542	전북 고창군	고창 신활력 플러스 사업	510,000	농어촌식품과	9	1	7	8	7	5	5	4
9543	전북 고창군	창업 식품기업 지원사업	34,300	농어촌식품과	9	1	7	8	7	5	5	4
9544	전북 고창군	농산물 상품화 기반 구축	763,400	농어촌식품과	9	4	7	8	7	5	5	4
9545	전북 고창군	농산물물류 효율화 지원	93,750	농어촌식품과	9	4	7	8	7	5	5	4
9546	전북 고창군	GAP 농산물 포장재비 지원	38,400	농어촌식품과	9	4	7	8	7	5	5	4
9547	전북 고창군	로컬푸드 직매장 지원	180,000	농어촌식품과	9	2	7	8	7	5	5	4
9548	전북 고창군	농특산물 수출포장재 지원	48,000	농어촌식품과	9	4	7	8	7	5	5	4
9549	전북 고창군	고창농특산품 꾸러미선물세트 포장재지원	8,750	농어촌식품과	9	4	7	8	7	5	5	4
9550	전북 고창군	고창 농특산품 통합브랜드 포장재 지원	100,000	농어촌식품과	9	4	7	8	7	5	5	4
9551	전북 고창군	수산물산지가공시설사업	720,000	해양수산과	9	1	7	8	7	5	5	4
9552	전북 고창군	친환경 에너지 보급사업	510,680	해양수산과	9	1	7	8	7	5	5	4
9553	전북 고창군	수산물 처리저장시설지원사업	600,000	해양수산과	9	1	7	8	7	5	5	4
9554	전북 고창군	물김세척수정수시설지원사업	462,000	해양수산과	9	1	7	8	7	5	5	4
9555	전북 고창군	자율관리어업육성지원사업	252,000	해양수산과	9	2	7	8	7	5	5	4
9556	전북 고창군	어촌체험마을 기반시설확충 지원	63,000	해양수산과	9	1	7	8	7	5	5	4
9557	전북 고창군	천일염 포장재지원	55,650	해양수산과	9	1	7	8	7	5	5	4
9558	전북 고창군	수산물위생 및 안정성 향상	27,600	해양수산과	9	1	7	8	7	5	5	4
9559	전북 고창군	천일염 명품화를 위한 시설확충	42,000	해양수산과	9	1	7	8	7	5	5	4
9560	전북 고창군	축산악취개선사업	356,661	축산과	9	2	7	8	7	1	1	3
9561	전북 고창군	ICT융복합확산사업	870,000	축산과	9	6	7	8	7	1	1	3
9562	전북 고창군	악취측정 ICT기계장비 지원	79,654	축산과	9	6	7	8	7	1	1	3
9563	전북 고창군	농촌관광 승마활성화 지원	30,000	축산과	9	1	7	8	7	1	1	3
9564	전북 고창군	환경친화적 가축분뇨처리사업	12,000	축산과	9	2	7	8	7	1	1	3
9565	전북 고창군	착유세정수 정화처리시설 지원	51,000	축산과	9	6	7	8	7	1	1	3
9566	전북 고창군	축사화재 안전시스템 지원사업	48,000	축산과	9	6	7	8	7	1	1	3
9567	전북 고창군	유용곤충 사육 시범사육	50,000	축산과	9	6	7	8	7	1	1	3
9568	전북 고창군	폭염대비 가축환경개선	156,000	축산과	9	6	7	8	7	1	1	3
9569	전북 고창군	폭염스트레스완화제 지원	54,000	축산과	9	6	7	8	7	1	1	3
9570	전북 고창군	축분고속발효시설 지원	188,700	축산과	9	6	7	8	7	1	1	3
9571	전북 고창군	퇴비 부숙촉진 기계장비 지원	41,300	축산과	9	6	7	8	7	1	1	3
9572	전북 고창군	악취저감 안개분무시설지원	128,000	축산과	9	6	7	8	7	1	1	3
9573	전북 고창군	퇴비유통전문조직 지원	250,000	축산과	9	6	7	8	7	1	1	3
9574	전북 고창군	조사료 경영체 기계·장비 지원	240,000	축산과	9	2	7	8	7	1	1	3

순번	시군구	지출명 (사업명)	2021년예산 (단위:천원/1년간)	담당자 (공무원) 담당부서	민간이전 분류 (지방자치단체 세출예산 집행기준에 의거) 1. 민간경상사업보조(307-02) 2. 민간단체 법정운영비보조(307-03) 3. 민간행사사업보조(307-04) 4. 민간위탁금(307-05) 5. 사회복지시설 법정운영비보조(307-10) 6. 민간인위탁교육비(307-12) 7. 공기관등에대한경상적위탁사업비(308-10) 8. 민간자본사업보조,자체재원(402-01) 9. 민간자본사업보조,이전재원(402-02) 10. 민간위탁사업비(402-03) 11. 공기관등에 대한 자본적 대행사업비(403-02)	민간이전지출 근거 (지방보조금 관리기준 참고) 1. 법률에 규정 2. 국고보조 재원(국가지정) 3. 용도 지정 기부금 4. 조례에 직접규정 5. 지자체가 권장하는 사업을 하는 공공기관 6. 시,도 정책 및 재정사정 7. 기타 8. 해당없음	입찰방식: 계약체결방법 (경쟁형태) 1. 일반경쟁 2. 제한경쟁 3. 지명경쟁 4. 수의계약 5. 법정위탁 6. 기타 ( ) 7. 해당없음	입찰방식: 계약기간 1. 1년 2. 2년 3. 3년 4. 4년 5. 5년 6. 기타 ( )년 7. 단기계약 (1년미만) 8. 해당없음	입찰방식: 낙찰자선정방법 1. 적격심사 2. 협상에의한계약 3. 최저가낙찰제 4. 규격가격분리 5. 2단계 경쟁입찰 6. 기타 ( ) 7. 해당없음	운영예산 산정: 운영예산 산정 1. 내부산정 (지자체 자체적으로 산정) 2. 외부산정 (외부전문기관위탁 산정) 3. 내·외부 모두 산정 4. 산정 無 5. 해당없음	운영예산 산정: 정산방법 1. 내부정산 (지자체 내부적으로 정산) 2. 외부정산 (외부전문기관위탁 정산) 3. 내·외부 모두 산정 4. 정산 無 5. 해당없음	성과평가 실시여부 1. 실시 2. 미실시 3. 향후 추진 4. 해당없음
9575	전북 고창군	사료자가배합장비 지원	100,000	축산과	9	6	7	8	7	1	1	3
9576	전북 고창군	친환경 우유생산 기반구축	124,800	축산과	9	6	7	8	7	1	1	3
9577	전북 고창군	고품질 양봉기자재 지원	80,000	축산과	9	6	7	8	7	1	1	3
9578	전북 고창군	양봉농가 꿀 생산장비 지원	12,000	축산과	9	6	7	8	7	1	1	3
9579	전북 고창군	말벌 퇴치장비 지원	1,200	축산과	9	2	7	8	7	1	1	3
9580	전북 고창군	산란계농장 난좌 지원	25,872	축산과	9	6	7	8	7	1	1	3
9581	전북 고창군	흑염소 경쟁력 강화	18,000	축산과	9	6	7	8	7	1	1	3
9582	전북 고창군	사슴 인공수정 지원	1,925	축산과	9	6	7	8	7	1	1	3
9583	전북 고창군	음용수질 개선장비 지원	30,000	축산과	9	6	7	8	7	1	1	3
9584	전북 고창군	고품질 축산물 생산지원	80,000	축산과	9	6	7	8	7	1	1	3
9585	전북 고창군	친환경 축산물 인증비 지원	16,000	축산과	9	6	7	8	7	1	1	3
9586	전북 고창군	가축 사양관리 개선 지원	34,000	축산과	9	6	7	8	7	1	1	3
9587	전북 고창군	CCTV등 방역인프라 지원	210,000	축산과	9	2	7	8	7	1	1	3
9588	전북 고창군	계란 냉장차량 지원	30,000	축산과	9	2	7	8	7	1	1	3
9589	전북 고창군	동물사체처리시설 지원	7,500	축산과	9	4	7	8	7	1	1	3
9590	전북 고창군	농장출입구 자동소독기 설치지원	10,000	축산과	9	4	7	8	7	1	1	3
9591	전북 고창군	구제역 예방접종 연속주사기 지원	15,840	축산과	9	6	7	8	7	1	1	3
9592	전북 고창군	중소기업 환경개선사업	96,647	상생경제과	9	6	7	8	7	1	1	4
9593	전북 고창군	뿌리기업 그린환경시스템 구축 지원사업	20,000	상생경제과	9	6	7	8	7	1	1	4
9594	전북 고창군	지식재산 창출 지원사업	17,000	상생경제과	9	6	7	8	7	1	1	4
9595	전북 고창군	전세버스 영상기록장치 장착 보조사업	9,660	상생경제과	9	6	7	8	7	1	1	1
9596	전북 고창군	전통산사 템플스테이 시설지원	700,000	문화유산관광과	9	2	7	8	7	5	1	4
9597	전북 고창군	국가지정문화재 및 등록문화재 보수정비	200,000	문화유산관광과	9	2	7	8	7	5	1	4
9598	전북 고창군	국가지정문화재 및 등록문화재 보수정비	100,000	문화유산관광과	9	2	7	8	7	5	1	4
9599	전북 고창군	국가지정문화재 및 등록문화재 보수정비	60,000	문화유산관광과	9	2	7	8	7	5	1	4
9600	전북 고창군	도지정문화재보수정비	46,000	문화유산관광과	9	6	7	8	7	5	1	4
9601	전북 고창군	도지정문화재보수정비	120,000	문화유산관광과	9	6	7	8	7	5	1	4
9602	전북 고창군	도지정문화재보수정비	50,000	문화유산관광과	9	6	7	8	7	5	1	4
9603	전북 고창군	도지정문화재보수정비	200,000	문화유산관광과	9	6	7	8	7	5	1	4
9604	전북 고창군	도지정문화재보수정비	60,000	문화유산관광과	9	6	7	8	7	5	1	4
9605	전북 고창군	전통사찰 방재시스템 구축	195,750	문화유산관광과	9	2	7	8	7	5	1	4
9606	전북 고창군	전통사찰 보존정비	202,500	문화유산관광과	9	2	7	8	7	5	1	4
9607	전북 고창군	전통사찰 편의시설 지원사업	100,000	문화유산관광과	9	6	7	8	7	5	1	4
9608	전북 고창군	문화재 재난방재시설 구축	120,000	문화유산관광과	9	2	7	8	7	5	1	4
9609	전북 고창군	대형음식점 시설개선사업	30,000	문화유산관광과	9	6	7	8	7	1	1	4
9610	전북 고창군	장애인거주시설 기능보강	472,750	사회복지과	9	2	7	8	7	1	1	2
9611	전북 고창군	경로당개보수	35,000	사회복지과	9	1	7	8	7	1	1	4
9612	전북 고창군	사회복지시설운영지원	90,900	사회복지과	9	1	7	8	7	1	1	4
9613	전북 고창군	노인요양시설확충	648,000	사회복지관	9	1	7	8	7	1	1	4
9614	전북 고창군	지역아동센터 환경개선 지원	10,000	사회복지과	9	2	7	8	7	5	5	4
9615	전북 고창군	어린이집 환경개선	6,300	사회복지과	9	1	7	8	7	2	1	1
9616	전북 고창군	전기승용차 구매 지원사업	640,000	생태환경과	9	2	7	8	7	5	5	4

순번	시군구	지출명 (사업명)	2021년예산 (단위:천원/1년간)	담당자 (공무원)	민간이전 분류 (지방자치단체 세출예산 집행기준에 의거)	민간이전지출 근거 (지방보조금 관리기준 참고)	입찰방식			운영예산 산정		성과평가 실시여부
				담당부서	1. 민간경상사업보조(307-02) 2. 민간단체 법정운영비보조(307-03) 3. 민간행사사업보조(307-04) 4. 민간위탁금(307-05) 5. 사회복지시설 법정운영비보조(307-10) 6. 민간인위탁교육비(307-12) 7. 공기관등에대한경상적위탁사업비(308-10) 8. 민간자본사업보조,자체재원(402-01) 9. 민간자본사업보조,이전재원(402-02) 10. 민간위탁사업비(402-03) 11. 공기관등에 대한 자본적 대행사업비(403-02)	1. 법률에 규정 2. 국고보조 재원(국가지정) 3. 용도 지정 기부금 4. 조례에 직접규정 5. 지자체가 권장하는 사업을 하는 공공기관 6. 시,도 정책 및 재정사정 7. 기타 8. 해당없음	계약체결방법 (경쟁형태) 1. 일반경쟁 2. 제한경쟁 3. 지명경쟁 4. 수의계약 5. 법정위탁 6. 기타 ( ) 7. 해당없음	계약기간 1. 1년 2. 2년 3. 3년 4. 4년 5. 5년 6. 기타 ( )년 7. 단기계약 (1년미만) 8. 해당없음	낙찰자선정방법 1. 적격심사 2. 협상에의한계약 3. 최저가낙찰제 4. 규격가격분리 5. 2단계 경쟁입찰 6. 기타 ( ) 7. 해당없음	운영예산 산정 1. 내부산정 (지자체 자체적으로 산정) 2. 외부산정 (외부전문기관위탁 산정) 3. 내·외부 모두 산정 4. 산정 無 5. 해당없음	정산방법 1. 내부정산 (지자체 내부적으로 정산) 2. 외부정산 (외부전문기관위탁 정산) 3. 내·외부 모두 산정 4. 정산 無 5. 해당없음	1. 실시 2. 미실시 3. 향후 추진 4. 해당없음
9617	전북 고창군	전기화물차 구매 지원사업	1,250	생태환경과	9	2	7	8	7	5	5	4
9618	전북 고창군	전기이륜차 보급사업	9,000	생태환경과	9	2	7	8	7	5	5	4
9619	전북 고창군	보증기간 경과장치 성능유지관리	150	생태환경과	9	2	7	8	7	5	5	4
9620	전북 고창군	전기굴착기 보급 지원사업	40,000	생태환경과	9	2	7	8	7	5	5	4
9621	전북 고창군	야생동물피해 예방사업	20,000	생태환경과	9	2	7	8	7	5	5	4
9622	전북 고창군	가정용 저녹스보일러 보급사업	8,000	생태환경과	9	2	7	8	7	5	5	4
9623	전북 고창군	악취저감사업	203,940	생태환경과	9	6	1	1	2	1	1	2
9624	전북 고창군	음식점 등 시설개선 지원	28,000	생태환경과	9	6	7	8	7	1	1	4
9625	전북 고창군	농어촌 비주거용 빈집정비사업	70,000	종합민원과	9	1	7	8	7	5	5	4
9626	전북 고창군	빈집재생 희망하우스	80,000	종합민원과	9	1	7	8	7	5	5	4
9627	전북 고창군	한옥건축지원 시범사업	50,000	종합민원과	9	1	7	8	7	5	5	4
9628	전북 고창군	화재안전 성능보강 지원사업	26,666	종합민원과	9	1	7	8	7	5	5	4
9629	전북 고창군	임산물상품화지원	50,000	산림공원과	9	2	7	8	7	5	5	4
9630	전북 고창군	친환경임산물재배관리	6,991	산림공원과	9	2	7	8	7	5	5	4
9631	전북 고창군	산림작물생산단지	75,000	산림공원과	9	2	7	8	7	5	5	4
9632	전북 고창군	산림복합경영	117,868	산림공원과	9	2	7	8	7	5	5	4
9633	전북 고창군	임산물생산기반조성	12,400	산림공원과	9	2	7	8	7	5	5	4
9634	전북 고창군	임산물유통기반조성	20,000	산림공원과	9	2	7	8	7	5	5	4
9635	전북 고창군	목재펠릿보일러보급	8,400	산림공원과	9	2	7	8	7	5	5	4
9636	전북 고창군	민간정원 사업	40,000	산림공원과	9	6	7	8	7	5	5	4
9637	전북 고창군	농촌자원 활용기술 시범사업	32,000	농업기술센터	9	2	7	8	7	5	5	4
9638	전북 고창군	농촌체험관광 품질향상 지원	24,000	농업기술센터	9	2	7	8	7	5	5	4
9639	전북 고창군	벼 병해충 사전방제	52,000	농업기술센터	9	2	7	8	7	5	5	4
9640	전북 고창군	무,배추 뿌리혹병 사전방제	20,000	농업기술센터	9	2	7	8	7	5	5	4
9641	전북 고창군	시설채소 재배환경개선 시범	40,000	농업기술센터	9	2	7	8	7	5	5	4
9642	전북 고창군	특산자원 활용 복분자식초 가공사업장 지원	80,000	농업기술센터	9	2	7	8	7	1	1	4
9643	전북 고창군	외래품종 대체 최고품질 벼 생산공급 거점단지 육성	200,000	농업기술센터	9	2	7	8	7	5	5	4
9644	전북 고창군	밀 용도별 맞춤형 생산 및 블렌딩 단지 조성 시범	200,000	농업기술센터	9	2	7	8	7	5	5	4
9645	전북 고창군	풋땅콩 연중공급을 위한 생산단지 조성	200,000	농업기술센터	9	2	7	8	7	5	5	4
9646	전북 고창군	드론 활용 노동력 절감 벼 재배단지 육성 시범	80,000	농업기술센터	9	2	7	8	7	5	5	4
9647	전북 고창군	고품질 친환경 잡곡등 수출생산단지 시범	100,000	농업기술센터	9	2	7	8	7	5	5	4
9648	전북 고창군	밭작물 신기술 선도단지 육성	206,000	농업기술센터	9	2	7	8	7	5	5	4
9649	전북 고창군	약용작물 생산,수확 후 관리 기술시범	200,000	농업기술센터	9	2	7	8	7	5	5	4
9650	전북 고창군	한우 우량암소 조기선발 기술 시범	200,000	농업기술센터	9	2	7	8	7	5	5	4
9651	전북 고창군	양념채소 국내육성품종 보급 시범	60,000	농업기술센터	9	2	7	8	7	5	5	4
9652	전북 고창군	고품질 홍잠 생산기술 시범	200,000	농업기술센터	9	2	7	8	7	5	5	4
9653	전북 고창군	복분자 안정생산 단지 조성	150,000	농업기술센터	9	2	7	8	7	5	5	4
9654	전북 고창군	특산자원 활용 기능성 소재 연중 생산지원	30,000	농업기술센터	9	2	7	8	7	1	1	4
9655	전북 고창군	특산자원 활용 기능성 소재 상품화 시범	30,000	농업기술센터	9	2	7	8	7	1	1	4
9656	전북 고창군	발효식품 창업 활성화 지원	100,000	농업기술센터	9	2	7	8	7	1	1	4
9657	전북 고창군	복분자 무병묘 증식하우스 시범	100,000	농업기술센터	9	2	7	8	7	5	5	4
9658	전북 고창군	선도 농업경영체 우수모델화 사업	30,000	농업기술센터	9	2	7	8	7	5	5	4

순번	시군구	지출명 (사업명)	2021년예산 (단위:천원/1년간)	담당자 (공무원) 담당부서	민간이전 분류 (지방자치단체 세출예산 집행기준에 의거) 1. 민간경상사업보조(307-02) 2. 민간단체 법정운영비보조(307-03) 3. 민간행사사업보조(307-04) 4. 민간위탁금(307-05) 5. 사회복지시설 법정운영비보조(307-10) 6. 민간인위탁교육비(307-12) 7. 공기관등에대한경상적위탁사업비(308-10) 8. 민간자본사업보조,자체재원(402-01) 9. 민간자본사업보조,이전재원(402-02) 10. 민간위탁사업비(402-03) 11. 공기관등에 대한 자본적 대행사업비(403-02)	민간이전지출 근거 (지방보조금 관리기준 참고) 1. 법률에 규정 2. 국고보조 재원(국가지정) 3. 용도 지정 기부금 4. 조례에 직접규정 5. 지자체가 권장하는 사업을 하는 공공기관 6. 시,도 정책 및 재정사정 7. 기타 8. 해당없음	입찰방식 계약체결방법 (경쟁형태) 1. 일반경쟁 2. 제한경쟁 3. 지명경쟁 4. 수의계약 5. 법정위탁 6. 기타 ( ) 7. 해당없음	입찰방식 계약기간 1. 1년 2. 2년 3. 3년 4. 4년 5. 5년 6. 기타 ( )년 7. 단기계약 (1년미만) 8. 해당없음	입찰방식 낙찰자선정방법 1. 적격심사 2. 협상에의한계약 3. 최저가낙찰제 4. 규격가격분리 5. 2단계 경쟁입찰 6. 기타 ( ) 7. 해당없음	운영예산 산정 운영예산 산정 1. 내부산정 (지자체 자체적으로 산정) 2. 외부산정 (외부전문기관위탁 산정) 3. 내·외부 모두 산정 4. 산정 無 5. 해당없음	운영예산 산정 정산방법 1. 내부정산 (지자체 내부적으로 정산) 2. 외부정산 (외부전문기관위탁 정산) 3. 내·외부 모두 산정 4. 정산 無 5. 해당없음	성과평가 실시여부 1. 실시 2. 미실시 3. 향후 추진 4. 해당없음
9659	전북 고창군	신기술 접목차세대 영농인 육성	50,000	농업기술센터	9	2	7	8	7	5	5	4
9660	전북 고창군	농촌자원 활용 치유농장 육성시범	60,000	농업기술센터	9	2	7	8	7	5	5	4
9661	전북 고창군	농업인 가공사업장 시설장비 개선	150,000	농업기술센터	9	2	7	8	7	5	5	4
9662	전북 고창군	지역특색농업 발굴 소득화 사업	50,000	농업기술센터	9	2	7	8	7	5	5	4
9663	전북 고창군	병해충 관리를 위한 친환경 농업기술 보급 시범	20,000	농업기술센터	9	2	7	8	7	5	5	4
9664	전북 고창군	정서곤충 대량사육 및 상품화 시범	40,000	농업기술센터	9	2	7	8	7	5	5	4
9665	전북 고창군	우리원 연구개발기술 현장적용 확대 시범	60,000	농업기술센터	9	2	7	8	7	5	5	4
9666	전북 고창군	연예특작분야 현장맞춤형 시범	70,000	농업기술센터	9	2	7	8	7	5	5	4
9667	전북 고창군	전북형 기후변화 대응 신소득작물 발굴 시범	60,000	농업기술센터	9	2	7	8	7	5	5	4
9668	전북 고창군	기후변화 대응 돌발해충 공동방제	30,000	농업기술센터	9	2	7	8	7	5	5	4
9669	전북 고창군	벼 친환경 가축분입상퇴비 활용기술 보급시범	25,000	농업기술센터	9	2	7	8	7	5	5	4
9670	전북 고창군	벼 안전생산방제 지원사업	180,000	농업기술센터	9	2	7	8	7	5	5	4
9671	전북 고창군	농식품 가공사업장 품질향상 지원	40,000	농업기술센터	9	2	7	8	7	5	5	4
9672	전북 고창군	쌀소비 촉진 활성화 시범	80,000	농업기술센터	9	2	7	8	7	5	5	4
9673	전북 고창군	농작업대행 장비구입 지원	32,400	농업기술센터	9	1	7	8	7	1	1	1
9674	전북 부안군	신재생에너지 주택지원사업	140,000	미래전략담당관	9	1	7	8	7	1	1	2
9675	전북 부안군	수소차 민간보급 구매지원	766,500	신성장전략팀	9	2	7	8	7	5	1	1
9676	전북 부안군	중소기업 환경개선사업	122,390	미래전략담당관	9	4	7	8	7	5	1	3
9677	전북 부안군	음식점 시설개선 사업	60,000	문화관광과	9	1	7	8	7	5	5	4
9678	전북 부안군	내소사 목조아미타 삼존불좌상 보존상태 진단 등	60,000	문화관광과	9	4	7	8	7	5	5	4
9679	전북 부안군	부안 내소사 대웅보전 소방	30,000	문화관광과	9	2	7	8	7	5	5	4
9680	전북 부안군	개암사 영산회 괘불탱 및 초본 보존처리	330,000	문화관광과	9	2	7	8	7	5	5	4
9681	전북 부안군	내소사 주변(하천 석축) 정비	130,000	문화관광과	9	2	7	8	7	5	5	4
9682	전북 부안군	개암사 대웅전 단청 및 벽화보존 상태 진단	100,000	문화관광과	9	2	7	8	7	5	5	4
9683	전북 부안군	사립 작은도서관 도서구입 지원	4,000	교육청소년과	9	4	7	8	7	5	5	4
9684	전북 부안군	어린이집 기능보강	4,200	교육청소년과	9	1	7	8	7	5	5	4
9685	전북 부안군	국공립어린이집 확충	120,000	교육청소년과	9	1	1	1	7	5	5	4
9686	전북 부안군	내부 리모델링 지원	10,000	교육청소년과	9	2	7	8	7	5	5	4
9687	전북 부안군	어르신 실버카 지원 사업	24,900	사회복지과	9	4	6	8	7	1	1	1
9688	전북 부안군	지역밀착형 주민참여예산	20,000	사회복지과	9	4	7	8	7	1	1	1
9689	전북 부안군	지역밀착형 주민참여예산	40,000	사회복지과	9	1	1	1	1	1	1	3
9690	전북 부안군	지역밀착형 주민참여예산	20,000	사회복지과	9	1	1	1	1	1	1	3
9691	전북 부안군	장애인복지시설 장비보강	4,000	사회복지과	9	1	4	1	1	1	1	3
9692	전북 부안군	음식점 시설개선 지원	35,000	사회복지과	9	6	5	8	1	3	1	2
9693	전북 부안군	농어촌 장애인 주택 개조사업	41,800	민원과	9	1	7	1	7	5	1	2
9694	전북 부안군	농어촌 빈집 철거지원 사업	274,000	민원과	9	1	7	1	7	5	1	2
9695	전북 부안군	희망하우스 빈집 재생사업	160,000	민원과	9	4	7	1	7	5	1	2
9696	전북 부안군	비주거용 빈집 철거지원사업	77,000	민원과	9	1	7	1	7	5	1	2
9697	전북 부안군	생생농업인 헬스케어 지원사업	738,500	농업정책과	9	6	7	8	7	1	1	4
9698	전북 부안군	여성농업인 편의장비 지원사업	26,800	농업정책과	9	6	7	8	7	1	1	4
9699	전북 부안군	농업용 방제 드론 지원사업	63,000	농업정책과	9	6	7	8	7	1	1	4
9700	전북 부안군	소규모 육묘장 지원사업	72,000	농업정책과	9	6	7	8	7	1	1	4

순번	시군구	지출명 (사업명)	2021년예산 (단위:천원/1년간)	담당자(공무원) 담당부서	민간이전 분류 (지방자치단체 세출예산 집행기준에 의거) 1. 민간경상사업보조(307-02) 2. 민간단체 법정운영비보조(307-03) 3. 민간행사사업보조(307-04) 4. 민간위탁금(307-05) 5. 사회복지시설 법정운영비보조(307-10) 6. 민간인위탁교육비(307-12) 7. 공기관등에대한경상적위탁사업비(308-10) 8. 민간자본사업보조,자체재원(402-01) 9. 민간자본사업보조,이전재원(402-02) 10. 민간위탁사업비(402-03) 11. 공기관등에 대한 자본적 대행사업비(403-02)	민간이전지출 근거 (지방보조금 관리기준 참고) 1. 법률에 규정 2. 국고보조 재원(국가지정) 3. 용도 지정 기부금 4. 조례에 직접규정 5. 지자체가 권장하는 사업을 하는 공공기관 6. 시,도 정책 및 재정사정 7. 기타 8. 해당없음	입찰방식: 계약체결방법 (경쟁형태) 1. 일반경쟁 2. 제한경쟁 3. 지명경쟁 4. 수의계약 5. 법정위탁 6. 기타 ( ) 7. 해당없음	입찰방식: 계약기간 1. 1년 2. 2년 3. 3년 4. 4년 5. 5년 6. 기타 ( )년 7. 단기계약 (1년미만) 8. 해당없음	입찰방식: 낙찰자선정방법 1. 적격심사 2. 협상에의한계약 3. 최저가낙찰제 4. 규격가격분리 5. 2단계 경쟁입찰 6. 기타 ( ) 7. 해당없음	운영예산 산정: 운영예산 산정 1. 내부산정 (지자체 자체적으로 산정) 2. 외부산정 (외부전문기관위탁 산정) 3. 내·외부 모두 산정 4. 산정 無 5. 해당없음	운영예산 산정: 정산방법 1. 내부정산 (지자체 내부적으로 정산) 2. 외부정산 (외부전문기관위탁 정산) 3. 내·외부 모두 산정 4. 정산 無 5. 해당없음	성과평가 실시여부 1. 실시 2. 미실시 3. 향후 추진 4. 해당없음
9701	전북 부안군	공동육묘장 지원사업	252,000	농업정책과	9	6	7	8	7	1	1	4
9702	전북 부안군	공동녹화장 지원사업	60,000	농업정책과	9	6	7	8	7	1	1	4
9703	전북 부안군	곡물건조기 집진기 지원사업	55,440	농업정책과	9	6	7	8	7	1	1	4
9704	전북 부안군	공동육묘장 시설 개보수 지원사업	90,000	농업정책과	9	6	7	8	7	1	1	4
9705	전북 부안군	밀묘이앙기 지원사업	55,200	농업정책과	9	6	7	8	7	1	1	4
9706	전북 부안군	전북쌀 Rice-up 지원사업	109,200	농업정책과	9	6	7	8	7	1	1	4
9707	전북 부안군	농기계 안전등화장치 지원	25,000	농업정책과	9	1	7	8	7	1	1	4
9708	전북 부안군	환경친화형 농자재 지원사업	78,000	농업정책과	9	6	7	8	7	1	1	4
9709	전북 부안군	친환경농산물 품목다양화 육성지원사업	55,680	농업정책과	9	6	7	8	7	1	1	4
9710	전북 부안군	임산부 친환경농산물 꾸러미 지원사업	33,408	농업정책과	9	1	7	8	7	1	1	4
9711	전북 부안군	유기농업자재 지원사업	34,000	농업정책과	9	1	7	8	7	1	1	4
9712	전북 부안군	토양개량제 지원사업	1,026,182	농업정책과	9	1	7	8	7	1	1	4
9713	전북 부안군	유기질 비료 지원사업	2,466,200	농업정책과	9	1	7	8	7	1	1	4
9714	전북 부안군	GAP 농산물 포장재비 지원사업	76,200	농업정책과	9	1	7	8	7	1	1	4
9715	전북 부안군	유해 야생동물 포획시설 지원사업	26,400	농업정책과	9	1	7	8	7	1	1	4
9716	전북 부안군	식량작물공동경영체 육성사업 시설장비지원	1,350	농업정책과	9	1	7	8	7	1	1	4
9717	전북 부안군	밭식량작물(논타작물) 경쟁력 제고지원	360,000	농업정책과	9	6	7	8	7	1	1	4
9718	전북 부안군	로컬푸드 소규모비닐하우스 지원	12,864	농업정책과	9	6	7	8	7	1	1	4
9719	전북 부안군	21년 세계잼버리대회 농촌체험관광 조성사업	50,000	농업정책과	9	6	7	8	7	1	1	4
9720	전북 부안군	축분처리 장비 지원	250,000	축산유통과	9	1	7	8	7	5	5	4
9721	전북 부안군	축산분뇨 수분조절제 지원	160,000	축산유통과	9	1	7	8	7	5	5	4
9722	전북 부안군	축산악취 개선사업	49,754	축산유통과	9	1	7	8	7	5	5	4
9723	전북 부안군	착유세정수 정화처리시설 지원	17,000	축산유통과	9	1	7	8	7	5	5	4
9724	전북 부안군	말산업 활성화 지원	2,000	축산유통과	9	1	7	8	7	5	5	4
9725	전북 부안군	축사화재 안전시스템 지원사업	9,600	축산유통과	9	1	7	8	7	5	5	4
9726	전북 부안군	축분고속발효시설 지원	94,260	축산유통과	9	1	7	8	7	5	5	4
9727	전북 부안군	퇴비 발효촉진 지원사업	40,100	축산유통과	9	1	7	8	7	5	5	4
9728	전북 부안군	퇴비 부숙촉진 기계장비 지원	20,650	축산유통과	9	1	7	8	7	5	5	4
9729	전북 부안군	축산환경 개선사업	22,620	축산유통과	9	1	7	8	7	5	5	4
9730	전북 부안군	환경친화적 가축분뇨처리사업	1,200	축산유통과	9	1	7	8	7	5	5	4
9731	전북 부안군	악취측정 ICT 기계장비	111,518	축산유통과	9	1	7	8	7	5	5	4
9732	전북 부안군	악취저감 안개분무시설	32,000	축산유통과	9	1	7	8	7	5	5	4
9733	전북 부안군	조사료생산용 기계장비구입 지원	180,000	축산유통과	9	1	7	8	7	5	5	4
9734	전북 부안군	전문단지조성용 기계장비구입 지원	150,000	축산유통과	9	1	7	8	7	5	5	4
9735	전북 부안군	ICT 융복합 축사지원	109,400	축산유통과	9	1	7	8	7	5	5	4
9736	전북 부안군	토종벌 육성사업 지원	6,000	축산유통과	9	1	7	8	7	5	5	4
9737	전북 부안군	유용곤충 사육 시범사육	25,000	축산유통과	9	1	7	8	7	5	5	4
9738	전북 부안군	사료자가 배합장비 지원	60,000	축산유통과	9	1	7	8	7	5	5	4
9739	전북 부안군	음용수질 개선장비 지원	36,000	축산유통과	9	1	7	8	7	5	5	4
9740	전북 부안군	사슴 인공수정 지원사업	20,626	축산유통과	9	1	7	8	7	5	5	4
9741	전북 부안군	흑염소 경쟁력 강화사업	7,200	축산유통과	9	1	7	8	7	5	5	4
9742	전북 부안군	가금생산성 향상 시스템 지원 사업	24,000	축산유통과	9	1	7	8	7	5	5	4

순번	시군구	지출명 (사업명)	2021년예산 (단위:천원/1년간)	담당자 (공무원) 담당부서	민간이전 분류 (지방자치단체 세출예산 집행기준에 의거) 1. 민간경상사업보조(307-02) 2. 민간단체 법정운영비보조(307-03) 3. 민간행사사업보조(307-04) 4. 민간위탁금(307-05) 5. 사회복지시설 법정운영비보조(307-10) 6. 민간인위탁교육비(307-12) 7. 공기관등에대한경상적위탁사업비(308-10) 8. 민간자본사업보조,자체재원(402-01) 9. 민간자본사업보조,이전재원(402-02) 10. 민간위탁사업비(402-03) 11. 공기관등에 대한 자본적 대행사업비(403-02)	민간이전지출 근거 (지방보조금 관리기준 참고) 1. 법률에 규정 2. 국고보조 재원(국가지정) 3. 용도 지정 기부금 4. 조례에 직접규정 5. 지자체가 권장하는 사업을 하는 공공기관 6. 시,도 정책 및 재정사정 7. 기타 8. 해당없음	입찰방식 계약체결방법 (경쟁형태) 1. 일반경쟁 2. 제한경쟁 3. 지명경쟁 4. 수의계약 5. 법정위탁 6. 기타 ( ) 7. 해당없음	입찰방식 계약기간 1. 1년 2. 2년 3. 3년 4. 4년 5. 5년 6. 기타 ( )년 7. 단기계약 (1년미만) 8. 해당없음	입찰방식 낙찰자선정방법 1. 적격심사 2. 협상에의한계약 3. 최저가낙찰제 4. 규격가격분리 5. 2단계 경쟁입찰 6. 기타 ( ) 7. 해당없음	운영예산 산정 운영예산 산정 1. 내부산정 (지자체 자체적으로 산정) 2. 외부산정 (외부전문기관위탁 산정) 3. 내·외부 모두 산정 4. 산정 無 5. 해당없음	운영예산 산정 정산방법 1. 내부정산 (지자체 내부적으로 정산) 2. 외부정산 (외부전문기관위탁 정산) 3. 내·외부 모두 산정 4. 정산 無 5. 해당없음	성과평가 실시여부 1. 실시 2. 미실시 3. 향후 추진 4. 해당없음
9743	전북 부안군	동물사체 처리시설 지원	124,500	축산유통과	9	1	7	8	7	5	5	4
9744	전북 부안군	구제역 예방접종 연속주사기 지원	36,960	축산유통과	9	1	7	8	7	5	5	4
9745	전북 부안군	CCTV 등 방역 인프라 지원사업(개별농가)	210,000	축산유통과	9	1	7	8	7	5	5	4
9746	전북 부안군	깨끗하고 소득있는 축산물판매장 만들기 사업	25,200	축산유통과	9	1	7	8	7	5	5	4
9747	전북 부안군	지역특화품목 비닐하우스 지원사업	631,200	축산유통과	9	1	7	8	7	5	5	4
9748	전북 부안군	농업에너지 이용효율화사업(에너지절감시설)	205,320	축산유통과	9	2	7	8	7	5	5	4
9749	전북 부안군	농업에너지 이용효율화사업(신재생에너지)	85,080	축산유통과	9	2	7	8	7	5	5	4
9750	전북 부안군	고추비가림 재배시설 지원사업	69,695	축산유통과	9	2	7	8	7	5	5	4
9751	전북 부안군	시설원예 ICT 융복합 지원사업	186,942	축산유통과	9	2	7	8	7	5	5	4
9752	전북 부안군	시설하우스 온풍난방기 지원사업	6,367	축산유통과	9	1	7	8	7	5	5	4
9753	전북 부안군	간편형 스마트팜 지원사업	68,670	축산유통과	9	1	7	8	7	5	5	4
9754	전북 부안군	시설원예현대화사업(일반원예)	311,562	축산유통과	9	2	7	8	7	5	5	4
9755	전북 부안군	밭작물공동경영체 육성지원사업	135,000	축산유통과	9	1	7	8	7	5	5	4
9756	전북 부안군	노지채소 생산기반 구축사업	91,200	축산유통과	9	1	7	8	7	5	5	4
9757	전북 부안군	특용작물(버섯,약용,차) 생산시설 현대화사업	10,000	축산유통과	9	2	7	8	7	5	5	4
9758	전북 부안군	특용작물(인삼)생산시설현대화사업	19,360	축산유통과	9	2	7	8	7	5	5	4
9759	전북 부안군	농산물 물류효율화 지원사업	52,250	축산유통과	9	1	7	8	7	5	5	4
9760	전북 부안군	농산물 상품화 기반구축사업	480,000	축산유통과	9	1	7	8	7	5	5	4
9761	전북 부안군	지역밀착형 주민참여예산	20,000	해양수산과	9	1	7	8	7	5	5	4
9762	전북 부안군	소형어선 안전장비 지원 사업	151,200	해양수산과	9	4	7	8	7	5	5	4
9763	전북 부안군	어선사고 예방시스템 구축지원 사업	18,900	해양수산과	9	4	7	8	7	5	5	4
9764	전북 부안군	생분해성 어구보급 사업	114,286	해양수산과	9	4	7	8	7	5	5	4
9765	전북 부안군	해양포유류 혼획저감 어구보급 사업	82,500	해양수산과	9	4	7	8	7	5	5	4
9766	전북 부안군	친환경 에너지 절감장비 보급	66,400	해양수산과	9	4	7	8	7	5	5	4
9767	전북 부안군	주꾸미 산란서식장 조성	50,000	해양수산과	9	1	7	8	7	5	5	4
9768	전북 부안군	수산물 수출전략품목육성사업	200,000	해양수산과	9	1	7	8	7	5	5	4
9769	전북 부안군	양식장 경쟁력강화(기자재)사업	60,000	해양수산과	9	1	7	8	7	5	5	4
9770	전북 부안군	김양식어가 물김포대 구입 지원	29,400	해양수산과	9	1	7	8	7	5	5	4
9771	전북 부안군	내수면 양식장 시설 현대화	30,000	해양수산과	9	1	7	8	7	5	5	4
9772	전북 부안군	패류 양식어가 경영안정 지원	33,410	해양수산과	9	1	7	8	7	5	5	4
9773	전북 부안군	양식장 청정 지하수 개발	15,334	해양수산과	9	1	7	8	7	5	5	4
9774	전북 부안군	양식장 스마트 관리 시스템 구축	2,640	해양수산과	9	1	7	8	7	5	5	4
9775	전북 부안군	수산장비 임대활용사업	170,000	해양수산과	9	6	4	8	7	1	3	3
9776	전북 부안군	내수면양식 청년창업 붕업조성사업	31,800	해양수산과	9	1	7	8	7	5	5	4
9777	전북 부안군	내수면 양식장 친환경 정화시설 지원	24,000	해양수산과	9	1	7	8	7	5	5	4
9778	전북 부안군	양식어장 자동화 장비지원	24,880	해양수산과	9	1	7	8	7	5	5	4
9779	전북 부안군	친환경어구보급(친환경 부표)사업	49,000	해양수산과	9	1	7	8	7	5	5	4
9780	전북 부안군	고수온 및 폭염대응 지원사업	57,000	해양수산과	9	1	7	8	7	5	5	4
9781	전북 부안군	야생동물 피해예방시설 지원	20,000	환경과	9	1	7	8	7	1	1	4
9782	전북 부안군	전기승용차 구매 지원	480,000	환경과	9	2	7	8	7	5	5	4
9783	전북 부안군	전기화물차 구매 지원	1,250	환경과	9	2	7	8	7	5	5	4
9784	전북 부안군	전기이륜차 구매 지원	18,000	환경과	9	2	7	8	7	5	5	4

순번	시군구	지출명 (사업명)	2021년예산 (단위:천원/1년간)	담당자 (공무원) 담당부서	민간이전 분류 (지방자치단체 세출예산 집행기준에 의거) 1. 민간경상사업보조(307-02) 2. 민간단체 법정운영비보조(307-03) 3. 민간행사사업보조(307-04) 4. 민간위탁금(307-05) 5. 사회복지시설 법정운영비보조(307-10) 6. 민간인위탁교육비(307-12) 7. 공기관등에대한경상적위탁사업비(308-10) 8. 민간자본사업보조,자체재원(402-01) 9. 민간자본사업보조,이전재원(402-02) 10. 민간위탁사업비(402-03) 11. 공기관등에 대한 자본적 대행사업비(403-02)	민간이전지출 근거 (지방보조금 관리기준 참고) 1. 법률에 규정 2. 국고보조 재원(국가지정) 3. 용도 지정 기부금 4. 조례에 직접규정 5. 지자체가 권장하는 사업을 하는 공공기관 6. 시,도 정책 및 재정사정 7. 기타 8. 해당없음	입찰방식 계약체결방법 (경쟁형태) 1. 일반경쟁 2. 제한경쟁 3. 지명경쟁 4. 수의계약 5. 법정위탁 6. 기타 ( ) 7. 해당없음	입찰방식 계약기간 1. 1년 2. 2년 3. 3년 4. 4년 5. 5년 6. 기타 ( )년 7. 단기계약 (1년미만) 8. 해당없음	입찰방식 낙찰자선정방법 1. 적격심사 2. 협상에의한계약 3. 최저가낙찰제 4. 규격가격분리 5. 2단계 경쟁입찰 6. 기타 ( ) 7. 해당없음	운영예산 산정 운영예산 산정 1. 내부산정 (지자체 자체적으로 산정) 2. 외부산정 (외부전문기관위탁 산정) 3. 내·외부 모두 산정 4. 산정 無 5. 해당없음	운영예산 산정 정산방법 1. 내부정산 (지자체 내부적으로 정산) 2. 외부정산 (외부전문기관위탁 정산) 3. 내·외부 모두 산정 4. 정산 無 5. 해당없음	성과평가 실시여부 1. 실시 2. 미실시 3. 향후 추진 4. 해당없음
9785	전북 부안군	LPG화물차 신차구입	40,000	환경과	9	2	7	8	7	5	5	4
9786	전북 부안군	가정용 저녹스 보일러 보급사업	29,200	환경과	9	2	7	8	7	5	5	4
9787	전북 부안군	소규모 영세사업장 방지시설 지원	540,000	환경과	9	2	7	8	7	5	5	4
9788	전북 부안군	미생물 자동분사시설 설치사업	79,650	환경과	9	4	7	8	7	5	5	4
9789	전북 부안군	친환경임산물 재배관리	125,548	도시공원과	9	1	7	8	7	1	1	4
9790	전북 부안군	친환경임산물 재배관리	2,959	도시공원과	9	1	7	8	7	1	1	4
9791	전북 부안군	산림작물생산단지	600,000	도시공원과	9	1	7	8	7	1	1	4
9792	전북 부안군	산림작물생산단지	30,000	도시공원과	9	1	7	8	7	1	1	4
9793	전북 부안군	임산물 상품화지원	37,500	도시공원과	9	1	7	8	7	1	1	4
9794	전북 부안군	임산물유통기반조성	19,150	도시공원과	9	1	7	8	7	1	1	4
9795	전북 부안군	생생마을 플러스사업 구축 지원	33,650	건설교통과	9	6	7	8	7	5	1	3
9796	전북 부안군	마을기업 고도화사업	50,000	건설교통과	9	6	7	8	7	5	1	3
9797	전북 부안군	마을기업 지정사업	50,000	건설교통과	9	2	7	8	7	5	1	3
9798	전북 부안군	지역밀착형 주민참여예산	15,000	안전총괄과	9	7	7	1	7	1	1	1
9799	전북 부안군	호흡기전담클리닉 설치 운영 지원	100,000	보건소	9	2	7	8	7	5	5	4
9800	전북 부안군	한우 발정 알림이 보급 시범	30,000	친환경기술과	9	1	7	8	7	5	5	4
9801	전북 부안군	신기술 접목 차세대 영농인 육성	150,000	농촌지원과	9	1	1	1	1	1	1	1
9802	전북 부안군	선도 농업경영체 우수 모델화 사업	30,000	농촌지원과	9	1	1	1	1	1	1	1
9803	전북 부안군	청년농업인 융복합 자립기반 조성시범	50,000	농촌지원과	9	1	7	8	7	5	5	4
9804	전북 부안군	농촌자원 활용기술 시범	32,000	농촌지원과	9	2	7	8	7	5	5	4
9805	전북 부안군	농식품 가공사업장 품질향상 지원	50,000	농촌지원과	9	1	7	8	7	5	5	4
9806	전북 부안군	작목별 맞춤형 안전관리실천	50,000	농촌지원과	9	2	7	8	7	5	5	4
9807	전북 부안군	농업인 재해 안전마을 육성	50,000	농촌지원과	9	2	7	8	7	5	5	4
9808	전북 부안군	농업인 가공사업장 시설장비 개선	100,000	농촌지원과	9	1	7	8	7	5	5	4
9809	전북 부안군	효소처리 농식품 가공 소재화 시범	70,000	농촌지원과	9	2	7	8	7	5	5	4
9810	전북 부안군	치유자원을 활용한 농촌체류관광 활성화 시범	100,000	농촌지원과	9	1	7	8	7	5	5	4
9811	전북 부안군	농촌체험농장 육성	40,000	농촌지원과	9	1	7	8	7	5	5	4
9812	전북 부안군	농촌 어르신 복지실천시범	50,000	농촌지원과	9	2	7	8	7	5	5	4
9813	전북 부안군	스마트팜 농가 생산력 향상	13,000	친환경기술과	9	2	7	8	7	5	5	4
9814	전북 부안군	농작물 병해충 사전방제 지원	114,840	친환경기술과	9	2	7	8	7	5	5	4
9815	전북 부안군	들녁단위 규모화 친환경쌀산업고도화단지 육성	500,000	친환경기술과	9	2	7	8	7	5	5	4
9816	전북 부안군	고품질 밀 생산 및 소비확대 기반조성	220,000	친환경기술과	9	2	7	8	7	5	5	4
9817	전북 부안군	드론 활용 노동력 절감 벼 재배단지 육성 시범	80,000	친환경기술과	9	2	7	8	7	5	5	4
9818	전북 부안군	드론활용 콩 병해충 방제기술보급 시범	50,000	친환경기술과	9	2	7	8	7	5	5	4
9819	전북 부안군	벼 병해충 사전방제 육묘상자처리제 지원	50,000	친환경기술과	9	2	7	8	7	5	5	4
9820	전북 부안군	벼 우량종자 안정생산 기반조성 시범	200,000	친환경기술과	9	2	7	8	7	5	5	4
9821	전북 부안군	벼 친환경 가축분 입상퇴비 활용기술 보급시범	25,000	친환경기술과	9	2	7	8	7	5	5	4
9822	전북 부안군	딸기 수출용 선도유지 일관체계 기술 시범	30,000	친환경기술과	9	2	7	8	7	5	5	4
9823	전북 부안군	난지형 마늘 건조비용 절감 가변형 건조시스템 구축	46,000	친환경기술과	9	2	7	8	7	5	5	4
9824	전북 부안군	비벡터링 기술 이용 시설 원예작물 종합예방기술 시범	26,000	친환경기술과	9	2	7	8	7	5	5	4
9825	전북 부안군	지역특색농업 발굴 소득화 사업	50,000	친환경기술과	9	1	7	8	7	5	5	4
9826	전북 부안군	병해충 관리를 위한 친환경 농업기술 보급 시범	20,000	친환경기술과	9	1	7	8	7	5	5	4

순번	시군구	지출명 (사업명)	2021년예산 (단위:천원/1년간)	담당자 (공무원) 담당부서	민간이전 분류 (지방자치단체 세출예산 집행기준에 의거) 1. 민간경상사업보조(307-02) 2. 민간단체 법정운영비보조(307-03) 3. 민간행사사업보조(307-04) 4. 민간위탁금(307-05) 5. 사회복지시설 법정운영비보조(307-10) 6. 민간인위탁교육비(307-12) 7. 공기관등에대한경상적위탁사업비(308-10) 8. 민간자본사업보조,자체재원(402-01) 9. 민간자본사업보조,이전재원(402-02) 10. 민간위탁사업비(402-03) 11. 공기관등에 대한 자본적 대행사업비(403-02)	민간이전지출 근거 (지방보조금 관리기준 참고) 1. 법률에 규정 2. 국고보조 재원(국가지정) 3. 용도 지정 기부금 4. 조례에 직접규정 5. 지자체가 권장하는 사업을 하는 공공기관 6. 시,도 정책 및 재정사정 7. 기타 8. 해당없음	입찰방식 계약체결방법 (경쟁형태) 1. 일반경쟁 2. 제한경쟁 3. 지명경쟁 4. 수의계약 5. 법정위탁 6. 기타 ( ) 7. 해당없음	입찰방식 계약기간 1. 1년 2. 2년 3. 3년 4. 4년 5. 5년 6. 기타 ( )년 7. 단기계약 (1년미만) 8. 해당없음	입찰방식 낙찰자선정방법 1. 적격심사 2. 협상에의한계약 3. 최저가낙찰제 4. 규격가격분리 5. 2단계 경쟁입찰 6. 기타 ( ) 7. 해당없음	운영예산 산정 운영예산 산정 1. 내부산정 (지자체 자체적으로 산정) 2. 외부산정 (외부전문기관위탁 산정) 3. 내·외부 모두 산정 4. 산정 無 5. 해당없음	운영예산 산정 정산방법 1. 내부정산 (지자체 내부적으로 정산) 2. 외부정산 (외부전문기관위탁 정산) 3. 내·외부 모두 산정 4. 정산 無 5. 해당없음	성과평가 실시여부 1. 실시 2. 미실시 3. 향후 추진 4. 해당없음
9827	전북 부안군	전북도원 연구개발기술 현장적용 확대 시범	60,000	친환경기술과	9	1	7	8	7	5	5	4
9828	전북 부안군	원예특작분야 현장맞춤형 시범	70,000	친환경기술과	9	1	7	8	7	5	5	4
9829	전북 부안군	전북형 기후변화 대응 신소득작물 발굴 시범	60,000	친환경기술과	9	1	7	8	7	5	5	4
9830	전북 부안군	수출농산물 생산기반조성 시범	64,000	친환경기술과	9	1	7	8	7	5	5	4
9831	전남 완도군	어선사고예방시스템구축사업	62,000	수산경영과	9	2	7	8	7	5	5	4
9832	전남 완도군	친환경 에너지절감장비 보급사업	343,260	수산경영과	9	2	7	8	7	5	5	4
9833	전남 완도군	어장구역 표지시설 설치지원사업	280,000	수산경영과	9	2	7	8	7	5	5	4
9834	전남 완도군	수산물 소포장재 지원사업	72,000	수산경영과	9	6	7	8	7	5	5	4
9835	전남 완도군	수산물 공동저온저장시설사업	800,000	수산경영과	9	6	7	8	7	5	5	4
9836	전남 완도군	수산물 소형저온저장시설사업	324,000	수산경영과	9	6	7	8	7	5	5	4
9837	전남 완도군	사료저장(저온저장)시설사업	300,000	수산경영과	9	6	7	8	7	5	5	4
9838	전남 완도군	수산물 산지가공 시설사업	900,000	수산경영과	9	6	7	8	7	5	5	4
9839	전남 완도군	수산물 중형저온저장시설사업	400,000	수산경영과	9	6	7	8	7	5	5	4
9840	전남 완도군	선어회 가공공장 신축	400,000	수산경영과	9	6	7	8	7	5	5	4
9841	전남 완도군	해조류 고차가공시설건립	1,100,000	수산경영과	9	6	7	8	7	5	5	4
9842	전남 완도군	친환경 수산물 위생건조시설 지원사업	480,000	수산경영과	9	6	7	8	7	5	5	4
9843	전남 완도군	넙치사료 양육 및 자동선별기 설치사업	400,000	수산경영과	9	6	7	8	7	5	5	4
9844	전남 완도군	자율관리어업공동체 지원	198,000	수산경영과	9	2	2	7	1	5	1	4
9845	전남 완도군	유망양식품종 종자공급사업	30,000	수산경영과	9	6	7	8	7	5	5	4
9846	전남 완도군	유망양식품종 종자공급사업(가리비)	47,500	수산경영과	9	6	7	8	7	5	5	4
9847	전남 완도군	양식어장 재배치 지원사업	600,000	수산경영과	9	6	7	8	7	5	5	4
9848	전남 완도군	스마트예방 양식시설 구축	340,000	수산경영과	9	2	7	8	7	5	5	4
9849	전남 완도군	친환경부표보급지원사업	2,086,000	수산경영과	9	7	7	8	7	5	5	4
9850	전남 완도군	유망양식품종 종자공급사업	50,000	수산경영과	9	7	7	8	7	5	5	4
9851	전남 완도군	김 육상채묘 및 냉동망시설사업	16,000	수산경영과	9	7	7	8	7	5	5	4
9852	전남 완도군	민간전기자동차 구매지원	276,800	환경산림과	9	2	7	8	7	5	5	4
9853	전남 완도군	취약계층 친환경 보일러 교체지원	4,000	환경산림과	9	2	7	8	7	5	5	4
9854	전남 완도군	사업용 저녹스버너 보급사업	7,200	환경산림과	9	2	7	8	7	5	5	4
9855	전남 완도군	전기이륜차 구매지원	54,000	환경산림과	9	2	7	8	7	5	5	4
9856	전남 완도군	LPG화물차 신차 구입지원	40,000	환경산림과	9	2	7	8	7	5	5	4
9857	전남 완도군	DPF 부착지원	34,200	환경산림과	9	2	7	8	7	5	5	4
9858	전남 완도군	건설기계 엔진교체 지원	49,500	환경산림과	9	2	7	8	7	5	5	4
9859	전남 완도군	전기화물차 구매지원	667,200	환경산림과	9	2	7	8	7	5	5	4
9860	전남 완도군	사회복지용 펠릿보일러 보급	20,000	환경산림과	9	2	7	8	7	4	1	4
9861	전남 완도군	유휴토지조림	30,150	환경산림과	9	2	7	8	7	5	5	4
9862	전남 완도군	양묘시설현대화	78,000	환경산림과	9	2	7	8	7	3	1	4
9863	전남 완도군	해양보호구역 관리사업	12,857	해양정책과	9	2	7	8	7	5	5	4
9864	전남 완도군	품목생산자조직 경영, 마케팅 협력시스템 구축	41,400	농업기술센터	9	6	7	8	7	5	5	4
9865	전남 완도군	외래품종대체 최고품질벼 생산공급거점단지 육성	200,000	농업기술센터	9	2	7	8	7	5	5	4
9866	전남 완도군	가공용쌀 원료곡 생산단지육성	204,000	농업기술센터	9	2	7	8	7	5	5	4
9867	전남 완도군	드론활용 벼향공직파 재배단지조성	80,000	농업기술센터	9	6	7	8	7	5	5	4
9868	전남 완도군	기능성 쌀보리 재배단지 조성 및 안정생산 기술시범	100,000	농업기술센터	9	2	7	8	7	5	5	4

순번	시군구	지출명 (사업명)	2021년예산 (단위:천원/1년간)	담당자 (공무원) 담당부서	민간이전 분류 (지방자치단체 세출예산 집행기준에 의거) 1. 민간경상사업보조(307-02) 2. 민간단체 법정운영비보조(307-03) 3. 민간행사사업보조(307-04) 4. 민간위탁금(307-05) 5. 사회복지시설 법정운영비보조(307-10) 6. 민간인위탁교육비(307-12) 7. 공기관등에대한경상적위탁사업비(308-10) 8. 민간자본사업보조,자체재원(402-01) 9. 민간자본사업보조,이전재원(402-02) 10. 민간위탁사업비(402-03) 11. 공기관등에 대한 자본적 대행사업비(403-02)	민간이전지출 근거 (지방보조금 관리기준 참고) 1. 법률에 규정 2. 국고보조 재원(국가지정) 3. 용도 지정 기부금 4. 조례에 직접규정 5. 지자체가 권장하는 사업을 하는 공공기관 6. 시,도 정책 및 재정사정 7. 기타 8. 해당없음	입찰방식 계약체결방법 (경쟁형태) 1. 일반경쟁 2. 제한경쟁 3. 지명경쟁 4. 수의계약 5. 법정위탁 6. 기타 ( ) 7. 해당없음	입찰방식 계약기간 1. 1년 2. 2년 3. 3년 4. 4년 5. 5년 6. 기타 ( )년 7. 단기계약 (1년미만) 8. 해당없음	입찰방식 낙찰자선정방법 1. 적격심사 2. 협상에의한계약 3. 최저가낙찰제 4. 규격가격분리 5. 2단계 경쟁입찰 6. 기타 ( ) 7. 해당없음	운영예산 산정 운영예산 산정 1. 내부산정 (지자체 자체적으로 산정) 2. 외부산정 (외부전문기관위탁 산정) 3. 내·외부 모두 산정 4. 산정 無 5. 해당없음	운영예산 산정 정산방법 1. 내부정산 (지자체 내부적으로 정산) 2. 외부정산 (외부전문기관위탁 정산) 3. 내·외부 모두 산정 4. 정산 無 5. 해당없음	성과평가 실시여부 1. 실시 2. 미실시 3. 향후 추진 4. 해당없음
9869	전남 완도군	식량작물 수출생산단지 조성사업	100,000	농업기술센터	9	6	7	8	7	5	5	4
9870	전남 완도군	목이버섯 스마트재배사 모델 활용 실증시범	49,000	농업기술센터	9	6	7	8	7	5	5	4
9871	전남 완도군	축산 스마트팜 통합제어시스템 활용 기술 시범	120,000	농업기술센터	9	2	7	8	7	5	5	4
9872	전남 완도군	ICT활용 한우, 젖소 번식효율 향상 시범	7,000	농업기술센터	9	6	7	8	7	5	5	4
9873	전남 완도군	난지형 마늘 건조비용 절감 가변형 건조시스템 구축시범	46,000	농업기술센터	9	2	7	8	7	5	5	4
9874	전남 완도군	신품종마늘 우량종구 생산단지 조성	50,000	농업기술센터	9	5	7	8	7	5	5	4
9875	전남 완도군	생산비 절감 및 부가가치 향상 실용화 사업	100,000	농업기술센터	9	4	7	8	7	5	5	4
9876	전남 완도군	어린이집 기능보강	6,300	여성가족과	9	2	7	8	7	3	1	1
9877	전남 완도군	지역아동센터 환경개선 지원	10,000	여성가족과	9	2	7	8	7	3	1	1
9878	전남 목포시	달성사 화장실 등 환경개선사업	290,000	도시문화재과	9	2	7	8	7	5	5	4
9879	전남 목포시	달성사목포지장보살삼존상 및 시왕상 일괄 정밀진단,기록화 사업	172,000	도시문화재과	9	2	7	8	7	5	5	4
9880	전남 목포시	달성사 목포아미타삼존불상 보존상태 진단 및 기록화 사업	120,000	도시문화재과	9	2	7	8	7	5	5	4
9881	전남 목포시	운행경유차 배출가스 저감사업	1,267,850	환경보호과	9	2	7	8	7	5	5	4
9882	전남 목포시	어린이 통학차량의 LPG 지원사업	130,000	환경보호과	9	2	7	8	7	5	5	4
9883	전남 목포시	전기자동차 보급 및 충전인프라 구축사업	770,000	환경보호과	9	2	7	8	7	5	5	4
9884	전남 목포시	전기화물차(소형)보급사업	252,000	환경보호과	9	2	7	8	7	5	5	4
9885	전남 목포시	친환경 보일러 보급사업	4,000	환경보호과	9	1	7	8	7	5	5	4
9886	전남 목포시	전기이륜차 구입비	46,000	환경보호과	9	2	7	8	7	5	5	4
9887	전남 목포시	가정용 저녹스 보일러 보급사업	142,500	환경보호과	9	2	7	8	7	5	5	4
9888	전남 목포시	주유소 유증기 회수설비 설치 지원	23,800	환경보호과	9	2	7	8	7	5	1	3
9889	전남 목포시	일반음식점 입식테이블 설치 지원 사업	164,580	보건위생과	9	1	7	8	7	5	5	4
9890	전남 목포시	지방의료원 기능보강사업	500,000	보건위생과	9	2	7	8	7	1	1	4
9891	전남 목포시	공공보건의료 협력체계 구축	5,000	보건위생과	9	2	7	8	7	1	1	4
9892	전남 목포시	지방의료원 환경개선	50,000	보건위생과	9	7	7	8	7	5	5	4
9893	전남 목포시	경애원 기능보강	200,292	여성가족과	9	1	7	8	7	5	1	1
9894	전남 목포시	지역아동센터 자체지원사업	30,000	여성가족과	9	6	7	8	7	5	5	4
9895	전남 목포시	지역아동센터 자체지원사업	50,000	여성가족과	9	6	7	8	7	5	5	4
9896	전남 목포시	지역아동센터 자체지원사업	40,000	여성가족과	9	6	7	8	7	5	5	4
9897	전남 목포시	지역아동센터 자체지원사업	60,000	여성가족과	9	6	7	8	7	5	5	4
9898	전남 목포시	어린이집 장비비	12,000	여성가족과	9	2	7	8	7	1	1	2
9899	전남 목포시	어린이집 개보수	90,000	여성가족과	9	2	7	8	7	1	1	2
9900	전남 목포시	가정폭력피해자 보호시설 기능보강	6,250	여성가족과	9	1	7	8	7	5	1	1
9901	전남 목포시	성폭력피해자 보호시설 기능보강	5,250	여성가족과	9	1	7	8	7	5	1	1
9902	전남 목포시	폭력피해 이주여성 보호시설 기능보강	16,912	여성가족과	9	1	7	8	7	5	1	1
9903	전남 목포시	원예특작용 비닐하우스 설치 지원	16,500	농업정책과	9	6	7	8	7	1	1	4
9904	전남 목포시	다목적 소형농기계 구입 지원사업	25,000	농업정책과	9	6	7	8	7	1	1	4
9905	전남 목포시	농산물 소형 저온저장고 설치 지원	24,000	농업정책과	9	6	7	8	7	1	1	4
9906	전남 목포시	온라인 판매확대 지원사업	10,000	농업정책과	9	6	7	8	7	1	1	4
9907	전남 목포시	친환경 에너지 절감장비 보급사업	240,000	수산진흥과	9	1	7	8	7	5	1	4
9908	전남 목포시	어선사고 예방시스템 구축사업	30,000	수산진흥과	9	1	7	8	7	5	1	4
9909	전남 목포시	수산시장시설개선사업	220,000	수산진흥과	9	6	7	8	7	5	1	4
9910	전남 목포시	목포수협 활어위판장 신축	120,000	수산진흥과	9	2	7	8	7	5	5	4

순번	시군구	지출명 (사업명)	2021년예산 (단위:천원/1년간)	담당자 (공무원) 담당부서	민간이전 분류 (지방자치단체 세출예산 집행기준에 의거) 1. 민간경상사업보조(307-02) 2. 민간단체 법정운영비보조(307-03) 3. 민간행사사업보조(307-04) 4. 민간위탁금(307-05) 5. 사회복지시설 법정운영비보조(307-10) 6. 민간인위탁교육비(307-12) 7. 공기관등에대한경상적위탁사업비(308-10) 8. 민간자본사업보조,자체재원(402-01) 9. 민간자본사업보조,이전재원(402-02) 10. 민간위탁사업비(402-03) 11. 공기관등에 대한 자본적 대행사업비(403-02)	민간이전지출 근거 (지방보조금 관리기준 참고) 1. 법률에 규정 2. 국고보조 재원(국가지정) 3. 용도 지정 기부금 4. 조례에 직접규정 5. 지자체가 권장하는 사업을 하는 공공기관 6. 시,도 정책 및 재정사정 7. 기타 8. 해당없음	입찰방식 계약체결방법 (경쟁형태) 1. 일반경쟁 2. 제한경쟁 3. 지명경쟁 4. 수의계약 5. 법정위탁 6. 기타 ( ) 7. 해당없음	입찰방식 계약기간 1. 1년 2. 2년 3. 3년 4. 4년 5. 5년 6. 기타 ( )년 7. 단기계약 (1년미만) 8. 해당없음	입찰방식 낙찰자선정방법 1. 적격심사 2. 협상에의한계약 3. 최저가낙찰제 4. 규격가격분리 5. 2단계 경쟁입찰 6. 기타 ( ) 7. 해당없음	운영예산 산정 운영예산 산정 1. 내부산정 (지자체 자체적으로 산정) 2. 외부산정 (외부전문기관위탁 산정) 3. 내·외부 모두 산정 4. 산정 無 5. 해당없음	운영예산 산정 정산방법 1. 내부정산 (지자체 내부적으로 정산) 2. 외부정산 (외부전문기관위탁 정산) 3. 내·외부 모두 산정 4. 정산 無 5. 해당없음	성과평가 실시여부 1. 실시 2. 미실시 3. 향후 추진 4. 해당없음
9911	전남 목포시	수출전략형 김 가공 육성사업	1,400	수산진흥과	9	1	7	8	7	5	5	4
9912	전남 목포시	목포어묵사업 기술연구개발 보조금	80,000	수산진흥과	9	1	7	8	7	5	5	4
9913	전남 목포시	유아숲 교육운영	51,000	공원녹지과	9	2	7	8	7	5	5	4
9914	전남 목포시	지방투자촉진보조금(케이씨)	1,072,644	지역경제과	9	2	7	8	7	1	2	1
9915	전남 목포시	선박수리지원시스템	600,000	지역경제과	9	2	7	8	7	1	2	1
9916	전남 목포시	초소형 전기차 산업 및 서비스 육성 실증지원사업	100,000	지역경제과	9	2	5	7	6	2	2	1
9917	전남 목포시	첨단소재 융합제품 상용화기반 강화사업	188,000	지역경제과	9	2	5	3	6	2	2	1
9918	전남 목포시	해상풍력 융복합산업화 플랫폼 공간구축 설계비	100,000	지역경제과	9	5	7	1	6	1	1	1
9919	전남 목포시	ICT 기반 유틸리티성 자원공유 지원사업	550,000	지역경제과	9	2	5	5	6	2	2	1
9920	전남 목포시	신재생에너지보급 주택지원사업	43,200	지역경제과	9	2	7	8	7	5	5	4
9921	전남 목포시	목포항 화물유치 인센티브 지원	150,000	해양항만과	9	4	7	8	7	1	1	3
9922	전남 목포시	자혜양로원 개보수	30,000	노인장애인과	9	2	7	8	7	1	1	3
9923	전남 목포시	장애인거주시설 공기청정기 렌탈지원	6,000	노인장애인과	9	2	4	3	2	1	1	4
9924	전남 목포시	행복둥지사업	3,500	노인장애인과	9	4	5	1	7	2	2	2
9925	전남 여수시	미래신성장동력 CO2 고부가가치 사업화 플랫폼 구축사업	320,000	산업지원과	9	1	7	8	7	3	3	3
9926	전남 여수시	폐플라스틱 자원화 소재개발 실증기반 조성사업	1,535,000	산업지원과	9	1	7	8	7	3	3	3
9927	전남 여수시	첨단소재 융합제품 상용화기반 강화사업	188,000	산업지원과	9	1	7	8	7	3	3	3
9928	전남 여수시	경로당 소규모기능보강사업	130,000	노인장애인과	9	1	4	7	7	1	1	2
9929	전남 여수시	장애인직업재활시설 기능보강사업	845,320	노인장애인과	9	2	7	8	7	1	1	2
9930	전남 여수시	수소전기자동차 보급	2,625,000	기후생태과	9	2	7	8	7	5	5	4
9931	전남 여수시	전기자동차 보급	2,153,200	기후생태과	9	2	7	8	7	5	5	4
9932	전남 여수시	전기화물차 보급	2,320,000	기후생태과	9	2	7	8	7	5	5	4
9933	전남 여수시	전기이륜차 보급	258,000	기후생태과	9	2	7	8	7	5	5	4
9934	전남 여수시	천연가스자동차 보급	108,000	기후생태과	9	1	7	8	7	5	5	4
9935	전남 여수시	어린이 통학차량 LPG차 전환 지원사업	200,000	기후생태과	9	1	7	8	7	5	5	4
9936	전남 여수시	운행경유차 배출가스 저감사업	3,865,000	기후생태과	9	1	7	8	7	5	5	4
9937	전남 여수시	가정용 저녹스 보일러 지원	440,000	기후생태과	9	2	7	8	7	5	5	4
9938	전남 여수시	사회적 취약계층 친환경 보일러 보급	4,000	기후생태과	9	6	7	8	7	5	5	4
9939	전남 여수시	야생동물피해예방사업	90,000	기후생태과	9	2	7	8	7	5	5	4
9940	전남 여수시	주유소 유증기 회수설비 설치 지원사업	42,500	기후생태과	9	1	7	8	7	5	5	4
9941	전남 여수시	지역공동체 마을기업육성	60,000	인구일자리과	9	6	7	8	7	5	5	4
9942	전남 여수시	마을기업 육성	80,000	인구일자리과	9	2	7	8	7	5	5	4
9943	전남 여수시	여수시 사회적경제 공동판매장 환경개선	30,000	인구일자리과	9	4	7	8	7	5	5	4
9944	전남 여수시	고수온 대응 지원사업	153,600	어업생산과	9	2	7	8	7	5	5	4
9945	전남 여수시	주택용 목재펠릿보일러 보급사업	3,600	산림과	9	2	7	8	7	5	5	4
9946	전남 여수시	주택용 목재펠릿보일러 보급사업	4,800	산림과	9	2	7	8	7	5	5	4
9947	전남 여수시	사회복지용 목재펠릿보일러 보급사업	4,000	산림과	9	2	7	8	7	5	5	4
9948	전남 여수시	사회복지용 목재펠릿보일러 보급사업	4,000	산림과	9	2	7	8	7	5	5	4
9949	전남 여수시	시설원예작물 바이러스 종합예방기술 시범	40,000	미래농업과	9	1	4	7	6	1	1	1
9950	전남 여수시	단동하우스 보급형 스마트팜 단지조성 시범	30,000	미래농업과	9	1	4	7	6	1	1	1
9951	전남 여수시	킬레이트제 용해장치 및 활용기술 보급 시범	30,000	미래농업과	9	1	4	7	6	1	1	1
9952	전남 여수시	치유농업육성시범	70,000	농촌진흥과	9	2	7	8	7	5	5	4

순번	시군구	지출명 (사업명)	2021년예산 (단위:천원/1년간)	담당자 (공무원) 담당부서	민간이전 분류 (지방자치단체 세출예산 집행기준에 의거) 1. 민간경상사업보조(307-02) 2. 민간단체 법정운영비보조(307-03) 3. 민간행사사업보조(307-04) 4. 민간위탁금(307-05) 5. 사회복지시설 법정운영비보조(307-10) 6. 민간인위탁교육비(307-12) 7. 공기관등에대한경상적위탁사업비(308-10) 8. 민간자본사업보조,자체재원(402-01) 9. 민간자본사업보조,이전재원(402-02) 10. 민간위탁사업비(402-03) 11. 공기관등에 대한 자본적 대행사업비(403-02)	민간이전지출 근거 (지방보조금 관리기준 참고) 1. 법률에 규정 2. 국고보조 재원(국가지정) 3. 용도 지정 기부금 4. 조례에 직접규정 5. 지자체가 권장하는 사업을 하는 공공기관 6. 시,도 정책 및 재정사정 7. 기타 8. 해당없음	입찰방식 계약체결방법 (경쟁형태) 1. 일반경쟁 2. 제한경쟁 3. 지명경쟁 4. 수의계약 5. 법정위탁 6. 기타 ( ) 7. 해당없음	입찰방식 계약기간 1. 1년 2. 2년 3. 3년 4. 4년 5. 5년 6. 기타 ( )년 7. 단기계약 (1년미만) 8. 해당없음	입찰방식 낙찰자선정방법 1. 적격심사 2. 협상에의한계약 3. 최저가낙찰제 4. 규격가격분리 5. 2단계 경쟁입찰 6. 기타 ( ) 7. 해당없음	운영예산 산정 운영예산 산정 1. 내부산정 (지자체 자체적으로 산정) 2. 외부산정 (외부전문기관위탁 산정) 3. 내·외부 모두 산정 4. 산정 無 5. 해당없음	운영예산 산정 정산방법 1. 내부정산 (지자체 내부적으로 정산) 2. 외부정산 (외부전문기관위탁 정산) 3. 내·외부 모두 산정 4. 정산 無 5. 해당없음	성과평가 실시여부 1. 실시 2. 미실시 3. 향후 추진 4. 해당없음
9953	전남 여수시	작목별 맞춤형 안전관리 실천시범	50,000	농촌진흥과	9	2	7	8	7	5	5	4
9954	전남 여수시	진로체험 프로그램 운영	60,000	농촌진흥과	9	2	7	8	7	5	5	4
9955	전남 여수시	농촌교육농장 육성	24,000	농촌진흥과	9	6	7	8	7	5	5	4
9956	전남 여수시	영농승계 청년농 창업 지원사업	21,000	농촌진흥과	9	6	7	8	7	5	5	4
9957	전남 여수시	여수 옥수수 농촌융복합산업화 사업	510,000	특산품육성과	9	1	7	8	7	5	5	4
9958	전남 여수시	무공수훈자 공적비 건립사업 지원	65,000	사회복지과	9	1	7	8	7	2	1	3
9959	전남 여수시	종합사회복지관 기능보강사업	60,000	사회복지과	9	4	2	5	1	1	1	2
9960	전남 여수시	노숙인 복지시설 기능보강사업	472,366	사회복지과	9	1	7	8	7	1	1	4
9961	전남 순천시	발전소 주변지역 공공사회복지	99,000	지역경제과	9	2	7	8	7	5	5	3
9962	전남 순천시	농촌체험휴양마을 활성화사업	22,000	농업정책과	9	1	7	8	7	5	5	3
9963	전남 순천시	도시민 농촌유치 지원	156,000	농업정책과	9	2	7	8	7	5	5	3
9964	전남 순천시	하늘이 내린 순천매실 명품육성	50,000	친환경농업과	9	4	7	8	7	5	5	3
9965	전남 순천시	순천매실 농촌융복합 산업지구 조성사업	695,000	친환경농업과	9	2	7	8	7	5	5	3
9966	전남 순천시	도지사품질인증제품 자가품질검사비 지원	9,000	농식품유통과	9	1	7	8	7	5	5	3
9967	전남 순천시	산림특화작물 육성	74,900	산림과	9	6	7	8	7	5	5	3
9968	전남 순천시	사회적경제기업 고도화 지원사업	60,000	지역경제과	9	2	7	8	7	5	5	3
9969	전남 순천시	사회적경제기업 시설장비 지원사업	140,000	지역경제과	9	2	7	8	7	5	5	3
9970	전남 순천시	신재생에너지 보급 주택지원 사업	250,000	지역경제과	9	2	7	8	7	5	5	3
9971	전남 순천시	도시 취약지역 생활여건 개조사업	144,400	도시재생과	9	2	7	8	7	5	5	3
9972	전남 순천시	농어촌 취약지역 생활여건 개조사업	200,000	도시재생과	9	2	7	8	7	5	5	3
9973	전남 순천시	국가지정문화재 및 등록문화재 보수정비 지원	1,357	문화예술과	9	2	7	8	7	5	5	3
9974	전남 순천시	도 지정문화재 보수관리 사업	1,400	문화예술과	9	7	7	8	7	5	5	3
9975	전남 순천시	전통사찰 보수 정비	262,500	문화예술과	9	2	7	8	7	5	5	3
9976	전남 순천시	전통문화유산 보수정비 사업	720,000	문화예술과	9	7	7	8	7	5	5	3
9977	전남 순천시	전통사찰 방재시스템 구축	102,500	문화예술과	9	2	7	8	7	5	5	3
9978	전남 순천시	문화재 재난방지시설 구축	300,000	문화예술과	9	2	7	8	7	5	5	3
9979	전남 순천시	농어촌민박 소방안전시설 지원	21,000	관광과	9	4	7	8	7	5	5	3
9980	전남 순천시	노인여가복지시설 설치 등 지원	435,000	노인장애인과	9	4	7	8	7	5	5	3
9981	전남 순천시	장애인거주시설 기능보강	18,755	노인장애인과	9	2	7	8	7	5	5	3
9982	전남 순천시	직업재활시설 기능보강	36,755	노인장애인과	9	2	7	8	7	5	5	3
9983	전남 순천시	노숙인 복지시설 기능보강	41,296	사회복지과	9	1	7	8	7	5	5	3
9984	전남 순천시	한부모가족 복지시설 기능보강 지원사업	9,845	여성가족과	9	1	7	8	7	5	5	3
9985	전남 순천시	가정폭력보호 보호시설 기능보강 지원	16,595	여성가족과	9	1	7	8	7	5	5	3
9986	전남 순천시	성매매피해자 지원기관 기능보강	21,851	여성가족과	9	1	7	8	7	5	5	3
9987	전남 순천시	어린이집 기능보강	64,200	아동청소년과	9	1	7	8	7	5	5	3
9988	전남 순천시	지역아동센터 환경개선비 지원	60,000	아동청소년과	9	2	7	8	7	5	5	3
9989	전남 순천시	아동복지시설 기능보강	652,112	아동청소년과	9	3	7	8	7	5	5	3
9990	전남 순천시	소규모지역개발사업	1,075,000	건축과	9	6	7	8	7	5	5	3
9991	전남 순천시	치유농업육성	155,500	농업정책과	9	1	7	8	7	5	5	3
9992	전남 순천시	치유형 농촌관광 프로그램 보급시범	70,000	농업정책과	9	1	7	8	7	5	5	3
9993	전남 순천시	식량작물공동(들녘)경영체 육성사업	54,000	친환경농업과	9	2	7	8	7	5	5	3
9994	전남 순천시	저비용 무제초제 농법지원	161,784	친환경농업과	9	6	7	8	7	5	5	3

순번	시군구	지출명 (사업명)	2021년예산 (단위:천원/1년간)	담당자 (공무원) 담당부서	민간이전 분류 (지방자치단체 세출예산 집행기준에 의거) 1. 민간경상사업보조(307-02) 2. 민간단체 법정운영비보조(307-03) 3. 민간행사사업보조(307-04) 4. 민간위탁금(307-05) 5. 사회복지시설 법정운영비보조(307-10) 6. 민간인위탁교육비(307-12) 7. 공기관등에대한경상적위탁사업비(308-10) 8. 민간자본사업보조,자체재원(402-01) 9. 민간자본사업보조,이전재원(402-02) 10. 민간위탁사업비(402-03) 11. 공기관등에 대한 자본적 대행사업비(403-02)	민간이전지출 근거 (지방보조금 관리기준 참고) 1. 법률에 규정 2. 국고보조 재원(국가지정) 3. 용도 지정 기부금 4. 조례에 직접규정 5. 지자체가 권장하는 사업을 하는 공공기관 6. 시,도 정책 및 재정사정 7. 기타 8. 해당없음	입찰방식 계약체결방법 (경쟁형태) 1. 일반경쟁 2. 제한경쟁 3. 지명경쟁 4. 수의계약 5. 법정위탁 6. 기타 ( ) 7. 해당없음	입찰방식 계약기간 1. 1년 2. 2년 3. 3년 4. 4년 5. 5년 6. 기타 ( )년 7. 단기계약 (1년미만) 8. 해당없음	입찰방식 낙찰자선정방법 1. 적격심사 2. 협상에의한계약 3. 최저가낙찰제 4. 규격가격분리 5. 2단계 경쟁입찰 6. 기타 ( ) 7. 해당없음	운영예산 산정 운영예산 산정 1. 내부산정 (지자체 자체적으로 산정) 2. 외부산정 (외부전문기관위탁 산정) 3. 내·외부 모두 산정 4. 산정 無 5. 해당없음	운영예산 산정 정산방법 1. 내부정산 (지자체 내부적으로 정산) 2. 외부정산 (외부전문기관위탁 정산) 3. 내·외부 모두 산정 4. 정산 無 5. 해당없음	성과평가 실시여부 1. 실시 2. 미실시 3. 향후 추진 4. 해당없음
9995	전남 순천시	농산물 생산비 절감지원	177,500	친환경농업과	9	6	7	8	7	5	5	3
9996	전남 순천시	해룡 친환경농업단지 시설 지원	50,000	친환경농업과	9	6	7	8	7	5	5	3
9997	전남 순천시	친환경농업기반구축 사업	573,100	친환경농업과	9	2	7	8	7	5	5	3
9998	전남 순천시	이동식 다용도 작업대 지원	42,400	친환경농업과	9	6	7	8	7	5	5	3
9999	전남 순천시	기후변화 대응 아열대과수 육성사업	12,000	친환경농업과	9	6	7	8	7	5	5	3
10000	전남 순천시	특용작물 생산시설 현대화	65,400	친환경농업과	9	2	7	8	7	5	5	3
10001	전남 순천시	시설원예 현대화사업 지원	18,150	친환경농업과	9	8	7	8	7	5	5	3
10002	전남 순천시	시설원예 연작장애 경감제 지원	70,200	친환경농업과	9	6	7	8	7	5	5	3
10003	전남 순천시	농업분야 에너지 절감시설 지원	85,735	친환경농업과	9	2	7	8	7	5	5	3
10004	전남 순천시	중소농 원예특용작물 생산기반 구축	152,504	친환경농업과	9	6	7	8	7	5	5	3
10005	전남 순천시	고추 비가림 재배시설 지원	96,880	친환경농업과	9	2	7	8	7	5	5	3
10006	전남 순천시	ICT 융복합 확산사업(스마트팜)	72,738	친환경농업과	9	2	7	8	7	5	5	3
10007	전남 순천시	저온유통체계구축사업	22,704	친환경농업과	9	2	7	8	7	5	5	3
10008	전남 순천시	과수 생산시설 현대화 지원	124,483	친환경농업과	9	2	7	8	7	5	5	3
10009	전남 순천시	농산물소형저온저장고 설치 사업	90,000	농식품유통과	9	6	7	8	7	5	5	3
10010	전남 순천시	공동선별비 지원사업	137,208	농식품유통과	9	2	7	8	7	5	5	3
10011	전남 순천시	농산물 마케팅지원	30,000	농식품유통과	9	2	7	8	7	5	5	3
10012	전남 순천시	톤백수매 기반구축사업	19,200	농식품유통과	9	6	7	8	7	5	5	3
10013	전남 순천시	순천만 도정공장 시설환경 개선	100,000	농식품유통과	9	6	7	8	7	5	5	3
10014	전남 순천시	전남쌀 평생고객 확보 택배비 지원	19,995	농식품유통과	9	6	7	8	7	5	5	3
10015	전남 순천시	농산물 수출 물류비 지원	33,333	농식품유통과	9	1	7	8	7	5	5	3
10016	전남 순천시	가공식품 수출물류비 지원	20,000	농식품유통과	9	4	7	8	7	5	5	3
10017	전남 순천시	유기가공식품 인증비용 지원	4,800	농식품유통과	9	1	7	8	7	5	5	3
10018	전남 순천시	도지사 품질인증 제품 디자인 제작 지원	20,000	농식품유통과	9	1	7	8	7	5	5	3
10019	전남 순천시	한우자동목걸림 장치 지원	24,000	동물자원과	9	6	7	8	7	5	5	3
10020	전남 순천시	친환경 천적이용 해충구제 지원	25,920	동물자원과	9	6	7	8	7	5	5	3
10021	전남 순천시	친환경 해충 퇴치 지원사업	10,400	동물자원과	9	6	7	8	7	5	5	3
10022	전남 순천시	곤충시설 및 기자재 지원	120,000	동물자원과	9	6	7	8	7	5	5	3
10023	전남 순천시	양봉산업육성 지원	50,000	동물자원과	9	6	7	8	7	5	5	3
10024	전남 순천시	한봉산업육성 지원	16,750	동물자원과	9	6	7	8	7	5	5	3
10025	전남 순천시	축산물 HACCP 컨설팅	25,200	동물자원과	9	2	7	8	7	5	5	3
10026	전남 순천시	가금류 칼슘첨가제 지원	14,400	동물자원과	9	6	7	8	7	5	5	3
10027	전남 순천시	폭염피해 방지 시설장비 지원	15,700	동물자원과	9	6	7	8	7	5	5	3
10028	전남 순천시	곤충 사료첨가제 지원	8,000	동물자원과	9	6	7	8	7	5	5	3
10029	전남 순천시	말벌퇴치장비 지원 사업	20,000	동물자원과	9	6	7	8	7	5	5	3
10030	전남 순천시	토종벌 육성 사업	3,000	동물자원과	9	6	7	8	7	5	5	3
10031	전남 순천시	낙농가 착유시설 개선 사업	90,000	동물자원과	9	6	7	8	7	5	5	3
10032	전남 순천시	계란냉장차량 지원	15,000	동물자원과	9	2	7	8	7	5	5	3
10033	전남 순천시	조사료생산용 사일리지 제조 지원	1,404,000	동물자원과	9	2	7	8	7	5	5	3
10034	전남 순천시	조사료생산용 기계장비구입 지원	240,000	동물자원과	9	2	7	8	7	5	5	3
10035	전남 순천시	축산 ICT 융복합 확산사업	164,190	동물자원과	9	2	7	8	7	5	5	3
10036	전남 순천시	동물복지형 녹색축산농장 육성 지원	54,000	동물자원과	9	6	7	8	7	5	5	3

순번	시군구	지출명 (사업명)	2021년예산 (단위:천원/1년간)	담당자 (공무원) 담당부서	민간이전 분류 (지방자치단체 세출예산 집행기준에 의거) 1. 민간경상사업보조(307-02) 2. 민간단체 법정운영비보조(307-03) 3. 민간행사사업보조(307-04) 4. 민간위탁금(307-05) 5. 사회복지시설 법정운영비보조(307-10) 6. 민간인위탁교육비(307-12) 7. 공기관등에대한경상적위탁사업비(308-10) 8. 민간자본사업보조,자체재원(402-01) 9. 민간자본사업보조,이전재원(402-02) 10. 민간위탁사업비(402-03) 11. 공기관등에 대한 자본적 대행사업비(403-02)	민간이전지출 근거 (지방보조금 관리기준 참고) 1. 법률에 규정 2. 국고보조 재원(국가지정) 3. 용도 지정 기부금 4. 조례에 직접규정 5. 지자체가 권장하는 사업을 하는 공공기관 6. 시,도 정책 및 재정사정 7. 기타 8. 해당없음	입찰방식 계약체결방법 (경쟁형태) 1. 일반경쟁 2. 제한경쟁 3. 지명경쟁 4. 수의계약 5. 법정위탁 6. 기타 ( ) 7. 해당없음	입찰방식 계약기간 1. 1년 2. 2년 3. 3년 4. 4년 5. 5년 6. 기타 ( )년 7. 단기계약 (1년미만) 8. 해당없음	입찰방식 낙찰자선정방법 1. 적격심사 2. 협상에의한계약 3. 최저가낙찰제 4. 규격가격분리 5. 2단계 경쟁입찰 6. 기타 ( ) 7. 해당없음	운영예산 산정 운영예산 산정 1. 내부산정 (지자체 자체적으로 산정) 2. 외부산정 (외부전문기관위탁 산정) 3. 내·외부 모두 산정 4. 산정 無 5. 해당없음	운영예산 산정 정산방법 1. 내부정산 (지자체 내부적으로 정산) 2. 외부정산 (외부전문기관위탁 정산) 3. 내·외부 모두 산정 4. 정산 無 5. 해당없음	성과평가 실시여부 1. 실시 2. 미실시 3. 향후 추진 4. 해당없음
10037	전남 순천시	한우 ICT 융복합 확산 사업	12,000	동물자원과	9	2	7	8	7	5	5	3
10038	전남 순천시	양돈 생산성 향상 지원	52,500	동물자원과	9	6	7	8	7	5	5	3
10039	전남 순천시	한우 광역브랜드 유통 활성화 지원 사업	40,000	동물자원과	9	6	7	8	7	5	5	3
10040	전남 순천시	축산농장 악취저감제 공급 지원	233,000	동물자원과	9	6	7	8	7	5	5	3
10041	전남 순천시	ICT 기반 악취측정장비 공급 사업	60,000	동물자원과	9	6	7	8	7	5	5	3
10042	전남 순천시	공동자원화시설 마을형퇴비자원화	200,000	동물자원과	9	6	7	8	7	5	5	3
10043	전남 순천시	축산악취개선	28,000	동물자원과	9	6	7	8	7	5	5	3
10044	전남 순천시	가축방역	4,900	동물자원과	9	6	7	8	7	5	5	3
10045	전남 순천시	가축방역 예방약품 구입지원	108,000	동물자원과	9	2	7	8	7	5	5	3
10046	전남 순천시	축산농가 질병관리 등급제 시행	174,000	동물자원과	9	2	7	8	7	5	5	3
10047	전남 순천시	가축백신 지원(구제역)	645,417	동물자원과	9	2	7	8	7	5	5	3
10048	전남 순천시	야생동물 피해예방사업	151,640	동물자원과	9	2	7	8	7	5	5	3
10049	전남 순천시	이상기상 피해 경감 과수 안정생산 기술 시범	35,000	기술보급과	9	6	7	8	7	5	5	3
10050	전남 순천시	친환경 농업혁신 시범 재배단지 조성	35,000	기술보급과	9	6	7	8	7	5	5	3
10051	전남 순천시	고추 기상피해 경감 안정생산 기술보급	7,000	기술보급과	9	6	7	8	7	5	5	3
10052	전남 순천시	단동하우스 스마트팜 단지 조성 시범사업	180,000	기술보급과	9	6	7	8	7	5	5	3
10053	전남 순천시	농업기계 지원사업	500,000	기술보급과	9	6	7	8	7	5	5	3
10054	전남 순천시	여성친화형 다목적 소형전기운반차 지원	160,600	기술보급과	9	6	7	8	7	5	5	3
10055	전남 순천시	농기계 등화장치 부착지원	52,800	기술보급과	9	2	7	8	7	5	5	3
10056	전남 순천시	천연가스자동차 구입비 보조	108,000	생태환경과	9	2	7	8	7	5	5	3
10057	전남 순천시	전기자동차 보급사업	3,572,000	생태환경과	9	2	7	8	7	5	5	3
10058	전남 순천시	노후경유차 조기폐차 지원사업	2,240,000	생태환경과	9	2	7	8	7	5	5	3
10059	전남 순천시	어린이 통학차량의 LPG차 전환 지원사업	200,000	생태환경과	9	2	7	8	7	5	5	3
10060	전남 순천시	가정용 저녹스보일러 설치지원사업	201,800	생태환경과	9	2	7	8	7	5	5	3
10061	전남 순천시	운행경유차 배출가스 저감사업	600,000	생태환경과	9	2	7	8	7	5	5	3
10062	전남 순천시	전기이륜차 보급사업	198,000	생태환경과	9	2	7	8	7	5	5	3
10063	전남 순천시	소규모 방지시설 설치지원사업	1,260	생태환경과	9	2	7	8	7	5	5	3
10064	전남 순천시	DPF(매연저감장치) 부착지원사업	1,140,000	생태환경과	9	2	7	8	7	5	5	3
10065	전남 순천시	건설기계 DPF 부착지원사업	55,000	생태환경과	9	2	7	8	7	5	5	3
10066	전남 순천시	건설기계 엔진교체 지원사업	330,000	생태환경과	9	2	7	8	7	5	5	3
10067	전남 순천시	전기화물차 보급사업	1,856,000	생태환경과	9	2	7	8	7	5	5	3
10068	전남 순천시	사회적 취약계층 친환경 보일러 교체 지원사업	4,000	생태환경과	9	2	7	8	7	5	5	3
10069	전남 순천시	전기버스 구입 보조사업	670,000	생태환경과	9	2	7	8	7	5	5	3
10070	전남 순천시	수소연료 전지차 구입 보조	375,000	생태환경과	9	2	7	8	7	5	5	3
10071	전남 순천시	주유소 유증기 회수설비 설치지원사업	42,500	생태환경과	9	2	7	8	7	5	5	3
10072	전남 순천시	목재펠릿보일러 보급사업	5,600	산림과	9	2	7	8	7	5	5	3
10073	전남 순천시	전문 임업인 양성 생산장비 지원	17,500	산림과	9	6	7	8	7	5	5	3
10074	전남 순천시	임산물상품화지원	38,881	산림과	9	2	7	8	7	5	5	3
10075	전남 순천시	임산물유통기반조성	23,160	산림과	9	2	7	8	7	5	5	3
10076	전남 순천시	산림복합경영단지	444,998	산림과	9	2	7	8	7	5	5	3
10077	전남 순천시	친환경임산물재배관리	23,160	산림과	9	2	7	8	7	5	5	3
10078	전남 순천시	임산물 생산기반 조성	24,500	산림과	9	2	7	8	7	5	5	3

순번	시군구	지출명 (사업명)	2021년예산 (단위:천원/1년간)	담당자 (공무원) 담당부서	민간이전 분류 (지방자치단체 세출예산 집행기준에 의거) 1. 민간경상사업보조(307-02) 2. 민간단체 법정운영비보조(307-03) 3. 민간행사사업보조(307-04) 4. 민간위탁금(307-05) 5. 사회복지시설 법정운영비보조(307-10) 6. 민간인위탁교육비(307-12) 7. 공기관등에대한경상적위탁사업비(308-10) 8. 민간자본사업보조,자체재원(402-01) 9. 민간자본사업보조,이전재원(402-02) 10. 민간위탁사업비(402-03) 11. 공기관등에 대한 자본적 대행사업비(403-02)	민간이전지출 근거 (지방보조금 관리기준 참고) 1. 법률에 규정 2. 국고보조 재원(국가지정) 3. 용도 지정 기부금 4. 조례에 직접규정 5. 지자체가 권장하는 사업을 하는 공공기관 6. 시,도 정책 및 재정사정 7. 기타 8. 해당없음	입찰방식 계약체결방법 (경쟁형태) 1. 일반경쟁 2. 제한경쟁 3. 지명경쟁 4. 수의계약 5. 법정위탁 6. 기타 ( ) 7. 해당없음	입찰방식 계약기간 1. 1년 2. 2년 3. 3년 4. 4년 5. 5년 6. 기타 ( )년 7. 단기계약 (1년미만) 8. 해당없음	입찰방식 낙찰자선정방법 1. 적격심사 2. 협상에의한계약 3. 최저가낙찰제 4. 규격가격분리 5. 2단계 경쟁입찰 6. 기타 ( ) 7. 해당없음	운영예산 산정 운영예산 산정 1. 내부산정 (지자체 자체적으로 산정) 2. 외부산정 (외부전문기관위탁 산정) 3. 내·외부 모두 산정 4. 산정 無 5. 해당없음	운영예산 산정 정산방법 1. 내부정산 (지자체 내부적으로 정산) 2. 외부정산 (외부전문기관위탁 정산) 3. 내·외부 모두 산정 4. 정산 無 5. 해당없음	성과평가 실시여부 1. 실시 2. 미실시 3. 향후 추진 4. 해당없음
10079	전남 순천시	산림작물 생산단지 조성	140,857	산림과	9	2	7	8	7	5	5	3
10080	전남 순천시	산림작물생산단지	165,615	산림과	9	2	7	8	7	5	5	3
10081	전남 순천시	다목적인양기 설치 사업	100,000	순천만보전과	9	1	7	8	7	5	5	3
10082	전남 순천시	친환경 부표 보급 지원사업	69,054	순천만보전과	9	2	7	8	7	5	5	3
10083	전남 순천시	자율관리어업 육성사업	396,000	순천만보전과	9	1	7	8	7	5	5	3
10084	전남 순천시	천일염 포장재 지원사업	18,900	순천만보전과	9	2	7	8	7	5	5	3
10085	전남 순천시	염전 바닥재 개선사업	99,180	순천만보전과	9	2	7	8	7	5	5	3
10086	전남 광양시	매실 가공기술 시범	50,000	농산물마케팅과	9	2	7	8	7	5	5	4
10087	전남 광양시	다목적 소형 농기계 구입지원	392,500	농업지원과	9	1	7	8	7	1	1	4
10088	전남 광양시	이동식 다용도 작업대 지원	127,200	농업지원과	9	1	7	8	7	1	1	4
10089	전남 광양시	농업기계 등화장치 부착	15,000	농업지원과	9	2	7	8	7	1	1	4
10090	전남 광양시	개량물꼬 지원	3,600	농업지원과	9	1	7	8	7	1	1	4
10091	전남 광양시	여성친화형 다목적 소형전기운반차 지원	107,800	농업지원과	9	1	7	8	7	1	1	4
10092	전남 광양시	농산물 생산비 절감지원	131,000	농업지원과	9	1	7	8	7	1	1	4
10093	전남 광양시	유해 야생동물 포획시설 지원	2,640	농업지원과	9	2	7	8	7	1	1	4
10094	전남 광양시	친환경과수채소전문단지조성	350,000	농업지원과	9	1	7	8	7	1	1	4
10095	전남 광양시	한우 자동목걸림장치 지원	4,867	농업지원과	9	6	7	8	7	5	1	4
10096	전남 광양시	양돈 생산성 향상지원	7,000	농업지원과	9	6	7	8	7	5	1	4
10097	전남 광양시	가축폭염피해 방지 시설장비 지원	1,500	농업지원과	9	6	7	8	7	5	1	4
10098	전남 광양시	친환경천적이용 해충구제 지원	10,800	농업지원과	9	6	7	8	7	5	1	4
10099	전남 광양시	친환경 해충퇴치 장비 지원	2,000	농업지원과	9	6	7	8	7	5	1	4
10100	전남 광양시	조사료 제조운송지 지원	10,800	농업지원과	9	2	7	8	7	5	1	4
10101	전남 광양시	사료작물 종자구입비 지원	990	농업지원과	9	2	7	8	7	5	1	4
10102	전남 광양시	말벌퇴치장비 지원	1,800	농업지원과	9	6	7	8	7	5	1	4
10103	전남 광양시	양봉산업육성 지원	35,000	농업지원과	9	6	7	8	7	5	1	4
10104	전남 광양시	한봉산업육성 지원	2,500	농업지원과	9	6	7	8	7	5	1	4
10105	전남 광양시	공공비축미곡 톤백저울 지원	4,000	농업지원과	9	6	7	8	7	1	1	4
10106	전남 광양시	과수통합마케팅운영지원	26,400	매실원예과	9	6	7	8	7	5	5	4
10107	전남 광양시	농업에너지이용 효율화사업	118,615	매실원예과	9	2	7	8	7	5	5	4
10108	전남 광양시	시설원예현대화지원	28,600	매실원예과	9	2	7	8	7	5	5	4
10109	전남 광양시	스마트팜 ICT융복합확산사업	12,000	매실원예과	9	2	7	8	7	5	5	4
10110	전남 광양시	고추비가림재배시설지원	8,580	매실원예과	9	2	7	8	7	5	5	4
10111	전남 광양시	중소농원예특용작물 생산기반구축사업	100,000	매실원예과	9	6	7	8	7	5	5	4
10112	전남 광양시	농산물 소형 저온저장고 설치지원사업	132,000	매실원예과	9	6	7	8	7	5	5	4
10113	전남 광양시	로컬푸드 직매장 설치 지원	510,000	매실원예과	9	2	7	8	7	5	5	4
10114	전남 광양시	광영동성당 정비공사	50,000	문화예술과	9	6	7	8	7	1	1	3
10115	전남 광양시	국악분야 예술강사 지원사업	61,998	문화예술과	9	6	7	8	7	1	1	3
10116	전남 광양시	광양 기독교 100주년 기념관 정비사업	250,000	문화예술과	9	2	7	8	7	1	1	3
10117	전남 광양시	호흡기전담클리닉 설치 운영	100,000	보건행정과	9	2	7	8	7	5	5	4
10118	전남 광양시	야생동물 피해예방사업	88,530	자원순환과	9	1	7	8	7	5	5	3
10119	전남 광양시	신재생에너지 보급사업	300,000	지역경제과	9	2	7	8	7	5	5	4
10120	전남 광양시	신재생에너지 융복합지원사업	2,479,451	지역경제과	9	2	7	8	7	5	5	4

순번	시군구	지출명 (사업명)	2021년예산 (단위:천원/1년간)	담당자 (공무원) 담당부서	민간이전 분류 (지방자치단체 세출예산 집행기준에 의거) 1. 민간경상사업보조(307-02) 2. 민간단체 법정운영비보조(307-03) 3. 민간행사사업보조(307-04) 4. 민간위탁금(307-05) 5. 사회복지시설 법정운영비보조(307-10) 6. 민간인위탁교육비(307-12) 7. 공기관등에대한경상적위탁사업비(308-10) 8. 민간자본사업보조,자체재원(402-01) 9. 민간자본사업보조,이전재원(402-02) 10. 민간위탁사업비(402-03) 11. 공기관등에 대한 자본적 대행사업비(403-02)	민간이전지출 근거 (지방보조금 관리기준 참고) 1. 법률에 규정 2. 국고보조 재원(국가지정) 3. 용도 지정 기부금 4. 조례에 직접규정 5. 지자체가 권장하는 사업을 하는 공공기관 6. 시,도 정책 및 재정사정 7. 기타 8. 해당없음	입찰방식 계약체결방법 (경쟁형태) 1. 일반경쟁 2. 제한경쟁 3. 지명경쟁 4. 수의계약 5. 법정위탁 6. 기타 ( ) 7. 해당없음	입찰방식 계약기간 1. 1년 2. 2년 3. 3년 4. 4년 5. 5년 6. 기타 ( )년 7. 단기계약 (1년미만) 8. 해당없음	입찰방식 낙찰자선정방법 1. 적격심사 2. 협상에의한계약 3. 최저가낙찰제 4. 규격가격분리 5. 2단계 경쟁입찰 6. 기타 ( ) 7. 해당없음	운영예산 산정 운영예산 산정 1. 내부산정 (지자체 자체적으로 산정) 2. 외부산정 (외부전문기관위탁 산정) 3. 내·외부 모두 산정 4. 산정 無 5. 해당없음	운영예산 산정 정산방법 1. 내부정산 (지자체 내부적으로 정산) 2. 외부정산 (외부전문기관위탁 정산) 3. 내·외부 모두 산정 4. 정산 無 5. 해당없음	성과평가 실시여부 1. 실시 2. 미실시 3. 향후 추진 4. 해당없음
10121	전남 광양시	친환경 에너지 절감장비 지원 사업	34,000	철강항만과	9	2	7	8	7	1	1	2
10122	전남 광양시	전기자동차 보급지원	1,866,200	환경과	9	2	7	8	7	5	5	4
10123	전남 광양시	전기화물차 보급 사업	958,000	환경과	9	2	7	8	7	5	5	4
10124	전남 광양시	전기이륜차 보급 사업	59,280	환경과	9	2	7	8	7	5	5	4
10125	전남 광양시	전기버스 보급 사업	134,000	환경과	9	2	7	8	7	5	5	4
10126	전남 광양시	수소전기차 보급사업	172,500	환경과	9	2	7	8	7	5	5	4
10127	전남 광양시	천연가스연료비 지원	262,000	환경과	9	2	7	8	7	5	5	4
10128	전남 광양시	가정용 저녹스 보일러 보급 사업	60,000	환경과	9	2	7	8	7	5	5	4
10129	전남 광양시	취약계층 친환경 보일러 보급사업	4,000	환경과	9	2	7	8	7	5	5	4
10130	전남 광양시	어린이 통학차량 LPG 전환 지원사업	170,000	환경과	9	2	7	8	7	5	5	4
10131	전남 광양시	노후 경유차 조기폐차 지원	16,000	환경과	9	2	7	8	7	5	5	4
10132	전남 광양시	LPG 화물자 전환 구입 지원	320,000	환경과	9	2	7	8	7	5	5	4
10133	전남 광양시	운행차 매연저감장치 구입지원	380,000	환경과	9	2	7	8	7	5	5	4
10134	전남 광양시	건설기계 엔진교체 지원	82,500	환경과	9	2	7	8	7	5	5	4
10135	전남 광양시	수변구역 간접지원사업	259,200	환경과	9	1	7	8	7	1	1	4
10136	전남 광양시	노인요양시설확충 사업	61,391	노인장애인과	9	1	1	8	1	1	1	4
10137	전남 광양시	경로당 냉난방비 및 양곡비 지원	597,600	노인장애인과	9	1	1	8	1	1	1	4
10138	전남 광양시	경로당 공동작업장 운영	7,000	노인장애인과	9	1	1	8	1	1	1	4
10139	전남 담양군	농어촌 초고속인터넷망 구축	38,400	자치행정과	9	1	7	8	7	5	5	4
10140	전남 담양군	노숙인 복지시설 기능보강사업	14,718	주민행복과	9	1	7	7	7	1	1	4
10141	전남 담양군	노숙인 복지시설 장비구입	39,204	주민행복과	9	1	7	7	7	1	1	4
10142	전남 담양군	농어촌 장애인 주택개보수	22,800	주민행복과	9	5	4	7	1	3	3	3
10143	전남 담양군	장애인거주시설 기능보강	19,030	주민행복과	9	1	7	8	7	1	1	2
10144	전남 담양군	어린이집 기능보강	2,000	주민행복과	9	5	5	1	7	3	2	1
10145	전남 담양군	어린이집 기능보강	6,300	주민행복과	9	2	5	1	7	3	2	1
10146	전남 담양군	지역아동센터 환경개선 지원	10,000	주민행복과	9	4	7	1	7	1	1	4
10147	전남 담양군	대웅전 주변 석축 정비	240,000	문화체육과	9	2	4	1	6	2	1	1
10148	전남 담양군	용화사 단청 및 지붕보수	180,000	문화체육과	9	2	4	1	6	2	1	1
10149	전남 담양군	시도지정 문화재 보수	200,000	문화체육과	9	2	4	1	6	2	1	1
10150	전남 담양군	용흥사 방재시스템 구축사업	32,000	문화체육과	9	4	4	1	6	2	1	1
10151	전남 담양군	입식테이블 지원사업	18,100	녹색관광과	9	4	7	8	7	5	5	4
10152	전남 담양군	간접주민지원사업	34,970	생태환경과	9	1	7	8	7	2	1	1
10153	전남 담양군	야생동물 피해예방 사업	25,600	생태환경과	9	2	6	8	7	1	1	4
10154	전남 담양군	취약계층 친환경보일러 보급사업	4,000	생태환경과	9	2	7	8	7	5	1	4
10155	전남 담양군	소규모사업장방지시설 설치지원사업	360,000	생태환경과	9	2	7	7	7	2	1	2
10156	전남 담양군	전기자동차 구매 보조금	355,000	생태환경과	9	2	7	8	7	5	1	4
10157	전남 담양군	전기자동차 구매 보조금(도내생산)	7,200	생태환경과	9	2	7	8	7	5	1	4
10158	전남 담양군	LPG화물차 신차구입 지원	240,000	생태환경과	9	2	7	8	7	5	1	4
10159	전남 담양군	DPF(매연저감장치) 부착지원	266,000	생태환경과	9	2	7	8	7	5	1	4
10160	전남 담양군	건설기계 엔진 교체지원	82,500	생태환경과	9	2	7	8	7	5	1	4
10161	전남 담양군	전기화물차(소형) 보급사업	348,000	생태환경과	9	2	7	8	7	5	1	4
10162	전남 담양군	전기이륜차 보급사업	36,000	생태환경과	9	2	7	8	7	5	1	4

순번	시군구	지출명 (사업명)	2021년예산 (단위:천원/1년간)	담당자 (공무원) 담당부서	민간이전 분류 (지방자치단체 세출예산 집행기준에 의거) 1. 민간경상사업보조(307-02) 2. 민간단체 법정운영비보조(307-03) 3. 민간행사사업보조(307-04) 4. 민간위탁금(307-05) 5. 사회복지시설 법정운영비보조(307-10) 6. 민간인위탁교육비(307-12) 7. 공기관등에대한경상적위탁사업비(308-10) 8. 민간자본사업보조,자체재원(402-01) 9. 민간자본사업보조,이전재원(402-02) 10. 민간위탁사업비(402-03) 11. 공기관등에 대한 자본적 대행사업비(403-02)	민간이전지출 근거 (지방보조금 관리기준 참고) 1. 법률에 규정 2. 국고보조 재원(국가지정) 3. 용도 지정 기부금 4. 조례에 직접규정 5. 지자체가 권장하는 사업을 하는 공공기관 6. 시,도 정책 및 재정사정 7. 기타 8. 해당없음	입찰방식 계약체결방법 (경쟁형태) 1. 일반경쟁 2. 제한경쟁 3. 지명경쟁 4. 수의계약 5. 법정위탁 6. 기타 ( ) 7. 해당없음	입찰방식 계약기간 1. 1년 2. 2년 3. 3년 4. 4년 5. 5년 6. 기타 ( )년 7. 단기계약 (1년미만) 8. 해당없음	입찰방식 낙찰자선정방법 1. 적격심사 2. 협상에의한계약 3. 최저가낙찰제 4. 규격가격분리 5. 2단계 경쟁입찰 6. 기타 ( ) 7. 해당없음	운영예산 산정 운영예산 산정 1. 내부산정 (지자체 자체적으로 산정) 2. 외부산정 (외부전문기관위탁 산정) 3. 내·외부 모두 산정 4. 산정 無 5. 해당없음	운영예산 산정 정산방법 1. 내부정산 (지자체 내부적으로 정산) 2. 외부정산 (외부전문기관위탁 정산) 3. 내·외부 모두 산정 4. 정산 無 5. 해당없음	성과평가 실시여부 1. 실시 2. 미실시 3. 향후 추진 4. 해당없음
10163	전남 담양군	전기이륜차 보급사업	3,840	생태환경과	9	2	7	8	7	5	1	4
10164	전남 담양군	청년 창업농장 조성사업 지원	50,000	친환경농정과	9	2	7	8	7	5	5	4
10165	전남 담양군	원예특용작물 인프라 구축	144,000	친환경농정과	9	6	7	8	7	5	5	4
10166	전남 담양군	에너지이용 효율화	718,902	친환경농정과	9	2	7	8	7	5	5	4
10167	전남 담양군	시설원예품질개선사업	38,702	친환경농정과	9	2	7	8	7	5	5	4
10168	전남 담양군	시설원예품질개선사업	29,648	친환경농정과	9	2	7	8	7	5	5	4
10169	전남 담양군	농산물 전문생산단지 육성사업	36,000	친환경농정과	9	6	7	8	7	5	5	4
10170	전남 담양군	친환경 과수채소 전문단지 조성 지원	210,000	친환경농정과	9	6	7	8	7	5	5	4
10171	전남 담양군	원예생산기반 활력화사업	216,000	친환경농정과	9	6	7	8	7	5	5	4
10172	전남 담양군	이동식 다용도 작업대 지원	28,408	친환경농정과	9	6	7	8	7	5	5	4
10173	전남 담양군	개량물꼬 지원	3,240	친환경농정과	9	6	7	8	7	5	5	4
10174	전남 담양군	여성친화형 다목적 소형전기운반차 지원	77,002	친환경농정과	9	6	7	8	7	5	5	4
10175	전남 담양군	친환경 포트육묘 이앙기 공급지원	40,800	친환경농정과	9	6	7	8	7	5	5	4
10176	전남 담양군	다목적 소형농기계 구입지원	220,217	친환경농정과	9	6	7	8	7	5	5	4
10177	전남 담양군	다목적 소형농기계 구입지원	225,060	친환경농정과	9	6	7	8	7	5	5	4
10178	전남 담양군	농업기계 등화장치 부착지원사업	2,000	친환경농정과	9	2	7	8	7	5	5	4
10179	전남 담양군	유해 야생동물 포획시설 설치지원	3,960	친환경농정과	9	2	7	8	7	5	5	4
10180	전남 담양군	축산농장 악취저감시설사업	36,000	친환경농정과	9	6	7	8	7	5	5	4
10181	전남 담양군	동물복지형 녹색축산농장 육성 지원	6,000	친환경농정과	9	6	7	8	7	5	5	4
10182	전남 담양군	축사내 한우 자동목걸림장치 설치비 지원	3,600	친환경농정과	9	2	7	8	7	5	5	4
10183	전남 담양군	퇴액비화 지원	27,200	친환경농정과	9	2	7	8	7	5	5	4
10184	전남 담양군	악취저감시설	11,200	친환경농정과	9	2	7	8	7	5	5	4
10185	전남 담양군	액비저장조 개보수	3,600	친환경농정과	9	2	7	8	7	5	5	4
10186	전남 담양군	친환경 해충 퇴치 장비지원	4,000	친환경농정과	9	6	7	8	7	5	5	4
10187	전남 담양군	한우 육질개선장비 지원사업	3,600	친환경농정과	9	6	7	8	7	5	5	4
10188	전남 담양군	폭염피해 방지시설 장비지원	5,000	친환경농정과	9	6	7	8	7	5	5	4
10189	전남 담양군	곤충시설 및 기자재 지원	5,000	친환경농정과	9	6	7	8	7	5	5	4
10190	전남 담양군	2021 어도 개보수사업	250,000	친환경농정과	9	2	7	8	7	5	5	4
10191	전남 담양군	조사료생산용 기계장비구입 지원	75,000	친환경농정과	9	2	7	8	7	5	5	4
10192	전남 담양군	전문단지조성용 기계장비구입 지원	180,000	친환경농정과	9	2	7	8	7	5	5	4
10193	전남 담양군	낙농가 착유시설 개선사업	20,000	친환경농정과	9	6	7	8	7	5	5	4
10194	전남 담양군	방역시설 및 장비 지원	42,000	친환경농정과	9	2	7	8	7	5	5	4
10195	전남 담양군	RPC 가공시설현대화	2,364,000	친환경유통과	9	2	7	8	7	5	5	4
10196	전남 담양군	벼 건조저장시설 지원	1,740,000	친환경유통과	9	2	7	8	7	5	5	4
10197	전남 담양군	농산물 소형저온저장고 설치	84,000	친환경유통과	9	4	7	8	7	5	5	4
10198	전남 담양군	노후주택 집수리사업	300,000	도시디자인과	9	4	7	8	7	5	5	4
10199	전남 담양군	입지지원보조금	20,000	투자유치과	9	4	7	8	7	5	5	4
10200	전남 담양군	사회복지용 펠릿보일러보급사업	4,000	산림정원과	9	2	7	8	7	5	1	4
10201	전남 담양군	친환경임산물재배관리	30,000	산림정원과	9	2	7	8	7	5	1	4
10202	전남 담양군	임산물생산기반조성 소액	36,000	산림정원과	9	2	7	8	7	5	1	4
10203	전남 담양군	산림복합경영단지조성	136,200	산림정원과	9	2	7	8	7	5	1	4
10204	전남 담양군	산림작물생산단지	157,500	산림정원과	9	2	7	8	7	5	1	4

순번	시군구	지출명 (사업명)	2021년예산 (단위:천원/1년간)	담당자 (공무원)	민간이전 분류 (지방자치단체 세출예산 집행기준에 의거)	민간이전지출 근거 (지방보조금 관리기준 참고)	입찰방식			운영예산 산정		성과평가 실시여부
				담당부서	1. 민간경상사업보조(307-02) 2. 민간단체 법정운영비보조(307-03) 3. 민간행사사업보조(307-04) 4. 민간위탁금(307-05) 5. 사회복지시설 법정운영비보조(307-10) 6. 민간인위탁교육비(307-12) 7. 공기관등에대한경상적위탁사업비(308-10) 8. 민간자본사업보조,자체재원(402-01) 9. 민간자본사업보조,이전재원(402-02) 10. 민간위탁사업비(402-03) 11. 공기관등에 대한 자본적 대행사업비(403-02)	1. 법률에 규정 2. 국고보조 재원(국가지정) 3. 용도 지정 기부금 4. 조례에 직접규정 5. 지자체가 권장하는 사업을 하는 공공기관 6. 시,도 정책 및 재정사정 7. 기타 8. 해당없음	계약체결방법 (경쟁형태) 1. 일반경쟁 2. 제한경쟁 3. 지명경쟁 4. 수의계약 5. 법정위탁 6. 기타 ( ) 7. 해당없음	계약기간 1. 1년 2. 2년 3. 3년 4. 4년 5. 5년 6. 기타 ( )년 7. 단기계약 (1년미만) 8. 해당없음	낙찰자선정방법 1. 적격심사 2. 협상에의한계약 3. 최저가낙찰제 4. 규격가격분리 5. 2단계 경쟁입찰 6. 기타 ( ) 7. 해당없음	운영예산 산정 1. 내부산정 (지자체 자체적으로 산정) 2. 외부산정 (외부전문기관위탁 산정) 3. 내·외부 모두 산정 4. 산정 無 5. 해당없음	정산방법 1. 내부정산 (지자체 내부적으로 정산) 2. 외부정산 (외부전문기관위탁 정산) 3. 내·외부 모두 산정 4. 정산 無 5. 해당없음	1. 실시 2. 미실시 3. 향후 추진 4. 해당없음
10205	전남 담양군	임산물 유통차량, 저장건조시설, 가공장비	25,000	산림정원과	9	2	7	8	7	5	1	4
10206	전남 담양군	벼 생산비절감 종합기술 모델시범	21,000	농업기술센터	9	1	7	8	7	5	5	4
10207	전남 담양군	스마트 양봉 기술 보급 시범	20,000	농업기술센터	9	1	7	8	7	5	5	4
10208	전남 담양군	바이오커튼 활용 돈사 냄새저감 종합기술 시범	200,000	농업기술센터	9	1	7	8	7	5	5	4
10209	전남 담양군	ICT 활용 돈사 환경관리 기술보급 시범	120,000	농업기술센터	9	1	7	8	7	5	5	4
10210	전남 담양군	딸기 수출용 선도유지 일관체계 기술 시범	30,000	농업기술센터	9	1	7	8	7	5	5	4
10211	전남 담양군	치유농업육성 시범	70,000	농업기술센터	9	1	7	8	7	5	5	4
10212	전남 담양군	프리미엄 농산물 수출단지 조성	220,000	농업기술센터	9	1	7	8	7	5	5	4
10213	전남 담양군	농업인가공사업장 시설장비 개선지원	50,000	농업기술센터	9	1	7	8	7	5	5	4
10214	전남 담양군	귀농인 농가주택 수리비지원	30,000	농업기술센터	9	1	7	8	7	5	5	4
10215	전남 담양군	귀농인의 집 조성사업	60,000	농업기술센터	9	1	7	8	7	5	5	4
10216	전남 담양군	어깨동무 컨설팅 농가 경영개선 지원사업	24,000	농업기술센터	9	1	7	8	7	5	5	4
10217	전남 곡성군	농어촌 초고속 인터넷망 구축	14,400	행정과	9	2	6	1	7	2	2	4
10218	전남 곡성군	장애인 직업재활시설 방역장비 구입	4,000	주민복지과	9	1	7	8	7	5	5	4
10219	전남 곡성군	새끼우렁이 공급 지원사업	184,140	농정과	9	6	3	7	1	1	1	4
10220	전남 곡성군	농업용 지게차 지원	125,000	농정과	9	6	7	8	7	1	1	3
10221	전남 곡성군	과수농가 비가림하우스 시설 지원	106,750	농정과	9	6	7	8	7	1	1	3
10222	전남 곡성군	계량물꼬 지원	60,606	농정과	9	6	7	8	7	1	1	3
10223	전남 곡성군	여성친화형 다목적 소형전기운반차 지원	74,800	농정과	9	6	7	8	7	1	1	3
10224	전남 곡성군	이동식 다용도 작업대 지원	41,128	농정과	9	6	7	8	7	1	1	3
10225	전남 곡성군	곡물건조기(집진기 포함) 지원	60,000	농정과	9	6	7	8	7	1	1	3
10226	전남 곡성군	광역살포기 지원	100,000	농정과	9	6	7	8	7	1	1	3
10227	전남 곡성군	농업용 드론 지원	100,000	농정과	9	6	7	8	7	1	1	3
10228	전남 곡성군	들녘경영체 지원사업 육성	297,000	농정과	9	6	7	8	7	1	1	3
10229	전남 곡성군	유해 야생동물 포획시설 설치 지원	5,280	농정과	9	6	7	8	7	1	1	3
10230	전남 곡성군	공공비축미곡 톤백수매 구축사업	4,000	농정과	9	6	7	8	7	1	1	3
10231	전남 곡성군	공공비축미곡 톤백수매 기반 구축사업	12,800	농정과	9	6	7	8	7	1	1	3
10232	전남 곡성군	농산물 소형 저온저장고 지원	60,000	농정과	9	6	7	8	7	1	1	3
10233	전남 곡성군	로컬푸드 출하농가 포장재 지원	9,800	농정과	9	6	7	8	7	1	1	3
10234	전남 곡성군	청년 창업농장 조성사업	25,000	농정과	9	4	7	8	7	1	1	1
10235	전남 곡성군	곤충 사육시설 및 기자재 지원사업	25,000	농정과	9	4	7	8	7	1	1	1
10236	전남 곡성군	곤충 사료 첨가제 지원사업	8,000	농정과	9	4	7	8	7	1	1	1
10237	전남 곡성군	관음사 대웅전 건립	500,000	문화체육과	9	7	7	8	7	3	1	4
10238	전남 곡성군	연운당 고문서 도록 제작 및 전시관·개보수공사	60,000	문화체육과	9	7	7	8	7	3	1	4
10239	전남 곡성군	도림사 금선암 건립 및 주변정비공사	400,000	문화체육과	9	7	7	8	7	3	1	4
10240	전남 곡성군	곡성 태안사 동종 주변정비 세심당 개축	830,000	문화체육과	9	2	7	8	7	3	1	4
10241	전남 곡성군	태안사 해회당 방충제도포	38,000	문화체육과	9	2	7	8	7	3	1	4
10242	전남 곡성군	곡성 성륜사 안심당 육화당 보수정비	321,900	문화체육과	9	2	7	8	7	3	1	4
10243	전남 곡성군	성륜사 안심당 육화당 소방시설 설치	250,000	문화체육과	9	2	7	8	7	3	1	4
10244	전남 곡성군	천태암 진입로 주변 정비	200,000	문화체육과	9	7	7	8	7	3	1	4
10245	전남 곡성군	태안사 방재시스템 구축	171,000	문화체육과	9	2	7	8	7	3	1	4
10246	전남 곡성군	천태암 방재시스템 구축	143,000	문화체육과	9	2	7	8	7	3	1	4

순번	시군구	지출명 (사업명)	2021년예산 (단위:천원/1년간)	담당자 (공무원) 담당부서	민간이전 분류 (지방자치단체 세출예산 집행기준에 의거) 1. 민간경상사업보조(307-02) 2. 민간단체 법정운영비보조(307-03) 3. 민간행사사업보조(307-04) 4. 민간위탁금(307-05) 5. 사회복지시설 법정운영비보조(307-10) 6. 민간인위탁교육비(307-12) 7. 공기관등에대한경상적위탁사업비(308-10) 8. 민간자본사업보조,자체재원(402-01) 9. 민간자본사업보조,이전재원(402-02) 10. 민간위탁사업비(402-03) 11. 공기관등에 대한 자본적 대행사업비(403-02)	민간이전지출 근거 (지방보조금 관리기준 참고) 1. 법률에 규정 2. 국고보조 재원(국가지정) 3. 용도 지정 기부금 4. 조례에 직접규정 5. 지자체가 권장하는 사업을 하는 공공기관 6. 시,도 정책 및 재정사정 7. 기타 8. 해당없음	입찰방식 계약체결방법 (경쟁형태) 1. 일반경쟁 2. 제한경쟁 3. 지명경쟁 4. 수의계약 5. 법정위탁 6. 기타 ( ) 7. 해당없음	입찰방식 계약기간 1. 1년 2. 2년 3. 3년 4. 4년 5. 5년 6. 기타 ( )년 7. 단기계약 (1년미만) 8. 해당없음	입찰방식 낙찰자선정방법 1. 적격심사 2. 협상에의한계약 3. 최저가낙찰제 4. 규격가격분리 5. 2단계 경쟁입찰 6. 기타 ( ) 7. 해당없음	운영예산 산정 운영예산 산정 1. 내부산정 (지자체 자체적으로 산정) 2. 외부산정 (외부전문기관위탁 산정) 3. 내·외부 모두 산정 4. 산정 無 5. 해당없음	운영예산 산정 정산방법 1. 내부정산 (지자체 내부적으로 정산) 2. 외부정산 (외부전문기관위탁 정산) 3. 내·외부 모두 산정 4. 정산 無 5. 해당없음	성과평가 실시여부 1. 실시 2. 미실시 3. 향후 추진 4. 해당없음
10247	전남 곡성군	취약계층 친환경보일러 보급사업	4,000	환경축산과	9	6	7	8	7	1	1	3
10248	전남 곡성군	가정용 저녹스 보일러 보급사업	3,000	환경축산과	9	6	7	8	7	1	1	3
10249	전남 곡성군	DPF 부착지원사업	38,000	환경축산과	9	6	7	8	7	1	1	3
10250	전남 곡성군	LPG화물차 신차구입 지원사업	20,000	환경축산과	9	6	7	8	7	1	1	3
10251	전남 곡성군	건설기계 엔진교체 지원사업	49,500	환경축산과	9	6	7	8	7	1	1	3
10252	전남 곡성군	전기자동차 구매 지원	462,000	환경축산과	9	6	7	8	7	1	1	3
10253	전남 곡성군	전기화물차(소형) 보급사업	768,000	환경축산과	9	6	7	8	7	1	1	3
10254	전남 곡성군	전기이륜차 보급	18,000	환경축산과	9	6	7	8	7	1	1	3
10255	전남 곡성군	친환경 해충퇴치 장비 지원사업	12,000	환경축산과	9	6	4	7	7	1	1	1
10256	전남 곡성군	축산 악취저감제 공급사업	69,000	환경축산과	9	6	4	7	7	1	1	1
10257	전남 곡성군	축산 악취저감제 공급사업	91,000	환경축산과	9	6	4	7	7	1	1	1
10258	전남 곡성군	축산 악취저감제 공급사업	35,000	환경축산과	9	6	4	7	7	1	1	1
10259	전남 곡성군	동물복지형 녹색축산농장 지원사업	48,000	환경축산과	9	6	4	7	7	1	1	1
10260	전남 곡성군	축산농장 악취저감시설 지원사업	18,000	환경축산과	9	6	4	7	7	1	1	1
10261	전남 곡성군	악취측정 ICT기계장비 지원	20,000	환경축산과	9	2	4	7	7	1	1	1
10262	전남 곡성군	축산악취개선 지원	100,000	환경축산과	9	2	4	7	7	1	1	1
10263	전남 곡성군	가금류 칼슘첨가제 지원	38,400	환경축산과	9	6	4	7	7	1	1	1
10264	전남 곡성군	사슴 인공수정료 지원	7,392	환경축산과	9	6	4	7	7	1	1	1
10265	전남 곡성군	꿀벌산업 육성사업	60,000	환경축산과	9	6	4	7	7	1	1	1
10266	전남 곡성군	꿀벌산업 육성사업	11,000	환경축산과	9	6	4	7	7	1	1	1
10267	전남 곡성군	한우 자동목걸림장치 지원사업	18,067	환경축산과	9	6	4	7	7	1	1	1
10268	전남 곡성군	가축 폭염대비 고온 스트레스 완화제 지원사업	43,700	환경축산과	9	6	7	8	7	1	1	1
10269	전남 곡성군	양돈 생산성 향상 지원사업	24,500	환경축산과	9	6	4	7	7	1	1	1
10270	전남 곡성군	낙농 환경(질병) 개선 지원사업	26,600	환경축산과	9	6	7	8	7	1	1	1
10271	전남 곡성군	낙농가 착유시설 개선사업	20,000	환경축산과	9	6	4	7	7	1	1	1
10272	전남 곡성군	조사료 생산 기계장비 구입 지원	150,000	환경축산과	9	2	2	7	3	1	1	1
10273	전남 곡성군	조사료용 종자 구입 지원	113,850	환경축산과	9	2	4	7	7	1	1	1
10274	전남 곡성군	학교우유급식 지원	40,000	환경축산과	9	2	7	8	7	3	3	1
10275	전남 곡성군	가금류 폐사축 동력운반기	3,000	환경축산과	9	6	7	8	7	1	1	1
10276	전남 곡성군	돼지 소모성질환 지도지원	6,000	환경축산과	9	2	7	8	7	3	3	1
10277	전남 곡성군	CCTV 설치 지원	3,600	환경축산과	9	2	7	8	7	3	3	1
10278	전남 곡성군	방역시설 및 장비 지원	82,200	환경축산과	9	2	7	8	7	3	3	1
10279	전남 곡성군	신재생에너지 보급사업	50,760	도시경제과	9	1	7	8	7	3	3	4
10280	전남 곡성군	친환경 임산물 재배관리	176,307	산림과	9	2	7	8	7	5	5	4
10281	전남 곡성군	밤나무 노령목 관리	3,600	산림과	9	2	7	8	7	5	5	4
10282	전남 곡성군	수실류 등 생산장비	32,400	산림과	9	2	7	8	7	5	5	4
10283	전남 곡성군	임산물 저장 및 건조시설	27,500	산림과	9	2	7	8	7	5	5	4
10284	전남 곡성군	임산물 가공 지원	16,350	산림과	9	2	7	8	7	5	5	4
10285	전남 곡성군	임산물 유통 차량 지원	28,500	산림과	9	2	7	8	7	5	5	4
10286	전남 곡성군	임산물 상품화 지원	112,000	산림과	9	2	7	8	7	5	5	4
10287	전남 곡성군	주택용 펠릿보일러 보급사업	5,600	산림과	9	2	7	8	7	5	5	4
10288	전남 곡성군	사회복지용 펠릿보일러 보급사업	8,000	산림과	9	2	7	8	7	5	5	4

순번	시군구	지출명 (사업명)	2021년예산 (단위:천원/1년간)	담당자 (공무원) 담당부서	민간이전 분류 (지방자치단체 세출예산 집행기준에 의거) 1. 민간경상사업보조(307-02) 2. 민간단체 법정운영비보조(307-03) 3. 민간행사사업보조(307-04) 4. 민간위탁금(307-05) 5. 사회복지시설 법정운영비보조(307-10) 6. 민간인위탁교육비(307-12) 7. 공기관등에대한경상적위탁사업비(308-10) 8. 민간자본사업보조,자체재원(402-01) 9. 민간자본사업보조,이전재원(402-02) 10. 민간위탁사업비(402-03) 11. 공기관등에 대한 자본적 대행사업비(403-02)	민간이전지출 근거 (지방보조금 관리기준 참고) 1. 법률에 규정 2. 국고보조 재원(국가지정) 3. 용도 지정 기부금 4. 조례에 직접규정 5. 지자체가 권장하는 사업을 하는 공공기관 6. 시,도 정책 및 재정사정 7. 기타 8. 해당없음	입찰방식 계약체결방법 (경쟁형태) 1. 일반경쟁 2. 제한경쟁 3. 지명경쟁 4. 수의계약 5. 법정위탁 6. 기타 ( ) 7. 해당없음	입찰방식 계약기간 1. 1년 2. 2년 3. 3년 4. 4년 5. 5년 6. 기타 ( )년 7. 단기계약 (1년미만) 8. 해당없음	입찰방식 낙찰자선정방법 1. 적격심사 2. 협상에의한계약 3. 최저가낙찰제 4. 규격가격분리 5. 2단계 경쟁입찰 6. 기타 ( ) 7. 해당없음	운영예산 산정 운영예산 산정 1. 내부산정 (지자체 자체적으로 산정) 2. 외부산정 (외부전문기관위탁 산정) 3. 내·외부 모두 산정 4. 산정 無 5. 해당없음	운영예산 산정 정산방법 1. 내부정산 (지자체 내부적으로 정산) 2. 외부정산 (외부전문기관위탁 정산) 3. 내·외부 모두 산정 4. 정산 無 5. 해당없음	성과평가 실시여부 1. 실시 2. 미실시 3. 향후 추진 4. 해당없음
10289	전남 곡성군	산림작물 생산단지	172,500	산림과	9	2	7	8	7	5	5	4
10290	전남 곡성군	산림복합경영단지	80,000	산림과	9	2	7	8	7	5	5	4
10291	전남 곡성군	작목별 맞춤형 안전관리 실천시범	32,500	농촌지원과	9	2	7	8	7	5	5	4
10292	전남 곡성군	농경문화소득화모델 구축	150,000	농촌지원과	9	2	7	8	7	5	5	4
10293	전남 곡성군	시설원예 현대화사업	153,234	농촌지원과	9	2	7	8	7	5	5	4
10294	전남 곡성군	에너지절감시설(다겹보온커튼) 지원사업	220,555	농촌지원과	9	2	7	8	7	5	5	4
10295	전남 곡성군	저온유통체계구축사업	82,740	농촌지원과	9	2	7	8	7	5	5	4
10296	전남 곡성군	중소농 원예특용작물 생산기반 구축사업	203,500	농촌지원과	9	6	7	8	7	5	5	4
10297	전남 곡성군	과수 고품질 시설현대화 사업	41,825	농촌지원과	9	2	7	8	7	5	5	4
10298	전남 곡성군	농어촌민박 소방안전시설 지원	10,500	농촌지원과	9	6	7	8	7	5	5	4
10299	전남 곡성군	다목적 소형농업기계 지원사업	148,444	농촌지원과	9	6	7	8	7	5	5	4
10300	전남 곡성군	등화장치 설치 지원사업	20,000	농촌지원과	9	2	7	8	7	5	5	4
10301	전남 곡성군	들녘단위 규모화 친환경 쌀 산업 고도화 단지 육성	500,000	기술보급과	9	2	7	8	7	5	5	4
10302	전남 곡성군	농작물 병해충 방제비	90,000	기술보급과	9	2	7	8	7	5	5	4
10303	전남 곡성군	축사 공기정화 질병예방 기술보급	80,000	기술보급과	9	1	7	8	7	5	5	4
10304	전남 곡성군	축산농가 맞춤형 냄새저감 환경개선 기술지원 시범	300,000	기술보급과	9	1	7	8	7	5	5	4
10305	전남 곡성군	관수시설 활용 과수 동상해 방지기술 보급 시범	100,000	기술보급과	9	2	7	8	7	5	5	4
10306	전남 곡성군	신품종 단감 전문 생산단지 조성	100,000	기술보급과	9	1	7	8	7	5	5	4
10307	전남 곡성군	딸기 품종 다양화 안정생산기술 시범	30,000	기술보급과	9	2	7	8	7	5	5	4
10308	전남 곡성군	1시군 1특화작목 육성사업	350,000	기술보급과	9	1	7	8	7	5	5	4
10309	전남 곡성군	토란파이 전문브랜드관 육성 지원	14,000	기술보급과	9	1	7	8	7	5	5	4
10310	전남 구례군	차세대 표준지방세외수입정보시스템 구축	54,027	재무과	9	5	5	1	7	5	5	4
10311	전남 구례군	차세대 지방세정보시스템 구축	82,827	재무과	9	5	5	1	7	5	5	4
10312	전남 구례군	고엽제전우회 봉사차량지원	35,000	주민복지과	9	6	7	8	7	1	1	3
10313	전남 구례군	노인보행보조차 지원	2,800	주민복지과	9	2	7	8	7	5	5	4
10314	전남 구례군	어린이집 기능보강사업	2,100	평생교육과	9	2	7	8	7	5	1	4
10315	전남 구례군	열린어린이집 운영 활성화비 지원	600	평생교육과	9	2	7	8	7	5	1	4
10316	전남 구례군	소규모 관정설치	60,000	건설과	9	1	4	1	7	1	1	4
10317	전남 구례군	펠릿보일러보급	1,050	산림소득과	9	2	7	8	7	5	5	4
10318	전남 구례군	백두대간주민소득지원사업	197,612	산림소득과	9	1	7	8	7	5	5	4
10319	전남 구례군	임산물 작업로시설 지원	250	산림소득과	9	2	7	8	7	5	5	4
10320	전남 구례군	토양개량제지원	68,000	산림소득과	9	2	7	8	7	5	5	4
10321	전남 구례군	밤나무노령목관리	3,876	산림소득과	9	2	7	8	7	5	5	4
10322	전남 구례군	수실류 등 생산장비지원	5,375	산림소득과	9	2	7	8	7	5	5	4
10323	전남 구례군	산림작물생산단지 조성지원	80,000	산림소득과	9	2	7	8	7	5	5	4
10324	전남 구례군	초피나무 재배 시범단지 조성지원	24,000	산림소득과	9	7	7	8	7	5	5	4
10325	전남 구례군	임산물저장및건조시설지원	51,000	산림소득과	9	2	7	8	7	5	5	4
10326	전남 구례군	임산물가공지원	7,175	산림소득과	9	2	7	8	7	5	5	4
10327	전남 구례군	임산물유통기자재지원	5,000	산림소득과	9	2	7	8	7	5	5	4
10328	전남 구례군	임산물유통차량지원	8,500	산림소득과	9	2	7	8	7	5	5	4
10329	전남 구례군	전기자동차 보급사업	419,800	환경교통과	9	2	7	8	7	2	1	4
10330	전남 구례군	전기이륜차 보급사업	90,000	환경교통과	9	2	7	8	7	2	1	4

순번	시군구	지출명 (사업명)	2021년예산 (단위:천원/1년간)	담당자 (공무원) 담당부서	민간이전 분류 (지방자치단체 세출예산 집행기준에 의거) 1. 민간경상사업보조(307-02) 2. 민간단체 법정운영비보조(307-03) 3. 민간행사사업보조(307-04) 4. 민간위탁금(307-05) 5. 사회복지시설 법정운영비보조(307-10) 6. 민간인위탁교육비(307-12) 7. 공기관등에대한경상적위탁사업비(308-10) 8. 민간자본사업보조,자체재원(402-01) 9. 민간자본사업보조,이전재원(402-02) 10. 민간위탁사업비(402-03) 11. 공기관등에 대한 자본적 대행사업비(403-02)	민간이전지출 근거 (지방보조금 관리기준 참고) 1. 법률에 규정 2. 국고보조 재원(국가지정) 3. 용도 지정 기부금 4. 조례에 직접규정 5. 지자체가 권장하는 사업을 하는 공공기관 6. 시,도 정책 및 재정사정 7. 기타 8. 해당없음	입찰방식 계약체결방법 (경쟁형태) 1. 일반경쟁 2. 제한경쟁 3. 지명경쟁 4. 수의계약 5. 법정위탁 6. 기타 ( ) 7. 해당없음	입찰방식 계약기간 1. 1년 2. 2년 3. 3년 4. 4년 5. 5년 6. 기타 ( )년 7. 단기계약 (1년미만) 8. 해당없음	입찰방식 낙찰자선정방법 1. 적격심사 2. 협상에의한계약 3. 최저가낙찰제 4. 규격가격분리 5. 2단계 경쟁입찰 6. 기타 ( ) 7. 해당없음	운영예산 산정 운영예산 산정 1. 내부산정 (지자체 자체적으로 산정) 2. 외부산정 (외부전문기관위탁 산정) 3. 내·외부 모두 산정 4. 산정 無 5. 해당없음	운영예산 산정 정산방법 1. 내부정산 (지자체 내부적으로 정산) 2. 외부정산 (외부전문기관위탁 정산) 3. 내·외부 모두 산정 4. 정산 無 5. 해당없음	성과평가 실시여부 1. 실시 2. 미실시 3. 향후 추진 4. 해당없음
10331	전남 구례군	운행경유차 배출가스 저감사업	197,100	환경교통과	9	2	7	8	7	2	1	4
10332	전남 구례군	어린이 통학차량의 LPG차 전환 지원 사업	37,500	환경교통과	9	2	7	8	7	2	1	4
10333	전남 구례군	취약계층 친환경 보일러 보급사업	4,000	환경교통과	9	6	7	8	7	2	1	4
10334	전남 구례군	가정용 저녹스 보일러 보급사업	1,000	환경교통과	9	2	7	8	7	2	1	4
10335	전남 구례군	야생동물 피해예방	21,720	환경교통과	9	1	7	7	7	1	1	4
10336	전남 구례군	영농승계 청년농 창업 지원사업	21,000	농업기술센터	9	1	7	8	7	5	5	4
10337	전남 구례군	농산물 직거리 확대 팜파티 마케팅 지원	10,000	농업기술센터	9	1	7	8	7	5	5	4
10338	전남 구례군	농업활동 안전사고 예방 생활화 지원	30,000	농업기술센터	9	1	7	8	7	5	5	4
10339	전남 구례군	시설감자 특화작목 육성 시범	400,000	농업기술센터	9	1	7	8	7	5	5	4
10340	전남 구례군	단동하우스 보급형 스마트팜 단지조성 시범	30,000	농업기술센터	9	1	7	8	7	5	5	4
10341	전남 구례군	기능성 다겹보온 커튼 기술시범	70,000	농업기술센터	9	1	7	8	7	5	5	4
10342	전남 구례군	오이 맞춤형 스마트팜 시범단지 조성	400,000	농업기술센터	9	1	7	8	7	5	5	4
10343	전남 구례군	구례오이 맞춤형 스마트팜 시범단지 조성	98,000	농업기술센터	9	1	7	8	7	5	5	4
10344	전남 구례군	특화작목 스마트팜 확산단지 조성	70,000	농업기술센터	9	1	7	8	7	5	5	4
10345	전남 구례군	소비트렌드 변화에 맞는 과일생산단지 육성	100,000	농업기술센터	9	1	7	8	7	5	5	4
10346	전남 구례군	생산비절감 및 부가가치 향상 경영모델 개발사업	80,000	농업기술센터	9	1	7	8	7	5	5	4
10347	전남 구례군	치유농업 활성화 지원사업	24,000	농업기술센터	9	1	7	8	7	5	5	4
10348	전남 구례군	2020년 민간정원 보완사업	32,000	지리산정원관리사업소	9	6	7	8	7	5	5	4
10349	전남 보성군	농어촌 마을 초고속인터넷 기반구축 사업	24,600	총무과	9	2	7	8	7	5	5	4
10350	전남 화순군	면역치료 플랫폼 구축사업	16,510,000	일자리정책실	9	2	6	5	6	3	1	3
10351	전남 화순군	백신안전 기술지원센터 구축사업	1,100,000	일자리정책실	9	2	7	8	7	5	5	4
10352	전남 화순군	질환동물 기반 세포칠제 효능평가 플랫폼 구축사업	4,500,000	일자리정책실	9	2	7	8	7	5	5	4
10353	전남 화순군	천연물의약품원료 대량생산시설 구축사업	25,000	일자리정책실	9	4	7	8	7	5	1	3
10354	전남 화순군	면역세포 치료 산업화 기술 플랫폼 구축사업	70,000	일자리정책실	9	4	7	8	7	5	1	3
10355	전남 화순군	신재생에너지보급 주택지원사업	51,110	일자리정책실	9	1	7	8	7	5	5	4
10356	전남 화순군	발전소주변지역 기본지원사업	5,830	일자리정책실	9	1	7	8	7	5	5	4
10357	전남 화순군	노인요양시설확충	648,000	가정활력과	9	2	7	8	7	1	1	4
10358	전남 화순군	친환경농업 기반구축사업	573,100	농업정책과	9	2	1	1	1	1	1	1
10359	전남 화순군	친환경 과수 비가림하우스 시설	94,250	농업정책과	9	6	7	8	7	1	1	1
10360	전남 화순군	친환경 포트육묘이앙기 공급 지원	81,600	농업정책과	9	6	7	8	7	5	1	1
10361	전남 화순군	들녘경영체 시설장비 지원	450,000	농업정책과	9	2	7	8	7	5	1	1
10362	전남 화순군	농산물 생산비 절감 지원	246,000	농업정책과	9	6	7	8	7	1	1	1
10363	전남 화순군	다목적 소형농기계 지원	171,433	농업정책과	9	6	7	8	7	1	1	1
10364	전남 화순군	개량물꼬 지원	50,184	농업정책과	9	6	7	8	7	1	1	1
10365	전남 화순군	여성친화형 소형전기운반차 지원	100,102	농업정책과	9	6	7	8	7	1	1	1
10366	전남 화순군	덤프운반장비 지원	68,080	농업정책과	9	6	7	8	7	5	1	1
10367	전남 화순군	이동식 다용도 작업대	33,072	농업정책과	9	6	1	1	1	1	1	1
10368	전남 화순군	유해야생동물 포획시설 지원	5,280	농업정책과	9	2	7	8	7	1	1	1
10369	전남 화순군	과수 생산시설 현대화 지원	33,816	농업정책과	9	2	6	6	6	1	1	2
10370	전남 화순군	중소농 원예특용작물 생산기반 구축	203,500	농업정책과	9	1	6	6	6	1	1	2
10371	전남 화순군	특용작물 시설현대화사업	40,000	농업정책과	9	2	6	6	6	1	1	2
10372	전남 화순군	농업분야 에너지절감시설 지원	465,525	농업정책과	9	2	6	6	6	1	1	2

순번	시군구	지출명 (사업명)	2021년예산 (단위:천원/1년간)	담당자 (공무원) 담당부서	민간이전 분류 (지방자치단체 세출예산 집행기준에 의거) 1. 민간경상사업보조(307-02) 2. 민간단체 법정운영비보조(307-03) 3. 민간행사사업보조(307-04) 4. 민간위탁금(307-05) 5. 사회복지시설 법정운영비보조(307-10) 6. 민간인위탁교육비(307-12) 7. 공기관등에대한경상적위탁사업비(308-10) 8. 민간자본사업보조,자체재원(402-01) 9. 민간자본사업보조,이전재원(402-02) 10. 민간위탁사업비(402-03) 11. 공기관등에 대한 자본적 대행사업비(403-02)	민간이전지출 근거 (지방보조금 관리기준 참고) 1. 법률에 규정 2. 국고보조 재원(국가지정) 3. 용도 지정 기부금 4. 조례에 직접규정 5. 지자체가 권장하는 사업을 하는 공공기관 6. 시,도 정책 및 재정사정 7. 기타 8. 해당없음	입찰방식 계약체결방법 (경쟁형태) 1. 일반경쟁 2. 제한경쟁 3. 지명경쟁 4. 수의계약 5. 법정위탁 6. 기타 ( ) 7. 해당없음	입찰방식 계약기간 1. 1년 2. 2년 3. 3년 4. 4년 5. 5년 6. 기타 ( )년 7. 단기계약 (1년미만) 8. 해당없음	입찰방식 낙찰자선정방법 1. 적격심사 2. 협상에의한계약 3. 최저가낙찰제 4. 규격가격분리 5. 2단계 경쟁입찰 6. 기타 ( ) 7. 해당없음	운영예산 산정 운영예산 산정 1. 내부산정 (지자체 자체적으로 산정) 2. 외부산정 (외부전문기관위탁 산정) 3. 내·외부 모두 산정 4. 산정 無 5. 해당없음	운영예산 산정 정산방법 1. 내부정산 (지자체 내부적으로 정산) 2. 외부정산 (외부전문기관위탁 정산) 3. 내·외부 모두 산정 4. 정산 無 5. 해당없음	성과평가 실시여부 1. 실시 2. 미실시 3. 향후 추진 4. 해당없음
10373	전남 화순군	시설원예현대화 지원	209,150	농업정책과	9	2	6	6	6	1	1	2
10374	전남 화순군	시설원예현대화 지원	290,000	농업정책과	9	2	6	6	6	1	1	2
10375	전남 화순군	농산물 전문생산단지 육성 지원	72,000	농업정책과	9	6	6	6	6	1	1	2
10376	전남 화순군	원예분야 ICT융복합 지원	84,000	농업정책과	9	2	6	6	6	1	1	2
10377	전남 화순군	고추 비가림 재배시설 지원	30,935	농업정책과	9	2	6	6	6	1	1	2
10378	전남 화순군	계란 냉장차량 지원	15,000	농업정책과	9	1	7	8	7	5	1	4
10379	전남 화순군	CCTV 등 방역인프라 설치 지원	106,200	농업정책과	9	1	7	8	7	5	1	4
10380	전남 화순군	농산물 소형저온저장고 지원	54,000	농업정책과	9	6	7	8	7	1	1	1
10381	전남 화순군	톤백저울 지원	3,200	농업정책과	9	6	4	7	7	1	1	1
10382	전남 화순군	정부양곡 보관창고 창고문보수	12,800	농업정책과	9	6	4	7	7	1	1	1
10383	전남 화순군	로컬푸드 스마트팜 도농상생센터	1,050,000	농업정책과	9	6	7	8	7	1	1	1
10384	전남 화순군	소득작물 신기술보급사업	232,000	농업기술센터	9	2	7	8	7	5	5	1
10385	전남 화순군	원예작물 기술보급	130,000	농업기술센터	9	6	7	8	7	5	5	1
10386	전남 화순군	축산기술 보급	7,000	농업기술센터	9	6	7	8	7	5	5	1
10387	전남 화순군	축산신기술 보급	40,000	농업기술센터	9	2	7	8	7	5	5	1
10388	전남 화순군	명품 시설채소 고온기 안정생산 기술 시범	200,000	농업기술센터	9	6	7	8	7	5	5	1
10389	전남 화순군	농작업 재해 예방	50,000	농업기술센터	9	2	7	8	7	5	5	1
10390	전남 화순군	영농승계 청년농 창업지원 사업	21,000	농업기술센터	9	6	7	8	7	5	5	1
10391	전남 화순군	전국제일의 1시군 1특화작목 육성 사업	84,000	농업기술센터	9	6	7	8	7	5	5	1
10392	전남 화순군	작물환경 기술보급	21,000	농업기술센터	9	6	7	8	7	5	5	1
10393	전남 화순군	농업인가공사업장 시설장비 개선지원	50,000	농업기술센터	9	6	7	8	7	5	5	1
10394	전남 화순군	농업활동 안전사고 예방생활화	20,000	농업기술센터	9	6	7	8	7	5	5	1
10395	전남 화순군	지구온난화 대응 신소득 아열대작물 단지 조성	200,000	농업기술센터	9	6	7	8	7	5	5	1
10396	전남 화순군	농촌생활 기술보급 지원	24,000	농업기술센터	9	6	7	8	7	5	5	1
10397	전남 화순군	축산농가 맞춤형 냄새저감 환경개선 기술지원	200,000	농업기술센터	9	6	7	8	7	5	5	1
10398	전남 화순군	우수경영체 육성 및 경영기술 개발지원	116,000	농업기술센터	9	6	7	8	7	5	5	1
10399	전남 강진군	농어촌 초고속인터넷 구축사업	28,800	총무과	9	6	7	8	7	5	5	4
10400	전남 강진군	농어촌민박 소방안전시설 지원사업	17,500	친환경농업과	9	4	6	7	7	1	1	1
10401	전남 강진군	이동식 다용도 작업대	63,600	친환경농업과	9	4	6	7	7	1	1	1
10402	전남 강진군	범용 콤바인	40,000	친환경농업과	9	4	6	7	7	1	1	1
10403	전남 강진군	여성친화형 다목적 소형 전기운반차	154,000	친환경농업과	9	4	6	7	7	1	1	1
10404	전남 강진군	농업용 지게차	62,500	친환경농업과	9	4	6	7	7	1	1	1
10405	전남 강진군	곡물건조기	60,000	친환경농업과	9	4	6	7	7	1	1	1
10406	전남 강진군	농업용 드론 지원사업	50,000	친환경농업과	9	4	6	7	7	1	1	1
10407	전남 강진군	벼 육묘장 지원사업	240,000	친환경농업과	9	4	6	7	7	1	1	1
10408	전남 강진군	개량물꼬 지원사업	36,000	친환경농업과	9	4	6	7	7	1	1	1
10409	전남 강진군	들녘경영체(시설장비)지원사업	900,000	친환경농업과	9	4	6	7	7	1	1	1
10410	전남 강진군	친환경 과수채소 전문단지 조성사업	147,000	친환경농업과	9	4	6	7	7	1	1	1
10411	전남 강진군	시설원예현대화사업	280,000	친환경농업과	9	2	6	7	7	1	1	1
10412	전남 강진군	고추비가림 재배시설 지원사업	15,400	친환경농업과	9	2	6	7	7	1	1	1
10413	전남 강진군	과수고품질 시설현대화사업	10,137	친환경농업과	9	2	6	7	7	1	1	1
10414	전남 강진군	특용작물(인삼) 생산시설 현대화	24,000	친환경농업과	9	2	6	7	7	1	1	1

순번	시군구	지출명 (사업명)	2021년예산 (단위:천원/1년간)	담당자 (공무원) 담당부서	민간이전 분류 (지방자치단체 세출예산 집행기준에 의거) 1. 민간경상사업보조(307-02) 2. 민간단체 법정운영비보조(307-03) 3. 민간행사사업보조(307-04) 4. 민간위탁금(307-05) 5. 사회복지시설 법정운영비보조(307-10) 6. 민간인위탁교육비(307-12) 7. 공기관등에대한경상적위탁사업비(308-10) 8. 민간자본사업보조,자체재원(402-01) 9. 민간자본사업보조,이전재원(402-02) 10. 민간위탁사업비(402-03) 11. 공기관등에 대한 자본적 대행사업비(403-02)	민간이전지출 근거 (지방보조금 관리기준 참고) 1. 법률에 규정 2. 국고보조 재원(국가지정) 3. 용도 지정 기부금 4. 조례에 직접규정 5. 지자체가 권장하는 사업을 하는 공공기관 6. 시,도 정책 및 재정사정 7. 기타 8. 해당없음	입찰방식 계약체결방법 (경쟁형태) 1. 일반경쟁 2. 제한경쟁 3. 지명경쟁 4. 수의계약 5. 법정위탁 6. 기타 ( ) 7. 해당없음	입찰방식 계약기간 1. 1년 2. 2년 3. 3년 4. 4년 5. 5년 6. 기타 ( )년 7. 단기계약 (1년미만) 8. 해당없음	입찰방식 낙찰자선정방법 1. 적격심사 2. 협상에의한계약 3. 최저가낙찰제 4. 규격가격분리 5. 2단계 경쟁입찰 6. 기타 ( ) 7. 해당없음	운영예산 산정 운영예산 산정 1. 내부산정 (지자체 자체적으로 산정) 2. 외부산정 (외부전문기관위탁 산정) 3. 내·외부 모두 산정 4. 산정 無 5. 해당없음	운영예산 산정 정산방법 1. 내부정산 (지자체 내부적으로 정산) 2. 외부정산 (외부전문기관위탁 정산) 3. 내·외부 모두 산정 4. 정산 無 5. 해당없음	성과평가 실시여부 1. 실시 2. 미실시 3. 향후 추진 4. 해당없음
10415	전남 강진군	특용작물(버섯, 녹차 등) 생산시설 현대화	5,000	친환경농업과	9	2	6	7	7	1	1	1
10416	전남 강진군	에너지 절감 시설지원사업	120,000	친환경농업과	9	2	6	7	7	1	1	1
10417	전남 강진군	원예특용작물 생산기반 구축사업	85,400	친환경농업과	9	6	6	7	7	1	1	1
10418	전남 강진군	원예생산기반 활력화사업	50,000	친환경농업과	9	2	1	7	3	1	1	1
10419	전남 강진군	고품질쌀 유통활성화 사업	1,319,000	친환경농업과	9	2	1	1	1	1	1	1
10420	전남 강진군	농산물 소형저온저장고 설치	54,000	친환경농업과	9	2	6	7	7	1	1	1
10421	전남 강진군	농어촌장애인 주택개조사업 지원	38,000	주민복지실	9	2	7	8	7	5	5	4
10422	전남 강진군	경로당 공동생활의 집 설치 사업	80,000	주민복지실	9	6	2	7	3	1	1	3
10423	전남 강진군	경로당 태양광발전시설 설치	30,000	주민복지실	9	6	2	7	3	1	1	3
10424	전남 강진군	경로당 태양광발전시설 설치	24,000	주민복지실	9	6	2	7	3	1	1	3
10425	전남 강진군	어린이집 기능보강	30,000	주민복지실	9	2	7	8	7	5	5	4
10426	전남 강진군	도시가스 공급관 설치공사	255,200	일자리창출과	9	7	7	1	7	1	1	2
10427	전남 강진군	입주기업 입지 및 시설보조금	1,000,000	일자리창출과	9	4	7	8	7	5	5	4
10428	전남 강진군	귀농귀촌 유치지원사업	60,000	농업기술센터	9	2	7	8	7	5	5	4
10429	전남 강진군	작목별 맞춤형 안전관리 실천시범	40,000	농업기술센터	9	2	7	8	7	5	5	4
10430	전남 강진군	종균 활용 장류 품질향상 기술시범	70,000	농업기술센터	9	2	7	8	7	5	5	4
10431	전남 강진군	농촌 어르신 복지 실천시범	40,000	농업기술센터	9	2	7	8	7	5	5	4
10432	전남 강진군	전남 으뜸 청년농업인 지원사업	30,000	농업기술센터	9	1	7	8	7	5	5	4
10433	전남 강진군	외래품종 대체 최고품질 벼 생산·공급 거점단지 육성	171,490	농업기술센터	9	2	7	8	7	5	5	4
10434	전남 강진군	미래유망과수 바나나 재배단지 육성시범	200,000	농업기술센터	9	1	7	8	7	5	5	4
10435	전남 강진군	기능성 쌀귀리 품종 조기보급 및 생산단지 육성	100,000	농업기술센터	9	2	7	8	7	5	5	4
10436	전남 강진군	고품질 친환경 쌀, 잡곡 등 수출생산단지 육성 시범	100,000	농업기술센터	9	2	7	8	7	5	5	4
10437	전남 강진군	화훼 국내육성품종 보급 시범	60,000	농업기술센터	9	1	7	8	7	5	5	4
10438	전남 강진군	딸기 수출용 선도유지 일관체계 기술 시범	30,000	농업기술센터	9	1	7	8	7	5	5	4
10439	전남 강진군	원예특용작물 수출 규격화 기술보급 시범	100,000	농업기술센터	9	1	7	8	7	5	5	4
10440	전남 강진군	한우 우량암소 조기선발 기술 시범	200,000	농업기술센터	9	2	7	8	7	5	5	4
10441	전남 강진군	어업자원 자율관리공동체 지원사업	126,000	해양산림과	9	2	7	8	7	5	5	4
10442	전남 강진군	저효율 노후기관 장비 설비설치 교체 지원사업	54,180	해양산림과	9	2	7	8	7	5	5	4
10443	전남 강진군	어선사고 예방시스템 구축사업	12,000	해양산림과	9	2	7	8	7	5	5	4
10444	전남 강진군	수산물 산지가공시설사업	1,000,000	해양산림과	9	6	7	8	7	5	5	4
10445	전남 강진군	수산물 중형 저온저장시설 사업	320,000	해양산림과	9	6	7	8	7	5	5	4
10446	전남 강진군	묘포지 토양개량사업	4,715	해양산림과	9	2	7	8	7	5	5	4
10447	전남 강진군	임산물유통기반조성	38,500	해양산림과	9	2	7	8	7	5	5	4
10448	전남 강진군	임산물생산단지규모화	50,000	해양산림과	9	2	7	8	7	5	5	4
10449	전남 해남군	지역특화 작목 어깨동무 컨설팅 확산 지원 사업	28,000	농업교육	9	2	7	8	7	5	5	4
10450	전남 해남군	효소처리 농식품 가공 소재화 시범	70,000	농촌자원	9	2	7	8	7	5	5	4
10451	전남 해남군	치유농업 활성화 지원 시범사업	24,000	농촌자원	9	2	7	8	7	5	5	4
10452	전남 해남군	신품종 조기확산 및 최고품질 벼 선정 시범	100,000	식량작물	9	2	7	8	7	5	5	4
10453	전남 해남군	고품질 밀 생산 및 소비확대 기반조성	220,000	식량작물	9	2	7	8	7	5	5	4
10454	전남 해남군	농산물 유통 연장을 위한 선도유지 기술 시범	80,000	식량작물	9	2	7	8	7	5	5	4
10455	전남 해남군	신품종 우리마늘 우량종구 생산 시범	35,000	원예작물	9	2	7	8	7	5	5	4
10456	전남 해남군	GAP실천 기자재	180,000	원예작물	9	2	7	8	7	5	5	4

순번	시군구	지출명 (사업명)	2021년예산 (단위:천원/1년간)	담당자 (공무원) 담당부서	민간이전 분류 (지방자치단체 세출예산 집행기준에 의거) 1. 민간경상사업보조(307-02) 2. 민간단체 법정운영비보조(307-03) 3. 민간행사사업보조(307-04) 4. 민간위탁금(307-05) 5. 사회복지시설 법정운영비보조(307-10) 6. 민간인위탁교육비(307-12) 7. 공기관등에대한경상적위탁사업비(308-10) 8. 민간자본사업보조,자체재원(402-01) 9. 민간자본사업보조,이전재원(402-02) 10. 민간위탁사업비(402-03) 11. 공기관등에 대한 자본적 대행사업비(403-02)	민간이전지출 근거 (지방보조금 관리기준 참고) 1. 법률에 규정 2. 국고보조 재원(국가지정) 3. 용도 지정 기부금 4. 조례에 직접규정 5. 지자체가 권장하는 사업을 하는 공공기관 6. 시,도 정책 및 재정사정 7. 기타 8. 해당없음	입찰방식 계약체결방법 (경쟁형태) 1. 일반경쟁 2. 제한경쟁 3. 지명경쟁 4. 수의계약 5. 법정위탁 6. 기타 ( ) 7. 해당없음	입찰방식 계약기간 1. 1년 2. 2년 3. 3년 4. 4년 5. 5년 6. 기타 ( )년 7. 단기계약 (1년미만) 8. 해당없음	입찰방식 낙찰자선정방법 1. 적격심사 2. 협상에의한계약 3. 최저가낙찰제 4. 규격가격분리 5. 2단계 경쟁입찰 6. 기타 ( ) 7. 해당없음	운영예산 산정 운영예산 산정 1. 내부산정 (지자체 자체적으로 산정) 2. 외부산정 (외부전문기관위탁 산정) 3. 내·외부 모두 산정 4. 산정 無 5. 해당없음	운영예산 산정 정산방법 1. 내부정산 (지자체 내부적으로 정산) 2. 외부정산 (외부전문기관위탁 정산) 3. 내·외부 모두 산정 4. 정산 無 5. 해당없음	성과평가 실시여부 1. 실시 2. 미실시 3. 향후 추진 4. 해당없음
10457	전남 해남군	딸기 우량묘 보급체계 개선	70,000	원예작물	9	2	7	8	7	5	5	4
10458	전남 해남군	1시군 1특화작목 육성사업	175,000	식량작물	9	2	7	8	7	5	5	4
10459	전남 해남군	단동하우스 보급형 스마트팜 단지조성 시범	30,000	원예작물	9	2	7	8	7	5	5	4
10460	전남 해남군	이상기상 대응 과원 피해예방 기술확산 시범	200,000	원예작물	9	2	7	8	7	5	5	4
10461	전남 해남군	인삼 고온피해 경감 종합기술 시범	60,000	특화작목	9	2	7	8	7	5	5	4
10462	전남 해남군	국내육성 품종을 활용한 양봉산물 생산 시범	7,000	특화작목	9	2	7	8	7	5	5	4
10463	전남 해남군	신품종 IRG '그린콜' 재배 기술보급 시범	50,000	특화작목	9	2	7	8	7	5	5	4
10464	전남 해남군	축산 냄새저감 환경개선 기술지원 시범	200,000	특화작목	9	2	7	8	7	5	5	4
10465	전남 해남군	과수농가 비가림하우스 시설 지원	77,000	농정과	9	6	7	8	7	1	1	3
10466	전남 해남군	친환경농업기반구축사업	573,100	농정과	9	2	1	7	1	5	5	4
10467	전남 해남군	들녘경영체 시설장비 지원사업	1,714,500	농정과	9	2	1	7	1	5	5	4
10468	전남 해남군	들녘경영체 사업다각화 지원	1,596,000	농정과	9	2	1	7	1	5	5	4
10469	전남 해남군	다목적 소형 농기계 구입지원	1,062,307	농정과	9	6	7	8	7	1	1	3
10470	전남 해남군	농산물 생산비 절감지원	392,000	농정과	9	6	7	8	7	1	1	3
10471	전남 해남군	이동식 다용도 작업대 지원	84,800	농정과	9	6	7	8	7	1	1	3
10472	전남 해남군	농기계 등화장치 부착지원	60,000	농정과	9	2	7	8	7	1	1	3
10473	전남 해남군	유해야생 동물 포획시설 지원	5,280	농정과	9	2	7	8	7	1	1	3
10474	전남 해남군	여성친환형 다목적 소형전기운반차 지원	130,903	농정과	9	6	7	8	7	1	1	3
10475	전남 해남군	농축산물 덤프 운반장비지원	65,120	농정과	9	6	7	8	7	1	1	3
10476	전남 해남군	시설원예 에너지 이용효율화 사업	14,130	농정과	9	2	7	8	7	1	1	3
10477	전남 해남군	고추비가림 재배시설	140,010	농정과	9	2	7	8	7	1	1	3
10478	전남 해남군	시설원예 현대화 사업	117,500	농정과	9	2	7	8	7	1	1	3
10479	전남 해남군	FTA 과수고품질시설현대화 사업지원	14,640	농정과	9	2	7	8	7	1	1	3
10480	전남 해남군	기후변화 대응 아열대과수 육성사업	198,000	농정과	9	6	7	8	7	1	1	3
10481	전남 해남군	특용작물(버섯, 녹차 등) 생산시설 현대화	35,550	농정과	9	2	7	8	7	1	1	3
10482	전남 해남군	인삼생산시설 현대화 사업	142,250	농정과	9	2	7	8	7	1	1	3
10483	전남 해남군	중소농 원예특용작물 생산기반구축	298,500	농정과	9	6	7	8	7	1	1	3
10484	전남 해남군	해남 대흥사 북미륵암마애여래좌상 진입로 계단정비	150,000	문화예술과	9	2	7	8	7	5	5	4
10485	전남 해남군	해남 대흥사 북미륵암마애여래좌상 정밀실측	60,000	문화예술과	9	2	7	8	7	5	5	4
10486	전남 해남군	해남 달마산 미황사 일원 소요암 주변정비	200,000	문화예술과	9	2	7	8	7	5	5	4
10487	전남 해남군	서산대사 행초 정선사가록 보존처리 및 복제본 제작	90,000	문화예술과	9	2	7	8	7	5	5	4
10488	전남 해남군	해남 서동사 목조석가여래삼불좌상 공양간 건립	1,000,000	문화예술과	9	2	7	8	7	5	5	4
10489	전남 해남군	윤선도 종가 문적 등 지정문화재 정밀진단	100,000	문화예술과	9	2	7	8	7	5	5	4
10490	전남 해남군	해남 미황사 대웅전 달마전 개축	500,000	문화예술과	9	2	7	8	7	5	5	4
10491	전남 해남군	해남윤씨 녹우당 일원 추원당 주변정비	35,000	문화예술과	9	2	7	8	7	5	5	4
10492	전남 해남군	해남윤씨 녹우당 일원 초가이어잉잇기	5,000	문화예술과	9	2	7	8	7	5	5	4
10493	전남 해남군	해남 달마산 미황사 일원 소방시설 개선사업	300,000	문화예술과	9	2	7	8	7	5	5	4
10494	전남 해남군	해남 달마산 미황사 일원 방범시설 개선사업	200,000	문화예술과	9	2	7	8	7	5	5	4
10495	전남 해남군	해남 대흥사 소방시설 개선사업	290,000	문화예술과	9	2	7	8	7	5	5	4
10496	전남 해남군	해남 대흥사 전기시설 개선사업	600,000	문화예술과	9	2	7	8	7	5	5	4
10497	전남 해남군	해남 대흥사 방범시설 개선사업	200,000	문화예술과	9	2	7	8	7	5	5	4
10498	전남 해남군	두륜산 대흥사 일원 초가이엉잇기	3,000	문화예술과	9	2	7	8	7	5	5	4

순번	시군구	지출명 (사업명)	2021년예산 (단위:천원/1년간)	담당자 (공무원) 담당부서	민간이전 분류 (지방자치단체 세출예산 집행기준에 의거) 1. 민간경상사업보조(307-02) 2. 민간단체 법정운영비보조(307-03) 3. 민간행사사업보조(307-04) 4. 민간위탁금(307-05) 5. 사회복지시설 법정운영비보조(307-10) 6. 민간인위탁교육비(307-12) 7. 공기관등에대한경상적위탁사업비(308-10) 8. 민간자본사업보조,자체재원(402-01) 9. 민간자본사업보조,이전재원(402-02) 10. 민간위탁사업비(402-03) 11. 공기관등에 대한 자본적 대행사업비(403-02)	민간이전지출 근거 (지방보조금 관리기준 참고) 1. 법률에 규정 2. 국고보조 재원(국가지정) 3. 용도 지정 기부금 4. 조례에 직접규정 5. 지자체가 권장하는 사업을 하는 공공기관 6. 시,도 정책 및 재정사정 7. 기타 8. 해당없음	입찰방식 계약체결방법 (경쟁형태) 1. 일반경쟁 2. 제한경쟁 3. 지명경쟁 4. 수의계약 5. 법정위탁 6. 기타 ( ) 7. 해당없음	입찰방식 계약기간 1. 1년 2. 2년 3. 3년 4. 4년 5. 5년 6. 기타 ( )년 7. 단기계약 (1년미만) 8. 해당없음	입찰방식 낙찰자선정방법 1. 적격심사 2. 협상에의한계약 3. 최저가낙찰제 4. 규격가격분리 5. 2단계 경쟁입찰 6. 기타 ( ) 7. 해당없음	운영예산 산정 운영예산 산정 1. 내부산정 (지자체 자체적으로 산정) 2. 외부산정 (외부전문기관위탁 산정) 3. 내·외부 모두 산정 4. 산정 無 5. 해당없음	운영예산 산정 정산방법 1. 내부정산 (지자체 내부적으로 정산) 2. 외부정산 (외부전문기관위탁 정산) 3. 내·외부 모두 산정 4. 정산 無 5. 해당없음	성과평가 실시여부 1. 실시 2. 미실시 3. 향후 추진 4. 해당없음
10499	전남 해남군	두륜사 대흥사 일원 상원암 우화루 단청 및 주변정비	150,000	문화예술과	9	2	7	8	7	5	5	4
10500	전남 해남군	임산물 생산기반 조성	24,500	산림녹지과	9	2	7	8	7	5	5	4
10501	전남 해남군	산림작물생산단지	73,000	산림녹지과	9	2	7	8	7	5	5	4
10502	전남 해남군	임산물 유통기반 조성	28,000	산림녹지과	9	2	7	8	7	5	5	4
10503	전남 해남군	지역아동센터 환경개선 지원	20,000	주민복지과	9	2	7	1	7	5	1	4
10504	전남 해남군	양식어장자동화시설장비지원	160,000	해양수산과	9	6	7	8	7	1	1	1
10505	전남 해남군	친환경부표보급지원	595,000	해양수산과	9	2	5	1	1	5	1	1
10506	전남 해남군	친환경에너지절감장비지원	258,600	해양수산과	9	2	5	1	1	5	1	1
10507	전남 해남군	어선사고예방시스템 구축사업	66,667	해양수산과	9	2	7	7	7	1	1	4
10508	전남 해남군	자율관리어업 공동체 지원사업	270,000	해양수산과	9	2	2	7	1	2	1	1
10509	전남 해남군	수산물 소형저온저장시설 지원	138,000	해양수산과	9	1	7	8	7	1	1	1
10510	전남 해남군	수산물 산지가공시설사업	750,000	해양수산과	9	2	1	7	3	5	1	1
10511	전남 해남군	천일염 포장재 지원	22,352	해양수산과	9	2	7	8	7	5	1	1
10512	전남 해남군	친환경염전바닥재개선 지원	146,400	해양수산과	9	2	7	8	7	5	1	1
10513	전남 해남군	천일염생산시설자동화	12,000	해양수산과	9	2	7	8	7	5	1	1
10514	전남 해남군	천일염생산시설자동화	24,000	해양수산과	9	2	7	8	7	5	1	1
10515	전남 해남군	조사료 경영체 생산장비 지원	72,750	축산사업소	9	2	7	8	7	1	1	1
10516	전남 해남군	악취측정 ICT 기계장비 지원사업	40,000	축산사업소	9	2	7	8	7	1	1	1
10517	전남 해남군	축산악취개선 지원사업	48,000	축산사업소	9	2	7	8	7	1	1	1
10518	전남 해남군	공공비축미곡 매입용 톤백저울 지원	2,970	유통지원과	9	1	7	8	7	5	1	4
10519	전남 해남군	고품질쌀 포장재 제작	97,000	유통지원과	9	1	7	8	7	5	1	4
10520	전남 해남군	미곡종합처리장 집진시설 지원	400,000	유통지원과	9	2	1	7	1	3	1	1
10521	전남 해남군	공공비축미곡 매입용 톤백 저울 지원	4,000	유통지원과	9	1	7	8	7	5	1	4
10522	전남 해남군	마늘 가공시설 구축	150,000	유통지원과	9	6	7	8	7	5	1	4
10523	전남 해남군	야생동물 피해예방사업	33,060	환경교통과	9	6	7	8	7	5	5	4
10524	전남 해남군	LPG 화물차 신차 구입 지원	120,000	환경교통과	9	2	7	8	7	5	5	4
10525	전남 해남군	매연저감장치(DPF) 부착지원	76,000	환경교통과	9	2	7	8	7	5	5	4
10526	전남 해남군	건설기계 엔진교체 지원	82,500	환경교통과	9	2	7	8	7	5	5	4
10527	전남 해남군	전기승용차 보급	309,600	환경교통과	9	2	7	8	7	5	5	4
10528	전남 해남군	전기화물차 보급	732,000	환경교통과	9	2	7	8	7	5	5	4
10529	전남 해남군	전기이륜차 보급	39,840	환경교통과	9	2	7	8	7	5	5	4
10530	전남 해남군	어린이 통학차량 LPG차 전환지원	100,000	환경교통과	9	2	7	8	7	5	5	4
10531	전남 해남군	친환경 보일러 보급사업	4,000	환경교통과	9	2	7	8	7	5	5	4
10532	전남 해남군	가정용 저녹스 보일러 보급사업	3,700	환경교통과	9	2	7	8	7	5	5	4
10533	전남 영암군	신재생에너지보급 주택지원사업	37,800	투자경제과	9	6	7	8	7	1	1	2
10534	전남 영암군	신재생에너지 융복합지원사업	2,649,100	투자경제과	9	2	7	8	7	3	3	2
10535	전남 영암군	기업투자유치 입지보조금	252,600	투자경제과	9	4	7	8	7	1	1	2
10536	전남 영암군	사회적경제기업 시설장비지원	12,500	투자경제과	9	6	7	8	7	1	1	2
10537	전남 영암군	차로이탈경고장치 장착지원	8,000	건설교통과	9	1	7	7	7	4	1	4
10538	전남 영암군	임산물 유통기반 조성	202,407	산림해양과	9	2	7	8	7	5	1	4
10539	전남 영암군	임산물 상품화지원	149,000	산림해양과	9	2	7	8	7	5	1	4
10540	전남 영암군	임산물 생산기반 조성	470,500	산림해양과	9	2	7	8	7	5	1	4

순번	시군구	지출명 (사업명)	2021년예산 (단위:천원/1년간)	담당자 (공무원) 담당부서	민간이전 분류 (지방자치단체 세출예산 집행기준에 의거) 1. 민간경상사업보조(307-02) 2. 민간단체 법정운영비보조(307-03) 3. 민간행사사업보조(307-04) 4. 민간위탁금(307-05) 5. 사회복지시설 법정운영비보조(307-10) 6. 민간인위탁교육비(307-12) 7. 공기관등에대한경상적위탁사업비(308-10) 8. 민간자본사업보조,자체재원(402-01) 9. 민간자본사업보조,이전재원(402-02) 10. 민간위탁사업비(402-03) 11. 공기관등에 대한 자본적 대행사업비(403-02)	민간이전지출 근거 (지방보조금 관리기준 참고) 1. 법률에 규정 2. 국고보조 재원(국가지정) 3. 용도 지정 기부금 4. 조례에 직접규정 5. 지자체가 권장하는 사업을 하는 공공기관 6. 시,도 정책 및 재정사정 7. 기타 8. 해당없음	입찰방식: 계약체결방법 (경쟁형태) 1. 일반경쟁 2. 제한경쟁 3. 지명경쟁 4. 수의계약 5. 법정위탁 6. 기타 ( ) 7. 해당없음	입찰방식: 계약기간 1. 1년 2. 2년 3. 3년 4. 4년 5. 5년 6. 기타 ( )년 7. 단기계약 (1년미만) 8. 해당없음	입찰방식: 낙찰자선정방법 1. 적격심사 2. 협상에의한계약 3. 최저가낙찰제 4. 규격가격분리 5. 2단계 경쟁입찰 6. 기타 ( ) 7. 해당없음	운영예산 산정: 운영예산 산정 1. 내부산정 (지자체 자체적으로 산정) 2. 외부산정 (외부전문기관위탁 산정) 3. 내·외부 모두 산정 4. 산정 無 5. 해당없음	운영예산 산정: 정산방법 1. 내부정산 (지자체 내부적으로 정산) 2. 외부정산 (외부전문기관위탁 정산) 3. 내·외부 모두 산정 4. 정산 無 5. 해당없음	성과평가 실시여부 1. 실시 2. 미실시 3. 향후 추진 4. 해당없음
10541	전남 영암군	임산물 생산단지 규모화	204,000	산림해양과	9	2	7	8	7	5	1	4
10542	전남 영암군	친환경 임산물 재배관리	80,000	산림해양과	9	2	7	8	7	5	1	4
10543	전남 영암군	친환경 에너지절감장비 지원사업	22,640	산림해양과	9	1	7	8	6	1	1	1
10544	전남 영암군	수산물 소형저온저장시설 지원사업	12,000	산림해양과	9	5	7	8	6	1	1	1
10545	전남 영암군	해양포유류 혼획저감 어구보급 사업	2,500	산림해양과	9	2	7	8	6	1	1	1
10546	전남 영암군	수산물 산지가공시설사업	650,000	산림해양과	9	6	7	8	6	1	1	1
10547	전남 영암군	문화재 재난방지시스템 구축	639,000	문화관광과	9	8	7	8	7	5	5	4
10548	전남 영암군	전통사찰 보수정비	160,000	문화관광과	9	8	7	8	7	5	5	4
10549	전남 영암군	전통문화유산 관리지원사업	30,000	문화관광과	9	8	7	8	7	5	5	4
10550	전남 영암군	국가지정문화재 보수정비	333,000	문화관광과	9	8	7	8	7	5	5	4
10551	전남 영암군	등록문화재 보수정비	170,000	문화관광과	9	8	7	8	7	5	5	4
10552	전남 영암군	국가지정문화재 보수정비	40,000	문화관광과	9	8	7	8	7	5	5	4
10553	전남 영암군	국가지정문화재 보수정비	70,000	문화관광과	9	8	7	8	7	5	5	4
10554	전남 영암군	국가지정문화재 보수정비	87,000	문화관광과	9	8	7	8	7	5	5	4
10555	전남 영암군	주민지원사업	219,443	환경보전과	9	2	7	8	7	5	5	4
10556	전남 영암군	전기자동차 민간보급사업	1,533,400	환경보전과	9	2	7	8	7	5	5	4
10557	전남 영암군	전기화물차(소형) 민간보급사업	707,600	환경보전과	9	2	7	8	7	5	5	4
10558	전남 영암군	전기이륜차 민간보급사업	39,840	환경보전과	9	2	7	8	7	5	5	4
10559	전남 영암군	어린이 통학차량 LPG차 전환사업	62,500	환경보전과	9	2	7	8	7	5	5	4
10560	전남 영암군	가정용 저녹스 보일러 보급사업	13,000	환경보전과	9	2	7	8	7	5	5	4
10561	전남 영암군	취약계층 친환경보일러 보급사업	4,000	환경보전과	9	6	7	8	7	5	5	4
10562	전남 영암군	소규모사업장 방지시설 설치지원사업	810,000	환경보전과	9	2	7	8	7	5	5	4
10563	전남 영암군	주유소 유증기 회수설비 설치지원사업	134,300	환경보전과	9	2	7	8	7	5	5	4
10564	전남 영암군	DPF부착 지원사업	456,000	환경보전과	9	2	7	8	7	5	5	4
10565	전남 영암군	건설기계 DPF부착 지원사업	14,080	환경보전과	9	2	7	8	7	5	5	4
10566	전남 영암군	건설기계 엔진교체 지원사업	330,000	환경보전과	9	2	7	8	7	5	5	4
10567	전남 영암군	가축 폭염피해 예방 시설장비 지원	100,000	축산과	9	6	7	8	7	1	1	3
10568	전남 영암군	축산 ICT 융복합 확산사업	66,000	축산과	9	2	7	8	7	1	1	3
10569	전남 영암군	한우 ICT 융복합 확산사업	120,000	축산과	9	2	7	8	7	1	1	3
10570	전남 영암군	한우 자동목걸림장치 지원	39,600	축산과	9	6	7	8	7	1	1	3
10571	전남 영암군	곤충 사육시설 및 기자재 지원	25,000	축산과	9	6	7	8	7	1	1	3
10572	전남 영암군	양봉산업 지원	128,500	축산과	9	6	7	8	7	1	1	3
10573	전남 영암군	한봉산업 지원	3,000	축산과	9	6	7	8	7	1	1	3
10574	전남 영암군	말벌 퇴치장비 지원	4,080	축산과	9	2	7	8	7	1	1	3
10575	전남 영암군	조사료생산용 기계장비구입 지원	150,000	축산과	9	2	7	8	7	1	1	3
10576	전남 영암군	전문단지조성용 기계장비 구입 지원	180,000	축산과	9	2	7	8	7	1	1	3
10577	전남 영암군	살처분 가축 처리장비 지원	180,000	축산과	9	2	7	8	7	1	1	3
10578	전남 영암군	방역시설 및 장비 지원	220,800	축산과	9	2	7	8	7	1	1	3
10579	전남 영암군	축산악취개선 지원	48,000	축산과	9	2	7	8	7	1	1	3
10580	전남 영암군	마을형 퇴비자원화 지원	280,000	축산과	9	2	7	8	7	1	1	3
10581	전남 영암군	ICT 기반 악취측정장비 지원	60,000	축산과	9	2	7	8	7	1	1	3
10582	전남 영암군	축산농가 악취저감시설 지원	54,000	축산과	9	6	7	8	7	1	1	3

순번	시군구	지출명 (사업명)	2021년예산 (단위:천원/1년간)	담당자 (공무원) 담당부서	민간이전 분류 (지방자치단체 세출예산 집행기준에 의거) 1. 민간경상사업보조(307-02) 2. 민간단체 법정운영비보조(307-03) 3. 민간행사사업보조(307-04) 4. 민간위탁금(307-05) 5. 사회복지시설 법정운영비보조(307-10) 6. 민간인위탁교육비(307-12) 7. 공기관등에대한경상적위탁사업비(308-10) 8. 민간자본사업보조,자체재원(402-01) 9. 민간자본사업보조,이전재원(402-02) 10. 민간위탁사업비(402-03) 11. 공기관등에 대한 자본적 대행사업비(403-02)	민간이전지출 근거 (지방보조금 관리기준 참고) 1. 법률에 규정 2. 국고보조 재원(국가지정) 3. 용도 지정 기부금 4. 조례에 직접규정 5. 지자체가 권장하는 사업을 하는 공공기관 6. 시,도 정책 및 재정사정 7. 기타 8. 해당없음	입찰방식 계약체결방법 (경쟁형태) 1. 일반경쟁 2. 제한경쟁 3. 지명경쟁 4. 수의계약 5. 법정위탁 6. 기타 ( ) 7. 해당없음	입찰방식 계약기간 1. 1년 2. 2년 3. 3년 4. 4년 5. 5년 6. 기타 ( )년 7. 단기계약 (1년미만) 8. 해당없음	입찰방식 낙찰자선정방법 1. 적격심사 2. 협상에의한계약 3. 최저가낙찰제 4. 규격가격분리 5. 2단계 경쟁입찰 6. 기타 ( ) 7. 해당없음	운영예산 산정 운영예산 산정 1. 내부산정 (지자체 자체적으로 산정) 2. 외부산정 (외부전문기관위탁 산정) 3. 내·외부 모두 산정 4. 산정 無 5. 해당없음	운영예산 산정 정산방법 1. 내부정산 (지자체 내부적으로 정산) 2. 외부정산 (외부전문기관위탁 정산) 3. 내·외부 모두 산정 4. 정산 無 5. 해당없음	성과평가 실시여부 1. 실시 2. 미실시 3. 향후 추진 4. 해당없음
10583	전남 영암군	친환경 천적이용 해충구제 지원	45,600	축산과	9	6	7	8	7	1	1	3
10584	전남 영암군	친환경 해충퇴치 장비 지원	34,000	축산과	9	6	7	8	7	1	1	3
10585	전남 영암군	동물복지형 녹색축산농장 육성지원	60,000	축산과	9	6	7	8	7	1	1	3
10586	전남 영암군	계란 냉장차량 지원	30,000	축산과	9	2	7	8	7	1	1	3
10587	전남 영암군	낙농가 착유시설 개선사업 지원	90,000	축산과	9	6	7	8	7	1	1	3
10588	전남 영암군	농촌체험휴양마을 활성화 지원	50,000	친환경농업과	9	6	7	8	7	1	1	4
10589	전남 영암군	다목적 소형 농기계 지원사업	33,276	친환경농업과	9	4	7	8	7	1	1	4
10590	전남 영암군	이동식다용도작업대지원	36,464	친환경농업과	9	6	7	8	7	1	1	4
10591	전남 영암군	여성친화형 다목적 소형전기운반차 지원	73,152	친환경농업과	9	6	7	8	7	1	1	4
10592	전남 영암군	농축산물 덤프 운반장비 지원	10,952	친환경농업과	9	6	7	8	7	1	1	4
10593	전남 영암군	논 타작물 단지화 시설·장비 지원	45,000	친환경농업과	9	2	7	8	7	1	1	4
10594	전남 영암군	농산물생산비절감지원사업	34,350	친환경농업과	9	6	7	8	7	1	1	4
10595	전남 영암군	개량물꼬 지원사업	109,728	친환경농업과	9	6	7	8	7	1	1	4
10596	전남 영암군	유해 야생동물 포획시설 지원	26,400	친환경농업과	9	2	7	8	7	1	1	4
10597	전남 영암군	친환경농업 기반구축 사업	57,310	친환경농업과	9	2	7	8	7	1	1	4
10598	전남 영암군	친환경 비가림하우스 시설지원사업	24,500	친환경농업과	9	6	7	8	7	1	1	4
10599	전남 영암군	친환경 과수·채소 전문단지 조성사업	21,000	친환경농업과	9	6	7	8	7	1	1	4
10600	전남 영암군	공공비축미곡 톤백수매 기반구축사업	20,800	친환경농업과	9	6	7	8	7	1	1	4
10601	전남 영암군	영암 유채가공시스템구축	24,000	친환경농업과	9	2	7	8	7	1	1	4
10602	전남 영암군	농산물산지유통센터지원사업	13,260	친환경농업과	9	2	7	8	7	1	1	4
10603	전남 영암군	고품질생산시설현대화사업	83,632	친환경농업과	9	2	7	8	7	1	1	4
10604	전남 영암군	시설원예 에너지이용 효율화	11,200	친환경농업과	9	2	7	8	7	1	1	4
10605	전남 영암군	고추비가림 재배시설	54,735	친환경농업과	9	2	7	8	7	1	1	4
10606	전남 영암군	특용작물(인삼)생산시설 현대화사업	48,900	친환경농업과	9	2	7	8	7	1	1	4
10607	전남 영암군	시설원예현대화	12,500	친환경농업과	9	2	7	8	7	1	1	4
10608	전남 영암군	원예특용작물 생산기반 구축	24,450	친환경농업과	9	6	7	8	7	1	1	4
10609	전남 영암군	농업분야 신재생에너지 시설지원	226,835	친환경농업과	9	2	7	8	7	1	1	4
10610	전남 영암군	농어촌장애인 주택개조 지원사업	22,800	도시개발과	9	2	7	8	7	5	5	4
10611	전남 영암군	한옥신축보조금	15,000	도시개발과	9	4	7	8	7	5	5	4
10612	전남 영암군	소규모 공동주택 보수보강 지원사업	30,000	도시개발과	9	4	7	8	7	5	5	4
10613	전남 영암군	공동이용시설 건립지원	145,000	도시개발과	9	4	7	8	7	5	5	4
10614	전남 영암군	벼 생산비절감 종합기술 모델 시범	30,000	농업기술센터	9	6	7	8	7	5	5	4
10615	전남 영암군	GAP 실천단지 육성시범	200,000	농업기술센터	9	2	7	8	7	5	5	4
10616	전남 영암군	영암 기찬 만감류 재배단지조성시범	200,000	농업기술센터	9	6	7	8	7	5	5	4
10617	전남 영암군	노지고추기본형 자동 관수시스템 시범	28,000	농업기술센터	9	2	7	8	7	5	5	4
10618	전남 영암군	전국제일의 1시군 1특화작목 육성	140,000	농업기술센터	9	6	7	8	7	5	5	4
10619	전남 영암군	단동하우스 보급형 스마트팜 단지조성 시범	50,000	농업기술센터	9	6	7	8	7	5	5	4
10620	전남 영암군	신소득 작목발굴 실증재배시범	45,000	농업기술센터	9	7	7	8	7	5	5	4
10621	전남 영암군	어깨동무컨설팅 농가경영개선사업	12,000	농업기술센터	9	4	7	8	7	5	5	4
10622	전남 무안군	조사료생산용 기계장비구입 지원사업	150,000	축산과	9	2	7	8	7	5	5	4
10623	전남 무안군	축산농장 악취저감시설지원	108,000	축산과	9	6	7	8	7	5	5	4
10624	전남 무안군	계란냉장차량지원사업	30,000	축산과	9	2	7	8	7	5	5	4

순번	시군구	지출명 (사업명)	2021년예산 (단위:천원/1년간)	담당자 (공무원) 담당부서	민간이전 분류 (지방자치단체 세출예산 집행기준에 의거) 1. 민간경상사업보조(307-02) 2. 민간단체 법정운영비보조(307-03) 3. 민간행사사업보조(307-04) 4. 민간위탁금(307-05) 5. 사회복지시설 법정운영비보조(307-10) 6. 민간인위탁교육비(307-12) 7. 공기관등에대한경상적위탁사업비(308-10) 8. 민간자본사업보조,자체재원(402-01) 9. 민간자본사업보조,이전재원(402-02) 10. 민간위탁사업비(402-03) 11. 공기관등에 대한 자본적 대행사업비(403-02)	민간이전지출 근거 (지방보조금 관리기준 참고) 1. 법률에 규정 2. 국고보조 재원(국가지정) 3. 용도 지정 기부금 4. 조례에 직접규정 5. 지자체가 권장하는 사업을 하는 공공기관 6. 시,도 정책 및 재정사정 7. 기타 8. 해당없음	입찰방식 계약체결방법 (경쟁형태) 1. 일반경쟁 2. 제한경쟁 3. 지명경쟁 4. 수의계약 5. 법정위탁 6. 기타 ( ) 7. 해당없음	입찰방식 계약기간 1. 1년 2. 2년 3. 3년 4. 4년 5. 5년 6. 기타 ( )년 7. 단기계약 (1년미만) 8. 해당없음	입찰방식 낙찰자선정방법 1. 적격심사 2. 협상에의한계약 3. 최저가낙찰제 4. 규격가격분리 5. 2단계 경쟁입찰 6. 기타 ( ) 7. 해당없음	운영예산 산정 운영예산 산정 1. 내부산정 (지자체 자체적으로 산정) 2. 외부산정 (외부전문기관위탁 산정) 3. 내·외부 모두 산정 4. 산정 無 5. 해당없음	운영예산 산정 정산방법 1. 내부정산 (지자체 내부적으로 정산) 2. 외부정산 (외부전문기관위탁 정산) 3. 내·외부 모두 산정 4. 정산 無 5. 해당없음	성과평가 실시여부 1. 실시 2. 미실시 3. 향후 추진 4. 해당없음
10625	전남 무안군	동물복지형 녹색축산농장 육성지원사업	42,000	축산과	9	6	7	8	7	5	5	4
10626	전남 무안군	구제역 백신접종 원거리 자동연속주사기 지원사업	9,800	축산과	9	6	7	8	7	5	5	4
10627	전남 무안군	CCTV 등 방역인프라 설치 지원사업	100,800	축산과	9	2	7	8	7	5	5	4
10628	전남 무안군	어린이집 기능보강	13,900	주민생활과	9	2	7	7	7	5	5	4
10629	전남 무안군	아동복지시설 기능보강	72,974	주민생활과	9	1	1	7	5	5	5	4
10630	전남 무안군	지역아동센터환경개선지원	20,000	주민생활과	9	1	5	7	7	5	5	4
10631	전남 무안군	농산물 생산비 절감 지원	317,500	친환경농업과	9	4	7	8	7	1	1	1
10632	전남 무안군	식량작물들녘경영체사업	450,000	친환경농업과	9	2	7	8	7	5	1	1
10633	전남 무안군	드론활용 벼 항공직파 재배단지 조성 시범	56,000	친환경농업과	9	6	7	8	7	5	1	1
10634	전남 무안군	개량물꼬 지원	40,158	친환경농업과	9	6	7	8	7	5	1	1
10635	전남 무안군	벼 보급종 차액 지원	53,800	친환경농업과	9	6	7	8	7	5	1	1
10636	전남 무안군	농작물병해충 방제비 지원	20,000	친환경농업과	9	2	7	8	7	5	1	1
10637	전남 무안군	농업기계 등화장치 부착지원	20,000	친환경농업과	9	2	7	8	7	5	1	1
10638	전남 무안군	이동식 다용도 작업대 지원	39,432	친환경농업과	9	6	7	8	7	5	1	1
10639	전남 무안군	다목적소형농기계지원	309,820	친환경농업과	9	6	7	8	7	5	1	1
10640	전남 무안군	농축산물덤프운반장비지원	111,000	친환경농업과	9	6	7	8	7	5	1	1
10641	전남 무안군	양념채소류 일관기계화 생산비 절감 시범	70,000	친환경농업과	9	4	7	8	7	5	5	4
10642	전남 무안군	과수 고품질시설 현대화사업	37,433	친환경농업과	9	2	7	8	7	5	1	1
10643	전남 무안군	중소농 원예특용작물 인프라 구축사업	150,000	친환경농업과	9	6	7	8	7	5	1	1
10644	전남 무안군	고추 비가림하우스 지원	31,342	친환경농업과	9	2	7	8	7	5	1	1
10645	전남 무안군	친환경 포트육묘 이앙기 공급	68,000	친환경농업과	9	6	7	8	7	5	5	4
10646	전남 무안군	단동하우스 보급형 스마트팜 단지화 시범사업	50,000	친환경농업과	9	6	7	8	7	5	1	1
10647	전남 무안군	농업에너지이용효율화사업	60,164	친환경농업과	9	2	7	8	7	5	1	1
10648	전남 무안군	스마트팜 ICT융복합 확산사업	25,000	친환경농업과	9	2	7	8	7	5	5	4
10649	전남 무안군	소규모 사업장 방지시설 설치비용 지원	250,200	환경과	9	2	7	8	7	5	5	4
10650	전남 무안군	가정용 저녹스 보일러 보급	70,000	환경과	9	2	7	8	7	5	5	4
10651	전남 무안군	사회적 취약계층 등 친환경보일러 보급사업	4,000	환경과	9	2	7	8	7	5	5	4
10652	전남 무안군	매연저감장치 부착지원	684,000	환경과	9	2	7	8	7	5	5	4
10653	전남 무안군	건설기계 엔진교체 지원	99,000	환경과	9	2	7	8	7	5	5	4
10654	전남 무안군	LPG 소형 화물차 구매 지원	100,000	환경과	9	2	7	8	7	5	5	4
10655	전남 무안군	어린이 통학차량의 LPG차 전환 지원사업	150,000	환경과	9	2	7	8	7	5	5	4
10656	전남 무안군	전기이륜차 보급사업	39,840	환경과	9	2	7	8	7	5	5	4
10657	전남 무안군	전기자동차 보급사업	1,072,200	환경과	9	2	7	8	7	5	5	4
10658	전남 무안군	소형 전기화물차 구매 보조	812,000	환경과	9	2	7	8	7	5	5	4
10659	전남 무안군	수소연료전지차 구매 보조	140,000	환경과	9	2	7	8	7	5	5	4
10660	전남 무안군	푸른무안21협의회 운영비 지원	26,676	환경과	9	4	7	8	7	5	5	4
10661	전남 무안군	청년4-H 현장 적용기술 지원	30,000	농촌지원과	9	6	7	8	7	5	5	4
10662	전남 무안군	청년4-H회원 우수과제 창업농 육성	42,000	농촌지원과	9	6	7	8	7	5	5	4
10663	전남 무안군	영농승계 청년농 창업지원	21,000	농촌지원과	9	6	7	8	7	5	5	4
10664	전남 무안군	지역특화 우수품종 보급사업	100,000	농촌지원과	9	6	7	8	7	5	5	4
10665	전남 무안군	농촌어르신 복지생활 실천시범	50,000	농촌지원과	9	6	7	8	7	5	5	4
10666	전남 무안군	농업활동 안전사고 예방 생활화	30,000	농촌지원과	9	6	7	8	7	5	5	4

순번	시군구	지출명 (사업명)	2021년예산 (단위:천원/1년간)	담당자 (공무원)	민간이전 분류 (지방자치단체 세출예산 집행기준에 의거)	민간이전지출 근거 (지방보조금 관리기준 참고)	입찰방식			운영예산 산정		성과평가 실시여부
				담당부서	1. 민간경상사업보조(307-02) 2. 민간단체 법정운영비보조(307-03) 3. 민간행사사업보조(307-04) 4. 민간위탁금(307-05) 5. 사회복지시설 법정운영비보조(307-10) 6. 민간인위탁교육비(307-12) 7. 공기관등에대한경상적위탁사업비(308-10) 8. 민간자본사업보조,자체재원(402-01) 9. 민간자본사업보조,이전재원(402-02) 10. 민간위탁사업비(402-03) 11. 공기관등에 대한 자본적 대행사업비(403-02)	1. 법률에 규정 2. 국고보조 재원(국가지정) 3. 용도 지정 기부금 4. 조례에 직접규정 5. 지자체가 권장하는 사업을 하는 공공기관 6. 시,도 정책 및 재정사정 7. 기타 8. 해당없음	계약체결방법 (경쟁형태) 1. 일반경쟁 2. 제한경쟁 3. 지명경쟁 4. 수의계약 5. 법정위탁 6. 기타 ( ) 7. 해당없음	계약기간 1. 1년 2. 2년 3. 3년 4. 4년 5. 5년 6. 기타 ( )년 7. 단기계약 (1년미만) 8. 해당없음	낙찰자선정방법 1. 적격심사 2. 협상에의한계약 3. 최저가낙찰제 4. 규격가격분리 5. 2단계 경쟁입찰 6. 기타 ( ) 7. 해당없음	운영예산 산정 1. 내부산정 (지자체 자체적으로 산정) 2. 외부산정 (외부전문기관위탁 산정) 3. 내·외부 모두 산정 4. 산정 無 5. 해당없음	정산방법 1. 내부정산 (지자체 내부적으로 정산) 2. 외부정산 (외부전문기관위탁 정산) 3. 내·외부 모두 산정 4. 정산 無 5. 해당없음	1. 실시 2. 미실시 3. 향후 추진 4. 해당없음
10667	전남 무안군	농업인 가공사업장 시설장비 개선 지원	50,000	농촌지원과	9	6	7	8	7	1	1	1
10668	전남 무안군	임산물생산기반조성 소액	16,000	산림공원과	9	2	7	8	7	5	5	4
10669	전남 무안군	노후기관장비설비대체	118,000	해양수산과	9	1	7	8	7	5	1	1
10670	전남 무안군	어업인 편익시설 조성	125,000	해양수산과	9	1	7	8	7	5	5	4
10671	전남 무안군	친환경에너지보급사업	549,780	해양수산과	9	1	7	8	7	5	1	4
10672	전남 함평군	식품 및 공중위생업소 관리	8,200	민원봉사실	9	4	7	8	7	5	5	4
10673	전남 함평군	전기자동차 보급사업	770,000	환경상하수도과	9	1	7	8	7	5	5	4
10674	전남 함평군	전기자동차 보급사업	244,000	환경상하수도과	9	1	7	8	7	5	5	4
10675	전남 함평군	야생동물피해예방시설 설치 지원사업	23,060	환경상하수도과	9	1	7	7	7	1	1	4
10676	전남 함평군	청년 창업농장 조성사업	50,000	친환경농산과	9	6	7	8	7	1	1	3
10677	전남 함평군	친환경 과수농가 비가림하우스 시설 지원	46,200	친환경농산과	9	6	7	8	7	1	1	4
10678	전남 함평군	유기농 생태마을 육성	450,000	친환경농산과	9	6	7	8	7	1	1	4
10679	전남 함평군	친환경농산물 생산·유통 인프라 사업	300,000	친환경농산과	9	6	7	8	7	5	5	4
10680	전남 함평군	친환경 과수농가 해충방제기 지원	45,000	친환경농산과	9	6	7	8	7	5	5	4
10681	전남 함평군	귀농귀촌 유치지원사업	30,000	친환경농산과	9	2	7	8	7	5	5	4
10682	전남 함평군	농산물 생산비 절감지원	271,500	친환경농산과	9	1	7	8	7	5	1	4
10683	전남 함평군	다목적 소형농기계 지원사업	445,000	친환경농산과	9	1	7	8	7	5	1	4
10684	전남 함평군	여성친화형 다목적 소형전기운반차 지원사업	34,650	친환경농산과	9	4	7	8	7	5	1	4
10685	전남 함평군	개량물꼬 지원사업	23,418	친환경농산과	9	4	7	8	7	5	1	4
10686	전남 함평군	유해 야생동물 포획시설 지원	5,280	친환경농산과	9	2	7	8	7	5	1	4
10687	전남 함평군	이동식 다용도 작업대 지원사업	26,288	친환경농산과	9	1	7	8	7	5	1	4
10688	전남 함평군	농축산물 덤프 운반장비 지원사업	111,000	친환경농산과	9	4	7	8	7	5	1	4
10689	전남 함평군	원예특용작물 생산기반 구축	250,000	친환경농산과	9	1	7	8	7	5	1	4
10690	전남 함평군	시설원예 에너지 이용효율화(보온커튼) 지원	364,980	친환경농산과	9	2	7	8	7	5	1	4
10691	전남 함평군	고추비가림재배시설 지원사업	243,595	친환경농산과	9	2	7	8	7	5	1	4
10692	전남 함평군	시설원예현대화 지원사업	378,500	친환경농산과	9	2	7	8	7	5	1	4
10693	전남 함평군	딸기 생산시설현대화 지원사업	228,000	친환경농산과	9	4	7	8	7	5	1	4
10694	전남 함평군	특용작물 생산시설 현대화 지원사업	1,000,000	친환경농산과	9	2	7	8	7	5	1	4
10695	전남 함평군	기후변화 대응 아열대과수 조성사업	375,000	친환경농산과	9	4	7	8	7	5	1	4
10696	전남 함평군	과수생산시설 현대화 지원	22,167	친환경농산과	9	2	7	8	7	5	1	4
10697	전남 함평군	농산물 저온저장고 설치 지원	60,000	친환경농산과	9	1	7	8	7	1	1	2
10698	전남 함평군	어린이집 기능보강	2,800	가족행복과	9	1	4	1	1	1	1	1
10699	전남 함평군	한부모가족복지시설 기능보강	276,078	가족행복과	9	2	7	8	7	1	1	1
10700	전남 함평군	동물복지형 녹색축산농장 육성 지원	60,000	축수산과	9	6	7	8	7	1	1	4
10701	전남 함평군	CCTV 등 방역인프라 설치 지원	294,600	축수산과	9	2	7	8	7	1	1	4
10702	전남 함평군	친환경 해충퇴치 장비 지원	27,200	축수산과	9	6	7	8	7	1	1	4
10703	전남 함평군	조사료 기계장비 지원	180,000	축수산과	9	2	7	8	7	1	1	4
10704	전남 함평군	조사료 전문단지 기계장비 지원	300,000	축수산과	9	2	7	8	7	1	1	4
10705	전남 함평군	한우사육농가 자동목걸이 지원	54,000	축수산과	9	6	7	8	7	1	1	4
10706	전남 함평군	친환경에너지 절감장비 보급	13,180	축수산과	9	2	7	8	7	1	1	4
10707	전남 함평군	다목적 인양기 설치 지원	100,000	축수산과	9	6	7	8	7	1	1	4
10708	전남 함평군	산림작물생산단지	37,000	산림공원과	9	2	7	8	7	5	5	4

순번	시군구	지출명 (사업명)	2021년예산 (단위:천원/1년간)	담당자 (공무원) 담당부서	민간이전 분류 (지방자치단체 세출예산 집행기준에 의거) 1. 민간경상사업보조(307-02) 2. 민간단체 법정운영비보조(307-03) 3. 민간행사사업보조(307-04) 4. 민간위탁금(307-05) 5. 사회복지시설 법정운영비보조(307-10) 6. 민간인위탁교육비(307-12) 7. 공기관등에대한경상적위탁사업비(308-10) 8. 민간자본사업보조,자체재원(402-01) 9. 민간자본사업보조,이전재원(402-02) 10. 민간위탁사업비(402-03) 11. 공기관등에 대한 자본적 대행사업비(403-02)	민간이전지출 근거 (지방보조금 관리기준 참고) 1. 법률에 규정 2. 국고보조 재원(국가지정) 3. 용도 지정 기부금 4. 조례에 직접규정 5. 지자체가 권장하는 사업을 하는 공공기관 6. 시,도 정책 및 재정사정 7. 기타 8. 해당없음	입찰방식 계약체결방법 (경쟁형태) 1. 일반경쟁 2. 제한경쟁 3. 지명경쟁 4. 수의계약 5. 법정위탁 6. 기타 ( ) 7. 해당없음	입찰방식 계약기간 1. 1년 2. 2년 3. 3년 4. 4년 5. 5년 6. 기타 ( )년 7. 단기계약 (1년미만) 8. 해당없음	입찰방식 낙찰자선정방법 1. 적격심사 2. 협상에의한계약 3. 최저가낙찰제 4. 규격가격분리 5. 2단계 경쟁입찰 6. 기타 ( ) 7. 해당없음	운영예산 산정 운영예산 산정 1. 내부산정 (지자체 자체적으로 산정) 2. 외부산정 (외부전문기관위탁 산정) 3. 내·외부 모두 산정 4. 산정 無 5. 해당없음	운영예산 산정 정산방법 1. 내부정산 (지자체 내부적으로 정산) 2. 외부정산 (외부전문기관위탁 정산) 3. 내·외부 모두 산정 4. 정산 無 5. 해당없음	성과평가 실시여부 1. 실시 2. 미실시 3. 향후 추진 4. 해당없음
10709	전남 함평군	임산물 생산기반 조성	58,783	산림공원과	9	2	7	8	7	5	5	4
10710	전남 함평군	임산물 생산기반 조성	29,717	산림공원과	9	2	7	8	7	5	5	4
10711	전남 함평군	친환경 임산물 재배관리	27,000	산림공원과	9	2	7	8	7	5	5	4
10712	전남 함평군	산림복합경영단지조성	68,336	산림공원과	9	2	7	8	7	5	5	4
10713	전남 함평군	호흡기클리닉 설치	100,000	보건소	9	2	7	8	7	5	5	4
10714	전남 함평군	농촌어르신 복지생활 실천시범	50,000	영농지원과	9	4	7	8	7	5	5	4
10715	전남 함평군	농업활동 안전사고 예방 생활화	30,000	영농지원과	9	4	7	8	7	5	5	4
10716	전남 함평군	농산물 직거래 확대 팜파티 마케팅 지원	10,000	영농지원과	9	4	7	8	7	5	5	4
10717	전남 함평군	전통식문화 계승활동 지원	45,000	영농지원과	9	4	7	8	7	5	5	4
10718	전남 함평군	시설작물 자동관수 및 관비시스템구축 시범	26,000	기술보급과	9	1	7	8	7	5	5	4
10719	전남 함평군	소비선호형 우리 품종 단지조성 시범	152,000	기술보급과	9	1	7	8	7	5	5	4
10720	전남 함평군	과수화상병 방제	3,732	기술보급과	9	1	7	8	7	5	5	4
10721	전남 함평군	단동하우스 보급형 스마트팜 단지조성	30,000	기술보급과	9	1	7	8	7	5	5	4
10722	전남 함평군	딸기 우량묘 보급체계 개선시범	70,000	기술보급과	9	1	7	8	7	5	5	4
10723	전남 함평군	품목별 농업인연구회 활성화	20,000	기술보급과	9	4	7	8	7	5	5	4
10724	전남 함평군	생산비 절감 화훼류 경쟁력 제고 시범	50,000	기술보급과	9	6	7	8	7	5	5	4
10725	전남 함평군	스마트 생체정보 관리시스템 보급 시범	60,000	기술보급과	9	2	7	8	7	5	5	4
10726	전남 함평군	국내육성품종을 활용한 양봉산물 생산 시범	7,000	기술보급과	9	7	7	8	7	5	5	4
10727	전남 함평군	스마트 양봉 기술보급 시범	20,000	기술보급과	9	2	7	8	7	5	5	4
10728	전남 영광군	공영버스 구입 지원	36,000	안전관리과	9	1	7	8	7	1	1	2
10729	전남 영광군	어린이집 기능보강	34,800	노인가정과	9	2	7	8	7	5	1	2
10730	전남 영광군	지역아동센터 환경개선 지원	30,000	노인가정과	9	2	7	8	7	5	1	4
10731	전남 영광군	친환경 에너지 절감 장비지원	235,460	해양수산과	9	2	7	8	7	5	5	4
10732	전남 영광군	어선사고 예방시스템 구축 지원	20,000	해양수산과	9	2	7	8	7	5	5	4
10733	전남 영광군	양식어장 청년 고용 지원	36,000	해양수산과	9	6	7	8	7	5	5	4
10734	전남 영광군	수산물산지가공시설 건립	900,000	해양수산과	9	6	7	8	7	5	5	4
10735	전남 영광군	수산물 소형 저온저장시설 지원	90,000	해양수산과	9	6	7	8	7	5	5	4
10736	전남 영광군	HACCP 기준 시설업체 지원	399,900	해양수산과	9	6	7	8	7	5	5	4
10737	전남 영광군	유통단계 위생안전 구축사업	24,000	해양수산과	9	2	7	8	7	5	5	4
10738	전남 영광군	유통단계 위생안전 구축사업	648,000	해양수산과	9	2	7	8	7	5	5	4
10739	전남 영광군	유통단계 위생안전 구축사업	132,000	해양수산과	9	2	7	8	7	5	5	4
10740	전남 영광군	채염 자동화기계 지원	60,000	해양수산과	9	2	7	8	7	5	5	4
10741	전남 영광군	전동 대파기 지원	36,000	해양수산과	9	2	7	8	7	5	5	4
10742	전남 영광군	전기자동차 보급	549,600	이모빌리티산업과	9	2	7	8	7	5	5	4
10743	전남 영광군	전기이륜차 보급	119,600	이모빌리티산업과	9	2	7	8	7	5	5	4
10744	전남 영광군	전기화물차 보급	464,000	이모빌리티산업과	9	2	7	8	7	5	5	4
10745	전남 영광군	생산비 절감 및 부가가치 향상 실용화 사업	80,000	농업기술센터	9	1	7	8	7	5	5	4
10746	전남 영광군	어깨동무 컨설팅 농가경영개선 지원 사업	12,000	농업기술센터	9	1	7	8	7	5	5	4
10747	전남 영광군	지역특화 작목 어깨동무 컨설팅 확산 지원 사업	40,000	농업기술센터	9	1	7	8	7	5	5	4
10748	전남 영광군	특산자원 융복합 상품 생산판매 지원	200,000	농업기술센터	9	2	7	8	7	5	5	4
10749	전남 영광군	특산자원 가공 생산 거점 조성 지원	150,000	농업기술센터	9	2	7	8	7	5	5	4
10750	전남 영광군	특산자원 가공 생산 거점 조성(동부전처리장) 지원	150,000	농업기술센터	9	2	7	8	7	5	5	4

순번	시군구	지출명 (사업명)	2021년예산 (단위:천원/1년간)	담당자 (공무원) 담당부서	민간이전 분류 (지방자치단체 세출예산 집행기준에 의거) 1. 민간경상사업보조(307-02) 2. 민간단체 법정운영비보조(307-03) 3. 민간행사사업보조(307-04) 4. 민간위탁금(307-05) 5. 사회복지시설 법정운영비보조(307-10) 6. 민간인위탁교육비(307-12) 7. 공기관등에대한경상적위탁사업비(308-10) 8. 민간자본사업보조,자체재원(402-01) 9. 민간자본사업보조,이전재원(402-02) 10. 민간위탁사업비(402-03) 11. 공기관등에 대한 자본적 대행사업비(403-02)	민간이전지출 근거 (지방보조금 관리기준 참고) 1. 법률에 규정 2. 국고보조 재원(국가지정) 3. 용도 지정 기부금 4. 조례에 직접규정 5. 지자체가 권장하는 사업을 하는 공공기관 6. 시,도 정책 및 재정사정 7. 기타 8. 해당없음	입찰방식 계약체결방법 (경쟁형태) 1. 일반경쟁 2. 제한경쟁 3. 지명경쟁 4. 수의계약 5. 법정위탁 6. 기타 ( ) 7. 해당없음	입찰방식 계약기간 1. 1년 2. 2년 3. 3년 4. 4년 5. 5년 6. 기타 ( )년 7. 단기계약 (1년미만) 8. 해당없음	입찰방식 낙찰자선정방법 1. 적격심사 2. 협상에의한계약 3. 최저가낙찰제 4. 규격가격분리 5. 2단계 경쟁입찰 6. 기타 ( ) 7. 해당없음	운영예산 산정 운영예산 산정 1. 내부산정 (지자체 자체적으로 산정) 2. 외부산정 (외부전문기관위탁 산정) 3. 내·외부 모두 산정 4. 산정 無 5. 해당없음	운영예산 산정 정산방법 1. 내부정산 (지자체 내부적으로 정산) 2. 외부정산 (외부전문기관위탁 정산) 3. 내·외부 모두 산정 4. 정산 無 5. 해당없음	성과평가 실시여부 1. 실시 2. 미실시 3. 향후 추진 4. 해당없음
10751	전남 영광군	떡볶이 떡 상온 유통 기술 시범	100,000	농업기술센터	9	2	7	8	7	5	5	4
10752	전남 영광군	찰옥수수 칼라패키지 상품화 시범	60,000	농업기술센터	9	2	7	8	7	5	5	4
10753	전남 영광군	외래품종 대체 최고품질 벼 생산·공급 거점단지 육성	200,000	농업기술센터	9	2	7	8	7	5	5	4
10754	전남 영광군	GAP 실천단지 육성	150,000	농업기술센터	9	2	7	8	7	5	5	4
10755	전남 영광군	기능성 다겹보온커튼 기술 시범	70,000	농업기술센터	9	2	7	8	7	5	5	4
10756	전남 영광군	지구온난화대응 신소득 아열대작목 단지조성	200,000	농업기술센터	9	2	7	8	7	5	5	4
10757	전남 영광군	소비트렌드 변화에 맞는 과일 생산단지 육성 시범	100,000	농업기술센터	9	2	7	8	7	5	5	4
10758	전남 영광군	고소득 원예작물 특화단지 육성	400,000	농업기술센터	9	2	7	8	7	5	5	4
10759	전남 영광군	단동하우스 보급형 스마트팜 단지조성 시범	30,000	농업기술센터	9	7	7	8	7	5	5	4
10760	전남 영광군	품목생산자조직 경영마케팅 협력시스템 구축	41,440	농업기술센터	9	7	7	8	7	5	5	4
10761	전남 영광군	빗물이용시설 설치 지원사업	54,000	상하수도사업소	9	4	7	8	7	3	3	1
10762	전남 영광군	임산물 생산단지 규모화 지원사업	28,000	산림공원과	9	2	7	8	7	5	5	4
10763	전남 영광군	임산물 생산기반 지원사업	34,000	산림공원과	9	2	7	8	7	5	5	4
10764	전남 영광군	임산물 유통기반 지원사업	42,863	산림공원과	9	2	7	8	7	5	5	4
10765	전남 영광군	임산물 상품화 지원사업	43,000	산림공원과	9	2	7	8	7	5	5	4
10766	전남 영광군	친환경 임산물 재배관리	15,000	산림공원과	9	2	7	8	7	5	5	4
10767	전남 영광군	산양삼 생산과정 확인	1,520	산림공원과	9	2	7	8	7	5	5	4
10768	전남 영광군	주택용 펠릿보일러	5,600	산림공원과	9	2	7	8	7	5	5	4
10769	전남 장성군	농어촌 장애인 주택개조사업	7,600	주민복지과	9	2	7	8	7	1	1	1
10770	전남 장성군	아동복지시설 기능보강	58,300	주민복지과	9	2	7	7	7	1	1	1
10771	전남 장성군	지역아동센터 환경개선비	10,000	주민복지과	9	2	7	7	7	1	1	1
10772	전남 장성군	백양사 소요대사탑 보호시설 개보수	700,000	문화관광과	9	2	6	1	6	5	1	1
10773	전남 장성군	백양사 백학봉 주변 인법당 개축	380,000	문화관광과	9	2	6	1	6	5	1	1
10774	전남 장성군	백양사 소요대사탑 주변 학예연구동 이축	426,000	문화관광과	9	2	6	1	6	5	1	1
10775	전남 장성군	전기자동차 보급 지원사업	462,000	환경위생과	9	2	7	8	7	5	5	4
10776	전남 장성군	전기자동차 보급 지원사업	2,400	환경위생과	9	2	7	8	7	5	5	4
10777	전남 장성군	어린이 통학차량 LPG차 전환사업	75,000	환경위생과	9	2	7	8	7	5	5	4
10778	전남 장성군	사회적 취약계층 친환경보일러 교체사업	4,000	환경위생과	9	2	7	8	7	5	5	4
10779	전남 장성군	LPG화물차 신차 구입 지원	120,000	환경위생과	9	2	7	8	7	5	5	4
10780	전남 장성군	배출가스 저감사업	144,400	환경위생과	9	2	7	8	7	5	5	4
10781	전남 장성군	배출가스 저감사업	165,000	환경위생과	9	2	7	8	7	5	5	4
10782	전남 장성군	전기이륜차 보급사업	9,000	환경위생과	9	2	7	8	7	5	5	4
10783	전남 장성군	전기이륜차 보급사업	960	환경위생과	9	2	7	8	7	5	5	4
10784	전남 장성군	수소자동차 보급사업	105,000	환경위생과	9	2	7	8	7	5	5	4
10785	전남 장성군	전기화물차(소형)보급사업	232,000	환경위생과	9	2	7	8	7	5	5	4
10786	전남 장성군	가정용 저녹스 보일러 보급사업	2,000	환경위생과	9	2	7	8	7	5	5	4
10787	전남 장성군	야생동물피해예방시설 지원	21,320	환경위생과	9	2	7	8	7	5	5	4
10788	전남 장성군	소규모 사업장 방지시설 설치 지원사업	720,000	환경위생과	9	2	7	8	7	5	5	4
10789	전남 장성군	일반음식점 입식테이블 지원	27,800	환경위생과	9	4	7	8	7	1	1	1
10790	전남 장성군	일자리우수기업인증사업	20,000	경제교통과	9	4	7	8	7	1	1	4
10791	전남 장성군	여성친화기업 환경개선 지원사업	10,000	경제교통과	9	1	7	8	7	5	5	4
10792	전남 장성군	신재생에너지보급 주택지원 사업	60,480	경제교통과	9	1	7	8	7	5	5	4

순번	시군구	지출명 (사업명)	2021년예산 (단위:천원/1년간)	담당자 (공무원) 담당부서	민간이전 분류 (지방자치단체 세출예산 집행기준에 의거) 1. 민간경상사업보조(307-02) 2. 민간단체 법정운영비보조(307-03) 3. 민간행사사업보조(307-04) 4. 민간위탁금(307-05) 5. 사회복지시설 법정운영비보조(307-10) 6. 민간인위탁교육비(307-12) 7. 공기관등에대한경상적위탁사업비(308-10) 8. 민간자본사업보조,자체재원(402-01) 9. 민간자본사업보조,이전재원(402-02) 10. 민간위탁사업비(402-03) 11. 공기관등에 대한 자본적 대행사업비(403-02)	민간이전지출 근거 (지방보조금 관리기준 참고) 1. 법률에 규정 2. 국고보조 재원(국가지정) 3. 용도 지정 기부금 4. 조례에 직접규정 5. 지자체가 권장하는 사업을 하는 공공기관 6. 시,도 정책 및 재정사정 7. 기타 8. 해당없음	입찰방식 계약체결방법 (경쟁형태) 1. 일반경쟁 2. 제한경쟁 3. 지명경쟁 4. 수의계약 5. 법정위탁 6. 기타 ( ) 7. 해당없음	입찰방식 계약기간 1. 1년 2. 2년 3. 3년 4. 4년 5. 5년 6. 기타 ( )년 7. 단기계약 (1년미만) 8. 해당없음	입찰방식 낙찰자선정방법 1. 적격심사 2. 협상에의한계약 3. 최저가낙찰제 4. 규격가격분리 5. 2단계 경쟁입찰 6. 기타 ( ) 7. 해당없음	운영예산 산정 운영예산 산정 1. 내부산정 (지자체 자체적으로 산정) 2. 외부산정 (외부전문기관위탁 산정) 3. 내·외부 모두 산정 4. 산정 無 5. 해당없음	운영예산 산정 정산방법 1. 내부정산 (지자체 내부적으로 정산) 2. 외부정산 (외부전문기관위탁 정산) 3. 내·외부 모두 산정 4. 정산 無 5. 해당없음	성과평가 실시여부 1. 실시 2. 미실시 3. 향후 추진 4. 해당없음
10793	전남 장성군	숲속의 전남 만들기 주민참여숲 조성	100,000	산림편백과	9	6	7	8	7	5	5	4
10794	전남 장성군	펠릿보일러	11,200	산림편백과	9	2	7	8	7	5	5	4
10795	전남 장성군	임산물 저장 및 건조시설	76,000	산림편백과	9	2	7	8	7	5	5	4
10796	전남 장성군	임산물 유통 차량지원	18,500	산림편백과	9	2	7	8	7	5	5	4
10797	전남 장성군	수실류 등 생산장비	50,000	산림편백과	9	2	7	8	7	5	5	4
10798	전남 장성군	잔디 생산장비 지원	398,041	산림편백과	9	2	7	8	7	5	5	4
10799	전남 장성군	친환경 임산물 재배관리	76,090	산림편백과	9	2	7	8	7	5	5	4
10800	전남 장성군	친환경 임산물 재배관리	88,200	산림편백과	9	2	7	8	7	5	5	4
10801	전남 장성군	산림작물생산단지	83,500	산림편백과	9	2	7	8	7	5	5	4
10802	전남 장성군	청산 편백숲속야영장 조성	400,000	산림편백과	9	2	7	8	7	5	5	4
10803	전남 장성군	사회적농업 활성화 지원	10,000	농업축산과	9	1	7	8	7	5	5	4
10804	전남 장성군	농산물 생산비 절감 지원	277,000	농업축산과	9	6	7	8	7	5	5	4
10805	전남 장성군	이동식 다용도 작업대	66,144	농업축산과	9	6	7	8	7	5	5	4
10806	전남 장성군	다목적 소형농기계 지원	224,610	농업축산과	9	6	7	8	7	5	5	4
10807	전남 장성군	여성친화형 다목적 소형전기운반차 지원	50,051	농업축산과	9	6	7	8	7	5	5	4
10808	전남 장성군	농기계 등화장치 지원	13,000	농업축산과	9	2	7	8	7	5	5	4
10809	전남 장성군	유해야생동물 포획시설 지원사업	3,960	농업축산과	9	2	7	8	7	5	5	4
10810	전남 장성군	조사료 연결체 기계 장비 지원	75,000	농업축산과	9	2	7	8	7	5	5	4
10811	전남 장성군	한우자동목걸림장치 지원사업	12,600	농업축산과	9	6	7	8	7	5	5	4
10812	전남 장성군	양봉기자재 운반 리프트 지원	15,000	농업축산과	9	4	7	8	7	5	5	4
10813	전남 장성군	축산농장 악취저감시설 지원	54,000	농업축산과	9	2	7	8	7	5	5	4
10814	전남 장성군	축산분야 ICT 융복합 지원사업	114,000	농업축산과	9	2	7	8	7	5	5	4
10815	전남 장성군	한우 ICT 융복합 지원사업	18,000	농업축산과	9	2	7	8	7	5	5	4
10816	전남 장성군	낙농가 착유시설 개선사업	10,000	농업축산과	9	6	7	8	7	5	5	4
10817	전남 장성군	축산악취개선 지원	20,000	농업축산과	9	2	7	8	7	5	5	4
10818	전남 장성군	악취측정ICT기계장비지원	40,000	농업축산과	9	2	7	8	7	5	5	4
10819	전남 장성군	ICT활용 한우, 젖소 번식효율 향상 시범	7,000	농업축산과	9	6	7	8	7	5	5	4
10820	전남 장성군	동물복지형 녹색축산농장 육성 지원	42,000	농업축산과	9	6	7	8	7	5	5	4
10821	전남 장성군	친환경 해충퇴치 장비 지원	14,000	농업축산과	9	6	7	8	7	5	5	4
10822	전남 장성군	명품 체리 재배단지 조성	224,000	원예소득과	9	2	7	8	7	5	5	4
10823	전남 장성군	농업에너지이용효율화	331,995	원예소득과	9	2	7	8	7	5	5	4
10824	전남 장성군	시설원예현대화	158,000	원예소득과	9	2	7	8	7	5	5	4
10825	전남 장성군	시설원예현대화	15,000	원예소득과	9	2	7	8	7	5	5	4
10826	전남 장성군	중소농 원예특용작물 생산기반 구축	244,500	원예소득과	9	6	7	8	7	5	5	4
10827	전남 장성군	친환경 채소 전문단지 조성 사업	210,000	원예소득과	9	6	7	8	7	5	5	4
10828	전남 장성군	원예작물 신품종 생산단지 조성	14,000	원예소득과	9	4	7	8	7	5	5	4
10829	전남 장성군	단동하우스 보급형 스마트팜 단지조성	60,000	원예소득과	9	6	7	8	7	5	5	4
10830	전남 장성군	토마토 수경재배 작은뿌리파리 종합관리 기술 시범	30,000	원예소득과	9	2	7	8	7	5	5	4
10831	전남 장성군	비벡터링 기술 이용 시설 원예작물 주요 병 방제기술 시범	26,000	원예소득과	9	2	7	8	7	5	5	4
10832	전남 장성군	찰토마토 특화단지 조성	200,000	원예소득과	9	6	7	8	7	5	5	4
10833	전남 장성군	유기농 오이 양분공급 및 병해충 관리기술	30,000	원예소득과	9	2	7	8	7	5	5	4
10834	전남 장성군	과수생산시설현대화 지원	225,854	원예소득과	9	2	7	8	7	5	5	4

순번	시군구	지출명 (사업명)	2021년예산 (단위:천원/1년간)	담당자 (공무원) 담당부서	민간이전 분류 (지방자치단체 세출예산 집행기준에 의거) 1. 민간경상사업보조(307-02) 2. 민간단체 법정운영비보조(307-03) 3. 민간행사사업보조(307-04) 4. 민간위탁금(307-05) 5. 사회복지시설 법정운영비보조(307-10) 6. 민간인위탁교육비(307-12) 7. 공기관등에대한경상적위탁사업비(308-10) 8. 민간자본사업보조,자체재원(402-01) 9. 민간자본사업보조,이전재원(402-02) 10. 민간위탁사업비(402-03) 11. 공기관등에 대한 자본적 대행사업비(403-02)	민간이전지출 근거 (지방보조금 관리기준 참고) 1. 법률에 규정 2. 국고보조 재원(국가지정) 3. 용도 지정 기부금 4. 조례에 직접규정 5. 지자체가 권장하는 사업을 하는 공공기관 6. 시,도 정책 및 재정사정 7. 기타 8. 해당없음	입찰방식 계약체결방법 (경쟁형태) 1. 일반경쟁 2. 제한경쟁 3. 지명경쟁 4. 수의계약 5. 법정위탁 6. 기타 ( ) 7. 해당없음	입찰방식 계약기간 1. 1년 2. 2년 3. 3년 4. 4년 5. 5년 6. 기타 ( )년 7. 단기계약 (1년미만) 8. 해당없음	입찰방식 낙찰자선정방법 1. 적격심사 2. 협상에의한계약 3. 최저가낙찰제 4. 규격가격분리 5. 2단계 경쟁입찰 6. 기타 ( ) 7. 해당없음	운영예산 산정 운영예산 산정 1. 내부산정 (지자체 자체적으로 산정) 2. 외부산정 (외부전문기관위탁 산정) 3. 내·외부 모두 산정 4. 산정 無 5. 해당없음	운영예산 산정 정산방법 1. 내부정산 (지자체 내부적으로 정산) 2. 외부정산 (외부전문기관위탁 정산) 3. 내·외부 모두 산정 4. 정산 無 5. 해당없음	성과평가 실시여부 1. 실시 2. 미실시 3. 향후 추진 4. 해당없음
10835	전남 장성군	지중냉온풍 활용 시설과수 비용절감 시범	100,000	원예소득과	9	2	7	8	7	5	5	4
10836	전남 장성군	신소득 패션프루트 단지 조성	200,000	원예소득과	9	7	7	8	7	5	5	4
10837	전남 장성군	사과 중소과 고밀식 재배단지 조성	100,000	원예소득과	9	7	7	8	7	5	5	4
10838	전남 장성군	이상기상 피해경감 과수 안정생산 기술시범	35,000	원예소득과	9	2	7	8	7	5	5	4
10839	전남 장성군	식품가공 및 품질관리 시설 및 장비 구입	112,500	농식품유통과	9	1	7	8	7	5	5	4
10840	전남 장성군	액션그룹 편백여행 컨텐츠 운영지원	250,000	농식품유통과	9	1	7	8	7	5	5	4
10841	전남 장성군	톤백 수매 기반 구축	19,200	농식품유통과	9	4	7	8	7	5	5	4
10842	전남 장성군	농산물 소형 저온저장고 지원	87,000	농식품유통과	9	4	7	8	7	5	5	4
10843	전남 장성군	저온저장시설 지원	253,541	농식품유통과	9	1	7	8	7	5	5	4
10844	전남 장성군	저온유통차량 지원	62,436	농식품유통과	9	1	7	8	7	5	5	4
10845	전남 장성군	약선 소재를 이용한 쌀 조청 제조시범	70,000	농식품유통과	9	1	7	8	7	5	5	4
10846	전남 장성군	농업인 소규모 창업기술 지원	100,000	농식품유통과	9	1	7	8	7	5	5	4
10847	전남 장성군	어깨동무 컨설팅 농가 경영개선 지원	24,000	농촌활력과	9	6	7	8	7	5	5	4
10848	전남 장성군	영농승계 청년농 창업 지원	21,000	농촌활력과	9	6	7	8	7	5	5	4
10849	전남 진도군	농어촌 초고속인터넷망 구축	53,400	행정과	9	2	7	8	7	5	5	4
10850	전남 진도군	농어촌 장애인 주택개조 지원	57,000	주민복지과	9	2	1	7	7	3	1	1
10851	전남 진도군	농어촌 장애인 주택개조 지원	10,000	주민복지과	9	2	1	7	7	3	1	1
10852	전남 진도군	수산물 소포장 등 지원사업	66,000	경제마케팅과	9	1	7	8	7	1	1	4
10853	전남 진도군	친환경 해충퇴치장비 지원사업	4,000	진도개축산과	9	1	7	8	7	5	5	4
10854	전남 진도군	한우 자동목걸림장치설치지원	2,988	진도개축산과	9	1	7	8	7	5	5	4
10855	전남 진도군	동물복지형 녹색축산농장시설 지원사업	24,000	진도개축산과	9	1	7	8	7	5	5	4
10856	전남 진도군	LPG 화물차 신차구입지원	60,000	환경산림과	9	2	7	8	7	5	5	4
10857	전남 진도군	매연저감장치 부착 지원	41,800	환경산림과	9	2	7	8	7	5	5	4
10858	전남 진도군	건설기계 엔진교체 지원	115,500	환경산림과	9	2	7	8	7	5	5	4
10859	전남 진도군	어린이 통학차 LPG 전환 지원	10,000	환경산림과	9	2	7	8	7	5	5	4
10860	전남 진도군	전기자동차(화물,승용,이륜) 구입 지원	434,720	환경산림과	9	2	7	8	7	5	5	4
10861	전남 진도군	드론활용 노동력 절감 벼 재배단지 육성 드론 장비 지원	60,000	농업기술센터	9	1	7	8	7	5	5	4
10862	전남 진도군	지구온난화 대응 아열대작목 단지조성 시범사업	200,000	농업기술센터	9	1	7	8	7	5	5	4
10863	전남 진도군	지방상수도 위탁 통합운영	3,245,932	상하수도사업소	9	5	7	6	7	1	1	1
10864	전남 신안군	농어촌 장애인 주택개조사업	19,000	민원봉사과	9	1	7	8	7	1	1	4
10865	전남 신안군	사회복지법인 보존식 기자재비 지원	2,100	교육복지과	9	4	7	8	7	5	5	4
10866	전남 신안군	민박개보수사업지원	80,000	문화관광과	9	4	6	8	6	1	1	3
10867	전남 신안군	우이도 민박개보수 지원사업	10,000	문화관광과	9	4	7	8	7	5	5	4
10868	전남 신안군	친환경전기자동차구매	92,000	세계유산과	9	2	7	8	7	5	5	4
10869	전남 신안군	노후 경유차 조기폐차 지원	289,440	세계유산과	9	2	7	8	7	5	5	4
10870	전남 신안군	저소득층(취약계층)친환경보일러 보급사업	4,000	세계유산과	9	2	7	8	7	5	5	4
10871	전남 신안군	LPG화물 신차구입 지원사업	10,000	세계유산과	9	2	7	8	7	5	5	4
10872	전남 신안군	매연저감장치[DPF]부착지원사업	28,500	세계유산과	9	2	7	8	7	5	5	4
10873	전남 신안군	건설기계엔진교체사업	29,700	세계유산과	9	2	7	8	7	5	5	4
10874	전남 신안군	친환경전기화물차지원사업	348,000	세계유산과	9	2	7	8	7	5	5	4
10875	전남 신안군	친환경전기이륜차구입지원사업	9,960	세계유산과	9	2	7	8	7	5	5	4
10876	전남 신안군	초단파대 무선전화(VHF)	43,200	해양수산과	9	2	4	7	1	5	1	3

순번	시군구	지출명(사업명)	2021년예산(단위:천원/1년간)	담당자(공무원) 담당부서	민간이전 분류 (지방자치단체 세출예산 집행기준에 의거) 1. 민간경상사업보조(307-02) 2. 민간단체 법정운영비보조(307-03) 3. 민간행사사업보조(307-04) 4. 민간위탁금(307-05) 5. 사회복지시설 법정운영비보조(307-10) 6. 민간인위탁교육비(307-12) 7. 공기관등에대한경상적위탁사업비(308-10) 8. 민간자본사업보조,자체재원(402-01) 9. 민간자본사업보조,이전재원(402-02) 10. 민간위탁사업비(402-03) 11. 공기관등에 대한 자본적 대행사업비(403-02)	민간이전지출 근거 (지방보조금 관리기준 참고) 1. 법률에 규정 2. 국고보조 재원(국가지정) 3. 용도 지정 기부금 4. 조례에 직접규정 5. 지자체가 권장하는 사업을 하는 공공기관 6. 시,도 정책 및 재정사정 7. 기타 8. 해당없음	입찰방식: 계약체결방법(경쟁형태) 1. 일반경쟁 2. 제한경쟁 3. 지명경쟁 4. 수의계약 5. 법정위탁 6. 기타 ( ) 7. 해당없음	입찰방식: 계약기간 1. 1년 2. 2년 3. 3년 4. 4년 5. 5년 6. 기타 ( )년 7. 단기계약(1년미만) 8. 해당없음	입찰방식: 낙찰자선정방법 1. 적격심사 2. 협상에의한계약 3. 최저가낙찰제 4. 규격가격분리 5. 2단계 경쟁입찰 6. 기타 ( ) 7. 해당없음	운영예산 산정: 운영예산 산정 1. 내부산정(지자체 자체적으로 산정) 2. 외부산정(외부전문기관위탁 산정) 3. 내·외부 모두 산정 4. 산정 無 5. 해당없음	운영예산 산정: 정산방법 1. 내부정산(지자체 내부적으로 정산) 2. 외부정산(외부전문기관위탁 정산) 3. 내·외부 모두 산정 4. 정산 無 5. 해당없음	성과평가 실시여부 1. 실시 2. 미실시 3. 향후 추진 4. 해당없음
10877	전남 신안군	구명조끼	43,780	해양수산과	9	2	4	7	1	5	1	3
10878	전남 신안군	자동소화장치	1,980	해양수산과	9	2	4	7	1	5	1	3
10879	전남 신안군	V-PASS	11,040	해양수산과	9	2	4	7	1	5	1	3
10880	전남 신안군	노후기관장비설비	420,000	해양수산과	9	7	4	7	1	5	1	3
10881	전남 신안군	혼획저감 어구 보급	37,500	해양수산과	9	2	4	7	1	5	1	3
10882	전남 신안군	수산물 산지가공시설사업	1,000,000	해양수산과	9	6	7	8	7	5	5	4
10883	전남 신안군	수산시장시설개선사업	330,000	해양수산과	9	6	7	8	7	5	5	4
10884	전남 신안군	수산물중형저온저장시설사업	800,000	해양수산과	9	6	7	8	7	5	5	4
10885	전남 신안군	고수온 대응 지원사업	281,200	해양자원과	9	1	7	8	7	5	1	3
10886	전남 신안군	친환경부표 보급지원사업	1,190,000	해양자원과	9	1	7	8	7	5	1	3
10887	전남 신안군	해수열 히트펌프 지원사업	442,000	해양자원과	9	1	5	1	7	2	3	3
10888	전남 신안군	양식어장 자동화 설비 지원	160,000	해양자원과	9	1	7	8	7	5	1	3
10889	전남 신안군	해삼씨뿌림 사업	247,500	해양자원과	9	4	7	8	7	5	1	3
10890	전남 신안군	농업활동안전사고예방생활화	30,000	농촌진흥과	9	4	7	8	7	5	5	4
10891	전남 신안군	농업인가공사업장시설장비개선	50,000	농촌진흥과	9	4	7	8	7	5	5	4
10892	전남 신안군	드론 활용 노동력 절감 벼 재배단지 육성 시범	40,000	기술보급과	9	2	7	8	7	5	5	4
10893	전남 신안군	ICT활용 한우, 젖소 번식효율 향상 시범	7,000	기술보급과	9	4	7	8	7	5	5	4
10894	전남 신안군	시금치 생력화 및 일관기계화	84,000	기술보급과	9	4	7	8	7	5	5	4
10895	전남 신안군	소비트렌드 변화에 맞는 과일 생산단지 육성	100,000	기술보급과	9	4	7	8	7	5	5	4
10896	전남 신안군	단동하우스 보급형 스마트팜 단지조성 시범사업	30,000	기술보급과	9	4	7	8	7	5	5	4
10897	전남 신안군	품목생산자조직 생산기반 조성	24,000	기술보급과	9	4	7	8	7	5	5	4
10898	전남 신안군	고추 기상피해 경감 안정생산 기술보급	7,000	기술보급과	9	4	7	8	7	5	5	4
10899	전남 신안군	농업기계 등화장치 부착 지원	40,100	친환경농업과	9	2	7	8	7	1	1	3
10900	전남 신안군	영농안전장비 지원	26,100	친환경농업과	9	6	7	8	7	1	1	3
10901	전남 신안군	개량물꼬 지원	25,520	친환경농업과	9	6	7	8	7	1	1	3
10902	전남 신안군	이동식 다용도 작업대 지원	21,200	친환경농업과	9	6	7	8	7	1	1	3
10903	전남 신안군	농산물 생산비 절감지원사업	103,950	친환경농업과	9	6	7	8	7	1	1	3
10904	전남 신안군	유기농업자재 지원	38,940	친환경농업과	9	2	7	8	7	1	1	3
10905	전남 신안군	유해야생동물 포획시설 설치 지원	6,600	친환경농업과	9	2	7	8	7	1	1	3
10906	전남 신안군	다목적 소형농기계 지원	134,625	친환경농업과	9	6	7	8	7	1	1	3
10907	전남 신안군	여성친화형 다목적 소형 전기운반차 지원	121,000	친환경농업과	9	6	7	8	7	1	1	3
10908	전남 신안군	친환경 과수비가림 하우스 시설지원	8,800	친환경농업과	9	6	7	8	7	1	1	3
10909	전남 신안군	로컬푸드직매장지원사업	600,000	친환경농업과	9	2	7	8	7	5	5	4
10910	전남 신안군	친환경 해충퇴치 장비지원	12,000	친환경농업과	9	6	7	8	7	5	5	4
10911	전남 신안군	축산농장악취저감시설지원	36,000	친환경농업과	9	6	7	8	7	5	5	4
10912	전남 신안군	ICT기반 축산악취측정장비 지원	6,000	친환경농업과	9	6	7	8	7	5	5	4
10913	전남 신안군	가축분뇨처리지원	24,000	친환경농업과	9	2	7	8	7	1	1	3
10914	전남 신안군	한우 악취저감제지원	62,500	친환경농업과	9	6	7	8	7	1	1	3
10915	전남 신안군	돼지 악취저감제지원	21,000	친환경농업과	9	6	7	8	7	1	1	3
10916	전남 신안군	닭,오리 악취저감제지원	7,000	친환경농업과	9	6	7	8	7	1	1	3
10917	전남 신안군	구제역백신접종 원거리자동연속주사기	4,900	친환경농업과	9	6	7	8	7	1	1	3
10918	전남 신안군	계란냉장 차량지원	15,000	친환경농업과	9	2	7	8	7	1	1	3

순번	시군구	지출명 (사업명)	2021년예산 (단위:천원/1년간)	담당자 (공무원) 담당부서	민간이전 분류 (지방자치단체 세출예산 집행기준에 의거) 1. 민간경상사업보조(307-02) 2. 민간단체 법정운영비보조(307-03) 3. 민간행사사업보조(307-04) 4. 민간위탁금(307-05) 5. 사회복지시설 법정운영비보조(307-10) 6. 민간인위탁교육비(307-12) 7. 공기관등에대한경상적위탁사업비(308-10) 8. 민간자본사업보조,자체재원(402-01) 9. 민간자본사업보조,이전재원(402-02) 10. 민간위탁사업비(402-03) 11. 공기관등에 대한 자본적 대행사업비(403-02)	민간이전지출 근거 (지방보조금 관리기준 참고) 1. 법률에 규정 2. 국고보조 재원(국가지정) 3. 용도 지정 기부금 4. 조례에 직접규정 5. 지자체가 권장하는 사업을 하는 공공기관 6. 시,도 정책 및 재정사정 7. 기타 8. 해당없음	입찰방식 계약체결방법 (경쟁형태) 1. 일반경쟁 2. 제한경쟁 3. 지명경쟁 4. 수의계약 5. 법정위탁 6. 기타 ( ) 7. 해당없음	입찰방식 계약기간 1. 1년 2. 2년 3. 3년 4. 4년 5. 5년 6. 기타 ( )년 7. 단기계약 (1년미만) 8. 해당없음	입찰방식 낙찰자선정방법 1. 적격심사 2. 협상에의한계약 3. 최저가낙찰제 4. 규격가격분리 5. 2단계 경쟁입찰 6. 기타 ( ) 7. 해당없음	운영예산 산정 운영예산 산정 1. 내부산정 (지자체 자체적으로 산정) 2. 외부산정 (외부전문기관위탁 산정) 3. 내·외부 모두 산정 4. 산정 無 5. 해당없음	운영예산 산정 정산방법 1. 내부정산 (지자체 내부적으로 정산) 2. 외부정산 (외부전문기관위탁 정산) 3. 내·외부 모두 산정 4. 정산 無 5. 해당없음	성과평가 실시여부 1. 실시 2. 미실시 3. 향후 추진 4. 해당없음
10919	전남 신안군	초소형전기차산업 및 서비스육성 실증지원사업	100,000	도시개발사업소	9	4	7	8	7	5	1	3
10920	전남 신안군	채염자동화기계 지원	72,000	천일염사업단	9	2	7	8	7	5	5	4
10921	전남 신안군	전동대파기지원	108,000	천일염사업단	9	2	7	8	7	5	5	4
10922	제주 서귀포시	마을기업 육성사업	80,000	마을활력과	9	2	5	8	7	5	5	4
10923	제주 서귀포시	농촌신활력플러스사업	10,000	마을활력과	9	2	5	8	7	5	5	4
10924	제주 서귀포시	노인요양시설 확충 사업	159,214	노인장애인과	9	2	7	8	7	5	1	4
10925	제주 서귀포시	장애인공동생활가정 설치사업	167,640	노인장애인과	9	1	7	8	7	1	1	1
10926	제주 서귀포시	장애인거주시설 화재안전성능보강 지원	150,000	노인장애인과	9	1	1	1	3	1	1	1
10927	제주 서귀포시	장애인직업재활시설 방역장비 구입	12,000	노인장애인과	9	1	4	1	7	1	1	1
10928	제주 서귀포시	아동복지시설 기능보강	8,750	여성가족과	9	2	7	8	7	5	1	1
10929	제주 서귀포시	다함께돌봄센터 기자재지원	60,000	여성가족과	9	2	7	8	7	5	1	1
10930	제주 서귀포시	지역아동센터 환경개선비 지원	50,000	여성가족과	9	2	7	8	7	5	1	1
10931	제주 서귀포시	아동복지시설 기능보강	8,750	여성가족과	9	2	7	8	7	5	1	1
10932	제주 서귀포시	다함께돌봄센터 기자재지원	60,000	여성가족과	9	2	7	8	7	5	1	1
10933	제주 서귀포시	지역아동센터 환경개선비 지원	50,000	여성가족과	9	2	7	8	7	5	1	1
10934	제주 서귀포시	발전소 주변지역 공공사회복지 등	348,374	경제일자리과	9	1	7	8	7	3	3	4
10935	제주 서귀포시	발전소 주변지역 공공사회복지 등	6,684,000	경제일자리과	9	1	7	8	7	3	3	4
10936	제주 서귀포시	친환경농업기반구축사업	573,000	감귤농정과	9	2	1	1	1	1	1	1
10937	제주 서귀포시	FTA기금 고품질감귤생산시설 현대화 사업	15,932,000	감귤농정과	9	2	7	8	7	1	1	3
10938	제주 서귀포시	과수분야 스마트팜 지원사업	95,160	감귤농정과	9	6	7	8	7	1	1	1
10939	제주 서귀포시	지열냉난방·폐열재이용(개보수)시설 지원사업	833,600	감귤농정과	9	2	7	8	7	3	3	3
10940	제주 서귀포시	종자산업기반구축 지원사업	290,000	감귤농정과	9	2	7	8	7	1	1	3
10941	제주 서귀포시	식품소재 및 반가공산업 육성사업	483,000	감귤농정과	9	2	7	8	6	1	1	1
10942	제주 서귀포시	농업에너지이용효율화사업	19,446	감귤농정과	9	2	7	8	7	5	5	4
10943	제주 서귀포시	조사료생산 기계장비 지원	71,250	축산과	9	2	7	8	7	5	5	4
10944	제주 서귀포시	CCTV 등 방역인프라 구축 지원	80,000	축산과	9	2	7	8	7	5	5	4
10945	제주 서귀포시	가축분뇨처리시설지원	554,616	축산과	9	2	7	8	7	5	5	4
10946	제주 서귀포시	가축분뇨 공동자원화시설 지원	2,240,000	축산과	9	2	7	8	7	5	5	4
10947	제주 서귀포시	축산분야 ICT 융복합 확산 지원	500,000	축산과	9	2	7	8	7	5	5	4
10948	제주 서귀포시	마필사육기반 확충	300,000	축산과	9	2	7	8	7	5	5	4
10949	제주 서귀포시	야생생물에 의한 농작물 피해예방시설 지원사업	310,000	녹색환경과	9	4	7	1	6	5	1	1
10950	제주 서귀포시	소규모 방지시설 지원	198,000	녹색환경과	9	1	7	8	7	5	5	4
10951	제주 서귀포시	가정용 저녹스 보일러 보급	10,000	녹색환경과	9	1	7	8	7	5	5	4

chapter

3

민간위탁사업비
(402-03)

2021년 전국 지방자치단체 민간위탁사업비(402-03) 운영 현황

순번	시군구	지출명 (사업명)	2021년예산 (단위:천원/1년간)	담당자(공무원) 담당부서	민간이전 분류 (지방자치단체 세출예산 집행기준에 의거) 1. 민간경상사업보조(307-02) 2. 민간단체 법정운영비보조(307-03) 3. 민간행사사업보조(307-04) 4. 민간위탁금(307-05) 5. 사회복지시설 법정운영비보조(307-10) 6. 민간인위탁교육비(307-12) 7. 공기관등에대한경상적위탁사업비(308-10) 8. 민간자본사업보조,자체재원(402-01) 9. 민간자본사업보조,이전재원(402-02) 10. 민간위탁사업비(402-03) 11. 공기관등에 대한 자본적 대행사업비(403-02)	민간이전지출 근거 (지방보조금 관리기준 참고) 1. 법률에 규정 2. 국고보조 재원(국가지정) 3. 용도 지정 기부금 4. 조례에 직접규정 5. 지자체가 권장하는 사업을 하는 공공기관 6. 시,도 정책 및 재정사정 7. 기타 8. 해당없음	입찰방식: 계약체결방법 (경쟁형태) 1. 일반경쟁 2. 제한경쟁 3. 지명경쟁 4. 수의계약 5. 법정위탁 6. 기타 ( ) 7. 해당없음	입찰방식: 계약기간 1. 1년 2. 2년 3. 3년 4. 4년 5. 5년 6. 기타 ( )년 7. 단기계약 (1년미만) 8. 해당없음	입찰방식: 낙찰자선정방법 1. 적격심사 2. 협상에의한계약 3. 최저가낙찰제 4. 규격가격분리 5. 2단계 경쟁입찰 6. 기타 ( ) 7. 해당없음	운영예산 산정: 운영예산 산정 1. 내부산정 (지자체 자체적으로 산정) 2. 외부산정 (외부전문기관위탁 산정) 3. 내·외부 모두 산정 4. 산정 無 5. 해당없음	운영예산 산정: 정산방법 1. 내부정산 (지자체 내부적으로 정산) 2. 외부정산 (외부전문기관위탁 정산) 3. 내·외부 모두 산정 4. 정산 無 5. 해당없음	성과평가 실시여부 1. 실시 2. 미실시 3. 향후 추진 4. 해당없음
1	서울 종로구	구립어린이집 긴급 유지 보수	24,000	보육지원과	10	8	7	8	7	5	5	4
2	서울 종로구	어린이집 환경 개선	19,000	보육지원과	10	6	7	8	7	5	5	4
3	서울 종로구	장애아 어린이집 환경 개선	2,000	보육지원과	10	6	7	8	7	5	5	4
4	서울 종로구	보육사업	4,800	보육지원과	10	2	7	8	7	5	1	2
5	서울 종로구	장애인무료셔틀버스 운영	16,000	사회복지과	10	1	6	3	7	1	1	2
6	서울 종로구	종로노인종합복지관 운영	38,243	어르신가족과	10	1	7	8	7	5	5	4
7	서울 종로구	종로노인종합복지관 운영	8,080	어르신가족과	10	1	7	8	7	5	5	4
8	서울 종로구	종로노인종합복지관 운영	10,000	어르신가족과	10	1	7	8	7	5	5	4
9	서울 용산구	종합사회복지관 보강사업	132,540	복지정책과	10	4	5	5	2	1	1	1
10	서울 용산구	푸드뱅크/마켓 지원	11,000	복지정책과	10	1	1	5	1	1	1	1
11	서울 용산구	국공립 어린이집 확충	14,000	여성가족과	10	1	7	8	7	1	1	4
12	서울 용산구	국공립 어린이집 확충	7,000	여성가족과	10	1	7	8	7	1	1	4
13	서울 용산구	어린이집 환경개선	14,000	여성가족과	10	1	7	8	7	2	1	4
14	서울 용산구	어린이집 기능보강 보존식 기자재 지원	20,300	여성가족과	10	1	7	8	7	5	5	4
15	서울 성동구	장애인가족지원센터 운영	10,000	어르신장애인복지과	10	6	1	3	1	1	1	1
16	서울 성동구	아이사랑 유직 키즈카페 운영	40,000	여성가족과	10	1	7	8	7	5	5	4
17	서울 성동구	건강가정지원센터 운영	7,000	여성가족과	10	1	7	8	7	5	5	4
18	서울 성동구	구립어린이집 환경개선	285,000	여성가족과	10	1	4	7	6	3	3	4
19	서울 광진구	마을자치센터 운영지원	5,000	자치행정과	10	4	5	2	2	1	1	3
20	서울 광진구	광장종합사회복지관 운영	10,806	복지정책과	10	1	7	5	7	1	1	3
21	서울 광진구	자양종합사회복지관 운영	1,217	복지정책과	10	1	7	5	7	1	1	3
22	서울 광진구	중곡종합사회복지관 운영	10,637	복지정책과	10	1	7	5	7	1	1	3
23	서울 동대문구	예뜰어린이집 등 기자재비	100,000	가정복지과	10	2	7	8	7	1	1	4
24	서울 동대문구	공동육아방 기자재 구입	60,000	가정복지과	10	6	7	8	7	5	5	4
25	서울 중랑구	서울창업카페 상봉점	200,000	기업지원과	10	6	1	3	1	1	1	3
26	서울 중랑구	노인복지시설 기능보강사업	54,978	어르신복지과	10	1	5	5	1	1	1	2
27	서울 중랑구	국공립어린이집 환경개선	55,240	여성가족과	10	1	7	8	7	5	5	4
28	서울 성북구	무료셔틀버스	19,130	어르신복지과	10	6	5	1	1	1	1	1
29	서울 성북구	어린이집 유지 보수	675,993	여성가족과	10	6	7	8	7	5	5	4
30	서울 성북구	견인대행비용	30,000	교통지도과	10	7	6	2	7	1	1	4
31	서울 성북구	성북 청소년 문화의 집 운영	13,286	교육지원과	10	7	7	8	7	1	1	4
32	서울 성북구	성북 청소년 문화의 집 운영	45,000	교육지원과	10	7	7	8	7	1	1	4
33	서울 성북구	아동놀이환경 조성	50,000	교육지원과	10	7	7	8	7	5	5	4
34	서울 성북구	학교 밖 청소년 지원센터 운영	7,500	교육지원과	10	7	7	8	7	5	5	4
35	서울 강북구	근현대사기념관 운영	50,000	문화관광체육과	10	4	1	3	1	1	1	4
36	서울 강북구	종합사회복지관 기능보강	194,592	복지정책과	10	1	6	5	6	5	1	3
37	서울 강북구	종합사회복지관 기능보강	194,592	복지정책과	10	1	6	5	6	5	1	3
38	서울 강북구	행복나눔 강북푸드 뱅크·마켓 운영	2,000	복지정책과	10	1	5	5	1	3	3	1
39	서울 강북구	장애인복지시설 지원	2,100	생활보장과	10	1	7	1	7	1	1	4
40	서울 강북구	강북장애인종합복지관 기능보강사업	13,020	생활보장과	10	2	7	7	7	2	1	4

순번	시군구	지출명 (사업명)	2021년예산 (단위:천원/1년간)	담당자 (공무원) 담당부서	민간이전 분류 (지방자치단체 세출예산 집행기준에 의거) 1. 민간경상사업보조(307-02) 2. 민간단체 법정운영비보조(307-03) 3. 민간행사사업보조(307-04) 4. 민간위탁금(307-05) 5. 사회복지시설 법정운영비보조(307-10) 6. 민간인위탁교육비(307-12) 7. 공기관등에대한경상적위탁사업비(308-10) 8. 민간자본사업보조,자체재원(402-01) 9. 민간자본사업보조,이전재원(402-02) 10. 민간위탁사업비(402-03) 11. 공기관등에 대한 자본적 대행사업비(403-02)	민간이전지출 근거 (지방보조금 관리기준 참고) 1. 법률에 규정 2. 국고보조 재원(국가지정) 3. 용도 지정 기부금 4. 조례에 직접규정 5. 지자체가 권장하는 사업을 하는 공공기관 6. 시,도 정책 및 재정사정 7. 기타 8. 해당없음	입찰방식 계약체결방법 (경쟁형태) 1. 일반경쟁 2. 제한경쟁 3. 지명경쟁 4. 수의계약 5. 법정위탁 6. 기타 ( ) 7. 해당없음	입찰방식 계약기간 1. 1년 2. 2년 3. 3년 4. 4년 5. 5년 6. 기타 ( )년 7. 단기계약 (1년미만) 8. 해당없음	입찰방식 낙찰자선정방법 1. 적격심사 2. 협상에의한계약 3. 최저가낙찰제 4. 규격가격분리 5. 2단계 경쟁입찰 6. 기타 ( ) 7. 해당없음	운영예산 산정 운영예산 산정 1. 내부산정 (지자체 자체적으로 산정) 2. 외부산정 (외부전문기관위탁 산정) 3. 내·외부 모두 산정 4. 산정 無 5. 해당없음	운영예산 산정 정산방법 1. 내부정산 (지자체 내부적으로 정산) 2. 외부정산 (외부전문기관위탁 정산) 3. 내·외부 모두 산정 4. 정산 無 5. 해당없음	성과평가 실시여부 1. 실시 2. 미실시 3. 향후 추진 4. 해당없음
41	서울 강북구	국공립어린이집 확충	12,000	여성가족과	10	2	1	5	1	1	1	1
42	서울 강북구	어린이집 환경개선	116,000	여성가족과	10	1	7	8	7	5	1	4
43	서울 강북구	구립강북실버종합복지센터 기능보강	72,600	어르신복지과	10	1	5	5	1	1	1	1
44	서울 강북구	구립수유·미아실버데이케어센터 기능보강	23,785	어르신복지과	10	1	5	5	1	1	1	1
45	서울 강북구	삼양동종합복지센터 운영	10,000	청소년과	10	1	4	5	1	1	1	3
46	서울 강북구	우리동네키움센터 운영	4,500	청소년과	10	8	7	8	7	1	1	4
47	서울 노원구	그린파킹사업	154,000	교통지도과	10	4	7	8	7	1	1	2
48	서울 노원구	다함께 돌봄 사업	522,040	아동청소년과	10	2	7	5	7	1	1	1
49	서울 노원구	국공립어린이집 기능보강 사업	150,000	여성가족과	10	1	7	8	7	1	1	1
50	서울 노원구	국공립어린이집 확충	30,000	여성가족과	10	1	7	8	7	1	1	1
51	서울 노원구	국공립어린이집 환경개선지원사업	448,000	여성가족과	10	1	7	8	7	1	1	1
52	서울 노원구	장애아 통합시설 운영	4,800	여성가족과	10	6	7	8	7	1	1	4
53	서울 노원구	민간어린이집 기능보강비 지원	95,700	여성가족과	10	2	7	8	7	1	1	4
54	서울 은평구	평생학습관 및 어린이영어도서관 운영	29,200	시민교육과	10	1	1	3	1	1	1	1
55	서울 은평구	장애아통합 어린이집 운영	4,800	보육지원과	10	6	7	8	7	5	5	4
56	서울 은평구	어린이집 지원	25,000	보육지원과	10	4	7	8	7	5	5	4
57	서울 은평구	어린이집 확충	50,000	보육지원과	10	2	7	8	7	5	5	4
58	서울 은평구	어린이집 확충	20,000	보육지원과	10	2	7	8	7	5	5	4
59	서울 은평구	어린이집 기능보강	160,852	보육지원과	10	2	7	8	7	5	5	4
60	서울 은평구	노인복지관 운영	72,000	어르신복지과	10	1	7	8	7	1	1	4
61	서울 은평구	노약자 등 교통약자를 위한 무료셔틀버스 운영	38,262	어르신복지과	10	7	7	8	7	1	1	4
62	서울 서대문구	종합사회복지관 기능보강	41,910	복지정책과	10	1	2	5	1	1	1	1
63	서울 서대문구	종합사회복지관 기능보강	24,750	복지정책과	10	1	2	5	1	1	1	1
64	서울 서대문구	종합사회복지관 기능보강	35,501	복지정책과	10	1	7	8	7	1	1	1
65	서울 서대문구	종합사회복지관 기능보강	15,000	복지정책과	10	1	2	5	1	1	1	1
66	서울 서대문구	푸드마켓 시설 유지보수	3,000	복지정책과	10	1	1	5	1	1	1	1
67	서울 서대문구	장애인복지관 기능보강	24,244	사회복지과	10	7	7	1	6	1	1	4
68	서울 서대문구	시장형 일자리 사업장 설치 등	40,000	어르신복지과	10	1	5	5	1	1	1	2
69	서울 서대문구	정류장 설치비	39,409	어르신복지과	10	1	1	3	1	1	1	1
70	서울 서대문구	노인복지(의료,재가)시설 환경개선	25,000	어르신복지과	10	6	7	8	7	5	5	4
71	서울 서대문구	신규 시간제보육 설치비 및 교재교구비	50,000	여성가족과	10	6	6	5	6	1	1	4
72	서울 서대문구	서대문키드센터 운영 기자재 등 구입	6,800	여성가족과	10	1	6	5	6	1	1	1
73	서울 서대문구	구립어린이집(방과후교실 포함) 소규모 보수비 지원	92,000	여성가족과	10	1	6	8	6	1	1	4
74	서울 서대문구	장애아통합어린이집 장애아편의시설 설치 및 개보수 지원	6,000	여성가족과	10	1	6	8	6	1	1	4
75	서울 서대문구	국공립어린이집 시설 개보수	24,000	여성가족과	10	1	6	8	6	1	1	4
76	서울 서대문구	국공립어린이집 신규설치 기자재 등 구입	12,000	여성가족과	10	1	6	5	6	1	1	4
77	서울 서대문구	홍은6구역 두산위브2차어린이집 기자재 등 구입	20,000	여성가족과	10	1	6	5	6	1	1	4
78	서울 서대문구	기자재 등 구입 지원	250,000	여성가족과	10	1	6	8	6	1	1	4
79	서울 서대문구	신축비 지원	679,398	여성가족과	10	1	6	8	6	1	1	4
80	서울 서대문구	기자재 등 구입	300,000	여성가족과	10	1	6	8	6	1	1	4
81	서울 서대문구	기자재 구입	6,000	여성가족과	10	4	5	3	1	1	1	1
82	서울 서대문구	센터 보수비 지원	20,000	여성가족과	10	4	5	3	1	1	1	1

순번	시군구	지출명 (사업명)	2021년예산 (단위:천원/1년간)	담당자 (공무원) 담당부서	민간이전 분류 (지방자치단체 세출예산 집행기준에 의거) 1. 민간경상사업보조(307-02) 2. 민간단체 법정운영비보조(307-03) 3. 민간행사사업보조(307-04) 4. 민간위탁금(307-05) 5. 사회복지시설 법정운영비보조(307-10) 6. 민간인위탁교육비(307-12) 7. 공기관등에대한경상적위탁사업비(308-10) 8. 민간자본사업보조,자체재원(402-01) 9. 민간자본사업보조,이전재원(402-02) 10. 민간위탁사업비(402-03) 11. 공기관등에 대한 자본적 대행사업비(403-02)	민간이전지출 근거 (지방보조금 관리기준 참고) 1. 법률에 규정 2. 국고보조 재원(국가지정) 3. 용도 지정 기부금 4. 조례에 직접규정 5. 지자체가 권장하는 사업을 하는 공공기관 6. 시,도 정책 및 재정사정 7. 기타 8. 해당없음	입찰방식 계약체결방법 (경쟁형태) 1. 일반경쟁 2. 제한경쟁 3. 지명경쟁 4. 수의계약 5. 법정위탁 6. 기타 ( ) 7. 해당없음	입찰방식 계약기간 1. 1년 2. 2년 3. 3년 4. 4년 5. 5년 6. 기타 ( )년 7. 단기계약 (1년미만) 8. 해당없음	입찰방식 낙찰자선정방법 1. 적격심사 2. 협상에의한계약 3. 최저가낙찰제 4. 규격가격분리 5. 2단계 경쟁입찰 6. 기타 ( ) 7. 해당없음	운영예산 산정 운영예산 산정 1. 내부산정 (지자체 자체적으로 산정) 2. 외부산정 (외부전문기관위탁 산정) 3. 내·외부 모두 산정 4. 산정 無 5. 해당없음	운영예산 산정 정산방법 1. 내부정산 (지자체 내부적으로 정산) 2. 외부정산 (외부전문기관위탁 정산) 3. 내·외부 모두 산정 4. 정산 無 5. 해당없음	성과평가 실시여부 1. 실시 2. 미실시 3. 향후 추진 4. 해당없음
83	서울 서대문구	홍은청소년문화의집 운영 기자재 지원	13,500	아동청소년과	10	1	2	3	1	1	1	1
84	서울 서대문구	청소년디지털미디어공간 기자재 구입	22,650	아동청소년과	10	7	7	8	7	1	1	4
85	서울 서대문구	청소년 활동공간 기자재 구입 등	2,000	아동청소년과	10	4	2	3	1	1	1	3
86	서울 서대문구	청소년 1인 미디어 지원 물품구입	16,800	아동청소년과	10	7	5	1	7	1	1	1
87	서울 마포구	종합사회복지관운영지원	440,640	복지정책과	10	1	2	5	1	1	1	1
88	서울 마포구	마포 시니어클럽 운영	20,900	노인장애인과	10	1	6	5	6	1	1	1
89	서울 마포구	노인복지시설 운영관리	50,000	노인장애인과	10	1	2	5	1	1	1	3
90	서울 마포구	어린이재활병원 및 사회복지시설 운영	83,160	노인장애인과	10	1	5	5	1	1	1	1
91	서울 마포구	염리종합복지관 내 장애인주간이용센터 운영	49,030	노인장애인과	10	1	7	8	7	5	5	4
92	서울 마포구	장애인 직업재활시설 운영	114,095	노인장애인과	10	1	7	8	7	1	1	1
93	서울 마포구	구립어린이집 환경개선	100,000	여성가족과	10	1	4	8	7	1	1	4
94	서울 마포구	구립어린이집 대체신축	60,000	여성가족과	10	1	2	8	7	1	1	4
95	서울 마포구	구립어린이집 신규확충	360,000	여성가족과	10	1	2	8	7	1	1	4
96	서울 마포구	장애아 통합보육 활성화	4,800	여성가족과	10	1	4	8	7	1	1	4
97	서울 마포구	어린이집 기능보강비	20,300	여성가족과	10	1	7	8	7	5	1	2
98	서울 마포구	육아종합지원센터 운영	31,880	여성가족과	10	1	5	5	7	1	1	4
99	서울 마포구	장난감대여점 운영	7,318	여성가족과	10	1	5	3	7	1	1	4
100	서울 양천구	가족센터 조성	80,000	가족정책과	10	2	7	1	7	1	1	4
101	서울 양천구	청소년수련시설 운영 지원	80,000	가족정책과	10	5	7	1	7	1	1	4
102	서울 양천구	지역사회 청소년통합지원체계 구축	29,000	가족정책과	10	5	7	1	7	1	1	4
103	서울 양천구	학교밖 청소년 지원센터 운영	16,000	가족정책과	10	5	7	1	7	1	1	4
104	서울 양천구	마을로 찾아가는 청소년 상담소	125,000	가족정책과	10	7	7	1	7	1	1	4
105	서울 양천구	학교 밖 청소년 수학여행	30,000	가족정책과	10	7	7	1	7	1	1	4
106	서울 강서구	강서청소년회관 운영	50,000	교육청소년과	10	1	1	5	1	1	1	3
107	서울 강서구	강서 구립도서관 운영	250,000	교육청소년과	10	4	5	5	1	1	1	1
108	서울 강서구	강서 구립도서관 운영	56,250	교육청소년과	10	4	5	5	1	1	1	1
109	서울 강서구	강서 구립도서관 운영	24,000	교육청소년과	10	4	5	5	1	1	1	1
110	서울 강서구	강서 구립도서관 운영	10,000	교육청소년과	10	4	5	5	1	1	1	1
111	서울 강서구	종합사회복지관 기능보강사업	720,712	복지정책과	10	1	5	5	1	3	1	4
112	서울 강서구	종합사회복지관 기능보강사업	15,000	복지정책과	10	1	5	5	1	3	1	4
113	서울 강서구	기초푸드뱅크·마켓 운영	24,000	복지정책과	10	1	1	5	1	1	1	2
114	서울 강서구	국공립어린이집 확충사업	52,000	가족정책과	10	5	1	5	6	1	1	2
115	서울 강서구	시간제보육사업	20,000	가족정책과	10	2	6	3	7	3	3	1
116	서울 강서구	불법 주·정차 관리	150,000	주차관리과	10	1	6	5	7	1	1	4
117	서울 구로구	정부지원어린이집 개보수	400,000	여성정책과	10	2	7	8	7	5	1	2
118	서울 구로구	어린이집 환경개선	120,000	여성정책과	10	2	7	8	7	5	1	2
119	서울 구로구	장애아 통합시설 설치	48,000	여성정책과	10	2	7	8	7	5	1	2
120	서울 구로구	국공립어린이집 노후시설개선	650,000	여성정책과	10	2	7	8	7	5	1	2
121	서울 구로구	어린이집 확충	166,000	여성정책과	10	2	7	8	7	5	1	2
122	서울 구로구	어린이집 확충	33,000	여성정책과	10	2	7	8	7	5	1	2
123	서울 구로구	구립 온수어르신복지관 기능보강	38,000	어르신청소년과	10	1	7	8	7	5	1	4
124	서울 영등포구	장애인 복지센터 운영	90,000	사회복지과	10	1	6	1	7	3	1	4

순번	시군구	지출명 (사업명)	2021년예산 (단위:천원/1년간)	담당자 (공무원)	민간이전 분류 (지방자치단체 세출예산 집행기준에 의거)	민간이전지출 근거 (지방보조금 관리기준 참고)	입찰방식			운영예산 산정		성과평가 실시여부
				담당부서	1. 민간경상사업보조(307-02) 2. 민간단체 법정운영비보조(307-03) 3. 민간행사사업보조(307-04) 4. 민간위탁금(307-05) 5. 사회복지시설 법정운영비보조(307-10) 6. 민간인위탁교육비(307-12) 7. 공기관등에대한경상적위탁사업비(308-10) 8. 민간자본사업보조,자체재원(402-01) 9. 민간자본사업보조,이전재원(402-02) 10. 민간위탁사업비(402-03) 11. 공기관등에 대한 자본적 대행사업비(403-02)	1. 법률에 규정 2. 국고보조 재원(국가지정) 3. 용도 지정 기부금 4. 조례에 직접규정 5. 지자체가 권장하는 사업을 하는 공공기관 6. 시,도 정책 및 재정사정 7. 기타 8. 해당없음	계약체결방법 (경쟁형태) 1. 일반경쟁 2. 제한경쟁 3. 지명경쟁 4. 수의계약 5. 법정위탁 6. 기타 ( ) 7. 해당없음	계약기간 1. 1년 2. 2년 3. 3년 4. 4년 5. 5년 6. 기타 ( )년 7. 단기계약 (1년미만) 8. 해당없음	낙찰자선정방법 1. 적격심사 2. 협상에의한계약 3. 최저가낙찰제 4. 규격가격분리 5. 2단계 경쟁입찰 6. 기타 ( ) 7. 해당없음	운영예산 산정 1. 내부산정 (지자체 자체적으로 산정) 2. 외부산정 (외부전문기관위탁 산정) 3. 내·외부 모두 산정 4. 산정 無 5. 해당없음	정산방법 1. 내부정산 (지자체 내부적으로 정산) 2. 외부정산 (외부전문기관위탁 정산) 3. 내·외부 모두 산정 4. 정산 無 5. 해당없음	1. 실시 2. 미실시 3. 향후 추진 4. 해당없음
125	서울 영등포구	국공립 어린이집 확충	634,214	보육지원과	10	1	7	8	7	5	5	4
126	서울 영등포구	어린이집 환경개선	285,084	보육지원과	10	1	7	8	7	5	5	4
127	서울 영등포구	어린이집 기능보강 개선사업	213,975	보육지원과	10	1	7	8	7	5	5	4
128	서울 영등포구	맘든든센터 설치	55,000	보육지원과	10	6	7	8	7	1	1	1
129	서울 영등포구	장애아동 옥상놀이터 조성	54,086	보육지원과	10	1	7	8	7	5	5	4
130	서울 영등포구	노인종합복지관 운영	48,567	어르신복지과	10	1	1	5	1	1	1	1
131	서울 영등포구	구립노인복지시설 기능보강사업	27,000	어르신복지과	10	1	1	5	1	1	1	1
132	서울 동작구	장애인복지시설 기능보강	12,221	어르신장애인과	10	1	1	5	1	1	1	1
133	서울 동작구	청소년 시설 운영	157,000	아동청소년과	10	2	6	1	6	3	3	4
134	서울 동작구	청소년안전망 구축	1,600	아동청소년과	10	4	6	1	6	3	3	4
135	서울 동작구	건강가정 및 다문화가족지원센터 시설운영	15,000	아동청소년과	10	2	5	3	1	3	3	1
136	서울 서초구	노인복지시설기능보강	67,590	어르신행복과	10	1	7	8	7	5	5	4
137	서울 서초구	도서관 운영 지원	682,976	자치행정과	10	4	6	3	7	1	1	3
138	서울 송파구	여성쉼터 운영	3,500	여성보육과	10	4	4	5	1	1	1	4
139	서울 송파구	장애아통합보육시설 설치비 지원	2,400	여성보육과	10	6	7	8	7	5	5	4
140	서울 송파구	어린이집 환경개선	370,000	여성보육과	10	2	7	8	7	5	5	4
141	서울 송파구	구립 풍납어린이집 임시이전 설치	30,000	여성보육과	10	5	7	8	7	5	5	4
142	서울 송파구	구립 리더어린이집 개원	100,000	여성보육과	10	2	7	8	7	5	5	4
143	서울 송파구	구립 행복한꿀벌어린이집 개원	100,000	여성보육과	10	2	7	8	7	5	5	4
144	서울 송파구	위례A1-3블록 구립어린이집 확충	30,000	여성보육과	10	2	7	8	7	5	5	4
145	서울 송파구	위례A1-5블록 구립어린이집 확충	36,000	여성보육과	10	2	7	8	7	5	5	4
146	서울 송파구	위례A1-6블록 구립어린이집 확충	30,000	여성보육과	10	2	7	8	7	5	5	4
147	서울 송파구	구립잠실본동어린이집 건립	100,000	여성보육과	10	2	7	8	7	5	5	4
148	서울 송파구	방이2동주민센터어린이집 건립	5,000	여성보육과	10	2	7	8	7	5	5	4
149	서울 송파구	종합사회복지관 기능보강	1,163	복지정책과	10	1	1	5	1	1	1	1
150	서울 송파구	송파노인종합복지관 기능보강	49,574	어르신복지과	10	1	7	8	7	5	5	4
151	서울 송파구	송파실벗뜨락 기능보강	17,000	어르신복지과	10	1	7	8	7	5	5	4
152	서울 송파구	구자체 장애인 활동지원 급여지원	742,164	장애인복지과	10	1	1	3	1	1	3	2
153	서울 송파구	2021 건축행정시스템 재구축	17,600	건축과	10	1	7	8	7	5	5	4
154	서울 송파구	국가건강검진사업 의료급여 일반검진	80,000	의약과	10	1	5	8	7	5	3	4
155	서울 송파구	국가건강검진사업 영유아 검진	5,000	의약과	10	1	5	8	7	5	3	4
156	경기 수원시	직장운동 경기부 훈련용 장비	5,000	체육진흥과	10	1	7	8	7	1	1	3
157	경기 수원시	수원선수촌 운영	2,500	체육진흥과	10	1	7	8	7	1	1	3
158	경기 수원시	찾아가는 자전거&PM 안전교육	38,980	생태교통과	10	4	1	1	6	1	1	3
159	경기 수원시	도심속 버려진 자전거 클린 사업	63,000	생태교통과	10	4	1	1	6	1	1	3
160	경기 수원시	공영자전거 대여소 운영	187,200	생태교통과	10	4	1	1	6	1	1	3
161	경기 수원시	어린이공원민간위탁관리	9,215	장안구 녹지공원과	10	7	6	1	1	1	1	3
162	경기 수원시	어린이공원민간위탁관리	4,607	장안구 녹지공원과	10	7	6	1	1	1	1	3
163	경기 수원시	어린이공원민간위탁관리	4,607	장안구 녹지공원과	10	7	6	1	1	1	1	3
164	경기 성남시	청년지원센터 미디어실환경설치	10,000	청년정책과	10	4	7	8	7	1	1	4
165	경기 성남시	성남시근로자종합복지관 민간위탁비	957,174	고용노동과	10	4	1	5	1	1	1	1
166	경기 성남시	이동노동자 쉼터 민간위탁비	298,964	고용노동과	10	6	1	3	1	1	1	1

순번	시군구	지출명 (사업명)	2021년예산 (단위:천원/1년간)	담당자 (공무원) 담당부서	민간이전 분류 (지방자치단체 세출예산 집행기준에 의거) 1. 민간경상사업보조(307-02) 2. 민간단체 법정운영비보조(307-03) 3. 민간행사사업보조(307-04) 4. 민간위탁금(307-05) 5. 사회복지시설 법정운영비보조(307-10) 6. 민간인위탁교육비(307-12) 7. 공기관등에대한경상적위탁사업비(308-10) 8. 민간자본사업보조,자체재원(402-01) 9. 민간자본사업보조,이전재원(402-02) 10. 민간위탁사업비(402-03) 11. 공기관등에 대한 자본적 대행사업비(403-02)	민간이전지출 근거 (지방보조금 관리기준 참고) 1. 법률에 규정 2. 국고보조 재원(국가지정) 3. 용도 지정 기부금 4. 조례에 직접규정 5. 지자체가 권장하는 사업을 하는 공공기관 6. 시,도 정책 및 재정사정 7. 기타 8. 해당없음	입찰방식 계약체결방법 (경쟁형태) 1. 일반경쟁 2. 제한경쟁 3. 지명경쟁 4. 수의계약 5. 법정위탁 6. 기타 ( ) 7. 해당없음	입찰방식 계약기간 1. 1년 2. 2년 3. 3년 4. 4년 5. 5년 6. 기타 ( )년 7. 단기계약 (1년미만) 8. 해당없음	입찰방식 낙찰자선정방법 1. 적격심사 2. 협상에의한계약 3. 최저가낙찰제 4. 규격가격분리 5. 2단계 경쟁입찰 6. 기타 ( ) 7. 해당없음	운영예산 산정 운영예산 산정 1. 내부산정 (지자체 자체적으로 산정) 2. 외부산정 (외부전문기관위탁 산정) 3. 내·외부 모두 산정 4. 산정 無 5. 해당없음	운영예산 산정 정산방법 1. 내부정산 (지자체 내부적으로 정산) 2. 외부정산 (외부전문기관위탁 정산) 3. 내·외부 모두 산정 4. 정산 無 5. 해당없음	성과평가 실시여부 1. 실시 2. 미실시 3. 향후 추진 4. 해당없음
167	경기 성남시	소 이력 추적시스템 구축	20,000	지역경제과	10	2	5	8	7	1	1	4
168	경기 성남시	동물보호관리	42,000	지역경제과	10	1	7	8	7	1	1	4
169	경기 성남시	길고양이 중성화 수술비 지원	210,000	지역경제과	10	2	1	3	1	1	1	4
170	경기 성남시	동물구조대 운영	20,000	지역경제과	10	6	7	8	7	1	1	4
171	경기 성남시	사회복지관 기능보강비 지원	11,000	복지정책과	10	1	6	8	6	1	1	4
172	경기 성남시	사회복지관 기능보강비 지원	16,000	복지정책과	10	1	6	8	6	1	1	4
173	경기 성남시	사회복지관 기능보강비 지원	35,000	복지정책과	10	1	6	8	6	1	1	4
174	경기 성남시	사회복지관 기능보강비 지원	162,000	복지정책과	10	1	6	8	6	1	1	4
175	경기 성남시	사회복지관 기능보강비 지원	96,000	복지정책과	10	1	6	8	6	1	1	4
176	경기 성남시	사회복지관 기능보강비 지원	7,000	복지정책과	10	1	6	8	6	1	1	4
177	경기 성남시	어린이집 환경개선	266,000	아동보육과	10	1	7	8	7	5	5	4
178	경기 성남시	어린이집 환경개선	150,000	아동보육과	10	1	7	8	7	5	5	4
179	경기 성남시	어린이집 환경개선	112,500	아동보육과	10	1	7	8	7	5	5	4
180	경기 성남시	어린이집 환경개선	105,000	아동보육과	10	1	7	8	7	5	5	4
181	경기 성남시	어린이집 환경개선	120,000	아동보육과	10	1	7	8	7	5	5	4
182	경기 성남시	어린이집 환경개선	97,500	아동보육과	10	1	7	8	7	5	5	4
183	경기 성남시	어린이집 환경개선	82,500	아동보육과	10	1	7	8	7	5	5	4
184	경기 성남시	어린이집 환경개선	82,500	아동보육과	10	1	7	8	7	5	5	4
185	경기 성남시	백현 제3국공립어린이집 신축	758,300	아동보육과	10	1	7	8	7	5	5	4
186	경기 성남시	600톤 소각장 운영	8,088	자원순환과	10	1	1	3	2	1	1	1
187	경기 성남시	100톤 소각장 운영	40,620	자원순환과	10	1	1	3	2	1	1	1
188	경기 성남시	판교 크린타워 운영	5,489	자원순환과	10	1	1	3	2	1	1	1
189	경기 성남시	음식물류 폐기물자원화시설 운영	53,000	자원순환과	10	1	1	3	2	2	1	1
190	경기 성남시	운행차 배출가스 저감 대책	64,000	기후에너지과	10	2	6	8	7	2	2	2
191	경기 성남시	성남가드너 육성 교육운영	20,000	녹지과	10	4	6	3	7	1	1	1
192	경기 성남시	산림치유 프로그램 운영비	60,000	녹지과	10	1	7	8	7	5	5	4
193	경기 성남시	유아숲 교육운영	154,200	녹지과	10	1	7	8	7	5	5	4
194	경기 성남시	지역청소 대행 용역비	19,268	수정구 환경위생과	10	7	4	1	7	2	1	1
195	경기 성남시	지역아동센터 환경개선비 지원	30,000	분당구 가정복지과	10	2	7	8	7	5	5	4
196	경기 의정부시	종합사회복지관 시설 기능보강	216,000	복지정책과	10	1	7	8	7	5	1	4
197	경기 의정부시	경로당 물품지원	30,000	노인장애인과	10	4	7	8	7	1	1	4
198	경기 의정부시	경로당 냉방기 지원	75,000	노인장애인과	10	4	7	8	7	1	1	4
199	경기 의정부시	경로당 개보수비	130,000	노인장애인과	10	4	7	8	7	1	1	4
200	경기 의정부시	경로당 자동소화장치 설치	22,000	노인장애인과	10	4	7	8	7	1	1	4
201	경기 의정부시	노인요양시설 확충 사업	64,620	노인장애인과	10	1	7	8	7	5	5	4
202	경기 의정부시	장애인복지회관 운영 지원	27,400	노인장애인과	10	4	5	3	1	1	1	4
203	경기 의정부시	장애인거주시설 기능보강	573,000	노인장애인과	10	1	7	8	7	1	1	1
204	경기 의정부시	장애인직업재활시설 기능보강	64,010	노인장애인과	10	6	5	8	1	1	1	1
205	경기 의정부시	장애인거주시설 공기청정기 렌탈 지원	2,520	노인장애인과	10	1	7	8	7	1	1	1
206	경기 의정부시	공립어린이집 확충 리모델링비	180,000	보육과	10	2	7	8	7	5	5	4
207	경기 의정부시	산악인 엄홍길 전시관 관리	34,573	체육과	10	1	5	8	7	1	1	1
208	경기 의정부시	조기폐차 업무대행비	36,000	환경관리과	10	1	6	1	6	1	1	2

순번	시군구	지출명 (사업명)	2021년예산 (단위:천원/1년간)	담당자 (공무원)	민간이전 분류 (지방자치단체 세출예산 집행기준에 의거)	민간이전지출 근거 (지방보조금 관리기준 참고)	입찰방식			운영예산 산정		성과평가 실시여부
				담당부서	1. 민간경상사업보조(307-02) 2. 민간단체 법정운영비보조(307-03) 3. 민간행사사업보조(307-04) 4. 민간위탁금(307-05) 5. 사회복지시설 법정운영비보조(307-10) 6. 민간인위탁교육비(307-12) 7. 공기관등에대한경상적위탁사업비(308-10) 8. 민간자본사업보조,자체재원(402-01) 9. 민간자본사업보조,이전재원(402-02) 10. 민간위탁사업비(402-03) 11. 공기관등에 대한 자본적 대행사업비(403-02)	1. 법률에 규정 2. 국고보조 재원(국가지정) 3. 용도 지정 기부금 4. 조례에 직접규정 5. 지자체가 권장하는 사업을 하는 공공기관 6. 시,도 정책 및 재정사정 7. 기타 8. 해당없음	계약체결방법 (경쟁형태) 1. 일반경쟁 2. 제한경쟁 3. 지명경쟁 4. 수의계약 5. 법정위탁 6. 기타 ( ) 7. 해당없음	계약기간 1. 1년 2. 2년 3. 3년 4. 4년 5. 5년 6. 기타 ( )년 7. 단기계약 (1년미만) 8. 해당없음	낙찰자선정방법 1. 적격심사 2. 협상에의한계약 3. 최저가낙찰제 4. 규격가격분리 5. 2단계 경쟁입찰 6. 기타 ( ) 7. 해당없음	운영예산 산정 1. 내부산정 (지자체 자체적으로 산정) 2. 외부산정 (외부전문기관위탁 산정) 3. 내·외부 모두 산정 4. 산정 無 5. 해당없음	정산방법 1. 내부정산 (지자체 내부적으로 정산) 2. 외부정산 (외부전문기관위탁 정산) 3. 내·외부 모두 산정 4. 정산 無 5. 해당없음	1. 실시 2. 미실시 3. 향후 추진 4. 해당없음
209	경기 의정부시	야생동물 구조치료	2,700	환경관리과	10	6	7	8	7	5	5	1
210	경기 안양시	기초생활보장 주거현물급여	180,000	복지정책과	10	8	7	8	7	5	5	4
211	경기 안양시	영구공공임대주택 공동전기료 지원	5,040	주택과	10	8	7	8	7	5	5	4
212	경기 안양시	자원회수시설 위탁 운영비	7,943	자원순환과	10	8	7	8	7	5	5	4
213	경기 광명시	광명7동 청사 이전 신축	60,000	회계과	10	6	7	8	7	5	5	4
214	경기 광명시	방역소독 민간대행사업	340,000	보건행정과	10	5	6	7	1	5	5	4
215	경기 광명시	긴급방역소독비	5,000	보건행정과	10	8	7	8	7	5	5	4
216	경기 광명시	코로나19 긴급방역 소독비	252,000	보건행정과	10	5	4	7	6	5	5	4
217	경기 광명시	조기폐차업무 대행비	13,000	환경관리과	10	8	7	8	7	5	5	4
218	경기 광명시	생활폐기물수집,운반처리대행사업비	18,000	자원순환과	10	1	2	2	1	1	1	1
219	경기 광명시	불연성 생활폐기물 처리	69,600	자원순환과	10	7	7	8	7	5	5	4
220	경기 광명시	대형폐기물(폐목재) 민간위탁처리비	48,000	자원순환과	10	7	7	8	7	5	5	4
221	경기 광명시	음식물쓰레기 민간위탁처리비	31,755	자원순환과	10	1	7	8	7	5	5	4
222	경기 광명시	아이스팩수거 및 재사용 민간위탁처리비	19,200	자원순환과	10	1	7	8	7	5	5	4
223	경기 광명시	로드킬 동물사체 민간위탁 처리비	52,000	자원순환과	10	6	1	1	1	1	1	4
224	경기 광명시	생활폐기물 자동집하시설 운영비	1,114,000	자원순환과	10	6	4	3	1	2	1	1
225	경기 광명시	재활용품 선별장 운영비	36,409	자원순환과	10	4	2	3	2	2	1	1
226	경기 광명시	자원회수시설 운영비	10,584	자원순환과	10	6	2	3	2	2	1	1
227	경기 평택시	청소년문화의집 시설보강	20,000	교육청소년과	10	6	1	1	7	1	1	1
228	경기 평택시	청소년상담복지센터 시설개선	10,300	교육청소년과	10	4	7	8	7	5	5	4
229	경기 평택시	공공폐수처리시설운영	500,000	생태하천과	10	4	7	8	7	5	5	4
230	경기 평택시	시립어린이집 기능보강	35,000	여성가족과	10	4	7	8	7	1	1	4
231	경기 평택시	국공립어린이집기자재구입	935,000	여성가족과	10	1	7	8	7	1	1	4
232	경기 평택시	육아종합지원센터 아이사랑놀이터 설치	110,000	여성가족과	10	1	7	8	7	5	5	4
233	경기 안산시	다함께돌봄센터 설치비 지원	60,000	아동권리과	10	1	1	5	1	5	1	3
234	경기 안산시	국공립어린이집 확충사업	30,000	여성보육과	10	1	7	8	7	1	1	4
235	경기 안산시	조기폐차 업무대행비	32,000	환경정책과	10	1	5	8	7	5	3	3
236	경기 안산시	노후 가스, 전기시설 무료개선사업	15,000	에너지정책과	10	8	7	8	7	5	1	1
237	경기 안산시	가스안전장치(타이머콕) 보급사업	5,000	에너지정책과	10	8	7	8	7	5	1	1
238	경기 안산시	노후 보일러시설 무료개선사업	6,400	에너지정책과	10	8	7	8	7	5	1	1
239	경기 과천시	과천도시공사 지원	250,983	기획감사담당관	10	4	5	8	7	1	3	1
240	경기 과천시	청백-e 시스템 유지보수	6,404	기획감사담당관	10	1	5	1	7	2	2	1
241	경기 과천시	조기폐차 업무대행비 지급	3,000	환경위생과	10	1	5	2	7	3	3	4
242	경기 군포시	노후경유차 조기폐차 보조금 지원 업무대행비	16,000	환경과	10	6	5	1	7	3	1	1
243	경기 군포시	어린이급식관리지원센터 운영	630,000	위생자원과	10	1	2	2	6	5	2	1
244	경기 군포시	육아나눔터지원	109,222	여성가족과	10	1	1	3	1	5	1	4
245	경기 하남시	마루공원 운영	399,670	노인장애인복지과	10	5	4	3	1	1	1	1
246	경기 용인시	수목진료컨설팅제공	3,750	산림과	10	2	4	7	6	2	1	1
247	경기 용인시	산림바이오매스 대행비	6,418	산림과	10	2	7	8	7	4	4	4
248	경기 용인시	육아종합지원센터 사업비	51,100	아동보육과	10	1	5	8	7	1	1	3
249	경기 용인시	국공립 어린이집 신설 기자재 지원	390,000	아동보육과	10	2	7	8	7	1	1	1
250	경기 용인시	정책숲가꾸기	803,189	산림과	10	2	5	1	7	5	2	3

순번	시군구	지출명 (사업명)	2021년예산 (단위:천원/1년간)	담당자 (공무원) 담당부서	민간이전 분류 (지방자치단체 세출예산 집행기준에 의거) 1. 민간경상사업보조(307-02) 2. 민간단체 법정운영비보조(307-03) 3. 민간행사사업보조(307-04) 4. 민간위탁금(307-05) 5. 사회복지시설 법정운영비보조(307-10) 6. 민간인위탁교육비(307-12) 7. 공기관등에대한경상적위탁사업비(308-10) 8. 민간자본사업보조,자체재원(402-01) 9. 민간자본사업보조,이전재원(402-02) 10. 민간위탁사업비(402-03) 11. 공기관등에 대한 자본적 대행사업비(403-02)	민간이전지출 근거 (지방보조금 관리기준 참고) 1. 법률에 규정 2. 국고보조 재원(국가지정) 3. 용도 지정 기부금 4. 조례에 직접규정 5. 지자체가 권장하는 사업을 하는 공공기관 6. 시,도 정책 및 재정사정 7. 기타 8. 해당없음	입찰방식 계약체결방법 (경쟁형태) 1. 일반경쟁 2. 제한경쟁 3. 지명경쟁 4. 수의계약 5. 법정위탁 6. 기타 ( ) 7. 해당없음	계약기간 1. 1년 2. 2년 3. 3년 4. 4년 5. 5년 6. 기타 ( )년 7. 단기계약 (1년미만) 8. 해당없음	낙찰자선정방법 1. 적격심사 2. 협상에의한계약 3. 최저가낙찰제 4. 규격가격분리 5. 2단계 경쟁입찰 6. 기타 ( ) 7. 해당없음	운영예산 산정 운영예산 산정 1. 내부산정 (지자체 자체적으로 산정) 2. 외부산정 (외부전문기관위탁 산정) 3. 내·외부 모두 산정 4. 산정 無 5. 해당없음	정산방법 1. 내부정산 (지자체 내부적으로 정산) 2. 외부정산 (외부전문기관위탁 정산) 3. 내·외부 모두 산정 4. 정산 無 5. 해당없음	성과평가 실시여부 1. 실시 2. 미실시 3. 향후 추진 4. 해당없음
251	경기 용인시	미세먼지 저감 공익숲가꾸기	23,052	산림과	10	2	5	1	7	5	2	3
252	경기 파주시	환경관리센터 시설개선	14,800	자원순환과	10	7	7	3	7	1	1	4
253	경기 파주시	민자사업정부지급금	892,464	교하도서관	10	1	6	6	6	3	4	1
254	경기 파주시	민자사업정부지급금	860,000	교하도서관	10	1	6	6	6	3	4	1
255	경기 파주시	도서관 민간위탁	61,000	교육지원과	10	4	2	3	2	1	1	1
256	경기 파주시	노후도서관 시설개선 지원	50,000	교육지원과	10	6	7	8	7	5	5	4
257	경기 파주시	공공도서관 협력 지역서점 활성화 지원	83,000	교육지원과	10	6	7	8	7	5	3	4
258	경기 파주시	도서관 내 다문화서가 만들기	17,000	교육지원과	10	1	7	8	7	1	1	1
259	경기 파주시	작은도서관 운영지원	4,080	교육지원과	10	1	7	8	7	1	1	1
260	경기 파주시	정책숲가꾸기	413,242	공원녹지과	10	2	6	6	6	5	1	3
261	경기 파주시	미세먼지 저감 공익숲가꾸기	162,720	공원녹지과	10	2	6	6	6	5	1	3
262	경기 파주시	경제림 조성	79,563	공원녹지과	10	2	6	6	6	5	1	3
263	경기 파주시	미세먼지저감 조림	66,000	공원녹지과	10	2	6	6	6	5	1	3
264	경기 이천시	한국도자전집 편찬사업	600,000	문예관광과	10	4	7	8	7	5	5	4
265	경기 이천시	노점상 및 노상적치물 정비용역	220,000	건설과	10	7	1	1	2	1	1	4
266	경기 이천시	민간대행 방역소독 용역	25,200	감염병관리과	10	7	4	7	1	1	1	3
267	경기 이천시	임금님표이천 TV광고사업	40,000	농업정책과	10	4	7	8	7	5	5	4
268	경기 이천시	지역관광버스 임금님표이천 랩핑광고사업	3,000,000	농업정책과	10	4	7	8	7	5	5	4
269	경기 이천시	임금님표이천 서울,수도권 버스 광고사업	3,000,000	농업정책과	10	4	7	8	7	5	5	4
270	경기 이천시	서울 버스정류장 쉘터 광고사업	3,000,000	농업정책과	10	4	7	8	7	5	5	4
271	경기 이천시	임금님표이천 라디오 광고사업	8,000	농업정책과	10	4	7	8	7	5	5	4
272	경기 이천시	임금님표이천 수출진흥 및 지원사업	3,000,000	농업정책과	10	4	7	8	7	5	5	4
273	경기 이천시	임금님표이천 홍보 지원사업	500,000	농업정책과	10	4	7	8	7	5	5	4
274	경기 이천시	임금님표이천 옥외전광판 사업	3,000,000	농업정책과	10	4	7	8	7	5	5	4
275	경기 이천시	임금님표이천쌀 해들, 알찬미 홍보 사업	10,000	농업정책과	10	4	7	8	7	5	5	4
276	경기 이천시	브랜드 홍보영상 신규제작 사업	10,000	농업정책과	10	4	7	8	7	5	5	4
277	경기 이천시	임금님표이천 농특산물 유통지원 사업	2,000,000	농업정책과	10	4	7	8	7	5	5	4
278	경기 이천시	임금님표이천 온라인 홍보 사업	4,000,000	농업정책과	10	4	7	8	7	5	5	4
279	경기 이천시	임금님표이천 지하철 광고사업	500,000	농업정책과	10	4	7	8	7	5	5	4
280	경기 이천시	(사)임금님표이천 브랜드관리본부 운영비 지원	15,018	농업정책과	10	4	7	8	7	5	5	4
281	경기 이천시	환경기초시설 관리대행	2,000,000	상하수도사업소	10	2	1	5	5	2	1	1
282	경기 시흥시	보증기간 경과장치 성능유지관리	8,200	대기정책과	10	2	5	8	7	1	1	4
283	경기 시흥시	조기폐차 업무대행비	4,000,000	대기정책과	10	2	5	8	7	1	1	4
284	경기 시흥시	하절기 집중방역 위탁관리비	19,000	감염병관리과	10	7	7	8	7	5	5	4
285	경기 시흥시	지하수검침 및 기록물관리	4,000,000	생태하천과	10	6	2	1	6	1	1	2
286	경기 화성시	택시쉼터 운영사업	3,060	첨단교통과	10	4	1	3	1	1	1	3
287	경기 광주시	자원봉사 활성화 지원	83,352	자치행정과	10	4	7	8	7	1	1	1
288	경기 광주시	전국 통합 자원봉사보험 가입 서비스 지원	1,658	자치행정과	10	2	7	8	7	5	5	1
289	경기 광주시	자원봉사 코디네이터 지원육성	5,908	자치행정과	10	2	7	8	7	5	5	1
290	경기 광주시	일자리센터 운영	61,009	일자리경제과	10	6	2	2	1	1	1	1
291	경기 광주시	지역관리	1,000	퇴촌면	10	7	7	8	7	5	5	4
292	경기 양주시	공립 어린이집 기자재 구입비 지원	5,900	여성보육과	10	1	7	8	7	1	1	4

순번	시군구	지출명 (사업명)	2021년예산 (단위:천원/1년간)	담당자 (공무원)	민간이전 분류 (지방자치단체 세출예산 집행기준에 의거)	민간이전지출 근거 (지방보조금 관리기준 참고)	입찰방식			운영예산 산정		성과평가 실시여부
				담당부서	1. 민간경상사업보조(307-02) 2. 민간단체 법정운영비보조(307-03) 3. 민간행사사업보조(307-04) 4. 민간위탁금(307-05) 5. 사회복지시설 법정운영비보조(307-10) 6. 민간인위탁교육비(307-12) 7. 공기관등에대한경상적위탁사업비(308-10) 8. 민간자본사업보조,자체재원(402-01) 9. 민간자본사업보조,이전재원(402-02) 10. 민간위탁사업비(402-03) 11. 공기관등에 대한 자본적 대행사업비(403-02)	1. 법률에 규정 2. 국고보조 재원(국가지정) 3. 용도 지정 기부금 4. 조례에 직접규정 5. 지자체가 권장하는 사업을 하는 공공기관 6. 시,도 정책 및 재정사정 7. 기타 8. 해당없음	계약체결방법 (경쟁형태) 1. 일반경쟁 2. 제한경쟁 3. 지명경쟁 4. 수의계약 5. 법정위탁 6. 기타 ( ) 7. 해당없음	계약기간 1. 1년 2. 2년 3. 3년 4. 4년 5. 5년 6. 기타 ( )년 7. 단기계약 (1년미만) 8. 해당없음	낙찰자선정방법 1. 적격심사 2. 협상에의한계약 3. 최저가낙찰제 4. 규격가격분리 5. 2단계 경쟁입찰 6. 기타 ( ) 7. 해당없음	운영예산 산정 1. 내부산정 (지자체 자체적으로 산정) 2. 외부산정 (외부전문기관위탁 산정) 3. 내·외부 모두 산정 4. 산정 無 5. 해당없음	정산방법 1. 내부정산 (지자체 내부적으로 정산) 2. 외부정산 (외부전문기관위탁 정산) 3. 내·외부 모두 산정 4. 정산 無 5. 해당없음	1. 실시 2. 미실시 3. 향후 추진 4. 해당없음
293	경기 포천시	특수상황지역 LPG배관망 설치사업	1,940	일자리경제과	10	2	7	8	7	5	5	4
294	경기 포천시	클라우드 기반 건축 행정시스템 재구축	1,760	건축과	10	8	7	8	7	3	3	1
295	경기 연천군	가축분뇨 수거운반비 지원	6,180	축산과	10	6	7	8	7	5	5	4
296	경기 가평군	대리경영사업	8,800	산림과	10	1	5	7	7	1	1	4
297	경기 가평군	기초정신건강복지센터지원	2,000	생명사랑팀	10	8	2	3	1	1	1	1
298	경기 양평군	치매치료관리사업	22,457	건강증진과	10	2	7	8	7	5	5	4
299	경기 양평군	국가암관리	19,073	보건정책과	10	2	7	8	7	5	1	4
300	경기 양평군	희귀난치성 질환자 의료비 지원사업	8,000	보건정책과	10	2	7	8	7	5	1	4
301	경기 양평군	일반건강검진 지원	1,480	보건정책과	10	1	7	8	7	5	5	4
302	경기 양평군	장애인가족지원센터 운영비	12,000	주민복지과	10	6	1	3	1	1	1	3
303	경기 양평군	군립어린이집 환경개선	10,000	주민복지과	10	1	5	5	7	5	5	3
304	경기 양평군	어린이집 환경개선	3,000	주민복지과	10	2	5	5	7	1	1	3
305	경기 양평군	어린이집 환경개선	937	주민복지과	10	2	5	5	7	1	1	3
306	경기 양평군	친환경농산물 급식지원	69,800	친환경농업과	10	5	7	8	7	3	3	4
307	인천 중구	구립해송노인요양원 장비기능보강	3,150	어르신장애인과	10	4	7	8	7	1	1	4
308	인천 동구	광견병예방접종 시술비	570,000	일자리경제과	10	6	7	8	7	1	1	4
309	인천 동구	유기동물 관리	2,520	일자리경제과	10	4	4	1	7	5	5	4
310	인천 동구	길고양이 중성화수술비 지원	2,025	일자리경제과	10	4	4	1	7	5	5	4
311	인천 동구	동물등록 시술비	150,000	일자리경제과	10	4	7	8	7	5	5	4
312	인천 동구	유실유기동물 입양비 지원	180,000	일자리경제과	10	7	7	8	7	5	5	4
313	인천 동구	유실유기동물 구조보호비 지원	645,000	일자리경제과	10	4	4	1	7	5	5	4
314	광주 북구	신재생에너지 융복합지원사업	3,847	시장산업과	10	2	7	8	7	5	5	4
315	광주 광산구	신재생에너지 융복합지원사업	2,020	미래산업과	10	2	6	6	6	5	5	4
316	광주 광산구	공영텃밭 지원	1,200	생명농업과	10	4	7	8	7	5	5	4
317	대구광역시	망우당기념관 전시품 등 제작,설치 지원	2,000	복지정책과	10	7	6	8	7	5	1	4
318	대구광역시	대구노인복지관기능보강	1,260	어르신복지과	10	4	7	7	6	5	5	4
319	대구광역시	공립요양병원 치매기능보강 사업	133,000	보건의료정책과	10	2	7	8	7	5	3	4
320	대구광역시	아동보호전문기관 기능보강	6,000	청소년과	10	6	1	5	1	3	1	4
321	대구광역시	소규모대기오염 방지시설 지원	1,694	기후대기과	10	2	7	8	7	3	1	4
322	대구 중구	국공립어린이집확충특별비지원	3,300	복지정책과	10	1	7	8	7	3	1	4
323	대구 중구	대형폐기물운반처리민간대행	92,040	환경자원과	10	1	1	2	1	2	1	1
324	대구 중구	재활용품수집운반처리민간대행	3,280	환경자원과	10	1	1	2	1	2	1	1
325	대구 중구	음식물류폐기물처리용역	53,970	환경자원과	10	1	4	1	6	2	1	2
326	대구 동구	어린이집 공동주택 시설 환경개선비	14,000	여성청소년과	10	6	7	8	7	1	1	2
327	대구 동구	슬레이트 처리지원	10,920	환경녹색과	10	1	5	3	7	5	1	4
328	대구 동구	슬레이트건축물 전수조사 용역	2,000	환경녹색과	10	1	5	1	7	5	1	4
329	대구 서구	슬레이트 처리지원	7,146	환경청소과	10	2	7	8	7	5	5	4
330	대구 서구	슬레이트 실태조사	1,200	환경청소과	10	2	7	8	7	5	5	4
331	대구 남구	공동주택 시설 환경개선비	3,500	복지지원과	10	6	7	8	7	5	1	4
332	대구 남구	슬레이트 처리 및 지붕개량 지원사업	4,910	녹색환경과	10	1	7	8	7	4	1	4
333	대구 남구	슬레이트 건축물 전수조사	1,200	녹색환경과	10	2	7	8	7	5	5	4
334	대구 북구	어린이집 확충 시비특별비 지원	7,220	가족복지과	10	6	7	8	7	5	5	4

순번	시군구	지출명 (사업명)	2021년예산 (단위:천원/1년간)	담당자 (공무원) 담당부서	민간이전 분류 (지방자치단체 세출예산 집행기준에 의거) 1. 민간경상사업보조(307-02) 2. 민간단체 법정운영비보조(307-03) 3. 민간행사사업보조(307-04) 4. 민간위탁금(307-05) 5. 사회복지시설 법정운영비보조(307-10) 6. 민간인위탁교육비(307-12) 7. 공기관등에대한경상적위탁사업비(308-10) 8. 민간자본사업보조,자체재원(402-01) 9. 민간자본사업보조,이전재원(402-02) 10. 민간위탁사업비(402-03) 11. 공기관등에 대한 자본적 대행사업비(403-02)	민간이전지출 근거 (지방보조금 관리기준 참고) 1. 법률에 규정 2. 국고보조 재원(국가지정) 3. 용도 지정 기부금 4. 조례에 직접규정 5. 지자체가 권장하는 사업을 하는 공공기관 6. 시,도 정책 및 재정사정 7. 기타 8. 해당없음	입찰방식 계약체결방법 (경쟁형태) 1. 일반경쟁 2. 제한경쟁 3. 지명경쟁 4. 수의계약 5. 법정위탁 6. 기타 ( ) 7. 해당없음	입찰방식 계약기간 1. 1년 2. 2년 3. 3년 4. 4년 5. 5년 6. 기타 ( )년 7. 단기계약 (1년미만) 8. 해당없음	입찰방식 낙찰자선정방법 1. 적격심사 2. 협상에의한계약 3. 최저가낙찰제 4. 규격가격분리 5. 2단계 경쟁입찰 6. 기타 ( ) 7. 해당없음	운영예산 산정 운영예산 산정 1. 내부산정 (지자체 자체적으로 산정) 2. 외부산정 (외부전문기관위탁 산정) 3. 내·외부 모두 산정 4. 산정 無 5. 해당없음	운영예산 산정 정산방법 1. 내부정산 (지자체 내부적으로 정산) 2. 외부정산 (외부전문기관위탁 정산) 3. 내·외부 모두 산정 4. 정산 無 5. 해당없음	성과평가 실시여부 1. 실시 2. 미실시 3. 향후 추진 4. 해당없음
335	대구 수성구	고산노인복지관 옥상방수공사	2,000	복지정책과	10	1	4	7	7	1	1	1
336	대구 달서구	어린이집 공동주택 시설 환경개선비	4,923	여성가족과	10	2	7	8	7	5	1	2
337	대구 달성군	슬레이트 처리 지원사업	38,127	환경과	10	2	7	8	7	5	5	4
338	대구 달성군	슬레이트 건축물 전수조사	3,400	환경과	10	2	7	8	7	5	5	4
339	대구 달성군	장난감도서관 운영비	130,000	복지정책과	10	4	7	8	7	2	1	1
340	대구 달성군	노점상 정비 민간용역	23,000	도시정비과	10	7	2	1	1	3	1	2
341	대전광역시	월평양궁장,궁도장 민간위탁사업비	2,265	체육진흥과	10	1	1	5	6	1	1	1
342	대전광역시	시립병원시설 기능보강	11,600	건강보건과	10	1	7	8	7	3	3	3
343	대전 동구	국공립 어린이집 확충	44,000	여성가족과	10	1	7	5	1	1	1	2
344	대전 동구	국공립 어린이집 확충	4,000	여성가족과	10	1	7	5	1	1	1	2
345	대전 동구	다함께 돌봄센터 설치비 지원(리모델링비)	10,000	여성가족과	10	1	6	5	1	1	1	2
346	대전 동구	다함께 돌봄센터 설치비 지원(리모델링비)	5,000	여성가족과	10	1	6	5	1	1	1	2
347	대전 동구	다함께 돌봄센터 설치비 지원(기자재비)	4,000	여성가족과	10	1	6	5	1	1	1	2
348	대전 동구	건축행정시스템 재구축 사업	1,760	건축과	10	2	7	8	7	5	5	4
349	대전 동구	국공립어린이집 전환 리모델링비	33,000	여성가족과	10	1	1	7	3	1	1	1
350	대전 동구	국공립어린이집 전환 기자재비	3,000	여성가족과	10	1	7	8	7	1	1	1
351	대전 대덕구	중리종합사회복지관 기능보강	6,000	사회복지과	10	1	7	8	7	1	1	4
352	대전 대덕구	신재생에너지융복합지원사업	45,500	에너지과학과	10	2	7	8	7	5	5	4
353	부산 서구	어린이집 확충	1,000	가족행복과	10	2	7	8	7	1	1	2
354	부산 동구	어린이집 개보수	900	행복가정과	10	1	7	8	7	5	1	2
355	부산 영도구	공립어린이집 확충	12,000	복지정책과	10	2	7	8	7	5	1	4
356	부산 동래구	무연고 기초수급자 및 차상위계층 장제비	720,000	생활보장과	10	4	7	8	7	5	5	4
357	부산 동래구	어린이집 확충	36,000	주민복지과	10	2	7	8	7	5	5	4
358	부산 사하구	다함께돌봄센터 설치비 지원	14,000	복지정책과	10	1	6	7	7	1	1	4
359	부산 강서구	어린이집 확충	1,000	주민복지과	10	2	1	5	2	1	1	2
360	부산 강서구	하우스 난방기 무선경비 시스템 지원	1,040	농산과	10	4	4	8	2	1	1	3
361	부산 강서구	수출농가 시설 개·보수 지원	6,000	농산과	10	4	4	8	2	1	1	3
362	부산 강서구	원예시설 전기 온풍기·난방기 지원	7,000	농산과	10	4	4	8	2	1	1	3
363	부산 연제구	국공립어린이집 확충	36,000	가정복지과	10	2	7	8	7	1	1	1
364	부산 연제구	보육교직원 힐링프로그램	1,000	가정복지과	10	5	7	8	7	1	1	1
365	부산 사상구	사상구장애인복지관 태양열 구조물 철거 및 방수공사	2,500	노인장애인복지과	10	1	7	8	7	5	5	4
366	울산광역시	공관어린이집 복합개발사업	148,000	교통기획과	10	7	7	8	7	5	5	4
367	울산광역시	자원회수시설(BTO) 사용료 등	2,250,000	자원순환과	10	7	6	6	6	1	1	4
368	울산광역시	폐기물처분부담금 보전	38,661	자원순환과	10	7	6	6	6	1	1	4
369	울산 중구	길고양이중성화수술지원사업	1,800	경제진흥과	10	1	7	8	7	1	1	1
370	울산 중구	가사간병방문지원사업	21,057	노인장애인과	10	2	5	8	7	5	1	2
371	울산 중구	자활근로사업비	213,500	노인장애인과	10	1	5	1	7	5	1	1
372	울산 남구	자활근로사업	199,200	노인장애인과	10	1	5	1	1	1	1	1
373	울산 남구	가사간병도우미사업253786	20,004	노인장애인과	10	1	5	8	1	1	1	1
374	울산 남구	2021년 슬레이트 처리지원 사업	7,274	환경관리과	10	5	7	8	7	5	5	4
375	울산 동구	자활근로	190,111	사회복지과	10	2	5	1	7	5	1	4
376	울산 동구	슬레이트처리지원사업	6,276	환경위생과	10	7	4	7	6	1	1	4

순번	시군구	지출명 (사업명)	2021년예산 (단위:천원/1년간)	담당자 (공무원) 담당부서	민간이전 분류 (지방자치단체 세출예산 집행기준에 의거) 1. 민간경상사업보조(307-02) 2. 민간단체 법정운영비보조(307-03) 3. 민간행사사업보조(307-04) 4. 민간위탁금(307-05) 5. 사회복지시설 법정운영비보조(307-10) 6. 민간인위탁교육비(307-12) 7. 공기관등에대한경상적위탁사업비(308-10) 8. 민간자본사업보조,자체재원(402-01) 9. 민간자본사업보조,이전재원(402-02) 10. 민간위탁사업비(402-03) 11. 공기관등에 대한 자본적 대행사업비(403-02)	민간이전지출 근거 (지방보조금 관리기준 참고) 1. 법률에 규정 2. 국고보조 재원(국가지정) 3. 용도 지정 기부금 4. 조례에 직접규정 5. 지자체가 권장하는 사업을 하는 공공기관 6. 시,도 정책 및 재정사정 7. 기타 8. 해당없음	입찰방식: 계약체결방법 (경쟁형태) 1. 일반경쟁 2. 제한경쟁 3. 지명경쟁 4. 수의계약 5. 법정위탁 6. 기타 ( ) 7. 해당없음	입찰방식: 계약기간 1. 1년 2. 2년 3. 3년 4. 4년 5. 5년 6. 기타 ( )년 7. 단기계약 (1년미만) 8. 해당없음	입찰방식: 낙찰자선정방법 1. 적격심사 2. 협상에의한계약 3. 최저가낙찰제 4. 규격가격분리 5. 2단계 경쟁입찰 6. 기타 ( ) 7. 해당없음	운영예산 산정: 운영예산 산정 1. 내부산정 (지자체 자체적으로 산정) 2. 외부산정 (외부전문기관위탁 산정) 3. 내·외부 모두 산정 4. 산정 無 5. 해당없음	운영예산 산정: 정산방법 1. 내부정산 (지자체 내부적으로 정산) 2. 외부정산 (외부전문기관위탁 정산) 3. 내·외부 모두 산정 4. 정산 無 5. 해당없음	성과평가 실시여부 1. 실시 2. 미실시 3. 향후 추진 4. 해당없음
377	울산 북구	자활근로사업비	183,364	사회복지과	10	1	5	8	7	5	1	1
378	울산 북구	이웃돕기 양곡배달 택배비	500,000	사회복지과	10	7	6	1	7	1	1	4
379	울산 북구	가사간병 방문지원 사업	25,269	사회복지과	10	1	7	1	7	5	2	4
380	울산 북구	희망키움통장I	3,833	사회복지과	10	1	7	1	7	5	1	4
381	울산 북구	희망키움통장II	14,677	사회복지과	10	1	7	1	7	5	1	4
382	울산 북구	내일키움통장	1,422	사회복지과	10	1	7	1	7	5	1	4
383	울산 북구	청년희망키움통장	4,747	사회복지과	10	1	7	1	7	5	1	4
384	울산 북구	청년저축계좌	2,116	사회복지과	10	1	7	1	7	5	1	4
385	울산 북구	소규모 어린이집 보존식 기자재 구입	4,340	가족정책과	10	2	7	8	7	5	5	4
386	울산 북구	신규 어린이집 기자재구입	3,000	가족정책과	10	2	7	8	7	5	1	4
387	울산 북구	슬레이트 처리 지원사업	8,556	환경위생과	10	2	2	1	3	2	1	2
388	울산 북구	분뇨처리비 징수교부금	100,000	건설과	10	4	4	3	7	3	4	2
389	울산 북구	소규모 공동주택 안전점검	4,000	건축주택과	10	1	4	1	7	1	1	2
390	울산 울주군	자활근로사업	164,100	노인장애인과	10	1	5	1	2	1	1	1
391	울산 울주군	LPG 소형저장탱크 보급사업	1,476	에너지정책과	10	1	5	1	7	2	3	1
392	울산 울주군	수리계운영비	5,350	농업정책과	10	4	7	8	7	1	1	1
393	세종특별자치시	어린이집 환경개선	26,675	여성가족과	10	2	7	8	7	3	1	4
394	세종특별자치시	어린이집 확충	498,404	여성가족과	10	2	5	5	1	1	1	4
395	세종특별자치시	어린이집 확충	20,500	여성가족과	10	6	5	5	1	1	1	4
396	세종특별자치시	육아종합지원센터 기자재 구입	1,260	여성가족과	10	6	5	5	7	3	1	4
397	세종특별자치시	다함께 돌봄센터 시설 리모델링	14,000	아동청소년과	10	4	5	3	1	1	1	3
398	세종특별자치시	지역단위 6차산업 활성화 지원	31,000	로컬푸드과	10	1	7	8	7	5	5	1
399	세종특별자치시	6차산업 경쟁력 강화	11,900	로컬푸드과	10	1	7	8	7	5	5	1
400	세종특별자치시	농촌융복합산업 발굴·육성	12,000	로컬푸드과	10	1	7	8	7	5	5	1
401	강원 춘천시	에너지자립도시구축	326,400	기후에너지과	10	2	6	2	6	2	2	2
402	강원 춘천시	도시가스 공급관 설치 지원	20,000	기후에너지과	10	4	5	1	7	1	1	1
403	강원 춘천시	도시가스공급시설 설치비 지원	50,000	기후에너지과	10	4	5	1	7	1	1	1
404	강원 춘천시	춘천인형극장 운영	5,000	문화예술과	10	4	1	3	7	1	1	3
405	강원 춘천시	농작물 재해보험 지원	53,845	미래농업과	10	1	2	1	1	3	3	1
406	강원 춘천시	선도 산림경영단지 조성	76,278	산림과	10	1	5	6	6	1	3	1
407	강원 춘천시	유기농업자재지원	1,105	안심농식품과	10	4	6	1	7	1	1	4
408	강원 춘천시	유기질 비료 지원	174,292	안심농식품과	10	2	6	1	6	1	1	4
409	강원 춘천시	토양개량제 공급 지원	20,791	안심농식품과	10	2	6	1	6	1	1	4
410	강원 춘천시	축산물 이력제(귀표부착비) 지원	4,118	축산과	10	1	6	8	7	3	1	1
411	강원 춘천시	공동방제단 운영 지원	19,229	축산과	10	2	7	8	7	1	1	3
412	강원 춘천시	하수관로정비 임대형 민자사업(BTL) 시설 임대료	806,407	하수시설과	10	2	5	6	7	2	2	4
413	강원 강릉시	고랭지밭 흙탕물저감 호밀식재사업	14,405	환경과	10	5	7	8	7	1	1	2
414	강원 강릉시	대문어 매입방류	6,550	해양수산과	10	1	7	8	7	5	1	4
415	강원 강릉시	불가사리 수매	4,000	해양수산과	10	1	5	7	7	5	1	4
416	강원 강릉시	연안환경 정화	6,000	해양수산과	10	1	7	8	7	5	5	4
417	강원 강릉시	조업중 인양쓰레기 수매	12,000	해양수산과	10	1	7	8	7	5	5	4
418	강원 강릉시	해안가 및 항포구 정화	6,000	해양수산과	10	1	7	8	7	5	5	4

순번	시군구	지출명 (사업명)	2021년예산 (단위:천원/1년간)	담당자 (공무원) 담당부서	민간이전 분류 (지방자치단체 세출예산 집행기준에 의거) 1. 민간경상사업보조(307-02) 2. 민간단체 법정운영비보조(307-03) 3. 민간행사사업보조(307-04) 4. 민간위탁금(307-05) 5. 사회복지시설 법정운영비보조(307-10) 6. 민간인위탁교육비(307-12) 7. 공기관등에대한경상적위탁사업비(308-10) 8. 민간자본사업보조,자체재원(402-01) 9. 민간자본사업보조,이전재원(402-02) 10. 민간위탁사업비(402-03) 11. 공기관등에 대한 자본적 대행사업비(403-02)	민간이전지출 근거 (지방보조금 관리기준 참고) 1. 법률에 규정 2. 국고보조 재원(국가지정) 3. 용도 지정 기부금 4. 조례에 직접규정 5. 지자체가 권장하는 사업을 하는 공공기관 6. 시,도 정책 및 재정사정 7. 기타 8. 해당없음	입찰방식 계약체결방법 (경쟁형태) 1. 일반경쟁 2. 제한경쟁 3. 지명경쟁 4. 수의계약 5. 법정위탁 6. 기타 ( ) 7. 해당없음	입찰방식 계약기간 1. 1년 2. 2년 3. 3년 4. 4년 5. 5년 6. 기타 ( )년 7. 단기계약 (1년미만) 8. 해당없음	입찰방식 낙찰자선정방법 1. 적격심사 2. 협상에의한계약 3. 최저가낙찰제 4. 규격가격분리 5. 2단계 경쟁입찰 6. 기타 ( ) 7. 해당없음	운영예산 산정 운영예산 산정 1. 내부산정 (지자체 자체적으로 산정) 2. 외부산정 (외부전문기관위탁 산정) 3. 내·외부 모두 산정 4. 산정 無 5. 해당없음	운영예산 산정 정산방법 1. 내부정산 (지자체 내부적으로 정산) 2. 외부정산 (외부전문기관위탁 정산) 3. 내·외부 모두 산정 4. 정산 無 5. 해당없음	성과평가 실시여부 1. 실시 2. 미실시 3. 향후 추진 4. 해당없음
419	강원 강릉시	상토등 영농자재 지원	19,562	농정과	10	6	6	1	7	1	1	1
420	강원 강릉시	상토등 영농자재 지원	6,000	농정과	10	6	6	1	7	1	1	1
421	강원 강릉시	감자광역브랜드 계열화 지원	10,503	농정과	10	6	7	8	7	1	1	1
422	강원 강릉시	강원감자 자조금 조성 지원	1,913	농정과	10	6	7	8	7	1	1	1
423	강원 강릉시	강원감자주산지명품생산지원	2,007	농정과	10	6	7	8	7	1	1	1
424	강원 강릉시	밭작물 멀칭용 PE필름 지원	30,400	농정과	10	6	6	1	7	1	1	1
425	강원 강릉시	한우혈통등록 지원	1,000	동물정책과	10	1	6	1	6	1	1	4
426	강원 강릉시	한우암소 비육생산 지원	750	동물정책과	10	1	6	1	6	1	1	4
427	강원 강릉시	가축인공수정료 지원	6,000	동물정책과	10	1	6	1	6	1	1	4
428	강원 강릉시	인공수정료 지원	2,000	동물정책과	10	1	6	1	6	1	1	4
429	강원 강릉시	종축등록 지원	640,000	동물정책과	10	1	6	1	6	1	1	4
430	강원 강릉시	암소검정	1,300	동물정책과	10	1	6	1	6	1	1	4
431	강원 강릉시	한우수정란 이식지원	1,000	동물정책과	10	1	6	1	6	1	1	4
432	강원 강릉시	송아지 생산안정제 가입지원	100,000	동물정책과	10	1	5	1	6	1	1	4
433	강원 강릉시	구제역 예방백신 지원	17,496	동물정책과	10	1	5	1	6	1	1	4
434	강원 강릉시	공동방제단운영	15,140	동물정책과	10	1	5	1	6	1	1	4
435	강원 강릉시	전업농가 구제역 백신지원(소)	1,140	동물정책과	10	1	5	1	6	1	1	4
436	강원 강릉시	전업농가 구제역 백신지원(돼지)	27,000	동물정책과	10	1	5	1	6	1	1	4
437	강원 강릉시	한(육)·유우 사육농가 사료구입비 지원	30,000	동물정책과	10	1	6	1	6	1	1	4
438	강원 강릉시	TMR 배합사료 구입비 일부 지원	15,000	동물정책과	10	1	6	1	6	1	1	4
439	강원 강릉시	소 귀표부착비(이력관리) 지원	2,016	동물정책과	10	2	5	1	6	1	1	4
440	강원 강릉시	한우 도축 운송비 지원	6,480	동물정책과	10	1	7	8	7	5	5	4
441	강원 강릉시	양봉농가 저온저장고 지원	1,500	동물정책과	10	1	5	1	7	1	1	4
442	강원 강릉시	벼 병해충 항공방제 지원(농협협력사업)	13,608	기술보급과	10	6	7	1	7	1	1	4
443	강원 강릉시	벼 병해충 적기방제 농약지원	41,472	기술보급과	10	6	7	8	7	1	1	4
444	강원 강릉시	채소병해충방제지원	15,206	기술보급과	10	6	7	8	7	1	1	4
445	강원 강릉시	채소병해충방제지원	6,904	기술보급과	10	6	7	8	7	1	1	4
446	강원 강릉시	유기농자재지원	1,175	기술보급과	10	2	7	8	7	1	1	4
447	강원 강릉시	유기질비료 공급	198,588	기술보급과	10	2	7	8	7	1	1	4
448	강원 강릉시	유기질비료 공급	60,000	기술보급과	10	6	7	8	7	1	1	4
449	강원 강릉시	토양개량제지원	46,897	기술보급과	10	2	7	8	7	1	1	4
450	강원 태백시	농촌체험휴양마을 보험가입	125,000	농업기술센터	10	2	7	8	7	1	1	3
451	강원 태백시	녹비작물종자 지원	1,500	농업기술센터	10	4	7	8	7	1	1	3
452	강원 태백시	유기농업자재 지원	1,558	농업기술센터	10	2	7	8	7	1	1	3
453	강원 태백시	토양개량제 지원	6,255	농업기술센터	10	2	7	8	7	1	1	3
454	강원 태백시	유기질비료 지원	53,904	농업기술센터	10	2	7	8	7	1	1	3
455	강원 태백시	지역 소득작목 육성	8,500	농업기술센터	10	4	7	8	7	1	1	3
456	강원 태백시	농산물 포장재지원	19,000	농업기술센터	10	4	7	8	7	1	1	3
457	강원 태백시	GAP인증농가 안전성검사비 지원	810	농업기술센터	10	2	7	8	7	1	1	3
458	강원 태백시	공동선별비 지원	13,378	농업기술센터	10	2	7	8	7	1	1	3
459	강원 태백시	농산물 안전성 검사비 지원	30,600	농업기술센터	10	6	7	8	7	1	1	3
460	강원 태백시	노후슬레이트 처리비 지원	145,640	환경과	10	2	1	1	1	1	1	1

순번	시군구	지출명 (사업명)	2021년예산 (단위:천원/1년간)	담당자 (공무원) 담당부서	민간이전 분류 (지방자치단체 세출예산 집행기준에 의거) 1. 민간경상사업보조(307-02) 2. 민간단체 법정운영비보조(307-03) 3. 민간행사사업보조(307-04) 4. 민간위탁금(307-05) 5. 사회복지시설 법정운영비보조(307-10) 6. 민간인위탁교육비(307-12) 7. 공기관등에대한경상적위탁사업비(308-10) 8. 민간자본사업보조,자체재원(402-01) 9. 민간자본사업보조,이전재원(402-02) 10. 민간위탁사업비(402-03) 11. 공기관등에 대한 자본적 대행사업비(403-02)	민간이전지출 근거 (지방보조금 관리기준 참고) 1. 법률에 규정 2. 국고보조 재원(국가지정) 3. 용도 지정 기부금 4. 조례에 직접규정 5. 지자체가 권장하는 사업을 하는 공공기관 6. 시,도 정책 및 재정사정 7. 기타 8. 해당없음	입찰방식 계약체결방법 (경쟁형태) 1. 일반경쟁 2. 제한경쟁 3. 지명경쟁 4. 수의계약 5. 법정위탁 6. 기타 ( ) 7. 해당없음	입찰방식 계약기간 1. 1년 2. 2년 3. 3년 4. 4년 5. 5년 6. 기타 ( )년 7. 단기계약 (1년미만) 8. 해당없음	입찰방식 낙찰자선정방법 1. 적격심사 2. 협상에의한계약 3. 최저가낙찰제 4. 규격가격분리 5. 2단계 경쟁입찰 6. 기타 ( ) 7. 해당없음	운영예산 산정 운영예산 산정 1. 내부산정 (지자체 자체적으로 산정) 2. 외부산정 (외부전문기관위탁 산정) 3. 내·외부 모두 산정 4. 산정 無 5. 해당없음	운영예산 산정 정산방법 1. 내부정산 (지자체 내부적으로 정산) 2. 외부정산 (외부전문기관위탁 정산) 3. 내·외부 모두 산정 4. 정산 無 5. 해당없음	성과평가 실시여부 1. 실시 2. 미실시 3. 향후 추진 4. 해당없음
461	강원 속초시	온천 개인급수공사	1,500	관광과	10	4	7	8	7	5	5	4
462	강원 속초시	슬레이트처리 지원사업	31,072	환경위생과	10	1	7	8	7	5	5	4
463	강원 속초시	농산물포장재 지원	6,300	농업기술센터	10	4	7	8	7	4	1	4
464	강원 속초시	검역병해충 확산방지 지원	138,000	농업기술센터	10	1	7	1	7	4	1	4
465	강원 속초시	검역병해충 방제비 지원	44,000	농업기술센터	10	2	7	1	7	4	1	4
466	강원 속초시	돌발해충 방제비 지원	88,000	농업기술센터	10	2	7	1	7	4	1	4
467	강원 속초시	과수 병해충방제약제지원	1,600,000	농업기술센터	10	5	7	1	2	1	1	3
468	강원 속초시	과수품질향상 지원	1,600,000	농업기술센터	10	4	7	8	7	5	5	4
469	강원 속초시	농약중독예방 방제복지원	400,000	농업기술센터	10	4	7	8	7	3	1	3
470	강원 속초시	벼 병해충 공동방제 보조농약 지원	5,400	농업기술센터	10	4	7	8	7	3	1	3
471	강원 속초시	벼 육묘용상토 지원	6,400	농업기술센터	10	4	7	8	7	3	1	3
472	강원 속초시	유해야생동물 피해예방 지원사업	700,000	농업기술센터	10	4	7	8	7	3	1	3
473	강원 속초시	친환경농자재 지원	1,000,000	농업기술센터	10	4	7	8	7	3	1	3
474	강원 속초시	고령농가 벼 육묘 지원	2,100,000	농업기술센터	10	4	7	8	7	3	1	3
475	강원 속초시	벼 재배용 상토 등 영농자재 지원	1,833,700	농업기술센터	10	4	7	8	7	3	1	3
476	강원 속초시	유기질비료 지원	16,983	농업기술센터	10	1	7	8	7	3	1	3
477	강원 속초시	친환경 농자재 공급	1,300,000	농업기술센터	10	4	7	8	7	3	1	3
478	강원 속초시	토양개량제 지원	5,282	농업기술센터	10	1	7	8	7	3	1	3
479	강원 속초시	학교급식 친환경쌀 생산단지지원	4,000,000	농업기술센터	10	4	7	8	7	3	1	3
480	강원 속초시	가축재해보험	2,500,000	농업기술센터	10	1	7	8	7	2	5	4
481	강원 속초시	공동방제단 운영	432,980	농업기술센터	10	2	7	8	7	1	1	4
482	강원 속초시	조사료생산용 종자구입 지원	2,366,000	농업기술센터	10	1	7	8	7	1	1	4
483	강원 속초시	축산물이력관리 지원	115,200	농업기술센터	10	1	7	8	7	1	1	4
484	강원 속초시	한우 송아지생산 안정제 사업	50,000	농업기술센터	10	1	7	8	7	1	1	4
485	강원 속초시	한우품질 고급화	440,000	농업기술센터	10	1	7	8	7	1	1	4
486	강원 속초시	농기계종합보험 지원	428,000	농업기술센터	10	2	7	8	7	5	5	1
487	강원 속초시	농업인안전보험 지원	3,011,200	농업기술센터	10	2	7	8	7	5	5	1
488	강원 속초시	농작물재해보험 지원	1,884,800	농업기술센터	10	2	7	8	7	5	5	1
489	강원 홍천군	내면 국가생태문화탐방로 조성	40,000	환경과	10	1	5	3	2	1	1	3
490	강원 홍천군	흙탕물저감 피복식물 시범사업	2,239,200	환경과	10	7	7	8	7	5	5	4
491	강원 홍천군	슬레이트 처리지원사업	103,660	환경과	10	2	7	8	7	5	5	4
492	강원 횡성군	슬레이트처리사업	123,978	청정환경사업소	10	2	7	8	7	5	5	4
493	강원 횡성군	2021 민관협력형 산림경영 대리경영	442,923	산림녹지과	10	1	5	1	7	5	3	4
494	강원 영월군	축산분뇨 처리용 톱밥 지원사업	40,000	농업축산과	10	1	7	7	7	1	1	4
495	강원 영월군	공동방제단 운영	15,661	농업축산과	10	2	7	7	7	5	5	4
496	강원 영월군	축산물이력관리 지원	3,081,600	농업축산과	10	2	7	7	7	5	5	4
497	강원 영월군	구제역 방역 지원	2,705,000	농업축산과	10	2	7	7	7	5	5	4
498	강원 영월군	임산물산업화지원	16,000	산림녹지과	10	4	5	1	6	1	1	1
499	강원 평창군	저소득층 타이머콕 지원사업	240,000	일자리경제과	10	6	7	8	7	5	5	4
500	강원 평창군	슬레이트 철거 및 처리사업	48,160	환경위생과	10	1	7	8	7	5	5	4
501	강원 평창군	주택지붕 개량사업	9,390	환경위생과	10	1	7	8	7	5	5	4
502	강원 평창군	비주택슬레이트 철거 처리사업	14,620	환경위생과	10	1	7	8	7	5	5	4

순번	시군구	지출명 (사업명)	2021년예산 (단위:천원/1년간)	담당자 (공무원)	민간이전 분류 (지방자치단체 세출예산 집행기준에 의거)	민간이전지출 근거 (지방보조금 관리기준 참고)	입찰방식			운영예산 산정		성과평가 실시여부
				담당부서	1. 민간경상사업보조(307-02) 2. 민간단체 법정운영비보조(307-03) 3. 민간행사사업보조(307-04) 4. 민간위탁금(307-05) 5. 사회복지시설 법정운영비보조(307-10) 6. 민간인위탁교육비(307-12) 7. 공기관등에대한경상적위탁사업비(308-10) 8. 민간자본사업보조,자체재원(402-01) 9. 민간자본사업보조,이전재원(402-02) 10. 민간위탁사업비(402-03) 11. 공기관등에 대한 자본적 대행사업비(403-02)	1. 법률에 규정 2. 국고보조 재원(국가지정) 3. 용도 지정 기부금 4. 조례에 직접규정 5. 지자체가 권장하는 사업을 하는 공공기관 6. 시,도 정책 및 재정사정 7. 기타 8. 해당없음	계약체결방법 (경쟁형태) 1. 일반경쟁 2. 제한경쟁 3. 지명경쟁 4. 수의계약 5. 법정위탁 6. 기타 ( ) 7. 해당없음	계약기간 1. 1년 2. 2년 3. 3년 4. 4년 5. 5년 6. 기타 ( )년 7. 단기계약 (1년미만) 8. 해당없음	낙찰자선정방법 1. 적격심사 2. 협상에의한계약 3. 최저가낙찰제 4. 규격가격분리 5. 2단계 경쟁입찰 6. 기타 ( ) 7. 해당없음	운영예산 산정 1. 내부산정 (지자체 자체적으로 산정) 2. 외부산정 (외부전문기관위탁 산정) 3. 내·외부 모두 산정 4. 산정 無 5. 해당없음	정산방법 1. 내부정산 (지자체 내부적으로 정산) 2. 외부정산 (외부전문기관위탁 정산) 3. 내·외부 모두 산정 4. 정산 無 5. 해당없음	1. 실시 2. 미실시 3. 향후 추진 4. 해당없음
503	강원 평창군	슬레이트 실태조사 사업	1,850,000	환경위생과	10	1	7	8	7	5	5	4
504	강원 평창군	정책숲가꾸기 위탁사업비	259,477	산림과	10	1	7	8	7	3	3	4
505	강원 평창군	경제림 조성 위탁비	995,449	산림과	10	1	7	8	7	3	3	4
506	강원 평창군	공익조림 위탁사업비	18,075	산림과	10	1	7	8	7	3	3	4
507	강원 평창군	미세먼지저감 조림 위탁사업비	19,800	산림과	10	1	7	8	7	3	3	4
508	강원 평창군	지역특화림 조성 위탁사업비	83,268	산림과	10	1	7	8	7	3	3	4
509	강원 평창군	미세먼지저감 공익 숲가꾸기 위탁사업비	17,628	산림과	10	1	7	8	7	3	3	4
510	강원 평창군	희망택시 정산시스템 관리 운영비	360,000	안전교통과	10	5	7	8	7	3	5	4
511	강원 평창군	버스정보시스템(BIS) 사업 유지비	2,167,700	안전교통과	10	5	7	8	7	2	5	4
512	강원 평창군	택시운행정보관리시스템 운영	129,700	안전교통과	10	5	7	8	7	2	5	4
513	강원 평창군	농업인안전보험 지원	412,040	농업축산과	10	2	7	8	7	5	3	4
514	강원 평창군	가뭄대비 관수시설 위탁비	53,900	농업축산과	10	4	7	8	7	5	5	4
515	강원 평창군	고랭지채소 안정생산 지원	41,920	농업축산과	10	4	7	7	7	1	1	4
516	강원 평창군	벼 재배용 상토 등 영농자재 지원	2,898,000	농업축산과	10	4	7	8	7	5	3	4
517	강원 평창군	산물수매벼(쌀)품질향상 생산자재지원	2,712,000	농업축산과	10	4	7	8	7	5	5	4
518	강원 평창군	토양개량제 지원	34,866	농업축산과	10	2	7	7	7	1	1	4
519	강원 평창군	유기질비료 지원	428,025	농업축산과	10	2	7	7	7	1	1	4
520	강원 평창군	녹비작물 종자대 지원	1,793,200	농업축산과	10	2	7	7	7	1	1	4
521	강원 평창군	농산물 안전성 검사비 지원	560,000	농업축산과	10	4	7	7	7	1	1	4
522	강원 평창군	조사료용 종자구입 지원	13,045	농업축산과	10	2	7	8	7	1	1	4
523	강원 평창군	공동방제단 위탁비	19,479	농업축산과	10	1	7	8	7	5	5	4
524	강원 평창군	감자광역브랜드 계열화사업	36,576	유통산업과	10	6	7	8	7	5	5	4
525	강원 평창군	강원감자 자조금 조성사업	6,626	유통산업과	10	6	7	8	7	5	5	4
526	강원 평창군	공동선별비 위탁사업비	24,116	유통산업과	10	2	7	8	7	5	5	4
527	강원 정선군	지식재산 활성화사업	6,600	전략산업과	10	4	7	1	7	1	1	4
528	강원 정선군	레일바이크사업장 업그레이드사업	15,000	문화관광과	10	5	4	1	7	1	1	4
529	강원 정선군	한센병환자 발견 진료사업	1,150,000	보건소	10	6	7	8	7	1	1	2
530	강원 철원군	공동방제단 운영비 및 재료비	9,588	축산과	10	2	7	8	7	1	1	3
531	강원 철원군	전업농가 구제역 예방백신공급(소)	5,130	축산과	10	1	7	8	7	1	1	3
532	강원 철원군	전업농가 구제역 예방백신공급(돼지)	63,810	축산과	10	1	7	8	7	1	1	3
533	강원 철원군	어린이급식관리지원센터 설치운영	11,860	보건소	10	1	5	5	1	5	3	1
534	강원 철원군	비전자기록물전수조사	2,000,000	자치행정과	10	7	7	8	7	2	2	2
535	강원 화천군	민관협력형 산림경영 시범사업	335,738	산림녹지과	10	1	5	1	7	5	2	3
536	강원 화천군	영농자재지원	5,071	농업진흥과	10	6	5	1	7	1	1	3
537	강원 양구군	양구사랑상품권 운영	114,800	전략산업과	10	8	7	8	7	1	1	4
538	강원 양구군	고랭지밭 흙탕물저감 호밀식재사업	367,200	환경위생과	10	6	4	7	2	1	1	1
539	강원 양구군	슬레이트철거처리지원사업	57,022	환경위생과	10	1	1	3	1	1	1	3
540	강원 양구군	유기질비료지원	95,584	농업지원과	10	1	7	8	7	1	1	4
541	강원 양구군	토양개량제지원	34,079	농업지원과	10	1	7	8	7	1	1	4
542	강원 양구군	영농자재 지원(벼 재배용 상토)	10,143	농업지원과	10	1	7	8	7	1	1	4
543	강원 양구군	청정양구 조기햅쌀 생산지원	3,500,000	농업지원과	10	1	7	8	7	1	1	4
544	강원 양구군	지자체축협 협력사업	91,295	유통축산과	10	6	7	8	7	3	3	4

순번	시군구	지출명 (사업명)	2021년예산 (단위:천원/1년간)	담당자 (공무원)	민간이전 분류 (지방자치단체 세출예산 집행기준에 의거)	민간이전지출 근거 (지방보조금 관리기준 참고)	입찰방식			운영예산 산정		성과평가 실시여부
				담당부서	1. 민간경상사업보조(307-02) 2. 민간단체 법정운영비보조(307-03) 3. 민간행사사업보조(307-04) 4. 민간위탁금(307-05) 5. 사회복지시설 법정운영비보조(307-10) 6. 민간인위탁교육비(307-12) 7. 공기관등에대한경상적위탁사업비(308-10) 8. 민간자본사업보조,자체재원(402-01) 9. 민간자본사업보조,이전재원(402-02) 10. 민간위탁사업비(402-03) 11. 공기관등에 대한 자본적 대행사업비(403-02)	1. 법률에 규정 2. 국고보조 재원(국가지정) 3. 용도 지정 기부금 4. 조례에 직접규정 5. 지자체가 권장하는 사업을 하는 공공기관 6. 시,도 정책 및 재정사정 7. 기타 8. 해당없음	계약체결방법 (경쟁형태) 1. 일반경쟁 2. 제한경쟁 3. 지명경쟁 4. 수의계약 5. 법정위탁 6. 기타 ( ) 7. 해당없음	계약기간 1. 1년 2. 2년 3. 3년 4. 4년 5. 5년 6. 기타 ( )년 7. 단기계약 (1년미만) 8. 해당없음	낙찰자선정방법 1. 적격심사 2. 협상에의한계약 3. 최저가낙찰제 4. 규격가격분리 5. 2단계 경쟁입찰 6. 기타 ( ) 7. 해당없음	운영예산 산정 1. 내부산정 (지자체 자체적으로 산정) 2. 외부산정 (외부전문기관위탁 산정) 3. 내·외부 모두 산정 4. 산정 無 5. 해당없음	정산방법 1. 내부정산 (지자체 내부적으로 정산) 2. 외부정산 (외부전문기관위탁 정산) 3. 내·외부 모두 산정 4. 정산 無 5. 해당없음	1. 실시 2. 미실시 3. 향후 추진 4. 해당없음
545	강원 양구군	강원한우 통합브랜드 가치제고	14,722	유통축산과	10	1	7	8	7	3	3	4
546	강원 양구군	한우도축운송비지원	2,268,000	유통축산과	10	1	7	8	7	3	3	4
547	강원 양구군	조사료 생산용 종자구입 지원	14,783	유통축산과	10	2	7	8	7	3	3	4
548	강원 양구군	축산물 이력관리지원	2,572,800	유통축산과	10	2	7	8	7	3	3	4
549	강원 양구군	구제역 방역 지원	5,190	유통축산과	10	2	5	8	7	1	1	4
550	강원 인제군	농가 경영비 절감 영농자재 지원	2,000,000	농업기술과	10	4	7	8	7	5	5	4
551	강원 인제군	벼 보급종 차액 지원	980,000	농업기술과	10	6	7	8	7	5	5	4
552	강원 인제군	벼 재배용 상토등 영농자재 지원	5,796	농업기술과	10	6	7	8	7	5	5	4
553	강원 인제군	고랭지농업 경영 안정	2,080,000	농업기술과	10	6	7	8	7	5	5	4
554	강원 인제군	토양개량제 공급	11,697	농업기술과	10	2	7	8	7	5	5	4
555	강원 인제군	토양개량제 공동살포	3,211,800	농업기술과	10	2	7	8	7	5	5	4
556	강원 인제군	유기질비료 구입비 지원	197,315	농업기술과	10	2	7	8	7	5	5	4
557	강원 인제군	녹비작물 종자대 지원	380,500	농업기술과	10	2	7	8	7	5	5	4
558	강원 인제군	공동주택 의무교육비 지원	50,000	도시개발과	10	1	7	8	7	2	2	4
559	강원 인제군	건축행정시스템(세움터) 재구축사업	176,000	종합민원과	10	2	7	8	7	5	1	4
560	강원 인제군	오행 통곡식 명품화 사업	2,500,000	유통축산과	10	4	7	7	7	5	5	4
561	강원 인제군	농산물 포장재 지원	98,000	유통축산과	10	4	7	7	7	5	5	4
562	강원 인제군	농산물 출하 운송료 지원	50,000	유통축산과	10	4	7	7	7	5	5	4
563	강원 인제군	농산물 안전성 검사	550,800	유통축산과	10	4	7	7	7	5	5	4
564	강원 인제군	군납 활성화 포장재 지원	1,312,900	유통축산과	10	4	7	7	7	5	5	4
565	강원 인제군	양축농가 군납박스 지원	6,300	유통축산과	10	4	7	7	7	5	5	4
566	강원 인제군	양봉농가 대용화분 지원	7,000	유통축산과	10	4	7	7	7	5	5	4
567	강원 인제군	고급육 생산 사료첨가제 지원	3,000,000	유통축산과	10	4	7	7	7	5	5	4
568	강원 인제군	고급육 출하 장려금	12,000	유통축산과	10	4	7	7	7	5	5	4
569	강원 인제군	초음파 육질진단료 지원	3,450,000	유통축산과	10	4	7	7	7	5	5	4
570	강원 인제군	가축시장 거래활성화 지원	4,000,000	유통축산과	10	4	7	7	7	5	5	4
571	강원 인제군	송아지 생산 안정사업	900,000	유통축산과	10	6	7	7	7	5	5	4
572	강원 인제군	한우 우량혈통 개량	7,350	유통축산과	10	6	7	7	7	5	5	4
573	강원 인제군	한우 우량혈통 개량	3,200,000	유통축산과	10	6	7	7	7	5	5	4
574	강원 인제군	한우 우량혈통 개량	1,300,000	유통축산과	10	6	7	7	7	5	5	4
575	강원 인제군	강원한우 보증시수소 정액지원	1,600,000	유통축산과	10	6	7	7	7	5	5	4
576	강원 인제군	엘리트 카우 지원	800,000	유통축산과	10	6	7	7	7	5	5	4
577	강원 인제군	저능력 암소 도태	1,500,000	유통축산과	10	6	7	7	7	5	5	4
578	강원 인제군	출하 운송료 지원	6,550	유통축산과	10	6	7	7	7	5	5	4
579	강원 인제군	쇠고기 이력추적제	1,900,800	유통축산과	10	2	7	7	7	5	5	4
580	강원 인제군	축산농가 톱밥지원	16,000	유통축산과	10	4	7	7	7	5	5	4
581	강원 인제군	축산농가 배합사료비 지원	83,340	유통축산과	10	4	7	7	7	5	5	4
582	강원 인제군	조사료 사일리지 구입자금 지원	200,000	유통축산과	10	4	7	7	7	5	5	4
583	강원 인제군	조사료 생산용 사일리지 제조 지원	19,527	유통축산과	10	2	7	7	7	5	5	4
584	강원 인제군	조사료 생산용 종자구입 지원	12,787	유통축산과	10	2	7	7	7	5	5	4
585	강원 인제군	축산농가 동물약품 등 구입비 지원	15,000	유통축산과	10	4	7	7	7	5	5	4
586	강원 인제군	공동방제단 운영 지원	9,400	유통축산과	10	1	7	7	7	5	5	4

순번	시군구	지출명 (사업명)	2021년예산 (단위:천원/1년간)	담당자(공무원) 담당부서	민간이전 분류 (지방자치단체 세출예산 집행기준에 의거) 1. 민간경상사업보조(307-02) 2. 민간단체 법정운영비보조(307-03) 3. 민간행사사업보조(307-04) 4. 민간위탁금(307-05) 5. 사회복지시설 법정운영비보조(307-10) 6. 민간인위탁교육비(307-12) 7. 공기관등에대한경상적위탁사업비(308-10) 8. 민간자본사업보조,자체재원(402-01) 9. 민간자본사업보조,이전재원(402-02) 10. 민간위탁사업비(402-03) 11. 공기관등에 대한 자본적 대행사업비(403-02)	민간이전지출 근거 (지방보조금 관리기준 참고) 1. 법률에 규정 2. 국고보조 재원(국가지정) 3. 용도 지정 기부금 4. 조례에 직접규정 5. 지자체가 권장하는 사업을 하는 공공기관 6. 시,도 정책 및 재정사정 7. 기타 8. 해당없음	입찰방식: 계약체결방법 (경쟁형태) 1. 일반경쟁 2. 제한경쟁 3. 지명경쟁 4. 수의계약 5. 법정위탁 6. 기타 ( ) 7. 해당없음	입찰방식: 계약기간 1. 1년 2. 2년 3. 3년 4. 4년 5. 5년 6. 기타 ( )년 7. 단기계약 (1년미만) 8. 해당없음	입찰방식: 낙찰자선정방법 1. 적격심사 2. 협상에의한계약 3. 최저가낙찰제 4. 규격가격분리 5. 2단계 경쟁입찰 6. 기타 ( ) 7. 해당없음	운영예산 산정: 운영예산 산정 1. 내부산정 (지자체 자체적으로 산정) 2. 외부산정 (외부전문기관위탁 산정) 3. 내·외부 모두 산정 4. 산정 無 5. 해당없음	운영예산 산정: 정산방법 1. 내부정산 (지자체 내부적으로 정산) 2. 외부정산 (외부전문기관위탁 정산) 3. 내·외부 모두 산정 4. 정산 無 5. 해당없음	성과평가 실시여부 1. 실시 2. 미실시 3. 향후 추진 4. 해당없음
587	강원 고성군	고성사랑상품권 할인보전금	50,000	경제투자과	10	4	7	8	7	1	1	2
588	강원 고성군	슬레이트 전수조사	1,850,000	환경보호과	10	2	7	8	7	5	5	4
589	강원 고성군	강원청정임산물판로확대	600,000	산림과	10	1	7	8	7	5	5	4
590	강원 고성군	농어촌지역 공공형버스	64,100	안전교통과	10	2	5	3	1	1	1	2
591	강원 고성군	고령농가 벼 육묘지원	11,235	농업기술센터	10	6	7	8	7	1	1	3
592	강원 고성군	고랭지(흘리) 원예용 상토지원	2,275,000	농업기술센터	10	5	7	8	7	1	1	3
593	강원 고성군	고랭지(흘리)채소 연작 피해방지 토양소독제지원	10,030	농업기술센터	10	5	7	8	7	1	1	3
594	강원 고성군	수도용 맞춤비료(밑거름용)지원	49,572	농업기술센터	10	5	7	8	7	1	1	3
595	강원 고성군	벼재배용 상토지원	9,900	농업기술센터	10	5	7	8	7	1	1	3
596	강원 고성군	벼재배용 상토 등 영농자재지원	19,851	농업기술센터	10	6	7	8	7	1	1	3
597	강원 고성군	토양개량제 지원사업	43,128	농업기술센터	10	2	7	8	7	1	1	3
598	강원 고성군	유기질비료 지원사업	38,666	농업기술센터	10	2	7	8	7	1	1	3
599	강원 고성군	고랭지채소 안정생산	480,000	농업기술센터	10	1	7	8	7	5	5	4
600	강원 고성군	축산농가 도우미	1,572,000	농업기술센터	10	6	7	8	7	1	1	3
601	강원 고성군	한우 송아지생산 안정제 지원사업	150,000	농업기술센터	10	6	7	8	7	1	1	3
602	강원 고성군	한우 인공수정료	12,500	농업기술센터	10	1	7	8	7	1	1	3
603	강원 고성군	한우 품질고급화	21,850	농업기술센터	10	6	7	8	7	1	1	3
604	강원 고성군	강원한우 브랜드 가치제고	12,214	농업기술센터	10	6	7	8	7	1	1	3
605	강원 고성군	한우 종축개량 등록비 지원사업	2,000,000	농업기술센터	10	1	7	8	7	1	1	3
606	강원 고성군	한우 송아지 거세 시술비	3,000,000	농업기술센터	10	1	7	8	7	1	1	3
607	강원 고성군	소 수정란 채취 및 이식	3,000,000	농업기술센터	10	1	7	8	7	1	1	3
608	강원 고성군	조사료 사일리지 제조비	17,982	농업기술센터	10	2	7	8	7	1	1	3
609	강원 고성군	조사료 종자구입비	13,230	농업기술센터	10	2	7	8	7	1	1	3
610	강원 고성군	부존자원 사일리지 제조비닐	330,000	농업기술센터	10	6	7	8	7	1	1	3
611	강원 고성군	종자 및 고품질 사일리지 생산	8,000	농업기술센터	10	1	7	8	7	1	1	3
612	강원 고성군	초식가축 수입건초 구입	15,000	농업기술센터	10	1	7	8	7	1	1	3
613	강원 고성군	한우농가 수분조절제(톱밥)	7,000	농업기술센터	10	1	7	8	7	1	1	3
614	강원 고성군	축산물 이력관리(귀표부착)	2,736,000	농업기술센터	10	2	7	8	7	1	1	3
615	강원 고성군	한우 도축운송비	1,944,000	농업기술센터	10	6	7	8	7	1	1	3
616	강원 고성군	공동방제단운영 지원사업	9,912	농업기술센터	10	2	6	1	7	5	1	4
617	강원 고성군	벼 병해충 공동방제 농약지원사업	20,000	농업기술센터	10	1	7	8	7	1	1	1
618	강원 고성군	유기농업자재 지원	81,700	농업기술센터	10	1	7	8	7	5	1	2
619	강원 양양군	방역소독 위탁비	444,000	보건소	10	1	4	7	1	1	1	1
620	강원 양양군	벼 재배용 상토 등 영농자재 지원	33,765	농업기술센터	10	6	5	7	7	3	1	1
621	강원 양양군	벼 병해충 공동방제 농약지원	22,000	농업기술센터	10	6	5	7	7	1	1	1
622	강원 양양군	벼농사 제초제 지원	30,000	농업기술센터	10	6	5	7	7	1	1	1
623	강원 양양군	친환경 재제 지원	16,000	농업기술센터	10	6	5	7	7	1	1	1
624	강원 양양군	유기농업자재 지원	122,500	농업기술센터	10	2	5	7	7	3	3	1
625	강원 양양군	유기질비료 공급	34,003	농업기술센터	10	2	5	7	7	3	3	1
626	강원 양양군	토양개량제 지원	27,914	농업기술센터	10	2	5	7	7	3	3	1
627	강원 양양군	소상공인 사업장 소규모 시설개선	10,000	경제에너지과	10	4	7	8	7	5	1	1
628	강원 양양군	전통시장 화장실 운영 지원	1,008,000	경제에너지과	10	4	7	8	7	1	1	4

순번	시군구	지출명 (사업명)	2021년예산 (단위:천원/1년간)	담당자 (공무원)	민간이전 분류 (지방자치단체 세출예산 집행기준에 의거)	민간이전지출 근거 (지방보조금 관리기준 참고)	입찰방식			운영예산 산정		성과평가 실시여부
				담당부서	1. 민간경상사업보조(307-02) 2. 민간단체 법정운영비보조(307-03) 3. 민간행사사업보조(307-04) 4. 민간위탁금(307-05) 5. 사회복지시설 법정운영비보조(307-10) 6. 민간인위탁교육비(307-12) 7. 공기관등에대한경상적위탁사업비(308-10) 8. 민간자본사업보조,자체재원(402-01) 9. 민간자본사업보조,이전재원(402-02) 10. 민간위탁사업비(402-03) 11. 공기관등에 대한 자본적 대행사업비(403-02)	1. 법률에 규정 2. 국고보조 재원(국가지정) 3. 용도 지정 기부금 4. 조례에 직접규정 5. 지자체가 권장하는 사업을 하는 공공기관 6. 시,도 정책 및 재정사정 7. 기타 8. 해당없음	계약체결방법 (경쟁형태) 1. 일반경쟁 2. 제한경쟁 3. 지명경쟁 4. 수의계약 5. 법정위탁 6. 기타 ( ) 7. 해당없음	계약기간 1. 1년 2. 2년 3. 3년 4. 4년 5. 5년 6. 기타 ( )년 7. 단기계약 (1년미만) 8. 해당없음	낙찰자선정방법 1. 적격심사 2. 협상에의한계약 3. 최저가낙찰제 4. 규격가격분리 5. 2단계 경쟁입찰 6. 기타 ( ) 7. 해당없음	운영예산 산정 1. 내부산정 (지자체 자체적으로 산정) 2. 외부산정 (외부전문기관위탁 산정) 3. 내·외부 모두 산정 4. 산정 無 5. 해당없음	정산방법 1. 내부정산 (지자체 내부적으로 정산) 2. 외부정산 (외부전문기관위탁 정산) 3. 내·외부 모두 산정 4. 정산 無 5. 해당없음	1. 실시 2. 미실시 3. 향후 추진 4. 해당없음
629	강원 양양군	슬레이트 처리 및 개량 사업	35,762	환경과	10	2	2	1	1	1	3	1
630	강원 양양군	슬레이트 실태조사 사업	1,850,000	환경과	10	2	2	1	1	1	3	1
631	강원 양양군	국공립어린이집 확충	351,592	기획감사실	10	2	5	3	2	5	5	4
632	강원 양양군	차세대 지방재정관리시스템 구축 위탁사업비	6,625	기획감사실	10	1	5	1	7	2	3	4
633	충북 충주시	농어촌통신망(초고속인터넷망)고도화사업	3,840,000	정보통신과	10	2	7	8	7	5	5	4
634	충북 충주시	농어촌 장애인주택개조 지원	760,000	건축과	10	2	7	8	7	5	5	4
635	충북 충주시	충주위담통합병원 운영 물품 등 지원	18,000	바이오산업과	10	4	7	8	7	5	5	4
636	충북 충주시	충주시 아동청소년 숨&뜰 집기구입	16,870	여성청소년과	10	7	7	8	7	5	5	4
637	충북 충주시	소규모 저온저장고 지원	20,000	농정과	10	4	7	8	7	1	1	1
638	충북 충주시	지자체 수출전략상품 육성지원	2,800,000	농정과	10	2	7	8	7	1	1	1
639	충북 충주시	우수농산물 박스 제작지원	20,000	농정과	10	4	7	8	7	1	1	1
640	충북 충주시	우수농산물 박스 제작지원	3,000,000	농정과	10	4	7	8	7	1	1	1
641	충북 충주시	사과농가 지원	30,000	농정과	10	4	7	8	7	1	1	1
642	충북 충주시	통합마케팅 활성화	10,000	농정과	10	4	7	8	7	1	1	1
643	충북 충주시	경제림 조성	129,907	산림정책과	10	2	7	8	7	5	5	4
644	충북 충주시	정책숲가꾸기	297,210	산림정책과	10	2	7	8	7	5	5	4
645	충북 충주시	미세먼지 저감 숲가꾸기	35,256	산림정책과	10	2	7	8	7	5	5	4
646	충북 제천시	찾아가는 생활체육서비스 차량지원	2,500	체육진흥과	10	4	7	8	7	1	1	1
647	충북 제천시	초록길광장 자전거 교실 운영	1,000	체육진흥과	10	4	7	8	7	1	1	1
648	충북 제천시	농촌지역 광대역통합망 구축	4,320	정보통신과	10	2	7	8	7	5	5	4
649	충북 보은군	21년도 농촌통신망 고도화사업	2,880	행정과	10	2	7	8	7	5	5	4
650	충북 보은군	경제림 조성	46,726	산림녹지과	10	1	5	1	6	4	2	1
651	충북 보은군	큰나무가꾸기	1,532	산림녹지과	10	1	5	1	6	4	2	1
652	충북 보은군	어린나무가꾸기	10,722	산림녹지과	10	1	5	1	6	4	2	1
653	충북 보은군	조림지가꾸기	137,856	산림녹지과	10	1	5	1	6	4	2	1
654	충북 보은군	미세먼지저감 숲가꾸기	5,424	산림녹지과	10	1	5	1	6	4	2	1
655	충북 보은군	시외버스터미널-삼산교간 전선지중화사업	30,000	지역개발과	10	5	1	1	3	5	1	4
656	충북 보은군	농어촌 장애인 주택개조사업	1,520	지역개발과	10	1	4	7	7	1	1	2
657	충북 옥천군	농촌통신망 고도화 사업	6,720	자치행정과	10	2	7	8	7	5	5	4
658	충북 옥천군	국공립어린이집 확충 기자재 구입	1,000	복지정책과	10	2	7	8	7	5	5	4
659	충북 옥천군	농어촌장애인 주택개조사업	3,800	복지정책과	10	2	6	7	6	5	1	4
660	충북 옥천군	하수관거BTL사업 운영관리 위탁	57,400	상하수도사업소	10	2	2	6	6	1	2	1
661	충북 영동군	농어촌장애인주택개조사업	3,040	주민복지과	10	7	6	7	1	1	1	4
662	충북 영동군	농촌지역 광대역 통합망 구축사업	2,880	안전관리과	10	7	6	1	6	1	1	2
663	충북 증평군	농촌지역 초고속 인터넷망 구축	1,920	행정과	10	7	7	8	7	5	5	4
664	충북 증평군	농어촌 장애인주택 개조사업	1,900	생활지원과	10	2	6	7	6	4	1	2
665	충북 증평군	도시가스 공급시설 설치비 지원	5,000	경제과	10	4	7	8	7	1	1	2
666	충북 증평군	신재생에너지 융복합지원사업	126,618	경제과	10	6	7	8	7	1	1	4
667	충북 증평군	슬레이트 처리 및 개량사업	32,248	환경위생과	10	1	7	8	7	5	5	4
668	충북 증평군	슬레이트 건축물 실태조사	45,800	환경위생과	10	2	7	8	7	5	5	4
669	충북 진천군	도지정문화재 초가이엉잇기	1,502	문화관광과	10	1	7	8	7	5	5	4
670	충북 진천군	포획물 사체처리비	2,595	환경과	10	7	4	1	6	1	5	1

순번	시군구	지출명 (사업명)	2021년예산 (단위:천원/1년간)	담당자 (공무원) 담당부서	민간이전 분류 (지방자치단체 세출예산 집행기준에 의거) 1. 민간경상사업보조(307-02) 2. 민간단체 법정운영비보조(307-03) 3. 민간행사사업보조(307-04) 4. 민간위탁금(307-05) 5. 사회복지시설 법정운영비보조(307-10) 6. 민간인위탁교육비(307-12) 7. 공기관등에대한경상적위탁사업비(308-10) 8. 민간자본사업보조,자체재원(402-01) 9. 민간자본사업보조,이전재원(402-02) 10. 민간위탁사업비(402-03) 11. 공기관등에 대한 자본적 대행사업비(403-02)	민간이전지출 근거 (지방보조금 관리기준 참고) 1. 법률에 규정 2. 국고보조 재원(국가지정) 3. 용도 지정 기부금 4. 조례에 직접규정 5. 지자체가 권장하는 사업을 하는 공공기관 6. 시,도 정책 및 재정사정 7. 기타 8. 해당없음	입찰방식 계약체결방법 (경쟁형태) 1. 일반경쟁 2. 제한경쟁 3. 지명경쟁 4. 수의계약 5. 법정위탁 6. 기타 ( ) 7. 해당없음	계약기간 1. 1년 2. 2년 3. 3년 4. 4년 5. 5년 6. 기타 ( )년 7. 단기계약 (1년미만) 8. 해당없음	낙찰자선정방법 1. 적격심사 2. 협상에의한계약 3. 최저가낙찰제 4. 규격가격분리 5. 2단계 경쟁입찰 6. 기타 ( ) 7. 해당없음	운영예산 산정 운영예산 산정 1. 내부산정 (지자체 자체적으로 산정) 2. 외부산정 (외부전문기관위탁 산정) 3. 내·외부 모두 산정 4. 산정 無 5. 해당없음	정산방법 1. 내부정산 (지자체 내부적으로 정산) 2. 외부정산 (외부전문기관위탁 정산) 3. 내·외부 모두 산정 4. 정산 無 5. 해당없음	성과평가 실시여부 1. 실시 2. 미실시 3. 향후 추진 4. 해당없음
671	충북 진천군	슬레이트 지원사업	58,728	식산업자원과	10	1	1	1	7	5	3	1
672	충북 진천군	경제수조림(210ha)	53,950	산림녹지과	10	1	7	8	7	5	5	4
673	충북 진천군	경제수조림 수익자 부담금(210ha)	14,074	산림녹지과	10	1	7	8	7	5	5	4
674	충북 진천군	큰나무공익조림(10ha)	12,050	산림녹지과	10	1	7	8	7	5	5	4
675	충북 진천군	산림재해방지조림(8ha)	9,636	산림녹지과	10	1	7	8	7	5	5	4
676	충북 진천군	지역특화조림(5ha)	10,408	산림녹지과	10	1	7	8	7	5	5	4
677	충북 진천군	미세먼지저감조림(9ha)	19,660	산림녹지과	10	1	7	8	7	5	5	4
678	충북 진천군	큰나무가꾸기(20ha)	3,044	산림녹지과	10	1	7	8	7	5	5	4
679	충북 진천군	어린나무가꾸기(80ha)	12,177	산림녹지과	10	1	7	8	7	5	5	4
680	충북 진천군	조림지가꾸기(풀베기+덩굴제거)(605ha)	92,100	산림녹지과	10	1	7	8	7	5	5	4
681	충북 진천군	산불예방 숲가꾸기(15ha)	5,659	산림녹지과	10	1	7	8	7	5	5	4
682	충북 진천군	미세먼지 저감 숲가꾸기(30ha)	8,107	산림녹지과	10	1	7	8	7	5	5	4
683	충북 괴산군	농어촌 장애인 주택개조사업	2,280	주민복지과	10	2	4	1	7	5	1	4
684	충북 음성군	2021년도 농촌지역 광대역통합망 구축	10,560	미디어정보과	10	1	7	8	7	5	5	4
685	충북 음성군	GAP 토양·용수 안전성 분석	2,000	축산식품과	10	2	7	8	7	5	5	4
686	충북 음성군	경제림 조림사업	61,731	산림녹지과	10	1	5	1	6	3	2	2
687	충북 음성군	큰나무 조림사업	12,050	산림녹지과	10	1	5	1	6	3	2	2
688	충북 음성군	정책숲가꾸기	107,030	산림녹지과	10	1	5	1	6	3	2	2
689	충북 음성군	미세먼지저감 숲 가꾸기	13,560	산림녹지과	10	1	5	1	6	3	2	2
690	충북 음성군	성본산업단지 공공폐수처리시설 설치사업	286,000	기업지원과	10	1	4	4	7	5	5	4
691	충북 음성군	인곡산업단지 공공폐수처리시설 설치사업	71,400	기업지원과	10	1	7	8	7	5	5	4
692	충북 음성군	하수관거정비 BTL 임대료	415,700	수도사업소	10	2	1	6	3	2	2	1
693	충북 단양군	신재생에너지(융복합) 지원사업	333,076	지역경제과	10	2	6	1	6	2	1	1
694	충북 옥천군	신재생에너지 융복합지원	402,037	경제과	10	2	7	7	7	3	3	3
695	충남 공주시	고령자 주택 주거환경개선사업	4,200	허가건축과	10	6	4	1	7	1	1	4
696	충남 공주시	농어촌 장애인 주택 개조 지원사업	5,600	허가건축과	10	2	4	1	7	1	1	4
697	충남 공주시	건축행정시스템 재구축	1,760	허가건축과	10	2	7	8	7	5	5	4
698	충남 보령시	자활근로사업 민간위탁사업비	146,990	주민생활지원과	10	2	7	1	7	1	1	4
699	충남 보령시	지역사회서비스투자사업 운영비	81,499	주민생활지원과	10	1	7	8	7	4	4	1
700	충남 보령시	읍면동 풍물단 기물 지원	1,800	문화새마을과	10	7	7	1	7	1	1	1
701	충남 보령시	Art Bank 작품 구입	3,000	문화새마을과	10	7	6	1	7	1	1	1
702	충남 보령시	조업중 인양쓰레기 수매업무 위탁	5,000	해양정책과	10	7	7	8	7	5	5	4
703	충남 보령시	선도농가(강소농) 모델화	960	귀농지원팀	10	2	7	8	7	5	5	4
704	충남 아산시	아산시 물환경센터 통합운영 관리대행 용역	883,503	하수도과	10	1	2	5	2	2	1	1
705	충남 아산시	아산신도시 물환경센터	889,790	하수도과	10	1	6	6	6	2	1	1
706	충남 아산시	하수관거정비 BTL사업 시설임대료	498,700	하수도과	10	1	2	6	1	2	4	1
707	충남 아산시	BTL 전문과학관 지원	106,200	공공시설과	10	2	1	6	2	1	1	1
708	충남 아산시	조림	32,510	산림과	10	1	7	8	7	5	5	4
709	충남 아산시	정책숲가꾸기	2,984	산림과	10	1	7	8	7	5	5	4
710	충남 아산시	정책숲가꾸기	11,488	산림과	10	1	7	8	7	5	5	4
711	충남 아산시	정책숲가꾸기	111,817	산림과	10	1	7	8	7	5	5	4
712	충남 아산시	정책숲가꾸기	11,391	산림과	10	1	7	8	7	5	5	4

순번	시군구	지출명 (사업명)	2021년예산 (단위:천원/1년간)	담당자 (공무원)	민간이전 분류 (지방자치단체 세출예산 집행기준에 의거)	민간이전지출 근거 (지방보조금 관리기준 참고)	입찰방식			운영예산 산정		성과평가 실시여부
				담당부서	1. 민간경상사업보조(307-02) 2. 민간단체 법정운영비보조(307-03) 3. 민간행사사업보조(307-04) 4. 민간위탁금(307-05) 5. 사회복지시설 법정운영비보조(307-10) 6. 민간인위탁교육비(307-12) 7. 공기관등에대한경상적위탁사업비(308-10) 8. 민간자본사업보조,자체재원(402-01) 9. 민간자본사업보조,이전재원(402-02) 10. 민간위탁사업비(402-03) 11. 공기관등에 대한 자본적 대행사업비(403-02)	1. 법률에 규정 2. 국고보조 재원(국가지정) 3. 용도 지정 기부금 4. 조례에 직접규정 5. 지자체가 권장하는 사업을 하는 공공기관 6. 시,도 정책 및 재정사정 7. 기타 8. 해당없음	계약체결방법 (경쟁형태) 1. 일반경쟁 2. 제한경쟁 3. 지명경쟁 4. 수의계약 5. 법정위탁 6. 기타 ( ) 7. 해당없음	계약기간 1. 1년 2. 2년 3. 3년 4. 4년 5. 5년 6. 기타 ( )년 7. 단기계약 (1년미만) 8. 해당없음	낙찰자선정방법 1. 적격심사 2. 협상에의한계약 3. 최저가낙찰제 4. 규격가격분리 5. 2단계 경쟁입찰 6. 기타 ( ) 7. 해당없음	운영예산 산정 1. 내부산정 (지자체 자체적으로 산정) 2. 외부산정 (외부전문기관위탁 산정) 3. 내·외부 모두 산정 4. 산정 無 5. 해당없음	정산방법 1. 내부정산 (지자체 내부적으로 정산) 2. 외부정산 (외부전문기관위탁 정산) 3. 내·외부 모두 산정 4. 정산 無 5. 해당없음	1. 실시 2. 미실시 3. 향후 추진 4. 해당없음
713	충남 아산시	정책숲가꾸기	18,378	산림과	10	1	7	8	7	5	5	4
714	충남 아산시	미세먼지저감 공익숲가꾸기	21,696	산림과	10	1	7	8	7	5	5	4
715	충남 아산시	미세먼지 저감 조림	22,000	산림과	10	1	7	8	7	5	5	4
716	충남 아산시	큰나무조림	12,045	산림과	10	1	7	8	7	5	5	4
717	충남 아산시	지역특화조림	10,409	산림과	10	1	7	8	7	5	5	4
718	충남 아산시	지역사회보장협의체 지원	10,600	사회복지과	10	1	7	8	7	1	1	1
719	충남 서산시	하수관거정비 임대형 민자사업(BTL) 임대료	619,400	맑은물관리과	10	1	6	6	2	2	1	2
720	충남 계룡시	계룡문화예술의전당 민간투자사업 상환금	1,764	공공시설사업소	10	7	5	6	2	5	5	1
721	충남 당진시	민관협력형 산림경영 시범사업	300,899	산림녹지과	10	2	5	1	7	2	2	4
722	충남 당진시	지역사회 건강조사 조사분석 위탁운영	6,821	건강증진과	10	2	6	1	6	4	1	1
723	충남 금산군	가축분뇨공공처리시설 설치사업	48,400	환경자원과	10	1	1	3	7	3	3	4
724	충남 금산군	조림사업 대행비	104,937	산림녹지과	10	2	5	1	7	3	3	1
725	충남 금산군	조림(지역특화) 대행비	104,085	산림녹지과	10	2	5	1	7	3	3	1
726	충남 금산군	조림(큰나무조림) 대행비	30,115	산림녹지과	10	2	5	1	7	3	3	1
727	충남 금산군	조림(미세먼지저감) 위탁대행비	11,000	산림녹지과	10	2	5	1	7	3	3	1
728	충남 금산군	정책숲가꾸기사업 대행비	301,307	산림녹지과	10	2	5	1	7	3	3	1
729	충남 금산군	미세먼지 저감 공익 숲가꾸기 대행비	27,120	산림녹지과	10	2	5	1	7	3	3	1
730	충남 금산군	조림지가꾸기 민간위탁대행비	26,036	산림녹지과	10	2	5	1	7	3	3	1
731	충남 금산군	숲해설 위탁운영비	5,100	산림녹지과	10	1	7	8	7	5	5	4
732	충남 금산군	유아숲교육 위탁운영비	7,704	산림녹지과	10	1	7	8	7	5	5	4
733	충남 금산군	신재생에너지 융복합사업	293,723	지역경제과	10	2	1	1	1	3	3	1
734	충남 부여군	은산산업단지 공공폐수처리시설 위탁운영	5,000	경제교통과	10	1	4	5	7	1	1	1
735	충남 부여군	경제수 조림	20,598	산림녹지과	10	2	5	7	7	1	1	3
736	충남 부여군	큰나무조림	27,103	산림녹지과	10	2	5	7	7	1	1	3
737	충남 부여군	지역특화조림	34,034	산림녹지과	10	2	5	7	7	1	1	3
738	충남 부여군	조림지풀베기	63,575	산림녹지과	10	2	5	7	7	1	1	3
739	충남 부여군	숲가꾸기사업	111,359	산림녹지과	10	2	5	7	7	1	1	3
740	충남 부여군	미세먼지저감 공익숲가구기	27,120	산림녹지과	10	2	5	7	7	1	1	3
741	충남 부여군	한우개량 극대화 지원	12,060	농업기술센터	10	6	7	8	7	5	5	4
742	충남 부여군	한우 핵군우 농가육성	10,220	농업기술센터	10	6	7	8	7	5	5	4
743	충남 부여군	한우 광역브랜드 육성	29,101	농업기술센터	10	6	7	8	7	5	5	4
744	충남 부여군	한우 육성률 향상지원	20,315	농업기술센터	10	6	7	8	7	5	5	4
745	충남 서천군	정책숲가꾸기	116,761	산림축산과	10	1	1	1	1	1	1	1
746	충남 서천군	미세먼지 저감 공익숲가꾸기	21,696	산림축산과	10	1	1	1	1	1	1	1
747	충남 서천군	민관협력형 산림경영 시범사업	225,978	산림축산과	10	1	7	8	7	5	5	4
748	충남 서천군	서천경제살리기 정책추진	30,000	지역경제과	10	6	7	8	7	5	5	4
749	충남 서천군	슬레이트 처리	100,032	도시건축과	10	2	4	1	2	4	4	1
750	충남 서천군	고령자 주택 주거환경개선사업	4,900	도시건축과	10	6	7	8	7	5	5	4
751	충남 서천군	농어촌장애인 주택개조지원사업	4,900	도시건축과	10	6	7	8	7	5	5	4
752	충남 청양군	청양군 환경기초시설 단순관리대행	173,800	환경보호과	10	7	1	3	1	2	1	3
753	충남 청양군	사립수목원활성화사업	1,500	산림축산과	10	6	4	1	7	5	1	4
754	충남 청양군	선도산림경영	75,278	산림축산과	10	2	5	6	7	5	2	3

순번	시군구	지출명 (사업명)	2021년예산 (단위:천원/1년간)	담당자 (공무원) 담당부서	민간이전 분류 (지방자치단체 세출예산 집행기준에 의거) 1. 민간경상사업보조(307-02) 2. 민간단체 법정운영비보조(307-03) 3. 민간행사사업보조(307-04) 4. 민간위탁금(307-05) 5. 사회복지시설 법정운영비보조(307-10) 6. 민간인위탁교육비(307-12) 7. 공기관등에대한경상적위탁사업비(308-10) 8. 민간자본사업보조,자체재원(402-01) 9. 민간자본사업보조,이전재원(402-02) 10. 민간위탁사업비(402-03) 11. 공기관등에 대한 자본적 대행사업비(403-02)	민간이전지출 근거 (지방보조금 관리기준 참고) 1. 법률에 규정 2. 국고보조 재원(국가지정) 3. 용도 지정 기부금 4. 조례에 직접규정 5. 지자체가 권장하는 사업을 하는 공공기관 6. 시,도 정책 및 재정사정 7. 기타 8. 해당없음	입찰방식 계약체결방법 (경쟁형태) 1. 일반경쟁 2. 제한경쟁 3. 지명경쟁 4. 수의계약 5. 법정위탁 6. 기타 ( ) 7. 해당없음	입찰방식 계약기간 1. 1년 2. 2년 3. 3년 4. 4년 5. 5년 6. 기타 ( )년 7. 단기계약 (1년미만) 8. 해당없음	입찰방식 낙찰자선정방법 1. 적격심사 2. 협상에의한계약 3. 최저가낙찰제 4. 규격가격분리 5. 2단계 경쟁입찰 6. 기타 ( ) 7. 해당없음	운영예산 산정 운영예산 산정 1. 내부산정 (지자체 자체적으로 산정) 2. 외부산정 (외부전문기관위탁 산정) 3. 내·외부 모두 산정 4. 산정 無 5. 해당없음	운영예산 산정 정산방법 1. 내부정산 (지자체 내부적으로 정산) 2. 외부정산 (외부전문기관위탁 정산) 3. 내·외부 모두 산정 4. 정산 無 5. 해당없음	성과평가 실시여부 1. 실시 2. 미실시 3. 향후 추진 4. 해당없음
755	충남 청양군	희귀난치성 질환자 의료비 지원	5,600	보건사업과정신보건팀	10	2	7	8	7	5	5	4
756	충남 청양군	치매치료관리비지원	21,309	치매안심팀	10	2	7	8	7	5	5	4
757	충남 청양군	청년농업인 선진농업기술 교육	43,000	농업기술센터	10	2	7	8	7	1	1	4
758	충남 청양군	마을단위 농어촌 LPG소형저장탱크 보급사업	27,000	사회적경제과	10	5	6	1	2	1	1	4
759	충남 청양군	신재생에너지 융·복합지원사업	218,052	사회적경제과	10	5	6	1	2	1	3	4
760	충남 청양군	도시가스 공급	17,140	사회적경제과	10	5	6	6	2	1	1	4
761	경북 포항시	소규모 직거래장터 시범사업	30,800	농식품유통과	10	4	7	8	7	5	5	4
762	경북 포항시	수출농식품업체 포장재지원	5,400	농식품유통과	10	4	7	8	7	5	5	4
763	경북 포항시	농특산물 공동상표사용자지원	10,000	농식품유통과	10	4	7	8	7	5	5	4
764	경북 포항시	전통주 포장재지원	1,200	농식품유통과	10	4	7	8	7	5	5	4
765	경북 포항시	화학물질취급사업장 시설개선사업지원	4,000	환경정책과	10	7	7	8	7	1	1	4
766	경북 포항시	슬레이트처리 지원사업	160,812	환경정책과	10	2	6	3	6	1	1	4
767	경북 경주시	문화엑스포공원 및 건축물유지관리	120,000	문화예술과	10	5	7	8	7	5	1	4
768	경북 경주시	미세먼지 저감조림	11,806	산림경영과	10	2	7	1	7	5	3	3
769	경북 경주시	정책숲가꾸기	91,904	산림경영과	10	2	7	1	7	5	3	3
770	경북 경주시	미세먼지저감 숲가꾸기	191,267	산림경영과	10	2	7	1	7	5	3	3
771	경북 경주시	경제림조성	25,149	산림경영과	10	2	7	1	7	5	3	3
772	경북 경주시	큰나무조림	8,631	산림경영과	10	2	7	1	7	5	3	3
773	경북 경주시	내화수림대조성	1,835	산림경영과	10	2	7	1	7	5	3	3
774	경북 경주시	지역특화조림	6,245	산림경영과	10	2	7	1	7	5	3	3
775	경북 영천시	행복기업산업안전환경개선사업	4,000	일자리노사과	10	6	7	8	7	5	5	4
776	경북 영천시	공공폐수처리시설 운영관리대행용역	90,000	기업유치과	10	1	2	5	2	2	1	4
777	경북 영천시	화학물질취급사업장시설개선사업지원	8,000	환경보호과	10	5	5	1	7	1	1	4
778	경북 영천시	슬레이트처리지원사업	174,380	자원순환과	10	2	7	8	7	5	5	4
779	경북 영천시	슬레이트처리지원사업	16,800	자원순환과	10	6	7	8	7	5	5	4
780	경북 영천시	대창면 대재리 정밀안전진단용역	4,000	건설과	10	5	5	8	7	5	5	4
781	경북 영천시	고경면 학리 점지 재해위험저수지 정비사업	77,500	건설과	10	5	5	8	7	5	5	4
782	경북 영천시	대창면 운천리 외동방지 재해위험저수지 정비사업	62,500	건설과	10	5	5	8	7	5	5	4
783	경북 영천시	자양면 용산리 원각지 재해위험저수지 정비사업	30,000	건설과	10	5	5	8	7	5	5	4
784	경북 영천시	민간위탁사업비	30,000	공원관리사업소	10	8	2	1	1	3	1	3
785	경북 김천시	건축사 현장조사대행 수수료	30,000	건축디자인과	10	4	7	1	7	1	1	4
786	경북 김천시	미세먼지저감숲가꾸기	59,664	산림녹지과	10	1	7	8	7	5	5	4
787	경북 김천시	정책숲가꾸기	239,936	산림녹지과	10	1	7	8	7	5	5	4
788	경북 김천시	경제림조성	26,651	산림녹지과	10	1	7	8	7	5	5	4
789	경북 김천시	큰나무조림	42,175	산림녹지과	10	1	7	8	7	5	5	4
790	경북 김천시	지역특화조림	10,409	산림녹지과	10	1	7	8	7	5	5	4
791	경북 김천시	미세먼지저감조림	27,324	산림녹지과	10	1	7	8	7	5	5	4
792	경북 안동시	경북행복기업 산업안전 환경개선 사업	2,000	투자유치과	10	6	7	8	7	5	5	4
793	경북 안동시	셔틀버스 운행 대행 사업비	40,000	하회마을관리사무소	10	4	7	8	7	1	1	4
794	경북 안동시	민관협력형 산림경영 시범사업	145,515	산림과	10	2	7	8	7	5	5	4
795	경북 안동시	산림경영계획작성	1,872	산림과	10	2	7	8	7	5	5	4
796	경북 안동시	안동문화예술의전당 시설(BTL)운영비	345,800	안동문화예술의전당	10	1	7	8	7	1	1	1

순번	시군구	지출명 (사업명)	2021년예산 (단위:천원/1년간)	담당자 (공무원) 담당부서	민간이전 분류 (지방자치단체 세출예산 집행기준에 의거) 1. 민간경상사업보조(307-02) 2. 민간단체 법정운영비보조(307-03) 3. 민간행사사업보조(307-04) 4. 민간위탁금(307-05) 5. 사회복지시설 법정운영비보조(307-10) 6. 민간인위탁교육비(307-12) 7. 공기관등에대한경상적위탁사업비(308-10) 8. 민간자본사업보조,자체재원(402-01) 9. 민간자본사업보조,이전재원(402-02) 10. 민간위탁사업비(402-03) 11. 공기관등에 대한 자본적 대행사업비(403-02)	민간이전지출 근거 (지방보조금 관리기준 참고) 1. 법률에 규정 2. 국고보조 재원(국가지정) 3. 용도 지정 기부금 4. 조례에 직접규정 5. 지자체가 권장하는 사업을 하는 공공기관 6. 시,도 정책 및 재정사정 7. 기타 8. 해당없음	입찰방식 계약체결방법 (경쟁형태) 1. 일반경쟁 2. 제한경쟁 3. 지명경쟁 4. 수의계약 5. 법정위탁 6. 기타 ( ) 7. 해당없음	입찰방식 계약기간 1. 1년 2. 2년 3. 3년 4. 4년 5. 5년 6. 기타 ( )년 7. 단기계약 (1년미만) 8. 해당없음	입찰방식 낙찰자선정방법 1. 적격심사 2. 협상에의한계약 3. 최저가낙찰제 4. 규격가격분리 5. 2단계 경쟁입찰 6. 기타 ( ) 7. 해당없음	운영예산 산정 운영예산 산정 1. 내부산정 (지자체 자체적으로 산정) 2. 외부산정 (외부전문기관위탁 산정) 3. 내·외부 모두 산정 4. 산정 無 5. 해당없음	운영예산 산정 정산방법 1. 내부정산 (지자체 내부적으로 정산) 2. 외부정산 (외부전문기관위탁 정산) 3. 내·외부 모두 산정 4. 정산 無 5. 해당없음	성과평가 실시여부 1. 실시 2. 미실시 3. 향후 추진 4. 해당없음
797	경북 안동시	수출단지 농자재 지원	19,000	유통특작과	10	4	7	8	7	1	1	1
798	경북 안동시	우수한약재유통지원시설 임대료 상환	81,280	전통문화예술과	10	2	7	8	7	5	5	1
799	경북 구미시	경북도민체육대회 지원	59,300	체육진흥과	10	7	7	1	7	1	1	1
800	경북 구미시	화학물질 취급사업장 시설개선지원	6,000	환경보전과	10	1	7	1	7	5	5	1
801	경북 구미시	주택 슬레이트처리 지원사업	68,800	환경보전과	10	2	1	2	1	3	3	4
802	경북 구미시	비주택 슬레이트처리 지원사업	13,760	환경보전과	10	2	1	2	1	3	3	4
803	경북 구미시	50㎡ 미만 비주택	1,000	환경보전과	10	2	1	2	1	3	3	4
804	경북 구미시	50~2000㎡ 비주택	1,000	환경보전과	10	2	1	2	1	3	3	4
805	경북 구미시	취약계층 지붕개량 지원사업	13,700	환경보전과	10	2	1	2	1	3	3	4
806	경북 구미시	우선순위 가구	1,000	환경보전과	10	2	1	2	1	3	3	4
807	경북 구미시	일반 가구	1,000	환경보전과	10	2	1	2	1	3	3	4
808	경북 구미시	오수처리시설 관리대행용역	48,000	산림과	10	7	7	7	7	1	1	4
809	경북 구미시	오수처리시설 관리대행용역	48,000	산림과	10	7	7	7	7	1	1	4
810	경북 구미시	청사 청소용역	1,235	원평2동	10	4	4	1	2	1	1	2
811	경북 영주시	민관협력형 산림경영시범사업	255,955	산림녹지과	10	2	7	8	7	5	5	4
812	경북 영주시	임도사업	5,000	산림녹지과	10	6	7	8	7	5	5	4
813	경북 영주시	선비세상 전시 콘텐츠 추가설치	18,000	선비세상사업단	10	4	7	8	7	5	5	4
814	경북 상주시	경북행복기업 산업안전환경 개선사업	2,000	경제기업과	10	1	7	8	7	5	5	4
815	경북 상주시	경제림조림	25,239	산림녹지과	10	1	7	8	7	5	5	4
816	경북 상주시	미세먼지저감조림	43,536	산림녹지과	10	1	7	8	7	5	5	4
817	경북 상주시	큰나무조림	23,900	산림녹지과	10	1	7	8	7	5	5	4
818	경북 상주시	내화수림대조성	18,151	산림녹지과	10	1	7	8	7	5	5	4
819	경북 상주시	정책숲가꾸기	175,430	산림녹지과	10	1	7	8	7	5	5	4
820	경북 상주시	숲가꾸기(사회적일자리)	8,074	산림녹지과	10	1	7	8	7	5	5	4
821	경북 상주시	미세먼지저감 공익숲가꾸기	61,976	산림녹지과	10	1	7	8	7	5	5	4
822	경북 상주시	화학물질 취급사업장 시설개선사업 지원	2,000	환경관리과	10	6	7	8	7	5	5	4
823	경북 상주시	가축분뇨처리 사용료 징수교부금	800	환경관리과	10	4	7	8	7	1	1	4
824	경북 문경시	자율방범대 차량 지원	2,600	총무과	10	4	7	8	7	5	5	4
825	경북 문경시	단무지 무 종자대 지원	42,000	농정과	10	4	7	8	7	1	1	4
826	경북 문경시	양파 육묘대 지원	20,000	농정과	10	4	7	8	7	1	1	4
827	경북 문경시	양파재배단지 생산 기자재 지원	6,400	농정과	10	4	7	8	7	1	1	4
828	경북 문경시	배추 무사마귀병 방제약제 지원	20,000	농정과	10	4	7	8	7	1	1	4
829	경북 문경시	잎담배 재배농가 기자재 지원	8,000	농정과	10	4	7	8	7	1	1	4
830	경북 문경시	애호박 생산 인큐베이터 지원	3,000	농정과	10	4	7	8	7	1	1	4
831	경북 문경시	단호박 종자대 지원	3,600	농정과	10	4	7	8	7	1	1	4
832	경북 문경시	느타리버섯 배지 지원	3,300	농정과	10	4	7	8	7	1	1	4
833	경북 문경시	버섯재배사 개보수 지원	820	농정과	10	4	7	8	7	1	1	4
834	경북 문경시	시설하우스 기자재 지원	2,600	농정과	10	4	7	8	7	1	1	4
835	경북 문경시	시설하우스 일반 비닐 교체 지원	7,700	농정과	10	4	7	8	7	1	1	4
836	경북 문경시	채소특작분야 포장재 지원	13,000	농정과	10	4	7	8	7	1	1	4
837	경북 문경시	수박재배농가 수정벌 지원	1,000	농정과	10	4	7	8	7	1	1	4
838	경북 문경시	농산물 건조기 지원	750	농정과	10	4	7	8	7	1	1	4

순번	시군구	지출명 (사업명)	2021년예산 (단위:천원/1년간)	담당자 (공무원) 담당부서	민간이전 분류 (지방자치단체 세출예산 집행기준에 의거) 1. 민간경상사업보조(307-02) 2. 민간단체 법정운영비보조(307-03) 3. 민간행사사업보조(307-04) 4. 민간위탁금(307-05) 5. 사회복지시설 법정운영비보조(307-10) 6. 민간인위탁교육비(307-12) 7. 공기관등에대한경상적위탁사업비(308-10) 8. 민간자본사업보조,자체재원(402-01) 9. 민간자본사업보조,이전재원(402-02) 10. 민간위탁사업비(402-03) 11. 공기관등에 대한 자본적 대행사업비(403-02)	민간이전지출 근거 (지방보조금 관리기준 참고) 1. 법률에 규정 2. 국고보조 재원(국가지정) 3. 용도 지정 기부금 4. 조례에 직접규정 5. 지자체가 권장하는 사업을 하는 공공기관 6. 시,도 정책 및 재정사정 7. 기타 8. 해당없음	입찰방식 계약체결방법 (경쟁형태) 1. 일반경쟁 2. 제한경쟁 3. 지명경쟁 4. 수의계약 5. 법정위탁 6. 기타 ( ) 7. 해당없음	입찰방식 계약기간 1. 1년 2. 2년 3. 3년 4. 4년 5. 5년 6. 기타 ( )년 7. 단기계약 (1년미만) 8. 해당없음	입찰방식 낙찰자선정방법 1. 적격심사 2. 협상에의한계약 3. 최저가낙찰제 4. 규격가격분리 5. 2단계 경쟁입찰 6. 기타 ( ) 7. 해당없음	운영예산 산정 운영예산 산정 1. 내부산정 (지자체 자체적으로 산정) 2. 외부산정 (외부전문기관위탁 산정) 3. 내·외부 모두 산정 4. 산정 無 5. 해당없음	운영예산 산정 정산방법 1. 내부정산 (지자체 내부적으로 정산) 2. 외부정산 (외부전문기관위탁 정산) 3. 내·외부 모두 산정 4. 정산 無 5. 해당없음	성과평가 실시여부 1. 실시 2. 미실시 3. 향후 추진 4. 해당없음
839	경북 문경시	포포나무 묘목대 지원	1,000	농정과	10	4	7	8	7	1	1	4
840	경북 문경시	일반 비닐하우스 설치지원	22,000	농정과	10	4	7	8	7	1	1	4
841	경북 문경시	생오미자 포장재 지원	10,000	농정과	10	4	7	8	7	1	1	4
842	경북 문경시	오미자 저온저장고 지원	15,000	농정과	10	4	7	8	7	1	1	4
843	경북 문경시	오미자 친환경 자재 지원	4,000	농정과	10	4	7	8	7	1	1	4
844	경북 문경시	오미자 점적관수시설 지원	20,000	농정과	10	4	7	8	7	1	1	4
845	경북 문경시	고품질 문경오미자 생산자재 지원	5,000	농정과	10	4	7	8	7	1	1	4
846	경북 문경시	오미자 갱신지원	15,000	농정과	10	4	7	8	7	1	1	4
847	경북 문경시	오미자 신규재배 지원	10,000	농정과	10	4	7	8	7	1	1	4
848	경북 문경시	오미자 청담금 포장재 지원	9,900	농정과	10	4	7	8	7	1	1	4
849	경북 문경시	마을회관 보수 및 리모델링	25,890	새마을체육과	10	4	7	8	7	1	1	2
850	경북 문경시	농촌장애인주택개조사업	1,520	건축디자인과	10	1	7	8	7	1	1	2
851	경북 문경시	화학물질취급사업장시설개선사업지원	4,000	환경보호과	10	6	7	8	7	5	5	4
852	경북 문경시	LPG소형저장탱크보급사업	97,031	일자리경제과	10	1	6	8	7	5	5	3
853	경북 경산시	경북행복기업 산업안전 환경개선사업	2,000	중소기업벤처과	10	6	7	8	7	5	5	4
854	경북 경산시	화학물질 취급 사업장 안전진단 및 시설개선 지원	6,000	환경과	10	6	7	1	7	1	1	1
855	경북 경산시	슬레이트 처리지원	69,458	환경과	10	1	6	2	6	1	1	4
856	경북 경산시	주택슬레이트 처리지원	51,600	환경과	10	1	6	2	6	1	1	4
857	경북 경산시	비주택슬레이트 처리지원	12,728	환경과	10	1	6	2	6	1	1	4
858	경북 경산시	지붕개량지원	5,130	환경과	10	1	6	2	6	1	1	4
859	경북 경산시	오수분뇨수거 민간대행 수수료	49,000	환경과	10	4	7	2	7	5	5	4
860	경북 경산시	가축분뇨수거 민간대행 수수료	650,000	환경과	10	4	7	2	7	5	5	4
861	경북 경산시	백천사회복지관 기능보강사업	650,100	복지정책과	10	4	5	5	1	1	1	1
862	경북 경산시	별관 외부도색	41,200	복지정책과	10	4	5	5	1	1	1	1
863	경북 경산시	별관 테라스 및 계단 방수	23,700	복지정책과	10	4	5	5	1	1	1	1
864	경북 경산시	어르신복지센터 냉난방기 설치	1,219	사회복지과	10	1	7	8	7	5	5	4
865	경북 경산시	장애인복지관 식당 방수공사	2,010	사회복지과	10	1	7	8	7	5	5	4
866	경북 경산시	남천 송수펌프장 위탁관리비	20,400	건설과	10	1	4	3	1	2	5	3
867	경북 경산시	경산지식산업지구 완충저류시설 위탁관리	7,000	도시과	10	8	7	8	7	5	5	4
868	경북 경산시	시청-경산역 구간 전력선 지중화(한전)	70,000	도로철도과	10	7	7	8	7	5	5	4
869	경북 경산시	농촌체험 품질향상 시범사업	2,800	농촌진흥과	10	4	7	8	7	5	5	3
870	경북 경산시	농가경영개선지원 시범사업	700,000	농촌진흥과	10	4	7	8	7	5	5	3
871	경북 군위군	농촌빈집정비사업	2,500	민원봉사과	10	1	7	8	7	1	1	4
872	경북 군위군	도시가스 미공급지역 지원사업	5,040	경제과	10	4	7	1	7	5	5	4
873	경북 군위군	한우 친자확인사업 160두	32,000	산림축산과	10	6	7	8	7	5	5	4
874	경북 군위군	한우 종축등록비 지원 2,300두	1,380	산림축산과	10	6	7	8	7	5	5	4
875	경북 군위군	한우 선형심사제고 200두	20,000	산림축산과	10	6	7	8	7	5	5	4
876	경북 군위군	소독지원 운영비 2개반	5,572	산림축산과	10	2	5	8	7	5	5	4
877	경북 군위군	소독지원 인건비 2명	5,228	산림축산과	10	2	5	8	7	5	5	4
878	경북 군위군	축산물이력제(귀표장착비) 4,300두	4,128	산림축산과	10	6	5	8	7	5	5	4
879	경북 군위군	동산계곡 주차 및 차량 통제	900	부계면	10	8	4	7	7	4	4	2
880	경북 의성군	경북행보기업산업안전환경개선사업	2,000	경제투자과	10	1	7	8	7	5	5	4

순번	시군구	지출명 (사업명)	2021년예산 (단위:천원/1년간)	담당자 (공무원)	민간이전 분류 (지방자치단체 세출예산 집행기준에 의거)	민간이전지출 근거 (지방보조금 관리기준 참고)	입찰방식			운영예산 산정		성과평가 실시여부
				담당부서	1. 민간경상사업보조(307-02) 2. 민간단체 법정운영비보조(307-03) 3. 민간행사사업보조(307-04) 4. 민간위탁금(307-05) 5. 사회복지시설 법정운영비보조(307-10) 6. 민간인위탁교육비(307-12) 7. 공기관등에대한경상적위탁사업비(308-10) 8. 민간자본사업보조,자체재원(402-01) 9. 민간자본사업보조,이전재원(402-02) 10. 민간위탁사업비(402-03) 11. 공기관등에 대한 자본적 대행사업비(403-02)	1. 법률에 규정 2. 국고보조 재원(국가지정) 3. 용도 지정 기부금 4. 조례에 직접규정 5. 지자체가 권장하는 사업을 하는 공공기관 6. 시,도 정책 및 재정사정 7. 기타 8. 해당없음	계약체결방법 (경쟁형태) 1. 일반경쟁 2. 제한경쟁 3. 지명경쟁 4. 수의계약 5. 법정위탁 6. 기타 ( ) 7. 해당없음	계약기간 1. 1년 2. 2년 3. 3년 4. 4년 5. 5년 6. 기타 ( )년 7. 단기계약 (1년미만) 8. 해당없음	낙찰자선정방법 1. 적격심사 2. 협상에의한계약 3. 최저가낙찰제 4. 규격가격분리 5. 2단계 경쟁입찰 6. 기타 ( ) 7. 해당없음	운영예산 산정 1. 내부산정 (지자체 자체적으로 산정) 2. 외부산정 (외부전문기관위탁 산정) 3. 내·외부 모두 산정 4. 산정 無 5. 해당없음	정산방법 1. 내부정산 (지자체 내부적으로 정산) 2. 외부정산 (외부전문기관위탁 정산) 3. 내·외부 모두 산정 4. 정산 無 5. 해당없음	1. 실시 2. 미실시 3. 향후 추진 4. 해당없음
881	경북 의성군	신활력플러스추진단	131,200	지역재생과	10	2	7	4	7	3	3	3
882	경북 의성군	신활력플러스추진단운영	9,810	지역재생과	10	2	7	1	7	3	3	3
883	경북 의성군	슬레이트처리지원	155,080	환경과	10	2	1	3	1	1	1	3
884	경북 청송군	2022청송아이스클라이밍월드컵경기장조성	8,000	문화체육과	10	2	7	8	7	5	5	4
885	경북 청송군	슬레이트처리지원	52,490	환경축산과	10	2	7	8	7	5	5	4
886	경북 청송군	슬레이트전수조사	1,000	환경축산과	10	2	7	8	7	5	5	4
887	경북 청송군	조사료생산재배단지임대사업	9,000	환경축산과	10	4	7	8	7	5	5	4
888	경북 청송군	고급육생산출하장려금및기초등록정액대	6,300	환경축산과	10	4	7	8	7	5	5	4
889	경북 청송군	미네랄블럭및면역증강제지원사업	1,800	환경축산과	10	4	7	8	7	5	5	4
890	경북 청송군	한우구매융자금이자지원	4,000	환경축산과	10	4	7	8	7	5	5	4
891	경북 청송군	퇴비유통전문조직육성지원금	1,256	환경축산과	10	4	7	8	7	5	5	4
892	경북 청송군	공동방제단운영지원	9,234	환경축산과	10	2	7	8	7	5	5	4
893	경북 청송군	구제역(소,전업농)	656,300	환경축산과	10	2	7	8	7	5	5	4
894	경북 청송군	구제역(돼지,전업농)	2,259	환경축산과	10	2	7	8	7	5	5	4
895	경북 청송군	축산물이력제업무인턴지원	2,500	환경축산과	10	6	7	8	7	5	5	4
896	경북 청송군	가축재해보험료지원	1,000	환경축산과	10	6	7	8	7	5	5	4
897	경북 청송군	친자확인	36,000	환경축산과	10	6	7	8	7	5	5	4
898	경북 청송군	한우등록비	780	환경축산과	10	6	7	8	7	5	5	4
899	경북 청송군	한우우군선형심사비	20,000	환경축산과	10	6	7	8	7	5	5	4
900	경북 청송군	면역강화용사료첨가제지원	1,470	환경축산과	10	6	7	8	7	5	5	4
901	경북 청송군	농촌현장포럼지원	2,043	안전재난건설과	10	1	7	8	7	5	3	4
902	경북 청송군	LPG소형저장탱크보급사업	101,724	새마을도시과	10	2	7	8	7	5	5	4
903	경북 영양군	정책숲가꾸기	91,904	산림녹지과	10	1	5	1	7	5	1	4
904	경북 영양군	미세먼지저감숲가꾸기	108,480	산림녹지과	10	1	5	1	7	5	1	4
905	경북 영양군	LPG소형저장탱크 보급사업	261,981	지역경제과	10	1	7	8	7	5	5	4
906	경북 영양군	신재생에너지 융복합지원사업	312,268	지역경제과	10	6	7	8	7	5	5	4
907	경북 영양군	벼육묘용매트및상토지원	4,800	농업축산과	10	4	7	8	7	5	5	4
908	경북 영양군	가뭄대책지원	6,500	농업축산과	10	4	7	8	7	5	5	4
909	경북 영양군	옥수수종자지원	1,500	농업축산과	10	4	7	8	7	5	5	4
910	경북 영양군	친환경토양개량제지원	5,000	농업축산과	10	4	7	8	7	5	5	4
911	경북 영양군	특구 폐수종말처리시설 위탁운영비	35,000	농업축산과	10	4	1	3	2	2	1	4
912	경북 영양군	과실전문생산단지기반조성지원	42,300	농업축산과	10	2	7	8	7	5	5	4
913	경북 영덕군	지역사회중심금연지원서비스	15,992	보건소	10	2	5	1	7	5	5	4
914	경북 영덕군	치매치료관리비지원	15,000	보건소	10	2	5	8	7	5	5	4
915	경북 영덕군	어업인 안전보험료 지원	800	해양수산과	10	1	6	7	7	5	1	4
916	경북 영덕군	어선원 및 어선 재해보상 보험료 지원사업	43,000	해양수산과	10	1	6	7	7	5	1	4
917	경북 영덕군	어선 및 어선원 재해보상보험료 지원사업	24,000	해양수산과	10	1	6	7	7	5	1	4
918	경북 영덕군	어업용 유류비 지원사업	15,860	해양수산과	10	1	6	7	7	5	1	4
919	경북 영덕군	어업용 유류비 지원사업	15,000	해양수산과	10	1	6	7	7	5	1	4
920	경북 영덕군	신재생에너지 융복합지원사업	277,608	일자리경제과	10	2	6	1	6	1	3	2
921	경북 영덕군	신재생에너지 융복합지원사업	23,787	일자리경제과	10	2	6	1	6	1	3	2
922	경북 청도군	신재생에너지융복합지원사업	392,064	경제산림과	10	2	5	8	6	2	2	2

순번	시군구	지출명 (사업명)	2021년예산 (단위:천원/1년간)	담당자 (공무원) 담당부서	민간이전 분류 (지방자치단체 세출예산 집행기준에 의거) 1. 민간경상사업보조(307-02) 2. 민간단체 법정운영비보조(307-03) 3. 민간행사사업보조(307-04) 4. 민간위탁금(307-05) 5. 사회복지시설 법정운영비보조(307-10) 6. 민간인위탁교육비(307-12) 7. 공기관등에대한경상적위탁사업비(308-10) 8. 민간자본사업보조,자체재원(402-01) 9. 민간자본사업보조,이전재원(402-02) 10. 민간위탁사업비(402-03) 11. 공기관등에 대한 자본적 대행사업비(403-02)	민간이전지출 근거 (지방보조금 관리기준 참고) 1. 법률에 규정 2. 국고보조 재원(국가지정) 3. 용도 지정 기부금 4. 조례에 직접규정 5. 지자체가 권장하는 사업을 하는 공공기관 6. 시,도 정책 및 재정사정 7. 기타 8. 해당없음	입찰방식 계약체결방법 (경쟁형태) 1. 일반경쟁 2. 제한경쟁 3. 지명경쟁 4. 수의계약 5. 법정위탁 6. 기타 ( ) 7. 해당없음	입찰방식 계약기간 1. 1년 2. 2년 3. 3년 4. 4년 5. 5년 6. 기타 ( )년 7. 단기계약 (1년미만) 8. 해당없음	입찰방식 낙찰자선정방법 1. 적격심사 2. 협상에의한계약 3. 최저가낙찰제 4. 규격가격분리 5. 2단계 경쟁입찰 6. 기타 ( ) 7. 해당없음	운영예산 산정 운영예산 산정 1. 내부산정 (지자체 자체적으로 산정) 2. 외부산정 (외부전문기관위탁 산정) 3. 내·외부 모두 산정 4. 산정 無 5. 해당없음	운영예산 산정 정산방법 1. 내부정산 (지자체 내부적으로 정산) 2. 외부정산 (외부전문기관위탁 정산) 3. 내·외부 모두 산정 4. 정산 無 5. 해당없음	성과평가 실시여부 1. 실시 2. 미실시 3. 향후 추진 4. 해당없음
923	경북 청도군	풍각농공단지폐수처리장 인건비 지원	2,645	환경과	10	1	6	8	7	1	1	1
924	경북 청도군	유해야생동물사체 위탁처리비	2,500	환경과	10	7	4	1	7	1	1	4
925	경북 청도군	슬레이트처리지원	138,700	환경과	10	2	1	2	1	5	2	4
926	경북 고령군	고령군 하수관거정비 BTL사업	77,000	환경과	10	1	6	6	7	2	1	1
927	경북 고령군	슬레이트 처리지원	64,580	환경과	10	2	1	2	1	5	1	1
928	경북 성주군	슬레이트처리지원사업	55,660	환경과	10	2	7	8	7	5	5	4
929	경북 성주군	성주군 어린이놀이터 조성사업	50,000	도시계획과	10	7	7	8	7	5	5	4
930	경북 칠곡군	농어촌장애인주택개조지원사업	1,520	건축디자인과	10	2	6	7	7	5	1	1
931	경북 칠곡군	슬레이트 처리지원사업	46,730	환경관리과	10	7	1	2	1	5	1	2
932	경북 칠곡군	화학물질 취급사업장 시설개선사업 지원	4,000	환경관리과	10	6	7	8	7	5	5	4
933	경북 예천군	신재생에너지 융복합지원사업	107,016	새마을경제과	10	1	6	8	6	5	1	4
934	경북 예천군	슬레이트 처리 지원	163,400	환경관리과	10	1	1	3	1	1	1	4
935	경북 예천군	취약계층 지붕개량 지원	12,200	환경관리과	10	1	1	3	1	1	1	4
936	경북 예천군	예천읍 전선지중화 사업	140,000	도시과	10	7	7	8	7	3	3	3
937	경북 예천군	공동주택관리 위탁교육비	50,000	건축과	10	4	5	8	7	1	1	4
938	경북 예천군	BTL사업 운영비	55,300	맑은물사업소	10	2	2	6	2	3	1	1
939	경북 예천군	하수관거정비 BTL사업 임대료	311,360	맑은물사업소	10	2	2	6	2	3	1	4
940	경북 예천군	하수관거정비 BTL사업 임대료	57,440	맑은물사업소	10	2	2	6	2	3	1	4
941	경북 봉화군	외씨버선길 BY2C 지역공동체활성화사업	12,500	봉화군시설관리사업소	10	4	7	8	7	5	5	4
942	경북 울릉군	서민층가스안전차단기(타이머콕)보급사업	520,000	일자리경제교통과	10	6	7	7	7	5	5	4
943	경북 울릉군	한센병협회지원금	41,000	보건의료원	10	5	7	1	7	2	1	4
944	경남 창원시	지역특화 산업전시회 개최	116,000	투자유치단	10	4	1	2	2	1	1	1
945	경남 창원시	창원컨벤션센터 위탁운영비	772,000	투자유치단	10	4	1	2	2	1	1	1
946	경남 창원시	일반전시회 개최지원	54,700	투자유치단	10	4	1	2	2	1	1	1
947	경남 창원시	성산종합사회복지관 운영	43,980	사회복지과	10	1	7	8	7	1	1	1
948	경남 창원시	경남종합사회복지관 운영	48,357	사회복지과	10	1	7	8	7	1	1	1
949	경남 창원시	마산종합사회복지관 운영	48,357	사회복지과	10	1	7	8	7	1	1	1
950	경남 창원시	경남종합사회복지관 부설 창원시사회복지센터 운영	8,410	사회복지과	10	1	7	8	7	1	1	1
951	경남 창원시	종합사회복지관 종사자 수당	25,740	사회복지과	10	4	7	8	7	5	5	4
952	경남 창원시	주거환경개선사업	3,500	사회복지과	10	1	5	6	7	1	1	4
953	경남 창원시	해양신도시건설 대행사업비	985,100	해양사업과	10	4	1	8	6	1	1	2
954	경남 창원시	슬레이트 처리지원 사업	85,436	환경정책과	10	7	7	3	7	1	1	4
955	경남 창원시	농어촌장애인주택개조사업	1,900	주택정책과	10	1	5	1	7	5	2	4
956	경남 창원시	벼 우량품종 재배포 관리 위탁료	1,400	농업기술과	10	1	7	8	7	1	1	3
957	경남 창원시	청사청소용역	2,160	공원녹지과	10	4	7	8	7	5	5	4
958	경남 창원시	청사 청소용역	2,200	의창구 북면	10	7	4	1	7	1	1	4
959	경남 진주시	진양호근린공원 조성사업	574,800	공원관리과	10	1	7	6	7	1	1	4
960	경남 진주시	비봉공원 힐링숲 조성사업	50,000	공원관리과	10	7	7	8	7	5	5	4
961	경남 진주시	조림지 실태조사 대행사업	2,000	산림과	10	7	6	7	6	4	1	4
962	경남 진주시	임도시설	30,000	산림과	10	1	7	8	7	5	5	4
963	경남 진주시	소나무 재선충병 방제	40,000	산림과	10	1	6	7	6	4	1	4
964	경남 진주시	사유림 산림경영계획	31,100	산림과	10	1	6	7	6	4	1	4

순번	시군구	지출명 (사업명)	2021년예산 (단위:천원/1년간)	담당자 (공무원) 담당부서	민간이전 분류 (지방자치단체 세출예산 집행기준에 의거) 1. 민간경상사업보조(307-02) 2. 민간단체 법정운영비보조(307-03) 3. 민간행사사업보조(307-04) 4. 민간위탁금(307-05) 5. 사회복지시설 법정운영비보조(307-10) 6. 민간인위탁교육비(307-12) 7. 공기관등에대한경상적위탁사업비(308-10) 8. 민간자본사업보조,자체재원(402-01) 9. 민간자본사업보조,이전재원(402-02) 10. 민간위탁사업비(402-03) 11. 공기관등에 대한 자본적 대행사업비(403-02)	민간이전지출 근거 (지방보조금 관리기준 참고) 1. 법률에 규정 2. 국고보조 재원(국가지정) 3. 용도 지정 기부금 4. 조례에 직접규정 5. 지자체가 권장하는 사업을 하는 공공기관 6. 시,도 정책 및 재정사정 7. 기타 8. 해당없음	입찰방식 계약체결방법 (경쟁형태) 1. 일반경쟁 2. 제한경쟁 3. 지명경쟁 4. 수의계약 5. 법정위탁 6. 기타 ( ) 7. 해당없음	입찰방식 계약기간 1. 1년 2. 2년 3. 3년 4. 4년 5. 5년 6. 기타 ( )년 7. 단기계약 (1년미만) 8. 해당없음	입찰방식 낙찰자선정방법 1. 적격심사 2. 협상에의한계약 3. 최저가낙찰제 4. 규격가격분리 5. 2단계 경쟁입찰 6. 기타 ( ) 7. 해당없음	운영예산 산정 운영예산 산정 1. 내부산정 (지자체 자체적으로 산정) 2. 외부산정 (외부전문기관위탁 산정) 3. 내·외부 모두 산정 4. 산정 無 5. 해당없음	운영예산 산정 정산방법 1. 내부정산 (지자체 내부적으로 정산) 2. 외부정산 (외부전문기관위탁 정산) 3. 내·외부 모두 산정 4. 정산 無 5. 해당없음	성과평가 실시여부 1. 실시 2. 미실시 3. 향후 추진 4. 해당없음
965	경남 진주시	진성시유림 생활숲 정비 및 유지관리	800,000	산림과	10	1	5	7	6	4	1	4
966	경남 진주시	농어촌 장애인주택 개조사업	1,900	주택경관과	10	2	4	1	2	1	1	4
967	경남 진주시	주택 슬레이트 처리 지원	105,200	환경관리과	10	1	6	3	6	1	1	1
968	경남 통영시	비상구조선 엔진 수리	1,500	관광과	10	7	7	8	7	1	1	1
969	경남 통영시	바다의땅3호 엔진 수리	4,000	관광과	10	7	7	8	7	1	1	1
970	경남 통영시	오염감시선 및 인력 운영	9,000	어업진흥과	10	1	5	1	7	5	1	1
971	경남 통영시	분뇨수거선 운영	5,800	어업진흥과	10	1	5	1	7	5	1	4
972	경남 통영시	농어촌 LPG소형저장탱크 보급사업	35,000	지역경제과	10	1	5	8	7	1	1	4
973	경남 통영시	슬레이트 처리 및 개량사업	88,050	환경과	10	2	7	8	7	5	5	4
974	경남 통영시	농촌진흥공무원 역량강화 지원사업	700,000	농축산과	10	6	7	8	7	5	5	4
975	경남 통영시	공동방제단 운영	5,153	농축산과	10	1	7	8	7	5	5	4
976	경남 통영시	공동방제단 운영	5,065	농축산과	10	1	7	8	7	5	5	4
977	경남 통영시	축산물이력관리 지원	33,600	농축산과	10	1	7	8	7	5	5	4
978	경남 사천시	슬레이트처리지원	104,390	환경사업소	10	1	7	8	7	5	5	4
979	경남 사천시	택시운행정보관리시스템 운영	539,000	민원교통과	10	1	7	1	7	5	1	4
980	경남 사천시	유기질비료 지원	139,638	미래농업과	10	1	7	8	7	5	5	4
981	경남 사천시	토양개량제 지원	52,614	미래농업과	10	1	7	8	7	5	5	4
982	경남 사천시	농어촌 장애인주택 개조사업	1,900	건축과	10	1	4	1	7	1	1	1
983	경남 김해시	조림(경제림조성)	2,240	산림과	10	1	5	7	7	5	3	1
984	경남 김해시	조림(큰나무공익조림)	15,575	산림과	10	1	5	7	7	5	3	1
985	경남 김해시	조림(미세먼지저감 조림)	88,000	산림과	10	1	5	7	7	5	3	1
986	경남 김해시	정책숲가꾸기	91,105	산림과	10	1	5	7	7	5	3	1
987	경남 김해시	미세먼지 저감 숲가꾸기	162,720	산림과	10	1	5	7	7	5	3	1
988	경남 김해시	생활권 수목진료	875	산림과	10	1	4	7	7	5	1	1
989	경남 김해시	농어촌 장애인주택 개조사업	1,520	공동주택과	10	2	5	1	7	5	1	4
990	경남 밀양시	농어촌장애인주택개조	2,280	건축과	10	6	7	7	7	1	1	1
991	경남 밀양시	노후생활안정	1,350	사회복지과	10	1	7	8	7	1	1	1
992	경남 밀양시	산림병해충 방제	1,500	산림녹지과	10	7	5	1	7	1	1	3
993	경남 밀양시	정책숲가꾸기	109,857	산림녹지과	10	1	5	1	7	5	2	3
994	경남 밀양시	미세먼지저감 숲가꾸기	81,360	산림녹지과	10	1	5	1	7	5	2	3
995	경남 밀양시	경제림조성 조림	4,526	산림녹지과	10	1	5	1	7	5	2	3
996	경남 밀양시	큰나무 조림	17,344	산림녹지과	10	1	5	1	7	5	2	3
997	경남 밀양시	슬레이트 처리	85,640	환경관리과	10	2	7	8	7	5	5	4
998	경남 거제시	홀로어르신 주거환경개선사업	900	노인장애인과	10	1	7	8	7	5	1	1
999	경남 거제시	장애인 보장구 수리	2,000	노인장애인과	10	6	7	1	7	1	1	4
1000	경남 거제시	사료첨가제 지원	36,600	농업정책과	10	1	7	8	7	1	1	1
1001	경남 거제시	한우등록	512,000	농업정책과	10	1	4	1	7	1	1	1
1002	경남 거제시	한우거세	180,000	농업정책과	10	1	4	1	7	1	1	1
1003	경남 거제시	고급육 출하농가 장려금 지원	680,000	농업정책과	10	1	4	1	7	1	1	1
1004	경남 거제시	유용곤충사육시설지원사업	500,000	농업정책과	10	1	7	8	7	1	1	1
1005	경남 거제시	야생멧돼지 침입방지 울타리 설치	1,080	농업정책과	10	1	7	8	7	1	1	1
1006	경남 거제시	시비효율 개선 친환경 농자재 시범	2,400	농업지원과	10	6	7	8	7	1	1	1

순번	시군구	지출명 (사업명)	2021년예산 (단위:천원/1년간)	담당자 (공무원)	민간이전 분류 (지방자치단체 세출예산 집행기준에 의거)	민간이전지출 근거 (지방보조금 관리기준 참고)	입찰방식			운영예산 산정		성과평가 실시여부
				담당부서	1. 민간경상사업보조(307-02) 2. 민간단체 법정운영비보조(307-03) 3. 민간행사사업보조(307-04) 4. 민간위탁금(307-05) 5. 사회복지시설 법정운영비보조(307-10) 6. 민간인위탁교육비(307-12) 7. 공기관등에대한경상적위탁사업비(308-10) 8. 민간자본사업보조,자체재원(402-01) 9. 민간자본사업보조,이전재원(402-02) 10. 민간위탁사업비(402-03) 11. 공기관등에 대한 자본적 대행사업비(403-02)	1. 법률에 규정 2. 국고보조 재원(국가지정) 3. 용도 지정 기부금 4. 조례에 직접규정 5. 지자체가 권장하는 사업을 하는 공공기관 6. 시,도 정책 및 재정사정 7. 기타 8. 해당없음	계약체결방법 (경쟁형태) 1. 일반경쟁 2. 제한경쟁 3. 지명경쟁 4. 수의계약 5. 법정위탁 6. 기타 ( ) 7. 해당없음	계약기간 1. 1년 2. 2년 3. 3년 4. 4년 5. 5년 6. 기타 ( )년 7. 단기계약 (1년미만) 8. 해당없음	낙찰자선정방법 1. 적격심사 2. 협상에의한계약 3. 최저가낙찰제 4. 규격가격분리 5. 2단계 경쟁입찰 6. 기타 ( ) 7. 해당없음	운영예산 산정 1. 내부산정 (지자체 자체적으로 산정) 2. 외부산정 (외부전문기관위탁 산정) 3. 내·외부 모두 산정 4. 산정 無 5. 해당없음	정산방법 1. 내부정산 (지자체 내부적으로 정산) 2. 외부정산 (외부전문기관위탁 정산) 3. 내·외부 모두 산정 4. 정산 無 5. 해당없음	1. 실시 2. 미실시 3. 향후 추진 4. 해당없음
1007	경남 거제시	인공어초 및 연안환경 사후관리	1,000	바다자원과	10	1	7	8	7	5	5	4
1008	경남 거제시	불법어구(시설) 철거사업	1,000	바다자원과	10	1	7	8	7	5	5	4
1009	경남 거제시	지정해역 분뇨수거선 운영	3,650	바다자원과	10	6	6	1	7	1	1	3
1010	경남 거제시	지정해역 오염감시선 운영	6,650	바다자원과	10	6	6	1	7	1	1	3
1011	경남 거제시	U-IT 양식장 통합정보관리시스템 유지관리	3,000	바다자원과	10	7	4	1	7	5	5	4
1012	경남 거제시	농어촌 LPG 소형저장탱크 보급사업	40,000	생활경제과	10	6	7	8	7	3	1	4
1013	경남 거제시	농어촌 통신망 고도화 사업	1,920	정보통신과	10	2	7	8	7	5	5	4
1014	경남 거제시	슬레이트 지붕개량 지원	7,600	환경과	10	1	7	8	7	5	5	4
1015	경남 양산시	지역에너지신산업 활성화 사업	44,880	미래산업과	10	2	6	5	7	1	4	2
1016	경남 양산시	농어촌 장애인주택 개조사업	1,900	주민생활지원과	10	1	4	1	7	5	5	4
1017	경남 양산시	강서물금 배수분구 도시침수예방사업	293,100	하수과	10	1	5	8	7	3	3	3
1018	경남 양산시	북정배수구역 도시침수예방사업	895,600	하수과	10	1	5	8	7	3	3	3
1019	경남 양산시	06년 하수관거정비 BTL 임대료	456,100	하수과	10	2	4	6	7	3	1	1
1020	경남 양산시	08년 하수관거정비 BTL 임대료	275,700	하수과	10	2	4	6	7	3	1	1
1021	경남 의령군	슬레이트 처리지원	127,390	환경위생과	10	2	1	2	2	1	1	2
1022	경남 의령군	곤충생태학습관 운영관리	35,000	환경위생과	10	4	4	3	2	1	1	4
1023	경남 의령군	LPG 소형저장탱크 보급사업	30,000	일자리경제과	10	1	5	7	7	1	3	1
1024	경남 의령군	농어촌 장애인 주택개조사업	1,900	도시재생과	10	1	7	8	7	5	5	4
1025	경남 의령군	농촌중심지활성화(일반지구) (용덕면) - 지역경관개선	125,700	건설과	10	5	5	5	7	4	4	4
1026	경남 의령군	농촌중심지활성화(일반지구)(궁류면) - 기초생활기반확충	100,000	건설과	10	5	5	4	7	4	4	4
1027	경남 의령군	농촌중심지활성화(일반지구)(궁류면) - 지역역량강화	107,500	건설과	10	5	5	4	7	4	4	4
1028	경남 의령군	권역단위종합개발(관동)-지역경관개선	28,070	건설과	10	5	5	4	7	4	4	4
1029	경남 의령군	권역단위종합개발(관동)-지역경관개선	12,030	건설과	10	5	5	4	7	4	4	4
1030	경남 의령군	기초생활거점육성(지정면)-지역역량강화	32,800	건설과	10	5	5	4	7	4	4	4
1031	경남 의령군	기초생활거점육성(지정면)-기초생활기반확충	136,000	건설과	10	5	5	4	7	4	4	4
1032	경남 의령군	기초생활거점육성(가례면)-기초생활기반확충	100,000	건설과	10	5	5	4	7	4	4	4
1033	경남 의령군	기초생활거점육성(가례면)-지역역량강화	20,400	건설과	10	5	5	4	7	4	4	4
1034	경남 의령군	가초생활거점육성(봉수면)-기초생활기반확충	80,000	건설과	10	5	5	4	7	4	4	4
1035	경남 의령군	기초생활거점육성(봉수면)-지역역량강화	20,400	건설과	10	5	5	4	7	4	4	4
1036	경남 의령군	기초생활거점육성(유곡면)-기초생활기반확충	90,000	건설과	10	5	5	4	7	4	4	4
1037	경남 의령군	기초생활거점육성(유곡면)-지역역량강화	20,400	건설과	10	5	5	4	7	4	4	4
1038	경남 의령군	농촌다움 복원(남강들길)-지역역량강화	8,890	건설과	10	5	5	3	7	4	4	4
1039	경남 의령군	농촌다움 복원(남강들길)-지역역량강화	3,810	건설과	10	5	5	3	7	4	4	4
1040	경남 의령군	농촌다움 복원(남강들길)-기초생활기반확충	54,110	건설과	10	5	5	3	7	4	4	4
1041	경남 의령군	농촌다움 복원(남강들길)-기초생활기반확충	23,190	건설과	10	5	5	3	7	4	4	4
1042	경남 의령군	농촌다움 복원(신전지구)-지역경관개선	44,100	건설과	10	5	5	3	7	4	4	4
1043	경남 의령군	농촌다움 복원(신전지구)-지역경관개선	18,900	건설과	10	5	5	3	7	4	4	4
1044	경남 의령군	농촌다움 복원(신전지구)-지역역량강화	21,000	건설과	10	5	5	3	7	4	4	4
1045	경남 의령군	농촌다움 복원(신전지구)-지역역량강화	9,000	건설과	10	5	5	3	7	4	4	4
1046	경남 의령군	종합개발(산남마을)-기초생활기반확충	12,600	건설과	10	5	5	3	7	4	4	4
1047	경남 의령군	종합개발(산남마을)-기초생활기반확충	5,400	건설과	10	5	5	3	7	4	4	4
1048	경남 의령군	종합개발(산남마을)-지역역량강화	18,900	건설과	10	5	5	3	7	4	4	4

순번	시군구	지출명 (사업명)	2021년예산 (단위:천원/1년간)	담당자 (공무원)	민간이전 분류 (지방자치단체 세출예산 집행기준에 의거)	민간이전지출 근거 (지방보조금 관리기준 참고)	입찰방식			운영예산 산정		성과평가 실시여부
				담당부서	1. 민간경상사업보조(307-02) 2. 민간단체 법정운영비보조(307-03) 3. 민간행사사업보조(307-04) 4. 민간위탁금(307-05) 5. 사회복지시설 법정운영비보조(307-10) 6. 민간인위탁교육비(307-12) 7. 공기관등에대한경상적위탁사업비(308-10) 8. 민간자본사업보조,자체재원(402-01) 9. 민간자본사업보조,이전재원(402-02) 10. 민간위탁사업비(402-03) 11. 공기관등에 대한 자본적 대행사업비(403-02)	1. 법률에 규정 2. 국고보조 재원(국가지정) 3. 용도 지정 기부금 4. 조례에 직접규정 5. 지자체가 권장하는 사업을 하는 공공기관 6. 시,도 정책 및 재정사정 7. 기타 8. 해당없음	계약체결방법 (경쟁형태) 1. 일반경쟁 2. 제한경쟁 3. 지명경쟁 4. 수의계약 5. 법정위탁 6. 기타 ( ) 7. 해당없음	계약기간 1. 1년 2. 2년 3. 3년 4. 4년 5. 5년 6. 기타 ( )년 7. 단기계약 (1년미만) 8. 해당없음	낙찰자선정방법 1. 적격심사 2. 협상에의한계약 3. 최저가낙찰제 4. 규격가격분리 5. 2단계 경쟁입찰 6. 기타 ( ) 7. 해당없음	운영예산 산정 1. 내부산정 (지자체 자체적으로 산정) 2. 외부산정 (외부전문기관위탁 산정) 3. 내·외부 모두 산정 4. 산정 無 5. 해당없음	정산방법 1. 내부정산 (지자체 내부적으로 정산) 2. 외부정산 (외부전문기관위탁 정산) 3. 내·외부 모두 산정 4. 정산 無 5. 해당없음	1. 실시 2. 미실시 3. 향후 추진 4. 해당없음
1049	경남 의령군	종합개발(산남마을)-지역역량강화	8,100	건설과	10	5	5	3	7	4	4	4
1050	경남 의령군	자율개발(무곡마을)-기초생활기반확충	17,500	건설과	10	5	5	2	7	4	4	4
1051	경남 의령군	자율개발(무곡마을)-기초생활기반확충	7,500	건설과	10	5	5	2	7	4	4	4
1052	경남 의령군	자율개발(무곡마을)-지역역량강화	10,500	건설과	10	5	5	2	7	4	4	4
1053	경남 의령군	자율개발(무곡마을)-지역역량강화	4,500	건설과	10	5	5	2	7	4	4	4
1054	경남 의령군	자율개발(천곡마을)-기초생활기반확충	17,500	건설과	10	5	5	2	7	4	4	4
1055	경남 의령군	자율개발(천곡마을)-기초생활기반확충	7,500	건설과	10	5	5	2	7	4	4	4
1056	경남 의령군	자율개발(천곡마을)-지역역량강화	10,500	건설과	10	5	5	2	7	4	4	4
1057	경남 의령군	자율개발(천곡마을)-지역역량강화	4,500	건설과	10	5	5	2	7	4	4	4
1058	경남 의령군	자율개발(오암마을)-기초생활기반확충	17,500	건설과	10	5	5	2	7	4	4	4
1059	경남 의령군	자율개발(오암마을)-기초생활기반확충	7,500	건설과	10	5	5	2	7	4	4	4
1060	경남 의령군	자율개발(오암마을)-지역역량강화	10,500	건설과	10	5	5	2	7	4	4	4
1061	경남 의령군	자율개발(오암마을)-지역역량강화	4,500	건설과	10	5	5	2	7	4	4	4
1062	경남 의령군	자율개발(성황마을)-기초생활기반확충	17,500	건설과	10	5	5	2	7	4	4	4
1063	경남 의령군	자율개발(성황마을)-기초생활기반확충	7,500	건설과	10	5	5	2	7	4	4	4
1064	경남 의령군	자율개발(성황마을)-지역역량강화	10,500	건설과	10	5	5	2	7	4	4	4
1065	경남 의령군	자율개발(성황마을)-지역역량강화	4,500	건설과	10	5	5	2	7	4	4	4
1066	경남 의령군	자율개발(구산마을)-기초생활기반확충	17,500	건설과	10	5	5	2	7	4	4	4
1067	경남 의령군	자율개발(구산마을)-기초생활기반확충	7,500	건설과	10	5	5	2	7	4	4	4
1068	경남 의령군	자율개발(구산마을)-지역역량강화	10,500	건설과	10	5	5	2	7	4	4	4
1069	경남 의령군	자율개발(구산마을)-지역역량강화	4,500	건설과	10	5	5	2	7	4	4	4
1070	경남 의령군	취약지역개조(농어촌)-무곡지구	65,300	건설과	10	5	5	4	7	4	4	4
1071	경남 의령군	취약지역개조(농어촌)-중촌지구	44,700	건설과	10	5	5	4	7	4	4	4
1072	경남 의령군	선도산림경영	73,000	산림휴양과	10	2	6	6	7	1	3	4
1073	경남 의령군	공립요양병원 확충BTL정부지급금	34,000	보건소	10	1	1	6	1	5	4	4
1074	경남 의령군	공립요양병원 확충BTL정부지급금	28,000	보건소	10	1	1	6	1	1	4	1
1075	경남 함안군	함안일반산업단지 공업용수도시설 위탁운영관리	73,660	경제기업과	10	1	5	5	7	1	3	4
1076	경남 함안군	칠서일반산업단지 시설물 위탁관리	19,452	경제기업과	10	1	5	5	7	1	3	4
1077	경남 함안군	함안일반산업단지 시설물 위탁관리	39,789	경제기업과	10	1	5	5	7	1	3	4
1078	경남 함안군	장애인주택 개조사업	1,900	도시건축과	10	2	7	8	7	5	5	4
1079	경남 함안군	지역사회건강조사 조사분석 위탁운영	6,840	건강증진과	10	2	7	1	7	2	2	1
1080	경남 창녕군	홀로 어르신 주거환경개선사업	1,050	노인여성아동과	10	4	7	8	7	1	1	2
1081	경남 창녕군	쓰레기 수집운반 위탁	297,199	환경위생과	10	1	2	2	3	2	1	1
1082	경남 창녕군	슬레이트 처리지원	108,220	환경위생과	10	2	7	8	7	5	5	4
1083	경남 창녕군	생활권 수목진료	34,800	산림녹지과	10	2	4	7	2	1	1	1
1084	경남 창녕군	정책숲가꾸기	81,849	산림녹지과	10	8	6	7	6	1	1	2
1085	경남 창녕군	사유림 산림경영계획 작성	41,600	산림녹지과	10	2	6	7	6	1	1	2
1086	경남 창녕군	미세먼지 저감 숲가꾸기	54,240	산림녹지과	10	8	6	7	6	1	1	2
1087	경남 창녕군	조림	53,152	산림녹지과	10	2	7	8	7	1	5	2
1088	경남 창녕군	소규모(마을단위) LPG배관망 구축사업	27,000	일자리경제과	10	2	5	8	7	1	1	4
1089	경남 창녕군	농어촌 장애인주택 개조사업	1,900	도시건축과	10	2	7	1	7	5	1	1
1090	경남 창녕군	가축공제사업	14,000	농축산유통과	10	1	7	8	7	5	5	4

순번	시군구	지출명 (사업명)	2021년예산 (단위:천원/1년간)	담당자 (공무원) 담당부서	민간이전 분류 (지방자치단체 세출예산 집행기준에 의거) 1. 민간경상사업보조(307-02) 2. 민간단체 법정운영비보조(307-03) 3. 민간행사사업보조(307-04) 4. 민간위탁금(307-05) 5. 사회복지시설 법정운영비보조(307-10) 6. 민간인위탁교육비(307-12) 7. 공기관등에대한경상적위탁사업비(308-10) 8. 민간자본사업보조,자체재원(402-01) 9. 민간자본사업보조,이전재원(402-02) 10. 민간위탁사업비(402-03) 11. 공기관등에 대한 자본적 대행사업비(403-02)	민간이전지출 근거 (지방보조금 관리기준 참고) 1. 법률에 규정 2. 국고보조 재원(국가지정) 3. 용도 지정 기부금 4. 조례에 직접규정 5. 지자체가 권장하는 사업을 하는 공공기관 6. 시,도 정책 및 재정사정 7. 기타 8. 해당없음	입찰방식: 계약체결방법 (경쟁형태) 1. 일반경쟁 2. 제한경쟁 3. 지명경쟁 4. 수의계약 5. 법정위탁 6. 기타 ( ) 7. 해당없음	입찰방식: 계약기간 1. 1년 2. 2년 3. 3년 4. 4년 5. 5년 6. 기타 ( )년 7. 단기계약 (1년미만) 8. 해당없음	입찰방식: 낙찰자선정방법 1. 적격심사 2. 협상에의한계약 3. 최저가낙찰제 4. 규격가격분리 5. 2단계 경쟁입찰 6. 기타 ( ) 7. 해당없음	운영예산 산정: 운영예산 산정 1. 내부산정 (지자체 자체적으로 산정) 2. 외부산정 (외부전문기관위탁 산정) 3. 내·외부 모두 산정 4. 산정 無 5. 해당없음	운영예산 산정: 정산방법 1. 내부정산 (지자체 내부적으로 정산) 2. 외부정산 (외부전문기관위탁 정산) 3. 내·외부 모두 산정 4. 정산 無 5. 해당없음	성과평가 실시여부 1. 실시 2. 미실시 3. 향후 추진 4. 해당없음
1091	경남 고성군	대구수정란 방류	1,600,000	해양수산과	10	6	6	1	6	1	1	2
1092	경남 고성군	조림사업	71,313	녹지공원과	10	1	7	8	7	5	5	4
1093	경남 고성군	정책숲가꾸기지원	134,943	녹지공원과	10	1	7	8	7	5	5	4
1094	경남 고성군	미세먼지저감 숲가꾸기	122,000	녹지공원과	10	1	7	8	7	5	5	4
1095	경남 고성군	선도산림경영단지조성사업	75,900	녹지공원과	10	1	7	8	7	5	5	4
1096	경남 고성군	밤나무병해충방제	4,000,000	녹지공원과	10	1	7	8	7	5	5	4
1097	경남 고성군	발전소주변지역 소득증대	249,500	일자리경제과	10	1	5	8	7	5	2	1
1098	경남 고성군	발전소주변지역 공공사회복지	50,000	일자리경제과	10	1	5	8	7	5	2	1
1099	경남 고성군	토양개량제 지원	37,744	친환경농업과	10	2	7	1	7	5	1	3
1100	경남 고성군	유기질비료 지원	189,771	친환경농업과	10	2	7	1	7	5	1	3
1101	경남 고성군	유기질비료 지원	30,000	친환경농업과	10	7	7	1	7	5	1	3
1102	경남 남해군	국공립 어린이집 확충(남해어린이집 신축)	23,900	주민복지과	10	2	1	7	3	2	2	1
1103	경남 남해군	슬레이트 처리지원사업	153,658	환경녹지과	10	2	1	3	1	1	1	4
1104	경남 남해군	임도시설정비	10,000	환경녹지과	10	5	4	7	7	1	1	4
1105	경남 남해군	산림경영계획서 작성	208,000	환경녹지과	10	1	4	7	7	1	1	4
1106	경남 하동군	농어촌장애인주택개조사업	456,000	도시건축과	10	2	4	1	2	1	3	1
1107	경남 하동군	하동읍 시가지 지중화 6구간	40,000	도시건축과	10	6	7	8	7	5	5	4
1108	경남 하동군	칡뿌리 수매제 사업	7,000	산림녹지과	10	7	7	8	7	5	5	4
1109	경남 산청군	자동차번호판 제작·교부 대행업체 운영지원	1,200,000	복지민원국 민원과	10	4	7	8	7	5	5	4
1110	경남 산청군	조림(경제림조성)	27,464	산림녹지과	10	2	7	8	7	5	5	4
1111	경남 산청군	조림(산림재해방지조림)	15,972	산림녹지과	10	2	7	8	7	5	5	4
1112	경남 산청군	조림(지역특화림조성)	10,408	산림녹지과	10	2	7	8	7	5	5	4
1113	경남 산청군	미세먼지저감조림	6,600	산림녹지과	10	2	7	8	7	5	5	4
1114	경남 산청군	조림(큰나무공익조림)	3,565,000	산림녹지과	10	2	7	8	7	5	5	4
1115	경남 산청군	정책숲가꾸기	166,384	산림녹지과	10	2	7	8	7	5	5	4
1116	경남 산청군	공공산림가꾸기	4,500,000	산림녹지과	10	1	7	8	7	5	5	4
1117	경남 산청군	선도산림경영단지조성사업	144,666	산림녹지과	10	1	7	8	7	5	5	4
1118	경남 산청군	산림경영계획작성	416,000	산림녹지과	10	2	7	8	7	5	5	4
1119	경남 산청군	산불예방 숲가꾸기	30,374	산림녹지과	10	2	7	8	7	5	5	4
1120	경남 산청군	슬레이트 처리지원	120,400	환경위생과	10	2	1	3	7	5	5	4
1121	경남 산청군	농어촌장애인주택개조사업	1,900,000	도시교통과	10	2	7	8	7	5	5	4
1122	경남 함양군	유기질비료 지원	224,296	친환경농업과	10	2	7	8	7	1	1	4
1123	경남 함양군	토양개량제 살포지원	8,032	친환경농업과	10	2	5	8	7	1	1	4
1124	경남 함양군	토양개량제 지원	28,001	친환경농업과	10	2	5	8	7	1	1	4
1125	경남 함양군	농어촌장애인주택개조사업	1,520,000	사회복지과	10	2	5	1	7	2	1	4
1126	경남 거창군	지식재산 창출지원	500,000	미래전략과	10	1	7	8	7	1	1	1
1127	경남 거창군	위생업소 관리	500,000	민원소통과	10	4	7	8	7	5	5	4
1128	경남 거창군	공설공원묘지관리	3,700,000	행복나눔과	10	4	7	8	7	1	1	1
1129	경남 거창군	LPG소형 저장탱크 보급사업	30,000	경제교통과	10	2	5	8	7	5	1	4
1130	경남 거창군	신재생에너지 융복합지원사업	173,669	경제교통과	10	2	7	8	7	5	1	4
1131	경남 거창군	베란다 미니 태양광보급지원사업	7,500	경제교통과	10	6	4	8	7	5	1	4
1132	경남 거창군	조림지 풀베기	99,071	산림과	10	1	5	1	6	1	1	3

순번	시군구	지출명 (사업명)	2021년예산 (단위:천원/1년간)	담당자 (공무원) 담당부서	민간이전 분류 (지방자치단체 세출예산 집행기준에 의거) 1. 민간경상사업보조(307-02) 2. 민간단체 법정운영비보조(307-03) 3. 민간행사사업보조(307-04) 4. 민간위탁금(307-05) 5. 사회복지시설 법정운영비보조(307-10) 6. 민간인위탁교육비(307-12) 7. 공기관등에대한경상적위탁사업비(308-10) 8. 민간자본사업보조,자체재원(402-01) 9. 민간자본사업보조,이전재원(402-02) 10. 민간위탁사업비(402-03) 11. 공기관등에 대한 자본적 대행사업비(403-02)	민간이전지출 근거 (지방보조금 관리기준 참고) 1. 법률에 규정 2. 국고보조 재원(국가지정) 3. 용도 지정 기부금 4. 조례에 직접규정 5. 지자체가 권장하는 사업을 하는 공공기관 6. 시,도 정책 및 재정사정 7. 기타 8. 해당없음	입찰방식: 계약체결방법 (경쟁형태) 1. 일반경쟁 2. 제한경쟁 3. 지명경쟁 4. 수의계약 5. 법정위탁 6. 기타 ( ) 7. 해당없음	입찰방식: 계약기간 1. 1년 2. 2년 3. 3년 4. 4년 5. 5년 6. 기타 ( )년 7. 단기계약 (1년미만) 8. 해당없음	입찰방식: 낙찰자선정방법 1. 적격심사 2. 협상에의한계약 3. 최저가낙찰제 4. 규격가격분리 5. 2단계 경쟁입찰 6. 기타 ( ) 7. 해당없음	운영예산 산정: 운영예산 산정 1. 내부산정 (지자체 자체적으로 산정) 2. 외부산정 (외부전문기관위탁 산정) 3. 내·외부 모두 산정 4. 산정 無 5. 해당없음	운영예산 산정: 정산방법 1. 내부정산 (지자체 내부적으로 정산) 2. 외부정산 (외부전문기관위탁 정산) 3. 내·외부 모두 산정 4. 정산 無 5. 해당없음	성과평가 실시여부 1. 실시 2. 미실시 3. 향후 추진 4. 해당없음
1133	경남 거창군	큰나무조림	18,622	산림과	10	1	5	1	6	1	1	3
1134	경남 거창군	경제림조성	113,844	산림과	10	1	5	1	6	1	1	3
1135	경남 거창군	내화수림대조성	7,500	산림과	10	1	5	1	6	1	1	3
1136	경남 거창군	슬레이트 처리및 지붕개량 지원	152,800	환경과	10	2	6	3	1	1	3	3
1137	경남 합천군	기자재 구입비	4,000,000	노인아동여성과	10	4	7	8	7	1	1	4
1138	경남 합천군	농어촌 장애인주택 개조사업	760,000	도시건축과	10	2	7	8	7	5	5	4
1139	경남 합천군	신활력 힐링 아카데미	9,800	농정과	10	4	7	8	7	1	1	1
1140	경남 합천군	산림경영계획작성	1,455,700	산림과	10	2	5	1	7	5	5	4
1141	경남 합천군	선도 산림경영단지 사업	78,000	산림과	10	2	5	6	7	5	5	4
1142	경남 합천군	밤나무종실해충방제 위탁사업비	14,000	산림과	10	5	4	1	7	1	1	4
1143	경남 합천군	생활권 민간 컨설팅	278,200	산림과	10	2	4	1	7	1	1	4
1144	경남 합천군	한우 인공수정료 지원	30,000	축산과	10	1	7	8	7	5	1	4
1145	경남 합천군	혈통등록	3,000,000	축산과	10	1	7	8	7	5	1	4
1146	경남 합천군	고등등록	1,600,000	축산과	10	1	7	8	7	5	1	4
1147	경남 합천군	우량한우 등록비 지원	9,090	축산과	10	1	7	8	7	5	1	4
1148	전북 전주시	콜센터 운영	55,295	자치행정과	10	4	1	3	2	1	1	4
1149	전북 전주시	전주첨단벤처단지 운영	70,000	수소경제탄소산업과	10	4	5	6	7	1	1	1
1150	전북 전주시	취약계층 에너지 홈닥터 사업	864,500	맑은공기에너지과	10	6	7	8	7	3	1	1
1151	전북 전주시	마을단위 LPG배관망 지원사업	60,000	맑은공기에너지과	10	1	5	8	7	2	2	4
1152	전북 전주시	고능력 암소축군 조성	147,600	동물복지과	10	1	7	8	7	1	1	4
1153	전북 전주시	축산물이력관리 지원	325,200	동물복지과	10	1	7	8	7	1	1	4
1154	전북 전주시	송아지 생산안정	20,000	동물복지과	10	1	7	8	7	1	1	4
1155	전북 군산시	수산장비 임대활용(수산장비임대)사업	43,000	수산진흥과	10	2	7	8	7	5	1	4
1156	전북 군산시	송아지 생산안정사업	250,000	농업축산과	10	6	7	8	7	5	5	4
1157	전북 군산시	가축재해보험 농업인부담금 지원사업	6,250	농업축산과	10	6	7	8	7	5	5	4
1158	전북 군산시	한우암소유전형질개량사업	1,800,000	농업축산과	10	6	7	8	7	5	5	4
1159	전북 군산시	고능력암소축군조성지원	1,628,400	농업축산과	10	6	7	8	7	5	5	4
1160	전북 군산시	한우 친자확인 검사 지원사업	500,000	농업축산과	10	6	7	8	7	5	5	4
1161	전북 군산시	쇠고기 이력제 귀표부착비 지원	2,318,400	농업축산과	10	1	7	8	7	5	5	4
1162	전북 군산시	학교우유 급식사업	77,098	농업축산과	10	1	7	8	7	5	5	4
1163	전북 군산시	학생 승마체험 지원	20,370	농업축산과	10	1	7	8	7	5	5	4
1164	전북 군산시	조사료 재배용 종자 지원	5,430	농업축산과	10	1	7	8	7	5	5	4
1165	전북 군산시	조사료 전문단지 조성용 종자구입 지원	6,510	농업축산과	10	1	7	8	7	5	5	4
1166	전북 군산시	조사료전문단지 퇴비지원	60,000	농업축산과	10	1	7	8	7	5	5	4
1167	전북 군산시	돼지 써코 백신 지원	6,360	농업축산과	10	1	7	8	7	5	5	4
1168	전북 군산시	구제역 백신 전업농 지원	9,874	농업축산과	10	1	7	8	7	5	5	4
1169	전북 군산시	가금농가 질병관리 지원	1,800,000	농업축산과	10	1	7	8	7	5	5	4
1170	전북 군산시	돼지 소모성질환 지도 지원	1,200,000	농업축산과	10	1	7	8	7	5	5	4
1171	전북 군산시	일제소독 공동방제단 운영 지원	5,699	농업축산과	10	1	7	8	7	5	5	4
1172	전북 군산시	젖소 대사질병 예방약 지원	612,000	농업축산과	10	1	7	8	7	5	5	4
1173	전북 군산시	구제역 예방접종 연속주사기 지원	396,000	농업축산과	10	1	7	8	7	5	5	4
1174	전북 군산시	돼지 유행성설사 예방백신 지원	1,000,000	농업축산과	10	1	7	8	7	5	5	4

순번	시군구	지출명 (사업명)	2021년예산 (단위:천원/1년간)	담당자 (공무원) 담당부서	민간이전 분류 (지방자치단체 세출예산 집행기준에 의거) 1. 민간경상사업보조(307-02) 2. 민간단체 법정운영비보조(307-03) 3. 민간행사사업보조(307-04) 4. 민간위탁금(307-05) 5. 사회복지시설 법정운영비보조(307-10) 6. 민간인위탁교육비(307-12) 7. 공기관등에대한경상적위탁사업비(308-10) 8. 민간자본사업보조,자체재원(402-01) 9. 민간자본사업보조,이전재원(402-02) 10. 민간위탁사업비(402-03) 11. 공기관등에 대한 자본적 대행사업비(403-02)	민간이전지출 근거 (지방보조금 관리기준 참고) 1. 법률에 규정 2. 국고보조 재원(국가지정) 3. 용도 지정 기부금 4. 조례에 직접규정 5. 지자체가 권장하는 사업을 하는 공공기관 6. 시,도 정책 및 재정사정 7. 기타 8. 해당없음	입찰방식 계약체결방법 (경쟁형태) 1. 일반경쟁 2. 제한경쟁 3. 지명경쟁 4. 수의계약 5. 법정위탁 6. 기타 ( ) 7. 해당없음	입찰방식 계약기간 1. 1년 2. 2년 3. 3년 4. 4년 5. 5년 6. 기타 ( )년 7. 단기계약 (1년미만) 8. 해당없음	입찰방식 낙찰자선정방법 1. 적격심사 2. 협상에의한계약 3. 최저가낙찰제 4. 규격가격분리 5. 2단계 경쟁입찰 6. 기타 ( ) 7. 해당없음	운영예산 산정 운영예산 산정 1. 내부산정 (지자체 자체적으로 산정) 2. 외부산정 (외부전문기관위탁 산정) 3. 내·외부 모두 산정 4. 산정 無 5. 해당없음	운영예산 산정 정산방법 1. 내부정산 (지자체 내부적으로 정산) 2. 외부정산 (외부전문기관위탁 정산) 3. 내·외부 모두 산정 4. 정산 無 5. 해당없음	성과평가 실시여부 1. 실시 2. 미실시 3. 향후 추진 4. 해당없음
1175	전북 군산시	돼지 회장염 예방백신 지원	230,400	농업축산과	10	1	7	8	7	5	5	4
1176	전북 군산시	돼지 부종병 예방백신 지원	985,600	농업축산과	10	1	7	8	7	5	5	4
1177	전북 군산시	도서지역 마을상수도 운영보조	500,000	수도과	10	6	4	7	1	1	1	2
1178	전북 익산시	도시가스 보급사업	35,000	일자리정책과	10	4	7	8	7	1	1	4
1179	전북 익산시	취약계층 에너지홈닥터 사업	1,130,500	일자리정책과	10	4	7	8	7	1	1	4
1180	전북 익산시	삼기면 도시가스 설치비 지원사업	25,000	일자리정책과	10	4	7	8	7	1	1	4
1181	전북 익산시	농업인 월급제 이차보전 지원	1,500	미래농업과	10	4	7	8	7	1	1	4
1182	전북 익산시	희망의집 고쳐주기 사업	13,600	주택과	10	1	7	8	7	1	1	1
1183	전북 익산시	농어촌 장애인 주택개조사업	2,280,000	주택과	10	2	7	8	7	1	1	1
1184	전북 정읍시	취약계층 에너지 홈닥터	8,645	지역경제과	10	1	4	1	7	1	1	1
1185	전북 정읍시	신재생에너지 융복합지원사업	1,409,460	지역경제과	10	1	1	1	1	2	2	3
1186	전북 정읍시	슬레이트 처리 지원사업	688,000	환경과	10	1	5	1	1	1	1	4
1187	전북 정읍시	슬레이트 처리 지원사업	77,400	환경과	10	1	5	1	1	1	1	4
1188	전북 정읍시	슬레이트 처리 지원사업	155,300	환경과	10	1	5	1	1	1	1	4
1189	전북 정읍시	슬레이트 처리 지원사업	20,000	환경과	10	1	5	1	1	1	1	4
1190	전북 정읍시	건축허가 및 건축신고 사용승인에 따른 현장조사 및 확인대행 수수료	142,385	건축과	10	1	7	8	7	1	1	1
1191	전북 정읍시	단풍미인쌀 보급종자 공급지원	78,750	농업정책과	10	1	7	8	7	5	5	3
1192	전북 정읍시	자가인공수정 농가 육성교육	7,500	축산과	10	1	5	7	7	1	1	3
1193	전북 정읍시	한우 품질개선 지원사업	100,000	축산과	10	1	5	7	7	1	1	3
1194	전북 정읍시	한우 수정란 이식 지원사업	18,000	축산과	10	1	5	7	7	1	1	3
1195	전북 정읍시	암소 유전형질 개량사업	200,000	축산과	10	1	5	7	7	1	1	3
1196	전북 정읍시	고능력 암소축군 조성사업	356,800	축산과	10	1	5	7	7	1	1	1
1197	전북 정읍시	한우 친자확인 검사 지원	100,000	축산과	10	1	5	7	7	1	1	3
1198	전북 정읍시	송아지 생산안정제 지원사업	20,000	축산과	10	1	5	7	7	1	1	3
1199	전북 정읍시	조사료 종자구입 지원	425,700	축산과	10	1	6	1	2	1	1	4
1200	전북 정읍시	구제역 예방약품(전업농 백신)지원사업	845,870	동물방역팀	10	1	7	1	7	1	1	4
1201	전북 정읍시	일제소독 공동방제단 운영비 및 인건비	361,328	동물방역팀	10	1	7	1	7	1	1	4
1202	전북 정읍시	학교 우유급식비 지원	474,068	축산유통팀	10	1	7	8	7	5	5	4
1203	전북 정읍시	쇠고기 이력제(귀표부착비)	198,290	축산유통팀	10	1	5	1	7	4	4	2
1204	전북 남원시	벼 병해충 항공방제 지원	1,572,075	현장지원과	10	5	6	5	6	1	1	1
1205	전북 김제시	취약계층 에너지 홈닥터 사업	6,650	경제진흥과	10	7	6	1	6	5	5	4
1206	전북 김제시	슬레이트 처리지원	2,173,660	환경과	10	7	7	8	7	5	5	4
1207	전북 김제시	슬레이트 실태조사	18,000	환경과	10	7	7	8	7	5	5	4
1208	전북 김제시	분뇨처리 대행교부금	2,408	환경과	10	4	7	8	7	5	5	4
1209	전북 김제시	나눔과 희망의 집 고쳐주기 사업	80,000	건축과	10	6	7	8	7	5	5	4
1210	전북 김제시	o급수전 신설 공사비	400,000	상하수도과	10	4	7	8	7	5	5	4
1211	전북 김제시	o신설용관급자재구입(13mm이상)	114,000	상하수도과	10	4	7	8	7	5	5	4
1212	전북 김제시	o신설용관급자재구입(20mm이상)	26,000	상하수도과	10	4	7	8	7	5	5	4
1213	전북 김제시	개조공사비(급수전개조공사비)	10,000	상하수도과	10	4	7	8	7	5	5	4
1214	전북 김제시	o급수전개조공사비	10,000	상하수도과	10	4	7	8	7	5	5	4
1215	전북 김제시	06 BTL 시설임대료	2,578,000	상하수도과	10	1	6	6	6	1	1	1
1216	전북 김제시	06 BTL 시설임대료	66,000	상하수도과	10	1	6	6	6	1	1	1

순번	시군구	지출명 (사업명)	2021년예산 (단위:천원/1년간)	담당자 (공무원) 담당부서	민간이전 분류 (지방자치단체 세출예산 집행기준에 의거) 1. 민간경상사업보조(307-02) 2. 민간단체 법정운영비보조(307-03) 3. 민간행사사업보조(307-04) 4. 민간위탁금(307-05) 5. 사회복지시설 법정운영비보조(307-10) 6. 민간인위탁교육비(307-12) 7. 공기관등에대한경상적위탁사업비(308-10) 8. 민간자본사업보조,자체재원(402-01) 9. 민간자본사업보조,이전재원(402-02) 10. 민간위탁사업비(402-03) 11. 공기관등에 대한 자본적 대행사업비(403-02)	민간이전지출 근거 (지방보조금 관리기준 참고) 1. 법률에 규정 2. 국고보조 재원(국가지정) 3. 용도 지정 기부금 4. 조례에 직접규정 5. 지자체가 권장하는 사업을 하는 공공기관 6. 시,도 정책 및 재정사정 7. 기타 8. 해당없음	입찰방식 계약체결방법 (경쟁형태) 1. 일반경쟁 2. 제한경쟁 3. 지명경쟁 4. 수의계약 5. 법정위탁 6. 기타 ( ) 7. 해당없음	입찰방식 계약기간 1. 1년 2. 2년 3. 3년 4. 4년 5. 5년 6. 기타 ( )년 7. 단기계약 (1년미만) 8. 해당없음	입찰방식 낙찰자선정방법 1. 적격심사 2. 협상에의한계약 3. 최저가낙찰제 4. 규격가격분리 5. 2단계 경쟁입찰 6. 기타 ( ) 7. 해당없음	운영예산 산정 운영예산 산정 1. 내부산정 (지자체 자체적으로 산정) 2. 외부산정 (외부전문기관위탁 산정) 3. 내·외부 모두 산정 4. 산정 無 5. 해당없음	운영예산 산정 정산방법 1. 내부정산 (지자체 내부적으로 정산) 2. 외부정산 (외부전문기관위탁 정산) 3. 내·외부 모두 산정 4. 정산 無 5. 해당없음	성과평가 실시여부 1. 실시 2. 미실시 3. 향후 추진 4. 해당없음
1217	전북 김제시	09 BTL 시설임대료	5,342	상하수도과	10	1	6	6	6	1	1	1
1218	전북 김제시	09 BTL 시설임대료	125,000	상하수도과	10	1	6	6	6	1	1	1
1219	전북 김제시	GAP 토양/용수 안전성 분석사업	200,000	농업정책과	10	2	7	8	7	5	5	4
1220	전북 김제시	일제소독 공동방제단 운영비	260,329	축산진흥과	10	2	7	8	7	5	5	4
1221	전북 김제시	상시 거점소독시설 운영 지원	240,000	축산진흥과	10	6	7	8	7	5	5	4
1222	전북 김제시	구제역(전업농) 백신지원	796,000	축산진흥과	10	2	6	1	2	1	1	4
1223	전북 완주군	와일드푸드축제 대행사 선정 및 지원	340,000	문화관광과	10	2	1	1	5	1	1	1
1224	전북 완주군	취약계층 에너지 홈닥터 사업	11,305	일자리경제과	10	2	7	8	7	5	1	4
1225	전북 완주군	여성농업인 생생카드 지원사업	348,400	농업축산과	10	1	7	1	7	1	1	2
1226	전북 완주군	영농도우미 지원사업	18,900	농업축산과	10	1	7	1	7	1	1	2
1227	전북 완주군	GAP 토양/용수 안전성 분석 지원	23,600	농업축산과	10	1	1	1	3	3	1	1
1228	전북 완주군	고능력암소축군조성사업	39,017	농업축산과	10	1	7	8	7	5	5	4
1229	전북 완주군	낙농헬퍼 지원사업	37,600	농업축산과	10	1	7	8	7	5	5	4
1230	전북 완주군	낙농헬퍼 지원사업	20,000	농업축산과	10	1	7	8	7	5	5	4
1231	전북 완주군	송아지생산안정사업	4,500	농업축산과	10	1	7	8	7	5	5	4
1232	전북 완주군	조사료 종자 지원	79,200	농업축산과	10	1	7	8	7	5	5	4
1233	전북 완주군	학교우유급식사업	228,000	농업축산과	10	1	7	8	7	5	5	4
1234	전북 완주군	한우암소유전형질개량사업	60,800	농업축산과	10	1	7	8	7	5	5	4
1235	전북 완주군	한우우량정액 공급사업	150,000	농업축산과	10	1	7	8	7	5	5	4
1236	전북 완주군	쇠고기이력 추적제	60,628	농업축산과	10	2	6	8	7	5	1	4
1237	전북 완주군	가축분뇨 자원화 처리지원사업	300,000	농업축산과	10	5	7	8	7	1	1	4
1238	전북 완주군	친환경인증 안정화 지원사업	27,000	기술보급과	10	4	7	8	7	5	1	4
1239	전북 완주군	전라북도환경기초시설건설및운영민간투자사업	5,500	상하수도사업소	10	8	6	6	6	2	5	1
1240	전북 완주군	완주군 소규모공공하수처리시설 관리대행 민간위탁	1,300	상하수도사업소	10	4	4	3	2	1	1	1
1241	전북 진안군	우수한약재 유통지원시설 운영비	15,000	농축산유통과	10	4	7	6	7	5	5	1
1242	전북 진안군	가축분뇨 처리 대행업자 교부금	17,000	환경과	10	4	6	6	7	1	1	3
1243	전북 무주군	저소득 노후주택 개보수 사업	92,000	민원봉사과	10	6	7	8	7	1	1	1
1244	전북 무주군	농어촌 장애인주택 개조사업	49,400	민원봉사과	10	1	7	8	7	1	1	1
1245	전북 무주군	미세먼지 저감 조림	220,260	산림녹지과	10	2	6	1	6	1	1	4
1246	전북 무주군	경제림조성	830,247	산림녹지과	10	2	6	1	6	1	1	4
1247	전북 무주군	큰나무조림	666,237	산림녹지과	10	2	6	1	6	1	1	4
1248	전북 무주군	지역특화조림	208,170	산림녹지과	10	2	6	1	6	1	1	4
1249	전북 무주군	숲가꾸기	2,210,035	산림녹지과	10	2	6	1	6	1	1	4
1250	전북 무주군	미세먼지 저감등 공익숲가꾸기	81,360	산림녹지과	10	2	6	1	6	1	1	4
1251	전북 무주군	선도 산림경영단지 조성	369,509	산림녹지과	10	2	7	8	7	5	5	4
1252	전북 무주군	2021년 노후슬레이트 철거 지원사업	960,400	환경위생과	10	4	6	7	6	5	5	4
1253	전북 무주군	보건의료원 진료서비스제공	210,880	의료지원과	10	4	1	1	6	5	4	2
1254	전북 무주군	무주군 공공하수도시설 관리대행용역	3,557,472	맑은물사업소	10	1	1	5	4	2	1	1
1255	전북 장수군	도시가스 미공급지역LPG사업	450,000	일자리경제과	10	4	7	1	7	1	1	1
1256	전북 장수군	취약계층 에너지 홈닥터 사업	8,645	일자리경제과	10	1	5	1	7	1	1	3
1257	전북 장수군	저소득계층 노후주택 개보수사업	60,000	민원과	10	6	4	1	7	3	3	4
1258	전북 장수군	저소득계층 노후주택 개보수사업	30,000	민원과	10	6	4	1	7	3	3	4

순번	시군구	지출명 (사업명)	2021년예산 (단위:천원/1년간)	담당자 (공무원) 담당부서	민간이전 분류 (지방자치단체 세출예산 집행기준에 의거) 1. 민간경상사업보조(307-02) 2. 민간단체 법정운영비보조(307-03) 3. 민간행사사업보조(307-04) 4. 민간위탁금(307-05) 5. 사회복지시설 법정운영비보조(307-10) 6. 민간인위탁교육비(307-12) 7. 공기관등에대한경상적위탁사업비(308-10) 8. 민간자본사업보조,자체재원(402-01) 9. 민간자본사업보조,이전재원(402-02) 10. 민간위탁사업비(402-03) 11. 공기관등에 대한 자본적 대행사업비(403-02)	민간이전지출 근거 (지방보조금 관리기준 참고) 1. 법률에 규정 2. 국고보조 재원(국가지정) 3. 용도 지정 기부금 4. 조례에 직접규정 5. 지자체가 권장하는 사업을 하는 공공기관 6. 시,도 정책 및 재정사정 7. 기타 8. 해당없음	입찰방식 계약체결방법 (경쟁형태) 1. 일반경쟁 2. 제한경쟁 3. 지명경쟁 4. 수의계약 5. 법정위탁 6. 기타 ( ) 7. 해당없음	입찰방식 계약기간 1. 1년 2. 2년 3. 3년 4. 4년 5. 5년 6. 기타 ( )년 7. 단기계약 (1년미만) 8. 해당없음	입찰방식 낙찰자선정방법 1. 적격심사 2. 협상에의한계약 3. 최저가낙찰제 4. 규격가격분리 5. 2단계 경쟁입찰 6. 기타 ( ) 7. 해당없음	운영예산 산정 운영예산 산정 1. 내부산정 (지자체 자체적으로 산정) 2. 외부산정 (외부전문기관위탁 산정) 3. 내·외부 모두 산정 4. 산정 無 5. 해당없음	운영예산 산정 정산방법 1. 내부정산 (지자체 내부적으로 정산) 2. 외부정산 (외부전문기관위탁 정산) 3. 내·외부 모두 산정 4. 정산 無 5. 해당없음	성과평가 실시여부 1. 실시 2. 미실시 3. 향후 추진 4. 해당없음
1259	전북 장수군	농어촌 장애인주택 개조사업	38,000	민원과	10	2	4	1	7	3	3	4
1260	전북 장수군	장수 효사랑 집수리 지원	20,000	민원과	10	6	4	1	7	1	1	4
1261	전북 장수군	어린나무가꾸기(200ha)	306,348	산림과	10	1	4	1	7	1	2	4
1262	전북 장수군	한우 인공수정료 지원사업	208,575	축산과	10	1	7	8	7	5	5	4
1263	전북 장수군	장수한우 고등등록우 지원사업	23,175	축산과	10	1	7	8	7	5	5	4
1264	전북 장수군	하수종말처리장 긴급 개보수	250,000	시설관리사업소	10	1	4	5	6	1	1	1
1265	전북 임실군	임실치즈산업육성사업	68,000	관광치즈과	10	5	7	8	7	1	1	4
1266	전북 임실군	취약계층 에너지홈닥터 사업	6,650	경제교통과	10	6	7	8	7	5	5	4
1267	전북 임실군	한우고급육 생산확충사업	325,750	농업축산과	10	2	7	8	7	5	1	4
1268	전북 임실군	낙농가가축분뇨 처리장비 지원	90,000	농업축산과	10	2	7	8	7	5	1	4
1269	전북 임실군	양돈 지원사업	180,000	농업축산과	10	2	7	8	7	5	1	4
1270	전북 임실군	염소 고급육 생산 지원	9,000	농업축산과	10	2	7	8	7	5	1	4
1271	전북 임실군	학교 우유급식사업	156,768	농업축산과	10	2	7	8	7	5	1	4
1272	전북 임실군	암소 유전형질 개량사업	100,000	농업축산과	10	2	7	8	7	5	1	4
1273	전북 임실군	송아지 생산안정 사업	6,000	농업축산과	10	2	7	8	7	5	1	4
1274	전북 임실군	고능력암소축군조성사업	84,040	농업축산과	10	2	7	8	7	5	1	4
1275	전북 임실군	EM제품 생산비 지원	180,000	농업축산과	10	2	7	8	7	5	1	4
1276	전북 임실군	가축분뇨 공동자원화 지원	126,000	농업축산과	10	2	7	8	7	5	1	4
1277	전북 임실군	일제소독 공동방제단 운영	217,868	농업축산과	10	2	7	8	7	5	3	4
1278	전북 임실군	나눔과희망의집고쳐주기사업	80,000	주택토지과	10	6	7	8	7	5	5	4
1279	전북 임실군	농어촌장애인주택개조사업	22,800	주택토지과	10	2	7	8	7	5	5	4
1280	전북 순창군	취약계층 에너지 홈닥터	6,650	경제교통과	10	6	7	8	7	1	1	1
1281	전북 순창군	농촌 장애인 주택개조사업	68,400	농촌개발과	10	1	7	8	7	3	3	1
1282	전북 순창군	저소득계층 희망의 집 고쳐주기사업	108,000	농촌개발과	10	6	7	8	7	3	3	1
1283	전북 순창군	슬레이트처리 지원사업	811,100	환경수도과	10	2	6	6	6	1	1	4
1284	전북 순창군	귀표부착비 지원사업	48,538	축산방역	10	2	7	8	7	1	1	3
1285	전북 순창군	학교 우유급식비 지원	54,782	축산방역	10	2	7	8	7	1	1	3
1286	전북 순창군	농가소독 공동방제단 운영비 지원	163,610	축산방역	10	2	7	8	7	1	1	3
1287	전북 순창군	차량무선인식장치 통신료	19,008	축산방역	10	2	7	8	7	1	1	3
1288	전북 고창군	조사료 종자 구입	217,000	축산과	10	2	7	8	7	1	1	3
1289	전북 고창군	학교우유급식	205,168	축산과	10	2	7	8	7	1	1	3
1290	전북 고창군	낙농헬퍼 지원사업	45,000	축산과	10	6	7	8	7	1	1	3
1291	전북 고창군	고능력 암소축군 조성사업	73,560	축산과	10	6	7	8	7	1	1	3
1292	전북 고창군	암소유전형질개량사업	92,300	축산과	10	6	7	8	7	1	1	3
1293	전북 고창군	송아지생산안정제	9,000	축산과	10	6	7	8	7	1	1	3
1294	전북 고창군	한우 친자확인 검사 지원	30,000	축산과	10	2	7	8	7	1	1	3
1295	전북 고창군	축산물이력제(귀표부착비)	88,694	축산과	10	2	7	8	7	1	1	3
1296	전북 고창군	젖소산유능력검정 지원	12,000	축산과	10	4	7	8	7	1	1	3
1297	전북 고창군	한우 우량정액지원	130,000	축산과	10	4	7	8	7	1	1	3
1298	전북 고창군	한우 등록비지원	15,000	축산과	10	4	7	8	7	1	1	3
1299	전북 고창군	한우 선형심사지원	10,000	축산과	10	4	7	8	7	1	1	3
1300	전북 고창군	한우 친자감별지원	15,000	축산과	10	4	7	8	7	1	1	3

순번	시군구	지출명 (사업명)	2021년예산 (단위:천원/1년간)	담당자 (공무원) 담당부서	민간이전 분류 (지방자치단체 세출예산 집행기준에 의거) 1. 민간경상사업보조(307-02) 2. 민간단체 법정운영비보조(307-03) 3. 민간행사사업보조(307-04) 4. 민간위탁금(307-05) 5. 사회복지시설 법정운영비보조(307-10) 6. 민간인위탁교육비(307-12) 7. 공기관등에대한경상적위탁사업비(308-10) 8. 민간자본사업보조,자체재원(402-01) 9. 민간자본사업보조,이전재원(402-02) 10. 민간위탁사업비(402-03) 11. 공기관등에 대한 자본적 대행사업비(403-02)	민간이전지출 근거 (지방보조금 관리기준 참고) 1. 법률에 규정 2. 국고보조 재원(국가지정) 3. 용도 지정 기부금 4. 조례에 직접규정 5. 지자체가 권장하는 사업을 하는 공공기관 6. 시,도 정책 및 재정사정 7. 기타 8. 해당없음	입찰방식 계약체결방법 (경쟁형태) 1. 일반경쟁 2. 제한경쟁 3. 지명경쟁 4. 수의계약 5. 법정위탁 6. 기타 ( ) 7. 해당없음	입찰방식 계약기간 1. 1년 2. 2년 3. 3년 4. 4년 5. 5년 6. 기타 ( )년 7. 단기계약 (1년미만) 8. 해당없음	입찰방식 낙찰자선정방법 1. 적격심사 2. 협상에의한계약 3. 최저가낙찰제 4. 규격가격분리 5. 2단계 경쟁입찰 6. 기타 ( ) 7. 해당없음	운영예산 산정 운영예산 산정 1. 내부산정 (지자체 자체적으로 산정) 2. 외부산정 (외부전문기관위탁 산정) 3. 내·외부 모두 산정 4. 산정 無 5. 해당없음	운영예산 산정 정산방법 1. 내부정산 (지자체 내부적으로 정산) 2. 외부정산 (외부전문기관위탁 정산) 3. 내·외부 모두 산정 4. 정산 無 5. 해당없음	성과평가 실시여부 1. 실시 2. 미실시 3. 향후 추진 4. 해당없음
1301	전북 고창군	한우헬퍼 지원	10,000	축산과	10	4	7	8	7	1	1	3
1302	전북 고창군	구제역 예방약품	300,500	축산과	10	2	7	8	7	1	1	3
1303	전북 고창군	차량무선인식장치통신료	26,730	축산과	10	2	7	8	7	1	1	3
1304	전북 고창군	차량무선인식장치 상시전원 공급체계 구축	11,400	축산과	10	2	7	8	7	1	1	3
1305	전북 고창군	일제소독 공동방제단 운영비	151,468	축산과	10	2	7	8	7	1	1	3
1306	전북 고창군	도시가스 미공급지역 설치비 지원사업	645,012	상생경제과	10	5	5	8	2	3	3	4
1307	전북 고창군	취약계층 에너지 홈닥터사업	8,645	상생경제과	10	5	4	7	2	3	3	4
1308	전북 고창군	고창농악전수관 시설운영	200,000	문화예술과	10	4	7	7	7	1	1	1
1309	전북 고창군	노후경유차 매연저감장치(DPF) 설치사업	570,000	생태환경과	10	2	7	8	7	5	5	4
1310	전북 고창군	건설기계 매연저감장치(DPF) 설치사업	110,000	생태환경과	10	2	7	8	7	5	5	4
1311	전북 고창군	건설기계 엔진교체사업	165,000	생태환경과	10	2	7	8	7	5	5	4
1312	전북 고창군	나눔과 희망의 집 고쳐주기 사업	148,000	종합민원과	10	6	7	8	7	5	5	1
1313	전북 부안군	예산학교 위탁교육비	10,000	기획감사담당관	10	4	4	7	7	1	1	2
1314	전북 부안군	부안읍, 행안면 에너지자립마을 조성사업	1,607,221	미래전략담당관	10	2	1	1	1	5	1	2
1315	전북 부안군	취약계층 에너지 홈닥터사업	8,645	에너지팀	10	7	7	8	7	1	1	4
1316	전북 부안군	도시가스공급시설 설치비용 지원	839,080	에너지팀	10	8	7	8	7	1	1	1
1317	전북 부안군	LPG 소형저장탱크 보급사업	998,000	에너지팀	10	8	7	8	7	1	1	1
1318	전북 부안군	시간여행 101 포럼 운영	30,000	문화관광과	10	4	7	8	7	5	5	4
1319	전북 부안군	노인건강진단	1,667	사회복지과	10	4	7	8	7	1	1	1
1320	전북 부안군	장애인복지관 운영	1,131,700	사회복지과	10	1	5	3	1	1	1	3
1321	전북 부안군	장애인 직업재활시설 운영	679,117	사회복지과	10	1	5	3	1	1	1	3
1322	전북 부안군	저소득계층 희망의 집 고쳐주기 사업	108,000	민원과	10	1	4	5	1	1	1	3
1323	전북 부안군	담근먹이 발효제 지원	9,000	축산유통과	10	1	7	8	7	5	5	4
1324	전북 부안군	부존자원 사일리지 비닐랩 지원	180,000	축산유통과	10	1	7	8	7	5	5	4
1325	전북 부안군	조사료생산용 종자구입 지원	87,800	축산유통과	10	1	7	8	7	5	5	4
1326	전북 부안군	전문단지조성용 종자구입 지원	86,800	축산유통과	10	1	7	8	7	5	5	4
1327	전북 부안군	학교우유급식사업	125,668	축산유통과	10	1	7	8	7	5	5	4
1328	전북 부안군	친환경 우유생산 기반구축	19,200	축산유통과	10	1	7	8	7	5	5	4
1329	전북 부안군	말벌퇴치장비 지원사업	1,800	축산유통과	10	1	7	8	7	5	5	4
1330	전북 부안군	양봉농가 친환경 벌통 지원	30,000	축산유통과	10	1	7	8	7	5	5	4
1331	전북 부안군	양봉농가 꿀생산 장비지원	9,000	축산유통과	10	1	7	8	7	5	5	4
1332	전북 부안군	고품질 양봉기자재 지원	25,000	축산유통과	10	1	7	8	7	5	5	4
1333	전북 부안군	한우·젖소 보정잠금장치 지원	57,750	축산유통과	10	1	7	8	7	5	5	4
1334	전북 부안군	소 우량정액 지원	100,000	축산유통과	10	1	7	8	7	5	5	4
1335	전북 부안군	한우·젖소 품질 고급화 생산지원	87,000	축산유통과	10	1	7	8	7	5	5	4
1336	전북 부안군	한우 친자확인 검사 지원	101,500	축산유통과	10	1	7	8	7	5	5	4
1337	전북 부안군	송아지 생산안정제 지원	8,000	축산유통과	10	1	7	8	7	5	5	4
1338	전북 부안군	한우헬퍼 지원	20,000	축산유통과	10	1	7	8	7	5	5	4
1339	전북 부안군	젖소농가 발정 탐지기 지원	18,000	축산유통과	10	1	7	8	7	5	5	4
1340	전북 부안군	고능력 흑염소 보급 지원	20,000	축산유통과	10	1	7	8	7	5	5	4
1341	전북 부안군	착유시설 세척제지원	10,500	축산유통과	10	1	7	8	7	5	5	4
1342	전북 부안군	고능력 암소 축군 조성사업	38,440	축산유통과	10	1	7	8	7	5	5	4

순번	시군구	지출명 (사업명)	2021년예산 (단위:천원/1년간)	담당자 (공무원) 담당부서	민간이전 분류 (지방자치단체 세출예산 집행기준에 의거) 1. 민간경상사업보조(307-02) 2. 민간단체 법정운영비보조(307-03) 3. 민간행사사업보조(307-04) 4. 민간위탁금(307-05) 5. 사회복지시설 법정운영비보조(307-10) 6. 민간인위탁교육비(307-12) 7. 공기관등에대한경상적위탁사업비(308-10) 8. 민간자본사업보조,자체재원(402-01) 9. 민간자본사업보조,이전재원(402-02) 10. 민간위탁사업비(402-03) 11. 공기관등에 대한 자본적 대행사업비(403-02)	민간이전지출 근거 (지방보조금 관리기준 참고) 1. 법률에 규정 2. 국고보조 재원(국가지정) 3. 용도 지정 기부금 4. 조례에 직접규정 5. 지자체가 권장하는 사업을 하는 공공기관 6. 시,도 정책 및 재정사정 7. 기타 8. 해당없음	입찰방식 계약체결방법 (경쟁형태) 1. 일반경쟁 2. 제한경쟁 3. 지명경쟁 4. 수의계약 5. 법정위탁 6. 기타 ( ) 7. 해당없음	입찰방식 계약기간 1. 1년 2. 2년 3. 3년 4. 4년 5. 5년 6. 기타 ( )년 7. 단기계약 (1년미만) 8. 해당없음	입찰방식 낙찰자선정방법 1. 적격심사 2. 협상에의한계약 3. 최저가낙찰제 4. 규격가격분리 5. 2단계 경쟁입찰 6. 기타 ( ) 7. 해당없음	운영예산 산정 운영예산 산정 1. 내부산정 (지자체 자체적으로 산정) 2. 외부산정 (외부전문기관위탁 산정) 3. 내·외부 모두 산정 4. 산정 無 5. 해당없음	운영예산 산정 정산방법 1. 내부정산 (지자체 내부적으로 정산) 2. 외부정산 (외부전문기관위탁 정산) 3. 내·외부 모두 산정 4. 정산 無 5. 해당없음	성과평가 실시여부 1. 실시 2. 미실시 3. 향후 추진 4. 해당없음
1343	전북 부안군	낙농헬퍼 지원사업	10,000	축산유통과	10	1	7	8	7	5	5	4
1344	전북 부안군	가축사양관리개선 지원사업	28,000	축산유통과	10	1	7	8	7	5	5	4
1345	전북 부안군	고품질축산물생산지원	45,600	축산유통과	10	1	7	8	7	5	5	4
1346	전북 부안군	암소유전형질 개량	79,700	축산유통과	10	1	7	8	7	5	5	4
1347	전북 부안군	구제역 예방백신(전업농)	147,900	축산유통과	10	1	7	8	7	5	5	4
1348	전북 부안군	공동방제단 운영	77,668	축산유통과	10	1	7	8	7	5	5	4
1349	전북 부안군	공동방제단 운영	78,420	축산유통과	10	1	7	8	7	5	5	4
1350	전북 부안군	쇠고기이력제(귀표부착지원사업)	63,870	축산유통과	10	1	7	8	7	5	5	4
1351	전북 부안군	노후슬레이트 철거 지원사업	833,000	환경과	10	2	6	1	1	1	1	1
1352	전북 부안군	노후경유차 DPF	190,000	환경과	10	2	7	8	7	5	5	4
1353	전북 부안군	PM,NOx 동시저감 장치	30,000	환경과	10	2	7	8	7	5	5	4
1354	전북 부안군	건설기계 DPF	110,000	환경과	10	2	7	8	7	5	5	4
1355	전북 부안군	건설기계 엔진교체	165,000	환경과	10	2	7	8	7	5	5	4
1356	전북 부안군	보증기간 경과 저감장치 성능 유지 관리비	1,500	환경과	10	2	7	8	7	5	5	4
1357	전북 부안군	분뇨, 축산분뇨 처리장 민간위탁	708,000	환경과	10	1	7	8	7	5	1	2
1358	전북 부안군	분뇨(축분병합) 처리장 기술진단 수수료	54,977	환경과	10	1	7	8	7	5	1	2
1359	전북 부안군	부안공공하수처리시설 운영	1,065,750	상하수도사업소	10	7	6	6	6	3	1	1
1360	전북 부안군	계화공공하수처리시설 운영	713,965	상하수도사업소	10	7	6	6	6	3	1	1
1361	전북 부안군	통합관리 공공하수도시설 운영	3,549,014	상하수도사업소	10	7	1	5	2	2	1	1
1362	전북 부안군	하수슬러지 처리시설 운영	956,725	상하수도사업소	10	7	1	5	2	2	1	1
1363	전북 부안군	부안군 수질TMS 운영	273,084	상하수도사업소	10	7	1	7	4	1	1	3
1364	전북 부안군	줄포 침수방지시설 운영	183,750	상하수도사업소	10	7	1	5	2	2	1	1
1365	전북 부안군	시설물 안전점검 지원사업	42,000	상하수도사업소	10	7	1	5	2	2	1	1
1366	전북 부안군	계화하수처리시설 운영관리 지원 사업	216,000	상하수도사업소	10	7	6	6	6	3	1	1
1367	전남 완도군	경로당 개보수사업 등	940,500	주민복지과	10	1	7	1	7	1	1	1
1368	전남 완도군	농어촌장애인주택개조사업	19,000	주민복지과	10	2	7	8	7	5	5	1
1369	전남 완도군	행복둥지사업 군비부담금	18,000	주민복지과	10	5	7	8	7	5	3	3
1370	전남 완도군	슬레이트처리지원사업	554,600	환경산림과	10	2	7	8	7	5	5	4
1371	전남 완도군	읍면폐기물처리장 수선중 위탁처리비	30,000	환경산림과	10	8	7	8	7	5	5	4
1372	전남 완도군	약산 폐기물처리시설 설치사업 기간 중 위탁처리비	18,000	환경산림과	10	8	7	8	7	5	5	4
1373	전남 완도군	읍면 폐기물 처리시설 폐수 위착처리비	6,750	환경산림과	10	8	7	8	7	5	5	4
1374	전남 완도군	완도군 자원관리센터 유지관리 사용료	2,040,000	환경산림과	10	7	6	6	7	3	3	2
1375	전남 완도군	완도군 자원관리센터 유지관리 사용료	60,000	환경산림과	10	7	6	6	7	3	3	2
1376	전남 완도군	사후도 비위생매립장 생활쓰레기 위탁처리	15,000	환경산림과	10	8	7	8	7	5	5	4
1377	전남 완도군	읍면 과다 발생 생활쓰레기 위탁처리	20,000	환경산림과	10	8	7	8	7	5	5	4
1378	전남 완도군	재활용물품 위탁 운송처리비	14,080	환경산림과	10	8	7	8	7	5	5	4
1379	전남 완도군	정원전문가 양성교육	7,500	환경산림과	10	2	7	8	7	5	5	4
1380	전남 완도군	치유의 숲 위탁운영	60,000	환경산림과	10	2	1	1	1	3	1	4
1381	전남 완도군	치유프로그램 운영 위탁사업비	32,000	환경산림과	10	7	1	1	1	3	1	4
1382	전남 목포시	한센복지협회 대행사업비	7,900	건강증진과	10	5	5	8	7	1	1	4
1383	전남 여수시	슬레이트 처리 지원 사업	1,905,440	도시미화과	10	7	7	1	2	1	1	1
1384	전남 순천시	농어촌장애인 주택개조 지원사업	19,000	건축과	10	1	7	8	7	5	5	3

순번	시군구	지출명(사업명)	2021년예산(단위:천원/1년간)	담당자(공무원) 담당부서	민간이전 분류(지방자치단체 세출예산 집행기준에 의거) 1. 민간경상사업보조(307-02) 2. 민간단체 법정운영비보조(307-03) 3. 민간행사사업보조(307-04) 4. 민간위탁금(307-05) 5. 사회복지시설 법정운영비보조(307-10) 6. 민간인위탁교육비(307-12) 7. 공기관등에대한경상적위탁사업비(308-10) 8. 민간자본사업보조,자체재원(402-01) 9. 민간자본사업보조,이전재원(402-02) 10. 민간위탁사업비(402-03) 11. 공기관등에 대한 자본적 대행사업비(403-02)	민간이전지출 근거(지방보조금 관리기준 참고) 1. 법률에 규정 2. 국고보조 재원(국가지정) 3. 용도 지정 기부금 4. 조례에 직접규정 5. 지자체가 권장하는 사업을 하는 공공기관 6. 시,도 정책 및 재정사정 7. 기타 8. 해당없음	입찰방식: 계약체결방법(경쟁형태) 1. 일반경쟁 2. 제한경쟁 3. 지명경쟁 4. 수의계약 5. 법정위탁 6. 기타 ( ) 7. 해당없음	입찰방식: 계약기간 1. 1년 2. 2년 3. 3년 4. 4년 5. 5년 6. 기타 ( )년 7. 단기계약(1년미만) 8. 해당없음	입찰방식: 낙찰자선정방법 1. 적격심사 2. 협상에의한계약 3. 최저가낙찰제 4. 규격가격분리 5. 2단계 경쟁입찰 6. 기타 ( ) 7. 해당없음	운영예산 산정: 운영예산 산정 1. 내부산정(지자체 자체적으로 산정) 2. 외부산정(외부전문기관위탁 산정) 3. 내·외부 모두 산정 4. 산정 無 5. 해당없음	운영예산 산정: 정산방법 1. 내부정산(지자체 내부적으로 정산) 2. 외부정산(외부전문기관위탁 정산) 3. 내·외부 모두 산정 4. 정산 無 5. 해당없음	성과평가 실시여부 1. 실시 2. 미실시 3. 향후 추진 4. 해당없음
1385	전남 순천시	행복둥지 사업	150,000	건축과	10	1	7	8	7	5	5	3
1386	전남 순천시	지역사회 건강조사	68,130	건강증진과	10	1	7	8	7	5	5	3
1387	전남 순천시	의료급여수급권자 일반건강검진	34,539	건강증진과	10	1	7	8	7	5	5	3
1388	전남 순천시	희귀난치성 질환자 의료비 지원	585,022	건강증진과	10	1	7	8	7	5	5	3
1389	전남 순천시	암 조기검진 사업	454,501	건강증진과	10	1	7	8	7	5	5	3
1390	전남 순천시	낙농환경(질병) 개선 지원사업	37,800	동물자원과	10	6	7	8	7	5	5	3
1391	전남 순천시	축산물 이력관리 지원	74,955	동물자원과	10	6	7	8	7	5	5	3
1392	전남 순천시	조사료생산용 종자구입 지원	74,250	동물자원과	10	2	7	8	7	5	5	3
1393	전남 순천시	한우등록사업	17,717	동물자원과	10	6	7	8	7	5	5	3
1394	전남 순천시	공동방제단 운영	161,094	동물자원과	10	3	7	8	7	5	5	3
1395	전남 순천시	자원순환센터 안정적 운영	7,764	청소자원과	10	7	7	8	7	5	5	3
1396	전남 순천시	슬레이트 철거 및 취약계층 지붕개량 지원	2,294,700	생태환경과	10	2	7	8	7	5	5	3
1397	전남 순천시	조림사업(경제림조성)	549,405	산림과	10	2	7	8	7	5	5	3
1398	전남 순천시	선도산림경영단지 조성사업	1,446,328	산림과	10	2	7	8	7	5	5	3
1399	전남 순천시	정책숲가꾸기	3,437,858	산림과	10	2	7	8	7	5	5	3
1400	전남 순천시	큰나무조림 사업	117,434	산림과	10	2	7	8	7	5	5	3
1401	전남 순천시	미세먼지저감조림 사업	242,000	산림과	10	2	7	8	7	5	5	3
1402	전남 순천시	지역특화조림 사업	62,440	산림과	10	2	7	8	7	5	5	3
1403	전남 순천시	미세먼지 저감 공익숲가꾸기사업	379,680	산림과	10	2	7	8	7	5	5	3
1404	전남 순천시	밤 항공방제 약제지원	11,200	산림과	10	2	7	8	7	5	5	3
1405	전남 광양시	한센병관리 위탁사업비	8,000	보건행정과	10	5	5	1	7	5	2	2
1406	전남 광양시	장애인종합복지관 운영	90,000	노인장애인과	10	1	2	5	7	1	1	4
1407	전남 담양군	LPG 소형저장탱크 보급사업	350,000	풀뿌리경제과	10	1	7	8	7	5	5	4
1408	전남 담양군	행복둥지사업(주택개보수)	10,000	도시디자인과	10	4	7	8	7	5	5	4
1409	전남 곡성군	행복둥지사업(도비 매칭분)	12,000	민원실	10	6	6	1	6	3	3	2
1410	전남 곡성군	새마을중앙회 교육부담금	12,240	행정과	10	1	4	8	7	1	1	1
1411	전남 곡성군	농어촌 장애인 주택 개조사업(11가구)	41,800	주민복지과	10	1	7	8	7	5	5	4
1412	전남 곡성군	어르신 맞춤형 안심 주거환경 개선사업	300,000	주민복지과	10	1	7	8	7	2	2	3
1413	전남 곡성군	불용(폐)농약 처리비	5,200	환경축산과	10	2	7	8	7	5	5	4
1414	전남 곡성군	실태조사사업	20,600	환경축산과	10	2	7	8	7	5	5	4
1415	전남 곡성군	슬레이트 처리사업	688,000	환경축산과	10	2	7	8	7	5	5	4
1416	전남 곡성군	비주택 슬레이트 처리사업	43,000	환경축산과	10	2	7	8	7	5	5	4
1417	전남 곡성군	한우 친자확인 지원	27,000	환경축산과	10	6	7	8	7	3	3	1
1418	전남 곡성군	한우 등록 지원사업	36,043	환경축산과	10	6	7	8	7	3	3	1
1419	전남 곡성군	한우 송아지브랜드 육성사업	200,000	환경축산과	10	6	7	8	7	3	3	1
1420	전남 곡성군	신재생에너지보급(융복합지원)사업	2,964,419	도시경제과	10	2	7	8	7	5	5	4
1421	전남 곡성군	선도산림경영단지 조성사업	339,592	산림과	10	2	7	8	7	5	5	4
1422	전남 곡성군	유아숲체험 프로그램 교육운영	25,500	산림과	10	2	7	8	7	5	5	4
1423	전남 곡성군	옥과·석곡하수처리장 및 총인시설 운영관리비	1,050,000	상하수도사업소	10	1	6	6	1	1	1	1
1424	전남 곡성군	입면하수처리장 운영 관리비	267,430	상하수도사업소	10	1	5	5	2	1	1	1
1425	전남 곡성군	개인급수전 설치공사 대행사업비	400,000	상하수도사업소	10	8	7	8	7	1	1	4
1426	전남 화순군	행복둥지사업	50,000	도시과	10	1	7	8	7	5	5	4

순번	시군구	지출명 (사업명)	2021년예산 (단위:천원/1년간)	담당자 (공무원) 담당부서	민간이전 분류 (지방자치단체 세출예산 집행기준에 의거) 1. 민간경상사업보조(307-02) 2. 민간단체 법정운영비보조(307-03) 3. 민간행사사업보조(307-04) 4. 민간위탁금(307-05) 5. 사회복지시설 법정운영비보조(307-10) 6. 민간인위탁교육비(307-12) 7. 공기관등에대한경상적위탁사업비(308-10) 8. 민간자본사업보조,자체재원(402-01) 9. 민간자본사업보조,이전재원(402-02) 10. 민간위탁사업비(402-03) 11. 공기관등에 대한 자본적 대행사업비(403-02)	민간이전지출 근거 (지방보조금 관리기준 참고) 1. 법률에 규정 2. 국고보조 재원(국가지정) 3. 용도 지정 기부금 4. 조례에 직접규정 5. 지자체가 권장하는 사업을 하는 공공기관 6. 시,도 정책 및 재정사정 7. 기타 8. 해당없음	입찰방식 계약체결방법 (경쟁형태) 1. 일반경쟁 2. 제한경쟁 3. 지명경쟁 4. 수의계약 5. 법정위탁 6. 기타 ( ) 7. 해당없음	입찰방식 계약기간 1. 1년 2. 2년 3. 3년 4. 4년 5. 5년 6. 기타 ( )년 7. 단기계약 (1년미만) 8. 해당없음	입찰방식 낙찰자선정방법 1. 적격심사 2. 협상에의한계약 3. 최저가낙찰제 4. 규격가격분리 5. 2단계 경쟁입찰 6. 기타 ( ) 7. 해당없음	운영예산 산정 운영예산 산정 1. 내부산정 (지자체 자체적으로 산정) 2. 외부산정 (외부전문기관위탁 산정) 3. 내·외부 모두 산정 4. 산정 無 5. 해당없음	운영예산 산정 정산방법 1. 내부정산 (지자체 내부적으로 정산) 2. 외부정산 (외부전문기관위탁 정산) 3. 내·외부 모두 산정 4. 정산 無 5. 해당없음	성과평가 실시여부 1. 실시 2. 미실시 3. 향후 추진 4. 해당없음
1427	전남 화순군	화순군립요양병원 시설임대료	1,288,000	보건소	10	2	1	6	1	2	4	1
1428	전남 화순군	화순군립요양병원 시설물관리 운영비	595,000	보건소	10	1	1	6	1	2	4	1
1429	전남 화순군	한약재유통지원시설 시설임대료	812,800	보건소	10	2	1	6	1	2	4	1
1430	전남 화순군	한약재유통지원시설 시설물 관리운영비	275,000	보건소	10	1	1	6	1	2	4	1
1431	전남 강진군	토양개량제 지원사업	145,145	친환경농업과	10	4	6	7	7	1	1	1
1432	전남 강진군	유기질비료 지원사업	790,000	친환경농업과	10	4	6	7	7	1	1	1
1433	전남 강진군	한센병관리	5,200	보건소	10	2	5	8	7	5	1	4
1434	전남 해남군	산림서비스도우미	25,500	산림녹지과	10	2	7	8	7	5	5	4
1435	전남 해남군	산림서비스도우미	25,640	산림녹지과	10	2	7	8	7	5	5	4
1436	전남 해남군	조사료 일반단지 종자구입 지원	134,640	축산사업소	10	2	7	8	7	1	1	1
1437	전남 해남군	조사료 전문단지 종자구입 지원	22,920	축산사업소	10	2	7	8	7	1	1	1
1438	전남 해남군	가축시장 출하운송비 지원	160,000	축산사업소	10	1	7	8	7	1	1	1
1439	전남 해남군	사료 운송비 지원	560,000	축산사업소	10	1	7	8	7	1	1	1
1440	전남 해남군	한우농기 도우미 지원	15,000	축산사업소	10	1	7	8	7	1	1	1
1441	전남 해남군	소 인공수정 전산등록비 지원	14,000	축산사업소	10	1	7	8	7	1	1	1
1442	전남 영암군	행복동지사업	17,500	도시개발과	10	7	7	8	7	5	5	4
1443	전남 무안군	슬레이트 처리 및 지붕개량 사업	912,400	환경과	10	2	7	8	7	5	5	4
1444	전남 무안군	대기오염측정망 운영,관리비	18,000	환경과	10	2	7	8	7	5	5	4
1445	전남 함평군	농어촌 장애인주택 개조사업	60,800	민원봉사실	10	1	5	7	7	3	3	4
1446	전남 함평군	행복동지사업	22,500	민원봉사실	10	1	5	7	7	1	1	4
1447	전남 함평군	슬레이트처리 지원사업	1,268,400	환경상하수도과	10	8	7	8	7	5	5	4
1448	전남 장성군	전라남도 취약계층 지원	30,000	민원봉사과	10	1	7	8	7	5	5	4
1449	전남 장성군	농업인 월급제 민간대행사업비	46,000	농업축산과	10	1	7	8	7	5	5	4
1450	전남 장성군	못자리 상토 및 매트지원	292,000	농업축산과	10	4	7	8	7	5	5	4
1451	전남 장성군	장성쌀 맞춤형비료 지원	406,350	농업축산과	10	4	7	8	7	5	5	4
1452	전남 장성군	친환경상자처리제 지원	93,600	농업축산과	10	4	7	8	7	5	5	4
1453	전남 장성군	벼 액상규산 지원	90,000	농업축산과	10	4	7	8	7	5	5	4
1454	전남 장성군	논벼 재배농가 왕우렁이 지원	253,800	농업축산과	10	1	7	8	7	5	5	4
1455	전남 장성군	논벼 재배농가 왕우렁이 지원	250,000	농업축산과	10	1	7	8	7	5	5	4
1456	전남 장성군	개량물꼬 지원 사업	50,598	농업축산과	10	6	7	8	7	5	5	4
1457	전남 장성군	농축산물 덤프 운반장비 지원	37,000	농업축산과	10	1	7	8	7	5	5	4
1458	전남 장성군	유기질 비료지원	1,262,087	농업축산과	10	1	7	8	7	5	5	4
1459	전남 장성군	유기질 비료지원	100,000	농업축산과	10	1	7	8	7	5	5	4
1460	전남 장성군	유기질 비료지원	260,000	농업축산과	10	1	7	8	7	5	5	4
1461	전남 장성군	유기질비료 지원	15,000	농업축산과	10	1	7	8	7	5	5	4
1462	전남 장성군	토양개량제 지원사업	641,432	농업축산과	10	1	7	8	7	5	5	4
1463	전남 장성군	토양개량제 공동살포비 지원사업	178,436	농업축산과	10	1	7	8	7	5	5	4
1464	전남 장성군	일반 육묘상자처리제 지원	300,000	농업축산과	10	4	7	8	7	5	5	4
1465	전남 장성군	병해충 적기 공동방제	300,000	농업축산과	10	4	7	8	7	5	5	4
1466	전남 장성군	기후변화대응 친환경 벼 병해충 적기방제	40,000	농업축산과	10	4	7	8	7	5	5	4
1467	전남 장성군	과수 병해충 방제비 지원	60,000	원예소득과	10	4	6	7	6	5	1	3
1468	전남 장성군	농작물 병해충 방제비 지원	60,000	원예소득과	10	2	6	7	6	5	1	3

순번	시군구	지출명 (사업명)	2021년예산 (단위:천원/1년간)	담당자 (공무원) 담당부서	민간이전 분류 (지방자치단체 세출예산 집행기준에 의거) 1. 민간경상사업보조(307-02) 2. 민간단체 법정운영비보조(307-03) 3. 민간행사사업보조(307-04) 4. 민간위탁금(307-05) 5. 사회복지시설 법정운영비보조(307-10) 6. 민간인위탁교육비(307-12) 7. 공기관등에대한경상적위탁사업비(308-10) 8. 민간자본사업보조,자체재원(402-01) 9. 민간자본사업보조,이전재원(402-02) 10. 민간위탁사업비(402-03) 11. 공기관등에 대한 자본적 대행사업비(403-02)	민간이전지출 근거 (지방보조금 관리기준 참고) 1. 법률에 규정 2. 국고보조 재원(국가지정) 3. 용도 지정 기부금 4. 조례에 직접규정 5. 지자체가 권장하는 사업을 하는 공공기관 6. 시,도 정책 및 재정사정 7. 기타 8. 해당없음	입찰방식 계약체결방법 (경쟁형태) 1. 일반경쟁 2. 제한경쟁 3. 지명경쟁 4. 수의계약 5. 법정위탁 6. 기타 ( ) 7. 해당없음	입찰방식 계약기간 1. 1년 2. 2년 3. 3년 4. 4년 5. 5년 6. 기타 ( )년 7. 단기계약 (1년미만) 8. 해당없음	입찰방식 낙찰자선정방법 1. 적격심사 2. 협상에의한계약 3. 최저가낙찰제 4. 규격가격분리 5. 2단계 경쟁입찰 6. 기타 ( ) 7. 해당없음	운영예산 산정 운영예산 산정 1. 내부산정 (지자체 자체적으로 산정) 2. 외부산정 (외부전문기관위탁 산정) 3. 내·외부 모두 산정 4. 산정 無 5. 해당없음	운영예산 산정 정산방법 1. 내부정산 (지자체 내부적으로 정산) 2. 외부정산 (외부전문기관위탁 정산) 3. 내·외부 모두 산정 4. 정산 無 5. 해당없음	성과평가 실시여부 1. 실시 2. 미실시 3. 향후 추진 4. 해당없음
1469	전남 장성군	누수급수관 응급복구	400,000	맑은물관리사업소	10	6	4	1	7	1	1	4
1470	전남 장성군	계량기 보수 및 교체	44,000	맑은물관리사업소	10	6	4	1	7	1	1	4
1471	전남 장성군	계량기보호통 교체	10,000	맑은물관리사업소	10	6	4	1	7	1	1	4
1472	전남 장성군	상수도급수공사대행	200,000	맑은물관리사업소	10	6	4	1	7	1	1	4
1473	전남 진도군	오류7리마을단위특화개발사업	7,000	지역개발과	10	1	4	2	7	1	1	4
1474	전남 진도군	행복동지사업	35,000	지역개발과	10	1	5	4	2	2	1	1
1475	전남 진도군	한우등록 지원사업	6,300	진도개축산과	10	8	7	8	7	5	5	4
1476	전남 신안군	쇠고기이력제	26,500	친환경농업과	10	7	7	8	7	5	5	4
1477	전남 신안군	전업농구제역예방접종지원	245,098	친환경농업과	10	2	5	7	7	1	3	3
1478	전남 신안군	기생충검사수수료	800	보건소	10	2	7	8	7	1	1	3
1479	전남 신안군	한센병환자이동검진비	5,600	보건소	10	5	7	8	7	5	5	2
1480	제주 서귀포시	노숙인재활시설 트럭구입	46,188	노인장애인과	10	1	6	8	7	5	5	2
1481	제주 서귀포시	공동주택리모델링 어린이집 기자재 구입	10,000	여성가족과	10	1	1	1	3	1	1	1
1482	제주 서귀포시	학교밖 청소년 지원센터 전용공간 조성	100,000	여성가족과	10	1	7	8	7	5	5	4
1483	제주 서귀포시	공동주택리모델링 어린이집 기자재 구입	10,000	여성가족과	10	2	2	3	1	2	1	3
1484	제주 서귀포시	학교밖 청소년 지원센터 전용공간 조성	100,000	여성가족과	10	1	7	8	7	5	5	4
1485	제주 서귀포시	문화도시조성사업 창의문화캠퍼스 운영	50,000	문화예술과	10	2	2	3	1	2	1	3

chapter

4

공기관등에대한자본적위탁사업비 (403-02)

2021년 전국 지방자치단체 공기관등에대한자본적대행사업비(403-02) 운영 현황

순번	시군구	지출명 (사업명)	2021년예산 (단위:천원/1년간)	담당자 (공무원) 담당부서	민간이전 분류 (지방자치단체 세출예산 집행기준에 의거) 1. 민간경상사업보조(307-02) 2. 민간단체 법정운영비보조(307-03) 3. 민간행사사업보조(307-04) 4. 민간위탁금(307-05) 5. 사회복지시설 법정운영비보조(307-10) 6. 민간인위탁교육비(307-12) 7. 공기관등에대한경상적위탁사업비(308-10) 8. 민간자본사업보조,자체재원(402-01) 9. 민간자본사업보조,이전재원(402-02) 10. 민간위탁사업비(402-03) 11. 공기관등에 대한 자본적 대행사업비(403-02)	민간이전지출 근거 (지방보조금 관리기준 참고) 1. 법률에 규정 2. 국고보조 재원(국가지정) 3. 용도 지정 기부금 4. 조례에 직접규정 5. 지자체가 권장하는 사업을 하는 공공기관 6. 시,도 정책 및 재정사정 7. 기타 8. 해당없음	입찰방식 계약체결방법 (경쟁형태) 1. 일반경쟁 2. 제한경쟁 3. 지명경쟁 4. 수의계약 5. 법정위탁 6. 기타 ( ) 7. 해당없음	입찰방식 계약기간 1. 1년 2. 2년 3. 3년 4. 4년 5. 5년 6. 기타 ( )년 7. 단기계약 (1년미만) 8. 해당없음	입찰방식 낙찰자선정방법 1. 적격심사 2. 협상에의한계약 3. 최저가낙찰제 4. 규격가격분리 5. 2단계 경쟁입찰 6. 기타 ( ) 7. 해당없음	운영예산 산정 운영예산 산정 1. 내부산정 (지자체 자체적으로 산정) 2. 외부산정 (외부전문기관위탁 산정) 3. 내·외부 모두 산정 4. 산정 無 5. 해당없음	운영예산 산정 정산방법 1. 내부정산 (지자체 내부적으로 정산) 2. 외부정산 (외부전문기관위탁 정산) 3. 내·외부 모두 산정 4. 정산 無 5. 해당없음	성과평가 실시여부 1. 실시 2. 미실시 3. 향후 추진 4. 해당없음
1	서울 종로구	주거급여	70,000	사회복지과	11	1	7	8	7	1	1	4
2	서울 중구	구립도서관 위탁 운영	487,983	문화관광과	11	4	2	3	6	1	1	4
3	서울 중구	주거급여	26,631	사회복지과	11	2	5	1	7	1	1	4
4	서울 중구	21년 건축행정시스템(세움터) 재구축	17,600	건축과	11	2	7	8	7	2	2	3
5	서울 중구	인사관리	33,842	행정지원과	11	4	6	1	6	2	2	3
6	서울 중구	예산편성 운영	77,110	기획조정과	11	7	7	1	7	2	2	4
7	서울 용산구	청백-e(통합 상시모니터링) 시스템 운영	10,399	감사담당관	11	1	5	1	7	2	2	4
8	서울 용산구	주민센터 시설 위탁관리	16,786	자치행정과	11	5	6	1	7	1	1	1
9	서울 용산구	차세대 지방재정관리시스템 구축 분담금	77,230	기획예산과	11	1	7	8	7	5	5	4
10	서울 성동구	자율적 내부통제 운영	11,198	감사담당관	11	5	5	1	7	2	2	4
11	서울 성동구	인사 운영	36,001	총무과	11	6	7	8	7	2	2	4
12	서울 성동구	예산편성 및 운용	88,230	기획예산과	11	1	5	1	7	2	2	4
13	서울 성동구	주거급여	37,000	기초복지과	11	1	7	8	7	5	5	4
14	서울 성동구	클라우드 기반 건축행정시스템 재구축	17,600	건축과	11	7	7	8	7	5	5	4
15	서울 성동구	도로명주소 위치정확도 개선	21,772	토지관리과	11	1	6	1	7	3	1	4
16	서울 성동구	산모신생아건강관리지원	11,402	건강관리과	11	2	7	8	7	3	3	1
17	서울 성동구	청소년산모 임신출산 의료비 지원	1,200,000	건강관리과	11	2	7	8	7	3	3	1
18	서울 성동구	기저귀 및 조제분유 지원	120,000	건강관리과	11	2	7	8	7	3	3	1
19	서울 성동구	표준모자보건수첩 제작	4,000	건강관리과	11	2	7	8	7	3	3	1
20	서울 성동구	의료급여수급권자 영유아검진비 지원	3,600	건강관리과	11	2	7	8	7	3	3	1
21	서울 성동구	희귀질환자 의료비지원사업	120,000	보건의료과	11	1	7	8	7	1	2	4
22	서울 성동구	치매치료 및 관리비 지원	117,260	질병예방과	11	1	4	3	1	1	1	1
23	서울 광진구	일반생활폐기물 처리	50,826	청소과	11	1	7	8	7	5	5	4
24	서울 동대문구	수도권매립지 및 노원자원회수시설 반입료	43,786	청소행정과	11	1	7	8	7	5	5	4
25	서울 동대문구	국가주소 정보시스템 운영	17,724	부동산정보과	11	1	5	1	7	3	1	4
26	서울 동대문구	국가주소 정보시스템 운영	5,544	부동산정보과	11	1	5	1	7	3	1	4
27	서울 동대문구	차세대 지방재정관리시스템 구축	88,230	기획예산과	11	6	6	1	7	2	2	4
28	서울 동대문구	차세대 표준지방인사정보시스템 인프라 구축	38,242	행정지원과	11	6	7	8	7	2	2	4
29	서울 동대문구	청백-e(통합 상시모니터링) 시스템 유지보수	11,198	감사담당관	11	4	6	1	7	2	2	4
30	서울 중랑구	표준지방인사정보시스템 차세대 인프라 구축	40,106	행정지원과	11	6	7	8	7	5	5	4
31	서울 중랑구	예산편성 및 운영	99,185	기획예산과	11	6	6	7	2	2	2	4
32	서울 중랑구	수도권매립지 및 노원자원회수시설 폐기물 반입	37,574	청소행정과	11	1	5	8	7	3	3	4
33	서울 중랑구	건축행정업무 수행	17,600	건축과	11	7	7	8	7	5	5	4
34	서울 중랑구	주소정보관리시스템,도로명주소기본도 유지관리 사업	24,691	부동산정보과	11	1	6	1	7	3	1	4
35	서울 중랑구	의료관련감염병 감시 및 예방관리	7,000	보건행정과	11	2	7	1	7	4	3	4
36	서울 성북구	사이언스 스테이션 운영 지원	45,000	일자리경제과	11	2	7	1	7	1	1	2
37	서울 강북구	인사관리 운영	38,122	행정지원과	11	1	5	1	7	2	2	4
38	서울 강북구	차세대 지방재정관리시스템 구축	88,230	기획예산과	11	1	7	8	7	5	5	4
39	서울 강북구	건축행정시스템(세움터) 재구축	17,600	건축과	11	7	7	8	7	5	5	4
40	서울 강북구	화계초등학교 지하 공영주차장 건설	609,000	주차관리과	11	5	7	8	7	5	5	4

순번	시군구	지출명 (사업명)	2021년예산 (단위:천원/1년간)	담당자 (공무원) 담당부서	민간이전 분류 (지방자치단체 세출예산 집행기준에 의거) 1. 민간경상사업보조(307-02) 2. 민간단체 법정운영비보조(307-03) 3. 민간행사사업보조(307-04) 4. 민간위탁금(307-05) 5. 사회복지시설 법정운영비보조(307-10) 6. 민간인위탁교육비(307-12) 7. 공기관등에대한경상적위탁사업비(308-10) 8. 민간자본사업보조,자체재원(402-01) 9. 민간자본사업보조,이전재원(402-02) 10. 민간위탁사업비(402-03) 11. 공기관등에 대한 자본적 대행사업비(403-02)	민간이전지출 근거 (지방보조금 관리기준 참고) 1. 법률에 규정 2. 국고보조 재원(국가지정) 3. 용도 지정 기부금 4. 조례에 직접규정 5. 지자체가 권장하는 사업을 하는 공공기관 6. 시,도 정책 및 재정사정 7. 기타 8. 해당없음	입찰방식 계약체결방법 (경쟁형태) 1. 일반경쟁 2. 제한경쟁 3. 지명경쟁 4. 수의계약 5. 법정위탁 6. 기타 ( ) 7. 해당없음	입찰방식 계약기간 1. 1년 2. 2년 3. 3년 4. 4년 5. 5년 6. 기타 ( )년 7. 단기계약 (1년미만) 8. 해당없음	입찰방식 낙찰자선정방법 1. 적격심사 2. 협상에의한계약 3. 최저가낙찰제 4. 규격가격분리 5. 2단계 경쟁입찰 6. 기타 ( ) 7. 해당없음	운영예산 산정 운영예산 산정 1. 내부산정 (지자체 자체적으로 산정) 2. 외부산정 (외부전문기관위탁 산정) 3. 내·외부 모두 산정 4. 산정 無 5. 해당없음	운영예산 산정 정산방법 1. 내부정산 (지자체 내부적으로 정산) 2. 외부정산 (외부전문기관위탁 정산) 3. 내·외부 모두 산정 4. 정산 無 5. 해당없음	성과평가 실시여부 1. 실시 2. 미실시 3. 향후 추진 4. 해당없음
41	서울 은평구	예산회계시스템 유지관리	99,185	기획예산과	11	5	6	3	6	2	2	4
42	서울 은평구	증산복합문화체육센터 건립	370,000	어르신복지과	11	2	7	8	7	5	5	4
43	서울 은평구	생활폐기물 처리	173,124	자원순환과	11	1	7	8	7	5	5	4
44	서울 은평구	주차장 확충	32,000	주차관리과	11	1	7	8	7	5	5	4
45	서울 은평구	건축민원 대책	17,600	건축과	11	7	7	8	7	5	5	4
46	서울 서대문구	차세대 지방재정관리시스템 구축비 분담금	88,230	기획예산과	11	1	5	1	7	2	2	4
47	서울 서대문구	건축행정시스템(세움터) 재구축	17,600	건축과	11	7	7	8	7	5	5	4
48	서울 마포구	인사 및 조직관리	40,496	총무과	11	5	5	3	7	1	1	4
49	서울 마포구	투명하고 효율적인 재정 운영	88,124	기획예산과	11	1	5	3	2	2	2	2
50	서울 마포구	도로명 및 건물번호 활용	59,610	부동산정보과	11	1	6	1	7	3	1	4
51	서울 마포구	건축 인·허가 및 사용 승인	17,600	건축과	11	8	7	8	7	5	5	4
52	서울 양천구	디지털 격차해소 로봇활용 교육	21,000	스마트정보과	11	7	7	8	7	1	1	3
53	서울 양천구	목3동 도시재생 뉴딜사업	66,000	도시재생과	11	1	7	8	7	1	1	3
54	서울 양천구	보건소결핵관리사업	15,000	보건행정과	11	1	7	8	7	1	1	4
55	서울 강서구	도시활력증진지역 개발	1,026,000	도시재생과	11	1	1	2	1	1	1	4
56	서울 강서구	새주소 위치정확도 개선 및 운영	7,888	부동산정보과	11	1	5	1	7	2	1	1
57	서울 강서구	새주소 위치정확도 개선 및 운영	17,724	부동산정보과	11	1	5	1	7	2	1	1
58	서울 구로구	주거급여	97,000	사회복지과	11	2	5	8	7	1	1	4
59	서울 금천구	수도권매립지 시설 대보수 재원분담	240,204	청소행정과	11	7	7	8	7	5	5	4
60	서울 영등포구	행정감사 실시	11,198	감사담당관	11	1	5	1	7	2	2	1
61	서울 영등포구	보유자금 관리	88,230	재무과	11	1	7	8	7	5	5	4
62	서울 영등포구	영등포청소년문화의집 운영	48,180	아동청소년복지과	11	1	1	3	1	1	1	2
63	서울 영등포구	수도권매립지 대보수 분담금	93,514	청소과	11	1	7	8	7	4	4	4
64	서울 영등포구	서남물재생센터 음폐수 바이오가스화 사업 분담금	126,000	청소과	11	5	7	8	7	5	5	4
65	서울 영등포구	공공지원제도 운영	5,000	도시재생과	11	4	7	8	7	5	5	4
66	서울 영등포구	건축행정 지원	17,600	건축과	11	2	7	8	7	5	5	4
67	서울 영등포구	도로명주소 운영 및 정확한 주소정보 제공	25,453	부동산정보과	11	1	5	5	7	1	1	4
68	서울 영등포구	효율적인 조직운영	39,251	총무과	11	1	7	8	7	5	5	4
69	서울 동작구	차세대 지방재정관리시스템 구축비 분담금	88,230	기획조정과	11	1	5	1	2	2	5	1
70	서울 동작구	시군구 정보화시스템 운영	109,099	미래도시과	11	1	5	1	7	2	2	4
71	서울 동작구	주거급여 사업	87,000	사회복지과	11	1	5	8	7	5	1	2
72	서울 동작구	건축행정시스템 재구축	17,600	건축과	11	2	7	8	7	5	5	4
73	서울 동작구	차세대 인사관리시스템(인사랑) 인프라 구축	37,474	행정지원과	11	7	7	8	7	5	5	4
74	서울 관악구	차세대지방재정관리시스템구축비	99,185	기획예산과	11	1	6	3	6	1	1	4
75	서울 관악구	주민등록시스템재구축사업비	15,085	자치행정과	11	1	5	8	7	2	2	2
76	서울 관악구	주거급여	207,000	생활복지과	11	1	7	8	7	5	5	4
77	서울 관악구	건축행정시스템 재구축	17,600	건축과	11	7	7	8	7	5	5	4
78	서울 관악구	도로명주소기본도유지관리	3,933	지적과	11	1	6	1	6	5	5	4
79	서울 관악구	국가주소정보관리시스템 유지관리	17,974	지적과	11	1	6	1	6	5	5	4
80	서울 송파구	청렴시책 추진	11,997	감사담당관	11	7	6	1	6	5	5	4
81	서울 송파구	공공도서관 운영	89,509	교육협력과	11	4	5	3	1	1	1	2
82	서울 송파구	조직 인력관리 등 인사시책 추진	45,800	총무과	11	7	7	8	7	5	5	4

순번	시군구	지출명 (사업명)	2021년예산 (단위:천원/1년간)	담당자 (공무원) 담당부서	민간이전 분류 (지방자치단체 세출예산 집행기준에 의거) 1. 민간경상사업보조(307-02) 2. 민간단체 법정운영비보조(307-03) 3. 민간행사사업보조(307-04) 4. 민간위탁금(307-05) 5. 사회복지시설 법정운영비보조(307-10) 6. 민간인위탁교육비(307-12) 7. 공기관등에대한경상적위탁사업비(308-10) 8. 민간자본사업보조,자체재원(402-01) 9. 민간자본사업보조,이전재원(402-02) 10. 민간위탁사업비(402-03) 11. 공기관등에 대한 자본적 대행사업비(403-02)	민간이전지출 근거 (지방보조금 관리기준 참고) 1. 법률에 규정 2. 국고보조 재원(국가지정) 3. 용도 지정 기부금 4. 조례에 직접규정 5. 지자체가 권장하는 사업을 하는 공공기관 6. 시,도 정책 및 재정사정 7. 기타 8. 해당없음	입찰방식 계약체결방법 (경쟁형태) 1. 일반경쟁 2. 제한경쟁 3. 지명경쟁 4. 수의계약 5. 법정위탁 6. 기타 ( ) 7. 해당없음	입찰방식 계약기간 1. 1년 2. 2년 3. 3년 4. 4년 5. 5년 6. 기타 ( )년 7. 단기계약 (1년미만) 8. 해당없음	입찰방식 낙찰자선정방법 1. 적격심사 2. 협상에의한계약 3. 최저가낙찰제 4. 규격가격분리 5. 2단계 경쟁입찰 6. 기타 ( ) 7. 해당없음	운영예산 산정 운영예산 산정 1. 내부산정 (지자체 자체적으로 산정) 2. 외부산정 (외부전문기관위탁 산정) 3. 내·외부 모두 산정 4. 산정 無 5. 해당없음	운영예산 산정 정산방법 1. 내부정산 (지자체 내부적으로 정산) 2. 외부정산 (외부전문기관위탁 정산) 3. 내·외부 모두 산정 4. 정산 無 5. 해당없음	성과평가 실시여부 1. 실시 2. 미실시 3. 향후 추진 4. 해당없음
83	서울 송파구	지방재정관리시스템 유지관리	99,185	기획예산과	11	7	5	1	7	2	2	4
84	서울 송파구	주거급여	28,000	사회복지과	11	1	5	1	7	1	1	4
85	서울 강동구	보육료 지원	52,821	여성가족과	11	1	7	8	7	2	2	2
86	서울 강동구	어린이집 운영지원	15,847	여성가족과	11	1	7	8	7	5	5	2
87	서울 강동구	표준지방인사정보시스템 운영비	11,569	총무과	11	1	5	1	2	2	2	2
88	경기 수원시	차세대지방재정관리시스템 구축	121,185	예산재정과	11	1	6	1	7	5	5	4
89	경기 수원시	교통약자 이동지원센터 운영	17,560	대중교통과	11	4	5	2	7	1	1	4
90	경기 수원시	농업생산기반시설 관리	90,000	생명산업과	11	5	5	5	7	1	1	1
91	경기 수원시	수리시설 정비	350,000	생명산업과	11	5	7	8	7	1	1	1
92	경기 수원시	장안구민회관 및 주차장 운영	8,000	장안구 행정지원과	11	5	6	8	6	1	1	4
93	경기 성남시	인사관리 기본운영 경비	98,496	자치행정과	11	7	1	3	2	2	2	4
94	경기 성남시	차세대 지방재정관리시스템 구축 지방비 분담금	121,185	예산재정과	11	2	7	1	7	2	2	4
95	경기 성남시	공정무역 매장조성 지원사업	50,000	지역경제과	11	4	7	8	7	1	1	1
96	경기 성남시	소공인집적지구 공동기반시설 구축사업	490,800	산업지원과	11	5	7	3	7	1	1	3
97	경기 성남시	지방세프로그램 유지보수비	118,390	세정과	11	2	7	3	7	2	2	4
98	경기 성남시	차세대 지방세정보시스템 구축 1단계 사업 도입장비 유지보수비	383,353	세정과	11	2	7	1	7	2	2	4
99	경기 성남시	공정무역 홍보관 및 공정카페 조성	90,000	교육청소년과	11	6	7	8	7	5	1	4
100	경기 성남시	주거급여 지원	220,000	주택과	11	2	5	1	7	1	1	1
101	경기 성남시	기존건축물 화재안전성능 보강 지원사업	293,326	건축과	11	1	7	8	7	1	1	3
102	경기 의정부시	차세대 지방재정관리시스템 구축 분담금	99,185	기획예산과	11	1	7	8	7	2	2	4
103	경기 의정부시	표준지방인사시스템 유지관리 분담금	75,663	자치행정과	11	1	7	1	7	5	5	4
104	경기 의정부시	신재생에너지 보급(주택지원)사업	204,600	지역경제과	11	1	7	8	7	1	1	3
105	경기 의정부시	가사간병 방문지원 사업	170,000	복지정책과	11	1	7	8	7	1	1	2
106	경기 의정부시	발달재활서비스 바우처 지원	1,231,000	노인장애인과	11	1	5	8	7	5	2	4
107	경기 의정부시	언어발달지원 바우처 지원	6,251	노인장애인과	11	1	5	8	7	5	2	4
108	경기 의정부시	발달장애인 부모상담지원	5,760	노인장애인과	11	1	5	8	7	5	2	4
109	경기 의정부시	청소년 발달장애학생 방과후활동서비스 지원	562,595	노인장애인과	11	1	5	8	7	5	2	4
110	경기 의정부시	발달장애인 주간활동서비스지원	672,960	노인장애인과	11	1	5	8	7	5	2	4
111	경기 의정부시	장애인 활동지원급여 지원	24,813	노인장애인과	11	1	7	8	7	5	2	4
112	경기 의정부시	활동보조 가산급여	66,794	노인장애인과	11	1	7	8	7	5	2	4
113	경기 의정부시	장애인활동지원급여 도 추가 지원	26,730	노인장애인과	11	1	7	8	7	5	2	4
114	경기 의정부시	장애인활동지원급여 24시간 지원	499,673	노인장애인과	11	1	7	8	7	5	2	4
115	경기 의정부시	장애인활동지원	29,410	노인장애인과	11	1	7	8	7	5	2	4
116	경기 의정부시	지역사회서비스투자사업	181,000	노인장애인과	11	1	5	8	7	5	2	4
117	경기 의정부시	수선유지급여	236,000	주택과	11	1	5	1	6	1	1	1
118	경기 의정부시	북부 중소기업 환경개선 지원	19,500	환경관리과	11	6	7	1	7	1	1	2
119	경기 의정부시	슬레이트 처리 및 개량 지원	92,100	환경관리과	11	2	7	8	7	5	5	4
120	경기 의정부시	슬레이트 건축물 실태조사	1,810,000	환경관리과	11	2	7	8	7	5	5	4
121	경기 의정부시	소규모 사업장 방지시설 설치 지원사업	324,000	환경관리과	11	2	6	1	6	1	1	3
122	경기 의정부시	사업장 대기방지시설 유지관리 지원사업	37,500	환경관리과	11	1	6	1	6	1	1	3
123	경기 의정부시	노후경유차 운행제한 시스템 유지보수	50,800	환경관리과	11	1	6	1	6	1	5	2
124	경기 의정부시	수도권매립지 대보수 자치단체분담금	187,964	자원순환과	11	1	7	8	7	5	5	4

순번	시군구	지출명 (사업명)	2021년예산 (단위:천원/1년간)	담당자 (공무원)	민간이전 분류 (지방자치단체 세출예산 집행기준에 의거)	민간이전지출 근거 (지방보조금 관리기준 참고)	입찰방식			운영예산 산정		성과평가 실시여부
				담당부서	1. 민간경상사업보조(307-02) 2. 민간단체 법정운영비보조(307-03) 3. 민간행사사업보조(307-04) 4. 민간위탁금(307-05) 5. 사회복지시설 법정운영비보조(307-10) 6. 민간인위탁교육비(307-12) 7. 공기관등에대한경상적위탁사업비(308-10) 8. 민간자본사업보조,자체재원(402-01) 9. 민간자본사업보조,이전재원(402-02) 10. 민간위탁사업비(402-03) 11. 공기관등에 대한 자본적 대행사업비(403-02)	1. 법률에 규정 2. 국고보조 재원(국가지정) 3. 용도 지정 기부금 4. 조례에 직접규정 5. 지자체가 권장하는 사업을 하는 공공기관 6. 시,도 정책 및 재정사정 7. 기타 8. 해당없음	계약체결방법 (경쟁형태) 1. 일반경쟁 2. 제한경쟁 3. 지명경쟁 4. 수의계약 5. 법정위탁 6. 기타 ( ) 7. 해당없음	계약기간 1. 1년 2. 2년 3. 3년 4. 4년 5. 5년 6. 기타 ( )년 7. 단기계약 (1년미만) 8. 해당없음	낙찰자선정방법 1. 적격심사 2. 협상에의한계약 3. 최저가낙찰제 4. 규격가격분리 5. 2단계 경쟁입찰 6. 기타 ( ) 7. 해당없음	운영예산 산정 1. 내부산정 (지자체 자체적으로 산정) 2. 외부산정 (외부전문기관위탁 산정) 3. 내·외부 모두 산정 4. 산정 無 5. 해당없음	정산방법 1. 내부정산 (지자체 내부적으로 정산) 2. 외부정산 (외부전문기관위탁 정산) 3. 내·외부 모두 산정 4. 정산 無 5. 해당없음	1. 실시 2. 미실시 3. 향후 추진 4. 해당없음
125	경기 안양시	차세대 지방재정관리시스템 구축비 분담금	110,186	예산법무과	11	8	7	8	7	5	5	4
126	경기 안양시	소상공인 경영환경개선사업 지원	300,000	기업경제과	11	8	7	8	7	5	5	4
127	경기 안양시	차세대 지방세정보시스템 구축 3단계 분담금	241,512	세정과	11	8	7	8	7	5	5	4
128	경기 안양시	차세대 지방세외수입정보시스템 구축 3단계 분담금	112,729	세정과	11	8	7	8	7	5	5	4
129	경기 안양시	보존포맷변환서버 윈도우 OS 업그레이드	7,160	총무과	11	8	7	8	7	5	5	4
130	경기 안양시	차세대 표준지방인사정보시스템 인프라 구축 분담금	62,082	총무과	11	8	7	8	7	5	5	4
131	경기 안양시	두루미 하우스 조성	48,414	도시재생과	11	8	7	8	7	5	5	4
132	경기 안양시	공유정원 및 주차장 조성	700,000	도시재생과	11	8	7	8	7	5	5	4
133	경기 안양시	건축행정시스템(세움터) 재구축 사업 분담금	17,600	건축과	11	8	7	8	7	5	5	4
134	경기 안양시	소규모영세사업장 방지시설 지원사업	864,000	기후대기과	11	8	7	8	7	5	5	4
135	경기 안양시	취약계층 가스안전장치(타이머콕) 설치	18,000	기후대기과	11	8	7	8	7	5	5	4
136	경기 광명시	차세대 지방재정관리시스템 구축 지방비 분담금	88,230	예산법무과	11	8	7	8	7	2	2	4
137	경기 광명시	표준지방인사정보시스템 유지관리비 부담금	65,058	총무과	11	1	5	1	6	5	5	4
138	경기 광명시	디지털광명문화대전 증보 구축	40,000	문화관광과	11	5	7	8	7	1	1	4
139	경기 광명시	수선유지급여	48,255	장애인복지과	11	2	5	1	7	4	1	4
140	경기 광명시	클라우드 기반 건축행정시스템 재구축 사업	17,600	주택과	11	6	6	2	6	2	2	3
141	경기 광명시	소규모사업장 방지시설 설치지원	252,000	환경관리과	11	8	7	8	7	5	5	4
142	경기 광명시	광명동 전신주 지중화 사업	15,000	기후에너지과	11	1	5	8	7	1	1	2
143	경기 광명시	수도권 매립지 반입비	1,050,840	자원순환과	11	1	6	6	6	2	4	4
144	경기 광명시	수도권 매립지 대보수 자치단체 분담금	43,000	자원순환과	11	1	6	6	6	2	4	4
145	경기 광명시	수도권매립지 대보수 자치단체 분담금	26,031	자원순환과	11	5	5	8	7	5	5	4
146	경기 평택시	팽성복지타운 수선유지보수	30,000	복지정책과	11	7	7	8	7	5	5	4
147	경기 평택시	권관항 노을힐링 어촌마을 조성	56,716	항만수산과	11	7	6	3	2	5	5	4
148	경기 평택시	청소년문화의집 시설보강	60,000	교육청소년과	11	6	1	1	7	1	1	1
149	경기 동두천시	슬레이트 처리 지원 사업	123,220	환경보호과	11	2	7	8	7	1	1	4
150	경기 동두천시	슬레이트 건축물 실태조사	9,010	환경보호과	11	2	7	8	7	5	5	4
151	경기 동두천시	소규모 영세사업장 방지시설 지원	20,700	환경보호과	11	2	7	1	7	1	1	1
152	경기 동두천시	악취방지시설 설치 및 개선	80,000	환경보호과	11	6	7	8	7	5	5	4
153	경기 동두천시	타이머콕 보급	20,000	일자리경제과	11	7	7	8	7	5	5	4
154	경기 동두천시	동두천 국가산업단지 조성 지원	50,000	일자리경제과	11	1	7	8	7	5	5	4
155	경기 동두천시	소상공인 경영환경개선사업	100,200	일자리경제과	11	7	7	8	7	5	5	4
156	경기 안산시	차세대 지방재정관리시스템 구축사업 분담금	110,186	기획예산과	11	1	7	1	7	5	5	4
157	경기 안산시	안산도시공사 대행사업비	49,300	기획예산과	11	5	7	8	7	1	1	1
158	경기 안산시	소상공인 경영환경개선 사업	520,000	상생경제과	11	1	7	6	7	1	1	1
159	경기 안산시	주거급여	350,000	복지정책과	11	1	5	1	7	1	1	4
160	경기 안산시	지역사회 통합돌봄 모형개발연구	22,000	복지정책과	11	2	7	7	7	1	1	3
161	경기 안산시	안산선부동 행복주택 건설	30,690	일자리정책과	11	4	1	2	3	1	1	1
162	경기 안산시	공공복합청사 건립	20,000	도시재생과	11	2	6	6	7	5	1	3
163	경기 안산시	건축행정시스템(세움터) 재구축 사업	17,600	건축디자인과	11	2	7	8	7	5	5	4
164	경기 안산시	안산갈대습지 위탁관리	600,000	환경정책과	11	4	5	3	6	1	1	3
165	경기 안산시	슬레이트 처리지원	50,820	환경정책과	11	5	5	2	7	5	1	2
166	경기 안산시	수소시범도시 조성사업	9,500	에너지정책과	11	1	4	3	7	1	1	3

순번	시군구	지출명 (사업명)	2021년예산 (단위:천원/1년간)	담당자 (공무원) 담당부서	민간이전 분류 (지방자치단체 세출예산 집행기준에 의거) 1. 민간경상사업보조(307-02) 2. 민간단체 법정운영비보조(307-03) 3. 민간행사사업보조(307-04) 4. 민간위탁금(307-05) 5. 사회복지시설 법정운영비보조(307-10) 6. 민간인위탁교육비(307-12) 7. 공기관등에대한경상적위탁사업비(308-10) 8. 민간자본사업보조,자체재원(402-01) 9. 민간자본사업보조,이전재원(402-02) 10. 민간위탁사업비(402-03) 11. 공기관등에 대한 자본적 대행사업비(403-02)	민간이전지출 근거 (지방보조금 관리기준 참고) 1. 법률에 규정 2. 국고보조 재원(국가지정) 3. 용도 지정 기부금 4. 조례에 직접규정 5. 지자체가 권장하는 사업을 하는 공공기관 6. 시,도 정책 및 재정사정 7. 기타 8. 해당없음	입찰방식 계약체결방법 (경쟁형태) 1. 일반경쟁 2. 제한경쟁 3. 지명경쟁 4. 수의계약 5. 법정위탁 6. 기타 ( ) 7. 해당없음	입찰방식 계약기간 1. 1년 2. 2년 3. 3년 4. 4년 5. 5년 6. 기타 ( )년 7. 단기계약 (1년미만) 8. 해당없음	입찰방식 낙찰자선정방법 1. 적격심사 2. 협상에의한계약 3. 최저가낙찰제 4. 규격가격분리 5. 2단계 경쟁입찰 6. 기타 ( ) 7. 해당없음	운영예산 산정 운영예산 산정 1. 내부산정 (지자체 자체적으로 산정) 2. 외부산정 (외부전문기관위탁 산정) 3. 내·외부 모두 산정 4. 산정 無 5. 해당없음	운영예산 산정 정산방법 1. 내부정산 (지자체 내부적으로 정산) 2. 외부정산 (외부전문기관위탁 정산) 3. 내·외부 모두 산정 4. 정산 無 5. 해당없음	성과평가 실시여부 1. 실시 2. 미실시 3. 향후 추진 4. 해당없음
167	경기 안산시	차세대표준지방인사정보시스템 구축 인프라	70,864	총무과	11	1	5	1	7	2	2	4
168	경기 안산시	중요기록물DB구축	100,000	총무과	11	1	5	1	7	1	1	4
169	경기 안산시	차세대 지방세 정보시스템 구축사업	272,459	공정조세과	11	1	5	3	7	5	5	4
170	경기 안산시	차세대 지방세외수입정보시스템 구축사업	112,729	공정조세과	11	1	5	3	7	5	5	4
171	경기 안산시	어촌뉴딜300사업	23,955	해양수산과	11	1	7	3	7	5	1	4
172	경기 안산시	안산형 상호문화도시 중장기 발전 전략 수립용역	60,000	외국인주민정책과	11	4	7	1	7	1	1	1
173	경기 안산시	다문화마을특구 전선지중화 및 가로환경개선사업	29,100	외국인주민정책과	11	8	7	1	7	1	1	4
174	경기 고양시	지방재정관리시스템 HW/SW 신규도입	1,060,000	예산담당관	11	1	5	1	7	2	2	4
175	경기 고양시	북부 중소기업 환경개선 지원사업	28,200	생태하천과	11	4	7	1	7	1	1	2
176	경기 고양시	철도건널목 청원시설 유지관리	10,000	안전건설과	11	1	7	8	7	5	5	4
177	경기 고양시	장애인 자립생활 정착금 지원	15,000	장애인복지과	11	6	7	8	7	1	1	3
178	경기 고양시	고양도시관리공사 위탁사업비	30,000	주차교통과	11	5	7	8	7	5	4	4
179	경기 고양시	스마트시티 조성사업	1,298,000	도시재생과	11	1	7	8	7	1	1	3
180	경기 고양시	별말(예술인마을)가는 길 및 특화거리사업	60,000	도시재생과	11	1	7	8	7	1	1	3
181	경기 고양시	쓰레기 분리수거장소 개선	20,000	도시재생과	11	1	7	8	7	1	1	3
182	경기 고양시	마을커뮤니티 공간조성	200,000	도시재생과	11	1	7	8	7	1	1	3
183	경기 고양시	커뮤니티센터(2호) 및 주차장 조성 신축비	20,670	도시재생과	11	1	1	7	6	1	1	3
184	경기 고양시	마을공원(삼송3 어린이공원) 조성	381,000	도시재생과	11	1	1	7	6	1	1	3
185	경기 고양시	마을환경 정비사업 관련 도로정비사업	339,000	도시재생과	11	1	1	7	6	1	1	3
186	경기 고양시	복합커뮤니티센터 조성사업	1,220,000	도시재생과	11	1	7	8	7	1	1	3
187	경기 고양시	능곡역 주변 환경개선사업	250,000	도시재생과	11	1	7	8	7	1	1	3
188	경기 고양시	주거지 인근 생활가로 및 마을주차장 정비	215,000	도시재생과	11	1	7	8	7	1	1	3
189	경기 고양시	스마트 안전마을 조성사업	270,000	도시재생과	11	1	7	8	7	1	1	3
190	경기 고양시	능곡시장 중심가로 정비	420,000	도시재생과	11	1	7	8	7	1	1	3
191	경기 과천시	지방재정관리시스템 구축비	66,255	기획감사담당관	11	7	7	8	7	2	2	4
192	경기 과천시	차세대 표준지방인사정보시스템 구축	18,726	자치행정과	11	7	7	8	7	5	5	4
193	경기 과천시	차세대 지방세정보시스템 구축	133,649	세무과	11	6	5	1	6	2	2	1
194	경기 과천시	차세대 지방세외수입정보시스템 구축	62,217	세무과	11	6	5	1	6	2	2	1
195	경기 과천시	부동산종합공부시스템 연속지적도 및 용도지역지구도 정비	48,003	열린민원과	11	7	5	2	7	5	1	4
196	경기 과천시	체육관동 및 청소년수련관 시설물 종합관리 위탁운영	21,000	교육청소년과	11	4	7	8	7	1	3	1
197	경기 과천시	소규모사업장방지시설 설치지원	162,000	환경위생과	11	2	7	8	7	5	5	4
198	경기 과천시	슬레이트 처리사업	20,640	환경위생과	11	1	4	1	6	2	3	2
199	경기 과천시	클라우드기반 건축행정시스템 재구축 부담금	17,600	건축과	11	7	7	8	7	5	5	4
200	경기 구리시	차세대 지방재정관리시스템 구축	88,230	기획예산담당관	11	7	5	1	7	2	2	4
201	경기 오산시	클라우드 기반 건축행정시스템(세움터) 재구축 사업	17,600	건축과	11	8	7	8	7	5	5	4
202	경기 오산시	에너지공단 신재생에너지 주택지원 더하기 사업	15,000	지역경제과	11	4	7	8	7	1	1	1
203	경기 오산시	폭염대비 에너지복지 지원사업	16,000	지역경제과	11	4	7	8	7	1	1	1
204	경기 오산시	소규모 사업장 방지시설 지원사업	738,000	환경과	11	5	5	1	7	1	1	4
205	경기 오산시	슬레이트 지붕교체 지원	93,880	환경과	11	1	5	1	7	3	3	2
206	경기 군포시	군포도시공사 운영	428,360	기획예산담당관	11	4	5	8	5	1	3	4
207	경기 군포시	차세대 지방재정관리시스템 구축	88,230	기획예산담당관	11	1	5	1	7	2	2	4
208	경기 군포시	소규모 사업장 방지시설 설치 지원	1,080,000	환경과	11	2	5	1	7	1	1	1

순번	시군구	지출명 (사업명)	2021년예산 (단위:천원/1년간)	담당자 (공무원) 담당부서	민간이전 분류 (지방자치단체 세출예산 집행기준에 의거) 1. 민간경상사업보조(307-02) 2. 민간단체 법정운영비보조(307-03) 3. 민간행사사업보조(307-04) 4. 민간위탁금(307-05) 5. 사회복지시설 법정운영비보조(307-10) 6. 민간인위탁교육비(307-12) 7. 공기관등에대한경상적위탁사업비(308-10) 8. 민간자본사업보조,자체재원(402-01) 9. 민간자본사업보조,이전재원(402-02) 10. 민간위탁사업비(402-03) 11. 공기관등에 대한 자본적 대행사업비(403-02)	민간이전지출 근거 (지방보조금 관리기준 참고) 1. 법률에 규정 2. 국고보조 재원(국가지정) 3. 용도 지정 기부금 4. 조례에 직접규정 5. 지자체가 권장하는 사업을 하는 공공기관 6. 시,도 정책 및 재정사정 7. 기타 8. 해당없음	입찰방식 계약체결방법 (경쟁형태) 1. 일반경쟁 2. 제한경쟁 3. 지명경쟁 4. 수의계약 5. 법정위탁 6. 기타 ( ) 7. 해당없음	입찰방식 계약기간 1. 1년 2. 2년 3. 3년 4. 4년 5. 5년 6. 기타 ( )년 7. 단기계약 (1년미만) 8. 해당없음	입찰방식 낙찰자선정방법 1. 적격심사 2. 협상에의한계약 3. 최저가낙찰제 4. 규격가격분리 5. 2단계 경쟁입찰 6. 기타 ( ) 7. 해당없음	운영예산 산정 운영예산 산정 1. 내부산정 (지자체 자체적으로 산정) 2. 외부산정 (외부전문기관위탁 산정) 3. 내·외부 모두 산정 4. 산정 無 5. 해당없음	운영예산 산정 정산방법 1. 내부정산 (지자체 내부적으로 정산) 2. 외부정산 (외부전문기관위탁 정산) 3. 내·외부 모두 산정 4. 정산 無 5. 해당없음	성과평가 실시여부 1. 실시 2. 미실시 3. 향후 추진 4. 해당없음
209	경기 군포시	공기관 위탁 수수료	32,400	환경과	11	2	5	1	7	1	1	1
210	경기 군포시	공단전출금	253,825	위생자원과	11	4	5	8	7	1	1	4
211	경기 군포시	군포도시공사 운영	204,862	위생자원과	11	4	5	8	7	1	1	4
212	경기 군포시	건축행정시스템(세움터) 재구축비	17,600	건축과	11	7	7	8	7	5	5	4
213	경기 군포시	수선유지급여	67,000	건축과	11	1	7	8	7	5	5	4
214	경기 군포시	특별교통수단 도입 및 운영	9,170	교통행정과	11	4	7	8	7	3	3	4
215	경기 군포시	군포도시공사 운영	800,000	교통행정과	11	4	7	8	7	3	3	4
216	경기 군포시	인사랑시스템 구축 등 유지보수	29,079	행정지원과	11	1	5	1	7	5	1	4
217	경기 군포시	군포시 평생학습원 승강기 교체공사	160,000	교육체육과	11	5	7	8	7	1	1	1
218	경기 군포시	군포시 평생학습원 흡수식 냉온수기 교체	475,115	교육체육과	11	5	7	8	7	1	1	1
219	경기 군포시	디지털 플랫폼 구축	75,000	교육체육과	11	5	7	8	7	1	1	1
220	경기 군포시	군포도시공사 운영	172,505	교육체육과	11	5	7	8	7	5	5	4
221	경기 군포시	지상주차장 외부계단통로 설치공사	30,329	문화예술과	11	5	7	8	7	1	1	4
222	경기 군포시	예술인센터 조성사업	450,000	문화예술과	11	5	7	8	7	1	1	4
223	경기 군포시	초막골생태공원 캠핑장 자본적위탁사업비	2,175,000	생태공원녹지과	11	1	7	8	7	1	1	4
224	경기 군포시	차세대 지방세외수입정보시스템 구축	88,025	세원관리과	11	7	6	1	7	2	2	4
225	경기 하남시	자본적 유형자산 구매비용 지급	117,000	도시전략과	11	7	6	5	7	1	1	4
226	경기 하남시	자동제어 설비시스템 보완구축	28,750	도시전략과	11	7	6	5	7	1	1	4
227	경기 하남시	지방재정관리시스템 유지관리	88,230	정책기획관	11	1	5	4	7	2	2	4
228	경기 하남시	하남형 대안/공유공간 조성	904,000	도시재생과	11	1	5	3	7	5	5	4
229	경기 하남시	소극장 무대기계 제어시스템 설계용역	40,000	문화체육과	11	5	7	8	7	1	1	4
230	경기 하남시	공조기시스템 교체	63,000	문화체육과	11	5	7	8	7	1	1	4
231	경기 하남시	CCTV교체 및 증설	42,000	문화체육과	11	5	7	8	7	1	1	4
232	경기 하남시	조명제어 시스템 교체	38,000	문화체육과	11	5	7	8	7	1	1	4
233	경기 하남시	냉동기 직결연결 공사	25,000	문화체육과	11	5	7	8	7	1	1	4
234	경기 하남시	표준기록관리시스템 위탁사업비	181,310	자치행정과	11	5	5	1	7	2	2	4
235	경기 용인시	종량제 물품 위탁판매	1,350,000	도시청결과	11	1	6	2	6	1	1	1
236	경기 용인시	실내체육관 생활체육실 운영	8,850	체육진흥과	11	4	5	3	7	1	1	1
237	경기 용인시	재활용센터 위탁사업	11,132	도시청결과	11	1	6	3	7	1	1	1
238	경기 용인시	구갈 다목적 복지회관 운영	22,000	노인복지과	11	1	7	8	7	5	1	1
239	경기 용인시	남사스포츠센터 운영	25,500	체육진흥과	11	4	5	3	7	1	1	1
240	경기 용인시	경찰대체육시설 운영	40,920	체육진흥과	11	4	5	6	7	1	1	1
241	경기 용인시	자동차번호판 발급운영사업	67,310	차량등록사업소	11	4	5	3	7	1	1	1
242	경기 용인시	용인실내체육관 운영	80,000	체육진흥과	11	4	5	3	7	1	1	1
243	경기 용인시	평온마루 어린이 전용 안치단 신설	100,000	노인복지과	11	4	1	7	3	1	1	1
244	경기 용인시	청덕도서관 운영금	102,500	도서관정책과	11	6	7	8	7	5	5	4
245	경기 용인시	용인자연휴양림	110,270	산림과	11	4	4	2	7	1	1	1
246	경기 용인시	차세대지방재정관리시스템 구축	121,185	예산과	11	2	6	3	7	5	5	4
247	경기 용인시	상갈1구역 주거환경개선사업	122,000	도시재생과	11	1	5	3	7	1	1	1
248	경기 용인시	생활폐기물 수집운반 위탁사업	132,600	도시청결과	11	7	6	8	7	1	1	1
249	경기 용인시	용인시민체육센터	147,400	도시청결과	11	4	4	2	7	1	1	1
250	경기 용인시	에코타운 조성 민간투자사업	155,593	하수시설과	11	2	5	8	7	1	1	4

순번	시군구	지출명 (사업명)	2021년예산 (단위:천원/1년간)	담당자 (공무원) 담당부서	민간이전 분류 (지방자치단체 세출예산 집행기준에 의거) 1. 민간경상사업보조(307-02) 2. 민간단체 법정운영비보조(307-03) 3. 민간행사사업보조(307-04) 4. 민간위탁금(307-05) 5. 사회복지시설 법정운영비보조(307-10) 6. 민간인위탁교육비(307-12) 7. 공기관등에대한경상적위탁사업비(308-10) 8. 민간자본사업보조,자체재원(402-01) 9. 민간자본사업보조,이전재원(402-02) 10. 민간위탁사업비(402-03) 11. 공기관등에 대한 자본적 대행사업비(403-02)	민간이전지출 근거 (지방보조금 관리기준 참고) 1. 법률에 규정 2. 국고보조 재원(국가지정) 3. 용도 지정 기부금 4. 조례에 직접규정 5. 지자체가 권장하는 사업을 하는 공공기관 6. 시,도 정책 및 재정사정 7. 기타 8. 해당없음	입찰방식 계약체결방법 (경쟁형태) 1. 일반경쟁 2. 제한경쟁 3. 지명경쟁 4. 수의계약 5. 법정위탁 6. 기타 ( ) 7. 해당없음	입찰방식 계약기간 1. 1년 2. 2년 3. 3년 4. 4년 5. 5년 6. 기타 ( )년 7. 단기계약 (1년미만) 8. 해당없음	입찰방식 낙찰자선정방법 1. 적격심사 2. 협상에의한계약 3. 최저가낙찰제 4. 규격가격분리 5. 2단계 경쟁입찰 6. 기타 ( ) 7. 해당없음	운영예산 산정 운영예산 산정 1. 내부산정 (지자체 자체적으로 산정) 2. 외부산정 (외부전문기관위탁 산정) 3. 내·외부 모두 산정 4. 산정 無 5. 해당없음	운영예산 산정 정산방법 1. 내부정산 (지자체 내부적으로 정산) 2. 외부정산 (외부전문기관위탁 정산) 3. 내·외부 모두 산정 4. 정산 無 5. 해당없음	성과평가 실시여부 1. 실시 2. 미실시 3. 향후 추진 4. 해당없음
251	경기 용인시	에코타운 조성 민간투자사업	155,593	하수시설과	11	2	5	8	7	1	1	4
252	경기 용인시	남이도시계획도로 소2-7호 개설공사	200,000	처인구 건설도로과	11	4	5	8	7	1	1	4
253	경기 용인시	이동읍 반곡선(농도310호) 개설공사	204,800	처인구 건설도로과	11	4	5	8	7	1	1	4
254	경기 용인시	아르피아스포츠센터 운영	247,644	체육진흥과	11	4	5	3	7	1	1	1
255	경기 용인시	주거급여	260,000	주택과	11	2	5	7	7	3	1	1
256	경기 용인시	친환경 장묘시설 잔디장 확충	300,000	노인복지과	11	4	1	7	3	1	1	1
257	경기 용인시	대지산~법화산 단절등산로 연결	500,000	산림과	11	7	7	8	7	1	1	3
258	경기 용인시	신갈2구역 주거환경개선사업	727,000	도시재생과	11	1	5	3	7	1	1	1
259	경기 용인시	고림1구역 주거환경개선사업	940,075	도시재생과	11	1	5	3	7	1	1	1
260	경기 용인시	이동 소1-19, 2-13호 개설공사	1,000,000	처인구 건설도로과	11	4	5	8	7	1	1	4
261	경기 용인시	장평 소규모공공하수처리시설 설치사업	1,000,000	하수시설과	11	2	7	8	7	5	5	4
262	경기 용인시	장평 소규모공공하수처리시설 설치사업	1,000,000	하수시설과	11	2	7	8	7	5	5	4
263	경기 용인시	이동 소1-2호 개설공사	1,200,000	처인구 건설도로과	11	4	5	8	7	1	1	4
264	경기 용인시	이동2구역 주거환경개선사업	1,518,000	도시재생과	11	1	5	3	7	1	1	1
265	경기 용인시	마평1구역 주거환경개선사업	1,734,000	도시재생과	11	1	5	3	7	1	1	1
266	경기 용인시	가창 소규모공공하수처리시설 설치사업	1,756,000	하수시설과	11	2	5	8	7	5	5	1
267	경기 용인시	가창 소규모공공하수처리시설 설치사업	1,756,000	하수시설과	11	2	5	8	7	5	5	1
268	경기 용인시	용인도시계획도로 소1-67,68호 개설	20,000	수지구 건설도로과	11	1	7	8	7	5	5	4
269	경기 용인시	남이도시계획도로 소2-67호 개설공사	20,000	처인구 건설도로과	11	4	5	8	7	1	1	4
270	경기 용인시	대대천 생태하천 복원사업	20,620	생태하천과	11	8	7	8	7	5	5	4
271	경기 용인시	이동읍 상리선(리도210호) 개설공사	26,000	처인구 건설도로과	11	4	5	8	7	1	1	4
272	경기 용인시	신원천 생태하천 복원사업	56,260	생태하천과	11	8	7	8	7	5	5	4
273	경기 용인시	풍덕천1구역 주거환경개선사업	7,168	도시재생과	11	1	5	3	7	1	1	1
274	경기 파주시	파주환경순환센터 현대화사업	966,250	자원순환과	11	7	5	8	7	1	1	4
275	경기 파주시	슬레이트 처리 및 개량	689,880	자원순환과	11	5	7	1	7	5	5	4
276	경기 파주시	슬레이트 건축물 실태조사	45,470	자원순환과	11	5	7	8	7	5	5	4
277	경기 파주시	온-나라 문서2.0 전환 구축	565,670	정보통신과	11	1	7	1	7	5	5	1
278	경기 파주시	채용 및 퇴임관리	51,915	자치행정과	11	7	7	1	2	4	4	4
279	경기 파주시	북부 중소기업 환경개선 지원사업	169,200	환경보전과	11	1	5	8	6	5	5	4
280	경기 파주시	소규모 영세사업장 방지시설 지원사업	8,478	환경보전과	11	1	5	8	6	5	5	4
281	경기 파주시	영세사업장 대기방지시설 유지관리 지원사업	142,500	환경보전과	11	1	5	8	6	5	5	4
282	경기 파주시	고위기청소년맞춤형프로그램운영	50,000	보육청소년과	11	2	6	8	7	5	1	1
283	경기 파주시	지역경관개선	1,357,000	도시재생과	11	1	5	8	5	1	1	4
284	경기 파주시	전통시장 특성화시장 육성	764,000	도시재생과	11	1	7	8	7	1	1	1
285	경기 이천시	차세대 지방재정관리시스템 구축	99,185	기획예산담당관	11	7	7	8	7	2	2	4
286	경기 이천시	차세대 표준인사정보시스템 구축	39,522	자치행정과	11	5	1	3	2	3	2	1
287	경기 이천시	차세대지방세정보시스템구축(3단계)2021분담금	334,408	징수과	11	1	7	1	7	2	2	2
288	경기 이천시	차세대세외수입정보시스템구축 2021년 분담금	84,998	징수과	11	1	7	1	7	2	2	2
289	경기 이천시	생활문화센터 조성	600,000	교육청소년과	11	1	1	6	7	2	3	3
290	경기 이천시	공공도서관 건립	20,940	교육청소년과	11	1	1	6	7	2	3	3
291	경기 이천시	청소년 생활문화센터(국민체육센터) 건립	400,000	교육청소년과	11	1	1	6	7	2	3	3
292	경기 이천시	건축행정시스템(세움터) 재구축	17,600	주택과	11	2	6	6	6	5	1	4

순번	시군구	지출명 (사업명)	2021년예산 (단위:천원/1년간)	담당자 (공무원) 담당부서	민간이전 분류 (지방자치단체 세출예산 집행기준에 의거) 1. 민간경상사업보조(307-02) 2. 민간단체 법정운영비보조(307-03) 3. 민간행사사업보조(307-04) 4. 민간위탁금(307-05) 5. 사회복지시설 법정운영비보조(307-10) 6. 민간인위탁교육비(307-12) 7. 공기관등에대한경상적위탁사업비(308-10) 8. 민간자본사업보조,자체재원(402-01) 9. 민간자본사업보조,이전재원(402-02) 10. 민간위탁사업비(402-03) 11. 공기관등에 대한 자본적 대행사업비(403-02)	민간이전지출 근거 (지방보조금 관리기준 참고) 1. 법률에 규정 2. 국고보조 재원(국가지정) 3. 용도 지정 기부금 4. 조례에 직접규정 5. 지자체가 권장하는 사업을 하는 공공기관 6. 시,도 정책 및 재정사정 7. 기타 8. 해당없음	입찰방식: 계약체결방법 (경쟁형태) 1. 일반경쟁 2. 제한경쟁 3. 지명경쟁 4. 수의계약 5. 법정위탁 6. 기타 ( ) 7. 해당없음	입찰방식: 계약기간 1. 1년 2. 2년 3. 3년 4. 4년 5. 5년 6. 기타 ( )년 7. 단기계약 (1년미만) 8. 해당없음	입찰방식: 낙찰자선정방법 1. 적격심사 2. 협상에의한계약 3. 최저가낙찰제 4. 규격가격분리 5. 2단계 경쟁입찰 6. 기타 ( ) 7. 해당없음	운영예산 산정: 운영예산 산정 1. 내부산정 (지자체 자체적으로 산정) 2. 외부산정 (외부전문기관위탁 산정) 3. 내·외부 모두 산정 4. 산정 無 5. 해당없음	운영예산 산정: 정산방법 1. 내부정산 (지자체 내부적으로 정산) 2. 외부정산 (외부전문기관위탁 정산) 3. 내·외부 모두 산정 4. 정산 無 5. 해당없음	성과평가 실시여부 1. 실시 2. 미실시 3. 향후 추진 4. 해당없음
293	경기 이천시	기초생활보장 주거급여	392,940	주택과	11	8	7	8	7	3	3	4
294	경기 이천시	관고전통시장 특성화첫걸음시장(기반조성) 육성	168,000	일자리정책과	11	1	1	1	5	3	3	1
295	경기 이천시	예스파크상점가 특성화첫걸음시장(기반조성) 육성	168,000	일자리정책과	11	1	1	1	5	3	3	1
296	경기 이천시	소규모사업장 방지시설 설치 지원사업	1,538,000	환경보호과	11	1	7	8	7	5	5	4
297	경기 이천시	영세사업장 대기방지시설 유지관리지원	137,000	환경보호과	11	1	7	8	7	5	5	4
298	경기 이천시	슬레이트 처리 및 개량지원	590,580	환경보호과	11	2	7	8	7	5	5	4
299	경기 이천시	슬레이트 건축물 실태조사	41,290	환경보호과	11	2	7	8	7	5	5	4
300	경기 이천시	영창로(관고사거리~중앙사거리)배전선로 지중화사업	400,000	건설과	11	1	7	8	7	5	5	4
301	경기 이천시	서희로(중앙교사거리~공설운동장)배전선로 지중화사업	330,000	건설과	11	1	7	8	7	5	5	4
302	경기 이천시	중리지구 택지개발사업	1,000,000	도시개발과	11	7	7	8	7	3	2	4
303	경기 이천시	백사지구 농업용수관로사업	180,000	농업정책과	11	5	7	8	7	5	5	4
304	경기 이천시	백사지구 용수관로 정비사업	20,000	농업정책과	11	5	7	8	7	5	5	4
305	경기 이천시	대서지구 수리시설 정비사업	800,000	농업정책과	11	5	7	8	7	5	5	4
306	경기 이천시	공공관정 관리기반구축	200,000	농업정책과	11	5	7	8	7	5	5	4
307	경기 이천시	농촌중심지 활성화 사업	23,040	농업정책과	11	1	5	5	7	5	5	1
308	경기 이천시	백신지구 양수장 유지관리비	114,737	농업정책과	11	5	7	8	7	5	5	4
309	경기 이천시	수리시설 재해복구사업	29,798	농업정책과	11	5	7	8	7	5	5	4
310	경기 이천시	기초생활거점 육성 사업	15,971	농업정책과	11	1	5	5	7	5	5	1
311	경기 이천시	마을만들기 사업	122,000	농업정책과	11	7	5	3	7	1	1	1
312	경기 이천시	마을만들기 사업	200,000	농업정책과	11	7	5	3	7	1	1	1
313	경기 이천시	마을만들기 사업	200,000	농업정책과	11	7	5	3	7	1	1	1
314	경기 이천시	마을만들기 사업	200,000	농업정책과	11	7	5	3	7	1	1	1
315	경기 이천시	마을만들기 사업	60,000	농업정책과	11	7	7	8	7	5	5	4
316	경기 이천시	마을만들기 사업	60,000	농업정책과	11	7	7	8	7	5	5	4
317	경기 이천시	마을만들기 사업	60,000	농업정책과	11	7	7	8	7	5	5	4
318	경기 이천시	마을만들기 사업	60,000	농업정책과	11	7	7	8	7	5	5	4
319	경기 이천시	어도 개보수 사업	125,000	농업정책과	11	5	7	8	7	5	5	4
320	경기 이천시	농어촌 취약지역 생활여건 개조 사업	636,000	농업정책과	11	1	5	5	7	5	5	1
321	경기 이천시	이천 하수관로 정비사업	714,000	상하수도사업소	11	8	7	8	7	5	5	4
322	경기 이천시	부발 하수관로 정비사업	714,000	상하수도사업소	11	8	7	8	7	5	5	4
323	경기 시흥시	냉방기기 설치 지원사업	36,000	환경정책과	11	6	7	8	7	5	5	4
324	경기 시흥시	슬레이트 지붕교체 지원	49,880	환경정책과	11	8	7	8	7	5	5	4
325	경기 시흥시	일반주택 태양광 설치 지원사업	46,200	환경정책과	11	7	7	8	7	1	2	4
326	경기 시흥시	유기성폐자원 바이오가스화시설 설치	1,434,000	자원순환과	11	1	7	8	7	5	5	4
327	경기 시흥시	녹색건축물 조성	200,000	도시재생과	11	7	7	8	7	3	3	3
328	경기 시흥시	정왕동 도시재생뉴딜 어울림센터 복합개발 위탁사업비	738,000	도시재생과	11	2	7	8	7	3	3	3
329	경기 시흥시	수선유지급여	191,500	주택과	11	1	5	8	7	3	3	4
330	경기 시흥시	건축행정시스템 재구축비	17,600	건축과	11	7	7	8	7	5	5	4
331	경기 시흥시	표준지방인사정보시스템 인프라 구축	49,239	행정과	11	1	5	1	7	2	1	4
332	경기 시흥시	차세대 주민등록시스템 구축 위탁사업비	14,570	민원여권과	11	6	7	8	7	2	2	4
333	경기 시흥시	은계어울림센터-1 건립 사업비	19,400	시설공사과	11	7	5	6	6	1	1	4
334	경기 시흥시	원스톱지역거점센터 다가치키움 조성	550,000	정왕보건지소	11	2	7	8	7	5	5	4

순번	시군구	지출명 (사업명)	2021년예산 (단위:천원/1년간)	담당자 (공무원) 담당부서	민간이전 분류 (지방자치단체 세출예산 집행기준에 의거) 1. 민간경상사업보조(307-02) 2. 민간단체 법정운영비보조(307-03) 3. 민간행사사업보조(307-04) 4. 민간위탁금(307-05) 5. 사회복지시설 법정운영비보조(307-10) 6. 민간인위탁교육비(307-12) 7. 공기관등에대한경상적위탁사업비(308-10) 8. 민간자본사업보조,자체재원(402-01) 9. 민간자본사업보조,이전재원(402-02) 10. 민간위탁사업비(402-03) 11. 공기관등에 대한 자본적 대행사업비(403-02)	민간이전지출 근거 (지방보조금 관리기준 참고) 1. 법률에 규정 2. 국고보조 재원(국가지정) 3. 용도 지정 기부금 4. 조례에 직접규정 5. 지자체가 권장하는 사업을 하는 공공기관 6. 시,도 정책 및 재정사정 7. 기타 8. 해당없음	입찰방식 계약체결방법 (경쟁형태) 1. 일반경쟁 2. 제한경쟁 3. 지명경쟁 4. 수의계약 5. 법정위탁 6. 기타 ( ) 7. 해당없음	계약기간 1. 1년 2. 2년 3. 3년 4. 4년 5. 5년 6. 기타 ( )년 7. 단기계약 (1년미만) 8. 해당없음	낙찰자선정방법 1. 적격심사 2. 협상에의한계약 3. 최저가낙찰제 4. 규격가격분리 5. 2단계 경쟁입찰 6. 기타 ( ) 7. 해당없음	운영예산 산정 운영예산 산정 1. 내부산정 (지자체 자체적으로 산정) 2. 외부산정 (외부전문기관위탁 산정) 3. 내·외부 모두 산정 4. 산정 無 5. 해당없음	정산방법 1. 내부정산 (지자체 내부적으로 정산) 2. 외부정산 (외부전문기관위탁 정산) 3. 내·외부 모두 산정 4. 정산 無 5. 해당없음	성과평가 실시여부 1. 실시 2. 미실시 3. 향후 추진 4. 해당없음
335	경기 시흥시	물왕저수지 수변데크 설치	39,000	생태하천과	11	5	7	8	7	1	1	3
336	경기 시흥시	스마트시티 혁신성장동력 연구개발 실증	1,310,000	첨단도시조성과	11	2	6	1	6	5	5	4
337	경기 여주시	차세대 지방인사정보시스템 인프라 도입비	31,437	자치행정과	11	1	5	1	7	5	5	4
338	경기 여주시	강천섬명소화사업 위탁수수료	320,000	관광체육과	11	7	6	8	7	1	1	4
339	경기 여주시	폭염대비에너지복지지원사업	36,000	일자리경제과	11	1	5	5	7	3	3	4
340	경기 여주시	건축행정시스템(세움터)재구축(3차)지자체균등분담	17,600	허가건축과	11	2	7	8	7	5	5	4
341	경기 여주시	수선유지급여	700,000	허가건축과	11	1	7	8	7	5	5	4
342	경기 김포시	평화누리길 기반시설 보강사업	416,000	관광진흥과	11	4	5	1	7	1	1	1
343	경기 김포시	해양쓰레기 정화	100,000	축수산과	11	2	7	8	7	1	1	2
344	경기 김포시	김포레코파크 증설 민간투자사업	1,184,000	하수과	11	2	5	8	7	2	2	4
345	경기 김포시	소규모 영세사업장 방지시설 설치 지원사업	12,033	환경지도과	11	1	4	1	2	2	2	1
346	경기 김포시	영세사업장 대기방지시설 유지관리 지원사업	287,500	환경지도과	11	1	4	1	2	2	2	4
347	경기 화성시	고온항 어촌뉴딜사업	49,330	해양수산과	11	8	7	8	7	1	1	4
348	경기 화성시	화성남부국민체육센터 운영	16,952	체육진흥과	11	6	5	2	7	1	1	4
349	경기 화성시	체육시설 운영	42,564	체육진흥과	11	6	5	3	7	1	1	4
350	경기 화성시	산업단지 위탁관리 운영	404,615	기업지원과	11	1	7	3	7	1	1	1
351	경기 화성시	축사 전기 안전진단	12,000	축산과	11	6	7	8	7	1	1	3
352	경기 화성시	표준모자보건수첩제작	7,340	건강증진과	11	2	7	8	7	5	5	2
353	경기 화성시	추모공원 운영	94,910	노인복지과	11	5	4	3	7	1	1	3
354	경기 화성시	화성 함백산추모공원 운영비	15,505	노인복지과	11	5	7	8	7	5	5	4
355	경기 화성시	화성 함백산추모공원 건립공사	26,472	노인복지과	11	5	4	6	7	1	1	3
356	경기 화성시	종량제 물품판매소 위탁운영 자본비	46,611	자원순환과	11	4	7	8	7	1	1	1
357	경기 화성시	그린환경센터 주민편익시설 운영	1,340,000	자원순환과	11	4	7	8	7	2	1	1
358	경기 화성시	신재생에너지 주택지원사업	330,000	신재생에너지과	11	1	6	8	6	1	1	3
359	경기 화성시	마을단위 LPG소형저장탱크 보급사업	720,900	신재생에너지과	11	1	5	1	7	2	2	4
360	경기 화성시	폭염대비에너지복지사업	48,000	신재생에너지과	11	5	5	1	7	1	1	1
361	경기 화성시	2021년 차세대 지방재정 정보화	121,185	예산법무과	11	1	7	3	7	2	2	4
362	경기 광주시	청소년 건강 지원사업	75,072	교육청소년과	11	1	7	8	7	1	1	1
363	경기 광주시	스마트공장 보급확산 지원사업	200,000	기업지원과	11	1	7	7	7	1	1	1
364	경기 광주시	소규모 영세사업장 방지시설 지원사업	63,220	환경정책과	11	1	7	1	2	3	3	4
365	경기 광주시	사업장 대기방지시설 유지관리 지원사업	100,000	환경정책과	11	1	7	8	7	5	5	4
366	경기 광주시	건축행정시스템 재구축 사업	17,600	건축과	11	7	7	8	7	5	5	4
367	경기 광주시	초월읍 지월2리 마을만들기 사업	151,000	농업정책과	11	7	4	3	7	1	1	1
368	경기 광주시	곤지암읍 장심리 마을만들기 사업	148,000	농업정책과	11	7	4	3	7	1	1	1
369	경기 광주시	내수면 자원조성(어도 개보수)사업	125,000	농업정책과	11	2	7	8	7	5	5	4
370	경기 광주시	곤지암농촌중심지활성화센터 위탁 운영비	1,148,000	농업정책과	11	7	4	5	7	1	1	1
371	경기 양주시	푸드뱅크 운영비 지원	45,973	사회복지과	11	1	7	8	7	1	1	1
372	경기 양주시	영세사업장 청정연료 전환사업	230,300	환경관리과	11	4	7	1	2	5	5	4
373	경기 양주시	소규모 영세사업장 방지시설 지원사업	56,880	환경관리과	11	2	7	1	2	5	5	4
374	경기 포천시	차세대 지방재정관리시스템 구축 시군 분담금	99,185	기획예산과	11	1	5	1	7	2	2	1
375	경기 포천시	차세대 지방세외수입 정보시스템 구축	82,864	세원관리과	11	1	5	1	7	2	2	2
376	경기 포천시	차세대주민등록시스템 운영 부담금	12,416	민원토지과	11	2	6	8	7	5	5	4

순번	시군구	지출명 (사업명)	2021년예산 (단위:천원/1년간)	담당자 (공무원) 담당부서	민간이전 분류 (지방자치단체 세출예산 집행기준에 의거) 1. 민간경상사업보조(307-02) 2. 민간단체 법정운영비보조(307-03) 3. 민간행사사업보조(307-04) 4. 민간위탁금(307-05) 5. 사회복지시설 법정운영비보조(307-10) 6. 민간인위탁교육비(307-12) 7. 공기관등에대한경상적위탁사업비(308-10) 8. 민간자본사업보조,자체재원(402-01) 9. 민간자본사업보조,이전재원(402-02) 10. 민간위탁사업비(402-03) 11. 공기관등에 대한 자본적 대행사업비(403-02)	민간이전지출 근거 (지방보조금 관리기준 참고) 1. 법률에 규정 2. 국고보조 재원(국가지정) 3. 용도 지정 기부금 4. 조례에 직접규정 5. 지자체가 권장하는 사업을 하는 공공기관 6. 시,도 정책 및 재정사정 7. 기타 8. 해당없음	입찰방식: 계약체결방법 (경쟁형태) 1. 일반경쟁 2. 제한경쟁 3. 지명경쟁 4. 수의계약 5. 법정위탁 6. 기타 ( ) 7. 해당없음	입찰방식: 계약기간 1. 1년 2. 2년 3. 3년 4. 4년 5. 5년 6. 기타 ( )년 7. 단기계약 (1년미만) 8. 해당없음	입찰방식: 낙찰자선정방법 1. 적격심사 2. 협상에의한계약 3. 최저가낙찰제 4. 규격가격분리 5. 2단계 경쟁입찰 6. 기타 ( ) 7. 해당없음	운영예산 산정: 운영예산 산정 1. 내부산정 (지자체 자체적으로 산정) 2. 외부산정 (외부전문기관위탁 산정) 3. 내·외부 모두 산정 4. 산정 無 5. 해당없음	운영예산 산정: 정산방법 1. 내부정산 (지자체 내부적으로 정산) 2. 외부정산 (외부전문기관위탁 정산) 3. 내·외부 모두 산정 4. 정산 無 5. 해당없음	성과평가 실시여부 1. 실시 2. 미실시 3. 향후 추진 4. 해당없음
377	경기 포천시	소규모사업장 청정연료 전환사업	98,700	친환경정책과	11	7	4	1	6	5	1	2
378	경기 포천시	슬레이트 처리 및 개량 지원	494,440	환경지도과	11	5	5	1	2	5	3	3
379	경기 포천시	슬레이트 건축물 실태조사	21,930	환경지도과	11	5	7	8	7	5	5	4
380	경기 포천시	소규모 사업장 방지시설 설치지원	8,478	환경지도과	11	5	5	1	2	5	3	3
381	경기 포천시	북부 중소기업 수질개선지원	169,200	환경지도과	11	5	5	1	2	5	3	3
382	경기 포천시	대기 방지시설 유지관리	100,000	환경지도과	11	5	5	1	2	5	3	3
383	경기 포천시	청계저수지 수변공원 조성사업	1,041,000	생태공원과	11	5	4	7	7	1	1	3
384	경기 포천시	어울림센터Ⅱ건립	1,214,000	친환경도시재생과	11	1	5	2	7	3	3	4
385	경기 포천시	주거급여 지원	500,000	건축과	11	2	5	1	7	2	2	1
386	경기 포천시	포천시 노후상수관망 정비사업	57,880	상하수과	11	5	5	5	7	3	3	3
387	경기 포천시	포천시 노후상수관로 정밀조사	167,000	상하수과	11	5	5	5	7	3	3	3
388	경기 연천군	주거급여	418,572	복지정책과	11	1	6	1	7	1	1	1
389	경기 연천군	2021년 차세대 지방세정보시스템 구축사업	101,146	세무과	11	5	5	1	7	2	2	4
390	경기 연천군	세외수입차세대시스템구축사업	64,351	세무과	11	5	5	1	7	2	2	4
391	경기 연천군	전동지구 지표수보강개발사업 실시설계비	86,000	기반조성팀	11	5	6	7	7	1	1	4
392	경기 연천군	ASF 긴급방역	1,100,000	축산과	11	4	7	8	7	5	5	4
393	경기 연천군	가축방역창고 설치사업	200,000	축산과	11	4	7	8	7	5	5	4
394	경기 연천군	경기북부 중소기업 환경개선 지원사업	84,600	환경보호과	11	2	7	8	7	5	5	4
395	경기 연천군	슬레이트 처리지원사업	407,180	환경보호과	11	2	7	8	7	5	5	4
396	경기 연천군	영세사업장 미세먼지 저감 개선사업	414,000	환경보호과	11	2	7	8	7	5	5	4
397	경기 연천군	악취방지시설 설치 및 개선	80,000	환경보호과	11	4	7	8	7	5	5	4
398	경기 연천군	슬레이트 전수조사 사업	44,000	환경보호과	11	2	7	8	7	5	5	4
399	경기 연천군	공기관등에대한자본적위탁사업비	22,988	종합민원과	11	1	5	1	7	2	2	1
400	경기 연천군	평화누리길 기반시설 보강사업	189,500	관광과	11	5	7	7	7	1	1	1
401	경기 연천군	공기관등에대한자본적위탁사업비	22,988	종합민원과	11	1	5	1	7	2	2	1
402	경기 연천군	전곡도시계획도로 지중화사업	200,000	건설과	11	4	7	8	7	5	5	4
403	경기 연천군	표준기록관리시스템 유지관리	280,440	행정담당관	11	5	5	1	7	2	2	4
404	경기 가평군	응급실 운영 의료기관 지원	300,000	건축과	11	8	7	8	7	5	5	4
405	경기 가평군	차세대 지방재정관리시스템 구축 부담금	77,230	기획감사담당관	11	1	6	2	6	3	3	4
406	경기 가평군	청백-e시스템 운영지원 유지관리	9,000	기획감사담당관	11	8	6	1	6	3	3	4
407	경기 가평군	2021년 중요기록물 DB 구축 사업	262,800	자치행정과	11	8	5	1	7	1	1	1
408	경기 가평군	차세대 지방세외수입정보시스템 구축	67,777	세정과	11	8	7	8	7	5	5	4
409	경기 가평군	차세대 지방세정보시스템 구축	109,141	세정과	11	8	7	8	7	5	5	4
410	경기 가평군	재해위험지구정비사업	842,000	건설과	11	8	5	3	7	1	1	4
411	경기 가평군	대형관정 관리	100,000	건설과	11	8	7	8	7	5	5	4
412	경기 가평군	노후상수관망 정비사업	16,530	환경과	11	8	5	5	7	3	3	3
413	경기 가평군	북부 중소기업 수질개선 지원	20,000	환경과	11	8	5	7	6	3	3	4
414	경기 가평군	소규모 영세사업장 방지시설 지원사업	468,000	환경과	11	8	5	1	7	2	2	4
415	경기 가평군	슬레이트 처리 및 개량 지원사업	436,780	환경과	11	8	5	2	7	2	2	4
416	경기 가평군	노후차 운행제한	100,000	환경과	11	8	7	8	7	5	5	4
417	경기 가평군	사업장 대기방지시설 관리지원	12,000	환경과	11	8	7	8	7	5	5	4
418	경기 가평군	사업장 대기방지시설 유지보수	8,000	환경과	11	8	7	8	7	5	5	4

순번	시군구	지출명 (사업명)	2021년예산 (단위:천원/1년간)	담당자 (공무원) 담당부서	민간이전 분류 (지방자치단체 세출예산 집행기준에 의거) 1. 민간경상사업보조(307-02) 2. 민간단체 법정운영비보조(307-03) 3. 민간행사사업보조(307-04) 4. 민간위탁금(307-05) 5. 사회복지시설 법정운영비보조(307-10) 6. 민간인위탁교육비(307-12) 7. 공기관등에대한경상적위탁사업비(308-10) 8. 민간자본사업보조,자체재원(402-01) 9. 민간자본사업보조,이전재원(402-02) 10. 민간위탁사업비(402-03) 11. 공기관등에 대한 자본적 대행사업비(403-02)	민간이전지출 근거 (지방보조금 관리기준 참고) 1. 법률에 규정 2. 국고보조 재원(국가지정) 3. 용도 지정 기부금 4. 조례에 직접규정 5. 지자체가 권장하는 사업을 하는 공공기관 6. 시,도 정책 및 재정사정 7. 기타 8. 해당없음	입찰방식 계약체결방법 (경쟁형태) 1. 일반경쟁 2. 제한경쟁 3. 지명경쟁 4. 수의계약 5. 법정위탁 6. 기타 ( ) 7. 해당없음	입찰방식 계약기간 1. 1년 2. 2년 3. 3년 4. 4년 5. 5년 6. 기타 ( )년 7. 단기계약 (1년미만) 8. 해당없음	입찰방식 낙찰자선정방법 1. 적격심사 2. 협상에의한계약 3. 최저가낙찰제 4. 규격가격분리 5. 2단계 경쟁입찰 6. 기타 ( ) 7. 해당없음	운영예산 산정 운영예산 산정 1. 내부산정 (지자체 자체적으로 산정) 2. 외부산정 (외부전문기관위탁 산정) 3. 내·외부 모두 산정 4. 산정 無 5. 해당없음	운영예산 산정 정산방법 1. 내부정산 (지자체 내부적으로 정산) 2. 외부정산 (외부전문기관위탁 정산) 3. 내·외부 모두 산정 4. 정산 無 5. 해당없음	성과평가 실시여부 1. 실시 2. 미실시 3. 향후 추진 4. 해당없음
419	경기 가평군	사업장 대기방지시설 성능검사	1,000,000	환경과	11	8	7	8	7	5	5	4
420	경기 가평군	신활력플러스사업 H/W사업	15,460	농업정책과	11	8	1	1	2	2	2	3
421	경기 가평군	가평읍농촌중심지활성화사업	50,370	농업정책과	11	8	1	2	2	2	2	3
422	경기 가평군	조종면 기초생활거점조성 1식	391,000	농업정책과	11	8	1	1	2	2	2	3
423	경기 가평군	건축행정시스템(세움터)재구축 예산	17,600	건축과	11	8	7	8	7	5	5	4
424	경기 양평군	양평군 지방상수도 현대화사업	11,793	수도사업소	11	2	4	4	6	1	1	2
425	경기 양평군	양평군 해외시장개척단 지원사업	50,000	일자리경제과	11	4	5	8	7	1	1	1
426	경기 양평군	장애인의료비 지원	113,901	주민복지과	11	2	5	8	7	5	1	4
427	경기 양평군	옥천면 농촌중심지 활성화사업	22,890	친환경농업과	11	1	5	4	7	5	5	3
428	경기 양평군	지평면 기초생활거점사업	15,970	친환경농업과	11	1	5	4	7	5	5	3
429	경기 양평군	개군면 기초생활거점사업	13,940	친환경농업과	11	1	5	4	7	5	5	3
430	경기 양평군	서종면 농촌중심지 활성화사업	1,305,000	친환경농업과	11	1	5	4	7	5	5	3
431	경기 양평군	창조적 마을만들기 사업	11,250	친환경농업과	11	1	5	3	7	5	5	3
432	경기 양평군	단월면 기초생활거점 육성사업	226,143	친환경농업과	11	1	5	4	7	5	5	3
433	경기 양평군	소규모 대기배출사업장 방지시설 설치 지원사업	414,000	환경과	11	1	7	7	7	3	3	2
434	경기 양평군	배출가스 저감 및 LPG 화물차 구입지원 사업	100,000	환경과	11	2	7	8	7	5	5	4
435	인천광역시	장수공영차고지 위탁대행사업비	188,327	버스정책과	11	6	6	6	6	1	1	4
436	인천광역시	송도공영차고지 위탁대행사업비	449,095	버스정책과	11	6	6	6	6	1	1	4
437	인천광역시	청라국제도시 도시기반시설 유지관리비	113,510	청라관리과	11	4	7	8	7	1	1	1
438	인천광역시	청라국제도시 공원 유지관리비	1,142,000	청라관리과	11	4	7	8	7	1	1	1
439	인천광역시	청라-강서간 간선급행버스 운영 재정지원	23,508	교통정책과	11	6	5	8	7	1	1	2
440	인천광역시	청라 BRT 통합차고지 운영 대행사업비	457,284	교통정책과	11	6	5	8	7	1	1	2
441	인천광역시	스마트공장 보급지원	25,000	산업진흥과	11	6	6	1	6	5	3	1
442	인천광역시	남동스마트산단 조성 지원	52,000	산업진흥과	11	2	6	1	6	5	3	1
443	인천광역시	신재생에너지 융복합지원사업	15,000	에너지정책과	11	5	7	8	7	5	5	4
444	인천광역시	장수공영차고지 위탁대행사업비	188,327	버스정책과	11	6	6	6	6	1	1	4
445	인천광역시	송도공영차고지 위탁대행사업비	449,095	버스정책과	11	6	6	6	6	1	1	4
446	인천광역시	택시승차대 관리위탁	99,000	택시물류과	11	5	7	8	7	1	5	4
447	인천광역시	인천삼산월드체육관 위탁	62,831	체육진흥과	11	1	4	3	7	1	1	1
448	인천광역시	계산국민체육센터 위탁	40,344	체육진흥과	11	1	4	3	7	1	1	1
449	인천광역시	송림체육관 위탁	39,271	체육진흥과	11	1	4	5	7	1	1	4
450	인천광역시	계양체육관/아시아드양궁장 위탁	31,166	체육진흥과	11	1	4	5	7	1	1	4
451	인천광역시	강화고인돌체육관/아시아드BMX경기장 위탁	1,467,000	체육진흥과	11	1	4	3	7	1	1	1
452	인천광역시	인천아시아드주경기장/연희크리켓경기장 위탁	53,258	체육진흥과	11	1	4	5	7	1	1	4
453	인천광역시	굴포천 유지용수 공급시설 운영	46,060	수질환경과	11	5	7	8	7	5	5	4
454	인천광역시	바이오 원부자재 국산화 지원사업	300,000	미래산업과	11	7	6	1	7	3	3	1
455	인천 중구	삼목항 어촌뉴딜300사업	21,550	농수산과	11	2	7	8	7	5	5	4
456	인천 중구	문화재 야행 프로그램	700,000	문화관광과	11	2	7	8	7	5	5	4
457	인천 중구	주거급여 지원 사업(수선유지급여)	540,000	복지과	11	2	5	1	6	3	2	1
458	인천 중구	저소득 장애인주택 편의시설 설치 지원 사업	20,000	복지과	11	6	5	1	6	3	2	1
459	인천 동구	차세대 지방세정보시스템 구축비	56,218	세무과	11	1	7	1	7	5	2	4
460	인천 동구	차세대 지방세외수입시스템 구축	62,217	세무과	11	1	7	1	7	5	2	4

순번	시군구	지출명 (사업명)	2021년예산 (단위:천원/1년간)	담당자 (공무원)	민간이전 분류 (지방자치단체 세출예산 집행기준에 의거)	민간이전지출 근거 (지방보조금 관리기준 참고)	입찰방식			운영예산 산정		성과평가 실시여부
				담당부서	1. 민간경상사업보조(307-02) 2. 민간단체 법정운영비보조(307-03) 3. 민간행사사업보조(307-04) 4. 민간위탁금(307-05) 5. 사회복지시설 법정운영비보조(307-10) 6. 민간인위탁교육비(307-12) 7. 공기관등에대한경상적위탁사업비(308-10) 8. 민간자본사업보조,자체재원(402-01) 9. 민간자본사업보조,이전재원(402-02) 10. 민간위탁사업비(402-03) 11. 공기관등에 대한 자본적 대행사업비(403-02)	1. 법률에 규정 2. 국고보조 재원(국가지정) 3. 용도 지정 기부금 4. 조례에 직접규정 5. 지자체가 권장하는 사업을 하는 공공기관 6. 시,도 정책 및 재정사정 7. 기타 8. 해당없음	계약체결방법 (경쟁형태) 1. 일반경쟁 2. 제한경쟁 3. 지명경쟁 4. 수의계약 5. 법정위탁 6. 기타 ( ) 7. 해당없음	계약기간 1. 1년 2. 2년 3. 3년 4. 4년 5. 5년 6. 기타 ( )년 7. 단기계약 (1년미만) 8. 해당없음	낙찰자선정방법 1. 적격심사 2. 협상에의한계약 3. 최저가낙찰제 4. 규격가격분리 5. 2단계 경쟁입찰 6. 기타 ( ) 7. 해당없음	운영예산 산정 1. 내부산정 (지자체 자체적으로 산정) 2. 외부산정 (외부전문기관위탁 산정) 3. 내·외부 모두 산정 4. 산정 無 5. 해당없음	정산방법 1. 내부정산 (지자체 내부적으로 정산) 2. 외부정산 (외부전문기관위탁 정산) 3. 내·외부 모두 산정 4. 정산 無 5. 해당없음	1. 실시 2. 미실시 3. 향후 추진 4. 해당없음
461	인천 동구	다함께돌봄센터 설치	16,000	여성정책과	11	6	7	2	7	5	5	4
462	인천 동구	건축행정시스템 재구축사업	17,600	건축과	11	6	7	8	7	5	5	4
463	인천 동구	주거급여	318,990	건축과	11	2	5	1	7	3	3	4
464	인천 동구	꿈드림센터 공기관 등에 대한 자본적 위탁 사업비	7,000	도시전략실	11	8	7	8	7	1	1	4
465	인천 미추홀구	미추홀구 시설관리공단 운영 내실화	8,076	기획예산실	11	4	7	8	7	1	1	1
466	인천 미추홀구	시설관리공단 자본적 위탁사업비	4,040	재무과	11	4	5	1	7	4	1	1
467	인천 미추홀구	시설관리공단 자본적 위탁사업비	1,400,000	노인장애인복지과	11	1	7	3	7	1	1	1
468	인천 미추홀구	시설관리공단 위탁 사업	10,000	공원녹지과	11	4	7	8	7	1	1	1
469	인천 미추홀구	건축행정시스템(세움터) 재구축	17,600	주택관리과	11	7	7	8	7	5	5	4
470	인천 연수구	재정관리시스템 운영	88,230	기획예산실	11	7	7	8	7	5	5	4
471	인천 연수구	시설안전관리공단 운영	40,841	기획예산실	11	4	7	8	7	1	1	1
472	인천 연수구	연수구시설안전관리공단 공원 · 녹지 대행사업비	6,950	송도관리단	11	4	7	8	7	5	1	2
473	인천 연수구	구청사 시설물 유지관리	3,710	재무회계과	11	4	7	8	7	1	1	1
474	인천 연수구	세외수입 지원	77,232	세무2과	11	1	6	2	7	2	2	4
475	인천 연수구	청학복합문화센터 유지관리 및 운영	1,350,000	문화체육과	11	4	7	8	7	1	1	1
476	인천 연수구	선학체육관 관리 운영	220,000	문화체육과	11	5	5	8	6	1	3	3
477	인천 연수구	공원 내 체육시설 유지 관리	3,860	문화체육과	11	5	5	8	6	1	3	3
478	인천 연수구	송도체육센터 운영	18,530	문화체육과	11	7	6	8	6	1	1	3
479	인천 연수구	시설안전관리공단 운영경비	600,000	도서관정책과	11	5	5	8	7	1	1	2
480	인천 연수구	시설안전관리공단 운영경비	2,893,000	복지정책과	11	4	5	8	7	1	1	1
481	광주 북구	재정관리시스템운영	88,230	기획조정실	11	5	5	1	7	2	2	4
482	광주 북구	건축행정시스템(세움터)재구축지방비부담	17,600	도시건축과	11	1	7	8	7	5	5	4
483	광주 북구	주거급여	900,000	도시건축과	11	1	5	1	7	1	3	1
484	광주 북구	광주역의역전,청춘창의력시장만들기	549,000	생활공간재생과	11	1	7	8	7	1	1	3
485	광주 북구	임동도시재생뉴딜사업	21,770	생활공간재생과	11	1	7	8	7	1	1	4
486	광주 광산구	청백-e 상시모니터링시스템유지관리비	10,399	감사관	11	7	7	8	7	5	5	4
487	광주 광산구	자치단체등자본이전	700,000	생활보장과	11	1	7	1	7	3	3	1
488	대구광역시	차세대 지방재정관리시스템 구축 분담금	132,185	예산담당관	11	8	7	8	7	5	5	4
489	대구광역시	차세대 지방세정보시스템 구축사업 2단계(2차년도) 분담금	1,033,789	세정담당관	11	1	5	6	7	5	5	4
490	대구광역시	자치입법 플랫폼 구축	230,000	법무담당관	11	2	7	8	7	5	5	4
491	대구광역시	공공시설물 내진보강공사	1,000,000	자연재난과	11	7	1	2	1	2	1	1
492	대구광역시	야시장 등 운영홍보	400,000	민생경제과	11	1	1	7	3	1	1	1
493	대구광역시	전통시장 노후전기설비 개선	100,000	민생경제과	11	1	6	7	6	1	1	4
494	대구광역시	가스안전차단기 보급	90,000	물에너지사업과	11	6	7	8	7	1	1	1
495	대구광역시	수소충전소 구축	1,340,000	물에너지사업과	11	6	6	8	6	1	1	1
496	대구광역시	미래비즈니스발전소 건립	31,000	도시재생과	11	6	7	8	7	5	5	4
497	대구광역시	건축행정시스템 재구축사업	17,600	건축주택과	11	2	7	8	7	5	5	4
498	대구광역시	도로명주소기본도 현행화	21,996	토지정보과	11	1	7	1	7	5	1	4
499	대구광역시	수치지형도 수정제작	500,000	토지정보과	11	1	7	1	7	5	1	4
500	대구광역시	노숙인시설 기능보강	1,340,000	복지정책과	11	5	7	8	7	1	1	4
501	대구광역시	공설 장사시설 설치	22,940	어르신복지과	11	5	7	8	7	5	1	1
502	대구광역시	명복공원 유족대기실 확충	100,000	어르신복지과	11	5	7	8	7	5	1	1

순번	시군구	지출명 (사업명)	2021년예산 (단위:천원/1년간)	담당자 (공무원) 담당부서	민간이전 분류 (지방자치단체 세출예산 집행기준에 의거) 1. 민간경상사업보조(307-02) 2. 민간단체 법정운영비보조(307-03) 3. 민간행사사업보조(307-04) 4. 민간위탁금(307-05) 5. 사회복지시설 법정운영비보조(307-10) 6. 민간인위탁교육비(307-12) 7. 공기관등에대한경상적위탁사업비(308-10) 8. 민간자본사업보조,자체재원(402-01) 9. 민간자본사업보조,이전재원(402-02) 10. 민간위탁사업비(402-03) 11. 공기관등에 대한 자본적 대행사업비(403-02)	민간이전지출 근거 (지방보조금 관리기준 참고) 1. 법률에 규정 2. 국고보조 재원(국가지정) 3. 용도 지정 기부금 4. 조례에 직접규정 5. 지자체가 권장하는 사업을 하는 공공기관 6. 시,도 정책 및 재정사정 7. 기타 8. 해당없음	입찰방식 계약체결방법 (경쟁형태) 1. 일반경쟁 2. 제한경쟁 3. 지명경쟁 4. 수의계약 5. 법정위탁 6. 기타 ( ) 7. 해당없음	입찰방식 계약기간 1. 1년 2. 2년 3. 3년 4. 4년 5. 5년 6. 기타 ( )년 7. 단기계약 (1년미만) 8. 해당없음	입찰방식 낙찰자선정방법 1. 적격심사 2. 협상에의한계약 3. 최저가낙찰제 4. 규격가격분리 5. 2단계 경쟁입찰 6. 기타 ( ) 7. 해당없음	운영예산 산정 운영예산 산정 1. 내부산정 (지자체 자체적으로 산정) 2. 외부산정 (외부전문기관위탁 산정) 3. 내·외부 모두 산정 4. 산정 無 5. 해당없음	운영예산 산정 정산방법 1. 내부정산 (지자체 내부적으로 정산) 2. 외부정산 (외부전문기관위탁 정산) 3. 내·외부 모두 산정 4. 정산 無 5. 해당없음	성과평가 실시여부 1. 실시 2. 미실시 3. 향후 추진 4. 해당없음
503	대구광역시	대구행복기숙사 건립사업	20,000	교육협력정책관	11	2	7	8	7	1	1	4
504	대구광역시	대구여성안전테마공간조성	260,000	여성가족과	11	5	7	8	7	5	5	4
505	대구광역시	해바라기센터 기능보강비 지원	20,000	여성가족과	11	2	7	8	7	1	1	4
506	대구광역시	콘텐츠비즈니스센터 건립	7,000	문화콘텐츠과	11	5	7	8	7	1	1	1
507	대구광역시	대구실내빙상장 아이스링크 냉동설비 개체공사	400,000	체육진흥과	11	4	7	8	7	5	5	4
508	대구광역시	대구국제사격장 긴급 개보수	200,000	체육진흥과	11	4	7	8	7	5	5	4
509	대구광역시	콘서트하우스 위탁개발 대행사업비	35,000	콘서트하우스관리과	11	7	5	6	7	3	3	2
510	대구광역시	두류수영장 경영풀 기계실 저녹스버너교체	100,000	체육시설관리사무소	11	1	7	8	7	1	1	4
511	대구광역시	대구실내빙상장 리모델링 공사	350,000	체육시설관리사무소	11	1	7	8	7	1	1	4
512	대구광역시	스마트 벤치 설치	8,000	체육시설관리사무소	11	1	7	8	7	1	1	4
513	대구광역시	빙상장 건물 입구 철골구조물 교체	200,000	체육시설관리사무소	11	1	7	8	7	1	1	4
514	대구광역시	대덕승마장 진입로 보안등 설치	40,000	체육시설관리사무소	11	1	7	8	7	1	1	4
515	대구광역시	도로재비산먼지 저감사업	16,570	기후대기과	11	6	7	8	7	1	1	2
516	대구광역시	도시철도역 자전거 무료대여사업	10,000	교통정책과	11	4	7	8	7	1	1	1
517	대구 중구	차세대지방재정관리시스템구축분담금	66,255	기획예산실	11	7	7	8	7	5	5	4
518	대구 중구	수선유지급여	220,000	건축주택과	11	1	5	1	7	1	1	2
519	대구 중구	건축행정시스템재구축지자체분담금	17,600	건축주택과	11	7	7	8	7	5	4	4
520	대구 동구	예산편성관리	88,230	기획예산과	11	1	7	1	7	2	1	4
521	대구 동구	세정운영 및 홍보	74,421	세무1과	11	1	5	3	7	2	1	1
522	대구 동구	세입관리	79,837	세무2과	11	1	7	8	7	5	5	4
523	대구 동구	원활한 인사행정 관리	77,566	행정지원과	11	7	7	8	7	5	5	4
524	대구 동구	주거급여	1,061,773	생활보장과	11	1	7	8	7	5	1	4
525	대구 동구	건축인허가 및 민원처리	17,600	건축주택과	11	7	7	8	7	5	5	2
526	대구 동구	도로명주소 사업	2,400,000	토지정보과	11	1	5	1	2	2	2	1
527	대구 동구	도로명주소 사업	15,574	토지정보과	11	1	5	1	2	2	2	1
528	대구 동구	도로명주소 사업	8,448	토지정보과	11	1	5	1	2	2	2	1
529	대구 서구	지방재정관리시스템 구축	77,230	기획예산실	11	1	5	1	7	2	2	4
530	대구 서구	차세대 표준인사정보시스템 구축	62,773	총무과	11	7	5	1	7	2	2	4
531	대구 서구	세외수입 및 세입자료 관리	69,513	세무과	11	1	5	1	7	2	2	4
532	대구 서구	원활한 세정운영을 위한 지원체계 강화	60,550	세무과	11	1	5	1	7	2	2	4
533	대구 서구	어린이집기능보강	34,000	사회복지과	11	1	1	1	6	1	1	2
534	대구 서구	국공립어린이집 확충 환경개선비	8,440	사회복지과	11	1	1	1	6	1	1	2
535	대구 서구	어린이집 보존식 기자재 지원	18,900	사회복지과	11	1	1	1	6	1	1	2
536	대구 서구	수선유지급여	720,000	생활보장과	11	2	5	1	7	3	3	4
537	대구 남구	차세대 지방재정관리시스템 구축비	66,255	기획조정실	11	7	7	8	7	5	5	4
538	대구 남구	인사랑시스템 유지보수비	5,888	행정지원과	11	7	7	1	7	2	2	4
539	대구 남구	인사통계시스템 유지보수비	975,000	행정지원과	11	7	7	1	7	2	2	4
540	대구 남구	차세대 인사랑시스템 구축비	98,839	행정지원과	11	7	7	1	7	2	2	4
541	대구 남구	차세대 지방세정보시스템 구축	57,146	세무과	11	5	7	8	7	2	2	4
542	대구 남구	차세대 지방세외수입정보시스템 구축사업	64,351	세무과	11	5	7	8	7	2	2	4
543	대구 남구	클라우드 기반 건축행정시스템 재구축 사업	17,600	건축과	11	1	7	8	7	5	5	4
544	대구 남구	도로명주소 기본도 유지보수 사업	3,933	토지정보과	11	1	5	1	7	5	5	4

순번	시군구	지출명 (사업명)	2021년예산 (단위:천원/1년간)	담당자 (공무원)	민간이전 분류 (지방자치단체 세출예산 집행기준에 의거)	민간이전지출 근거 (지방보조금 관리기준 참고)	입찰방식			운영예산 산정		성과평가 실시여부
				담당부서	1. 민간경상사업보조(307-02) 2. 민간단체 법정운영비보조(307-03) 3. 민간행사사업보조(307-04) 4. 민간위탁금(307-05) 5. 사회복지시설 법정운영비보조(307-10) 6. 민간인위탁교육비(307-12) 7. 공기관등에대한경상적위탁사업비(308-10) 8. 민간자본사업보조,자체재원(402-01) 9. 민간자본사업보조,이전재원(402-02) 10. 민간위탁사업비(402-03) 11. 공기관등에 대한 자본적 대행사업비(403-02)	1. 법률에 규정 2. 국고보조 재원(국가지정) 3. 용도 지정 기부금 4. 조례에 직접규정 5. 지자체가 권장하는 사업을 하는 공공기관 6. 시,도 정책 및 재정사정 7. 기타 8. 해당없음	계약체결방법 (경쟁형태) 1. 일반경쟁 2. 제한경쟁 3. 지명경쟁 4. 수의계약 5. 법정위탁 6. 기타 ( ) 7. 해당없음	계약기간 1. 1년 2. 2년 3. 3년 4. 4년 5. 5년 6. 기타 ( )년 7. 단기계약 (1년미만) 8. 해당없음	낙찰자선정방법 1. 적격심사 2. 협상에의한계약 3. 최저가낙찰제 4. 규격가격분리 5. 2단계 경쟁입찰 6. 기타 ( ) 7. 해당없음	운영예산 산정 1. 내부산정 (지자체 자체적으로 산정) 2. 외부산정 (외부전문기관위탁 산정) 3. 내·외부 모두 산정 4. 산정 無 5. 해당없음	정산방법 1. 내부정산 (지자체 내부적으로 정산) 2. 외부정산 (외부전문기관위탁 정산) 3. 내·외부 모두 산정 4. 정산 無 5. 해당없음	1. 실시 2. 미실시 3. 향후 추진 4. 해당없음
545	대구 남구	국가주소정보시스템 유지보수 및 운영	17,724	토지정보과	11	1	5	1	7	5	5	4
546	대구 북구	인사관리	63,744	총무과	11	7	6	1	7	5	5	4
547	대구 북구	차세대지방세정보시스템구축분담금	77,279	세무과	11	1	5	1	7	2	2	4
548	대구 북구	차세대지방세외수입정보시스템구축분담금	79,837	징수과	11	2	5	2	7	2	1	4
549	대구 북구	행복북구문화재단 사업 지원	437,850	문화예술과	11	4	5	6	6	1	3	1
550	대구 북구	공공도서관 건립 지원사업	422,500	문화예술과	11	4	7	8	7	5	5	4
551	대구 북구	옥산로 테마거리 조성	500,000	도시행정과	11	5	7	8	7	3	3	1
552	대구 수성구	효율적인 예산편성 및 재정운용	88,230	기획예산과	11	1	7	8	7	5	5	4
553	대구 수성구	세정운영 및 홍보	74,554	세무1과	11	1	5	1	7	2	2	4
554	대구 수성구	차세대 지방세외수입 정보시스템 구축사업비	79,837	세무2과	11	1	5	1	7	2	2	1
555	대구 수성구	주거급여	340,000	생활보장과	11	1	5	1	7	1	1	4
556	대구 수성구	수성아트피아 사업지원	26,000	문화예술과	11	5	7	8	7	1	1	1
557	대구 수성구	도서관 사업지원	1,012,689	문화예술과	11	5	7	8	7	1	1	1
558	대구 수성구	문화도시 조성	23,480	문화예술과	11	5	7	8	7	1	1	3
559	대구 수성구	클라우드 기반 건축행정시스템 재구축	17,600	건축과	11	8	7	8	7	5	5	4
560	대구 달서구	차세대 지방재정관리시스템 구축 지방비 분담	99,185	기획조정실	11	7	7	2	7	2	2	2
561	대구 달서구	문화관광형시장 육성사업	184,000	경제지원과	11	2	4	1	6	3	2	1
562	대구 달서구	문화관광형시장 육성사업	200,000	경제지원과	11	2	4	1	7	3	2	1
563	대구 달서구	차세대 표준지방인사정보시스템 구축 및 유지보수비	100,602	총무과	11	1	6	1	6	2	2	1
564	대구 달서구	주거급여	460,000	복지정책과	11	1	5	1	7	5	2	4
565	대구 달서구	달서가족문화센터 운영	4,281	여성가족과	11	4	5	5	7	5	2	1
566	대구 달서구	웃는얼굴아트센터 운영	145,956	문화체육관광과	11	4	7	1	7	1	1	1
567	대구 달서구	클라우드기반 건축행정시스템 재구축 사업	17,600	건축과	11	6	7	8	7	5	5	4
568	대구 달서구	주소정보관리시스템 유지관리 사업	17,974	토지정보과	11	1	6	1	7	3	1	4
569	대구 달서구	도로명주소기본도 유지관리 사업	7,226	토지정보과	11	1	6	1	7	3	1	4
570	대구 달서구	희망나눔통합센터건립	22,000	보건행정과	11	5	6	6	7	5	1	4
571	대구 달성군	차세대 지방재정관리시스템 구축분담금	99,185	기획예산실	11	5	5	3	7	2	2	4
572	대구 달성군	건축행정시스템(세움터) 재구축	17,600	종합민원과	11	2	7	8	7	5	5	4
573	대구 달성군	2021년 시장경영바우처지원사업	6,700	일자리경제과	11	1	7	8	7	5	5	1
574	대구 달성군	LPG용기 사용가구 시설개선 사업	6,000	일자리경제과	11	2	7	8	7	5	5	4
575	대구 달성군	농업생산기반위탁사업	1,111,000	도시정비과	11	7	7	1	7	1	1	4
576	대구 달성군	배수펌프장 개선 및 보수	650,000	도시정비과	11	7	7	8	7	5	5	4
577	대구 달성군	농업용배수장 위탁관리	350,000	도시정비과	11	7	7	1	7	1	1	4
578	대구 달성군	주소정보관리시스템 유지관리 사업	17,724	토지정보과	11	1	6	1	7	3	1	4
579	대구 달성군	도로명주소기본도 유지관리사업	7,341	토지정보과	11	1	6	1	7	3	1	4
580	대구 달성군	비슬산 참꽃 문화제	250,000	문화체육과	11	5	7	8	7	1	1	1
581	대전광역시	벤처타운 방수공사	80,000	기업창업지원과	11	4	7	8	7	1	1	4
582	대전광역시	외국인투자유치 홈페이지 유지·관리	11,000	투자유치과	11	4	4	1	7	1	1	2
583	대전광역시	해외투자유치활동	50,000	투자유치과	11	4	4	7	7	1	1	1
584	대전광역시	수소산업 전주기 제품안전성 지원센터 구축	2,800,000	기반산업과	11	2	6	3	7	3	2	4
585	대전광역시	수소자동차	22,500	기반산업과	11	2	7	7	7	5	5	4
586	대전광역시	임대주택태양광 설치 지원사업	100,000	기반산업과	11	6	7	8	7	1	1	1

순번	시군구	지출명 (사업명)	2021년예산 (단위:천원/1년간)	담당자 (공무원)	민간이전 분류 (지방자치단체 세출예산 집행기준에 의거)	민간이전지출 근거 (지방보조금 관리기준 참고)	입찰방식			운영예산 산정		성과평가 실시여부
				담당부서	1. 민간경상사업보조(307-02) 2. 민간단체 법정운영비보조(307-03) 3. 민간행사사업보조(307-04) 4. 민간위탁금(307-05) 5. 사회복지시설 법정운영비보조(307-10) 6. 민간인위탁교육비(307-12) 7. 공기관등에대한경상적위탁사업비(308-10) 8. 민간자본사업보조,자체재원(402-01) 9. 민간자본사업보조,이전재원(402-02) 10. 민간위탁사업비(402-03) 11. 공기관등에 대한 자본적 대행사업비(403-02)	1. 법률에 규정 2. 국고보조 재원(국가지정) 3. 용도 지정 기부금 4. 조례에 직접규정 5. 지자체가 권장하는 사업을 하는 공공기관 6. 시,도 정책 및 재정사정 7. 기타 8. 해당없음	계약체결방법 (경쟁형태) 1. 일반경쟁 2. 제한경쟁 3. 지명경쟁 4. 수의계약 5. 법정위탁 6. 기타 ( ) 7. 해당없음	계약기간 1. 1년 2. 2년 3. 3년 4. 4년 5. 5년 6. 기타 ( )년 7. 단기계약 (1년미만) 8. 해당없음	낙찰자선정방법 1. 적격심사 2. 협상에의한계약 3. 최저가낙찰제 4. 규격가격분리 5. 2단계 경쟁입찰 6. 기타 ( ) 7. 해당없음	운영예산 산정 1. 내부산정 (지자체 자체적으로 산정) 2. 외부산정 (외부전문기관위탁 산정) 3. 내·외부 모두 산정 4. 산정 無 5. 해당없음	정산방법 1. 내부정산 (지자체 내부적으로 정산) 2. 외부정산 (외부전문기관위탁 정산) 3. 내·외부 모두 산정 4. 정산 無 5. 해당없음	1. 실시 2. 미실시 3. 향후 추진 4. 해당없음
587	대전광역시	차세대 지방세정보시스템 구축	801,161	세정과	11	1	5	3	6	2	1	4
588	대전광역시	차세대지방세외수입정보시스템구축	93,070	세정과	11	1	5	3	6	2	1	4
589	대전광역시	대전예술가의집 운영	15,000	문화예술정책과	11	5	7	8	7	1	1	1
590	대전광역시	대전문학관 운영	8,000	문화예술정책과	11	5	7	8	7	1	1	1
591	대전광역시	지역문화예술교육 기반구축	15,822	문화예술정책과	11	5	7	8	7	3	1	1
592	대전광역시	유아문화예술교육지원	200,000	문화예술정책과	11	5	7	8	7	3	1	1
593	대전광역시	문화예술교육사 인턴십	211,000	문화예술정책과	11	5	7	8	7	3	1	1
594	대전광역시	예술동호회 활동지원	200,000	문화예술정책과	11	5	7	8	7	3	1	1
595	대전광역시	공공체육시설 위탁운영	24,578	체육진흥과	11	1	5	5	7	1	1	1
596	대전광역시	공공체육시설 위탁운영	3,600	체육진흥과	11	1	5	8	7	1	1	1
597	대전광역시	말산업육성지원	20,000	체육진흥과	11	1	5	5	7	1	1	1
598	대전광역시	무형문화재 전수회관 물품구입	9,000	문화유산과	11	4	7	8	7	1	1	1
599	대전광역시	전통나래관 물품구입	1,250,000	문화유산과	11	4	7	8	7	1	1	1
600	대전광역시	대청호 오백리길 보행안전기반 조성	300,000	관광마케팅과	11	4	5	3	7	1	1	4
601	대전광역시	대청호 오백리길 편의시설 및 관광인프라 조성	25,000	관광마케팅과	11	4	5	3	7	1	1	4
602	대전광역시	다기능 사무기기 및 캐비넷 구입	3,000	노인복지과	11	6	4	3	2	1	1	1
603	대전광역시	다기능 사무기기 및 캐비넷 구입	1,500,000	노인복지과	11	6	4	3	2	1	1	1
604	대전광역시	물순환 선도도시 조성사업	10,141	맑은물정책과	11	2	6	6	6	3	3	4
605	대전광역시	대전시설관리공단위탁	5,478	맑은물정책과	11	1	6	5	7	1	1	1
606	대전광역시	도시철도 1호선 용두역 건설	16,922	트램건설과	11	7	6	6	6	1	1	4
607	대전광역시	노후공공임대주택 시설개선 사업	16,333	주택정책과	11	1	7	8	7	1	1	3
608	대전 동구	차세대 지방재정관리시스템 구축비 분담금	77,230	기획공보실	11	1	7	1	7	4	5	4
609	대전 동구	2021년 자치단체 상시 모니터링(청백-e) 시스템 유지관리	8,801	감사실	11	1	5	1	7	2	2	1
610	대전 동구	차세대 인사행정 시스템 구축(인프라)	127,551	자치분권과	11	1	5	1	7	2	2	4
611	대전 동구	차세대 지방세정보시스템 구축	65,148	세무과	11	1	5	1	2	2	2	4
612	대전 동구	차세대 지방세외수입정보시스템 구축	72,540	세무과	11	1	5	1	2	2	2	4
613	대전 동구	표준기록관리시스템 소프트웨어 교체 사업비	10,460	민원여권과	11	5	5	1	7	2	2	4
614	대전 동구	청소년 지도 육성 및 운영지원	3,400	여성가족과	11	1	7	8	7	1	5	4
615	대전 동구	차세대 지방재정관리시스템(e-호조) 구축	77,230	기획공보실	11	1	5	1	7	2	2	4
616	대전 동구	차세대인사행정시스템 구축	138,762	총무과	11	1	7	1	7	2	2	4
617	대전 동구	차세대 지방세 정보시스템 구축	63,079	세무과	11	1	5	2	7	3	2	4
618	대전 동구	차세대 세외수입정보시스템 구축	72,540	세무과	11	1	5	2	7	3	2	4
619	대전 동구	보존포맷변환서버 OS 구입 및 프로그램 설치	13,835	민원봉사과	11	1	5	7	7	3	2	4
620	대전 동구	수선유지 급여사업	650,000	복지정책과	11	2	7	1	7	1	1	2
621	대전 동구	원도심 소상공인 상생주차장 건립	11,180	경제기업과	11	5	7	8	7	1	1	3
622	대전 동구	건축행정시스템 재구축 사업	17,600	건축과	11	7	7	8	7	5	5	4
623	대전 대덕구	상생하우스공간조성	1,863,000	도시재생사업단	11	7	6	6	7	1	1	4
624	대전 대덕구	신탄진 새여울 커뮤니티센터 조성사업	1,402,000	도시재생사업단	11	7	6	6	7	1	1	4
625	대전 대덕구	신탄진 도시재생 어울림 플랫폼 조성 사업	884,000	도시재생사업단	11	5	7	8	7	1	1	4
626	대전 대덕구	신탄진동로 23번길 지중화사업	61,082	도시재생사업단	11	5	7	8	7	1	1	4
627	대전 대덕구	신탄진동로 23번길 지중화사업	150,000	도시재생사업단	11	5	7	8	7	1	1	4
628	대전 대덕구	효자지구 주거환경개선사업	2,636,000	도시계획과	11	7	7	8	7	1	1	3

순번	시군구	지출명 (사업명)	2021년예산 (단위:천원/1년간)	담당자 (공무원) 담당부서	민간이전 분류 (지방자치단체 세출예산 집행기준에 의거) 1. 민간경상사업보조(307-02) 2. 민간단체 법정운영비보조(307-03) 3. 민간행사사업보조(307-04) 4. 민간위탁금(307-05) 5. 사회복지시설 법정운영비보조(307-10) 6. 민간인위탁교육비(307-12) 7. 공기관등에대한경상적위탁사업비(308-10) 8. 민간자본사업보조,자체재원(402-01) 9. 민간자본사업보조,이전재원(402-02) 10. 민간위탁사업비(402-03) 11. 공기관등에 대한 자본적 대행사업비(403-02)	민간이전지출 근거 (지방보조금 관리기준 참고) 1. 법률에 규정 2. 국고보조 재원(국가지정) 3. 용도 지정 기부금 4. 조례에 직접규정 5. 지자체가 권장하는 사업을 하는 공공기관 6. 시,도 정책 및 재정사정 7. 기타 8. 해당없음	입찰방식: 계약체결방법 (경쟁형태) 1. 일반경쟁 2. 제한경쟁 3. 지명경쟁 4. 수의계약 5. 법정위탁 6. 기타 ( ) 7. 해당없음	입찰방식: 계약기간 1. 1년 2. 2년 3. 3년 4. 4년 5. 5년 6. 기타 ( )년 7. 단기계약 (1년미만) 8. 해당없음	입찰방식: 낙찰자선정방법 1. 적격심사 2. 협상에의한계약 3. 최저가낙찰제 4. 규격가격분리 5. 2단계 경쟁입찰 6. 기타 ( ) 7. 해당없음	운영예산 산정: 운영예산 산정 1. 내부산정 (지자체 자체적으로 산정) 2. 외부산정 (외부전문기관위탁 산정) 3. 내·외부 모두 산정 4. 산정 無 5. 해당없음	운영예산 산정: 정산방법 1. 내부정산 (지자체 내부적으로 정산) 2. 외부정산 (외부전문기관위탁 정산) 3. 내·외부 모두 산정 4. 정산 無 5. 해당없음	성과평가 실시여부 1. 실시 2. 미실시 3. 향후 추진 4. 해당없음
629	부산 서구	클라우드 기반 건축행정시스템 재구축	17,600	건축과	11	7	7	8	7	5	5	4
630	부산 서구	차세대 지방재정 정보시스템 분담금	66,255	기획감사실	11	1	5	1	7	2	2	1
631	부산 동구	청백-e 시스템 유지보수	1,925,000	기획감사실	11	1	7	1	7	2	2	1
632	부산 동구	청백-e 시스템 운영지원	6,077	기획감사실	11	1	7	1	7	2	2	1
633	부산 동구	차세대 지방재정관리시스템 구축사업 분담금	55,255	기획감사실	11	2	1	3	2	2	2	4
634	부산 동구	차세대 지방세정보시스템 구축	53,985	세무1과	11	1	5	1	7	2	2	1
635	부산 동구	차세대 지방세외수입정보시스템 구축비	64,351	세무2과	11	1	5	1	7	2	2	1
636	부산 동구	노후슬레이트 처리지원	1,074,480	환경위생과	11	6	7	8	7	3	3	1
637	부산 동구	도로명주소 정보화 사업	17,473	토지정보과	11	1	5	1	6	5	5	4
638	부산 동구	도로명주소 위치정확도 개선사업	2,424,000	토지정보과	11	1	5	1	6	5	5	4
639	부산 영도구	차세대 표준지방인사정보시스템 인프라구축	37,025	행정지원과	11	1	5	1	7	2	2	3
640	부산 영도구	차세대 지방재정관리시스템 구축 지방비 분담분	66,255	기획감사과	11	2	7	8	7	5	5	1
641	부산 영도구	청백-e시스템 유지관리	8,002	기획감사과	11	1	7	8	7	2	2	4
642	부산 영도구	차세대 지방세정보시스템 구축	54,460	세무과	11	1	6	1	6	2	2	4
643	부산 영도구	차세대 지방세외수입정보시스템 구축사업	59,190	세무과	11	1	6	1	6	2	2	4
644	부산 영도구	주거현물급여 집수리 사업	1,766,000	생활보장과	11	1	5	1	7	2	2	4
645	부산 영도구	하리항 어촌뉴딜사업	508,620	해양수산과	11	1	5	6	7	3	5	4
646	부산 영도구	하리항 어촌뉴딜사업	2,373,000	해양수산과	11	1	5	6	7	3	5	4
647	부산 영도구	클라우드 기반 건축행정시스템 재구축사업 추진	17,600	건축과	11	5	7	8	7	5	5	4
648	부산 진구	차세대 지방재정관리시스템(e-호조) 구축비	88,230	기획조정실	11	7	5	8	7	5	5	4
649	부산 진구	차세대 인사랑 인프라 구축	58,111	행정자치과	11	2	7	8	7	5	5	4
650	부산 진구	노인층 가스안전밸브(타이머콕) 보급사업	2,500,000	일자리경제과	11	1	4	1	1	1	2	3
651	부산 진구	문화관광형시장 조성사업 2년차	192,000	일자리경제과	11	6	7	8	7	2	3	1
652	부산 동래구	차세대 표준지방인사행정시스템 인프라 구축 부담금	42,942	총무과	11	1	7	8	7	5	5	4
653	부산 동래구	차세대 지방세정보시스템 구축	62,327	세무1과	11	5	5	1	7	2	2	4
654	부산 동래구	세외수입전산화	74,675	세무2과	11	1	5	3	7	2	2	4
655	부산 동래구	주거급여	173,112	생활보장과	11	2	5	1	7	5	5	4
656	부산 동래구	클라우드기반 건축행정시스템 재구축	17,600	건축과	11	7	7	8	7	5	5	4
657	부산 남구	지방인사정보시스템 신규 구축사업 분담금	46,983	행정지원과	11	7	7	7	7	2	2	4
658	부산 남구	차세대 지방세정보시스템 구축	64,667	세무1과	11	1	5	1	7	2	2	4
659	부산 남구	차세대세외수입정보시스템 구축비	74,675	세무2과	11	6	4	3	7	5	5	4
660	부산 남구	인생후반전 지원센터 건립	1,000,000	일자리경제과	11	7	7	8	7	5	5	4
661	부산 남구	슬레이트 처리 지원사업	436,300	환경위생과	11	6	7	8	7	1	1	2
662	부산 남구	건축행정 건실화 추진	17,600	건축과	11	7	7	8	7	5	5	4
663	부산 북구	차세대 지방재정관리시스템 구축	77,230	기획감사실	11	7	1	1	7	5	5	4
664	부산 북구	차세대 인사정보시스템 구축	47,053	행정지원과	11	7	7	8	7	5	5	4
665	부산 북구	차세대 지방세정보시스템 구축사업 지원	63,006	세무1과	11	1	5	1	7	2	2	1
666	부산 북구	세무2과	74,675	세무2과	11	5	7	8	7	2	2	4
667	부산 북구	주거급여	1,180,000	생활보장과	11	2	5	1	7	2	2	1
668	부산 북구	지역지식재산창출·활용지원사업	30,000	일자리경제과	11	4	7	8	7	2	2	4
669	부산 북구	클라우드 기반 건축행정시스템 재구축	17,600	건축과	11	6	7	8	7	5	5	4
670	부산 해운대구	청사포 어촌뉴딜 300사업	3,176	일자리경제과	11	1	5	6	7	3	5	4

순번	시군구	지출명 (사업명)	2021년예산 (단위:천원/1년간)	담당자 (공무원) 담당부서	민간이전 분류 (지방자치단체 세출예산 집행기준에 의거) 1. 민간경상사업보조(307-02) 2. 민간단체 법정운영비보조(307-03) 3. 민간행사사업보조(307-04) 4. 민간위탁금(307-05) 5. 사회복지시설 법정운영비보조(307-10) 6. 민간인위탁교육비(307-12) 7. 공기관등에대한경상적위탁사업비(308-10) 8. 민간자본사업보조,자체재원(402-01) 9. 민간자본사업보조,이전재원(402-02) 10. 민간위탁사업비(402-03) 11. 공기관등에 대한 자본적 대행사업비(403-02)	민간이전지출 근거 (지방보조금 관리기준 참고) 1. 법률에 규정 2. 국고보조 재원(국가지정) 3. 용도 지정 기부금 4. 조례에 직접규정 5. 지자체가 권장하는 사업을 하는 공공기관 6. 시,도 정책 및 재정사정 7. 기타 8. 해당없음	입찰방식 계약체결방법 (경쟁형태) 1. 일반경쟁 2. 제한경쟁 3. 지명경쟁 4. 수의계약 5. 법정위탁 6. 기타 ( ) 7. 해당없음	입찰방식 계약기간 1. 1년 2. 2년 3. 3년 4. 4년 5. 5년 6. 기타 ( )년 7. 단기계약 (1년미만) 8. 해당없음	입찰방식 낙찰자선정방법 1. 적격심사 2. 협상에의한계약 3. 최저가낙찰제 4. 규격가격분리 5. 2단계 경쟁입찰 6. 기타 ( ) 7. 해당없음	운영예산 산정 운영예산 산정 1. 내부산정 (지자체 자체적으로 산정) 2. 외부산정 (외부전문기관위탁 산정) 3. 내·외부 모두 산정 4. 산정 無 5. 해당없음	운영예산 산정 정산방법 1. 내부정산 (지자체 내부적으로 정산) 2. 외부정산 (외부전문기관위탁 정산) 3. 내·외부 모두 산정 4. 정산 無 5. 해당없음	성과평가 실시여부 1. 실시 2. 미실시 3. 향후 추진 4. 해당없음
671	부산 사하구	차세대 지방재정관리시스템 구축 지방비 분담금	77,230	기획실	11	1	7	8	7	5	5	4
672	부산 사하구	인사관리	52,537	총무과	11	6	6	1	7	4	1	1
673	부산 사하구	차세대 지방세정보시스템유지보수	68,707	세무1과	11	1	5	1	7	2	2	1
674	부산 사하구	차세대 지방세외수입시스템 구축	74,645	세무2과	11	1	5	1	7	5	5	1
675	부산 사하구	지역사회보장계획 수립 및 평가	12,000	복지정책과	11	1	4	7	7	1	1	1
676	부산 사하구	주거급여	16,623	복지사업과	11	1	5	1	7	4	3	2
677	부산 사하구	재활용품(폐비닐) 처리비	26,880	자원순환과	11	6	4	1	7	1	1	4
678	부산 사하구	수영하수처리장, 생곡자원화시설 음식물류폐기물 처리	180,000	자원순환과	11	6	7	8	7	1	1	2
679	부산 사하구	2017년 도시재생 뉴딜시범사업	480,000	도시재생과	11	1	6	1	6	1	1	3
680	부산 금정구	차세대 지방재정관리시스템 구축비	77,230	기획감사실	11	1	5	1	2	2	2	4
681	부산 금정구	차세대시스템 인프라 구축	46,071	총무과	11	5	5	6	2	2	2	4
682	부산 금정구	서동예술창작공간 등 운영비	99,500	문화관광과	11	4	7	8	7	1	1	1
683	부산 금정구	차세대 지방세정보시스템 정보화사업 분담금	63,029	세무1과	11	1	5	1	7	2	2	1
684	부산 금정구	차세대 지방세외수입시스템 정보화사업 분담금	97,244	세무1과	11	1	5	1	7	2	2	1
685	부산 금정구	수선유지급여	503,456	생활보장과	11	1	5	1	7	5	5	4
686	부산 금정구	농업기반정비	80,000	일자리경제과	11	6	7	8	7	1	1	2
687	부산 금정구	선두구동소류지 바닥 준설 및 잡초제거	10,000	일자리경제과	11	6	7	8	7	1	1	2
688	부산 금정구	청춘과 정든마을, 부산 금사	16,250	도시재생과	11	5	7	8	7	1	1	3
689	부산 금정구	건축행정시스템 재구축 사업	17,600	건축과	11	6	7	8	7	5	5	4
690	부산 강서구	구 체육회 지원	2,500,000	문화체육과	11	1	7	5	7	5	5	4
691	부산 강서구	차세대 지방세정보시스템 구축	66,371	세무과	11	1	5	1	6	2	2	4
692	부산 강서구	차세대 세외수입정보시스템 구축	74,675	세무과	11	1	5	1	6	2	2	4
693	부산 강서구	신전항 어촌뉴딜사업	1,932,000	해양수산과	11	1	7	8	7	5	5	4
694	부산 강서구	대항항 어촌뉴딜사업	3,747,600	해양수산과	11	1	6	3	7	3	3	2
695	부산 강서구	내재해형 농업시설 설치사업	400,000	농산과	11	1	4	8	2	1	1	3
696	부산 강서구	농업분야 에너지절감시설 지원	1,216,781	농산과	11	2	4	8	2	1	1	3
697	부산 강서구	IT활용 원예시설 환경제어시스템 구축	50,000	농산과	11	1	4	8	2	1	1	3
698	부산 강서구	농식품산업 육성	19,920	농산과	11	1	4	8	2	1	1	3
699	부산 강서구	고품질 원예작물 생산지원	33,200	농산과	11	1	4	8	2	1	1	3
700	부산 강서구	고품질 원예작물 생산지원	100,000	농산과	11	4	4	8	2	1	1	3
701	부산 강서구	시설원예 장기재배 외부필름 교체	40,000	농산과	11	1	4	8	2	1	1	3
702	부산 강서구	원예시설현대화	108,098	농산과	11	2	4	8	2	1	1	3
703	부산 강서구	ICT 융복합 확산-스마트팜 시설 보급	62,016	농산과	11	2	4	8	2	1	1	3
704	부산 연제구	건축행정시스템 재구축	17,600	건축과	11	1	7	8	7	5	5	4
705	부산 연제구	차세대 지방재정관리시스템 구축 분담금	66,255	기획조정실	11	1	7	1	7	5	5	4
706	부산 연제구	차세대 지방세정보시스템 구축	59,253	세무1과	11	1	5	1	7	1	1	4
707	부산 연제구	차세대 세외수입정보시스템 구축	69,513	세무1과	11	1	5	1	7	1	1	4
708	부산 연제구	표준지방인사정보시스템 운영	38,244	자치지원과	11	1	5	1	7	2	1	4
709	부산 수영구	지방재정관리시스템	66,833	기획감사실	11	1	5	1	7	2	2	2
710	부산 수영구	문화관광형시장 육성사업	176,000	일자리경제과	11	1	7	8	7	5	5	4
711	부산 수영구	건축행정시스템(세움터) 재구축사업	17,600	건축과	11	6	7	8	7	5	5	4
712	부산 사상구	차세대 지방재정관리시스템 구축	77,230	기획감사실	11	8	6	1	7	5	5	4

순번	시군구	지출명 (사업명)	2021년예산 (단위:천원/1년간)	담당자 (공무원)	민간이전 분류 (지방자치단체 세출예산 집행기준에 의거)	민간이전지출 근거 (지방보조금 관리기준 참고)	입찰방식			운영예산 산정		성과평가 실시여부
				담당부서	1. 민간경상사업보조(307-02) 2. 민간단체 법정운영비보조(307-03) 3. 민간행사사업보조(307-04) 4. 민간위탁금(307-05) 5. 사회복지시설 법정운영비보조(307-10) 6. 민간인위탁교육비(307-12) 7. 공기관등에대한경상적위탁사업비(308-10) 8. 민간자본사업보조,자체재원(402-01) 9. 민간자본사업보조,이전재원(402-02) 10. 민간위탁사업비(402-03) 11. 공기관등에 대한 자본적 대행사업비(403-02)	1. 법률에 규정 2. 국고보조 재원(국가지정) 3. 용도 지정 기부금 4. 조례에 직접규정 5. 지자체가 권장하는 사업을 하는 공공기관 6. 시,도 정책 및 재정사정 7. 기타 8. 해당없음	계약체결방법 (경쟁형태) 1. 일반경쟁 2. 제한경쟁 3. 지명경쟁 4. 수의계약 5. 법정위탁 6. 기타 ( ) 7. 해당없음	계약기간 1. 1년 2. 2년 3. 3년 4. 4년 5. 5년 6. 기타 ( )년 7. 단기계약 (1년미만) 8. 해당없음	낙찰자선정방법 1. 적격심사 2. 협상에의한계약 3. 최저가낙찰제 4. 규격가격분리 5. 2단계 경쟁입찰 6. 기타 ( ) 7. 해당없음	운영예산 산정 1. 내부산정 (지자체 자체적으로 산정) 2. 외부산정 (외부전문기관위탁 산정) 3. 내·외부 모두 산정 4. 산정 無 5. 해당없음	정산방법 1. 내부정산 (지자체 내부적으로 정산) 2. 외부정산 (외부전문기관위탁 정산) 3. 내·외부 모두 산정 4. 정산 無 5. 해당없음	1. 실시 2. 미실시 3. 향후 추진 4. 해당없음
713	부산 사상구	차세대 인프라	44,169	자치행정과	11	8	6	1	7	5	5	4
714	부산 사상구	표준기록관리시스템 보존포맷변환 서버 교체	8,200	민원여권과	11	5	7	1	7	1	1	1
715	부산 사상구	차세대 지방세외수입 정보시스템 구축 분담금	69,513	세무1과	11	1	6	1	7	5	2	4
716	부산 사상구	차세대 지방세정보시스템 구축 분담금	62,966	세무1과	11	1	6	1	7	5	2	4
717	부산 사상구	지식재산 창출지원사업	50,000	일자리경제과	11	1	7	8	7	1	1	1
718	부산 사상구	슬레이트 철거·처리 및 개량지원	136,980	환경위생과	11	5	5	5	7	3	3	1
719	부산 사상구	수선유지급여 사업	575,669	생활보장과	11	1	5	8	7	5	1	4
720	부산 사상구	클라우드 기반 건축행정시스템 재구축	17,600	건축과	11	8	7	8	7	5	5	4
721	부산 기장군	예산편성 및 관리	88,230	기획청렴실	11	5	5	1	7	5	5	1
722	부산 기장군	동남권 방사선 의·과학 일반산업단지 조성	3,846,780	2030기획단	11	7	6	8	7	2	1	4
723	부산 기장군	중입자가속기 구축지원사업	1,200,000	2030기획단	11	7	6	8	7	2	1	4
724	부산 기장군	인사업무 운영	45,173	행정지원과	11	2	7	1	7	5	5	4
725	부산 기장군	기록관 운영	8,200	열린민원과	11	5	1	1	2	2	2	2
726	부산 기장군	지방세 및 세외수입 전산화	191,815	자주재정과	11	7	6	2	7	2	2	4
727	부산 기장군	생활폐기물 처리	480,000	청소자원과	11	1	7	8	7	1	4	4
728	부산 기장군	기장군 수리시설 개보수	667,500	친환경농업과	11	1	5	1	7	5	5	2
729	부산 기장군	노후저수지 정비	500,000	친환경농업과	11	1	5	1	7	5	5	2
730	부산 기장군	재해위험지역 정비사업	1,050,000	친환경농업과	11	1	5	1	7	5	5	2
731	부산 기장군	기장군민 건강증진지원사업	1,000,000	원전안전과	11	4	7	8	7	1	1	4
732	부산 기장군	좌광천 상류 생태하천 정비사업	1,930,000	도시기반조성과	11	1	5	3	6	1	1	3
733	부산 기장군	건축 인허가 업무 운영	17,600	창조건축과	11	7	7	8	7	5	5	4
734	부산 기장군	도로명 및 건물번호 부여사업	17,473	토지정보과	11	2	5	1	7	2	1	1
735	부산 기장군	도로명주소기본도 유지보수사업	6,924	토지정보과	11	2	5	1	7	2	1	1
736	부산 기장군	수산자원 산란서식장 조성	300,000	해조류육종융합연구센터	11	7	6	1	6	5	1	4
737	울산광역시	신재생에너지 융복합 지원 사업	892,020	에너지산업과	11	2	7	1	7	1	1	1
738	울산광역시	차세대 인사행정정보시스템 구축(인프라) 사업비	371,719	총무과	11	2	5	1	2	2	2	2
739	울산광역시	대용량파일 전송모듈 설치	31,000	총무과	11	5	5	1	2	2	2	2
740	울산광역시	해중림조성사업	520,000	해양항만수산과	11	1	5	1	7	1	1	1
741	울산광역시	전시컨벤션센터 운영시설 구축	800,000	관광진흥과	11	4	7	8	7	1	1	4
742	울산광역시	차세대 조선에너지부품 3D프린팅 제조공정 연구센터 구축	600,000	미래신산업과	11	2	7	8	7	3	3	1
743	울산광역시	차세대 지방재정관리시스템 구축	121,185	예산담당관	11	5	5	1	7	2	2	4
744	울산광역시	국공립 공관어린이집 신축	727,854	복지인구정책과	11	5	7	8	7	1	1	4
745	울산광역시	국공립 (구)울주군청사어린이집 신축	682,000	복지인구정책과	11	5	7	8	7	1	1	4
746	울산광역시	주민직접참여형 자치입법플랫폼 구축	170,000	법무통계담당관	11	2	7	8	7	5	5	4
747	울산광역시	ICT융합 전기추진 스마트선박 건조 및 실증	9,000	자동차조선산업과	11	2	7	8	7	5	3	4
748	울산광역시	수소충전소 구축	10,500	에너지산업과	11	2	7	8	7	2	2	1
749	울산광역시	수소충전소 유지보수 및 운영지원	500,000	에너지산업과	11	2	7	8	7	1	2	3
750	울산광역시	수소충전소 증설 사업	15,000	에너지산업과	11	5	7	8	7	1	2	3
751	울산광역시	수소산업 기업지원 혁신 클러스터 조성사업	837,000	에너지산업과	11	2	7	8	7	3	3	1
752	울산광역시	수소 그린모빌리티 규제자유특구 지원사업	40,000	에너지산업과	11	2	7	8	7	2	2	3
753	울산광역시	수소 시범도시 조성사업	13,000	에너지산업과	11	5	7	8	7	2	2	3
754	울산광역시	원전해체 핵심요소기술 원천기반 연구센터	100,000	에너지산업과	11	2	7	8	7	3	2	1

순번	시군구	지출명 (사업명)	2021년예산 (단위:천원/1년간)	담당자 (공무원) 담당부서	민간이전 분류 (지방자치단체 세출예산 집행기준에 의거) 1. 민간경상사업보조(307-02) 2. 민간단체 법정운영비보조(307-03) 3. 민간행사사업보조(307-04) 4. 민간위탁금(307-05) 5. 사회복지시설 법정운영비보조(307-10) 6. 민간인위탁교육비(307-12) 7. 공기관등에대한경상적위탁사업비(308-10) 8. 민간자본사업보조,자체재원(402-01) 9. 민간자본사업보조,이전재원(402-02) 10. 민간위탁사업비(402-03) 11. 공기관등에 대한 자본적 대행사업비(403-02)	민간이전지출 근거 (지방보조금 관리기준 참고) 1. 법률에 규정 2. 국고보조 재원(국가지정) 3. 용도 지정 기부금 4. 조례에 직접규정 5. 지자체가 권장하는 사업을 하는 공공기관 6. 시,도 정책 및 재정사정 7. 기타 8. 해당없음	입찰방식 계약체결방법 (경쟁형태) 1. 일반경쟁 2. 제한경쟁 3. 지명경쟁 4. 수의계약 5. 법정위탁 6. 기타 ( ) 7. 해당없음	입찰방식 계약기간 1. 1년 2. 2년 3. 3년 4. 4년 5. 5년 6. 기타 ( )년 7. 단기계약 (1년미만) 8. 해당없음	입찰방식 낙찰자선정방법 1. 적격심사 2. 협상에의한계약 3. 최저가낙찰제 4. 규격가격분리 5. 2단계 경쟁입찰 6. 기타 ( ) 7. 해당없음	운영예산 산정 운영예산 산정 1. 내부산정 (지자체 자체적으로 산정) 2. 외부산정 (외부전문기관위탁 산정) 3. 내·외부 모두 산정 4. 산정 無 5. 해당없음	운영예산 산정 정산방법 1. 내부정산 (지자체 내부적으로 정산) 2. 외부정산 (외부전문기관위탁 정산) 3. 내·외부 모두 산정 4. 정산 無 5. 해당없음	성과평가 실시여부 1. 실시 2. 미실시 3. 향후 추진 4. 해당없음
755	울산광역시	원전 주요설비 기술 고급트랙 인력양성	100,000	에너지산업과	11	2	7	8	7	3	2	1
756	울산광역시	해오름동맹 원자력혁신센터 지원산업	100,000	에너지산업과	11	5	7	8	7	3	2	1
757	울산광역시	중소기업 에너지 진단 개선 지원사업	330,000	에너지산업과	11	5	7	8	7	3	3	1
758	울산광역시	기업체 에너지공정 최적화 지원사업	500,000	에너지산업과	11	5	7	8	7	3	3	1
759	울산광역시	중소중견기업 4차산업 기술적용 에너지효율 향상 지원사업	200,000	에너지산업과	11	5	7	8	7	3	3	1
760	울산광역시	울산테크노산단 P2G기반 한전MG(마이크로그리드)실증사업	187,000	에너지산업과	11	5	7	8	7	1	1	1
761	울산광역시	울산게놈서비스산업규제자유특구사업	48,000	화학소재산업과	11	2	7	8	7	5	5	4
762	울산광역시	조선해양부품기업의 업종전환,스마트해양부표 제조실증 사업화	1,000,000	화학소재산업과	11	7	7	8	7	5	2	4
763	울산광역시	UNIT-헬름홀츠 울리히 미래에너지 혁신연구센터	100,000	화학소재산업과	11	7	7	8	7	5	2	4
764	울산광역시	전기차 폐배터리 재활용산업 기반구축 사업	2,413,000	화학소재산업과	11	2	6	3	6	3	3	4
765	울산광역시	전지-ESS 기반 에너지산업 혁신생태계 구축사업	500,000	화학소재산업과	11	7	7	8	7	5	2	4
766	울산 중구	젊음의거리 문화관광형시장 육성사업	115,000	경제진흥과	11	2	6	2	7	2	2	1
767	울산 중구	중앙길(문화의거리) 특성화시장 육성(첫걸음 기반조성) 사업	56,000	경제진흥과	11	2	6	1	7	2	2	1
768	울산 중구	차세대 지방세정보시스템 구축사업비	62,243	세무1과	11	1	5	1	7	3	2	1
769	울산 중구	차세대지방세외수입정보시스템 구축사업비	74,675	세무2과	11	1	5	6	7	2	2	1
770	울산 중구	주소정보시스템 유지관리	17,724	민원지적과	11	8	7	1	7	5	5	4
771	울산 중구	도로명주소기본도 현행화 사업	5,055	민원지적과	11	8	7	1	7	5	5	4
772	울산 남구	삼호동 도시재생 뉴딜사업 위탁	200,000	도시창조과	11	2	6	3	7	1	1	4
773	울산 남구	옥동 도시재생 뉴딜사업 위탁	1,594,000	도시창조과	11	2	6	3	7	1	1	4
774	울산 남구	차세대 지방세정보시스템 구축	73,612	세무1과	11	1	5	3	7	2	2	1
775	울산 남구	차세대지방세외수입정보시스템 구축 분담금	79,837	세무2과	11	7	5	3	7	2	2	1
776	울산 남구	차세대 표준지방인사정보시스템 유지관리	164,050	총무과	11	7	7	8	7	2	2	4
777	울산 남구	주거수선유지급여사업	150,000	노인장애인과	11	1	5	1	1	1	1	4
778	울산 동구	차세대 지방재정관리시스템 구축사업 분담금	55,255	기획예산실	11	1	5	1	7	2	1	2
779	울산 동구	차세대지방세 정보시스템 구축	57,198	세무과	11	1	5	1	7	2	2	1
780	울산 동구	차세대지방세외수입 정보시스템 구축	64,351	세무과	11	1	5	1	7	2	2	1
781	울산 동구	구군간 행정구역 경계 및 지적도면 오류정비 사업	32,274	민원지적과	11	2	5	1	7	2	2	2
782	울산 동구	국가주소 정보시스템 유지보수	17,473	민원지적과	11	2	5	1	7	2	2	2
783	울산 동구	도로명주소 기본도 현행화 사업	2,884,000	민원지적과	11	2	5	1	7	2	2	2
784	울산 동구	주전항 어촌뉴딜300사업	38,272	경제진흥과	11	1	5	3	7	5	3	3
785	울산 동구	주거급여	100,000	사회복지과	11	1	5	7	7	1	1	2
786	울산 동구	클라우드 기반 건축행정시스템 재구축	17,600	건축주택과	11	6	7	8	7	5	5	4
787	울산 북구	차세대 지방재정관리시스템 구축비	66,255	기획예산담당관	11	1	5	1	7	2	2	4
788	울산 북구	차세대인사시스템 구축	102,027	총무과	11	1	5	1	7	2	2	4
789	울산 북구	차세대 지방세정보시스템 구축	72,552	징수과	11	1	5	1	7	2	2	4
790	울산 북구	차세대 지방세외수입정보시스템 구축	90,639	징수과	11	1	5	1	7	2	2	4
791	울산 북구	지적기준점 위탁 관리	15,770	민원지적과	11	1	4	1	7	5	5	4
792	울산 북구	수선유지급여	210,000	사회복지과	11	1	7	1	7	5	2	4
793	울산 북구	당사항 및 어물항 어촌뉴딜 300사업	4,484,385	농수산과	11	2	5	3	6	1	3	2
794	울산 북구	우가항 어촌뉴딜 300사업	160,000	농수산과	11	2	5	3	6	1	3	2
795	울산 북구	천걸음 이화정 마을 도시재생 뉴딜사업	795,000	도시과	11	1	5	6	7	1	1	4
796	울산 북구	인프라(HW, SW) 구축비	17,600	건축주택과	11	8	7	8	7	5	5	4

순번	시군구	지출명 (사업명)	2021년예산 (단위:천원/1년간)	담당자 (공무원)	민간이전 분류 (지방자치단체 세출예산 집행기준에 의거)	민간이전지출 근거 (지방보조금 관리기준 참고)	입찰방식			운영예산 산정		성과평가 실시여부
				담당부서	1. 민간경상사업보조(307-02) 2. 민간단체 법정운영비보조(307-03) 3. 민간행사사업보조(307-04) 4. 민간위탁금(307-05) 5. 사회복지시설 법정운영비보조(307-10) 6. 민간인위탁교육비(307-12) 7. 공기관등에대한경상적위탁사업비(308-10) 8. 민간자본사업보조,자체재원(402-01) 9. 민간자본사업보조,이전재원(402-02) 10. 민간위탁사업비(402-03) 11. 공기관등에 대한 자본적 대행사업비(403-02)	1. 법률에 규정 2. 국고보조 재원(국가지정) 3. 용도 지정 기부금 4. 조례에 직접규정 5. 지자체가 권장하는 사업을 하는 공공기관 6. 시,도 정책 및 재정사정 7. 기타 8. 해당없음	계약체결방법 (경쟁형태) 1. 일반경쟁 2. 제한경쟁 3. 지명경쟁 4. 수의계약 5. 법정위탁 6. 기타 ( ) 7. 해당없음	계약기간 1. 1년 2. 2년 3. 3년 4. 4년 5. 5년 6. 기타 ( )년 7. 단기계약 (1년미만) 8. 해당없음	낙찰자선정방법 1. 적격심사 2. 협상에의한계약 3. 최저가낙찰제 4. 규격가격분리 5. 2단계 경쟁입찰 6. 기타 ( ) 7. 해당없음	운영예산 산정 1. 내부산정 (지자체 자체적으로 산정) 2. 외부산정 (외부전문기관위탁 산정) 3. 내·외부 모두 산정 4. 산정 無 5. 해당없음	정산방법 1. 내부정산 (지자체 내부적으로 정산) 2. 외부정산 (외부전문기관위탁 정산) 3. 내·외부 모두 산정 4. 정산 無 5. 해당없음	1. 실시 2. 미실시 3. 향후 추진 4. 해당없음
797	울산 울주군	차세대지방재정관리시스템 구축비용	99,185	기획예산실	11	5	5	4	7	5	5	2
798	울산 울주군	차세대 지방세정보시스템 운영	154,696	세무1과	11	5	5	1	2	2	2	1
799	울산 울주군	비전자 기록물 행정유 구축	250,000	총무과	11	7	4	7	2	1	1	1
800	울산 울주군	공간정보 기반구축 및 스마트행정 지원 사업	680,000	토지정보과	11	7	4	1	2	1	1	1
801	울산 울주군	도로명주소기본도유지관리사업	12,460	토지정보과	11	1	5	1	7	2	2	1
802	울산 울주군	국가주소정보시스템유지관리사업	17,724	토지정보과	11	1	5	1	7	2	2	1
803	울산 울주군	지적기준점표지조사	46,026	토지정보과	11	1	7	8	7	1	1	1
804	울산 울주군	고독사 맞춤형 사례관리 사업	63,600	복지정책과	11	5	7	7	7	1	1	4
805	울산 울주군	수선유지급여(집수리)	631,013	노인장애인과	11	1	5	1	7	1	1	1
806	울산 울주군	집기·비품 구입	1,267,000	여성가족과	11	7	7	8	7	1	1	2
807	울산 울주군	차세대 지방세외수입 정보시스템 구축	97,244	세무2과	11	2	7	1	7	2	2	1
808	울산 울주군	온산문화체육센터 대덕도서관 도서구입	20,000	도서관과	11	1	7	8	7	1	1	4
809	울산 울주군	농특산물 홍보행사 지원	200,000	농업정책과	11	7	7	8	7	5	1	4
810	울산 울주군	농업기반시설 확충	500,000	농업정책과	11	6	5	1	7	2	2	2
811	울산 울주군	울주형 스마트팜 단지 조성	60,000	6차산업추진단	11	1	7	8	7	1	1	3
812	울산 울주군	삼동 연꽃단지 조성	600,000	6차산업추진단	11	1	7	8	7	1	1	3
813	울산 울주군	조림	116,470	산림공원과	11	1	6	7	7	5	2	2
814	울산 울주군	산불피해복구 조림사업	585,000	산림공원과	11	1	6	7	7	5	2	2
815	울산 울주군	조림지 비료주기 사업	42,000	산림공원과	11	1	6	7	7	1	1	2
816	울산 울주군	정책숲가꾸기사업	351,752	산림공원과	11	1	6	7	7	5	2	2
817	울산 울주군	미세먼지 저감 공익 숲가꾸기	3,574,800	산림공원과	11	1	6	7	7	5	2	2
818	울산 울주군	산불예방 숲가꾸기사업	363,688	산림공원과	11	1	6	7	7	5	2	2
819	울산 울주군	선도 산림경영단지 조성사업	1,455,000	산림공원과	11	1	6	7	7	5	2	1
820	울산 울주군	두동 이전지구 도시개발사업	13,650	도시개발추진단	11	1	5	6	7	1	1	4
821	울산 울주군	두서 인보지구 도시개발사업	12,200,000	도시개발추진단	11	1	5	6	7	1	1	4
822	울산 울주군	취약지역 개조	681,000	시설지원과	11	1	5	4	7	1	1	2
823	울산 울주군	취약지역 개조	511,000	시설지원과	11	1	5	4	7	1	1	2
824	울산 울주군	취약지역 개조	527,000	시설지원과	11	1	5	4	7	1	1	2
825	울산 울주군	취약지역 개조	459,000	시설지원과	11	1	5	4	7	1	1	2
826	세종특별자치시	조치원산단 공공폐수처리시설 설치	1,870,000	산업입지과	11	2	7	8	7	1	1	4
827	세종특별자치시	차세대 지방세정보시스템 구축	454,655	세정과	11	1	7	8	7	5	5	4
828	세종특별자치시	세종산업기술단지 조성	6,010,000	경제정책과	11	2	7	5	7	2	2	4
829	세종특별자치시	경로당 가스시설 개선	19,600	경제정책과	11	5	7	8	7	5	5	4
830	세종특별자치시	서민층 가스시설 타이머콕 설치	12,000	경제정책과	11	5	5	1	7	3	3	4
831	세종특별자치시	스마트 관망관리 인프라 구축사업	435,000	상하수도과	11	1	5	4	7	3	3	3
832	세종특별자치시	장군면 공공하수처리시설 설치	3,187,683	상하수도과	11	1	5	8	2	3	3	3
833	세종특별자치시	장군면 금암리 소규모하수도 정비	2,731,753	상하수도과	11	1	5	8	2	3	3	3
834	세종특별자치시	조치원 하수도 중점관리 지역	711,000	상하수도과	11	1	5	8	2	3	3	3
835	세종특별자치시	지하수 관측망 설치	177,500	상하수도과	11	1	5	7	2	1	1	1
836	세종특별자치시	지하수 관측망 유지관리	42,000	상하수도과	11	1	5	7	2	1	1	1
837	세종특별자치시	방치폐공 원상복구	14,000	상하수도과	11	1	5	7	2	1	1	1
838	세종특별자치시	차세대 표준지방인사정보시스템 구축	907,721	운영지원과	11	5	7	1	7	5	5	2

순번	시군구	지출명 (사업명)	2021년예산 (단위:천원/1년간)	담당자 (공무원) 담당부서	민간이전 분류 (지방자치단체 세출예산 집행기준에 의거) 1. 민간경상사업보조(307-02) 2. 민간단체 법정운영비보조(307-03) 3. 민간행사사업보조(307-04) 4. 민간위탁금(307-05) 5. 사회복지시설 법정운영비보조(307-10) 6. 민간인위탁교육비(307-12) 7. 공기관등에대한경상적위탁사업비(308-10) 8. 민간자본사업보조,자체재원(402-01) 9. 민간자본사업보조,이전재원(402-02) 10. 민간위탁사업비(402-03) 11. 공기관등에 대한 자본적 대행사업비(403-02)	민간이전지출 근거 (지방보조금 관리기준 참고) 1. 법률에 규정 2. 국고보조 재원(국가지정) 3. 용도 지정 기부금 4. 조례에 직접규정 5. 지자체가 권장하는 사업을 하는 공공기관 6. 시,도 정책 및 재정사정 7. 기타 8. 해당없음	입찰방식 계약체결방법 (경쟁형태) 1. 일반경쟁 2. 제한경쟁 3. 지명경쟁 4. 수의계약 5. 법정위탁 6. 기타 ( ) 7. 해당없음	계약기간 1. 1년 2. 2년 3. 3년 4. 4년 5. 5년 6. 기타 ( )년 7. 단기계약 (1년미만) 8. 해당없음	낙찰자선정방법 1. 적격심사 2. 협상에의한계약 3. 최저가낙찰제 4. 규격가격분리 5. 2단계 경쟁입찰 6. 기타 ( ) 7. 해당없음	운영예산 산정 운영예산 산정 1. 내부산정 (지자체 자체적으로 산정) 2. 외부산정 (외부전문기관위탁 산정) 3. 내·외부 모두 산정 4. 산정 無 5. 해당없음	정산방법 1. 내부정산 (지자체 내부적으로 정산) 2. 외부정산 (외부전문기관위탁 정산) 3. 내·외부 모두 산정 4. 정산 無 5. 해당없음	성과평가 실시여부 1. 실시 2. 미실시 3. 향후 추진 4. 해당없음
839	세종특별자치시	용포로 전선지중화	900,000	교통과	11	1	7	8	7	2	3	4
840	강원 춘천시	건축행정시스템(세움터) 재구축	17,600	민원담당관	11	7	7	8	7	5	5	4
841	강원 춘천시	예산편성 및 운영	110,186	기획예산과	11	8	7	8	7	2	2	4
842	강원 춘천시	표준지방인사정보시스템 운영	108,042	행정지원과	11	1	1	1	1	2	2	2
843	강원 춘천시	안식공원 운영관리	30,000	경로복지과	11	5	5	3	7	1	1	4
844	강원 춘천시	안식원 화장시설 운영관리	300,000	경로복지과	11	5	5	3	7	1	1	4
845	강원 춘천시	드론산업 육성	490,000	전략산업과	11	5	7	8	7	5	5	4
846	강원 춘천시	차세대 지방세정보시스템 구축	173,096	세정과	11	1	7	8	7	5	5	4
847	강원 춘천시	세외수입 관리	102,405	징수과	11	8	6	1	7	2	2	4
848	강원 춘천시	택시 운행정보관리시스템 운영	18,467	대중교통과	11	1	5	1	7	2	2	4
849	강원 춘천시	전기시설 개선 지원	8,800	기후에너지과	11	4	5	1	7	1	1	1
850	강원 춘천시	우리집 전기저금통 지원	41,556	기후에너지과	11	5	5	1	7	1	1	1
851	강원 춘천시	저소득층 고령자가구 타이머콕 지원	3,000	기후에너지과	11	5	5	1	7	1	1	1
852	강원 춘천시	가스안전차단기 보급	18,000	기후에너지과	11	5	5	1	7	1	1	1
853	강원 춘천시	수소충전소 구축	375,000	기후에너지과	11	2	2	1	2	2	1	2
854	강원 춘천시	도시형폐기물종합처리시설 운영	6,111,731	환경사업소	11	4	6	3	7	1	1	4
855	강원 춘천시	주거급여	770,669	건축과	11	1	5	8	7	2	3	1
856	강원 춘천시	농어촌공사 관리구역 시설정비 지원	400,000	건설과	11	1	5	6	7	1	1	1
857	강원 춘천시	조연지구 대구획경지정리	25,000	건설과	11	1	5	3	7	1	1	1
858	강원 춘천시	지하도상가 활성화	400,000	도로과	11	5	7	8	7	1	1	3
859	강원 춘천시	어도 개·보수 지원	125,000	축산과	11	8	7	8	7	5	5	4
860	강원 춘천시	안정적 맑은 물 공급 사업	2,528,000	수도시설과	11	2	2	3	1	1	1	4
861	강원 강릉시	관내대학(교) 후생복지지원사업	300,000	예산정책과	11	4	7	8	7	5	5	4
862	강원 강릉시	차세대 지방재정관리시스템 구축 분담금	99,185	예산정책과	11	5	1	3	1	2	2	1
863	강원 강릉시	차세대 인사정보시스템 인프라 구축	94,000	행정지원과	11	1	6	3	6	2	2	1
864	강원 강릉시	차세대 지방세정보시스템 구축	158,435	세무과	11	6	6	1	7	5	5	4
865	강원 강릉시	차세대 지방세외수입 정보시스템 구축	84,164	징수과	11	1	5	1	7	5	5	2
866	강원 강릉시	2021년 강원도기능경기대회 지원	50,000	일자리경제과	11	7	7	8	7	1	1	4
867	강원 강릉시	주문진 식료품 집적지구 활성화 사업	53,000	일자리경제과	11	2	7	8	7	1	1	3
868	강원 강릉시	사천한과 식료품 집적지구 활성화사업	20,000	일자리경제과	11	2	7	8	7	1	1	3
869	강원 강릉시	헬스케어 힐링 융합 비즈니스 생태계 구축사업	1,830,000	기업지원과	11	2	7	8	7	1	1	4
870	강원 강릉시	반도체 제조공정용 세라믹부품 생산기반 고도화	480,000	기업지원과	11	2	7	8	7	1	1	4
871	강원 강릉시	폐기물처리시설(소각시설) 설치사업 위탁사업비	8,482,000	자원순환과	11	5	1	6	1	1	1	3
872	강원 강릉시	폐기물매립시설 증설사업 위탁사업비	7,676,000	자원순환과	11	5	1	6	1	1	1	3
873	강원 강릉시	저소득층 고령자가구 가스안전차단기(타이머콕) 보급사업	15,600	에너지과	11	1	7	1	7	1	2	4
874	강원 강릉시	2021년 열린관광 환경조성 사업	15,000	관광과	11	5	7	8	7	5	5	4
875	강원 강릉시	장애인체육센터	4,196,000	체육과	11	1	6	3	7	5	1	4
876	강원 강릉시	복합복지 체육센터 건립사업	688,875	체육과	11	1	6	3	7	5	1	4
877	강원 강릉시	수산생물 산란 서식장 조성	500,000	해양수산과	11	1	5	7	7	5	1	4
878	강원 강릉시	어도 개보수	125,000	해양수산과	11	1	5	7	7	5	1	4
879	강원 강릉시	친환경에너지보급 지원	119,000	해양수산과	11	1	5	7	7	5	1	4
880	강원 강릉시	해중공원 레저전용 존 조성	150,000	해양수산과	11	1	7	8	7	5	5	4

순번	시군구	지출명 (사업명)	2021년예산 (단위:천원/1년간)	담당자 (공무원) 담당부서	민간이전 분류 (지방자치단체 세출예산 집행기준에 의거) 1. 민간경상사업보조(307-02) 2. 민간단체 법정운영비보조(307-03) 3. 민간행사사업보조(307-04) 4. 민간위탁금(307-05) 5. 사회복지시설 법정운영비보조(307-10) 6. 민간인위탁교육비(307-12) 7. 공기관등에대한경상적위탁사업비(308-10) 8. 민간자본사업보조,자체재원(402-01) 9. 민간자본사업보조,이전재원(402-02) 10. 민간위탁사업비(402-03) 11. 공기관등에 대한 자본적 대행사업비(403-02)	민간이전지출 근거 (지방보조금 관리기준 참고) 1. 법률에 규정 2. 국고보조 재원(국가지정) 3. 용도 지정 기부금 4. 조례에 직접규정 5. 지자체가 권장하는 사업을 하는 공공기관 6. 시,도 정책 및 재정사정 7. 기타 8. 해당없음	입찰방식 계약체결방법 (경쟁형태) 1. 일반경쟁 2. 제한경쟁 3. 지명경쟁 4. 수의계약 5. 법정위탁 6. 기타 ( ) 7. 해당없음	계약기간 1. 1년 2. 2년 3. 3년 4. 4년 5. 5년 6. 기타 ( )년 7. 단기계약 (1년미만) 8. 해당없음	낙찰자선정방법 1. 적격심사 2. 협상에의한계약 3. 최저가낙찰제 4. 규격가격분리 5. 2단계 경쟁입찰 6. 기타 ( ) 7. 해당없음	운영예산 산정 운영예산 산정 1. 내부산정 (지자체 자체적으로 산정) 2. 외부산정 (외부전문기관위탁 산정) 3. 내·외부 모두 산정 4. 산정 無 5. 해당없음	정산방법 1. 내부정산 (지자체 내부적으로 정산) 2. 외부정산 (외부전문기관위탁 정산) 3. 내·외부 모두 산정 4. 정산 無 5. 해당없음	성과평가 실시여부 1. 실시 2. 미실시 3. 향후 추진 4. 해당없음
881	강원 강릉시	공립 치매전담형 노인요양시설 신축	2,006,550	어르신복지과	11	2	7	8	7	5	5	4
882	강원 강릉시	강릉시 통합가족센터 건립	2,320,000	여성청소년가족과	11	5	4	3	7	5	1	3
883	강원 강릉시	통합가족센터 내 작은도서관 건립	200,000	여성청소년가족과	11	5	4	3	7	5	1	3
884	강원 강릉시	광역 버스정보시스템 운영	140,227	교통과	11	6	7	1	7	5	1	4
885	강원 강릉시	버스정보시스템 구축	30,000	교통과	11	6	7	1	7	5	1	4
886	강원 강릉시	차량단말기(GPS)구축	18,000	교통과	11	6	7	1	7	5	1	4
887	강원 강릉시	자동승객계수장치 구축	10,400	교통과	11	6	7	1	7	5	1	4
888	강원 강릉시	21년 건축행정시스템(세움터) 재구축 사업	17,600	건축과	11	8	7	8	7	5	5	4
889	강원 강릉시	일반농산어촌개발사업 마을만들기	353,200	농정과	11	1	7	3	7	3	1	4
890	강원 강릉시	일반농산어촌개발사업 마을만들기	79,461	농정과	11	1	7	3	7	3	1	4
891	강원 강릉시	일반농산어촌개발사업 마을만들기	175,000	농정과	11	1	7	3	7	3	1	4
892	강원 강릉시	수리시설개보수 및 민원해소	200,000	농정과	11	4	7	1	7	1	1	3
893	강원 동해시	청백-e 시스템 유지관리비	8,801	기획감사담당관	11	1	5	1	7	2	2	4
894	강원 동해시	차세대 지방재정관리시스템 구축비 분담금	77,230	기획감사담당관	11	1	5	3	7	2	2	4
895	강원 동해시	저소득층 노후전기시설 개선사업	8,400	경제과	11	6	7	8	7	1	3	3
896	강원 동해시	우리집 전기저금통 보급사업	7,400	경제과	11	6	7	8	7	2	2	1
897	강원 동해시	승강기 전력생산장치 보급사업	5,208	경제과	11	6	7	8	7	2	2	1
898	강원 동해시	망상 청원건널목 노후개량공사	392,755	관광과	11	7	7	8	7	1	1	4
899	강원 동해시	어촌뉴딜300사업	2,037,570	해양수산과	11	2	7	8	7	5	5	4
900	강원 동해시	주거급여	1,029,240	허가과	11	2	5	1	7	5	2	4
901	강원 동해시	건축행정시스템(세움터)재구축	17,600	허가과	11	1	7	8	7	5	5	4
902	강원 동해시	현대화사업	9,113,000	상하수도사업소	11	1	5	4	7	3	3	1
903	강원 동해시	자산관리시스템 구축사업	532,500	상하수도사업소	11	1	5	2	7	3	3	4
904	강원 동해시	스마트 관망관리 인프라 구축	1,390,000	상하수도사업소	11	1	5	2	7	3	3	4
905	강원 태백시	지방재정운영	66,255	기획예산담당관	11	1	1	1	2	2	2	4
906	강원 태백시	생활문화센터조성	20,000	평생교육과	11	1	5	3	7	5	5	4
907	강원 태백시	생활SOC국민체육센터지원사업	800,000	평생교육과	11	1	5	3	7	1	1	4
908	강원 태백시	가족센터건립 사업비	626,000	사회복지과	11	8	7	8	7	5	5	4
909	강원 태백시	장성국민체육센터 복합화 건립	26,000	스포츠레저과	11	7	6	6	7	5	1	4
910	강원 태백시	가스·전기시설 개선 지원	8,400	일자리경제과	11	6	7	8	7	5	1	4
911	강원 태백시	서민층 가스시설 개선	6,000	일자리경제과	11	1	7	8	7	5	1	4
912	강원 태백시	농어촌 전기공급사업	56,100	일자리경제과	11	1	7	8	7	5	1	4
913	강원 태백시	웰니스 항노화산업 진입도로 확포장	600,000	신성장전략과	11	1	4	6	2	5	1	3
914	강원 태백시	택시운행정보관리시스템 구축	3,339	민원교통과	11	1	7	8	7	5	5	4
915	강원 태백시	장성 도시재생 뉴딜사업 지원	1,424,488	도시재생과	11	2	5	3	6	3	2	1
916	강원 태백시	Eco job city 태백 도시재생 뉴딜사업	94,350,390	도시재생과	11	8	2	3	2	3	3	1
917	강원 태백시	주거급여사업	755,041	건축지적과	11	1	5	1	2	5	3	1
918	강원 태백시	건축 허가 및 신고	17,600	건축지적과	11	1	7	8	7	5	5	4
919	강원 태백시	원수 수질관리	1,315,948	상하수도사업소	11	1	5	6	7	2	2	1
920	강원 속초시	차세대 지방재정관리시스템 구축 분담금	66,255	기획예산과	11	1	5	3	7	5	5	4
921	강원 속초시	건축행정시스템(세움터) 재구축을 위한 지방비 부담액	17,600	건축과	11	4	7	7	7	5	5	4
922	강원 속초시	도문지구 대구획 경지정리 사업	67,000	농업기술센터	11	6	7	8	7	5	5	1

순번	시군구	지출명 (사업명)	2021년예산 (단위:천원/1년간)	담당자 (공무원) 담당부서	민간이전 분류 (지방자치단체 세출예산 집행기준에 의거) 1. 민간경상사업보조(307-02) 2. 민간단체 법정운영비보조(307-03) 3. 민간행사사업보조(307-04) 4. 민간위탁금(307-05) 5. 사회복지시설 법정운영비보조(307-10) 6. 민간인위탁교육비(307-12) 7. 공기관등에대한경상적위탁사업비(308-10) 8. 민간자본사업보조,자체재원(402-01) 9. 민간자본사업보조,이전재원(402-02) 10. 민간위탁사업비(402-03) 11. 공기관등에 대한 자본적 대행사업비(403-02)	민간이전지출 근거 (지방보조금 관리기준 참고) 1. 법률에 규정 2. 국고보조 재원(국가지정) 3. 용도 지정 기부금 4. 조례에 직접규정 5. 지자체가 권장하는 사업을 하는 공공기관 6. 시,도 정책 및 재정사정 7. 기타 8. 해당없음	입찰방식 계약체결방법 (경쟁형태) 1. 일반경쟁 2. 제한경쟁 3. 지명경쟁 4. 수의계약 5. 법정위탁 6. 기타 ( ) 7. 해당없음	입찰방식 계약기간 1. 1년 2. 2년 3. 3년 4. 4년 5. 5년 6. 기타 ( )년 7. 단기계약 (1년미만) 8. 해당없음	입찰방식 낙찰자선정방법 1. 적격심사 2. 협상에의한계약 3. 최저가낙찰제 4. 규격가격분리 5. 2단계 경쟁입찰 6. 기타 ( ) 7. 해당없음	운영예산 산정 운영예산 산정 1. 내부산정 (지자체 자체적으로 산정) 2. 외부산정 (외부전문기관위탁 산정) 3. 내·외부 모두 산정 4. 산정 無 5. 해당없음	운영예산 산정 정산방법 1. 내부정산 (지자체 내부적으로 정산) 2. 외부정산 (외부전문기관위탁 정산) 3. 내·외부 모두 산정 4. 정산 無 5. 해당없음	성과평가 실시여부 1. 실시 2. 미실시 3. 향후 추진 4. 해당없음
923	강원 속초시	공기관등에 대한 자본적 위탁사업비	100,000	농업기술센터	11	5	7	8	7	5	5	1
924	강원 홍천군	경로당전기시설 안점점검	26,650	행복나눔과	11	8	7	8	7	5	5	4
925	강원 홍천군	중화항체 면역치료제 개발센터 구축	20,000	일자리경제과	11	7	7	8	7	5	5	4
926	강원 홍천군	지방상수도 현대화사업	2,767,000	상하수도사업소	11	1	5	5	7	5	1	3
927	강원 횡성군	한국농어촌공사 농업기반시설 정비사업	500,000	안전건설과	11	1	6	1	7	1	1	4
928	강원 횡성군	농업기반시설사업 중기계획수립 위탁 용역	200,000	안전건설과	11	1	6	7	7	1	1	4
929	강원 횡성군	댐 부유물 운반처리 비용 지원사업	6,000	청정환경사업소	11	2	7	8	7	5	1	1
930	강원 횡성군	폐기물 매립시설 2단계 증설사업	3,560,000	청정환경사업소	11	7	7	3	7	5	1	4
931	강원 횡성군	소각시설 설치사업	5,570,000	청정환경사업소	11	7	7	4	7	5	1	4
932	강원 횡성군	안흥면 농촌중심지 활성화사업	1,028,000	도시교통과	11	2	5	3	2	5	1	4
933	강원 횡성군	횡성읍 농촌중심지 활성화사업	2,429,000	도시교통과	11	2	5	3	2	5	1	4
934	강원 횡성군	둔내면 농촌중심지 활성화사업	22,290	도시교통과	11	2	5	3	2	5	1	4
935	강원 횡성군	갑천면 기초생활거점육성사업	1,121,000	도시교통과	11	2	5	3	2	5	1	4
936	강원 횡성군	저소득층 노후전기시설 개선	2,111,000	기업경제과	11	1	4	1	7	2	1	4
937	강원 횡성군	저소득층 고령가구 가스안전차단기 보급사업	4,200	기업경제과	11	1	4	1	7	2	1	4
938	강원 횡성군	도로명주소 정보시스템 유지관리 및 운영지원	17,473	토지주택과	11	2	5	1	7	2	2	1
939	강원 횡성군	도로명주소기본도 위치정확도 개선사업	9,613	토지주택과	11	2	5	1	7	2	2	1
940	강원 횡성군	세외수입 부과관리	64,351	세무회계과	11	1	5	1	7	2	2	4
941	강원 횡성군	도세 및 군세부과	90,018	세무회계과	11	5	5	4	7	2	2	4
942	강원 횡성군	재정정보시스템 관리	77,230	기획감사실	11	5	7	3	7	2	2	4
943	강원 횡성군	문화예술회관 옥상녹화사업	50,000	문화체육관광과	11	7	5	7	2	5	1	4
944	강원 영월군	예산시스템운영	77,230	기획혁신실	11	1	5	1	7	5	5	4
945	강원 영월군	2021년 영월군 지방상수도 통합운영사업	7,217,578	상하수도사업소	11	1	5	8	7	2	2	1
946	강원 영월군	주천 공령자복지주택	1,417,000	도시교통과	11	1	6	3	6	1	1	3
947	강원 영월군	수선유지급여(집수리)LH대행사업비	471,542	도시교통과	11	1	5	1	7	1	1	4
948	강원 영월군	택시운행정보관리시스템 운영	1,127,000	도시교통과	11	1	5	1	7	2	3	4
949	강원 영월군	소각시설 설치사업	2,044,000	환경시설관리사업소	11	2	7	8	7	5	5	2
950	강원 평창군	차세대 지방세정보시스템 구축사업	92,743	재무과	11	1	5	1	6	2	2	4
951	강원 평창군	차세대 지방세외수입 정보시스템구축 분담금	64,351	재무과	11	1	5	1	6	2	2	4
952	강원 평창군	봉평전통시장 희망사업 프로젝트사업 위탁비	607,000	일자리경제과	11	2	7	8	7	5	5	4
953	강원 평창군	저소득층 노후 전기시설 개선사업	6,160	일자리경제과	11	5	7	8	7	5	5	4
954	강원 평창군	마을단위 LPG배관망 설치지원	908,960	일자리경제과	11	2	7	8	7	5	5	4
955	강원 평창군	고랭지밭 흙탕물저감 호밀식재 사업	48,348	환경위생과	11	7	6	1	6	1	1	4
956	강원 평창군	수선유지급여	451,298	도시과	11	1	5	1	7	5	1	4
957	강원 평창군	미탄 농촌다움복원 사업	834,000	유통산업과	11	5	4	3	6	1	1	4
958	강원 평창군	회동1리 마을만들기(자율개발) 사업	300,000	유통산업과	11	5	4	3	6	1	1	4
959	강원 평창군	계촌5리 마을만들기(자율개발) 사업	288,600	유통산업과	11	5	4	3	6	1	1	4
960	강원 평창군	노동리 마을만들기(자율개발) 사업	96,000	유통산업과	11	5	4	3	6	1	1	4
961	강원 정선군	차세대 지방재정관리시스템 설치	77,230	기획관	11	1	7	1	7	5	2	4
962	강원 정선군	차세대 지방세정보시스템 구축	89,831	세무과	11	7	7	1	7	2	2	4
963	강원 정선군	차세대주민등록정보시스템 운영비	10,975	민원과	11	5	7	8	7	2	4	4
964	강원 정선군	가족센터	1,252,000	여성청소년과	11	2	1	3	1	2	2	3

순번	시군구	지출명 (사업명)	2021년예산 (단위:천원/1년간)	담당자 (공무원) 담당부서	민간이전 분류 (지방자치단체 세출예산 집행기준에 의거) 1. 민간경상사업보조(307-02) 2. 민간단체 법정운영비보조(307-03) 3. 민간행사사업보조(307-04) 4. 민간위탁금(307-05) 5. 사회복지시설 법정운영비보조(307-10) 6. 민간인위탁교육비(307-12) 7. 공기관등에대한경상적위탁사업비(308-10) 8. 민간자본사업보조,자체재원(402-01) 9. 민간자본사업보조,이전재원(402-02) 10. 민간위탁사업비(402-03) 11. 공기관등에 대한 자본적 대행사업비(403-02)	민간이전지출 근거 (지방보조금 관리기준 참고) 1. 법률에 규정 2. 국고보조 재원(국가지정) 3. 용도 지정 기부금 4. 조례에 직접규정 5. 지자체가 권장하는 사업을 하는 공공기관 6. 시,도 정책 및 재정사정 7. 기타 8. 해당없음	입찰방식 계약체결방법 (경쟁형태) 1. 일반경쟁 2. 제한경쟁 3. 지명경쟁 4. 수의계약 5. 법정위탁 6. 기타 ( ) 7. 해당없음	입찰방식 계약기간 1. 1년 2. 2년 3. 3년 4. 4년 5. 5년 6. 기타 ( )년 7. 단기계약 (1년미만) 8. 해당없음	입찰방식 낙찰자선정방법 1. 적격심사 2. 협상에의한계약 3. 최저가낙찰제 4. 규격가격분리 5. 2단계 경쟁입찰 6. 기타 ( ) 7. 해당없음	운영예산 산정 운영예산 산정 1. 내부산정 (지자체 자체적으로 산정) 2. 외부산정 (외부전문기관위탁 산정) 3. 내·외부 모두 산정 4. 산정 無 5. 해당없음	운영예산 산정 정산방법 1. 내부정산 (지자체 내부적으로 정산) 2. 외부정산 (외부전문기관위탁 정산) 3. 내·외부 모두 산정 4. 정산 無 5. 해당없음	성과평가 실시여부 1. 실시 2. 미실시 3. 향후 추진 4. 해당없음
965	강원 정선군	주거지주차장	666,000	여성청소년과	11	2	1	3	1	2	2	3
966	강원 정선군	(구)국토관리사무소 부지철거 및 정비	1,900,000	여성청소년과	11	7	1	1	1	1	1	3
967	강원 정선군	아리아리 이음플랫폼 건립사업	2,540,000	여성청소년과	11	2	7	8	7	2	1	4
968	강원 정선군	정선읍 상권활성화사업	1,016,950	경제과	11	2	7	8	7	1	1	4
969	강원 정선군	주례마을 어울연못 조성	500,000	전략산업과	11	1	5	3	7	1	3	4
970	강원 정선군	정선선 관광.철도.연계교통 통합개발방안 수립용역	10,000	문화관광과	11	5	2	7	2	3	5	4
971	강원 정선군	북평면 농촌중심지활성화사업	873,000	도시과	11	1	5	5	7	2	1	4
972	강원 정선군	임계면 농촌중심지활성화사업	2,126,000	도시과	11	1	5	4	7	2	1	4
973	강원 정선군	남면 기초생활거점육성사업	1,649,000	도시과	11	1	5	4	7	2	1	4
974	강원 정선군	신동근로자아파트 건립사업	500,000	도시과	11	5	7	8	7	5	5	4
975	강원 정선군	북평면 마을정비형공공주택사업 계획보조금	292,237	도시과	11	5	7	8	7	5	5	4
976	강원 정선군	새뜰마을사업	511,000	도시과	11	2	7	3	7	5	1	4
977	강원 정선군	새뜰마을사업	974,000	도시과	11	2	7	3	7	5	1	4
978	강원 정선군	건축행정시스템 재구축	17,600	도시과	11	8	7	8	7	5	5	4
979	강원 정선군	주거급여 지원	596,201	도시과	11	2	5	1	7	2	2	4
980	강원 정선군	사북 도시재생 뉴딜사업	3,517,285	도시과	11	1	6	3	6	1	1	4
981	강원 정선군	농촌체험 관련시설 보완	40,000	농업기술센터	11	2	7	8	7	1	1	4
982	강원 정선군	ICT알리미 시스템 구축, 쉼터조성 등	80,000	농업기술센터	11	2	7	8	7	5	5	3
983	강원 정선군	ICT알리미 시스템 구축, 이야기길 조성 등	221,000	농업기술센터	11	2	7	8	7	5	5	3
984	강원 정선군	다목적복지관 조성, 흥터마당 조성 등	460,000	농업기술센터	11	2	7	8	7	5	5	3
985	강원 정선군	마을회관 리모델링, 공원 정비 등	340,000	농업기술센터	11	2	7	8	7	5	5	3
986	강원 정선군	용배수로정비	100,000	농업기술센터	11	5	5	1	7	1	1	4
987	강원 정선군	과실 전문생산단지 기반조성	422,500	농업기술센터	11	2	5	2	7	2	1	4
988	강원 정선군	공공주택(배관부식) 녹물 억제기기 설치	100,000	상하수도사업소	11	7	7	8	7	5	5	4
989	강원 정선군	신설 및 개조급수공사 공기관대행사업비	400,000	상하수도사업소	11	7	7	8	7	1	1	4
990	강원 정선군	시설개량 대가 공기관대행사업비	2,853,610	상하수도사업소	11	7	7	8	7	1	1	4
991	강원 철원군	차세대 지방재정관리시스템(e-호조) 구축 위탁금	77,230	기획감사실	11	1	2	3	2	2	2	4
992	강원 철원군	수리시설 수해복구사업	487,336	미래농업과	11	1	7	8	7	5	5	4
993	강원 철원군	표준모자보건수첩제작	400,000	보건소	11	2	5	8	7	5	1	4
994	강원 철원군	의료급여수급권자 영유아검진비지원	565,000	보건소	11	2	5	8	7	5	1	4
995	강원 철원군	철원군 지방상수도 현대화사업	6,005,000	상하수도사업소	11	2	5	5	7	3	3	3
996	강원 화천군	지방상수도 현대화사업	3,102,000	상하수도사업소	11	5	7	5	7	1	1	1
997	강원 양구군	어린이집 환경개선	8,200	사회복지과	11	2	7	8	7	1	1	1
998	강원 양구군	한반도 생태평화벨트 체험존 조성	32,000	문화관광과	11	5	7	8	7	5	5	4
999	강원 양구군	농어촌 마을단위LPG소형저장탱크 보급사업	595,000	전략산업과	11	4	1	1	7	3	2	4
1000	강원 양구군	마을단위LPG배관망 CO감지기 설치 사업	78,300	전략산업과	11	4	1	1	7	3	2	4
1001	강원 양구군	저소득층 노후전기시설 개선사업	2,640,000	전략산업과	11	5	5	8	7	2	2	4
1002	강원 양구군	저소득층 고령가구 가스안전차단기(타이머콕) 보급 사업	2,400,000	전략산업과	11	1	1	1	7	3	2	4
1003	강원 양구군	폐기물처리시설 설치	15,000	환경위생과	11	1	7	8	7	5	5	4
1004	강원 양구군	마을정비형 공공주택사업	1,177,514	지적건축과	11	1	7	8	7	5	4	4
1005	강원 양구군	주거급여 지원	236,721	지적건축과	11	1	5	1	7	5	3	4
1006	강원 양구군	도로명주소 정보사업 유지관리 및 운영지원	17,223	지적건축과	11	1	6	1	7	3	1	4

순번	시군구	지출명 (사업명)	2021년예산 (단위:천원/1년간)	담당자 (공무원) 담당부서	민간이전 분류 (지방자치단체 세출예산 집행기준에 의거) 1. 민간경상사업보조(307-02) 2. 민간단체 법정운영비보조(307-03) 3. 민간행사사업보조(307-04) 4. 민간위탁금(307-05) 5. 사회복지시설 법정운영비보조(307-10) 6. 민간인위탁교육비(307-12) 7. 공기관등에대한경상적위탁사업비(308-10) 8. 민간자본사업보조,자체재원(402-01) 9. 민간자본사업보조,이전재원(402-02) 10. 민간위탁사업비(402-03) 11. 공기관등에 대한 자본적 대행사업비(403-02)	민간이전지출 근거 (지방보조금 관리기준 참고) 1. 법률에 규정 2. 국고보조 재원(국가지정) 3. 용도 지정 기부금 4. 조례에 직접규정 5. 지자체가 권장하는 사업을 하는 공공기관 6. 시,도 정책 및 재정사정 7. 기타 8. 해당없음	입찰방식 계약체결방법 (경쟁형태) 1. 일반경쟁 2. 제한경쟁 3. 지명경쟁 4. 수의계약 5. 법정위탁 6. 기타 ( ) 7. 해당없음	입찰방식 계약기간 1. 1년 2. 2년 3. 3년 4. 4년 5. 5년 6. 기타 ( )년 7. 단기계약 (1년미만) 8. 해당없음	입찰방식 낙찰자선정방법 1. 적격심사 2. 협상에의한계약 3. 최저가낙찰제 4. 규격가격분리 5. 2단계 경쟁입찰 6. 기타 ( ) 7. 해당없음	운영예산 산정 운영예산 산정 1. 내부산정 (지자체 자체적으로 산정) 2. 외부산정 (외부전문기관위탁 산정) 3. 내·외부 모두 산정 4. 산정 無 5. 해당없음	운영예산 산정 정산방법 1. 내부정산 (지자체 내부적으로 정산) 2. 외부정산 (외부전문기관위탁 정산) 3. 내·외부 모두 산정 4. 정산 無 5. 해당없음	성과평가 실시여부 1. 실시 2. 미실시 3. 향후 추진 4. 해당없음
1007	강원 양구군	도로명주소 기본도 현행화 사업	3,056	지적건축과	11	1	6	1	7	3	1	4
1008	강원 양구군	마을정비형 공공주택사업	1,177,514	지적건축과	11	1	7	8	7	5	4	4
1009	강원 양구군	주거급여 지원	236,721	지적건축과	11	1	5	1	7	5	3	4
1010	강원 양구군	도로명주소 정보사업 유지관리 및 운영지원	17,223	지적건축과	11	1	6	1	7	3	1	4
1011	강원 양구군	도로명주소 기본도 현행화 사업	3,056	지적건축과	11	1	6	1	7	3	1	4
1012	강원 양구군	양구군 지방상수도현대화	3,789,000	상하수도사업소	11	1	5	6	7	5	5	4
1013	강원 인제군	남면 통합하수처리시설 설치공사	456,000	상하수도사업소	11	1	5	3	7	5	5	3
1014	강원 인제군	상남2 공공하수처리시설 신설공사	429,000	상하수도사업소	11	1	5	3	7	5	5	3
1015	강원 인제군	인제지구 분산형 용수공급시설 설치	530,000	상하수도사업소	11	2	7	2	7	2	1	3
1016	강원 인제군	지방상수도 현대화	7,377,000	상하수도사업소	11	2	7	5	7	2	1	3
1017	강원 인제군	친환경 청정사업	1,000,000	농정과	11	1	7	8	7	1	1	1
1018	강원 고성군	차세대 지방재정관리시스템 구축비 분담금	66,255	기획감사실	11	5	4	1	2	2	2	4
1019	강원 고성군	건축행정시스템(세움터) 재구축	20,000	종합민원실	11	1	7	8	7	5	5	4
1020	강원 고성군	기초생활수급자 기초주거급여	380,722	종합민원실	11	1	4	1	7	1	1	2
1021	강원 고성군	농어촌취약지역생활여건개조사업	933,000	종합민원실	11	1	5	3	7	1	1	1
1022	강원 고성군	차세대 표준지방인사정보시스템 인프라 구축	33,584	자치행정과	11	6	7	8	7	2	2	2
1023	강원 고성군	차세대 지방세정보시스템 구축	85,431	재무과	11	1	7	8	7	2	2	2
1024	강원 고성군	차세대지방세외수입 정보시스템 구축 사업비	64,351	재무과	11	1	7	8	7	2	2	2
1025	강원 고성군	저소득층 노후전기시설 개선	6,160	경제투자과	11	2	5	1	7	5	1	1
1026	강원 고성군	저소득층 고령가구 가스시설 보급 추진	3,000	경제투자과	11	6	5	1	7	5	1	1
1027	강원 고성군	접경지역(명파리)LPG배관망 설치	1,551,250	경제투자과	11	1	7	1	7	1	1	1
1028	강원 고성군	동호2리 LPG소형 저장탱크 설치	620,270	경제투자과	11	1	7	1	7	1	1	1
1029	강원 고성군	사용종료매립지 사후관리 환경영향조사	60,000	환경보호과	11	1	2	1	7	5	1	4
1030	강원 고성군	고성 해중경관지구 시범사업	8,050,000	관광과	11	2	5	4	7	3	3	3
1031	강원 고성군	DMZ 전망대 스마트 체험존 설치	32,000	관광과	11	2	7	8	7	5	5	4
1032	강원 고성군	연안생태환경 조성사업 적지조사 용역	20,000	해양수산과	11	7	5	8	7	1	1	4
1033	강원 고성군	아야진항 어촌테마마을 조성	20,000	해양수산과	11	5	5	4	7	5	1	4
1034	강원 고성군	2019 어촌뉴딜 300	2,028,859	해양수산과	11	5	5	3	7	5	1	4
1035	강원 고성군	2020 어촌뉴딜 300	38,272	해양수산과	11	5	5	3	7	5	1	4
1036	강원 고성군	친환경에너지보급	214,200	해양수산과	11	1	5	8	7	5	1	4
1037	강원 고성군	신평지구 시설개량형 대구획경지정리사업	200,000	건설도시과	11	8	7	8	7	5	5	4
1038	강원 고성군	평화지역 시가지 경관 개선사업	4,520,000	건설도시과	11	1	7	7	7	1	1	2
1039	강원 고성군	버스정보시스템(BIS) 유지보수비	15,934	안전교통과	11	1	5	1	6	2	2	2
1040	강원 고성군	택시운행정보 관리시스템(TIMS) 운영계획	1,020,000	안전교통과	11	1	5	1	6	2	2	2
1041	강원 고성군	인흥1리 하수관거 정비사업	243,000	상하수도사업소	11	5	5	5	2	3	3	3
1042	강원 고성군	하수관로정비	277,000	상하수도사업소	11	5	5	5	2	3	3	3
1043	강원 고성군	하수처리시설확충	537,000	상하수도사업소	11	5	5	5	2	3	3	3
1044	강원 양양군	문어 서식산란장 조성	10,000	해양수산과	11	6	7	8	7	5	5	4
1045	강원 양양군	양식장 친환경에너지 보급사업	148,750	해양수산과	11	2	7	8	7	5	5	4
1046	강원 양양군	해삼특화양식단지조성	10,000	해양수산과	11	6	7	8	7	5	5	4
1047	강원 양양군	연어자연산란장조성	1,040,000	해양수산과	11	2	7	8	7	5	5	4
1048	강원 양양군	창조적 마을만들기	330,000	농업기술센터	11	1	5	5	7	5	3	1

순번	시군구	지출명 (사업명)	2021년예산 (단위:천원/1년간)	담당자 (공무원) 담당부서	민간이전 분류 (지방자치단체 세출예산 집행기준에 의거) 1. 민간경상사업보조(307-02) 2. 민간단체 법정운영비보조(307-03) 3. 민간행사사업보조(307-04) 4. 민간위탁금(307-05) 5. 사회복지시설 법정운영비보조(307-10) 6. 민간인위탁교육비(307-12) 7. 공기관등에대한경상적위탁사업비(308-10) 8. 민간자본사업보조,자체재원(402-01) 9. 민간자본사업보조,이전재원(402-02) 10. 민간위탁사업비(402-03) 11. 공기관등에 대한 자본적 대행사업비(403-02)	민간이전지출 근거 (지방보조금 관리기준 참고) 1. 법률에 규정 2. 국고보조 재원(국가지정) 3. 용도 지정 기부금 4. 조례에 직접규정 5. 지자체가 권장하는 사업을 하는 공공기관 6. 시,도 정책 및 재정사정 7. 기타 8. 해당없음	입찰방식 계약체결방법 (경쟁형태) 1. 일반경쟁 2. 제한경쟁 3. 지명경쟁 4. 수의계약 5. 법정위탁 6. 기타 ( ) 7. 해당없음	입찰방식 계약기간 1. 1년 2. 2년 3. 3년 4. 4년 5. 5년 6. 기타 ( )년 7. 단기계약 (1년미만) 8. 해당없음	입찰방식 낙찰자선정방법 1. 적격심사 2. 협상에의한계약 3. 최저가낙찰제 4. 규격가격분리 5. 2단계 경쟁입찰 6. 기타 ( ) 7. 해당없음	운영예산 산정 운영예산 산정 1. 내부산정 (지자체 자체적으로 산정) 2. 외부산정 (외부전문기관위탁 산정) 3. 내·외부 모두 산정 4. 산정 無 5. 해당없음	운영예산 산정 정산방법 1. 내부정산 (지자체 내부적으로 정산) 2. 외부정산 (외부전문기관위탁 정산) 3. 내·외부 모두 산정 4. 정산 無 5. 해당없음	성과평가 실시여부 1. 실시 2. 미실시 3. 향후 추진 4. 해당없음
1049	강원 양양군	다목적 가축분뇨 처리장비 지원	100,000	농업기술센터	11	6	7	1	7	1	1	1
1050	강원 양양군	부숙완료 퇴비 보관시설 지원사업	9,750	농업기술센터	11	6	7	1	7	1	1	1
1051	강원 양양군	도지사품질인증 포장재지원	8,000	농업기술센터	11	6	7	8	7	3	1	3
1052	강원 양양군	농식품산업 활성화지원	50,000	농업기술센터	11	6	7	8	7	3	1	3
1053	강원 양양군	농산물 저온저장고(산지저온시설) 지원	56,250	농업기술센터	11	6	7	8	7	3	1	3
1054	강원 양양군	차세대지방세입정보시스템 구축	87,137	세무회계과	11	7	7	1	7	2	2	4
1055	강원 양양군	전기시설 개선지원	7,040	경제에너지과	11	2	4	1	7	4	2	1
1056	강원 양양군	도시가스공급시설 설치비 지원	683,000	경제에너지과	11	1	4	1	7	2	3	2
1057	강원 양양군	전기이륜차 구매 지원	30,240	경제에너지과	11	1	7	8	7	2	3	1
1058	강원 양양군	전기자동차 구매 지원	1,592,400	경제에너지과	11	1	7	8	7	2	3	1
1059	강원 양양군	수소자동차 구매 지원	187,500	경제에너지과	11	1	7	8	7	2	3	1
1060	강원 양양군	중소기업 환경개선 지원사업	30,000	경제에너지과	11	6	7	8	7	5	5	4
1061	강원 양양군	가스안전차단기(티이머 콕)보급사업	5,400	경제에너지과	11	2	4	1	7	4	2	1
1062	강원 양양군	수선유지 급여사업	329,005	허가민원실	11	1	7	1	7	1	3	4
1063	충북 청주시	청렴공직사회 구축	12,796	감사관	11	1	5	1	7	2	2	1
1064	충북 청주시	인사운영관리	253,152	행정지원과	11	1	5	3	7	2	2	1
1065	충북 청주시	특성화시장 육성	250,000	경제정책과	11	1	5	1	7	2	2	1
1066	충북 청주시	특성화시장 육성	220,000	경제정책과	11	1	5	1	7	2	2	1
1067	충북 청주시	특성화시장 육성	220,000	경제정책과	11	1	5	1	7	2	2	1
1068	충북 청주시	가스타이머콕 보급사업	112,608	경제정책과	11	1	5	8	7	3	3	4
1069	충북 청주시	취약계층 에너지복지사업	140,000	경제정책과	11	1	7	8	7	5	5	4
1070	충북 청주시	효율적인 예산편성 관리	121,185	예산과	11	8	6	8	7	5	5	4
1071	충북 청주시	세포치료제 상용화지원시스템 구축	780,000	투자전략산업과	11	2	7	7	7	3	1	3
1072	충북 청주시	반도체융합부품 실장기술 지원센터 구축사업	1,700,000	투자전략산업과	11	2	2	5	2	3	3	1
1073	충북 청주시	자율주행차 지역테스트베드 구축	600,000	투자전략산업과	11	2	2	3	3	2	2	2
1074	충북 청주시	납세편의 시책	315,094	세정과	11	1	5	3	7	3	1	4
1075	충북 청주시	세외수입 체납처분 및 징수	152,839	세정과	11	8	4	1	7	3	3	4
1076	충북 청주시	주거급여	180,000	복지정책과	11	1	7	8	7	5	1	4
1077	충북 청주시	국가지정문화재 보수정비	1,200,000	문화예술과	11	2	7	8	7	5	5	4
1078	충북 청주시	용곡지구 지표수 보강개발 사업	1,193,286	농업정책과	11	1	5	4	7	1	1	4
1079	충북 청주시	산덕지구 지표수보강개발사업	180,000	농업정책과	11	1	5	4	7	1	1	4
1080	충북 청주시	농업기반시설 유지보수사업	293,125	농업정책과	11	1	5	1	7	1	1	4
1081	충북 청주시	농업기반시설 확충사업	1,200,000	농업정책과	11	1	5	1	7	1	1	4
1082	충북 청주시	농업기반시설 확충사업	11,520	농업정책과	11	1	5	1	7	1	1	4
1083	충북 청주시	농업기반시설 확충사업	23,000	농업정책과	11	1	5	1	7	1	1	4
1084	충북 청주시	농업기반시설 확충사업	550,000	농업정책과	11	1	5	1	7	1	1	4
1085	충북 청주시	농업기반시설 확충사업	550,000	농업정책과	11	1	5	1	7	1	1	4
1086	충북 청주시	농업기반시설 확충사업	650,000	농업정책과	11	1	5	1	7	1	1	4
1087	충북 청주시	농업기반시설 확충사업	350,000	농업정책과	11	1	5	1	7	1	1	4
1088	충북 청주시	농업기반시설 확충사업	350,000	농업정책과	11	1	5	1	7	1	1	4
1089	충북 청주시	농업기반시설 확충사업	350,000	농업정책과	11	1	5	1	7	1	1	4
1090	충북 청주시	농업기반시설 유지관리	11,000	농업정책과	11	1	5	1	7	1	1	4

순번	시군구	지출명 (사업명)	2021년예산 (단위:천원/1년간)	담당자 (공무원) 담당부서	민간이전 분류 (지방자치단체 세출예산 집행기준에 의거) 1. 민간경상사업보조(307-02) 2. 민간단체 법정운영비보조(307-03) 3. 민간행사사업보조(307-04) 4. 민간위탁금(307-05) 5. 사회복지시설 법정운영비보조(307-10) 6. 민간인위탁교육비(307-12) 7. 공기관등에대한경상적위탁사업비(308-10) 8. 민간자본사업보조,자체재원(402-01) 9. 민간자본사업보조,이전재원(402-02) 10. 민간위탁사업비(402-03) 11. 공기관등에 대한 자본적 대행사업비(403-02)	민간이전지출 근거 (지방보조금 관리기준 참고) 1. 법률에 규정 2. 국고보조 재원(국가지정) 3. 용도 지정 기부금 4. 조례에 직접규정 5. 지자체가 권장하는 사업을 하는 공공기관 6. 시,도 정책 및 재정사정 7. 기타 8. 해당없음	입찰방식 계약체결방법 (경쟁형태) 1. 일반경쟁 2. 제한경쟁 3. 지명경쟁 4. 수의계약 5. 법정위탁 6. 기타 ( ) 7. 해당없음	입찰방식 계약기간 1. 1년 2. 2년 3. 3년 4. 4년 5. 5년 6. 기타 ( )년 7. 단기계약 (1년미만) 8. 해당없음	입찰방식 낙찰자선정방법 1. 적격심사 2. 협상에의한계약 3. 최저가낙찰제 4. 규격가격분리 5. 2단계 경쟁입찰 6. 기타 ( ) 7. 해당없음	운영예산 산정 운영예산 산정 1. 내부산정 (지자체 자체적으로 산정) 2. 외부산정 (외부전문기관위탁 산정) 3. 내·외부 모두 산정 4. 산정 無 5. 해당없음	운영예산 산정 정산방법 1. 내부정산 (지자체 내부적으로 정산) 2. 외부정산 (외부전문기관위탁 정산) 3. 내·외부 모두 산정 4. 정산 無 5. 해당없음	성과평가 실시여부 1. 실시 2. 미실시 3. 향후 추진 4. 해당없음
1091	충북 청주시	환희 재해위험개선지구 정비사업	200,000	농업정책과	11	1	5	3	7	1	1	4
1092	충북 청주시	농촌중심지활성화	2,360,000	농업정책과	11	8	5	5	7	2	1	3
1093	충북 청주시	농촌중심지활성화	2,307,143	농업정책과	11	8	5	5	7	2	1	3
1094	충북 청주시	농촌중심지활성화	2,307,143	농업정책과	11	8	5	5	7	2	1	3
1095	충북 청주시	농촌중심지활성화	1,617,143	농업정책과	11	8	5	5	7	2	1	3
1096	충북 청주시	기초생활거점육성사업	20,714	농업정책과	11	8	5	5	7	2	1	3
1097	충북 청주시	기초생활거점육성사업	2,072,857	농업정책과	11	8	5	5	7	2	1	3
1098	충북 청주시	기초생활거점육성사업	504,286	농업정책과	11	8	5	3	7	2	1	3
1099	충북 청주시	마을만들기	400,000	농업정책과	11	8	5	3	7	2	1	3
1100	충북 청주시	마을만들기	250,000	농업정책과	11	8	5	3	7	2	1	3
1101	충북 청주시	마을만들기	250,000	농업정책과	11	8	5	3	7	2	1	3
1102	충북 청주시	마을만들기	250,000	농업정책과	11	8	5	3	7	2	1	3
1103	충북 청주시	마을만들기	250,000	농업정책과	11	8	5	3	7	2	1	3
1104	충북 청주시	마을만들기	100,000	농업정책과	11	8	5	3	7	2	1	3
1105	충북 청주시	마을만들기	100,000	농업정책과	11	8	5	3	7	2	1	3
1106	충북 청주시	마을만들기	100,000	농업정책과	11	8	5	3	7	2	1	3
1107	충북 청주시	마을만들기	100,000	농업정책과	11	8	5	3	7	2	1	3
1108	충북 청주시	마을만들기	100,000	농업정책과	11	8	5	3	7	2	1	3
1109	충북 청주시	마을만들기	100,000	농업정책과	11	8	5	3	7	2	1	3
1110	충북 청주시	농시조성사업	20,000	농업정책과	11	8	5	3	7	2	1	3
1111	충북 청주시	내수면 어도 개보수	125,000	축산과	11	1	5	1	2	1	1	3
1112	충북 청주시	건실한 건축행정 운영	17,600	건축디자인과	11	6	7	8	7	5	5	4
1113	충북 청주시	수치지형도 갱신	400,000	지적정보과	11	8	7	8	7	5	5	4
1114	충북 청주시	도로명주소 운영 및 홍보	18,224	지적정보과	11	1	6	1	7	3	1	4
1115	충북 청주시	도로명주소 운영 및 홍보	29,686	지적정보과	11	1	6	1	7	3	1	4
1116	충북 청주시	가공배전선로 지중화사업	379,000	도로사업본부 지역개발과	11	1	7	1	7	2	3	4
1117	충북 청주시	청주하이패스전용 나들목 설치	20,000	도로사업본부 도로시설과	11	1	1	2	6	2	1	3
1118	충북 청주시	석화건널목 입체화사업	1,000,000	도로사업본부 도로시설과	11	1	7	8	7	5	5	4
1119	충북 청주시	쾌적한 친수 하천관리	200,628	도로사업본부 하천방재과	11	4	5	1	2	1	1	2
1120	충북 청주시	오창과학산업단지 완충저류시설 설치·운영	48,750	환경관리본부 환경정책과	11	1	7	8	7	5	1	4
1121	충북 청주시	청주일반산업단지 완충저류시설 설치·운영	4,497,000	환경관리본부 환경정책과	11	1	7	8	7	5	1	4
1122	충북 청주시	현도산업단지 완충저류시설 설치·운영	945,000	환경관리본부 환경정책과	11	1	7	8	7	5	1	4
1123	충북 청주시	오창제2산업단지 완충저류시설 설치·운영	1,101,000	환경관리본부 환경정책과	11	1	7	8	7	5	1	4
1124	충북 청주시	옥산산업단지 완충저류시설 설치·운영	1,840,000	환경관리본부 환경정책과	11	1	7	8	7	5	1	4
1125	충북 청주시	오송생명과학단지 완충저류시설 설치·운영	4,091,000	환경관리본부 환경정책과	11	1	7	8	7	5	1	4
1126	충북 청주시	청주시 제2매립장 조성사업	3,618,900	환경관리본부 자원정책과	11	1	5	6	6	4	4	2
1127	충북 청주시	청주시 하수도정비 중점관리지역(내덕,석남천) 침수예방사업	10,958,000	환경관리본부 하수정책과	11	1	4	5	6	1	1	3
1128	충북 충주시	더푸른아파트 부도임대주택 수리비 지원	260,000	건축과	11	1	5	5	7	1	1	2
1129	충북 충주시	기초생활수급자 집수리 사업	1,303,000	건축과	11	2	5	1	7	1	1	2
1130	충북 충주시	농산물 산지유통시설 설치지원	45,000	농정과	11	6	7	8	7	1	1	1
1131	충북 충주시	농수산물수출단지육성	63,000	농정과	11	6	7	8	7	1	1	1
1132	충북 충주시	유기가공업체 선물용 포장재 지원	28,350	농정과	11	6	7	8	7	1	1	1

순번	시군구	지출명 (사업명)	2021년예산 (단위:천원/1년간)	담당자 (공무원) 담당부서	민간이전 분류 (지방자치단체 세출예산 집행기준에 의거) 1. 민간경상사업보조(307-02) 2. 민간단체 법정운영비보조(307-03) 3. 민간행사사업보조(307-04) 4. 민간위탁금(307-05) 5. 사회복지시설 법정운영비보조(307-10) 6. 민간인위탁교육비(307-12) 7. 공기관등에대한경상적위탁사업비(308-10) 8. 민간자본사업보조,자체재원(402-01) 9. 민간자본사업보조,이전재원(402-02) 10. 민간위탁사업비(402-03) 11. 공기관등에 대한 자본적 대행사업비(403-02)	민간이전지출 근거 (지방보조금 관리기준 참고) 1. 법률에 규정 2. 국고보조 재원(국가지정) 3. 용도 지정 기부금 4. 조례에 직접규정 5. 지자체가 권장하는 사업을 하는 공공기관 6. 시,도 정책 및 재정사정 7. 기타 8. 해당없음	입찰방식: 계약체결방법 (경쟁형태) 1. 일반경쟁 2. 제한경쟁 3. 지명경쟁 4. 수의계약 5. 법정위탁 6. 기타 ( ) 7. 해당없음	입찰방식: 계약기간 1. 1년 2. 2년 3. 3년 4. 4년 5. 5년 6. 기타 ( )년 7. 단기계약 (1년미만) 8. 해당없음	입찰방식: 낙찰자선정방법 1. 적격심사 2. 협상에의한계약 3. 최저가낙찰제 4. 규격가격분리 5. 2단계 경쟁입찰 6. 기타 ( ) 7. 해당없음	운영예산 산정: 운영예산 산정 1. 내부산정 (지자체 자체적으로 산정) 2. 외부산정 (외부전문기관위탁 산정) 3. 내·외부 모두 산정 4. 산정 無 5. 해당없음	운영예산 산정: 정산방법 1. 내부정산 (지자체 내부적으로 정산) 2. 외부정산 (외부전문기관위탁 정산) 3. 내·외부 모두 산정 4. 정산 無 5. 해당없음	성과평가 실시여부 1. 실시 2. 미실시 3. 향후 추진 4. 해당없음
1133	충북 충주시	농산물 부패방지용 신선도 유지기 지원사업	9,500	농정과	11	6	7	8	7	1	1	1
1134	충북 충주시	슬레이트 처리 및 개량사업	1,472,880	기후에너지과	11	1	7	8	7	5	5	4
1135	충북 충주시	이동식 충전소 성능평가 및 안전관리 기술개발 사업	600,000	기후에너지과	11	7	7	8	7	5	5	4
1136	충북 충주시	바이오가스를 이용한 수소융복합충전소 시범사업	50,000	자원순환과	11	7	7	8	7	5	5	4
1137	충북 충주시	생활폐기물 소각시설 증설사업	1,092,000	자원순환과	11	1	7	8	7	5	5	4
1138	충북 제천시	바이오첨단농업복합단지 조성사업	16,100	농업정책과	11	5	5	3	7	1	1	4
1139	충북 제천시	지역특화 임대형스마트팜 조성사업	9,000	농업정책과	11	5	5	2	7	1	1	4
1140	충북 제천시	봉양읍 농촌중심지 활성화사업	1,301,427	농업정책과	11	1	5	5	7	1	1	4
1141	충북 제천시	금성면 농촌중심지 활성화사업	2,658,571	농업정책과	11	1	5	5	7	1	1	4
1142	충북 제천시	봉양읍 옥전1리 마을만들기사업	669,571	농업정책과	11	1	5	3	7	1	1	4
1143	충북 제천시	수산면 상천리 마을만들기사업	434,000	농업정책과	11	1	5	3	7	1	1	4
1144	충북 제천시	덕산면 도기리 마을만들기사업	222,000	농업정책과	11	1	5	3	7	1	1	4
1145	충북 제천시	봉양읍 구학1리 마을만들기사업	233,285	농업정책과	11	1	5	3	7	1	1	4
1146	충북 제천시	수산면 적곡리 마을만들기사업	247,285	농업정책과	11	1	5	3	7	1	1	4
1147	충북 제천시	봉양읍 구학2리 마을만들기사업	110,000	농업정책과	11	1	5	3	7	1	1	4
1148	충북 제천시	청풍면 신리 마을만들기사업	213,500	농업정책과	11	1	5	3	7	1	1	4
1149	충북 제천시	수산면 고명리 마을만들기사업	198,000	농업정책과	11	1	5	3	7	1	1	4
1150	충북 제천시	수산면 다불리 마을만들기사업	183,000	농업정책과	11	1	5	3	7	1	1	4
1151	충북 제천시	용하저수지 재해복구사업	1,625,975	농업정책과	11	8	7	8	7	5	5	4
1152	충북 제천시	두학동 곳집거리 취입보 재해복구사업	196,344	농업정책과	11	8	7	8	7	5	5	4
1153	충북 제천시	건축행정시스템(세움터) 재구축 사업	17,600	건축과	11	7	7	8	7	5	5	4
1154	충북 제천시	수선유지급여사업	977,526	건축과	11	2	5	1	7	1	1	1
1155	충북 제천시	천연물 제제 다각화지원 기반구축사업	200,000	한방바이오과	11	2	7	3	7	5	5	1
1156	충북 제천시	국가주소정보시스템 유지관리	17,724	민원지적과	11	1	6	1	6	2	2	1
1157	충북 제천시	도로명주소 기본도 위치 정확도 개선사업	9,110	민원지적과	11	1	6	1	6	2	2	1
1158	충북 제천시	전통사찰 보수정비	800,000	문화예술과	11	4	7	8	7	5	5	4
1159	충북 제천시	충북 소프트웨어(SW) 미래채움 사업	62,000	정보통신과	11	6	7	6	7	5	5	4
1160	충북 보은군	차세대 지방재정관리시스템 구축비	77,230	기획감사실	11	1	6	3	6	3	3	2
1161	충북 보은군	차세대지방세정보시스템 구축비	86,887	재무과	11	5	7	3	7	2	2	4
1162	충북 보은군	차세대 지방세외수입정보시스템 구축비	54,027	재무과	11	5	7	3	7	2	2	4
1163	충북 보은군	차세대주민등록시스템 운영비	10,975	민원과	11	1	5	8	7	5	3	1
1164	충북 보은군	가스 타이머콕 보급사업	32,844	경제전략과	11	2	7	8	7	5	1	1
1165	충북 보은군	내수면 어도 개보수	125,000	축산과	11	2	1	1	1	4	1	3
1166	충북 보은군	율산 자연재해위험지구 정비사업	320,000	안전건설과	11	5	7	8	7	5	5	4
1167	충북 보은군	시외버스터미널-삼산교간 전선지중화사업	700,000	지역개발과	11	5	1	1	3	5	1	4
1168	충북 보은군	보은읍 농촌중심지활성화	1,247,143	지역개발과	11	1	5	1	7	1	1	1
1169	충북 보은군	내북면 농촌중심지활성화	1,060,000	지역개발과	11	1	5	1	7	1	1	1
1170	충북 보은군	속리산면 농촌중심지활성화	2,193,000	지역개발과	11	1	5	1	7	1	1	1
1171	충북 보은군	삼승면 기초생활거점육성	2,024,000	지역개발과	11	1	5	1	7	1	1	1
1172	충북 보은군	도원리 마을만들기	267,200	지역개발과	11	1	5	1	7	1	1	1
1173	충북 보은군	기대리 마을만들기	462,400	지역개발과	11	1	5	1	7	1	1	1
1174	충북 보은군	당우리 마을만들기	46,000	지역개발과	11	1	5	1	7	1	1	1

순번	시군구	지출명 (사업명)	2021년예산 (단위:천원/1년간)	담당자 (공무원) 담당부서	민간이전 분류 (지방자치단체 세출예산 집행기준에 의거) 1. 민간경상사업보조(307-02) 2. 민간단체 법정운영비보조(307-03) 3. 민간행사사업보조(307-04) 4. 민간위탁금(307-05) 5. 사회복지시설 법정운영비보조(307-10) 6. 민간인위탁교육비(307-12) 7. 공기관등에대한경상적위탁사업비(308-10) 8. 민간자본사업보조,자체재원(402-01) 9. 민간자본사업보조,이전재원(402-02) 10. 민간위탁사업비(402-03) 11. 공기관등에 대한 자본적 대행사업비(403-02)	민간이전지출 근거 (지방보조금 관리기준 참고) 1. 법률에 규정 2. 국고보조 재원(국가지정) 3. 용도 지정 기부금 4. 조례에 직접규정 5. 지자체가 권장하는 사업을 하는 공공기관 6. 시,도 정책 및 재정사정 7. 기타 8. 해당없음	입찰방식 계약체결방법 (경쟁형태) 1. 일반경쟁 2. 제한경쟁 3. 지명경쟁 4. 수의계약 5. 법정위탁 6. 기타 ( ) 7. 해당없음	입찰방식 계약기간 1. 1년 2. 2년 3. 3년 4. 4년 5. 5년 6. 기타 ( )년 7. 단기계약 (1년미만) 8. 해당없음	입찰방식 낙찰자선정방법 1. 적격심사 2. 협상에의한계약 3. 최저가낙찰제 4. 규격가격분리 5. 2단계 경쟁입찰 6. 기타 ( ) 7. 해당없음	운영예산 산정 운영예산 산정 1. 내부산정 (지자체 자체적으로 산정) 2. 외부산정 (외부전문기관위탁 산정) 3. 내·외부 모두 산정 4. 산정 無 5. 해당없음	운영예산 산정 정산방법 1. 내부정산 (지자체 내부적으로 정산) 2. 외부정산 (외부전문기관위탁 정산) 3. 내·외부 모두 산정 4. 정산 無 5. 해당없음	성과평가 실시여부 1. 실시 2. 미실시 3. 향후 추진 4. 해당없음
1175	충북 보은군	노성리 마을만들기	67,000	지역개발과	11	1	5	1	7	1	1	1
1176	충북 보은군	만수리 마을만들기	117,000	지역개발과	11	1	5	1	7	1	1	1
1177	충북 보은군	구인리 마을만들기	28,000	지역개발과	11	1	5	1	7	1	1	1
1178	충북 보은군	눌곡리 마을만들기	40,000	지역개발과	11	1	5	1	7	1	1	1
1179	충북 보은군	건천리 마을만들기	380,000	지역개발과	11	1	5	1	7	1	1	1
1180	충북 보은군	성암리 마을만들기	379,000	지역개발과	11	1	5	1	7	1	1	1
1181	충북 보은군	상장2리 마을만들기	409,000	지역개발과	11	1	5	1	7	1	1	1
1182	충북 보은군	농어촌취약지역생활여건개조사업	871,000	지역개발과	11	1	5	1	7	1	1	1
1183	충북 보은군	농어촌취약지역생활여건개조사업	397,000	지역개발과	11	1	5	1	7	1	1	1
1184	충북 보은군	농업용 관정,저수지 유지관리	300,000	지역개발과	11	1	5	1	7	1	1	4
1185	충북 보은군	수한지구 군도이설공사	20,000	지역개발과	11	1	5	1	7	1	1	4
1186	충북 보은군	농업기반시설유지보수	1,200,000	지역개발과	11	1	5	1	7	1	1	4
1187	충북 보은군	불목이옛길 유지관리	25,000	지역개발과	11	1	5	1	7	1	1	4
1188	충북 보은군	동산지구 대구획경지정리	1,000,000	지역개발과	11	1	5	1	7	1	1	4
1189	충북 보은군	클라우드기반 건축행정시스템 재구축	17,600	지역개발과	11	1	5	1	7	5	5	4
1190	충북 보은군	주거현물급여 지원	532,000	지역개발과	11	1	5	7	7	1	1	2
1191	충북 보은군	보은군 노후상수관망정비	6,022,000	상하수도사업소	11	7	7	6	7	3	3	1
1192	충북 옥천군	주거급여지원사업	801,000	복지정책과	11	2	5	1	7	5	1	4
1193	충북 옥천군	옥천읍 전선지중화사업	15,000	도시교통과	11	7	7	8	7	5	5	4
1194	충북 옥천군	행복주택(청년주택) 건립사업	600,000	도시교통과	11	5	7	8	7	5	5	4
1195	충북 옥천군	안내면 기초생활 거점육성사업	400,000	농촌활력과	11	1	7	8	7	5	5	4
1196	충북 옥천군	군북면 기초생활 거점육성사업	400,000	농촌활력과	11	1	7	8	7	5	5	4
1197	충북 옥천군	옥천 상삼리 창조적마을만들기사업	51,000	농촌활력과	11	1	7	8	7	5	5	4
1198	충북 옥천군	동이 석화리 창조적마을만들기사업	128,000	농촌활력과	11	1	7	8	7	5	5	4
1199	충북 옥천군	동이 조령1리 창조적마을만들기사업	270,000	농촌활력과	11	1	7	8	7	5	5	4
1200	충북 옥천군	청성 마장리 창조적마을만들기사업	118,000	농촌활력과	11	1	7	8	7	5	5	4
1201	충북 옥천군	청성 삼남리 창조적마을만들기사업	270,000	농촌활력과	11	1	7	8	7	5	5	4
1202	충북 옥천군	청산 대사리 창조적마을만들기사업	125,000	농촌활력과	11	1	7	8	7	5	5	4
1203	충북 옥천군	이원 개심리 창조적마을만들기사업	75,000	농촌활력과	11	1	7	8	7	5	5	4
1204	충북 옥천군	이원 윤정리 창조적마을만들기사업	141,000	농촌활력과	11	1	7	8	7	5	5	4
1205	충북 옥천군	이원 장화리 창조적마을만들기사업	270,000	농촌활력과	11	1	7	8	7	5	5	4
1206	충북 옥천군	옥천 성암1리 마을만들기 사업	30,000	농촌활력과	11	1	7	8	7	5	5	4
1207	충북 옥천군	동이 조령2리 마을만들기 사업	30,000	농촌활력과	11	1	7	8	7	5	5	4
1208	충북 옥천군	청성 두릉리 마을만들기 사업	30,000	농촌활력과	11	1	7	8	7	5	5	4
1209	충북 옥천군	동이 금암1리 마을만들기사업	534,000	농촌활력과	11	1	7	8	7	5	5	4
1210	충북 옥천군	스마트 안전옥천 조성사업	1,000,000	농촌활력과	11	1	7	8	7	5	5	4
1211	충북 옥천군	장찬지구 지표수보강사업	1,500,000	농촌활력과	11	1	7	8	7	5	5	4
1212	충북 옥천군	수리시설개보수사업 지원	200,000	농촌활력과	11	1	7	8	7	5	5	4
1213	충북 옥천군	지하수영향성조사 및 사후관리	115,000	농촌활력과	11	1	7	8	7	5	5	4
1214	충북 옥천군	용방지구 배수개선사업	624,000	농촌활력과	11	1	7	8	7	5	5	4
1215	충북 옥천군	도덕1리 취약지역 생활여건 개조사업	555,000	경제과	11	1	5	4	7	1	1	3
1216	충북 옥천군	백운리 취약지역 생활여건 개조사업	617,000	경제과	11	1	5	4	7	1	1	3

순번	시군구	지출명 (사업명)	2021년예산 (단위:천원/1년간)	담당자 (공무원) 담당부서	민간이전 분류 (지방자치단체 세출예산 집행기준에 의거) 1. 민간경상사업보조(307-02) 2. 민간단체 법정운영비보조(307-03) 3. 민간행사사업보조(307-04) 4. 민간위탁금(307-05) 5. 사회복지시설 법정운영비보조(307-10) 6. 민간인위탁교육비(307-12) 7. 공기관등에대한경상적위탁사업비(308-10) 8. 민간자본사업보조,자체재원(402-01) 9. 민간자본사업보조,이전재원(402-02) 10. 민간위탁사업비(402-03) 11. 공기관등에 대한 자본적 대행사업비(403-02)	민간이전지출 근거 (지방보조금 관리기준 참고) 1. 법률에 규정 2. 국고보조 재원(국가지정) 3. 용도 지정 기부금 4. 조례에 직접규정 5. 지자체가 권장하는 사업을 하는 공공기관 6. 시,도 정책 및 재정사정 7. 기타 8. 해당없음	입찰방식 계약체결방법 (경쟁형태) 1. 일반경쟁 2. 제한경쟁 3. 지명경쟁 4. 수의계약 5. 법정위탁 6. 기타 ( ) 7. 해당없음	입찰방식 계약기간 1. 1년 2. 2년 3. 3년 4. 4년 5. 5년 6. 기타 ( )년 7. 단기계약 (1년미만) 8. 해당없음	입찰방식 낙찰자선정방법 1. 적격심사 2. 협상에의한계약 3. 최저가낙찰제 4. 규격가격분리 5. 2단계 경쟁입찰 6. 기타 ( ) 7. 해당없음	운영예산 산정 운영예산 산정 1. 내부산정 (지자체 자체적으로 산정) 2. 외부산정 (외부전문기관위탁 산정) 3. 내·외부 모두 산정 4. 산정 無 5. 해당없음	운영예산 산정 정산방법 1. 내부정산 (지자체 내부적으로 정산) 2. 외부정산 (외부전문기관위탁 정산) 3. 내·외부 모두 산정 4. 정산 無 5. 해당없음	성과평가 실시여부 1. 실시 2. 미실시 3. 향후 추진 4. 해당없음
1217	충북 영동군	정보화마을운영 활성화사업	24,000	행정과	11	6	7	8	7	5	1	1
1218	충북 영동군	다문화가정 모국 국제특송요금	4,000	가족행복과	11	5	7	8	7	5	1	2
1219	충북 영동군	내수면 어도 개보수	250,000	농정과	11	2	2	7	7	2	1	4
1220	충북 영동군	택시운행정보관리시스템(TIMS) 운영사업	1,424,000	건설교통과	11	1	7	8	7	2	2	4
1221	충북 영동군	버스정보시스템(BIS)운영사업비	27,369	건설교통과	11	1	7	8	7	2	2	4
1222	충북 증평군	주거급여	180,000	생활지원과	11	1	5	1	7	5	1	2
1223	충북 증평군	지방세정업무추진	106,936	재무과	11	1	7	8	7	2	2	1
1224	충북 증평군	세외수입 관리 운영	54,027	재무과	11	1	7	8	7	2	2	1
1225	충북 증평군	도로명주소 정보화사업	20,394	민원과	11	1	6	1	7	5	5	4
1226	충북 증평군	건축행정운영	17,600	민원과	11	7	7	8	7	5	5	4
1227	충북 증평군	4D융합소재 산업화지원센터 구축	550,000	경제과	11	8	7	8	7	5	5	4
1228	충북 증평군	스마트공장 구축지원사업	27,420	경제과	11	6	7	8	7	3	3	3
1229	충북 증평군	소기업형 스마트공장 구축지원사업	18,450	경제과	11	6	7	8	7	3	3	3
1230	충북 증평군	농공단지 스마트화 구축지원사업	40,000	경제과	11	6	7	8	7	3	3	3
1231	충북 증평군	가스타이머 콕 보급사업	16,422	경제과	11	6	7	8	7	5	2	1
1232	충북 증평군	내수면 어도 개보수	125,000	농정과	11	6	7	8	7	5	1	4
1233	충북 증평군	철도횡단 노후과선교 개축사업	314,000	건설과	11	1	5	2	6	1	1	3
1234	충북 증평군	수리시설물 유지보수	24,000	건설과	11	1	5	1	6	1	1	3
1235	충북 증평군	도시재생 인정사업	1,000,000	도시교통과	11	5	5	5	7	3	1	3
1236	충북 증평군	택시 운행정보관리시스템 구축	1,265,000	도시교통과	11	1	6	1	7	3	3	1
1237	충북 증평군	농촌중심지활성화	2,032,000	도시교통과	11	5	5	3	7	3	1	3
1238	충북 증평군	지방상수도현대화사업	1,717,000	상하수도사업소	11	1	5	5	6	2	1	3
1239	충북 진천군	차세대 지방재정관리시스템 구축비	77,230	기획감사실	11	1	6	3	6	2	2	4
1240	충북 진천군	개방형 혁신연구센터(Open LAB)구축지원	100,000	투자전략실	11	1	7	8	7	5	4	4
1241	충북 진천군	차세대 인사정보시스템 구축	79,855	행정지원과	11	7	7	8	7	5	5	4
1242	충북 진천군	수선유지급여사업	318,546	주민복지과	11	1	7	1	7	5	1	2
1243	충북 진천군	차세대 지방세 정보시스템 구축	103,951	세정과	11	1	6	3	6	2	2	4
1244	충북 진천군	차세대 세외수입 정보시스템 구축	69,513	세정과	11	1	6	3	6	2	2	4
1245	충북 진천군	스마트공장 보급확산 사업	171,940	경제과	11	6	7	8	7	2	5	4
1246	충북 진천군	소기업형 스마트공장 구축지원 사업	74,160	경제과	11	6	7	8	7	2	5	4
1247	충북 진천군	ICT기반 농공단지 스마트화 사업	240,000	경제과	11	6	7	8	7	2	5	4
1248	충북 진천군	K-스마트 교육시범도시 구축 사업	1,720,000	평생학습과	11	2	7	8	7	5	5	4
1249	충북 진천군	수소연료전지 자동차 충전소 설치	21,000	환경과	11	2	7	8	7	1	1	1
1250	충북 진천군	진천음성광역폐기물 소각처리사업 증설사업	2,955,000	식산업지원과	11	1	7	8	7	1	1	4
1251	충북 진천군	수상태양광 전기안전 확보를 위한 실증 및 시설 안전 기준 개발사업	50,000	신재생에너지과	11	5	6	3	7	1	2	4
1252	충북 진천군	가스 타이머콕 보급	18,768	신재생에너지과	11	2	5	1	7	4	1	4
1253	충북 진천군	택시운행정보관리시스템 운영	1,680,000	건설교통과	11	1	5	1	6	2	2	2
1254	충북 진천군	산림휴양치유마을 조성사업	225,000	산림녹지과	11	1	5	3	7	1	1	3
1255	충북 진천군	문백봉죽지구 마을정비형 공공주택 공사비	934,675	건축디자인과	11	1	7	8	7	5	5	4
1256	충북 진천군	세움터 재구축 사업 지방비 균등부담금	17,600	건축디자인과	11	2	7	8	7	5	5	4
1257	충북 진천군	진천읍 농촌중심지 활성화사업	2,964,000	농업정책과	11	1	5	4	7	1	1	4
1258	충북 진천군	진천군 농촌신활력플러스사업	1,590,000	농업정책과	11	1	7	8	7	5	5	4

순번	시군구	지출명 (사업명)	2021년예산 (단위:천원/1년간)	담당자 (공무원) 담당부서	민간이전 분류 (지방자치단체 세출예산 집행기준에 의거) 1. 민간경상사업보조(307-02) 2. 민간단체 법정운영비보조(307-03) 3. 민간행사사업보조(307-04) 4. 민간위탁금(307-05) 5. 사회복지시설 법정운영비보조(307-10) 6. 민간인위탁교육비(307-12) 7. 공기관등에대한경상적위탁사업비(308-10) 8. 민간자본사업보조,자체재원(402-01) 9. 민간자본사업보조,이전재원(402-02) 10. 민간위탁사업비(402-03) 11. 공기관등에 대한 자본적 대행사업비(403-02)	민간이전지출 근거 (지방보조금 관리기준 참고) 1. 법률에 규정 2. 국고보조 재원(국가지정) 3. 용도 지정 기부금 4. 조례에 직접규정 5. 지자체가 권장하는 사업을 하는 공공기관 6. 시,도 정책 및 재정사정 7. 기타 8. 해당없음	입찰방식 계약체결방법 (경쟁형태) 1. 일반경쟁 2. 제한경쟁 3. 지명경쟁 4. 수의계약 5. 법정위탁 6. 기타 ( ) 7. 해당없음	입찰방식 계약기간 1. 1년 2. 2년 3. 3년 4. 4년 5. 5년 6. 기타 ( )년 7. 단기계약 (1년미만) 8. 해당없음	입찰방식 낙찰자선정방법 1. 적격심사 2. 협상에의한계약 3. 최저가낙찰제 4. 규격가격분리 5. 2단계 경쟁입찰 6. 기타 ( ) 7. 해당없음	운영예산 산정 운영예산 산정 1. 내부산정 (지자체 자체적으로 산정) 2. 외부산정 (외부전문기관위탁 산정) 3. 내·외부 모두 산정 4. 산정 無 5. 해당없음	운영예산 산정 정산방법 1. 내부정산 (지자체 내부적으로 정산) 2. 외부정산 (외부전문기관위탁 정산) 3. 내·외부 모두 산정 4. 정산 無 5. 해당없음	성과평가 실시여부 1. 실시 2. 미실시 3. 향후 추진 4. 해당없음
1259	충북 진천군	마을만들기	208,400	농업정책과	11	1	5	3	7	3	1	4
1260	충북 진천군	마을만들기	122,750	농업정책과	11	1	5	3	7	3	1	4
1261	충북 진천군	마을만들기	280,900	농업정책과	11	1	5	3	7	3	1	4
1262	충북 진천군	마을만들기	214,500	농업정책과	11	1	5	3	7	3	1	4
1263	충북 진천군	마을만들기	153,000	농업정책과	11	1	5	3	7	3	1	4
1264	충북 진천군	마을만들기	253,560	농업정책과	11	1	5	3	7	3	1	4
1265	충북 진천군	마을만들기	157,400	농업정책과	11	1	5	3	7	3	1	4
1266	충북 진천군	마을만들기	183,000	농업정책과	11	1	5	3	7	3	1	4
1267	충북 진천군	마을만들기	70,000	농업정책과	11	1	7	8	7	5	5	4
1268	충북 진천군	마을만들기	94,000	농업정책과	11	1	7	8	7	5	5	4
1269	충북 진천군	마을만들기	113,000	농업정책과	11	1	7	8	7	5	5	4
1270	충북 진천군	마을만들기	88,000	농업정책과	11	1	7	8	7	5	5	4
1271	충북 진천군	삼덕지구 기계화경작로 확포장사업(L=1,745m)	316,000	농업정책과	11	1	7	8	7	5	5	4
1272	충북 진천군	인산지구 기계화경작로 확포장사업(L=1,020m)	168,000	농업정책과	11	1	7	8	7	5	5	4
1273	충북 진천군	사곡지구 기계화경작로 확포장사업(L=850m)	136,000	농업정책과	11	1	7	8	7	5	5	4
1274	충북 진천군	수문지구 용배수로 정비공사(L=230m)	70,000	농업정책과	11	1	7	8	7	5	5	4
1275	충북 진천군	생곡지구 용배수로 정비공사(L=230m)	70,000	농업정책과	11	1	7	8	7	5	5	4
1276	충북 진천군	장척지구 용배수로 정비공사(L=520m)	130,000	농업정책과	11	1	7	8	7	5	5	4
1277	충북 진천군	성석1지구 용배수로 정비공사(L=110m)	45,000	농업정책과	11	1	7	8	7	5	5	4
1278	충북 진천군	성석2지구 용배수로 정비공사(L=425m)	200,000	농업정책과	11	1	7	8	7	5	5	4
1279	충북 진천군	상고지구 용배수로 정비공사(L=1,141m)	250,000	농업정책과	11	1	7	8	7	5	5	4
1280	충북 진천군	어지미2지구 용배수로 정비공사(L=276m)	75,000	농업정책과	11	1	7	8	7	5	5	4
1281	충북 진천군	화상지구 취입보 정비공사(L=3m)	150,000	농업정책과	11	1	7	8	7	5	5	4
1282	충북 진천군	산수지구 용배수로 정비공사(L=275m)	75,000	농업정책과	11	1	7	8	7	5	5	4
1283	충북 진천군	중석지구 용배수로 정비공사(L=202m)	55,000	농업정책과	11	1	7	8	7	5	5	4
1284	충북 진천군	도하지구 용배수로 정비공사(L=366m)	120,000	농업정책과	11	1	7	8	7	5	5	4
1285	충북 진천군	사곡지구 용배수로 정비공사(L=140m)	35,000	농업정책과	11	1	7	8	7	5	5	4
1286	충북 진천군	사당지구 용배수로 정비공사(L=330m)	40,000	농업정책과	11	1	7	8	7	5	5	4
1287	충북 진천군	용사지구 용배수로 정비공사(L=260m)	70,000	농업정책과	11	1	7	8	7	5	5	4
1288	충북 진천군	중산지구 용배수로 정비공사(L=830m)	100,000	농업정책과	11	1	7	8	7	5	5	4
1289	충북 진천군	수평지구 취입보 정비공사(L=30m)	100,000	농업정책과	11	1	7	8	7	5	5	4
1290	충북 진천군	죽현지구 용배수로 정비공사(L=295m)	65,000	농업정책과	11	1	7	8	7	5	5	4
1291	충북 진천군	무수지구 용배수로 정비공사(L=110m)	25,000	농업정책과	11	1	7	8	7	5	5	4
1292	충북 진천군	하고지구 용배수로 정비공사(L=360m)	160,000	농업정책과	11	1	7	8	7	5	5	4
1293	충북 진천군	신월1지구 용배수로 정비공사(L=550m)	280,000	농업정책과	11	1	7	8	7	5	5	4
1294	충북 진천군	신월2지구 용배수로 정비공사(L=147m)	140,000	농업정책과	11	1	7	8	7	5	5	4
1295	충북 진천군	석탄지구 용배수로 정비공사(L=284m)	55,000	농업정책과	11	1	7	8	7	5	5	4
1296	충북 진천군	소강정지구 용배수로 정비공사(L=316m)	165,000	농업정책과	11	1	7	8	7	5	5	4
1297	충북 진천군	사곡2지구 용배수로 정비공사(L=310m)	40,000	농업정책과	11	1	7	8	7	5	5	4
1298	충북 진천군	중석2지구 용배수로 정비공사(L=430m)	100,000	농업정책과	11	1	7	8	7	5	5	4
1299	충북 진천군	노은실지구 용배수로 정비공사(L=335m)	40,000	농업정책과	11	1	7	8	7	5	5	4
1300	충북 진천군	삼용지구 용배수로 정비공사(L=380m)	55,000	농업정책과	11	1	7	8	7	5	5	4

순번	시군구	지출명 (사업명)	2021년예산 (단위:천원/1년간)	담당자 (공무원) 담당부서	민간이전 분류 (지방자치단체 세출예산 집행기준에 의거) 1. 민간경상사업보조(307-02) 2. 민간단체 법정운영비보조(307-03) 3. 민간행사사업보조(307-04) 4. 민간위탁금(307-05) 5. 사회복지시설 법정운영비보조(307-10) 6. 민간인위탁교육비(307-12) 7. 공기관등에대한경상적위탁사업비(308-10) 8. 민간자본사업보조,자체재원(402-01) 9. 민간자본사업보조,이전재원(402-02) 10. 민간위탁사업비(402-03) 11. 공기관등에 대한 자본적 대행사업비(403-02)	민간이전지출 근거 (지방보조금 관리기준 참고) 1. 법률에 규정 2. 국고보조 재원(국가지정) 3. 용도 지정 기부금 4. 조례에 직접규정 5. 지자체가 권장하는 사업을 하는 공공기관 6. 시,도 정책 및 재정사정 7. 기타 8. 해당없음	입찰방식 계약체결방법 (경쟁형태) 1. 일반경쟁 2. 제한경쟁 3. 지명경쟁 4. 수의계약 5. 법정위탁 6. 기타 ( ) 7. 해당없음	입찰방식 계약기간 1. 1년 2. 2년 3. 3년 4. 4년 5. 5년 6. 기타 ( )년 7. 단기계약 (1년미만) 8. 해당없음	입찰방식 낙찰자선정방법 1. 적격심사 2. 협상에의한계약 3. 최저가낙찰제 4. 규격가격분리 5. 2단계 경쟁입찰 6. 기타 ( ) 7. 해당없음	운영예산 산정 운영예산 산정 1. 내부산정 (지자체 자체적으로 산정) 2. 외부산정 (외부전문기관위탁 산정) 3. 내·외부 모두 산정 4. 산정 無 5. 해당없음	운영예산 산정 정산방법 1. 내부정산 (지자체 내부적으로 정산) 2. 외부정산 (외부전문기관위탁 정산) 3. 내·외부 모두 산정 4. 정산 無 5. 해당없음	성과평가 실시여부 1. 실시 2. 미실시 3. 향후 추진 4. 해당없음
1301	충북 진천군	백곡1지구 용배수로 정비공사(L=1,000m)	110,000	농업정책과	11	1	7	8	7	5	5	4
1302	충북 진천군	백곡2지구 용배수로 정비공사(L=760m)	85,000	농업정책과	11	1	7	8	7	5	5	4
1303	충북 진천군	백곡3지구 용배수로 정비공사(L=670m)	75,000	농업정책과	11	1	7	8	7	5	5	4
1304	충북 진천군	성대1지구 용배수로 정비공사(L=146m)	25,000	농업정책과	11	1	7	8	7	5	5	4
1305	충북 진천군	성대2지구 용배수로 정비공사(L=165m)	20,000	농업정책과	11	1	7	8	7	5	5	4
1306	충북 진천군	행정1지구 용배수로 정비공사(L=300m)	90,000	농업정책과	11	1	7	8	7	5	5	4
1307	충북 진천군	행정2지구 용배수로 정비공사(L=700m)	125,000	농업정책과	11	1	7	8	7	5	5	4
1308	충북 진천군	옥동지구 용배수로 정비공사(L=944m)	300,000	농업정책과	11	1	7	8	7	5	5	4
1309	충북 진천군	석장지구 용배수로 정비공사(L=590m)	176,000	농업정책과	11	1	7	8	7	5	5	4
1310	충북 진천군	신척1지구 용배수로 정비공사(L=298m)	266,000	농업정책과	11	1	7	8	7	5	5	4
1311	충북 진천군	신척2지구 용배수로 정비공사(L=60m)	144,000	농업정책과	11	1	7	8	7	5	5	4
1312	충북 진천군	오갑지구 용배수로 정비공사(L=710m)	114,000	농업정책과	11	1	7	8	7	5	5	4
1313	충북 진천군	진암1지구 용배수로 정비공사(L=600m)	100,000	농업정책과	11	1	7	8	7	5	5	4
1314	충북 진천군	진암2지구 용배수로 정비공사(L=600m)	96,000	농업정책과	11	1	7	8	7	5	5	4
1315	충북 진천군	금곡지구 용배수로 정비공사(L=300m)	100,000	농업정책과	11	1	7	8	7	5	5	4
1316	충북 진천군	삼덕지구 용배수로정비공사(L=160m)	40,000	농업정책과	11	1	7	8	7	5	5	4
1317	충북 진천군	인산1지구 용배수로정비공사(L=180m)	40,000	농업정책과	11	1	7	8	7	5	5	4
1318	충북 진천군	인산2지구 용배수로정비공사(L=155m)	40,000	농업정책과	11	1	7	8	7	5	5	4
1319	충북 진천군	인산3지구 용배수로정비공사(L=135m)	40,000	농업정책과	11	1	7	8	7	5	5	4
1320	충북 진천군	장양지구 용배수로정비공사(L=145m)	40,000	농업정책과	11	1	7	8	7	5	5	4
1321	충북 진천군	어지미지구 용배수로 정비공사(L=200m)	40,000	농업정책과	11	1	7	8	7	5	5	4
1322	충북 진천군	화상지구 용배수로 정비공사(L=90m)	30,000	농업정책과	11	1	7	8	7	5	5	4
1323	충북 진천군	용기지구 용배수로 정비공사(L=98m)	30,000	농업정책과	11	1	7	8	7	5	5	4
1324	충북 진천군	경지정리지구관정이용시설설치	133,000	농업정책과	11	1	7	8	7	5	5	4
1325	충북 진천군	장월지구 경지정리사업	1,374,000	농업정책과	11	1	5	4	7	3	1	4
1326	충북 진천군	신척저수지 유지관리비	24,000	농업정책과	11	1	7	8	7	5	5	4
1327	충북 진천군	북부간선(방수문 및 수로교)수해복구사업	61,866	농업정책과	11	1	5	7	7	3	1	4
1328	충북 진천군	내수면 어도 개보수	125,000	축산유통과	11	1	6	1	6	1	1	4
1329	충북 진천군	노후상수도정비	3,266,000	상하수도사업소	11	5	5	5	2	3	3	3
1330	충북 진천군	스마트 관망관리 인프라 구축 사업	2,150,000	상하수도사업소	11	5	5	2	2	3	3	3
1331	충북 진천군	광혜원처리구역 하수관로정비사업	1,514,000	상하수도사업소	11	1	7	8	7	5	5	4
1332	충북 괴산군	주거급여(수선유지급여사업)	599,184	주민복지과	11	2	7	1	7	5	1	4
1333	충북 음성군	차세대 지방행정관리시스템 구축비	88,230	기획감사실	11	1	5	1	2	5	2	4
1334	충북 음성군	차세대인사랑시스템 구축 분담금	68,247	자치행정과	11	6	7	8	7	2	2	4
1335	충북 음성군	주거급여 (수선유지) 사업	600,000	주민지원과	11	1	5	1	7	3	3	1
1336	충북 음성군	차세대 지방세정보시스템 구축사업비	108,263	세정과	11	1	5	1	6	2	2	4
1337	충북 음성군	차세대 표준지방세외수입정보시스템 구축사업비	69,513	세정과	11	1	5	1	6	2	2	4
1338	충북 음성군	주소정보관리시스템 유지관리 사업	17,473	민원과	11	1	6	1	7	3	1	4
1339	충북 음성군	도로명주소 기본도 유지관리 사업	9,239	민원과	11	2	6	1	7	3	2	4
1340	충북 음성군	특성화시장 육성사업	230,000	경제과	11	2	7	1	7	3	1	1
1341	충북 음성군	가스 타이머 콕 설치 지원사업	42,228	경제과	11	6	6	1	6	1	1	1
1342	충북 음성군	지하수 영향조사 및 사후관리	80,000	농정과	11	4	7	8	7	5	5	4

순번	시군구	지출명 (사업명)	2021년예산 (단위:천원/1년간)	담당자 (공무원) 담당부서	민간이전 분류 (지방자치단체 세출예산 집행기준에 의거) 1. 민간경상사업보조(307-02) 2. 민간단체 법정운영비보조(307-03) 3. 민간행사사업보조(307-04) 4. 민간위탁금(307-05) 5. 사회복지시설 법정운영비보조(307-10) 6. 민간인위탁교육비(307-12) 7. 공기관등에대한경상적위탁사업비(308-10) 8. 민간자본사업보조,자체재원(402-01) 9. 민간자본사업보조,이전재원(402-02) 10. 민간위탁사업비(402-03) 11. 공기관등에 대한 자본적 대행사업비(403-02)	민간이전지출 근거 (지방보조금 관리기준 참고) 1. 법률에 규정 2. 국고보조 재원(국가지정) 3. 용도 지정 기부금 4. 조례에 직접규정 5. 지자체가 권장하는 사업을 하는 공공기관 6. 시,도 정책 및 재정사정 7. 기타 8. 해당없음	입찰방식 계약체결방법 (경쟁형태) 1. 일반경쟁 2. 제한경쟁 3. 지명경쟁 4. 수의계약 5. 법정위탁 6. 기타 ( ) 7. 해당없음	입찰방식 계약기간 1. 1년 2. 2년 3. 3년 4. 4년 5. 5년 6. 기타 ( )년 7. 단기계약 (1년미만) 8. 해당없음	입찰방식 낙찰자선정방법 1. 적격심사 2. 협상에의한계약 3. 최저가낙찰제 4. 규격가격분리 5. 2단계 경쟁입찰 6. 기타 ( ) 7. 해당없음	운영예산 산정 운영예산 산정 1. 내부산정 (지자체 자체적으로 산정) 2. 외부산정 (외부전문기관위탁 산정) 3. 내·외부 모두 산정 4. 산정 無 5. 해당없음	운영예산 산정 정산방법 1. 내부정산 (지자체 내부적으로 정산) 2. 외부정산 (외부전문기관위탁 정산) 3. 내·외부 모두 산정 4. 정산 無 5. 해당없음	성과평가 실시여부 1. 실시 2. 미실시 3. 향후 추진 4. 해당없음
1343	충북 음성군	과실전문생산단지 유지보수비	80,000	농정과	11	4	7	8	7	5	5	4
1344	충북 음성군	음성군 악취관리종합계획 수립 용역	100,000	환경과	11	5	7	8	7	5	5	4
1345	충북 음성군	생극면 기초생활거점 육성사업	1,897,143	균형개발과	11	2	5	4	7	4	1	3
1346	충북 음성군	감곡면 기초생활거점 육성사업	1,272,857	균형개발과	11	2	5	4	7	4	1	3
1347	충북 음성군	상양전(충도3리) 마을만들기	194,286	균형개발과	11	5	5	3	7	4	1	3
1348	충북 음성군	설피(중동3리) 마을만들기	142,857	균형개발과	11	5	5	3	7	4	1	3
1349	충북 음성군	새터(원당2리)마을만들기	55,714	균형개발과	11	5	5	3	7	4	1	3
1350	충북 음성군	당골(하당1리)마을만들기	304,286	균형개발과	11	5	5	3	7	4	1	3
1351	충북 음성군	꽃창골(동음2리)마을만들기	200,000	균형개발과	11	5	5	3	7	4	1	3
1352	충북 음성군	군자터(군자리)마을만들기	200,000	균형개발과	11	5	5	3	7	4	1	3
1353	충북 음성군	쇠머리(삼호1리)마을만들기	200,000	균형개발과	11	5	5	3	7	4	1	3
1354	충북 음성군	금왕읍 농촌중심지활성화 사업	714,286	균형개발과	11	2	7	8	7	5	5	3
1355	충북 음성군	음성 재해위험개선지구(상습가뭄) 정비사업	16,000	균형개발과	11	1	5	4	7	4	1	4
1356	충북 음성군	노후상수관망 정비사업	6,032,000	수도사업소	11	2	5	5	2	1	1	3
1357	충북 음성군	음성군 하수관거정비 임대형 민자사업(BTL)	40,000	수도사업소	11	2	7	8	7	5	5	1
1358	충북 음성군	대소 공공하수처리시설 증설사업	182,000	수도사업소	11	1	5	8	7	5	5	4
1359	충북 음성군	금왕 공공하수처리시설 증설사업	188,014	수도사업소	11	1	5	8	7	5	5	4
1360	충북 음성군	생극 공공하수처리시설 증설사업	826,991	수도사업소	11	1	5	8	7	5	5	4
1361	충북 음성군	금왕 하수관로 정비사업	1,903,410	수도사업소	11	1	5	8	7	5	5	4
1362	충북 음성군	생극 하수관로 정비사업	1,265,622	수도사업소	11	1	5	8	7	5	5	4
1363	충북 음성군	감곡 하수관로 정비사업	1,321,784	수도사업소	11	1	5	8	7	5	5	4
1364	충북 단양군	문화관광형시장 1차년도 사업	276,000	지역경제과	11	1	6	1	7	2	2	1
1365	충북 단양군	서민층 가스시설 개선사업	25,800	지역경제과	11	2	5	5	2	1	1	1
1366	충북 단양군	가스 타이머 콕 설치지원 사업	25,800	지역경제과	11	2	5	5	2	1	1	1
1367	충남 공주시	반포면 농촌중심지활성화사업	1,328,000	주민공동체과	11	1	5	5	7	1	1	1
1368	충남 공주시	사곡면 농촌중심지활성화사업	1,540,000	주민공동체과	11	1	5	5	7	1	1	1
1369	충남 공주시	탄천면 기초생활거점육성사업	1,614,000	주민공동체과	11	1	5	5	7	1	1	1
1370	충남 공주시	계룡면 기초생활거점육성사업	1,453,000	주민공동체과	11	1	5	5	7	1	1	1
1371	충남 공주시	의당면 기초생활거점육성사업	1,161,000	주민공동체과	11	1	5	5	7	1	1	1
1372	충남 공주시	신영2리 마을만들기	100,000	주민공동체과	11	1	5	3	7	1	1	1
1373	충남 공주시	중장1리 마을만들기	100,000	주민공동체과	11	1	5	3	7	1	1	1
1374	충남 공주시	중장2리 마을만들기	100,000	주민공동체과	11	1	5	3	7	1	1	1
1375	충남 공주시	유계리 마을만들기	100,000	주민공동체과	11	1	5	3	7	1	1	1
1376	충남 공주시	송곡2리 마을만들기	100,000	주민공동체과	11	1	5	3	7	1	1	1
1377	충남 공주시	사현1리 마을만들기	100,000	주민공동체과	11	1	5	3	7	1	1	1
1378	충남 공주시	유구읍 농촌중심지활성화사업	3,041,000	주민공동체과	11	1	5	5	7	1	1	1
1379	충남 공주시	우성면 기초생활거점육성사업	1,457,000	주민공동체과	11	1	5	4	7	1	1	1
1380	충남 공주시	신풍면 기초생활거점육성사업	846,000	주민공동체과	11	1	5	4	7	1	1	1
1381	충남 공주시	가척리 마을만들기	350,000	주민공동체과	11	1	5	3	7	1	1	1
1382	충남 공주시	명곡1리 마을만들기	200,000	주민공동체과	11	1	5	3	7	1	1	1
1383	충남 공주시	인풍리 마을만들기	200,000	주민공동체과	11	1	5	3	7	1	1	1
1384	충남 공주시	고당2리 마을만들기	50,000	주민공동체과	11	1	5	3	7	1	1	1

순번	시군구	지출명 (사업명)	2021년예산 (단위:천원/1년간)	담당자 (공무원) 담당부서	민간이전 분류 (지방자치단체 세출예산 집행기준에 의거) 1. 민간경상사업보조(307-02) 2. 민간단체 법정운영비보조(307-03) 3. 민간행사사업보조(307-04) 4. 민간위탁금(307-05) 5. 사회복지시설 법정운영비보조(307-10) 6. 민간인위탁교육비(307-12) 7. 공기관등에대한경상적위탁사업비(308-10) 8. 민간자본사업보조,자체재원(402-01) 9. 민간자본사업보조,이전재원(402-02) 10. 민간위탁사업비(402-03) 11. 공기관등에 대한 자본적 대행사업비(403-02)	민간이전지출 근거 (지방보조금 관리기준 참고) 1. 법률에 규정 2. 국고보조 재원(국가지정) 3. 용도 지정 기부금 4. 조례에 직접규정 5. 지자체가 권장하는 사업을 하는 공공기관 6. 시,도 정책 및 재정사정 7. 기타 8. 해당없음	입찰방식: 계약체결방법 (경쟁형태) 1. 일반경쟁 2. 제한경쟁 3. 지명경쟁 4. 수의계약 5. 법정위탁 6. 기타 ( ) 7. 해당없음	입찰방식: 계약기간 1. 1년 2. 2년 3. 3년 4. 4년 5. 5년 6. 기타 ( )년 7. 단기계약 (1년미만) 8. 해당없음	입찰방식: 낙찰자선정방법 1. 적격심사 2. 협상에의한계약 3. 최저가낙찰제 4. 규격가격분리 5. 2단계 경쟁입찰 6. 기타 ( ) 7. 해당없음	운영예산 산정: 운영예산 산정 1. 내부산정 (지자체 자체적으로 산정) 2. 외부산정 (외부전문기관위탁 산정) 3. 내·외부 모두 산정 4. 산정 無 5. 해당없음	운영예산 산정: 정산방법 1. 내부정산 (지자체 내부적으로 정산) 2. 외부정산 (외부전문기관위탁 정산) 3. 내·외부 모두 산정 4. 정산 無 5. 해당없음	성과평가 실시여부 1. 실시 2. 미실시 3. 향후 추진 4. 해당없음
1385	충남 공주시	문금2리 마을만들기	50,000	주민공동체과	11	1	5	3	7	1	1	1
1386	충남 공주시	창의융합 캠프지원	15,000	평생교육과	11	4	7	1	7	1	1	1
1387	충남 공주시	대통사지 추정지 정비	250,000	문화재과	11	2	6	1	6	1	1	1
1388	충남 공주시	덕성그린시티빌 주택수리비 지원사업	500,000	허가건축과	11	7	7	8	7	1	1	4
1389	충남 공주시	저소득층 집수리 수선유지급여	600,000	허가건축과	11	2	4	1	7	1	3	4
1390	충남 보령시	차세대 지방재정관리시스템 구축비 분담금	88,230	기획감사실	11	1	7	8	7	5	5	4
1391	충남 보령시	종합복지타운건립	21,000	주민생활지원과	11	5	7	3	7	2	3	4
1392	충남 보령시	청소면 기초생활거점 조성사업	1,231,000	도시재생과	11	1	4	5	7	1	1	1
1393	충남 보령시	웅천읍 농촌중심지활성화사업	1,702,000	도시재생과	11	1	4	4	7	1	1	1
1394	충남 보령시	성주면 농촌중심지활성화서업	1,491,000	도시재생과	11	1	4	4	7	1	1	1
1395	충남 보령시	주산면 농촌중심지활성화사업	2,363,000	도시재생과	11	1	4	4	7	1	1	1
1396	충남 보령시	남포면 기초생활거점조성사업	400,000	도시재생과	11	1	4	4	7	1	1	1
1397	충남 보령시	호도항 차도선 접안시설공사	85,000	해양정책과	11	7	7	8	7	5	1	4
1398	충남 보령시	녹도 농어촌 취약지역 생활여건 개조사업	550,000	해양정책과	11	7	7	8	7	5	1	4
1399	충남 보령시	무창포 닭벼슬섬 갯벌생태계 복원사업	1,857,300	해양정책과	11	1	5	3	6	5	1	4
1400	충남 아산시	건축행정시스템(세움터) 재구축	17,600	건축과	11	7	7	8	7	5	5	4
1401	충남 아산시	편안한 물길 조성사업	400,000	건설과	11	5	7	8	7	5	5	4
1402	충남 아산시	인주 해암1 양수장 이설공사	50,000	건설과	11	5	7	8	7	5	5	4
1403	충남 아산시	구룡지구 지표수보강	25,000	건설과	11	5	7	8	7	5	5	4
1404	충남 아산시	풍기역 신설 추진 사업	621,000	교통행정과	11	1	5	8	6	2	2	3
1405	충남 아산시	자치단체 상시모니터링 시스템 유지관리 위탁사업비	12,000	감사위원회	11	1	5	1	7	5	5	2
1406	충남 아산시	택시 운행정보 관리시스템 구축	10,801	대중교통과	11	1	5	8	7	4	4	2
1407	충남 아산시	수선유지비	550,000	주택과	11	1	7	1	7	5	1	4
1408	충남 아산시	천안아산상생협력센터 운영	65,000	자치행정과	11	4	7	8	7	1	1	4
1409	충남 아산시	쇠고기이력제사업(귀표부착)	67,700	축수산과	11	2	5	8	7	5	5	4
1410	충남 서산시	지방재정관리시스템(e-호조) HW/SW 매칭사업	867,000	기획예산담당관실	11	1	5	1	7	5	5	4
1411	충남 서산시	차세대 지방재정관리시스템 구축	99,185	기획예산담당관실	11	1	5	1	7	5	5	4
1412	충남 서산시	취약계층 가스타이머콕 지원사업	26,000	일자리경제과	11	1	7	8	7	1	5	1
1413	충남 서산시	스마트공장 구축 지원사업	60,000	기업지원과	11	1	7	8	7	5	5	4
1414	충남 서산시	서산시 지방상수도현대화사업	2,038,000	맑은물관리과	11	5	6	5	6	5	1	3
1415	충남 서산시	서산시 스마트 관망 인프라 구축사업	13,345,000	맑은물관리과	11	5	6	2	6	5	1	3
1416	충남 서산시	노후상수관로 정밀조사 지원사업	283,000	맑은물관리과	11	5	6	5	6	5	1	3
1417	충남 서산시	서산 하수처리구역 차집관로 정비사업	948,000	맑은물관리과	11	1	6	6	6	5	3	4
1418	충남 서산시	서산 공공하수처리시설 증설	640,500	맑은물관리과	11	1	6	6	6	5	3	4
1419	충남 서산시	감태 명품화 전략육성	150,000	해양수산과	11	5	7	8	7	5	5	4
1420	충남 서산시	연안바다목장 사후관리	50,000	해양수산과	11	7	5	1	6	1	1	4
1421	충남 서산시	고파도 갯벌생태계복원사업	2,543,780	해양수산과	11	1	5	5	7	2	2	4
1422	충남 서산시	웅도 갯벌생태계복원사업	1,860,000	해양수산과	11	1	5	5	7	2	2	4
1423	충남 서산시	온나라 문서2.0 시스템 전환	416,154	정보통신과	11	1	5	1	7	2	2	1
1424	충남 서산시	흐흡기전담클리닉 설치 운영	100,000	보건행정과	11	2	7	8	7	5	5	4
1425	충남 서산시	흐흡기전담클리닉 설치 운영	300,000	보건행정과	11	2	7	8	7	5	5	4
1426	충남 계룡시	충청권 광역철도(계룡~신탄진) 건설사업 지방비 분담금	142,500	건설교통과	11	5	7	8	7	3	1	1

순번	시군구	지출명 (사업명)	2021년예산 (단위:천원/1년간)	담당자 (공무원)	민간이전 분류 (지방자치단체 세출예산 집행기준에 의거)	민간이전지출 근거 (지방보조금 관리기준 참고)	입찰방식			운영예산 산정		성과평가 실시여부
				담당부서	1. 민간경상사업보조(307-02) 2. 민간단체 법정운영비보조(307-03) 3. 민간행사사업보조(307-04) 4. 민간위탁금(307-05) 5. 사회복지시설 법정운영비보조(307-10) 6. 민간인위탁교육비(307-12) 7. 공기관등에대한경상적위탁사업비(308-10) 8. 민간자본사업보조,자체재원(402-01) 9. 민간자본사업보조,이전재원(402-02) 10. 민간위탁사업비(402-03) 11. 공기관등에 대한 자본적 대행사업비(403-02)	1. 법률에 규정 2. 국고보조 재원(국가지정) 3. 용도 지정 기부금 4. 조례에 직접규정 5. 지자체가 권장하는 사업을 하는 공공기관 6. 시,도 정책 및 재정사정 7. 기타 8. 해당없음	계약체결방법 (경쟁형태) 1. 일반경쟁 2. 제한경쟁 3. 지명경쟁 4. 수의계약 5. 법정위탁 6. 기타 ( ) 7. 해당없음	계약기간 1. 1년 2. 2년 3. 3년 4. 4년 5. 5년 6. 기타 ( )년 7. 단기계약 (1년미만) 8. 해당없음	낙찰자선정방법 1. 적격심사 2. 협상에의한계약 3. 최저가낙찰제 4. 규격가격분리 5. 2단계 경쟁입찰 6. 기타 ( ) 7. 해당없음	운영예산 산정 1. 내부산정 (지자체 자체적으로 산정) 2. 외부산정 (외부전문기관위탁 산정) 3. 내·외부 모두 산정 4. 산정 無 5. 해당없음	정산방법 1. 내부정산 (지자체 내부적으로 정산) 2. 외부정산 (외부전문기관위탁 정산) 3. 내·외부 모두 산정 4. 정산 無 5. 해당없음	1. 실시 2. 미실시 3. 향후 추진 4. 해당없음
1427	충남 계룡시	계룡지표수보강개발사업	800,000	건설교통과	11	5	7	2	7	1	1	1
1428	충남 계룡시	주거급여 지원	50,000	도시건축과	11	2	7	8	7	1	1	3
1429	충남 계룡시	클라우드 기반 건축행정시스템 재구축 지방비 분담금	17,600	도시건축과	11	2	7	8	7	5	5	4
1430	충남 계룡시	계룡시 하수관거정비 BTL 민간투자사업	2,584,000	상하수도과	11	1	1	6	2	2	4	4
1431	충남 당진시	차세대 지방재정관리시스템 구축	99,185	기획예산담당관	11	5	7	8	7	2	2	4
1432	충남 당진시	희망사업 프로젝트(문화관광형) 2년차	300,000	경제과	11	2	7	8	7	5	5	4
1433	충남 당진시	상인교육	1,470,000	경제과	11	2	7	8	7	5	5	4
1434	충남 당진시	공동마케팅	5,880	경제과	11	2	7	8	7	5	5	4
1435	충남 당진시	전기선로 및 통신선로 지중화공사	269,642	경제과	11	6	7	8	7	5	5	4
1436	충남 당진시	저소득층 에너지효율개선사업	20,000	기후에너지과	11	7	7	8	7	5	5	4
1437	충남 당진시	송악읍 고대리 일원 배전선로 지중화	100,000	기후에너지과	11	1	7	8	7	5	5	4
1438	충남 당진시	연안바다목장관리	100,000	항만수산과	11	1	7	8	7	1	1	1
1439	충남 당진시	농업용수 손실방지사업	40,000	건설과	11	5	4	1	7	1	1	4
1440	충남 당진시	대호지면 도이리 용수로 선형변경사업	65,000	건설과	11	5	1	1	3	1	1	4
1441	충남 당진시	송악읍 반촌1리 한해대책용 양수장 설치사업	180,000	건설과	11	5	1	1	3	1	1	4
1442	충남 당진시	배수장(채운,부곡) 유지관리	250,000	건설과	11	5	7	1	7	1	1	4
1443	충남 당진시	장기미집행도시계획시설 보상	44,000	도로과	11	1	5	6	7	5	5	4
1444	충남 당진시	균형집행관리시스템 유지관리비	2,100,000	수도과	11	7	7	8	7	1	2	2
1445	충남 당진시	균형집행관리시스템 유지관리비	210,000	수도과	11	7	7	8	7	1	2	2
1446	충남 당진시	온-나라 문서2.0 도입 구축	156,000	민원정보과	11	1	5	1	7	1	1	1
1447	충남 당진시	치매환자 관리	7,200	보건위생과	11	6	4	1	2	1	1	1
1448	충남 당진시	택시 운행정보관리시스템	3,349	교통과	11	5	5	8	6	2	5	4
1449	충남 당진시	면천면 농촌중심지활성화사업	1,207,000	공동체새마을과	11	1	5	5	7	3	3	1
1450	충남 당진시	우강면 기초생활거점육성사업	1,361,000	공동체새마을과	11	1	5	4	7	3	3	1
1451	충남 당진시	대호지면 기초생활거점육성사업	1,561,000	공동체새마을과	11	1	5	4	7	3	3	1
1452	충남 당진시	정미면 기초생활거점육성사업	1,939,000	공동체새마을과	11	1	5	4	7	3	3	1
1453	충남 당진시	순성면 기초생활거점육성사업	396,000	공동체새마을과	11	1	5	4	7	3	3	1
1454	충남 금산군	차세대 주민등록정보시스템 구축	11,623	자치행정과	11	1	7	8	7	1	1	1
1455	충남 금산군	차세대 지방세정보시스템(3단계) 구축 분담금	92,770	재무과	11	1	7	1	7	2	2	2
1456	충남 금산군	차세대 지방세외수입정보시스템 구축	59,190	재무과	11	1	7	1	7	2	2	2
1457	충남 금산군	건축행정시스템(세움터) 재구축	17,600	허가처리과	11	7	7	8	7	5	5	4
1458	충남 금산군	방우리 생태탐방시설 설치사업	300,000	환경자원과	11	6	7	8	7	5	5	4
1459	충남 금산군	금산군 노후상수관로 정밀조사	228,000	환경자원과	11	1	6	1	7	5	3	4
1460	충남 금산군	스마트 지방상수도 지원사업	1,152,000	환경자원과	11	1	6	2	7	5	3	4
1461	충남 금산군	저곡1,용화지구	358,000	환경자원과	11	1	7	8	7	5	5	4
1462	충남 금산군	신동1지구	358,000	환경자원과	11	1	7	8	7	5	5	4
1463	충남 금산군	초현지구	358,000	환경자원과	11	1	7	8	7	5	5	4
1464	충남 금산군	보광,상곡지구	358,000	환경자원과	11	1	7	8	7	5	5	4
1465	충남 금산군	원동지구	38,000	환경자원과	11	1	5	8	7	5	3	2
1466	충남 금산군	부리지구	467,000	환경자원과	11	1	5	8	7	5	3	2
1467	충남 금산군	수영2지구	472,000	환경자원과	11	1	5	8	7	5	3	2
1468	충남 금산군	원골지구	50,000	환경자원과	11	1	5	8	7	5	3	2

순번	시군구	지출명 (사업명)	2021년예산 (단위:천원/1년간)	담당자 (공무원) 담당부서	민간이전 분류 (지방자치단체 세출예산 집행기준에 의거) 1. 민간경상사업보조(307-02) 2. 민간단체 법정운영비보조(307-03) 3. 민간행사사업보조(307-04) 4. 민간위탁금(307-05) 5. 사회복지시설 법정운영비보조(307-10) 6. 민간인위탁교육비(307-12) 7. 공기관등에대한경상적위탁사업비(308-10) 8. 민간자본사업보조,자체재원(402-01) 9. 민간자본사업보조,이전재원(402-02) 10. 민간위탁사업비(402-03) 11. 공기관등에 대한 자본적 대행사업비(403-02)	민간이전지출 근거 (지방보조금 관리기준 참고) 1. 법률에 규정 2. 국고보조 재원(국가지정) 3. 용도 지정 기부금 4. 조례에 직접규정 5. 지자체가 권장하는 사업을 하는 공공기관 6. 시,도 정책 및 재정사정 7. 기타 8. 해당없음	입찰방식 계약체결방법 (경쟁형태) 1. 일반경쟁 2. 제한경쟁 3. 지명경쟁 4. 수의계약 5. 법정위탁 6. 기타 ( ) 7. 해당없음	입찰방식 계약기간 1. 1년 2. 2년 3. 3년 4. 4년 5. 5년 6. 기타 ( )년 7. 단기계약 (1년미만) 8. 해당없음	입찰방식 낙찰자선정방법 1. 적격심사 2. 협상에의한계약 3. 최저가낙찰제 4. 규격가격분리 5. 2단계 경쟁입찰 6. 기타 ( ) 7. 해당없음	운영예산 산정 운영예산 산정 1. 내부산정 (지자체 자체적으로 산정) 2. 외부산정 (외부전문기관위탁 산정) 3. 내·외부 모두 산정 4. 산정 無 5. 해당없음	운영예산 산정 정산방법 1. 내부정산 (지자체 내부적으로 정산) 2. 외부정산 (외부전문기관위탁 정산) 3. 내·외부 모두 산정 4. 정산 無 5. 해당없음	성과평가 실시여부 1. 실시 2. 미실시 3. 향후 추진 4. 해당없음
1469	충남 금산군	제원지구	345,000	환경자원과	11	1	5	8	7	5	3	2
1470	충남 금산군	수당지구	128,000	환경자원과	11	1	5	8	7	5	3	2
1471	충남 금산군	하신지구	358,000	환경자원과	11	1	5	8	7	5	3	2
1472	충남 금산군	마장1,3지구	215,000	환경자원과	11	1	5	8	7	5	3	2
1473	충남 금산군	서대지구	495,000	환경자원과	11	1	5	8	7	5	3	2
1474	충남 금산군	성당2,호티1지구	860,000	환경자원과	11	1	5	8	7	5	3	2
1475	충남 금산군	하옥,성곡지구	2,669,000	환경자원과	11	1	5	8	7	5	3	2
1476	충남 금산군	장대2지구	714,000	환경자원과	11	1	5	8	7	5	3	2
1477	충남 금산군	파초지구 하수처리장 설치사업	2,811,900	환경자원과	11	1	7	8	7	5	5	4
1478	충남 금산군	특성화(문화관광형)시장 사업	264,000	지역경제과	11	1	5	8	7	5	3	2
1479	충남 금산군	LPG 소형저장탱크 보급사업	540,000	지역경제과	11	2	7	7	7	1	1	4
1480	충남 금산군	금산읍 서남부지역 연결순환도로 개설사업	1,230,000	건설교통과	11	5	7	1	7	3	3	1
1481	충남 금산군	농촌중심지활성화 일반지구	1,455,000	건설교통과	11	6	7	8	7	5	5	4
1482	충남 금산군	기초생활거점육성	1,170,000	건설교통과	11	1	6	4	7	3	3	4
1483	충남 금산군	기초생활거점육성	705,000	건설교통과	11	1	6	4	7	3	3	4
1484	충남 금산군	충남형 마을만들기사업	1,000,000	건설교통과	11	1	6	4	7	3	3	4
1485	충남 금산군	충남형 마을만들기사업	200,000	건설교통과	11	1	6	3	7	3	3	4
1486	충남 금산군	충남형 마을만들기사업	400,000	건설교통과	11	1	6	3	7	3	3	4
1487	충남 금산군	집수리사업	582,000	도시재생과	11	1	6	3	7	3	3	4
1488	충남 부여군	차세대 지방재정관리시스템 구축 분담금	88,230	기획조정실	11	2	5	8	7	1	1	4
1489	충남 부여군	세외수입징수	67,777	재무회계실	11	7	7	7	7	5	2	4
1490	충남 부여군	지방세과세 지원	97,524	재무회계실	11	7	7	7	7	5	5	4
1491	충남 부여군	규암면 농촌중심지 활성화사업	2,721,000	공동체협력과	11	7	7	7	7	5	5	4
1492	충남 부여군	세도면 농촌중심지 활성화사업	940,000	공동체협력과	11	5	5	8	7	3	3	3
1493	충남 부여군	양화면 농촌중심지 활성화사업	1,007,000	공동체협력과	11	5	5	8	7	3	3	3
1494	충남 부여군	기초생활거점육성사업(장암면) 정책동향 군비 투입	200,000	공동체협력과	11	5	5	8	7	3	3	3
1495	충남 부여군	기초생활거점사업	1,029,000	공동체협력과	11	5	5	8	7	3	3	3
1496	충남 부여군	기초생활거점사업	819,000	공동체협력과	11	5	5	8	7	3	3	3
1497	충남 부여군	기초생활거점사업	743,000	공동체협력과	11	5	5	8	7	3	3	3
1498	충남 부여군	기초생활거점사업	1,109,000	공동체협력과	11	5	5	8	7	3	3	3
1499	충남 부여군	기초생활거점조성사업	280,000	공동체협력과	11	5	5	8	7	3	3	3
1500	충남 부여군	기초생활거점조성사업	280,000	공동체협력과	11	5	5	8	7	3	3	3
1501	충남 부여군	세도면 귀덕1리 마을만들기 자율개발	48,600	공동체협력과	11	5	5	8	7	3	3	3
1502	충남 부여군	남면 삼용1리 마을만들기 자율개발	74,300	공동체협력과	11	5	5	8	7	3	3	3
1503	충남 부여군	장암면 점상3리 마을만들기 자율개발	68,000	공동체협력과	11	5	5	8	7	3	3	3
1504	충남 부여군	초촌면 추양3리 충남형 마을만들기 사업	100,000	공동체협력과	11	5	5	8	7	3	3	3
1505	충남 부여군	충화면 가화1리 충남형 마을만들기 사업	100,000	공동체협력과	11	5	5	8	7	3	3	3
1506	충남 부여군	구룡면 논티2리 취약지역 생활여건 개조사업	474,000	공동체협력과	11	7	7	8	7	5	5	4
1507	충남 부여군	외산면 가덕리 마을만들기 자율개발	200,000	공동체협력과	11	5	5	8	7	3	3	3
1508	충남 부여군	남면 송암2리 마을만들기 자율개발	200,000	공동체협력과	11	5	5	8	7	3	3	3
1509	충남 부여군	장암면 정암2리 마을만들기 자율개발	200,000	공동체협력과	11	5	5	8	7	3	3	3
1510	충남 부여군	반산저수지 수변공원 조성사업	28,900	문화체육관광과	11	1	5	8	7	1	1	4

순번	시군구	지출명 (사업명)	2021년예산 (단위:천원/1년간)	담당자 (공무원) 담당부서	민간이전 분류 (지방자치단체 세출예산 집행기준에 의거) 1. 민간경상사업보조(307-02) 2. 민간단체 법정운영비보조(307-03) 3. 민간행사사업보조(307-04) 4. 민간위탁금(307-05) 5. 사회복지시설 법정운영비보조(307-10) 6. 민간인위탁교육비(307-12) 7. 공기관등에대한경상적위탁사업비(308-10) 8. 민간자본사업보조,자체재원(402-01) 9. 민간자본사업보조,이전재원(402-02) 10. 민간위탁사업비(402-03) 11. 공기관등에 대한 자본적 대행사업비(403-02)	민간이전지출 근거 (지방보조금 관리기준 참고) 1. 법률에 규정 2. 국고보조 재원(국가지정) 3. 용도 지정 기부금 4. 조례에 직접규정 5. 지자체가 권장하는 사업을 하는 공공기관 6. 시,도 정책 및 재정사정 7. 기타 8. 해당없음	입찰방식 계약체결방법 (경쟁형태) 1. 일반경쟁 2. 제한경쟁 3. 지명경쟁 4. 수의계약 5. 법정위탁 6. 기타 ( ) 7. 해당없음	입찰방식 계약기간 1. 1년 2. 2년 3. 3년 4. 4년 5. 5년 6. 기타 ( )년 7. 단기계약 (1년미만) 8. 해당없음	입찰방식 낙찰자선정방법 1. 적격심사 2. 협상에의한계약 3. 최저가낙찰제 4. 규격가격분리 5. 2단계 경쟁입찰 6. 기타 ( ) 7. 해당없음	운영예산 산정 운영예산 산정 1. 내부산정 (지자체 자체적으로 산정) 2. 외부산정 (외부전문기관위탁 산정) 3. 내·외부 모두 산정 4. 산정 無 5. 해당없음	운영예산 산정 정산방법 1. 내부정산 (지자체 내부적으로 정산) 2. 외부정산 (외부전문기관위탁 정산) 3. 내·외부 모두 산정 4. 정산 無 5. 해당없음	성과평가 실시여부 1. 실시 2. 미실시 3. 향후 추진 4. 해당없음
1511	충남 부여군	군민 가스시설 개선사업	220,000	경제교통과	11	1	6	1	6	2	3	4
1512	충남 부여군	도시가스 확대공급 사업	271,400	경제교통과	11	1	6	1	6	1	3	4
1513	충남 부여군	가구단위 LPG 소형저장탱크 보급사업	70,000	경제교통과	11	1	7	8	7	5	5	4
1514	충남 부여군	마을단위 LPG 소형저장탱크 보급사업	405,000	경제교통과	11	1	6	1	6	2	3	4
1515	충남 부여군	택시운행정보관리시스템 운영	2,052,000	경제교통과	11	1	7	8	7	5	5	4
1516	충남 부여군	마을정비형 공공주택 건설사업	1,050,000	도시건축과	11	1	7	8	7	5	5	4
1517	충남 부여군	주거(수선유지)급여	1,000,000	도시건축과	11	1	5	1	2	1	1	1
1518	충남 부여군	건축행정시스템 재구축	17,600	도시건축과	11	7	7	8	7	5	5	4
1519	충남 부여군	수질개선사업	170,000	상하수도사업소	11	1	6	2	7	1	1	3
1520	충남 부여군	상수도공사 민간대행	2,064,446	상하수도사업소	11	7	7	8	7	5	5	4
1521	충남 부여군	지방상수도 현대화사업	3,729,000	상하수도사업소	11	5	6	5	7	1	1	3
1522	충남 부여군	스마트 관망관리 인프라 구축사업	2,375,000	상하수도사업소	11	2	7	8	7	5	5	4
1523	충남 서천군	생태녹색관광자원개발	2,745,000	투자유치과	11	8	7	8	7	5	5	4
1524	충남 서천군	유부도 해양생태환경 기반조성 사업	2,029,470	관광축제과	11	8	6	8	7	5	1	4
1525	충남 서천군	마을단위 특화개발	1,553,000	해양수산과	11	1	6	3	7	5	5	4
1526	충남 서천군	시군역량강화사업	370,000	건설과	11	5	5	1	7	1	1	3
1527	충남 서천군	기초생활거점육성	1,785,000	건설과	11	5	5	5	7	1	1	3
1528	충남 서천군	농촌형공공임대주택조성사업	1,046,600	건설과	11	5	5	3	7	1	1	3
1529	충남 서천군	마을단위자율개발	200,000	건설과	11	5	5	3	7	1	1	3
1530	충남 서천군	마을단위자율개발	200,000	건설과	11	5	5	3	7	1	1	3
1531	충남 서천군	마을단위자율개발	200,000	건설과	11	5	5	3	7	1	1	3
1532	충남 서천군	마을단위자율개발	400,000	건설과	11	5	5	3	7	1	1	3
1533	충남 서천군	청년농촌보금자리조성사업	2,830,000	도시건축과	11	1	5	3	6	1	1	3
1534	충남 서천군	마을단위 지붕개량사업	120,000	도시건축과	11	1	7	8	7	5	5	4
1535	충남 서천군	기초생활수급자 집수리지원	829,000	도시건축과	11	2	5	1	7	1	1	4
1536	충남 서천군	건축행정시스템재구축사업	17,600	도시건축과	11	2	7	8	7	5	5	4
1537	충남 청양군	다문화가족지원일반	26,000	복지정책과	11	5	7	8	7	1	1	1
1538	충남 청양군	고령자복지주택 연계 통합돌봄센터 구축사업	25,000	통합돌봄과	11	6	7	8	7	5	5	4
1539	충남 청양군	소각시설 설치사업	1,117,000	환경보호과	11	1	7	8	7	1	1	4
1540	충남 청양군	친환경에너지타운 조성사업	200,000	환경보호과	11	2	7	8	7	1	1	4
1541	충남 청양군	학교급식 농산물 생산.유통 전문조직 육성	40,000	농촌공동체과	11	4	7	8	7	1	1	3
1542	충남 청양군	장평면 농촌중심지 활성화사업	1,263,000	농촌공동체과	11	1	5	4	7	5	1	3
1543	충남 청양군	정남면 기초생활거점육성사업	1,634,000	농촌공동체과	11	1	5	4	7	5	1	3
1544	충남 청양군	농촌 신활력 플러스사업	1,950,000	농촌공동체과	11	1	5	4	7	5	1	3
1545	충남 청양군	목면 기초생활거점육성사업	1,621,000	농촌공동체과	11	1	5	4	7	5	1	3
1546	충남 청양군	농촌지역 취약지역 생활여건 개조사업	513,000	농촌공동체과	11	1	5	4	7	5	1	3
1547	충남 청양군	대치면 기초생활거점조성사업	400,000	농촌공동체과	11	1	5	4	7	5	1	3
1548	충남 청양군	본의지구 한발대비용수개발사업	600,000	건설도시과	11	5	5	8	7	1	2	4
1549	충남 청양군	수리시설개보수사업	500,000	건설도시과	11	5	5	1	7	1	2	4
1550	충남 청양군	대구획경지정리 지원	1,215,750	건설도시과	11	5	5	1	7	1	2	4
1551	충남 청양군	편안한물길조성사업	1,440,000	건설도시과	11	5	5	1	7	1	2	4
1552	충남 청양군	금강수원 농업용수 정화공급사업	1,000,000	건설도시과	11	5	5	1	7	1	2	4

순번	시군구	지출명 (사업명)	2021년예산 (단위:천원/1년간)	담당자 (공무원)	민간이전 분류 (지방자치단체 세출예산 집행기준에 의거)	민간이전지출 근거 (지방보조금 관리기준 참고)	입찰방식			운영예산 산정		성과평가 실시여부
				담당부서	1. 민간경상사업보조(307-02) 2. 민간단체 법정운영비보조(307-03) 3. 민간행사사업보조(307-04) 4. 민간위탁금(307-05) 5. 사회복지시설 법정운영비보조(307-10) 6. 민간인위탁교육비(307-12) 7. 공기관등에대한경상적위탁사업비(308-10) 8. 민간자본사업보조,자체재원(402-01) 9. 민간자본사업보조,이전재원(402-02) 10. 민간위탁사업비(402-03) 11. 공기관등에 대한 자본적 대행사업비(403-02)	1. 법률에 규정 2. 국고보조 재원(국가지정) 3. 용도 지정 기부금 4. 조례에 직접규정 5. 지자체가 권장하는 사업을 하는 공공기관 6. 시,도 정책 및 재정사정 7. 기타 8. 해당없음	계약체결방법 (경쟁형태) 1. 일반경쟁 2. 제한경쟁 3. 지명경쟁 4. 수의계약 5. 법정위탁 6. 기타 ( ) 7. 해당없음	계약기간 1. 1년 2. 2년 3. 3년 4. 4년 5. 5년 6. 기타 ( )년 7. 단기계약 (1년미만) 8. 해당없음	낙찰자선정방법 1. 적격심사 2. 협상에의한계약 3. 최저가낙찰제 4. 규격가격분리 5. 2단계 경쟁입찰 6. 기타 ( ) 7. 해당없음	운영예산 산정 1. 내부산정 (지자체 자체적으로 산정) 2. 외부산정 (외부전문기관위탁 산정) 3. 내·외부 모두 산정 4. 산정 無 5. 해당없음	정산방법 1. 내부정산 (지자체 내부적으로 정산) 2. 외부정산 (외부전문기관위탁 정산) 3. 내·외부 모두 산정 4. 정산 無 5. 해당없음	1. 실시 2. 미실시 3. 향후 추진 4. 해당없음
1553	충남 청양군	차세대 지방세정보시스템 구축	87,995	재무과	11	1	5	3	7	2	2	4
1554	충남 청양군	차세대 표준지방세외수입정보시스템 구축 사업비	54,027	재무과	11	1	5	3	7	2	2	4
1555	충남 청양군	온-나라 문서2.0 전환	347,000	행정지원과	11	1	5	1	7	2	2	2
1556	충남 청양군	지적기준점 위탁관리 추진	33,000	민원봉사실	11	1	5	1	7	1	1	2
1557	충남 청양군	건축행정시스템(세움터) 재구축	17,600	민원봉사실	11	2	7	8	7	5	5	4
1558	충남 홍성군	지역발전투자협약 시범사업	3,528,500	기획감사담당관	11	1	5	3	7	1	1	4
1559	충남 홍성군	차세대 지방재정관리시스템 분담금	88,230	기획감사담당관	11	7	7	3	7	5	5	4
1560	충남 태안군	건축행정시스템(세움터) 재구축에 따른 분담금	17,600	신속민원처리과	11	6	7	8	7	5	5	4
1561	충남 태안군	수선유지급여	250,000	신속민원처리과	11	1	5	1	7	1	1	4
1562	충남 태안군	도로명주소기본도 유지보수	8,060	민원봉사과	11	1	5	1	7	2	2	1
1563	충남 태안군	국가주소정보시스템 유지관리	17,473	민원봉사과	11	1	6	1	7	3	1	4
1564	충남 태안군	수출전문 스마트팜 보완사업	800,000	농정과	11	4	7	8	7	5	5	4
1565	충남 태안군	친환경 에너지 보급사업	1,200,000	수산과	11	2	7	8	7	5	5	4
1566	충남 태안군	연안바다목장 조성사업	500,000	수산과	11	2	7	8	7	5	5	4
1567	충남 태안군	인공어초 설치 대행사업	20,000	수산과	11	7	7	8	7	5	5	4
1568	충남 태안군	태안 주꾸미 산란장 조성사업	600,000	수산과	11	7	7	8	7	5	5	4
1569	충남 태안군	해삼 자연 산란장 조성사업	200,000	수산과	11	7	7	8	7	5	5	4
1570	충남 태안군	꽃게 자연 산란장 조성사업	200,000	수산과	11	7	7	8	7	5	5	4
1571	충남 태안군	게르마늄 바지락 생산단지 조성	300,000	수산과	11	7	7	8	7	5	5	4
1572	충남 태안군	해양보호구역 관리사업	57,140	해양산업과	11	1	4	1	7	1	1	4
1573	충남 태안군	지방관리방조제 개보수	1,000,000	건설과	11	7	7	7	7	1	1	1
1574	충남 태안군	신덕지구 배수개선 사업 설계용역	43,886	건설과	11	7	7	7	7	1	1	1
1575	충남 태안군	신덕지구 배수개선 사업 감리용역	36,114	건설과	11	7	7	7	7	1	1	1
1576	충남 태안군	이원지구간척사업 시설물 유지관리	160,000	건설과	11	7	7	7	7	1	1	1
1577	충남 태안군	소각시설 민간투자사업	162,000	환경관리센터	11	1	7	8	7	5	5	4
1578	경북 포항시	국민체력100체력인증센터	2,100,000	새마을체육과	11	2	7	1	7	1	1	1
1579	경북 포항시	제4일반산업단지 조성	25,000	도시계획과	11	1	6	8	7	5	5	4
1580	경북 포항시	스마트 원예단지 기반조성	2,313,000	농업정책과	11	2	7	8	7	5	1	4
1581	경북 포항시	지역산업연계 IT융합기술개발	330,000	농업정책과	11	6	7	8	7	5	1	4
1582	경북 포항시	농촌중심지활성화사업	6,043,000	농업정책과	11	1	5	6	7	3	3	1
1583	경북 포항시	농촌중심지활성화	3,429,000	농업정책과	11	1	5	6	7	3	3	1
1584	경북 포항시	기초생활거점육성	3,473,000	농업정책과	11	1	5	6	7	3	3	1
1585	경북 포항시	연안바다목장사업	500,000	수산진흥과	11	2	7	8	7	2	3	4
1586	경북 포항시	양식장 친환경에너지 보급사업	1,288,000	수산진흥과	11	2	7	8	7	1	1	4
1587	경북 포항시	수산자원(대문어) 산란서식장 조성사업	1,000,000	수산진흥과	11	2	7	8	7	2	3	4
1588	경북 포항시	스마트양식 ICT융합기술 개발사업	950,000	수산진흥과	11	2	7	8	7	5	5	4
1589	경북 포항시	2020 어촌뉴딜300사업	6,117,200	수산진흥과	11	2	5	3	7	2	2	3
1590	경북 포항시	권역단위거점개발	848,286	수산진흥과	11	2	5	4	7	2	2	3
1591	경북 포항시	어촌뉴딜300사업	2,573,000	수산진흥과	11	2	5	3	7	2	2	3
1592	경북 경주시	보문관광단지 물너울교 재해복구사업	22,100	관광컨벤션과	11	5	5	7	7	1	1	4
1593	경북 경주시	보문관광단지 호반산책로 조명보강사업	100,000	관광컨벤션과	11	2	5	7	7	1	1	4
1594	경북 경주시	하이코 1층 회의장 바닥 카펫타일시공	17,000	관광컨벤션과	11	4	5	7	7	1	1	4

순번	시군구	지출명 (사업명)	2021년예산 (단위:천원/1년간)	담당자 (공무원) 담당부서	민간이전 분류 (지방자치단체 세출예산 집행기준에 의거) 1. 민간경상사업보조(307-02) 2. 민간단체 법정운영비보조(307-03) 3. 민간행사사업보조(307-04) 4. 민간위탁금(307-05) 5. 사회복지시설 법정운영비보조(307-10) 6. 민간인위탁교육비(307-12) 7. 공기관등에대한경상적위탁사업비(308-10) 8. 민간자본사업보조,자체재원(402-01) 9. 민간자본사업보조,이전재원(402-02) 10. 민간위탁사업비(402-03) 11. 공기관등에 대한 자본적 대행사업비(403-02)	민간이전지출 근거 (지방보조금 관리기준 참고) 1. 법률에 규정 2. 국고보조 재원(국가지정) 3. 용도 지정 기부금 4. 조례에 직접규정 5. 지자체가 권장하는 사업을 하는 공공기관 6. 시,도 정책 및 재정사정 7. 기타 8. 해당없음	입찰방식 계약체결방법 (경쟁형태) 1. 일반경쟁 2. 제한경쟁 3. 지명경쟁 4. 수의계약 5. 법정위탁 6. 기타 ( ) 7. 해당없음	입찰방식 계약기간 1. 1년 2. 2년 3. 3년 4. 4년 5. 5년 6. 기타 ( )년 7. 단기계약 (1년미만) 8. 해당없음	입찰방식 낙찰자선정방법 1. 적격심사 2. 협상에의한계약 3. 최저가낙찰제 4. 규격가격분리 5. 2단계 경쟁입찰 6. 기타 ( ) 7. 해당없음	운영예산 산정 운영예산 산정 1. 내부산정 (지자체 자체적으로 산정) 2. 외부산정 (외부전문기관위탁 산정) 3. 내·외부 모두 산정 4. 산정 無 5. 해당없음	운영예산 산정 정산방법 1. 내부정산 (지자체 내부적으로 정산) 2. 외부정산 (외부전문기관위탁 정산) 3. 내·외부 모두 산정 4. 정산 無 5. 해당없음	성과평가 실시여부 1. 실시 2. 미실시 3. 향후 추진 4. 해당없음
1595	경북 경주시	하이코 1층 북쪽 남여화장실 환경개선사업	30,000	관광컨벤션과	11	4	5	7	7	1	1	4
1596	경북 경주시	경주공공하수처리시설 하수슬러지감량화사업	8,722,000	에코물센터	11	2	7	8	7	1	1	4
1597	경북 경주시	차세대 지방세외수입 정보시스템 구축	102,405	징수과	11	1	1	6	2	2	2	1
1598	경북 영천시	차세대지방재정관리시스템 구축 부담금	88,230	정책기획실	11	8	7	8	7	5	5	4
1599	경북 영천시	청백e시스템구축유지보수 및 운영비	9,900	청렴감사실	11	1	5	1	2	2	2	4
1600	경북 영천시	차세대표준지방인사정보시스템 구축비	71,865	총무과	11	1	4	1	2	2	2	4
1601	경북 영천시	차세대지방세정보시스템구축사업비 부담금	142,439	세정과	11	1	5	1	2	2	2	4
1602	경북 영천시	차세대세외수입정보시스템구축사업비 부담금	74,675	세정과	11	1	5	1	2	2	2	4
1603	경북 영천시	서민층가스안전차단기(타이머콕)보급사업	41,600	일자리노사과	11	1	5	1	7	2	2	4
1604	경북 영천시	농업기반시설정비사업	300,000	건설과	11	5	5	8	7	5	5	4
1605	경북 영천시	저수지 수질관리위탁사업	24,000	건설과	11	5	5	8	7	5	5	4
1606	경북 영천시	농업용 저수지정비사업	30,000	건설과	11	5	5	8	7	5	5	4
1607	경북 영천시	농촌중심지활성화사업	607,000	건설과	11	1	5	5	7	1	2	4
1608	경북 영천시	농촌중심지활성화사업	1,826,000	건설과	11	1	5	5	7	1	2	4
1609	경북 영천시	기초생활거점 조성사업	699,000	건설과	11	1	5	5	7	1	2	4
1610	경북 영천시	북안 도유리 새뜰마을사업	676,000	건설과	11	1	5	5	7	1	2	4
1611	경북 영천시	보랏빛향기 커뮤니티센터 신축공사	6,830,000	건설과	11	1	5	5	7	1	2	4
1612	경북 영천시	주거현물급여사업	1,320,000	건축디자인과	11	1	5	8	7	1	3	4
1613	경북 영천시	건축행정시스템(세움터)재구축	17,600	건축디자인과	11	6	7	8	7	1	1	4
1614	경북 영천시	도로명주소기본도유지관리사업	8,362	지적정보과	11	7	5	1	7	5	1	4
1615	경북 영천시	영천경마공원부지보상금	26,000	농업기술센터	11	7	6	6	6	3	3	4
1616	경북 김천시	국민기초생활급여	730,000	건축디자인과	11	1	5	1	7	5	5	4
1617	경북 김천시	클라우드 기반 건축행정시스템 재구축	17,600	건축디자인과	11	2	7	8	7	5	5	4
1618	경북 김천시	지방재정관리시스템 HW/SW 도입	900,000	기획예산실	11	1	5	8	7	2	2	4
1619	경북 김천시	차세대 지방세외수입정보시스템 구축	79,837	세정과	11	1	5	1	2	1	2	4
1620	경북 김천시	차세대 지방세정보시스템 구축	146,696	세정과	11	1	5	1	2	1	2	4
1621	경북 안동시	안동시 노후상수관망 정비사업	10,802,000	상하수도과	11	8	7	5	7	3	3	3
1622	경북 안동시	안동시 노후상수관로 정밀조사	258,000	상하수도과	11	8	7	1	7	3	3	3
1623	경북 안동시	경북바이오2차 일반산업단지 송전선로 지중화사업	1,100,000	투자유치과	11	5	7	8	7	5	5	4
1624	경북 안동시	신선농산물 수출경쟁력 제고사업	399,000	유통특작과	11	4	7	8	7	1	1	1
1625	경북 안동시	수출농식품 브랜드경쟁력 제고사업	8,000	유통특작과	11	4	7	8	7	1	1	1
1626	경북 안동시	과실전문생산단지기반조성	1,727,600	유통특작과	11	2	5	2	7	2	1	1
1627	경북 안동시	주소정보관리시스템 유지관리 사업	17,724	토지정보과	11	1	6	1	7	3	1	4
1628	경북 안동시	도로명주소기본도 유지관리 사업	8,189	토지정보과	11	1	6	1	7	1	1	2
1629	경북 안동시	하천수문정비비	4,400	안전재난과	11	7	6	7	6	1	1	4
1630	경북 안동시	오대배수장 시설관리비	30,000	건설과	11	1	5	1	7	1	1	4
1631	경북 안동시	검암배수장 시설관리비	30,000	건설과	11	1	5	1	7	1	1	4
1632	경북 안동시	천지배수장 시설관리비	30,000	건설과	11	1	5	1	7	1	1	4
1633	경북 안동시	오대2배수장(1지구,2지구)시설관리비	30,000	건설과	11	1	5	1	7	1	1	4
1634	경북 안동시	마애배수장 시설관리비	30,000	건설과	11	1	5	1	7	1	1	4
1635	경북 안동시	한국농어촌공사 수리시설물 유지관리비	100,000	건설과	11	1	5	1	7	1	1	4
1636	경북 안동시	수질검사수수료	3,600	건설과	11	1	5	1	7	1	1	4

순번	시군구	지출명 (사업명)	2021년예산 (단위:천원/1년간)	담당자 (공무원) 담당부서	민간이전 분류 (지방자치단체 세출예산 집행기준에 의거) 1. 민간경상사업보조(307-02) 2. 민간단체 법정운영비보조(307-03) 3. 민간행사사업보조(307-04) 4. 민간위탁금(307-05) 5. 사회복지시설 법정운영비보조(307-10) 6. 민간인위탁교육비(307-12) 7. 공기관등에대한경상적위탁사업비(308-10) 8. 민간자본사업보조,자체재원(402-01) 9. 민간자본사업보조,이전재원(402-02) 10. 민간위탁사업비(402-03) 11. 공기관등에 대한 자본적 대행사업비(403-02)	민간이전지출 근거 (지방보조금 관리기준 참고) 1. 법률에 규정 2. 국고보조 재원(국가지정) 3. 용도 지정 기부금 4. 조례에 직접규정 5. 지자체가 권장하는 사업을 하는 공공기관 6. 시,도 정책 및 재정사정 7. 기타 8. 해당없음	입찰방식 계약체결방법 (경쟁형태) 1. 일반경쟁 2. 제한경쟁 3. 지명경쟁 4. 수의계약 5. 법정위탁 6. 기타 ( ) 7. 해당없음	입찰방식 계약기간 1. 1년 2. 2년 3. 3년 4. 4년 5. 5년 6. 기타 ( )년 7. 단기계약 (1년미만) 8. 해당없음	입찰방식 낙찰자선정방법 1. 적격심사 2. 협상에의한계약 3. 최저가낙찰제 4. 규격가격분리 5. 2단계 경쟁입찰 6. 기타 ( ) 7. 해당없음	운영예산 산정 운영예산 산정 1. 내부산정 (지자체 자체적으로 산정) 2. 외부산정 (외부전문기관위탁 산정) 3. 내·외부 모두 산정 4. 산정 無 5. 해당없음	운영예산 산정 정산방법 1. 내부정산 (지자체 내부적으로 정산) 2. 외부정산 (외부전문기관위탁 정산) 3. 내·외부 모두 산정 4. 정산 無 5. 해당없음	성과평가 실시여부 1. 실시 2. 미실시 3. 향후 추진 4. 해당없음
1637	경북 안동시	지하수개발이용 연찬허가용역	122,500	건설과	11	1	5	1	7	1	1	4
1638	경북 안동시	지하수개발 사후 관리	9,000	건설과	11	1	5	1	7	1	1	4
1639	경북 안동시	저수지 수질관리 조사	15,000	건설과	11	1	5	1	7	1	1	4
1640	경북 안동시	소규모용수개발사업	150,000	건설과	11	1	5	1	7	1	1	4
1641	경북 안동시	도산면소재지종합정비사업	951,000	건설과	11	1	5	5	7	1	1	1
1642	경북 안동시	예안면소재지종합정비사업	1,662,000	건설과	11	1	5	4	7	1	1	1
1643	경북 안동시	녹전면기초생활거점육성사업	1,772,000	건설과	11	1	5	4	7	1	1	1
1644	경북 안동시	남후면기초생활거점육성사업	1,504,000	건설과	11	1	5	3	7	1	1	1
1645	경북 안동시	서후면기초생활거점육성사업	1,413,000	건설과	11	1	5	3	7	1	1	1
1646	경북 구미시	차세대 지방재정관리시스템 구축사업	110,186	기획예산과	11	7	7	8	7	2	2	2
1647	경북 구미시	탄소성형부품 상용화인증센터 구축	300,000	신산업정책과	11	2	1	5	7	5	3	1
1648	경북 구미시	스마트이모빌리티 부품 국산화 실증	100,000	신산업정책과	11	5	4	1	7	1	1	3
1649	경북 구미시	탄소산업클러스터 시험생산동 신축	388,000	신산업정책과	11	4	1	3	7	5	3	4
1650	경북 구미시	가스안전차단기(타이머콕) 보급사업	31,200	신산업정책과	11	1	5	1	7	5	1	4
1651	경북 구미시	노인세대 가스안전차단기 보급사업	8,400	신산업정책과	11	1	5	1	7	5	1	4
1652	경북 구미시	스마트 가스호스 보급사업	4,000	신산업정책과	11	1	5	1	7	5	1	4
1653	경북 구미시	신재생에너지 융복합지원사업	276,344	신산업정책과	11	2	5	1	7	5	1	4
1654	경북 구미시	청년창업지원사업	290,000	일자리경제과	11	5	7	8	7	1	1	1
1655	경북 구미시	도시청년 시골파견제	117,500	일자리경제과	11	5	7	8	7	1	1	1
1656	경북 구미시	청년창업 LAB운영지원	389,511	일자리경제과	11	5	7	8	7	1	1	1
1657	경북 구미시	메이커스페이스 구축 운영	20,000	일자리경제과	11	5	7	8	7	1	1	1
1658	경북 구미시	차세대표준지방인사정보시스템 구축 사업비(인프라 구축) 분담금	78,310	총무과	11	5	5	1	7	2	2	2
1659	경북 구미시	차세대 지방세정보시스템 구축사업 분담금	224,278	세정과	11	1	5	8	7	2	2	4
1660	경북 구미시	차세대 지방세외수입 정보시스템 구축분담금	90,159	징수과	11	1	5	1	7	2	3	4
1661	경북 구미시	구미하이테크밸리 폐수종말처리시설 설치	4,101,000	도시계획과	11	1	2	6	1	5	5	4
1662	경북 구미시	건축행정시스템재구축	17,600	건축과	11	6	7	8	7	5	5	4
1663	경북 구미시	수선유지급여	404,820	공동주택과	11	1	6	7	7	1	1	4
1664	경북 구미시	근로자임대아파트철거	200,000	공동주택과	11	5	7	8	7	5	5	4
1665	경북 구미시	이계천 통합집중형	484,000	환경보전과	11	1	7	8	7	5	5	4
1666	경북 구미시	이계천 통합집중형	199,000	환경보전과	11	1	7	8	7	5	5	4
1667	경북 구미시	이계천 통합집중형	1,300,000	환경보전과	11	1	7	8	7	5	5	4
1668	경북 구미시	북구미 하이패스 IC 신설사업 분담금	30,000	도로과	11	7	7	8	7	2	2	4
1669	경북 구미시	도로명주소 기본도 현행화 사업	11,123	토지정보과	11	2	6	1	7	3	1	4
1670	경북 구미시	양수장가동 전기료 및 관리비 지원	100,000	농정과	11	5	7	8	7	1	1	4
1671	경북 구미시	농업생산기반시설 개보수 지원	300,000	농정과	11	5	7	8	7	1	1	4
1672	경북 구미시	옥성면 기초생활거점육성사업	16,800	농정과	11	5	7	8	7	5	1	2
1673	경북 영주시	비점오염원저감사업	1,100,000	환경보호과	11	7	6	8	7	5	5	4
1674	경북 영주시	건널목(이산)시설분야 유지보수 부담금	29,184	건설과	11	7	4	1	7	1	1	3
1675	경북 영주시	수리시설물 유지관리비 보조	200,000	건설과	11	5	7	8	7	5	5	4
1676	경북 영주시	장수면 농촌중심지 활성화사업	26,620	건설과	11	2	5	5	7	1	1	3
1677	경북 영주시	이산면 농촌중심지 활성화사업	1,271,000	건설과	11	2	5	4	7	1	1	3
1678	경북 영주시	전구1리 마을만들기 사업	215,500	건설과	11	1	5	3	7	1	1	3

순번	시군구	지출명 (사업명)	2021년예산 (단위:천원/1년간)	담당자 (공무원) 담당부서	민간이전 분류 (지방자치단체 세출예산 집행기준에 의거) 1. 민간경상사업보조(307-02) 2. 민간단체 법정운영비보조(307-03) 3. 민간행사사업보조(307-04) 4. 민간위탁금(307-05) 5. 사회복지시설 법정운영비보조(307-10) 6. 민간인위탁교육비(307-12) 7. 공기관등에대한경상적위탁사업비(308-10) 8. 민간자본사업보조,자체재원(402-01) 9. 민간자본사업보조,이전재원(402-02) 10. 민간위탁사업비(402-03) 11. 공기관등에 대한 자본적 대행사업비(403-02)	민간이전지출 근거 (지방보조금 관리기준 참고) 1. 법률에 규정 2. 국고보조 재원(국가지정) 3. 용도 지정 기부금 4. 조례에 직접규정 5. 지자체가 권장하는 사업을 하는 공공기관 6. 시,도 정책 및 재정사정 7. 기타 8. 해당없음	입찰방식 계약체결방법 (경쟁형태) 1. 일반경쟁 2. 제한경쟁 3. 지명경쟁 4. 수의계약 5. 법정위탁 6. 기타 ( ) 7. 해당없음	입찰방식 계약기간 1. 1년 2. 2년 3. 3년 4. 4년 5. 5년 6. 기타 ( )년 7. 단기계약 (1년미만) 8. 해당없음	입찰방식 낙찰자선정방법 1. 적격심사 2. 협상에의한계약 3. 최저가낙찰제 4. 규격가격분리 5. 2단계 경쟁입찰 6. 기타 ( ) 7. 해당없음	운영예산 산정 운영예산 산정 1. 내부산정 (지자체 자체적으로 산정) 2. 외부산정 (외부전문기관위탁 산정) 3. 내·외부 모두 산정 4. 산정 無 5. 해당없음	운영예산 산정 정산방법 1. 내부정산 (지자체 내부적으로 정산) 2. 외부정산 (외부전문기관위탁 정산) 3. 내·외부 모두 산정 4. 정산 無 5. 해당없음	성과평가 실시여부 1. 실시 2. 미실시 3. 향후 추진 4. 해당없음
1679	경북 영주시	우곡리 마을만들기 사업	286,000	건설과	11	1	5	3	7	1	1	3
1680	경북 영주시	태장3리 마을만들기사업	240,000	건설과	11	1	5	3	7	1	1	3
1681	경북 영주시	상석2리 마을만들기사업	300,000	건설과	11	1	5	3	7	1	1	3
1682	경북 영주시	적동1리 마을만들기사업	200,000	건설과	11	1	5	3	7	1	1	3
1683	경북 영주시	백1리 마을만들기사업	200,000	건설과	11	1	5	3	7	1	1	3
1684	경북 영주시	용상1리 마을만들기사업	200,000	건설과	11	1	5	3	7	1	1	3
1685	경북 영주시	안심1리 마을만들기사업	200,000	건설과	11	1	5	3	7	1	1	3
1686	경북 영주시	감곡1리 마을만들기사업	200,000	건설과	11	1	5	3	7	1	1	3
1687	경북 영주시	평은면 기초생활거점 조성사업	400,000	건설과	11	2	5	4	7	1	1	3
1688	경북 영주시	치매보듬마을 환경개선사업	3,000	보건사업과	11	2	7	8	7	1	1	2
1689	경북 영주시	치매보듬마을 발마사지기 구입	3,000	보건사업과	11	2	7	8	7	1	1	2
1690	경북 상주시	주거급여	800,000	건축과	11	1	5	1	7	3	3	4
1691	경북 상주시	관광서비스 시설환경개선사업	300,000	관광진흥과	11	6	4	1	6	1	1	1
1692	경북 상주시	시청~제일은행간 지중화사업 지자체부담금	4,500,000	도시과	11	7	7	8	7	5	5	4
1693	경북 상주시	상주문화예술회관 건립	1,517,886	문화예술과	11	6	4	2	7	3	1	2
1694	경북 상주시	차세대 지방세정보시스템구축	138,480	세정과	11	1	5	8	7	5	3	4
1695	경북 상주시	차세대지방세외수입정보시스템구축	69,513	세정과	11	1	5	8	7	5	3	4
1696	경북 상주시	차세대 표준지방인사시스템 구축	55,768	총무과	11	1	7	1	7	2	5	4
1697	경북 문경시	관광서비스 시설환경개선사업	300,000	관광진흥과	11	6	7	8	7	5	5	4
1698	경북 문경시	시군역량강화사업	300,000	농촌개발과	11	1	7	1	7	1	1	4
1699	경북 문경시	마성면기초생활거점육성사업	1,497,000	농촌개발과	11	1	7	4	7	1	1	4
1700	경북 문경시	취역지구 개조(농어촌)	982,000	농촌개발과	11	1	7	4	7	1	1	4
1701	경북 문경시	현리마을만들기사업	500,000	농촌개발과	11	1	7	1	7	1	1	4
1702	경북 문경시	읍실마을만들기사업	350,000	농촌개발과	11	1	7	1	7	1	1	4
1703	경북 문경시	청정식물원 및 창업경영농장 조성	1,500,000	농정과	11	5	7	8	7	1	1	4
1704	경북 문경시	차세대 지방재정관리시스템 구축	88,230	기획예산실	11	1	5	1	7	2	2	4
1705	경북 문경시	서민층 가스안전차단기(타이머콕)보급사업	26,000	일자리경제과	11	1	6	8	7	5	5	3
1706	경북 경산시	차세대 지방재정관리시스템 구축비	99,265	기획예산과	11	1	7	8	7	5	5	4
1707	경북 경산시	도심형 자율주행셔틀 부품/모듈 기반조성사업	2,550,000	전략사업추진단	11	2	7	3	7	2	3	3
1708	경북 경산시	탄소성형부품 설계해석 및 상용화 기반구축사업	16,670	전략사업추진단	11	2	7	5	7	2	3	1
1709	경북 경산시	경산산학융합지구 조성사업	30,000	전략사업추진단	11	2	7	6	7	2	3	3
1710	경북 경산시	사물무선충전(WCoT) 실증기반 조성사업	16,670	전략사업추진단	11	2	7	4	7	2	3	3
1711	경북 경산시	경북 클라우드 데이터 서비스 산업 육성사업	833,000	전략사업추진단	11	5	7	8	7	1	3	1
1712	경북 경산시	차세대 지방세정보시스템 구축	172,586	세무과	11	1	6	1	6	2	3	1
1713	경북 경산시	차세대 세외수입정보시스템 구축	84,998	징수과	11	1	5	5	7	2	2	4
1714	경북 경산시	차세대 지방인사시스템 구축	88,102	총무과	11	7	5	4	6	2	2	1
1715	경북 경산시	온-나라2.0 전환 구축비	426,200	정보통신과	11	1	2	1	2	5	5	4
1716	경북 경산시	서민층 가스안전차단기(타이머콕) 보급	10,400	일자리경제과	11	6	7	1	7	1	1	1
1717	경북 경산시	메디컬섬유융합소재 활성화사업	50,000	중소기업벤처과	11	2	7	8	7	5	5	4
1718	경북 경산시	다문리 기초생활거점 조성사업	400,000	문화관광과	11	8	7	8	7	5	5	4
1719	경북 경산시	압량읍 농촌중심지활성화	300,000	건설과	11	1	5	5	7	5	1	3
1720	경북 경산시	다문리 기초생활거점육성	1,061,000	건설과	11	1	5	4	7	5	1	3

순번	시군구	지출명 (사업명)	2021년예산 (단위:천원/1년간)	담당자 (공무원) 담당부서	민간이전 분류 (지방자치단체 세출예산 집행기준에 의거) 1. 민간경상사업보조(307-02) 2. 민간단체 법정운영비보조(307-03) 3. 민간행사사업보조(307-04) 4. 민간위탁금(307-05) 5. 사회복지시설 법정운영비보조(307-10) 6. 민간인위탁교육비(307-12) 7. 공기관등에대한경상적위탁사업비(308-10) 8. 민간자본사업보조,자체재원(402-01) 9. 민간자본사업보조,이전재원(402-02) 10. 민간위탁사업비(402-03) 11. 공기관등에 대한 자본적 대행사업비(403-02)	민간이전지출 근거 (지방보조금 관리기준 참고) 1. 법률에 규정 2. 국고보조 재원(국가지정) 3. 용도 지정 기부금 4. 조례에 직접규정 5. 지자체가 권장하는 사업을 하는 공공기관 6. 시,도 정책 및 재정사정 7. 기타 8. 해당없음	입찰방식 계약체결방법 (경쟁형태) 1. 일반경쟁 2. 제한경쟁 3. 지명경쟁 4. 수의계약 5. 법정위탁 6. 기타 ( ) 7. 해당없음	입찰방식 계약기간 1. 1년 2. 2년 3. 3년 4. 4년 5. 5년 6. 기타 ( )년 7. 단기계약 (1년미만) 8. 해당없음	입찰방식 낙찰자선정방법 1. 적격심사 2. 협상에의한계약 3. 최저가낙찰제 4. 규격가격분리 5. 2단계 경쟁입찰 6. 기타 ( ) 7. 해당없음	운영예산 산정 운영예산 산정 1. 내부산정 (지자체 자체적으로 산정) 2. 외부산정 (외부전문기관위탁 산정) 3. 내·외부 모두 산정 4. 산정 無 5. 해당없음	운영예산 산정 정산방법 1. 내부정산 (지자체 내부적으로 정산) 2. 외부정산 (외부전문기관위탁 정산) 3. 내·외부 모두 산정 4. 정산 無 5. 해당없음	성과평가 실시여부 1. 실시 2. 미실시 3. 향후 추진 4. 해당없음
1721	경북 경산시	신월리 기초생활거점육성	1,922,000	건설과	11	1	5	4	7	5	1	3
1722	경북 경산시	가나곡 소하천 정비	300,000	건설과	11	2	7	8	7	5	5	4
1723	경북 경산시	경산4일반산업단지 완충저류시설 설치	5,408,000	도시과	11	1	5	6	2	2	3	3
1724	경북 경산시	경산지식산업지구 진입도로 개설	49,000	도시과	11	2	7	8	7	2	3	3
1725	경북 경산시	경산지식산업지구 간선도로 개설	1,400,000	도시과	11	2	7	8	7	2	3	3
1726	경북 경산시	경산지식산업지구 완충저류시설 설치	132,000	도시과	11	1	5	6	2	2	3	3
1727	경북 경산시	진량 하이패스IC 설치	500,000	도로철도과	11	7	7	8	7	3	3	3
1728	경북 경산시	도리~서사간 도로확포장	150,000	도로철도과	11	7	7	8	7	5	5	4
1729	경북 경산시	대구도시철도1호선 하양연장 건설사업 보상	1,700,000	도로철도과	11	7	7	8	7	1	1	4
1730	경북 경산시	클라우드기반 건축행정시스템 재구축 부담액	17,600	건축과	11	8	7	8	7	5	5	4
1731	경북 경산시	국민기초생활보장수급자 수선유지 급여	700,000	건축과	11	2	5	7	6	2	2	3
1732	경북 군위군	차세대 지방재정관리시스템 구축 분담금	66,255	기획감사실	11	1	5	1	7	2	2	4
1733	경북 군위군	차세대주민등록시스템 구축	7,340	민원봉사과	11	7	7	8	7	2	2	4
1734	경북 군위군	차세대주민등록시스템 운영	1,850,000	민원봉사과	11	7	7	8	7	2	2	4
1735	경북 군위군	농어촌장애인주택개조사업	15,200	민원봉사과	11	1	7	8	7	1	1	4
1736	경북 군위군	차세대 지방세정보시스템 구축	85,152	재무과	11	1	5	8	7	1	1	4
1737	경북 군위군	서민층 가스시설개선지원사업	26,000	경제과	11	1	7	1	7	5	5	4
1738	경북 군위군	서민층가스안전차단기(타이머)보급사업	17,750	경제과	11	4	7	1	7	5	5	4
1739	경북 군위군	신재생에너지 융복합사업	2,097,520	경제과	11	2	7	1	1	1	3	3
1740	경북 군위군	농업용 저수지 수질관리조사	10,000	건설교통과	11	8	2	7	1	1	1	3
1741	경북 군위군	소보면 농촌중심지 활성화사업	3,021,000	지역활력과	11	8	2	5	1	1	1	3
1742	경북 군위군	효령면 농촌중심지 활성화사업	701,000	지역활력과	11	8	2	4	1	1	1	3
1743	경북 군위군	부계면 농촌중심지 활성화사업	2,066,000	지역활력과	11	8	2	5	1	1	1	3
1744	경북 군위군	군위군 노후상수관망 정비	6,383,000	맑은물사업소	11	5	7	5	7	5	1	4
1745	경북 의성군	차세대지방재정관리시스템구축	88,230	기획예산담당관	11	5	7	8	7	2	2	4
1746	경북 의성군	지적재조사기준점관측및설치	4,204	민원과	11	1	4	8	7	1	1	4
1747	경북 의성군	세계측지계좌표변환공통점설치	31,500	민원과	11	1	4	8	7	1	1	4
1748	경북 의성군	청년시범마을일자리사업	150,000	일자리창출과	11	6	7	8	7	3	1	1
1749	경북 의성군	서민층가스시설개선지원사업	100,000	경제투자과	11	1	7	7	7	3	1	4
1750	경북 의성군	서민층가스안전차단기보급사업	41,600	경제투자과	11	1	7	7	7	3	1	4
1751	경북 의성군	안계공공하수처리시설증설사업	1,000,565	상하수도사업소	11	5	7	8	7	1	1	4
1752	경북 의성군	금성하수관로2단계정비사업	1,249,700	상하수도사업소	11	5	7	8	7	1	1	4
1753	경북 청송군	차세대지방재정관리시스템구축분담금	66,255	기획감사실	11	7	7	8	7	2	1	4
1754	경북 청송군	차세대표준지방인사정보시스템인프라도입부담금	23,072	총무과	11	5	7	1	7	5	4	2
1755	경북 청송군	수선유지급여사업	600,000	사회복지과	11	1	7	8	7	5	5	4
1756	경북 청송군	차세대지방세정보시스템구축분담금	87,387	재무과	11	1	7	8	7	5	5	4
1757	경북 청송군	차세대지방세외수입정보시스템구축사업	51,390	재무과	11	1	7	8	7	5	5	4
1758	경북 청송군	체험경북가족여행프로그램운영	10,000	관광정책과	11	6	7	8	7	1	1	1
1759	경북 청송군	관광서비스시설환경개선사업	200,000	관광정책과	11	6	7	8	7	1	1	1
1760	경북 청송군	건축행정시스템재구축지방비분담금	17,600	종합민원과	11	8	7	8	7	1	1	4
1761	경북 청송군	청송군노후상수관로정밀조사지원사업	141,000	환경축산과	11	1	5	1	7	1	1	4
1762	경북 청송군	청송군노후상수관망정비사업	9,104,000	환경축산과	11	1	5	5	7	1	1	3

순번	시군구	지출명 (사업명)	2021년예산 (단위:천원/1년간)	담당자 (공무원) 담당부서	민간이전 분류 (지방자치단체 세출예산 집행기준에 의거) 1. 민간경상사업보조(307-02) 2. 민간단체 법정운영비보조(307-03) 3. 민간행사사업보조(307-04) 4. 민간위탁금(307-05) 5. 사회복지시설 법정운영비보조(307-10) 6. 민간인위탁교육비(307-12) 7. 공기관등에대한경상적위탁사업비(308-10) 8. 민간자본사업보조,자체재원(402-01) 9. 민간자본사업보조,이전재원(402-02) 10. 민간위탁사업비(402-03) 11. 공기관등에 대한 자본적 대행사업비(403-02)	민간이전지출 근거 (지방보조금 관리기준 참고) 1. 법률에 규정 2. 국고보조 재원(국가지정) 3. 용도 지정 기부금 4. 조례에 직접규정 5. 지자체가 권장하는 사업을 하는 공공기관 6. 시,도 정책 및 재정사정 7. 기타 8. 해당없음	입찰방식 계약체결방법 (경쟁형태) 1. 일반경쟁 2. 제한경쟁 3. 지명경쟁 4. 수의계약 5. 법정위탁 6. 기타 ( ) 7. 해당없음	입찰방식 계약기간 1. 1년 2. 2년 3. 3년 4. 4년 5. 5년 6. 기타 ( )년 7. 단기계약 (1년미만) 8. 해당없음	입찰방식 낙찰자선정방법 1. 적격심사 2. 협상에의한계약 3. 최저가낙찰제 4. 규격가격분리 5. 2단계 경쟁입찰 6. 기타 ( ) 7. 해당없음	운영예산 산정 운영예산 산정 1. 내부산정 (지자체 자체적으로 산정) 2. 외부산정 (외부전문기관위탁 산정) 3. 내·외부 모두 산정 4. 산정 無 5. 해당없음	운영예산 산정 정산방법 1. 내부정산 (지자체 내부적으로 정산) 2. 외부정산 (외부전문기관위탁 정산) 3. 내·외부 모두 산정 4. 정산 無 5. 해당없음	성과평가 실시여부 1. 실시 2. 미실시 3. 향후 추진 4. 해당없음
1763	경북 청송군	광덕간선용수로보수공사	55,000	안전재난건설과	11	8	7	8	7	3	3	4
1764	경북 청송군	중보3용수지선보수공사	25,000	안전재난건설과	11	8	7	8	7	3	3	4
1765	경북 청송군	눌인11호용수지선보수공사	18,000	안전재난건설과	11	8	7	8	7	3	3	4
1766	경북 청송군	장전4호용수지선보수공사	15,000	안전재난건설과	11	8	7	8	7	3	3	4
1767	경북 청송군	신풍저수지준설공사	50,000	안전재난건설과	11	8	7	8	7	3	3	4
1768	경북 청송군	청송군농업용저수지안전(정기)점검위탁용역	70,000	안전재난건설과	11	8	7	8	7	3	3	4
1769	경북 청송군	2021지하수영향조사용역	35,000	안전재난건설과	11	8	7	8	7	3	3	4
1770	경북 청송군	거두지구소규모농촌용수개발사업	585,000	안전재난건설과	11	8	7	8	7	3	3	4
1771	경북 청송군	이전지구소규모농촌용수개발사업	585,000	안전재난건설과	11	8	7	8	7	3	3	4
1772	경북 청송군	태풍피해수리시설재해복구사업	28,168	안전재난건설과	11	8	7	8	7	3	3	4
1773	경북 청송군	덕계리마을단위종합개발사업	346,500	안전재난건설과	11	1	7	8	7	5	3	4
1774	경북 청송군	세장리마을단위종합개발사업	346,500	안전재난건설과	11	1	7	8	7	5	3	4
1775	경북 청송군	농촌취약지역생활여건개조사업	370,000	안전재난건설과	11	1	7	8	7	5	3	4
1776	경북 청송군	청송읍LPG배관망안전관리위탁	150,000	새마을도시과	11	1	7	8	7	2	3	4
1777	경북 청송군	서민층가스안전차단기보급사업	20,800	새마을도시과	11	5	7	8	7	2	3	4
1778	경북 영양군	벼육묘농자재지원	7,500	농업축산과	11	1	7	8	7	5	5	4
1779	경북 영양군	벼재배생력화지원사업	3,000	농업축산과	11	1	7	8	7	5	5	4
1780	경북 영양군	식량자급률제고지원	28,000	농업축산과	11	1	7	8	7	5	5	4
1781	경북 영양군	중소형농업기계공급	100,000	농업축산과	11	1	7	8	7	5	5	4
1782	경북 영양군	농작물피해방지포획기지원	12,550	농업축산과	11	1	7	8	7	5	5	4
1783	경북 영양군	밭식량작물다목적농업기계지원	30,000	농업축산과	11	1	7	8	7	5	5	4
1784	경북 영양군	벼육묘장설치지원	32,500	농업축산과	11	1	7	8	7	5	5	4
1785	경북 영양군	대규모벼재배농가대형농기계지원	60,000	농업축산과	11	1	7	8	7	5	5	4
1786	경북 영양군	밭작물폭염(가뭄)피해예방사업	28,000	농업축산과	11	1	7	8	7	5	5	4
1787	경북 영양군	유기질비료지원	1,200,000	농업축산과	11	1	7	8	7	5	5	4
1788	경북 영양군	토양개량제공급	155,176	농업축산과	11	1	7	8	7	5	5	4
1789	경북 영양군	유기농업자재지원	22,904	농업축산과	11	1	7	8	7	5	5	4
1790	경북 영양군	친환경농법종합지원	5,800	농업축산과	11	1	7	8	7	5	5	4
1791	경북 영덕군	차세대 지방인사 구축	32,617	자치행정과	11	1	7	1	7	2	1	3
1792	경북 영덕군	지방인사 유지보수	6,343	자치행정과	11	1	7	1	7	2	1	3
1793	경북 영덕군	세정기반 조성 및 납세편의시책	86,019	재무과	11	6	6	1	7	5	5	1
1794	경북 영덕군	세외수입관리	54,027	재무과	11	6	6	1	7	5	5	1
1795	경북 영덕군	국가주소정보시스템(KAIS) 유지관리	17,473	종합민원처리과	11	1	6	1	7	3	1	4
1796	경북 영덕군	도로명주소 기본도 유지관리	3,732	종합민원처리과	11	1	6	1	7	1	1	2
1797	경북 영덕군	동해대게자원회복사업	1,000,000	해양수산과	11	1	7	1	7	1	1	1
1798	경북 영덕군	국립 해양생물 종복원센터 유치 용역비	50,000	해양수산과	11	1	6	1	7	1	1	3
1799	경북 영덕군	연안해조장조성사업	140,000	해양수산과	11	1	7	1	7	5	1	1
1800	경북 영덕군	공직감사 및 윤리강화	7,500	정책기획담당관	11	7	6	1	6	2	2	1
1801	경북 영덕군	재정운영관리	77,230	정책기획담당관	11	6	6	1	7	2	1	4
1802	경북 영덕군	공영주차장 조성	958,000	정책기획담당관	11	1	2	8	1	3	1	3
1803	경북 영덕군	공영주차장 조성	100,000	정책기획담당관	11	1	2	8	1	3	1	3
1804	경북 영덕군	공영주차장 조성	100,000	정책기획담당관	11	1	2	8	1	3	1	3

순번	시군구	지출명 (사업명)	2021년예산 (단위:천원/1년간)	담당자 (공무원) 담당부서	민간이전 분류 (지방자치단체 세출예산 집행기준에 의거) 1. 민간경상사업보조(307-02) 2. 민간단체 법정운영비보조(307-03) 3. 민간행사사업보조(307-04) 4. 민간위탁금(307-05) 5. 사회복지시설 법정운영비보조(307-10) 6. 민간인위탁교육비(307-12) 7. 공기관등에대한경상적위탁사업비(308-10) 8. 민간자본사업보조,자체재원(402-01) 9. 민간자본사업보조,이전재원(402-02) 10. 민간위탁사업비(402-03) 11. 공기관등에 대한 자본적 대행사업비(403-02)	민간이전지출 근거 (지방보조금 관리기준 참고) 1. 법률에 규정 2. 국고보조 재원(국가지정) 3. 용도 지정 기부금 4. 조례에 직접규정 5. 지자체가 권장하는 사업을 하는 공공기관 6. 시,도 정책 및 재정사정 7. 기타 8. 해당없음	입찰방식 계약체결방법 (경쟁형태) 1. 일반경쟁 2. 제한경쟁 3. 지명경쟁 4. 수의계약 5. 법정위탁 6. 기타 ( ) 7. 해당없음	입찰방식 계약기간 1. 1년 2. 2년 3. 3년 4. 4년 5. 5년 6. 기타 ( )년 7. 단기계약 (1년미만) 8. 해당없음	입찰방식 낙찰자선정방법 1. 적격심사 2. 협상에의한계약 3. 최저가낙찰제 4. 규격가격분리 5. 2단계 경쟁입찰 6. 기타 ( ) 7. 해당없음	운영예산 산정 운영예산 산정 1. 내부산정 (지자체 자체적으로 산정) 2. 외부산정 (외부전문기관위탁 산정) 3. 내·외부 모두 산정 4. 산정 無 5. 해당없음	운영예산 산정 정산방법 1. 내부정산 (지자체 내부적으로 정산) 2. 외부정산 (외부전문기관위탁 정산) 3. 내·외부 모두 산정 4. 정산 無 5. 해당없음	성과평가 실시여부 1. 실시 2. 미실시 3. 향후 추진 4. 해당없음
1805	경북 영덕군	공영주차장 조성	100,000	정책기획담당관	11	1	2	8	1	3	1	3
1806	경북 영덕군	영덕강구건강활력체육관건립	400,000	정책기획담당관	11	1	2	8	1	3	1	3
1807	경북 영덕군	영덕예주행복드림체육관건립	400,000	정책기획담당관	11	1	2	8	1	3	1	3
1808	경북 영덕군	공공도서관건립	100,000	정책기획담당관	11	1	2	8	1	3	1	3
1809	경북 영덕군	공공도서관건립	800,000	정책기획담당관	11	1	2	8	1	3	1	3
1810	경북 영덕군	임도사업(간선임도 신설)	267,017	산림과	11	2	7	7	7	5	5	4
1811	경북 영덕군	임도사업(임도구조개량)	31,805	산림과	11	2	7	7	7	5	5	4
1812	경북 영덕군	대탄리 새뜰마을사업	537,000	도시디자인과	11	5	7	8	7	5	5	4
1813	경북 영덕군	화수리 새뜰마을사업	653,000	도시디자인과	11	5	7	8	7	5	5	4
1814	경북 영덕군	노후상수관망정비사업	11,267,000	물관리사업소	11	2	7	5	7	3	3	1
1815	경북 영덕군	국가주소정보시스템(KAIS) 유지관리	17,473	종합민원처리과	11	1	6	1	7	3	1	4
1816	경북 영덕군	도로명주소 기본도 유지관리	3,732	종합민원처리과	11	1	6	1	7	1	1	2
1817	경북 청도군	LPG용기사용가구시설개선사업	50,000	경제산림과	11	2	5	8	7	5	1	2
1818	경북 청도군	서민층 가스안전차단기(타이머콕) 사업	36,400	경제산림과	11	6	5	8	7	5	1	2
1819	경북 청도군	LP가스안전점검사업	57,500	경제산림과	11	6	5	8	7	5	1	2
1820	경북 청도군	20년공공그린리모델링	69,384	보건행정과	11	5	7	8	7	2	2	4
1821	경북 청도군	청도영상미디어센터건립공사	1,048,000	기획예산담당관	11	2	6	4	6	5	5	4
1822	경북 청도군	차세대지방재정관리시스템구축비분담금	66,571	기획예산담당관	11	1	7	1	7	5	5	2
1823	경북 청도군	청백e(통합상시모니터링)시스템유지보수	7,300	기획예산담당관	11	4	5	1	7	5	5	4
1824	경북 청도군	시설원예지열냉난방시설보급지원사업	40,000	농업기술센터	11	1	7	8	7	5	1	3
1825	경북 청도군	과실전문생산단지기반조성사업	2,492,350	농업기술센터	11	1	7	8	7	5	5	4
1826	경북 고령군	행복한보금자리만들기사업	16,000	총무과	11	4	7	8	7	5	1	1
1827	경북 고령군	주거급여(기초)	165,537	주민복지과	11	1	7	8	7	1	1	2
1828	경북 고령군	차세대 지방세정보시스템 구축 사업 분담금	86,855	재무과	11	1	5	1	7	2	2	4
1829	경북 고령군	차세대 세외수입 구축사업 분담금	54,027	재무과	11	1	5	1	7	2	2	4
1830	경북 고령군	서민층 가스안전차단지(타이머콕)보급	26,000	기업경제과	11	1	5	1	7	1	1	4
1831	경북 고령군	LP가스사용시설 안전점검 사업	57,500	기업경제과	11	1	5	1	7	1	1	4
1832	경북 고령군	가스사용시설 안전관리 대행 지원사업	55,000	기업경제과	11	1	5	1	7	1	1	4
1833	경북 고령군	중화지생태공원조성사업	20,800	환경과	11	8	7	5	7	1	1	4
1834	경북 고령군	보건진료소 그린리모델링 설계용역	55,474	보건행정과	11	1	7	7	7	2	1	3
1835	경북 고령군	고령군립요양병원 그린리모델링 설계용역	66,497	보건행정과	11	1	7	7	7	2	1	3
1836	경북 성주군	차세대지방재정관리시스템구축사업비	77,230	기획감사실	11	7	7	1	7	2	2	4
1837	경북 성주군	차세대지방세정보시스템구축	90,214	재무과	11	7	7	1	7	5	5	4
1838	경북 성주군	차세대지방세외수입정보시스템구축사업분담금	64,351	재무과	11	7	5	6	7	5	5	4
1839	경북 성주군	성주 향토문화전자대전 편찬	150,000	문화예술과	11	2	7	2	7	1	1	4
1840	경북 성주군	국민기초생활보장 수선유지급여	266,382	주민복지과	11	1	5	8	7	5	5	4
1841	경북 성주군	장애인의료비지원	73,770	가족지원과	11	2	7	8	7	4	1	2
1842	경북 성주군	자연환경보전이용시설	600,000	환경과	11	5	7	2	7	3	3	4
1843	경북 성주군	서민층가스안전차단기(타이머콕)보급사업	26,000	기업경제과	11	2	7	8	7	5	5	4
1844	경북 성주군	광역버스정보시스템(BIS)구축사업	550,000	기업경제과	11	2	7	8	7	2	5	4
1845	경북 성주군	수륜면 농촌중심지활성화사업	1,396,000	도시계획과	11	4	5	4	7	1	1	3
1846	경북 성주군	클라우드기반 건축행정시스템(세움터) 재구축사업	17,600	허가과	11	5	7	8	7	5	5	4

순번	시군구	지출명 (사업명)	2021년예산 (단위:천원/1년간)	담당자 (공무원) 담당부서	민간이전 분류 (지방자치단체 세출예산 집행기준에 의거) 1. 민간경상사업보조(307-02) 2. 민간단체 법정운영비보조(307-03) 3. 민간행사사업보조(307-04) 4. 민간위탁금(307-05) 5. 사회복지시설 법정운영비보조(307-10) 6. 민간인위탁교육비(307-12) 7. 공기관등에대한경상적위탁사업비(308-10) 8. 민간자본사업보조,자체재원(402-01) 9. 민간자본사업보조,이전재원(402-02) 10. 민간위탁사업비(402-03) 11. 공기관등에 대한 자본적 대행사업비(403-02)	민간이전지출 근거 (지방보조금 관리기준 참고) 1. 법률에 규정 2. 국고보조 재원(국가지정) 3. 용도 지정 기부금 4. 조례에 직접규정 5. 지자체가 권장하는 사업을 하는 공공기관 6. 시,도 정책 및 재정사정 7. 기타 8. 해당없음	입찰방식 계약체결방법 (경쟁형태) 1. 일반경쟁 2. 제한경쟁 3. 지명경쟁 4. 수의계약 5. 법정위탁 6. 기타 ( ) 7. 해당없음	입찰방식 계약기간 1. 1년 2. 2년 3. 3년 4. 4년 5. 5년 6. 기타 ( )년 7. 단기계약 (1년미만) 8. 해당없음	입찰방식 낙찰자선정방법 1. 적격심사 2. 협상에의한계약 3. 최저가낙찰제 4. 규격가격분리 5. 2단계 경쟁입찰 6. 기타 ( ) 7. 해당없음	운영예산 산정 1. 내부산정 (지자체 자체적으로 산정) 2. 외부산정 (외부전문기관위탁 산정) 3. 내·외부 모두 산정 4. 산정 無 5. 해당없음	정산방법 1. 내부정산 (지자체 내부적으로 정산) 2. 외부정산 (외부전문기관위탁 정산) 3. 내·외부 모두 산정 4. 정산 無 5. 해당없음	성과평가 실시여부 1. 실시 2. 미실시 3. 향후 추진 4. 해당없음
1847	경북 성주군	재해예방용 배수로정비	100,000	건설안전과	11	7	7	8	7	5	5	4
1848	경북 성주군	상시배수장위탁관리비	55,000	건설안전과	11	2	7	8	7	5	5	4
1849	경북 성주군	벽진 명리지구 소규모 농촌용수개발사업	1,871,300	건설안전과	11	7	7	8	7	5	5	4
1850	경북 성주군	안포지구 소규모 배수개선사업	1,000,000	건설안전과	11	7	7	8	7	5	5	4
1851	경북 성주군	성주군지방상수도현대화(관망정비)사업	3,767,000	상수도시설	11	5	5	5	2	1	1	3
1852	경북 칠곡군	차세대표준지방인사정보시스템구축 분담금	35,721	총무과	11	1	5	1	7	2	2	1
1853	경북 칠곡군	서민층가스안전차단기(타이머콕)보급사업	31,200	일자리경제과	11	6	5	1	7	1	1	1
1854	경북 칠곡군	택시운행정보관리시스템 운영	2,339,000	교통행정과	11	7	7	1	7	5	5	4
1855	경북 칠곡군	주거급여(수선유지급여)	288,459	건축디자인과	11	2	6	1	7	5	2	1
1856	경북 예천군	지방재정관리시스템(e-호조) HW/SW 신규도입	675,000	기획감사실	11	7	7	1	7	5	5	4
1857	경북 예천군	차세대 지방재정관리시스템 구축비 지자체별 분담금	77,230	기획감사실	11	7	7	1	7	5	5	4
1858	경북 예천군	차세대 표준지방인사정보시스템 인프라 도입	31,208	행정지원실	11	7	6	6	6	2	2	1
1859	경북 예천군	서민층 가스안전차단기(타이머콕) 보급	15,600	새마을경제과	11	5	7	8	7	2	2	4
1860	경북 예천군	예천세계활축제개최	800,000	문화관광과	11	5	7	8	7	5	5	4
1861	경북 예천군	예천세계곤충엑스포 전시관 설치	1,000,000	문화관광과	11	5	7	8	7	5	5	4
1862	경북 예천군	FTA 과수기반 조성 유지보수	70,000	농정과	11	4	7	8	7	3	1	4
1863	경북 예천군	택시운행정보관리시스템 운영	1,478,000	건설교통과	11	1	7	8	7	5	4	4
1864	경북 예천군	농촌공간 전략계획 및 농촌생활권 활성화 계획수립용역	450,000	건설교통과	11	1	5	1	7	5	1	4
1865	경북 예천군	공덕2리 새뜰마을사업	872,000	건설교통과	11	1	5	4	7	5	1	3
1866	경북 예천군	독양2리 새뜰마을사업	789,000	건설교통과	11	1	5	4	7	5	1	3
1867	경북 예천군	선2리 새뜰마을사업	398,000	건설교통과	11	1	5	4	7	5	1	3
1868	경북 예천군	금리 새뜰마을사업	349,000	건설교통과	11	1	5	4	7	5	1	3
1869	경북 예천군	용문 사부지구 소규모용수개발사업	30,000	건설교통과	11	1	5	5	7	1	1	3
1870	경북 예천군	보문 용두양수장 개보수사업	580,000	건설교통과	11	1	7	8	7	5	5	4
1871	경북 예천군	예천 고평양수장 개보수사업	120,000	건설교통과	11	1	7	8	7	5	5	4
1872	경북 예천군	농업생산기반시설 유지관리	300,000	건설교통과	11	1	7	8	7	5	5	4
1873	경북 예천군	은풍면 기초생활거점 조성사업	965,000	건설교통과	11	1	5	4	7	5	1	3
1874	경북 예천군	감천면 기초생활거점 조성사업	904,000	건설교통과	11	1	5	4	7	5	1	3
1875	경북 예천군	개포면 기초생활거점 조성사업	904,000	건설교통과	11	1	5	4	7	5	1	3
1876	경북 예천군	유천면 기초생활거점 조성사업	400,000	건설교통과	11	1	7	8	7	5	5	4
1877	경북 예천군	예천읍 전선지중화 사업	26,000	도시과	11	7	7	8	7	5	5	4
1878	경북 예천군	클라우드 기반 건축행정시스템 재구축	17,600	건축과	11	2	7	8	7	5	5	4
1879	경북 예천군	수선유지급여	770,000	건축과	11	1	5	8	7	1	3	1
1880	경북 예천군	예천군 스마트관망관리 인프라 구축사업	14,066	맑은물사업소	11	2	6	6	2	1	1	4
1881	경북 예천군	예천군 자산관리시스템 구축사업	497,500	맑은물사업소	11	2	6	6	2	1	1	4
1882	경북 봉화군	청원건널목 시설물 유지보수비	5,000	도시교통과	11	7	7	1	7	1	1	4
1883	경북 봉화군	춘양건널목 인도정비공사 철도시설물 이설	150,000	도시교통과	11	7	7	1	7	1	1	4
1884	경북 봉화군	과실생산단지 기반조성사업 및 기본조사비	825,050	농업기술센터	11	2	7	8	7	5	5	3
1885	경북 울진군	재정시스템 유지보수	88,230	기획예산실	11	1	5	8	7	5	5	4
1886	경북 울진군	건축행정시스템재구축지방비분담금	17,600	열린민원과	11	7	7	8	7	2	2	4
1887	경북 울진군	국가주소정보시스템운영	21,363	열린민원과	11	1	6	1	7	3	1	4
1888	경북 울진군	기초주거급여	400,000	열린민원과	11	1	7	8	7	3	3	4

순번	시군구	지출명 (사업명)	2021년예산 (단위:천원/1년간)	담당자 (공무원)	민간이전 분류 (지방자치단체 세출예산 집행기준에 의거)	민간이전지출 근거 (지방보조금 관리기준 참고)	입찰방식			운영예산 산정		성과평가 실시여부
				담당부서	1. 민간경상사업보조(307-02) 2. 민간단체 법정운영비보조(307-03) 3. 민간행사사업보조(307-04) 4. 민간위탁금(307-05) 5. 사회복지시설 법정운영비보조(307-10) 6. 민간인위탁교육비(307-12) 7. 공기관등에대한경상적위탁사업비(308-10) 8. 민간자본사업보조,자체재원(402-01) 9. 민간자본사업보조,이전재원(402-02) 10. 민간위탁사업비(402-03) 11. 공기관등에 대한 자본적 대행사업비(403-02)	1. 법률에 규정 2. 국고보조 재원(국가지정) 3. 용도 지정 기부금 4. 조례에 직접규정 5. 지자체가 권장하는 사업을 하는 공공기관 6. 시,도 정책 및 재정사정 7. 기타 8. 해당없음	계약체결방법 (경쟁형태) 1. 일반경쟁 2. 제한경쟁 3. 지명경쟁 4. 수의계약 5. 법정위탁 6. 기타 ( ) 7. 해당없음	계약기간 1. 1년 2. 2년 3. 3년 4. 4년 5. 5년 6. 기타 ( )년 7. 단기계약 (1년미만) 8. 해당없음	낙찰자선정방법 1. 적격심사 2. 협상에의한계약 3. 최저가낙찰제 4. 규격가격분리 5. 2단계 경쟁입찰 6. 기타 ( ) 7. 해당없음	운영예산 산정 1. 내부산정 (지자체 자체적으로 산정) 2. 외부산정 (외부전문기관위탁 산정) 3. 내·외부 모두 산정 4. 산정 無 5. 해당없음	정산방법 1. 내부정산 (지자체 내부적으로 정산) 2. 외부정산 (외부전문기관위탁 정산) 3. 내·외부 모두 산정 4. 정산 無 5. 해당없음	1. 실시 2. 미실시 3. 향후 추진 4. 해당없음
1889	경북 울진군	저소득층 에너지효율개선사업	700,000	복지정책과	11	7	6	3	2	1	1	3
1890	경북 울진군	평해남대천 생태하천 복원사업	1,876,000	환경위생과	11	5	7	8	7	5	1	3
1891	경북 울진군	광천 생태하천 복원사업	31,000	환경위생과	11	5	7	8	7	5	1	3
1892	경북 울릉군	차세대지방재정관리시스템구축	55,255	기획감사실	11	1	7	8	7	5	5	4
1893	경북 울릉군	차세대표준지방인사정보시스템구축	32,207	총무과	11	7	7	1	7	2	2	4
1894	경북 울릉군	차세대주민등록정보시스템운영	10,975	총무과	11	7	7	8	7	2	2	4
1895	경북 울릉군	국민기초수급주거급여	34,317	주민복지과	11	2	5	8	7	1	1	4
1896	경북 울릉군	차세대지방세정보시스템구축사업	79,082	재무과	11	1	7	8	7	5	5	4
1897	경북 울릉군	차세대지방세외수입정보시스템구축비	48,867	재무과	11	1	7	8	7	5	5	4
1898	경북 울릉군	도로명주소기본도현행화사업	1,431,000	재무과	11	5	5	1	2	2	2	4
1899	경북 울릉군	1/1000수치지형도제작사업	115,000	재무과	11	3	6	8	7	1	5	4
1900	경북 울릉군	갯녹음대비해조류생장촉진	55,000	해양수산과	11	4	7	8	7	1	1	4
1901	경북 울릉군	수산종자매입방류	185,000	해양수산과	11	4	7	8	7	1	1	4
1902	경북 울릉군	동해안해삼양식산업육성	200,000	해양수산과	11	4	7	8	7	1	1	4
1903	경북 울릉군	연안바다목장사후관리	50,000	해양수산과	11	4	7	8	7	1	1	4
1904	경북 울릉군	건축행정시스템(세움터)재구축	17,600	지역개발과	11	7	7	8	7	5	5	4
1905	경북 울릉군	표준모자보건수첩제작	50,000	보건의료원	11	2	5	1	7	3	3	4
1906	경북 울릉군	미세먼지저감숲가꾸기사업	130,176	농업기술센터	11	1	7	8	7	5	5	4
1907	경북 울릉군	지방상수도현대화사업	5,126,000	상하수도사업소	11	1	5	5	7	3	3	4
1908	경북 울릉군	스마트관망관리인프라구축사업	1,552,000	상하수도사업소	11	1	7	8	7	5	5	4
1909	경북 울릉군	태하하수처리시설설치사업	45,000	상하수도사업소	11	5	5	6	7	3	3	4
1910	경북 울릉군	천부하수처리시설설치사업	52,000	상하수도사업소	11	5	5	6	7	3	3	4
1911	경남 창원시	차세대 지방재정관리시스템 구축 분담금	121,185	예산담당관	11	1	7	8	7	5	5	4
1912	경남 창원시	공단 시설환경 개선공사	126,000	예산담당관	11	4	5	8	7	1	1	1
1913	경남 창원시	표준지방인사정보시스템 유지관리 및 차세대 인사시스템 구축	237,645	인사조직과	11	1	5	1	7	1	1	4
1914	경남 창원시	창원도서관 도서구입비 지원	40,000	평생교육과	11	1	7	8	7	1	1	4
1915	경남 창원시	마산도서관 도서구입비 지원	40,000	평생교육과	11	1	7	8	7	1	1	4
1916	경남 창원시	진동도서관 도서구입비 지원	36,000	평생교육과	11	1	7	8	7	1	1	4
1917	경남 창원시	지혜의바다도서관 도서구입비 지원	50,000	평생교육과	11	1	7	8	7	1	1	4
1918	경남 창원시	소상공인 협업화 지원	60,000	경제살리기과	11	6	5	8	7	1	1	1
1919	경남 창원시	소상공인 컨설팅 지원	40,000	경제살리기과	11	6	5	8	7	1	1	1
1920	경남 창원시	창동통합상가 문화관광형시장 육성사업	240,000	경제살리기과	11	2	7	8	7	5	5	4
1921	경남 창원시	가음정시장 문화관광형시장 육성사업	230,000	경제살리기과	11	2	7	8	7	5	5	4
1922	경남 창원시	명서시장 문화관광형시장 육성사업	230,000	경제살리기과	11	2	7	8	7	5	5	4
1923	경남 창원시	반송시장 문화관광형시장 육성사업	230,000	경제살리기과	11	2	7	8	7	5	5	4
1924	경남 창원시	신재생에너지 기반 구축사업	30,000	경제살리기과	11	4	5	8	7	1	1	4
1925	경남 창원시	저소득층 전기시설 개선사업	40,000	경제살리기과	11	1	7	8	7	1	1	2
1926	경남 창원시	저소득층 공동주택 태양광 보급사업	260,000	경제살리기과	11	1	7	8	7	1	1	2
1927	경남 창원시	차세대 지방세 정보시스템 구축 분담금	347,214	세정과	11	1	7	8	7	5	5	4
1928	경남 창원시	차세대 세외수입 정보시스템 구축 분담금	152,839	세정과	11	1	7	8	7	5	5	4
1929	경남 창원시	미래모빌리티 연구지원센터 구축사업	20,000	전략산업과	11	8	7	1	7	5	3	4
1930	경남 창원시	방산혁신클러스터 시범사업 방위산업진흥센터 구축	20,000	전략산업과	11	2	6	5	6	3	3	1

순번	시군구	지출명 (사업명)	2021년예산 (단위:천원/1년간)	담당자 (공무원)	민간이전 분류 (지방자치단체 세출예산 집행기준에 의거)	민간이전지출 근거 (지방보조금 관리기준 참고)	입찰방식			운영예산 산정		성과평가 실시여부
				담당부서	1. 민간경상사업보조(307-02) 2. 민간단체 법정운영비보조(307-03) 3. 민간행사사업보조(307-04) 4. 민간위탁금(307-05) 5. 사회복지시설 법정운영비보조(307-10) 6. 민간인위탁교육비(307-12) 7. 공기관등에대한경상적위탁사업비(308-10) 8. 민간자본사업보조,자체재원(402-01) 9. 민간자본사업보조,이전재원(402-02) 10. 민간위탁사업비(402-03) 11. 공기관등에 대한 자본적 대행사업비(403-02)	1. 법률에 규정 2. 국고보조 재원(국가지정) 3. 용도 지정 기부금 4. 조례에 직접규정 5. 지자체가 권장하는 사업을 하는 공공기관 6. 시,도 정책 및 재정사정 7. 기타 8. 해당없음	계약체결방법 (경쟁형태) 1. 일반경쟁 2. 제한경쟁 3. 지명경쟁 4. 수의계약 5. 법정위탁 6. 기타 ( ) 7. 해당없음	계약기간 1. 1년 2. 2년 3. 3년 4. 4년 5. 5년 6. 기타 ( )년 7. 단기계약 (1년미만) 8. 해당없음	낙찰자선정방법 1. 적격심사 2. 협상에의한계약 3. 최저가낙찰제 4. 규격가격분리 5. 2단계 경쟁입찰 6. 기타 ( ) 7. 해당없음	운영예산 산정 1. 내부산정 (지자체 자체적으로 산정) 2. 외부산정 (외부전문기관위탁 산정) 3. 내·외부 모두 산정 4. 산정 無 5. 해당없음	정산방법 1. 내부정산 (지자체 내부적으로 정산) 2. 외부정산 (외부전문기관위탁 정산) 3. 내·외부 모두 산정 4. 정산 無 5. 해당없음	1. 실시 2. 미실시 3. 향후 추진 4. 해당없음
1931	경남 창원시	혁신도시 공공기관 연계사업	100,000	전략산업과	11	6	6	1	6	3	1	2
1932	경남 창원시	KAI 하나로 공동근로 복지기금 지원사업	100,000	전략산업과	11	6	6	1	6	3	1	2
1933	경남 창원시	창원형 복합수소충전소 구축사업	1,150,000	전략산업과	11	5	7	8	7	1	1	4
1934	경남 창원시	수소액화 실증플랜트 구축 및 운영사업	20,000	전략산업과	11	5	7	8	7	1	1	4
1935	경남 창원시	미래자동차 핵심부품 기술개발 및 실증지원사업	500,000	전략산업과	11	5	7	8	7	1	1	4
1936	경남 창원시	미래자동차 부품실증 및 사업화 지원	100,000	전략산업과	11	5	7	8	7	1	1	4
1937	경남 창원시	미래자동차 핵심부품 기술개발 및 사업화 지원	150,000	전략산업과	11	5	7	8	7	1	1	4
1938	경남 창원시	수소버스용 충전소 실증사업	4,180,000	전략산업과	11	5	7	8	7	1	1	4
1939	경남 창원시	파워유닛 스마트 제조센터 구축사업	2,880,000	신성장산업과	11	2	1	4	1	5	5	1
1940	경남 창원시	산업기계 재제조 스펙업 및 보급확산 기반조성사업	800,000	신성장산업과	11	2	1	5	1	5	5	1
1941	경남 창원시	금속소재 실증 테스트베드 구축사업	250,000	신성장산업과	11	2	1	4	1	5	5	1
1942	경남 창원시	창업지원주택 창업지원 공간조성	220,000	신성장산업과	11	5	7	8	7	5	5	4
1943	경남 창원시	창원시 중소벤처펀드 운영	15,000	신성장산업과	11	5	7	8	7	5	5	4
1944	경남 창원시	인공지능기반 HVDC 전력기기 국제공인시험 인증 기반 구축	180,000	산업혁신과	11	2	6	3	7	5	2	3
1945	경남 창원시	표준제조혁신 공정모듈 구축	225,000	산업혁신과	11	2	6	3	1	1	2	1
1946	경남 창원시	혁신데이터센터 구축	1,250,000	산업혁신과	11	2	2	3	1	1	2	1
1947	경남 창원시	스마트산단 디지털 플랫폼	500,000	산업혁신과	11	2	7	8	7	5	5	4
1948	경남 창원시	에너지 자급자족화 인프라 구축	3,850,000	산업혁신과	11	2	2	3	1	1	2	1
1949	경남 창원시	공정혁신 시뮬레이션센터 구축	1,135,000	산업혁신과	11	2	2	3	1	1	2	1
1950	경남 창원시	스마트제조 고급인력 양성사업	1,000,000	산업혁신과	11	2	2	3	1	1	2	1
1951	경남 창원시	강소연구개발특구 기술창업센터 내 입주공간 구축	650,000	산업혁신과	11	5	4	8	7	1	1	3
1952	경남 창원시	용원동 복합공영주차타워 위탁개발 대행사업비	390,000	교통정책과	11	8	2	6	6	1	1	4
1953	경남 창원시	석동 복합공영주차타워 위탁개발 대행사업비	275,000	교통정책과	11	8	2	6	6	1	1	4
1954	경남 창원시	팔룡동 복합공영주차타워 위탁개발 대행사업비	280,000	교통정책과	11	8	2	6	6	1	1	4
1955	경남 창원시	시설공단 대행사업비	16,618	체육진흥과	11	4	7	8	7	3	3	1
1956	경남 창원시	학교경기장 시설운영비 지원	20,000	체육진흥과	11	7	6	6	6	1	1	3
1957	경남 창원시	아이돌봄서비스 예탁금	3,331,558	여성가족과	11	2	1	3	1	1	1	1
1958	경남 창원시	어촌뉴딜300사업 추진	2,872,700	해양사업과	11	2	5	3	6	2	1	4
1959	경남 창원시	어촌뉴딜301사업 추진	2,813,300	해양사업과	11	2	5	3	6	2	1	4
1960	경남 창원시	어촌뉴딜302사업 추진	3,150,400	해양사업과	11	2	5	3	6	2	1	4
1961	경남 창원시	어촌뉴딜303사업 추진	4,651,200	해양사업과	11	2	5	3	6	2	1	4
1962	경남 창원시	어촌뉴딜304사업 추진	5,188,400	해양사업과	11	2	5	3	6	2	1	4
1963	경남 창원시	어촌뉴딜305사업 추진	1,997,200	해양사업과	11	2	5	3	6	2	1	4
1964	경남 창원시	2021년 어촌뉴딜300사업 기본계획 수립 및 실시설계 용역	16,800	해양사업과	11	2	7	8	7	5	5	4
1965	경남 창원시	욱곡마을 특화개발 사업	100,000	수산과	11	6	7	8	7	3	3	2
1966	경남 창원시	창원 음폐수 바이오 에너지화시설 설치	5,171,000	자원순환과	11	2	5	6	7	5	1	4
1967	경남 창원시	성산자원회수시설2호기 대보수사업	577,000	자원순환과	11	2	5	6	6	5	1	4
1968	경남 창원시	성산자원회수시설2호기 대보수사업	13,552,000	자원순환과	11	2	5	6	6	5	1	4
1969	경남 창원시	성산자원회수시설2호기 대보수사업	1,913,000	자원순환과	11	2	5	6	6	5	1	4
1970	경남 창원시	수선유지급여사업 대행사업비	20,000	주택정책과	11	1	5	1	7	5	3	4
1971	경남 창원시	창원들녘지표수보강개발 2단계	1,360,000	농업정책과	11	1	5	6	7	1	1	3
1972	경남 창원시	대산면 기초생활거점 육성사업	218,000	농업정책과	11	1	5	4	7	1	1	3

순번	시군구	지출명 (사업명)	2021년예산 (단위:천원/1년간)	담당자 (공무원) 담당부서	민간이전 분류 (지방자치단체 세출예산 집행기준에 의거) 1. 민간경상사업보조(307-02) 2. 민간단체 법정운영비보조(307-03) 3. 민간행사사업보조(307-04) 4. 민간위탁금(307-05) 5. 사회복지시설 법정운영비보조(307-10) 6. 민간인위탁교육비(307-12) 7. 공기관등에대한경상적위탁사업비(308-10) 8. 민간자본사업보조,자체재원(402-01) 9. 민간자본사업보조,이전재원(402-02) 10. 민간위탁사업비(402-03) 11. 공기관등에 대한 자본적 대행사업비(403-02)	민간이전지출 근거 (지방보조금 관리기준 참고) 1. 법률에 규정 2. 국고보조 재원(국가지정) 3. 용도 지정 기부금 4. 조례에 직접규정 5. 지자체가 권장하는 사업을 하는 공공기관 6. 시,도 정책 및 재정사정 7. 기타 8. 해당없음	입찰방식 계약체결방법 (경쟁형태) 1. 일반경쟁 2. 제한경쟁 3. 지명경쟁 4. 수의계약 5. 법정위탁 6. 기타 ( ) 7. 해당없음	입찰방식 계약기간 1. 1년 2. 2년 3. 3년 4. 4년 5. 5년 6. 기타 ( )년 7. 단기계약 (1년미만) 8. 해당없음	입찰방식 낙찰자선정방법 1. 적격심사 2. 협상에의한계약 3. 최저가낙찰제 4. 규격가격분리 5. 2단계 경쟁입찰 6. 기타 ( ) 7. 해당없음	운영예산 산정 운영예산 산정 1. 내부산정 (지자체 자체적으로 산정) 2. 외부산정 (외부전문기관위탁 산정) 3. 내·외부 모두 산정 4. 산정 無 5. 해당없음	운영예산 산정 정산방법 1. 내부정산 (지자체 내부적으로 정산) 2. 외부정산 (외부전문기관위탁 정산) 3. 내·외부 모두 산정 4. 정산 無 5. 해당없음	성과평가 실시여부 1. 실시 2. 미실시 3. 향후 추진 4. 해당없음
1973	경남 창원시	진북면 기초생활 거점육성사업	165,000	농업정책과	11	1	5	4	7	1	1	3
1974	경남 창원시	동읍 농촌중심지 활성화	185,985	농업정책과	11	1	7	8	7	5	5	4
1975	경남 창원시	북면 기초생활거점 조성	143,000	농업정책과	11	1	7	8	7	5	5	4
1976	경남 창원시	창원시 마을만들기 자율개발	240,000	농업정책과	11	1	7	8	7	5	5	4
1977	경남 창원시	창원시 농촌 신활력 플러스	165,000	농업정책과	11	1	7	8	7	5	5	4
1978	경남 창원시	양배수장 유지관리비	200,000	농업정책과	11	1	5	6	7	1	1	3
1979	경남 창원시	마을(동읍 모암1구)특화 개발	200,000	농업정책과	11	1	5	3	7	1	1	3
1980	경남 창원시	마을(내서 안계)개발	200,000	농업정책과	11	1	5	3	7	1	1	3
1981	경남 창원시	진북면 금산마을 새뜰마을사업	411,000	농업정책과	11	1	5	4	7	1	1	3
1982	경남 창원시	적현매립장 2단계 증설사업	35,000	매립장관리과	11	5	7	8	7	5	5	4
1983	경남 창원시	진해권 용수공급 안정화 시설 확충사업	1,000,000	수도시설과	11	7	7	1	7	5	5	4
1984	경남 창원시	창원시 노후상수관망 정비사업	17,571	수도시설과	11	7	7	1	7	5	5	4
1985	경남 창원시	덕동물재생센터 통합바이오가스화사업	600,000	하수운영과	11	1	5	5	7	2	2	3
1986	경남 진주시	수송시스템용 세라믹섬유 융복합 기반구축 지원	1,265,000	기업유치단	11	2	7	8	7	1	1	1
1987	경남 진주시	지역사회건강조사 조사분석 위탁운영	68,586	보건행정과	11	2	6	8	6	2	3	2
1988	경남 진주시	저소득층 LED조명 지원사업	100,000	일자리경제과	11	1	6	1	7	5	5	4
1989	경남 진주시	서민층 전기시설 개선사업	30,000	일자리경제과	11	1	6	1	7	5	5	4
1990	경남 진주시	저소득층 공동주택 태양광보급사업	318,000	일자리경제과	11	6	6	1	7	5	5	4
1991	경남 진주시	수선유지급여	910,000	주택경관과	11	1	5	1	2	1	1	4
1992	경남 진주시	대학평생교육원 학습자 학습비 지원	50,000	평생학습과	11	4	7	8	7	5	5	1
1993	경남 진주시	차세대 지방재정관리시스템 지방비 분담금	110,186	기획예산과	11	7	6	1	6	2	2	4
1994	경남 통영시	예산편성 및 운용	771,000	기획예산담당관	11	7	6	1	7	2	2	4
1995	경남 통영시	차세대 지방재정관리시스템 구축	88,124	기획예산담당관	11	7	6	1	7	2	2	4
1996	경남 통영시	차세대 지방세정보시스템 구축(3단계) 분담금	141,076	세무과	11	1	5	1	7	2	2	4
1997	경남 통영시	차세대 지방세외수입정보시스템 구축	74,675	세무과	11	1	5	1	7	2	2	4
1998	경남 통영시	통영바다목장 사후관리	158,000	어업진흥과	11	1	5	1	7	1	1	4
1999	경남 통영시	인공어초사업(해삼서식기반 조성)	210,000	어업진흥과	11	1	5	1	7	1	1	4
2000	경남 통영시	자원조성기 기반시설 유지보강	188,000	어업진흥과	11	1	5	1	7	1	1	4
2001	경남 통영시	서민층 전기시설 개선사업	30,000	지역경제과	11	4	7	8	7	1	1	4
2002	경남 통영시	저소득층 태양광 보급사업	221,340	지역경제과	11	8	7	8	7	1	1	2
2003	경남 통영시	일반농산어촌개발사업	60,000	해양개발과	11	1	5	1	7	5	1	4
2004	경남 통영시	마을단위 특화개발	790,000	해양개발과	11	1	5	4	7	5	1	4
2005	경남 통영시	권역단위 거점개발	1,884,300	해양개발과	11	1	5	5	7	5	1	4
2006	경남 통영시	권역단위 거점개발	1,637,100	해양개발과	11	1	5	5	7	5	1	4
2007	경남 통영시	권역단위 거점개발	4,185,700	해양개발과	11	1	5	5	7	5	1	4
2008	경남 통영시	권역단위 거점개발	354,300	해양개발과	11	1	5	5	7	5	1	4
2009	경남 통영시	지역역량강화	50,000	해양개발과	11	1	5	1	7	5	1	4
2010	경남 통영시	어촌뉴딜 300사업	29,400	해양개발과	11	1	5	3	7	5	1	4
2011	경남 통영시	어촌뉴딜 301사업	2,162,000	해양개발과	11	1	5	3	7	5	1	4
2012	경남 통영시	어촌뉴딜 302사업	1,549,000	해양개발과	11	1	5	3	7	5	1	4
2013	경남 통영시	어촌뉴딜 303사업	2,927,000	해양개발과	11	1	5	3	7	5	1	4
2014	경남 통영시	어촌뉴딜 304사업	28,950	해양개발과	11	1	5	3	7	5	1	4

순번	시군구	지출명 (사업명)	2021년예산 (단위:천원/1년간)	담당자 (공무원) 담당부서	민간이전 분류 (지방자치단체 세출예산 집행기준에 의거) 1. 민간경상사업보조(307-02) 2. 민간단체 법정운영비보조(307-03) 3. 민간행사사업보조(307-04) 4. 민간위탁금(307-05) 5. 사회복지시설 법정운영비보조(307-10) 6. 민간인위탁교육비(307-12) 7. 공기관등에대한경상적위탁사업비(308-10) 8. 민간자본사업보조,자체재원(402-01) 9. 민간자본사업보조,이전재원(402-02) 10. 민간위탁사업비(402-03) 11. 공기관등에 대한 자본적 대행사업비(403-02)	민간이전지출 근거 (지방보조금 관리기준 참고) 1. 법률에 규정 2. 국고보조 재원(국가지정) 3. 용도 지정 기부금 4. 조례에 직접규정 5. 지자체가 권장하는 사업을 하는 공공기관 6. 시,도 정책 및 재정사정 7. 기타 8. 해당없음	입찰방식 계약체결방법 (경쟁형태) 1. 일반경쟁 2. 제한경쟁 3. 지명경쟁 4. 수의계약 5. 법정위탁 6. 기타 ( ) 7. 해당없음	입찰방식 계약기간 1. 1년 2. 2년 3. 3년 4. 4년 5. 5년 6. 기타 ( )년 7. 단기계약 (1년미만) 8. 해당없음	입찰방식 낙찰자선정방법 1. 적격심사 2. 협상에의한계약 3. 최저가낙찰제 4. 규격가격분리 5. 2단계 경쟁입찰 6. 기타 ( ) 7. 해당없음	운영예산 산정 운영예산 산정 1. 내부산정 (지자체 자체적으로 산정) 2. 외부산정 (외부전문기관위탁 산정) 3. 내·외부 모두 산정 4. 산정 無 5. 해당없음	운영예산 산정 정산방법 1. 내부정산 (지자체 내부적으로 정산) 2. 외부정산 (외부전문기관위탁 정산) 3. 내·외부 모두 산정 4. 정산 無 5. 해당없음	성과평가 실시여부 1. 실시 2. 미실시 3. 향후 추진 4. 해당없음
2015	경남 통영시	2020 어촌뉴딜300사업	2,227,168	해양개발과	11	1	5	3	7	5	1	4
2016	경남 통영시	2021 어촌뉴딜300사업	2,938,168	해양개발과	11	1	5	3	7	5	1	4
2017	경남 통영시	2022 어촌뉴딜300사업	2,260,032	해양개발과	11	1	5	3	7	5	1	4
2018	경남 통영시	2023 어촌뉴딜300사업	3,047,504	해양개발과	11	1	5	3	7	5	1	4
2019	경남 통영시	2024 어촌뉴딜300사업	2,402,232	해양개발과	11	1	5	3	7	5	1	4
2020	경남 통영시	치매치료관리비지원	252,000	건강치매정책과	11	1	5	8	7	5	2	4
2021	경남 통영시	2021년도 차세대 표준지방인사정보시스템 인프라 구축	48,602	행정과	11	7	1	1	2	2	2	1
2022	경남 통영시	거북선 등 군선 유지보수관리	53,000	문화예술과	11	4	7	8	7	1	1	4
2023	경남 통영시	통제영거북선 돛대 보수	25,000	문화예술과	11	4	7	8	7	1	1	4
2024	경남 통영시	통영고성 광역자원회수시설 설치사업	8,948,000	자원순환과	11	1	5	8	7	5	5	4
2025	경남 통영시	통영시 음식물 자원화시설 설치사업	967,000	자원순환과	11	1	5	8	7	5	5	4
2026	경남 통영시	차량 운행제한시스템 구축사업	500,000	환경과	11	2	7	8	7	5	5	4
2027	경남 통영시	청소년 산모 의료비 지원	1,800,000	건강증진과	11	2	5	1	7	5	2	4
2028	경남 통영시	저소득층 기저귀,조제분유 지원	182,508	건강증진과	11	2	5	1	7	5	2	4
2029	경남 통영시	산모신생아 건강관리사 지원	334,823	건강증진과	11	2	5	1	7	5	2	1
2030	경남 통영시	표준모자보건수첩 제작	1,247,000	건강증진과	11	2	5	1	7	5	4	4
2031	경남 통영시	지하수이용실태 조사 및 방치공 원상복구사업	38,000	상하수도과	11	6	4	7	7	1	1	4
2032	경남 사천시	서민층 전기시설 개선사업	30,000	지역경제과	11	1	5	8	7	1	1	4
2033	경남 사천시	119 희망의 집 보급	30,000	재난안전과	11	1	7	8	7	5	5	2
2034	경남 사천시	노후경유차 운행제한 단속시스템 구축	200,000	환경보호과	11	2	7	8	7	5	5	4
2035	경남 사천시	사천읍 농촌중심지 활성화사업	2,089,000	도시재생과	11	2	5	5	7	1	1	3
2036	경남 사천시	용현면 농촌중심지 활성화사업	1,391,000	도시재생과	11	2	5	4	7	1	1	3
2037	경남 사천시	자원조성 기반시설 유지보강	30,000	해양수산과	11	6	7	8	7	1	1	4
2038	경남 사천시	어촌뉴딜300사업(낙지포항)	3,429,600	해양수산과	11	2	7	8	7	5	5	4
2039	경남 사천시	공공도서관 자료구입비 지원	30,000	평생학습센터	11	1	7	8	7	5	5	4
2040	경남 사천시	주거급여 수선유지급여사업	980,000	건축과	11	1	5	1	7	1	2	1
2041	경남 사천시	클라우드 기반 건축행정시스템 재구축	17,600	건축과	11	6	7	8	7	5	5	4
2042	경남 사천시	차세대 지방재정관리시스템 구축 지방비 분담금	88,230	기획예산담당관	11	8	7	7	7	2	2	4
2043	경남 김해시	차세대 지방세외수입정보시스템 구축분담금	124,439	납세과	11	1	5	1	7	2	2	4
2044	경남 김해시	수선유지급여	1,000,000	공동주택과	11	1	5	7	7	5	2	4
2045	경남 김해시	신월(가칭)역 신설추진 관련 후시행분 위탁사업비	1,000,000	대중교통과	11	2	5	5	7	2	1	4
2046	경남 김해시	아이돌봄 지원 예탁금	1,958,000	여성가족과	11	1	7	8	7	5	1	4
2047	경남 밀양시	지하수 영향조사	110,000	건설과	11	1	5	1	7	1	1	2
2048	경남 밀양시	건축물관리	17,600	건축과	11	2	7	8	7	4	4	4
2049	경남 밀양시	주거급여	963,819	건축과	11	1	7	8	7	1	2	1
2050	경남 밀양시	차세대 지방재정관리시스템 구축 분담금	88,230	기획감사담당관	11	5	7	8	7	5	5	4
2051	경남 밀양시	연구개발 및 인프라구축 신규사업 기획	300,000	나노융합과	11	4	6	3	6	1	2	1
2052	경남 밀양시	공공폐수처리시설 설치	8,907,600	나노융합과	11	1	5	6	6	2	2	1
2053	경남 밀양시	산업단지완충저류시설 설치	4,635,000	나노융합과	11	2	6	6	6	2	2	1
2054	경남 밀양시	나노기술기반 대면적 기능성 필름 사업화 지원 플랫폼 구축 사업	1,400,000	나노융합과	11	2	7	8	7	5	5	4
2055	경남 밀양시	가곡동 도시재생 뉴딜사업	1,500,000	도시재생과	11	2	6	6	7	3	3	4
2056	경남 밀양시	삼문동 도시재생 뉴딜사업	2,520,000	도시재생과	11	2	6	4	7	3	3	4

순번	시군구	지출명 (사업명)	2021년예산 (단위:천원/1년간)	담당자 (공무원) 담당부서	민간이전 분류 (지방자치단체 세출예산 집행기준에 의거) 1. 민간경상사업보조(307-02) 2. 민간단체 법정운영비보조(307-03) 3. 민간행사사업보조(307-04) 4. 민간위탁금(307-05) 5. 사회복지시설 법정운영비보조(307-10) 6. 민간인위탁교육비(307-12) 7. 공기관등에대한경상적위탁사업비(308-10) 8. 민간자본사업보조,자체재원(402-01) 9. 민간자본사업보조,이전재원(402-02) 10. 민간위탁사업비(402-03) 11. 공기관등에 대한 자본적 대행사업비(403-02)	민간이전지출 근거 (지방보조금 관리기준 참고) 1. 법률에 규정 2. 국고보조 재원(국가지정) 3. 용도 지정 기부금 4. 조례에 직접규정 5. 지자체가 권장하는 사업을 하는 공공기관 6. 시,도 정책 및 재정사정 7. 기타 8. 해당없음	입찰방식 계약체결방법 (경쟁형태) 1. 일반경쟁 2. 제한경쟁 3. 지명경쟁 4. 수의계약 5. 법정위탁 6. 기타 ( ) 7. 해당없음	입찰방식 계약기간 1. 1년 2. 2년 3. 3년 4. 4년 5. 5년 6. 기타 ( )년 7. 단기계약 (1년미만) 8. 해당없음	입찰방식 낙찰자선정방법 1. 적격심사 2. 협상에의한계약 3. 최저가낙찰제 4. 규격가격분리 5. 2단계 경쟁입찰 6. 기타 ( ) 7. 해당없음	운영예산 산정 운영예산 산정 1. 내부산정 (지자체 자체적으로 산정) 2. 외부산정 (외부전문기관위탁 산정) 3. 내·외부 모두 산정 4. 산정 無 5. 해당없음	운영예산 산정 정산방법 1. 내부정산 (지자체 내부적으로 정산) 2. 외부정산 (외부전문기관위탁 정산) 3. 내·외부 모두 산정 4. 정산 無 5. 해당없음	성과평가 실시여부 1. 실시 2. 미실시 3. 향후 추진 4. 해당없음
2057	경남 밀양시	밀양시 노후상수관망정비	3,567,000	상하수도과	11	1	5	8	7	2	2	2
2058	경남 밀양시	스마트 관망관리 인프라 구축사업	7,316,000	상하수도과	11	1	5	8	7	2	2	2
2059	경남 밀양시	하수도사업	404,594	상하수도과	11	4	5	5	7	3	1	1
2060	경남 밀양시	밀양시 가축분뇨공공처리시설 설치	3,135,312	상하수도과	11	1	5	4	6	2	2	4
2061	경남 밀양시	친환경에너지타운 조성사업	180,000	상하수도과	11	1	5	3	6	2	2	4
2062	경남 밀양시	유기성폐자원 통합바이오가스화사업	437,500	상하수도과	11	1	5	5	6	2	2	4
2063	경남 밀양시	하수도정비 중점관리지역 침수예방사업	650,000	상하수도과	11	1	5	8	7	2	2	2
2064	경남 밀양시	하수도정비 중점관리지역 침수예방사업	650,000	상하수도과	11	1	5	8	7	2	2	2
2065	경남 밀양시	지방세정 운영	218,106	세무과	11	1	5	1	2	1	1	1
2066	경남 밀양시	서민층 전기시설 개선사업	30,000	일자리경제과	11	6	6	1	7	1	1	1
2067	경남 밀양시	수리시설관리	1,378,800	지역개발과	11	5	7	8	7	5	5	4
2068	경남 밀양시	도서관 자료 구입	60,000	평생학습관	11	6	7	8	7	1	1	1
2069	경남 밀양시	인사관리및운영	49,493	행정과	11	1	5	1	7	5	5	4
2070	경남 밀양시	소각시설대보수사업	5,100,000	환경관리과	11	5	7	8	7	5	5	4
2071	경남 밀양시	삼문동 복합청사 생활SOC사업	700,000	회계과	11	7	7	8	7	5	5	4
2072	경남 밀양시	삼문동 복합청사 생활SOC사업	1,000,000	회계과	11	7	7	8	7	5	5	4
2073	경남 밀양시	삼문동 복합청사 생활SOC사업	460,000	회계과	11	7	7	8	7	5	5	4
2074	경남 거제시	건축행정시스템(세움터)재구축	17,600	건축과	11	6	7	8	7	4	4	4
2075	경남 거제시	3개 시·군 한마음대회 개최	15,000	농업정책과	11	1	7	8	7	1	1	1
2076	경남 거제시	위탁운영비및 사후환경영향조사비	331,500	도시계획과	11	1	5	6	6	1	1	4
2077	경남 거제시	표준기록관리시스템 서버교체 및 S/W교체	163,900	정보통신과	11	5	7	8	7	2	2	4
2078	경남 거제시	대구 인공수정란(자어) 방류	40,000	바다자원과	11	1	7	8	7	5	5	4
2079	경남 거제시	해삼 서식기반 조성	300,000	바다자원과	11	5	7	8	7	5	5	4
2080	경남 거제시	소규모 바다목장 조성사업	400,000	바다자원과	11	5	7	8	7	5	5	4
2081	경남 거제시	자원조성 기반시설 유지보강	94,000	바다자원과	11	5	7	8	7	5	5	4
2082	경남 거제시	수산자원 산란 서식장 조성사업	300,000	바다자원과	11	2	7	8	7	5	5	4
2083	경남 거제시	거제시 지하수관리계획 수립	350,000	상하수도과	11	1	7	8	7	5	5	4
2084	경남 거제시	저소득층 전기시설 개선사업	30,000	생활경제과	11	6	7	8	7	1	1	1
2085	경남 거제시	이수도 3상 전력 인입 사업	317,155	생활경제과	11	6	7	8	7	5	5	4
2086	경남 거제시	차세대 지방세정보시스템 구축 분담금	162,802	세무과	11	1	5	1	7	2	2	1
2087	경남 거제시	차세대 세외수입정보시스템 구축 분담금	79,837	체납관리과	11	1	5	1	7	2	2	1
2088	경남 거제시	씨릉섬 출렁다리 조성	2,460,000	해양항만과	11	5	4	3	2	1	1	4
2089	경남 거제시	율포마을 특화개발사업	671,000	해양항만과	11	5	4	3	2	1	1	4
2090	경남 거제시	2021 어촌뉴딜300사업	2,040,000	해양항만과	11	1	7	8	7	5	5	4
2091	경남 양산시	택시지원사업	8,240	교통과	11	1	7	8	7	1	1	4
2092	경남 양산시	지방재정관리시스템 관리	110,186	기획예산담당관	11	2	1	3	2	5	5	4
2093	경남 양산시	서민층 전기시설 개선사업	30,000	미래산업과	11	6	6	1	7	1	1	2
2094	경남 양산시	저소득층 공동주택 태양광보급사업	92,820	미래산업과	11	6	6	1	7	1	1	2
2095	경남 양산시	양산시 복지재단 운영	160,490	사회복지과	11	1	7	8	7	1	5	1
2096	경남 양산시	양산일반산업단지 완충저류시설 설치사업	50,000	수질관리과	11	2	7	8	7	5	5	4
2097	경남 양산시	양산시 바이오가스화시설 증설사업	3,043,000	자원순환과	11	1	7	8	7	5	5	4
2098	경남 의령군	차세대 지방재정관리시스템 구축 분담금	77,230	기획예산담당관	11	1	6	1	7	2	2	4

순번	시군구	지출명 (사업명)	2021년예산 (단위:천원/1년간)	담당자 (공무원) 담당부서	민간이전 분류 (지방자치단체 세출예산 집행기준에 의거) 1. 민간경상사업보조(307-02) 2. 민간단체 법정운영비보조(307-03) 3. 민간행사사업보조(307-04) 4. 민간위탁금(307-05) 5. 사회복지시설 법정운영비보조(307-10) 6. 민간인위탁교육비(307-12) 7. 공기관등에대한경상적위탁사업비(308-10) 8. 민간자본사업보조,자체재원(402-01) 9. 민간자본사업보조,이전재원(402-02) 10. 민간위탁사업비(402-03) 11. 공기관등에 대한 자본적 대행사업비(403-02)	민간이전지출 근거 (지방보조금 관리기준 참고) 1. 법률에 규정 2. 국고보조 재원(국가지정) 3. 용도 지정 기부금 4. 조례에 직접규정 5. 지자체가 권장하는 사업을 하는 공공기관 6. 시,도 정책 및 재정사정 7. 기타 8. 해당없음	입찰방식 계약체결방법 (경쟁형태) 1. 일반경쟁 2. 제한경쟁 3. 지명경쟁 4. 수의계약 5. 법정위탁 6. 기타 ( ) 7. 해당없음	입찰방식 계약기간 1. 1년 2. 2년 3. 3년 4. 4년 5. 5년 6. 기타 ( )년 7. 단기계약 (1년미만) 8. 해당없음	입찰방식 낙찰자선정방법 1. 적격심사 2. 협상에의한계약 3. 최저가낙찰제 4. 규격가격분리 5. 2단계 경쟁입찰 6. 기타 ( ) 7. 해당없음	운영예산 산정 운영예산 산정 1. 내부산정 (지자체 자체적으로 산정) 2. 외부산정 (외부전문기관위탁 산정) 3. 내·외부 모두 산정 4. 산정 無 5. 해당없음	운영예산 산정 정산방법 1. 내부정산 (지자체 내부적으로 정산) 2. 외부정산 (외부전문기관위탁 정산) 3. 내·외부 모두 산정 4. 정산 無 5. 해당없음	성과평가 실시여부 1. 실시 2. 미실시 3. 향후 추진 4. 해당없음
2099	경남 의령군	인사정보시스템 유지관리 및 차세대 구축비	70,000	행정과	11	1	5	1	7	5	5	4
2100	경남 의령군	기록관 중요기록물 DB구축 용역비	50,000	행정과	11	5	5	7	7	5	5	4
2101	경남 의령군	차세대 지방세정보시스템 구축분담금	86,142	재무과	11	1	5	1	7	2	2	4
2102	경남 의령군	차세대표준지방세외수입정보시스템 분담금	62,315	재무과	11	1	5	1	7	2	2	4
2103	경남 의령군	도로명주소 정보시스템 운영지원	17,473	민원봉사과	11	1	6	1	7	3	1	4
2104	경남 의령군	도로명주소 기본도 현행화 사업	3,329	민원봉사과	11	1	6	1	7	3	1	4
2105	경남 의령군	도로명주소 정보시스템 운영지원	17,473	민원봉사과	11	1	6	1	7	3	1	4
2106	경남 의령군	도로명주소 기본도 현행화 사업	3,329	민원봉사과	11	1	6	1	7	3	1	4
2107	경남 의령군	건축행정시스템(세움터)구축사업	17,600	민원봉사과	11	8	7	8	7	5	5	4
2108	경남 의령군	공공도서관 도서 구입	40,000	문화관광과	11	5	7	8	7	1	1	4
2109	경남 의령군	북스타트사업	2,000,000	문화관광과	11	6	7	8	7	1	1	4
2110	경남 의령군	저소득계층 임대 보증금 지원	7,000	도시재생과	11	4	7	8	7	5	5	4
2111	경남 의령군	주거급여지원	583,750	도시재생과	11	1	7	8	7	5	5	4
2112	경남 의령군	기초생활거점육성	276,000	건설과	11	1	7	8	7	5	5	4
2113	경남 의령군	오천지구 지표수보강 개발사업	70,000	건설과	11	5	7	8	7	1	1	3
2114	경남 의령군	오천지구 지표수보강 개발사업	30,000	건설과	11	5	7	8	7	1	1	3
2115	경남 의령군	용덕 소상지구 유수지 정비사업	500,000	건설과	11	5	2	7	1	1	1	3
2116	경남 의령군	배수장 유지관리	200,000	건설과	11	5	2	7	6	1	1	3
2117	경남 의령군	여의1배수장(낙서면) 재해복구사업	49,627	건설과	11	5	2	7	1	1	1	3
2118	경남 의령군	산사태 위험지 복구	110,250	산림휴양과	11	1	7	8	7	5	5	2
2119	경남 의령군	의령군노후상수관망 정비사업	7,934,000	상하수도과	11	7	7	8	7	5	5	4
2120	경남 의령군	의령군노후상수관망 정비사업	7,934,000	상하수도과	11	7	7	8	7	5	5	4
2121	경남 의령군	장애인 의료비 지원	82,041	주민행복과	11	1	5	8	7	5	5	4
2122	경남 함안군	새뜰마을사업(입곡지구)	861,000	혁신성장담당관	11	1	5	4	7	3	2	1
2123	경남 함안군	낙동강변 상생협력 3co구축사업	1,548,000	혁신성장담당관	11	1	5	5	7	3	2	1
2124	경남 함안군	법수면 농촌중심지활성화사업	2,216,000	혁신성장담당관	11	1	5	5	7	3	2	1
2125	경남 함안군	칠서면 농촌중심지활성화사업	1,018,900	혁신성장담당관	11	1	5	5	7	3	2	1
2126	경남 함안군	칠북면 기초생활거점육성사업	1,233,000	혁신성장담당관	11	1	5	4	7	3	2	1
2127	경남 함안군	산인면 기초생활거점육성사업	1,454,000	혁신성장담당관	11	1	5	4	7	3	2	1
2128	경남 함안군	여항면 기초생활거점육성사업	2,293,000	혁신성장담당관	11	1	5	4	7	3	2	1
2129	경남 함안군	장암 권역단위 마을만들기사업	734,000	혁신성장담당관	11	1	5	5	7	3	2	1
2130	경남 함안군	백이산 권역단위 마을만들기사업	150,000	혁신성장담당관	11	1	5	5	7	3	2	1
2131	경남 함안군	외봉촌 농촌다움복원사업	1,000,000	혁신성장담당관	11	1	5	3	7	3	2	1
2132	경남 함안군	마산 마을만들기사업	300,000	혁신성장담당관	11	1	5	3	7	3	2	1
2133	경남 함안군	신암 마을만들기사업	300,000	혁신성장담당관	11	1	5	2	7	3	2	1
2134	경남 함안군	운동 마을만들기사업	300,000	혁신성장담당관	11	1	5	2	7	3	2	1
2135	경남 함안군	중앙 마을만들기사업	300,000	혁신성장담당관	11	1	5	2	7	3	2	1
2136	경남 함안군	어연 마을만들기사업	300,000	혁신성장담당관	11	1	5	2	7	3	2	1
2137	경남 함안군	도로명주소 기본도 현행화 사업	7,097	종합민원과	11	2	4	1	2	2	1	2
2138	경남 함안군	측량기준점 정비	91,500	종합민원과	11	1	5	7	7	1	1	1
2139	경남 함안군	공설장사시설 위탁운영	2,160,048	주민복지과	11	5	7	3	7	3	1	4
2140	경남 함안군	장애인의료비 지원	128,268	주민복지과	11	2	7	8	7	5	5	2

순번	시군구	지출명 (사업명)	2021년예산 (단위:천원/1년간)	담당자 (공무원) 담당부서	민간이전 분류 (지방자치단체 세출예산 집행기준에 의거) 1. 민간경상사업보조(307-02) 2. 민간단체 법정운영비보조(307-03) 3. 민간행사사업보조(307-04) 4. 민간위탁금(307-05) 5. 사회복지시설 법정운영비보조(307-10) 6. 민간인위탁교육비(307-12) 7. 공기관등에대한경상적위탁사업비(308-10) 8. 민간자본사업보조,자체재원(402-01) 9. 민간자본사업보조,이전재원(402-02) 10. 민간위탁사업비(402-03) 11. 공기관등에 대한 자본적 대행사업비(403-02)	민간이전지출 근거 (지방보조금 관리기준 참고) 1. 법률에 규정 2. 국고보조 재원(국가지정) 3. 용도 지정 기부금 4. 조례에 직접규정 5. 지자체가 권장하는 사업을 하는 공공기관 6. 시,도 정책 및 재정사정 7. 기타 8. 해당없음	입찰방식 계약체결방법 (경쟁형태) 1. 일반경쟁 2. 제한경쟁 3. 지명경쟁 4. 수의계약 5. 법정위탁 6. 기타 ( ) 7. 해당없음	입찰방식 계약기간 1. 1년 2. 2년 3. 3년 4. 4년 5. 5년 6. 기타 ( )년 7. 단기계약 (1년미만) 8. 해당없음	입찰방식 낙찰자선정방법 1. 적격심사 2. 협상에의한계약 3. 최저가낙찰제 4. 규격가격분리 5. 2단계 경쟁입찰 6. 기타 ( ) 7. 해당없음	운영예산 산정 운영예산 산정 1. 내부산정 (지자체 자체적으로 산정) 2. 외부산정 (외부전문기관위탁 산정) 3. 내·외부 모두 산정 4. 산정 無 5. 해당없음	운영예산 산정 정산방법 1. 내부정산 (지자체 내부적으로 정산) 2. 외부정산 (외부전문기관위탁 정산) 3. 내·외부 모두 산정 4. 정산 無 5. 해당없음	성과평가 실시여부 1. 실시 2. 미실시 3. 향후 추진 4. 해당없음
2141	경남 함안군	폐기물소각시설 관리대행 사업비	2,570,000	환경과	11	4	4	3	2	2	1	2
2142	경남 함안군	서민층 전기시설 개선사업	27,000	경제기업과	11	6	7	8	7	1	1	4
2143	경남 함안군	표준모자보건수첩 제작	480,000	진료계	11	1	5	1	7	5	1	4
2144	경남 함안군	의료급여 수급자 영유아 건강검진사업	1,344,000	진료계	11	1	5	1	7	5	1	4
2145	경남 함안군	최고경영자과정 교육비 지원	14,000	농업정책과	11	7	7	8	7	5	5	4
2146	경남 함안군	공동방제단 재료비	80,634	농축산과	11	2	7	8	7	1	2	3
2147	경남 함안군	공동방제단 인건비	75,144	농축산과	11	2	7	8	7	1	2	3
2148	경남 함안군	함안체육관,국민체육센터 및 함안볼링장 위탁금	2,760,466	문화시설사업소	11	4	5	3	7	2	1	4
2149	경남 창녕군	차세대 지방재정관리시스템 구축분담금	77,230	기획예산담당관	11	5	7	7	7	1	1	1
2150	경남 창녕군	지방세 정보화	160,789	재무과	11	5	5	1	7	2	2	4
2151	경남 창녕군	도로명 및 건물번호활용사업	6,708	민원봉사과	11	5	5	1	7	2	2	4
2152	경남 창녕군	장애인의료비 지원	70,130	주민복지과	11	1	7	7	7	5	4	4
2153	경남 창녕군	장사시설 설치 관리	1,420,000	노인여성아동과	11	2	7	8	7	1	1	4
2154	경남 창녕군	산토끼노래동산 운영	1,091,000	생태관광과	11	4	5	3	7	1	3	1
2155	경남 창녕군	우포늪 생태체험장 운영	870,000	생태관광과	11	4	5	3	7	1	3	1
2156	경남 창녕군	창녕군 공공체육시설 관리	3,103,430	문화체육과	11	4	7	8	7	5	5	4
2157	경남 창녕군	소각시설 운영	2,150,000	환경위생과	11	5	5	3	2	2	1	1
2158	경남 창녕군	사용종료 매립시설 관리	99,500	환경위생과	11	5	5	6	2	1	1	2
2159	경남 창녕군	가축분뇨 공공처리시설 관리	1,679,000	환경위생과	11	2	5	5	2	1	1	1
2160	경남 창녕군	화왕산 군립공원 관리	320,000	산림녹지과	11	4	5	3	7	2	1	2
2161	경남 창녕군	지자체 자연휴양림 유지관리	360,000	산림녹지과	11	5	7	3	7	2	1	2
2162	경남 창녕군	지하수 이용 관리	13,200	건설교통과	11	7	4	1	7	1	1	1
2163	경남 창녕군	군 수리시설개보수	120,000	건설교통과	11	1	6	1	6	1	1	3
2164	경남 창녕군	농업기반정비	1,250,000	건설교통과	11	1	6	1	6	1	1	3
2165	경남 창녕군	기초생활인프라	1,000,000	건설교통과	11	1	6	1	6	1	1	3
2166	경남 창녕군	지역주민건의	197,000	건설교통과	11	1	6	1	6	1	1	3
2167	경남 창녕군	농업기반정비	1,250,000	건설교통과	11	1	6	1	6	1	1	3
2168	경남 창녕군	양배수장 관리	300,000	건설교통과	11	7	7	8	7	1	1	4
2169	경남 창녕군	농촌중심지활성화	1,516,000	건설교통과	11	5	1	1	1	1	1	3
2170	경남 창녕군	농촌중심지활성화	1,070,000	건설교통과	11	5	1	3	1	1	1	3
2171	경남 창녕군	농촌중심지활성화	1,180,000	건설교통과	11	5	1	3	1	1	1	3
2172	경남 창녕군	농촌중심지활성화	1,461,000	건설교통과	11	5	1	3	1	1	1	3
2173	경남 창녕군	기초생활거점 육성	2,052,000	건설교통과	11	5	1	3	1	1	1	3
2174	경남 창녕군	기초생활거점 육성	633,000	건설교통과	11	5	1	3	1	1	1	3
2175	경남 창녕군	자율개발	20,000	건설교통과	11	5	1	2	1	1	1	3
2176	경남 창녕군	자율개발	23,000	건설교통과	11	5	1	2	1	1	1	3
2177	경남 창녕군	자율개발	20,000	건설교통과	11	5	1	2	1	1	1	3
2178	경남 창녕군	자율개발	23,000	건설교통과	11	5	1	2	1	1	1	3
2179	경남 창녕군	취약지역 개조	591,000	건설교통과	11	5	1	3	1	1	1	3
2180	경남 창녕군	자율개발	357,000	건설교통과	11	5	1	2	1	1	1	3
2181	경남 창녕군	자율개발	305,000	건설교통과	11	5	1	2	1	1	1	3
2182	경남 창녕군	기초생활거점 육성	134,000	건설교통과	11	5	1	2	1	1	1	3

순번	시군구	지출명 (사업명)	2021년예산 (단위:천원/1년간)	담당자 (공무원) 담당부서	민간이전 분류 (지방자치단체 세출예산 집행기준에 의거) 1. 민간경상사업보조(307-02) 2. 민간단체 법정운영비보조(307-03) 3. 민간행사사업보조(307-04) 4. 민간위탁금(307-05) 5. 사회복지시설 법정운영비보조(307-10) 6. 민간인위탁교육비(307-12) 7. 공기관등에대한경상적위탁사업비(308-10) 8. 민간자본사업보조,자체재원(402-01) 9. 민간자본사업보조,이전재원(402-02) 10. 민간위탁사업비(402-03) 11. 공기관등에 대한 자본적 대행사업비(403-02)	민간이전지출 근거 (지방보조금 관리기준 참고) 1. 법률에 규정 2. 국고보조 재원(국가지정) 3. 용도 지정 기부금 4. 조례에 직접규정 5. 지자체가 권장하는 사업을 하는 공공기관 6. 시,도 정책 및 재정사정 7. 기타 8. 해당없음	입찰방식 계약체결방법 (경쟁형태) 1. 일반경쟁 2. 제한경쟁 3. 지명경쟁 4. 수의계약 5. 법정위탁 6. 기타 ( ) 7. 해당없음	입찰방식 계약기간 1. 1년 2. 2년 3. 3년 4. 4년 5. 5년 6. 기타 ( )년 7. 단기계약 (1년미만) 8. 해당없음	입찰방식 낙찰자선정방법 1. 적격심사 2. 협상에의한계약 3. 최저가낙찰제 4. 규격가격분리 5. 2단계 경쟁입찰 6. 기타 ( ) 7. 해당없음	운영예산 산정 운영예산 산정 1. 내부산정 (지자체 자체적으로 산정) 2. 외부산정 (외부전문기관위탁 산정) 3. 내·외부 모두 산정 4. 산정 無 5. 해당없음	운영예산 산정 정산방법 1. 내부정산 (지자체 내부적으로 정산) 2. 외부정산 (외부전문기관위탁 정산) 3. 내·외부 모두 산정 4. 정산 無 5. 해당없음	성과평가 실시여부 1. 실시 2. 미실시 3. 향후 추진 4. 해당없음
2183	경남 창녕군	자율개발	293,000	건설교통과	11	5	1	2	1	1	1	3
2184	경남 창녕군	자율개발	390,000	건설교통과	11	5	1	2	1	1	1	3
2185	경남 창녕군	자율개발	272,000	건설교통과	11	5	1	2	1	1	1	3
2186	경남 창녕군	자율개발	355,000	건설교통과	11	5	1	2	1	1	1	3
2187	경남 창녕군	자율개발	355,000	건설교통과	11	5	1	2	1	1	1	3
2188	경남 창녕군	자율개발	390,000	건설교통과	11	5	1	2	1	1	1	3
2189	경남 창녕군	어려운세대 전기시설 교체사업	25,000	일자리경제과	11	6	7	8	7	1	1	1
2190	경남 창녕군	기업유치 지원	216,000	일자리경제과	11	5	7	8	7	3	3	3
2191	경남 창녕군	안전한 주택행정 실현	17,600	주택담당	11	6	7	1	7	5	5	4
2192	경남 창녕군	배수문 위탁관리	40,320	안전치수과	11	5	7	1	2	1	1	3
2193	경남 창녕군	노후 상수관망 정비사업	4,746,000	수도과	11	8	7	8	7	2	2	1
2194	경남 창녕군	최고농업경영자과정 교육지원	11,662	농업정책과	11	6	7	8	7	1	1	1
2195	경남 고성군	지방재정관리시스템 HW/SW 신규도입	77,230	기획감사담당관	11	1	7	8	7	5	5	4
2196	경남 고성군	고성도서관 자료구입비 지원	20,000	문화관광과	11	1	7	8	7	1	1	1
2197	경남 고성군	자원조성 기반시설 유지보강	19,000	해양수산과	11	6	6	1	6	1	1	2
2198	경남 고성군	스마트양식 클러스터 조성사업	7,200,000	해양수산과	11	2	6	4	6	1	1	2
2199	경남 고성군	2019 어촌뉴딜300사업	2,620,000	해양수산과	11	2	6	3	6	1	1	2
2200	경남 고성군	2020 어촌뉴딜 300사업	11,426,000	해양수산과	11	2	6	3	6	1	1	2
2201	경남 고성군	2021년 어촌뉴딜300사업	1,674,000	해양수산과	11	2	6	3	6	1	1	2
2202	경남 고성군	생명환경경관숲만들기사업	300,000	녹지공원과	11	1	7	8	7	5	5	4
2203	경남 고성군	스마트공장 구축 지원사업	36,000	일자리경제과	11	2	7	1	7	1	1	3
2204	경남 고성군	LNG벙커링 핵심기자재 지원 기반구축사업	900,000	일자리경제과	11	2	7	1	7	1	1	3
2205	경남 고성군	LNG벙커링 이송시스템 테스트베드 기반 구축사업	1,500,000	일자리경제과	11	2	7	1	7	1	1	3
2206	경남 고성군	친환경 선박 수리 개조 플랫폼 구축 사업	140,000	일자리경제과	11	2	7	1	7	1	1	3
2207	경남 고성군	무인기종합타운 조성사업	300,000	일자리경제과	11	2	7	5	7	1	1	3
2208	경남 고성군	저소득층 전기시설 개선사업	25,000	일자리경제과	11	8	7	8	7	5	5	4
2209	경남 남해군	남해군 지역역량강화	250,000	기획예산담당관	11	2	1	1	2	1	3	1
2210	경남 남해군	남해군 노인실태조사	12,000	기획예산담당관	11	5	7	7	7	2	2	4
2211	경남 남해군	남해도서관 자료 구입 지원	20,000	청년혁신과	11	1	7	8	7	1	1	4
2212	경남 남해군	남해읍 권역단위 거점개발	588,600	지역활성과	11	2	5	3	7	5	5	3
2213	경남 남해군	미조면 권역단위 거점개발	4,281,400	지역활성과	11	2	5	3	7	5	5	3
2214	경남 남해군	남면 석교 권역단위 거점개발	138,600	지역활성과	11	2	5	5	7	5	5	3
2215	경남 남해군	설천면 문항 권역단위 거점개발	171,400	지역활성과	11	2	5	5	7	5	5	3
2216	경남 남해군	친환경 에너지(해수열히트펌프) 사업	616,000	해양수산과	11	2	7	8	7	3	3	1
2217	경남 남해군	친환경에너지보급(인버터) 사업	16,000	해양수산과	11	2	7	8	7	3	3	1
2218	경남 남해군	어촌뉴딜사업	2,139,600	해양수산과	11	1	7	8	7	3	3	3
2219	경남 남해군	인공어초사업	367,500	해양수산과	11	1	7	8	7	1	1	4
2220	경남 남해군	소규모바다목장 조성사업	400,000	해양수산과	11	1	7	8	7	1	1	4
2221	경남 하동군	장애인 의료비지원	79,299	주민행복과	11	2	7	8	7	1	1	4
2222	경남 하동군	긴급임시거주시설	30,000	주민행복과	11	6	7	8	7	1	1	4
2223	경남 하동군	하동읍 시가지 지중화 6구간	700,000	도시건축과	11	6	7	8	7	5	5	4
2224	경남 하동군	친환경 에너지 보급사업	568,000	해양수산과	11	2	7	8	7	5	5	4

순번	시군구	지출명 (사업명)	2021년예산 (단위:천원/1년간)	담당자 (공무원) 담당부서	민간이전 분류 (지방자치단체 세출예산 집행기준에 의거) 1. 민간경상사업보조(307-02) 2. 민간단체 법정운영비보조(307-03) 3. 민간행사사업보조(307-04) 4. 민간위탁금(307-05) 5. 사회복지시설 법정운영비보조(307-10) 6. 민간인위탁교육비(307-12) 7. 공기관등에대한경상적위탁사업비(308-10) 8. 민간자본사업보조,자체재원(402-01) 9. 민간자본사업보조,이전재원(402-02) 10. 민간위탁사업비(402-03) 11. 공기관등에 대한 자본적 대행사업비(403-02)	민간이전지출 근거 (지방보조금 관리기준 참고) 1. 법률에 규정 2. 국고보조 재원(국가지정) 3. 용도 지정 기부금 4. 조례에 직접규정 5. 지자체가 권장하는 사업을 하는 공공기관 6. 시,도 정책 및 재정사정 7. 기타 8. 해당없음	입찰방식 계약체결방법 (경쟁형태) 1. 일반경쟁 2. 제한경쟁 3. 지명경쟁 4. 수의계약 5. 법정위탁 6. 기타 ( ) 7. 해당없음	입찰방식 계약기간 1. 1년 2. 2년 3. 3년 4. 4년 5. 5년 6. 기타 ( )년 7. 단기계약 (1년미만) 8. 해당없음	입찰방식 낙찰자선정방법 1. 적격심사 2. 협상에의한계약 3. 최저가낙찰제 4. 규격가격분리 5. 2단계 경쟁입찰 6. 기타 ( ) 7. 해당없음	운영예산 산정 운영예산 산정 1. 내부산정 (지자체 자체적으로 산정) 2. 외부산정 (외부전문기관위탁 산정) 3. 내·외부 모두 산정 4. 산정 無 5. 해당없음	운영예산 산정 정산방법 1. 내부정산 (지자체 내부적으로 정산) 2. 외부정산 (외부전문기관위탁 정산) 3. 내·외부 모두 산정 4. 정산 無 5. 해당없음	성과평가 실시여부 1. 실시 2. 미실시 3. 향후 추진 4. 해당없음
2225	경남 산청군	LP가스사용시설 안전관리대행사업	289,000	경제전략과	11	6	7	8	7	5	5	4
2226	경남 산청군	차세대 지방재정관리시스템 구축	77,230	기획조정실	11	1	7	3	7	2	2	1
2227	경남 산청군	도로명주소 기본도 유지보수사업	5,616	복지민원국 민원과	11	1	5	1	7	1	5	4
2228	경남 산청군	주거급여	404,000	주민복지과	11	1	5	1	2	5	3	4
2229	경남 산청군	산청옥산 공공주택사업	179,000	도시교통과	11	5	7	6	6	3	3	4
2230	경남 산청군	신안면사무소 복합개발사업	4,500,000	도시교통과	11	5	7	6	6	3	3	4
2231	경남 산청군	생초면 농촌중심지활성화사업	341,000	도시교통과	11	1	5	5	7	5	5	4
2232	경남 산청군	신등면 농촌중심지활성화사업	2,295,000	도시교통과	11	1	5	5	7	5	5	4
2233	경남 산청군	산청읍 농촌중심지활성화사업	3,742,000	도시교통과	11	1	5	5	7	5	5	4
2234	경남 산청군	신안면 농촌중심지활성화사업	2,567,000	도시교통과	11	1	5	5	7	5	5	4
2235	경남 산청군	차황면 기초생활거점육성사업	654,000	도시교통과	11	1	5	4	7	5	5	4
2236	경남 산청군	생비량면 기초생활거점육성사업	560,000	도시교통과	11	1	5	4	7	5	5	4
2237	경남 산청군	삼장면 기초생활거점육성사업	203,000	도시교통과	11	1	5	4	7	5	5	4
2238	경남 산청군	농촌생활권전략 및 활성화계획수립	100,000	도시교통과	11	1	5	2	7	5	5	4
2239	경남 함양군	지방상수도 현대화사업	2,751,000	상하수도사업소	11	2	7	5	7	2	3	3
2240	경남 함양군	차세대지방세정보시스템구축분담금	87,437	재무과	11	8	7	8	7	5	5	4
2241	경남 함양군	차세대지방세외수입정보시스템구축분담금	59,190	재무과	11	8	7	8	7	5	5	4
2242	경남 함양군	국가주소정보시스템 유지관리사업	18,000	민원봉사과	11	5	5	1	7	5	5	4
2243	경남 함양군	도로명주소기본도 유지보수사업	5,000	민원봉사과	11	5	5	1	7	5	5	4
2244	경남 함양군	차세대 지방재정관리시스템 구축비 부담금	77,230	기획감사담당관	11	7	7	8	7	2	2	4
2245	경남 함양군	청백-e 시스템운영지원	8,002	기획감사담당관	11	1	6	1	2	2	3	1
2246	경남 함양군	주거급여	671,823	사회복지과	11	1	5	1	7	2	3	4
2247	경남 함양군	전기시설 개선사업	25,080	일자리경제과	11	1	5	1	6	1	1	1
2248	경남 함양군	광역 BIS 구축사업	15,000	건설교통과	11	1	7	8	7	5	5	4
2249	경남 거창군	주민등록 시스템 재구축	9,810	행정과	11	2	7	8	7	2	2	3
2250	경남 거창군	농촌지역 전력삼상화 사업	53,273	경제교통과	11	7	5	8	7	5	1	4
2251	경남 거창군	서민층 전기시설개선사업	10,035	경제교통과	11	6	5	8	7	5	1	4
2252	경남 거창군	마을기업 육성사업	52,000	경제교통과	11	2	7	8	7	5	1	1
2253	경남 거창군	주거급여사업	1,305,000	도시건축과	11	2	5	1	7	3	3	1
2254	경남 거창군	거창군 노후 상수관망 정비사업	6,756,000	수도사업소	11	5	7	8	7	5	5	4
2255	경남 합천군	차세대 지방재정관리시스템 구축비	88,230	기획감사관	11	4	7	1	7	2	2	1
2256	경남 합천군	대양권역	899,990	미래전략과	11	1	2	3	1	1	1	3
2257	경남 합천군	대양권역	385,710	미래전략과	11	1	2	3	1	1	1	3
2258	경남 합천군	이책권역	1,024,100	미래전략과	11	1	2	3	1	1	1	3
2259	경남 합천군	이책권역	438,900	미래전략과	11	1	2	3	1	1	1	3
2260	경남 합천군	낙진권역	208,800	미래전략과	11	1	2	3	1	1	1	3
2261	경남 합천군	낙진권역	89,489	미래전략과	11	1	2	3	1	1	1	3
2262	경남 합천군	적중면 소재지	872,000	미래전략과	11	1	2	2	1	1	1	3
2263	경남 합천군	가야면	2,982,000	미래전략과	11	1	1	2	2	1	1	3
2264	경남 합천군	마을지기 목공소	150,000	미래전략과	11	1	7	8	7	5	5	4
2265	경남 합천군	쌍책면 농촌다움 복원사업	354,360	미래전략과	11	1	2	1	1	1	1	3
2266	경남 합천군	쌍책면 농촌다움 복원사업	151,869	미래전략과	11	1	2	1	1	1	1	3

순번	시군구	지출명 (사업명)	2021년예산 (단위:천원/1년간)	담당자 (공무원) 담당부서	민간이전 분류 (지방자치단체 세출예산 집행기준에 의거) 1. 민간경상사업보조(307-02) 2. 민간단체 법정운영비보조(307-03) 3. 민간행사사업보조(307-04) 4. 민간위탁금(307-05) 5. 사회복지시설 법정운영비보조(307-10) 6. 민간인위탁교육비(307-12) 7. 공기관등에대한경상적위탁사업비(308-10) 8. 민간자본사업보조,자체재원(402-01) 9. 민간자본사업보조,이전재원(402-02) 10. 민간위탁사업비(402-03) 11. 공기관등에 대한 자본적 대행사업비(403-02)	민간이전지출 근거 (지방보조금 관리기준 참고) 1. 법률에 규정 2. 국고보조 재원(국가지정) 3. 용도 지정 기부금 4. 조례에 직접규정 5. 지자체가 권장하는 사업을 하는 공공기관 6. 시,도 정책 및 재정사정 7. 기타 8. 해당없음	입찰방식 계약체결방법 (경쟁형태) 1. 일반경쟁 2. 제한경쟁 3. 지명경쟁 4. 수의계약 5. 법정위탁 6. 기타 ( ) 7. 해당없음	입찰방식 계약기간 1. 1년 2. 2년 3. 3년 4. 4년 5. 5년 6. 기타 ( )년 7. 단기계약 (1년미만) 8. 해당없음	입찰방식 낙찰자선정방법 1. 적격심사 2. 협상에의한계약 3. 최저가낙찰제 4. 규격가격분리 5. 2단계 경쟁입찰 6. 기타 ( ) 7. 해당없음	운영예산 산정 운영예산 산정 1. 내부산정 (지자체 자체적으로 산정) 2. 외부산정 (외부전문기관위탁 산정) 3. 내·외부 모두 산정 4. 산정 無 5. 해당없음	운영예산 산정 정산방법 1. 내부정산 (지자체 내부적으로 정산) 2. 외부정산 (외부전문기관위탁 정산) 3. 내·외부 모두 산정 4. 정산 無 5. 해당없음	성과평가 실시여부 1. 실시 2. 미실시 3. 향후 추진 4. 해당없음
2267	경남 합천군	율곡면	2,165,000	미래전략과	11	1	2	1	3	1	1	3
2268	경남 합천군	초계면 계남지구	874,000	미래전략과	11	1	1	2	2	1	1	3
2269	경남 합천군	덕곡면	186,000	미래전략과	11	1	7	8	7	5	5	4
2270	경남 합천군	팔심마을	58,660	미래전략과	11	1	2	2	5	1	1	3
2271	경남 합천군	팔심마을	25,140	미래전략과	11	1	2	2	5	1	1	3
2272	경남 합천군	오도마을	236,600	미래전략과	11	1	2	2	5	1	1	3
2273	경남 합천군	오도마을	101,400	미래전략과	11	1	2	2	5	1	1	3
2274	경남 합천군	화양마을	158,900	미래전략과	11	1	2	2	5	1	1	3
2275	경남 합천군	화양마을	68,100	미래전략과	11	1	2	2	5	1	1	3
2276	경남 합천군	대동 농어촌 취약지역 생활여건 개조사업	872,000	미래전략과	11	1	2	2	1	1	1	3
2277	경남 합천군	황정지구 농어촌취약지역 생활여건 개조사업	482,000	미래전략과	11	1	2	1	1	1	1	3
2278	경남 합천군	대현지구 농어촌취약지역 생활여건 개조사업	470,000	미래전략과	11	1	2	2	1	1	1	3
2279	경남 합천군	차세대 주민등록정보시스템 구축 지자체 분담금	10,975	행정과	11	1	5	1	7	5	5	4
2280	경남 합천군	온-나라 문서시스템 고도화	600,000	행정과	11	1	1	7	1	5	5	4
2281	경남 합천군	차세대 지방세입정보시스템 구축(3단계) 지방비 분담금	90,057	재무과	11	1	7	1	7	2	2	4
2282	경남 합천군	차세대 지방세외수입정보시스템 구축 분담금	67,777	재무과	11	1	7	1	7	2	2	4
2283	경남 합천군	삼상전기인입 지원	30,000	경제교통과	11	5	7	8	7	5	1	3
2284	경남 합천군	2021년 택시운행정보관리시스템 운영	1,500,000	경제교통과	11	5	5	1	7	1	1	4
2285	경남 합천군	녹슴지구 대구획 경지정리사업	640,000	건설과	11	7	5	1	7	1	1	2
2286	경남 합천군	녹슴지구 대구획 경지정리사업	160,000	건설과	11	7	5	1	7	1	1	2
2287	경남 합천군	소규모 배수개선사업	894,000	건설과	11	7	5	1	7	1	1	2
2288	경남 합천군	소규모 배수개선사업	223,500	건설과	11	7	5	1	7	1	1	2
2289	경남 합천군	농촌공사 구역내 시설물 유지관리	100,000	건설과	11	7	5	1	7	1	1	2
2290	경남 합천군	기초주거급여수급자 수선유지급여	641,565	도시건축과	11	2	7	8	7	5	5	4
2291	경남 합천군	건축행정시스템 재구축 사업	17,600	도시건축과	11	6	7	8	7	5	5	4
2292	경남 합천군	태양광발전시설 설치	100,000	환경위생과	11	1	7	8	7	5	5	4
2293	경남 합천군	지방상수도 현대화사업	4,770,000	상하수도과	11	2	5	5	7	3	3	3
2294	전북 전주시	지방재정정보시스템 운영	146,450	기획예산과	11	5	5	1	6	5	5	4
2295	전북 전주시	수소시범도시 사업	3,875,000	수소경제탄소산업과	11	2	7	8	7	1	1	4
2296	전북 전주시	수소충전소 구축사업	510,000	수소경제탄소산업과	11	2	7	8	7	1	1	4
2297	전북 전주시	표준지방세 정보시스템 운영	241,566	세정과	11	1	2	1	2	2	2	4
2298	전북 전주시	세외수입 정보시스템 운영	136,190	세정과	11	1	2	1	2	2	2	4
2299	전북 전주시	지역자율형 사회서비스 투자사업	4,867,730	생활복지과	11	2	7	8	7	5	5	4
2300	전북 전주시	장애인 활동지원 사업	31,622	생활복지과	11	2	7	8	7	5	5	4
2301	전북 전주시	발달장애인 주간활동 서비스 지원	1,863,429	생활복지과	11	2	7	8	7	5	5	4
2302	전북 전주시	발달장애학생 방과후 활동서비스 지원	1,006,952	생활복지과	11	2	7	8	7	5	5	4
2303	전북 전주시	서민층 가스시설 개선	12,900	맑은공기에너지과	11	5	7	8	7	3	1	1
2304	전북 전주시	취약계층 가스시설 안전장치 보급사업	20,000	맑은공기에너지과	11	5	7	8	7	3	1	1
2305	전북 전주시	수치지형도수정제작	150,000	생태도시계획과	11	2	7	8	7	5	5	4
2306	전북 전주시	도로명주소관리	16,443	생태도시계획과	11	2	7	8	7	5	5	4
2307	전북 전주시	건축행정시스템(세움터)재구축	17,600	건축과	11	7	7	8	7	5	5	4
2308	전북 전주시	주거급여	1,250,000	주거복지과	11	1	5	7	7	1	1	4

순번	시군구	지출명 (사업명)	2021년예산 (단위:천원/1년간)	담당자 (공무원) 담당부서	민간이전 분류 (지방자치단체 세출예산 집행기준에 의거) 1. 민간경상사업보조(307-02) 2. 민간단체 법정운영비보조(307-03) 3. 민간행사사업보조(307-04) 4. 민간위탁금(307-05) 5. 사회복지시설 법정운영비보조(307-10) 6. 민간인위탁교육비(307-12) 7. 공기관등에대한경상적위탁사업비(308-10) 8. 민간자본사업보조,자체재원(402-01) 9. 민간자본사업보조,이전재원(402-02) 10. 민간위탁사업비(402-03) 11. 공기관등에 대한 자본적 대행사업비(403-02)	민간이전지출 근거 (지방보조금 관리기준 참고) 1. 법률에 규정 2. 국고보조 재원(국가지정) 3. 용도 지정 기부금 4. 조례에 직접규정 5. 지자체가 권장하는 사업을 하는 공공기관 6. 시,도 정책 및 재정사정 7. 기타 8. 해당없음	입찰방식 계약체결방법 (경쟁형태) 1. 일반경쟁 2. 제한경쟁 3. 지명경쟁 4. 수의계약 5. 법정위탁 6. 기타 ( ) 7. 해당없음	입찰방식 계약기간 1. 1년 2. 2년 3. 3년 4. 4년 5. 5년 6. 기타 ( )년 7. 단기계약 (1년미만) 8. 해당없음	입찰방식 낙찰자선정방법 1. 적격심사 2. 협상에의한계약 3. 최저가낙찰제 4. 규격가격분리 5. 2단계 경쟁입찰 6. 기타 ( ) 7. 해당없음	운영예산 산정 운영예산 산정 1. 내부산정 (지자체 자체적으로 산정) 2. 외부산정 (외부전문기관위탁 산정) 3. 내·외부 모두 산정 4. 산정 無 5. 해당없음	운영예산 산정 정산방법 1. 내부정산 (지자체 내부적으로 정산) 2. 외부정산 (외부전문기관위탁 정산) 3. 내·외부 모두 산정 4. 정산 無 5. 해당없음	성과평가 실시여부 1. 실시 2. 미실시 3. 향후 추진 4. 해당없음
2309	전북 전주시	공립작은도서관 운영	3,000	전주시립도서관	11	4	7	8	7	1	1	1
2310	전북 군산시	지방재정관리시스템 기능개선	964,000	기획예산과	11	1	5	1	7	2	2	1
2311	전북 군산시	차세대 지방재정관리시스템 구축 지방비 분담금	110,151	기획예산과	11	1	5	1	7	2	2	1
2312	전북 군산시	구도심 상권 르네상스 사업	950,000	소상공인지원과	11	1	7	8	7	1	1	1
2313	전북 군산시	전기차 충전시설 인프라구축	400,000	산업혁신과	11	7	7	8	1	3	3	1
2314	전북 군산시	서민층 가스시설 개선사업	25,800	새만금에너지과	11	6	5	1	7	2	1	4
2315	전북 군산시	도시가스 공급사업	1,293,600	새만금에너지과	11	1	5	1	7	2	1	4
2316	전북 군산시	취약계층 가스시설 안전장치 보급사업	23,500	새만금에너지과	11	6	5	1	7	2	1	4
2317	전북 군산시	취약계층 에너지 홈닥터 사업	11,305	새만금에너지과	11	6	5	1	7	2	1	4
2318	전북 군산시	수산물 수출전략품목 육성사업	240,000	수산진흥과	11	6	5	1	7	5	1	4
2319	전북 군산시	수산자원 산란서식장 조성사업	50,000	수산진흥과	11	6	5	1	7	5	1	4
2320	전북 군산시	신품종(패류)양식어장 개발사업	100,000	수산진흥과	11	6	5	1	7	5	1	4
2321	전북 군산시	경로당 운영지원	32,000	경로장애인과	11	1	4	7	7	1	5	4
2322	전북 군산시	건축행정시스템 구축 수수료	17,600	건축경관과	11	7	7	8	7	5	5	4
2323	전북 군산시	대야면 농촌중심지활성화사업	1,307,200	농업축산과	11	1	5	5	7	1	1	1
2324	전북 군산시	서수면 농촌중심지활성화사업	1,717,400	농업축산과	11	1	5	5	7	1	1	1
2325	전북 군산시	회현면 농촌중심지활성화사업	2,032,300	농업축산과	11	1	5	5	7	1	1	1
2326	전북 군산시	옥서면 기초생활거점육성사업	1,144,200	농업축산과	11	1	5	5	7	1	1	1
2327	전북 군산시	나포면 기초생활거점육성사업	2,009,000	농업축산과	11	1	5	5	7	1	1	1
2328	전북 군산시	개정면 기초생활거점육성사업	1,614,000	농업축산과	11	1	5	5	7	1	1	1
2329	전북 군산시	옥구읍 농촌다움복원사업	533,000	농업축산과	11	1	5	5	7	1	1	1
2330	전북 군산시	옥산면 농촌다움복원사업	252,000	농업축산과	11	1	5	5	7	1	1	1
2331	전북 군산시	성산면 기초생활거점조성사업	314,000	농업축산과	11	1	7	8	7	5	5	4
2332	전북 군산시	농촌 전략계획 및 활성화계획 용역	500,000	농업축산과	11	1	7	8	7	5	5	4
2333	전북 군산시	7개 도서 수도시설 운영관리	200,000	수도과	11	5	5	5	2	2	2	2
2334	전북 정읍시	차세대 지방재정관리시스템 구축 분담금	99,185	기획예산실	11	6	7	1	7	2	2	4
2335	전북 정읍시	차세대 표준지방인사시스템 인프라 도입	67,963	총무과	11	1	5	1	7	5	5	4
2336	전북 정읍시	차세대 지방세정보시스템구축	138,070	부과팀	11	1	5	1	7	2	2	4
2337	전북 정읍시	차세대 지방세외수입 정보시스템 구축	77,702	세입관리팀	11	1	5	1	7	2	2	4
2338	전북 정읍시	지적기준점 일제조사 및 복구 재설치	100,000	종합민원과	11	1	5	7	7	5	4	4
2339	전북 정읍시	2021년 행정구역간 지적도 이중경계 정비사업	11,823	종합민원과	11	1	7	8	7	5	5	4
2340	전북 정읍시	2021년 도로명주소기본도 유지관리	6,593	공간정보	11	1	5	1	7	1	1	2
2341	전북 정읍시	2021년 국가주소정보시스템 유지관리	17,724	공간정보	11	1	5	1	7	1	1	2
2342	전북 정읍시	노인가구 가스타이머 콕 보급	20,000	지역경제과	11	1	4	5	7	1	1	1
2343	전북 정읍시	서민층 가스시설 개선지원	12,900	지역경제과	11	1	4	5	7	1	1	1
2344	전북 정읍시	뿌리기업 그린환경 시스템 구축 지원사업	25,000	첨단산업과	11	1	7	7	7	1	1	1
2345	전북 정읍시	신태인읍 농촌중심지 활성화사업	1,158,000	공동체과	11	1	5	4	7	5	5	4
2346	전북 정읍시	북면 농촌중심지 활성화사업	1,476,000	공동체과	11	1	5	4	7	5	5	4
2347	전북 정읍시	입암면 기초생활거점 사업	1,633,000	공동체과	11	1	5	4	7	5	5	4
2348	전북 정읍시	영원면 기초생활거점사업	400,000	공동체과	11	1	5	4	7	5	5	4
2349	전북 정읍시	칠보면 소재지 지중화사업	200,000	도시재생과	11	1	7	8	7	5	5	4
2350	전북 정읍시	도시재생뉴딜사업(공기업제안형) 수성동 주민센터 건립	750,000	도시재생과	11	1	1	3	1	1	1	3

순번	시군구	지출명 (사업명)	2021년예산 (단위:천원/1년간)	담당자(공무원) 담당부서	민간이전 분류 (지방자치단체 세출예산 집행기준에 의거) 1. 민간경상사업보조(307-02) 2. 민간단체 법정운영비보조(307-03) 3. 민간행사사업보조(307-04) 4. 민간위탁금(307-05) 5. 사회복지시설 법정운영비보조(307-10) 6. 민간인위탁교육비(307-12) 7. 공기관등에대한경상적위탁사업비(308-10) 8. 민간자본사업보조,자체재원(402-01) 9. 민간자본사업보조,이전재원(402-02) 10. 민간위탁사업비(402-03) 11. 공기관등에 대한 자본적 대행사업비(403-02)	민간이전지출 근거 (지방보조금 관리기준 참고) 1. 법률에 규정 2. 국고보조 재원(국가지정) 3. 용도 지정 기부금 4. 조례에 직접규정 5. 지자체가 권장하는 사업을 하는 공공기관 6. 시,도 정책 및 재정사정 7. 기타 8. 해당없음	입찰방식 계약체결방법 (경쟁형태) 1. 일반경쟁 2. 제한경쟁 3. 지명경쟁 4. 수의계약 5. 법정위탁 6. 기타 ( ) 7. 해당없음	입찰방식 계약기간 1. 1년 2. 2년 3. 3년 4. 4년 5. 5년 6. 기타 ( )년 7. 단기계약 (1년미만) 8. 해당없음	입찰방식 낙찰자선정방법 1. 적격심사 2. 협상에의한계약 3. 최저가낙찰제 4. 규격가격분리 5. 2단계 경쟁입찰 6. 기타 ( ) 7. 해당없음	운영예산 산정 운영예산 산정 1. 내부산정 (지자체 자체적으로 산정) 2. 외부산정 (외부전문기관위탁 산정) 3. 내·외부 모두 산정 4. 산정 無 5. 해당없음	운영예산 산정 정산방법 1. 내부정산 (지자체 내부적으로 정산) 2. 외부정산 (외부전문기관위탁 정산) 3. 내·외부 모두 산정 4. 정산 無 5. 해당없음	성과평가 실시여부 1. 실시 2. 미실시 3. 향후 추진 4. 해당없음
2351	전북 정읍시	상동회관 앞 교차로 지중화사업	250,000	도시재생과	11	1	2	7	3	1	1	4
2352	전북 정읍시	단풍미인쌀 생산단지 용배수로 정비공사	400,000	건설과	11	1	1	7	7	1	1	4
2353	전북 정읍시	정우면 수금대사뜰 제수문 설치사업	150,000	건설과	11	1	1	7	7	1	1	4
2354	전북 정읍시	고부면 죽리마을 펌핑장 설치 및 배수로정비	30,000	건설과	11	1	1	7	7	1	1	4
2355	전북 정읍시	소성면 용정지구 소성2양수장 설치공사	100,000	건설과	11	1	1	7	7	1	1	4
2356	전북 정읍시	양수장신설	50,000	건설과	11	1	1	7	7	1	1	4
2357	전북 정읍시	기계화경작로확포장사업	2,660,000	건설과	11	1	1	7	7	1	1	4
2358	전북 정읍시	농촌취약지역 생활여건 개조사업	325,000	건축과	11	1	5	4	7	3	2	3
2359	전북 정읍시	클라우드 기반 건축행정시스템 재구축	17,600	건축과	11	1	7	8	7	2	2	4
2360	전북 정읍시	농촌 복지택시(공공형 택시) 정산시스템 운영사업비	1,800,000	교통과	11	1	7	8	7	2	4	2
2361	전북 정읍시	택시운행정보관리시스템 운영사업비	6,200	교통과	11	1	5	1	7	2	5	4
2362	전북 정읍시	제1매표소~구절초광장 한전주 및 통신주 지중화사업	500,000	농업정책과	11	1	6	8	7	5	5	3
2363	전북 남원시	차세대 지방재정관리시스템 구축	88,230	기획실	11	7	7	8	7	5	5	4
2364	전북 남원시	내수면양식단지 조성사업	1,090,000	현장지원과	11	2	5	4	7	5	5	4
2365	전북 김제시	서민층 가스시설 개선사업	25,800	경제진흥과	11	1	6	6	6	3	2	1
2366	전북 김제시	취약계층 가스시설 안전장치 보급 사업	18,000	경제진흥과	11	6	6	6	6	3	2	1
2367	전북 김제시	차세대 지방세정보시스템 구축	142,626	세정과	11	1	7	8	7	5	5	4
2368	전북 김제시	차세대 세외수입 정보시스템 구축	74,000	세정과	11	1	7	8	7	5	5	4
2369	전북 김제시	금구면 농촌중심지 활성화 사업	87,000	도시재생과	11	1	5	5	7	1	1	4
2370	전북 김제시	백구면 기초생활거점 육성사업	958,000	도시재생과	11	1	5	5	7	1	1	4
2371	전북 김제시	용지면 기초생활거점 육성사업	633,000	도시재생과	11	1	5	5	7	1	1	4
2372	전북 김제시	공덕면 기초생활거점 육성사업	990,000	도시재생과	11	1	5	5	7	1	1	4
2373	전북 김제시	황산면 기초생활거점 육성사업	990,000	도시재생과	11	1	5	5	7	1	1	4
2374	전북 김제시	죽산면 기초생활거점 육성사업	940,000	도시재생과	11	1	5	5	7	1	1	4
2375	전북 김제시	진봉면 기초생활거점 육성사업	243,000	도시재생과	11	1	5	5	7	1	1	4
2376	전북 김제시	백산면 기초생활거점 육성사업	243,000	도시재생과	11	1	5	5	7	1	1	4
2377	전북 김제시	죽산면 중심지 가로망 정비	50,000	도시재생과	11	8	7	8	7	5	5	4
2378	전북 김제시	자가가구 수선유지	1,925,500	건축과	11	1	7	8	7	5	5	4
2379	전북 김제시	건축행정시스템(세움터) 재구축	17,600	건축과	11	2	7	8	7	5	5	4
2380	전북 김제시	백구 외 1(유강),광활,삼평지구 대구획 경지정리	632,822	건설과	11	5	7	8	7	5	5	4
2381	전북 김제시	공덕면 덕광마을 배수로(암거) 공사	400,000	건설과	11	5	7	8	7	5	5	4
2382	전북 김제시	진봉면 관기 외 2개소(신석소,소석) 펌프장 설치공사	100,000	건설과	11	5	7	8	7	5	5	4
2383	전북 김제시	스마트팜 혁신밸리 임대형팜	40,000	농업정책과	11	2	7	8	7	5	5	4
2384	전북 김제시	민간육종연구단지 공동이용 장비지원	300,000	기술보급과	11	5	1	1	3	1	1	3
2385	전북 완주군	차세대 재정통합정보시스템 구축 분담금	88,230	기획감사실	11	1	7	8	7	5	2	4
2386	전북 완주군	청백e시스템 운영	8,801	기획감사실	11	1	6	1	6	2	2	4
2387	전북 완주군	표준인사정보시스템(인사랑) 구축 및 유지관리	79,904	행정지원과	11	5	7	8	7	2	1	1
2388	전북 완주군	차세대 지방세정보시스템 구축	104,668	재정관리과	11	5	4	1	7	2	2	1
2389	전북 완주군	차세대 표준지방세외수입정보시스템 구축	78,701	재정관리과	11	1	4	1	7	2	2	1
2390	전북 완주군	수소시범도시 사업	8,275,000	일자리경제과	11	2	7	8	7	5	1	4
2391	전북 완주군	취약계층 가스시설 개선사업	12,900	일자리경제과	11	2	7	8	7	5	5	1
2392	전북 완주군	가스시설 안전장치 보급 지원사업	18,000	일자리경제과	11	2	7	8	7	5	5	1

순번	시군구	지출명 (사업명)	2021년예산 (단위:천원/1년간)	담당자 (공무원)	민간이전 분류 (지방자치단체 세출예산 집행기준에 의거) 1. 민간경상사업보조(307-02) 2. 민간단체 법정운영비보조(307-03) 3. 민간행사사업보조(307-04) 4. 민간위탁금(307-05) 5. 사회복지시설 법정운영비보조(307-10) 6. 민간인위탁교육비(307-12) 7. 공기관등에대한경상적위탁사업비(308-10) 8. 민간자본사업보조,자체재원(402-01) 9. 민간자본사업보조,이전재원(402-02) 10. 민간위탁사업비(402-03) 11. 공기관등에 대한 자본적 대행사업비(403-02)	민간이전지출 근거 (지방보조금 관리기준 참고) 1. 법률에 규정 2. 국고보조 재원(국가지정) 3. 용도 지정 기부금 4. 조례에 직접규정 5. 지자체가 권장하는 사업을 하는 공공기관 6. 시,도 정책 및 재정사정 7. 기타 8. 해당없음	입찰방식			운영예산 산정		성과평가 실시여부
				담당부서			계약체결방법 (경쟁형태) 1. 일반경쟁 2. 제한경쟁 3. 지명경쟁 4. 수의계약 5. 법정위탁 6. 기타 ( ) 7. 해당없음	계약기간 1. 1년 2. 2년 3. 3년 4. 4년 5. 5년 6. 기타 ( )년 7. 단기계약 (1년미만) 8. 해당없음	낙찰자선정방법 1. 적격심사 2. 협상에의한계약 3. 최저가낙찰제 4. 규격가격분리 5. 2단계 경쟁입찰 6. 기타 ( ) 7. 해당없음	운영예산 산정 1. 내부산정 (지자체 자체적으로 산정) 2. 외부산정 (외부전문기관위탁 산정) 3. 내·외부 모두 산정 4. 산정 無 5. 해당없음	정산방법 1. 내부정산 (지자체 내부적으로 정산) 2. 외부정산 (외부전문기관위탁 정산) 3. 내·외부 모두 산정 4. 정산 無 5. 해당없음	1. 실시 2. 미실시 3. 향후 추진 4. 해당없음
2393	전북 완주군	식품명인 전통식품 홍보 및 판촉지원사업	10,000	먹거리정책과	11	6	7	8	7	1	1	1
2394	전북 완주군	농업용 저수지 안전점검	50,000	재난안전과	11	5	7	8	7	1	1	1
2395	전북 완주군	하리지구 재해위험지구정비사업	1,900,000	재난안전과	11	5	5	3	7	1	1	1
2396	전북 완주군	재해위험저수지 정비사업	2,030,000	재난안전과	11	5	5	8	7	1	1	1
2397	전북 완주군	7.28~8.11 호우피해 수리시설 재해복구사업	321,518	재난안전과	11	5	5	8	7	3	1	1
2398	전북 완주군	저수지 부유쓰레기 수거 처리비	379,247	재난안전과	11	5	5	1	7	3	1	1
2399	전북 완주군	주거급여(수선유지급여)	700,006	건축과	11	1	7	7	7	1	1	1
2400	전북 완주군	건축행정시스템 재구축 사업	17,600	건축과	11	2	5	8	7	5	5	4
2401	전북 진안군	버스정보시스템(BIS)유지보수	27,226	건설교통과	11	5	7	1	7	5	5	4
2402	전북 진안군	진안군 폐자원에너지화시설 설치	5,518,000	환경과	11	2	6	5	6	2	2	2
2403	전북 무주군	주거급여	278,333	민원봉사과	11	1	7	8	7	2	3	3
2404	전북 무주군	무주읍 농촌중심지 활성화사업	2,927,000	농촌활력과	11	1	7	8	7	1	1	1
2405	전북 무주군	무풍면 농촌중심지 활성화사업	2,450,000	농촌활력과	11	1	7	8	7	5	3	4
2406	전북 무주군	적상면 농촌중심지 활성화사업	2,314,000	농촌활력과	11	1	7	8	7	5	3	4
2407	전북 무주군	부남면 기초생활거점 조성사업	1,073,000	농촌활력과	11	1	7	8	7	5	3	4
2408	전북 무주군	공공도서관 건립	24,000	시설사업소	11	7	2	3	1	2	3	4
2409	전북 장수군	LPG용기 사용가구 시설개선 사업	17,500	일자리경제과	11	1	5	1	7	1	1	3
2410	전북 장수군	내수면 자원조성사업	250,000	축산과	11	2	7	8	7	5	5	4
2411	전북 장수군	경영실습임대농장 지원	300,000	농촌지원과	11	2	7	8	7	5	5	4
2412	전북 임실군	차세대 지방재정관리시스템 구축비 지자체별 분담금	77,230	기획감사실	11	1	5	1	6	2	2	1
2413	전북 임실군	기초생활거점육성사업	4,252,000	농촌활력과	11	1	5	1	7	1	1	4
2414	전북 임실군	취약지역 생활여건개조사업	827,000	농촌활력과	11	1	5	1	7	1	1	4
2415	전북 임실군	임실군 농촌공간 계획 수립	200,000	농촌활력과	11	1	5	1	7	1	1	4
2416	전북 임실군	삼계면 농촌중심지 활성화 사업	871,000	농촌활력과	11	1	5	1	7	1	1	4
2417	전북 임실군	관촌면 사선로 지중화사업	1,020,000	건설과	11	5	7	8	7	3	3	2
2418	전북 임실군	용배수로 현대화사업	200,000	건설과	11	1	7	8	7	1	1	4
2419	전북 임실군	임실군 노후상수관망 정비사업	8,527,000	상하수도과	11	5	4	5	7	1	1	3
2420	전북 임실군	수선유지사업	632,900	주택토지과	11	2	7	8	7	5	5	4
2421	전북 임실군	국가주소정보시스템 유지관리 사업	17,473	주택토지과	11	7	5	1	2	2	2	2
2422	전북 임실군	도로명주소기본도 유지보수 사업	3,473	주택토지과	11	7	5	1	2	2	2	2
2423	전북 순창군	가족센터 건립	813,000	주민복지과	11	1	2	8	1	3	3	3
2424	전북 순창군	차세대 지방세정보시스템 구축	84,243	재무과	11	6	7	8	7	2	2	4
2425	전북 순창군	차세대 지방세외수입정보시스템 구축	62,315	재무과	11	6	7	8	7	2	2	4
2426	전북 순창군	서민층 가스시설 개선	12,900	경제교통과	11	5	7	8	7	5	5	4
2427	전북 순창군	순창동계종합체육관 복합형주차장 조성	250,000	경제교통과	11	2	7	3	6	5	5	2
2428	전북 순창군	농업기반시설 정비사업	500,000	건설과	11	1	7	8	7	5	5	4
2429	전북 순창군	군관리 저수지 안전점검 용역	57,000	건설과	11	1	7	8	7	5	5	4
2430	전북 순창군	연화제 등 5개소 재해복구사업	4,043,176	건설과	11	1	7	8	7	5	5	4
2431	전북 순창군	두승양수장 등 8개소 재해복구사업	105,542	건설과	11	2	7	8	7	5	5	4
2432	전북 순창군	서마권역 종합정비사업	1,239,400	농촌개발과	11	1	5	4	7	5	1	4
2433	전북 순창군	방화마을 종합개발사업	334,000	농촌개발과	11	1	5	4	7	5	1	4
2434	전북 순창군	가인지구 농촌다움복원사업	540,000	농촌개발과	11	1	5	4	7	5	1	4

순번	시군구	지출명 (사업명)	2021년예산 (단위:천원/1년간)	담당자 (공무원) 담당부서	민간이전 분류 (지방자치단체 세출예산 집행기준에 의거) 1. 민간경상사업보조(307-02) 2. 민간단체 법정운영비보조(307-03) 3. 민간행사사업보조(307-04) 4. 민간위탁금(307-05) 5. 사회복지시설 법정운영비보조(307-10) 6. 민간인위탁교육비(307-12) 7. 공기관등에대한경상적위탁사업비(308-10) 8. 민간자본사업보조,자체재원(402-01) 9. 민간자본사업보조,이전재원(402-02) 10. 민간위탁사업비(402-03) 11. 공기관등에 대한 자본적 대행사업비(403-02)	민간이전지출 근거 (지방보조금 관리기준 참고) 1. 법률에 규정 2. 국고보조 재원(국가지정) 3. 용도 지정 기부금 4. 조례에 직접규정 5. 지자체가 권장하는 사업을 하는 공공기관 6. 시,도 정책 및 재정사정 7. 기타 8. 해당없음	입찰방식 계약체결방법 (경쟁형태) 1. 일반경쟁 2. 제한경쟁 3. 지명경쟁 4. 수의계약 5. 법정위탁 6. 기타 ( ) 7. 해당없음	입찰방식 계약기간 1. 1년 2. 2년 3. 3년 4. 4년 5. 5년 6. 기타 ( )년 7. 단기계약 (1년미만) 8. 해당없음	입찰방식 낙찰자선정방법 1. 적격심사 2. 협상에의한계약 3. 최저가낙찰제 4. 규격가격분리 5. 2단계 경쟁입찰 6. 기타 ( ) 7. 해당없음	운영예산 산정 운영예산 산정 1. 내부산정 (지자체 자체적으로 산정) 2. 외부산정 (외부전문기관위탁 산정) 3. 내·외부 모두 산정 4. 산정 無 5. 해당없음	운영예산 산정 정산방법 1. 내부정산 (지자체 내부적으로 정산) 2. 외부정산 (외부전문기관위탁 정산) 3. 내·외부 모두 산정 4. 정산 無 5. 해당없음	성과평가 실시여부 1. 실시 2. 미실시 3. 향후 추진 4. 해당없음
2435	전북 순창군	풍산 금곡지구 농촌다움복원사업	1,325,000	농촌개발과	11	1	5	4	7	5	1	4
2436	전북 순창군	학촌마을 자율개발사업	323,000	농촌개발과	11	1	5	3	7	5	1	4
2437	전북 순창군	도치마을 자율개발사업	323,000	농촌개발과	11	1	5	3	7	5	1	4
2438	전북 순창군	복실마을 자율개발사업	55,000	농촌개발과	11	1	5	3	7	5	1	4
2439	전북 순창군	세룡마을 자율개발사업	20,000	농촌개발과	11	1	5	3	7	5	1	4
2440	전북 순창군	가작마을 자율개발사업	131,000	농촌개발과	11	1	5	3	7	5	1	4
2441	전북 순창군	지북마을 자율개발사업	123,000	농촌개발과	11	1	5	3	7	5	1	4
2442	전북 순창군	오교마을 자율개발사업	122,000	농촌개발과	11	1	5	3	7	5	1	4
2443	전북 순창군	유정마을 자율개발사업	96,000	농촌개발과	11	1	5	3	7	5	1	4
2444	전북 순창군	고례마을 자율개발사업	94,000	농촌개발과	11	1	5	3	7	5	1	4
2445	전북 순창군	중안마을 자율개발사업	54,000	농촌개발과	11	1	5	3	7	5	1	4
2446	전북 순창군	쌍암마을 자율개발사업	249,000	농촌개발과	11	1	5	3	7	5	1	4
2447	전북 순창군	이동마을 자율개발사업	370,000	농촌개발과	11	1	5	3	7	5	1	4
2448	전북 순창군	신도마을 자율개발사업	318,000	농촌개발과	11	1	5	3	7	5	1	4
2449	전북 순창군	운항마을 자율개발사업	295,000	농촌개발과	11	1	5	3	7	5	1	4
2450	전북 순창군	마을만들기자율개발사업	1,100,000	농촌개발과	11	1	5	3	7	5	1	4
2451	전북 순창군	취약지역 생활여건 개조사업 추진	840,832	농촌개발과	11	2	7	8	7	3	3	1
2452	전북 순창군	도시 취약지역 생활여건 개조사업 추진	623,300	농촌개발과	11	2	7	8	7	3	3	1
2453	전북 순창군	주거 현물급여	550,000	농촌개발과	11	1	7	8	7	3	3	1
2454	전북 순창군	인계면 농촌중심지활성화사업	1,940,100	농촌개발과	11	1	5	4	7	1	1	2
2455	전북 순창군	풍산면 기초생활거점육성사업	1,220,000	농촌개발과	11	1	5	4	7	1	1	2
2456	전북 순창군	적성면 기초생활거점육성사업	1,347,000	농촌개발과	11	1	5	4	7	1	1	2
2457	전북 순창군	유등면 기초생활거점육성사업	1,219,000	농촌개발과	11	1	5	4	7	1	1	2
2458	전북 순창군	순창읍 중앙로 일원 도시재생뉴딜사업	1,867,000	농촌개발과	11	1	7	8	7	5	5	4
2459	전북 순창군	동계면 건강증진형보건지소 건립	610,056	보건사업과	11	7	2	8	6	1	1	3
2460	전북 순창군	순창 콩 개발을 위한 공동연구사업	100,000	생명농업과	11	6	7	8	7	1	1	1
2461	전북 순창군	한우암소 초음파 진단지원 사업	6,250	농축산과	11	7	7	8	7	1	1	3
2462	전북 순창군	한우고급육 출하 지원사업	50,000	농축산과	11	7	7	8	7	1	1	3
2463	전북 순창군	한우 정액 지원사업	30,000	농축산과	11	7	7	8	7	1	1	3
2464	전북 순창군	한우 등록비 지원사업	20,000	농축산과	11	7	7	8	7	1	1	3
2465	전북 순창군	동계면 종합체육관 건립	300,000	체육진흥사업소	11	2	2	3	7	1	1	1
2466	전북 고창군	스마트 원예단지 기반조성 사업	3,687,429	농생명지원과	11	1	5	2	2	5	3	3
2467	전북 고창군	연안바다목장 조성사업	500,000	해양수산과	11	2	7	8	7	5	5	4
2468	전북 고창군	용기마을 특화개발사업	1,068,000	해양수산과	11	1	5	4	2	5	3	3
2469	전북 고창군	만돌권역 거점개발사업	1,497,700	해양수산과	11	1	5	4	2	5	3	3
2470	전북 고창군	궁산 어촌종합개발 사업	2,091,000	해양수산과	11	1	5	4	2	5	3	3
2471	전북 고창군	고창 갯벌생태계 복원사업	628,714	해양수산과	11	1	5	4	2	5	3	3
2472	전북 고창군	서민층 가스시설 개선사업	12,900	상생경제과	11	2	5	5	2	3	3	3
2473	전북 고창군	취약계층 가스시설 안전장치 보급사업	20,000	상생경제과	11	2	5	5	2	3	3	3
2474	전북 고창군	수선유지주거급여	542,040	종합민원과	11	1	5	1	7	5	5	2
2475	전북 고창군	기초행정구역 공간정보 구축사업	126,000	종합민원과	11	6	7	8	7	5	5	4
2476	전북 부안군	지방재정관리시스템 운영관리	29,012	기획감사담당관	11	8	7	8	7	5	5	4

순번	시군구	지출명 (사업명)	2021년예산 (단위:천원/1년간)	담당자 (공무원) 담당부서	민간이전 분류 (지방자치단체 세출예산 집행기준에 의거) 1. 민간경상사업보조(307-02) 2. 민간단체 법정운영비보조(307-03) 3. 민간행사사업보조(307-04) 4. 민간위탁금(307-05) 5. 사회복지시설 법정운영비보조(307-10) 6. 민간인위탁교육비(307-12) 7. 공기관등에대한경상적위탁사업비(308-10) 8. 민간자본사업보조,자체재원(402-01) 9. 민간자본사업보조,이전재원(402-02) 10. 민간위탁사업비(402-03) 11. 공기관등에 대한 자본적 대행사업비(403-02)	민간이전지출 근거 (지방보조금 관리기준 참고) 1. 법률에 규정 2. 국고보조 재원(국가지정) 3. 용도 지정 기부금 4. 조례에 직접규정 5. 지자체가 권장하는 사업을 하는 공공기관 6. 시,도 정책 및 재정사정 7. 기타 8. 해당없음	입찰방식 계약체결방법 (경쟁형태) 1. 일반경쟁 2. 제한경쟁 3. 지명경쟁 4. 수의계약 5. 법정위탁 6. 기타 ( ) 7. 해당없음	입찰방식 계약기간 1. 1년 2. 2년 3. 3년 4. 4년 5. 5년 6. 기타 ( )년 7. 단기계약 (1년미만) 8. 해당없음	입찰방식 낙찰자선정방법 1. 적격심사 2. 협상에의한계약 3. 최저가낙찰제 4. 규격가격분리 5. 2단계 경쟁입찰 6. 기타 ( ) 7. 해당없음	운영예산 산정 운영예산 산정 1. 내부산정 (지자체 자체적으로 산정) 2. 외부산정 (외부전문기관위탁 산정) 3. 내·외부 모두 산정 4. 산정 無 5. 해당없음	운영예산 산정 정산방법 1. 내부정산 (지자체 내부적으로 정산) 2. 외부정산 (외부전문기관위탁 정산) 3. 내·외부 모두 산정 4. 정산 無 5. 해당없음	성과평가 실시여부 1. 실시 2. 미실시 3. 향후 추진 4. 해당없음
2477	전북 부안군	지방재정관리시스템 도입	88,230	기획감사담당관	11	8	7	8	7	5	5	4
2478	전북 부안군	청백-e(통합상시모니터링)시스템 운영 유지	8,801	기획감사담당관	11	1	1	1	7	2	1	1
2479	전북 부안군	표준지방인사정보시스템 운영	7,063	자치행정담당관	11	7	3	1	7	1	1	4
2480	전북 부안군	차세대표준지방인사정보시스템 구축	82,097	자치행정담당관	11	7	3	1	7	1	1	4
2481	전북 부안군	서민층 가스시설 개선사업	12,900	에너지팀	11	5	7	8	7	2	1	1
2482	전북 부안군	취약계층 가스시설 안전장치(타이머콕)보급사업	15,000	에너지팀	11	5	7	8	7	2	1	1
2483	전북 부안군	부안 나래청소년수련관 건립	32,000	교육청소년과	11	5	4	5	2	1	1	1
2484	전북 부안군	차세대시스템 구축사업	59,190	재무과	11	6	7	8	7	5	5	4
2485	전북 부안군	공유재산 실태조사 용역	150,000	재무과	11	2	4	1	7	3	5	4
2486	전북 부안군	차세대 주민등록정보시스템 운영비	11,648	민원과	11	7	7	8	7	5	5	4
2487	전북 부안군	도로명주소 운영시스템 유지보수	17,473	민원과	11	2	5	1	7	5	5	2
2488	전북 부안군	도로명주소 기본도 유지보수 사업	4,882	민원과	11	2	5	1	7	5	5	2
2489	전북 부안군	기초행정구역 공간정보 구축사업	116,000	민원과	11	8	7	8	7	5	5	4
2490	전북 부안군	건축행정시스템 재구축	17,600	민원과	11	7	7	8	7	5	5	4
2491	전북 부안군	기초생활보장 수선유지급여	1,026,553	민원과	11	1	4	1	7	2	2	3
2492	전북 부안군	취약지역 생활여건 개조사업	620,000	민원과	11	1	7	4	7	2	1	1
2493	전북 부안군	취약지역 생활여건 개조사업	252,000	민원과	11	1	7	4	7	2	1	1
2494	전북 부안군	취약지역 생활여건 개조사업	278,000	민원과	11	1	7	4	7	2	1	1
2495	전북 부안군	해중림 조성사업	531,250	해양수산과	11	1	5	1	7	2	3	4
2496	전북 부안군	격포항 권역단위거점개발사업	2,904,000	해양수산과	11	1	5	5	7	2	3	3
2497	전북 부안군	어촌뉴딜 개발사업	4,544,000	해양수산과	11	1	5	3	7	2	3	3
2498	전북 부안군	어촌뉴딜 개발사업	14,838	해양수산과	11	1	5	3	7	2	3	3
2499	전북 부안군	장기미집행 도시공원 토지매입	100,000	도시공원과	11	7	7	8	7	5	5	4
2500	전북 부안군	시군관리 저수지 정밀조사	99,000	기반조성	11	1	7	8	7	5	1	4
2501	전북 부안군	기계화경작로 확포장사업	732,000	기반조성	11	1	7	8	7	5	1	4
2502	전북 부안군	고마지구 농촌테마공원 조성사업	200,000	기반조성	11	1	7	8	7	5	1	4
2503	전북 부안군	대구획 경지정리사업	103,621	기반조성	11	1	7	8	7	5	1	4
2504	전북 부안군	동전지구 논의밭작물재배기반지원사업	660,000	기반조성	11	1	7	8	7	5	1	4
2505	전북 부안군	부안 양수장 급수지원 유지관리비	35,000	기반조성	11	1	7	8	7	5	1	4
2506	전북 부안군	동진면 농촌중심지 활성화사업	1,723,146	건설교통과	11	1	4	4	2	2	1	2
2507	전북 부안군	부안읍 농촌중심지 활성화사업	571,429	건설교통과	11	1	4	5	2	2	1	2
2508	전북 부안군	유유마을단위 특화개발사업	669,000	건설교통과	11	1	4	3	2	2	1	2
2509	전북 부안군	주산면 기초생활거점조성사업	345,714	건설교통과	11	1	4	5	2	2	1	2
2510	전북 부안군	하서면 기초생활거점조성사업	714,286	건설교통과	11	1	4	4	2	2	1	2
2511	전북 부안군	행안면 기초생활거점조성사업	400,000	건설교통과	11	1	4	4	2	2	1	2
2512	전북 부안군	부안 지방상수도 현대화사업	2,744,000	상하수도사업소	11	1	6	5	2	3	2	3
2513	전북 부안군	부안 도시침수예방 하수도중점관리사업	91,590,000	상하수도사업소	11	7	7	8	7	1	1	4
2514	전남 완도군	권역단위거점개발	2,772,640	지역개발과	11	1	7	3	7	3	3	3
2515	전남 완도군	권역단위거점개발	2,853,000	지역개발과	11	1	7	3	7	3	3	3
2516	전남 완도군	권역단위거점개발	2,784,000	지역개발과	11	1	7	4	7	3	3	3
2517	전남 완도군	어촌뉴딜300사업	1,010,070	지역개발과	11	1	7	3	7	3	3	3
2518	전남 완도군	어촌뉴딜301사업	1,074,359	지역개발과	11	1	7	3	7	3	3	3

순번	시군구	지출명 (사업명)	2021년예산 (단위:천원/1년간)	담당자 (공무원) 담당부서	민간이전 분류 (지방자치단체 세출예산 집행기준에 의거) 1. 민간경상사업보조(307-02) 2. 민간단체 법정운영비보조(307-03) 3. 민간행사사업보조(307-04) 4. 민간위탁금(307-05) 5. 사회복지시설 법정운영비보조(307-10) 6. 민간인위탁교육비(307-12) 7. 공기관등에대한경상적위탁사업비(308-10) 8. 민간자본사업보조,자체재원(402-01) 9. 민간자본사업보조,이전재원(402-02) 10. 민간위탁사업비(402-03) 11. 공기관등에 대한 자본적 대행사업비(403-02)	민간이전지출 근거 (지방보조금 관리기준 참고) 1. 법률에 규정 2. 국고보조 재원(국가지정) 3. 용도 지정 기부금 4. 조례에 직접규정 5. 지자체가 권장하는 사업을 하는 공공기관 6. 시,도 정책 및 재정사정 7. 기타 8. 해당없음	입찰방식 계약체결방법 (경쟁형태) 1. 일반경쟁 2. 제한경쟁 3. 지명경쟁 4. 수의계약 5. 법정위탁 6. 기타 ( ) 7. 해당없음	계약기간 1. 1년 2. 2년 3. 3년 4. 4년 5. 5년 6. 기타 ( )년 7. 단기계약 (1년미만) 8. 해당없음	낙찰자선정방법 1. 적격심사 2. 협상에의한계약 3. 최저가낙찰제 4. 규격가격분리 5. 2단계 경쟁입찰 6. 기타 ( ) 7. 해당없음	운영예산 산정 운영예산 산정 1. 내부산정 (지자체 자체적으로 산정) 2. 외부산정 (외부전문기관위탁 산정) 3. 내·외부 모두 산정 4. 산정 無 5. 해당없음	정산방법 1. 내부정산 (지자체 내부적으로 정산) 2. 외부정산 (외부전문기관위탁 정산) 3. 내·외부 모두 산정 4. 정산 無 5. 해당없음	성과평가 실시여부 1. 실시 2. 미실시 3. 향후 추진 4. 해당없음
2519	전남 완도군	어촌뉴딜302사업	3,852,000	지역개발과	11	1	7	3	7	3	3	3
2520	전남 완도군	어촌뉴딜303사업	3,909,200	지역개발과	11	1	7	3	7	3	3	3
2521	전남 완도군	어촌뉴딜304사업	3,897,200	지역개발과	11	1	7	3	7	3	3	3
2522	전남 완도군	어촌뉴딜305사업	4,618,800	지역개발과	11	1	7	3	7	3	3	3
2523	전남 완도군	수산물 가공공장 에너지절감장비 지원사업	360,000	수산경영과	11	2	7	8	7	5	5	4
2524	전남 완도군	수산동물 질병예방 위탁공급사업 대행 수수료	150,000	수산경영과	11	5	7	8	7	5	5	4
2525	전남 완도군	친환경 에너지 보급	7,080,000	수산경영과	11	2	7	8	7	5	5	4
2526	전남 완도군	친환경 에너지보급	1,280,000	수산경영과	11	2	7	8	7	5	5	4
2527	전남 완도군	해양바이오산업 활성화를 위한 감태 시험양식	25,000	수산경영과	11	7	7	8	7	5	5	4
2528	전남 완도군	경로당 태양광발전시설 설치	225,000	주민복지과	11	2	7	1	7	5	1	1
2529	전남 완도군	주거급여 지원사업	1,617,570	주민복지과	11	2	7	7	7	5	3	4
2530	전남 완도군	도서지역 집중지원 에너지효율화사업	15,000	주민복지과	11	5	7	8	7	5	3	3
2531	전남 완도군	적조피해대비 어류양식 환경개선물질 공급사업	123,000	해양정책과	11	7	7	8	7	5	5	4
2532	전남 완도군	수산종자매입방류사업	167,000	해양정책과	11	5	1	1	3	1	1	1
2533	전남 완도군	유해생물구제사업	200,000	해양정책과	11	2	7	8	7	5	5	4
2534	전남 완도군	조업중 인양쓰레기 수매	170,000	해양정책과	11	6	7	8	7	5	5	4
2535	전남 완도군	다시마 꼬리 수거사업	200,000	해양정책과	11	7	7	8	7	5	5	4
2536	전남 완도군	해조류부산물재활용지원사업	375,000	해양정책과	11	7	7	8	7	5	5	4
2537	전남 완도군	해삼씨뿌림사업	274,500	해양정책과	11	5	1	1	3	1	1	1
2538	전남 완도군	해삼서식기반 조성사업	200,000	해양정책과	11	5	1	1	3	1	1	1
2539	전남 완도군	연안바다목자조성사업	500,000	해양정책과	11	5	1	1	3	1	1	1
2540	전남 완도군	바다정원사업	600,000	해양정책과	11	5	1	1	3	1	1	1
2541	전남 완도군	고수온 대응 지원사업	386,000	해양정책과	11	7	7	8	7	5	5	4
2542	전남 완도군	암조기검진사업	113,524	건강증진과	11	2	5	1	7	2	2	4
2543	전남 완도군	희귀난치성질환관리	65,130	건강증진과	11	2	5	1	7	2	2	4
2544	전남 완도군	의료수급권자건강검진	14,131	건강증진과	11	2	5	1	7	2	2	4
2545	전남 완도군	영유아건강검진	879,000	건강증진과	11	2	5	1	7	2	2	4
2546	전남 완도군	치매예방관리	127,605	건강증진과	11	2	5	8	7	1	1	4
2547	전남 목포시	에너지회수(소각) 발전시설 건립	1,100,000	자원순환과	11	7	5	3	5	2	2	2
2548	전남 목포시	에너지회수(소각) 발전시설 건립	1,100,000	자원순환과	11	7	5	3	5	2	2	2
2549	전남 목포시	수선유지급여	180,000	노인장애인과	11	1	5	1	7	2	2	2
2550	전남 여수시	청소대행사업 위탁운영	970,600	도시미화과	11	1	5	1	7	1	1	1
2551	전남 여수시	도로재비산먼지저감	300,000	도시미화과	11	1	5	8	7	1	1	4
2552	전남 여수시	도시형폐기물 종합처리시설 위탁	4,160,000	도시미화과	11	1	7	1	7	1	1	1
2553	전남 여수시	어촌뉴딜300사업(2019년)	5,640,586	섬자원개발과	11	7	7	6	7	1	1	4
2554	전남 여수시	어촌뉴딜300사업(2021년)	270,000	섬자원개발과	11	7	7	6	7	1	1	4
2555	전남 순천시	주암호상사호 수질관리(상수원관리지역)	219,800	생태환경과	11	1	7	8	7	5	5	3
2556	전남 순천시	예산편성 및 재정관리제도 운영	110,186	기획예산실	11	7	7	8	7	5	5	3
2557	전남 순천시	인사운영의 내실화	134,608	총무과	11	7	7	8	7	5	5	3
2558	전남 순천시	이수로~팔마로 한전지중화사업	200,000	도시재생과	11	6	7	8	7	5	5	3
2559	전남 순천시	남교오거리~저전길 한전 지중화 사업	200,000	도시재생과	11	6	7	8	7	5	5	3
2560	전남 광양시	지역 ICT이노베이션스퀘어 입주건물 리모델링	400,000	정보통신과	11	2	7	8	7	3	3	1

순번	시군구	지출명 (사업명)	2021년예산 (단위:천원/1년간)	담당자 (공무원) 담당부서	민간이전 분류 (지방자치단체 세출예산 집행기준에 의거) 1. 민간경상사업보조(307-02) 2. 민간단체 법정운영비보조(307-03) 3. 민간행사사업보조(307-04) 4. 민간위탁금(307-05) 5. 사회복지시설 법정운영비보조(307-10) 6. 민간인위탁교육비(307-12) 7. 공기관등에대한경상적위탁사업비(308-10) 8. 민간자본사업보조,자체재원(402-01) 9. 민간자본사업보조,이전재원(402-02) 10. 민간위탁사업비(402-03) 11. 공기관등에 대한 자본적 대행사업비(403-02)	민간이전지출 근거 (지방보조금 관리기준 참고) 1. 법률에 규정 2. 국고보조 재원(국가지정) 3. 용도 지정 기부금 4. 조례에 직접규정 5. 지자체가 권장하는 사업을 하는 공공기관 6. 시,도 정책 및 재정사정 7. 기타 8. 해당없음	입찰방식 계약체결방법 (경쟁형태) 1. 일반경쟁 2. 제한경쟁 3. 지명경쟁 4. 수의계약 5. 법정위탁 6. 기타 ( ) 7. 해당없음	입찰방식 계약기간 1. 1년 2. 2년 3. 3년 4. 4년 5. 5년 6. 기타 ( )년 7. 단기계약 (1년미만) 8. 해당없음	입찰방식 낙찰자선정방법 1. 적격심사 2. 협상에의한계약 3. 최저가낙찰제 4. 규격가격분리 5. 2단계 경쟁입찰 6. 기타 ( ) 7. 해당없음	운영예산 산정 운영예산 산정 1. 내부산정 (지자체 자체적으로 산정) 2. 외부산정 (외부전문기관위탁 산정) 3. 내·외부 모두 산정 4. 산정 無 5. 해당없음	운영예산 산정 정산방법 1. 내부정산 (지자체 내부적으로 정산) 2. 외부정산 (외부전문기관위탁 정산) 3. 내·외부 모두 산정 4. 정산 無 5. 해당없음	성과평가 실시여부 1. 실시 2. 미실시 3. 향후 추진 4. 해당없음
2561	전남 광양시	2019 마동 와우포구 어촌뉴딜사업	20,000	철강항만과	11	1	5	3	7	5	3	4
2562	전남 광양시	광양 하동 섬진강 내륙어촌 재생사업	1,917,000	철강항만과	11	1	5	3	7	5	3	4
2563	전남 광양시	수어호 부유물 운반처리비 지원	7,000	환경과	11	2	7	7	7	5	1	4
2564	전남 담양군	차세대 지방재정관리시스템 구축비	66,255	지속가능경영기획실	11	1	7	8	7	5	5	4
2565	전남 담양군	주거급여	500,000	주민행복과	11	1	5	1	7	5	3	4
2566	전남 담양군	의료급여진료비 부담금	742,190	주민행복과	11	1	7	8	7	5	1	2
2567	전남 담양군	건강생활유지비	1,772,000	주민행복과	11	1	7	8	7	5	1	2
2568	전남 담양군	임신출산진료비	51,000	주민행복과	11	1	7	8	7	5	1	2
2569	전남 담양군	슬레이트 처리 및 지붕개량 사업	1,279,400	생태환경과	11	2	6	1	7	3	3	3
2570	전남 담양군	지방세 정보화사업	40,360	세무회계과	11	1	7	8	7	5	5	4
2571	전남 담양군	한국지방세연구원 부담금	3,813	세무회계과	11	1	7	8	7	5	5	4
2572	전남 담양군	차세대 지방세 정보시스템 분담금	1,248,000	세무회계과	11	1	7	8	7	5	5	4
2573	전남 담양군	차세대 지방세 정보시스템 분담금	89,040	세무회계과	11	1	7	8	7	5	5	4
2574	전남 담양군	세외수입 차세대 시스템 구축사업비	59,190	세무회계과	11	7	7	8	7	5	5	4
2575	전남 담양군	클라우드기반 건축행정시스템 재구축	17,600	도시디자인과	11	4	7	8	7	5	5	4
2576	전남 담양군	노후 용배수로 유지보수	100,000	안전건설과	11	1	5	1	7	5	1	4
2577	전남 담양군	경지정리지구 배수개선사업	100,000	안전건설과	11	1	5	1	7	5	1	4
2578	전남 담양군	인공폭포 유지관리	20,000	안전건설과	11	1	5	1	7	5	1	4
2579	전남 담양군	수북 대방~궁산 인도개설사업	80,000	안전건설과	11	1	5	1	7	5	1	4
2580	전남 담양군	대전 서옥 배수로 정비	80,000	안전건설과	11	1	5	1	7	5	1	4
2581	전남 담양군	무정 동산 농로포장 및 배수로 정비	35,000	안전건설과	11	1	5	1	7	5	1	4
2582	전남 담양군	담양 백동 배수로 정비	30,000	안전건설과	11	1	5	1	7	5	1	4
2583	전남 담양군	봉산 대추 배수로정비	30,000	안전건설과	11	1	5	1	7	5	1	4
2584	전남 담양군	고서 고읍	15,000	안전건설과	11	1	5	1	7	5	1	4
2585	전남 담양군	무정 오봉 용배수로 정비	40,000	안전건설과	11	1	5	1	7	5	1	4
2586	전남 담양군	무정 영천 배수로 정비	40,000	안전건설과	11	1	5	1	7	5	1	4
2587	전남 담양군	무정 영천 용배수로 정비	30,000	안전건설과	11	1	5	1	7	5	1	4
2588	전남 담양군	무정 안평 용배수로 정비	30,000	안전건설과	11	1	5	1	7	5	1	4
2589	전남 담양군	금성 대성 배수로 정비	30,000	안전건설과	11	1	5	1	7	5	1	4
2590	전남 담양군	대전 대치 용수로 정비	50,000	안전건설과	11	1	5	1	7	5	1	4
2591	전남 담양군	대전 태목 용수로 정비	10,000	안전건설과	11	1	5	1	7	5	1	4
2592	전남 담양군	대전 대치 용수로 정비	40,000	안전건설과	11	1	5	1	7	5	1	4
2593	전남 담양군	봉산면 농촌중심지 활성화사업	1,709,000	안전건설과	11	1	5	5	7	5	1	4
2594	전남 담양군	대덕면 농촌중심지 활성화사업	2,435,000	안전건설과	11	1	5	4	7	5	1	4
2595	전남 담양군	덕곡마을 마을만들기사업	250,000	안전건설과	11	1	5	2	7	5	1	4
2596	전남 담양군	청촌마을 마을만들기사업	250,000	안전건설과	11	1	5	2	7	5	1	4
2597	전남 담양군	생오지마을 마을만들기사업	250,000	안전건설과	11	1	5	2	7	5	1	4
2598	전남 담양군	와우마을 마을만들기사업	250,000	안전건설과	11	1	5	2	7	5	1	4
2599	전남 담양군	고서면 기초생활거점육성사업	776,000	안전건설과	11	1	5	5	7	5	1	4
2600	전남 담양군	용면 기초생활거점육성사업	776,000	안전건설과	11	1	5	5	7	5	1	4
2601	전남 담양군	가사문학면 기초생활거점육성사업	543,000	안전건설과	11	1	5	5	7	5	1	4
2602	전남 담양군	농어촌 취약지역생활여건 개조사업	355,000	안전건설과	11	1	5	5	7	5	1	4

순번	시군구	지출명 (사업명)	2021년예산 (단위:천원/1년간)	담당자 (공무원) 담당부서	민간이전 분류 (지방자치단체 세출예산 집행기준에 의거) 1. 민간경상사업보조(307-02) 2. 민간단체 법정운영비보조(307-03) 3. 민간행사사업보조(307-04) 4. 민간위탁금(307-05) 5. 사회복지시설 법정운영비보조(307-10) 6. 민간인위탁교육비(307-12) 7. 공기관등에대한경상적위탁사업비(308-10) 8. 민간자본사업보조,자체재원(402-01) 9. 민간자본사업보조,이전재원(402-02) 10. 민간위탁사업비(402-03) 11. 공기관등에 대한 자본적 대행사업비(403-02)	민간이전지출 근거 (지방보조금 관리기준 참고) 1. 법률에 규정 2. 국고보조 재원(국가지정) 3. 용도 지정 기부금 4. 조례에 직접규정 5. 지자체가 권장하는 사업을 하는 공공기관 6. 시,도 정책 및 재정사정 7. 기타 8. 해당없음	입찰방식 계약체결방법 (경쟁형태) 1. 일반경쟁 2. 제한경쟁 3. 지명경쟁 4. 수의계약 5. 법정위탁 6. 기타 ( ) 7. 해당없음	입찰방식 계약기간 1. 1년 2. 2년 3. 3년 4. 4년 5. 5년 6. 기타 ( )년 7. 단기계약 (1년미만) 8. 해당없음	입찰방식 낙찰자선정방법 1. 적격심사 2. 협상에의한계약 3. 최저가낙찰제 4. 규격가격분리 5. 2단계 경쟁입찰 6. 기타 ( ) 7. 해당없음	운영예산 산정 운영예산 산정 1. 내부산정 (지자체 자체적으로 산정) 2. 외부산정 (외부전문기관위탁 산정) 3. 내·외부 모두 산정 4. 산정 無 5. 해당없음	운영예산 산정 정산방법 1. 내부정산 (지자체 내부적으로 정산) 2. 외부정산 (외부전문기관위탁 정산) 3. 내·외부 모두 산정 4. 정산 無 5. 해당없음	성과평가 실시여부 1. 실시 2. 미실시 3. 향후 추진 4. 해당없음
2603	전남 곡성군	차세대 지방재정관리시스템 구축비 분담금	77,230	기획실	11	7	7	1	7	5	5	4
2604	전남 곡성군	차세대 주민등록정보시스템 구축	10,975	민원실	11	1	7	1	7	5	5	4
2605	전남 곡성군	클라우드 기반 건축행정시스템(세움터)재구축	17,600	민원실	11	2	1	1	2	3	3	2
2606	전남 곡성군	진로직업체험관 운영 대행사업비	200,000	행정과	11	4	7	8	7	5	5	4
2607	전남 곡성군	차세대 지방세정보시스템 구축 사업비	84,172	재무과	11	1	5	1	7	2	2	4
2608	전남 곡성군	차세대 표준지방세외수입정보시스템 분담금	54,027	재무과	11	1	5	1	7	2	2	4
2609	전남 곡성군	고달면 뇌연마을 비닐하우스 단지 농로 석축공사	45,000	농정과	11	8	7	8	7	1	1	4
2610	전남 곡성군	곡성읍 동산리 용수로 정비사업	50,000	농정과	11	8	7	8	7	1	1	4
2611	전남 곡성군	오곡면 오지리 용수로 정비사업	40,000	농정과	11	8	7	8	7	1	1	4
2612	전남 곡성군	삼기면 원등리 용수로 정비사업	50,000	농정과	11	8	7	8	7	1	1	4
2613	전남 곡성군	석곡면 덕흥리 용수로 정비사업	40,000	농정과	11	8	7	8	7	1	1	4
2614	전남 곡성군	목사동면 용봉리 용수로 정비사업	40,000	농정과	11	8	7	8	7	1	1	4
2615	전남 곡성군	죽곡면 신풍리 용수로 정비사업	50,000	농정과	11	8	7	8	7	1	1	4
2616	전남 곡성군	입면 금산리 용수로 정비사업	50,000	농정과	11	8	7	8	7	1	1	4
2617	전남 곡성군	입면 삼오리 용수로 정비사업	40,000	농정과	11	8	7	8	7	1	1	4
2618	전남 곡성군	죽곡면 태평지구 용배수로 정비사업	50,000	농정과	11	8	7	8	7	1	1	4
2619	전남 곡성군	입면 제월지구 용배수로 정비사업	95,000	농정과	11	8	7	8	7	1	1	4
2620	전남 곡성군	방송지구 지표수 보강개발	700,000	농정과	11	8	7	8	7	1	1	4
2621	전남 곡성군	동화정원 개발사업 부지매입비	40,000	관광과	11	1	5	2	2	1	1	2
2622	전남 곡성군	자연환경보전사업 편입토지 보상금	20,000	환경축산과	11	1	7	8	7	3	3	4
2623	전남 곡성군	내륙어촌 재생사업	1,693,200	환경축산과	11	2	7	8	7	3	3	1
2624	전남 곡성군	내수면 재생사업 어업인활성화센터 토지매입	200,000	환경축산과	11	2	7	8	7	3	3	4
2625	전남 곡성군	곡성군 지역역량강화사업	190,000	안전건설과	11	2	5	1	7	1	1	4
2626	전남 곡성군	근촌리 새뜰마을사업	398,000	안전건설과	11	2	5	4	7	1	1	4
2627	전남 곡성군	대사리 새뜰마을사업	427,000	안전건설과	11	2	5	4	7	1	1	4
2628	전남 곡성군	칠봉리 새뜰마을사업	508,000	안전건설과	11	2	5	4	7	1	1	4
2629	전남 곡성군	마을만들기사업	240,000	안전건설과	11	2	5	3	7	1	1	4
2630	전남 곡성군	마을만들기사업	240,000	안전건설과	11	2	5	3	7	1	1	4
2631	전남 곡성군	마을만들기사업	240,000	안전건설과	11	2	5	3	7	1	1	4
2632	전남 곡성군	마을만들기사업	240,000	안전건설과	11	2	5	3	7	1	1	4
2633	전남 곡성군	마을만들기사업	240,000	안전건설과	11	2	5	3	7	1	1	4
2634	전남 곡성군	마을만들기사업	230,000	안전건설과	11	2	5	3	7	1	1	4
2635	전남 곡성군	마을만들기사업	230,000	안전건설과	11	2	5	3	7	1	1	4
2636	전남 곡성군	마을만들기사업	230,000	안전건설과	11	2	5	3	7	1	1	4
2637	전남 곡성군	마을만들기사업	230,000	안전건설과	11	2	5	3	7	1	1	4
2638	전남 곡성군	마을만들기사업	246,286	안전건설과	11	2	5	3	7	1	1	4
2639	전남 곡성군	마을만들기사업	100,000	안전건설과	11	2	5	3	7	1	1	4
2640	전남 곡성군	겸면 기초생활거점조성사업	444,000	안전건설과	11	2	5	4	7	1	1	4
2641	전남 곡성군	서민층 가스안전장치 보급사업	15,000	도시경제과	11	6	7	8	7	3	3	3
2642	전남 곡성군	옥과 지역수요 맞춤형 공공임대주택 용지보상 보조금	1,000,000	도시경제과	11	5	6	6	7	1	1	3
2643	전남 곡성군	곡성군 노후 상수관망 정비사업	7,448,000	상하수도사업소	11	1	5	5	7	3	3	4
2644	전남 구례군	차세대 지방재정관리시스템 구축 분담금	66,255	기획예산실	11	1	5	1	7	2	2	1

순번	시군구	지출명 (사업명)	2021년예산 (단위:천원/1년간)	담당자 (공무원) 담당부서	민간이전 분류 (지방자치단체 세출예산 집행기준에 의거) 1. 민간경상사업보조(307-02) 2. 민간단체 법정운영비보조(307-03) 3. 민간행사사업보조(307-04) 4. 민간위탁금(307-05) 5. 사회복지시설 법정운영비보조(307-10) 6. 민간인위탁교육비(307-12) 7. 공기관등에대한경상적위탁사업비(308-10) 8. 민간자본사업보조,자체재원(402-01) 9. 민간자본사업보조,이전재원(402-02) 10. 민간위탁사업비(402-03) 11. 공기관등에 대한 자본적 대행사업비(403-02)	민간이전지출 근거 (지방보조금 관리기준 참고) 1. 법률에 규정 2. 국고보조 재원(국가지정) 3. 용도 지정 기부금 4. 조례에 직접규정 5. 지자체가 권장하는 사업을 하는 공공기관 6. 시,도 정책 및 재정사정 7. 기타 8. 해당없음	입찰방식: 계약체결방법 (경쟁형태) 1. 일반경쟁 2. 제한경쟁 3. 지명경쟁 4. 수의계약 5. 법정위탁 6. 기타 ( ) 7. 해당없음	입찰방식: 계약기간 1. 1년 2. 2년 3. 3년 4. 4년 5. 5년 6. 기타 ( )년 7. 단기계약 (1년미만) 8. 해당없음	입찰방식: 낙찰자선정방법 1. 적격심사 2. 협상에의한계약 3. 최저가낙찰제 4. 규격가격분리 5. 2단계 경쟁입찰 6. 기타 ( ) 7. 해당없음	운영예산 산정: 운영예산 산정 1. 내부산정 (지자체 자체적으로 산정) 2. 외부산정 (외부전문기관위탁 산정) 3. 내·외부 모두 산정 4. 산정 無 5. 해당없음	운영예산 산정: 정산방법 1. 내부정산 (지자체 내부적으로 정산) 2. 외부정산 (외부전문기관위탁 정산) 3. 내·외부 모두 산정 4. 정산 無 5. 해당없음	성과평가 실시여부 1. 실시 2. 미실시 3. 향후 추진 4. 해당없음
2645	전남 구례군	문척면 농촌중심지활성화사업	1,965,000	경제활력과	11	5	5	8	7	1	2	4
2646	전남 구례군	마을만들기사업	400,000	경제활력과	11	5	5	8	7	1	2	4
2647	전남 구례군	광의면 기초생활거점조성사업	837,000	경제활력과	11	5	5	8	7	1	2	4
2648	전남 구례군	서민층 가스시설 개선	25,000	경제활력과	11	2	7	8	7	5	5	4
2649	전남 구례군	서민층 가스안전장치 보급	15,000	경제활력과	11	6	7	8	7	5	5	4
2650	전남 강진군	노후상수도정비사업	20,020	상하수도사업소	11	2	5	5	2	1	1	1
2651	전남 강진군	친환경 에너지 보급사업	320,000	해양산림과	11	2	7	8	7	5	5	4
2652	전남 해남군	친환경에너지보급지원	550,000	해양수산과	11	2	5	1	1	3	1	1
2653	전남 해남군	친환경에너지보급지원	198,177	해양수산과	11	2	5	1	1	3	1	1
2654	전남 해남군	어린이집 기능보강	33,840	인구정책과	11	1	7	8	7	1	1	4
2655	전남 해남군	하천 및 하구 쓰레기 정화사업	50,000	환경교통과	11	1	5	8	7	1	1	2
2656	전남 해남군	농어촌버스 광역BIS운영	25,000	환경교통과	11	2	1	1	1	2	2	3
2657	전남 해남군	택시운행정보관리시스템 유지관리	2,083,000	환경교통과	11	1	5	8	7	1	5	4
2658	전남 영암군	서민층 가스안전장치 보급사업	15,000	투자경제과	11	2	7	8	7	3	3	2
2659	전남 영암군	기계화경작로 포장공사 대행사업	103,000	건설교통과	11	5	7	8	7	1	4	1
2660	전남 영암군	서호 금강지구 배수로 정비사업	360,000	건설교통과	11	5	7	8	7	5	5	4
2661	전남 영암군	삼호 용앙지구 배수로 정비사업	150,000	건설교통과	11	5	7	8	7	5	5	4
2662	전남 영암군	클라우드 기반 건축행정시스템 구축비	17,600	종합민원과	11	2	7	8	7	5	5	4
2663	전남 영암군	영암 둔덕지구 농어촌 취약지역 생활여건 개조사업	726,000	도시개발과	11	5	5	4	7	1	1	3
2664	전남 영암군	시종 신흥지구 농어촌 취약지역 생활여건 개조사업	586,000	도시개발과	11	5	5	4	7	1	1	3
2665	전남 영암군	도포 영호지구 농어촌 취약지역 생활여건 개조사업	537,000	도시개발과	11	5	5	4	7	1	1	3
2666	전남 영암군	기초주거급여 수급자 수선유지급여	600,000	도시개발과	11	2	7	8	7	5	5	4
2667	전남 영암군	영암읍 농촌중심지 활성화사업	2,789,830	도시개발과	11	5	5	5	7	1	1	3
2668	전남 무안군	지하수 영향조사 및 사후관리	100,000	환경과	11	1	7	8	7	5	5	4
2669	전남 함평군	기초주거급여	700,000	민원봉사실	11	1	5	7	7	3	3	1
2670	전남 함평군	서민층 가스시설개선	15,000	일자리경제과	11	2	5	8	7	5	1	1
2671	전남 함평군	국가혁신융복합단지 확대지정 지원사업	36,000	일자리경제과	11	2	7	8	7	5	5	4
2672	전남 함평군	전남 청년창업 지원사업	87,800	일자리경제과	11	2	7	2	7	5	1	1
2673	전남 함평군	택시운영정보관리시스템 운영비	851,000	일자리경제과	11	6	4	1	7	1	1	3
2674	전남 함평군	대동 대동제 관리도로 호우피해 복구공사	71,876	안전건설과	11	4	5	1	7	5	1	4
2675	전남 함평군	나산 선박취입보 호우피해 복구공사	23,951	안전건설과	11	4	5	1	7	5	1	4
2676	전남 함평군	학교 질례배수장 호우피해 복구공사	18,721	안전건설과	11	4	5	1	7	5	1	4
2677	전남 함평군	월야 불로취입보 호우피해 복구공사	15,118	안전건설과	11	4	5	1	7	5	1	4
2678	전남 함평군	엄다 엄다양수장 호우피해 복구공사	8,021	안전건설과	11	4	5	1	7	5	1	4
2679	전남 함평군	함평 영수양수장 호우피해 복구공사	51,418	안전건설과	11	4	5	1	7	5	1	4
2680	전남 함평군	함평 영수취입보 호우피해 복구공사	6,047	안전건설과	11	4	5	1	7	5	1	4
2681	전남 함평군	학교 월호양수장 호우피해 복구공사	46,918	안전건설과	11	4	5	1	7	5	1	4
2682	전남 함평군	금석지구 대구획경지정리사업	240,000	안전건설과	11	8	7	8	7	1	1	4
2683	전남 함평군	기계화경작로 확포장사업	135,000	안전건설과	11	8	7	8	7	1	1	4
2684	전남 함평군	농촌생활환경 정비사업	300,000	안전건설과	11	8	7	8	7	1	1	4
2685	전남 영광군	건축행정시스템 재구축	17,600	종합민원실	11	7	7	8	7	5	5	4
2686	전남 영광군	도로명주소 정보시스템 운영비 지원	21,150	종합민원실	11	5	7	8	7	5	5	2

순번	시군구	지출명 (사업명)	2021년예산 (단위:천원/1년간)	담당자 (공무원) 담당부서	민간이전 분류 (지방자치단체 세출예산 집행기준에 의거) 1. 민간경상사업보조(307-02) 2. 민간단체 법정운영비보조(307-03) 3. 민간행사사업보조(307-04) 4. 민간위탁금(307-05) 5. 사회복지시설 법정운영비보조(307-10) 6. 민간인위탁교육비(307-12) 7. 공기관등에대한경상적위탁사업비(308-10) 8. 민간자본사업보조,자체재원(402-01) 9. 민간자본사업보조,이전재원(402-02) 10. 민간위탁사업비(402-03) 11. 공기관등에 대한 자본적 대행사업비(403-02)	민간이전지출 근거 (지방보조금 관리기준 참고) 1. 법률에 규정 2. 국고보조 재원(국가지정) 3. 용도 지정 기부금 4. 조례에 직접규정 5. 지자체가 권장하는 사업을 하는 공공기관 6. 시,도 정책 및 재정사정 7. 기타 8. 해당없음	입찰방식 계약체결방법 (경쟁형태) 1. 일반경쟁 2. 제한경쟁 3. 지명경쟁 4. 수의계약 5. 법정위탁 6. 기타 ( ) 7. 해당없음	계약기간 1. 1년 2. 2년 3. 3년 4. 4년 5. 5년 6. 기타 ( )년 7. 단기계약 (1년미만) 8. 해당없음	낙찰자선정방법 1. 적격심사 2. 협상에의한계약 3. 최저가낙찰제 4. 규격가격분리 5. 2단계 경쟁입찰 6. 기타 ( ) 7. 해당없음	운영예산 산정 운영예산 산정 1. 내부산정 (지자체 자체적으로 산정) 2. 외부산정 (외부전문기관위탁 산정) 3. 내·외부 모두 산정 4. 산정 無 5. 해당없음	정산방법 1. 내부정산 (지자체 내부적으로 정산) 2. 외부정산 (외부전문기관위탁 정산) 3. 내·외부 모두 산정 4. 정산 無 5. 해당없음	성과평가 실시여부 1. 실시 2. 미실시 3. 향후 추진 4. 해당없음
2687	전남 영광군	부동산행정정보 일원화 자료 정비	42,000	종합민원실	11	7	7	8	7	5	5	4
2688	전남 장성군	차세대 지방재정관리시스템 구축 분담금	77,230	기획실	11	5	6	1	6	2	2	4
2689	전남 장성군	슬레이트 처리 지원사업	1,151,900	환경위생과	11	2	7	8	7	5	5	4
2690	전남 장성군	건축행정시스템(세움터) 재구축 사업	17,600	민원봉사과	11	6	7	8	7	5	5	4
2691	전남 장성군	1/1,000 수치지형도 제작사업	217,500	민원봉사과	11	1	6	1	7	3	1	4
2692	전남 장성군	차세대 지방세 정보시스템 구축	89,047	재무과	11	5	7	8	7	5	5	4
2693	전남 장성군	차세대 세외수입 정보시스템 구축	59,190	재무과	11	5	7	8	7	5	5	4
2694	전남 장성군	한국농어촌공사구역내 농업기반시설 정비	1,000,000	안전건설과	11	5	7	8	7	1	1	4
2695	전남 장성군	북이면 마을정비형 공공주택사업 추진	300,000	도시재생과	11	1	7	8	7	5	5	4
2696	전남 장성군	북일면 기초생활거점육성사업	1,422,000	도시재생과	11	1	5	4	6	1	1	1
2697	전남 장성군	남면 기초생활거점 육성사업	21,250	도시재생과	11	1	5	4	6	1	1	1
2698	전남 장성군	농촌신활력플러스 사업공간 조성	1,100,000	농식품유통과	11	1	7	8	7	5	5	4
2699	전남 장성군	유탕대체시설농업용수시설 유지관리비	30,000	맑은물관리사업소	11	5	7	7	7	1	1	4
2700	전남 진도군	차세대 지방재정관리시스템 구축 지자체 분담금	66,255	기획예산과	11	7	7	8	7	5	5	4
2701	전남 진도군	주택수선유지	800,000	지역개발과	11	8	7	8	7	5	5	4
2702	전남 진도군	서민층 가스안전장치 보급	15,000	경제마케팅과	11	6	7	8	7	5	5	4
2703	전남 진도군	군단위 LPG배관망 도로전면포장 공사	1,012,000	경제마케팅과	11	7	7	8	7	5	5	4
2704	전남 신안군	차세대 지방재정관리시스템 구축	88,230	기획홍보실	11	2	5	1	7	2	2	2
2705	전남 신안군	건축행정시스템 운영 지방비	17,600	민원봉사과	11	1	7	8	7	5	5	4
2706	전남 신안군	주거급여 수선유지급여 지원사업	1,400,000	민원봉사과	11	1	6	8	7	2	1	4
2707	전남 신안군	슬레이트처리지원사업	337,120	민원봉사과	11	1	6	3	7	5	1	4
2708	전남 신안군	취약계층지붕개량사업	85,400	민원봉사과	11	1	6	3	7	5	1	4
2709	전남 신안군	저소득층에너지효율개선사업	20,000	주민복지과	11	1	7	8	7	3	1	4
2710	전남 신안군	신안 추포도 갯벌생태계 복원	500,000	세계유산과	11	5	7	8	7	5	5	4
2711	전남 신안군	신안 무안 갯벌생태계 복원	2,800,000	세계유산과	11	5	7	8	7	5	5	4
2712	전남 신안군	표준기록관리시스템 장비교체	168,625	행정지원과	11	5	5	1	7	2	2	4
2713	전남 신안군	지방인사정보시스템 유지보수	71,982	행정지원과	11	7	6	1	7	2	2	1
2714	전남 신안군	차세대지방세정보시스템 구축	86,741	세무회계과	11	2	5	1	7	2	2	2
2715	전남 신안군	세외수입 차세대 시스템구축사업 분담금	59,190	세무회계과	11	2	5	1	7	2	2	2
2716	전남 신안군	지표수보강개발사업	1,000,000	안전건설과	11	5	4	6	1	1	1	3
2717	전남 신안군	연안바다목장화사업	500,000	해양자원과	11	4	5	1	7	2	3	1
2718	전남 신안군	신재생에너지보급융복합지원사업	925,494	경제에너지과	11	2	6	1	1	5	5	4
2719	전남 신안군	신재생에너지보급융복합지원사업	532,830	경제에너지과	11	2	6	1	1	5	5	4
2720	전남 신안군	노후상수도관망정비사업	1,418,000	상하수도사업소	11	2	6	6	6	2	3	1
2721	제주 서귀포시	차세대 표준지방인사정보시스템 구축 2차	238,338	총무과	11	1	5	1	6	5	1	1
2722	제주 서귀포시	농촌신활력플러스사업	1,276,000	마을활력과	11	2	5	8	7	5	5	4
2723	제주 서귀포시	일반농산어촌개발사업	2,022,000	마을활력과	11	1	5	8	7	5	5	4
2724	제주 서귀포시	일반농산어촌개발사업	59,000	마을활력과	11	1	5	8	7	5	5	4
2725	제주 서귀포시	일반농산어촌개발사업	1,870,000	마을활력과	11	1	5	8	7	5	5	4
2726	제주 서귀포시	농어촌 취약지역 생활여건 개조사업	765,000	마을활력과	11	1	5	8	7	5	5	4
2727	제주 서귀포시	서귀포공립요양원 장비보강	200,000	노인장애인과	11	1	1	3	1	1	1	3
2728	제주 서귀포시	서민층 가스시설 개선지원	30,000	경제일자리과	11	1	6	1	2	2	1	2

순번	시군구	지출명 (사업명)	2021년예산 (단위:천원/1년간)	담당자 (공무원)	민간이전 분류 (지방자치단체 세출예산 집행기준에 의거)	민간이전지출 근거 (지방보조금 관리기준 참고)	입찰방식			운영예산 산정		성과평가 실시여부
				담당부서	1. 민간경상사업보조(307-02) 2. 민간단체 법정운영비보조(307-03) 3. 민간행사사업보조(307-04) 4. 민간위탁금(307-05) 5. 사회복지시설 법정운영비보조(307-10) 6. 민간인위탁교육비(307-12) 7. 공기관등에대한경상적위탁사업비(308-10) 8. 민간자본사업보조,자체재원(402-01) 9. 민간자본사업보조,이전재원(402-02) 10. 민간위탁사업비(402-03) 11. 공기관등에 대한 자본적 대행사업비(403-02)	1. 법률에 규정 2. 국고보조 재원(국가지정) 3. 용도 지정 기부금 4. 조례에 직접규정 5. 지자체가 권장하는 사업을 하는 공공기관 6. 시,도 정책 및 재정사정 7. 기타 8. 해당없음	계약체결방법 (경쟁형태) 1. 일반경쟁 2. 제한경쟁 3. 지명경쟁 4. 수의계약 5. 법정위탁 6. 기타 ( ) 7. 해당없음	계약기간 1. 1년 2. 2년 3. 3년 4. 4년 5. 5년 6. 기타 ( )년 7. 단기계약 (1년미만) 8. 해당없음	낙찰자선정방법 1. 적격심사 2. 협상에의한계약 3. 최저가낙찰제 4. 규격가격분리 5. 2단계 경쟁입찰 6. 기타 ( ) 7. 해당없음	운영예산 산정 1. 내부산정 (지자체 자체적으로 산정) 2. 외부산정 (외부전문기관위탁 산정) 3. 내·외부 모두 산정 4. 산정 無 5. 해당없음	정산방법 1. 내부정산 (지자체 내부적으로 정산) 2. 외부정산 (외부전문기관위탁 정산) 3. 내·외부 모두 산정 4. 정산 無 5. 해당없음	1. 실시 2. 미실시 3. 향후 추진 4. 해당없음
2729	제주 서귀포시	신양리 어촌종합개발사업	1,281,430	해양수산과	11	2	7	8	7	5	5	4
2730	제주 서귀포시	오조리 마을단위 특화개발사업	333,000	해양수산과	11	4	5	3	7	2	1	3
2731	제주 서귀포시	시흥리 마을단위 특화개발사업	1,066,000	해양수산과	11	4	5	3	7	2	1	3
2732	제주 서귀포시	2021년도 마을단위 특화개발사업	120,000	해양수산과	11	4	7	8	7	5	5	4
2733	제주 서귀포시	서귀포시 하예항 어촌뉴딜300사업	2,326,285	해양수산과	11	2	5	3	7	2	1	3
2734	제주 서귀포시	2021년도 어촌뉴딜300사업 기본계획수립	334,250	해양수산과	11	4	7	8	7	5	5	4
2735	제주 서귀포시	태흥2리항 어촌뉴딜300사업	3,700,000	해양수산과	11	2	5	3	7	2	1	3
2736	제주 서귀포시	신천항 어촌뉴딜300사업	3,731,600	해양수산과	11	2	5	3	7	2	1	3
2737	제주 서귀포시	수선유지급여사업	500,000	건축과	11	2	6	1	1	1	3	1

배 성기 (裵 成基)

| 약 력 |

現 한국민간위탁경영연구소 소장, 브릿지협동조합 이사장, 사회적 가치 연구소 소장, 공공서비스경영연구소 소장
단국대학교 경영학 박사, 가천대학교 회계학 석사
現 단국대학교 경영학과 외래교수
現 파주시청 민간위탁 운영심의위원, 은평구청 민간위탁 적정성운영위원
現 중랑구의회 의정자문위원, 한국의정연구회 지방의회연구소 초빙교수
現 송파구 민간위탁 운영평가위원, 사회적기업 육성 위원
現 성북구 사회적경제 육성위원, 성북민관협치 운영위원
現 국민권익위원회 부패영향평가 자문위원
現 가천대학교 사회적기업과고용관계연구소 비상임 선임연구원
現 에코아이 지속가능경영연구소 비상임 소장
現 (재)현대산업경제연구원 비상임 연구위원
前 서울시 민간위탁 원가분석 자문위원
前 단국대학교 경제학과 외래교수

| 주요 연구수행실적 |

「정부 및 지자체 등으로부터 위탁받은 사업 매뉴얼 구축 용역」
「2017년 재정사업 성과평가 용역(산림자원육성)」
「농림축산식품 정보화사업 성과관리체계 구축 연구」
「자동차전용도로 효율적 관리를 위한 직무분석 용역」
「산림문화휴양촌 관리운영 방안 수립 연구 용역」
「생활폐기물 수집 · 운반 및 처리시설 민간위탁 타당성 및 운영효율화 방안」
「산업단지 폐수처리시설 민간위탁 타당성 및 운영효율화 방안」
「종합사회복지관 민간위탁 타당성 및 운영효율화 방안」
「장애인복지관 민간위탁 타당성 및 운영효율화 방안」
「노인종합복지관 민간위탁 타당성 및 운영효율화 방안」
「아동 · 청소년시설 민간위탁 타당성 및 운영효율화 방안」
「소각장 민간위탁 타당성 및 운영효율화 방안」
「자동집하시설 민간위탁 타당성 및 운영효율화 방안」
「가로등관리 민간위탁 타당성 및 운영효율화 방안」
「공원관리 민간위탁 타당성 및 운영효율화 방안」
「문화예술체육시설 운영관리 민간위탁 타당성 및 운영효율화 방안」 외 다수

| 주요 저술실적 |

저서 : 지방자치단체 민간위탁 운영관리메뉴얼 Ⅰ, Ⅱ, Ⅲ권, 민간위탁 원가산정, 공공관리와 성과, 민간위탁 조례 및 계약 관리 방안, 하수처리시설 민간위탁 서비스 평가, 공공하수도시설 민간위탁 서비스 경영, 생활폐기물 수집 · 운반 및 처리시설 민간위탁 서비스 경영 등
번역 : OECD 정부기능 및 정부서비스 민간위탁 외 4권
논문 : 민간위탁서비스 핵심운영요인이 운영성과에 미치는 영향에 관한 실증 연구(2014) 등 3개
발표 : 한국생산관리학회, 한국구매조달학회, 한국관광경영학회 등 다수

KCOMI 발간도서 소개

민간위탁 통계

KCOMI 통계 - Ebook

2020 전국 지방자치단체 민·관 협업사무 운영 현황 I

민간경상사업보조(307-02)
민간단체법정운영비보조(307-03)
민간행사사업보조(307-04)

본 도서는 전국 17개 광역자치단체를 포함한 243개 지방자치단체의 2020년 민관 협업사무 운영 현황으로서 국내에서 유일하게 전국 민관 협업사무 운영 현황을 파악할 수 있는 자료이다. 해당 시리즈는 총 3권으로 제작되었다.

배성기 지음
한국민간위탁경영구소
2020 7월 출간

KCOMI 통계 - Ebook

2020 전국 지방자치단체 민·관 협업사무 운영 현황 II

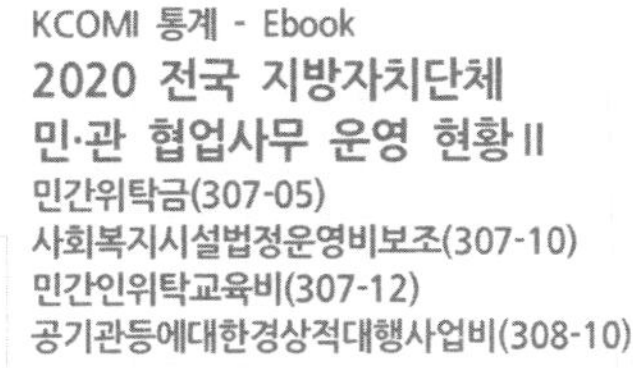

민간위탁금(307-05)
사회복지시설법정운영비보조(307-10)
민간인위탁교육비(307-12)
공기관등에대한경상적대행사업비(308-10)

본 도서는 전국 17개 광역자치단체를 포함한 243개 지방자치단체의 2020년 민관 협업사무 운영 현황으로서 국내에서 유일하게 전국 민관 협업사무 운영 현황을 파악할 수 있는 자료이다. 해당 시리즈는 총 3권으로 제작되었다.

배성기 지음
한국민간위탁경영구소
2020년 7월 출간

KCOMI 통계 - Ebook

2020 전국 지방자치단체 민·관 협업사무 운영 현황 III

민간자본사업보조,자체재원(402-01)
민간자본사업보조,이전재원(402-02)
민간위탁사업비(402-03)
공기관등에대한자본적위탁사업비(403-02)

본 도서는 전국 17개 광역자치단체를 포함한 243개 지방자치단체의 2020년 민관 협업사무 운영 현황으로서 국내에서 유일하게 전국 민관 협업사무 운영 현황을 파악할 수 있는 자료이다. 해당 시리즈는 총 3권으로 제작되었다.

배성기 지음
한국민간위탁경영구소
2020년 7월 출간

KCOMI 통계

2020 전국 지방자치단체 민·관 협업사무 운영 현황 통합본

본 도서는 전국 17개 광역자치단체를 포함한 243개 지방자치단체의 각 분야별 2018년 민관 협업사무 운영 현황으로 하수도시설, 하수슬러지건조화시설, 생활폐기물 수집운반, 생활폐기물 소각시설, 재활용 선별시설, 문화예술, 체육, 관광, 공원, 주차장, 청소년수련시설, 장애인복지시설의 운영 현황을 파악할 수 있는 자료이다.

배성기 지음
한국민간위탁경영구소
2020년 7월 출간

KCOMI 통계 - Ebook

2020 전국 지방자치단체 민·관 협업사무 운영 현황 |하수도시설|

본 도서는 전국 17개 광역자치단체를 포함한 243개 지방자치단체의 하수도시설에 대한 2020년 민관 협업사무 운영 현황을 파악할 수 있는 자료이다.

배성기 지음
한국민간위탁경영구소
2020년 5월 출간

KCOMI 통계 - Ebook

2020 전국 지방자치단체 민·관 협업사무 운영 현황 |하수슬러지건조화시설(소각포함)|

본 도서는 전국 17개 광역자치단체를 포함한 243개 지방자치단체의 하수슬러지건조화시설(소각포함)에 대한 2018년 민관 협업사무 운영 현황을 파악할 수 있는 자료이다.

배성기 지음
한국민간위탁경영구소
2020년 5월 출간

KCOMI 통계 - Ebook
2020 전국 지방자치단체 민·관 협업사무 운영 현황
|생활폐기물 수집운반|

본 도서는 전국 17개 광역자치단체를 포함한 243개 지방자치단체의 생활폐기물 수집운반에 대한 2020년 민관 협업사무 운영 현황을 파악할 수 있는 자료이다.

배성기 지음
한국민간위탁경영구소
2020년 5월 출간

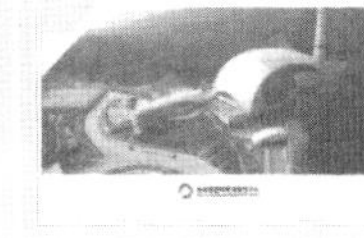

KCOMI 통계 - Ebook
2020 전국 지방자치단체 민·관 협업사무 운영 현황
|생활폐기물 소각시설|

본 도서는 전국 17개 광역자치단체를 포함한 243개 지방자치단체의 생활폐기물 소각시설에 대한 2020년 민관 협업사무 운영 현황을 파악할 수 있는 자료이다.

배성기 지음
한국민간위탁경영구소
2020년 5월 출간

KCOMI 통계 - Ebook
2020 전국 지방자치단체 민·관 협업사무 운영 현황
|재활용 선별시설|

본 도서는 전국 17개 광역자치단체를 포함한 243개 지방자치단체의 재활용 선별시설에 대한 2020년 민관 협업사무 운영 현황을 파악할 수 있는 자료이다.

배성기 지음
한국민간위탁경영구소
2020년 5월 출간

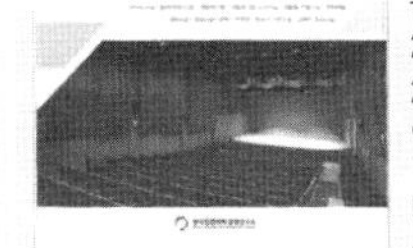

KCOMI 통계 - Ebook
2020 전국 지방자치단체 민·관 협업사무 운영 현황
|문화예술부문|

본 도서는 전국 17개 광역자치단체를 포함한 243개 지방자치단체의 문화예술부문에 대한 2020년 민관 협업사무 운영 현황을 파악할 수 있는 자료이다.

배성기 지음
한국민간위탁경영구소
2020년 5월 출간

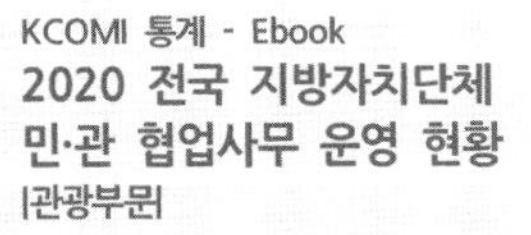

KCOMI 통계 - Ebook
2020 전국 지방자치단체 민·관 협업사무 운영 현황
|관광부문|

본 도서는 전국 17개 광역자치단체를 포함한 243개 지방자치단체의 관광부문에 대한 2020년 민관 협업사무 운영 현황을 파악할 수 있는 자료이다.

배성기 지음
한국민간위탁경영구소
2020년 5월 출간

KCOMI 통계 - Ebook
2020 전국 지방자치단체 민·관 협업사무 운영 현황
|체육부문|

본 도서는 전국 17개 광역자치단체를 포함한 243개 지방자치단체의 체육부문에 대한 2020년 민관 협업사무 운영 현황을 파악할 수 있는 자료이다.

배성기 지음
한국민간위탁경영구소
2020년 5월 출간

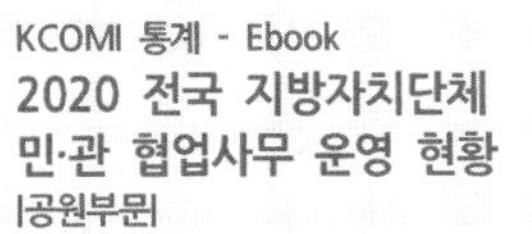

KCOMI 통계 - Ebook
2020 전국 지방자치단체 민·관 협업사무 운영 현황
|공원부문|

본 도서는 전국 17개 광역자치단체를 포함한 243개 지방자치단체의 공원부문에 대한 2020년 민관 협업사무 운영 현황을 파악할 수 있는 자료이다.

배성기 지음
한국민간위탁경영구소
2020년 5월 출간

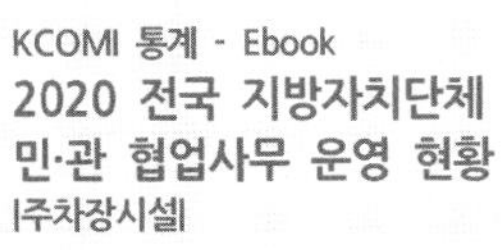

KCOMI 통계 - Ebook
2020 전국 지방자치단체 민·관 협업사무 운영 현황
|주차장시설|

본 도서는 전국 17개 광역자치단체를 포함한 243개 지방자치단체의 체육부문에 대한 2020년 민관 협업사무 운영 현황을 파악할 수 있는 자료이다.

배성기 지음
한국민간위탁경영구소
2020년 5월 출간

KCOMI 통계 - Ebook
2020 전국 지방자치단체 민·관 협업사무 운영 현황
|청소년수련시설|

본 도서는 전국 17개 광역자치단체를 포함한 243개 지방자치단체의 청소년수련시설에 대한 2020년 민관 협업사무 운영 현황을 파악할 수 있는 자료이다.

배성기 지음
한국민간위탁경영구소
2020년 5월 출간

KCOMI 통계 - Ebook
2020 전국 지방자치단체 민·관 협업사무 운영 현황
|장애인복지시설|

본 도서는 전국 17개 광역자치단체를 포함한 243개 지방자치단체의 장애인복지시설에 대한 2020년 민관 협업사무 운영 현황을 파악할 수 있는 자료이다.

배성기 지음
한국민간위탁경영구소
2020년 5월 출간

전국 지방자치단체
민·관 협업사무 운영 현황

|통합본|

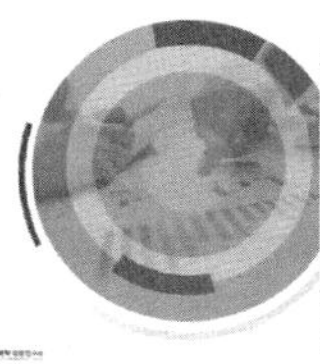

KCOMI 통계

2019 전국 지방자치단체 민·관 협업사무 운영 현황 통합본

본 도서는 전국 17개 광역자치단체를 포함한 245개 지방자치단체의 각 분야별 2019년 민관 협업사무 운영 현황으로 하수도시설, 하수슬러지건조화시설, 생활폐기물 수집운반, 생활폐기물 소각시설, 재활용 선별시설, 문화예술, 체육, 관광, 공원, 주차장, 청소년수련시설, 장애인복지시설의 운영 현황을 파악할 수 있는 자료이다.

배성기 지음
한국민간위탁경영구소
2019년 출간

2019
전국 지방자치단체
민·관 협업사무 운영 현황 I

KCOMI 통계

2019 전국 지방자치단체 민·관 협업사무 운영 현황 I

민간경상사업보조(307-02)
민간단체법정운영비보조(307-03)
민간행사사업보조(307-04)

본 도서는 전국 17개 광역자치단체를 포함한 245개 지방자치단체의 2019년 민관 협업사무 운영 현황으로서 국내에서 유일하게 전국 민관 협업사무 운영 현황을 파악할 수 있는 자료이다. 해당 시리즈는 총 3권으로 제작되었다.

배성기 지음
한국민간위탁경영구소
2019년 출간

2019
전국 지방자치단체
민·관 협업사무 운영 현황 II

KCOMI 통계

2019 전국 지방자치단체 민·관 협업사무 운영 현황 II

민간위탁금(307-05)
사회복지시설법정운영비보조(307-10)
사회복지사업보조(307-11)

본 도서는 전국 17개 광역자치단체를 포함한 245개 지방자치단체의 2019년 민관 협업사무 운영 현황으로서 국내에서 유일하게 전국 민관 협업사무 운영 현황을 파악할 수 있는 자료이다. 해당 시리즈는 총 3권으로 제작되었다.

배성기 지음
한국민간위탁경영구소
2019년 출간

2019
전국 지방자치단체
민·관 협업사무 운영 현황 III

KCOMI 통계

2019 전국 지방자치단체 민·관 협업사무 운영 현황 III

민간인위탁교육비(307-12),
공기관등에대한경상적대행사업비(308-10)
공사공단경상전출금(309-01)
민간자본사업보조,자체재원(402-01)
민간자본사업보조,이전재원(402-02)
민간위탁사업비(402-03)
공기관등에대한자본적위탁사업비(403-02)
공사공단자본전출금(404-01)

본 도서는 전국 17개 광역자치단체를 포함한 245개 지방자치단체의 2019년 민관 협업사무 운영 현황으로서 국내에서 유일하게 전국 민관 협업사무 운영 현황을 파악할 수 있는 자료이다. 해당 시리즈는 총 3권으로 제작되었다.

배성기 지음
한국민간위탁경영구소
2019년 출간

전국 지방자치단체
민·관 협업사무 운영 현황 2019
|하수도시설|

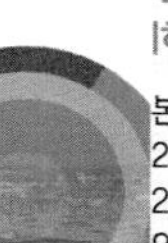

KCOMI 통계 - Ebook

2019 전국 지방자치단체 민·관 협업사무 운영 현황 |하수도시설|

본 도서는 전국 17개 광역자치단체를 포함한 245개 지방자치단체의 하수도시설에 대한 2019년 민관 협업사무 운영 현황을 파악할 수 있는 자료이다.

배성기 지음
한국민간위탁경영구소
2019년 출간

전국 지방자치단체
민·관 협업사무 운영 현황 2019
|슬러지처리시설|

KCOMI 통계 - Ebook

2019 전국 지방자치단체 민·관 협업사무 운영 현황 |슬러지처리시설|

본 도서는 전국 17개 광역자치단체를 포함한 245개 지방자치단체의 하수슬러지건조화시설(소각포함)에 대한 2019년 민관 협업사무 운영 현황을 파악할 수 있는 자료이다.

배성기 지음
한국민간위탁경영구소
2019년 출간

전국 지방자치단체
민·관 협업사무 운영 현황 2019
|생활폐기물|

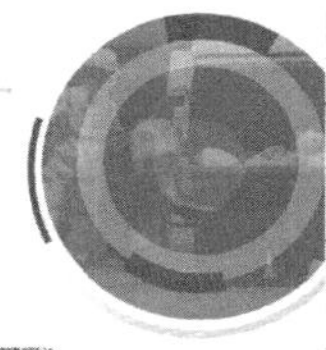

KCOMI 통계 - Ebook

2019 전국 지방자치단체 민·관 협업사무 운영 현황 |생활폐기물 수집운반|

본 도서는 전국 17개 광역자치단체를 포함한 245개 지방자치단체의 생활폐기물 수집운반에 대한 2019년 민관 협업사무 운영 현황을 파악할 수 있는 자료이다.

배성기 지음
한국민간위탁경영구소
2019년 출간

전국 지방자치단체
민·관 협업사무 운영 현황 2019
|생활폐기물 소각시설|

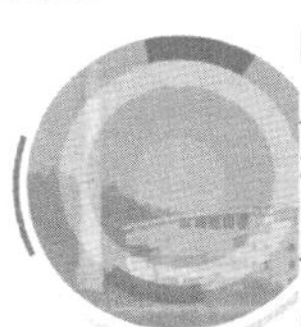

KCOMI 통계 - Ebook

2019 전국 지방자치단체 민·관 협업사무 운영 현황 |생활폐기물 소각시설|

본 도서는 전국 17개 광역자치단체를 포함한 245개 지방자치단체의 생활폐기물 소각시설에 대한 2019년 민관 협업사무 운영 현황을 파악할 수 있는 자료이다.

배성기 지음
한국민간위탁경영구소
2019년 출간

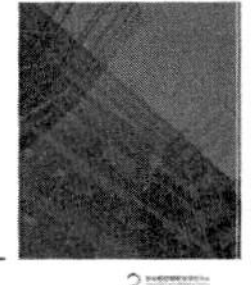

KCOMI 통계

2018 전국 지방자치단체 민·관 협업사무 운영 현황 통합본

본 도서는 전국 17개 광역자치단체를 포함한 243개 지방자치단체의 각 분야별 2018년 민관 협업사무 운영 현황으로 하수도시설, 하수슬러지건조화시설, 생활폐기물 수집운반, 생활폐기물 소각시설, 재활용 선별시설, 문화예술, 체육, 관광, 공원, 주차장, 청소년수련시설, 장애인복지시설의 운영 현황을 파악할 수 있는 자료이다.

배성기 지음
한국민간위탁경영구소
2018년 5월 출간

KCOMI 통계

2018 전국 지방자치단체 민·관 협업사무 운영 현황 I

민간경상사업보조(307-02)
민간단체법정운영비보조(307-03)
민간행사사업보조(307-04)

본 도서는 전국 17개 광역자치단체를 포함한 243개 지방자치단체의 2018년 민관 협업사무 운영 현황으로서 국내에서 유일하게 전국 민관 협업사무 운영 현황을 파악할 수 있는 자료이다. 해당 시리즈는 총 3권으로 제작되었다.

배성기 지음
한국민간위탁경영구소
2018년 5월 출간

KCOMI 통계

2018 전국 지방자치단체 민·관 협업사무 운영 현황 II

민간위탁금(307-05)
사회복지시설법정운영비보조(307-10)
사회복지사업보조(307-11)

본 도서는 전국 17개 광역자치단체를 포함한 243개 지방자치단체의 2018년 민관 협업사무 운영 현황으로서 국내에서 유일하게 전국 민관 협업사무 운영 현황을 파악할 수 있는 자료이다. 해당 시리즈는 총 3권으로 제작되었다.

배성기 지음
한국민간위탁경영구소
2018년 5월 출간

KCOMI 통계

2018 전국 지방자치단체 민·관 협업사무 운영 현황 III

민간인위탁교육비(307-12),
공기관등에대한경상적대행사업비(308-10)
공사공단경상전출금(309-01)
민간자본사업보조,자체재원(402-01)
민간자본사업보조,이전재원(402-02)
민간위탁사업비(402-03)
공기관등에대한자본적위탁사업비(403-02)
공사공단자본전출금(404-01)

본 도서는 전국 17개 광역자치단체를 포함한 243개 지방자치단체의 2018년 민관 협업사무 운영 현황으로서 국내에서 유일하게 전국 민관 협업사무 운영 현황을 파악할 수 있는 자료이다. 해당 시리즈는 총 3권으로 제작되었다.

배성기 지음
한국민간위탁경영구소
2018년 5월 출간

KCOMI 통계 - Ebook

2018 전국 지방자치단체 민·관 협업사무 운영 현황

|하수도시설|

본 도서는 전국 17개 광역자치단체를 포함한 243개 지방자치단체의 하수도시설에 대한 2018년 민관 협업사무 운영 현황을 파악할 수 있는 자료이다.

배성기 지음
한국민간위탁경영구소
2018년 5월 출간

KCOMI 통계 - Ebook

2018 전국 지방자치단체 민·관 협업사무 운영 현황

|하수슬러지건조화시설(소각포함)|

본 도서는 전국 17개 광역자치단체를 포함한 243개 지방자치단체의 하수슬러지건조화시설(소각포함)에 대한 2018년 민관 협업사무 운영 현황을 파악할 수 있는 자료이다.

배성기 지음
한국민간위탁경영구소
2018년 5월 출간

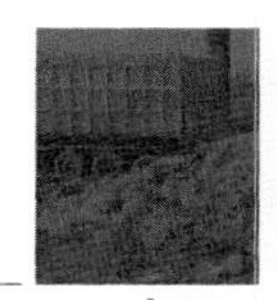

KCOMI 통계 - Ebook

2018 전국 지방자치단체 민·관 협업사무 운영 현황

|생활폐기물 수집운반|

본 도서는 전국 17개 광역자치단체를 포함한 243개 지방자치단체의 생활폐기물 수집운반에 대한 2018년 민관 협업사무 운영 현황을 파악할 수 있는 자료이다.

배성기 지음
한국민간위탁경영구소
2018년 5월 출간

KCOMI 통계 - Ebook

2018 전국 지방자치단체 민·관 협업사무 운영 현황

|생활폐기물 소각시설|

본 도서는 전국 17개 광역자치단체를 포함한 243개 지방자치단체의 생활폐기물 소각시설에 대한 2018년 민관 협업사무 운영 현황을 파악할 수 있는 자료이다.

배성기 지음
한국민간위탁경영구소
2018년 5월 출간

KCOMI 통계 - Ebook

2018 전국 지방자치단체 민·관 협업사무 운영 현황

|재활용 선별시설|

본 도서는 전국 17개 광역자치단체를 포함한 243개 지방자치단체의 재활용 선별시설에 대한 2018년 민관 협업사무 운영 현황을 파악할 수 있는 자료이다.

배성기 지음
한국민간위탁경영구소
2018년 5월 출간

KCOMI 통계 - Ebook

2018 전국 지방자치단체 민·관 협업사무 운영 현황

|문화예술부문|

본 도서는 전국 17개 광역자치단체를 포함한 243개 지방자치단체의 문화예술부문에 대한 2018년 민관 협업사무 운영 현황을 파악할 수 있는 자료이다.

배성기 지음
한국민간위탁경영구소
2018년 5월 출간

KCOMI 통계 - Ebook

2018 전국 지방자치단체 민·관 협업사무 운영 현황

|관광부문|

본 도서는 전국 17개 광역자치단체를 포함한 243개 지방자치단체의 관광부문에 대한 2018년 민관 협업사무 운영 현황을 파악할 수 있는 자료이다.

배성기 지음
한국민간위탁경영구소
2018년 5월 출간

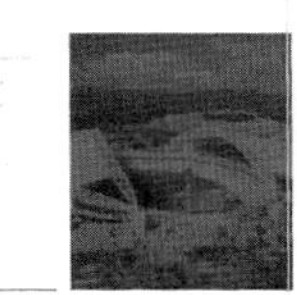

KCOMI 통계 - Ebook

2018 전국 지방자치단체 민·관 협업사무 운영 현황

|체육부문|

본 도서는 전국 17개 광역자치단체를 포함한 243개 지방자치단체의 체육부문에 대한 2018년 민관 협업사무 운영 현황을 파악할 수 있는 자료이다.

배성기 지음
한국민간위탁경영구소
2018년 5월 출간

KCOMI 통계 - Ebook

2018 전국 지방자치단체 민·관 협업사무 운영 현황

|공원부문|

본 도서는 전국 17개 광역자치단체를 포함한 243개 지방자치단체의 공원부문에 대한 2018년 민관 협업사무 운영 현황을 파악할 수 있는 자료이다.

배성기 지음
한국민간위탁경영구소
2018년 5월 출간

KCOMI 통계 - Ebook

2018 전국 지방자치단체 민·관 협업사무 운영 현황

|주차장시설|

본 도서는 전국 17개 광역자치단체를 포함한 243개 지방자치단체의 체육부문에 대한 2018년 민관 협업사무 운영 현황을 파악할 수 있는 자료이다.

배성기 지음
한국민간위탁경영구소
2018년 5월 출간

KCOMI 통계 - Ebook

2018 전국 지방자치단체 민·관 협업사무 운영 현황

|청소년수련시설|

본 도서는 전국 17개 광역자치단체를 포함한 243개 지방자치단체의 청소년수련시설에 대한 2018년 민관 협업사무 운영 현황을 파악할 수 있는 자료이다.

배성기 지음
한국민간위탁경영구소
2018년 5월 출간

KCOMI 통계 - Ebook

2018 전국 지방자치단체 민·관 협업사무 운영 현황

|장애인복지시설|

본 도서는 전국 17개 광역자치단체를 포함한 243개 지방자치단체의 장애인복지시설에 대한 2018년 민관 협업사무 운영 현황을 파악할 수 있는 자료이다.

배성기 지음
한국민간위탁경영구소
2018년 5월 출간

KCOMI 통계

2018 정보화사업 운영 현황

본 도서는 전국 지방자치단체, 중앙행정기관, 공공기관의 2018년 정보화사업을 대상으로 사업 현황을 분석한 운영 현황 자료이다.

배성기 지음
한국민간위탁경영구소
2018년 8월 출간

KCOMI 통계

2018 중앙행정기관 및 그 소속기관 행정사무 민간이전 운영현황

본 도서는 전국 342개 중앙행정기관을 대상으로 2018년 민간이전 사업 현황을 분석한 자료로서 국내에서 유일하게 민간위탁 현황을 분석하여, 전국 민간위탁 사무의 관리 현황을 제시하고 있다.

배성기 지음
한국민간위탁경영구소
출간예정

KCOMI 통계

2017 전국 지자체 민관협업사무 운영현황 0. 총괄

전국 지자체 민간위탁 사무의 집대성!
본 도서는 전국 243개 지방자치단체의 2017년 민간위탁 사업 현황을 분석한 통계 자료로서 국내에서 유일하게 민간위탁 현황을 분석하여, 전국 민간위탁 사무의 관리 현황을 제시하고 있다.

배성기 지음
한국민간위탁경영구소 / 16,000원
2017년 출간

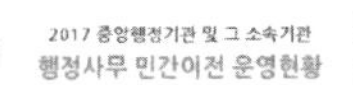

KCOMI 통계

2017 중앙행정기관 및 그 소속기관 민간이전 운영현황

본 도서는 전국 342개 중앙행정기관 및 그 소속기관 전부를 대상으로 2017년 민간위탁 사업 현황을 분석한 통계 자료로서 국내에서 유일하게 민간위탁 현황을 분석하여, 전국 민간위탁 사무의 관리 현황을 제시하고 있다.

배성기 지음
한국민간위탁경영구소 / 8,000원
2017년 출간

KCOMI 통계

2017 전국 민간위탁 현황분석

민간경상사업보조사무(307-02)
민간단체법정운영비보조사무(307-03)

전국 지자체 민간위탁 사무의 집대성!
본 도서는 전국 243개 지방자치단체의 2017년 민간위탁 사업 현황을 분석한 통계 자료로서 국내에서 유일하게 민간위탁 현황을 분석하여, 전국 민간위탁 사무의 관리 현황을 제시하고 있다.

배성기 지음
한국민간위탁경영구소 / 28,000원
2017년 4월 출간

KCOMI 통계

2017 전국 민간위탁 현황분석

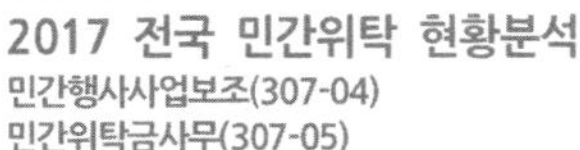
민간행사사업보조(307-04)
민간위탁금사무(307-05)
사회복지시설법정운영비보조사무(307-10)

전국 지자체 민간위탁 사무의 집대성!
본 도서는 전국 243개 지방자치단체의 2017년 민간위탁 사업 현황을 분석한 통계 자료로서 국내에서 유일하게 민간위탁 현황을 분석하여, 전국 민간위탁 사무의 관리 현황을 제시하고 있다.

배성기 지음
한국민간위탁경영구소 / 28,000원
2017년 4월 출간

KCOMI 통계

2017 전국 민간위탁 현황분석

사회복지사업보조사무(307-11)
공공기관등에대한경상적대행사업비(308-10)
민간자본사업보조사무(402-01)
민간대행사업비사무(402-02)

전국 지자체 민간위탁 사무의 집대성!
본 도서는 전국 243개 지방자치단체의 2017년 민간위탁 사업 현황을 분석한 통계 자료로서 국내에서 유일하게 민간위탁 현황을 분석하여, 전국 민간위탁 사무의 관리 현황을 제시하고 있다.

배성기 지음
한국민간위탁경영구소 / 28,000원
2017년 4월 출간

2016 전국 지방자치단체

민·관 협업사무 운영 현황 분석 I

민간경상사업보조사무(307-02)

전국 지방자치단체 민·관 협업사무의 집대성!
본 도서는 전국 17개 광역자치단체를 포함한 243개 지방자치단체의 2016년 민·관 협업사무 현황을 분석한 자료로서 국내에서 유일하게 민·관 협업사무 현황을 분석하여, 전국 민·관 협업사무의 관리 현황을 제시하고 있다.

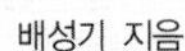

배성기 지음
한국민간위탁경영구소 / 564페이지 / 30,000원
2016년 11월 출간

2016 전국 지방자치단체

민·관 협업사무 운영 현황 분석 II

민간단체법정운영비보조사무(307-03)
민간행사사업보조(307-04)

전국 지방자치단체 민·관 협업사무의 집대성!
본 도서는 전국 17개 광역자치단체를 포함한 243개 지방자치단체의 2016년 민·관 협업사무 현황을 분석한 자료로서 국내에서 유일하게 민·관 협업사무 현황을 분석하여, 전국 민·관 협업사무의 관리 현황을 제시하고 있다.

배성기 지음
한국민간위탁경영구소 / 302페이지 / 20,000원
2016년 11월 출간

2016 전국 지방자치단체

민·관 협업사무 운영 현황 분석 III

민간위탁금사무(307-05)
사회복지시설법정운영비보조사무(307-10)

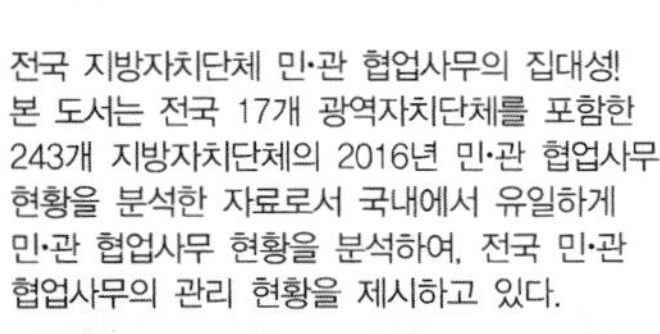

전국 지방자치단체 민·관 협업사무의 집대성!
본 도서는 전국 17개 광역자치단체를 포함한 243개 지방자치단체의 2016년 민·관 협업사무 현황을 분석한 자료로서 국내에서 유일하게 민·관 협업사무 현황을 분석하여, 전국 민·관 협업사무의 관리 현황을 제시하고 있다.

배성기 지음
한국민간위탁경영구소 / 402페이지 / 24,000원
2016년 11월 출간

2016 전국 지방자치단체

민·관 협업사무 운영 현황 분석 IV

사회복지사업보조사무(307-11)
민간자본사업보조사무(402-01)
민간대행사업비사무(402-02)

전국 지방자치단체 민·관 협업사무의 집대성!
본 도서는 전국 17개 광역자치단체를 포함한 243개 지방자치단체의 2016년 민·관 협업사무 현황을 분석한 자료로서 국내에서 유일하게 민·관 협업사무 현황을 분석하여, 전국 민·관 협업사무의 관리 현황을 제시하고 있다.

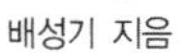

배성기 지음
한국민간위탁경영구소 / 628페이지 / 33,000원
2016년 11월 출간

KCOMI 통계

2016 전국 민간위탁 현황분석

전국 지자체 민간위탁 사무의 집대성!
본 도서는 전국 17개 광역자치단체를 포함한 243개 지방자치단체의 2016년 민간위탁 사업 현황을 분석한 통계 자료로서 국내에서 유일하게 민간위탁 현황을 분석하여, 전국 민간위탁 사무의 관리 현황을 제시하고 있다.

배성기 지음
한국민간위탁경영구소 / 355페이지 / 15,000원
2016년 10월 출간

KCOMI 통계

2015 전국 민간위탁 현황분석

전국 지자체 민간위탁 사무의 집대성!
본 도서는 전국 17개 광역자치단체를 포함한 243개 지방자치단체의 2015년 민간위탁 사업 현황을 분석한 통계 자료로서 국내에서 유일하게 민간위탁 현황을 분석하여, 전국 민간위탁 사무의 관리 현황을 제시하고 있다.

배성기 지음
한국민간위탁경영구소 / 352페이지 / 15,000원
2015년 8월 출간

KCOMI 통계

2014 민간위탁 현황분석 I 전국지방자치단체

전국 지자체 민간위탁 사무의 집대성!
본 도서는 전국 17개 광역자치단체를 포함한 242개 지방자치단체 민간위탁 현황을 분석한 통계 자료로서 국내에서 유일하게 민간위탁 현황을 분석하여, 전국 민간위탁 사무의 관리 현황을 제시하고 있다.

배성기 지음
한국민간위탁경영구소 / 352페이지 / 15,000원
2014년 9월 출간

KCOMI 통계

2013 전국 민간위탁 운영현황 분석

본 도서는 민간위탁 본연의 목적과 기능을 유지하기 위해 발주처에서는 선택의 폭을 넓히고, 위탁기업들은 건전한 경쟁관계를 유도하기 위하여 전국 246개 지자체별 민간위탁 사무현황, 위탁예산현황, 위탁기업의 현황, 위탁기간 현황, 위탁자 선정방법 등을 조사 · 분석하였다.

배성기 지음
한국민간위탁경영연구소 / 513페이지 / 20,000원
2013년 8월 출간

민간위탁 운영 관리 매뉴얼

지방자치단체사무의 민간위탁서비스
운영관리매뉴얼 Ⅰ

민간위탁조례 및 계약관리방안

민간위탁 성패의 키는 계약관리이다.
본 도서는 민간위탁 서비스를 공급함에 있어 사회적 문제와 이슈를 관리 할 수 있는 체계적인 조례 제정 및 계약관리방법론을 제시하고 있다.

배성기 지음
한국민간위탁경영구소 / 450페이지 / 40,000원
2012년 8월 출간

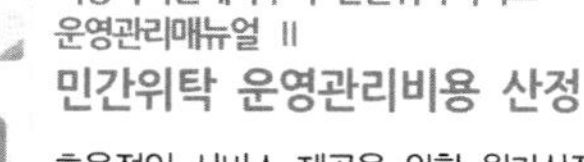

지방자치단체사무의 민간위탁서비스
운영관리매뉴얼 Ⅱ

민간위탁 운영관리비용 산정

효율적인 서비스 제공을 위한 원가산정방법론 제시 민간위탁서비스의 대시민 만족도를 높이기 위한 시작은 적정한 비용산정과 지급에서 시작된다. 이를 위해 본 도서에서는 세부적인 원가산정방법과 산정예시를 들어 설명하고 있다.

배성기 지음
한국민간위탁경영구소 / 409페이지 / 40,000원
2012년 8월 출간

지방자치단체사무의 민간위탁서비스
운영관리매뉴얼 Ⅲ

민간위탁 서비스 평가

평가 없는 성장 없다.
본 도서에서는 민간위탁 서비스의 지속적인 성장경영을 위한 경영학적 관리지표개발 및 서비스평가방안을 제시하고 있다.

배성기 지음
한국민간위탁경영구소 / 407페이지 / 40,000원
2012년 8월 출간

지방자치단체 민간투자사업 매뉴얼

지방자치단체 공무원들이 민간투자사업 정책 수립을 위한 전반적인 내용을 포괄적으로 다루어, 실무에 직접 적용할 수 있도록 방향을 제시하고 있다.

배성기 지음
한국민간위탁경영구소 / 247페이지 / 25,000원
2015년 9월 출간

민간위탁 서비스 경영

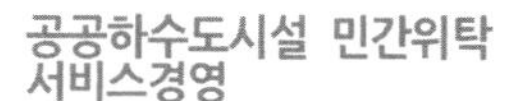

공공하수도시설 민간위탁 서비스경영

환경부통계를 기준으로 전국 공공하수처리시설 중 민간위탁으로 운영되는 시설은 318개소, 운영비는 5,000억 원, 운영인원은 3,642명이다. 민간위탁서비스의 질을 높이기 위해서는 시설관리만이 아닌 경영학적 기법이 도입된 체계적인 관리가 필요하다. 이를 위해서 본 도서에서는 공공하수도시설 민간위탁 서비스 경영을 위한 다양한 방안을 제시하고 있다.

배성기 · 안영진 · 박철휘 · 박종운 지음
한국민간위탁경영연구소 / 530페이지 / 40,000원
2012년 4월 출간

공공체육시설 민간위탁 서비스경영

전국 공공체육시설수는 15,137개소로 지속적으로 증가하고 있으며, 국민이 영위하고자 하는 공공체육서비스의 수준도 날로 증가 하고 있다. 이에 민간위탁으로 운영중인 공공체육시설의 서비스 수준의 향상을 위하여 본 도서에서는 공공체육시설 민간위탁 서비스 경영을 위한 다양한 방안을 제시하고 있다.

배성기 · 김영철 지음
한국민간위탁경영연구소 / 500페이지 / 40,000원
출간예정

관광시설 민간위탁 서비스경영

관광시설은 관광을 위한 편익을 제공하는 시설로서 숙박, 교통, 휴식시설 등을 통해 지역경제 활성화에 도움을 주고 있다. 이중 민간위탁으로 운영중인 관광시설을 대상으로 본 도서에서는 관광시설 민간위탁 서비스 경영을 위한 다양한 방안을 제시하고 있다.

배성기 · 김상원 · 김혜진 지음
한국민간위탁경영연구소 / 500페이지 / 40,000원
2015년 9월 출간

생활폐기물 수집·민간위탁 서비스경영

우리나라 일일 발생 생활폐기물량은 5만톤 수준으로 지자체에서는 소각, 매립, 재활용 등의 처리를 민간위탁을 통해 수행하고 있다. 본 도서는 민간위탁을 통해 생활폐기물을 처리하고 있는 지자체를 대상으로 효율적·효과적 관리기법을 제시하고 있다.

배성기 지음
한국민간위탁경영연구소 / 500페이지 / 40,000원
2012년 4월 출간

정부원가계산

공기업·준 정부기관·기타 공공기관
정부원가계산의 이론과 실제

공공감사법 적용대상기관인 중앙 41개 기관, 공공 272개 기관의 정부예산 지출시 합리적인 예산지출 및 효과성을 높이기 위해 본 도서는 정부원가계산의 올바른 방법을 이론과 사례를 기준으로 제시하고자 하였다.

배성기 지음

한국민간위탁경영연구소/400페이지/35,000원

2012년 8월 출간

사회적 기업 및 비영리 법인

사회적기업 및 비영리법인의
공공부문 계약 입찰

국가 공공서비스가 좀 더 선진 화 되기 위해서는 많은 사회적기업 및 비영리법인이 공공서비스 분야의 입찰 참가를 해야 한다. 정부와 동격의 파트너십을 통해 국민 모두를 파트너십의 수혜자로 만들기 위해 친절하고 자세하게 계약 참여 안내를 하고 있다.

배성기 옮김

한국민간위탁경영연구소 · scotland.gov.uk /250페이지/30,000원

2012년 8월 출간

기타 민간위탁 분야 도서

공공하수처리시설 민간위탁 서비스평가

평가없는 성장 없다.
본 도서는 현행 공공하수처리시설 민간위탁 평가에 대한 법적 근거 및 제도에 대한 고찰을 통하여 보다 합리적인 민간위탁 서비스 평가 방안을 제시하고 있다.

배성기 · 안영진 · 박철휘 · 박종운 지음
한국민간위탁경영연구소 / 316페이지 / 25,000원
2011년 12월 출간

큰 사회(BIG Society)

영국 캐머론 총리의 큰 사회는 공공서비스 향상을 추구하며, 개념적으로는 국가를 반대하지 않으며 다양한 증거를 바탕으로 영국 사회를 지원하고 사회적 욕구를 충족시키는 현재 국가의 능력에 대해 깊이 있게 고민한다. 이는 우리나라에도 시사하는 바가 크므로 소개하고자 하였다.

배성기 · 이화진 · 김태현 · 남효응 옮김
나남출판사 · UBP / 165페이지 / 15,000원
출간 예정

공공관리 번역 도서

분쟁 후 취약한 상황에서의 정부기능 및 정부서비스 민간위탁

본 역서는 원조의 비효율적, 비효과적 집행을 방지하고, 수원국의 역량개발에 도움을 줄 수 있는 방안을 도모하여 현장실무자들과 정부의 정책입안자들과 협력하기 위한 안내서의 역할을 해 줄 것이다. 또한 선진국의 민간위탁제도 운영방법론은 국내에서 좋은 시사점을 제공하고 있다.

배성기 옮김

한국민간위탁경영연구소 · OECD / 165페이지 / 25,000원

2011년 11월 출간

지방정부 서비스계약 (Local Government Contract)

공공을 위한 최선의 거래를 추구하는데 있어서 책임성과 유연성, 공익성과 경제성 등을 최적으로 조합하는 것은 현대 서비스 계약업무의 핵심이다. 본 역서는 그 조합방식을 유용하게 제안하고 있다.

배성기 옮김

한국민간위탁경영연구소 · ICMA / 200페이지 / 30,000원

출간 예정

정부계약자들을 위한 가격책정 및 원가계산 (Pricing and Cost Accounting)

정부와 계약기간 중 요구사항을 준수하고, 이윤을 유지하기 위한 협상방법을 수록하고 있다. 입찰에 대한 변경 요구 사항은 가격책정, 원가계산, 하도급, 계약변경을 수반하며 이에 대한 정보를 제공하고 있다.

배성기 옮김

한국민간위탁경영연구소 · MC / 220페이지 / 25,000원

출간예정

서비스 수준관리 (Service Level Management)

서비스 수준관리(SLM)는 서비스 업무범위를 정의하여 서비스제공에 따른 업무목표, 해당부서 및 책임부서를 기술하고 고객과 서비스 공급업체의 업무분담을 명확히 하여 서비스 공급업체와 고객 양측 모두의 기대와 목적을 충족시키기 위한 내용을 기술하고 있다.

배성기 옮김

한국민간위탁경영연구소 · TAS / 240페이지 / 25,000원

출간 예정

공공관리와 성과 (Public Management and Performance)

공공서비스 성과가 뜻하는 바가 무엇이고, 이와 관련한 연구의 주요 성과는 무엇인가? 왜 관리가 중요한가? 연구자, 정책결정자, 실무자들에게 주는 함의는 무엇이며, 향후 과제는 무엇인가? 에 대해 저자들은 이야기 하고 있다.

배성기 · 김윤경 · 김영철 옮김

한국민간위탁경영연구소 · 캠브리지대학출판사 / 200페이지 / 35,000원

2012년 8월 출간

사회기반시설 자산관리 (Infrastructure Asset Management)

자산관리의 목표, 서비스 제공능력과 자산상태의 구체적 목표를 검토하고, 자산관리 활동을 최적화 · 체계화하기 위해 현재의 서비스 제공능력과 자산상태(condition)를 비교한다. 또 최적의 의사결정을 위해 필요한 재정적 고려사항에 대해서도 요약하고 있다.

유인균 · 박미연 · 배성기 옮김

한국민간위탁경영연구소 · CIRIA / 200페이지 / 35,000원

2012년 8월 출간

지방지치단체 사회적가치구현을 위한 공공조달프레임워크

영국의 중앙 및 지방정부기관들은 최저가 대신 사회적 가치를 고려해 최고가치(Best Value)를 지닌 쪽을 선택하도록 규정과 지침을 만들어 공공조달에 적용하고 있다.

이에, 영국의 사회적 가치 구현을 위한 조달규정 및 지침관련 사례를 발굴하여 국내에 홍보·전파하고자 출간하게 되었다.

배성기

브릿지협동조합 / 170페이지 / 25,000원

2016년 4월 출간

지방자치단체 공공서비스 혁신

협동조합도시 런던시 램버스구

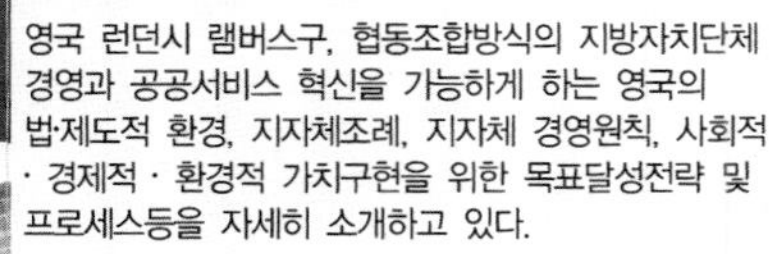

영국 런던시 램버스구, 협동조합방식의 지방자치단체 경영과 공공서비스 혁신을 가능하게 하는 영국의 법·제도적 환경, 지자체조례, 지자체 경영원칙, 사회적 · 경제적 · 환경적 가치구현을 위한 목표달성전략 및 프로세스등을 자세히 소개하고 있다.

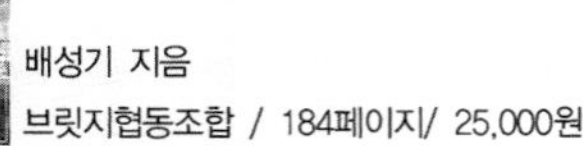

배성기 지음

브릿지협동조합 / 184페이지/ 25,000원

2016년 5월 출간

출간 예정 도서

공공서비스 기획 |모범 기획 원칙|

Commissioning Public Services는 공공조달 기획담당자들을 위한 영국의 공공서비스 조달 기획 안내서로 지역고용, 양질의 일자리, 사회권·노동권 준수, 사회통합, 차별해소, 재분배 효과, 기업의 사회적 책임 이행도 등이 조달원칙의 핵심 고려사항으로 설계되고 입찰, 낙찰, 계약 이행 등 각 단계에서 사회적 가치를 가진 재화 및 서비스가 자연스럽게 경쟁력을 가질 수 있도록 체계가 구축되어 공공구매를 통한 사회적가치가 최대화될 수 있기를 바랍니다.

배성기 옮김

한국민간위탁경영연구소

2018년 5월 출간

공동체 편익 증대를 위한 안내서

장기간 경기침체와 부의 불평등 심화 그리고 인구의 수도권 집중은 취약계층에게 여러 가지 부담을 안겨주었고, 그 중 인간으로서 가장기본적인 살 공간과 관련된 주거문제에 직면하게 하였습니다. Community Benefit Clause Guidance Manual은 영국의 사회임대주택사업자가 주택의 운영 및 관리 서비스 조달 시 서비스 공급자로 하여금 지역공동체 편익을 구현하도록 계약조항으로 수립하는 방법을 설명한안내서입니다.

배성기 옮김

한국민간위탁경영연구소

2018년 5월 출간

민·관 파트너십 구성 및 운영을 위한 안내서

공공사회파트너십은 공공기관이 사회적경제조직들로부터 재화 및 서비스를 단순히 구매한다는 차원을 넘어 공공기관이 주도하는 공공부문과 사회적경제조직들로 구성된 사회적경제부문이 함께 공공서비스를 설계하고 생산하는 것을 핵심으로 하는 개념입니다. Public Social Partnerships은 공공부문과 사회적경제조직이 공동으로 참여하는 공공서비스에 대한 새로운 접근방법을 묘사하고 있습니다.

배성기 옮김

한국민간위탁경영연구소

2018년 5월 출간

사회적 가치 구현을 위한 안내서

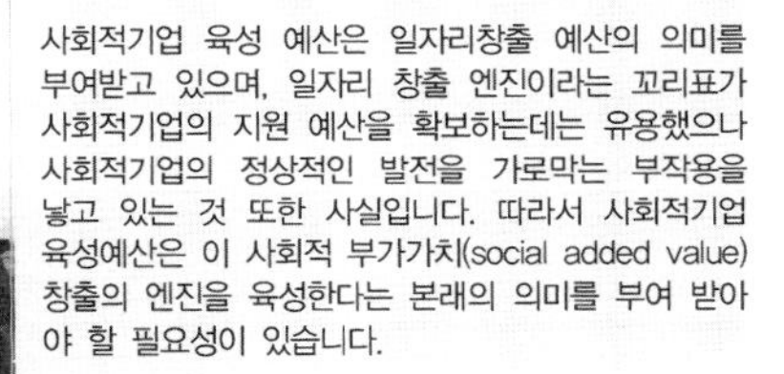

사회적기업 육성 예산은 일자리창출 예산의 의미를 부여받고 있으며, 일자리 창출 엔진이라는 꼬리표가 사회적기업의 지원 예산을 확보하는데는 유용했으나 사회적기업의 정상적인 발전을 가로막는 부작용을 낳고 있는 것 또한 사실입니다. 따라서 사회적기업 육성예산은 이 사회적 부가가치(social added value) 창출의 엔진을 육성한다는 본래의 의미를 부여 받아야 할 필요성이 있습니다.

배성기 옮김

한국민간위탁경영연구소

2018년 5월 출간

사회적기업을 위한 사업기획 안내서

이 안내서는 영국의 사회적경제 전문기관인 FSD(Fourth Sector Development)가 사회적기업 창업을 고려하거나 성장을 도모하는 이들을 위해 개발한 7단계 전략에 기초하여 급변하는 사회경제적 환경에서 사회적경제 활동가들에게 사회적기업을 위한 사업계획을 사례와 함께 단계별로 설명하여 시간과 비용을 절감하고, 합리적 투자를 유도하여 사회적경제부문의 경쟁력 강화를 지원하고자 합니다.

배성기 옮김

한국민간위탁경영연구소

2018년 5월 출간

사회투자성과 개발 안내서

SROI는 2000년대 들어 미국의 비영리재단 REDF가 제안한 개념으로, 사회적기업이나 비영리 조직이 생산한 사회적 가치와 경제적 가치를 통합해 정량적으로 측정하는 방법론이며, 주관적인 판단이 개입하기 쉬운 사회적 가치를 화폐가치로 객관화했습니다. 한편, 사회적기업에 관해 오랜 전통을 갖고 있는 영국에서는 SROI가 제안되기 이전부터 다양한 방식으로 사회적기업의 비재무적 성과를 측정하기 위한 방법론이 모색되었습니다.

배성기 옮김

한국민간위탁경영연구소

2018년 5월 출간

협업기획 - 공공서비스 기획에 대한 새로운 사고

Collaborative Commissioning은 협업을 통한 공공서비스 기획과 관련된 영국사례로 사회적 가치 창출을 주된 목적으로 하는 사회적경제조직과 사회책임경영(CSR)기업 등이 공공시장에서 영리지향적 기업보다 경쟁 우위에 설 수 있도록 유도하고, 약 100조원이 넘는 공공조달시장의 상당 비율을 사회적경제에 친화적인 공공시장으로 전환될 수 있는 토대가 마련되는 계기가 되길 바랍니다.

배성기 옮김

한국민간위탁경영연구소

2018년 5월 출간

영국 중앙정부 및 지방정부 사회적 가치 구현 사례집

본 지침은 Highways England와 하도급업체가 2012년 공공서비스(사회적가치)법에 의한 서비스 공급과 관련된 사회적가치를 확인하고 구현하기 위한 접근방법을 설명한다.

배성기 옮김

한국민간위탁경영연구소

2018년 5월 출간

2021 전국 지방자치단체
민·관 협업사무 운영 현황III

민간자본사업보조,자체재원(402-01)
민간자본사업보조,이전재원(402-02)
민간위탁사업비(402-03)
공기관등에 대한 자본적 위탁사업비(403-02)

초판인쇄 | 2021년 3월 13일
초판발행 | 2021년 3월 13일
발 행 인 | 배 성기
엮 은 곳 | 한국민간위탁경영연구소
편 집 인 | 큰날개 홍 원기 선임연구원
펴 낸 곳 | 큰날개 출판사업부
서울시 성북구 종암로 167, 101-2001
전 화 | 02) 943-1947
팩 스 | 02) 943-1948
홈페이지 | https://bigwing.modoo.at
출판등록 | 제 307-2012-46 호
가 격 | 24,000원

MEMO.

MEMO.

한국민간위탁경영연구소는 공공서비스 관리 혁신을 통해
더 나은 정부, 더 나은 사회, 더 많은 사업기회를 만들어 갑니다.

T. 02-943-1941 F. 02-943-1948 E. kcomi@kcomi.re.kr H. www.kcomi.re.kr

도서출판
큰날개
Big Wing